Couverture inférieure manquante

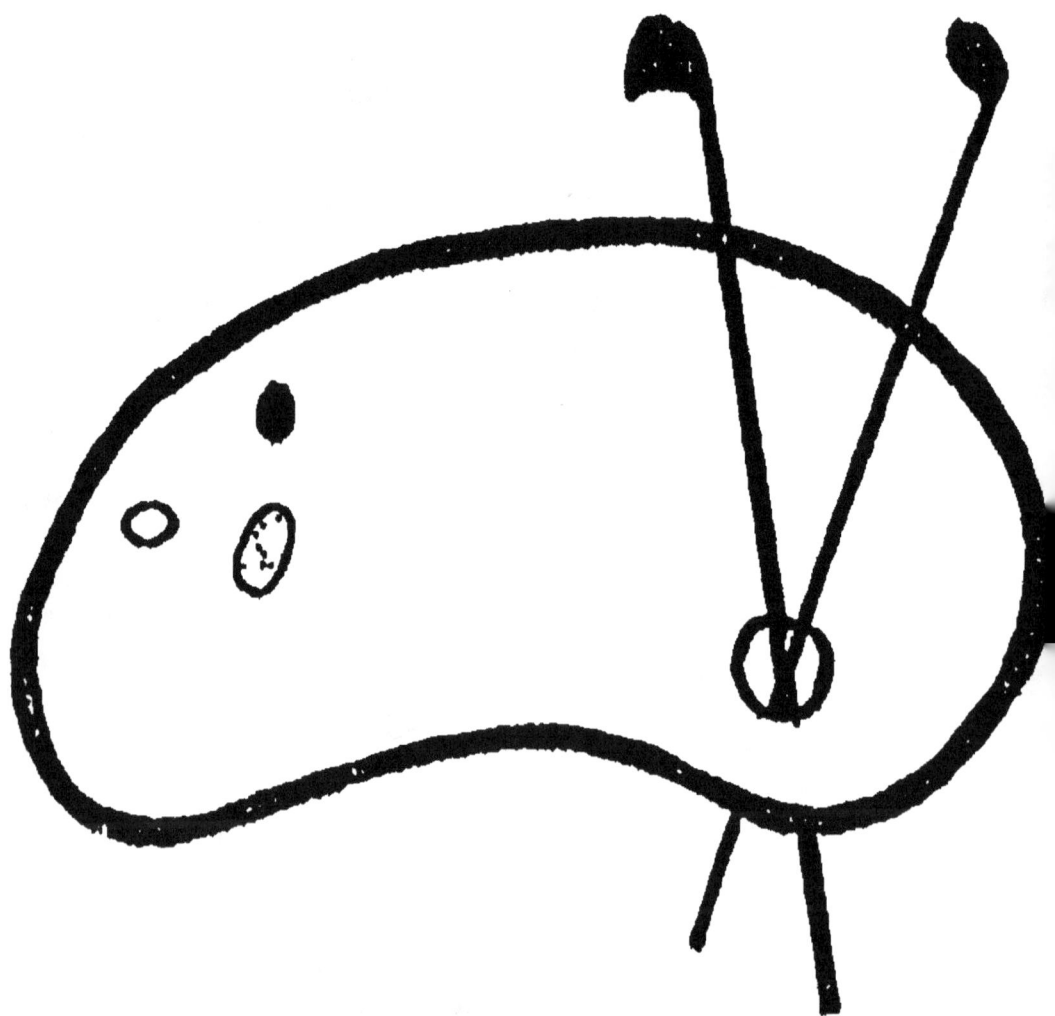

DEBUT D UNE SERIE DE DOCUMENTS
EN COULEUR

RECUEIL

DE LA

LÉGISLATION

EN VIGUEUR EN ANNAM ET AU TONKIN

Depuis l'origine du Protectorat jusqu'au 1er mai 1895

2ª ÉDITION

Publiée d'après les textes officiels et classée dans l'ordre alphabétique
et chronologique

PAR

D. GANTER

Commis de Résidence de 1ª classe

HANOI

F.-H. SCHNEIDER, IMPRIMEUR-ÉDITEUR

1895

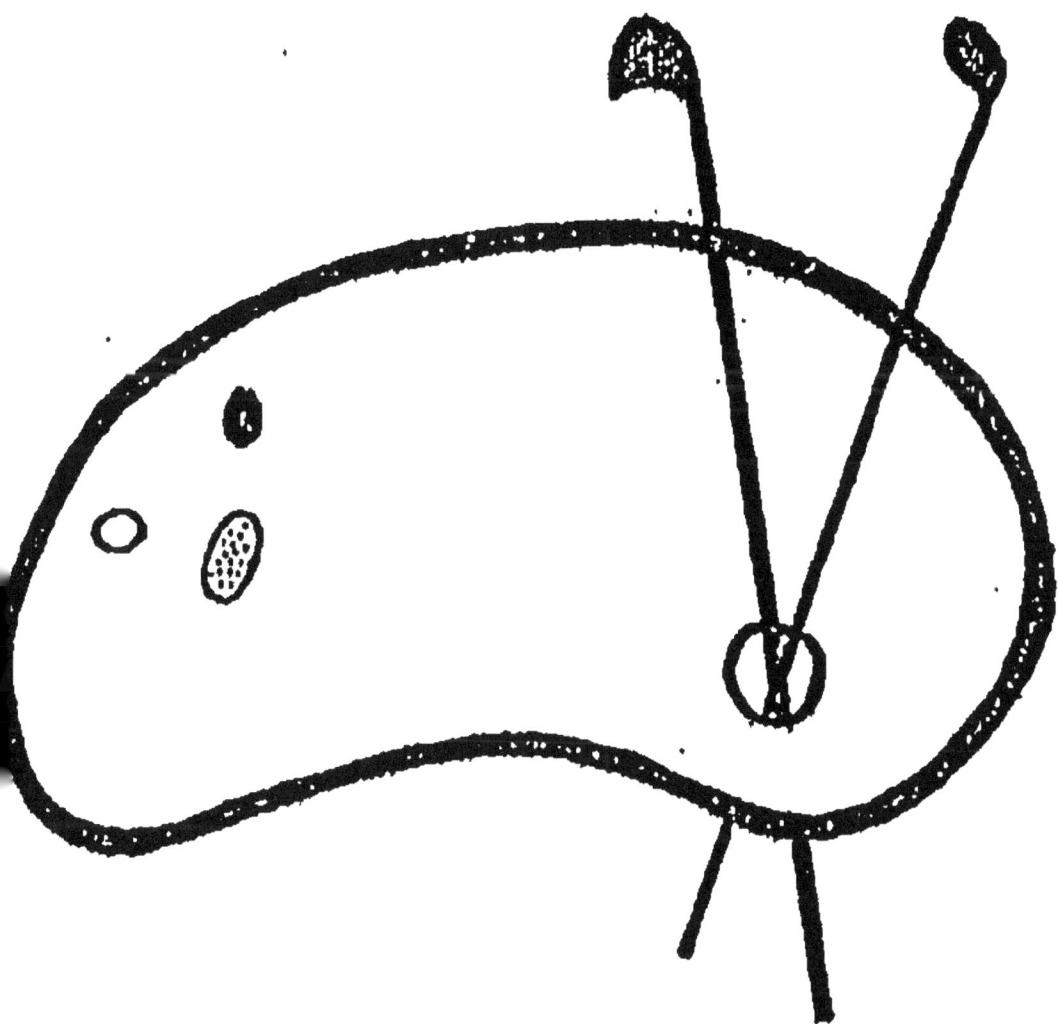

FIN D'UNE SERIE DE DOCUMENTS
EN COULEUR

RECUEIL DE LA LÉGISLATION

En vigueur en Annam et au Tonkin

RECUEIL

DE LA

LÉGISLATION

EN VIGUEUR EN ANNAM ET AU TONKIN

Depuis l'origine du Protectorat jusqu'au 1er mai 1895

2ᵉ ÉDITION

Publiée d'après les textes officiels et classés dans l'ordre alphabétique
et chronologique

PAR

D. GANTER

Commis de Résidence de 1ʳᵉ classe

HANOI

F.-H. SCHNEIDER, IMPRIMEUR-ÉDITEUR

1895

A Monsieur A. Rousseau, *Gouverneur général de l'Indo-Chine.*

Monsieur le Gouverneur général,

Cinq ans se sont écoulés depuis que j'ai entrepris le classement et la publication de la législation en vigueur en Annam et au Tonkin ; dans cet intervalle, de grandes modifications ont été introduites dans les différentes règlementations administratives, de nouveaux services, d'une importance capitale pour le développement de la colonisation et l'augmentation des ressources budgétaires, ont été organisés.

En me mettant au travail pour la préparation d'une 2ᵉ édition paraissant aujourd'hui, je n'ai pas perdu de vue le but que je m'étais proposé dès le principe, et que j'avais résumé ainsi dans la Préface : *Faciliter aux fonctionnaires et agents de toutes les branches de l'Administration, la recherche de la législation dont ils ont à faire une application constante, et qui était alors éparse dans divers recueils.*

Dans cet ordre d'idée, il m'a paru utile de compléter ma compilation par l'étude et l'indication, au moyen de renvois et annotations, de la corrélation des textes entre eux ; d'autre part une table alphabétique et chronologique, que je me suis appliqué à établir avec le plus grand soin, permettra au plus inexpérimenté, j'ose l'espérer, de retrouver sans recherches laborieuses, les documents qu'il veut ou doit consulter.

Si vous estimez, Monsieur le Gouverneur général, que j'ai fait œuvre utile, je vous serais très reconnaissant de vouloir bien en accepter la dédicace.

Je suis avec le plus profond respect,

Monsieur le Gouverneur général,

Votre très humble et très obéissant serviteur.

D. GANTER.

Hanoi, le 1ᵉʳ mai 1895.

ABRÉVIATIONS DE LA TABLE DES MATIÈRES

ACC   Amiral commandant en chef.
AI   Autorité indigène.
AL   Arrêté local.
AMH   Arrêté du Résident-maire de Hanoi.
AMHP Arrêté du Résident-maire de Haiphong.
CGRF Commissaire général de la République fran-
      çaise.
GCC   Général commandant en chef.
GCCE Général commandant le corps expéditionnaire.

GG   Gouverneur général.
MAE   Ministre des Affaires étrangères.
MC   Ministre des Colonies.
MM   Ministre de la Marine.
OR   Ordonnance royale.
RG   Résident général.
RSA   Résident supérieur en Annam.
RST   Résident supérieur au Tonkin.
RP   Résident (ou Vice-résident) de province.

TABLE ALPHABÉTIQUE ET CHRONOLOGIQUE

DES MATIÈRES

insérées au *Recueil de la Législation de l'Annam et du Tonkin*

RUBRIQUES alphabétiques sous lesquelles les décisions sont classées	NUMÉRO de la rubrique	DÉCISIONS			
		DATES		AUTORITÉS d'où elles émanent	SOMMAIRE
Abatage, Abattoir.	1	1885	février 25	GCC	Décision interdisant l'abatage des génisses et des vaches.
	2	1885	mars 18	—	Circulaire rappelant la décision interdisant l'abatage des génisses et des vaches.
Abondements.	1	1883	novembre 10	CRF	Décision prescrivant l'abondement de 10 0/0 sur toutes cessions par l'atelier de Haïphong.
	2	1890	décembre 24	GG	Arrêté fixant le mode de remboursement des cessions de vivres et matériels par les services militaires.
	3	1893	mars 10	MC	Circulaire fixant le taux de l'abondement sur les cessions de matières par les directions d'artillerie.
Abordages.					Voy.: Navigation.
Absinthe.					Voy.: Débits de boisson.
Académie tonkinoise.	1	1886	juillet 3	RG	Arrêté organique de l'Académie tonkinoise.
Accise (Droits d').					Voy.: Allumettes; — Consommation; — Noix d'arec. — Pétrole; — Sel; — Poivre; — Tabac.
Acquéreur, acquisition.	1	1888	février 26	GG	Arrêté interdisant l'acquisition d'immeubles à certains fonctionnaires et agents du Protectorat.
Actes de décès.	1	1878	novembre 23	MM	Circulaire au sujet de l'envoi en France des actes de décès des personnes mortes aux colonies.
	2	1884	octobre 16	GCCE	Circulaire au sujet de l'état des militaires décédés, à adresser au ministère de la marine.
	3	1885	janvier 19	GCC	Circulaire relative à la régularisation de l'état civil des militaires et marins dont la mort n'a pu être légalement constatée.
	4	1885	septembre 11	—	Circulaire au sujet des omissions commises dans l'établissement des actes de décès.
	5	1889	décembre 7	RST	Circulaire au sujet de l'envoi des actes de décès.
Actes judiciaires.					Voy.: Tarif de frais; — Droits de greffe.
Adjudications.					Voy.: Cahier des charges.
Administration annamite.	1	1886	juin 3	OR	Délégation des pouvoirs royaux à S. E. lè Kinh-luoc du Tonkin.
	2	1888	août 25	RST	Circulaire au sujet de la remise des brevets des mandarins.
	3	1888	septembre 15	—	Circulaire au sujet de la solde et des frais de représentation des mandarins.
	4	1888	octobre 13	—	Circulaire au sujet du paiement en ligatures des frais de représentation alloués aux mandarins.
	5	1888	octobre 24	—	Circulaire au sujet de la fixation des cadres du personnel de l'administration annamite.
	6	1888	novembre 11	AI	Décision du Kinh-luoc, rattachant à ses bureaux celui des annales et du calendrier.
	8	1889	janvier 26	RST	Circulaire sur le mode de paiement de la solde aux fonctionnaires indigènes.
	9	1889	avril 11	—	Circulaire sur l'établissement des états de solde des fonctionnaires indigènes.
	10	1889	avril 13	—	Circulaire sur le mode de nomination dans le personnel des mandarins.
	11 et 12	1889	avril 17	AI	Instructions sur les attributions de S. E. le Kinh-luoc.
	13	1889	mai 6	RST	Circulaire autorisant le paiement sur la caisse provinciale, des dépenses de bureau de l'administration indigène.
	14	1889	juillet 20	—	Décision supprimant la solde des chefs et sous-chefs de canton.

RUBRIQUES alphabétiques sous lesquelles les décisions sont classées	NUMERO de la rubrique	DATES			AUTORITÉS d'où elles émanent	SOMMAIRE
Cercles chinois.	3	1892	août	2	GG	Arrêté fixant le mode de perception des amendes infligées aux cercles annamites et chinois.
Cessions de matériel.	1	1890	juillet	12		Arrêté réglementant la délivrance des briquettes et fixant les dépôts de charbon pour le service de la station locale.
Cessions de vivres.	1	1888	avril	23	RG	Décision supprimant la cession de vivres à titre remboursable pour les fonctionnaires civils.
	2	1888	avril	27	—	Circulaire au sujet de la délivrance de vivres à titre remboursable.
	3	1891	janvier	31	GG	Arrêté supprimant les cessions de tafia.
Chambres de commerce.	2	1886	juin	3	RG	Arrêté créant les chambres de commerce d'Hanoi et d'Haïphong.
	3	1888	juillet	21	GG	Arrêté établissant une contribution spéciale sur les patentes, pour les besoins des chambres de commerce d'Hanoi et d'Haïphong.
	4	1889	février	16	—	Arrêté sur les attributions et la formation des chambres de commerce.
	7	1893	février	2	—	Arrêté modifiant celui du 16 février 1889, sur les élections des chambres de commerce.
Chanceliers.	1	1886	mai	12	RG	Circulaire au sujet de la prestation de serment des chanceliers.
Chargements.						Voy.: Postes et télégraphes.
Chasse.	1	1885	septembre	3	GGC	Circulaire accordant aux officiers et assimilés l'autorisation de chasser.
	2	1889	juin	15	RST	Circulaire au sujet de la chasse à l'aigrette par des indigènes pour compte d'européens.
	3	1889	juillet	7	—	Arrêté fixant la période d'interdiction de la chasse à l'aigrette.
	6	1890	mai	14	GG	Arrêté interdisant la chasse aux indigènes sur le territoire du Tonkin.
	7	1891	février	16	—	Arrêté réglementant la chasse à l'aigrette au Tonkin.
	9	1893	avril	24	—	Arrêté réglementant la chasse à l'aigrette en Annam.
Chaux.	1	1887	juin	28	RG	Arrêté fixant les droits sur l'exploitation des carrières à chaux.
Chemin de fer.	1	1891	avril	26	GG	Arrêté sur la police du chemin de fer.
	2	1892	août	5	—	Arrêté réglementant le mode de comptabilité du chemin de fer.
	3	1893	février	14	—	Arrêté créant le service spécial du chemin de fer.
	4	1894	décembre	31	—	Arrêté homologuant les tarifs généraux du chemin de fer pour la grande et la petite vitesses.
Chevaux et juments.	1	1892	octobre	28	—	Arrêté interdisant l'exportation des chevaux et juments.
Chinois.	1	1892	décembre	5	—	Arrêté réglementant le séjour des Chinois au Tonkin.
	2	1892	décembre	5	—	Arrêté réglementant le commerce des asiatiques étrangers établis au Tonkin.
Cimetières.	1	1890	juin	14	—	Arrêté sur l'entretien et la police des cimetières.
Codes français.	4	1884	octobre	23		Loi sur les ventes judiciaires d'immeubles.
	1	1885	octobre	2	GGC	Promulgation de la loi du 12 août 1885, modifiant le titre II C. com. — Texte de la loi.
	5	1888	avril	11		Loi modifiant les articles 105 et 108 C. com.
	2	1888	octobre	30	GG	Promulgation des Codes français dans l'étendue des pays de Protectorat du Tonkin.
	3	1891	mars	24		Loi sur le recours des chargeurs contre les capitaines des navires de commerce.
	6	1891	juin	2		Loi sur la péremption décennale des saisies immobilières transcrites et non suivies d'adjudication.
	10	1891	mars	9		Loi sur les droits de l'époux sur la succession de son conjoint prédécédé.
	11	1893	février	3		Loi complétant les articles 419 et 420 du Code pénal.
	8	1892	février	12		Loi sur le privilège du propriétaire en matière de faillite.
	9	1893	février	6		Loi portant modification au régime de la séparation de corps.
Colis postaux.	1	1884	septembre	23		Décret sur l'échange des colis postaux entre la France et le Tonkin.

RUBRIQUES alphabétiques sous lesquelles les décisions sont classées	NUMÉRO de la rubrique	DATES		AUTORITÉS d'où elles émanent	SOMMAIRE
Colis postaux.	2	1884	septembre 20		Décret portant fixation des taxes et conditions applicables, dans le service colonial, aux colis postaux provenant ou à destination du Tonkin.
	3	1885	janvier 3	RG	Décision étendant le service des colis postaux à tous les bureaux de postes ouverts en Annam et au Tonkin, et fixant les taxes à percevoir.
	4	1887	septembre 1er	—	Arrêté réglementant l'expédition des colis postaux ainsi que les taxes à percevoir.
	5	1888	septembre 22		Arrangement concernant l'échange des colis postaux entre l'office de Hong-kong et celui de l'Indo-Chine.
	6	1889	mars 25		Instructions pour la mise en vigueur de l'arrangement relatif à l'échange des colis postaux entre les offices de Hong-kong et de l'Indo-Chine.
	7	1889	juillet 6	GG	Arrêté limitant les bureaux de postes ouverts au service des colis postaux.
	8	1890	novembre 6	—	Arrêté soumettant l'envoi des colis postaux à un droit de timbre.
	9	1892	octobre 28	—	Arrêté fixant la surtaxe à percevoir sur les colis postaux à destination de l'extérieur.
	10	1893	février 9	—	Arrêté fixant la taxe des colis postaux de la Cochinchine et du Cambodge pour l'Annam et le Tonkin, et réciproquement.
	12	1893	août 21		Instructions du service des postes sur le mode de perception des droits de douane sur les colis postaux.
	13	1893	octobre 23	RST	Arrêté fixant au taux officiel du trésor, le change de la piastre pour l'affranchissement des colis postaux.
Colonisation.	1	1892	janvier 6	GG	Instructions sur le développement du commerce, de l'industrie et de la colonisation au Tonkin.
	2	1894	juin 20	MC	Circulaire relative aux mesures devant assurer le développement de la colonisation.
Comité agricole et industriel	2	1886	juin 8	RG	Décision créant un comité d'études agricoles, industrielles et commerciales.
Commerce.					Voy.: Chambres de commerce; — Navigation; — Ports de commerce; — Fraudes en matière de ventes; — Marques de fabrique et de commerce; — Ventes (fraudes en matière de).
Commissaires priseurs.	2	1886	mai 12	RG	Arrêté concernant la réglementation des attributions, droits et obligations des commissaires-priseurs.
	3	1886	novembre 20	—	Arrêté modifiant celui du 12 mai 1886, concernant les commissaires-priseurs.
	4	1889	février 24	GG	Arrêté modifiant les dispositions de celui du 12 mai 1886, sur les commissaires-priseurs.
	5	1891	janvier 10	—	Arrêté supprimant les commissaires-priseurs et chargeant les huissiers des prisées et ventes publiques.
Commissariat colonial.	1	1889	octobre 5		Décret sur la constitution du corps du commissariat colonial.
	2	1890	février 21		Décret modifiant celui du 5 octobre 1889, sur la constitution du corps du commissariat colonial.
	3	1890	août 20		Décret modifiant le recrutement du personnel des agents du commissariat colonial.
	5	1892	octobre 2		Décret modifiant le recrutement du commissariat de la marine.
	4	1893	mars 25	MC	Arrêté modifiant l'article 2 de celui du 14 novembre 1892, sur les conditions d'admission au grade d'aide commissaire colonial.
Commissions consultatives indigènes.	1	1886	avril 30	RG	Arrêté instituant au Tonkin une commission indigène dans chaque province.
	2	1886	mai 10	—	Circulaire modifiant l'institution des commissions consultatives indigènes.
	3	1886	octobre 12	—	Arrêté créant différentes commissions consultatives provinciales.
Commissions municipales.					Voy.: Conseil municipal.
Commissions sanitaires.	1	1889	décembre 24	GG	Arrêté instituant des commissions sanitaires à Hanoi et Haïphong.
	2	1893	février 25	—	Arrêté modifiant le fonctionnement des commissions sanitaires de Hanoi et Haïphong.

RUBRIQUES alphabétiques sous lesquelles les décisions sont classées	NUMÉRO de la rubrique	DÉCISIONS		
		DATES	AUTORITÉS d'où elles émanent	SOMMAIRE
Commissions sanitaires.	3	1893 octobre 7		Arrêté allouant une indemnité aux membres des commissions sanitaires.
Compétence.				Voy.: Justice.
Comptables de matières aux colonies.				Voy.: Conseil de guerre.
Concessions.	2	1888 juillet 7	GG	Arrêté réglementant les concessions de terrains aux indigènes.
	4	1888 septembre 5	—	Arrêté sur les concessions de terrains ruraux aux français.
	6	1891 mai 11	—	Arrêté modifiant les articles 8 et 11 de celui du 5 septembre 1888, sur les concessions de terrains aux français.
Concession française.				Voy.: Territoire français.
Congés.	1	1886 août 16	RG	Arrêté relatif aux congés.
	2	1889 juillet 3	GG	Arrêté sur les congés de convalescence.
	3	1891 juillet 31	MC	Circulaire au sujet des renseignements à fournir sur les officiers, fonctionnaires et agents envoyés en congé de convalescence.
	4	1891 mars 31	RST	Circulaire sur les formalités à remplir en cas d'embarquement sur les transports et affrétés.
	5	1891 juin 12	MC	Lettre faisant connaître que la gratuité des eaux d'Aix-les-Bains peut être accordée aux agents en congé.
	6	1891 juillet 25	—	Lettre au sujet des congés administratifs.
	7	1891 août 24	—	Circulaire au sujet des congés administratifs des fonctionnaires et agents servant dans leur colonie d'origine.
	8	1892 juillet 8	—	Circulaire au sujet des congés administratifs du personnel recruté dans les colonies.
	9	1893 septembre 9	GG	Arrêté étendant au personnel du cadre métropolitain de l'Annam et du Tonkin, l'effet de celui du 11 février 1893, sur les soldes de congé.
	10	1894 février 14	MC	Décision assignant aux congés administratifs une durée proportionnelle à celle du séjour.
Congrégations chinoises.	1	1889 mai 4	RST	Arrêté modifiant la composition des congrégations chinoises.
Conseil au contentieux.				Voy.: Conseil du Protectorat.
Conseil de Gouvernement.				Voy.: Conseil du Protectorat; — Conseil supérieur.
Conseils municipaux.	4	1891 décembre 31	GG	Arrêté réorganisant les Conseils municipaux de Hanoi et de Haïphong.
	5	1892 mars 12	—	Arrêté déterminant les frais de représentation des résidents-maires de Hanoi et de Haïphong.
	6	1894 février 15	—	Arrêté modifiant certaines dispositions de celui du 31 décembre 1894, organique des Conseils municipaux.
Conseil de défense.	1	1888 octobre 15		Décret fixant la composition du Conseil de défense en Indo-Chine.
	2	1889 octobre 30		Décret sur la composition du Conseil de défense aux colonies.
Conseil de guerre.	1	1884 février 28		Décision instituant deux Conseils de guerre à Hanoi.
	2	1889 février 23		Décret soumettant à la compétence des conseils de guerre, les comptables des matières aux colonies.
	3	1894 mars 13		Décret réinstituant un Conseil de révision à Hanoi.
Conseil du Protectorat.	5	1894 septembre 21		Décret instituant le Conseil du Protectorat de l'Annam-Tonkin.
	6	1894 novembre 28	GG	Arrêté promulguant le décret du 21 septembre 1894, instituant le Conseil du Protectorat.
Conseil de révision.				Voy.: Conseil de Guerre.
Conseil de santé.				Voy.: Santé.
Conseil supérieur des colonies.	1	1883 octobre 19		Décret instituant le Conseil supérieur des colonies.
	1	1890 août 14	GG	Promulgation des décrets des 19 octobre 1883 et 20 mai 1890, instituant et réorganisant le Conseil supérieur des colonies.
	1	1890 mai 20		Décret réorganisant le Conseil supérieur des colonies.

RUBRIQUES alphabétiques sous lesquelles les décisions sont classées	NUMÉRO de la rubrique	DÉCISIONS		
		DATES	AUTORITÉS d'où elles émanent	SOMMAIRE
Douanes (*Suite*).	14	1887 mai 27	RG	Arrêté fixant les droits de douane sur les marchandises importées et exportées.
	15	1887 août 9	—	Arrêté établissant un droit de magasinage sur les marchandises présentées en douane et non enlevées dans les délais fixés.
	16	1887 août 9	—	Arrêté prescrivant un stage de six mois aux candidats à l'emploi de préposé des douanes.
	18	1887 septembre 13	—	Arrêté fixant le prix des plombs apposés par le service des douanes.
	19	1888 janvier 10	GG	Arrêté unifiant les soldes du personnel des douanes.
	20	1888 février 26	—	Arrêté supprimant les droits sur les produits indigènes, transportés en cabotage d'un point à un autre de la côte de l'Annam et du Tonkin.
	21	1888 juin 6	RG	Arrêté autorisant le Sous-directeur des douanes à nommer, par délégation, les agents indigènes dont la solde est inférieure à 1.000 fr.
	22	1888 septembre 16	GG	Arrêté maintenant la franchise des droits de douane pour les objets du culte catholique, ou destinés à l'usage particulier des missionnaires.
	23	1889 janvier 30	—	Arrêté assignant aux agents du service des douanes le port d'une marque distinctive.
	24	1889 février 5	MC	Instructions au sujet du paiement des droits de douane sur les objets qui ont déjà été soumis à cet impôt dans la colonie.
	25	1889 février 22	GG	Circulaire sur l'application du tarif douanier en Indo-Chine.
	30	1889 juillet 8	RST	Arrêté déterminant le mode de liquidation des dépenses du service des douanes.
	31	1889	MC	Circulaire sur les formalités à remplir pour introduire au Tonkin les tissus de soie, en franchise des droits de douane.
	31	1889 novembre 20	GG	Arrêté exemptant des droits de sortie les produits agricoles, le riz excepté, à destination de la métropole.
	33	1890 avril 9	MC	Instructions restituant au Gouverneur général les nominations du personnel des douanes.
	34	1890 novembre 11	GG	Arrêté déterminant la répartition du produit des amendes et dommages-intérêts en matière de douanes et régies.
	35	1891 janvier 31	—	Promulgation de la loi du 8 juillet 1890, portant modification du tableau A du tarif général des douanes, pour les maïs, riz, daris et millets importés de France.
	37	1891 avril 12	—	Arrêté fixant, à compter du 1er juillet 1891, les conditions d'admission aux emplois du cadre local des commis des douanes.
	38	1891 août 24	—	Promulgation de la loi du 2 juillet 1891, réduisant momentanément les droits de douane sur les blés et farines de froment.
	39	1891 décembre 11	—	Promulgation des décrets des 8 août 1890 et 26 octobre 1891, sur les transactions en matière de douane.
	40	1892 février 10	—	Arrêté interdisant l'exportation des chevaux et mulets de l'Annam et du Tonkin.
	41	1892 avril 30	—	Arrêté étendant les attributions de l'agent du service des douanes à Honé-cohé.
	42	1892 mai 28	—	Arrêté modifiant les droits à percevoir sur les marchandises exportées de l'Annam et du Tonkin.
	43	1892 juin 11	—	Arrêté déterminant le classement et la rétribution du personnel indigène du service des douanes.
	44	1892 août 20	—	Arrêté rendant applicable au service de la douane en Annam, les règlements de la garde civile sur le magasin central, l'armement et la visite annuelle des armes.
	45	1893 janvier 3	—	Promulgation de la loi du 11 janvier 1892 et du décret du 20 novembre 1892, sur le tarif général des douanes.
	46	1893 janvier 5	MC	Dépêches ministérielles sur l'application du tarif général des douanes.

RUBRIQUES alphabétiques sous lesquelles les décisions sont classées	NUMÉRO de la rubrique	DÉCISIONS			
		DATES		AUTORITÉS d'où elles émanent	SOMMAIRE
Douanes (*Suite*)	47	1893	mars	6	RSA	Arrêté fixant les indemnités allouées au service des douanes de l'Annam, à titre de frais de service et de tournées et de frais de bureau.
	48	1893	mai	8	MC	Instructions sur le mode de perception des droits de douanes sur les marchandises d'origine métropolitaine, transbordées sur navires français dans un des ports du littoral.
	49	1893	mai	31	GG	Arrêté rattachant le service des douanes de l'Annam à celui du Tonkin.
	50	1893	décembre	9	—	Arrêté étendant la franchise postale et télégraphique aux chefs des services des douanes du Protectorat entre eux.
	51	1894	janvier	1er	—	Arrêté créant dans le service des douanes les grades de commis auxiliaire et de préposé auxiliaire.
	52	1894	janvier	9	—	Arrêté réglant le mode de gestion du fonds commun des agents de la douane.
	53	1894	octobre	30	—	Promulgation du décret du 15 septembre 1894, relatif au serment professionnel du personnel des douanes en Indo-Chine.
	54	1895	février	8	—	Arrêté soumettant à l'impôt de consommation les spiritueux de toute nature destinés aux différents services du Protectorat.
Drapeau.	1	1885	octobre	21	GCC	Circulaire faisant connaître aux troupes les couleurs du drapeau du Protectorat.
	2	1886	janvier	12	—	Arrêté réglant le nombre et la couleur des drapeaux dont les mandarins annamites doivent se faire précéder.
Droits de greffe.	1	1894	août	4	GG	Arrêté fixant le tarif des droits à percevoir en matière judiciaire ou extrajudiciaire (greffe, notariat, huissier, commissaire-priseur, etc.).
Eclairage.						Voy.: Bac-ninh; — Hung-hoa; — Hung-yen; — Sontay, etc.
Ecoles.						Voy.: Ecole coloniale — Enseignement primaire; — Ferme école; — Interprètes; — Jardin botanique; — Instruction publique.
Ecole coloniale.	1	1889	novembre	23		Décret fixant le mode d'administration de l'Ecole coloniale.
Ecole d'agriculture.						Voy.: Ferme-école; — Jardin botanique.
Elections.						Voy.: Chambres de commerce; — Conseil supérieur des colonies; — Conseil municipal.
Electricité.	1	1891	mai	5	GG	Arrêté prescrivant la déclaration préalable à l'établissement des conducteurs électriques.
Enfants abandonnés.	1	1889	juillet	24		Loi sur la protection des enfants maltraités ou moralement abandonnés.
Enregistrement.	2	1889	juillet	6	—	Arrêté instituant à Hanoi et Haiphong un bureau de l'enregistrement et des hypothèques.
	3	1889	décembre	8	—	Arrêté sur la mise en vigueur du service de l'enregistrement.
	5	1889	décembre	15	—	Arrêté fixant au 1er janvier 1890, la mise en vigueur du service de l'enregistrement.
	6	1890	juillet	16	—	Arrêté accordant la gratuité de l'enregistrement aux actes de notoriété produits par les tirailleurs indigènes en instance de naturalisation.
	7	1890	juillet	19	—	Arrêté au sujet des frais de bureau et de la solde des commis et plantons du service de l'enregistrement.
	8	1891	octobre	8	—	Arrêté concernant les frais de bureau et le personnel secondaire du service de l'enregistrement.
	9	1891	octobre	8	—	Arrêté fixant la composition du personnel du service de l'enregistrement.
	10	1892	octobre	13	—	Arrêté supprimant les fonctions de chef du service de l'enregistrement.
	11	1893	février	15	—	Arrêté sur les attributions des receveurs de l'enregistrement.
	12	1893	février	15	—	Arrêté fixant le taux de l'intérêt des cautionnements des receveurs de l'enregistrement.
	13	1893	avril	13	—	Arrêté réglementant le service de l'enregistrement et des hypothèques au Tonkin.
	14	1893	avril	26	—	Arrêté portant à 20 jours le délai pour l'enregistrement des actes d'huissier.

RUBRIQUES alphabétiques sous lesquelles les décisions sont classées	NUMÉRO de la rubrique	DATES		AUTORITÉS d'où elles émanent	DÉCISIONS SOMMAIRE
Garde civile indigène (*Suite*).	14	1889	février	1er	RST	Circulaire au sujet de l'établissement des états pour le paiement de la solde de la garde civile.
	15	1889	mai	19	—	Circulaire sur le mode d'opérer la retenue de 3 %, sur la solde du personnel européen de la garde civile.
	17	1889	juin	2	—	Circulaire sur les rapports des gardes principaux avec la Résidence supérieure.
	18	1889	septembre	3	GG	Arrêté modifiant le mode de nomination des inspecteurs et gardes principaux de la garde civile.
	20	1889	octobre	28	—	Arrêté augmentant l'effectif européen des brigades de garde civile.
	21	1889	novembre	27	RST	Circulaire fixant la composition des caisses de médicaments pour les postes de la garde civile.
	22	1889	novembre	30	GG	Arrêté confiant la police de la province de Langson à la garde civile et fixant la composition de la brigade.
	23	1890	janvier	11	—	Arrêté déterminant les cadres de la garde civile de l'Annam.
	25	1890	février	13	—	Arrêté modifiant l'organisation de la garde civile indigène.
	26	1890	février	24	RST	Arrêté sur le classement des gardes principaux de la garde civile à bord des Messageries fluviales.
	27	1890	mars	17	—	Circulaire sur les mesures de précautions à prendre pour éviter les alertes dans les postes de troupes, en cas d'opérations de la garde civile indigène.
	28	1890	mars	17	GG	Arrêté sur le mode de nomination des inspecteurs de la garde civile et sur la composition de leurs conseils d'enquêtes.
	29	1890	mars	26	RST	Circulaire interdisant l'emploi des cachets dans les postes de la garde civile.
	30	1890	mai	8	GG	Arrêté créant le magasin central pour l'armement, l'équipement et l'habillement de la garde civile.
	31	1890	mai	23	—	Arrêté fixant l'effectif et la solde des gradés européens de la garde civile.
	32	1890	mai	29	—	Arrêté supprimant les retenues de solde du personnel indigène de la garde civile, par mesure disciplinaire.
	33	1890	juin	2	—	Arrêté allouant une première mise aux inspecteurs et gardes principaux de la garde civile.
	34	1890	juin	13	RST	Arrêté déterminant la tenue et les insignes des inspecteurs et gardes principaux de la garde civile.
	35	1890	juin	23	—	Arrêté créant les armuriers de la garde civile en Annam.
	36	1890	juillet	15	GG	Arrêté réglementant le fonctionnement du magasin central à Hanoi, pour l'armement, l'équipement et l'habillement de la garde civile.
	37	1890	juillet	29	—	Arrêté relatif aux concessions à accorder aux Thos enrôlés dans la garde civile.
	38	1891	janvier	8	—	Arrêté supprimant l'indemnité des comptables de la garde civile.
	39	1891	janvier	25	—	Arrêté relatif au service de l'armement dans la garde civile.
	40	1891	janvier	27	RST	Arrêté réservant aux résidents et vice-résidents la nomination des comptables de la garde civile.
	41	1891	février	24	—	Circulaire au sujet des demandes de munitions de la garde civile.
	42	1891	mars	9	—	Circulaire portant fixation des quantités de munitions à entretenir dans les brigades de la garde civile.
	43	1891	mars	12	—	Circulaire fixant les ingrédients et objets de consommation courante à allouer à la garde civile.
	44	1891	mars	18	—	Arrêté reconstituant la brigade de garde civile de la province Muong.
	45	1891	avril	28	—	Circulaire donnant la nomenclature et le prix des effets en service dans la garde civile.

RUBRIQUES alphabétiques sous lesquelles les décisions sont classées	NUMERO de la rubrique	DÉCISIONS			
		DATES		AUTORITÉS d'où elles émanent	SOMMAIRE
Garde civile indigène (*Suite*)	46	1891	avril 29	GG	Arrêté prescrivant la visite annuelle des armes et munitions affectées à la garde civile.
	47	1891	avril 29	—	Règlement sur la visite annuelle des armes et munitions affectées à la garde civile.
	48	1891	mai 27	RST	Circulaire au sujet des déplacements des inspecteurs de la garde civile.
	49	1891	novembre 19	GG	Arrêté allouant la ration aux gardes principaux chargés de la surveillance des coolies et prisonniers.
	50	1891	décembre 28	RST	Circulaire relative au rengagement des gardes civils.
	51	1892	février 8	GG	Arrêté allouant l'indemnité de déplacement au poste de garde civile de Yen-lap.
	52	1892	juin 11	—	Arrêté fixant la solde des gradés et gardes indigènes de la garde civile.
	53	1892	juin 21	—	Arrêté déterminant le mode d'émargement des états de solde de la garde civile.
	55	1892	juillet 13	—	Arrêté fixant les indemnités des gardes principaux de la garde civile aux Gow-tow et Van-hay.
	56	1892	août 20	—	Arrêté modifiant le prix des réparations des armes de la garde civile de l'Annam.
	59	1892	octobre 10	—	Arrêté créant une brigade de garde civile dans la province de Thai-nguyen.
	61	1892	octobre 28	—	Arrêté réduisant l'effectif de la garde civile de Cho-bo, et créant un corps de partisans Muong.
	62	1892	décembre 6	—	Arrêté répartissant entre diverses provinces l'effectif des brigades de garde civile du chemin de fer.
	63	1893	juillet 14	—	Arrêté créant les brigades de garde civile pour la surveillance du chemin de fer.
	64	1893	août 8	—	Arrêté allouant une indemnité pour cherté de vivres aux gardes civils en service à Cho-moi.
	65	1894	mai 5	RSA	Arrêté fixant les effectifs des brigades de garde civile en Annam.
	66	1895	janvier 4	GG	Arrêté réunissant en une seule brigade de garde civile, celles de Nam-dinh, Ninh-binh, Thai-binh et Ha-nam.
	67	1895	janvier 4	—	Arrêté fixant les effectifs des brigades de garde civile au Tonkin.
	68	1895	février 23	—	Arrêté allouant provisoirement des subsides annuels aux inspecteurs et gardes principaux, pour blessures et infirmités.
Gendarmerie.	1	1885	juillet 9	GCC	Décision règlementant l'administration de la gendarmerie.
	2	1888	octobre 17	GG	Arrêté règlementant les rapports de la gendarmerie du Tonkin et de l'Annam avec les autorités administratives et judiciaires.
Gouverneur général.	1	1891	avril 21		Décret fixant les attributions du Gouverneur général de l'Indo-Chine.
Greffiers, greffiers-notaires	1	1880	février 17	—	Arrêté sur les fonctions et devoirs des greffiers notaires.
	3	1892	mars 4	MC	Instructions au sujet du paiement des indemnités de route et de séjour aux greffiers de paix.
	4	1893	décembre 9	GG	Arrêté déterminant les conditions d'admission aux fonctions de commis-greffiers en Indo-Chine.
Haiduong (Ville de).	1	1884	novembre 24	RP	Règlement de police et de voirie de la ville de Hai-duong.
	2	1892	novembre 8	GG	Arrêté fixant les taxes spéciales à percevoir dans la ville de Hai-duong.
	3	1892	décembre 31	—	Arrêté fixant le périmètre de la ville de Hai-duong et les droits divers dont la perception est autorisée.
Haiphong (Ville de).	1	1892	mai 2	—	Arrêté déterminant les taxes municipales à percevoir par la ville de Haiphong.
	3	1892	décembre 31	—	Arrêté déterminant de nouvelles taxes municipales à percevoir par la ville de Haiphong.
	4	1892	décembre 31	—	Arrêté fixant les taxes à percevoir par la ville de Haiphong pour les inhumations et les exhumations.

RUBRIQUES alphabétiques sous lesquelles les décisions sont classées	NUMÉRO de la rubrique	DÉCISIONS		
		DATES	AUTORITÉS d'où elles émanent	SOMMAIRE
Haiphong (Ville de) (Suite).	5	1893 avril 30	GG	Arrêté répartissant en zones, au point de vue de l'impôt foncier, les propriétés de la ville de Haiphong.
	6	1893 mai 27	—	Arrêté modifiant les zones de la ville de Haiphong, pour l'assiette de l'impôt foncier.
	7	1886 juin 8	RP	Arrêté organisant le service des barques et sampans de passage sur la rade de Haiphong.
	8	1887 juillet 31	RG	Arrêté suspendant jusqu'après paiement, le visa du permis de circulation imposé aux barques et sampans de la rade de Haiphong.
	9	1887 août 3	—	Arrêté établissant une amende pour contravention au règlement du stationnement des jonques dans l'arroyo de Haiphong.
	10	1893 mai 22	GG	Arrêté sur la police du port de Haiphong.
	11	1893 août 9	—	Arrêté modifiant le règlement sur le visa des papiers des barques et sampans naviguant à Haiphong.
	12	1889 janvier 20	RST	Arrêté déterminant les limites de la ville de Haiphong.
	13	1885 février 17	RP	Règlement de police et de voirie de la ville de Haiphong.
	17	1885 décembre 21	—	Arrêté interdisant de creuser des trous, fossés ou excavations, dans les terrains urbains limités par le canal de ceinture de Haiphong.
	21	1892 décembre 28	GG	Arrêté fixant les cadres du personnel de la police de Haiphong.
	22	1893 mars 31	—	Arrêté fixant les soldes et accessoires du personnel de la police à Haiphong.
Halage.				Voy.: Navigation.
Hanoi (Ville de).	1	1880 décembre 20	RP	Arrêté fixant les taxes à percevoir pour les expéditions des actes de l'état civil et les légalisations, dans la ville de Hanoi.
	2	1880 décembre 20	—	Arrêté fixant les taxes de location des rues et trottoirs, dans la ville de Hanoi.
	3	1880 décembre 20	—	Arrêté établissant une taxe sur les autorisations de tir dans l'intérieur de la ville de Hanoi.
	8	1890 janvier	RST	Arrêté déterminant les limites de la ville de Hanoi.
	4	1892 mars 15	GG	Arrêté modifiant la classification des propriétés de la ville de Hanoi, pour l'assiette de l'impôt foncier.
	5	1892 mars 15	—	Arrêté fixant les taxes municipales dont la perception est autorisée à Hanoi.
	6	1893 janvier 27	—	Arrêté modifiant le classement des rues de Hanoi, pour l'assiette de l'impôt foncier.
	7	1888 septembre 14	RST	Arrêté déterminant l'étendue du territoire municipal de Hanoi.
	9	1890 janvier 1	—	Arrêté constituant le personnel de la voirie municipale de Hanoi.
	11	1890 avril	RST	Arrêté fixant la largeur, la longueur et la direction des rues de Hanoi.
	10	1891 février 17	RP	Arrêté réglementant les constructions en paillottes et torchis, à l'intérieur de la ville de Hanoi.
	12	1891 septembre 21	RP	Règlement de la voirie municipale de Hanoi.
	13	1892 décembre 3	—	Règlement de police pour la circulation des voitures à Hanoi.
	14	1895 février 20	GG	Arrêté étendant le territoire municipal de Hanoi.
	16	1884 août 20		Règlement de police de la ville de Hanoi.
	17	1884 novembre 10		Complément au règlement de police de Hanoi.
	21	1892 mars 29	RST	Arrêté fixant les cadres du personnel de la police à Hanoi.
	22	1893 mars 31	—	Arrêté fixant les soldes et accessoires du personnel de la police municipale de Hanoi et Haiphong.
Heure légale.	1	1891 octobre 10	GG	Arrêté déterminant l'heure légale pour les villes de Hanoi et Haiphong.
Honneurs et préséances.	2	1880 juin 24		Décret sur les honneurs à rendre aux Résidents supérieurs.
	3	1887 janvier 31		Décret sur les honneurs attribués aux fonctionnaires des résidences.

RUBRIQUES alphabétiques sous lesquelles les décisions sont classées	NUMERO de la rubrique	DÉCISIONS		
		DATES	AUTORITÉS d'où elles émanent	SOMMAIRE
Honneurs et préséances (*Suite*).	4	1889 janvier 14		Décret modifiant certaines dispositions sur les honneurs et préséances à bord de la flotte.
	5	1889 août 27		Décret sur les honneurs et préséances des Résidents supérieurs à bord des bâtiments de la flotte.
Hôpitaux et hospices.	1	1889 février 24	GG	Arrêté créant les infirmeries-ambulances au Tonkin.
	2	1890 février 23	—	Arrêté portant règlement sur le service intérieur des hôpitaux de l'Annam et du Tonkin.
	3	1892 octobre 10	—	Arrêté modifiant celui du 23 février 1890, sur le service intérieur des hôpitaux en Annam et au Tonkin.
	4	1895 février 15	—	Arrêté modifiant l'article 17 de celui du 23 février 1890, sur le service intérieur des hôpitaux de l'Annam et du Tonkin.
Hôpitaux militaires.	5	1888 décembre 26	RST	Circulaire au sujet du remboursement des frais d'hospitalisation.
	4	1888 novembre 11	GG	Arrêté modifiant les conditions d'entrée des civils dans les hôpitaux.
	0	1889 février 14		Décret organisant le personnel des hôpitaux militaires dans les colonies.
	6	1889 février 23	GG	Arrêté sur les mesures à prendre en cas de maladie dans les postes dépourvus d'hôpitaux.
	7	1889 août 4	RST	Circulaire sur le mode de recouvrement des frais d'hospitalisation.
	2	1891 février 19	GG	Arrêté rétablissant les versements au profit de l'œuvre des tombes.
	8	1892 juin 22	—	Arrêté fixant le prix de traitement dans les hôpitaux militaires.
Hospitalisation.	2	1886 juillet 20	—	Arrêté réglant les conditions d'admission de toute personne non militaire dans les hôpitaux et ambulances de l'armée.
	3	1890 juillet 1	—	Arrêté fixant le classement des fonctionnaires dans les hôpitaux de l'Indo-Chine.
	4	1891 octobre 24	—	Arrêté fixant le taux du remboursement du traitement dans les hôpitaux, pour les familles des fonctionnaires.
Huissiers.	1	1888 décembre 11	—	Arrêté sur l'exercice de la profession d'huissier près les tribunaux de Hanoi et Haiphong.
	3	1890 octobre 20	—	Arrêté désignant les fonctionnaires huissiers dans les provinces rattachées au ressort d'un tribunal.
	2	1891 janvier 10	—	Arrêté modifiant le mode de nomination des huissiers et leur confiant les fonctions de commissaire-priseur.
	4	1892 octobre 4	—	Arrêté confiant les fonctions d'huissier à Hong-gay et Ké-bao aux agents des douanes.
	7	1894 décembre 20	—	Arrêté fixant la solde des huissiers du Tonkin et réglant leur assimilation.
	8	1894 décembre 22	RST	Circulaire au sujet de l'application du tarif des droits de greffe, par les fonctionnaires huissiers.
Hung-yen (Ville de).	1	1892 avril 26	GG	Arrêté créant une taxe d'éclairage à Hung-yen.
Hung-hoa (Centre de).	1	1892 décembre 6	—	Arrêté créant une taxe d'éclairage à Hung-hoa.
Hygiène et salubrité publiques.	1	1887 juillet 22	RG	Arrêté instituant à Hanoi et à Haiphong un comité consultatif d'hygiène et de salubrité publiques.
Hypothèques.				Voy. : Enregistrement.
Hypothèque maritime.	1	1886 mai 22		Instructions ministérielles relatives à l'application de la loi sur l'hypothèque maritime.
Importations.	1	1886 février 13	GCC	Décision limitant au matériel de provenance française l'exonération des droits d'importation.
	2	1886 février 23	—	Décision réglementant les droits au bénéfice de 2 1/2 % pour les marchandises françaises importées au Tonkin.
	3	1886 septembre 6	RG	Arrêté établissant un droit d'importation sur les sapèques.
	4	1886 octobre 16	—	Arrêté prohibant l'importation des sapèques en cuivre.
	6	1889 décembre 26	GG	Arrêté exonérant des droits d'importation, les produits du Yûn-nam et du Quang-si.

III

RUBRIQUES alphabétiques sous lesquelles les décisions sont classées	NUMERO de la rubrique	DÉCISIONS		
		DATES	AUTORITÉS d'où elles émanent	SOMMAIRE
Impôts	56	1885 décembre 11	GCC	Arrêté fixant les taxes à percevoir sur les navires, jonques et barques, au Tonkin.
	15	1885 décembre 12	—	Décision fixant les taxes annuelles à percevoir sur les propriétés appartenant aux français ou aux étrangers.
	1	1886 février 17	—	Décision fixant les dispositions à prendre pour l'acquittement des impôts.
	2	1886 juin 10	RG	Arrêté relatif à la perception de l'impôt en argent,
	3	1886 juin 24	—	Circulaire portant organisation de la perception des impôts et instructions de comptabilité.
	16	1886 août 18	—	Arrêté modifiant les taxes à percevoir sur les propriétés foncières.
	17	1886 septembre 9	—	Arrêté modifiant les taxes foncières à percevoir sur les propriétés des français ou étrangers.
	4	1886 octobre 22	—	Arrêté règlementant le recouvrement des impôts directs.
	25	1886 décembre 27		Arrêté règlementant l'impôt de capitation à payer par les asiatiques étrangers au Tonkin.
	39	1888 février 22		Instructions du Gouverneur général relatives à la perception de l'impôt annamite.
	59	1888 juillet 12	GG	Arrêté règlementant la navigation des barques chinoises dans le golfe du Tonkin.
	41	1888 juillet 21	—	Arrêté règlementant la perception de l'impôt annamite.
	42	1888 août 1er	RST	Circulaire au sujet de l'assiette et du recouvrement de l'impôt annamite.
	43	1888 octobre 15	—	Circulaire au sujet de la comunication au Trésor, des situations mensuelles du recouvrement de l'impôt annamite.
	44	1888 octobre 26	—	Circulaire au sujet de la révision des rôles d'impôts annamites.
	19	1888 décembre 30	RG	Arrêté relatif à l'établissement des rôles des rentes tenant lieu d'impôt foncier, dans les villes de Hanoi et Haiphong.
	45	1888 décembre	RST	Circulaire au sujet de l'établissement en plastres des rôles d'impôts annamites.
	46	1889 janvier 12	—	Circulaire au sujet de l'envoi des rôles d'impôts annamites à la Résidence supérieure.
	26	1889 février 19	GG	Arrêté modifiant la classification de l'impôt de capitation.
	60	1889 février 22	—	Arrêté déterminant le mode de perception de l'impôt des barques de mer et rivières.
	28	1889 mars 16	RST	Circulaire au sujet de l'application du règlement sur l'impôt de capitation au Tonkin.
	61	1889 mars 26	—	Circulaire sur l'établissement des rôles d'impôt sur les barques et jonques.
	20	1889 mai 11	GG	Arrêté modifiant certaines dispositions du règlement sur l'impôt de capitation au Tonkin.
	29	1889 juin 21	RST	Circulaire au sujet de l'inscription au rôle foncier, de tout européen ou asiatique étranger occupant des immeubles.
	31	1889 juin 24	GG	Arrêté règlementant l'impôt de capitation en Annam.
	47	1889 novembre 25	RST	Circulaire au sujet de la suppression de la tolérance de payer l'impôt annamite en nature.
	48	1889 décembre 9	—	Circulaire relative à la formation des rôles d'impôts indigènes.
	50	1889 décembre 26	—	Circulaire fixant les taxes de l'impôt foncier annamite.
	51	1890 janvier 29	—	Circulaire sur le mode de perception de l'impôt foncier.
	5	1890 mars 10	—	Arrêté règlementant la perception de l'impôt.
	11	1890 avril 15	GG	Arrêté règlementant l'impôt des patentes.
	53	1890 avril 15	RST	Circulaire relative au recouvrement de l'impôt annamite.
	70	1890 août 31	GG	Arrêté fixant les redevances à percevoir pour l'exploitation des bois.
	62	1890 septembre 20	—	Arrêté réduisant les droits de phare et d'ancrage pour les navires partant avec un chargement de charbon.

RUBRIQUES alphabétiques sous lesquelles les décisions sont classées	NUMÉRO de la rubrique	DÉCISIONS			
		DATES		AUTORITÉS d'où elles émanent	SOMMAIRE
Justice (*Suite*).	30	1894	juin 8	GG	Arrêté fixant le personnel indigène attaché au Parquet général de Hanoi.
	31	1894	juin 20	—	Arrêté fixant les jours et heures d'audiences des Cours et tribunaux du Tonkin.
Justice indigène.					Voy. : Tribunaux mixtes.
Lang-son (Ville de).	1	1891	décembre 11	—	Arrêté créant une taxe d'éclairage sur les propriétés de Lang-son.
	2	1893	mars 13	—	Arrêté fixant les taxes dont la perception est autorisée par la ville de Lang-son.
	3	1893	juin 7	—	Arrêté déterminant les limites du territoire de la ville de Lang-son, et fixant les taxes à percevoir au profit de son budget local.
	4	1894	janvier 17	—	Arrêté limitant temporairement les impôts à percevoir à Lang-son.
Langue annamite (Primes pour la).	1	1886	août 9	RG	Arrêté allouant une prime à tout fonctionnaire justifiant de la connaissance de la langue annamite ou des caractères chinois.
	3	1888	septembre 21	GG	Arrêté modifiant l'allocation des primes pour la connaissance de la langue annamite et des caractères chinois.
	5	1891	septembre 9	—	Arrêté créant un cours public de langue annamite à Hanoi.
	6	1894	novembre 20	—	Arrêté fixant le taux de la prime allouée pour connaissance de la langue annamite ou des caractères chinois.
Légalisations.	1	1880	août 21	MC	Circulaire rappelant les prescriptions relatives aux pièces délivrées dans les colonies, et à l'envoi des signatures types.
	2	1880	décembre 27	RST	Circulaire au sujet des légalisations des actes de l'état civil.
	3	1891	juin 20	MC	Circulaire sur la nécessité de la légalisation des pièces à produire à l'appui d'une demande en liquidation de pension.
Léproserie, lépreux.	1	1883	août 22	GCC	Décision allouant un secours en nature aux lépreux.
	2	1884	janvier 27	ACC	Décision relative aux secours accordés à la mission pour l'entretien des lépreux.
	3	1889	novembre 15	RST	Circulaire au sujet de l'entretien des lépreux.
Lettrés.					Voy. : Interprètes.
Licence.					Voy. : Alcools ; — Opium.
Ligatures.					Voy. : Fonds d'avances ; — Impôts.
Livrets de domestiques.	1	1885	octobre 1er	GCC	Décision astreignant les ouvriers et domestiques à l'obligation du livret.
Livrets de solde.	1	1884	décembre 20	MC	Instructions sur la remise du livret de solde aux officiers, fonctionnaires ou agents quittant la colonie.
	2	1880	juin 17	RST	Circulaire au sujet de la tenue des livrets de solde.
Logement.					Voy. : Indemnités.
Machines à vapeur.	1	1888	juin 10	RST	Arrêté instituant le contrôle des chaudières et machines à vapeur.
Magasinage.					Voy. : Douanes ; — Magasins généraux.
Magasins généraux.	2	1890	janvier 4	GG	Arrêté prescrivant le déchargement aux docks de Haiphong, des colis arrivés par les navires affrétés par l'État.
	3	1890	mai 16	—	Arrêté complétant la nomenclature des cargaisons à décharger aux docks de Haiphong.
	4	1892	décembre 9	—	Arrêté remettant au service des douanes l'exploitation des docks et magasins généraux de Haiphong.
	5	1893	juillet 10	—	Arrêté réglant la situation des services administratifs vis-à-vis des magasins généraux de Haiphong.
Maire, mairie.					Voy. : Municipalités ; — Territoire municipal ; — Conseil municipal.
Maladies.	1	1888	octobre	RST	Circulaire au sujet des mesures prophylactiques contre les maladies vénériennes.
Mandarins.					Voy. : Administration annamite.
Mandats sur le trésor.					Voy. : Trésor.
Marchés.	1	1893	juillet 24	GG	Arrêté déterminant le mode de fixation des prix dans les marchés, pour fournitures d'origine européenne.

RUBRIQUES alphabétiques sous lesquelles les décisions sont classées	NUMERO de la rubrique	DATES			AUTORITÉS d'où elles émanent	SOMMAIRE
Organisation administrative (*Suite*).	27	1888	août	12	RST	Circulaire au sujet de l'envoi de certaines correspondances administratives.
	29	1888	décembre	27	RG	Circulaire décidant que les vice-résidents chefs de poste relèveront directement du Résident supérieur.
	32	1889	mai	2		Décret organisant le personnel européen du Secrétariat général ou des affaires indigènes de Cochinchine, et des résidences du Tonkin, de l'Annam et du Cambodge.
	33	1889	mai	9		Décret fixant les attributions, assimilation et traitements des Résidents supérieurs de Hanoi et de Hué.
	35	1889	juin	6	GG	Arrêté portant organisation des bureaux de la résidence supérieure au Tonkin.
	34	1889	juin	30	—	Arrêté rapportant celui du 11 juillet 1888, et supprimant les postes administratifs.
	37	1889	septembre	20	—	Arrêté supprimant le bureau politique et des Protectorats.
	38	1889	septembre	00		Arrêté fixant la composition du personnel des bureaux du Gouvernement général.
	39	1889	octobre	2		Décret fixant l'indemnité du Gouverneur général pour frais de premier établissement.
	47	1890	avril	29		Décret déterminant la situation des officiers et sous-officiers détachés au service du Protectorat.
	51	1891	mars	10	RST	Circulaire au sujet des commandes d'imprimés et de reliures nécessaires aux différents services du Protectorat.
	52	1891	septembre	8	GG	Arrêté fixant les nouvelles circonscriptions des provinces de Hung-yen, Bac-ninh, Haiduong, Luc-nam et Quang-yen.
	54	1891	septembre	22	—	Arrêté supprimant la vice-résidence de Hoabinh et nommant un commissaire du Gouvernement dans la province Muong.
	54	1891	septembre	22	—	Arrêté modifiant les circonscriptions des provinces de Haiphong et Haiduong.
	55	1891	octobre	6	—	Circulaire sur les droits et devoirs des résidents et vice-résidents chefs de province, en territoire civil.
	57	1891	décembre	1er	—	Arrêté allouant des indemnités fixes de tournées et de déplacement aux résidents et vice-résidents du Tonkin.
	58	1892	février	16	—	Arrêté déterminant les frais de service des résidents en Annam.
	62	1892	mars	25	MC	Instruction faisant connaître que la Cochinchine et les Pays de Protectorat forment une colonie sous le nom d'Indo-Chine.
	63	1892	avril	1er	GG	Arrêté d'attribution des pouvoirs des résidents supérieurs en Annam et au Tonkin.
	65	1892	juin	23	—	Arrêté organisant l'administration de la province Muong.
	66	1892	novembre	23	—	Arrêté créant le corps des comptables dans les Résidences de l'Annam et du Tonkin.
	67	1892	décembre	10	—	Arrêté plaçant sous l'autorité du résident de Quang-yen la région minière de Hon-gay, Ke-bao et Kam-pha.
	68	1892	décembre	30	—	Arrêté déterminant la circonscription de la province de Thai-nguyen.
	70	1893	avril	6	—	Arrêté concernant l'administration de différents territoires, rattachés à la province de Quang-yen.
	71	1893	avril	20	—	Arrêté modifiant les circonscriptions territoriales des provinces de Haiphong et de Haiduong.
	73	1893	juillet	24	—	Arrêté replaçant les provinces de Hung-hoa et Cho-bo sous le régime civil.
	75	1893	septembre	9	—	Arrêté fixant les frais de service et les indemnités de tournées et de déplacements des résidents et vice-résidents du Tonkin.
	76	1894	janvier	16	—	Arrêté fixant les indemnités fixes de tournées et de déplacement des résidents et vice-résidents en Annam.
	77	1894	janvier	17	—	Arrêté limitant les effectifs des cadres du personnel du Protectorat.

RUBRIQUES alphabétiques sous lesquelles les décisions sont classées	NUMÉRO de la rubrique	DÉCISIONS			
		DATES		AUTORITÉS d'où elles émanent	SOMMAIRE
Organisation administrative (Suite).	78	1894	février 1"	GG	Arrêté créant l'emploi d'archiviste au Gouvernement général de l'Indo-Chine.
	79	1894	juin 23	RSA	Arrêté réorganisant les attributions des bureaux de la Résidence supérieure en Annam.
	80	1894	août 11	GG	Arrêté déterminant les matières du concours à subir pour les candidats au grade de sous-chef de bureau.
	81	1894	novembre 3	—	Arrêté modifiant les allocations pour frais de tournée et de déplacement dans la province du Quang-Binh.
	82	1894	décembre 23	—	Arrêté fixant les frais de service des résidents de Bac-ninh et Son-tay.
	83	1895	février 25		Décret supprimant la Résidence supérieure du Tonkin, et créant le secrétariat général du Gouvernement général de l'Indo-Chine.
Ouvriers et domestiques.	1	1886	juin 22	RG	Arrêté relatif aux asiatiques employés par des Européens à titre de serviteurs ou ouvriers à gages.
	2	1887	mars 18	—	Arrêté étendant à la ville de Nam-dinh l'arrêté du 22 juin 1886, sur les asiatiques employés par des Européens.
Papier timbré.	3	1892	juillet 1"	OR	Ordonnance royale établissant l'impôt du timbre en Annam et au Tonkin.
	1	1892	juillet 24	GG	Arrêté réglementant l'emploi et la vente du papier timbré indigène.
	2	1892	juillet 30	RST	Circulaire portant instructions pour la vente du papier timbré indigène.
	4	1893	mars 14	GG	Arrêté modifiant certaines dispositions de celui du 24 juillet 1892, sur le papier timbré.
	5	1893	octobre 13	—	Arrêté étendant l'obligation du papier timbré aux actes et certificats concernant la douane.
Passages gratuits	1	1880	janvier 10	RST	Circulaire au sujet des indications que doivent contenir les ordres d'embarquement des passagers civils.
	2	1880	avril 23	MC	Lettre ministérielle au sujet des passages des membres des familles des fonctionnaires.
	3	1889	août 22	RST	Arrêté déterminant le classement du personnel européen et indigène à bord des messageries fluviales.
	4	1890	juin 12	—	Circulaire au sujet du passage à bord des messageries fluviales.
	5	1890	septembre 27	GG	Circulaire au sujet des passages par Messageries maritimes.
	6	1891	mai 28	RST	Circulaire au sujet des demandes d'embarquement des colis à bord des transports et affrétés.
	7	1891	juillet 21	—	Circulaire au sujet de l'embarcation des passagers civils sur les transports ou affrétés.
	8	1892	novembre 28	MM	Circulaire ministérielle coordonnant la classification des passagers de la marine à bord des paquebots des lignes postales.
	0	1892	décembre 2	MC	Circulaire fixant le prix de remboursement des passages concédés sur les bâtiments de l'État et les affrétés.
	10	1893	mars 10	MM	Circulaire faisant connaître que la gratuité du passage est accordée, à bord des affrétés, aux enfants de moins de 3 ans.
	11	1893	août 2	MC	Instructions allouant le demi-tarif aux enfants de 3 à 10 ans, à bord des vapeurs de la ligne commerciale de l'Indo-Chine.
	12	1894	septembre 8	GG	Arrêté classant à la 6e catégorie, à bord des bâtiments de l'État, les agents indigènes des services civils du Protectorat.
	13	1893	octobre 18	RST	Instructions pour l'embarquement des colis des particuliers sur les transport et affrétés.
	14	1894	octobre 18	RSA	Circulaire relative au mode de délivrance des réquisitions de passage, en ce qui concerne les excédents de bagages.
Passeports.	1	1890	mai 15	GG	Arrêté créant un passeport spécial pour les commerçants chinois voyageant en Annam et au Tonkin.
	2	1890	août 20	—	Arrêté autorisant le résident de Lao-kay à délivrer le passeport spécial, au lieu et place du consul de Mong-tzé.

RUBRIQUES alphabétiques sous lesquelles les décisions sont classées	NUMÉRO de la rubrique	DATES		AUTORITÉS d'où elles émanent	SOMMAIRE
Navigation (*Suite*).	2	1883	octobre	0	GRF	Décision réglementant la navigation dans les fleuves et rivières du Tonkin.
	3	1883	novembre	0	—	Décision instituant une commission d'examen des embarcations et bâtiments à vapeur naviguant au Tonkin.
	4	1884	septembre	1"		Décret sur les mesures à prendre pour prévenir les abordages.
	5	1885	mars	20	GCC	Décision relative aux règles à suivre pour prévenir les abordages dans les rivières du Tonkin.
	6	1885	avril	14	MM	Décision ministérielle au sujet des attributions des résidents dans les questions relatives à la police de la navigation.
	7	1885	août	8	GCCF	Décision réglementant la navigation des chaloupes dans le canal des Rapides.
	8	1885	août	22	GCC	Décision installant au Tonkin un service dit « de surveillance des arroyos » et rendant obligatoire le livret de barque.
	9	1886	avril	19	RG	Décision réglementant la circulation des jonques dans le Song-tam-bac.
	10	1886	mai	27	—	Arrêté étendant le droit de faire du cabotage de province à province, à tous navires, chaloupes ou barques autorisés à battre pavillon français.
	11	1886	juin	17	RST	Circulaire au sujet des manifestes dont doivent être munis les bateaux faisant le cabotage.
	12	1886	juin	25	RG	Arrêté réglant l'armement que peuvent posséder les chaloupes, jonques, etc., circulant sur les rivières du Tonkin, ou en mer.
	14	1886	octobre	16	—	Décision fixant les obligations des patrons de bateaux ou de chaloupes, en matière de correspondances postales.
	15	1887	mars	1"	—	Arrêté soumettant au droit de tonnage, les jonques indigènes se livrant au cabotage sur la côte d'Annam.
	16	1887	mai	13	—	Arrêté réglant les avertissements des navires à vapeur dans la navigation fluviale.
	20	1889	janvier	7	RST	Circulaire au sujet du numérotage des barques.
	21	1889	février	15	GG	Arrêté fixant la taxe de tonnage des navires entrant dans les ports ouverts de l'Annam et du Tonkin.
	22	1889	mars	15	RST	Circulaire au sujet de l'application des taxes sur les barques et jonques.
	23	1889	avril	14	GG	Arrêté sur les droits de stationnement et d'amarrages des barques dans la rivière de Tourane.
	24	1889	mai	15	—	Arrêté modifiant celui de 22 février 1880, sur les droits à percevoir sur les chaloupes d'un tonnage supérieur à 100 tonneaux.
	25	1889	juillet	6	—	Arrêté rapportant celui du 12 juillet 1888, fixant l'impôt à percevoir sur les barques chinoises.
	26	1889	août	6	—	Arrêté fixant la taxe annuelle à percevoir sur les barques et jonques de mer.
	27	1890	juin	11	RST	Circulaire complétant l'arrêté du 22 février 1889, sur la police des barques de mer et de rivière.
	28	1891	mars	10		Loi sur les accidents et collisions en mer.
	29	1892	juin	13	MAE	Circulaire sur l'interprétation à donner à la convention anglo-française du 23 octobre 1889, au sujet des naufrages de navires.
	31	1893	février	1"	GG	Décret sur les appareils à vapeur placés à bord des bateaux.
	30	1893	avril	11		Arrêté étendant à l'Annam l'obligation pour les patrons de bateaux ou chaloupes d'assurer le service postal.
	32	1894	janvier	17	—	Arrêté réglementant la police de la navigation dans le haut Fleuve Rouge.
Noix d'arec.	1	1893	juin	22	—	Arrêté frappant d'un droit d'accise le commerce des noix d'arec, en Annam.
Notaires.	1	1893	juin	8		Loi sur la forme de certains actes civils dans les établissements en mer ou aux armées.
	2	1895	mars	6	RST	Circulaire relative à la tenue et au dépôt des registres des actes notariés.

RUBRIQUES alphabétiques sous lesquelles les décisions sont classées	NUMÉRO de la rubrique	DÉCISIONS			
		DATES		AUTORITÉS d'où elles émanent	SOMMAIRE
Notices individuelles.	1	1889	août	27	RST	Circulaire sur les notices individuelles du personnel.
Opium.	2	1892	septembre	7	GG	Arrêté supprimant la régie de l'opium en Annam.
	3	1893	juin	6	—	Arrêté confiant au service des douanes la régie de l'opium au Tonkin.
	4	1893	juin	7	—	Arrêté déterminant le prix de vente de l'opium au Tonkin.
	5	1893	juin	8	—	Arrêté réglementant la vente de l'opium au Tonkin.
	6	1893	juin	9		Circulaire du service des douanes sur le mode d'exploitation de la régie de l'opium au Tonkin.
	7	1893	juin	12		Décision du service des douanes instituant les différentes zones et les bureaux de vente d'opium du Tonkin.
	9	1893	août	9	—	Arrêté fixant le prix de vente de l'opium du Yun-nam au Tonkin.
	10	1894	décembre	24	—	Arrêté fixant à nouveau les prix de vente de l'opium au Tonkin.
	11	1894	décembre	31	—	Arrêté réglementant la vente de l'opium en Annam.
Ordonnancements.	1	1885	juin	22	GCG	Arrêté sur l'ordonnancement des dépenses des services civils.
	2	1886	avril	14	RG	Arrêté autorisant les Résidents supérieurs de Hué et de Hanoi à ordonnancer les dépenses des services civils en Annam et au Tonkin.
	3	1886	décembre	14	—	Arrêté concernant l'ordonnancement des dépenses du Protectorat à compter du 1er janvier 1887.
	4	1889	février	6	GG	Arrêté promulguant l'article 12 du décret du 24 octobre 1882, sur les ordonnateurs secondaires.
	5	1889	septembre	20		Circulaire au sujet de l'ordonnancement de la solde du personnel européen changeant de résidence.
	6	1891	novembre	25	—	Arrêté fixant le mode d'ordonnancement des dépenses à effectuer dans les territoires militaires du Tonkin.
	7	1891	décembre	19	—	Promulgation des décrets des 11 avril 1890 et 16 mai 1891, sur le service financier aux colonies.
	8	1893	septembre	12	—	Arrêté soumettant les mandats à ordonnancer pour l'Annam et le Tonkin, au visa du contrôle financier avant toute signature.
Organisation administrative.	4	1886	janvier	27		Décret portant organisation du Protectorat de l'Annam et du Tonkin.
	7	1886	mai	20	RG	Lettre au sujet de l'application au Tonkin du traité du 6 juin 1884.
	8	1886	mai	24	—	Au sujet de la constitution des dossiers des agents du Protectorat.
	9	1886	juin	10	—	Arrêté créant des commis auxiliaires de résidence.
	11	1886	août	30	—	Circulaire sur les droits et devoirs des résidents et vice-résidents dans leurs relations avec les différents services.
	12	1886	novembre	26	—	Décision réglementant le service des bureaux.
	13	1887	janvier	5	—	Arrêté plaçant les services du trésor, des contributions directes et indirectes, des douanes, des postes et télégraphes, sous l'autorité de la Résidence générale.
	14	1887	janvier	24	—	Arrêté fixant les heures de bureau.
	15	1887	octobre	6	—	Arrêté modifiant les heures de bureau.
	16	1887	octobre	17		Décret sur l'organisation administrative de l'Indo-Chine.
	18	1887	octobre	20		Décret portant modification à l'organisation du Gouvernement de l'Indo-Chine.
	20	1887	novembre	12		Décret fixant le traitement du personnel politique et administratif de l'Indo-Chine.
	22	1888	février	15	GG	Arrêté organique du Gouvernement de l'Indo-Chine.
	23	1888	février	22	—	Instructions relatives au mode de transmission des correspondances administratives.

RUBRIQUES alphabétiques sous lesquelles les décisions sont classées	NUMERO de la rubrique	DATES			AUTORITÉS d'où elles émanent	SOMMAIRE
Passeports (*Suite*).	3	1890	novembre	23	GG	Arrêté modifiant celui du 15 mai 1890, sur la délivrance des passeports spéciaux.
	4	1891	janvier	31	—	Arrêté relatif au visa des passeports délivrés aux asiatiques.
	5	1891	avril	22	RST	Circulaire concernant la délivrance des passeports aux chinois voyageant avec des femmes.
Pécherie, Pêche.	1	1884	mars	22	GCCE	Décision relative à l'établissement des pêcheries et à la police des cours d'eau.
Peine capitale.	1	1880	juin	6	MC	Circulaire relative à la procédure à suivre en matière d'exécution capitale.
Pensions de retraite.	1	1886	janvier	1er	GCCE	Décision fixant les pensions de retraite à accorder aux soldats annamites blessés aux services de la France.
	3	1889	janvier	12	RG	Circulaire relative aux retenues à exercer, pour le service des retraites, sur la solde des fonctionnaires et agents du Protectorat.
	4	1889	février	27		Décret déterminant l'assimilation des fonctionnaires et agents des colonies, pour la pension de retraite.
	5	1894	mars	15		Décret complétant le tableau des assimilations pour la pension de retraite de certains fonctionnaires du Protectorat.
Percepteurs.	1	1889	juin	20	GG	Arrêté créant des emplois de percepteurs au Tonkin.
	2	1889	juin	30	RST	Circulaire au sujet de l'application de l'arrêté du 20 juin 1889, créant les emplois de percepteurs.
	3	1889	juin	30	—	Instructions aux percepteurs sur l'organisation et le fonctionnement de leur service.
	4	1890	janvier	22	GG	Arrêté créant des perceptions à Hung-hoa et Tuyen-quang.
	5	1890	avril	10	—	Arrêté créant une perception au Bay-say.
	6	1890	mai	28	—	Arrêté créant une perception au Thai-binh.
	7	1890	juin	5	—	Arrêté créant une perception à My-duc.
	8	1890	octobre	17	—	Arrêté créant une perception à Lao-kay.
	9	1891	avril	22	—	Arrêté créant les perceptions de Ha-nam, Lucnam et Hoa-binh.
	10	1891	mai	20	RST	Arrêté allouant une indemnité à divers agents chargés du recouvrement de l'impôt.
	11	1891	juillet	13	—	Circulaire au sujet de l'émission des ordres de recette.
Pétroles.	1	1891	mai	19	GG	Arrêté déterminant les conditions d'établissement des raffineries de pétrole.
	2	1892	mai	1er	—	Arrêté établissant un impôt de consommation sur les huiles minérales.
Phares et ancrage (Droits de).	1	1891	avril	12	—	Arrêté fixant la composition et la solde des gardiens de phare.
	2	1892	mai	1	—	Arrêté fixant la quotité de la taxe de tonnage à percevoir sur les navires entrant dans les ports ouverts de l'Annam et du Tonkin.
Pharmacies, Pharmaciens.	1	1884	novembre	30	RG	Décision réglementant l'exercice de la pharmacie en Annam et au Tonkin.
	3	1886	février	27	GGC	Décision sur la réglementation des officines de pharmaciens.
Phu-lang-thuong (Centre de).	1	1893	février	10	GG	Arrêté fixant les impôts dont la perception est autorisée à Phu-lang-Thuong.
	2	1893	mai	16	—	Arrêté déterminant les limites du territoire de la ville de Phu-lang-Thuong et fixant les taxes à percevoir au profit de son budget local.
Pilotage, Pilotes.	4	1884	juillet	15	GCCE	Arrêté sur l'organisation d'un corps de pilotes indigènes pour le service de la flottille.
	5	1887	juin	17	RG	Arrêté fixant la solde des pilotes indigènes.
	6	1887	août	20	GG	Arrêté fixant la solde d'absence des pilotes indigènes.
	8	1892	mai	10	—	Arrêté relatif au pilotage du port de Ké-bao.
	10	1892	septembre	26	—	Arrêté réorganisant le service du pilotage au Tonkin.
	11	1892	septembre	26	—	Arrêté fixant l'effectif des pilotes dans les différents ports du Tonkin.
	12	1892	décembre	3	—	Arrêté modifiant l'article 39 de celui du 26 septembre 1892, sur le service du pilotage.

RUBRIQUES alphabétiques sous lesquelles les décisions sont classées	NUMÉRO de la rubrique	DÉCISIONS			
		DATES		AUTORITÉS d'où elles émanent	SOMMAIRE
Postes et télégraphes (*Suite*).	8	1884	juillet	30		Arrêté relatif au transport des lettres, paquets, journaux, etc.
	10	1884	septembre	29	CGRF	Arrêté organisant le service des postes et télégraphes.
	36	1848	août	24		Décret sur la taxe des lettres.
	36	1850	juin	25		Loi sur les transports d'imprimés, d'échantillons et de papiers d'affaires.
	44	1884	avril	17	GGCE	Décision ouvrant le réseau télégraphique du Tonkin à la correspondance privée et fixant les dates.
	45	1884	septembre	9		Avis de l'ouverture du câble entre Hong-kong et Haiphong, et fixant la taxe à percevoir.
	47	1884	septembre	29	GGC	Décision rapportant l'arrêté du 17 février 1884, en ce qui concerne la traduction des taxes en cents, pour l'affranchissement des télégrammes par le câble.
	11	1885	août	13		Décret fixant les taxes à acquitter dans les colonies sur les correspondances à destination ou provenant de Siam.
	12	1885	septembre	21		Promulgation de la loi sur l'échange des cartes postales avec réponse payée.
	48	1885	décembre	10	RG	Décision relative à la transmission des télégrammes privés en chiffres secrets.
	49	1886	septembre	1er	—	Arrêté relatif à la réduction de la taxe applicable aux télégrammes destinés aux journaux.
	13	1886	décembre	28	—	Décision modifiant le service de la poste restante.
	14	1886	décembre	28	—	Décision concernant la distribution des correspondances postales.
	15	1887	avril	25	—	Arrêté fixant la surtaxe des objets admis à tarif réduit et insuffisamment affranchis.
	16	1887	avril	30	—	Arrêté confiant au service des postes et télégraphes le monopole des correspondances.
	20	1887	juin	11		Loi sur la diffamation et l'injure par correspondances postales et télégraphiques circulant à découvert.
	50	1887	juin	17	—	Arrêté fixant la composition du personnel du câble.
	51	1887	août	18	—	Arrêté fixant la taxe des télégrammes en Annam et au Tonkin.
	53	1888	avril	11	GG	Arrêté instituant un cours de télégraphie pratique à l'usage des asiatiques.
	18	1887	mai	12	RG	Arrêté rendant obligatoire l'affranchissement de tout objet bénéficiant du tarif réduit.
	18	1887	septembre	20	GG	Arrêté réglant le transport des chargements et colis postaux par convois militaires.
	19	1888	janvier	13	—	Arrêté relatif à la prestation de serment des agents du service local des postes et télégraphes.
	20	1888	octobre	31	—	Arrêté créant un bureau permanent des rebuts à la direction des postes et télégraphes.
	56	1888	décembre	1er	—	Convention télégraphique entre la France et la Chine.
	22	1888	décembre	14	—	Arrêté étendant le service des mandats postaux et télégraphiques, à toute l'étendue de l'Indo-Chine.
	26	1889	mars	15	—	Arrêté au sujet des rebuts postaux en Indo-Chine.
	27	1889	juillet	6	—	Arrêté fixant les heures d'ouverture et de fermeture des bureaux des postes.
	54	1889	septembre	3	—	Arrêté modifiant l'organisation des cours de télégraphie à l'usage des asiatiques.
	55	1889	octobre	31	—	Arrêté instituant à Haiphong un cours théorique et pratique de maniement d'appareils télégraphiques.
	31	1891	octobre	27	—	Arrêté fixant la dénomination et la solde du personnel européen du cadre local des postes et télégraphes.
	33	1892	mars	25		Loi sur la taxe des lettres insuffisamment affranchies.
	32	1892	avril	13		Loi sur le service postal.

RUBRIQUES alphabétiques sous lesquelles les décisions sont classées	NUMÉRO de la rubrique	DÉCISIONS			
		DATES		AUTORITÉS d'où elles émanent	SOMMAIRE
Protocole (*Suite*).	2	1880	avril 10	RG	Décision réglant le protocole final dans les relations écrites entre les différents services du Protectorat.
Provinces.					Voy.: Organisation administrative.
Raffineries.					Voy.: Pétrole.
Rapatriements.	1	1888	octobre 22	RST	Circulaire au sujet des rapatriements.
	2	1888	octobre 17	—	Circulaire au sujet du rapatriement des indigents.
Rapports administratifs.					Voy.: Organisation administrative; — Topographie.
Rapports politiques.	1	1888	août 6	—	Circulaire prescrivant l'envoi d'un rapport politique de quinzaine.
Rations.	1	1889	juin 29	GG	Arrêté fixant la composition des rations de vivres.
	2	1891	janvier 31	—	Arrêté faisant entrer le riz dans la composition de la ration de 2ᵉ catégorie.
Rébellion.	1	1889	février 26	GGCE	Proclamation au peuple du Tonkin au sujet de la soumission des rebelles.
	2	1889	février 11	GG	Circulaire sur les mesures à prendre pour la répression des faits de rébellion.
Rebuts (Bureau des).					Voy.: Postes et télégraphes.
Récidivistes, Récidive.	1	1885	mai 27		Loi sur les récidivistes.
	3	1885	août 14		Loi sur les moyens de prévenir la récidive (Liberté conditionnelle, réhabilitation).
Recrutement.	1	1889	septembre 27	GG	Promulgation de la loi du 15 juillet 1889, sur le recrutement de l'armée.
	2	1889	octobre 4	RST	Circulaire au sujet des formalités prescrites par l'autorité militaire aux hommes de la réserve.
	4	1889	novembre 23		Décret réglementant l'exécution de l'article 23 de la loi du 15 juillet 1889, sur le recrutement de l'armée.
	5	1891	janvier 10	GG	Arrêté promulguant en Indo-Chine la loi du 6 novembre 1890, modifiant l'article 21 de la loi du 15 juillet 1889, sur le recrutement de l'armée.
	6	1892	février 23	MG	Dépêche ministérielle spécifiant les places réservées aux militaires gradés dans les différents services de l'administration des colonies.
	7	1894	août 4		Décret sur l'organisation de l'armée coloniale et son mode de recrutement.
Recrutement indigène.	1	1886	février 10	RG	Arrêté sur le mode de recrutement des indigènes tonkinois des différentes armes.
	2	1886	février 10	—	Instruction pour l'application de l'arrêté du 10 février 1886 sur le recrutement des tonkinois.
	3	1889	mars 9	—	Circulaire sur l'application de la responsabilité des villages en matière de recrutement militaire indigène.
	5	1889	juillet 15	GG	Arrêté fixant à six années le service actif des militaires indigènes en Annam et au Tonkin.
	7	1889	septembre 5	RST	Circulaire sur l'engagement militaire des indigènes.
	8	1890	juin 10	GG	Arrêté modifiant le règlement du 15 février 1886, sur la solde des tirailleurs tonkinois.
	9	1891	septembre 5	—	Arrêté fixant les effectifs de la garde civile indigène et des linh-co et réglant le mode de recrutement de ces derniers.
	10	1891	septembre 6	RST	Arrêté répartissant les 4.032 hommes cédés par la garde civile à l'autorité militaire et les 4.000 linh-co entre les différentes brigades de la garde civile.
	11	1891	novembre 28	GG	Arrêté modifiant l'article 4 de celui du 15 juillet 1889, sur le recrutement indigène.
	12	1892	juin 10	—	Arrêté fixant le décompte du taux de la piastre pour le payement des soldes et indemnités aux militaires indigènes.
	13	1893	septembre 12	—	Arrêté supprimant les avantages accessoires alloués aux familles des tirailleurs tonkinois et des gardes civils indigènes.
	14	1894	décembre 23	—	Arrêté sur le recrutement indigène des équipages de la flotte en Annam et au Tonkin.

RUBRIQUES alphabétiques sous lesquelles les décisions sont classées	NUMÉRO de la rubrique	DÉCISIONS			
		DATES		AUTORITÉS d'où elles émanent	SOMMAIRE
Réhabilitation.					Voy.: Récidivistes, Récidive.
Renseignements (Service des).	1	1884	janvier 8	ACC	Décision modifiant celle du 10 octobre 1883 sur le service des renseignements.
Répression.					Voy.: Pirates, Piraterie; — Tribunaux mixtes.
Réquisitions.	1	1884	avril 22	GCCE	Décision réglementant le service des réquisitions de remorqueurs, jonques, etc.
	2	1884	septembre 18	—	Décision rendant exécutoire au Tonkin la loi du 3 juillet 1877 sur les réquisitions militaires.
Réserves indigènes.	1	1888	juillet 22	GG	Arrêté sur l'organisation des réserves indigènes en Indo-Chine.
Résidences et Vice-résidences.					Voy.: Organisation administrative; — Matériel.
Résident général.					Voy.: Organisation administrative.
Résident supérieur.					Voy.: Organisation administrative.
Responsabilité collective.					Voy.: Amendes; — Recrutement indigène; — Rébellion; — Administration annamite.
Responsabilité des villages.					Voy.: Amendes; — Recrutement indigène; — Rébellion; — Administration annamite.
Retenues.					Voy.: Hôpitaux, hospices; — Hospitalisation; — Retraite (Caisses de); — Garde civile; — Soldes.
Retraite (Caisses de).	1	1889	janvier 12	RG	Circulaire relative aux retenues à exercer pour le service des retraites, sur la solde des fonctionnaires du Protectorat.
	2	1889	janvier 25	GG	Arrêté fixant le point de départ des retenues à exercer sur les soldes pour les retraites.
	3	1889	février 3	RST	Circulaire au sujet du décompte des retenues pour les retraites.
	4	1891	juillet 6	—	Circulaire au sujet des états de retenue sur la solde.
	5	1893	février 16	—	Circulaire relative à la retenue sur les frais d'hôpital.
	6	1894	mars 12	—	Circulaire au sujet des états trimestriels des retenues pour la retraite.
Riz et paddys.	1	1884	novembre 19	RG	Décision établissant un droit de sortie sur les riz et paddys exportés.
	2	1889	novembre 18	GG	Arrêté fixant les droits de sortie sur les riz et paddys.
Routes.	1	1892	mars 5	RST	Arrêté réglant le mode de construction des routes au Tonkin.
Saisie-arrêt ou opposition.	1	1895	mars 15		Loi du 12 janvier 1895 relative aux oppositions ou saisies-arrêts sur les petits traitements.
Salubrité.					Voy.: Hygiène et salubrité publiques.
Sanatorium.	1	1886	août 21	RG	Lettre au sujet de l'organisation de sanatoria.
	3	1890	mai 11	GG	Arrêté réglementant le séjour des officiers et fonctionnaires au sanatorium de Yokohama.
	4	1890	mai 13	—	Convention avec le docteur Mècre concernant le sanatorium de Yokohama.
	5	1892	juillet 1er	RST	Arrêté autorisant des avances de solde avant le départ pour le sanatorium de Yokohama.
Santé.	3	1884	septembre 20	GCCE	Ordre créant une commission de santé à Haïphong.
	4	1889	février 20	GG	Arrêté instituant le service de la santé en Annam et au Tonkin.
	6	1889	avril 10	RST	Circulaire interprétative de l'arrêté du 10 février 1889 relativement aux fonctionnaires civils.
	8	1890	janvier 9		Décret organisant le corps de santé dans les colonies.
	9	1893	août 1er	GG	Arrêté modifiant les articles 40, 42, 43, 44 et 50 du règlement du 23 février 1889 sur le service de santé en Annam et au Tonkin.
	10	1894	août 2	—	Arrêté plaçant le service sanitaire sous l'autorité du Directeur de santé.
	11	1894	août 2	—	Arrêté désignant les agents principaux de la santé en Annam et au Tonkin.
Sapèques.	1	1890	janvier 26	RST	Arrêté autorisant la circulation de la sapèque chinoise en cuivre dans la province de Lang-son.
	2	1890	juillet 3	—	Arrêté autorisant la circulation de la sapèque chinoise en cuivre dans la province de Haïninh.

5

RUBRIQUES alphabétiques sous lesquelles les décisions sont classées	NUMÉRO de la rubrique	DÉCISIONS		AUTORITÉS d'où elles émanent	SOMMAIRE
		DATES			
Séjour.	1	1886	février 9	GCCE	Décision réglant les conditions de séjour des Pavillons-Noirs et des Chinois.
Sel.	2	1892	mai 28	RST	Arrêté fixant l'impôt sur le sel.
Sémaphores.	1	1887	juin 25	RG	Arrêté portant ouverture du bureau de Hon-dau au service télégraphique sémaphorique.
Serment.					Voy. : Chancellers ; — Organisation administrative ; — Justice ; — Postes et télégraphes ; — Douane.
Services administratifs.	1	1884	mai 11	GCCE	Organisation du service administratif au Tonkin et en Annam.
	2	1884	décembre 12	CSA	Circulaire portant instructions générales aux chargés du service administratif en Annam et au Tonkin.
	3	1888	février 21	GG	Arrêté ordonnant et réglant la remise du service administratif militaire au service administratif de la marine en Annam et au Tonkin.
	4	1891	février 24	GG	Arrêté fixant les effectifs des coolies de place et brancardiers dans les corps de troupe européens et indigènes.
	5	1893	octobre 11	GG	Promulgation du décret du 31 décembre 1892 sur l'organisation du service administratif de la marine aux colonies. — Décret.
Services civils.					Voy. : Ordonnancements ; — Organisation administrative ; — Contrôle financier.
Services financiers.		1886	avril 11	RG	Arrêté créant à la Résidence générale, une direction du contrôle des services financiers.
Service militaire.					Voy. : Recrutement ; — Recrutement indigène ; — Réserves indigènes ; — Réquisitions.
Signatures types.					Voy. : Légalisation.
Sociétés de bienfaisance.	1	1888	avril 5	—	Arrêté autorisant la création d'une société de bienfaisance à Haiphong.
Soldes.	1	1886	avril 25	—	Décision autorisant une avance de solde aux fonctionnaires des postes éloignés.
	3	1886	juillet 29	—	Arrêté relatif au payement des mandats de solde du personnel.
	5	1890	janvier 28	—	Décret portant règlement sur la solde et les accessoires de solde des civils ou militaires des services coloniaux ou locaux.
	7	1890	septembre 30	MC	Circulaire ministérielle interprétant le décret du 28 janvier 1890, sur la solde.
	8	1891	septembre 30	—	Décision ministérielle interprétant l'article 118 du décret du 28 janvier 1890, sur la reprise des avances de solde.
	9	1892	avril 4	—	Instructions ministérielles sur l'établissement des états des délégations par les officiers, fonctionnaires et agents du service des colonies.
	10	1892	juin 11	GG	Arrêté fixant à 4 francs le taux de la conversion en piastres, pour la solde du personnel indigène des services civils du Protectorat.
	11	1892	octobre 24	MC	Circulaire ministérielle sur le droit à des avances de solde pour les officiers, fonctionnaires, employés et agents en service dans les colonies.
Sontay.	1	1884	avril 15	GCCE	Décision organisant la police à Sontay.
	2	1892	novembre 8	GG	Arrêté fixant les taxes spéciales à percevoir dans la ville de Sontay.
Spiritueux.					Voy. : Alcools.
Stations météorologiques.					Voy. : Météorologie.
Successions vacantes.	1	1886	octobre 8	MC	Instructions ministérielles relatives au service des dépôts et des successions.
	3	1888	novembre 11	GG	Arrêté chargeant les services administratifs de la liquidation des successions des fonctionnaires et agents civils du Protectorat.
	4	1890	mai 30	—	Arrêté promulguant en Indo-Chine le décret du 14 mars 1890 sur les successions vacantes.
	5	1890	mars 14		Décret rendant applicable à toutes les colonies celui du 27 janvier 1855 sur les successions et biens vacants et modifiant certaines de ses dispositions.
	6	1855	janvier 27		Décret sur l'administration des successions vacantes dans les colonies.

RUBRIQUES alphabétiques sous lesquelles les décisions sont classées	NUMÉRO de la rubrique	DÉCISIONS			
		DATES		AUTORITÉS d'où elles émanent	SOMMAIRE
Successions vacantes.	7	1890	août 7	GG	Arrêté fixant le cautionnement et les remises des receveurs curateurs au Tonkin.
	8	1894	août 10	—	Arrêté étendant à tout le Tonkin le ressort de la circonscription des receveurs de Hanoï et de Haïphong.
	9	1894	février 28	MM	Instructions ministérielles relatives à la remise à la curatelle d'une partie d'une succession maritime.
Sucre.					Voy.: Douanes; — Importation.
Tabacs, cigares.	1	1892	mai 1er	GG	Arrêté établissant un impôt de consommation sur les tabacs, cigares et cigarettes.
Tarif des droits de chancellerie.	1	1884	décembre 10	RG	Décision fixant les droits à percevoir pour les différents actes établis dans les chancelleries des résidences dans l'Annam et le Tonkin.
Tarif des frais de justice.	1	1879	juin 9	GC	Tarif des frais et émoluments à percevoir par les avocats-défenseurs en Cochinchine.
	2	1880	septembre 2		Décret réglant le tarif des honoraires des avocats-défenseurs en Cochinchine.
Témoins (Taxes des).					Voy.: Droits de greffe; — Tarif des frais de justice.
Territoire français.	1	1888	octobre 3	OR	Ordonnance royale relative à l'érection en concessions françaises des territoires de Hanoï, Haïphong et Tourane.
Territoire municipal.					Voy.: Hanoï; — Haïphong; — Tourane.
Territoires militaires.	1	1891	août 6	GG	Arrêté mettant sous le régime militaire les territoires montagneux, qui entourent le Delta du Tonkin.
	2	1891	août 20	—	Arrêté déterminant le personnel administratif des territoires militaires.
	3	1891	août 20	—	Arrêté déterminant les provinces et circonscriptions administratives constituées en territoires militaires.
	4	1891	septembre 9	—	Arrêté modifiant les circonscriptions des différents cercles militaires.
	5	1891	août 20	—	Arrêté divisant en trois cercles le 2e territoire militaire dont le siège est à Lang-son.
	6	1891	août 24	—	Arrêté divisant en trois cercles le 1er territoire militaire dont le siège est aux Sept-Pagodes.
	7	1891	septembre 1er	—	Circulaire sur les droits et devoirs des commandants des territoires militaires et de cercles.
	8	1891	septembre 9	—	Arrêté divisant en trois cercles le 3e territoire militaire dont le siège est à Yen-bay.
	9	1891	septembre 28	—	Arrêté rattachant deux cantons au cercle militaire de Thaï-nguyen.
	10	1891	octobre 1er	—	Arrêté créant un corps de 600 linh-co dans la province de Luc-nam (1er territoire militaire).
	11	1890	octobre 24	—	Arrêté fixant la quotité des indemnités de fonctions allouées au personnel des territoires militaires.
	12	1891	novembre 25	—	Arrêté fixant le mode d'ordonnancement des dépenses à effectuer dans les territoires militaires.
	13	1892	janvier 7	—	Arrêté interdisant aux officiers l'achat d'immeubles sur le territoire où ils sont en exercice.
	14	1892	février 27	—	Arrêté modifiant la circonscription du 4e territoire militaire.
	15	1892	octobre 10	—	Arrêté plaçant la province de Thaï-nguyen sous l'administration de l'autorité civile.
	16	1892	décembre 9	—	Arrêté détachant le huyên de Cam-khê du 4e territoire militaire, pour faire partie de la province de Hong-hoa.
	17	1892	décembre 9	—	Arrêté rattachant le huyên de Ha-hoa au 4e territoire militaire.
	18	1893	février 20	—	Arrêté modifiant les circonscriptions des territoires militaires.
	19	1893	juillet 14	—	Arrêté créant un commandement spécial pour le chemin de fer et la route, depuis Kep jusqu'à Lang-son.
	20	1893	juillet 31	—	Arrêté créant les cercles annexes de Bao-ha et de Nghia-lo, et les plaçant sous la direction du commandant du 4e territoire militaire.

RUBRIQUES alphabétiques sous lesquelles les décisions sont classées	NUMÉRO de la rubrique	DATES			AUTORITÉS d'où elles émanent	SOMMAIRE
Territoires militaires (Suite)	21	1894	septembre	1er	GG	Arrêté créant le cercle militaire de Bo-ha.
	22	1894	septembre	1er	—	Arrêté modifiant la circonscription du 2e territoire militaire.
	23	1893	septembre	15	—	Arrêté fixant les indemnités de déplacement des commandants de territoire et de cercle.
	24	1893	octobre	14	—	Arrêté créant le cercle annexe de Muong-het.
Thé.						Voy.: Importation.
Théâtre.						Voy.: Chinois; — Impôts.
Tirailleurs tonkinois.	1	1884	mai	12		Décret créant deux régiments de tirailleurs tonkinois.
	2	1885	juillet	28		Décret créant un 3e régiment de tirailleurs tonkinois.
	3	1887	août	2	RG	Arrêté appliquant aux tirailleurs tonkinois les règlements en usage dans l'infanterie, pour l'entretien et la réparation des armes.
	4	1887	octobre	5	—	Arrêté modifiant le règlement du 11 février 1886 sur l'administration des régiments de tirailleurs tonkinois.
	5	1888	avril	13	GG	Arrêté supprimant les primes de rengagement et fixant la solde des tirailleurs tonkinois.
	6	1888	juillet	9	—	Arrêté rapportant l'article 1er de celui du 13 avril 1888 et maintenant la subvention en parts de rizières allouée par les villages à leurs tirailleurs.
	7	1891	septembre	5	—	Arrêté fixant à 250 hommes l'effectif de chaque compagnie des trois régiments de tirailleurs tonkinois.
Titres de propriété.						Voy.: Acquéreurs, Acquisitions; — Propriété.
Tonnage.						Voy.: Navigation.
Topographie.	1	1888	octobre	26	RG	Circulaire au sujet des désignations topographiques dans les rapports.
Tourane (Ville de).	1	1889	mai	24	GG	Arrêté créant la municipalité de Tourane.
	2	1892	mars	25	—	Arrêté attribuant au Résident supérieur de l'Annam le contrôle de l'administration municipale de Tourane.
	3	1892	mars	31	RSA	Arrêté instituant la commission municipale de la ville de Tourane.
	4	1892	décembre	30	—	Arrêté réglementant l'importation de la dynamite à Tourane.
	6	1894	novembre	16	GG	Arrêté rapportant celui du 13 juillet 1894, qui suspendait temporairement la commission municipale de Tourane.
	7	1895	avril	11	—	Arrêté modifiant la composition de la commission municipale de Tourane.
	8	1895	décembre	16	RSA	Arrêté réglementant la forme du budget municipal de Tourane.
	9	1889	mai	21	GG	Arrêté sur le mode d'aliénation des terrains situés sur la concession française de Tourane.
	10	1895	août	7	RSA	Arrêté déterminant le mode de nomination des agents rétribués sur le budget municipal de Tourane.
	11	1889	octobre	1er	GG	Arrêté modifiant l'article 4 de celui du 24 mai 1889, relatif aux terrains de la concession française de Tourane.
	12	1890	août	4	—	Arrêté sur le mode d'aliénation des terrains domaniaux situés sur la rive droite de la rivière de Tourane.
	13	1893	janvier	28	RSA	Arrêté instituant une commission d'examen des titres de propriété à Tourane.
	14	1889	avril	20	RG	Arrêté établissant et réglant à Tourane l'impôt des patentes et celui de capitation.
	15	1889	mai	20	GG	Arrêté modifiant l'article 2 de celui du 20 avril 1889 sur l'impôt des patentes et de capitation à Tourane.
	16	1889	juillet	1er	—	Arrêté établissant l'impôt foncier des centres sur le territoire de la concession française de Tourane.
	18	1889	juillet	1er	—	Arrêté attribuant à la municipalité de Tourane les impôts personnel et foncier des villages compris dans le périmètre de la concession française, ainsi que le rachat des prestations.

RUBRIQUES alphabétiques sous lesquelles les décisions sont classées	NUMÉRO de la rubrique	DATES		AUTORITÉS d'où elles émanent	DÉCISIONS SOMMAIRE
Tourane (Ville de).	19	1889	juillet	1er	Arrêté attribuant à la municipalité de Tourane les droits de phare, d'ancrage et autres à percevoir dans le port de cette ville.
	20	1893	juillet	1er	GG	Arrêté étendant à la concession française de Tourane l'effet de celui du 17 avril 1893, sur le régime des patentes.
	21	1894	juillet	12	—	Arrêté rapportant ceux des 14 avril et 1er juillet 1889, créant des taxes particulières à Tourane.
	22	1889	avril	14	RG	Arrêté fixant les droits d'alignement à Tourane.
	23	1889	avril	14	—	Arrêté créant un droit de dépôt de matériaux sur la voie publique, dans le périmètre de la concession française à Tourane.
	24	1889	novembre	22	RSA	Arrêté déterminant les droits des agents de la voirie, chargés du levé des plans de la concession française de Tourane.
Traductions.					Voy.: Tribunaux mixtes.
Traités et conventions.	1	1884	juin	6	MP	Traité de paix entre la France et l'Annam.
	2	1884	juin	17	GG	Traité entre la France et le Cambodge.
	3	1885	juin	9	MP	Traité entre la France et la Chine.
	4	1887	juin	16		Convention additionnelle entre la France et la Chine.
Trams.	3	1887	octobre	31	RG	Arrêté réglementant le service des trams.
	4	1889	juillet	25	RST	Circulaire au sujet du paiement de la solde des trams.
	5	1889	septembre	11	—	Circulaire interprétative de celle du 25 juillet 1889 sur le paiement de la solde des trams.
Transit.	1	1889	mai	3	GG	Arrêté réglementant le service du transit.
Travaux publics.	5	1888	février	12		Arrêté fixant la solde du personnel des travaux publics.
	6	1888	juin	20	RG	Arrêté rattachant le service des bâtiments civils à Hanoï à celui des travaux publics.
	8	1889	juillet	6	GG	Arrêté réorganisant le service des travaux publics.
	9	1892	janvier	9	—	Arrêté réglant le mode d'inscription, au budget du Protectorat, des grands travaux à exécuter au Tonkin.
Trésor.	1	1885	décembre	8	GCCE	Décision fixant les insignes des agents de la trésorerie au Tonkin.
	2	1886	juin	1er	RG	Arrêté relatif au visa des récépissés délivrés par le payeur particulier.
	3	1886	août	12	—	Arrêté fixant le quantum des mandats sur le Trésor pour les officiers et fonctionnaires.
	5	1887	décembre	26	MF MC	Arrêté ministériel réglant la situation des agents relevant du ministre des finances, mis à la disposition du Protectorat de l'Annam et du Tonkin.
	6	1887	décembre	26		Décret relatif à l'organisation du service financier du Gouvernement général de l'Indo-Chine.
	7	1887	décembre	26	MF	Arrêté ministériel déterminant les rapports du caissier-payeur central avec le payeur chef de service du Protectorat de l'Annam et du Tonkin.
	8	1887	décembre	26	—	Arrêté ministériel déterminant les opérations effectuées par le Trésorier-Payeur de l'Indo-Chine et le payeur Chef du Service du Protectorat.
	9	1887	décembre	26		Décret relatif au service de Trésorerie au Tonkin.
	10	1888	janvier	20	MM	Instruction ministérielle sur l'organisation du service de trésorerie de l'Indo-Chine et en Annam et au Tonkin.
	11	1888	février	15	GG	Arrêté rendant exécutoire le décret du 20 novembre 1882 fixant le mode de perception des recettes.
	12	1888	mars	28	—	Arrêté sur l'organisation du service de Trésorerie de l'Annam et du Tonkin.
	13	1888	mai	19	—	Arrêté accordant aux agents du service de Trésorerie le droit aux vivres et aux indemnités de logement.
	14	1888	octobre	15		Arrêté chargeant le Payeur, chef du service de la trésorerie de l'Annam et du Tonkin, des fonctions attribuées en France à l'agent judiciaire du Trésor.

RUBRIQUES alphabétiques sous lesquelles les décisions sont classées	NUMERO de la rubrique	DÉCISIONS			
		DATES		AUTORITÉS d'où elles émanent	SOMMAIRE
Trésor (*Suite*).	15	1888	novembre 12	GG	Arrêté complétant celui du 15 octobre 1888 relatif aux fonctions d'agent judiciaire du Trésor.
	16	1889	février 5	—	Décision modifiant l'article 3 de l'arrêté du 28 mars 1888, sur la composition du personnel du service de la Trésorerie.
	17	1889	février 5	—	Arrêté créant un emploi de préposé payeur à Tourane.
	18	1889	février 9	—	Arrêté rapportant celui du 28 octobre 1886, sur les transmissions de fonds pour le commerce de Lao-kay.
	20	1892	février 8	—	Décret modifiant le service de la Trésorerie au Tonkin.
	21	1891	février 20	—	Arrêté pour assurer l'alimentation régulière des caisses publiques de l'Annam et du Tonkin.
	22	1892	juin 11	—	Arrêté déterminant le classement et la rétribution du personnel indigène du service de la Trésorerie.
	23	1892	octobre 1er	MF	Arrêté ministériel fixant le traitement du Trésorier-Payeur du Tonkin.
	24	1893	janvier 11	MC	Circulaire ministérielle sur les règles à suivre en cas d'établissement collectif d'ordres de recettes et de reversement contre les débiteurs de l'Etat.
	27	1894	décembre 31	GG	Arrêté rapportant ceux des 26 juillet et 1er septembre 1894, au sujet de la surtaxe sur les mandats poste.
	28	1895	avril 4	—	Circulaire relative à la délivrance des mandats de Trésorerie et des traites sur le Trésor public.
Tribunaux consulaires.	1	1881	août 17		Décret organisant la juridiction française en Annam.
	3	1886	avril 15	RG	Arrêté promulguant en Annam et au Tonkin les décrets du 8 février 1886, sur les attributions consulaires, et 10 février 1886, sur les attributions judiciaires, des résidents et vice-résidents.
	4	1886	février 10	—	Décret relatif aux attributions judiciaires des résidents et vice-résidents.
	5	1888	mars 30	—	Circulaire au sujet de la procédure à suivre devant les tribunaux des résidences pour les décès.
	6	1888	décembre 26	RST	Circulaire au sujet de l'envoi à la Résidence supérieure des dossiers des affaires judiciaires en appel.
	7	1892	août 17	GG	Arrêté rattachant la province de Thua-thien (Hué) au ressort judiciaire du tribunal consulaire de Tourane.
	8	1893	février 10	—	Arrêté étendant la juridiction du tribunal consulaire de Hung-hoa à la province de Cho-bo.
	9	1893	juillet 30	—	Arrêté confiant, dans certains cas, à la résidence de Faifo, la présidence du tribunal consulaire de Tourane.
	10	1894	novembre 12		Décret modifiant la compétence des tribunaux de résidence au Tonkin.
Tribunaux indigènes.	1	1888	décembre 27	RST	Circulaire au sujet de la traduction des jugements indigènes.
	2	1891	juillet 12	GG	Arrêté disposant que les indigènes ou asiatiques, condamnés à la déportation à Poulo-Condore, pourront être employés à des travaux d'intérêt public en Indo-Chine.
Tribunaux mixtes.	1	1889	février 11	RG	Circulaire sur la formation des tribunaux mixtes.
	2	1889	février 28	—	Circulaire sur l'institution des tribunaux mixtes et du rôle incombant aux représentants du Protectorat.
	3	1889	juillet 8	RST	Circulaire relative à l'approbation à donner aux jugements rendus par les autorités annamites.
	4	1889	septembre 18	—	Circulaire relatif au prononcé des sentences par les tribunaux mixtes, et de leur exécution.
	5	1889	décembre 1er	—	Circulaire prescrivant la tenue d'un registre pour la transcription des jugements des tribunaux mixtes.
	6	1890	mars 7	—	Circulaire sur la forme des jugements des tribunaux mixtes.

ERRATA

Colis postaux.

No 6, du 25 mars 1889, *lire :* Instructions *au lieu de :* Instruction.
No 12, du 21 août 1893, *lire :* Instructions *au lieu de :* Instruction.

Indemnités. — Circulaire ministérielle du 15 février 1894, no 39.

1o Dans le sommaire,

Au lieu de : décret du 12 décembre 1892.
Lire : décret du 12 décembre 1889.

2o Dans le texte, 4e ligne,

Au lieu de : décret du 12 décembre 1899.
Lire : décret du 12 décembre 1889.

Médicaments. — No 2.

Au lieu de : 13 mars 1888.
Lire : 13 mars 1886.

Navigation. — Arrêté du 12 juillet 1888, no 19.

Annoter : Rapporté par arrêté du 6 juillet 1889, publié Vo Navigation, no 25.

Passages gratuits. — No 7.

Au lieu de : 24 juillet 1894.
Lire : 24 juillet 1891.

Pilotage, pilotes. — No 12. Dans le sommaire :

Au lieu de : Arrêté modifiant l'article 39 de celui du 26 septembre 1862.
Lire : ... de celui du 26 septembre 1892.

LÉGISLATION
DU PROTECTORAT DE L'ANNAM ET DU TONKIN

A

ABATAGE, ABATTOIR

1. — 25 février 1885. — DÉCISION *interdisant l'abatage des génisses et des vaches dans toute l'étendue du Tonkin.*

Article premier. — Il est interdit, dans toute l'étendue du Tonkin, d'abattre, pour être livrées à la consommation, les génisses et les vaches propres à la reproduction.

Art. 2. — Les contrevenants français ou étrangers seront punis des peines édictées par les articles 464 et suivants du Code pénal.

Les délinquants annamites seront punis de peines analogues, suivant accord entre les résidents et les tong-doc des provinces, et par application des dispositions prévues au Code annamite, art. 207.

Dans tous les cas, les animaux abattus contrairement aux prescriptions de l'article premier, seront confisqués et vendus au profit du trésor public.

Art. 3. — Le Directeur des affaires civiles et politiques est chargé de l'exécution de la présente décision. — BRIÈRE DE L'ISLE.

2. — 18 mars 1885. — NOTE CIRCULAIRE *rappelant la décision du 25 février 1885, sur l'abatage des vaches et bufflesses.*

Par une décision en date du 25 février, affichée sur tout le territoire du Tonkin, le Général commandant le corps expéditionnaire a interdit d'abattre, pour être livrées à la consommation, les génisses et bufflonnes, ainsi que les vaches et bufflesses propres à la reproduction.

L'interdiction dont il s'agit, qui a pour but d'empêcher la diminution des animaux de l'espèce propres à la consommation et aux services des transports du corps expéditionnaire, doit être rigoureusement observée par les troupes.

M. le Chef du Service administratif, MM. les Commandants supérieurs, chefs de corps, de service et commandants de poste, sont chargés, chacun en ce qui le concerne, d'en assurer la stricte exécution. — BRIÈRE DE L'ISLE.

Voy.: **Boucherie** ; — **Police.**

ABONDEMENT

1. — 19 novembre 1883. — DÉCISION *prescrivant l'abondement de 10 % pour les cessions faites par l'atelier de réparations du port de Haiphong à des services étrangers ou au service marine* (1).

La valeur, tant en matériaux qu'en main-d'œuvre, des cessions faites par l'atelier de réparations du port de Haiphong à des services étrangers ou au service marine, sera abondée de 10 %. — HARMAND.

2. — 24 décembre 1890. — ARRÊTÉ *fixant le mode de remboursement des cessions de vivres et de matériel, faites par les services militaires.*

Article premier. — Les cessions de matériel et de vivres, faites par les services administratifs militaires et maritimes du Tonkin et de l'Annam, soit aux particuliers, soit aux divers services publics du Protectorat, seront remboursées au budget des services militaires au taux fixé par le ministre chaque année pour les achats de matériel et de denrées.

Cette mesure aura son effet à compter de 1er novembre.

Art. 2. — MM. les Résidents supérieurs du Tonkin et de l'Annam, et le Commissaire général chef des Services administratifs militaires et maritimes de l'Annam et du Tonkin sont chargés, chacun en ce qui le concerne, de l'exécution du présent arrêté, qui sera enregistré partout où besoin sera et inséré au *Bulletin* et au *Journal officiel* de l'Indo-Chine (2e partie). — PIQUET.

3. — 10 mars 1893. — CIRCULAIRE *ministérielle fixant le taux de l'abondement sur les cessions de matières par les directions d'artillerie.*

Une circulaire du 30 octobre 1891 a fixé provisoirement le taux de majoration à faire subir, dans nos possessions d'outre-mer, aux matières figurant en magasin au prix de France, lorsque les Directions d'artillerie coloniales sont appelées à exécuter des cessions, soit pour les particuliers, soit pour les divers services.

Les renseignements demandés aux administrations coloniales ont permis de constater de grandes différences variant de 25 à 54 0/0.

Ces écarts proviennent des retenues, faites en France pour le frêt, de toutes les matières expédiées et des frais de manutention et de transport dans la colonie elle-même.

En tenant un compte aussi exact que possible de ces données, j'ai arrêté définitivement le % de l'abondement à pratiquer sur la valeur des matières envoyées de France.

Ce % est le suivant:

Martinique, Guadeloupe, Guyane.	25
Réunion, Taïti, Nouvelle-Calédonie, Soudan.	45
Sénégal, Bénin	37
Indo-Chine, Diégo-Suarez	25

En outre, dans les colonies où les matières auront à

(1) Voir décision ministérielle du 10 mars 1893.

1

supporter un droit d'entrée ou d'octroi de mer, le service ou le particulier cessionnaire devra supporter la majoration qui en résultera dans le prix de revient indépendamment du %, qui vient d'être indiqué ; le prix de cession pour un particulier sera d'ailleurs calculé en augmentant de 25 % le chiffre que l'on aurait obtenu pour la même cession à un service public.

En ce qui concerne les cessions des services Marine et colonial entre eux, il y a lieu de suivre à cet égard les dispositions de la dépêche du 7 décembre 1889, Indo-Chine, c'est-à-dire que le traitement doit être le même et les cessions de matières du service colonial au service marine ne doivent être majorées d'aucun abondement.

J'ai l'honneur de vous prier de donner des ordres pour l'exécution des prescriptions de la présente circulaire, dont l'insertion au *Bulletin officiel* des colonies tiendra lieu de notification. — Delcassé.

Voy. : **Cession de matériel** ; — **Cession de vivres**.

ABORDAGES. — Voy. : Navigation

ABSINTHE

1. — 26 juin 1885. — Décision *interdisant la vente de l'absinthe dans les cafés, cabarets et débits de boissons au Tonkin*.

2. — 6 juin 1886. — Arrêté *rapportant le précédent*.

ACADÉMIE TONKINOISE

1. — 3 juillet 1886. — Arrêté *portant création d'une Académie tonkinoise*.

Article premier. — Il est créé au Tonkin un corps savant qui prend la dénomination de Bac-ki Han-lam-vien (Académie tonkinoise).

Art. 2. — Son siège est à Hanoi.

Le Bac-ki Han-lam-vien aura pour mission de :

Rechercher et réunir tout ce qui intéresse, à un point de vue quelconque, le pays tonkinois ;

Veiller à la conservation des monuments ;

Initier le peuple à la connaissance des sciences modernes et des progrès de la civilisation, en faisant traduire et publier, en langue annamite, des résumés pratiques des livres européens ;

Faire traduire et publier, en langue française, les extraits les plus importants des annales dynastiques tonkinoises, ainsi que les autres ouvrages qui auront été désignés par une commission d'études ;

Concourir à la formation de bibliothèques publiques dans les principales villes, et d'une bibliothèque nationale à Hanoi ;

Prendre des mesures pour la conservation des stèles, inscriptions et monuments quelconques épars sur le territoire, de les rechercher, de les signaler, de les faire transporter en lieu sûr lorsqu'ils se trouveront dans des pagodes ruinées, ou hors de l'action d'une protection efficace ;

Rédiger et publier un bulletin mensuel dans lequel seront traitées des questions scientifiques, littéraires, économiques, techniques ;

Se mettre en relation avec toutes les sociétés occidentales d'Europe et d'Asie, afin d'être constamment au courant des travaux des savants spéciaux qui s'occupent du pays.

Art. 3. — Le Bac-ki Han-lam-vien étant un institut national, devra comprendre parmi ses membres l'élite de la nation tonkinoise (des savants tonkinois).

Il sera composé de membres titulaires au nombre de quarante, et de correspondants en nombre illimité.

La haute dignité de membre du Han-lam sera conférée par M. le Résident général.

Pour l'obtenir, les savants tonkinois devront être pourvus des grades universitaires de docteur (cat-si et tien-si) ou de licencié (cu-nhon).

Les correspondants seront admis par un vote des membres titulaires, sur la présentation de deux d'entre eux, et à la majorité absolue des votants.

Les bacheliers (tun-tay) et tous les mandarins jusqu'au 7e degré inclusivement, pourront être correspondants.

Leur admission sera soumise à la ratification de M. le Résident général.

Les membres titulaires recevront un diplôme rédigé en langue française et caractères chinois, et, comme insigne de leur dignité, il leur sera remis une médaille ou un emblème qu'ils porteront au cou ou à la boutonnière.

Les correspondants recevront le diplôme seulement; ils pourront déposer des manuscrits, proposer des motions, ils assisteront aux assemblées générales, mais n'auront pas voix délibérative.

Art. 4. — La présidence du Bac-ki Han-lam appartient de droit à M. le Résident général.

Il sera assisté d'un vice-président tonkinois et de deux secrétaires, l'un français, l'autre indigène.

Art. 5. — Il est interdit, dans les réunions et dans les publications, de s'occuper de politique et de discuter les actes du Gouvernement, ni d'aucune autre question d'intérêt privé. — Paul Bert.

ACCISE (Droits d'). — Voy. : Droits d'accise ; — Allumettes ; — Consommation ; — Noix d'arec ; — Pétrole ; — Sel ; — Tabac ; — Poivre.

ACQUÉREUR, ACQUISITION

1. — 26 février 1888. — Arrêté *décidant que tous les fonctionnaires ou agents du Protectorat peuvent se porter acquéreurs de terrains*.

Le Gouverneur général de l'Indo-Chine décide que tous les fonctionnaires ou agents du Protectorat peuvent se porter acquéreurs de terrains au Tonkin, mais il est fait exception à cette règle en ce qui concerne MM. les résidents, vice-résidents, chanceliers et agents des travaux publics, qui ne pourront faire aucune acquisition de terrain dans la province où ils exercent leurs fonctions. — Constans.

Voy. : **Propriété** ; — **Titres de propriété** ; — **Territoires militaires**.

ACTES DE DÉCÈS

1. — 23 novembre 1878. — Circulaire ministérielle *au sujet de l'envoi en France des actes de décès des marins, militaires et autres, morts aux colonies. Informations à faire parvenir au ministre*.

Messieurs, j'ai eu lieu de constater, par des réclamations qui m'ont été fréquemment adressées sans qu'il m'ait été possible d'y satisfaire, que les copies d'actes de décès des marins, militaires et autres en service aux colonies, ne sont pas toujours expédiées en France avec la régularité et la célérité recommandées par la circulaire ministérielle du 1er juin 1858 (*B. O.*, p. 577). Il me paraît utile d'attirer votre attention d'une manière toute spéciale sur les inconvénients que peut entraîner une semblable omission.

C'est un devoir pour l'autorité de ne pas laisser longtemps les familles dans une incertitude pénible sur le sort de ceux auxquels elles s'intéressent, alors surtout qu'elles peuvent avoir été avisées de la mort d'un des leurs par des correspondances privées ou par des bruits de la presse. Cette obligation s'impose encore plus impérieusement lorsqu'il survient, dans l'une de nos possessions d'outre-mer, une épidémie ou telle circonstance qui, en accroissant le chiffre normal des décès, est de nature à provoquer les légitimes inquiétudes des familles.

J'ai l'honneur de vous prier d'adresser les recommandations les plus expresses pour que les copies des actes de l'état civil me soient transmises, à moins d'empêchement bien constaté, par le plus prochain courrier. En outre, je désire que chaque fois qu'il se présentera une occasion de mer pour la Métropole (paquebot ou transport de l'Etat), il me soit adressé, sous timbre du bureau intéressé, un état conforme au modèle ci-annexé, faisant connaître, par corps et par grade, les noms des marins, militaires et autres qui seront morts dans les hôpitaux ou en dehors de ces établissements, dans l'intervalle d'un courrier à l'autre.

Je vous prie de donner les ordres nécessaires pour assurer la stricte exécution des dispositions contenues dans la présente circulaire, dont l'insertion au *Bulletin Officiel de la Marine* tiendra lieu de notification. — A. POTHUAU.

2. — 16 octobre 1884. — CIRCULAIRE *relative à l'état des militaires décédés, à adresser, par chaque courrier, au ministre de la marine et des colonies.*

Il a été rendu compte à M. le Ministre de la marine et des colonies que la famille d'un officier, récemment décédé aux colonies, avait reçu, par une personne étrangère à l'armée, l'avis du décès de cet officier.

Le Général commandant le corps expéditionnaire rappelle aux chefs de corps placés sous ses ordres que les familles des militaires décédés doivent être avisées par l'intermédiaire des maires, et en recommandant à ces derniers de prendre tous les ménagements que comportent de semblables nouvelles.

En conséquence, MM. les chefs de corps et de services devront adresser, à l'avenir, par chaque courrier, directement à M. le Ministre de la marine (bureau intéressé) l'état (néant s'il y a lieu) des militaires décédés, conforme au modèle annexé à la circulaire du 23 novembre 1878, dont copie est ci-jointe, afin que les familles des militaires faisant partie du corps expéditionnaire puissent être renseignées exactement par ses soins.

Il est bien entendu que l'état ci-dessus est fourni sans exclusion des pièces de l'état-civil, dont l'envoi est prescrit par les règlements en vigueur.

3 — 19 janvier 1885. — CIRCULAIRE *relative à la régularisation de l'état civil des militaires et marins morts, dont le sort n'a pu être légalement constaté.*

Le Général commandant le corps expéditionnaire a l'honneur de porter la dépêche suivante, de M. le Ministre de la marine et des colonies (1re direction, 4e bureau, Justice militaire), à la connaissance de MM. les chefs de corps et de service :

Mon cher Général,

Je viens de recevoir copie d'un acte de disparition dressé à X..., le..., par M. N..., remplissant les fonctions d'officier de l'état civil. Cet acte concerne le nommé L..., mais ne contient aucun renseignement sur les conditions dans lesquelles est survenue la disparition de ce sous-officier.

Je m'occupe avec la plus grande sollicitude de régulariser l'état civil des marins et militaires faisant partie du corps expéditionnaire et dont le sort n'a pu être légalement constaté. Toutefois je ne saurais obtenir le concours de M. le Garde des sceaux, en vue de la reddition des jugements déclaratifs de décès, qu'à la condition de produire, pour chaque homme disparu, non-seulement le récit détaillé des circonstances qui ont accompagné l'événement et qui rendent vraisemblable une issue fatale, mais encore la déposition des témoins.

Je vous prie, en conséquence, de vouloir bien faire réunir, à l'égard du nommé L..., le dossier prévu à l'instruction du 11 décembre 1878 (*B. O.*, page 849) concernant les marins disparus à la mer, et dont vous aurez à vous inspirer désormais dans les cas de l'espèce. J'ajoute que je compte sur le zèle intelligent des officiers rangés sous votre autorité, pour rassembler immédiatement les preuves ou les probabilités du décès de tout homme dont le cadavre n'aurait pu être retrouvé à la suite d'un combat ou d'un événement quelconque. Dès la réception de ces documents, je ferai les démarches nécessaires pour que l'état civil du disparu soit régularisé judiciairement à la requête du Ministère public et sans frais.

Je n'ai pas besoin d'insister sur l'intérêt qui s'attache à ce que ces enquêtes soient régulièrement conduites, et à l'importance qu'elles présentent pour les familles dont un des membres a succombé au service du pays.

En conséquence, MM. les chefs de corps et de service devront veiller à l'exécution des prescriptions ci-dessus, qui sont de la plus haute importance, et donner des instructions, dans ce sens, aux officiers placés sous leurs ordres. — BRIÈRE DE L'ISLE.

4. — 11 septembre 1885. — CIRCULAIRE *au sujet des omissions commises dans l'établissement des actes de décès.*

Il arrive fréquemment que des extraits d'actes de décès sont adressés, sans qu'ils soient établis conformément aux prescriptions du code civil et de l'instruction ministérielle du 8 mars 1823.

Le Général de division commandant en chef le corps du Tonkin rappelle à toutes les personnes remplissant les fonctions d'officier de l'état civil aux armées, que les actes de décès doivent être rédigés sur l'attestation de trois témoins et mentionner le lieu et la cause de la mort.

Décédé ce jour à... (heure et lieu)... par suite de : *Mort sur le champ de bataille;* ou *Des suites des blessures reçues en combattant l'ennemi;* ou *De maladies provenant des fatigues de la guerre;* ou enfin *De maladies ordinaires dont la nature est spécifiée par le médecin.*

L'accomplissement de ces prescriptions est indispensable pour permettre de donner, avec certitude, les renseignements qui seraient demandés et pour éviter les observations qui pourraient être présentées plus tard.

En outre, il est du plus haut intérêt que les familles des militaires tués sur le champ de bataille ou morts des suites de blessures, aient entre les mains un titre constatant le fait. — WARNET.

5. — 7 décembre 1889. — CIRCULAIRE *au sujet de l'envoi des actes de décès.*

J'ai eu l'occasion de remarquer que les extraits d'actes de décès dont l'envoi dans la Métropole est prescrit par l'ordonnance du 13 octobre 1833 ne me sont transmis que très irrégulièrement. La circulaire du 6 juillet 1886 reste ainsi en majeure partie inexécutée, au détriment des familles qui, venant à perdre un de leurs membres au Tonkin, ont souvent à subir de longs retards avant d'être mises en possession des pièces et renseignements que l'administration a le devoir de leur fournir.

Pour remédier à cet état de choses, je vous prie de m'adresser désormais, et *ce dans la huitaine même* de l'inscription sur vos registres, trois expéditions des actes mortuaires de tous fonctionnaires ou agents civils de l'administration, ainsi que de tous européens, français ou étrangers, décédés dans la province.

L'une de ces expéditions est destinée aux archives, la seconde à la transcription sur les registres d'état civil de la commune d'origine, et la troisième à la famille du défunt.

Pour assurer la transmission de cette dernière, vous voudrez bien m'indiquer le nom et l'adresse des destinataires, renseig. ements qui pourront vous être le plus souvent donnés soit par les déclarants, soit par l'exa men des papiers du *de cujus*. Il y aura lieu enfin de fournir sur les circonstances qui ont accompagné la mort du défunt, tous détails que vous estimerez de nature à intéresser la famille.

Je ne puis trop vous recommander de veiller avec soin à la bonne exécution de la présente circulaire. — BRIÈRE.

Voy.: **État civil**; — **Légalisation**; — **Tarif de frais**; — **Tribunaux consulaires**.

ACTES JUDICIAIRES. — Voy.: **Tarif de frais**; — **Droits de greffe**.

ADJUDICATIONS. — Voy.: **Cahiers des Charges**.

ADMINISTRATION ANNAMITE

1. — 3 juin 1886. — ORDONNANCE ROYALE *portant délégation des pouvoirs royaux à S. E. le Kinh-luoc du Tonkin.*

Sur la proposition du Comat,

Considérant que le territoire du Tonkin est vaste, populeux et éloigné de la capitale;

Considérant que, dans l'intérêt de la bonne administration et de la prompte expédition des affaires, qui sont multiples dans ce pays, il est nécessaire d'y nommer un haut mandarin qui, résidant à Hanoï, nous représentera et exercera les pouvoirs les plus étendus,

DÉCRÉTONS :

En ce qui concerne les affaires du Tonkin, le Kinh-luoc est autorisé à prendre désormais toutes les mesures qu'il jugera nécessaires et convenables.

Ce fonctionnaire ne pourra, toutefois, prendre aucune décision modifiant ses propres attributions, ni les pouvoirs respectifs conférés aux représentants de la France et aux agents de notre Gouvernement par les traités en vigueur.

De plus, le Kinh-luoc, qui est investi du droit de prendre toutes les mesures qu'il juge nécessaires et convenables, devra immédiatement porter à notre connaissance les décisions qu'il aura prises.

2. — 25 août 1888. — CIRCULAIRE *au sujet de la remise des brevets des mandarins.*

J'ai l'honneur de porter à votre connaissance les dispositions que j'ai prises, d'accord avec S. E. le Kinh-luoc, en ce qui concerne la remise aux intéressés des brevets de nomination du personnel de l'administration indigène.

Ces brevets seront, comme par le passé, visés et approuvés par mes soins, mais l'original seul sera retourné à S. E. le Kinh-luoc.

En ce qui concerne les mandarins subalternes, phu, huyen, thuong-ta, etc., S. E. le Kinh-luoc enverra le brevet en annamite aux autorités indigènes provinciales, en même temps que je vous adresserai le brevet en français.

La remise de ces deux brevets sera faite, en même temps, à l'intéressé, par vous et le gouverneur de la province ou vos délégués. Elle aura lieu dans la localité même où le titulaire du brevet sera appelé à servir, et en présence des autorités régionales et locales et des principaux notables.

Ce sera la formalité de l'installation.

Il y aura lieu de profiter de cette occasion pour vous rendre compte de la manière dont sont logés les divers fonctionnaires de la localité, de l'état des routes et de la voirie, toutes choses qui sont le plus souvent dans le plus mauvais état, et de me signaler les améliorations à exécuter, en ordonnant immédiatement l'exécution de celles qui peuvent se faire sans ouverture de crédit.

Vous ne manquerez pas aussi de vous enquérir, en présence du nouveau fonctionnaire, des besoins de la population, de recueillir ses réclamations, etc., etc., et, en général, de procéder à tous les actes qui intéressent une administration qui veut être juste et éclairée.

En ce qui concerne les hauts mandarins provinciaux, les brevets approuvés seront conservés provisoirement par S. E. le Kinh-luoc et par moi, et remis de part et d'autre au titulaire, lorsqu'il se présentera pour recevoir ses instructions. Je vous aviserai de l'accomplissement de cette formalité, afin qu'à l'arrivée du nouveau fonctionnaire dans son poste, vous puissiez le recevoir comme il convient.

Pour ceux des provinces éloignées, afin d'éviter des pertes de temps, et en raison des difficultés de voyage, je vous adresserai directement la traduction en français du brevet, et vous la remettrez vous-même, par délégation, à l'intéressé. — E. PARREAU.

3. — 15 septembre 1888. — CIRCULAIRE *au sujet de la solde et des frais de représentation des mandarins* (1).

J'ai l'honneur de vous informer que les mandarins de toute catégorie, ainsi que les fonctionnaires et agents des différents services de l'administration annamite au Tonkin, n'entreront en solde, ou ne cesseront d'avoir droit à leur solde, qu'à la date de l'approbation de l'acte officiel établi par S. E. le Kinh-luoc, qui constatera leur situation vis-à-vis de l'administration, et qu'aucune mutation ne pourra être faite avant d'être autorisée par un acte régulier. — E. PARREAU.

4. — 13 octobre 1888. — CIRCULAIRE *au sujet du payement en ligatures des frais de représentation alloués aux autorités annamites.*

J'ai l'honneur de vous prier de vouloir bien donner des ordres pour que les frais de représentation alloués aux autorités indigènes, leur soient désormais payés en ligatures, au taux du jour.

(1) Voir ci-après les arrêtés du 21 juin 1890 et 4 janvier 1892.

Les mandats qui vous sont adressés de la Résidence supérieure, établis en piastres, seront pris en recette par le Trésor ou le gérant de la caisse de fonds d'avances, en échange d'un bon sur la caisse provinciale. — E. PARREAU.

————

5. — 24 octobre 1888. — CIRCULAIRE *au sujet de la fixation des cadres du personnel de l'administration annamite.*

J'ai l'honneur de vous adresser, ci-inclus et en communication, un tableau portant projet de fixation des cadres du personnel de l'administration annamite.

Je vous serai obligé de vouloir bien, de concert avec l'autorité provinciale, remplir la colonne 3 de cet état.

Je vous adresse également, sous ce pli, des notices individuelles à l'intention des fonctionnaires et agents qui figurent nominativement sur le tableau précité. Ces notices seront établies en double expédition, mais vous en conserverez une pour être jointe au dossier de l'intéressé.

Les dossiers devront être envoyés à la Résidence générale chaque fois qu'un mandarin quittera la province, afin que je puisse les faire compléter, s'il y a lieu, et les transmettre au résident sous le contrôle duquel il sera appelé à servir.

Dans vos appréciations sur la valeur et la manière de servir de chaque mandarin, il y aura lieu d'indiquer la décision que vous proposez de prendre à son égard par suite de la réduction des cadres, mais il reste bien entendu que cette circonstance ne saurait annuler les droits que l'intéressé peut avoir à un avancement en grade dans le mandarinat. Je vous prie de ne pas négliger de constater ces droits pour tous ceux dont les services auront été satisfaisants.

Les notices établies pour les fonctionnaires et agents en disponibilité dans votre province devront m'être retournées en double expédition. Vous m'adresserez, en même temps, leur dossier, car ces mandarins concourront à l'avenir ensemble pour tout le Tonkin, et suivant un contrôle tenu à la Résidence supérieure, en raison des abus déplorables qui se commettent chaque jour avec le système actuel.

Pour éviter les nombreux inconvénients qui existeraient à mettre en inactivité, par une mesure générale, un certain nombre de fonctionnaires, les décisions donnant une nouvelle destination aux agents actuellement en service, seront individuelles pour tout le personnel qui figure nominativement au tableau ci-joint.

Quant au personnel dont l'effectif est fixé numériquement, c'est-à-dire les lettrés non classés et les troupes, jusqu'au grade de *doï* inclus, un licenciement pourra être fait dès que les gouverneurs des provinces auront reçu notification par le Kinh-luoc, de la fixation définitive des cadres de ce personnel. Dans tous les cas, il devra être réduit au chiffre fixé, pour le 1er janvier prochain.

Par dérogation aux prescriptions de ma circulaire n° 28, je laisserai provisoirement à S. E. le Kinh-luoc le soin des nominations, mutations et révocations des agents de cette dernière catégorie. Toutefois, votre contrôle ne devant pas se borner à veiller à ce que les effectifs ne soient jamais dépassés, mais ayant aussi à s'exercer sur la destination donnée par les mandarins aux sommes qui leur seront déléguées pour la solde de leur personnel, les mandarins provinciaux devront vous notifier toutes les décisions prises en ce qui concerne ces agents, afin que vous puissiez tenir un contrôle nominatif des ayants-droit.

Je suis informé que certains mandarins n'auraient réduit leur personnel que sur les contrôles, et répartiraient les soldes dues aux agents conservés en fonctions entre deux ou plusieurs personnes. Le même fait se serait produit à l'égard des linh-co.

Il importe de mettre au plus tôt un terme à ces abus, qui dénaturent nos intentions, et vont directement à l'encontre du but que nous nous sommes proposés, qui est de permettre aux fonctionnaires et aux agents de l'administration indigène de pouvoir vivre sans avoir recours à des procédés illogaux.

Je vous prie, messieurs, de ne pas manquer de recevoir toutes les réclamations qui se produiront de ce chef, et, quand vous en aurez reconnu le bien fondé, de m'adresser un rapport sur les résultats de votre enquête, afin que je puisse poursuivre auprès du Kinh-luoc et faire punir les auteurs du détournement, conformément à la loi.

Cette manière de procéder est, d'ailleurs, la seule à suivre, chaque fois que vous aurez à vous plaindre de la manière de servir d'un mandarin.

Il y aura peut-être lieu, dans certaines circonstances, d'autoriser l'emploi de lettrés surnuméraires non rétribués, mais leur nombre devra être très limité et ne jamais dépasser un tiers de l'effectif normal du service intéressé.

En ce qui concerne les linh-co, les mandarins provinciaux auront à vous adresser leur répartition dans les différents services (détachés auprès des mandarins, bureaux, trésor, police, pri on, gardiens d'é phants, etc.). Il ne sera pas inutile de leur rappeler qu'ils ne devront pas en recruter un nombre supérieur à celui qui sera fixé, ni céder à la tentation d'en renvoyer dans les foyers pour s'en faire des revenus.

Lorsqu'un fonctionnaire ou un agent sera mis en situation d'absence, l'acte officiel qui constatera cette situation devra faire mention de la localité où il se retire et, à son arrivée, il se présentera, avec son titre, à l'autorité la plus rapprochée (phu ou huyen) qui vous en rendra compte par l'intermédiaire des mandarins provinciaux.

Il devra remplir les mêmes formalités à son départ, lorsqu'il sera rappelé en service.

J'ai l'honneur de vous prier de vouloir bien veiller à l'exacte exécution de ces prescriptions, conformes d'ailleurs à celles qui ont été transmises aux autorités indigènes par le Kinh-luoc, et qui me paraissent devoir donner satisfaction aux nécessités actuelles, rétablir l'ordre, l'unité et la cohésion dans l'administration annamite. — E. PARREAU.

————

6. — 11 novembre 1888. — DÉCISION *du Kinh-luoc rattachant aux bureaux du Kinh-luoc le bureau des annales et du calendrier.*

Le bureau des annales et du calendrier est distrait des services de la province de Hanoi et rattaché aux bureaux du Kinh-luoc.

Le personnel de ce bureau sera, comme par le passé, composé d'un cuu-pham (9e degré) et d'un tho-lai.

La présente décision devra être soumise à l'approbation de M. le Résident général.

————

7. — 15 janvier 1889. — ARRÊTÉ *fixant les soldes et suppléments des fonctionnaires et agents de l'administration annamite.*

Modifié par arrêté du 24 juillet 1889.

8. — 26 janvier 1889. — CIRCULAIRE *sur le mode de payement de la solde aux fonctionnaires indigènes* (1).

J'ai l'honneur de vous transmettre, sous ce pli, ampliation d'un arrêté de M. le Résident général à la date du 15 de ce mois, fixant en ligatures la solde et les suppléments mensuels alloués aux fonctionnaires et agents de l'administration annamite. En portant ce document à la connaissance des autorités placées sous votre contrôle, vous ne négligerez pas d'appeler leur attention sur la nouvelle marque de bienveillance que vient de leur donner le Protectorat dans cette circonstance.

La solde du grade est indépendante de l'emploi, le supplément seul étant alloué à la fonction.

Toutefois, le contrôle exercé par le Protectorat est devenu aujourd'hui suffisamment effectif, en ce qui concerne les avancements de ce personnel, pour que les nominations n'aient plus lieu abstraction faite du grade.

Je vous prie donc, à l'occasion des propositions que vous pourriez avoir à me faire dans la suite, de vous reporter au tableau ci-annexé, en vous rappelant que, pour les propositions à titre intérimaire, le candidat ne peut réglementairement être d'un grade inférieur de plus d'un degré au grade du titulaire. Ce retour aux lois élémentaires de la hiérarchie, en nous permettant de tenir compte et de récompenser des droits acquis, va mettre un terme au désordre qui existe du fait que trop souvent, ce sont les subordonnés qui commandent à leurs supérieurs, au grand détriment de la discipline et de la bonne marche du service.

MODE DE PAYEMENT

Pour les raisons qu'il est inutile de développer ici, il ne sera pas fait un état collectif de solde pour le personnel indigène de votre province, mais chaque service ou chef-lieu, et chaque circonscription administrative dans l'intérieur, vous fourniront un état mensuel séparé, savoir:

1° *Mandarins provinciaux.* — Cet état comprendra tous les mandarins supérieurs ou chefs de service, civils et militaires, le thuong-ta provincial et interprète, s'il y a lieu, suivant l'énumération faite au tableau annexé à ma circulaire n° 48. Cet état sera arrêté par le Gouverneur de la province et signé par un agent de payement qui sera le quan-bô ou le quan-an.

2° *Bureau du tuan-phu ou du quan-bô.* — Cet état sera arrêté par le tuan-phu ou le quan-bô et signé par le thông-phan comme agent de payement.

3° *Personnel du magasin.* — Arrêté par le tuan-phu ou le quan-bô et signé par le giam-lâm ou le chu-thu comme agent de payement.

4° *Bureau du quan-an.* — Arrêté par le quan-an et signé par le kinh-lich comme agent de payement.

5° *Linh et coolies tram.* — Pour ceux qui ne relèvent pas directement du service des postes et télégraphes, et auxquels il n'a pas été donné de solde spéciale, chaque poste de tram fera l'objet d'un état séparé arrêté par le quan-an et signé par le chef de poste comme agent de payement.

6° *Enseignement, rites et service sanitaire.* — Arrêté par le dôc-hoc et visé par le tu-thua ou une des parties prenantes comme agent de paiement.

7° *Milice et police.* — Arrêté par le mandarin militaire du grade le plus élevé et signé par le mandarin sous ses ordres, du grade immédiatement inférieur, comme agent de payement.

8° *Administration intérieure.* — Les phu, huyên et châu établiront un état collectif pour tout le personnel sous leurs ordres, y compris les linh-lô. Il sera signé par le giao-thu ou le huân-dao ou, à leur défaut, par le lai-mue, comme agent de payement.

Les états seront établis nominativement pour tous les fonctionnaires et agents, et émargés par eux, sauf en ce qui concerne les linh et les gradés militaires jusqu'au doi de 1re classe inclus.

L'agent de payement sera chargé de percevoir la solde et responsable directement vis-à-vis de son chef de service de sa remise aux ayants-droit. Ce dernier sera lui-même responsable vis-à-vis de vous.

Après l'avoir fait viser par le gouverneur de la province, l'agent de payement vous présentera son état de solde et, vérification faite, vous lui remettrez en échange un bon de la somme de ligatures à prendre sur le trésor provincial. Ce bon constatera pour le quan-bô la valeur représentative du prélèvement fait sur sa caisse.

En exécution de l'arrêté de M. le Gouverneur général, en date du 24 juillet 1888, vous récapitulerez tous les états de solde qui vous auront été remis et vous en adresserez, dans les premiers jours du mois, un duplicata à la Résidence supérieure, pour être soumis à l'ordonnancement régulier.

Toutefois l'ordonnancement ne pouvant être fait en ligatures, le total des sommes prélevées en cette monnaie devra être converti en piastres au taux du jour dans la province.

Dès la réception du mandat de régularisation, vous l'acquitterez à la caisse du payeur ou de son proposé, dont vous recevrez en échange une quittance à souche délivrée au titre des impôts annamites. Cette quittance régularisera pour vous la sortie des ligatures constatée par les bons que vous aurez émis sur le trésor provincial.

Les états de solde établis pour le personnel des bureaux du Kinh-luoc seront arrêtés par un Thuong-ta, signé par le chef du personnel comme agent de paiement, et visés par S. E. le Kinh-luoc; vérification seralfaite à la Résidence supérieure par le 1er bureau. Le bon des ligatures à percevoir sera émis sur le trésor provincial de Hanoï.

Il n'y a rien de changé au mode de nomination actuel des chefs de canton, mais à l'avenir, leur élection devra être ratifiée par le Résident supérieur et, ainsi que les mandarins, ils entreront en solde à la date de cette ratification. Ceux qui sont actuellement en fonctions seront placés dans la 3e catégorie et ils pourront être élevés à la classe supérieure suivant les services qu'ils nous rendront.

Le minimum de grade sera fixé à deux ans. — E. PARREAU.

9. — 11 avril 1889. — CIRCULAIRE *sur l'établissement des états de solde des fonctionnaires indigènes* (1).

J'ai constaté que par suite de l'insuffisance de leur personnel, quelques-uns de vos collègues n'étaient pas

(1) Voir ci-après circulaire du 11 avril 1889 et arrêté du 24 juin 1892.

(1) Voir ci-après arrêté du 24 juin 1892.

en mesure de satisfaire avec toute la rapidité désirable aux prescriptions de ma circulaire du 26 janvier dernier, relative à l'établissement des états de solde des fonctionnaires indigènes.

J'ai été amené, par suite, à rechercher si des simplifications ne pourraient pas être apportées à cette réglementation en vue d'alléger le travail qui en résulte pour vos bureaux, sans diminuer les garanties qu'elle avait pour but d'introduire dans cette partie du service.

Aux termes de cette circulaire, tous les mandarins civils sans exception, et les mandarins militaires jusqu'au 5e degré, 1re classe, inclus, doivent être compris nominativement sur l'état récapitulatif que vous adressez à la Résidence supérieure en fin de mois.

Cette disposition m'a paru pouvoir être modifiée sans que le contrôle soit cependant diminué. J'ai décidé, en conséquence, que désormais ceux des mandarins civils et militaires qui touchent un supplément, seraient seuls portés nominativement sur l'état récapitulatif.

Cet état unique comprendra tous les états de solde établis pour les divers services de l'administration indigène de votre province, dans l'ordre indiqué par la circulaire du 26 janvier, c'est-à-dire: 1° mandarins provinciaux ; 2° bureau du quan-an, etc.

Dans chaque service ou bureau, les mandarins ayant un supplément seront seuls portés nominativement, les autres seront groupés par degré et par classe et figureront numériquement conformément au modèle ci-après :

ÉMARGEMENT	NOMS degré et CLASSE	EMPLOIS	MUTATIONS	SOLDE et INDEMNITÉS mensuelles	NOMBRE DE JOURS	SOLDE	SUPPLÉMENT	TOTAL	AVANCES REÇUES	TOTAL BRUT	RETENUE de 3 % au profit du trésor	RETENUE POUR PEINES disciplinaires	TOTAL DES RETENUES	RESTES à PAYER
			1° Mandarins provinciaux											
	X..... 2e degré 1re classe	Tong-doc	....	Solde 250 / Suppl. 250 / (500)	30	250	250	500	»	500	15	»	15	485 »
	X..... 2e degré 2e classe etc...	Tuan-phu												
			2° Bureau du Quan-bo											
	X..... 6e degré 2e classe	Thông-phan		Solde 80 / Suppl. 80 / (160)	30	80	80	100	»	100	24	»	24	157
	X..... 7e degré 2e classe	Kinh-lich		Solde / Suppl.										
2 Bat phâm, 8e degré 2e classe				Solde 40	30	80	»	80	»	80	»	»	»	80
4 Cuu phâm, 9e degré 2e classe				Solde 25	30	100	»	100	»	100	»	»	»	100

Au-dessous du nom de chaque fonctionnaire figurant nominativement, doivent être portés le degré et la classe dont il est titulaire, la colonne *emploi* étant réservée pour l'indication de la fonction.

La solde est celle afférente au degré et à la classe; le supplément seul est passible de la retenue du 3 % au profit du trésor.

Les allocations inscrites dans la colonne *supplément*, au tableau annexé à la circulaire du 26 janvier, ne sont attribuées qu'aux fonctions en regard desquelles elles figurent. Les emplois qui correspondant à des guillemets dans cette colonne *supplément* ne donnent droit à aucune indemnité.

Ce tableau doit se lire ainsi :

	SOLDE	SUPPLÉMENT
Tong-doc	250	250
Thanh-tu-dat-than	250	»
Tuan-phu	225	225
Bo-chanh-su	200	200
Tuyen-phu-su	200	»

Les mandarins à la suite, en disponibilité ou suspendus de leurs fonctions, ne doivent pas figurer sur les états de solde de l'administration indigène.

Le total de l'état récapitulatif sera arrêté en ligatures et converti en piastres au taux du jour dans votre province. — E. PARREAU.

10. — 13 avril 1889. — CIRCULAIRE *sur le mode de nomination dans le personnel des mandarins* (1).

Suivant les instructions de M. le Résident général, lorsqu'il y aura lieu de pourvoir à une vacance dans le personnel des mandarins, à partir du grade de tri-huyên, il conviendra, à l'avenir, d'envoyer à Hué une liste de quelques candidats avec notes à l'appui.

J'ai l'honneur de vous prier de vouloir bien, le cas échéant, m'adresser des propositions suivant cette procédure, après entente avec les mandarins provinciaux. — E. PARREAU.

11. — 17 avril 1889. — CIRCULAIRE *transmissive des instructions données aux autorités indigènes par le Comat pour préciser les attributions du Kinh-luoc.*

J'ai l'honneur de vous envoyer ci-joint, ampliation de la circulaire qui vient d'être adressée par le Gouvernement annamite à LL. EE. les Tong-doc, en vue de régler et de préciser les attributions du Kinh-luoc.

J'appelle toute votre attention sur la nature exacte du rôle attribué à ce haut mandarin, et sur l'idée politique qui préside à l'organisation de ses pouvoirs.

Toutefois, si la Cour, en revendiquant avec raison un droit d'intervention et de contrôle plus direct dans les nominations du personnel administratif in-

(1) Voir ci-après arrêtés du 21 juin 1890 et 28 juin 1892.

digône du Tonkin, a entendu par ce moyen s'assurer et nous assurer, pour un grand nombre de nominations de fonctionnaires, des garanties politiques et morales qui avaient trop souvent fait défaut jusqu'ici, les petits fonctionnaires jusqu'au grade de tri-huyen, continuent à être nommés, au moins provisoirement, par le Kinh-luoc, sur la proposition des mandarins provinciaux.

Ces agents, précisément par le rôle modeste qu'ils occupent, sont plus que tous autres en contact direct avec la population. Leur action est loin d'être négligeable, elle peut, ou nous desservir, ou nous être grandement utile, selon que le choix des titulaires aura été plus ou moins heureux.

Je désire donc que vous vous teniez exactement au courant de la valeur, du caractère et des tendances des candidats qui peuvent être soumis par les mandarins provinciaux à l'agrément du Kinh-luoc. Vous aurez à éclairer sur ce point M. le Résident supérieur, dont l'avis doit d'ailleurs être pris pour les nominations de cet ordre, et à lui signaler aussi ceux de ces fonctionnaires qui, par leur gestion, ne justifieraient pas la confiance dont ils auraient été investis.

Je me réserve, dans ce cas, de demander à la Cour les mesures de répression et aussi les éliminations qui me paraîtront justifiées pour la sauvegarde de nos intérêts et de ceux du Gouvernement indigène. — RHEINART.

19. — CIRCULAIRE *du Conseil de régence aux tong-doc du Tonkin sur les attributions du Kinh-Luoc.*

Excellence, les pouvoirs extraordinaires délégués à Nguyên-huu-Do ayant naturellement pris fin au moment de sa mort, nous avons dû nous préoccuper, de concert avec le Résident général, du soin de régler les attributions du Kinh-luoc provisoire, conformément aux besoins de la situation, et en tenant compte de l'expérience du passé.

En toutes matières, politique, administrative, financière, judiciaire et rituelle, le Kinh-luoc devra être un agent de centralisation chargé de la transmission des affaires entre la Cour et les autorités provinciales du Tonkin, entre le Résident supérieur du Tonkin et ces mêmes autorités provinciales.

Il donnera communication au Résident supérieur de tous les ordres qui lui seront adressés par la Cour pour les autorités provinciales du Tonkin. Il centralisera, pour les transmettre à la Cour, après communication au Résident supérieur, toutes les affaires des provinces du Tonkin.

En matière administrative et politique, il pourvoira, à titre provisoire, sur la proposition des mandarins provinciaux et l'avis du Résident supérieur, aux vacances qui se produiront parmi les fonctionnaires indigènes jusqu'au grade de tri-huyen ou aux grades équivalents inclusivement. Ces nominations provisoires seront confirmées, s'il y a lieu, par la Cour, à laquelle il en rendra immédiatement compte.

Les vacances qui se produiront parmi les tri-phu, ou les fonctionnaires de grade équivalent, seront signalées au ministre de l'intérieur par le Kinh-luoc qui enverra en même temps une liste de propositions. Le ministre de l'intérieur en rendra compte au noi-cac, en lui proposant les candidats qui lui paraîtront aptes à remplir la vacance. Le noi-cac fera choix d'un candidat dont il soumettra le nom à l'approbation du Conseil de régence et du Roi qui, sur l'avis du Résident général, prendra l'ordonnance de nomination. Le Kinh-luoc fera faire, sur l'avis du

Résident supérieur, les mutations jugées nécessaires et en rendra compte.

Pour les vacances à remplir dans le haut personnel du mandarinat : tong-doc, tuan-phu, bo-chanh, an-sat, tham-ta, thuong-ta, le Kinh-luoc enverra ses propositions, par voie télégraphique, au ministre de l'intérieur après avoir pris l'avis du Résident supérieur. Le ministre de l'intérieur en référera au Conseil de régence qui, d'accord avec le Résident général, fera faire par ordonnance royale la nomination ; il en avisera télégraphiquement le Kinh-luoc. Ce mandarin proposera également, et avec l'avis du Résident supérieur, les mutations nécessaires dans ce haut personnel.

Pour toute nomination ou mutation, le choix du Conseil de régence pourra porter également sur tout le personnel des mandarins, aussi bien sur ceux du Tonkin que sur ceux de l'Annam, sans qu'il y ait un personnel spécial à chaque région (1).

Le Kinh-luoc tiendra le contrôle nominatif de tous les fonctionnaires annamites du Tonkin, depuis le grade de tri-phu ou les grades équivalents. Il le soumettra, avec ses appréciations et ses notes sur chacun des fonctionnaires, au Résident supérieur, il le transmettra tous les mois au ministère de l'intérieur.

Sur les propositions motivées qui lui seront faites par le Kinh-luoc, d'accord avec le Résident supérieur, la Cour accordera aux mandarins dont la nomination lui est exclusivement réservée, les récompenses qu'ils auront méritées par leur manière de servir et punira ceux qui auront manqué à leur devoir. Le Kinh-luoc pourra récompenser et punir lui-même, avec l'approbation du Résident supérieur, les mandarins dont la nomination lui est réservée, mais il devra rendre compte de ses décisions en cette matière à la Cour.

Il instruira les demandes en autorisation de défrichement faites par des Annamites et pourra y donner suite après avis du Résident supérieur, lorsque ces demandes ne porteront pas une superficie supérieure à dix mau. Il rendra compte à la Cour des autorisations qu'il aura délivrées, et lui transmettra, avec le dossier de l'instruction à laquelle il devra procéder, toutes les demandes supérieures à dix mau de superficie.

Il centralisera, d'accord avec le Résident supérieur, le service de recrutement des tirailleurs, des gardes civils et des linh, dont il enverra chaque *trimestre* l'état nominatif à la Cour. Il se fera rendre compte par les autorités provinciales des situations d'armement et d'approvisionnement en tous genres des provinces, et transmettra *semestriellement* ces renseignements au Résident supérieur et à la Cour. Il fera, en cas de besoin, pourvoir aussitôt aux approvisionnements insuffisants, avec le concours du Résident supérieur, et en rendra compte à la Cour.

En ce qui concerne les travaux publics qui ne seront pas du ressort du service des travaux publics de Hanoi, le Kinh-luoc se fera rendre compte par les autorités provinciales de l'état des routes, des canaux et des digues et se fera adresser les projets de travaux à exécuter. Il transmettra ces renseignements au Résident supérieur avec le concours duquel il avisera à l'exécution. En fin de chaque saison, il rendra compte à la Cour de l'état des travaux neufs et des travaux d'entretien, et des projets de travaux à exécuter, pour chaque province.

(1) Voir ci-après arrêté du 1er juin 1800.

En matière de finances, le Kinh-luoc adressera, chaque année, au ministère des finances une copie des rôles d'impôt des villages (1). Il examinera les demandes de dégrèvement.

Lorsque la quotité des dégrèvements demandés n'excédera pas mille piastres, il pourra donner suite à la demande d'accord avec le Résident supérieur, mais rendra compte de sa décision à la Cour. Pour toutes les sommes supérieures à mille piastres, il transmettra les demandes à la Cour avec ses propositions, faites conformément à l'avis du Résident supérieur, et le dossier de l'enquête à laquelle il aura procédé.

Chaque mois, le Kinh-luoc avisera le Résident supérieur et le ministre des finances de la situation de la perception des impôts, dont il se fera rendre compte par les autorités de chaque province.

Chaque mois, il enverra au Résident supérieur et au ministre des finances un état de dépenses du personnel et des dépenses de l'administration indigène, dressé d'après les états partiels qui lui seront fournis à cet effet par les autorités provinciales.

Pour les adjudications, les marchés et les bacs, le Kinh-luoc s'entendra avec le Résident supérieur; il rendra compte à la Cour des contrats qu'il aura approuvés.

En matière de justice, le Kinh-luoc se conformera aux règles ordinaires du pays, sauf en ce qui concerne les affaires ressortissant aux tribunaux mixtes.

En matière de rites, le Kinh-luoc se conformera aux coutumes et règles du pays.

En toutes matières, le Kinh-luoc devra donc se concerter avec le Résident supérieur et dans les cas non prévus par la présente circulaire, il réglera ses attributions sur celles de ce haut fonctionnaire, mais il ne devra jamais perdre de vue qu'il doit être avant tout un agent de centralisation et de transmission, qu'il doit servir d'intermédiaire entre la Cour et les autorités provinciales du Tonkin, entre celles-ci et le Résident supérieur, qu'il doit enfin rendre compte de toutes ses décisions et de tous ses actes à la Cour. — BOULLOCHE.

13. — 6 mai 1889. — CIRCULAIRE *autorisant le payement sur la caisse provinciale, des dépenses de bureau de l'administration indigène* (2).

J'ai l'honneur de vous informer que je vous autorise à payer sur la caisse de votre province les dépenses de bureau (éclairage et fournitures) de son administration indigène jusqu'à concurrence de la somme annuelle portée au tableau suivant :

Bureau du Kinh-luoc............	2.000 ligatures
Province de Hanoi............	1.200 —
— Nam-dinh............	1.200 —
— Son-tay............	1.200 —
— Bac-ninh............	1.200 —
— Hai-duong............	1.200 —
— Hung-yên............	800 —
— Ninh-binh............	800 —
— Lang-son............	800 —
— Thai-nguyen............	800 —
— Hung-hoa............	800 —
— Tuyen-quang............	500 —
— Cao-bang............	500 —
— Quang-yen............	500 —

(1) Provisoirement et à moins d'avis contraire, le Kinh-luoc enverra simplement un état sommaire des rôles d'impôts des villages.
(2) Voir ci-après circulaire du 8 août 1889.

Province de Cho-bo............	500 ligatures
— Hai-ninh............	500 —
— Lao-kai............	500 —
— Son-la............	500 —

Ces dépenses devront être réglées annuellement et vous devrez veiller à ce que les autorités indigènes placées près de vous n'exercent plus dorénavant aucun prélèvement pour cet objet, ni en nature, ni en argent. — E. PARREAU.

14. — 20 juillet 1889. — DÉCISION *supprimant la solde des chefs et sous-chefs de canton.*

La solde des chefs et sous-chefs de canton est supprimée à partir du 1er août. — BRIÈRE.

15. — 24 juillet 1889. — ARRÊTÉ *réorganisant le personnel de l'administration annamite* (1).

Article premier. — Les cadres de l'Administration indigène et les effectifs des linh-co et des linh-le sont déterminés conformément au tableau ci-annexé.

Art. 2. — L'arrêté du 15 janvier 1889 est modifié conformément aux indications de ce tableau.

Art. 3. — Les états de solde seront établis conformément aux présentes dispositions à partir du 1er août 1889 (2).

Art 4. — Les résidents et vice-résidents, chefs de province sont chargés de l'exécution du présent arrêté. — BRIÈRE.

EFFECTIF	GRADES	SOLDE MENSUELLE	OBSERVATIONS
	ADMINISTRATION CENTRALE		
	Tarif modifié par arrêté du 15 août 1890, publié ci-après.		
	GRANDES PROVINCES		
	BAC-NINH, NAM-DINH, HAI-DUONG, SON-TAY, HANOI		
1	Tong-doc............	800 ligatures	
1	Interprète............	30 —	
9	Le-muc............	13 —	
13	Linh-le............	10 —	
	Bureau du Quan-bo		
1	Quan-bo............	500 ligatures	
1	Tong-pham............	160 —	Il y a 6 mandarins du
1	Kinh-lich............	140 —	9e degré, mais les
1	Chanh-bat pham............	40 —	chiffres fixés sont
1	Tong-bat-pham............	30 —	simplement des in-
1	Chanh-cuu............	25 —	dications d'effectif à
2	Tung-cuu............	20 —	ne pas dépasser; le
12	Lettrés............	15 —	nombre, dans cha-
1	Le-muc............	18 —	que classe, n'est pas
7	Linh-le............	10 —	impératif.
	Trésor		
1	Chu-thu............	160 ligatures	
1	Giam-thu............	70 —	
2	Phong-bo............	15 —	
	Bureau du Quan-an		
1	Quan-an............	400 ligatures	
1	Kinh lich............	140 —	
1	Chanh-bat............	40 —	
1	Tung-bat............	30 —	
1	Chanh-cuu............	25 —	
1	Tong-cuu............	20 —	
8	Lettrés............	15 —	
1	Le-muc............	18 —	
5	Linh-le............	10 —	

(1) Voir ci-après arrêté du 6 octobre 1891, fixant les indemnités pour frais de funérailles.
(2) Voir arrêté du 24 juin 1892.

Enseignement

EFFECTIF	GRADES	SOLDE MENSUELLE	OBSERVATIONS
1	Doc-hoc	800 ligatures	
1	Tri-thua	25 —	
2	Le-sinh	15 —	
3	Linh-le	10 —	

Service sanitaire

EFFECTIF	GRADES	SOLDE MENSUELLE	OBSERVATIONS
1	Y-sinh	20 ligatures	
1	Y-thuoc	15 —	

Tram

EFFECTIF	GRADES	SOLDE MENSUELLE	OBSERVATIONS
	Doi	20 ligatures	S'applique à toutes les provinces.
	Linh	12 —	L'effectif est déterminé par le Résident suivant les besoins du service.

Effectif militaire

EFFECTIF	GRADES	SOLDE MENSUELLE	OBSERVATIONS
1	Lanh-binh ou Dô-doc	140 ligatures	
1	Pho-lanh-binh . . .	70 —	
2	Chanh-quan-co . . .	60 —	
3	Pho-quan-co . . .	50 —	
5	Hiep-quan	40 —	
15	Doi	30 —	
10	Dien-ty-cai . . .	20 —	
100	Linh-co	10 —	

PROVINCES SECONDAIRES
HUNG-YEN, NINH-BINH, LANG-SON, HUNG-HOA, THAI-NGUYEN

Bureaux du Tuan-phu

EFFECTIF	GRADES	SOLDE MENSUELLE	OBSERVATIONS
1	Tuan-phu	600 ligatures	
1	Thong-phan . . .	100 —	
1	Chanh-bat . . .	40 —	
1	Tung-bat . . .	30 —	

Bureaux du Tuan-phu

EFFECTIF	GRADES	SOLDE MENSUELLE	OBSERVATIONS
1	Interprète . . .	30 ligatures	
1	Chanh-cuu . . .	25 —	
1	Tung-cuu . . .	20 —	
8	Lettrés . . .	15 —	
1	Le-muc . . .	18 —	
11	Linh-le . . .	10 —	

Trésor

EFFECTIF	GRADES	SOLDE MENSUELLE	OBSERVATIONS
1	Chu-thu . . .	100 ligatures	
1	Dien-thu . . .	40 —	
2	Phong-bo . . .	15 —	

Bureaux du Quan-an

EFFECTIF	GRADES	SOLDE MENSUELLE	OBSERVATIONS
1	Quang-an . . .	400 ligatures	
1	Kinh-lich . . .	140 —	
1	Chanh-bat . . .	40 —	
1	Chanh-cuu . . .	25 —	
5	Lettrés . . .	15 —	
1	Le-muc . . .	18 —	
5	Linh	10 —	

Enseignement

EFFECTIF	GRADES	SOLDE MENSUELLE	OBSERVATIONS
1	Tu-thua . . .	25 ligatures	
1	Le-sinh . . .	15 —	

Service médical

EFFECTIF	GRADES	SOLDE MENSUELLE	OBSERVATIONS
1	Y-sinh . . .	20 ligatures	

Effectif militaire

EFFECTIF	GRADES	SOLDE MENSUELLE	OBSERVATIONS
1	Lanh-binh . . .	140 ligatures	ou un Pho-lanh-binh.
2	Quan-co . . .	60 —	
1	Pho-quan-co . . .	50 —	
1	Hiep-quan . . .	40 —	
10	Suat-doi . . .	30 —	
10	Dien-ty-cai . . .	20 —	
80	Linh	10 —	

PETITES PROVINCES
QUANG-YEN, TUYEN-QUANG

EFFECTIF	GRADES	SOLDE MENSUELLE	OBSERVATIONS
1	Quan-bo . . .	500 ligatures	
1	Kinh-lich . . .	140 —	de la 1re ou de la 2e classe
1	Bat-pham . . .		
1	Cuu-pham . . .		
5	Lettrés . . .	15 —	
1	Le-muc . . .	18 —	
7	Linh	10 —	

Trésor

EFFECTIF	GRADES	SOLDE MENSUELLE	OBSERVATIONS
1	Dien-thu . . .	40 ligatures	
1	Phong-bo . . .	10 —	

Bureaux du Quan-an

EFFECTIF	GRADES	SOLDE MENSUELLE	OBSERVATIONS
1	Quan-an . . .	400 ligatures	De 1re ou 2e classe
1	Cuu-pham . . .		
3	Lettrés . . .	15 —	
1	Le-muc . . .	18 —	
5	Linh-le . . .	10 —	

Effectif militaire

EFFECTIF	GRADES	SOLDE MENSUELLE	OBSERVATIONS
1	Quan-co . . .	60 ligatures	
1	Hiep-quan . . .	40 —	
6	Suat-doi . . .	30 —	
7	Dien-ty-cai . . .	20 —	
40	Linh-co . . .	10 —	

HAIPHONG

EFFECTIF	GRADES	SOLDE MENSUELLE	OBSERVATIONS
1	Pho-su . . .	200 ligatures	
1	Kinh-lich . . .	140 —	
1	Bat-pham . . .		Solde suivant la classe
1	Cuu-pham . . .		
4	Lettrés . . .	15 —	
1	Le-muc . . .	18 —	
5	Linh-le . . .	10 —	

HAI-NINH

EFFECTIF	GRADES	SOLDE MENSUELLE	OBSERVATIONS
1	Quan-dao . . .	280 ligatures	
1	Kinh-lich . . .	140 —	Suivant la classe.
1	Cuu-pham . . .		
3	Lettrés . . .	15 —	
1	Le-muc . . .	18 —	
5	Linh-le . . .	10 —	

CHO-BO

EFFECTIF	GRADES	SOLDE MENSUELLE	OBSERVATIONS
1	Quan-an . . .	400 ligatures	
1	Kinh-lich . . .	140 —	Solde suivant la classe
1	Bat-pham . . .		
1	Cuu-pham . . .		
5	Lettrés . . .	15 —	
1	Le-muc . . .	18 —	
5	Linh-le . . .	10 —	

ADMINISTRATION INTÉRIEURE

EFFECTIF	GRADES	SOLDE MENSUELLE	OBSERVATIONS
1	Tri-phu . . .	220 ligatures	
1	Dong-tri-phu . . .	200 —	
1	Lai-muc . . .	20 —	
9	Thong-lai . . .	15 —	
3	Le-muc . . .	18 —	
1	Linh-le . . .	10 —	
1	Giao-tho . . .	140 —	
1	Tri-huyen ou tri-chau	100 —	
1	Lai-muc . . .	20 —	
2	Thong-lai . . .	15 —	
1	Le-muc . . .	14 —	
7	Linh-le . . .	10 —	
1	Huan-dao . . .	40 —	

16. — 24 juillet 1889. — Circulaire *au sujet de la réorganisation du personnel indigène* (1)

L'application de l'arrêté du 15 janvier dernier, m'a amené à constater l'urgence de la réorganisation du personnel de l'Administration indigène et de la fixation des effectifs des linh-co et des linh-lô.

L'absence de règlementation entraînait des dépenses considérables dépassant de beaucoup les prévisions budgétaires, et constituait une trop lourde charge pour nos finances.

C'est dans le but de diminuer ces dépenses et, en même temps, de simplifier et faciliter notre contrôle, que, d'accord avec S. E. le Kinh-luoc, j'ai été amené à prendre l'arrêté dont vous trouverez la teneur ci-jointe.

Vous avez été, à plusieurs reprises, consultés sur cette question et ce sont les documents fournis par vos soins qui ont servi de base à la nouvelle règlementation.

Il y aura donc lieu de vous entendre avec les autorités provinciales au sujet du personnel à licencier, tant civil que militaire, et de ne faire figurer, sur l'état de solde d'août, que l'effectif règlementaire.

Vous voudrez bien faire remarquer d'ailleurs aux mandarins provinciaux que ces réductions, opérées sur le personnel inutile, seront suivies d'augmentation de leur solde dans des proportions compatibles avec l'état de nos ressources.

Les mandarins civils licenciés seront portés sur une liste établie par les soins de l'autorité provinciale, et adressée à S. E. le Kinh-luoc, qui tiendra un contrôle général des mandarins indisponibles.

Il n'y aura plus de mandarins à la suite de la province.

J'ai pensé simplifier la comptabilité en supprimant les suppléments et en attribuant une solde unique qui sera payée à la fonction et au grade de mandarinat. Ainsi, un mandarin de 7e degré faisant fonction de huyen, aura droit à la solde de huyen. Dans les chau, la plupart des fonctionnaires, n'ayant aucun grade dans le mandarinat, ne touchaient que le supplément afférent à la fonction. Désormais, ils bénéficieront de la solde du grade dont ils remplissent l'emploi.

Les thuong-ta et les bang-ta doivent absolument disparaître partout où il n'y a pas de raisons spéciales pour les maintenir. Dans ce dernier cas, vous voudrez bien me le faire connaître d'urgence.

J'ai fait surtout porter les modifications les plus profondes sur le personnel si nombreux et si inutile des linh-co et des linh-lô.

La réduction considérable des linh-co est le premier pas vers la fusion complète des éléments utilisables de l'ancienne armée annamite avec notre garde civile.

C'est vous expliquer suffisamment leur rôle. Le contingent provincial sera réparti entre les phu et les huyen les plus importants. La portion destinée au chef-lieu de la province sera armée et exercée par un garde principal de la garde civile. Elle fera le même service et sera appelée à suppléer à son insuffisance numérique.

Les linh-co du chef-lieu, exercés, iront remplacer dans l'intérieur, les linh des phu et des huyen, qui viendront à leur tour au chef-lieu pour y être soumis à une période d'instruction.

Cette mesure n'a pour but que d'arriver à la suppression des linh-co, par l'augmentation progressive de l'effectif de la garde civile.

Les mandarins militaires en excédent seront mis en disponibilité dans les mêmes conditions que les mandarins civils.

Les linh licenciés rentreront dans leurs villages où ils seront astreints au payement de l'impôt des terrains communaux dont ils ont la jouissance. Toutefois, cette mesure n'aura son effet qu'à partir de l'année prochaine. Il seront alors considérés comme locataires des terrains communaux et, à ce titre, payeront une redevance au village.

Cette opération devra être vérifiée avec soin. A cet effet, il y aura lieu de vous faire fournir l'état des terrains communaux détenus par les linh-co et de vous assurer que ces terrains font bien retour à la commune.

Les linh-le ne sont plus considérés comme des serviteurs attachés à la personne du fonctionnaire indigène. Ils serviront comme plantons, comme satellites habituels des mandarins (porte-étendard, porte-pique, porte-lance, etc.).

Vous procéderez, pour le licenciement des linh-le, de la même manière que pour les linh-co.

Je compte, Messieurs, sur votre expérience des hommes et des choses de ce pays, pour mener à bien une transformation qui doit réduire de 65.000 piastres les dépenses de l'administration indigène.

Les susceptibilités des mandarins civils ne seront pas à redouter lorsque vous leur aurez fait comprendre l'avantage immédiat qu'ils retireront de ce système. Quant aux mandarins militaires, jusqu'au grade de quan-co, il vous appartiendra de leur persuader que leur situation demeurera intacte et qu'ils seront appelés à devenir de véritables chefs de poste. Rien ne sera changé à la situation des mandarins militaires de grade supérieur, lanh-binh, de-doc, puisqu'ils ne doivent jamais quitter le chef-lieu (1). — Brière.

---

17. — 8 août 1889. — Circulaire *au sujet des dépenses de bureau de l'administration indigène.*

J'ai constaté que les prescriptions de ma circulaire no 17 du 6 mai dernier, vous autorisant à payer sur la caisse provinciale les dépenses de bureau de l'administration indigène, avaient été mal interprétées par quelques-uns d'entre vous en ce qui concerne la régularisation de ces dépenses.

Ainsi que cette circulaire le prescrit, vous devez envoyer, chaque mois, à la Résidence supérieure, un état des sommes prélevées sur le trésor provincial, afin de me permettre d'en faire mandater le montant.

Ces états devront être fournis à compter du 1er mai, ils seront établis en ligatures, converties en piastres au taux du jour. — Brière.

---

18. — 22 août 1889. — Circulaire *au sujet des mesures pénales à prendre contre les autorités annamites.*

L'état de la sécurité publique, encore précaire dans quelques provinces, m'amène à vous rappeler les circulaires de mon prédécesseur, en date des 18 octobre et 4 novembre 1887.

Je vous prie de ne pas hésiter, le cas échéant, à provoquer, contre les autorités locales ou contre les villages, l'application rigoureuse des peines édictées par la circulaire que S. E. Nguyen-huu-Do adressait

---

(1) Voir ci-après les arrêtés des 21 juin, 15 juillet et 26 décembre 1890.

(1) Voir en outre arrêté du 28 juin 1892.

en octobre dernier, aux Gouverneurs des provinces, au sujet de la répression de la piraterie.

J'invite, d'ailleurs, S. E. le Kinh-luoc à rappeler ses précédentes instructions aux autorités provinciales. — BRIÈRE.

19. — 21 juin 1890. — ARRÊTÉ *autorisant les Résidents et vice-résidents des provinces frontières à révoquer et à nommer les agents et fonctionnaires indigènes.*

Article premier. — Dans les provinces de Cao-bang, Lang-son, Luc-nam, Quang-yên, Hai-ninh, Hung-hoa, Tuyên-quang, Thai-nguyên, Phuong-lam (Cho-bo), Lao-kai et Son-la, MM. les Résidents ou vice-résidents auront la faculté de rappeler immédiatement tout agent ou fonctionnaire reconnu inerte ou incapable, et de pourvoir d'urgence à son remplacement provisoire, sauf à porter cette mesure à la connaissance de M. le Résident supérieur par voie télégraphique.

Art. 2. — Les mandarins provinciaux devront, de leur côté, en référer dans le plus bref délai au Kinh-luoc, qui soumettra à l'approbation du Résident supérieur la nomination définitive du nouveau fonctionnaire. Toutefois, si ce mandarin ne se trouvait pas dans les conditions exigées pour être nommé à l'emploi qui lui aurait été confié provisoirement, il y aurait lieu de soumettre un autre candidat au choix du Résident supérieur. — BONNAL.

Pour la signature du Kinh-luoc,
LE GRAND SCEAU.

20. — 25 juin 1890. — ARRÊTÉ *fixant le classement des fonctionnaires indigènes voyageant à bord des Messageries fluviales.*

Article premier. — Seront admis à la 1re classe à bord des chaloupes des Messageries fluviales, et auront droit au transport de deux domestiques dans leur déplacement pour motif de service, les fonctionnaires de l'administration indigène des grades suivants: Kinh-luoc, Thuong-ta, Kham-ta, Kham-sai, Tong-doc, Tuan-phu.

Art. 2. — Seront admis à la 1re classe, et auront droit au transport gratuit d'un domestique, les fonctionnaires indigènes suivants: De-doc, Quan-bo, Lanh-binh, Chanh-su, Tuyen phu-su, Quan-an, Pho-lanh, Chanh-quan-dao, Pho-su.

Art. 3. — Seront admis à la 2e classe, et auront droit au transport d'un domestique: Pho-quan-dao, Doc-hoc, Lang-trung, Vien-ngoai, Chu-su, Tu-vu, Tri-phu, Quan-co, Truong-phan, Giao-tho, Hiep-quan, Kinh-lich, Huan-dao, Thanh-phong, Thu-ny.

Art. 4. — Tous les mandarins autres que ceux ci-dessus, voyageront sur le pont, sans domestique.

Art. 5. — Le Résident supérieur au Tonkin est chargé de l'exécution du présent arrêté. — PIQUET.

21. — 15 juillet 1890. — ARRÊTÉ *établissant un roulement entre le personnel subalterne indigène de diverses provinces.*

Un roulement est établi entre le personnel subalterne, lai-muc, thong-lai, et des phu et huyen, dans la province de Hanoi, Son-tay, Nam-dinh, Bac-ninh, Hai-duong, Hung-yen, Ninh-binh, Thai-binh et Haiphong.

En ce qui concerne les provinces de Luc-nam,

My-duc, Bai-say, de formation récente, cette mesure ne sera applicable qu'ultérieurement.

Cette même mesure n'intéresse pas les provinces éloignées de Hung-hoa, Tuyen-quan, Cao-bang, Thai-nguyen, Lang-son, Cho-bo, Quang-yen, Lao-kay, Son-la, Haininh, dans lesquelles les employés subalternes des phu et huyen sont ordinairement des aborigènes dont le déplacement ne s'accorderait souvent ni avec les usages locaux, ni avec les exigences du service. — BONNAL.

Pour la signature du Kinh-luoc,
LE GRAND SCEAU.

22. — 15 août 1890. — ARRÊTÉ *laissant à S. E. le Kinh-luoc, le soin de fixer la composition et la solde des agents de l'administration centrale indigène.*

Article premier. — Est modifié le tableau annexé à l'arrêté du 24 juillet 1889, en ce qui concerne le personnel de l'administration centrale dont le cadre et les soldes cessent d'être déterminés.

Art. 2. S. E. le Kinh-luoc, fixera lui-même, suivant les besoins des services, l'effectif, la composition et le traitement du personnel de ses bureaux.

Art. 3. — Une somme nette de 1.150 $ sera mandatée, à la fin de chaque mois, au nom de S. E le Kinh-luoc, qui paiera lui-même, sur cette allocation, tous ses frais de bureaux et d'employés, le surplus devant constituer son traitement personnel.

Art. 4. Cette somme sera imputable au chap. XV, article premier, § 1, du budget de l'exercice courant. — BONNAL.

23. — 27 août 1890. — CIRCULAIRE *portant suppression des emplois de Bang-ta.*

Voir arrêté du 1er septembre 1890, publié ci-après.

24. — 1er septembre 1890. — ARRÊTÉ *supprimant les Bang-ta et les Thuong-ta à partir du 1er septembre 1890.*

Article premier. — Les emplois de Bang-ta et de Thuong-ta sont supprimés à partir du 1er septembre.

Art. 2. — Les Résidents et vice-résidents chefs de province sont chargés de l'exécution du présent arrêté. — BONNAL.

25. — 26 novembre 1890. — ARRÊTÉ *modifiant celui du 20 août 1890, relatif à l'effectif des linh-le.*

Article premier. — L'arrêté du 30 août 1890 est modifié.

Art. 2. — L'effectif des linh-le est ramené de 150 à 125, qui seront ainsi répartis:

60 à Gia-luan.
25 à Quang-lang.
42 auprès des autorités indigènes.

Art. 3. — Les linh-le détachés dans les postes de Gia-luan et de Quang-lang recevront un supplément mensuel de 5 ligatures.

Art. 4. — Le Résident de Quang-yen est chargé de l'exécution du présent arrêté. — BONNAL.

26. — 4 mai 1891. — CIRCULAIRE *au sujet de l'organisation de la police intérieure des provinces.*

Il est aujourd'hui hors de doute que si les bandes de pirates ont réussi à substituer leur gouvernement occulte au gouvernement légal, c'est grâce à l'inaction des fonctionnaires indigènes. Ceux-ci, entièrement désarmés vis-à-vis des pirates, impuissants à lutter par conséquent, se renferment chez eux et ne remplissent plus leur office. Voudraient-ils d'ailleurs mieux faire leur devoir qu'ils ne le pourraient pas : ils se sentent faibles et on les sent faibles, l'autorité et les moyens d'action leur manquant également.

Notre premier soin, si nous voulons soustraire le pays à l'anarchie et lutter avec succès contre les causes nombreuses de désagrégation qui le menacent, sera d'assurer à chaque phu et huyen un nombre d'agents suffisant pour les protéger et leur rendre possible l'exercice de leurs fonctions. Mais comme il est reconnu également que les bandes sont fort nombreuses, qu'elles ont à leur disposition des armes perfectionnées, qu'elles ont de la cohésion, manœuvrent avec ordre et avec une tactique mieux appropriée au pays que celle de nos troupes régulières, il est de toute nécessité que ces agents des phu et huyen soient des miliciens.

Ce premier point obtenu, et il est essentiel, nous aurons fortifié l'action de nos fonctionnaires indigènes, nous pourrons exiger d'eux la rentrée normale de l'impôt, la distribution d'une bonne justice et l'exécution des lois, règlements et décisions administratifs ; mais nous n'aurons pas encore rendu la sécurité aux campagnes, ni coupé court au brigandage et au maraudage rural.

Cette préoccupation nous amène naturellement à l'idée de la création de polices cantonales et communales, et à la nécessité de les armer.

Il y a lieu de remarquer que, en agissant ainsi, on n'innovera rien : on restera dans la tradition annamite, on se contentera de faire revivre des institutions qui existaient avant la conquête, qui subsistent encore dans bien des villages, mais sous une forme confuse et frappée d'impuissance, étant donné l'état de trouble du pays.

On laissera intacte l'autonomie communale, mais les moyens d'action mis à la disposition des autorités locales devront entraîner, comme conséquence, l'application du principe de la responsabilité effective de la part de ces mêmes agents.

Ainsi donc, dans chaque canton, une police cantonale sous la haute direction du chef de canton, et commandée par un agent responsable de ses hommes, de leur instruction et de la conservation des armes.

Cette organisation, qu'il sera bon d'ailleurs de réglementer, sera facile ; elle se fera d'elle-même, se perfectionnant au fur et à mesure. Il suffira, au début, de fournir les armes. Il sera également utile de mêler à l'élément des cultivateurs honnêtes, qui devra fournir le fonds même de cette police, quelques anciens irréguliers plus capables d'énergie et d'activité et au courant des habitudes des pirates. Ces corps de police devraient même, autant que possible, être commandés par d'anciens chefs de bandes, choisis avec soin parmi ceux qui auront donné des preuves de bonne volonté et de fidélité au gouvernement du Protectorat.

Cette police cantonale, auxiliaire des forces de milice, mise à la disposition des phu et des huyen, est indispensable. Outre qu'elle assurera la police générale du canton, qu'elle fera du cai-tong autre chose que ce qu'il est actuellement, un rouage inactif et sans autorité, qu'elle le mettra à sa vraie place de défenseur et de tuteur des villages, elle aura l'avantage de corriger en partie ce que l'exclusivisme communal a d'exagéré.

Que voit-on aujourd'hui, en effet, dans les villages du Tonkin ? l'égoïsme le plus féroce, le chacun pour soi le plus éhonté. Un village est attaqué, pillé, ses voisins ferment leur porte et se gardent bien de lui porter secours, quant encore ils ne recueillent pas les pillards en bénéficiant du butin enlevé.

Avec une police cantonale, cet écueil sera évité : se tenant en rapports constants avec le huyen et les polices communales, au premier signal d'alarme, elle se portera rapidement sur les lieux et, dans la plupart des cas, réussira à rétablir l'ordre et à mettre la main sur les bandits.

Au besoin, pour donner plus de consistance à ces agents cantonaux, conviendrait-il peut-être de leur faire servir, par les villages intéressés, des soldes régulières et uniformes.

La chose paraît très possible, si l'on songe que toutes les communes ont en effet un intérêt direct à s'entourer d'une force de protection efficace et que, dans la grande majorité des cas, pour éviter le pillage et la ruine, elles subissent plutôt qu'elles n'acceptent la lourde tutelle des chefs de bandes.

Le système que je préconise aujourd'hui a été expérimenté dans quelques arrondissements de Cochinchine ; dans chaque canton, des postes d'agents de police avaient été installés ; ces agents recrutés parmi d'anciens tirailleurs, d'anciens miliciens, armés par l'État, habillés et soldés par les villages, soumis aux mêmes règlements que la milice, rendirent les plus grands services et firent complètement et promptement disparaître la piraterie fluviale et terrestre.

Reste la question d'armement. Il semblerait nécessaire, étant donné que toutes les bandes de pillards sont presque toutes munies de fusils à tir rapide ou à répétition, que les agents destinés à les combattre devraient être pourvus de fusils modèle 1874. Il y aurait ainsi uniformité d'armement avec la milice.

Toutefois, cette mesure peut paraître prématurée aujourd'hui, bien que je sois convaincu que nous arriverons forcément à l'adopter dans un avenir assez prochain ; je me bornerai pour le moment à n'user que des fusils modèle 1842.

Quelques-uns de ces fusils seraient-ils pris par les bandes, seraient-ils perdus par leurs détenteurs, que le mal n'en serait point grand, de pareilles armes étant peu recherchées et n'ayant de valeur qu'autant qu'elles sont minutieusement entretenues et que leurs munitions soient soigneusement conservées à l'abri de l'humidité, toutes précautions que prennent rarement les pirates.

Du reste, il sera facile de soumettre cet armement à des visites régulières en vue de s'assurer de son bon état de conservation.

En tous cas, de pareilles armes officiellement confiées aux villages, prises en charge par eux, placées dans des endroits très apparents, n'auront pas les inconvénients que présentent celles que la force des choses oblige les fonctionnaires indigènes, notables ou même simples particuliers, à détenir clandestinement pour leur défense.

L'idéal pour certains serait de confier à la milice ce rôle d'agents de police cantonaux, mais l'on accroîtrait ainsi beaucoup trop nos effectifs de miliciens, et la dépense serait trop lourde pour le budget.

Du reste, des forces de milice obéissant à des règlements spéciaux, se réclamant sans cesse de la résidence, n'obéissant que difficilement à des autorités indigènes de rang inférieur, ne se plieraient que péniblement au genre de service que j'attends de la police cantonale; elles ne constitueraient qu'un outil peu sûr dans la main des chefs et sous-chefs de canton que ce système tend à rendre responsables.

Au-dessous de ces différentes polices, comme dernier degré de l'échelle, et comme complément de l'organisation, nous trouvons les gardes de villages.

Il convient donc de rappeler aux communes leurs devoirs stricts, aussi bien tracés par la coutume que minutieusement édictés par le code indigène.

Nous devons en conséquence tenir la main à ce que les gardes villageoises soient immédiatement réorganisées, et à ce que, dans chaque localité, les services de veille, ronde, patrouille, soient régulièrement faits.

Mais là encore, si nous voulons obtenir un résultat, il est de toute nécessité de fournir des armes aux villages, que la seule possession de bambous effilés, lances, coupe-coupe et autres instruments primitifs, laisse complètement à la merci de bandits bien armés.

On s'explique ainsi que tous se soumettent à leur joug et préfèrent leur payer des contributions fort lourdes plutôt que de tenter une lutte impossible toujours suivie de cruelles représailles.

Nous nous heurterons certainement à nombre de préjugés, d'opinions reçues, de craintes chimériques, mais il faut bien se pénétrer de cette idée, qu'il y a un intérêt de premier ordre pour notre domination à ne point laisser désarmée la commune, qui constitue notre plus solide appui. Possédant quelques armes, il sera facile aux villages d'avoir raison des pillards isolés et possible de tenir en respect les bandes d'une certaine importance, de les empêcher de forcer leurs solides remparts, en attendant l'arrivée d'agents cantonaux, de miliciens ou de troupes régulières.

L'expérience de ce système a été faite dans une province et a fourni des résultats concluants.

Les villages ont fait un bon usage des armes à eux confiées et en prennent une soin très réel. Ils ont, à diverses reprises, résisté aux pirates et même, lorsqu'ils n'ont pas pu réussir à les repousser, les ont empêché de s'emparer de leurs fusils.

Au surplus, de semblables mesures ne sauraient être prises, de pareilles distributions d'armes ne sauraient être faites, qu'avec la plus grande réserve; aussi ne faut-il point généraliser et étendre immédiatement à tout le Tonkin une organisation qui, bonne en soi, pourrait dans certaines circonstances, aller contre le but visé.

Il est donc bien entendu que ce n'est qu'aux cantons et villages faciles à surveiller, à ceux dans lesquels les bandes ne se tiennent pas à demeure, que l'on distribuerait des armes. Dans les autres parties, le soin de la pacification devra être assuré, pour le moment, au moyen de postes de garde civile et de tirailleurs, établis exactement au lieu de recrutement, de rassemblement et de passage des pirates.

Entre ces différents postes circuleraient sans cesse des colonnes mobiles qui auront mission de fouiller minutieusement les villages, les bois, les mares, les terrains vagues.

A chacune de ces colonnes seraient attachés des fonctionnaires indigènes, phu, huyen, chefs de canton, notables, spécialement chargés du service de renseignements.

Le rôle de ces colonnes consisterait surtout à se saisir des pirates isolés ou groupés par petits paquets.

Au cas où elles se heurteraient à des bandes importantes, elles essayeraient de les détruire, mais sans jamais s'engager à fond, et dans le cas d'une résistance sérieuse, elles se contenteraient de garder le contact, en attendant que les postes voisins prévenus puissent venir les secourir.

Il me semble difficile que la piraterie puisse résister à l'emploi de pareils moyens; mais ce sont les seuls dont l'efficacité paraisse incontestable.

Je vous prie de vouloir bien étudier attentivement et avec le plus grand soin ce projet d'organisation de la police intérieure à trois degrés ; garde civile, garde cantonale, garde communale, et me faire connaître votre appréciation sur leur application, tant au point de vue de la pacification en général que de votre province en particulier.

J'attacherai du prix à recevoir votre réponse pour le vingt mai. — Brière.

27. — 6 juin 1891. — Circulaire *au sujet des amendes infligées aux villages par mesure administrative.*

Mon attention a été appelée sur les retards apportés dans le recouvrement des amendes infligées aux villages par mesure administrative.

Je crois devoir vous faire remarquer que l'amende ne doit pas être considérée comme une sorte de contribution supplémentaire et n'être payée que peu à peu; elle doit, au contraire, être exigée dans un délai fort court qui ne doit pas dépasser un mois, à moins toutefois que des raisons justifiées ne viennent entraver la marche du recouvrement.

J'ajouterai que l'amende ne saurait être efficace que par le caractère de charge extraordinaire qu'elle impose à ceux contre lesquels elle est prononcée.

Dans le cas où un village serait dans l'impossibilité absolue de payer l'amende qu'il est jugé avoir méritée, j'estime qu'il est inutile de l'en frapper, et je désire qu'à l'avenir, avant de me faire des propositions dans ce sens, vous vous assuriez que cette amende peut être immédiatement exigée.

Vous auriez, dans ce cas, à me proposer une punition différente. Je suis décidé, d'ailleurs, à ne donner aucune suite aux propositions d'amendes que vous me soumettrez, tant que les anciennes ne seront pas intégralement versées.

Je vous prie en conséquence de veiller rigoureusement à l'application des présentes instructions. — Brière.

28. — 10 juillet 1891. — Circulaire *sur le mode de nomination des chefs et sous-chefs de canton.*

Je constate que, dans la plupart des provinces, les chefs et sous-chefs de canton ne sont plus, ainsi que le veut la coutume traditionnelle, présentés au choix de l'administration par les notables réunis des villages, et que ces agents, au lieu d'être nommés par l'autorité provinciale, seule bien renseignée en pareille matière, le sont le plus souvent par l'administration supérieure, ce qui n'entraîne que délais, retards et complications inutiles et souvent dangereuses.

Il y a, dans cette manière de procéder, un vice grave, qui fausse complètement le caractère du chef de canton, et tendrait, si l'on n'y prenait garde, à en faire purement et simplement un agent de l'administration et non plus le tuteur autorisé des communes, et leur défenseur légal. C'est cependant ce dernier caractère qui doit prédominer dans les chefs de canton. C'est surtout parce qu'ils sont les délégués, les mandataires des communes, que leur rôle est bienfaisant et l'on conçoit que, pour le remplir utilement, il importe qu'ils soient librement choisis par les villages, l'administration se réservant le droit de confirmer les choix exprimés, ou de les rejeter s'ils portaient sur des indignes.

Donc, lorsqu'à l'avenir des vacances de chefs ou de sous-chefs de canton se produiront, le résident devra en être avisé, et au jour désigné par ce fonctionnaire, le phu ou huyên convoquera, dans un village du canton, les notables appelés à s'entendre sur le choix des candidats. Ces notables délibèreront librement et en dehors de l'ingérence des phu et huyên, dont le seul rôle consistera à transmettre le procès-verbal des opérations, en l'accompagnant de leur avis motivé sur les candidats désignés. Ledit procès-verbal devra contenir trois noms par ordre de mérite, et c'est sur cette liste, en tenant compte le plus possible du classement des notables, que le résident, après avis des mandarins provinciaux, choisira le candidat dont le brevet, établi et signé par le Tong-doc, sera approuvé par lui.

Ce n'est que dans le cas où les villages ne pourraient ou ne voudraient pas s'entendre sur le choix d'un candidat, qu'il appartiendra à l'autorité provinciale de nommer directement les chefs et sous-chefs de canton proposés par les phu et huyên sur rapport écrit, constatant l'impossibilité où ils ont été de se conformer à la coutume et à la loi.

Tous les chefs et sous-chefs de canton nommés devront être présentés aux résidents, qui leur remettront leurs titres d'investiture. Ces mêmes agents seront également révoqués par l'autorité provinciale qui les a nommés, et cela encore sur le rapport des phu et huyên.

Quand aux maires, qui sont, par dessus tout, les délégués et les agents d'exécution des communes, ils seront choisis dans les mêmes conditions et suivant les mêmes formalités par les notables du village. Là encore, les phu et les huyên ne devront intervenir et ne vous présenter directement de candidats qu'en l'absence de propositions faites par les communes. Les brevets de nomination de maires seront également établis et signés par les Tong-doc et approuvés par vous.

J'attache la plus grande importance à ce que ces prescriptions soient exactement suivies. C'est le seul moyen efficace de donner aux chefs et sous-chefs de canton et maires l'autorité et le prestige qui leur manquent aujourd'hui. Ainsi choisis par leur pairs, ils redeviendront les vrais défenseurs des communes au lieu d'en être les oppresseurs, ce qui n'a que trop souvent lieu.

En laissant aux communes le libre choix de leurs chefs, sous-chefs de canton, et maires, et à l'autorité provinciale le droit de contrôle et de nomination, j'ai eu surtout en vue de faire disparaître les inconvénients d'une centralisation excessive et de maintenir, tout en respectant le principe de l'unité administrative, les traditions fondamentales du droit coutumier en matière d'administration indigène au Tonkin. — BRIÈRE.

29. — 6 octobre 1891. — *Arrêté fixant les indemnités pour frais de funérailles des mandarins, agents surnuméraires et linhs, morts en service, en congé ou en retraite.*

Article premier. — Les indemnités à accorder pour frais de funérailles aux familles des mandarins, agents surnuméraires et linhs, morts en service, en congé ou en retraite, sont déterminées conformément aux indications du tableau ci-annexé.

Art. 2. — La dépense sera imputable sur les crédits inscrits au chapitre XIV, article 2, du budget de l'exercice courant.

Art. 3. — Le Résident supérieur du Tonkin est chargé de l'exécution du présent arrêté. — DE LANESSAN,

Tarif des indemnités à accorder aux mandarins pour frais de funérailles.

MANDARINS, AGENTS SURNUMÉRAIRES ET LINHS MORTS EN COURS DE SERVICE

DEGRÉS de MANDARINAT		INDEMNITÉS à ACCORDER	DEGRÉS de MANDARINAT		INDEMNITÉS à ACCORDER
Mandarins de 2 ordres, chefs de service			Mandarins de 2 ordres employés en sous-ordres		
Degré	Classe	Ligatures	Degré	Classe	Ligatures
1er	1re	900	3e	1re	200
1er	2e	800	3e	2e	150
2e	1re	700	4e	1re	100
2e	2e	600	4e	2e	80
3e	1re	500	5e	1re	70
3e	2e	400	5e	2e	60
4e	1re	300	6e	1re	50
4e	2e	200	6e	2e	40
5e	1re	180	7e	1re	35
			7e	2e	30
			8e	1re	25
			8e	2e	20
			9e	1re	18
			9e	2e	15
			Agents surnuméraires, linhs..		6

Pour les mandarins, agents surnuméraires et linhs, tués sur le champ de bataille, l'indemnité sera double de celle prévue au tableau.

MANDARINS, AGENTS SURNUMÉRAIRES ET LINHS MORTS EN RETRAITE OU EN CONGÉ

DEGRÉS de MANDARINAT		INDEMNITÉS à ACCORDER	DEGRÉS de MANDARINAT		INDEMNITÉS à ACCORDER
Mandarins de 2 ordres, chefs de service ân-quan			Mandarins de 2 ordres, employés en sous-ordre, Thuộc-viên		
Degré	Classe	Ligatures	Degré	Classe	Ligatures
1er	1re	800	3e	1re	100
1er	2e	700	3e	2e	80
2e	1re	600	4e	1re	60
2e	2e	500	4e	2e	40
3e	1re	400	5e	1re	35
3e	2e	300	5e	2e	32
4e	1re	200	6e	1re	30
4e	2e	100	6e	2e	25
5e	1re	80	7e	1re	22
			7e	2e	20
			8e	1re	18
			8e	2e	15
			9e	1er	12
			9e	2e	10
			Agents surnuméraires, linhs ...		6

30. — 4 janvier 1892. — Arrêté *déterminant le mode de recrutment des fonctionnaires annamites, dits « Hâu-bô ».*

Article premier. — Des mandarins choisis parmi les lettrés ayant subi avec succès les examens réglementaires, seront placés à la suite dans les provinces du Tonkin en qualité de Hâu-bô.

Art. 2. — Ces fonctionnaires pourront être employés comme stagiaires dans les phu et huyên ou dans les bureaux du chef-lieu, ou désignés pour remplir provisoirement les fonctions de huan-dao, giao-tho, huyên, phu, en cas de vacance. Ils pourront aussi être envoyés en mission dans l'intérieur de la province, soit pour surveiller les travaux des digues, soit pour procéder à des enquêtes administratives, etc.

Art. 3. — Leur nombre est fixé à huit pour le bureau du Kinh-luoc, à sept pour chacune des provinces de Hanoi, Bac-ninh, Nam-dinh, Hai-duong, Son-tay, et à quatre pour chacune des autres provinces.

Art. 4. — La solde des hâu-bô est fixée à trente ligatures par mois.

Trois des hâu-bô, placés au bureau du Kinh-luoc, recevront une somme mensuelle de cent ligatures.

Art. 5. — Cette dépense sera imputable au chapitre XIV, article premier du budget.

Art. 6. — Le Résident supérieur du Tonkin et S. E. le Kinh-luoc sont chargés, chacun en ce qui le concerne, de l'exécution du présent arrêté — DE LANESSAN.

31. — 28 juin 1892. — Arrêté *sur le mode de recrutement du personnel de l'administration annamite.*

Article premier. — L'ordonnance rendue par S. M. le roi Tu-Duc, et soumettant à un stage, à titre d'essai ou Thu, tout mandarin du grade de Tuan-phu et au-dessus proposé pour un avancement, est remis en vigueur à dater de ce jour.

Art. 2. — Il sera fait, toutefois, exception à cette règle pour les mandarins qui se seront signalés par des services éclatants.

Art. 3. — Le Résident supérieur du Tonkin et S. E. le Kinh-luoc sont chargés, chacun en ce qui le concerne, de l'exécution du présent arrêté. — CHAVASSIEUX.

32. — 24 juin 1892. — Arrêté *déterminant le mode d'émargement des états de solde des fonctionnaires de l'administration annamite.*

Article premier. — Les inspecteurs et les gardes principaux de la garde civile indigène du Tonkin, et les fonctionnaires de l'administration annamite sont dispensés de la formalité de l'émargement des états de solde.

Art. 2. — L'acquit donné par l'agent de paiement libérera entièrement le Trésorier-payeur, conformément aux dispositions de la circulaire de M. le Ministre des finances en date du 3 juillet 1879.

Art. 3. — Le Trésorier-payeur du Tonkin est chargé de l'exécution du présent arrêté. — CHAVASSIEUX.

Voy.: Amendes; — Centres indigènes; — Commission consultative indigène; — Indemnités; — Organisation administrative; — Territoires militaires.

ADMINISTRATION CIVILE. — Voy.: Organisation administrative; — Territoires militaires.

ADMINISTRATION DU PROTECTORAT. — Voy : Organisation administrative; —Territoires militaires.

AFFAIRES CIVILES. — Voy.: Organisation administrative.

AGENT JUDICIAIRE DU TRÉSOR. — Voy.: Trésor.

AGRICULTURE (CHAMBRE D').

1. — 15 octobre 1892. — Arrêté *instituant un conseil supérieur d'agriculture au Tonkin.*

Rapporté par arrêté du 22 septembre 1894.

2. — 22 septembre 1894. — Arrêté *rapportant celui du 15 octobre 1892 (1).*

Article premier. — L'arrêté du 15 octobre 1892 créant un Conseil supérieur de l'Agriculture au Tonkin, est rapporté.

Art. 2. — Le Résident supérieur du Tonkin est chargé de l'exécution du présent arrêté. — CHAVASSIEUX.

3. — 10 février 1894. — Arrêté *créant une Chambre d'agriculture au Tonkin (2).*

Article premier. — Une Chambre d'agriculture est créée au Tonkin; son siège est à Hanoi.

Art. 2. — La chambre comprend :

Six membres français élus par les agriculteurs français ;

Un membre indigène désigné par S. E. le Kinh-luoc.

Art. 3. — Les membres de la chambre d'agriculture sont nommés pour trois ans.

En raison de l'éloignement du plus grand nombre des planteurs, le vote a lieu par correspondance. Des dispositions seront prises pour que ce vote reste secret. Il y aura, s'il est nécessaire, deux tours de scrutin, le premier à la majorité absolue, le second à la majorité relative.

Art. 4. — Sont électeurs éligibles : les agriculteurs français, âgés de 21 ans accomplis, figurant sur la liste des agriculteurs du Tonkin. Cette liste sera dressée pour la première fois par le Syndicat des planteurs, d'accord avec les Chambres de commerce de Hanoi et de Haiphong, représentées chacune dans l'assemblée qui l'établira, par un délégué. Elle sera ultérieurement établie, trois mois avant l'expiration de son mandat, par la chambre d'agriculture.

En seront exclus tous les individus qui seront dans un des cas d'incapacité électorale prévus à l'article 7 de l'arrêté du 10 février 1889, sur les Chambres de commerce au Tonkin.

Art. 5. — La chambre d'agriculture présente à l'administration, soit sur sa demande, soit spontanément, des avis sur tous les sujets qui concernent les intérêts agricoles.

Un bulletin de la chambre d'agriculture publiera les renseignements de nature à intéresser les agriculteurs.

Art. 7. — Il sera pourvu, en principe, aux dépenses de la chambre d'agriculture au moyen d'une

(1) Voir ci-après l'arrêté du 26 mars 1894.
(2) Pour le complément des art. 3 et 4, voir arrêté du 26 mars 1894.

contribution spéciale sur toutes les patentes des commerçants du Tonkin et portant sur le droit fixe de la patente seulement. La chambre établira elle-même son budget, qui ne sera exécutoire qu'après approbation du Résident supérieur.

En cas d'insuffisance des recettes, il pourra lui être allouée une subvention sur les fonds du budget du Protectorat dans la limite du possible.

Art. 8. — Toutes les autres dispositions non prévues au présent arrêté incombent au Résident supérieur, chargé de l'exécution. — DE LANESSAN.

4. — *26 mars 1894.* — ARRÊTÉ *sur le mode de formation de la Chambre d'agriculture du Tonkin*

Article premier. — La réception des votes, pour l'élection à la Chambre d'agriculture, aura lieu à Hanoi, dans une des salles de la Mairie, le dimanche 8 avril 1894, de 8 à 11 heures du matin.

Art. 2. — Le bureau de dépouillement des votes sera présidé par le Président du Syndicat des planteurs ou le membre du Syndicat remplaçant le président dans ses fonctions, assisté de deux assesseurs choisis parmi les électeurs présents à l'ouverture de la séance.

Art. 3. — Nul ne peut être admis à voter s'il n'est inscrit sur la liste qui a été dressée conformément aux prescriptions de l'article 5 de l'arrêté du 10 février 1894, laquelle sera déposée sur la table du bureau.

Art. 4. — En raison de l'éloignement du plus grand nombre des planteurs, le vote aura lieu par correspondance, pour ceux qui ne pourront se rendre à Hanoi ; dans ce cas, le bulletin sera placé dans une enveloppe blanche, format carte de visite, cachetée, ne portant aucune suscription ; cette enveloppe sera renfermée dans une deuxième enveloppe contenant une feuille de papier avec le nom du votant. Cette deuxième enveloppe portera l'adresse suivante :

Chambre d'agriculture, poste restante, Hanoi.

Ces lettres circuleront en franchise.

Le jour fixé pour le dépouillement, et pendant la séance, le service des Postes et Télégraphes fera remettre au bureau les lettres de vote. Ces lettres seront immédiatement décachetées, les enveloppes blanches contenant les bulletins seront placées dans la boîte du scrutin et les noms des votants pointés sur la liste des électeurs.

Art. 5. — Par analogie avec les dispositions contenues dans l'article précédent, le bulletin des votants présents à Hanoi devra être renfermé dans une enveloppe blanche format carte de visite, cachetée et ne portant aucun signe extérieur. Cette enveloppe sera remise par l'électeur au Président qui la déposera dans la boîte du scrutin. Le nom de l'électeur sera aussitôt pointé sur la liste.

Art. 6. — Après le dépouillement, le président proclame le résultat du scrutin ; au cas où un bulletin porterait plus de six noms il ne sera tenu compte que des six premiers noms.

Le procès-verbal des opérations est établi et signé par les membres du bureau.

Une copie est adressée aussitôt au Résident supérieur.

Art. 7. — S'il y a lieu de procéder à un nouveau tour de scrutin, l'assemblée est de droit convoquée pour le second dimanche suivant.

Si plusieurs candidats obtiennent le même nombre de voix, l'élection est acquise au plus âgé.

Art. 8. — Les réclamations au sujet des élections sont transmises au Résident supérieur qui prononce en dernier ressort.

Art. 9. — Une ampliation du présent arrêté, une expédition de la liste des électeurs et éligibles, et l'enveloppe destinée à contenir le bulletin de vote, seront adressées à chaque électeur par les soins de l'autorité administrative. — RODIER.

Voy. : **Comité agricole et industriel ; — Corvées ; — Ecole d'agriculture ; — Ferme école ; — Plantes vivantes.**

AIGRETTES. — Voy. : **Chasse ; — Port d'armes ; — Permis de chasse.**

ALCOOLS

1. — *6 juillet 1886.* — LETTRE *au sujet du régime qu'il conviendrait d'adopter pour les alcools indigènes.*

En vue d'assurer des ressources au Protectorat, j'ai songé à organiser, après les fermes de l'opium et des jeux, celle du monopole du débit d'alcool de riz ; c'est là un impôt auquel tout le monde s'attend, et qui, sous une forme différente, est déjà connu des populations annamites.

Mais, au moment de passer à l'exécution, je suis frappé des faits suivants :

Les renseignements qui me sont fournis établissent que, dans les provinces les plus importantes, il existe 94 distilleries de 1re classe et 339 de seconde classe, payant aux autorités annamites un impôt total d'environ 14,000 ligatures. En y joignant les résultats de Nam-dinh, qui ne me sont pas encore parvenus au complet, on arriverait à peu près à 20,000 ligatures.

Ces chiffres, presque insignifiants, démontrent deux choses ; la première, c'est que l'impôt est mal perçu et que les distilleries sont taxées, dans leur ensemble, d'une façon tout à fait insuffisante ; la seconde, c'est que ces mêmes distilleries ne fournissent qu'une fraction minime de l'alcool de riz consommé dans le pays.

Mais à côté des distilleries, existent les bouilleurs de cru en nombre illimité et inconnu ; ceux-ci ne pourraient, je crois, être atteints par l'affermage.

Ils fabriqueront, sans même prendre patente pour cela, plus d'alcool avec leur propre riz, et ils recevront, pour le distiller, le riz du voisin. La fraude en ces matières est si facile, et si délicat le contrôle, qu'en France toutes les lois faites contre les bouilleurs de cru ont été vaines, et je ne crois pas qu'il faudrait ici, même avec l'assistance des villages intéressés, espérer de déjouer la fraude et d'exercer les bouilleurs de cru.

Il ne resterait donc à attendre de ce monopole que le produit des distilleries patentées.

Je crois que l'affermage de l'alcool de riz fournirait des sommes bien plus importantes que celles énoncées plus haut ; c'est peut-être rester au-dessous de la vérité que d'affirmer qu'immédiatement on arriverait à décupler et vingtupler les produits, surtout si l'on y intéressait les villages.

Mais convient-il, pour cette somme relativement peu importante, de s'exposer à mécontenter des populations depuis longtemps malheureuses et faciles à exciter contre nous ? Pendant les premières années de notre établissement, ne vaut-il pas mieux agir avec une extrême modération, et attendre que le

2

calme et la prospérité, définitivement revenus, offrent une base plus large à l'établissement de l'impôt ?

On comprend très bien que la ferme de l'opium et celle des jeux ne soient pas des mesures impopulaires. L'opium est un produit exotique qui n'est jamais arrivé ici que frappé d'un droit énorme, et le prix n'en montera guère après la mise en ferme. Le consommateur ne souffre pas de l'institution de la ferme, et le contrebandier seul y perd. De même pour le jeu : on peut, les Annamites eux-mêmes peuvent considérer l'impôt comme l'obstacle légitime à une jouissance dont eux-mêmes reconnaissent le danger ; en tous cas, cet impôt est accepté par tous les asiatiques.

Mais quant au monopole du débit de l'alcool, il faudrait qu'il fût acceptable pour les populations ; la consommation de l'alcool est chose courante, elle a même, pendant les nombreuses fêtes annamites, un caractère rituel, et ce qui la restreint apparaît comme une vexation, sans compter que le riz avec lequel le paysan annamite fabrique son alcool est bien à lui, et que, venant après l'impôt foncier, c'est-à-dire au fond l'impôt sur le riz, l'impôt sur l'alcool produit du riz, ressemble à une vexation double.

Les diverses considérations qui précèdent me font donc hésiter. Je me demande si le temps est venu d'établir un impôt presque sûrement impopulaire, d'un rendement, au moins dans les débuts, assez faible, et que la nécessité de déjouer les fraudes fera accompagner de formes inquisitoriales et vexatoires.

Aujourd'hui que tous nos résidents et vice-résidents chefs de poste sont installés, nous avons, pour sortir de cette hésitation, une source de renseignements.

Je vous prie donc de les consulter d'urgence et de solliciter sur ces divers points leur avis, en leur demandant en même temps l'exposé des moyens propres, selon eux, à parer aux difficultés que je prévois ; vous résumeriez leurs observations en me donnant, dans un rapport d'ensemble, votre opinion personnelle.

Je désire avoir tous ces renseignements le plus tôt possible et vous prie d'appeler, sur ce point, l'attention de MM. les Résidents. — Paul Bert.

2. — 26 février 1888. — Arrêté *fixant des droits sur les alcools introduits en Annam et au Tonkin.*

Modifié pas arrêté du 3 mars 1893.

3. — 3 mars 1893. — Arrêté *fixant les droits d'accise à percevoir au Tonkin sur les alcools de toute nature fabriqués dans le pays* (1).

Article premier. — Les alcools de toute nature fabriqués dans le pays sont assujettis aux droits de consommation de vingt-cinq cents par litre d'alcool pur, établis par l'arrêté du 26 février 1888, avec les détaxes suivantes :

ALCOOLS FABRIQUÉS AVEC DES APPAREILS ET PAR DES PROCÉDÉS EUROPÉENS : (2)
1° Avec des produits du pays : *trois cinquièmes* ;
2° Avec des produits étrangers : *un cinquième*.

ALCOOLS FABRIQUÉS AVEC DES APPAREILS INDIGÈNES ET DES PRODUITS DU PAYS :
* Pour la consommation asiatique : *trois cinquièmes*.

(1) Voir ci-après l'arrêté du 1er décembre 1894, autorisant temporairement le mode de l'abonnement.
(2) Voir l'arrêté du 27 mai 1893. Pour l'Annam, la fabrication est réglementée par arrêté du 27 octobre 1893.

Art. 2. — La fabrication des alcools est autorisée au Tonkin dans les conditions suivantes :

Tout individu, société, village ou association de villages qui désire fabriquer de l'alcool, doit en faire la déclaration au Résident de la province, en indiquant le procédé de fabrication qu'il se propose de mettre en usage et la nature ou qualité de l'alcool qu'il se propose de produire.

Cette demande est annotée et complétée par l'autorité administrative et ensuite transmise au Directeur des douanes et régies.

Art. 3. — Les villages annamites peuvent se constituer en fabricants d'alcools de riz dans les conditions d'association déterminées par les villages eux-mêmes. Plusieurs villages peuvent s'associer pour établir une distillerie. Les villages jouissent, ainsi que les associations de villages, des privilèges attribués à tous les fabricants et ils sont soumis aux mêmes obligations et mêmes charges.

Art. 4. — Il est délivré par l'administration des douanes et régies récépissé de la déclaration prescrite à l'article 2 pour servir de licence. Cette pièce n'est valable que pour une année. Il est perçu un droit unique de licence ou de patente de une piastre par an.

Art. 5. — Il sera installé dans chaque distillerie le nombre d'employés européens ou indigènes que l'administration des douanes et régies jugera nécessaire, tant pour assurer le recouvrement de l'impôt dans l'établissement, qu'au dehors la surveillance et la répression de la contrebande.

Art. 6. — Les distillateurs seront tenus de mettre à la disposition de l'administration des douanes et régies, un terrain parfaitement sec, remblayé à au moins vingt centimètres au-dessus des plus hautes eaux, situé dans l'enceinte de la distillerie, mesurant en superficie au moins quatre cents mètres carrés, pour y établir le logement des agents de surveillance.

Art. 7. — Cette obligation n'existe pas pour les distilleries établies actuellement ou à établir dans les villes de Hanoi et Haiphong, ainsi que dans les centres où l'administration des douanes et régies a des bureaux déjà installés.

Art. 8. — Chaque distillerie devra être parfaitement close par une enceinte formée de murs en maçonnerie, ou de clôtures en planches ou de palissades élevées et serrées selon les instructions de l'administration. Une seule porte devra être ménagée, auprès de laquelle sera installé le logement et le bureau de l'employé préposé au contrôle de l'établissement.

Art. 9. — Les frais de surveillance sont à la charge des distillateurs et seront récupérés par l'administration des douanes et régies au moyen d'une surtaxe sur les alcools fabriqués, dont le montant total ne pourra être inférieur à cent piastres par mois, ni supérieur à cent cinquante piastres pour les distilleries pourvues d'employés européens. Le montant de la surtaxe à récupérer sur les distilleries surveillées par des indigènes ne pourra être inférieur à vingt piastres par mois, ni supérieur à cinquante piastres.

Art. 10. — Les droits de consommation sur les alcools fabriqués en vue de l'exportation à l'étranger seront liquidés et pris en compte, pour être admis en décharge après constatation de la sortie du territoire.

Art. 11. — Des règlements spéciaux émanant de l'administration des douanes et régies, et approuvés par l'autorité supérieure, détermineront le mode de fonctionnement de la perception, celui de la répression de la contrebande et celui de la vente au détail.

Art. 12. — En ce qui concerne la fabrication des alcools de riz hors des centres et chefs-lieux de province, par des indigènes, et pour la consommation indigène, l'administration pourra, pendant la première année de l'application du régime ci-dessus, adopter telles dispositions ou mesures transitoires qui lui conviendront pour assurer le recouvrement de l'impôt sur l'alcool et traiter des abonnements avec les autorités indigènes (1).

Art. 13. — Le Résident supérieur du Tonkin est chargé de l'exécution du présent arrêté qui sera appliqué le 1er avril prochain. — DE LANESSAN.

4. — 4 mars 1893. — ARRÊTÉ *réglementant la fabrication et le commerce des alcools au Tonkin.*

TITRE PREMIER

DE LA RÉPRESSION

Article premier. — Quiconque, sans y avoir été autorisé, se livrera, au Tonkin, à la fabrication des eaux-de-vie ou tous autres spiritueux, sera puni d'une amende de 500 à 1.000 piastres et d'un emprisonnement de quinze jours à trois ans, ou de l'une de ces peines seulement. En cas de récidive dans la même année, la peine de la prison sera toujours appliquée.

Les ustensiles servant à la fabrication, les substances en macération, les alcools et leurs contenants, seront confisqués et saisis au profit de la régie.

Art 2. — Quiconque voudra exercer la profession de débitant d'alcool sera tenu de se munir d'une autorisation dont la classe et le droit seront déterminés par la régie.

Art. 3. — Tout individu qui aura débité de l'alcool sans être muni de la licence réglementaire, sera puni d'une amende de 50 à 200 piastres et d'un emprisonnement de quinze jours à trois ans, ou de l'une de ces deux peines seulement.

Art. 4. — Quiconque sera trouvé porteur ou détenteur d'une quantité d'alcool ou autres spiritueux, supérieure à 5 litres, sans pouvoir justifier de sa provenance légitime, sera puni d'une amende de 25 à 500 piastres et d'un emprisonnement de huit jours à trois ans, ou de l'une de ces deux peines seulement. Les alcools saisis en fraude seront confisqués. Les moyens de transport seront saisis en garantie du paiement de l'amende et des dommages-intérêts.

Art. 5. — Chaque distillerie, qu'elle soit abandonnée ou exercée, sera munie d'un registre, fourni, coté et paraphé par l'administration, sur lequel le distillateur inscrira, à la fin de la journée, les mouvements de matières et le produit du jour. Ce registre comprendra notamment:

1° Les entrées de substances ou matières propres à la distillation ;

2° Les quantités mises en macération ou fermentation ;

3° Le nombre d'appareils de distillation en fonctionnement ;

4° Le produit en alcool par litres de liquide et sa force alcoolique ;

5° Les entrées en magasin d'alcool ou extraits fabriqués ailleurs que dans la distillerie ;

6° Les sorties du magasin.

(1) Voir arrêté du 27 mai 1893.

Art. 6. — Le distillateur devra délivrer à chaque acheteur une expédition de régie, détachée d'un registre à souches mis à sa disposition, et mentionnant la nature, la quantité et la force des spiritueux livrés. Il devra en outre se conformer à toutes les indications de l'imprimé.

Art. 7. — Le distillateur qui aura fait sortir ou tenté de faire sortir de son établissement des alcools sans les avoir inscrits sur les registres de la régie, ou qui aura fait des inscriptions ou délivré des expéditions inexactes, ou qui se sera livré à des manœuvres ayant pour but de frauder la régie des droits dus, sera condamné à une amende de 100 à 1.000 piastres et à la confiscation des alcools qui auront été saisis. En cas de deux contraventions de l'espèce ci-dessus dans la même année, la licence pourra être retirée.

Art. 8. — Les préposés et agents de la régie auront le droit de pénétrer à toute heure du jour dans les distilleries, et à toute heure de nuit lorsqu'elles sont en fonctionnement la nuit, pour y faire telles constatations et opérations de recensement qu'il leur conviendra.

Tout acte de nature à les entraver dans l'exercice de leurs fonctions et dûment constaté par un procès-verbal, sera puni d'une amende de 100 à 1.000 piastres sans préjudice des poursuites que la régie pourra intenter au distillateur à raison des fraudes que l'acte aura pu favoriser.

TITRE II

DE LA CONSTATATION DES CONTRAVENTIONS; PERQUISITIONS ET VISITES; PROCÈS-VERBAUX.

Art. 9. — Les contraventions aux règlements et arrêtés sur le régime des alcools du Tonkin, seront spécialement constatées par les préposés et agents de la régie et, en général, par tout agent de la force publique.

Art. 10. — Les préposés de la régie seront citoyens ou sujets français et âgés de 21 ans accomplis.

Ils seront tenus, avant d'entrer en fonctions, de prêter serment devant les tribunaux français établis au Tonkin. Leurs attributions s'étendront à tout le territoire du Protectorat.

Le serment des agents ou préposés de la régie sera enregistré au greffe de la Cour d'appel et transcrit sur leurs commissions, sans autres frais que ceux d'enregistrement et de greffe. (Voir arrêté du 20 février 1882).

Art. 11. — Le directeur, les inspecteurs, contrôleurs, entreposeurs et autres fonctionnaires de la régie prêteront serment, dans les mêmes conditions, et auront également qualité pour constater les mêmes contraventions.

Art. 12. — Les perquisitions et visites domiciliaires, ailleurs que chez les débitants, ne pourront êtres faites que par les fonctionnaires, agents et préposés européens de la régie, par la gendarmerie, les officiers de police judiciaire, les autorités annamites et généralement par tout européen de la force publique.

Art. 13. — Quelque soit le résultat de sa visite ou perquisition, celui qui y aura procédé devra en dresser procès-verbal et en laisser copie aux parties intéressées.

Le procès-verbal, rédigé en double expédition, sera transmis sans délai au procureur de la République dans les villes de Hanoi et de Haiphong, et au résident dans les autres localités, le tout à peine de 50 à 100 piastres d'amende et dommages-intérêts, s'il y a lieu.

2.

Art. 14. — Les fonctionnaires, préposés ou agents, lorsqu'ils opéreront une visite ou une perquisition, devront être porteurs de leur nomination ou commission, ou d'une carte délivrée par le Directeur des douanes et régies, certifiant leur qualité et leur identité.

Art. 15. — A défaut d'un signe extérieur révélant leurs fonctions, ils devront exhiber la pièce désignée en l'article précédent aux personnes intéressées ; s'ils ne sont porteurs ni de pièces officielles ni d'un signe extérieur indiquant leurs fonctions, ils ne pourront se livrer à aucune visite ou perquisition contre le gré des particuliers, à peine de tous dommages-intérêts, s'il y a lieu, et d'être poursuivis pour violation de domicile.

Art. 16. — Les procès-verbaux énonceront la date et la cause de la saisie, la déclaration qui en aura été faite au prévenu, les nom, qualité et demeure du saisissant, l'espèce, les poids et mesures des objets saisis ; la présence de la partie à leur description, ou la sommation qui lui aura été faite d'y assister ; le nom et la qualité du gardien, s'il y a lieu ; le lieu de la rédaction du procès-verbal et l'heure de sa clôture.

Art. 17. — Dans le cas où le motif de la saisie portera sur le faux ou l'altération des expéditions ou des marques de la régie, le procès-verbal énoncera le genre de faux, les altérations ou surcharges. Lesdites pièces fausses seront signées et paraphées du saisissant et annexées au procès-verbal, qui contiendra la sommation faite à la partie de les parapher et sa réponse.

Art. 18. — Il pourra être donné main-levée sous caution solvable ou en consignant la valeur, des navires, bateaux, barques et voitures, chevaux et équipages, ou tous autres objets saisis pour cause de fraude.

Art. 19. — Si le prévenu est présent, le procès-verbal énoncera qu'il lui en a été donné lecture et copie. En cas d'absence du prévenu, la copie sera affichée dans le jour à la porte de la maison commune du lieu de la saisie. Ces procès-verbaux ou affiches pourront être faits tous les jours indistinctement.

Art. 20. — Les procès-verbaux seront affirmés dans les trois jours devant le juge de paix ou le magistrat qui en remplira les fonctions, si la contravention a été constatée au chef-lieu d'un arrondissement, et dans les huit jours si la contravention s'est faite en dehors du chef-lieu. Dans les arrondissements où il n'existe pas de juge de paix ni de magistrat en remplissant les fonctions, le procès-verbal sera affirmé dans les mêmes conditions, devant le résident.

Art. 21. — Les fonctionnaires, les préposés, les employés assermentés de la régie, les autorités annamites pourront, en constatant la fraude et en procédant à la saisie des objets prohibés, ou servant à leur fabrication, procéder à l'arrestation et constituer prisonniers les fraudeurs et les colporteurs.

Art. 22. — Lorsque, conformément à l'article précédent, les employés auront arrêté un fraudeur ou colporteur, ils seront tenus de le conduire sur le champ devant un officier de police judiciaire ou de le remettre à la force armée, qui le conduira devant le juge de paix ou le magistrat qui en remplit les fonctions, lequel statuera de suite par une décision motivée, sur son emprisonnement ou sa mise en liberté sous caution.

La caution devra être suffisante pour garantir la

présentation en justice du prévenu et le paiement de l'amende et des condamnations encourues.

Le prévenu sera admis à consigner lui-même le montant desdites condamnations et amendes.

Art. 23. — Les rébellions et voies de fait contre les employés ou agents seront poursuivies devant les tribunaux, qui ordonneront l'application des peines prononcées par le Code pénal, indépendamment des amendes et confiscations qui pourraient être encourues par les contrevenants.

TITRE III
DE LA PROCÉDURE JUDICIAIRE SUR LES PROCÈS-VERBAUX DE CONTRAVENTION.

Art. 24. — L'assignation à fin de condamnation sera donnée dans le mois au plus tard de la date du procès-verbal : elle pourra être donnée par les agents assermentés de la régie ou tous autres agents de la force publique.

Art. 25. — La régie sera représentée devant les tribunaux du Tonkin par les fonctionnaires de cette administration.

Art. 26. — Si le tribunal juge la saisie mal fondée, il pourra condamner la régie non seulement aux frais du procès et à ceux de fourrière et de gardiennage, le cas échéant, mais encore à une indemnité proportionnée à la valeur des objets dont la saisie aura été faite : mais cette indemnité ne pourra excéder 1 p. 100 par mois de la valeur desdits objets.

Art. 27. — Si par l'effet de la saisie et leur dépôt dans un lieu et à la garde d'un dépositaire qui n'aurait pas été choisi ou indiqué par le saisi, les objets saisis avaient dépéri avant leur remise ou l'offre valable de cette remise, la régie pourra être condamnée à en payer la valeur ou l'indemnité de leur dépérissement.

Art. 28. — Dans le cas où la saisie n'étant pas déclarée valable, la régie interjetterait appel du jugement, les navires, bateaux, barques, voitures, chevaux et autres animaux saisis et tous les objets à dépérissement ne seront remis que sous caution solvable, après estimation de leur valeur.

Art. 29. — L'appel devra être notifié dans le mois de la signification du jugement ; après ce délai, il ne sera point recevable.

La déclaration d'appel contiendra assignation à huitaine devant la cour d'appel, le délai de huit jours sera prorogé d'un jour par chaque deux myriamètres de distance du domicile du défendeur au chef-lieu de la Cour.

Art. 30. — L'irrégularité du procès-verbal portant saisie d'objets prohibés n'empêchera pas les juges de prononcer la peine encourue et la confiscation desdits objets, si la contravention se trouve, d'ailleurs, suffisamment constatée par l'instruction.

Art. 31. — Les propriétaires des marchandises seront responsables du fait de leurs facteurs, agents ou domestiques, en ce qui concerne les droits, confiscations, amendes et dépens.

Art. 32. — La confiscation des objets saisis pourra être poursuivie contre les conducteurs, colporteurs ou détenteurs, sans que la régie soit obligée de mettre en cause les propriétaires, quand même ils lui seraient indiqués, sauf, — si les propriétaires intervenaient ou étaient appelés par ceux sur qui les saisies auraient été faites, — à être statué, ainsi que de droit, sur leur intervention ou réclamation.

Art. 33. — Les condamnations pécuniaires contre plusieurs personnes pour un même fait de fraude, seront solidaires.

Art. 34. — Les objets, soit saisis pour fraudes ou contraventions, soit confisqués, ne pourront être revendiqués par les propriétaires, ni le prix, soit qu'il soit consigné ou non, réclamé par aucun créancier, même privilégié, sauf le recours contre les auteurs de la fraude.

Art. 35. — Les juges ne pourront, sous aucun prétexte, modérer les confiscations ou amendes, ni en ordonner l'emploi au préjudice de la régie.

Art. 36. — Les jugements portant condamnation du payement des amendes et dommages-intérêts seront exécutés par corps, selon les dispositions des lois et règlements en vigueur dans la colonie. La durée de cette contrainte ne pourra excéder un an.

Art. 37. — Les jugements portant confiscation des objets saisis sur les particuliers inconnus, et par eux abandonnés et non réclamés, ne seront exécutés qu'après le mois de l'affichage desdits jugements à la porte du bureau de la régie où ont été déposés les objets saisis.

Passé ce délai, aucune demande ou répétition ne sera valable, et les objets saisis seront vendus au profit de la régie.

Art. 38. — La régie pourra, en tout état de cause, transiger avec les contrevenants. En cas de transaction avant tout jugement, les objets à confiscation ne pourront être revendiqués par leur propriétaire ; ils seront acquis de plein droit à la régie, sans qu'il soit besoin de faire prononcer la confiscation par les tribunaux.

TITRE IV

DES CONTRAINTES

Art. 39. — La régie pourra employer, contre les redevables en retard, la voie de contrainte.

Art. 40. — La contrainte sera décernée par le Directeur ; elle sera visée et déclarée exécutoire sans frais par le juge de paix de la circonscription où est domicilié le redevable ou par le magistrat qui en remplit les fonctions.

Ce magistrat ne pourra refuser de viser la contrainte pour être exécutée, à peine de répondre des valeurs pour lesquelles la contrainte aura été décernée.

Art. 41. — L'exécution de la contrainte ne pourra être suspendue que par une opposition formée par le redevable. Cette opposition sera portée dans la huitaine devant le tribunal civil de l'arrondissement de l'opposant.

TITRE V

DISPOSITIONS GÉNÉRALES

Art. 42. — La force publique sera tenue de prêter assistance aux préposés de la régie dans l'exercice de leurs fonctions.

Art. 43. — Toutes saisies du produit des droits, faites entre les mains des préposés de la régie ou dans celles de ses redevables, seront nulles et de nul effet.

Art. 44. — La prescription est acquise à la régie contre toutes demandes de restitution des droits, marchandises ou objets, et en dommages-intérêts, après un délai révolu d'une année.

Art. 45. — Elle est acquise aux redevables contre la régie, pour les droits que les préposés n'auraient pas réclamés dans l'espace d'un an à compter de l'époque où ils étaient exigibles.

Art. 46. — Les contraventions pour fraude et les infractions aux dispositions des arrêtés et règlements sur la régie seront prescrites par l'absence de toute poursuite pendant un an à compter du jour où elles

auront été commises, conformément aux dispositions de l'article 640 du code d'instruction criminelle.

Art. 47. — Les peines portées par les jugements rendus pour contraventions aux intérêts de la régie seront prescrites après deux années révolues, du jour où la décision judiciaire aura acquis l'autorité de la chose jugée, conformément à l'article 693 du code d'instruction criminelle.

Art. 48. — Le produit disponible des amendes, transactions, condamnations et confiscations sera distribué comme suit :

Un tiers au saisissant ;

Un tiers à la caisse des agents de la régie ;

Un tiers au Protectorat.

Dans le cas où la saisie aura été faite sur la désignation d'un indicateur, ce dernier aura droit aux deux tiers de la part revenant au saisissant.

Art. 49. — L'article 463 du code pénal n'est pas applicable aux peines prévues par le présent arrêté.

Art. 50. — Le présent arrêté, qui sera soumis à l'approbation de M. le Ministre du commerce et des colonies, sera provisoirement exécutoire à compter de sa promulgation.

Art. 51. — Le Résident supérieur du Tonkin et le Procureur général sont chargés, chacun en ce qui le concerne, de l'exécution du présent arrêté, qui sera enregistré et publié partout où besoin sera. — DE LANESSAN.

5. — 27 mai 1893. — ARRÊTÉ *appliquant aux alcools provenant des distilleries européennes, le bénéfice de l'article 12 de l'arrêté du 3 mars 1893.*

Article premier. — Les alcools fabriqués par les distilleries européennes installées au Tonkin antérieurement au 1er avril 1893 peuvent, par extension des dispositions de l'article 12 de l'arrêté du 3 mars 1893, relatives aux distilleries indigènes, bénéficier, pendant la première année d'application dudit arrêté, de modérations de taxes qui seront déterminées par décisions du Résident supérieur du Tonkin rendues sur la proposition du Directeur des Douanes.

Art. 2. — Le Résident supérieur du Tonkin est chargé de l'exécution du présent arrêté. — DE LANESSAN.

6. — 27 octobre 1893. — ARRÊTÉ *réglementant la fabrication des alcools de riz en Annam.*

Article premier. — La fabrication de l'alcool de riz dans l'Annam est autorisée sous les conditions suivantes :

Tout individu, société, village ou association de villages, qui désire fabriquer de l'alcool de riz ou autres spiritueux, doit en faire la déclaration au bureau de la Régie ou à celui du débitant général. Il est délivré une licence et un livret.

La déclaration contiendra le nombre, la nature et la capacité des alambics. Ces indications seront inscrites sur la licence. Le distillateur inscrira chaque jour sur le livret le produit de sa fabrication avec le degré de l'alcool déterminé au moyen des instruments fournis par la Régie.

Art. 2. — Les alcools de riz fabriqués devront avoir une force alcoolique d'au moins 40 degrés.

Pour les autres alcools, il est accordé une tolérance de 10 degrés au-dessous.

Art. 3. — Les licences, livrets et autres titres concernant le commerce des alcools sont délivrés par la Régie aux prix fixés par cette administration.

Art. 4. — Les distillateurs sont obligés de vendre tout le produit de leurs alambics au débitant général, au prix et aux conditions déterminés par le règlement de l'administration des Douanes et Régies.

Art. 5. — Nul ne pourra débiter de l'alcool sans être muni d'une licence de débitant.

Art. 6. — Cette licence sera délivrée par la Régie au débitant général, qui aura seul le droit d'agréer les débitants au détail.

Art. 7. — Chaque débitant sera muni d'un livret sur lequel les quantités achetées seront inscrites. Cette inscription tient lieu de permis de circulation et de justification de l'origine des alcools.

Art. 8. — Toute vente de un litre et au-dessus, faite par le débitant au détail aux particuliers, devra donner lieu à la délivrance d'un permis de circulation du modèle prescrit par la Régie. Ce permis qui sera timbré et daté par le vendeur, servira de permis de circulation et de justification de l'origine des alcools.

Art. 9. — Quiconque, sans y avoir été autorisé, se livrera à la fabrication des alcools de riz ou tous autres spiritueux, sera puni d'une amende de 200 à 1.000 piastres et d'un emprisonnement de 15 jours à trois ans, ou de l'une de ces deux peines seulement.

Les ustensiles servant à la fabrication, les substances en macération, les alcools et leur contenant seront saisis et confisqués au profit de la Régie

Art. 10. — Les distillateurs qui vendront le produit de leur fabrication à d'autres qu'au débitant général, seront punis d'une amende de 200 à 1.000 piastres. La licence pourra leur être retirée.

Art. 11. — Tout individu qui aura débité de l'alcool sans être muni de la licence réglementaire, sera puni d'une amende de 50 à 200 piastres et d'un emprisonnement de 15 jours à trois ans, ou de l'une de ces deux peines seulement.

Art. 12 — Quiconque sera trouvé porteur ou détenteur d'une quantité de trois litres d'alcool et au-dessus, sans pouvoir justifier de sa provenance légitime, ou d'une quantité quelconque d'alcool ne titrant pas le degré officiellement prescrit, sera puni d'une amende de 25 à 500 piastres et d'un emprisonnement de 8 jours à trois ans, ou de l'une de ces deux peines seulement.

Les alcools saisis en fraude seront confisqués.

Les moyens de transport seront saisis en garantie du paiement des condamnations.

Art. 13. — Les alcools similaires de toute provenance, importés en Annam, seront assujettis à leur entrée au droit de consommation établi par le contrat du 27 septembre 1893 avec le débitant général; ils ne pourront être vendus qu'à lui dans les mêmes conditions que ceux fabriqués dans le pays.

Art. 14. — Les contraventions aux présentes dispositions seront spécialement constatées par les agents des Douanes et Régies et en général par tout agent de la force publique.

Les agents commissionnés du débitant général pourront constater les mêmes contraventions, à la condition de se faire accompagner par le maire du village ou toute autre autorité annamite.

Art. 15. — Seront observées pour le surplus, les dispositions de l'arrêté du 4 mars 1893, concernant le régime des alcools au Tonkin, jusques et y compris l'article 47.

Art. 16. — Le produit disponible des amendes, transactions, condamnations et confiscations sera distribué comme suit:

Un quart au saisissant ;
Un quart aux débitants généraux ;
Un quart au Gouvernement annamite ;
Un quart au Protectorat.

Art. 17. — L'article 463 du code pénal n'est pas applicable aux peines prévues par le présent arrêté.

Art. 18. — L'administration des Douanes et Régies pourra, pendant les premières années d'exploitation, adopter telles dispositions et mesures transitoires qui lui conviendront pour assurer, de concert avec les débitants généraux, l'application du régime ci-dessus et le recouvrement de l'impôt sur l'alcool.

Art. 19. — Le présent arrêté, qui sera soumis à l'approbation de M. le Ministre du Commerce et des Colonies, sera provisoirement exécutoire à compter du jour de sa promulgation.

Art. 20. — Le Résident supérieur en Annam et le Procureur général sont chargés, chacun en ce qui le concerne, de l'exécution du présent arrêté, qui sera enregistré et publié partout où besoin sera. — DE LANESSAN.

7. — 1er décembre 1894. — ARRÊTÉ *autorisant temporairement le mode de l'abonnement pour la perception des droits sur les alcools de fabrication locale.*

Article premier. — Le régime des alcools, les droits de consommation, les conditions de fabrication et de surveillance, etc., restent déterminés par l'arrêté du 3 mars 1893.

A compter de ce jour, l'arrêté du 3 mars sera rigoureusement appliqué dans toutes ses prescriptions; aucune réduction de taxe ne pourra être accordée aux distillateurs.

Art. 2. — A titre transitoire et par mesure bienveillante, le service des douanes et régies est autorisé, pendant l'année 1895, à traiter des abonnements pour la perception des droits sur les alcools de fabrication locale.

Le prix de l'abonnement mensuel est fixé à 3 $ 50 par alambic, payé d'avance par mois ou par trimestre.

Art. 3. — Moyennant le paiment de cette redevance d'abonnement, les alcools pourront circuler librement dans tout le Tonkin. Les distillateurs et les débitants devront, comme précédemment, se munir d'une licence valable pour une année et dont le prix reste fixé à 2 $ 50 pour les premiers, et à 1 $ pour les seconds, y compris le coût du livret et du timbre.

Art. 4. — Les contraventions aux présentes dispositions sont prévues et punies par les peines portées à l'arrêté du 4 mars 1893.

Art. 5. — Le Résident supérieur du Tonkin est chargé de l'exécution du présent arrêté. — DE LANESSAN.

Voy.: **Absinthe; — Douanes; — Organisation administrative.**

ALLUMETTES CHIMIQUES

1. — 1er mai 1892. — ARRÊTÉ *créant un impôt de consommation sur les allumettes chimiques.*

Article premier. — Un droit de consommation ou d'accise est établi sur les allumettes chimiques de toute provenance.

Art. 2. — (1).
Art. 3. — (1).
Art. 4. — Ce droit est perçu à l'entrée par l'administration des douanes et régies et ne se confond pas avec celui d'importation.

Art. 5. — Il n'est pas applicable aux allumettes exportées, réexportées ou transitant à travers le

(1) Le droit a été modifié par arrêté du 5 décembre 1892, dont le texte suit.

pays, pour un pays étranger, lorsqu'elles auront été déposées à l'entrepôt réel, ou admises à l'entrepôt fictif.

Art. 6. — Le bénéfice de l'entrepôt fictif pourra être accordé par mesure spéciale du Résident supérieur, sous la garantie d'une caution pour le paiement du montant des droits constatés.

Art. 7. — Les sorties des entrepôts fictifs se feront sans déclaration préalable, mais seront portées sur un compte courant spécial, tenu par l'entrepositaire. Ce compte sera toujours à la disposition des agents de la douane chargés de la vérification et de la surveillance des entrepôts fictifs. Le règlement des droits se fera en fin de chaque mois, sur le chiffre des sorties portées à ce compte courant, après vérification des quantités restant dans l'entrepôt fictif.

Art. 8. — Les manquants dont l'entrepositaire fournira la justification donneront lieu au paiement intégral de la taxe de consommation, conformément à la législation métropolitaine sur les entrepôts fictifs.

En cas de manquants non justifiés, le double droit sera exigé sur les quantités en déficit.

Art. 9. — Les allumettes placées en entrepôt réel seront, à leur entrée, prises en compte pour les quantités réellement sorties, c'est-à-dire après que le plein des caisses aura été constaté.

Art. 10. — Les dispositions, prescriptions, formules et pénalités prévues pour le service des douanes, par les règlements locaux en vigueur, sont applicables à la perception des droits établis par le présent arrêté.

Art. 11. — Les Résidents supérieurs au Tonkin et en Annam sont chargés, chacun en ce qui le concerne, de l'exécution du présent arrêté, qui sera appliqué à compter du 1er juin 1892, sans recensement. — DE LANESSAN.

3. — 5 décembre 1892. — ARRÊTÉ *modifiant le droit de consommation à percevoir sur les allumettes chimiques.*

Article premier. — Le droit de consommation ou d'accise établi par l'arrêté du 1er mai 1892 sur les allumettes chimiques de toute provenance est fixé à deux cents et demi par paquet de 10 boîtes du modèle ordinaire ne dépassant par 70 allumettes la boîte.

Art. 2. — Les allumettes fabriquées dans le pays, avec des bois du pays, acquitteront un droit de huit dixièmes de cent (0 $ 008) sur la même unité.

Celles fabriquées dans le pays avec des bois étrangers acquitteront un droit de un cent huit dixièmes (0 $018).

Art. 3. — Un arrêté ultérieur déterminera le mode de perception des droits ci-dessus qui ne seront appliqués intégralement qu'à compter du 1er juillet 1893.

Art. 4. — Provisoirement et jusqu'au 1er juillet 1893, les droits ci-dessus subiront une détaxe de :
50 pour cent sur les importations ;
60 pour cent sur les fabrications du pays, quelle que soit l'origine du bois employé.

Art. 5. — Les dispositions des articles 4, 5, 6, 7, 8, 9, et 10 de l'arrêté du 1er mai 1892 restent applicables au présent arrêté.

Art. 6. — Les Résidents supérieurs au Tonkin et en Annam sont chargés, chacun en ce qui le concerne, de l'exécution du présent arrêté, qui sera appliqué à compter du jour de sa promulgation au *Journal officiel* du Protectorat. — DE LANESSAN.

Voy.: Douanes ; — Importation.

AMENDES

1. — 20 juillet 1888. — ARRÊTÉ *frappant d'amendes les villages qui ne prêteraient pas leur concours à l'autorité française pour l'arrestation des pillards et des fauteurs de désordre.*

Article premier. — § Ier. — Seront frappés d'une amende : les villages qui seraient convaincus : d'avoir pactisé avec les pillards ou les fauteurs de désordre agissant en bandes ou isolément, de leur avoir donné asile, de s'être soumis à leurs exigences, autrement que contraints par la force ; de ne pas les avoir saisis et remis à l'autorité française lorsque cela était possible, de ne pas les avoir signalés immédiatement à ladite autorité.

§ II. — (*Modifié par arrêté du 13 novembre 1880*).

Art. 2. — § Ier. — Une moitié des recettes provenant des amendes sera employée à la construction, à l'entretien et à l'amélioration des postes de garde civile indigène.

§ II. — L'autre moitié servira à récompenser les villages qui se seront signalés par leur zèle à seconder l'autorité française dans l'arrestation des malfaiteurs.

§ III. — Le montant de la récompense ou prime sera fixé dans chaque cas par le Résident général sur la proposition du résident de la province. — RICHAUD.

2. — 1er août 1888. — CIRCULAIRE *au sujet des amendes à infliger aux villages.*

J'ai l'honneur de vous transmettre, sous ce pli, ampliation de mon rapport du 20 juillet et de l'arrêté conforme du même jour, au sujet des amendes à infliger aux villages qui ne prêteraient pas leur concours à l'autorité française pour l'arrestation des pillards et des fauteurs de désordre.

Je vous recommande d'user de ce mode de répression avec beaucoup de discernement, car il est certain que les dispositions de cet arrêté seront exploitées contre nous.

Comme dans les faits de ce genre, les notables, qui ont toute autorité sur la population, sont seuls coupables, ce sont eux qu'il s'agit de punir ; il y aura donc lieu de faire porter les amendes exclusivement sur eux et sur les quelques individus qui seraient notoirement reconnus comme meneurs et fauteurs de désordre. Pour ne pas payer eux-mêmes l'amende, les notables useront certainement de leur autorité pour faire verser par la population 3, 4 et même 10 fois la somme : il y aura donc à veiller avec le plus grand soin à ce que ces abus ne se commettent pas, et pour cela, à porter à la connaissance de la population les mesures prises dans chaque cas, et à leur donner la plus grande publicité possible.

En outre de l'amende, je vous engage à avoir recours, pour réduire la piraterie, à quelques autres moyens que l'expérience a démontré comme particulièrement efficaces. Je veux parler de la mise en otages des femmes et des enfants des principaux chefs de rébellion ; vous savez que ces derniers, quand ils savent leur famille entre nos mains, considèrent leur soumission presque comme un devoir. Ces familles, je n'ai pas besoin de vous le dire, ne doivent jamais être l'objet d'aucun mauvais traitement.

Un autre moyen à employer vis-à-vis des villages insoumis, ou même des villages d'origine des principaux chefs, consiste à raser la haie de défense en bambous qui entoure le village, ou au moins à y ouvrir de larges brèches en trois ou quatre points différents. De cette manière, ces villages se sentent à notre disposition et ne peuvent plus devenir des centres de résistance et d'opération contre nous.

En outre, ce procédé a l'avantage de nous procurer des bambous solides qui peuvent être de la plus grande utilité pour la défense ou la création de nos postes. — E. PARREAU.

3. — 13 novembre 1889. — ARRÊTÉ *modifiant le § II de l'article 1er de l'arrêté du 20 juillet 1888.*

Article premier. — Le § 2 de l'article 1er de l'arrêté du 20 juillet 1888 est modifié ainsi qu'il suit.

« Le montant de l'amende, qui variera suivant la gravité de la faute et l'importance du village, sera déterminé par le Résident supérieur sur la proposition du Résident ou vice-résident, chef de la province à laquelle appartient le village coupable. »

Art. 2. — Le Résident supérieur au Tonkin est chargé de l'exécution du présent arrêté. — PIQUET.

Voy.: Piraterie; — Rébellion; — Responsabilité collective; — Responsabilité des villages.

ANNONCES JUDICIAIRES ET LÉGALES

1. — 13 août 1885. — DÉCISION *désignant le journal* l'Avenir du Tonkin *pour recevoir les annonces légales*

2. — 25 novembre 1886. — ARRÊTÉ *désignant le journal* le Courrier d'Haiphong *pour recevoir les annonces légales au même titre que* l'Avenir du Tonkin.

3. — 23 avril 1891. — ARRÊTÉ *autorisant l'insertion des annonces judiciaires et légales dans les journaux de Hanoi et de Haiphong.*

Article premier. — Les annonces judiciaires et légales exigées pour la validité des actes et procédures pourront être insérées, au choix des parties, dans l'un des journaux publiés en langue française dans les villes de Hanoi et de Haiphong. Néanmoins, toutes les annonces judiciaires relatives à une même procédure seront insérées dans le même journal.

Art. 2. — Il sera statué ultérieurement sur le tarif qui sera admis en taxe pour frais d'annonces judiciaires et légales. — BRIÈRE.

4. — 20 juin 1891. — CIRCULAIRE *au sujet des annonces et insertions à faire au* Journal officiel.

J'ai l'honneur de vous prier de vouloir bien m'adresser à l'avenir toutes les annonces légales, les avis de successions, de curatelles, d'adjudications et autres, que vous pourriez avoir à porter à la connaissance du public.

Ces annonces seront, par les soins de mon cabinet, insérées au *Journal officiel*, ou dans les différents journaux du Tonkin, selon le cas. Je tiens à ce que ce mode de procéder soit employé dorénavant, et n'hésiterai pas à imputer le prix d'insertion des annonces aux fonctionnaires qui les auront ordonnées directement. — BRIÈRE.

Voy.: Journal officiel.

APPEL D'OFFRES. — Voy.: Cahier des charges.

ARMÉE COLONIALE. — Voy.: Recrutement.

ARMES ET MUNITIONS

1. — 20 août 1884. — DÉCISION *interdisant l'introduction des armes et munitions dans l'Annam et le Tonkin.*

Rapporté par arrêté du 19 septembre 1888.

2. — 10 juin 1886. — ORDONNANCE *royale interdisant l'entrée des armes de guerre, munitions, etc.*

Sur la proposition du Comat, Sa Majesté ordonne:

Article premier. — L'introduction des armes, des poudres, des munitions et objets divers de guerre est prohibée sur tout le territoire de notre empire.

Art. 2. — Les commerçants français établis dans notre royaume peuvent les y introduire s'ils sont porteurs de permis délivrés par les résidents ou vice-résidents. Ces permis devront mentionner les noms et domicile du titulaire, la nature et la quantité des armes et munitions à importer, ainsi que le port dans lequel elles seront débarquées.

Art. 3. — En dehors du cas d'exception prévu à l'art. 2, toutes les armes et munitions importées clandestinement dans notre territoire seront saisies et confisquées au profit de l'État. Leurs importateurs seront passibles des peines édictées par les lois et règlements en vigueur.

3. — 19 septembre 1888. — ARRÊTÉ *interdisant la vente des armes et des munitions de guerre au Tonkin et en Annam.*

Article premier. — L'introduction et la vente des armes et des munitions de guerre de toute nature et de tout modèle, est interdite au Tonkin et en Annam.

Art. 2. — La vente des armes, des munitions et des poudres de chasse est seule autorisée, sous les réserves et dans les conditions prévues par les arrêtés et décisions des 27 avril et 1er octobre 1887.

Art. 3. — Les commerçants, possesseurs des armes et munitions de guerre qui ont fait l'objet de la déclaration qui leur a été dernièrement demandée, seront autorisés à les vendre, comme par le passé, aux européens, jusqu'à complet épuisement de leur stock, sous la condition d'informer le résident pour chaque arme vendue.

Ceux d'entre eux qui auraient fait des commandes à l'extérieur seront tenus d'en faire la déclaration à la résidence, et il appartiendra à l'administration de statuer sur l'opportunité de l'introduction de ces nouvelles armes dans le pays.

Art. 4. — Les propriétaires d'embarcations ou chaloupes naviguant sur les fleuves ou en mer, qui désireront avoir à bord des armes et munitions de guerre, devront en faire la demande au résident général. Les autorisations de cette nature déjà accordées sont maintenues. Les dispositions relatives aux visites des armes ainsi distribuées, resteront en vigueur.

Art. 5. — Toute contravention au présent arrêté sera punie, sans préjudice de la confiscation des armes et munitions, d'une amende de 500 francs au minimum et 3,000 au maximum; une peine d'emprisonnement pourra, en outre, selon le cas, être prononcée contre les délinquants, par application des articles 96, 268 et 463 du Code pénal.

Art. 6. — Sont abrogés tous les ordres et arrêtés antérieurs concernant le commerce des armes et des munitions de guerre. — E. PARREAU.

4. — 16 février 1891. — ARRÊTÉ *relatif au commerce des armes et munitions.*

Article premier. — Sur tout le territoire du Tonkin, les négociants asiatiques ne pourront se livrer au commerce des armes et munitions ; ce commerce n'est autorisé pour les négociants européens que sous les conditions et réserves contenues dans les articles ci-après.

Art. 2. — Tout marchand d'armes et de munitions devra tenir un registre établi conformément au modèle ci-annexé, et divisé en deux parties. Y seront inscrits, d'une part les arrivages d'armes et de munitions, l'espèce et la quantité, les dates de réception et les noms des expéditeurs, l'autorisation de débarquement, l'autorité qui l'a délivrée, la date de l'autorisation ; d'autre part, l'espèce et la quantité des armes et munitions qui auront été vendues, les dates des ventes et les noms, qualités et demeures des acquéreurs,

Sont considérées comme munitions de chasse les capsules, douilles, plombs, bourres.

Art. 3. — Aucune vente d'armes et de munitions de chasse ne pourra être faite à un indigène que sur la production du permis d'arme délivré en vertu d'une autorisation spéciale de M. le Résident supérieur, par le résident de la province.

Il ne pourra être vendu à un Européen, des armes et des munitions de chasse sans une déclaration émanant de l'acheteur et signée de lui.

Les armes et les munitions de guerre ne pourront être vendues aux Européens que sur le vu d'une autorisation du résident de la province.

Les autorisations et permis seront annexés au registre d'armes et de munitions.

Art. 4. — Les commissaires de police à Hanoi et à Haiphong, et dans les autres résidences, le délégué du résident, vérifiera et signera les registres d'armes et de munitions à la fin de chaque trimestre. Il s'assurera, auxdites époques, et plus souvent s'il est nécessaire, de l'exactitude des déclarations des marchands en se faisant présenter les armes et munitions en magasin.

Art. 5. — Les armes et les munitions existant actuellement dans les magasins seront inventoriées immédiatement et portées sur les registres comme étant reçues à la date du présent arrêté.

Art. 6. — Toute infraction aux dispositions des articles 2 et 3 du présent arrêté sera déférée aux tribunaux compétents, et punie des peines prévues par les art. 479 et suivants du code pénal, sans préjudice des pénalités édictées par les lois existantes et du retrait de l'autorisation de vente.

Art. 7. — Le Résident supérieur au Tonkin est chargé de l'exécution du présent arrêté. — PIQUET.

5. — 13 mars 1891. — CIRCULAIRE *au sujet de la vente des armes et munitions.*

Le *Journal officiel* du 23 février dernier, nᵒ 16, promulgue un arrêté de M. le Gouverneur général de l'Indo-Chine en date du 16 du même mois, réglementant le commerce des armes et munitions au Tonkin.

Le but de cette décision est de soumettre ce commerce à un contrôle effectif et incessant, dans l'intérêt même de notre sécurité.

Il m'a paru indispensable de connaître exactement le nombre, les marques, les qualités diverses des armes et munitions existant en magasin chez les négociants qui s'occupent de la vente de ces articles, ainsi que la destination que ces objets reçoivent,

Dans ce but, je vous transmets ci-après copie des registres dont la tenue est prescrite par l'art. 2 de l'arrêté précité, et que je vous prie de mettre à la disposition des intéressés.

ANNEXE à la circulaire des 13 mars 1891.

ENTRÉES

NUMÉROS D'ORDRE	DATE D'ENTRÉE	ARMES DE GUERRE						ARMES DE CHASSE					CARTOUCHES						POUDRE EN BOITES		MUNITIONS			DATE ET numéro d'ordre de l'autorisation de DÉBARQUEMENT	PROVENANCE des armes et munitions	NOM & NATIONALITÉ du bateau qui a fait le transport	OBSERVATIONS
		Winchester	Gras	Remington	Colt	Divers	Rev. d'ordonnance	Revol. de poche	Piston	Percussion	Broche	Flobert	Cannes fusils	Divers	Winchester	Gras	Remington	Colt	Rev. d'ordonnance	Rev. de poche	Chasse à broche	Ch. à percussion	Française	Anglaise	Capsules en boîtes	Douilles par cent	Plomb en sac	Bourres par boîtes				

SORTIES

NUMÉROS D'ORDRE	DATE DE LA LIVRAISON	NOM DE L'ACHETEUR	QUANTITÉ	DOMICILE ET PROVINCE	ARMES DE GUERRE							ARMES DE CHASSE					CARTOUCHES						POUDRE EN BOITES		MUNITIONS			NUMÉRO D'ORDRE de l'AUTORISATION de vente	OBSERVATIONS
					Winchester	Gras	Remington	Colt	Divers	Rev. d'ordonnance	Revol. de poche	Piston	Percussion	Broche	Flobert	Cannes fusils	Divers	Winchester	Gras	Remington	Colt	Rev. d'ordonnance	Rev. de poche	Chasse à broches	Ch. à percussion	Française	Anglaise	Capsules boîtes	Douilles par cent	Plomb en sac	Bourres par boîtes		

Vous aurez à veiller à la tenue régulière de ces registres et à la vérification périodique qui doit en être faite, soit par le service de la police, soit par un agent de la résidence que vous déléguerez à cet effet.

Vous n'hésiterez pas à me signaler toutes les infractions qui seront constatées par le contrôle, et vous traduirez sans retard les délinquants devant la juridiction compétente pour qu'il leur soit fait application des pénalités prescrites par l'arrêté du 16 février 1891, sans préjudice des poursuites qui pourront être dirigées contre eux pour réparation civile du dommage qui aura pu être la conséquence de leur contravention. — BRIÈRE.

VOY.: **Chasse;** — **Pirates;** — **Piraterie;** — **Port d'armes.**

ASSISTANCE JUDICIAIRE

1. — 12 novembre 1889. — ARRÊTÉ *sur l'assistance judiciaire au Tonkin*

Article premier. — L'assistance judiciaire peut être accordée aux indigents d'origine européenne ou étrangère, en résidence au Tonkin.

Art. 2. — Le bénéfice de cette assistance peut être étendu aux indigents indigènes qui ont à soutenir, soit en demandant, soit en défendant, un procès contre un européen ou un étranger.

Art. 3. — L'admission à l'assistance judiciaire devant les tribunaux civils du Tonkin, ainsi que devant le conseil du Protectorat siégeant au contentieux, est prononcée par un bureau ayant son siège à Hanoi.

Ce bureau se compose:

1o D'un délégué du Résident supérieur au Tonkin;

2o Du chef du service de l'enregistrement ou d'un agent de cette administration désigné par lui;

3o D'un officier du commissariat de la marine désigné par le chef du service administratif;

4o D'un habitant notable nommé par le chef du service judiciaire de l'Indo-Chine;

5o D'un défenseur agréé près le tribunal de première instance de Hanoi, désigné par le juge président du siège.

Lorsque l'assistance judiciaire est réclamée par un indigène ou un asiatique, un notable indigène ou asiatique de la nation du requérant est adjoint au bureau, avec voix délibérative.

Ce notable est désigné par le chef du service judiciaire.

Art. 4. — Les membres du bureau, autres que les délégués de l'administration, sont soumis à renouvellement au commencement de chaque année; les membres sortants peuvent être renommés.

Art. 5. — Le bureau est présidé de droit par le délégué du Résident supérieur. Les fonctions de secrétaire sont remplies par le greffier du tribunal de Hanoi ou par un de ses commis assermentés.

Le bureau ne peut délibérer qu'autant que trois au moins de ses membres sont présents, non compris le secrétaire, qui n'a pas voix délibérative. Les décisions sont prises à la majorité; en cas de partage, la voix du président est prépondérante.

Art. 7. — Toute personne qui réclame l'assistance judiciaire adresse une demande sur papier libre au procureur de la République du tribunal de son domicile. Le procureur de la République de Haiphong transmet au parquet de Hanoi les demandes qui lui sont adressées par les justiciables de sa circonscription.

Le procureur de Hanoi en fait la remise au bureau. Toutefois, si le tribunal n'est pas compétent pour

statuer sur le litige, ou si l'indigence n'est pas régulièrement constatée, le procureur de la République de Hanoi n'est pas tenu de faire parvenir les demandes au bureau.

Dans ce cas, les demandes sont classées et les parties intéressées avisées de ce classement, ainsi que des motifs qui l'ont déterminé.

Art. 8. — Celui qui a été admis à l'assistance judiciaire devant une première juridiction, continue à en jouir soit sur un jugement d'incompétence saisissant de la connaissance de l'affaire une autre juridiction de même nature et de même ordre, soit sur l'appel interjeté contre lui, dans le cas même où il se rendrait incidemment appelant.

Lorsque c'est l'assisté qui émet un appel principal, il ne peut jouir du bénéfice de l'assistance qu'autant qu'il y est admis par une décision nouvelle. Dans ce cas, la demande est adressée au procureur général près la cour de Saigon et elle est instruite conformément à la législation en vigueur en Cochinchine.

Art. 9. — Quiconque demande à être admis à l'assistance judiciaire doit joindre à sa requête les pièces qui servent de fondement à sa demande.

Cette requête doit, en outre, être accompagnée d'une déclaration du requérant attestant qu'il est, à raison de son indigence, dans l'impossibilité d'exercer ses droits en justice, et contenant l'énumération détaillée de ses moyens d'existence, quels qu'ils soient. La sincérité de la déclaration est affirmée, à Hanoi et à Haiphong, devant le Résident-maire, et, dans les autres localités des circonscriptions des tribunaux, devant les résidents et vice-résidents de province; acte en est donné au bas de la déclaration.

Art. 10. — Le bureau prend toutes les informations nécessaires pour s'éclairer sur l'indigence du demandeur.

Art. 11. — Les décisions du bureau ne contiennent que l'exposé sommaire des faits et des moyens, et la déclaration que l'assistance est accordée ou qu'elle est refusée, sans expression de motifs dans l'un ni dans l'autre cas. Les décisions du bureau ne sont susceptibles d'aucun recours. Elles doivent être adressées par le procureur de la République de Hanoi, avec copie des pièces qui les accompagnent, au chef du service judiciaire de l'Indo-Chine et ce dans le plus bref délai possible.

DES EFFETS DE L'ASSISTANCE JUDICIAIRE

Art. 12. — Dans les trois jours de l'admission à l'assistance judiciaire, le président du bureau envoie au procureur de la République de Hanoi, par l'intermédiaire du secrétaire du bureau, un extrait de la décision portant seulement que l'assistance est accordée; il y joint les pièces de l'affaire. Un extrait semblable est envoyé dans le même délai au chef du service de l'enregistrement. Dès leur réception, le procureur de la République de Hanoi transmet toutes les pièces au juge-président du tribunal de l'assisté.

Ce dernier désigne, sans délai et d'office, par ordonnance, un défenseur agréé et un huissier à la partie intéressée, qui reçoit notification de la décision du juge par la voie du Parquet.

Art. 13. — *Modifié par arrêté du 1er février 1894.*

Art. 14. — Le ministère public est entendu dans les affaires dans lesquelles l'une des parties a été admise au bénéfice de l'assistance.

Art. 15. — Les notaires-greffiers et tous autres dépositaires publics ne sont tenus à la délivrance gratuite des actes et expéditions réclamés par l'assisté que sur une ordonnance du juge-président.

Art. 16. — En cas de condamnation aux dépens prononcée contre l'adversaire de l'assisté, la taxe comprend tous les droits, frais de toute nature, honoraires et émoluments auxquels l'assisté aurait été tenu s'il n'y avait pas eu assistance judiciaire.

Art 17. — Dans le cas prévu par l'article précédent, la condamnation est prononcée et l'exécutoire est délivré au nom de l'administration de l'enregistrement, qui en poursuit le recouvrement comme en matière d'enregistrement.

Il est délivré un exécutoire séparé au nom de l'administration de l'enregistrement pour les droits qui n'étant pas compris dans l'exécutoire délivré contre la partie adverse, restent dus par l'assisté au trésor, conformément au troisième paragraphe de l'article 13 (1). L'administration de l'enregistrement fait immédiatement aux divers ayants-droit les distributions des sommes recouvrées. La créance du Trésor, pour les avances qu'il a faites, ainsi que pour tous droits de greffe, d'enregistrement et de timbre, a la préférence sur celles des autres ayants-droit.

Art. 18. — *Modifié par arrêté du 1er février 1894.*

Art. 19. — Les greffiers sont tenus de transmettre dans le mois, au receveur de l'enregistrement, l'extrait du jugement de condamnation ou l'exécutoire, sous peine de 10 francs d'amende pour chaque extrait de jugement ou chaque exécutoire non transmis dans ledit délai.

DU RETRAIT DE L'ASSISTANCE JUDICIAIRE

Art. 20. — Devant toutes les juridictions le bénéfice de l'assistance peut être retiré en tout état de cause, soit avant, soit même après le jugement: 1° s'il survient à l'assisté des ressources reconnues suffisantes; 2° s'il a surpris la décision du bureau par une déclaration frauduleuse.

Art. 21. — Le retrait de l'assistance peut être demandé soit par le ministère public, soit par la partie adverse. Il peut aussi être prononcé d'office par le bureau.

Dans tous les cas, il est motivé.

Art. 22. — L'assistance judiciaire ne peut être retirée qu'après que l'assisté a été entendu ou mis en demeure de s'expliquer.

Art. 23. — Le retrait de l'assistance judiciaire a pour effet de rendre immédiatement exigibles les droits, honoraires, émoluments et avances de toute nature dont l'assisté avait été dispensé. Dans tous les cas où l'assistance judiciaire est retirée, le secrétaire du bureau est tenu d'en informer immédiatement le receveur de l'enregistrement qui procédera au recouvrement et à la répartition, suivant les règles tracées par l'article 17 ci-dessus.

Art. 24. — L'action tendant au recouvrement de l'exécutoire délivré à la régie de l'enregistrement, soit contre l'assisté, soit contre la partie adverse, se prescrit par dix ans. La prescription de l'action de l'adversaire de l'assisté contre celui-ci, pour les dépens auxquels il a été condamné envers lui, reste soumise au droit commun.

Le Résident supérieur au Tonkin et le Procureur général sont chargés, chacun en ce qui le concerne, de l'exécution du présent arrêté qui sera communiqué et enregistré partout où besoin sera. — PIQUET.

(1) Voir modification de ce paragraphe par arrêté du 1er février 1894.

8. — 1er février 1894. — ARRÊTÉ *modifiant certaines dispositions du règlement sur l'assistance judiciaire.*

Article premier. — Les articles 13, 17 et 18 de l'arrêté du 12 novembre 1889 sont modifiés ainsi qu'il suit:

« Art. 13. — L'assisté est dispensé provisoirement
« du payement des sommes dues à la caisse du ser-
« vice local pour droits d'enregistrement et de greffe,
« ainsi que de toute consignation d'amende.

« Il est aussi dispensé provisoirement du payement
« des sommes dues aux greffiers, aux officiers
« ministériels, aux avocats-défenseurs et aux inter-
« prètes commis onnés, pour droits, émoluments ou
« honoraires.

« Les actes de la procédure faite à la requête de
« l'assisté sont enregistrés en débet.

« Les actes et titres produits par l'assisté pour
« justifier de ses droits et qualités sont également
« enregistrés en débet.

« Si ces actes et titres sont de ceux dont les lois
« ordonnent l'enregistrement dans un délai déter-
« miné, les droits d'enregistrement deviennent exi-
« gibles immédiatement après le jugement définitif.

« Si ces actes et titres ne sont pas de ceux dont la
« loi exige l'enregistrement dans un délai déterminé,
« les droits d'enregistrement de ces actes et titres,
« sont assimilés à ceux de la procédure.

« L'enregistrement en débet doit contenir la date
« de la décision qui admet au bénéfice de l'assistance
« judiciaire. Il n'a d'effet, quant aux actes et titres
« produits par l'assisté, que pour le procès dans
« lequel la production a eu lieu.

« Les frais de transport des juges, des officiers
« ministériels, des interprètes et des experts, les
« honoraires de ces derniers et ceux des interprètes
« non commissionnés, les taxes des témoins dont l'au-
« dition a été autorisée, sont avancés par la caisse
« du service local, conformément à l'article 118 du
« décret du 18 juin 1811. Le paragraphe 5 du pré-
« sent article s'applique au recouvrement de ces
« avances.

« Art. 17. — . . . .
«
« Il est délivré un exécutoire, ...
« . . . . conformément *au cinquième*
« paragraphe de l'article 13 . . . .

« Art. 18. — En cas de condamnation aux dépens
« prononcée contre l'assisté, il est procédé, confor-
« mément aux règles tracées par l'article précédent,
« au recouvrement des sommes dues au service local,
« en vertu des paragraphes 5 et 8 de l'article 13 ».

Art. 2. — Le Résident supérieur au Tonkin et le Procureur général, Chef du service judiciaire de l'Indo-Chine, sont chargés, chacun en ce qui le concerne, de l'exécution du présent arrêté. — DE LANESSAN.

ASSISTANCE PUBLIQUE. — Voy.: **Enfants abandonnés.**

ATELIERS MARITIMES

1. — 19 janvier 1888. — ARRÊTÉ *plaçant les ateliers maritimes de Haiphong sous l'autorité du chef de la division navale.*

Est rapportée la décision du 21 mai 1886, du général commandant la division d'occupation, plaçant le service administratif fonctionnant à terre, sous l'autorité du commandant de la marine.

Les ateliers maritimes de Haiphong et de Hanoi resteront toutefois, jusqu'à nouvel ordre, complètement sous l'autorité du chef de la division navale. — RAOUL BERGER.

2. — 14 février 1889. — ARRÊTÉ *règlant le mode de fonctionnement des ateliers maritimes installés à Haiphong* (1).

TITRE PREMIER

ADMINISTRATION DES ATELIERS DE HAIPHONG

Article premier. — Les ateliers maritimes de Haiphong, placés sous l'autorité du contre-amiral commandant en chef la division navale de l'Indo-Chine, sont administrés par un conseil d'administration présidé par le capitaine de vaisseau, chef de la division du Tonkin, commandant des ateliers, et dont font partie les chefs de service ci-après désignés :

Un officier du génie maritime, chargé des travaux de toute nature, et remplissant les fonctions définies sous le titre III ci-après, avec le titre de directeur des travaux.

Le sous-commissaire de la division du Tonkin, remplissant en même temps les fonctions de chef des services administratifs des ateliers, définies sous le titre V ci-après, avec le titre de commissaire des ateliers.

Art. 2. — Sont, en outre, affectés aux différents services des ateliers, un officier du corps de santé, un sous-agent administratif, un sous-agent comptable, des commis et des écrivains de comptabilité et de direction, des écrivains, soit civils, soit militaires, des maîtres agents entretenus, des conducteurs des travaux hydrauliques et des garde-consignes.

Art. 3. — Les ateliers maritimes de Haiphong sont considérés comme étant des ateliers de mer ; ils exécutent les travaux ou réparations du matériel naval appartenant à la flottille ou aux divers services du Protectorat de l'Annam et du Tonkin.

Les dépenses concernant la flottille sont couvertes au moyen des ressources mises chaque année à la disposition du contre-amiral commandant en chef la division navale de l'Indo-Chine, sur le budget de l'Annam et du Tonkin.

Tous les travaux à faire pour le compte des autres services donnent lieu à l'établissement d'un devis qui est soumis au Résident général, lequel donne l'ordre d'exécution après approbation de la dépense.

L'ordonnancement des dépenses de toute nature engagées par les ateliers de Haiphong sera effectué par les soins du chef des Services administratifs, militaires et maritimes de l'Annam et du Tonkin, qui exercera, en outre, un contrôle direct sur celles ressortissant aux services autres que celui de la flottille.

TITRE II

DU CAPITAINE DE VAISSEAU, CHEF DE DIVISION, COMMANDANT DES ATELIERS

Art. 4. — Le capitaine de vaisseau, chef de division, exerce une autorité supérieure sur tous les officiers, employés, agents et ouvriers attachés aux ateliers.

(1) Un arrêté du 23 juin 1890 avait supprimé les ateliers maritimes de Haiphong, pour en confier l'exploitation à l'industrie privée ; mais par suite des modifications résultant des arrêtés des 23 juin 1890, 16 février et 4 octobre 1891, publiés ci-après, il semble utile de conserver le texte primitif jusqu'à ce que la réglementation nouvelle soit promulguée.

Art. 5. — Il reçoit directement les ordres du commandant en chef de la division navale, et il a seul, pour la direction du service, la correspondance avec lui.

Art. 6. — Il règle en conseil d'administration les achats et les travaux, de manière à ne pas excéder la quotité des fonds assignés par le Ministre, d'après le budget, aux différentes parties du service des ateliers.

Art. 7. — Il tient la main à ce qu'il ne soit point établi d'autres ateliers que ceux qui sont déterminés dans la nomenclature arrêtée par le Ministre.

Art. 8. — Il est responsable de toutes les dépenses en deniers, matières et main-d'œuvre par lui ordonnées ou directement tolérées, et qui seraient contraires, soit aux lois et décrets, soit aux ordres du Ministre.

Art. 9. — Le Chef de division commandant les ateliers donne au directeur des travaux les ordres généraux pour les travaux à entreprendre ; aucun travail neuf, aucune modification à l'état des lieux actuels, ou aux plans approuvés par le Ministre, aucune refonte de coques ou de machines, ne peuvent être entrepris sans un ordre du commandant en chef de la division navale.

Il est rendu compte de l'exécution de ces différents ordres dans un état adressé tous les trois mois au commandant en chef de la division navale.

Art. 10. — Il est chargé de la garde, de la police et de la sûreté des ateliers. Il remplit, dans l'enceinte de ces établissements, les fonctions de major général.

Art. 11. — Il adresse au commandant en chef de la division navale, aux époques déterminées, des notes sur la conduite et la capacité des officiers, employés et agents attachés aux ateliers.

Art. 12. — En cas d'absence ou de tout autre empêchement, le capitaine de vaisseau, chef de division, commandant des ateliers, est remplacé par le capitaine de frégate second de l'*Adour*.

TITRE III

DE L'INGÉNIEUR DE LA MARINE, DIRECTEUR DES TRAVAUX

Art. 13. — Le Directeur des travaux est chargé des travaux de toute nature, ainsi que des divers ateliers dont la direction est dévolue, dans les ports métropolitains, aux directions des constructions navales et des travaux hydrauliques.

Il est seul ordonnateur des délivrances en matières.

Art. 14. — Il a sous ses ordres les conducteurs, maîtres et ouvriers, y compris les ouvriers de la flotte employés momentanément aux travaux qu'il dirige, ainsi que le sous-agent administratif et ses employés et agents. Il adresse au chef de division, commandant des ateliers, des notes sur leur conduite, leur zèle et leur capacité.

Il note, de concert avec le commissaire des ateliers, l'agent-comptable et ses employés.

Art. 15. — Il prépare la rédaction des plans d'exécution, celle des devis estimatifs, des constructions et des réparations projetées, ainsi que des tarifs de main-d'œuvre.

Art. 16. — Chaque année, dans les quinze premiers jours du mois d'avril, le directeur des travaux dresse un état présentant l'aperçu des besoins des ateliers en matières, en vue des exigences supposées de l'exercice suivant.

S'il ne doit être apporté aucun changement à l'état fourni l'année précédente, le directeur des travaux établit un avis se référant à cet état ; mais en cas de changement, il fait ressortir, en les justifiant, les différences en plus ou en moins.

Il dresse au commencement de chaque mois un état des travaux exécutés pendant le mois écoulé.

Il établit dans les premiers jours de chaque trimestre, un état de demande du matériel nécessaire pour compléter le stock normal à entretenir à l'arsenal, conformément à l'état général mentionné au premier paragraphe du présent article.

Ces états, visés et, au besoin, annotés par le commissaire des ateliers, sont soumis à l'examen du conseil d'administration, puis remis au commandant en chef pour être transmis au Ministre.

Art. 17. — Lorsque des besoins non prévus se manifestent pendant le cours des travaux, le directeur des travaux en rend compte au chef de division commandant des ateliers.

Art. 18. — Le Directeur des travaux est spécialement chargé de la garde, de la conservation et de l'arrangement des livres, recueils, mémoires, devis, dessins et modèles existant dans les archives de l'établissement; il en tient l'inventaire exact et détaillé, dont le double est déposé au détail des travaux pour être récolé aux époques périodiques déterminées par les règlements.

Art. 19. — Il est chargé de la construction et de l'entretien des édifices dépendant de l'arsenal, des quais, bassins, calos, etc., etc., ainsi que de la direction des chantiers et ateliers affectés à ce service.

Art. 20. — Il tient, en ce qui concerne les établissements, une matricule indiquant l'origine de la construction, la destination spéciale, le plan et son numéro dans la collection, l'auteur du plan, la date de l'avis du conseil d'administration et celle de l'approbation du Ministre.

Art. 21. — Il y inscrit, en outre, les dépenses occasionnées par les établissements, et celles auxquelles ont donné lieu annuellement les réparations de gros entretien.

Art. 22. — Aucun changement dans l'affectation ou la distribution intérieure des édifices ne peut être fait sans que le commandant en chef y ait donné son assentiment, sur l'avis exprimé par le conseil d'administration.

Art. 23. — En cas d'absence, de maladie ou de tout autre empêchement, le directeur des travaux est remplacé dans ses fonctions par un officier désigné par le chef de division.

TITRE IV

DU SERVICE DE L'ARTILLERIE

Art. 24. — Bien que la direction d'artillerie de Haiphong ne fasse pas partie des ateliers, le chef de division commandant des ateliers exerce vis-à-vis du directeur d'artillerie les fonctions de préfet maritime, en ce qui concerne les délivrances à faire aux bâtiments de la division navale et à ceux de passage, les réparations et les remises de ces bâtiments, les armements et les désarmements.

Art. 25. — Le directeur d'artillerie donne au commandant des ateliers les renseignements qui lui sont demandés sur la nature et la quantité d'approvisionnements destinés au service de la flotte existants dans ses magasins. Il se conforme, pour cette partie de son service, aux ordres du chef de division.

TITRE V

DU COMMISSAIRE DES ATELIERS

Art. 26. — Le commissaire des ateliers, qui est en même temps sous-commissaire de la division navale du Tonkin, dirige l'ensemble des services administratifs des ateliers, et remplit en même temps des fonctions analogues à celles qui sont attribuées dans les ports au commissaire aux approvisionnements et au commissaire aux travaux.

Art. 27. — Tous les bureaux, ateliers, magasins et établissements de la marine lui sont ouverts en vue de l'exercice de son droit de surveillance administrative.

Art. 28. — Il lui est donné connaissance sur place des registres matricules, états et pièces quelconques dont il demande à prendre connaissance.

Art. 29. — Il fait procéder à des appels et contre-appels d'ouvriers, toutes les fois qu'il le juge convenable.

Art. 30. — Il veille à ce que les recensements aient lieu dans les magasins, ateliers et dépôts aux époques prescrites. Dans les cas urgents, il provoque les ordres du commandant des ateliers pour qu'il soit procédé à des recensements imprévus.

Art. 31. — Lorsqu'il reconnaît des irrégularités dans un détail administratif des chantiers, ateliers et magasins, il avertit immédiatement le directeur des travaux et il les signale, s'il est besoin, au chef de division.

Art. 32. — Il établit, sur les données qui lui sont fournies par le directeur des travaux, les clauses des adjudications, des marchés et des achats sur facture, et présente les cahiers des charges appuyés de rapports justificatifs, à l'examen et à l'acceptation du conseil d'administration.

Art. 33. — Il procède aux adjudications, rédige les procès-verbaux des séances, il dresse les comptes rendus qui sont joints aux expéditions de marché destinées à être soumises à l'acceptation du conseil d'administration, et à l'approbation du commandant en chef de la division navale de l'Indo-Chine.

C'est seulement après avoir reçu cette approbation que les marchés sont exécutoires.

Art. 34. — Il assure l'exécution des marchés conformément aux dispositions en vigueur ; en cas de retard de la part des fournisseurs il les met en demeure de présenter leurs explications ; celles-ci sont examinées en conseil d'administration et il est statué, sur les pénalités encourues, par le commandant en chef de la division navale de l'Indo-Chine, et, en son absence, par le commandant des ateliers.

Art. 35. — Il veille à ce que les objets livrés ne soient mis à la disposition de l'agent comptable qu'après recette régulière ; il tient la main à ce que les objets admis en recette soient immédiatement frappés de la marque de la marine, quand ils en sont susceptibles, et placés dans les magasins ou dépôts, et à ce que les objets rebutés mis à part, soient enlevés dans les délais déterminés par les cahiers des charges.

Il veille également à la prise en charge régulière du matériel provenant d'envois.

En un mot, aucun objet de matériel ne doit être introduit dans les magasins sans un ordre de réception ou de prise en charge, donné par le commissaire de l'arsenal, dans les formes prescrites par les règlements sur la comptabilité des matières en vigueur dans la métropole.

Art. 36. — Il surveille les écritures de l'agent comptable. Il tient la main à ce que toutes les pièces et états à fournir par cet agent, à l'appui de ses comptes, soient expédiés dans les formes et aux époques déterminées par les règlements et instructions. Il vise ces derniers documents.

Art. 37. — Il tient un double de la matricule des agents du personnel ouvrier de la marine, détachés à Haïphong. Il tient aussi les carnets de solde conjointement avec le directeur des travaux.

Art. 38. — Il vérifie la comptabilité de chaque service, tant en matières qu'en main-d'œuvre, et veille à ce que les comptes généraux de matériel soient dressés dans les formes et aux époques fixées par les règlements.

Art. 39. — Il a sous ses ordres les commis, écrivains et agents attachés aux détails des approvisionnements et des travaux, ainsi que l'agent comptable et ses employés, et il adresse au commandant des ateliers des notes sur leur conduite, leur zèle et leur capacité.

Art. 40. — A la fin de chaque année, le commissaire des ateliers adresse au commandant des ateliers un rapport sur le service qui lui est confié ; ce rapport est transmis au commandant en chef de la division navale.

En cas d'absence, de maladie ou de tout autre empêchement, il est pourvu à son remplacement par le commandant en chef de la division navale.

TITRE VI
DU SOUS-AGENT ADMINISTRATIF

Art. 41. — Le sous-agent administratif attaché aux ateliers de Haïphong est chargé de la comptabilité des travaux. Il fait partie, avec le sous-ingénieur et un commis de direction, du conseil d'administration de la solde ; il remplit les fonctions de trésorier. Il est investi de toutes les attributions des agents administratifs dans les arsenaux de la Métropole.

TITRE VII
DU GARDE-MAGASIN

Art. 42. — Un sous-agent comptable des matières remplit les fonctions de garde-magasin telles qu'elles sont définies par les règlements et instructions sur la comptabilité du matériel dans le département de la marine.

Art. 43. — Il est chargé, sous la surveillance du commissaire des ateliers, de la comptabilité des matières et objets en approvisionnement. Il est directement et personnellement responsable envers l'État du matériel confié à sa garde.

Art. 44. — Il relève du directeur des travaux pour la police intérieure des magasins, la conservation et l'arrangement du matériel, ainsi que pour le choix des objets à délivrer.

TITRE VIII
DU MÉDECIN

Art. 45. — Un médecin de la marine attaché aux ateliers de Haïphong est embarqué sur le bâtiment stationnaire et placé sous les ordres du chef de division commandant des ateliers, à qui il propose les mesures qui peuvent intéresser la salubrité de l'établissement.

Art. 46. — Il remet chaque jour au commandant des ateliers une situation numérique des officiers, employés et ouvriers malades ou blessés. Cette situation contient les noms des personnes qui sont tombées malades, et de celles qui ont repris leur service dans la journée précédente.

TITRE IX
DISPOSITIONS COMMUNES AUX DIVERS CHEFS DE SERVICE

Art. 47. — Les chefs de service exercent leurs fonctions sous l'autorité immédiate du chef de division directeur des ateliers, dont ils doivent exécuter ponctuellement les ordres.

Art. 48. — Chacun d'eux est responsable des actes relatifs à ses fonctions. S'il est résulté de ces actes des dépenses en deniers ou en matières qui n'ont pas été ordonnées par le ministre, ou qui sont contraires aux décrets et règlements en vigueur, le chef de service intéressé est tenu de justifier qu'il a agi en conséquence des ordres écrits du commandant des ateliers et après lui avoir fait, par écrit, des représentations qui n'ont pas été accueillies.

Art. 49. — Les chefs de service tiennent enregistrement des instructions et des ordres qu'ils reçoivent du directeur des ateliers ainsi que des rapports qu'ils lui adressent.

Art. 50. — Aucun ouvrage, de quelque nature qu'il soit, n'est exécuté dans les chantiers et ateliers sans un ordre de travail régulier émané de l'autorité compétente.

TITRE X
DU CONSEIL D'ADMINISTRATION DES ATELIERS

Art. 51. — Le conseil d'administration est composé, ainsi qu'il est dit à l'article premier, de la manière suivante :

Le capitaine de vaisseau, chef de division, commandant des ateliers, président ;

L'officier du génie maritime, directeur des travaux,

Le sous-commissaire de la division du Tonkin, commissaire des ateliers de Haïphong.

Art. 52. — Les fonctions de secrétaire sont confiées à un commis ou à un écrivain désigné par le commandant en chef de la division navale, sur la proposition du commandant des ateliers

Art. 53. — Le conseil d'administration peut appeler à ses séances, des officiers ou employés des ateliers auxquels il juge convenable de demander des renseignements.

Art. 54. — Il se réunit deux fois par mois et plus souvent, si le commandant des ateliers l'ordonne.

Art. 55. — Le commandant des ateliers expose au conseil les questions sur lesquelles il doit délibérer et l'ordre qui sera suivi dans leur examen ; autant que possible, il indique à l'avance les objets qui doivent être discutés dans la séance suivante.

Art. 56. — Le conseil vise, avant qu'ils ne soient envoyés à l'ordonnateur, tous les états de payements qui ne portent pas l'attache du conseil d'administration de la solde des ouvriers.

Art. 57. — Le conseil examine les cahiers des charges relatifs aux adjudications et marchés.

Art. 58. — Les procès-verbaux d'adjudication et les marchés conclus sont soumis à son acceptation. Toutefois, ces traités ne sont exécutoires qu'après avoir été revêtus de l'approbation du commandant en chef de la division navale ou, en son absence et dans le cas d'urgence, par le commandant des ateliers.

Art. 59. — Les plans, projets et devis de constructions navales, hydrauliques, de distributions nouvelles dans les édifices, dans les ateliers, et de tous les travaux importants, ainsi que les tarifs de main-d'œuvre, sont examinés par le conseil d'administration et adressés au commandant en chef de la division navale pour être transmis au Ministre avec une expédition des procès-verbaux des délibérations auxquelles ils ont donné lieu.

Art. 60. — Les comptes annuels de consommation et d'application de matières, les comptes de dépenses en main-d'œuvre, sont soumis, par le commandant des ateliers, à l'examen du conseil d'administration avant d'être remis au commandant en chef pour être envoyés au ministre.

Art. 61. — Le conseil établit, en ce qui concerne le nombre et l'avancement des agents entretenus, des propositions qui sont soumises au commandant en chef pour être transmises au Ministre.

Il statue sur l'avancement des ouvriers.

Art. 62. — Il donne son avis sur les projets d'approvisionnements rédigés en exécution des ordres du Ministre, et, lorsqu'il y a lieu, il autorise le commissaire des ateliers à passer des marchés d'urgence.

Art. 63. — Les délibérations du conseil sont prises à la majorité des voix.

Art. 64. — Chaque membre du conseil a le droit de faire mentionner son opinion au procès-verbal, lorsqu'elle est contraire à celle de la majorité.

TITRE XI

DISPOSITIONS GÉNÉRALES

Art. 65. — Les officiers appartenant aux corps naviguants attachés aux ateliers de Haïphong, à l'exception de l'officier du génie maritime, reçoivent la solde à la mer et sont portés sur le rôle d'équipage du bâtiment stationnaire. Les allocations qui leur sont attribuées pour porter leur traitement au taux fixé par le tarif annexé au présent arrêté sont imputées sur les fonds du budget de l'Indo-Chine.

Art. 66. — L'officier du génie maritime, les fonctionnaires, employés et agents des autres corps, sont payés également sur les fonds du budget de l'Indo-Chine et sont considérés comme servant au titre colonial. Leurs traitements sont déterminés par le tarif ci-annexé.

Ar. 67. — Aucune augmentation de personnel,

aucun avancement en solde, ne peuvent avoir lieu qu'après l'autorisation préalable du Ministre en ce qui concerne les officiers, employés et agents entretenus attachés aux ateliers de Haïphong.

Art. 68. — Le mode de constatation de la présence des ouvriers sur les travaux est celui en usage dans les ports militaires et établissements hors des ports (Arrêté du 6 mars 1857); la fixation des heures d'ouverture et de clôture du travail est déterminée par un règlement spécial élaboré par le conseil d'administration et soumis à l'approbation du commandant en chef de la division navale.

Art. 69. — Les commissions de recette et de visite sont composées conformément aux règles tracées par les règlements et instructions en vigueur.

Art. 70. — Le personnel ouvrier est régi par le décret du 9 août 1883 sur le personnel ouvrier des arsenaux maritimes. Lorsque des dispositions spéciales sont reconnues nécessaires, elles font l'objet d'un règlement préparé par le conseil d'administration et soumis au commandant en chef de la division navale, qui l'envoie au Ministre. Le commandant en chef peut en autoriser l'application provisoire.

Art. 71. — L'organisation des garde-consignes, des plantons et des gardiens de bureaux et autres agents de formation locale, fait l'objet de règlements particuliers qui sont préparés par le conseil d'administration et transmis au commandant en chef de la division navale de l'Indo-Chine pour être soumis au Ministre.

Art. 72. — Tous les actes qui régissent le service dans les ports militaires de la Métropole sont applicables aux ateliers maritimes de Haïphong en ce qu'ils n'ont pas de contraire au présent arrêté.

Art. 73. — Le présent arrêté sera exécutoire à compter du 1er mars 1889. — RICHAUD.

TARIF des traitements alloués au personnel affecté aux ateliers maritimes de Haïphong.

GRADES OU EMPLOIS	SOLDE	FRAIS de bureau SOMMES NETTES	INDEMNITÉS de RESPONSABILITÉ	SUPPLÉMENT de FONCTIONS	OBSERVATIONS
		fr. c.	fr. c.	fr. c.	
Capitaine de vaisseau, chef de la division navale du Tonkin, commandant des ateliers.	(A)	970 00	»	»	(A) Traitement de capitaine de vaisseau commandant une division navale, ou, s'il n'est pas chef de division, un bâtiment armé avec un capitaine de frégate pour second.
Sous-Ingénieur de 1re classe ou 2e classe.	(B) 12.500	970 00	»	»	(B) Solde totale du sous-Ingénieur, directeur des travaux, quelle que soit la classe de son grade. (Frais de bureau en plus).
Sous-commissaire de 1re classe ou de 2e classe, sous-commissaire de la division navale du Tonkin	(C) 7.880	1.910 00	»	»	(C) Cumulativement avec le traitement de table et la ration.
Médecin de 1re classe, médecin des ateliers.	(D) »	»	»	2.000 00	(D) Reçoit la solde à la mer au titre du stationnaire sur lequel il est embarqué. L'indemnité de 2.000 fr. est partagée dans la proportion de 2 et 3 entre lui et le médecin en sous-ordre qui pourrait lui être adjoint.
Sous-agent administratif.	(E) 6.000	1.400 00	»	»	(E) Reçoit, en outre, l'indemnité de logement revenant réglementairement à son grade. Le trésorier du conseil d'administration reçoit le supplément de fonctions annuel de 250 fr. prévu par l'art. 20 du règlement du 7 février 1865.
Commis de direction des travaux . . .	(F) 4.000	»	»	»	(F) Les maîtres entretenus, commis, magasiniers, conducteurs, distributeurs et écrivains reçoivent une indemnité de logement de 600 fr. quand ils ne sont pas logés en nature.
Sous-agent comptable	(G) 6.000	670 00	1.455 00	»	(G) Reçoit la même indemnité de logement que le sous-agent administratif.
Commis de comptabilité	(F) 4.000	»	»	»	
Magasinier.	(F) 4.000	»	»	»	
Écrivain titulaire	(F) 3.000	»	»	»	
Distributeur	(F) 3.000	»	»	»	
Maître entretenu		5.500	582 00	»	»
Conducteur des travaux hydrauliques .		6.000	218 25	»	»

3. — 23 juin 1890. — Arrêté *rapportant celui du 11 février 1889, concernant les ateliers maritimes de Haiphong.*

Article premier. — L'arrêté du 11 février 1889, concernant les ateliers maritimes de Haiphong, est rapporté.

Art. 2. — Le magasin des ateliers maritimes cessera de former un magasin distinct du magasin central des approvisionnements généraux de la flotte, et constituera une section de ce dernier magasin.

Art. 3. — En conséquence, les attributions qui étaient conférées au commissaire des ateliers et à l'ingénieur directeur des travaux, relativement à la direction de la comptabilité, à la police et à la surveillance intérieure du magasin des ateliers maritimes, ainsi qu'à la garde, à la conservation, à l'arrangement et à la délivrance du matériel, seront dorénavant exercées par le commissaire aux approvisionnements à Haiphong, sous les ordres et la direction du commissaire général, chef des services administratifs et financiers militaires et maritimes de l'Annam et du Tonkin.

Art. 4. — Le commissaire aux approvisionnements à Haiphong exercera en outre, et dans les mêmes conditions, à l'égard des ateliers maritimes, toutes les attributions qui appartiennent au commissaire aux travaux, d'après les règlements en vigueur dans la métropole et dans les colonies, et qu'il exerce déjà près du service de l'artillerie.

Art. 5. — Le commandant de la marine reste chargé de la garde, de la police et de la sûreté des ateliers. Il exerce, à cet égard, dans l'enceinte des établissements, les attributions dévolues au major général dans les ports.

Il donne des ordres généraux pour les travaux à entreprendre dans l'intérêt du service de la flottille, en se renfermant dans les limites budgétaires, et après qu'ils auront été autorisés par le Gouverneur général.

Art. 6. — L'ingénieur de la marine directeur des travaux, le médecin de la marine attaché aux ateliers, et le sous-commissaire de division commissaire des ateliers, sont supprimés et rentreront en France par première occasion.

Art. 7. — Les fonctions attribuées à l'ingénieur de la marine directeur des travaux, en ce qui concerne seulement l'exécution, seront exercées provisoirement par le mécanicien principal de la marine embarqué sur l'*Adour*.

Art. 8. — Le médecin-major de l'*Adour* assurera le service médical des ateliers maritimes et de la sous-direction d'artillerie de Haiphong. Il recevra à ce titre, au compte des services maritimes du Protectorat, un supplément annuel de 2.000 francs.

Art. 9. — L'aide-commissaire officier d'administration de l'*Adour*, exercera les mêmes fonctions à l'égard des bâtiments armés faisant partie de la station locale.

Art. 10. — Les cessions de matériel, exécution de travaux, au même titre que la sous-direction d'artillerie de Haiphong, aux bâtiments de la station locale et à ceux de passage, devront être, sur la demande du commandant de la marine, préalablement approuvées par le Gouverneur général.

Les opérations dont il s'agit restent soumises aux prescriptions des arrêtés locaux du 11 décembre 1880 susvisés.

Art. 11. — Les remises de ces bâtiments comme les délivrances à leur faire par les magasins administratifs, seront effectuées sur les demandes des commandants, approuvées par le commandant de la marine, et visées, pour exécution, par le représentant à Haiphong du commissaire général chef des services administratifs militaires et maritimes en Annam et au Tonkin.

Art. 12. — Le commissaire général chef des services administratifs de l'Annam et du Tonkin, et le capitaine de frégate commandant de la marine au Tonkin, sont chargés de l'exécution du présent arrêté. — Piquet.

---

4. — 16 février 1891. — Arrêté *supprimant les ateliers maritimes à Haiphong (1).*

Article premier. — *Rapporté par arrêté du 4 septembre 1891.*

Art. 2. — Les travaux de toute nature de réparations et d'entretien des bâtiments de la station locale, engins, apparaux et matériel appartenant aux services maritimes du Protectorat, exécutés jusqu'ici par ces ateliers, seront confiés à MM. Chaumont et Daniel, ingénieurs-constructeurs, chargés déjà de l'exécution des mêmes travaux en ce qui concerne le matériel de tous les services civils, conformément au contrat du 1er décembre 1888, intervenu entre le Résident général et ces industriels.

Art. 3. — Une commission composée :

Du commissaire aux travaux et approvisionnements de Haiphong ;

D'un capitaine d'artillerie attaché à la sous-direction de Haiphong ;

Du mécanicien principal de la marine embarqué sur l'*Adour*, — procédera à l'établissement d'un tarif des prix à appliquer par heure de travail :

1° A la main-d'œuvre du port ;

2° A l'emploi, dans les mêmes conditions, des forges ;

3° Des machines outils.

Elle fixera également les majorations à prévoir :

1° Pour les travaux urgents ;

2° Les travaux de nuit ;

3° La représentation des frais généraux sur les salaires ou les prix des matières employées ;

4° Enfin, à titre de bénéfice au profit des entrepreneurs.

Elle prendra pour base le tarif joint au contrat du 1er décembre 1888, concernant les services civils, mais en tenant compte des facilités mises à la disposition des entrepreneurs par les services maritimes.

L'inspecteur général en mission dans la colonie devra être préalablement prévenu par le président de la réunion de la commission, qui appellera dans son sein, pour y être entendu, un représentant de la maison Chaumont et Daniel.

Art. 4. — Le commissaire général chef des services militaires et maritimes en Annam et au Tonkin préparera, d'après les instructions du Gouverneur général, et dans les conditions du tarif établi par la commission, un projet de contrat avec les entrepreneurs. Cet acte sera soumis à l'approbation du Gouverneur général, ainsi que le tarif qui devra y être annexé.

Art. 5. — Les ouvriers européens engagés et employés aux ateliers maritimes seront licenciés à compter de la remise de ces ateliers à l'industrie privée.

Dans le cas où ils ne consentiraient pas à continuer

---

(1) Voir ci-après arrêté du 4 octobre 1891.

leurs services à l'arsenal de Saigon, en tenant compte des besoins de cet arsenal, ils seraient rapatriés par la plus prochaine occasion, avec jouissance, jusqu'à leur départ, de leur solde coloniale, et de la solde d'Europe de ce jour à celui de leur arrivée en France.

Les ouvriers indigènes recrutés sur place seront licenciés à compter du jour de la suppression des ateliers.

Art. 6. — *Rapporté par arrêté du 4 octobre 1891.*

Art. 7. — L'indemnité annuelle de 2.000 fr. accordée au médecin major de l'*Adour*, pour le service médical des ateliers et de la sous-direction d'artillerie à Haiphong, est réduite à 1.000 fr. à compter de la date du licenciement définitif du personnel ouvrier des ateliers.

Art. 8. — L'indemnité annuelle de 2.000 fr. attribuée au mécanicien principal de la marine embarqué sur l'*Adour*, cessera de lui être payée à compter de la suppression effective des ateliers.

Art. 9. — Le commissaire général chef des services administratifs et financiers militaires et maritimes en Annam et au Tonkin, et le capitaine de frégate commandant de la marine sont chargés, chacun en ce qui le concerne, de l'exécution du présent arrêté, qui sera communiqué, publié et enregistré partout où besoin sera. — PIQUET.

---

5. — *4 octobre 1891.* — ARRÊTÉ *modifiant celui du 11 février 1891, relatif aux ateliers maritimes de Haiphong.*

Article premier. — Les articles 1 et 6 de l'arrêté du 16 février 1891, relatif aux ateliers maritimes de Haiphong, sont abrogés.

Art. 2. — Une commission nommée par le Contre-amiral commandant en chef la division navale de l'Indo-Chine revisera, d'accord avec MM. Daniel et Cie, la convention du 11 juin 1891, de façon à conserver les ateliers maritimes de Haiphong sous la direction du Contre-amiral commandant en chef, et à placer sous la surveillance et le contrôle de cet officier général, les travaux de réparation et d'entretien du matériel à exécuter par MM. Daniel et Cie.

Art. 3. — Le Contre-amiral commandant en chef la division navale de l'Indo-Chine est chargé de l'exécution du présent arrêté. — DE LANESSAN.

ATTÉNUATION ET AGGRAVATION DES PEINES

1. — *10 janvier 1893.* — ARRÊTÉ *promulguant en Indo-Chine, la loi du 26 mars 1891, sur l'aggravation et l'atténuation des peines.*

Article premier. — Est promulguée dans toute l'étendue de l'Indo-Chine la loi du 26 mars 1891, sur l'aggravation et l'atténuation des peines.

Art. 2. — Le Lieutenant-Gouverneur de la Cochinchine, les Résidents supérieurs au Tonkin, en Annam et au Cambodge, et le Procureur général chef du service judiciaire de l'Indo-Chine sont chargés, chacun en ce qui le concerne, de l'exécution du présent arrêté. — DE LANESSAN.

LOI DU 26 MARS 1891

Article premier. — En cas de condamnation à l'emprisonnement ou à l'amende, si l'inculpé n'a pas subi de condamnation antérieure à la prison pour crime et délit de droit commun, les cours ou tribunaux peuvent ordonner, par le même jugement et par décision motivée, qu'il sera sursis à l'exécution de la peine.

Si, pendant le délai de cinq ans à dater du jugement ou de l'arrêt, le condamné n'a encouru aucune poursuite suivie de condamnation à l'emprisonnement ou à une peine plus grave pour crime ou délit de droit commun, la condamnation sera comme non avenue.

Dans le cas contraire, la première peine sera d'abord exécutée, sans qu'elle puisse se confondre avec la seconde.

Art. 2. — La suspension de la peine ne comprend pas le payement des frais du procès et des dommages-intérêts.

Elle ne comprend pas non plus les peines accessoires et les incapacités résultant de la condamnation.

Toutefois, ces peines accessoires et ces incapacités cesseront d'avoir effet du jour où, par application des dispositions de l'article précédent, la condamnation aura été réputée non avenue.

Art. 3. — Le président de la cour ou du tribunal doit, après avoir prononcé la suspension, avertir le condamné qu'en cas de nouvelle condamnation dans les conditions de l'article 1er, la première peine sera exécutée sans confusion possible avec la seconde, et que les peines de la récidive seront encourues dans les termes des articles 57 et 58 du Code pénal.

Art. 4. — La condamnation est inscrite au casier judiciaire, mais avec la mention expresse de la suspension accordée.

Si aucune poursuite suivie de condamnation, dans les termes de l'article 1er, § 2, n'est intervenue dans le délai de cinq ans, elle ne doit plus être inscrite dans les extraits délivrés aux parties.

Art. 5. — Les articles 57 et 58 du Code pénal sont modifiés comme suit:

« Art. 57. — Quiconque, ayant été condamné pour crime à une peine supérieure à une année d'emprisonnement, aura, dans un délai de cinq années après l'expiration de cette peine ou sa prescription, commis un délit ou un crime qui devra être puni de la peine de l'emprisonnement, sera condamné au maximum de la peine portée par la loi, et cette peine pourra être élevée jusqu'au double.

« Défense pourra être faite, en outre, au condamné de paraître, pendant cinq ans au moins et dix ans au plus, dans des lieux dont l'interdiction lui sera signifiée par le Gouvernement avant sa libération.

« Art. 58. — Il en sera de même pour les condamnés à un emprisonnement de plus d'une année pour délit, qui, dans le même délai, seraient reconnus coupables du même délit ou d'un crime devant être puni de l'emprisonnement.

« Ceux qui, ayant été antérieurement condamnés à une peine d'emprisonnement de moindre durée, commettraient le même délit, dans les mêmes conditions de temps, seront condamnés à une peine d'emprisonnement qui ne pourra être inférieure au double de celle précédemment prononcée, sans toutefois qu'elle puisse dépasser le double du maximum de la peine encourue.

« Les délits de vol, escroquerie et abus de confiance seront considérés comme étant, au point de vue de la récidive, un même délit.

« Il en sera de même des délits de vagabondage et de mendicité ».

Art. 6. — La présente loi est applicable aux colonies où le Code pénal métropolitain a été déclaré exécutoire en vertu de la loi du 8 janvier 1877.

3

Des décrets statueront sur l'application qui pourra en être faite aux autres colonies.

Art. 7. — La présente loi n'est applicable aux condamnations prononcées par les tribunaux militaires qu'en ce qui concerne les modifications apportées par l'article 5 ci-dessus aux articles 57 et 58 du Code pénal. — CARNOT.

Voy. : **Justice.**

ATTRIBUTIONS CONSULAIRES

1. — 8 février 1880. — DÉCRET *investissant les résidents, vice-résidents chefs de poste et les chanceliers en Annam et au Tonkin, des attributions consulaires.*

Article premier. — Les résidents, vice-résidents chefs de poste et chanceliers, en Annam et au Tonkin, sont investis des attributions respectives des consuls et chanceliers de consulat.

Art. 2. — Ils exercent ces attributions dans les conditions et d'après les règlements applicables dans les chancelleries consulaires.

Art. 3. — Ils perçoivent, à l'occasion des actes qu'ils délivrent, le taux du tarif en vigueur dans les chancelleries. Le produit des taxes est perçu au profit du budget du Protectorat.

Art. 4. — Le Président du Conseil, ministre des affaires étrangères, est chargé de l'exécution du présent décret. — JULES GRÉVY.

2. — 5 mai 1891. — ARRÊTÉ *chargeant le chef du 1er bureau des fonctions d'officier de l'état civil et de président du tribunal de Hué, par délégation du Résident supérieur* (1).

Article premier. — Le chef du 1er bureau est désigné pour remplir, par délégation du Résident supérieur, les fonctions d'officier de l'état civil et de président du tribunal consulaire de Hué.

Art. 2. — Le chef du 2e bureau, chargé de la chancellerie, remplira les fonctions de greffier auprès du tribunal.

Art. 3. — Le présent arrêté sera publié au *Journal officiel* du Protectorat. — HECTOR.

Voy. : **Organisation administrative; — Tribunaux consulaires.**

ATTRIBUTIONS DE POUVOIRS. — Voy. : Organisation administrative.

AUMONIERS

1. — 30 janvier 1884. — DÉCISION *créant des emplois d'aumôniers à Nam-dinh et Son-tay.*

Article premier. — Il est créé à Nam-dinh et à Son-tay, un emploi d'aumônier chargé d'assurer le service religieux près des garnisons françaises.

Art. 2. — Chacun de ces aumôniers, nommé sur la proposition de l'autorité ecclésiastique et l'avis du Directeur des affaires civiles et politiques, aura droit à une indemnité de mille francs par an, payable par douzièmes et imputable au budget local. — COURBET.

(1) Cet arrêté a cessé d'être appliqué; une décision, dont on trouvera le texte V° *Tribunaux consulaires*, rattache le province de Hué (Thua-thien) au ressort judiciaire de Tourane; quant aux fonctions d'officier de l'État civil, elles sont remplies par le vice-résident, secrétaire particulier.

AUTORITÉS ANNAMITES, INDIGÈNES. — Voy. : Administration annamite.

AVANCES DE SOLDE. : Voy.: — Solde.

AVOCATS-DÉFENSEURS, AVOCAT-CONSEIL

1. — 2 février 1889. — ARRÊTÉ *créant un poste d'avocat-conseil du Protectorat au Tonkin.*

Rapporté par arrêté du 16 avril 1889.

2. — 8 février 1889. — ARRÊTÉ *sur l'exercice de la profession de défenseur devant les tribunaux du Tonkin* (1)

Article premier. — Provisoirement, et jusqu'à ce qu'il en ait été autrement ordonné par règlement en forme sur la profession de défenseur, les hommes d'affaires exerçant actuellement devant le tribunal consulaire continueront seuls à défendre devant les tribunaux de première instance et devant la cour criminelle du Tonkin, sans préjudice des droits des avocats-défenseurs de Cochinchine, ou de tous licenciés en droit qui pourront toujours plaider et conclure avec l'agrément du tribunal.

Néanmoins, toute partie conservera le droit d'agir et de se défendre elle-même et de présenter la défense de ses coassociés et consorts, sans l'assistance d'aucun défenseur; la même faculté appartiendra aux maris, tuteurs, curateurs, aux ascendants et descendants, aux alliés auxquels le mariage est interdit par le code civil, ainsi qu'aux gérants de maisons de commerce, mandataires de personnes absentes, à condition, pour ces derniers, de justifier d'une procuration spéciale.

Art. 2. — Le Procureur général chef du service judiciaire de l'Indo-Chine, est chargé de l'exécution du présent arrêté qui sera enregistré partout où besoin sera. — RICHAUD.

3. — 16 avril 1889. — ARRÊTÉ *rapportant celui du 2 février 1889, créant un poste d'avocat-conseil.*

4. — 30 novembre 1893. — ARRÊTÉ *réglementant l'exercice de la profession d'avocat-défenseur au Tonkin.*

Article premier. — Les défenseurs chargés de postuler et de plaider au Tonkin pour les parties qui ne se défendent pas elles-mêmes, porteront à l'avenir le titre d'avocat-défenseur.

Art. 2. — Les avocats-défenseurs auront seuls qualité pour plaider et conclure en toute matière devant les tribunaux du Tonkin, sans préjudice du droit conféré aux parties par l'arrêté du 8 février 1889.

Art. 3. — Les défenseurs-agréés actuellement en exercice, et maintenus dans leurs fonctions par l'arrêté du 8 février 1889, seront de droit inscrits au tableau des avocats-défenseurs du Tonkin, et y prendront rang d'après leur ancienneté.

Art. 4. — A l'avenir, les conditions pour pouvoir exercer la profession d'avocat-défenseur au Tonkin, seront les mêmes que celles exigées par l'art. 3 du décret du 5 novembre 1888 pour la Cochinchine.

Art. 5. — Les défenseurs-agréés, actuellement en

(1) Voir arrêté organique sur l'exercice de la profession d'avocat-défenseur, du 30 novembre 1893.
Voir en outre, pour la patente, V° *Impôts*, l'arrêté du 11 février 1893.

exercée et maintenus dans leurs fonctions, auront un délai de trois mois à compter du présent arrêté, pour réaliser le versement du cautionnement prévu à l'art. 3 du décret du 5 novembre 1888 précité. Passé ce délai, et faute par eux de justifier du versement de leur cautionnement, ils seront considérés comme démissionnaires et rayés du tableau.

Art. 6. — Celui qui demandera à être avocat-défenseur présentera sa requête, avec les pièces à l'appui, au Procureur général qui, après enquête, et avis de la Cour, transmettra le dossier, avec son avis, au Gouverneur général. Celui-ci statuera, après avis du Résident supérieur, et délivrera, s'il y a lieu, une commission d'avocat-défenseur.

Art. 7. — Les avocats-défenseurs du Tonkin, confirmés dans ces fonctions par respect des droits acquis, et qui ne seraient pas licenciés en droit, porteront aux audiences des tribunaux le costume des avoués, tel qu'il est fixé par l'art. 6 de l'arrêté du 2 Nivôse an XI. Les licenciés en droit porteront, aux audiences, le costume fixé par l'art. 6 du décret du 2 Nivôse an XII et par l'art. 42 du décret du 2 juillet 1812.

Art. 8. — Les avocats-défenseurs non licenciés plaident debout et découverts ; les licenciés en droit sont autorisés à se couvrir en plaidant, excepté lorsqu'ils lisent leurs conclusions.

Art. 9. — Les avocats-défenseurs prêtent serment devant la Cour avant leur entrée en fonction. Ils sont autorisés à prêter serment par écrit, et la pièce le constatant est transmise au Procureur général par les parquets de 1re instance.

Art. 10. — La discipline des avocats-défenseurs ainsi institués appartient au Procureur général, chef du service judiciaire. Il prononce contre eux, après les avoir entendus, le rappel à l'ordre, la censure simple et la censure avec réprimande. Il leur donne, d'ailleurs, tout avertissement qu'il juge convenable. Lorsqu'il y a lieu à suspension ou destitution, il fait, après avoir pris l'avis des tribunaux, qui entendent, en chambre du conseil le défenseur inculpé, les propositions qu'il juge nécessaires, et il est statué par le Gouverneur général.

En l'absence d'un représentant du parquet supérieur du Tonkin, les Procureurs de la République y exercent les mêmes attributions par délégation, et seulement pour les peines n'entraînant ni suspension ni destitution.

Art. 11. — Si, à l'audience, les avocats-défenseurs s'écartent du respect dû aux lois ou à la justice, en compromettant la dignité de leur caractère, les tribunaux peuvent, suivant l'exigence du cas, d'office ou à la réquisition du ministère public, prononcer contre eux le rappel à l'ordre, la censure simple, la censure avec réprimande, ou la suspension pendant trois mois au plus.

Si la suspension ainsi prononcée est supérieure à un mois, la décision est sujette à appel.

Lorsque les tribunaux estiment qu'il y a lieu à une peine plus grave, il est dressé procès-verbal des faits, lequel est sans délai transmis au chef du service judiciaire. L'avocat-défenseur inculpé est invité à donner les explications par écrit. Le Gouverneur général statue au vu des pièces, et sur le rapport du chef du service judiciaire.

Art 12. — Le présent arrêté, provisoirement exécutoire, sera soumis à l'approbation du Département. — DE LANESSAN.

5. — 3 février 1894. — ARRÊTÉ *appliquant aux avocats-défenseurs du Tonkin les tarifs en vigueur en Cochinchine.*

Article premier. — Les tarifs en vigueur en Cochinchine pour les avocats-défenseurs, sont déclarés applicables aux avocats-défenseurs du Tonkin.

Art. 2. — Sont en conséquence promulgués au Tonkin tels qu'ils sont insérés au *Bulletin officiel de la Cochinchine* et au *Journal officiel* de l'Indo-Chine, 1re partie, le décret du 13 septembre 1889 et l'arrêté du 7 juin 1879, promulgués en partie le décret du 16 février 1807 et celui du 10 octobre 1841.

Art. 3. — Le Procureur général Chef du Service Judiciaire en Indo-Chine, est chargé de l'exécution du présent arrêté qui sera enregistré et publié partout où besoin sera. — DE LANESSAN.

Voy.: **Droits de greffe.** — **Tarif des frais de justice.**

B

BAC-NINH

1. — 22 juillet 1889. — ARRÊTÉ *municipal interdisant les couvertures en paillotte dans la ville de Bac-ninh.*

Article premier. — Les couvertures en paillotte sont prohibées à partir de ce jour, pour les maisons à construire dans le périmètre de la ville de Bac-ninh.

Art. 2. — Aucune réparation importante ne pourra être faite dans ledit périmètre, aux couvertures de ce genre actuellement existantes.

Art. 3. — Le garde principal faisant fonctions de commissaire de police à Bac-ninh est chargé de veiller à l'exécution du présent arrêté. — MARTIN DUPONT.

2. — 8 novembre 1892. — ARRÊTÉ *fixant les taxes spéciales à percevoir dans la ville de Bac-ninh et les centres de Dap-cau et de Ti-cau* (1).

Article premier. — La ville de Bac-ninh et les centres de Dap-cau et Ti-cau, sont placés sous le régime de l'arrêté du 8 novembre 1892 précité.

Art. 2. — Une taxe annuelle de trente cents sera perçue au profit du budget urbain de Bac-ninh sur tout indigène, propriétaire, employé, artisan non domestique, âgé de 18 à 54 ans, habitant la ville de Bac-ninh, ou les centres de Dap-cau et de Ti-cau, et non exempté de contribution personnelle par les lois indigènes.

Les fonctionnaires et employés en activité de service sont exempts de cette taxe.

Art. 3. — Les asiatiques étrangers habitant les mêmes centres seront soumis, en plus de la

(1) Complété, pour Bac-ninh, par arrêté du 11 avril 1893.

capitation due au budget du Protectorat, aux taxes spéciales suivantes :

1° Asiatiques payant vingt piastres de capitation. 3 $
2° Asiatiques payant moins de vingt piastres. . . 1

Art. 4. — *Rapporté par arrêté du 3 juillet 1894.*

Art. 5. — Les maisons de la ville de Bac-ninh et et des centres de Dap-cau et Ti-cau seront imposées, selon leur nature, conformément au tableau ci-dessous ;

Maisons en briques, couvertes en tuiles . 1 $ 00
— — en paillotes 0 50
Maisons en paillotes. 0 20

Ces taxes sont indépendantes de l'impôt foncier dû au budget du Protectorat.

Les établissements publics et les édifices affectés aux divers cultes sont exempts de cet impôt urbain.

Art. 6. — Le Résident supérieur du Tonkin est chargé de l'exécution du présent arrêté. — DE LANESSAN.

---

3. — 11 avril 1893. — ARRÊTÉ *déterminant les limites du territoire de la ville de Bac-ninh, et fixant les taxes à percevoir au profit de son budget local.*

Article premier. — Le territoire de la ville de Bac-ninh est limité par une ligne parallèle aux murs de la citadelle et située à une distance constante de un kilomètre desdits murs.

Les centres de Dap-cau et de Ti-cau sont limités :
A l'est par le Song-cau ;
A l'ouest par la ville même de Bac-ninh ;
Au sud par une ligne partant du Song-cau, à la hauteur du blokhaus sud, et passant par le sommet du mamelon du cimetière pour rejoindre les limites de Bac-ninh, en un point situé à 250 mètres au sud de la route de Bac-ninh-Dap-cau ;
Au nord par une ligne partant du Song-cau, à la hauteur de la limite nord de la tuilerie de M. Le Roy, passant par le fort de Dap-cau, le sommet de la butte de tir, et venant rejoindre les limites de Bac-ninh en un point situé à 350 mètres au nord de la route de Bac-ninh-Dap-cau.

Art. 2. — Les taxes de voirie que le Résident de Bac-ninh est autorisé à percevoir au profit du budget local de la ville de Bac-ninh et des centres de Ti-cau et Dap-cau, dans le périmètre indiqué dans l'article précédent, sont les suivantes :

§ 1. — TAXES DIVERSES DE VOIRIE

Demande d'alignement, de nivellement, d'autorisation de construire, réunies ou séparément :
1° Maisons en briques . . . . 1 $ 00
2° — en paillottes 0 20
Demande d'autorisation pour grosses réparations à des maisons en briques . . . . . 0 $ 20
Demande d'établir des appointements, par mètre carré 0 10
Dépôts ou échafaudages sur la voie publique, par mètre carré et par mois. 0 02

§ 2. — LIVRETS ET CARTES

Livrets de boys obligatoires . . . . 0 $ 40
Carte de circulation annuelle (boys). . . . 0 20
Carte de fille publique, par trimestre. . . 1 50

§ 3. — TAXES DE FOURRIÈRE

Buffles, bœufs, chèvres (par tête et par jour) 0 $ 20
Chevaux. 0 25
Chiens, moutons 0 15

Cochons. . . . . 0 $ 10
Volatilles (par panier et par jour). 0 05
Sampans (par unité et par jour). 0 15
Voitures, charrettes, pousse-pousse (par unité et par jour) 0 30

Marchandises diverses

1/2 mètre cube et au-dessous, par jour . 0 $ 50
Au-dessus de 1/2 mètre cube et jusqu'à 1 mètre cube par jour 0 10
Au-dessus de 1 mètre cube, par mètre cube et par jour. 0 15

ART. 3. — AMENDES DE SIMPLE POLICE

Les habitants qui enfreindraient les règlements de police et de voirie et ne se mettraient pas en règle vis-à-vis de la caisse municipale en ce qui concerne le paiement des taxes urbaines prévues aux paragraphes qui précèdent, seront passibles d'amendes qui devront être payées dans les vingt-quatre heures qui suivront leur notification aux intéressés, et ce entre les mains du receveur municipal, sous peine de les voir porter au double en cas de retard dépassant ce délai.

Le montant des amendes sera du triple de la taxe pour toute infraction aux dispositions de l'article 2.

Art. 4. — Toutes les contraventions aux dispositions des arrêtés du 8 novembre 1892 précité, du présent arrêté et des arrêtés de police locale pris par le Résident, seront poursuivies et punies conformément à la loi, par la juridiction compétente française ou indigène.

Art. 5. — Le Résident supérieur du Tonkin est chargé de l'exécution du présent arrêté. — CHAVASSIEUX.

---

4. — 3 juillet 1894. — ARRÊTÉ *portant modification aux taxes spéciales dont la perception est autorisée pour certaines villes du Tonkin.*

Article premier. — Sont abrogées :
1° Les dispositions de l'article 3 du 30 juin 1890, concernant la ville de Nam-dinh ;
2° Les dispositions de l'article 4 des arrêtés du 8 novembre 1892, concernant les villes de Son tay, Bac-ninh, Haïduong ;
3° Les dispositions de l'art. 3 de l'arrêté du 10 février 1893, concernant la ville de Pha-lang-Thuong.

Art. 2. — Les rôles établis pour la perception des taxes personnelles sur les asiatiques étrangers, prévues au budget urbain de l'exercice 1894, devront faire l'objet d'ordonnances de dégrèvement, et les sommes déjà perçues à ce titre seront remboursées aux intéressés.

Art. 3. — Le Résident supérieur du Tonkin et le Trésorier-payeur sont chargés, chacun en ce qui le concerne, de l'exécution du présent arrêté. — CHAVASSIEUX.

VOY. : Budget ; — Impôts (8° section) ; — Police.

BACS ET MARCHÉS

1. — 20 août 1888. — CIRCULAIRE *au sujet de la ferme des bacs.*

Mon attention a été attirée sur la façon regrettable dont sont appliquées les prescriptions de l'arrêté sur la ferme des bacs.

Certains sous-fermiers non-seulement perçoivent des redevances plus élevées que celles auxquelles leur donne droit l'arrêté, mais encore font payer les propriétaires de barques et les individus qui passent l'eau par quelque moyen que ce soit, à des distances souvent très éloignées du point sur lequel s'exerce leur privilège. Cet état de choses est absolument contraire aux prescriptions générales des cahiers des charges, ceux-là seuls qui recourent aux offices des passeurs, devant acquitter les droits.

Il y a lieu de veiller simplement à ce qu'aucun bac particulier ne s'établisse à moins de 2 kilomètres en amont ou en aval du point où fonctionne le bac public, mais il est bien entendu que tout propriétaire de barque peut s'en servir pour son usage personnel et celui de sa famille et de ses domestiques.

Quant aux prix de passage, ils doivent être les mêmes pour tous, et ne pas être, ainsi que cela se pratique actuellement, laissés à l'appréciation ou au bon vouloir des sous-fermiers.

J'appelle tout particulièrement votre attention sur cette situation, d'autant plus déplorable qu'elle frappe la classe pauvre, et qui m'a été signalée comme une des principales causes de mécontentement qui se manifeste actuellement dans la population.

Je vous prie, en conséquence, de vouloir bien rappeler tous les sous-fermiers à la stricte exécution des clauses et conditions des cahiers des charges et appliquer, avec la plus grande sévérité, les pénalités qui y sont énumérées; vous ne devez pas hésiter, au besoin, à me proposer la résiliation quand il y aura lieu.

Si quelques modifications aux cahiers des charges vous paraissent nécessaires, je vous serai obligé de vouloir bien me les faire connaître, ainsi que toutes les mesures que vous jugerez utiles pour faire cesser les exactions et les abus dont la population se plaint avec juste raison. — E. PARREAU.

2. — 21 novembre 1880. — CIRCULAIRE *au sujet des bacs et des marchés.*

Le régime actuel des bacs a soulevé de nombreuses réclamations émanant de toutes les provinces.

Partout, on reproche aux fermiers ou à leurs agents des perceptions illicites, des exigences vexatoires qui ont rendu ce monopole impopulaire au premier chef.

Tous les contrats devant expirer au commencement de l'année prochaine, le moment me semble favorable de rechercher s'il est possible, sans porter une atteinte sensible aux intérêts budgétaires du Protectorat, de donner, dans une certaine mesure, satisfaction aux légitimes besoins des populations.

Actuellement, l'affermage des bacs, tout entier aux mains des Chinois, ne fait entrer dans nos caisses qu'une somme d'environ 15.000 ₪ qui ne me paraît pas, quelles que soient les nécessités de l'heure présente, compenser les embarras que nous suscite ce monopole concédé à des étrangers.

Délivrer les indigènes de cette servitude que font peser sur eux les Chinois, les faire participer le plus possible, individuellement ou par groupes, à l'exploitation des bacs et des marchés, ces deux éléments essentiels aux besoins de la vie courante chez le peuple tonkinois, me semble une œuvre de nature à faire taire les mécontents et à nous concilier les esprits.

Il me paraît donc indispensable de renoncer au régime des adjudications par provinces, car peu d'annamites sont assez fortunés ou assez audacieux pour tenter une pareille entreprise, et d'adopter, au contraire, un système de fractionnement mettant chaque adjudication à la portée des revenus d'un village ou d'un syndicat de villages.

En conséquence, j'ai décidé qu'à l'avenir tous les bacs de votre province devraient être affermés séparément, et exclusivement à des Annamites.

Ils seront divisés en deux catégories: les bacs d'intérêt général et les bacs ne desservant qu'un ou plusieurs villages.

Pour les bacs de la 1re catégorie, vous pourrez traiter de gré à gré et pour une période déterminée, soit avec les représentants d'une circonscription (canton ou huyen) soit avec un entrepreneur du pays, offrant toutes les garanties de solvabilité désirables quant aux frais de premier établissement et à l'entretien d'un matériel suffisant.

Les bacs de la 2e catégorie seraient affermés seulement au village ou au groupe de villages directement intéressé à leur exploitation.

Dès la réception de la présente circulaire, vous devrez vous entendre avec les autorités indigènes pour amener les villages ou les particuliers à vous faire des offres dont l'ensemble ne devra pas s'écarter sensiblement des redevances actuelles.

Il me paraît difficile de vous tracer des règles précises pour la forme et les conditions des marchés à passer, ces conditions devant être essentiellement variables suivant la situation et l'importance du bac affermé. Je laisse à votre appréciation, en raison de votre connaissance de la province, et des renseignements que vous êtes à même d'obtenir des autorités locales, le soin de déterminer ces conditions tant au point de vue de l'installation et du contrôle que de la redevance à payer.

Vous fixerez des tarifs aussi minimes que possible, et vous aurez à veiller à leur stricte observation.

Dès que le résultat de l'ensemble des offres vous sera connu, vous le sanctionnerez par des conventions individuelles; vous les réunirez ensuite en un seul marché qui sera accepté au nom des parties contractantes par le Tong-doc de la province, ce dernier restant chargé, sous votre contrôle et votre surveillance, d'en assurer la bonne exécution; vous voudrez bien enfin soumettre ce marché à mon approbation. Ce système a déjà été expérimenté dans une province où il semble donner de bons résultats.

Les mêmes prescriptions devront être appliquées à tous les marchés de votre province autres que celui du chef-lieu, avec cette différence qu'ils ne pourront être affermés exclusivement qu'au village sur lequel ils se tiennent. — BRIÈRE.

BAGAGES

1. — 7 avril 1887. — LETTRE MINISTÉRIELLE *relative au poids des bagages qui sera désormais alloué aux fonctionnaires et agents à bord des bâtiments affrétés.*

Le poids des bagages que les passagers peuvent embarquer sur les transports de l'État est, ainsi que vous le savez, de 400 kilog. pour les officiers et assimilés, et de 200 pour les personnes d'un rang inférieur.

En ce qui concerne les vapeurs affrétés, cette quantité ayant été reconnue trop considérable pour les passagers de cette dernière catégorie, j'ai modifié ainsi qu'il suit, le poids des bagages qui sera alloué désormais à bord desdits bâtiments;

Officiers de tous grades et assimilés .	500 kilog.
Adjudants, sergents-majors et assimilés	100 —
Sergents, caporaux, soldats et assimilés	60 —

Toutefois, cette fixation peut être insuffisante, dans certains cas, à l'égard des passagers *civils*, n'ayant pas rang d'officier ; je me réserve d'accorder, s'il y a lieu, à ceux d'entre eux qui solliciteront cette faveur, la faculté d'embarquer jusqu'à 200 kilog. de bagages, le surplus de la quantité règlementaire devant être reçu par le navire, sur connaissement, au titre du chargement.

J'ai l'honneur de vous prier, en conséquence, de vouloir bien proscrire qu'il ne soit fait mention sur les ordres d'embarquement à bord des vapeurs affrétés, émanant de votre département, que des poids susmentionnés, suivant la catégorie à laquelle appartiennent les passagers, et d'inviter ceux qui n'ont pas rang d'officier, à m'adresser sous le timbre *cabinet mouvements*, les demandes *motivées* qu'ils auraient à formuler en vue d'obtenir l'autorisation de charger une plus grande quantité de bagages.

Des ordres d'embarquement mentionnant les quantités précédemment fixées ayant pu, cependant, être déjà délivrés pour les prochains départs de vapeurs affrétés, j'ai invité M. le vice-amiral commandant en chef, préfet maritime à Toulon, à autoriser l'admission à bord du poids de bagages indiqué sur lesdites pièces.

Je saisis l'occasion qui m'est offerte pour vous prier de porter à la connaissance des passagers relevant de votre département que les bagages, tant à bord des transports de l'État que sur les vapeurs affrétés, doivent être divisés en deux lots distincts ; le premier, destiné à être arrimé dans les cales et auquel, en principe, il ne peut être donné accès pendant le voyage ; le deuxième, composé d'une *seule malle*, dite de prévoyance, marquée dans ce but d'un P, et contenant des effets nécessaires pour les besoins de la traversée, en dehors des mêmes objets contenus dans les valises que les passagers ont le droit d'avoir dans leur chambre. — AUBE.

2. — 11 janvier 1889. — CIRCULAIRE MINISTÉRIELLE *au sujet de la régularité à apporter dans l'envoi des colis adressés de l'Indo-Chine à des particuliers.*

Le préfet maritime du 5° arrondissement vient d'appeler mon attention sur le nombre considérable de colis particuliers qui se trouvaient à bord du *Colombo*, lors de son retour à Toulon, et qui ne figurent pas sur les écritures.

Il résulte des renseignements fournis par le souscommissaire délégué à bord de ce vapeur, que la plupart des colis de l'espèce sont embarqués au Tonkin comme en Cochinchine, sans enregistrement préalable et souvent même sans que l'autorisation ait été accordée par l'autorité maritime.

« Beaucoup arrivent, paraît-il, directement à bord, « où ils sont reçus sur le vu d'un permis d'embar-« quer signé du Gouverneur ou d'un haut fonction-« naire. »

Déjà, par dépêche du 19 avril dernier, je vous ai prié de faire apporter la plus grande régularité dans le service des colis de l'espèce ; j'insiste donc de nouveau pour que vous preniez toutes les dispositions nécessaires pour mettre fin aux abus qui me sont signalés.

Je n'ai pas besoin de vous rappeler qu'aucun embarquement de personnel ou de matériel ne doit être fait sans l'autorisation de l'autorité maritime qui doit assurer tout ce service. Les délégués vont, du reste, être invités à signaler aux capitaines de vaisseau en Cochinchine et au Tonkin, toutes les irré-

gularités qui viendraient à se produire, et à prendre leurs ordres chaque fois que cela leur paraîtra nécessaire.

Enfin, en terminant, je vous recommande de faire veiller à ce que, conformément aux prescriptions contenues dans ma dépêche précitée du 19 avril dernier, chaque colis porte, en plus de l'adresse du destinataire, le nom et la qualité du militaire ou du fonctionnaire qui aura été autorisé à faire l'envoi. — KRANTZ.

3. — 14 juin 1892. — CIRCULAIRE *sur le mode de désinfection des bagages des rapatriables par transports ou affrétés.*

Mon attention a été appelée sur le mode actuellement en usage au Tonkin pour la désinfection des bagages des rapatriables par les transports de l'État ou les affrétés.

A l'exception des bagages des passagers rapatriés par l'hôpital de Hanoï, tous les colis personnels sont fumigés, à Haïphong, l'avant-veille du départ du bâtiment qui doit les emporter ; mais il arrive souvent que des bagages parviennent à Haïphong en retard. Il faut, alors, ou les embarquer sans les désinfecter, en rendant ainsi illusoire la précaution prise pour les autres bagages, ou bien il faut les soumettre à une fumigation spéciale, ce qui cause un nouveau dérangement au service pharmaceutique.

Pour obvier à ces inconvénients, j'ai arrêté les dispositions suivantes :

D'ordinaire, les bagages des rapatriés en santé devront parvenir à Haïphong trois jours au moins avant le départ du transport ou de l'affrété, pour être soumis dans ce port aux opérations de désinfection qui sont exigées préalablement à l'embarquement.

Il sera loisible aux passagers de la catégorie ci-dessus de faire porter leurs bagages à l'hôpital de Hanoï pour être soumis à la fumigation en même temps que les bagages des malades rapatriés. Cette désinfection est faite trois jours avant le départ de Hanoï.

Je vous prie de vouloir bien faire donner communication au personnel sous vos ordres des dispositions qui précèdent, applicables à partir du 1er juillet 1892. — CHAVASSIEUX.

Voy.: **Passages gratuits** ; — **Voyages**.

BANDES DE PIRATES. — Voy.: Pirates, Piraterie.

BANQUE DE L'INDO-CHINE

1. — 21 janvier 1875. — DÉCRET *instituant la Banque de l'Indo-Chine et approuvant les statuts de cet établissement.*

Article premier. — Une banque d'émission, de prêt et d'escompte est instituée pour les colonies de la Cochinchine et de l'Inde française, sous la dénomination de Banque de l'Indo-Chine.

Art. 2. — Le privilège de cette Banque est concédé à une société d'actionnaires constituée sous le nom de Banque de l'Indo-Chine, à charge par elle de se conformer aux statuts annexés au présent décret.

Art. 3. — La durée du privilège est fixée à vingt ans à partir de ce jour.

Art. 4. — Tous les droits et privilèges en matières de prêts sur récoltes et de prêts sur marchandises, édictés par la loi du 24 juin 1874, au profit des

Banques coloniales, sont conférés à la Banque de l'Indo-Chine.

Art. 5. — La Commission de surveillance des Banques coloniales exerce, à l'égard de la Banque de l'Indo-Chine, les droits et attributions énoncés en la loi précitée.

Art. 6. — Les Ministres de la marine et des colonies et des finances demeurent chargés, chacun en ce qui le concerne, de l'exécution du présent décret, qui sera inséré au *Bulletin des Lois* et au *Bulletin officiel de la Marine*. — Maréchal DE MAC-MAHON.

2. — 20 février 1888. — DÉCRET *de prorogation et d'extension du privilège de la Banque de l'Indo-Chine, portant modification aux statuts.*

Article premier. — Dans les six mois à compter de la date du présent décret, la *Banque de l'Indo-Chine* devra créer une succursale à Nouméa.

La Banque sera tenue, en outre, sur la demande du Ministre de la marine et des colonies, la commission de surveillance des banques coloniales entendue, d'établir des agences au Cambodge, en Annam et au Tonkin, et des succursales ou des agences à Nossi-bé, Mayotte et dépendances, et dans les établissements français de l'Océanie.

Les succursales sont établies par décrets rendus sur la proposition des Ministres de la marine et des colonies et des finances.

Les agences sont créées en vertu d'arrêtés du Ministre de la marine et des colonies.

La Banque sera également tenue, sur la demande du Ministre de la marine et des colonies, la commission de surveillance des banques coloniales entendue, d'établir des agences dans les ports de la Chine, du Japon, de la mer des Indes et de l'Océan Pacifique qui lui seront désignés.

L'établissement de ces agences sera autorisé par arrêté du Ministre de la marine et des colonies, après avis conforme du Ministre des affaires étrangères.

Art. 2. — Le privilège concédé à la *Banque de l'Indo-Chine* par le décret du 21 janvier 1875, pour les colonies de la Cochinchine et de l'Inde française, est étendu à la Nouvelle-Calédonie et aux protectorats du Cambodge, de l'Annam et du Tonkin, aux conditions du présent décret, et à la charge par la Banque de se conformer à ses statuts.

Son privilège sera également étendu aux autres colonies mentionnées à l'article 1er, à dater de l'établissement de succursales dans ces colonies.

Art. 3. — Dans les pays soumis à la souveraineté de la France et auxquels s'étend le privilège de la Banque, les billets de cet établissement auront cours aux conditions déterminées par l'article 15 des statuts.

Le cours légal pourra également leur être accordé dans les pays de protectorat, par des arrêtés du Ministre de la marine et des colonies, après avis conforme du Ministre des affaires étrangères.

Art. 4. — La Banque devra, sur la demande du Ministre de la marine et des colonies, à des conditions qui seront déterminées d'un commun accord, se charger du service de trésorerie dans les pays où sont établies ses succursales ou agences.

Art. 5. — La durée du privilège de la *Banque de l'Indo-Chine* est prorogée de dix ans à compter du 21 janvier 1895.

Art. 6. — Les articles 2, 15, 16, 17, 18, 20, 24, 46, 54, 62 et 65 des statuts approuvés par le décret du 21 janvier 1875, sont modifiés conformément au texte ci-annexé.

Art. 7. — Les Ministres de la marine et des colonies, des affaires étrangères et des finances sont chargés, chacun en ce qui le concerne, de l'exécution du présent décret, qui sera inséré au *Bulletin des Lois*, au *Journal officiel de la République française* et au *Bulletin officiel* de l'administration des colonies. — CARNOT.

STATUTS *de la Banque de l'Indo-Chine, annexés au décret du 21 janvier 1875, et modifiés par décret du 20 février 1888.*

TITRE PREMIER

Constitution de la Banque et nature des opérations qui lui sont attribuées

SECTION PREMIÈRE

Constitution, durée et siège de la Société

Article premier. — La Banque de l'Indo-Chine est constituée en société anonyme. La société se compose de tous les porteurs d'actions. Chaque sociétaire n'est responsable des engagements de la société que jusqu'à concurrence de sa part dans le fonds social.

Le siège de la société est établi à Paris. Sa durée est prorogée de dix ans à partir du 21 janvier 1895.

Des succursales sont instituées à Saïgon, Pondichéry, Haïphong et Nouméa. La Banque sera tenue, sur la demande du Ministre de la Marine et des Colonies, la commission de surveillance des Banques coloniales entendue, d'établir des agences au Cambodge, en Annam et au Tonkin et des succursales ou des agences à Nossi-Bé, Mayotte et dépendances, et dans les établissements français de l'Océanie.

Elle sera également tenue, sous les mêmes conditions, d'établir des agences dans les ports de Chine, du Japon, de la mer des Indes et de l'Océan Pacifique qui lui seront désignés.

SECTION II

Capital des actions

Art. 3. — Le capital social est fixé à la somme de huit millions de francs, divisée en seize mille actions de cinq cents francs chacune. Ce fonds social pourra être augmenté par décision de l'assemblée générale, approuvée par le Ministre de la marine et des colonies.

Dans ce cas, les porteurs des actions de la première émission auront toujours un droit de préférence pour la souscription des actions nouvelles.

Un premier versement de 125 francs par action a été effectué préalablement au décret constitutif de la société. Un second versement de 125 francs par action sera exigible deux mois après l'avis qui en sera donné par le conseil d'administration.

S'il juge que le développement des affaires ou toute autre cause l'exige, le Ministre de la Marine et des Colonies aura le droit de requérir ce versement.

L'époque du versement intégral ou partiel des 250 francs nécessaires pour libérer complètement les actions sera fixée par le conseil d'administration.

Les actions sont nominatives jusqu'à leur entière libération ; elles sont extraites d'un registre à souche, et le titre détaché porte les signatures de deux administrateurs.

Toutefois, le premier versement de 125 francs par action ne sera constaté que par la délivrance d'un récépissé provisoire.

Art. 4. — Le conseil d'administration peut ordonner la vente des actions sur lesquelles les versements exigibles n'ont pas été effectués.

Cette vente est faite dix jours après l'insertion d'un avis s'adressant aux actionnaires en retard, dans deux journaux à Paris, désignés pour la publication des actes de société.

Elle a lieu à la Bourse de Paris, par le ministère d'un agent de change, aux risques et périls de l'actionnaire en retard, sans qu'il soit besoin d'autorisation judiciaire ni de mise en demeure préalable.

Les titres ainsi vendus deviennent nuls dans les mains du détenteur, et il en est délivré de nouveaux aux acquéreurs, sous les mêmes numéros.

Les mesures autorisées par le présent article ne font point obstacle à l'exercice simultané par la société des moyens ordinaires de droit contre le souscripteur.

Si le produit de la vente laisse un excédent disponible après acquittement du versement en retard, cet excédent appartient à l'actionnaire primitif.

Art. 5. — Toute action sur laquelle les versements exigibles n'ont pas été opérés cesse d'être négociable.

Tout versement en retard porte intérêt de plein droit en faveur de la société, à raison de 6 0/0 par an, à compter du jour de l'échéance, sans demande en justice.

Art. 6. — Les titres portent le timbre de la Société.

Ils sont, au choix de l'actionnaire, nominatifs ou au porteur, mais seulement après entière libération.

Art. 7. — La transmission des titres nominatifs s'opère par un transfert dont la forme est réglée par le conseil d'administration.

Les actions au porteur se transmettent par simple tradition.

Art. 8. — Toute action est indivisible.

La Société ne reconnaît qu'un propriétaire par action.

Art. 9. — Les droits attachés à l'action suivent le titre en quelques mains qu'il passe.

Art. 10. — La possession d'une action emporte de plein droit adhésion aux statuts de la société et aux décisions de l'assemblée générale.

Art. 11. — Chaque action donne droit, dans la propriété de l'actif et dans le partage des bénéfices, à une part proportionnelle au nombre des actions émises.

Art. 12. — Les dividendes de toute action, soit nominative, soit au porteur, sont valablement payés au porteur du titre.

Art. 13. — Les héritiers, représentants ou créanciers d'un actionnaire ne peuvent, sous quelque prétexte que ce soit, provoquer l'apposition des scellés sur les biens et valeurs de la société, en demander le partage ou la licitation, ni s'immiscer en aucune manière dans son administration.

SECTION III
Opérations de la Banque

Art. 14. — La Banque ne peut, en aucun cas et sous aucun prétexte, faire d'autres opérations que celles qui lui sont permises par les présents statuts.

Art. 15. — Les opérations de la Banque doivent avoir pour unique objet les opérations financières se rattachant aux pays dans lesquels elle possède des établissements.

Elles consistent, dans ces pays:

1° A émettre, à l'exclusion de tous autres établissements, des billets au porteur. Ces billets seront de 1.000 francs, de 500 francs, de 100 francs, de 20 francs et de 5 francs.

Toutefois, par disposition transitoire, approuvée par le Ministre de la Marine et des Colonies, les billets pourront, dans chaque pays, être formulés en monnaie locale pour des valeurs correspondant aux coupures ci-dessus.

Les billets de la Banque seront remboursables à vue par la succursale qui les aura émis. Toutefois, les coupures de 5 francs ne seront remboursables que par groupe de 25 francs.

Les coupures de 5 francs ne seront émises qu'avec l'autorisation du Ministre de la Marine et des Colonies, après avis du Ministre des Finances. Dans les pays soumis à la souveraineté de la France, et auxquels s'étend le privilège de la Banque, ces billets seront reçus comme monnaie légale dans la circonscription de la succursale où ils sont payables.

Le cours légal pourra également leur être accordé dans les pays de protectorat par des arrêtés du Ministre de la Marine et des Colonies, après avis conforme du Ministre des Affaires étrangères.

2° A escompter les billets à ordre ou effets de place, à deux ou plusieurs signatures notoirement solvables, et dont l'échéance ne doit pas dépasser cent-vingt jours; à consentir dans les mêmes conditions des avances en compte-courant, sans que la durée de ces prêts puisse excéder six-mois.

3° A créer, à négocier, à escompter ou acheter des traites, mandats ou chèques directs ou à ordre sur la colonie, la métropole ou l'étranger. L'échéance de ces traites ou mandats, si elle est déterminée, ne devra pas excéder cent-vingt jours, et si elle est indéterminée, quatre-vingt-dix jours de vue pour les valeurs ayant cause locale et cent quatre-vingts jours de vue pour celles qui reposent sur des opérations lointaines.

4° A escompter des obligations négociables ou non négociables garanties :

a. Par des warrants ou des récépissés de marchandises déposées, soit dans les magasins publics, soit dans les magasins particuliers, dont les clefs ont été régulièrement remises à la Banque, soit dans les magasins appartenant à la Banque;

b. Par des cessions de récoltes pendantes;

c. Par des connaissements à ordre et régulièrement endossés et accompagnés des documents d'assurance d'usage; à l'arrivée du navire, les connaissements pourront être convertis en warrants ou récépissés de tout ou partie des cargaisons, sous les conditions de dépôt ci-dessus stipulées;

d. Par des nantissements réguliers consistant en valeurs françaises sur lesquelles la Banque de France fait des avances, ou en valeurs créées ou garanties par les gouvernements ou les municipalités des pays dans lesquels les succursales ou les agences sont établies;

e. Par des dépôts de lingots, de monnaies ou de matières d'or, d'argent ou de cuivre;

f. Par des hypothèques maritimes constituées sur des navires français ou francisés dans les pays où sera mise en vigueur la législation française sur l'hypothèque maritime.

5° A acheter et à vendre des matières d'or, d'argent ou de cuivre;

6° A recevoir le dépôt volontaire de toutes sommes en compte-courant, avec ou sans intérêt, de tous titres, lingots, monnaies et matières d'or, d'argent ou de cuivre. Le total des dépôts portant intérêt ne pourra dépasser le montant du capital versé. — Le taux alloué pour cette nature de dépôts ne pourra jamais excéder moitié du taux adopté pour les escomptes, sans que, dans aucun cas, cet intérêt puisse être supérieur à 5 % l'an, sauf dans le cas où le dépôt proviendrait de la caisse de réserve d'une colonie.

Les opérations consistent aussi, à Paris et dans les succursales et agences :

1° A se charger, pour le compte des particuliers ou pour celui des établissements publics, de l'encaissement et du recouvrement des effets qui lui sont remis, et à payer tous mandats et assignations ;

2° A recevoir, avec l'autorisation du Ministre de la Marine ou des Gouverneurs des colonies, les produits des souscriptions publiques ouvertes, soit dans les colonies, soit dans la métropole ;

3° A émettre des billets à ordre et des traites ou mandats ;

4° A délivrer, contre garantie, des lettres de garantie ;

5° A faire escompter en France ou à l'étranger, pour son compte, des traites ou mandats à deux signatures ou garantis par des connaissements à ordre dûment endossés et accompagnés des documents d'assurance d'usage ;

6° A faire acheter en France ou à l'étranger des matières ou monnaies d'or, d'argent ou de cuivre.

Art. 16. — L'une des signatures exigées, aux termes de l'article précédent, peut être suppléée, s'il s'agit d'effets de place ou d'obligations non négociables, soit par un dépôt de titres mobiliers mentionnés à l'article 15, soit par la remise d'un warrant, récépissé ou acte de dépôt de marchandises, soit par la cession d'une récolte pendante, aux conditions qui sont ci-après déterminées, soit par un dépôt de lingots, monnaies, matières d'or, d'argent ou de cuivre, soit par un transfert régulier de toutes créances sur les gouvernements coloniaux, à condition qu'elles soient liquides ou acceptées, soit par un transfert régulier de créances dues par les municipalités légalement autorisées par le Gouvernement colonial ou l'administration du protectorat; s'il s'agit de traites ou de mandats, par un connaissement spécial de marchandises, auquel cas le nombre des usances n'est pas limité.

La deuxième signature de la traite peut être également suppléée par une déclaration d'acceptation anticipée, envoyée par le tiré à la Banque, ou par la notification à la Banque d'un crédit ouvert par le tiré au tireur.

Art. 17. — Des règlements intérieurs arrêtés par le conseil d'administration, détermineront pour quelle quotité et pour quelle valeur les objets ou titres destinés à suppléer l'une des signatures statutaires prescrites pour les billets, traites ou obligations escomptés par la Banque, pourront être acceptés par elle. La proportion ne peut excéder les prix courants dressés par les courtiers ou par les chambres de commerce, s'il s'agit de marchandises déposées ou chargées;

La valeur intégrale s'il s'agit de monnaie d'or et d'argent ou de lingots ;

La valeur d'après le poids et le titre, s'il s'agit de matières d'or et d'argent ;

Le tiers de la valeur de la récolte ;

Les quatre cinquièmes de la valeur des titres indiqués par la dernière cote officielle connue dans la colonie, s'il s'agit de rentes sur l'État, ou de valeurs garanties par les Gouvernements ou les municipalités des pays où la Banque a des succursales ou agences, et les trois cinquièmes s'il s'agit d'autres valeurs françaises autorisées.

Les marchandises déposées ou chargées sont assurées par les soins de la Banque, à moins qu'elles

ne l'aient été préalablement par une compagnie d'assurances agréée par elle.

Art. 18. — Les divers effets escomptés par la Banque devront être timbrés, si la législation du timbre est appliquée dans les pays où elle possède des établissements.

La Banque refuse d'escompter les effets dits de circulation créés illusoirement entre les signataires, sans cause ni valeur réelles.

Art. 19. — La Banque ne peut fournir des traites ou mandats que lorsque la provision en a été préalablement faite.

Est considérée comme provision l'existence totale ou partielle du capital social et de la réserve en France, ou le crédit ouvert par un établissement de crédit de la métropole désigné par le Ministre de la Marine et des Colonies, la commission de surveillance entendue.

Art. 20. — La Banque peut consentir des prêts sur récoltes soit aux individus, soit aux collectivités agricoles ayant qualité de personne civile, dans les conditions prescrites par la loi du 24 juin 1874.

Lorsque ces prêts auront lieu avec le concours ou la garantie de l'administration locale, ils seront effectués dans les formes et conditions établies d'un commun accord par ladite administration et la Banque.

Art. 21. — Les obligations non négociables appuyées d'une cession de récoltes, et donnant lieu à l'ouverture d'un compte courant, peuvent être, à l'échéance, prorogées jusqu'à l'achèvement de la récolte cédée.

La Banque peut stipuler que les denrées provenant de la récolte sont, au fur et à mesure de sa réalisation, versées dans les magasins de dépôts désignés à cet effet, conformément aux prescriptions de la loi, et ce, de manière à convertir le prêt sur cession de récolte en prêt sur nantissement.

Art. 22. — Les entrepôts de douane, les magasins appartenant à la Banque, et tous autres magasins désignés à cet effet par le Gouverneur en conseil privé, sont considérés comme magasins publics, où peuvent être déposées les marchandises affectées à des nantissements couvrant complémentairement les effets du portefeuille de la Banque. La marchandise est représentée par un récépissé ou warrant qui peut être transporté par voie d'endossement; en outre, la remise à la Banque des clefs d'un magasin particulier est suffisante pour effectuer la tradition légale du gage y déposé, lorsque cette remise est régulièrement constatée, au moment de la négociation, par un récépissé du directeur de l'agence, visé par le conseur administratif.

Art. 23. — A défaut de remboursement à l'échéance des sommes prêtées, la Banque est autorisée, huitaine après une simple mise en demeure, à faire vendre aux enchères, par tous officiers publics, nonobstant toute opposition, soit les marchandises, soit les matières d'or et d'argent données en nantissement, soit les récoltes cédées ou leur produit, soit les titres mobiliers donnés en garantie, sans préjudice des autres poursuites qui peuvent être exercées contre les débiteurs, jusqu'à entier remboursement des sommes prêtées, en capital, intérêts et frais.

Art. 24. — Tous actes ayant pour objet de constituer des nantissements par voie d'engagement, de cession de récoltes, de transport ou autrement, au profit de la Banque, et d'établir ses droits comme créancier, sont enregistrés au droit fixe, que le nantissement soit une garantie spécifiée par les statuts ou une garantie supplémentaire.

Art. 25. — Les souscripteurs, accepteurs, endosseurs ou donneurs d'aval des effets souscrits en faveur de la Banque, ou négociés à cet établissement sont justiciables des tribunaux de commerce, à raison de ces engagements et des nantissements ou autres sûretés y relatifs.

Art. 26. — Lorsque le payement d'un effet a été garanti par l'une des valeurs énoncées en l'article 15, la Banque peut, huit jours après le protêt ou après une simple mise en demeure, faire vendre les marchandises ou les valeurs pour se couvrir jusqu'à due concurrence; s'il s'agit de récoltes pendantes, la Banque a le choix de procéder à la vente sur pied ou de se faire envoyer en possesion pour fabrication.

Art. 27. — Si les obligations ou effets garantis par l'une des valeurs énoncées au quatrième alinéa de l'article 15 ne sont pas à ordre, le débiteur a le droit d'anticiper sa libération, et il lui est fait remise des intérêts à raison du temps à courir jusqu'à l'échéance.

Art. 28. — Les garanties additionnelles données à la Banque ne font pas obstacle aux poursuites contre les signataires des effets; ces poursuites peuvent être continuées concurremment avec celles qui ont pour objet la réalisation des garanties spéciales constituées au profit de la Banque, jusqu'à l'entier remboursement des sommes avancées en capital, intérêts et frais.

Art. 29. — L'escompte est perçu à raison du nombre de jours à courir, et même d'un seul jour. Pour les effets payables à plusieurs jours de vue, l'escompte est calculé sur le nombre de jours de vue, et si ces effets sont payables soit hors du lieu où ils sont présentés à l'escompte, soit même hors de la colonie, le nombre de jours de vue est augmenté d'un délai calculé d'après les distances.

Art. 30. — Aucune opposition n'est admise sur les fonds déposés en compte courant à la Banque, ni sur les crédits ouverts par elle et résultant d'une opération sur cession de récolte faite dans les conditions ci-dessus déterminées.

Art. 31. — La Banque détermine par un règlement intérieur, les conditions à remplir pour l'ouverture de comptes d'escompte et de comptes courants.

Art. 32. — La Banque fournit des récépissés des dépôts volontaires qui lui sont faits : le récépissé exprime la nature et la valeur des objets déposés, le nom et la demeure du déposant, la date du jour où le dépôt a été fait et celui où il peut être retiré, enfin le numéro du registre d'inscription.

Le récépissé n'est point à ordre et ne peut être transmis par voie d'endossement.

La Banque perçoit immédiatement, sur la valeur des dépôts sur lesquels il n'a pas été fait d'avances, un droit de garde dont la quotité est fixée par les règlements intérieurs.

Lorsque, sur la demande du déposant, les avances lui sont faites avant l'époque fixée pour le retrait du dépôt, le droit de garde perçu reste acquis à la Banque.

Art. 33. — Le montant des billets en circulation ne peut, en aucun cas, excéder le triple de l'encaisse métallique.

Le montant cumulé des billets en circulation, des comptes courants et des autres dettes de la Banque, ne peut excéder le triple du capital social et des réserves, à moins que la contre-valeur des comptes courants et des autres dettes ne soit représentée par du numéraire venant en augmentation de l'encaisse métallique.

Le type des billets à vue et au porteur créés par la Banque devra être préalablement approuvé par M. le Ministre de la Marine et des Colonies.

Les instruments de fabrication demeureront confiés à la garde de la Banque de France.

Art. 34. — La Banque publie, tous les mois, sa situation dans le *Journal officiel*, à Paris.

Chaque succursale publie également sa situation mensuelle dans le journal de la colonie désigné à cet effet par le Gouverneur.

SECTION IV
Dividende et fonds de réserve

Art. 35. — Tous les six mois, à l'époque du 30 juin et du 31 décembre, les livres et comptes sont arrêtés et balancés; le résultat des opérations de la Banque est établi.

Il est fait, sur les bénéfices nets et réalisés pendant le semestre, un prélèvement de 1/2 % du capital versé.

Ce prélèvement est employé à former un fonds de réserve.

Un premier dividende, équivalant à 6 % par an du capital versé, est ensuite distribué aux actions.

Art. 36. — Ces déductions faites, le surplus des bénéfices se partage de la manière suivante :

10 % à un fonds de prévoyance ;
10 % au Conseil d'administration ;
80 % aux actions, comme second dividende.

Dans le cas où l'insuffisance des bénéfices ne permet pas de distribuer aux actionnaires un dividende de 6 % par an sur le capital versé, le dividende peut être augmenté jusqu'au maximum de 6 % par un prélèvement sur le fonds de prévoyance.

Néanmoins, aucune de ces répartitions ne peut être faite sans l'approbation du Ministre de la Marine et des Colonies.

Art. 37. — Tous les dividendes qui ne sont pas réclamés dans les cinq années de l'exigibilité sont prescrits au profit de la société.

Art. 38. — Les dividendes sont payés aussitôt après l'approbation mentionnée en l'article 36, aux caisses de la Banque, à Paris et dans les succursales.

TITRE II
Administration de la Banque
SECTION PREMIÈRE
Assemblée générale

Art. 39. — L'assemblée générale, régulièrement constituée, représente l'universalité des actionnaires.

Elle se compose des cent actionnaires qui, d'après les registres de la Banque, sont, depuis six mois révolus, propriétaires du plus grand nombre d'actions. En cas de parité dans le nombre des actions, l'actionnaire le plus anciennement inscrit est préféré ; s'il y a aussi parité de date d'inscription, c'est l'actionnaire le plus âgé qui obtient la préférence.

Toutefois, nul actionnaire non Français ne peut faire partie de l'assemblée générale, s'il n'a son domicile, depuis cinq ans au moins, en France ou dans une colonie française.

Il est délivré, en échange des actions déposées

pour assister à l'assemblée générale, un récépissé nominatif qui sert de carte d'entrée.

Il est dressé une liste des actionnaires ayant déposé leurs actions; elle contient les noms et domiciles des actionnaires, le nombre d'actions dont chacun d'eux est porteur. Cette liste est tenue à la disposition de tous les actionnaires qui veulent en prendre connaissance. Le jour de l'assemblée, elle est placée sur le bureau.

La feuille de présence est certifiée par le bureau de l'assemblée; elle est déposée au siège social et doit être communiquée à tout requérant.

Art. 40. — Nul ne peut se faire représenter à l'assemblée que par un mandataire membre de l'assemblée.

Art. 41. — Les délibérations sont prises à la majorité des voix des membres présents.

Dix actions donnent droit à une voix, sans que la même personne puisse réunir plus de dix voix, tant en son nom que comme mandataire.

Art. 42. — L'assemblée générale se réunit de droit chaque année, au mois de mai, au siège de la société ou au lieu indiqué par les avis de convocation. Elle est convoquée par le conseil d'administration et présidée par le président du conseil, à son défaut par le vice-président ou un administrateur désigné par ses collègues.

Art. 43. — L'assemblée générale entend le rapport du conseil d'administration sur la situation des affaires sociales et sur les questions à l'ordre du jour.

Elle discute, approuve ou rejette les comptes;

Elle fixe les dividendes à répartir, conformément aux articles 35 et 36 des statuts;

Elle nomme les administrateurs, sur la présentation du conseil d'administration;

Elle délibère sur toutes les questions qui lui sont soumises par le conseil, et notamment sur l'augmentation du fonds social, sur l'extension à donner aux affaires de la société, sur les modifications à apporter aux statuts, sur la prolongation ou la dissolution anticipée de la société, et généralement sur toutes les propositions prévues et non prévues par les statuts.

Les nominations ont lieu par bulletin secret, si la demande en est faite, et à la majorité absolue des suffrages des membres présents.

Après deux tours de scrutin, s'il ne s'est pas formé de majorité absolue, l'assemblée procède au scrutin de ballottage entre les deux candidats qui ont réuni le plus de voix au second tour.

Lorsqu'il y a égalité de voix au scrutin de ballottage, le plus âgé est élu.

Les fonctions de scrutateurs sont remplies par les deux plus forts actionnaires présents, et à leur refus, par ceux qui les suivent, par ordre d'inscription. Le bureau désigne le secrétaire.

Art. 44. — Les délibérations de l'assemblée générale ne sont valables dans une première réunion qu'autant que vingt membres au moins, présents ou représentés, y ont participé, réunissant dans leurs mains le quart des actions émises.

Dans le cas où ce nombre et cette proportion ne seraient pas atteints, il est fait une deuxième convocation, à quinze jours d'intervalle au moins, et les membres présents à cette nouvelle réunion peuvent délibérer valablement, quel que soit leur nombre, mais seulement sur les objets qui ont été mis à l'ordre du jour de la première réunion.

Art. 45. — L'assemblée générale peut être convoquée extraordinairement toutes les fois que le conseil d'administration en reconnaîtra la nécessité.

L'assemblée générale doit être convoquée extraordinairement :

1° Lorsque les actionnaires, réunissant ensemble le tiers au moins des actions, en ont adressé par écrit, au conseil d'administration, la demande motivée, auquel cas la convocation de l'assemblée devra avoir lieu dans un délai de deux mois;

2° Dans le cas où les pertes résultant des opérations de la Banque réduiraient le capital de moitié.

Art. 46. — Les convocations ordinaires et extraordinaires sont faites par lettres individuelles adressées aux actionnaires, membres de l'assemblée générale, aux domiciles par eux indiqués sur les registres de la Banque et par un avis inséré, quinze jours au moins avant la réunion, dans les deux journaux de Paris désignés pour la publication des actes de société.

Les lettres et l'avis doivent contenir l'indication sommaire de l'objet de la convocation. Tout actionnaire qui veut soumettre une proposition à l'assemblée générale doit l'adresser cinq jours à l'avance au conseil d'administration, qui décide s'il y a lieu de la porter à l'ordre du jour. Aucune autre question que celles inscrites à l'ordre du jour arrêté par le conseil d'administration, et consignées dans le registre de ses délibérations, ne peut être mise en délibération. Huit jours avant la réunion, un résumé de la situation de la Banque sera tenu à la disposition des actionnaires au siège de la société.

Art. 47. — Les assemblées générales appelées à délibérer sur les modifications aux statuts, ou sur des propositions de continuation de la société au delà du terme fixé pour sa durée, ou de dissolution avant ce terme, ne sont régulièrement constituées et ne délibèrent valablement qu'autant qu'elles sont composées d'un nombre d'actionnaires représentant au moins la moitié du capital social. Les avis de convocation indiquent sommairement l'objet de la réunion. Toutefois, si une seconde assemblée est convoquée dans les termes de l'art. 45, elle délibère valablement, quel que soit le nombre des actionnaires présents ou représentés.

Art. 48. — Les délibérations des assemblées, prises conformément aux statuts, obligent tous les actionnaires, même ceux absents ou dissidents.

Les délibérations sont constatées par des procès-verbaux inscrits sur un registre spécial, et signés par le président, un scrutateur et le secrétaire. Ce registre reste au siège de la société. Une feuille de présence destinée à constater le nombre des membres assistant à l'assemblée et celui de leurs actions, demeure annexée à la minute du procès-verbal; elle est revêtue des mêmes signatures.

Art. 49. — Les justifications à faire vis-à-vis des tiers, des délibérations de l'assemblée générale, résultent des copies ou extraits certifiés par le président du conseil d'administration.

SECTION II

Administration, direction et surveillance.

Art. 50. — La Banque est administrée par un conseil d'administration, composé de huit membres au moins et de quinze membres au plus. Les administrateurs sont nommés par l'assemblée générale des actionnaires et sur la proposition du conseil.

Le conseil d'administration est assisté du commissaire du Gouvernement.

Art. 51. — Par dérogation, et jusqu'à l'assemblée

générale ordinaire de mai 1876, le conseil reste composé de :

MM. HENTSCH, de la maison Hentsch, Lutscher et Cⁱᵉ, Président du Conseil d'administration du Comptoir d'escompte, Président ;

DUBRIEU, ancien receveur général, Vice-président de la Société générale de Crédit industriel et commercial, Vice-Président ;

GIROD, Directeur du Comptoir d'escompte ;

DARU (Vᵗᵉ Paul), ancien député, Président de la Société financière de Paris, Administrateur de la Société de Dépôts et Comptes courants ;

ALLARD, de la maison Allard de Paris et Bruxelles ;

DELESSERT (Édouard), Administrateur de la Cⁱᵉ des Messageries maritimes ;

AUBRY (Félix), ancien juge au Tribunal de commerce de la Seine, membre de la Chambre de commerce, Administrateur de la Société de Crédit Industriel et commercial ;

GILLET fils aîné, banquier, Administrateur du Comptoir d'escompte ;

PRÉVOST (A.), de la maison Jennil et Prévost, raffineurs, Administrateur du Comptoir d'escompte.

Lors de la réunion de l'assemblée générale annuelle de mai 1876, le conseil d'administration sera renouvelé en entier.

Les administrateurs seront ensuite nommés pour cinq ans et renouvelables, à raison de deux membres chaque année.

Le sort détermine l'ordre de sortie des administrateurs.

Ils sont rééligibles.

En cas de décès ou de démission d'un administrateur, le conseil peut lui substituer, jusqu'à la prochaine réunion de l'assemblée générale, un autre membre choisi parmi les actionnaires qui remplissent les conditions prescrites par l'article 52.

Le membre élu en remplacement d'un autre ne demeure en exercice que pendant la durée du mandat confié à son prédécesseur.

Art. 52. — Entrant en fonctions, chacun des administrateurs est tenu de justifier qu'il est propriétaire de quarante actions. Ces actions doivent être libres et demeurent inaliénables pendant la durée des fonctions de l'administrateur.

Art. 53. — Les administrateurs reçoivent des jetons de présence dont le montant est déterminé par l'assemblée générale.

La moitié de la part des bénéfices attribuée aux administrateurs par l'article 36, est répartie en jetons de présence.

Art. 54. — Le conseil est investi des pouvoirs les plus étendus pour l'administration des affaires de la société : il délibère sur toutes ses affaires ; il fait tous les règlements du service intérieur de la Banque ; il fixe le taux de l'escompte et de l'intérêt, les changes, commissions et droits de garde, le mode à suivre pour l'estimation des lingots, monnaies ou matières d'or ou d'argent, des marchandises ou récoltes.

Il autorise, dans les limites des statuts, toutes les opérations de la Banque, et en détermine les conditions.

Il fixe l'emploi de la réserve et du fonds de prévoyance dont il est parlé aux articles 35 et 36.

Il fait choix des effets ou engagements qui peuvent être admis à l'escompte, sans avoir besoin de motiver le refus ; il statue sur les signatures dont les billets de la Banque doivent être revêtus, sur les retraits et l'annulation de ces billets.

Il autorise tous les traités, transactions, emplois de fonds, transferts de rentes sur l'État et autres valeurs, achats de créances et autres droits incorporels, cessions des mêmes droits, avec ou sans garantie, désistements d'hypothèques ou privilèges, abandon de droits personnels ou réels, mainlevées d'inscriptions et d'oppositions, le tout avec ou sans payement ; il exerce toutes actions judiciaires, tant en demandant qu'en défendant, participations à des concordats amiables et judiciaires, acquisitions et aliénations d'immeubles, emprunts et constitutions d'hypothèques.

Il autorise la demande de toutes concessions d'immeubles et autres, aux conditions qui seront imposées par actes et décrets de concession, toutes les opérations et tous les travaux faisant l'objet de la société, le renouvellement et l'encaissement de toutes créances, effets de commerce et valeurs de toute nature appartenant à la société ; il veille à ce que la Banque ne fasse d'autres opérations que celles déterminées par les statuts et dans les formes prescrites par les règlements intérieurs de la Banque ; il convoque les assemblées générales, arrête leur ordre du jour, et détermine les questions qui y sont mises en délibération.

Il fixe l'organisation des bureaux, les appointements, salaires et rémunérations des agents ou employés, et les dépenses générales de l'administration.

Le conseil peut déléguer tout ou partie des pouvoirs et attributions qui précèdent.

Art. 55. — Le conseil nomme un président, un vice-président pris dans son sein et un secrétaire.

Il est tenu un registre des délibérations du conseil d'administration. Le procès-verbal, approuvé par le conseil, est signé par le président et par le secrétaire du conseil.

Art. 56. — Le conseil se réunit au siège social, au moins une fois par mois.

Il se réunit extraordinairement toutes les fois que les intérêts de la société l'exigent ou que la demande en est adressée au président par le commissaire du Gouvernement.

Art. 57. — Aucune délibération n'est valable sans le concours de cinq administrateurs au moins. Les délibérations sont prises à la majorité des voix des membres présents ; en cas de partage, la voix du président est prépondérante.

Les administrateurs absents peuvent se faire représenter aux délibérations du conseil, pour un objet spécial et déterminé, par un de leurs collègues ; en aucun cas, cette faculté ne peut donner au même administrateur plus d'une voix en sus de la sienne.

Art. 58. — Le compte des opérations de la Banque qui doit être présenté à l'assemblée générale, est arrêté par le conseil d'administration. Ce compte est imprimé et remis au Ministre de la Marine et des Colonies ; il est remis à chacun des membres de l'assemblée générale.

Art. 59. — Le conseil d'administration nomme, avec l'agrément du Ministre de la Marine et des Colonies, des directeurs chargés, sous son autorité, de la gestion des affaires sociales. Ces directeurs représentent la société vis-à-vis des tiers pour l'exécution des décisions du conseil.

Le conseil fixe leur traitement.

Art. 60. — Les actions judiciaires peuvent être exercées au nom du conseil d'administration, poursuites et diligences des directeurs.

Art. 61. — Les directeurs ne peuvent faire aucun commerce ; aucun effet ou engagement, revêtu de leur signature, ne peut être admis à l'escompte.

Art. 62. — En entrant en fonctions, les directeurs doivent justifier de la propriété de vingt actions, qui demeurent inaliénables pendant la durée de leurs fonctions, et restent déposées dans les caisses de la Banque.

Art. 63. — Il sera établi auprès de chaque succursale un conseil d'escompte, dont la composition, les attributions et les émoluments seront déterminés par un règlement du conseil d'administration.

SECTION III
Du Commissaire du Gouvernement et des Censeurs Administratifs

Art. 64. — Il est établi auprès de la Banque de l'Indo-Chine un commissaire du Gouvernement nommé par le Ministre de la Marine et des Colonies.

Art. 65. — Le commissaire du Gouvernement est convoqué à chaque séance du conseil d'administration et de l'assemblée générale des actionnaires. Il veille à l'exécution des statuts et règlements de la Banque; il exerce sa surveillance sur toutes les parties de l'établissement, il se fait représenter l'état des caisses, les registres et les portefeuilles, et requiert tous extraits et copies des livres de la Banque.

Il propose toutes les mesures qu'il croit utiles et peut faire inscrire de droit ses propositions et observations sur le registre des délibérations du conseil d'administration.

Art. 66. — Il adresse chaque mois au Ministre un rapport sur la marche de la Banque, appuyé de la copie certifiée des procès-verbaux du conseil d'administration et des situations mensuelles de la Banque et de chacune des succursales.

En cas d'absence ou d'empêchement du commissaire du Gouvernement, le Ministre de la Marine lui nomme un suppléant.

Art. 67. — Un censeur administratif est nommé par le Ministre de la Marine près de chaque succursale de la Banque.

Art. 68. — Les censeurs administratifs remplissent dans les succursales, les fonctions attribuées par l'article 65 au commissaire du Gouvernement au siège social. Ils requièrent inscription de leurs observations sur un registre à ce destiné. Ils correspondent avec le Gouverneur et le Ministre et rendent compte chaque mois, et plus souvent s'il y a lieu, de la surveillance qu'ils exercent.

En cas de décès, de démission ou d'empêchement d'un censeur administratif, le Gouverneur de la colonie désigne un intérimaire.

Art. 69. — Le traitement du commissaire du Gouvernement et des censeurs administratifs est fixé par arrêté du Ministre de la Marine et payé par la Banque.

Art. 70. — Le Ministre et les Gouverneurs, soit d'office, soit sur la demande de la commission de surveillance des Banques coloniales, peuvent, lorsqu'ils le jugent convenable, faire procéder par les agents qu'ils désignent à toute vérification des registres, des caisses et des opérations de la Banque.

TITRE III
Dispositions générales

Art. 71. — Dans les cas où, par suite de pertes sur les opérations de la Banque, le capital est réduit des deux tiers, la liquidation a lieu de plein droit.

Dans le cas où, par la même cause, la réduction est d'un tiers, l'assemblée des actionnaires convoquée extraordinairement peut demander sa liquidation.

Cette demande n'est valable que si elle réunit la majorité en nombre et les 2/3 en capital des intéressés: le Gouvernement examine si les intérêts généraux de la colonie et ceux des tiers permettent de prononcer la dissolution de la société, qui ne peut résulter que d'un décret du Président de la République, précédé de l'avis de la commission de surveillance des Banques coloniales et de celui du Conseil d'État.

Art. 72. — Dans le cas de contestation, tout actionnaire doit faire élection de domicile à Paris.

A défaut d'élection de domicile spécial, tous actes et notifications, toutes assignations et actes extrajudiciaires sont valablement signifiés au parquet de M. le Procureur de la République près le Tribunal civil de première instance de la Seine.

Les Tribunaux de la Seine seront seuls compétents pour statuer sur toutes difficultés qui pourraient exister entre les associés et le conseil d'administration.

Art. 73. — Deux ans avant l'époque fixée pour l'expiration des privilèges de la société, l'assemblée générale est appelée à décider si le renouvellement de ces privilèges doit être demandé au Gouvernement.

Vu pour être annexé au décret du 21 janvier 1875.
Le Ministre de la Marine et des Colonies,
MONTAIGNAC.

Vu pour être annexé au décret du 20 février 1888.
Le Ministre de la Marine et des Colonies,
KRANTZ.

3. — 3 août 1891. — ARRÊTÉ MINISTÉRIEL *autorisant l'émission, par la Banque de l'Indo-Chine, de billets d'une piastre.*

Article premier. — La Banque de l'Indo-Chine est autorisée à émettre des billets au porteur de la valeur d'une piastre, jusqu'à concurrence d'une somme de cinq cent mille piastres.

Art. 2. — La présente autorisation pourra être révoquée en tout temps par le Gouvernement.

Art. 3. — Ces coupures auront cours légal en Indo-Chine, dans les conditions prévues par l'article 15, § 1er, des statuts de la Banque. — EUG. ÉTIENNE.

BÊTES FAUVES

1. — 10 novembre 1888. — ARRÊTÉ *allouant des primes pour la destruction des tigres et des panthères.*

Article premier. — Une prime de vingt piastres est allouée pour la destruction d'un tigre, et une de dix piastres pour celle d'une panthère.

Art. 2. — Cette prime sera délivrée d'urgence sur ordre de payement, par les résidents ou vice-résidents chefs de poste en Annam et au Tonkin, après constatation, en présence de deux témoins, de la destruction ou de la capture de l'animal.

Art. 3. — Cette dépense sera imputable au chapitre XII, article 4 (Dépenses imprévues). — E. PARREAU.

BARQUES ET SAMPANS. — Voy.: **Impôts ; — Navigation.**

BATIMENTS CIVILS

1. — 15 juin 1893. — ARRÊTÉ *créant le service des bâtiments civils de l'Annam et du Tonkin.*

Article premier. — Le service des Bâtiments civils

est détaché du service des Travaux publics de l'Annam et du Tonkin.

Le nouveau service est placé sous la direction d'un architecte qui relève directement des Résidents supérieurs de l'Annam et du Tonkin.

Art. 2. — Le personnel comprend :

Un architecte, chef de service des bâtiments-civils ; des inspecteurs, des commis, des surveillants européens et auxiliaires indigènes.

Art. 3. — La solde du personnel du service des bâtiments civils est fixée comme suit :

GRADES		SOLDE d'Europe	SOLDE coloniale	FRAIS de service
Architecte, chef de service.........		6.000	12.000	3.000
Inspecteur principal de 1re classe....		4.000	8.000	
— 2e — ...		3.500	7.000	
Inspecteur	1re — ...	2.800	6.000	
—	2e — ...	2.400	5.500	
—	3e — ...	2.000	5.000	
Commis	1re — ...	2.250	4.500	
—	2e — ...	2.000	4.300	
Surveillant	1re — ...	1.500	4.000	
—	2e — ...	1.200	3.500	
—	3e — ...	900	3.350	
—	4e — ...	700	3.000	

Art. 4. — L'architecte et les divers agents du service des bâtiments civils sont nommés par le Gouverneur général de l'Indo-Chine.

Art. 5. — Les avancements ne pourront être obtenus qu'après 18 mois de service, depuis le grade de surveillant de 4e classe jusqu'à celui d'inspecteur de 1re classe inclusivement, et après deux ans pour les grades supérieurs.

Art. 6. — En ce qui concerne la discipline, les congés et les retraites, les agents du service des bâtiments civils sont régis par les dispositions édictées aux articles 7, 8 et 9 de l'arrêté de 6 juillet 1889, réorganisant le service des travaux publics du Protectorat de l'Annam et du Tonkin.

Art. 7. — Aucun agent du service des bâtiments civils ne pourra, même à titre provisoire, entrer au service d'une entreprise privée.

Art. 8. — Toutes les dispositions antérieures contraires au présent, sont et demeurent abrogées.

Art. 9. — Les Résidents supérieurs en Annam et au Tonkin sont chargés, chacun en ce qui le concerne, de l'exécution du présent arrêté. — DE LANESSAN.

Voy.: Travaux publics.

BIENFAISANCE. — Voy. : (Sociétés de).

BOUCHERIE

1. — 11 décembre 1885. — DÉCISION *interdisant en Annam et au Tonkin, l'exportation des animaux de boucherie.*

Article premier. — L'exportation des bœufs, vaches, veaux, génisses, buffles, bufflesses et buffions est interdite en Annam et au Tonkin, sous peine de confiscation des animaux, pour être vendus aux enchères publiques au profit du Trésor du Protectorat.

Art. 2. — Toute contravention à cette prescription entraînera également pour le contrevenant condamnation à une amende de 25 à 1.000 francs.

Art. 3. — En cas de récidive le maximum de l'amende sera toujours prononcé.

Art. 4. — Le fait de la récidive résultera de la constatation de la contravention par une autorité civile ou militaire, dans le cours d'un même semestre.

Art. 5. — Le Directeur des affaires civiles et politiques est chargé de l'exécution de la présente décision, provisoirement exécutoire et qui sera soumise à l'approbation de M. le Ministre. — COURCY.

Voy.: Abatages, Abattoirs.

BOURSE D'ENSEIGNEMENT. — Voy. : Interprètes.

BREVETS D'INVENTION

1. — 1er septembre 1893. — ARRÊTÉ *promulguant en Indo-Chine les différentes lois régissant les brevets d'invention dans la métropole, et le décret du 24 juin 1893, y faisant certaines modifications.*

Article premier. — Est promulgué dans toute l'étendue de l'Indo-Chine, le décret du 24 juin 1893, rendant applicables en Indo-Chine, les lois des 5 juillet 1844, 31 mai 1856 et 23 mai 1868, sur les brevets d'invention.

Art. 2. — Le Lieutenant-gouverneur de la Cochinchine, les Résidents supérieurs en Annam, au Tonkin et au Cambodge et le Procureur général, chef du service judiciaire de l'Indo-Chine, sont chargés, chacun en ce qui le concerne, de l'exécution du présent arrêté, qui sera communiqué et publié partout où besoin sera.

DÉCRET *du 24 juin 1893.*

Article premier. — La loi du 5 juillet 1844, sur les brevets d'invention ;

La loi du 31 mai 1856, qui modifie l'article 32 de la loi précitée du 5 juillet 1844 ;

La loi du 23 mai 1868, relative à la garantie des inventions susceptibles d'être brevetées et des dessins de fabrique admis aux expositions publiques.

Sont applicables en Indo-Chine française sous la réserve des modifications suivantes.

Art. 2. — Quiconque voudra prendre en Indo-Chine un brevet d'invention devra déposer, en triple expédition, les pièces exigées par l'article 5 de la loi du 5 juillet 1844, dans les bureaux du secrétariat général de la Cochinchine, à Saigon, et dans ceux de la Résidence supérieure :

Au Cambodge, à Pnom-penh ;

En Annam, à Hué ;

Au Tonkin, à Hanoi.

Le procès-verbal constatant ce dépôt sera dressé sur un registre à ce destiné, et signé par le secrétaire général ou le Résident supérieur d'une part, et le demandeur de l'autre, conformément à l'article 7 de ladite loi (1).

Art. 3. — Avant de procéder à la rédaction du procès-verbal de dépôt, le secrétaire général ou le Résident supérieur se fera représenter :

1° Le récépissé constatant le versement au Trésor de la somme de 100 fr. pour la première annuité de la taxe ;

2° Chacune des pièces, en triple expédition, énoncées aux paragraphes 1, 2, 3 et 4 de l'article 5 de la loi du 5 juillet 1844.

Une expédition de chacune de ces pièces restera déposée sans cachet dans les bureaux du secrétariat

(1) Voir la circulaire ministérielle interprétative publiée ci-après.

général ou de la Résidence supérieure, pour y recourir au besoin. Les deux autres expéditions seront enfermées dans une seule enveloppe scellée et cachetée par le déposant.

Art. 4. — Aussitôt après l'enregistrement des demandes, le Gouverneur général de l'Indo-Chine devra, dans les trente jours de la date du dépôt, transmettre au Département du commerce et de l'industrie, par l'entremise du Ministre chargé des colonies, l'enveloppe cachetée contenant les deux expéditions dont il s'agit, en y joignant une copie certifiée du procès-verbal, le récépissé du versement de la première annuité de la taxe et, le cas échéant, le pouvoir du mandataire.

Art. 5. — Les brevets délivrés seront transmis, dans le plus bref délai, aux titulaires, par l'entremise du Ministre chargé des colonies.

Art. 6. — L'enregistrement des cessions de brevets dont il est parlé en l'article 20 de la loi du 5 juillet 1844, devra s'effectuer dans les bureaux du secrétariat général ou de la Résidence supérieure.

Les expéditions des procès-verbaux d'enregistrement, accompagnées des extraits authentiques d'actes de cession et des récépissés de la totalité de la taxe, seront transmises au Ministre du commerce et de l'industrie, conformément à l'article 4 du présent décret.

Art. 7. — Les taxes prescrites par les articles 4, 7, 11 et 22, de la loi du 5 juillet 1844, seront versées entre les mains du Trésorier-payeur, qui devra faire opérer le versement au Trésor public et transmettre au Ministre du commerce et de l'industrie, par la même voie, l'état des recouvrements des taxes.

Art. 8. — Les actions pour délits de contrefaçon seront jugées par les tribunaux correctionnels de l'Indo-Chine.

Le délai des distances fixé par l'article 48 de ladite loi, sera modifié conformément aux textes qui régissent en Indo-Chine la procédure en matière civile.

Art. 9. — En général, les attributions conférées aux préfets et aux sous-préfets par les lois susvisées des 5 juillet 1844, 31 mai 1856 et 23 mai 1868, seront exercées, en Cochinchine, par le secrétaire général, au Cambodge, en Annam et au Tonkin, par les Résidents supérieurs.

Art. 10. — Le Ministre du commerce, de l'industrie et des colonies est chargé de l'exécution du présent décret, qui sera inséré au *Journal officiel* de la République française, au *Bulletin officiel* de l'Administration des colonies et au *Journal officiel* de l'Indo-Chine française. — CARNOT.

2. — 3 avril 1894. — CIRCULAIRE *ministérielle interprétative de la législation locale sur les brevets d'invention.*

A plusieurs reprises le Département a été consulté sur le point de savoir si, aux termes du décret du 24 juin 1893, qui rend applicable en Indo-Chine la législation métropolitaine sur les brevets d'invention, le titulaire d'un brevet devait, pour garantir son procédé dans toute l'étendue de nos possessions d'Extrême-Orient, remplir les formalités prescrites par l'acte précité dans chacune des capitales énumérées à l'article 2 du décret dont il s'agit, ou déposer une seule demande de brevet dans l'une quelconque de ces deux villes.

La législation coloniale des brevets d'invention est basée sur le système d'unité de la concession du brevet, c'est-à-dire, sur ce principe qu'un brevet

pris dans une colonie, demeure valable en France comme dans les autres possessions où cette législation est en vigueur, par le fait seul de l'accomplissement des formalités réglementaires.

En conséquence, aux termes mêmes de l'article 2 du décret susvisé, une demande de brevet déposée au Secrétariat général de la Cochinchine, ou dans l'une quelconque des Résidences supérieures de l'Annam, du Tonkin ou du Cambodge, garantit l'invention dont elle est l'objet dans toute l'Indo-Chinoise, aussi bien qu'en France et dans les Colonies françaises où la législation sur les brevets est applicable.

En résumé, l'extension de la loi sur les brevets d'invention aux Protectorats de l'Annam et du Tonkin a en principalement pour but d'éviter aux négociants et industriels habitant ces régions l'obligation de se déplacer, de faire élection de domicile à Saïgon et de constituer un mandataire, pour effectuer le dépôt de leurs plans et marques ainsi que le versement des annuités.

J'ai cru devoir porter à votre connaissance l'interprétation donnée par l'Administration centrale à la réglementation en matière de brevets. — BOULANGER.

BUDGET

1. — 27 février 1888. — CIRCULAIRE *prescrivant l'établissement du budget en piastres.*

Le budget du Protectorat de l'Annam et du Tonkin est établi en piastres à compter du 1er janvier 1888, suivant les règles du décret du 5 juillet 1885, concernant la Cochinchine, modifié par le décret du 10 décembre 1887.

A partir du 1er janvier 1888, la piastre est l'unité de valeur servant de base à l'établissement, à la constatation et à la perception des produits de toute nature du budget; les dépenses sont également liquidées, ordonnancées et acquittées en piastres.

En conséquence, les rôles d'impôts, les ordres de recettes, les états de dépenses, les registres de comptabilité concernant l'exercice 1888, devront être établis et tenus exclusivement en piastres. Le franc ne devra y figurer d'aucune façon. Les marchés, devis, mémoires et actes de toutes sortes devront de même être dressés en piastres.

Les recettes et les dépenses du budget local, établies jusqu'à ce jour en francs, devront être converties en piastres au taux uniforme de 4 francs; pour les recettes, l'établissement des rôles d'impôt, droits et taxes de toute nature, devra être fait en convertissant en piastres à 4 francs les taxes en francs afférentes à chaque produit, telles qu'elles avaient été fixées primitivement; pour les dépenses, il y aura lieu d'établir en piastres, au même taux uniforme, les états de solde, d'indemnité, etc., tant du personnel européen que du personnel indigène, en prenant pour base les tarifs en francs fixés par les décrets et arrêtés.

Les services ordonnateurs et liquidateurs des dépenses établiront tous les mandats en piastres.

Les dettes ou les créances résultant de marchés passés en francs jusqu'à ce jour, seront liquidées en francs et converties en piastres, au cours du jour de l'ordonnancement ou du versement, mais tous les cahiers des charges préparés pour des adjudications auxquelles il n'aura pas été procédé au 1er mars, devront être refaits en piastres au taux de conversion de 4 francs.

Les opérations de toutes sortes concernant l'exercice 1888, tant en recettes qu'en dépenses, qui ont déjà été faites en francs au 1er mars, devront être converties en piastres, au taux de 4 francs, et être inscrites à nouveau sur des carnets que vous ouvrirez à cet effet.

La différence résultant du taux actuel de la piastre, 3 fr. 95, et du taux uniformément adopté, 4 francs, fera l'objet d'instructions spéciales.

La liquidation des recettes et des dépenses de l'exercice 1887 sera faite, bien entendu, en francs comme par le passé. A ce propos, je vous rappelle qu'aux termes des règlements de comptabilité, vous ne devez plus imputer aux crédits du budget de l'exercice 1887 que les dépenses qui ont été engagées pendant cet exercice et qui ont été effectivement exécutées comme telles, jusqu'au 31 janvier 1888. A compter de cette date, tous les crédits qui n'auraient pas été entièrement absorbés, sont annulés d'office, et si des travaux engagés n'ont pu être faits, vous devrez demander le report, sur l'exercice 1888, des sommes restant disponibles, dont la dépense ne doit plus être supportée par le budget de 1887. — RAOUL BERGER.

2. — 11 mai 1888. — DÉCRET *supprimant le budget général de l'Indo-Chine.*

Article premier. — Le budget général de l'Indo-Chine est supprimé.

Les recettes qui le composent sont restituées aux budgets particuliers qui les ont fournis.

Art. 2. — Le budget de l'Annam et du Tonkin comprend, en recettes, outre ses ressources propres : 1° la subvention de la métropole ; 2° le contingent dû par la Cochinchine à la métropole.

Le contingent, fixé par la loi annuelle de finance, est appliqué exclusivement aux dépenses militaires de l'Annam et du Tonkin.

Art. 3. — A partir de la promulgation du présent décret, il ne sera plus mandaté de dépenses au titre du budget général de l'Indo-Chine.

Les sommes antérieurement payées à ce titre seront réimputées sur les budgets particuliers auxquels doit incomber la dépense.

Art. 4. — Il sera prélevé sur les crédits précédemment transportés du budget de la Cochinchine au budget général de l'Indo-Chine, une somme de 11,340,000 francs pour être affectée, pendant l'exercice 1888, au paiement des dépenses militaires de l'Annam et du Tonkin.

Art. 5. — Toutes dispositions contraires à celles du présent décret sont abrogées.

Art. 6. — Le ministre de la marine et des colonies et le ministre des finances sont chargés, chacun en ce qui le concerne, de l'exécution du présent décret. — CARNOT.

3. — 30 juin 1893. — ARRÊTÉ *déterminant le mode de tarifer les recettes du budget à partir du 1er juillet 1893.*

Article premier. — A partir du 1er juillet prochain (1893) les recettes du budget tarifées en francs, seront converties en piastres au taux officiel du Trésor.

Art. 2. — Il est fait exception en ce qui concerne les taxes sur les colis postaux, qui continueront à être perçues suivant les règles tracées par l'arrêté du 10 mai 1893.

Art. 3. — Toutes les dispositions antérieures, en ce

qu'elles ont de contraire au présent arrêté, sont rapportées.

Art. 4. — Les Résidents supérieurs de l'Annam et du Tonkin sont chargés, chacun en ce qui le concerne, de l'exécution du présent arrêté. — DE LANESSAN.

4. — 27 mai 1893. — ARRÊTÉ *autorisant l'établissement d'un budget spécial pour chaque province du Tonkin* (1).

Article premier. — Chaque province du Tonkin pourra être dotée d'un budget spécial distinct, qui prendra le nom de budget provincial.

Le Chef de la province sera ordonnateur des dépenses de ce budget.

Art. 2. — Les ressources des budgets provinciaux pourront comprendre :

1° Le produit de centimes additionnels à l'impôt foncier de la province ;

2° Une part dans le produit du rachat des corvées de la province ;

3° Une part des corvées non rachetées ;

4° Des recettes accidentelles.

Les propositions concernant la nature et la quotité des ressources de chaque budget provincial appartiennent aux chefs de provinces et aux autorités provinciales. Après examen et avis du Résident supérieur et de S. E. le Kinh-luoc, ces propositions sont soumises au Gouverneur général qui décide.

Les ressources en argent des budgets provinciaux ne constitueront en aucun cas une caisse spéciale.

Les centimes additionnels seront, s'il y a lieu, perçus sur le rôle de l'impôt foncier.

Art. 3. — Les ressources ainsi constituées serviront à couvrir les dépenses suivantes :

1° Entretien et empierrement des voies de communication ;

2° Exécution des petits travaux d'art sur les diverses routes ;

3° Entretien et amélioration des bâtiments affectés aux mandarins provinciaux, aux phu, aux huyen et à leurs services.

Art. 4. — Chaque budget provincial sera établi par le chef de la province avec le concours de l'autorité provinciale, et soumis, avant le 1er juin de chaque année, pour l'année suivante, à l'approbation du Résident supérieur (2).

Art. 5. — Les principaux travaux à exécuter à l'aide des ressources des budgets provinciaux devront être approuvés par le Résident supérieur.

Art. 6. — Des arrêtés spéciaux détermineront les provinces qui seront dotées de budgets provinciaux.

Art. 7. — Le Résident supérieur du Tonkin est chargé de l'exécution du présent arrêté et des mesures que cette exécution comporte. — DE LANESSAN.

5. — 21 décembre 1893. — ARRÊTÉ *désignant les provinces jouissant d'un budget spécial et fixant les centimes additionnels qu'elles pourront percevoir.*

Article premier. — Les provinces ci-après sont dotées chacune d'un budget provincial pour 1894, dans les conditions de l'arrêté du 27 mai 1893 :

Haiphong ; Hai-duong ; Thai-binh ; Son-tay ; Phu-ly ; Hung-yên.

(1) Voir arrêté du 21 décembre 1893. Voir en outre (V° Impôts, 8° section), arrêté du 8 octobre 1892, dont différents articles ont été rendus communs au présent par décision du 14 février 1894.
(2) Voir arrêté du 31 décembre 1894 pour la clôture de l'exercice financier.

Art. 2. — Les ressources des budgets provinciaux des provinces énumérées à l'article 1er du présent arrêté, seront exclusivement constituées, pour l'exercice 1894, par des centimes additionnels à l'impôt foncier de chacune de ces provinces, dans la proportion fixée ci-après :

Haiphong	10 0/0
Hai-duong	3 1/2 0/0
Thai-binh	2 1/2 0/0
Son-tay	8 0/0
Phu-ly	3 0/0
Hung-yên	4 0/0

(sauf les huyên de My-hoa, Yên-my, An-thi et Phu-cu, imposés seulement à 2 0/0).

Art. 3. — Les ressources ainsi constituées serviront à couvrir les dépenses prévues à l'article 3 de l'arrêté du 27 mai 1893, suivant le plan de campagne approuvé par le Résident supérieur.

Art. 4. — Le Résident supérieur au Tonkin est chargé de l'exécution du présent arrêté. — DE LANESSAN.

---

6. — 14 février 1894. — ARRÊTÉ *rendant communes aux budgets provinciaux, certaines règles des budgets spéciaux.*

Article premier. — Les dispositions des articles 3, 4, 7, 8, 9, 10, 11, 12 et 13 de l'arrêté du 8 novembre précité, sont rendues applicables aux budgets provinciaux.

Toutefois, contrairement à l'article 8, les préposés-payeurs du Trésor ou les percepteurs comptables qui effectueront les recettes et les dépenses du budget provincial, ne seront pas rémunérés pour ce service.

Art. 2. — Le Résident supérieur du Tonkin est chargé de l'exécution du présent arrêté. — DE LANESSAN.

---

7. — 31 décembre 1894. — ARRÊTÉ *assignant au 31 mars de chaque année la clôture des budgets municipaux, urbains et provinciaux.*

Article premier. — Par application de l'article 115 du décret du 20 novembre 1882, la clôture des budgets municipaux, urbains et provinciaux, est fixée uniformément au 31 mars de l'année qui suit celle qui donne son nom à l'exercice.

Art. 2. — La production des comptes administratifs aura lieu dans les trois mois qui suivront la clôture de l'exercice ; ces comptes seront signés par le Résident chef de province, et revêtus du visa du Préposé-payeur ou percepteur ; ces comptables produiront eux-mêmes un compte de gestion dans le délai indiqué ci-dessus.

Art. 3. — Sont abrogées les dispositions antérieures contraires à celles du présent arrêté, et notamment les articles 11 des arrêtés des 8 janvier 1890 et 8 novembre 1892.

Art. 4. — Le Résident supérieur du Tonkin et le Trésorier-payeur sont chargés, chacun en ce qui le concerne, de l'exécution du présent arrêté. — RODIER.

Voy. : **Municipalités** ; — **Organisation administrative.**

BULLETIN OFFICIEL. — Voy.: **Journal officiel.**

BUREAUX. — Voy.: **Organisation administrative.**

C

CABLE. — Voy. : **Postes et Télégraphes.**

CADASTRE

1. — 29 août 1888. — ARRÊTÉ *ordonnant l'établissement du plan cadastral de toutes les propriétés à Nam-dinh, et chargeant M. Maron, géomètre, de ce travail.*

Article premier. — Tous les propriétaires de la ville de Nam-dinh, à quelque nationalité qu'ils appartiennent, sont tenus de faire, dans un délai de un an à partir de la promulgation du présent arrêté, le plan cadastral de leurs propriétés.

Art. 2. — Ce plan sera établi par le géomètre assermenté de la ville de Nam-dinh, qui délivrera à chaque propriétaire, et pour chaque parcelle de terre, un croquis et un titre destiné à tenir lieu de titre de propriété.

Art. 3. — Le prix du levé et du titre de propriété, les honoraires du géomètre assermenté, le mode d'exécution, seront fixés par le Résident et portés, en temps utile, à la connaissance du public, après approbation du Résident général.

Art. 4. — M. Maron (François), ancien géomètre, est désigné pour exercer les fonctions de géomètre assermenté de la ville de Nam-dinh. Il devra, à cet effet, prêter serment devant le Tribunal consulaire de cette ville et se soumettre aux conditions du contrat annexé au présent arrêté.

Art. 5. — M. le Résident de Nam-dinh est chargé de l'exécution du présent arrêté. — E. PARREAU.

2. — 10 mai 1892. — ARRÊTÉ *réglant le mode d'établissement du cadastre dans la ville de Hanoï.*

Article premier. — En raison de l'établissement du cadastre de la ville de Hanoï, les habitants propriétaires de terrains de toute nature, situés dans la partie proprement dite urbaine de la ville, c'est-à-dire comprise entre le boulevard Gambetta et la rue de l'Hôpital Chinois, sont astreints au paiement des taxes suivantes au moment où le levé cadastral de leurs propriétés sera fait :

0 8 03 par mètre superficiel pour les constructions en briques ayant moins de 100 mètres carrés ;

0 025 par mètre superficiel pour les constructions en briques ayant plus de 100 mètres carrés ;

0 02 par mètre superficiel pour les constructions en briques ayant plus de 200 mètres carrés ;

0 015 par mètre superficiel pour les constructions en bois ou en paillottes mesurant plus de 100 mètres carrés ;

4

0 01 par mètre superficiel pour les constructions
en bois ou en paillottes ayant moins de
100 mètres carrés ;

0 003 par mètre superficiel pour les terrains
vagues.

Art. 2. — Dans toute parcelle cadastrée, si la
surface construite dépasse la moitié de la surface
totale, la parcelle entière est soumise, pour sa surface totale, au paiement de la taxe fixée pour les
surfaces construites.

Lorsque la surface construite n'atteint pas la
moitié de la surface totale, chacune des parties est
soumise au paiement de la taxe fixée pour la catégorie de terrain à laquelle elle appartient.

Art. 3. — En échange de l'acquittement de cette
taxe, un plan de détail de chaque propriété au
1/200e, sera remis aux intéressés par les soins de
l'autorité municipale ; ce plan pourra être établi au
1/500e ou au 1/1000e, lorsque ses dimensions, une
fois rapportées, dépasseront 0 m 20 sur 0 m 30.

Art. 4. — Le levé cadastral de la partie extra-
urbaine de la ville de Hanoi ne devant être effectué
qu'à partir du 1er juillet 1894, les taxes à percevoir
des habitants propriétaires de terrains situés dans
cette partie de la ville seront ultérieurement fixées
par arrêté spécial.

Art. 5. — Les propriétaires devront laisser M. Balauze et ses agents librement opérer sur leurs terrains, et leur remettront leurs titres de propriété et
toutes les pièces en leur possession établissant l'authenticité de leurs droits.

Art. 6. — La perception des taxes fixées à l'article
1er du présent arrêté, sera faite par les soins du service municipal. Elles formeront un compte spécial
de trésorerie et le montant en sera mandaté au profit de M. Balauze au fur et à mesure des perceptions,
par M. le Résident-maire de Hanoi.

Art. 7. — Le Résident supérieur du Tonkin est
chargé de l'exécution du présent arrêté. — CHAVAS-
SIEUX.

CAFÉS, CABARETS, etc. — Voy. : Absinthe ; —
Débits de boisson.

CAHIERS DES CHARGES

1. — 20 décembre 1889. — CIRCULAIRE *sur l'établissement des cahiers des charges pour fournitures à l'administration.*

J'ai l'honneur d'attirer toute votre attention sur
l'établissement et la rédaction des divers cahiers des
charges que vous avez fréquemment à me soumettre,
et dont le nombre et l'importance tendent à
augmenter.

Vous voudrez bien y indiquer, en particulier, si
les offres doivent être faites pour toute la durée de
l'adjudication ou, suivant le cas, pour une année
seulement et même pour un mois. Cette mention doit
également être portée sur les procès-verbaux
d'adjudication.

Toutes les fois que le cautionnement à déposer
par l'adjudicataire est fixé à un tant pour cent sur
le prix des fermages, il est indispensable de mentionner au cahier des charges si le montant doit en
être calculé sur la redevance consentie pendant
une année, ou pendant toute la durée de l'adjudication.

Toutes les pièces qui y sont relatives (cahiers des
charges, contrats, marchés de gré à gré, devis,
consenties et acceptées, procès-verbaux d'adjudication), doivent toujours être établies en triple

expédition, la première devant être conservée à la
Résidence supérieure, la deuxième transmise au trésor, et la troisième vous être retournée.

Chaque fois qu'une pièce de ce genre me sera
adressée seule ou simplement en double, je me verrai forcé d'en retarder l'approbation jusqu'à la réception du nombre réglementaire, ces documents
m'ayant fait défaut à diverses reprises et malgré des
réclamations réitérées.

Il doit être énoncé en fin de tous cahiers des
charges, que les frais d'enregistrement, de publicité
par voies d'affiches ou d'insertions dans les journaux,
sont à la charge de l'adjudicataire.

Dans les adjudications présentant une certaine
importance, vous devrez rendre applicables les
clauses et conditions générales des marchés stipulées
au décret du 10 juin 1870. — BRIÈRE.

2. — 7 mars 1891. — CIRCULAIRE *sur l'établissement des cahiers des charges des marchés.*

Des difficultés s'étant produites pour le remboursement, en fin de contrat ou à la suite de résiliation,
des dépôts de garantie effectués par les adjudicataires ou les concessionnaires, il importe d'adopter
un mode de procéder uniforme.

Les dépôts étaient, en effet, versés à la caisse locale des dépôts et consignations, ou dans les caisses
des chancelleries ; leur montant a parfois même été
porté en écriture comme revenu du budget ; enfin ils
étaient déterminés tantôt en francs, tantôt en
piastres.

J'ai en conséquence l'honneur de vous faire connaître qu'à l'avenir, dans tous les cahiers des charges
préparés en vue des adjudications, marchés ou contrats passés par le Protectorat, la clause suivante
devra être insérée :

« Lorsque le marché (ou le contrat) aura été ap-
« prouvé par le Gouverneur général (ou Résident
« supérieur, suivant le cas) le titulaire du marché
« devra convertir son cautionnement provisoire en
« cautionnement définitif, d'une importance double
« de celle du montant de ce premier cautionnement.
« Ce cautionnement sera constitué en piastres,
« versé à la caisse de dépôts locale, et soumis au
« règlement spécial à ladite caisse.
« Le récépissé de l'acte constatant la réalisation
« du cautionnement sera présenté par le fermier au
« service intéressé dans un délai de... à partir
« du jour de la notification de l'approbation du mar-
« ché par le Gouverneur général (ou Résident supé-
« rieur). »

De plus à la fin de chaque cahier des charges ou
marché donnant lieu à une dépense pour le budget,
la mention suivante sera également portée : « Les
« conditions générales arrêtées par le ministre le 30
« octobre 1889, sont applicables au présent contrat,
« en tout ce qui n'est pas contraire aux stipulations
« qui précèdent. »

Je crois devoir saisir cette occasion pour vous
rappeler les instructions contenues dans ma circulaire du 30 octobre 1889, qui ne sont pas toujours
suffisamment observées. — BRIÈRE.

3. — 8 janvier 1893. — ARRÊTÉ *rendant applicable en Annam et au Tonkin, sous certaines
réserves, les conditions générales des marchés
pour fournitures de toute espèce et entreprises
à exécuter en France.*

Article premier. — Les conditions générales pour

les fournitures de toute espèce et pour toutes les entreprises à exécuter en France, arrêtées par le Sous-secrétaire d'État des colonies le 20 octobre 1880 et modifiées le 22 avril 1891, sont rendues applicables à tous les marchés, contrats et conventions à passer par les services militaires et civils du Protectorat de l'Annam et du Tonkin, sous réserve des modifications suivantes.

Art. 2. — En ce qui concerne les marchés à passer par les services civils du Protectorat du Tonkin et de l'Annam, il sera fait dérogation aux stipulations de l'article 20, § 1er, des conditions générales, en ce que les prix des soumissions devront être exprimés en piastres et cents.

Il ne sera tenu aucun compte, dans les opérations d'adjudication, des fractions de cent, sauf pour les adjudications de fourniture aux détenus asiatiques faites sur la base d'une ration journalière individuelle, à moins qu'elles ne résultent soit des calculs d'application des prix aux quantités, soit de diminution ou d'augmentation sur les prix de base, soit des rabais prévus par les articles 27 et 31 des conditions générales pour les réadjudications.

Dans ces divers cas, toute fraction de 5/10 de cent et au-dessus est comptée pour un cent, toute fraction au-dessous de 5/10 de cent est négligée.

Art. 3. — Les sommes exprimées en francs dans les conditions générales des marchés seront, dans l'application qui en sera faite aux contrats, marchés et conventions des services civils, converties en piastres au taux uniforme de quatre francs.

Art. 4. — L'obligation faite aux soumissionnaires par l'article 21 des conditions générales du 20 octobre 1880, d'écrire leurs soumissions sur papier timbré, ne sera pas imposée pour les marchés par adjudication publique à passer par le Protectorat.

Art. 5. — Les pouvoirs réservés au Ministre par les conditions générales du 20 octobre 1880, appartiennent au Gouverneur général de l'Indo-Chine; cependant, en cas de contestation entre l'administration et les fournisseurs, si l'affaire est portée devant le conseil d'État, elle sera, après avoir été examinée dans la colonie, jugée au premier degré par le ministre, comme il est dit à l'article 16.

Art. 6. — Le Résident supérieur du Tonkin et le Commissaire général chef des services administratifs en Annam et au Tonkin sont chargés, chacun en ce qui le concerne, de l'exécution du présent arrêté, qui sera enregistré et communiqué partout où besoin sera. — DE LANESSAN.

Voy.: **Domaine public**; — **Bacs et marchés**.

CAISSES CENTRALES

1. — 18 mai 1892. — ARRÊTÉ *instituant les caisses centrales de menues dépenses*

Article premier. — Des caisses centrales de menues dépenses, créées par l'arrêté du 10 août 1891, et réduites à quatre, commenceront à fonctionner à partir du 1er juin 1892.

Art. 2. — Les avances à mettre à la disposition des gérants, seront fixées comme suit:

Hanoi	150.000 fr.
Haiphong	35.000
Dap-cau	110.000
Lang-son	110.000

Art. 3. — Les fonctions de gérant, dans chaque arrondissement, seront remplies par un officier ou un agent désigné par le chef des services administratifs.

Art. 4. — Les gérants des caisses centrales recevront les allocations fixées ci-après, à titre d'indemnité de responsabilité et de bureau, déterminées d'après l'importance de l'encaisse initiale et du mouvement des fonds:

Hanoi	800 fr.
Haiphong	500
Dap-cau	600
Lang-son	600

Dans le cas où la gérance d'une caisse centrale de menues dépenses serait confiée à un officier ou agent recevant, d'autre part, une indemnité pour frais de bureau et de responsabilité, il lui sera alloué intégralement l'indemnité la plus élevée et la moitié de la plus faible.

Art. 5. — Les indemnités fixées par le tarif joint à l'arrêté du 15 mars 1890, continueront à être appliquées sans modification aux gérants d'annexes ou de postes cumulativement chargés du magasin, du matériel et des vivres.

Art. 6. — Les gérants de caisses centrales poursuivront l'apurement des sommes mises à la disposition des caisses d'exploitation tenues par les gestionnaires, les annexes et les postes, au jour de la mise à exécution du présent arrêté.

Art. 7. — Les états décomptés ou toutes pièces de dépenses, établis directement par les comptables de gestion, d'annexe ou de poste, et payés sur leur caisse, devront préalablement aux paiements être revêtus de la certification du chargé du service ou de son suppléant, ou, selon le cas, du commandant de poste.

Art. 8. — Le Chef des services administratifs militaires et le Trésorier-payeur sont chargés, chacun en ce qui le concerne, de l'exécution du présent arrêté. — CHAVASSIEUX.

CAISSES PROVINCIALES

1. — 19 septembre 1888. — CIRCULAIRE *au sujet des prélèvements sur les caisses provinciales.*

Une circulaire en date du 19 mars 1887, prescrit aux résidents de veiller à ce qu'aucune dépense ne soit engagée par les mandarins sans leur approbation. Ils doivent, de plus, lorsqu'il s'agit de sommes importantes, en référer préalablement au résident général.

Cette circulaire ne fixait pas de minimum pour les sommes dont vous pouviez accorder le prélèvement sans mon autorisation.

L'impôt annamite étant une des principales sources de recettes de notre budget, il importe de n'opérer, sur les caisses provinciales, que des prélèvements destinés à payer des dépenses d'administration générale d'une nécessité absolue.

Je crains que la trop grande élasticité dans les autorisations ne nous procure, en fin d'exercice, des mécomptes sérieux, et ne produise un dépassement des dépenses prévues au budget pour l'administration annamite.

J'ai donc décidé qu'à l'avenir vous ne pourrez autoriser les mandarins à payer directement, et en cas d'urgence, sur la caisse provinciale, que des sommes ne dépassant pas 50 ligatures. Au-dessus de ce chiffre, vous devrez me soumettre toute demande de prélèvement que je vous invite à n'accueillir qu'avec la plus grande réserve. — E. PARREAU.

Voy.: **Dépenses urgentes**.

4.

CAISSE DES DÉPOTS ET CONSIGNATIONS

1. — 20 juillet 1889. — ARRÊTÉ *instituant une caisse des dépôts et consignations dans les pays du Protectorat (1).*

Article premier. — Il est créé une caisse des dépôts et consignations locale, destinée à recevoir seule, dans toute l'étendue du Protectorat, les consignations judiciaires et administratives, les dépôts de fonds de masse des militaires décédés ou congédiés et les dépôts divers, dans des conditions analogues à celles où ces opérations s'effectuent dans la métropole.

Art. 2. — Les versements et les remboursements de cette caisse, ainsi que tous ses comptes, seront suivis exclusivement en piastres.

Art. 3. — Les fonctions de directeur de la caisse des dépôts et consignations sont dévolues au payeur chef du service de la trésorerie qui effectuera, à Hanoi seulement, les dépôts et les remboursements.

Art. 4. — Il ne sera alloué aucun intérêt aux déposants.

Art. 5. — Les taxations et frais de service sont fixés à 1/2 % sur les recettes et 1/2 % sur les dépenses, quelqu'en soit le montant, conformément aux dispositions de l'instruction générale du 15 octobre 1877.

Art. 6. — Les comptes mensuels, appuyés des pièces justificatives de recettes et de dépenses, ainsi que le compte annuel de gestion, seront produits au Conseil du Protectorat qui sera appelé à statuer sur leur validité et à donner décharge au comptable.

Art. 7. — L'instruction générale du premier décembre 1877, celle du 30 novembre 1879 sur les fonds de militaires, et celle du 30 janvier 1878 sur les dépôts divers, seront appliquées dans toutes leurs dispositions jusqu'à ce qu'une commission spéciale ait statué sur les modifications à y apporter.

Art. 8. — Les dépôts reçus depuis le premier janvier 1889, au titre de « recettes de la caisse des dépôts locale à régulariser » seront, dès la publication du présent arrêté, constatés définitivement au titre de ladite caisse qui supportera les intérêts payés depuis cette date sur ces dépôts.

Art. 9. — Les Résidents supérieurs au Tonkin et en Annam sont chargés de l'exécution du présent arrêté. — BRIÈRE.

2. — 25 février 1892. — CIRCULAIRE *faisant connaître des modifications dans le mode de comptabilité des services financiers, et la suppression de la caisse locale des dépôts et consignations.*

Par suite d'une réorganisation du service de la trésorerie, la comptabilité des services financiers étrangers aux budgets du Protectorat et des municipalités, doit être tenue en francs.

De plus, la caisse des dépôts métropolitaine fonctionnera de nouveau au Tonkin et en Annam, ce qui entraîne la suppression de la caisse locale des dépôts.

J'ai, en conséquence, l'honneur de vous prier de considérer comme abrogé le paragraphe suivant des instructions contenues dans la circulaire du 7 mars 1891 : « Ce cautionnement sera constitué en piastres « et versé à la caisse des dépôts locale et soumis au « règlement spécial à ladite caisse », et de le remplacer désormais dans l'établissement des cahiers des charges ou marchés par la rédaction suivante :

« Ce cautionnement sera constitué en francs et « versé à la caisse des dépôts et consignations métro-« politaine. » — CHAVASSIEUX.

Voy. : Trésor.

CAO-BANG (CENTRE DE)

1. — 17 janvier 1892. — ARRÊTÉ *créant une taxe d'éclairage sur les propriétés de Cao-bang.*

Article premier. — Les propriétaires d'immeubles situés dans les rues de la ville de Cao-bang, éclairées aux frais du budget du Protectorat, seront assujettis à une taxe spéciale de trente-deux cents (0 $ 32) par mètre courant occupé par leurs propriétés sur la voie publique.

Art. 2. — Cette taxe sera perçue en deux termes et d'avance, dans les dix premiers jours de chaque semestre, sur rôle régulier établi par M. le Commandant du 2° territoire militaire.

Art. 3. — Le commandant du 2° territoire est chargé de l'exécution du présent arrêté. — DE LANESSAN.

Voy. : Budget; — Impôts (8° section).

CAPITATION (IMPOT DE). — Voy. : Impôts.

CARRIÈRES. — Voy. : Chaux.

CENTRES ADMINISTRATIFS. — Voy. : Administration annamite ; — Indigènes; — Organisation administrative.

CERCLES CHINOIS

1. — 14 février 1886. — ARRÊTÉ *autorisant l'ouverture des cercles chinois, et en réglementant la police.*

Article premier. — L'autorisation d'ouverture des cercles chinois au Tonkin sera donnée, sur la demande des intéressés, par le Directeur des affaires civiles et politiques.

Art. 2. — La demande sera adressée au Directeur des affaires civiles et politiques ; les pétitionnaires devront fournir à l'appui :

I. — Une liste comprenant :
Les noms des membres fondateurs du cercle ;
Leurs professions;
La classe de leur patente, s'il y a lieu ;
L'indication des présidents, du ou des vice-présidents choisis par les membres fondateurs parmi eux ;

II. — L'engagement conjoint et solidaire, souscrit par tous les membres :

1° De verser au trésor, à titre de cautionnement, une somme de cinq cents piastres (1) ;

2° De verser, pour toute infraction aux dispositions fiscales du présent arrêté, un dédit de vingt piastres qui sera prélevé sur le montant du cautionnement, lequel devra être, dans ce cas, complété dans les huit jours, faute de quoi les contractants s'engagent à fermer immédiatement le cercle et à abandonner à l'Administration, en toute propriété, le reliquat du cautionnement.

3° De verser pour toute infraction aux dispositions non fiscales du présent arrêté, un dédit dont la

(1) Voir ci-après la circulaire ministérielle du 25 février 1892.

(1) Voir ci-après arrêté du 2 août 1892.

quotité sera déterminée par le Directeur des affaires civiles et politiques, sauf approbation du Résident général, jusqu'à concurrence du montant total du cautionnement, et qui sera recouvré comme ci-dessus;

4º De payer tous les frais d'enregistrement auxquels pourraient donner lieu lesdites conventions.

III. — Un plan en triple expédition du local dans lequel sera établi le cercle;

IV. — Un procès-verbal de visite de ce local dressé par l'autorité administrative compétente, en double expédition.

Art. 3. — Aucun cercle ne devra comprendre moins de dix ni plus de quarante membres.

Tout sujet d'une nation étrangère d'origine chinoise ne pourra en faire partie sans autorisation spéciale.

Tout cercle pourra posséder un personnel domestique de dix asiatiques.

Art. 4. — Le local du cercle ne pourra avoir plus de deux issues, toutes les deux donnant sur la voie publique du côté de la façade principale, l'une réservée aux membres du cercle, l'autre aux gens de service.

Les dépendances seules seront situées au rez-de-chaussée.

Les dénominations « *Cercle de ...... autorisé par décision administrative en date du .....* » seront inscrites sur la façade en lettres ayant au moins dix centimètres de hauteur.

Une des expéditions du plan et du procès-verbal de visite mentionnés à l'article 2, seront affichés dans la salle principale.

Art. 5. — Il sera délivré tous les ans, à chacun des membres d'un cercle, une carte signalétique et nominative conforme aux indications de la carte de séjour dont le numéro y sera mentionné.

Art. 6. — Les membres des cercles pourront y introduire des étrangers chinois et donner des repas ou fêtes, après en avoir préalablement donné avis à l'autorité.

Art. 7. — Sont autorisés entre les membres du cercle et leurs invités les jeux suivants : Les dominos, les six dés, les douze cartes en deux couleurs, les douze cartes en quatre couleurs.

Les enjeux seront déposés sur la table, en numéraire, à l'exclusion des bons ou des jetons.

Art. 8. — En cas de décès ou démission des présidents ou vice-présidents, il sera immédiatement pourvu à leur remplacement par la voie de l'élection.

Le choix du cercle sera aussitôt porté à la connaissance de l'administration.

Art. 9. — L'admission de nouveaux membres devra toujours être notifiée à l'administration.

Les membres nouvellement admis devront souscrire un engagement analogue à celui prescrit pour les fondateurs à l'article 2.

Art. 10. — L'autorité administrative aura pour elle et ses délégués entrée au cercle à toute heure du jour et de la nuit.

Elle dressera procès-verbal dans la forme ordinaire, des contraventions constatées au cours de la visite.

Expédition en sera adressée sans délai au Directeur des affaires civiles et politiques chargé de la suite à donner.

Art. 11. — Le Directeur des affaires civiles et politiques est chargé de l'exécution du présent arrêté, qui sera publié et enregistré partout où besoin sera. — WARNET.

2. — 21 avril 1890. — ARRÊTÉ *sur la police des cercles chinois ou annamites.*

Article premier. — En cas de contravention aux prescriptions de l'arrêté du 14 février 1886, dûment constatée par procès-verbal, notamment pour réception d'asiatiques étrangers au cercle, désordres graves ou jeux défendus, les résidents et vice-résidents chefs de province pourront provisoirement prescrire la fermeture des cercles chinois ou annamites autorisés dans leurs circonscriptions.

Il en sera référé immédiatement au Résident supérieur au Tonkin qui, sur le vu des procès-verbaux et rapports, statuera définitivement sur la suppression du cercle contrevenant.

Art. 2. — La suppression d'un cercle emportera de plein droit la confiscation du cautionnement de 500 $ versé en exécution de l'art. 2 de l'arrêté du 14 février 1886, sans préjudice de l'action qui pourra être dirigée contre les contrevenants par le ministère public.

Art. 3. — Toutes les autres dispositions des arrêtés antérieurs sur les cercles chinois et annamites sont maintenues, en tant qu'elles n'ont rien de contraire aux prescriptions ci-dessus.

Art. 4. — Les résidents et vice-résidents chefs de province sont chargés, chacun en ce qui le concerne, de l'exécution du présent arrêté. — BRIÈRE.

3. — 2 août 1892. — ARRÊTÉ *fixant le mode de perception des amendes infligées aux cercles annamites et chinois.*

Article premier. — Les dispositions de l'article premier des arrêtés instituant des cercles annamites et chinois à Hanoi, Nam-dinh et Haiphong, relatives au prélèvement sur les cautionnements des amendes infligées aux cercles pour contravention de toute nature, sont abrogées.

Art. 2. — Les amendes de toute nature infligées aux cercles seront versées directement à la caisse du receveur de l'enregistrement, pour les cercles de Hanoi et de Haiphong, et à la chancellerie de la résidence de Nam-dinh pour le cercle de cette ville.

Art. 3. — Les Résidents-maires de Hanoi et Haiphong, le Résident de France à Nam-dinh et les receveurs de l'Enregistrement sont chargés, chacun en ce qui le concerne, de l'exécution du présent arrêté. — CHAVASSIEUX.

Voy. : **Enregistrement.**

CESSIONS DE MATÉRIEL

1. — 12 juillet 1890. — ARRÊTÉ *réglementant la délivrance des briquettes et fixant les dépôts de charbon en roches pour le service de la station locale.*

Article premier. — Le charbon aggloméré dit briquette, ne sera délivré qu'aux canots à vapeur affectés aux services maritimes et non pourvus de soute.

Les 44 tonneaux de briquettes dites d'Anzin, existant à Haiphong, seront exclusivement réservés au service des torpilleurs.

Art. 2. — Dans les postes de l'intérieur qui comprennent, en approvisionnement, du charbon en roche et des briquettes, les délivrances aux bâtiments de la station locale (canonnières et remorqueurs) comprendront 2/3 de charbon en roches et 1/3 en briquettes.

Après épuisement des stocks existants, ces postes ne seront plus approvisionnés que de charbon en roche.

Art. 3. — A Haiphong et à Hanoi, il ne sera délivré aux avisos, canonnières et remorqueurs que du charbon en roche.

Art. 4. — Provisoirement, et en attendant que les services civils aient pu constituer des approvisionnements, il leur sera fait, par les services maritimes, des cessions à titre remboursable de charbon en roche, par les dépôts de Hanoi et de Haiphong seulement, les cessions de l'espèce étant interdites dans les postes de l'intérieur.

Art. 5. — Les dépôts de charbon appartenant aux services maritimes du Protectorat, existant à Tourane, Thuan-an, Cho bo et Phu-doan, ne seront plus renouvelés après épuisement des stocks les constituant.

Art. 6. — Sont maintenus, dans les limites d'approvisionnement indiquées en charbon en roche, les dépôts ci-après.

Haiphong	8.000	tonnes
Hanoi	200	—
Viétry	40	—
Yen-bay	40	—
Ninh-binh	40	—
Sept-pagodes	80	—
Mui-ngoc	40	—
Nagotna	40	—

Art. 7. — Le commissaire général chef des services administratifs militaires et maritimes en Annam et au Tonkin, et le capitaine de frégate commandant de la marine au Tonkin, sont chargés, chacun en ce qui le concerne, d'assurer l'exécution du présent arrêté. — PIQUET.

Voy. : Abondements ; — Cession de vivres.

CESSIONS DE VIVRES

1. — 23 avril 1888. — DÉCISION *supprimant la cession de vivres à titre remboursable pour les fonctionnaires civils du Protectorat, dans les centres où il est possible de se procurer les denrées de première nécessité.*

Article premier. — Les cessions de vivres à titre remboursable ne sont pas autorisées pour les fonctionnaires civils du Protectorat, dans les centres où il est possible de se procurer, en s'adressant au commerce, les denrées de première nécessité, telles que la viande et le pain.

Art. 2. — M. le Commissaire de la marine chef des services administratifs, est chargé de l'exécution de la présente décision. — RAOUL BERGER.

2. — 27 avril 1888. — CIRCULAIRE *au sujet de la délivrance de vivres à titre remboursable.*

J'ai décidé que les fonctionnaires ou agents du Protectorat seront autorisés à percevoir une ration de vivres de la 2e catégorie, à titre remboursable, dans toutes les places ou postes où ne se trouvent ni boulanger ni boucher.

Ces rations seront perçues sur la demande de l'intéressé, visée par le résident de la province et remise directement au représentant des services administratifs dans la place.

Le remboursement de ces cessions s'effectuera de la manière suivante :

Des bons partiels spéciaux, signés de la partie prenante, seront fournis aux comptables au moment de la distribution.

Ceux-ci établiront, en fin de mois, des factures de livraison décomptées qu'ils présenteront, pour la prise en charge, à la signature des résidents locaux.

Les cessions seront remboursées trimestriellement par les chefs de service chargés d'assurer, par tels moyens qu'ils jugeront convenables, le remboursement des sommes payées pour le compte de leur personnel. — RAOUL BERGER.

3. — 20 mars 1890. — ARRÊTÉ *supprimant les cessions de vivres à titre remboursable à Hanoi, Haiphong, Tourane, Dap-cau, Bac-ninh et Phu-lang-thuong* (1).

Article premier. — A l'avenir, il ne sera fait aucune cession de vivres à titre remboursable dans les places de Hanoi, Haiphong, Tourane, Dap-cau et Phu-lang-thuong.

Ces cessions seront limitées au pain et à la viande seulement, dans les places de Son-tay, Hong-hoa, Cam-khé, Cho-bo, Thai-nguyen, Sept-Pagodes, Lam.

Des rations complètes de la 1re catégorie continueront à être délivrées dans tous les autres postes aux fonctionnaires et aux colons munis d'autorisations régulièrement données.

Art. 2. — Le Commissaire général chef des services administratifs en Annam et au Tonkin est chargé de l'exécution du présent arrêté, qui sera enregistré et communiqué partout où besoin sera. — PIQUET.

4. — 12 juillet 1890. — ARRÊTÉ *autorisant les cessions de vivres à titre remboursable dans certaines places du Tonkin et de l'Annam.*

Article premier. — Des cessions de vivres, à titre remboursable, pourront être faites dans toutes les places et dans tous les postes du Tonkin et de l'Annam pourvus d'un magasin de subsistances, à l'exception de Hanoi, Haiphong, Tourane, Dap-cau, Bac-ninh et Thai-nguyen :

1o A tout officier, fonctionnaire, employé ou agent européen des services militaires ;

2o A tout fonctionnaire, employé ou agent européen des services civils ;

3o A tout colon européen dont la demande sera appuyée de l'avis favorable du Résident.

Art. 2. — Le bénéfice des cessions étant concédé en principe, dans les conditions ci-dessus indiquées, les parties prenantes n'auront à produire aucune autorisation préalable, et devront justifier seulement de leurs qualités, s'il s'agit de fonctionnaires militaires ou civils, ou se munir de l'avis du Résident, s'il s'agit de colons.

Art. 3. — Les membres des familles des officiers, fonctionnaires, employés, agents ou colons, sont aussi autorisés à toucher des vivres à titre remboursable, dans les magasins de l'administration militaire et sous les réserves sus-indiquées.

Art. 4. — Les cessions ne pourront comprendre que les denrées entrant dans la composition des rations de la 1re catégorie. Il ne pourra en être cédé plus d'une ration par personne.

Art. 5. — Spécialement, en ce qui concerne le vin, il pourra en être cédé à titre également remboursable :

(1) Cet arrêté a été rapporté par celui du 12 juillet 1890, dont le texte suit.

1° A tout fonctionnaire, employé ou agent des services civils, en sus de la ration complète, 20 litres par mois;

2° A tout officier, fonctionnaire, employé ou agent des services militaires, en sus de la ration règlementaire et de la ration remboursable, 10 litres par mois;

3° Les sous-officiers sont autorisés à toucher, à titre remboursable et par mois, dans les magasins de l'administration en sus des quantités règlementaires, 10 litres de vin, les caporaux et soldats 5 litres.

Art. 6. — Rapporté par arrêté du 31 janvier 1891.

Art. 7. — L'arrêté du 20 mars 1890 est rapporté.

Art. 8. — Le Commissaire général chef des services administratifs en Annam et au Tonkin est chargé de l'exécution du présent arrêté, qui sera communiqué et enregistré partout où besoin sera. — PIQUET.

5. — 31 janvier 1891. — ARRÊTÉ *supprimant les cessions de tafia.*

Article unique. — La décision du 21 décembre 1889, n° 407, est rapportée.

Il en est de même de l'article 6 de l'arrêté local du 12 juillet 1890.

En conséquence, et à partir du 1er février prochain, aucune cession de tafia, à titre onéreux, ne sera plus autorisée en faveur des officiers, militaires, ou des corps de troupe, fonctionnaires, employés ou agents des services civils ou militaires.

Art. 2. — Le chef des services administratifs militaires et maritimes en Annam et au Tonkin est chargé de l'exécution du présent arrêté, qui sera enregistré et communiqué partout où besoin sera. — PIQUET.

Voy.: Abonnements; — Cessions de matériel.

CHAMBRES DE COMMERCE

1. — 23 novembre 1884. — ARRÊTÉ *portant établissement d'une chambre de commerce à Haiphong.*

Rapporté par arrêté du 3 juin 1886, dont le texte suit.

2. — 3 juin 1886. — ARRÊTÉ *créant une chambre de commerce dans chacune des villes de Hanoi et de Haiphong* (1).

Article premier. — Il sera établi dans chacune des villes de Haiphong et de Hanoi, une chambre de commerce dont la circonscription embrassera, savoir:

HAIPHONG: les provinces de Hai-duong, Quang-yen, Nam-dinh, Ninh-binh, les provinces de l'Annam et généralement toute la région maritime du Protectorat.

HANOI: toutes les provinces intérieures du Tonkin non énumérées au paragraphe précédent.

Art. 2. — Ces chambres de commerce auront pour principales attributions:

De donner à l'administration civile les avis et renseignements qu'elle demandera sur les faits et les intérêts industriels et commerciaux, notamment:

Sur les changements projetés dans la législation commerciale;

(1) Cet arrêté a été modifié, en ce qui concerne la formation des chambres de commerce, par celui du 16 février 1889.
Il peut-être utilement consulté pour le ressort et les attributions des deux assemblées consulaires.

Sur les établissements et règlements des chambres de commerce créés ou à créer;

Sur la création des tribunaux de commerce;

Sur la règlementation des services à l'usage du commerce;

Sur les établissements de banques locales;

Sur les projets des travaux publics relatifs au commerce.

D'administrer les établissements créés pour l'usage du commerce, magasins de sauvetage, entrepôts, bourses, etc., lorsqu'ils auront été fournis au moyen d'une contribution spéciale sur les négociants ou lorsque, fondés par l'autorité, leur administration aura été déléguée à l'une des deux chambres;

De présenter leurs vues et observations sur l'état du commerce et de l'industrie et les moyens d'en accroître la prospérité, et sur tous les objets à l'occasion desquels elles peuvent être consultées, ainsi qu'il est dit ci-dessus;

De publier des bulletins réguliers et bi-mensuels contenant le cours des marchandises, le taux du change, et généralement tous les renseignements de nature à intéresser les commerçants, soit en Annam et au Tonkin, soit à l'extérieur.

Art. 3. — Procès-verbal de toutes les séances des chambres devra être dressé, et copie certifiée par le président et le secrétaire en sera transmise, en double expédition, au Résident général par l'intermédiaire du Résident supérieur.

Les délibérations concernant les actes d'administration définis par le paragraphe second de l'article 2 devront être présentées au Résident général avant qu'il y ait eu commencement d'exécution.

Art. 4. — Chacune des chambres sera composée du résident de France, président, et de douze négociants français nommés par le Résident général.

Art. 5. — Un vice-président élu à la majorité absolue des suffrages, remplace le président en cas d'absence ou d'empêchement.

Art. 6. Provisoirement les chambres de commerce siègeront respectivement dans les bâtiments des résidences de Haiphong et de Hanoi, ou dans des locaux loués par l'Administration, et les dépenses auxquelles elles donneront lieu seront supportées par le budget du Protectorat.

Art. 7. — Est abrogée la décision du 23 novembre 1884.

Art. 8. — Le Résident supérieur au Tonkin est chargé de l'exécution de la présente décision. — PAUL BERT.

3. — 21 juillet 1888. — ARRÊTÉ *établissant une contribution spéciale sur les patentes, pour subvenir aux dépenses des Chambres de commerce de Hanoi et de Haiphong.*

Article premier. — Il sera pourvu, en principe, aux dépenses des Chambres de commerce de Hanoi et de Haiphong au moyen d'une contribution spéciale sur toutes les patentes des commerçants du Tonkin et portant sur le droit fixe de la patente seulement.

Art. 2. — Les sommes provenant de cette contribution seront réparties par moitié entre les Chambres de Hanoi et de Haiphong.

Art. 3. — Un arrêté fixera, chaque année, le montant de ce droit qui s'ajoutera au principal de la patente, et sera recouvré en même temps et sur le même rôle.

Il sera de 2 centimes par franc pour l'année 1889.

Art. 4. — Le produit de ladite contribution sera mis trimestriellement, sur mandat du Résident général en Annam et au Tonkin, à la disposition des Chambres de commerce.

Art. 5. — Le Résident général en Annam et au Tonkin est chargé de l'exécution du présent arrêté. — RICHAUD.

4. — 16 février 1889. — ARRÊTÉ *sur les attributions et la formation des chambres de commerce au Tonkin.*

CHAPITRE PREMIER
ATTRIBUTIONS

Article premier. — Les Chambres de commerce de Hanoi et de Haiphong, instituées par les arrêtés des 28 novembre 1884 et 3 juin 1886, ont pour principales attributions :

§ 1. — Comme organes officiels du commerce, de présenter à l'administration leurs vues sur les moyens d'accroître la prospérité de l'industrie et du commerce, sur les améliorations à introduire dans la législation commerciale, les tarifs des douanes, sur l'érection des travaux des ports, la navigation des fleuves et rivières, de fournir à l'administration les avis, renseignements qui leur sont demandés sur les faits et les intérêts industriels et commerciaux, sur la création des établissements financiers, des tribunaux de commerce, et sur les projets et règlements locaux en matière de commerce ou d'industrie.

§ 2. — Comme mandataires du commerce pour la gestion d'intérêts collectifs, les Chambres de commerce sont chargées de l'administration des établissements créés pour l'usage du commerce, et de la publication des bulletins et renseignements de nature à intéresser le commerce intérieur.

Art. 2. — Toutes les délibérations des Chambres de commerce seront communiquées au Résident-maire, qui les transmettra à la Résidence supérieure.

Art. 3. — Les Chambres établiront elles-mêmes leur budget, qui ne sera exécutoire qu'après l'approbation du Résident supérieur.

En cas d'insuffisance des recettes, il pourra leur être alloué une subvention sur les fonds du budget du Protectorat, dans la limite du possible.

CHAPITRE II
DE LA FORMATION DE LA CHAMBRE DE COMMERCE

Art. 4. — Chacune des Chambres de commerce de Hanoi et de Haiphong est composée de douze membres, dont un annamite et un chinois, élus conformément aux dispositions du présent arrêté.

Elle élira son président, son vice-président, son secrétaire.

Le Résident-maire en est le président d'honneur ; il peut toujours assister aux séances, et dans ce cas, il exerce la présidence effective.

Art. 5. — La durée du mandat des chambres de commerce est fixée à trois ans.

Art. 6. — Sont électeurs : 1º Les commerçants européens âgés de 21 ans accomplis, payant, pour eux-mêmes ou pour la société qu'ils représentent, une patente ;

2º Les asiatiques âgés de 25 ans, payant une patente de 4º classe et au-dessus. Toutefois, cette catégorie d'électeurs ne prendra part qu'à l'élection des deux membres asiatiques prévus à l'art. 4 ci-dessus.

Art. 7. — Ne peuvent pas être inscrits sur les listes électorales :

1º Les individus privés de leurs droits civils et politiques ;

2º Ceux à qui le droit de vote et d'élection a été interdit par jugement rendu en matière correctionnelle ;

3º Les condamnés à l'emprisonnement pour crime ;

4º Les condamnés pour vol, escroquerie, abus de confiance ;

5º Les notaires, greffiers et fonctionnaires quelconques destitués en vertu de jugements ou décisions judiciaires ;

6º Les condamnés pour vagabondage ou mendicité ;

7º Les militaires condamnés aux travaux publics ;

8º Les interdits ;

9º Les faillis non réhabilités.

Art. 8. — Sont éligibles :

Les commerçants français inscrits sur la liste des électeurs ;

Les commerçants asiatiques patentés des deux premières catégories.

Art. 9. — Seront déclarés membres de la chambre de commerce ceux qui, au premier tour de scrutin, auront réuni un nombre de voix égal à la moitié des votants plus une, et supérieur au quart des électeurs inscrits.

Art. 10. — Les président, vice-président et secrétaire seront élus à la majorité des voix des membres présents à la première séance, qui sera présidée par le Résident-maire.

Ils ne pourront être choisis que parmi les membres de nationalité française.

Art. 11. — Le président, et à son défaut, le vice-président, a seul la police de l'assemblée.

Art. 12. — L'assemblée des électeurs est convoquée par arrêté du Résident supérieur et présidée par le Résident-maire.

Art. 13. — La liste électorale est dressée annuellement, des 1er au 10 décembre, par une commission composée du maire et de l'un des adjoints, d'un délégué de la chambre de commerce et d'un conseiller municipal.

La liste sera affichée pendant 15 jours à la mairie où les réclamations pourront être adressées. Elles seront jugées par la commission indiquée ci-dessus.

Les décisions de la commission sont notifiées dans les trois jours aux intéressés.

Art. 14. — Les deux plus jeunes et les deux plus âgés parmi les électeurs présents à l'ouverture de la séance, sachant lire et écrire, remplissent les fonctions d'assesseurs.

Trois membres du bureau doivent être présents pendant tout le cours des opérations.

Le secrétaire est désigné par le président et les assesseurs.

Art. 15. — Pendant toute la durée des opérations, une copie de la liste des électeurs, certifiée par le Résident-maire, reste déposée sur la table autour de laquelle siège le bureau.

Art. 16. — Nul ne peut être admis à voter s'il n'est inscrit sur cette liste et s'il ne présente sa carte d'électeur.

Art. 17. — Nul électeur ne peut entrer dans l'assemblée s'il est porteur d'armes quelconques.

Les électeurs apportent leur bulletin préparé ; le papier du bulletin doit être blanc et sans signe extérieur.

L'électeur remet au président son bulletin fermé, qui est immédiatement déposé dans la boîte du scrutin, laquelle doit être fermée à clef.

Le vote de chaque électeur est constaté sur la liste, en marge de son nom, par la signature d'un des membres du bureau.

Art. 18. — *Modifié par arrêté du 2 février 1893.*
Le président prononce la clôture du scrutin, après laquelle aucun vote ne sera reçu.

Art. 19. — Après la clôture, il est procédé au dépouillement de la manière suivante: le bureau désigne, parmi les personnes présentes, six scrutateurs adjoints aux assesseurs, et la boîte est ouverte; le nombre des bulletins est vérifié au moyen de la liste émargée par les scrutateurs.

Si ce nombre n'est pas égal à celui des votants, il en est fait mention au procès-verbal; les bulletins blancs ou illisibles n'entrent pas en compte dans le résultat du dépouillement.

Art. 20. — Après le dépouillement, le président proclame le résultat du scrutin.

Le procès-verbal des opérations est dressé par le secrétaire et signé par les membres du bureau.

Une copie est adressée aussitôt au Résident supérieur.

Art. 21. — S'il y a lieu de procéder à un nouveau tour de scrutin, l'assemblée est de droit convoquée pour le dimanche suivant.

Si plusieurs candidats obtiennent le même nombre de suffrages, l'élection est acquise au plus âgé.

Art. 22. — Tout électeur a le droit d'arguer de nullité les opérations de l'assemblée.

Les réclamations faites à ce sujet doivent être consignées au procès-verbal.

Le maire est tenu de les transmettre immédiatement au Résident supérieur, qui prononce en dernier ressort.

Art. 23. — Dans le cas où l'annulation de tout ou partie des élections est devenue définitive, l'assemblée des électeurs est convoquée dans le délai le plus rapproché.

CHAPITRE III

DISPOSITIONS TRANSITOIRES

Art. 24. — La date de la prochaine élection est fixée au dimanche 17 mars.

La durée du mandat des Chambres qui seront issues de cette élection prendra fin le 1er janvier 1892.

Art. 25. — Les listes électorales seront dressées du 20 février au 1er mars. Le délai d'affichage prévu par l'article 13 est limité à huit jours, du 1er au 8 mars inclus.

Art. 26. — Le membre asiatique chinois sera seul élu le 17 mars.

Le membre asiatique annamite sera élu dès que le rôle des patentes des annamites aura été établi.

Art. 27. — Sont et demeurent abrogées toutes les dispositions antérieures, contraires aux présentes.

Art. 28. — Le Résident général en Annam et au Tonkin est chargé de l'exécution du présent arrêté. — RICHAUD.

5. — 13 octobre 1891. — ARRÊTÉ *modifiant le mode d'élection des membres des Chambres de commerce.*

Rapporté par arrêté du 23 octobre 1891, dont le texte suit.

6. — 23 octobre 1891. — ARRÊTÉ *rapportant celui du 13 octobre 1891, sur le mode de formation des Chambres de commerce du Tonkin.*

Article premier. — L'arrêté du 13 octobre 1891 est rapporté.

Art. 2. — L'élection faite le dimanche 18 octobre 1891, pour compléter la composition de la Chambre de commerce de Hanoi, demeure régie par l'arrêté du 16 février 1889.

Art. 3. — Le Résident supérieur du Tonkin est chargé de l'exécution du présent arrêté. — DE LANESSAN.

7. — 2 février 1893. — ARRÊTÉ *modifiant celui du 16 février 1889, sur les élections des Chambres de commerce.*

Article premier. — L'article 18 de l'arrêté susvisé du 16 février 1889, est modifié comme suit:

« Art 18. — Le scrutin sera ouvert autant que possible un dimanche. Il restera ouvert de 8 heures à 11 heures du matin.

« Le Président prononce la clôture du scrutin après laquelle aucun vote ne sera reçu. »

Art. 2. — Le Résident supérieur du Tonkin est chargé de l'exécution du présent arrêté. — CHAVASSIEUX.

CHANCELIERS

1. — 12 mai 1886. — CIRCULAIRE *au sujet de la prestation de serment des chanceliers.*

Les consuls et vice-consuls étant, aux termes mêmes des ordonnances et circulaires d'octobre 1883, dispensés de la prestation de serment, le seul acte à remplir au moment de la prise de possession du service consiste dans la remise des archives, constatée par un procès-verbal dressé en triple expédition, à la suite d'un récolement exact et complet de tous les papiers et documents.

Il n'en est pas de même pour les chanceliers. Avant d'entrer en fonctions, tout chancelier ou agent appelé à occuper cet emploi doit prêter entre les mains de son consul, le serment de remplir fidèlement les obligations de son emploi.

Ce serment doit être ainsi conçu :

« Je jure et promets de remplir avec fidélité les « fonctions de chancelier de la résidence de.... »

J'ai, en conséquence, l'honneur de vous prier de vouloir bien procéder à la prompte application de cette formalité.

Le procès-verbal de prestation de serment sera dressé en double expédition, dont l'une me sera transmise, tandis que l'autre sera conservée dans les archives de votre résidence. — P. VIAL.

2. — 22 février 1889. — ARRÊTÉ *fixant les épreuves à subir par les candidats à l'emploi de chancelier de résidence.*

Abrogé implicitement par le décret du 2 mai 1889, réorganisant le personnel des résidences.

Voy.: **Organisation administrative.**

CHARGEMENTS. — Voy.: **Postes.**

CHASSE

1. — 3 septembre 1885. — CIRCULAIRE *accordant aux officiers et assimilés l'autorisation de chasser.*

Le Général de division commandant en chef le corps du Tonkin fait connaître qu'il autorise la chasse à partir d'aujourd'hui.

Cette permission n'est accordée qu'aux officiers et assimilés seulement, et, jusqu'à nouvel ordre, ils ne devront pas chasser de 10 heures du matin à 3 heures de l'après-midi.

2. — 15 juin 1889. — Circulaire *au sujet de la chasse à l'aigrette par des indigènes pour compte d'européens.*

La chasse par les annamites est réglementée par les arrêtés des 14 mai 1890 et 16 février 1891, publiés ci-après.

3. — 7 juillet 1889. — Arrêté *fixant la période d'interdiction de la chasse à l'aigrette.*

Article premier. — La chasse à l'aigrette est interdite sur tout le territoire du Tonkin du 1er juillet au 31 janvier de chaque année. (*Arrêté du 17 décembre 1889*).

Art. 2. — Exceptionnellement, cette chasse restera ouverte jusqu'au 31 juillet de l'année courante.

Art. 3. — Toute infraction aux prescriptions du présent arrêté sera punie conformément aux lois et règlements sur la matière, en vigueur dans la métropole.

Art. 4. — Les résidents et vice-résidents chefs de poste au Tonkin sont chargés, chacun en ce qui le concerne, de l'exécution du présent arrêté. — Brière.

4. — 12 décembre 1889. — Arrêté *réglementant la chasse à l'aigrette par les indigènes.*

Voir ci-après arrêté du 14 mai 1890, interdisant la chasse à l'aigrette aux indigènes.

5. — 17 décembre 1889. — Arrêté *restreignant la durée de la chasse à l'aigrette.*

Voir article 1er de l'arrêté du 14 mai 1890.

6. — 14 mai 1890. — Arrêté *interdisant la chasse aux indigènes sur tout le territoire du Tonkin.*

Article premier. — A dater du 1er juin prochain, la chasse au moyen d'armes à feu est interdite aux indigènes sur tout le territoire du Tonkin.

Art. 2. — Le Résident supérieur au Tonkin est chargé de l'exécution du présent arrêté. — Piquet.

7. — 16 février 1891. — Arrêté *réglementant la chasse à l'aigrette* (1).

Article premier. — L'arrêté du 12 décembre 1889, réglementant la chasse à l'aigrette par les indigènes, est rapporté.

Art. 2. — L'arrêté du 14 mai 1890 est modifié dans les conditions ci-après spécifiées.

Art. 3. — La chasse à l'aigrette est interdite aux Européens étrangers et aux Asiatiques. Elle ne pourra être pratiquée que par les citoyens français qui pourront s'adjoindre le concours d'indigènes annamites, en se munissant d'une autorisation qui sera délivrée par le Résident supérieur.

Le nombre des chasseurs à la solde d'un Européen ne pourra excéder vingt.

Les chasseurs indigènes ne pourront circuler avec leurs armes ni se livrer à la chasse, que s'ils sont accompagnés par le titulaire de l'autorisation prévue au § 1er ci-dessus.

Art. 4. — Les fusils de chasse seront seuls employés.

Sur la crosse de chaque fusil devra être gravé au

feu, par les soins du propriétaire intéressé, un des numéros d'ordre qui lui auront été attribués par le permis général prévu à l'art. 3.

Art. 5. — Le titulaire de l'autorisation délivrée à la Résidence supérieure devra la produire au résident de la ville ou de la province dans laquelle il résidera, qui délivrera pour chacun des chasseurs indigènes un permis individuel mentionnant :

1o Le nom du porteur de l'arme et celui du propriétaire français ;

2o Le numéro d'ordre gravé sur la crosse du fusil confié à l'indigène ;

3o La date de la délivrance de l'autorisation générale et de son expiration.

La photographie de l'indigène devra être collée au dos de cette carte individuelle par les soins et aux frais du titulaire de l'autorisation générale, et être déposée en double à la résidence de la province ayant délivré ladite carte.

Le Français qui emploiera des indigènes se portera garant de ces derniers, par l'apposition de sa signature sur la carte individuelle.

Un poinçon spécial, portant les initiales de la résidence, sera apposé sur la crosse des fusils de chasse.

Mention de cette formalité sera faite, au fur et à mesure de la délivrance des cartes individuelles, sur l'autorisation générale, et une liste de contrôle des cartes individuelles, reproduisant toutes les indications ci-dessus, sera tenue dans chaque résidence qui en transmettra copie à la Résidence supérieure.

Art. 6. — Pour chaque carte individuelle ainsi délivrée, il sera perçu le droit de permis de chasse déterminé par l'art. 3 de l'arrêté du 28 juin 1889 (1).

Les cartes individuelles sont essentiellement personnelles, et le titulaire devra toujours en être porteur et la représenter à toute réquisition de l'autorité.

Toutefois, le remplacement d'un chasseur ne donnera pas lieu à une nouvelle perception de droit, mais le nom du remplaçant devra être porté sur la carte individuelle par les soins du résident de la ville ou de la province, à la diligence du propriétaire intéressé.

Art. 7. — Les autorisations de chasser et les cartes individuelles pourront toujours être suspendues par mesure de police, sans que la suspension puisse donner lieu au remboursement de tout ou partie de la taxe perçue.

Art. 8. — Du 1er au 31 juillet de chaque année, tout titulaire d'une autorisation générale sera tenu de restituer aux résidences les cartes individuelles qui auront été délivrées à ses chasseurs.

Art. 9. — L'administration se réserve de limiter à toute époque, par simple avis inséré au journal officiel, les parties du territoire ouvertes à la chasse aux aigrettes.

Art. 10. — Les articles 1382 et suivants du Code civil sont applicables aux titulaires d'autorisations générales, pour toutes condamnations pécuniaires résultant de crimes, délits et contraventions commis par les indigènes à leur solde.

(*Arrêté du 18 novembre 1891*). — Toute demande tendant à l'obtention d'une autorisation de faire chasser l'aigrette par les indigènes, devra être accompagnée d'un récépissé constatant le versement à la caisse des dépôts et consignations, d'une somme de 200 $ à titre de cautionnement.

Le remboursement de ce cautionnement sera

(1) Voir ci-après arrêté du 24 avril 1893, étendant, sous certaines modifications, les présentes dispositions à l'Annam.

(1) Voir le texte V° Port d'armes.

effectué à partir du 1er juillet de chaque année, sur la production d'un certificat du résident de la province qui aura délivré les cartes individuelles, constatant que les prescriptions de l'art. 6 ci-dessus ont été remplies.

Art. 11. — Tout chasseur qui s'approchera d'un poste de garde civile devra se présenter au chef de ce poste, et soumettre à son visa l'autorisation dont il devra toujours être porteur.

Art. 12. — Quand les chasseurs passeront d'une province dans une autre province, ils devront prévenir le résident de la province qu'ils quittent et se présenter au résident de la province dans laquelle ils pénètrent.

Art. 13. — La chasse est interdite de 7 heures du soir jusqu'à 5 heures du matin.

Art. 14. — Toutes les contraventions aux dispositions du présent arrêté seront considérées comme délits de chasse, et poursuivies conformément aux lois en vigueur dans la métropole.

Art. 15. — Toutes autres dispositions sur la police des armes et munitions continueront à produire leur effet, en tant qu'elles ne sont pas contraires au présent arrêté.

Art. 16. — Le Résident supérieur du Tonkin est chargé de l'exécution du présent arrêté. — PIQUET.

---

8. — 18 novembre 1891. — ARRÊTÉ *modifiant l'article 10 de celui du 10 février 1891, sur la chasse à l'aigrette.*

Voir 2o § de l'article 10 de l'arrêté du 16 février 1891.

---

9. — 24 avril 1893. — ARRÊTÉ *règlementant la chasse à l'aigrette en Annam.*

Article premier. — L'effet des dispositions des arrêtés des 17 décembre 1889, 16 février et 18 novembre 1891, sur la chasse à l'aigrette au Tonkin, est étendu aux douze provinces de l'Annam, sous réserve des modifications ci-après.

Art. 2. — Le droit de chasse ne pourra jamais s'exercer sur les terrains affectés aux tombeaux royaux, aux pagodes et autres lieux consacrés, que l'autorité annamite de chaque province sera tenue de faire connaître au Résident de France.

Art. 3. — La capture de l'aigrette au filet ou par tous engins spéciaux, est formellement interdite.

Art. 4. — Tous contrevenants aux dispositions des articles 2 et 3 ci-dessus seront passibles d'une amende de 100 fr., sous le bénéfice de l'application de l'art. 463 C. P.

L'affirmation des rapports sur les contraventions constatées par les autorités indigènes, devra être faite devant le Résident de la province dans les 24 heures de sa date, à peine de nullité.

Art. 5. — Les autorisations générales et les cartes individuelles, dont la délivrance est prescrite par les articles 3 et 5 de l'arrêté du 16 février 1891, devront, avant qu'il puisse en être fait usage, être revêtues du visa des autorités indigènes.

Art. 6. — Le droit de permis de chasse, déterminé par l'art. 3 de l'arrêté du 21 juin 1889, sera perçu au profit du Trésor annamite, par les soins des résidents et vice-résidents chefs de province, qui en effectueront le versement aux autorités provinciales au fur et à mesure des encaissements.

Art. 7. — Il ne sera pas exigé de cautionnement des chasseurs qui justifieront en avoir effectué le versement au Tonkin, conformément à l'arrêté du 19 novembre 1891 ; mais ce cautionnement sera affecté aux contraventions et responsabilités pouvant être commises ou encourues en Annam.

Art. 8. — Le Résident supérieur en Annam est chargé de l'exécution du présent arrêté. — DE LANESSAN.

VOY. : **Armes et munitions ; — Port d'armes.**

CHAUX

1. — 28 juin 1887. — ARRÊTÉ *fixant les droits sur l'exploitation des carrières à chaux.*

Article premier. — L'exploitation des carrières à chaux au Tonkin est soumise aux droits ci-après :

Il sera perçu un droit fixe de:

Vingt francs (20 fr.) pour chaque four à chaux de 1 à 10me de capacité brute;

Quarante francs (40 fr.) pour chaque four de 10 à 20me.

Au-dessus de 20me de capacité, les fours seront soumis à un droit de *vingt francs* (20 fr.) par fraction indivisible de 10me.

Art. 2. — L'imposition de ce droit est indépendante de l'impôt de patente auquel sont déjà assujetties toutes personnes exploitant des carrières à chaux. — G. BIHOURD.

VOY. : **Exportation.**

CHEMINS DE FER

1. — 26 avril 1891. — ARRÊTÉ *sur la police du chemin de fer de Phu-lang-thuong à Lang-son* (1).

Article premier. — Sont homologués pour être exécutés selon leur forme et teneur, les tarifs généraux pour les transports à grande et à petite vitesse et la classification générale en petite vitesse, applicables sur la ligne de Phu-lang-thuong à Lang-son.

Art. 2. — Les règlements de police édictés par l'ordonnance du 15 septembre 1846, pour les chemins de fer de la métropole, sont applicables à cette exploitation, en tant qu'ils n'ont rien de contraire à l'organisation administrative du Protectorat.

Art. 3. — Un arrêté spécial réglementera postérieurement le mode de fonctionnement de la caisse de fonds d'avance chargée de centraliser les recettes et d'effectuer les dépenses de l'exploitation sous la surveillance du payeur chef de service de la trésorerie du Tonkin.

Art. 4. — La police administrative de la ligne, confiée dans la métropole à des commissaires spéciaux de surveillance administrative, sera exercée provisoirement par les agents de l'exploitation désignés par le Résident supérieur du Tonkin, et qui seront préalablement assermentés devant les tribunaux consulaires de Luc-nam ou de Lang-son, selon leur résidence.

Art. 5. — Il sera pourvu à la nomination de tous les agents du service de l'exploitation dans les formes prescrites par l'arrêté du 7 juillet 1890.

Art. 6. — Le Résident supérieur du Tonkin et le payeur chef du service de la trésorerie sont chargés, chacun en ce qui le concerne, de l'exécution du présent arrêté. — BIDEAU.

---

(1) Pour les tarifs généraux, voir arrêté du 31 décembre 1891.

2. — 5 août 1892. — ARRÊTÉ *réglementant le mode de comptabilité du chemin de fer de Phu-lang-Thuong à Lang-son.*

Article premier. — Les opérations financières de l'exploitation du chemin de fer de Phu-lang-Thuong à Lang-son, feront l'objet d'une comptabilité tenue par chaque gare, et d'une comptabilité centrale résumant et totalisant la comptabilité des gares.

Art. 2. — Les opérations comptables des gares seront relevées par journées d'expéditions comptées de minuit à minuit. *Le résumé des opérations* est arrêté tous les quinze jours. Ce résumé est soumis à la vérification du contrôleur.

Art. 3. — Les recettes journalières des gares seront envoyées, tous les jours, au chef de gare de Phu-lang-Thuong, par bordereau de versement.

Le chef de gare de Phu-lang-Thuong les centralisera comme caissier général, et en donnera récépissé.

Art. 4. — La comptabilité centrale sera tenue par le contrôleur; elle comprendra les comptes divers de recettes et de dépenses et les comptes d'ordres.

La nomenclature des comptes à ouvrir est donnée dans le tableau annexé au présent arrêté.

Le contrôleur devra vérifier la comptabilité des gares, et notamment le résumé des opérations dont il est parlé à l'article 2 ci-dessus, ainsi que les pièces justificatives qui l'accompagnent. Cette vérification devra être faite dans les quatre jours qui suivront l'envoi des pièces comptables.

Art. 5. — Il sera créé, à Phu-lang-Thuong une caisse de fonds d'avances du chemin de fer, destinée à payer les ouvriers journaliers et les menues dépenses urgentes.

Les paiements seront faits par le gérant de la caisse d'avances, sur le vu de pièces comptables ou de bons justificatifs, revêtus de la signature de l'ingénieur du chemin de fer.

Les dépenses de main-d'œuvre pour l'entretien de la route de Phu-lang-Thuong seront également payées par la caisse d'avances.

Le fonds initial, fixé à deux mille cinq cents piastres (2.500 $), sera imputé sur les fonds généraux du Trésor.

Le chef de gare de Phu-lang-Thuong sera chargé, provisoirement de la gérance de la caisse d'avances. Il se conformera pour ses opérations, au règlement du 29 janvier 1891 sur les caisses d'avances, et aux instructions de M. le Trésorier-payeur du Tonkin.

Art. 6. — Le Résident supérieur du Tonkin est chargé de l'exécution du présent arrêté. — CHAVASSIEUX.

COMPTABILITÉ CENTRALE DU CHEMIN DE FER

État des comptes à ouvrir, annexé à l'arrêté en date du 5 août 1892.

CHAPITRE PREMIER. — COMPTES DIVERS

ARTICLE PREMIER

Caisse centrale.

ART. 2.

Trésorerie générale.

ART. 3.

Immeubles et matériel .
{ § 1 Bâtiments.
§ 2 Voie et accessoires.
§ 3 Matériel roulant.
§ 4 Mobilier.
§ 5 Outillage.

ART. 4.

Magasin général.

ART. 5.

Compte courant . . . .
{ § 1 Résidences.
§ 2 Marine.
§ 3 Postes et télégraphes.
§ 4 . . . . .
§ 5 . . . . .

ART. 6.

Entreprise de construction.

CHAPITRE II. — COMPTES INTÉRIEURS

ARTICLE PREMIER

Gare de Phu-lang-Thuong.

ART. 2.

Gare de Kep.

ART. 3.

. . . .

ART. 4.

. . . .

ART. 5.

ART. 6.

ART. 7.

Traction . . . .
{ § 1 Dépôt de Phu-lang-Thuong.
§ 2 Ateliers de Phu-lang-Thuong.
§ 3 . . . .

ART. 8.

Indemnités, détaxes, sommes à disposition.

ART. 9.

Compte récapitulatif du trafic.

CHAPITRE III. — RECETTES DU TRAFIC

ARTICLE PREMIER

Voyageurs et accessoires.

ART. 2.

Bagages.

ART. 3.

Messageries et grande vitesse.

ART. 4.

Marchandises à petite vitesse.

ART. 5.

Recettes à différents titres.

ART. 6.

Transports spéciaux . .
{ § 1 Résidences.
§ 2 Marine.
§ 3 Postes et télégraphes.
§ 4 Construction.

ENTRETIEN ET RÉPARATIONS

ARTICLE PREMIER

Bâtiments.

ART. 2.

Voie.

ART. 3.

Matériel roulant.

ART. 4.

Mobilier.

ART. 5.

Outillage.

CHAPITRE IV. — RECETTES EN DEHORS DE TRAFIC

ARTICLE PREMIER

Retenues sur la solde du personnel . . . . . .
{ § 1 5 % caisse de retraite.
§ 2 3 % au profit du Trésor.
§ 3 Avances.
§ 4 Habillement.
§ 5 Divers.

ART. 2.

Vente de récépissés. . .
{ Grande vitesse.
Petite vitesse.

ART. 3.

Vente de vieilles matières.

ART. 4.

Divers.

APPROVISIONNEMENT

ARTICLE PREMIER

Houille et charbon.

ART. 2.

Bois à brûler.

ART. 3.

Suif, graisse, huile à graisser.

Eclairage.   ART. 4.

Bois divers.   ART. 5.

Métaux divers.   ART. 6.

Objets de consommation.   ART. 7.

Fournitures de bureau.   ART. 8.

Imprimés et registres.   ART. 9.

Billets à voyageurs.   ART. 10.

CHAPITRE V. — PERSONNEL (APPOINTEMENTS ET ACCESSOIRES)

ARTICLE PREMIER

Personnel commissionné. { § 1 Solde d'Europe. / § 2 Indemnité coloniale. / § 3 Indemnité de vivres.

ART. 2.

Personnel à la journée.. { § 1 Européens. / § 2 Asiatiques.

ART. 3.

Frais de déplacements.

ART. 4.

Solde de congé et frais de rapatriement.

CHAPITRE VI. — SERVICE SANITAIRE

ARTICLE UNIQUE.

§ 1 Frais d'hospitalisation.
§ 2 Indemnités aux médecins.
§ 3 Fournitures pharmaceutiques.

NOTA. — Les comptes énumérés dans ce présent état sont ceux généralement tenus dans les compagnies d'intérêt local en France. Cet état pourra, par la suite, subir les modifications que l'expérience fera reconnaître nécessaires.

3. — 14 février 1803. — ARRÊTÉ *créant le service spécial du chemin de fer de Phu-lang-thuong à Lang-son.*

Article premier. — Le service de la construction et de l'exploitation du chemin de fer de Phu-lang-thuong à Lang-son est détaché de la direction des travaux publics, et constituera un service spécial indépendant.

Art. 2. — M. Lion, ingénieur des ponts et chaussées, ingénieur conseil du Gouvernement général, est chargé de la direction de ce service. — CHAVASSIEUX.

4. — 31 décembre 1894. — ARRÊTÉ *homologuant les tarifs généraux de grande et petite vitesse pour la ligne de Phu-lang-Thuong à Lang-son.*

Article premier. — Sont homologués, pour être exécutés suivant leur forme et teneur, les nouveaux tarifs généraux pour les transports à grande et petite vitesse, et la classification générale des marchandises en petite vitesse, applicables sur le chemin de fer de Phu-lang-Thuong à Lang-son, et dont les exemplaires demeurent ci-annexés.

Art. 2. — Les dispositions du présent arrêté auront leur effet à partir du jour de l'ouverture de la ligne jusqu'à Lang-son.

Art. 3. — Toutes dispositions, tous tarifs et classifications antérieurs, contraires au présent arrêté, sont abrogés.

Art. 4. — Le Résident supérieur du Tonkin est chargé de l'exécution du présent arrêté. — RODIER.

Tarifs généraux pour les transports à grande vitesse

I. — VOYAGEURS

Article premier. — Les prix à percevoir pour le transport des voyageurs sont fixés d'après les bases suivantes :

Par voyageur et par kilomètre :

1re *Classe :* Voitures fermées à vitres et à banquettes rembourrées. . . . . 0 $ 07

2e *Classe :* Voitures à banquettes rembourrées. 0 05

3e *Classe :* Voitures couvertes à rideaux et à banquettes 0 03

4e *Classe:* Wagons découverts, sans banquettes. 0 004

Art. 2. — Au-dessous de 3 ans, les enfants ne paient pas, à la condition d'être portés sur les genoux des personnes qui les accompagnent.

De 3 à 7 ans, les enfants paient demi-place et ont droit à une place distincte. Toutefois, dans un même compartiment, deux enfants ne pourront occuper que la place d'un voyageur.

Au-dessus de 7 ans, les enfants paient place entière.

N. B. — Le bénéfice de l'art. 2 ne s'étend pas aux voyageurs de quatrième classe, dans laquelle les enfants paient place entière au-dessus de 3 ans.

Art. 3. — Le transport des voyageurs est effectué moyennant le paiement préalable du prix de la place.

Ce paiement est constaté par la délivrance d'un billet de place.

Ce billet n'est valable que pour la date et par le train pour lesquels il a été délivré.

Art. 4. — La distribution des billets commence au plus tard *30 minutes avant l'heure réglementaire du départ du train.* Elle cesse, au plus tôt, *pour les voyageurs avec bagages, 20 minutes,* et pour les *voyageurs sans bagages, 5 minutes* avant l'heure du départ.

Art. 5. — Les voyageurs doivent présenter leur billet à toute réquisition des agents de l'administration.

Tout voyageur qui ne peut produire son billet, soit à l'arrivée, soit sur un point quelconque du parcours, est tenu de payer, avant de sortir de la gare à laquelle il descend, le prix de la place qu'il a occupée. Le prix à payer est celui du tarif général pour la place du compartiment occupée et pour le plus long parcours du train depuis le dernier contrôle effectué. Les voyageurs porteurs d'un billet régulier peuvent, à leur gré, prendre place dans une voiture de classe supérieure à la condition de prévenir le chef de train, et de payer préalablement la différence entre le prix du billet au départ et le prix de la place qu'ils désirent occuper, proportionnellement à la distance restant à parcourir.

Les voyageurs qui se déclasseraient en dérogeant aux conditions ci-dessus, paieront le prix de la place occupée pour le parcours total du train.

Art. 6 — *Les voyageurs asiatiques, autres que les mandarins, ne sont pas admis dans les voitures de 1re et 2e classe. La 4e classe est affectée aux voyageurs annamites, à l'exclusion de tous autres asiatiques.*

Art. 7. — *Hamacs d'ambulance.* Les hamacs seront mis dans les trains à la disposition du public pour le transport des malades alités. La location de ces hamacs est décomptée à raison de *8 places par hamac.* Ils sont placés autant que possible dans les voitures de 3e classe ; cependant dans le cas où la maladie paraîtrait contagieuse, ces hamacs seront isolés d'office dans un fourgon spécial, et dans ce cas le prix de transport du fourgon occupé par un ou plusieurs malades sera décompté à raison de *24 places de 3e classe* pour le parcours effectué. La demande des hamacs d'ambulance doit être formulée par écrit au chef de la gare de départ au moins six heures à l'avance.

Art. 8. — *Place de luxe.* Un wagon salon, pouvant contenir 10 places, peut être mis à la disposition du public, lorsque la demande en est faite 24 heures à l'avance. Le prix des *places de luxe* est décompté à *raison de 0 $ 10* par place occupée et par kilomètre, avec un minimum de 4 places et de 60 kilomètres.

Art. 9. — *Trains spéciaux.* Des trains spéciaux peuvent être mis en circulation pour des besoins particuliers. La demande doit en est être faite par écrit au chef de l'exploitation 6 heures au moins à l'avance, lorsque le point de départ est Phu-lang-Thuong, et 24 heures à l'avance lorsque le train spécial doit partir d'un point quelconque de la ligne. Les taxes à percevoir pour les voyageurs profitant des trains spéciaux sont celles *des trois premières classes du tarif général majorées de 50 p. %*, avec *un minimum de perception de 2 $ 50 par kilomètre et pour un minimum de parcours de 20 kilomètres.*

II. — BAGAGES

Art. 10. — La dénomination *bagages* s'applique *exclusivement aux colis spéciaux contenant des effets ou des objets nécessaires à la personne du voyageur pendant la durée ou pour l'accomplissement du voyage entrepris, mais à l'exclusion des valeurs, objets d'art, animaux ou matières dangereuses* pour lesquels des clauses spéciales de transport ont été prévues.

Art. 11. — Les voyageurs de 1ro, de 2o et de 3o classe, ont droit au transport gratuit de 30 kilogrammes de bagages ; cette franchise ne s'applique pas aux enfants tranportés gratuitement et elle est réduite à 20 kilogrammes pour les enfants payant demi-place et pour les voyageurs annamites.

Les voyageurs des trois premières classes ne peuvent conserver avec eux, dans les compartiments, que les petits colis qui peuvent être placés sous les banquettes, sans inconvénient pour les autres voyageurs.

Les voyageurs de 4o classe conservent leurs marchandises avec eux sans responsabilité par l'administration.

Art. 12. — Tous les colis ou objets placés dans les fourgons à bagages sont l'objet d'un enregistrement donnant lieu à une perception de 0 $ 04 cents. La responsabilité de l'administration est absolument dégagée en ce qui concerne les bagages non enregistrés au départ.

Art. 13. — Le transport des excédents de bagages a lieu moyennant le paiement préalable des taxes prévues pour la grande vitesse (*base de 0 $ 20 par tonne kilométrique, plus 0 $ 40 pour frais de manutention*).

La perception des taxes pour les excédents de bagages se calcule par fraction indivisible de 10 kilogrammes, avec *un minimum de perception de 0 $ 25* cents par enregistrement.

L'enregistrement des bagages *cesse 10 minutes avant l'heure réglementaire du départ du train.*

III. — ARTICLES DE MESSAGERIES

MARCHANDISES ET DENRÉES

Art. 14. — Les articles de messageries et marchandises à grande vitesse sont taxés sans distinction de nature, en tant qu'ils ne contiennent pas de finances,

valeurs ou objets d'art, pour lesquels il existe un tarif *ad valorem.*

Les prix de transport sont calculés d'après la *base de 0 $ 20 par tonne et par kilomètre, plus 0 $ 40 par tonne* pour frais de manutention.

Quelle que soit la distance parcourue, le prix d'une expédition quelconque ne pourra être moindre à 0 $ 25 cents.

FINANCES, VALEURS ET OBJETS D'ART

Art. 15. — Les prix à percevoir pour le transport *de l'or, de l'argent*, soit en lingots, soit monnayés ou travaillés, *du plaqué d'or ou d'argent, du mercure, du platine*, ainsi que *des bijoux, broderies, dentelles, objets d'art* (statues, tableaux, bronzes d'art), *de l'opium et autres valeurs*, est fixé à :

0 $ 02 cents par kilomètre et par 100 $, jusqu'à 200 $ 00.

0 $ 01 cent par kilomètre et par chaque centaine de piastres, de 201 $ 00 à 1,000 $ 00.

0 $ 005 par kilomètre et par chaque centaine de piastres au-dessus de 1,000 $ 0).

Quelle que soit la distance parcourue *le minimum de perception est fixé à 0 $ 25* cents par expédition.

Les piastres (en argent) *et la monnaie de billon* (sapèques, sous ou cents) paieront, en outre du droit *ad valorem*, la taxe au poids prévue par le tarif général de la grande vitesse.

L'administration n'accepte pas les finances ou valeurs à découvert. En cas de perte, sa responsabilité n'est engagée que jusqu'à concurrence de la somme déclarée par l'expéditeur.

Les expéditeurs devront se conformer pour les conditions d'emballage aux règles suivantes :

Les caisses ou barils contenant des valeurs ou monnaies devront être solides et étanches. Les sacs en toile devront être confectionnés de manière à ne présenter aucune couture extérieure.

Les colis (valeurs) de toute nature seront entourés d'une ficelle ou d'un fil de fer, sans solution de continuité, et dont chaque nœud ou croisillon sera maintenu par un plomb ou un cachet en cire.

L'empreinte de ces plombs ou cachets devra être reproduite sur la déclaration d'expédition.

CHIENS

Art. 16. — Le prix à percevoir pour le transport *des chiens* dans les trains des voyageurs est fixé à 0 $ 01 par *tête et par kilomètre*, sans que la perception puisse être inférieure à 0 $ 25.

Les chiens doivent être muselés et pourvus d'une chaîne, en quelque saison que ce soit.

CHEVAUX

Art. 17. — Les *chevaux* ou *mulets* transportés à la vitesse des trains de voyageurs donnent lieu à une perception de 0 $ 06 par *tête et par kilomètre*, avec un *minimum de perception de 0 $ 60.*

VOITURES

Art. 18. — Les prix à percevoir pour le transport des voitures à la vitesse des trains de voyageurs sont fixés par unité et par kilomètre ainsi qu'il suit :

Pousse-pousse	0 $ 06
Voitures à 2 roues	0 20
Voitures à 4 roues	0 25

Les opérations d'embarquement et de débarquement en ce qui concerne les animaux de grande taille et les chiens sont obligatoirement faits par les expéditeurs et les destinataires.

L'administration du chemin de fer n'encourt aucune responsabilité en cas d'accidents survenus aux animaux pendant ou à l'occasion de ces opérations.

Si le destinataire ne se trouve pas présent à l'arrivée des animaux à destination, ils sont mis d'office en fourrière, aux frais, risques et périls de leur propriétaire, et sans aucune responsabilité pour l'administration du chemin de fer.

Art. 19. — *Magasinage.* Il est perçu pour le magasinage des articles de messageries, denrées, qui ne seraient pas enlevées pour quelque cause que ce soit dans les 24 heures de leur arrivée, un droit de magasinage de 0 $ 10 par *fraction indivisible de 100 kilogrammes* et *par jour.*

Le même droit est perçu *par fraction indivisible de 0 $ 20 et par jour,* pour les articles taxés *ad valorem* placés dans les mêmes conditions.

Dans les deux articles ci-dessus, *le minimum de perception est fixé à 0 $ 10 par expédition.*

Il est perçu pour la garde des bagages déposés dans les gares sous la responsabilité de l'administration, un droit *de 0 $ 10 par article* et par jour avec un *minimum de perception de 0 $ 10.* Le dépôt des bagages est constaté, avant le départ, par un bulletin de consigne, et après l'arrivée, par la conservation entre les mains du voyageur du bulletin de bagages délivré au départ.

ANIMAUX.

Art. 20. — Les prix à percevoir pour les animaux en grande vitesse sont fixés ainsi qu'il suit :

Par tête et par kilomètre

Bœufs, vaches, taureaux, chevaux, mulets, ânes, poulains, buffles, bêtes de trait... 0 $ 06

Porcs.................................... 0 02

Veaux, moutons, brebis, agneaux, chèvres. 0 03

Les animaux des trois catégories ci-dessus, transportés par *wagons complets,* donnent lieu à une perception *de 0 $ 30 par wagon et par kilomètre* quel que soit le nombre des animaux chargés dans chaque wagon aux risques et périls des expéditeurs et destinataires, et *sans responsabilité* pour l'administration du chemin de fer.

Pour chaque wagon complet d'animaux, il est accordé une place gratuite de 4e classe au toucheur chargé de leur donner des soins en cours de route.

Art. 21. — Les animaux dont la valeur déclarée excéderait 100 $ sont taxés moitié en sus des prix fixés ci-dessus.

En cas d'accident à ces animaux en cours de transport, la responsabilité de l'administration est limitée à la somme de 100 $ par tête, si la déclaration d'expédition ne mentionne pas une valeur supérieure.

Art. 22. — Les animaux de petite taille, tels que *chiens, chats, cochons de lait, cochons d'inde, lapins, singes, oiseaux, volailles et canards,* placés dans des cages ou paniers fournis par les expéditeurs, sont taxés conformément aux prix et conditions du tarif général des messageries et marchandises à grande vitesse pour le *double des poids des animaux et de l'emballage cumulés.*

Tarifs généraux pour les transports à petite vitesse

MARCHANDISES

Article premier. — Les prix à percevoir pour le transport des marchandises en petite vitesse sont fixés comme suit :

A. — *Sans condition de tonnage.*

Par tonne et par kilomètre (frais de manutention non compris) :

1re série	0 $ 10
2e série	0 08
3e série	0 06

B. — *Par expédition de 4.000 kilogrammes au minimum, et sur la demande expresse de l'expéditeur.*

1° Les marchandises de la 1re classe sont taxées au prix de la 2e ;

2° Celles de la 2e aux prix de la 3e ;

3° Celles de la 3e classe, à raison de 0 $ 04 par tonne et par kilomètre. (*Voir le tableau de la classification des marchandises, page 66*).

Pour les marchandises transportées par *wagon complet,* l'administration se réserve le droit de prolonger de trois jours les délais de transport réglementaires fixés par l'article 1er.

L'administration n'est pas tenue de fournir des wagons couverts ni des bâches ou cordages nécessaires pour couvrir et consolider les chargements des wagons découverts, qui sont seuls exigibles pour les transports par wagons complets.

Tout groupe de colis contenant des marchandises de séries différentes est taxé d'après la série la plus élevée, à moins que l'expéditeur ne justifie de la nature et du poids des objets transportés, auquel cas les colis sont taxés séparément suivant la série à laquelle appartiennent les marchandises.

Art. 2. — La perception des prix fixés à l'article 1er est effectuée par fraction *indivisible de 10 kilogrammes à compter de 50 kilogrammes.*

Quelle que soit la distance parcourue, la taxe ne peut être inférieure à 0 $ 30, frais de chargement de déchargement et de gare compris.

MARCHANDISES NE PESANT PAS 200 KILOGRAMMES SOUS LE VOLUME D'UN MÈTRE CUBE

Art. 3. — Les denrées ou objets qui ne sont pas nommément énoncés dans la classification jointe au présent tarif, ou qui ne pèseraient pas 200 kilogrammes sous le volume d'un mètre cube, sont taxés au double des prix fixés par le tarif général, selon la série dudit tarif à laquelle ces objets appartiennent, sans que, dans aucun cas, la taxe à percevoir puisse être supérieure à celle qui résulterait de l'application du tarif simple au poids fictif, calculé à raison de 200 kilogrammes par mètre cube.

MATIÈRES INFLAMMABLES OU EXPLOSIBLES, OBJETS DANGEREUX

Art. 4. — Les matières inflammables ou explosibles, classées dans les deux premières catégories de l'arrêté ministériel du 1er décembre 1894, ou de tous autres arrêtés à intervenir en modification de ce dernier, et les objets dangereux pour lesquels des règlements de police prescrivent des précautions spéciales, sont taxés au double des prix fixés par le tarif général pour les marchandises de la première série :

1re CATÉGORIE. — *Poudres de guerre, de mine ou de chasse, munitions de guerre, fulminates, fulmi-coton, picrate de chaux, dynamite, acide nitrique monohydraté (acide nitrique fumant), artifices, mèches de mineurs, huiles de pétrole non rectifiées, huiles essentielles extraites du pétrole, des schistes bitumeux ou de goudron de houille.*

2e CATÉGORIE. — *Capsules, allumettes chimiques, chlorates, phosphore, éther, collodion, sulfure de* carbone, benzine, huile de pétrole rectifiée, huile de schiste ou de goudron de houille.

MASSES INDIVISIBLES ET OBJETS DE DIMENSIONS EXCEPTIONNELLES

Art. 5. — Les prix du tarif sont doublés pour les masses indivisibles pesant plus de 2.000 kilogrammes et ne dépassant pas 3.000 kilog.

L'administration ne pourra être obligée à transporter les masses indivisibles pesant plus de 3.000 kilog., ni des objets dont les dimensions excèdent celles du matériel.

Si, nonobstant la disposition qui précède, l'administration transporte des masses indivisibles pesant plus de 3.000 kilog, ou des objets dont les dimensions excèdent celles du matériel, les prix de transport seront fixés par l'administration de gré à gré.

Dans toutes les gares d'expédition ou de destination où il n'existe pas de grue ou de treuil de force suffisante pour le chargement ou le déchargement des masses indivisibles pesant plus de 3.000 kilog. le chargement et le déchargement seront faits par les soins et aux frais, risques et périls des expéditeurs ou des destinataires.

FRAIS ACCESSOIRES

Art. 6. — *Enregistrement.* Il est perçu pour l'enregistrement des marchandises un droit fixe *de quatre cents* par expédition.

Art. 7. — *Manutention.* Il est perçu pour la manutention des marchandises de toute nature *0 $ 40 par tonne.*

La perception a lieu par fraction indivisible de 10 kilog. Ces droits se décomposent ainsi :

A. — *Pour les marchandises transportées sans condition de tonnage ;*

Prix par tonne (applicables par fraction indivisible de 10 kilogrammes) :

1º Frais de chargement au départ... 0 $ 12
2º Frais de déchargement à l'arrivée. 0   12
3º Frais de gare au départ........ 0   08
4º Frais de gare à l'arrivée 0   08

B. — *Pour les marchandises transportées par wagon complet,* et dont le chargement et le déchargement sont obligatoirement faits par les expéditeurs et les destinataires, à leurs frais, risques et périls, les frais de gare seuls sont perçus.

Art. 8. — *Magasinage.* Il est perçu pour le magasinage des marchandises adressées en gare, et qui ne sont pas enlevées pour quelque cause que ce soit, *dans les 24 heures de leur arrivée effective à destination,* un droit de *1 $ 00 par tonne et par jour,* calculé par fraction indivisible de 100 kilos avec un minimum de 0 $ 25 cents.

Les droits ci-dessus fixés sont également applicables aux marchandises dont le destinataire serait absent ou inconnu, ou refuserait de prendre livraison, à la condition qu'avis de ces circonstances sera adressé immédiatement par l'administration à l'expéditeur ou au cédant.

Les mêmes droits de magasinage seront perçus au départ, dès l'expiration des 12 heures qui suivront la remise en gare, pour les marchandises en instance d'expédition que l'administration consentirait, sur la demande de l'expéditeur, à conserver sur ses quais ou dans ses magasins, au-delà de ce délai ; l'administration n'étant pas tenue, d'ailleurs, d'accepter que les marchandises prêtes à être expédiées.

Art. 9. — *Stationnement des wagons.* Pour les marchandises transportées par wagon complet, avec obligation pour les expéditeurs et les destinataires de faire eux-mêmes le chargement et le déchargement, les droits de stationnement des wagons sont fixés comme suit :

Au départ: Les wagons devront être complètement chargés *dans les 12 heures* qui suivront leur mise à la disposition des expéditeurs ; passé ce délai, il sera perçu un droit de stationnement *de 3 $ 00 par wagon et par jour,* quelle que soit la contenance du wagon. La gare expéditrice peut exiger la consignation d'une provision équivalente aux frais éventuels d'une journée de stationnement.

A l'arrivée: Les wagons devront être complètement déchargés *dans les 24 heures qui suivront leur arrivée effective à destination ;* passé ce délai, l'administration pourra, à son choix, faire le déchargement ou laisser les marchandises sur les wagons.

Dans le premier cas, le magasinage est taxé comme il est dit à l'article 8 et, en outre, les frais de déchargement prévus à l'article 7 sont perçus.

Dans le deuxième cas, les frais de stationnement *sont fixés à 3 $ 00 par wagon* et par jour, quelle que soit la contenance du wagon. Les gares étant fermées au service des marchandises les dimanches et jours fériés, les délais de déchargement sont prolongés d'un jour pour les marchandises arrivées à destination la veille des jours de clôture.

VOITURES

Art. 10. — Les prix à percevoir pour le transport des voitures à petite vitesse, sont ainsi fixés :

Par voiture et par kilomètre

Voitures à deux roues. . . . . . 0 $ 10
Voitures à quatre roues. 0   16

ANIMAUX

Art. 11. — Les animaux sont transportés à la vitesse des trains de voyageurs, comme il est dit à l'article 19 du Tarif de la grande vitesse.

Par wagons complets, les animaux de toute catégorie sont transportés à raison de *0 $ 30 par wagon et par kilomètre.*

III. — TRANSPORTS SPÉCIAUX

Article premier. — Les transports du *personnel, du matériel et des vivres,* ainsi que du *numéraire,* pour les *services civils et militaires du Protectorat,* sont effectués *en compte courant,* aux prix et conditions du tarif général, et conformément aux règles ci-après:

1º PERSONNEL ET BAGAGES

A. — *Isolés*

Art. 2. — Les militaires, fonctionnaires et assimilés voyageant *isolément ou en groupe de moins de six personnes,* reçoivent de l'autorité compétente *des bons individuels de chemin de fer* (série C., modèle nº 36), comportant trois souches, suivant qu'ils ont droit, outre leur place personnelle, suivant leur grade ou leur assimilation, au transport de bagages et de chevaux dont la dépense est imputable au budget de leur service.

Art. 3. — *La dénomination « bagages » s'applique exclusivement aux colis spéciaux appartenant aux titulaires des bons de chemin de fer et contenant des effets ou objets nécessaires à la personne du voyageur pendant la durée ou pour l'accomplissement du voyage entrepris, mais à l'exclusion des valeurs, objets d'art, matières explosibles, etc., pour* lesquels *des clauses spéciales de transport* ont été prévues.

Art. 4. — Les bons individuels de chemin de fer doivent être présentés à la gare de départ *trente minutes* au moins avant l'heure de départ du train pour y être échangés contre *des billets de place*, des *bulletins de bagages* et *des billets de chevaux*, suivant le cas.

Art. 5. — Le montant des frais de transports pour des serviteurs, excédent de bagages et des animaux non mentionnés sur les bons de chemin de fer, est réglé en pièces avant le départ.

Art. 6. — Il est interdit de modifier les bons de chemin de fer, sur lesquels les nombres et les poids doivent être indiqués en toutes lettres. — *Les surcharges et les ratures doivent être approuvées par le signataire du bon.*

B. — *Détachements*

Art. 7. — Lorsque des militaires, fonctionnaires ou assimilés appartenant à un même corps ou à un même service doivent voyager au nombre *de six personnes* et plus, le chef de groupe ou de détachement reçoit de l'autorité qui ordonne le mouvement, *un bon collectif de chemin de fer* (série C., modèle n° 37) valable pour tout le détachement, ses bagages, et, le cas échéant, les chevaux ou mulets qui doivent suivre par le même train.

Art. 8. — Ces bons collectifs comportent deux souches *qui doivent être présentées à la gare de départ une heure au moins avant l'heure de départ du train.* L'une des souches, après avoir été timbrée et signée par le chef de gare de départ, est laissée, comme titre de transport, entre les mains du chef de détachement qui la remet à la gare d'arrivée, après l'avoir signée pour décharge et pour certifier que le transport par chemin de fer a été dûment effectué.

Art. 9. — Lorsque le détachement se compose de *plus de vingt personnes* ou lorsque *l'effectif des hommes, des chevaux et des bagages nécessite l'addition de véhicules supplémentaires, ou la mise en circulation de trains spéciaux,* le chef de détachement doit prévenir la gare de départ *vingt-quatre heures au moins à l'avance.* Le chef de gare, ainsi prévenu, le renseigne sur l'heure à laquelle les bagages et les animaux devront être rendus à la gare de départ.

Art. 10. — En cas de besoin les hommes du détachement devront concourir au chargement et au déchargement des bagages et animaux, sur la demande du chef de gare, soit au départ, soit à l'arrivée.

2° MATÉRIEL ET APPROVISIONNEMENTS

Art. 11. — Le matériel et les approvisionnements expédiés par les divers services, en grande ou en petite vitesse, font l'objet de *réquisitions de transport* (série C., modèle n° 35).

Ces transports sont soumis aux mêmes taxes et aux mêmes règles que les transports ordinaires, la réquisition tenant lieu de déclaration d'expédition.

Les transports sur réquisition sont exempts des droits de récépissés, en grande comme en petite vitesse.

Art. 12. — Les armes, munitions, explosifs ou valeurs sont soumis aux mêmes règles. Le service expéditeur devra prendre les mesures utiles pour en assurer la garde ou l'escorte, soit pendant le stationnement dans les gares, soit pendant le parcours.

Art. 13. — Le montant des bons de chemin de fer et des réquisitions est réglé mensuellement par les soins du service qui a prescrit ou requis les transports, sur la production des factures établies par le service central de l'exploitation du chemin de fer, et auxquelles sont jointes les pièces justificatives.

DISPOSITIONS COMMUNES A LA GRANDE ET A LA PETITE VITESSE ET TRANSPORTS SPÉCIAUX

Article premier. — Pour toute *distance* inférieure à 10 kilomètres, les perceptions sont calculées sur un minimum de 10 kilomètres.

Tout kilomètre entamé est payé comme s'il avait été parcouru en entier.

Art. 2. — *Fraction de poids.* Le poids de la tonne est de 1.000 kilogrammes. Les taxes sont calculées par fractions indivisibles de 10 en 10 kilogrammes.

Art. 3. — *Calcul des taxes.* La taxation totale d'une expédition est calculée en arrondissant les chiffres au cent supérieur lorsqu'elle égale ou dépasse cinq dixièmes de cent, et au cent inférieur lorsqu'elle est inférieure à cette fraction.

Art. 4. — *Matières inflammables ou explosibles. Animaux dangereux.* — Les matières inflammables ou dangereuses telles que poudre de chasse, de guerre ou de mine, dynamite, fulminates, capsules, artifices, allumettes phosphoriques, phosphore, éther, acides, etc., ainsi que les animaux dangereux, ne sont pas acceptés en grande vitesse. Le chef de la gare de départ fixe l'heure à laquelle les colis contenant des matières de cette nature peuvent être remis à la gare de départ.

Art. 5. — *Conditionnement des marchandises.* L'administration n'est pas tenue d'accepter non emballées, les marchandises que le commerce est dans l'usage d'emballer, ou celles dont l'emballage serait insuffisant ou défectueux ou qui présenterait des traces de détérioration.

Art. 6. — L'administration se réserve le droit de faire vendre d'office, aux enchères, par ses agents, sans autre formalité qu'un procès-verbal pour ordre, les marchandises telles que *gibier, poissons, denrées,* sujettes à prompte détérioration, dont le destinataire, pour une cause quelconque, n'aurait pas pris livraison dans les délais réglementaires.

Le produit de la vente sera tenu par la gare destinataire à la disposition de l'ayant-droit, déduction faite, le cas échéant, des frais de transport, si la marchandise est transportée en port dû.

Art. 7. — *Déclaration d'expédition.* Toute expédition, sauf pour les bagages et les chiens voyageant accompagnés, doit faire l'objet d'une déclaration d'expédition datée et signée par l'expéditeur, indiquant :

1° Le nom et l'adresse de l'expéditeur ;

2° Le nom et l'adresse du destinataire ;

3° Le nombre, la nature, le poids des colis, ainsi que les marques, numéros ou adresses dont ils sont pourvus ;

4° La mention « *en port dû* » ou « *en port payé* » ;

5° Le montant en toutes lettres du déboursé grevant l'expédition.

Art. 8. — Lorsqu'il s'agit de marchandises soumises aux contributions indirectes, à la douane ou à la régie, l'expéditeur est tenu de joindre à sa déclaration d'expédition les pièces prescrites par les lois ou règlements en vigueur sur le territoire du Protectorat.

Art. 9. — *Fausse déclaration.* L'administration du chemin de fer peut, soit au départ, soit à l'arrivée, faire procéder à l'ouverture des colis soit en présence de l'expéditeur ou du destinataire, soit en présence d'une autorité ou d'un agent assermenté, aux fins de constater, le cas échéant, les fraudes commises dans la déclaration du contenu des colis.

Art. 10. — *Paiement des frais de transport.* Les expéditions sont effectuées à la volonté de l'expéditeur, soit en *port payé au départ*, soit en *port dû à l'arrivée*, à l'exception des objets ou marchandises sujets à une prompte détérioration, ou dont la valeur marchande n'est pas supérieure au montant des frais de transport.

Art. 11. — *Déboursés.* L'avance au départ, de frais ou déboursés dont une marchandise est grevée, n'est pas obligatoire. Elle n'est faite qu'aux personnes notoirement connues et aux transporteurs antérieurs, et à la condition expresse que la valeur de la marchandise soit supérieure au montant des avances demandées.

Art. 12. — *Récépissé.* — Toute expédition sera constatée au départ par un récépissé du prix *de 0 $ 10* pour la grande vitesse et *de 0 $ 20* pour la petite vitesse. Les récépissés comportent deux souches dont l'une est remise à l'expéditeur par la gare de départ. La deuxième souche est remise au destinataire au moment de la livraison des marchandises qui est, en outre, constatée sur le livre des sorties par l'émargement du destinataire ou de son représentant accrédité. Aucune réclamation ne sera examinée sans la production du récépissé.

Art. 13. — *Délais de transport.* Les denrées, marchandises et objets quelconques sont transportés de gare en gare et livrés dans les délais suivants :

1° *Pour la grande vitesse :* Par le 1er train de voyageurs mixte, pourvu que la remise des colis en gare, régulièrement accompagnée de la déclaration d'expédition, ou de la réquisition de transport, ait été faite trois heures au moins avant l'heure de départ de ce train. Passé ce délai, ils suivront par le train suivant. A l'arrivée à destination les marchandises seront tenues à la disposition du destinataire dans les trois heures qui suivront l'arrivée du train.

2° *Pour la petite vitesse :* Les denrées ou marchandises seront expédiées le jour qui suivra celui du dépôt à la gare de départ. La durée du trajet sera calculée à raison de vingt-quatre heures par fraction indivisible de soixante kilomètres. Les marchandises seront tenues à la disposition des destinataires à compter du lendemain de leur arrivée effective à la gare destinataire.

Art. 14. — *Demandes de matériel.* Les expéditeurs de marchandises par wagons complets, de voitures, d'animaux de grande taille, sont tenus de prévenir la gare de départ *vingt-quatre heures au moins à l'avance,* en faisant connaître le nombre, la nature et le tonnage approximatif des animaux ou objets à transporter, ainsi que la destination.

V. — OUVERTURE ET FERMETURE DES GARES AU SERVICE DU PUBLIC

Article premier. — Les gares seront ouvertes, pour la réception et la livraison des marchandises de grande et de petite vitesse, *du 1er novembre au 31 mars,* de 7 heures à 11 heures du matin et de 2 heures à 6 heures du soir, du 1er avril au 31 octobre, de 6 à 10 heures du matin, et de 2 à 6 heures du soir.

Art. 2. — Les dimanches et jours de fêtes légales, les gares sont fermées pour le service des marchandises de grande et de petite vitesse. Le service des voyageurs et des bagages est seulement assuré.

Classification des marchandises en petite vitesse

BASE DE TAXATION

1re série.....................	0 $ 07
2e série.....................	0 05
3e série.....................	0 03
B. Wagons complets de marchandises appartenant à la 3e série........	0 02

DÉSIGNATION	SANS CONDITION de tonnage (série)	PAR EXPÉDITION DE 4.000 kil. au minimum (série)	TARIFS SPÉCIAUX (n° des tarifs)
A			
Absinthe en caisses ou paniers	1	2	
Acajou brut ou ouvré	1	2	
Acétates	1	2	
Acides	1	2	
Acier en barres	2	3	
Acier ouvré	2	3	
Albâtre	2	3	
Alcool	1	2	
Allumettes	1	2	
Alun	1	2	
Amadou	1	2	
Amandes	1	2	
Amidon	1	2	
Anchois	1	2	
Ancres	3	B	
Appareils à gaz	2	3	
Appareils à glace	2	3	
Arbres et arbustes vivants	1	2	
Ardoises	3	B	
Argile	3	B	
Armes	1	2	
Artifices (pièces d')	2	3	
Asphaltes	2	3	
Avoine	2	3	
Alfa	2	3	
B			
Badiane	2	3	
Bâches	1	2	
Balais	1	2	
Balances emballées	1	2	
Bambous	2	3	
Bananes	1	2	
Bascules	1	2	
Bateaux (8 m. 50 de longueur maximum)	1	2	
Bétel	1	2	
Betteraves	2	3	
Beurre ou fûts ou en caisses	1	2	
Bière	1	2	
Bimbeloterie	1	2	
Biscuits de mer	2	3	
Bitter	2	3	
Bitume	2	3	
Blanc de Meudon ou d'Espagne	3	B	
Blé	3	B	
Bois à brûler	3	B	
Bois brut ou en grumes	3	B	
Bois de charpente	2	3	
Bois de menuiserie	1	2	
Bois de teinture	1	2	
Bois étrangers	1	2	
Boissellerie	1	2	
Boissons non dénommées	1	2	
Bonneterie	1	2	
Bouchons en liège	1	2	
Bougies	1	2	
Bouilleurs	1	2	
Bourres	1	2	
Bourrellerie	1	2	
Bouteilles vides en caisses	1	2	
Bouteilles vides en vrac	3	B	
Brai	2	3	
Briques	3	B	
Bronze en barre ou en lingot	3	B	
Bronze (objets en bronze)	1	2	
Brosserie	1	2	
Brouettes	3	B	
C			
Câbles métalliques	1	2	
Câble en chanvre	1	2	
Cacao en fèves	1	2	
Café	1		

DÉSIGNATION	SANS CONDITION de tonnage (série)	PAR EXPÉDITION DE 4.000 kil. au minimum (série)	TARIFS SPÉCIAUX (n° des tarifs)
Cailloux	3	B	
Caisses de voitures brutes	1	2	
Caisses vides	2	3	
Caisses vides (démontées)	3	B	
Calicot	1	2	
Cannes à sucre	2	3	
Cannelle	1	2	
Caoutchouc brut	1	2	3
Caoutchouc ouvré	1	»	
Câpres	1	»	
Carottes (racines) en sac	2	3	
Carottes (racines) en vrac, par wagon complet	3	B	
Carreaux en terre ou ciment	2	3	
Carreaux, par wagon complet de 4 tonnes		B	
Carrosserie	1	»	
Cartes	1	»	
Carton	1	»	
Cartonnages	1	»	
Cassis (liqueur)	1	»	
Cendres pour engrais, en sacs	3	B	
Cercles en bois	2	3	
Cercles en fer	2	3	
Céréales	3	B	
Chaînes en fer	3	3	
Chaises	1	2	
Champignons	1	2	
Chandelles	1	2	
Chanvre brut	2	3	
Chanvre filé	2	3	
Chapellerie	1	2	
Charbon de bois en sacs	2	3	
Charbon de bois en vrac, par wagon complet		B	
Charcuterie	1	»	
Charpentes en fer (long. 8 m. 50)	2	3	
Charrettes démontées	2	3	
Charronnage	2	3	
Chassis ferrés ou en bois	2	3	
Châtaignes	1	2	
Chaudières	1	2	
Chaudronnerie	1	2	
Chaussures	1	2	
Chaux en sacs	2	3	
— par wagon complet		B	
Chevrons	2	3	
Chicorée	1	2	
Chiffons	3	B	
Chocolat	1	2	
Cidre en caisses ou paniers	1	2	
Cidre en fûts	2	3	
Cirage	1	2	
Ciment en sacs ou en barils	2	3	
Cigares	1	2	
Cire brute	1	2	
Cire blanche	1	2	
Citrons frais	1	2	
Cloches	2	3	
Clouterie	2	3	
Coffres-forts	1	2	
Coke en sacs	2	3	
— en vrac, par wagon complet	»	B	
Colle	1	2	
Colza (graine de)	2	3	
Confiserie	1	2	
Conserves alimentaires	1	2	
Coquillages en sacs	1	2	
Cordages	1	2	
Cornes ouvrées ou travaillées	2	3	
— brutes, par wagon complet	1	B	
Cornues	2	3	
Coton { brut en balles pressées	3	B	
filé écru pour tissage	2	3	
filé teint pour tissage	2	3	
Cotonnades	1	2	
Couleurs	1	2	
Coutellerie	1	2	
Coutils	1	2	

DÉSIGNATION	SANS CONDITION de tonnage (série)	PAR EXPÉDITION DE 4.000 kil. au minimum (série)	TARIFS SPÉCIAUX (n° des tarifs)
Couvertures	1	2	
Craie	1	2	
Crayons	1	2	
Crin végétal en balles pressées	2	3	
Crin animal	2	3	
Crin ouvré ou travaillé	1	2	
Cristaux	1	2	
Cuirs corroyés ou ouvrés	1	2	
Cuirs secs ou tannés	3	B	
Cuirs vernis	1	2	
Cuivre brut	2	3	
— ouvré	1	2	
Cuviers	1	2	
Cunao	2	3	
D			
Daguerréotypes	1	2	
Dames-jeannes vides	2	3	
Déchets	2	3	
— pour engrais, par wagon complet		B	
Denrées alimentaires	1	2	
— coloniales	2	3	
Douilles par wagon complet	2	3	
Douves	2	3	
Draperie	1	2	
Droguerie	1		
E			
Eau de mer en fûts	2	3	
Eau-de-vie en caisses ou paniers	1	2	
Eau en fûts	2	3	
Eaux minérales en caisses ou paniers	1	2	
Écorces { à papier, en boîtes	2	3	
— en vrac p. w. c.	»	B	
à tan	»	B	
de teinture, en boîtes	»	B	
Effets d'habillement	1	2	
Élastiques	1	2	
Encre	1	2	
Engrais non dénommés, en sacs	3		
— en vrac		B	
Épicerie	1	2	
Éponges	1	2	
Escargots	1	2	
Essence de térébenthine	1	2	
Essence de naphte	1	2	
— à brûler ou de schiste	2	3	
— non dénommée	1	2	
Essieux	2	3	
Étain brut	1	2	
Étain ouvré	1	2	
Étaux	1	2	
Étoffes	1	2	
Étoupes en balles pressées	2	3	
F			
Faïences	1	2	
Farines	2	3	
Faucilles et faux	1	2	
Fécules	2	3	
Fer ouvré	1	2	
Fer brut ou en barre	3	B	
Ferblanterie	1	2	
Ferrailles	2	3	
Ferronnerie	1	2	
Feuilles de latanier en balles	2	3	
Ficelle	1	2	
Filasse	2	3	
Fil de coton écru pour tissage	2	3	
— teint —	2	3	
Fils de fer, de laiton, fils de télégraphe	2	3	
Fils de soie pour tissage	1	2	
Fils non dénommés	1	2	
Flanelle	1	2	

DÉSIGNATION	SANS CONDITION de tonnage (série)	PAR EXPÉDITION DE 4,000 kil. au minimum (série)	TARIFS SPÉCIAUX (n° des tarifs)
Fleur de soufre	1	2	
Foin en bottes	2	3	
— en vrac, par wagon complet		B	
Fonte moulée, emballée sans responsabilité, par wagon de 4 tonnes	2	3	
Fontes brutes	1	3	
Fonte d'ornement emballée	2	2	
— non emballée, sans responsabilité	2	3	
Foudres vides	2	3	
Fourrages en bottes	2	3	
— en vrac, par wagon complet	n	B	
Fruits frais	1	n	
— secs	1	2	
Fumier, par wagon complet		B	
Fûts vides	2	3	
— démontés	3	B	
G			
Canterie	1	2	
Gibier mort	1	n	
Gingembre	1	a	
Glace (eau congelée)	1	n	
Glaces, avec ou sans étain	1	2	
Gommes	1	3	
Goudron végétal	2	3	
— minéral	2	3	
Graines fourragères	2	3	
Graines potagères	2	3	
— oléagineuses	2	3	
Grains	2	3	
Graisse, en fûts	2	3	
Granit		B	
Granit en bloc, par wagon de 4 tonnes		B	
Gravier, par wagon complet		B	
Guano en sacs	2	3	
— en vrac	n	B	
H			
Harengs salés ou fumés	1	2	
Haricots	2	3	
Herboristerie	1	2	
Horlogerie	2	3	
Ho-doc en graine	2	3	
Houblon	2	3	
Houille en sacs	3	n	
— en vrac	2	B	
Huiles végétales { à brûler	1	3	
{ à manger	2	2	
— minérales	2	3	
— essentielles	2	3	
Huîtres fraîches	1	n	
I			
Imprimés	1	3	
Indiennes	1	2	
Instruments agricoles	2	3	
Ivoire brut	2	3	
— travaillé ou ouvré	1	2	
J			
Jambons salés ou fumés	1	2	
Jouets	1	2	
Jute, en balles pressées	2	3	
K			
Kaolin en sacs	2	3	
Kaolin, par wagon complet		B	
Kirsch, en fûts	2	3	
— en caisses ou paniers	1	2	
L			
Lainages	1	2	
Laine brute en balles	2	3	
Laine filée	1	2	
Laiton en fil, barres ou lingots	2	3	
Lampisterie	1	2	
Lard fumé ou salé	2	3	
Légumes farineux	2	3	
Légumes secs	1	2	
Légumes frais	1	2	
Levure fraîche	1	2	
Levure sèche	1	2	
Librairie	2	2	
Liéges	1	2	
Limonade gazeuse	2	2	
Lin brut	2	3	
Lingerie	1	2	
Lin filé ou peigné	1	2	
Liqueurs non dénommées, en caisse ou en paniers	1	2	
Liqueurs non dénommées, en fûts	1	3	
Literie	1	3	
Locomobiles	2	3	
M			
Machines non emballées	1	2	
— emballées	2	3	
— à battre	2	3	
Madriers (longueur maximum: 8m 50)	2	3	
— par wagon complet de 4 tonnes		B	
Maïs	2	3	
Mandarines	1	2	
Marbre en bloc	2	3	
Marbre ouvré ou poli	1	2	
Marc de fruits	2	3	
Marne	3	B	
Marrons	1	2	
Matériaux de route	2	B	
Médicaments	1	3	
Mélasse	2	3	
Mercerie	2	2	
Mérinos	1	3	
Merrains	2	3	
Métaux bruts	2	3	
Métaux ouvrés	n	2	
Meubles en caisse	2	2	
Meubles ou mobilier en vrac, par wagon complet de 4 tonnes		3	
Meules de moulin	2	3	
Meules à aiguiser	3	B	
Meulière	1	n	
Miel	2	3	
Minerais non dénommés, p. w. c. de 4 tonnes	n	B	
Moellons, par wagon complet de 4 tonnes	1	B	
Morue séchée ou salée	2	2	
Moyeux en bois ou en fonte	2	3	
N			
Nacre brute	2	3	
Nacre ouvrée	1	2	
Nattes	1	2	
Noir animal pour engrais	3	B	
Noix fraîches	1	2	
Noix sèches	1	2	
Noix d'arec	1	2	
O			
Objets manufacturés non dénommés	1	2	
Ocre	2	3	
Œufs	1	2	
Oignons	1	2	
Olives	1	2	
Opium (ad valorem en sus)	2	2	
Oranges	2	3	
Orge	1	3	
Os bruts ou concassés	3	B	
Osier	2	3	

DÉSIGNATION	SANS CONDITION de tonnage (série)	PAR EXPÉDITION DE 4.000 kil. au minimum (série)	TARIFS SPÉCIAUX (n° des tarifs)
P			
Paille en bottes . . .	2	3	
Paille, par wagon complet de 4 tonnes .		B	
Paille fine ou tressée .	1	2	
Pain . . .	1	2	
Pain d'épices .	1	2	
Paniers vides .	2	3	
Papier brut ou chinois .	2	3	
Papier à écrire .	1	2	
Papier peint .	1	2	
Parapluies .	1	2	
Parfumerie .	1	2	
Passementerie .	1	2	
Patates en sacs .	2	3	
— en vrac, par wagons complets .	2	B	
Pâtes alimentaires .	3	B	
— à papier .	3	B	
Pâtisserie .	1	2	
Pavés .	3	B	
Pauserie .	1	2	
Peaux préparées ou tannées .	1	2	
Peaux brutes .	2	3	
Peignes .	1	2	
Pendules .	1	2	
Pelleterie .	1	2	
Perches .	1	2	
— par wagons complets de 4 tonnes .	»	3	
Phosphates de chaux .	2	3	
— par wagons complets .	2	B	
Pierres à aiguiser .	2	3	
Pierres de taille .	2	3	
— à chaux et à plâtre, par wagons complets .		B	
Piles électriques .	1	2	
Pipes en terre cuite .	1	2	
Planches (long. 8m 50 au maximum) .	2	3	
— par wagon complet de 4 tonnes .	»	B	
— d'impression .	1	2	
Plantes vivantes .	1	2	
— médicinales .	1	2	
Plâtre en poudre, en sacs .	2	3	
— par wagon complet de 4 tonnes .	»	B	
Plomb brut .	2	3	
— ouvré .	1	2	
Plumes .	1	2	
Poids en fonte ou en cuivre .	1	2	
Poils en balles pressées .	2	3	
Poissons secs, fumés ou salés .	1	2	
R			
Racines comestibles .	2	3	
— médicinales .	1	2	
Rails .	3	B	
Raisins secs .	1	2	
Résidus pour engrais .	2	3	
Résines .	1	2	
Ressorts .	1	2	
Rhum .	1	2	
Riz en sacs .	3	B	
Rotin .	2	3	
— par wagons complets .	»	B	
Rouennerie .	2	2	
Rubannerie .	1	2	
S			
Sucre .	1	2	
Suif .	2	3	
Sulfates .	2	3	
T			
Tabac brut .	2	3	
Tabac manufacturé .	1	2	
Tabletterie .	1	2	
Tafia .	1	2	
Tafia en fûts .	3	3	
Taillanderie .	1	2	
Tan en sacs .	2	3	
Tan par wagon complet de 4 tonnes .		B	
Tapioca .	1	2	
Tapisserie .	1	2	
Terre végétale en sacs .	2	3	
— par wagon complet .	»	B	
Terre d'industrie en sacs .	2	3	
— par wagon complet .	»	B	
Thé .	1	2	
Tissus .	1	2	
Toiles .	1	2	
Tôle brute et ouvrée .	2	3	
Tonneaux démontés .	2	3	
Tonneaux vides, par wagon complet .	2	3	
Tonnes vides .	»		
Tourbe en vrac, par wagon complet .	2	3	
Tourteaux .	1	2	
Trois-six .	2	3	
Tuiles .	2	3	
— par wagon complet .	B	B	
Tuyaux en terre cuite .	1	2	
— en tôle ou en cuir .			
— en fonte .	2	3	
U			
Ustensiles de ménage .	1	2	
V			
Vannerie .	1	2	
Varech en balles pressées .	2	3	
Velours .	1	2	
Vermicelle .	1	2	
Vermouth .	1	2	
Vernis .	1	2	
Verres à vitres .	1	2	
Verrerie .	1	2	
Verroterie .	1	2	
Vêtements confectionnés .	1	2	
Viande fraîche .	1	2	
Viande fumée, salée ou sèche .	2	3	
Vinaigre .	1	2	
Vins en caisse .	1	2	
Vins en fûts .	2	3	
Volailles en cages ou paniers .	1	2	

CHEVAUX ET JUMENTS

1. — 28 octobre 1892. — *Arrêté interdisant l'exportation des chevaux et juments.*

Article premier. — L'arrêté du 10 février 1892 susvisé, est rapporté.

Art. 2. — L'exportation des chevaux et juments pour toute autre destination que l'Annam et le Tonkin, est interdite jusqu'à nouvel ordre, sur tout le territoire du Protectorat.

Art. 3. — Les Résidents supérieurs au Tonkin et en Annam sont chargés, chacun en ce qui le concerne, de l'exécution du présent arrêté. — DE LANESSAN.

Voy.: **Douanes** ; — **Jumenteries**

CHINOIS

1. — 5 décembre 1892. — Arrêté *règlementant le séjour des Chinois au Tonkin.*

I. — Instructions de M. le Gouverneur général

J'ai l'honneur de vous adresser ampliation d'un arrêté règlementant la police des chinois au Tonkin. Il frappe de mesures pénales dont l'Administration peut disposer en matière de haute police, tout chinois qui, résidant sur le territoire du Tonkin, ne serait pas porteur d'une autorisation régulière de séjour, ou qui, y pénétrant par voie de terre, ne serait pas détenteur d'un passeport régulier conformément aux stipulations du traité de Tien-tsin, et de la convention commerciale conclue en exécution de ce traité, ou qui, débarquant en un point du littoral autre que Haïphong, ne se présenterait pas immédiatement à l'autorité administrative la plus voisine du lieu de son débarquement pour lui déclarer son arrivée.

Vous devrez, dans le ressort administratif placé sous votre juridiction, tenir la main à l'exécution stricte de cet arrêté, et donner à vos représentants, chefs de postes militaires ou de postes de milice, les pouvoirs et les instructions nécessaires pour recevoir les déclarations de séjour qui pourraient leur être faites par les chinois immigrants, et pour vérifier les papiers qu'ils leur présenteront. De son côté, M. le Directeur des douanes chargera les chefs de postes douaniers de remplir le même rôle sur tout le littoral et dans tous les points où des postes de douane sont établis, et où ne se trouverait pas de représentant de l'Administration du Protectorat autre que l'agent des douanes.

Les déclarations seront individuelles ou collectives; individuelles, pour les chinois pénétrant isolément sur le territoire du Tonkin; collectives pour ceux y pénétrant en nombre à bord d'une barque ou chaloupe, ou venant, également en nombre, pour être employés dans les exploitations minières ou agricoles. Ces dernières seront faites sur la présentation et sous la responsabilité du patron de la barque ou chaloupe, ou du directeur de l'exploitation minière ou agricole.

Indépendamment de cette déclaration collective, un bulletin individuel, qui en reproduira les dispositions en ce qui concerne chacun des individus qui y sont portés, sera délivré aux intéressés qui y apposeront leur diêm-chi.

Un récépissé de déclaration conforme au modèle ci-annexé sera délivré, soit au déclarant lui-même s'il est isolé, soit au patron de barque ou de chaloupe ou au directeur d'exploitation, si la déclaration concerne plusieurs individus. Mention y sera faite du lieu de destination des immigrants et du délai qui leur est accordé pour gagner ce lieu. Un duplicata du récépissé portant tous les renseignements nécessaires pour constater l'identité des individus qui y sont portés sera transmis au représentant de l'Administration en ce lieu, pour qu'il puisse vérifier cette identité à l'arrivée des immigrants.

Dans les ports du littoral, tout asiatique étranger faisant partie des équipages de barque ou chaloupes, sera présenté au représentant de l'administration du lieu de débarquement par le patron de ces embarcations et recevra un permis de séjour spécial, permettant la constatation de son identité, qu'il devra présenter à toute réquisition et rendre au moment de son départ.

A sa sortie du Tonkin par voie de terre ou de mer, tout asiatique étranger devra justifier par la production d'un passeport régulier, ou, s'il provient du personnel d'une exploitation minière ou agricole, d'un certificat émanant du directeur de cette exploitation, qu'il quitte le pays dans des conditions normales. Ce certificat, à défaut de passeport, devra contenir tous les éléments propres à la constatation de l'identité du porteur.

Tout asiatique étranger qui ne remplirait pas ces formalités, sera passible des rigueurs pénales dont dispose l'administration.

Vous procéderez à l'arrestation des contrevenants, et vous m'en informerez par la voie hiérarchique, pour que je puisse prendre telles dispositions qui conviendront.

Vous voudrez bien aviser MM. les directeurs des exploitations minières ou agricoles de votre circonscription, employant sur leur exploitation la main-d'œuvre chinoise, des prescriptions de cette circulaire et leur faire connaître que, dans leur intérêt même, il est de la plus grande importance qu'ils exercent le contrôle le plus étroit sur les asiatiques qu'ils emploient, et vous prendrez vos dispositions pour que la plus grande publicité soit donnée aux instructions de la présente circulaire, qui confirme et complète les prescriptions générales de l'arrêté qui vous est adressé. — De Lanessan.

II. — Arrêté

Article premier. — Tout chinois résidant au Tonkin d'une façon permanente, ne pourra le faire qu'en raison d'un permis de séjour délivré par les autorités administratives du Protectorat, et dont tiendra lieu la justification du paiement de l'impôt de capitation.

Art. 2. — Tout chinois pénétrant au Tonkin par voie de terre, devra être porteur d'un passeport délivré dans les formes diplomatiques convenues entre la France et la Chine.

Art. 3. — Tout chinois pénétrant au Tonkin par voie de mer, en un autre point du littoral que le port de Haïphong, devra, s'il n'est muni du passeport prévu à l'article précédent, faire la déclaration de son arrivée et du lieu de sa destination au représentant de l'administration du Protectorat le plus voisin du lieu de son débarquement, qui lui donnera reçu de cette déclaration.

Art. 4. — Les équipages chinois des barques et chaloupes, seront présentés à la même autorité par les patrons de ces embarcations et recevront, sous la responsabilité desdits patrons, un permis de séjour spécial qu'ils devront présenter à toute réquisition et rendre au moment de leur départ.

Art. 5. — Les contraventions aux mesures ci-dessus seront poursuivies dans la forme ordinaire aux contraventions de même nature.

Art. 6. — Le Résident supérieur du Tonkin est chargé de l'exécution du présent arrêté. — De Lanessan.

2. — 5 décembre 1892. — Arrêté *règlementant le commerce des asiatiques étrangers établis au Tonkin.*

Article premier. — Sont déclarées applicables aux asiatiques étrangers soumis à la loi annamite, et désignés par le décret du 23 août 1871, exerçant un commerce ou une industrie quelconque sur le territoire des pays de Protectorat de l'Annam et du Tonkin, les dispositions énumérées dans les articles ci-après.

Art. 2. — Tout asiatique qui veut faire le commerce

ne pourra en commencer les opérations qu'après s'être présenté à la résidence et avoir fait une déclaration écrite en sa langue ou en français.

Art. 3. — Cette déclaration doit énoncer:

1° Les noms du déclarant et des associés solidaires et en noms, écrits en caractères asiatiques et en français;

2° Les numéros matricules du déclarant et des susdits associés, tels qu'ils sont portés sur les bulletins de séjour et sur leur carte d'impôt. Cette déclaration indiquera également la congrégation à laquelle appartiendront le déclarant et les associés, et devra être certifiée sincère par le chef de congrégation;

3° La désignation précise du lieu de l'exploitation, tant pour le siège principal que pour les succursales de l'exploitation;

4° La raison sociale et la désignation du genre de commerce auquel le déclarant entend se livrer;

5° La signature du déclarant et celle des associés solidaires et en noms;

6° L'empreinte du cachet qui sera la représentation exacte du nom ou de la raison sociale.

Art. 4 — Les dispositions prévues par les paragraphes 1, 2, 3 et 4 de l'article 3, sont également applicables aux gérants et administrateurs.

Art. 5. — Un récépissé de cette déclaration sera délivré pour être affiché au siège de l'exploitation et dans chaque succursale, au-dessous de la patente. Ce récépissé contiendra la traduction en français de la déclaration et l'empreinte du cachet.

Art. 6. — Les livres pourront être tenus dans les formes du pays du commerçant et dans sa langue. Le brouillard, le journal et le grand livre seront cotés et paraphés par le chancelier de la Résidence qui aura reçu la déclaration.

Art. 7. — Tout asiatique commerçant qui veut cesser son commerce, soit par suite de la cession de son fonds, soit par suite de liquidation, soit parce qu'il se retire de la société pour rentrer dans son pays, doit en faire la déclaration en la forme prescrite par l'article 3.

Art. 8. — Les asiatiques exerçant un commerce ou une industrie au moment de l'insertion à *l'Officiel* du présent arrêté devront, avant le têt chinois, c'est-à-dire avant le mois de février 1893, faire les déclarations prescrites par l'article 3.

Art. 9. — Tous les chinois seront répartis en plusieurs grandes congrégations dont le siège sera désigné, et par suite, nul chinois ne pourra s'établir ou circuler dans une partie quelconque du territoire de l'Annam et du Tonkin sans être agréé ou admis présenté par le chef de congrégation. Les présentes dispositions seront également applicables aux centres miniers, avec faculté pour les directeurs de prendre lieu et place des chefs de congrégation.

DISPOSITIONS PÉNALES

Art. 10. — Si une des déclarations et énonciations exigées par les articles 2, 5 et 7 du présent arrêté était omise volontairement, ou venait à être reconnue inexacte, les auteurs de cette ommission ou de cette fausse déclaration seront passibles d'un emprisonnement de 6 jours à 6 mois et d'une amende de 16 francs à 1.000 francs, ou de l'une de ces deux peines seulement.

En cas de simple négligence, une amende de 16 à 500 francs sera seule appliquée.

Art. 11. — Lorsqu'un associé quittera définitivement la colonie, s'il n'a pas fait la déclaration prescrite par l'article 7, chacun des membres de la société à laquelle il aura appartenu sera tenu, dans les huit jours qui suivront son départ, de faire cette déclaration à sa place, sous peine d'un emprisonnement de six jours à trois mois et d'une amende de seize francs à trois cents francs, ou de l'une de ces deux peines seulement.

Art. 12. — Lorsqu'un négociant aura fait usage, dans ses rapports avec des Européens, d'un cachet autre que celui dont l'empreinte est exigée par l'article 4, il sera puni d'une amende de 16 francs à 500 francs.

Art. 13. — L'article 403 du code pénal sera applicable.

Art. 14. — Les contraventions aux dispositions du présent arrêté seront déférées aux tribunaux français dans les territoires des concessions de Hanoi et de Haiphong, et aux tribunaux consulaires dans les autres localités.

Art. 15. — Les Résidents supérieurs en Annam et au Tonkin sont chargés, chacun en ce qui le concerne, de l'exécution provisoire du présent arrêté, qui sera converti en décret dans un délai de six mois. — DE LANESSAN.

CIMETIÈRES

1. — 14 juin 1890. — ARRÊTÉ sur *l'entretien et la police des cimetières.*

Article premier. — Dans tous les centres administratifs du Tonkin, il y aura, à la distance de 50 mètres au moins de leur enceinte, des terrains spécialement consacrés à l'inhumation des morts.

Art. 2. — La police et le soin de l'entretien de ces cimetières appartient, à Hanoi et à Haiphong, aux résidents-maires, et dans les provinces aux résidents et vice-résidents.

Ceux-ci pourvoient d'urgence à ce que toute personne européenne soit inhumée et ensevelie décemment, sans distinction de culte ou de croyance.

Art. 3. — L'art. 25 de l'arrêté du 24 février 1889 est modifié ainsi qu'il suit:

« Pour le choix de l'emplacement réservé dans les « cimetières à la sépulture des militaires décédés, « les maires, résidents et vice-résidents se concer- « teront avec les commandants d'armes chargés du « soin de l'inhumation des militaires, du creusement « de leurs fosses et de l'entretien de leurs « tombes. »

Art. 4. — Chaque inhumation aura lieu dans une fosse séparée; chaque fosse qui sera ouverte aura au moins deux mètres de profondeur sur 80 centimètres de largeur, et sera ensuite remplie de terre bien foulée.

Art. 5. — Les fosses seront distantes les unes des autres de quarante à cinquante centimètres sur les côtés, à la tête et aux pieds.

Art. 6. — L'ouverture des fosses pour de nouvelles sépultures ne pourra avoir lieu qu'après avis préalable du service de santé au Tonkin.

Art. 7. — En vue de faciliter les exhumations et translations de sépultures, un emplacement spécial sera réservé, dans tout cimetière, à l'ensevelissement des personnes décédées par suite de maladies contagieuses.

Art. 8. — Le général commandant en chef les troupes de l'Indo-Chine et le Résident supérieur du Tonkin sont chargés, chacun en ce qui le concerne, de l'exécution du présent arrêté. — PIQUET.

Voy.: **Exhumations;** — **Inhumations.**

CODES FRANÇAIS

1. — 2 octobre 1885. — ARRÊTÉ *promulguant la loi du 12 août 1885, ayant pour objet de modifier plusieurs articles du livre II du code de commerce.*

Article premier. — Est promulguée dans toute l'étendue de l'Annam et du Tonkin, la loi du 12 août 1885, ayant pour objet de modifier plusieurs articles du livre II du code de commerce.

Art. 2. — Le Directeur des affaires civiles et publiques est chargé de l'exécution du présent arrêté, qui sera enregistré, publié et communiqué partout où besoin sera. — WARNET.

Loi du 12 août 1885.

Article premier. — Les articles 216, 258, 262, 263, 265, 315, 334 et 347 du code de commerce sont modifiés ainsi qu'il suit :

« Art. 216. — Tout propriétaire de navire est civilement responsable des faits du capitaine et tenu des engagements contractés par ce dernier pour ce qui est relatif au navire et à l'expédition.

« Il peut, dans tous les cas, s'affranchir des obligations ci-dessus par l'abandon du navire et du fret.

« Toutefois, la faculté de faire abandon n'est point accordée à celui qui est en même temps capitaine et propriétaire du navire. Lorsque le capitaine ne sera que co-propriétaire, il ne sera responsable des engagements contractés par lui, pour ce qui est relatif au navire et à l'expédition, que dans la proportion de son intérêt.

« En cas de naufrage du navire dans un port de mer ou havre, dans un port maritime ou dans les eaux qui leur servent d'accès, comme aussi en cas d'avaries causées par le navire aux ouvrages d'un port, le propriétaire du navire peut se libérer, même envers l'État, de toute dépense d'extraction ou de réparation, ainsi que de tous dommages-intérêts, par l'abandon du navire et du fret des marchandises à bord.

« La même faculté appartient au capitaine qui est propriétaire ou co-propriétaire du navire, à moins qu'il ne soit prouvé que l'accident a été occasionné par sa faute.

Art. 258. — En cas de prise, naufrage ou déclaration d'innavigabilité, les matelots engagés au voyage ou au mois sont payés de leurs loyers jusqu'au jour de la cessation de leurs services, à moins qu'il ne soit prouvé, soit que la perte du navire est le résultat de leur faute ou de leur négligence, soit qu'ils n'ont pas fait tout ce qui était en leur pouvoir pour sauver le navire, les passagers et les marchandises, ou pour recueillir les débris.

« Dans ce cas, il appartient aux tribunaux de statuer sur la suppression de la réduction du loyer qu'ils ont encourue.

« Ils ne sont jamais tenus de rembourser ce qui leur a été avancé sur leurs loyers.

« En cas de perte sans nouvelles, les héritiers ou représentants des matelots engagés au mois auront droit aux loyers échus jusqu'aux dernières nouvelles et à un mois en sus. Dans le cas d'engagement au voyage, il sera dû à la succession des matelots moitié des loyers du voyage.

« Si l'engagement avait pour objet un voyage d'aller et retour, il sera payé un quart de l'engagement total, si le navire a péri en allant, trois quarts

s'il a péri dans le retour, le tout sans préjudice des conventions contraires.

« Dans tous les cas, le rapatriement des gens de l'équipage est à la charge de l'armement, mais seulement jusqu'à concurrence de la valeur du navire ou de ses débris et du montant du fret des marchandises sauvées, sans préjudice du droit de préférence qui appartient à l'équipage pour le payement de ses loyers.

« Art. 262. — Le matelot est payé de ses loyers, traité et pansé aux frais du navire, s'il tombe malade pendant le voyage ou s'il est blessé au service du navire.

« Si le matelot a dû être laissé à terre, il est rapatrié aux dépens du navire ; toutefois le capitaine peut se libérer de tous frais de traitement ou de rapatriement en versant entre les mains de l'autorité française une somme à déterminer d'après un tarif qui sera arrêté par un règlement d'administration publique, lequel devra être révisé tous les trois ans.

« Les loyers du matelot laissé à terre lui sont payés jusqu'à ce qu'il ait contracté un engagement nouveau ou qu'il ait été rapatrié. S'il a été rapatrié avant son rétablissement, il est payé de ses loyers jusqu'à ce qu'il soit rétabli. Toutefois la période durant laquelle les loyers du matelot lui sont alloués ne pourra dépasser, en aucun cas, quatre mois à dater du jour où il a été laissé à terre.

« Art. 263. — Le matelot est traité, pansé et rapatrié de la manière indiquée en l'article précédent, aux dépens du navire et du chargement, s'il est blessé en combattant contre les ennemis et les pirates.

« Art. 265. — En cas de mort d'un matelot pendant le voyage, si le matelot est engagé au mois, ses loyers sont dus à sa succession jusqu'au jour de son décès.

« Si le matelot est engagé au voyage, à profit ou au fret, et pour un voyage d'aller seulement, le total de loyers ou de sa part est dû, s'il meurt après le voyage commencé. Si l'engagement avait pour objet un voyage d'aller et retour, la moitié des loyers et de la part du matelot est due s'il meurt en allant ou au port d'arrivée, la totalité est due s'il meurt en revenant.

« Pour les opérations de la grande pêche, la moitié de ses loyers ou de sa part est due s'il meurt pendant la première moitié de la campagne, la totalité est due s'il meurt pendant la seconde moitié.

« Les loyers du matelot tué en défendant le navire sont dus en entier pour tout le voyage, si le navire arrive à bon port, et, en cas de prise, naufrage ou déclaration d'innavigabilité, jusqu'au jour de la cessation des services de l'équipage.

« Art. 315. — Les emprunts à la grosse peuvent être affectés sur le navire et ses accessoires, sur l'armement et ses victuailles, sur le fret, sur le chargement, sur le profit espéré du chargement, sur la totalité de ces objets conjointement, ou sur une partie déterminée de chacun d'eux.

« Art. 334. — Toute personne intéressée peut faire assurer le navire et ses accessoires, les frais d'armement, les victuailles, les loyers des gens de mer, le fret net, les sommes prêtées à la grosse et le profit maritime, les marchandises chargées à bord et le profit espéré de ces marchandises, le coût de l'assurance, et généralement toutes choses estimables à prix d'argent sujettes aux risques de la navigation.

« Toute assurance cumulative est interdite.

« Dans tous les cas d'assurances cumulatives, s'il y a eu dol ou fraude de la part de l'assuré, l'assurance est nulle à l'égard de l'assuré seulement; s'il n'y a eu ni dol ni fraude, l'assurance sera réduite de toute la valeur de l'objet deux fois assuré; s'il y a eu deux ou plusieurs assurances successives, la réduction portera sur la plus récente. »

« Art. 347. — Le contrat d'assurance est nul s'il a pour objet les sommes empruntées à la grosse. »

Art. 2. — Les articles 259, 318 et 386 du code de commerce sont abrogés.

La présente loi, délibérée et adoptée par le Sénat et par la Chambre des députés, sera exécutée comme loi de l'État.

2. — 30 octobre 1888. — ARRÊTÉ *promulguant les Codes français dans toute l'étendue des pays du Protectorat du Tonkin.*

Article premier. — Sont promulgués dans toute l'étendue des pays du Protectorat du Tonkin :

1° Le code civil ;
2° Le code de procédure civile ;
3° Le code de commerce ;
4° Le code d'instruction criminelle ;
5° Le code pénal métropolitain.

Tels et en l'état qu'ils se trouvent insérés dans l'édition de 1888 du *Recueil des Codes français* de Rivière, Faustin Hélie et Paul Pont, avec toutes les modifications portées au texte principal dans cette édition, et résultant des lois annexes et rattachées, qui font corps avec le texte principal, et se trouvent ainsi promulguées comme lui, mais sous réserve toutefois des modifications introduites tant dans ce texte principal de nos codes qu'aux lois annexes dont il vient d'être parlé, par les décrets organiques spéciaux et la législation particulière à la colonie de Cochinchine ;

6° Le décret du 15 novembre 1887, portant réorganisation de la justice en Cochinchine ;
7° Le décret du 5 juillet 1888, réorganisant la justice en Cochinchine. (Ces deux décrets promulgués pour celles de leurs parties communes aux tribunaux du Tonkin) ;
8° L'article 5, § 1er du décret du 7 mars 1868 (1) ;
9° L'article 5, § 1er du décret du 3 avril 1880 (2) ;
10° Le décret du 25 juin 1879, portant règlement sur le pourvoi en annulation et en cassation ;
11° L'arrêté du chef du pouvoir exécutif du 28 août 1871, énumérant les catégories des indigènes et asiatiques soumis à la loi annamite aux termes du décret organique du 25 juillet 1864.

Art. 2. — Ces promulgations sont faites sous réserve de toutes promulgations de texte faisant partie de la législation en vigueur en Cochinchine qui pourront ultérieurement être jugées nécessaires.

Art. 3. — Provisoirement et par dérogation, il sera procédé comme suit pour la publication des textes ainsi promulgués :

Un exemplaire de chacun de ces textes sera déposé au greffe des tribunaux du Tonkin, et à la résidence supérieure de Hanoi ;

Procès-verbal de ces dépôts sera dressé en double expédition, dont l'une sera classée aux archives du greffe ou de la résidence, et l'autre adressée à M. le Procureur général de l'Indo-Chine pour être classée

au greffe de la cour d'appel de l'Indo-Chine à Saigon.

Art. 4. — Le Résident général en Annam et au Tonkin et le Procureur général chef du service judiciaire de l'Indo-Chine sont chargés, chacun en ce qui le concerne, de l'exécution du présent arrêté, qui sera enregistré partout où besoin sera et inséré aux *Journal* et *Bulletin officiels* du Tonkin. — RICHAUD.

3. — 6 août 1891. — ARRÊTÉ *promulguant le décret du 17 décembre 1890, rendant applicable en Indo-Chine les lois sur la péremption décennale des saisies immobilières, sur les ventes judiciaires d'immeubles, sur les modifications aux articles 106 et 108 du Code de commerce, sur la législation des faillites, et sur la protection des enfants maltraités ou moralement abandonnés.*

Article premier. — Est promulgué dans l'étendue des pays de Protectorat de l'Indo-Chine le décret du 17 décembre 1890, qui y rend applicables :

1° La loi du 2 juin 1881, modifiant l'art. 693 du code de procédure civile ;
2° Celle du 23 octobre 1884, sur les ventes judiciaires d'immeubles ;
3° Celle du 11 avril 1888, modifiant les articles 105 et 108 du code de commerce ;
4° Les lois des 4 mars 1889 et 4 avril 1890, sur la législation des faillites ;
5° La loi du 24 juillet 1889, sur la protection des enfants maltraités ou moralement abandonnés (1).

Art. 2. — Les Résidents supérieurs au Tonkin, en Annam et au Cambodge et le Procureur général chef du service judiciaire de l'Indo-Chine sont chargés, chacun en ce qui le concerne, de l'exécution du présent arrêté. — DE LANESSAN.

DÉCRET *du 17 décembre 1890.*

Article premier. — Sont applicables aux pays de Protectorat de l'Indo-Chine les lois susvisées du 2 juin 1891, modifiant l'article 693 du Code de procédure civile, du 23 octobre 1884, sur les ventes judiciaires d'immeubles, du 11 avril 1888, modifiant les articles 105 et 108 du Code de commerce, des 4 mars 1889 et 4 avril 1890, concernant la législation des faillites, et du 24 juillet 1889, sur la protection des enfants maltraités ou moralement abandonnés.

Art. 2. — Toutefois, ladite loi du 24 juillet 1889 ne sera pas applicable aux indigènes régis pas leur statut personnel et qui n'auront pas obtenu la naturalisation française.

Art. 3. — Le Ministre du Commerce, de l'Industrie et des Colonies, et le Garde des Sceaux, Ministre de la Justice et des Cultes, sont chargés, chacun en ce qui le concerne, de l'exécution du présent décret, qui sera inséré au *Journal officiel*, au *Bulletin des Lois* et au *Bulletin officiel de l'administration des Colonies.* — CARNOT.

4. — 23 octobre 1884. — LOI *sur les ventes judiciaires d'immeubles.*

Article premier. — § 1er. — Les ventes judiciaires d'immeubles, dont le prix principal d'adjudication ne dépassera pas deux mille francs (2.000 fr.), seront l'objet des dégrèvements prévus aux articles 3 et 4 de la présente loi.

---

(1) Sur le recours en cassation contre les décisions rendues par les tribunaux français en Cochinchine.
(2) Modifiant le ressort de la cour d'appel de Saigon.

(1) Les textes de ces deux dernières lois sont publiés à leur ordre alphabétique, V° *Faillite* et *Enfants abandonnés.*

§ 2. — Les lots mis en vente par le même acte seront réunis pour le calcul du prix d'adjudication, et la valeur des lots non adjugés entrera dans ce calcul pour leurs mises à prix.

La vente ultérieure des lots non adjugés profitera du bénéfice de la loi, d'après les mêmes règles.

Art. 2. — § 1er. — Le bénéfice de la présente loi s'applique à toutes les ventes judiciaires d'immeubles de la valeur constatée, comme il est dit en l'article 1er, ainsi qu'à leurs incidents de subrogation, de surenchère et de folle-enchère.

§ 2. — Dans les procédures n'ayant d'autre objet que la vente sur licitation, si les immeubles à liciter, dont les mises à prix seront inférieures à 2.000 francs, appartiennent indivisément à des mineurs ou incapables, et à des majeurs, ces derniers pourront se réunir aux représentants de l'incapable pour que la vente ait lieu sur requête, comme si les immeubles appartenaient seulement à des mineurs. L'avis du conseil de famille ne sera pas nécessaire, lorsque la vente sera provoquée par les majeurs.

§ 3. — Dans les procédures où la licitation est incidente aux opérations de liquidation et partage, le bénéfice de la présente loi sera acquis à tous les actes nécessaires pour parvenir à l'adjudication, à partir du cahier des charges inclusivement; les frais antérieurs ne seront pas employés en frais de vente.

Art. 3. — § 1er. — Lorsque le prix d'adjudication, calculé comme il est dit en l'article 1er, ne dépassera pas deux mille francs (2.000 francs) et sera devenu définitif par l'expiration du délai de la surenchère (prévue par les articles 708 et 965 du Code de procédure civile, et 573 du Code de commerce), toutes les sommes payées au trésor public pour droit de timbre, d'enregistrement, de greffe et d'hypothèque applicables aux actes rédigés en exécution de la loi pour parvenir à l'adjudication, seront restituées ainsi qu'il est stipulé dans l'article 4 ci-après.

§ 2. — Lorsque le prix d'adjudication ne dépassera pas mille francs (1.000 francs), les divers agents de la loi subiront une réduction d'un quart sur les émoluments à eux dus et alloués en taxe, conformément au tarif du 10 octobre 1841.

§ 3. — L'état des frais de poursuite sera dressé par distinction entre les droits du trésor et ceux des agents de la loi; il sera taxé et annexé au jugement ou au procès-verbal d'adjudication.

Art. 4. — § 1er. — Le jugement ou le procès-verbal d'adjudication constatera que le bénéfice de la présente loi est acquis à la vente, si le prix d'adjudication ne dépasse pas deux mille francs (2.000 francs). Il ordonnera la restitution par le trésor public des sommes à lui payées pour les causes énoncées en l'article 3, lesquelles devront être retranchées de l'état taxé; et de plus, il réduira d'un quart les émoluments des agents de la loi compris en l'état, si le prix d'adjudication est inférieur ou égal à mille francs (1.000 francs). La disposition du jugement ou du procès-verbal d'adjudication relative à la fixation des droits à restituer sera susceptible d'opposition pendant trois jours à compter de l'enregistrement de l'acte de vente, de la part des intéressés. Cette opposition sera formée et jugée comme en matière d'opposition à taxe. S'il n'y a pas d'opposition, il en sera justifié par un certificat du greffier; en cas de jugement rendu sur opposition, il sera produit un extrait de ce jugement; le tout aura lieu sans frais.

§ 2. — Le receveur de l'enregistrement qui procèdera à l'enregistrement du jugement ou du procès-verbal d'adjudication, restituera à l'avoué poursuivant, sur sa simple décharge, et sur la remise d'un extrait délivré sans frais de l'ordre de restitution, le tout dans les vingt jours de cette adjudication, les sommes perçues par le trésor public et comprises en l'état taxé.

§ 3. — Le greffier du tribunal ou le notaire délégué pour la vente, délivrera à l'adjudicataire un extrait suffisant pour la transcription de son titre, et au vendeur, mais seulement dans le cas de non-payement du prix ou de non-exécution des conditions de l'adjudication, un extrait en la forme exécutoire.

Art. 5. — Le tribunal devant lequel se poursuivra une vente d'immeubles dont la mise à prix sera inférieure à deux mille francs (2.000 francs), pourra, par le jugement qui doit fixer les jours et les conditions de l'adjudication, ou par le jugement qui autorisera la vente, ordonner : 1° que les placards et insertions ne contiendront qu'une désignation très sommaire des immeubles; le prix des insertions sera la moitié de celui fixé pour les autres ventes judiciaires ; 2° que les placards seront mêmes manuscrits et apposés, sans procès-verbal d'huissier, dans les lieux que le tribunal indiquera, et ce, par dérogation à l'article 699 du Code de procédure civile.

Art. 6. — Les dispositions de la présente loi ne pourront être appliquées qu'aux ventes judiciaires d'immeubles dont la poursuite ne serait pas commencée avant sa promulgation.

5. — 11 avril 1888. — Loi *portant modification aux articles 105 et 108 du Code de commerce.*

Article premier. — Les articles 105 et 108 du Code de commerce sont remplacés par les articles suivants :

« Art. 105. — La réception des objets transportés « et le paiement du prix de la voiture, éteignent « toute action contre le voiturier pour avarie ou « perte partielle, si, dans les trois jours, non com- « pris les jours fériés, qui suivent celui de cette « réception et de ce paiement, le destinataire n'a « pas notifié au voiturier, par acte extrajudiciaire « ou par lettre recommandée, sa protestation « motivée.

« Toutes stipulations contraires sont nulles et de « nul effet.

« Cette dernière disposition n'est pas applicable « aux transports internationaux.

« Art. 108. — Les actions pour avaries, pertes ou « retards, auxquelles peut donner lieu contre le « voiturier le contrat de transport, sont prescrites « dans le délai d'un an, sans préjudice des cas de « fraude ou d'infidélité.

« Toutes les autres actions auxquelles ce contrat « peut donner lieu tant contre le voiturier ou « commissionnaire que contre l'expéditeur ou le « destinataire, aussi bien que celles qui naissent « des dispositions de l'article 541 du code de pro- « cédure civile, sont prescrites dans le délai de cinq « ans.

« Le délai de ces prescriptions est compté, dans « le cas de perte totale, du jour où la remise de la « marchandise aurait dû être effectuée, et, dans « tous les autres cas, du jour où la marchandise aura « été remise ou offerte au destinataire.

« Le délai pour intenter chaque action récursoire « est d'un mois.

« Cette prescription ne court que du jour de
« l'exercice de l'action contre le garant.

« Dans le cas de transports faits pour le compte
« de l'État, la prescription ne commence à courir
« que du jour de la notification de la décision minis-
« térielle emportant liquidation ou ordonnancement
« définitif.

Art. 2. — Dans les cas prévus par la présente loi,
les prescriptions commencées au moment de la promulgation seront acquises par cinq ans à dater de
cette promulgation, si, d'après la loi antérieure, il
reste un temps plus long à courir.

Art. 3. — La présente loi est applicable aux colonies de la Martinique, de la Guadeloupe et de la
Réunion.

6. — 2 juin 1891. — Loi *ayant pour objet la péremption décennale des saisies immobilières
transcrites et non suivies d'adjudication.*

Article unique. — L'article 693 du code de procédure civile est et demeure modifié ainsi qu'il suit:

« Toutefois, la saisie immobilière transcrite cesse
« de plein droit de produire son effet si, dans les dix
« ans de la transcription, il n'est pas intervenu une
« adjudication mentionnée en marge de cette trans-
« cription, conformément à l'art. 716 du code de
« procédure civile.

7. — 8 novembre 1892. — ARRÊTÉ *promulguant la
loi du 19 février 1889, sur la restriction du privilège d'un propriétaire de fonds rural.*

Article premier. — Est promulgué dans toute l'étendue
de l'Indo-Chine, le décret en date du 18 septembre
1892, portant application aux colonies de la loi du
19 février 1889, relative à la restriction du privilège
du bailleur d'un fonds rural et à l'attribution des
indemnités dues par suite d'assurances.

Art. 2. — Le Lieutenant-gouverneur de la Cochinchine, les Résidents supérieurs en Annam, au Tonkin
et au Cambodge et le Procureur général chef du
service judiciaire, sont chargés, chacun en ce qui le
concerne, de l'exécution du présent arrêté, qui sera
publié et enregistré partout où besoin sera. —
DE LANESSAN.

Loi du 19 février 1889

Article premier. — Le privilège accordé au bailleur d'un fonds rural par l'art. 2102 C. C. ne peut
être exercé, même quand le bail a acquis date certaine, que pour les fermages des deux dernières
années échues, de l'année courante, ainsi que pour
tout ce qui concerne l'exécution du bail et pour les
dommages-intérêts qui pourraient lui être accordés
par les tribunaux. La disposition contenue dans
le paragraphe précédent ne s'applique pas aux baux
ayant acquis date certaine avant la promulgation de
la présente loi.

Art. 2. — Les indemnités dues par suite d'assurances contre l'incendie, contre la grêle, contre la
mortalité des bestiaux ou les autres risques, sont
attribuées, sans qu'il soit besoin de délégation
expresse, aux créanciers privilégiés ou hypothécaires,
suivant leur rang. Néanmoins, les paiements faits de
bonne foi avant opposition sont valables.

Art. 3. — Il en est de même des indemnités dues
en cas de sinistre par le locataire ou le voisin, par
application des articles 1733 et 1382 C. C. En
cas d'assurance du risque locatif ou du recours du
voisin, l'assuré ou ses ayants-droit ne pourront tou-

cher tout ou partie de l'indemnité sans que le propriétaire de l'objet loué, le voisin ou le tiers subrogé
à leurs droits, aient été désintéressés des conséquences du sinistre.

Art. 4. — Les dispositions de l'art. 2 ne préjudicieront
pas aux droits des intéressés dans le cas où l'indemnité aurait fait l'objet d'une cession éventuelle à un
tiers, par acte ayant date certaine au jour où la présente loi sera exécutoire, à la condition, toutefois,
que le transport, s'il n'a pas été notifié antérieurement, en conformité de l'art. 1690 C. C., le soit au
plus tard dans le mois qui suivra.

8. — 8 novembre 1892. — ARRÊTÉ *promulguant :
1° la loi du 12 février 1872, sur le privilège
du propriétaire en matière de faillite ; 2° Celle
du 24 mars 1891, sur le recours des chargeurs
contre les capitaines des navires du commerce.*

Article premier. — Est promulgué dans toute
l'étendue de l'Indo-Chine le décret en date du 6 septembre 1892, portant application aux colonies des
lois du 12 février 1872 et 24 mars 1891 qui ont
modifié les articles 435, 436, 450 et 550 du Code
de commerce.

Art. 2. — Le Lieutenant-gouverneur de la Cochinchine, les Résidents supérieurs en Annam, au Tonkin et au Cambodge et le Procureur général chef du
service judiciaire, sont chargés, chacun en ce qui le
concerne, de l'exécution du présent arrêté. — DE
LANESSAN.

I. — Loi du 12 février 1872.

Art. 450. — Les syndics auront pour les baux
des immeubles affectés à l'industrie ou au commerce
du failli, y compris les locaux dépendant de ces immeubles et servant à l'habitation du failli et de sa famille,
huit jours à partir de l'expiration du délai accordé
par l'art. 492 du Code de commerce aux créanciers
domiciliés en France pour la vérification de leurs
créances, pendant lesquels ils pourront notifier au
propriétaire leur intention de continuer le bail, à la
charge de satisfaire à toutes les obligations du locataire. Cette notification ne pourra avoir lieu qu'avec
l'autorisation du juge-commissaire et le failli entendu. Jusqu'à l'expiration de ces huit jours, toutes
voies d'exécution sur les effets mobiliers servant à
l'exploitation du commerce ou de l'industrie du failli,
et toutes actions en résiliation du bail, seront suspendues, sans préjudice de toutes mesures conservatoires, et du droit qui serait acquis au propriétaire
de reprendre possession des lieux loués. Dans ce
cas, la suspension des voies d'exécution établie au
présent article cessera de plein droit. Le bailleur
devra, dans les quinze jours qui suivront la notification qui lui serait faite par les syndics, former sa
demande en résiliation. Faute par lui de l'avoir formée dans ledit délai, il sera réputé avoir renoncé à
se prévaloir des causes de résiliation déjà existantes
à son profit.

Art. 550. — L'art. 2102 C. C. est ainsi modifié à
l'égard de la faillite : Si le bail est résilié, le propriétaire d'immeubles affectés à l'industrie ou au
commerce du failli, aura privilège pour les deux dernières années de location échues avant le jugement
déclaratif de faillite, pour l'année courante, pour
tout ce qui concerne l'exécution du bail et les dommages-intérêts qui pourront lui être alloués par
les tribunaux. Au cas de non résiliation, le bailleur,
une fois payé de tous les loyers échus, ne pourra

pas exiger le paiement des loyers en cours ou à échoir, si les sûretés qui lui ont été données lors du contrat sont maintenues, ou si celles qui lui ont été fournies depuis la faillite sont jugées suffisantes.

Lorsqu'il y aura vente et enlèvement des meubles garnissant les lieux loués, le bailleur pourra exercer son privilège comme au cas de résiliation ci-dessus, et, en outre, pour une année à échoir à partir de l'expiration de l'année courante, que le bail ait ou non date certaine. Les syndics pourront continuer ou céder le bail pour tout le temps restant à courir, à la charge par eux ou leurs cessionnaires de maintenir dans l'immeuble gage suffisant, et d'exécuter, au fur et à mesure des échéances, toutes les obligations résultant du droit ou de la convention, mais sans que la destination des lieux loués puisse être changée. Dans le cas où le bail contiendrait interdiction de céder le bail ou de sous-louer, les créanciers ne pourront faire leur profit de la location que pour le temps à raison duquel le bailleur aurait touché ses loyers par anticipation, et toujours sans que la destination des lieux puisse être changée.

Le privilège et le droit de revendication établis par le n° 4 de l'article 2102 du C. C. au profit du vendeur d'effets mobiliers, ne peuvent être exercés contre la faillite.

II. — Loi du 24 mars 1891.

Art. 435. — Sont non recevables :

Toutes actions contre le capitaine et les assureurs, pour dommage arrivé à la marchandise, si elle a été reçue sans protestation.

Toutes actions contre l'affréteur pour avaries, si le capitaine a livré les marchandises et reçu son frêt sans avoir protesté.

Toutes actions en indemnité pour dommages causés par l'abordage dans un lieu où le capitaine a pu agir, s'il n'a point été fait de réclamation.

Art. 436. — Les protestations et réclamations sont nulles si elles ne sont faites et signifiées dans les vingt-quatre heures, et si, dans le mois de leur date, elles ne sont suivies d'une demande en justice.

9. — 23 mars 1893. — ARRÊTÉ *promulguant la loi du 6 février 1893, portant modification au régime de la séparation de corps.*

Article premier. — Est promulguée dans toute l'étendue de l'Indo-Chine la loi du 6 février 1893, portant modifications au régime de la séparation de corps.

Art. 2. — Le Lieutenant-gouverneur de la Cochinchine, les Résidents supérieurs en Annam, au Tonkin et au Cambodge, et le Procureur général chef du service judiciaire sont chargés, chacun en ce qui le concerne, de l'exécution du présent arrêté. — DE LANESSAN.

Loi du 6 février 1893

Article premier. — L'article 108 du Code civil est complété ainsi qu'il suit :

« La femme séparée de corps cesse d'avoir pour domicile légal le domicile de son mari.

« Néanmoins, toute signification faite à la femme séparée, en matière de questions d'état, devra également être adressée au mari, à peine de nullité. »

Art. 2. — L'article 299 du Code civil est complété ainsi qu'il suit :

« Par l'effet du divorce, chacun des époux reprend l'usage de son nom. »

Art. 3. — L'article 311 du Code civil est remplacé par les dispositions suivantes :

« Art. 311. — Le jugement qui prononce la séparation de corps, ou un jugement postérieur, peut interdire à la femme de porter le nom de son mari ou l'autoriser à ne pas le porter. Dans le cas où le mari aurait joint à son nom le nom de sa femme, celle-ci pourra également demander qu'il soit interdit au mari de le porter.

« La séparation de corps emporte toujours la séparation de biens.

« Elle a, en outre, pour effet de rendre à la femme le plein exercice de sa capacité civile, sans qu'elle ait besoin de recourir à l'autorisation de son mari ou de justice.

« S'il y a cessation de la séparation de corps par la réconciliation des époux, la capacité de la femme est modifiée pour l'avenir et réglée par les dispositions de l'article 1449. Cette modification n'est opposable aux tiers que si la reprise de la vie commune a été constatée par acte passé devant notaire, avec minute, dont un extrait devra être affiché en la forme indiquée par l'article 1445, et, de plus, par la mention en marge : 1° de l'acte de mariage ; 2° du jugement ou de l'arrêt qui a prononcé la séparation, et enfin par la publication en extrait dans l'un des journaux du département, recevant les publications légales. »

Art. 4. — L'article 248 du Code civil est modifié ainsi qu'il suit :

« L'appel est recevable pour les jugements contradictoires dans les délais fixés par les articles 443 et suivants du Code de procédure civile.

« S'il s'agit d'un jugement par défaut, le délai ne commence à courir qu'à partir du jour où l'opposition n'est plus recevable.

« En cas d'appel, la cause s'instruit à l'audience ordinaire et comme affaire urgente.

« Les demandes reconventionnelles peuvent se produire en appel sans être considérées comme demandes nouvelles.

« Le délai pour se pourvoir en cassation court du jour de la signification à partie pour les arrêts contradictoires et, pour les arrêts par défaut, du jour où l'opposition n'est plus recevable.

« Le pourvoi est suspensif en matière de divorce et en matière de séparation de corps. »

Art. 5. — La présente loi s'applique aux séparations de corps prononcées ou demandées avant sa promulgation.

Art. 6. — Les dispositions contraires à la présente loi sont abrogées.

Art. 7. — La présente loi est applicable aux colonies où les dispositions du Code civil ci-dessus visées sont en vigueur.

La présente loi, délibérée et adoptée par le Sénat et par la Chambre des députés, sera exécutée comme loi de l'État. — CARNOT.

10. — 13 avril 1893. — ARRÊTÉ *promulguant la loi du 9 mars 1891, sur les droits de l'époux sur la succession de son conjoint prédécédé.*

Article premier. — Est promulguée dans toute l'étendue de l'Indo-Chine la loi du 9 mars 1891, relative aux droits de l'époux sur la succession de son conjoint prédécédé, qui modifie les articles 767 et 205 du Code civil.

Art. 2. — Le Procureur général est chargé de

l'exécution du présent arrêté, qui sera publié et enregistré partout où besoin sera. — DE LANESSAN.

Loi du 9 mars 1891

Article premier. — L'article 767 du Code civil est ainsi modifié :

« Art. 767. — Lorsque le défunt ne laisse ni parents au degré successible ni enfants naturels, les biens de sa succession appartiennent en pleine propriété au conjoint non divorcé qui lui survit, et contre lequel n'existe pas de jugement de séparation de corps passé en force de chose jugée.

« Le conjoint survivant non divorcé qui ne succède pas à la pleine propriété, et contre lequel n'existe pas de jugement de séparation de corps passé en force de chose jugée, a, sur la succession du prédécédé, un droit d'usufruit qui est :

« D'un quart, si le défunt laisse un ou plusieurs enfants issus du mariage ;

« D'une part d'enfant légitime le moins prenant, sans qu'elle puisse excéder le quart, si le défunt a des enfants nés d'un précédent mariage ;

« De moitié dans tous les autres cas, quels que soient le nombre et la qualité des héritiers.

« Le calcul sera opéré sur une masse faite de tous les biens existant au décès du *de cujus*, auxquels seront réunis fictivement ceux dont il aurait disposé, soit par acte entre vifs, soit par acte testamentaire au profit de successibles, sans dispense de rapport.

« Mais l'époux survivant ne pourra exercer son droit que sur les biens dont le prédécédé n'aura disposé ni par acte entre vifs, ni par acte testamentaire, et sans préjudicier aux droits de réserve ni aux droits de retour.

« Il cessera de l'exercer dans le cas où il aurait reçu du défunt des libéralités, même faites par préciput et hors part, dont le montant atteindrait celui des droits que la présente loi lui attribue, et, si ce montant était inférieur, il ne pourrait réclamer que le complément de son usufruit.

« Jusqu'au partage définitif, les héritiers peuvent exiger, moyennant sûretés suffisantes, que l'usufruit de l'époux survivant soit converti en une rente viagère équivalente. S'ils sont en désaccord, la conversion sera facultative pour les tribunaux.

« En cas de nouveau mariage, l'usufruit du conjoint cesse s'il existe des descendants du défunt. »

Art. 2. — L'article 205 du Code civil est ainsi modifié :

« Art. 205. — Les enfants doivent des aliments à leurs père et mère ou autres ascendants qui sont dans le besoin. La succession de l'époux prédécédé en doit, dans le même cas, à l'époux survivant. Le délai pour les réclamer est d'un an après le décès et se prolonge, en cas de partage, jusqu'à son achèvement.

« La pension alimentaire est prélevée sur l'hérédité. Elle est supportée par tous les légataires particuliers, proportionnellement à leur émolument.

« Toutefois, si le défunt a expressément déclaré que tel legs sera acquitté de préférence aux autres, il sera fait application de l'article 927 du Code civil. »

Art. 3. — La présente loi est applicable à toutes les colonies où le Code civil a été promulgué.

La présente loi, délibérée et adoptée par le Sénat et par la Chambre des députés, sera exécutée comme loi de l'État. — CARNOT.

11. — 22 juin 1893. — ARRÊTÉ *promulguant en Indo-Chine le décret du 27 février 1893 et la loi du 3 février 1893, complétant les articles 419 et 420 du Code pénal.*

Article premier. — Est promulgué dans toute l'étendue de l'Indo-Chine, le décret du 27 février 1893, portant application aux Colonies de la loi du 3 février 1893, complétant les articles 419 et 420 du code pénal.

Art. 2. — Le Procureur général est chargé de l'exécution du présent arrêté, qui sera communiqué et enregistré partout où besoin sera. — DE LANESSAN.

Loi du 3 février 1893

Article premier. — Sera puni des peines prévues par l'article 420 du code pénal quiconque, par des faits faux ou calomnieux semés à dessein dans le public ou par des voies ou moyens frauduleux quelconques, aura provoqué ou tenté de provoquer des retraits de fonds des caisses publiques ou des établissements obligés par la loi à effectuer leurs versements dans les caisses publiques.

Art. 2. — L'article 463 est applicable aux délits prévus par la présente loi.

La présente loi, délibérée et adoptée par le Sénat et par la Chambre des députés, sera exécutée comme loi de l'État. — CARNOT.

COLIS POSTAUX

1. — 23 septembre 1884. — DÉCRET *sur l'échange des colis postaux entre la France et le Tonkin.*

Article premier. — A partir du 1er octobre prochain, des colis postaux pourront être échangés par la voie des paquebots-poste français entre la France (y compris la Corse, l'Algérie, la Tunisie et les bureaux de poste français établis dans les ports ottomans), d'une part, et le Tonkin, d'autre part.

Art. 2. — L'affranchissement des colis postaux sera obligatoire.

La taxe à payer par l'expéditeur, sera perçue conformément aux indications du tableau ci-après (1) :

LIEU DE DÉPÔT	TAXE DES COLIS postaux à livrer aux destinataires au port de débarquement
Agence de la compagnie maritime au port d'embarquement de la France continentale........	3 fr. 60
Gare de la France continentale................	4 10
Agence de la compagnie maritime au port d'embarquement en Corse ou en Algérie.........	3 85
Agence à l'intérieur de la Corse ou gare d'Algérie.	4 35
Agence de la compagnie maritime au port d'embarquement en Tunisie.................	4 10
Gare de Tunisie..........................	4 60
Bureau de poste français au port d'embarquement en Turquie........................	4 60

Art. 3. — Sont applicables aux colis postaux dont il s'agit, toutes les dispositions des décrets sus-indiqués.

Art. 2. — Le Ministre des postes et des télégraphes est chargé de l'exécution du présent décret, qui sera inséré au *Bulletin des Lois*. — JULES GRÉVY.

(1) Voir ci-après les arrêtés des 6 novembre 1890, 9 février et 10 mai 1893.

2. — 29 septembre 1884. — DÉCRET *portant fixation des taxes et conditions applicables, dans le service colonial, aux colis postaux provenant ou à destination du Tonkin* (1).

Article premier. — Les habitants du Tonkin pourront échanger, par la voie des paquebots-poste français, des colis postaux avec la France (y compris la Corse et l'Algérie), la Tunisie, les bureaux de poste français établis dans les ports ottomans, les colonies françaises du Sénégal, de la Guadeloupe, de la Martinique, de la Guyane française, de Mayotte, de Nossi-Bé et Sainte-Marie-de-Madagascar, de la Réunion, de Pondichéry, de Karikal, de la Cochinchine et de la Nouvelle-Calédonie, ainsi qu'avec l'Allemagne, l'Autriche-Hongrie, la Belgique, la Bulgarie, le Danemark et les Antilles danoises, l'Égypte, l'Italie, le Luxembourg, le Monténégro, la Norvège, les Pays-Bas, le Portugal (y compris les Açores et Madère), la Roumanie, la Serbie, la Suède, la Suisse et la Turquie.

Le nouveau service entrera en activité au Tonkin dès que le présent décret y aura été promulgué.

Art. 2. — L'affranchissement des colis postaux sera obligatoire.

La taxe à payer par l'expéditeur sera perçue conformément aux indications des tableaux ci-après:

I. TAXES *à percevoir par le bureau du port d'embarquement au Tonkin, sur les colis postaux expédiés en France, en Corse, en Algérie, en Tunisie et aux colonies françaises.*

LIEU DE DESTINATION	VOIE DE Transmission	TAXES
		fr. c.
Douane ou agence de la compagnie maritime, au port de débarquement, en France....	Marseille	3 50
Domicile du destinataire, au port de débarquement, en France, desservi par factage....	Idem.	3 75
Gare de France..................	Idem.	4 00
Domicile du destinataire dans une localité de l'intérieur de la France, desservie par factage ou correspondance............	Idem.	4 25
Douane ou agence de la compagnie maritime, au port de débarquement, en Corse ou en Algérie.............	Idem.	3 75
Domicile du destinataire au port de débarquement, en Corse ou en Algérie, desservi par factage................	Idem.	4 00
Agence à l'intérieur de la Corse ou gare d'Algérie.................	Idem.	4 25
Domicile du destinataire, dans une localité de l'intérieur de la Corse ou de l'Algérie desservie par factage ou correspondance........	Idem.	4 50
Douane ou agence de la compagnie maritime ou port de débarquement en Tunisie....	Idem.	4 00
Domicile du destinataire, dans un port de débarquement, en Tunisie, desservi par factage...................	Idem.	4 25
Gare de Tunisie.................	Idem.	4 50
Domicile du destinataire, dans une localité de l'intérieur de la Tunisie desservie par factage ou correspondance.........	Idem.	4 75
Ports de débarquement :		
En Cochinchine...............	Directe.	0 50
Au Sénégal..................	Marseille	5 00
A la Guadeloupe..............	Idem.	6 00
A la Martinique..............	Idem.	6 00
A la Guyane française..........	Idem.	6 00
A la Réunion................	Paquebots français	3 50
A Mayotte..................	Idem.	4 00
A Nossi-Bé..................	Idem.	4 00
A Sainte-Marie-de-Madagascar....	Idem.	4 00
A Pondichéry................	Idem.	1 50
A Karikal..................	Idem.	1 50
En Nouvelle-Calédonie..........	Idem.	3 50

(1) Pour les droits de douane, voyez les instructions du service local, en date du 24 août 1893.

II. — TAXES *à percevoir par le bureau du port d'embarquement au Tonkin, sur les colis postaux à destination des divers pays étrangers.*

PAYS de DESTINATION	TAXES						
	VOIE DE MARSEILLE	VOIE DE MARSEILLE ET DE BELGIQUE	VOIE DE MARSEILLE ET DE SUÈDE	VOIE DE MARSEILLE ET DE DANEMARK	VOIE DE MARSEILLE et de Hambourg HAMMERFEST	VOIE DIRECTE DES PAQUEBOTS FRANÇAIS	VOIE DE SUEZ
	fr. c.	fr. c.	fr. c.	fr. c.	fr. c.	fr. c.	fr. c.
Allemagne........	4 50	5 00	»	»	»	»	»
Antilles danoises....	6 50	»	»	»	»	»	»
Autriche-Hongrie....	5 00	»	»	»	»	»	»
Égypte..........	»	»	»	»	»	»	3 25
Belgique.........	4 50	»	»	»	»	»	»
Luxembourg......	4 25	»	»	»	»	»	»
Bulgarie........	6 25	»	»	»	»	»	»
Monténégro......	5 75	»	»	»	»	»	»
Danemark.......	5 00	»	»	»	»	»	»
Italie (y compris la République de Saint-Marin et Assab).......	4 75	»	»	»	»	»	»
Norvège........	»	»	6 00	5 75	5 25	»	»
Pays-Bas.......	5 00	»	»	»	»	»	»
Portugal.......	5 25	»	»	»	»	»	»
Possessions portugaises { Madère (île de)	5 75	»	»	»	»	»	»
Açores (îles de)	5 75	»	»	»	»	»	»
Roumanie.......	5 75	»	»	»	»	»	»
Serbie.........	5 75	»	»	»	»	»	»
Suède.........	6 25	»	»	»	»	»	»
Suisse.........	4 50	»	»	»	»	»	»
Turquie { Bureaux de poste français Caïfa (voie d'Égypte)....	»	»	»	»	»	4 00	»
Autres pays (voie d'Égypte)....	»	»	»	»	»	»	3 75
Voie de l'intérieur (voie d'Égypte)....	»	»	»	»	»	»	4 50
	»	»	»	»	»	»	4 75

III. — TAXES *à percevoir sur les colis postaux expédiés de diverses colonies françaises.*

LIEU DE DÉPOT	VOIE	TAXES
Bureaux du port d'embarquement :		fr. c.
En Cochinchine........	Directe.	0 50
Au Sénégal..........	Bordeaux.	5 00
A la Guadeloupe......	{Saint-Nazaire ou Bordeaux.	
A la Martinique......		6 00
A la Guyane française..		
A la Réunion.......	Paquebots français.	3 50
A Sainte-Marie de Madagascar..		
A Mayotte........	Idem.	4 00
A Nossi-Bé........		
A Pondichéry......	Idem.	1 50
A Karikal........		
En Nouvelle-Calédonie..	Idem.	3 50

En outre, l'expéditeur d'un colis postal aura à acquitter un droit de timbre de dix centimes dans les colonies où le timbre est en vigueur.

Art. 3. — Sont applicables aux colis postaux à destination ou provenant du Tonkin, toutes celles des dispositions des décrets sus-visés qui n'ont rien de contraire au présent décret.

Art. 4. — Le Ministre des postes et des télégraphes et le Ministre de la marine et des colonies sont chargés, chacun en ce qui le concerne, de l'exécution du présent décret, qui sera inséré au *Bulletin des Lois*. — JULES GRÉVY.

3. — 3 janvier 1885. — DÉCISION *étendant le service des colis postaux à tous les bureaux de poste ouverts en Annam et au Tonkin, et fixant les taxes à percevoir.*

Article premier. — Le service des colis postaux est étendu à tous les bureaux de poste ouverts en Annam et au Tonkin.

Art. 2. — L'Administration des postes et des télégraphes assurera le fonctionnement de ce service d'après les règles générales adoptées dans la Métropole.

Art. 3. — La taxe des colis postaux échangés entre les bureaux de l'Annam et du Tonkin est fixée à un franc, perçu au départ (1).

Art. 4. — *Modifié par arrêté du 1er octobre 1887.*

Art. 5. — Les colis de l'extérieur, arrivant en Annam et au Tonkin, seront livrés à domicile et acquitteront un supplément de taxe de cinquante centimes, à Haïphong, et de un franc partout ailleurs. Ce supplément sera perçu sur le destinataire au moment de la livraison.

Art. 6. — Le Directeur des affaires civiles et politiques est chargé de l'exécution du présent arrêté, qui sera enregistré et communiqué partout où besoin sera (2). — LEMAIRE

4. — 1er septembre 1887. — *Arrêté réglementant l'expédition des colis postaux ainsi que les taxes à percevoir.*

Article premier. — Les bureaux de Qui-nhon et Tourane pour l'Annam, le bureau de Haïphong pour le Tonkin, sont chargés de l'échange des colis postaux avec les agences de la compagnie des Messageries maritimes, d'après les règles générales adoptées dans la métropole.

Art. 2. — Les colis postaux qui n'auront pas été livrés aux destinataires pour une cause quelconque, et que les expéditeurs, dûment consultés, n'auront pas fait retirer ou réexpédier, seront tenus à la disposition de ceux-ci pendant six mois, à partir du jour de l'expédition de l'avis; passé ce délai les colis seront renvoyés au bureau d'origine.

Art. 3. — L'expéditeur de tout colis postal peut obtenir un avis de réception de cet envoi, en payant d'avance un droit fixe de 25 centimes.

Art. 4. — Les taxes locales à percevoir sur les colis provenant ou à destination de l'extérieur sont de cinquante centimes dans les bureaux d'échange et de un franc dans les autres bureaux. Ces taxes sont perçues conformément aux dispositions des articles 3 et 5 de la décision n° 8 du 3 janvier 1885 (3).

(1) Voir ci-après arrêtés des 6 septembre 1890 et 9 février 1893.
(2) Les tableaux annexés à cet arrêté ont été modifiés par celui du 1er septembre 1887, publié ci-après.
(3) Voir ci-après arrêté du 6 juillet 1889 modifiant les taxes pour certains bureaux de l'Annam et du Tonkin, et ceux des 6 novembre 1890, créant le droit du timbre, et 10 mai 1893, sur le change de la piastre.

Art. 5. — Les taxes applicables aux colis postaux à destination de l'extérieur sont en conséquence fixées conformément aux tableaux ci-après.

Art. 6. — Le directeur des postes et des télégraphes est chargé de l'exécution du présent arrêté. — G. BIHOURD.

TAXES *à percevoir par les bureaux de l'Annam et du Tonkin sur les colis postaux expédiés en France, en Corse, en Algérie, à Tripoli de Barbarie et aux colonies françaises.*

LIEU DE DESTINATION	VOIE de TRANSMISSION	NOMBRE DE DÉCLARATIONS en douane	PART REVENANT aux offices étrangers	TAXES à percevoir dans les bureaux d'échange	dans les autres bureaux
Douane ou agence de la compagnie maritime au port de débarquement en France....	Marseille	1	3 50	4 00	4 50
Domicile du destinataire au port de débarquement en France desservi par factage.	—	1	3 75	4 25	4 75
Gare de France....	—	1	4 00	4 50	5 00
Domicile du destinataire dans une localité de l'intérieur de la France desservie par factage ou correspondance.	—	1	4 25	4 75	5 25
Douane ou agence de la compagnie maritime au port de débarquement en Corse ou en Algérie	—	2	3 75	4 25	4 75
Domicile du destinataire au port de débarquement en Corse ou en Algérie desservi par factage.	—	2	4 00	4 50	5 00
Agence à l'intérieur de la Corse ou gare d'Algérie.	—	2	4 25	4 75	5 25
Domicile du destinataire dans une localité de l'intérieur de la Corse ou de l'Algérie, desservi par factage ou correspondance.	—	2	4 50	5 00	5 50
Douane ou agence de la compagnie maritime au port de débarquement en Tunisie....	—	2	4 00	4 50	5 00
Domicile du destinataire dans un port de débarquement en Tunisie desservi par factage.	—	2	4 25	4 75	5 25
Gare de Tunisie.	—	2	4 50	5 00	5 50
Domicile du destinataire dans une localité de l'intérieur de la Tunisie desservie par factage ou correspondance.	—	2	4 75	5 25	5 75
Tripoli de Barbarie.	Paquebots français	2	5 00	5 50	6 00
	Italie	3	5 50	6 00	6 50
Cochinchine.	Paquebots français	»	0 50	1 00	1 50
Réunion.	—	1	3 50	4 00	4 50
Mayotte, Nossibé, Ste-Marie de Madagascar.	—	1	4 00	4 50	5 00
Sénégal.	Marseille	2	5 00	5 50	6 00
Guadeloupe					
Martinique		2	6 00	6 50	7 00
Guyane française.					
Pondichéry, Karikal.	Paquebots français	1	1 50	2 00	2 50
Nouvelle-Calédonie.	—	1	3 50	4 00	4 50

Taxes *à percevoir par les bureaux de l'Annam et du Tonkin sur les colis postaux à destination de divers pays étrangers.*

LIEU DE DESTINATION	VOIE de TRANSMISSION	NOMBRE DE DÉCLARATIONS en douane	PART REVENANT aux offices étrangers	TAXE à percevoir	
				dans les bureaux d'échange	dans les autres bureaux
Allemagne...............	Marseille	2	5 00	5 50	6 00
	Marseille (Belgique)	3	5 50	6 00	6 50
Autriche-Hongrie..........	Marseille	3	5 50	6 00	6 50
	Naples	2	5 00	5 50	6 00
Belgique................	Marseille	2	5 00	5 50	6 00
Bulgarie................	Marseille	4	6 75	7 25	7 75
	Naples	5	6 25	6 75	7 25
Danemark...............	Marseille	3	5 50	6 00	6 50
Antilles danoises.........		3	7 00	7 50	8 00
Egypte.................	Suez	1	3 75	4 25	4 75
Italie, y compris la République de Saint-Marin et Assab....	Marseille	2	5 25	5 75	6 25
	Naples	4	4 75	5 25	5 75
Bureau italien de Massouah....	Marseille	2	5 75	6 25	6 75
	Naples	1	5 25	5 75	6 25
Luxembourg.............	Marseille	2	4 75	5 25	5 75
Monténégro.............	Marseille	4	6 25	6 75	7 25
	Naples	3	5 75	6 25	6 75
Norvège................	Marseille Suède	3	6 50	7 00	7 50
	Danemark	3	6 25	6 75	7 25
	Hambourg Hammerfest	3	5 75	6 25	6 75
Pays-bas................	Marseille	2	5 50	6 00	6 50
Portugal................	Marseille	3	5 75	6 25	6 75
	Marseille	3	6 75	7 25	7 75
Possessions portu- } Açores....	Hambourg Hammerfest	3	4 50	5 00	5 50
gaises } Madère....	Marseille	3	6 25	6 75	7 25
Roumanie...............	Marseille	4	6 25	6 75	7 25
	Naples	3	5 75	6 25	6 75
Serbie.................	Marseille	4	6 25	6 75	7 25
	Naples	3	5 75	6 25	6 75
Suède.................	Marseille	3	6 50	7 00	7 50
Suisse.................		2	5 00	5 50	6 00
Turquie, bureaux de poste français (1)...	Paquebots français	1	4 50	5 00	5 50
Coïfa (voie d'Egypte)........	Suez	2	4 25	4 75	5 25
Autres ports (voie d'Egypte)..	—	2	5 00	5 50	6 00
Villes de l'intérieur (voie d'Egypte)...............	—	2	5 25	5 75	6 25

(1) Alexandrette, Beyrouth (Syrie), Cavalle, Constantinople, les Dardanelles, Dédeagh, Jaffa, (Syrie) Kérassunde, Lattaquié (Syrie), Mersina, Rhodes, Salonique, Samsoun, Smyrne, Trebizonde, Tripoli (Barbarie).

5. — 22 septembre 1888. — Arrangement *concernant l'échange des colis postaux entre l'office de Hong-kong et celui de l'Indo-Chine.*

Article premier. — Des colis postaux pourront être échangés entre Hong-kong et les ports de l'Indo-Chine (Saigon, Haiphong, Tourane, Qui-nhon, Vung-lam ou Xuan-day, Nha-trang), par l'intermédiaire des administrations postales des deux pays.

Art. 2. — Les colis ne devront pas avoir un poids supérieur à *cinq kilos* ou *onze livres* et, comme dimension, ne pas dépasser soixante centimètres ou deux pieds sur une face, et trente centimètres ou un pied sur les deux autres faces.

Ils devront être emballés soigneusement de façon à préserver le contenu, et être scellés d'un cachet à la cire ou d'un plomb.

L'adresse exacte du destinataire devra être inscrite sur le colis.

Art. 3. — Il ne pourra être transporté par colis postal aucune matière explosive, inflammable ou dangereuse, lettre ou note ayant le caractère de correspondances, animaux vivants, liquides pouvant détériorer les correspondances ou les autres colis, opium et objets prohibés par les lois et règlements.

Art. 4. — Il ne sera pas admis de colis avec déclaration de valeur.

Art. 5. — Chaque colis sera accompagné d'une déclaration, signée de l'expéditeur, mentionnant le poids net des objets contenus dans le colis, très exactement la nature de ces objets et le poids brut du colis.

Les administrations déclinent toute responsabilité quant à l'exactitude de ces déclarations, qui peuvent être vérifiées par l'administration des douanes.

Art. 6. — Les droits de douane dont peuvent être passibles les colis seront perçus sur le destinataire.

Art. 7. — Chaque colis sera enregistré au départ et le numéro d'enregistrement porté sur l'adresse et la déclaration en douane.

Art. 8. — La taxe des colis est acquise à l'administration d'origine qui sera chargée, suivant ses règlements particuliers, du payement des droits de mer aux capitaines des vapeurs qui emporteront les colis.

Art. 9. — Il ne sera tenu aucun compte entre les deux administrations pour le service des colis postaux.

Les colis seront transmis dans les dépêches postales et inscrits sur la feuille d'avis avec les objets recommandés.

Art. 10. — Les demandes d'accusé de réception et les déclarations en douane seront annexées à la feuille d'avis.

Art. 11. — La taxe pour le transport d'un colis entre Hong-kong et un point quelconque de l'Indo-Chine est fixée à 5 cents de piastre par *cinq cents grammes* ou par livre. Toutefois les administrations contractantes peuvent fixer un minimum de perception qui ne devra pas dépasser *vingt cents* par colis (1).

La demande d'accusé de réception donnera lieu à une perception supplémentaire de cinq cents. Les accusés de réception seront retournés par les bureaux de poste sous chargement d'office.

Art. 12. — Les colis pour la Cochinchine et le Cambodge seront transmis par les navires allant à Haiphong et ceux pour l'Annam par les navires allant à Tourane ou Qui-nhon.

Art. 13. — Lorsqu'un colis n'aura pu être délivré pour une cause quelconque, l'expéditeur sera avisé par l'intermédiaire de l'administration d'origine. L'expéditeur pourra désigner une autre personne pour retirer le colis ou le faire réexpédier en payant la nouvelle taxe qu'il aurait à acquitter.

Art. 14. — Si, dans un délai de trois mois après l'expédition de l'avis, le bureau de destination n'a reçu aucune instruction, le colis sera vendu et le montant de la vente acquis à l'administration, s'il n'est réclamé par l'expéditeur ou le destinataire dans le délai de six mois après l'expédition de l'avis.

Art. 15. — Les colis contenant des objets à détérioration ou à corruption, qui n'auraient pu être délivrés, peuvent être vendus immédiatement. L'expéditeur en est avisé par l'intermédiaire de

(1) Voir ci-après arrêtés des 6 novembre 1890 et 10 mai 1893, et les instructions du service local, du 21 août 1893.

l'administration d'origine, et le montant tenu à sa disposition ou à celle du destinataire pendant six mois.

Art. 16. — Tout colis contenant des objets corrompus, s'il ne peut être livré immédiatement au destinataire, ou des objets dangereux, sera détruit immédiatement, et un procès-verbal de destruction adressé à l'expéditeur par l'intermédiaire de l'administration d'origine.

Art. 17. — En cas de perte d'un colis, une indemnité de 15 francs sera remise à l'expéditeur ou au destinataire, par l'administration par la faute de laquelle le colis aura été perdu. Les pertes par cas de force majeure, comme sinistre maritime, ne donneront droit à aucune indemnité.

Art. 18. — Les avaries provenant d'un emballage insuffisant ne donnent droit à aucune indemnité.

Art. 19. — Le présent arrangement entrera en vigueur aussitôt après notification réciproque de l'approbation des Gouvernements intéressés.

---

6. — 25 mars 1889. — INSTRUCTION *pour la mise en vigueur de l'arrangement du 22 septembre 1888, relatif à l'échange des colis postaux entre les offices de Hong-kong et de l'Indo-Chine.*

Des colis d'un poids de cinq kilos et au-dessous, à destination de Hong-kong, sont reçus dans les bureaux ouverts au service postal et télégraphique en Annam et au Tonkin.

Ces colis doivent être emballés *soigneusement*, de façon à préserver le contenu, et être scellés d'un plomb ou d'un cachet à la cire.

Leurs dimensions ne peuvent dépasser soixante centimètres sur une face et trente centimètres sur les deux autres faces.

La taxe pour le transport d'un colis du Protectorat sur Hong-kong, est fixée à 0 $ 05 par cinq cents grammes avec un minimum de perception de vingt cents (1).

La taxe des avis de réception de ces colis est fixée à 0 $ 05.

Est prohibée l'insertion dans les colis postaux :

1° Des matières inflammables ou dangereuses ;
2° Des liquides ;
3° Des animaux vivants ;
4° De l'opium et des autres objets prohibés par les règlements ;
5° Des lettres ou notes ayant le caractère de correspondance.

Chaque colis est accompagné d'une déclaration, rédigée et signée par l'expéditeur, sous sa responsabilité, et mentionnant :

1° La nature et le poids net de chacun des objets renfermés dans le colis ;
2° Le poids brut du colis.

Les colis pour l'Annam et le Tonkin sont soumis à Hong-kong aux formalités et restrictions sus-indiquées.

En outre, ils sont tous soumis à la vérification en douane, à leur arrivée dans le Protectorat.

A cet effet, le service postal les transportera par les chaloupes fluviales, *exclusivement*, jusqu'au bureau de douane le plus rapproché du lieu de destination, il en opérera la livraison au receveur ou au chef de poste des douanes, et il avisera les destinataires qu'ils aient à faire opérer le retrait desdits colis.

(1) Voir ci-après arrêté du 6 novembre 1890.

Dispositions générales applicables à Hong-kong et en Indo-Chine.

Si un colis n'a pu être délivré pour une cause quelconque, l'expéditeur est avisé par l'administration du pays d'origine. Il peut désigner une autre personne de la même localité pour opérer le retrait ou le faire réexpédier sur une nouvelle destination, en acquittant la taxe portée au tarif.

Si l'expéditeur avisé n'a donné aucune instruction dans un délai de trois mois, le colis est vendu, et si le montant de la vente n'est pas réclamé dans un délai de six mois, il est acquis à l'administration.

Tout colis contenant des objets sujets à détérioration ou à corruption, qui ne peut être immédiatement délivré au destinataire, est vendu et le prix est tenu, pendant six mois, à la disposition de l'expéditeur ou du destinaire, dûment avisés.

Tout colis contenant des objets corrompus est détruit, si la remise immédiate n'en peut être faite au destinataire. Il en est de même des colis renfermant des objets dangereux.

Copie du procès-verbal de destruction est transmise à l'expéditeur.

Sauf le cas de force majeure la perte d'un colis donne droit à une indemité maximum de 15 francs.

---

7. — 6 juillet 1889. — ARRÊTÉ *limitant les bureaux de postes du Tonkin ouverts au service des colis postaux* (1).

Article premier. — Le service des colis postaux dans l'intérieur du Tonkin est limité aux postes pourvus de bureaux de postes.

Art. 2. — Les colis postaux à destination des postes desservis par les Messageries fluviales continueront à acquitter une taxe de vingt cents.

Ces bureaux sont :

Cam-khé.	Mon-cay.
Cho-bo.	Phu-doan.
Dap-cau (Bac-ninh).	Phu-lang-Thuong.
Hai-duong.	Phu-ly.
Haiphong.	Quang-yen.
Hanoi.	Sept-Pagodes.
Hon-gay.	Son-tay.
Hung-hoa.	Tuyen-quang.
Hung-yen.	Vietri.
Nam-dinh.	Yen-bai.
Ninh-binh.	Vinh.

Art. 3. — Pour les bureaux situés dans les autres régions, le droit à percevoir sera élevé à quarante cents :

Ces bureaux sont :

Bao-ha.	Lao-kay.
Cao-bang.	Na-cham.
Dong-dang.	Thai-nguyen.
Kep.	Thanh-moï.
Lang-son.	That-khé.
Lam.	

La taxe des colis postaux pour l'extérieur sera augmentée de vingt cents dans ces mêmes bureaux.

Art. 4. — Les colis postaux venant de l'extérieur seront dirigés par convois escortés jusqu'au bureau le plus voisin du poste où se trouve le destinataire.

Le receveur préviendra le destinataire qui aura à faire prendre le colis au bureau, et devra acquitter une taxe supplémentaire de vingt cents.

(1) Le tarif établi par cet arrêté a été modifié par celui du 28 octobre 1892, publié ci-après.

Art. 5. — L'envoi des colis postaux par tram ordinaire est interdit.

Art. 6. — Le Résident supérieur au Tonkin et le Résident supérieur en Annam sont chargés de l'exécution du présent arrêté. — PIQUET.

8. — 6 novembre 1890. — ARRÊTÉ *soumettant l'envoi des colis postaux à un droit de timbre.*

Article premier. — A partir du 1er janvier 1891, un droit de timbre de deux cents de piastre sera perçu sur l'expédition de tout colis postal déposé dans les bureaux des postes et télégraphes de l'Indo-Chine, quelle que soit la destination dudit colis.

Art. 2. — Jusqu'à ce qu'une figurine spéciale constatant l'acquit de ce droit ait été créée, il sera fait usage du timbre-poste de 10 centimes, frappé d'une surcharge à l'encre noire d'imprimerie par les soins du service des postes et télégraphes de la Cochinchine, chargé de l'approvisionnement des bureaux de l'Indo-Chine.

Art. 3. — Le Lieutenant-gouverneur de la Cochinchine, les Résidents supérieurs au Tonkin, en Annam et au Cambodge sont chargés, chacun en ce qui le concerne, de l'exécution du présent arrêté. — PIQUET.

9. — 28 octobre 1892. — ARRÊTÉ *fixant la surtaxe à percevoir sur les colis postaux à destination de l'extérieur* (1).

Article premier. — Les taxes additionnelles établies par les arrêtés des 6 juin 1885 et 6 juillet 1889, sur les colis postaux originaires de l'extérieur pour l'Annam et le Tonkin, de même que celles afférentes aux colis provenant de ces mêmes pays pour l'extérieur, sont abolies.

Art. 2. — Aucune surtaxe ne sera, à l'avenir, perçue par les bureaux ouverts au service des colis postaux sur les destinataires de colis provenant de l'extérieur.

Art. 3. — Une nouvelle surtaxe uniforme de 0 fr. 50 sera appliquée aux colis postaux de l'Annam et du Tonkin à destination de l'extérieur.

Art. 4. — Les Résidents supérieurs en Annam et au Tonkin sont chargés, chacun en ce qui le concerne, de l'exécution du présent arrêté. — DE LANESSAN.

10. — 9 février 1893. — ARRÊTÉ *fixant la taxe des colis postaux de la Cochinchine et du Cambodge pour l'Annam et le Tonkin, et réciproquement* (2).

Article premier. — A compter du 1er février 1893, la taxe des colis postaux originaires de la Cochinchine et du Cambodge, et à destination de l'Annam et du Tonkin, et réciproquement, est fixée ainsi qu'il suit :

0 $ 20 cents pour les colis de 3 kilos;
0 $ 30 cents pour les colis de 5 kilos.

Art. 2. — En outre de ces taxes, il continuera à être perçu un droit de 0 $ 02 par colis.

Art. 3. — Les Lieutenant-gouverneur de la Cochinchine et les Résidents supérieurs du Tonkin, de l'Annam et du Cambodge sont chargés, chacun en ce qui le concerne, de l'exécution du présent arrêté. — DE LANESSAN.

(1) Voir arrêté du 9 février 1893.
(2) Voir ci-après arrêtés du 10 mai 1893 et 23 octobre 1893.

11. — 10 mai 1893. — ARRÊTÉ *fixant la conversion du taux de la piastre pour l'affranchissement des colis postaux.*

Rapporté et modifié par arrêté du 23 octobre 1893.

12. — 21 août 1893. — INSTRUCTION *du service des postes et télégraphes sur le mode de perception des droits de douane dus sur les colis postaux.*

Après entente avec le service des douanes, j'ai décidé que la perception et le règlement des droits de douane dus par les destinataires de certains colis postaux venant de l'extérieur, s'effectueraient de la façon suivante :

A l'arrivée au bureau de Haiphong des colis postaux apportés par le courrier français, le receveur transmettra sans retard, au bureau des douanes des Docks, les déclarations en douane qui accompagnent les colis.

Ces documents seront examinés immédiatement et retournés le plus tôt possible, revêtus:

1° Ceux se rapportant à des colis dont le contenu n'est sujet à aucun droit, du visa du receveur des douanes et du timbre du bureau;

2° Ceux se rapportant à des colis donnant lieu à perception, de l'apostille suivante :

DROITS A PERCEVOIR		
Quittance n°		

A la déclaration en douane, le bureau des Docks épinglera une quittance indiquant le montant des sommes à percevoir.

L'expédition des colis, à l'intérieur, s'effectuera comme par le passé.

A l'arrivée des colis à destination, les receveurs devront vérifier avec soin les déclarations en douane, et s'assurer s'il y a des droits à percevoir. Dans le cas de l'affirmative, la remise au destinataire des colis et de la quittance épinglée à la déclaration en douane ne pourra avoir lieu que contre paiement de ces droits.

A Hanoï et à Haiphong et dans les localités pourvues d'un bureau de douane, les sommes ainsi perçues devront être versées, le jour même, au receveur des douanes de la localité, qui en donnera reçu sur les déclarations en douane se rapportant aux colis postaux ayant donné lieu à la perception des taxes.

Dans les localités non pourvues de bureau de douane, la perception des droits s'effectuera comme il est dit plus haut; les sommes perçues seront conservées dans le coffre, dans un endroit spécial, le receveur avisera la direction de la recette faite, et attendra des instructions pour la liquidation des sommes ainsi recouvrées.

Si pour une cause quelconque, un colis grevé de droits de douanes était versé en rebut ou retourné à l'expéditeur, avis de la réexpédition ou de la mise en rebut devrait être envoyé immédiatement à la direction.

Les colis postaux d'origine étrangère, apportés généralement par des vapeurs venant de Hong-kong, seront vérifiés au bureau de Haiphong, par un fonctionnaire des Douanes que le bureau des Docks enverra sur la demande du receveur des Postes.

Ce fonctionnaire déterminera les droits à percevoir pour chaque colis et délivrera la quittance dans la même forme que pour les colis apportés par le courrier français; la récupération des droits sera faite de même.

Si un colis étranger pour lequel on aurait perçu des droits de douane, n'était pas accompagné de la déclaration, le receveur des douanes donnerait reçu de la somme que lui verserait le bureau distributeur, sur une feuille de papier blanc.

En ce qui concerne les colis postaux à destination de l'Annam, les bureaux d'échange de Nha-trang, Qui-nhon et Tourane, procéderont absolument comme le bureau de Haïphong, c'est-à-dire qu'ils enverront au receveur des douanes de la localité, les déclarations accompagnant les colis, et donneront avis à ce fonctionnaire de l'arrivée au bureau de colis d'origine étrangère; l'expédition des colis grevés de droits de douane et la perception de ces droits s'effectueront dans les mêmes conditions qu'au Tonkin.

En Annam comme au Tonkin, les agents seront pécuniairement responsables des sommes qu'ils auront négligé de percevoir sur les destinataires des colis frappés de taxes douanières. — BROU.

13. — 23 octobre 1893. — ARRÊTÉ *rapportant celui du 10 mai 1893, fixant à 3 fr. 30 le taux de conversion de la piastre pour l'affranchissement des colis postaux.*

Article premier. — L'arrêté en date du 10 mai 1893, fixant à 3 fr. 30 le taux de conversion des taxes perçues en Annam et au Tonkin sur les colis postaux expédiés à l'étranger, est abrogé.

Art. 2. — A partir du 1er novembre, ces taxes seront converties au taux officiel du trésor.

Art. 3. — Les Résidents supérieurs en Annam et au Tonkin sont chargés, chacun en ce qui le concerne, de l'exécution du présent arrêté. — RODIER.

COLONISATION

1. — 6 janvier 1892. — INSTRUCTIONS *du Gouverneur général sur le développement du commerce, de l'industrie et de la colonisation du Tonkin.*

Le retour progressif de la tranquillité dans les provinces ou les territoires que vous administrez doit être marqué par un essor, chaque jour plus considérable, des travaux et des entreprises agricoles, industrielles ou commerciales qui développeront la richesse du Tonkin.

Le but principal de l'administration, et pour ainsi dire sa raison d'être, sont de favoriser ce développement par tous les moyens dont elle dispose. Je ne crois pas inutile d'appeler toute votre attention sur ce sujet au moment où l'activité de ce pays trop longtemps éprouvé, se réveille et se manifeste avec une ardeur nouvelle.

Le Gouvernement du Protectorat a déjà fait de grands efforts pour entamer les travaux par lesquels il peut contribuer directement à l'augmentation de la fortune publique. Les routes qui viennent de s'ouvrir, celles qui s'ouvriront encore, les constructions commencées, celles qui vont l'être partout où l'exigera la santé ou le prestige des serviteurs de la France, auront incontestablement la plus heureuse influence sur la mise en valeur du pays, et vous vous attacherez à étudier et à me signaler toutes les améliorations nouvelles qui paraîtraient de nature à concourir au même but.

Mais l'action exercée directement par l'administration sur l'accroissement de la richesse publique n'est que la moindre partie de sa tâche. Elle remplira sa plus utile mission en donnant aux intelligences, aux énergies, aux capitaux accourus au Tonkin, ou qu'elle saura y attirer, l'impulsion et l'appui qu'ils sont en droit de souhaiter.

C'est, en effet, des colons et de leur initiative personnelle que ce pays doit surtout attendre l'immense développement qu'il est susceptible d'acquérir. Plus que toute autre colonie, peut-être, le Tonkin possède un nombre considérable de colons honorables, intelligents et hardis. Ils s'étaient expatriés dans l'espoir légitime de trouver ici, par leur travail, le profit et l'aisance; ils ont jusqu'à ce jour plus souffert que gagné; mais ils ont, dans ces épreuves, affirmé une telle vitalité et un tel courage que leur succès, dans les circonstances nouvelles, ne saurait être douteux si vous les aidez à recueillir le fruit de leur patience et de leurs efforts.

Je n'ai pas besoin de vous prémunir, à l'égard de ces colons, contre l'esprit de méfiance dont l'administration est trop souvent animée. Rien ne justifierait, ici surtout, ces sentiments, et vous n'aurez aucune peine à garder dans vos rapports avec les Européens les égards dus aux plus utiles ouvriers de la prospérité tonkinoise. Vous leur prouverez d'abord l'intérêt que vous portez à leur réussite, en leur épargnant les entraves dont l'autorité française est quelquefois accusée de charger involontairement ses administrés par une tutelle trop méticuleuse. Dans une colonie en voie de formation, la règlementation du travail ou du commerce doit se dégager de tout formalisme inutile: elle doit être aussi simple et aussi tolérante que possible. Fût-ce aux dépens d'un surcroît de peine pour vous et vos subalternes, vous n'imposerez jamais aux colons que le minimum strictement indispensable de démarches ou d'obligations. Vous ferez passer, en un mot, avant votre commodité celle des commerçants et des producteurs.

Vous avez encore bien d'autres moyens de donner à la population laborieuse un secours positif. Dans toutes les circonstances où l'intérêt général ne s'y opposera pas impérieusement, vous appuierez les agriculteurs, industriels ou commerçants, de votre juste influence, dans leurs rapports avec les autorités ou les populations annamites; vous favoriserez leur entrée en relations avec les travailleurs indigènes; vous leur fournirez tous les renseignements en votre pouvoir; vous faciliterez leurs recherches ou leur établissement sur vos circonscriptions; vous mettrez enfin à leur disposition toutes les ressources dont vous pourrez les faire profiter.

Sans jamais léser les intérêts des indigènes dont vous avez la protection, vous vous montrerez aussi larges que possible dans les concessions de terres et les autres avantages sollicités par les colons européens, et vous favoriserez leurs exploitations agricoles, commerciales ou industrielles dans toute la limite de vos propres pouvoirs et de l'influence légitime que vous avez sur les décisions de l'administration centrale.

Vous aiderez les agriculteurs par la protection que vous donnerez à leurs établissements, par la mise à leur disposition des plants ou des graines que nous nous efforçons déjà de produire dans nos jardins d'essai, et en leur procurant, s'il en est besoin, la main-d'œuvre nécessaire à leurs travaux. En cas de

6.

chômage de leurs ouvriers libres, soit pendant le Têt, soit dans d'autres circonstances, vous pourrez parfois leur être fort utile en leur accordant la main-d'œuvre pénale dont vous disposez.

Vous contribuerez d'autre part à la prospérité des commerçants européens en assurant la sécurité de la circulation de leurs marchandises et en les faisant bénéficier, toutes les fois que ce sera possible, de vos moyens de transport ou de protection. Le commerçant et l'industriel européens rencontrent une concurrence redoutable chez l'asiatique, moins astreint à une installation coûteuse ou à de gros frais généraux; votre bienveillance peut, en mainte occasion et sans commettre, bien entendu, la moindre injustice, rendre cette concurrence moins lourde à nos compatriotes. Aux industriels comme aux commerçants, vous pouvez donner de précieux renseignements sur les produits indigènes, sur leur mode d'emploi, sur les perfectionnements à introduire dans le traitement local des matières premières, etc. Je serais heureux de vous voir recueillir soigneusement tous les documents de cet ordre, car ils épargneraient aux nouveaux venus des tâtonnements ou des mécomptes très onéreux.

Je ne vous indique là, Messieurs, que quelques moyens entre beaucoup d'autres, de vous montrer utiles aux colons. Je sais que je n'ai pas besoin d'insister plus longuement sur des principes qui sont déjà les vôtres. C'est par leur application la plus large que vous attirerez et que vous fixerez autour de vous toutes les forces vitales auxquelles notre colonie offre un champ si vaste et si beau, et que vous lancerez décidément le Tonkin dans la voie de la richesse et du progrès. — DE LANESSAN.

2. — 20 juin 1894. — CIRCULAIRE MINISTÉRIELLE *relative aux mesures devant assurer le développement de la colonisation.*

Monsieur le Gouverneur, les questions coloniales ont pris, depuis quelques années, dans les préoccupations de l'opinion publique, une importance et un développement qui imposent au Gouvernement et à l'Administration, à tous ses degrés, un redoublement d'efforts et de sollicitude.

Grâce à l'énergie de nos soldats et de nos explorateurs, grâce à l'heureuse ténacité des hommes d'État qui ont foi dans l'expansion de la France au dehors, malgré l'impopularité dont semblaient frappées, à une époque encore récente, les entreprises lointaines, notre domaine colonial s'est considérablement accru.

Le Parlement, le pays, ont compris la nécessité des dépenses considérables qu'exigeait l'accomplissement de cette grande œuvre.

Il reste aujourd'hui à justifier les sacrifices du passé et ceux que réserve l'avenir, par les résultats qui seront obtenus.

Mettre en valeur les vastes territoires qui nous sont acquis; y créer des exploitations agricoles; développer la force productive des colonies et, par cela même, accroître leurs relations commerciales avec la France; améliorer ou créer les voies de communication et de pénétration : tel est, dans ses grandes lignes, le problème qui s'impose et dont la solution intéresse et préoccupe un nombre de jour en jour plus grand d'hommes dévoués à la cause de l'expansion coloniale.

Dans cette œuvre, le rôle principal appartient à l'initiative privée. Mais l'initiative privée a besoin d'être encouragée et soutenue par le Gouvernement et par ses agents.

C'est sur cette question si délicate et si importante des relations entre l'administration et les colons que je tiens à appeler, d'une façon toute particulière, votre attention.

On a dit fréquemment que la France n'avait que des colonies de fonctionnaires et de soldats. On s'est plaint et on se plaint encore de l'accueil peu encourageant que reçoivent aux colonies ceux de nos concitoyens qui veulent s'y installer, des difficultés, des vexations de toute nature qu'ils rencontrent, des entraves qu'apporte au développement des affaires une réglementation routinière et trop fiscale; on oppose volontiers à l'attitude de nos fonctionnaires celle des représentants des pays étrangers, toujours empressés, dit-on, de servir les intérêts de leurs nationaux, à faciliter leurs entreprises, à prendre fait et cause pour eux toutes les fois qu'ils ont besoin d'être soutenus ou défendus.

Je sais la part d'exagération qu'il y a dans ces récriminations. Je n'ignore pas que le souci de faire respecter la loi et d'assurer au budget les ressources qui lui sont indispensables ne permet pas de donner satisfaction à tous les desiderata du commerce et de l'industrie.

Mais, tout en restant attachée à son devoir professionnel, j'estime que l'Administration peut et doit se considérer comme l'auxiliaire et la protectrice désignée des hommes de bonne volonté, qui consacrent leur énergie, leurs forces et leurs capitaux à la mise en valeur de notre domaine d'outre-mer.

L'Administration doit avoir à cœur de les aider, de les renseigner, de leur faciliter leur tâche, de briser les entraves que des règlements trop étroits, des préjugés, la routine ou de fausses conceptions fiscales peuvent encore opposer au développement et à la vie même des entreprises naissantes.

C'est de cet esprit que vous devez vous inspirer dans les propositions que vous aurez à me soumettre, soit en vue d'amender la réglementation actuellement en vigueur, soit dans l'examen des demandes et des projets sur lesquels vous serez appelé à formuler un avis.

Je vous prie, d'autre part, de donner aux agents placés sous vos ordres des instructions très précises pour qu'ils se conforment scrupuleusement aux indications qui précèdent.

Vous voudrez bien, par un contrôle incessant, par les enquêtes personnelles que vous ferez sur les plaintes dont vous serez saisi, et brisant au besoin par des mesures de rigueur des résistances qui, je l'espère, ne se produiront pas. tenir fermement la main à ce que mes recommandations ne restent pas à l'état de lettre morte.

Je vous prie de m'accuser réception de la présente circulaire et de me tenir au courant, par des communications fréquentes, des mesures que vous croiriez utile de prendre ou de provoquer, pour répondre à ces vues, en favorisant le développement économique de la colonie dont le gouvernement vous a été confié. — DELCASSÉ.

COMITÉ AGRICOLE ET INDUSTRIEL

1. — 20 mars 1885. — DÉCISION *portant création d'un Comité agricole et industriel du Tonkin.*
Rapportée par arrêté du 8 juin 1886.

2. — 8 juin 1886. — Décision *portant création d'un Comité d'études agricoles, industrielles et commerciales.*

Article premier. — Un comité permanent sera chargé de l'étude des questions intéressant l'agriculture, le commerce et l'industrie en Annam et au Tonkin. Ce comité aura, en outre, la préparation, l'organisation et la direction des expositions locales et des envois que le Protectorat pourra faire aux expositions extra-territoriales. Il portera le titre de Comité d'études agricoles, industrielles et commerciales de l'Annam et du Tonkin.

Art. 2. — Les cinquante premiers membres du Comité seront nommés par le Résident général. Cette assemblée étant ainsi constituée, pourra porter le nombre de ses membres titulaires à cent et les renouveler jusqu'à concurrence de ce chiffre, par voie d'élection.

Elle admettra, également par voie d'élection, des membres correspondants en nombre illimité.

Les membres titulaires résident en Annam et au Tonkin.

Art. 3. — Le Comité d'études s'administre et règle lui-même l'ordre de ses séances et les détails de ses travaux. Il est présidé par le Résident supérieur au Tonkin, et choisit les autres membres de son bureau.

Tous les six mois, il adresse au Résident général un rapport succinct sur ses travaux, sans préjudice des demandes et projets qu'il jugera à propos, en tout temps, de lui soumettre.

Art. 4. — Une exposition publique aura lieu tous les ans à Hanoi, à la date fixée par le Résident général. Un concours sera ouvert entre les produits naturels et ouvrés de l'Annam et du Tonkin. Les conditions et le programme de chaque exposition, ainsi que les autres mesures de détail pouvant assurer l'exécution de la présente décision, feront l'objet de règlements particuliers signés du Résident supérieur au Tonkin.

Art. 5. — Des prix seront décernés aux exposants par un jury nommé par le Résident supérieur sur la présentation du Comité d'études, et composé de Français, d'indigènes et d'asiatiques étrangers. Des prix seront distribués en séance solennelle à la fin de l'exposition.

Art. 6. — Sur la proposition du Comité, des primes pourront, en dehors des expositions, être délivrées aux personnes qui se seront signalées par des travaux, des inventions ou des perfectionnements utiles.

Art. 7. — Indépendamment des ressources particulières qu'il pourra posséder, le Comité agricole et industriel reçoit du budget du Protectorat une subvention annuelle dont le quantum sera fixé ultérieurement.

Les dépenses extraordinaires occasionnées par les expositions feront l'objet de crédits spéciaux ouverts par le Résident général, d'après les propositions du Comité.

L'emploi des fonds alloués pour chaque exposition sera justifié dans les formes réglementaires prescrites par le Résident supérieur.

Art. 8. — Il sera publié un bulletin du Comité d'études.

Ce bulletin reproduira les comptes rendus des séances du Comité, les rapports du Comité ou des membres correspondants, enfin les travaux communiqués à l'Administration et dont la publication aura été autorisée.

La publication se fera sous la direction du président du Comité, aux frais du budget du Protectorat.

Art. 9. — Sont abrogées toutes dispositions contraires aux présentes.

Art. 10. — Le Résident supérieur au Tonkin est chargé d'assurer l'exécution de la présente décision. — PAUL BERT.

Voy.: **Agriculture;** — **Industrie.**

COMMERCE. — Voy.: **Chambres de commerce;** — **Navigation;** — **Ports de commerce;** — **Fraudes en matière de ventes;** — **Marques de fabrique et de commerce.**

COMMISSAIRES-PRISEURS

1. — 30 août 1884. — Décision *instituant un commissaire-priseur à Haiphong.*

Rapportée par arrêté du 12 mai 1886.

2. — 12 mai 1886. — Arrêté *concernant la réglementation des attributions, droits et obligations des commissaires-priseurs* (1).

Article premier.

Art. 4. — Il est interdit à tous particuliers et à tous autres officiers publics de s'immiscer dans les prisées et ventes attribuées aux commissaires-priseurs, à peine d'une amende qui ne pourra excéder la moitié du prix des objets prisés ou vendus, ni être au-dessous de 100 francs, sans préjudice de tels dommages-intérêts qu'il appartiendra.

Art. 5. — Les ventes seront faites au comptant; le commissaire-priseur sera responsable de la réalisation immédiate du prix, à moins qu'il n'y ait terme accordé ou consenti par les propriétaires des objets vendus.

Art. 6. — Les commissaires-priseurs pourront recevoir toutes déclarations concernant les ventes, recevoir et viser toutes les oppositions qui y seront formées, introduire devant les autorités compétentes, tous référés auxquels leurs opérations donneraient lieu, et, à cet effet, ajourner par le procès-verbal, les parties intéressées devant lesdites autorités.

Art. 7. — Toute opposition, toute saisie-arrêt formée entre les mains des commissaires-priseurs, toutes significations de jugements qui en prescriront la validité seront sans effet, à moins que l'original desdites opposition, saisie-arrêt, ou signification de jugements, n'ait été visé par le commissaire-priseur, ou, en cas d'absence ou de refus, par le chef du service municipal.

Art. 8. — Les commissaires-priseurs auront la police dans les ventes; ils pourront faire toute réquisition aux dépositaires de la force publique, pour y maintenir l'ordre, et dresser tous procès-verbaux de rébellion.

Art. 9. — Tout traité direct pour la cession, transmission ou exploitation en commun du titre ou clientèle de commissaire-priseur est interdit, à peine de destitution.

La destitution sera même prononcée contre le successeur régulièrement nommé, à quelque époque que soit constatée l'existence d'accords ou de conventions quelconques avec le précédent titulaire.

Art. 10. — Des permissions d'absence pourront être accordées aux commissaires-priseurs. Il sera pourvu à leur remplacement par l'Administration.

(1) Voir ci-après l'arrêté du 10 janvier 1801, laissant subsister du présent tout ce qui réglemente l'exercice des fonctions de commissaire-priseur.

Toute absence prolongée au delà de douze mois les ferait considérer comme démissionnaires.

Art. 11 et 12. — *Modifiés par arrêté du 24 février 1889.*

Art. 13. — Aucun commissaire-priseur ne pourra procéder à une vente sans en avoir fait préalablement la déclaration au service de l'enregistrement. Cette déclaration sera inscrite, à sa date, sur un registre spécial. Elle contiendra les nom, qualité et domicile de l'officier public, du requérant et de la personne dont les meubles seront mis en vente, avec l'indication du jour de l'ouverture de la vente et de l'endroit où elle se fera.

Les copies des déclarations seront transcrites en tête des procès-verbaux de vente. Chaque objet adjugé sera porté de suite au procès-verbal ; le prix y sera inscrit en toutes lettres et en chiffres. Chaque séance sera close et signée par le résident et deux témoins domiciliés.

Art. 14. — Les commissaires-priseurs tiendront un répertoire sur lequel ils inscriront leurs opérations, jour par jour, et qui sera préalablement coté et paraphé à chaque page par le résident.

Ce répertoire, qui énoncera le nom des propriétaires, la nature des objets vendus, la date et le produit de la vente, la quotité des droits d'enregistrement perçus, le montant des autres déboursés et le chiffre des allocations, sera arrêté, tous les trois mois, par le Résident supérieur. Une expédition en sera déposée, chaque année, avant le 1er mars, à la chancellerie de la résidence.

Art. 15. — Toute contravention aux articles 13 et 14 sera punie d'une amende de 25 francs, sans préjudice des dommages-intérêts aux parties, s'il y a lieu. Les amendes seront recouvrées comme en matière d'enregistrement.

Art. 16. — Le résident ou son délégué se transportera dans les lieux où se feront les ventes, à l'effet d'y vérifier les procès-verbaux et les copies des déclarations préalables. Il constatera les contraventions qu'il aurait reconnues (1).

Art. 17. — Les procès-verbaux des commissaires-priseurs seront enregistrés, pour chaque vacation, dans les huit jours de leur date.

Art. 18. — Les commissaires-priseurs se conformeront aux lois, décrets, arrêtés et règlements sur la vente de certaines marchandises, telles que : armes, opium, poudre, munitions, équipements militaires et autres, à l'égard desquelles des précautions ou formalités particulières sont ou seront prescrites.

Art. 19. — Les officiers publics sont placés sous la surveillance du résident, qui leur adresse, au besoin, les avertissements et les injonctions qu'il juge nécessaires. Lorsqu'il y a lieu à suspension ou à révocation, il est statué par le Résident général, sur le rapport du Résident supérieur, qui provoque et transmet les explications de l'inculpé.

Art. 20. — Les commissaires-priseurs se conformeront aux lois générales ou spéciales sur les patentes, les tarifs, l'enregistrement, la tenue des répertoires et leur vérification, en tout ce qui n'a pas été prévu par le présent.

Art. 21. — Tout commissaire-priseur qui cessera ses fonctions, sera tenu de remettre ses minutes à son successeur ou à tel officier public qui sera désigné par le résident.

Art. 22. — *Modifié par arrêté du 24 février 1889.*

(1) Ce soin est aujourd'hui confié aux receveurs de l'enregistrement en vertu de la loi du 22 frimaire an VII.

Art. 23. — . . . .

Art. 24. — Il sera pourvu aux dispositions de détail, en ce qui concerne la fixation des jours de vente, des jours et heures de dépôt des marchandises à vendre et de l'enlèvement des marchandises par les acheteurs, etc., au moyen d'un règlement particulier qui sera affiché dans la salle de vente.

Ce règlement particulier, établi par le commissaire-priseur, sera préalablement soumis à l'approbation du résident.

Art. 25, 26 et 27. — *Modifiés par arrêté du 24 février 1889.* — P. VIAL.

3. — 20 novembre 1886. — ARRÊTÉ *modifiant celui du 12 mai 1886, concernant les commissaires-priseurs.*

L'arrêté du 12 mai 1886, portant réglementation des attributions, droits et obligations des commissaires-priseurs, est modifié et complété ainsi qu'il suit :

Article premier. — *Modifié par arrêté du 10 janvier 1890, publié ci-après.*

Art. 2. — Les commissaires-priseurs qui seront institués au Tonkin y procèderont aux prisées et à la vente aux enchères publiques de tous les biens meubles et marchandises neuves ou d'occasion, à l'exception des droits mobiliers incorporels.

Dans les résidences et vice-résidences où il n'existe pas de commissaire-priseur, les ventes judiciaires d'objets ou marchandises de toute nature et les ventes demandées par les particuliers, d'objets ou marchandises ayant servi, seront faites par les agents remplissant les fonctions d'huissier auprès des tribunaux consulaires. Les prix des ventes faites par les huissiers, seront majorés de 5 p. 100 au profit du trésor. — P. VIAL.

4. — 24 février 1889. — ARRÊTÉ *modifiant certaines dispositions de celui du 12 mai 1886, sur les fonctions des commissaires-priseurs, et fixant leur tarif.*

Article premier. — Les articles 2, 3, 11, 12, 25, 26 et 27 de l'arrêté du 12 mai 1886 sont modifiés comme suit :

Art. 2. — Les commissaires-priseurs qui sont ou seront institués au Tonkin y procèderont exclusivement aux prisées et à la vente aux enchères publiques, soit volontaires ou judiciaires, par suite de décès, de saisies ou de faillites, de tous les biens meubles, objets mobiliers, marchandises neuves, d'occasion, navires, chaloupes à vapeur et autres bâtiments de mer ou de rivière, à l'exception des droits mobiliers incorporels, et sous réserve des dispositions qui viennent d'être prises en ce qui concerne les notaires, les huissiers et les greffiers, et de toutes les dispositions qui pourront être prises ultérieurement en vue de la création d'offices de courtiers de commerce et de charges de greffiers de justices de paix.

Art. 3. — Quand le Gouvernement fera procéder par le ministère des commissaires-priseurs à la vente aux enchères publiques des meubles et objets mobiliers lui appartenant, ainsi que des marchandises, meubles ou objets quelconques provenant de saisies pratiquées par ses agents, les tarifs ci-après des droits alloués subiront une réduction de moitié.

Art. 11. — L'Administration pourra toujours retirer les commissions par elle données, lorsque les titulaires se seront rendus coupables de fautes graves.

Art. 12. — Il est interdit aux commissaires-priseurs, à peine de destitution, de se rendre directement ou indirectement adjudicataire d'objets qu'ils sont chargés de priser ou vendre, d'exercer par eux-mêmes, par personnes interposées ou par prête-noms, la profession de marchands de meubles et autres analogues, et même d'être associés à aucun commerce de cette nature, de vendre de gré à gré et autrement qu'aux enchères publiques, de comprendre dans les ventes les meubles, objets mobiliers non appartenant aux personnes dénommées dans les déclarations ci-après prescrites. À part ces prohibitions, les commissaires-priseurs pourront exercer d'autres emplois cumulativement avec leurs emplois.

Art. 22. — Les commissaires-priseurs seront assujettis à la patente de 3e classe.

Art. 25. — *Rapporté par arrêté du 10 janvier 1890.*

Art. 26. — (1).

Art. 27. — Le tarif ci-dessus ne sera obligatoire que pour les ventes judiciaires. Dans ce cas, la taxe du juge devra toujours être fournie gratuitement par le commissaire-priseur à l'appui de son mémoire de frais. Pour les ventes volontaires, il sera traité de gré à gré, sans toutefois que les droits et frais réclamés par le commissaire-priseur puissent excéder ceux fixés par le tarif.

La taxe pourra toujours être réclamée par la personne qui aura eu recours au ministère du commissaire-priseur, à charge par elle d'acquitter un droit spécial de 2 $ entre les mains de celui-ci.

Art. 2. — Les dispositions du présent arrêté seront exécutoires à partir du 1er mars 1889.

Art. 3. — Toutes dispositions antérieures, contraires au présent arrêté, sont et demeurent abrogées à partir de ce jour.

Art. 4. — Le Résident supérieur du Tonkin est chargé de l'exécution du présent arrêté. — RICHAUD.

5. — *10 janvier 1891.* — ARRÊTÉ *supprimant les charges de commissaires-priseurs à Hanoi et Haiphong, et chargeant exclusivement les huissiers des prisées et ventes publiques.*

Article premier. — Les charges de commissaires-priseurs, instituées à Hanoi et Haiphong, sont et demeurent supprimées.

Art. 2. — Les deux huissiers du Tonkin procéderont à Hanoi et à Haiphong, à l'exclusion de tous autres, et cumulativement avec leur charge, aux prisées et ventes publiques de meubles aux enchères, en se conformant aux arrêtés actuellement en vigueur, sur la profession de commissaire-priseur.

Art. 3. —

Art. 8. — Sont et demeurent abrogés, mais seulement dans celles de leurs dispositions contraires au présent arrêté, les règlements antérieurs en la matière.

Art. 9. — Le présent arrêté entrera en vigueur à compter du jour de la prestation de serment des titulaires.

Art. 10. — Le Résident supérieur p. i. du Tonkin, et le Procureur général chef du service judiciaire de l'Indo-Chine sont chargés, chacun en ce qui concerne, de l'exécution du présent arrêté, qui sera communiqué et enregistré partout où besoin sera. — PIQUET.

Voy. : **Droits de greffe; — Enregistrement; — Huissiers.**

(1) Le tarif des frais et droits à percevoir par les commissaires-priseurs est actuellement déterminé par un arrêté du 4 août 1894, publié V° *Droits de greffe.*

COMMISSARIAT COLONIAL

1. — 5 octobre 1889. — DÉCRET *sur la constitution du corps du commissariat colonial.*

TITRE PREMIER

CONSTITUTION ET SERVICE DU COMMISSARIAT

Article premier. — La portion du corps du commissariat de la marine affectée au service des colonies, prend la dénomination de *commissariat colonial*, et relève exclusivement du ministre chargé des colonies.

Art. 2. — Les officiers du commissariat colonial conservent les attributions qu'ils exerçaient antérieurement dans les possessions et établissements d'outre-mer.

Art. 3. — Les officiers du commissariat colonial demeurent placés sous le régime de la loi du 19 mai 1834.

TITRE II

Art. 4. — Les grades du commissariat colonial sont :

Commissaire général de 1re et 2e classe ;
Commissaire ;
Commissaire-adjoint ;
Sous-commissaire de 1re et 2e classe ;
Aide-commissaire.

Art. 5. — Les différents grades sont conférés par décret, sur la proposition du ministre chargé des colonies.

Art. 6. — L'assimilation de ces grades est établie comme suit :

Les commissaires généraux prennent rang avec les généraux de brigade ;
Les commissaires avec les colonels ;
Les commissaires-adjoints avec les chefs de bataillon ;
Les sous-commissaires avec les capitaines ;
Les aides-commissaires avec les lieutenants.

Art. 7. — Pour la première formation, le nouveau corps se composera exclusivement des officiers provenant de la portion du commissariat de la marine affectée au service des colonies.

Art. 8. — Le cadre du corps sera déterminé, selon les besoins du service, par décision du ministre chargé des colonies.

Art. 9. — *Modifié par décret du 2 octobre 1892.*

TITRE III

DU RECRUTEMENT

Art. 10, 11 et 12. — *Modifiés par décret du 2 octobre 1892.*

Art. 13 et 14. — *Abrogés par décret du 2 octobre 1892.*

TITRE IV

DE L'AVANCEMENT

Art. 15. — Le grade de sous-commissaire de 2e classe sera conféré aux aides-commissaires, 2/3 à l'ancienneté et 1/3 au choix.

Nul ne sera promu au grade de sous-commissaire de 2e classe, s'il ne réunit trois ans de grade d'aide-commissaire, dont deux au moins aux colonies ou à la mer.

Le grade de commissaire-adjoint sera conféré aux sous-commissaires des deux classes, 1/2 à l'ancienneté et 1/2 au choix.

Le grade de commissaire sera conféré au choix aux commissaires-adjoints.

La grade de commissaire général sera conféré au choix aux commissaires.

Art. 16. — Le passage à la 1re classe dans le grade de commissaire général aura lieu au choix, et par décret, après deux ans de service dans la 2e classe ; il s'effectuera à l'ancienneté, par décision du ministre chargé des colonies et du jour où la vacance se sera produite, de la 2e classe à la 1er classe du grade de sous-commissaire. L'effectif de ces deux classes sera partagé en deux portions contenant le même nombre d'officiers.

Art. 17. — Nul officier du commissariat colonial ne pourra être promu à un grade supérieur s'il n'a servi pendant trois ans au moins dans le grade inférieur, sauf les cas déterminés à l'article 15 du présent décret.

Le temps de service aux colonies ou à la mer comptera, au point de vue de l'avancement, pour la moitié en sus de sa durée effective.

Art. 18. — Le choix pour les grades de commissaire colonial, de commissaire-adjoint et de sous-commissaire de 2e classe, porte sur les officiers inscrits sur un tableau d'avancement par une commission supérieure réunie, chaque année, par le ministre chargé des colonies, et dont la composition sera ultérieurement déterminée.

Ce tableau devra être arrêté à la date du 1er janvier.

TITRE V
DES TRAITEMENTS ET SUPPLÉMENTS

Art. 19. — Le traitement des officiers du commissariat colonial et les diverses allocations qui peuvent leur être attribuées, sont fixées par les tableaux annexés au présent décret.

TITRE VI
DE LA DISCIPLINE

Art. 20. — L'autorité disciplinaire est conférée, dans les colonies et pays de Protectorat, au chef du service administratif, chef du corps. Elle s'exerce, dans toutes les parties du service, par les officiers placés sous ses ordres, selon leur rang hiérarchique.

Les officiers du commissariat colonial ne sont punis directement que par leurs supérieurs dans le corps.

Les plaintes dont ils peuvent être l'objet, de la part des officiers des autres corps, sont adressées au service administratif, qui statue.

Art. 21. — Les peines disciplinaires qui leur sont applicables, à l'exception du chef du service administratif, et sans préjudice des pouvoirs réservés au Gouverneur par l'article 25 du présent décret, sont:

Les arrêts simples pendant un mois au plus.

Les arrêts de rigueur pendant le même temps.

Art. 22. — Les officiers du commissariat colonial ne peuvent infliger à leurs subordonnés dans le corps, que les arrêts simples pendant huit jours ou plus.

Les autres peines sont réservées à l'action du chef du service administratif, à qui il est immédiatement rendu compte de toutes les punitions infligées.

Art. 23. — Les punitions s'exécutent dans les conditions définies à l'art. 5 du décret du 21 juin 1858, sur la police et la discipline dans les ports, arsenaux et autres établissements de la marine, dans les colonies, et à bord des bâtiments de l'État.

Art. 24. — Le Gouverneur exerce à l'égard des officiers du commissariat colonial, les pouvoirs disciplinaires qui lui sont conférés par l'art. 8 du décret de 1858 sus-visé.

Art. 25. — En cas de manquement grave commis par le chef du service administratif, le Gouverneur le suspend de ses fonctions et lui offre, dans les conditions déterminées par les ordonnances organiques, les moyens de rentrer en France pour rendre compte de sa conduite au ministre.

Art. 26. — Les dispositions des décrets des 21 juin 1858 et 3 janvier 1884, sur la composition des conseils de guerre et d'enquête appelés à statuer, selon leur gravité, sur les infractions commises par les officiers du commissariat de la marine, sont applicables au corps du commissariat colonial (1).

TITRE VII
DU RANG, DES HONNEURS ET DES PRÉSÉANCES

Art. 27. — Dans les cérémonies publiques aux colonies, le corps du commissariat colonial occupe le rang attribué au commissariat de la marine par le décret du 23 octobre 1883 sur le service dans les places de guerre et villes de garnison.

Dans toutes les circonstances de service, ses membres prennent place parmi les officiers des armées de terre ou de mer, suivant leur grade ou leur ancienneté dans le grade, ou la classe dont ils sont titulaires.

TITRE VIII
DISPOSITIONS TRANSITOIRES

Art. 28. — *Modifié par décret du 2 octobre 1892.*

Art. 29. — Sont abrogées toutes dispositions contraires au présent décret.

Art. 30. — Le président du conseil, ministre du commerce, de l'industrie et des colonies, est chargé de l'exécution du présent décret. — CARNOT.

(1) Voir ci-après article 1er du décret du 21 février 1890.

TARIF N° 1. — *Solde de présence.*

GRADES	EN EUROPE OU EN COURS DE TRAVERSÉE			A PARIS			AUX COLONIES		
	par an	par mois	par jour	par an	par mois	par jour	par an	par mois	par jour
	fr.	fr.	fr.	fr.	fr.	fr.	fr.	fr.	fr.
Commissaire gé- { 1re cl.	13.226 40	1.102 20	36 40	13.813 20	1.151 10	38 37	19.422 00	1.618 50	53 95
néral { 2e cl.	11.217 00	934 80	31 16	11.804 40	983 70	32 79	16.420 80	1.368 00	45 03
Commissaire	9.151 50	762 60	25 42	9.626 40	802 20	26 74	12.621 00	1.051 80	35 06
Commissaire-adjoint	6.328 80	527 40	17 58	6.688 80	557 40	18 58	8.830 80	735 90	24 53
Sous-commissaire { 1re cl.	3.848 40	320 70	10 59	4.035 60	336 30	11 21	6.066 00	505 50	16 85
{ 2e cl.	3.430 80	285 90	9 53	3.621 60	301 80	10 06	5.270 40	439 20	14 64
Aide-commissaire	2.786 40	232 20	7 74	2.919 60	243 30	8 11	4.550 40	379 20	12 64
Supplément aux sous-commissaires ayant douze ans de grade	532 80	44 40	1 48	»	»	»	»	»	»
Élève-commissaire	2.066 40	172 20	5 74	2.199 60	183 30	6 11	3.045 00	253 80	8 64

TARIF N° 2. — *Solde d'absence*

GRADES	CONGÉ à 1/2 solde par jour	EN ACTIVITÉ par jour	EN NON-ACTIVITÉ PIED D'EUROPE infirmités temporaires par an	par mois	par jour	par suite de retraite ou de suspension d'emploi par an	par mois	par jour	PIED COLONIAL infirmités temporaires par jour	retrait d'emploi par jour
	fr.	fr.	fr.	fr.	fr.	fr.	fr.	fr.	fr.	fr.
Commissaire général { 1re classe.	(A) 33 37	20 00	7.240 »	600 »	20 »	5.700 »	480 »	16 »	23 63	18 91
2e —	(A) 27 79	16 09	6.008 40	500 70	16 69	4.800 00	400 50	13 35	19 48	15 58
Commissaire	12 71	13 03	4.906 80	408 90	13 63	3.927 60	327 30	10 91	14 85	11 88
Commissaire-adjoint .	8 79	9 37	3.373 20	281 10	9 37	2.700 »	225 »	7 50	10 27	8 21
Sous-commissaire { 1re classe.	5 35	5 70	1.839 60	153 30	5 11	1.472 40	122 70	4 09	6 32	5 06
2e —	4 77	5 11	1.839 60	153 30	5 11	1.472 40	122 70	4 09	6 32	5 06
Aide-commissaire . .	3 87	4 21	1.818 00	151 50	5 05	1.213 20	101 10	3 37	5 03	4 51
Supplément aux Sous-commissaires n'ayant pas 12 ans de grade . . .	0 74	0 74	»	»	»	»	»	»	»	»
Élève-commissaire . .	2 87	3 20	1.090 80	00 00	3 03	727 20	00 60	2 02	»	»

(A) Solde d'Europe dégagée de tous accessoires (Art. 26 et 96 du décret du 1er juin 1876).

TARIF N° 3. — *Agents du Commissariat*

GRADES	SOLDE D'EUROPE OU DE TRAVERSÉE par an	par mois	par jour	SOLDE COLONIALE par an	par mois	par jour	
	fr. c.	fr. c.	fr. c.	fr. c.	fr. c.	fr. c.	
Agent principal . . .	5.608 80	467 40	15 55	7.390 80	615 90	20 53	(A)
— 1re classe.	3.488 10	290 70	9 69	5.346 00	445 50	14 85	(B)
— 2e classe	3.070 80	255 90	8 53	4.430 80	369 20	12 64	(C)
Sous-agent	2.541 60	211 80	7 06	4.058 20	338 10	11 27	(D)
Commis de 1re classe	2.001 60	166 80	5 56	3.499 80	291 60	9 72	
— 2e —	1.702 80	144 90	4 73	2.998 80	249 90	8 33	
— 3e —	1.400 40	116 70	3 89	2.502 00	208 50	6 95	

(A) Traitement d'un commissaire-adjoint dégagé de l'indemnité de logement.

(B) Traitement d'un sous-commissaire de 1re classe dégagé de l'indemnité de logement.

(C) Traitement d'un sous-commissaire de 2e classe dégagé de l'indemnité de logement.

(D) Traitement d'un aide-commissaire dégagé de l'indemnité de logement.

TARIF N° 4. — *Supplément de résidence dans Paris.*

GRADES	PAR an	PAR mois	PAR jour
	fr. c.	fr. c.	fr. c.
Commissaire général	1.515 60	126 30	4 21
Commissaire	1.213 20	101 10	3 37
Commissaire-adjoint	1.080 00	90 00	3 00
Sous-commissaire	755 00	63 00	2 10
Aide-Commissaire	741 00	61 80	2 06
Élève commissaire	626 40	51 20	1 74
Agent principal	1.080 00	90 00	3 00
Agent	759 00	63 00	2 10
Sous-agent	741 60	61 80	2 06
Commis	601 20	50 10	1 67

TARIF N° 5. — *Indemnité extraordinaire de rassemblement.*

GRADES	PAR mois	PAR jour
	fr.	fr.
Commissaire	00 »	2 »
Commissaire-adjoint	00 »	2 »
Sous-commissaire	41 10	1 37
Aide-commissaire	31 80	1 00
Élève-commissaire	31 80	1 06

TARIF N° 6. — *Fixation de la retenue*

GRADES	EN EUROPE par an	par mois	par jour	À PARIS par an	par mois	par jour	AUX COLONIES par an	par mois	par jour
En cas de logement	fr. c.	fr. c.	fr. c.	fr. c.	fr. c.	fr. c.	fr. c.	fr. c.	fr. c.
Commissaire général . .	1.213 20	101 10	3 37	1.804 00	150 »	5 »	2.404 80	200 40	6 68
Commissaire	964 80	80 00	2 68	1.440 00	120 »	4 »	1.933 20	161 10	5 37
Commissaire-adjoint . .	720 »	60 00	2 01	1.080 00	90 »	3 »	1.440 »	120 »	4 »
Sous-commissaire . . .	360 »	30 90	1 »	547 00	45 »	1 52	720 »	60 »	2 »
Aide-commissaire . . .	244 80	20 90	»	378 00	31 50	1 05	492 20	41 10	1 37
Élève-commissaire . .									
En cas d'ameublement	fr. c.	fr. c.	fr. c.	fr. c.	fr. c.	fr. c.	fr. c.	fr. c.	fr. c.
Commissaire général . .	417 60	34 80	1 16	608 40	50 70	1 69	817 20	68 10	2 72
Commissaire	394 80	27 50	»	493 20	41 10	1 37	644 90	53 70	1 79
Commissaire-adjoint . .	248 40	20 70	»	360 »	30 70	1 »	493 20	41 10	1 37
Sous-commissaire . . .	190 80	15 90	»	284 40	23 70	» 79	360 »	30 »	1 »
Aide-commissaire . . .	133 20	11 10	» 37	190 80	15 90	» 53	248 40	20 70	» 69
Élève-commissaire . .									

2. — 21 février 1890. — Décret *modifiant l'article 10 de celui du 5 octobre 1890, sur la constitution du corps du commissariat colonial.*

Article premier. — Le corps du commissariat colonial est régi par les dispositions du décret du 4 octobre 1889, portant règlement d'administration publique pour l'application aux colonies du code de justice militaire pour l'armée de mer.

Art. 2. — L'article 10 du décret du 5 octobre 1889 est modifié comme suit :

Pour être nommé élève-commissaire, il faut :

1° Être âgé de moins de vingt-huit ans.

Le reste de l'article sans changement.

Art. 3. — Le président du conseil est chargé de l'exécution du présent décret. — CARNOT.

————

3. — 20 août 1890. — Décret *modifiant le recrutement des agents du commissariat colonial, et portant application à ce corps de punitions disciplinaires.*

Article premier. — L'article 1er du décret du 6 juillet 1889 est abrogé et remplacé par les dispositions suivantes :

Les commis de 3° classe sont recrutés, après prélèvement du nombre de places réservées aux sous-officiers commissionnés par la loi du 18 mars 1889, à l'aide d'un concours ouvert le même jour à Paris, dans les ports et aux colonies, suivant les formes déterminées par le règlement ministériel du 22 mars 1884.

Pourront prendre part à ce concours :

1° Les écrivains servant dans les bureaux du service administratif aux colonies ;

2° Les officiers mariniers et les sous-officiers des corps de troupe de la marine ou de la guerre libérés du service ;

3° Les jeunes gens pourvus du diplôme de bachelier ès lettres ou ès sciences, ou du titre d'instituteur ;

4° Les employés titulaires ou auxiliaires des directions de l'intérieur des colonies.

Les candidats devront être âgés de 18 ans au moins, et de 30 ans au plus, à moins qu'ils ne comptent des services antérieurs qui leur permettent de réunir à 55 ans le nombre d'années de service exigé pour l'obtention d'une pension de retraite.

Art. 2. — Les punitions à infliger au personnel administratif secondaire des colonies sont les suivantes :

1° Les arrêts simples pendant un mois au plus ;

2° Les arrêts de rigueur pendant le même temps ;

3° La réprimande ;

4° La prison pour quinze jours au plus ;

5° Le blâme avec inscription au calepin ;

6° La retenue du traitement, n'excédant pas la moitié de ce traitement, pendant deux mois au plus ;

7° La rétrogradation ;

8° Le licenciement ;

9° La révocation.

Art. 3. — Les arrêts simples pendant huit jours au plus, sont infligés par le chef hiérarchique sous les ordres duquel l'agent est placé.

Les arrêts simples de plus de huit jours et arrêts de rigueur, sont prononcés, dans les colonies, par le chef du service administratif, dans les ports de commerce de la métropole, par le chef du service colonial.

La réprimande et la prison sont infligées aux colonies par le Gouverneur, et en France par le ministre chargé des colonies.

Les autres punitions sont également prononcées par le ministre chargé des colonies, sauf en ce qui concerne le licenciement ou la révocation des agents principaux, à l'égard desquels une décision du Président de la République est nécessaire.

Art. 4. — La rétrogradation, le licenciement et la révocation ne peuvent être ordonnés que sur l'avis d'un conseil composé comme il est dit au tableau annexé au présent décret.

L'employé rétrogradé prend le dernier rang de la liste d'ancienneté de son nouvel emploi. Il ne peut être réintégré dans l'emploi dont il était titulaire, qu'après un intervalle d'au moins six mois.

En cas de réintégration, l'employé prendra rang sur la liste d'ancienneté à la date de cette réintégration.

Art. 5. — Les agents licenciés ou révoqués par mesures disciplinaires, ne peuvent pas être réintégrés dans leur ancien corps.

Art. 6. — Le ministre du commerce, de l'industrie et des colonies est chargé de l'exécution du présent décret, qui sera inséré au *Journal officiel* de la République française et au *Bulletin officiel* de l'administration des colonies. — CARNOT.

COMPOSITION *des conseils d'enquête pour le personnel administratif des colonies n'ayant pas qualité d'officier.*

GRADE DE L'INCULPÉ	PRÉSIDENT (1)	MEMBRES (1)	OBSERVATIONS
Agent principal.	1 Commissaire général.	1 Commissaire. 1 Commissaire-adjoint. 2 Agents principaux.	(1) Le président ou les membres du conseil d'enquête peuvent, en cas d'absence ou d'insuffisance numérique, des officiers ou agents indiqués au tableau ci-contre, être remplacés dans la colonie ou en France par des officiers ou agents ayant la même assimilation, ou ayant un grade ou un emploi immédiatement inférieur, mais sans qu'ils puissent être ni moins anciens ni d'un grade moins élevé que l'agent objet de l'enquête.
Agent.	1 Commissaire général.	1 Commissaire. 1 Commissaire-adjoint. 2 Agents.	
Sous-agent.	1 Commissaire général.	1 Commissaire. 1 Commissaire-adjoint. 1 Agent. 1 Sous-agent.	
Commis de 1re, 2e et 3e classes.	1 Commissaire.	1 Commissaire-adjoint. 1 Sous-commissaire. 1 Sous-agent. 1 Commis de 1er, 2e ou 3e classe.	

4. — 25 mars 1893. — ARRÊTÉ MINISTÉRIEL *modifiant l'art. 2 de celui du 14 novembre 1892, sur les conditions d'admission au grade d'aide-commissaire colonial.*

Article premier. — L'article 2 de l'arrêté du 14 novembre 1892, sur les conditions de l'examen pour l'admission au grade d'aide-commissaire colonial est modifié comme suit :

§ 1er. — Conformément aux dispositions de l'article 1er du décret du 10 novembre 1892, un concours pour l'obtention du grade d'aide-commissaire colonial a lieu annuellement à Paris, à l'École coloniale, à l'expiration du temps d'étude exigé des élèves de cette École qui ont suivi le cours spécial du commissariat.

(Le reste du paragraphe sans changement.)

§ 4. — Il est procédé de la manière suivante à la première partie des examens (épreuves écrites) :

Une commission spéciale réunie à Paris et prise parmi les membres du jury prévu au paragraphe 6, détermine, en séance secrète, les deux questions sur l'administration que les candidats doivent traiter par écrit.

Les questions sont enfermées, séance tenante, dans deux paquets distincts, cachetés et scellés, portant une inscription indiquant le jour où chacune d'elles devra être traitée. Elles sont aussitôt remises au président du jury.

(Le reste du paragraphe sans changement.)

§ 8. — Est déclaré inadmissible au grade d'aide-commissaire colonial tout candidat dont les points obtenus dans les différentes parties de l'examen forment un total inférieur à 13 pour l'ensemble du concours, y compris les notes du professeur.

Pour déterminer le rang des candidats reconnus admissibles, ce chiffre est ajouté aux points obtenus dans les cours généraux pendant le séjour à l'École.

Ces renseignements sont fournis au président du jury par le Directeur de l'École coloniale.

§ 9. — La liste de classement établie sur cette triple base est approuvée par le conseil d'administration de l'École, qui l'adresse au Sous-secrétaire d'État des Colonies.

Art. 2. — Toutes les dispositions de l'arrêté du 14 novembre 1892 qui ne sont pas modifiées par le présent arrêté demeurent en vigueur. — DELCASSÉ.

5. — 2 octobre 1892. — DÉCRET *modifiant le mode de recrutement du Commissariat de la marine.*

Article premier. — Les articles 9, 10, 11, 12, 13, 14 et 28 du décret du 5 octobre 1889, sont abrogés et remplacés par les dispositions suivantes, savoir :

« Art. 9. — Les nominations au grade d'aide-commissaire ont lieu exclusivement au concours.

Il est attribué, au maximum, un tiers des vacances qui viennent à se produire dans le cadre des aides-commissaires, aux sous-agents ainsi qu'aux commis de 1re et de 2e classe du Commissariat, âgés de 25 ans au moins et de 35 ans au plus au premier janvier de l'année du concours. Les commis de 1re et de 2e classe doivent, en outre, être titulaires de l'un des diplômes de bachelier ès lettres, de bachelier ès sciences ou de bachelier de l'enseignement moderne et compter au minimum, au 1er janvier de l'année du concours, cinq ans de service dans le personnel des agents du Commissariat des Colonies.

Pour les nominations au grade d'aide-commissaire, les deux premiers tours sont attribués aux élèves sortant de l'École coloniale, et le troisième tour aux candidats provenant du personnel des agents et commis du Commissariat. Les places qui n'auront pu être remplies par cette dernière catégorie de candidats ne sont pas reversibles d'une année sur l'autre ; elles reviennent aux élèves de l'École coloniale.

TITRE III

DU RECRUTEMENT

« Art. 10. — Le Commissariat des Colonies se recrute exclusivement, sauf l'exception mentionnée à l'article précédent, parmi les élèves de l'École coloniale réunissant les conditions suivantes :

1° Être Français ou naturalisés Français ;

2° Être âgés de 21 ans au moins et de 28 ans au plus au 1er juillet de l'année du concours ;

3° Être reconnus propres au service militaire dans les colonies ;

4° Être pourvus du diplôme de licencié en droit au plus tard dans la session de juillet-août de l'année du concours ;

5° Avoir satisfait aux épreuves du concours indiqué ci-dessus, à la sortie de l'École coloniale, dans laquelle les candidats auront suivi, pendant trois années, les cours spécifiés par le règlement constitutif de l'École.

1re année. — Cours généraux.

2e et 3e années. — Cumulativement, cours spécial d'Administration militaire et maritime théorique et pratique, fait par un officier supérieur du Commissariat en activité ou en retraite.

Les élèves peuvent obtenir leur diplôme pendant la durée des trois années d'école.

Toutefois, ceux entrant à l'école en possession de ce diplôme n'y feront qu'un séjour de deux années.

Les élèves qui n'auront pas obtenu le diplôme de licencié en droit, ou qui n'auront pas satisfait aux épreuves du concours pour l'obtention du grade d'aide-commissaire seront, sur l'avis favorable du Conseil d'administration de l'École coloniale, autorisés à faire une année supplémentaire.

« Art. 11. — Après leur nomination, les aide-commissaires seront envoyés dans les ports de commerce où fonctionne une administration coloniale et y accompliront, dans les divers détails, une période de six mois de service, à l'expiration de laquelle ils seront obligatoirement dirigés sur une Colonie.

« Art. 12. — Un arrêté ministériel déterminera le mode de concours et d'examen pour l'obtention du grade d'aide-commissaire.

« Art. 13 et 14. — Abrogés.

TITRE VIII

DISPOSITIONS TRANSITOIRES

« Art. 28. — Dans le cas où le nombre des élèves sortant de l'École coloniale après l'accomplissement du temps d'étude exigé par le présent décret pour être admis dans le Commissariat des Colonies, serait insuffisant pour remplir les vacances d'aide-commissaire existant dans ce corps, le grade d'aide-commissaire pourra être attribué, pendant les années 1892 et 1893, à des élèves de ladite école, licenciés en droit, ayant suivi le cours du Commissariat pendant une année au moins et satisfait aux épreuves du concours mentionné à l'article 12.

« L'élève-commissaire nommé à cet emploi, conformément aux dispositions des articles 10 et 11 du décret du 5 octobre 1889, qui accomplit actuellement son stage dans les colonies sera, exceptionnellement, promu au grade d'aide-commissaire sans avoir terminé ses dix-huit mois de stage et sans être astreint à subir l'examen prévu par le paragraphe premier dudit article. »

Art. 2. — Le Ministre de la Marine et des Colonies est chargé de l'exécution du présent décret, qui sera inséré au *Journal officiel* de la République française et au *Bulletin officiel de l'Administration des Colonies.* — CARNOT.

COMMISSIONS CONSULTATIVES INDIGÈNES

1. — 30 avril 1886. — ARRÊTÉ *instituant au Ton-kin une commission consultative indigène dans chaque province.*

Article premier. — Il est institué au Tonkin une commission consultative composée de notables élus dans toutes les provinces par les chefs et les sous-chefs de canton.

Art. 2. — Dans chaque province il sera élu autant de notables qu'il existe de phu ou préfectures.

Savoir :

Province de Hanoi	. . . .	4
— Ninh-binh	. . . . . .	2
— Nam-dinh	. . . . . .	4
— Hung-yen	. . . . . .	2
— Hai-duong	. . . . . .	4
— Quang-yen	. . . . . .	2
— Son-tay	. . . . . .	5
— Hung-hoa	. . . . . .	4
— Tuyen-quan	. . . . . .	2
— Bac-ninh	. . . . . .	4
— Thai-nguyen	. . . . . .	3
— Lang-son	. . . . . .	2
— Cao-bang	. . . . . .	2

Art. 3. — Ces notables seront élus pour une année.

Art. 4. — Les réunions électorales auront lieu sous la présidence des résidents ou vice-résidents de chaque circonscription, aux lieux et dates déterminés par ces fonctionnaires.

Ne seront éligibles que les Annamites ayant 30 ans révolus au moins, inscrits et faisant déjà partie du conseil des notables de leur commune.

Art. 5. — La commission ainsi formée se réunira à Hanoi, dans la quinzaine qui suivra la date des élections et, d'une manière générale, sur la convocation du Résident supérieur du Tonkin, chaque fois qu'il paraîtra utile de prendre son avis.

Art. 6. — Pendant la durée des déplacements occasionnés par la réunion de la commission, chaque membre aura droit à une indemnité de 3 francs par jour.

Art. 7. — M. le Résident supérieur du Tonkin est chargé d'assurer l'exécution du présent arrêté, qui sera inséré au *Moniteur du Protectorat* et affiché en français et en annamite partout où besoin sera. — PAUL BERT.

2. — 10 mai 1886. — CIRCULAIRE *notifiant l'arrêté qui institue au Tonkin une commission consultative de notables indigènes.*

Je vous adresse un exemplaire de l'arrêté qui institue une assemblée consultative de notables élus par les chefs et sous-chefs de canton (1), pour nous donner le concours de leurs avis et de leurs renseignements sur les questions qui intéressent la population indigène.

Il est nécessaire que cette assemblée ne comprenne que des hommes capables, dévoués à leur pays, aspirant au repos et intéressés au développement de la prospérité générale.

Ils doivent absolument être pris parmi la classe des propriétaires fonciers qui comprend les gens les plus opposés au désordre et aux agitations stériles qui ont dévasté le pays.

Il faut en éloigner les lettrés, qui pourraient

(1) Voir l'arrêté du 30 avril, ci-dessus.

être soupçonnés d'abuser de leur instruction et de leur influence pour s'opposer clandestinement à l'œuvre de la pacification.

C'est pour que vous puissiez exercer une influence salutaire et loyale sur ces élections, qu'elles doivent avoir lieu sous votre présidence.

Aussitôt la décision traduite et bien comprise par vos lettrés et interprètes, veuillez convoquer à votre résidence dans les délais que vous jugerez convenables, les tongs et pho-tongs de chaque phu ou préfecture. Vous réunirez successivement ceux de chaque phu et vous les ferez procéder au choix du notable qui doit représenter leur phu dans l'assemblée ; vous pourrez, dans le cas où ils vous demanderaient une seconde réunion pour avoir le temps de se concerter, faire droit à leur requête.

Lorsque les élections seront terminées pour votre résidence, vous m'en ferez connaître les résultats en me donnant d'eux une appréciation sur les délégués.

Vous remettrez à chacun d'eux une déclaration constatant son élection.

Il n'est pas besoin de vous dire que pour les localités éloignées, où la piraterie interrompt les communications, vous n'aurez pas de convocation à adresser aux tongs et pho-tongs qui sont retenus par le soin de lutter contre les ennemis de leurs administrés.

Vous me rendriez compte de toute difficulté qui pourrait se présenter au cours des élections, afin que j'avise, d'accord avec vous, aux mesures à prendre.

Dans vos rapports avec les indigènes, notamment pour les convocations de notables, employez, selon les termes du traité, le concours des gouverneurs de provinces, en vous assurant de la fidèle transmission des ordres du Résident général. — P. VIAL.

3. — 12 octobre 1886. — ARRÊTÉ *établissant une commission consultative provinciale dans chacune des résidences de Hanoi, Bac-ninh, Haiphong, Nam-dinh et Son-tay.*

Article premier. — Il est établi dans chacune des résidences de Hanoi, Bac-ninh, Haiphong, Nam-dinh, Sontay, une commission consultative provinciale.

Art. 2. — Cette commission sera consultée par le résident sur les questions qui intéressent la province et aussi sur des questions d'intérêt général. Elle aura, en outre, le droit d'émettre spontanément des vœux sur ces deux ordres de questions.

Art. 3. — Les commissions provinciales sont composées de membres élus au scrutin secret, à raison de un par huyen. Ces membres sont élus pour un an.

Art. 4. — Sont électeurs tous les chefs et les sous-chefs de canton du huyen. Sont éligibles tous les notables des villages du huyen.

Art. 5. — La commission provinciale sera réunie au chef-lieu de la résidence par les soins du résident, chaque fois que celui-ci le jugera utile.

Art. 6. — Elle nommera au scrutin secret son président, son vice-président et son secrétaire. Elle tiendra un procès-verbal exact et détaillé de ses séances qui sera gardé aux archives de la résidence.

Art. 7. — Des décisions du Résident général détermineront l'époque et le mode des élections.

Art. 8. — Le Résident supérieur au Tonkin est chargé de l'exécution du présent arrêté. — PAUL BERT.

Voy. : **Administration annamite** ; — **Indigènes.**

COMMISSIONS MUNICIPALES (1). — Voy.: Conseil municipal.

COMMISSIONS SANITAIRES

1. — 24 décembre 1889. — ARRÊTÉ *instituant des commissions sanitaires à Hanoï et à Haïphong.*

Article premier. — Il est institué dans chacune des villes de Hanoï et de Haïphong, une commission chargée de faire des visites inopinées chez les commerçants et débitants de substances alimentaires ou de boissons.

Chaque commission est composée d'un médecin et d'un pharmacien de la marine, à la désignation du directeur du service de santé, et d'un membre de la chambre de commerce, non exerçant, nommé par cette assemblée.

Elle nomme elle même son président, qui la convoque quand il le juge opportun.

Art. 2. — Plusieurs tournées seront faites mensuellement chez les marchands et débitants, sans que le total des vacations puisse dépasser annuellement le nombre de trente pour chaque commission. Elles sont assistées dans leurs tournées par le commissaire de police (2).

Art. 3. — Des échantillons des produits, denrées ou liquides pourront être saisis chez les marchands et débitants. Ils seront portés aux laboratoires des hôpitaux de Hanoï et de Haïphong, pour y être analysés.

Les procès-verbaux d'analyse seront, le cas échéant, transmis à l'autorité judiciaire.

Art. 4. — Tout particulier pourra également, mais à ses frais, et suivant un tarif à établir ultérieurement, présenter à ces laboratoires, pour y être analysés, des échantillons de denrées ou liquides qu'il aurait lieu de suspecter.

Art. 5. — Une somme de cent piastres (100 $) sera versée annuellement au service des hôpitaux, à titre de remboursement de la valeur des produits chimiques employés aux analyses.

Art. 6. — Une indemnité de trois cents piastres (300 $) par an, est allouée à chacun des pharmaciens ayant la charge desdites analyses, et leur sera payée par douzièmes mensuels.

Art. 7. — *Modifié par arrêtés des 25 février et 7 octobre 1893.*

Art. 8. — Le présent arrêté sera applicable à partir du premier janvier 1890.

Art. 9. — La dépense résultant de ces différentes allocations sera imputable au budget du Protectorat.

Art. 10. — Le Résident supérieur au Tonkin et le directeur du service de santé sont chargés, chacun en ce qui le concerne, de l'exécution du présent arrêté. — PIQUET.

2. — 25 février 1893. — ARRÊTÉ *modifiant celui du 24 décembre 1889, sur le fonctionnement des commissions sanitaires de Hanoï et Haïphong (3).*

Article premier. — L'arrêté du 24 décembre 1889 est modifié et complété ainsi qu'il suit:

(1) Des commissions municipales pour les villes de Hanoï et de Haïphong avaient été instituées par Paul Bert dès son arrivée au Tonkin, par arrêtés des 8 janvier, 1er mai et 22 juin 1886.
Ces dispositions se trouvent rapportées par l'arrêté du 19 juillet 1888, créant les conseils municipaux. Nous renvoyons les lecteurs à ce mot.
(2) Voir arrêté du 25 février 1893.
(3) Voir arrêté du 7 octobre 1893.

« Art. 2. — Les commissions sanitaires feront « mensuellement plusieurs tournées chez les com- « merçants et les débitants, sans que le total des « vacations puisse dépasser annuellement le nombre « de 50 pour chaque commission. Elles seront as- « sistées dans leurs tournées par les commissaires « de police.

« Art. 10. — Les Résidents et Vice-résidents chefs « de province sont chargés, dans leurs circonscrip- « tions, de contrôler les denrées et boissons et de « soumettre à une analyse celles qui leur paraîtront « falsifiées ou nuisibles à la santé publique.

« Art. 11. — Les produits à analyser seront adres- « sés par leurs soins à la Résidence supérieure qui « les transmettra à la direction du service de santé.

« Art. 12. — Les pharmaciens autres que ceux « désignés à l'article 6 dudit arrêté recevront, pour « chaque analyse, une indemnité fixe de 25 francs. »

Art. 2. — Le Résident supérieur du Tonkin et le Directeur du service de santé sont chargés, chacun en ce qui le concerne, de l'exécution du présent arrêté. — DE LANESSAN.

3. — 7 octobre 1893. — ARRÊTÉ *allouant une indemnité aux membres des commissions sanitaires.*

Article premier. — L'arrêté du 25 février 1893 précité, est complété ainsi qu'il suit:

« Art. 13. — Il sera alloué une indemnité de deux « piastres (2 $) par vacation, à chacun des membres, « étrangers à l'administration du Protectorat, des « Commissions sanitaires provinciales. »

Art. 2. — Le Résident supérieur du Tonkin est chargé de l'exécution du présent arrêté. — DE LANESSAN.

Voy.: **Fraudes en matière de vente.**

COMPÉTENCE. — Voy.: Justice.

COMPTABLES DE MATIÈRES AUX COLONIES. — Voy.: Conseil de guerre.

CONCESSIONS

1. — 7 juillet 1888. — RAPPORT *du Résident général sur les concessions de terre à accorder aux indigènes.*

Un des grands progrès à réaliser dans ce pays serait de fournir au trop plein de population du Delta un moyen de se fixer au sol, en l'intéressant au maintien de l'ordre et à la conservation de la propriété. Depuis assez longtemps, les habitants des régions excentriques du Tonkin, par suite de l'insécurité qui y régnait, se sont entassés peu à peu dans le Delta, et il en résulte une agglomération de gens sans moyens d'existence, qui ne peuvent vivre que de pillage, et fournissent le principal aliment à la piraterie. S'il était possible d'offrir à ces indigènes des débouchés qui les satisfassent, de les rendre, par exemple, propriétaires de terrains, nous en transformerions certainement un grand nombre en défenseurs de la propriété et de l'ordre social. Nous en recueillerions, en outre, les plus grands avantages au point de vue de la production agricole, de l'amélioration de l'état économique du pays, et de l'accroissement de la richesse publique.

Or nous avons, dans le Tonkin, des limites du Delta jusqu'aux frontières, d'immenses étendues à peu près désertes, dont une grande partie a été autrefois cultivée ou est susceptible de culture, et vers lesquelles nous pouvons tenter, avec espoir de succès, de diriger ce trop plein de population. Ces régions jouissent aujourd'hui d'une sécurité relative plus grande, chose singulière, que les régions du Delta, et le moment me paraît venu de mettre à exécution l'idée féconde de la délivrance des concessions de terrains tant aux indigènes qu'aux Européens, en réduisant les formalités aux précautions indispensables pour atteindre le but que nous nous proposons.

Cela a été fait déjà en faveur des Européens, suivant une législation bonne en soi, mais qui me paraît susceptible d'être améliorée. En ce qui concerne les indigènes, je vous proposerai d'adopter, à peu de chose près, le régime suivi en Cochinchine et qui a eu, comme vous le savez, de si beaux résultats. Il a triplé la production agricole et a fait de presque tous les pirates de métier des hommes d'ordre et de conservation sociale.

Au Tonkin, comme partout, l'homme a la passion de la propriété foncière, et le même résultat, sans nul doute, ne tardera pas à se produire.

J'ai, en conséquence, l'honneur de vous proposer de vouloir bien approuver le projet d'arrêté ci-joint, dont S. E. le Kinh-luoc a approuvé les dispositions, et qu'il a bien voulu revêtir de son visa. — E. PARREAU.

2. — 7 juillet 1888. — ARRÊTÉ *règlementant les concessions de terrains à accorder aux indigènes.*

Article premier. — Des concessions de terrains domaniaux, d'une étendue de cinq hectares au maximum, pourront être accordées, à titre perpétuel, aux indigènes et asiatiques étrangers qui en feront la demande.

Art. 2. — Le concessionnaire aura l'obligation de mettre son terrain en culture dans un délai d'un an après la date de la concession; il jouira de la franchise de l'impôt jusqu'au 1er janvier qui suivra la troisième année.

Art. 3. — Au bout de la deuxième année, tout ce qui n'aura pas été cultivé pourra faire retour à l'État sur simple décision administrative. La terrain concédé ne pourra être aliéné qu'à partir du moment où il sera soumis à l'impôt.

Art. 4. — Les pétitionnaires adresseront leur demande au résident de la province où est situé le terrain; elle contiendra l'indication de la contenance et de l'abornement, et un croquis approximatif de la parcelle demandée; elle devra être appuyée d'un certificat du maire visé par le chef du canton, attestant que le terrain appartient à l'État.

Art. 5. — Il sera tenu, dans chaque résidence un registre destiné à l'inscription des concessions accordées, et un titre de propriété sera établi par le résident et envoyé au visa du gouverneur de la province, qui l'inscrira lui-même sur un registre et le retournera à la résidence, pour être remis au pétitionnaire.

Art. 6. — La concession sera immédiatement inscrite au rôle du village avec l'indication de la date à partir de laquelle elle sera soumise à l'impôt.

Art. 7. — Le Résident général en Annam et au Tonkin est chargé de l'exécution du présent arrêté. — RICHAUD.

3. — 7 juillet 1888. — CIRCULAIRE *sur l'application de l'arrêté ci-dessus.*

J'ai l'honneur de vous transmettre ci-inclus:

1° Ampliation d'un arrêté de M. le Gouverneur général *p. i.*, en date du 7 du mois courant, portant règlementation sur les concessions de terrains ruraux à accorder aux indigènes et aux asiatiques étrangers qui en feront la demande.

2° Ampliation d'un rapport que j'ai adressé à M. le Gouverneur général *p. i.* sur le même objet.

Il me paraît inutile d'insister sur l'économie de cette règlementation, d'une simplicité extrême, qui a déjà fait ses preuves en Cochinchine, et dont j'attends les plus grands résultats.

Je vous prie de ne rien négliger pour sa mise en application et pour éviter qu'aucune autorité indigène n'apporte d'opposition ou d'entrave à son fonctionnement.

En transmettant le texte de cet arrêté à S. E. le Kinh-luoc, je prie ce haut fonctionnaire de donner les ordres qu'il convient aux gouverneurs des provinces du Tonkin, afin qu'ils se concertent avec vous au sujet des mesures de détail à prendre pour atteindre le but que nous nous proposons.

A cet effet, je vous serai obligé de me faire connaître, pour chaque village autant que possible, les quantités approximatives de terrains qui pourraient être concédés, en les classant en deux grandes catégories: ceux que l'on peut cultiver en rizières, et ceux qui conviennent aux cultures diverses.

J'appellerai votre attention tout spécialement sur les mesures qu'il conviendra de prendre pour empêcher les fonctionnaires annamites de tout rang de se créer des ressources illicites à l'aide des dispositions du nouvel arrêté. Il y aura lieu, surtout, de veiller à ce que les maires et les chefs de canton n'exigent pas de trop fortes sommes des pétitionnaires pour le certificat et le visa qu'ils doivent délivrer. Ces agissements iraient directement contre notre but, qui est de mettre la propriété à la portée des plus pauvres. Vous pourrez peut-être, pour éviter cet écueil, fixer vous-même, après entente avec les autorités annamites, le prix du certificat et du visa à une somme minime, une demi-ligature par exemple, en tenant la main à ce que ce prix ne soit jamais dépassé.

Je fais, en ce moment, préparer les registres qui vous sont nécessaires; ils vous seront adressés aussitôt qui possible (1). — E. PARREAU.

4. — 5 septembre 1888. — ARRÊTÉ *sur les concessions de terrains ruraux aux Français* (2).

Article premier. — Des concessions de terrains ruraux libres et appartenant à l'État, pourront être accordées aux Français qui en feront la demande, dans le but de créer des exploitations agricoles ou de s'adonner à l'élevage du bétail.

Art. 2. — Ces concessions, provisoires pendant cinq années, deviendront définitives dans les conditions qui seront expliquées plus loin.

Elles donneront lieu à une perception, de la part de l'administration, fixée à 1 franc par hectare.

Art. 3. — Elles ne comprendront que la surface du sol; les mines, carrières, et généralement les produits du sous-sol, seront réservés et soumis à des règles spéciales.

Les rivages de la mer sont également réservés jusqu'à 80 mètres, à partir des plus hautes mers. Il en est de même des rives des fleuves jusqu'à

(1) Voir ci-après circulaire du 7 juin 1889.
(2) Pour la question impôt, voir plus loin arrêté du 11 mai 1891.

25 mètres des rivages. La contenance de chaque concession ne pourra excéder 100 hectares.

Art. 4. — Les pétitionnaires devront joindre à leur demande un plan certifié exact par l'agent des travaux publics de la province où sera située la concession demandée, ainsi qu'un certificat du gouverneur de la province établissant que les terrains demandés appartiennent à l'État, le tout vérifié et certifié par le résident ou vice-résident de la province.

Art. 5. — Les demandes de concession seront portées à la connaissance du public par la voie des journaux et l'affichage en français et en caractères à la résidence supérieure, à la résidence de la province, et à la maison commune du village dont elles dépendent.

Art. 6. — Ces demandes, ainsi que les projets de contrats, plans, seront déposés à la résidence supérieure et à la vice-résidence de la province, où les oppositions seront reçues pendant trois mois.

Passé ce délai, les oppositions ne seront plus admises par l'autorité administrative, et il appartiendra à l'autorité judiciaire de statuer.

Le contrat pourra être signé aussitôt après le règlement des oppositions qui auront été présentées.

En principe, toute personne ayant cultivé depuis moins de deux ans un terrain englobé dans une concession, a droit, même sans posséder de titre, à une indemnité qui sera fixée, par le Résident supérieur, sur la proposition du résident et du tong-doc de la province.

Art. 7. — Dans les huit jours qui suivront la signature du contrat, le demandeur devra justifier du versement à la caisse du payeur de la province, de la somme de 1 franc par hectare précédemment prévue.

Art. 8. — *Modifié par arrêté du 11 mai 1891, publié ci-après.*

Art. 9. — A l'expiration du délai de cinq années, les parties non cultivées, à part le terrain des bâtiments d'exploitation, feront retour au domaine public par simple décision administrative, la somme versée restant acquise en entier au trésor ; le reste pourra faire l'objet d'une concession définitive.

Aussitôt que la concession sera mise en entier en culture, le concessionnaire sera admis, s'il le désire, à présenter une nouvelle demande de concession.

Art. 10. — Le concessionnaire deviendra définitivement propriétaire, si l'exploitation est complète dans le délai de cinq années.

Il ne pourra aliéner ni céder ses droits avant cette époque.

En cas de décès, ses héritiers seront substitués à ses droits. Ils devront se faire représenter par un mandataire spécial, dans un délai qui ne pourra excéder neuf mois, faute de quoi leurs droits deviendront caducs.

En cas d'association, l'administration ne reconnaîtra le droit des associés qu'après la mise en culture totale.

Art. 11. — *Modifié par arrêté du 11 mai 1891, publié ci-après.*

Art. 12. — L'administration ne garantit pas le concessionnaire contre les troubles, évictions, revendications des tiers et contestations de toute nature qui pourraient survenir à partir de la signature du contrat.

Elle se réserve, en outre, le droit de reprendre les portions du terrain concédé, qui lui seraient nécessaires pour l'établissement de routes et travaux d'utilité publique de toute nature, moyennant le remboursement du prix de vente, 1 franc par hectare, et le payement de la valeur des constructions et installations diverses qui se trouveraient sur le terrain exproprié.

Art. 13. — Les tombeaux, pagodes et constructions de toutes sortes, affectées au culte, ne devront subir aucune dégradation du fait du concessionnaire, qui devra toujours en laisser l'accès libre.

Art. 14. — Le terrain concédé est grevé d'un droit de servitude de passage au profit des propriétés privées et communales qui existent ou pourront exister dans le voisinage.

Art. 15. — Tout acte de concession sera enregistré aux frais du concessionnaire. — RICHAUD.

5. — 7 juin 1889. — CIRCULAIRE *au sujet de l'application de l'arrêté du 7 juillet 1888, sur les concessions de terres aux indigènes.*

En vous transmettant à la date du 7 juillet dernier, un arrêté de M. le Gouverneur général relatif aux concessions de terrains domaniaux à accorder aux indigènes et asiatiques étrangers, je vous priais de ne rien négliger pour la mise en application d'une mesure dont la portée pacificatrice ne vous a certainement pas échappé.

Or, près d'une année s'est écoulée depuis la promulgation de cet arrêté et durant ce laps de temps, j'ai le regret de constater le peu d'empressement qu'ont semblé mettre les intéressés à bénéficier des avantages que leur offrait l'administration.

Il convient donc de rechercher les causes d'une abstention particulièrement frappante chez un peuple dont la terre est la passion dominante.

Pour ma part, je serais disposé à croire que cette abstention provient principalement des entraves apportées aux demandes de concessions de leurs administrés, par les chefs de canton et les notables majeurs des villages, portés sans doute à confondre facilement tout terrain domanial avec les biens de la commune. Peut-être aussi le prix minime du visa et du certificat exigés pour la délivrance de ces concessions, n'a-t-il point paru suffisamment rémunérateur à ces fonctionnaires indigènes, pour stimuler leur zèle et les porter à provoquer ou à admettre les demandes.

S'il en était ainsi, je vous inviterais à vous mettre en rapport avec les autorités communales et chefs de canton, pour augmenter dans une proportion raisonnable le prix des certificats et visas dont il s'agit.

Il serait, au contraire, possible que l'abstention que je constate fût le résultat d'exigences excessives manifestées par les autorités.

Quelles qu'en soient les causes, je vous serai obligé de me les faire connaître par un rapport où vous m'indiquerez, d'une part, le nombre des concessions accordées jusqu'à ce jour aux indigènes et asiatiques dans votre province, et où, d'autre part, vous me soumettrez les mesures et modifications qui vous sembleraient de nature à amener les populations du Tonkin à bénéficier plus largement des dispositions bienveillantes de l'administration. — BRIÈRE.

6. — 11 mai 1891. — ARRÊTÉ *modifiant les art: 8 et 11 de celui du 5 septembre 1888, sur les concessions de terrains ruraux aux Français.*

Article premier. — Les art. 8 et 11 de l'arrêté du 5 septembre 1888, sont modifiés ainsi qu'il suit :

« Art. 8. — A l'expiration de la 3e année qui « suivra la date de l'arrêté de concession, le conces- « sionnaire sera tenu d'avoir mis en état de culture

« ou d'exploitation, le tiers au moins de la surface
« dont il aura été déclaré propriétaire à peine d'en-
« courir la déchéance prévue en l'art. 9 ci-après.

« Art. 11. — Le concessionnaire sera soumis au
« paiement de l'impôt foncier de toutes les parties
« mises en culture ou en exploitation, un an après
« la première récolte.

« En tout état de cause, l'impôt foncier deviendra
« exigible sur la totalité de la surface concédée, à
« l'expiration de la 5e année.

Art. 2. — Les pâturages qui seront concédés
dans le but exclusif de l'élevage des bestiaux, seront dispensés de l'impôt foncier pendant les cinq
premières années de la concession.

Art. 3. — Le Résident supérieur au Tonkin est
chargé de l'exécution du présent arrêté. — BIDEAU.

CONCESSION FRANÇAISE. — VOY.: Territoire
français.

CONGÉS

1. — 16 août 1886. — ARRÊTÉ *complémentaire de
celui du 3 mai 1886 relatif aux congés* (1).

À l'article 2 de l'arrêté susvisé est ajouté l'alinéa
suivant :

« Pour avoir droit au congé motivé par trois ans
« de service, le fonctionnaire devra avoir passé au
« moins deux ans dans les services civils du Protec-
« torat. » — PAUL BERT.
(2)

2. — 3 juillet 1889. — ARRÊTÉ *sur les congés de
convalescence.*

Article premier. — Il existe deux sortes de congés
de convalescence, le congé no 1 et le congé no 2.

Art. 2. — Le congé est dit no 1, quand la maladie
constatée par la commission de rapatriement est la
cause déterminante de la rentrée en France. Il est
délivré par la commission de rapatriement après la
présentation du malade par le médecin de l'hôpital,
quand le malade est hospitalisé ; par le médecin des
troupes ou du service civil, quand le malade est traité
à la chambre. Dans ce dernier cas, le malade ne
peut être présenté à la commission que muni de
l'autorisation de son chef de corps ou de service.

Art. 3. — Le congé no 1, signé par tous les
membres de la commission, est visé et approuvé
par le Gouverneur général. En son absence, il délègue sa signature au Résident supérieur pour tout
le personnel qui ne relève pas du commandement,
et au Général en chef pour les officiers, militaires
et soldats.

Art. 4. — Quand la commission de santé estime
que le malade, hospitalisé ou non, doit être rapatrié
par la voie des paquebots, qu'il s'agisse d'un malade
appartenant aux services civils ou aux services militaires, le congé porte la mention « *par les voies
rapides* » ; il est visé et approuvé dans tous les cas
par l'autorité civile.

Art. 5. — Le service de santé adresse à l'autorité
civile la demande de passage à bord des paquebots
pour les porteurs de congé no 1.

Art. 6. — L'embarquement, soit sur les paque-

bots, soit sur les transports et affrétés, est assuré par
les soins du service administratif pour tout convalescent hospitalisé au moment du départ, par les soins
du corps auquel appartient le convalescent dans le
cas de non hospitalisation.

Art. 7. — Le convalescent, en possession d'un
congé no 1, prend la place que lui attribue son
grade ou son assimilation sur les transports et affrétés,
avant tout autre rapatriable.

Art. 8. — Congé no 2. — Sous ce titre, on entend
un certificat de visite destiné à faciliter à son détenteur l'obtention d'un congé de convalescence à sa
rentrée en France. Il est accordé aux officiers et
soldats, fonctionnaires et employés civils rapatriés
pour toute autre cause que celle de maladie,
c'est-à-dire fin de séjour, congé administratif, nomination, etc., et sur la présentation du médecin des
troupes ou médecin du service civil. Il est signé
seulement par les membres de la commission. C'est
une pièce exclusivement médicale ; elle ne donne
droit, en cas d'insuffisance de place, à aucune
priorité au point de vue de l'embarquement à
bord des transports ou affrétés.

Art. 9. — Toutefois, dans les conditions de rentrée
énumérées ci-dessus, si l'urgence du départ était
reconnue par la commission de santé, il serait
délivré au rapatriable un congé no 1, qui ferait
priorité et assurerait son départ par les voies ordinaires ou rapides, suivant l'opportunité.

Art. 10. — Le règlement du 23 février 1889, sur
le rapatriement, reste applicable en ce qui n'est
point modifié par le présent arrêté. — PIQUET.

3. — 31 juillet 1889. — CIRCULAIRE MINISTÉRIELLE
*au sujet des renseignements à fournir sur les
officiers, fonctionnaires et agents envoyés en
congé de convalescence en France.*

Au termes de la circulaire du 2 octobre 1882
(*B. O.*, p. 744) les autorités des ports ne doivent
jamais autoriser l'embarquement des officiers,
fonctionnaires ou agents appelés à servir aux colonies sans les avoir soumis, au préalable, à une visite
médicale individuelle des plus attentives. Cette
visite doit être passée surtout au point de vue de
l'existence d'affections organiques, chroniques ou
autres, devant mettre, dans un avenir prochain,
ceux qui en sont atteints, dans l'impossibilité absolue
de fournir un bon service.

Ces prescriptions ayant été perdues de vue et des
conséquences regrettables étant résultées de cet
oubli, j'adresse de nouvelles instructions aux chefs
du service colonial dans les quatre ports de commerce du Havre, de Nantes, de Bordeaux, et de
Marseille. Mais je saisis cette occasion pour appeler
votre attention sur l'intérêt qu'il y aurait, à l'avenir,
à signaler avec soin au département, les officiers,
fonctionnaires ou agents qui, au moment de leur
rentrée en France, en congé, sont considérés par
le conseil de santé de la colonie comme incapables de servir à tout jamais ou pour longtemps dans
nos établissements d'outre-mer.

Il arrive fréquemment, en effet, que si un officier,
fonctionnaire ou agent envoyé en congé, après avoir
contracté une maladie incurable ou de longue durée,
n'est pas spécialement indiqué comme impropre à
servir, il reçoit, à l'expiration de son congé, l'ordre
de partir, le provoque même souvent, sans solliciter
une prolongation ou un examen médical, d'où
pourrait résulter une constatation contraire à ses

(1) Voir cet arrêté au mot *Solde.*
(2) Les prescriptions des deux circulaires, 5 novembre 1888 et
20 mai 1889, publiées dans la 1re édition, ne sont plus en vigueur ;
des congés provisoires sont accordés sans délai par décision de
M. le Gouverneur général.

intérêts ou à ses désirs, et rallier son poste dans des conditions déplorables de santé qui le mettront dans l'impossibilité de remplir régulièrement ses fonctions.

Dans le but de mettre un terme à cette situation, qui, en se prolongeant, pourrait compromettre la santé de bon nombre de ces fonctionnaires et agents, et accroître considérablement les charges du Trésor, par suite de la fréquence des voyages, j'ai l'honneur de vous prier de vouloir bien donner des ordres très précis au conseil de santé, afin que les certificats de visite concluant à l'envoi en congé de convalescence soient toujours accompagnés d'un état faisant connaître si l'intéressé est susceptible de retourner à son poste après un certain laps de temps passé en France, ou s'il est nécessaire de l'affecter à une autre colonie, ou enfin s'il est hors d'état de continuer ses services dans une de nos possessions d'outre-mer. — Eug. Étienne.

4. — 31 mars 1891. — Circulaire *sur les formalités à remplir en cas d'embarquement sur les transports et affrétés.*

M. le Commandant de la marine me fait connaître qu'un certain nombre de passagers civils, rapatriables par l'affrété le *Comorin*, ne se sont pas présentés à son bureau pour retirer leurs ordres d'embarquement.

Pour compléter les instructions de la circulaire n° 60, du 24 juillet dernier, je vous prie de rappeler à tous les fonctionnaires, agents ou concessionnaires, à un titre quelconque, d'un passage, en instance de rapatriement, que l'ordre d'embarquement, qui leur est délivré au vu des certificats de visite sanitaire et de désinfection des bagages, leur est indispensable pour embarquer sur les transports ou affrétés.

La délivrance de ces ordres ne cesse qu'une heure environ avant le départ de l'affrété, ou des chaloupes des messageries fluviales portant les rapatriables en baie d'Along, pour les transports de l'État.

Toute facilité est donc donnée aux retardataires pour accomplir les formalités réglementaires, et ceux qui négligeront à l'avenir de les remplir, s'exposeront à se voir refuser l'accès du bâtiment sur lequel un passage leur avait été réservé. — Chavassieux.

5. — 12 juin 1891. — Lettre ministérielle *faisant connaître que la gratuité des eaux de l'établissement thermal d'Aix-les-Bains pourrait être accordée aux agents du Protectorat.*

Messieurs, conformément à l'avis exprimé par le Conseil supérieur de santé des colonies, dans sa séance du 1er juin courant, j'ai l'honneur de vous notifier ci-après un règlement, approuvé le 15 juin 1890 (1) par M. le Ministre de l'intérieur, aux termes duquel les officiers, fonctionnaires et agents dont le traitement est inférieur à 3.600 fr., ont droit à la gratuité des eaux à l'établissement thermal d'Aix-les-Bains.

Je vous prie de vouloir bien porter ces renseignements à la connaissance du personnel placé sous vos ordres.

L'insertion de la présente circulaire au *Bulletin officiel* des colonies tiendra lieu de notification. — Eug. Étienne.

6. — 25 juillet 1891. — Lettre ministérielle *au sujet des congés administratifs.*

L'article 41 du décret du 28 janvier 1890, en conférant aux Gouverneurs le droit d'accorder des congés administratifs aux officiers, fonctionnaires, employés et agents placés sous leurs ordres, a limité d'une façon formelle l'exercice de cette faculté au personnel qui aurait accompli au préalable dans la colonie le temps de séjour consécutif exigé par le 2e § de l'article 40 du même acte.

Or, certaines administrations coloniales semblent avoir perdu de vue les prescriptions réglementaires, en ce qui concerne la durée du séjour d'outre-mer, et accordent des congés administratifs de six mois, à solde entière d'Europe, avec passage gratuit, à des agents qui ne se trouvent pas dans les conditions voulues pour obtenir des congés de l'espèce.

Cette manière de procéder est préjudiciable à ces derniers, attendu que, lorsqu'ils n'ont pas accompli le séjour colonial exigé, ils sont placés dès leur arrivée dans la Métropole, en congé pour affaires personnelles, à demi-solde d'Europe, et remboursent, par suite, au budget intéressé, le montant de leurs frais de passage.

On ne saurait admettre que les divers chefs de service puissent ignorer si les officiers, fonctionnaires, employés et agents placés sous leur autorité réunissent ou non les conditions imposées pour bénéficier d'un congé administratif, et j'ai, en conséquence, l'honneur de vous prier de vouloir bien tenir la main à ce qu'aucune infraction aux dispositions de l'art. 40 du décret du 28 janvier 1890, ne soit commise, lorsque vous aurez à faire application de ce texte, conformément à la faculté que vous ouvre le § III de l'art. 41 du même acte. — Eug. Étienne.

7. — 24 août 1891. — Circulaire ministérielle *au sujet des congés administratifs des fonctionnaires et agents servant dans leur colonie d'origine* (1).

Depuis la mise en vigueur du décret du 28 janvier 1891, mon attention a été appelée sur le grand nombre de congés administratifs accordés par les administrations coloniales à des fonctionnaires, employés ou agents des services coloniaux ou locaux, qui servent dans leur colonie d'origine depuis leur entrée dans l'administration, sans avoir jamais suivi une autre destination outre-mer.

Les concessions de congés administratifs accordés dans ces conditions constituent un abus qui, en dehors des conséquences budgétaires qu'elles entraînent, puisque les intéressés ont droit au passage gratuit pour eux et leur famille et à la solde entière d'Europe, ont encore pour résultat d'aller à l'encontre de la doctrine exprimée par l'acte précité de 1890.

En effet, aux termes de l'art. 40 du décret susvisé, les officiers, fonctionnaires, employés et agents civils et militaires peuvent obtenir, après un séjour consécutif aux colonies, dont la durée minimum est fixée, suivant le cas, à 3 ou 5 ans, des congés à solde entière d'Europe de 6 mois.

Bien que cet acte n'ait formulé aucune restriction, il est bien évident qu'on doit entendre par temps de séjour aux colonies, la durée de période à laquelle se trouve assujetti le personnel envoyé d'Europe ou provenant de sa colonie d'origine.

Si l'on s'en rapporte au texte même du décret, la

---

(1) *Bulletin officiel* des colonies, année 1891, page 418 et suivantes.

(1) Voir ci-après circulaire du 8 juillet 1892.

7

condition « envoyé d'Europe ou provenant de sa colonie d'origine » est formelle ; elle ressort également de l'esprit qui l'a dicté, attendu que, comme cela s'est passé dernièrement, on s'explique peu que des fonctionnaires ou agents nés dans une colonie, et y servant depuis de longues années éprouvent, aujourd'hui seulement, le besoin de venir en France, et profitent ainsi d'une mesure bienveillante que rien ne pourrait justifier.

Les congés administratifs ne sont, à proprement parler, que des congés pour affaires personnelles accordés dans des conditions spéciales, pour permettre aux officiers, fonctionnaires, employés ou agents envoyés d'Europe ou de leur colonie d'origine, de venir en France ou de se rendre dans leur pays natal, et de s'occuper de leurs intérêts. Mais, comme on exige d'eux, avant d'obtenir cette concession, un séjour consécutif assez long, il a paru utile de leur accorder la faveur du passage gratuit pour eux et leur famille, ainsi que la solde entière d'Europe. Les motifs qui ont paru de nature à faire bénéficier le personnel colonial des dispositions bienveillantes ne peuvent, à aucun titre, être invoqués par le personnel qui sert dans sa colonie d'origine.

En conséquence, j'ai l'honneur de vous faire connaître que les prescriptions de l'art. 40 et suivants du décret du 28 janvier 1890, en ce qui concerne les congés administratifs, doivent être strictement limitées au personnel envoyé d'Europe ou provenant de sa colonie d'origine.

Je vous prie de vouloir bien tenir la main à l'exécution des dispositions contenues dans la présente circulaire, dont l'insertion au *Bulletin officiel* de l'administration des colonies tiendra lieu de notification. — EUG. ÉTIENNE.

8. — 8 juillet 1892. — CIRCULAIRE MINISTÉRIELLE *au sujet des congés administratifs du personnel de l'administration, recruté dans les colonies.*

Je suis informé que des doutes se sont élevés dans certaines colonies au sujet de l'application de la circulaire du 24 août 1891 (*B. O.*, p. 560), aux termes de laquelle les prescriptions des articles 40 et suivants du décret du 28 janvier 1890 doivent, en ce qui concerne les congés administratifs, être strictement limités au personnel provenant d'Europe ou d'une colonie autre que sa colonie d'origine.

Comme le fait remarquer ce texte, les congés en question ne sont, à proprement parler, que des congés pour affaires personnelles accordés, dans des conditions spéciales, pour permettre aux officiers, fonctionnaires, employés ou agents envoyés d'Europe ou de leur colonie d'origine, de venir en France ou de se rendre dans leur pays natal, afin de pouvoir s'occuper de leurs intérêts.

Or, certaines administrations d'outre-mer ont cependant cru devoir consulter le département sur le point de savoir si le bénéfice desdits congés pouvait être invoqué :

Par des militaires envoyés d'Europe et pourvus d'un emploi du service local à l'époque de leur congédiement dans la colonie ;

Par un certain nombre de fonctionnaires, instituteurs et institutrices notamment, nés en France, mais recrutés dans la colonie.

J'ai l'honneur de vous faire connaître que cette question doit être résolue par l'affirmative.

En rappelant, par sa circulaire du 24 août 1891, qu'on devait entendre, par temps de séjour aux colonies, la durée de la période à laquelle se trouve

assujetti le personnel envoyé d'Europe ou provenant de sa colonie d'origine, mon prédécesseur ajoutait que les dispositions bienveillantes de l'article 40 de l'acte du 28 janvier 1890, ne pouvaient, à aucun titre, être invoquées par les fonctionnaires, employés ou agents des services coloniaux ou locaux qui servent dans leur colonie de naissance depuis leur entrée dans l'administration, sans jamais avoir suivi une autre destination outre-mer.

Ces restrictions ne sauraient donc atteindre ceux qui, bien que recrutés sur place, sont venus d'Europe de leur plein gré et encore moins les anciens militaires qui sont volontairement restés dans une colonie après leur libération du service.

Telle est la seule interprétation qu'il convient de donner aux instructions qui ont eu pour objet de préciser les conditions dans lesquelles les congés administratifs peuvent être accordés.

L'insertion de la présente circulaire au *Bulletin officiel* de l'administration des colonies tiendra lieu de notification. — JAMAIS.

9. — 9 septembre 1893. — ARRÊTÉ *étendant au personnel du cadre métropolitain de l'Annam et du Tonkin, l'effet de celui du 11 février 1893, sur les soldes de congé.*

Article premier. — Est étendu au personnel du Protectorat de l'Annam et du Tonkin, à compter de ce jour, le bénéfice des dispositions de l'arrêté du 11 février 1893, fixant la solde de congé des agents métropolitains détachés aux divers services de la Cochinchine.

Art. 2. — Les Résidents supérieurs en Annam et au Tonkin sont chargés, chacun en ce qui le concerne, de l'exécution du présent arrêté. — DE LANESSAN.

ARRÊTÉ du 11 février 1893.

Article premier. — La solde de congé des agents métropolitains détachés aux services du Trésor, des Postes et télégraphes et de l'Enregistrement, se compose de deux éléments :

1° Une parité d'office représentant la solde fixée par les règlements métropolitains.

2° Un supplément de majoration s'ajoutant à la parité d'office et assurant à l'agent en congé une solde égale à la moitié de la solde de présence dans la colonie.

Art. 2. — L'effet du présent arrêté remontera au 1er janvier 1893.

Art. 3. — Aucune modification n'est apportée au quantum de la solde touchée par les agents sus-désignés pendant leur présence dans la colonie, non plus qu'aux retenues dont cette solde est frappée.

Art. 4. — Le Lieutenant-gouverneur est chargé de l'exécution du présent arrêté. — DE LANESSAN.

10. — 14 février 1894. — DÉCISION MINISTÉRIELLE *assignant aux congés administratifs une durée proportionnelle à celle du séjour.*

Article premier. — Est promulguée dans toute l'étendue du Tonkin, de l'Annam et du Cambodge, la décision de M. le Président de la République, en date du 16 décembre 1893, étendant au personnel européen des services coloniaux ou locaux du Cambodge, de l'Annam et du Tonkin, les dispositions du décret du 20 juillet 1893, relatives aux congés accordés aux agents civils européens de la Cochinchine.

Art. 2. — Les Résidents supérieurs au Tonkin, en Annam et au Cambodge sont chargés de l'exécution du présent arrêté. — DE LANESSAN.

RAPPORT *au Président de la République française*

Paris, le 16 décembre 1893.

Monsieur le Président,

Par un décret en date du 20 juillet 1893, vous avez bien voulu décider, sur ma proposition, que les fonctionnaires, employés ou agents civils européens des services coloniaux ou locaux de la Cochinchine, y compris ceux appartenant à un service métropolitain, qui solliciteraient un congé administratif après un séjour ininterrompu de trois années dans la colonie, auraient droit à un complément de congé de même nature à solde entière d'Europe, proportionnel à la durée de leur séjour colonial consécutivement à la période de trois ans exigée par le décret du 28 janvier 1890, pour l'obtention d'un congé administratif de 6 mois.

Ce complément de congé est calculé d'après les bases suivantes : 2 mois pour chaque année supplémentaire ou un mois pour chaque période de 6 mois.

La durée maximum de ces compléments de congé ne peut excéder 12 mois, soit avec les 6 mois de congés administratifs réglementaires, un total de 18 mois.

Ces dispositions bienveillantes ont été prises en vue de tenir compte au personnel en cause, du redoublement de séjour colonial, car il arrive fréquemment, surtout au début des services dans l'administration, que les fonctionnaires ou agents employés outremer restent parfois, au détriment de leur santé, 6 ou 9 ans, quelquefois plus, sans venir en France.

L'adoption des nouvelles mesures avait pour conséquence de permettre aux intéressés de rétablir complètement leur santé, tout en diminuant les dépenses de passages ; elles ne devaient momentanément s'appliquer qu'au personnel de la Cochinchine.

Or, il convient de remarquer que les européens en service au Cambodge, en Annam et au Tonkin, se trouvent absolument dans les mêmes conditions que ceux du cadre de la Cochinchine, que dès lors, il est rationnel de leur accorder le bénéfice de la même règlementation.

J'ai en conséquence, l'honneur de vous proposer de vouloir bien décider que les dispositions du décret du 20 juillet dernier, modifiant, en ce qui concerne les fonctionnaires, employés ou agents civils européens des services coloniaux ou locaux de la Cochinchine, y compris ceux appartenant à un service métropolitain, les prescriptions contenues dans les articles 40 et 43 du décret du 28 janvier 1890 (congés administratifs), seront appliquées, à l'avenir, aux mêmes catégories de personnel en service au Cambodge, en Annam et au Tonkin.

Je vous prie d'agréer, Monsieur le Président, l'hommage de mon profond respect. — J. MARTY.

Approuvé. — CARNOT.

Voy. : **Rapatriements ; — Soldes.**

CONGRÉGATIONS CHINOISES

1. — 4 mai 1889. — ARRÊTÉ *modifiant la composition des congrégations chinoises.*

Article premier. — La colonie chinoise de Phuoc-

kien, établie à Hanoï, est distraite de la congrégation de Canton, à laquelle elle a été rattachée jusqu'à ce jour, et formera une congrégation spéciale.

Art. 2. — Les membres de la nouvelle congrégation sont convoqués pour le dimanche 12 mai, à l'effet de procéder à l'élection d'un chef de congrégation.

Art. 3. — Le résident-maire de la ville de Hanoï est chargé de l'exécution du présent arrêté (1). — E. PARREAU.

Voy. : **Impôts.**

CONSEIL AU CONTENTIEUX. — Voy. : **Conseil du Protectorat.**

CONSEIL DE DÉFENSE

1. — 15 octobre 1888. — DÉCRET *fixant la composition du Conseil de défense en Indo-Chine.*

Article premier. — Le conseil de défense en Indo-Chine est composé de la manière suivante :

Du Gouverneur général, président ; du général commandant en chef les troupes, vice-président ; du commandant en chef des forces navales, de l'officier général ou supérieur commandant les troupes dans le territoire où se réunit le conseil, du chef du service administratif, du chef des services de l'artillerie, membres ; d'un chef de bataillon ou d'escadron, secrétaire.

Le chef du service de santé est appelé de droit au sein du conseil de défense pour les questions qui intéressent son service. Il a voix délibérative sur ces questions.

La présidence, en l'absence, au conseil, du Gouverneur général, est dévolue au général commandant en chef ou, en son absence, à l'officier général ou supérieur le plus élevé en grade ou le plus ancien dans le grade.

Le secrétaire du conseil de défense est nommé par le Gouverneur général, sur la proposition du général commandant en chef.

Si les membres titulaires du conseil de défense se trouvaient dans l'impossibilité d'assister à une séance dudit conseil, ils seraient remplacés par le fonctionnaire ou l'officier du même service, marchant immédiatement après eux dans l'ordre hiérarchique.

Art. 2. — Le conseil de défense se réunit sur la convocation du Gouverneur général en fonction, et toutes les fois que les circonstances lui paraissent l'exiger.

Les délibérations portent sur toutes les questions sur lesquelles le Gouverneur général désire consulter le conseil de défense, et sur les examens et études pour lesquels le général en chef réclame son avis ou sa participation.

Le procès-verbal est dressé, séance tenante, par le secrétaire et transcrit sur le registre des délibérations, où chacun des membres du conseil peut faire consigner son opinion avec tous les développements qu'il jugera utiles.

Tous les membres signent au procès-verbal.

Les délibérations ne sont valables que si tous les membres qui composent le conseil, ou leurs suppléants, sont présents.

Art. 3. — Le général commandant en chef a seul qualité pour présenter au conseil de défense les projets sur l'emplacement et l'importance des magasins des hôpitaux permanents ou provisoires.

(1) L'arrêté du 27 décembre 1886, visé dans les considérants, modifie et règlemente l'impôt de capitation ; on en trouvera le texte à sa date, V° *Impôts.*

Copies de ces projets sont transmises par le Gouverneur général au ministre de la marine et des colonies, avec les procès-verbaux des délibérations.

Art. 4. — Il appartient exclusivement au Gouverneur général, sans toutefois intervenir dans la direction technique des opérations militaires, de donner l'ordre au commandant en chef de continuer, suspendre ou faire cesser les opérations, suivant les nécessités de la politique générale du pays.

Art. 5. — Le ministre de la marine et des colonies est chargé de l'exécution du présent décret, qui sera inséré au *Journal officiel* de la République française, au *Bulletin officiel* de la marine, au *Bulletin officiel* de l'administration des colonies et aux *Recueils officiels* du gouvernement de l'Indo-Chine. — CARNOT.

2. — 30 octobre 1889. — DÉCRET *sur la composition du conseil de défense des colonies.*

Article premier. — Le Lieutenant-gouverneur de la Cochinchine, les Résidents supérieurs de l'Annam, du Tonkin et du Cambogo, font respectivement partie du conseil de défense de l'Indo-Chine, en qualité de membres titulaires, toutes les fois que ledit conseil se réunit sur le territoire des pays qu'ils administrent.

Art. 2. — Le Lieutenant-gouverneur et les Résidents supérieurs prennent rang individuellement, dans le conseil de défense, après le commandant en chef des forces navales.

Art. 3. — Le ministre de la marine est chargé de l'exécution du présent décret, qui sera inséré au *Journal officiel* de la République française, au *Bulletin officiel* de la marine, au *Bulletin officiel* de l'administration des colonies et aux *Recueils officiels* du gouvernement de l'Indo-Chine. — CARNOT.

Voy.: **Défense des colonies.**

CONSEIL DE GOUVERNEMENT. — Voy.: **Conseil de Protectorat; — Conseil supérieur.**

CONSEILS DE GUERRE

1. — 28 février 1884. — DÉCISION *relative à la constitution et à la composition de deux conseils de guerre et d'un conseil de revision.*

Il est constitué, à Hanoi, deux conseils de guerre et un conseil de revision.

La composition des trois conseils est la suivante (1).

2. — 23 février 1889. — DÉCRET *soumettant à la compétence des conseils de guerre, les comptables des matières aux colonies, et indiquant la composition de ces conseils selon l'emploi de l'accusé.*

Article premier. — Les garde-magasins principaux, garde-magasins et magasiniers du corps des comptables aux colonies, sont justiciables des conseils de guerre pour tous crimes et délits.

(1) La composition de ces conseils varie trop souvent pour qu'il y ait intérêt à publier les noms de leurs membres. Il avait été créé, en outre, le 4 mars 1884, un conseil de guerre à Hui-duong, supprimé par ordre général, n° 57, le 2 avril 1884, et le 1er juillet 1885, un conseil de guerre dans chaque division, supprimé au fur et à mesure de l'évacuation du corps expéditionnaire.

Art. 2. — Lorsqu'il y aura lieu de traduire devant les conseils de guerre un de ces agents, le conseil de guerre sera composé conformément au tableau ci-annexé.

Art. 3. — Le Ministre de la marine et des colonies est chargé de l'exécution du présent décret. — CARNOT.

TABLEAU *annexé au décret du 23 février 1889, indiquant, selon l'emploi de l'accusé, la composition des conseils de guerre pour le jugement des agents du personnel des comptables des matières aux colonies.*

COMPOSITION DES CONSEILS DE GUERRE		
	PRÉSIDENT	**PRÉSIDENT**
Désignation	Capitaine de vaisseau ou de frégate, Colonel ou lieutenant-colonel.	Capitaine de vaisseau ou de frégate, Colonel ou lieutenant-colonel.
	JUGES	**JUGES**
des	1 Capitaine de frégate ou chef de bataillon, chef d'escadron ou major, 2 lieutenants de vaisseau ou capitaines, 2 enseignes de vaisseau ou 1 lieutenant et un sous-lieutenant, 1 officier-marinier ou sous-officier.	1 capitaine de frégate ou chef de bataillon, chef d'escadron ou major, 2 lieutenants de vaisseau ou capitaines, 2 enseignes de vaisseau ou lieutenants.
Corps		
Comptables des matières aux colonies	Garde-magasins. { de 1re classe, de 2e classe, de 3e classe.	Garde-magasins principaux.
	Magasiniers. { de 1re classe, de 2e classe, de 3e classe, de 4e classe.	

3. — 13 mars 1891. — ARRÊTÉ *promulguant au Tonkin le décret du 13 décembre 1890, restituant aux individus condamnés par les conseils de guerre du Tonkin, le droit de se pourvoir en révision.*

Est promulgué dans toute l'étendue du Protectorat de l'Annam et du Tonkin, le décret du 13 décembre 1890, restituant aux individus condamnés par les conseils de guerre le droit de se pourvoir en révision. — PIQUET.

DÉCRET du 13 décembre 1890

Article premier. — Le Décret du 9 septembre 1885 est rapporté (1).

En conséquence, le droit de se pourvoir en révision est rendu aux individus condamnés par les conseils de guerre du Tonkin.

Art. 2. — Le ministre de la marine est chargé de l'exécution du présent décret, qui sera inséré au *Bulletin des lois* et au *Bulletin officiel* de la marine. — CARNOT.

(1) Le décret du 9 septembre 1885 avait supprimé le recours en révision pour les militaires condamnés par les conseils de guerre du Tonkin.

CONSEILS MUNICIPAUX

1. — 19 juillet 1888. — RAPPORT *du Résident général au sujet de la création de Conseils municipaux à Hanoi et à Haiphong* (1).

En arrivant au Tonkin, vous avez été frappé, comme moi, de l'essor merveilleux pris par les villes de Haiphong et de Hanoi, de l'esprit de suite qu'il témoigne de la part de nos nationaux, et de la confiance en l'avenir qu'il dénote. Cette admirable confiance, au milieu de nos instabilités administratives, l'effort énorme qui a été produit et qui, certainement, a consolidé notre Protectorat, vous ont immédiatement convaincu que cette vaillante population était mûre depuis longtemps pour la vie municipale, et méritait mieux qu'une Commission consultative comme celle qui fonctionne actuellement et qui remonte à l'arrivée de Paul Bert, en 1886. Vous n'avez pas hésité, dès lors, à prendre en considération le vœu qu'elle vous exprimait, et à transformer cette Commission consultative rudimentaire en une véritable assemblée municipale, ayant sa vie propre, son budget et la gestion de ses propres affaires.

Pour répondre le plus tôt possible à ses impatiences légitimes, vous avez, dès le lendemain de votre arrivée, chargé une commission d'élaborer un projet, et vous m'avez prié de déposer des propositions définitives, en m'entourant des lumières de cette Commission.

C'est ce qui fait l'objet du projet que j'ai l'honneur de soumettre en ce moment à votre approbation.

Ce projet ne diffère, en réalité, de nos institutions municipales françaises qu'en ce qui concerne l'électorat. Comme vous avez pris soin de l'expliquer aux membres des Commissions consultatives, le moment ne paraît pas encore venu d'avoir recours à ce mode de nomination des conseillers municipaux. Leur désignation par l'autorité centrale donnera, sans nul doute, la représentation des plus gros intérêts des deux villes, tandis qu'il pourrait en être autrement avec l'électorat, ce qui serait de nature à compromettre gravement l'institution naissante.

Le maire, dans ces conditions, et pour plusieurs autres considérations, ne pouvait être autre que le Résident. Lui seul a, pour le moment, l'autorité nécessaire pour représenter à la fois le pouvoir central et le pouvoir municipal, pour agir utilement sur la population indigène étrangère, et enfin pour servir d'intermédiaire, aux termes du traité de 1884, entre la population européenne et les mandarins annamites.

Le Résident-maire n'aurait, dans son rayon d'action, que le territoire municipal, le reste serait du ressort du Résident de la province. Il est bien évident, en effet, qu'avec l'importance actuelle de Hanoi et de Haiphong, importance qui n'ira qu'en grandissant, un seul fonctionnaire ne peut plus s'occuper utilement à la fois de la ville et de la province. Il ne peut donner tous ses soins à l'un sans négliger l'autre. Ce n'est pas d'aujourd'hui, d'ailleurs, que le besoin de cette disjonction se faisait sentir.

Le territoire municipal de Haiphong devant comprendre plusieurs villages annamites, et celui de Hanoi un très grand nombre, il m'a paru utile et équitable de ne pas écarter complètement du Conseil l'élément indigène. Il y a là des intérêts sérieux et respectables dont il faut tenir compte, et il paraîtrait bizarre, quand la moindre bourgade du Tonkin a son conseil de notables, que des villes comme Haiphong et Hanoi, où les intérêts annamites sont des plus considérables, n'aient dans le Conseil personne pour les représenter.

Il y a d'ailleurs un autre intérêt de premier ordre à joindre quelques indigènes à nos conseillers français. La plupart des mesures qui seront prises par les assemblées municipales toucheront de près ou de loin la population annamite, et il ne sera pas oiseux que les membres indigènes soient là pour en expliquer à leurs compatriotes l'économie et l'utilité, pour en prendre eux-mêmes leur part de responsabilité.

Enfin, il ne faut pas oublier que nous sommes en pays de Protectorat et que nous nous trouvons en présence de légitimes susceptibilités qu'il convient de ménager.

En raison de ces considérations, je propose d'adjoindre deux indigènes, pris parmi les plus imposés, au conseil de Haiphong, et quatre à celui de Hanoi.

En ce qui concerne les moyens budgétaires mis à la disposition des nouvelles municipalités, ils consistent, quant à présent, en raison de la pénurie extrême du budget du Protectorat, en un équilibre de charges et de recettes à peu près égales, de manière que la nouvelle institution ait les éléments indispensables à son fonctionnement. Les villages auront, d'ailleurs, la faculté de s'imposer, en se conformant aux règles prescrites, pour se créer des ressources nouvelles qui leur appartiendront en propre.

Comme mesure transitoire, et pour ne pas ajouter de nouvelles complications à notre budget, j'ai cru utile de remettre au 1er janvier prochain la mise en œuvre des budgets réguliers des nouvelles municipalités, qui auront, du reste, à s'occuper immédiatement de leur préparation pour 1889. D'ici à cette époque, on continuera à avoir recours, comme par le passé, aux voies et moyens du budget du Protectorat, et les conseils n'auront à leur disposition que les produits des taxes, centimes additionnels, etc., dont ils croiraient devoir s'imposer immédiatement.

Enfin, quoique le projet n'en fasse pas mention, je crois devoir dire un mot de la question du local, qui a son importance.

En attendant la construction d'hôtels-de-ville, ce qui sera sans doute l'une des premières préoccupations de nos édiles, je suis d'avis que les services municipaux, en même temps que le service judiciaire, soient installés dans les résidences actuelles qui leur seraient prêtées temporairement.

La résidence de la province de Hanoi serait transportée dans l'intérieur, comme cela a lieu en Cochinchine, au grand bénéfice du service provincial, de l'extension de notre influence, du développement de la surveillance et de la pénétration effective du pays. — E. PARREAU.

3. — 19 juillet 1888. — ARRÊTÉ *instituant des municipalités à Hanoi et à Haiphong.*

Modifié par arrêté du 31 décembre 1891, dont le texte suit.

4. — 31 décembre 1891. — ARRÊTÉ *réorganisant les Conseil municipaux de Hanoi et de Haiphong, et fixant leurs attributions.*

1. — La commune de Hanoi comprend le territoire

---

(1) L'arrêté du 19 juillet 1888, ayant suivi le rapport de M. Parreau, a été modifié dans un sens plus libéral et plus décentralisateur par M. le Gouverneur général de Lanessan; il nous a paru intéressant toutefois de réserver une place dans notre recueil au document qui a donné naissance aux premiers conseils municipaux des villes françaises du Tonkin.

délimité par l'arrêté du 15 novembre 1889, et porté au plan d'alignement ultérieurement dressé.

La commune de Haiphong comprend le territoire délimité par l'arrêté du 20 janvier 1889.

Les pagodes et biens qui en dépendent, des communes de Hanoi et de Haiphong, resteront la propriété de l'Etat. Ils ne pourront être désaffectés qu'après entente avec l'autorité annamite et par arrêté du Gouverneur général.

II. — Le corps municipal des communes de Hanoi et de Haiphong se compose d'un Conseil municipal, d'un maire et de deux adjoints.

Le Conseil municipal comprend :

1° Dix membres français ou naturalisés, nommés au suffrage universel et direct ;

2° Pour Hanoi trois, et pour Haiphong deux membres annamites nommés à l'élection par les électeurs annamites ;

3° Pour Haiphong deux, et pour Hanoi un membre chinois ou asiatique étranger, nommé à l'élection par les électeurs chinois ou asiatiques étrangers.

Les fonctions de maire seront provisoirement exercées par un résident nommé par le Gouverneur général, sur la présentation du Résident supérieur.

Le Résident-maire sera assisté de deux adjoints.

Les adjoints seront nommés par le Résident supérieur, sur la présentation du Conseil municipal. Ils seront pris parmi les dix conseillers français.

Le Résident supérieur du Tonkin aura vis-à-vis du Conseil municipal les attributions accordées au préfet, au Conseil de préfecture et au Conseil général par la loi du 5 avril 1884, sauf les exceptions portées au présent arrêté.

III. — Ne peuvent être élus membres du Conseil municipal :

1° Le Gouverneur général, le Résident supérieur ;

2° Les employés et fonctionnaires de toute catégorie tant du Protectorat que de l'administration annamite ;

3° Les militaires ou employés des armées de terre et de mer en activité de service ;

4° Les ministres des divers cultes en exercice dans la commune ;

5° Les membres des tribunaux ;

6° Les comptables des deniers communaux, les agents salariés de la commune, les entrepreneurs de travaux communaux ou adjudicataires des fournitures permanentes ou de fermages et services communaux ;

7° Les individus privés du droit électoral, ceux qui sont pourvus d'un conseil judiciaire, les domestiques attachés à la personne, les individus dispensés de subvenir aux charges communales ou ceux qui sont secourus par les bureaux de bienfaisance.

IV. — Les parents au degré de père, de fils, de frère, et les alliés au même degré, ne peuvent être, en même temps, membres d'un Conseil municipal.

V. — Tout conseiller municipal qui, par une cause survenue postérieurement à sa nomination, se trouve dans un des cas prévus par les articles 3 et 4, est déclaré démissionnaire par le Résident supérieur, sauf recours au Gouverneur général. La procédure à suivre sera la même que celle qui est prévue par l'article 42.

VI. — Les Conseils municipaux sont nommés pour trois ans et renouvelés intégralement le premier dimanche de mai, alors même qu'ils ont été élus dans l'intervalle.

Les pouvoirs des conseils élus en janvier 1892 dureront jusqu'au renouvellement régulier de mai 1895.

VII. — *Modifié par arrêté du 15 février 1894, publié ci-après.*

CONDITIONS RELATIVES AUX ÉLECTIONS. — ÉLECTEURS. — ÉLIGIBLES.

VIII. — Les conseillers municipaux sont élus au scrutin de liste par le suffrage direct universel. Sont électeurs tous les Français âgés de 21 ans accomplis, et n'étant dans aucun des cas d'incapacité prévus par les lois.

La liste électorale française comprend :

1° Tous les électeurs qui ont leur domicile réel dans la commune ou y habitant depuis six mois au moins ;

2° Ceux qui y auront été inscrits au rôle de l'impôt foncier ou des patentes, et s'ils ne résident pas dans la commune, auront déclaré vouloir y exercer leurs droits électoraux. Seront également inscrits sur leur demande, aux termes du présent paragraphe, les membres de la famille des mêmes électeurs ;

3° Ceux qui sont assujettis à une résidence obligatoire dans la commune en qualité, soit de ministres des cultes reconnus par l'Etat, soit de fonctionnaires publics. Seront également inscrits les citoyens qui, ne remplissant pas les conditions d'âge et de résidence ci-dessus indiquées, lors de la formation des listes, les rempliront avant la clôture définitive.

IX. — Sont éligibles au Conseil municipal comme membres français, sauf les cas d'incapacité et d'incompatibilité prévus par les articles 3 et 4 du présent arrêté, tous les électeurs français ou naturalisés de la commune, et les citoyens inscrits au rôle de l'impôt foncier et des patentes, ou justifiant qu'ils devaient y être inscrits au 1er janvier de l'année de l'élection, et âgés de 25 ans accomplis.

Nul ne peut être électeur dans deux communes, ou membre de deux Conseils municipaux. Dans le cas où un électeur aurait été porté sur deux listes ou élu conseiller municipal dans deux communes, il devrait faire connaître son option dans un délai de quinze jours après la publication des listes ou des résultats de l'élection, faute de quoi il serait censé avoir opté pour la commune comprenant le plus petit nombre d'électeurs de sa catégorie.

X. — Les conseillers municipaux annamites sont élus :

1° Sans condition de cens par les tú tài, cử nhơn tân sĩ, âgés de 21 ans accomplis, domiciliés dans la ville depuis un an au moins, ou inscrits au rôle de l'impôt foncier et réclamant leur inscription sur la liste électorale, et par les employés et fonctionnaires annamites tant du Protectorat que de l'administration annamite, du grade de secrétaire ou lettré titulaire de troisième classe ou de tung-thất phạm et au-dessus, ayant au moins cinq ans de service dans leurs administrations respectives ;

2° Par tous les propriétaires ou patentés annamites payant au moins quinze piastres de contributions directes, âgés de 21 ans, ayant leur domicile réel à Hanoi depuis un an et n'ayant subi aucune condamnation tant des tribunaux français que des tribunaux mixtes ou indigènes, pour les motifs visés par les articles 15 et 16 du décret du 2 février 1852, ou pour rébellion, achat, vente ou recel d'armes, contrebande d'opium, d'armes, etc., et tromperie sur la qualité de la marchandise vendue. Si les propriétaires et patentés se trouvaient en nombre inférieur à celui de 100 pour Hanoi, et 60 pour Haiphong, ils seraient complétés jusqu'à ce chiffre par adjonction des plus imposés aux rôles des contributions directes.

Sont éligibles comme membres annamites tous les électeurs annamites âgés de 27 ans au moins, c'est-à-dire, pour l'année 1892, nés en l'année 1865, ne se trouvant dans aucun des cas d'incapacité ou d'incompatibilité visés par les articles 3 et 4 du présent arrêté.

XI. — Les conseillers municipaux chinois ou asiatiques étrangers sont élus par tous les Chinois ou Asiatiques étrangers remplissant les mêmes conditions de cens et domicile que la seconde catégorie des électeurs annamites (propriétaires ou patentés), et n'ayant subi aucune des condamnations prévues à l'article précédent.

Sont éligibles tous les électeurs asiatiques étrangers âgés de 27 ans accomplis et payant au moins 25 piastres de contributions directes, ne se trouvant dans aucun des cas d'incapacité prévus par les articles 3 et 4 du présent arrêté.

XII. — Les listes électorales sont dressées chaque année intégralement, du 1er au 10 mars, par une commisson composée du Résident-maire, président ; d'un délégué du Résident supérieur et d'un délégué du Conseil municipal, qui ajoute à la liste précédente les citoyens qui sont reconnus avoir acquis les qualités exigées par la loi, ceux qui acquerront les conditions d'âge et d'habitation avant le 1er avril, et ceux qui auraient été précédemment omis, et en retranche :

1° Les individus décédés ;

2° Ceux dont la radiation a été ordonnée par l'autorité compétente ;

3° Ceux qui ont perdu les qualités requises par la loi ;

4° Ceux qui sont reconnus avoir été indûment inscrits, quoique leur inscription n'ait point été attaquée. Il est tenu par la commission un registre de toutes ses décisions, avec mention des motifs et pièces à l'appui.

Seront rayés comme n'habitant plus la commune, les électeurs non inscrits au rôle de l'une des contributions directes, qui en seront réellement absents depuis un an au 1er mars de l'année de la confection de la liste.

La liste électorale sera déposée à la mairie au plus tard le 15 mars, et un tableau des additions et des radiations opérées sur la liste précédente sera affiché. La liste et le tableau seront communiqués à tout requérant, qui pourra les recopier et les reproduire par la voie de l'impression. Le jour même de ce dépôt, avis en sera donné par affiches aux lieux accoutumés. Les demandes en inscription ou en radiation devront être formées dans le délai du 20 jours à partir de la publication des listes ; elles seront soumises à la commission indiquée au premier paragraphe de cet article, à laquelle seront adjoints deux autres délégués du Conseil municipal.

L'appel des décisions de cette commission sera porté devant le juge de paix ou, à défaut de juge de paix, devant le tribunal de première instance qui statuera conformément aux dispositions du décret organique du 2 février 1852, modifiées ou complétées par les lois en vigueur et par le présent arrêté.

XIII. — L'électeur qui aura été l'objet d'une radiation d'office de la part des commissions désignées par l'article XII ou dont l'inscription aura été contestée, sera averti sans frais par le maire et pourra présenter ses observations. Notification de la décision des commissions sera, dans les trois jours, faite par écrit et à domicile, aux parties intéressées, par les soins de l'administration municipale. Elles pourront

interjeter appel dans les cinq jours de la notification.

XIV. — Les élections des conseillers municipaux auront lieu au scrutin de liste pour toute la commune et par catégorie d'électeurs. Le Résident supérieur peut, par arrêté spécial, publié dix jours au moins à l'avance, diviser la commune en plusieurs bureaux de vote qui concourront tous à l'élection des mêmes conseillers. Il sera délivré à chaque électeur une carte électorale ; cette carte indiquera le lieu où doit siéger le bureau où il devra voter.

XV. — Les collèges électoraux sont convoqués par arrêté du Résident supérieur. L'intervalle entre la promulgation de l'arrêté et l'ouverture des collèges est de 15 jours francs.

XVI. — Le scrutin ne durera qu'un seul jour ; il sera ouvert un dimanche ou un jour férié à 7 heures du matin et clos à 11 heures du matin ; le dépouillement aura lieu immédiatement.

XVII. — Les bureaux de vote sont présidés par le maire, les adjoints dans l'ordre de leur nomination et les conseillers municipaux français dans l'ordre du tableau, et, en cas d'empêchement, par des électeurs désignés par le maire.

XVIII. — Le président a seul la police de l'assemblée. Cette assemblée ne peut s'occuper d'autres objets que de l'élection qui lui est attribuée. Toute discussion, toute délibération lui sont interdites.

XIX. — Les deux plus âgés et les deux plus jeunes des électeurs français présents à l'ouverture de la séance, sachant lire et écrire, remplissent les fonctions d'assesseurs. Le secrétaire est désigné par le président et les assesseurs ; dans les délibérations du bureau, il n'a que voix consultative. Trois membres du bureau au moins doivent être présents pendant tout le cours des opérations. Pour chaque catégorie d'électeurs, il y a une urne distincte.

XX. — Le bureau juge provisoirement les difficultés qui s'élèvent sur les opérations de l'assemblée ; ses décisions sont motivées. Toutefois les réclamations et décisions sont insérées au procès-verbal, les pièces et les bulletins qui s'y rapportent y sont annexés après avoir été paraphés par le bureau.

XXI. — Pendant toute la durée des opérations, une copie de la liste des électeurs, certifiée par le maire, contenant les noms, domicile, qualification de chacun des inscrits, reste déposée sur la table autour de laquelle siège le bureau.

XXII. — Nul ne peut être admis à voter, s'il n'est inscrit sur cette liste. Toutefois seront admis à voter, quoique non inscrits, les électeurs porteurs d'une décision judiciaire ordonnant leur inscription ou d'un arrêt de la cour de cassation annulant un jugement qui aurait prononcé leur radiation.

XXIII. — Nul électeur ne peut entrer dans l'assemblée s'il est porteur d'armes quelconques.

XXIV. — Les électeurs apportent leurs bulletins préparés en dehors de l'assemblée. Le papier du bulletin doit être blanc et sans signe extérieur. L'électeur remet au président son bulletin fermé. Le président le dépose dans la boîte du scrutin laquelle doit, avant le commencement du vote, avoir été fermée à deux serrures dont les clefs restent, l'une entre les mains du président, l'autre entre celles de l'assesseur le plus âgé. Le vote de chaque électeur est constaté sur la liste, en marge de son nom, par la signature ou le paraphe avec initiale de l'un des membres du bureau.

Les bulletins des électeurs annamites et chinois peuvent être écrits en caractères chinois ou annamites, et sur du papier chinois ou annamite ne portant aucun signe extérieur.

XXV. — Après la clôture du scrutin, il est procédé au dépouillement de la manière suivante: la boîte du scrutin est ouverte et le nombre des bulletins vérifié.

Si ce nombre est plus grand ou moindre que celui des votants, il en est fait mention au procès-verbal. Le bureau désigne parmi les électeurs présents un certain nombre de scrutateurs. Le président et les membres du bureau surveillent l'opération du dépouillement.

Ils peuvent y procéder eux-mêmes, s'il y a moins de 300 votants.

XXVI. — Les bulletins sont valables bien qu'ils portent plus ou moins de noms qu'il y a de conseillers à élire. Les derniers noms inscrits au delà de ce nombre ne sont pas comptés. Les bulletins blancs ou illisibles, ceux qui ne contiennent pas une désignation suffisante, ou dans lesquels les votants se sont fait connaître, n'entrent pas en compte dans le résultat du dépouillement, mais ils sont annexés au procès-verbal ainsi que ceux qui donnent naissance à des contestations ou réclamations.

XXVII. — Immédiatement après le dépouillement, le président proclame le résultat du scrutin. Le procès-verbal des opérations est dressé par le secrétaire, il est signé par lui et les autres membres du bureau. Une copie, également signée du secrétaire et des membres du bureau, en est aussitôt envoyée au Résident supérieur qui en donne récépissé. Extrait en est immédiatement affiché par les soins du maire. Les bulletins autres que ceux qui doivent être annexés au procès-verbal sont brûlés en présence des électeurs.

XXVIII. — Nul n'est élu au premier tour de scrutin s'il n'a réuni, dans la catégorie d'électeurs à laquelle il appartient:

1º La majorité absolue des suffrages exprimés;

2º Un nombre de suffrages égal au quart de celui des électeurs inscrits.

Au deuxième tour de scrutin, l'élection a lieu à la majorité relative, quel que soit le nombre des votants. Si plusieurs candidats obtiennent le même nombre de suffrages, l'élection est acquise au plus âgé. En cas de deuxième tour de scrutin, l'assemblée est de droit convoquée pour le dimanche suivant. Le Résident-maire fait les publications nécessaires.

XXIX. — Tout électeur ou tout éligible a le droit d'arguer de nullité les opérations de l'assemblée dont il fait partie, c'est-à-dire les électeurs français, l'élection d'un ou plusieurs conseillers français, les électeurs annamites ou chinois, l'élection d'un ou plusieurs conseillers annamites ou chinois.

Les réclamations doivent être consignées au procès-verbal, sinon elles doivent être, à peine de nullité, déposées au secrétariat de la Mairie ou à la Résidence supérieure, dans le délai de cinq jours à dater du jour de l'élection.

Le Résident supérieur, s'il estime que les conditions et les formes légalement prescrites n'ont pas été remplies, doit également, dans le délai de quinze jours à dater de la réception du procès-verbal, déférer les opérations électorales au Gouverneur général.

Dans l'un et l'autre cas, le Résident supérieur donne immédiatement connaissance de la réclamation par la voie administrative aux conseillers dont l'élection est contestée, les prévenant qu'ils ont cinq jours pour tout délai à l'effet de déposer leur défense au secrétariat de la Mairie où à la Résidence supérieure. Il est donné récépissé, soit des réclamations, soit des défenses.

XXX. — Il est statué, dans le délai d'un mois, sur les réclamations des particuliers, par arrêté du Résident supérieur.

Dans tous les cas où une réclamation implique la solution préjudicielle d'une question d'État ou d'une question dont le jugement appartient aux tribunaux, les parties seront renvoyées à se pourvoir devant les juges compétents, et la partie doit justifier de ses diligences dans le délai de quinzaine. A défaut de cette justification, il sera passé outre et la décision du Résident supérieur devra intervenir dans le mois à partir de l'expiration de ce délai de quinzaine.

Les recours au Gouverneur général contre un arrêté du Résident supérieur doivent, à peine de nullité, être déposés au secrétariat de la Mairie ou à la Résidence supérieure, dans le délai de dix jours après la notification de cet arrêté aux parties.

Le Résident supérieur donne immédiatement, par la voie administrative, connaissance du recours aux parties intéressées, en les prévenant qu'elles ont dix jours pour tout délai, à dater de cette notification, pour déposer leur défense au secrétariat de la mairie ou à la Résidence supérieure. Ces défenses, avec l'avis motivé du Résident supérieur, et toutes les pièces de l'instance, sont immédiatement transmises au Gouverneur général qui prononce en dernier ressort.

XXXI. — Les conseillers municipaux proclamés restent en fonctions jusqu'à ce qu'il ait été définitivement statué sur les réclamations. Dans le cas où l'annulation de tout ou partie des élections est devenue définitive, l'assemblée des électeurs est convoquée dans un délai qui ne peut excéder deux mois.

XXXII. — Le Conseil municipal pourra être suspendu ou dissous par arrêté motivé du Gouverneur général publié au *Journal officiel*. Dans le cas de dissolution du Conseil municipal, il sera procédé, dans le délai de six mois, à l'élection d'un nouveau Conseil. Provisoirement le Gouverneur général désigne, pour remplir les fonctions du Conseil, une commission dont le nombre ne peut être inférieur à la moitié des conseillers municipaux.

FONCTIONNEMENT DES CONSEILS MUNICIPAUX

XXXIII. — Les Conseils municipaux se réunissent en session ordinaire quatre fois l'année, en février, mai, août et novembre. La durée de chaque session est de dix jours, hormis pour celle de novembre, où est voté le budget et qui dure vingt jours. Les sessions peuvent être prolongées, avec l'autorisation du Résident supérieur. Pendant les sessions ordinaires, le Conseil peut s'occuper de toutes les matières qui rentrent dans ses attributions.

XXXIV. — Le Résident supérieur prescrit d'office la convocation extraordinaire du Conseil municipal ou l'autorise, sur la demande du maire, toutes les fois que les intérêts de la commune l'exigent.

Le maire réunit le Conseil municipal en session extraordinaire chaque fois que la majorité des membres en exercice le demande. L'objet de la session doit être spécifié d'avance. Le maire devra, dans les vingt-quatre heures, demander l'autorisation du Résident supérieur.

Pour toutes les sessions extraordinaires, la convocation doit contenir l'indication des objets spéciaux et déterminés pour lesquels le Conseil doit s'assembler, et le Conseil ne peut s'occuper que de ces objets.

XXXV. — Toute convocation est faite par le maire. Elle est mentionnée au registre des délibérations, affichée à la porte de la mairie, et adressée par écrit et à domicile trois jours francs au moins avant celui de la réunion. En cas d'urgence, le délai peut être abrégé par le Résident supérieur.

XXXVI. — Les conseillers municipaux prennent rang dans chaque tableau suivant un ordre déterminé :

1° Par la date la plus ancienne des nominations ;

2° Entre conseillers élus le même jour par le plus grand nombre des suffrages obtenus ;

3° A égalité de voix par la priorité d'âge.

Un double des tableaux reste déposé dans les bureaux de la mairie, où chacun peut en prendre communication et copie.

XXXVII. — Le conseil municipal ne peut délibérer que lorsque la majorité de ses membres en exercice assiste à la séance. Quand, après deux convocations successives, à trois jours au moins d'intervalle et dûment constatées, le Conseil municipal ne s'est pas réuni en nombre suffisant, la délibération prise après la troisième convocation est valable, quel que soit le nombre des membres présents. En cas d'urgence, le délai entre les convocations successives peut être abrégé par le Résident supérieur.

XXXVIII. — Les délibérations sont prises à la majorité absolue des votants. En cas de partage, sauf le cas de scrutin secret, la voix du Résident-maire est prépondérante. Le vote a lieu au scrutin public sur la demande du quart des membres présents ; dans ce cas, les noms des votants, avec la désignation de leurs votes, sont inscrits au procès-verbal. Il est voté au scrutin secret toutes les fois que le tiers des membres présents le réclame ou qu'il s'agit de procéder à une nomination ou présentation. Dans ces derniers cas, après deux tours de scrutin secret, si aucun des candidats n'a obtenu la majorité absolue, il est procédé à un troisième tour et l'élection a lieu à la majorité relative ; à égalité de voix, l'élection est acquise au plus âgé.

XXXIX. — Le maire, et à défaut les adjoints, dans l'ordre de leur nomination, président le Conseil municipal. Dans les séances où les comptes d'administration du maire sont débattus, le Conseil municipal élit son président. Dans ce cas, le maire peut, même quand il ne serait plus en fonctions, assister à la discussion, mais il doit se retirer au moment du vote. Le président adresse directement la délibération au Résident supérieur.

XL. — Au début de chaque session et pour sa durée, le Conseil municipal nomme, au scrutin secret, un de ses membres pour remplir les fonctions de secrétaire. Le secrétaire de la mairie peut lui être adjoint à cet effet et assister, avec l'autorisation du conseil, aux séances, mais sans participer aux délibérations.

XLI. — Les séances du Conseil municipal ne sont pas publiques. Les délibérations, rédigées en français, sont inscrites, par ordre de date, sur un registre coté et paraphé par le Résident supérieur. Elles sont signées par tous les membres présents à la séance, ou mention est faite de la cause qui les a empêchés de signer. Copie en est adressée au Résident supérieur dans la huitaine.

Une traduction en caractères chinois des procès-verbaux des délibérations est inscrite sur un registre spécial.

Tout habitant ou contribuable de la commune a le droit de demander communication sur place et de prendre copie des délibérations du Conseil municipal.

Un extrait daté en est affiché dans les huit jours à la porte de la mairie.

XLII. — Tout membre du Conseil municipal qui, sans motifs légitimes, a manqué à trois convocations successives, peut être, après avoir été appelé à fournir des explications, déclaré démissionnaire par le Résident supérieur, sauf recours au Gouverneur général dans les dix jours de la notification. Exception sera faite pour les conseillers qui auront quitté le Tonkin après avoir donné avis au conseil.

Cependant tout conseiller qui restera absent du Tonkin pendant plus de neuf mois, sera, après ce délai, déclaré démissionnaire.

Les déclarations de démission seront faites par le Résident supérieur, sauf recours au Gouverneur général dans les dix jours de la notification.

XLIII. — Sont nulles de plein droit :

1° Les délibérations d'un conseil portant sur un objet étranger à ses attributions ou prises hors de sa réunion légale ;

2° Les délibérations prises en violation des lois, décrets ou arrêtés en vigueur en Indo-Chine ou d'un règlement d'administration publique.

XLIV. — Sont annulables les délibérations auxquelles auraient pris part des membres du conseil, intéressés, soit en leur nom personnel, soit comme mandataires, à l'affaire qui en fait l'objet.

XLV. — La nullité de droit est déclarée par le Résident supérieur. Elle peut être prononcée par le Résident supérieur, proposée ou opposée par l'administration et les parties intéressées, à toute époque.

XLVI. — L'annulation est déclarée par le Résident supérieur. Elle peut être provoquée d'office par le Résident-maire, ou demandée dans un délai de 15 jours, à partir de l'affichage de l'extrait à la porte de la mairie, par toute personne intéressée et par tout contribuable de la commune. Il en est donné récépissé. Le Résident supérieur statuera dans le délai d'un mois à partir de la notification de la demande d'annulation.

Le Conseil municipal ou les intéressés pourront, dans les dix jours de la notification, se pourvoir devant le Gouverneur général contre l'annulation ou la déclaration de nullité prononcée par le Résident supérieur.

XLVII. — Le Conseil municipal règle, par ses délibérations, les affaires de la commune. Il donne son avis toutes les fois que cet avis est requis par les lois et règlements, ou qu'il est demandé par l'administration supérieure. Il émet des vœux sur tous les objets d'intérêt local. Il nomme chaque année une commission qui donne son avis sur les rôles de l'impôt foncier et des patentes établis par le contrôleur des contributions directes.

XLVIII. — Ne sont exécutoires qu'après avoir été approuvés par le Résident supérieur :

1° Les conditions des baux dont la durée dépasse cinq ans ;

2° Les aliénations et échanges des propriétés communales ;

3° Les acquisitions d'immeubles, les constructions nouvelles, les reconstructions entières ou partielles, quel qu'en soit le prix, les projets, plans et devis de grosses réparations et d'entretien, quand la dépense, totalisée avec les dépenses de même nature pendant l'exercice courant, dépasse deux mille piastres ;

4° Les transactions ;

5° Le changement d'affectation d'une propriété communale déjà affectée à un service communal ou public;

6° Le classement, le déclassement, le redressement ou le prolongement, l'établissement, la suppression, la dénomination des rues et places publiques, la création et la suppression des promenades, squares ou jardins publics, champs de foire, de tir ou de course, l'établissement des plans d'alignement et de nivellement des voies publiques municipales, les modifications aux plans d'alignement adoptés;

7° L'acceptation des dons et legs faits à la commune;

8° Le budget communal;

9° Les crédits supplémentaires;

10 L'établissement, la suppression ou les changements des foires ou marchés;

11° La création d'emplois rétribués, même temporaires.

Les délibérations qui ne sont pas soumises à l'approbation du Résident supérieur ne deviendront néanmoins exécutoires qu'un mois après que le dépôt en aura été fait à la Résidence supérieure. Le Résident supérieur pourra, par un arrêté, abréger ce délai.

XLIX. — Ne sont exécutoires qu'après avoir été approuvées par le Gouverneur général, les délibérations créant, supprimant ou modifiant les taxes, fermages, monopoles, redevances de toute nature, établissant des contributions extraordinaires, ou décidant des emprunts ou des prêts.

L. — Le Conseil municipal est toujours appelé à donner son avis sur les objets suivants :

1° Les projets d'alignement et de nivellement de grande voirie dans l'intérieur de la commune;

2° La création des bureaux de bienfaisance;

3° L'acceptation des dons et legs faits aux établissements de charité et de bienfaisance, les autorisations d'emprunter, d'acquérir, d'échanger, d'aliéner, de plaider ou de transiger, demandées par ces mêmes établissements, les budgets et comptes de ces établissements, lorsqu'ils reçoivent des secours sur les fonds communaux;

4° Le mode d'assiette, les tarifs et règles de perception de l'octroi de mer;

5° Enfin, tous les objets sur lesquels le Conseil municipal est appelé, par les lois et règlements, à donner son avis ou sera consulté par l'administration du Protectorat.

Lorsque le Conseil municipal, à ce régulièrement requis et convoqué, refuse ou néglige de donner son avis, il peut être passé outre.

LI. — Le Conseil municipal délibère sur les comptes d'administration qui lui sont annuellement présentés par le maire, conformément à l'article 88 du présent arrêté. Il entend, débat et arrête les comptes de deniers des receveurs, sauf règlement définitif par le Résident supérieur.

LII. — Il est interdit à tout Conseil municipal, soit de publier des proclamations ou adresses, soit d'émettre des vœux politiques.

La nullité des actes et des délibérations prises en violation de cet article sera prononcée par le Résident supérieur et le Conseil municipal suspendu, sans préjudice, s'il y a lieu, de l'application de l'article 123 du Code pénal.

DU RÉSIDENT-MAIRE. — DES ADJOINTS

LIII. — Les fonctions d'adjoint et de Conseiller municipal sont gratuites.

LIV. — La solde de grade du Résident-maire lui est payée sur les fonds du Protectorat.

Les frais de représentation lui sont alloués sur le budget municipal. La quotité de cette allocation est exclusivement fixée par arrêté du Gouverneur général, elle fait partie des dépenses obligatoires (1).

LV. — Les adjoints sont nommés pour la même durée que le Conseil municipal.

LVI. — Le maire est seul chargé de l'administration ; il ne peut déléguer aucune partie de ses fonctions. En cas d'absence ou d'empêchement, il est remplacé par le premier adjoint, ou, à défaut de celui-ci, par le second.

LVII. — Dans le cas où le maire refuserait, ou négligerait de faire un des actes qui lui sont prescrits par la loi, le Résident supérieur peut y procéder d'office par un délégué spécial.

LVIII. — Les adjoints peuvent être suspendus par arrêté du Résident supérieur, pour un temps qui ne pourra excéder trois mois. Ils ne peuvent être révoqués que par arrêté du Gouverneur général.

LIX. — Le maire nomme le secrétaire de la mairie et les employés du secrétariat, les employés et agents de la voirie, les gardiens et surveillants des abattoirs, fourrières et marchés, et, avec l'agrément du Résident supérieur, les agents de la police municipale, moins les commissaires de police. Le chef du secrétariat, l'agent-voyer et les agents de police ne peuvent être suspendus ou révoqués que par arrêté du Résident supérieur pris sur la proposition du maire.

Les nominations, suspensions ou révocations de toute nature prononcées par un intérimaire, ne seront exécutoires qu'après approbation du Résident supérieur.

Le maire peut faire assermenter et commissionner les agents nommés par lui, mais à la condition qu'ils soient agréés par le Résident supérieur.

Aucune création d'emplois rétribués, même temporaires, ne peut être faite, aucune augmentation de solde, aucune indemnité ou gratification en argent ou en nature ne peut être attribuée à un agent ou employé de la commune ou à toute autre personne, que sur la proposition du maire faite avec l'approbation préalable du Résident supérieur.

LX. — Lorsque le maire procède à une adjudication publique pour le compte de la commune, il est assisté de deux membres du Conseil municipal désignés d'avance par le Conseil, ou à défaut de cette désignation, appelés dans l'ordre du tableau. Le receveur municipal est appelé à toutes les adjudications. Toutes les difficultés qui peuvent s'élever sur les opérations préparatoires de l'adjudication sont résolues séance tenante par le maire et les deux assistants, à la majorité des voix, sauf les recours de droit.

LXI. — Le maire est chargé, sous le contrôle du Conseil municipal et la surveillance de l'administration supérieure :

1° De conserver et d'administrer les propriétés de la commune et de faire en conséquence tous actes conservatoires de ses droits;

2° De gérer les revenus, de surveiller les établissements communaux et la comptabilité communale;

3° De préparer et proposer le budget et ordonnancer les dépenses;

4° De diriger les travaux communaux;

5° De pourvoir aux mesures relatives à la voirie municipale;

(1) Voir ci-après l'arrêté du 12 mars 1892, déterminant la quotité des frais de représentation des Résidents-maires.

6° De souscrire les marchés, de passer les baux des biens et les adjudications des travaux communaux, dans les formes établies par les lois et règlements;

7° De passer dans les mêmes formes, les actes de vente, échange, partage, acceptation des dons ou legs, acquisition, transaction, lorsque ces actes ont été autorisés conformément au présent arrêté;

8° Et, d'une manière générale, d'exécuter les décisions du Conseil municipal.

LXII. — Le maire est chargé, sous la surveillance de l'administration supérieure, de la police municipale et de l'exécution des actes de l'autorité supérieure qui y sont relatifs.

LXIII. — Le maire est chargé, sous l'autorité de l'administration supérieure:

1° De la publication et de l'exécution des lois et règlements;

2° De l'exécution des mesures de sûreté générale;

3° Des fonctions spéciales qui lui sont attribuées par les lois et arrêtés.

LXIV. — Le maire prend des arrêtés à l'effet:

1° D'ordonner les mesures locales sur les objets confiés par les lois à sa vigilance et à son autorité;

2° De publier de nouveau les lois et les règlements de police et de rappeler les citoyens à leur observation.

LXV. — Les arrêtés pris par le maire sont immédiatement adressés au Résident supérieur, qui peut les annuler ou en suspendre l'exécution. Ceux de ces arrêtés qui portent règlement permanent ne seront exécutoires qu'un mois après la remise de l'ampliation. Le Résident supérieur peut abréger ce délai.

LXVI. — Les arrêtés du maire ne sont obligatoires qu'après avoir été portés à la connaissance des intéressés, par voie de publication et d'affiches en français et en chinois, toutes les fois qu'ils contiennent des dispositions générales, et, dans les autres cas, par voie de notification individuelle. La publication est constatée par une déclaration certifiée par le maire. La notification est établie par le récépissé de la partie intéressée, ou, à son défaut, par l'original de la notification conservé dans les archives de la mairie. Les arrêtés, actes de publication et de notification, sont inscrits à leur date sur le registre de la mairie.

LXVII. — La police municipale a pour objet d'assurer le bon ordre, la sûreté et la salubrité publiques. Elle comprend notamment:

1° Tout ce qui intéresse la sûreté et la commodité du passage dans les rues, quais, places et voies publiques, ce qui comprend le nettoiement, l'éclairage (CF. CP. art. 471 3° - 4°); l'enlèvement des encombrements (CF. CP. art. 471, 3° - 4°), la démolition ou la réparation des édifices menaçant ruine, l'interdiction de rien exposer aux fenêtres ou aux autres parties des édifices qui puisse nuire par sa chute, ou celle de rien jeter qui puisse endommager les passants ou causer des exhalaisons nuisibles;

2° Le soin de réprimer les atteintes à la tranquillité publique, telles que les rixes et disputes accompagnées d'ameutement dans les rues, le tumulte excité dans les lieux d'assemblée publique, les attroupements, les bruits et rassemblements nocturnes (CF. L. 7 juin 1848, CP. 479, 480) qui troublent le repos des habitants, et tous actes de nature à compromettre la tranquillité publique (CF. CP. art. 479, 8°, et 480, 5°);

3° Le maintien du bon ordre dans les endroits où il se fait de grands rassemblements d'hommes, tels que les foires, marchés, réjouissances et cérémonies

publiques, spectacles, jeux, cafés (CF. L. 17 juillet 1880, article 9), églises, pagodes et autres lieux publics (CF. L. 30 juin 1881, article 9);

4° Le mode de transport des personnes décédées, les inhumations et exhumations, le maintien du bon ordre et de la décence dans les cimetières, sans qu'il soit permis d'établir des distinctions ou des prescriptions particulières à raison des croyances ou du culte du défunt, ou des circonstances qui ont accompagné sa mort (CF, C. Civ. article 77, C.P. article 358, 1°; D. 23 prairial an XII; LL. 14 novembre 1881, 17 novembre 1887);

5° L'inspection sur la fidélité du débit des denrées qui se vendent au poids ou à la mesure, et sur la salubrité des comestibles exposés en vente (CF. L. 27 mai 1851);

6° Le soin de prévenir, par des précautions convenables, et celui de faire cesser, par la distribution des secours nécessaires, les accidents et fléaux calamiteux, tels que les incendies, les inondations, les maladies épidémiques ou contagieuses, les épizooties (L. 21 juillet 1881), en provoquant, s'il y a lieu, l'intervention de l'administration supérieure;

7° Le soin de prendre provisoirement les mesures nécessaires contre les aliénés dont l'état pourrait compromettre la morale publique, la sécurité des personnes ou la conservation des propriétés;

8° Le soin d'obvier ou de remédier aux événements fâcheux qui pourraient être occasionnés par la divagation des animaux malfaisants ou féroces.

LXVIII. — Le maire a la police des routes et rues de grande voirie dans l'intérieur des communes, mais seulement en ce qui touche à la circulation sur lesdites voies (CF. CP., article 471). Il peut, moyennant le paiement de droits fixés par un tarif dûment établi, sous les réserves imposées par l'article 7 de la loi du 11 frimaire an VII, donner des permis de stationnement ou de dépôt temporaire sur la voie publique, sur les rivières, ports et quais fluviaux et autres lieux publics.

Les alignements individuels, les autorisations de bâtir, les autres permissions de voirie, sont délivrés par l'autorité compétente, après que le maire aura donné son avis, dans le cas où il ne lui appartient pas de les délivrer lui-même. Les permissions de voirie à titre précaire ou essentiellement révocables sur les voies publiques, qui sont placées dans les attributions du maire et ayant pour objet, notamment, l'établissement dans le sol de la voie publique, des canalisations destinées au passage ou à la conduite soit de l'eau, soit du gaz, peuvent, en cas de refus du maire, non justifié par l'intérêt général, être accordées par le Résident supérieur.

LXIX. — Les pouvoirs qui appartiennent au maire, en vertu de l'article 64, ne font pas obstacle au droit du Résident supérieur de prendre, dans tous les cas où il n'y aurait pas été pourvu par les autorités municipales, et après invitation au maire restée sans résultat, toutes les mesures relatives au maintien de la salubrité, de la sûreté et de la tranquillité publiques.

LXX. — L'organisation du personnel chargé du service de la police est réglée, après avis du Conseil municipal, par le Gouverneur général, sur la proposition du Résident supérieur. Si un Conseil municipal n'allouait pas les fonds exigés pour la dépense ou n'allouait qu'une somme insuffisante, l'allocation nécessaire serait inscrite au budget par arrêté du Résident supérieur. Les inspecteurs de police, brigadiers et sous-brigadiers et les agents de police nommés par le maire doivent être agréés par le Résident supérieur.

DE L'ADMINISTRATION DES COMMUNES

LXXI. — La vente des biens mobiliers et immobiliers des communes, autres que ceux servant à un usage public, peut être autorisée sur la demande de tout créancier porteur d'un titre exécutoire; par un arrêté du Gouverneur général qui détermine les formes de la vente.

LXXII. — Si une donation ou un legs ont été faits à un hameau ou portion de commune, qui n'est pas à l'état de section ayant la personnalité civile, les habitants de ce hameau ou portion de commune appartenant à toutes les catégories d'électeurs seront appelés à élire en commun une commission de cinq membres composée de trois Européens et de deux Annamites ou Chinois, qui délibérera sur l'acceptation de la libéralité. Si ce quartier n'avait pas au moins vingt électeurs de toute catégorie, la commission serait nommée par le maire. Dans tous les cas l'autorisation d'accepter ne pourra être accordée que par arrêté du Résident supérieur, après avis du conseil municipal.

LXXIII. — Aucune construction nouvelle ou reconstruction ne peut être faite que sur la production des plans et devis approuvés par le conseil municipal, sauf les exceptions prévues par les lois spéciales. Les plans et devis sont, en outre, approuvés par le Résident supérieur.

LXXIV. — Le Résident supérieur approuve également toutes les adjudications de travaux, les marchés de gré à gré supérieurs à 250 $. Les concessions à titre exclusif des grands services municipaux sont soumis à l'approbation du Gouverneur général.

DES ACTIONS JUDICIAIRES

LXXV. — Nulle commune ne peut ester en justice sans être autorisée par le Résident supérieur, sauf les cas prévus par les articles 76 et 91 du présent arrêté. Après tout jugement intervenu, la commune ne peut se pourvoir devant un autre degré de juridiction qu'en vertu d'une nouvelle autorisation du Résident supérieur.

LXXVI. — Le Résident-maire peut toujours, sans autorisation préalable, faire tous actes conservatoires ou interruptifs des déchéances. Il peut, sans autre autorisation, interjeter appel de tout jugement et se pourvoir en cassation, mais il ne peut suivre sur son appel, ni suivre sur le pourvoi qu'en vertu d'une nouvelle délibération du Conseil municipal et d'une nouvelle approbation du Résident supérieur.

LXXVII. — Les articles 124, 125 126 et 127 de la loi du 5 avril 1884 relatifs aux actions à intenter aux communes sont déclarés applicables aux communes constituées en vertu du présent arrêté. Les attributions du préfet et du Conseil de préfecture seront exercées par le Résident supérieur. Les communes pourront se pourvoir devant le Gouverneur général contre les décisions du Résident supérieur.

DU BUDGET COMMUNAL (1)

LXXVIII. — Le budget communal se divise en budget ordinaire et budget extraordinaire.

LXXIX. — Les recettes du budget ordinaire se composent :

1° Des revenus de tous les biens dont les habitants n'ont pas la jouissance en nature ;

(1) Voir, Vo *Budget*, arrêté du 31 décembre 1891, fixant la date de la clôture de l'exercice financier.

2° Des cotisations imposées annuellement sur les ayants-droit aux fruits qui se perçoivent en nature ;

3° Du produit total des contributions directes qui est concédé aux municipalités pour la durée du présent arrêté, savoir: l'impôt foncier, l'impôt des patentes, la capitation des asiatiques étrangers, l'impôt personnel et les corvées des inscrits indigènes. L'assiette et la quotité de ces impôts ne pourront être modifiées que par arrêté du Gouverneur général. L'établissement des rôles, le recouvrement de leur produit aura lieu exclusivement par les soins et aux frais de l'administration du Protectorat.

L'impôt personnel et les prestations pourront être remplacés par une taxe spéciale dont seront exempts tous ceux qui, en vertu des règlements et de la coutume, sont exempts de l'impôt personnel et des corvées;

4° Du produit des bacs établis dans les limites des communes et à elles concédé pour la durée du présent arrêté, sous la réserve des charges imposées par l'article 50 de la loi du 6 frimaire an VII, avec les modifications apportées par les cahiers des charges actuellement en vigueur. Les bacs restant un domaine de l'État dont la jouissance seulement est concédée, les cahiers des charges les concernant devront être dressés par les soins du Résident supérieur après avis du Conseil municipal;

5° Du produit des droits de place perçus dans les halles, foires, marchés, abattoirs, d'après les tarifs dûment établis;

6° Du produit des permis de stationnement et de location sur la voie publique, sur les rivières, ports et quais fluviaux et autres lieux publics, même ressortant de la grande voirie;

7° Du produit des péages communaux, des droits de pesage, mesurage et jaugeage, des droits de voirie et autres droits légalement établis;

8° Du prix des concessions dans les cimetières communaux et de leurs produits;

9° Du produit des concessions d'eau et de l'enlèvement des boues et immondices de la voie publique et autres concessions autorisées pour les services.

10° Du produit des expéditions des actes administratifs et des actes de l'état civil:

11° De la portion que les lois accordent aux communes dans les produits des amendes prononcées par les tribunaux de police correctionnelle et de simple police;

12° Et généralement du produit des contributions, taxes et droits dont la perception est autorisée par les règlements.

LXXX. — Les recettes du budget extraordinaire se composent:

1° Des contributions extraordinaires dûment autorisées;

2° Du prix des biens aliénés;

3° Des dons et legs;

4° Du remboursement des capitaux exigibles et des rentes rachetées;

5° Du produit des emprunts et de toutes autres recettes accidentelles;

6° Des subventions du Protectorat.

LXXXI. — Sont obligatoires pour les communes les dépenses suivantes:

1° L'entretien de l'hôtel de ville ;

2° Les frais de bureau et d'impression pour le service de la commune; l'abonnement au *Bulletin des lois*.

3° Les frais des assemblées électorales ;

4° Les frais des registres de l'Etat civil et la portion des tables décennales à la charge de la commune;

5° Le traitement ou les remises du receveur municipal et les frais de perception;

6° Les traitements et autres frais du personnel de la police municipale, sauf celui du commissaire de police.

7° Les grosses réparations aux édifices communaux et leur entretien;

8° La clôture et l'entretien des cimetières communaux;

9° Les frais d'établissement, de conservation et de tenue à jour des plans d'alignement et de nivellement;

10° Les contributions et prélèvements établis par les règlements sur les biens et revenus communaux;

11° L'acquittement des dettes exigibles;

12° Le traitement du secrétaire et des employés de la mairie, de l'agent-voyer et des employés de la voirie, les frais de représentation du résident-maire;

13° Les dépenses occasionnées par l'application de l'article 57 du présent arrêté.

Toutes dépenses autres que les précédentes sont facultatives.

VOTE ET RÈGLEMENT DU BUDGET

LXXXII. — Le budget de chaque commune est proposé par le maire, voté par le Conseil municipal et réglé par le Résident supérieur. Lorsqu'il pourvoit à toutes les dépenses obligatoires et que les dépenses facultatives ne sont contraires à aucune prescription des lois ou des règlements, les allocations qui leur sont affectées ne peuvent être modifiées par l'autorité supérieure.

LXXXIII. — Les crédits qui seront reconnus nécessaires, après le règlement du budget, sont délibérés conformément aux articles précédents et autorisés par le Résident supérieur.

LXXXIV. — Dans le cas où, par une cause quelconque, le budget de la commune n'aurait pas été approuvé avant le commencement de l'exercice, les recettes et dépenses ordinaires continueront, jusqu'à l'approbation de ce budget, à être faites conformément à celui de l'année précédente.

LXXXV. — Les Conseils municipaux peuvent porter au budget un crédit pour les dépenses imprévues. La somme inscrite pour ce crédit, qui ne peut être supérieure au dixième des recettes ordinaires ne peut être réduite ou rejetée qu'autant que les revenus ordinaires, après avoir satisfait à toutes les dépenses obligatoires, ne permettraient pas d'y faire face.

Le crédit pour dépenses imprévues est employé par le maire sur l'autorisation du Résident supérieur.

Dans la première session qui suivra l'ordonnancement de chaque dépense, le maire rendra compte au Conseil, avec pièces à l'appui, de l'emploi de ce crédit.

LXXXVI. — L'arrêté du Résident supérieur qui règle le budget d'une commune, peut rejeter ou réduire les dépenses qui y sont portées, sauf les cas prévus aux articles 82 et 85, mais il ne peut les augmenter ni en introduire de nouvelles qu'autant qu'elles sont obligatoires.

LXXXVII. — Si le Conseil municipal n'allouait pas les fonds exigés pour une dépense obligatoire ou n'allouait qu'une somme insuffisante, l'allocation nécessaire serait inscrite au budget par arrêté du Résident supérieur.

Aucune inscription d'office ne peut être opérée sans que le Conseil municipal ait été au préalable appelé à prendre une délibération spéciale à ce sujet. S'il s'agit d'une dépense annuelle et variable, le chiffre en est fixé sur sa quotité moyenne pendant les trois dernières années. S'il s'agit d'une dépense annuelle et fixe de sa nature, ou d'une dépense extraordinaire, elle est inscrite pour sa quotité réelle.

Si les ressources de la commune sont insuffisantes pour subvenir aux dépenses obligatoires inscrites d'office en vertu du présent article, il y est pourvu par le Conseil municipal ou, en cas de refus de sa part, au moyen d'une contribution extraordinaire établie d'office par arrêté du Gouverneur général.

COMPTABILITÉ DES COMMUNES

LXXXVIII. — Les comptes du maire pour l'exercice clos sont présentés au Conseil municipal avant la délibération du budget. Ils sont définitivement approuvés par le Résident supérieur.

LXXXIX. — Le maire peut seul délivrer des mandats. S'il se refusait à ordonnancer une dépense régulièrement autorisée et liquide, il sera statué par le Résident supérieur dont l'arrêté tiendrait lieu de mandat.

XC. — Les recettes et dépenses communales s'effectuent par un comptable chargé, seul et sous sa responsabilité, de poursuivre la rentrée de tous revenus de la commune et de toutes sommes qui lui seraient dues, ainsi que d'acquitter les dépenses ordonnancées par le maire jusqu'à concurrence des crédits régulièrement accordés. Tous les rôles de taxe, de sous-répartition et de prestations locales doivent être remis à ce comptable.

XCI. — Toutes les recettes municipales pour lesquelles les lois et règlements n'ont pas prescrit un mode spécial de recouvrement, s'effectuent sur les états dressés par le maire. Ces états ne sont exécutoires qu'après qu'ils ont été visés par le Résident supérieur.

La commune peut défendre aux oppositions sans autorisation du Résident supérieur.

XCII. — Toute personne autre que le receveur municipal qui, sans autorisation légale, se serait ingérée dans le maniement des deniers de la commune sera, par ce seul fait, constituée comptable sans préjudice des poursuites qui pourront être exercées contre elle.

XCIII. — Les recettes et les dépenses des communes s'effectuent par les soins du préposé payeur du Trésor, qui sera rémunéré pour ce service au moyen d'une remise de 1 % jusqu'à 10.000 $, 1/2 % de 10.000 à 20.000 $ et 1/4 % au-dessus de 20.000 $.

XCIV. — Les comptes du receveur municipal sont apurés par le Résident supérieur. Les dispositions du décret du 20 novembre 1882 continueront d'être appliquées à la comptabilité communale et au receveur municipal en tout ce qui n'est pas contraire au présent arrêté.

XCV. — Le budget et les comptes de la commune restent déposés à la mairie où tout contribuable a le droit d'en prendre connaissance.

XCVI. — Sont abrogés l'arrêté du 19 juillet 1888, et généralement toutes les dispositions antérieures ou contraires au présent arrêté.

DISPOSITIONS TRANSITOIRES

XCVII. — La première liste électorale sera dressée du 10 au 15 janvier 1892 par la commission désignée au premier paragraphe de l'article XII. Les membres du Conseil municipal actuel nommeront un d'entre eux pour en faire partie.

La liste sera affichée le 16 janvier au matin, les demandes en inscription ou en radiation devront être formées dans le délai de cinq jours francs et jugées par la commission dans le délai de trois jours.

XCVIII. — Le Résident supérieur du Tonkin est chargé de l'exécution du présent arrêté qui sera affiché et publié partout où besoin sera. — DE LANESSAN.

5. — 12 mars 1892. — ARRÊTÉ *déterminant les frais de représentation alloués aux Résidents-maires de Hanoi et Haiphong.*

Article premier. — Les frais de représentation des Résidents-maires des villes de Hanoi et de Haiphong sont fixés, à compter du 1er janvier 1892, à treize cents piastres (1.300 $) pour le Résident-maire de Hanoi, douze cents piastres (1.200 $) pour le Résident-maire de Haiphong.

Art. 2. — Ces dépenses seront à la charge des budgets municipaux de Hanoi et de Haiphong.

Art. 3. — Le Résident supérieur du Tonkin est chargé de l'exécution du présent arrêté. — CHAVASSIEUX.

6. — 15 février 1894. — ARRÊTÉ *modifiant certaines dispositions de celui du 31 décembre 1891, organique des Conseil municipaux de Hanoi et Haiphong.*

Article premier. — L'article 7 de l'arrêté organique du 31 décembre 1891 ainsi conçu : « Quand il y aura deux vacances de conseillers français ou une vacance de conseiller indigène ou chinois, les membres manquants seront remplacés dans un délai de trois mois après la déclaration de la dernière vacance », est modifié comme suit :

« Il sera procédé au remplacement des conseillers français, annamites ou chinois, manquants par suite de décès ou de démission, au fur et à mesure que les vacances se produiront ».

Art. 2. — Le Résident supérieur du Tonkin est chargé de l'exécution du présent arrêté. — DE LANESSAN.

Voy. : **Tourane (Ville de).**

CONSEIL DE PROTECTORAT

1. — 26 avril 1884. — DÉCISION *créant un Conseil de Gouvernement au Tonkin.*

Cette décision se trouve rapportée par l'arrêté du 24 avril 1886, créant un conseil provisoire du Protectorat.

2. — 24 avril 1886. — ARRÊTÉ *instituant à Hanoi un conseil provisoire du Protectorat.*

L'arrêté du 4 juillet 1889, rapporte implicitement celui du 24 avril 1886. (Voir ci-après).

3. — 4 septembre 1888. — ARRÊTÉ *modifiant la composition du conseil du Protectorat.*

Cet arrêté se trouve implicitement rapporté par celui du 4 juillet 1889, publié ci-après.

4. — 4 juillet 1889. — ARRÊTÉ *instituant un Conseil du Protectorat du Tonkin* (1).

5. — 14 août 1889. — ARRÊTÉ *décidant que le Procureur de la République à Hanoi fait partie du Conseil du Protectorat.*

Abrogé par l'article 2 du décret du 21 septembre 1894.

6. — 28 novembre 1894. — PROMULGATION *du décret du 21 septembre 1894, instituant le Conseil du Protectorat.*

Article premier. — Est promulgué dans toute l'étendue du territoire de l'Annam et du Tonkin, le décret du 21 septembre 1894, instituant un conseil du Protectorat de l'Annam et du Tonkin près du Gouverneur général de l'Indo-Chine française.

Art. 2. — Les Résidents supérieurs de l'Annam et du Tonkin et le Procureur général chef du Service judiciaire en Annam et au Tonkin sont chargés, chacun en ce qui le concerne, de l'exécution du présent arrêté, qui sera communiqué et enregistré partout où besoin sera. — DE LANESSAN.

DÉCRET *du 21 septembre 1894.*

Article premier. — Un Conseil du Protectorat de l'Annam-Tonkin, est institué près du Gouverneur général de l'Indo-Chine française.

Art. 2. — Le Conseil du Protectorat de l'Annam-Tonkin se compose :

Du Gouverneur général, président ;

Du Commandant en chef des troupes de l'Indo-Chine ;

Du Résident supérieur du Tonkin ;

Du Commandant de la marine ;

Du Chef des Services administratifs ;

Du Directeur du Contrôle financier ;

Du Chef du Service judiciaire ;

De deux conseillers français, choisis parmi les notables habitants de la colonie, et désignés au commencement de chaque année par arrêté du Gouverneur général ;

Deux suppléants, nommés également au début de chaque année par arrêté du Gouverneur général, remplacent, en cas d'absence, les conseillers titulaires.

Les conseillers titulaires et suppléants peuvent être nommés de nouveau aux mêmes fonctions.

Le Kinh-luoc du Tonkin peut être appelé à assister à la séance, avec voix consultative.

Le Résident supérieur en Annam n'assiste au Conseil que lorsqu'il y est traité de questions relatives à l'Annam central.

Dans ce cas, et lorsque le Gouverneur général n'assiste pas à la séance, il délègue la présidence au plus ancien des deux Résidents supérieurs.

Art. 3. — L'Inspecteur général des colonies en mission a le droit d'assister, avec voix représentative, aux séances du Conseil du Protectorat et d'y émettre son avis sur toutes les questions en discussion.

En cas d'empêchement, il peut déléguer en son lieu et place un des inspecteurs qui l'accompagnent. Le représentant de l'Inspection des colonies siège en face du président.

Art. 4. — Les Chefs des différents services civils

---

(1) Le Conseil du Protectorat a été définitivement institué par décret du 21 septembre 1894, dont le texte suit.

et militaires peuvent être appelés au Conseil, avec voix consultative, lorsqu'il s'y traite des affaires de leurs attributions.

Art. 5. — Le Conseil du Protectorat se réunit sur la convocation du Gouverneur général, président, ou du Résident supérieur, délégué comme président par le Gouverneur général.

Les membres du Conseil prennent rang en séance, dans l'ordre établi par l'article premier.

Art. 6. — Le Conseil du Protectorat donnent nécessairement son avis.

1° Sur le budget local et sur la répartition des crédits affectés aux services militaires et maritimes du Protectorat.

Le budget local est arrêté par le Gouverneur général en Conseil du Protectorat ; il arrête aussi, en Conseil, les crédits militaires, ainsi que les comptes provisoires et les comptes définitifs de chaque exercice ;

2° Sur le mode d'assiette, les règles de perception et les tarifs des contributions et taxes du budget du Protectorat ;

3° Sur les concessions, à des particuliers ou à des associations et compagnies, de monopoles, de travaux publics, de subventions ou d'avantages de toute nature, engageant les finances du Protectorat ;

4° Sur les projets, plans et devis des travaux publics exécutés sur les fonds du Protectorat ;

5° Sur les modifications à apporter au régime douanier de l'Annam-Tonkin ;

6° Sur les mesures financières et d'administration générale.

Art. 7. — Le Conseil du Protectorat, réuni sous la présidence du Résident supérieur du Tonkin, connaît des affaires du contentieux administratif.

Ainsi constitué en Conseil du contentieux administratif, il se conforme aux règles de compétence et de procédure déjà déterminées par les règlements d'administration publique, et par les décrets qui régissent le Conseil privé de la Cochinchine.

Il s'adjoint, pour le jugement des affaires contentieuses, deux membres de l'ordre judiciaire désignés par le Gouverneur général au commencement de chaque année. Les fonctions de ministère public y sont remplies par un magistrat ou un fonctionnaire désigné par le Gouverneur général au commencement de chaque année.

Art. 8. — Toutes les délibérations du Conseil du Protectorat seront adressées en entier au Ministre des colonies, dans le mois de leur date.

Art. 9. — Le Ministre des colonies est chargé de l'exécution du présent décret, qui sera inséré au *Journal officiel* de la République française, au *Bulletin des lois* et au *Bulletin officiel* de l'administration des colonies. — CASIMIR PÉRIER.

CONSEIL DE RÉVISION. — Voy.: **Conseil de guerre.**

CONSEIL DE SANTÉ. — Voy.: **Santé.**

CONSEIL SUPÉRIEUR DES COLONIES

1. — 14 août 1890. — ARRÊTÉ *promulguant au Tonkin, en Annam et au Cambodge, les décrets des 19 octobre 1883 et 29 mai 1890, instituant et réorganisant le conseil supérieur des colonies.*

Article premier. — Sont promulgués au Tonkin, en Annam et au Cambodge, les décrets en date des 19 octobre 1883 et 23 mai 1890, instituant et réorganisant le conseil supérieur des colonies.

DÉCRET *du 19 octobre 1883.*

Article premier. — Un conseil supérieur des colonies est institué près du ministère de la marine et des colonies.

Art. 2. — Le conseil est présidé par le ministre, et en l'absence de celui-ci, par le Sous-secrétaire d'État au département.

Il comprend :

1° Les sénateurs et les députés des colonies ;

2° Quatre délégués élus pour trois ans dans les quatre colonies suivantes : un délégué pour la Nouvelle-Calédonie, un délégué pour Tahiti, un délégué pour Saint-Pierre et Miquelon, un délégué pour Mayotte et Nossi-Bé.

3° Dix membres nommés également pour trois ans par décret du Président de la République, rendu sur la proposition du ministre de la marine et des colonies.

4° Le président de la section de législation du conseil d'état ;

Le président de la section des finances du conseil d'État ;

Le chef d'état-major général du ministre de la marine ;

Le directeur de la comptabilité générale au ministère de la marine ;

Le président de la commission de surveillance des banques coloniales ;

Le directeur de l'administration pénitentiaire au ministère de l'intérieur ;

Le directeur du commerce extérieur au ministère du commerce ;

Les présidents des chambres de commerce de Bordeaux, du Havre, Marseille, Nantes et Paris.

Art. 3. — Le conseil a deux vice-présidents pris dans son sein et nommés par le Président de la République. Il a en outre un secrétaire et un secrétaire-adjoint que désigne le ministre de la marine et des colonies.

Le sous-directeur du service colonial de l'administration centrale assiste aux séances du conseil avec voix consultative.

Art. 4. — Les délégués de la Nouvelle-Calédonie, de Tahiti, des îles Saint-Pierre et Miquelon, de Mayotte et Nossi-Bé, sont élus par les citoyens français âgés de 21 ans, jouissant de leurs droits civils et politiques, et résidant dans la colonie depuis six mois au moins.

Ces délégués doivent être citoyens français et âgés de 25 ans. Ils doivent jouir de leurs droits civils et politiques. Le mandat de délégué ne peut se cumuler avec une fonction publique rétribuée.

Art. 5. — Le conseil donne son avis sur les projets de lois, de règlements d'administration publique ou de décrets concernant les colonies, et en général, sur toutes les questions coloniales que le ministre soumet à son examen.

Il peut être chargé par le ministre de procéder à des enquêtes sur ces questions.

Il présente annuellement un rapport sur ses travaux au ministre de la marine et des colonies. Ce rapport est imprimé et distribué aux chambres.

Art. 6. — Le vice-amiral, ministre de la marine et des colonies, est chargé de l'exécution du présent décret, qui sera inséré au *Journal officiel*, au *Bulletin des lois* et au *Bulletin officiel* de la marine. — JULES GRÉVY.

DÉCRET *du 20 mai 1890.*

Article premier. — Le conseil supérieur des colonies, institué par le décret du 19 octobre 1883, est réorganisé ainsi qu'il suit.

Art. 2. — Le conseil supérieur des colonies est présidé par le Sous-secrétaire d'Etat des colonies, et comprend :

1° Les sénateurs et députés des colonies ;

2° Neuf délégués élus pour trois ans chacun, dans une des colonies ou Protectorats suivants : Saint-Pierre et Miquelon, Rivières du Sud et dépendances, Gabon et Congo français, Diégo-Suarez et dépendances, Mayotte et dépendances, Cambodge, Annam et Tonkin, Nouvelle-Calédonie, établissements français de l'Océanie ;

3° Des membres de droit désignés à raison de leurs fonctions, et choisis parmi les présidents de section au conseil d'Etat, les conseillers d'Etat, les directeurs généraux, directeurs, chefs de services, et membres des comités permanents des ministères ;

4° Des membres désignés à raison de leurs connaissances spéciales des questions coloniales, choisis parmi les membres du parlement, les fonctionnaires ou anciens fonctionnaires des colonies et Protectorats, et les personnes ayant séjourné dans nos possessions d'outre-mer ;

5° Les délégués des chambres de commerce de Paris, Lyon, Marseille, Bordeaux, Rouen, le Havre et Nantes ;

6° Le président ou un délégué de la Société de géographie commerciale de Paris, de la Société des études coloniales et maritimes, et de la Société de colonisation.

Art. 3. — Les membres de droit désignés à raison de leurs fonctions, sont les suivants :

1° Le président de la section de législation au conseil d'Etat ;

2° Le président de la section chargé des affaires coloniales au conseil d'Etat ;

3° Un conseiller d'Etat désigné par le conseil ;

4° Le directeur général des douanes ;

5° Le directeur du mouvement général des fonds au ministère des finances ;

6° Le chef d'état-major du ministère de la marine ;

7° Le directeur du commerce, de l'industrie et des colonies ;

8° Le directeur de l'administration pénitentiaire au ministère de l'intérieur ;

9° Le sous-directeur des Protectorats au ministère des affaires étrangères ;

10° Le directeur des affaires civiles et du sceau au ministère de la justice ;

11° Le directeur de l'agriculture au ministère de l'agriculture ;

12° Un membre du conseil général des mines, désigné par le ministre des travaux publics ;

13° Un membre de la commission des missions scientifiques, désigné par M. le ministre de l'instruction publique ;

14° Le président du comité des travaux publics des colonies ;

15° Le président de la commission de surveillance des banques coloniales ;

16° Les deux chefs de division de l'administration centrale des colonies ;

17° Le chef du service central de l'inspection des colonies.

Art. 4. — Les membres dont il est fait mention au paragraphe 4 de l'art. 2, sont nommés par arrêté ministériel. Leur nombre n'est pas limité.

Art. 5. — Il est constitué au sein du conseil supérieur 4 sections correspondant aux 4 groupes de colonies ci-après désignés :

1er groupe. — Antilles et Réunion, Saint-Pierre et Miquelon, et Guyane.

2° groupe. — Sénégal, Soudan français, Rivières du Sud et dépendances, Gabon et Congo français, Obock.

3° groupe. — Indo-Chine (Cochinchine, Cambodge, Annam et Tonkin).

4° groupe. — Inde française, Mayotte et dépendances, Diégo-Suarez et dépendances, Nouvelle-Calédonie, établissements français de l'Océanie.

Art. 6. — Les sections sont composées :

1° Des sénateurs, députés et délégués des colonies comprises dans le groupe correspondant à chaque section.

2° Des membres nommés par arrêté ministériel, comme il est dit à l'art. 2 § 4, et à l'art. 4.

Art. 7. — Les autres membres du conseil supérieur sont appelés, quand il y a lieu, à faire partie des sections, suivant la nature des questions qui leur sont soumises.

Cette désignation est faite par le président du conseil supérieur des colonies, en même temps qu'il saisit l'une des sections de l'examen d'une affaire, et après entente avec le président de ladite section.

Art. 8. — Le conseil supérieur donne son avis sur les projets de lois, de règlements d'administration publique, ou de décrets renvoyés à son examen, et en général sur toutes les questions qui lui sont soumises.

Le Sous-secrétaire d'Etat des colonies peut, à son choix, saisir soit le conseil supérieur tout entier, soit la section compétente.

Pour les questions connexes à deux ou plusieurs groupes de colonies, une commission spéciale pourra être formée par la réunion des membres faisant partie de plusieurs sections.

Le Sous-secrétaire d'Etat peut désigner un ou plusieurs fonctionnaires appartenant à l'administration des colonies, pour soutenir devant le conseil ou les sections les projets qui leur seront soumis.

Art. 9. — Le conseil supérieur a deux vice-présidents, chargés de remplacer le président en cas d'absence. Ils sont nommés par décret ainsi que les présidents de section.

Un chef du bureau de l'administration centrale est chargé des fonctions de secrétaire ; il est assisté des secrétaires de section en qualité de secrétaires-adjoints.

Les secrétaires des sections sont désignés par le Sous-secrétaire d'Etat parmi les fonctionnaires de l'administration centrale.

Art. 10. — Sont abrogées toutes les dispositions contraires au présent décret.

Art. 11. — Le ministre du commerce, de l'industrie et des colonies est chargé de l'exécution du présent décret qui sera inséré au *Journal Officiel* de la République française, au *Bulletin des lois* et au *Bulletin officiel* de l'administration des colonies. — CARNOT.

2. — 22 septembre 1890. — ARRÊTÉ *fixant les conditions de l'élection des délégués au Conseil supérieur des colonies.*

Article premier. — Les délégués du Protectorat de l'Annam et du Tonkin et du Protectorat du Cambodge au conseil supérieur des colonies, seront élus au scrutin secret par le suffrage universel direct.

Art. 2. — Sont électeurs sans condition de cens, les citoyens français ou naturalisés, âgés de 21 ans, jouissant de leurs droits civils et politiques, n'étant dans aucun cas d'incapacité prévu par la loi, et résidant d'une façon non interrompue en Annam et au Tonkin ou au Cambodge depuis au moins six mois.

Art. 3. — Les élections auront lieu pour Hanoi et Haiphong à la mairie, dans les provinces et au Cambodge, au siège de chaque résidence.

Art. 4. — Les collèges électoraux sont convoqués par arrêté du Gouverneur général, fixant, pour chaque élection nouvelle, le jour de l'élection, et le jour où seront dressées les listes électorales.

L'intervalle entre la promulgation de l'arrêté de convocation et l'élection est de 25 jours au moins ; le jour de l'élection doit être un dimanche. (*La fin de cet article a été modifiée par arrêté du 10 août 1893*).

Art. 5. — La liste électorale est établie à Hanoi et à Haiphong par une commission composée du Résident-maire, d'un membre désigné par le conseil municipal, et d'un membre désigné par la chambre de commerce. Dans les provinces de l'Annam et du Tonkin, et au Cambodge, elle est établie par les résidents ou vice-résidents, chefs de province.

Art. 6. — La liste électorale sera communiquée à tout électeur qui en fera la demande, pendant six jours pleins, à compter du lendemain du jour de son établissement.

Elle sera de plus affichée, pendant le même délai, à la porte des mairies de Hanoi et de Haiphong et des résidences et vice-résidences dans les provinces et au Cambodge.

Pendant ce délai, toute personne est admise à fournir, par une déclaration motivée, des demandes en addition ou radiation.

Art. 7. — Les réclamations sont faites respectivement devant les Résidents-maires à Haiphong et Hanoi, et devant le résident ou vice-résident dans les provinces et au Cambodge. Ce fonctionnaire statue sur la réclamation dans les cinq jours de son dépôt, sauf recours devant le conseil du Protectorat siégeant au contentieux. La décision du conseil de Protectorat doit être rendue cinq jours au moins avant celui fixé pour l'ouverture du scrutin.

Art. 8. — Le scrutin sera présidé à Hanoi et Haiphong, par les Résidents-maires, dans les provinces de l'Annam et du Tonkin et au Cambodge par les résidents et vice-résidents. Le président a seul la police de l'assemblée.

Art. 9. — Le plus âgé et le plus jeune électeurs présents à l'ouverture de la séance, sachant lire et écrire, remplissent les fonctions de scrutateur. Deux membres au moins du bureau doivent être présents pendant tout le cours des opérations.

Art. 10. — Pendant toute la durée des opérations, une copie de la liste électorale reste déposée sur la table autour de laquelle siège le bureau.

Art. 11. — Nul ne peut être admis à voter s'il n'est inscrit sur la liste.

Art. 12. — Le papier du bulletin doit être blanc et sans signe extérieur ; le bulletin est remis fermé au président, qui le dépose dans la boîte du scrutin. Le vote de chaque électeur est constaté sur la liste en marge de son nom, par la signature ou le paraphe de l'un des membres du bureau.

Art. 13. — Le dépouillement est effectué par le bureau qui peut, si le nombre des électeurs est trop élevé, choisir parmi les électeurs présents un certain nombre de scrutateurs.

La boîte du scrutin est ouverte et le nombre des bulletins vérifiés ; si ce nombre est plus grand ou inférieur à celui des votants, il en est fait mention au procès-verbal.

Les bulletins blancs ou illisibles, ceux qui ne contiennent pas une désignation suffisante, ou qui contiennent une désignation ou qualification inconstitutionnelle, ou dans lesquels les votants se font connaître, n'entrent pas en compte dans le résultat du dépouillement, mais ils sont annexés au procès-verbal.

Art. 14. — Immédiatement après le dépouillement, le président proclame le résultat du scrutin ; les procès-verbaux des opérations électorales sont arrêtés, signés par les membres du bureau, et transmis sans délai, avec toutes les pièces à l'appui, à la Résidence supérieure.

Les bulletins autres que ceux qui doivent être annexés au procès-verbal, sont brûlés.

Le recensement général des votes est fait par une commission dont la composition sera fixée par le Résident supérieur et qui se réunira sous sa présidence. Le résultat définitif des votes est proclamé par le Résident supérieur.

Art. 15. — L'élection se fera à la majorité des voix. En cas de partage, elle appartiendra au candidat le plus âgé.

Art. 16. — Les élections peuvent être arguées de nullité par tout électeur de la circonscription. La réclamation énonce les griefs. Si elle n'a pas été consignée aux procès-verbaux, elle doit être déposée à la Résidence supérieure dans le délai d'un mois à partir du jour du recensement général des votes. Il en est donné récépissé, et elle est immédiatement notifiée par mesure administrative à la partie intéressée.

Le Résident supérieur peut également, dans le délai de trois mois, provoquer l'annulation de l'élection, s'il croit que les conditions et formalités légalement prescrites n'ont pas été observées.

Art. 17. — Les réclamations des électeurs et les instances en nullité des Résidents supérieurs, sont jugées par le conseil du Protectorat, siégeant au contentieux, sauf recours devant le conseil d'État.

Art. 18. — Par mesure transitoire, et jusqu'à la constitution effective du conseil de Protectorat, les recours contre les décisions des Résidents-maires et des résidents et vice-résidents, en matière de radiation ou addition sur la liste électorale, seront portés devant les Résidents supérieurs.

Art. 19. — Les Résidents supérieurs en Annam, au Tonkin et au Cambodge sont chargés, chacun en ce qui le concerne, de l'exécution provisoire du présent arrêté, qui sera transmis au département pour être changé en décret. — PIQUET.

B. — 10 août 1893. — *Arrêté modifiant l'art. 4 de celui du 22 septembre 1890, sur le mode d'élection des membres du Conseil supérieur des colonies.*

Article premier. — L'article 4 de l'arrêté du 22 septembre 1890 est modifié comme suit :

Les collèges

Le scrutin est ouvert à 7 heures 1/2 du matin et clos le même jour à 11 heures du matin. Le dépouillement des votes a lieu immédiatement.

Art. 2. — Les Résidents supérieurs en Annam et au Tonkin et les commandants des territoires militaires sont chargés, chacun en ce qui le concerne, de l'exécution du présent arrêté. — DE LANESSAN.

CONSEIL SUPÉRIEUR DE L'INDO-CHINE

1. — 19 novembre 1887. — DÉCRET *modifiant la composition du Conseil supérieur de l'Indo-Chine.*

Modifié par décret du 7 décembre 1888.

2. — 22 janvier 1888. — ARRÊTÉ *promulguant dans toute l'étendue de l'Indo-Chine le décret du 7 décembre 1888, portant réorganisation du Conseil supérieur de l'Indo-Chine.*

Article premier. — Est promulgué dans toute l'étendue de l'Indo-Chine, française, le décret du 7 décembre 1888, portant réorganisation du Conseil supérieur de l'Indo-Chine. — RICHAUD.

DÉCRET *du 7 décembre 1888.*

Article premier. — *Modifié par décret du 26 août 1889.*

Art. 2. — Le Gouverneur général arrête, en Conseil supérieur de l'Indo-Chine, le budget local de la Cochinchine délibéré par le Conseil colonial.

Art. 3. — Le Conseil supérieur donne son avis:
1° Sur le budget de l'Annam et du Tonkin;
2° Sur le budget du Cambodge;
3° Sur toutes les questions qui sont soumises à son examen par le Gouverneur général.

Art. 4. — Le budget de l'Annam et du Tonkin et celui du Cambodge sont approuvés par décret rendu en Conseil des Ministres, sur la proposition du Ministre de la marine et des colonies.

Art. 5. — *Modifié par décret du 26 août 1889.*

Art. 6. — Le fonctionnaire de l'inspection des colonies en service en Indo-Chine, assiste aux séances du Conseil supérieur.

Il a le droit de présenter ses observations dans toutes les discussions; les affaires soumises à ce Conseil lui sont communiquées en temps utile, pour qu'il puisse en prendre connaissance avant la séance.

Art. 7. — En cas d'absence ou d'empêchement, le Commandant en chef de la division d'Extrême-Orient et des forces navales stationnées en Indo-Chine est remplacé, avec voix délibérative: 1° Pour les questions qui intéressent la Cochinchine et le Cambodge, par le commandant de la division navale de la Cochinchine; 2° pour les questions qui intéressent le Tonkin et l'Annam, par le commandant de la division navale du Tonkin.

Art. 8. — Le Conseil supérieur de l'Indo-Chine tient au mois une séance par an. Il se réunit sur la convocation du Gouverneur général, soit à Saïgon, soit dans toute autre ville que le Gouverneur général a désigné.

Art. 9. — Sont abrogés:
1° Le premier paragraphe de l'article 36 du décret du 8 février 1880;
2° Les articles 2 et 10 du décret du 17 octobre 1887, relatifs à l'organisation de l'Indo-Chine;
3° Le décret du 19 novembre 1887 et toutes autres dispositions contraires au présent décret.

Art. 10. — Le Ministre de la marine et des colonies est chargé de l'exécution du présent décret, qui sera inséré au *Bulletin des lois*, au *Journal officiel de la République française* et au *Bulletin officiel de l'administration des colonies*. — CARNOT.

3. — 26 août 1889. — DÉCRET *modifiant celui du 7 décembre 1888, et réorganisant le Conseil supérieur du Protectorat.*

Article premier. — Les articles 1er et 5 du décret du 7 décembre 1888 sont modifiés ainsi qu'il suit:

Le Conseil supérieur de l'Indo-Chine se compose:
Du Gouverneur général de l'Indo-Chine, président;
Du Commandant en chef des troupes de l'Indo-Chine;
Du Commandant en chef de la division d'Extrême-Orient et des forces navales stationnées en Indo-Chine;
Du Lieutenant-gouverneur de la Cochinchine;
Du Résident supérieur du Tonkin;
Du Résident supérieur de l'Annam;
Du Résident supérieur du Cambodge;
Du Procureur général, chef du service judiciaire de l'Indo-Chine;
Du Chef du cabinet du Gouverneur général, secrétaire, avec voix délibérative;
Les Chefs des services administratifs:
1° De l'Annam et du Tonkin;
2° De la Cochinchine et du Cambodge, siègent au Conseil supérieur avec voix délibérative pour toutes les questions qui concernent leur service.

Art. 2. — L'article 1er du décret du 10 juillet 1888 est modifié ainsi qu'il suit:
« Le Conseil privé de la Cochinchine se compose:
« Du Lieutenant-gouverneur de la Cochinchine, président;
« Du Commandant des troupes de la Cochinchine, du commandant de la marine, du secrétaire général de la Cochinchine, du chef du service administratif, du Procureur de la République de Saïgon, de deux conseillers privés choisis parmi les notables habitants de la colonie, et nommés par décret.
« Lorsqu'il n'assiste pas à la séance, le Lieutenant-gouverneur doit en déléguer spécialement la présidence au secrétaire général.
« L'Inspecteur des services administratifs et financiers de la colonie assiste au Conseil; il a le droit de présenter ses observations dans toutes les discussions.
« Deux suppléants, nommés par décret, remplacent au besoin les conseillers titulaires.
« La durée des fonctions des conseillers privés et de leurs suppléants est de quatre années. Ils peuvent être nommés de nouveau aux mêmes fonctions. »

Art. 3. — Le Président du Conseil, ministre du commerce, de l'industrie et des colonies, est chargé de l'exécution du présent décret. — CARNOT.

VOY.: **Organisation administrative.**

CONSOMMATION (DROITS DE)

1. — 21 août 1894. — ARRÊTÉ *réglementant le transit des marchandises à destination du Laos indépendant.*

Article premier. — Les marchandises de toute provenance transitant à travers l'Indo-Chine française, à destination du Laos indépendant, sont exemptes des taxes locales de consommation.

Art. 2. — Les marchandises seront accompagnées d'une soumission acquit-à-caution, que visera à l'arrivée le fonctionnaire français dont la résidence sera la plus rapprochée du lieu de destination.

Les délais dans lesquels les acquits-à-caution

déchargés doivent faire retour au bureau d'expédition, sont fixés par le service des douanes.

Art. 3. — Les dispositions, prescriptions, formalités et pénalités prévues pour le service des douanes et régies par les décrets et arrêtés en vigueur, sont applicables au présent arrêté.

Art. 4. — Le Lieutenant-gouverneur de la Cochinchine et les Résidents supérieurs de l'Annam et du Tonkin sont chargés de l'exécution du présent arrêté. — CHAVASSIEUX.

2. — 20 juin 1894. — CIRCULAIRE *de la Direction générale des douanes au sujet des immunités à accorder aux fabricants de soude et de chlore.*

Par décision ministérielle du 15 juin courant, rendue sur l'avis du comité consultatif des Arts et Manufactures, les fabricants de soude et de chlore qui emploient la méthode électrolytique, sont admis à bénéficier, en ce qui concerne l'emploi du sel, de l'immunité accordée aux tanneurs, potiers, etc.

Il est entendu que l'autorisation est subordonnée aux conditions et formalités imposées à ces derniers industriels.

Je prie les Directeurs de porter cette décision à la connaissance du commerce et de donner au service des instructions en conséquence. — G. PALLAIN.

Voy.: **Droits d'accise**; — **Allumettes**; — **Sel**; — **Tabac**; — **Pétrole**; — **Noix d'arec**; — **Poivre**.

CONTRAINTE PAR CORPS

1. — 13 septembre 1893. — ARRÊTÉ *promulguant le décret du 24 juillet 1893, sur la contrainte par corps.*

Article premier. — Est promulgué dans toute l'étendue de l'Indo-Chine française le décret du 24 juin 1893, portant modification au décret du 12 août 1891, sur l'application aux établissements de l'Indo-Chine, des lois sur la contrainte par corps.

Art. 2. — Le Lieutenant-gouverneur de la Cochinchine, les Résidents supérieurs en Annam, au Tonkin et au Cambodge, et le Procureur général chef du service judiciaire de l'Indo-Chine sont chargés, chacun en ce qui le concerne, de l'exécution du présent arrêté, qui sera publié et inséré partout où besoin sera. — DE LANESSAN.

DÉCRET *du 24 juillet 1893*

Article premier. — La disposition de la loi du 22 juillet 1867, portant suppression de la contrainte par corps, en matière commerciale, civile, et contre les étrangers, ne sera appliquée en Indo-Chine qu'aux français, européens et assimilés.

Art. 2. — Il n'est rien modifié à la législation en vigueur en Cochinchine et dans les pays de Protectorat de l'Indo-Chine, concernant l'application de la contrainte par corps en matière civile et commerciale, contre les indigènes et les diverses catégories d'asiatiques énumérées dans le décret du 23 août 1871. — CARNOT.

2. — 9 octobre 1893. — *Promulgation, dans les colonies, des lois des 22 juillet 1867 et 19 décembre 1871, sur la contrainte par corps.*

Article premier. — Est promulgué dans toute l'étendue de l'Indo-Chine française, le décret du 12 août 1891 qui rend les lois des 22 juillet 1867 et

19 décembre 1871 (1), sur la contrainte par corps, applicables aux colonies de Saint-Pierre et Miquelon, de la Guyane, du Sénégal, du Congo français, de Mayotte, de Diégo-Suarez et dépendances, de la Cochinchine, de la Nouvelle-Calédonie, d'Obock, ainsi qu'aux pays de Protectorat de l'Indo-Chine et aux Établissements français dans l'Inde et de l'Océanie, sauf les modifications contenues dans le décret du 24 juillet 1893, promulgué par arrêté du 13 septembre 1893.

Art. 2. — Le Lieutenant-gouverneur de la Cochinchine, les Résidents supérieurs en Annam, au Tonkin et au Cambodge, et le Procureur général Chef du Service judiciaire en Indo-Chine sont chargés, chacun en ce qui le concerne, de l'exécution du présent arrêté, qui sera communiqué et enregistré partout où besoin sera. — DE LANESSAN.

CONTROLE. — Voy.: **Machines à vapeur.**

CONTROLE FINANCIER

1. — 22 août 1890. — ARRÊTÉ *créant près du Gouverneur général de l'Indo-Chine un bureau de contrôle financier.*

Rapporté par arrêté du 31 décembre 1890.

2. — 23 décembre 1890. — ARRÊTÉ *promulguant le décret du 25 octobre 1890, instituant une commission de vérification des comptes des payeurs chefs de service de la trésorerie dans les pays de Protectorat.*

Article premier. — Est promulgué dans toute l'étendue du Protectorat de l'Annam et du Tonkin et du Protectorat du Cambodge, le décret du 25 octobre 1890, instituant une commission spéciale chargée de vérifier, chaque année, les comptes des payeurs chefs de service de la trésorerie dans ces deux pays.

Art. 2. — MM. les Résidents supérieurs au Tonkin, en Annam et au Cambodge sont chargés, chacun en ce qui le concerne, de l'exécution du présent arrêté. — PIQUET.

DÉCRET *du 25 octobre 1890.*

Article premier. — Les comptes du payeur chef de service de la trésorerie du Protectorat de l'Annam et du Tonkin, et ceux du payeur chef de la trésorerie du Protectorat du Cambodge, seront vérifiés, chaque année, par une commission spéciale nommée par décret du Président de la République.

Art. 2. — Cette commission est composée ainsi qu'il suit (2) :

Le président de la section des finances au Conseil d'État	*Président.*
Un conseiller d'État présenté par le vice-président du Conseil d'État . .	
Deux conseillers-maîtres de la Cour des comptes, présentés par le premier président de la Cour	
Un inspecteur général des finances, désigné par le ministre chargé des finances	*Membres.*
Un inspecteur général des colonies, désigné par le ministre chargé des colonies	

(1) On trouvera le texte de ces lois, trop étendu pour être placé dans le Recueil, dans l'édition Rivière, Faustin Hélie et Paul Pont.

(2) Un décret du 9 juin 1891, dont le texte est publié plus loin, adjoint d'autres membres à la commission de vérification des comptes des payeurs du Protectorat.

8.

Art. 3. — Les comptes des payeurs chefs de service sont soumis à la commission, appuyés des pièces justificatives. Elle reçoit en même temps communication du compte d'exercice établi par les soins du Gouverneur général de l'Indo-Chine.

La commission établit, dans un rapport adressé au ministre chargé des colonies, le chiffre auquel elle est d'avis de fixer le montant des recettes et des dépenses à admettre en compte.

Sur le vu de ce rapport, le ministre chargé des colonies arrête définitivement le compte des dépenses et des recettes vérifié par la commission.

Cet arrêté opère la libération des comptables.

Art. 4. — Le ministre du commerce, de l'industrie et des colonies et le ministre des finances sont chargés, chacun en ce qui le concerne, de l'exécution du présent arrêté. — CARNOT.

---

3. — 31 décembre 1890. — ARRÊTÉ *modifiant celui du 22 août 1889, relatif à la création du Contrôle financier du Protectorat de l'Annam et du Tonkin.*

Article premier. — L'arrêté du 22 août 1890 est rapporté et remplacé par les dispositions suivantes :

Art. 2. — Il est créé auprès du Gouverneur général de l'Indo-Chine, un bureau de contrôle financier chargé de suivre la situation financière du Protectorat de l'Annam et du Tonkin.

Art. 3. — Il sera tenu par le bureau du contrôle financier une comptabilité spéciale du recouvrement des divers revenus du budget et des crédits engagés, destinée à suivre sans interruption la situation des exercices en cours d'exécution. Cette comptabilité sera tenue au moyen d'indications périodiques fournies par le payeur chef du service de la trésorerie, et les divers ordonnateurs, sur les bases suivantes :

Art. 4. — A compter du 1er janvier 1891, et dans les cinq premiers jours de chaque mois, il sera fourni au Gouverneur général, par le payeur du Protectorat, une situation du compte du trésor, présentée sous forme de bilan, et faisant ressortir l'actif et le passif du Protectorat au dernier jour du mois précédent.

Cette situation sera appuyée des bordereaux sommaires de recettes et de dépenses effectuées pendant le mois pour le compte du budget du Protectorat.

Art. 5. — Il sera adressé au Gouverneur général par les Résidents supérieurs et le chef des services administratifs ;

1° Dans les dix derniers jours de chaque mois, l'état des fonds présumés nécessaires à l'acquittement des dépenses engagées pour le mois suivant.

Cet état sera appuyé :

Pour les dépenses du personnel, des états détaillés présentant par grades, classes ou emplois, l'effectif du personnel dont ils sont chargés d'assurer la solde ; ces états feront ressortir le traitement alloué à chaque catégorie d'officiers, fonctionnaires, agents de tout ordre, ainsi que la somme présumée nécessaire pour l'entretien de ce personnel.

Les suppléments, indemnités, abonnements, enfin tous les accessoires de solde, seront évalués en bloc, en raison des effectifs et du rapport établi au budget entre la solde simple et les divers accessoires.

Dans le cas où, en raison de l'éloignement, les ordonnateurs n'auraient pas l'effectif exact au 1er du mois, on prendra comme tels les effectifs à la date des dernières nouvelles et les calculs seront établis sur cette base.

Pour les dépenses du matériel, d'un état sommaire présentant par chapitre et article du budget, le renseignements nécessaires pour permettre d'apprécier l'emploi des fonds demandés.

2° Le premier de chaque mois, la situation du recouvrement des divers revenus du budget à la date du dernier jour du mois précédent ;

La situation sommaire par chapitre et article du budget des opérations financières de dépenses accomplies pendant le mois écoulé.

Il sera joint à cette situation un état de développement des dépenses de matériel engagées pendant le mois précédent, faisant connaître par chapitre et article du budget :

1. Pour les marchés de fournitures à quantités fixes, l'importance des traités conclus pendant le mois précédent et les dates d'échéances des fournitures ;

2. Pour les marchés sur commandes, la valeur des commandes faites pendant le mois précédent avec les dates d'échéances ;

3. Pour les livraisons s'effectuant au jour le jour, sans commandes spéciales, les sommes acquises par les fournisseurs, pour leurs livraisons journalières des mois écoulés ;

4. Pour les achats sur factures, la valeur des conventions conclues ;

5. Pour les subventions, indemnités et autres obligations résultant de dispositions spéciales, un état des échéances.

Art. 6. — Des états semblables et distincts seront produits à la même date, pour les travau   e tout genre confiés à des entrepreneurs.

Art. 7. — Après exécution complète des marchés ou commandes par les fournisseurs ou entrepreneurs des travaux, les divers ordonnateurs adresseront au bureau du contrôle financier un relevé présentant l'importance définitive atteinte par ces marchés, commandes ou travaux. A l'aide de ces documents le bureau du contrôle financier fera dans ses écritures les rectifications nécessaires par voie d'augmentation ou de déduction.

Art. 8. — A titre de mesure transitoire, les ordonnateurs dresseront, à la date du 31 décembre prochain, un état, par chapitre, de tous leurs engagements pris en 1890 sur l'exercice 1891.

Art. 9 — En dehors de ces états, qui seront périodiquement transmis au Gouverneur général, les Résidents supérieurs, le chef des services administratifs au Tonkin, et les diverses administrations et régies financières, sont tenus de fournir au bureau du contrôle financier les renseignements et explications qui lui seraient nécessaires.

Art. 10. — A l'aide de ces divers éléments, il sera tenu au bureau du contrôle :

1° Un compte de recettes par articles du budget, présentant :

Les prévisions du budget ;

Les droits acquis au budget du Protectorat ;

Les recouvrements effectués ;

Les restes à recouvrer.

2° Un compte de dépenses par chapitres et articles du budget, présentant :

Le montant des crédits budgétaires ;

Les dépenses engagées et faisant ressortir les disponibilités.

3° Un livre récapitulatif des recettes réalisées et des dépenses effectuées, et de toutes opérations de correspondants administratifs ou autres constatés dans les écritures du trésor, et qui affectent la situation financière du Protectorat.

Art. 11. — Dans les dix premiers jours du mois, le bureau du contrôle remettra au Gouverneur général un résumé de la situation financière du Protecorat; une ampliation en sera adressée au Sous-secrétaire d'Etat.

Art. 12. — Avant d'être soumis à leur approbation, les marchés seront visés par le bureau du contrôle financier qui fera des observations si la situation budgétaire ne lui paraît pas permettre de donner suite à l'achat.

Art. 13. — Le bureau du contrôle financier centralise en outre les éléments des comptes mensuels et les comptes de gestion annuels à fournir par le payeur chef de service de la trésorerie, les conserve pour être communiqués à la commission spéciale mentionnée à l'art. 19 ci-dessous et en préparer l'envoi au département.

Art. 14. — Afin d'amener dans l'exécution des mesures précédentes l'uniformité qui peut seule les rendre utiles, les divers services seront munis, par les soins du bureau du contrôle, des formules imprimées nécessaires.

Art. 15. — Le bureau du contrôle est placé sous l'autorité du directeur du cabinet.

La composition du personnel sera fixée ultérieurement par arrêté spécial.

COMPTE ADMINISTRATIF

Art. 16. — A compter de l'année 1891, il est établi un compte administratif du budget du Protectorat; le compte est rendu par le Résident supérieur du Tonkin, conformément à l'art. 110 du décret du 20 novembre 1882:

1º En ce qui concerne les recettes, au moyen des éléments de sa propre comptabilité et des documents qui seront fournis au Gouverneur général par les divers ordonnateurs;

2º En ce qui concerne les dépenses, au moyen des états de développement qui seront adressés au Gouverneur général dans les deux mois qui suivront la clôture de l'exercice, par les divers ordonnateurs auxquels les crédits auront été ouverts.

Art. 17. — Les états de développement devront être rédigés avec tous les détails nécessaires pour permettre d'apprécier l'emploi des fonds mis à la disposition des ordonnateurs. Ils devront présenter notamment:

Pour le personnel:

Le détail par grades, classes ou emplois, du nombre de journées de solde acquises, ainsi que les effectifs moyens entretenus par le Protectorat. Le détail par nature de journées d'accessoires de solde auquel le personnel aura eu droit, les allocations annuelles ou journalières, selon le cas, les sommes acquises en raison de l'application des tarifs aux journées. Enfin, les sommes payées et celles restant à payer.

Pour le matériel:

Les états de développement devront présenter par groupe de denrées ou d'objets d'approvisionnement compris sous le même numéro d'unité collective dans les nomenclatures, le montant des livraisons effectuées, les sommes payées et le reste à payer.

Pour les travaux:

Les dépenses seront scindées en travaux neufs et travaux d'entretien.

Pour les premiers, le détail sera fourni par entreprise, pour les seconds par groupes de travaux analogues.

Le développement des frais de passage occasionnés

par les mouvements du personnel allant de France en Indo-Chine, et *vice versa*, devra être présenté distinctement:

1º Pour l'embarquement sur les paquebots;
2º Pour les affrétés;
3º Pour les transports de l'Etat;
4º Pour les passages entre les autres colonies, l'étranger et l'Indo-Chine.

Les frais de route et de séjour devront être également détaillés en:

1º Sommes acquises par le personnel en France;
2º Sommes acquises par le personnel dans les autres colonies ou à l'étranger;
3º Sommes acquises par le personnel en Annam et au Tonkin.

Les transports de vivres et matériel devront être scindés en:

1º Transports en France;
2º Transports de France en Indo-Chine par les paquebots;
3º Transports de France en Indo-Chine par les affrétés;
4º Transports de France en Indo-Chine par les transports de l'Etat;
5º Transports de matériel venant des autres colonies ou de l'étranger.

Il sera annexé aux états de développement:

1º Un état nominatif des marchés de 50.000 francs et au-dessus, conclus par l'administration;
2º Un compte spécial de corrélation, expliquant en détail les différences entre le chiffre des achats de matériel accusé par l'état de développement et les prises en charge des comptables.
3º Un état détaillé des dépenses restant à liquider en clôture d'exercice;
4º Un état détaillé des dépenses liquidées et non encore payées à la même époque.

Art. 18. — La concordance du compte général avec les écritures du trésor sera constatée par une commission de trois membres nommés par le Gouverneur général.

Art. 19. — Le Gouverneur général transmettra le compte au département, en vue de sa communication à la commission instituée par le décret du 25 octobre 1890.

Art. 20. — MM. le Résident supérieur *p. i.* au Tonkin, le Résident supérieur en Annam, le chef des services administratifs de l'Annam et du Tonkin, sont chargés, chacun en ce qui le concerne, de l'exécution du présent arrêté, qui sera inséré au *Bulletin* et au *Journal officiel* de la colonie. — PIQUET.

4. — 9 janvier 1891. — ARRÊTÉ *déterminant la composition du personnel du contrôle financier du Protectorat.*

Article premier. — Le personnel du bureau du contrôle financier est composé ainsi qu'il suit:

Un chef de bureau;
Un sous-chef;
Trois commis européens, pris dans le personnel des services civils de l'Indo-chine.

Art. 2. — Les commis bénéficieront des dispositions de l'arrêté en date du 18 septembre 1889. — PIQUET.

5. — 9 juillet 1891. — DÉCRET *adjoignant des membres à la commission de vérification des comptes des Protectorats de l'Indo-Chine.*

Article premier. — Des maîtres des requêtes au

Conseil d'État et des conseillers référendaires à la Cour des Comptes peuvent être adjoints, avec voix consultative, à la commission spéciale instituée par le décret du 25 octobre sus-visé (1890).

Des auditeurs au Conseil d'État et des auditeurs à la Cour des Comptes peuvent être appelés à concourir aux travaux de vérification de ladite commission.

Ces fonctionnaires seront désignés respectivement par M. le vice-président du Conseil d'État et par M. le premier président de la Cour des Comptes.

Art. 2. — Des inspecteurs des finances et des inspecteurs des colonies peuvent être également appelés, les premiers par le ministre des finances, les seconds par le ministre chargé des colonies, à concourir aux travaux de la même commission.

Art. 3. — Le ministre du commerce, de l'industrie et des colonies et le ministre des finances sont chargés, chacun en ce qui le concerne, de l'exécution du présent décret. — CARNOT.

---

6. — 29 décembre 1892. — ARRÊTÉ *sur le mode de fonctionnement de la direction du contrôle de l'Indo-Chine.*

Article premier. — La direction du contrôle de l'Indo-Chine est chargée de suivre la situation financière du Protectorat de l'Annam et du Tonkin, du Protectorat du Cambodge et de la colonie de la Cochinchine.

Art. 2. — En ce qui concerne le budget du Protectorat de l'Annam et du Tonkin, toutes les mesures prescrites par l'arrêté du 31 décembre 1890, relatives aux pièces à fournir par les ordonnateurs et le payeur, et aux règles à suivre pour la reddition du compte administratif restent en vigueur, à l'exception toutefois de celles de ces dispositions qui ont été abrogées par le décret du 21 avril 1891 et les arrêtés des 28 juin et 7 août 1891.

Art. 3. — En ce qui concerne la Cochinchine et le Cambodge, une comptabilité spéciale du recouvrement des divers revenus du budget et de l'ensemble des dépenses sera ouverte dans les écritures de cette direction.

Cette comptabilité sera tenue au moyen d'indications périodiques fournies par M. le trésorier-payeur pour la Cochinchine, le payeur chef du service de la trésorerie pour le Cambodge, et les divers ordonnateurs, sur les bases suivantes :

Art. 4. — A compter du 1er janvier 1892, et dans les dix premiers jours de chaque mois, le trésorier-payeur à Saïgon et le payeur chef du service à Pnom-penh, adresseront au Directeur du contrôle une situation du trésor local présentée sous forme de bilan et faisant ressortir les soldes créditeurs ou débiteurs des divers comptes, au dernier jour du mois précédent.

Cette situation sera appuyée des bordereaux de développement de recettes et de dépenses effectuées pendant le mois.

Art. 5. — A compter du 1er janvier 1892 et dans les dix premiers jours de chaque mois, les ordonnateurs des budgets locaux à Saïgon et au Cambodge adresseront au Directeur du contrôle la situation du recouvrement des divers revenus du budget, à la date du dernier jour du mois précédent, et la situation sommaire, par chapitre et article du budget, des opérations financières de dépenses accomplies pendant le mois écoulé.

Art. 6. — Ces situations feront connaître en outre :

1° Pour les recettes, le chiffre des réalisations probables, en tenant compte des éventualités susceptibles de modifier les prévisions budgétaires ;

2° Pour les dépenses, le montant par chapitre des dépenses probables jusqu'à la fin de l'exercice, de manière à permettre de comparer, à tout instant, les résultats probables avec les prévisions budgétaires.

Art. 7. — Chaque année et dans les délais réglementaires, les comptes administratifs dressés par les ordonnateurs et les comptes de gestion présentés par le trésorier-payeur de Cochinchine et le payeur du Cambodge, seront communiqués au Directeur du contrôle, lequel, à l'égard du Protectorat du Cambodge, provoquera du Gouverneur la nomination de la commission chargée, d'après l'article 140 du décret du 20 novembre 1892, de constater la concordance entre les deux comptes.

Art. 8. — Le Directeur du contrôle de l'Indo-Chine, le Lieutenant-gouverneur de la Cochinchine, les Résidents supérieurs du Tonkin, de l'Annam et du Cambodge, les chefs des services administratifs de l'Annam et du Tonkin et le trésorier-payeur de l'Indo-Chine sont chargés, chacun en ce qui le concerne, de l'exécution du présent arrêté. — DE LANESSAN.

Voy.: **Inspection des Colonies ; — Services financiers ; — Trésor.**

COOLIES

1. — 18 mars 1885. — CIRCULAIRE *au sujet du recrutement des coolies.*

En vue d'assurer d'une façon plus régulière le recrutement des coolies et de diminuer la charge qui en résulte pour les populations tonkinoises, le Général commandant le corps expéditionnaire a décidé que les mêmes coolies ne resteront, désormais qu'un mois consécutif en service, et rentreront ensuite dans leurs villages après avoir été relevés.

Afin de permettre d'assurer ce remplacement périodique, les chefs de corps et de service, les chefs de détachement, les officiers chargés de la direction des travaux et des convois, etc., en un mot, tous les détenteurs de coolies, devront faire parvenir directement au Général commandant le corps expéditionnaire, dix jours avant la date de l'expiration de la période mensuelle de présence, un état indiquant :

1° Le nombre de coolies dont ils disposent, avec la date exacte de leur prochaine libération ;

2° La province où ils ont été recrutés.

Ces états indiqueront, en outre, en observation, le nom des doïs, des caïs, ainsi que le *nombre des coolies qui demanderaient à rester.*

D'autre part, afin d'entraver les désertions et d'en faire peser la responsabilité sur qui de droit, les autorités militaires énumérées ci-dessus devront, toutes les fois qu'une désertion se sera produite, adresser immédiatement et directement au Général commandant le corps expéditionnaire un état indiquant le nombre des déserteurs, la date de leur fuite, la province qui les a fournis, enfin, le nom du doï et du caï commandant le groupe dans lequel la désertion se sera produite, ces deux gradés restant responsables vis-à-vis de l'autorité annamite.

Les états nominatifs des doïs et des caïs que MM. les Résidents et sous-résidents sont tenus d'envoyer en même temps que chaque convoi, pour être remis entre les mains des autorités militaires, permettront à ces dernières de donner avec exactitude les noms des doïs et des caïs responsables. — Brière de l'Isle.

---

2. — 31 décembre 1885. — Circulaire *pour le rassemblement et le licenciement des coolies.*

Il arrive souvent, lors des rassemblements de coolies, que, parmi les hommes présentés par les autorités annamites, il s'en trouve un certain nombre qui ne possèdent pas les qualités physiques nécessaires pour le service auquel ils sont destinés et qui, dès lors, conformément aux ordres donnés, sont refusés par l'autorité militaire.

Ce fait résulte du mode de recrutement employé par les mandarins, qui proscrivent les levées de coolies comme des corvées dues à l'État, auxquelles sont, par conséquent, astreints tous les hommes de 18 à 55 ans.

Ces coolies, refusés comme trop faibles par l'autorité militaire, errent, souvent sans ressources, pendant deux ou trois jours, avant de pouvoir regagner leur village.

D'un autre côté, les coolies sont licenciés par les corps ou services dès qu'on n'a plus besoin d'eux et rendus immédiatement à leurs occupations. Or, parmi ces coolies, il y en a qui, d'après les contrôles tenus par les autorités annamites, ont encore à fournir un temps de corvée plus ou moins long et qu'il est, par suite, inutile de renvoyer pour qu'ils soient rappelés presque aussitôt.

Afin de remédier à ces divers inconvénients, le Général en chef arrête les dispositions suivantes pour le rassemblement et le licenciement des coolies :

1° *Rassemblement.* — Les coolies présentés par les autorités annamites seront examinés avec le plus grand soin par l'autorité militaire, et tous ceux qui ne paraîtront pas suffisamment robustes seront refusés *séance tenante.*

Ils seront remis immédiatement à la disposition des autorités annamites locales qui assureront, s'il y a lieu, leur retour dans leurs villages respectifs.

Tout coolie refusé devra être remplacé sans retard par un autre ayant les aptitudes physiques nécessaires.

2° *Licenciement.* — Lorsqu'il y aura lieu de licencier des coolies, soit à la suite d'opérations, soit dans toute autre occasion, ils seront renvoyés par les soins de l'autorité militaire entre les mains de l'autorité annamite du lieu où ils ont été rassemblés, qui dirigera sur leur village tous ceux dont le temps de corvée est accompli. — Warnet.

---

3. — 24 février 1888. — Circulaire *au sujet du recrutement des coolies.*

M. le Gouverneur général vient de me prescrire d'une façon formelle de ne plus faire aucune levée extraordinaire de coolies, et de ne donner à l'autorité militaire que les hommes qui, volontairement, consentent, moyennant le salaire habituel, à suivre les colonnes.

Vous aurez donc désormais à vous conformer strictement à ces instructions, tant pour les coolies demandés fortuitement par l'autorité militaire que pour les dépôts permanents que vous jugeriez nécessaires de conserver.

Vous voudrez bien, en m'accusant réception de la présente circulaire, me faire connaître les services permanents que vous assurez au moyen de coolies

le nombre de coolies affectés à chaque service et, s'il y a lieu, la dépense qui en résulte. — Raoul Berger.

Voy.: Impôts ; — Violences ; — Services administratifs.

CORRESPONDANCE ADMINISTRATIVE. — Voy. : Protocole ; — Organisation administrative.

CORRESPONDANCES FLUVIALES

1. — 15 juin 1886. — Cahier *des charges et convention pour un service de correspondances fluviales sur les rivières du Tonkin* (1).

CHAPITRE PREMIER
ITINÉRAIRES

Article premier. — Le service à exécuter comprend les lignes suivantes :

DISTANCES EN MILLES MARINS :

1° De Haïphong à Hanoï.......................	120
2° De Haïphong à Phu-lang-thuong par Haï-duong.	62
3° Des Sept-Pagodes à Dap-cau.................	21
4° De Hung-yen à Nam-dinh....................	21
5° De Haïphong à Quang-yen...................	11
6° De Hanoï à Bac-ninh.......................	35

Sur chaque ligne, l'Administration fixera les itinéraires et les escales. Elle fixera de même, mais après avoir pris l'avis du concessionnaire, les jours et heures des départs, le temps maximum à passer aux escales et arrêts, ainsi que la durée moyenne des traversées. Aucun arrêt ou escale ne pourra être établi sans le consentement de l'Administration.

Art. 2. — Si le concessionnaire croit devoir établir d'autres lignes, l'Administration pourra exiger qu'elles soient soumises aux obligations énumérées ci-après.

En ce cas, la subvention sera augmentée proportionnellement à l'accroissement annuel de la distance parcourue.

Art. 3. — Le concessionnaire transportera gratuitement la correspondance, ainsi que les espèces d'or et d'argent pour le service du Protectorat ou de l'État.

CHAPITRE II
SURVEILLANCE DU SERVICE

Art. 4. — Le Résident supérieur à Hanoï est chargé de l'exécution générale du service. Ce fonctionnaire notifiera au concessionnaire, pour chaque localité de départ, d'arrivée ou d'escale, la personne qui sera chargée de surveiller l'exécution du service et l'entretien des bâtiments, ainsi que des rapports habituels avec le concessionnaire ou ses représentants.

CHAPITRE III
DES BATEAUX

Art. 5. — Le concessionnaire s'engage à avoir réuni au Tonkin les chaloupes ou bâtiments nécessaires à l'exécution du service, savoir :

Pour un service tri-hebdomadaire sur les lignes nᵒˢ 1 et 2, dans le délai de dix mois après la signature du contrat ;

Pour un service bi-hebdomadaire sur les lignes 3, 4, 5 et 6, dans le délai de treize mois à partir de la même date.

Art. 6. — Les bâtiments affectés au transport des

(1) Le service des correspondances fluviales a été prorogé pour une période de 9 ans à compter du 1ᵉʳ janvier 1897, par contrat du 16 septembre 1893 qui figurera ci-après à sa date, et qui crée de nouvelles lignes fonctionnant en partie dès à présent.

voyageurs auront au moins 35 mètres et au plus 40 mètres de longueur.

Le tirant d'eau ne dépassera pas 1 mètre 60 centimètres; ils devront fournir une vitesse de 9 nœuds et demi aux essais.

Ils seront installés de façon à pouvoir transporter facilement des troupes et des chevaux.

Art. 7. — Tous ces navires devront naviguer sous pavillon français; les équipages seront composés de Français ou d'Asiatiques, mais tous auront un patron français.

Art. 8. — Dans le cas où un navire viendrait à se perdre ou à être mis hors d'état de naviguer, il devra être remplacé dans le délai de six mois.

Provisoirement, le concessionnaire sera tenu d'assurer le service d'une façon complète.

Art. 9. — La vitesse moyenne d'exploitation ne devra pas être inférieure à six nœuds.

Art. 10. — Les navires affectés aux services mentionnés à l'article premier ne seront employés qu'après avoir été examinés et reçus par une commission spéciale nommée par le Résident supérieur, laquelle aura qualité, seule, pour autoriser la mise en service. Cette commission s'assurera que les bâtiments satisfont aux conditions suivantes:

1° Que les navires et les appareils sont en bon état, d'une solidité suffisante et propres aux services postal et commercial auxquels ils sont destinés;

2° Que les chaudières sont en bon état;

3° Qu'au tirant d'eau moyen et sans remorquage, les vitesses atteignent aisément neuf nœuds.

Art. 11. — Tous les bateaux devront être munis d'un roof sur le pont, garni de canapés pouvant donner à coucher à douze passagers de 1re classe au moins.

Des lieux d'aisances seront organisés séparément pour les passagers de 1re classe : les autres passagers auront droit à ceux de l'équipage, qui devront être bien tenus. Tous les bateaux seront couverts d'une toiture et de rideaux, afin que tous les voyageurs soient à l'abri du soleil et de la pluie.

Art. 12. — Les navires, leurs machines et leurs objets d'armement devront être tenus en état constant de bon entretien.

CHAPITRE IV
SERVICE DES POSTES

Art. 13. — Si l'arrivée ou le départ des courriers de France ne coïncide pas avec le départ ou l'arrivée du courrier de Hanoi, le service postal sera assuré au moyen de chaloupes de petit tonnage qui n'y seront affectées qu'après avoir été examinées et reçues par la commission dont il est parlé à l'article 10. Néanmoins les obligations résultant des articles 14, 15 et 16 s'appliquent également aux autres bâtiments.

Art. 14. — Un coffre, fermant à clef, devra être réservé sur chaque navire pour les dépêches; il y aura, en outre, une boîte à bord.

Le subrécargue ou patron français sera responsable des dépêches comme un agent des postes; il n'aura droit à aucune indemnité de ce fait.

Art. 15. — En cas d'accident ou d'avarie, le subrécargue ou patron devra assurer le transport des dépêches au bureau de poste voisin, par la voie la plus rapide.

Art. 16. — Toute contravention aux lois sur le transport des lettres, commise par le concessionnaire ou ses agents, sera punie conformément aux lois.

En cas de récidive, et si les circonstances démon-

trent que le fait de contravention doit être attribué à un des agents du concessionnaire, cet agent sera destitué, si le Résident supérieur le demande, sans préjudice des peines qu'il aura encourues.

CHAPITRE V
DES PASSAGERS ET DES MARCHANDISES

Art. 17. — Les passagers du Protectorat se distinguent en:

Passagers *sur ordre*, dont le voyage est aux frais du Protectorat;

Passagers *sur autorisation*, dont le voyage est aux frais des intéressés, mais qui bénéficient du tarif résultant du présent traité.

Ces derniers comprennent les fonctionnaires et agents de tous ordres, les personnes chargées d'une mission, soit par le Gouvernement français, soit par l'Administration du Protectorat, les militaires des armées de terre et de mer et, en général, toutes personnes rétribuées par l'État français ou par le Protectorat, ainsi que leur famille. L'autorisation est donnée par le Résident supérieur ou par les personnes à ce désignées.

L'Administration a, pour chaque voyage, le droit de disposer en faveur des passagers sur ordre :

1° De la moitié des places de 1re classe ;

2° De la moitié des places de pont, dont le nombre sera évalué au procès-verbal de réception de la commission mentionnée à l'article 9.

Chaque cheval embarqué sera considéré comme occupant la place de cinq hommes, l'Administration ne pouvant exiger l'embarquement de plus de douze chevaux sur un même navire.

Art. 18. — Les passagers de 1re classe auront droit à 100 kilogrammes de bagages, les autres à 30 kilogrammes seulement.

Un restaurant sera établi à bord de chaque bateau pour les passagers de 1re classe, qui payeront les vivres et consommations aux prix d'un tarif arrêté par l'Administration du Protectorat.

Les passagers de pont auront droit au fourneau de l'équipage, si leur traversée doit dépasser douze heures.

Art. 19. — Les transports des passagers du Protectorat seront payés au concessionnaire d'après les bases suivantes:

	PAR MILLE MARIN	
	PASSAGERS de 1re classe	PASSAGERS de pont
	francs	francs
Pour les trajets inférieurs à 51 milles	0 20	0 08
Pour les trajets supérieurs à 51 milles et inférieurs à 101 milles	0 15	0 06
Pour les trajets supérieurs à 101 milles	0 12	0 05

Les suppléments de bagage seront payés à raison de 5 centimes les 100 kilogrammes par mille marin.

L'Administration retiendra les places des passagers sur ordre 24 heures à l'avance au moins. La déclaration devra en être faite à Haiphong, Hanoi ou Phu-lang-thuong, suivant le cas, au représentant du concessionnaire.

Le concessionnaire peut disposer des places qui ne lui auront pas été demandées dans la limite de temps ci-dessus fixée. Les passagers sur autorisation prennent rang avec les passagers ordinaires, pour l'obtention des places disponibles, dans l'ordre de leur inscription.

Art. 20. — Sauf les obligations prévues à l'article 3, l'adjudicataire ne sera astreint à aucun transport gratuit pour le compte de l'État ou du Protectorat, mais il devra toujours, et de préférence, transporter les approvisionnements et le matériel de l'Administration moyennant un fret de 15 centimes par tonneau d'encombrement ou par 1.000 kilogrammes, et par lieue marine parcourue, y compris les frais de chargement et de déchargement.

Art. 21. — Le concessionnaire aura la faculté de transporter les passagers ordinaires, les marchandises, ainsi que les matières d'or ou d'argent n'appartenant pas à l'État, sous les réserves stipulées à l'article 15.

Les tarifs, tant pour les passagers que pour les marchandises, ne pourront être supérieurs de plus de 75 p. 100 à ceux qui sont stipulés aux articles 19 et 20. Le produit de ces transports lui appartiendra. Le produit de la taxe postale appartient à l'Administration (1).

Art. 22. — Le concessionnaire est maître de la fixation des tarifs commerciaux pour voyageurs et marchandises. Si les tarifs de voyageurs sont plus faibles que les tarifs fixés à l'article 19, ils seront appliqués de droit aux passagers du Protectorat sur ordre et sur autorisation.

CHAPITRE VI
DES PÉNALITÉS

Art. 23. — Les départs auront lieu comme il est dit à l'article premier; tout retard aux heures de départ et d'arrivée, sauf le cas de force majeure, rendra le concessionnaire passible d'une amende de 20 francs pour la première heure, 40 francs pour la deuxième heure et les heures suivantes.

Art. 24. — Si le retard dépassait vingt-quatre heures, le Directeur des postes, prévenu par le télégraphe, prendrait les mesures nécessaires pour assurer le transport des dépêches aux frais du concessionnaire, sans préjudice de l'amende encourue.

Art. 25. — En cas de perte d'un bâtiment, si le remplacement prescrit par l'article 8 ne se faisait pas dans les délais réglementaires, le concessionnaire serait passible d'une amende de cinquante francs par jour de retard.

Art. 26. — Le montant des amendes et retenues fixé conformément aux articles ci-dessus, sera prélevé par l'administration sur les sommes dues au concessionnaire.

CHAPITRE VII
DE L'ADJUDICATION ET DU CAUTIONNEMENT

. . . .

CHAPITRE VIII
PAYEMENT DE LA SUBVENTION

Art. 31. — Moyennant la subvention déterminée par l'adjudication, le concessionnaire exécutera les services mentionnés au présent cahier des charges, à ses frais, risques et périls, et toutes les dépenses de nature quelconque, y compris les risques de mer et de navigation, seront à sa charge.

Art. 32. — Le payement de la subvention sera ordonnancé à terme échu, par l'ordonnateur com-

pétent, de mois en mois et par douzième, sous la déduction des retenues qui auraient pu être prononcées dans les cas prévus au présent cahier des charges.

Les sommes dues au concessionnaire pour le transport des passagers sur ordre lui seront également payées mensuellement, sur des décomptes établis en valeurs françaises, c'est-à-dire en francs.

Les payements auront lieu en piastres mexicaines, au cours du jour.

Art. 33. — Jusqu'à l'installation complète du service, la subvention sera liquidée proportionnellement aux parcours effectués.

CHAPITRE IX
CONDITIONS PARTICULIÈRES

Art. 34. — Si le concessionnaire augmentait la fréquence des départs, toutes les obligations stipulées au présent cahier des charges s'appliqueraient aux voyages supplémentaires, sans augmentation de la subvention.

Art. 35. — Dans le cas où le concessionnaire suspendrait l'exploitation, le gouvernement local aurait le droit de réquisitionner, à dire d'experts, les bâtiments avec leur matériel, sans préjudice des dommages-intérêts à réclamer. Le service pourra être remis en adjudication et le concessionnaire sera tenu de couvrir l'Administration du supplément de subvention que pourrait entraîner la réadjudication pour la période restant à courir.

Art. 36. — Le concessionnaire ne pourra sous-traiter en tout ou en partie, sans le consentement par écrit du Résident supérieur. S'il était reconnu qu'il ait sous-traité sans ce consentement, l'administration serait en droit de résilier le marché sans indemnité; mais en cas de décès de l'adjudicataire, les héritiers pourront, sans qu'il soit besoin d'autorisation, céder leur exploitation à un nouveau concessionnaire qui devra seulement être agréé par l'Administration.

Art. 37. — Le concessionnaire aura un représentant à Hanoi, Haiphong et Phu-lang-Thuong. — PAUL BERT.

—————————

2. — 15 septembre 1887. — CONVENTION *additionnelle.*

Entre M. Paul Bert, Résident général de la République française en Annam et au Tonkin, membre de l'Institut, représentant l'administration du Protectorat,

Et M. Jules d'Abbadie, négociant à Haiphong, adjudicataire du service des correspondances fluviales au Tonkin;

Il a été convenu ce qui suit:

Article premier. — Conformément à l'obligation imposée au concessionnaire par la dépêche adressée le 20 juillet au résident de Haiphong, d'organiser immédiatement un service transitoire, M. d'Abbadie s'engage à effectuer sur toutes les lignes du réseau, dans le délai d'un mois après la signature de la présente convention, le nombre de voyages stipulé à l'article 5 du cahier des charges.

Art. 2. — Les bâtiments affectés au service provisoire ne seront pas soumis aux conditions exigées par les articles 6 à 12. Toutefois ils ne pourront y être employés qu'après réception par une commission spéciale nommée par le Résident supérieur au Tonkin.

(1) Voir ci-après l'article 8 de l'acte additionnel du 18 février 1888, modifiant les articles 21 et 22 du cahier des charges.

Art. 3. — La subvention sera acquise au concessionnaire d'après le nombre de milles parcourus, en prenant pour base la subvention annuelle, soit à raison de 4 fr. 648 par mille, et le prix du transport des passagers et du matériel du Protectorat conformément aux articles 19 à 22.

Art. 4. — Il sera réservé, sur chacun des bateaux, quatre places de 1re classe aux passagers sur ordre.

La nourriture des passagers du Protectorat sera comptée à raison de 4 fr. (quatre francs) par repas, vin compris.

Art. 5. — Le payement de la subvention et des prix de transport sera effectué comme il est dit à l'article 32 du cahier des charges.

Art. 6. — La présente convention n'aura d'effet que jusqu'au jour où tous les bateaux admis au service provisoire seront remplacés par des bateaux définitifs, et au plus tard, jusqu'au 20 juillet 1887 pour les lignes 1 et 2, jusqu'au 20 septembre 1887 pour les lignes 3, 4, 5 et 6. — D'ABBADIE.

3. — 18 février 1888. — ACTE ADDITIONNEL *au contrat en date du 15 septembre 1886, passé avec MM. Marty et d'Abbadie pour l'exploitation du service des Messageries fluviales.*

Entre M. Berger, secrétaire général de la Résidence générale en Annam et au Tonkin,

Stipulant pour le compte du Protectorat de l'Annam et du Tonkin;

Et MM. Marty et d'Abbadie, demeurant à Haiphong;

Est intervenu le contrat suivant:

Article premier. — MM. Marty et d'Abbadie s'engagent à augmenter dans les conditions stipulées ci-après, le service des transports fluviaux dont ils sont concessionnaires en vertu de l'adjudication du 17 août 1886.

Art. 2. — Les clauses et conditions du cahier des charges en date du 15 juin 1886 sont applicables au présent acte additionnel.

Services à effectuer

NUMÉROS DES LIGNES	NOMS DES LIGNES	DISTANCES	NOMBRE DE voyages		PARCOURS ANNUEL	
			ancien traité	nouveau traité	ancien traité	nouveau traité
		milles			milles	milles
1	Haiphong à Hanoi..	120	3	6	37.440	74.880
2	— à Phu-lang-thuong......	63	3	3	19.656	19.656
3	Sept-Pagode à Dap-cau......	21	2	3	4.368	6.552
4	Hung-yen à Nam-dinh......	50	2	3	10.400	15.600
5	Haiphong à Minh-ngoc....	140	2	3	29.120	43.680
6	Hanoi à Bac-kat....	35	2	3	7.280	10.020
6a	Bac-hat à Cho-bo...	58	»	1	»	6.032
	— à Tan-quan.	75	»	1	»	7.800
	— à Tuyen-quang.....	75	»	1	»	7.800
7	Nam-dinh à Vinh..	108	»	1	»	17.472
	Total....				103.264	210.892

Art. 3. — Les trois voyages que MM. Marty et d'Abbadie s'engagent à ajouter sur la première ligne de Haiphong à Hanoi, comme conditions du présent contrat, ne donneront pas lieu au payement de la subvention; l'augmentation de parcours pour laquelle MM. Marty et d'Abbadie seront rétribués est, par suite, de 64.688 milles.

CLAUSES SPÉCIALES

Art. 4. — La subvention à payer pour le nouveau service complet sera de 250.000 francs par an, chiffre ferme correspondant à 3 fr. 26 environ par mille parcouru; elle sera due à partir de la mise en exploitation de chacune des lignes et au prorata des lignes ouvertes.

Art. 5. — Le service sur les lignes n° 1, 2, 3, 4, 5, 6 et 7 sera effectué dès le 1er mai 1888.

La ligne 6a sera mise en exploitation à partir du 1er mai 1889.

Art 6. — Dans le cas où MM. Marty et d'Abbadie pourraient assurer les services avant ces époques, la subvention leur serait payée dès l'ouverture des nouvelles lignes, et au prorata des services faits.

Art. 7. — Pour la ligne 6a (Cho-bo, Tan-quan et Tuyen-quan), si le manque d'eau empêchait l'exécution du service, la subvention serait retenue au prorata des voyages non effectués.

Art. 8. — Les entrepreneurs se réservent le droit d'abaisser à leur gré le prix de passage des voyageurs indigènes n'appartenant pas au Protectorat, sans que l'administration puisse invoquer cette réduction pour exiger une diminution correspondante sur les tarifs déterminés par les contrats précédents pour les passagers transportés aux frais du budget.

Art. 9. — Les bateaux des correspondances fluviales seront exempts de tous droits de phare et d'ancrage, ainsi que de tous autres droits de navigation créés depuis l'ouverture du service des Messageries fluviales, ou qui seraient établis dans l'avenir.

Art. 10. — Le transport du courrier de France entre Haiphong et Hanoi, et vice-versa, sera fait par le bateau régulier, et le service spécial existant actuellement supprimé.

Art. 11. — Au cas où, pour une cause quelconque, les bateaux ne pourraient pas parvenir jusqu'aux lieux d'atterrissement ou de mouillage habituels, le transport jusqu'à ces points, des correspondances et des passagers, devra être assuré par les soins et aux frais de la Compagnie.

Art. 12. — L'administration s'engage à faire effectuer, par la Compagnie, tous ses transports tant de troupes et autres passagers que du matériel, des munitions et autres colis, sur les points à desservir par les correspondances fluviales. Dans les cas urgents, si MM. Marty et d'Abbadie ne pouvaient assurer ces transports avec la rapidité nécessaire, l'administration serait en droit d'y pourvoir par ses propres moyens.

Art. 13. — Le Gouvernement s'engage à ne pas subventionner d'autres compagnies de navigation sur les lignes desservies par les correspondances fluviales pendant la durée de leur contrat.

Art. 14. — Les bateaux de MM. Marty et d'Abbadie ne seront pas tenus de faire leurs opérations de chargement et déchargement ailleurs qu'aux quais de leur exploitation.

Art. 15. — Le présent acte additionnel expirera à la date du 1er janvier 1897. — RAOUL BERGER; MARTY ET D'ABBADIE.

4. — 2 juin 1891. — CIRCULAIRE *au sujet des réquisitions de passages.*

J'ai remarqué, dans le dernier relevé mensuel des factures de la compagnie des messageries fluviales, qu'un certain nombre de réquisitions ont été établies d'une façon irrégulière.

Certains agents, inspecteurs de milice, commis des postes, commis des douanes, qui n'ont aucune qualité pour le faire, se délivrent à eux-mêmes ou donnent aux agents sous leurs ordres, des réquisitions de passage d'un point à un autre.

Ces pièces ne sont ni visées, ni enregistrées, et, par suite, tout contrôle devient impossible.

Dans l'intérieur, les Résidents chefs de province ou leurs délégués, ont seuls qualité, sauf les cas très urgents, pour délivrer les réquisitions qui doivent, dans tous les cas, être enregistrées à la résidence.

J'ai l'honneur de vous prier de donner des ordres pour qu'à l'avenir, je n'aie plus à relever des irrégularités de ce genre. Je dois ajouter que si des cas semblables, non motivés par des raisons majeures, viennent encore à se produire, je me verrai dans l'obligation de faire rembourser, par les signataires, les prix des réquisitions irrégulièrement établies. — BRIÈRE.

---

5. — 3 avril 1891. — CIRCULAIRE *faisant connaître l'installation d'une 2° classe à bord des chaloupes fluviales.*

J'ai l'honneur de vous informer qu'après entente avec la compagnie des messageries fluviales, le personnel des services civils ayant rang de sous-officier pourra être admis, sur réquisition régulière, à la 2° classe à bord des chaloupes ci-après, pourvues des aménagements nécessaires:

Tigre, Dragon, Phénix, Licorne et *Cerf.*

Cette 2° classe comportera l'accès au salon d'arrière. Nourriture à la charge et aux soins des passagers.

Il reste entendu que le personnel continuera à voyager sur le pont à bord des chaloupes autres que celles ci-dessus, jusqu'à nouvel avis. — BRIÈRE.

6. — 16 septembre 1893. — CONTRAT *règlementant le service des correspondances fluviales pour une nouvelle période de neuf ans à compter du 1er janvier 1897.*

CHAPITRE PREMIER
CONDITIONS GÉNÉRALES

Article premier. — Le service à exécuter comprend les lignes suivantes :

N°s des LIGNES	NOMS DES LIGNES	DISTANCES	NOMBRE DE VOYAGES	NOMBRE de MILLES
1	Haïphong à Hanoï.	105	3	32.700
2	Haïphong à Dap-cau.	57	6	35.568
3	Sept-Pagodes à Phu-lang-thuong.	48	6	11.239
4	Haïphong à Mui-ngoc par Pointe-Pagode.	120	3	37.440
5	Haïphong à Nam-dinh (direct).	82	2	17.050
6	Haïphong à Vinh.	202	1	21.008
(1) 7	Hanoï à Nam-dinh (direct)	55	1	5.720
(1) 7 a	Hanoï à Nam-dinh par Ninh-binh et Phu-ly.	105	1	10.920
8	Hanoï à Viétri.	39	3	12.168
9	Viétri à Tuyên-quan.	52	1	5.408
10	Viétri à Cho-bo.	55	1	5.720
11	Viétri à Yên-bay.	76	1	7.904
12	Yên-bay à Lao-kay.	91	1	9.464
	Total			212.368

(1) Le contrat original porte par erreur :
7 — Hanoï-Nam-dinh (direct) 57 milles, 1 voyage, 5.928 milles.
7 a — Hanoï-Nam-dinh par Nim-binh et Phu-ly . . . . 103 » 1 » 10.712 »

Art. 2. — L'Administration se réserve la faculté de réduire le nombre des voyages stipulés pour chaque ligne ou même de supprimer complètement une ou plusieurs des lignes prévues à l'article précédent, mais dans aucun cas le nombre de milles prévus audit article ne pourra être réduit de plus de un sixième.

Le mode d'exploitation des lignes sur lesquelles des réductions auront été opérées pourra, sur la proposition des concessionnaires, différer de celui prévu au présent contrat de manière à faciliter le développement du trafic, notamment la vitesse moyenne obligatoire pourra être réduite; les arrêts et relâches augmentés et rendus variables et facultatifs, etc.

Art. 3. — L'Administration pourra exiger la création de lignes non indiquées à l'article 1er ou une augmentation du nombre de voyage prévus par ledit article.

Dans l'un et l'autre cas, les conditions d'exécution du service et la subvention qui devra être allouée aux lignes nouvelles ou aux voyages supplémentaires feront l'objet de conventions spéciales.

Dans le cas où l'accord ne pourrait s'établir entre les concessionnaires et l'Administration, celle-ci aurait le droit d'assurer le fonctionnement de ces nouveaux services comme elle le voudrait.

Toutefois si elle en faisait l'objet d'une adjudication, MM. Marty et d'Abbadie auraient la faculté de prendre lesdits services au prix même résultant de l'adjudication, mais ils devront en informer l'Administration dans les huit jours qui suivront.

Art. 4. — Si les Concessionnaires augmentaient la fréquence des départs sur les lignes subventionnées, toutes les obligations stipulées au présent contrat s'appliqueraient aux voyages supplémentaires, mais sans aucune subvention pour lesdits voyages.

Art. 5. — Les Concessionnaires pourront créer, s'ils le jugent convenable, des lignes autres que celles indiquées à l'article 1er, ou que celles réclamées par l'Administration, mais dans ce cas, ils ne recevront pour ces lignes aucune subvention. Si l'Administration en fait usage, elle y sera soumise aux mêmes tarifs que les particuliers.

Art. 6. — Les Concessionnaires transporteront gratuitement, sur toutes les lignes subventionnées, les correspondances, les colis postaux et les articles d'or et d'argent pour les services du Protectorat et de l'État.

Art. 7. — L'Administration sera libre de faire effectuer ses transports de personnel civil et militaire, de matériel, de correspondances, d'argent et tous autres transports quelconques, soit par les bateaux subventionnés ou non subventionnés des concessionnaires, soit par tous autres moyens qui lui paraîtront préférables.

Toutefois, sur les cours d'eau suivis par les lignes subventionnées, elle s'engage à ne faire faire ses transports que par les bateaux des concessionnaires; mais dans les cas urgents, si MM. Marty et d'Abbadie ne pouvaient assurer ces transports avec la rapidité nécessaire, l'Administration serait en droit d'y pourvoir par ses propres moyens.

Art. 8. — Les transports des passagers et des marchandises du Protectorat seront payés aux concessionnaires d'après les bases suivantes :

	PASSAGERS de 1re classe	PASSAGERS de 2e classe	PASSAGERS DE PONT	
			Européens	Indigènes
Trajets Inférieurs à 51 milles	0 fr. 20	0 fr. 12	0 fr. 08	0 fr. 06
— de 51 à 101......	0 15	0 09	0 06	0 04
— au dessus de 101 ..	0 12	0 08	0 05	0 02

Les enfants au-dessous de 10 ans paieront demi place, et au-dessous de 3 ans voyageront gratuitement.

Supplément de bagages : 5 centimes par 100 kilog. et par mille marin.

Marchandises : 5 centimes par mille marin par 1000 kilos ou mètre cube, au choix des concessionnaires, y compris les frais de chargement et de déchargement des navires.

Toutefois sur la ligne de Yen-bay à Lao-kay' on appliquera les tarifs suivants :

Passagers de 1re classe......... 0 fr. 40
Passagers de pont Européens.... 0 16
— Indigènes.... 0 08
Bagages supplément.: 0 fr. 30 par 100 kos et par mille
Marchandises : 0 30 par tonne et par mille

Le minimum de perception pour un transport est fixé à 0 fr. 50.

Tous ces tarifs pourront être revisés tous les trois ans, sur la demande de l'une ou de l'autre des parties, afin de leur faire subir des variations correspondant à celles des tarifs du commerce.

Les passagers de 1re classe seront nourris à bord des bateaux; le prix du repas est fixé à 4 francs.

Les autres passagers auront droit au fourneau de l'équipage, si leur traversée doit dépasser douze heures.

Les officiers supérieurs ou assimilés voyageant sur réquisition, auront droit, sans augmentation de prix, à une couchette sur les bateaux pourvus de cabines de voyageurs.

Art. 9. — Les concessionnaires recevront du Protectorat pour les lignes prévues à l'art. 1er, une subvention calculée à raison de trois francs vingt-cinq centimes par mille effectivement parcouru, soit pour les 212.368 milles prévus, une somme de 690.196 fr. par an.

Art. 10. — Le présent contrat entrera en vigueur le 1er janvier 1897, et prendra fin le 31 décembre 1906. Mais les concessionnaires s'engagent à commencer dès maintenant, avec les clauses et conditions stipulées au présent contrat, le service de la ligne de Yen-bay à Lao-kay, et à l'assurer d'une manière aussi régulière que le permettront les vapeurs dont ils disposent ; ledit service devant fonctionner d'une manière définitive dans le délai d'un an à dater de ce jour.

Art. 11. — L'Administration s'engage à ne subventionner aucun service de navigation sur les lignes prévues à l'art. 1er ni sur celles qui seraient ultérieurement créées à la suite d'un accord entre elle et les concessionnaires, sauf dans le cas prévu par le 3° paragraphe de l'art. 3.

Art. 12. — Dans le cas où les concessionnaires suspendraient l'exploitation d'une ou plusieurs lignes subventionnées, à moins que ce ne soit par suite d'un cas de force majeure dûment constaté, l'Administration aura le droit de réquisitionner les bateaux nécessaires au maintien de l'exploitation, avec tout leur matériel et leur personnel, et de remettre immédiate-

ment la totalité du service en adjudication sans préjudice des dommages-intérêts à réclamer.

Le paiement de la subvention sera immédiatement suspendu proportionnellement aux services non effectués, et l'Administration ne sera redevable envers les concessionnaires que des frais de location des bâtiments dont elle ferait usage.

Le montant de ces frais sera déterminé à dire d'experts.

Dans le cas où l'Administration devait recourir à une nouvelle adjudication, les Concessionnaires s'engagent à la couvrir du supplément de subvention que pourrait entraîner la réadjudication pour la période restant à courir jusqu'à la fin de la concession actuelle.

Art. 13. — Les concessionnaires ne pourront sous-traiter qu'avec le consentement de l'Administration, tout ou partie des services subventionnés, créés ou qui pourront être créés ultérieurement. S'il était reconnu que les concessionnaires aient sous-traité sans le consentement de l'Administration, celle-ci serait en droit de résilier le présent contrat sans aucune indemnité.

Toutefois l'un des Concessionnaires pourra se retirer ou céder ses droits sans en référer à l'Administration, pourvu que l'autre figure dans la nouvelle association.

En cas de décès d'un ou des concessionnaires, leurs héritiers ou ayants droit pourront, sans qu'il soit besoin d'autorisation, continuer l'exploitation ou la céder à un nouveau concessionnaire qui devra seulement être agréé par l'Administration.

Art. 14. — Moyennant la subvention déterminée par l'art. 9, les concessionnaires exécuteront les services mentionnés à l'art. 1er à leurs frais, risques et périls; toutes les dépenses de nature quelconque, y compris les risques de mer et de navigation, seront à leur charge.

Art. 15. — Les bateaux desservant les lignes subventionnées seront exempts de tous droits de phares et d'ancrage et de tous autres droits de navigation actuellement existant ou qui seraient établis dans l'avenir.

Art. 16. — Les concessionnaires s'engagent à exécuter dans les conditions prévues aux articles 46 et 53, tous les travaux d'amélioration et d'entretien de la navigation fluviale du Tonkin et de l'Annam jusqu'à Vinh, qui leur seront réclamés par le Protectorat pendant la durée du présent contrat.

CHAPITRE II

ITINÉRAIRES ET ESCALES

Art. 17. — Sur chaque ligne subventionnée, l'Administration fixera les itinéraires et les escales. Elle fixera de même, après avis des concessionnaires, les jours et heures des départs, le temps maximum à passer aux escales et arrêts, et la durée moyenne des traversées. Aucun arrêt ou escale ne pourra être établi sans le consentement de l'Administration.

Art. 18. — Les bateaux desservant les lignes subventionnées devront faire leurs opérations de chargement et de déchargement aux quais ou appontements des concessionnaires dans les endroits où il en existera, et aux points fixés par l'Administration dans les autres.

Art. 19. — Dans le cas où, pour une cause quelconque, les bateaux des lignes subventionnées ne pourraient pas atteindre les escales ou arrêts officiellement désignés, le transport des correspondances, des passagers et des marchandises de l'Administration ou des particuliers jusqu'à ces escales ou arrêts, devra être assuré par les soins et aux frais des concessionnaires, qui toucheront alors la subvention.

Art. 20. — Les concessionnaires devront avoir des représentants à Haiphong, à Hanoi, à Phu-lang-Thuong, à Dap-cau et à Yen-bay.

CHAPITRE III
SURVEILLANCE DU SERVICE

Art. 21. — Le Résident supérieur du Tonkin est chargé de l'exécution générale du service; il désignera, dans chaque localité de départ, d'arrivée ou d'escale, un fonctionnaire qui le représentera à cet effet auprès des concessionnaires ou leurs représentants.

CHAPITRE IV
DES BATEAUX

Art. 22. — Les bâtiments affectés au transport des voyageurs sur les lignes subventionnées, devront avoir des dimensions et un tirant d'eau appropriés aux cours d'eau suivis.

Art. 23. — Les navires des lignes 1 et 2 devront fournir aux essais une vitesse minima de 9 nœuds 1/2, et tous les autres une vitesse minima de 8 nœuds.

Art. 24. — La vitesse moyenne d'exploitation des lignes subventionnées ne devra pas être inférieure à 6 nœuds.

Art. 25. — Tous les bateaux des lignes subventionnées devront être installés de façon à pouvoir transporter facilement des troupes et des chevaux.

Art. 26. — Tous les navires des lignes subventionnées ou non, exploités par les concessionnaires, devront naviguer sous pavillon français.

Art. 27. — Dans le cas où un navire viendrait à se perdre ou être mis hors d'état de naviguer, il devra être remplacé dans un délai maximum de six mois. En attendant son remplacement, le service sera assuré d'une façon complète par les soins et aux frais des concessionnaires.

Art. 28. — Les navires affectés au service des lignes subventionnées devront être reçus par une commission spéciale nommée par le Résident supérieur et qui aura seule qualité pour en autoriser la mise en service. Cette commission s'assurera que les bateaux satisfont aux conditions stipulées par les art. 22, 23, 24 et 25 et qu'en outre :

1° Les navires et les appareils sont en bon état et d'une solidité suffisante ;

2° Qu'ils sont pourvus de tous les aménagements nécessaires pour le transport des troupes, des chevaux, des correspondances et de l'argent ;

3° Que les chaudières et les machines sont en bon état.

En outre, cette commission déterminera le nombre maximum de voyageurs de chaque catégorie et le poids maximum des marchandises que chaque bateau pourra recevoir.

Art. 29. — Les bateaux des lignes 1 et 2 devront être munis d'un roof sur le pont, garni de canapés pouvant donner à coucher à 12 passagers de 1re classe au moins; ceux des autres lignes auront un roof pouvant donner à coucher à 4 passagers de 1re classe au moins.

Des lieux d'aisance seront organisés séparément pour les passagers de 1re classe; les autres passagers auront droit à ceux de l'équipage qui devront être bien tenus. Tous les bateaux seront couverts d'une toiture et munis de rideaux, afin que tous les voyageurs soient à l'abri du soleil et de la pluie.

Art. 30. — Les navires, les machines et leurs objets d'armement devront être tenus en état constant de bon entretien.

CHAPITRE V
SERVICE DES POSTES

Art. 31. — Le commissaire français ou patron sera responsable des dépêches au même titre qu'un agent des postes ; il n'aura droit à aucune indemnité de ce fait ; il devra remettre les dépêches et boîtes mobiles aux bureaux des postes desservis. Dans les escales intermédiaires, il devra en outre les recevoir à ces mêmes bureaux pour les transporter à bord par ses soins, là où les bureaux ne seront pas distants de plus d'un kilomètre des endroits d'accostage.

Art. 32. — Les dépêches devront constamment, à bord des bateaux, être tenues sous clef, dans un endroit où le commissaire ou le patron auront seuls accès.

Les boîtes mobiles confiées par l'Administration des postes devront être solidement fixées à bord et dans un endroit facilement accessible au public.

Art. 33. — En cas d'accident ou d'avarie, le commissaire ou le patron devra assurer le transport des dépêches au bureau de poste voisin, par la voie la plus rapide ; les frais de transport étant à la charge des concessionnaires.

Art. 34. — Il est interdit aux Concessionnaires de transporter des objets de correspondance autres que ceux qui lui seront remis par les bureaux des postes des localités desservies.

Les concessionnaires auront toutefois le droit de transporter des papiers de service comprenant les connaissements, les expéditions de navire et toutes les pièces de service et de correspondance entre les différentes agences des concessionnaires.

Toute contravention commise par les concessionnaires ou leurs agents sera punie conformément aux lois sur le transport des dépêches.

En cas de récidive et si les circonstances démontrent que le fait de contravention doit être attribué à un des agents des concessionnaires, cet agent sera destitué, si le Résident supérieur le demande, sans préjudice des peines qu'il aura encourues.

CHAPITRE VI
DES PASSAGERS ET DES MARCHANDISES

Art. 35. — Les passagers du Protectorat se distinguent en :

Passagers sur ordre, dont le voyage est aux frais du Protectorat;

Passagers sur autorisation, dont le voyage est aux frais des intéressés, mais qui bénéficient du tarif résultant du présent contrat.

Ces derniers comprennent les fonctionnaires et agents de tous ordres, les personnes chargées d'une mission soit par le Gouvernement français, soit par l'Administration du Protectorat, les militaires des armées de terre et de mer et, en général, toutes personnes rétribuées par l'État français ou par le Protectorat, ainsi que leur famille.

L'autorisation est donnée par le Résident supérieur ou par les personnes à ce désignées.

L'Administration a, pour chaque voyage, le droit de disposer en faveur des passagers sur ordre :

1° De la moitié des places de 1re classe ;

2° De la moitié des places de pont dont le nombre sera évalué au procès-verbal de réception de la commission mentionnée à l'article 28.

Chaque cheval embarqué sera considéré comme occupant la place de cinq indigènes, l'Administration ne pouvant exiger l'embarquement de plus de douze chevaux sur le même navire.

Art. 36. — Les passagers de 1re classe auront droit à 100 kilos de bagages, les autres à 30 kilos.

Art. 37. — L'Administration retiendra les places des passagers sur ordre 24 heures à l'avance au moins, par déclaration faite au représentant des concessionnaires. Les concessionnaires pourront disposer librement des places qui ne leur auront pas été demandées dans le délai ci-dessus.

Les passagers sur autorisation prennent place avec les passagers ordinaires pour l'obtention des places disponibles, dans l'ordre de leur inscription.

Art. 38. — Sauf les dispositions prévues à l'art. 6, les concessionnaires ne seront astreints à aucun transport gratuit pour le compte de l'Etat ou du Protectorat, mais ils devront toujours et de préférence transporter les approvisionnements et le matériel de l'Administration moyennant les prix stipulés à l'art. 8, qui comprennent les frais de chargement et de déchargement des navires.

Art. 39. — Les concessionnaires auront la faculté de transporter les passagers ordinaires, les marchandises, ainsi que les matières d'or ou d'argent n'appartenant pas à l'Etat ou au Protectorat, sous les réserves stipulées à l'art. 35.

Le produit de ces transports leur appartiendra intégralement.

Le produit de la taxe postale appartient à l'Administration.

CHAPITRE VII

DES PÉNALITÉS

Art 40. — Les départs auront lieu comme il est dit à l'art. 17 ; tout retard aux heures de départ et d'arrivée, sauf le cas de force majeure dûment constaté, rendra les concessionnaires passibles d'une amende de 20 francs pour la première heure, 40 francs pour la deuxième heure et chacune des heures suivantes.

Art. 41. — Si le retard dépassait 24 heures, le Directeur des Postes et Télégraphes prévenu par le télégraphe prendrait les mesures nécessaires pour assurer le transport des dépêches aux frais des concessionnaires sans préjudice de l'amende encourue.

Art. 42. — En cas de perte d'un bâtiment, si le remplacement ne se faisait pas dans les délais prescrits par l'art. 27, les concessionnaires seraient passibles d'une amende de cinquante francs par jour de retard.

Art. 43. — Le montant des amendes et retenues, fixé conformément aux articles ci-dessus, sera prélevé par l'Administration sur les sommes dues aux concessionnaires.

CHAPITRE VIII

CAUTIONNEMENT; PAIEMENT DE LA SUBVENTION, DES TRANSPORTS

Art. 44. — Le cautionnement, fixé à cent mille francs, devra être versé à la caisse des dépôts et consignations le 1er janvier 1897. Il sera remboursé à l'expiration du contrat.

Ce cautionnement pourra être remplacé, avec l'autorisation de l'Administration, par une garantie constituée au moyen d'une première hypothèque de même

somme sur les immeubles ou le matériel des concessionnaires.

Art. 45. — La subvention sera payée tous les mois, d'après le nombre de milles effectivement parcourus, et déduction faite des amendes qui auraient pu être prononcées dans les cas prévus au présent cahier des charges.

Les sommes dues pour les transports du Protectorat seront également payées mensuellement sur des décomptes établis en francs.

Les paiements seront effectués en piastres, au cours officiel du jour.

CHAPITRE IX

DES TRAVAUX A EXÉCUTER

Art. 46. — Les travaux neufs et d'entretien destinés à améliorer la navigation fluviale en Annam et au Tonkin, que les concessionnaires devront exécuter conformément à l'art. 16 du présent contrat, pourront comprendre notamment, au gré du Protectorat :

L'amélioration de la navigation sur le haut fleuve Rouge, Yen-bay et Lao-kay ; la fourniture des engins et apparaux qui pourraient être nécessaires aux passages des rapides, le balisage, l'entretien, etc.; le balisage de la partie basse du fleuve Rouge ainsi que de toutes les rivières ; les travaux d'amélioration et d'entretien en général des services et canaux, la mise en état de navigabilité pour les jonques et chaloupes du canal de ceinture à Haiphong, le creusement des canaux et en particulier le canal du Lac-tray au Cua-cam, le canal de Ninhbinh à Phat-diem, Thanh-hoa, etc..., la construction d'appontements aux escales des lignes subventionnées ou non, etc. etc... Mais il est entendu que l'on exécutera tout d'abord les travaux destinés à améliorer les voies fluviales suivies par les bateaux des concessionnaires.

Art. 47. — Le Protectorat ne pourra, pour ces travaux, exiger des concessionnaires, à moins d'accord spécial avec eux, une dépense annuelle de plus de 500.000 francs, en outre des dépenses de matériel et une dépense totale de plus de 3.000.000 de francs.

Art. 48. — Le programme des travaux à exécuter sera dressé par le Protectorat. Les études seront faites par les concessionnaires.

Art. 49. — Le Protectorat pourra exiger que les travaux du haut fleuve Rouge commencent au plus tard six mois après la signature du présent contrat et les autres un an après.

Tous ces travaux devront être achevés dans le plus bref délai.

Art. 50. — Dans le cas où le Protectorat ne tomberait pas d'accord avec les concessionnaires sur le montant des estimations des travaux, le Protectorat pourra les exécuter ou les faire exécuter comme il le voudra ; les concessionnaires devront alors en acquitter le montant contre l'échange de situations de pareille somme, mais alors les frais d'étude leur seront remboursés, et l'intérêt stipulé à l'article suivant sera majoré de 1 %.

Art. 51. — Des situations pour les travaux et approvisionnements exécutés, ainsi que pour le matériel fourni par les concessionnaires seront dressés tous les mois.

Le montant en sera porté au crédit du compte des concessionnaires, lequel portera intérêt à 6 % l'an.

Une expédition de chaque situation mensuelle, revêtue de l'approbation du Résident supérieur et formant titre de créance, sera remise aux concessionnaires.

Art. 52. — Le payement des fournitures et travaux exécutés sera fait au moyen d'annuités dont le montant sera fixé par le Protectorat, mais qui ne pourront être inférieures à 200.000 francs.

Chaque annuité sera réglée au Tonkin, en deux fois, les 15 janvier et 15 juillet, en piastres au taux officiel du jour et par paiement minimum de 100.000 francs.

La première demi-annuité ne sera exigible que quand le montant des travaux exécutés ou des fournitures faites s'élèvera à 200.000 francs.

Art. 53. — Les concessionnaires pourront rétrocéder la totalité ou une partie des travaux qu'ils auront à exécuter, mais la personne ou société à laquelle la rétrocession sera faite devra être agréée par le Protectorat.

CHAPITRE X
CONDITIONS PARTICULIÈRES ET GÉNÉRALES

Art. 54. — L'Administration s'engage à céder aux concessionnaires, aux escales, là où cela sera possible, en face des appontements ou quais d'accostage, les terrains nécessaires à l'établissement d'agences ou de dépôts.

Art. 55. — Les concessionnaires devront, du jour de la mise en vigueur du présent contrat, avoir transporté leurs installations de Haiphong sur la rive droite du Song-tam-Bac, à l'embouchure du Cua-cam et construit sur cette rive des quais pour l'accostage de leurs navires.

A cet effet, l'Administration s'engage à leur abandonner les terrains lui appartenant et limités par le Cua-cam, la rue de la Douane, le port de commerce et la propriété d'Abbadie.

Mais les concessionnaires devront avoir à cet endroit dans le plus bref délai possible des installations provisoires permettant d'y transporter leur exploitation.

Art. 56. — Les frais d'enregistrement arrêtés au droit fixe de 1 fr. 50, sont à la charge des concessionnaires qui devront en outre faire imprimer le présent contrat et en délivrer deux cents exemplaires à l'Administration.

Art. 57. — Les concessionnaires seront soumis aux clauses et conditions imposées aux entrepreneurs et fournisseurs par arrêté de M. le Sous-secrétaire d'État des Colonies du 20 octobre 1880, en tant qu'elles ne seront pas contraires aux stipulations qui précèdent.

Art. 58. — Toutes les contestations que pourrait soulever l'interprétation ou l'exécution du présent contrat seront jugées administrativement avec faculté d'appel devant le conseil d'État. — DE LANESSAN; MARTY ET D'ABBADIE.

CORVÉES

1. — 18 octobre 1886. — ORDONNANCE du *Kinh-luoc* réglementant les corvées à fournir par les villages (1).

A l'avenir, le chiffre des corvées exigées des villages pour les travaux exécutés dans l'intérêt des services publics sera fixé à quarante-huit (48) journées par an et par inscrit.

Ces corvées ne seront levées dans les villages que par les maires et les chefs des cantons, sur les ré-

(1) Voir ci-après la circulaire du 14 novembre 1893.

quisitions des résidents ou vice-résidents français et des autorités annamites de la province, huyens, phus, tuan-phus, quan-bo, tong-doc.

La corvée ne doit pas durer plus de dix jours de suite, y compris le temps d'aller et de retour.

Autant que possible, les corvées sont réquisitionnées aux époques où les grands travaux du labourage, du repiquage, de la moisson et du battage du riz sont terminés. Les phus et les huyens veilleront, d'accord avec les chefs de cantons, à ce que les corvées réquisitionnées soient inscrites régulièrement pour chaque village et à ce que leur chiffre règlementaire ne soit jamais dépassé.

Lorsqu'une corvée sera terminée, un reçu doit être délivré au maire du village, indiquant le nombre des travailleurs requis et le temps qu'a duré le travail.

Les quan-bo des provinces feront des tournées générales pendant lesquelles ils s'assureront que les villages ont des cahiers de dépenses régulièrement tenus, des reçus pour toutes les corvées ou réquisitions fournies, et n'ont payé aucune contribution illégale, soit en argent, soit en nature. Ces inspections feront l'objet d'un rapport détaillé qui sera communiqué aux résidents.

Les villages qui voudront racheter une partie de leurs corvées sont autorisés à se libérer de la moitié au plus de cette contribution au prix de cinq tiens par journée.

Le 15 du 9° mois de la 1re année de Dông-khanh, 12 octobre 1886. — NGUYEN-TRONG-HIEP.

La présente ordonnance est rendue exécutoire dans tout le territoire du Tonkin. — PAUL BERT.

2. — 7 août 1888. — CIRCULAIRE au sujet des routes et des corvées.

J'ai l'honneur de vous adresser, sous ce pli, ampliation de la lettre de M. le Gouverneur général p. i. au sujet de l'entretien, de l'amélioration et de la continuation du réseau routier du Tonkin.

Notre intention est d'exiger intégralement les prestations en nature dues à l'État par les Annamites et de les consacrer exclusivement à des travaux d'utilité publique.

Pour l'année 1888, il y aura lieu de laisser à la disposition de chaque village 4 ou 5 journées par inscrit et même plus, si c'est nécessaire, pour la création et la mise en état de viabilité de chemins destinés à relier ces villages à la grande artère la plus proche.

Vous n'avez pas manqué de remarquer, messieurs, qu'un grand nombre de villages ne se trouvent, le plus souvent, qu'à une très faible distance de grandes voies de communication et n'y sont pas reliés, ce qui les rend inaccessibles à nos troupes. Les Annamites prétendent rendre ainsi plus difficile l'accès de leurs villages aux pirates et aux malfaiteurs. Mais les uns et les autres y rentrent à peu près quand ils veulent, et l'obstacle n'existe en réalité que contre nous et notre action; j'appelle tout particulièrement votre attention sur ce point et je vous prie de tenir fermement la main à ce que ce travail soit fait.

Je serai obligé de m'envoyer l'état des corvées employées depuis le commencement de l'année courante.

Il sera bon de faire, dès à présent, dans les régions où il existe un grand nombre de journées non employées, des travaux qui seront destinés à relier nos postes. Souvent dans les régions montagneuses, de simples routes muletières suffisent; je compte sur ces nouvelles voies pour remplacer les coolies par des animaux porteurs, et en délivrant ainsi la population d'une des charges qui lui pèse le plus, réaliser une sérieuse économie sur nos frais de transport et d'approvisionnement.

Je vous recommande d'employer, le plus souvent possible, le travail à la tâche.

Pour l'année 1889, il y aura lieu d'établir le rôle des corvées dues par chaque village en donnant un délai pour faire connaître la quantité d'inscrits qui désireraient se libérer en espèces.

Vous voudrez bien faire connaître dans les villages, par tous les moyens dont vous disposez, que le rachat est valable pour l'année entière et que, par conséquent, il ne sera plus rien exigé, à ce titre, des inscrits qui se seront libérés en argent. Le montant du rachat est fixé à 4 tiens par journée, soit en chiffres ronds 9 piastres pour l'année entière.

Ceux qui ne rachèteront pas leurs corvées seront employés à l'entretien et à la continuation du réseau routier, tel qu'il est établi par l'arrêté de M. le général Warnet, en date du 3 février 1886, et qui sera complété suivant les indications que vous voudrez bien m'envoyer le plus tôt possible, en commençant, comme je l'ai dit plus haut, par relier tous nos postes.

Ces derniers chemins de communication seront l'objet de votre premier soin.

Vous vous occuperez ensuite de la mise en bon état de viabilité des routes existantes et, cela fait, vous procéderez à la construction de voies nouvelles.

Veuillez employer, comme je l'ai dit plus haut, le travail à la tâche le plus souvent possible. Lorsque le travail à faire sera important et devra demander, par exemple, à l'estimation, plus de vingt jours, n'hésitez pas à promettre aux corvéables intéressés, la libération complète pour toute l'année, après l'achèvement de leur tâche. Quand le travail sera de moindre importance, cela ne vous empêchera pas de déterminer les tâches en évaluant très largement le travail fait dans le décompte des journées dues.

Ce qui importe, c'est que le contribuable sache que lorsqu'il aura terminé son travail, il pourra retourner dans son village. Je pense que, dans ces conditions, vous pourrez compter en moyenne une journée de travail à la tâche pour trois corvées.

Vous ferez savoir aux villages que, sur les quarante-huit journées dues par ceux qui n'auront pas racheté, huit seront abandonnées pour des travaux d'intérêt communal: maisons communes, pagodes, voirie, etc., et surtout, et avant tout, comme je l'ai expliqué plus haut, pour relier les villages à une grande voie de communication.

Enfin, Messieurs, vous choisirez de préférence, pour les appels sur les chantiers, les époques pendant lesquelles les travaux des champs auront à peu près cessé.

Je fais appel tout particulièrement à votre zèle et à votre dévouement pour mener à bien cette partie de votre lourde tâche, de laquelle M. le Gouverneur général et moi-même attendons les plus importants résultats. — PARREAU.

3. — 23 février 1889. — ARRÊTÉ *sur les prestations en nature.*

Article premier. — Les prestations en nature dues à l'État sont fixées à quarante-huit journées de corvées par inscrit et par an (1).

Sur ces 48 journées, quatre seront réservées pour les besoins du village, les quarante-quatre autres étant attribuées aux besoins du Protectorat.

Art. 2. — Les corvées dues au Protectorat peuvent être rachetées en argent ou être fournies en nature.

Les quatre journées dues aux villages seront fournies en nature.

Art. 3. — Les inscrits qui voudront racheter leurs corvées, devront en faire la demande avant le 1er janvier de chaque année.

Art. 4. — Les prestations en nature ne peuvent être rachetées que pour l'année entière, et le prix du rachat est fixé à deux piastres soixante-quinze cents par an.

Art. 4. — La valeur des journées rachetées sera versée au trésor du Protectorat.

Dans chaque province, le tiers du montant des sommes ainsi encaissées sera attribué aux besoins généraux du Protectorat.

Le surplus pourra être employé au payement de journaliers, lorsque le nombre des corvées fournies en nature sera insuffisant pour faire exécuter les travaux nécessaires.

Art. 6. — Les résidents dresseront, chaque année, un tableau indiquant les travaux à exécuter dans chaque huyen, en les classant par ordre d'importance, et en évaluant, autant qu'il sera possible, leur valeur estimée en journées de travail.

Ils indiqueront les travaux d'art dont l'exécution devra entraîner l'achat de matériaux et l'emploi d'ouvriers spéciaux.

Art. 7. — Chaque année, il sera établi par les soins de MM. les résidents et vice-résidents, dans le premier mois, un rôle, par village, des inscrits qui auront déclaré vouloir racheter leurs corvées.

Chaque versement en numéraire, fait par un village, sera constaté dans les écritures du résident et émargé sur le rôle.

Art. 8. — Les inscrits qui auront racheté leurs prestations ne seront soumis à aucune corvée ni réquisition durant l'année entière.

Art. 9. — Il sera également établi un rôle pour les journées de corvées à faire en nature. Les journées faites seront constatées et émargées au rôle.

Art. 10. — Les prestataires ne pourront être employés que dans leur huyen; les résidents ne pourront les en faire sortir que dans les cas exceptionnels et avec l'autorisation préalable du Résident supérieur.

Art. 11. — Ils ne seront jamais repris, à moins de circonstances majeures, pendant les époques des travaux des champs et les fêtes du têt. En aucun cas, il ne pourra être exigé des corvéables un nombre de journées supérieur à celui qui a été déterminé.

Art. 12. — Le Résident général en Annam et au Tonkin est chargé de l'exécution du présent arrêté. — RICHAUD.

4. — 30 juin 1889. — ARRÊTÉ *modifiant celui du 23 février 1889, sur l'impôt des corvées* (1).

Article premier. — Le nombre des journées de corvée à fournir par inscrit et par an, est réduit à trente.

Art. 2. — Dix des trente journées exigibles seront réservées aux villages pour être employées en nature, sous le contrôle des résidents et des mandarins provinciaux, à l'amélioration des petites voies de communication, savoir: sentiers d'exploitation,

---

(1) Voir ci-après arrêté du 30 juin 1889, réduisant le nombre des journées de corvées à 30, et déterminant leur répartition.

(1) Voir ci-après la circulaire du 14 novembre 1893.

sentiers reliant chaque village aux villages voisins, chemins reliant chaque village au chef-lieu du canton, et petites digues, conformément aux prescriptions de la loi annamite. (Loi sur les Travaux; titre II, des Digues, art. 395 et 396).

Art. 3. — Les vingt autres journées seront obligatoirement rachetées au taux de 0 $ 10 cents par journée.

Art. 4. — Un rôle numérique, par village, des corvées à racheter pour l'année suivante, sera établi par les soins des résidents et vice-résidents, de concert avec les autorités provinciales, avant le 1er décembre de chaque année.

Il sera soumis à l'approbation du Résident supérieur et au visa de S. E. le Kinh-luoc.

Art. 5. — Le recouvrement en sera effectué dans la même forme et dans les mêmes délais que celui des rôles d'impôts personnel et foncier.

Art. 6. — Les deux tiers au moins du produit du rôle des corvées devront être acquittés en piastres dans les provinces de Hanoi, Nam-dinh, Hai-duong, Bac-ninh, Son-tay, Hung-yen et Ninh-binh.

Cette proportion est réduite à un tiers pour les autres provinces.

Art. 7. — Le produit des rôles de corvées sera affecté à la création de voies de communication d'intérêt général, et à l'entretien et à l'amélioration de celles existantes.

Art. 8. — Il pourra, à cet effet, être inscrit au budget des travaux publics des crédits qui n'excéderont pas, par province, le quart du montant des rôles.

Art. 9. — Les résidents et vice-résidents établiront chaque année et soumettront à l'approbation du Résident supérieur, avant le 1er juillet, le programme des travaux à entreprendre dans leur province au cours de l'année suivante.

Art. 10. — Sont et demeurent abrogées toutes les dispositions règlementaires antérieures, contraires au présent arrêté.

Toutefois l'arrêté du 23 février 1889 continuera à recevoir son application pour l'année courante.

Art. 11. — Le Résident supérieur du Tonkin est chargé de l'exécution du présent arrêté. — PIQUET.

---

5. — 6 septembre 1889. — CIRCULAIRE *au sujet de certaines dispenses de la charge des corvées* (1).

Les règlements en matière d'administration indigène dispensent de corvées tous les étudiants reçus aux examens annuels.

L'application rigoureuse de cette mesure pourrait fausser l'action du Protectorat, en laissant aux mandarins la faculté de soustraire périodiquement au paiement des corvées un certain nombre d'inscrits reçus aux examens provinciaux.

Pour obvier à ces inconvénients, j'ai décidé, d'accord avec S. E. le Kinh-luoc, de régler la question de la façon suivante :

Dans chacune des cinq grandes provinces, sur le nombre des candidats reçus aux examens, il ne pourra y en avoir plus de 500 appelés à bénéficier de la dispense de corvées.

Dans chacune des provinces de Ninh-binh et de Hung-yen, le nombre est fixé à 300.

Dans la province de Haiphong, il est fixé à 100.

Dans chacune des autres provinces il est fixé à 25.

L'exemption de corvées s'appliquera l'année qui suivra celle du concours, de manière qu'il soit tenu

compte de ces diminutions lors de la confection des rôles d'impôts. — BRIÈRE.

6. — 4 janvier 1892 — DÉCISION *déchargeant de l'impôt du rachat des corvées tous les corvéables qui ont pris part à l'établissement des routes du Delta* (1).

Je vous prie de vouloir bien transmettre mes félicitations aux mandarins qui dirigent les travaux si remarquables de construction des routes du Delta, et de témoigner aussi ma satisfaction aux populations qui accomplissent ces travaux. Informez-les en même temps, je vous prie, que tous les corvéables ayant pris part à l'établissement des routes seront exemptés de l'impôt du rachat des corvées.

Veuillez être assez bon pour prendre les mesures nécessaires afin que l'avis de ce dégrèvement soit affiché dans le plus bref délai possible dans tous les villages qui ont fourni des travailleurs pour la construction des routes. — DE LANESSAN.

7. — 14 novembre 1893. — CIRCULAIRE *prescrivant d'exonérer de la réquisition les indigènes employés dans une exploitation agricole.*

Le Syndicat des planteurs du Tonkin s'est mis en instance auprès de moi pour obtenir que les ouvriers agricoles stables de leurs concessions ne soient pas réquisitionnés.

J'ai décidé de faire droit à cette demande.

A cet effet, vous voudrez bien, lorsqu'un planteur de votre province vous présentera les certificats de présence qu'il aura délivrés à ses ouvriers, inscrire en français et en caractères, sur chacun de ces certificats, la mention : « Le porteur de la présente carte ne peut être réquisitionné tant que la carte est valable », et vous ajouterez le timbre de la résidence. Ci-inclus un modèle de carte à titre de renseignement.

Vous aurez à tenir un petit cahier d'enregistrement des cartes qui vous seront ainsi présentées.

MM. les planteurs sont invités, par moi, à vous tenir au courant des mutations qui surviendraient parmi les ouvriers munis de carte, et à vous signaler ceux d'entre-eux qui quitteraient la plantation en emportant leur carte. — RODIER.

Voy. : **Prestations;** — **Routes ;** — **Travaux publics.**

COSTUME

1. — 30 juin 1886. — ARRÊTÉ *relatif au costume des Résidents et agents des résidences, dans les pays placés sous le Protectorat de la France.*

Article premier. — Le costume des résidents et agents des résidences, dans les pays placés sous le Protectorat de la France, sera fixé de la manière suivante :

Habit en drap bleu national, boutonnant droit sur la poitrine, avec neuf boutons ;

Collet droit et parements également en drap bleu national ;

Broderies en or (dessins composés de feuilles d'olivier et de motifs d'ornements), boutons dorés et timbrés des faisceaux républicains, entourés de branches d'olivier ;

(1) Voir ci-après la circulaire du 14 novembre 1893.

(1) Lettre adressée par M. le Gouverneur général à S. E. le Kinh-luoc du Tonkin.

9

Gilet bleu ou blanc, à une rangée de boutons ;

Pantalon bleu ou blanc, aux bandes dorées de 45 millimètres de largeur;

Chapeau garni de plumes avec ganse brodée, cocarde nationale;

Épée avec poignée nacre et or, et faisceaux républicains sur l'écusson de la garde.

Art. 2. — La distinction des grades sera réglée de la manière suivante :

1º Pour les Résidents généraux : broderie au collet et sur les parements; écusson, grande broderie sur la poitrine, bouquet de poches, baguettes et bord courant autour de l'habit (de 55 millimètres de largeur), faux plis;

Chapeau à plumes blanches;

2º Pour les Résidents supérieurs: broderie au collet et sur les parements; écusson; broderie simple sur la poitrine, baguette et bord courant autour de l'habit et faux plis;

Chapeau à plumes noires;

3º Pour les résidents de 1ʳᵉ et de 2ᵉ classe: broderie au collet et sur les parements, écusson; baguette courant autour de l'habit, et faux plis;

Chapeau à plumes noires ;

4º Pour les vice-résidents: broderie au collet et sur les parements, sans écusson.

5* Pour les chanceliers de résidence: broderie au collet seulement.

Art. 3. — (*Dispositions spéciales*). Les membres du Parlement, chargés des fonctions de Résident général, ne seront pas tenus de revêtir l'uniforme, mais ils porteront leurs insignes dans les cérémonies publiques.

Les agents de la carrière diplomatique ou consulaire, remplissant des fonctions dans le service des résidences, continueront à porter l'uniforme fixé pour leur grade diplomatique ou consulaire, par l'arrêté du 15 avril 1882.

Art. 4. — Le directeur du cabinet est chargé de l'exécution du présent arrêté. — DE FREYCINET.

Voy.: **Organisation administrative.**

COUR CRIMINELLE. — Voy. : Justice ; — Franchise postale

COURS D'EAU. — Voy.: Pêcheries.

CULTE

1. — 2 septembre 1889. — CIRCULAIRE *sur l'importance des prélèvements à opérer sur la caisse provinciale pour les cérémonies rituelles.*

Dans le but d'éviter les fréquentes demandes qui vous sont adressées par l'autorité provinciale, à l'effet de prélever sur la caisse provinciale les sommes nécessaires pour les cérémonies rituelles, j'ai obtenu de S. E. le Kinh-luoc une décision règlementant ces dépenses.

Cette décision, approuvée par moi, autorise chaque grande province (Bac-ninh, Hanoi, Son-tay, Haiduong, Nam-dinh), à dépenser, par an, une somme de 1.000 ligatures, chaque province secondaire (Lang-son, Thai-nguyen, Hung-hoa, Hung-yen, Ninhbinh), une somme de 600 ligatures, et chaque petite province, y compris Hai-phong, Quang-yen, Tuyenquan, une somme de 300 ligatures.

Aucune dépense de cette nature n'est autorisée dans les provinces de Hai-ninh et Cho-bo.

Les cérémonies rituelles n'étant pas célébrées uniformément, ni aux mêmes époques, vous voudrez bien vous entendre avec les autorités provinciales pour opérer le prélèvement, soit en une fois, soit en deux ou trois fois, suivant le cas, de manière à simplifier autant que possible cette opération. — BRIÈRE.

2. — 8 juin 1889. — CIRCULAIRE *au sujet des dépenses à effectuer pour les cérémonies périodiques du culte.*

J'ai l'honneur de vous prier de me faire parvenir le plus tôt possible, pour votre province, en y comprenant le montant de la dépense de chacune d'elles, un tableau des cérémonies périodiques du culte dont les frais sont à la charge de l'administration. Lorsque cet état aura été vérifié et approuvé, vous pourrez, comme pour les autres dépenses normales et régulières, prélever sur votre caisse provinciale, les sommes nécessaires pour chaque cérémonie, sans autre formalité que l'obligation d'en rendre compte sur votre situation mensuelle des prélèvements. — BRIÈRE.

Voy.: **Administration annamite.**

D

DÉBITS DE BOISSONS

1. — 19 avril 1884. — DÉCISION *relative à l'ouverture des cafés, cabarets ou débits de boissons.*

Article premier. — Aucun café, cabaret ou débit de boissons à consommer sur place, ne peut être ouvert sans l'autorisation préalable du Général en chef.

Art. 2. — Les établissements de ce genre sont soumis à des règlements spéciaux de police, notamment en ce qui regarde le maintien de l'ordre et la vérification des marchandises mises en vente.

Art. 3. — La fermeture d'un café, cabaret ou débit de boissons, existant actuellement, ou qui serait autorisé à l'avenir, pourra être ordonnée par le Général en chef, soit après une condamnation pour un motif quelconque, soit par mesure d'ordre public.

Art. 4. — Tout individu qui ouvrira un café, cabaret ou débit de boissons à consommer sur place, sans autorisation préalable, ou contrairement à un arrêté de fermeture pris en vertu de l'article précédent, sera poursuivi devant le tribunal correctionnel de la résidence, et puni d'une amende de cinquante à mille francs, ou d'un emprisonnement de trois jours à quinze jours, ou des deux peines cumulativement.

En cas de récidive, le cumul des deux peines et le maximum seront toujours prononcés.

Art. 5. — Le directeur des affaires civiles et politiques est chargé de l'exécution de la présente décision qui sera publiée et affichée partout où besoin sera. — MILLOT.

2. — 15 octobre 1889. — ARRÊTÉ *municipal sur l'ouverture des cafés et débits à Hanoï.*

Article premier. — Aucun café, cabaret ou autre débit de boissons ne pourra être ouvert, sans que le patron de ces établissements en ait fait la déclaration préalable à la mairie.

Art. 2. — Tous les établissements prévus à l'article ci-dessus devront être fermés à une heure du matin.

Des autorisations pourront être données pour reculer les heures de fermeture. Elles le seront sur la demande du maître du café, et pour des cas particuliers. Ces autorisations seront valables pour un jour seulement.

Art. 3. — Les contraventions au présent arrêté seront déférées aux tribunaux compétents et punies des peines de simple police édictées par la loi.

Art. 4. — M. le commissaire de police est chargé, en ce qui le concerne, de l'exécution du présent arrêté. — LANDES.

Voy.: **Absinthe**; — **Fraudes en matière de ventes.**

DÉFENSE DES COLONIES

1. — 14 novembre 1889. — CIRCULAIRE *sur les mesures de défense à l'intérieur du Tonkin.*

Ainsi que j'ai eu l'honneur de vous en informer, des intructions ont été envoyées à MM. les commandants des postes militaires qui, en principe, ne doivent plus faire de sorties qu'en cas d'attaque ou de pillage opéré dans leur voisinage. Ces officiers, conformément d'ailleurs à l'article 8 du traité du 6 juin 1884, ont été invités à s'abstenir de communiquer officiellement avec les autorités annamites. Cette interdiction s'applique surtout aux demandes de renseignements statistiques adressées par les chefs des postes militaires aux conseils de notables.

Mais, comme d'autre part il importe que l'autorité militaire soit avisée de tous les événements intéressant la sécurité publique, les renseignements nécessaires lui seront fournis par MM. les résidents. Je compte sur le tact et le dévouement dont ils ont déjà donné tant de preuves, et suis persuadé qu'ils apporteront la plus grande complaisance à satisfaire sans retard les demandes qui leur seront adressées à ce sujet.

Ce n'est, en effet, qu'on nous prêtant un mutuel appui, en mettant en commun les moyens dont nous disposons, en procédant, en un mot, régulièrement et méthodiquement, que nous arriverons à rétablir l'ordre et la sécurité.

Je compte aussi sur le concours de MM. les résidents pour rechercher le moyen de substituer, pour le ravitaillement des postes en vivres et en matières, le système des marchés au système des réquisitions actuellement en vigueur, afin d'éviter, ce qui arrive fréquemment aujourd'hui, que des exactions soient commises en notre nom.

Désirant réduire le plus possible le nombre des petits postes militaires, je vous prie d'inviter MM. les résidents à signaler ceux qui pourraient être supprimés, ou bien remplacés par des postes de police. Cette mesure aurait le double avantage de faire dis-

paraître une assez lourde charge imposée aux habitants, et de procurer à nos soldats français, en les concentrant dans des garnisons importantes, des conditions d'hygiène et de confortable qu'ils ne peuvent trouver dans les petits postes.

Ces instructions, que je vous prie de porter à la connaissance des intéressés, ont pour but de mettre fin à la dualité qui existe entre les autorités civiles et les autorités militaires dans l'Administration de l'Indo-Chine. Les rapports entre ces autorités devenant plus fréquents et plus cordiaux, l'œuvre que nous poursuivons ici, qui est d'assurer l'exercice régulier de notre protectorat au moins de sacrifices possibles en hommes et en argent, se trouvera, je l'espère, facilitée. — PIQUET.

2. — 18 novembre 1889. — CIRCULAIRE *interprétative de celle du 14 novembre 1889.*

J'ai l'honneur de porter à votre connaissance la lettre ci-jointe de M. le Gouverneur général. J'appellerai votre attention sur les trois points que vise particulièrement ce document :

1º Interprétation de l'article 8 du traité du 6 juin 1884.

2º Substitution au système de réquisitions pour le ravitaillement des postes, d'un mode de transports plus régulier et plus conforme à nos pratiques administratives.

3º Étudier, de concert avec l'autorité militaire, soit par voie de suppression d'un certain nombre des postes militaires actuels, soit par voie de substitution au moyen de nos gardes civils, un groupement de nos forces moins onéreux pour nos finances, moins lourd pour la population, et, en même temps, plus favorable au bien-être de nos soldats.

L'interprétation de l'article 8 du traité a toujours soulevé de nombreuses discussions. Il m'est difficile de vous tracer des règles précises à cet égard. Il appartiendra surtout à ceux d'entre vous appelés à représenter le Gouvernement du Protectorat dans le haut pays, d'apprécier dans quelle mesure il conviendra de faire fléchir la lettre d'une rédaction peut-être trop laconique, devant des nécessités de situation et l'intérêt bien entendu du pays. Il y a là une question de tact et de saine appréciation des choses, où, à mon sens, la plus grande initiative doit vous être laissée.

Vous n'ignorez pas les récriminations sans fin auxquelles a donné lieu le système des réquisitions appliqué aux transports de l'armée. Ému de la situation, M. le Gouverneur général Constans avait tâché d'y mettre fin dès son arrivée au Tonkin, et les mesures les plus sévères avaient été prescrites, à ce sujet; malheureusement, les mêmes causes n'ont pas tardé à reproduire les mêmes effets, et nous nous sommes trouvés par la force même des choses, dans l'obligation de tolérer des abus que nous déplorons.

Aujourd'hui que la situation politique meilleure va probablement nous permettre de concentrer nos effectifs, en réduisant le nombre de nos postes, ne serait-il pas possible d'arriver à organiser le service régulier des ravitaillements entre les postes secondaires, au moyen d'un système mixte où l'exemption de corvées et de certaines charges viendrait en atténuation de la dépense des marchés passés, soit avec les autorités locales, soit avec des entrepreneurs indigènes pris dans le pays même? C'est une question que je vous laisse le soin d'étudier.

9.

Enfin, en ce qui concerne la suppression des postes militaires ou leur remplacement par des postes de gardes civils, je ne saurais trop vous recommander de ne me faire de propositions qu'en parfaite connaissance de cause. Dans le Delta proprement dit, la question est à peu près résolue; devant l'extension donnée à la garde civile et les progrès croissants de la pacification, l'accord s'est fait rapidement avec l'autorité militaire, qui ne conservera que les points dont le maintien est nécessaire à la défense générale du pays.

Il n'en est pas de même dans les provinces du Nord, où les incursions fréquentes des irréguliers chinois nous obligent à une surveillance constante; rappelez-vous que les forces militaires y resteront longtemps encore un facteur très important de notre sécurité. Aussi, toute modification dans l'assiette des postes, tout projet de suppression ou de cession à l'autorité civile, devront être soumis à une enquête contradictoire sérieuse, qui nous garantisse contre toute résolution trop hâtive. Je considérerais en effet comme très fâcheux d'être obligé de revenir sur une décision prise en pareille matière. — BRIÈRE.

3. — 25 novembre 1889. — ARRÊTÉ *prescrivant qu'aucune mesure militaire ne pourra être prise sans l'assentiment du Gouverneur général.*

Article premier. — Aucune mesure concernant les services militaires et maritimes, en dehors de celles résultant de décrets ou décisions ministérielles, ne pourra être prise à l'avenir qu'en exécution d'arrêtés du Gouverneur général, rendus sur la proposition du chef du service compétent.

Art. 2. — Le Gouverneur général a seul qualité pour correspondre avec le Département, sauf en ce qui concerne les questions techniques qui seront ultérieurement déterminées.

La correspondance télégraphique officielle avec la métropole et les autorités extérieures est exclusivement réservée au Gouverneur général.

Art. 3. — Le présent arrêté sera enregistré, communiqué et publié partout où besoin sera. — PIQUET.

4. — 27 novembre 1889. — LETTRE *du Gouverneur général au sujet de l'exécution de l'arrêté ci-dessus du 25 novembre 1889.*

J'ai l'honneur de vous adresser ampliation d'un arrêté que j'ai pris à la date du 25 novembre, en exécution d'instructions que m'a envoyées le Département le 20 du même mois. D'après ces instructions, les dispositions du décret du 27 janvier 1886, subordonnant l'autorité militaire au Gouverneur général qui dispose de la force armée, et est seul responsable de la sécurité intérieure et extérieure des pays d'Indo-Chine, sont remises en vigueur.

En laissant cette responsabilité au Gouverneur général, le département a rendu plus délicate encore la tâche des fonctionnaires qui représentent l'autorité civile dans les provinces et les arrondissements. Il importe que ces fonctionnaires en soient bien pénétrés, et apportent dans leurs relations avec les commandants militaires placés auprès d'eux, la plus grande courtoisie et le tact indispensable pour éviter tout conflit.

Dans le télégramme par lequel il m'informe des nouvelles dispositions arrêtées par le gouvernement de la métropole, le Sous-secrétaire d'État insiste d'une façon particulière sur la nécessité de cette entente cordiale entre les pouvoirs civils et militaires, à laquelle chacun doit contribuer pour sa part.

Vous voudrez bien, Monsieur le Résident supérieur, porter ces instructions à la connaissance des fonctionnaires placés sous vos ordres. — PIQUET.

5. — 12 avril 1890. — ARRÊTÉ *promulguant en Indo-Chine le décret du 3 février 1890, relatif à la défense des colonies.*

Est promulgué dans toute l'étendue de l'Indo-Chine le décret du 3 février 1890 relatif à la défense des colonies. — PIQUET.

DÉCRET *du 3 février 1890.*

Article premier. — Le Gouverneur général de l'Indo-Chine et les gouverneurs des colonies sont responsables, sous l'autorité directe du ministre chargé des colonies, de la garde et de la défense intérieure et extérieure des territoires placés sous leurs ordres.

Art. 2. — Les rapports entre les commandants des troupes et de la marine placés sous leurs ordres, continueront à être réglés par le décret du 27 janvier 1886.

Les dispositions contraires à ce décret sont et demeurent abrogées.

Art. 3. — Le Président du conseil, ministre du commerce, de l'industrie et des colonies, et le ministre de la marine sont chargés, chacun en ce qui le concerne, de l'exécution du présent décret. — CARNOT.

Voy.: **Conseil de défense;** — **Conseil du Protectorat.**

DÉFENSE DEVANT LES TRIBUNAUX. — Voy.: **Avocats-défenseurs;** — **Justice.**

DÉFENSES URGENTES

1. — 28 novembre 1884. — DÉCISION *déterminant à nouveau la nomenclature des dépenses urgentes.*

Modifiée par arrêté du 20 août 1891.

2. — 20 septembre 1889. — CIRCULAIRE *au sujet des payements à faire sur les caisses des percepteurs.*

Plusieurs d'entre vous m'ayant demandé s'ils pouvaient faire payer par leurs percepteurs les dépenses urgentes de leur province, j'ai l'honneur de vous informer que le mode de procéder à l'égard des caisses de ces agents est le même que celui qui était précédemment suivi pour les caisses de fonds d'avances.

La seule différence entre ces deux modes de comptabilité est que l'ancienne caisse de fonds d'avance était gérée sous la responsabilité du résident ou vice-résident chef de la province, tandis qu'aujourd'hui le percepteur doit compte de sa gestion à M. le payeur chef du service.

Vous pouvez donc faire payer par la caisse de votre province les dépenses urgentes de solde.

Les états devront dans ce cas porter la mention: *Payé sur la caisse du percepteur.* Ils seront établis en double expédition, dont l'une sera envoyée à la Résidence supérieure pour l'ordonnancement, tandis que l'autre restera dans la caisse du percepteur jusqu'au jour où elle y sera remplacée par un mandat régulier. — BAIÈRE.

3. — 20 décembre 1889. — CIRCULAIRE *au sujet du paiement des soldes par les percepteurs, et de la forme des états à fournir.*

La circulaire nº 39 du 20 septembre dernier, autorise les percepteurs à payer, au titre de dépenses urgentes, les états de solde, dont ils conservent en caisse une expédition jusqu'à réception du mandat de régularisation.

Or il arrive fréquemment que les duplicatas conservés ne sont pas retournés au Trésor aussitôt que la dépense est régularisée, d'où, pour ce service, un retard regrettable dans l'exécution des prescriptions de la dépêche ministérielle du 28 février 1889.

J'ai décidé qu'à l'avenir les deux expéditions des états de solde me seraient adressées, les percepteurs gardant seulement par devers eux un certificat semblable à celui dont le modèle est ci-annexé. — BAIÈRE.

Le..............................résident de..............................
certifie que l'état de solde du personnel de ....
.... pour le mois de..............................
s'élévant à la somme nette de..............................
.... a été payé ce jour sur la caisse du Percepteur.

A.............................., le.............................., 18......
Le .... résident,

NOTA: *Le présent certificat devra être conservé par le percepteur jusqu'à réception du mandat budgétaire.*

4. — 20 août 1891. — ARRÊTÉ *indiquant les dépenses à payer d'urgence avant ordonnancement, dans les postes de l'Annam et du Tonkin* (1).

Article premier. — Les dépenses à payer d'urgence, avant ordonnancement, dans les postes de l'Annam et du Tonkin, sont les suivantes :

SERVICES CIVILS

1º Salaires de coolies journaliers et employés accidentellement;

2º Indemnités aux gardes civils en marche ou accompagnant des prisonniers;

3º Menues dépenses dont le paiement ne saurait être différé ;

4º Location de jonques, de sampans d'indigènes et tout moyen de transport.

SERVICES MILITAIRES

5º Frais de traitement dans les infirmeries et ambulances.

SERVICES CIVILS ET MILITAIRES

6º Taxes à témoins ;

7º Frais de route ;

8º Solde des agents subalternes indigènes dans les postes ;

9º Solde du personnel européen dans les postes excentriques non desservis par les messageries fluviales.

Art. 2. — Sont abrogées toutes les décisions portant fixation des dépenses urgentes et antérieures au présent arrêté.

(1) Voir arrêté complémentaire du 11 mars 1892.

Art. 3. — Les Résidents supérieurs du Tonkin et de l'Annam, le Commissaire général de la marine chef des services administratifs du Protectorat de l'Annam et du Tonkin, et le Payeur chef du service de la Trésorerie sont chargés, chacun en ce qui le concerne, de l'exécution du présent arrêté. — DE LANESSAN.

5. — 11 mars 1892. — ARRÊTÉ *ajoutant deux nouvelles catégories à la nomenclature des dépenses urgentes.*

Article premier. — Sont ajoutés à l'article 1er de l'arrêté du 20 avril 1891, portant nomenclature des dépenses à payer d'urgence, les deux paragraphes suivants :

4º *bis.* — Indemnité d'entretien aux propriétaires de jumenteries et éleveurs agréés;

4º *ter.* — Prime aux propriétaires ou agréés de juments, qui les présentent à la saillie des étalons du Protectorat.

Art. 2. — Le Résident supérieur du Tonkin est chargé de l'exécution du présent arrêté. — CHAVASSIEUX.

Voy.: **Caisse provinciale;** — **Fonds d'avance;** — **Percepteurs.**

DÉPLACEMENTS. — Voy.: **Indemnités;** **Voyages.**

DÉPOTS. — Voy.: **Successions vacantes.**

DÉPOTS ET CONSIGNATIONS. — Voy.: **(Caisse des).**

DÉPOT DE FONDS. — Voy.: **Trésor.**

DIGUES

1. — 7 mars 1891. — INSTRUCTIONS *pour les travaux d'entretien des digues (Circulaire).*

L'arrêté du 5 mars courant vous accorde les crédits nécessaires pour la réfection des digues.

Je ne saurais trop insister sur l'importance que j'attache à la conservation de ces ouvrages, dont la fortune du pays dépend pour une grande part.

Vous voudrez bien, de concert avec les mandarins de votre province, veiller de très près à l'exécution rapide et soignée des travaux.

S. E. le Kinh-luoc adresse à ce sujet aux mandarins provinciaux des instructions fort sages que vous pourrez vous faire communiquer, et auxquelles je donne mon entière adhésion.

Ces instructions ne font d'ailleurs que rappeler les prescriptions de la loi annamite, basée sur une expérience séculaire, et que l'autorité indigène avait à peu près laissé tomber en désuétude depuis l'intervention française au Tonkin.

Aux termes des règlements annamites, quand une digue se rompt, les fonctionnaires du territoire sont rendus responsables d'un accident qu'ils auraient dû prévoir et prévenir; les maires et chefs de cantons sont révoqués, les tri-huyên et les tri-phu rétrogradés de trois classes, les mandarins provinciaux eux-mêmes subissant une rétrogradation d'un degré, etc. Ainsi que vous le voyez, les responsabilités encourues par les mandarins sont des plus graves; tout en conservant sur leur administration le contrôle qui vous appartient, vous devrez donc vous attacher à leur laisser l'initiative nécessaire pour contrôler eux-mêmes leurs subordonnés au moyen de fréquentes tournées qui leur permettront de s'assurer de l'exécution de leurs ordres.

Les travaux de réfection et de consolidation devront désormais commencer aussitôt après le retrait des eaux, c'est-à-dire vers le 9° mois (octobre). *Les habitants des cantons dont les champs sont protégés par une ou plusieurs digues auront seuls la charge de leur entretien.* Comme il est de leur intérêt de se mettre à l'abri de toute chance d'inondation, ces indigènes, surveillés par les autorités locales, répareront chaque année avec le plus grand soin le réseau protecteur. Les ruptures de digues deviendront ainsi plus rares. Jusqu'ici, en effet, les taxes destinées à solder les coolies employés à la réparation des digues, n'ont été payées qu'avec répugnance par les habitants, et c'est en général vers le mois de mars seulement que l'autorité indigène peut en disposer. Or, à cette époque de l'année, il est trop tard pour que les terres rapportées puissent acquérir la consistance, le tassement nécessaires pour résister à la poussée des eaux, et les parties des digues qui semblent réparées sont entraînées par les premières crues.

Les travaux de réfection devront être terminés à la date du 16 du 2° mois (fin mars).

Du 15 au 30 auront lieu les travaux de consolidation, exhaussement et élargissement des digues. Pour leur permettre de résister aux plus grandes inondations, elles seront surélevées de 0m 40, et renforcées de chaque côté par un remblai de deux mètres d'épaisseur. La terre compacte seule, à l'exclusion de terre molle, vaseuse ou sablonneuse, devra être posée et tassée avec le plus grand soin.

Je vous recommande de faire aménager la plate-forme des digues en chaussées d'une largeur uniforme de 5 mètres; tout en protégeant le pays, elles rempliront ainsi le rôle de voies de communication d'une inappréciable utilité.

Après l'achèvement des travaux, c'est-à-dire vers le 3° mois, les villages devront planter une rangée de bambous verts à quatre mètres du pied de chaque digue. Ces bambous auront pour effet d'atténuer la violence du courant, et de faciliter le dépôt des alluvions qui concourront ainsi à la consolidation des digues.

Il est évident que toutes les dispositions qui précèdent ne peuvent être entièrement suivies pour le travail actuellement en cours d'exécution, notamment en ce qui concerne la main-d'œuvre à employer; vous en tiendrez compte toutefois dans la mesure du possible. Mais à compter du 9° mois de la présente année, les instructions données aux mandarins par S. E. le Kinh-luoc devront recevoir leur entière exécution, et je vous prie d'y tenir la main. — BRIÈRE.

2. — 11 mars 1892. — ARRÊTÉ *autorisant des avances aux provinces pour l'exécution des travaux des digues.*

Article premier. — Des avances dont il sera justifié dans la forme ordinaire, pourront être faites aux résidents chefs de province, sur leur demande, pour l'exécution des travaux des digues.

Art. 2. — Le total de ces avances ne pourra pas dépasser le montant des crédits ouverts par la circulaire précitée. — CHAVASSIEUX.

DISPENSES POUR MARIAGE

1. — 12 juin 1890. — ARRÊTÉ *promulguant le décret du 20 janvier 1890, relatif au mariage des Français habitant le Tonkin.*

Article premier. — Est promulgué dans toute l'étendue des pays de Protectorat, le décret du 20 janvier 1890, relatif au mariage des Français habitant l'Annam, le Tonkin et le Cambodge.

Art. 2. — Les Résidents supérieurs en Annam et au Tonkin sont chargés, chacun en ce qui le concerne, de l'exécution du présent arrêté. — PIQUET.

Décret *du 20 janvier 1890.*

Article premier. — Le décret du 27 janvier 1883, sur le mariage des Français en Cochinchine, est applicable à tous les Français habitant l'Annam, le Tonkin et le Cambodge.

Art. 2. — Les dispenses autorisées par ledit décret seront accordées, pour les Français résidant au Cambodge, par le conseil privé de la Cochinchine.

En Annam et au Tonkin, les mêmes dispenses seront accordées par le conseil du Protectorat du Tonkin.

Art. 3. — Le Président du conseil, ministre du commerce, de l'industrie et des colonies, et le Garde des sceaux, ministre de la justice et des cultes, sont chargés, chacun en ce qui le concerne, de l'exécution du présent décret, qui sera inséré au *Journal officiel* de la République française, au *Bulletin des lois* et au *Bulletin officiel* du Sous-secrétariat d'Etat des colonies. — CARNOT.

Décret *du 27 janvier 1883.*

Article premier. — Toute personne résidant en Cochinchine qui voudra contracter mariage, sera dispensée, lorsque ses ascendants auront le domicile en dehors de la colonie, des obligations imposées par les articles 151, 152 et 153 du Code civil, relativement aux actes respectueux.

Art. 2. — Dans les cas prévus par les articles 148, 149, 150, 159 et 160 du Code civil, lorsque les ascendants ou les membres du conseil de famille résident hors de la colonie, il pourra être suppléé au consentement des ascendants, au conseil de famille ou du tuteur ad hoc, par l'autorisation du conseil privé de la colonie.

Art. 3. — Le conseil privé pourra dispenser les futurs époux, non originaires de la colonie, de la production prescrite par l'article 70 du Code civil, de leur acte de naissance, pourvu que l'identité et l'âge paraissent suffisamment établis par des pièces de toute nature, matricules, actes de notoriété ou autres, dont le conseil privé appréciera la valeur et l'authenticité.

Art. 4. — Le conseil privé pourra également, lorsqu'il résultera des pièces produites qu'il n'existe entre les futurs époux aucun empêchement provenant de la parenté ou de l'alliance, et qu'ils ne sont engagés ni l'un ni l'autre dans les liens d'un mariage antérieur, leur accorder dispense des publications auxquelles il serait nécessaire de procéder en Europe, en conformité des articles 167 et 168 du Code civil.

Art. 5. — Dans le cas où l'un des futurs époux aurait antérieurement contracté mariage, s'il est établi par les documents produits que ce mariage a été dissous par la mort de l'autre conjoint, le conseil privé pourra dispenser le conjoint survivant de la production do l'acte do décès dressé hors do la colonie.

Art. 6. — Le conseil privé devra, dans sa délibération, mentionner les pièces et motiver sa décision.

Art. 7. — Le consentement au mariage et les dispenses do publication ou de production des actes authentiques, accordés par le conseil privé, resteront annexés aux actes de mariage, pour tenir lieu des justifications exigées par le Code civil.

DOCKS. — Voy.: **Magasins généraux.**

DOMAINES (ADMINISTRATION DES). — Voy.: **Enregistrement.**

DOMAINE MILITAIRE

1. — 16 février 1889. — ARRÊTÉ *prononçant des affectations et des désaffectations d'immeubles militaires.*

Article premier. — Sont affectés aux services militaires:

1° La Citadelle;
2° Le Blockhaus nord et celui de la rive gauche;
3° La partie de la Concession située entre le fleuve Rouge et la ligne teintée en vermillon sur le plan ci-annexé;
4° Le cimetière avoisinant la concession.

Art. 2. — Sont désaffectés les immeubles ci-après désignés, actuellement occupés par les services militaires:

1° Le Camp des Lettrés;
2° La Sapèquerie;
3° La Pagode des Supplices;
4° Les Pagodes situées autour du petit Lac;
5° La partie de la Concession située en dehors des limites fixées ci-dessus.

Art. 3. — Les services militaires installés dans ces immeubles seront transférés dans la citadelle.

Art. 4. — Les immeubles ci-dessus désignés, occupés par les officiers auxquels les règlements ne confèrent pas de droit au logement, devront être remis à l'administration du Protectorat le 1er janvier 1890.

Art. 5. — Une indemnité spéciale de logement, dont le chiffre sera fixé ultérieurement et dont le payement sera supporté par le budget du Protectorat, leur sera allouée en sus de l'indemnité réglementaire.

Art. 6. — Il n'est assigné dès à présent aucune date en ce qui concerne le déplacement des services militaires; la désaffectation des immeubles occupés par eux aura lieu au fur et à mesure des exigences du développement de la ville, et seulement lorsque l'état des ressources du Protectorat aura permis d'aménager, dans l'enceinte de la citadelle, les constructions destinées à recevoir ces services.

A cet effet, il sera constitué au budget du Protectorat un fonds de dotation spécial composé du produit de la vente des immeubles désaffectés.

Art. 7. — M. le Général en chef et M. le Résident supérieur du Tonkin sont chargés, chacun en ce qui le concerne, de l'exécution du présent arrêté. RICHAUD.

DOMAINE PUBLIC

1. — 24 décembre 1884. — DÉCISION *prescrivant l'établissement de l'inventaire des biens meubles et immeubles existant au Tonkin, à la date du 1er janvier 1885, et appartenant, soit au service marine, soit au service colonial.*

Article premier. — Il sera procédé à l'établissement de l'inventaire des biens meubles et immeubles existant au Tonkin à la date du 1er janvier 1884, et appartenant, soit au service marine, soit au service colonial.

Art. 2. — MM. les chefs de service sont invités à faire préparer, dès à présent, par les comptables ou les dépositaires placés sous leur autorité, l'inventaire, pour chaque service, du matériel, denrées, drogues, matières, apparaux, machines, etc., objets mobiliers ou immobiliers à la charge de ces agents. Ce document sera établi en trois expéditions, savoir: une pour le comptable ou le dépositaire, une pour le ministre.

En ce qui concerne le matériel colonial, les inventaires devront être rédigés suivant les indications de la nomenclature, qui font suite à l'arrêté ministériel du 20 novembre 1882. (B. O., page 1117).

Art. 3. — Par exception aux dispositions de l'article 2, les dépositaires du mobilier en service seront dispensés du soin de dresser eux-mêmes les inventaires. Ils devront toutefois préparer une liste des objets qu'ils ont en charge, en se conformant, pour ce travail, aux divisions de la nomenclature reproduite sur la notice ci-jointe. Cette liste sera remise à l'officier ou à l'agent recenseur et servira, après le récolement, à l'établissement d'inventaires réguliers.

Art. 4. — L'ordonnateur déléguera des officiers du commissariat pour la constatation des existants et l'arrêté des inventaires.

Art. 5. — Les dispositions qui précèdent ne sont pas applicables aux services de l'artillerie et du génie, qui auront à dresser eux-mêmes leurs inventaires, conformément aux règlements en vigueur.

Art. 6. — Le Chef du service administratif, ordonnateur, les chefs de corps ou de services, les différents détenteurs de matériel, sont chargés, chacun en ce qui le concerne, de l'exécution de la présente décision. — BRIÈRE DE L'ISLE.

2. — 5 juin 1886. — ARRÊTÉ *réservant au Protectorat tous droits de propriété sur les terrains domaniaux de la presqu'île de Do-son* (1).

Article premier. — Le Protectorat réserve tous droits de propriété sur les terrains domaniaux de la presqu'île de Do-son.

Art. 2. — Les parcelles de terrain nécessaires aux établissements sanitaires à créer seront déterminées par le résident de Haiphong.

Art. 3. — Le résident de Haiphong fera établir le plan des parcelles qui pourraient être utilisées par les particuliers.

Art. 4. — Un lotissement sera fait et la location de chacun des lots, pour une période de vingt années, sera mise en adjudication publique en la chancellerie de la résidence de Haiphong, dans les formes prescrites par les lois et règlements.

Art. 5. — Les terrains mis en culture par les indigènes, dans le voisinage des plages utilisables pour l'installation des maisons particulières, seront

(1) Pour le mode de construction, voir ci-après, arrêté du 8 août 1893.

également mis en location dans les formes prescrites ci-dessus.

Art. 6. — Le Résident supérieur est chargé de l'exécution du présent arrêté. — PAUL BERT.

---

2. — 3 mars 1888. — CIRCULAIRE *déterminant les conditions de l'aliénation des terrains domaniaux.*

J'ai l'honneur de vous envoyer sous ce pli le cahier des clauses et conditions pour la mise en vente de terrains à Hanoi, Haiphong, et dans les principaux centres du Tonkin.

Je vous prie de vouloir vous conformer à ces dispositions pour les aliénations de cette nature auxquelles vous auriez à procéder. — RAOUL BERGER.

CAHIER DES CHARGES *pour la mise en vente des terrains urbains.*

Article premier. — Le terrain domanial figuré au plan ci-annexé, d'une superficie de
, situé dans la commune de
canton de   , province de
et borné comme suit :

Au nord,
Au sud,
A l'est,
A 'ouest,

sera mis en vente aux enchères publiques, à l'hôtel de la résidence (ou vice-résidence) de
, le (jour, mois, an et heure), sur la mise à prix de

Art. 2. — Les concurrents devront se présenter soit en personne, soit par un fondé de pouvoirs, et l'adjudicataire devra signer, séance tenante, le procès-verbal d'adjudication.

Art. 3. — Le prix de vente sera payable moitié au moment de l'adjudication et, au plus tard, dans le délai de huit jours, moitié dans un délai de six mois.

Art. 4. — Le terrain sera soumis à l'impôt foncier à partir du 1er janvier de l'année 18 (année qui suivra la vente).

Art. 5. — L'adjudicataire sera mis en possession du terrain par l'administration, mais supportera les frais de bornage et de piquetage.

Art. 6. — L'administration du Protectorat garantit l'adjudicataire contre tous troubles, évictions et revendications de toute nature qui pourraient survenir à l'occasion dudit terrain, qui ne sera grevé que des servitudes naturelles résultant de la situation des lieux.

Art. 7. — En cas de non payement dans les délais prévus à l'article 3, la vente sera résiliée de plein droit, et tous les frais qu'elle aura occasionnés resteront à la charge de l'adjudicataire ; le premier terme, s'il a déjà été versé, sera acquis à l'administration, sans préjudice des autres dommages-intérêts.

Art. 8. — L'adjudicataire devra, dans le délai d'un mois qui suivra la vente, faire enclore toutes les parties de son terrain, si des constructions en briques ne sont immédiatement commencées. (Disposition à inscrire s'il y a lieu : « *défense de construire en paillotte* »).

Art. 9. — Le titre définitif de propriété ne sera remis à l'adjudicataire, qu'après payement du prix intégral de vente.

Art. 10. — L'enregistrement en chancellerie du procès-verbal d'adjudication sera à la charge de l'adjudicataire qui supportera, en outre, tous les frais occasionnés par la vente.

---

4. — 23 février 1889. — ARRÊTÉ *règlementant le mode d'aliénation des immeubles domaniaux à Hanoi et Haiphong.*

Article premier. — Les aliénations d'immeubles domaniaux, dont la mise en vente aura été ordonnée dans les villes de Hanoi et de Haiphong, sont soumises aux clauses, charges et conditions suivantes :

Art. 2. — Lorsque la mise en vente de terrains aura été décidée par le Gouverneur général, le Résident supérieur déterminera dans un cahier des charges qui restera à la Résidence supérieure, à la disposition du public, les conditions imposées aux acquéreurs, ainsi que la mise à prix de chaque lot.

Art. 3. — Les lots compris dans la vente seront mis en adjudication au fur et à mesure des demandes d'acquisition, et sur la mise à prix fixée par le cahier des charges.

La demande de mise en vente devra contenir l'engagement de rester acquéreur si la mise à prix n'est pas couverte.

Art. 4. — Dès que la demande sera parvenue à la Résidence supérieure, un avis sera inséré au *Journal officiel* et des placards pourront être apposés, annonçant la mise en vente du lot demandé.

La vente aura lieu quinze jours au plus tôt et un mois au plus tard après l'insertion du premier avis au *Journal officiel.*

Art. 5 — La vente aura lieu aux enchères, en séance publique, par les soins d'une commission composée du résident ou vice-résident-maire, d'un délégué du trésor et d'un délégué du service des travaux publics.

Art. 6. — L'adjudication aura lieu à l'extinction des feux. Elle ne pourra être prononcée qu'après que trois feux auront été allumés et se seront éteints sans qu'il ait été fait une nouvelle enchère.

S'il ne se produit aucune enchère sur le prix offert par la personne qui aura fait la demande d'acquisition prévue à l'article 4, l'adjudication sera prononcée de droit à son profit.

Art. 7. — Les personnes notoirement insolvables ne pourront prendre part à l'adjudication.

Art. 8. — Le montant des enchères sera déterminé par l'administration d'après la valeur du lot mis en vente.

Art. 9. — Toute personne se présentant pour autrui devra justifier :

1o D'une procuration régulière qui sera déposée sur le bureau, après avoir été certifiée par le mandataire ;

2o De la solvabilité du mandant.

Art. 10. — L'adjudicataire sera tenu de faire, dans l'acte d'adjudication, élection de domicile, soit à Hanoi, soit à Haiphong, suivant la situation des terrains dont l'aliénation sera sollicitée.

Faute par lui de faire cette élection de domicile, tous actes postérieurs lui seront valablement signifiés à la mairie.

Art. 11. — Tout acquéreur est censé bien connaître l'immeuble dont il sera devenu propriétaire ; il le prendra dans l'état où il se trouve au jour de la vente, sans pouvoir prétendre à aucune garantie ou à aucune diminution de prix pour dégradations, réparations ou erreurs dans la désignation.

Les ventes seront faites sans garantie de mesure et consistance, sur la désignation des tenants et aboutissants du terrain vendu, dont la consistance sera préalablement marquée par les potaux indicateurs, et il ne pourra être exercé aucun recours en indemnité, réduction ou augmentation de prix, quelle que soit la différence en plus ou en moins dans les mesures et consistances.

Il y aura lieu à résiliation si l'on a compris dans la vente un bien ou portion de bien non susceptible d'être vendu.

Les résiliations de vente ne donneront lieu à aucune demande en indemnités ou dommages-intérêts, soit envers le Protectorat, soit envers l'acquéreur, sauf dans le cas où il y aura eu dégradation ou amélioration.

Art. 12. — Les immeubles aliénés seront soumis, à partir du 1er janvier de l'année qui suivra la vente, alors même qu'aucune construction n'y aurait été élevée, aux impôts, contributions et autres redevances quelconques existant actuellement ou qui seront ultérieurement établi

Art. 13. — L'acquéreur deviendra propriétaire par le seul fait de la vente, mais la propriété ne se fixera irrévocablement sur sa tête qu'après l'accomplissement des conditions qui lui sont imposées par le présent arrêté, et des obligations particulières qu'il se sera engagé à remplir.

Art. 14. — L'acquéreur ne pourra aliéner tout ou partie de ses droits avant d'avoir effectué le versement intégral du prix de vente du lot à lui adjugé.

Art. 15. — En cas de retard dans le payement du prix de vente, d'Administration a le droit de poursuivre l'acquéreur par toutes voies de contrainte administrative et par toutes autres voies légales.

La déchéance peut être prononcée contre l'acquéreur en retard de se libérer, qui n'aura pas satisfait à la contrainte dans les quinze jours de sa date.

La déchéance est prononcée sur la proposition du Résident général par le Gouverneur général.

Art. 16. — L'acquéreur déchu sera tenu de payer par forme de dommages-intérêts, une amende égale à 1/10e du prix de vente s'il n'a encore fait aucun payement, à 1/20e s'il a payé une partie du prix de vente.

———

5. — 8 août 1893. — ARRÊTÉ *modifiant, quant à la construction, les conditions imposées aux concessionnaires des terrains de Do-son.*

Article premier. — Les constructions définitives que les concessionnaires de Do-son devront faire édifier, seront en maçonnerie avec couverture métallique, ou couverture en tuiles ou en paillottes, à leur choix.

Art. 2. — Toute disposition contraire est abrogée.

Art. 3. — Le Résident supérieur du Tonkin est chargé de l'exécution du présent arrêté. — DE LANESSAN.

———

DOMESTIQUES. — VOY.: **Ouvriers et domestiques**; — **Livrets de domestiques.**

———

DOUANES

1. — 10 décembre 1883. — DÉCISION *autorisant les destinataires de marchandises expédiées à Hanoi, à les faire plomber et sceller à Haiphong, et à n'acquitter les droits de douane qu'à leur réception à Hanoi.*

Article premier. — Provisoirement, les marchandises à destination de Hanoi, pourront, sur la demande expresse des destinataires, être plombées ou scellées à Haiphong, et acquitter les droits de douane à leur arrivée à destination.

Art. 2. — Le prix de chacun des sceaux ou plombs

nécessaires pour assurer la fermeture des caisses est fixé à cinquante centimes (1).

Art. 3. — Le secrétaire général des affaires civiles est chargé de l'exécution de la présente décision, qui sera publiée partout où besoin sera. — HARMAND.

———

2. — 6 septembre 1883. — DÉCISION *plaçant le service des douanes sous la surveillance immédiate des Residents dans les provinces, et ordonnant sa centralisation entre les mains du Secrétaire général à Hanoi.*

Jusqu'à nouvel ordre, et jusqu'à la réorganisation de la douane qui résultera des conférences diplomatiques dont l'ouverture va avoir lieu prochainement à Hué, le service des douanes est placé, dans chaque province, sous la surveillance immédiate des résidents, et centralisé entre les mains du Secrétaire général à Hanoi. — HARMAND.

———

3. — 2 février 1884. — DÉCISION *autorisant le payement en barres d'argent et en ligatures, des taxes à percevoir à la douane de Son-tay, et fixant le taux de cette monnaie (2).*

———

4. — 31 mai 1884. — DÉCISION *relative au serment à prêter par les agents du service des douanes.*

Modifiée par décret du 15 septembre 1894, publié ci-après.

———

5. — 25 décembre 1884. — DÉCISION *ouvrant le port de Tourane au commerce et y créant un poste de douane.*

Article premier. — Le port de Tourane sera ouvert effectivement au commerce étranger à partir du 1er janvier 1885, dans les conditions prévues par la décision en date du 27 octobre dernier.

Art. 2. — Il est créé, au port de Tourane, un bureau de douanes relevant de l'autorité française et placé sous la direction du chef du service des douanes de l'Annam et du Tonkin.

Art. 3. — Le personnel du bureau des douanes, à Tourane, comprendra:

Un chef de bureau;

Trois préposés français;

Quatre surveillants indigènes, dont l'un faisant fonctions d'interprète pour la langue annamite;

Un interprète chinois;

Un patron et trois matelots indigènes.

L'un des deux interprètes fera l'office de sonneur de piastres au guichet.

Art. 4. — Le Directeur des affaires civiles et politiques au Tonkin, et le Chef p. i. du service des Douanes sont chargés, chacun en ce qui le concerne, de l'exécution de la présente décision. — G. LEMAIRE.

———

6. — 2 avril 1885. — LETTRE MINISTÉRIELLE *portant approbation d'un projet de règlement sur la police commerciale et le service des douanes (3).*

Par une lettre du 6 novembre dernier, vous m'avez informé que vous aviez revêtu de votre approbation

———

(1) Voir ci-après arrêté du 13 décembre 1887, réduisant le prix des plombs de 10 centimes.

(2) Le bureau des douanes de Sontay ayant été supprimé, cet arrêté cesse d'être en vigueur.

(3) La décision visée par cette lettre est celle du 27 octobre 1884, que les lecteurs trouveront au mot *Ports de commerce*, dont elle réglemente la police.

un projet de décision portant règlement sur la police commerciale et le service des douanes.

Vous avez fait ressortir, à ce sujet, la nécessité qui s'imposait de mettre fin le plus tôt possible à une situation des plus difficiles entre les douanes et le commerce de Haïphong, par suite de l'absence de toute règle définie.

J'ai l'honneur de vous faire connaître que j'approuve la mesure que vous avez prise. — F. FAURE.

7. — 17 août 1885. — DÉCISION *modifiant la solde et accessoires de solde des agents indigènes du service des douanes.*

Rapportée par arrêté du 11 août 1886.

8. — 30 septembre 1885. — DÉCISION *fixant la composition et la rétribution des équipages des jonques de mer du service de la douane.*

Modifiée par arrêté du 10 janvier 1888.

9. — 5 octobre 1885. — DÉCISION *fixant un costume spécial pour les fonctionnaires et employés des douanes de l'Annam et du Tonkin* (1).

Article premier. — À compter du 1er janvier 1886, les fonctionnaires et employés des douanes de l'Annam et du Tonkin porteront un costume spécial.

Art. 2. — Ce costume sera, pour les fonctionnaires et employés de l'administration métropolitaine détachés dans le service local, celui qui est déterminé par les règlements en vigueur en France.

Ils seront autorisés, toutefois, à lui substituer la tenue d'été et la petite tenue d'hiver décrites ci-après pour les fonctionnaires et employés du cadre local.

Art. 3. — Les fonctionnaires et employés du cadre local porteront : pantalon bleu en drap ou molleton commun, à bande rouge d'une largeur de six centimètres, veston croisé bleu, en drap ou molleton commun, à boutons argentés portant l'indication : « Douanes du Tonkin », képi en drap vert, à turban bleu portant, sur le devant, le mot « Douanes ».

La tenue d'été comportera le pantalon et le veston blanc, avec boutons d'uniforme, les insignes de grade appliqués sur fond de drap vert et mobiles ; le casque blanc sera substitué au képi, la ganse portant également l'indication « Douanes ».

Art. 4. — Les insignes des fonctionnaires et employés du cadre local des Douanes seront les suivants : inspecteur et sous-inspecteur, quatre galons d'argent, plats, faisant le tour du poignet et du képi.

Capitaine, trois galons de même.

Lieutenant, deux galons de même.

Brigadier, trois galons d'argent à lézardes et posés diagonalement sur la manche, un galon d'argent au turban du képi ; sous-brigadier, deux galons de même sur la manche ; surveillant ou préposé de toute classe, un galon de même. — COUNCY.

10. — 10 décembre 1885. — ARRÊTÉ *modifiant les dispositions de l'art. 34 de l'arrêté local du 25 octobre 1884.*

Modifié par l'art. 16 de l'arrêté du 11 août 1886.

(1) Voir ci-après l'arrêté du 30 janvier 1889.

11. — 11 août 1886. — ARRÊTÉ *reorganisant le service des douanes.*

Article premier. — Le personnel des douanes est divisé en deux cadres distincts :

Le cadre de direction ou du service intérieur, chargé de la liquidation des droits, de la comptabilité, du contentieux et en général de toutes les opérations de bureau.

Le cadre d'exécution ou des services extérieurs, chargé de la police des ports, de l'examen des marchandises en général, et de toutes les opérations de surveillance.

Art. 2. — À la tête du personnel est placé un chef de service portant le titre de directeur.

Art. 3. — Le cadre du service intérieur comprend des inspecteurs, des sous-inspecteurs, des secrétaires.

Les inspecteurs et sous-inspecteurs sont divisés en deux classes, les secrétaires en quatre.

C'est parmi ces fonctionnaires que doivent être pris les chefs de poste.

Art. 4. — Le cadre du service extérieur comprend des examineurs, des patrons de jonque, des préposés.

En outre, il y aura, dans le port de Haïphong, un capitaine de port, un lieutenant et un agent.

Les patrons de jonque sont divisés en deux classes, les examineurs en quatre, et les préposés en trois.

Art. 5. — Le personnel indigène est composé de quatre classes de commis-interprètes, de trois classes de matelots et plantons.

Ces agents peuvent être employés indifféremment dans le service intérieur et dans le service extérieur.

Art. 6. — Nul ne peut être nommé agent des douanes, s'il n'est Français, âgé de plus de vingt ans et n'a accompli ses obligations vis-à-vis du service militaire (1).

Art. 7. — Le directeur est nommé par le ministre des affaires étrangères.

Les agents français sont nommés par le Résident général sur la proposition du directeur (2).

Les agents indigènes sont nommés par ce dernier (3).

La promotion d'une classe à l'autre dans un même grade peut avoir lieu au choix après un an de service dans cette classe. Elle est de droit après deux ans de service pour les patrons et les préposés, et après trois ans pour les secrétaires et les examineurs.

Art. 8. — La promotion d'un grade à l'autre ne peut avoir lieu qu'au choix. Elle ne pourra être faite qu'après deux années d'exercice dans le grade inférieur.

Art. 9. — À titre exceptionnel, des agents du service extérieur pourront passer dans le service intérieur, et réciproquement, sur rapport motivé du directeur.

Art. 10. — Tout manquement à la discipline sera puni, selon la gravité des faits : d'un avertissement verbal, d'un blâme inscrit au registre d'ordre, d'une suspension de traitement, de la révocation.

Les deux premières peines seront prononcées par le directeur ; les deux dernières par le Résident général, sur la proposition du directeur, sauf pour les agents indigènes que peut révoquer ce haut fonctionnaire.

(1) Voir plus loin arrêté du 9 août 1887 : nul ne peut être nommé préposé des douanes qu'après un stage préalable de six mois.
(2) Voir ci-après arrêté du 12 avril 1891, astreignant à un examen les candidats au grade de commis des douanes, et pour le service des régies, V° Opium, les conditions d'admissibilité fixées par l'arrêté du 8 juin 1893.
(3) Voir ci-après l'arrêté du 6 juin 1888, autorisant le sous-directeur des douanes de l'Annam et du Tonkin à nommer les agents indigènes ayant une solde inférieure à 1.000 francs.

La révocation des inspecteurs et sous-inspecteurs ne peut être prononcée qu'après avis d'une commission supérieure d'administration dont la composition sera ultérieurement déterminée.

Art. 11. — Le traitement des fonctionnaires et agents des douanes est fixé conformément au tableau ci-annexé (1).

Art. 12. — Tout agent qui justifiera de la connaissance suffisante, pour les besoins du service, d'une des langues anglaise ou allemande, jouira d'une allocation annuelle supplémentaire de 400 francs. Les deux allocations pourront se cumuler.

Art. 13. — Tout secrétaire faisant fonctions de chef de poste recevra une indemnité annuelle de 1,000 francs pour frais de service.

Art. 14. — Les dispositions des arrêtés des 3 mai 1886, sur les congés, et 28 juillet 1886, sur les retraites et soldes indemnitaires, sont applicables aux agents du service des douanes.

Art. 15. — Pour le règlement des frais de voyage, d'hôpital, etc., le personnel des douanes est assimilé à celui des résidences.

Art. 16. — (2)

Art. 17. — Un laboratoire et une collection contenant les matières et produits d'importation et d'exportation, destinés à l'instruction du personnel, seront établis à Haïphong.

Art. 18. — Sont annulées toutes dispositions antérieures contraires au présent arrêté. — PAUL BERT.

TRAITEMENT *du personnel des Douanes* (3)

12. — 17 octobre 1886. — ARRÊTÉ *réglementant le service des douanes dans les ports de l'Annam et du Tonkin.*

Article premier. — Dès l'arrivée d'un navire ou d'une jonque dans un port, la douane doit placer à son bord un agent chargé de surveiller le débarquement et empêcher qu'il soit rien mis à terre sans permis (4).

Aussitôt après la réception de la note transmise par la Résidence, le bateau étant considéré comme régulièrement entré, le chef de la douane délivre le permis d'ouvrir la cale. Si, avant d'avoir reçu ce permis de débarquer, le capitaine avait ouvert sa cale et commencé à décharger, il pourrait être condamné à une amende de 100 à 2,500 francs, et les marchandises débarquées pourront être saisies et vendues au profit de la caisse des douanes.

Art. 2. — Avant de débarquer ou d'embarquer les marchandises sujettes ou non aux droits, les capitaines ainsi que les propriétaires et consignataires doivent les déclarer au bureau de douane de la localité, et obtenir de celui-ci un permis d'embarquement ou de débarquement, suivant le cas.

Toute marchandise introduite ou exportée en fraude des droits, sur le territoire de l'Annam et du Tonkin, quelles que soient sa valeur et sa nature, tout produit prohibé embarqué ou embarqué frauduleusement, seront saisis et confisqués; de plus des amendes seront prononcées contre les délinquants et proportionnées à l'importance de la fraude. Elles

ne pourront être inférieures au double des taxes que le fraudeur à voulu éviter, ni supérieures au décuple de ces taxes, en totalité.

Art. 3. — Les bâtiments de guerre de toute nationalité, entrant dans un des ports du Tonkin ou de l'Annam, sont exempts de tous droits, *s'ils ne débarquent ou n'embarquent aucun article destiné au commerce*; ces navires seront tenus, d'ailleurs, de se conformer aux règlements institués pour la police de la rade et du port. Ils pourront s'y procurer les divers objets de rechange et de ravitaillement dont ils auraient besoin, et s'ils ont fait des avaries, les réparer et acheter, dans ce but, les matériaux nécessaires, le tout en franchise de droits de douane.

Il en sera de même à l'égard des navires de commerce qui, par suite d'avaries majeures, seraient contraints de chercher refuge dans un port quelconque de l'Annam et du Tonkin, mais ces navires ne devront y séjourner que momentanément, et aussitôt que la cause de leur relâche aura cessé, ils devront appareiller, sans pouvoir y prolonger leur séjour ni commercer, à moins qu'ils ne se trouvent dans l'un des ports ouverts, auquel cas, ils rentreront dans le droit commun à partir du moment où ils auraient dû quitter le port.

Art. 4. — Le gouvernement du Protectorat peut interdire l'accès des ports de l'Annam et du Tonkin aux navires connus pour se livrer habituellement à la contrebande, et aux individus qui les montent.

Aussitôt l'apuration de leurs comptes, ces navires seront contraints de quitter le port.

Il suffit de trois contraventions dûment constatées dans le cours d'une année pour constituer la notoriété du fait de contrebande habituelle, et justifier l'application des dispositions contenues au présent article.

Art. 5. — Le capitaine est responsable de l'exactitude du manifeste. Ce document doit indiquer les marques et numéros, le nombre de colis, et autant que possible leur contenu. La présentation d'un faux manifeste rend le capitaine passible d'une amende de 50 à 3,000 francs; toutefois, si la bonne foi est reconnue et si les erreurs contenues dans le manifeste sont rectifiées dans les 24 heures qui suivent la remise du document en question à la douane, le capitaine est exonéré de toute pénalité.

Art. 6. — (1) Le dépôt du manifeste des marchandises, par le capitaine ou l'agent du navire, ne dispense pas le négociant importateur ou exportateur, qu'il soit propriétaire, consignataire ou intermédiaire à un titre quelconque, de déclarer lui-même les marchandises qu'il embarque sous sa responsabilité propre. Il doit en remettre la note détaillée au chef de la douane, et réclamer de celui-ci un permis d'embarquer ou de débarquer. Le permis est délivré après vérification des marchandises. Le commerçant assiste ou est représenté à la vérification par une personne accréditée, dont les dires et déclarations l'engagent comme s'il agissait lui-même.

La vérification a lieu dans un endroit déterminé et approprié en raison de la nature de la marchandise, et les agents des douanes ont la faculté d'ouvrir les caisses, futailles, balles ou colis et d'en demander la pesée ou la mesure à l'effet de vérifier l'exactitude des déclarations portées au permis.

Les investigations les plus minutieuses sont permises aux agents des douanes quand ils croient à un

(1) La solde du personnel indigène des douanes se trouve actuellement déterminée par l'arrêté du 11 juin 1892.
(2) La répartition des prises et produits des saisies a été modifiée par arrêté du 11 novembre 1890.
(3) Le traitement du personnel du service des douanes a été unifié par arrêté du 10 janvier 1888, publié plus loin.
(4) Voir les attributions directes données à l'agent du service des Douanes à Hone-cohé par arrêté du 30 avril 1892.

(1) Voir les attributions directes données à l'agent du service des Douanes à Hone-cohé par arrêté du 30 avril 1892.

cas de fraude, mais elles ne doivent pas ordinairement dégénérer en exigences vexatoires, nuisibles aux affaires ou destructives de la marchandise.

Au cas où la déclaration ne serait pas conforme aux marques et numéros des colis, au nombre, au poids, à la valeur et à la qualité des marchandises embarquées ou débarquées, le chef de poste décidera si les différences constatées par le service ont une importance suffisante pour qu'il verbalise. Si elles ne témoignent d'aucune intention frauduleuse et ne sont pas de nature à léser visiblement le trésor, la déclaration est simplement rectifiée ou amendée, mais, dans le cas où la fraude est évidente, la marchandise est tout d'abord et provisoirement saisie, le Directeur seul devant décider s'il y a lieu de la confisquer et de la vendre au profit de la caisse des douanes.

Art. 7 (1). — Aucun transbordement direct de bord ne peut être effectué sans un *permis de transborder*, à moins toutefois d'accidents et d'avaries ou de tout autre cas urgent que les capitaines sont tenus de déclarer le plus vite possible. Tout transbordement clandestin ou non autorisé, sauf l'exception qui précède, sera considéré comme un débarquement clandestin et entraînera la confiscation de la marchandise. De plus, chacun des capitaines en contravention sera passible d'une amende de 500 à 1,000 francs.

Art. 8. — Un manifeste des passagers est aussi déposé par le capitaine qui veille à ce que les individus de race asiatique soumis à l'impôt de capitation ne débarquent pas sans autorisation de la douane.

Les passagers déclarent eux-mêmes les objets soumis aux droits qui peuvent être contenus dans leurs bagages.

Art. 9. — Le lieu de débarquement, soit pour les passagers, soit pour les marchandises, étant toujours indiqué au capitaine par l'administration du port, d'accord avec la douane, il est interdit de débarquer en dehors des limites du port, avant le lever et après le coucher du soleil. Seuls, les passagers européens ont le droit de débarquer la nuit.

Toute contravention à cette prescription sera punie d'une amende de 500 à 1,000 francs à la charge du capitaine. Quand il s'agira de marchandise, celle-ci sera saisie, et si la contrebande introduite était de l'opium, l'amende ne pourrait être moindre que le décuple du droit.

Art. 10. — Le service des douanes est autorisé à préempter pour le compte de l'État les marchandises soumises aux droits *ad valorem* qui paraîtront faussement déclarées. La majoration du prix déclaré sera de 10 %, de sorte que l'État deviendra propriétaire de la marchandise en payant au contribuable le prix qu'il déclare, plus 10 %.

Art. 11. — Les réductions de droits pour cause d'avaries prévues par le dernier paragraphe de l'article 17 du traité de commerce, ne sont applicables, dans aucun cas, aux marchandises d'exportation. Pour l'importation, ces réductions ne peuvent être accordées qu'autant que l'avarie aura lieu au cours du transport et résultera d'un événement de mer régulièrement établi par les papiers de bord et la déclaration du capitaine.

Art. 12. — Dans les ports où n'existe pas un entrepôt réel géré par la douane elle-même, l'administration des douanes est autorisée à accorder, moyennant certaines garanties morales et pécu-

niaires, la faculté d'entrepôt à domicile. Le règlement général de l'administration des douanes métropolitaines déterminant les conditions dans lesquelles cette faculté peut être concédée, sera consulté à cette occasion et ses prescriptions observées.

Art. 13. — Les droits de tonnage sont ainsi fixés :

2 francs par trimestre pour les navires français ou indigènes ;
4 —   —   étrangers.

Les navires qui, dès leur entrée, avisent les douanes de leur intention de ne pas payer les droits de tonnage à l'abonnement payent :

Les navires étrangers, 1 franc par tonne et par voyage ;
—   français, 50 centimes

Les navires qui n'ouvrent pas leur cale et qui ne font aucune transaction commerciale, ne payent aucun droit de tonnage, pourvu qu'ils quittent le port dans les 48 heures. Après ce temps ils sont passibles des droits.

Art. 14. — Pour tous les cas non prévus et précisés par la présente décision, le service des douanes du Protectorat de l'Annam et du Tonkin se conformera aux prescriptions du règlement de l'administration des douanes françaises, et aux instructions générales du ministère des finances qui se rapportent à la perception.

Les bureaux de la douane dans les ports de l'Annam et du Tonkin, pour l'expédition des affaires, seront ouverts tous les jours, dimanches et jours fériés exceptés, de 7 à 10 heures du matin et de 2 à 5 heures du soir en été, et de 9 heures à midi et 1 heure à 4 heures en hiver. Des autorisations spéciales moyennant paiement peuvent, en outre, être accordées pour procéder aux opérations les dimanches et jours fériés, ainsi qu'aux heures où elles sont ordinairement interdites.

Art. 15. — (1).

Art. 16. — Les taxes à percevoir à l'entrée et à la sortie des marchandises sur le territoire de l'Annam et du Tonkin restent provisoirement déterminées par les tarifs en vigueur. — PAUL BERT.

13. — 13 décembre 1886. — *Arrêté soumettant aux droits d'exportation, les produits indigènes transportés en cabotage d'un point à un autre de la côte de l'Annam et du Tonkin*

14. — 27 mai 1887. — ARRÊTÉ *fixant les droits de douane sur les marchandises importées et exportées.*

Article premier. — Les marchandises d'origine étrangère, importées en Annam et au Tonkin, sont soumises aux droits spécifiés dans le tableau *A*, annexé au présent arrêté.

Les marchandises d'origine française sont exemptes des droits d'importation.

Art. 2. — Les marchandises exportées de l'Annam et du Tonkin sont soumises aux droits énumérés dans le tableau *B*, annexé au présent arrêté (2).

Ces droits sont réduits de moitié pour les marchandises exportées en droiture à destination de la France ou de ses colonies.

---

(1) Voir les attributions directes données à l'agent du service des douanes de Hong-cohé par arrêté du 30 avril 1892.

(1) La répartition des amendes et confiscations a été fixée définitivement par arrêté du 11 novembre 1890, publié ci-après ; l'administration du fonds commun est régie par l'arrêté du 9 janvier 1894.
(2) Les tableaux A et B visés par les articles 1 et 2 n'ont pas été publiés dans le Moniteur du Protectorat.
Cet arrêté se trouve d'ailleurs modifié par les tarifs annexés au décret du 15 juin 1889 et à l'arrêté du 6 juillet suivant, publiés ci-après.

Art. 3. — Un droit de statistique est dû sur les marchandises importées, quelles que soient leur provenance ou leur destination.

Il est perçu à raison de : 0 fr. 10 par colis sur les marchandises en futailles, caisses, sacs ou autres emballages ;

0 fr. 10 par mille kilos ou par mètre cube sur les marchandises en vrac ;

0 fr. 10 par tête sur les animaux vivants ou abattus des espèces chevaline, bovine, ovine, caprine et porcine.

Art. 4. — Le Directeur des douanes est chargé de l'exécution du présent arrêté, qui sera applicable le premier juin dans les ports de Haïphong, Hanoï, Phat-diem et Nam-dinh, et dans les autres bureaux de douanes dès qu'il y aura été notifié par voie d'affiches. — G. BIHOURD.

15. — 9 août 1887. — ARRÊTÉ *établissant un droit de magasinage sur les marchandises présentées en douane et non enlevées dans les délais fixés.*

Article premier. — Toute marchandise présentée en douane doit être enlevée des magasins de visite vingt-quatre heures au plus tard après la vérification.

Art. 2. — Les marchandises qui n'auront pas été enlevées dans ce délai seront soumises aux droits de magasinage ci-après :

1° Colis pesant moins d'une tonne ou cubant moins d'un mètre :

1re journée	0 fr. 20
2e journée	0 15
Au delà de 2 jours, par jour	0 10

2° Colis pesant une tonne ou plus et cubant un mètre ou plus :

1re journée	1 fr. 00
2e journée	0 75
Au delà de 2 jours, par jour	0 50

Art. 3. — Le directeur des douanes est chargé de l'exécution du présent arrêté. — G. BIHOURD.

16. — 9 août 1887. — ARRÊTÉ *prescrivant un stage de six mois aux candidats à l'emploi de préposé des douanes* (1).

Article premier. — Nul ne peut être nommé préposé des douanes qu'après un stage préalable de six mois au moins comme préposé auxiliaire.

Art. 2. — Les préposés auxiliaires reçoivent une solde annuelle de deux mille quatre cents francs (2.400 fr.).

Ils ont droit aux vivres, à l'indemnité de logement et aux frais de déplacement dans les mêmes conditions que le personnel titulaire, mais ils ne peuvent être mis en congé.

Art. 3. — Le directeur des douanes est chargé de l'exécution du présent arrêté. — G. BIHOURD.

17. — 8 septembre 1887. — DÉCRET *sur les modifications au tarif des douanes appliqué en Indo-Chine* (1).

Article premier. — Le tarif général des douanes de France est appliqué dans la Cochinchine française

(1) Voir arrêté du 1er janvier 1894, créant les commis surnuméraires et les préposés auxiliaires.

(1) Ce décret d'une application constante, surtout en ce qui concerne le transit du décret, n'ayant été publié dans aucun recueil officiel du Protectorat, nous avons cru utile d'en mettre le texte à la disposition des lecteurs.

et dans les pays protégés du Tonkin, de l'Annam et du Cambodge, avec les modifications suivantes.

Art. 2. — Les taxes applicables sont celles inscrites dans la colonne du tarif général qui a pour titre : Produits d'origine extra-européenne importés directement d'un pays hors d'Europe, sauf en ce qui concerne les marchandises énumérées au tableau annexé au présent décret et soumises à des droits spéciaux (1).

Art. 3. — Les marchandises importées de France, d'Algérie et des colonies françaises, soumises au tarif général des douanes dans les conditions analogues à celles adoptées pour l'Indo-Chine, ne sont assujetties à aucune taxe, à la condition d'avoir été transportées directement et par un même navire des ports d'embarquement en France et en Algérie ou dans les colonies, jusqu'à un port en Indo-Chine.

Des décrets du Président de la République, rendus après avis du conseil d'État, détermineront les colonies assimilées à la métropole au point de vue des introductions en Indo-Chine.

Art. 4. — Les marchandises importées d'une colonie française non soumise au tarif général des douanes, ne sont assujetties à aucune taxe aux conditions suivantes :

1° D'avoir été transportées directement et par un même navire des ports d'embarquement dans la colonie jusqu'à un port en Indo-Chine.

2° D'être accompagnées d'un certificat délivré par les autorités coloniales dans les formes prescrites pour l'expédition des mêmes produits en France, et attestant que la marchandise est originaire de la colonie.

Art. 5. — Dans les cas prévus aux articles 3 et 4, le transport est considéré comme effectué par le même navire, si la marchandise est transbordée d'un navire à vapeur sur un autre navire à vapeur appartenant à une même ligne à services réguliers.

Art. 6. — Les produits spéciaux taxés à un taux supérieur à celui du tarif général, payent intégralement les droits prévus par le tarif spécial, déduction faite des droits qu'ils ont acquittés en France, en Algérie ou dans les colonies assimilées.

Art. 7. — Les produits étrangers sortant des entrepôts de la métropole, de l'Algérie ou des colonies, sont considérés comme importés de l'étranger.

Art. 8. — Il est accordé une détaxe de 80 0/0 sur les droits d'importation pour les marchandises étrangères transitant à travers l'Indo-Chine française. Le mode de perception des droits de transit est réglé par arrêté du Résident général, en ce qui concerne l'Annam et le Tonkin, et par arrêté pris par le Gouverneur de Cochinchine de concert avec le Résident général au Cambodge, en ce qui concerne la Cochinchine et le Cambodge.

Art. 9. — Les produits étrangers débarquant à Saïgon, à Quinhone, à Tourane, à Haïphong, à Quang-yen et à Hone-gay, peuvent être admis au bénéfice de l'entrepôt fictif dans les locaux agréés par la douane.

Les mouvements dans les entrepôts ne sont autorisés que pour les quantités d'une même marchandise comportant un droit minimum de 150 francs à l'entrée ou de 50 francs à la sortie.

Des arrêtés du Gouverneur ou du Résident général, suivant le cas, déterminent les garanties à exiger des entrepositaires. La durée de l'entrepôt fictif ne peut excéder une année.

Des entrepôts réels peuvent être établis par l'administration locale. Il sera pourvu à leur

(1) Ce tableau a été modifié par décret du 9 mai 1889, publié ci-après.

réglementation par des décrets ultérieurs, et provisoirement par des arrêtés du Gouverneur ou du Résident général.

Art. 10. — Le ministre des affaires étrangères et le ministre de la marine et des colonies sont chargés, chacun en ce qui le concerne, de l'exécution du présent décret qui sera inséré au *Bulletin des lois*, au *Bulletin officiel* de l'administration des colonies, et aux *Journaux officiels* de la métropole et des colonies et Protectorats. — JULES GRÉVY.

18. — 13 septembre 1887. — ARRÊTÉ *fixant le prix des plombs apposés par le service des douanes.*

Article premier. — Le prix des plombs apposés par le service des douanes en vertu des règlements, est fixé uniformément à dix centimes.

Ce prix comprend la fourniture de la matière première et des cordes et ficelles ainsi que les frais d'apposition des plombs.

Art. 2. — Le directeur des douanes est chargé de l'exécution du présent arrêté. — RAOUL BERGER.

19. — 10 janvier 1888. — ARRÊTÉ *uniflant les soldes du personnel des douanes.*

Article premier. — Le personnel du service des douanes de l'Annam et du Tonkin est rétribué, à partir du 1er janvier 1888, conformément au tableau ci-annexé.

Art. 2. — Toutes les dispositions contraires au présent arrêté sont et demeurent abrogées.

DISPOSITION TRANSITOIRE

Art. 3. — Les agents en service dans toute l'Indo-Chine conserveront pendant trois mois, à compter du 1er janvier 1888, les soldes dont ils jouissent actuellement (1).

Art. 4. — Le Secrétaire général du Gouvernement de l'Indo-Chine est chargé de l'exécution du présent arrêté, qui sera notifié, enregistré et publié partout où besoin sera. — CONSTANS.

GRADES ET EMPLOIS	SOLDE ANCIENNE DÉGAGÉE de tous accessoires	ALLOCATIONS NOUVELLES		
		SOLDE d'Europe	SOLDE coloniale	FRAIS de service (2)
Personnel européen.				
Inspecteur de 1re classe.....	18.000	7.500	15.000	1.500
Inspecteur de 2e classe.....	16.000	6.000	12.000	1.200
Sous-Inspecteur de 1re classe.	14.000	5.500	11.000	1.200
Sous-Inspecteur de 2e classe.	12.000	5.000	10.000	»
Agents de divers ordres.....	8et9.000	3.500	7.000	»
Agents de divers ordres.....	7.000	4.000	6.000	»
Agents de divers ordres.....	6.000	2.500	5.000	»
Agents de divers ordres.....	5.000	2.250	4.500	»
Agents de divers ordres.....	4.500	2.000	4.000	»
Agents de divers ordres.....	4.000	1.850	3.700	»
Agents de divers ordres.....	3.500	1.750	3.500	»
Agents de divers ordres.....	3.000	1.650	3.300	»
(3)				

(1) La solde du personnel indigène des douanes est actuellement déterminée par arrêté du 11 juin 1892.

(2) Voir l'arrêté du 6 mars 1893, pour les frais de service en Annam.

(3) Voir en outre l'arrêté du 1er janvier 1894, créant les commis surnuméraires et les préposés auxiliaires.

GRADES OU EMPLOIS	SOLDE ANCIENNE DÉGAGÉE de tous accessoires	ALLOCATIONS NOUVELLES		
		SOLDE d'Europe	SOLDE coloniale	FRAIS de service
Personnel indigène.				
Secrétaires.............	2.100	1.050	2.008 50	»
Secrétaires.............	1.800	900	1.773 50	»
Secrétaires.............	1.500	750	1.477 50	»
Secrétaires.............	1.200	600	1.182 50	»
Patrons de 1re classe.....	»	480	945 60	»
Patrons de 2e classe.....	»	420	827 40	»
Patrons de 3e classe.....	»	360	709 20	»
Patrons de 4e classe.....	»	330	651 02	»
Patrons de 5e classe.....	»	288	567 36	»
Mécaniciens de 1re classe...	»	520	1.024 40	»
Mécaniciens de 2e classe...	»	480	945 60	»
Mécaniciens de 3e classe...	»	420	827 40	»
Chauffeurs de 1re classe.....	»	360	709 20	»
Chauffeurs de 2e classe.....	»	288	567 36	»
Matelots de 1re classe......	»	192	378 24	»
Matelots de 2e classe......	»	168	330 96	»
Matelots de 3e classe......	»	144	283 68	»

20. — 26 février 1888. — ARRÊTÉ *supprimant les droits sur les produits indigènes transportés en cabotage d'un point à un autre de la côte de l'Annam et du Tonkin.*

Article premier. — Les droits établis par l'arrêté du 13 décembre 1886, modifié par celui du 10 août 1887, sur les produits indigènes transportés en cabotage d'un point à un autre de la côte de l'Annam et du Tonkin, sont et demeurent supprimés.

Art. 2. — Les marchandises transportées en cabotage, ainsi qu'il est dit ci-dessus, devront, pour jouir de la franchise des droits d'exportation qui leur est accordée par le présent arrêté, être soumises au régime des acquits à caution, tel qu'il est établi par les règlements douaniers pour le transit à l'intérieur.

Art. 3. — Toutes dispositions contraires aux prescriptions du présent arrêté sont et demeurent abrogées.

Art. 4. — Le Secrétaire général du Gouvernement est chargé de l'exécution du présent arrêté. — CONSTANS.

21. — 6 juin 1888. — ARRÊTÉ *autorisant le Sous-directeur des douanes en Annam et au Tonkin à nommer, par délégation du Résident général, les agents indigènes de son service dont la solde est inférieure à 1,000 francs.*

Article premier. — M. le Sous-directeur des douanes en Annam et au Tonkin est autorisé à nommer, par délégation du Résident général, tous les agents indigènes de son service dont la solde est inférieure à mille francs. — RAOUL BERGER.

22. — 16 septembre 1888. — ARRÊTÉ *maintenant la franchise des droits de douane pour les objets du culte catholique ou destinés à l'usage particulier des missionnaires.*

Article premier. — Les Missions catholiques en Annam et au Tonkin jouiront, comme par le passé, de la franchise des droits de douane pour tous les colis contenant des objets de culte ou destinés à l'usage particulier des missionnaires.

Art. 2. — Le service des douanes reste investi du

droit de visiter lesdits colis quand il le jugera convenable.

Art. 3. — M. le Résident général p. i. en Annam et au Tonkin est chargé de l'exécution du présent arrêté. — RICHAUD.

23. — 30 janvier 1889. — ARRÊTÉ *assignant aux agents du service des douanes et réglés le port d'une marque distinctive.*

Article premier. — Les agents du service des douanes en Annam et au Tonkin ci-après qualifiés, porteront, en service, l'insigne suivant :

Préposés, brigadiers et sous-brigadiers, une médaille en argent du module de la pièce de 5 francs, portant gravée d'un côté le mot *Douanes*, et de l'autre le numéro de la matricule.

Cette médaille sera portée en sautoir sur le côté droit de la poitrine, et suspendue par une tresse de cordonnet de laine bleue passant de l'épaule gauche à l'aisselle droite.

Autres agents, même médaille, tresse rouge.

Art. 2. — M. le Résident général en Annam et au Tonkin est chargé de l'exécution du présent arrêté. — CONSTANS.

24. — 5 février 1889. — LETTRE MINISTÉRIELLE *au sujet du payement des droits de douane sur les objets qui ont déjà été soumis à ces impôt dans la colonie.*

Par lettre du 5 août dernier, vous m'avez prié d'intervenir auprès du Département des finances, en vue d'obtenir que les marchandises étrangères, qui ont acquitté en Indo-Chine les droits de douane en vigueur, et qui sont ensuite réimportées en France, jouissent du bénéfice de la franchise réservée aux produits originaires de la colonie (1).

Vous avez ajouté que ce traitement est indispensable pour permettre au port de Saïgon de soutenir la concurrence de Hong-kong et de Singapoore, et pour lui conserver le mouvement de transit qui s'y était produit jusqu'à la mise en vigueur du régime douanier actuel.

J'ai l'honneur de vous faire savoir que le Ministre des finances, s'appuyant sur les dispositions formelles de la loi du 7 mai 1881, n'a pas cru devoir acquiescer à cette demande. Il estime, en effet, que cette mesure est contraire à la loi précitée et ne pourrait être mise en vigueur qu'à la suite d'une nouvelle disposition législative. M. Peytral ne s'explique pas, d'ailleurs, le préjudice que la législation actuelle peut causer au commerce de l'Indo-Chine, puisqu'en vertu de l'article 9 du décret du 8 septembre 1887, les produits étrangers débarquant à Saïgon, à Tourane, à Haïphong et dans d'autres ports, peuvent être admis au bénéfice de l'entrepôt fictif, et que l'administration locale est autorisée à créer des entrepôts réels dans les localités où ils seront reconnus nécessaires.

Les produits étrangers introduits dans la colonie peuvent donc, à la faveur de cette disposition, ne supporter les droits qu'à leur entrée en France.

Dans ces conditions, je ne puis qu'adopter l'opinion de M. le Ministre des finances, et il ne m'est pas possible de vous autoriser à rembourser aux intéressés, ainsi que vous me l'avez demandé, le montant des droits perçus en France jusqu'à concur-rence de la somme déjà payée à l'entrée dans l'union douanière. — J. HAUSSMANN.

25. — 22 février 1889. — CIRCULAIRE *sur l'application du tarif douanier dans l'Indo-Chine* (1).

J'ai été saisi de différentes questions soulevées par l'application du tarif douanier dans l'Indo-Chine française, et qui ont amené quelques difficultés entre le commerce et l'administration des douanes locales.

La principale question soulevée par les négociants intéressés a trait aux marchandises arrivées de France sans être accompagnées de passavants et qui doivent, aux termes des règlements des douanes, être considérées, en l'absence de ces documents dont la production incombe au transporteur, intermédiaire légal des intéressés dans la circonstance, comme marchandises étrangères.

A la suite d'une conversation que je viens d'avoir avec le Sous-directeur des douanes, j'ai autorisé, dans l'intérêt du commerce, les trois solutions suivantes, au gré des redevables :

1° Payer les droits liquidés, sous la condition formelle et expresse, que les intéressés seront remboursés, à guichet ouvert, par les receveurs des douanes dès que le négociant, le commerçant ou la douane, seront en possession de passavants émanant des douanes françaises, ou de certificats sur papier timbré délivrés par ladite administration, destinés à en tenir lieu.

C'est le mode actuellement en usage au bureau de Haïphong, et qui ne paraît avoir soulevé jusqu'ici aucune réclamation.

2° Garantir le payement éventuel desdits droits, dans un délai de trois mois, par une soumission spéciale *ad hoc*, signée de l'intéressé et de deux cautions conjointes et solidaires, agréées par le receveur des douanes du bureau de liquidation, qui restera responsable devant le trésor local des droits liquidés, au défaut d'exécution des engagements souscrits, lesquels ne sont pris que sous sa responsabilité pleine et entière.

3° Donner payement, en une traite de douane à quinze mois, portant intérêt à trois pour cent l'an, des droits dont s'agit ; la traite en question signée du déclarant et de deux cautions solvables, aussi conjointes et solidaires, agréées, comme dessus et aux mêmes conditions, dans les termes et effets prescrits par les règlements des douanes métropolitaines.

Les autres questions, notamment celles des tares, que l'on peut considérer comme d'une importance moindre et moins immédiatement urgente, seront résolues avec votre concours qu'a sollicité le Sous-directeur des douanes, et que vous voudrez bien, je n'en doute pas un seul instant, lui prêter, dans l'intérêt bien entendu de vos commettants, au fur et à mesure que les questions vous sembleront d'une nécessité plus pressante.

Les Chambres de commerce seront appelées à donner leur avis sur la détermination de la taxe à appliquer pour les marchandises taxées au poids net. Cette détermination une fois faite, d'une façon générale pour toutes natures de marchandises qui la comportent, aucune difficulté ne pourra plus s'élever de ce chef.

J'appellerai aussi votre attention sur la situation créée à la douane par le fait de l'ouverture des magasins généraux de Haïphong. Il est nécessaire

---

(1) Voir circulaire ministérielle du 8 mai 1893.

(1) Cette circulaire est adressée aux Présidents des chambres de commerce ; voir en outre circulaire ministérielle du 8 mai 1893.

que le commerce veuille bien se pénétrer de ce fait que l'administration des douanes se trouve placée devant une triple obligation :

Respecter les intérêts si importants et si dignes à tous égards de l'industrie et du commerce ;

Sauvegarder les droits primordiaux du trésor local;

Exécuter loyalement les stipulations du contrat jadis consenti par le Protectorat aux concessionnaires du monopole des magasins généraux de Haïphong et mis en vigueur par ordre formel du Département.

Il ne saurait échapper à votre expérience des affaires que cette situation présente dans la pratique des difficultés considérables. Je compte pour les aplanir sur tout votre esprit de conciliation ; j'ai de mon côté donné à cet égard les ordres les plus précis au Sous-directeur des douanes. Il devra grouper en un même endroit des magasins généraux tous les services destinés à avoir rapport avec le public, et il devra faciliter les intérêts du commerce en réduisant au strict minimum les démarches à faire par les intéressés.

Il pourra arriver cependant que parfois des agents nouveaux ou trop zélés, comme il peut s'en rencontrer dans un personnel improvisé, qu'a eu à appliquer, en si peu de temps des régimes si différents, se laissent entraîner à quelque exagération.

Pour résoudre ces difficultés inévitables de détail, recommandez à vos collègues de s'adresser au chef du service qui leur donnera satisfaction. Mieux vaut procéder ainsi, que de recourir à une polémique dont le premier résultat est de faire naître et d'entretenir entre le personnel qui en est l'objet, et le public, un état d'aigreur peu fait pour faciliter les relations journalières de service.

Si les réclamations que vous adressez à M. le Sous-directeur des douanes n'aboutissaient pas, il vous resterait la ressource de les porter devant l'administration supérieure qui s'empressera d'y faire donner satisfaction quand elle les jugera fondées.

Enfin, je vous prie de ne pas perdre de vue que la douane a à sauvegarder, en même temps que les intérêts du commerce, ceux du Trésor du Protectorat, et que, s'il convient qu'elle s'abstienne rigoureusement de tout excès de fiscalité et de tout ce qui pourrait ressembler à des procédés vexatoires, elle a le devoir impérieux d'assurer le payement des droits dus, qui constituent une des principales ressources de notre budget.

Je compte sur l'autorité légitime dont jouissent les membres de la Chambre que vous présidez pour faire pénétrer dans le public ces idées de conciliation.

De mon côté, je continuerai à m'inspirer, comme je l'ai fait jusqu'ici, des conseils que leur expérience des affaires, leur connaissance des besoins du commerce pourra leur suggérer. Cette entente et cette association de nos efforts ne peuvent qu'être profitables aux intérêts du commerce et à ceux du Tonkin qui y sont si étroitement liés.

C'est une tâche à la réussite de laquelle, Monsieur le Président, j'ai la confiance que vous prêterez, comme vous l'avez toujours fait jusqu'ici, l'appui de votre longue expérience, de vos conseils éclairés et de la confiance méritée dont vous jouissez parmi vos pairs. — Richaud.

26. — 15 juin 1889. — Arrêté *promulguant en Indo-Chine le décret du 9 mai 1889, modifiant le tarif général des douanes à l'importation* (1).

_____

(1) Modifié par la loi du 11 janvier 1892 et le décret du 29 novembre 1892, dont les textes sont publiés ci-après.

27. — 27 mai 1889. — Lettre ministérielle *réservant au département les nominations du personnel des douanes* (1).

28. — 6 juillet 1889. — Arrêté *fixant les droits à percevoir sur les marchandises exportées de l'Annam et du Tonkin.*

Modifié par arrêté du 28 mai 1892.

29. — 6 juillet 1889. — Arrêté *sur la répartition du produit des amendes et transactions en matière de douane.*

Voir ci-après le mode de répartition fixé définitivement par arrêté du 11 novembre 1890.

30. — 8 juillet 1889. — Arrêté *déterminant le mode de liquidation des dépenses du service des douanes* (2).

Article premier. — Les dépenses de matériel et de personnel du service des douanes seront liquidées par le service. Les pièces justificatives et états dûment certifiés et les mandats seront adressés à la Résidence supérieure pour l'ordonnancement.

Art. 2 — Aucune dépense supérieure à vingt-cinq piastres ne pourra être engagée sans l'autorisation du Résident supérieur.

Art. 3. — La somme mise à la disposition du service des douanes, à titre de fonds d'avances, est fixée à mille piastres.

Il ne pourra être fait usage de la caisse de fonds d'avances que pour le payement des menues dépenses ayant un caractère d'urgence.

Art. 4. — Le chef du service des douanes fournira à la Résidence supérieure, avant le 10 de chaque mois, un état des recettes et des dépenses effectuées pendant le mois précédent, avec la situation des crédits disponibles.

Art. 5. — L'arrêté de M. le Gouverneur général en date du 13 avril 1889, réglementant la tenue du personnel des douanes de Cochinchine, est appliqué au service du Tonkin.

Art. 6. — Le Sous-directeur des douanes est chargé de l'exécution du présent arrêté. — Bnière.

31. — 20 novembre 1889. — Arrêté *exemptant des droits de sortie les produits agricoles, le riz excepté, à destination de la métropole* (3).

Article premier. — A dater de ce jour, sont exempts de tous droits de sortie, lorsqu'ils seront à destination de la métropole, tous produits agricoles, le riz excepté, résultant soit de plantations exploitées par des Français ou naturalisés, soit de monopoles concédés par l'administration, sans que, dans ce dernier cas, il soit tenu compte de la nationalité du concessionnaire.

Art. 2. — Le Résident supérieur au Tonkin est chargé de l'exécution du présent arrêté. — Piquet.

Circulaire ministérielle *sur les formalités à remplir pour introduire au Tonkin les tissus de soie et coton en franchise des droits de douane.*

M. le Gouverneur général de l'Indo-Chine a appelé

_____

(1) Le droit de nommer le personnel des douanes a été restitué au Gouverneur général par lettre ministérielle du 9 avril 1890, publiée ci-après.
(2) Voir arrêté du 31 mai 1893.
(3) Voir la loi du 11 janvier 1892.

mon attention sur la façon de procéder de certains importateurs de tissus étrangers qui font passer en France leurs marchandises, les nationalisant par le paiement des droits du tarif conventionnel, et évitent ainsi la surtaxe importante qu'ils devraient acquitter en Indo-Chine, conformément au décret du 9 mai dernier.

Pour remédier à cet état de choses, et assurer l'application de l'article 6 du décret du 8 septembre 1887, des dispositions viennent d'être prises par la Direction générale des douanes et régies de l'Indo-Chine pour qu'à l'avenir les tissus de soie et de coton importés en Cochinchine, au Cambodge, en Annam et au Tonkin ne jouissent de la franchise accordée aux produits nationaux qu'autant qu'ils seront accompagnés d'un certificat de fabrication française, délivré par les producteurs eux-mêmes, et légalisé par le maire de leur commune.

Cette disposition sera applicable aux tissus embarqués sur les bâtiments qui quitteront la France à destination de l'Indo-Chine postérieurement au 30 novembre courant.

Je vous serai obligé de vouloir bien prendre les dispositions nécessaires pour que cette mesure, dont la mise à exécution a été annoncée par un avis inséré au *Journal officiel* de ce jour, soit portée à la connaissance des négociants et industriels de votre région qu'elle pourrait intéresser.

Recevez, Messieurs, les assurances de ma considération distinguée. — EUG. ÉTIENNE.

32. — 22 février 1890. — ARRÊTÉ *fixant le traitement du chef du service des douanes en Annam* (1).

33. — 9 avril 1890. — LETTRE *ministérielle restituant au Gouverneur général les nominations du personnel des douanes et régies de l'Indo-Chine.*

Par dépêche du 27 mai 1889, je vous ai informé que j'avais décidé de pourvoir à l'avenir aux nominations dans le personnel des douanes et régies de l'Indo-Chine, en vue de me rendre un compte plus exact du recrutement des agents de cette administration.

Le décret du 12 septembre 1887 vous réservant le droit du nommer à tous les emplois civils, à l'exception de ceux mentionnés au tableau annexé au dit décret, la mesure dont il s'agit ne devait avoir qu'un caractère provisoire, à moins d'être sanctionnée par une décision conforme du Président de la République. Mais j'estime qu'il est préférable de vous laisser le soin de pourvoir au recrutement des agents inférieurs des douanes, qui peut être assuré sur place, ce qui présente l'avantage, en supprimant une partie des frais de traversée, de réaliser de sérieuses économies au profit des divers budgets de l'Indo-Chine.

Dans ces conditions, il vous appartiendra, à compter de la réception de la présente dépêche, de procéder aux nominations dans le personnel des douanes jusqu'au grade de contrôleur de 3º classe exclusivement, à charge toutefois de me rendre compte sans retard de toutes les nominations et de tous les avancements dans ce secteur.

Pour les emplois de contrôleur et de grade supérieur, vous aurez à me faire parvenir vos propositions, et j'examinerai s'il est possible d'y donner satis-

faction, dans la mesure des crédits disponibles. — EUG. ÉTIENNE.

34. — 11 novembre 1890. — ARRÊTÉ *déterminant la répartition du produit des amendes et dommages-intérêts en matières de douanes et régies* (1).

Article premier. — Le produit des condamnations (amendes et dommages-intérêts) ou des transactions résultant de contraventions aux lois, arrêtés et règlements sur les douanes et régies en Indo-Chine, à l'exception de celles en matière d'alcool, constatées par les fonctionnaires, employés et agents de l'administration des douanes et régies, seront réparties comme suit :

40 % à la caisse des pensions civiles ;
30 % aux saisissants et verbalisants ;
20 % au trésor de la Cochinchine ou des pays de Protectorat ;
10 % au fonds commun des employés et agents.

Le produit des confiscations sera réparti d'après les mêmes bases, lorsque la contravention aura été découverte sans le concours d'un indicateur.

Si au contraire la contravention a été désignée par des personnes étrangères au service des douanes et régies, il sera accordé à ces personnes les deux tiers du produit ou de la valeur des objets confisqués.

Le troisième tiers sera réparti comme il est dit plus haut entre la caisse des pensions civiles, les saisissants et verbalisants, le trésor et le fonds commun.

Art. 2. — Les officiers de police judiciaire, les gendarmes, et en général tous agents européens de la force publique et notables indigènes dûment autorisés à verbaliser en cas de contravention aux règlements sur les douanes et régies, qui constateront des fraudes de l'espèce par un procès-verbal régulier, auront droit aux parts de saisissants et verbalisants accordées ci-dessus aux employés des douanes et régies.

Art. 3. — Les sommes revenant aux saisissants ou verbalisants leur seront payées par mandats budgétaires, sans retenue, au règlement de chaque saisie.

Celles revenant aux indicateurs pourront être avancées par les chefs de service des douanes et régies, sur les fonds spéciaux mis à leur disposition. Elles leur seront remboursées par mandats budgétaires émis à leur nom, et appuyés d'un certificat ou de toute autre pièce justificative.

Art. 4. — La répartition entre les saisissants et verbalisants du produit des condamnations et confiscations aura lieu entre eux comme suit :

Si les coopérateurs sont tous Européens ou Asiatiques, le partage sera fait à part égale, à moins que parmi les premiers ne figure un fonctionnaire du rang de commis principal, d'entreposeur ou de receveur, auquel cas ce fonctionnaire aura droit à une part double de celle de ces co-verbalisants européens.

Si un ou plusieurs agents indigènes est ou sont en concurrence d'un ou plusieurs Européens, ces derniers toucheront une part double de celle des Asiatiques, sans que toutefois l'ensemble des parts allouées aux Asiatiques puisse dépasser le tiers de la somme à répartir.

Toutefois, si les saisies ou arrestations de contrebandiers sont directement faites par les agents indigènes sur la voie publique, et partout où ils peuvent

---

(1) Le chef du service des douanes de l'Annam a été supprimé par arrêté du 31 mai 1893.

(1) Pour l'administration du fonds commun, voir arrêté du 9 janvier 1894.

10

instrumenter sans le concours d'Européens, et si les employés européens n'ont eu qu'à constater ces saisies ou arrestations et à verbaliser contre les contrevenants, la somme à partager sera distribuée comme ci-après :

2/3 aux Asiatiques, 1/3 aux Européens.

Les doi, cai, matelots-commissionnés et journaliers concourent avec les surveillants indigènes, et dans les mêmes conditions, aux répartitions ci-dessus.

Art. 5. — Les sommes attribuées au fonds commun des agents, institué par l'arrêté du 21 mai 1883 et maintenu par le présent, sont distribuées à la fin de chaque semestre, entre tous les employés et agents européens commissionnés, détachés au service actif, au prorata de la solde acquise par chacun d'eux pendant le semestre, et du temps qu'ils auront passé dans la colonie au service actif pendant le semestre écoulé.

Les agents licenciés ou démissionnaires dans le cours du semestre ne pourront prétendre à une part, à moins que leur licenciement n'ait eu lieu pour cause de suppression d'emploi.

Art. 6. — La liquidation des parts revenant aux pensions civiles et à la colonie continuera à être opérée dans les conditions actuellement existantes.

Art. 7. — Aucune modification n'est apportée par le présent arrêté, jusqu'à nouvel ordre, au mode de répartition du produit des amendes et transactions en matière d'alcools de riz.

Art. 8. — Sont et demeurent abrogées toutes les dispositions contraires au présent arrêté.

Art. 9. — Le Lieutenant-gouverneur de la Cochinchine et les Résidents supérieurs en Annam, au Cambodge et au Tonkin sont chargés, chacun en ce qui le concerne, de l'exécution du présent arrêté, qui aura son effet à compter du 1er janvier 1891. — PIQUET.

35. — 31 Janvier 1891. — ARRÊTÉ *promulguant en Indo-Chine la loi du 8 juillet 1890, portant modification au tableau A du tarif général des douanes pour les maïs, riz, daris et millets importés en France.*

Article premier. — Est promulguée dans toute l'étendue de l'Indo-Chine la loi du 8 juillet 1890, portant modification au tableau A du tarif général des douanes, à l'égard des maïs, riz, daris et millets importés en France.

Art. 2. — Le Lieutenant-gouverneur de la Cochinchine et les Résidents supérieurs en Annam, au Tonkin et au Cambodge sont chargés, chacun en ce qui le concerne, de l'exécution du présent arrêté. — PIQUET.

Loi du 8 juillet 1890.

Article premier. — A partir de la promulgation de la présente loi, le tableau A, tarif d'entrée, du tarif général des douanes, établi par les lois des 7 mai 1881 et 8 mars 1885, est modifié pour les maïs, riz, daris, et millets (1) :

Art. 2. — Les maïs, les riz et les blés durs employés à la fabrication de l'amidon sec en aiguilles et en marrons destinée au blanchissage, sont exempts de droits.

(1) Voir ci-après la loi du 14 janvier 1892.

La présente loi, délibérée et adoptée par le Sénat et par la Chambre des députés, sera exécutée comme loi de l'État. — CARNOT.

TABLEAU A modifié

MATIÈRES VÉGÉTALES		Unités sur lesquelles portent les droits	DROITS DÉCIME ET 4 % COMPRIS		OBSERVATIONS
			Produits d'origine européenne ou importés d'un pays hors d'Europe	Produits d'origine extra européenne importés des entrepôts d'Europe	
		k.	francs	francs	
Maïs....	Grains......	100	3 »	6 60	
	Farines.....	»	6 »	8 60	
Riz....	En paille...	»	3 »	6 60	
	Brisures...	»	6 »	9 60	
	Entier, farine ou semoule.	»	8 »	11 60	
Daris et Millets..	Grains.....	»	3 »	6 »	
	Farines.....	»	4 50	8 10	

36. — 27 mars 1891. — ARRÊTÉ *fixant, à dater du 1er avril 1891, le taux conventionnel de la piastre pour la perception des droits de douane.*

Ce taux varie mensuellement, d'après le prix du change de la piastre.

37. — 12 avril 1891. — ARRÊTÉ *fixant, à compter du 1er juillet 1891, les conditions d'admission aux emplois du cadre local de commis des douanes* (1).

Article premier. — A compter du 1er juillet 1891, les candidats aux emplois du cadre de commis de l'administration des douanes et régies de l'Indo-Chine devront satisfaire aux conditions générales exigées des postulants au surnumérariat des douanes métropolitaines, et subir l'examen imposé à ces derniers par arrêté du ministre des finances, dont copie annexée au présent arrêté.

Art. 2. — Seule, la cinquième justification demandée aux postulants dans la métropole ne sera pas exigée en Indo-Chine.

Art. 3. — Le Lieutenant-gouverneur et les Résidents supérieurs en Annam, au Tonkin et au Cambodge sont chargés, chacun en ce qui le concerne, de l'exécution du présent arrêté, qui sera enregistré et publié partout où besoin sera. — BIDEAU.

Arrêté ministériel *fixant le programme d'admission au surnumérariat des douanes métropolitaines.*

Article premier. — Tout postulant doit justifier :

1° Qu'il est âgé de 18 ans au moins et qu'il n'en a pas plus de 25.

Des dispenses d'âge peuvent être accordées aux candidats ayant contracté un rengagement militaire ;

2° Qu'il jouit de la qualité de Français ;

3° Qu'il n'est atteint d'aucune infirmité ou difformité physique de nature à le faire exempter du service militaire ;

(1) Voir ci-après arrêté du 1er janvier 1894, créant les commis surnuméraires et les préposés auxiliaires.

Qu'il est de bonnes vie et mœurs ;

5° Qu'il possède personnellement ou par sa famille les ressources nécessaires pour assurer son existence pendant la durée du surnumérariat ;

6° Qu'il a l'instruction et l'aptitude requises.

Cette justification s'établit au moyen d'un examen subi en un concours général, devant un comité spécial siégeant au chef-lieu de chaque direction.

Art. 2. — Le programme d'examen est réglé ainsi qu'il suit :

1° Une page d'écriture faite sous la dictée, sur papier non réglé, sans que le postulant puisse en corriger l'orthographe au moyen d'aucun livre ou secours étranger ;

2° Une partie de la même page, recopiée à main posée ;

3° Composition française sur un sujet donné ;

4° Solution de diverses questions sur la géographie physique, politique et commerciale ;

5° Arithmétique ; questions théoriques et solutions de divers problèmes ;

6° Questions sur la physique et la chimie élémentaires.

Art 3. — Le postulant peut, en outre, être examiné sur les autres matières désignées par lui comme ayant fait l'objet de ses études, et notamment sur les langues vivantes.

Cette dernière épreuve a lieu au moyen de la traduction, suivant le choix du candidat, d'un texte allemand, anglais, italien ou espagnol.

Les postulants sont autorisés à se servir de leur dictionnaire pour cette traduction.

Art. 4. — La valeur relative des épreuves de chaque candidat est déterminée au moyen de 20 points ayant les significations suivantes :

0	néant	12,13,14	assez-bien
1,2	très-mal	15,16,17	bien
3,4,5	mal	18,19	très-bien
6,7,8	médiocrement	20	parfaitement
9,10,11	passablement		

L'appréciation définitive en chiffre, pour chaque question, s'obtient au moyen de la multiplication des points obtenus par les coëfficients suivants :

Rédaction ou sujet de composition	5
Orthographe	4
Géographie	4
Arithmétique	4
Physique et chimie	4
Écriture	2
Langues étrangères	2
Autres connaissances en dehors du programme	1

Le diplôme de licencié est compté pour 100 points.

de bachelier,
de l'enseignement spécial,
de l'école des hautes études commerciales. } 70 points

Le diplôme de la 1re partie du baccalauréat, pour 40 points.

38. — 24 août 1891. — *Arrêté promulguant la loi du 2 juillet 1891, réduisant momentanément les droits de douane sur les blés et farines de froment.*

Article unique. — Est promulguée en Indo-Chine, la loi du 2 juillet 1891, portant suspension d'une partie des droits de douane établis sur les blés et sur les farines de froment par la loi du 29 mars 1877. — DE LANESSAN.

Loi du 2 juillet 1891.

Article premier. — A dater du 10 juillet 1891 inclusivement, jusqu'au 1er juin 1892 exclusivement, les droits d'entrée sur le blé en grains et les farines de blé, portés au tableau A du tarif d'entrée du tarif général des douanes, sont réduits à trois francs (3 fr.) par quintal de blé et à six francs (6 fr.) par quintal de farine.

Art. 2. — A l'expiration de ce délai, s'il n'est survenu aucune disposition législative prorogeant la réduction des droits précités, ils seront perçus intégralement, soit cinq francs (5 fr.) par quintal de blé, et huit francs (8 fr.) par quintal de farine (1).

Le présente loi, délibérée et adoptée par le Sénat et la Chambre des députés, sera exécutée comme loi de l'État. — CARNOT.

39. — 11 décembre 1891. — *Arrêté promulguant en Indo-Chine les décrets des 8 août 1890 et 20 octobre 1891, sur les transactions en matière de douane.*

Article premier. — Est promulgué dans toute l'étendue de l'Indo-Chine, le décret du 20 octobre 1891, qui a rendu applicables, en Indo-Chine, les dispositions du décret du 8 août 1890, relatif au droit de transaction en matière de douane.

Art. 2. — Le Lieutenant-gouverneur de la Cochinchine, les Résidents supérieurs au Tonkin, en Annam et au Cambodge et le Procureur général chef du service judiciaire en Indo-Chine sont chargés, chacun en ce qui le concerne, de l'exécution du présent arrêté. — DE LANESSAN.

DÉCRET du 20 octobre 1891

Article premier. — Le décret du 8 août 1890, relatif au droit de transaction en matière de douane, est déclaré applicable à l'Indo-Chine française.

Art. 2. — Les attributions conférées en France au Directeur général des douanes en conseil d'administration seront dévolues, en Cochinchine, au Lieutenant-gouverneur en conseil privé, et dans les pays de Protectorat aux Résidents supérieurs. Celles qui sont conférées dans la métropole au Ministre des finances, seront réservées, en Indo-Chine, au Gouverneur général.

Art. 3. — Le Ministre du commerce, de l'industrie et des colonies est chargé de l'exécution du présent décret, qui sera inséré au *Bulletin officiel* de l'administration des colonies. — CARNOT.

DÉCRET du 8 août 1890

Article premier. — Le droit de transiger, conféré à l'administration des douanes par l'arrêté du 14 fructidor an X et l'ordonnance du 30 janvier 1822, est exercé, suivant les cas, par le ministre, le directeur général ou directeur local.

Art. 2. — Il est exercé par le directeur dans les affaires ci-après, quelque soit le montant des condamnations encourues :

1° Infractions constatées à la charge des voyageurs;

2° Infractions résultant des visites et contre-visites opérées à bord des navires et imputables aux équipages ;

3° Faits de contrebande par parcotilleurs ;

4° Faits d'opposition simple aux fonctions des préposés ;

(1) Voir ci-après la loi du 11 janvier 1892.

10.

5° Omissions aux manifestes et déficits reconnus sur les mêmes documents ;

6° Excédents sur le poids, le nombre, la mesure déclarés des marchandises ;

7° Absence ou non-exhibition par les capitaines, de connaissements, de manifestes ;

8° Défaut de déclaration sommaire, dans les 24 heures de l'entrée, d'un navire en relâche forcée ou volontaire ;

9° Défaut de levée annuelle d'un congé ou d'un passeport de navigation ;

10° Embarquements, débarquements ou transbordements irréguliers dans les ports ou rades ;

11° Suites des soumissions de transit international, toutes les fois qu'il s'agira de contraventions dégagées de soupçon d'abus et ne donnant lieu, en conséquence, qu'à des amendes de principe ;

12° Contraventions pour la répression desquelles la loi a édicté, comme seule pénalité, des amendes égales ou inférieures à 20) francs en principal.

Art. 3. — Il est encore exercé par le directeur, mais seulement lorsque le chiffre des condamnations encourues est inférieur à 1,000 francs, dans les affaires suivantes :

Fausses déclarations d'espèce, de qualité ou d'origine, infractions au régime des sels, des primes, du cabotage, du transit, des mutations d'entrepôt, des réexportations, des transbordements, des admissions temporaires.

Pour celles de ces contraventions qui sont punies d'une amende variant entre un minimum et un maximum, ladite limite de 1.000 francs, sera calculée en prenant pour base, en ce qui concerne l'amende, le maximum déterminé par la loi.

Art. 4. — Le directeur général statue, après délibération en conseil d'administration :

1° Sur toutes affaires autres que sur celles réservées au directeur local, lorsque le chiffre des condamnations encourues n'excède par 3.000 francs ;

2° Sur celles dont la connaissance est réservée au directeur local, lorsqu'il y a désaccord entre ce chef de service et la majorité des fonctionnaires appelés à donner leur avis.

Art. 5. — Les transactions deviennent définitives par l'approbation du ministre lorsque le montant des pénalités encourues excède 3.000 francs, ou en cas de désaccord entre le Directeur général et le conseil d'administration.

Art. 6. — Le Ministre des finances est chargé de l'exécution du présent décret, qui sera inséré au *Bulletin des lois*. — CARNOT.

40. — 10 février 1892. — ARRÊTÉ *interdisant l'exportation des chevaux et juments de l'Annam et du Tonkin.*

Article premier. — L'exportation des chevaux et juments est interdite jusqu'à nouvel ordre, sur tout le territoire de l'Annam et du Tonkin pour toute autre destination que les pays formant l'Indo-Chine française.

Art. 2. — Les Résidents supérieurs en Annam et en Tonkin sont chargés, chacun en ce qui le concerne, de l'exécution du présent arrêté. — DE LANESSAN.

41. — 30 avril 1892. — ARRÊTÉ *étendant les attributions de l'agent du service des douanes à Hone-cohé.*

Article premier. — Il est créé, pour les postes des

douanes de Song-câu, Tam-quan et Hone-cohé, trois places d'interprètes indigènes, au traitement moyen de deux cents piastres par an (200 $).

Art. 2. — L'agent du service des douanes chargé de la surveillance du port de Hone-cohé, délivrera, par délégation spéciale, aux navires mouillant dans la baie, les permis de débarquement, d'embarquement ou de transbordement prescrits par les articles 1, 2 et 7 de l'arrêté précité du 17 octobre 1886, et recevra, au même titre, le dépôt des manifestes imposé aux capitaines de navires.

Art. 3. — Les résidents et vice-résidents de Quinhon et de Nha-trang, et le chef du service des douanes de l'Annam, sont chargés, chacun en ce qui le concerne, de l'exécution du présent arrêté. — BRIÈRE.

42. — 28 mai 1892. — ARRÊTÉ *modifiant les droits à percevoir sur les marchandises exportées de l'Annam et du Tonkin.*

Article premier. — L'arrêté du 6 juillet 1889, sur la perception des droits de sortie, est modifié comme suit :

Les produits bruts ou fabriqués exportés de l'Annam et du Tonkin sont soumis aux droits de sortie et de statistique énumérés dans le tableau annexé au présent arrêté.

Les produits exportés à destination de France, des colonies françaises ou d'un port du Protectorat, ne sont assujettis à d'autres taxes que celles de statistique, excepté le cas où ils sont placés sous un régime spécial.

Art. 2. — Le droit de statistique est appliqué aux produits exportés en cabotage d'un port du Protectorat à un autre port du Protectorat, par les frontières de terre ou transitant à travers le pays.

Art. 3. — Les Résidents supérieurs de l'Annam et du Tonkin sont chargés de l'exécution du présent arrêté. — CHAVASSIEUX.

TABLEAU *annexé à l'arrêté du 28 mai 1892* (1).

DÉSIGNATION	BASES de PERCEPTION	DROITS
CHAPITRE PREMIER		
Chevaux et poulains...............	par tête	20 f. 00
Bœufs et vaches...............	—	6 00
Veaux,..................	—	2 00
Porcs..................	—	2 00
Gibier et volailles...........	100 kil.	5 00
Animaux vivants non dénommés.....	Ad valorem	5 p. 100
CHAPITRE II		
Viandes fraîches ou salées........	Ad valorem	5 p. 100
Peaux brutes fraîches, sèches ou salées.	100 kil.	6 f. 00
Laines et poils de toutes espèces......	—	5 00
Plumes de toutes espèces.......	Ad valorem	5 p. 100
Soie grège ou redévidée.........	100 kil.	100 00
Bourre de soie, frisons, cocons entiers ou percés, frisonnets, déchets de soie et de bourre de soie, bourrette, déchets cuits,........	—	18 00

(1) Indépendamment des droits inscrits au tableau ci-dessous, les marchandises exportées acquittent un droit de statistique de 0 $ 03, perçu d'après les unités ci-après :

Par tête pour les animaux vivants.

Par 100 k⁰⁵ pour le gibier et la volaille et les animaux vivants non dénommés.

Par colis, sur toute marchandise emballée ;

Par tonne, lorsqu'elles sont en vrac.

DÉSIGNATION	BASES de PERCEPTION	DROITS
Cheveux......	100 kil.	15 00
Graisses animales et de poissons....	—	5 00
Cire brute, jaune, brune ou blanche..	—	15 00
Résidus de cire........	—	3 00
Œufs frais ou conservés......	—	10 00
Miel........	—	5 00
Os, noir d'os et oreillons.....	—	1 00
Nids d'hirondelles, { 1re qualité..	—	800 00
2e qualité...	—	500 00
Autres produits et dépouilles d'animaux à l'état brut et non dénommés..	Ad valorem	5 p. 100
CHAPITRE III		
Poissons frais, huîtres et coquillages frais........	100 kil.	1 f. 00
Poissons salés, fumés ou secs, crevettes sèches........	—	4 00
Ailerons de requins bruts, { noirs.	—	6 00
blancs.	—	18 00
Ailerons de requins préparés....	—	60 00
Biches de mer, { noires....	—	18 00
blanches..	—	4 00
Saumures et salaisons....	—	0 50
Vessies de poisson... { 1re qualité..	—	7 00
2e qualité..	—	5 00
Autres produits de pêche non dénommés........	Ad valorem	5 p. 100
CHAPITRE IV		
Substances animales brutes, propres à la médecine ou à la parfumerie, et non dénommées.......	Ad valorem	5 p. 100
CHAPITRE V		
Dents d'éléphants, { entières.....	100 kil.	50 00
brisées.....	—	30 00
Défenses d'éléphants entières ou brisées.	—	200 00
Écailles de tortues, de pangolins et autres animaux à écailles...	—	5 00
Écailles d'huîtres et coquillages propres à l'industrie....	—	1 00
Os et sabots de bétail....	—	3 00
Cornes de rhinocéros et cornes tendres de cerfs et chevreuils..	—	30 00
Autres.....	—	3 50
CHAPITRE VI		
Riz et paddy.....	100 kil.	rég. spéc.
Farines de riz et autres..	—	1 f. 50
Vermicelle........	—	4 00
Légumes secs.....	—	1 50
Autres produits alimentaires non dénommés........	Ad valorem	5 p. 100
CHAPITRE VII		
Fruits frais de toutes espèces......	Ad valorem	5 p. 100
Fruits secs ou tapés......	100 kil.	2 f. 50
Arachides et pistaches......	—	1 00
Noix d'arecs, { sèches.....	—	12 00
fraîches....	—	6 00
Fruits et graines oléagineux, à distiller ou à ensemencer, non dénommés...	Ad valorem	5 p. 100
CHAPITRE VIII		
Sucre blanc......	100 kil.	3 00
Sucre brun......	—	1 50
Mélasses......	—	1 00
Confitures et fruits confits au sucre, au miel ou à l'eau-de-vie, sirops, bonbons, biscuits sucrés..	—	10 00
Café et cacao......	—	10 00
Amandes et cardamomes...	—	10 00
Thé........	—	10 00
Autres denrées coloniales non dénommées........	Ad valorem	5 p. 100
Tabac.... { en feuilles....	100 kil.	4 00
préparé......	—	6 00
CHAPITRE IX		
Huiles fines, comestibles et ricin......	100 kil.	1 f. 00
Huiles à brûler.....	—	1 00

DÉSIGNATION	BASES de PERCEPTION	DROITS
Huiles aromatisées......	Ad valorem	5 p. 100
Huiles volatiles ou essences...	—	5 p. 100
Huiles d'anis......	100 kil.	35 00
Huiles à laquer, { 1re qualité..	—	35 00
2e qualité..	—	10 00
Gommes laques......	—	10 00
Gommes de toutes espèces....	—	5 00
Résines et autres produits résineux..	—	3 00
Autres sucs végétaux non dénommés..	Ad valorem	5 p. 100
CHAPITRE X		
Racines, herbes, feuilles, fleurs, écorces, lichens et toutes espèces médicinales non dénommées....	Ad valorem	5 p. 100
Anis étoilé ou brisé....	100 kil.	7 00
CHAPITRE XI		
Bois à construire, bruts ou équarris, sciés de toutes dimensions, odorants, ouvrés, d'ébénisterie et de teinture..	Ad valorem	5 p. 100
Charbon de bois...	100 kil.	1 00
CHAPITRE XII		
Coton brut......	100 kil.	4 00
Coton égrené......	—	5 00
Coton cardé et en feuilles.....	—	7 50
Filaments végétaux non dénommés..	Ad valorem	5 p. 100
Joncs et roseaux, écorces pour cordages, coques de coco, grains durs à tailler.......	100 kil.	1 50
CHAPITRE XIII		
Produits végétaux propres à la teinture et au tannage......	Ad valorem	5 p. 100
Cumao........	100 kil.	4 00
CHAPITRE XIV		
Légumes verts, salés ou confits au vinaigre......	100 kil.	1 50
Varech........	—	0 20
Tourteaux de graines oléagineuses...	—	0 50
Champignons indigènes....	—	7 00
Produits et déchets végétaux non dénommés........	Ad valorem	5 p. 100
CHAPITRE XV		
Marbres, pierres, moëllons, meules, matériaux de construction, chaux, plâtres, ciments et produits minéraux non dénommés......	Ad valorem	5 p. 100
Huiles, charbon de terre et autres combustibles minéraux......	—	3 p. 100
CHAPITRE XVI		
Minéral de fer.....	Ad valorem	3 p. 100
Métaux bruts, en masse ou en saumons, minerais et autres produits minéraux ou fossiles......	—	5 p. 100
CHAPITRE XVII		
Produits chimiques de toutes espèces..	Ad valorem	5 p. 100
Sel marin......	100 kil.	0 20
CHAPITRE XVIII		
Teintures préparées......	Ad valorem	5 p. 100
Indigo liquide......	100 kil.	2 50
Indigo sec......	—	12 00
CHAPITRE XIX		
Couleurs de toutes espèces en pâte, en poudre ou préparées....	Ad valorem	5 p. 100
CHAPITRE XX		
Savons autres que ceux de parfumerie.	100 kil.	Exempts
Amidon........	—	0 60
Parfumerie, épices préparées....	Ad valorem	5 p. 100
Médicaments composés, fécules indigènes.......	—	5 p. 100

DÉSIGNATION	BASES de PERCEPTION	DROITS
Colle de poisson. { 1ᵉ qualité......	100 kil.	15 00
2ᵉ qualité......	—	8 00
Compositions diverses non dénommées.	Ad valorem	5 p. 100
CHAPITRE XXI		
Boissons fermentées...............	Ad valorem	5 p. 100
Alcool de riz....................	—	5 p. 100
CHAPITRE XXII		
Poteries communes cuites ou dégourdies, non vernies...................	100 kil.	1 00
Poteries communes cuites ou dégourdies, vernies, décorées ou non......	—	1 50
Carreaux et autres objets de céramique...................	Ad valorem	5 p. 100
CHAPITRE XXIII		
Verres, cristaux, vitrifications et grésil.	Ad valorem	5 p. 100
Objets en verre non dénommés.....	—	5 p. 100
Bouteilles vides...................	le cent	8 00
CHAPITRE XXIV		
Fils de lin, de chanvre, de coton, de jute, de laine, de soie, purs et mélangés....................	Ad valorem	5 p. 100
CHAPITRE XXV		
Tissus de toutes espèces...........	Ad valorem	5 p. 100
Vêtements confectionnés...........	—	
CHAPITRE XXVI		
Papiers annamites................	100 kil.	Exempts
Livres........................	—	
Autres objets en papier, non dénommés...................	Ad valorem	5 p. 100
CHAPITRE XXVII		
Ouvrages en peau ou cuir factice, pelleteries ouvrées................	Ad valorem	5 p. 100
CHAPITRE XXVIII		
Ouvrages en métaux, orfèvrerie, horlogerie, monnaies, machines, outils, coutellerie, quincaillerie.........	Ad valorem	5 p. 100
CHAPITRE XXIX		
Armes annamites, pétards et artifices.	Ad valorem	5 p. 100
CHAPITRE XXX		
Meubles........................	ad valorem	5 p. 100
CHAPITRE XXXI		
Ouvrages en bois non dénommés....	Ad valorem	5 p. 100
CHAPITRE XXXII		
Instruments de musique............	Ad valorem	5 p. 100
CHAPITRE XXXIII		
Nattes en paille ou en jonc.........	100 kil.	Exemptes
Rotins entiers ou préparés.........	—	2 00
Bambous......................	—	0 50
Articles en rotins, vannerie, cordages et objets en paille, jonc, bambou et autres filaments non dénommés...	Ad valorem	5 p. 100
Filets de pêche..................	100 kil.	5 00
CHAPITRE XXXIV		
1° Ouvrages en matières diverses, carrosserie, agrès, feutres, chapeaux, tabletterie, brosserie, boutons, bimbeloterie, cheveux ouvrés, fleurs, objets de collection et tous autres objets non dénommés..........	Ad valorem	5 p. 100
2° Allumettes..................		Exemptes

43. — 11 juin 1892. — Arrêté *déterminant le classement et la rétribution du personnel indigène du service des douanes.*

Article premier. — Les dispositions de l'arrêté du 10 janvier 1888 sont abrogées, en ce qui concerne la composition et la solde du personnel indigène du service des douanes.

Art. 2. — Le personnel indigène du service des douanes sera classé et rétribué ainsi qu'il suit, à compter du 1er juillet :

Secrétaire-interprète ou lettré titulaire de 1ʳᵉ classe.	625 $ »
— 2ᵉ classe.	562 50
— 3ᵉ classe.	500 »
— 4ᵉ classe.	437 50
— 5ᵉ classe.	375 »
— 6ᵉ classe.	325 »
Secrétaire-interprète ou lettré auxiliaire de 1ʳᵉ classe.	275 »
— 2ᵉ classe.	237 50
— 3ᵉ classe.	200 »
— 4ᵉ classe.	157 50
Élève secrétaire, interprète ou lettré.....	120 »
Brigadier de 1ʳᵉ classe...........	360 »
— 2ᵉ classe...........	336 »
Sous-brigadier de 1ʳᵉ classe.........	300 »
— 2ᵉ classe.........	240 »
Surveillant de 1ʳᵉ classe...........	216 »
— 2ᵉ classe...........	108 »
Surveillant auxiliaire de 1ʳᵉ classe.....	156 »
— 2ᵉ classe.....	132 »
— 3ᵉ classe.....	120 »
Doi, patron de chaloupe de 1ʳᵉ classe....	420 »
— 2ᵉ classe....	360 »
— 3ᵉ classe....	300 »
Cai patron de jonque de 1ʳᵉ classe....	240 »
— 2ᵉ classe....	216 »
— 3ᵉ classe....	180 »
— 4ᵉ classe....	156 »
Matelot de 1ʳᵉ classe...........	144 »
— 2ᵉ classe...........	132 »
— 3ᵉ classe...........	120 »
— 4ᵉ classe...........	108 »
— 5ᵉ classe...........	96 »
— 6ᵉ classe...........	84 »
— 7ᵉ classe...........	72 »
Mécanicien de 1ʳᵉ classe........	420 »
— 2ᵉ classe........	360 »
— 3ᵉ classe........	300 »
— 4ᵉ classe........	240 »
Chauffeur de 1ʳᵉ classe..........	180 »
— 2ᵉ classe..........	144 »
Ouvrier charpentier ou calfat.......	240 »
Planton-chef................	144 »
Planton...................	108 »

Art. 3. — Les agents indigènes du service des douanes, dont le traitement dépasse 144 piastres par an, subiront sur la moitié de leur solde, une retenue de 3 %, et sur l'autre moitié, une retenue de 5 %, au profit de la Caisse spéciale des retraites du Protectorat.

Art. 4. — Les Résidents supérieurs du Tonkin et de l'Annam sont chargés de l'exécution du présent arrêté. — Chavassieux.

44. — 20 août 1892. — Arrêté *rendant applicable au service de la douane en Annam, les dispositions de celui du 15 juillet 1890, sur la comptabilité du magasin central, et ceux des 25 janvier et 20 avril 1891, sur l'armement et la visite annuelle des armes de la garde civile indigène* (1).

Article premier. — Les articles 28 à 33 inclusivement de l'arrêté du 15 juillet 1890, sur la comptabilité du magasin central, les arrêtés des 25 janvier et 20 avril 1891, sur l'armement et sur la visite annuelle des armes de la garde civile indigène, sont rendus applicables au service des douanes de l'Annam.

Art. 2. — Un recensement du matériel, des armes, accessoires d'armes et munitions de tous modèles

(1) On trouvera le texte de ces décisions Vᵒ Garde civile indigène.

en service ou en réserve, sera effectué dans tous les postes de douanes.

Art. 3. — Le procès-verbal de prise en charge qui sera établi à la suite de cette opération, sera soumis à la vérification du capitaine d'artillerie inspecteur d'armes. Il servira de base pour la tenue du livret d'armement et du carnet de munitions.

Art. 4. — L'entretien et les réparations aux armes seront confiés aux armuriers de la garde civile indigène. Ces ouvriers seront payés suivant le régime de *clerc à maître*, avec majoration de 10 %.

Art. 5 — Les dépenses qui résulteront de ce chef seront supportées par le chapitre IX, section 2, article 2, § 1er du budget.

Art. 6. — Le Résident supérieur en Annam est chargé de l'exécution du présent arrêté. — CHAVASSIEUX.

45. — 3 janvier 1893. — ARRÊTÉ *promulguant en Indo-Chine la loi du 11 janvier 1892 et le décret du 29 novembre 1892, sur le tarif général des douanes* (1).

Article premier. — Sont promulgués dans toute l'étendue de l'Indo-Chine :

1° La loi du 11 janvier 1892, portant établissement du tarif général des douanes;

2° Le décret du 29 novembre 1892, portant modification au tarif général des douanes métropolitaines, en Indo-Chine.

Art. 2. — Le Lieutenant-gouverneur de la Cochinchine, les Résidents supérieurs en Annam, au Tonkin et au Cambodge sont chargés, chacun en ce qui le concerne, de l'exécution du présent arrêté. — DE LANESSAN.

I. — Loi du 11 janvier 1892 (2)

Article premier. — Le tarif général des douanes et le tarif minimum relatifs à l'importation et à l'exportation, sont établis conformément aux tableaux A et B annexés à la présente loi.

Le tarif minimum pourra être appliqué aux marchandises originaires des pays qui feront bénéficier les marchandises françaises d'avantages corrélatifs et qui leur appliqueront leurs tarifs les plus réduits (3).

Art. 2. — Les produits d'origine extra-européenne importés d'un pays d'Europe, sont soumis aux surtaxes spécifiées dans le tableau C annexé à la présente loi.

Les sucres étrangers continuent à acquitter les surtaxes établies par les lois des 19 juillet 1880 et 5 mai 1890.

Les produits européens importés d'ailleurs que des pays d'origine, acquitteront les surtaxes spécifiées au tableau D annexé à la présente loi.

Art. 3. — Les droits et immunités applicables aux produits importés dans la métropole des colonies, des possessions françaises et des pays de Protectorat de l'Indo-Chine, sont fixés conformément au tableau E annexé à la présente loi.

Sont exceptés du régime du tableau E, les territoires français de la côte occidentale d'Afrique (sauf le Gabon), Tahiti et ses dépendances, les établissements français de l'Inde, Obock, Diego-Suarez, Nossi-Bé et Sainte-Marie de Madagascar. Toutefois, les guinées d'origine française provenant des établissements français de l'Inde sont exemptes de droits. Des exemptions ou détaxes pourront être, en outre, accordées à d'autres produits naturels ou fabriqués originaires des établissements sus-visés, suivant la nomenclature qui sera arrêtée pour chacun d'eux par des décrets en conseil d'État. Les produits naturels ou fabriqués originaires de ces établissements, qui ne seront admis à leur entrée en France au bénéfice d'aucune exemption ou détaxe, seront soumis aux droits du tarif minimum.

Les produits étrangers importés dans les colonies, les possessions françaises et les pays de Protectorat de l'Indo-Chine, — à l'exception des territoires énumérés au paragraphe 2, — sont soumis aux mêmes droits que s'ils étaient importés en France.

Des décrets en forme de règlements d'administration publique, rendus sur le rapport du Ministre du commerce, de l'industrie et des colonies, et après avis des conseils généraux ou conseils d'administration des colonies, détermineront les produits qui, par exception à la disposition qui précède, seront l'objet d'une tarification spéciale.

Les paragraphes 1 et 3 du présent article ne seront exécutoires pour chaque colonie qu'après que le règlement prévu par le paragraphe 4 sera intervenu, sans que cependant l'effet de cette disposition puisse excéder le délai d'un an. Toutefois, le Gouvernement pourra faire bénéficier immédiatement en tout ou en partie, des dispositions du tableau E, les colonies qui actuellement appliquent dans leur ensemble aux produits étrangers les droits du tarif métropolitain, ou qui frappent les denrées coloniales venant de l'étranger des droits inscrits audit tarif.

Art. 4. — Les conseils généraux et les conseils d'administration des colonies pourront aussi prendre des délibérations pour demander des exceptions au tarif de la métropole. Ces délibérations seront soumises au conseil d'État, et il sera statué sur elles dans la même forme que les règlements d'administration publique prévus dans l'article précédent.

Art. 5. — Les produits originaires d'une colonie française importés dans une autre colonie française ne seront soumis à aucun droit de douane.

Les produits étrangers importés d'une colonie française dans une autre colonie française, seront assujettis dans cette dernière, au payement de la différence entre les droits du tarif local et ceux du tarif de la colonie d'exportation.

Art. 6. — Le mode d'assiette, les règles de perception et le mode de répartition de l'octroi de mer, seront établis par des délibérations des conseils généraux ou des conseils d'administration, approuvées par décrets rendus dans la forme des règlements d'administration publique.

Les tarifs d'octroi de mer seront votés par les conseils généraux ou conseils d'administration des colonies. Ils seront rendus exécutoires par décrets rendus sur le rapport du ministre du commerce, de l'industrie et des colonies. Ils pourront être provisoirement mis à exécution en vertu d'arrêtés des gouverneurs.

Les dépenses du service des douanes (personnel et matériel) seront comprises dans les dépenses obligatoires des budgets locaux des colonies.

Art. 7. — Les dispositions de l'article 10 de la loi du 20 décembre 1884, relatives à l'Algérie, sont maintenues en vigueur.

Art. 8. — Le Gouvernement est autorisé à appliquer des surtaxes ou le régime de la prohibition à tout ou partie des marchandises originaires des pays

(1) Voir ci-après instructions ministérielles du 8 mai 1893.
(2) Voir ci-après circulaire ministérielle du 8 mai 1893.
(3) Voir ci-après le télégramme ministériel du 9 janvier 1893

qui appliquent ou appliqueraient des surtaxes ou le régime de la prohibition à des marchandises françaises.

Ces mesures doivent être soumises à la ratification des Chambres, immédiatement si elles sont réunies, sinon dès l'ouverture de la session suivante.

Art. 9. — Pour l'application de l'article 4 de la loi du 7 mai 1881, la liste sur laquelle les adjoints aux commissaires experts doivent être choisis sera dressée chaque année par le ministre du commerce, de l'industrie et des colonies et le ministre des finances, après consultation des chambres de commerce. Ces chambres transmettront chaque année, au ministre du commerce, leurs propositions à cet effet.

Cette liste comprendra les personnes possédant, soit par la pratique des opérations commerciales ou industrielles, soit par leurs connaissances techniques agricoles, commerciales ou scientifiques, une compétence spéciale pour les objets en litige.

Art. 10. — § 1er. — Le régime de l'admission temporaire est supprimé pour les fils de coton.

Les droits perçus temporairement à l'entrée des fils de coton destinés à la fabrication des tissus mélangés en soie et coton, des tissus de coton teint, en fils, des tresses, lacets, mousselines, tulles, dentelles en coton pur ou mélangé de soie, et guipures, seront partiellement remboursés à forfait, lors de l'exportation, dans les conditions suivantes:

L'exportateur déclarera le poids du coton de chaque numéro de fil simple ou retors entrant dans le tissu. Le remboursement partiel du droit portera sur le 60 % des perceptions de douane correspondant aux quantités de coton exportées.

Le remboursement partiel des droits sur les fils des numéros:

1 à 49 sera fait d'après le droit d'entrée du fil n° 26
50 à 99. . . . . n° 76
100 à 149. . . . . n° 126
150 et au-dessus , ... n° 171

Le bénéfice du remboursement partiel des droits sera appliqué uniquement aux tissus désignés dans les catégories ci-dessus, contenant moins 50 % de coton en poids. Toutefois, les rubans mélangés de soie et de coton, les rubans de velours et de peluche et les tissus de velours et de peluche mélangés de soie ou bourre de soie et de coton, contenant plus de 25 % de coton en poids, seront admis à jouir du bénéfice de ce remboursement.

Il sera alloué pour les dentelles, tulles et mousselines, une majoration dont le chiffre, qui ne pourra en aucun cas dépasser 40 %, sera fixé pour chaque catégorie, par le comité consultatif des arts et manufactures.

§ 2. — En cas de fausse déclaration, il sera infligé à l'exportateur une amende égale à cinq fois le remboursement des droits réclamés.

§ 3. — Un règlement d'administration publique rendu après avis du comité consultatif des arts et manufactures, déterminera la forme des déclarations, les certificats dont elles devront être appuyées, le mode de vérification, et en général, les détails d'exécution des dispositions du présent article.

Art. 11. — L'art. 2 de la loi du 8 juillet 1890, portant exemption des maïs, riz et blés durs employés à la fabrication de l'amidon sec en aiguilles et en marrons est rapporté.

Art. 12. — Est abrogé l'art. 7 de la loi du 26 juillet 1890. Cet article est remplacé par la disposition suivante:

« Un droit de fabrication sera perçu chez le fabricant à raison de 1 franc par hectolitre de vin de raisins secs pris en charge. »

Art. 13. — A partir de la promulgation de la présente loi, le bénéfice de l'admission temporaire ne pourra être accordé à aucune industrie qu'en vertu d'une disposition législative, après avis du comité consultatif des arts et manufactures.

Toutefois, le gouvernement continuera à accorder des autorisations d'admission temporaire dans les cas suivants:

Demandes d'introduction d'objets pour réparations, essais, expériences ;

Demandes d'introduction présentant un caractère individuel et exceptionnel non susceptible d'être généralisé :

Demandes d'introduction de sacs et emballages à remplir ;

L'admission temporaire est accordée, au maïs étranger employé à la production des alcools purs à 90° et au-dessus, et des amidons destinés à l'exportation.

Sont maintenues en vigueur les facultés actuellement concédées, en matière d'admission temporaire, en vertu de décisions antérieures à la présente loi, pour les produits suivants:

Sucres destinés au raffinage ou à la préparation des bonbons, fruits confits, etc. ;

Métaux ;

Blé, froment ;

Brome ;

Cacao et sucre destinés à la fabrication du chocolat;

Chapeaux de paille ;

Chlorate de potasse ;

Crêpes de Chine unis ;

Cylindres en cuivre pour la gravure ;

Essence de houille ;

Fer laminé et ouvrages en fer ou en tôle, à galvaniser ;

Fils dits de caret, pour la fabrication des cordages et ficelles ;

Fils de laine retors, mesurant en fil simple de 45.000 mètres à 45.500 mètres au kilogramme, pour confection des lacets d'alpaga ;

Fils de schappe et soies moulinées ;

Garance (racine de) ;

Girofle (clous et griffes de) ;

Graines oléagineuses et amandes de coco et coprah;

Huiles brutes de graines grasses ;

Huile brute d'olive ;

Huile de palme ;

Iode ;

Liège brut ;

Orge ;

Planches de pin et de sapin ;

Plomb, en masses brutes ou en saumons ;

Potasse et carbonate de potasse ;

Riz en grain et en paille (1) ;

Suif brut ;

Tartre brut et cristaux colorés;

Tissus.. { de bourre de soie ;
{ de soie mélangée ;
{ foulards écrus ;
{ de laine ;
{ de lin ou de chanvre ;

Zinc brut ou en saumons.

L'admission temporaire sera également accordée aux produits suivants:

_____

(1) Les riz en brisures sont compris dans les grains.

Cages de montres pour monteurs de boîtes (1);
Cages de montres pour planteurs d'échappements (2)
Tissus de soie pure destinés à être teints, imprimés, apprêtés ou gaufrés;
Pelleteries brutes à apprêter et à lustrer;
Peaux de gants, à teindre;
Fils de poils de chèvre pour la fabrication des velours d'Utrecht ou pour la teinture;
Cordonnets, bourre de soie pour la teinture;
Boîtes de montre à décorer, dorer, graver;
Cuivre et feutre pour le doublage des navires;
Pièces de machine à réparer;
Minerais de cobalt pour la préparation des oxydes;
Glicérine brute pour le raffinage;
Jus de citron pour la fabrication de l'acide citrique;
Feutres de laine à teindre et à imprimer;
Gants à broder;
Verres de lunettes à monter;
Cloches de feutre pour chapeaux, à teindre;
Chicorée sèche;
Amandes, noisettes en coques ou cassées.

Art. 14. — Chaque fois que, par application de l'article 1er de la loi du 29 mars 1887, ou par l'application d'une loi spéciale, le droit sur le blé sera réduit, les droits sur la farine et sur le pain subiront la réduction proportionnelle.

Art. 15. — Sont prohibées à l'entrée, exclus de l'entrepôt, du transit et de la circulation, tous produits étrangers, naturels ou fabriqués, portant, soit sur eux-mêmes, soit sur des emballages, caisses, ballots, enveloppes, bandes ou étiquettes, etc., une marque de fabrique ou de commerce, un nom, un signe ou une indication quelconque de nature à faire croire qu'ils ont été fabriqués en France ou qu'ils sont d'origine française. Cette disposition s'applique également aux produits étrangers, fabriqués ou naturels, obtenus dans une localité française, qui ne porteront pas, en même temps que le nom de cette localité, le nom du pays d'origine et la mention importé, en caractères manifestement apparents.

Art. 16. — Disposition transitoire. — Jusqu'au 1er juin 1892, les dispositions de la loi du 2 juillet 1892 sont maintenues, excepté les droits sur les farines, qui seront ainsi fixés à dater du 1er févier 1892:
Farines au taux d'extraction de 70 % et au-dessus, les 100 kilogrammes, 6 francs;
Farines au taux d'extraction compris entre 70 et 60 %, les 100 kilogrammes, 7 fr. 20;
Farines au taux d'extraction de 60 % et au-dessous, les 100 kilogrammes, 8 fr. 40;
Gruaux et semoules en gruau, les 100 kilogrammes, 8 fr. 40;

Art. 17. — Sont abrogées toutes les lois antérieures, en ce qu'elles ont de contraire à la présente loi.

Art. 18. — La présente loi sera mise en vigueur le 1er février 1892.

Art. 19. — Les droits résultant de la loi du 7 mai 1881 et portés sous le nº 197 du tableau A annexé à la présente loi, ne seront perçus que jusqu'au 30 septembre 1892 inclusivement. — CARNOT.

(3).

(1) On entend par «cages de montres pour monteurs de boîtes» la platine avec son cadran et un pont pour donner la hauteur (à l'exclusion de toute autre pièce).
(2) On entend par «cages de montres pour planteurs d'échappements» la platine, le coq avec sa raquette et, le cas échéant, le pont d'ancre, la barrette et le chariot, le pont et la roue du champ, le pont et la roue de centre (à l'exclusion de toute autre pièce).
(3) La forme restreinte du *Recueil* ne permet pas la publication des tableaux annexés à la loi du 11 janvier 1892; nous renvoyons les lecteurs aux nºs 9 du 9 janvier 1893 et suivants, du *Journal officiel* de l'Annam et du Tonkin, qui les contiennent *in extenso*.

II. — DÉCRET *du 20 novembre 1892* (1)

Article premier. — Les exceptions au tarif des douanes, en ce qui concerne les produits étrangers importés en Indo-Chine, sont fixées conformément au tableau annexé au présent décret.

Art. 2. — Les taxes indiquées au susdit tableau forment une tarification qui se substitue aux droits du tarif général et du tarif minimum.

Art. 3. — Les surtaxes d'entrepôt, établies par l'article 2 de la loi du 11 janvier 1892, et les tableaux C et D annexés à ladite loi, ne sont pas perçues en Indo-Chine.

Art. 4. — Les produits de la vallée du Mékong et de ses affluents, autres que le poivre, introduits en Indo-Chine par le fleuve, sont exempts de droits.

Art. 5. — Les produits spéciaux taxés à un taux supérieur à celui du tarif métropolitain, payent intégralement les droits prévus par le tarif spécial, déduction faite des droits qu'ils ont acquittés en France, en Algérie ou dans les colonies assimilées.

Art. 6. — Il est accordé une détaxe de 80 % sur les droits d'importation pour les marchandises étrangères transitant à travers l'Indo-Chine française. Le mode de perception des droits sera déterminé et réglé par arrêté du Gouverneur général.

Art. 7. — Les produits étrangers débarquant à Saigon, à Tourane, à Haïphong et à Hongay peuvent être admis au bénéfice de l'entrepôt fictif dans les locaux agréés par la douane.

Les mouvements dans les entrepôts ne sont autorisés que pour les quantités d'une même marchandise comportant un droit minimum de 150 francs à l'entrée ou de 50 francs à la sortie, sans qu'on puisse fractionner un colis.

Des arrêtés du Gouverneur général de l'Indo-Chine déterminent les garanties à exiger des entrepositaires. La durée de l'entrepôt fictif ne peut excéder une année.

Des entrepôts réels peuvent être établis par l'administration locale. Il sera pourvu à leur réglementation par des décrets ultérieurs, et provisoirement, par des arrêtés du Gouverneur général.

Art. 8. — Sont abrogés les décrets du 8 septembre 1887 et du 9 mai 1889, relatifs au régime douanier de l'Indo-Chine.

Art. 9. — Le ministre de la marine et des colonies est chargé de l'exécution du présent décret, qui sera inséré au *Bulletin des lois*, au *Bulletin officiel* de l'administration des colonies, au *Journal officiel* de la République française et au *Journal officiel* de l'Indo-Chine française. — CARNOT.

TABLEAU *des modifications au tarif général des douanes métropolitain pour l'Indo-Chine.*

(Adopté par le Conseil d'État)

DÉSIGNATION DES PRODUITS	UNITÉS	TARIFS
CHAPITRE PREMIER *Animaux vivants*		
Tous les articles du chapitre.........	»	Exempts.
CHAPITRE II *Produits et dépouilles d'animaux*		
Viandes fraîches	100 k	Exempts.

(1) Voir ci-après le télégramme ministériel du 5 janvier 1893.

DÉSIGNATION DES PRODUITS	UNITÉS	TARIFS
Jambons chinois................	100 k.	14 fr.
Volailles mortes, pigeons morts.....	—	10 00
Gibier mort, tortues mortes.........	—	10 00
Œufs de volaille, de gibier, frais et conservés.................	»	Exempts.
Lait frais....................	»	—
Charcuterie chinoise, œufs conservés chinois, de consommation asiatique.	»	—
Nids d'hirondelles.............	100 k.	100 f. 00
CHAPITRE III *Pêches*		
Poissons secs, salés ou fumés autres que les morues, stockfishs, harengs, maquereaux, sardines et anchois...	»	Exempts.
Graisses de poissons...........	»	—
Crevettes sèches, biches de mer, ailerons de requins, algues marines..	»	—
CHAPITRE VI *Farineux alimentaires*		
Légumes secs d'origine asiatique....	»	Exempts.
Fécules exotiques...............	»	—
Pommes de terre................	»	—
Vermicelle asiatique............	»	—
CHAPITRE VII *Fruits et graines de toute sorte*		
Fruits de table, secs ou tapés chinois	»	Exempts.
Graines à ensemencer...........	»	—
Noix d'arec fraîches............	100 k.	6 00
— sèches............	—	12 00
CHAPITRE VIII *Denrées coloniales de consommation*		
Sucres étrangers...............	100 k.	Prohibés.
Sucre noir dit galette chinoise......	—	8 f. 00
Café........................	—	1/2 du tarif métropolitain.
Amomes et cardamomes..........	—	—
Thé........................	—	30 f. 00
Résidus du thé.................	—	Exempts.
Tabacs, cigares et cigarettes de la Havane...................	100 k.	500 f. 00
Tabacs d'autre provenance........	—	250 00
Tabacs chinois de toute espèce, à fumer et à priser..............	»	5 00
Bétel.......................	»	15 00
CHAPITRE IX *Huiles et sucs végétaux*		
Opium brut ou préparé...........	—	Prohibé.
CHAPITRE X *Espèces médicinales*		
Tous les articles du chapitre........	Ad valorem.	10 %
CHAPITRE XI *Bois*		
Tous les articles du chapitre........	»	Exempts.
CHAPITRE XII *Filaments, tiges et fruits à ouvrer*		
Bambous et rotins entiers ou fendus..	»	Exempts.
Chanvre peigné.................	»	—
CHAPITRE XIV *Produits et déchets divers*		
Légumes de toute sorte, frais, séchés, conservés, salés ou confits, d'origine asiatique...................	»	Exempts.
Ail........................	100 k.	8 f. 00
CHAPITRE XV *Boissons*		
Vins parfumés asiatiques...........	Hectol. liq.	20 f. 00
CHAPITRE XVI *Marbres, pierres, terres, combustibles minéraux, etc.*		
Pierres de construction ouvrées ou non.	»	Exemptes.
Huiles minérales de toute espèce....	100 k.	4 f. 00
CHAPITRE XXI *Compositions diverses*		
Sauces asiatiques et autres préparations culinaires non dénommées....	»	Exemptes.
Médicaments composés, non dénommés, ne figurant pas dans une pharmacopée officielle et à l'usage des asiatiques.............	Ad valorem.	10 %
Jossick....................	100 k.	15 f. 00
Colle de poisson...............	»	Exempte.
CHAPITRE XXV *Tissus*		
Sacs de jute neufs ou vieux.......	»	Exempts.
Tissus de soie, foulards, crêpes, tulle, bonneterie, rubans, passementerie, dentelles de soie pure, bourre de soie et soie artificielle d'origine asiatique...................	100 k.	100 f. 00
Broderies à la main ou à la mécanique, de soie sur tissus de soie, d'origine asiatique..................	—	400 00
Broderies à la main ou à la mécanique, de soie sur coton, laines, lin, chanvre, d'origine asiatique.............	—	50 00
Couvertures chinoises............	—	25 00
Vêtements asiatiques en soie, non brodés...................	—	150 00
Vêtements asiatiques en soie, brodés.	—	500 00
CHAPITRE XXVI *Papier et ses applications*		
Papier chinois de toute nature......	100 k.	8 f. 00
Papier destiné au culte...........	»	Exempt.
Éventails, parapluies, ombrelles en papier sur bambous ou bois, panneaux en papier, enveloppes, d'origine asiatique...................	100 k.	10 f. 00
Albums à images simples de Chine et du Japon..................	—	10 00
Cartes à jouer, asiatiques et autres...	—	100 00
CHAPITRE XXVII *Peaux et pelleteries ouvrées*		
Cuirs chinois, souliers chinois......	100 k.	5 f. 00
Malles et oreillers chinois dits du Canton, en peau ou en cuir factice....	—	10 00
Bourses en cuir de Chine et autres de cuir, d'origine et de fabrication asiatiques...................	—	10 00
CHAPITRE XXVIII *Ouvrages en métaux*		
Outils chinois.................	100 k.	10 f. 00
Coutellerie d'origine asiatique......	—	10 00
Plateaux, boîte à bétel, pipes en cuivre et autres objets en métal, d'origine asiatique...............	—	10 00
Crochets de moustiquaire, boutons en cuivre, de fabrication asiatique......	—	10 00
Lampes et lanternes chinoises......	—	5 00
CHAPITRE XXIX *Armes, poudres et munitions*		
Poudre à tirer et cartouches chargées.	Ad valorem	10 %
Artifices et pétards d'origine asiatique.	100 k.	10 f. 00
CHAPITRE XXX *Meubles*		
Meubles en bambous et en bois ordinaire, d'origine asiatique..........	100 k.	5 f. 00
Meubles en bois sculptés et incrustés.	—	20 00

DÉSIGNATION DES PRODUITS	UNITÉS	TARIFS
CHAPITRE XXXI *Ouvrages en bois*		
Sabots chinois	100 k.	2f. 50
Baguettes à manger, articles en bambous et en racines, tamis en bambous et en crins, plateaux, dessus de tables, dominos, peignes, machines à compter, cuvettes, malles en bois ordinaire ou en bois camphre, vernies ou non, éventails et autres ouvrages en bois d'origine asiatique, panneaux en bambou, peints ou non	—	8f. 00
Articles laqués de Chine et du Japon.	—	20 00
CHAPITRE XXXII *Instruments de musique*		
Instruments de musique de toute sorte, d'origine asiatique	100 k.	10f. 00
CHAPITRE XXXIII *Ouvrages de sparterie et vannerie*		
Boîtes et souliers asiatiques, en paille.	100 k.	5 f. 00
Chapeaux asiatiques, en écorces, paille ou jonc, articles en rotin, bonnets chinois en crins	—	5 00
Cordages en rotins	—	2 50
Sacs en paille pour emballage	—	2 50
Nattes de Chine	—	3 00
CHAPITRE XXXIV *Ouvrages en matières diverses*		
Tabletterie asiatique, peignes, boîtes, crochets en corne, ivoire, os ou autre matière, pipes en bois, éventails en plumes ou étoffes d'origine asiatique	100 k.	10f. 00
Éventails en feuilles de palmier	—	5 00
Éventails en ivoire, nacre, écaille, d'origine asiatique	—	25 00
Boutons chinois et japonais de toute sorte	—	10 00
Jouets asiatiques	—	10 00
Pinceaux chinois à écrire	—	10 00
Boîtes et souliers chinois en étoffe, brodés ou non	100 paires.	15 00
Bourses brodées ou non et autres objets semblables, d'origine asiatique	100 k.	10 00
Pousse-pousse	la pièce.	10 00
Coques de bâtiments en fer ou en acier.	100 k.	30 00

46. — 5 janvier 1893. — Dépêches ministérielles *sur l'application du tarif général des douanes.*

« Décret 20 novembre 1892, concerne uniquement produits étrangers importés en Indo-Chine. »

« Décret 31 janvier 1892, réglait provisoirement régime applicable à certains produits coloniaux importés en France. Il se trouve abrogé par le fait même de l'application en Indo-Chine de la loi douanière modifiée par décret du 20 novembre 1892. »

« A partir promulgation de la loi, tous produits Indo-Chinois énumérés tableaux seront soumis aux tarifications qui y sont indiquées. »

9 janvier 1893

« Pays auxquels tarif minimum applicable sont : Allemagne, Autriche, Belgique, Danemark, Espagne, Angleterre, Grèce, Hollande, Russie, Serbie, Suède, Norvège, Turquie, Mexique, Perse, République Dominicaine, République sud-africaine. »

47. — 6 mars 1893. — Arrêté *fixant les indemnités allouées au service des douanes de l'Annam à titre de frais de service et de tournées, et de frais de bureau.*

Article premier. — Il est alloué, à compter du 1er janvier 1893, les indemnités ci-après pour frais de service et de tournées, et frais de bureau, au chef de service et aux receveurs du service des douanes en Annam.

Art. 2. — Les indemnités seront acquises aux titulaires par douzième ; elles sont perçues sur les états de solde.

Art. 3. — Le chef du service des douanes est chargé de l'exécution du présent arrêté, qui annule toutes les dispositions antérieures. — BRIÈRE.

DÉSIGNATION des bureaux et recettes	FRAIS de service et de tournées	FRAIS de bureau	OBSERVATIONS
Tourane (chef de service)	1.200 fr. 00	1.148 fr. 00	
— secrétariat		288 90	
— comptabilité		96 00	
— recette		288 00	
Quang-ngai		48 00	
Tam-quan		48 00	
Qui-nonh		100 00	
Xuon-day		60 00	
Hone-cohé		48 00	
Nha-trang		60 00	
Phan-rang		48 00	
Phan-tiôt		60 00	
Thanh-hoa		48 00	
Vinh		60 00	
		2.400 fr. 00	

48. — 8 mai 1893. — Instructions ministérielles *sur le mode de perception des droits de douanes sur les marchandises d'origine métropolitaine, transbordées sur navires français dans un des ports du littoral.*

Une compagnie de transports m'a consulté sur le point de savoir si des marchandises françaises à destination de Haiphong, embarquées dans un port français sur un navire d'une ligne de bateaux à vapeur battant pavillon étranger, et transbordées à Saigon sur un autre bâtiment étranger, seraient admises en franchise à leur entrée au Tonkin.

Quoique la question me paraît devoir être résolue par l'affirmative, j'ai consulté à ce sujet M. le Directeur général des douanes et je lui ai demandé, en même temps, s'il ne conviendrait pas de déterminer, une fois pour toutes, le régime applicable aux marchandises nationales importées en France ou dans les colonies, avec transbordement en cours de route, soit à Saigon, soit à Tourane, soit à Haiphong, ainsi que les formalités auxquelles ces marchandises devraient être assujetties.

M. le conseiller d'État Pallain m'a répondu que la Cochinchine, le Cambodge, le Tonkin et l'Annam formant l'union douanière indo-chinoise, il estimait, comme moi, que le transbordement, dans un des ports de Tourane ou de Saigon, de marchandises françaises à destination de Haiphong ne devait pas avoir pour effet de leur faire perdre le bénéfice de leur origine nationale, lorsqu'il serait justifié de leur transport en droiture jusqu'au port de prime abord. De même, la douane métropolitaine admet au bénéfice du privilège colonial les produits originaires du

Tonkin transbordés à Saigon ou à Tourane, lorsqu'ils sont venus directement de Haiphong dans l'un des ports précités, pour en être ensuite réexpédiés en droiture sur la France.

Toutefois, la régularité du transport doit être établie au moyen d'une annotation consignée par la douane du port du transbordement sur le passavant délivré au lieu de départ pour accompagner la marchandise. Cette annotation constate simplement que les marchandises transbordées y sont arrivées directement, et qu'elles n'ont pas cessé d'être sous la surveillance de la douane pendant la durée du transbordement.

J'ai l'honneur de vous prier de vouloir bien prescrire aux services des douanes des divers pays de l'Union de ne pas omettre, à l'avenir, d'annoter dans ce sens les passavants accompagnant des marchandises françaises ou coloniales, transbordées en cours de route dans l'un des ports indo-chinois. — DELCASSÉ.

49. — 31 mai 1893. — ARRÊTÉ *rattachant le service des douanes de l'Annam à celui du Tonkin.*

Article premier. — Le service des douanes et régies de l'Annam est rattaché à celui du Tonkin, et placé sous la direction du Directeur de cette administration, qui prendra le titre de Directeur des douanes et régies de l'Annam et du Tonkin.

Tous les ordres donnés par le Directeur des douanes et régies au personnel de l'Annam devront recevoir, au préalable, l'attache du Résident supérieur sous la haute autorité duquel le service de l'Annam reste placé.

Art. 2. — Le Résident supérieur de l'Annam est chargé de l'exécution du présent arrêté. — DE LANESSAN.

50. — 9 décembre 1893. — ARRÊTÉ *étendant la franchise postale et télégraphique, aux chefs des services des douanes du Protectorat entre eux.*

Article premier. — Les franchises postale et télégraphique sont accordées, avec réciprocité, au Directeur des douanes et régies de Cochinchine et du Cambodge, avec le Directeur des douanes et régies de l'Annam et du Tonkin.

Art. 2. — Les chefs de service doivent se conformer aux instructions sur les franchises postales et télégraphique prévues à l'arrêté du 25 avril 1892, ci-dessus mentionné, annexes A et B.

Art. 3. — Le Lieutenant-gouverneur de la Cochinchine et les Résidents supérieurs du Cambodge, de l'Annam et du Tonkin sont chargés, chacun en ce qui le concerne, de l'exécution du présent arrêté, qui sera enregistré et publié partout où besoin sera. — DE LANESSAN.

51. — 1er janvier 1894. — ARRÊTÉ *créant dans le service des douanes, les grades de commis-surnuméraire et de préposé auxiliaire.*

Article premier. — Il est créé dans le service des douanes et régies du Protectorat de l'Annam et du Tonkin, des emplois de commis surnuméraire et de préposé auxiliaire, comprenant chacun deux classes, et rétribués conformément au tableau ci-après :

Commis surnuméraire de 1re classe.	3.000 fr.
— — 2e —	2.400
Préposé auxiliaire de 1re classe.	3.000
— — 2e —	2.400

Art. 2. — Le stage que les titulaires de ces emplois seront tenus de faire dans chaque grade ou classe, pour passer à la classe ou au grade supérieur, ne pourra être inférieur à une année.

Art. 3. — Les Résidents supérieurs de l'Annam et du Tonkin sont chargés de l'exécution du présent arrêté. — DE LANESSAN.

52. — 9 janvier 1894. — ARRÊTÉ *réglant le mode de gestion du fonds commun des agents de la douane.*

Article premier. — La gestion du fonds commun des agents de l'administration des douanes et régies est confiée au chef du bureau du contentieux de ce service.

Art. 2. — Les sommes revenant au fonds commun seront mandatées à son nom et centralisées par lui.

Art. 3. — Après examen des comptes par une commission spéciale composée de trois agents du service des douanes désignés par leur directeur, la répartition en sera faite en fin de semestre, conformément à l'article 5 de l'arrêté du 11 novembre 1890.

Art. 4. — Le Résident supérieur au Tonkin est chargé de l'exécution du présent arrêté. — DE LANESSAN.

53. — 30 octobre 1894. — PROMULGATION *du décret du 15 septembre 1894, relatif au serment professionnel du personnel des douanes et régies en Indo-Chine.*

Article premier. — Est promulgué dans toute l'étendue de l'Indo-Chine, le décret du 15 septembre 1894, relatif au serment professionnel du personnel des douanes et régies en Indo-Chine.

Art. 2. — Le Lieutenant-gouverneur de la Cochinchine et les Résidents supérieurs en Annam, au Tonkin et au Cambodge sont chargés, chacun en ce qui le concerne, de l'exécution du présent arrêté. — DE LANESSAN.

Décret du 15 septembre 1894.

Article premier. — Avant d'entrer en fonctions, les agents européens et indigènes de l'administration des douanes et régies de la Cochinchine, du Cambodge, de l'Annam et du Tonkin, sont tenus de prêter serment devant le Tribunal de première instance ou de résidence dans le ressort duquel ils sont appelés à servir.

Ce serment les habilite à exercer leurs fonctions dans le ressort de tout autre Tribunal de l'Indo-Chine, pourvu que ce soit en la même qualité. Il doit être prêté à nouveau par tout agent qui change de grade.

Art. 2. — Les Tribunaux de première instance et des résidences de la Cochinchine, du Cambodge, de l'Annam et du Tonkin peuvent recevoir par écrit le serment des agents des douanes et régies qui n'exercent pas leurs fonctions au chef-lieu de l'arrondissement judiciaire.

Art. 3. — Les directeurs, inspecteurs, sous-inspecteurs, contrôleurs, entreposeurs et autres fonctionnaires des douanes et régies, prêtent serment devant la Cour d'appel. Celle-ci peut déléguer les Tribunaux de première instance et des résidences, autres que celui du chef-lieu, pour recevoir ledit serment.

Art. 4. — Le serment des fonctionnaires et agents

leuropéens et indigènes des douanes et régies en Indo-Chine, est enregistré au Greffe du Tribunal qui l'a reçu et transcrit sur leurs commissions, sans autres frais que ceux d'enregistrement.

Art. 5. — Sont abrogées toutes les dispositions contraires au présent décret.

54. — 8 février 1895. — ARRÊTÉ *soumettant à l'impôt de consommation, les spiritueux de toute nature destinés aux différents services du Protectorat.*

Article premier. — Les spiritueux de toute nature, destinés aux services publics de l'Annam et du Tonkin, sont soumis aux droits de consommation fixés par l'arrêté du 23 décembre 1894 (1), à l'exception des spiritueux consommés à bord des bâtiments de l'État.

Art. 2. — Le règlement de ces droits se fera entre les services intéressés et l'administration des douanes et régies.

Art. 3. — Les Résidents supérieurs au Tonkin et en Annam sont chargés, chacun en ce qui le concerne, de l'exécution du présent arrêté. — RODIER.

Voy.: Alcools ; — Allumettes ; — Boucherie ; — Colis postaux ; — Entrepôt réel ; — Exportation ; — Franchise postale et télégraphique ; — Consommation (droits de) ; — Importation ; — Indemnités ; — Ports de commerce ; — Noix d'arec ; — Poivres (régime des) ; — Pétrole ; — Papier timbré ; — Opium ; — Sel ; — Sucre ; — Tabac.

DRAPEAU DU PROTECTORAT, DRAPEAU FRANÇAIS

1. — 21 octobre 1885. — CIRCULAIRE *faisant connaître aux troupes les couleurs du drapeau du Protectorat.*

Les milices employées par les autorités annamites sont autorisées à marcher sous le Drapeau du Protectorat.

Afin d'éviter toute méprise, le Général de division commandant en chef le corps du Tonkin croit devoir faire connaître aux troupes que ce drapeau est jaune orange, avec les trois couleurs françaises dans le quart supérieur adjacent à la hampe. Des caractères chinois dans la partie orangée et des initiales françaises dans le blanc du yacht indiquent la province à laquelle appartient la troupe indigène. — COUREY.

2. — 12 janvier 1886. — ARRÊTÉ *réglant le nombre et la couleur des drapeaux dont les mandarins annamites doivent se faire précéder.*

Article premier. — Les mandarins annamites, soit dans leurs sorties habituelles, soit dans les cérémonies et visites officielles, devront, à l'avenir, se conformer aux dispositions ci-après, relativement au nombre et à la couleur des drapeaux dont ils pourront se faire précéder.

Le Kinh-luoc, les Tong-doc et les Tuan-phu seront précédés, pour leurs sorties ordinaires :

1° De deux drapeaux du Protectorat ;
2° De six drapeaux annamites (fond rouge avec encadrement bleu).

Pour les visites de cérémonie :

1° De quatre drapeaux du Protectorat ;
2° De six drapeaux annamites (mêmes couleur et bordure que ci-dessus) ;
3° De cinq drapeaux de couleur (bleu, rouge, jaune, blanc et noir).

Les Bé-doc, Bo-chanh, An-sat et Lanh-binh, seront précédés de :

1° Deux drapeaux du Protectorat ;
2° Deux drapeaux annamites (rouge, bordé de bleu).

Les phu et les huyen, de :

1° Un drapeau du Protectorat ;
2° Un drapeau annamite (rouge bordé de bleu).

Lorsqu'elles seront en marche, les milices des provinces se feront précéder d'un drapeau du Protectorat et de deux drapeaux annamites (même couleur que ci-dessus).

Art. 2. — Ces dispositions seront exécutoires à partir du 1er avril.

Art. 3. — Le Directeur des affaires civiles et politiques est chargé de l'exécution de la présente décision. — COUREY.

Voy.: **Navigation.**

DROITS DE GREFFE

1. — 11 février 1889. — ARRÊTÉ *fixant les droits de greffe à percevoir, et déterminant la taxe en matière d'expertise et de témoignage*

Modifié et complété par arrêté du 4 août 1894.

2. — 4 août 1894. — ARRÊTÉ *fixant le tarif des droits à percevoir en matière judiciaire ou extra-judiciaire (greffe, notariat, huissier, commissaires-priseurs, etc.)* (1).

TITRE PREMIER
CHAPITRE PREMIER
DROITS DE GREFFE

Article premier. — Les droits ci-après établis et non formellement exceptés, seront perçus au profit du Protectorat sans distinction entre ceux qui, d'après la législation de la Métropole, constituent les droits de greffe proprement dits et ceux qui représentent les émoluments ou honoraires des greffiers.

Art. 2. — Le droit de mise au rôle sera :

A la Cour d'appel, de . . . . 5 fr. 00
Aux tribunaux de 1re instance 3 00
Aux tribunaux de commerce 1 50

Dans les causes purement personnelles et mobilières, lorsque la demande n'excèdera pas 300 fr. ce droit sera réduit à . . . . 0 fr. 75

Le droit de mise au rôle ne pourra être exigé qu'une seule fois.

En cas de radiation, la cause sera replacée à la fin du rôle.

Art. 3. — Il sera perçu pour chaque jugement interlocutoire porté sur la feuille d'audience, ceux de simple remise exceptés . . . . . . 1 fr. 00

Pour chaque jugement expédié et dont les qualités se rédigeront dans le Greffe, savoir :

S'il est par défaut . . . . 2 fr. 00
S'il est contradictoire 4 00

(1) Arrêté fixant les droits à percevoir par le service des douanes et régies pendant l'année 1895 (J. O. n° 104 du 27 décembre 1894).

(1) Pour les chanceliers faisant fonctions d'huissier en province voir V° Huissier, la circulaire du 22 décembre 1894.

Ces droits seront réduits au quart pour les jugements rendus dans les causes purement personnelles et mobilières, lorsque la demande n'excédera pas 300 fr.

Art. 4. — Seront assujettis sur la minute, à un droit de rédaction et de transcription de. . 3 fr. 00

1° Les actes de voyage ;

2° Les consignations de sommes au greffe, dans les cas prévus par l'article 301 du code de procédure civile et autres déterminés par les lois ;

3° Les dépôts de registres, répertoires et autres titres ou pièces faits au greffe, de quelque nature et pour quelque cause que ce soit ;

4° Les dépôts de signature et paraphe des notaires, conformément à l'art. 49 de la loi du 25 ventôse an XI ;

5° Les procès-verbaux, actes et rapports faits ou rédigés par le greffier ;

6° Les publications de contrats de mariage, divorce, jugements de séparation, actes et dissolutions de société et de tous autres actes prescrits par les codes, à l'exception de la transcription des saisies immobilières ;

7° Les récusations de juges ;

8° Les transcriptions et enregistrements sur les registres du greffe, d'oppositions et autres actes désignés par les codes, à l'exception de la transcription des saisies immobilières ;

9° Les actes de brevet ;

10° Les actes de notoriété autres que ceux destinés à remplacer l'acte de naissance en cas de mariage ;

11° Les visa des journaux de mer ;

12° Les actes et paraphes desdits journaux de mer.

Art. 5. — Seront, les actes ci-après, soumis à un droit de.................... 3 fr. 25

Dépôt de titres de créance pour la distribution par contribution ou par ordre, et pour chaque production ;

De.................... 3 fr. 50

1° Soumission de caution avec dépôt de pièces ;

2° Déclaration affirmative ;

3° Déclaration de command ;

4° Certificat relatif aux saisies-arrêts sur cautionnement et aux condamnations pour faits de charge ;

5° Acception bénéficière ;

6° Renonciation à communauté ou à succession ;

7° Interrogatoire sur faits et articles ;

De.................... 3 fr. 75

Déclaration de surenchère ;

De.................... 4 fr. 50

1° Dépôt de copies collationnées de contrats translatifs de propriété ;

2° Pour chaque procès-verbal ;

1° De l'assemblée des créanciers, dont les créances ont été admises pour passer au concordat et au contrat d'union ;

2° De reddition du compte définitif des syndics au failli en cas de concordat ;

3° De reddition du compte des syndics qui ne seraient pas maintenus, aux nouveaux syndics, en cas d'union ;

4° De reddition du compte définitif des syndics aux créanciers de l'union ;

5° De l'assemblée des créanciers pour prendre une délibération quelconque non prévue par le présent article.

Le droit pour le procès-verbal de l'assemblée des créanciers pour la composition de l'état des créances présumées et la nomination définitive des syndics ne sera que de . . . . 3 fr. 50

Le procès-verbal de vérification et d'affirmation des créances donnera lieu à la perception des droits suivants :

Droit fixe. . . . . 1 fr. 50

En plus pour chaque créancier. 0 50

Si, sur un contredit consigné sur le procès-verbal, il y a renvoi à l'audience . . . . 0 fr. 50

3° Rédaction du rapport d'un capitaine à l'arrivée d'un voyage :

Pour la déclaration de cause de relâche dans le cours d'un voyage seulement . . . . . 3 fr. 50

4° Rédaction du rapport du capitaine en cas de naufrage ou d'échouement :

Le procès-verbal de vérification sera taxé, comme le rapport, de . . . . 4 fr. 75

Dépôt de l'état certifié par le conservateur des hypothèques, de toutes les inscriptions existantes, qui doit être annexé au procès-verbal d'ordre amiable ou judiciaire ;

De . . . . 5 fr. 00

Acte de notoriété destiné à remplacer l'acte de naissance en cas de mariage ;

De . . . . 5 fr. 50

Procès-verbal de compulsoire ;

De . . . . 7 fr. 50

Dépôt de testament olographe ou mystique.

Art. 6. — Les différents actes de dépôt seront transcrits à la suite les uns des autres sur un registre coté et paraphé par le Président du tribunal.

Les actes de décharge de ces mêmes dépôts seront portés sur le registre en marge de l'acte de dépôt, et soumis au même droit de rédaction et de transcription, sans pouvoir toutefois excéder . . 3 fr. 50

Art. 7. — Un droit proportionnel sera perçu d'après les bases ci-après déterminées sur les actes suivants :

1° Rédaction de l'adjudication ;

Sur le 1er mille, par 100 $ . . . . . . 2 fr. 25

Sur l'excédent, par 100 $ 1 00

La déclaration de command faite au greffe après le délai prescrit, est frappée du même droit proportionnel.

2° Mandement sur contribution ou bordereau de collocation.

Par 100 $ sur le montant de la créance colloquée . . . . 1 fr. 00

En plus, si le montant du bordereau ou du mandement est inférieur à 600 $ . . . . . 2 fr. 00

et s'il s'élève à cette somme. 3 00

Art. 8. — En cas de revente à la folle enchère, le droit de rédaction n'est dû que sur ce qui excède la première adjudication.

Le droit à percevoir sur une surenchère, par suite de vente volontaire, porte sur la totalité du prix. Il n'est exigible pour les licitations que sur la valeur de la part acquise par le colicitant, s'il reste adjudicataire. Dans aucun cas, la perception ne pourra être inférieure à (art. 4). . . . . . 3 fr. 00

Art. 9. — Lorsque par suite d'un appel, une adjudication aura été annulée, il y aura lieu de restituer le droit proportionnel de rédaction. Toutefois ce droit est seul restituable.

Art. 10. — Il est alloué aux greffiers des tribunaux de 1re instance :

Pour la communication, sans déplacement, tant du cahier des charges que du procès-verbal d'expertise (ventes judiciaires de biens immeubles), 15 fr. 00.

Ce droit sera dû, soit qu'il y ait, soit qu'il n'y ait pas d'expertise.

Toutefois, si l'expertise a été ordonnée en matière de licitation, le droit sera réduit à . . . 12 fr. 00

Il sera perçu lors du premier dépôt au greffe, soit du procès-verbal d'expertise, soit du cahier des charges (Ordonnance du 10 octobre 1841, art. 1er).

Pour communication des pièces et des procès-verbaux ou états de collocation, dans les procédures d'ordre et distribution par contribution, quel que soit le nombre des parties, si la somme principale à distribuer n'excède pas 10.000 fr. . . . . 5 fr. 00

Si elle dépasse ce chiffre 10   00
(Décret du 24 mars 1854, art. 1er, no 6).

Art. 11. — Il sera perçu, pour chaque vacation de trois heures du juge.

1° A l'apposition, reconnaissance et levée des scellés . . . . 5 fr. 00

2° A l'assistance à tout conseil de famille. 5   00

Il sera payé 50 centimes, ci. 0   50

1° Pour chaque opposition aux scellés par déclaration sur le procès-verbal ;

2° Pour chaque extrait de l'opposition.

Les extraits demandés seront toujours délivrés ; quant aux expéditions entières, elles ne seront délivrées que sur réquisition expresse et par écrit.

Art. 12. — La recherche des actes, jugements et ordonnances faits ou rendus depuis plusieurs années et dont il ne sera point demandé expédition, donnera lieu à un droit :

Pour la première année indiquée, de. . 0 fr. 50

Pour les années suivantes, de 0   25

Art. 13. — Il sera perçu :

Pour l'insertion au tableau, de chaque extrait d'acte ou de jugement soumis à cette formalité . . . . 0 fr. 50

Pour légalisation et pour visa d'exploits . 0   25

Art. 14. — les droits établis par les articles 10, 12 et 13 seront perçus par les greffiers et à leur profit.

Art. 15. — Les expéditions que délivrera le greffier contiendront au moins 20 lignes à la page et 12 syllabes à la ligne, compensation faite des unes avec les autres. Elles seront payées, par chaque rôle, savoir :

Les expéditions des jugements définitifs sur appel des tribunaux civils et de commerce . . . 3 fr. 00

Les expéditions des jugements définitifs rendus par les tribunaux civils, soit par défaut, soit contradictoires, en dernier ressort ou sujets à appel, celles des décisions arbitrales, celles des jugements rendus sur appel des justices de paix, celles des ventes et baux judiciaires . . . . 2 fr. 25

Les expéditions des jugements interlocutoires, préparatoires et d'instruction des enquêtes, interrogatoires, rapports d'experts, délibérations, avis de parents, dépôts de bilan, pièces et registres, des actes d'exclusion ou option des tribunaux d'appel, déclaration affirmative, renonciation à communauté ou à succession, et généralement de tous actes faits ou déposés au greffe, non spécifiés aux deux paragraphes précédents, ensemble de tous les jugements des tribunaux de commerce. . . . . 1 fr. 50

Les expéditions des jugements rendus dans les causes purement personnelles et mobilières, lorsque la demande n'excède pas 300 fr., et des actes attribués par la loi française aux juges de paix. 1 fr. 00

Art. 16. — Les droits relatifs aux doubles minutes destinées aux dépôts des archives coloniales seront perçus, en ce qui concerne les actes judiciaires, conformément à l'édit du mois de juin 1776, par rôle de 24 lignes à la page et 12 syllabes à la ligne, à raison de. . . . . 1 fr. 00

Art. 17. — Quant aux actes omis dans les nomenclatures ci-dessus, les droits seront perçus sur le même taux que celui des actes analogues.

Art. 18. — Les greffiers seront remboursés des frais d'impression et d'envoi des lettres de convocation, dans les cas prévus par les lois, à raison, par chaque lettre, de. . . . . 0 fr. 30

Ils percevront à leur profit :

Pour la mention de chaque acte sur le répertoire des actes et jugements sujets à enregistrement sur minute, et pour chaque quittance des sommes à eux payées. . . . . 0 fr. 10

Les greffiers auront droit à des frais de voyage dans les cas qui seront ci-après déterminés.

Art. 19. — Il sera accordé aux greffiers, à titre de remises fiscales, et pour leur tenir lieu d'émoluments et d'honoraires, un cinquième de la totalité des droits de greffe perçus par chacun d'eux.

Le premier de chaque mois, le Receveur de l'Enregistrement comptera avec le greffier le produit des remises, et il lui en payera le montant sur le mandat qui sera délivré au bas du compte par le Président du Tribunal (article 21, loi du 21 ventôse an VII) ; au moyen des allocations ci-dessus et de leur traitement, les greffiers demeureront chargés de toutes les dépenses du greffe.

Art. 20. — La recette des droits de greffe (attribués au Trésor par les articles 4 et 10 de la loi du 21 ventôse an VII) sera faite par le Receveur de l'Enregistrement, sur les minutes des actes et sur les expéditions.

Les droits de mise au rôle seront perçus par les greffiers qui en verseront le montant, le premier de chaque mois, à la caisse du Receveur de l'Enregistrement sur la présentation de leurs rôles.

Les droits qui ne rentrent pas dans les prévisions des deux paragraphes précédents seront également perçus par les greffiers et versés, aussi le premier de chaque mois, au Receveur de d'Enregistrement, sur la production de l'état détaillé et signé dont il est fait mention à l'article 19 ci-dessus, et qui sera la reproduction exacte du registre d'émoluments dont il sera ci-après parlé.

Art. 21. — Les greffiers doivent inscrire au bas des expéditions qui leur seront demandées, le détail des droits et des débours auxquels chaque acte donne lieu. A défaut d'expédition et lorsque les droits perçus ne se rapportent pas à un acte, ils doivent faire cette mention sur les états signés d'eux et qu'ils remettent aux parties. Ils portent sur les registres dont la tenue est prescrite par les lois, toutes les sommes qu'ils perçoivent. Les déboursés et les émoluments figurent dans des colonnes séparées.

Art. 22. — Les greffiers des tribunaux civils et de commerce tiendront un registre coté et paraphé par le président, sur lequel ils inscriront jour par jour, les actes sujets aux droits de greffe, les expéditions qu'ils délivreront, la nature de chaque expédition, le nombre des rôles, le nom des parties avec mention de celle à laquelle l'expédition sera délivrée (loi du 21 ventôse an VII, art. 13). Ils seront tenus de communiquer ce registre aux préposés de l'enregistrement toutes les fois qu'ils en seront requis (*ibidem*).

Art. 23. — Lors de la mise au rôle de chaque cause, les parties devront consigner, entre les mains du greffier, la somme présumée nécessaire pour acquitter les droits de rédaction des jugements et des doubles minutes et pour couvrir les frais d'enregistrement.

Art. 24. — Le greffier ne pourra délivrer aucune expédition que les droits n'aient été acquittés, sous peine de restitution du droit et d'une amende de 100 fr., et, suivant les cas, de poursuites devant les tribunaux.

Les expéditions demandées par l'Administration seront délivrées gratis, et le greffier mentionnera que l'expédition a été requise par tel administrateur, lequel signera la mention.

Art. 25. — Dans tous les cas non spécialement prévus, le montant des droits sera payé ou avancé, entre les mains du greffier, par le requérant.

Art. 26. — Il est défendu aux greffiers et à leurs commis d'exiger ni recevoir d'autres droits de greffe, ni aucun droit de prompte expédition, à peine de 100 francs d'amende et de destitution.

Les droits ainsi établis seront alloués aux parties dans la taxe des dépens, sur les quittances des receveurs de l'enregistrement mises au bas des expéditions, et sur celles données par les greffiers, de l'acquit du droit de mise au rôle et de rédaction, lesquelles ne seront assujetties à aucun droit.

La prescription de deux ans établie par l'art. 62, n° 1, de la loi du 22 frimaire an VII est applicable aux droits de greffe comme à ceux d'enregistrement.

TITRE II

CHAPITRE PREMIER

ACTES D'HUISSIER

Taxe des huissier des Juges de paix

Art. 27. — Pour l'original :

De chaque citation contenant demande ;

(C. pr. 16, 19). De signification de jugement ;

(C. pr. 17). De sommation de fournir caution ou d'être présent à la réception et soumission de caution ordonnée ;

(C. pr. 20). D'opposition au jugement par défaut contenant assignation à la prochaine audience ;

(C. pr. 32). De demande en garantie ;

(C. pr. 34). De citation aux témoins ;

(C. pr. 42). De citation aux gens de l'art. et experts ;

(C. pr. 52). De citation en conciliation ;

(C. civ. 406). De citation aux membres qui doivent composer le conseil de famille ;

De notification de l'avis du conseil de famille ;

(C. pr. 926). De l'opposition aux scellés ;

De sommation à la levée de scellés...... 1 fr. 50

Et pour chaque copie des actes ci-dessus énoncés le quart de l'original................. 0 fr. 40

Pour chaque copie des pièces, qui pourra être donnée avec les actes, par chaque rôle d'expédition de vingt lignes à la page et de quinze syllabes à la ligne, le quart du coût de l'original soit... 0 fr. 40

Pour appel de cause.................. 0 15

Pour signification de jugement avec commandement ou signification de commandement.. 2 fr. 00

Pour la copie, le quart de l'original.... 0 50

Pour la copie de pièces, le quart de l'original 0 50

Tribunaux et Cours d'appel

I. — ACTES DE PREMIÈRE CLASSE

Art. 28. — Pour l'original d'un exploit d'appel du jugement de la justice de paix, d'un exploit d'assignation, même en cas de domicile inconnu dans la colonie et d'affiche à la porte de l'auditoire (C. pr. 16, 59, 61 et 69, n° 8).................. 2 fr. 00

Art. 29. — (C. pr. 65). Pour les copies des pièces qui doivent être données avec l'exploit d'assignation et autres actes, par rôle contenant vingt lignes à la page et dix syllabes à la ligne ou évalué sur ce pied .... 0 fr. 50

Le droit de copies de toute espèce de pièces et de jugements appartiendra à l'avocat-défenseur, quand les copies de pièces seront faites par lui ; l'avoué sera tenu de signer les copies de pièces et de jugements et sera garant de leur exactitude.

Les copies seront correctes et lisibles à peine de rejet de la taxe.

Art. 30. — Pour l'original :

(C. pr. 121). D'une sommation d'être présent à la prestation d'un serment ordonné ;

(C. pr. 147). D'une signification de jugement à domicile ;

(C. pr. 153). D'une signification d'un jugement de jonction par un huissier commis ;

(C. pr. 156). De signification d'un jugement par défaut contre partie, par un huissier commis ;

(C. pr. 162). D'opposition aux jugements par défaut rendus contre partie ;

(C. pr. 204). De sommation aux experts et aux dépositaires des pièces de comparaison, en vérification d'écritures ;

(C. pr. 223). De signification aux dépositaires de l'ordonnance ou du jugement qui porte que la minute de la pièce sera apportée au greffe ;

(C. pr. 260, 261). D'assignation aux témoins dans les enquêtes ;

D'assignation à la partie contre laquelle se fait l'enquête ;

(C. pr. 307). De signification de l'ordonnance du juge-commissaire pour faire prêter serment aux experts ;

(C. pr 329). De la signification de la requête et des ordonnances pour faire subir interrogatoire sur faits et articles ;

(C. pr. 350). De la signification du jugement rendu par défaut contre partie, sur demande en reprise d'instance, par un huissier commis ;

(C. pr. 355). De signification du désaveu ;

(C. pr. 365). De signification du jugement portant permission d'assigner en règlement des juges, contenant assignation ;

(C. pr. 415). Pour l'original d'une demande formée au Tribunal de Commerce ;

(C. pr. 429). D'une sommation de comparaître devant les arbitres ou experts, nommés par le Tribunal de Commerce ;

(C. pr. 435). De signification de jugement par défaut du Tribunal de Commerce, par un huissier commis ;

(C. pr. 436, 437). Pour l'original d'opposition au jugement par défaut rendu par le Tribunal de Commerce, contenant les moyens d'opposition et assignation ;

(C. pr. 439). De signification des jugements contradictoires ;

(C. pr. 440 et 441). De l'acte de présentation de caution, avec sommation à jour et heure fixes de se présenter au greffe pour prendre communication des titres de la caution, et assignation à l'audience, en cas de contestation, pour y être statué ;

(C. pr. 456). Original d'un acte d'appel de jugements des Tribunaux de première instance et de Commerce, contenant assignation ;

(C. pr. 447). De signification de jugement à des héritiers collectivement, au domicile du défunt ;

(C. pr. 507). D'une réquisition aux Tribunaux de juger, en la personne du greffier ;

(C. pr. 514). De la signification de la requête et du jugement qui admet une prise à partie ;

(C. pr. 518). De signification de la présentation de caution, avec copie de l'acte de dépôt au greffe, des titres de solvabilité de la caution ;

(C. pr. 534). De signification de l'ordonnance du juge commis, pour entendre un compte, et sommation de se trouver devant lui aux jour et heures indiqués, pour être présent à la présentation et affirmation ;

(C. pr. 557, 558, 559). D'un exploit de saisie-arrêt ou opposition contenant énonciation de la somme pour laquelle elle est faite et des titres ou de l'ordonnance du juge ;

(C. pr. 564). De la dénonciation au tiers saisi de la demande en validité formée contre le débiteur saisi ;

(C. pr. 570). De l'assignation au tiers saisi pour faire sa déclaration ;

(C. pr. 583, 584). D'un commandement pour parvenir à une saisie exécution ;

(C. pr. 602). De la notification de la saisie-exécution faite hors du domicile du saisi, en son absence ;

(C. pr. 606). D'une assignation en référé à la requête du gardien qui demande sa décharge, et une sommation à la partie saisie pour être présente au récolement des effets saisis, quand le gardien a obtenu sa décharge ;

(C. pr. 608). D'une opposition à vente à la requête de celui qui se prétendra propriétaire des objets saisis, entre les mains du gardien ; de dénonciation des preuves de propriété ; le gardien ne pourra être assigné ;

(C. pr. 610). D'une opposition sur le prix de la vente, qui en contiendra les causes ;

(C. pr. 612). D'une sommation au premier saisissant de faire vendre ;

(C. pr. 614). D'une sommation à la partie saisie pour être présente à la vente qui ne serait faite au jour indiqué par le procès-verbal de saisie-exécution ;

(C. pr. 626). Pour l'original du commandement qui doit précéder la saisie-brandon ;

(C. pr. 628). De dénonciation de la saisie-brandon au gardien qui ne sera pas présent au procès-verbal ;

(C. pr. 636). Du commandement qui doit précéder la saisie de rentes constituées sur particuliers ;

(C. pr. 641). De dénonciation à la partie saisie de l'exploit de saisie de rentes constituées sur particuliers ;

(C. pr. 659, 660). D'une sommation aux créanciers de produire dans les contributions, et à la partie saisie de faire communication des pièces produites et de contredire, s'il y échet ;

(C. pr. 661). D'une sommation à la partie saisie, à la requête du propriétaire, de comparaître en référé devant le juge-commissaire pour faire statuer préliminairement sur son privilège pour raison des loyers à lui dus ;

(C. pr. 663). De dénonciation à la partie saisie de la clôture du procès-verbal du juge-commissaire, en contribution, avec sommation d'en prendre communication et de contredire sur le procès-verbal dans la quinzaine ;

(C. pr. 753). Des sommations aux créanciers inscrits de produire dans les ordres ;

(C. pr. 807). D'assignation en référé, dans le cas d'urgence, ou lorsqu'il s'agit de statuer sur les difficultés relatives à l'exécution d'un titre exécutoire ou d'un jugement ;

(C. pr. 809). De signification d'une ordonnance sur référé ;

(C. civ. 1259). D'une sommation d'être présent à la consignation de la somme offerte ;

De dénonciation du procès-verbal de dépôt de la chose ou de la somme consignée, au créancier qui n'était pas présent à la consignation ;

(C. civ. 1264). De sommation aux créanciers d'enlever le corps certain, qui doit être livré au lieu où il se trouve ;

(C. pr. 819). D'un commandement à la requête des propriétaires et principaux locataires, de maisons ou biens ruraux, à leurs locataires, sous-locataires et fermiers, pour paiement de loyers ou fermages échus ;

(C. civ. 2183). De la notification aux créanciers inscrits de l'extrait du titre du nouveau propriétaire, de la transcription et du tableau prescrit par l'article 2183 du code civil ;

(C. pr. 839). D'une assignation et sommation à un notaire, et aux parties intéressées, s'il y a lieu, pour avoir expédition d'un acte parfait ;

(C. pr. 844). Ou une seconde grosse ;

(C. pr. 860). D'une sommation à la requête de la femme à son mari, de l'autoriser ;

(C. pr. 856). D'une demande à domicile, à fin de rectification d'un acte de l'état civil ;

(C. pr. 876). D'une demande en séparation de corps ;

(C. civ. 235). Loi du 18 avril 1886. — Divorce). De la citation, par huissier commis, à l'époux défendeur en divorce, pour comparution devant le juge ;

(C. civ. 238 et 240). Loi du 18 avril 1886. — Divorce). D'une assignation, sur autorisation de citer donnée par le juge, ou après l'expiration du délai imposé dans les conditions de l'article 246 du code civil ;

(C. civ. 252). Loi du 18 avril 1886. — Divorce). De la signification de la décision devenue définitive prononçant le divorce, à l'officier de l'état civil compétent, avec certificats joints ;

(C. pr. 883). D'assignation pour demander la réformation d'un avis du conseil de famille qui n'a pas été unanime ;

(C. pr. 888). De l'opposition formée, à la requête des membres d'un conseil de famille, à l'homologation de la délibération ;

(C. pr. 947). De sommation aux parties qui doivent être appelées à la vente des meubles dépendants d'une succession ;

(C. pr. 976). De sommation aux copartageants de comparaître devant le juge-commissaire ;

(C. pr. 980). De sommation aux parties pour assister à la clôture du procès-verbal de partage chez le notaire ;

(C. pr. 992). De sommation à la requête d'un créancier, à l'héritier bénéficiaire, de donner caution ;

(C. pr. 1018). De sommation aux arbitres de se réunir au tiers arbitre pour vider le partage ;

De tout exploit contenant sommation de faire une chose, ou opposition à ce qu'une chose soit faite, protestation de nullité, et généralement de tous actes simples du ministère des huissiers, non compris dans les autres parties du présent tarif, ci. 2 fr. 00

Pour chaque copie, le quart de l'original. 0 50

Indépendamment des copies de pièces qui n'auront pas été faites par les avocats-défenseurs et qui seront taxées comme il a été dit ci-dessus, art. 28.

11

II. — Actes de seconde classe et procès-verbaux.

Art. 31 — (C. pr. 45). Pour l'original de la récusation du juge de paix, qui en contiendra les motifs, et qui sera signé par la partie ou son fondé de pouvoir spécial, ainsi que la copie. . . . . 3 fr. 00
Et pour la copie, le quart. 0   75
Art. 32. — (C. pr. 585, 586, 587 588, 589, 590 et 601). Pour un procès-verbal de saisie-exécution, qui durera trois heures, y compris le temps nécessaire pour requérir, soit le juge de paix, soit le commissaire de police ou les maire et adjoint, en cas de refus d'ouverture de porte, en ce non compris la taxe des témoins . . . . 21 fr. 00
Si la saisie dure plus de trois heures, par chacune des vacations subséquentes aussi de trois heures, et non compris la taxe des témoins. . . . . 15 fr. 00
Débours pour la taxe des témoins, pour la première vacation de trois heures. . . . . 6 fr. 00
Pour les vacations subséquentes aussi de trois heures . . . . 4 fr. 00
Pour les copies à remettre à la partie saisie et au gardien ensemble, à Hanoï. . . . . 3 fr. 00
Dans les Tribunaux. 1   00
Art. 33. — (C. pr. 587). Vacation du commissaire de police qui aura été requis pour être présent à l'ouverture des portes et des meubles fermant à clef, ou aux maire et adjoint, si ces derniers le requièrent. . . . . 4 fr. 00
Art. 34. — (C. pr. 590). Vacation de l'huissier pour déposer au lieu établi pour les consignations ou entre les mains du dépositaire qui sera convenu, les deniers comptants qui pourraient avoir été trouvés, sauf le cas de dépôt à la Caisse des dépôts et consignations . . . . 4 fr. 00
Art. 35. — (C. pr. 606). Pour un procès-verbal de récolement des effets saisis, quand le gardien aura obtenu sa décharge . . . . . . 21 fr. 00
Ce procès-verbal ne contiendra aucun détail, si ce n'est pour constater les effets qui pourraient se trouver en déficit; et l'huissier ne sera point assisté de témoins. Il sera laissé copie du procès-verbal de récolement au gardien qui aura obtenu sa décharge; il remettra la copie de la saisie qu'il avait entre les mains au nouveau gardien; qui se chargera du contenu sur le procès-verbal de récolement.
Pour chacune des copies à donner du procès-verbal de récolement . . . . 3 fr. 00
Art. 36. — (C. pr. 611). Dans le cas de saisie antérieure et l'établissement de gardien, pour le procès-verbal de récolement sur le premier procès-verbal que le gardien sera tenu de représenter et qui, sans entrer dans aucun détail et contenant seulement la saisie des effets omis et sommation au premier saisissant de vendre, témoins et copies non compris, sera taxé. . . . . 21 fr. 00
Débours pour les témoins, ensemble. . . 6   00
Et pour chaque copie 3   00
Art. 37. — (C. pr. 616). Pour le procès-verbal de récolement qui précédera la vente et qui ne contiendra aucune énonciation des effets saisis, mais seulement de ceux en déficit, s'il y en a, non compris les témoins . . . . 21 fr. 00
Débours pour les témoins, ensemble . . 6   00
Il ne sera point donné de copie.
Art. 38. — (C. pr. 617). S'il y a lieu au transport des effets saisis, l'huissier sera remboursé de ses frais sur les quittances qu'il en représentera ou sur sa simple déclaration, si les voituriers et gens de peine ne savent écrire, ce qu'il constatera par son procès-verbal de vente.

Il sera alloué à l'huissier qui procédera à la vente, pour la rédaction de l'original du placard qui doit être affiché. . . . . 2 fr. 00
Pour chacun des placards, s'ils sont manuscrits. . . . . 1 fr. 00
Et s'ils sont imprimés, l'huissier qui procédera à la vente en sera remboursé sur les quittances de l'imprimeur et de l'afficheur.
Art. 39. — Pour l'original de l'exploit qui constatera l'apposition des placards dont il ne sera point donné copie. . . . . 21 fr. 00
Il sera passé en outre la somme qui aura été payée pour insertion de l'annonce de la vente dans un journal, si la vente est faite dans une ville où il s'en imprime.
Pour chaque vacation de trois heures à la vente, le procès-verbal compris, il sera taxé à l'huissier dans les lieux où ils sont autorisés à la faire. 8 fr. 00
Et dans les lieux où les ventes sont faites par les commissaires-priseurs, il sera alloué à l'huissier, pour requérir le commissaire-priseur, une vacation de . . . . 2 fr. 00
Art. 40. — (C. pr. 623). En cas d'absence de la partie saisie, son absence sera constatée; il ne sera nommé aucun officier pour la représenter.
Art. 41. — (C. pr. 620, 621). Dans le cas de publication, sur les lieux où se trouvent les barques, chaloupes ou autres bâtiments, prescrite par l'art. 620 du Code, et dans le cas d'exposition de la vaisselle d'argent, bagues et joyaux, ordonnée par l'art. 621, il sera alloué à l'huissier, pour chacune des deux premières publications ou expositions. . . 6 fr. 00
La troisième publication ou exposition est comprise dans la vacation de vente.
Dans les villes où il s'imprime des journaux, les vacations pour publications ou expositions ne pourront être allouées aux huissiers, attendu qu'il doit y être suppléé par l'insertion dans un journal.
Si l'expédition du procès-verbal de vente est requise par l'une des parties, il sera alloué à l'huissier qui aura procédé à la vente, par chaque rôle d'expédition contenant vingt-cinq lignes à la page et dix à douze syllabes à la ligne . . . . . 1 fr. 00
Art. 42. — (C. pr. 657). Pour la vacation de l'huissier qui aura procédé à la vente, pour faire taxer les frais par le Juge.
Pour la minute de son procès-verbal. . 3 fr. 00
Et pour consigner les deniers provenant de la vente. . . . . 3 fr. 00
Art. 43. — (C. pr. 627). Pour un procès-verbal de saisie-brandon contenant l'indication de chaque pièce, sa contenance et sa situation, deux au moins de ses tenants et aboutissants, et la nature des fruits, quand il n'y sera pas employé plus de trois heures. 21 fr. 00
Et quand il y aura employé plus de trois heures, pour chacune des autres vacations . . . . . 15 fr. 00
L'huissier ne sera point assisté de témoins.
Art. 44. — (C. pr. 628). Pour les copies à délivrer à la partie saisie, au maire de la commune et au gardien, par chacune. . . . . 2 fr. 00
Art. 45. — (C. pr. 637). Pour un exploit de saisie du fonds d'une rente constituée sur particuliers, contenant assignation au tiers saisi en déclaration affirmative. . . . . 2 fr. 00
Pour la copie, le quart 0   50
Art. 46. — (C. pr. 813). Pour l'original d'un procès-verbal d'offres, contenant le refus ou l'acceptation du créancier. . . . . 3 fr. 00
Pour la copie, le quart 0 75
Art. 47. — (C. civ. 1259). Pour l'original d'un

procès-verbal de consignation de la somme ou de la chose offerte. . . . . 21 fr. 00
Pour chaque copie à laisser au créancier s'il est présent, et au dépositaire . . . . . 3 fr. 00
Art. 48. — (C. pr. 819, 822, 825). Les procès-verbaux de saisie-gagerie sur les locataires et fermiers, les procès-verbaux de carence et les procès-verbaux de saisie des effets du débiteur forain, seront taxés comme ceux de saisie-exécution, ainsi que tout le reste de la poursuite.
Art. 49. — (C. pr. 820). Pour un procès-verbal tendant à saisie revendication, s'il y a refus de portes ou opposition à la saisie, contenant assignation en référé devant le juge, non compris les témoins . . . . 5 fr. 00
Débours pour les témoins, ensemble . . 6 00
Pour la copie, le quart du coût de l'original. 1 25
Le procès-verbal de saisie revendication sera taxé comme celui de saisie-exécution.

III. — Ventes judiciaires de biens immeubles

Art. 50. — Actes de première classe.
Il est alloué aux huissiers :
(C. pr. 673). Pour l'original du commandement tendant à saisie immobilière. . . . . . . 3 fr. 00
Pour chaque copie, le quart de l'original. 0 75
Pour droit de copie du titre, par rôle contenant 20 lignes à la page et 10 syllabes à la ligne ou évalué sur ce pied . . . . 0 fr. 25
(C. pr. 681. Pour l'original de l'action en référé ;
(C. pr. 684). De la demande en nullité de bail ;
(C. pr. 685). De l'acte d'opposition entre les mains des fermiers ou locataires, ou de la simple sommation aux-mêmes ;
(C. pr. 687). De la signification aux créanciers inscrits, de l'acte de la consignation faite par l'acquéreur, en cas d'aliénation qui peut avoir lieu après saisie immobilière sous la condition de consigner ;
(C. pr. 691 et 692). De la sommation à la partie saisie et aux créanciers inscrits de prendre communication du cahier des charges ;
(C. pr. 710). De la signification du jugement d'adjudication ;
(C. pr. 717). De la demande en résolution qui doit être formée avant l'adjudication et notifiée au greffe ;
(C. pr. 718). De l'exploit d'assignation ;
(C. pr. 725). De la demande en distraction de tout ou partie des objets saisis immobilièrement ;
(C. pr. 732). De l'acte d'appel qui doit être en même temps notifié au greffier du tribunal et visé par lui ;
(C. pr. 735). De la signification du bordereau de collocation avec commandement ;
(C. pr. 736). De la signification des jour et heure de l'adjudication sur folle enchère ;
(C. pr. 737). De la sommation à faire à l'ancien et au nouveau propriétaire et, s'il y a lieu, aux créanciers surenchérisseurs ;
(C. pr. 902). De l'avertissement qui doit être donné au subrogé-tuteur ;
(C. pr. 966). De la demande en partage ;
Et généralement de tous les actes simples non compris dans l'article suivant . . . . . 2 fr. 00
Pour chaque copie, le quart de l'original. 0 50
Art. 51. — Procès-verbaux et actes de seconde classe ;
(C. pr. 675). Pour un procès-verbal de saisie immobilière auquel il n'aura été employé que trois heures . . . . 21 fr. 00

Cette somme sera augmentée pour chacune des vacations subséquentes qui auront pu être employées de . . . . 15 fr. 00
L'huissier ne se fera pas assister de témoins.
(C. pr. 677). Pour la dénonciation de la saisie immobilière à la partie saisie . . . . . 3 fr. 00
Pour la copie de ladite dénonciation, le quart . . . . 0 fr. 75
(C. pr. 832 ; C. civ. 2185). Pour l'original de l'acte contenant réquisition d'un créancier inscrit, à fin de mise aux enchères et adjudication publique de l'immeuble aliéné par son débiteur. . . . . 5 fr. 00
Et pour la copie, le quart. 1 25
L'original et la copie de cette réquisition seront signés par le requérant ou par son fondé de procuration spéciale.
(C. pr. 699, 704, 709, 735, 741, 743, 836, 959, 972, 998, 907). Pour le procès-verbal d'apposition de placards dans toutes les ventes judiciaires, y compris le salaire de l'afficheur. . . . . 21 fr. 00
Art. 52. — Les frais de transport seront taxés comme il est dit ci-après aux articles 70 et 71.
Il sera taxé, pour visa de chacun des actes qui y sont assujettis, comme il est dit ci-après en l'article 72.
Art. 53. — Il est alloué aux huissiers audienciers des Tribunaux de première instance ;
(C. pr. 650). Pour la publication du cahier des charges. . . . . 1 fr. 00
(C. pr. 705 et 706). Lors de l'adjudication, y compris les frais de bougies, que les huissiers disposeront et allumeront eux-mêmes . . . 5 fr. 00
Ce droit sera alloué, à raison de chaque lot adjugé, quelle qu'en soit la composition ; sans qu'il puisse être exigé sur un nombre de lots supérieur à six.
Lorsqu'après l'ouverture des enchères, l'adjudication n'aura pas lieu, il sera alloué aux huissiers, y compris les frais de bougies et quel que soit le nombre des lots. . . . . 5 fr. 00
Art. 54. — Lorsque le prix d'adjudication ne dépassera pas mille francs (1.000 fr.), les huissiers subiront une réduction du quart sur les émoluments à eux dus et alloués par application du présent tarif, cela conformément aux dispositions de l'article 3, § 2, de la loi du 23 octobre 1884, promulguée dans la colonie par arrêté du 28 août 1800.

IV. — Contrainte par corps

Art. 55. — Il est alloué à tous huissiers :
1° (C. pr. 780). Pour l'original de la signification du jugement qui prononce la contrainte par corps avec commandement, ... 2 fr. 00
Pour la copie, le quart. 0 50
Pour droit de copie du jugement (droit fixe). 2 00
sans qu'il puisse être passé d'autres droits ou taxe, dans le cas où la signification et commandement seraient faits par actes séparés ;
2° (C. pr. 796). Pour l'original de la signification du jugement qui déclare un emprisonnement nul. 2 fr 00
Pour la copie à laisser au geôlier ou au gardien, le quart. . . . . 0 fr. 50
Art. 56. — Il est alloué aux huissiers :
1° (C. pr. 783, 789). Pour le procès-verbal d'emprisonnement d'un débiteur, non compris l'assistance de deux recors, mais y compris l'écrou. . . . 60 fr. 00
Débours pour les deux recors. 10 00
Pour la copie du procès-verbal d'emprisonnement et de l'écrou, le tout ensemble. . . . . 2 fr. 00
Il ne pourra être passé en taxe aucun procès-verbal de perquisition, pour lequel les huissiers n'auront point de recors ; même contre leur partie, les sommes ci-dessus leur étaient allouées en

consideration de toutes les démarches qu'ils pourraient faire, autres que celles expressément rému-
nérées par le présent tarif;

2° (C. pr. 781). Pour la vacation tendant à obtenir
l'ordonnance du juge de paix à l'effet, par ce dernier,
de se transporter dans le lieu où se trouve le débiteur condamné par corps et à requérir son transport... 2 fr. 00

3° (C. pr. 786). Pour vacation en référé, si le débiteur arrêté le requiert............... 5 fr. 00

4° (C. pr. 792, 793). Pour un acte de recommandation d'un débiteur emprisonné sans assistance de
recors............................... 3 fr. 00

Pour chaque copie au débiteur et au geôlier, le
quart............................... 0 fr. 75

Art. 57. — Il est alloué aux huissiers pour rédaction du pouvoir spécial exigé par l'art. 556 du code
de procédure civile.................... 1 fr. 00

Art. 58. — Il ne sera alloué aucun droit au gardien ou geôlier à raison de la transcription, sur son
registre, du jugement prononçant la contrainte par
corps.

Art. 59. — Seront alloués, en outre, les simples
déboursés d'enregistrement.

Pour frais de déplacement, il sera taxé comme il
est dit ci-dessous, aux articles 70 et 71.

V. — Frais de protêt

Art. 60. — 1° Protêt simple :

Original et copie .... 2 fr. 00

Droit de copie de l'effet sur l'original et la copie
du protêt, transcription de l'effet et du protêt sur le
répertoire .... 1 fr. 50

2° Protêt à deux domiciles ou avec besoin :

Les frais du protêt simple au total, moins les débours d'enregistrement .... 3 fr. 50

Pour le second domicile ou le besoin. . 1   00

Emoluments 1   65

3° Protêt à deux effets :

Les frais du protêt simple au total, moins les
débours d'enregistrement .... 3 fr. 50

Copie du 2° effet sur l'original et la copie 0   50

Transcription de l'effet sur le registre. . 0   25

4° Protêt de perquisition :

Original et copie du procès-verbal et du protêt............................... 5 fr. 00

Droit de deux copies à afficher au tribunal de
commerce et au tribunal civil. ...... 2 fr. 50

Les copies du titre, ... 1   00

Visa du parquet.................... 1   00

Transcription du titre au registre 0   25

Transcription du procès-verbal de perquisition et
du protêt .... 1 fr. 25

5° Protêt au parquet :

Les frais du protêt simple........... 3 fr. 50

Deuxième copie au parquet 0   60

Troisième au tribunal, et droit de copie du
titre.............................. 1 fr. 50

Visa.............................. 1   00

6° Intervention :

Original et copie .... 2 fr. 00

Copie de l'exploit 0   50

Copie du billet, copie du protêt, copie d'intervention........................... 0 fr. 70

Copie de compte de retour 0   25

VI. — Expropriation pour cause d'utilité publique

Art. 61. — Il sera alloué à tous huissiers, pour
l'original :

1° De la notification de l'extrait du jugement
d'expropriation aux personnes désignées dans les

articles 15 et 21 du décret du 16 février 1878 ;

2° De la signification de l'arrêt de la Cour d'appel,
statuant en matière d'annulation (art. 20 et 46 du
même décret) ;

3° De la dénonciation de l'extrait du jugement
d'expropriation aux ayants-droit mentionnés aux
articles 21 et 22 ;

4° De la notification de l'arrêté administratif qui
fixe la somme offerte pour indemnité (art. 23) ;

5° De l'acte contenant acceptation des offres faites
par l'administration, avec signification, s'il y a lieu,
des autorisations requises (art. 24, 25 et 26) ;

6° De l'acte portant convocation des jurés et des
parties, avec notification aux parties d'une expédition de la décision par laquelle a été formée la liste
du jury (art. 35 et 37) ;

7° De la notification au juré défaillant de l'ordonnance du directeur du jury qui l'a condamné à l'a-
mende (art. 36) ;

8° De la notification de la décision du jury, revêtue de l'ordonnance d'exécution (art. 45) ;

9° De la sommation d'assister à la consignation,
dans le cas où il n'y aura pas ou d'offres réelles
(art. 57) ;

10° De la sommation à l'administration pour qu'il
soit procédé à la fixation de l'indemnité (art. 58) ;

11° De l'acte contenant réquisition par le propriétaire de la consignation des sommes offertes,
dans le cas où cette réquisition n'... a été faite par
l'acte même d'acceptation (art. 63) ;

12° Et généralement de tous actes simples auxquels pourra donner lieu l'expropriation, ci. 2 fr. 00

Art. 62. — Il sera alloué à tous huissiers, pour
l'original :

1° De la notification du pourvoi en annulation
formée, soit contre le jugement d'expropriation, soit
contre la décision du jury (art. 20 et 46) ;

2° De la dénonciation faite au directeur du jury
par le propriétaire ou l'usufruitier, des noms et qualités des ayants-droit mentionnés au paragraphe 1er
de l'article 21 du décret précité (art. 21 et 22) ;

3° De l'acte par lequel les parties intéressées font
connaître leur réclamation (art. 18, 21, 43, 53,
et 57) ;

4° De l'acte d'acceptation des offres de l'administration, avec réquisition de consignation (art. 24
et 63) ;

5° De l'acte par lequel la partie qui refuse les
offres de l'administration indique le montant de ses
prétentions (art. 17, 24, 28 et 56) ;

6° De l'opposition formée par un juré à l'ordonnance du magistrat, directeur du jury, qui l'a condamné à l'amende (art. 36) ;

7° De la réquisition du propriétaire tendant à
l'acquisition de la totalité de son immeuble (art. 55) ;

8° De la demande à fin de rétrocession des terrains
non employés à des travaux d'utilité publique
(art. 64 et 65) ;

9° De la demande tendant à ce que l'indemnité
d'une expropriation déjà commencée soit réglée
conformément à l'art. 71 dudit décret ;

10° Enfin de tous actes qui, par leur nature,
pourront être assimilés à ceux dont l'énumération
précède................................. 2 fr. 50

Art. 63. — Il sera alloué à tous huissiers, pour
l'original :

1° Du procès-verbal d'offres réelles contenant le
refus ou l'acceptation des ayants-droit, et sommation
d'assister à la consignation (article 56)... 3 fr. 00

2° Du procès-verbal de consignation, soit qu'il y ait

ou ou non offres réelles (art. 52, 56 et 57). 21 fr. 00

Art. 64. — Il sera alloué pour chaque copie des exploits ci-dessus, le quart de la somme fixée pour l'original, sauf pour la copie du procès-verbal de consignation (articles 52, 56, 27), qui sera taxée à . . . . 3 fr. 00

Art. 65. — Lorsque les copies des pièces dont la notification a lieu en vertu de la loi seront certifiées par l'huissier, il lui sera payé 30 centimes par chaque rôle, évalué à raison de 28 lignes à la page et 14 à 16 syllabes à la ligne (art 61) . 0 fr. 30

Art. 66. — Les copies déposées dans les archives de l'administration qui seront réclamées par les parties dans leur intérêt pour exécution de la loi, et qui seront certifiées par les agents de l'administration, seront payées au même taux que les copies certifiées par les huissiers.

Art. 67. — Il sera taxé pour visa des pièces et pour déplacement de l'huissier, comme il est dit ci-dessous.

VII. — GÉNÉRALITÉS.

Art. 68. — Il est alloué à l'huissier, pour chaque appel de cause sur le rôle et lors des jugements par défaut, interlocutoires ou définitifs, sans qu'il soit passé aucun droit pour les jugements préparatoires et de simple remise :

Au Tribunal de premier instance ou de Commerce . . . . 0 fr. 50

Dans les causes purement personnelles et mobilières, lorsque la demande n'excédera pas 300 francs, l'allocation ne sera que de . . . . 0 fr. 15

A la Cour d'appel 1 25

Art. 69. — L'huissier devra faire consigner par les parties le montant des frais d'enregistrement et du coût des actes pour lesquels il sera requis.

L'huissier sera tenu d'avoir un répertoire qui sera coté et paraphé par le président du Tribunal près duquel il exercera.

Tous les exploits y seront portés jour par jour.

Le coût des actes, les frais de voyage et les déboursés y seront mentionnés dans des colonnes séparées; les salaires perçus par l'huissier en vertu des articles du présent tarif y seront également énoncés; le tout à peine de 5 francs d'amende par chaque omission, ci . . . . 5 fr. 00

Art. 70. — Il est alloué aux huissiers en fonction près les Tribunaux de Hanoi et de Haiphong, lorsqu'ils se transporteront en dehors des limites officielles de ces villes et au delà d'un kilomètre par kilomètre, aller et retour . . . . 1 fr. 25

Lorsque l'huissier fera, dans le cours d'un voyage, plusieurs actes dans la même localité, ce droit sera réparti par égales portions sur chaque original. Il sera toutefois alloué, dans ce cas, un supplément de 1 fr. 50 par original . . . . 1 fr. 50

Les actes ou exploits signifiés en rade auront droit à une indemnité de . . . . 5 fr. 00

Art. 71. — Les fonctions d'huissier seront remplies dans les tribunaux de résidence par des agents à la désignation du Résident supérieur, sur la proposition du Procureur général. Ils auront droit, en cette qualité, à l'émolument des actes qu'ils seront chargés de faire.

Lorsque les agents chargés des fonctions près les tribunaux de l'intérieur seront requis de se transporter à plus de deux kilomètres de leur résidence, les frais de transport seront fixés par état et soumis à la taxe du juge-président.

Ils auront droit, en outre, à une indemnité fixe de

8 francs par jour passé hors de leur résidence . . . . 8 fr. 00

Et de 4 francs lorsque l'aller et le retour auront lieu dans la même journée . . . . 4 fr. 00

Art. 72. — Il sera taxé pour visa de chacun des actes qui y sont assujettis . . . . 1 fr. 00

En cas de refus de la part du fonctionnaire public qui doit donner le visa, et dans le cas où l'huissier sera obligé, à raison de ce refus, de réquérir le visa du Procureur de la République, le droit sera double.

Les huissiers qui seront commis pour donner des assignations, faire des significations de jugements, et tous autres actes, ou procéder à des opérations, ne pourront prendre de plus forts droits que ceux énoncés au présent tarif, à peine de restitution et d'interdiction, quels que soient la Cour et le Tribunal auxquels ils sont attachés.

Les huissiers qui auront omis de mettre au bas de l'original et de chaque copie des actes de leur ministère la mention du coût d'icelui, pourront indépendamment de l'amende portée par l'art. 67 du code de procédure civile, être interdits de leurs fonctions sur la réquisition d'office des officiers du ministère public.

CHAPITRE II

TÉMOINS. — EXPERTS. — FRAIS DE GARDE

Art. 73. — Il sera taxé aux témoins, sur leur demande, pour chaque journée de présence :

Européens . . . . 10 fr. 00
Indigènes ou asiatiques 2 00

Il sera, en outre de la taxe ci-dessus, alloué aux témoins domiciliés à plus de 10 kilomètres, une indemnité à raison de la distance, tant pour l'aller que pour le retour, savoir :

Européens { premier myriamètre . . . 15 fr. 00
{ les autres, par chaque . . 5 00

Indigènes ou asiaques, pour chaque myriamètre parcouru . . . . 2 fr. 00

Art. 74. — Il sera alloué aux experts pour vacation de trois heures . . . . 15 fr. 00

outre la vacation à la prestation de serment et la vacation au dépôt du rapport, qui seront payées chacune . . . . 6 fr. 00

Les experts auront droit à des frais de voyage, suivant les distinctions établies et au taux fixé en l'article précédent.

Il ne sera passé aux artisans chargés d'une expertise que la moitié des allocations ci-dessus.

Art. 75. — Si les experts sont obligés de se faire assister d'un maçon, d'un forgeron, d'un charpentier ou autres artisans, il sera alloué à chacun de ces ouvriers, par vacation de trois heures, savoir :

Européens . . . . 5 fr. 00
Indigènes ou asiatiques 2 00

Art. 76. — Dans tous les cas où les experts procèdent en présence du juge, il ne leur est rien alloué pour la prestation de serment et le dépôt du rapport.

Art. 77. — Le président réduira le nombre des vacations qui lui paraîtra excessif.

Art. 78. — Les frais de garde seront taxés, par jour, savoir :

Pour les douze premiers jours :

Européens . . . . 4 fr. 00
Indigènes ou asiatiques 2 00

ensuite, seulement :

Européens . . . . 2 fr. 00
Indigènes ou asiatiques 1 00

CHAPITRE III

INTERPRÈTES

Art. 79. — Il est alloué aux interprètes européens commissionnés près les tribunaux, et jouissant d'un traitement fixe annuel de l'Etat ou de la colonie:

Pour les traductions dans l'intérêt des parties, par rôle de vingt lignes à la page et de douze syllabes à la ligne:

De requêtes, billets, titres de propriété mobilière ou immobilière . . . . 2 fr. 00
De comptes. 3   00
De tous autres actes et pièces. 1   50

Pour vérification de traduction, la moitié des sommes allouées pour les traductions.

Au-dessous de 20 lignes de 12 syllabes chacune, il ne sera payé qu'un demi rôle.

Il ne s'agit en l'espèce que des pièces qui ne sont pas produites dans une instance, et qui sont soumises pour traduction à des interprètes commissionnés.

Les interprètes indigènes ou asiatiques n'auront droit qu'à la moitié des allocations indiquées ci-dessus.

Art. 80. — Chaque interprète de langues pour lesquelles il n'y a pas d'interprète commissionné, et jouissant d'un traitement fixe annuel de l'Etat ou de la colonie, aura droit aux allocations ci-dessus fixées, avec augmentation de moitié, sans distinction entre les pièces produites ou non produites dans une instance. Il aura droit, en outre, par vacation de trois heures, pour assister le juge aux interrogatoires sur faits et articles, aux enquêtes, aux visites de lieux et dans les cas semblables :

Européens. . . . . 15 fr. 00
Indigènes ou asiatiques 4   00

Les traductions faites des pièces produites dans les instances civiles et commerciales par les interprètes commissionnés et jouissant d'un traitement fixe annuel de l'Etat ou de la colonie, seront taxées d'après le tarif fixé ci-dessus, et le montant de la taxe sera compris dans la liquidation des dépens faits par le jugement.

Art. 81. — Les interprètes européens auront droit aux mêmes indemnités de voyage que l'huissier. Il sera accordé le tiers de ces indemnités aux interprètes indigènes et asiatiques.

Art. 82. — Toutes les sommes perçues par les interprètes commissionnés, en vertu des dispositions du présent chapitre, seront mentionnées sur un registre qui sera coté et paraphé par le Président de la Cour d'appel ou par le Président du Tribunal de 1re instance, et qui sera soumis régulièrement, à la fin de chaque mois, au visa du Procureur général ou du Procureur de la République, suivant que l'interprète commissionné sera affecté au service de la Cour ou du Tribunal.

CHAPITRE IV

NOTAIRES

Art. 83. — Il sera taxé aux notaires, pour les actes indiqués par le code civil et par le code de procédure civile, tels qu'ils ont été promulgués dans la colonie, par chaque vacation de trois heures:

1o (C. pr. 849). Aux compulsoires faits en leur étude ;

2o (C. pr. 852). Devant le juge, en cas que leur transport devant lui ait été requis ;

3o (C. Civ. 151, 152, 153, 154). A tout acte respectueux et formel pour demander le conseil du père et de la mère, ou celui des aïeuls et aïeules à l'effet de contracter mariage ;

4o (C. pr. 941 et suivants). Aux inventaires après décès ;

5o (C. pr. 944). En référé devant le président du Tribunal, s'il s'élève des difficultés ou s'il est formé des réquisitions pour l'administration de la communauté ou de la succession, ou pour tous autres objets ;

6o (C. pr. 977, 978, etc.). A tous les procès-verbaux qu'ils dresseront en tous autres cas et dans lesquels ils seront tenus de constater le temps qu'ils y auront employé ;

7o (C. pr. 977). Au greffe, pour y déposer la minute du procès-verbal des difficultés élevées dans les partages contenant les dires des parties . 11 fr. 25

Dans tous les cas où il est alloué des vacations au notaire, il ne lui sera rien passé pour les minutes de ses procès-verbaux. Tous les autres actes du ministère des notaires seront taxés par le juge, suivant leur nature et les difficultés que leur rédaction aura présentées, sur les renseignements qui lui seront fournis par les notaires et les parties. Il en sera de même des frais de voyage auxquels les notaires pourraient prétendre. Il sera passé aux notaires, pour la formation des comptes que les copartageants peuvent se devoir de la masse générale de la succession, des lots et des fournissements à faire à chacun des copartageants, une somme correspondante au nombre des vacations que le juge arbitrera avoir été employé à la confection de l'opération.

Art. 84. — Les doubles minutes que les notaires sont tenus d'établir pour le dépôt des chartes coloniales, lui seront payées par les parties à raison de 2 fr. 50 par rôle de 24 lignes à la page et de quinze syllabes à la ligne. . . . . 2 fr. 50

Art. 85. — Les expéditions de tous les actes reçus par les notaires, y compris celles des inventaires et de tous procès-verbaux, contiendront 25 lignes à la page et 15 syllabes à la ligne et seront payées par chaque rôle. . . . . 3 fr. 75

Art. 86. — Dans le cas où les tribunaux renverront des ventes d'immeubles par devant les notaires, ceux-ci auront droit pour la grosse du cahier des charges, par rôle contenant 25 lignes à la page et 12 syllabes à la ligne, à . . . . 2 fr. 00

Ils auront droit, en outre, sur le prix des biens vendus, jusqu'à 10.000 fr. à 1 p. 100 ; sur la somme excédant 10.000 fr. jusqu'à 50.000 fr. à 1/2 p. 100 ; sur la somme excédant 50.000 fr. jusqu'à 100.000 fr. à 1/4 p. 100, et, sur l'excédant de 100.000 fr. indéfiniment, à 1/8o de 1 p. 100. Moyennant les allocations ci-dessus, les notaires sont chargés de la rédaction du cahier des charges, de la réception des enchères et de l'adjudication ; ils ne pourront rien exiger pour les minutes de leurs procès-verbaux d'adjudication. Les défenseurs restent chargés de l'accomplissement des autres actes de la procédure ; ils auront droit aux émoluments fixés pour ces actes, et, lorsque l'expertise est facultative et n'aura pas été ordonnée, les défenseurs auront droit, en outre, à la différence entre la remise allouée pour ce cas par l'article 11 de l'ordonnance royale du 10 octobre 1841, et la remise fixée par le paragraphe 2 du présent article.

CHAPITRE V

COMMISSAIRES-PRISEURS

Art. 87. — Il sera alloué aux commissaires-priseurs, en outre du droit de 5 p. 100 payable par l'acquéreur et prévu dans le règlement du 15 décembre 1880, sur les salles de vente:

1o Pour les prisées, un droit de 2 p. 100, et par chaque vacation de trois heures . . . . . 6 fr. 00

2° Pour assistance aux référés, et par chaque vacation. . . . . 4 fr. 00

3° Pour tous droits de vente, vacation à ladite vente et rédaction de la minute, non compris les débours pour y parvenir et en acquitter le droit, non plus que la rédaction des placards, quelque soit le produit de la vente. . . . . 2 1/2 p. 100

4° Pour droit de gardiennage, au cas de dépôt dans la salle des ventes plus de vingt-quatre heures avant la vente. . . . . 1/2 p. 100

5° Pour déclaration de la vente (droit fixe invariable) . . . . 1 fr. 00

6° Pour publication, frais de coolis, etc. (droit fixe invariable). . . . . 1 fr. 50

7° Pour rédaction de l'original du placard qui doit être affiché, en quelque langue que ce soit. 2 fr. 00

8° Pour chacun des placards, s'ils sont manuscrits . . . . 0 fr. 50

Et s'ils sont imprimés, le déboursé devra être justifié par la quittance de l'imprimeur ;

9° Pour expédition ou extrait des procès-verbaux de ventes qui seraient demandés, par rôle de 25 lignes à la page et de 15 syllabes à la ligne ou évalué sur ce pied . . . . 1 fr. 00

10° Pour consignation à la Caisse des dépôts, ou toutes autres caisses, s'il y a lieu. . . . 20 fr. 00

11° Pour l'assistance à l'essai et au poinçonnage des articles d'or et d'argent, d'une manière générale, vérification de métaux précieux, pierreries, etc . . . . 0 fr. 00

12° Pour l'établissement de la facture portant état des frais de vente (droit fixe) . . . . 0 fr. 25

Lorsque les préliminaires relatifs à une vente auront été accomplis pour l'effectuer et que, par suite d'ordres ultérieurs, cette vente n'aura pas lieu, le commissaire-priseur aura droit à une demi-commission calculée sur la valeur approximative des marchandises qui devaient être vendues. Si la taxe est demandée, elle sera faite par le Président du Tribunal de première instance.

Art. 88. — Lorsqu'ils en seront requis, les commissaires-priseurs seront tenus de procéder aux ventes du gouvernement, moyennant, pour tous droits, une remise de 2 %, quel que soit le produit de la vente.

Art. 89. — Toutes perceptions directes ou indirectes autres que celles autorisées par le présent tarif, à quelque titre que ce soit et sous quelque dénomination qu'elles aient lieu, sont formellement interdites.

En cas de contravention, le commissaire-priseur pourra être suspendu ou destitué, sans préjudice de l'action en répétition de la partie lésée, et des peines prononcées par la loi contre la concussion.

Il est également interdit aux commissaires-priseurs de faire aucun abondement ou modification à raison des droits ci-dessus fixés.

Toute contravention sera punie d'une suspension de quinze jours à six mois. En cas de récidive, la destitution pourra être prononcée.

CHAPITRE VI

ACTES DE L'ÉTAT CIVIL

Art. 90. — Il sera alloué, soit à l'officier de l'état civil, soit au greffier du Tribunal de 1re instance :

Pour l'expédition d'un acte de naissance, de décès ou de publication de mariage . . . . . 0 fr. 75

Pour l'expédition d'un acte de mariage ou d'adoption . . . . 1 fr. 50

Il n'est rien dû pour la confection des actes de l'état civil et leur inscription sur les registres.

TITRE III

Règlement et tarif des frais en matière criminelle, correctionnelle et de simple police.

Art. 91. — Les décrets du 18 juin 1811 et du 7 avril 1813 seront, dans toutes leurs dispositions, applicables aux pays de l'Indo-Chine, et compatibles avec l'organisation judiciaire de ces pays et la forme de procéder devant les Cours d'assises, suivis comme pour Paris, sous les exceptions et modifications suivantes :

Honoraires et vacations des médecins, chirurgiens, sages-femmes, experts et interprètes (chapitre II, titre Ier, du décret du 18 juin 1811).

Art. 92. — Chaque médecin ou chirurgien recevra, savoir :

1° Pour chaque visite et rapport, y compris le premier pansement . . . . 20 fr. 00

2° Pour les ouvertures ordinaires de cadavres et autres opérations plus difficiles que la simple visite, et en sus du droit ci-dessus . . . . 15 fr. 00

3° Pour les ouvertures de cadavres après exhumations, pareillement en sus du droit pour la visite et le rapport. . . . . 30 fr. 00

Art. 93. — Les honoraires et vacations des sages-femmes et des experts, fixés par le tarif de 1811, seront augmentés de moitié.

Art. 94. — Chaque interprète de langues pour lesquelles il n'y a pas d'interprète commissionné et jouissant d'une solde fixe de l'État ou de la Colonie, recevra par vacation de trois heures :

Européens. . . . . 15 fr. 00
Indigènes ou asiatiques. 6 00

Les traductions par écrit seront payées par chaque rôle de 30 lignes à la page et de 18 syllabes à la ligne. . . . . 2 fr. 00

Il sera seulement alloué pour les traductions de plus de 30 lignes et 18 syllabes à la ligne, et de moins de 45 lignes, les trois quarts du droit ci-dessus.

Pour les traductions de moins de 30 lignes, la moitié.

Pour celles de moins de 15 lignes, le quart.

Les interprètes indigènes ou asiatiques n'auront droit qu'à la moitié des allocations indiquées ci-dessus.

Art. 95. — Les traductions faites par les interprètes commissionnés et jouissant d'une solde fixe de l'État ou de la colonie seront taxées, et le montant de la taxe sera compris dans la liquidation des dépens de tout jugement de condamnation et perçu au profit de la colonie.

Ces traductions seront portées, pour mémoire, sur un registre tenu au greffe ; mention devra être faite au greffe de chaque tribunal de 1re instance, sur un registre spécial, de toutes les indemnités de voyage, d'expertise et de traduction payées aux magistrats, greffiers, interprètes et experts en matière criminelle.

Art. 96. — Les traductions faites à la requête des parties par les interprètes commissionnés près les tribunaux, seront payées à ces agents aux taux ci-dessus fixé. Le montant en sera porté sur le répertoire prescrit par l'article 81.

Art. 97. — Dans tous les cas où les médecins, chirurgiens, experts, sages-femmes, etc., seront appelés soit devant le juge, soit aux débats, à raison de leurs déclarations, visites ou rapports, les indemnités dues pour cette comparution leur seront payées comme à des témoins, s'ils requièrent taxe. Il auront droit également aux frais de voyage dans les cas qui seront ci-après déterminés.

Des indemnités qui peuvent être allouées aux témoins (décret du 18 juin 1811, titre Ier, chapitre III, et décret du 7 avril 1813, art 1er, 2 et 3).

Art. 98. — Les témoins appelés devant les tribunaux de répression du ressort de la Cour d'appel de Hanoi et devant les juges d'instruction auront droit, pour chaque journée de présence, sans distinction de sexe ni d'âge, savoir:

Européens . . . . 2 fr. 00
Indigènes ou asiatiques. 1 00

Au cas où ils seraient domiciliés à plus de 10 kilomètres du tribunal devant lequel ils seraient appelés, les témoins auront droit à une indemnité, pour l'aller comme pour le retour, à raison de la distance, calculée ainsi qu'il suit:

Européens { le premier myriamètre. . . 9 fr. 00
{ les autres. 3 00
Indigènes ou asiatiques { le premier myriamètre 2 00
{ les autres . . . 1 00

Les fractions de myriamètres au-dessous de 5 kilomètres n'entreront point en taxe; celles au-dessus de 5 kilomètres seront comptées pour un myriamètre.

Dans le cas où les moyens de transport seraient fournis par l'Administration, il ne sera accordé aucune indemnité aux européens à raison de leur déplacement. Dans le même cas, il sera alloué aux annamites, par jour de voyage, une indemnité de. . 0 fr. 75

Des droits d'expédition et autres alloués aux greffiers. (Décret du 18 juin 1811, titre Ier, chapitre V, et décret du 7 avril 1813, art. 7).

Art. 99. — Les droits accordés aux greffiers par les articles 41, 42, 43, 44, 48, 49, 50 (modifiés par l'art. 7 du décret du 7 avril 1813) et 51 du décret du 18 juin 1811, et le droit fixé par l'art. 100 ci-après, seront perçus par eux et à leur profit.

Le greffier recevra, également, les droits d'assistance et autres déterminés dans le n° 1 de l'art. 53 du décret de 1811.

Art. 100. — Les dispositions de l'art. 56 du même décret seront communes aux matières criminelles.

Les accusés prévenus ou inculpés pourront obtenir, aux conditions posées par ledit article, les traductions en leur langue des pièces dont copie doit leur être délivrée sur leur seule demande, et de toute autre dont la délivrance aurait été autorisée par le Procureur de la République.

Néanmoins, en matière criminelle, le Procureur de la République pourra ordonner la délivrance gratuite de la copie ou la traduction des procès-verbaux constatant le délit, et des déclarations des témoins.

Art. 101. — Il ne sera rien perçu pour l'établissement des doubles minutes des jugements en matière correctionnelle ou criminelle.

Il en sera de même pour la délivrance des bulletins de condamnation à joindre aux procédures ou demandés par le ministère public. Le droit à payer pour ces bulletins (n° 2) sera, dans tous les autres cas, de. . . . . 0 fr. 50

Du salaire des huissiers. (Titre Ier, chapitre VI du décret du 18 juin 1811, et articles 5 et 6 de celui du 7 avril 1813).

Art. 102. — Les actes faits par huissier, à la requête du ministère public, dans les procédures criminelles, correctionnelles et de simple police, seront compris au taux fixé par les décrets de 1811 et 1813, ou ci-après, dans la liquidation des dépens de tout jugement de condamnation.

Art. 103. — Le droit pour l'exécution de tout mandat de dépôt décerné contre un prévenu déjà en état d'arrestation est réduit à . . . . 1 fr. 50

Art. 104. — Les citations aux prévenus et aux témoins en police correctionnelle ou en simple police, et les citations aux témoins devant les Cours d'assises pourront être données par tout agent de la force publique.

Dans ce cas, les originaux et les copies de citation seront compris dans la liquidation des dépens de tout jugement de condamnation, par chaque original et copie, à raison de. . . . . . 0 fr. 30

Des frais de voyage et de séjour auxquels l'instruction des procédures peut donner lieu (Décret du 18 juin 1811, titre Ier, chapitre VIII, et décret du 7 avril 1813, art. 3).

Art. 105. — Lorsque les médecins, chirurgiens et experts seront requis de se transporter à plus de deux kilomètres du lieu de leur résidence, et que les moyens de transport ne leur seront pas fournis par l'Administration, ils auront droit à l'indemnité suivante, tant pour l'aller que pour le retour:

Premier myriamètre . . . . 15 fr. 00
Les autres. 5 00

Les fractions de myriamètre seront réglées comme il est dit à l'article 98.

Dans le cas où les moyens de transport seraient fournis par l'Administration les indemnités ci-dessus seront diminuées de moitiés.

Art. 106. — Les huissiers, en matière criminelle, auront droit aux indemnités prévues aux articles 70 et 71. Toutefois, si, dans le même voyage, l'huissier s'est successivement transporté dans différentes localités, il ne lui sera accordé que le droit le plus élevé, quelque soit le nombre des significations.

Art. 107. — Il sera alloué aux interprètes européens les mêmes indemnités de voyage qu'à l'huissier.

Les interprètes indigènes ou asiatiques auront droit à la moitié de ces indemnités.

Art. 108. — La liquidation des dépens en matière civile et commerciale, sera faite par les jugements qui les auront adjugés. A cet effet, la partie qui aura obtenu la condamnation, remettra dans le jour, au greffier, l'état des dépens adjugés, et la liquidation sera insérée dans le dispositif du jugement.

Art. 109. — Toutes dispositions antérieures et contraires au présent tarif sont abrogées.

Art. 110. — Le Résident supérieur au Tonkin et le Procureur général chef du Service judiciaire en Annam et au Tonkin sont chargés, chacun en ce qui le concerne, de l'exécution du présent arrêté. — CHAVASSIEUX.

E

ÉCOLE COLONIALE

1. — 23 novembre 1889. — DÉCRET *fixant le mode d'administration de l'école coloniale instituée à Paris.*

Article premier. — L'école coloniale instituée à Paris, relève du ministre chargé des colonies et est administrée par un conseil d'administration dont les membres sont nommés par le ministre.

Le président du conseil d'administration peut être suppléé par le vice-président.

Le conseil d'administration délègue à un de ses membres les fonctions d'ordonnateur.

Un caissier, justiciable de la Cour des comptes, est chargé de la perception des revenus et du payement des dépenses; il est soumis, pour sa comptabilité en deniers, aux règles applicables aux économes des lycées.

Art. 2. — Le budget de l'école est arrêté par le conseil d'administration et approuvé par le ministre.

Les recettes se composent:

1° Des dons et legs;

2° Du produit des biens appartenant à l'école;

3° Du produit des pensions et droits d'inscription;

4° Des subventions qui pourront être versées par l'État ou les colonies.

Art. 3. — Les dons et legs dont l'école coloniale pourrait être appelée à recueillir le bénéfice, sont acceptés par le président du conseil d'administration suivant les règles adoptées pour les dons et legs faits aux lycées.

Les marchés sont passés par le conseil d'administration et, lorsqu'ils s'appliquent à des engagements dépassant 10.000 francs, ils sont approuvés par le ministre.

Art. 4. — Le président du conseil d'administration est appelé à représenter l'école dans les actes de la vie civile.

Art. 5. — Les droits d'inscription sont fixés à 120 fr. par an, payables chaque année à l'ouverture des cours; cette somme ne comprend pas le prix des leçons d'escrime et d'équitation qui sont obligatoires.

Art. 6. — Le président du conseil, ministre du commerce, de l'industrie et des colonies, est chargé de l'exécution du présent décret, qui sera inséré au *Bulletin des lois*, au *Journal officiel* de la République française et au *Bulletin officiel* de l'administration des colonies. — CARNOT.

2. — 23 novembre 1880. — DÉCRET *réglant le mode d'admission à l'école coloniale instituée à Paris.*

Article premier. — L'école coloniale instituée à Paris, est divisée en deux sections: une section indigène et une section française.

TITRE PREMIER

SECTION INDIGÈNE

Art. 2. — La section indigène de l'école coloniale est destinée à donner à de jeunes indigènes des colonies et des pays de Protectorat, une éducation française et une instruction primaire supérieure.

Art. 3. — L'entretien de ces élèves à l'école coloniale est payé, soit par leurs familles, soit par les colonies ou pays de Protectorat auxquels ils appartiennent.

Le taux de la pension est fixé par arrêté ministériel, sur la proposition du conseil d'administration.

Art. 4. — Avant leur départ pour la France, les élèves doivent avoir justifié, dans leur pays d'origine, d'une connaissance suffisante de la langue française.

Ils ne doivent pas avoir moins de quatorze ans, ni plus de vingt ans.

Art. 5. — La durée normale des études est de deux ans. Les élèves peuvent toutefois être maintenus à l'école pendant une troisième année, par décision ministérielle prise sur la proposition du conseil d'administration.

Ils peuvent, pendant cette troisième année d'études, suivre des cours spéciaux en dehors de l'école.

Art. 6. — Des arrêtés ministériels, rendus après avis du conseil d'administration, déterminent les programmes des cours, l'emploi du temps et fixent le règlement intérieur de l'école.

Art. 7. — Les élèves subissent des examens trimestriels; ils sont appelés, en outre, à la fin de leurs études, à passer un examen général.

Art. 8. — Les élèves qui ont satisfait à l'examen de sortie reçoivent un certificat d'études primaires coloniales, indiquant les notes qu'ils ont obtenues et le degré d'aptitude dont ils ont fait preuve pour un emploi, un art ou un métier déterminé. Une copie de ce certificat est transmise au Gouverneur de la colonie à laquelle ils appartiennent.

TITRE II

SECTION FRANÇAISE

Art. 9. — La section française est destinée à donner l'enseignement des sciences coloniales et à assurer le recrutement des différents services coloniaux; elle ne reçoit que des externes.

Art. 10. — Les conditions d'admission sont les suivantes:

1° Être Français;

2° Être âgé de dix-huit ans au moins et de vingt-cinq ans au plus;

3° Être titulaire d'un des trois diplômes du baccalauréat;

4° Fournir les pièces suivantes:

A. — Un extrait de l'acte de naissance;

B. — Un extrait du casier judiciaire;

C. — Un certificat de bonnes vie et mœurs;

D. — Un certificat délivré par un conseil de santé désigné par le Ministre chargé des colonies, constatant que le candidat n'est pas impropre au service des colonies.

Après avoir fait procéder, par les soins du consei

d'administration, à une enquête sur les différents candidats, le Ministre arrête la liste de ceux qui sont admis à suivre les cours de l'école.

Ils doivent, avant le commencement des cours, verser, entre les mains du caissier de l'école, les droits d'inscription fixés par le décret du 29 novembre 1889.

Une décision ministérielle, après avis conforme du conseil d'administration, peut accorder une réduction ou une dispense des droits d'inscription.

Art. 11. — Le renvoi d'un élève en cas de faute grave, ou à la suite d'examens de fin d'année insuffisants, peut être prononcé par décision ministérielle, sur la proposition du conseil d'administration.

Art. 12. — La durée des cours est fixée à trois ans; toutefois elle est limitée à deux ans pour les élèves qui entrent à l'école munis du diplôme de licencié en droit.

Les élèves peuvent être, par une décision du conseil d'administration, autorisés à recommencer une des années d'étude.

Art. 13. — Un arrêté ministériel, rendu après avis du conseil d'administration, fixe le programme de l'enseignement ainsi que les épreuves exigées des candidats au cours des études et à la sortie de l'école; cet arrêté détermine également le mode de classement des élèves d'après les examens qu'ils ont subis et les notes qui leur ont été données.

La discipline de l'école est réglée par un arrêté ministériel.

Art. 14. — A leur entrée à l'école, les élèves qui voudraient concourir pour le commissariat colonial doivent en faire la déclaration; ils sont, dès lors, obligés de suivre le cours spécial.

Les élèves qui auraient l'intention de faire leur carrière en Indo-Chine, en feront également la déclaration, et devront suivre les cours de langues indo-chinoises.

Art. 15. — A la fin de la troisième année d'études et avant les examens, un arrêté ministériel fixe le nombre de places mises, dans chaque carrière, à la disposition des élèves de l'école coloniale.

Ceux-ci appelés, d'après l'ordre du classement de sortie, et sous la réserve de remplir les conditions d'admission spéciales à chaque carrière, à choisir celle dans laquelle ils désirent servir.

Tous les élèves qui ont satisfait aux examens de sortie, appelés ou non à servir dans les administrations de l'Etat, reçoivent un livret d'élève de l'école coloniale.

Nul n'est admis à passer les examens, s'il n'a pris ses inscriptions à l'école et suivi régulièrement les cours.

Art. 16. — Les carrières auxquelles peuvent être appelés les élèves brevetés de l'école coloniale, sont les suivantes:

Administration centrale des colonies, au ministère des colonies;

Magistrature coloniale (sous la réserve que le candidat sera licencié en droit);

Commissariat colonial (sous la réserve que le candidat sera licencié en droit et aura suivi le cours spécial du commissariat);

Service des bureaux du Secrétariat général du Gouvernement de la Cochinchine (sous la réserve que le candidat aura suivi avec succès les cours des langues indo-chinoises);

Administration des affaires indigènes en Cochinchine (sous la réserve précédente);

Personnel des Résidences au Cambodge, en Annam et au Tonkin (sous la réserve précédente);

Corps des administrateurs coloniaux;

Administration des directions de l'Intérieur;

Administration pénitentiaire à la Guyane et en Nouvelle-Calédonie.

Art. 17. — Les élèves brevetés de l'école coloniale, appelés à servir dans les services de l'Etat, sont nommés:

Dans l'administration centrale du ministère: commis rédacteurs stagiaires;

Dans la magistrature coloniale: attachés aux parquets des procureurs généraux;

Dans le commissariat colonial: élèves-commissaires;

Dans le service des bureaux du secrétariat général du gouvernement de la Cochinchine, dans l'administration des affaires indigènes de Cochinchine, dans le personnel des Résidences au Cambodge, en Annam et au Tonkin, dans le corps des administrateurs coloniaux, dans l'administration des directions de l'intérieur, dans l'administration pénitentiaire: élèves-administrateurs.

Art. 18. — Les fonctionnaires stagiaires énumérés à l'article 17 sont, au fur et à mesure des vacances, et suivant leur ordre de classement, nommés aux emplois suivants:

Dans l'administration centrale du ministère: commis rédacteurs de 4º classe;

Dans la magistrature coloniale, s'ils remplissent d'ailleurs les conditions exigées par la loi ou les décrets d'organisation: juges suppléants ou substituts;

Dans le commissariat colonial: aides-commissaires;

Dans le service des bureaux du secrétariat général du gouvernement de la Cochinchine: commis principaux de première classe;

Dans l'administration des affaires de Cochinchine: administrateurs de 4º classe;

Dans le personnel des Résidence au Cambodge, en Annam et au Tonkin: chanceliers de Résidence;

Dans le corps des administrateurs coloniaux: administrateurs de 4º classe;

Dans l'administration des directions de l'intérieur: sous-chefs de 2º classe;

Dans l'administration pénitentiaire: sous-chefs de 3º classe.

Art. 19. — A partir du 1er janvier 1892, les trois-quarts des vacances qui se produiront dans les emplois énumérés à l'article précédent seront réservés aux élèves brevetés de l'école coloniale.

Art. 20. — En outre des élèves qui se destinent aux différents services de l'Etat dans les colonies, l'école reçoit des auditeurs libres qui sont admis après autorisation du conseil d'administration.

Ces auditeurs sont soumis au payement des droits d'inscription dans les conditions prévues par l'article 10.

Ils peuvent recevoir un certificat constatant qu'ils ont subi avec succès les examens spéciaux déterminés par arrêté ministériel.

Art. 21. — Le président du conseil, ministre du commerce, de l'industrie et des colonies, est chargé de l'exécution du présent décret, qui sera inséré au *Bulletin des lois*, au *Journal officiel de la République française* et au *Bulletin officiel de l'administration des colonies.*

Voy.: **Commissariat colonial;** — **Organisation administrative.**

ÉCOLE D'AGRICULTURE. — Voy. : **Ferme-école ; — Jardin botanique.**

ÉLECTRICITÉ

1. — 5 mai 1891. — ARRÊTÉ *prescrivant la déclaration préalable à l'établissement des conducteurs électriques.*

CHAPITRE PREMIER

DE LA DÉCLARATION PRÉALABLE A L'ÉTABLISSEMENT DES CONDUCTEURS ÉLECTRIQUES.

Article premier. — Les conducteurs électriques destinés au transport de la force ou à la production de la lumière, ne peuvent être établis qu'après une déclaration adressée deux mois à l'avance au Lieutenant-gouverneur de la Cochinchine ou aux Résidents supérieurs dans les pays de Protectorat. Cette déclaration est enregistrée à sa date ; il en est donné récépissé. Elle est communiquée sans délai aux chefs des services des postes et télégraphes.

En cas d'urgence, et en particulier dans le cas d'installation temporaire, le délai de deux mois prévu au paragraphe précédent peut être abrégé par le Lieutenant-gouverneur ou les Résidents supérieurs, sur la proposition des chefs des services des postes et télégraphes.

Art. 2. — Sont exemptées de la formalité de la déclaration préalable, les installations faites à l'intérieur d'une même propriété, lorsque la force électromotrice des générateurs ne dépasse pas 60 volts pour les courants alternatifs, et 500 volts pour les courants non alternatifs.

Art. 3. — La déclaration prévue à l'article 1er doit être accompagnée d'un projet détaillé de l'installation, indiquant la nature du générateur d'électricité, le maximum de la différence de potentiel aux bornes de la machine, le maximum de l'intensité à distribuer dans chaque branche de circuit, la spécification des conducteurs employés, et les précautions prises pour les isoler et les mettre hors de la portée du public. Elle est également accompagnée d'un tracé de la ligne et, s'il y a lieu, d'un tracé du dispositif de la distribution ; les parties distinctes de la ligne et de la distribution sont désignées par une série régulière de lettres et de numéros d'ordre.

Toute modification d'une installation déclarée donne lieu à une nouvelle déclaration dans les conditions prévues à l'article premier.

CHAPITRE II

DES RÈGLES GÉNÉRALES SUR L'ÉTABLISSEMENT ET L'EXPLOITATION DES CONDUCTEURS ÉLECTRIQUES.

Art. 4. — Les machines génératrices doivent être placées dans un local où les conducteurs soient bien en vue ; elles doivent être complètement isolées.

Si les courants émis sont de nature à créer des dangers pour les personnes admises dans ce local, les conducteurs sont placés hors de la portée de la main ; dans la partie où cette condition ne peut être réalisée, ils sont garnis d'enveloppes isolantes. Dans les cas où, à raison de la nature des courants et de l'importance des forces électro-motrices obtenues, ces dangers seraient particulièrement graves, il doit être prescrit par le règlement intérieur de l'exploitation, pour les ouvriers de service, des précautions particulières, telles que l'emploi de gants en caoutchouc.

Une affiche apposée d'une manière très apparente dans la salle des machines, indique les consignes qui doivent être observées par les ouvriers en vue d'assurer leur sécurité.

Art. 5. — L'usage de la terre et l'emploi des conduites d'eau et de gaz pour compléter le circuit, sont interdits.

Art. 6. — Dans chacune des sections du circuit, le diamètre des conducteurs doit être en rapport avec l'intensité des courants transportés, de telle sorte qu'il ne puisse se produire, en aucun point, un échauffement dangereux pour l'isolement des conducteurs ou pour les objets voisins. Les raccords doivent être établis de façon à ne pas introduire dans le circuit des points faibles au point de vue mécanique ou présentant une résistance électrique dangereuse.

Art. 7. — Les fils doivent être suffisamment éloignés des masses conductrices, en particulier des tuyaux d'eau et de gaz, pour qu'il ne puisse se produire de phénomènes dangereux d'induction.

Les fils employés peuvent être nus ou recouverts d'une enveloppe isolante ; dans le cas où ils sont nus, ils ne doivent jamais être à la portée de la main, même sur les toits.

Au point d'attaches qui, par leur position, présentent quelque danger, les fils doivent être revêtus d'une enveloppe isolante. L'emploi de fils recouverts est également obligatoire toutes les fois que les conducteurs sont posés sur des appuis supportant des communications télégraphiques ou téléphoniques à fil nu. Il en est de même dans toutes les parties du tracé où les conducteurs croisent une ligne télégraphique ou téléphonique, ou passent à une distance de moins de deux mètres d'une de ces lignes, ou enfin passent à une distance de moins d'un mètre de masses conductrices, telles que tuyaux d'eau ou de gaz.

Art. 8. — A l'intérieur des maisons, les conducteurs sont soumis aux dispositions suivantes : s'ils ne sont pas recouverts d'une enveloppe isolante, ils doivent être placés d'une façon bien apparente, hors de la main, et posés sur des isolateurs.

Au passage des toits, planchers, murs et cloisons, ou dans le voisinage de masses métalliques, ils sont toujours recouverts ; ils doivent, en outre, être encastrés dans une matière dure aux points où ils sont exposés à des détériorations par le frottement ou toute autre cause destructive. Dans les parties de leur trajet où ils sont invisibles, ils doivent être disposés de façon à être à l'abri de toute détérioration. Leur position est repérée exactement.

Art. 9. — Les appareils générateurs d'électricité doivent être munis d'organes permettant de les isoler du réseau général, soit par la mise en court circuit de leur conducteur propre, soit par l'introduction de résistances progressives ou par tout autre procédé agissant promptement. Les machines réceptrices et les groupes d'appareils récepteurs doivent être pourvus d'organes analogues permettant de les séparer rapidement du centre de production.

Au siège des appareils générateurs, un indicateur placé d'une façon très apparente permet de connaître à tout instant la différence de potentiel aux bornes. Lorsqu'un appareil récepteur absorbe plus de dix chevaux-vapeur, il doit être pourvu d'indicateurs analogues.

Art. 10. — Les lettres et numéros d'ordres prévus au premier paragraphe de l'art. 3 sont reproduits sur les diverses parties de la distribution, et en particulier aux points intéressants, tels qu'embranchements, commutateurs, instruments de mesure, coupe-circuits, etc.

Art. 11. — Des arrêtés du Lieutenant-gouverneur en Cochinchine, et des Résidents supérieurs dans les pays de Protectorat, pourront prescrire qu'il soit périodiquement procédé par les soins des exploitants, à la vérification de l'état des conducteurs et des machines, et que les résultats en soient consignés sur des registres dûment cotés et paraphés par l'administration des postes et télégraphes.

CHAPITRE III

DE LA SURVEILLANCE ADMINISTRATIVE DES CONDUCTEURS ÉLECTRIQUES

Art. 12. — En sus des attributions qui leur sont conférées par le titre V du décret du 2 décembre 1851, les ingénieurs et agents des postes et télégraphes sont chargés, sous l'autorité du Lieutenant-gouverneur et des Résidents supérieurs, de la surveillance des conducteurs électriques.

Art. 13. — Les ingénieurs et agents donnent leur avis sur les déclarations prévues aux art. 1 et 3 du présent arrêté. Ils s'assurent de la conformité des installations réalisées et de leur exploitation avec les déclarations déposées dans les bureaux du Lieutenant-gouverneur ou des Résidents supérieurs.

Art. 14. — Ils s'assurent au moins une fois par an, et plus souvent lorsqu'ils en reçoivent l'ordre de l'autorité supérieure, si toutes les conditions de sûreté prescrites par le présent règlement sont exactement observées.

Art. 15. — Les registres prévus à l'art. 11 ci-dessus sont présentés à toute réquisition aux ingénieurs et agents; ils les revêtent de leur visa.

Les mêmes ingénieurs et agents peuvent prescrire que des expériences et épreuves de contrôle soient effectuées en leur présence.

Art. 16. — Les contraventions aux dispositions du présent arrêté seront poursuivies conformément à la loi.

Art. 17. — Le Lieutenant-gouverneur de Cochinchine et les Résidents supérieur de l'Annam et du Tonkin sont chargés, chacun en ce qui le concerne, de l'exécution du présent arrêté. — BIDEAU.

ÉLECTIONS. — Voy.: **Chambres de commerce; — Conseil supérieur des colonies.**

ENFANTS ABANDONNÉS

1. — 24 juillet 1889. — Loi sur la protection des enfants maltraités ou moralement abandonnés.

TITRE PREMIER

CHAPITRE PREMIER

DE LA DÉCHÉANCE DE LA PUISSANCE PATERNELLE

Article premier. — Les père et mère et ascendants sont déchus de plein droit, à l'égard de tous leurs enfants et descendants, de la puissance paternelle, ensemble de tous les droits qui s'y rattachent, notamment de ceux énoncés aux articles 408, 141, 148, 150, 151, 346, 361, 372 à 387, 389, 390, 391, 397, 477 et 935 du code civil, à l'article 3 du décret du 22 février 1851, et à l'article 46 de la loi du 27 juillet 1872 :

1° S'ils sont condamnés par application du paragraphe 2 de l'art. 334 du code pénal;

2° S'ils sont condamnés, soit comme auteurs, co-auteurs ou complices d'un crime commis sur la personne d'un ou plusieurs de leurs enfants, soit comme co-auteurs ou complices d'un crime commis par un ou plusieurs de leurs enfants;

3° S'ils sont condamnés deux fois comme auteurs, co-auteurs ou complices d'un délit commis sur la personne d'un ou plusieurs de leurs enfants;

4° S'ils sont condamnés deux fois pour excitation habituelle de mineurs à la débauche.

Cette déchéance laisse subsister entre les ascendants déchus et l'enfant, les obligations énoncées aux articles 205, 206 et 207 du code civil.

Art. 2. — Peuvent être déclarés déchus, des mêmes droits :

1° Les père et mère condamnés aux travaux forcés à perpétuité ou à temps, ou à la réclusion comme auteurs, co-auteurs ou complices d'un crime autre que ceux prévus par les articles 86 à 101 du code pénal;

2° Les père et mère condamnés deux fois pour un des faits suivants: séquestration, suppression, exposition ou abandon d'enfants ou pour vagabondage;

3° Les père et mère condamnés par application de l'article 2, paragraphe 2, de la loi du 23 janvier 1873, ou des articles 1, 2 et 3 de la loi du 7 décembre 1874;

4° Les père et mère condamnés une première fois pour excitation habituelle de mineurs à la débauche;

4° Les père et mère dont les enfants ont été conduits dans une maison de correction par application de l'article 66 du code pénal;

6° En dehors de toute condamnation, les père et mère qui, par leur ivrognerie habituelle, leur inconduite notoire et scandaleuse, ou par de mauvais traitements, compromettent soit la santé, soit la sécurité, soit la moralité de leurs enfants.

Art. 3. — L'action en déchéance est intentée devant la chambre du conseil du tribunal du domicile ou de la résidence du père ou de la mère, par un ou plusieurs parents du mineur, au degré de cousin germain ou à un degré plus rapproché, ou par le ministère public.

Art. 4. — Le procureur de la République fait procéder à une enquête sommaire sur la situation de la famille du mineur et sur la moralité de ses parents connus, qui sont mis en demeure de présenter au tribunal les observations et oppositions qu'ils jugeront convenables.

Le ministère public ou la partie intéressée introduit l'action en déchéance par un mémoire présenté au président du tribunal, énonçant les faits et accompagné des pièces justificatives. Ce mémoire est notifié aux père et mère ou ascendants dont la déchéance est demandée.

Le président du tribunal commet un juge pour faire le rapport à jour indiqué.

Il est procédé dans les formes prescrites par les articles 892 et 893 du code de procédure civile. Toutefois, la convocation du conseil de famille reste facultative pour le tribunal.

La chambre du conseil procède à l'examen de l'affaire sur le vu de la délibération du conseil de famille, lorsqu'il a été convoqué, de l'avis du juge de paix du canton, après avoir appelé, s'il y a lieu, les parents ou autres personnes et entendu le ministère public dans ses réquisitions.

Le jugement est prononcé en audience publique; il peut être déclaré exécutoire nonobstant opposition.

Art. 5. — Pendant l'instance en déchéance, la chambre du conseil peut ordonner, relativement à la garde et à l'éducation des enfants, telles mesures provisoires qu'elle juge utiles.

Les jugements sur cet objet sont exécutoires par provision.

Art. 6. — Les jugements par défaut prononçant la déchéance de la puissance paternelle peuvent être attaqués par la voie de l'opposition dans le délai de huit jours à partir de la notification à la personne, et dans le délai d'un mois à partir de la notification à domicile. Si, sur l'opposition, il intervient un second jugement par défaut, ce jugement ne peut être attaqué que par la voie de l'appel.

Art. 7. — L'appel des jugements appartient aux parties et au ministère public. Il doit être interjeté dans le délai de dix jours à compter du jugement, s'il est contradictoire, et, s'il est rendu par défaut, du jour où l'opposition n'est plus recevable.

Art. 8. — Tout individu déchu de la puissance paternelle est incapable d'être tuteur, subrogé-tuteur, curateur ou membre d'un conseil de famille.

Art. 9. — Dans le cas de déchéance de plein droit encourue par le père, le ministère public, ou les parents désignés à l'article 3, saisissent sans délai la juridiction compétente, qui décide si, dans l'intérêt de l'enfant, la mère exercera les droits de la puissance paternelle tels qu'ils sont définis par le code civil. Dans ce cas, il est procédé comme à l'article 4. Les articles 5, 6 et 7 sont également applicables.

Toutefois, lorsque les tribunaux répressifs prononceront les condamnations prévues aux articles 1er et 2, paragraphes 1, 2, 3 et 4, ils pourront statuer sur la déchéance de la puissance paternelle dans les conditions établies par la présente loi.

Dans le cas de déchéance facultative, le tribunal qui la prononce statue par le même jugement sur les droits de la mère à l'égard des enfants nés et à naître, sans préjudice, en ce qui concerne ces derniers, de toute mesure provisoire à demander à la chambre du conseil, dans les termes de l'article 5, pour la période du premier âge.

Si le père déchu de la puissance paternelle contracte un nouveau mariage, la nouvelle femme peut, en cas de survenance d'enfants, demander au tribunal l'attribution de la puissance paternelle sur ses enfants.

CHAPITRE II

DE L'ORGANISATION DE LA TUTELLE EN CAS DE DÉCHÉANCE DE LA PUISSANCE PATERNELLE

Art. 10. — Si la mère est prédécédée, si elle a été déclarée déchue ou si l'exercice de la puissance paternelle ne lui est pas attribué, le tribunal décide si la tutelle sera constituée dans les termes du droit commun, sans qu'il y ait, toutefois, obligation pour la personne désignée d'accepter cette charge.

Les tuteurs institués en vertu de la présente loi remplissent leurs fonctions sans que leurs biens soient grevés de l'hypothèque légale du mineur.

Toutefois, au cas où le mineur possède ou est appelé à recueillir des biens, le tribunal peut ordonner qu'une hypothèque générale ou spéciale soit constituée jusqu'à concurrence d'une somme déterminée.

Art. 11. — Si la tutelle n'a pas été constituée conformément à l'article précédent, elle est exercée par l'Assistance publique, conformément aux lois des 15 pluviôse an XIII et 10 janvier 1849, ainsi qu'à l'article 24 de la présente loi. Les dépenses sont réglées conformément à la loi du 5 mai 1869.

L'Assistance publique peut, tout en gardant la tutelle, remettre les mineurs à d'autres établissements et même à des particuliers.

Art. 12. — Le tribunal, en prononçant sur la tutelle, fixe le montant de la pension qui devra être payée par les père et mère et ascendants auxquels les aliments peuvent être réclamés, ou déclare qu'à raison de l'indigence des parents, il ne peut être exigé aucune pension.

Art. 13. — Pendant l'instance en déchéance, toute personne peut s'adresser au tribunal par voie de requête, afin d'obtenir que l'enfant lui soit confié.

Elle doit déclarer qu'elle se soumet aux obligations prévues par le paraphe 2 de l'article 364 du code civil, au titre de la tutelle officieuse.

Si le tribunal, après avoir recueilli tous les renseignements et pris, s'il y a lieu, l'avis du conseil de famille, accueille la demande, les dispositions des articles 365 et 370 du même Code sont applicables.

En cas de décès du tuteur officieux avant la majorité du pupille, le tribunal est appelé à statuer de nouveau, conformément aux articles 11 et 12 de la présente loi.

Lorsque l'enfant aura été placé par les administrations hospitalières ou par le directeur de l'Assistance publique de Paris, chez un particulier, ce dernier peut, après trois ans, s'adresser au tribunal et demander que l'enfant lui demeure confié dans les conditions prévues aux dispositions qui précèdent.

Art. 14. — En cas de déchéance de la puissance paternelle, les droits du père et de la mère, quant au consentement au mariage, à l'adoption, à la tutelle officieuse et à l'émancipation, sont exercés par les mêmes personnes que si le père et la mère étaient décédés, sauf les cas où il aura été décidé autrement en vertu de la présente loi.

CHAPITRE III

DE LA RESTITUTION DE LA PUISSANCE PATERNELLE

Art. 15. — Les père et mère frappés de déchéance dans les cas prévus par l'article 1er et par l'article 2, paragraphes 1, 2, 3 et 4, ne peuvent être admis à se faire restituer la puissance paternelle qu'après avoir obtenu leur réhabilitation.

Dans les cas prévus aux paragraphes 5 et 6 de l'article 2, les père et mère frappés de déchéance peuvent demander au tribunal que l'exercice de la puissance paternelle leur soit restitué. L'action ne peut être introduite que trois ans après le jour où le jugement qui a prononcé la déchéance est devenu irrévocable.

Art. 16. — La demande en restitution de la puissance paternelle est introduite par simple requête et instruite conformément aux dispositions des paragraphes 2 et suivants de l'article 4. L'avis du conseil de famille est obligatoire.

La demande est notifiée au tuteur qui peut présenter, dans l'intérêt de l'enfant, ou en son nom personnel, les observations ou oppositions qu'il aurait à faire contre la demande. Les dispositions des articles 5, 6 et 7 sont également applicables à ces demandes.

Le tribunal, en prononçant la restitution de la puissance paternelle, fixe, suivant les circonstances, l'indemnité due au tuteur, ou déclare qu'à raison de l'indigence des parents, il ne sera alloué aucune indemnité.

La demande qui aura été rejetée ne pourra plus être réintroduite, si ce n'est par la mère après la dissolution du mariage.

TITRE II

De la protection des mineurs placés avec ou sans l'intervention des parents.

Art. 17. — Lorsque des administrations d'assistance publique, des associations de bienfaisance régulièrement autorisées à cet effet, des particuliers jouissant de leurs droits civils, ont accepté la charge de mineurs de seize ans que des pères, mères ou des tuteurs autorisés par le conseil de famille leur ont confiés, le tribunal du domicile de ces pères, mères ou tuteurs peut, à la requête des parties intéressées agissant conjointement, décider qu'il y a lieu, dans l'intérêt de l'enfant, de déléguer à l'assistance publique les droits de puissance paternelle abandonnés par les parents, et de remettre l'exercice de ces droits à l'établissement ou au particulier gardien de l'enfant.

Si des parents ayant conservé le droit de consentement au mariage d'un de leurs enfants refusent de consentir au mariage en vertu de l'article 148 du code civil, l'assistance publique peut les faire citer devant le tribunal qui donne ou refuse le consentement, les parents entendus ou dûment appelés, dans la chambre du conseil.

Art. 18. — La requête est visée pour timbre et enregistrée gratis.

Après avoir appelé les parents ou tuteurs en présence des particuliers ou des représentants réguliers de l'administration et de l'établissement gardien de l'enfant, ainsi que du représentant de l'Assistance publique, le tribunal procède à l'examen de l'affaire en chambre du conseil, le ministère public entendu.

Le jugement est prononcé en audience publique.

Art. 19. — Lorsque des administrations d'assistance publique, des associations de bienfaisance régulièrement autorisées à cet effet, des particuliers jouissant de leurs droits civils, ont recueilli des enfants mineurs de seize ans sans intervention des père et mère ou tuteur, une déclaration doit être faite, dans les trois jours, au maire de la commune sur le territoire de laquelle l'enfant a été recueilli, et, à Paris, au commissaire de police, à peine d'une amende de cinq à quinze francs.

En cas de nouvelle infraction dans les douze mois, l'article 482 du Code pénal est applicable.

Est également applicable aux cas prévus par la présente loi, le dernier paragraphe de l'article 463 du même code.

Les maires et les commissaires de police doivent, dans le délai de quinzaine, transmettre ces déclarations au préfet, et, dans le département de la Seine, au préfet de police. Ces déclarations doivent être notifiées, dans un nouveau délai de quinzaine, aux parents de l'enfant.

Art. 20. — Si, dans les trois mois à dater de la déclaration, les père et mère ou tuteur n'ont point réclamé l'enfant, ceux qui l'ont recueilli peuvent adresser au président du tribunal de leur domicile une requête afin d'obtenir que, dans l'intérêt de l'enfant, l'exercice de tout ou partie des droits de la puissance paternelle leur soit confié.

Le tribunal procède à l'examen de l'affaire en chambre du conseil, le ministère public entendu. Dans le cas où il ne confère au requérant qu'une partie des droits de la puissance paternelle, il déclare par le même jugement que les autres, ainsi que la puissance paternelle, sont dévolus à l'Assistance publique.

Art. 21. — Dans les cas visés par l'article 17 et l'article 19, les père, mère ou tuteur qui veulent obtenir que l'enfant leur soit rendu, s'adressent au tribunal de la résidence de l'enfant par voie de requête visée pour timbre et enregistrée gratis.

Après avoir appelé celui auquel l'enfant a été confié et le représentant de l'assistance publique, ainsi que toute personne qu'il juge utile, le tribunal procède à l'examen de l'affaire en chambre du conseil, le ministère public entendu.

Le jugement est prononcé en audience publique.

Si le tribunal juge qu'il n'y a pas lieu de rendre l'enfant aux père, mère ou tuteur, il peut, sur la réquisition du ministère public, prononcer la déchéance de la puissance paternelle ou maintenir à l'établissement ou au particulier gardien, les droits qui lui ont été conférés en vertu des articles 17 ou 20. En cas de remise de l'enfant, il fixe l'indemnité due à celui qui en a eu la charge, ou déclare qu'à raison de l'indigence des parents il ne sera alloué aucune indemnité.

La demande qui a été rejetée ne peut plus être renouvelée que trois ans après le jour où la décision de rejet est devenue irrévocable.

Art. 22. — Les enfants confiés à des particuliers ou des associations de bienfaisance, dans les conditions de la présente loi, sont sous la surveillance de l'État, représenté par le préfet du département.

Un règlement d'administration publique déterminera le mode de fonctionnement de cette surveillance, ainsi que de celle qui sera exercée par l'assistance publique.

Les infractions audit règlement seront punies d'une amende de vingt-cinq à mille francs.

En cas de récidive, la peine d'emprisonnement de huit jours à un mois pourra être prononcée.

Art. 23. — Le préfet du département de la résidence de l'enfant confié à un particulier ou à une association de bienfaisance, dans les conditions de la présente loi, peut toujours se pourvoir devant le tribunal civil de cette résidence afin d'obtenir, dans l'intérêt de l'enfant, que le particulier ou l'association soit dessaisi de tout droit sur ce dernier, et qu'il soit confié à l'Assistance publique.

La requête du préfet est visée pour timbre et enregistrée gratis.

Le tribunal statue les parents entendus ou dûment appelés.

La décision du tribunal peut être frappée d'appel, soit par le préfet, soit par l'association ou le particulier intéressé, soit par les parents.

L'appel n'est pas suspensif.

Les droits conférés au préfet par le présent article appartiennent également à l'assistance publique.

Art. 24. — Les représentants de l'assistance publique, pour l'exécution de la présente loi, sont les inspecteurs départementaux des enfants assistés, et, à Paris, le directeur de l'administration générale de l'assistance publique.

Art. 25. — Dans les départements où le Conseil général se sera engagé à assimiler, pour la dépense, les enfants faisant l'objet des deux titres de la présente loi, aux enfants assistés, la subvention de l'État sera portée au cinquième des dépenses tant extérieures qu'intérieures des deux services, et le contingent des communes constituera pour celles-ci une dépense obligatoire, conformément à l'article 136 de la loi du 5 avril 1884.

Art. 26. — La présente loi est applicable à l'Algérie ainsi qu'aux colonies de la Guadeloupe, de la Martinique et de la Réunion.

La présente loi, délibérée et adoptée par le Séant

et par la Chambre des députés, sera exécutée comme loi de l'État. — CARNOT.

ENREGISTREMENT (SERVICE DE L')

1. — 6 juillet 1889. — ARRÊTÉ *promulguant dans l'étendue du territoire des villes de Hanoi et Haiphong, les lois, décrets et ordonnances qui régissent dans la métropole les droits d'enregistrement et d'hypothèque.*

Rapporté par arrêté du 11 avril 1893.

2. — 6 juillet 1889. — ARRÊTÉ *instituant dans les villes de Hanoi et Haiphong un bureau de l'enregistrement, des domaines et des hypothèques.*

Article premier. — *Modifié par arrêté du 11 avril 1893.*

Le ressort de chaque bureau est respectivement limité à l'étendue de la concession française (1), sous les exceptions prévues aux articles 4, 5, 6 et 7 de l'arrêté en date de ce jour, portant promulgation des lois sur l'enregistrement et les hypothèques.

Art. 2. — Les bureaux de l'enregistrement, des domaines et des hypothèques seront ouverts au public tous les jours, excepté le dimanche et les jours fériés, de sept à dix heures du matin, et de deux à cinq heures de l'après-midi.

Art. 3. — Le personnel du service de l'enregistrement se compose de trois receveurs, dont un chef de service sans gestion, et deux autres, titulaires de bureaux (2).

Ces receveurs sont empruntés à l'administration métropolitaine, titularisés dans leurs fonctions par arrêté du Gouverneur général de l'Indo-Chine, et placés sous l'autorité immédiate de M. le Résident supérieur du Tonkin.

Suite modifiée par arrêté du 15 février 1893.

Ils apposent notamment leur visa sur les répertoires des notaires, huissiers et greffiers, qui doivent être soumis à leur contrôle, par application des articles 51 et 52 de la loi du 22 frimaire an VII.

Art. 4. — Ils rendent annuellement compte de leur gestion.

Leurs comptes sont contrôlés par M. le Résident supérieur et apurés par M. le Gouverneur général, qui statue également sur le sort des articles restant à recouvrer en fin d'exercice.

Ils établissent, d'ailleurs, leur comptabilité en se conformant aux règlements financiers en vigueur dans le Protectorat du Tonkin.

Art. 5. — Le cautionnement des receveurs-conservateurs est fixé à 2.000 francs pour la garantie du Trésor, et à 2.500 francs pour celle des tiers, à raison des erreurs et omissions qu'ils commettraient dans l'accomplissement des formalités hypothécaires (3).

Le receveur sans gestion devra justifier d'un cautionnement de 2.000 francs.

Art. 6. — Le traitement fixe des receveurs de l'enregistrement et des domaines est déterminé ainsi qu'il suit (4) : . . . .

Art. 7. — Indépendamment du traitement fixe, les receveurs chargés d'une gestion ont droit à des remises et salaires, ainsi qu'au logement en nature.

(1) Voir arrêté du 3 juillet 1894, étendant l'obligation de l'enregistrement à tout le territoire du Tonkin.
(2) Modifié par arrêté du 8 octobre 1891: les fonctions de chef du service de l'enregistrement sont supprimées.
(3) Voir ci-après l'arrêté du 15 février 1893, fixant le taux des intérêts des cautionnements.
(4) Les soldes du personnel de l'enregistrement ont été modifiées par arrêté du 14 février 1894.

Le mobilier des bureaux est fourni par le Protectorat.

Art. 8. — Les remises sont de cinq pour cent sur les sommes recouvrées tant pour le compte du budget du Protectorat que pour celui du budget de l'État. Dans le premier cas, elles sont mandatées mensuellement par le Résident supérieur.

Dans le second cas, elles sont prélevées au fur et à mesure des recouvrements, par le receveur qui ne fait recette que du produit net.

Moyennant l'attribution de ces remises, les receveurs-conservateurs sont personnellement tenus des frais de bureau et de la solde des commis et plantons nécessaires pour assurer la bonne marche du service (1).

Art. 9. — Les salaires à percevoir pour les formalités hypothécaires sont réglés d'après le tarif suivant :

1° Pour l'enregistrement et la reconnaissance d'actes au registre des dépôts, tenu conformément à la loi du 5 janvier 1875, 1 franc.

2° Pour l'inscription de chaque droit d'hypothèque ou privilège, quel que soit le nombre des créanciers, si la formalité est requise par le même bordereau, 5 francs.

3° Pour chaque inscription faite d'office par le conservateur, en vertu d'un acte translatif de propriété soumis à la formalité, 5 francs.

4° Pour chaque déclaration, soit de changement de domicile, soit de subrogation ou d'époque d'exigibilité, soit de tous les trois par le même acte, 2 francs.

5° Pour chaque radiation d'inscription, 3 francs.

6° Pour chaque extrait d'inscription ou certificat qu'il n'en existe aucune, 3 francs.

7° Pour la transcription de chaque acte de mutation, par rôle d'écriture du conservateur, contenant 30 lignes à la page et 18 syllabes à la ligne, 3 francs.

8° Pour chaque certificat de non transcription, 2 francs.

9° Pour les copies collationnées des actes déposés ou transcrits, par rôle d'écriture du conservateur contenant 25 lignes à la page et 18 syllabes à la ligne, 3 francs.

10° Pour chaque duplicata de quittance, 0.50 cents.

11° Pour la transcription de chaque procès-verbal de saisie immobilière et de chaque exploit de dénonciation de ce procès-verbal au saisi, par rôle d'écriture du conservateur contenant 30 lignes à la page et 18 syllabes à la ligne, 3 francs.

12° Pour l'acte du conservateur contenant son refus de transcrire, en cas de précédente saisie, 2 francs.

13° Pour chaque extrait d'inscription, ou certificat qu'il n'en existe aucune (article 692 code procédure civile) (2), 3 francs.

14° Pour la mention :
1. Des deux notifications prescrites par les articles 691 et 692, du code de procédure civile, 2 fr.;
2. Du jugement d'adjudication, 2 francs;
3. Du jugement de conversion de saisie, 2 francs.

15° Pour chaque radiation de saisie immobilière, 2 francs.

16° Pour l'enregistrement d'ordre au registre de dépôt, et la mention en marge de la transcription d'un acte de mutation, du jugement portant résolution de l'acte transcrit, au seul salaire de 2 francs.

Art. 10. — Un arrêté ultérieur du Gouverneur général déterminera la date à laquelle le présent arrêté aura son effet.

(1) Le 3° § de l'article 8, modifié par arrêté du 8 décembre 1889, a été rétabli par un autre arrêté du 16 juillet 1890.
(2) Après purge légale.

Art. 11. — Le Résident supérieur au Tonkin est chargé de l'exécution du présent arrêté, qui sera publié et inséré partout où besoin sera. — PIQUET.

3. — 8 décembre 1889. — ARRÊTÉ *sur la mise en vigueur du service de l'enregistrement, des domaines et des hypothèques, et rapportant celui du 11 février 1889.*

Article premier. — *(Modifié par arrêté du 5 décembre 1889).*

Art. 2. — L'arrêté du 11 février 1889, est rapporté.

La perception des droits de greffe, tels qu'ils ont été fixés par un arrêté en date du même jour, le recouvrement des amendes et frais de justice et toutes opérations s'y rattachant, seront faits à l'avenir par les soins du service de l'enregistrement.

Art. 3. — Le Résident supérieur du Tonkin est chargé de l'exécution du présent arrêté, qui sera inséré et publié partout où besoin sera. — PIQUET.

4. — 8 décembre 1889. — ARRÊTÉ *modifiant le 3e § de l'art. 8 de celui du 6 juillet 1889, sur les frais de bureau et de personnel des receveurs de l'enregistrement.*

Rapporté par arrêté du 16 juillet 1890.

5. — 15 décembre 1889. — ARRÊTÉ *fixant au 1er janvier 1890, la mise en vigueur du service de l'enregistrement, des domaines et des hypothèques.*

Article premier. — Est modifié comme suit l'article 1er de l'arrêté précité du 8 décembre 1889 :

« Est rendu exécutoire, à partir du 1er janvier 1890, l'arrêté du 6 juillet 1889, promulguant, sous les réserves y énoncées, dans l'étendue des territoires des villes de Hanoi et de Haiphong, les lois, décrets et ordonnances qui régissent dans la métropole les droits d'enregistrement et d'hypothèque ».

Art. 2. — Le Résident supérieur du Tonkin est chargé de l'exécution du présent arrêté. — PIQUET.

6. — 16 juillet 1890. — ARRÊTÉ *accordant la gratuité de l'enregistrement aux actes de notoriété à produire par les tirailleurs indigènes en instance de naturalisation.*

Article premier. — Les actes de notoriété que les militaires indigènes en activité de service auront à produire à l'appui d'une demande de naturalisation, pour suppléer au défaut de l'acte de naissance, seront enregistrés gratis.

Art. 2. — Le Résident supérieur au Tonkin est chargé de l'exécution du présent arrêté. — PIQUET.

7. — 19 juillet 1890. — ARRÊTÉ *rapportant celui du 8 décembre 1889, au sujet des frais de bureau et de la solde des commis et plantons du service de l'enregistrement.*

Article premier. — L'arrêté du 8 décembre 1889, mettant provisoirement à la charge du Protectorat les frais de bureau et la solde des commis et plantons nécessaires pour assurer la bonne marche du service des receveurs-conservateurs, est rapporté.

Art. 2. — Les receveurs-conservateurs toucheront, à compter du 1er juillet 1890, la totalité des remises et salaires dont la quotité est fixée par les art. 8 et 9 de l'arrêté du 6 juillet 1889.

Art. 3. — Ils pourvoiront personnellement, à partir de la même époque, à leurs commis et plantons.

Art. 4. — Le Résident supérieur p. i. au Tonkin est chargé de l'exécution du présent arrêté — PIQUET.

8. — 8 octobre 1891. — ARRÊTÉ *rapportant provisoirement les articles 7 et 8 de l'arrêté du 6 juillet 1889, ainsi que celui du 16 juillet 1890, sur le service de l'enregistrement.*

Article premier. —

Art. 3. — Provisoirement, les art. 7 et 8 de l'arrêté du 6 juillet 1889, modifiés par l'arrêté du 8 décembre 1889, et rétablis par un autre arrêté du 16 juillet 1890, sont rapportés.

Art. 4. — Les frais de bureau et la solde des commis et plantons nécessaires pour assurer la bonne marche du service des receveurs-conservateurs, seront supportés par le Protectorat.

En compensation, les remises et salaires alloués aux receveurs-conservateurs par les articles 8 et 9 de l'arrêté du 6 juillet 1889 précité, seront versés au budget du Protectorat, savoir :

Les remises en totalité, les salaires un quart.

Art. 5. —

Art. 6. — Le Directeur du contrôle financier et le Résident supérieur du Tonkin sont chargés de l'exécution du présent arrêté. — DE LANESSAN.

9. — 8 octobre 1891. — ARRÊTÉ *fixant la composition du personnel du service de l'enregistrement.*

Article premier. — Les fonctions du chef du service de l'enregistrement, sans gestion, sont supprimées.

Art. 2. — Le premier paragraphe de l'article 3 de l'arrêté du 6 juillet 1889, est modifié ainsi qu'il suit :

« Art. 3. — Le personnel du service de l'enregistrement se compose d'un receveur, titulaire du « bureau de Hanoi, faisant fonctions de chef de service, et d'un autre, titulaire du bureau de Haiphong (1). »

Art. 4. — Les receveurs sont placés sous l'autorité disciplinaire du Résident supérieur du Tonkin, en vertu des dispositions de l'article 6, § 6, titre III, de l'arrêté du 7 juillet 1889, et sous la surveillance du directeur du contrôle, en vertu de l'article 8 du décret du 21 avril 1891.

Art. 5. — Le directeur du contrôle et le Résident supérieur du Tonkin sont chargés, chacun en ce qui le concerne, de l'exécution du présent arrêté, qui sera enregistré et communiqué partout où besoin sera. — DE LANESSAN.

10. — 13 octobre 1892. — ARRÊTÉ *supprimant les fonctions de chef du service de l'enregistrement au Tonkin.*

Article premier. — Le poste de chef du service de l'enregistrement, des domaines et des hypothèques du Tonkin, est supprimé à compter du jour de l'embarquement pour France de M. Thermes, titulaire actuel de cet emploi.

Art. 2. — Les receveurs des bureaux de Hanoi et de Haiphong relèveront directement du Résident supérieur du Tonkin.

Art. 3. — Le Résident supérieur du Tonkin est chargé de l'exécution du présent arrêté. — DE LANESSAN.

(1) Les fonctions de chef de service ont été supprimées définitivement par arrêté du 13 octobre 1892.

11. — 15 février 1893. — ARRÊTÉ *modifiant celui du 6 juillet 1889, sur les attributions des receveurs de l'enregistrement.*

Article premier. — Le § 3 de l'article 3 de l'arrêté susvisé du 6 juillet 1889, est modifié comme suit :

« Ils sont chargés de toutes les recettes, percep-
« tions et attributions appartenant en France aux
« receveurs de l'enregistrement et des domaines et,
« en outre, du recouvrement des amendes et con-
« damnations prononcées par les tribunaux français,
« des frais de justice y afférents et des amendes
« administratives prononcées dans l'étendue du
« ressort de leur bureau. »

Art. 2. — Le Résident supérieur du Tonkin est chargé de l'exécution du présent arrêté. — CHAVASSIEUX.

12. — 15 février 1893. — ARRÊTÉ *fixant le taux de l'intérêt des cautionnements des Receveurs de l'enregistrement.*

Article premier. — Il sera fait application aux receveurs de l'enregistrement de Hanoï et Haïphong, des dispositions de la loi du 4 août 1884, portant que les cautionnements des receveurs de l'enregistrement et des conservateurs des hypothèques, produiront un intérêt de 3 0/0 par an.

Art. 2. — Le Résident supérieur du Tonkin et le Trésorier-payeur du Tonkin sont chargés, chacun en ce qui le concerne, de l'exécution du présent arrêté. — CHAVASSIEUX.

13. — 13 avril 1893. — ARRÊTÉ *règlementant le service de l'enregistrement et des hypothèques au Tonkin (1).*

Article premier. — L'arrêté du 6 juillet 1889, promulguant dans l'étendue des territoires des villes de Hanoï et Haïphong les lois, décrets et ordonnances qui régissent dans la métropole les droits d'enregistrement et d'hypothèque, et l'article premier de l'arrêté de même date déterminant le ressort des bureaux d'enregistrement, des domaines et des hypothèques institués dans les villes de Hanoï et de Haïphong, sont rapportés.

Art. 2. — Les lois, décrets et ordonnances qui régissent dans la métropole les droits d'enregistrement et d'hypothèque, tels qu'ils se trouvent insérés dans l'édition de 1888 du *Recueil des codes français* de Rivière, Faustin Hélie et Paul Pont, dont le dépôt est fait aux greffes des tribunaux de Hanoï et Haïphong, sont promulgués dans toute l'étendue du territoire du Tonkin, mais seulement pour la partie de leurs dispositions qui n'est pas contraire à l'organisation judiciaire et administrative du Protectorat, et sous réserve des modifications prévues par le présent arrêté.

Art. 3. — Cette législation est applicable aux actes passés par les citoyens français, les européens ou assimilés, les asiatiques non indigènes, protégés français, entre eux,| ou avec indigènes, et aux actes passés entre indigènes, s'ils le sont sous l'empire de la loi française.

Art. 4. — Il est institué un bureau de l'enregistrement, des domaines et des hypothèques dans chacune des villes de Hanoï et de Haïphong.

Art. 5. — Le ressort de ces bureaux est déterminé comme suit :

Pour le bureau de Hanoï : la ville de Hanoï, les provinces de Hanoï, Bac-ninh, Son-tay, Hung-hoa, Cho-bo, Thai-nguyên, Hung-yen, Nanam et les 3e et 4e territoires militaires.

Pour le bureau de Haïphong : la ville de Haïphong, les provinces de Haïphong, Hai-duong, Quang-yen, Nam-dinh, Ninh-binh, Tai-binh et les 1er et 2e territoires militaires (1).

Art. 6. — La formalité de l'enregistrement dans l'un des bureaux de Hanoï et Haïphong est obligatoire pour les actes de cette nature, assujettis par la loi à cette formalité et passés dans le ressort des tribunaux de 1re instance de Hanoï et Haïphong, et pour les actes sous-seings-privés entraînant transmission de propriété, d'usufruit ou de jouissance de biens immeubles et passés en dehors de ce ressort. Toutefois pour ces derniers actes, les délais accordés par la loi sont doublés.

Art. 7. — Les formalités hypothécaires ne peuvent être accomplies que dans les seuls bureaux de Hanoï et de Haïphong. Pour les actes qui auraient été passés en chancellerie et y auraient déjà acquitté les droits prévus par les tarifs de chancellerie, elles ne donneront lieu qu'au paiement des droits d'hypothèque.

Art. 8. — Les tarifs des droits d'enregistrement et d'hypothèques, soit fixes, soit proportionnels, résultant des textes promulgués à l'article 2, sont réduits de moitié, sans adjonction de décimes. Toutefois le minimum de tout droit proportionnel sera, pour chaque disposition, de cinquante centimes.

Art. 9. — Les mutations par décès des biens meubles ou immeubles ne seront assujetties à aucun droit ni soumises à aucune déclaration. Il en sera de même des locations verbales.

Art. 10. — La transcription des actes dont l'enregistrement est prévu à l'article 6 du présent arrêté, pourra avoir lieu à la requête des intéressés, dans les formes prévues à l'article 7, dans tous les cas où la loi du 23 mars 1855 rend cette formalité obligatoire.

Art. 11. — Tout immeuble situé sur le territoire du Protectorat du Tonkin pourra être hypothéqué, pourvu qu'il soit la propriété d'un citoyen français, d'un étranger européen ou assimilé, ou d'un asiatique non indigène, protégé français, ou d'un indigène, lorsqu'il se trouve assujetti à la loi française.

Art. 12. — Le Résident supérieur du Tonkin est chargé de l'exécution du présent arrêté. — CHAVASSIEUX.

14. — 26 avril 1893. — ARRÊTÉ *portant à 20 jours le délai pour l'enregistrement des actes d'huissier du Tonkin.*

Article premier. — Les délais légaux pour l'enregistrement des actes des huissiers et autres ayant pouvoir de faire des exploits et procès-verbaux, sont portés à vingt jours, lorsque ces actes seront passés en dehors des villes de Hanoï et de Haïphong.

Art. 2. — Le Résident supérieur du Tonkin est chargé de l'exécution du présent arrêté. — CHAVASSIEUX.

15. — 1er septembre 1893. — ARRÊTÉ *promulguant en Annam, les lois sur l'enregistrement et les hypothèques.*

Article premier. — Les lois, décrets et ordonnances qui régissent dans la métropole les droits

_____

(1) Pour les délais, voir arrêté du 26 avril 1893, dont le texte suit. Voir également celui du 1er septembre 1893, sur le service de l'enregistrement en Annam.

(1) Voir arrêté du 3 juillet 1894, étendant l'obligation de l'enregistrement à tout le Tonkin.

12

d'enregistrement et d'hypothèque, tels qu'ils se trouvent insérés dans l'édition de 1888 du Recueil des codes français de Rivière, Faustin Hélie et Paul Pont, dont le dépôt est fait au greffe du tribunal consulaire de Tourane, sont promulgués dans toute l'étendue du territoire de l'Annam, mais seulement pour la partie de leurs dispositions qui n'est pas contraire à l'organisation judiciaire et administrative du Protectorat, et sous réserve des modifications prévues par le présent arrêté.

Art. 2. — Cette législation est applicable aux actes passés par les citoyens français, les européens ou assimilés, les asiatiques non indigènes, protégés français, entre eux ou avec les indigènes, et aux actes passés entre indigènes s'ils le sont sous l'empire de la loi française.

Art. 3. — Il est institué à Tourane un bureau de l'enregistrement, des domaines et des hypothèques, dont le ressort comprend toute l'étendue du territoire de l'Annam.

Art. 4. — La formalité de l'enregistrement au bureau de Tourane est obligatoire pour les actes de toute nature assujettis par la loi à cette formalité, et passés dans la limite de la concession française de Tourane, et pour les actes sous seings privés entraînant transmission de propriété, d'usufruit ou de jouissance de biens immeubles, et passés en dehors de ces limites. Toutefois, pour ces derniers actes, les délais accordés par la loi seront doublés.

Art. 5. — Les formalités hypothécaires ne peuvent être accomplies que dans le seul bureau de Tourane. Pour les actes qui auront été passés en chancellerie et y auront déjà acquitté les droits prévus par les tarifs de chancellerie, elles ne donneront lieu qu'au paiement des droits d'hypothèque.

Art. 6. — Les tarifs des droits d'enregistrement et d'hypothèques, soit fixes, soit proportionnels, résultant des textes promulgués à l'article 1er, sont réduits de moitié, sans adjonction de décimes. Toutefois le minimum de tout droit proportionnel sera, pour chaque disposition, de cinquante centimes.

Art. 7. — Les mutations par décès des biens meubles et immeubles ne seront assujettis à aucun droit, ni soumises à aucune déclaration. Il en sera de même des locations verbales.

Art. 8. — La transcription des actes dont l'enregistrement est prévu à l'article 4 du présent arrêté, pourra avoir lieu à la requête des intéressés dans les formes prévues à l'article 5, dans tous les cas où la loi du 23 mars 1855 rend cette formalité obligatoire.

Art. 9. — Tout immeuble situé en Annam pourra être hypothéqué, pourvu qu'il soit propriété d'un citoyen français, d'un étranger européen ou assimilé, d'un asiatique non indigène, protégé français, ou d'un indigène, lorsqu'il se trouve assujetti à la loi française.

Art. 10. — Le receveur du bureau de l'enregistrement, des domaines et des hypothèques, de Tourane est emprunté à l'administration métropolitaine, titularisé dans ses fonctions par le Gouverneur général de l'Indo-Chine, et placé sous l'autorité immédiate du Résident supérieur en Annam.

Sa situation, au point de vue de ses attributions et obligations, du traitement et des salaires auxquels il a droit et du cautionnement qu'il doit constituer, est la même que celle des receveurs des bureaux de Hanoï et Haïphong, telle qu'est est déterminée par les arrêtés des 6 juillet 1889 et 8 octobre 1891.

Art. 11. — Les dispositions qui précèdent sont rendues applicables à l'Annam à partir du 1er octobre 1893, mais seulement pour la partie qui est relative aux hypothèques, et sous réserve des modifications suivantes:

1o Provisoirement, toutes les formalités hypothécaires intéressant des biens situés en Annam, seront accomplies sur des registres spéciaux, au bureau des hypothèques de Haïphong.

2o Le greffier-notaire de Tourane sera chargé de recevoir toutes les pièces nécessaires à l'accomplissement de ces formalités et d'en assurer la transmission au conservateur du bureau de Haïphong, avec lequel il aura dans ce but la franchise postale et télégraphique.

3o Le conservateur des hypothèques d'Haïphong aura droit, pour l'accomplissement des formalités hypothécaires relatives aux biens situés en Annam, aux salaires qui étaient attribués pour l'application des mêmes formalités au Tonkin par l'article 9 de l'arrêté du 6 juillet 1889.

Art. 12. — Un arrêté ultérieur du Gouverneur général déterminera la date à partir de laquelle les droits d'enregistrement deviendront exigibles. Les droits dus en vertu des règlements actuellement en vigueur continueront à être perçus jusqu'à cette époque.

Art. 13. — Le Résident supérieur en Annam est chargé de l'exécution du présent arrêté. — DE LANESSAN.

---

16. — 14 février 1894. — ARRÊTÉ *réglant les allocations de solde des receveurs de l'enregistrement servant au cadre local.*

Article premier. — Les receveurs de l'enregistrement et des domaines détachés au Tonkin, de l'administration métropolitaine, recevront, au titre local, l'avancement et la solde déterminés au tableau ci-dessous:

SOLDE COLONIALE

Receveur local de 1re classe. . . .	14.000 fr.	00
— 2o	12.000	00
— 3o	11.000	00
— 4o	9.500	00
— 5o	8.000	00
— 6o	6.500	00

Art. 2. — L'avancement au titre local ne pourra être accordé aux receveurs métropolitains de l'enregistrement et des domaines détachés au Tonkin, qu'après trois années révolues passées dans le grade local inférieur.

Art. 3. — La solde de congé des receveurs de l'enregistrement et des domaines est fixée à la moitié de la solde coloniale afférente à leur grade local, suivant les dispositions de l'arrêté du 9 septembre 1893.

Art. 4. — Le Résident supérieur au Tonkin est chargé de l'exécution du présent arrêté. — DE LANESSAN.

---

17. — 3 juillet 1894. — ARRÊTÉ *étendant l'obligation de l'enregistrement à tout le territoire du Tonkin.*

Article premier. — Les actes portant transmission de propriété, d'usufruit ou de jouissance de biens ou droits immobiliers (excepté lorsque les parties sont indigènes, auquel cas l'enregistrement n'est pas obligatoire), les adjudications ou marchés de toute nature, aux enchères, au rabais ou sur soumissions, les actes portant cautions, seront soumis à la formalité de l'enregistrement dans les bureaux de Hanoi ou de Haiphong, selon la circonscription judiciaire des Tribunaux de 1re instance de ces deux villes, et d'après les tarifs en vigueur dans ces bureaux (1).

Toutefois, les mutations de propriété entre indigènes dans les concessions françaises de Hanoi et de Haiphong, devront être enregistrées dans les bureaux d'enregistrement de ces deux villes.

Art. 2. — Les locations de biens communaux continueront à être enregistrées dans les résidences, conformément à l'arrêté de S. E. le Kinh-luoc en date du 20 avril 1894.

Art. 3. — Tous les autres actes continueront provisoirement à être enregistrés dans les chancelleries de résidence, d'après les tarifs qui y sont en vigueur.

Art. 4. — Toutes les dispositions contraires au présent arrêté sont abrogées.

Art. 5. — Le Résident supérieur du Tonkin et le Procureur général Chef du Service judiciaire en Annam et au Tonkin sont chargés, chacun en ce qui le concerne, de l'exécution du présent arrêté. — CHAVASSIEUX.

Voy. : Cercles chinois ; — Franchise postale et télégraphique ; — Successions vacantes.

ENSEIGNEMENT PRIMAIRE

1. — 12 mars 1885. — DÉCISION *relative à l'organisation de l'enseignement primaire au Tonkin* (2).

Article premier. — Il sera créé au chef-lieu de chaque Résidence, au fur et à mesure que le personnel et les locaux nécessaires auront été préparés, des écoles primaires du Gouvernement, dans lesquelles sera donné l'enseignement du français, gratuit et facultatif.

Art. 2. — Ces écoles seront dirigées par des maîtres français, assistés de professeurs français ou indigènes, suivant les nécessités.

Art. 3. — L'enseignement primaire, dans les écoles du Protectorat au Tonkin, aura essentiellement en vue la connaissance de la langue française ; il comprendra la lecture expliquée et commentée, l'écriture, le calcul, l'arpentage, et, progressivement, des notions d'histoire du Tonkin, de la Cochinchine française, de l'Annam et de la France, la géographie générale, mais spécialement celle de la France, des colonies françaises, de l'Annam, et, sous forme de lectures expliquées, quelques notions des principales applications des sciences physiques et naturelles à l'agriculture, au commerce et aux arts industriels.

Aux cours de français sera adjoint l'enseignement de la langue annamite écrite en caractères latins (*quoc-ngu*) et celui des *caractères chinois*.

Art. 4. — Les élèves admis dans les écoles primaires du Protectorat devront être âgés de 8 ans au moins et de 13 ans au plus ; toutefois, les jeunes gens âgés de plus de 13 ans, qui possèderaient déjà quelques éléments de la langue française, pourront y être reçus à titre exceptionnel.

Art. 5. — Le directeur de l'école de Hanoi remplira, jusqu'à nouvel ordre, les fonctions de directeur de l'enseignement primaire, cumulativement avec les siennes propres.

A ce titre, il centralisera le service de toutes les écoles du Protectorat, sous les ordres du directeur

des affaires civiles et politiques, les inspectera et sera chargé de présenter à l'administration supérieure des rapports d'ensemble, à la fin de chaque trimestre, sur la situation et la marche du service de l'instruction publique.

Les directeurs d'école et les professeurs européens ou indigènes seront placés sous son autorité.

Art. 6. — Les directeurs d'école seront chargés, sous les ordres du directeur de l'enseignement primaire, de la direction des études d'après les programmes adoptés, de la discipline de l'école, de la régularité des cours et du bon entretien des salles, du mobilier, du matériel et des fournitures classiques. Ils feront les cours auxquels ils sont astreints eux-mêmes, donneront leurs ordres aux professeurs placés sous leur direction, leur transmettront les instructions du directeur de l'enseignement primaire, et exigeront qu'ils s'y conforment. Ils signaleront au directeur la conduite et la manière de servir des professeurs ; à la fin de chaque mois, ils lui adresseront un rapport concernant tous les détails du service.

Art. 7. — Dans chaque Résidence, les écoles du Protectorat seront soumises à l'inspection et au contrôle de MM. les Résidents ; les directeurs d'école seront tenus de déférer aux observations qu'ils croiront devoir leur faire, sauf à rendre compte immédiatement à leur chef hiérarchique. Un duplicata du rapport mensuel du directeur de l'école devra être adressé par celui-ci au Résident.

Art. 8. — La solde, le mode d'avancement et la hiérarchie du personnel enseignant français attaché au service de l'instruction publique, seront réglés comme suit :

(*Modifié par l'art. 2 de l'arrêté du 6 septembre 1886*).

Dans le cas où ils ne recevraient pas le logement en nature, les directeurs d'école et professeurs auront droit à une indemnité de 720 francs par an.

Art. 9. — Nul ne pourra être nommé professeur stagiaire s'il n'est muni du brevet simple pour l'enseignement primaire dans la Métropole, ou de tout autre brevet universitaire en tenant lieu.

Tout professeur stagiaire sera admis de droit à la 4e classe après une année de service actif, à moins que son avancement ne soit retardé par mesure disciplinaire.

Nul professeur ne pourra passer d'une classe inférieure à la classe immédiatement supérieure, s'il n'a au moins deux ans de service dans cette classe.

Les professeurs chargés de la direction d'une école jouiront d'un supplément de solde de 1.000 francs par an.

Art. 10. — Les peines disciplinaires à prononcer contre les professeurs français seront :

1° L'avertissement du directeur de l'enseignement ou du Résident ;

2° Le blâme infligé par le Directeur des affaires civiles et politiques ;

3° La suspension partielle ou totale du traitement colonial pendant un certain laps de temps ;

4° La révocation.

Les deux dernières peines seront prononcées par le Général commandant, après l'avis d'un conseil d'enquête.

Art. 11. — La solde, l'avancement et la hiérarchie du personnel indigène seront réglés comme suit :

(*Modifié par l'arrêté du 11 juin 1892*).

(1) Voir arrêté du 9 mai 1894, Vo Justice, fixant le ressort de chacun des tribunaux de Hanoi et de Haiphong.
(2) Voir ci-après arrêté du 6 septembre 1886.

12.

Art. 12. — Les professeurs et les instituteurs indigènes seront soumis aux peines disciplinaires ci-après :

L'avertissement du directeur de l'enseignement :

Le blâme du directeur des affaires civiles et politiques ;

Une retenue sur le traitement, qui pourra s'étendre jusqu'à 15 jours de solde ;

La rétrogradation ;

La suspension ;

La révocation.

Art. 13. — Les cadres du personnel des écoles primaires seront provisoirement ainsi fixés :

ÉCOLE DE HANOI

Un professeur, directeur de l'école, faisant fonctions de directeur de l'enseignement primaire ;

Un professeur français, chargé des cours à faire en particulier aux enfants européens ;

Quatre instituteurs indigènes ;

Un homme de peine.

AUTRES ÉCOLES

Un professeur, directeur de l'école, est chargé des cours particuliers aux enfants européens ;

Quatre instituteurs indigènes ;

Un homme de peine.

Art. 14. — Les professeurs munis du diplôme donnant droit à la prime de langue annamite, d'après l'institution établie en Cochinchine par la décision en date du 23 juillet 1879, continueront à avoir droit à cette prime.

Art. 15. — Aucune institution particulière ne pourra être ouverte sans une autorisation préalable de l'Administration du Protectorat du Tonkin.

Quiconque sollicitera cette autorisation devra justifier des conditions de moralité et de capacité exigées par les règlements locaux. — Toute institution particulière est soumise à la surveillance de l'Administration.

Art. 16. — Sont dispensés de l'autorisation exigée par l'article 15, les collèges ou séminaires des Missions et les écoles qui en dépendent, les écoles de caractères chinois.

Art. 17. — Des subventions pourront être accordées aux institutions particulières qui s'engageraient à enseigner le français.

Art. 18. — Une commission supérieure permanente sera chargée d'étudier toutes les questions se rattachant à l'instruction publique et d'inspecter les établissements d'enseignement du Protectorat.

Cette commission sera composée ainsi qu'il suit :

Le Directeur des affaires civiles et politiques, *président* ;

Le Résident de Hanoi, *membre* ;

Le Directeur de l'enseignement primaire, *idem* ;

Le Chef du secrétariat des affaires civiles, *idem* ;

Le Curé de Hanoi, *idem* ;

Un médecin désigné par le Directeur du service de santé, *idem* ;

Un ingénieur des Travaux publics, *idem* ;

Un interprète principal, *idem*.

Art. 19. — Le Directeur des affaires civiles et politiques est chargé de l'exécution de la présente décision. — BRIÈRE DE L'ISLE.

2. — 17 avril 1885. — DÉCISION *portant création d'une 4e classe d'instituteurs indigènes.*

Modifiée par arrêté du 11 juin 1892.

3. — 16 avril 1886. — CIRCULAIRE *au sujet de l'organisation des écoles au Tonkin.*

Conformément aux instructions de M. le Résident général en Annam et au Tonkin, contenues dans sa lettre en date du 16 avril 1886, l'organisation provisoire des écoles du Tonkin sera entreprise immédiatement dans les conditions ci-après :

1° Dans tous les centres où il sera possible d'établir une école de français, les notables seront invités à y envoyer matin et soir, aux heures indiquées par le professeur, les enfants des familles voisines.

2° On y enseignera :

Le français parlé et écrit :

Les quatre premières règles ;

Quelques notions élémentaires des sciences exactes et des sciences physiques ;

L'art d'écrire l'annamite en caractères européens.

3° Les fournitures scolaires seront faites aux frais du Protectorat jusqu'à nouvel ordre.

4° La salle de classe sera fournie par la commune.

5° Les suppléments alloués aux professeurs seront de 30 à 40 francs par mois pour les indigènes, de 100 à 120 francs pour les Européens ; chacun d'eux recevra en outre un supplément de 50 centimes par mois et par élève dont la présence aura été régulièrement constatée.

6° Nul ne sera admis à professer, s'il n'a été reconnu apte à entrer en fonctions par une commission spéciale présidée par le Résident supérieur ou par le Résident de la province, et composée de trois membres compétents désignés par le Résident supérieur.

7° La police et la surveillance des écoles primaires est confiée aux Résidents, qui fixeront, pour chaque localité, les heures d'ouverture et de fermeture des classes, les limites d'âge à imposer aux élèves, et s'assureront que les locaux affectés par les municipalités à ce service public sont convenables. — P. VIAL.

4. — 6 septembre 1886. — ARRÊTÉ *relatif au personnel de l'enseignement primaire.*

Article premier. — Le personnel de l'enseignement primaire au Tonkin comprend :

1° Des instituteurs français titulaires, répartis en 3 classes ;

2° Des instituteurs français auxiliaires ;

3° Des instituteurs indigènes titulaires, répartis en 2 classes ;

4° Des instituteurs adjoints indigènes, répartis en 4 classes ;

5° Des instituteurs auxiliaires indigènes, répartis en 4 classes ;

6° Des instituteurs et surveillants indigènes

Art. 2. — La solde de ces agents est fixée ainsi qu'il suit (1) :

Instituteurs français	1re classe	6.000 fr.
	2e classe	5.000
	3e classe	4.000
Instituteurs auxiliaires français		3.000

Art. 3. — Les instituteurs nommés antérieurement au présent arrêté continueront à jouir de la solde qui leur est actuellement attribuée et seront classés en conséquence.

Ceux dont le traitement ne correspond exactement à aucun de ceux prévus au nouveau règlement, recevront le titre de la classe immédiatement

(1) La solde du personnel indigène de l'enseignement est déterminée actuellement par l'arrêté du 11 juin 1892.

inférieure au taux de leurs émoluments actuels.

Art. 4. — Le temps minimum de service exigé dans chaque classe du cadre indigène pour obtenir de l'avancement sera de :

Six mois pour les répétiteurs, surveillants et instituteurs auxiliaires des deux dernières classes ;

Un an pour les auxiliaires des deux premières classes;

Deux ans pour les instituteurs adjoints ;

Trois ans pour les instituteurs.

Art. 5. — L'avancement dans le personnel français aura lieu au choix, sans condition de temps.

Art. 6. — Les instituteurs de tous grades seront à la nomination du Résident général, sur la proposition du Résident supérieur.

Art. 7. — Le Résident supérieur au Tonkin est chargé de l'exécution du présent arrêté. — PAUL BERT.

5. — 14 octobre 1887. — ARRÊTÉ *supprimant l'emploi d'adjoint à l'inspecteur de l'enseignement.*

Article premier. — L'emploi d'adjoint à l'inspecteur de l'enseignement est supprimé.

Art. 2. — M. Gaston Kahn, précédemment adjoint à l'inspecteur de l'enseignement, est nommé commis de résidence de 1re classe, pour servir à la résidence générale. — RAOUL BERGER.

6. — 25 février 1888. — ARRÊTÉ *décidant que les instituteurs relèvent directement, dans les circonscriptions administratives, des résidents et vice-résidents, et, à Hanoi, du Secrétaire général.*

Article premier. — Les instituteurs relèvent directement, dans les circonscriptions administratives, des Résidents et vice-résidents, et, à Hanoi, du Secrétaire général de la résidence générale (bureau de l'enseignement).

Art. 2. — Le Secrétaire général du Gouvernement est chargé de l'exécution du présent arrêté. — CONSTANS.

7. — 30 août 1888. — CIRCULAIRE *au sujet du service de l'enseignement.*

A plusieurs reprises, mon attention a été attirée par les rapports de M. l'Inspecteur de l'enseignement en Annam et au Tonkin sur la pénurie, dans les écoles provinciales, de bons instituteurs, et sur le mauvais état des locaux servant d'école.

Cet état de choses nous est préjudiciable en ce sens, qu'il déconsidère notre enseignement aux yeux des indigènes, et entrave la diffusion de notre langue et de nos idées chez les Annamites; il y a donc lieu de le faire cesser.

En conséquence, j'ai décidé que les instituteurs indigènes, maîtres de français, convaincus d'incapacité, seraient remplacés.

En ce qui concerne les bâtiments scolaires, bien que les exigences budgétaires ne permettent pas d'accorder un crédit suffisant pour les constructions nouvelles, nous devons cependant ne pas laisser tomber en ruines ceux qui existent; je vous invite donc à m'adresser un rapport sur l'état actuel de votre maison d'école et sur les dépenses que nécessiterait sa restauration. Si ces dépenses dépassaient la somme de cent cinquante ou deux cents francs, et si vous n'avez aucune maison confisquée dans laquelle on puisse installer les écoles, il y aurait lieu d'étudier, de concert avec l'autorité annamite, si on ne pourrait pas se servir d'une pagode désaffectée. — E. PARREAU.

8. — 1er mars 1889. — ARRÊTÉ *instituant un examen pour les élèves indigènes, et fixant les primes à allouer à ceux qui le subiront avec succès.*

Article premier. — Une prime de dix piastres sera décernée aux élèves indigènes qui auront subi avec succès l'examen dont le programme est déterminé ci-après.

Il leur sera en outre délivré un brevet, dit: *Brevet de capacité.*

Art. 2. — Ces examens auront lieu simultanément dans les centres suivants: Hanoi, Nam-dinh et Sontay, pour le Tonkin; Hué et Qui-nhon, pour l'Annam, à la fin de chaque année scolaire. Les centres pourront être modifiés ou réduits, suivant le nombre de candidats par province; la date de l'examen sera fixée chaque année par le Résident général.

Art. 3. — La commission d'examen de chaque centre sera composée ainsi qu'il suit :

Un Résident ou vice-résident, président; l'inspecteur de l'enseignement ou un professeur désigné par lui, un chancelier de résidence, membres; un commis de résidence, secrétaire.

Art. 4. — Ne peuvent concourir que les élèves indigènes âgés de plus de 17 ans et de moins de 22 ans, et ayant suivi les cours d'une école communale ou d'une école libre pendant au moins trois années.

Art. 5. — Les directeurs d'école d'européens ou d'indigènes, qui auront présenté un élève reçu à l'examen, auront droit: les premiers à une prime de 10 $, les seconds à une prime de 15 $ par élève reçu.

Art. 6. — L'examen comprend deux parties.

1º Les épreuves écrites consistent en :

Dictée française, version et thème annamites (quocngu), narration en français, trois problèmes d'arithmétique (4 règles, système métrique, fractions), dessin d'après un croquis ;

2º Les épreuves orales consistent en :

Analyse grammaticale d'une phrase dictée ou tableau ;

Dialogue en français soutenu avec un européen ;

Géographie générale, avec les grandes divisions politiques ;

Histoire et géographie de l'Indo-Chine.

Art. 7. — Les coefficients attribués à chaque partie de l'examen sont les suivants :

ÉPREUVES ÉCRITES :

Dictée	5
Version et thème annamites	4
Narration en français	5
Problèmes	3
Dessin	2

ÉPREUVES ORALES :

Analyse	4
Dialogue	5
Géographie générale	5
Géographie et histoire de l'Indo-Chine	3

Le candidat reçoit, pour chaque matière, une note dans l'échelle de 0 à 20, note qui, multipliée par le coefficient, détermine le nombre de points obtenus sur la matière.

Art. 8. — Le nombre total minimum des points à obtenir pour être déclaré reçu est fixé à 300.

Art. 9. — Les candidats ont huit heures pour traiter la question écrite.

Il leur est interdit, sous peine d'être exclus du

concours, d'avoir aucune communication avec le dehors et de consulter aucun livre ni cahier.

Art. 10. — Le Résident général en Annam et au Tonkin est chargé de l'exécution du présent arrêté. — RICHAUD.

9. — 31 mai 1890. — CIRCULAIRE *rappelant que les Résidents et vice-résidents n'ont qu'un droit de contrôle sur les écoles.*

J'ai l'honneur de vous rappeler que l'arrêté du 25 février 1888, qui a placé la direction des écoles sous l'autorité des résidents et vice-résidents chefs de province, ne vous a donné qu'un droit de surveillance et de contrôle sur les instituteurs qui les dirigent.

Vous voudrez donc bien, conformément à cet arrêté, tout en continuant d'exercer une surveillance et un contrôle, qui sont de votre ressort, éviter d'entraver la marche de ce service, soit en distrayant les instituteurs de leurs fonctions, soit en intervenant dans la direction technique des études, qui appartient seule à M. l'inspecteur chef du service de l'instruction publique en Annam et au Tonkin. — BONNAL.

10. — 11 juin 1892. — ARRÊTÉ *déterminant le classement et la rétribution du personnel indigène du service de l'enseignement.*

Article premier. — A compter du 1er juillet 1892, le personnel du service de l'enseignement au Tonkin sera classé et rétribué d'après le tableau suivant :

Instituteur indigène titulaire de 1re classe.	625	00
— 2e classe.	562	50
— 3e classe.	500	00
— 4e classe.	437	50
— 5e classe.	375	00
— 6e classe.	325	00
Instituteur indigène auxiliaire de 1re classe.	275	00
— 2e classe.	237	50
— 3e classe.	200	00
— 4e classe.	157	50

Art. 2. — Le Résident supérieur du Tonkin est chargé de l'exécution du présent arrêté. — CHAVASSIEUX.

Voy. : Interprètes; — Primes.

ENTRÉE EN CAMPAGNE. — Voy.: Indemnités; — Trésor.

ENTREPOT RÉEL

1. — 28 février 1889. — RAPPORT ET DÉCISION *constituant la Société anonyme des docks de Haiphong en entrepôt réel de douane.*

Aux termes de leur contrat, article premier, les concessionnaires des magasins généraux sont autorisés à établir dans leurs établissements un entrepôt réel de douane.

Le directeur de la Société anonyme des docks à Haiphong me demande d'autoriser l'exercice de l'entrepôt.

Il s'agit d'une mesure qui ne peut que favoriser le commerce local, qui traverse en ce moment une crise si regrettable ; j'ai donc l'honneur de vous en proposer l'adoption.

L'entrepôt réel fonctionnerait sur les bases usitées dans la métropole et déterminées par les lois, décrets et règlements de douane.

Je vous serai profondément obligé, M. le Gouverneur général, si ma proposition vous agrée, de vouloir bien revêtir un des doubles du présent rapport de votre approbation.

Je suis avec respect, Monsieur le Gouverneur général, votre très humble et très obéissant serviteur. — CHÉTERIN.

2. — 6 juillet 1889. — ARRÊTÉ *autorisant les Docks de Haiphong à créer un entrepôt réel des douanes pour les marchandises tarifées ou prohibées.*

Article premier. — La Société des docks, concessionnaire des magasins généraux de Haiphong en vertu du contrat précité, est autorisée à établir dans lesdits magasins généraux, un entrepôt réel des douanes pour les marchandises tarifées ou prohibées.

Art. 2. — Cette autorisation est accordée aux conditions usitées dans la métropole et déterminées par les lois, décrets et règlements de douane en vigueur.

Art. 3. — Le présent arrêté, provisoirement exécutoire, sera transmis au Département du commerce, de l'industrie et des colonies, pour être définitivement remplacé par un décret présidentiel, conformément aux prescriptions de l'article IX, paragraphe 4, du décret du 8 septembre précité.

Art. 4. — Les Résidents supérieurs en Annam et au Tonkin sont chargés, chacun en ce qui le concerne, de l'exécution du présent arrêté, qui sera enregistré, promulgué et publié partout où besoin sera.

Voy. : Douanes ; — Transit.

ÉPIDÉMIES

1. — 10 août 1885. — ORDRE GÉNÉRAL *fixant les mesures à prendre contre l'épidémie cholérique.*

Une épidémie ayant éclaté à Haiphong, le Général commandant en chef le corps du Tonkin transporte jusqu'à nouvel ordre son quartier général dans cette ville.

Dans la première comme dans la deuxième division, des dispositions devront être immédiatement prises pour éparpiller les troupes qui paraîtraient trop agglomérées dans les lieux de garnison et casernement, en vue de les placer dans de meilleures conditions d'hygiène ; le Général commandant en chef laisse à MM. les généraux commandant les divisions le soin de prendre les mesures qui leur paraîtront opportunes à cet égard.

Les garnisons de Dong-son, Thanh-moi et Chu seront diminuées autant que possible.

L'installation dans les villages devra se faire avec le concours de l'autorité civile. Il sera attribué à chaque habitant deux ligatures par mois par chaque soldat qu'il logera. Le village touchera cette somme, si les hommes occupent des pagodes ou autres établissements municipaux.

Le Général rappelle les recommandations déjà faites pour que, dans les villages qui vont recevoir des troupes, les habitants ne soient pas molestés et ne soient l'objet d'aucune exaction ; il prescrit aux chefs, à tous les degrés de la hiérarchie, d'exercer une surveillance incessante pour empêcher toute infraction à ces recommandations. Tout soldat signalé pour y avoir manqué serait l'objet des mesures les plus rigoureuses. — COURCY.

2. — 12 juillet 1889. — CIRCULAIRE *sur le mode de traitement des cholériques.*

M. le Général en chef me fait connaître qu'un

garde civil, atteint de choléra, a été évacué du poste où il était cantonné, sur une infirmerie-ambulance voisine.

J'ai l'honneur de vous rappeler, à cette occasion, qu'il est de règle absolue, au Tonkin, que les cholériques doivent toujours être *traités sur place*, l'évacuation d'un malade atteint de choléra, d'un poste sur un autre, exposant à communiquer la maladie sur tous les points du parcours.

Je vous prie donc, en conséquence, de donner les instructions les plus précises à tous les chefs de postes de la garde civile indigène pour qu'il ne soit plus fait, à l'avenir, d'infraction aux proscriptions qui viennent d'être rappelées. — BRIÈRE.

Voy.: **Maladies.**

ÉPIZOOTIES

1. — 14 août 1885. — DÉCISION *relative aux mesures à prendre pour éviter la propagation de la morve et les accidents typhoïdes chez les chevaux.*

Un grand nombre d'animaux périssent de la morve ou d'accidents typhoïdes.

Ces affections sont contagieuses; elles se développent et se propagent avec d'autant plus de violence, que les animaux sont anémiés et en mauvaise condition.

En conséquence, le Général de division commandant en chef prescrit les mesures suivantes :

1° Les commandants d'armes feront visiter, *deux fois* par semaine, tous les animaux de la place ; ils feront examiner immédiatement tous ceux qui y arrivent.

Les animaux reconnus douteux seront immédiatement isolés, aux premiers symptômes de morve, abattus et enfouis profondément, en ayant soin de les recouvrir de chaux toutes les fois que cela sera possible.

Les bridons, brides, licols et couvertures qui auront servi à ces animaux, seront brûlés.

2° Tous les animaux seront abrités ; sauf dans les cas d'urgence, ils ne doivent pas travailler de 10 h. du matin à 3 h. du soir.

Il est interdit de leur faire manger du vert mouillé.

Les animaux ne doivent point boire aux rivières, aux petites mares, ni, autant que possible, directement aux fleuves.

Les commandants d'armes feront délivrer, par les services administratifs, sur bon régulier des intéressés, le nombre nécessaire de tonneaux, qui seront transformés en baquets. Ces baquets seront placés près de l'eau, et remplis par les coolies. Ils seront vidés, nettoyés chaque jour et badigeonnés intérieurement d'un lait de chaux léger.

Le service du génie fournira cette chaux, à raison de 1 kilog. pour 20 chevaux par jour.

3° Tous les petits chevaux seront ferrés du devant (et du derrière, s'il est nécessaire).

Presque toutes les places ont des maréchaux ; s'ils ne sont pas pourvus d'outils, il en sera demandé au parc d'artillerie ; à défaut de forges de campagne, il sera installé des forges annamites.

Les corps supporteront les dépenses de la ferrure.

4° Les petits chevaux annamites affectés au bât, même pour un trajet court, ne seront pas chargés de plus de 60 kilos, en sus du bât. — WARNET.

2. — 28 août 1888. — ARRÊTÉ *sur les mesures préventives pour empêcher la propagation des épizooties au Tonkin.*

Article premier. — Tout propriétaire ou gardien européen ou indigène, d'animaux ou bestiaux soupçonnés ou infectés de maladie contagieuse doit, sur le champ, avertir le Résident de la province ou le maire de la commune où il se trouve. Les autorités annamites devront immédiatement, lorsqu'elles auront été prévenues, informer l'autorité française la plus proche des cas de maladie signalés.

Art. 2. — Lorsqu'une épidémie est signalée dans un troupeau ou dans une commune, les autorités françaises ou annamites prendront les mesures suivantes :

Mise en observation du troupeau ou de l'animal infecté dans l'étable du propriétaire. — Défense de circuler. — Mise en quarantaine d'une étable et même de tout village, et interdiction des foires et marchés. — Enfin, abatage des animaux reconnus malades et enfouissement de ces derniers, avec leur peau tailladée.

Art. 3. — Les infractions aux prescriptions du présent arrêté seront punies des peines prévues au Code pénal. — E. PARREAU.

---

3. — 4 mars 1892. — CIRCULAIRE *sur les mesures à prendre pour prévenir les épizooties.*

La race bovine en Annam et au Tonkin a été, à plusieurs reprises, et tout dernièrement encore, victime d'épizooties terribles, qui, dans certaines régions, ont causé une véritable ruine, les décès atteignant la proportion énorme de 65 °/₀. Faute de mesures prises à l'avance, l'administration s'est trouvée dans l'impossibilité de mettre des obstacles à la propagation du fléau. Il importe donc d'étudier quelles dispositions il conviendrait de prendre pour prévenir la réapparition de ces épizooties, et, si elles viennent à se reproduire, quels moyens permettraient de limiter leur champ d'action et de séparer les régions contaminées de celles qui ne le seraient pas.

Il m'a semblé qu'une des raisons qui ait permis à la dernière épizootie d'étendre ses ravages comme elle l'a fait, c'est la facilité avec laquelle les buffles et bœufs sont transportés, sans contrôle possible, d'un point du territoire sur un autre. Des animaux du nord de l'Annam ont pu ainsi introduire le typhus dans la région de Tuyên-quang. Ces transports de troupeaux entiers au travers du territoire constituent un danger permanent et sont, en grande partie, causés par le système d'adjudication à un seul fournisseur, de la fourniture de la viande de boucherie à la troupe. Pour satisfaire aux exigences de son marché, l'adjudicataire est, en effet, obligé de faire voyager en tous sens, les troupeaux qu'il achète tantôt ici, tantôt là.

Il me semble donc qu'une des premières mesures à prendre serait de concéder la fourniture de la viande par régions, dont l'étendue serait aussi réduite qu'il serait nécessaire. Mais pour me permettre de faire à ce sujet des propositions utiles à l'administration militaire, il importe que je sois renseigné par vous sur les ressources en bétail à corne des provinces que vous administrez, et sur la possibilité de trouver sur place, pour chacune des provinces, un adjudicataire qui assurerait le service de ravitaillement des troupes en viande de boucherie.

C'est une sorte de recensement des bêtes à cornes de votre province que je vous prie donc de faire. Évidemment, il ne pourra être fait que d'une façon générale, mais j'attacherai du prix à ce qu'il fît ressortir, à peu près, la proportion des mâles et des femelles. En effet, il existe des provinces où cette proportion n'est nullement gardée et dans lesquelles il y aurait, par suite, intérêt, pour assurer la reproduction normale de l'espèce, à interdire momentanément, suivant les cas, l'abatage des mâles et des femelles. C'est d'ailleurs ce qui se fait actuellement dans la ville de Hanoi où l'abatage des femelles est suspendu. Il y aurait également lieu de distinguer les bœufs élevés en vue du trait, de ceux qui sont uniquement destinés à la boucherie.

Une autre mesure qui pourrait, à mon avis, produire des résultats heureux, serait d'exiger que les propriétaires des bêtes à cornes fissent marquer tous les animaux qu'ils possèdent. La marque serait différente pour chaque province et en même temps qu'elle assurerait un contrôle utile dans les vols de buffles et de bœufs, elle permettrait, en cas d'épizootie, d'interdire d'une façon absolue l'exportation de ces animaux hors des régions contaminées et de prescrire l'abatage, par mesure administrative, de tous ceux qui porteraient la marque des provinces atteintes par le fléau. Il y aurait, dans ce cas, à examiner dans quelle mesure cette dernière disposition pourrait donner lieu au paiement, par le Protectorat, d'indemnités aux propriétaires dont les animaux auraient été ainsi abattus.

Je vous serais reconnaissant, Messieurs, de bien vouloir étudier la question en vous plaçant à ces divers points de vue et de me rendre compte, le plus tôt possible, dans un rapport détaillé, de ce qui pourrait être fait pour la protection des bêtes à cornes dans la province dont l'administration vous est confiée. J'examinerai alors, en m'inspirant de vos observations, dans quelles mesures la loi de 1891 et le règlement d'administration publique qu'elle a provoqué, et dont les effets en France ont été si remarquablement heureux, pourraient être rendus applicables au Protectorat. — CHAVASSIEUX.

Voy. : **Infirmeries vétérinaires** ; — **Maladies**.

ESPIONNAGE

1. — 26 avril 1894. — PROMULGATION *en Indo-Chine, de la loi du 18 avril 1886, sur l'espionnage.*

Article premier. — Est promulgué dans toute l'étendue de l'Indo-Chine, le décret du 19 février 1894, rendant applicable dans les colonies françaises la loi du 18 avril 1886, établissant des pénalités contre l'espionnage.

Art. 2. — Le Lieutenant-gouverneur de la Cochinchine, les Résidents supérieurs au Tonkin, en Annam et au Cambodge et les Procureurs généraux chefs du service judiciaire en Indo-Chine sont chargés, chacun en ce qui le concerne, de l'exécution du présent arrêté. — TIRANT.

2. — 15 mai 1889. — DÉCRET promulguant, *dans les colonies, la loi du 12 avril 1886, sur l'espionnage.*

Article premier. — La loi du 18 avril 1886, tendant à établir des pénalités contre l'espionnage, est rendue applicable aux colonies.

Art. 2. — Le ministre de la marine et des colonies, et le garde des sceaux ministre de la justice sont chargés, chacun en ce qui le concerne, de l'exécution du présent décret, qui sera inséré au *Journal officiel* de la République française, au *Bulletin des lois* et au *Bulletin officiel* de la marine. — JULES GRÉVY.

Loi *contre l'espionnage, du 18 avril 1886*

Article premier. — Sera puni d'un emprisonnement de deux ans à cinq ans et d'une amende de 1.000 à 5.000 francs :

1° Tout fonctionnaire public, agent ou préposé du gouvernement, qui aura livré ou communiqué à une personne non qualifiée pour en prendre connaissance, ou qui aura divulgué en tout ou en partie, les plans, écrits ou documents secrets intéressant la défense du territoire ou la sûreté extérieure de l'État, qui lui étaient confiés ou dont il avait connaissance à raison de ses fonctions.

La révocation s'en suivra de plein droit ;

2° Tout individu qui aura livré ou communiqué à une personne non qualifiée pour en prendre connaissance, ou qui aura divulgué en tout ou en partie les plans, écrits ou documents ci-dessus énoncés qui lui ont été confiés ou dont il aura eu connaissance soit officiellement, soit à raison de son état, de sa profession, ou d'une mission dont il aura été chargé ;

3° Toute personne qui, se trouvant dans l'un des cas prévus dans les deux paragraphes précédents, aura communiqué ou divulgué des renseignements tirés desdits plans, écrits ou documents.

Art. 2. — Toute personne autre que celles énoncées dans l'article précédent qui, s'étant procuré lesdits plans, écrits ou documents, les aura livrés ou communiqués en tout ou en partie à d'autres personnes, ou qui, en ayant connaissance, aura divulgué ou communiqué des renseignements qui y étaient contenus, sera puni d'un emprisonnement d'un à cinq ans et d'une amende de 500 à 3.000 francs.

La publication ou la reproduction de ces plans, écrits ou documents, sera punie de la même peine.

Art. 3. — La peine d'un emprisonnement de six mois à trois ans et d'une amende de 300 à 3.000 francs sera appliquée à toute personne qui, sans qualité pour en prendre connaissance, se sera procuré lesdits plans, écrits ou documents.

Art. 4. — Celui qui par négligence ou par inobservation des règlements, aura laissé soustraire, enlever ou détruire les plans, écrits ou documents secrets qui lui étaient confiés à raison de ses fonctions, de son état ou de sa profession, ou d'une mission dont il était chargé, sera puni d'un emprisonnement de trois mois à deux ans et d'une amende de 100 à 200 fr.

Art. 5. — Sera puni d'un emprisonnement de un à cinq ans et d'une amende de 1.000 à 5.000 francs :

1° Toute personne qui, à l'aide d'un déguisement ou d'un faux nom, ou en dissimulant sa qualité, sa profession ou sa nationalité, se sera introduite dans une place forte, un poste, un navire de l'État, ou dans un établissement militaire ou maritime ;

2° Toute personne qui, déguisée ou sous un faux nom ou en dissimulant sa qualité, sa profession ou sa nationalité, aura levé des plans, reconnu des voies de communication ou recueilli des renseignements intéressant la défense du territoire ou la sûreté extérieure de l'État.

Art. 6. — Celui qui, sans autorisation de l'autorité militaire ou maritime, aura exécuté des levés ou opérations de topographie dans un rayon d'un myriamètre autour d'une place forte, d'un poste ou d'un établissement militaire ou maritime, à partir des ouvrages avancés, sera puni d'un emprisonnement d'un mois à un an et d'une amende de 100 à 1.000 francs.

Art. 7. — La peine d'un emprisonnement de six jours à six mois et d'une amende de 16 à 100 francs sera appliquée à celui qui, pour reconnaître un ouvrage de défense, aura franchi des barrières, palissades ou autres clôtures établies sur le terrain militaire, ou qui aura escaladé les revêtements et les talus des fortifications.

Art. 8. — Toute tentative de l'un des délits prévus par les art. 1, 2, 3 et 5 de la présente loi, sera considérée comme le délit lui-même.

Art. 9. — Sera punie comme complice, toute personne qui, connaissant les intentions des auteurs des délits prévus par la présente loi, leur aura fourni logement, lieu de retraite ou de réunion, ou qui aura sciemment recélé les objets et instruments ayant servi ou devant servir à commettre ces délits.

Art. 10. — Sera exempt de la peine qu'il aurait personnellement encourue, le coupable qui, avant la consommation de l'un des délits prévus par la présente loi ou avant toute poursuite commencée, en aura donné connaissance aux autorités administratives ou de police judiciaire, ou qui, même après les poursuites commencées, aura procuré l'arrestation des coupables ou de quelques-uns d'entre eux.

Art. 11. — La poursuite de tous les délits prévus par la présente loi aura lieu devant le tribunal correctionnel et suivant les règles édictées par le code d'instruction criminelle. Toutefois les militaires, marins ou assimilés demeureront soumis aux juridictions spéciales dont ils relèvent, conformément aux codes de justice militaire des armées de terre et de mer.

Art. 12. — Indépendamment des peines édictées par la présente loi, le tribunal pourra prononcer, pour une durée de cinq ans au moins et de dix ans au plus, l'interdiction de tout ou partie des droits civiques, civils et de famille énoncés en l'art. 42 du code pénal, ainsi que l'interdiction de séjour prévue par l'art. 19 de la loi du 28 mai 1885.

Art. 13. — L'article 463 du code pénal est applicable aux délits prévus par la présente loi.

La présente loi, délibérée et adoptée par le Sénat et par la Chambre des députés, sera exécutée comme loi de l'État. — JULES GRÉVY.

ÉTAT CIVIL

1. — 15 juin 1886. — CIRCULAIRE *au sujet de la tenue des registres de l'état civil.*

A l'occasion d'irrégularités qui se sont produites dans la transmission des registres des actes de l'état civil, mon attention s'est portée sur les instructions données antérieurement sur cette partie du service par l'administration précédente. J'estime que ces instructions doivent continuer à être observées.

Je crois utile néanmoins de vous rappeler que les registres des actes de l'état civil (naissances, décès, mariages) doivent être tenus en triple expédition.

Ces registres, dont le format réglementaire et uniforme a été fixé à 32 centimètres de hauteur sur 21 de large, avec marge de 8 centimètres, composés par vos soins au moyen de quelques feuilles (50) réunies par une faveur cachetée à chacune de ses extrémités, doivent être cotés par premier et dernier feuillet et paraphés par vous. Clos et arrêtés le 31 décembre de chaque année, ils sont soumis à mon visa, et l'une des expéditions vous est retournée pour être déposée en chancellerie.

L'article 62 du Code civil prescrit en outre de tenir un registre spécial et particulier pour les publications de mariage. Enfin en ce qui concerne la compétence même des officiers de l'état civil, l'article 97

du Code civil et le règlement du 25 août 1884, sur le service de santé en campagne, disposent que l'intendant ou l'officier comptable d'une formation sanitaire établit les actes des militaires et civils décédés à l'hôpital, et le Résident ceux des militaires et civils décédés en dehors des établissements hospitaliers.

La décision du 12 mars 1885, dont vous trouverez ci-joint copie, détermine nettement les conditions d'inscription des décès des tirailleurs tonkinois ou des annamites originaires de la Cochinchine française (1).

Vous voudrez bien vous y conformer et me faire parvenir une expédition de l'extrait mortuaire afin que je l'adresse à qui de droit.

Je tiens à votre disposition des registres spéciaux pour les actes de décès de ces indigènes. — P. VIAL.

2. — 14 octobre 1888. — ARRÊTÉ *au sujet des fonctions d'officier de l'état civil dans les villes de Hanoï et de Haiphong.*

Article premier. — L'arrêté du 21 juin 1887, relatif au service des actes de l'état civil, est rapporté.

Art. 2. — Les fonctions d'officier de l'état civil seront remplies par les Résidents-maires de Hanoï et de Haiphong.

Art. 3. — Le Résident général en Annam et au Tonkin est chargé de l'exécution du présent arrêté.

3. — 15 mars 1889. — CIRCULAIRE *sur la tenue des registres de l'état civil.*

L'examen des registres de l'état civil et des registres d'actes notariés de plusieurs résidences, m'a permis de constater que des erreurs nombreuses et graves se glissaient souvent dans la rédaction des actes publics. La violation des prescriptions de la loi en pareille matière ayant pour conséquence la nullité des actes, je crois devoir vous rappeler les formes générales dans lesquelles doivent être tenus ces registres :

ACTES NOTARIÉS

L'inscription des actes notariés se fait en minute sur un registre tenu en double expédition originale. Quelques actes cependant peuvent être dressés en brevet, mais leur transcription littérale, ou tout au moins un enregistrement sommaire, certifié conforme au brevet par le chancelier, doit être portée sur le registre des actes notariés. Ce sont les procurations, les actes de notoriété, les quittances de fermages, de loyers, de salaires, d'arrérages de pension et de rente, et les autres actes simples du ministère du notariat.

Le format réglementaire de chaque registre est de 32 centimètres de haut sur 21 de large; une marge de 8 centimètres est réservée sur chaque feuillet. Les registres, cotés par premier et dernier et paraphés à chaque feuillet par le Résident, sont clos à la fin de chaque année par le chancelier et le Résident. Un des exemplaires est conservé dans les archives de la Résidence; l'autre doit être expédié dans le courant du mois de janvier à la Résidence générale.

Les actes doivent être inscrits par ordre de date, à la suite les uns des autres, et sans intervalle, en un seul et même contexte, sans abréviation ni blanc (sauf pour les procurations délivrées en brevet, où le nom du mandataire peut être laissé en blanc), sans *surcharges* ni interlignes. Ils doivent énoncer le jour;

(1) On trouvera cet arrêté au mot *État civil indigène.*

l'année, le lieu où ils sont passés, si c'est avant ou après midi, les nom, prénoms, qualité et domicile du chancelier qui les reçoit, du Résident, s'il y assiste, des parties et des témoins. Les sommes, nombres et dates doivent y être énoncés en toutes lettres.

Les parties et les témoins signent l'acte sur le registre, après qu'il leur en a été donné lecture, ce dont il doit être fait mention expresse en fin de l'acte, ainsi que de la forme dans laquelle l'acte est dressé, en minute ou en brevet. La signature du chancelier doit être apposée la dernière, en dessous de celles des autres signataires.

Les expéditions ou les brevets délivrés aux parties doivent porter en toutes lettres mention du folio (*recto* ou *verso*) du registre sur lequel l'acte a été inscrit, ainsi que le numéro d'ordre qui lui a été donné.

Les renvois et apostilles doivent être écrits en marge même de l'acte, et être signés tant par le chancelier que par les autres signataires, lorsque les mots rayés et ceux qui leur ont été substitués expriment deux sens différents ; dans tous les autres cas, il sont simplement paraphés.

Hors les cas prévus par la loi et en suite de jugement, les chanceliers ne peuvent se dessaisir de la minute des actes qu'ils ont dressés. Ils en délivrent des expéditions, des extraits ou des grosses sur lesquels leur signature donnée pour certification de copie ou d'extrait conforme, doit être légalisée par le Résident.

Dans les Résidences où il n'existe pas de chancelier, et où un commis de résidence est délégué par le Résident dans les fonctions de chancelier substitué, pour lesquelles il est obligé de prêter le même serment qu'un chancelier titulaire, aucun acte ne peut être dressé par lui, s'il n'est assisté du Résident, et mention de cette assistance doit être faite dans le protocole de l'acte, sur lequel le Résident est tenu d'apposer sa signature.

J'ai remarqué que dans certaines Résidences les billets à ordre, dont les tiers porteurs demandaient l'enregistrement, étaient inscrits sur le registre des actes notariés. Je vous prie de bien vouloir veiller à ce que les enregistrements d'acte de cette nature soient faits sur un registre spécial, dit de billets à ordre, coté et paraphé en la forme ordinaire.

ÉTAT CIVIL

Tout acte de l'état civil doit énoncer en toutes lettres l'année, le jour et l'heure où il a été reçu, ainsi que les noms, prénoms, qualités, âges et domiciles de toutes les personnes qui y sont dénommées. Les témoins doivent tous être du sexe masculin, majeurs, parents ou autres, français ou étrangers, et sont choisis par les intéressés.

Une fois rédigés, les actes doivent être lus aux parties et aux témoins ; mention de cette lecture doit être faite en fin de l'acte, qui est signé par les comparants et les témoins, et en dernier lieu par le Résident officier de l'état civil.

L'inscription des actes de l'état civil se fait, soit sur un seul registre commun aux naissances, aux décès et aux mariages, soit sur trois registres séparés. Mais chacun de ces registres doit être tenu en triple expédition ; il doit donc exister trois originaux de chaque acte.

Les publications de mariage doivent toujours être inscrites sur un registre distinct tenu en simple expédition originale.

Dans les Résidences où il n'y aurait pas de registre d'état civil imprimé *ad hoc*, on peut en constituer

en réunissant quelques feuillets blancs par un lien dont les extrémités seront scellées sur le premier feuillet, qui portera à son recto le titre suivant :

Registre des actes de l'état civil (ou des publications de mariages) reçus à la Résidence (ou la vice-résidence) de France à .... pendant l'année.....

Le Résident,

Le format des registres de l'état civil est le même que celui des registres des actes notariés. Chaque registre est ouvert le premier janvier, coté par premier et dernier, paraphé à chaque feuillet par le Résident, et clos le 31 décembre. Les actes sont inscrits à la suite les uns des autres, par ordre de date et sans aucun blanc, intervalle ni alinéa. Les dates et nombres sont portés en toutes lettres et les mots écrits en entier.

Les ratures et renvois doivent être signés de la même manière que le corps de l'acte ; il ne suffirait pas de les parapher. Dans le premier mois de chaque année, deux exemplaires des registres de l'état civil de l'année précédente, dûment clos et arrêtés par le Résident, ou si aucun acte n'a été inscrit au cours de l'année, et que les registres soient conservés pour l'inscription des actes de l'année suivante, deux certificats négatifs en tenant lieu, doivent être expédiés à la Résidence générale. Le troisième exemplaire, ainsi que le registre des publications de mariage, est conservé aux archives de la Résidence.

J'ai remarqué que dans quelques Résidences, les actes de décès faisaient mention du genre de mort de la personne décédée. Je dois vous rappeler que ce fait entraîne la nullité de l'acte aux termes de l'article 85 du code civil.

Je vous prie, Monsieur le Résident, de bien vouloir communiquer, en ce qui le concerne, cette circulaire au chancelier en fonctions dans votre Résidence, et j'espère qu'à l'avenir je n'aurai plus l'occasion de relever les erreurs nombreuses, et dont les conséquences graves ne peuvent vous échapper, que j'ai eu à constater cette année dans la forme d'un très grand nombre d'actes notariés ou d'actes de l'état civil. — RHEINART.

4. — 2 décembre 1889. — CIRCULAIRE MINISTÉRIELLE *relative aux actes de l'état civil*

L'administration se trouve fréquemment dans l'obligation de recourir aux tribunaux pour faire régulariser, par voie judiciaire, l'état civil des personnes décédées aux colonies. Soit qu'il n'ait pas été dressé d'acte, soit que celui qui a été établi renferme des énonciations inexactes, on est obligé de procéder à des enquêtes longues et minutieuses en vue de rechercher les témoins dispersés.

Je ne saurai trop insister sur la nécessité d'établir ces actes avec soin pour chaque personne dont la mort peut être constatée. Sauf le cas de disparition, les administrateurs ont le devoir, soit de dresser les actes, s'ils sont légalement investis de ce droit, soit de fournir tous les documents nécessaires pour que lesdits actes soient régulièrement établis par l'autorité compétente.

Dans le but de prévenir de nouvelles irrégularités, je vous prie de tenir la main à ce que tout télégramme ou lettre faisant connaître, conformément aux instructions en vigueur, le décès d'un officier, fonctionnaire, agent, marin, militaire ou particulier, contienne l'indication du lieu où l'acte doit être dressé.

Vous voudrez bien aussi appeler l'attention des

parquets de la colonie sur la tenue des registres des naissances et des mariages, et prendre les mesures nécessaires pour que tout poste, même isolé, soit régulièrement rattaché désormais à un centre d'état civil.

Je vous invite à faire porter les présentes recommandations à la connaissance des fonctionnaires placés sous votre autorité.

M. le Ministre de la marine a adressé, le 31 octobre dernier, des instructions analogues à MM. les vice-amiraux commandant en chef, préfets maritimes, officiers généraux et supérieurs et autres commandants à la mer et commandants supérieurs de troupes aux colonies.

A l'exemple de l'amiral Krantz, j'insiste vivement pour que l'on épargne soigneusement aux familles qui ont la douleur de voir succomber un des leurs au service de l'État, les démarches pénibles et parfois infructueuses qu'occasionne l'inobservation des formalités d'état civil. — EUG. ETIENNE.

5. — 9 février 1892. — ARRÊTÉ *instituant une circonscription à Do-son, pour la réception des actes de l'état civil.*

Article premier. — A compter du 15 février 1892, une circonscription est formée à Do-son pour la réception des actes de l'état civil; cette circonscription comprend tous les français et les citoyens ou sujets étrangers habitant la presqu'île de Do-son, l'île de Hondau, ainsi que les postes de vigie, fixes ou flottants, en dépendant; les capitaines de navires, jonques, barques et chaloupes mouillés en vue de Do-son, devront également faire leurs déclarations devant l'officier de l'état civil de cette localité, à moins d'empêchement absolu, dûment établi.

La circonscription de Do-son comprend tout le territoire situé à l'est de la digue de Coc-liên et de l'ancien fort de Dai-tra, entre le Cua-cam, la mer et le Van-uc.

Art. 2. — Les actes de l'état civil seront reçus à Do-son par l'agent des douanes y demeurant.

En cas d'absence ou d'empêchement, l'agent des douanes sera remplacé par le receveur des postes et télégraphes.

Art. 3. — Les registres destinés à l'inscription des actes de l'état civil de la circonscription de Do-son seront cotés et paraphés par M. le président du tribunal de 1re instance de Haiphong.

Art. 4. — L'officier de l'état civil se conformera, pour la tenue des registres et la forme des actes, aux dispositions du code civil, et, en outre, à celles du décret du 27 janvier 1883, relatif au mariage des français en Cochinchine, promulgué au Tonkin.

Art. 5. — En fin d'année, l'officier de l'état civil de Do-son déposera ses registres à la résidence-mairie de Haiphong, pour qu'ils soient soumis à la vérification du parquet, en même temps que ceux de la ville de Haiphong.

Art. 6. — Le Résident supérieur du Tonkin est chargé de l'exécution du présent arrêté. — DE LANESSAN.

6. — 20 novembre 1893. — ARRÊTÉ *sur les fonctions d'officier de l'état civil au poste administratif de Phu-lang-thuong.*

Article premier. — Le Vice-résident chef du poste administratif de Phu-lang-thuong, remplira dans tout le ressort de son poste, les fonctions d'of-

ficier de l'état civil prévues par le décret du 8 février 1880.

Art. 2. — Le présent arrêté sera applicable à partir du 1er janvier 1894.

Art. 3. — Le Résident supérieur du Tonkin est chargé de l'exécution du présent arrêté. — DE LANESSAN.

7. — 27 novembre 1893. — PROMULGATION *de la loi du 8 juin 1893, étendant les fonctions d'officier de l'état civil dans les établissements en mer et aux armées.*

Sont promulguées dans toute l'étendue de l'Indo-Chine, la loi du 8 juin 1893, concernant l'établissement en mer ou aux armées, des actes de l'État civil, testaments, procurations, consentements et autres actes. — DE LANESSAN.

Loi *du 8 juin 1893* (1).

Article premier. — Les articles 47, 48, 59 à 62, 80, 86 à 98, et l'intitulé du chapitre V du titre II du livre 1er du Code civil, sont modifiés ainsi qu'il suit:

Art. 47. — (Le commencement comme à l'article du Code).

Lorsqu'un de ces actes, concernant des Français, sera transmis au Ministère des affaires étrangères, il y restera déposé pour en être délivré expédition.

Art. 48. — (Le commencement comme à l'article du Code).

Un double des registres de l'état civil tenus par ces agents, sera adressé à la fin de chaque année au Ministre des affaires étrangères, qui en assurera la garde et pourra en délivrer des extraits.

Art. 59. — En cas de naissance pendant un voyage maritime, il en sera dressé acte dans les trois jours de l'accouchement, en présence du père s'il est à bord, et de deux témoins pris parmi les officiers du bâtiment, ou, à leur défaut, parmi les hommes de l'équipage.

Si la naissance a lieu pendant un arrêt dans un port, l'acte sera dressé dans les mêmes conditions, lorsqu'il y aura impossibilité de communiquer avec la terre ou lorsqu'il n'existera pas dans le port, si l'on est à l'étranger, d'agent diplomatique ou consulaire français investi des fonctions d'officiers de l'état civil.

Cet acte sera rédigé savoir: sur les bâtiments de l'État, par l'officier du commissariat de la Marine ou, à son défaut, par le commandant ou celui qui en remplit les fonctions; et sur les autres bâtiments, par le capitaine, maître ou patron, ou celui qui en remplit les fonctions.

Il y sera fait mention de celle des circonstances ci-dessus prévues dans laquelle l'acte a été dressé.

L'acte sera inscrit à la suite du rôle d'équipage.

Art. 60. — Au premier port où le bâtiment abordera pour toute autre cause que de son désarmement, l'officier instrumentaire sera tenu de déposer deux expéditions de chacun des actes de naissance dressé à bord.

Ce dépôt sera fait, savoir: si le port est français, au bureau des armements, par les bâtiments de l'État, et au bureau de l'inscription maritime, par les autres bâtiments; si le port est étranger, entre les mains du consul de France. Au cas où il ne se trouverait dans ce port ni bureau des armements, ni bureau de l'inscription maritime ou de consul, le

(1) Voir, à la date du 7 février 1895, le texte de l'arrêté sur l'exécution des dispositions de la présente loi.

dépôt serait ajourné au plus prochain port d'escale ou de relâche.

L'une des expéditions déposées sera adressée au Ministre de la Marine, qui la transmettra à l'officier de l'état civil du dernier domicile du père de l'enfant, ou de la mère, si le père est inconnu, afin qu'elle soit transcrite sur les registres ; si le dernier domicile ne peut être retrouvé ou s'il est hors de France, la transcription sera faite à Paris.

L'autre expédition restera déposée aux archives du consulat ou du bureau de l'Inscription maritime.

Mention des envois et dépôts effectués, conformément aux prescriptions du présent article, sera portée en marge des actes originaux par les commissaires de l'Inscription maritime ou par les consuls.

Art. 61. — A l'arrivée du bâtiment dans le port de désarmement, l'officier instrumentaire sera tenu de déposer, en même temps que le rôle d'équipage, une expédition de chacun des actes de naissance dressés à bord, dont copie n'aurait point été déjà déposée conformément aux prescriptions de l'article précédent.

Ce dépôt sera fait, pour les bâtiments de l'État, au bureau des armements, et, pour les autres bâtiments, au bureau de l'Inscription maritime.

L'expédition ainsi déposée sera adressée au Ministre de la Marine, qui la transmettra comme il est dit à l'article précédent.

Art. 62. — L'acte de reconnaissance d'un enfant naturel sera inscrit sur les registres à sa date, et il en sera fait mention en marge de l'acte de naissance, s'il en existe un.

Dans les circonstances prévues à l'article 59, la déclaration de reconnaissance pourra être reçue par les officiers instrumentaires désignés en cet article, et dans les formes qui y sont indiquées.

Les dispositions des articles 60 et 61, relatives au dépôt et aux transmissions seront, dans ce cas, applicables. Toutefois, l'expédition adressée au Ministre de la Marine devra être transmise par lui, de préférence, à l'officier de l'état civil du lieu où l'acte de naissance de l'enfant aura été dressé ou transcrit, si ce lieu est connu.

Art. 80. — En cas de décès dans les hôpitaux ou les formations sanitaires, les hôpitaux maritimes, coloniaux, civils ou autres établissements publics, soit en France, soit dans les Colonies ou les pays de Protectorat, les directeurs, administrateurs ou maîtres de ces hôpitaux ou établissements devront en donner avis, dans les vingt-quatre heures, à l'officier de l'état civil ou à celui qui en remplit les fonctions.

Celui-ci s'y transportera pour s'assurer du décès et en dressera l'acte, conformément à l'article précédent, sur les déclarations qui lui auront été faites et sur les renseignements qu'il aura pris.

Il sera tenu, dans lesdits hôpitaux, formations sanitaires et établissements, un registre sur lequel seront inscrits ces déclarations et renseignements.

L'officier de l'état civil qui aura dressé l'acte de décès enverra, dans le plus bref délai, à l'officier de l'état civil du dernier domicile du défunt, une expédition de cet acte, laquelle sera immédiatement transcrite sur les registres.

Art. 86. — En cas de décès pendant un voyage maritime et dans les circonstances prévues à l'article 59, il en sera, dans les vingt-quatre heures, en présence de deux témoins, dressé acte par les officiers instrumentaires désignés en cet article, et dans les formes qui y sont prescrites.

Les dépôts et transmissions des originaux et des

expéditions seront effectués conformément aux distinctions prévues par les articles 60 et 61.

La transcription des actes de décès sera faite sur les registres de l'état civil du dernier domicile du défunt, ou, si ce domicile est inconnu, à Paris.

Art. 87. — Si une ou plusieurs personnes inscrites au rôle d'équipage ou présentes à bord, soit sur un bâtiment de l'État, soit sur tout autre bâtiment, tombent à l'eau sans que leur corps puisse être retrouvé, il sera dressé un procès-verbal de disparition par l'autorité investie à bord des fonctions d'officier de l'état civil. Ce procès-verbal sera signé par l'officier instrumentaire et par les témoins de l'accident, et inscrit à la suite du rôle d'équipage.

Les dispositions des articles 60 et 61, relatives au dépôt et à la transmission des actes et des expéditions, seront applicables à ces procès-verbaux.

Art. 88. — En cas de présomption de perte totale d'un bâtiment, ou de disparition d'une partie de l'équipage ou des passagers, s'il n'a pas été possible de dresser les procès-verbaux de disparition prévus à l'article précédent, il sera rendu par le Ministre de la Marine, après une enquête administrative et sans formes spéciales, une décision déclarant la présomption de perte du bâtiment ou la disparition de tout ou partie de l'équipage ou des passagers.

Art. 89. — La présomption de décès sera déclarée comme il est dit à l'article précédent, après une enquête administrative et sans formes spéciales, par le Ministre de la Marine à l'égard des marins ou militaires morts aux Colonies, dans les pays de Protectorat ou lors des expéditions d'outre-mer, quand il n'aura pas été dressé d'acte régulier de décès.

Art. 90. — Le Ministre de la Marine pourra transmettre une copie de ces procès-verbaux ou de ces décisions au procureur général du ressort dans lequel se trouve le tribunal, soit du dernier domicile du défunt, soit du port d'armement du bâtiment, soit enfin du lieu du décès, et requérir ce magistrat de poursuivre d'office la constatation judiciaire des décès.

Ceux-ci pourront être déclarés constants par un jugement collectif rendu par le tribunal du port d'armement, lorsqu'il s'agira de personnes disparues dans un même accident.

Art. 91. — Les intéressés pourront également se pourvoir à l'effet d'obtenir la déclaration judiciaire d'un décès, dans les formes prévues aux articles 855 et suivants du Code de procédure civile. Dans ce cas, la requête sera communiquée au Ministre de la Marine, à la diligence du ministère public.

Art. 92. — Tout jugement déclaratif de décès sera transcrit à sa date sur les registres de l'état civil du dernier domicile, ou, si celui-ci est inconnu, à Paris. Il sera fait mention du jugement et de sa transcription, en marge des registres, à la date du décès.

Les jugements collectifs seront transcrits sur les registres de l'état civil du port d'armement ; il pourra en être délivré des extraits individuels.

Les jugements déclaratifs de décès tiendront lieu d'acte de l'état civil, et ils seront opposables aux tiers qui pourront seulement en obtenir la rectification conformément à l'article 90.

CHAPITRE V

DES ACTES DE L'ÉTAT CIVIL CONCERNANT LES MILITAIRES ET MARINS DANS CERTAINS CAS SPÉCIAUX.

Art. 93. — Les actes de l'état civil concernant les militaires, les marins de l'état et les personnes employées à la suite des armées, seront établis comme il est dit aux chapitres précédents.

Toutefois, hors de la France et dans les circonstances prévues au présent paragraphe, ils pourront, en tout temps, être également reçus par les autorités ci-après indiquées, en présence de deux témoins : 1° dans les formations de guerre mobilisées, par le trésorier ou l'officier qui en remplit les fonctions, quand l'organisation comporte cet emploi, et, dans le cas contraire, par l'officier commandant ; 2° dans les quartiers généraux ou états-majors, par les fonctionnaires de l'intendance, ou, à défaut, par les officiers désignés pour les suppléer ; 3° pour les personnes non militaires, employées à la suite des armées, par le prévôt ou l'officier qui en remplit les fonctions ; 4° dans les formations ou établissements sanitaires dépendant des armées, par les officiers d'administration gestionnaires de ces établissements ; 5° dans les hôpitaux maritimes et coloniaux, sédentaires ou ambulants, par le médecin directeur ou son suppléant ; 6° dans les colonies et les pays de Protectorat et lors des expéditions d'outre-mer, par les officiers du commissariat ou le fonctionnaire, de l'intendance, ou, à leur défaut, par les chefs d'expédition, de poste ou de détachement.

En France, les actes de l'état civil pourront également être reçus, en cas de mobilisation ou de siège, par les officiers énumérés aux cinq premiers numéros du paragraphe précédent. La compétence de ces officiers s'étendra, s'il est nécessaire, aux personnes non militaires qui se trouveront dans les forts et places fortes assiégés.

Art. 94. — Dans tous les cas prévus à l'article précédent, l'officier qui aura reçu un acte en transmettra, dès que la communication sera possible et dans le plus bref délai, une expédition au Ministre de la Guerre ou de la Marine, qui en assurera la transcription sur les registres de l'état civil du dernier domicile : du père, ou, si le père est inconnu, de la mère, pour les actes de naissance ; du mari, pour les actes de mariage ; du défunt, pour les actes de décès. Si le lieu du dernier domicile est inconnu, la transcription sera faite à Paris.

Art. 95. — Dans les circonstances énumérées à l'article 93, il sera tenu un registre de l'état civil : 1° dans chaque corps de troupes ou formation de guerre mobilisée, pour les actes relatifs aux individus portés sur les contrôles du corps de troupes ou sur ceux des corps qui ont participé à la constitution de la formation de guerre ; 2° dans chaque quartier général ou état-major, pour les actes relatifs à tous les individus qui y sont employés ou qui en dépendent ; 3° dans les prévôtés, pour toutes les personnes non militaires employées à la suite des armées ; 4° dans chaque formation ou établissement sanitaire dépendant des armées et dans chaque hôpital maritime ou colonial, pour les individus en traitement ou employés dans ces établissements, de même que pour les morts appartenant à l'armée, qu'on y porterait à titre de dépôt ; 5° dans chaque unité opérant isolément aux colonies, dans les pays de protectorat ou en cas d'expédition d'outre-mer.

Les actes concernant les individus éloignés du corps ou des états-majors auxquels ils appartiennent ou dont ils dépendent, seront inscrits sur le registre du corps ou de l'état-major près duquel ils sont employés ou détachés.

Les registres seront arrêtés au jour du passage des armées sur le pied de paix ou de la levée du siège.

Ils seront adressés au Ministre de la Guerre ou de la Marine, pour être déposés aux archives de leur département ministériel.

Art. 96. — Les registres seront cotés et parafés : 1° par le chef d'état-major, pour les unités mobilisées qui dépendent du commandement auquel il est attaché ; 2° l'officier commandant, pour les unités qui ne dépendent d'aucun état-major ; 3° dans les places fortes ou forts, par le gouverneur de la place ou le commandant du fort ; 4° dans les hôpitaux ou formations sanitaires dépendant des armées, par le médecin chef de l'hôpital ou de la formation sanitaire ; 5° dans les hôpitaux maritimes ou coloniaux, et pour les unités opérant isolément aux colonies, dans les pays de protectorat et en cas d'expédition d'outre-mer, par le chef d'état-major ou par l'officier qui en remplit les fonctions.

Art. 97. — Lorsqu'un mariage sera célébré dans l'une des circonstances prévues à l'article 93, les publications seront faites au lieu du dernier domicile du futur époux ; elles seront mises, en outre, vingt-cinq jours avant la célébration du mariage, à l'ordre du jour du corps, pour les individus qui tiennent à un corps, et à celui de l'armée, ou du corps d'armée, pour les officiers sans troupes et pour les employés qui en font partie.

Art. 98. — Les dispositions des articles 93 et 94 seront applicables aux reconnaissances d'enfants naturels.

Toutefois, la transcription de ces actes sera faite, à la diligence du Ministre de la Guerre ou de la Marine, sur les registres de l'état civil où l'acte de naissance de l'enfant aura été dressé ou transcrit, et, s'il n'y en a pas eu, ou si le lieu est inconnu, sur les registres indiqués à l'article 94 pour la transcription des actes de naissance.

Art. 2. — Les articles 99 et 101, concernant la rectification des actes de l'état civil, sont modifiés ainsi qu'il suit :

Art. 99. — Lorsque la rectification d'un acte de l'état civil sera demandée, il y sera statué, sauf appel, par le tribunal du lieu où l'acte a été reçu et au greffe duquel le registre est ou doit être déposé.

La rectification des actes de l'état civil dressés au cours d'un voyage maritime, aux armées ou à l'étranger, sera demandée au tribunal dans le ressort duquel l'acte a été transcrit conformément à la loi ; il en sera de même pour les actes de décès reçus en France ou dans les colonies et dont la transcription est ordonnée par l'article 80.

La rectification des jugements déclaratifs des décès sera demandée au tribunal qui aura déclaré le décès ; toutefois, lorsque ce jugement n'aura pas été rendu par un tribunal de la Métropole, la rectification en sera demandée au tribunal dans le ressort duquel la déclaration de décès aura été transcrite conformément à l'article 92.

Le procureur de la République sera entendu dans ses conclusions.

Les parties intéressées seront appelées, s'il y a lieu.

Art. 101. — Les jugements de rectification seront transmis immédiatement par le procureur de la République à l'officier de l'état civil du lieu où se trouve inscrit l'acte réformé. Ils seront transcrits sur les registres, et mention en sera faite en marge de l'acte réformé.

Art. 3. — Les articles 981 à 984, et 988 à 998, concernant les règles particulières à la forme de certains testaments, sont modifiés ainsi qu'il suit :

Art. 981. — Les testaments des militaires, des marins de l'État et des personnes employées à la suite des armées pourront être reçus dans les cas et conditions prévus à l'article 93, soit par un officier supérieur en présence de deux témoins, soit par deux fonctionnaires de l'intendance ou officiers du commissariat, soit par un de ces fonctionnaires ou officiers, en présence de deux témoins, soit enfin, dans un détachement isolé, par l'officier commandant ce détachement assisté de deux témoins, s'il n'existe pas dans le détachement d'officier supérieur, de fonctionnaire de l'intendance ou d'officier du commissariat.

Le testament de l'officier commandant un détachement isolé, pourra être reçu par celui qui vient après lui dans l'ordre du service.

Art. 982. — Les testaments mentionnés à l'article précédent pourront encore, si le testateur est malade ou blessé, être reçus dans les hôpitaux ou les formations sanitaires militaires, par le médecin chef assisté de l'officier d'administration gestionnaire.

A défaut de cet officier d'administration, la présence de deux témoins sera nécessaire.

Art. 983. — Dans tous les cas, il sera fait un double original des testaments mentionnés aux deux articles précédents.

Si cette formalité n'a pu être remplie à raison de l'état de santé du testateur, il sera dressé une expédition du testament pour tenir lieu du second original ; cette expédition sera signée par les témoins et par les officiers instrumentaires. Il y sera fait mention des causes qui ont empêché de dresser le second original.

Dès que la communication sera possible, et dans le plus bref délai, les deux originaux ou l'original et l'expédition du testament seront adressés, séparément et par courriers différents, sous plis clos et cachetés, au Ministre de la Guerre ou de la Marine, pour être déposés chez le notaire indiqué par le testateur ou à défaut d'indication, chez le président de la Chambre des notaires de l'arrondissement du dernier domicile.

Art. 984. — Le testament fait dans la forme ci-dessus établie sera nul six mois après que le testateur sera venu dans un lieu où il aura la liberté d'employer les formes ordinaires, à moins que, avant l'expiration de ce délai, il n'ait été de nouveau placé dans une des situations spéciales prévues à l'article 93. Le testament sera alors valable pendant la durée de cette situation spéciale et pendant un nouveau délai de six mois après son expiration.

Art. 988. — Au cours d'un voyage maritime, soit en route, soit pendant un arrêt dans un port, lorsqu'il y aura impossibilité de communiquer avec la terre, ou lorsqu'il n'existera pas dans le port, si l'on est à l'étranger, d'agent diplomatique ou consulaire français investi des fonctions de notaire, les testaments des personnes présentes à bord seront reçus, en présence de témoins : sur les bâtiments de l'État, par l'officier d'administration ou, à son défaut, par le commandant ou celui qui en remplit les fonctions, et sur les autres bâtiments, par le capitaine, maître ou patron, assisté du second du navire, ou, à leur défaut, par ceux qui les remplacent.

L'acte indiquera celle des circonstances ci-dessus prévues dans laquelle il aura été reçu.

Art. 989. — Sur les bâtiments de l'État, le testament de l'officier d'administration, dans les circonstances prévues à l'article précédent, reçu par le commandant ou par celui qui en remplit les fonc-

tions, et, s'il n'y a pas d'officier d'administration, le testament du commandant sera reçu par celui qui vient après lui dans l'ordre du service.

Sur les autres bâtiments, le testament du capitaine, maître ou patron, ou celui du second, seront, dans les mêmes circonstances, reçus par les personnes qui viennent après eux dans l'ordre du service.

Art. 990. — Dans tous les cas, il sera fait un double original des testaments mentionnés aux deux articles précédents.

Si cette formalité n'a pu être remplie, à raison de l'état de santé du testateur, il sera dressé une expédition du testament pour tenir lieu du second original ; cette expédition sera signée par les témoins et par les officiers instrumentaires. Il y sera fait mention des causes qui ont empêché de dresser le second original.

Art. 991. — Au premier arrêt dans un port étranger où se trouve un agent diplomatique ou consulaire français, il sera fait remise, sous pli clos et cacheté, de l'un des originaux ou de l'expédition du testament entre les mains de ce fonctionnaire, qui l'adressera au Ministre de la Marine, afin que le dépôt puisse en être effectué comme il est dit à l'article 983.

Art. 992. — A l'arrivée du bâtiment dans un port de France, les deux originaux du testament, ou l'original et son expédition, ou l'original qui reste, en cas de transmission ou de remise effectuée pendant le cours du voyage, seront déposés, sous pli clos et cacheté, pour les bâtiments de l'État au bureau des armements, et pour les autres bâtiments au bureau de l'inscription maritime. Chacune de ces pièces sera adressée, séparément et par courriers différents, au Ministre de la Marine, qui en opérera la transmission comme il est dit à l'article 983.

Art. 993. — Il sera fait mention sur le rôle du bâtiment, en regard du nom du testateur, de la remise des originaux ou expédition du testament, faite conformément aux prescriptions des articles précédents, au consulat, au bureau des armements ou au bureau de l'inscription maritime.

Art. 994. — Le testament fait au cours d'un voyage maritime, en la forme prescrite par les articles 988 et suivants, ne sera valable qu'autant que le testateur mourra à bord ou dans les six mois après qu'il sera débarqué dans un lieu où il aura pu le refaire dans les formes ordinaires.

Toutefois, si le testateur entreprend un nouveau voyage maritime avant l'expiration de ce délai, le testament sera valable pendant la durée du voyage et pendant un nouveau délai de six mois après que le testateur sera de nouveau débarqué.

Art. 995. — Les dispositions insérées dans un testament fait au cours d'un voyage maritime, au profit des officiers du bâtiment autres que ceux qui seraient parents ou alliés du testateur, seront nulles et non avenues.

Il en sera ainsi, que le testament soit fait en la forme olographe ou qu'il soit reçu conformément aux articles 988 et suivants.

Art. 996. — Il sera donné lecture au testateur, en présence des témoins, des dispositions de l'article 984, 987 ou 994, suivant les cas, et mention de cette lecture sera faite dans le testament.

Art. 997. — Les testaments compris dans les articles ci-dessus de la présente section, seront signés par le testateur, par ceux qui les auront reçus et par les témoins.

Art. 998. — Si le testateur déclare qu'il ne peut

ou ne sait signer, il sera fait mention de sa déclaration, ainsi que de la cause qui l'empêche de signer.

Dans les cas où la présence de deux témoins est requise, le testament sera signé au moins par l'un deux, et il sera fait mention de la cause pour laquelle l'autre n'aura pas signé.

La présente loi, délibérée et adoptée par le Sénat et par la Chambre des députés, sera exécutée comme loi de l'État. — CARNOT.

9. — 7 février 1895. — ARRÊTÉ sur *l'exécution de la loi du 8 juin 1893, modifiant certaines dispositions du Code civil relatives aux actes de l'état civil.*

TITRE PREMIER

OFFICIERS DE L'ÉTAT CIVIL DU DROIT COMMUN

Article premier. — Dans toute l'étendue du territoire de l'Annam et du Tonkin, les actes de l'état civil sont établis, toutes les fois que cela est possible, par les officiers de l'état civil du droit commun qui sont :

1° A Hanoi, à Haiphong et à Tourane, les résidents-maires ou le commissaire municipal de ces villes ;

2° Dans les provinces civiles, les résidents, vice-résidents et les commissaires du Gouvernement chefs de province ;

3° Dans les territoires militaires, les commandants de territoires et les commandants de cercles (Voir tableau annexe n° 1).

Art. 2. — Les officiers de l'état civil du droit commun précités reçoivent et transcrivent les déclarations d'actes de l'état civil qui leur sont présentées, soit par les particuliers, soit par les divers services civils et militaires, sur l'autorité militaire.

Ils enregistrent spécialement les décès survenus dans les postes militaires, les hôpitaux, infirmeries, ambulances, ou autres formations sanitaires sédentaires, situés au siège de leur résidence ou à proximité.

Art. 3. — Au Tonkin, les registres de l'état civil, tenus en triple expédition par les officiers instrumentaires du droit commun, sont ouverts par eux au commencement de chaque année.

Cette formalité remplie, ces registres sont aussitôt adressés aux Présidents des tribunaux de Hanoi et de Haiphong, suivant leur compétence respective, pour être cotés par première et dernière, et paraphés sur chaque feuille par ces magistrats.

La rédaction et la transmission au département des registres, restent soumises aux règlements en vigueur, et spécialement à la procédure prescrite par l'arrêté du 11 octobre 1894 (Article 3).

En Annam, tant qu'il n'existera pas de tribunaux ordinaires, les officiers de l'état civil continueront à ouvrir, coter, parapher et clore leurs registres, qui seront, à la fin de chaque année, adressés à la Résidence supérieure pour vérification et transmission au département par l'intermédiaire du Gouvernement général.

Art. 4. — Chaque fois qu'un officier de l'état civil du droit commun dresse un acte de décès, il doit en faire immédiatement deux extraits qu'il certifie conformes, et transmet par la voie hiérarchique aux Résidents supérieurs du Tonkin ou de l'Annam qui assurent l'envoi de ces actes au Département, par l'intermédiaire du Gouvernement général.

Lorsqu'il s'agit du décès d'un militaire, il est établi,

s'il appartient à la guerre, trois extraits mortuaires dont un pour le maire du dernier domicile et les deux autres pour le ministre de la guerre; si le militaire était né à l'étranger, les trois expéditions sont transmises au ministre de la guerre. Si le décès est survenu dans les troupes de la marine, il est établi deux extraits mortuaires, un pour le maire du dernier domicile, l'autre pour le ministre de la marine.

TITRE II

OFFICIERS DE L'ÉTAT CIVIL AUX ARMÉES

Art. 5. — Seront pourvus de registres de l'état civil les postes militaires ayant une garnison de troupes françaises trop éloignées d'un centre où se trouve un officier d'état civil du droit commun pour pouvoir correspondre facilement avec lui.

Dans ces postes les fonctions d'officier d'état civil seront remplies par un officier du Commissariat des colonies ou à défaut par le chef de poste.

Toutefois, dans les postes où il existe des infirmeries-ambulances, le médecin chef serait compétent, en cas d'épidémie, pour le personnel de la formation sanitaire, s'il était nécessaire de l'isoler.

Art. 6. — Le tableau annexe n° 1 joint au présent arrêté, indique les postes ou formations sanitaires qui seront pourvus d'officiers de l'état civil aux armées.

Art. 7. — Les postes militaires de troupes françaises de faible effectif, et ceux exclusivement composés de tirailleurs tonkinois seront rattachés au point de vue de l'état civil, au poste le plus voisin ayant un officier instrumentaire du droit commun ou aux armées.

Art. 8. — Dans le cas de la création d'un poste militaire ou d'une formation sanitaire appartenant à la catégorie dont il est parlé à l'article 5 ci-dessus, l'autorité militaire (État-major) si elle le juge absolument nécessaire, délivrera à ce nouveau poste ou formation sanitaire des registres de l'état civil.

Art. 9. — Les registres de l'état civil aux armées, fournis par le commissaire aux approvisionnements à Hanoi, sont tenus en triple expédition ; ils sont cotés et paraphés par premier et dernier par le chef de l'État major des troupes de l'Indo-Chine ou un officier à sa désignation.

Ces registres ne seront clos et arrêtés que lorsqu'ils seront entièrement remplis.

Les registres clos et arrêtés par l'officier instrumentaire compétent, doivent contenir sur les dernières pages, ou sur des feuilles supplémentaires intercalées à la fin du volume, une table des actes qui auront été inscrits.

Cette formalité remplie, ces registres seront expédiés par les soins dudit officier instrumentaire, et par la voie hiérarchique, à M. le Général en chef pour vérification et visa de M. le Chef d'État-major.

Cette dernière formalité accomplie, une expédition de ces registres sera expédiée au Ministre de la Marine par les soins de l'autorité militaire, la deuxième expédition restera aux archives de l'État-major au Tonkin, et le troisième registre sera retourné au poste ou formation sanitaire expéditeur pour être également conservé aux archives du lieu d'origine.

Art. 10. — Dans le cas où l'un des postes ou formations sanitaires dont il est parlé à l'article 5 ci-dessus viendrait à être supprimé, l'officier instrumentaire de ce poste ou formation sanitaire, devra immédiatement clore et arrêter ses registres et suivre toute la procédure indiquée à l'article précédent pour la vérification et transmission de ses actes au Département compétent.

Par les soins de l'État-major, une expédition desdits registres de l'état civil sera retournée au Commandant du territoire, ou à tout autre officier de l'état civil du droit commun compétent, pour être conservée aux archives de la province ou du territoire d'origine.

Art. 11. — Le Général commandant en chef, pour les expéditions proprement dites, les Commandants des territoires militaires, pour les colonnes devant opérer sur leurs territoires, décideront d'après l'importance, la durée et l'éloignement des expéditions ou colonnes à prévoir, si elles doivent être munies de registres des actes de l'état civil, ou si ces actes devront être établis sur les registres des postes à proximité des troupes en opération.

Dans ce dernier cas pour la désignation des officiers instrumentaires compétents (voir article 93 de la loi du 8 juillet 1893, § 6).

Lorsque ces expéditions ou colonnes seront terminées, les registres qui auront pu être délivrés, seront clos et arrêtés, transmis et classés, ainsi qu'il est dit à l'article 9 ci-dessus.

Art. 12. — Chaque fois qu'un officier de l'état civil aux armées est appelé à établir un acte de décès, il doit immédiatement en faire deux ou trois copies, suivant la distinction établie à l'article 4, dernier paragraphe.

Ces extraits sont adressés au chef de corps intéressé, qui fait relater le décès sur la matricule, vérifier les indications concernant l'État civil du défunt portées sur l'extrait mortuaire, et donner avis sans délai par lettre spéciale au maire du dernier domicile du défunt.

Il fait ensuite légaliser les extraits mortuaires par le Conseil d'administration du corps, le commissaire aux Revues, le Commissaire général et le Résident supérieur.

Après légalisation, l'un des extraits est adressé au maire du dernier domicile du défunt et l'autre ou les deux autres au Général commandant en chef, pour recevoir la suite indiquée à l'article 4.

Lorsqu'un acte de décès sera établi par un officier du commissariat ou par un officier du corps de santé, ils établiront les extraits mortuaires règlementaires, leur signature sera légalisée par leurs chefs de service, qui, après légalisation de leur propre signature par le Résident supérieur, assureront l'envoi des extraits mortuaires au maire ou au ministre de la guerre ou de la marine.

L'officier du commissariat ou du service de santé instrumentaire informera, en outre, en cas de décès d'un militaire, le corps auquel il appartenait, par l'envoi d'un extrait du registre de décès, simplement revêtu de sa signature.

Art. 13. — Les annulations ou rectifications des actes de l'état civil, dressés par les officiers instrumentaires du droit commun et aux armées, seront prononcées ou faites, au Tonkin, par les tribunaux de Hanoi et de Haiphong, suivant les règles de compétence fixées par l'arrêté du 9 mai 1894, et en Annam par les tribunaux de résidences.

Art. 14. — A l'avenir les actes de l'état civil établis en Annam et au Tonkin, soit par l'autorité civile, soit par l'autorité militaire, seront rédigés conformément aux modèles adoptés par la ville de Paris le 20 décembre 1880.

Les modèles de ces actes se trouvent à l'annexe n° 2 jointe au présent arrêté.

Art. 15. — Les dispositions du règlement du 24 février 1889, sur le service de santé en Annam et au Tonkin, contraires à celles du présent arrêté, sont et demeurent abrogées, ainsi que tous autres règlements non conformes.

Art. 16. — MM. les chefs d'administrations et de services sont chargés, chacun en ce qui le concerne, de l'exécution du présent arrêté qui sera affiché et publié partout où besoin sera. — RODIER.

TABLEAU *des postes civils et militaires au Tonkin et en Annam, avec indication, pour chacun d'eux, de l'officier de l'État civil compétent.*

DIVISIONS ADMINISTRATIVES	PLACES ET POSTES	POSTES RATTACHÉS à CEUX DE LA COLONNE 2)	OFFICIER de L'ÉTAT CIVIL COMPÉTENT
	TONKIN (1)		
	Hanoi	»	Résident-maire
	Bac-ninh	»	Résident
	Phu-l.-Thuong	»	
	Thai-nguyen	»	
	Viétri	»	Comᵈ d'armes
	Son-tay	Bac du Day	Résident
	Haiphong	»	Résident-maire
	Hung-hoa	»	Résident
	Dap-cau	»	Résident Bar-ninh
Provinces	Kep	»	Chef de poste
	Nha-nam	»	
	Quang-yên	»	Résident
	Hung-yên	»	
	Haiduong	»	
	Ha-nam	»	
	Thai-binh	»	
	Nam-dinh	»	
	Ninh-binh	»	
	Cho-bo	»	Commissaire
	Sept-Pagodes	Huong-bi	Comᵗ du territoire
	Dong-triéu	»	Chef de poste
1ᵉʳ Territoire militaire : Sept-Pagodes	Chin-gay	Mai-xu / Bon-chau / Nam-man / Luc-nam	
	Lam	Chu	Comᵈ d'armes
	An-chau	Bien-dong / Vi-loal	Chef de poste
	Cao-nhat	Xa-ly / Sui-mo	—
Moncay	Moncay	Loc-phu / Than-poum / Nam-si / Ly-lao / Mul-ngoc / Pac-si	Commandant du cercle
	Bac-ph.-sinh	Than-moi	Chef de poste
	Binh-lieu	Coc-ly / Ngam-thy / Dol-vam-al / Hoan-mo / Na-peo	—
	Dinh-lap	Ban-to / Ban-gluoc	—
	Pointe-pagode	»	—
	Tien-yên	Ha-coi / Ly-sal	—

(1) Dans le cas de création d'un poste dans une localité non classée au présent tableau, l'autorité militaire ferait connaître à quelle place ou poste, le poste nouvellement créé devrait être rattaché.

DIVISIONS ADMINISTRATIVES	PLACES ET POSTES	POSTES RATTACHÉS à CEUX DE LA COLONNE 2	OFFICIER de L'ÉTAT CIVIL COMPÉTENT
2ᵉ Territoire militaire : Lang-son	Lang-son	Bao-lam, Ky-lua, Tiou-ho, Ban-kol, Al-lao, Tan-hien, Na-pha, Ban-danh, Cong-chu, Dong-but	Comdᵗ du cercle
	Na-dzuong	Keo-co, Lung-dau, Ua-hio, Na-ban	Chef de poste
	Dong-dang	Kung-da, Nam-quau, Pac-kuang	—
	Na-cham	Po-mou, Ban-bo, Ba-cuang	—
	Bac-lé	Ko-sao, Yen-dinh	—
	Bo-ha	Mo-trang, Mo-na-Luong, Point A	—
	Dong-song	Pho-vij, Lang-luoc, Binh-dao	—
That-khó annexe	That-khó	Deo(cat, Lung-phai, Ban-poung, Cao-tanh, Cao-muong	Commandant de l'annexe ou Médecin de l'ambulance
	Yên-lac	»	Chef de poste
	Mo-nhai	»	Comᵗ de l'annexe
Cai-kinh annexe	Chu-vu	Van-lang, Trang-lang, Cho-trang	Chef de poste
	Huu-len	Deo-bon, Deo-mo-phiou, Tri-te	—
	Van-linh	Dap-so	»
	Pho-binh-gia	»	Chef de poste
3ᵉ Territoire militaire : Tuyên-quang	Cao-bang	Nam-vang, Nuoc-hai	Comdᵗ du cercle
	Dong-kho	»	Chef de poste
	Phuoc-hoa	Cat-linh	
	Ha-lang	Ban-cra	
	Trung-khang-phu	Tra-linh	
	Cao-bang	Bau-giuoc	
	Mo-xat	Bo-gai	
	Soc-giang	Nam-nhung	
	Tap-na	Nguyên-binh	
	Cho-ra	Ha-hiou	Chef de poste ou méd. de l'amb.
		Ngan-son	Chef de poste
	Quang-yên	Bong-da	Comᵗ du territoire
	Tuyên-quang	Bac-muc	Chef de poste
	Phu-doan	»	
	Cai-vong	Dong-chau	
	Chem-hoa	Bao-kem	
	Vinh-tuy	Bac-quang	
	Luc-an-chau	Yen-binh-Xa	
	Dong-lao	»	
	Phu-an-Binh	Dong-chap	
	Ha-giang	Than-thuy	Comᵗ du cercle
	Bac-mé	»	Chef de poste
	Bao-lac	»	ou Méd. de l'amb.
4ᵉ Territoire militaire : Yen-bay	Yon-bay	Yen-luong, Trai-hutt, Ngoi-hep, Tu-vu	Comᵗ du territoire
Dong-dang annexe	Dong-vang	Tu-cuc, Ngan-hai, Lang-llen	Comᵗ de l'annexe
	Lào-kay	Thai-nuôn, Trinh-thuong, Ban-phuc	Comᵗ le cercle

DIVISIONS ADMINISTRATIVES	PLACES ET POSTES	POSTES RATTACHÉS à CEUX DE LA COLONNE 2	OFFICIER de L'ÉTAT CIVIL COMPÉTENT
Lao-kay	Lao-kay	Phong-tho, Ba-xat, Ban-qua	Comᵗ du cercle
	Pa-kha	Bao-ngay, Ko-chau	Chef de poste
	Muong-khuong		
Lai-châu annexe	Lai-châu	Lai-chau	Chef de poste et Comᵗ du cercle
Van-bu	Van-bu	Van-yen, Dien-bien-phu	Comᵗ du cercle
Nghia-lo annexe	Nghia-lo	Tu-lé, Dai-lich, Tai-van	Comᵗ de l'annexe
Bao-ha annexe	Bao-ha	Lang-nhat, Pho-rang, Nhé-do	—
	Pho-lu		Chef de poste

ANNAM (2)

DIVISIONS ADMINISTRATIVES	PLACES ET POSTES	POSTES RATTACHÉS à CEUX DE LA COLONNE 2	OFFICIER de L'ÉTAT CIVIL COMPÉTENT
Annam	Tourane	»	Commissaire municipal
	Huê	Thuan-an, Thua-thien	Fonctionnaire désigné par le Résident supérieur
	Faï-foo	Quang-nam, Quang-ngai	Vice-résident
	Qui-nhon	Binh-dinh, Phu-yôn	—
	Thanh-hoa	»	—
	Vinh	Nghê-an, Ha-tinh	—
	Nha-trang	Khanh-hoa, Binh-thuan	—
	Dong-hoi	Quang-binh, Quang-tri	—

Voy.: **Actes de décès** ; — **Etat civil indigène.**

ÉTRANGERS. — Voy. : **Justice** (*Décret du 23 août 1871*) ; — **Chinois.**

EXHUMATIONS

1. — 11 mars 1887. — ARRÊTÉ *réglementant l'exhumation et le transport à l'extérieur, des corps des Chinois enterrés au Tonkin.*

Article premier. — L'exhumation et le transport à l'extérieur, des corps des Chinois au Tonkin, seront autorisés aux conditions énumérées dans les articles suivants.

Art. 2. — Les chefs de congrégations et les parents des Chinois à exhumer, se conformeront strictement aux prescriptions sanitaires et aux règlements de police qui leur seront indiqués par les soins des Résidents et vice-résidents chefs de poste, soit pour l'exhumation des corps, soit pour leur transport sur le territoire du Protectorat.

Art. 3. — Ces autorisations ne seront accordées que pour les corps des Chinois dont la mort remonte à cinq années au moins.

(2). A Thuan-an, en raison de la situation spéciale de ce poste, le médecin chef de l'ambulance, pour les décès qui se produiront dans cet établissement, le chef de poste pour les décès qui se produiront en dehors, établiront des déclarations de décès qu'ils adresseront au Résident supérieur de Hué, chargé de dresser les actes de décès et d'en envoyer les extraits en France.

Art. 4 et 5. — *Rapportés par arrêté du 1er avril 1888.*

Art. 6. — Le Résident supérieur au Tonkin est chargé de l'exécution du présent arrêté. — G. BIHOURD.

2. — 8 juin 1887. — INSTRUCTIONS MINISTÉRIELLES *sur le transport en France des restes mortels des personnes décédées dans les colonies ou à bord des bâtiments de l'État.*

Article premier. — Le corps d'une personne décédée aux colonies, et dont la mort a été causée par le choléra, la fièvre jaune, la peste ou une autre maladie grave réputée transmissible et importable, telle que le typhus, la variole, ne peut, en aucun cas, être exhumé et transporté en France.

Art. 2. — Lorsque le décès n'a pas été occasionné par une des maladies désignées ci-dessus, l'exhumation et la translation peuvent être autorisées dès que le corps a séjourné en terre pendant un an au moins.

Toutefois, ce délai ne sera pas exigé lorsque le corps aura été enseveli avec les précautions indiquées par les articles 5 et 6 ci-après, qu'il ait été inhumé ou non.

Art. 3. — Le Chef de la colonie qui reçoit du Ministre l'autorisation de laisser transporter de son territoire le corps d'une personne qui y est décédée, fait remettre copie des présentes instructions à l'autorité municipale, pour qu'elles soient communiquées aux médecins, chirurgiens et pharmaciens chargés d'en exécuter les dispositions.

Il demeure toujours libre d'interdire une exhumation qui paraîtrait, pour une cause quelconque, offrir des dangers pour la santé publique.

Art. 4. — Les médecins chargés des précautions à prendre pour l'exhumation des corps destinés à être transportés en France, seront accompagnés au lieu de la sépulture, par un magistrat qui, avant tout, constatera dans les formes voulues, l'identité de l'individu.

Art. 5. — Les corps doivent être placés dans un cercueil en plomb, renfermé lui-même dans une bière en bois; ils sont mis en contact avec des matières désinfectantes ou conservatrices, ainsi qu'il est dit à l'art. 6, de manière à prévenir ou arrêter la putréfaction et éviter le dégagement des gaz infects à l'extérieur.

Le cercueil en plomb est confectionné avec des lames de ce métal, de trois millimètres au moins d'épaisseur, parfaitement soudées entre elles.

Le cercueil extérieur est en chêne ou tout autre bois présentant une égale solidité. Les parois ont quatre centimètres au moins d'épaisseur; elles sont fixées avec des clous à vis et maintenues par trois freins en fer serrés à écrou.

Art. 6. — Lorsqu'on procède à l'exhumation, si le cercueil se trouve entier et en bon état de conservation, il suffit de l'ouvrir et d'y introduire un mélange fait, à parties égales, de sciure de bois desséchée et de sulfate de zinc (couperose blanche), dont on recouvre tout le corps de manière à combler la bière qui, refermée, est placée dans le cercueil en plomb, sur une couche de deux ou trois centimètres du même mélange désinfectant.

Si, au moment de l'exhumation, la châsse est ouverte et détériorée, il faut, après en avoir retiré le corps ou les débris, les placer dans le cercueil en plomb, sur une couche épaisse du mélange ci-dessus spécifié, et les recouvrir comme il a été dit plus haut, de manière à éviter tout ballottement dans le transport. Il est ensuite procédé à la soudure du cercueil en plomb.

Dans le cas où l'on ne peut se procurer du sulfate de zinc, il suffit de le remplacer par le sulfate de fer (couperose verte) employé de la même manière et dans les mêmes proportions.

Le cercueil principal est scellé du sceau de l'autorité.

Art. 7. — Le transport des restes mortels par un bâtiment de l'État étant formellement interdit, les parents du défunt ou leur représentant doivent s'entendre avec le capitaine d'un bâtiment du commerce pour l'embarquement du cercueil et son transport en France.

Le capitaine du navire de commerce sur lequel le cercueil est déposé est tenu de se rendre dans un port muni de lazaret.

Art. 8. — Il est dressé dans la colonie un procès-verbal de l'état dans lequel le corps est trouvé, et des précautions qui ont été mises en pratique pour son ensevelissement ou son exhumation et son transport.

Ce procès-verbal doit mentionner en outre, d'après l'attestation des médecins qui ont soigné le malade, ou en l'absence du médecin, d'après des témoignages dignes de foi, à quelle maladie le défunt a succombé. Si le corps a été embaumé, il doit indiquer avec quelle substance l'embaumement a été effectué. Ce document est remis au chef de la colonie, qui en fait donner une copie certifiée par lui conforme à l'original, au capitaine du navire sur lequel le corps est déposé pour être transporté en France.

Art. 9. — A son arrivée en France, le capitaine remet le procès-verbal ci-dessus mentionné à l'autorité sanitaire qui autorise, s'il y a lieu, l'admission à la libre pratique, sous les conditions déterminées par le Ministre du commerce et de l'industrie.

Art. 10. — Le corps d'un officier général ou supérieur tué dans un combat ou mort de maladie sur son vaisseau, le corps d'un fonctionnaire public mort de maladie pendant la traversée sur un bâtiment de l'État, peut être conservé à bord, sur la décision de l'état-major réuni en conseil, en le plongeant dans une liqueur alcoolique (eau-de-vie, rhum ou tafia).

Le tonneau employé à cet effet est placé dans une soute dont la clef reste entre les mains de l'officier chargé du détail.

Art. 11. — L'état-major, dans sa délibération, doit avoir égard à l'état de la température et à la durée du temps que le navire pourra encore passer à la mer. Si le retour en France ne doit pas avoir lieu immédiatement, le corps est débarqué et enterré, en attendant une autre occasion pour sa translation en France.

Dans la supposition que le corps doit être premièrement enterré, on peut en retirer le cœur que l'on renferme, avec le mélange désinfectant indiqué à l'art. 6 ci-dessus, dans une boîte en plomb, qui serait elle-même enchâssée dans une autre enveloppe en bois.

Art. 12. — A l'arrivée en France, le corps sera déposé au lazaret, pour qu'il soit procédé conformément aux instructions données par le ministre du commerce et de l'industrie et par le ministre de l'intérieur, concernant l'admission, le transport et la réinhumation des restes des personnes mortes en pays étranger.

Art. 13. — Les demandes d'exhumation et de transport en France du corps d'une personne décédée aux colonies, sont adressées au ministre de la marine et des colonies. Elles doivent préciser les nom et prénoms du décédé, sa position ou son grade, et être accompagnées des pièces désignées ci-après, savoir:

1° Un permis d'inhumation délivré par le maire de la commune où se trouve le cimetière dans lequel le corps sera déposé;

2° Un certificat médical constatant la nature de la maladie à laquelle le défunt a succombé;

3° Si le corps n'a pas séjourné un an en terre, un certificat dûment légalisé, constatant que les précautions visées par les article 5 et 6 ci-dessus ont été prises;

4° L'engagement de supporter les frais, de quelque nature qu'ils soient, qu'entraînent l'ensevelissement, l'exhumation et la translation du corps.

Art. 14. — Les mesures précédemment prescrites, qui seraient contraires à celles qui précèdent, sont abrogées.

3. — 1er avril 1888. — Arrêté *modifiant celui du 11 mars 1887, concernant l'exhumation des corps des Chinois enterrés au Tonkin.*

Article premier. — Les prescriptions édictées aux articles 4 et 5 de l'arrêté du 11 mars 1887, sont abrogées.

Art. 2. — Les dispositions contenues dans les articles 1, 2 et 3 sont et demeurent seules en vigueur.

EXPERTS (TAXE DES)

1. — 17 septembre 1883. — Décision *fixant le tarif des frais d'expertise médico-légale.*

Modifié par les articles 73 et suivants de l'arrêté du 4 août 1894, sur les droits de greffe (V. ce mot).

Voy.: **Droits de greffe**; — **Frais de justice**.

EXPORTATION

1. — 8 septembre 1888. — Arrêté *autorisant MM. Vézin et Cie à exporter, en exemption de tous droits, les chaux hydrauliques et ciments artificiels produits par leurs usines.*

Article premier. — MM. Vézin et Cie sont autorisés à exporter, en exemption de tous droits, les chaux hydrauliques et ciments artificiels produits par leurs usines en Annam et au Tonkin.

Art. 2. — La présente disposition ne sera applicable que pendant la durée de deux années à compter de la date du présent arrêté.

Art. 3. — Le Résident général en Annam et au Tonkin et le directeur des douanes et régies sont chargés, chacun en ce qui le concerne, de l'exécution du présent arrêté. — Richaud.

2. — 31 janvier 1889. — Arrêté *autorisant MM. Faussemagne et Cie à exporter, en exemption de tous droits, les huiles et savons fabriqués dans leur usine.*

Article premier. — MM. Faussemagne et Cie sont autorisés à exporter, en exemption des droits de cinq pour cent *ad valorem*, les huiles et savons fabriqués dans leur usine à Haïphong.

Art. 2. — La présente disposition ne sera applicable que pendant la durée de cinq années à compter de la date du présent arrêté.

Art. 3. — Le Résident général en Annam et au Tonkin et le directeur des douanes et régies sont

chargés, chacun en ce qui le concerne, de l'exécution du présent arrêté. — Richaud.

Voy.: **Boucherie**; — **Douanes**; — **Plantes vivantes**; — **Sel**; — **Noix d'arec**.

EXPOSITION PERMANENTE DES COLONIES

1. — 5 mai 1890. — Arrêté *ministériel relatif à l'exposition permanente des colonies.*

CHAPITRE PREMIER

Article premier. — L'exposition permanente des colonies a pour but:

1° De faire connaître dans la métropole, et notamment aux fabricants et aux commerçants, les produits des colonies françaises, ainsi que la manière de se les procurer avantageusement sur les lieux de production.

2° D'éclairer les habitants des colonies françaises sur les débouchés commerciaux qu'ils peuvent trouver en France et à l'étranger, pour le placement de leurs produits;

3° De faire connaître aux industriels et aux commerçants de la métropole, les objets de provenance étrangère qui sont demandés ou consommés dans nos colonies.

4° De vulgariser dans les colonies les produits de l'industrie métropolitaine, en vue d'arriver à les faire accepter de préférence aux produits similaires de provenance étrangère ou concurremment avec eux.

Art. 2. — L'exposition comprend trois sections:

1° La section des produits des colonies françaises;

2° La section des produits coloniaux transformés par l'industrie métropolitaine;

3° La section des produits étrangers ou français en usage dans les colonies.

Chacune des trois sections comprend un service de renseignements.

Art. 3. — L'exposition est ouverte au public.

Les jours et heures d'ouverture sont fixés par arrêté du Sous-secrétaire d'État.

Art. 4. — Les échantillons sont fournis par les administrations coloniales, par les comités locaux d'exposition et par les particuliers.

Les échantillons de toute nature demeurent la propriété de l'exposition, à moins d'instructions contraires exprimées par écrit par les exposants.

Les échantillons de produits fabriqués dans la métropole avec des matières d'origine coloniale, pourront être exposés temporairement dans les galeries de l'exposition permanente.

Art. 5. — Les objets sont exposés à la vue du public, dans les meilleures conditions, pour pouvoir être examinés et étudiés.

Art. 6. — Chaque objet exposé porte une étiquette sur laquelle sont inscrits:

Le nom de l'objet;

Celui du lieu d'origine;

Une indication sommaire;

Et le nom du donateur, s'il y a lieu.

Chaque étiquette porte, en outre, le numéro d'ordre correspondant à celui du répertoire.

Art. 7. — Lorsque l'exposition possède une quantité suffisante de produits d'une certaine espèce, des échantillons peuvent en être cédés à des musées ou à des établissements publics de la métropole ou des colonies, ainsi qu'à des particuliers citoyens français, qui en feraient la demande.

Les frais de transport ou autres *sont à la charge*

des demandeurs, qui devront prendre l'engagement de les acquitter.

Art. 8. — La cession d'objets appartenant à l'exposition permanente est faite, après autorisation du Sous-secrétaire d'État, sur la proposition du conservateur, le comité consultatif entendu.

Art. 9. — Pour tous les détails de son service, et notamment en ce qui concerne l'entretien ou le renouvellement des produits exposés, le conservateur correspond directement, soit avec les administrations publiques, soit avec les gouverneurs des colonies ou les présidents des comités locaux, soit avec les particuliers en France, aux colonies et à l'étranger.

CHAPITRE II
PRODUITS COLONIAUX

Art. 10. — Les échantillons de produits coloniaux sont exposés par colonie.

Les articles les plus importants seront, en outre, exposés par nature de produits, sur l'avis conforme du comité consultatif.

Art. 11. — Dans chaque colonie, les objets sont répartis entre les sept groupes suivants :

I. — OEuvres d'art

Peinture, sculpture, médailles, architecture, gravure, lithographie, etc.

II. — Éducation, Enseignement.

Matériel et procédés des arts libéraux, plans, matériel des établissements d'éducation et d'enseignement, imprimerie, librairie, photographie, musique, médecine, chirurgie, cartes, topographie, etc.

III. — Mobiliers et accessoires.

Meubles, tapisseries, céramique, papiers peints, coutellerie, orfèvrerie, horlogerie, chauffage, éclairage, parfumerie, maroquinerie, tabletterie, brosserie, etc.

IV. — Tissus, vêtements et accessoires.

Fils et tissus de coton, de soie, etc., dentelles, tulles, broderies, bonneterie, lingerie, vêtements, joaillerie, armes, objets de voyage, bimbeloterie, etc.

V. — Industries extractives, produits bruts et ouvrés.

Produit des mines et de la métallurgie, des exploitations forestières, de la chasse, de la pêche et des cueillettes, produits agricoles non alimentaires, produits chimiques et pharmaceutiques, cuirs et peaux, etc.

VI. — Outillage et procédés des industries mécaniques.

Matériel des mines, de la métallurgie, de l'industrie rurale et forestière, des usines agricoles et industries alimentaires, des arts chimiques, de la pharmacie, de la tannerie, de la mécanique, de la filature et de la corderie, du tissu, de la confection des vêtements, des objets de mobilier et d'habitation, etc.

VIII. — Produits alimentaires.

Céréales, farines, boulangerie, pâtisserie, corps gras alimentaires, laitage, viande, poissons et fruits, condiments, sucres, produits de la confiserie, boissons fermentées, etc.

CHAPITRE III
MARCHANDISES IMPORTÉES AUX COLONIES

Art. 12. — Les échantillons de marchandises importées aux colonies sont classés par catégorie de produits, sans distinction de pays de destination, en suivant la nomenclature indiquée à l'art 11 ; ils sont disposés de manière à permettre d'apprécier, par comparaison, les produits français et étrangers.

CHAPITRE IV
RÉPERTOIRE

Art. 13. — Il sera dressé un répertoire méthodique et complet des produits de toutes les colonies françaises, et des échantillons des marchandises importées aux colonies.

Art. 14. — Le répertoire mentionnera :

1° Le nom scientifique du produit, avec une courte notice, s'il y a lieu ;

2° Les divers noms vulgaires commerciaux et locaux que possède ce produit en France et dans les colonies ;

3° Les propriétés, les qualités de l'objet, son lieu d'origine, son usage, son mode de culture ou de fabrication.

4° Le prix marchand dans chaque colonie ou en France ;

5° Le mode d'emballage et de transport ;

6° Le frêt, les droits de douane ou autres, auxquels il est assujetti en France ou dans les colonies.

Art. 15. — Lorsqu'il s'agit d'échantillons de marchandises importées aux colonies, le répertoire mentionnera le pays d'origine du produit, le nom du fabricant ou du commerçant expéditeur, la dimension des tissus, leur poids, leur couleur, leurs dessins, le nom des colonies françaises où les objets sont employés de préférence, l'importance de la consommation dans chaque colonie de destination, le mode de vente, les noms des principaux commerçants dans chaque colonie qui vendent ces marchandises.

Art. 16. — Le répertoire fournira toutes les indications utiles pour faire connaître dans la métropole les produits des colonies françaises, ainsi que les articles d'importation qui conviennent au commerce avec les établissements.

Art. 17. — Les indications statistiques seront toujours tenues au courant et comprendront les dix dernières années.

En général, les indications portées au répertoire mentionneront expressément la source à laquelle elles auront été puisées ; elle se référeront à la date des lettres et des rapports y relatifs.

Art. 18. — Les personnes qui désireront obtenir des renseignements s'adresseront au conservateur.

Les renseignements peuvent être donnés verbalement ou par écrit.

CHAPITRE V
BIBLIOTHÈQUE

Art. 19. — Une bibliothèque coloniale est installée dans une salle contiguë aux galeries de l'exposition.

La bibliothèque est ouverte au public en même temps que l'exposition.

Art. 20. — La bibliothèque a pour objet de procurer aux personnes qui s'occupent de questions coloniales, les moyens de consulter les ouvrages périodiques et autres qui sont relatifs à ces questions.

Les ouvrages seront mis à la disposition des visiteurs dans les conditions qui feront l'objet d'un règlement spécial.

CHAPITRE VI
DES EXPOSITIONS TEMPORAIRES

Art. 21. — Des expositions temporaires des principales productions de chaque colonie seront organisées périodiquement à l'exposition permanente, aux époques correspondant à l'arrivée de ces produits en France.

Art. 22. — Dans ce but, les comités locaux représentant l'exposition permanente dans chaque colonie, seront chargés d'ouvrir, au commencement de chaque récolte, au chef-lieu de la colonie, une salle d'exposition où seront reçus tous les échantillons que les producteurs désireraient montrer à Paris.

Les échantillons devront être en quantité suffisante pour permettre de prélever des parties à remettre aux commerçants ou fabricants de la métropole qui en feraient la demande.

Art. 23. — Les comités locaux feront classer et étiqueter les produits, en indiquant les noms des producteurs, leur domicile, la désignation et la qualité des produits, l'importance probable de la production de l'année, le prix dans la colonie, le taux du fret sur France, enfin tous les renseignements qui seraient de nature à permettre des transactions.

Les produits qui auront été jugés dignes d'être exposés à Paris seront emballés et expédiés par les voies rapides, aux frais de l'exposition permanente.

Art. 24. — Les échantillons expédiés par les paquebots avant les premiers chargements, seront aussitôt exposés dans la salle réservée à cet effet par le conservateur, avec le concours du délégué de chaque colonie.

Avis de cette exposition sera donné au public, par voie d'affiches ou insertions dans le *Journal officiel*. A la fin de chaque exposition temporaire, les échantillons qui ne seraient pas utilisés pour le renouvellement des collections pourront être cédés aux commerçants ou industriels qui en auraient fait la demande, après avis du comité consultatif et sur l'autorisation du Sous-secrétaire d'Etat. — Eug. Etienne.

2. — 17 septembre 1890. — Arrêté *promulguant le décret du 30 octobre 1889, fixant les contingents à fournir par les pays de l'Indo-Chine pour les dépenses annuelles de l'exposition permanente des colonies.*

Article premier. — Est promulgué dans toute l'étendue de l'Indo-Chine française, le décret du 30 octobre 1889, fixant le montant des subventions à fournir par les différents pays de l'Indo-Chine pour les dépenses annuelles de l'Exposition permanente des colonies.

Art. 2. — Le Lieutenant-gouverneur de la Cochinchine, et les Résidents supérieurs du Tonkin, de l'Annam et du Cambodge sont chargés, chacun en ce qui le concerne, de l'exécution du présent arrêté. — Piquet.

DÉCRET du 30 octobre 1889.

Article premier. — Les subventions à fournir par la Cochinchine et les Protectorats du Cambodge, de l'Annam et du Tonkin, pour les dépenses annuelles de l'exposition permanente des colonies, sont fixées ainsi qu'il suit :

Cochinchine	6.000 francs
Cambodge	2.000 —
Annam et Tonkin	4.000 —

Art. 2. — Le Président du conseil, ministre du commerce, de l'industrie et des colonies, est chargé de l'exécution du présent décret. — Carnot.

EXPROPRIATION POUR CAUSE D'UTILITÉ PUBLIQUE

1. — 22 août 1885. — Décision *créant une commission chargée de dresser une liste de vingt notables commerçants ou propriétaires, destinés à former le jury spécial appelé à régler les indemnités dues par suite d'expropriation pour cause d'utilité publique.*

Modifiée par arrêté du 22 juin 1886.

2. — 9 décembre 1885. — Décision *fixant le personnel des commissions locales d'expropriation.*

Modifiée par arrêté du 22 juin 1886.

3. — 10 juin 1886. — Ordonnance royale *sur l'expropriation pour cause d'utilité publique.*

Sur la proposition du Co-mat, Sa Majesté ordonne :

Article premier. — Lorsque la nécessité d'acquérir, pour une raison d'intérêt public, une propriété privée aura été proclamée, soit par une ordonnance de Nous, soit par une décision de M. le Résident général de la République française, après avis du conseil du Protectorat, cette propriété pourra être acquise moyennant une indemnité préalablement payée.

Art. 2. — M. le Résident général de la République française est investi, par délégation spéciale de notre autorité royale, du droit de fixer par des règlements, les formalités à observer pour ces acquisitions.

4. — 22 juin 1886. — Arrêté *portant règlement en matière d'expropriation* (1).

5. — 15 août 1893. — Arrêté *promulguant en Annam et au Tonkin, le décret du 14 juin 1893, sur les expropriations pour cause d'utilité publique.*

Article premier. — Est promulgué dans toute l'étendue du territoire du Protectorat de l'Annam et du Tonkin le décret du 14 juin 1893, réglementant l'expropriation pour cause d'utilité publique en Annam et au Tonkin.

Art. 2. — Les Résidents supérieurs en Annam et au Tonkin et le Procureur général chef du service judiciaire de l'Indo-Chine sont chargés, chacun en ce qui le concerne, de l'exécution du présent arrêté, qui sera communiqué et publié partout où besoin sera. — De Lanessan.

DÉCRET du 14 juin 1893

TITRE PREMIER
Dispositions préliminaires

Article premier. — Les dispositions du présent décret sont applicables aux biens des personnes de toutes nationalités, situés dans les concessions françaises, et aux propriétés possédées par les Européens ou assimilés et les Asiatiques étrangers, dans toute l'étendue des territoires de l'Annam et du Tonkin.

(1) L'expropriation pour cause d'utilité publique se trouve actuellement réglée par le décret du 14 juin 1893, publié ci-après.

Art. 2. — Les tribunaux ne peuvent prononcer l'expropriation que si l'utilité des travaux pour lesquels elle est demandée, a été constatée et déclarée dans les formes prescrites par le présent décret.

Ces formes consistent:

1° Dans l'arrêté du Gouverneur général dûment autorisé, ou dans l'arrêté du Gouverneur général pris sur la proposition du Résident supérieur compétent, le conseil du Protectorat entendu, selon que ces travaux sont à la charge de l'État ou du Protectorat, ledit arrêté autorisant des travaux pour lesquels l'expropriation est requise;

2° Dans l'arrêté du Gouverneur général, pris sur la proposition du Résident supérieur compétent, et après avis du conseil du Protectorat, ledit arrêté désignant les localités ou territoires sur lesquels les travaux doivent avoir lieu, lorsque cette désignation n'est pas faite dans l'arrêté mentionné au paragraphe précédent;

3° Dans l'arrêté ultérieur pris par le Résident supérieur, après avis du conseil du Protectorat siégeant au contentieux, et déterminant les propriétés particulières auxquelles l'expropriation est applicable.

TITRE II

Des enquêtes administratives préparatoires des arrêtés énoncés au titre Iᵉʳ.

Art. 3. — L'arrêté déclaratif de l'utilité publique est précédé d'une enquête administrative. Les plans, devis et avant-projets doivent rester déposés pendant vingt jours dans les mairies ou les chefs-lieux des provinces que les travaux concernent, et les intéressés, prévenus par voies d'affiches, peuvent formuler librement leurs observations et propositions sur un registre à ce destiné.

Art. 4. — L'arrêté de cessibilité est précédé d'une deuxième enquête, dont la durée est de quinze jours à compter de l'avertissement donné aux intéressés au moyen d'insertions légales et d'affiches traduites en caractères chinois et en quoc-ngũ, indiquant les propriétés à exproprier.

Art. 5. — Les plans desdites propriétés, indicatifs des noms des propriétaires tels qu'ils sont inscrits sur la matrice des rôles, sont déposés, suivant le cas, soit dans les mairies des villes des concessions françaises, soit au chef-lieu des provinces dans lesquelles les travaux doivent avoir lieu.

Art. 6. — Les intéressés peuvent consigner leurs dires et observations, signés et datés, sur un registre ouvert à cet effet, lequel, après avoir été arrêté et paraphé par le résident ou par le maire, est transmis au Résident supérieur par ces fonctionnaires, qui y joignent leurs observations et, s'il y a lieu, leurs demandes de modifications. Les maires et résidents doivent constater par procès-verbal l'accomplissement de toutes les formalités sus-énoncées, y compris celle de l'apposition des affiches.

Art. 7. — S'il s'agit de travaux communaux, l'avis du conseil municipal consulté doit être transmis par le maire.

Art. 8. — L'arrêté de cessibilité détermine les propriétés qui doivent être cédées et indique l'époque à laquelle il y aura lieu d'en prendre possession. Il est signé sur le vu des résultats de l'enquête précitée, et après avis du conseil du Protectorat, par le Résident supérieur, qui peut statuer définitivement ou ordonner une enquête complémentaire pour éclairer sa décision.

TITRE III

De l'expropriation et de ses suites, quant aux privilèges, hypothèques et autres droits réels.

Art. 9. — Les propriétaires des biens nécessaires à l'administration, ou leurs représentants légaux, ainsi que les administrateurs des établissements d'utilité publique dûment autorisés par leurs conseils d'administration ou, à défaut, par le Résident supérieur, peuvent consentir la cession amiable desdits biens. Les tuteurs des interdits et incapables sont autorisés à cet effet par le tribunal, sur simple requête.

Si le propriétaire d'un terrain à exproprier est absent de l'Annam et du Tonkin, et n'y a laissé ni mandataire ni représentant, un curateur *ad hoc* est désigné par le tribunal sur simple requête, et est chargé de ses intérêts dans les circonstances prévues au présent décret. Ce curateur peut, s'il y est autorisé dans les mêmes formes, consentir amiablement l'aliénation des biens du propriétaire qu'il représente.

Le tribunal ordonne les mesures de conservation et de remploi qu'il juge nécessaires.

Ces dispositions sont applicables aux immeubles dotaux.

A défaut des conventions amiables avec les propriétaires des immeubles à exproprier ou leurs représentants, il y a lieu à expropriation. A cet effet, le Résident supérieur transmet aux Procureurs de la République de Hanoi et de Haïphong, si les biens sont situés dans le ressort de ces tribunaux, ou au Chef du service judiciaire ou son délégué, s'ils sont situés en dehors de ce ressort, l'arrêté déclarant l'utilité publique et autorisant les travaux, et l'arrêté mentionné à l'article 8.

Art. 10. — Dans les trois jours, et sur la production des pièces constatant que les formalités prescrites par l'article 2 ont été remplies, les Procureurs de la République dans le ressort des tribunaux français, et le Chef du service judiciaire ou son délégué en dehors de ce ressort, requièrent et les tribunaux prononcent l'expropriation pour cause d'utilité publique des terrains ou bâtiments indiqués dans l'arrêté de cessibilité.

Si dans le délai d'une année à compter de la signature de l'arrêté du Résident supérieur, l'administration n'a pas poursuivi l'expropriation, tout propriétaire dont les terrains sont compris audit arrêté peut présenter requête au tribunal. Le ministère public compétent communiquera cette requête au Résident supérieur, qui devra renvoyer les pièces dans le plus bref délai, et le tribunal statuera dans les trois jours.

Dans le cas où les propriétaires consentiraient à la cession, mais où il n'y aurait pas accord sur le prix, le tribunal donnera acte de ce consentement, sans qu'il soit besoin de rendre le jugement d'expropriation ni de s'assurer que les formalités prescrites par l'article 2 ont été remplies.

Art. 11. — Le jugement qui prononce l'expropriation ou qui donne acte aux propriétaires de leur consentement, ainsi que les actes de cession amiable, sont publiés et affichés par extrait dans la commune de la situation des biens, de la manière indiquée à l'article 3, et insérés au *Journal officiel*.

Cet extrait, contenant les noms des propriétaires, les motifs et le dispositif du jugement, leur est notifié au domicile qu'ils auront élu dans la province où les biens sont situés, par une déclaration faite à la mairie ou dans les bureaux de la résidence de laquelle ressort la commune où se trouvent les immeubles. Si cette élection de domicile n'a pas eu lieu, la notification est faite en double copie, au maire ou au résident, suivant le cas, et au fermier, gardien, locataire ou régisseur de la propriété.

Toutes les autres notifications prescrites par le présent décret seront faites dans la forme susindiquée.

Art. 12. — Le jugement sera, immédiatement après cette notification, transcrit au bureau de la conservation des hypothèques compétente, conformément à l'article 2181 du code civil. Les traités de cession amiable seront également publiés et transcrits.

Art. 13. — Dans la quinzaine de la transcription, les privilèges ainsi que les hypothèques conventionnelles, judiciaires ou légales, seront inscrits.

À défaut d'inscription dans ce délai, l'immeuble exproprié sera affranchi de tous privilèges et hypothèques, de quelque nature qu'ils soient, sans préjudice des droits des femmes, mineurs et interdits sur le montant de l'indemnité, tant qu'elle n'a pas été payée ou que l'ordre n'a pas été réglé définitivement entre les créanciers.

Les créanciers inscrits n'auront dans aucun cas la faculté de surenchérir, mais ils peuvent exiger que l'indemnité soit fixée conformément au titre IV.

Art. 14. — Les actions en résolution, en revendication et toutes autres actions réelles ne pourront arrêter l'expropriation ni en empêcher l'effet. Le droit des réclamants sera transporté sur le prix, et l'immeuble en demeurera affranchi.

Art. 15. — L'administration peut, toutefois, sauf les droits des tiers, payer les acquisitions dont le prix ne dépasserait pas 500 fr. sans remplir les formalités ci-dessus tracées.

Le défaut d'accomplissement des formalités de la purge des hypothèques n'empêche pas l'expropriation de suivre son cours, sauf, pour les parties intéressées, à faire valoir leurs droits ultérieurement dans les formes déterminées par le titre IV du présent décret.

Art. 16. — Le jugement d'expropriation ne pourra être attaqué que par la voie du recours en annulation devant la cour d'appel, et seulement pour incompétence, excès de pouvoir ou vice de forme du jugement.

Le recours aura lieu dans les trois jours à dater de la notification du jugement, par déclaration au greffe du tribunal. Il sera notifié dans la huitaine, soit à la partie, au domicile indiqué à l'article 11, soit au Résident supérieur ou aux maires, s'il s'agit de travaux municipaux, le tout à peine de déchéance.

Dans la quinzaine de la notification du recours, les pièces seront adressées à la cour d'appel, qui statuera dans le délai d'un mois à dater de leur réception.

L'arrêté, s'il est rendu par défaut, ne sera pas susceptible de recours en cassation.

TITRE IV
Du règlement des indemnités.

CHAPITRE PREMIER
DISPOSITIONS PRÉPARATOIRES

Art. 17. — Dans la huitaine qui suit la notification prescrite par l'article 11, le propriétaire est tenu d'appeler et de faire connaître à l'administration les fermiers, locataires, ceux qui ont des droits d'usufruit, d'habitation ou d'usage, tels qu'ils sont régis par le code civil, et ceux qui peuvent réclamer des servitudes résultant des titres mêmes du propriétaire, ou d'autres actes dans lesquels il serait intervenu ; sinon

il restera seul chargé envers eux des indemnités que ces derniers pourront réclamer.

Les autres intéressés seront mis en demeure de faire valoir leurs droits par l'avertissement énoncé à l'article 11, et donné dans les formes de l'article 4, et tenus de se faire connaître à l'administration dans le même délai de huitaine, faute de quoi ils seront déchus vis-à-vis de l'administration de tous droits à indemnité.

Art. 18. — Les dispositions du présent décret relatives aux propriétaires et à leurs créanciers sont applicables à l'usufruitier et à ses créanciers.

Art. 19. — Après l'expiration du délai de huitaine fixé par l'article 17, l'administration notifie aux propriétaires et à tous les autres intéressés, qui auront été désignés ou qui seront intervenus dans ce délai, les sommes qu'elle offre pour indemnité.

Ces offres sont, en outre, affichées et publiées conformément à l'article 4 du présent décret.

Art. 20. — Dans la quinzaine suivante, les propriétaires et autres intéressés sont tenus de déclarer leur acceptation ou, s'ils n'acceptent pas, les offres qui leur sont faites, d'indiquer le montant de leurs prétentions.

Art. 21. — Les femmes mariées sous le régime dotal, assistées de leurs maris, les tuteurs, ceux qui ont été envoyés en possession provisoire des biens d'un absent, le curateur ad hoc, dans le cas prévu au deuxième paragraphe de l'article 9, et autres personnes qui représentent des incapables, peuvent valablement accepter les offres de l'administration, énoncées à l'article 19, s'ils y sont autorisés dans les formes prescrites par l'article 9.

Art. 22. — Le Gouverneur général ou le Résident supérieur, les maires des villes des concessions françaises, autorisés par délibérations du conseil municipal dûment approuvées, les résidents et administrateurs des établissements publics dûment autorisés, peuvent accepter des offres d'indemnités pour l'expropriation des biens appartenant à l'État, au Protectorat, aux provinces, aux communes ou aux établissements publics.

Art. 23. — Le délai de quinzaine fixé par l'article 29 sera d'un mois dans les cas prévus par les articles 21 et 22.

Art. 24. — Si les offres de l'administration ne sont pas acceptées, les propriétaires et tous autres intéressés qui auront été désignés ou qui seront intervenus en exécution du deuxième paragraphe de l'article 17, seront cités devant le jury convoqué à cet effet, pour qu'il soit procédé au règlement des indemnités, de la manière indiquée au chapitre suivant.

Art. 25. — La citation contiendra l'énonciation des offres qui auront été refusées.

CHAPITRE II
DU JURY SPÉCIAL CHARGÉ DE RÉGLER LES INDEMNITÉS

Art. 26. — Chaque année, dans le courant du mois de décembre, une commission nommée par le Résident supérieur, qui en désigne le président, et composée des maires de Hanoi et de Haiphong, de deux membres du conseil du Protectorat et d'un membre de chacune des Chambres de commerce de Hanoi et Haiphong, dresse une liste de trente notables ayant leur domicile réel en Annam et au Tonkin, et y possédant des propriétés ou y payant patente, parmi lesquels sont choisis les membres du jury spécial appelé, le cas échéant, à régler les indemnités dues par suite d'expropriation pour cause d'utilité publique.

Cette liste est publiée avant le 1ᵉʳ janvier au *Journal officiel*.

Art. 27. — À défaut de cour d'appel sur le territoire du Protectorat, lorsqu'il y a lieu de recourir à un jury spécial, le juge-président et le suppléant du tribunal de Haïphong, se réuniront à Hanoi de concert avec le juge-président et le juge suppléant du chef-lieu, sous la présidence du juge-président le plus ancien, en la chambre du conseil; ils désigneront dans leur sein le magistrat directeur du jury, et choisiront, sur la liste dressée en vertu de l'article précédent, cinq personnes qui formeront le jury spécial chargé de fixer définitivement le montant de l'indemnité, et en outre, deux jurés supplémentaires.

Art. 28. — Ne peuvent être choisis:

1° Les propriétaires, fermiers et locataires des terrains et bâtiments désignés dans l'arrêté du Résident supérieur en vertu de l'article 2, et qui restent à acquérir;

2° Les créanciers ayant inscription sur lesdits immeubles;

3° Tous autres intéressés désignés ou intervenus en vertu des articles 17 et 18.

Art. 29. — Sont incapables d'être jurés:

1° Ceux à qui l'exercice de tout ou partie des droits civils ou de famille a été interdit;

2° Les faillis non réhabilités;

3° Les interdits et ceux qui sont pourvus d'un conseil judiciaire;

4° Ceux qui ont été condamnés pour crime ou pour délit de vol, escroquerie ou abus de confiance.

Art. 30. — Les empêchements résultant pour les juges à raison de leur parenté ou alliance, soit entre eux, soit entre eux et les parties intéressées, sont applicables aux jurés à raison de leur parenté ou alliance, soit entr'eux, soit entr'eux et les parties intéressées.

Art. 31. — La liste des cinq jurés et des deux jurés supplémentaires est transmise au Résident supérieur, qui, après s'être concerté avec le magistrat directeur du jury, convoque les jurés et les parties en leur indiquant au moins huit jours à l'avance le jour et l'heure de la réunion.

Les notifications aux parties leur font connaître les noms des jurés.

Art. 32. — Tout juré qui, sans motifs légitimes, manque à l'une des séances, ou refuse de prendre part à la délibération, encourt une amende de 200 à 500 francs.

L'amende est prononcée par le magistrat directeur du jury.

Le directeur du jury statue, en dernier ressort, sur l'opposition formée par le juré condamné.

Il prononce également sur les causes d'empêchement que les jurés proposent, ainsi que sur les exclusions ou les incompatibilités dont les causes ne seraient survenues ou n'auraient été connues que postérieurement à la désignation faite en vertu de l'article 27.

Art. 33. — Ceux des jurés qui se trouvent rayés de la liste par suite des empêchements, exclusions ou incompatibilités prévues aux articles précédents, sont immédiatement remplacés par les jurés supplémentaires que le magistrat directeur du jury appelle dans l'ordre de leur inscription.

En cas d'insuffisance, le magistrat directeur du jury choisit, sur la liste dressée en vertu de l'article 26, les personnes nécessaires pour compléter le nombre des cinq jurés.

Art. 34. — Le magistrat directeur du jury est assisté, auprès du jury spécial, du greffier ou commis-greffier de l'un des tribunaux de première instance, qui appelle successivement les causes sur lesquelles le jury doit statuer et tient procès-verbal des délibérations.

Lors de l'appel, l'administration a le droit d'exercer une récusation péremptoire; la partie adverse a le même droit.

Dans le cas où plusieurs parties intéressées figurent dans la même affaire, elles s'entendent pour l'exercice du droit de récusation, sinon le sort désignera celles qui doivent en user.

Si le droit de récusation n'est pas exercé ou s'il ne l'est que partiellement, le magistrat directeur du jury procède à la réduction des jurés au nombre de trois, en retranchant les derniers noms de la liste.

Art. 35. — Le jury spécial n'est constitué que lorsque les trois jurés sont présents.

Art. 36. — Lorsque le jury est constitué, chaque juré prête serment, au magistrat directeur du jury, de remplir ses fonctions avec impartialité.

Art. 37. — Le magistrat directeur du jury met sous les yeux des jurés:

1° Le tableau des offres et demandes notifiées en exécution des articles 19 et 20;

2° Les plans parcellaires et les titres et autres documents produits par les parties à l'appui de leurs offres ou demandes.

Les parties ou leurs fondés de pouvoir peuvent présenter sommairement leurs observations.

Le jury pourra entendre toutes les personnes qu'il croira pouvoir l'éclairer.

Il pourra également se transporter sur les lieux ou déléguer à cet effet un de ses membres.

La discussion est publique; elle peut être continuée à une autre séance.

Art. 38. — La clôture de l'instruction est prononcée par le magistrat directeur du jury.

Les jurés se retirent immédiatement dans leur chambre pour délibérer, sous la présidence de l'un d'eux, qu'ils désignent à l'instant même.

La décision du jury fixe le montant de l'indemnité; elle est prise à la majorité des voix.

Art. 39. — Le jury prononce des indemnités distinctes en faveur des parties qui les réclament à des titres différents, comme propriétaires, fermiers, locataires, usagers et autres intéressés dont il est parlé à l'article 17.

Dans le cas d'usufruit, une seule indemnité est fixée par le jury, eu égard à la valeur totale de l'immeuble; le nu-propriétaire et l'usufruitier exercent leurs droits sur le montant de l'indemnité au lieu de l'exercer sur la chose.

L'usufruitier sera tenu de donner caution; les père et mère ayant l'usufruit légal de leurs enfants en seront seuls dispensés.

Lorsqu'il y a litige sur le fond du droit ou sur la qualité des réclamants, et toutes les fois qu'il s'élève des difficultés étrangères à la fixation du montant de l'indemnité, le jury règle l'indemnité indépendamment de ces litiges et difficultés, sur lesquels les parties sont renvoyées à se pourvoir devant qui de droit.

Art. 40. — Tout en étant assujettis aux dispositions du présent décret en tant qu'elles ne sont pas compatibles avec leurs statuts personnels ou réels, les indigènes possédant des biens dans les villes concessions françaises sont tenus, à défaut de titres réguliers de propriété, d'établir leurs droits par un certificat délivré par les autorités annamites compétentes et visé, après examen du bien-fondé des prétentions des réclamants, par le Résident-maire.

Les litiges qui pourraient s'élever entre l'administration et les indigènes, au sujet de questions de propriété ou d'autres droits intéressant le statut personnel ou réel des indigènes, seront vidés par les tribunaux français, conformément aux lois et coutumes annamites.

Les Annamites, qui, en vertu d'autorisations régulières, se seraient établis sur des terrains domaniaux ou abandonnés, auront toujours droit à une indemnité de dépossession d'usufruit à fixer par le jury, sans préjudice de toutes autres indemnités à raison de leurs constructions, installations ou cultures.

Art. 41. — L'indemnité allouée par le jury ne peut en aucun cas être inférieure aux offres de l'administration ou supérieure à la demande de la partie intéressée.

Si l'indemnité réglée par le jury ne dépasse pas l'offre de l'administration, les parties qui l'auront refusée seront condamnées aux dépens.

Si l'indemnité est égale à la demande des parties, l'administration sera condamnée aux dépens.

Si l'indemnité est à la fois supérieure à l'offre de l'administration et inférieure à la demande des parties, les dépens seront répartis, de manière à être supportés par les parties et l'administration au prorata de la différence que présente les offre et demande avec l'indemnité attribuée par le jury.

Tout indemnitaire qui ne se trouve pas dans le cas des articles 21 et 22 sera condamné aux dépens, quelque soit l'estimation ultérieure du jury, s'il a omis de se conformer aux dispositions de l'art. 20.

Art. 42. — La décision du jury, signée des membres qui y ont concouru, est remise par le président au magistrat directeur, qui la déclare exécutoire, statue sur les dépens et envoie l'administration en possession de la propriété, à la charge par elle de se conformer aux dispositions des articles 53 et suivants.

Ce magistrat taxe les dépens; cette taxe ne comprendra que les actes faits postérieurement aux offres de l'administration, les frais des actes antérieurs demeurant, dans tous les cas, à la charge de cette dernière.

Art. 43. — La décision du jury et l'ordonnance du magistrat directeur ne peuvent être attaquées que par la voie du recours en annulation, et seulement pour violation des articles 27 et 31 des deuxième et troisième paragraphes de l'article 34, et des articles 35, 36, 37, 38, 39, 40 et 41.

Le délai sera de quinze jours pour ce recours, qui sera, d'ailleurs, formé, notifié et jugé comme il est dit en l'article 16; il courra à partir du jour de la décision.

Art. 44. — Lorsqu'une décision du jury aura été annulée, l'affaire sera renvoyée devant un nouveau jury.

Il sera procédé, à cet effet, conformément à l'article 27.

Art. 45. — Le jury ne connaît que des affaires dont il a été saisi au moment de la convocation, et statue successivement et sans interruption sur chacune de ces affaires. Il ne peut se séparer qu'après avoir réglé toutes les indemnités dont la fixation lui a été déférée.

Art. 46. — Les opérations commencées par un jury et qui ne sont pas terminées au moment du renouvellement annuel de la liste générale mentionnée en l'article 26, sont continuées jusqu'à conclusion définitive, par le même jury.

Art. 47. — Après la clôture des opérations du jury, les minutes de ses décisions et les autres pièces qui se rattachent auxdites opérations sont déposées au greffe du tribunal compétent.

CHAPITRE III

DES RÈGLES A SUIVRE POUR LA FIXATION DES INDEMNITÉS

Art. 48. — Le jury est juge de la sincérité des titres et de l'effet des actes qui seraient de nature à modifier l'estimation de l'indemnité.

Art. 49. — Dans le cas où l'administration contesterait au détenteur exproprié le droit à une indemnité, le jury, sans s'arrêter à la contestation, dont il renvoie le jugement devant qui de droit, fixe l'indemnité comme si elle était due, et le magistrat directeur du jury en ordonne la consignation, pour ladite indemnité rester déposée jusqu'à ce que les parties se soient entendues ou que le litige soit vidé.

Art. 50. — L'indemnité doit comprendre, s'il y a lieu, outre la valeur vénale de l'immeuble exproprié, tout ce qui pourrait augmenter cette valeur comme bâtiments, plantations, immeubles par destination, ainsi que les récoltes sur pied, lorsque la dépossession a lieu avant la récolte.

Les constructions, plantations et autres améliorations ne donneront lieu à aucune indemnité lorsque, à raison de l'époque à laquelle elles auront été faites ou de toutes autres circonstances dont l'appréciation lui est abandonnée, le jury acquiert la conviction qu'elles ont été faites dans le but d'obtenir une indemnité plus élevée.

Art. 51. — Si l'exécution des travaux doit procurer une augmentation de valeur immédiate et spéciale au restant de la propriété, cette augmentation sera prise en considération dans l'évaluation du montant de l'indemnité.

Si le restant de la propriété a subi au contraire une dépréciation, l'indemnité doit comprendre, en outre de la valeur de la portion expropriée, une somme égale à la moins-value de la portion non vendue.

Art. 52. — Les bâtiments dont il est nécessaire d'acquérir une portion pour cause d'utilité publique, seront achetés en entier si les propriétaires le requièrent par une déclaration formelle adressée au magistrat directeur du jury, dans les délais des articles 20 et 23.

Il en sera de même de toute parcelle de terrain qui, par suite du morcellement, se trouvera réduite au quart de la contenance totale, si, toutefois, le propriétaire ne possède aucun terrain immédiatement contigu, et si la parcelle ainsi réduite est inférieure à 10 ares.

TITRE V

Du payement des indemnités

Art. 53. — Les indemnités réglées par le jury seront, préalablement à la prise de possession, acquittées entre les mains des ayants-droit.

S'ils se refusent à les recevoir, la prise de possession aura lieu après offres réelles et consignation.

S'il s'agit de travaux exécutés par l'État, le Protectorat, les provinces ou les communes, les offres réelles pourront s'effectuer au moyen d'un mandat égal au montant de l'indemnité réglée par le jury; ce mandat, délivré par l'ordonnateur compétent, visé par le payeur, sera payable à la caisse publique qui s'y trouvera désignée.

Si les ayants-droit refusent de recevoir le mandat,

la prise de possession aura lieu après consignation en espèces.

Art. 54. — Il ne sera pas fait d'offres réelles toutes les fois qu'il existera des transcriptions sur l'immeuble exproprié ou d'autres obstacles au versement des sommes entre les mains des ayants-droit; dans ce cas, il suffira que les sommes dues par l'administration soient consignées pour être ultérieurement remises ou distribuées selon les règles du droit commun.

Art. 55. — Si, dans les six mois du jugement d'expropriation, l'administration ne poursuit pas la fixation de l'indemnité, les parties pourront exiger qu'il soit procédé à cette fixation.

Quand l'indemnité aura été réglée, si elle n'est ni acquittée ni consignée dans les six mois de la décision du jury, les intérêts courront de plein droit à l'expiration de ce délai.

Art. 56. — Les indemnités accordées par le jury seront fixées en piastres. C'est également en piastres que seront stipulées les demandes des parties, les actes d'offres de transaction et les contrats de cession amiable. Néanmoins, la stipulation en franc n'entacheront pas ces actes de nullité, et, dans ce cas, les règlements et les rapprochements des demandes avec les offres seront faits en piastres, au cours officiel de cette monnaie en francs à la date où les actes d'acceptation, de cession ou de transaction seront intervenus.

Les consignations, quoique exprimées en francs, auront pour base la somme offerte par l'administration ou celle fixée par le jury en piastres, les différences en piastres, au moment du retrait des consignations, provenant des variations du taux du change, restant à la charge comme au profit des intéressés.

TITRE VI

Dispositions diverses

Art. 57. — Les contrats de vente, quittances et autres actes relatifs à l'acquisition des terrains, peuvent être passés dans la forme des actes administratifs; la minute restera déposée à la Résidence supérieure.

Art. 58. — Les significations et notications mentionnées au présent décret sont faites à la diligence du Résident supérieur, sur la demande, le cas échéant, du Chef du service administratif pour les travaux intéressant les budgets de la guerre et de la marine.

S'il s'agit de travaux communaux ou de travaux intéressant les provinces, elles sont adressées aux résidents-maires ou aux résidents, ou faites à leur diligence.

S'il s'agit de travaux concédés, elles sont faites aux concessionnaires ou à leur diligence.

Art. 59. — Les significations et notifications peuvent être faites tant par huissier que par tout agent de l'administration dont les procès-verbaux font foi en justice.

Ces derniers se conformeront aux prescriptions imposées aux huissiers par les articles 61, 63, 64 et 68 du code de procédure civile.

Art. 60. — Les plans, procès-verbaux, certificats, significations, jugements, contrats, quittances et autres actes faits en vertu du présent décret seront enregistrés gratis, lorsqu'il y aura lieu de les soumettre à la formalité de l'enregistrement.

Il ne sera perçu aucun droit pour la transcription des actes au bureau des hypothèques.

Les droits perçus sur les acquisitions amiables faites antérieurement aux arrêtés du Gouverneur général ou du Résident supérieur seront restitués lorsque, dans le délai de deux ans à partir de la perception, il sera justifié que les immeubles acquis sont compris dans ces arrêtés.

La restitution des droits ne pourra s'appliquer qu'à la portion des immeubles qui aura été reconnue nécessaire à l'exécution des travaux.

Art. 61. — Lorsqu'un propriétaire aura accepté les offres de l'administration, le montant de l'indemnité devra, s'il l'exige et s'il n'y a pas de contestations de la part des tiers dans les délais prescrits par les articles 20 et 23, être versé à la Caisse des dépôts et consignations pour être remis ou distribué à qui de droit, selon les règles du droit commun.

Art. 62. — Si les terrains bâtis ou non bâtis, acquis à l'amiable ou expropriés pour cause d'utilité publique ne reçoivent pas cette destination, les anciens propriétaires ou leurs ayants-droit peuvent en demander la remise.

Le prix des terrains rétrocédés est fixé à l'amiable, et, s'il n'y a pas accord, par le jury dans les formes ci-dessus prescrites.

La fixation par le jury ne peut, en aucun cas, excéder la somme moyennant laquelle les terrains ont été acquis.

Art. 63. — Un avis publié de la manière indiquée en l'article 4, fait connaître les terrains que l'administration est dans le cas de revendre. Dans les trois mois de cette publication, les anciens propriétaires qui veulent réacquérir la propriété desdits terrains son tenus de le déclarer, et, dans le mois de la fixation du prix, soit à l'amiable, soit par le jury, ils doivent passer le contrat de rachat et payer le prix, le tout à peine de déchéance du privilège que leur accorde l'article précédent.

Art. 64. — Les dispositions des articles 61 et 62 ne sont pas applicables aux terrains qui auront été acquis sur la réquisition du propriétaire en vertu de l'article 52 et qui resteront disponibles après l'exécution des travaux.

Toutefois, cette exception ne s'applique pas au cas où, par suite de modifications apportées aux travaux, on n'y aura employé aucune portion des terrains vendus dans les conditions dudit article 52.

Art. 65. — Les concessionnaires des travaux publics exerceront tous les droits conférés à l'administration, et seront soumis à toutes les obligations qui lui sont imposées par le présent décret.

TITRE VII

Dispositions exceptionnelles.

CHAPITRE PREMIER

LOGEMENTS INSALUBRES

Art. 66. — Les logements insalubres et les propriétés situés dans le périmètre des travaux d'assainissement dont l'utilité publique aura été reconnue, pourront, après avis d'une commission d'hygiène nommée par le conseil municipal, et après délibération conforme de cette assemblée, dans les villes concessions françaises, ou par le Résident supérieur en dehors de ces concessions, être soumis à l'expropriation et acquis par les communes ou par le protectorat, dans les formes et après l'accomplissement des formalités prescrites par le présent décret.

Les portions de ces propriétés qui, après l'assainissement opéré, resteront en dehors de l'alignement des nouvelles constructions, pourront être revendues aux enchères publiques sans que, dans ce cas, les anciens propriétaires ou leurs ayants-droit puissent demander l'application des articles 61 et 62.

CHAPITRE II

TRAVAUX ORDINAIRES EN CAS D'URGENCE.

Art. 67. — Lorsqu'il y aura urgence à prendre possession des terrains non bâtis qui seront soumis à l'expropriation, l'urgence sera spécialement déclarée par un arrêté du Gouverneur général.

Art. 68. — En ce cas, après le jugement d'expropriation, l'acte qui déclare l'urgence et le jugement seront notifiés, conformément au deuxième paragraphe de l'article 11, aux propriétaires et aux détenteurs avec assignation devant le tribunal de la situation des terrains.

L'assignation sera donnée, dans les délais légaux, en Annam et au Tonkin ; elle énoncera la somme offerte par l'administration.

Art. 69. — Au jour fixé, le propriétaire et les détenteurs seront tenus de déclarer la somme dont ils demandent la consignation avant l'envoi en possession.

Faute par eux de comparaître, il sera procédé en leur absence.

Art. 70. — Le tribunal fixe le montant de la somme à consigner.

Le tribunal peut se transporter sur les lieux ou commettre un juge pour visiter les terrains, recueillir tous les renseignements propres à en déterminer la valeur et dresser, s'il y a lieu, un procès-verbal descriptif. Cette opération devra être terminée dans les cinq jours à dater du jugement qui l'aura ordonnée.

Dans les trois jours de la remise de ce procès-verbal au greffe ou aux chancelleries des résidences, le tribunal déterminera la somme à consigner.

Art. 71. — La consignation doit comprendre, outre le principal, la somme nécessaire pour assurer pendant deux ans le payement des intérêts au taux légal en Annam et au Tonkin.

Art. 72. — Sur le vu du procès-verbal de consignation et sur une nouvelle assignation à deux jours de délai au moins, le président ordonnera la prise de possession.

Art. 73. — Le jugement du tribunal et l'ordonnance du président sont exécutoires sur minute et ne peuvent être attaqués par opposition ou par appel.

Art. 74. — Le président taxera les dépens, qui seront supportés par l'administration.

Art. 75. — Le mode de règlement de l'indemnité est le même que dans les cas ordinaires. En conséquence, il sera, après la prise de possession, à la requête de la partie la plus diligente, procédé à la fixation définitive de l'indemnité, conformément au titre IV.

Art. 76. — Si cette fixation est supérieure à la somme qui a été déterminée par le tribunal, le supplément doit être consigné dans la quinzaine de la notification de la décision du jury, sinon le propriétaire peut s'opposer à la continuation des travaux ; si elle est inférieure, le magistrat directeur ordonne le remboursement de l'excédent à l'administration.

Art. 77. — L'occupation temporaire pour travaux ordinaires urgents aura lieu conformément aux règles tracées au chapitre III, section 3, titre VII du présent décret.

CHAPITRE III

TRAVAUX MILITAIRES ET DE LA MARINE NATIONALE

Section Ire. — Dispositions générales

Art. 78. — Les formalités prescrites par le titre II du présent décret ne sont applicables ni aux travaux militaires ni aux travaux de la marine nationale.

Art. 79. — Lorsqu'il y aura urgence d'exproprier *temporairement* des propriétés privées qui seront nécessaires pour les travaux de fortifications, les formalités du titre II ne seront pas non plus applicables.

Des arrêtés administratifs déclarent spécialement l'urgence, autorisent les travaux, déclarent l'utilité publique et désignent les propriétés bâties ou non auxquelles l'expropriation est applicable.

Section II. — Travaux militaires urgents

Art. 80. — Dans les vingt-quatre heures de la réception des arrêtés dont il est parlé au titre 1er, le Résident supérieur, saisi par le chef du service administratif, en transmettra ampliation au tribunal dans le ressort duquel sont situées les propriétés à exproprier, et au maire ou au résident, suivant le cas.

Le tribunal ordonnera immédiatement son transfert sur les lieux avec un expert qu'il nommera d'office.

Les maires ou l'administration feront publier sans délai les arrêtés du Gouverneur général et du Résident supérieur, ainsi qu'il est dit en l'article 4, et par tous les moyens de publicité. Ces publications et affiches seront notifiées par eux.

Art. 81. — L'ordonnance aux fins de transport fixera les jour et heure de la descente sur les lieux et sera signifiée, dans les vingt-quatre heures, au maire ou au résident de la commune ou de la province où le transport doit s'effectuer, et à l'expert nommé par le tribunal.

Le transport s'effectuera dans les dix jours de l'ordonnance et seulement huit jours après sa signification.

Art. 82. — Le maire ou résident dans le ressort duquel se trouve la commune de la situation des biens, sur les indications qui lui seront données par l'agent militaire chargé de la direction des travaux, et sur la communication du plan, convoquera, au moins cinq jours à l'avance, pour les jour et heure indiqués dans l'ordonnance :

1° Les propriétaires intéressés, et, s'ils ne restent pas sur les lieux, leurs agents, mandataires ou ayants-cause.

2° Les usufruitiers et autres personnes intéressées, telles que fermiers, locataires ou autres occupants, à quel titre que ce soit.

Les personnes ainsi convoquées peuvent se faire assister par un expert ou arpenteur.

Art. 83. — Aux jour et heure indiqués, le juge, le maire ou le résident, l'agent militaire, l'expert désigné par le tribunal et un ingénieur, architecte ou arpenteur, désigné par le Résident supérieur sur la demande du Chef du service administratif, se réuniront sur les lieux.

Les experts prêteront préalablement serment sur les lieux, et il en sera fait mention au procès-verbal.

L'agent militaire déterminera en présence de tous, par des pieux et piquets, le périmètre des terrains dont l'exécution des travaux nécessitera l'occupation.

Art. 84. — Cette opération achevée, l'expert désigné par le Chef du service administratif procédera immédiatement à la levée du plan parcellaire, pour indiquer dans le plan général des circonscriptions, les limites et la superficie des propriétés particulières.

Art. 85. — L'expert nommé par le tribunal dressera un procès-verbal qui contiendra:

1° La désignation des lieux des cultures, plantations, clôtures, bâtiments et autres accessoires du fonds; cet état descriptif sera assez détaillé pour pouvoir servir de base à l'appréciation de la valeur foncière et, en cas de besoin, de la valeur locative, ainsi que des dommages-intérêts résultant des changements ou dégâts qui pourront avoir lieu ultérieurement;

2° L'estimation de la valeur foncière et locative de chaque parcelle, de ses dépendances, ainsi que l'indemnité qui pourra être due pour frais de déménagement, perte de récoltes, détérioration d'objets mobiliers ou tous autres dommages.

Ces diverses opérations auront lieu contradictoirement entre l'expert nommé par le Chef du service administratif et les parties intéressées, si elles sont présentes, ou l'expert qu'elles auront désigné; si elles sont absentes et n'ont pas nommé d'expert, ou si elles n'ont pas la libre disposition de leurs droits, le tribunal désignera un expert pour les représenter.

Art. 86. — L'expert nommé par le tribunal devra dans son procès-verbal:

1° Indiquer la nature et la contenance de chaque propriété, la nature des constructions, l'usage auquel elles sont destinées, les motifs des évaluations diverses et le temps qu'il paraît nécessaire d'accorder aux occupants pour évacuer les lieux;

2° Transcrire l'avis de chacun des autres experts et les observations et réquisitions telles qu'elles lui seront faites par l'agent militaire, le maire ou le résident et les parties intéressées ou leurs représentants.

Chacun signera ses dires ou mention sera faite de la cause qui l'en empêche.

Art. 87. — Le juge dressera procès-verbal de la descente sur les lieux.

Art. 88. — Lorsque les propriétaires ayant le libre exercice de leurs droits consentiront à la cession demandée, et aux conditions offertes par l'administration, il sera passé entre eux et le Chef du service administratif un acte de vente qui sera rédigé dans la forme des actes d'administration, et dont la minute restera déposée aux archives de la Résidence supérieure.

Dans ce cas, la purge des privilèges et hypothèques a lieu suivant les formes abrégées établies dans les articles 12, 13, 14 et 15.

Art. 89. — Si les propriétaires refusent les conditions qui leur sont offertes, le tribunal, sur le vu de la minute du procès-verbal dressé par l'expert et du procès-verbal de la descente sur les lieux déterminera en une audience tenue aussitôt après le retour au chef-lieu, et procédant comme en matière sommaire, sans retard et sans frais:

1° L'indemnité de déménagement à payer au détenteur avant l'occupation;

2° L'indemnité approximative et provisionnelle de dépossession, qui doit être consignée, sauf règlement ultérieur et définitif préalablement à la prise de possession.

Art. 90. — Le même jugement prononce l'expropriation pour cause d'utilité publique des terrains ou bâtiments indiqués dans les arrêtés de l'administration.

Il autorisera l'administration à se mettre en possession, à la charge: 1° de payer sans délai l'indemnité de déménagement due au propriétaire; 2° de signifier, avec le jugement, l'acte de consignation de l'indemnité provisionnelle de dépossession.

Il détermine le délai dans lequel, après l'accomplissement de ces formalités, les détenteurs seront tenus d'abandonner les lieux. Ce délai ne pourra excéder cinq jours pour les propriétés non bâties et dix jours pour les propriétés bâties.

Art. 91. — Le jugement ne pourra être attaqué que par la voie indiquée par l'article 16, dont toutes les dispositions seront applicables à la matière spéciale réglée par le présent chapitre.

Toutefois, le recours devra avoir lieu dans les quarante-huit heures de la notification du jugement; et, dans la huitaine de la notification dudit recours, les pièces seront adressées à la cour d'appel, qui statuera dans la quinzaine suivante.

Le délai de quarante-huit heures pour se pourvoir contre le jugement ne court que du jour où se trouvent remplies les formalités de publication et d'affichage prescrites par l'article 11 du présent décret.

Art. 92. — Les règles posées dans les articles 12, 13 et 14 du présent décret sont applicables en matière d'expropriation pour travaux militaires.

Art. 93. — A l'expiration du délai de quinzaine prescrit par l'article 13, l'indemnité provisionnelle sera exigible de plein droit, à moins qu'il n'y ait des inscriptions ou des saisies-arrêts ou oppositions. Dans ce cas, elle sera consignée pour être ultérieurement remise ou distribuée selon les règles du droit commun.

Art. 94. — L'acceptation de l'indemnité approximative et provisionnelle de dépossession ne fera aucun préjudice à la fixation de l'indemnité définitive. De même, la consignation ou le payement de ladite indemnité par l'administration n'emporte pas acquiescement de sa part à la fixation faite par le tribunal.

Art. 95. — Après la prise de possession et lorsque les parties intéressées n'ont pas accepté les offres de l'administration, le règlement définitif de l'indemnité est opéré par le jury, et il sera procédé conformément aux dispositions du titre IV du présent décret.

Art. 96. — Si l'indemnité ainsi fixée par le jury excède l'indemnité provisionnelle, cet excédent est payé au propriétaire ou consigné, selon qu'il existe ou non des inscriptions, saisies-arrêts ou oppositions. Si elle est inférieure, le propriétaire devra restituer la différence.

Art. 97. — Sont applicables, en matière d'expropriation pour travaux militaires, les dispositions du titre VI du présent décret, concernant les formalités des actes, leur enregistrement, leur signification, ainsi que le droit de préemption accordé aux propriétaires à l'égard des terrains employés aux travaux.

Section III. — *Occupation temporaire pour travaux militaires urgents.*

Art. 98. — L'occupation temporaire prescrite par les arrêtés dont il est parlé en l'article 78 ne pourra avoir lieu que pour des propriétés non bâties.

Art. 99. — L'indemnité annuelle représentative de la valeur locative de ces propriétés et du dommage résultant du fait de la dépossession sera réglée à l'amiable, ou par autorité de justice, et payée par moitié, de mois en mois, au propriétaire ou au fermier, le cas échéant.

Lors de la remise des terrains qui n'auront été occupés que temporairement, l'indemnité due pour les détériorations causées par les travaux ou par la différence entre l'état des lieux au moment de leur remise, et l'état constaté par le procès-verbal descriptif, sera payée sur un règlement amiable ou judiciaire, soit au fermier ou exploitant, soit au propriétaire, selon leurs droits respectifs.

Art. 100. — Si, dans le cours du premier trimestre de la troisième année d'occupation provisoire, le propriétaire ou ses ayants-droits ne sont pas remis en possession, ils pourront exiger et l'État devra payer l'indemnité pour la cession de l'immeuble, qui deviendra dès lors propriété publique.

L'indemnité foncière sera réglée non sur l'état de la propriété à cette époque, mais sur son état au moment de l'occupation, constatée par le procès-verbal descriptif.

Le règlement de l'indemnité aura lieu conformément aux dispositions du titre IV du présent décret.

TITRE VIII

Art 101. — Le tarif des frais et dépens pour tous les actes qui seront faits en vertu du présent décret sera établi par un arrêté spécial, rendu par le Gouverneur général.

Art. 102. — Toutes dispositions et actes antérieurs concernant l'expropriation pour cause d'utilité publique en Annam et au Tonkin sont et demeurent abrogés.

Art. 103. — Le ministre du commerce, de l'industrie et des colonies, le ministre de la marine et le garde des sceaux ministre de la justice sont chargés, chacun en ce qui le concerne, de l'exécution du présent décret, qui sera publié au *Journal officiel*

de la République française et au *Bulletin officiel* du sous-secrétariat d'État des colonies, et promulgué sur le territoire du Protectorat de l'Annam et du Tonkin. — CARNOT.

EXPULSION

1. — 10 août 1886. — ARRÊTÉ *ordonnant l'expulsion du sieur Richard des territoires du Tonkin et de l'Annam.*

Le Résident général de la République française en Annam et au Tonkin, membre de l'Institut,

Considérant que le sieur Richard, domicilié à Hanoï, se disant avocat, a provoqué une agitation et s'est mis à la tête de manœuvres et d'intrigues tendant à empêcher les Chinois habitant le Tonkin de payer les impôts de patente et de capitation établis par les arrêtés du 12 décembre 1885;

Vu les rapports et protestations rédigés et signés par ledit Richard, soi-disant au nom des Chinois, et qui constituent une atteinte et un outrage aux droits de la France;

Considérant que cette agitation factice pourrait avoir, dans les circonstances que nous traversons, si le sieur Richard était laissé en situation de l'entretenir, les conséquences les plus graves au point de vue de la paix publique;

Vu les rapports du commissaire de police et du vice-résident de Hanoï, constatant que le sieur Richard a refusé d'obtempérer aux injonctions des autorités;

Considérant, d'autre part, que ledit sieur Richard, ancien notaire à Nouméa, y a fait faillite, y a subi deux condamnations en police correctionnelle et a été expulsé de la Nouvelle-Calédonie;

Vu les pouvoirs qui lui sont conférés par le décret du 27 janvier 1886, et l'arrêté du 15 avril 1886,

ARRÊTE :

Article premier. — Le sieur Richard, domicilié à Hanoï, se disant avocat, sera expulsé dans le plus bref délai des territoires du Tonkin et de l'Annam, et embarqué à destination de France.

Art. 2. — Le Résident supérieur du Tonkin est chargé de l'exécution du présent arrêté (1).

(1) Nous avons cru devoir reproduire *in extenso* le texte de cet arrêté pour établir les droits du Résident général en matière de police générale.

F

FAILLITES (LOI SUR LES)

1. — 4 mars 1889. — Loi *portant modification à la législation des faillites* (1).

Article premier. — Tout commerçant qui cesse ses payements peut obtenir, en se conformant aux dispositions suivantes, le bénéfice de la liquidation judiciaire telle qu'elle est réglée par la présente loi.

Art. 2. — La liquidation judiciaire ne peut être ordonnée que sur requête présentée par le débiteur au tribunal de commerce de son domicile, dans les quinze jours de la cessation de ses payements. Le droit de demander cette liquidation appartient au débiteur assigné en déclaration de faillite pendant cette période.

La requête est accompagnée du bilan et d'une liste indiquant le nom et le domicile de tous les créanciers.

Peuvent être admis au bénéfice de la liquidation judiciaire de la succession de leur auteur, les héritiers qui en font la demande dans le mois du décès de ce dernier, décédé dans la quinzaine de la ces-

(1) Voir V° Codes français, la loi du 19 février 1880, promulguée par arrêté du 8 novembre 1892. (Privilège du propriétaire en matière de faillite).

sation de ses payements, s'ils justifient de leur acceptation pure et simple ou bénéficiaire.

Art. 3. — En cas de cessation de payement d'une société en nom collectif ou en commandite, la requête contient le nom et l'indication du domicile de chacun des associés solidaires, et elle est signée par celui ou ceux des associés ayant la signature sociale.

En cas de cessation de payement d'une société anonyme, la requête est signée par le directeur ou l'administrateur qui en remplit les fonctions.

Dans tous les cas, elle est déposée au greffe du tribunal dans le ressort duquel se trouve le siège social. A défaut de siège social en France, le dépôt est effectué au greffe du tribunal dans le ressort duquel la société a son principal établissement.

Art. 4. — Le jugement qui statue sur une demande d'admission à la liquidation judiciaire est délibéré en chambre du conseil et rendu en audience publique. Le débiteur doit être entendu ou personne, à moins d'excuses reconnues valables par le tribunal. Si la requête est admise, le jugement nomme un des membres du tribunal juge-commissaire et un ou plusieurs liquidateurs provisoires. Ces derniers, qui sont immédiatement prévenus par le greffier, arrêtent et signent les livres du débiteur dans les vingt-quatre heures de leur nomination, et procèdent avec celui-ci à l'inventaire. Ils sont tenus, dans le même délai, de requérir les inscriptions d'hypothèque mentionnées en l'article 490 du code de commerce.

Dans le cas où une société est déclarée en état de liquidation, s'il a été nommé antérieurement un liquidateur, celui-ci représentera la société dans les opérations de la liquidation judiciaire. Il rendra compte de sa gestion à la première réunion des créanciers ; toutefois, il pourra être nommé liquidateur provisoire.

Le jugement qui déclare ouverte la liquidation judiciaire est publié conformément à l'article 442 du code de commerce. Il n'est susceptible d'aucun recours et ne peut être attaqué par voie de tierce opposition. Cependant, si le tribunal est saisi en même temps d'une requête en admission au bénéfice de la liquidation judiciaire et d'une assignation en déclaration de faillite, il statue sur le tout par un seul et même jugement, rendu dans la forme ordinaire, exécutoire par provision et susceptible d'appel dans tous les cas.

Art. 5. — A partir du jugement qui déclare ouverte la liquidation judiciaire, toute action mobilière ou immobilière et toute voie d'exécution, tant sur les meubles que sur les immeubles, doivent être intentées ou suivies à la fois contre les liquidateurs ou le débiteur (1).

Il ne peut être pris, sur les biens de ce dernier, d'autres inscriptions que celles mentionnées en l'article 4, et les créanciers ne peuvent poursuivre l'expropriation des immeubles sur lesquels ils n'ont pas d'hypothèque. De son côté, le débiteur ne peut contracter aucune nouvelle dette, ni aliéner tout ou partie de son actif, sauf dans les cas qui sont énumérés ci-après.

Art. 6. — Le débiteur peut, avec l'assistance des liquidateurs, procéder au recouvrement des effets et créances exigibles, faire tous actes conservatoires, vendre les objets sujets à dépérissement ou à dépréciation imminente, ou dispendieux à conserver, et intenter ou suivre toute action mobilière ou immobilière. Au refus du débiteur, il pourra être procédé par les liquidateurs seuls, avec autorisation du juge-commissaire. Toutefois, s'il s'agit d'une action à intenter, cette autorisation ne sera pas demandée, mais les liquidateurs devront mettre le débiteur en cause.

Le débiteur peut aussi, avec l'assistance des liquidateurs et l'autorisation du juge-commissaire, continuer l'exploitation de son commerce ou de son industrie.

L'ordonnance du juge-commissaire qui autorise la continuation de l'exploitation, est exécutoire par provision, et peut être déférée, par toute partie intéressée, au tribunal de commerce.

Les fonds provenant des recouvrements et ventes sont remis aux liquidateurs, qui les versent à la caisse des dépôts et consignations.

Art. 7. — Le débiteur peut, après l'avis des contrôleurs qui auraient été désignés conformément à l'article 9, avec l'assistance des liquidateurs et l'autorisation du juge-commissaire, accomplir tous actes de désistement, de renonciation ou d'acquiescement.

Il peut, sous les mêmes conditions, transiger sur tout litige dont la valeur n'excède pas quinze cents francs, mais l'objet de la transaction n'est obligatoire

(1) Voir la modification de ce paragraphe par la loi du 4 avril 1890, publiée ci-après.

qu'après avoir été homologué dans les termes de l'article 487 du Code de commerce.

L'article 1er de la loi du 11 avril 1838 sur les tribunaux civils de première instance, est applicable à la détermination de la valeur des immeubles sur lesquels a porté la transaction. Tout créancier peut intervenir sur la demande en homologation de la transaction.

Art. 8. — Le jugement qui déclare ouverte la liquidation judiciaire rend exigibles, à l'égard du débiteur, les dettes passives non échues; il arrête à l'égard de la masse seulement, le cours des intérêts de toute créance non garantie par un privilège, par un nantissement ou par une hypothèque.

Les intérêts des créances garanties ne peuvent être réclamés que sur les sommes provenant des biens affectés au privilège, à l'hypothèque ou au nantissement.

Art. 9. — Dans les trois jours du jugement, le greffier informe les créanciers, par lettres et par insertions dans les journaux, de l'ouverture de la liquidation judiciaire, et les convoque à se réunir dans un délai qui ne peut excéder quinze jours, dans une des salles du tribunal, pour examiner la situation du débiteur. Le jour de la réunion est fixé par le juge-commissaire.

Au jour indiqué, le débiteur, assisté des liquidateurs provisoires, présente un état de situation qu'il signe et certifie sincère et véritable, et qui contient l'énumération et l'évaluation de tous ses biens mobiliers et immobiliers, le montant des dettes actives et passives, le tableau des profits et pertes, et celui des dépenses.

Les créanciers donnent leur avis sur la nomination des liquidateurs définitifs. Ils sont consultés par le juge-commissaire sur l'utilité d'élire immédiatement parmi eux un ou deux contrôleurs.

Ces contrôleurs peuvent être élus à toute période de la liquidation, s'ils ne l'ont été dans cette première assemblée.

Il est dressé de cette réunion, et des dires et observations des créanciers, un procès-verbal portant fixation par le juge-commissaire, dans un délai de quinzaine, de la date de la première assemblée de vérification des créances.

Ce procès-verbal est signé par le juge-commissaire et par le greffier. Sur le vu de cette pièce et le rapport du juge-commissaire, le tribunal nomme les liquidateurs définitifs.

Art. 10. — Les contrôleurs sont spécialement chargés de vérifier les livres et l'état de situation présentés par le débiteur et de surveiller les opérations des liquidateurs ; ils ont toujours le droit de demander compte de l'état de la liquidation judiciaire, des recettes effectuées et des versements faits.

Les liquidateurs sont tenus de prendre leur avis sur les actions à intenter ou à suivre.

Les fonctions de contrôleurs sont gratuites. Ils ne peuvent être révoqués que par le tribunal de commerce, sur l'avis conforme de la majorité des créanciers et les propositions du juge-commissaire. Ils ne peuvent être déclarés responsables qu'en cas de faute lourde et personnelle.

Les liquidateurs peuvent recevoir, quelle que soit leur qualité, une indemnité qui est taxée par le juge-commissaire.

Art. 11. — A partir du jugement d'ouverture de la liquidation judiciaire, les créanciers pourront remettre leurs titres, soit au greffe, soit entre les mains des liquidateurs. En faisant cette remise, chaque créancier sera tenu d'y joindre un bordereau énonçant ses nom, prénoms, profession et domicile, le montant et les causes de sa créance, les privilège, hypothèque ou gage qui y sont affectés.

Cette remise n'est astreinte à aucune forme spéciale.

Le greffier tient état des titres et bordereaux qui lui sont remis et en donne récépissé. Il n'est responsable des titres que pendant cinq années à partir du jour de l'ouverture du procès-verbal de vérification.

Les liquidateurs sont responsables des titres, livres et papiers qui leur ont été remis, pendant dix ans à partir du jour de la reddition de leurs comptes.

Art. 12. — Après la réunion dont il est parlé en l'article 9, ou le lendemain au plus tard, les créanciers sont convoqués en la forme prévue par le même article pour la première assemblée de vérification. Les lettres de convocation et les insertions dans les journaux portent que ceux d'entre eux qui n'auraient pas fait, à ce moment, la remise des titres et bordereaux mentionnés en l'article 11, doivent faire cette remise de la manière indiquée audit article, dans le délai fixé pour la réunion de l'assemblée de vérification. Ce délai peut être augmenté, par ordonnance du juge-commissaire, à l'égard des créanciers domiciliés hors du territoire continental de la France.

La vérification et l'affirmation des créances ont lieu dans la même réunion et dans les formes prescrites par le code de commerce, en tout ce qui n'est pas contraire à la présente loi.

Art. 13. — Le lendemain des opérations de la première assemblée de vérification, il est adressé, en la forme prescrite en l'article 9, une convocation à tous les créanciers, invitant ceux qui n'ont pas produit, à faire leur production.

Les créanciers sont prévenus que l'assemblée de vérification à laquelle ils sont convoqués sera la dernière. Cette assemblée a lieu quinze jours après la première.

Si des lettres de change ou des billets à ordre souscrits ou endossés par le débiteur, et non échus au moment de cette dernière assemblée, sont en circulation, les liquidateurs pourront obtenir du juge-commissaire la convocation d'une nouvelle assemblée de vérification.

Art. 14. — Le lendemain de la dernière assemblée, dans laquelle le juge-commissaire prononce la clôture de la vérification, tous les créanciers vérifiés, ou admis par provision, sont invités, en la forme prescrite par l'article 9, à se réunir pour entendre les propositions de concordat du débiteur et en délibérer.

Cette réunion a lieu quinze jours après la dernière assemblée de vérification.

Toutefois, en cas de contestation sur l'admission d'une ou plusieurs créances, le tribunal de commerce peut augmenter ce délai sans qu'il soit dérogé pour le surplus aux dispositions des articles 499 et 500 du code de commerce.

Art. 15. — Le traité entre les créanciers et le débiteur ne peut s'établir que s'il est consenti par la majorité de tous les créanciers vérifiés et affirmés ou admis par provision, représentant en outre les deux tiers de la totalité des créances vérifiées et affirmées ou admises par provision, le tout à peine de nullité.

Si le concordat est homologué, le tribunal déclare la liquidation judiciaire terminée. Lorsque le concordat contient abandon d'un actif à réaliser, les créanciers sont consultés sur le maintien ou le remplacement des liquidateurs et des contrôleurs. Le

tribunal statue sur le maintien ou le remplacement des liquidateurs. Les opérations de réalisation et de répartition de l'actif abandonné se suivent conformément aux dispositions de l'article 541 du code de commerce.

Dans la dernière assemblée, les liquidateurs donnent connaissance de l'état de leurs frais et indemnités, taxés par le juge-commissaire. Cet état est déposé au greffe. Le débiteur et les créanciers peuvent former opposition à la taxe dans la huitaine. Il est statué par le tribunal en chambre du conseil.

Dans tous les cas où il y a lieu à reddition de compte par les liquidateurs, la disposition du paragraphe précédent est applicable.

Art. 16. — Sont nuls et sans effet, tant à l'égard des parties intéressées qu'à l'égard des tiers, tous traités ou concordats qui, après l'ouverture de la liquidation judiciaire, n'auraient pas été souscrits dans les formes ci-dessus prescrites.

Art. 17. — Les prescriptions du décret du 18 juin 188?, contenant le tarif des droits et émoluments que les greffiers des tribunaux de commerce sont autorisés à percevoir, sont applicables au cas de liquidation judiciaire comme au cas de faillite.

Art. 18. — La notification à faire, s'il y a lieu, au propriétaire, dans les termes de l'article 450 du code de commerce, est faite par le débiteur et les liquidateurs, avec l'autorisation du juge-commissaire, les contrôleurs entendus. Ils ont, pour cette notification, un délai de huit jours à partir de la première assemblée de vérification.

Art. 19. — La faillite d'un commerçant admis au bénéfice de la liquidation judiciaire peut être déclarée par jugement du tribunal de commerce, soit d'office, soit sur la poursuite des créanciers :

1° S'il est reconnu que la requête à fin de liquidation judiciaire n'a pas été présentée dans les quinze jours de la cessation des payements ;

2° Si le débiteur n'obtient pas de concordat. Dans ce cas, si la faillite n'est pas déclarée, la liquidation judiciaire continue jusqu'à la réalisation et la répartition de l'actif, qui se feront conformément aux dispositions du deuxième alinéa de l'article 15 de la présente loi. Si la faillite est déclarée, il est procédé conformément aux articles 529 et suivants du code de commerce.

Le tribunal déclare la faillite à toute période de la liquidation judiciaire :

1° Si, depuis la cessation de payements ou dans les dix jours précédents, le débiteur a consenti l'un des actes mentionnés dans les articles 446, 447, 448, 449 du code de commerce, mais dans le cas seulement où la nullité aura été prononcée par les tribunaux compétents ou reconnue par les parties ;

2° Si le débiteur a dissimulé ou exagéré l'actif ou le passif, omis sciemment le nom d'un ou de plusieurs créanciers, ou commis une fraude quelconque, le tout sans préjudice des poursuites du ministère public ;

3° Dans le cas d'annulation o ... e résolution du concordat ;

4° Si le débiteur en état de liquidation judiciaire a été condamné pour banqueroute simple ou frauduleuse.

Les opérations de la faillite sont suivies sur les derniers errements de la procédure de la liquidation.

Art. 20. — L'article 11 et les dispositions des paragraphes 1er, 3° et 4° de l'article 15 de la présente loi sont applicables à l'état de faillite.

Sont également applicables à l'état de faillite les

dispositions de la présente loi concernant l'institution des contrôleurs.

Art. 21. — A partir du jugement d'ouverture de la liquidation judiciaire, le débiteur ne peut être nommé à aucune fonction élective; s'il exerce une fonction de cette nature, il est réputé démissionnaire.

Art. 22. — L'article 519 du code de commerce est modifié ainsi qu'il suit :

« Art. 519. — Le salaire acquis aux ouvriers directement employés par le débiteur, pendant les trois mois qui ont précédé l'ouverture de la liquidation judiciaire ou la faillite, est admis au nombre des créances privilégiées, au même rang que le privilège établi par l'article 2101 du code civil pour le salaire des gens de service. »

« Les salaires dus aux commis pour les six mois qui précèdent le jugement déclaratif sont admis au même rang. »

Art. 23. — Le premier paragraphe de l'article 438 du code de commerce et le n° 4 de l'énumération faite par l'article 586, sont modifiés comme il suit :

« Art. 438, § 1er. — Tout failli sera tenu, dans les quinze jours de la cessation de ses payements, d'en faire la déclaration au greffe du tribunal de commerce de son domicile. — Le jour de la cessation de payements sera compris dans les quinze jours. »

« Art. 586, 4°. — Si, dans les quinze jours de la cessation de ses payements, il n'a pas fait au greffe la déclaration exigée par les articles 438 et 439, ou si cette déclaration ne contient pas les noms de tous les associés solidaires ; »

Art. 24. — Toutes les dispositions du code de commerce qui ne sont pas modifiées par la présente loi, continueront à recevoir leur application en cas de liquidation judiciaire comme en cas de faillite.

DISPOSITIONS TRANSITOIRES

Art. 25. — Le commerçant en état de cessation de payements, dont la faillite n'aura pas été déclarée, ou dont le jugement déclaratif de faillite ne sera pas devenu définitif à la date de la promulgation de la présente loi, pourra obtenir le bénéfice de la liquidation judiciaire. Cette faculté s'exercera devant la juridiction saisie. La requête devra, dans tous les cas, être présentée dans la quinzaine de la promulgation.

Les faillites déclarées antérieurement à cette promulgation continueront à être régies par les dispositions du code de commerce ; sont toutefois applicables à ces faillites les dispositions de la présente loi concernant l'institution des contrôleurs.

Le jugement qui homologuera le concordat obtenu par le débiteur dont la faillite aura été déclarée antérieurement à la promulgation de la présente loi, ou qui déclarera celui-ci excusable, pourra décider que le failli ne sera soumis qu'aux incapacités édictées par l'article 21 contre les débiteurs admis à la liquidation judiciaire.

Cette disposition sera applicable à tout ancien failli qui aura obtenu son concordat ou qui aura été déclaré excusable. Il devra saisir, par requête, le tribunal de commerce qui a déclaré sa faillite et produire son casier judiciaire. Cette requête sera affichée pendant quinze jours dans l'auditoire. Le tribunal statuera en chambre du conseil. Sa décision n'est susceptible d'aucun recours.

L'inscription sur les listes électorales pourra être faite, à la suite de ces formalités, jusqu'au 31 mars, date de la clôture des listes.

Art. 26. — La présente loi est applicable aux colonies de la Guadeloupe, de la Martinique et de la Réunion.

2. — 4 avril 1890. — Loi *portant modification au § 1er de l'art. 5 de la loi du 4 mars 1889, sur la législation des faillites.*

Article unique. — Le paragraphe 1er de l'art. 5 de la loi du 4 mars 1889 est modifié de la façon suivante :

« A partir du jugement qui déclare ouverte la « liquidation judiciaire, les actions mobilières ou « immobilières et toutes voies d'exécution, tant sur « les meubles que sur les immeubles, sont sus- « pendues comme en matière de faillite. Celles qui « subsistent doivent être intentées ou suivies à la « fois contre les liquidateurs et le débiteur. »

FERMES. — Voy.: Jeux; — Opium; — Bacs.

FERME-ÉCOLE

1. — 26 décembre 1889. — ARRÊTÉ *créant une ferme-école d'agriculture à Phu-doan.*

Article premier. — Il est créé à Phu-doan, sur la concession de M. Duchemin, et sous sa direction, une ferme-école.

Art. 2. — Il sera affecté à cet établissement une superficie d'une étendue d'au moins vingt hectares.

Art. 3. — L'exploitation de la ferme-école aura lieu aux frais, risques et périls de M. Duchemin.

Art. 4. — Le personnel de l'école se compose :

1° Du directeur;

2° D'un instituteur.

Il est alloué au directeur une indemnité mensuelle de 250 piastres. Dans cette somme sera compris le traitement de l'instituteur.

La construction de l'école, du logement de l'instituteur, du logement des élèves, de la cuisine et des dépendances, l'achat du mobilier scolaire, du mobilier de couchage des élèves, et de tout le matériel indispensable au fonctionnement régulier d'une ferme-école, restent à la charge du directeur.

Art. 5. — Le directeur est chargé de l'administration de l'école, de l'enseignement de l'agriculture en général, de la comptabilité agricole.

L'instituteur est chargé d'enseigner le français, l'arithmétique, le système métrique, et de remplir, le cas échéant, les fonctions d'interprète.

Art. 6. — *Modifié par arrêté du 9 juin 1891, publié ci-après.*

Art. 7. — Les élèves sont internes. Les dépenses d'habillement et de nourriture sont supportées par les familles. Le prix de la pension ne pourra pas dépasser trois piastres par mois.

Les fournitures scolaires (papier, encre, plumes) sont à la charge du directeur.

Art. 8. — L'enseignement aura un caractère essentiellement pratique. Il portera sur l'amélioration des procédés de culture en usage au Tonkin, et sur l'introduction des cultures nouvelles. En outre, la ferme devra entretenir un certain nombre de bœufs ou vaches, des porcs, des moutons, un rucher et une magnanerie.

Dans la composition des terrains devront entrer des terres de rizières, des plaines non inondées, et des coteaux, les trois types de terres qui se rencontrent dans la haute région.

Art. 9. — *Modifié par arrêté du 9 juin 1891, publié ci-après.*

Art. 10. — Le Résident supérieur au Tonkin est chargé de l'exécution du présent arrêté. — PIQUET.

2. — 9 juin 1891. — ARRÊTÉ *modifiant le mode de recrutement des élèves de la ferme-école de Phu-doan.*

Article premier. — Les art. 6 et 9 de l'arrêté du 26 décembre 1880, sont modifiés ainsi qu'il suit:

« Art. 6. — Le recrutement des élèves de la
« ferme-école de Phu-doan se fera parmi les anciens
« gardes civils et tirailleurs tonkinois, libérés du
« service, n'ayant pas dépassé l'âge de 30 ans, et
« justifiant d'un certificat de bonne conduite au corps.

« Le nombre de ces élèves ne pourra pas dépasser
« trente par année.

« Il sera alloué à chacun d'eux une solde men-
« suelle de 4 $ à la charge personnelle du directeur,
« qui fondera en outre cinq prix annuels de 60 $,
« 50 $, 40 $, 30 $ et 20 $, qui seront décernés à
« la fin de l'année scolaire aux élèves les plus méri-
« tants, d'après leur ordre de classement.

« Art. 9. — Une commission de contrôle et d'exa-
« men, composée de:

« MM. le Résident de Tuyen-quang . . *Président*
    le Commandant du poste de Phu-
        doan. . . . .
    le Directeur du Jardin botanique *Membres*
        de Hanoi. . . . .
    le Quang-phu de Phu-doan-hung

« constatera semestriellement, fin juin et fin dé-
« cembre, l'état des cultures et récoltes et le pro-
« grès de l'enseignement de la ferme-école.

« Cette commission fera en outre, et sans qu'il y
« ait lieu de convoquer dans ce cas le directeur du
« jardin botanique, toutes visites inopinées qu'elle
« jugera utiles.

« Rapport de ses travaux sera, après chacune de
« ses visites, adressé au Résident supérieur du
« Tonkin.

Art. 2. — Le Résident supérieur au Tonkin est chargé de l'exécution du présent arrêté. — BIDEAU.

Voy.: **École d'agriculture; — Jardin botanique.**

FILATURES MÉCANIQUES

1. — 15 février 1894. — ARRÊTÉ *allouant une prime temporaire à l'installation des filatures mécaniques au Tonkin.*

Article premier. — Pendant un délai de six années, qui commencera à courir le 1er mars 1894,
une prime est allouée aux filatures mécaniques qui,
à cette époque, seront installées sur le territoire du
Tonkin ou s'y installeront ultérieurement.

Art. 2. — Cette prime sera payée par annuité
révolue, à compter du jour du fonctionnement. Des
paiements semestriels ou trimestriels pourront être
faits, lorsque les conditions inscrites dans les articles
ci-après auront été remplies.

Art. 3. — Les primes allouées aux filateurs sont
liquidées d'après le nombre et l'espèce des appareils
employés, et proportionnellement au nombre de
journées de travail. La journée de travail est de
neuf heures.

Art. 4. — Il est alloué une prime annuelle de
200 francs par bassine filant à deux bouts ou plus de

deux bouts, 100 francs par bassine à un ou plusieurs
bouts pour filature de cocons doubles.

Art. 5. — Les bassines accessoires servant à la
préparation du travail de la bassine fileuse, auront
droit à la prime ci-dessus, jusqu'à concurrence d'une
bassine accessoire par trois bassines fileuses.

Art. 6. — Pour que l'intégralité de la prime soit
acquise, il devra être justifié que la bassine a eu au
moins 300 jours de travail.

Les bassines accessoires suivent le même régime
que les bassines fileuses avec lesquelles elles travaillent.

Art. 7. — Au cas où les conditions spécifiées à
l'article ci-dessus ne seraient pas remplies, la prime
serait réduite proportionnellement au nombre de
jours manquants.

Art. 8. — Est compté comme un bout, pour l'application des dispositions ci-dessus, l'assemblage
des baves de cocons réunies dans la première filière
placée immédiatement au-dessus de la bassine.

Art. 9. — Pour avoir droit à la prime, chaque
bassine fileuse ou accessoire primée doit être menée
par une ouvrière ou un ouvrier français ou annamite.

Art. 10. — Ne sont considérées comme bassines
à deux bouts, donnant droit à la plus haute prime,
que les bassines chauffées à la vapeur et dont les
guindres sont actionnés par un moteur mécanique.
Les autres n'ont droit qu'à la prime de 100 francs.

Art. 11. — L'industriel qui voudra jouir des
primes ci-dessus devra, avant de monter sa filature,
adresser au Résident supérieur une déclaration comprenant ses nom, prénoms et qualité, le lieu où la
filature doit être installée, le nombre et l'espèce des
bassines à employer, ainsi que l'époque probable de
l'achèvement de sa construction. Récépissé de sa
déclaration lui sera aussitôt donné, avec avis qu'il est
inscrit pour la prime que comporte sa filature, pour
prendre date du jour de l'entrée en fonctionnement.

Ne peuvent être admis au bénéfice de la prime
que les filateurs de nationalité française.

Art. 12. — Avant d'entrer en fonctionnement, le
filateur avise l'administration de l'achèvement de sa
filature.

L'administration nomme aussitôt une commission
pour l'examen des machines et outils et la constatation de l'espèce et du nombre de bassines qui doivent
bénéficier de la prime. Cette commission est composée du résident de la province, président, d'un
agent des travaux publics et d'un agent d'un service
de perception.

Le procès-verbal de la commission doit mentionner
le nombre et l'espèce des chaudières, des moteurs
à vapeur et de chaque espèce de bassines
à mettre en œuvre.

Art. 13. — Le filateur est pourvu d'un registre
délivré par le service chargé du contrôle de l'établissement, qui comporte les indications suivantes:

1o La date du jour;

2o L'heure d'ouverture de chaque séance de travail et celle de sa clôture;

3o Le nombre de chaque espèce de bassines mises
en œuvre, et celui des ouvriers ou ouvrières qui les
mènent;

4o Le nombre de bassines accessoires en fonctionnement, et celui des ouvrières ou ouvriers qui les
mènent;

5o Le nombre d'ouvriers ou d'ouvrières français
employés;

6o Le titre filé par les bassines;

14

7º La quantité de cocons de choix entrés à la filature ;

8º La quantité de cocons autres ;

9º La production de la journée en soie filée.

Cette déclaration est signée par le filateur ou son représentant, dans la colonne observations, et ne doit contenir ni rature, ni surcharge.

Une heure après l'ouverture de chaque séance de travail le registre doit être signé.

Art. 14. — Le paiement de la prime aura lieu sur certificat établi par le service chargé du contrôle de la filature, d'après les inscriptions du registre ci-dessus.

A ce certificat seront jointes les copies des déclarations en douane pour les quantités de soie exportées.

Art. 15. — Les agents chargés d'assurer l'exécution des dispositions de cet arrêté sont désignés par le Résident supérieur.

Ces agents ont le droit d'entrer à toute heure de la journée dans la filature de soie ayant réclamé le bénéfice de la prime, afin d'y constater l'exactitude des diverses déclarations imposées aux chefs d'usines. Ils peuvent, en outre, exiger la communication sur place des livres de journée, de paye des ouvriers, d'achat de cocons et de livraisons de soie filé.

Art. 16. — A chacune de leur visite, les agents de l'administration apposent leur signature sur le registre de la filature, après vérification et constatation de l'observance des règlements, En cas d'infraction ou d'irrégularité, ils dressent un procès-verbal sur lequel le filateur est appelé à inscrire ses observations.

Art. 17. — Tout individu qui se sera rendu coupable d'une tentative de fraude ou d'une complicité de fraude pour l'obtention de la prime sera, à l'avenir, déchu du droit à la prime, sans préjudice de la restitution de la prime indûment perçue, et sera passible des peines portées à l'art. 423 du code pénal.

L'article 463 du code pénal est applicable aux infractions ci-dessus.

Art. 18. — Le Résident supérieur du Tonkin est chargé de l'exécution du présent arrêté. — DE LANESSAN.

FINANCES. — Voy.: **Services financiers; — Trésorerie.**

FLOTTAGE. — Voy.: **Bois et forêts.**

FONDS D'AVANCE

1. — 23 août 1884. — DÉCISION *réglant le mode d'achat des ligatures pour effectuer certains payements par les caisses de fonds d'avances* (1).

Article premier. — Les gérants des caisses de fonds d'avances sont autorisés à acheter, dans le commerce, les ligatures nécessaires à assurer les payements à faire aux indigènes.

Art. 2. — Les ligatures seront délivrées aux intéressés au taux d'achat.

Art. 3. — Les feuilles de payements en ligatures porteront une attestation du taux auquel les ligatures auront été achetées, établie par un fonctionnaire autre que l'agent de payement.

L'attestation sera faite, pour les dépenses effec-

tuées sur les caisses de fonds d'avances mises à la disposition des agents du génie :

1º Par les chefs du génie, pour les dépenses que feront les gérants ;

2º Par le chargé du service administratif ou, à défaut, par le commandant d'armes, dans les postes où il n'existe qu'un chef du génie.

Pour les dépenses effectuées sur les autres caisses de fonds d'avances :

1º Par le commandant militaire, lorsqu'il n'est pas détenteur de la caisse ;

2º Par un officier désigné par lui, lorsque ce dernier a les fonds d'avances à sa disposition.

Art. 4. — La présente décision sera communiquée partout où besoin sera. — MILLOT.

2. — 2 mai 1885. — CIRCULAIRE *prescrivant les règles à observer pour le payement par les caisses de fonds d'avances, des mandats-poste à l'adresse de militaires.*

Le Général commandant le corps expéditionnaire décide que les mandats-poste à l'adresse des officiers et hommes de troupe pourront être payés par les caisses de fonds d'avances.

Les règles à observer par les gérants de ces caisses pour l'application de cette mesure seront les suivantes :

Les mandats-poste, *français seulement*, dont les titulaires seraient officiers ou fonctionnaires, pourront être payés sur l'acquit des intéressés, donné dans l'espace réservé à cet effet au *verso* des mandats.

Les mêmes mandats, dont les titulaires seraient sous-officiers, soldats ou assimilés, ne pourront être payés que sur l'acquit et entre les mains d'un vaguemestre dûment commissionné. Cet acquit, donné également au *verso* des mandats, devra être précédé de la qualité : *Le vaguemestre.*

Tous les mandats présentés au payement par les vaguemestres devront être inscrits et détaillés sur un carnet coté et paraphé par l'autorité compétente.

Ce carnet devra être visé par le commandant du détachement chaque fois qu'il y aura des mandats à présenter au payement; de son côté, le gérant de la caisse de fonds d'avances devra y inscrire, en toutes lettres, le montant de la somme payée, après avoir opéré le pointage des mandats et en avoir reconnu l'exactitude.

Ces mandats détaillés sur des bordereaux conformes au modèle ci-joint, devront être compris dans les versements comme toutes les autres pièces de dépenses acquittées pour le compte du payeur. Mais, par exception, et contrairement à ce qui se pratique pour les autres pièces de dépenses, les mandats-poste ne devront porter ni la date ni le lieu de payement, ni timbre, ni cachet *payé*. Ces formalités seront remplies par le payeur, qui considérera les mandats comme payés à sa propre caisse.

Les gérants de caisses de fonds d'avances devront apporter toute leur attention sur la vérification des titres, qui doit précéder le payement. Cette vérification devra porter sur les points suivants :

1º Les chiffres latéraux adhérents devront présenter exactement la somme en toutes lettres, portée dans le corps du mandat ;

2º Ces chiffres latéraux devront être estampillés du timbre à date du bureau d'origine ;

3º Le nom du bureau qui a délivré le mandat o celui du département dans lequel se trouve situé ce

(1) Voir l'arrêté du 17 janvier 1891, sur la comptabilité des caisses de fonds d'avances.

bureau, devront être indiqués au moyen de timbres humides dits *horizontaux* ;

4° Le timbre à date placé au bas du mandat devra reproduire la date manuscrite ; en cas de discordance, c'est la date du timbre qui doit être considérée comme bonne ;

5° Les mandats tirés sur le Tonkin ne sont payables que pendant neuf mois, à partir du jour de leur émission. Les détenteurs de caisses de fonds d'avances qui participeront au payement, devront donc prendre leurs mesures pour que les mandats parviennent au payeur avant l'expiration de ces neuf mois.

Tous les mandats entachés d'irrégularités telles que grattages, ratures, surcharges, recolages de chiffres latéraux, différences de sommes entre les chiffres latéraux et l'inscription sur le filot, absence de timbres à date et horizontaux, omission d'estampillage des chiffres latéraux, et indication inexacte du nom du destinataire, devront être envoyés au payeur chef de service, qui en poursuivra la régularisation conformément à l'intention motivée de l'intéressé. — CRETIN.

N° 1443 (Double)

DÉPARTEMENT de

BORDEREAU d

(Bordereau n° .)

MINISTÈRE DES POSTES ET TÉLÉGRAPHES

BORDEREAU

des mandats d'articles d'argent français présentés au payement par

PAYÉS LE

NUMÉROS		BUREAUX qui ont délivré les MANDATS	DATES des MANDATS	NOMS des DESTINATAIRES	MONTANT des MANDATS	COLONNES RÉSERVÉES A L'ADMINISTRATION			OBSERVATIONS
d'INSCRIPTION	des MANDATS					RÉSULTAT DE LA VÉRIFICATION			
						En plus	En moins	Au vrai	
1									
2									
3									
4									
5									
6									
7									
8									
9									
0									
				TOTAUX.....					

Certifié exact :
Bon à payer pour la somme de
L'Agent préposé à la réception des mandats,

Pour acquit de la somme de

3. — 10 décembre 1885. — DÉCISION *relative au mode de ravitaillement en espèces monétaires des caisses de fonds d'avances au Tonkin et en Annam.*

Le Général de division commandant en chef le corps du Tonkin, en vue de régulariser le ravitaillement en espèces monétaires des caisses de fonds d'avances au Tonkin et en Annam, décide que ce ravitaillement sera assuré conformément au tableau suivant :

DÉSIGNATION des CAISSES	MODE A SUIVRE POUR LE RAVITAILLEMENT	OBSERVATIONS
PREMIÈRE DIVISION		
BAC-HAT (Viétri)...	Envois du payeur chef de service par le courrier hebdomadaire.	En cas de suspension du courrier hebdomadaire, la caisse de Bac-hat serait alimentée par un envoi du préposé-payeur de Sontay, et celles de Phu-doan et de Tuyen-quang seraient alimentées par envois de ce même préposé, mais en transit par la caisse de Bac-hat ; on utilisera ainsi les convois de vivres expédiés de Bac-hat sur les deux places.
PHU-DOAN....	Envois du payeur chef de service par le courrier hebdomadaire.	
TUYEN-QUAN.	Envois par le payeur chef de service et par le courrier hebdomadaire, mais en transit par le gérant de Phu-doan, ce dernier étant chargé de faire parvenir ou, selon le cas, de remettre les fonds au gérant de Tuyen-quan.	

DÉSIGNATION des CAISSES	MODE A SUIVRE POUR LE RAVITAILLEMENT	OBSERVATIONS
HUNG-HOA....	Envois du préposé-payeur de Sontay par convois de terre.	
HUNG-YEN....	Envois du payeur chef du service, par le courrier bi-hebdomadaire de Haïphong.	
PHU-LY......	Envois du payeur chef de service de Hanoi par le courrier bi-hebdomadaire du bas fleuve Rouge et du Day.	
NINH-BINH...	Envois du payeur chef de service de Hanoi par le courrier bi-hebdomadaire du bas fleuve Rouge et du Day.	
PHU-NHO.....	Envois du payeur chef de service par le courrier bi-hebdomadaire.	
MY-LUONG....	Envois du préposé-payeur de Sontay par les convois du ravitaillement qui suivent l'arroyo de Sontay.	
DEUXIÈME DIVISION		
HAI-DUONG...	Envois du préposé-payeur de Haïphong par le courrier bi-hebdomadaire de Phu-lang-thuong.	
THAI-NGUYEN.	Envois du préposé-payeur de Dap-cau.	Le préposé de Dap-cau envoie ou remet au gérant de Thai-nguyen, suivant les occasions.

DÉSIGNATION des CAISSES	MODE A SUIVRE POUR LE RAVITAILLEMENT	OBSERVATIONS
KEP.........	Le gérant de Kep vient toucher à la caisse du préposé-payeur de Pha-lang-thuong.	
LAM-CHU...	Envois du préposé-payeur de Haïphong par les chalands de ravitaillement.	
DONG-SONG...	Envois du préposé-payeur de Haïphong par les chalands de ravitaillement, mais en transit par le gérant de la caisse de Lam.	
ANNAM		
THANH-HOA...	Envois du préposé-payeur de Nam-dinh par les occasions de convoi de matériel par eau.	
VINH........	Envois du préposé-payeur de Nam-dinh par les occasions de convoi de matériel par eau.	Soit directement soit en transit par le gérant de Thanh-hoa. Dans le cas où les communications par mer avec Hué seraient établies pendant une partie de l'année, des ordres spéciaux pourront être donnés.
DONG-HOI....	du 1er octobre au 31 mars. Envois du préposé-payeur de Hué par convois de terre. / du 1er avril au 30 septembre. Envois du préposé-payeur de Hué par le courrier de la côte.	
THUAN-AN...	Envois du préposé-payeur de Hué.	Caisse à créer.
TOURANE....	Envois du préposé-payeur de Hué.	Caisse à créer.
QUI-NHON...	Ce poste, à raison du versement du produit des douanes, fait des recettes supérieures aux dépenses. La caisse d'avances n'a pas besoin de ravitaillement en fonds.	
BINH-THUAN. (Hono-kohó).	Envois du gérant de la caisse d'avances de Qui-nhon d'après les ordres et pour le compte du préposé-payeur de Hué, au moyen du courrier de la côte.	

La présente décision sera notifiée par les officiers généraux commandant le territoire, aux commandants d'armes qu'elle intéresse, par les fonctionnaires de l'intendance aux gérants de caisses d'avances, et par le payeur chef de service à ses préposés extérieurs (1). — COURCY.

4. — 21 juin 1886. — ARRÊTÉ *créant une caisse de fonds d'avances dans chaque résidence ou vice-résidence* (2).

Article premier. — Il est créé dans chacune des Résidences et des vice-résidences, une caisse de fonds d'avances dont le montant ne pourra pas dépasser dix mille francs, destinée à payer sur états dûment acquittés les soldes et accessoires de solde dus au

personnel et, en outre, les dépenses urgentes autorisées par le Résident supérieur.

Art. 2. — Ce règlement aura lieu, sous la haute surveillance du résident ou vice-résident chef de poste, par le chancelier ou le commis de résidence faisant fonctions de chancelier.

Art. 3. — Dans la semaine qui suivra le payement de la solde, les états de payement acquittés seront adressés au Résident supérieur pour être ordonnancés, et pour que les fonds d'avances puissent être complétés immédiatement.

Art. 4. — L'inspection des caisses de fonds d'avances sera exercée par les soins de MM. les Résidents ou de tous autres fonctionnaires désignés par le Résident supérieur.

Chaque vérification sera mentionnée sur le registre et fera l'objet d'un procès-verbal qui sera immédiatement adressé au Résident supérieur. — PAUL BERT.

5. — 23 mai 1888. — ARRÊTÉ *déterminant les allocations d'indemnités de frais de bureau et de responsabilité aux gérants des caisses de fonds d'avances.*

Article premier. — Les gérants des caisses de fonds d'avances créées ou à créer au Tonkin et en Annam, recevront, selon l'importance de l'encaisse initiale des caisses dont ils sont dépositaires, les allocations fixées ci-après, à titre d'indemnité de frais de bureau et de responsabilité :

ENCAISSE INITIALE	INDEMNITÉS ANNUELLES		
	de frais DE BUREAU	de RESPONSABILITÉ	TOTAL
Jusqu'à 5.000 fr.	100 fr.	300 fr.	400 fr.
de 5.001 à 10.000	100	350	450
de 10.001 à 15.000	100	400	500
de 15.001 à 20.000	100	450	550
de 20.001 à 25.000	100	500	600
de 25.001 à 30.000	100	550	650
de 30.001 à 35.000	100	600	700
de 35.001 à 40.000	100	650	750
de 40.001 à 45.000	100	700	800
de 45.001 à 50.000	100	750	850
au-dessus de 50.000	100	800	900

Art. 2. — Les indemnités sont acquises intégralement aux officiers de l'armée active et aux fonctionnaires civils chargés de la gestion d'une caisse.

Mais si une caisse de fonds d'avances est gérée par un officier d'administration des services de l'intendance, par un adjoint du génie ou agent comptable du service de l'artillerie, recevant d'autre part une indemnité pour frais de bureau et de responsabilité au titre d'un service spécial, la règle suivante sera appliquée :

L'officier d'administration, l'adjoint du génie ou l'agent comptable, touchera intégralement l'indemnité la plus élevée et la moitié de la plus faible.

Art. 3. — La présente décision abroge celle sur le même objet du 11 mars 1886; elle sera notifiée partout où besoin sera, et les fixations qu'elle détermine seront appliquées à partir du 1er juin 1888. — RAOUL BERGER.

6. — 17 janvier 1891. — ARRÊTÉ *modifiant la comptabilité des caisses de fonds d'avances.*

Article premier. — A partir du 1er janvier 1891 (1),

la comptabilité à tenir par les gérants des caisses de fonds d'avances civiles et militaires de l'Annam et du Tonkin, se compose :

1º D'un livre de caisse (modèle nº 1) ;
2º D'un quittancier à souches (modèle nº 2) ;
3º D'un carnet de développement des recettes (modèle nº 3) ;
4º D'un carnet détaillé des dépenses (modèle nº 4).

Art. 2. — Les comptables devront, le dernier jour de chaque mois, ou plus souvent s'ils ont besoin de fonds, envoyer au chef de la trésorerie du Protectorat ou au préposé-payeur qui leur sera désigné, un bordereau de versement (modèle nº 5), reproduisant en détail toutes leurs opérations de recettes et de dépenses.

Art. 3. — Une circulaire fera connaître le mode d'emploi de chacun des documents de comptabilité ci-dessus.

Art. 4. — Les Résidents supérieurs en Annam et au Tonkin et le Commissaire général chef des services administratifs de l'Annam et du Tonkin sont chargés, chacun en ce qui le concerne, de l'exécution du présent arrêté. — PIQUET.

7. — 14 avril 1891. — ARRÊTÉ *reportant du 1er janvier au 1er mai 1891, la date de l'application de celui du 17 janvier 1891, relatif à la comptabilité des caisses de fonds d'avances.*

Article premier. — La date de l'application de l'arrêté du 17 janvier 1891, est reportée du 1er janvier au 1er mai 1891, et l'article 1er de l'arrêté susvisé est modifié dans ce sens.

Art. 2. — Les Résidents supérieurs en Annam et au Tonkin et le commissaire général de la marine chef des services administratifs sont chargés, chacun en ce qui le concerne, de l'exécution du présent arrêté. — DIDEAU.

8. — 16 janvier 1892. — ARRÊTÉ *fixant les encaisses initiales des caisses de fonds d'avances de l'Annam et du Tonkin.*

Article premier. — Les encaisses initiales pour les diverses caisses de fonds d'avances créées en Annam et au Tonkin, sont fixées aux chiffres suivants à partir du 1er janvier 1892 :

Hai-ninh, Mon-coy.	10.000 00
Thai-nguyen	20.000 00
Lam.	12.000 00
Sept-Pagodes	15.000 00
Cao-bang.	15.000 00
Bao-lac.	10.000 00
Chiêm-hoa	10.000 00
That-khé	10.000 00
Yen-bay	25.000 00
Vinh-bay	10.000 00
Phu-doan.	5.000 00
Phong-tho	17.000 00
Lao-kay	20.000 00
Tuyen-quang	35.000 00
Son-la (Van-bu)	25.000 00
Phu-lang-thuong.	20.000 00
Viétri	10.000 00
Dong-hoi	6.000 00
Nha-trang	10.000 00
Qui-nhon.	8.000 00
Thanh-hoa	15.000 00
Vinh.	20.000 00

Art. 2. — Le commissaire de la marine chef des services administratifs militaires en Annam et au

Tonkin et le payeur chef du service de la trésorerie sont chargés, chacun en ce qui le concerne, de l'exécution du présent arrêté, qui sera communiqué et enregistré partout où besoin sera. — DE LANESSAN.

VOY.: **Dépenses urgentes** ; — **Percepteurs** ; — **Trésor.**

FORÊTS. — VOY.: **Bois et forêts.**

FRAIS DE JUSTICE. — VOY.: **Droits de greffe.**

FRANÇAIS, PROTÉGÉS FRANÇAIS. — VOY.: **Concessions** ; — **Propriétés** ; — **Traités et conventions** ; — **Justice.**

FRANCHISE POSTALE ET TÉLÉGRAPHIQUE

1. — 25 juillet 1883. — DÉCISION *portant que toutes les lettres adressées au corps expéditionnaire du Tonkin ou en provenant, seront délivrées ou reçues en franchise.*

Rapportée par arrêté du 30 juillet 1890.

2. — 26 juin 1885. — CIRCULAIRE *déterminant les conditions donnant droit à la franchise télégraphique.*

Rapportée par arrêté du 4 octobre 1892.

3. — 30 juillet 1890. — ARRÊTÉ *supprimant la franchise postale aux troupes de l'Indo-Chine.*

Article premier. — La franchise postale dans l'intérieur du territoire des pays de Protectorat, qui avait été tolérée jusqu'à présent aux troupes de l'Indo-Chine, est et demeure supprimée à compter de ce jour.

Art. 2. — Exceptionnellement, elle subsistera, mais sans réciprocité, en faveur des militaires détachés dans les postes extrêmes du Tonkin où il n'existe pas de bureaux de postes, sous la condition expresse que chaque correspondance sera revêtue de la signature du commandant du poste ou du chef du détachement, ainsi que du cachet indiquant le lieu d'origine.

Art. 3. — Le Résident supérieur *p. i.* est chargé de l'exécution du présent arrêté. — PIQUET.

4. — 20 mai 1891. — ARRÊTÉ *relatif à la franchise postale concédée à l'Institut vaccinogène de Saïgon.*

Article premier. — L'arrêté du 4 avril 1891, cité plus haut (*créant l'Institut vaccinogène de Saïgon*), est modifié ainsi qu'il suit :

La franchise postale est accordée, avec réciprocité, au directeur de l'Institut vaccinogène de Saïgon, pour les envois de tubes de vaccin, ainsi que pour les communications officielles relatives au service de la vaccine, avec MM. les officiers du corps de santé chargés du service médical dans les postes situés sur le territoire de l'Indo-Chine, et avec MM. les administrateurs et résidents dans les autres postes dépourvus de médecins.

Art. 2. — Les plis adressés à l'Institut de Saïgon devront porter la mention : Service de la vaccine. Les tubes de vaccin et les plis expédiés par l'Institut porteront la signature du médecin de 1re classe, directeur, et le timbre du chef du service de santé.

Art. 3. — Le Lieutenant-gouverneur de la Cochinchine et les Résidents supérieurs du Tonkin, de l'Annam et du Cambodge sont chargés, chacun en ce qui le concerne, de l'exécution du présent arrêté, qui sera enregistré et publié partout où besoin sera. — BIDEAU.

5. — 4 octobre 1892. — ARRÊTÉ *déterminant la franchise postale et télégraphique des différents services civils et militaires* (1).

Article premier. — La correspondance des fonctionnaires civils et militaires, exclusivement relative au service du Protectorat, est admise à circuler en franchise par la poste, ou par le télégraphe dans les cas urgents.

Art. 2. — Les fonctionnaires et les officiers désignés dans les tableaux formant l'annexe C du présent arrêté, sont seuls autorisés à correspondre entre eux en franchise, dans les limites fixées par lesdits tableaux et dans les conditions indiquées aux instructions contenues aux annexes A et B ci-jointes.

Art. 3. — Les Résidents supérieurs au Tonkin et en Annam sont chargés, chacun en ce qui le concerne, de l'exécution du présent arrêté. — DE LANESSAN.

ANNEXE A. — *Instructions sur les franchises postales*

Article premier. — Les lettres, paquets et correspondances de toute nature ne peuvent être admis à jouir du bénéfice de la franchise postale, s'ils ne réunissent pas les conditions suivantes :

1° Être du nombre des objets que la poste est autorisée à transporter.

2° Être revêtus extérieurement et d'une manière apparente, du contre-seing de l'expéditeur ou de son délégué, lorsque les règlements autorisent cette délégation.

3° Être adressés à une personne avec laquelle l'expéditeur est autorisé à correspondre en franchise et avoir pour destination une localité située dans les limites territoriales de cette franchise.

4° Être déposés au guichet du bureau de poste.

Art. 2. — Le contre-seing dont il est parlé au 2° paragraphe de l'article premier ne sera pas exigé pour les correspondances adressées au Gouverneur général, aux Résidents supérieurs, au Général en chef, au Commandant de la marine et aux Résidents dans l'étendue de leur ressort.

Art. 3. — Les correspondances expédiées en franchise pourront être closes et cachetées si l'expéditeur le juge convenable.

Vu pour être annexé à l'arrêté n° 765, en date du 4 octobre 1892. — DE LANESSAN.

ANNEXE B. — *Instructions sur les franchises télégraphiques.*

Article premier. — Le droit à la franchise télé-

(1) Voir V° Postes et télégraphes, arrêté du 30 juillet 1893. Cet arrêté résume toutes les décisions antérieures ayant concédé la franchise postale et télégraphique et qui ont cessé d'être en vigueur, savoir :
12 avril 1884, services des douanes ;
22 avril 1886, travaux publics ;
28 juin 1886, règlement général ;
5 octobre 1886, Commandants de cercle et chefs de poste ;
21 octobre 1886, Commandants des bâtiments stationnant en Annam ;
28 décembre 1886, Commandants de région et de cercle ;
18 janvier 1888, Général commandant en chef les troupes de l'Indo-Chine ;
2 janvier 1889, service judiciaire ;
25 janvier 1889, Chef de poste administratif au Tonkin ;
13 avril 1889, Consul de Longtchéou ;
21 décembre 1889, Consul de Mongtzé ;
28 mai 1890, Lieutenant de gendarmerie.

graphique implique, pour la correspondance des fonctionnaires ou agents des services publics qui en sont investis, la priorité de transmission.

Art. 2. — Ce droit ne s'applique qu'aux dépêches officielles urgentes, c'est-à-dire aux communications relatives au service et que la poste ne pourrait transmettre en temps utile.

Art. 3. — La franchise télégraphique est directe ou indirecte : la franchise directe permet à celui qui en est investi, de requérir directement la transmission de ses télégrammes ; la franchise indirecte ne permet l'emploi de la voie télégraphique que pour les dépêches revêtues du visa d'un fonctionnaire ou agent autre que l'expéditeur et jouissant du droit de franchise directe.

Art. 4. — La franchise directe n'appartient qu'aux fonctionnaires ou agents auxquels elle a été conférée par arrêté du Gouverneur général, et dans les limites fixées par le présent arrêté.

Art. 5. — Les fonctionnaires ou agents ayant droit à la franchise directe ne la conservent que dans le ressort où s'exercent leurs fonctions. Hors de ce ressort, ils doivent recourir au visa de l'autorité compétente.

Art. 6. — Le fonctionnaire ou agent qui, n'étant pas investi de la franchise directe, a besoin du visa d'une autorité supérieure doit, en principe, le demander à son chef hiérarchique. Si ce dernier ne réside pas dans la localité, ou s'il ne jouit pas lui-même du droit de franchise, le visa peut être demandé à une autre autorité.

Art. 7. — Le droit de franchise et de visa peut être délégué par tout fonctionnaire ou agent, quand les règlements autorisent cette délégation.

Art. 8. — Les fonctionnaires et agents jouissant de la franchise directe accordent ou refusent le visa à leurs subordonnés sous leur responsabilité : ils sont juges de l'urgence des dépêches qui leur sont soumises.

Art. 9. — Tout destinataire d'une dépêche officielle impliquant réponse est admis, sur la présentation de la dépêche, à user du droit de franchise pour la transmission de cette réponse, avec dispense du visa.

Art. 10. — Il y a abus de franchise toutes les fois qu'une dépêche présentée comme officielle :
A trait à des affaires privées ;
Dépasse la limite de la franchise accordée à l'expéditeur ;
Ou ne présente aucun caractère d'urgence.

Art. 11. — Toute dépêche reconnue abusive est soumise à une taxe double, triple ou quadruple, suivant l'appréciation de l'autorité compétente.

Art. 12. — Les dépêches constituant des abus de franchise sont néanmoins acceptées, et transmises gratuitement par les bureaux télégraphiques ; mais elles sont immédiatement signalées, avec copies à l'appui, au chef du service des postes et télégraphes.
Chaque mois, un état des dépêches abusives, accompagné des copies, est adressé au Résident supérieur qui décide, le chef du service compétent préalablement consulté, à quelles dépêches il y a lieu d'appliquer la pénalité prévue au précédent article.

Vu pour être annexé à l'arrêté n° 765, en date du 4 octobre 1892. — DE LANESSAN.

ANNEXE C. — *Tableau des franchises postales et télégraphiques accordées avec réciprocité, aux divers services civils, militaires et indigènes du Protectorat de l'Annam et du Tonkin.*

Modifié par arrêté du 5 décembre 1892.

6. — 5 décembre 1892. — ARRÊTÉ *modifiant celui du 4 octobre 1892, sur les franchises postales et télégraphiques* (1).

L'annexe C jointe à l'arrêté sus-visé du 4 octobre 1892, est modifiée conformément au tableau ci-annexé.

Les Résidents supérieurs du Tonkin et de l'Annam sont chargés, chacun en ce qui le concerne, de l'exécution du présent arrêté. — DE LANESSAN.

ANNEXE C. — *Tableau des franchises postales et télégraphiques accordées avec réciprocité, aux divers services civils, militaires et indigènes du Protectorat de l'Annam et du Tonkin.*

DÉSIGNATION DES PERSONNES		OBSERVATIONS
AUTORISÉES à user de la franchise postale et télégraphique	AUXQUELLES les correspondances postales et télégraphiques peuvent être adressées en franchise	
I		
	GOUVERNEMENT	
Gouverneur général.	Illimitée pour toute l'Indo-Chine (2)	Peut déléguer la signature et le contre-seing.
Directeur du contrôle financier.	Tous les agents civils et militaires de l'Indo-Chine.	
II		
	SERVICES CIVILS	
	§ 1. *Résidence supérieure — Résidences*	
Résidents supérieurs.	Illimitée sur tout le territoire du Protectorat.	
	En dehors de ce territoire, le Lieutenant-gouverneur de Cochinchine, le Résident supérieur au Cambodge, le Procureur général chef du service judiciaire, les consuls de Hong-kong, Pac-koï, Long-tchéou, Montzé.	
Résidents et vice-résidents chefs de poste.	Le Résident supérieur du Tonkin pour les chefs de poste du Tonkin; le Résident supérieur de l'Annam pour les chefs de poste de l'Annam.	
	Leurs collègues. Le Trésorier-payeur, le Directeur des travaux publics, les chefs des services des postes et télégraphes, des douanes et régies, de l'enregistrement. Les procureurs de la République, les présidents des tribunaux, le Général commandant en chef, le commandant de la marine, le général de la brigade sur laquelle se trouve leur circonscription, les commandants de territoire militaire et les commandants de cercle, le chef des services administratifs. *Les consuls de Long-tchéou, Mongtzé et Pac-koï pour les résidents et vice-résidents chefs de poste dans les provinces voisines de ces consulats.*	

DÉSIGNATION DES PERSONNES		OBSERVATIONS
AUTORISÉES à user de la franchise postale et télégraphique	AUXQUELLES les correspondances postales et télégraphiques peuvent être adressées en franchise	
	Tous les fonctionnaires et agents civils, militaires et indigènes, dans leur circonscription.	
	§ 2. — *Trésorerie*	
Trésorier-Payeur.	Les Résidents supérieurs, les chefs d'administration et de service; tous les agents de son service. Les résidents et vice-résidents chefs de poste; les commandants de territoire et de cercle. Les représentants des chefs des services administratifs. Les percepteurs, les gérants de caisse de fonds d'avances. Les officiers payeurs des corps de troupes; le Procureur de la République; *le Trésorier-payeur de Cochinchine.*	
Préposés-Payeurs.	Le Trésorier payeur et, dans leur circonscription, les résidents et vice-résidents chefs de poste; les commandants de territoire et de cercle; les percepteurs, les gérants de caisses de fonds d'avances, les commandants d'armes, les représentants du chef des services administratifs, les officiers-payeurs de corps de troupes.	
	§ 3. — *Travaux publics*	
Directeur.	Les Résidents supérieurs; tous les chefs de service; tous les agents de son service. Les résidents et vice-résidents chefs de poste, les commandants de territoire et de cercle, les Procureurs de la République. Les agents du chemin de fer.	
Ingénieurs et conducteurs détachés.	Leur chef de service et, dans leur circonscription, les résidents et vice-résidents chefs de poste, les commandants de territoire et de cercle.	
	§ 4. — *Postes et télégraphes*	
Directeur, Inspecteurs en tournée.	Illimitée.	
	Leur chef de service. Les receveurs de bureau, les résidents et vice-résidents chefs de poste, les commandants de territoire et de cercle.	
Receveurs.	Le chef de service; leurs collègues.	
	§ 5. — *Douanes et Régies*	
Chef du service.	En Annam. Le Résident supérieur, les résidents et vice-résidents chefs de poste. Tous les agents de son service; tous les chefs de service du Protectorat. Les Procureurs de la République, le commandant de la Marine, les commandants de canonnières, le capitaine du port de Tourane. *Le directeur des douanes de Cochinchine.*	

(1) Voir les modifications survenues par arrêtés des 13 mars et 19 avril 1893.

(2) Le Gouverneur général a seul la franchise avec les autorités extérieures à l'Indo-Chine. Il n'est fait exception à cette disposition que dans quelques cas spécifiés dans le présent tableau. Ces franchises exceptionnelles, ainsi que celles accordées aux fonctionnaires et officiers du Protectorat, avec les autorités de l'Indo-Chine extérieures au Protectorat, sont portées en italiques dans ledit tableau.

DÉSIGNATION DES PERSONNES		OBSERVATIONS
AUTORISÉES à user de la franchise postale et télégraphique	AUXQUELLES les correspondances postales et télégraphiques peuvent être adressées en franchise	
	Au Tonkin : Le Résident supérieur, les résidents et vice-résidents chefs de poste; les commandants de territoire et de cercle. Tous les agents de son service. Tous les chefs de service du Protectorat, les procureurs de la République, le commandant de la Marine, les commandants de canonnières, le capitaine du port de Haïphong. *Les Consuls de France à Pac-koï, Long-tchéou, Mongtzé. Le directeur des douanes de Cochinchine.*	
Chefs de bureau des douanes.	Leur chef de service. Les résidents et vice-résidents chefs de poste; les commandants de territoire et de cercle de la circonscription de leur bureau; leurs collègues.	
§ 6. — Enregistrement		
Recoveurs,	Les Résidents supérieurs. Leurs collègues. Dans leur circonscription, les résidents et vice-résidents chefs de poste, les commandants de territoire et de cercle, le chef du service administratif ou ses représentants; le Président du tribunal et le Procureur de la République.	
§ 7. — Enseignement		
Chef du service.	Les Résidents supérieurs. Tous les chefs des services civils. Les résidents et vice-résidents chefs de poste. Les commandants de territoire et de cercle. Tous les agents de son service.	
Directeurs d'école	Leur chef de service. Dans leur circonscription, les résidents et vice-résidents chefs de poste.	
§ 8. — Justice		
Procureurs de la République et Présidents de tribunal.	Tous les agents civils et militaires du Protectorat. *En dehors du Protectorat, le Procureur général.*	
§ 9. — Police		
Commissaires de police.	Leurs collègues. Les Procureurs de la République. Le commandant de la gendarmerie et les commandants de brigade dans leur circonscription. Les résidents et vice-résidents chefs de poste; les commandants de territoire et de cercle. Tous les agents sous leurs ordres.	
§ 10. — Ports de commerce		
Capitaines de port	Leurs collègues. Le Résident supérieur, le chef du service des douanes et régles; le commandant de la station du port; tous les agents sous leurs ordres, les pilotes.	
§ 11. — Garde civile		
Inspecteurs chefs de brigade.	Le résident ou vice-résident dont relève la brigade. Tous les inspecteurs et gardes principaux sous leurs ordres.	
Inspecteurs, ou gardes principaux chefs de poste.	Le résident et vice-résident de la province. L'inspecteur chef de la brigade. Les autres chefs de poste de la brigade.	
§ 12. — Cultes		
Evêques.	Les Résidents supérieurs. Leurs collègues. Les missionnaires de leur diocèse. Les résidents et vice-résidents chefs de poste, les commandants de territoire et de cercle situés sur leurs diocèses.	

III
TERRITOIRES MILITAIRES

AUTORISÉES à user de la franchise postale et télégraphique	AUXQUELLES les correspondances postales et télégraphiques peuvent être adressées en franchise	OBSERVATIONS
Commandants de territoire.	Gouverneur général, Général en chef, généraux de brigade, Résidents supérieurs; leurs collègues. Les résidents et vice-résidents chefs de poste, Commandants de cercles situés sur leur territoire. Toutes les autorités militaires, civiles et indigènes de leur territoire. *Le consul de Pac-koï pour le commandant du 1er territoire; le consul de Long-tchéou pour le commandant du 2e territoire; le consul de Mongtzé pour le commandant du 3e territoire. Le Commandant de l'artillerie; le Directeur de l'artillerie; le sous-directeur d'artillerie chargé du service des postes et places du territoire. Les commandants de bâtiments dans les eaux du territoire. Le Directeur du service optique.*	
Commandants de cercle.	Résident supérieur, Général en chef, général de brigade, commandant du territoire sur lequel est situé le cercle; leurs collègues. Les résidents et vice-résidents chefs de postes. Les autorités militaires, civiles et indigènes de leur cercle. *Les consuls de Long-tchéou, Pac-koï et Mongtzé pour chacun des commandants des cercles de la frontière voisine de ces consulats. Le commandant de l'artillerie, le directeur de l'artillerie, le sous-directeur de l'artillerie chargé du service des postes et places du cercle. Le commandant de la marine. Les commandants de bâtiments dans les eaux du cercle. Le directeur du service optique.*	

DÉSIGNATION DES PERSONNES		OBSERVATIONS
AUTORISÉES à user de la franchise postale et télégraphique	AUXQUELLES les correspondances postales et télégraphiques peuvent être adressées en franchise	

IV

SERVICES MILITAIRES ET MARITIMES

§ 1. — Troupes de toutes armes

Général Commandant en chef.	Tous les agents civils et militaires de l'Indo-Chine.	Peut déléguer la signature et le contre-seing à son chef d'État-major ou à son officier d'ordonnance.
Commandants de brigade.	Le Général en chef. Leurs collègues. Toutes les autorités civiles et militaires du territoire de leur brigade.	Peut déléguer la signature et le contre-seing au major de brigade.
Commandants de régiments ou chefs de corps.	Général en chef, Généraux de brigade. Officiers du régiment ou du corps. Rapporteur au Conseil de guerre. Les différents chefs de services militaires. Les différents chefs de corps.	Peut déléguer la signature et le contre-seing au capitaine major.
Commandants de poste.	Général en chef, général de la brigade sur laquelle est le poste. Leur chef de corps. Leurs collègues. Le commandant de territoire et de cercle sur le territoire desquels est situé le poste. Le résident ou vice-résident sur la province desquels est le poste. Chef des services administratifs. Représentant du chef des services administratifs dans le ressort duquel est le poste. Le commandant de l'artillerie. Le directeur de l'artillerie. Le sous-directeur d'artillerie au service duquel le poste est rattaché. Le directeur du service optique. Le commandant de la marine. Les commandants des bâtiments dans les eaux du poste.	

§ 2. — Artillerie

Commandant d'artillerie.	Toutes les autorités civiles et militaires de l'Indo-Chine.	
Directeur d'artillerie.	Général en chef, Généraux de brigade. Commandant de l'artillerie. Résidents supérieurs. Commandants de territoire. Résidents et vice-résidents chefs de postes. Commandants de cercle. Chef du service administratif. Directeur de l'Arsenal. Commandant de la Marine. Tous ses subordonnés.	
Sous-directeur d'artillerie.	Général en chef. Généraux de brigade, Commandant de l'artillerie. Directeur de l'artillerie. Commandants de territoires, de cercles, de places, de postes, de son ressort. Résidents et vice-résidents chefs de poste, dans son ressort. Tous ses subordonnés.	

§ 3. — Gendarmerie

Commandant la gendarmerie.	Toutes les autorités civiles et militaires de l'Indo-Chine.	
Commandant de brigade.	Le commandant de la gendarmerie. Les résidents et vice-résidents, chefs de poste du territoire de la brigade. Les autorités militaires du même territoire. Les commissaires rapporteurs dans la circonscription desquels se trouve la brigade.	

§ 4. — Service vétérinaire

Chef du service.	Général en chef. Généraux de brigade; directeur et sous-directeur d'artillerie; chef des services administratifs; tous les vétérinaires en Indo-Chine.	
Vétérinaires.	Chef du service vétérinaire; commandant du corps dans lequel ils sont détachés; commandant de la brigade dont ils relèvent.	

§ 5. — Conseil de guerre et de revision

Commissaires-rapporteurs et commissaires du gouvernement.	Général en chef; généraux de brigade; commandants de territoire et de cercle; résidents et vice-résidents chefs de poste; procureur de la République; chefs de corps; commandants de poste; commandant de la marine.	

§ 6. — Service optique

Directeur.	Général en chef. Généraux de brigade. Commandants de territoire et de cercle. Commandant de la marine. Commandants du corps et de poste, tous ses subordonnés.	
Militaires détachés au service optique.	Directeur du service optique.	

§ 7. — Marine

Commandant de la marine.	Tous les agents civils et militaires de l'Indo-Chine.	Peut déléguer la signature et le contre-seing à l'adjudant de division.
Ingénieur directeur de l'arsenal.	Commandant de la marine. Commandants de canonnières. Chef des services administratifs. Directeur de l'artillerie.	
Commandants de canonnières.	Commandant de la marine, directeur de l'arsenal et leurs collègues. Les autorités civiles et militaires de la région où se trouve la canonnière.	

§ 8. — Services administratifs

Chef des services administratifs.	Toutes les autorités civiles et militaires du Protectorat.	Peut déléguer la signature et le contre-seing au chef du Secrétariat.

DÉSIGNATION DES PERSONNES		OBSERVATIONS
AUTORISÉES à user de la franchise postale et télégraphique	AUXQUELLES les correspondances postales et télégraphiques peuvent être adressées en franchise	
Chef des détails administratifs à Hanoi.	Toutes autorités civiles et militaires du Protectorat, en ce qui concerne leur détail.	
Chargés des services administratifs dans un arrondissement et délégué à Tourane.	Leur chef de service et leurs collègues. Les autorités civiles et militaires du ressort de leur arrondissement.	
	§ 9. — *Service de santé*	
Chef du service.	Tous les agents civils et militaires du Protectorat. *Directeur de l'Institut vaccinogène à Saigon.*	
Médecins chefs d'hôpitaux, d'infirmerie-ambulance ou détachés dans les postes.	Chef du service de santé, leurs collègues. Les autorités civiles et militaires de leur circonscription. Médecins vaccinateurs.	
Médecins vaccinateurs.	Chef du service de santé. Médecins-chefs d'hôpitaux, d'infirmerie-ambulance ou détachés dans les postes. Les autorités civiles et militaires de la région où ils opèrent. *Le Directeur de l'Institut vaccinogène à Saigon.*	
	V FONCTIONNAIRES ET MILITAIRES EN SERVICES DÉTACHÉS ET EN MISSION	
Fonctionnaires en mission et en tournée. Commandants de colonne et de détachement.	Leur chef de service ou de corps. Les autorités civiles et militaires dans le ressort desquels ils se trouvent.	

7. — 13 mars 1893. — ARRÊTÉ *modifiant le tableau C des franchises postales et télégraphiques.*

Article premier. — Le tableau C annexé aux arrêtés des 4 octobre et 5 décembre 1892 sus-visés, est modifié comme suit au § 1er de la section II et au § 1er de la section IV.

DÉSIGNATION DES PERSONNES		OBSERVATIONS
AUTORISÉES à user de la franchise postale et télégraphique	AUXQUELLES les correspondances postales et télégraphiques peuvent être adressées en franchise	
	II **§ 1. — *Résidence supérieure. Résidences.***	
Résidents et vice-résidents, chefs de poste.	Les commandants de territoire militaire et les commandants de cercle. Les commandants de régiment ou chefs de corps, pour ce qui concerne leurs régiments ou leurs corps. Le chef des Services administratifs.	

DÉSIGNATION DES PERSONNES		OBSERVATIONS
AUTORISÉES à user de la franchise postale et télégraphique	AUXQUELLES les correspondances postales et télégraphiques peuvent être adressées en franchise	
	IV SERVICES MILITAIRES ET MARITIMES **§ 1. — *Troupes de toutes armes.***	
Commandants de régiment ou chefs de corps.	Les différents chefs de corps. Les résidents et vice-résidents chefs de poste, pour ce qui concerne leur régiment ou leur corps.	

Art. 2. — Les Résidents supérieurs de l'Annam et du Tonkin sont chargés, chacun en ce qui le concerne, de l'exécution du présent arrêté. — CHAVASSIEUX.

8. — 4 mai 1894. — ARRÊTÉ *accordant la franchise postale et télégraphique au Procureur général de Hanoi.*

Le Procureur général Chef du Service judiciaire en Annam et au Tonkin, a la franchise postale et télégraphique avec tous les agents civils et militaires des Protectorats de l'Annam, du Tonkin et du Cambodge, avec le Procureur général et le Lieutenant-gouverneur de la Cochinchine. — CHAVASSIEUX.

9. — 10 avril 1893. — ARRÊTÉ *modifiant celui du 14 octobre 1892, sur les franchises postales et télégraphiques.*

Article premier. — L'annexe C jointe à l'arrêté du 4 octobre 1892, est modifiée conformément au tableau ci-annexé.

DÉSIGNATION DES PERSONNES		OBSERVATIONS
AUTORISÉES à user de la franchise postale et télégraphique	AUXQUELLES les correspondances postales et télégraphiques peuvent être adressées en franchise	
	VI SERVICES MILITAIRES ET MARITIMES **§ 3. — *Services administratifs***	
Chargés des services administratifs dans un arrondissement et délégué à Tourane.	Leur chef de service, leurs collègues et les magasiniers et gestionnaires de leur arrondissement.	
Les magasiniers et gestionnaires.	Le chargé des services administratifs de leur arrondissement.	

Art. 2. — Les Résidents supérieurs en Annam et au Tonkin sont chargés, chacun en ce qui le concerne, de l'exécution du présent arrêté. — CHAVASSIEUX.

FRAUDES DANS LES VENTES. — Voy.: Hygiène et salubrité publiques.

G

GAGE, NANTISSEMENT

1. — 14 septembre 1888. — CIRCULAIRE *au sujet d'un projet de prêts sur nantissement de récoltes par la Banque de l'Indo-Chine.*

J'ai l'honneur de vous adresser sous ce pli un projet d'arrêté pour la réglementation des conditions dans lesquelles les prêts sur récoltes pourraient être faits par la Banque de l'Indo-Chine aux communes du Tonkin.

Je vous prie de vouloir bien examiner attentivement ce projet et me faire connaître, *avant la fin du mois courant,* les observations que vous suggérerait son application dans votre province. — E. PARREAU.

PRÊTS SUR RÉCOLTES

(Projet d'arrêté).

Article premier. — Les communes sont autorisées à contracter, au nom et pour le compte de ceux de leurs inscrits qui en feront la demande, des emprunts à la Banque de l'Indo-Chine, dans les formes et conditions suivantes.

Art. 2. — Toute commune dont un ou plusieurs inscrits voudront jouir du bénéfice des prêts sur récolte, devront adresser, par l'intermédiaire du Résident de la province, une demande au directeur de la Banque de l'Indo-Chine.

Cette demande énoncera :

1° Les noms, prénoms et domicile de tous les propriétaires qui voudront contracter un emprunt à la Banque ;

2° La situation exacte des terres de chacun d'eux, leur contenance, la nature de culture et les origines de la propriété ;

3° L'évaluation de la récolte pour chaque terre ou, si la demande a lieu avant que la récolte ne soit pendante, la moyenne des dernières années ;

4° La somme demandée par chacun des propriétaires et le total de toutes les sommes partielles exprimées en piastres ;

5° L'engagement de rembourser le prêt total qui est fait par la Banque, le premier avril de chaque année, et ce, quelle que soit la date à laquelle les sommes auront été mises à la disposition des villages.

Il est bien entendu que l'emprunteur a toujours huit mois pour rembourser le prêt. Si l'échéance du 1er avril se produit plusieurs mois après, l'emprunteur bénéficie de ce laps de temps.

Art. 3. — Cette demande, établie en triple expédition, sera scellée du cachet du village et signée par le maire et deux notables. Elle sera portée par ceux-ci, accompagnés de tous les emprunteurs partiels, à la Résidence ou, après avoir été vérifiée quant à ses énonciations et déclarations, elle sera enregistrée moyennant un droit fixe d'un franc, qui sera dû par chacun des emprunteurs. Ces formalités remplies, une expédition sera adressée à la Banque par l'entremise du Résident supérieur, la seconde rendue au village ; la troisième expédition restera à la Résidence.

Les contrats deviennent définitifs après l'approbation du Résident supérieur.

Art. 4. — L'administration du Protectorat se rend, par le fait seul de l'enregistrement de la demande ci-dessus, enregistrement qui sera mentionné sur les trois expéditions et portera la signature et le cachet de l'administration, pécuniairement responsable vis-à-vis de la Banque de l'emprunt total contracté par la commune.

Art. 5. — A la réception de la demande, le directeur de la Banque de l'Indo-Chine enverra à la Résidence supérieure un bon à payer, délivré en duplicata, de la somme représentant le montant du prêt, sur la caisse de la localité où la demande aura été adressée.

Le bon à payer sera compris par le préposé du trésor ou le gérant de la caisse d'avances dans son prochain versement au trésor, qui sera immédiatement remboursé ou crédité du montant par la Banque.

Art. 6. — Le montant des emprunts à faire par les communes pour le compte de leurs inscrits, ne pourra dépasser le tiers de la valeur des récoltes pour chacune des terres engagées.

Art. 7. — Le taux de l'intérêt à payer à la Banque sera de 11 %, les intérêts courant à partir du jour de la remise des fonds aux communes jusqu'à la date du remboursement.

Art. 8. — Un mois avant les échéances des prêts, la Banque enverra aux Résidents un état des sommes à recouvrer dans leur résidence, et des avertissements destinés à rappeler ces échéances seront immédiatement adressés aux communes par les Résidents.

Les notables feront les recouvrements sur les emprunteurs partiels et en porteront le montant total à la caisse de la Résidence qui leur donnera un reçu détaché de son registre à souches, et portera cette somme en recette au titre : *Recettes pour le compte de la Banque.*

Art. 9. — Un délai de rigueur de trente jours sera accordé, à partir de l'échéance, aux communes, pour l'apurement complet des rentrées.

Le lendemain de l'expiration de ce délai, les Résidents devront envoyer au Résident supérieur et à la Banque le chiffre des sommes non recouvrées, et la Banque en sera couverte par le trésor, sur un ordre du Résident supérieur.

DES CONTESTATIONS ET DES POURSUITES

Art. 10. — Toutes les contestations entre la Banque et les communes seront jugées administrativement par le Résident général en conseil, sur le rapport des Résidents.

Art. 11. — Toutes les contestations entre les communes et les emprunteurs partiels seront jugées administrativement par le Résident, dans les limites fixées par l'arrêté du 31 décembre 1875.

Dans le cas où les emprunteurs ne seraient pas en mesure de payer à l'échéance, aux communes, le montant des avances à eux faites en capital et intérêt, et après un délai de rigueur de quinze jours, les notables seront autorisés, sur un simple ordre du Résident, à faire vendre les récoltes des débiteurs et, si les récoltes ne suffisent pas, le fonds lui-même, pour le prix en être affecté, en atténuation ou jusqu'à due concurrence, au payement des sommes dues.

Art. 12. — La garantie donnée par l'administration du Protectorat aura son effet pendant toute la durée de leur application. Par réciprocité et en échange des garanties et des facilités données à la Banque, celle-ci versera au trésor, tous les ans, la portion d'intérêt excédant 10 %; cet établissement ne pourra, d'ailleurs, stipuler aucune commission ou frais quelconques, qui diminueraient la part d'intérêt allouée au trésor ou aggraveraient les charges des emprunteurs (1).

GARDE CIVILE INDIGÈNE

1. — 11 février 1886. — DÉCISION *faisant connaître la création des gardes civiles provinciales.*

Modifiée par l'arrêté du 19 juillet 1888, créant la garde civile indigène.

2. — 10 juillet 1888. — LETTRE *au sujet du rôle de la garde civile indigène.*

Les milices provinciales annamites ont été instituées par un arrêté local en date du 6 août 1886.

Cette organisation, réalisée au moment où le régime civil venait à peine de succéder au régime militaire, ne pouvait être qu'une organisation de transition. L'heure paraît aujourd'hui venue de donner à cette institution une assise définitive et de constituer fortement la milice en vue du rôle important qu'elle est appelée à jouer.

Ce rôle doit être tout à fait distinct de celui de l'armée. A l'armée incombe, le cas échéant, la haute mission de repousser des agressions de l'extérieur et de réprimer les rébellions de l'intérieur. A côté et en dehors de l'armée, la milice, qui prendra désormais le nom de *Garde civile indigène du Tonkin*, doit être plus spécialement chargée d'assurer la tranquillité ordinaire et quotidienne du pays, par un système de police à la fois préventif et répressif. Cette police sera préventive en ce sens qu'elle s'efforcera de fournir à l'autorité politique tous les renseignements qui sont de nature à l'éclairer sur l'état des esprits dans le pays; répressive parce qu'elle devra rechercher et poursuivre les malfaiteurs. Si la répression de la rébellion est du ressort de l'armée, la répression du brigandage doit appartenir à la *Garde civile indigène.*

Ainsi comprises, les attributions de la garde civile sont assez importantes pour l'absorber toute entière: il paraît nécessaire, en conséquence, de la détourner le moins possible de sa mission. C'est ainsi, par exemple, que le service des postes de l'administration des douanes, qui avait été confié jusqu'ici à des miliciens, devra être désormais assuré par des agents spéciaux de cette administration. Rien n'empêchera d'ailleurs de recruter ces agents selon la loi annamite.

La garde civile indigène sera donc exclusivement une force de police, essentiellement civile, à la disposition absolue des résidents.

Et comme elle vaudra ce que vaudront les éléments qui la composeront, il a paru habile et équitable, pour attirer des éléments de choix, de faire des avantages sérieux au personnel européen et au personnel indigène de la garde civile: au personnel européen, en lui accordant des garanties pour la sécurité du grade; au personnel indigène, en attribuant des hautes payes journalières aux hommes rengagés et des pensions de retraite après vingt-cinq années de service.

Quant au mode d'emploi du nouveau corps, il sera différent de celui de l'ancienne milice. Le groupement en compagnies et sections est supprimé. La garde indigène sera répartie en postes, d'importance variable suivant les cas, placés dans les résidences, les phu et les huyens importants, et toujours sous l'autorité d'un Européen.

Les chefs de poste devront être en relations pour ainsi dire permanentes, avec les résidents des provinces et les délégués des résidents dans les phu, car ce projet est intimement lié à la réforme dont je vous ai déjà saisi, et qui consiste à mettre, auprès de chaque phu, un représentant du Résident de la province. Les postes pourraient être installés dans des blockhaus, dont la construction serait assurée par les soins des villages intéressés, et dans des conditions qui feront incessamment l'objet de propositions spéciales de ma part.

C'est dans cet ordre d'idées qu'a été établi l'arrêté suivant, que j'ai l'honneur de vous soumettre, et qui annule et remplace l'arrêté de principe du 6 août 1886 et les arrêtés de détail qui ont été pris ultérieurement. — E. PARREAU.

3. — 19 juillet 1888. — ARRÊTÉ *supprimant la milice et organisant la garde civile indigène* (1).

CHAPITRE PREMIER

DISPOSITIONS GÉNÉRALES

Article premier. — Les milices provinciales, instituées par l'arrêté du 6 août 1886, sont supprimées et remplacées par un corps de police civile qui prend le nom de *Garde civile indigène du Tonkin*. Le personnel de la police européenne actuelle sera versé dans la garde civile du Tonkin.

Art. 2. — La garde civile du Tonkin sera recrutée selon la loi annamite, par les soins des chefs de cantons, proportionnellement au nombre des inscrits de chaque village, et parmi les hommes inscrits ou fils d'inscrits. Les chefs de cantons ne devront présenter que d'anciens miliciens ou d'anciens tirailleurs Tonkinois.

La durée du service est de *trois* années (2).

Art. 3. — Les villages sont responsables des hommes qu'ils auront fournis.

Art. 4. — Les hommes de la garde indigène sont distribués par postes répartis de la manière suivante:

Postes de 25 hommes dans les huyens importants ou troublés;

Postes de 50 environ dans les phus;

Postes de 125 environ dans les Résidences.

Chaque poste de Résidence fournit un détachement auprès des tong-doc, des tuan-phu, et, dans la province de Hanoi, auprès du Kinh-luoc.

Art. 5. — La hiérarchie dans la garde civile indigène est la suivante:

1° Inspecteur européen.....	{	1re classe; 2e classe;
2° Garde principal européen.	{	1re classe; 2e classe; 3e classe;
3° Pho-quan.		
4° Doï...............	{	1re classe; 2e classe;
Caï...............	{	1re classe; 2e classe.
5° { Bep (garde de 1re classe); Linh (garde de 2e classe);		

---

(1) Ce projet n'a pas eu de suite; nous avons cru toutefois devoir lui consacrer une place ici, comme pouvant être consulté très utilement à l'occasion.

(1) Voir arrêté du 4 janvier 1895.
(2) Voir circulaire du 28 décembre 1891.

Art. 6. — Chaque poste de 25 hommes comprend :
1 Garde principal de 2° classe ;
1 Doï ;
2 Caïs.

Chaque poste de 50 hommes comprend :
2 Gardes principaux ;
2 Doïs ;
4 Caïs.

Chaque poste de 125 hommes comprend :
5 Gardes principaux ;
1 Pho-quan ;
6 Doïs ;
12 Caïs.

Les gardes principaux ont toujours autorité sur les gradés annamites.

Le garde principal le plus élevé en grade ou, à égalité de grade, le plus ancien, est chef du poste. Sauf dans le cas de nécessité absolue, les emplois de chefs de poste ne seront confiés qu'à des gardes principaux de 1re et de 2° classes.

Chaque chef de poste adresse toutes les semaines, et plus souvent, s'il y a lieu, un rapport en double expédition au Résident de la province et au délégué du Résident dans le phu dont dépend le poste.

Art. 7. — Au chef-lieu de chaque Résidence est placé un inspecteur qui visite, au moins une fois par mois, les postes de la province ; il est spécialement chargé de veiller à la discipline, à l'instruction, à la conservation des armes et munitions, à la bonne tenue des hommes et des postes, et à l'exécution du service.

Art. 8. — L'inspecteur est placé sous les ordres directs du Résident.

Art. 9. — La garde civile indigène est spécialement affectée aux services suivants :
1° Garde des Résidences ;
2° Garde des gouverneurs de provinces ;
3° Garde de phu ;
4° Garde de huyens ;
5° Garde de prisons ;
6° Garde des édifices publics et des barques de l'administration ;
7° Service des courriers officiels ;
8° Service des renseignements ;
9° Poursuite et arrestation des malfaiteurs ;
10° Escortes des transports par terre, par fleuve et par mer, pour le compte du Protectorat ;
11° Escortes et autres missions admises par les usages de l'administration annamite.

Art. 10. — Lorsque les effectifs levés excéderont les besoins du service, les gardes non utilisés seront envoyés en permission, sans solde, dans leurs villages.

Art. 11. — Ces congés réguliers, inscrits sur les contrôles et les registres du poste, seront délivrés par le résident ou vice-résident.

Art. 12. — Les armes des absents resteront au magasin du poste, sous la responsabilité du garde principal chef de poste.

Art. 13. — En cas de guerre ou de rébellion, la garde indigène peut être mobilisée en tout ou en partie. Elle passe alors sous les ordres de l'autorité militaire.

Un arrêté spécial du Gouverneur général fixera les cas et les conditions de cette mobilisation.

CHAPITRE II
RECRUTEMENT, AVANCEMENT, RÉCOMPENSES

Art. 4. — Les inspecteurs de 1re classe sont choisis, soit parmi les anciens officiers de l'armée, soit parmi les inspecteurs de 2° classe. Sont réservées à ces derniers les *trois quarts* des vacances.

Les inspecteurs de 2° classe sont pris parmi les anciens officiers de l'armée, et au choix parmi les gardes principaux de 1re classe. Ces derniers ont droit au tiers des vacances au moins.

Art. 15. — Les gardes principaux sont plus particulièrement recrutés parmi les militaires libérés du service actif ou en position de congés renouvelables, les gendarmes, les agents de police, les gardiens de la paix, etc.

Toute demande doit être adressée au Résident général et accompagnée de pièces établissant les services antérieurs.

Les candidats devront être en mesure de pouvoir rédiger un rapport de police.

L'avancement à la 1re et à la 2° classes de garde principal a lieu, moitié au choix, et moitié à l'ancienneté.

Un tour du choix sur trois peut être attribué aux candidats qui ne font pas partie de la garde civile, pour les 1re et 2° classes.

Art. 16. — *Modifié par arrêté du 17 mars 1890* (1).

Art. 17. — Les Européens et les indigènes de la garde civile du Tonkin peuvent recevoir la décoration de la Légion d'honneur. Cette distinction donne lieu au traitement alloué aux titulaires, mais payé sur le budget du Protectorat.

CHAPITRE III
SOLDE ET ACCESSOIRES DE SOLDE. — RETRAITE.

Art. 18. — Les inspecteurs, gardes principaux, gradés et gardes indigènes, reçoivent la solde mentionnée au tarif annexé au présent règlement.

Art. 19. — La solde et les accessoires de solde sont payés par le chancelier de la Résidence, sur la présentation des mandats arrêtés conformément aux règles qui seront déterminées par le Résident général.

Art. 20. — L'habillement des gradés et gardes indigènes est fourni par l'administration du Protectorat.

Art. 21. — Le personnel de la garde civile indigène n'a droit à aucune délivrance de vivres.

Art. 22. — Cependant, lorsque, en exécution de l'article 13, des détachements de la garde indigène seront mobilisés, les Européens qui feront partie de ces détachements toucheront des rations journalières de vivres.

Art. 23. — Lorsque l'expédition durera plus de deux jours, les indigènes recevront aussi la ration journalière de vivres.

Art. 24. — La composition de la ration journalière sera déterminée par le Résident général, et le montant en sera imputé au budget du Protectorat.

Art. 25. — A dater de la mise à exécution du présent arrêté, les indigènes de tous grades de la garde qui compteront 25 années de services, tant dans le corps que dans les anciennes milices et les tirailleurs tonkinois, seront admis à la retraite, et auront droit à une pension payée par le Protectorat et dont le taux sera réglé, suivant le grade, par un arrêté ultérieur. Auront également droit à une pension de retraite les indigènes de la garde qui, en service commandé, auront contracté des blessures ou des infirmités incurables.

(1) Voir ci-après le texte de cet arrêté.

CHAPITRE IV

CONGÉS

Art. 26. — Au point de vue des congés, le personnel européen de la garde civile indigène est traité d'après les mêmes règles générales que le personnel civil du Protectorat.

CHAPITRE V

UNIFORME

Art. 27, 28 et 29. — *Modifiés par arrêté du 13 juin 1890* (1).

Art. 30. — L'habillement des indigènes de la garde civile, gradés et simples gardes, est celui qui est actuellement règlementaire pour les milices. De même pour l'armement.

Art. 31. — Le personnel de la garde civile est logé aux frais de la province, dans les emplacements déterminés par le Résident, d'accord avec les autorités provinciales.

CHAPITRE VI

DISPOSITIONS PARTICULIÈRES ET TRANSITOIRES

Art. 32. — Toutes les dépenses relatives à l'organisation et à l'entretien de la garde indigène sont supportées par le budget du Protectorat.

Art. 33. — Les annamites de tous grades de la garde civile indigène sont considérés comme protégés français et soumis, comme tels, à la juridiction des tribunaux consulaires qui, suivant les circonstances, peuvent retenir leurs causes ou les renvoyer devant les tribunaux annamites.

Art. 34. — Les officiers et sous-officiers, actuellement en service dans les milices provinciales annamites, et les agents européens de la police seront utilisés, pour la première formation de la garde indigène du Tonkin, où ils passeront dans les conditions ci-après :

Les commandants de compagnie comme inspecteurs ;

Les adjudants comme gardes principaux de 1re classe ;

Les sergents comme gardes principaux de 2e classe ;

Les gardes de police seront classés suivant leur solde actuelle.

Art. 35. — Les divers règlements de détail et instructions concernant la garde indigène (administration et comptabilité, justice, police et discipline, pensions de retraite des indigènes, etc.), seront préparés par le Résident général.

Art. 36. — La fixation des pensions de retraite du personnel européen des gardes civiles indigènes sera comprise dans le travail d'ensemble qui réglera les pensions de retraite du personnel civil du Protectorat.

Art. 37. — *Modifié par arrêté du 13 février 1890* (2).

Art. 38. — Le Résident général en Annam et au Tonkin est chargé de l'exécution du présent arrêté. — RICHAUD.

ANNEXE *au règlement relatif à l'organisation de la garde civile indigène.*

SOLDE ET ACCESSOIRES DE SOLDE

Personnel européen

Voir ci-après arrêté du 23 mai 1890, modifiant la

(1) Voy. *Journal officiel* du 19 juin 1890, n° 49.
(2) Voir ci-après arrêtés des 26 octobre 1889 et 11 janvier 1890, déterminant l'effectif des compagnies de l'Annam et leur mode de commandement.

composition et la solde des gradés européens de la garde civile indigène.

Personnel indigène

. . . .

4. — 18 août 1888. — CIRCULAIRE *au sujet des retenues de solde infligées aux gardes civils* (1).

5. — 20 août 1888. — CIRCULAIRE *au sujet de la solde d'absence des miliciens.*

Mon attention a été appelée sur les inconvénients présentés par l'application, sans exception aucune, des dispositions des articles 2 et 3 de l'arrêté du 12 août 1887, règlementant la solde des miliciens devenus gardes civils indigènes. Ces articles spécifient que tout européen ou indigène appartenant aux milices et en traitement aux hôpitaux ou infirmeries-ambulances, doit être considéré comme en position d'absence et que cette position entraîne, pour le personnel européen, la perte de la moitié de la solde, et pour le personnel indigène, la perte de tout droit à la solde.

Cette disposition, lorsqu'elle s'applique à des gardes civils blessés dans un service commandé, ainsi que le cas s'est fréquemment produit dans ces derniers temps, paraît évidemment contraire à l'équité, puisqu'elle frappe des hommes s'étant exposés au danger pour le service du Protectorat et méritant, au contraire, des encouragements. De plus, les gardes civils dont il s'agit se trouvent, à leur sortie de l'hôpital, surtout lorsque le traitement a été long, dénués de toute espèce de ressources.

J'ai décidé, en conséquence, que tout garde civil européen ou indigène entrant aux hôpitaux ou aux infirmeries-ambulances pour blessure reçue dans un service commandé, conservera intégralement ses droits à la solde. Cette mesure aura un effet rétroactif à partir du 1er janvier 1888, et des rappels de solde devront être faits, en conséquence, aux intéressés. — E. PARREAU.

6. — 22 août 1888. — CIRCULAIRE *au sujet du payement en sapèques des gardes civils.*

Mon attention a été appelée sur l'intérêt qu'il y aurait à payer les gardes civils en sapèques prélevées sur le trésor annamite.

Il serait important que cette mesure, déjà en vigueur dans les grands centres seulement, là où se trouvent des dépôts du trésor annamite, pût être appliquée aussi aux autres postes.

Cependant, j'estime que ce mode de payement entraînerait des difficultés pour les postes éloignés, et dont la situation ne permettrait de transporter la solde de cette nature qu'en employant un personnel trop considérable ; mais pour ceux situés à proximité des grands centres, ce mode de payement pourrait, me semble-t-il, s'effectuer facilement en faisant venir les garnisons des postes au chef-lieu, par moitié, pour percevoir leur solde ; ce même mode pourrait encore être suivi pour les postes situés sur un arroyo où la navigation en jonque ou en sampan rend les transports faciles.

J'ai donc l'honneur de vous prier de vouloir bien appliquer, sans retard et le plus largement possible,

(1) Les retenues de solde, par mesures disciplinaires, ont été supprimées par arrêté du 20 mai 1890.

cette mesure dont l'importance ne saurait vous échapper. — E. PARREAU.

---

7. — 25 août 1888. — CIRCULAIRE *au sujet de la construction de blockhaus pour les postes de gardes civiles.*

J'ai l'honneur de vous adresser ci-joint une étude sur l'organisation défensive d'un poste de 25 ou 50 gardes civils.

Ce travail, établi sur ma demande par le service du génie, doit fournir les indications nécessaires et servir de type dans la construction et l'installation des nouveaux postes dans les plus ou moyens.

Il est, en effet, de la plus haute importance que ces postes à faible effectif aient un réduit solide, à l'abri de toute surprise, où la garnison puisse résister même contre un ennemi très supérieur en nombre, mais mal organisé. C'est d'après cette idée que chaque poste devra renfermer un blockhaus en maçonnerie ou en bois dont la force défensive est telle qu'une garnison qui y serait bloquée pourrait y attendre les secours du dehors.

Le projet ci-joint comporte l'installation complète et de toutes pièces d'un poste avec logement pour sa garnison ; travaux de défense extérieure, porte d'entrée, flanquements. Il est bien entendu que ce ne sera que dans des cas particuliers, lorsque tous les autres moyens feront défaut, que l'on aura à édifier un poste semblable. Dans la plupart des cas, on pourra utiliser des bâtiments déjà construits, en se bornant à les approprier à leur nouvelle destination ; mais partout on devra s'inspirer des idées qui ont présidé à l'établissement du présent projet, pour garantir les abords du poste et surtout pour y créer des réduits.

C'est donc à titre de document à consulter et pour l'appliquer selon les circonstances, que je vous adresse ce travail. Vous remarquerez que le prix de revient des blockhaus est assez élevé ; il vous appartiendra de profiter des ressources locales que vous fourniront volontiers les autorités provinciales, pour en diminuer le prix le plus possible. — E. PARREAU.

NOTE *sur la construction d'une redoute défensive pour 25 hommes, avec blockhaus en maçonnerie ou en bois.*

Pour un effectif supposé de 25 hommes, le tracé de la redoute est un rectangle dont les côtés ont respectivement 15 et 20 mètres de longueur.

Le blockhaus R et le mirador M (voir le croquis joint) situés aux extrémités d'une même diagonale ont leurs murs en saillie sur les faces de la redoute et en assurent le flanquement.

L'obstacle est constitué par une palissade défensive de 2m 50 de hauteur, formée par des bambous entre-croisés, en avant desquels sont enfoncés des rondins jointifs de 0m10 à 0m50 d'épaisseur, qui émergent de 1m10 au-dessus du sol et protègent, contre les feux de mousqueterie, les défenseurs placés derrière la palissade.

Un fossé triangulaire, de trois mètres de longueur à la base, règne tout le long de l'enceinte ; des petits piquets sont plantés dans le fond pour augmenter la valeur de l'obstacle. Les terres de l'excavation sont employées pour installer une banquette d'infanterie derrière la palissade et l'excédant est réglé en forme de glacis sur le bord du fossé.

L'entrée de la redoute est formée par une porte solidement organisée ; sur le fossé, en avant de cette ouverture, est jeté un petit pont en bois de 2 mètres de largeur.

Logement des troupes. — Le blockhaus R contient : à l'étage, le logement d'un surveillant européen ; au rez-de-chaussée, un magasin et le logement d'un garde-magasin. Une petite guérite en surplomb, construite à l'étage sur les fers du plancher prolongés, assure le flanquement du blockhaus au moyen de créneaux verticaux et de créneaux de pied.

À l'intérieur de la redoute, une paillotte de 5 mètres de largeur sur 13 mètres de longueur peut servir de logement à 21 hommes.

L'installation est complétée par la construction d'une cuisine et de latrines à tinettes mobiles.

Évaluation des dépenses. — Dans l'évaluation des dépenses, on a supposé que la palissade, les paillottes et le mirador étaient construits avec les ressources du pays (*matériaux et main-d'œuvre*).

Le prix de revient du blockhaus à étage en maçonnerie, peut être évalué à 2,600 francs environ.

Si on le faisait à simple rez-de-chaussée, la dépense serait réduite à 1.300 francs environ.

Le blockhaus en bois dont le croquis est ci-joint, peut être construit isolément, ou mieux, pour le réduit d'une petite redoute dans les postes où il ne sera pas possible de faire ce réduit en maçonnerie et fer.

La porte du blockhaus en bois est à l'étage ; on y accède au moyen d'une échelle, et on descend au rez-de-chaussée à travers une trappe ménagée dans le plancher.

Son prix de revient variera avec la facilité de se procurer sur place les bois nécessaires, mais il ne devra pas dépasser 12 à 1.300 francs environ.

Lorsque l'effectif du poste sera de 50 hommes, les dimensions de la redoute devront être augmentées pour permettre l'installation d'une deuxième paillotte destinée à servir de logement aux hommes, et les deux surveillants européens occuperont les deux pièces du blockhaus.

D'ailleurs, toutes les dimensions données ci-dessus ne sont que de simples indications ; elles peuvent être modifiées suivant l'importance du poste, l'effectif de sa garnison, la facilité de trouver sur place les matériaux de construction, et les ressources financières dont on pourra disposer.

8. — CIRCULAIRE *au sujet des mesures de surveillance dans les postes de la garde civile indigène* (1).

Depuis quelque temps, l'audace des bandes rebelles a pris des proportions qui exigent de notre part un redoublement de zèle et de surveillance. Les pirates ne craignent pas d'attaquer la nuit, quelquefois même en plein jour, des postes de la garde civile ou de l'armée régulière. Il est donc nécessaire de prendre, dans les postes de garde civile, toutes les précautions possibles pour éviter les surprises, notamment celles que pourrait permettre le manque de vigilance des sentinelles. Malheureusement, les gardes indigènes, ainsi qu'il n'est que trop facile de le constater, s'endorment souvent étant en faction, malgré les rondes et les patrouilles, malgré tous les moyens de répression. Il importe de faire disparaître un mal dont les conséquences peuvent être si graves, et forcer, pour ainsi dire, matériellement les factionnaires à rester en éveil.

(1) La date de cette circulaire a été omise ; elle figure au *Moniteur du Protectorat*, année 1888, sous le n° 616 ; elle paraît être du mois d'octobre 1888.

Je décide, en conséquence, que dans tous les postes de la garde civile les factionnaires seront munis de baguettes ou lames de bambou qu'ils frapperont de temps en temps l'une contre l'autre, suivant les usages du pays.

Vous voudrez bien me rendre compte, aussitôt que possible, de l'application de cette mesure dans les postes de garde civile de votre province. — E. PARREAU.

9. — 26 octobre 1888. — CIRCULAIRE *au sujet des mesures de sûreté pour éviter les méprises entre la garde civile et les troupes.*

M. le Général en chef a appelé mon attention, par lettre n° 21,134, du 22 octobre courant, sur la nécessité de prendre des mesures de précaution pour éviter les méprises, surtout pendant la nuit, entre les forces de la garde civile et les troupes de l'armée régulière opérant séparément.

Je décide en conséquence que toutes les fois qu'une force de garde civile devra agir dans une direction déterminée, avis devra en être donné aux chefs des postes militaires voisins. Par réciprocité, M. le Général en chef a donné des ordres pour que les chefs de postes de gardes civiles soient informés des mouvements que pourraient avoir à exécuter les troupes de l'armée régulière dans les environs de leurs postes.

J'ai l'honneur de vous prier de vouloir bien donner des instructions de détail sévères aux inspecteurs et gardes principaux sous vos ordres, pour la mise à exécution de cette mesure, dont la non-application pourrait amener les malheurs les plus regrettables.— E. PARREAU.

10. — CIRCULAIRE *au sujet des effets d'habillement de la garde civile indigène* (1).

J'ai l'honneur de vous prier de vouloir bien m'adresser le plus tôt possible un bon, en double expédition, des effets d'habillement nécessaires à la garde civile indigène de votre province pour l'année 1889.

Ce bon devra comprendre l'effectif complet de votre compagnie, et être majoré de 10 pour cent pour les besoins imprévus de l'année. Vous y comprendrez aussi les pho-quan, qui seront habillés désormais par les soins de leur compagnie.

Les collections neuves que vous aurez en magasin, à la date du 1er janvier, seront défalquées de votre bon.

Je vous prie de ne pas oublier d'indiquer les tailles pour chaque catégorie.

Vous voudrez bien indiquer dans la colonne « Observations » de l'état fourni, la date à laquelle l'habillement de vos gardes civils a été renouvelé cette année, c'est-à-dire en 1888. Ce renseignement est utile pour échelonner les livraisons à faire par le fournisseur. — E. PARREAU.

11. — 10 novembre 1888. — CIRCULAIRE *au sujet des défenses des postes de garde civile.*

Par mon télégramme-circulaire n° 18, en date du 23 octobre 1888, j'avais l'honneur de vous inviter à entourer vos postes de garde civile de quelques ouvrages défensifs, et notamment d'une ceinture de petits piquets en bambous.

(1) Cette circulaire est publiée sans date dans le *Moniteur du Protectorat*, année 1888, sous le n° 574; elle paraît être du mois d'octobre 1888.

De divers côtés, je suis saisi de demandes de crédit ayant pour but l'établissement de ces défenses. Mon intention est, au lieu d'ouvrir de nouveaux crédits, d'y employer le produit des amendes qui ont dû être infligées aux villages, par application des prescriptions de l'arrêté en date du 20 août dernier.

Vous voudrez bien me faire connaître, en conséquence, quel est le montant des amendes infligées et celui des sommes versées, avec la date de leur versement au trésor, de manière à ce que je puisse, au besoin, en faire une répartition générale pour faciliter l'achèvement des travaux indiqués. — E. PARREAU.

12. — 8 décembre 1888. — CIRCULAIRE *sur les signaux à donner par les colonnes des gardes civiles en tournée d'opération.*

J'ai l'honneur de vous faire connaître qu'afin d'éviter toute surprise de la part de rebelles déguisés en tirailleurs ou gardes civils indigènes, j'ai décidé, après entente avec l'autorité militaire, que les précautions suivantes seraient prises dans les postes de votre province.

Par analogie avec les dispositions des articles 101 du règlement sur le service des places et 173 du règlement sur le service des armées en campagne, toute troupe se présentant, le jour ou la nuit, pour entrer dans un poste, doit s'arrêter à cent mètres du poste.

Le commandant de la troupe s'avance seul pour se faire reconnaître.

Le poste de police, prévenu par les sentinelles, prend les armes ; son chef avertit immédiatement le commandant du poste.

Si la troupe a été annoncée, le commandant du poste se porte à l'entrée de son poste pour reconnaître le commandant de la troupe de passage.

Si la troupe n'a pas été annoncée, le commandant du poste fait d'abord prendre les armes à tout son détachement et le porte ensuite à l'entrée du poste.— E. PARREAU.

13. — 22 décembre 1888. — CIRCULAIRE *accompagnant les envois d'imprimés des pièces mensuelles concernant la garde civile indigène, à fournir par les Résidences.*

J'ai l'honneur de vous envoyer les imprimés des pièces mensuelles, concernant la garde civile, que vous aurez à fournir pendant l'année 1889.

J'ai cru devoir restreindre le plus possible le nombre de ces pièces et y apporter, en même temps, la plus grande simplification, afin de faciliter votre comptabilité et d'éviter tout retard dans leur envoi périodique.

Elles se bornent simplement aux suivantes:

Situation d'effectif; habillement, équipement, campement, armement;

Situation d'effectif: munitions ;

État des postes occupés par la garde civile ;

Relevé des situations journalières.

Le nombre de chaque espèce de ces imprimés est de 25.

J'appelle votre attention sur la nécessité d'établir ces documents avec la plus grande exactitude et bien régulièrement le 1er de chaque mois ; ils devront me parvenir le 15 du mois suivant au plus tard ; passé ce délai, elles seront réclamées par dépêche.

Ces différentes pièces, établies dans les conditions

ndiquées ci-dessus, permettront seules de me rendre un compte exact de la situation des gardes civiles de chaque province et des besoins à satisfaire.

Je vous fais expédier aussi des exemplaires du *Manuel militaire franco-tonkinois*, que vous répartirez entre le personnel européen de votre garde civile et les sous-officiers indigènes les plus instruits.

Au cas où ce nombre d'exemplaires ne serait pas suffisant, vous voudrez bien m'en faire une demande supplémentaire, à laquelle je donnerai satisfaction dans la mesure du possible. — E. PARREAU.

14. — 1er février 1889. — CIRCULAIRE *au sujet de l'établissement des états pour le payement de la solde de la garde civile.*

Les états pour le payement de la solde du personnel de la garde indigène étant établis, pour chaque mois, à la date et à l'effectif du 15, j'ai pensé qu'il était préférable, pour éviter toute complication nouvelle dans votre comptabilité, de ne pas faire figurer, sur ces états, les retenues prescrites par la circulaire n° 12, du 12 janvier.

Les états ne seront, comme par le passé, envoyés aussitôt établis, afin que les mandats de solde puissent vous parvenir dans les premiers jours de chaque mois.

Vous voudrez bien, en outre, faire établir en fin de mois, pour être joint au relevé des situations journalières, et en vous servant des imprimés en usage pour les états de solde, un état nominatif du personnel européen de la garde civile, mentionnant toutes les mutations du personnel, les soldes et indemnités réellement acquises, et les retenues réellement dues.

Les totaux de ces soldes, indemnités et retenues, devront concorder, sur le relevé des situations journalières, avec ceux du tableau récapitulatif du cadre européen.

Le versement des retenues pour le service des retraites sera fait par trimestre. Le total des retenues réellement dues devra être compris sur l'état de solde du mois qui suivra le trimestre écoulé, et porté dans la colonne 19. Toutes les mutations survenues dans le trimestre, et qui auront pu modifier le chiffre des allocations de chacun des gardes principaux, devront être relatées et détaillées dans la colonne *mutations*, et le total des retenues dues d'après ces mutations devra concorder avec le chiffre porté dans la colonne 19.

Vous voudrez bien également faire figurer sur l'état nominatif dont il est question plus haut, les retenues d'hôpital, dont la quotité est indiquée au tableau n° 52 annexé au décret du 1er juin 1875, sur la solde.

Jusqu'à nouvel ordre, aucune retenue au profit du trésor ou des pensions civiles ne sera opérée sur la solde du personnel indigène. — E. PARREAU.

15. — 10 mai 1889. — CIRCULAIRE *sur le mode d'opérer la retenue de 3 % sur la solde du personnel européen de la garde civile indigène.*

J'ai constaté que les mutations nombreuses et les mouvements si fréquents du personnel européen de la garde civile indigène du Tonkin, rendaient très difficile l'application des prescriptions de la circulaire n° 14 du 1er février 1889, surtout en ce qui concerne les retenues par trimestre du 3 % sur la solde et les indemnités, opérées au profit du trésor.

J'ai, par suite, décidé qu'en ce qui concerne le personnel européen, les retenues opérées au profit du trésor seraient exercées à l'avenir mensuellement, et qu'un état de solde comprenant ce personnel me serait adressé en fin de mois, en même temps que les états des autres services, et établi de la même façon.

Lorsque les gradés européens de la garde civile quitteront leur province avant l'établissement de l'état de solde du mois, ils devront être compris sur l'état de solde de leur nouvelle province pour la solde de ce mois; s'ils partent après qu'un état de solde sur lequel ils figurent aura été envoyé à l'ordonnancement, ils seront payés sur la caisse de fonds d'avances, s'il y en a une; dans le cas contraire, le Résident de la province qu'ils quittent leur fera parvenir la solde en un mandat sur le trésor. Dans tous les cas, aucun garde principal ne devra quitter sa province sans être porteur d'un certificat de cessation de paiement.

Le personnel indigène n'ayant pas à subir de retenue du 3 % sur la solde et les indemnités, les états seront, comme par le passé, établis et envoyés le 5 à la date et à l'effectif de ce jour.

Le relevé des situations journalières ne devra plus comprendre que le seul personnel indigène; et l'état nominatif du personnel européen, faisant ressortir les sommes réellement acquises et les retenues réellement dues, ne me sera plus envoyé.

Les mutations qui auraient été faites après l'établissement de l'état de solde du mois courant, donneront lieu, pour le mois suivant, à un rappel ou à une retenue, suivant le cas. — E. PARREAU.

16. — 22 mai 1889. — CIRCULAIRE *au sujet de la tenue des inspecteurs et gardes principaux de la garde civile indigène.*

Modifiée par arrêté du 13 juin 1890 (1).

17. — 2 juin 1889. — CIRCULAIRE *sur les rapports des gardes principaux avec la résidence supérieure.*

Il est arrivé fréquemment que des gardes principaux de la garde civile indigène du Tonkin se sont adressés directement à moi ou à mon prédécesseur, soit par lettre, soit en se présentant à la Résidence supérieure, sans en avoir préalablement référé à leurs chefs hiérarchiques.

Je vous prie, Monsieur le Résident, de vouloir bien rappeler à ce personnel placé sous vos ordres que je n'hésiterai pas à infliger un blâme sévère et même une punition disciplinaire, à tout garde principal qui négligerait de se conformer à l'avenir aux prescriptions de la présente circulaire. — BIDÈNE.

18. — 3 septembre 1889. — ARRÊTÉ *modifiant le premier alinéa de l'art. 16 de l'arrêté du 19 juillet 1888, sur le mode de nomination des inspecteurs et gardes principaux de la garde civile indigène.*

Le premier alinéa de l'article 16, du chapitre II de l'arrêté du 19 juillet 1888, est supprimé et remplacé par les deux alinéas ci-dessous:

« Les inspecteurs seront nommés par le Gouver-
« neur général, les gardes principaux par le Rési-
« dent supérieur; les uns et les autres devront
« contracter un engagement de servir pendant trois
« années dans la garde civile indigène.

(1) Voy.: *Journal officiel* n° 49, du 19 juin 1890.

« A l'expiration de l'engagement, en cas de con-
« tinuation des services, un nouvel engagement de
« même durée devra toujours être contracté. —
« PIQUET.

---

19. — 26 octobre 1889. — ARRÊTÉ *modifiant le tableau de la solde du personnel indigène de la garde civile.*

Modifié par arrêté du 11 juin 1892.

---

20. — 28 octobre 1889. — ARRÊTÉ *augmentant l'effectif européen dans les brigades de la garde civile.*

Article premier. — (1).
Art. 2. — Les cadres européens seront augmentés dans la proportion de: un garde principal par brigade de 50 hommes; un comptable et un inspecteur par chaque résidence, à créer ultérieurement.
Art. 3. — Le Résident supérieur au Tonkin est chargé de l'exécution du présent arrêté. — PIQUET.

21. — 27 novembre 1889. — CIRCULAIRE *fixant la composition des caisses de médicaments pour les postes de garde civile.*

J'ai l'honneur de vous adresser ci-contre la composition des caisses de médicaments, que j'ai adoptée pour les postes de garde civile au Tonkin.
Je vous prie de bien vouloir, à l'avenir, vous y conformer pour les demandes que vous me soumettrez.
Des exemplaires d'une instruction médicale vous seront envoyés incessamment; vous voudrez bien en même temps que vous les répartirez entre les divers postes de votre province, donner des ordres aux cadres européens pour l'emploi très circonspect de ces médicaments, qui sont une source de dépenses relativement considérables.
Il ne vous sera accordé chaque année qu'une caisse par poste de garde civile établi dans votre province, y compris la portion centrale, à moins de circonstances exceptionnelles dont vous aurez à me rendre compte.
Toute demande qui sera adressée à partir de ce jour comptera pour l'approvisionnement de l'année 1890. — BRIÈRE.

COMPOSITION *des caisses de médicaments pour les postes de garde civile de cinquante et cent hommes, d'après la classification proposée* (2).

NOMENCLATURE	POSTES de 50 hommes (SAINS)		POSTES de 50 hommes (MALSAINS)		POSTES de 100 hommes (SAINS)		POSTES de 100 hommes (MALSAINS)	
	Quantités	Valeur	Quantités	Valeur	Quantités	Valeur	Quantités	Valeur
		fr. c.		fr. c.		fr. c.		fr. c.
Teinture d'opium	60 gr.	2 00	120 gr.	5 10	90 gr.	3 80	150 gr.	6 30
Teinture d'iode	60 »	3 60	60 »	2 60	90 »	3 50	120 »	4 80
Ammoniaque	60 »	16 20	60 »	1 20	90 »	1 50	90 »	4 50
Sous-nitrate de bismuth	100 »	6 50	200 »	12 80	200 »	12 80	300 »	18 80
Éther sulfurique	60 »	1 40	60 »	1 40	60 »	2 00	120 »	2 60
Sinapisme Rigollot (ou farine de moutarde)	1 boîte	2 50	2 boîtes	5 00	2 boîtes	5 00	3 boîtes	7 50
Extrait de saturne	200 gr.	1 25	200 gr.	1 25	300 gr.	1 80	300 gr.	1 80
Sulfate de quinine	100 »	22 00	250 »	55 00	175 »	38 50	400 »	87 00
Bandes roulées	1 k. 500	18 00	1 k. 500	18 00	3 kilos	36 00	3 kilos	36 00
Compresses	2 k. 500	17 50	2 k. 500	17 50	5 »	35 00	5 »	35 00
Étoupe phéniquée (ou charpie)	300 gr.	0 00	500 »	6 00	1 »	12 00	1 »	12 00
Épingles à pansement	50 »	3 75	50 »	0 75	75 gr.	1 10	75 gr.	1 10
Eau phéniquée à 50 %	2 litres	10 00	4 litres	10 00	4 litres	6 50	5 litres	12 50
Poudre d'ipéca	30 gr.	3 25	60 gr.	6 50	60 gr.	6 50	100 gr.	9 75
Sulfate de soude	500 »	1 25	2 kilos	5 00	1 kilo	2 50	3 kilos	7 50
Compte-gouttes	2	0 80	2	0 80	2	0 80	2	0 80
Iodoforme pulvérisé	50 gr.	0 90	80 gr.	0 80	80 gr.	0 90	100 gr.	12 20
Perchlorure de fer	60 »	1 35	60 »	1 35	60 »	1 35	60 »	1 35
Cataplasme La Lièvre	1 paq.	2 50	3 paq.	7 50	3 paq.	7 50	3 paq.	7 50
Sparadrap de dyachylon	1 roul.	1 80	1 roul.	4 80	2 roul.	3 60	2 roul.	3 60
Alcool camphré	1 litre	4 25	2 litres	8 50	2 litres	8 50	3 litres	12 75
Collyre au sulfate de zinc	60 gr.	1 30	90 gr.	2 15	120 gr.	2 45	120 gr.	2 45
Pommade d'Helmérich	500 »	4 00	50 »	4 00	750 »	6 00	850 »	7 00
Pommade boriquée	200 »	4 00	300 »	6 00	360 »	6 00	300 »	6 00
Caisse d'emballage	1	2 00	1	2 00	1	2 00	1	2 20

22. — 30 novembre 1889. — ARRÊTÉ *confiant la police de la province de Lang-son à la garde civile indigène, et déterminant son effectif.*

Article premier. — La police sera exercée, dans la province de Lang-son, par la garde civile concurremment avec les Tho, dont l'armement sera complété.
Art. 2. — L'effectif de la brigade de garde civile de Lang-son est porté à trois cent cinquante hommes. Un inspecteur et quatorze gardes principaux seront affectés au commandement de cette force de police.
Art. 3. — L'autorité militaire abandonnera à l'autorité civile, à partir du 1er janvier 1890, et aux époques successives où cette dernière sera en mesure de les occuper, les postes de Dong-but, Dong-dang et Thanh-moi.
Art. 4. — De nouveaux postes seront créés par les soins de l'autorité civile à Ban-chu, Pho-vi, et sur un point à déterminer dans la région de Keo-ki.
Art. 5. — Dans chaque poste, il sera adjoint aux gardes civils, quarante Tho armés de fusils, et dont

(1) Voir arrêté du 13 décembre 1889, fixant l'effectif par chaque province.
(2) Le tableau a été modifié conformément à la nouvelle composition fixée par une circulaire du 18 janvier 1892.

le renouvellement se fera par périodes successives de dix à quinze jours.

Art. 6. — Leur service sera gratuit, mais ils seront exempts de corvées et recevront, pendant leur présence dans les postes, la ration de riz et de sel.

Art. 7. — Le Général en chef et le Résident supérieur sont chargés, chacun en ce qui le concerne, de l'exécution du présent arrêté. — PIQUET.

23. — 11 janvier 1890. — ARRÊTÉ *déterminant les cadres de la garde civile de l'Annam, et accordant une indemnité de 500 fr. aux gardes principaux comptables.*

Article premier. — Chaque compagnie de garde civile en Annam sera commandée par un inspecteur.

Art. 2. — Le nombre des gardes principaux sera de un par cinquante hommes et un garde principal comptable par compagnie.

Art. 3. — Une indemnité annuelle de 500 fr. sera allouée aux gardes principaux comptables (1).

Art. 4. — Le Résident supérieur en Annam est chargé de l'exécution du présent arrêté. — PIQUET.

24. — 18 janvier 1890. — ARRÊTÉ *modifiant l'article 28 de celui du 19 juillet 1888, sur la tenue des gardes principaux de la garde civile indigène.*

Modifié par arrêté du 13 juin 1890.

25. — 13 février 1890. — ARRÊTÉ *modifiant l'article 37 de celui du 19 juillet 1888, sur l'organisation de la garde civile indigène.*

Article premier. — L'article 37 du chapitre VI de l'arrêté du 19 juillet 1888, ainsi conçu :

« Article 37. — Sont rapportés les divers arrêtés « concernant les milices provinciales annamites. »

Est complété par les dispositions ci-après :

« Toutefois, et en attendant la publication des divers règlements de détails et instructions prévus par l'article 25 ci-dessus, les dispositions du règlement du 1er décembre 1887 sont provisoirement applicables à la garde civile indigène, sauf en ce qui concerne les retenues de solde par mesure disciplinaire aux européens, qui sont supprimées. » — PIQUET.

26. — 24 février 1890. — ARRÊTÉ *sur le classement des gardes principaux de la garde civile à bord des bateaux des Messageries fluviales.*

Article unique. — L'arrêté du 22 août 1889 (2) est modifié ainsi qu'il suit, en ce qui touche le classement à bord des chaloupes des Messageries fluviales du personnel européen de la garde civile.

« Les inspecteurs des deux classes et les gardes principaux de 1re classe seront désormais seuls admis à la première table. Les gardes principaux de 2e et 3e classe, voyageront comme passagers de pont. » — BRIÈRE.

27. — 17 mars 1890. — CIRCULAIRE *sur les mesures de précautions à prendre pour éviter les alertes dans les postes de troupes, en cas d'opérations de la garde civile indigène.*

M. le Général en chef m'informe que des partis de garde civile opérant dans le voisinage des postes

(1) Indemnité supprimée par arrêté du 8 janvier 1891.
(2) On trouvera le texte de cet arrêté qui s'applique à tout le personnel du Protectorat, au mot *Voyages et déplacements.*

militaires ont, à diverses reprises, provoqué des alertes qui auraient été évitées si les chefs de ces détachements avaient fait reconnaître leur troupe à l'avance, ainsi qu'il est prescrit par les instructions sur la matière.

On ne saurait prendre trop de précautions dans un pays où les pirates se dissimulent quelquefois sous des uniformes de tirailleurs ou de gardes civils. Aussi je vous invite de la façon la plus expresse, à rappeler à tous les inspecteurs et gardes principaux placés sous vos ordres, les mesures de précaution prescrites par la circulaire n° 1284, du 8 décembre 1888, dont je vous envoie ci-joint copie. — BRIÈRE.

28. — 17 mars 1890. — ARRÊTÉ sur le *mode de nomination des inspecteurs de la garde civile et sur la composition de leurs conseils d'enquête.*

Article premier. — L'article 10 de l'arrêté du 19 juillet 1888, organisant la garde civile indigène, est modifié comme suit :

Les inspecteurs seront nommés par le Gouverneur général et les gardes principaux par les Résidents supérieurs.

Ils pourront être, pour fautes graves ou manquements à l'honneur, traduits devant un conseil d'enquête composé de :

POUR LES INSPECTEURS

Un Résident, président ; un chancelier et un inspecteur, membres ;

POUR LES GARDES PRINCIPAUX

Un vice-résident ou un chancelier, président ; un inspecteur et un garde principal, membres, désignés dans chaque cas par le Résident supérieur.

Art. 2. — Les Résidents supérieurs en Annam et au Tonkin sont chargés, chacun en ce qui le concerne, de l'exécution du présent arrêté. — PIQUET.

29. — 26 mars 1890. — CIRCULAIRE *interdisant l'emploi de cachets dans les postes de la garde civile.*

Certains inspecteurs et gardes principaux croient devoir se servir de cachets qu'ils apposent sur des lettres, des enveloppes, des bons, des pièces quelconques confiées à des indigènes.

Cette manière de faire présente de graves inconvénients, avec la propension des Annamites à s'arroger, lorsqu'ils ont entre les mains la moindre feuille timbrée, une autorité dont ils abusent à l'encontre de leurs compatriotes crédules.

Je vous prie, en conséquence, d'interdire, de la façon la plus formelle, l'usage de tout timbre ou cachet, aussi bien dans votre chef-lieu que dans les postes, aux inspecteurs et gardes principaux de votre province. En matière d'administration indigène, un seul cachet, celui de votre Résidence, doit faire foi et avoir un caractère officiel. — BRIÈRE.

30. — 8 mai 1890. — ARRÊTÉ *créant le magasin central pour l'armement, l'équipement, et l'habillement de la garde civile indigène.*

Article premier. — Un magasin central pour l'armement, l'équipement, l'habillement et le campement de la garde civile indigène du Tonkin, est créé à Hanoi, où il sera installé dans un immeuble appartenant au Protectorat.

Art. 2. — Un chef magasinier et deux commis, choisis parmi les gradés français de la garde civile, seront préposés à la surveillance et à la comptabilité du magasin central.

Art. 3. — Un chef armurier français sera chargé des réparations et de l'entretien des armes.

Art. 4. — Le Résident supérieur au Tonkin est chargé de l'exécution du présent arrêté. — PIQUET.

31. — 23 mai 1890. — ARRÊTÉ *fixant l'effectif et la solde des gradés européens de la garde civile indigène* (1).

Article premier. — L'effectif et la solde des gradés européens de la garde civile indigène du Tonkin et de l'Annam, seront fixés ainsi qu'il suit à partir du 1er juin 1890.

POUR LE TONKIN

2 Inspecteurs principaux à		7.500 fr.
10 — de 1re classe à		6.000
20 — de 2e — à		5.000
10 — de 3e — à		4.500
40 Gardes principaux de 1re classe à		4.000
65 — 2e — à		3.600
75 — 3e — à		3.000
25 — stagiaires à		2.400
247		

POUR L'ANNAM

1 Inspecteur principal à		7.500 fr.
3 — de 1re classe à		6.000
4 — de 2e — à		5.000
3 — de 3e — à		4.500
15 Gardes principaux de 1re classe à		4.000
10 — 2e —		3.600
18 — 3e —		3.000
15 — stagiaires à		2.400
74		

FRAIS DE SERVICE

Pour les inspecteurs principaux et de 1re, 2e et 3e classes : 20 % sur la solde;

Pour les gardes principaux comptables : 500 fr. par an (2).

Art. 2. — Aucune nomination d'inspecteur principal ne pourra être faite avant le 1er janvier 1891.

Art. 3. — Les Résidents supérieurs au Tonkin et en Annam sont chargés de l'exécution du présent arrêté. — PIQUET.

32. — 29 mai 1890. — ARRÊTÉ *supprimant les retenues de solde du personnel de la garde civile, comme mesure disciplinaire.*

Article premier. — A dater du 1er juin prochain, aucune retenue ne sera faite, par mesure disciplinaire, sur la solde du personnel européen et indigène de la garde civile du Tonkin et de l'Annam.

Art. 2. — Dans le cas de blessures reçues à l'ennemi ou d'accidents consécutifs aux blessures, les frais d'hospitalisation seront supportés par le budget.

Art. 3. — Les permissions ne dépassant pas trente jours seront accordées à solde entière.

Art. 4. — Les Résidents supérieurs au Tonkin et en Annam sont chargés de l'exécution du présent arrêté. — PIQUET.

(1) Voir arrêté du 13 juillet 1892.
(2) Indemnité supprimée par arrêté du 8 janvier 1891.

33. — 2 juin 1890. — ARRÊTÉ *allouant une première mise aux inspecteurs et gardes principaux de la garde civile indigène.*

Article premier. — Une première mise de 300 fr. est allouée aux inspecteurs de tous grades.

Art. 2. — Une première mise de 200 fr. est allouée aux gardes principaux de tous grades, y compris les stagiaires.

Art. 3. — La différence entre ces deux premières mises ne sera pas due aux gardes principaux nommés inspecteurs.

Art. 4. — Les Résidents supérieurs au Tonkin et en Annam sont chargés de l'exécution du présent arrêté, qui aura son effet à compter du 1er juin. — PIQUET.

34. — 13 juin 1890. — ARRÊTÉ *déterminant la tenue et les insignes des inspecteurs et gardes principaux de la garde civile indigène.*

Article premier. — La tenue et les insignes de grade des inspecteurs et des gardes principaux de la garde civile indigène sont les suivants :
Pour les inspecteurs :

TENUE D'HIVER

Dolman en drap national du modèle de l'infanterie, sans brandebourgs, avec col et parements de la couleur du fond ; les deux poches de poitrine avec cache-poches fermant par un bouton, et formant pointe au milieu ; une rangée de sept boutons dorés à grenade fermant le dolman, six boutons sur deux rangées posés sur soubises garnissant le bas du dolman par derrière ; grenades en or au collet, pattes d'épaule avec ornement en or.

Pantalon de gendarmerie.

Képi de gendarmerie, sauf que le turban est de la couleur du fond et qu'il ne porte pas de galons de grade.

Un montant simple en or pour les inspecteurs de 3e et 2e classes ;

Deux montants simples en or pour les inspecteurs de 1re classe ;

Trois montants simples en or pour les inspecteurs principaux ;

Grenade d'or en écusson ;

Trèfle d'or sur le calot à un tour pour les inspecteurs de 3e et 2e classes, à deux tours pour l'inspecteur de 1re classe, à trois tours pour l'inspecteur principal.

TENUE D'ÉTÉ

Veston blanc de forme anglaise, fermant par cinq boutons sur le devant ; le col carré et fermant par deux agrafes ; pantalon blanc ; galons de manches mobiles ; pattes d'épaules en toile blanche prises dans la couture des manches et boutonnées à un centimètre du collet au moyen d'un petit bouton doré avec grenade.

TENUE DE CAMPAGNE

Blouse anglaise à soufflets, en toile fermant par sept boutons dorés ; galons mobiles sur les manches.

Culotte de forme anglaise en toile kaki ;

Souliers de chasse en cuir fauve ;

Jambières en cuir fauve ;

Casque anglais blanc, avec grenade en or sur le devant ; cocarde nationale posée sous la flamme, la pointe extrême de cette dernière à hauteur du centre de la cocarde, gourmette dorée sur fond de velours bleu posée comme celle des shakos de cavalerie légère, et s'attachant par deux crochets du même modèle à tête de lion dorée.

Les inspecteurs portent les éperons en acier poli, modèle d'ordonnance. A cheval ils ont la culotte, les bottes et les éperons du modèle des officiers montés.

Les gardes principaux ont la même tenue que les inspecteurs, les pattes d'épaules mobiles, sauf celles des gardes principaux de 1re classe qui ont des ornements en argent, sont en drap avec ornements en or mêlé de soie bleue.

Le képi est le même, sauf que les montants et le trèfle du calot sont simples et en or à filets de soie bleue (*en argent sans mélange pour les gardes principaux de 1re classe*).

Le casque est le même, sauf que la gourmette est en cuivre brillant sur fond de drap bleu.

L'insigne de service pour les inspecteurs est l'écharpe en soie bleue avec glands.

INSIGNES DE GRADE

Les broderies des inspecteurs, galons et pattes d'épaule des gardes principaux, sont conformes au descriptif annexé au présent arrêté.

TENUE DES PHO-QUANS

Les pho-quans portent la même tenue que les gardes; ils ont les galons de garde principal stagiaire; leur coiffure est le turban noir; en marche et en reconnaissance, ils sont autorisés à se servir du chapeau de cavalier annamite. Ils font usage des sandales réglementaires.

ARMEMENT

Les inspecteurs sont armés du sabre et du revolver d'officier d'infanterie.

Les gardes principaux sont armés du sabre d'adjudant d'infanterie et du revolver.

Les pho-quans sont armés du revolver seulement.

ÉQUIPEMENT

Les inspecteurs ont le ceinturon et la dragonne en cuir verni; en grande tenue ils portent la dragonne en or.

L'étui de revolver est du modèle d'ordonnance en cuir verni noir.

Les gardes principaux ont le même équipement, sauf qu'ils ne portent pas la dragonne en or.

HARNACHEMENT

Les inspecteurs sont montés à leurs frais. Ils doivent se servir du harnachement modèle d'officier d'infanterie monté avec le tapis de selle en drap bleu de ciel.

Art. 2. — Les Résidents supérieurs au Tonkin et en Annam sont chargés de l'exécution du présent arrêté. — PIQUET.

DESCRIPTIF *des insignes de grade des inspecteurs et des gardes principaux.*

Les inspecteurs portent sur la manche un galon d'or de 10 millimètres de largeur posé en pointe au-dessus du parement.

Suivant leur classe, cet ornement est surmonté de tresse en or, formant boucle, et en nombre correspondant à la classe, c'est-à-dire:

Une tresse, inspecteur de 3e classe.
Deux — — — 2e —
Trois — — — 1re —
Quatre — — — principal.

Les attentes du modèle actuel sont remplacées par des pattes d'épaules en drap noir, sur lesquelles sont reproduits les ornements des manches. Ces pattes sont cousues à l'emmanchure et viennent se boutonner près du col par un bouton doré.

Les gardes principaux de 1re classe portent exactement les mêmes insignes que l'inspecteur de 3e classe, mais ils sont en argent.

Les gardes principaux stagiaires portent sur la manche un galon d'or de 10 millimètres de largeur et formant une boucle simple au-dessus du parement.

Les gardes principaux de 3e classe ont la même boucle plus un galon d'or de 10 millimètres qui borde en pointe le parement.

Les gardes principaux de 2e classe ont la boucle et deux galons de parement.

Les attentes actuelles sont remplacées par des pattes d'épaules en drap noir sur lesquelles sont reproduits, en galon tresse en or fileté de soie bleue, les insignes des manches.

Cette patte est bordée par le même galon tresse or et bleue; elle est fixée à l'emmanchure et vient se rattacher près du col par un bouton doré. — BONNAL.

---

35. — 23 juin 1890. — ARRÊTÉ *créant les armuriers de la garde civile indigène en Annam* (1).

Article premier. — Trois emplois d'armuriers de la garde civile sont créés en Annam. Les titulaires de ces emplois feront partie des brigades de garde civile des résidences de Vinh, Dong-hoï et Tourane.

Art. 2. — Les armuriers de la garde civile en Annam, recevront une solde annuelle de 2.400 francs.

En ce qui concerne les accessoires de solde et la discipline, ils sont placés dans les mêmes conditions que les gardes principaux de 3e classe. Ils doivent, comme ceux-ci, contracter un engagement de trois ans.

Art. 3. — Les armuriers de la garde civile en Annam doivent s'engager, moyennant un abonnement par arme, payé mensuellement par le Protectorat, à entretenir les armes et leurs accessoires, en service ou en réserve, et à les réparer dans les cas prévus par l'article 4.

L'abonnement pour l'année (de 12 mois de 30 jours) est fixé par le tarif ci-après:

TARIF:

DESIGNATION	ARMES DU SERVICE	
	COURANT	DE RÉSERVE
	fr	fr
Fusil, carabine, mousqueton, avec un sabre ou l'épée-baïonnette.	0 40	0 08
Sabre baïonnette isolé..........	0 07	0 02
Sabre d'adjudant..............	0 14	0 04
Revolver.....................	0 30	0 17

Art. 4. — Les réparations sont, suivant les cas qui les ont nécessitées, à la charge de l'abonnement, du garde civil détenteur, de l'inspecteur ou de tout autre chef, ou du Protectorat.

En cas de contestation, le Résident supérieur a qualité pour décider.

(1) Voir les modifications introduites par arrêté du 20 août 1892.

1° Sont à la charge de l'abonnement :

Toutes les réparations nécessitées par le service ordinaire des armes et de leurs accessoires, le remplacement des pièces usées ou cassées par l'effet de leur usage naturel, dans les maniements d'arme, les feux, le tir à la cible, etc.

2° Sont à la charge du détenteur :

Toutes les réparations rendues nécessaires par sa négligence, sa maladresse ou sa mauvaise volonté.

3° Sont à la charge du chef du détachement :

Toutes les réparations nécessitées par une infraction aux règlements, proscrite ou simplement tolérée dans les corps.

4° Sont à la charge du Protectorat :

Toutes les réparations nécessitées par un défaut de fabrication, ou par un cas de force majeure dûment constaté.

Art. 5. — Le prix des réparations imputables au compte du garde civil, d'un chef de détachement, ou du Protectorat, est réglé par le tarif en vigueur dans les corps de troupes de l'Indo-Chine.

Art. 6. — Le matériel et outils d'atelier sont la propriété du Protectorat, mais l'armurier en est responsable pécuniairement. A cet effet, des procès-verbaux doivent être dressés au moment de sa prise et de sa remise de service.

Art. 7. — Les armuriers résidant à Vinh, Dong-hoï et Tourane ont la charge : celui de Vinh, des armes des gardes civiles des résidences de Thanh-hoa et de Vinh ; celui résidant à Dong-hoï, des armes de la garde civile de Dong-hoï ; celui résidant à Tourane, des armes des gardes civiles de Tourane, Qui-nhon, Song-cau et Nha-trang.

Art. 8. — Ils doivent se transporter deux fois par an dans chacune des résidences voisines, et y séjourner le temps nécessaire aux réparations.

Ils n'ont droit, pendant ces déplacements, qu'au logement et aux moyens de transport.

Art. 9. — Le Résident supérieur en Annam est chargé de l'exécution du présent arrêté. — PIQUET.

---

36. — 15 juillet 1890. — ARRÊTÉ *réglementant le fonctionnement du magasin central à Hanoï, pour l'armement, l'équipement et l'habillement de la garde civile indigène.*

CHAPITRE PREMIER
DIVISION DE LA COMPTABILITÉ

Article premier. — Les opérations de la comptabilité du magasin central de Hanoï, pour l'armement, l'équipement et l'habillement de la garde civile indigène, sont divisées en deux parties distinctes :

1° Celle du magasin central, se subdivisant en comptabilité intérieure et en comptabilité extérieure ;

2° Celles des brigades.

CHAPITRE II
OPÉRATIONS DU MAGASIN CENTRAL A HANOI
1° *Entrées.*

Art. 2. — Des marchés sont préalablement passés entre l'administration du Protectorat et les fournisseurs.

Art. 3. — Le magasin central reçoit des fournisseurs les effets ou objets nécessaires à son approvisionnement.

Ces effets ou objets ne sont définitivement emmagasinés que lorsqu'une commission, dont la composition est fixée plus loin, a statué.

Art. 4. — Les demandes d'effets, destinés à maintenir les approvisionnements au chiffre normal, sont établies par le chef magasinier et approuvées par le Résident supérieur au Tonkin.

Art. 5. — Lorsque la commission a constaté, par procès-verbal (modèle A) établi en double expédition, que les effets ou objets fournis par l'adjudicataire réunissent les conditions du marché, le chef magasinier les prend en charge.

A cet effet, il établit une facture à talon (modèle B) comprenant tous les effets ou objets reçus, y fait signer le fournisseur, et en inscrit les quantités sur un registre *ad hoc* (modèle C) appelé compte-courant.

Ce registre est divisé en trois sections : habillement, équipement, campement.

Le talon est détaché et conservé à l'appui du registre.

La facture est remise, suivant le cas, à la résidence supérieure du Tonkin (affaires militaires) ou envoyée à la résidence supérieure en Annam, pour en faire mandater le montant. Cette pièce sert de quittance.

2° *Sorties.*

Art. 6. — Les opérations de sorties comprennent les délivrances d'effets aux brigades, d'après les demandes (modèle D) qui sont adressées aux Résidents supérieurs ; elles sont vérifiées par eux et transmises au chef magasinier.

Art. 7. — Le compte-courant du magasin central est déchargé des quantités d'effets délivrés aux brigades, au moyen d'une facture en double expédition (modèle E, entrées et sorties), établie par le chef magasinier.

Pour éviter la multiplicité des écritures, ces pièces sont adressées, sous bordereau, par le Résident supérieur au Tonkin, le jour même où a lieu la mise en route des colis, à la brigade intéressée, et suppléent ainsi à l'avis d'expédition.

Art. 8. — Le chef magasinier inscrit préalablement à son registre compte-courant, les quantités d'effets ou objets portées sur ces pièces.

Lorsque la brigade a retourné la pièce de sortie, il la met à l'appui de son registre pour justifier de l'opération.

Art. 9. — Si, dans les approvisionnements du magasin central, il survient des pertes ou des détériorations provenant de cas de force majeure, ces pertes ou détériorations sont constatées par un procès-verbal (modèle F) ; cette pièce reste aux archives de la Résidence supérieure du Tonkin, mais il est établi un extrait dudit procès-verbal (modèle F') qui sert à justifier la sortie des comptes.

Art. 10. — Le compte-courant est annuel et ne comprend absolument que les opérations dites du magasin central.

3° *Compte ouvert avec les brigades.*

Art. 11. — Outre le registre dont la tenue est prescrite par l'article 5, le chef magasinier tient un compte ouvert avec les brigades.

Ce registre (modèle G) sert à vérifier la comptabilité des brigades, et à en connaître toujours exactement l'approvisionnement.

Art. 12. — Il comprend un chapitre distinct pour chaque brigade, et est divisé, par chapitre, en trois sections : habillement, équipement, campement ; il comporte, en outre, une ligne spéciale pour chaque section (effets en service).

Ce registre est trimestriel.

Art. 13. — Le chef magasinier y porte en compte,

au fur et à mesure des expéditions, et en même temps qu'au compte-courant, les effets qu'il facture aux brigades.

Art. 14. — Les sorties nécessitées dans les brigades, par cas de force majeure, sont inscrites directement au compte ouvert au moyen de l'extrait du procès-verbal de perte établi par la brigade intéressée, extrait qui doit être envoyé aux Résidents supérieurs au fur et à mesure qu'il en est établi.

Art. 15. — Les consommations qui se produisent par suite de distributions ou de remplacements, ou les gains qui proviennent de réintégrations, font l'objet d'une inscription spéciale au registre journal des distributions et réintégrations (modèle H) au moyen des bons (modèle I) et des bulletins (modèle J) envoyés par les brigades au magasin central aussitôt après des opérations de ce genre.

4° *Registre journal des distributions et réintégrations.*

Art. 16. — Le registre journal est, comme le compte ouvert, divisé en chapitres qui sont eux-mêmes divisés en trois sections.

Il est totalisé pour chaque brigade en fin de trimestre, et les totaux sont reportés dans les colonnes correspondantes du compte ouvert.

Art. 17. — Les gains et les pertes sont alors balancés au compte ouvert, et les quantités accusées par les brigades, comme existant en magasin, doivent être égales au résultat de cette balance.

5° *Arrêté de fin d'année.*

Art. 18. — En fin d'année, le chef magasinier reporte à son compte-courant, préalablement balancé, les quantités d'effets existant dans les approvisionnements des magasins de brigade, et arrêtées au compte ouvert au 31 décembre, les totalise avec le résultat de la balance et obtient ainsi l'en-compte général.

6° *Vérification des écritures, recensements.*

Art. 19. — La vérification des écritures et les recensements du magasin central peuvent être faits inopinément ou en fin d'exercice, par le chef de la section des affaires militaires de la Résidence supérieure.

Le registre du compte-courant comporte un feuillet spécial, où le vérificateur consigne ses observations.

7° *Demande d'effets nécessaires au magasin central.*

Art. 20. — Les demandes d'effets nécessaires pour maintenir à hauteur l'approvisionnement du magasin central, sont établies trimestriellement, en double expédition, ou, en cas d'urgence, au fur et à mesure des besoins (modèle K).

Elles sont soumises à l'approbation du Résident supérieur au Tonkin, et une expédition est conservée aux archives.

8° *Demandes d'effets nécessaires aux brigades.*

Art. 21. — Les demandes d'effets nécessaires aux brigades, sont établies également en double expédition et semestriellement, du 1er au 15 janvier et du 1er au 15 juillet de chaque année.

Elles sont adressées au Résident supérieur qui en conserve une expédition aux archives.

9° *Commission de réception.*

Art. 22. — Une commission de réception composée :

du chef de la section des affaires militaires (résidence supérieure), président ;

De l'inspecteur commandant la brigade de Hanoi, et d'un garde principal de 1re classe, membres ;

Et du chef magasinier, secrétaire, se réunit, sur la convocation de son président, à l'effet de statuer sur la réception des livraisons faites par l'adjudicataire.

Les réunions ont lieu dans l'un des locaux du magasin central où les effets à examiner ont été préalablement déposés.

Art. 23. — Cette commission se conforme aux conditions stipulées au marché passé avec l'adjudicataire, et consigne ses observations, s'il y a lieu, sur un procès-verbal établi en double expédition. Une expédition est remise à l'adjudicataire, et l'autre conservée aux archives.

10° *Responsabilité du chef magasinier.*

Art. 24. — Le chef magasinier est responsable de la bonne tenue des écritures et du matériel qui lui est confié.

11° *Signature des pièces et registres de comptabilité.*

Art. 25. — Les pièces de comptabilité sont certifiées par le chef magasinier et soumises au visa du Résident supérieur au Tonkin ; les registres arrêtés trimestriellement sont soumis aux mêmes règles.

Art. 26. — L'arrêté de fin d'année est approuvé par le Résident supérieur.

12° *Rapports.*

Art. 27. — Le magasin central, le personnel, et tout ce qui s'y rapporte, relèvent directement du chef de la section des affaires militaires qui en a le contrôle et la surveillance (Arrêté du 21 mai 1890, art. 3).

La correspondance, quoique établie dans les bureaux du magasin central, est signée par le Résident supérieur au Tonkin.

13° *Armement.*

Art. 28. — L'artillerie étant chargée du service de l'armement, il sera tenu séparément deux registres semblables au compte-courant et au compte ouvert.

Art. 29. — Au Tonkin, les demandes de délivrance ou de versement d'armes et de munitions établies en double expédition (modèle L), servent de factures et de pièces à l'appui du registre compte-courant, en ce qui concerne les opérations du magasin central avec la direction d'artillerie.

Art. 30. — Pour la comptabilité relative aux brigades, les demandes de celles-ci appuient le compte ouvert, et des états de numérotage, établis par le chef magasinier lors de l'expédition des armes et munitions, servent de pièces d'entrée aux brigades (modèle M) ; un de ces états, portant récépissé, est annexé à la demande.

Art. 31. — La perte d'une arme, par une cause quelconque, est toujours constatée par procès-verbal de perte.

Le procès-verbal, qui est remis à l'artillerie, décharge la garde civile.

L'extrait est conservé à l'appui du registre compte-courant ou compte ouvert, suivant que l'arme a été perdue au magasin central ou dans une brigade.

Art. 32. — Les consommations de munitions sont

justifiées au moyen de la pièce de consommation (modèle N), qui sert en même temps d'entrée pour les étuis vides.

Cette pièce est établie trimestriellement par le chef magasinier au moyen des états fournis par les brigades (modèle O).

Les cartouches consommées sont immédiatement remplacées.

Art. 33. — Les étuis vides, ratés, etc..., sont versés à la direction d'artillerie, tous les trimestres, et au moyen d'un état (modèle P) en double expédition, indiquant les quantités à verser.

Un de ces états est conservé par la direction d'artillerie, et l'autre appuie le registre compte-courant.

Art. 33 *bis*. — En Annam, les opérations relatives aux munitions et à l'armement sont faites directement par la Résidence supérieure de l'Annam avec le service de l'artillerie à Hué, sans passer par le magasin central.

Les approvisionnements en armes et munitions existant actuellement en Annam sont conservés.

Art. 34. — L'arrêté des comptes se fait, comme pour l'habillement, c'est-à-dire trimestriellement pour le compte ouvert, et annuellement pour le compte-courant.

CHAPITRE III

1º *Habillement, équipement, campement et armement.*

REGISTRE A TENIR

Art. 35. — Il est tenu dans chaque brigade un livre de détail trimestriel (modèle Q) ; ce registre est divisé en quatre sections.

La reprise des quantités d'effets ou objets existant dans les approvisionnements des brigades, est portée au premier jour du trimestre dans la colonne N pour les effets neufs, et dans la colonne B pour les effets en cours de durée.

2º *Entrées*

Art. 36. — Les entrées sont inscrites au livre de détail successivement et par ordre de date, au moyen des factures adressées par le magasin central.

Les factures d'entrée sont seules conservées à l'appui du registre.

Art. 37. — Lorsque le magasin central fait une expédition dans les brigades, les factures entrée et sortie leur sont envoyées en même temps.

A l'arrivée des colis, le comptable de la brigade compare les quantités expédiées avec celles accusées sur les factures, et s'il n'a aucune observation à présenter, il signe le récépissé (pièce de sortie) et le retourne, au moyen d'un bordereau, au magasin central à Hanoi.

Art. 38. — Les réintégrations d'effets provenant d'hommes décédés, libérés, licenciés ou déserteurs, sont faites au moyen d'un bulletin de réintégration, et les quantités figurant sur cette pièce sont reportées au registre de comptabilité trimestriel (entrées) dans la colonne *Bon.*

Ce bulletin est envoyé au magasin central au fur et à mesure qu'il est fait des opérations de ce genre.

3º *Sorties.*

Art. 39. — Les sorties (distributions ou pertes) sont inscrites par ordre de date, c'est-à-dire dès l'établissement des bons et procès-verbaux de perte.

Ces pièces ne sont pas conservées dans les brigades, mais sont adressées aux Résidents supérieurs qui les font parvenir, après examen, au magasin central.

4º *Arrêté du registre*

Art. 40. — Le registre de comptabilité est arrêté tous les trimestres, pour les effets d'habillement, d'équipement, de campement et d'armement, en faisant figurer sur une ligne spéciale les effets, objets ou armes en service entre les mains des hommes; les derniers chiffres sont totalisés avec l'existant en magasin.

Art. 41. — Le registre est envoyé, dans les dix premiers jours du trimestre qui suit celui pour lequel il est établi, à la vérification du Résident supérieur au Tonkin, qui le transmet ensuite au chef magasinier.

Aussitôt la vérification opérée, le registre est renvoyé à la brigade qui fait, s'il y a lieu, sur son nouveau registre les rectifications signalées.

Art. 42. — Les factures d'entrée sont toujours conservées aux archives des brigades pour leur servir ce que de droit, en cas de contestations.

Art. 43. — Les quatre registres de l'exercice doivent être remis au Résident supérieur au Tonkin, le 1er mars de chaque année au plus tard, pour être conservés aux archives.

5º *Demandes d'effets.*

Art. 44. — Les demandes d'effets sont établies en double expédition, et sont adressées aux Résidents supérieurs du 1er au 15 janvier, et du 1er au 15 juillet de chaque année.

Art. 45. — Les approvisionnements des brigades ne doivent jamais dépasser cinquante collections.

Art. 46. — Les effets en cours de durée ne sont pas compris dans ce chiffre. Ils font l'objet d'un classement à part dans les magasins des brigades, et sont distribués comme bons à des hommes nouvellement incorporés; ces effets servent également à remplacer ceux détériorés au cours d'une opération et qui ont déjà accompli au moins la moitié de leur durée.

6º *Armement.*

Art. 47. — Les consommations de munitions font l'objet d'un état indiquant les quantités consommées au tir ou au cours d'opérations.

Ces états sont adressés aux Résidents supérieurs en même temps que les étuis vides sont envoyés par les brigades du Tonkin au magasin central, qui les remplace immédiatement, et par les brigades de l'Annam, à la Résidence supérieure de Hué; (les cartouches ratées et les étuis brisés pendant le tir doivent être mis à part.)

Art. 48. — Les pertes de munitions sont constatées par un procès-verbal. Ces munitions sont également remplacées dans le plus bref délai.

Art. 49. — Les Résidents chefs de province sont responsables des munitions en compte dans leur brigade, tant au point de vue de leur consommation qu'à celui de leur conservation.

7º *Rapports.*

Art. 50. — Toutes les communications des résidences du Tonkin avec le magasin central, sont adressées à la Résidence supérieure du Tonkin (Hanoi) sous la rubrique : «Section des affaires militaires; Cabinet »; celles des résidences de l'Annam, à la Résidence supérieure de Hué (1er bureau) qui correspond directement avec le magasin central.

Art. 51. — Les Résidents supérieurs au Tonkin

et en Annam sont chargés de l'exécution du présent arrêté. — PIQUET.

37. — 29 juillet 1890. — ARRÊTÉ *relatif aux concessions à accorder aux Tho qui immigreront dans la province de Lang-son.*

Article premier. — Les Tho qui immigreront dans la province de Lang-son recevront, sur leur demande, des concessions de terrains domaniaux d'après les règles déterminées par l'arrêté du 7 juillet 1888, et aux conditions suivantes.

Art. 2. — Chaque famille Tho qui sollicitera une concession sera tenue de fournir un de ses membres pour le service de la garde civile indigène dans la province de Lang-son, pour une période de six ans.

A cet effet, les brigades de la garde civile de la province de Lang-son seront formées de 200 Tho et de 150 Annamites.

Art. 3. — Les demandes de concession et d'engagement seront présentées au résident de France à Lang-son, qui s'assurera que les pétitionnaires offrent, au point de vue de la famille, toutes les garanties d'ordre désirables; les individus isolés seront formellement écartés.

Art. 4. — Le groupement des concessionnaires en villages sera fait par les soins et sur les indications du résident de la province, qui déterminera le lot de terrain affecté à chaque concessionnaire et le mettra en possession. Le résident devra en référer immédiatement au Résident supérieur.

Art. 5. — Il pourra être fait à chaque famille immigrante, une avance de 18 $ prélevées sur le trésor public, pour faire face à l'acquisition des buffles et aux premiers frais d'installation.

Le Protectorat se remboursera de cette avance par une retenue mensuelle de 1 $ 50, qui sera opérée sur la solde du membre de la famille débitrice en service à la garde civile indigène, solde réduite ainsi à 3 $ 37 pendant la durée de la première année de service.

Art. 6. — Toutes les parties d'une concession qui n'auront pas été mises en culture à l'expiration de la 3e année, feront retour au domaine de l'État.

Art. 7. — Les concessionnaires installés en vertu des dispositions du présent arrêté, seront exempts de tous impôts pendant une durée de 5 ans.

Art. 8 — Ils perdront tous droits à la concession en cas de désertion du membre de leur famille affecté au service de la garde civile, ou en cas de condamnation pour délit ou crime militaire ou de droit commun.

En cas de décès de celui-ci par suite de maladie, la famille concessionnaire à laquelle il appartient sera tenue de le remplacer au service par un autre de ses membres, pour toute la durée qui restait à effectuer par le défunt.

En cas de décès d'un garde civil tho par suite de blessures ou infirmités contractées au service, la famille continuera à jouir de tous les bénéfices résultant des dispositions qui précèdent.

Art. 9. — La concession deviendra définitive, et les concessionnaires seront déclarés propriétaires à titre perpétuel, par arrêté du Résident supérieur du Tonkin, des terrains qu'ils auront été autorisés à occuper, s'il est justifié, à l'expiration des cinq premières années, que toutes les conditions du présent arrêté ont été ponctuellement exécutées.

Art. 10. — Les concessionnaires installés en vertu des dispositions ci-dessus, et leur famille, sont considérés comme protégés français et soumis, comme tels, à la juridiction française.

Art. 11. — Le Résident supérieur p. i. au Tonkin est chargé de l'exécution du présent arrêté. — PIQUET.

38. — 8 janvier 1891. — ARRÊTÉ *supprimant, à partir du 1er janvier 1891, l'indemnité des gardes principaux comptables de la garde civile indigène* (1).

Article premier. — L'indemnité annuelle de 500 fr. accordée aux gardes principaux comptables de la garde civile indigène, est supprimée à compter du 1er janvier 1891.

Art. 2. — Les Résidents supérieurs en Annam et au Tonkin sont chargés, chacun en ce qui le concerne, de l'exécution du présent arrêté. — PIQUET.

39. — 25 janvier 1891. — ARRÊTÉ *relatif au service de l'armement dans la garde civile indigène de l'Annam et du Tonkin.*

Article premier. — Le service de l'armement dans la garde civile indigène de l'Annam et du Tonkin, sera assuré, à partir du 1er janvier 1891, conformément aux prescriptions de l'instruction du 25 du même mois, insérées au *Journal officiel* de l'Indo-Chine (2e partie) (2).

Art. 2. — MM. les Résidents supérieurs du Tonkin et de l'Annam et M. le colonel commandant l'artillerie en Indo-Chine, sont chargés, chacun en ce qui le concerne, de l'exécution du présent arrêté, qui sera communiqué et enregistré partout où besoin sera. — PIQUET.

40. — 27 janvier 1891. — ARRÊTÉ *réservant aux résidents et vice-résidents la nomination des comptables dans la garde civile indigène.*

Article premier. — Les fonctions de comptable dans les brigades de la garde civile indigène du Tonkin seront, à l'avenir, conférées aux gardes principaux par les résidents, vice-résidents et chefs de province, et cesseront de figurer, par arrêtés, au *Journal officiel* de la colonie.

Art. 2. — Les résidents, vice-résidents et chefs de province sont chargés de l'exécution du présent arrêté. — BONNAL.

41. — 24 février 1891. — CIRCULAIRE *au sujet des demandes de munitions de la garde civile indigène.*

Je crois devoir appeler tout particulièrement votre attention sur les inconvénients qu'il y a à exagérer les approvisionnements de cartouches, surtout dans les postes qui se trouvent sur le parcours des Messageries fluviales.

La conservation des munitions en Indo-Chine nécessite des précautions spéciales et des magasins bien conditionnés, toutes exigences bien difficiles à satisfaire sur beaucoup de points. Il peut résulter de ces difficultés de graves mécomptes au moment du besoin, et en tous cas des déchets, source d'accroissement de dépenses pour le Protectorat.

En conséquence, je vous prie de vouloir bien examiner avec le plus grand soin les demandes de munitions, et de veiller à la stricte observation des

(1) Voir ci-après arrêté du 27 janvier 1891.
(2) Voir les annexes à cet arrêté, publiées dans le *Journal officiel* (2e partie) du 19 février 1891, n° 15.

prescriptions de l'instruction du 19 février 1891 (*Journal officiel* n° 15) sur le service de l'armement de la garde civile. — BRIÈRE.

42. — 9 mars 1891. — CIRCULAIRE *portant fixation des quantités de munition à entretenir dans les brigades de la garde civile.*

Comme suite à ma circulaire du 24 février 1891, n° 94, au sujet des demandes de munitions, et en vue de régler d'une façon uniforme la constitution des approvisionnements à entretenir dans chaque brigade de garde civile, j'ai arrêté les dispositions suivantes :

	CARTOUCHES de fusil	CARTOUCHES de revolver
Il sera demandé par arme de tout modèle entre les mains des hommes	120	18
Il sera entretenu, à titre de réserve, au chef-lieu de chaque province, par arme tant en service qu'en magasin, — 1° Dans les provinces desservies par les fluviales	42	18
2° Dans les provinces ne se trouvant pas sur le parcours d'un service régulier de bateaux	90	1

Des demandes seront immédiatement établies pour que chaque brigade soit ravitaillée en munitions conformément aux chiffres ci-dessus. — BRIÈRE.

43. — 12 mars 1891. — CIRCULAIRE *fixant les ingrédients et objets de consommation courante à allouer à la garde civile indigène.*

Afin de règlementer d'une façon uniforme la consommation d'objets et ingrédients divers, d'un usage courant dans les brigades de la garde civile indigène, j'ai l'honneur de vous faire connaître que j'ai arrêté les dispositions suivantes, savoir:

Il sera alloué, par mois et par groupe de 100 gardes civils indigènes, les matières ci-après :

Savon . . . . 20 kilog.
Cire jaune (pour équipement fauve). 2 »
Graisse d'armes . . . . 1 »
Nubian . . . . 15 fioles
Mèche ordinaire . . . . 0m50 cent.
Pétrole . . . . 2 touques

Il sera alloué par an et par groupe de 100 gardes civils indigènes, les objets ci-après :

Lampes en cuivre à pétrole 3
Falots de ronde 2

Les chiffres donnés ci-dessus sont considérés comme un maximum qui ne devra en aucun cas être dépassé.

J'attache un grand prix aux économies qui pourront être réalisées sur les dépenses de menus objets de consommation, et vous invite instamment à n'engager, de ce chef, que des dépenses absolument indispensables. — BRIÈRE.

44. — 18 mars 1891. — ARRÊTÉ *reconstituant la brigade de la garde civile indigène de la province Muong.*

Article premier. — La brigade de la garde civile de la province Muong est dissoute.

Art. 2. — Elle sera remplacée par une brigade de 250 hommes, composée de 100 gardes provenant de l'ancienne brigade de My-duc, et pour le surplus de volontaires recrutés dans les brigades du Delta.

Art. 3. — Un corps territorial de 500 Muongs est institué sous le nom de Son-dung-co. Ces hommes seront chargés de la police locale, sous les ordres de gradés choisis parmi leurs chefs féodaux, et sous le commandement du Dô-doc provincial.

Ils seront armés par leurs propres moyens et ne recevront pas de solde. Ils ne tiendront pas garnison, resteront dans leurs foyers, ne seront réunis et ne marcheront que lorsqu'ils seront convoqués.

Art. 4. — Le vice-résident de Hoa-binh est chargé de l'exécution du présent arrêté. — BRIÈRE.

45. — 28 avril 1891. — CIRCULAIRE *donnant la nomenclature des effets en service dans la garde civile.*

J'ai l'honneur de vous adresser ci-joint la nomenclature des effets de toute nature, objets, armes et artifices, en service dans la garde civile.

Les prix y indiqués serviront de base au remboursement, par les villages ou par les gardes civils, des effets qui, ayant été perdus ou détériorés par la faute ou la négligence des détenteurs, auront donné lieu à l'établissement de procès-verbaux de perte ou de mise hors de service.

TAUX CONVENTIONNEL DE LA PIASTRE : 4 FRANCS

NUMÉRO de la classification — sommaire	détaillée	DÉSIGNATION		UNITÉ	PRIX de remboursement francs et centimes		OBSERVATIONS
		SECTION I					
1	1	Vestons	Flanelle	nombre	4	55	
	2		Noirs		1	50	
	3		Kaki		3	56	
	4		Blancs		1	62	
2	1	Pantalons	Flanelle		4	15	
	2		Noirs		1	70	
	3		Kaki		3	17	
	4		Blancs		1	05	
3	1	Ceinture			0	30	
4	1	Jugulaires			0	35	
5	1	Turbans			0	60	
6	1	Salaccos			0	40	
7	1	Coiffes de salaccos			0	24	
8	1	Jambières (pres)			1	24	
9	1	Sandales (pres)			0	65	
10	1	Galon	Or 22 m .	mètre	5	85	
	2		Laine jonquille		0	27	
	3		Laine tricolore		0	56	
11	1	Vêtements de prison	Vestons	nombre	4	88	
	2		Pantaniers, lons..				
		SECTION II					
26	1	Bretelles de fusil			1	20	Tous mod.
27	1	Ceinturons de troupe complets			3	40	—
	2	Plaques et verrous			0	85	Isolés.
28	1	Ceinturons de garde principal			6	00	Complets.
	2	Dragonnes			1	88	Isolés.
	3	Bélières			2	20	—
29	1	Cartouchières en cuir toile			4	00	Tous mod.
30	1	complètes			3	46	—
	2	Boîtes en zinc			0	64	Isolés.

NUMÉRO de la classification sommaire	détaillée	DÉSIGNATION	UNITÉ	PRIX de remboursement francs et centimes	OBSERVATIONS
31	1	Étuis de revolver complets	nombre	7 80	Tous mod.
	2	Ceinturon d'étui de revolver		1 15	Isolées.
	3	Banderoles d'étui de revolver		0 05	—
32	1	Gibernes		2 50	
33	1	Porte-fourreaux		2 00	
34	1	Clairons		10 01	
35	1	Cordons de clairons			
SECTION III.					
50	1	Coupe-coupe		1 24	
51	1	Couvertures		10 80	
52	1	Courroies de couverture		0 44	Tous mod.
53	1	Étuis musette		3 52	
54	1	Petits bidons / Courroies de petit bidon		3 24	
55	1	Quarts		0 70	
56	1	Marmites		5 00	
57	1	Poches à vivres		1 00	
58	1	Seaux à incendie		4 00	
SECTION IV.					
101	1	Fusil Gras mod. 74		50 00	
102	1	Carabine de gend. mod. 74		50 00	
103	1	Mousqueton d'art. mod. 74		40 00	
104	1	Fusil modèle 1842		37 00	
105	1	Fusil Remington		35 00	Isolées.
106	1/2	Baïonnettes {Épées / Sabres}		10 35 / 10 00	
107	1	Revolver mod. 74		45 00	—
108	1	Canon-revolver		4200 00	
109	1/2	Sabre de {Garde principal / Cavalerie (troupe)}		20 00 / 18 00	
110	1/2/3	Nécessaires pour {Ar. mod. 74 / Rev. mod 74 / Ar. mod. 42}		1 10 / 1 10 / 1 88	
111	1/2	Caisses d'armes {Zinguées / Non zinguées}		26 00 / 13 00	
SECTION IX bis					
151	1/2/3/4	Cartouches à balle {Mod. 70-83 / Rev. mod 73 / Mod. 1803 / Fusil Remington}		1 10 / 0 05 / 0 05 / 0 06	
152	1/2	Cartouches sans balle {Ar. mod 74 / Rev mod 73}		0 05 / 0 02	
153	1/2	Obus pour canon Revolver {Obus ordinaire / Obus à mitraille}		3 80 / 3 00	
154	1/2/3/4	Caisses à cartouches {N° 3 doublée / Diverses et réduites / à obus (en cuivre) / N° 3 bis, et n° 3 ter}		5 70 / 4 00 / 75 00 / 72 00	

NUMÉRO de la classification sommaire	détaillée	DÉSIGNATION	UNITÉ	PRIX de remboursement francs et centimes	OBSERVATIONS
155	1	Sangles pour troupes	nombre	0 50	
156	1/2/3	Étuis vides de cartouches {Mod 70-83 Rev. mod. / 37 / Remington}		0 03 / 0 01	
157	1	Dynamite	kilog.	6 09	

46. — 29 avril 1891. — ARRÊTÉ *ordonnant la visite annuelle des armes et munitions affectées aux services civils du Protectorat.*

Article premier. — Il sera procédé annuellement à une visite des armes et munitions affectées aux services civils du Protectorat, conformément aux prescriptions des règlements sur la visite annuelle des armes et munitions en date de ce jour, insérés au *Journal officiel* de l'Indo-Chine (2e partie) (1).

Art. 2. — MM. les Résidents supérieurs du Tonkin et de l'Annam et M. le Colonel commandant l'artillerie en Indo-Chine sont chargés, chacun en ce qui le concerne, de l'exécution du présent arrêté, qui sera communiqué et enregistré partout où besoin sera. — BIDEAU.

47. — 29 avril 1891. — RÈGLEMENT *sur la visite annuelle des armes et munitions affectées aux services civils du Protectorat.*

§ 1. — PRESCRIPTIONS GÉNÉRALES
Visite des armes et munitions.

Les armes et les munitions affectées aux services civils du Protectorat sont visitées par les capitaines d'artillerie inspecteurs d'armes, une fois par an.

La visite de l'armement a pour objet de constater, par un examen détaillé, l'état général des armes et munitions. Elle a encore pour but d'examiner les réparations faites par les armuriers de région et d'indiquer à ces employés les réparations à faire et la manière de les exécuter; de reconnaître particulièrement les armes défectueuses et d'indiquer les moyens de remédier aux défauts signalés, afin d'assurer l'exécution du règlement sur le service de l'armement dans la garde civile indigène, approuvé par le gouverneur le 25 janvier 1891.

Chef armurier adjoint au capitaine inspecteur d'armes.

Le capitaine inspecteur est accompagné d'un chef armurier expérimenté dans les parties essentielles de la fabrication et des réparations, et chargé, sous sa direction, de visiter l'armement.

Époque de l'inspection d'armes

Le Gouverneur détermine chaque année l'époque à laquelle l'armement sera visité.

Obligations de l'armurier de région

L'armurier de région doit, autant que possible,

(1) Le texte de ce règlement suit.

assister à toutes les opérations de visite des armes des brigades dont l'armement est entretenu par ses soins.

Secrétaire du capitaine inspecteur d'armes

Dans chaque brigade, un garde principal est mis à la disposition du capitaine inspecteur d'armes, pendant la durée de ses opérations.

Lieux où sont visitées les armes

La visite des armes a lieu au chef-lieu de chaque brigade. Les détachements isolés seront fractionnés en deux parties, et chacune d'elles présentera ses armes alternativement. Cependant, si des motifs sérieux s'opposent à la visite de toutes les armes au chef-lieu de la brigade, le capitaine inspecteur d'armes, de concert avec le résident, fixera d'autres centres d'inspection.

Si, en raison d'un service spécial, la totalité des armes ne peut être présentée à la visite, il est pris note de celles qui n'ont pas été visitées; elles sont de préférence apportées à la visite de l'année suivante.

Officiers de la brigade présents à la visite

La visite des armes se fait dans chaque brigade en présence de l'inspecteur qui la commande.

§ II. — DÉTAIL DES OPÉRATIONS RELATIVES A LA VISITE DE L'ARMEMENT D'UNE BRIGADE

1° Visite des armes
CONTRÔLES NOMINATIFS

Dans chaque brigade, il est remis au capitaine inspecteur d'armes, pour chaque espèce d'armes, une feuille établie en double expédition, conforme au modèle XXIX; le classement des armes y est fait par ordre alphabétique des séries A, B, C, etc., et dans chaque série, par ordre de numéros d'armes (Les numéros doivent toujours être pris sur le canon).

Cette feuille est certifiée, quant au nombre d'hommes, par l'inspecteur commandant la brigade; elle doit comprendre, sans aucune exception, les absents et les présents.

Inscription des réparations sur les feuilles modèle XXIX.

L'inscription des préparations prescrites par le contrôleur est faite, au fur et à mesure de la visite, sur les deux expéditions de la feuille XXIX, sous la surveillance de l'inspecteur.

Manière dont les différentes espèces d'armes sont présentées au contrôleur.

Pour les différentes visites, les hommes, munis de leurs armes, sont placés à l'avance, et appelés dans l'ordre de la feuille modèle XXIX.

Visite des fusils, carabines, mousquetons.

Les fusils, carabines ou mousquetons sont visités deux fois.

Pour la première visite, les armes sont démontées à l'avance. Le contrôleur reçoit successivement des mains de chaque homme le canon, la culasse mobile et le bois :

Le canon, séparé du bois et garni de l'épée ou du sabre-baïonnette avec le fourreau, du ressort-gachette et de la détente, de la vis arrêtoir de culasse mobile, toutes les vis serrées à fond ;

La culasse mobile entièrement démontée ;

Le bois portant la baguette et toutes les pièces de garniture ; la baguette vissée de deux ou trois filets dans le taquet écrou (fusil) ou maintenue par l'embouchoir (carabine ou mousqueton), la vis de culasse engagée également de quelques filets dans son écrou, toutes les vis serrées à fond.

Lorsque la visite de l'arme est terminée, le détenteur va immédiatement la remonter, reprend son rang et attend qu'il soit de nouveau appelé.

La visite de l'arme démontée étant terminée pour tous les fusils, carabines ou mousquetons, les hommes sont appelés une deuxième fois pour présenter :

1° leur arme remontée, sans épée ou sabre-baïonnette et sans bretelle ;

2° Les accessoires, l'huilier ainsi que les autres pièces séparées de la boîte du nécessaire.

Visite des revolvers.

Les revolvers ne sont visités qu'une fois. Le revolver est présenté, le barillet la plaque de recouvrement et la plaquette gauche séparés de la carcasse, la vis de plaque engagée de quelques filets dans son trou, l'axe du barillet arrêté dans s.. logement par le cran postérieur. (Il est rigoureusement prescrit que le barillet soit toujours présenté retiré du revolver, afin d'éviter les accidents qui pourraient résulter d'une cartouche laissée par mégarde dans l'une des chambres.)

La visite de l'arme remontée a lieu pour chaque revolver immédiatement après celle des pièces démontées.

Visite des armes blanches

Les armes blanches ne sont visitées qu'une fois. Les sabres et épées sont présentés au contrôleur la lame sortie du fourreau de quelques centimètres.

Montures faites dans l'année par l'armurier de région

Les bois de monture faits dans l'année par l'armurier de région sont vus à la première visite, démontés de toutes pièces.

Le bois, quand il remplit les conditions voulues, est poinçonné par le contrôleur ; dans le cas contraire, il est marqué L. R. de rebut.

Arrêté de la feuille modèle XXIX

L'examen des armes et des accessoires étant terminé, le capitaine inspecteur d'armes et l'inspecteur commandant la brigade signent les deux expéditions de la feuille modèle XXIX, après les avoir collationnées.

L'une des expéditions reste à la brigade, le capitaine inspecteur d'armes garde l'autre pour lui.

Armes à envoyer en manufacture

Après la visite, il est établi, dans chaque brigade, un état modèle XXX, des armes à envoyer en manufacture, et un état modèle XXXI, des armes qui, en raison de l'importance de leurs dégradations, ne doivent pas être réparées. Les états signés du capitaine inspecteur d'armes et de l'inspecteur, sont mis à l'appui de la demande de versement de ces armes à l'artillerie.

Armes en magasin

Les armes en magasin donnent lieu à une visite qui se fait d'une manière analogue à ce qui a été précédemment indiqué pour la brigade, et à l'établissement des mêmes pièces.

Visite des pièces d'armes remplacées dans l'année

Les pièces d'armes remplacées dans l'année par les armuriers de région sont conservées et présentées au capitaine inspecteur d'armes. Celui-ci s'assure que le remplacement n'a pas été fait prématurément, et en prescrit, s'il y a lieu, le remboursement par l'armurier.

Visite des pièces de rechange en magasin

Les pièces de rechange en magasin sont présentées au capitaine inspecteur d'armes, qui s'assure qu'elles sont convenablement entretenues.

Atelier de l'armurier

Le capitaine inspecteur d'armes visite l'atelier des armuriers de région, et s'assure que ces employés sont complètement outillés, et qu'ils possèdent tous les instruments-vérificateurs qui leur sont nécessaires.

Examen des registres tenus dans chaque brigade

Le capitaine inspecteur d'armes examine et vérifie les registres tenus dans chaque brigade et qui sont :

1° Le contrôle général des armes de la brigade ;

2° Le registre servant au relevé des diverses réparations exécutées par l'armurir ;

3° Le registre de procès-verbaux de la visite de l'armement.

§ III. — VISITE DES MUNITIONS

Visite des cartouches entre les mains des hommes.

Lorsque la visite des armes est terminée pour une brigade ou pour un détachement, le capitaine inspecteur d'armes visite les cartouches et les cartouchières de quelques hommes, et rend compte de leur état de conservation.

Visite des cartouches en magasin

Le capitaine inspecteur d'armes visite aussi les munitions en magasin, et s'assure que les prescriptions relatives à leur bonne conservation sont strictement observées.

Examen des étuis et des cartouches qui ont donné lieu à des accidents de tir

Il est rendu compte au capitaine inspecteur d'armes des divers accidents de tir imputables aux cartouches, qui se sont produits depuis la dernière visite de l'armement; les étuis ou les cartouches qui y ont donné lieu lui seront présentées.

Quand la visite des armes et munitions d'une brigade est terminée, le capitaine inspecteur d'armes établit un procès-verbal de visite dans lequel il consigne toutes ses observations relatives à l'armement.

Les procès-verbal est ensuite transcrit sur le registre de procès-verbaux que doit posséder chaque brigade. — BIDEAU.

RÉSIDENCE

de

MODÈLE XXIX

GARDE CIVILE INDIGÈNE

CONTRÔLE NOMINATIF *pour servir à la visite des armes de*

NUMÉROS			GRADES	BONS	À RÉPARER	HORS DE SERVICE	DÉTAIL DES RÉPARATIONS AU COMPTE		OBSERVATIONS
MATRICULE	DES ARMES						de la garde civile indigène	de l'État	

Certifié par l'inspecteur commandant la brigade quant à l'effectif.

A   , le   189

L'Inspecteur commandant la brigade,

Vérifié et arrêté par le capitaine d'artillerie chargé de la visite des armes et par l'inspecteur commandant la brigade,

Le capitaine d'artillerie
chargé de la visite des armes,

L'inspecteur commandant la brigade,

INSPECTION GÉNÉRALE

de

RÉSIDENCE

de

BRIGADE

Art. 324 du règlement

ÉTAT *des armes ou pièces d'armes à réparer, jugées dans le cas d'être envoyées en manufacture ou en direction, les réparations n'étant pas de nature à pouvoir être exécutées par le chef armurier,*

NUMÉRO		NOMS DES DÉTENTEURS	GRADES	DÉSIGNATION DES ARMES et des pièces d'armes		MONTANT de la retenue à exercer au corps	OBSERVATIONS
du registre matricule	des armes						

L'Inspecteur commandant la brigade,

À   , le   189 .

Le capitaine d'artillerie
chargé de la visite des armes,

Vu :
Le Résident de France,

RÉSIDENCE

à

GARDE CIVILE INDIGÈNE

ÉTAT *des armes jugées hors d'état d'être réparées, à verser à l'artillerie.*

DÉSIGNATION DES ARMES		CAUSES qui mettent l'arme hors d'état D'ÊTRE RÉPARÉE	DÉTAIL des dégradations à IMPUTER	OBSERVATIONS
ESPÈCES ET MODÈLES	NUMÉROS			

Certifié le présent état comprenant la quantité d'armes ci-après :
   Fusils modèle
   Revolvers

À   , le   189 .

L'Inspecteur commandant la brigade,

Le Capitaine d'artillerie inspecteur d'armes

Vu :
Le Résident de France,

RÉSIDENCE

d

GARDE CIVILE INDIGÈNE

MODÈLE XXXIII

PROCÈS-VERBAL *de la visite des armes de la brigade de*

L'an mil huit cent quatre-vingt-   le   et jours suivants, nous
capitaine au corps de l'artillerie, assisté de M.   contrôleur d'armes, en présence de M.
inspecteur commandant la brigade, avons, en conséquence des ordres de M. le Gouverneur général en date du
          passé visite des armes de ladite brigade, dont il résulte ce qui suit:

Les armes et accessoires qui nous ont été présentés sont au nombre de
Les armes et accessoires doivent être classés comme ci-après :

	FUSILS	MOUSQUETONS	CARABINES	REVOLVERS	SABRES
Bons					
A réparer par le chef armurier					
A envoyer en manufacture ou en direction					
Hors de service					
Non visités					
Totaux					

Nous avons reconnu que le montant des réparations pendant l'année a été de   que le prix
des pièces tirées des manufactures et qui ont été remises au chef armurier a été de

Fait et clos à   , le   189 .

Le Capitaine d'artillerie
chargé de la visite des armes

L'inspecteur commandant la brigade,

Vu :
Le Résident de France:

---

48. — 27 mai 1891. — CIRCULAIRE *au sujet des déplacements des inspecteurs de la garde civile indigène.*

J'ai remarqué que MM. les inspecteurs de la garde civile qui se déplacent dans la province à laquelle ils sont affectés, adressent à la Résidence supérieure des états de paiement des coolies employés au transport de leurs bagages personnels et de leur cantine.

Cette manière de procéder est absolument contraire à l'esprit du décret du 12 décembre 1889, art. 45, ainsi conçu :

« L'officier, fonctionnaire, employé et agent civil
« et militaire des services coloniaux ou locaux,
« auquel seront allouées des indemnités fixes de
« tournées ou de déplacement que son service l'oblige
« à effectuer dans la colonie à laquelle il est
« attaché, n'a droit, à raison de ces voyages, ni à
« l'indemnité fixe de route, ni à l'indemnité de
« transport. »

Le décret est formel sur ce point, et MM. les inspecteurs de tous grades, qui touchent des frais de service, n'ont pas droit au remboursement des dépenses occasionnées par leurs déplacements.

Je dois ajouter que l'acte du 12 décembre 1889, le seul en vigueur, abroge toutes les circulaires et arrêtés antérieurs qui auraient pu paraître, touchant la question.

Je vous prie en conséquence de vouloir bien ne plus transmettre à la Résidence supérieure les états de cette nature, dont le mandatement serait impitoyablement refusé.

La circulaire en date du 9 décembre 1887, fixant à deux le nombre de coolies auxquels ont droit les gardes principaux envoyés en mission pour plus de deux jours, reste provisoirement en vigueur. — BRIÈRE.

---

49. — 19 novembre 1891. — ARRÊTÉ *allouant la ration aux gardes principaux chargés de la surveillance des coolies et prisonniers.*

Article premier. — Les gardes principaux chargés de la surveillance des coolies et des prisonniers, travaillant à la route de Tiên-yên à Lang-son, auront droit, pendant tout leur séjour, aux rations de vivres de la 2ᵉ catégorie ou à l'indemnité représentative de 1 fr. 20 par jour.

Les gardes civils indigènes, détachés à la garde de ces mêmes travailleurs, recevront une indemnité journalière de cinq cents (0 $ 05).

Art. 2. — Le Résident supérieur du Tonkin est chargé de l'exécution du présent arrêté. — DE LANESSAN.

---

50. — 28 décembre 1891. — CIRCULAIRE *relative au rengagement des gardes civils.*

Mon attention a été appelée sur les divergences d'interprétation qui pourraient se produire en ce qui concerne l'application des termes de l'arrêté du 15 juillet 1890, relatifs au rengagement des gardes civils.

L'arrêté du 15 juillet 1889 a fixé à six années la durée du service.

Les indigènes actuellement dans la garde civile et qui se sont engagés ou ont été incorporés avant le 15 juillet 1889, peuvent être autorisés à compléter, sans y être astreints, à six années la durée de leur service, par un rengagement donnant droit à la haute paye d'ancienneté.

Au contraire les miliciens incorporés ou engagés après le 15 juillet 1889 sont dans la stricte obligation d'accomplir la période règlementaire des six années et ne peuvent prétendre à la haute paye qu'à l'expiration de leur service, et en contractant un rengagement de deux ans au minimum.

Cependant, il est juste de tenir compte, dans l'évaluation du service acquis, du temps passé par ces indigènes dans un corps de troupes régulier (chasseurs et tirailleurs annamites, milice, tirailleurs tonkinois, garde civile).

En ce qui concerne l'interruption plus ou moins longue de service, il convient d'appliquer à la garde civile le maximum de six mois fixé par le même arrêté du 15 juillet 1889 pour les tirailleures tonkinois désireux de contracter un rengagement. Donc la période ouverte aux rengagements ne doit pas dépasser les 6 mois qui suivent la première libération.

Je vous prie, en conséquence, de tenir la main à la stricte observation des dispositions qui précèdent et dont l'exécution, outre qu'elle nous assurera un recrutement plus régulier, fera disparaître les divergences qui auraient pu se produire dans l'interprétation de l'arrêté constitutif de la garde civile au Tonkin. — CHAVASSIEUX.

51. — 8 février 1892. — ARRÊTÉ *allouant l'indemnité de déplacement au poste de la garde civile de Yên-lâp.*

Article premier. — L'indemnité de déplacement, prévue par le décret du 12 décembre 1889, sera accordée, à compter du 1er janvier, suivant l'assimilation qui leur est assignée par les règlements, à l'inspecteur de la garde civile et aux gardes principaux détachés à Yên-lâp.

Art. 2. — Une indemnité de vivres de 0 $ 05 par jour, est allouée, à compter de la même date, aux gardes civils indigènes du poste de Yên-lâp.

Art. 3. — Le Résident supérieur du Tonkin est chargé de l'exécution du présent arrêté. — DE LANESSAN.

52. — 11 juin 1892. — ARRÊTÉ *modifiant celui du 9 janvier 1891, sur la solde des gradés et gardes indigènes de la garde civile.*

Article premier. — L'arrêté du 9 janvier 1891, fixant en francs la solde des gradés et gardes indigènes de la garde civile, pour être décomptée en piastres au taux officiel de chaque mois, est rapporté, à la date du 1er juillet 1892.

Art. 2. — A compter de la même date, la solde des gradés et gardes indigènes de la garde civile est fixée en piastres, comme ci-dessous :

GRADES	SOMMES ALLOUÉES		
	par an	par mois	par jour
Pho-quan..	202 $ 50	16 $ 875	0 $ 5625
Dôi dô { 1re classe..	135 »	11 250	0 3750
{ 2e »	108 »	9 »	0 3000
Cai dô { 1re classe..	90 »	7 50	0 2500
{ 2e »	81 »	6 75	0 2250
Bêp..	67 50	5 625	0 1875
Lính..	54 »	4 50	0 1500

Art. 3. — Les hautes payes journalières sont ramenées à 0 $ 02 pour les dôis et 0 $ 01 pour les cais et gardes.

Art. 4. — Les Résidents supérieurs en Annam et au Tonkin sont chargés de l'exécution du présent arrêté. — CHAVASSIEUX.

53. — 24 juin 1892. — ARRÊTÉ *déterminant le mode d'émargement des états de solde de la garde civile indigène au Tonkin* (1).

Article premier. — Les inspecteurs et les gardes principaux de la garde civile indigène du Tonkin, et les fonctionnaires de l'administration annamite, sont dispensés de la formule de l'émargement des états de solde.

Art. 2. — L'acquit donné par l'agent de paiement libérera entièrement le Trésorier-payeur, conformément aux dispositions de la circulaire de M. le Ministre des finances en date du 3 juillet 1879.

Art. 3. — Le Trésorier-payeur du Tonkin est chargé de l'exécution du présent arrêté. — CHAVASSIEUX.

54. — 1er juillet 1892. — ARRÊTÉ *sur le mode d'émargement des états de solde des inspecteurs et gardes principaux de la garde civile de l'Annam.*

Article premier. — Les inspecteurs et les gardes principaux de la garde civile de l'Annam sont dispensés de la formalité de l'émargement des états de solde.

Art. 2. — L'acquit donné par l'agent de paiement libérera entièrement le Trésorier-payeur, conformément aux dispositions de la circulaire de M. le Ministre des finances en date du 3 juillet 1879.

Art. 3. — Le Trésorier-payeur de l'Annam et du Tonkin est chargé de l'exécution du présent arrêté.

55. — 13 juillet 1892. — ARRÊTÉ *fixant les indemnités des gardes principaux de la garde civile en service aux îles Gow-Tow et Van-hai.*

Article premier. — Les gardes principaux commandant les postes des îles Gow-Tow et Van-hai recevront une indemnité journalière de 60 cents par jour.

Art. 2. — Cette indemnité sera imputée sur les crédits affectés aux indemnités de vivres en campagne, chapitre III, § 3.

Art. 3. — Le Résident supérieur du Tonkin est chargé de l'exécution du présent arrêté qui aura son effet à compter du 4 mars 1892. — CHAVASSIEUX.

56. — 20 août 1892. — ARRÊTÉ *modifiant celui du 23 juin 1890, en ce qui concerne le prix des réparations des armes de la garde civile indigène en Annam.*

Article premier. — Un quatrième emploi d'armurier est créé en Annam. Les prescriptions de l'art. 2 de l'arrêté du 23 juin 1890 sont applicables au titulaire de cet emploi, qui fera partie de la brigade de garde civil de Qui-nhon.

Art. 2. — Le régime d'abonnement appliqué jusqu'à ce jour, et d'après les bases du tarif fixé pour l'entretien de l'armement en Annam et prévu à l'article 3 de l'arrêté du 23 juin 1890 déjà visé, est supprimé et remplacé par le régime de *clerc à maître.*

Art. 3. — Le prix des réparations aux armes sera réglé par le tarif en vigueur dans les corps de troupes

(1) Voir ci-après, pour l'Annam, arrêté du 1er juillet 1892.

en Indo-Chine. Les sommes payées seront majorées de 10 % pour dédommager les ouvriers de leurs pertes de temps dans les déplacements où ils ne reçoivent que les moyens de transport.

Art. 4. — Le Résident supérieur en Annam est chargé de l'exécution du présent arrêté. — CHAVASSIEUX.

───────

57. — 29 août 1892. — ARRÊTÉ *créant une brigade de garde civile pour la surveillance du chemin de fer de Phu-lang-Thuong à Lang-son* (1).

Article premier. — Il est créé une brigade de garde civile indigène, à l'effectif de 400 hommes, pour assurer la surveillance des chantiers et de la ligne du chemin de fer de Phu-lang-Thuong à Lang-son.

Art. 2. — Le Résident supérieur du Tonkin est chargé de l'exécution du présent arrêté. — CHAVASSIEUX.

───────

58. — 29 août 1892. — ARRÊTÉ *déterminant les indemnités des inspecteurs et gardes principaux de la garde civile, en service à la brigade de surveillance du chemin de fer.*

Modifié par arrêté du 14 juillet 1893.

───────

59. — 10 octobre 1892. — ARRÊTÉ *créant une brigade de garde civile dans la province de Thai-nguyên.*

Article premier. — Il est créé une brigade de garde civile à l'effectif de 400 hommes, pour être affectée à la province de Thai-nguyên (2).

Art. 2. — Le Résident supérieur du Tonkin est chargé de l'exécution du présent arrêté. — DE LANESSAN.

───────

60. — 16 octobre 1892. — ARRÊTÉ *déterminant l'indemnité pour cherté de vivres, allouée au personnel européen de la brigade de garde civile du chemin de fer.*

Modifié par arrêté du 14 juillet 1893.

───────

61. — 28 octobre 1892. — ARRÊTÉ *réduisant l'effectif de la garde civile de Cho-bo, et créant un corps de partisans Muong.*

Article premier. — L'effectif de la brigade de garde civile de Cho-bo est réduit de 80 à 50 hommes (3).

Art. 2. — Il est créé, provisoirement, un corps de 200 partisans Muong, qui, sous l'autorité de M. le Commissaire du gouvernement, sera mis à la disposition des mandarins de cette région.

Art. 3. — Ces partisans seront placés, au point de vue de la solde, de l'habillement et de l'équipement, sous le même régime que les linh-co.

Art. 4. — Cette dépense sera imputable sur le chapitre XIV, section 2, du budget de l'exercice 1892.

Art. 5. — Le Résident supérieur du Tonkin est chargé de l'exécution du présent arrêté. — DE LANESSAN.

───────

62. — 6 décembre 1892. — ARRÊTÉ *répartissant entre diverses provinces l'effectif de la brigade de garde civile du chemin de fer* (1).

Article premier. — La brigade de garde civile dite *Brigade du chemin de fer*, tout en étant maintenue comme corps distinct en vue des services prévus par les arrêtés sus-visés, est répartie ainsi qu'il suit pour l'administration, le recrutement, la solde, l'habillement et l'armement, savoir :

Brigade de Bac-ninh.	150
— Hai-doung.	100
— Phu-ly.	50
— Hanoï.	200
— Hung-yên.	100
— Nam-dinh.	150
— Ninh-binh.	50
Total	800

Art. 2. — Les brigades ci-dessus sont, par ce fait, portées aux effectifs suivants (2) :

Art. 3. — Le Résident supérieur du Tonkin est chargé de l'exécution du présent arrêté. — DE LANESSAN.

───────

63. — 14 juillet 1893. — ARRÊTÉ *créant deux brigades de garde civile pour le chemin de fer de Phu-lang-Thuong à Lang-son.*

Article premier. — Il est créé, pour la police sur la ligne du chemin de fer de Phu-lang-Thuong à Lang-son, deux brigades de garde civile spéciales, à l'effectif de 400 hommes chacune.

La brigade n° 1 a son centre de recrutement et d'instruction à Phu-lang-Thuong ; la brigade n° 2 a son centre de recrutement et d'instruction à Lang-son.

Art. 2. — Ces brigades relèvent administrativement du Résident supérieur, et, pour le service de police, de l'autorité chargée d'assurer la sécurité de la route et de ses abords.

Art. 3. — Les inspecteurs commandants des brigades 1 et 2, sont autorisés à recruter au fur et à mesure des besoins, jusqu'à 50 % en plus de l'effectif fixé, de manière à pouvoir constamment, défalcation faite des hommes en congé, aligner à très peu près le complet réglementaire de 400 hommes pour chacune des brigades.

Art. 4. — Les gardes civils de la brigade de Bac-ninh, originaires du plu de Lang-giang, seront versés à la brigade n° 1, dont ils constitueront le noyau.

Art. 5. — Au fur et à mesure du recrutement des brigades 1 et 2, les gardes civils actuellement fournis par les brigades du Delta seront rendus aux provinces d'origine, qui libéreront un effectif égal.

Art. 6. — En outre de la solde et des accessoires de solde réglementaires, le personnel des brigades 1 et 2 aura droit aux suppléments suivants :

Inspecteur : 2 piastres par jour ;

Gardes principaux : 1 piastre par jour ;

Indigènes : une ration journalière de riz, sel et alcool de riz.

Les hommes en congé ont droit à la demi-solde et aux hautes payes d'ancienneté, s'il y a lieu.

Art. 7. — Les dépenses sont imputables au compte du chemin de fer.

Art. 8. — Toutes dispositions contraires sont abrogées.

───────

(1) Voir l'arrêté suivant, du 29 août 1892, et ceux des 6 décembre 1892 et 14 juillet 1893.
(2) L'effectif de cette brigade est actuellement fixé par arrêté du 30 décembre 1893.
(3) Voir arrêté du 30 décembre 1893.

(1) Voir ci-après arrêté du 14 juillet 1893.
(2) Ces effectifs ont été modifiés par arrêté du 30 décembre 1893.

16

Art. 9. — Le Résident supérieur au Tonkin et les commandants des 1er et 2e territoires sont chargés, chacun en ce qui le concerne, de l'exécution du présent arrêté. — DE LANESSAN.

64. — 8 août 1893. — ARRÊTÉ *allouant une indemnité pour cherté de vivres aux gradés de la garde civile indigène en service à Cho-moi.*

Article premier. — Les gradés européens de la garde civile en service à Cho-moi auront droit à une indemnité de cherté de vivres de 0 $ 50 par jour ; le droit à cette indemnité sera ouvert le jour du départ de Thai-nguyên, et clos le jour de l'arrivée à Thai-nguyên au retour. En un mot, le jour de l'arrivée et celui du départ sont inclus.

Art. 2 — Les linhs et gradés indigènes en service à Cho-moi recevront, à titre gratuit et dans les mêmes conditions que ci-dessus, la ration journalière de 800 grammes de riz cru et 24 grammes de sel par homme.

Art. 3. — Les dépenses résultant des allocations qui précèdent seront imputées au chapitre 3, § 4 du budget de l'exercice courant.

Art. 4. — L'achat et le transport du riz et du sel seront confiés à l'administration du chef de la province, à qui un crédit est ouvert à cet effet.

Art. 5. — Le Résident supérieur au Tonkin est chargé d'assurer l'exécution du présent arrêté. — DE LANESSAN.

65. — 5 mai 1894. — ARRÊTÉ *fixant les effectifs des brigades de garde civile en Annam.*

Article premier. — Les effectifs des brigades de la garde civile indigène de l'Annam et du Laos sont provisoirement fixés ainsi qu'il suit :

Thanh-hoa	500 hommes.
Vinh	950 —
Dông-hoi	200 —
Hué	50 —
Faifo	150 —
Qui-nhon	150 —
Nha-trang	150 —
Song-khone et Saravane . .	300 —
Cam-mon	300 —
Total	2.800 hommes.

Art. 2. — Les Vice-résidents chefs de province en Annam, les chanceliers chefs de Dao, et le vice-résident secrétaire particulier sont chargés de l'exécution du présent arrêté. — BOULLOCHE.

66. — 4 janvier 1895. — ARRÊTÉ *réunissant en une seule brigade de garde civile, celles de Nam-dinh, Ha-nam, Thai-binh et Ninh-binh.*

Article premier. — Les brigades de garde civile de Nam-dinh, Ha-nam, Thai-binh et Ninh-binh sont réunies en une seule brigade, en ce qui concerne l'administration.

Art. 2. — La portion centrale de cette brigade sera établie à Nam-dinh.

Art. 3. — L'effectif sera fixé par le Gouverneur général ; la répartition entre les quatre provinces sera faite par le Résident supérieur.

Art. 4. — La comptabilité particulière de chacune des brigades de Nam-dinh, Ha-nam, Thai-binh et Ninh-binh, est supprimée.

Une seule comptabilité sera établie pour la région ; l'habillement, l'équipement et campement, l'armement

et le matériel en compte dans les brigades précitées, seront pris en charge par la brigade unique qui devra pourvoir aux besoins du groupe et établir toutes pièces nécessaires.

Art. 5. — Les détachements occupant les postes dans les provinces de Thai-binh, Ha-nam et Ninh-binh, ne dépendront de la brigade centrale qu'au point de vue administratif. Ils recevront les ordres relatifs à la police et à la surveillance, du Résident de la province dans laquelle ils seront établis.

Art. 6. — Toutes dispositions de détail non prévues au présent arrêté seront réglées par le Résident supérieur chargé d'en assurer l'exécution. — RODIER.

67. — 4 janvier 1895. — ARRÊTÉ *fixant les effectifs des brigades de garde civile du Tonkin.*

Article premier. — Les effectifs des brigades de garde civile du Tonkin sont fixés, à partir du 1er janvier 1895, comme suit :

DÉSIGNATION des BRIGADES	EFFECTIFS
Bac-ninh	700
Cho-bo	50
Hai-duong	240
Haiphong	200
Hanoï	300
Hung-hoa	230
Hung-yên	220
Nam-dinh { Nam-dinh . Thai-binh . Hanam . Ninh-binh (1).	540
Quang-yên	450
Son-tay	500
Thai-nguyên	570
Total	4.000

Art. 2. — Le passage des anciens effectifs aux nouveaux aura lieu progressivement, par libérations, dans un délai qui ne devra pas dépasser cinq mois, à compter du 1er janvier 1895.

Art. 3. — Le Résident supérieur du Tonkin est chargé de l'exécution du présent arrêté. — RODIER.

68. — 23 février 1895. — ARRÊTÉ *allouant provisoirement des subsides annuels aux inspecteurs et gardes principaux de la garde civile indigène, pour blessures et infirmités.*

Article premier. — Jusqu'au jour où la loi sur les pensions de retraite aura été étendue aux européens de la garde civile, des subsides seront alloués, sur les fonds du budget du Protectorat, aux inspecteurs et gardes principaux, ainsi qu'à leurs veuves ou orphelins, dans les conditions déterminées par les articles suivants.

Art. 2. — Les inspecteurs et gardes principaux mis dans la nécessité de quitter leur emploi pour cause de blessures reçues ou d'infirmités contractées en service commandé, et ayant entraîné la perte totale de la vue ou l'amputation d'un membre, ou la perte absolue de l'usage de deux membres, auront droit :

Les inspecteurs de 1re classe à un subside annuel de 3.300 francs ;

(1) Voir ci-dessus arrêté du 4 janvier 1895, réunissant ces quatre brigades sous un commandement unique.

Les inspecteurs de 2e classe à un subside annuel de 2.500 francs ;

Les inspecteurs de 3e classe à un subside annuel de 2.300 francs ;

Les gardes principaux de toutes classes à un subside annuel de 1.700 francs.

Art. 3. — Dans le cas de blessures ou infirmités moins graves, reçues ou contractées en service commandé, et les mettant dans l'impossibilité de rester au service, les inspecteurs et gardes principaux auront droit :

Les inspecteurs de 1re classe à un subside annuel de 2.300 francs ;

Les inspecteurs de 2e classe à un subside annuel de 1.700 francs ;

Les inspecteurs de 3e classe à un subside annuel de 1.500 francs ;

Les gardes principaux de toutes classes à un subside annuel de 1.100 francs.

Art. 4. — Les subsides annuels ci-dessus ne seront pas alloués aux inspecteurs et gardes principaux remplissant les conditions, qui seraient pourvus d'un emploi dans les autres services du Protectorat ou dans une administration publique.

Art. 5. — Les veuves et les orphelins mineurs des inspecteurs et des gardes principaux tués en service commandé, ou morts à la suite de blessures reçues ou de maladies contractées en service commandé, auront droit à un subside annuel égal : à la moitié pour les veuves ou orphelins des inspecteurs ; ou aux deux tiers pour les veuves ou orphelins des gardes principaux — du tarif indiqué à l'article 3.

Art. 6. — Les droits aux subsides seront examinés par une commission composée du Résident supérieur du Tonkin ou de l'Annam, suivant le cas, d'un représentant du Service de Santé désigné par le Chef de ce service, d'un chef de bureau de la Résidence supérieure et d'un inspecteur de la garde civile indigène. Les conclusions de cette commission seront soumises à la ratification du Gouverneur général.

Art. 7. — Les Résidents supérieurs en Annam et au Tonkin et le Chef du Service de santé sont chargés, chacun en ce qui le concerne, de l'exécution du présent arrêté. — RODIER.

Voy.: **Impôts**; — **Recrutement indigène**; — **Pirates, Piraterie**.

GENDARMERIE

1. — 6 juillet 1885. — DÉCISION *règlementant l'administration de la gendarmerie.*

Malgré la répartition de gendarmes composant la force publique du Tonkin sur le territoire des divisions, et dans le but de simplifier l'administration et de faciliter la perception de leur solde, le Général commandant en chef le corps du Tonkin, sur la proposition de M. le Directeur du service de l'intendance, prend la décision suivante :

Les militaires de la gendarmerie composant la force publique du Tonkin seront administrés, à partir du 3e trimestre 1885, dans la forme d'une compagnie formant corps.

Une avance de deux mille francs (2.000 francs) sera faite, une première fois, à titre de fonds de roulement et sur les fonds de la solde, audit détachement. Le capitaine commandant en demeurera responsable.

Cette avance, qui ressortira en trop perçu à chaque revue trimestrielle de liquidation, sera justifiée par une copie de la présente décision. Elle sera

reversée intégralement au trésor, au cas où le détachement de la force publique serait dissous ou cesserait d'être administré dans la forme ci-dessus prescrite. — COURCY.

2. — 17 octobre 1888. — ARRÊTÉ *règlementant les rapports de la gendarmerie au Tonkin et de l'Annam, avec les autorités administratives et judiciaires du Protectorat.*

Article premier. — Le Résident général n'a pas de rapports directs avec la gendarmerie.

Il est tenu au courant de toutes les questions concernant cette arme et pouvant l'intéresser par les comptes rendus du Résident supérieur au Tonkin et du Résident à Hué.

Art. 2. — Le Résident supérieur au Tonkin et le Résident à Hué ont, avec la gendarmerie, chacun dans le territoire qu'il administre, les rapports déterminés par les art. 91 à 103 inclus, 110, 111, 112, 113, 114, 115, 141 et 149 du décret du 1er mars 1854. Toutefois, en raison de la composition du détachement, les rapports et le tableau sommaire visés par les art. 110 et 111 précités, sont adressés au premier de ces fonctionnaires par l'officier commandant le détachement et au second par le commandant de la brigade de Hué.

En ce qui concerne le casernement et l'indemnité de literie, le Résident supérieur au Tonkin et le Résident à Hué cumulent, sous le contrôle du Résident général, les attributions prévues pour les préfets et le Ministre de l'intérieur, par l'art. 82 dudit décret du 1er mars 1854 et les art. 210, 211, 212, 213, 358, 359, 360, 361, 362 et 363 du décret du 18 février 1863.

Art. 3. — Les rapports de la gendarmerie avec les vice-résidents ou les Résidents placés à la tête d'une province, sont ceux qui existent en France avec les sous-préfets ou les préfets dans l'arrondissement ou le département qu'ils administrent, et qui sont déterminés par les art. 91 à 103 inclus, 110, 111, 112, 115, 117 et 141 du décret du 1er mars 1854. Toutefois, en raison de la composition du détachement, les rapports et le tableau prévus par les art. 110 et 111 sont adressés par les commandants de brigade, et l'art. 117 ne sera appliqué, le cas échéant, que dans la résidence de Hanoi, qui, seule, possède plusieurs brigades sur son territoire.

Dans les Résidences ou vice-résidences qui n'ont pas de tribunal, le Résident ou le vice-résident a, en outre, avec la gendarmerie, conformément aux décrets des 17 août 1881 et 10 février 1886, les rapports qui existent dans la métropole avec les autorités judiciaires civiles, et qui sont déterminés par les art. 104 à 109 inclus et 268.

Art. 4. — Les Résidents-maires exercent, en qualité d'officiers de police judiciaire, leur action sur la gendarmerie par réquisitions, conformément aux prescriptions de l'art. 91 du décret du 1er mars 1854.

Les art. 241, 261 et 268 de ce même décret seront également appliqués au Tonkin, en ce qui concerne les relations de ces fonctionnaires avec la gendarmerie.

Art. 5. — Les présidents des tribunaux ont avec la gendarmerie les rapports déterminés par les art. 91 à 109 inclus, 141 et 268 du décret du 1er mars 1854.

Art. 6. — Les chanceliers n'étant, au point de vue judiciaire, que les greffiers du tribunal auprès duquel ils sont placés, n'ont pas de relations de service avec la gendarmerie.

16.

Art. 7. — Les rapports de cette arme avec les commissaires de police sont déterminés par les art. 118, 201 et 268 du décret du 1er mars 1854.

Conformément aux prescriptions de la circulaire du ministre de l'intérieur, en date du 21 juillet 1858, les commissaires de police n'useront du droit de réquisition qu'avec réserve, et seulement quand il sera nécessaire d'appuyer l'autorité d'une force matérielle, et ils ne s'immisceront en aucune manière dans les opérations militaires résultant de la réquisition.

Art. 8. — L'art. 2 du présent arrêté fixe les relations de service de l'officier commandant le détachement de gendarmerie avec le Résident supérieur au Tonkin.

Le commandant du détachement étant le seul officier de gendarmerie de la colonie, il n'aura, outre ses relations avec les autorités civiles, que les rapports déterminés par les art. 251, 252, 256, 257, 259, 261, 265, 266 et 268 du décret du 1er mars 1854, relatifs aux devoirs des officiers de police judiciaire.

Art. 9. — Le 2e § de l'art. 92 du décret du 1er mars 1854 ainsi conçu : « Les réquisitions ne peuvent être données ni exécutées que dans l'arrondissement de celui qui les donne et de celui qui les exécute » est modifié de la façon suivante :

« Les réquisitions ne peuvent être données ni exécutées que dans la résidence ou à proximité de la résidence de celui qui les exécute. » L'article 105 du même décret, ainsi conçu : « Les mandements de justice peuvent être notifiés aux prévenus et mis à exécution par les gendarmes » est complété comme il suit : « Ces mandements ne sont notifiés ni exécutés que dans la résidence ou à proximité de la résidence de celui qui les donne ou de celui qui les notifie ou qui les exécute. »

En conséquence, sauf pour le transfèrement de prisonniers civils et les escortes de convois de fonds, les sous-officiers, brigadiers et gendarmes ne doivent pas être chargés d'exécuter une réquisition ou de faire des notifications qui les retiendraient éloignés de leur résidence plus de douze heures.

Art. 10. — Toutes les dispositions qui ne sont pas contraires au présent arrêté, sont et demeurent en vigueur.

GREFFIERS, GREFFIERS-NOTAIRES

1. — 11 février 1889. — Arrêté *sur les fonctions et devoirs des greffiers-notaires.*

CHAPITRE PREMIER

DES GREFFIERS-NOTAIRES

Article premier. — Les greffiers des tribunaux de Hanoi et de Haiphong sont chargés de recevoir tous les actes et contrats auxquels les parties doivent ou veulent faire donner le caractère d'authenticité attaché aux actes de l'autorité publique, pour en assurer la date, en conserver le dépôt, en délivrer des grosses et expéditions, et remplir toutes autres fonctions qui sont attribuées aux notaires de France.

Ils prennent le titre de *Greffier-notaire*.

Art. 2. — Le greffier-notaire sera suppléé, en cas d'empêchement, par le commis-greffier.

CHAPITRE II

DES ACTES, DE LEUR FORME ; DES MINUTES, GROSSES, EXPÉDITIONS ET EXTRAITS ; DES COPIES FIGURÉES DESTINÉES AU DÉPÔT DES CHARTES COLONIALES ; DE L'ENREGISTREMENT DES ACTES.

Art. 3. — Les greffiers-notaires ne peuvent recevoir des actes dans lesquels leurs parents ou alliés en ligne directe, à tous les degrés, et en ligne collatérale jusqu'au degré d'oncle et de neveu inclusivement, seraient parties, ou qui contiendraient quelques dispositions en leur faveur.

Art. 4. — Les actes sont reçus par le greffier-notaire, en présence de deux témoins et, s'il s'agit d'un testament par acte public, de quatre témoins.

Art. 5. — Toutes les fois qu'une personne ne parlant pas la langue française sera partie dans un acte, le greffier-notaire devra être encore assisté d'un interprète assermenté, qui expliquera l'objet de la convention avant toute écriture, expliquera de nouveau l'acte rédigé, et signera comme témoin additionnel.

Les signatures qui seraient écrites en caractères étrangers seront, autant qu'il se pourra, reproduites en caractères français, et leur reproduction sera certifiée et signée au pied de l'acte par l'interprète.

À défaut d'interprète assermenté, le greffier-notaire appelé à recevoir l'acte désignera un interprète auquel il fera prêter serment.

Art. 6. — Les témoins instrumentaires devront être mâles, majeurs, européens, parlant français, jouissant de leurs droits civils, sachant signer, et ayant leur résidence dans le Protectorat depuis une année au moins.

Néanmoins la condition de la résidence n'est pas exigée pour les témoins des testaments reçus en dehors des concessions françaises de Hanoi et de Haiphong. Il suffira d'ailleurs, conformément à l'article 974 du Code civil, que deux des quatre témoins signent le testament.

Art. 7. — Les actes reçus par les greffiers-notaires ne pourront être annulés par le motif que les deux témoins instrumentaires n'auraient pas été présents à leur réception.

Toutefois, la présence des témoins est requise, à peine de nullité, au moment de la lecture par le greffier-notaire et de la signature par les parties, des actes contenant donation entre époux pendant le mariage, révocation de donation ou de testament, reconnaissance d'enfant naturel, ainsi que des procurations pour consentir ces divers actes. Mention de cette présence doit être faite, à peine de nullité.

Les formalités auxquelles les testaments sont soumis par le code civil, seront observées pour les testaments publics, et les nullités prononcées par le même code seront également applicables.

Art. 8. — Les parents ou alliés du greffier-notaire et des parties contractantes au degré prohibé par l'article 3, ne peuvent être témoins. Il en est de même des commis, expéditionnaires et clercs employés par le greffier-notaire.

Les mêmes personnes ne peuvent remplir les fonctions d'interprète. Ne peuvent également être pris comme interprètes à la réception d'un testament, les légataires, à quelque titre que ce soit, ni leurs parents ou alliés jusqu'au quatrième degré inclusivement.

Art. 9. — Les actes seront écrits en un seul contexte, lisiblement, sans abréviation, blanc, lacune ou intervalle. Les dates et les sommes y seront inscrites en toutes lettres.

Ils énonceront : 1o le nom, le titre et la résidence du greffier-notaire ; 2o les noms, prénoms, qualités et demeures des parties ; 3o les noms, prénoms, âges, professions et demeures des témoins instrumentaires et de ceux qui auraient été appelés dans le cas de l'article 13 ci-après ; 4o les noms et la demeure des interprètes qui auraient concouru aux actes ; 5° le lieu, l'année et le jour où ces actes sont passés ; 6° les procurations des contractants, lesquelles, certifiées par les parties qui en feront usage, resteront annexées à la minute ; 7° la lecture faite aux parties par le greffier-notaire, et 8° le cas échéant, l'accomplissement des prescriptions de l'article 5, relatives au concours d'interprètes, sans préjudice des autres formalités spéciales prescrites par le présent arrêté et des formalités auxquelles les actes sont assujettis par la loi.

Ils exprimeront les sommes en francs, décimes et centimes, et les quantités en mesures et poids métriques. Toutefois, les sommes ou quantités pourront être énoncées au moyen des appellations en usage dans le Protectorat ou dans le lieu du domicile des contractants, à la condition d'être, à la suite, exprimées en dénominations conformes au système décimal ou métrique.

Art. 10. — Les actes seront signés par les parties, les témoins et le greffier-notaire, qui devra en faire mention à la fin de l'acte.

Quant aux parties qui ne savent ou ne peuvent signer, il doit être fait mention, à la fin de l'acte, de leurs déclarations à cet égard.

Art. 11. — Il ne doit y avoir ni surcharge, ni interligne, ni addition dans le corps de l'acte ; les mots interlignés, surchargés ou ajoutés sont nuls.

Les renvois et apostilles ne peuvent, sauf l'exception ci-après, être écrits qu'en marge ; ils sont approuvés par la signature, l'initiale du nom propre ou le paraphe du greffier-notaire et de chacun des autres signataires de l'acte, à peine de nullité des renvois ou apostilles. Si la longueur du renvoi exige qu'il soit transporté à la fin de l'acte, il doit non-seulement être signé ou paraphé comme les renvois en marge, mais encore expressément approuvé par les parties, à peine de nullité du renvoi.

Le nombre des mots rayés nuls dans tout le corps de l'acte, est approuvé de la même manière.

Art. 12. — Les greffiers-notaires sont tenus d'annexer aux actes par eux reçus, l'original, ou, en tous cas, la traduction certifiée par un interprète assermenté et signée des parties, des actes qui ne seraient pas écrits en langue française et auxquels les nouvelles conventions se référeraient. Le contenu desdites pièces devra être mentionné sommairement dans l'acte.

Art. 13. — Si le nom, l'état et la demeure des parties ne sont pas connus du greffier-notaire qui recevra leurs conventions, ils devront être attestés par deux témoins connus de lui, et ayant les mêmes qualités que celles requises pour les témoins instrumentaires.

Art. 14. — Chaque greffier-notaire tiendra exposé dans son bureau : 1° Un tableau sur lequel il inscrira les noms, prénoms, qualités, professions et demeures des personnes qui, dans l'étendue de son ressort, sont interdites ou assistées d'un conseil judiciaire, ainsi que la mention des jugements y relatifs ; 2° un autre tableau où il inscrira également l'extrait des contrats de mariage intervenus entre époux domiciliés dans son ressort et dont l'un serait commerçant, ledit extrait contenant les indications prescrites par l'article 67, § 2, du Code de commerce. Ces inscriptions auront lieu immédiatement après la notification qui devra être faite aux greffiers-notaires, savoir : par le greffier du tribunal qui aura rendu le jugement définitif d'interdiction ou de nomination d'un conseil judiciaire, de l'extrait dudit jugement, et par le greffier-notaire qui, dans le cas prévu par le n° 2 du précédent paragraphe, aura reçu le contrat de mariage d'un commerçant, de l'extrait dudit contrat.

Art. 15. — Les greffiers-notaires sont tenus de passer en minute tous les actes qu'ils reçoivent.

Néanmoins, ne sont pas compris dans la présente disposition les certificats de vie, procurations, actes de notoriété, quittances de fermages, de loyers, de salaires, d'arrérages de pensions ou de rentes et les autres actes simples qui, d'après la loi, peuvent être passés en brevet.

Les actes relatifs à des conventions qui ne s'appliquent qu'à des objets purement mobiliers, et dont la valeur n'excède pas 1.000 fr., peuvent également, si d'ailleurs ils ne contiennent pas des dispositions au profit de tiers, ou que ceux-ci pourraient invoquer, être passés en simple brevet ou en minute, au choix des parties.

Art. 16. — Le greffier-notaire sera tenu d'apposer sur les actes, et expéditions des actes, un sceau particulier, d'après le modèle adopté pour les notaires de France.

Lorsque les actes doivent être produits hors du Protectorat, la signature du greffier-notaire sera légalisée par le président du tribunal, et celle de ce magistrat par le Résident supérieur.

Art. 17. — Les greffiers-notaires tiennent répertoire de tous les actes qu'ils reçoivent. Les répertoires sont visés, cotés et paraphés par le président du tribunal. Chaque article du répertoire sera dressé par jour et contiendra : 1° son numéro d'ordre ; 2° la date de l'acte ; 3° sa nature ; 4° son espèce, c'est-à-dire qu'il est en minute ou en brevet ; 5° les noms, prénoms, demeures des parties ; 6° l'indication des biens, leur situation et le prix, lorsqu'il s'agira d'actes ayant pour objet la propriété, l'usufruit ou la jouissance de biens immeubles ; 7° la somme prêtée, cédée ou transportée, s'il s'agit d'obligation, cession ou transport ; 8° la relation de l'enregistrement.

Ces répertoires sont soumis, dans les dix premiers jours de janvier, d'avril, de juillet et d'octobre, au visa du receveur de l'enregistrement, conformément à l'article 51 de la loi du 22 frimaire an VII.

Art. 18. — Le greffier-notaire retient aux frais des parties, pour le dépôt des chartes coloniales créé en France par l'édit de juin 1776, une copie figurée des actes dont il doit garder minute, à l'exception des inventaires et des ventes sur inventaire.

La copie figurée, signée par le greffier-notaire et les témoins instrumentaires, est remise avec la minute au receveur de l'enregistrement, qui la collationne et la vise sans frais, en y relatant la mention d'enregistrement.

En cas de perte du titre original, la copie figurée fait la même foi que lui.

Le greffier-notaire tient répertoire des copies figurées.

Art. 19. — Les copies figurées sont remises, avec le répertoire, au Procureur général chef du service judiciaire, dans les deux premiers mois de chaque année, par le greffier-notaire.

Art. 20. — Sont, au surplus, rendues communes aux greffiers-notaires, et sauf les modifications résultant du présent arrêté ou de la législation spéciale du Protectorat, les dispositions des articles 17, 22, 23, 24, 25 et 26 de la loi du 25 Ventôse an XI, 971 à 979 et 1317 à 1320 du Code civil.

CHAPITRE III
FRAIS D'ACTES, HONORAIRES ET VACATIONS

Art. 21. — Le tarif de Paris, établi par le décret

du 16 février 1807 et par l'article 14 de l'ordonnance du 10 octobre 1841, est rendu applicable aux greffiers-notaires de Hanoi et de Haiphong (1).

Les doubles minutes ou copies figurées destinées au dépôt des chartes coloniales leur seront payées par les parties à raison de deux francs par rôle de 24 lignes à la page et de 15 syllabes à la ligne.

Art. 22. — Tous autres honoraires pour les actes non tarifés par les décrets et ordonnances mentionnés en l'article précédent, sont réglés à l'amiable entre les parties et les notaires. Il en sera de même pour les frais de transport. En cas de difficultés avant comme après le payement, la taxe en sera faite par le tribunal de 1re instance, en chambre du conseil, sur simples mémoires et sans frais, le ministère public entendu.

CHAPITRE IV

DE LA DISCIPLINE. — DES AMENDES

Art. 23. — La discipline à l'égard du greffier-notaire, est exercée par le Procureur général chef du service judiciaire de l'Indo-Chine.

Il prononce contre lui, après l'avoir entendu, le rappel à l'ordre, la censure simple, la censure avec réprimande. Il lui donne tout avertissement qu'il juge convenable.

Toute peine de discipline prononcée par le Procureur général contre le greffier-notaire lui sera notifiée par écrit ; mention en sera faite sur un registre spécial tenu à cet effet.

Le Procureur général informera le Gouverneur de tous rappel à l'ordre, censure simple ou avec réprimande, qu'il aura prononcés contre le greffier-notaire.

Dans le cas où, d'après la législation de la métropole, il y aurait lieu à suspension ou à révocation, il sera procédé par le Procureur général à l'enquête disciplinaire contre le greffier-notaire, qui devra toujours être entendu ou dûment appelé et pourra fournir, dans le délai qui lui sera fixé, ses explications par écrit sur les griefs dont il lui sera donné communication.

Le Procureur général adressera son rapport motivé au Gouverneur général, qui prendra telles mesures provisoires qu'il jugera opportunes.

Il sera rendu compte au Ministre de la marine et des colonies.

Le tout indépendamment des amendes qui seraient encourues par le greffier-notaire, aux termes des lois de la métropole, pour contraventions, omissions, irrégularités et autres violations ou inobservations des règlements qui lui sont rendus communs par le présent arrêté, sans toutefois que lesdites amendes puissent dépasser 20 francs.

Art. 24. — Dans tous les cas où le greffier-notaire vient à cesser ses fonctions sans qu'il ait été pourvu à son remplacement, ses minutes et répertoires sont mis sous les scellés par le président du tribunal.

Toutes les fois que les fonctions de greffier-notaire passent à un nouveau titulaire, il est dressé, en double, un état sommaire des minutes remises, et celui qui les reçoit s'en charge au pied de l'acte. Un des doubles est déposé au greffe du tribunal de première instance.

Art. 25. — Le notaire qui, aux termes des articles 928, 931 et 942 du Code de procédure civile, doit être appelé pour représenter les absents à la levée des scellés ou à l'inventaire, sera remplacé par un fonctionnaire désigné par le président du tribunal.

DISPOSITIONS GÉNÉRALES

Art. 26. — Tout acte fait en contravention des articles 3, 4, 5, 6, 7, 8, 10 et 15 est nul, s'il n'est pas revêtu de la signature de toutes les parties ; et lorsque l'acte est revêtu de la signature de toutes les parties contractantes, il ne vaut que comme écrit sous signatures privées, sauf, dans les deux cas, s'il y a lieu, tous dommages-intérêts contre le greffier-notaire.

Art. 27. — Les dispositions du présent arrêté seront exécutoires à partir du 11 février.

Art. 28. — Le Résident général en Annam et au Tonkin et le Procureur général chef du service judiciaire de l'Indo-Chine sont chargés, chacun en ce qui le concerne, de l'exécution du présent arrêté, qui sera publié et enregistré partout où besoin sera. — RICHAUD.

3. — 4 mars 1892. — INSTRUCTIONS MINISTÉRIELLES *sur le paiement des indemnités de route et de séjour des greffiers de paix.*

L'attention du département a été appelée sur le mode d'application du décret du 12 décembre 1889, en ce qui concerne le paiement des indemnités de route et de séjour aux greffiers de paix qui se déplacent, soit pour assister le juge, lorsque ce dernier va tenir les audiences foraines périodiques, soit pour procéder sur les lieux à des constatations ou informations criminelles.

Avant la promulgation du décret du 12 décembre 1889, cette question était tranchée par les arrêtés locaux ; mais il ne peut en être de même aujourd'hui que le personnel judiciaire se trouve placé sous l'empire de ce décret dans les mêmes conditions que les autres fonctionnaires, lorsqu'il s'agit de déplacement leur donnant droit aux indemnités de route et de séjour.

Il convient, toutefois, d'établir une différence bien marquée entre les déplacements purement administratifs, nécessités par la prestation de serment, la tenue des audiences foraines, la mise en route pour aller remplir des fonctions temporaires, et ceux qui ont pour but de procéder sur les lieux à des constatations ou informations criminelles.

Les premiers, en effet, donnent lieu à la délivrance d'une feuille de route qui servira à constater les droits à l'indemnité de route et de séjour, et, dans ce cas, c'est le décret du 12 décembre 1889 (3e catégorie, sous-lieutenants et assimilés), qui doit être appliqué.

Mais lorsque le magistrat est appelé à procéder immédiatement, sur les lieux, à des constatations ou informations criminelles, cas non prévu au décret précité, il y a lieu d'appliquer le tarif criminel en vigueur dans la colonie.

Dans le premier cas, la dépense est imputable au chapitre VIII du budget colonial ; dans le second, elle est remboursée sur les frais de justice et ne grève en aucune façon le budget de la colonie.

J'ai l'honneur de vous prier de vouloir bien faire insérer la présente circulaire au *Journal officiel* de la colonie. — EUG. ÉTIENNE.

4. — 9 décembre 1893. — ARRÊTÉ *déterminant les conditions d'admission aux fonctions de commis-greffier en Indo-Chine.*

Article premier. — Nul ne sera admis dans le

---

(1) Voir en outre le tarif spécial pour certains actes, fixé par arrêté du 4 août 1891, publié V° Droits de greffe.

personnel des commis-greffiers du service judiciaire de l'Indo-Chine, s'il n'est français ou naturalisé et âgé de 21 ans, et s'il n'a subi avec succès devant un magistrat désigné par le Procureur général chef du service judiciaire, les épreuves d'un examen professionnel et public.

Art. 2. — A l'appui de sa demande, le candidat à un emploi de commis-greffier devra joindre les pièces désignées ci-après :

1° Son acte de naissance;

2° Un extrait de son casier judiciaire;

3° Un certificat de bonnes vie et mœurs;

4° Les brevets, diplômes et certificats de toute nature qu'il possède.

Art. 3. — Le programme de l'examen à subir par les candidats aux fonctions de commis-greffiers du service judiciaire de l'Indo-Chine est arrêté de la façon suivante :

I. — Epreuves écrites

Dictée.

Problèmes d'arithmétique.

Rédaction d'un jugement ou arrêt dont le factum leur sera fourni.

II. — Epreuves orales

Code de procédure civile.

Des citations diverses.

Notions générales sur les jugements, les enquêtes et les visites des lieux.

Des matières sommaires et procédure devant les Tribunaux de commerce.

Notions générales sur la tierce opposition, la saisie immobilière, la distribution par contribution, les scellés.

De la liquidation des dépens, des frais et des dommages-intérêts.

Des voies à prendre pour avoir expédition ou copie d'un acte ou pour le faire réformer.

Code d'instruction criminelle

Des manières de se pourvoir contre les arrêts et jugements.

Procès-verbaux, mandats, ordonnances.

Matières diverses

Composition des dossiers civils en matière indigène et dossiers correctionnels. Classement des pièces dans ces dossiers.

Organisation judiciaire de l'Indo-Chine.

Pourvois en annulation et en cassation en Indo-Chine.

Tarifs des frais et droits de greffe devant la cour et les diverses juridictions de l'Indo-Chine.

Actes soumis à l'enregistrement.

Délai de l'enregistrement de ces pièces.

Salaires dus aux greffiers.

Extraits-expéditions, Etats périodiques. Actes et procès-verbaux divers du ministère des greffiers.

Art. 4. — Chaque candidat sera l'objet de cinq questions au cours de l'examen oral. Les magistrats et le greffier du Tribunal de 1re instance auquel sera attaché le candidat lui donneront une note de conduite et une d'aptitude. Les notes seront cotées de 0 à 15.

Art. 5. — Pourront seuls être admis à l'examen les candidats âgés de 21 ans au moins, qui produiront un diplôme de bachelier ou le brevet de l'enseignement secondaire spécial, ou un brevet de l'enseignement primaire supérieur, et les commis-greffiers provisoires âgés de 21 ans au moins et qui justifieront de trois mois de service au minimum en qua-

lité de commis-greffiers provisoires. Ce stage sera réduit à deux mois pour les candidats qui justifieront d'un brevet primaire simple ou du certificat de grammaire et dont le total des notes de conduite et d'aptitude s'élèvera à 24 points au moins.

Art. 6. — Les candidats qui produiront le diplôme de bachelier, ou le brevet supérieur de l'enseignement primaire, ou le diplôme de l'enseignement secondaire spécial, bénéficieront de 40 points et seront dispensés de la dictée et des problèmes d'arithmétique, ainsi que du stage en qualité de commis-greffier provisoire. Ceux qui justifieront du brevet simple de l'enseignement primaire bénéficieront de 15 points au moment de l'examen et seront aussi dispensés de la dictée et des problèmes d'arithmétique. Ceux qui ne produiront que le certificat ou brevet de grammaire bénéficieront de 8 points. Ceux des candidats qui, avant l'examen, auront justifié de la connaissance de la langue annamite, bénéficieront de 20 points. Le nombre de points à obtenir pour être admis est fixé à 100.

Art. 7. — Les sessions d'examen pour le grade de commis-greffier titulaire sont fixées aux mois de janvier et de juillet de chaque année.

Art. 8. — Tout commis-greffier provisoire qui ne se présentera pas à la session d'examen qui aura lieu six mois après son admission en qualité de commis-greffier provisoire, et tous les candidats qui n'obtiendront pas, dès le premier examen, un nombre de points supérieur à la moitié du minimum exigé pour l'admission, seront déclarés inaptes à remplir les fonctions de commis-greffier. Il en sera de même de tous les candidats remplissant ou non les fonctions de commis-greffier provisoire, selon qu'il est spécifié dans les articles précédents, qui échoueront à deux sessions d'examen. Les candidats qui n'auront pas été admis à une première session devront se présenter à l'examen de la session suivante, sous peine d'être déclarés inadmissibles à l'emploi de commis-greffier.

Art. 9. — Les commis-greffiers admis à l'examen seront titularisés dans leurs fonctions suivant les besoins du service. Les commis-greffier de 3e classe actuellement en fonctions ne pourront être nommés à la classe supérieure qu'après avoir subi avec succès l'examen exigé par les articles précédents.

Art. 10. — Le roulement ou la répartition des commis-greffiers du service judiciaire dans les diverses juridictions de l'Indo-Chine est fixé par le Procureur général Chef du service judiciaire, selon les besoins du service.

Art. 11. — Avant d'entrer en fonctions, les commis greffiers prêteront devant la juridiction près laquelle ils sont attachés, le serment professionnel suivant :

« Je jure et promets de bien et loyalement rem-
« plir mes fonctions et d'observer en tout les devoirs
« qu'elles m'imposent. »

Ils sont dispensés du versement des droits à percevoir pour leur prestation de serment. Les procès-verbaux dressés à cet effet seront enregistrés gratis.

Art. 12. — L'avancement des commis-greffiers a lieu dans l'ordre des classes. Il est donné au choix. Nul ne pourra être nommé à la classe supérieure s'il ne compte deux ans au moins de service dans la classe inférieure.

Art. 13. — Le classement des commis-greffiers pour le traitement à l'hôpital et au point de vue des moyens de transport ainsi que des indemnités de route et de séjour à leur accorder, est fixé conformément au tableau ci-après :

DÉSIGNATION des SERVICES	1re CATÉGORIE		2e CATÉGORIE	3e CATÉGORIE	4e CATÉGORIE	5e CATÉGORIE	6e CATÉGORIE	OBSERVATIONS
	A	B		Commis-greffiers de 1re cl.	Commis-greffiers de 2e cl.	Commis-greffiers de 3e cl.		

Art. 14. — Les commis-greffiers provisoires seront nommés par le Procureur général chef du service judiciaire, si les besoins du service l'exigent. La solde de ces commis-greffiers sera fixée par la décision de nomination.

Art. 15. — Les commis-greffiers provisoires pourront être dispensés des conditions d'âge et de capacité exigées des titulaires. Ils seront titularisés dans leur emploi au fur et à mesure des vacances et des besoins du service, lorsqu'ils auront satisfait aux conditions de stage et d'examen indiquées ci-dessus, et selon le rang qu'ils auront obtenu à l'examen.

Art. 16. — Sont abrogés les arrêtés antérieurs des 8 octobre 1884 et 13 octobre 1885 et toutes les dispositions contraires à celles édictées par le présent arrêté.

Art. 17. — Le Lieutenant-gouverneur de la Cochinchine, les Résidents supérieurs en Annam, au Tonkin et au Cambodge et le Procureur général chef du Service judiciaire de l'Indo-Chine sont chargés, chacun en ce qui le concerne, de l'exécution du présent arrêté, qui sera communiqué et enregistré partout où besoin sera. — DE LANESSAN.

Voy. : **Droits de greffe ; — Enregistrement ; — Notaires.**

GOUVERNEUR GÉNÉRAL

1. — 10 juin 1891. — ARRÊTÉ *promulguant le décret du 21 avril 1891, fixant les attributions du Gouverneur général de l'Indo-Chine.*

Article unique. — Est promulgué dans toute l'étendue de l'Indo-Chine, le décret du 21 avril 1891, fixant les attributions du Gouverneur général de l'Indo-Chine. — BIDEAU.

DÉCRET *du 21 avril 1891*

Article premier. — Le Gouverneur général est le dépositaire des pouvoirs de la République dans l'Indo-Chine française. Il a seul le droit de correspondre avec le gouvernement. Il communique avec les divers départements ministériels sous le couvert du ministre chargé des colonies.

Il correspond directement avec les ministres de France, consuls généraux, consuls et vice-consuls de France en Extrême-Orient. Il ne peut engager aucune négociation diplomatique en dehors de l'autorisation du gouvernement.

Art. 2. — Le Gouverneur général organise les services de l'Indo-Chine et règle leurs attributions.

Il nomme à toutes les fonctions civiles, à l'exception des emplois ci-après : Lieutenant-gouverneur, Résident supérieur, directeur du contrôle, Résidents et vice-résidents, administrateurs principaux et administrateurs, magistrats et chefs des principaux services. Les titulaires de ces emplois sont nommés par décrets, sur sa présentation. En cas d'urgence, le Gouverneur général peut les suspendre de leurs fonctions. Il doit en rendre compte immédiatement au ministre chargé des colonies.

Art. 3. — Le Gouverneur général peut déléguer, par décision spéciale, et sous sa responsabilité, son droit de nomination au Lieutenant-gouverneur de la Cochinchine et aux Résidents supérieurs de l'Annam, du Tonkin et du Cambodge.

Il peut également déléguer à ces fonctionnaires, dans la même forme, le droit de régler et d'organiser les attributions de leurs services.

Art. 4. — Le Gouverneur général a sous ses ordres directs le Lieutenant-gouverneur, les Résidents supérieurs, le Commandant supérieur des troupes, les commandants de la marine et les chefs des services administratifs.

Il peut déléguer tout ou partie de ses pouvoirs au Lieutenant-gouverneur de la Cochinchine et aux Résidents supérieurs.

Art. 5. — Le Gouverneur général est responsable de la défense intérieure et extérieure de l'Indo-Chine. Il dispose, à cet effet, des forces de terre et de mer qui y sont stationnées.

Aucune opération militaire, sauf le cas d'urgence où il s'agirait de repousser une agression, ne peut être entreprise sans son autorisation.

Il ne peut, en aucun cas, exercer le commandement direct des troupes. La conduite des opérations appartient à l'autorité militaire qui doit lui rendre compte.

Art. 6. — Le Gouverneur général est chargé de l'organisation et de la règlementation du service des milices affectées à la police et à la protection des populations, à l'intérieur de nos possessions de l'Indo-Chine. Il nomme à tous les emplois dans ce corps.

Art. 7. — Des territoires militaires pourront être déterminés par le Gouverneur général après avis du Résident supérieur compétent et de l'autorité militaire.

Dans ces territoires, l'autorité militaire exercera les pouvoirs du Résident supérieur. Les territoires rentreront sous le régime normal par décision du Gouverneur général.

Art. 8. — Le directeur du contrôle est chargé, sous l'autorité immédiate et exclusive du Gouverneur général, de la surveillance des services financiers, y compris le service du trésorier-payeur, de la vérification et de la centralisation de la comptabilité tenue par les différents services.

Il peut être chargé, par le Gouverneur général, de procéder à toutes vérifications dans les différents services financiers du Tonkin, de l'Annam, de la Cochinchine et du Cambodge.

Art. 9. — Le Gouverneur général dresse, chaque année, conformément à la législation en vigueur, le budget de la Cochinchine et des Protectorats.

Après approbation de ces budgets par le gouvernement, il prend toutes les mesures nécessaires pour leur exécution. Il soumet à la ratification du gouvernement tous projets de travaux, contrats, concessions et entreprises de toute nature, qui excèdent les ressources des Protectorats.

Art. 10. — Sont abrogés les art. 1, 2 et 3 du décret du 20 octobre 1887, ainsi que toutes les dispositions contraires au présent décret.

Art. 11. — Le président du conseil, ministre de la guerre, le ministre des affaires étrangères et le ministre de de la marine sont chargés, chacun en ce qui le concerne, de l'exécution du présent décret. — CARNOT.

Voy. : **Défense des colonies; — Organisation administrative.**

H

HAI-DUONG (VILLE DE)

1. — 24 novembre 1884. — RÈGLEMENT *de police et de voirie de la ville de Hai-duong. (Article 10 du traité du 6 juin 1884).*

Article premier. — Tous les propriétaires et locataires sont tenus, dans l'intérieur de la ville de Hai-duong, de faire balayer, tous les jours, la partie de la voie publique qui se trouve au-devant de leurs maisons, cours, jardins et autres emplacements, jusques et y compris le ruisseau.

Art. 2. — Il est interdit :

1° De déposer, dans la rue, des ordures, immondices, fumiers et résidus quelconques de ménage;

2° De rien jeter des habitations sur la voie publique, comme aussi d'y déposer soit des débris de verre ou de porcelaine, soit des matières susceptibles de causer des exhalaisons nuisibles et incommodes ;

3° De se livrer à l'élevage des bestiaux, de laisser paître des bœufs, buffles, chèvres ou autres animaux sur la voie publique, et aussi de faire parcourir les rues par des troupeaux de bestiaux, le matin entre sept heures et onze heures, et le soir entre cinq heures et huit heures.

4° De déposer sans nécessité, et laisser sans autorisation, sur la voie publique, des meubles, caisses, matériaux et autres objets.

Art. 3. — Il est défendu d'établir des jeux sur la voie publique sans autorisation préalable.

Art. 4. — Tout propriétaire qui voudra procéder à une construction ou réparation des murs de face ou clôture de bâtiment, sera tenu de demander une autorisation spéciale au résident de France, qui lui donnera l'alignement à observer.

Art. 5. — Les cabarets et débits de boissons seront fermés à dix heures du soir. Le résident de France pourra accorder des autorisations de fermeture après l'heure fixée.

Art. 6. — La chasse et le tir des armes à feu sont interdits dans l'intérieur de la ville. Il est aussi défendu de faire partir des pétards et autres pièces d'artifice, de sept heures du soir à six heures du matin, à moins d'une autorisation spéciale délivrée par le résident.

Art. 7. — Tout propriétaire d'un terrain vague situé dans l'intérieur de la ville sera tenu de l'enclore, et de couper les herbes et broussailles toutes les fois qu'il en sera requis par la police.

Art. 8. — Toutes les contraventions au présent règlement, commises par des Français ou des étrangers, seront jugées et punies conformément aux articles 471, 472, 473 et 474 du Code pénal. Les délinquants annamites seront punis de peines analogues, suivant accord à établir entre le résident et le Tong-doc. — AUMOITTE.

2. — 8 novembre 1892. — ARRÊTÉ *fixant les taxes spéciales à percevoir dans la ville de Hai-duong.*

Article premier. — La ville de Hai-duong est placée sous le régime de l'arrêté du 8 novembre 1892 précité.

Art. 2. — Les habitants indigènes de la ville de Hai-duong seront, au point de vue de l'impôt urbain, répartis en deux catégories:

1° Hommes valides, âgés de 18 à 24 ans, non exemptés par les lois indigènes de contribution personnelle et n'exerçant pas un métier domestique;

2° Habitants non compris dans la catégorie ci-dessus.

Art. 3. — Les taxes suivantes seront imposées annuellement à ces catégories d'habitants:

1re catégorie	0 $ 30
2e —	0 15

En outre de cet impôt personnel, les contribuables de la 1re catégorie paieront une taxe annuelle de deux piastres, représentative du rachat de la prestation des corvées.

Les fonctionnaires et employés en activité de service sont exempts des contributions ci-dessus.

Art. 4. — *Rapporté par arrêté du 3 juillet 1894* (1).

Art. 5. — Tous les commerçants européens, indigènes ou asiatiques étrangers, seront assujettis à une taxe annuelle variant de 0 $ 50 à 5 $, suivant l'importance de leur commerce, et déterminée comme suit, d'après la classification de l'arrêté du 15 avril 1890, réglementant l'impôt des patentes:

4 premières catégories	5 $ 00
5e catégorie	4 00
6e —	3 00
7e —	2 00
8e —	1 00
9e —	0 50

Art. 6. — Les maisons et terrains de la ville de Hai-duong seront répartis, au point de vue de l'impôt urbain, en deux catégories :

1° Maisons en briques, magasins et habitations

(1) Voir, V° Bac-ninh, le texte de cet arrêté qui est commun à d'autres villes.

appartenant à des commerçants et habitants aisés, avec ou sans profession.

2º Maisons, magasins et habitations appartenant à de petits commerçants et habitants peu aisés, employés subalternes, ouvriers ou coolies, terrains et dépendances de toute nature, y compris les terrains et dépendances des maisons classées à la 1re catégorie.

Art. 7. — La taxe foncière imposée au profit du budget urbain à ces deux catégories d'immeubles, est fixée comme suit :

1re catégorie, par mètre superficiel.　0 $ 04
2º　—　—　　0　02

Art. 8. — Les maisons en paillottes de moins de 15 mètres carrés de superficie, ainsi que les établissements publics et les édifices affectés aux divers cultes, seront exempts d'impôt. Les droits sur les maisons sont indépendants des taxes foncières dues au budget du Protectorat.

Art. 9. — Les terrains vagues en bordure sur les voies éclairées paieront, à titre de taxe d'éclairage, 0 $ 20 par mètre courant, le montant maximum de cette taxe ne pouvant dépasser 5 $.

Art. 10. — Il est fait abandon au budget urbain de Hai-duong des taxes perçues actuellement par le budget du Protectorat sur les bacs desservant directement cette ville.

Art. 11. — Le Résident supérieur du Tonkin est chargé de l'exécution du présent arrêté. — DE LANESSAN.

3. — 31 décembre 1892. — ARRÊTÉ *fixant le périmètre de la ville de Hai-duong, et les droits divers dont la perception est autorisée.*

Article premier. — Le territoire de la ville de Hai-duong est limité comme suit :

A l'Est, par le bras ouest du Thai-binh ;

Au Sud, par l'arroyo de Ké-sat et une ligne parallèle à la route du marché au poste dit du Lanh-binh, et distant de celle-ci de 250 mètres.

A l'Ouest, par une ligne fictive partant de l'intersection de la précédente avec la route de Gia-loc, passant par le poste dit du Lanh-binh, le mirador en briques et le blockhaus nº 1 ;

Au Nord, par le canal alimentant les fossés de la citadelle et passant devant le blockhaus nº 1.

Art. 2. — Les taxes de voirie que la ville de Hai-duong est autorisée à percevoir à son profit, comme taxes urbaines, dans le périmètre indiqué à l'article précédent, sont les suivantes :

TAXES DIVERSES DE VOIRIE

Demande de nivellement :
Pour une maison en briques.　.　.　.　.　.　.　0 $ 50
　—　en paillottes.　.　.　.　.　0　15
Demande d'alignement :
Pour une maison en briques .　.　.　.　.　0　50
　—　en paillottes.　.　.　.　0　15
Demande d'alignement et de nivellement réunies, et autorisation de construire une maison en briques .　.　.　.　.　.　.　.　1　00
Demande d'alignement et de nivellement réunies, et autorisation de construire une maison en paillottes.　.　.　.　.　.　.　0　30
Demande d'autorisation de réparer, sans alignement ni nivellement :
Une maison en briques .　.　.　.　.　.　.　0　25
　—　en paillottes.　.　.　.　.　.　0　15
Demande d'autorisation d'établir des ouvrages en saillie sur la voie publique, balcons, auvents, etc. (par mètre carré) .　.　.　.　0　10
Demande de construire un appontement (par mètre carré).　.　.　.　.　.　.　.　.　0　15

PERMIS DE TIRER DES PÉTARDS ET DE BATTRE LE TAM-TAM

Les fêtes de la nouvelle année (grand Têt — pendant 8 jours — et du 14 juillet exceptées)

Permis pour le 1er jour .　.　.　.　.　.　.　0 $ 10
Permis pour les jours suivants (par journée).　0　05

PERMIS DE CIRCULATION

Permis pour un an (circulation la nuit sans fanal)　4　00
Livrets de boys (obligatoires) y compris frais d'impression des livrets et photographies.　0　60
Carte de circulation.　.　.　.　.　.　.　.　0　25
Permis de circulation pour un pousse-pousse de louage (par mois) .　.　.　.　.　.　0　50
Carte délivrée aux filles publiques (par trimestre).　.　.　.　.　.　.　.　.　2　00

TAXES DE FOURRIÈRE

Buffles, bœufs, chèvres (par tête et par jour).　0　25
Chevaux,　　—　　　0　25
Chiens, moutons,　　—　　0　10
Cochons,　　　—　　　0　06
Volailles,　　　—　　　0　01
Sampans (par unité).　.　.　.　.　.　.　0　15
Voitures et pousse-pousse (par jour).　.　.　.　0　20
Marchandises diverses (par charge de deux paniers) .　.　.　.　.　.　0　04 et 0　01

En cas de récidive, les taxes seront doublées ; à la 3e récidive, les animaux autres que les chevaux, buffles et bœufs, seront abattus, s'il y a lieu, ou vendus au profit du budget de la ville. Les bœufs, buffles et chevaux paieront à la 3e récidive, et pour les récidives suivantes, en dehors de la double taxe journalière, une amende fixe de cinq piastres. Les propriétaires seront mis en demeure de retirer leurs animaux dans les huit jours qui suivront l'avertissement, sous peine de voir ceux-ci vendus par les soins du chancelier de la résidence.

LOCATION DE TERRAINS PUBLICS

0 $ 06 par mètre carré et par an.

DROITS DE STATIONNEMENT ET D'AMARRAGE DES BARQUES ET DES MAISONS FLOTTANTES (PAR MOIS)

Grands radeaux de bois ou bambous.　.　.　.　0 $ 40
Petits　　—　　　0　10
Grande jonque de 200 piculs et au-dessus.　0　40
Jonque ou sampan de 50 à 200 piculs.　.　.　0　15
Petit panier ou sampan de moins de 50 piculs.　0　05
Maison flottante sur radeau de bambous .　.　0　10

DÉPOT DE MATÉRIAUX SUR LES QUAIS ET VOIES PUBLIQUES

Les matériaux et les marchandises pourront rester déposés pendant dix jours sur les quais et trottoirs des rues et boulevards, sans payer aucun droit.

Passé ce délai, il sera perçu pour le dépôt :

1º Par abonnement (par mois payé d'avance) un demi cent par mètre carré et par jour.

2º Temporaire (par mois payé d'avance) un cent par mètre carré et par jour.

DEMANDES D'AUTORISATIONS DIVERSES

Demande d'inhumation ou exhumation.)
　—　d'établissement de théâtre en plein vent.)
　—　de permission de jouer sur la voie 　　　　　　　 } 0 $ 10
publique, les jours de fêtes.)
Requêtes diverses de même nature.)

BOUAGES ET VIDANGES (*pour mémoire*)

Taxes sur les maisons dispensées de tinettes, desservies par des latrines publiques :

Par maison et par mois, { 1re catégorie. . 0 $ 15
2e — . . 0 10
3e — . . 0 05

AMENDES DE SIMPLE POLICE

Art. 3. — Les habitants de la ville de Hai-duong qui enfreindraient les règlements de police et de voirie, et ne se mettraient pas en règle vis-à-vis de la caisse municipale en ce qui concerne le paiement des taxes urbaines prévues aux paragraphes qui précèdent, seront passibles d'amendes dont le versement devra être effectué entre les mains du caissier comptable du budget local dans les vingt-quatre heures qui suivront leur notification aux intéressés, sous peine de les voir portées au double en cas de retard dépassant ce délai, et d'emprisonnement en cas de récidive.

TARIF DES AMENDES DE SIMPLE POLICE

Seront passibles : 1° de la triple taxe, toute contravention aux divers paragraphes de l'article 2.

2° Des amendes ci-après :

1° Cavaliers circulant en ville à une allure rapide. . . . 0 $ 20
2° Tapage sur la voie publique. . . . 0 20
3° Domestiques annamites ou chinois non munis d'un livret. . . . 0 20
4° Voiture ou pousse-pousse circulant la nuit sans lanterne. . . . 0 20
5° Dépôt non autorisé de matériaux, bois de construction et objets de toute nature destinés à la vente . de 0 $ 25 à 2 50
6° Jet d'ordures et immondices sur la voie publique. . . . 0 25

Art. 4. — Le Résident supérieur du Tonkin est chargé de l'exécution du présent arrêté. — CHAVASSIEUX.

HAIPHONG (VILLE DE)
1re Section. — Impôts.

1. — 26 janvier 1889. — ARRÊTÉ *divisant en cinq zones, les propriétés immobilières situées dans le périmètre de la ville de Haiphong, pour l'établissement des rôles d'impôt.*

Modifié par arrêté du 20 avril 1893.

2. — 2 mai 1892. — ARRÊTÉ *déterminant les taxes municipales à percevoir par la ville de Haiphong* (1).

Article premier. — Les taxes que la ville de Haiphong est autorisée à percevoir à son profit, comme taxes municipales, sont les suivantes :

TAXES DIVERSES DE VOIRIE

Alignement. . . . . 3 $ 00
Nivellement. 3 00
Alignement et nivellement réunis. 4 00
Autorisation de construire ou de réparer sans nivellement ni alignement. . . . 1 00
Autorisation d'établir des ouvrages en saillie sur la voie publique, balcons, auvents, etc. 1 00
Autorisation de construire des appontements ou des quais particuliers. 3 00
Alignement et autorisation de construire en paillotte sur la rive droite, à moins de 100 mètres de l'axe du boulevard Bonnal. 0 20
Sampans de passage, par an. 3 04

(1) Voir ci-après deux arrêtés du 31 décembre 1892.

PERMIS DE TIR DE PÉTARD
(*Les fêtes du Têt, des 14 juillet et 22 septembre exceptées*)

Permis pour un ou deux jours. . . . . . . 0 $ 25
Permis au-dessus de deux jours. 0 30

PERMIS DE CIRCULATION LA NUIT SANS FANAL

Permis pour un an. . . . . 4 $ 00
Livrets de boy. 0 63
Carte de circulation. 0 25

CARTES DÉLIVRÉES AUX FILLES PUBLIQUES

Filles chinoises ou japonaises, par trimestre 1 $ 00
Filles annamites, par trimestre. 0 25

TAXES DE FOURRIÈRE

Buffles, par jour et par tête. . . . . . . 1 $ 00
Bœufs, chevaux et autres animaux 0 20
Volailles et marchandises diverses, par charge. 0 04
Sampans, par unité. 0 60
Petites voitures et pousse-pousse 0 20

BOUAGES ET VIDANGES

Taxe sur les maisons dispensées de tinettes et desservies par des latrines publiques :

1re catégorie, par maison et par mois. . . 0 $ 27
2e catégorie, — 0 21
3e catégorie, — 0 18

EXPÉDITION DES ACTES DE L'ÉTAT CIVIL, ADMINISTRATIFS, DES TITRES OU PIÈCES, CERTIFICATS, LÉGALISATION DE SIGNATURES

Actes de l'État civil, par acte. . . . . . 0 $ 75
Actes administratifs ou autres titres, par acte. 1 00
Certificats de résidence, de bonnes vie et mœurs, etc. 0 75
Légalisation de signatures 0 75

Art. 2. — Le Résident supérieur du Tonkin est chargé de l'exécution du présent arrêté. — CHAVASSIEUX.

---

3. — 31 décembre 1892. — ARRÊTÉ *déterminant de nouvelles taxes municipales à percevoir par la ville de Haiphong.*

Article premier. — La ville de Haiphong est autorisée à percevoir à son profit, comme taxes municipales, les taxes suivantes :

1° Une taxe de une piastre (1 $) par an, payable par semestre et d'avance, sur tous les indigènes employés au service des Européens ou des administrations dans la ville de Haiphong ;

2° Une taxe de vingt cents (0 $ 20) par an, sur tous les indigènes domiciliés dans les limites de la ville de Haiphong, à l'exception de ceux qui sont exemptés par les lois annamites de l'impôt personnel ;

3° Une taxe de cinq cents (0 $ 05) par mètre carré et par mois, payable par semestre et d'avance, sur les auvents, marquises, étalages, établis sur la voie publique, et terrasses de café ;

4° Une taxe de quatre cents (0 $ 04) par mètre carré occupé et par mois, payable d'avance, pour les dépôts de marchandises et matériaux de construction établis après autorisation de l'administration sur la voie publique ou ses dépendances, aux emplacements spécialement désignés à cet effet par le service des travaux publics ; le paiement de cette taxe ne sera exigible qu'à compter du huitième jour, pour les dépôts de marchandises, et du neuvième pour les matériaux de construction.

Art. 2. — Le Résident supérieur du Tonkin est chargé de l'exécution du présent arrêté. — CHAVASSIEUX.

___

4. — 31 décembre 1892. — ARRÊTÉ *fixant les taxes à percevoir par la ville de Haiphong, pour les inhumations et les exhumations.*

Article premier. — La ville de Haiphong est autorisée à percevoir à son profit, comme taxes municipales, les taxes suivantes :

1° Taxes sur les inhumations et exhumations :

Droits de fosse......................	3 $ 00
Droit de fouille et d'exhumation, pour la translation des corps dans l'étendue de l'Indo-Chine....................	10 00
Droits de fouille et d'exhumation, pour la translation des corps hors de l'Indo-Chine.	50 00

2° Droits de concession perpétuelle :

Concession d'un terrain de 2m sur 1m....	25 00
Pour chaque mètre carré ou fraction de mètre carré en plus..................	25 00

Ces taxes seront payables d'avance.

Art. 2. — Le Résident supérieur du Tonkin est chargé de l'exécution du présent arrêté. — CHAVASSIEUX.

___

5. — 20 avril 1893. — ARRÊTÉ *répartissant en zones, au point de vue de l'assiette de l'impôt foncier, les propriétés de la ville de Haiphong* (1).

Article premier. — Les propriétés immobilières situées dans le périmètre de la ville de Haiphong, sont divisées en cinq zones pour l'établissement des taxes foncières.

La première zone comprend :

Les immeubles situés dans l'îlot formé par le Cuacam, le Song-tam-Bac et le canal de ceinture.

La 2e zone comprend :

Les immeubles en bordure sur la rive droite du canal Bonnal, depuis l'hôpital chinois jusqu'au fort annamite inclusivement, limités au sud-ouest par l'avenue de An-duong et les rues de Paris et de Lyon, et les immeubles situés en façade sur la partie gauche de la rue de la Marine, depuis le marché de Ha-ly jusqu'à la maison Marty et d'Abbadie inclusivement.

La 3e zone comprend :

Les terrains et immeubles en bordure sur la rive gauche du Song-tam-Bac, limités par les rues de Chine, Bonnard, du Quang-si, de Pékin et du Yunnam, jusqu'à l'avenue de Ha-ly limitant la ville à l'Ouest.

La 4e zone comprend :

Tous les immeubles situés entre l'avenue de An-duong, les rues de Paris, de Lyon et les avenues des rizières et de l'hippodrome.

La 5e zone comprend :

Tous les immeubles et terrains englobés par l'avenue de Ha-ly, les rues de Chine, Bonnard, du Quang-si, de Pékin et du Yunnam, ainsi que ceux situés sur la rive gauche du Cua-cam, limités au Nord par les rues Brière de l'Isle, Duplin et de Minh-mang.

Art. 2. — Le Résident supérieur du Tonkin est chargé de l'exécution du présent arrêté. — CHAVASSIEUX.

___

(1) Voir ci-après arrêté modificatif du 27 mai 1893.

6. — 27 mai 1893. — ARRÊTÉ *modifiant celui du 20 avril 1893, divisant les propriétés de Haiphong en différentes zones, pour l'assiette de l'impôt foncier.*

Article premier. — L'article 1er de l'arrêté du 20 avril 1893, susvisé, est modifié de la façon suivante :

« Article premier. —.............

« La 2e zone comprend :

Les immeubles en bordure sur la rive droite du canal Bonnal, depuis l'hôpital chinois jusqu'au fort annamite inclusivement, limités au sud-ouest par l'avenue d'An-duong et les rues de Paris et de Lyon, et les immeubles situés en façade sur la rue de la Marine et le quai des Bambous, limités à l'ouest par les rues de Fo-kien, du Quang-si, de Shanghai, la place de Hanoi et la rue de Tien-tsin jusqu'à la maison Marty et d'Abbadie inclusivement ....

Art. 2. — Le Résident supérieur du Tonkin est chargé de l'exécution du présent arrêté. — DE LANESSAN.

2e Section. — Navigation.

7. — 8 juin 1886. — ARRÊTÉ *organisant le service des barques et sampans de passage sur la rade de Haiphong.*

Article premier. — Dans un délai de huit jours après la publication du présent arrêté, toutes les barques ou sampans qui font le service particulier des navires, doivent être inscrits au commissariat de police, et être pourvus d'un permis de circulation qui sera visé mensuellement par le commissaire de police.

Art. 2. — Ce permis devra être représenté à toute réquisition d'un agent de la police.

Pour toute contravention, il pourra être saisi par ce même agent, qui le déposera au commissariat de police, où le propriétaire devra aller le réclamer.

Toute barque trouvée sans ce permis sera saisie, et son propriétaire devra, pour la récupérer, payer une amende de 2 à 5 piastres.

Art. 3. — Une plaque carrée de 0m 20 de côté et peinte en rouge, avec le numéro en blanc, sera fixée à demeure sur le côté antérieur droit de la barque au-dessus de la flottaison.

Art. 4. — Chaque permis de circulation portera la désignation du stationnement de la barque. Aucun patron ne pourra changer le lieu de stationnement de sa barque sans une autorisation préalable.

Les stationnements sont : 1° l'appontement de la Concession ; 2° l'appontement de la douane ; 3° Le quai du Song tam-bac (en face l'avenue n° 1); 4° l'appontement du grand marché; 5° l'appontement de la caserne (rive gauche du Song-tam-bac.)

Art. 5. — Les barques ou sampans autorisés à faire le service de la rade devront toujours être prêts à répondre aux réquisitions des passagers; sous aucun prétexte les bateliers ne pourront refuser de marcher immédiatement.

Art. 6. — Le tarif imprimé devra être collé sur une planchette et fixé à demeure, d'une manière apparente, à l'avant du canot.

TARIF

Traversée du Song-tam-bac..............	0 $ 01
La course jusqu'aux limites de la rade, avec vingt minutes d'arrêt.............	0 08
Chaque demi-heure d'arrêt en plus........	0 10
A l'heure, en dehors de la rade..........	0 15
Une demi-journée..................	0 50

Toutes les barques qui auraient été prises pour aller en dehors de la rade, auront droit au payement pour le retour.

Art. 7. — Les barques qui seront trouvées en contravention au présent arrêté, seront mises en fourrière, et le patron pourra se voir retirer son autorisation. — BONNAL.

8. — 31 juillet 1887. — ARRÊTÉ *décidant que le visa mensuel du permis de circulation imposé aux barques et sampans de la rade de Haiphong, ne sera donné qu'après payement du droit de stationnement* (1).

Le visa mensuel du permis de circulation imposé aux barques et sampans qui font le service de la rade de Haiphong, par l'article premier de l'arrêté susvisé (2), ne sera donné qu'après payement du droit de stationnement fixé à un franc vingt-cinq centimes (1 fr. 25) par mois. — G. BIHOURD.

9. — 3 août 1887. — ARRÊTÉ *établissant une amende pour contravention au règlement fixant à une seule rangée, le stationnement des jonques dans l'arroyo de Haiphong*.

Article premier. — Les propriétaires de jonques de mer et de rivière qui ne se conformeront pas aux dispositions de l'arrêté du 19 avril 1886, seront frappés d'une amende de cinquante à deux cents francs.

En cas de récidive, cette peine pourra être doublée.

Art. 2. — Le résident de Haiphong est chargé d'assurer l'exécution du présent arrêté. — G. BIHOURD.

10. — 22 mai 1893. — ARRÊTÉ *complétant celui du 4 octobre 1892, réglementant la police du port de Haiphong*.

Article premier. — Les navires chargés en tout ou en partie de pétrole, mouilleront sur rade, à la hauteur des appontements des Docks.

Art. 2. — Le déchargement du pétrole aura lieu isolément, avant celui de toutes autres marchandises et conformément aux prescriptions générales de l'article 5 de l'arrêté du 4 octobre 1892.

Art. 3. — Le Résident supérieur au Tonkin est chargé de l'exécution du présent arrêté. — DE LANESSAN.

11. — 9 août 1893. — ARRÊTÉ *modifiant celui du 31 mai 1889, sur le visa des papiers des barques et chaloupes naviguant au Tonkin*.

Article premier. — L'arrêté du 31 mai 1889, concernant le visa des papiers des barques et chaloupes est rapporté. Les livrets des chaloupes à vapeur de toute espèce et ceux des jonques inscrites à la Douane seront visés au départ, pour toutes les destinations, par le bureau permanent de la douane aux Docks. Celui des jonques de rivière continuera à être délivré par le port de Commerce.

Art. 2. — Le Résident-maire de Haiphong et le Directeur des Douanes sont chargés, chacun en ce qui le concerne, de l'exécution du présent arrêté. — RODIER.

(1) Voir ci-après arrêté du 9 août 1893.
(2) 8 juin 1886.

3° Section. — Voirie et Police.

12. — 20 janvier 1889. — ARRÊTÉ *déterminant les limites de la ville de Haiphong*.

Article premier. — Les limites de la ville de Haiphong sont fixées comme suit, conformément au plan joint au présent arrêté :

Sur la rive droite du Cua-cam. — 1° Le boulevard extérieur figuré au plan ci-joint, depuis son amorce sur le Cua-cam jusqu'à la coupure projetée du Lach-tray ;

2° La rive droite de la coupure projetée du Lach-tray, depuis le boulevard extérieur ci-dessus désigné jusqu'au Song-tam-bac ;

3° Le boulevard extérieur projeté entre le Song-tam-bac et le Cua-cam, dans le prolongement de la coupure du Lach-tray, à travers les terrains d'Haly.

Sur la rive gauche du Cua-cam. — 1° La voie de communication à établir entre le Cua-cam et le boulevard extérieur du Cua-cam ;

2° Le boulevard extérieur de la rive gauche du Cua-cam jusqu'au Vang-chau.

Ce boulevard est projeté à une distance moyenne de 400 mètres de la rive gauche du Cua-cam ;

3° Le Vang-chau.

Art. 2. — M. le Résident-maire de Haiphong est chargé de l'exécution du présent arrêté. — E. PARREAU.

13. — 17 février 1885. — RÈGLEMENT *de police et de voirie de la ville de Haiphong*. (*Art. 10 du traité du 6 juin 1884*).

Article premier. — Tous les propriétaires et locataires sont tenus, dans l'intérieur de la ville de Haiphong, de faire balayer, tous les jours, la partie de la voie publique qui se trouve devant leurs maisons, cours, jardins et autres emplacements, jusques et y compris le ruisseau.

Les immondices ou déblais devront être déposés sur l'emplacement indiqué par un poteau spécial, entre le blockhaus dit *de la Massue*, rive droite du Song-tam-bac, et le cimetière chinois ; l'enlèvement en sera fait, chaque jour, avant 8 heures du matin.

Art. 2. — Il est interdit :

1° De déposer, dans la rue ou sur les terrains vagues à l'intérieur de la ville, des ordures, immondices, fumiers et résidus quelconques ;

2° De rien jeter des habitations sur la voie publique ou dans les ruisseaux et canaux d'écoulement, comme aussi d'y déposer soit des débris de verre ou de porcelaine, soit des matières susceptibles de causer des exhalaisons nuisibles ou incommodes ;

3° De se livrer à l'élevage des bestiaux, de laisser paître des bœufs, buffles, chèvres et autres animaux sur la voie publique, et aussi de faire parcourir les rues par des troupeaux de bestiaux, le matin entre 7 et 11 heures, et le soir entre 5 et 8 heures ;

4° De déposer sans nécessité, et laisser sans autorisation, sur la voie publique, des meubles, caisses, matériaux et autres objets. Ces dépôts, ainsi que les fouilles ou tranchées qu'on aura dû pratiquer, devront être indiqués la nuit par des fanaux en nombre suffisant ; les excavations seront entourées d'une barrière ;

5° De faire courir ou d'exercer des chevaux dans les rues et promenades publiques. Les cavaliers ne devront pas marcher plus de deux de front, et les piétons devront toujours laisser libre le milieu de la chaussée, réservé aux chevaux et aux voitures ;

6° Aux propriétaires de voitures, charrettes et autres véhicules, de les faire circuler sans lumière à partir de la nuit close.

Art. 3. — Il est défendu d'établir des jeux sur la voie publique ou de se livrer à des fêtes bruyantes publiques ou privées (représentations théâtrales, etc.), sans autorisation préalable du résident.

Art. 4. — Tout propriétaire qui voudra procéder à une construction ou réparation des murs de face ou clôture de bâtiment, sera tenu de demander une autorisation spéciale au résident de France, qui lui donnera l'alignement et le nivellement à observer.

Art. 5. — Dans l'intérêt de la sécurité et de la salubrité publiques, les propriétaires des terrains non bâtis, situés dans la ville de Haiphong, sont tenus de les enclore, d'y faucher les herbes ou broussailles, toutes les fois qu'ils en sont requis par l'autorité, et de les faire remblayer au niveau de la chaussée dans un délai de trois mois à partir de l'affichage du présent arrêté.

Art. 6. — Les cabarets et débits de boissons seront fermés à 10 heures du soir. Le résident de France pourra accorder des autorisations de fermeture après l'heure fixée.

Art. 7. — Tout Asiatique circulant la nuit devra être porteur d'un fanal.

Art. 8. — La chasse et le tir des armes à feu sont interdits dans l'intérieur de la ville. Il est aussi défendu de faire partir des pétards et autres pièces d'artifice, de 7 heures du soir à 6 heures du matin, à moins d'une autorisation spéciale délivrée par le Résident.

Art. 9. — Toutes les contraventions au présent règlement, commises par des Français ou des étrangers, seront jugées et punies conformément aux articles 471, 472, 473 et 474 du Code pénal.

Les délinquants annamites seront punis de peines analogues, suivant accord à établir entre le résident et le Tong-doc (1). — BONNAL.

14. — 20 mars 1884. — Décision *relative à l'organisation de la police des Européens à Haiphong* (2).

15. — 12 mars 1885. — Décision *fixant la composition du personnel de la police à Haiphong.*

Modifiée par arrêté du 4 juin 1886.

16. — 12 mars 1885. — Décision *instituant un emploi de secrétaire du commissaire de police dans les Résidences de Hanoi et de Haiphong* (2).

17. — 21 décembre 1885. — Arrêté *municipal interdisant de creuser des trous, fosses ou excavations susceptibles de retenir les eaux stagnantes, dans les terrains urbains limités par le canal de ceinture à Haiphong.*

Article premier. — Par mesure de salubrité publique :

Il est interdit de creuser des trous, fosses ou excavations quelconques susceptibles de retenir les eaux stagnantes dans les terrains urbains limités par le canal de ceinture.

Toute contravention à la présente prescription sera jugée et punie conformément aux articles 471, 472, 473 et 474 du code pénal.

(1) Voir arrêté complémentaire du 21 décembre 1885.
(2) Modifié par arrêté du 22 avril 1892.

Les délinquants indigènes seront punis de peines analogues par l'autorité annamite.

Art. 2. — Les propriétaires de terrains dans les limites ci-dessus, tenus de les remblayer au niveau de la chaussée, sont autorisés à prendre gratuitement la terre à remblai dans le lit du canal de ceinture en creusement, d'après les indications qui leur seront données par l'agent-voyer de la ville. — APHALO.

18. — 4 juin 1886. — Arrêté *fixant la composition du personnel de la police de Haiphong.*

Rapporté par arrêté du 22 avril 1892.

19. — 17 juillet 1887. — Arrêté *fixant la composition et le traitement du personnel de la police de Haiphong.*

Modifié par arrêté du 22 avril 1892.

20. — 22 avril 1892. — Arrêté *fixant les cadres du personnel de la police de Haiphong.*

Modifié par arrêtés des 28 décembre 1892 et 31 mars 1893.

21. — 28 décembre 1892. — Arrêté *fixant les cadres du personnel de la police à Haiphong.*

Article premier. — Les cadres du personnel de la police municipale de Haiphong sont fixés ainsi qu'il suit, à compter du 1er janvier 1893 :

GRADES	NOMBRE	SOLDE (1)
Personnel européen		
Commissaire de police.	1	
Brigadier-chef.	1	
Brigadier.	1	
Brigadier-secrétaire. . . .	1	
Sous-brigadiers.	2	
Agents de 1re classe.	4	
Agents de 2e classe.	4	
Agents de 3e classe.	6	
Personnel indigène		
Sous-brigadiers	2	
Agents de 1re classe.	6	
Agents de 2e classe.	12	
Interprète et expéditionnaire. . .	2	

Art. 2. — Le Résident-maire de Haiphong est chargé de l'exécution du présent arrêté. — CHAVASSIEUX.

22. — 31 mars 1893. — Arrêté *fixant les soldes et accessoires du personnel de la police municipale de Hanoi et de Haiphong.*

Article premier. — La solde, y compris tous les accessoires de solde, des agents de la police municipale de Hanoi et de Haiphong, est fixée conformément au tableau suivant :

	Solde d'Europe	Solde coloniale
Brigadier-chef.	675 \$00	1,350 \$00
Brigadier.	575 00	1,150 00
Sous-brigadier.	525 00	1,050 00
Agent de 1re classe. . . .	475 00	950 00
— 2e classe. . . .	450 00	900 00
— 3e classe. . . .	425 00	850 00

(1) La solde du personnel de la police de Haiphong a été fixée par arrêté du 31 mars 1893.

Art. 2. — Dans le cas où la municipalité fournirait à ses agents de police le logement en nature, une retenue mensuelle, calculée sur la base de 125 $ par an, sera faite sur le montant de la solde des agents logés.

Art. 3. — Les Résidents-maires de Hanoi et de Haiphong sont chargés, chacun en ce qui le concerne, de l'exécution du présent arrêté. — CHAVASSIEUX.

HALAGE

1. — 18 janvier 1887. — DÉCISION *portant création de postes de haleurs sur le haut fleuve Rouge.*

Rapportée par arrêté du 5 novembre 1887.

2. — 5 novembre 1887. — ARRÊTÉ *supprimant les postes de halage sur le haut fleuve Rouge.*

Article premier. — La décision du 18 janvier 1887, qui a institué les postes de halage, est rapportée.

Art. 2. — M. le Résident de Son-tay est chargé de l'exécution du présent arrêté. — G. BIHOURD.

HANOI (VILLE DE)
1re Section. — Impôts

1. — 20 décembre 1889. — ARRÊTÉ *municipal fixant les taxes à percevoir pour les expéditions des actes de l'état civil et les légalisations, dans la ville de Hanoi (1).*

Article premier. — Sont créées à compter du 1er janvier 1890, les taxes suivantes :

Expédition d'actes de l'état civil (mariages), par expédition.................... 0 $ 50

Expédition d'actes de décès ou de naissance, par expédition.................... 0 20

Légalisation de signature, par signature.... 0 05

Art. 2. — Ces recettes seront faites par le commis comptable à la mairie, qui les versera tous les samedis le produit à la recette municipale.

Art. 3. — M. le secrétaire de la mairie est chargé de l'exécution du présent arrêté. — LANDES.

2. — 20 décembre 1889. — ARRÊTÉ *municipal fixant la taxe de location des rues et trottoirs dans la ville de Hanoi (1).*

Article premier. — Est modifié l'article 3 de l'arrêté n° 6 du 19 octobre 1888, sus-visé, en ce qu'il a de contraire au présent arrêté.

Art. 2. — La location permanente des trottoirs (tables de café, étalagistes, terrains incultes, dans les limites d'occupation déterminées), pourra être autorisée aux conditions ci-après :

1° Tables de café, étalagistes, trottoirs, dans les limites de la ville, redevance annuelle, 40 cents par mètre carré ;

2° Location permanente de terrains en dehors des quais (entre l'ancienne douane et la concession) 10 cents par mètre carré et par an.

Art. 3. — Les dépôts de matériaux et l'occupation permanente ou temporaire des berges du fleuve, de l'ancienne douane à la concession, dans les limites des quais, seront taxées dans les conditions énoncées par l'arrêté n° 5 du 19 octobre 1888 sus-visé.

Art. 4. — M. le chef du service de la voirie et le

commissaire de police sont chargés, chacun en ce qui le concerne, de l'exécution du présent arrêté, rendu applicable, au point de vue fiscal, à compter du 1er janvier 1890. — LANDES.

3. — 20 décembre 1889. — ARRÊTÉ *municipal établissant une taxe sur les autorisations de tirer des pétards et artifices dans l'intérieur de la ville de Hanoi (1).*

Article premier. — Il est défendu de tirer des pièces d'artifice, des pétards, dans les limites de la ville de Hanoi, sans une autorisation préalable délivrée par la Mairie.

Art. 2. — Toute autorisation de tir de pétards sera délivrée moyennant le versement, à la caisse municipale, d'une somme de 0 $ 30 cents si la fête dure plus de 2 jours, et de 0 $ 15 si elle est inférieure à cette durée.

Art. 3. — Le commis comptable de la mairie est autorisé à faire directement cette recette. Le produit sera versé à la recette municipale tous les samedis.

Art. 4. — Le secrétaire de la mairie et le commissaire de police sont chargés, chacun en ce qui concerne, de l'exécution du présent arrêté, applicable à partir du 1er janvier 1890. — LANDES.

4. — 15 mars 1892. — ARRÊTÉ *modifiant la classification des propriétés de la ville de Hanoi pour l'assiette de l'impôt foncier.*

Article premier. — Les propriétés immobilières situées dans le périmètre de la ville de Hanoi déterminé par le plan approuvé le 19 avril 1890, sont divisées en quatre classes :

Art. 2. — Dans chacune des classes, les immeubles comprennent quatre catégories :

1° Les constructions en maçonnerie à étage ;

2° Les constructions en maçonnerie sans étage ;

3° Les constructions en bois et en paillotte ;

4° Les terrains non construits et les mares.

Art. 3. — Les taxes à percevoir par mètre superficiel, dans chaque classe et dans chaque catégorie, sont fixées comme suit :

CATÉGORIES	CLASSES			
	1re	2e	3e	4e
Première........	0 $ 05	0 $ 04	0 $ 03	0 $ 02
Deuxième.......	0 04	0 03	0 02	0 01
Troisième.......	0 03	0 02	0 01	0 005
Quatrième.......	0 005	0 0025	0 00125	0 000625

Art. 4. — *Modifié par arrêté du 27 janvier 1893.*

Art. 5. — Les immeubles appartenant par leur position à plusieurs classes, seront taxés dans la classe la plus élevée.

Art. 6. — Ceux existant dans les rues non encore classées, seront compris dans la 4e classe.

Art. 7. — Dès qu'une nouvelle rue aura été classée, un arrêté désignera la classe qui devra lui être affectée.

Art. 8. — Toutes les dispositions contraires au présent arrêté sont et demeurent abrogées.

Art. 9. — Le Résident supérieur du Tonkin est chargé de l'exécution du présent arrêté, qui entrera

(1) Voir ci-après l'arrêté du 15 mars 1892.

(1) Voir ci-après l'arrêté du 15 mars 1892.

en vigueur pour la confection des rôles de l'exercice 1892. — CHAVASSIEUX.

5. — 15 mars 1892. — ARRÊTÉ *fixant les taxes municipales dont la perception est autorisée dans la ville de Hanoï.*

Article premier. — Les taxes que la ville de Hanoï est autorisée à percevoir à son profit, comme taxes municipales, sont les suivantes:

LOCATION DE TERRAINS PUBLICS

Dix cents par mètre carré et par an.

DROITS DE STATIONNEMENT ET D'AMARRAGE DES BARQUES ET DES MAISONS FLOTTANTES

Jonques, embarcations à vapeur et autres (par mois:
1º De 200 piculs et au-dessus . . . . . 0 $ 40
2º De 100 à 200 piculs 0 30
3º De 50 à 100 piculs 0 20
4º De 1 à 50 piculs. 0 10
5º Maisons flottantes 0 10
6º Radeaux (par 100 pièces de bois). . . . 0 10
7º Trains de bambous (par 100 mètres de trains) 0 01

DÉPÔT DE MATÉRIAUX SUR LES QUAIS

Les marchandises et les matériaux pourront rester déposés pendant 10 jours sans payer aucun droit.
Passé ce délai, il sera perçu pour le dépôt:
1º Permanent (par mètre carré et par jour). 0 $ 005
2º Temporaire — 0 01

DROITS DIVERS DE VOIRIE

1º Demande d'alignement ou d'autorisation de construire en paillottes ou en briques. 2 $ 00
2º Demande d'autorisation de réparer des constructions en paillottes ou en briques. 0 20
3º Location permanente des trottoirs pour tables de café, étalages, etc. (par mètre carré et par an) 0 20
4º Auvents, marquises, balcons et en général, toutes constructions en saillie sur la voie publique (par mètre carré courant et par an) 0 30
(N. B. — Cette taxe sera de vingt cents seulement pour les indigènes patentés des cinq dernières classes).

PRODUIT DES FOURRIÈRES

Buffles, bœufs, chevaux, mulets (par jour et par tête) . . . . 0 $ 60
Autres animaux (chèvres, cochons, chiens) (par jour et par tête) 0 20
Voitures (suspendues ou non suspendues) (par jour et par voiture) 0 20
Charges de menus objets (paniers de riz, de salade, de crabes, etc. (par charge) . . . 0 02

LIVRETS DE BOY

Livret. 0 60
Carte d'identité renouvelée chaque année. . 0 20

VENTE DE CARTES AUX FILLES PUBLIQUES

Douze piastres par an, payables par trimestre et d'avance.

PERMIS DE CIRCULATION LA NUIT SANS FANAL

Quatre piastres par an.

PERMIS DE TIR DE PÉTARDS

Valable pour 3 et 4 jours . . . . 0 $ 30
— 2 jours 0 15

DROITS DE FOSSE (*ne s'appliquent qu'au cimetière européen*)

Inhumation et exhumation. . . . . . . 3 $ 00

CONCESSIONS DANS LES CIMETIÈRES MUNICIPAUX

Concession perpétuelle. . . . . 20 $ 00
Concession pour cinq ans. 10 00

EXPÉDITIONS DES ACTES ADMINISTRATIFS, DES ACTES DE L'ÉTAT CIVIL, DE TOUS AUTRES TITRES, PIÈCES, RENSEIGNEMENTS ET CERTIFICATS DIVERS.

Expédition des actes administratifs, autres titres, pièces et renseignements (par rôle). 0 $ 40
Expédition d'un acte de naissance ou de décès. 0 40
Expédition d'un acte de mariage 1 00
Certificat de résidence, de bonnes vie et mœurs, etc. 0 20
Légalisation de signatures 0 20

EXPLOITATION DES POUSSE-POUSSE DE LOUAGE

Par voiture dite pousse-pousse (par mois) . 5 00
Ce droit est dû par trimestre et payable par mois et d'avance, du premier du mois où le pousse-pousse est mis en circulation.
Art. 2. — Le Résident supérieur du Tonkin est chargé de l'exécution du présent arrêté. — CHAVASSIEUX.

6. — 27 janvier 1893. — ARRÊTÉ *modifiant celui du 15 mars 1892, sur le classement des rues de Hanoï, pour l'assiette de l'impôt foncier.*

Article premier. — L'article 4 susvisé du 15 mars 1892, est modifié comme suit:
Les rues indigènes ci-dessous sont classées conformément au tableau suivant:

PREMIÈRE CLASSE

Rues de la Soie, des Cantonnais, des Voiles, des Brodeurs, Paul-Bert, du Camp-des-Lettrés (du boulevard Gia-Long au boulevard Jauréguiberry), du Sucre, du Riz, du Chanvre, du Pont-en-Bois, des Radeaux, des Paniers, Vieille-des-Tasses, du Lac, Jean-Dupuis, de la Chaux, boulevards Henri-Rivière (au nord de la rue Paul-Bert) et Francis-Garnier.

DEUXIÈME CLASSE

Rues du Papier, des Ferblantiers, des Médicaments, des Pavillons-Noirs, de Phuoc-Kién, Balny, Laubarède, de la Glacière, des Tasses, des Cercueils, des Changeurs, Pottier, boulevards Gia-Long, Dông-Khanh, quai de Cu-Phu, voies nos 1 et 2.

TROISIÈME CLASSE

Rues de la Citadelle, des Cuirs, des Pipes, des Volailles, des Nattes-en-Bambous, du Coton, des Oignons, des Éventails, des Chapeaux, des Vases, des Étoffes, du Cuivre, de la Saumure, des Balances, des Forgerons, des Nattes-en-Jonc, des Sceaux, ruelle des Cartes, boulevards Gambetta, Rollandes, Bobillot, Carreau, Riallan, Henri-Rivière (au sud de la rue Paul-Bert), quai de la Douane.

QUATRIÈME CLASSE

Rues du Charbon, de la Mission, des Peignes, du Cunao, des Teinturiers, des Pioches, des Briques, de la Poissonnerie, des Tubercules, des Graines, de l'Hôpital-Chinois, du Camp-des-lettrés (du boulevard Jauréguiberry à la rue des Teinturiers), des Vers-Blancs, boulevard Jauréguiberry, avenue de la Cathédrale, route Mandarine, et toute la zone comprise au delà de la rue du Charbon confrontant les faces Nord, Ouest et Sud de la Citadelle jusqu'à la route Mandarine, entre le boulevard Gambetta et la limite de la ville jusqu'à l'abattoir.

Art. 2. — Le Résident supérieur du Tonkin est chargé de l'exécution du présent arrêté, qui entrera en vigueur pour la confection des rôles de l'exercice 1893. — CHAVASSIEUX.

2e Section. — Voirie

7. — 14 septembre 1888. — ARRÊTÉ *déterminant l'étendue du territoire soumis à l'autorité du résident-maire de Hanoi* (1).

Article premier. — La circonscription de la ville de Hanoi comprend le territoire situé en deçà d'une ligne qui, partant de la douane, passera par les points suivants: Blockhaus Nord, le Grand-Bouddha, route circulaire de la Citadelle, porte de Sontay jusqu'à la route de Phu-thanh-Hoai, pagode des Corbeaux, pagode de Sinh-tu, route mandarine de Hué, lunette de Hué, digue de la Concession, et aboutira au fleuve Rouge.

Art. 2. — M. le Résident-maire de Hanoi est chargé de l'exécution du présent arrêté. — E. PARREAU.

8. — ARRÊTÉ *déterminant les limites de la ville de Hanoi* (2).

Article premier. — Le territoire de la ville de Hanoi est limité; à l'est par l'axe du courant variable du fleuve Rouge; au nord, à l'ouest et au sud par une ligne passant par les poteaux indicateurs numérotés de 1 à 15, ainsi qu'ils sont figurés sur le plan ci-joint.

Art. 2. — *Position des repères. Direction des limites.*

Le poteau indicateur n° 1 sera placé au nord de la ville de Hanoi et du village de Co-xa, à 900 mètres à l'est du blockhaus nord.

Le n° 2 sera placé en dehors, au nu de la porte du blockhaus nord. Sa limite, figurée par les poteaux n°s 1 et 2, sera prolongée à l'ouest du blockhaus jusqu'à son intersection avec les bords du grand lac ou Tay-ho.

Le poteau indicateur n° 3 sera placé à 270 mètres à l'est de la pagode de Co-le, sur la rive du lac Tay-ho.

Entre les poteaux n°s 2 et 3, la limite suivra avec toutes ses ondulations le pied des talus baignés par le lac de Tay-ho, en y comprenant la presqu'île de la pagode Tran-cuoc.

Le poteau indicateur n° 4 sera placé sur la digue dite « chaussée Parreau », au point où la petite digue venant de la porte de Sontay se rattache à cette chaussée.

Entre les poteaux n°s 3 et 4, la limite sera une droite passant par ces deux repères.

Le poteau indicateur n° 5 sera placé à l'angle sud-ouest de la porte de Sontay.

(1) Voir le texte de l'arrêté qui suit, fixant définitivement les limites de la ville de Hanoi.
(2) Cet arrêté, inséré au *Journal officiel* du 6 janvier 1890, n° 2, ne porte pas de date; d'autre part, les limites de la ville ont été étendues par un arrêté du 20 février 1895.

Entre les poteaux n°s 4 et 5, la limite suivra le pied des talus côté de la province de Hanoi.

Les poteaux indicateurs n°s 6, 7, 8, 9, 10 et 11 seront placés sur une ligne droite parallèle à l'axe du boulevard Gambetta et à 150 mètres de cet axe.

Le poteau n° 6 sera placé au sommet ouest de cette droite et à 340 mètres de l'axe de la route de Phu-thanh-Hoai; le poteau n° 7 sur le côté est de cette route; le n° 8 entre la route de Phu-thanh-Hoai et la route mandarine; le n° 9 sur le côté est de la route mandarine; le n° 10 entre la route mandarine et la route de Hué; le n° 11 sur le côté est de la route de Hué.

Le poteau indicateur n° 12 sera placé sur le côté ouest de la route de l'abattoir, au droit du chemin menant au sud de la concession.

Le poteau n° 13 sera placé à l'intersection de la digue haute du fleuve Rouge et de l'ancien retranchement aboutissant à la porte de Hué, sur la route de Hué.

Le poteau n° 14 sera placé sur la digue haute du fleuve Rouge, au droit de la route menant à l'abattoir.

Le poteau n° 15 sera placé à 20 mètres de l'angle nord-ouest du mur extérieur des dépendances de l'abattoir.

Entre les poteaux n°s 12, 13, 14 et 15, la limite suivra le pied des talus de la route et des digues menant à l'abattoir.

Du poteau n° 15, la limite suivra à 20 mètres de distance, et parallèlement, les murs de l'abattoir jusqu'à la rive droite du fleuve Rouge, en la prolongeant perpendiculairement à l'axe du courant.

Art. 3. — Les poteaux indicateurs, surmontés d'une plaque numérotée, indiquant le côté ville et le côté province, seront placés par les soins de la voirie municipale, et les frais résultant de ce travail supportés, moitié par le Protectorat, moitié par la ville.

Art. 4. — Dès l'achèvement de ce travail, une commission sera nommée pour constater le bornage et son exactitude comparée aux termes du présent arrêté et aux indications du plan y annexé.

Art. 5. — Le Résident de France, maire de Hanoi, est chargé de l'exécution du présent arrêté. — BRIÈRE.

9. — 1er janvier 1890. — ARRÊTÉ *constituant le personnel de la voirie municipale à Hanoi*.

Article premier. — Le personnel de la voirie municipale, pour l'année 1890, est constitué de la façon suivante:

NOMS	GRADES	SOLDE		TOTAL	OBSERVATIONS
		FIXE	INDEMNITÉ		
	A. PERSONNEL EUROPÉEN				
MM.					
XX...	Chef de service...	1.562 03	1.000 »	2.562 03	
—	Conducteur...	1.000 »	»	1.000 »	
—	Commis comptable...	1.250 »	»	1.250 »	
—	Chef cantonnier...	1.100 »	»	1.100 »	
—	Dessinateur...	1.200 »	»	1.200 »	
—	Agent de culture...	950 »	»	950 »	
	B. PERSONNEL INDIGÈNE				
XX...	Interprète dessinat.	260 »			
	Expéditionnaire...	225 »			

17

Art. 2. — Il sera pourvu ultérieurement à la nomination du dessinateur.

Art. 3. — Le Résident de France, maire de Hanoi, est chargé de l'exécution du présent arrêté. — BRIÈRE.

10. — 17 février 1891. — ARRÊTÉ *municipal réglementant les constructions en paillotes et torchis, à l'intérieur de la ville de Hanoi.*

Article premier. — La construction de maisons en torchis et paillotte est interdite :

1° Dans le périmètre limité par le fleuve Rouge, la rue de France, le boulevard Bobillot, le boulevard Gambetta, le boulevard de la Mission, la rue du Chanvre, la rue du Pont-en-Bois, la rue des Radeaux et la rue de la Saumure ;

2° Dans les rues des Paniers, des Changeurs, Jean-Dupuis, du Cuivre, de la Soie, des Cantonnais.

Toutes les paillottes existant actuellement dans le périmètre et les rues ci-dessus indiqués, devront disparaître dans un délai de six mois.

Art. 2. — Aucune construction en paillotte ne pourra être élevée en dehors de cette zone à moins de quarante mètres de distance des lignes formant son périmètre, et de quinze mètres des maisons en briques qui pourraient exister.

Les paillottes devront être construites en torchis au mortier de chaux, et les feuilles de latanier recouvertes d'une grosse natte en bambou jointif.

Art. 3. — L'obligation de la natte en bambou ne s'étendra pas pour le 6e quartier au-delà de la route Mandarine, et pour le 1er quartier au-delà de la rue des Graines.

Art. 4. — Toutes les paillottes qui seront construites en dehors de la zone précitée devront être recouvertes d'une grosse natte en bambou jointif, qui devra être également appliquée dans le délai d'un mois sur celles qui s'y trouvent actuellement.

Art. 5. — Les dispositions qui précèdent ne s'appliquent pas aux immeubles et terrains affectés au service du Protectorat.

Art. 6. — Les contraventions aux dispositions qui précèdent seront punies conformément à la loi, par application des articles 471, § 5, et 474 du code pénal.

Art. 7. — Toutes les dispositions prises antérieurement et contraires au présent arrêté, sont et demeurent abrogées.

Art. 8. — Le commissaire de police et autres agents du service de la voirie sont chargés, chacun en ce qui le concerne, de l'exécution du présent arrêté, qui sera notifié et affiché en français et en annamite partout où besoin sera. — BEAUCHAMP.

11. — ARRÊTÉ *fixant la largeur, la longueur et la direction des rues anciennes et nouvelles de la ville de Hanoi* (1).

Article premier. — Les rues existantes et à créer dans la ville de Hanoi, avec leur largeur de chaussée et de trottoirs, sont indiquées aux tableaux ci-annexés.

Art. 2. — La direction de l'axe de chaque voie existante, sera parallèle aux bordures des trottoirs actuels.

L'orientation de la direction de l'axe des nouvelles

(1) Arrêté inséré au *Journal officiel* du 21 avril 1890, n° 32, ne portant pas de date.

voies, seront celles figurées sur le plan ci-joint, approuvé ce même jour.

Art. 3. — M. le vice-résident, maire de Hanoi est chargé de l'exécution du présent arrêté. — BRIÈRE.

NOMS DES RUES	LONGUEUR de la rue	LARGEUR de la chaussée entre trottoirs	LARGEUR des trottoirs	LARGEUR totale définitive
	mètres	mètres	mètres	mètres
Rue de la Soie............	195 00	8 00	3 00	14 00
— des Cantonnais....	138 00	8 00	3 00	14 00
— du Sucre...........	170 00	8 00	3 00	14 00
— du Riz.............	150 00	8 00	3 00	14 00
— du Papier..........	215 00	8 00	3 00	14 00
— du Charbon........	330 00	8 00	3 00	14 00
— de la Citadelle.....	390 00	7 00	4 00	15 00
— des Œufs..........	175 00	8 00	3 00	14 00
— des Pipes..........	210 00	8 00	3 00	14 00
— des Volailles.......	300 00	8 00	3 00	14 00
— des Nattes-en-bambous..	380 00	8 00	4 00	16 00
— de la Mission......	715 00	6 00	3 00	12 00
— des Stores.........	650 00	8 00	4 00	16 00
— des Brodeurs.......	115 00	8 00	3 00	14 00
— des Cul-sacs.......	425 00	6 00	3 00	12 00
— des Tasses.........	135 00	6 00	3 00	12 00
— des Ferblantiers....	312 00	6 00	3 00	12 00
— des Médicaments...	255 00	4 00	3 00	10 00
— des Peignes........	250 00	6 00	3 00	12 00
— des Balances.......	215 00	8 00	4 00	16 00
— du Lac............	255 00	6 00	3 00	12 00
— des Radeaux.......	250 00	6 00	3 00	12 00
— des Pavillons-Noirs..	545 00	8 00	4 00	16 00
— de la.............	300 00	8 00	4 00	16 00
— des Bambous.......	260 00	6 00	3 00	12 00
— du Cuivre.........	80 00	6 00	3 00	12 00
— Pottier............	238 00	8 00	4 00	16 00
— des Cercueils.......	50 00	8 00	4 00	16 00
— des Sceaux.........	230 00	7 00	4 00	15 00
— du Pont-en-Bois....	245 00	8 00	3 00	14 00
— du Chanvre........	940 00	6 00	3 00	12 00
— des Teinturiers.....	200 00	8 00	4 00	16 00
— du Coton { à l'Est.	200 00	8 00	4 00	16 00
{ à l'Ouest.	425 00	8 00	4 00	16 00
— des Éventails.......	185 00	6 00	3 00	12 00
— des Chapeaux......	220 00	6 00	3 12	12 00
— de la Saumure.....	115 00	6 00	3 00	12 00
— des Changeurs.....	310 00	6 00	3 00	12 00
— des Paniers........	275 00	8 00	3 00	14 00
— Vieille-des-Tasses...	194 00	6 00	3 00	12 00
— des Vases..........	68 00	6 00	3 00	12 00
— des Voiles.........	300 00	6 00	3 00	12 00
— des Fockiens.......	170 00	6 00	3 00	12 00
— des Étoiles.........	115 00	6 00	3 00	12 00
— des Briques........	170 00	6 00	3 00	12 00
— de la Poissonnerie..	125 00	6 00	3 00	12 00
— des Forgerons......	125 00	6 00	3 00	12 00
— des Nattes-en-jonc..	65 00	7 00	4 00	15 00
— Jean-Dupuis........	265 00	7 00	4 00	15 00
— du Cuivre.........	280 00	8 00	4 00	16 00
— des Tubercules.....	200 00	6 00	3 00	12 00
— des Graines........	250 00	6 00	3 00	12 00
— de l'Hôpital-Chinois.	220 00	6 00	3 00	12 00
— des Vermicelle.....	345 00	6 00	3 00	12 00
— de Yên-thanh......	440 00	6 00	3 00	12 00
Route du Grand-Bouddha...	1.300 00	8 00	4 00	16 00
— du Blockaus-Nord..	1.100 00	6 00	3 00	12 00
— du Sinh-tu........	510 00	8 00	3 00	14 00
— Mandarine........	750 00	10 00	5 00	20 00
Bon¹ Gambetta........	1.810 00	15 00	7 50	30 00
— Rollandes.........	800 00	15 00	7 50	30 00
— Jauréguiberry......	475 00	15 00	7 50	30 00
— Gia-long..........	480 00	15 00	7 50	30 00
— Henri-Rivière......	185 00	15 00	7 50	30 00
— Bobillot...........	580 00	12 00	6 50	25 00
Rue Lambarde........	190 00	10 00	5 00	20 00
— de l'Intendance....	190 00	8 00		16 00
VOIES DE GRANDE VOIRIE				
Quai du Cu-phu.......	800 00	13 00	6 50	26 00
Rue Paul-Bert........	550 00	10 00	5 00	20 00
— du Camp-des-Lettrés.	800 00	10 00	5 00	20 00
— Dong-khanh.......	650 00	13 00	6 50	26 00

VOIES A CRÉER		TRAVERSES	LONGUEUR de la VOIE	LARGEUR de la CHAUSSÉE	LARGEUR des TROTTOIRS	LARGEUR TOTALE
NUMÉROS des VOIES	ABOUTISSANTS					
			mètres	mètres	mètres	mètres
Voie n° 1. . . .	Boulevard Rialan, voie n° 2	Voies n°° 6, 7, rue Dalny.	820 00	12 00	6 50	25 00
— 2. . . .	Voie n° 1, Quai de la Douane.	Voie n° 8, rue de la Saumure.	360 »	10 »	5 00	20 »
— 3. . . .	Voie n° 4, rue Laubarède.	Voie n° 5.	360 »	15 »	7 50	30 »
— 4. . . .	Rue de la Concession, boulevard Bobillot. .	— 3.	170 »	15 »	7 50	30 »
— 5. . . .	Rue de la Concession, boulevard Bobillot.	— 3.	110 »	15 »	7 50	30 »
— 6. . . .	Quai de Cu-căm, voie n° 4.	Rue de la Chaux. . . .	240 »	10 »	5 00	20 »
— 7. . . .	Quai de Cu-căm, voie n° 4.	——	220 »	8 »	3 »	14 »
— 8. . . .	Rue des Bambous, rue des Seaux. . . .		95 »	8 »	3 »	14 »
— 9. . . .	Boulevard Gambetta, rue du Camp-des-lettrés.	Boulevard Carrau	455 »	10 »	5 »	20 »
Boulevard Henri Rivière (sud).	Voie n° 13, rue Paul-Bert.	Boulevards Gambetta, Carrau et Rollandes . . .	680 »	15 »	7 50	30 »
Boulevard Rialan	Voie n° 13, rue Paul-Bert.		730 »	15 »	7 50	30 »
Voie n° 10. . .	Voie n° 14, boulevard Carrau.	Boulevard Gambetta. . . .	340 »	8 »	4 00	16 »
— 11. . .	Boulevard Gambetta, rond-point de Phu-thanh-Hoai.		835 »	15 »	7 50	30 »
— 12. . .	Rond-point de Phu-thanh-Hoai, chemin de ronde de la Citadelle.	Route de Sinh-tu	340 »	10 »	5 »	20 »
— 13. . .	Boulevard Gia-long, route de l'Abattoir. . . .	Rue des Cartes, Boulevards Henri-Rivière et Rialan.	620 »	10 »	5 »	20 »
— 14. . .	Route de l'Abattoir, boulevard Bobillot. . .	Voie n° 10.	380 »	10 »	5 »	20 »
Avenue de la Cathédrale. . . .	Rue de la Mission, boulevard Francis-Garnier.	Rue des Brodeurs. . . .	150 »	10 »	5 »	20 »
Boulevard Francis-Garnier . .	Circulaire du Lac Hoang-Kiem		1.300 »	10 »	6 50	25 »
Voie n° 15. . .	Rue du Pont en bois, rue des Changeurs. . .	Voie n° 20.	175 »	12 »	3 »	10 »
— 16. . .	Rue des Changeurs, rue des Voiles. . . .	— 18.	200 »	4 »	3 »	10 »
— 17. . .	——	——	80 »	4 »	3 »	10 »
— 18. . .	Rue des Pavillons-Noirs, voie n° 16		100 »	4 »	3 »	10 »
— 19. . .	Boulevard Francis-Garnier, rue des Balances	Rue du Chanvre	180 »	4 »	3 »	12 »
— 20. . .	Rue des Radeaux, rue de la Soie. . . .	Voies n°° 17 et 18 . . .	185 »	6 »	3 »	12 »
— 21. . .	Rue de la Soie, rue des Éventails. . . .		72 »	6 »	3 »	12 »
— 22. . .	Rue Pothier, rue des Médicaments. . . .	Rues du Chanvre, des Éventails et des Paniers.	610 »	6 »	3 »	12 »
— 23. . .	Rue des Voiles, rue des Tubercules.	Rues des Briques, Jean-Dupuis, voie n° 20 . .	395 »	6 »	3 »	10 »
— 24. . .	Rue Jean Dupuis, marché du Riz. . . .		80 »	4 »	3 »	10 »
— 25. . .	Rue des Briques, rue de la Poissonnerie. . .		105 »	400 »	3 »	10 »
— 26. . .	Digue, marché du riz. . . .		75 »	6 »	3 »	12 »
— 27. . .	Digue, rue des Nattes-en-Bambous. . .	Voie n° 30, rue du Papier, rue des Peignes .	240 »	6 »	3 »	12 »
— 28. . .	Digue, rue du Charbon.	Voie n° 31	100 »	4 »	3 »	10 »
— 29. . .	Digue, rue de l'Hôpital Chinois	— 31.	50 »	4 »	3 »	10 »
— 30. . .	Marché du Riz, rue des Graines. . . .	— 27.	200 »	4 »	3 »	10 »
— 31. . .	Rue des Graines, voie n° 29. . . .	— 28.	220 »	4 »	3 »	10 »
— 32. . .	Rue du Coton, marché de la Citadelle. . . .		200 »	4 »	3 »	10 »
— 33. . .	Rue des Nattes en Bambous, rue des Vermicels. .	Rue de l'Hôpital-Chinois. .	275 »	6 »	3 »	10 »
— 34. . .	Rue des Vermicels, rue des Yen-thanh. . .	Voie n° 36	300 »	8 »	3 »	12 »
— 35. . .	Rue du Charbon, route du Grand-Bouddha. .	— 33 et 34 . . .	350 »	8 »	3 »	14 »
— 36. . .	——	Voie n° 34. . . .	405 »	8 »	3 »	14 »
— 37. . .	Rue des Cartes, boulevard Henri-Rivière. .	— 36.	140 »	8 »	3 »	14 »
— 38. . .	Boulevards Rialan et Henri-Rivière . . .	— 38. . . Boulevard Rollandes	175 »	4 »	3 »	10 »
— 39. . .	Boulevard Carrau, rue Paul-Bert.		290 »	4 »	3 »	10 »
— 40. . .	Rue des Tubercules, rue des Nattes-en-Bambous.	Voies n°° 43, 44 . . .	80 »	6 »	3 »	10 »
Voie n° 41 ou Boulevard Carrau	Boulevard Carrau, route Mandarine. . . .	Voie n° 31	575 »	15 »	7 50	12 »
Voie n° 42 . . .	Voie n° 9, route Mandarine.	— 41.	600 »	10 »	5 »	30 »
— 43. . .	Boulevard Gambetta, rue du Camp des Lettrés.	— 42.	470 »	10 »	5 »	20 »
— 44. . .			450 »	10 »	5 »	20 »
— 45. . .	Rue de la Mission, voie n° 46.	Passage de la rue des Gâteaux	400 »	6 »	3 »	20 »
— 46. . .	Rue du Camp des Lettrés, rue du Coton. . .	Voie n° 45.	150 »	6 »	3 »	12 »
— 47. . .	Voie n° 45, rue du Coton. . . .		50 »	6 »	3 »	12 »
— 48. . .	Route Mandarine, pagoda des Corbeaux. .	— 46.	500 »	8 »	3 »	12 »
— 49. . .	Route de Sinh-tu, route de Sontay. . . .	— 48.	230 »	8 »	3 »	14 »
— 50. . .	Route de Phu-thanh-Hoai, voie n° 41. . . .	——	100 »	8 »	4 »	14 »

13. — 21 septembre 1891. — RÈGLEMENT *de la voirie municipale de Hanoi.*

Article premier. — *Dispositions générales.* — Il ne pourra à l'avenir être construit en façade sur une voie publique de la ville de Hanoi, aucun bâtiment en pierres ou briques ne réunissant pas les conditions édictées au présent arrêté.

Art. 2. — *Alignement, nivellement, plans à produire.* — Tout constructeur de maisons, avant de se

mettre à l'œuvre, devra demander l'alignement et le nivellement de la voie publique au devant de son terrain, et s'y conformer.

Il devra pareillement adresser à l'administration un plan et des coupes des constructions qu'il projette, et se soumettre aux prescriptions qui lui seront faites dans l'intérêt de la sûreté publique et de la salubrité, seulement pour les voies actuelles ou projetées comprises entre la route mandarine, les limites sud de la ville, le fleuve Rouge, les rues des Seaux, du Pont-en-Bois, du Chanvre, des Brodeurs et du Camp-des-lettrés.

Dix jours après le dépôt de ces plans et coupes au secrétariat de la mairie, le constructeur pourra commencer ses travaux d'après son plan, s'il ne lui a été fait aucune injonction.

Art. 3. — *Égouts.* — Toute construction nouvelle dans une rue pourvue d'égouts devra être disposée de manière à y conduire les eaux pluviales et ménagères. La même disposition sera prise pour toute maison ancienne en cas de grosses réparations, et, en tous cas, avant dix ans.

Art. 4. — *Façades.* — La façade des maisons sera constamment tenue en bon état de propreté.

Elles seront lavées, repeintes ou badigeonnées au moins une fois tous les deux ans, sur l'injonction qui sera faite au propriétaire par l'autorité municipale.

Art. 5. — *Hauteur des maisons.* — Les hauteurs des maisons seront mesurées au niveau de la bordure du trottoir, ou, à défaut, de l'axe de la rue, au-dessous de la gouttière.

Art. 6. — Toute saillie sera comptée à partir du nu du mur au-dessous de la retraite des fondations.

Art. 7. — *Hauteur des façades bordant la voie publique.* — Toute construction bordant la voie publique aura au moins 4 mètres de hauteur et 10 mètres au plus.

Les étages n'auront pas moins de 3 mètres de hauteur, mesurés entre le plancher et le plafond.

Toutefois, dans les rues et boulevards de 18 mètres de largeur et au-dessus, la hauteur des bâtiments pourra être portée à 15 mètres.

Art. 8. — *Façades en arrière de l'alignement.* — Les façades construites en arrière de l'alignement, en biais ou de toute autre manière, ne pourront être élevées qu'à la hauteur déterminée pour les maisons construites à l'alignement.

Art. 9. — *Hauteur des bâtiments situés en dehors des voies publiques.* — Les bâtiments situés en dehors des voies publiques, dans les cours et espaces intérieurs, ne peuvent excéder sur aucune de leurs faces, la hauteur de 15 mètres.

L'administration peut toutefois, autoriser par exception, des constructions plus élevées pour des besoins d'art, de science ou d'industrie.

Art. 10. — *Combles.* — Le faîtage du comble ne peut excéder une hauteur égale à la moitié de la profondeur du bâtiment, y compris les saillies et corniches.

Le profil du comble sur la façade du coté de la voie publique ne peut dépasser une ligne inclinée à 45°, partant de l'extrémité de la corniche ou de l'entablement.

Art. 11. — *Combles au-dessus des façades.* — Les combles au-dessus des façades qui ne seraient pas élevées du maximum de hauteur déterminé aux articles 4 et 5, peuvent dépasser les dimensions fixées à l'article 7, mais ils ne doivent pas toutefois excéder la hauteur générale des bâtiments, fixée tant pour les façades que pour les combles par les dispositions des articles 4, 5, 6 et 7.

Art. 12. — Les dispositions de l'article 8 sont applicables à tous les bâtiments, placés ou non sur la voie publique.

Art. 13. — *Saillies.* — La nature et la dimension maximum des saillies, sont fixées ci-après :

1° Soubassements, 0m05, mais ne pourront être établis qu'à moins de 1m de hauteur.

2° Colonnes en pierre, pilastres, ferrures de portes et fenêtres, jalousies, persiennes, contrevents, appuis de croisées, barres de support, 0m16.

3° Tuyaux de descente et d'évier, cuvettes, 0m16.

4° Socles de devantures de boutiques, 0m20.

5° Petits balcons de croisées (au-dessus du rez-de-chaussée) 0m22.

6° Grands balcons, lanternes, transparents, attributs, 0m80.

Les grands balcons ne pourront être établis qu'à 4m00 au moins au-dessus de la bordure du trottoir, et seulement dans les rues dont la largeur ne sera par inférieure à 10 mètres.

Les lanternes, transparents et attributs pourront être établis dans toutes les rues, quelle que soit leur largeur, mais à 3m00 au-dessus de la bordure du trottoir.

Ces ouvrages devront d'ailleurs être supprimés sans indemnité, si l'administration, dans un intérêt public, le juge nécessaire.

7° *Auvents et marquises :* 1. Jusqu'à 1m30 en arrière de la bordure du trottoir pour les rues plantées d'arbres et où les trottoirs auront 4m de largeur et au-dessus.

2. Jusqu'à 1m00 en arrière de la bordure du trottoir; pour les rues non plantées et où la largeur des trottoirs sera de 4m00 et au-dessous.

N.-B. Cette dernière saillie pourra être modifiée dans certains cas particuliers du quartier annamite.

8° *Bannes*, 1m50; ne devront dans aucun cas dépasser la bordure du trottoir.

Aucune partie des supports ne sera à moins de 2m50 au-dessus du trottoir.

9° *Corniches d'entablement.* — Leur saillie n'excédera par 0m16, quand elles seront en plâtre, ou l'épaisseur du mur à son sommet, quand elles seront en pierre, brique ou bois.

10° Barres de pierre aux côtés des portes de maisons, 0m60.

11° Devanture de boutiques, toute espèce d'ornement compris, corniches, etc., 0m30.

Seuils, 0m22.

Les seuils seront toujours établis au-dessus :

La bordure du trottoir, au moins à 0m10, lorsque les trottoirs auront 3m00 de largeur;

0m12, lorsque les trottoirs auront 4m00 de largeur;

0m15, lorsque les trottoirs auront 5m00 —

0m20, lorsque les trottoirs auront 7m50 —

12° Barreaux et grilles de boutiques ou de fenêtres, 0m16.

13° Tableaux, enseignes, bustes, reliefs, montres, attributs, y compris les bordures et points d'appui, 0m16.

14° Aucune porte ne pourra s'ouvrir en dehors, de manière à faire saillie sur la voie publique; les volets qui s'ouvriraient en dehors devront se rabattre sur le mur de face, le long duquel ils seront fixés.

15° Aucun tuyau de poêle ou de cheminée ne pourra déboucher sur la voie publique.

16° Les toitures saillantes seront munies de gouttières avec tuyaux de descente.

Les propriétaires des immeubles dont les toitures ne sont pas encore munies de gouttières devront, dans le délai de 6 mois, se conformer aux présentes prescriptions.

Art. 14. — *Dispositions transitoires.* — Les murs de face, les combles et les saillies, dont l'élévation, la forme et les dimensions ne sont pas conformes à celles ci-dessus prescrites, ne peuvent être reconstruits ni réconfortés qu'à la condition de se conformer aux dispositions qui précèdent.

Art. 15. — *Dispositions diverses.* — Les dispositions du présent arrêté ne sont pas applicables aux édifices publics.

Art. 16. — Toutes dispositions prises antérieurement à celles du présent arrêté, et qui y seraient contraires, sont et demeurent abrogées.

Art. 17. — Le chef du service de la voirie est chargé de l'exécution du présent arrêté. — BEAUCHAMP.

13. — 31 décembre 1892. — *Règlement de police de la ville de Hanoi, pour la circulation des voitures.*

Article premier. — Toute voiture servant au transport de matériel devra être munie, en avant des roues et au côté gauche de la voiture, d'une plaque métallique portant en caractères apparents et lisibles d'au moins cinq millimètres de hauteur, les nom, prénoms et profession du propriétaire.

Art. 2. — Toute voiture abandonnée la nuit sur la voie publique, par suite d'accident ou de cas de force majeure, devra être munie, par les soins du propriétaire, d'une lanterne placée de façon à être vue dans toutes les directions et éviter les accidents.

Art. 3. — Le commissaire de police et le chef de la voirie sont chargés, chacun en ce qui le concerne, de l'exécution du présent arrêté. — BEAUCHAMP.

14. — 20 février 1895. — ARRÊTÉ *étendant le territoire municipal de la ville de Hanoi.*

Article premier. — Est rattachée au territoire de la ville de Hanoi et soumise à tous les règlements qui lui sont imposés, la zone comprise entre la route de l'abattoir, la digue limitant la concession française et la route mandarine.

Art. 2. — M. le Résident-maire de Hanoi et M. le Résident de la province sont chargés, chacun en ce qui le concerne, de l'exécution du présent arrêté. — RODIER.

3° Section. — Police

15. — 18 février 1884. — ARRÊTÉ *organisant la police des Européens à Hanoi.*

Modifié par arrêté du 29 mars 1892.

16. — 29 août 1884. — RÈGLEMENT *de police et de voirie de la ville de Hanoi (Article 10 du traité du 6 juin 1884).*

Article premier. — Tous les propriétaires et locataires sont tenus, dans l'intérieur de la ville de Hanoi, de faire balayer, tous les jours, la partie de la voie publique qui se trouve au devant de leurs maisons, cours, jardins et autres emplacements, jusques et y compris le ruisseau.

Art. 2. — Il est interdit:

1° De déposer, dans la rue, les ordures, immondices, fumiers et résidus quelconques de ménage;

2° De rien jeter des habitations sur la voie publique, comme aussi d'y déposer, soit des débris de verre ou de porcelaine, soit des matières susceptibles de causer des exhalaisons nuisibles ou incommodes;

3° De se livrer à l'élevage de bestiaux, de laisser paître des bœufs, buffles, chèvres et autres animaux sur la voie publique, et aussi de faire parcourir les rues par des troupeaux de bestiaux, le matin entre 7 et 11 heures, et le soir entre 5 et 8 heures;

4° De déposer sans nécessité, et laisser sans autorisation, sur la voie publique, des meubles, caisses, matériaux et autres objets;

5° De faire courir ou d'exercer des chevaux dans les rues ou promenades publiques. Les cavaliers ne devront pas marcher plus de deux de front, et les piétons devront toujours laisser libre le milieu de la chaussée, réservé aux chevaux et aux voitures;

6° Aux propriétaires de voitures, charrettes et véhicules, de les faire circuler sans lumière après la nuit close.

Art. 3. — Il est défendu d'établir des jeux sur la voie publique, sans autorisation préalable.

Art. 4. — Tout propriétaire qui voudra procéder à une construction ou réparation des murs de face ou de clôture de bâtiment, sera tenu de demander une autorisation spéciale au résident de France, qui lui donnera l'alignement à observer.

Art. 5. — Les cabarets et débits de boissons seront fermés à 10 heures du soir. Le résident de France pourra accorder des autorisations de fermeture après l'heure fixée.

Art. 6. — La chasse et le tir des armes à feu sont interdits dans l'intérieur de la ville. Il est aussi défendu de faire partir des pétards ou autres pièces d'artifice, de 7 heures du soir à 6 heures du matin, à moins d'une autorisation spéciale délivrée par le résident.

Art. 7. — Toutes les contraventions au présent règlement seront jugées et punies, conformément aux articles 471, 472, 473 et 474 du Code pénal (1). — PARREAU.

17. — 10 novembre 1884. — DISPOSITION *complémentaire au règlement de police et de voirie de la ville de Hanoi.*

Dans l'intérêt de la sécurité et de la salubrité publiques, les propriétaires des terrains vagues situés dans la ville de Hanoi, sont tenus de les enclore, et de faucher les herbes, broussailles et bambous toutes les fois qu'ils en seront requis par les agents de police.

Toute contravention aux présentes dispositions sera punie conformément à l'article 471 du Code pénal. — PARREAU.

18. — 7 juin 1886. — ARRÊTÉ *réorganisant la police de la ville de Hanoi.*

Modifié par arrêté du 29 mars 1892.

19. — 23 novembre 1886. — ARRÊTÉ *augmentant le personnel européen de la police de Hanoi* (2)

20. — 1er janvier 1890. — ARRÊTÉ *fixant les cadres de la police municipale de la ville de Hanoi.*

Modifié par arrêté du 29 mars 1892.

21. — 29 mars 1892. — ARRÊTÉ *fixant les cadres du personnel de la police de la ville de Hanoi.*

Article premier. — Les cadres du personnel de la police municipale de la ville de Hanoi, sont fixés ainsi qu'il suit, à compter du 1er janvier 1892:

(1) Voir dispositions complémentaires du 10 novembre 1884.
(2) Les cadres du personnel de la police de Hanoi sont actuellement déterminés par arrêté du 29 mars 1892.

GRADES	NOMBRE	SOLDE (1)
Personnel européen		
Commissaire de police	1	
Brigadier-chef.	1	
Brigadiers.	2	
Sous-brigadiers	2	
Agent de 1re classe.	5	
— 2e	5	
— 3e	10	
Personnel indigène		
Brigadier	1	
Sous-brigadiers	3	
Agent de 1re classe.	8	
— 2e	20	
Interprète.	1	

Art. 2. — Le Résident-maire de Hanoi est chargé de l'exécution du présent arrêté. — CHAVASSIEUX.

22. — 31 mars 1893. — ARRÊTÉ *fixant les soldes et accessoires du personnel de la police municipale de Hanoi et de Haiphong.*

Article premier. — La solde, y compris tous les accessoires de solde des agents de la police municipale de Hanoi et de Haiphong, est fixée conformément au tableau suivant :

	Solde d'Europe	Solde coloniale
Brigadier-chef	675 $ 00	1,350 $ 00
Brigadier	575 00	1,150 00
Sous-brigadier	525 00	1,050 00
Agent de 1re classe . .	475 00	950 00
— 2e classe . .	450 00	900 00
— 3e classe . .	425 00	850 00

Art. 2. — Dans le cas où la municipalité fournirait à ses agents de police le logement en nature, une retenue mensuelle, calculée sur la base de 125 $ par an, sera faite sur le montant de la solde des agents logés.

Art. 3. — Les Résidents-maires de Hanoi et de Haiphong sont chargés, chacun en ce qui le concerne, de l'exécution du présent arrêté. — CHAVASSIEUX.

HEURE LÉGALE

1. — 10 octobre 1891. — ARRÊTÉ *déterminant l'heure légale pour les villes de Hanoi et Haiphong.*

Article premier. — L'heure légale pour Hanoi et Haiphong sera, à dater de ce jour, celle donnée par le stationnaire portant pavillon du commandant de la marine.

Art. 2. — Le Résident supérieur du Tonkin et le Commandant de la marine sont chargés, chacun en ce qui le concerne, de l'exécution du présent arrêté. — DE LANESSAN.

HONNEURS ET PRÉSÉANCES

1. — 27 mars 1886. — ORDRE *sur les honneurs à rendre à l'arrivée du Résident général dans les places ou postes de l'Annam et du Tonkin.*

Par décret en date du 31 janvier 1886, M. Paul Bert, député, membre de l'Institut, est envoyé en

(1) Les soldes du personnel de la police ont été fixées uniformément pour Hanoi et Haiphong par arrêté du 31 mars 1893, dont le texte suit.

mission temporaire en Annam et au Tonkin pour exercer les fonctions de Résident général, telles qu'elles sont définies par le décret du 27 janvier 1886, inséré au *Journal officiel* du 28 janvier dernier, n° 27.

A son arrivée dans les places ou postes de l'Annam et du Tonkin, le Résident général recevra les honneurs prescrits par l'article 269 du décret du 23 octobre 1883, pour les généraux de division commandant un corps d'armée qui prennent possession de leur commandement ou entrent pour la première fois dans une place qui en dépend, et par l'article 306 du même décret pour les généraux de division commandant un corps d'armée, ou pour les vice-amiraux commandant en chef à la mer, ou préfets maritimes en France. — WARNET.

2. — 24 juin 1886. — DÉCRET *sur les honneurs à rendre aux Résidents généraux.*

Article premier. — Les Résidents généraux, dans toute l'étendue du territoire appartenant à l'État où ils exercent le protectorat de la France, auront droit aux rang, préséance et honneurs attribués par le décret du 23 octobre 1883 aux généraux de division commandant un corps d'armée, et aux vice-amiraux commandant en chef à la mer, en exceptant toutefois les honneurs qui font partie du commandement, et suivant les dispositions spécifiées par les articles suivants.

I. — HONNEURS A RENDRE PAR L'ARMÉE DE TERRE

Visites de corps

Art. 2. — Les corps d'officiers de troupes de l'armée de terre, les officiers sans troupe, fonctionnaires et employés de la guerre, ayant rang d'officiers, présents dans la localité, doivent des visites de corps :

Aux Résidents généraux ;

Aux Résidents supérieurs ;

Et aux Résidents, chefs de mission, ne relevant d'aucun Résident général ou supérieur.

Toutefois, les visites de corps à ces derniers agents ne comprendront qu'un officier supérieur et un officier de chaque grade par corps, et un fonctionnaire ou employé de chaque service.

Honneurs à rendre à l'arrivée dans la place

Art. 3. — § 1er. — Lorsque les Résidents généraux font leur première entrée au siège officiel de la Résidence générale, ou visitent, pour la première fois, une ville du territoire protégé, le major de la garnison les reçoit à leur arrivée. Les troupes, formées sur leur passage, présentent les armes, les tambours et clairons battent et sonnent aux champs, les trompettes sonnent la marche, les musiques jouent l'air national ; les officiers généraux (qui ne sont pas commandants de corps d'armée), les commandants des corps de troupe, quel que soit leur grade, et les officiers supérieurs saluent de l'épée ou du sabre ; les drapeaux et étendards saluent.

Leur garde d'honneur est de cinquante hommes, commandée par un capitaine ; elle fournit deux sentinelles. Ils ont droit, en tout temps, à deux sentinelles.

§ 2. — Lorsque les Résidents supérieurs et les Résidents chefs de mission font leur première entrée au siège officiel de la résidence, les troupes formées sur leur passage portent les armes. Les officiers supérieurs ou autres et les drapeaux ou étendards ne saluent pas. Les tambours, clairons et trompettes sont prêts à battre ou à sonner. En tout temps, un poste de dix hommes, commandé par un sergent, est établi à l'Hôtel de la Résidence. Il fournit une sentinelle.

Honneurs à rendre par les postes

Art. 4. — Quand les Résidents généraux, Résidents supérieurs et Résidents chefs de mission, passent, en costume officiel, devant un poste :

§ 1er. — La garde prend les armes ou monte à cheval, se forme devant le poste, porte les armes ; les tambours ou clairons battent ou sonnent aux champs ; les trompettes sonnent la marche, pour les Résidents généraux.

§ 2. — La garde prend les armes ou monte à cheval, se forme devant le poste, porte les armes ; les tambours, clairons ou trompettes sont prêts à battre ou à sonner, pour les Résidents supérieurs.

§ 3. — La garde prend les armes ou monte à cheval, se forme devant le poste, l'arme au pied ou le sabre au fourreau, pour les Résidents chefs de mission.

Honneurs à rendre par les sentinelles

Art. 5. — § 1er. — Les sentinelles présentent les armes :

Aux Résidents généraux en costume officiel ou revêtus des insignes de la fonction ;

Aux Résidents supérieurs en costume officiel, ou revêtus des insignes de la fonction ;

Aux Résidents chefs de mission, en costume officiel, ou revêtus des insignes de la fonction.

§ 2. — Les sentinelles portent les armes :

Aux Résidents et aux vice-résidents en costume officiel ou revêtus des insignes de la fonction.

Escortes d'honneur

Art. 6. — Dans les cérémonies publiques, les Résidents généraux, les Résidents supérieurs et les Résidents chefs de mission, peuvent avoir, au siège de leur résidence, et s'ils en font la demande, une escorte d'honneur qui se compose :

Pour les Résidents généraux, de trois brigades de gendarmerie commandées par un lieutenant, et de deux pelotons de troupes à cheval commandés par un lieutenant.

Pour les Résidents supérieurs, de deux brigades de gendarmerie commandées par un lieutenant. En outre, pendant leur tournée dans leur circonscription, mais seulement lorsqu'ils font cette tournée en costume officiel, les Résidents supérieurs peuvent être escortés de deux gendarmes.

Pour les Résidents chefs de mission, et les Résidents, d'une brigade de gendarmerie, commandée par un sergent. En outre, pendant leur tournée, en costume officiel, ils peuvent être escortés d'un gendarme.

Salves d'artillerie

Art. 7. — Pour les Résidents généraux, les Résidents supérieurs et les Résidents chefs de mission, lors de leur prise de possession ou de leur première entrée au siège officiel de leur résidence, il est tiré :

Pour les Résidents généraux : 13 coups de canon ;
Pour les Résidents supérieurs : 7 coups de canon ;
Pour les Résidents chefs de mission : 5 coups de canon.

Visites individuelles

Art. 8. — § 1er. — Les hauts fonctionnaires des Résidences et les officiers généraux ou supérieurs

employés de la guerre ou assimilés, se doivent réciproquement des visites individuelles.

Elles ont lieu lorsqu'ils prennent possession de leur poste ou de leur commandement, ou lorsqu'ils arrivent sur les lieux en mission. L'arrivant doit prendre le soin de prévenir à l'avance de son intention le fonctionnaire ou l'officier qu'il doit visiter.

Les visites sont rendues, quand il y a lieu de les rendre, dans les vingt-quatre heures.

§ 2. — Les officiers généraux qui ne sont pas commandant de corps d'armée, les officiers supérieurs et les fonctionnaires assimilés de l'armée de terre, doivent la première visite au Résident général. Celui-ci la rend seulement aux officiers généraux.

§ 3. — Les Résidents supérieurs, les Résidents chefs de mission et les Résidents doivent la première visite aux officiers généraux venant prendre possession de leur commandement ; ils reçoivent celle des officiers supérieurs et fonctionnaires assimilés.

§ 4. — Dans le cas où un général commandant de corps d'armée, ou un vice-amiral commandant en chef à la mer, serait envoyé en mission ou chargé du commandement au siège de la Résidence générale, l'ordre des visites à échanger entre le Résident général et cet officier général sera réglé par le ministre de la guerre ou le ministre de la marine, d'accord avec le ministre des affaires étrangères.

Honneurs funèbres

Art. 9. — Les honneurs funèbres à rendre aux Résidents généraux seront conformes à ceux qui sont fixés par l'article 314 du décret du 23 octobre 1883, pour les généraux de division ;

Pour les Résidents supérieurs et Résidents chefs de mission, ils seront conformes à ceux qui sont fixés par l'article 316 pour les généraux de brigade ;

Et pour les Résidents, à ceux qui sont fixés par l'article 318 dudit décret, pour les colonels (1).

Art. 10. — Les visites des corps et autres sont toujours faites, les honneurs sont toujours rendus, en observant les principes généraux, relatifs aux honneurs, inscrits au chapitre 42 du décret du 23 octobre 1883.

Toutefois le Résident supérieur ou l'agent diplomatique appelé à remplacer un Résident général, absent par congé, prendra, dans les cérémonies publiques, le rang attribué au titulaire qu'il supplée. Mais il ne pourra prétendre qu'aux honneurs qui sont fixés pour son grade par le présent décret.

Dans ce cas, le commandant en chef des troupes d'occupation aura toujours la faculté de se faire représenter, dans les cérémonies publiques, par l'officier général ou supérieur qui le suivra immédiatement dans la hiérarchie militaire.

II. — HONNEURS A RENDRE PAR L'ARMÉE DE MER

Honneurs et saluts

Art. 11. — Les Résidents généraux reçoivent dans les ports de l'État où ils exercent le Protectorat de la France, lors de leur première visite à bord d'un bâtiment, les honneurs attribués aux vice-amiraux commandant en chef, qui visitent officiellement, pour la première fois, un bâtiment placé en dehors de la force navale qu'ils commandent.

Ils sont salués de quinze coups de canon.

Art. 12. — Les Résidents supérieurs, les Résidents et les vice-résidents reçoivent à bord des bâtiments de l'État les honneurs suivants ;

(1) Voir ci-après décret du 31 janvier 1887, complétant l'art. 9.

§ 1er. — Le Résident supérieur est reçu au haut de l'escalier par le commandant, les officiers et aspirants de quart ; la garde a l'arme au pied et le tambour ou le clairon est prêt à battre ou à sonner ;

Il est salué de neuf coups de canon.

§ 2. — Le Résident chef de mission ou non, est reçu sur le gaillard d'arrière par le commandant du bâtiment ; la garde a l'arme au pied ;

Il est salué de sept coups de canon.

§ 3. — Le vice-résident est reçu sur le gaillard d'arrière par l'officier en second du bâtiment ; la garde ne s'assemble pas.

Il est salué de cinq coups de canon.

Art. 13. — § 1er. — Ces honneurs sont rendus aux Résidents généraux et Résidents supérieurs lorsqu'ils font leur première visite officielle, lorsqu'ils s'embarquent sur un bâtiment de l'Etat pour revenir en France, ou lorsqu'ils quittent celui qui les a conduits à destination.

Il ne leur est rendu aucun des honneurs ci-dessus mentionnés au port de leur embarquement en France, et en aucun cas lorsqu'ils ne sont pas en uniforme ou revêtus des insignes de leur fonction.

§ 2. — Les honneurs réservés aux Résidents et vice-résidents ne leur sont rendus qu'à leur première visite officielle et lorsqu'ils sont en uniforme.

Visites

Art. 14. — § 1er. — Les vice-amiraux commandant en chef et les contre-amiraux commandant en chef doivent la première visite aux Résidents généraux. Ils attendent la visite des Résidents de tout rang.

§ 2. — Les capitaines de vaisseau chefs de division, doivent la première visite aux Résidents généraux et aux Résidents supérieurs, ainsi qu'aux Résidents remplaçant officiellement un Résident supérieur. Ils attendent la visite des résidents et des vice-résidents.

§ 3. — Les capitaines de vaisseau commandant doivent la première visite aux Résidents généraux, aux Résidents supérieurs, aux Résidents et aux agents remplaçant un Résident, en cas d'absence, si ces agents sont vice-résidents ou chanceliers de résidence. Ils attendent la visite des vice-résidents.

§ 4. — Les capitaines de frégate et lieutenants de vaisseau commandant ont les mêmes obligations que les capitaines de vaisseau et doivent, en outre, la première visite aux vice-résidents.

§ 5. — Les officiers de l'armée de mer, de tout grade, lorsqu'ils sont dans le cas de rendre les visites officielles spécifiées dans le présent article, sont reçus, au débarcadère, par un fonctionnaire de la résidence.

§ 6. — Ces visites sont rendues dans les vingt-quatre heures, si le temps permet les communications.

Lorsqu'un Résident a besoin d'une embarcation convenable pour faire ou rendre une visite officielle à bord d'un bâtiment, le commandant de ce bâtiment en met une à sa disposition, tant pour l'amener à bord que pour le reconduire à terre.

Honneurs funèbres

Art. 15. — Lorsqu'un fonctionnaire du personnel des Résidences vient à décéder à bord, les honneurs funèbres qui doivent lui être rendus sont réglés comme il suit :

Pour un Résident général : les honneurs dus au vice-amiral commandant en sous-ordre ;

Pour un Résident supérieur : les honneurs dus au contre-amiral commandant en sous-ordre ;

Pour un Résident de 1re classe : les honneurs dus au capitaine de vaisseau non commandant ;

Pour un Résident de 2e classe : les honneurs dus au capitaine de frégate non commandant.

Il n'y aura ni coups de canon, ni décharges de mousqueterie ;

Pour les chanceliers et les commis : les honneurs de la flamme et du pavillon en berne et la réunion de l'équipage sur le pont. Il est entendu que les honneurs funèbres ne sont rendus que lorsqu'il n'en résulte pas d'inconvénient pour le service du bord (1).

Dispositions spéciales à la Tunisie

Art. 16. — *Abrogé et remplacé par les dispositions de l'article 4 du décret du 31 janvier 1887, publié ci-après*

Art. 17. — Le président du conseil ministre des affaires étrangères, le ministre de la guerre et le ministre de la marine et des colonies sont chargés, chacun en ce qui le concerne, de l'exécution du présent décret. — JULES GRÉVY.

3. — 31 janvier 1887. — ARRÊTÉ *relatif aux honneurs militaires attribués aux fonctionnaires des Résidences*

Article premier. — Les vice-résidents chefs de mission, non compris dans le décret du 24 juin 1886, auront droit, de la part des troupes de terre et de mer, au traitement fixé pour les Résidents non chefs de mission, sauf à la visite individuelle prescrite par l'art. 8, § 3 dudit décret, et aux honneurs funèbres qui sont fixés d'autre part.

Art. 2. — L'article 9 dudit décret du 24 juin 1886 est complété par les dispositions suivantes :

« Les vice-résidents chefs de mission, recevront « les honneurs funèbres fixés par l'art. 320 du décret « du 23 octobre 1883 pour les chefs de bataillon.

« Les vice-résidents recevront les honneurs funè- « bres fixés par l'art. 321 dudit décret, pour les « capitaines.

Art. 3. — L'article 15, concernant les honneurs funèbres à rendre par l'armée de mer, aux fonctionnaires des Résidences, est également complété par les dispositions suivantes :

« Les vice-résidents chefs de mission, recevront « les honneurs funèbres attribués aux Résidents de « 2e classe.

« Les vice-résidents de 1re et 2e classe recevront « les honneurs funèbres dus aux lieutenants de « vaisseau non commandant.

Art. 4. — Les dispositions spéciales à la Tunisie, prescrites par l'art. 16 du décret du 24 juin 1886, sont annulées et remplacées par les suivantes :

« En raison de l'organisation particulière du per- « sonnel de la Résidence générale de France en « Tunisie, les contrôleurs civils, ayant les attribu- « tions de vice-consuls, auront droit aux honneurs « réservés aux vice-résidents.

Art. 5. — Le ministre des affaires étrangères, le ministre de la guerre, et le ministre de la marine et des colonies, sont chargés, chacun en ce qui le concerne, de l'exécution du présent arrêté. — JULES GRÉVY.

_____

(1) Voir ci-après décret du 31 janvier 1887, complétant l'article 15.

4. — 14 janvier 1889. — DÉCRET *modifiant divers articles de celui du 20 mai 1885, sur le service à bord des bâtiments de la flotte (Honneurs et préséances).*

Article premier. — *Honneurs et visites aux gouverneurs, lieutenants-gouverneurs des colonies et au personnel des Protectorats.* — L'article 825 du décret du 20 mai 1885, est modifié comme suit :

1° Les gouverneurs généraux des colonies et les gouverneurs des colonies de 1re, 2e et 3e classes, sont salués de 15 coups de canon, et reçoivent à bord, dans l'étendue de leur gouvernement, les autres honneurs attribués aux vice-amiraux commandant en chef visitant officiellement, pour la première fois, un bâtiment placé en dehors de la force navale qu'ils commandent ;

2° Les honneurs leur sont rendus, lorsqu'ils s'embarquent sur un bâtiment de l'État pour revenir en France, ou lorsqu'ils quittent celui qui les a conduits à leur destination ;

3° Il ne leur est rendu aucun des honneurs ci-dessus mentionnés au port de leur embarquement ou débarquement en France, et, en aucun cas, lorsqu'ils ne sont pas en uniforme ;

4° Les mêmes honneurs sont attribués au Gouverneur général de l'Algérie et au Gouverneur général de l'Indo-Chine ;

5° Les Résidents généraux exerçant directement le Protectorat de la France sont salués de quinze coups de canon et reçoivent, dans les ports de l'État du Protectorat, lors de leur première visite à bord d'un bâtiment, les honneurs attribués aux vice-amiraux commandant en chef, qui visitent officiellement, pour la première fois, un bâtiment placé en dehors de la force navale qu'ils commandent ;

5° bis Les Résidents généraux qui n'exercent pas directement le Protectorat de la France reçoivent, dans les ports de l'État du Protectorat, les honneurs attribués aux contre-amiraux commandant en chef, qui visitent officiellement, pour la première fois, un bâtiment placé en dehors de la force navale qu'ils commandent ;

Ils sont salués de treize coups de canon ;

6° Les Résidents supérieurs, les Résidents et les vice-résidents reçoivent à bord des bâtiments les honneurs suivants :

§ 1er — Le Résident supérieur est reçu au haut de l'escalier par le commandant, les officiers et aspirants de quart ; la garde à l'arme au pied et le tambour ou le clairon est prêt à battre ou à sonner. Il est salué de neuf coups de canon.

§ 2. — Le Résident chef de mission ou non, et le vice-résident chef de mission, sont reçus sur le gaillard d'arrière par le commandant du bâtiment ; la garde à l'arme au pied.

Ils sont salués de sept coups de canon.

§ 3. — Le vice-résident est reçu sur le gaillard d'arrière par l'officier en second du bâtiment : la garde ne s'assemble pas. Il est salué de cinq coups de canon.

7° Les honneurs sont rendus aux Résidents généraux et Résidents supérieurs, lorsqu'ils font leur première visite officielle, lorsqu'ils s'embarquent sur un bâtiment de l'État pour revenir en France, ou lorsqu'ils quittent celui qui les a conduits sur les lieux où ils sont appelés à exercer les fonctions du Protectorat.

Il ne leur est rendu aucun des honneurs ci-dessus mentionnés au port de leur embarquement ou de leur débarquement en France, et, en aucun cas, lors-

qu'ils ne sont pas en uniforme ou revêtus des insignes de leurs fonctions.

Les honneurs réservés aux Résidents et aux vice-résidents, ne leur sont rendus qu'à leur première visite officielle et lorsqu'ils sont en uniforme.

8° En raison de l'organisation particulière du personnel de la Résidence générale en Tunisie, les contrôleurs civils, ayant les attributions de vice-consuls, auront droit aux honneurs réservés aux vice-résidents.

Article premier bis. — L'article 826 du décret du 20 mai 1885 est modifié comme suit :

1° Les gouverneurs des colonies de 4e classe et les lieutenants-gouverneurs sont reçus à bord, dans l'étendue de leur gouvernement, par le commandant, les officiers et les aspirants de quart ; la garde à l'arme au pied. Ils sont salués de sept coups de canon.

2° Les honneurs ne sont rendus aux gouverneurs de 4e classe et aux lieutenants-gouverneurs que lorsqu'ils sont en uniforme.

Art. 2. — L'art. 849 du décret du 20 mai 1885 est modifié comme suit :

1° Les vice-amiraux commandant en chef ou en sous-ordre doivent la première visite aux gouverneurs généraux. Ils la reçoivent des gouverneurs des colonies.

2° Les contre-amiraux commandant en chef ou en sous-ordre, ainsi que les capitaines de vaisseau chefs de division, doivent la première visite aux gouverneurs généraux et aux gouverneurs de 1re, 2e et 3e classes. Ils la reçoivent des gouverneurs de 4e classe, ainsi que des lieutenants-gouverneurs.

3° Tout commandant d'un bâtiment de l'État, isolé, qui arrive dans une colonie, doit la première visite au gouverneur.

4° Il n'y a pas d'autres visites obligatoires pour les officiers commandants, lors de leur arrivée dans les localités où se trouve le Gouverneur.

5° Tout commandant d'un bâtiment de l'État qui arrive dans une localité où réside un administrateur colonial, est tenu d'envoyer un officier pour prévenir ce fonctionnaire de son arrivée ; il le fait également prévenir de son départ.

6° Les Gouverneurs généraux et les Résidents généraux rendent en personne les visites qui leur ont été faites par les officiers généraux commandant en chef ou en sous-ordre.

Les Gouverneurs de 1re, 2e et 3e classes et les Résidents supérieurs rendent en personne les visites qui leur ont été faites par les contre-amiraux commandant en chef ou en sous-ordre et les capitaines de vaisseau chefs de division.

Les Gouverneurs de 4e classe, les lieutenants-gouverneurs, les Résidents et vice-résidents rendent en personne les visites qui leur ont été faites par les commandants des bâtiments de l'État.

7° Les visites sont rendues dans les 24 heures, lorsque le temps permet les communications.

8° A. — Les vice-amiraux commandant en chef ou en sous-ordre, doivent la première visite aux Résidents généraux exerçant directement le Protectorat. Il attendent la visite des Résidents généraux n'exerçant pas directement le Protectorat, des Résidents supérieurs et des Résidents de tous rangs.

B. — Les contre-amiraux commandant en chef doivent la première visite aux Résidents généraux. Il attendent la visite des Résidents supérieurs et des Résidents de tous rangs.

C. — Les capitaines de vaisseau chefs de division,

doivent la première visite aux Résidents généraux et aux Résidents supérieurs, ainsi qu'aux Résidents remplaçant officiellement un Résident supérieur. Ils attendent la visite des Résidents et vice-résidents.

D. — Les capitaines de vaisseau commandant doivent la première visite aux Résidents généraux, aux Résidents supérieurs, aux Résidents et aux agents remplaçant un Résident en cas d'absence, si ces agents sont vice-résidents ou chanceliers de résidence. Il attendent la visite des vice-résidents.

E. — Les capitaines de frégate et lieutenants de vaisseau commandant ont les mêmes obligations que les capitaines de vaisseau, et doivent en outre la première visite aux vice-résidents.

F. — Les officiers de mer de tous grades, lorsqu'ils sont dans le cas de rendre les visites officielles spécifiées dans le présent article, sont reçus au débarcadère par un fonctionnaire de la résidence. Ces visites sont rendues dans les 24 heures, si le temps permet les communications.

G. — Lorsque les Résidents ont besoin d'une embarcation convenable pour faire ou rendre une visite officielle à bord d'un bâtiment, le commandant de ce bâtiment en met une à leur disposition, tant pour les amener à bord que pour les reconduire à terre.

Art. 3. — *Honneurs funèbres aux officiers des corps autres que celui des officiers de marine, au personnel des gouverneurs et à celui des résidences.* — L'art. 869 du décret du 20 mai 1885 est modifié comme suit :

1° Les honneurs funèbres déterminés dans le présent chapitre pour les officiers de marine non commandant sont rendus aux personnes appartenant aux corps de troupe et aux différents corps de la marine, suivant le rang que leur donne l'assimilation de leur grade.

2° Les honneurs funèbres attribués aux capitaines de frégate sont rendus aux aumôniers, aux chefs de bataillon et aux personnes d'un rang assimilé à l'ancien grade de capitaine de corvette.

3° Lorsqu'une personne appartenant à un service public non désigné au présent titre, vient à décéder à bord, les honneurs funèbres qui doivent lui être rendus sont réglés suivant son assimilation aux grades et rangs des officiers de marine ou des autres personnes désignées au présent titre. Toutefois, il n'est fait de salut de coups de canon et de décharges de mousqueterie que lors du décès d'un officier appartenant à l'armée de terre.

4° Les honneurs funèbres à rendre aux membres des différents grades de la Légion d'honneur sont réglés suivant les assimilations attribuées à ces grades par le chapitre XXXXI du décret du 28 octobre 1883, sur le service dans les places de guerre.

5° Lorsqu'un Gouverneur général, ou Gouverneur des colonies, vient à décéder à bord, les honneurs funèbres qui doivent être rendus sont réglés comme suit :

Pour un gouverneur général, les honneurs dus au vice-amiral commandant en sous-ordre.

Pour un gouverneur des colonies de 1re, 2e ou 3e classes, les honneurs dus au contre-amiral commandant en sous-ordre.

Pour un gouverneur des colonies de 4e classe ou pour un lieutenant-gouverneur, les honneurs dus au capitaine de vaisseau non commandant.

5° bis Lorsqu'un fonctionnaire des résidences vient à décéder à bord, les honneurs funèbres qui doivent lui être rendus sont réglés comme suit :

Pour un Résident général, les honneurs dus au vice-amiral commandant en sous-ordre.

Pour un Résident supérieur, les honneurs dus au contre-amiral commandant en sous-ordre.

Pour un Résident de 1re classe, les honneurs dus au capitaine de vaisseau non commandant.

Pour les vice-résidents chefs de mission, les honneurs funèbres attribués aux résidents de 2e classe.

Pour les vice-résidents de 1re et 2e classes, les honneurs funèbres dus aux lieutenants de vaisseau non commandant.

Pour les chanceliers et les commis, honneurs de la flamme et du pavillon en berne et la réunion de l'équipage sur le pont.

5° ter Il est entendu que les honneurs funèbres à rendre aux gouverneurs des colonies et au personnel des résidences ne comportent ni coups de canon, ni décharges de mousqueterie. Les honneurs funèbres ne sont, en outre, rendus que lorsqu'il n'en résulte pas d'inconvénient pour le service du bord.

Art. 4. — *Distance à laquelle les visites sont obligatoires.* — Les visites entre les officiers de la marine commandant un bâtiment et les autorités coloniales et le personnel des Protectorats, ne sont obligatoires que lorsque le bâtiment est mouillé à moins d'un mille et demi du quai d'embarquement.

Art. 5. — *Visites à échanger avec les gouverneurs intérimaires.* — Les fonctionnaires qui occupent par interim les fonctions de gouverneur, ont droit aux mêmes visites que les titulaires de ces fonctions.

Ils sont tenus de rendre les visites qui leur sont faites par les officiers de la marine dans les mêmes conditions que les gouverneurs titulaires dont ils remplissent les fonctions.

Les honneurs de la garde, du sifflet et des fanaux sont seuls rendus aux gouverneurs intérimaires, à moins que ces intérimaires n'aient droit à d'autres honneurs militaires, en vertu de l'emploi dont ils étaient titulaires avant leur entrée en fonctions comme intérimaire.

Art. 6. — *Dispositions abrogées.* — Sont et demeurent abrogées toutes les dispositions contraires au présent décret.

Art. 7. — *Mise à exécution.* — Le ministre de la marine et des colonies est chargé de l'exécution du présent décret. — CARNOT.

5. — 27 août 1889. — DÉCRET *sur les honneurs à rendre au Lieutenant-gouverneur de la Cochinchine et aux Résidents supérieurs de l'Annam, du Tonkin et du Cambodge, à terre et à bord des bâtiments de la flotte.*

Article premier. — Le Lieutenant-gouverneur de la Cochinchine, les Résidents supérieurs de l'Annam, du Tonkin et du Cambodge, auront droit, soit à terre, soit à bord des bâtiments de la flotte, aux honneurs attribués tant par le décret du 24 juin 1886, que par celui du 14 janvier 1889, aux Résidents supérieurs.

Ils seront astreints aux visites et obligations qui sont imposées aux mêmes fonctionnaires par les décrets précités.

Art. 2. — Le Président du conseil, ministre du commerce, de l'industrie et des colonies, et le Ministre de la marine sont chargés, chacun en ce qui le concerne, de l'exécution du présent décret. — CARNOT.

VOY. : Commissariat colonial; — Justice; — Organisation administrative.

HOPITAUX ET HOSPICES

1. — 24 février 1889. — ARRÊTÉ *créant des infirmeries-ambulances au Tonkin.*

TITRE PREMIER

DISPOSITIONS GÉNÉRALES

Article premier. — Les infirmeries-ambulances sont des hôpitaux simplifiés par la substitution partielle de la comptabilité des infirmeries régimentaires à la comptabilité ordinaire des hôpitaux militaires. Le régime alimentaire est celui des infirmeries de garnison.

Art. 2. — Les infirmeries-ambulances sont ouvertes ou fermées par décision du Gouverneur général, sur la proposition du chef du service de santé, après entente avec le général commandant en chef et le chef du service administratif. Cette décision désigne l'hôpital de rattachement et fixe le nombre de lits.

Avis de ces décisions est donné au commandant de la brigade intéressée, ainsi qu'au directeur du génie.

TITRE II

PERSONNEL

Art. 3. — Le personnel se compose d'un médecin, d'un ou de plusieurs infirmiers européens, ainsi que d'infirmiers et d'auxiliaires indigènes. Le cadre de ce dernier personnel est fixé après entente entre le chef du service de santé et le chef des services administratifs.

Art. 4. — Les infirmiers européens sont fournis par Hanoi, et à défaut par les corps de la place. Dans ce dernier cas, le médecin chef soumet la proposition au commandant d'armes. Les infirmiers indigènes sont recrutés sur place.

Art. 5. — Les infirmiers européens seront nourris par l'infirmerie-ambulance et toucheront la ration déterminée par le tableau n° 3 du règlement sur le régime alimentaire des hôpitaux. Il en est de même des infirmiers temporaires. Des coolies permanents sont, en outre, attachés à l'établissement; ils sont soldés sur le boni.

Art. 6. — Le médecin-chef a les attributions du comptable, en ce qui concerne les fonds, les locaux, le mobilier et les approvisionnements de toute nature.

Art. 7. — Il tient les registres suivants :

1° Carnet médical (*modèle n° 1*) ;

2° Registre d'alimentation (*modèle n° 2*) ;

3° Registre journal des recettes et des dépenses, avec pièces justificatives à l'appui (*modèle n° 3*) ;

4° Carnet matériel (*modèle 18 du service de santé en campagne*) ;

5° Registre de correspondance.

Art. 8. — Des religieuses hospitalières pourront être attachées aux infirmeries-ambulances les plus importantes, pour le service de la cuisine, de la lingerie et du mobilier, ainsi que pour le service des salles.

A défaut d'agent du commissariat, elles sont chargées de la comptabilité afférente à ces différents détails, sous la direction et la responsabilité du médecin.

TITRE III

EXÉCUTION DU SERVICE

Art. 9. — Les officiers ne sont admis dans les infirmeries-ambulances que dans le cas où une installation spéciale a été prévue pour eux dans l'aménagement des locaux.

Art. 10. — Les coolies des services militaires sont admis gratuitement, s'ils sont atteints de blessures de guerre ou d'affections contractées en service.

Art. 11. — Les agents des services civils, les miliciens, les colons, et les indigènes non militaires blessés dans un service commandé ou dans une opération contre les rebelles, sont admis à charge de remboursement.

Le remboursement est fait, soit par les personnes traitées (*fonctionnaires, agents et colons*) soit par le budget des services civils (*miliciens, indigènes blessés, colons insolvables*).

Art. 12. — Tout homme entrant à l'infirmerie-ambulance est muni d'un billet conforme au modèle n° 4 annexé au présent règlement.

Ce billet indique pour les sous-officiers rengagés ou commissionnés si l'affection résulte ou non de la campagne ; cette indication permet de déterminer, ultérieurement, les droits à la solde de présence de ces militaires.

Art. 13. — Le billet est signé à l'entrée du malade :

Pour les militaires, par le commandant de l'unité (*compagnie, batterie, etc.*) ;

Pour les coolies, par le commandant d'armes, le directeur ou le chef de service intéressé ;

Pour les civils, par le Résident ;

Pour les miliciens, par le chef de la milice.

Art. 14. — Ce billet est remis à l'homme à sa sortie, pour être produit comme pièce de mutation à l'appui de la feuille de journées de l'unité à laquelle il appartient. En cas de décès, le billet spécial est adressé au corps. Si l'homme est évacué sur un hôpital, le billet spécial le suit et reste annexé au billet de salle. S'il est évacué sur une autre infirmerie-ambulance, un nouveau billet spécial est établi par le médecin-chef de cette formation sanitaire, qui signe l'entrée par évacuation, et le premier billet est annexé au second.

Art. 15. — L'homme entrant à l'infirmerie-ambulance laisse à son corps ses armes et effets de grand équipement.

S'il n'appartient pas à un corps stationné dans la place, les armes et les effets de grand équipement sont versés au corps chargé de l'administration des isolés, qui veille à leur entretien.

A sa sortie par guérison ou par évacuation, l'homme reprend ses armes et ses effets. En cas de décès, les effets et les armes du décédé sont expédiés à son corps par les soins du détachement chargé de leur conservation.

Art. 16. — Les entrants ne déposent ni leur argent, ni leurs bijoux, ni leurs valeurs.

Art. 17. — Il ne leur est pas délivré d'effets d'hôpital.

Art. 18. — Tout militaire entrant à l'infirmerie-ambulance fait mutation.

L'officier continue à toucher sa solde intégrale, mais il cesse de percevoir les vivres au titre de son corps.

L'homme de troupe européen cesse de percevoir la solde et les vivres au titre de son corps.

Toutefois les sous-officiers rengagés conservent leur solde, si l'admission a pour cause une blessure ou une maladie résultant de la campagne.

Les militaires indigènes conservent leurs droits à la solde, mais ils n'ont pas droit aux vivres.

Les officiers et sous-officiers européens des milices, ainsi que les fonctionnaires annamites assimilés aux officiers, ont droit aux vivres.

Art. 19. — Le médecin-chef de l'infirmerie-ambulance est autorisé à percevoir des vivres remboursables pour le personnel présent à l'infirmerie, et jusqu'à concurrence du nombre de rations règlementaires allouées aux militaires, aux miliciens, ainsi qu'aux fonctionnaires civils européens et annamites. Les bons sont établis par le médecin-chef avec la mention « *Service des hôpitaux, infirmerie-ambulance de...* »

Ces perceptions constituent des cessions du service de vivres à celui des hôpitaux, et sont remboursables par le service de santé, à la diligence du chef des services administratifs.

Art. 20. — Les aliments spéciaux sont achetés sur les fonds du boni.

Art. 21. — Le personnel de l'infirmerie-ambulance ne comporte pas d'emploi de vaguemestre.

Ce service est assuré par les vaguemestres des corps.

Art. 22. — Les évacuations sont soumises à des règles spéciales énoncées dans le règlement général sur les transports.

Art. 23. — En cas de décès, le médecin-chef établit un certificat de décès, répondant à toutes les indications demandées par le modèle d'acte de décès réglementaire du service de santé en campagne. Ce certificat, signé par le médecin-chef et les trois témoins voulus par la loi, est adressé au commissaire de l'hôpital de rattachement chargé de faire la déclaration du décès.

Art. 24. — L'argent, les bijoux, valeurs et effets trouvés sur le militaire décédé ou dans les vêtements qu'il a apportés à l'infirmerie-ambulance, sont adressés, en même temps que leur inventaire, au comptable de l'hôpital de rattachement. Le comptable en prend charge et donne suite à la liquidation de tous les effets de la succession dans la forme ordinaire.

Art. 25. — Le soin des inhumations incombe au commandant d'armes qui est chargé du creusement des fosses et de l'entretien du cimetière. Il est fourni à l'infirmerie-ambulance, pour tout officier décédé, un cercueil confectionné sur place, autant que possible; pour les hommes de troupe un cercueil ou une double natte.

Il n'est pas fourni de suaire (1).

TITRE IV

DÉPENSES

Art. 26. — Le médecin-chef perçoit par jour, pour chaque malade, les allocations suivantes, savoir:

Par officier supérieur, 5 francs;

Par officier subalterne, 4 francs;

Par homme de troupe ou coolie des services militaires, 0 fr. 75;

Pour les personnes admises à charge de remboursement, les allocations prévues par les arrêtés du Résident général en date du 20 juillet 1886 et du 20 août 1887 (*Voir le tableau ci-annexé*) (2).

Art. 27. — Ces diverses allocations sont destinées à assurer l'alimentation des malades, à payer le salaire des coolies, à améliorer l'installation matérielle, en tant que locaux, ustensiles, achat de paille, confection et entretien du mobilier.

Art. 28. — Le payement, entre les mains du médecin, du montant des allocations journalières dues pour les personnes traitées, à quelque catégorie qu'elles appartiennent, est opéré mensuellement et à terme échu, par le gérant de la caisse de fonds d'avances la plus rapprochée, sur la production d'un état nominatif (M° 5) des malades traités pendant le mois. Ces états, portant décompte des sommes acquises, est certifié et acquitté par le médecin-chef. Il est produit en triple expédition, l'une étant destinée au gérant de la caisse de fonds d'avances et les deux autres au comptable de l'hôpital de rattachement chargé d'en rembourser le montant à la caisse de fonds d'avances.

Les envois d'argent du comptable se font au moyen de mandats sur le Trésor.

Art. 29. — Les dépenses initiales d'une infirmerie-ambulance sont assurées au moyen d'avances faites au médecin-chef par le comptable. Le chiffre de l'avance est déterminé par le chef du service de santé; il ne peut dépasser mille francs.

Le médecin-chef donne quittance au comptable; et lorsque la situation du boni de l'infirmerie-ambulance le permet, il rembourse l'avance initiale.

Contrairement aux prescriptions de l'article 169 du règlement du 3 avril 1869, les avances initiales faites par le comptable font l'objet de demandes spéciales et d'ordonnancements distincts au profit dudit comptable. Elles ne sont pas justifiées dans *les quarante-cinq jours*, mais seulement lorsque le remboursement a été effectué par le médecin-chef dans les conditions indiquées plus haut.

Toutefois, l'avance initiale, dans le cas où le remboursement n'en a pas été effectué, est *reversée* en fin d'année et réordonnancée le 1er janvier au titre du nouvel exercice.

Le montant des états nominatifs payés par le comptable au médecin-chef est remboursé immédiatement audit comptable par le sous-ordonnateur, au moyen d'un ordonnancement au titre du budget des hôpitaux, sur la production de l'état en double expédition fourni par le médecin.

De cette manière le comptable ne doit être à découvert que du montant de l'avance initiale qui lui est ultérieurement remboursée, ainsi qu'il est dit ci-dessus.

Art. 30. — En ce qui concerne le recouvrement, par le budget des services militaires, des frais de traitement des fonctionnaires et agent civils, des miliciens, des colons, et des civils indigènes blessés, le comptable de l'hôpital adresse mensuellement au chef des services administratifs une feuille nominale décomptée par individu ou catégorie de personnel.

A l'aide de ces feuilles nominales, ce fonctionnaire poursuit auprès de M. le Résident général, le remboursement des sommes dues par les services civils.

En ce qui concerne les troupes de l'armée du roi d'Annam, traitées dans les infirmeries-ambulances, des feuilles nominales sont également établies et adressées au chef des services administratifs, qui en ordonnancera le montant au profit du budget militaire, par imputation sur celui de l'Annam.

Les feuilles nominales sont toujours établies en double expédition, dont une pour l'ordonnancement et l'autre pour la liquidation des dépenses.

Art. 31. — Le boni est la propriété de l'infirmerie-ambulance dans laquelle il s'est formé.

Sur la proposition du chef du service de santé et l'ordre du Gouverneur, il peut être, en tout ou partie, affecté à une autre infirmerie-ambulance.

En cas de suppression d'une infirmerie-ambulance, son boni est réparti suivant les mêmes règles.

---

(1) Voir arrêté du 14 juin 1890, dont on trouvera le texte au mot *Cimetières*.

(2) Voir ces deux arrêtés au mot *Hospitalisation*.

TITRE V

MATÉRIEL

Art. 32. — Le matériel en service dans une infirmerie-ambulance est pris en charge par le comptable de l'hôpital de rattachement.

Le 1er janvier et le 1er juillet de chaque année, le médecin chef adresse audit comptable un extrait du carnet du matériel, faisant connaître les entrées et les sorties effectuées pendant le semestre, avec les pièces justificatives à l'appui (*factures, procès-verbaux de perte*).

Art. 33. — Dans le dernier mois de chaque trimestre, le médecin-chef adresse au comptable de l'hôpital de rattachement une demande d'imprimés.

Les demandes de médicaments et de matériel sont adressées au chef du service de santé.

TITRE VI

DISPOSITIONS FINALES

Art. 34. — Tous les articles du règlement sur le service intérieur des hôpitaux, qui ne sont pas modifiés par la présente instruction, sont applicables aux infirmeries-ambulances.

Art. 35. — Le présent règlement annule tous les documents antérieurs relatifs aux infirmeries-ambulances. — RICHAUD.

---

2. — 23 février 1890. — ARRÊTÉ *portant règlement sur le service intérieur des hôpitaux de l'Annam et du Tonkin* (1).

CHAPITRE PREMIER

DISPOSITIONS GÉNÉRALES

Formations sanitaires du service

Article premier. — Les formations sanitaires du service se divisent en :

Hôpitaux permanents ;

Infirmeries-ambulances ;

Et, éventuellement, en sections d'ambulances légères pour les colonnes mobiles.

Les formations sanitaires sont créées et supprimées en vertu des ordres du Gouverneur général.

Division et répartition des formations sanitaires.

Art. 2. — Les hôpitaux permanents sont classés en hôpitaux principaux et hôpitaux secondaires, d'après leur contenance et suivant l'effectif moyen des malades.

Les infirmeries-ambulances sont rattachées au point de vue administratif à l'hôpital permanent le plus voisin.

Les sections d'ambulances formées éventuellement pour le service des colonnes sont rattachées à l'hôpital permanent du lieu où sont organisées les colonnes, ou à celui le plus voisin de la région dans laquelle doivent avoir lieu leurs opérations.

CHAPITRE II

PERSONNEL

SECTION PREMIÈRE

Personnel des hôpitaux permanents

Art. 3. — Le personnel des hôpitaux permanents comprend :

Un personnel administratif ;

Un personnel médical et pharmaceutique ;

Des sœurs hospitalières ;

Un aumônier ;

Des infirmiers européens et indigènes ;

Des agents divers européens, indigènes, et des coolies.

L'effectif et la répartition de ces différents personnels sont déterminés suivant les besoins, par le chef des services administratifs en ce qui concerne le personnel administratif, les sœurs, l'aumônier, les agents divers européens et les coolies employés en dehors des services médical et pharmaceutique, et par le chef du service de santé en ce qui concerne le personnel médical et pharmaceutique, ainsi que les infirmiers européens et indigènes et les journaliers employés dans les services de la médecine ou de la pharmacie.

Personnel administratif

Art. 4. — Le personnel administratif d'un hôpital comprend, en principe :

Un officier du commissariat, qui prend le titre de commissaire aux hôpitaux ;

Un commis aux entrées ;

Un agent comptable du matériel ;

Des officiers, commis et agents en sous-ordre, suivant les besoins.

Du commissaire aux hôpitaux

Art. 5. — L'administration et la police des hôpitaux appartiennent, sous la direction du chef des services administratifs, au commissaire des hôpitaux.

Il a sous ses ordres le personnel administratif (*officiers du commissariat, agent-comptable, commis aux entrées, les sœurs, l'aumônier et les agents divers*).

Il assure le bon ordre et la régularité du service intérieur.

Il propose toutes les mesures qu'il juge utiles, tant au point de vue des intérêts de l'État que du bien-être des malades, dont il reçoit les plaintes pour y faire droit, s'il y a lieu.

Il veille à ce que les prescriptions alimentaires soient exécutées ; il surveille la préparation des aliments, la qualité des vivres, l'entretien et la propreté des ustensiles.

Il se concerte avec le médecin pour toutes les mesures intéressant à la fois le service administratif et le service médical.

Il s'occupe des achats sur place des denrées, médicaments et objets nécessaires au service hospitalier, de la passation et de l'exécution des marchés, de la réunion des commissions de recettes, etc.

Il dirige, surveille et centralise la comptabilité des objets mobiliers en service dans les salles, laboratoires, amphithéâtres, logement des sœurs, ambulances, infirmeries, etc. ; il dirige, surveille et vérifie également la comptabilité des denrées et médicaments, ainsi que celle du matériel en service appartenant au service des hôpitaux.

Il envoie à l'officier de l'état-civil les déclarations de décès, et informe le chef de corps ou de service de l'événement.

Les effets des officiers décédés sont remis au bureau des revues, et ceux des sous-officiers et soldats sont renvoyés à leur corps.

Enfin, le commissaire aux hôpitaux a le droit de punir tous les malades, quel que soit leur grade, si le médecin chef de salle n'y voit pas d'inconvénient.

---

(1) Le mode antérieur d'admission dans les hôpitaux et leur administration, étaient réglés par arrêtés des 22 juin, 31 juillet, 21 septembre et 12 novembre 1884, 20 juillet 1886 et 3 septembre 1888, qui se trouvent ici rapportés par le présent.

Quand aux frais à rembourser, nous renvoyons au mot *Hospitalisation*.

Du commis aux entrées

Art. 6. — Cet employé tient, à l'aide du billet d'entrée délivré par le médecin compétent, le registre des entrées, sorte de journal des mouvements des malades. Ce billet, après guérison, est rendu à l'homme, complété de l'indication de la date de sortie et de la destination assignée.

Il dresse, sur un registre spécial, l'inventaire des effets déposés au vestiaire par les malades non officiers, dont la garde est confiée à un agent dit « gardien des sacs ».

Il assiste aux commissions et à la réception journalière des entrées.

Il a sous sa surveillance l'entrée de l'hôpital. Il s'assure de la propreté de cet établissement et de la bonne tenue des infirmiers.

De l'agent comptable

Art. 7. — L'agent comptable répond de tout l'approvisionnement, il en prend charge après la recette définitive, veille à sa conservation et en assure la délivrance régulière. Il tient, d'après les règles qui leur sont applicables, les comptabilités : vivres, matériel et culte. Il tient également, en ce qui le concerne, la comptabilité des objets mobiliers en service.

Il est aussi gérant des fonds d'avances.

Il dresse, d'après le contrôle, les états d'effectif des ouvriers journaliers.

Personnel médical

Art. 8. — Le service médical dans les hôpitaux est assuré par des médecins et pharmaciens de la marine, sous la direction du chef du service de santé de la colonie. Le médecin le plus élevé en grade ou le plus ancien dans le grade, a la direction du service dans chaque hôpital.

Il a autorité sur les infirmiers européens et indigènes et sur les journaliers affectés aux détails médicaux et pharmaceutiques ; cette autorité est également dévolue aux médecins traitants dans les salles dont ils sont chargés.

Le personnel médical est responsable de l'hygiène et de la salubrité de l'établissement ; il s'entend, à cet effet, avec le commissaire.

Dans les salles, il a autorité sur les malades qui lui doivent obéissance et déférence ; il en assure la propreté, ainsi que celle des autres locaux affectés spécialement aux services médical et pharmaceutique. Dans l'exécution de cette partie du service, les sœurs et les infirmiers relèvent directement de lui, il passe l'inspection des locaux et ustensiles de cuisine, et s'assure de la bonne qualité et de la bonne préparation des aliments.

Service de garde

Art. 9. — Lorsque l'importance de l'hôpital l'exige, et que l'effectif des médecins en sous-ordre le permet, il est établi, dans les hôpitaux, un service de garde de nuit ou de jour.

Ce service est assuré par un officier de santé désigné par le médecin chef de service ; cet officier de santé est nourri par l'établissement.

Service pharmaceutique

Art. 10. — Le service pharmaceutique comprend :

Une pharmacie centrale et une pharmacie de détail.

La pharmacie centrale se divise elle-même en deux détails :

Le magasin et le laboratoire.

Le service de la pharmacie de détail est assuré, dans chaque hôpital, par un pharmacien de 1re classe, sous la direction du médecin chef du service.

La pharmacie de détail s'alimente à la pharmacie centrale et pourvoit aux besoins, tant des malades traités à l'hôpital que de ceux autorisés à recevoir les médicaments à titre gratuit ou à titre remboursable.

Les pharmaciens ont autorité sur le personnel employé dans les services dont ils sont chargés.

Sœurs hospitalières

Art. 11. — Des sœurs hospitalières sont placées dans les hôpitaux désignés par le Gouverneur général.

Fixation du nombre des sœurs

Art. 12. — Leur répartition entre les différents hôpitaux est effectuée par le Gouverneur général, sur la proposition du chef des services administratifs, après entente avec le médecin chef du service de santé.

Devoirs des sœurs envers l'administration

Art. 13. — Les sœurs sont placées sous la direction de l'une d'elles, qui prend le titre de sœur supérieure. Elles relèvent, quant aux rapports du service, de l'autorité du commissaire aux hôpitaux.

En ce qui concerne les services dont elles sont chargées, elles ont droit à l'obéissance des infirmiers et des journaliers placés sous leur direction.

Attributions de la sœur supérieure

Art. 14. — La sœur supérieure répartit entre les sœurs les détails du service et veille à leur bonne exécution. Elle signale au commissaire aux hôpitaux et au médecin les irrégularités qu'elle ne peut redresser, les infirmiers dont les sœurs ont à se plaindre sous le rapport de l'obéissance ou du manque de convenance, et enfin les malades qui méconnaissent leur caractère.

Elle est responsable et comptable de tout le mobilier du service « Hôpitaux » qui lui est remis sur inventaire, et qu'elle conserve et entretient ; elle répond aussi des effets et du linge des malades, des meubles, ustensiles et objets garnissant les salles et chambres des malades, les réfectoires, les cuisines et offices, ainsi que le logement mis à la disposition des sœurs, et elle en tient comptabilité.

Fonctions des sœurs

Art. 15. — Les sœurs s'occupent des soins à donner aux malades, de l'exécution des mesures de propreté et de salubrité, de la distribution des vivres et des médicaments ; elles ont la surveillance de la paneterie, des caves et du service de la cuisine. Le service de la lingerie et de la buanderie est également dans leurs attributions.

La sœur de la dépense est chargée de l'arrangement des magasins et des caves, de la conservation des denrées, des achats qu'elle fait, avec les fonds qui sont mis à sa disposition à titre de service régi par économie, et des délivrances à la sœur de la cuisine, aux infirmiers et agents nourris par l'hôpital. Elle relève spécialement de l'agent comptable pour les valeurs mobilières qu'elle détient.

La sœur de la cuisine surveille les travaux des cuisiniers et n'y prend part que pour la préparation d'aliments légers, leur délivre les denrées et les assaisonnements, assiste à la pesée de la viande, fait faire les distributions d'après les cahiers de visite et les bons ; elle veille à la propreté de la cuisine et des ustensiles et assure l'économie des consommations de combustible.

De l'aumônier

Art. 16. — L'aumônier remplit les fonctions de son ministère. En dehors des heures fixées pour la visite des médecins et la distribution des médicaments et des vivres, il peut parcourir les salles et apporter aux malades qui le désirent les consolations de la religion. Il doit répondre de nuit et de jour à l'appel des malades. Il assure les services funèbres et accompagne les corps jusqu'au cimetière.

L'aumônier est responsable et tient la comptabilité des objets du culte. Il est nourri, chauffé et éclairé par l'hôpital.

Des infirmiers européens et indigènes

Art. 17. — Les infirmiers européens et indigènes sont placés sous les ordres du médecin ; ils relèvent du commissaire aux hôpitaux pour la police générale et la discipline ; ils obéissent aussi aux sœurs hospitalières.

Les infirmiers européens sont subordonnés entre eux à raison de leur grade et de leurs fonctions.

Ils donnent aux malades les soins prescrits par les médecins, ils préparent les médicaments, tisanes, bains, etc., font les lits, entretiennent la propreté des salles, transportent les aliments et médicaments et assistent aux distributions.

Les infirmiers indigènes, sous la direction des sœurs et des infirmiers européens, secondent ces derniers dans les différents travaux auxquels donne lieu l'exécution du service. Ils ne reçoivent ni nourriture ni logement en nature (1).

Des agents divers européens et indigènes

Art. 18. — Sous cette dénomination on entend tous les agents qui concourent à l'exécution du service général, les cuisiniers, les garçons de la dépense, des magasins, les ouvriers et les coolies journaliers.

Tous ces agents sont placés sous les ordres du commissaire aux hôpitaux et ne peuvent recevoir, sans son autorisation, une autre affectation que celle qui leur est assignée.

Cas d'insuffisance du personnel européen

Art. 19. — En cas d'insuffisance du personnel européen (infirmiers et agents divers), il peut y être suppléé par des infirmiers temporaires pris dans les corps de troupes de la colonie et, exceptionnellement, dans la population civile européenne.

Les infirmiers temporaires tirés des corps de troupe continuent à compter à leur corps, sauf pour le couchage et la nourriture qui leur sont donnés à l'hôpital.

Les infirmiers tirés exceptionnellement de la population civile sont également nourris et logés à l'hôpital ; ils reçoivent, en outre, un salaire journalier dont le taux est déterminé par le chef des services administratifs. Ils sont licenciés dès que l'exception qui les avait fait admettre n'existe plus.

CHAPITRE III

EXÉCUTION DU SERVICE
SECTION PREMIÈRE
Condition d'admission. Cas d'admission à la charge du Protectorat.

Art. 20. — Sont admis dans les formations sani-

(1) Voir le complément de cet article par arrêté du 15 février 1895.

taires de la colonie, à la charge du Protectorat :

1° Les officiers de toutes armes et de tous services des armées de terre et de mer, en activité dans la colonie, présents ou absents ;

2° Les sous-officiers et soldats du corps de la colonie, présents à leur corps ou titulaires d'une permission ou d'un congé ;

3° Les indigènes auxiliaires des services de l'artillerie, du génie et du train ;

4° Les indigènes blessés dans un service commandé ou dans une opération contre les rebelles.

Par exception aux dispositions qui précèdent, les indigents seront admis gratuitement. Le billet d'admission portera le mot « gratuit » avec la signature du résident ou vice-résident.

Sont à la charge des intéressés énoncés aux §§ ci-dessus, les frais de bandages, appareils et objets de toute nature qui leur sont cédés à titre définitif à leur sortie de l'hôpital.

Tout objet du matériel hospitalier détérioré ou détruit, hors le cas de force majeure, par un malade en traitement, même s'il est fonctionnaire, agent ou employé d'une administration de l'État ou du Protectorat, est à la charge dudit malade.

Les remboursements de toute nature, prévus ci-dessus, sont effectués par voie de versement dans les caisses publiques du Protectorat, sur la présentation des ordres de recette donnés par le chef des services administratifs. Ces ordres de recette sont transmis au résident ou vice-résident, exclusivement chargé de poursuivre les remboursements.

SECTION II

ENTRÉES
Cas d'admission à charge de remboursement

Art. 21. — Sont admis et traités dans les formations sanitaires de la colonie, à charge par eux de rembourser le prix de la journée, conformément au tarif fixé par le Gouverneur général :

1° Les fonctionnaires ou employés européens ou asiatiques du Protectorat ;

2° Les fonctionnaires et agents des divers services civils ;

3° Les colons européens ;

4° Les européens ou indigènes des milices du Protectorat ;

5° Les personnes non comprises dans l'énumération ci-dessus, qui seraient de passage, en mission ou en résidence dans le Protectorat et ne pourraient se procurer ailleurs les soins nécessaires.

Les personnes civiles admises dans les formations sanitaires sont tenues de se conformer au règlement sur le service.

Remboursement des frais de traitement

Art. 22. — Les frais de traitement sont remboursés au Protectorat, d'après un tarif qui est déterminé chaque année par le Gouverneur général.

Ce remboursement est effectué :

1° Pour les fonctionnaires ou employés européens ou asiatiques du Protectorat, les fonctionnaires, les agents des divers services civils et les européens et indigènes des milices, par les services ou administrations dont ils relèvent ;

2° Pour les colons européens solvables, par des versements directs. L'intéressé devra, avant son entrée à l'hôpital, verser entre les mains de l'agent comptable et à titre de provision, une somme représentant au minimum le montant des frais de traitement pendant quinze jours ; cette provision devra être renouvelée à la fin de chaque quinzaine.

Nul n'est admis dans un hôpital ou ambulance sans un billet d'entrée régulièrement établi, sauf le cas d'urgence visé à l'article 25.

Le billet d'entrée des militaires de tous grades appartenant à un corps de troupe et présents au corps, est signé par le médecin du corps et le commandant de la compagnie, de l'escadron ou de la batterie et visé par le major.

Le billet d'entrée des officiers sans troupe est signé par un médecin militaire et par le chef de service.

Le billet d'entrée des militaires isolés est signé par un médecin militaire et par le commandant d'armes.

Le billet d'entrée des fonctionnaires et agents des services civils est signé par un médecin militaire ou civil et par le chef du service.

Le billet d'entrée des autres catégories est signé par un médecin militaire ou civil et par le Résident ou vice-résident.

Le jour de l'entrée appartient à l'hôpital.

Classification par ordre d'assimilation des fonctionnaires et agents civils, européens et indigènes.

Art. 23. — La classification par ordre d'assimilation des fonctionnaires et agents civils européens ou indigènes traités dans les formations sanitaires du Protectorat, est réglée par la notice n° 1 (1).

Détail des billets d'entrée

Art. 24. — Le billet d'entrée doit contenir toutes les indications relatives à l'état civil, sans ratures ni surcharges; les dates y sont portées en toutes lettres.

Pour les personnes étrangères à l'armée, on doit y indiquer avec soin l'administration ou le service dont le malade fait partie.

Admission d'urgence

Art. 25. — Dans les cas d'urgence, le malade est admis à l'hôpital sur l'invitation du médecin qui l'a visité. Le commis aux entrées établit un billet provisoire qui doit être remplacé le plus tôt possible par un billet régulier.

Visa du commissaire aux hôpitaux

Art. 26. — Les billets d'entrée, établis comme il est dit aux articles 23 et 24 et les billets provisoires, dans le cas prévu à l'article 25 ci-dessus, sont présentés au visa du commissaire aux hôpitaux ou de son suppléant.

Le commissaire aux hôpitaux constate la régularité du billet et présente, s'il y a lieu, des observations à l'autorité qui a donné l'ordre de visite.

Avis qui doit être donné de certaines entrées

Art. 27. — Le commissaire aux hôpitaux doit, sans délai, donner directement connaissance, aux conseils d'administration, des entrées dans les hôpitaux des militaires des corps qui ne sont pas stationnés dans la place.

Remise du billet d'entrée au commis des entrées

Art. 28. — A l'arrivée d'un malade à l'hôpital, le billet d'entrée est remis au commis des entrées qui le vérifie, et qui rectifie les irrégularités que ce billet peut présenter. Il en fait ensuite l'inscription sur le registre des entrées et fait conduire le malade dans la salle qui lui est assignée d'après son rang d'assimilation et la nature de sa maladie.

(1) Cette classification a été modifiée par arrêté du 1er juillet 1890.

Billet de salle

Art. 29. — Il établit alors pour le malade entrant un billet de salle sur le dos duquel il inscrit tous les objets dont le malade est porteur.

Dépôt de l'argent, des bijoux et autres valeurs

Art. 30. — Si le malade a de l'argent, des bijoux ou autres valeurs, ou s'il en reçoit pendant son séjour à l'hôpital, il doit en faire la déclaration.

Cette déclaration est inscrite au verso du billet de salle et signée par lui ainsi que par le commis aux entrées. Dans le cas où le malade ne possèderait aucun bijou, il en serait également fait mention au verso du billet de salle. L'argent, les bijoux et les valeurs sont remis au commis aux entrées qui les inscrit sur le registre des entrées et les dépose immédiatement dans la caisse de l'agent comptable.

Dépôt et délivrance d'effets

Art. 31. — Le malade reçoit des effets d'hôpital en échange de ceux dont il est porteur, lesquels sont immédiatement portés au magasin de dépôt d'effets. L'agent chargé de ce magasin fait l'inscription desdits effets sur le registre à ce destiné; il les réunit ensuite en un paquet et y attache une étiquette-inventaire. Le paquet est alors placé dans une case dont le numéro correspond à celui du registre.

Le linge sale est mis à part pour être blanchi avant d'être réuni aux effets.

Les effets des malades atteints de maladies contagieuses sont désinfectés avant d'être mis en magasin.

Aliments et médicaments prescrits aux entrants

Art. 32. — En attendant la prochaine visite, le médecin de garde prescrit, au moyen de bons, les aliments et les médicaments nécessaires au malade entrant.

SECTION III
VISITES

Prescriptions. — Distributions. — Heures de visite

Art. 33. — Les visites sont faites aux heures fixées par les médecins chefs de service.

Prescriptions

Art. 34. — Les prescriptions d'aliments et de médicaments sont habituellement faites à la visite du matin pour toute la journée, sauf les modifications qui pourraient être jugées nécessaires à la visite du soir.

La prescription du régime alimentaire est toujours faite à haute voix, afin que chaque malade sache ce qui doit lui être donné.

Les prescriptions sont inscrites sur le cahier de visite.

Relevé des prescriptions médicamenteuses

Art. 35. — Après la visite, les cahiers de pharmacie sont remis au pharmacien chargé du détail, qui inscrit les dépenses journalières sur l'état ad hoc, et les résume dans des états récapitulatifs mensuels.

Relevé des prescriptions alimentaires

Art. 36. — Le médecin traitant fait établir l'extrait du cahier de visite pour les aliments prescrits, et le fait remettre à la dépense assez tôt pour que les quantités nécessaires soient préparées avant l'heure fixée pour la distribution. A l'aide de ce document, la sœur chargée de la dépense établit un relevé général, comprenant toutes les prescriptions alimentaires qui ont été faites dans la journée, soit à la visite, soit sur les bons particuliers. Ce relevé général, qui sert à justifier la distribution des aliments prescrits, doit être en concordance avec le mouvement journalier des malades ; il est visé par le commissaire aux hôpitaux.

Des médicaments et de leur distribution

Art. 37. — Les médicaments dont la délivrance est autorisée par le ministre sont les seuls qui puissent être employés dans les hôpitaux.

Toutefois, sur la demande du médecin, transmise par le commissaire aux hôpitaux, le chef des services administratifs peut autoriser l'achat d'une substance qui n'existe pas en approvisionnement.

Les médicaments sont distribués aux heures fixées par les médecins traitants.

Pansements et objets de pansements

Art. 38. — Le linge à pansement pouvant resservir, est remis à la sœur de la salle qui reste chargée d'en assurer le nettoyage et l'échange, ou le remet en service, suivant le cas.

Bons particuliers

Art. 39. — Les objets nécessaires aux pansements sont établis sur des bons particuliers, signés par les médecins traitants. Ces bons sont totalisés à la fin de chaque mois par le pharmacien de détail sur un relevé visé par le commissaire aux hôpitaux, qui en justifie la dépense.

Bons de bandages herniaires, de jambes de bois, de béquilles et de lunettes

Art. 40. — Les bandages herniaires, les jambes de bois, les béquilles et les lunettes sont délivrés gratuitement à titre de première mise, ou à titre de remplacement :

1° Aux militaires traités dans les hôpitaux, soit pendant leur séjour à l'hôpital, soit au moment de leur sortie, sur des bons nominatifs établis par les médecins traitants et visés par les commissaires aux hôpitaux.

2° Aux sous-officiers, caporaux et soldats présents dans les corps, sur des bons établis par les médecins des corps et visés par les chefs de corps et le commissaire aux hôpitaux.

Ces bons sont totalisés mensuellement sur un relevé.

Ces mêmes objets sont délivrés aux personnes traitées, à charge de remboursement, pendant leur séjour à l'hôpital ; le montant en est compris dans le décompte des journées de traitement.

Régime alimentaire

Art. 41. — Le régime alimentaire des malades se compose des aliments détaillés au tarif indiqué dans la notice n° 2.

Ces aliments sont de même espèce pour les officiers que pour les sous-officiers et soldats ; toutefois les officiers reçoivent les suppléments accordés par ce tarif.

La ration journalière des infirmiers et agents nourris à l'hôpital est indiquée dans le tarif visé ci-dessus.

Lorsque des circonstances extraordinaires motivent des dérogations aux règles prescrites, le médecin en rend compte au chef du service de santé dans un rapport motivé, qui est transmis au Gouverneur ;

après avoir pris à ce sujet l'avis du chef des services administratifs, le Gouverneur statue.

En cas d'urgence, il est procédé comme il est dit à l'art. 48.

Distribution des aliments

Art. 42. — La distribution des aliments est faite le matin à 10 heures et le soir à 5 heures.

Les portions de pain et de viande sont préparées, pour chaque division de malades, d'après les relevés particuliers.

La distribution commence par le pain et le vin ; viennent ensuite les potages, le bouillon et la viande, et enfin, les légumes et les aliments légers ou particuliers.

Les sœurs s'assurent que les quantités d'aliments remises par la cuisine sont conformes à celles portées sur les relevés particuliers et président à leur distribution.

Le transport des aliments, de la cuisine dans les salles, a lieu sous la surveillance de chaque infirmier de salle.

Aliments non consommés

Art. 43. — Lorsque l'état d'un malade donne lieu de diminuer ou de supprimer la distribution des aliments qui lui avaient été prescrits, les aliments non consommés rentrent à la dépense.

Nourriture du commis aux entrées et du médecin de garde

Art. 44. — Le commis aux entrées et le médecin de garde sont nourris à l'hôpital ; ils reçoivent la ration déterminée par le tarif n° 2.

Repas des infirmiers et agents divers

Art. 45. — La distribution des aliments n'est faite aux infirmiers et agents divers européens nourris à l'hôpital, qu'après celle des malades. Le repas a lieu en commun, le matin à 10 heures 3/4, le soir à 5 heures 3/4 ; cependant, si le service l'exige, les infirmiers des salles de malades peuvent être autorisés à manger dans les salles où ils sont employés.

Les sous-officiers mangent à part.

SECTION IV
Aération. — Désinfection. — Propreté. — Chauffage. — Éclairage

Art. 46. — L'air est renouvelé dans les salles de malades d'après les indications des médecins traitants.

Les salles peuvent être cirées quand l'état du plancher le permet ; elles sont, ainsi que les cours, les vestibules, les escaliers, les vérandahs, les latrines et tous les objets mobiliers et les vases à l'usage des malades, entretenues dans un état de propreté parfait.

Désinfection

Art. 47. — Lorsque l'effectif des malades et la situation des bâtiments ou locaux le permettront, les salles sont alternativement occupées et évacuées, afin qu'on puisse désinfecter aussi complètement que possible.

Les objets de couchage et les effets d'hôpital ayant servi aux malades atteints de maladies contagieuses, aux sortants ou décédés, sont également désinfectés.

Lorsque les moyens de désinfection paraissent devoir être insuffisants, le commissaire aux hôpitaux peut prescrire, sur la demande du médecin chef de service, l'incinération de tout ou partie des objets de literie et des effets d'habillement. Il en est rendu compte au chef des services administratifs.

Badigeonnage des locaux

Art. 48. — Les salles, leurs dépendances, les cuisines, vestibules, corridors et autres locaux sont blanchis au lait de chaux chaque fois que le besoin en est reconnu et *au moins deux fois par an*.

Étamage des ustensiles et réparation du matériel

Art. 49. — L'étamage des ustensiles, les réparations aux objets mobiliers en service, ont lieu chaque fois que la nécessité en est reconnue, soit par économie, dans l'intérieur des établissements, soit dans les ateliers de l'artillerie, après entente entre le directeur de ce service et le commissaire aux hôpitaux, soit par la main-d'œuvre civile, lorsque les deux premiers moyens sont insuffisants.

Rechange du linge

Art. 50. — Les effets à l'usage des malades sont changés, savoir :

Les draps de lit tous les 10 jours.

Les caleçons, les chemises, les cravates, les bonnets de coton, les chaussettes, les mouchoirs, tous les 8 jours.

Les nappes et les serviettes pour les officiers, aussi souvent que cela est nécessaire.

Les rechanges ordonnés ci-dessus n'excluent pas ceux qui peuvent être demandés accidentellement par les médecins traitants, ou commandés par des circonstances particulières.

Renouvellement de la paille de couchage

Art. 51. — Les lits sont, autant que possible, pourvus d'un sommier élastique. Lorsqu'à défaut de sommier, il est fait usage de paillasses, la paille qui les garnit est renouvelée toutes les fois que la nécessité en est reconnue.

Blanchissage du linge et des effets

Art. 52. — Le blanchissage est exécuté soit par économie dans l'intérieur des hôpitaux, soit par l'entreprise civile. Le linge sale est livré au blanchissage au moins tous les huit jours. Les couvertures de laine sont foulonnées et les objets en laine sont nettoyés quand il est nécessaire.

Réparation du linge et des effets. — Rebattage

Art. 53. — Les réparations nécessaires au linge et aux effets sont exécutées dans l'intérieur des établissements par des couturières indigènes placées sous la direction et la surveillance de la sœur chargée de la lingerie.

Les matelas et les traversins sont rebattus aussi souvent que cela est nécessaire, soit par économie, soit par la main-d'œuvre civile.

Après un service prolongé dans les salles, ou lorsque l'opération est spécialement prescrite, la laine et le crin des matelas et traversins sont désinfectés.

Propreté individuelle des malades

Art. 54. — La propreté personnelle des malades est l'objet d'une attention particulière de la part des médecins traitants. Des moyens d'ablutions sont mis à leur disposition et placés autant que possible à proximité des salles.

Les malades doivent avoir les cheveux coupés une fois par mois. Ce service est fait, soit par le perruquier des corps pour les militaires de leur corps, soit par un perruquier indigène, qui se pourvoit des objets qui lui sont nécessaires, et dont le salaire est à la charge de l'hôpital.

Chauffage et éclairage

Art. 55. — Les salles sont chauffées lorsque la nécessité en est reconnue. Elles sont éclairées, pendant la nuit, d'après le mode que permettent les ressources locales ; il en est de même des latrines, corridors, vérandahs et autres dépendances de l'hôpital dans lesquelles il est nécessaire d'entretenir de la lumière.

Le nombre des feux lumières à entretenir dans l'hôpital est réglé par le commissaire aux hôpitaux.

SECTION V

Police et surveillance du service

Art. 56. — Tout malade traité dans un hôpital est sous l'autorité immédiate du commissaire de l'hôpital. Il doit obéir aux injonctions des médecins et des différents personnels, en ce qui concerne son traitement et le bon ordre de l'établissement.

Les malades doivent toujours être convenables envers les infirmiers ; s'ils ont à se plaindre de l'un d'eux, ils le font connaître au commis aux entrées, qui rend compte au commissaire.

Discipline des malades dans les salles

Art. 57. — Il est défendu aux malades de fumer dans les salles, d'avoir des armes, de se coucher sur les lits avec leur chaussure, enfin de ne rien faire qui soit contraire à la propreté et au bon ordre, ou qui puisse nuire au repos de leurs camarades.

Tous les jeux à prix d'argent leur sont interdits, ainsi que tout trafic ou échange d'aliments. Les jeux désintéressés auxquels ils peuvent se livrer ne doivent pas être assez bruyants pour que les autres malades aient à en souffrir.

Locaux interdits aux malades

Art. 58. — Il est défendu aux malades d'entrer dans la cuisine, la dépense, la pharmacie, les magasins de l'hôpital, la communauté des sœurs, et les autres locaux accessoires, et de communiquer entre eux dans les cas de maladies contagieuses.

Responsabilité des malades en cas de dégâts

Art. 59. — Tous les malades d'une salle sont solidairement responsables des dégâts commis dans cette salle, quand on ne peut en connaître les auteurs.

Des feuilles de retenues nominatives sont établies par corps pour le montant ou la part relative des dégradations commises. Ces feuilles sont adressées au commissaire aux revues, qui demeure chargé d'en faire verser le montant au trésor.

Punitions à infliger aux malades

Art. 60. — Les malades en traitement à l'hôpital, autres que les officiers, peuvent être, si leur état de santé le permet, mis à la salle des consignés par le commissaire de l'hôpital ou le médecin.

En cas de rébellion ou de scandale et en l'absence du commissaire, ils peuvent, sur l'ordre du commis aux entrées, être conduits immédiatement à la salle des consignés.

La commission de l'hôpital soumet au chef des services administratifs les demandes de punitions que les officiers en traitement peuvent avoir encourues.

Devoir du concierge. — Permis d'entrée

Art. 61. — Les hommes de troupe peuvent visiter, les jeudis et les dimanches, de 2 heures à 4 heures, les malades dont l'état ne s'oppose pas à cette visite; ils peuvent le faire les autres jours et aux mêmes heures, mais avec une permission délivrée par le commissaire de l'hôpital.

Les officiers peuvent visiter les malades en traitement le jour qui leur convient, sans être tenus d'en obtenir préalablement la permission.

Les personnes étrangères à l'armée de terre ou de mer et à l'administration ne sont admises dans l'hôpital que munies d'une permission écrite du commissaire de l'hôpital.

Sortie des malades

Art. 62. — Le concierge ne laisse sortir aucun malade, s'il n'est muni de son billet de sortie, ou d'une permission du commissaire de l'hôpital.

Entrée et sortie des ouvriers

Art. 63. — Le concierge laisse entrer et sortir, sur l'autorisation du commissaire, les ouvriers des deux sexes employés au service de l'hôpital, ainsi que les infirmiers ou agents qui sortent pour le service.

Surveillance exercée par le concierge

Art. 64. — Le concierge ne permet l'introduction dans l'hôpital d'aucune espèce de comestible, de boissons ou médicaments, sans l'autorisation du commissaire de l'hôpital. À cet effet, il s'assure à l'entrée que non seulement les infirmiers, agents et ouvriers de l'établissement, mais aussi les sous-officiers et soldats, ainsi que les visiteurs civils, ne sont pas porteurs de substances prohibées. S'il en découvre, il les fait remettre au commis aux entrées, qui les rend à leurs propriétaires à leur sortie de l'hôpital.

Il exerce une surveillance active sur tous ceux qui sortent, afin de s'assurer que des denrées ou du matériel appartenant à l'hôpital ne sont pas emportés. Il se conforme d'ailleurs, pour les cas non prévus, aux consignes spéciales qui peuvent lui être données par le commissaire de l'hôpital.

Vaguemestre

Art. 65. — Le vaguemestre est choisi, autant que possible, parmi les gradés. Il est sous la surveillance immédiate du commissaire de l'hôpital qui lui délivre une commission, laquelle lui sert de titre pour retirer de la poste les lettres, mandats, bons de poste ou paquets adressés aux malades et au personnel de l'hôpital. Il tient le registre prescrit par le règlement sur le service intérieur des corps de troupe.

Officier de visite

Art. 66. — Un officier, commandé chaque jour par le commandant d'armes, est désigné pour visiter les malades. Cette visite a lieu à l'un des deux repas.

L'officier de visite déguste les aliments, parcourt les salles, reçoit les réclamations, sur le bien fondé desquelles il est tenu de se renseigner, il consigne ses observations sur un registre spécial déposé au bureau des entrées. Le commissaire aux hôpitaux donne à ces observations la suite qu'elles comportent.

L'officier de visite ne peut donner aucun ordre dans l'hôpital, ni s'immiscer dans les détails du service.

Visite des officiers généraux

Art. 67. — Les officiers généraux visitent éventuellement l'hôpital pour s'assurer de la bonne exécution des divers services; ils sont accompagnés par le médecin chef de service et le commissaire aux hôpitaux.

Les inspecteurs généraux des corps et services visitent l'hôpital dans leurs tournées et consignent leurs observations sur un registre spécial.

SECTION VI
SORTIES
§ 1er. — SORTIES APRÈS GUÉRISON
Formalités concernant les sorties

Art. 68. — Les médecins traitants désignent, dans la visite du matin, ceux des militaires dont la guérison est achevée ou dont le séjour à l'hôpital n'est plus motivé, et qui doivent, en conséquence, sortir le lendemain. Le billet de salle est remis immédiatement au commis aux entrées qui y fait les inscriptions nécessaires.

Billet de sortie

Art. 69. — Le billet de sortie reçoit toutes les indications qu'il comporte. Les dates de l'entrée et de la sortie y sont toujours portées en toutes lettres. Si le malade a été traité successivement dans divers hôpitaux, on le mentionne sur le billet, en y indiquant les dates de ses diverses entrées et sorties.

Le médecin traitant, en même temps qu'il signe le billet de sortie, inscrit sur le talon de ce billet le diagnostic de la maladie et le mode de terminaison, ainsi que les autres faits qu'il importe de connaître. Ce billet est soumis au visa du commissaire aux hôpitaux.

Le jour de sortie n'appartient pas à l'hôpital.

Remise des effets

Art. 70. — Les effets militaires, ainsi que les valeurs et objets déposés par le sortant, lui sont remis après qu'il les a reconnus et en a donné décharge.

Destination des billets d'entrée et de sortie

Art. 71. — Les billets d'entrée, complétés par les mêmes indications que les billets de salle et visés par le commissaire aux hôpitaux, restent à l'hôpital pour justifier du séjour et de la sortie des malades.

Les billets de sortie sont remis aux hommes au moment où ils quittent l'hôpital. Dans le cas d'évacuation collective, ils sont mis à l'appui de la feuille d'évacuation.

§ 2. — SORTIES PAR RAPATRIEMENT.

Art. 72. — Les malades dont l'état de santé exige le renvoi en France sont examinés aux époques voulues, par les commissions de rapatriement, qui statuent sur les propositions faites par les médecins traitants ou les médecins des corps. La sortie effective de l'hôpital et l'évacuation à bord des navires, des militaires admis à être rapatriés, donnent lieu aux formalités prescrites par le règlement sur les évacuations.

Avant leur départ de la colonie, les militaires rapatriés pour raison de santé reçoivent une avance de 30 jours de solde qui leur est payée au titre du dépôt des isolés, sur les fonds d'avance de l'hôpital. Le dépôt des isolés rembourse la somme avancée dans le plus bref délai.

Des effets d'habillement et de petit équipement sont également délivrés aux militaires rapatriés pour raison de santé, conformément aux prescriptions de l'ordre général n° 59, du 11 décembre 1885. Les militaires incurables et ceux atteints d'aliénation mentale doivent être compris dans les sorties par rapatriement.

§ 3. — SORTIES PAR ÉVASION

Art. 73. — Lorsqu'un militaire s'évade d'un hôpital ou d'un convoi d'évacuation, le commissaire de l'hôpital en donne immédiatement avis au chef des services administratifs, au commandant d'armes, au commandant de la gendarmerie et au conseil d'administration du corps auquel le militaire appartient.

Dans le cas où l'évadé a emporté des objets appartenant au Protectorat et faisant partie des effets de l'hôpital ou du corps, le commissaire dresse un procès-verbal administratif destiné à justifier dans les écritures la sortie de ces effets.

Facilités à donner aux malades pour tester légalement

Art. 74. — Lorsqu'un malade traité dans un hôpital exprime la volonté de faire des dispositions testamentaires, le commissaire de l'hôpital est tenu de lui procurer les moyens d'établir d'une manière régulière les actes spécifiés au chapitre II, titre II, livre III du code civil. Dans les infirmeries ambulances et les ambulances légères, ce soin incombe au médecin chef, qui peut, conformément à l'article 982 du code civil, recevoir lui-même les testaments avec l'assistance du commandant militaire, s'il ne se trouve pas dans la place un officier public apte à le faire.

§ 4. — DÉCÈS. — CONSTATATION DES DÉCÈS

Art. 75. — Dès qu'un décès a lieu dans un hôpital, l'infirmier de salle avertit le médecin de garde ou le médecin traitant, qui, après l'avoir constaté, fait transporter le corps à la salle des morts. Le billet de salle du décédé, sur lequel le médecin certifie le décès, sa date et la maladie qui l'a occasionné, est ensuite remis au commis aux entrées.

Le jour du décès appartient à l'hôpital.

Déclarations à transmettre à l'officier de l'état civil

Art. 76. — Le commissaire de l'hôpital adresse, dans les 24 heures, à l'officier de l'état civil du lieu, une déclaration de décès contenant toutes les indications relatives à l'état civil du décédé; la date de l'entrée à l'hôpital et celle du décès y sont inscrites en toutes lettres. Cette déclaration, sur laquelle on doit mentionner le numéro matricule du décédé et la désignation de la maladie ou de la blessure qui a occasionné la mort, est certifiée par le commissaire et par le médecin traitant.

L'officier de l'état civil constate le décès conformément à la loi.

Registre des décès

Art. 77. — Aussitôt après la déclaration faite à l'officier de l'état civil, le commis aux entrées inscrit le décès sur le registre dont la tenue est prescrite par l'article 80 du code civil. Ce registre doit contenir les mêmes détails que ceux portés dans la déclaration de décès, et recevoir de la part du médecin traitant une annotation signée, désignant la

maladie ou la blessure qui a occasionné la mort; l'annotation est formulée dans les mêmes termes que sur la déclaration de décès. Le registre se ferme par une table alphabétique et doit être tenu avec la plus scrupuleuse exactitude.

Extraits du registre des décès

Art. 78. — Pour chaque décès, le commissaire de l'hôpital établit en double expédition un extrait du registre des décès. L'une de ces expéditions est adressée immédiatement au maire de la commune du décédé, l'autre est envoyée chaque mois au bureau des successions, pour être transmise au ministre.

Si le militaire décédé est né hors de France, ou s'il a sa famille à l'étranger, l'extrait, au lieu d'être adressé au maire du dernier domicile, est envoyé au ministre de la marine qui le transmet au ministre des affaires étrangères.

Mention des blessures sur la déclaration

Art. 79. — Si le décédé est mort des suites des blessures reçues sur le champ de bataille ou dans un service commandé, il en est fait mention spéciale sur la déclaration de décès.

Mentions interdites sur les déclarations

Art. 80. — Conformément à l'art. 85 du code civil, si le décédé a péri de mort violente, s'il était en état de détention ou frappé de condamnation, il n'est fait aucune mention de ces circonstances sur la déclaration de décès.

Inhumation des corps

Art. 81. — Il est fourni, pour chaque décédé, une bière et un suaire. Les prières prescrites par le rituel sont récitées par l'aumônier.

Il sera dit une messe toutes les fois que ce sera possible, et l'office des morts quand il ne sera pas possible de faire autrement.

La cire pour la messe, comme pour la cérémonie à la chapelle funéraire, est fournie par l'hôpital.

A l'issue de la messe, le corps est transporté au cimetière où il est accompagné de l'aumônier.

La faculté de donner plus d'éclat à la cérémonie est laissée aux familles et aux corps de troupe, à charge par eux de supporter les dépenses supplémentaires.

Dépôt et inhumation des corps des militaires décédés hors des hôpitaux.

Art. 82. — Les militaires décédés hors et à proximité des hôpitaux, soit de mort violente, soit par suite de cause inexpliquée et imprévue, après qu'un officier de police judiciaire a rempli les formalités qui doivent, en pareil cas, précéder la levée des cadavres, être transportés dans ces établissements. L'inhumation a lieu aux frais de l'hôpital. Les militaires ainsi décédés sont inscrits pour mémoire sur le registre des décès, sans qu'il y ait d'autres formalités à remplir.

Avis à donner de certaines sorties

Art. 83. — Le commissaire aux hôpitaux se conforme aux dispositions de l'article 38 pour la notification de la sortie des malades désignés audit article.

Il avise en outre les corps ou services par un bulletin nominatif de la sortie des militaires renvoyés en France pour raison de santé.

SECTION VII
ÉVACUATIONS

Art. 84. — Les évacuations individuelles et collectives s'effectuent conformément aux règles tracées par le règlement spécial.

Manière de décompter les journées des malades évacués.

Art. 85. — (1).
Quand le trajet dure plusieurs jours, toutes les dépenses sont à la charge de l'établissement du point de départ jusqu'au jour exclu de l'arrivée à destination.

SECTION VIII
DISPOSITIONS SPÉCIALES AUX MILITAIRES DÉTENUS
Formalités pour l'admission

Art. 86. — Lorsqu'un détenu est envoyé à l'hôpital, il y est conduit par un planton porteur d'un billet d'entrée délivré par le médecin et signé par l'agent de la prison qui l'envoie ; il est placé dans la salle des consignés.
Si le malade est en jugement, il est conduit à l'hôpital sous escorte.

Garde et consigne spéciales

Art. 87. — Des salles spéciales sont affectées, dans chaque hôpital, au traitement des militaires détenus. Elles sont l'objet d'une surveillance spéciale de la part de l'autorité militaire à laquelle incombent les mesures relatives à la garde de ces militaires. La consigne arrêtée par elle est notifiée au commissaire de l'hôpital.
Toute communication des détenus avec les autres malades est rigoureusement prohibée.

CHAPITRE IV
BATIMENTS ET LOCAUX
SECTION PREMIÈRE
POLICE ET SURVEILLANCE DES BATIMENTS ET LOCAUX

Art. 88. — Les mesures que réclament le bon ordre, la police et la sécurité dans les bâtiments du service sont prises par le commissaire aux hôpitaux qui donne les consignes particulières qu'exige la bonne exécution du service intérieur, et se concerte avec l'autorité militaire pour les consignes générales.
Toutes les mesures possibles de précaution doivent être prises contre l'incendie. Ces mesures se résument dans une surveillance active et bien entendue, l'entretien de provisions ou de prises d'eau convenablement disposées, l'interdiction des allumettes chimiques ordinaires, enfin l'existence d'un matériel propre à combattre un commencement d'incendie.

Logement des malades

Art. 89. — Les salles de malades doivent être situées autant que possible dans l'étage au-dessus du rez-de-chaussée et disposées de manière à isoler les différents genres de malades.
Il doit y avoir, dans chaque hôpital, des salles et, autant que possible, des pavillons spécialement affectés aux malades atteints d'affections contagieuses.
Les officiers sont traités séparément des sous-

officiers et soldats. Une ou plusieurs salles leur sont spécialement affectées. Les officiers supérieurs sont traités dans une chambre particulière. Ces dispositions sont applicables aux malades non militaires traités comme officiers.
A moins d'impossibilité absolue, les sous-officiers et les malades traités comme tels, sont placés dans des salles spéciales.

Locaux accessoires aux salles de malades

Art. 90. — Les locaux accessoires aux salles de malades sont déterminés suivant les ressources et les besoins. Autant que possible ces locaux doivent se composer, outre les latrines, de :
1° Une ou plusieurs chambres pour les gardes malades ;
2° Un cabinet pour le médecin traitant ;
3° Un cabinet pour la sœur ;
4° Un office pour le nettoyage de la vaisselle et des ustensiles.

Autres locaux d'un hôpital

Art. 91. — La composition et l'affectation des autres locaux d'un hôpital sont également déterminées suivant les ressources et les besoins.

SECTION II
TRAVAUX A EXÉCUTER AUX BATIMENTS
Réparations locatives et de propreté

Art. 92. — Les réparations dites locatives ainsi que le badigeonnage des salles, corridors, etc., sont effectués au compte du service des hôpitaux ; le montant en est acquitté par l'agent comptable.
Il en est de même de la fourniture et de la mise en place d'étagères, des casiers et autres objets mobiliers fixes.
Les autres travaux de réparations et de modifications des bâtiments et locaux, sont exécutés par le service du génie, lequel pourvoit également à l'installation des appareils de chauffage en maçonnerie et fait procéder à la vidange des latrines.

CHAPITRE V
MATÉRIEL
Approvisionnement par envois de la Métropole

Art. 93. — En principe, il est pourvu à l'approvisionnement des médicaments, matières, denrées et objets nécessaires aux formations sanitaires de la colonie, par des expéditions des magasins d'approvisionnement de la Métropole, faites à la suite des demandes établies par la pharmacie centrale et le magasin central de matériel, constitués à Hanoi.
Ces demandes, sauf le cas d'urgence, sont dressées semestriellement, le 1er janvier et le 1er juillet ; elles sont établies pour les médicaments, les objets de pansement, le matériel de pharmacie et les instruments de chirurgie, par le pharmacien comptable de la pharmacie centrale, et pour les autres objets, par l'agent comptable du matériel.
Elles doivent prévoir la satisfaction des besoins de toutes les formations sanitaires du Tonkin et de l'Annam pour une période de 6 mois, sans tenir compte d'une réserve suffisante constituée en tout temps pour une période de même durée.
Les demandes, établies comme il vient d'être dit, sont visées et vérifiées par le commissaire aux hôpitaux, qui les soumet à l'approbation du chef des services administratifs ; elles sont ensuite adressées au Gouverneur général, qui les fait parvenir au

(1) Modifié et complété par arrêté du 10 octobre 1892, publié ci-après.

ministre de la marine après les avoir approuvées.

Les demandes de médicaments, d'objets de pansement, etc., établies par le pharmacien comptable, doivent être soumises, avant le visa du commissaire aux hôpitaux, au chef du service de santé qui les modifie, s'il le juge nécessaire.

La pharmacie centrale et le magasin central de Hanoi sont chargés d'approvisionner les autres formations sanitaires de la colonie. A cet effet, ces dernières établissent leurs demandes de médicaments et de matériel. Les demandes de médicaments sont adressées, pour examen et visa, au chef du service de santé, qui, après les avoir modifiées, s'il y a lieu, les adresse pour exécution au chef du service pharmaceutique.

Les demandes de matériel, portant visa du commissaire aux hôpitaux, sont adressées au chef des services administratifs.

Dans les formations sanitaires qui ne comportent pas de pharmacien, les demandes de médicaments, objets de pansement, etc., sont établies par le médecin chargé du service, qui tient compte des médicaments, des instruments de chirurgie, en surveille la conservation et l'emploi, au même titre qu'un pharmacien.

Approvisionnement par achats, cessions et récoltes

Art. 94. — Il peut être pourvu à la fourniture des approvisionnements nécessaires aux diverses formations sanitaires de la colonie :

1° Par des achats par marchés ;
2° Par des achats sur place sans marchés ;
3° Par des cessions d'autres services ;
4° Par des récoltes.

Des achats par marchés

Art. 95. — Les fonctionnaires du commissariat sont chargés de toutes les formalités relatives à la passation et à l'exécution des marchés, soit par l'adjudication publique, soit de gré à gré.

Les marchés ont pour but, en principe, de pourvoir à la fourniture des denrées et objets de consommation qui ne forment pas approvisionnement. Les livraisons ont lieu au fur et à mesure des besoins, sur les commandes adressées aux titulaires des marchés par le commissaire de l'hôpital. Ces commandes sont calculées de manière que le service soit toujours convenablement assuré.

Des achats sur place sans marchés .

Art. 96. — Les médicaments et objets de matériel qui sont fournis normalement par les magasins d'approvisionnement de la métropole ou de la colonie peuvent, en cas d'urgence, être achetés sur place. L'autorisation d'achat doit, dans ce cas, être donnée par le chef des services administratifs.

Peuvent également être achetés sur place, sans autorisation préalable, les denrées et objets de consommation courante nécessaires pour les besoins journaliers du service, et qui n'ont pas été compris dans les marchés d'adjudication ou de gré à gré.

Des cessions

Art. 97. — Sur l'ordre du chef des services administratifs, des cessions de denrées et de matériel peuvent être faites aux formations sanitaires de la colonie par un autre service administratif. Les cessions qu'il pourrait être nécessaire de demander aux autres services militaires ou aux services civils, devront être autorisées par le Gouverneur général.

Les cessions, de quelque nature qu'elles soient, donnent toujours lieu à remboursement.

Récoltes de plantes médicinales

Art. 98. — Lorsqu'il y a utilité et possibilité de faire des récoltes de plantes médicinales, le chef du service pharmaceutique y fait procéder par le personnel sous ses ordres.

Récoltes de plantes potagères

Art. 99. — Lorsqu'il y a, dans les hôpitaux, des jardins potagers cultivés aux frais du service, les récoltes de légumes, fruits, etc., s'effectuent sous la surveillance du commissaire aux hôpitaux ou de son représentant. Le produit des récoltes doit être employé exclusivement pour le service de l'hôpital.

Dons

Art. 100. — Les denrées et objets de consommation ou de matériel, provenant de dons des sociétés de secours ou des particuliers, sont reçus à l'hôpital de Hanoi et répartis entre les différentes formations sanitaires de la colonie par le chef du service de santé.

Réception, conservation, entretien, emploi, transformation, condamnation et remise au domaine, du matériel.

Art. 101. — La réception, la conservation, l'entretien, l'emploi, la transformation, la condamnation et la remise au domaine, des médicaments, denrées et objets de matériel, ont lieu d'après les règles en vigueur dans les hôpitaux de la marine.

Interdiction d'emploi du matériel à un autre usage qu'à celui du service.

Art. 102. — Le matériel du service hospitalier ne doit être employé, même dans l'intérieur des établissements, qu'au seul usage des malades, des infirmiers, des sœurs, de l'aumônier, etc., ou pour le service général.

Les prêts d'objets mobiliers sont rigoureusement interdits, et aucune perte ou avarie ne sera admise à la charge du Protectorat pour le matériel qui aurait été indûment transporté en dehors de l'hôpital ou qui, même dans l'hôpital, aurait été délivré à des personnes n'y ayant pas droit.

Dispositions concernant les effets des militaires décédés

§ 1ᵉʳ. — EFFETS APPARTENANT A L'ÉTAT

Art. 103. — Les effets d'habillement des sous-officiers, à l'exception des adjudants et assimilés, et des soldats décédés, rapatriés ou évadés, sont rendus aux corps dont les militaires faisaient partie, lorsque ces corps sont à portée de les faire retirer. Dans le cas contraire, lesdits effets sont versés au magasin administratif de l'habillement le plus voisin, sur état nominatif dont un extrait, par corps, est ensuite adressé au conseil d'administration ou au commandant dudit corps.

§ 2. — EFFETS APPARTENANT AUX SUCCESSIONS

Art. 104. — Il est tenu, au bureau des entrées, un carnet sur lequel sont inscrits tous les objets, papiers et valeurs de propriété personnelle, qui forment la succession des militaires décédés, et dont on doit compte aux héritiers, soit que ces objets, papiers et valeurs aient été déposés par le malade, au moment de son entrée à l'hôpital, soit qu'il en ait été trouvé porteur au moment de son décès.

Le montant de chaque succession est déposé dans la caisse de l'agent comptable, pour recevoir ultérieurement les destinations ci-après :

Pour les militaires appartenant aux corps ou services de la guerre, le commissaire fait établir, en double expédition, un bordereau des sommes laissées par les décédés ; il en fait verser le montant, au nom des successions, entre les mains du payeur au titre de la caisse des dépôts et consignations, et retire, pour chaque succession, un récépissé distinct.

Les effets, les papiers, les valeurs, les récépissés de numéraire, les récépissés de mandats ou bons de poste, sont ensuite adressés au bureau des successions qui reste chargé de les faire parvenir aux héritiers ; chaque envoi est accompagné d'un relevé des successions établi en double expédition, dont l'une est renvoyée à l'hôpital expéditeur avec la prise en charge.

Pour les militaires des corps ou services de la marine, il est procédé de la même façon ; mais le versement entre les mains du payeur, des sommes laissées par les décédés, est fait au titre de la caisse des gens de mer.

CHAPITRE VI
DÉPENSES

Art. 105. — Toutes les dépenses du service hospitalier sont soumises, pour leur justification, leur ordonnancement, leur payement et leur liquidation :

1° Aux prescriptions du règlement sur la comptabilité des dépenses du Département de la Marine ;

2° Aux prescriptions du règlement spécial aux infirmeries-ambulances.

CHAPITRE VII
COMPTABILITÉ

Art. 106. — Les comptabilités en journées, en consommations, en denrées et en matières, sont tenues dans les hôpitaux des colonies, conformément aux règles en vigueur dans les hôpitaux de la Marine.

CHAPITRE VIII
DISPOSITIONS TRANSITOIRES

Art. 107. — Transitoirement, les officiers d'administration de la guerre, qui sont actuellement comptables des hôpitaux de la colonie, continueront, jusqu'à ce qu'ils aient fait la remise de leur service à des agents de la Marine, et au plus tard jusqu'au 31 décembre 1889, à tenir leurs comptes et à fournir leurs opérations, dans la forme et d'après les règles spéciales du département de la guerre.

Notice n° 1

Classification, par ordre d'assimilation, des fonctionnaires et agents civils européens et indigènes.

Modifiée par arrêté du 1er juillet 1890.

Notice n° 2. — Tarif alimentaire

TITRE PREMIER
DES ALIMENTS ET DE LEUR DISTRIBUTION
Composition de la portion entière

Art. 108. — La portion entière pour chaque malade est de :

500 grammes de viande de bœuf ou 250 grammes par repas ;

750 grammes de pain blanc ou 1 kilog. de riz ;

40 centilitres de vin, ou 5 grammes de thé avec 30 grammes de sucre.

Fixation des délivrances à faire aux hommes à la portion entière et aux trois-quarts.

Art. 109. — Lorsqu'un malade est désigné pour la portion entière ou les trois-quarts, il ne lui est délivré que ce qui est indiqué ci-dessus.

Délivrance à faire aux malades à la demie et au-dessous, ainsi qu'aux officiers.

Art. 110. — Les malades à la demie, au quart ou demi-quart et soupe, peuvent recevoir un régime particulier ou des aliments légers prescrits par le médecin. Les aliments légers sont également délivrés aux officiers, quel que soit leur régime alimentaire.

Aliments légers

Art. 111. — Sont considérés comme aliments légers, le lait, les légumes de toute espèce, les fruits, les confitures, les œufs, le poisson frais, la volaille, les pâtes féculentes, etc...

Mode de distribution

Art. 112. — La distribution des aliments est faite à 10 heures du matin pour le déjeuner, et à 4 heures du soir pour le dîner. Les portions sont portées et distribuées dans les salles par des infirmiers, sous la surveillance des sœurs ; la distribution n'est faite aux agents et infirmiers de l'hôpital compris dans la pesée, que lorsque la distribution est entièrement terminée pour les malades.

TITRE II
DU RÉGIME ALIMENTAIRE
Composition du régime alimentaire

Art. 113. — Le régime alimentaire se compose d'aliments ordinaires, de légumes et d'aliments légers. Les aliments ordinaires, comprennent le pain ou riz, la viande, le vin ou thé, ou bière, ou lait. Les légumes comprennent :

1° Les légumes frais ;

2° Les conserves de légumes ;

3° Les légumes secs.

Les aliments légers consistent en riz, vermicelle, pâtes féculentes, panades, pruneaux, chocolat, confitures, œufs, lait, etc.

Amélioration de traitement aux officiers

Art. 114. — Le régime alimentaire est le même pour tous les malades ; seulement, il est accordé aux officiers, au titre : *amélioration de traitement*, une certaine proportion d'aliments particuliers détaillés ci-après. (Tableau n° 1.)

Division du régime alimentaire

Le régime alimentaire se divise en trois parties : régime gras ; régime maigre, diète.

Composition du régime gras

Art. 115. — Le régime gras se compose d'aliments ordinaires dans les proportions prescrites par les officiers de santé, qui peuvent y ajouter, quand ils le jugent convenable, un aliment léger, mais seulement pour les malades à la demie et au-dessous. Dans ce cas il peuvent retirer la *viande*. Ils peuvent aussi prescrire de la volaille rôtie ou *apprêtée*, en remplacement du bœuf, aux malades *qui* sont au régime gras, à la demie et au-dessous. Les officiers de santé peuvent aussi prescrire, au repas *du soir*, les légumes avec de la viande aux malades qui *sont* à la portion entière et aux trois quarts; dans ce cas on ne distribuerait la viande aux malades que dans la proportion de la demie, s'ils sont à la ration entière, et des trois huitièmes, s'ils sont aux trois-quarts.

Composition du régime maigre

Art. 116. — Le régime maigre se compose, à chaque repas, d'un bouillon maigre et d'un légume ou aliment léger.

La diète exclut tout aliment solide; elle n'admet que du bouillon gras ou maigre et le vin dans les quantités déterminées. Cependant, les officiers de santé peuvent prescrire un aliment léger aux malades à la diète. Le lait de vache, comme boisson, est prescrit aux vénériens à la diète, auxquels cette boisson peut être utile. Le bouillon gras ou maigre est toujours implicitement compris à raison de 50 centilitres dans la prescription des aliments ordinaires, quelle qu'en soit la quantité.

La ration de lait ne se subdivise pas; elle est de 25 centilitres par repas.

Le café noir peut être prescrit comme aliment léger aux hommes à la diète.

La ration de macaroni est de 100 grammes.

La ration de fruits est de 250 grammes.

Exceptionnellement, il sera délivré aux hommes au quart et au-dessous, une part de conserve alimentaire, dans la proportion d'une boîte pour quatre.

Le chocolat est accordé dans les proportions maximum suivantes :

Pour 100 fiévreux	20 chocolats
— blessés	15 —
— vénériens	5 —

Dispositions particulières

Art. 117. — La ration de viande déposée à la marmite, est de 500 grammes par malade, quelle que soit la prescription alimentaire.

Le vin est prescrit dans les mêmes proportions que le pain et la viande, mais séparément et indépendamment de tous autres aliments.

Le vin vieux de Bordeaux peut être délivré comme ration aux hommes les plus malades dont le régime ne dépasse pas la demie.

Le thé sera toujours délivré en ration avec 30 grammes de sucre par litre.

La bière pour boisson se délivre par portion entière, savoir : une bouteille le matin, une bouteille le soir. En aucun cas, la délivrance de la bière comme boisson ne pourra se cumuler avec sa délivrance comme tisane. — PIQUET.

3. — 19 octobre 1892. — ARRÊTÉ *modifiant celui du 23 février 1890, sur le service intérieur des hôpitaux en Annam et au Tonkin.*

Article premier. — L'article 85 de la 2e partie du règlement local du 23 février 1890, sur le service de santé, est modifié comme suit :

« La journée des malades évacués compte à la « formation sanitaire où ils sont reçus et en même « temps à celle qu'ils quittent. »

(Le reste sans changement)

L'article 4 de la 5e partie du règlement précité est complété comme suit :

« Dans le cas où la sortie par évacuation de l'ambulance et l'entrée à l'hôpital ou dans une autre ambulance, auraient lieu dans la même journée, à titre d'exception, le malade comptera pour cette journée dans la comptabilité de l'ambulance de

départ, et dans celle de l'hôpital ou de l'ambulance d'arrivée, comme il est dit à l'article 85 de la 3e partie du présent règlement. »

Art. 2. — Le Commissaire général chef des services administratifs militaires et le Chef du service de santé sont chargés, chacun en ce qui le concerne, de l'exécution du présent arrêté, qui sera enregistré et communiqué partout où besoin sera. — DE LANESSAN.

4. — 15 février 1895. — ARRÊTÉ *modifiant l'article 17 de celui du 23 février 1890, sur le service intérieur des hôpitaux de l'Annam et du Tonkin.*

Article premier. — L'article 17 du règlement local du 23 février 1890, sur le service de santé, 4e partie : fonctionnement des infirmeries-ambulances, est modifié comme suit :

TEXTE ANCIEN	TEXTE NOUVEAU
Il ne leur est pas délivré d'effets d'hôpital.	Il leur sera délivré, dans les limites budgétaires, les effets d'hôpital prévus à la nomenclature faisant suite au présent règlement et dont le quantum, étant un maximum, ne pourra pas être dépassé. Il pourra être délivré, en outre, aux infirmeries-ambulances, une certaine quantité d'armoires, de tables, d'outils et d'ustensiles divers pour ateliers et jardinage, à confectionner ou à acheter sur place, ainsi que d'articles divers pour chapelles, aumôniers et sœurs hospitalières.

Art. 2. — Le Chef des services administratifs militaires et le Chef du service de santé sont chargés, chacun en ce qui le concerne, de l'exécution du présent arrêté. — RODIER.

Voy. : Hôpitaux militaires ; — Hospitalisation ; — Infirmiers ; — Santé.

HOPITAUX MILITAIRES

1. — 14 février 1889. — DÉCRET *organisant le personnel des hôpitaux militaires dans les colonies* (1).

Article premier. — Il est affecté au service des hôpitaux des colonies un personnel militaire d'infirmiers permanents formant deux catégories.

La première catégorie comprend :

Des infirmiers chefs de 1re classe, assimilés aux premiers maîtres de la marine ;

Des infirmiers chefs de 2e classe, assimilés aux premiers maîtres de la marine ;

Des infirmiers-majors de 1re classe, assimilés aux maîtres infirmiers de la marine ;

Des infirmiers-majors de 2e classe, assimilés aux seconds maîtres infirmiers de la marine.

La deuxième catégorie comprend :

Des infirmiers ordinaires de 1re classe, assimilés aux matelots infirmiers de 1re classe ;

Des infirmiers ordinaires de 2e classe, assimilés aux matelots infirmiers de 2e classe ;

Des infirmiers stagiaires.

En aucun cas les infirmiers coloniaux ne pourront être distraits du service professionnel pour être

(1) Pour le remboursement des frais d'hospitalisation, voir arrêté du 22 juin 1892.

employés aux travaux relevant de l'ordre administratif, lesquels seront confiés à des agents spéciaux recrutés par les soins de l'administration locale.

Art. 2. — Le cadre du personnel des infirmiers, dans chaque colonie, est fixé par le ministre de la marine et des colonies.

Art. 3. — La nomination et l'avancement à tous les emplois de la 1re catégorie sont réservés au ministre de la marine et des colonies. Les infirmiers de la 2e catégorie sont nommés et avancés en classe par le gouverneur, dans chaque colonie, sur la proposition du chef du service de santé et l'avis conforme du chef des services administratifs.

Nul ne peut admis : 1o dans la première catégorie du personnel des infirmiers coloniaux, s'il n'est Français ou naturalisé Français ; 2o dans l'une ou l'autre catégorie, s'il est âgé de plus de 40 ans et, quel que soit son âge, s'il ne compte des services antérieurs qui lui permettent de réunir, à 50 ans, des droits à une pension de retraite.

Art. 4. — Les infirmiers permanents contractent, en entrant au service des hôpitaux des colonies, et dans les conditions d'âge fixées par la loi, un engagement de cinq ans ; s'ils sont déjà liés par un engagement antérieur, ils complètent à cinq ans la période réglementaire. Ils peuvent, pendant la dernière année de leur service, contracter des rengagements pour une nouvelle période qui n'est jamais inférieure à trois ans. Les engagements et rengagements sont reçus dans la colonie par le commissaire aux hôpitaux ou par son délégué.

Art. 5. — Les infirmiers stagiaires seront choisis parmi les militaires ou marins congédiés, autorisés à résider dans les colonies, ou, à défaut, parmi les habitants du pays.

Chaque candidat devra produire, à l'appui de sa demande d'emploi, les pièces suivantes :

1o Certificat de bonnes vie et mœurs ;
2o Acte de naissance ou toute autre pièce pouvant en tenir lieu ;
3o Extrait du casier judiciaire ;
4o Relevé des services à l'Etat, s'il y a lieu ;
5o Un certificat délivré par un médecin de la marine ou, à défaut, un médecin militaire, constatant qu'il n'est atteint d'aucune infirmité le rendant impropre au service.

Chaque candidat devra, en outre, être vacciné ou avoir eu la petite vérole.

Art. 6. — Après un an de stage, et lorsqu'ils ont été jugés aptes au service des hôpitaux, les infirmiers stagiaires contractent, en qualité d'infirmiers ordinaires de 2e classe, un engagement de cinq ans.

L'aptitude professionnelle des infirmiers stagiaires est constatée, à la fin du stage, par un certificat que délivre le chef du service de santé, sur le rapport du médecin chef de la salle.

L'infirmier stagiaire reconnu impropre au service des hôpitaux sera immédiatement licencié par le chef des services administratifs.

Art. 7. — Les infirmiers ordinaires de 1re classe sont choisis parmi les infirmiers ordinaires de 2e classe, réunissant au moins une année de service en cette qualité.

Les militaires ou marins mis en congé renouvelable ou libérés du service militaire au titre français peuvent, sur l'avis favorable du chef du service de santé, être nommés infirmiers de 1re classe, après six mois de stage.

Art. 8. — Les infirmiers-majors de 2e classe sont choisis parmi les infirmiers ordinaires de 1re classe,

réunissant au moins deux années de service en cette qualité. Ils doivent savoir lire et écrire couramment sous la dictée, et satisfaire à un examen professionnel dont le programme sera fixé par le ministre de la marine et des colonies.

Les infirmiers-majors de 1re classe seront choisis parmi les infirmiers-majors de 2e classe réunissant au moins deux années de service en cette qualité.

Les infirmiers chefs sont choisis parmi les infirmiers-majors de 1re classe réunissant trois années en cette qualité.

Pour passer à la 1re classe de leur emploi, ils doivent justifier de deux années de service dans la classe inférieure.

Art. 9. — Les infirmiers-majors et les infirmiers chefs peuvent toutefois être choisis, jusqu'à concurrence du cinquième des emplois vacants, parmi les candidats remplissant les conditions ci-après énumérées.

Les infirmiers-majors de 2e classe, parmi les seconds maîtres et, à défaut, les quartiers maîtres infirmiers de 1re classe de la marine réunissant les conditions exigées pour l'avancement, ou parmi les infirmiers civils libérés du service militaire, qui compteront deux ans de service dans les hôpitaux civils et auront satisfait à un examen professionnel dont le programme sera ultérieurement déterminé par le ministre de la marine et des colonies.

Les infirmiers-majors de 1re classe, parmi les maîtres infirmiers de la marine remplissant les conditions voulues pour l'avancement, ou parmi les infirmiers des grades correspondant de l'armée de terre.

Les infirmiers chefs, parmi les premiers maîtres infirmiers ou, à défaut, les maîtres infirmiers de la marine, remplissant les conditions voulues pour l'avancement, ou parmi les infirmiers de l'armée de terre des grades correspondants.

Art. 10. — Dans chaque colonie, le conseil de santé, assisté du commissaire aux hôpitaux, dresse annuellement un tableau, par ordre de préférence, des candidats susceptibles d'obtenir un avancement.

En cas de partage des voix, celle du président est prépondérante.

La commission établit deux états distincts présentant, l'un les propositions d'avancement pour la 2e catégorie, que le gouverneur peut approuver, et l'autre celles des avancements de la 1re catégorie, qui doivent être soumises au ministre de la marine et des colonies.

Art. 11. — Les infirmiers relèvent administrativement du chef du service administratif et, par délégation, du commissaire aux hôpitaux. Dans l'exercice de leurs fonctions, ils sont placés sous les ordres directs du chef du service de santé ; ils obéissent aux médecins, aux pharmaciens et aux sœurs hospitalières affectées aux salles et détails où ils sont détachés.

Art. 12. — Les infirmiers coloniaux sont soumis aux dispositions des lois et ordonnances qui concernent la discipline et la police des corps militaires de la marine.

Quand il y a lieu de les traduire devant un conseil de guerre, la composition de ce conseil est la même que pour les infirmiers des hôpitaux de la marine, suivant les assimilations de l'article 1er du présent décret.

Art. 13. — Les infirmiers coloniaux peuvent être rétrogradés ou remis à la classe inférieure, ou être suspendus de leurs fonctions pendant trois mois au plus, pour manquements graves à leurs devoirs, inconduite habituelle, mauvaise volonté persistante ou négligence incorrigible.

Ils sont, en outre, passibles des peines disciplinaires indiquées à l'article 17.

Art. 14. — Les infirmiers de la première catégorie sont rétrogradés ou remis à la classe inférieure par le ministre de la marine et des colonies, sur la proposition du gouverneur; cette proposition entraîne, de plein droit, leur suspension jusqu'à décision du ministre, sauf rappel de leur solde, si la décision leur est favorable.

Les infirmiers de la première catégorie qui ont été rétrogradés ou remis à la classe inférieure sont immédiatement changés de résidence.

Les infirmiers de la deuxième catégorie sont rétrogradés ou remis à la classe inférieure par décision du gouverneur, rendue sur le rapport du chef du service de santé ou du chef du service administratif, suivant que la faute se rapporte ou non au service médical.

Art. 15. — La suspension de fonctions est prononcée, pour les infirmiers des deux catégories, par le gouverneur, sur la demande du chef du service de santé ou du chef des services administratifs, suivant le cas, et pour un temps déterminé qui ne doit pas excéder six mois.

Art. 16. — A l'hôpital, les peines de discipline à prononcer contre les infirmiers sont les suivantes, selon la nature des fautes et leur gravité:

1° Consigne dans l'intérieur de l'hôpital;
2° Salle de police de un à trente jours;
3° Prison de un à quinze jours;
4° Cachot de un à quatre jours.

Ces deux dernières punitions entraînent la privation de la solde pendant leur durée.

L'infirmier puni de la salle de police, de la prison ou du cachot peut, en outre, être privé de la ration de vin et être astreint à faire le service courant.

Ces peines, en tout ce qui touche le service de santé, seront prononcées par le chef de ce service, sur le rapport du médecin chef de salle. Elles sont immédiatement notifiées au commissaire aux hôpitaux.

Les infractions relevant de l'ordre administratif sont punies par le commissaire aux hôpitaux.

Art. 17. — Tout infirmier stagiaire qui aura encouru une des punitions déterminées par les numéros 2, 3 et 4 de l'article 16 ci-dessus sera immédiatement licencié.

Art. 18. — Un tour de roulement est établi entre les infirmiers coloniaux de la première catégorie; toutefois, ils ne seront déplacés que sur leur demande, et après une période d'au moins deux ans de séjour dans l'une des colonies réputées insalubres, c'est-à-dire le Sénégal, la Cochinchine, l'Annam et le Tonkin, le Gabon, Obock, Diégo-Suarez, Nossi-Bé, Sainte-Marie-de-Madagascar et Mayotte.

Art. 19. — Le cadre des infirmiers de la 2e catégorie est spécial à chaque colonie et doit être calculé sur la base de un infirmier pour huit malades.

Art. 20. — La solde, les accessoires de solde et les indemnités diverses à allouer aux infirmiers coloniaux sont réglés d'après les tarifs annexés au présent décret.

Art. 21. — Les infirmiers coloniaux sont logés à l'hôpital et nourris par la dépense.

Une décision de l'autorité administrative déterminera, par journée de présence, les quantités constitutives de café ou thé, rhum ou tafia, pain d'équipage, qui entreront dans la ration.

Dans les colonies où il existe une ration indigène, elle sera attribuée aux infirmiers indigènes.

Ils pourront, sur leur demande et par décision du chef des services administratifs, être autorisés à recevoir en espèces la valeur représentative de leur ration.

Art. 22. — Les infirmiers malades, traités dans les hôpitaux des colonies, ne subissent sur leur solde aucune retenue pour frais de traitement.

Les infirmiers congédiés autrement que par mesure disciplinaire, s'ils tombent malades dans les quarante jours qui suivent leur congédiement, sont admis, sans frais, dans les hôpitaux et pour une durée qui ne pourra dépasser trois mois.

Art. 23. — L'uniforme des infirmiers coloniaux comprend:

1° Une vareuse en drap bleu ou en flanelle de même couleur;
2° Un gilet en drap bleu ou en flanelle de même couleur;
3° Un pantalon en drap bleu ou en flanelle de même couleur;
4° Un casque ou une casquette.

Les boutons sont argentés pour les infirmiers de première catégorie et en métal blanc pour les autres; ils sont semblables à ceux en usage dans les troupes de la marine, mais avec les lettres I. C. (Infirmiers coloniaux).

Les marques distinctives de grade sont:

Pour les infirmiers chefs de 1re classe et 2e classe

Un galon en argent sur la casquette;

Sur le revers du col de la vareuse, ainsi que sur le bandeau de la casquette, un écusson composé d'une ancre entourée d'un double câble formant torsade à jour; sur le bas de l'ancre sont placées, à cheval, les lettres I. C.

L'écusson est brodé sur le drap bleu en cannetille d'argent fin; l'ancre en argent mat, les lettres I. C. en argent brillant et le double câble moitié argent mat et moitié argent brillant.

Pour infirmiers-majors de 1re classe.

Même écusson que celui des infirmiers chefs sur la casquette;

Deux galons parallèles en argent à lézarde sur chaque avant-bras.

Pour les infirmiers-majors de 2e classe

Même écusson sur la casquette que celui des infirmiers-majors de 1re classe.

Un seul galon à lézarde sur chaque avant-bras.

Art. 24. — Les infirmiers coloniaux qui obtiendraient la médaille militaire ou la croix de la Légion d'honneur, jouiront du traitement afférent à ces décorations.

Art. 25. — Au point de vue de la pension, les infirmiers coloniaux sont retraités par application des lois des 18 avril 1831 et 8 août 1883, concernant les pensions de l'armée de mer.

Les infirmiers chefs de 1re classe et de 2e classe reçoivent la pension attribuée aux premiers maîtres infirmiers des équipages de la flotte.

Les infirmiers-majors de 1re classe, celle des maîtres des équipages de la flotte.

Les infirmiers-majors de 2e classe, celle des seconds maîtres infirmiers des équipages de la flotte.

Les infirmiers ordinaires, celle des matelots infirmiers.

DISPOSITIONS TRANSITOIRES

Art. 26. — Pour la formation des corps, les infirmiers chefs et les infirmiers-majors seront recrutés parmi les candidats remplissant les conditions indiquées à l'article 10.

Les infirmiers ordinaires pourront être recrutés dans le personnel français ou indigène actuellement en service. Leur répartition par classe sera fixée, dans chaque colonie, par le gouverneur, sur la proposition du chef du service de santé et l'avis conforme du chef du service administratif.

Art. 27. — Les infirmiers actuellement en service, qui ne seront pas reconnus aptes à continuer leurs fonctions, seront licenciés, à moins qu'ils ne réunissent déjà vingt ans de services effectifs.

Les propositions de la colonie seront immédiatement transmises par le gouverneur, en ce qui concerne les infirmiers susceptibles d'être classés dans la première catégorie.

Les infirmiers en service qui, lors de la réorganisation des cadres, ne pourraient être maintenus dans le nouveau corps qu'avec une situation comportant une solde inférieure aux émoluments dont ils jouissaient, conserveront leurs anciennes allocations, mais serviront comme auxiliaires jusqu'à avancement ultérieur, leur donnant droit à des allocations équivalentes.

Ils ne peuvent, d'ailleurs, obtenir un avancement en grade et servir en qualité d'infirmier permanent, que s'ils remplissent les conditions prévues par le présent décret.

Les infirmiers d'ancienne formation qui réunissent les conditions de temps de service exigées pour l'obtention de la pension, pourront être admis à faire valoir leurs droits à la retraite.

Art. 28. — Toutes les dispositions contraires au présent décret sont et demeurent abrogées.

Art. 29. — Le ministre de la marine et des colonies est chargé de l'exécution du présent décret, qui sera inséré au *Journal officiel de la République française*, au *Bulletin des lois* et au *Bulletin officiel de l'administration des colonies*. — CARNOT.

TARIF N° 1. — *Solde et indemnité d'habillement des infirmiers coloniaux.*

GRADES	SOLDE DE PRÉSENCE — Européens ou indigènes ayant les droits des foyers français		INDEMNITÉS placées sous le régime de la règle du personnel		INDEMNITÉ D'HABILLEMENT	
	sur le pied d'Europe par an	sur le pied colonies par an	apte coloniale	congé temporaire	payé pour la première fois	pour entretien et renouvellement d'effets
Infirmier chef de 1re classe	1.800	3.600	»	»	150	0 fr 40 par jour pour les indigènes
Infirmier chef de 2e classe	1.400	3.200	»	»	150	
Infirmier-major de 1re classe	900	1.800	»	»	100	
Infirmier-major de 2e classe	700	1.400	»	»	100	
Infirmier ordinaire de 1re classe	500	1.000	50	50	»	
Infirmier ordinaire de 2e classe, et stagiaire	400	800	40	40	»	

TARIF N° 2. — *Indemnités de route et de séjour.*

(Les sommes portées au présent tarif doivent être payées nettes aux ayants-droit.)

GRADES ET EMPLOIS	EN FRANCE			AUX COLONIES	
	aux voies ordinaires	sur les voies ferrées réduction	Indemnité journalière par en route ou de séjour	Indemnité de route par kilomètre	Indemnité journalière en route ou de séjour
Infirmiers chefs de 1re et 2e classes					6
Infirmiers majors de 1re et 2e classes					4
Infirmiers ordinaires de 1re et 2e classes et stagiaires					3

OBSERVATIONS. — Dans les cas prévus au présent tarif, les indemnités de route et de séjour sont allouées aux infirmiers, en France, conformément au décret du 18 décembre 1888; dans les colonies, à l'arrêté ministériel du 19 janvier 1875.

2. — 10 février 1891. — ARRÊTÉ *rétablissant les versements au profit de l'œuvre des tombes.*

Article premier. — Les versements faits par les comptables des hôpitaux au profit de l'œuvre des tombes, s'élevant à 6 francs pour chaque officier décédé, et à 4 francs pour chaque sous-officier et soldat, sont rétablis à la date du 1er février 1891.

Art. 2. — Un versement de même valeur, prélevé sur les fonds des infirmeries-ambulances, sera fait à partir de la même date, pour chaque décès, par les médecins chefs de ces formations sanitaires, entre les mains des commandants d'armes, représentant l'œuvre des tombes.

Art. 3. — La prime de 0 f 10 par jour aux ouvriers employés au magasin central du matériel de l'œuvre, sera payée par le service de l'artillerie sur les fonds d'entretien des bâtiments militaires de l'hôpital. Sa commission administrative fournira à cet effet une demande régulière au service de l'artillerie.

Art. 4. — Le transport des colis de l'œuvre des tombes en Annam et au Tonkin aura lieu gratuitement par les soins de l'administration, en usant autant que possible des convois militaires.

Art. 5. — Un nouveau règlement sera rédigé par la commission administrative de l'œuvre des tombes sur les bases posées aux articles précédents, et soumis à l'approbation du Gouverneur général.

Art. 6. — Le Général commandant en chef, M. le Commissaire général chef des services administratifs, M. le Colonel commandant l'artillerie en Indo-Chine et M. le Médecin en chef chef du service de santé, sont chargés, chacun en ce qui le concerne, de l'exécution du présent arrêté. — PIQUET.

3. — 20 mars 1887. — Arrêté *modifiant celui du 20 juillet 1886, sur les conditions d'admission dans les hôpitaux et dans les ambulances militaires* (1).

4. — 11 novembre 1888. — Arrêté *modifiant les conditions d'entrée des civils à l'hôpital.*

Article premier. — Le paragraphe 2 de l'article 5 de l'arrêté du 20 juillet 1886 est modifié ainsi qu'il suit :

« 2° Pour les personnes solvables, par des versements directs; l'intéressé devra, avant son entrée à l'hôpital, verser entre les mains de l'officier comptable, et à titre de provision, une somme représentant au minimum le montant des frais de traitement pendant 15 jours; cette provision devra être renouvelée à la fin de chaque quinzaine.

Art. 2. — Le Résident général en Annam et au Tonkin est chargé de l'exécution du présent arrêté. — Richaud.

5. — 26 décembre 1888. — Circulaire *au sujet du remboursement par les fonctionnaires et employés du Protectorat, des frais d'hospitalisation.*

J'ai remarqué, à diverses reprises, que le remboursement des frais d'hospitalisation dus par les fonctionnaires et employés de l'administration locale, n'est pas toujours régulièrement poursuivi. J'ai décidé, en conséquence, que ces remboursements seraient désormais assurés au moyen de retenues faites sur les mandats établis en fin de chaque mois.

Vous aurez donc à faire figurer, sur l'état de solde du mois dans lequel le fonctionnaire sera sorti de l'hôpital, le total des frais d'hospitalisation dont le remboursement est exigible.

Je vous serai obligé de vouloir bien donner des ordres pour que ces prescriptions soient strictement observées, et pour que toutes les sommes qui n'auraient pas encore été recouvrées figurent sur le prochain état de solde. — E. Parreau.

6. — 23 février 1889. — Arrêté *sur les mesures à prendre en cas de maladie dans les postes dépourvus de médecin.*

Article premier. — Dans les places ou postes dépourvus de médecin du service hospitalier, le commandant d'armes ordonne les évacuations de malades gravement atteints, de sa propre initiative ou sur la proposition du médecin régimentaire, quand il en existe un. Il en donne avis, par dépêche télégraphique, au médecin de la formation sanitaire sur laquelle les malades sont dirigés.

Dans les postes sans médecin, tous les dysentériques, les diarrhéiques rebelles, les fiévreux, qui ne sont pas rétablis au troisième ou quatrième jour de repos, et, d'une façon générale, tous les malades sérieux, devront être évacués immédiatement, à moins d'impossibilité matérielle, sur la formation sanitaire la plus voisine.

Les malades seront munis d'un billet d'entrée à la formation sanitaire sur laquelle ils sont dirigés.

Art. 2. — Les évacuations d'une infirmerie-ambulance sur une autre infirmerie-ambulance ou sur un hôpital, d'un hôpital secondaire sur un hôpital régional ou sur un hôpital d'évacuation, se font à la demande du médecin chef du service, par les soins du chargé du service administratif ou de l'officier suppléant, qui s'entend, à cet effet, avec le commandement. Cette demande sera faite assez à temps pour que tout retard soit évité dans la fourniture du moyen de transport.

Les mouvements des malades seront soumis préalablement à l'approbation du médecin en chef.

Art. 3. — Le transport des malades de l'hôpital au point d'embarquement est assuré par les soins du service administratif, sur les propositions des commissions de rapatriement.

Ces propositions sont inscrites sur les certificats de rapatriement, qui sont visés conformément aux prescriptions de l'article 24, titre III, de l'arrêté en date du 23 février 1889, sur l'organisation du service de santé en Annam et au Tonkin.

Art. 4. — Les malades évacués ou rapatriés continuent à compter à la formation sanitaire d'où ils partent, jusqu'au jour de leur arrivée à destination. La mutation est portée à cette date.

Art. 5. — Les détails de fonctionnement seront réglés après entente entre les services intéressés.

Art. 6. — M. le Commissaire général chef des services administratifs et M. le Chef du service de santé sont chargés, chacun en ce qui le concerne, de l'exécution du présent arrêté. — Richaud.

7. — 4 août 1889. — Circulaire *sur le mode de recouvrement des frais d'hospitalisation.*

Quelques hésitations se sont produites dans la reprise des frais d'hospitalisation portés au tarif n° 52 annexé au décret du 1er juin 1875, sur la solde, dont l'application au Tonkin a été prescrite par arrêté de M. le Gouverneur général en date du 3 septembre 1888.

Ce tarif est divisé en deux parties: la première, applicable au personnel assimilé au grade d'officier; la deuxième, au personnel subalterne. Il est arrivé fréquemment, que les tarifs de la première catégorie ont été appliqués à tort au personnel de la deuxième.

Pour que ces erreurs ne se renouvellent plus, j'ai l'honneur de vous donner ci-après le tableau des frais d'hospitalisation dus par les fonctionnaires et autres agents du Protectorat, lorsqu'ils sont traités dans les hôpitaux militaires.

Je saisis cette occasion pour vous rappeler les prescriptions de la circulaire du 26 décembre 1888, relative au même objet (1).

8. — 22 juin 1892. — Arrêté *fixant le prix du traitement dans les hôpitaux militaires et formations sanitaires pendant l'année 1892.*

Article premier. — Les remboursements à effectuer, pendant l'année 1892, pour prix de journées de traitement dans les hôpitaux militaires et

___

(1) Cet arrêté, fixant l'ordre d'assimilation de certains fonctionnaires, se trouve rapporté par celui du 1er juillet 1890, contenant un classement général pour tous les services.

(1) Les retenues à faire pour frais d'hospitalisation sont actuellement déterminées par le décret du 28 janvier 1890, dont le texte se trouve au mot Solde.

formations sanitaires de l'Annam et du Tonkin, seront opérés sur les bases suivantes :

	JOURNÉES D'OFFICIERS	JOURNÉES de malades ORDINAIRES
Services publics. — (Sauf règlement en fin d'exercice à raison du prix de revient réel de la journée)	12 fr.	8 fr.
Marins du commerce	10	6
Particuliers à leurs frais	12	8
Indigènes. — D'après l'assimilation de leurs fonctions ou grades.		
1° Officiers	8	»
2° Pho-quan, dol, tho-lai	»	4
3° Autres indigènes	»	3

Art. 2. — Les frais de sépulture seront remboursés d'après les prix de revient dans chaque localité.

Art. 3. — Les allocations à percevoir par les infirmeries ambulances restent fixées par l'article 26, 4° partie, du règlement du 28 février 1880.

Les états à produire conformément à l'article 30 du même règlement seront seuls décomptés d'après les tarifs ci-dessus.

Art. 4. — Les nouveaux prix de journées de traitement seront applicables aux particuliers à leurs frais, le lendemain de la réception, dans chaque localité, du *Journal officiel* portant publication du présent arrêté.

Art. 5. — Le Chef des services administratifs militaires et le chef du service de santé sont chargés de l'exécution du présent arrêté, qui sera communiqué et enregistré partout, où besoin sera et publié au *Journal officiel*. — CHAVASSIEUX.

VOY.: Hôpitaux, hospices ; — Hospitalisation ; — Infirmiers ; — Santé.

HOSPITALISATION

1. —24 septembre 1884.— DÉCISION *fixant le prix du remboursement de la journée de traitement dans les hôpitaux du Tonkin, à partir du 1er octobre 1884* (1).

2. — 20 juillet 1886. — ARRÊTÉ *réglant les conditions d'admission de toute personne non militaire dans les hôpitaux et ambulances de l'armée.*

Article premier. — Seront admis dans les hôpitaux militaires ou les ambulances de la division d'occupation, à charge par eux de rembourser le prix de la journée de traitement conformément au tarif fixé par le présent arrêté :

1° Les fonctionnaires ou employés européens ou asiatiques du Protectorat ;

2° Les fonctionnaires et agents des divers services civils ;

3° Les colons européens ;

4° Les auxiliaires civils des différents services, les entrepreneurs, préposés ou ouvriers des services ou travaux exécutés à l'entreprise ;

5° Les personnes non comprises dans l'énumération ci-dessus, qui seraient de passage, en mission ou en résidence dans le Protectorat, et ne pourraient se procurer ailleurs les soins nécessaires.

Art. 2. — Les malades civils sont admis sur la

présentation d'un billet d'entrée signé par un médecin civil ou militaire.

Le billet d'entrée sera visé par le Résident ou vice-résident ; dans les endroits autres que les chefs-lieux de résidence ou vice-résidence, le visa sera donné par le chef local du service du malade envoyé à l'hôpital.

Dans le cas d'urgence, l'admission sera prononcée d'office par le médecin chef de l'hôpital ou de l'ambulance, et régularisée conformément au règlement sur le service de santé à l'intérieur ; à cet effet, le comptable établit et signe avec le médecin chef le billet d'entrée provisoire ; avis en est immédiatement donné par le médecin chef à l'autorité compétente, qui fait parvenir le plus tôt possible le billet régulier.

Art. 3. — (1).

Art. 4. — Les malades civils des autres catégories sont traités dans les salles spéciales aménagées dans les différentes formations sanitaires existantes ou à construire, et assimilés aux soldats malades.

En cas de contestations, ou s'il y avait lieu de prendre une mesure exceptionnelle, le général commandant la division notifierait la décision du Résident général au directeur du service de santé.

Toutes les dépenses nécessitées par les installations particulières des salles à construire seront supportées par le budget du Protectorat ; elles seront entreprises de concert entre le service du génie et le service de santé, sur la proposition du général commandant la division d'occupation, faite au Résident général.

Art. 5. — Les admissions au titre civil donnent lieu à remboursement dans les caisses du protectorat, et au titre du service des hôpitaux, par toutes personnes autres que les fonctionnaires, agents ou employés (européens ou asiatiques) des administrations de l'État ou du Protectorat (2).

Ce remboursement est effectué :

1° Pour les ouvriers ou employés des administrations particulières ou des entreprises, par les administrateurs, entrepreneurs ou patrons ;

2° Pour les personnes solvables, par des versements directs. A cet effet, le résident ou vice-résident, signataire du billet d'admission, fera souscrire par l'intéressé, sa famille ou deux notables se portant caution, l'engagement d'acquitter chaque mois le prix des journées de traitement, et, s'il y a lieu, des dépenses accessoires (3).

Par exception aux dispositions qui précèdent, les indigents seront admis gratuitement ; le billet d'admission portera le mot « gratuit » avec la signature du résident ou vice-résident.

Art. 6. — Sont à la charge des intéressés énoncés aux §§ numérotés 1 et 2 de l'article ci-dessus, les frais de bandages, appareils et objets de toute nature cédés à titre définitif aux malades desdites catégories, à leur sortie de l'hôpital, ainsi que les frais de sépulture.

Tout objet du matériel hospitalier, détérioré ou détruit, hors le cas de force majeure, par un malade en traitement, même s'il est fonctionnaire, agent ou employé d'une administration de l'État ou du Protectorat, est à la charge dudit malade, conformément aux tarifs en vigueur.

(1) Les retenues à faire pour frais d'hospitalisation sont actuellement déterminées par le décret du 28 janvier 1890, dont on trouvera le texte au mot *Solde.*

(1) Voir arrêté du 1er juillet 1890, déterminant un nouveau classement pour l'hospitalisation des fonctionnaires, agents et employés du Protectorat.

(2) Les règlements, arrêtés et décisions relatifs au traitement du personnel des diverses administrations déterminent la quotité de ce remboursement, retenu pendant la durée du séjour de ces fonctionnaires, agents ou employés dans une formation sanitaire.

(3) Modifié par arrêté du 11 novembre 1888, V° Hôpitaux, hospices.

Art. 7. — Les remboursements de toute nature, prévus aux articles 5 et 6 ci-dessus, sont effectués par voie de versement dans les caisses publiques du Protectorat, sur la présentation des ordres de versement donnés par les autorités compétentes, et conformément au règlement sur le service de santé.

Les ordres de versement sont transmis au résident ou vice-résident, exclusivement chargés de poursuivre les remboursements.

Art. 8. — Le remboursement des frais de traitement a lieu sur les bases suivantes :

Personnes assimilées aux :

Officiers généraux . . .	10 fr.	00 par jour
— supérieurs . .	8	00 —
— subalternes. .	6	00 —
Sous-officiers	4	00 —
Soldats	3	50 —

Art. 9. — Les personnes civiles admises dans les hôpitaux militaires ou les ambulances sont tenues de se conformer au règlement intérieur de ces établissements.

En cas de faute grave contre le bon ordre, leur sortie pourra être prononcée d'office par le médecin dont le rapport motivé sera hiérarchiquement transmis au Résident général.

Art. 10. — En outre, et pendant la même période transitoire, seront à la charge du budget du Protectorat et au profit au budget de la guerre, les journées de traitement et fournitures accessoires des fonctionnaires, agents et employés du Protectorat, ainsi que des indigents.

Les ordres de versement au trésor, dressés par les fonctionnaires de l'Intendance, seront adressés aux résidents.

Art. 11. — Sont abrogées toutes dispositions contraires ou antérieures, et notamment la décision susvisée du 24 juin 1884. — PAUL BERT.

3. — 1er juillet 1890. — ARRÊTÉ *fixant le classement des fonctionnaires, employés et agents des divers services civils dans les salles des hôpitaux.*

Les fonctionnaires, employés et agents des différents services civils de l'Indo-Chine, seront classés dans les salles des hôpitaux de l'Indo-Chine, suivant le tableau ci-annexé.

TABLEAU DE CLASSEMENT (1)

DÉSIGNATION des SERVICES	PAVILLON DES OFFICIERS SUPÉRIEURS ou fonctionnaires assimilés	PAVILLON DES OFFICIERS INFÉRIEURS ou fonctionnaires assimilés	SALLE SPÉCIALE	SALLE des SOUS-OFFICIERS, officiers mariniers et agents assimilés	SALLE des SOLDATS, MARINS et agents assimilés
Gouvernement et Résidence.	Chef du cabinet du gouverneur général. Résidents de 1re et 2e cl. Vice-résidents de 1re et 2e classes.	Sous-chef du cabinet du Gouverneur général. Secrétaire particulier du Gouverneur général. Secrétaire archiviste au conseil privé. Chef du cabinet du Lieutenant-gouverneur de Cochinchine. Chefs du cabinet des Résidents supérieurs. Chancelier de résidence. Commis de résidence de 1re classe. Interprète princ. européen.	Attaché au cabinet du Gouverneur général. Commis du conseil privé. Secrétaire particulier du Lieutenant-gouverneur de la Cochinchine. Secrétaire particulier des Résidents supérieurs. Commis de résidence de 2e et 3e classes. Commis auxiliaire de résidence. Interprète princ. indigène. Interprète européen.	Écrivain du conseil privé. Interprète indigène. Huissier du conseil privé.	
Inspection coloniale.	Inspecteur.				
Affaires indigènes en Cochinchine.	Administrateur principal. Administrateurs de 1re et 2e classes.	Administrateur stagiaire.		Huyen.	
Secrétariat général de Cochinchine.	Secrétaire général en Cochinchine. Chefs de bureau de 1re et 2e classes.	Doc-phu-su. Sous-chef de bureau. Commis principal. Comptable principal	Commis rédacteur. Commis de comptabilité. Interprète principal indigène. Interprète européen. Commis du cadre local.	Commis auxiliaire de comptabilité. Secrétaire principal indigène. Secrétaire indigène. Interpr. indigène.	Secrétaire auxiliaire indigène.
Trésorerie.	Trésorier-payeur. Trésorier particulier.	Payeur adjoint. Commis de trésorerie du cadre métropolitain.	Commis auxiliaire de trésorerie. Surnum. envoyé d'Europe. Commis.	Commis auxiliaire du cadre local. Gardien de caisse.	Agent inférieur.
Douanes et régies	Directeur. Inspecteur.	Sous-inspecteur. Contrôleur principal. Contrôleurs de 1re, 2e et 3e cl. Régisseur de manufacture. Commis principal.	Comptable. Commis de comptabilité.	Commis auxiliaire de comptabilité. Brigadier. Sous-brigadier. Préposé de 1re cl. Chef et sous-chef d'atelier.	Préposés de 2e et 3e classes. Préposé auxiliaire Surveillant indigène
Travaux publics.	Directeur. Ingénieur chef de serv. Archiviste chef de serv.	Ingénieur adjoint. Ingénieur colonial. Sous-ingénieur colonial. Conducteur principal. Architecte adjoint. Contrôleur inspecteur. Inspecteur.	Agent principal. Conducteur. Agent. Comptable. Secrétaire principal. Sous-inspecteur.	Magasinier compt. Agent secondaire. Aide comptable. Piqueur. Surveillant. Agent-voyer. Secrétaire. Sculpteur.	Agent inférieur.

(1) Lorsque les fonctionnaires ne sont pas pourvus d'un grade dans le commissariat ou dans un corps militaire.

DÉSIGNATION des SERVICES	PAVILLON DES OFFICIERS		SALLE SPÉCIALE	SALLE des SOUS-OFFICIERS officiers mariniers et agents assimilés	SALLE des SOLDATS, MARINS et agents assimilés
	SUPÉRIEURS ou fonctionnaires assimilés	INFÉRIEURS ou fonctionnaires assimilés			
Ports et rades.		Capitaine de port.	Lieutenant de port.	Maître de port, Pilote. Chef gardien de phare. Sous-chef gardien de phare.	Gardien de phare.
Postes et télégraphes.	Inspecteur. Sous-inspecteur.	Contrôleur du cadre colonial. Directeur de transmission. Chef de station. Commis principal.	Commis du cadre métropolitain. Commis du cadre local. Agent spécial. Mécanicien chef. Surnuméraire.	Commis auxiliaire du cadre local. Surveillant du cadre local.	Surveillant facteur.
Enregistrement, domaine et timbre.	Inspecteur, Sous-inspecteur. Vérificateur.	Conservateur des hypothèques. Receveur. Premier commis de direction.		Sous-agent.	
Service judiciaire	Avocat général.	Greffier en chef.	Chef de bureau du parquet général.	Secrétaire rédacteur du procureur général.	
	Président.	Juge d'instruction.	Secrétaire général du parquet général.	Commis - greffier ordinaire de la cour.	
	Vice-président.	Lieutenant de juge.	Attaché au parquet du procureur.	Secrétaire expéditionnaire.	
	Conseiller.	Président des tribunaux de 2e et 3e classes.	Commis-greffier assermenté de la cour d'appel.	Employé auxiliaire	
	Substitut du Procureur général	Procureur de la République de 2e et 3e classes.	Greffier des tribunaux supérieurs de 1re instance.	Secrétaire du procureur de la République de Saigon.	
	Président du tribunal (Saigon, Mytho, Vinh-long, Hanoi, Haïphong).	Substitut du Procureur de la République.	Greffier de la Justice de paix.	Commis - greffier assermenté.	
	Procureur de la République près les mêmes tribunaux.	Juge suppléant.	Suppléant de juge de paix.	Commis - greffier ordinaire.	
		Juge de paix.		Commis - greffier de Justice de paix.	
Instruction publique.	Inspecteur de l'enseignement au Tonkin.	Directeur de l'enseignement. Directeur de collège. Sous-directeur. Professeur. Institutrice. Sous-institutrice.	Maître répétiteur. Instituteur laïque.		
Culte.	Préfet apostolique.	Prêtre missionnaire.	Frère des congrégations religieuses.		
	Vicaire général.	Pasteur, rabbin.	Élève du grand séminaire. Frère.		
	Administrateur apostolique du diocèse. Curé de Saigon.	Supérieur ecclésiastique. Séminariste dans les ordres ou tonsuré.	Catéchiste.		
Cadastre.	Chef du service.	Vérificateur. Géomètre principal.	Géomètre. Élève géomètre. Dessinateur.		
Garde civile.	Inspecteur principal.	Inspecteur 1re, 2e et 3e cl.		Garde principal européen 1re, 2e et 3e classes. Garde principal stagiaire.	
Imprimerie.		Chef d'imprimerie.	Sous-chef d'imprimerie.	Agent d'imprimerie 1re et 2e cl. Agent d'imprimerie des autres classes.	
Police.		Commissaire central. Commissaire de police.		Brigadier de police.	Sous-brigadier. Agent de police.
Forêts, prisons, pénitenciers.		Directeur du pénitencier.	Garde forestier principal.	Garde forestier 1re, 2e et 3e cl. Gardien-chef. Commis comptable	Gardien. Concierge. Infirmier.
Jardin botanique et d'acclimatation.			Agent de culture.	Jardinier-chef surveillant.	Jardinier.
Divers.		Directeur d'un hôpital civil	Vérificateur civil.	Agent et surveillant au cap Saint-Jacques.	Infirmier d'un hôpital civil.
			Vérificateur des poids et mesures.		Concierge, garde meubles. Gardien de caisse.

Toutes les dispositions antérieures, contraires au présent arrêté, sont et demeurent abrogées.

Le Lieutenant-gouverneur de Cochinchine, les Résidents supérieurs au Tonkin, en Annam et au Cambodge, le Commissaire général chef des services administratifs en Annam et au Tonkin, et le Commissaire chef des services administratifs en Cochinchine sont chargés, chacun en ce qui le concerne, de l'exécution du présent arrêté. — Piquet.

4. — 24 octobre 1891. — Arrêté *fixant le taux du remboursement de traitement dans les hôpitaux pour les familles des fonctionnaires.*

Article premier. — Le remboursement des frais de traitement dans les hôpitaux de l'Indo-Chine, pour les familles des fonctionnaires, sera effectué d'après les tarifs applicables aux particuliers.

Art. 2. — MM. le Général commandant en chef, le Contre-amiral commandant la division navale, le Lieutenant-gouverneur de la Cochinchine, les Résidents supérieurs du Tonkin, de l'Annam et du Cambodge, les chefs des services administratifs et les chefs des services de santé sont chargés, chacun en ce qui le concerne, de l'exécution du présent arrêté, qui sera communiqué partout où besoin sera et inséré aux *Journal* et *Bulletin officiels* de l'Indo-Chine (1re et 2e parties). — De Lanessan.

Voy.: Hôpitaux, Hospices; — Retenues; — Solde.

HUISSIERS

1. — 11 décembre 1888. — Arrêté *sur l'exercice de la profession d'huissier près les tribunaux de Hanoi et de Haiphong.*

Article premier. — Il sera attaché, auprès de chacun des tribunaux de Hanoi et de Haiphong, des huissiers dont le nombre sera fixé par M. le Gouverneur général, sur le rapport du procureur général et l'avis du Résident général en Annam et au Tonkin. Ils seront nommés par le Gouverneur général, sur la proposition du Procureur général et l'avis du Résident général.

Art. 2. — Ils seront pris parmi les agents de la force publique, devront être âgés de 25 ans au moins, avoir satisfait aux obligations imposées par la loi militaire et devront, en outre, être porteurs d'un certificat de capacité délivré par le Procureur de la République du tribunal de Hanoi ou par celui du tribunal de Haiphong (1).

Art. 3. — Les huissiers nommés en conformité des articles 1 et 2, seront astreints, avant leur entrée en fonction, à prêter serment devant celui des tribunaux auquel ils seront attachés; ils ne pourront exercer leur mandat que dans le ressort du tribunal.

Art. 4. — Toutes citations, notifications et significations requises pour l'instruction des procès, tous actes extra-judiciaires, ainsi que les actes et exploits nécessaires pour l'exécution des ordonnances de justice, jugements et arrêts, seront indistinctement faits par tous les huissiers; l'huissier commis fera exclusivement les actes pour lesquels il aura été désigné. Le ministère des huissiers est obligatoire, sauf exception de personne, sauf les prohibitions des articles 4 et 66 du code de procédure civile.

Art. 5. — Tous les huissiers seront tenus de faire

(1) Modifié par arrêtés des 10 janvier 1891 et 20 décembre 1894, publiés ci-après.

tour à tour, suivant les ordres de service du ministère public de leur tribunal, le service des audiences et du parquet.

Art. 6. — Les agents de la force publique, chargés des fonctions d'huissier, recevront, outre leur solde, une indemnité annuelle de six cents piastres (600 $); le coût des actes de leur ministère sera versé dans la caisse du Protectorat (1).

Art. 7. — La taxe de ceux des actes du ministère d'huissier que comporte l'organisation judiciaire au Tonkin et la procédure devant les tribunaux français sera: 1° celle déterminée dans le chapitre III du livre 1er du décret du 16 février 1807, pour les huissiers de Paris, en ce qui touche les exploits dans les causes purement personnelles et mobilières, lorsque la demande n'excédera pas 300 francs, et les actes qui appartiendraient en France à la juridiction des justices de paix; 2° pour les autres exploits et actes, la taxe déterminée au titre 1er du livre 2 du même décret, modifiée par l'ordonnance du 10 octobre 1841, sur les ventes judiciaires de biens immeubles, et le décret du 23 mars 1848 relatif aux protêts, pour les huissiers à Paris.

Art. 8. — 1° Pour chaque appel de cause sur le rôle, et lors des jugements par défaut, interlocutoires et définitifs, à l'exclusion des autres, un droit invariable de un franc;

2° Pour la publication des cahiers des charges, un franc cinquante centimes;

3° Lors de l'adjudication, y compris les frais de bougie, à raison de chaque lot adjugé, mais jusqu'à concurrence de six lots seulement, cinq francs; il ne sera dû qu'un seul droit si l'adjudication n'a pas lieu sur enchères (2).

Art. 9. — L'huissier devra faire consigner par les parties le montant des frais d'enregistrement et du coût des actes pour lesquels il sera requis. La recette du coût des actes de l'huissier sera faite le premier de chaque mois par le receveur de l'enregistrement, sur les répertoires tenus par l'huissier, cotés et paraphés par le président du tribunal. Tous les actes et exploits y seront inscrits jour par jour. Le coût des actes, les frais de voyage et les déboursés y seront mentionnés dans des colonnes séparées; les salaires perçus par l'huissier en vertu de l'article précédent y seront également énoncés, sous peine d'une amende de cinq francs par omission.

Art. 10. — Pour faciliter la taxe des frais, les huissiers, outre la mention qu'ils doivent faire au bas de l'original et de la copie de chaque acte, du montant de leurs droits, seront tenus d'indiquer en marge de l'original le nombre de rôles des copies de pièces, et d'y marquer de même le détail de tous les articles de frais formant le coût de l'acte.

Art. 11. — Le procureur de la république aura le droit de rappeler à l'ordre et même de réprimander tout huissier du tribunal qui s'écarterait de ses devoirs ou qui tiendrait une conduite contraire à la dignité de son caractère; le président du tribunal n'aura ce droit que pour les faits d'audience. Si la faute commise par l'huissier est de nature à entraîner sa suspension ou sa révocation, il sera statué par le Gouverneur général après avis du Procureur général.

Art. 12. — Le Résident général en Annam et au Tonkin et le Procureur général chef du service

(1) Le tarif des droits à percevoir actuellement est déterminé par l'arrêté du 4 août 1891, publié V° Droits de greffe.
(2) Texte du *Journal officiel*; la dernière phrase paraît devoir se lire ainsi: *il ne sera dû qu'un seul droit si l'adjudication a lieu sur surenchère.*

judiciaire de l'Indo-Chine sont chargés, chacun en ce qui le concerne, de l'exécution du présent arrêté, lequel devra être soumis, dans les quatre mois, à l'approbation du Président de la République, et changé en décret, s'il y a lieu, sur la proposition du Ministre de la marine et des colonies et du Garde des sceaux, Ministre de la justice.

Ledit arrêté sera provisoirement exécutoire. — RICHAUD.

2. — 10 janvier 1891. — ARRÊTÉ *supprimant les charges de commissaire-priseur à Hanoi et Haiphong, chargeant exclusivement les huissiers des prisées et ventes publiques, et modifiant le mode de nomination des huissiers.*

Article premier. — Les charges de commissaire-priseur, instituées à Hanoi et Haiphong, sont et demeurent supprimées.

Art. 2. — Les deux huissiers du Tonkin procéderont à Hanoi et à Haiphong, à l'exclusion de tous autres, et cumulativement avec leur charge, aux prisées et ventes publiques de meubles aux enchères, en se conformant aux arrêtés actuellement en vigueur sur la profession de commissaire-priseur.

Art. 3. — Les huissiers cessent d'être recrutés parmi les agents de la force publique, et ceux actuellement en service demeurent confirmés dans les fonctions dont ils sont investis.

Art. 4. — Sont en conséquence supprimés, les émoluments payés aux huissiers en qualité d'agent de la force publique. Par contre lesdits huissiers percevront pour leur compte les honoraires afférents aux actes de leur ministère (1).

Art. 5. — Provisoirement et jusqu'à ce que le nombre des affaires permette d'en décider autrement, les huissiers continueront à toucher l'indemnité annuelle de 600 piastres prévue par l'article 6 de l'arrêté du 11 décembre 1888 (2).

Art. 6. — La profession d'huissier est désormais soumise à un cautionnement de 500 piastres à verser en espèces. Il est accordé aux huissiers actuellement en exercice un délai de six mois à compter du jour de l'entrée en vigueur de ces nouvelles dispositions, pour la réalisation dudit cautionnement.

Art. 7. — Les huissiers ainsi investis prêteront, à leur entrée en fonction, serment devant le tribunal de 1re instance du lieu de leur résidence.

Art. 8. — Sont et demeurent abrogés, mais seulement dans celles de leurs dispositions contraires au présent arrêté, les règlements antérieurs en la matière.

Art. 9. — Le présent arrêté entrera en vigueur à compter du jour de la prestation du serment des titulaires.

Art. 10. — Le Résident supérieur p. i. au Tonkin et le Procureur général chef du service judiciaire de l'Indo-Chine sont chargés, chacun en ce qui le concerne, de l'exécution du présent arrêté, qui sera communiqué et enregistré partout où besoin sera. — PIQUET.

3. — 20 octobre 1890. — ARRÊTÉ *désignant les agents chargés de remplir les fonctions d'huissier dans les provinces rattachées au ressort d'un tribunal civil* (3).

Article premier. — Dans toute province dont le territoire ressort d'un tribunal civil de 1re instance au Tonkin, le Résident supérieur pourra désigner le chancelier ou un des commis de la résidence ou vice-résidence, ou à leur défaut, un garde principal, qui remplira les fonctions d'huissier pour la signification des actes nécessaires à l'instruction des procès ou à l'exécution des jugements.

Art. 2. — Ces fonctionnaires ou agents toucheront, à titre de rétribution, les émoluments alloués aux huissiers par l'art. 7 de l'arrêté du 11 décembre 1888.

Art. 3. — Le Résident supérieur p. i. au Tonkin et le Procureur général chef du service judiciaire sont chargés de l'exécution du présent arrêté. — PIQUET.

4. — 4 octobre 1892. — ARRÊTÉ *confiant aux agents des douanes les fonctions d'huissier dans les territoires miniers de Hon-gay et de Kébao.*

Article premier. — Dans le périmètre occupé par les sociétés minières de Hon-gay et de Kébao, toutes citations, notifications et significations requises pour l'instruction des procès, tout acte extrajudiciaire ainsi que les actes et exploits nécessaires pour l'exécution des ordonnances de justice, jugements et arrêts, seront faits par les agents de la douane en service dans ces deux centres.

Art. 2. — Chacun des agents spécialement chargé des fonctions d'huissier, sera désigné par le chef du service des douanes en Annam et au Tonkin. Cette désignation et les mutations ultérieures que pourraient exiger les besoins du service, seront chaque fois portées à la connaissance du parquet de Haiphong.

Art. 3. — Il n'est exigé des agents de la douane investis des fonctions d'huissier aucune condition de capacité spéciale. Ils sont dispensés de prêter serment, et leur investiture est uniquement subordonnée à la condition d'être âgés de 25 ans au moins.

Art. 4. — Il n'est alloué aucune solde à titre de supplément de fonctions, aux agents ainsi investis. Ils toucheront seulement pour leur compte, conformément à l'article 4 de l'arrêté du 10 janvier 1891, les honoraires afférents aux actes de leur ministère, tels qu'ils sont fixés et décrits par l'article 7 de l'arrêté du 11 décembre 1888.

Art. 5. — Des instructions spéciales, remises par l'autorité judiciaire au chef du service des douanes, fourniront toutes les indications relatives aux obligations des huissiers pour la validité des actes de leur ministère et de la tenue du répertoire.

Art. 6. — Le Résident supérieur du Tonkin et le Procureur général chef du service judiciaire sont chargés, chacun en ce qui le concerne, de l'exécution du présent arrêté, qui sera enregistré et publié partout où besoin sera. — DE LANESSAN.

5. — 18 novembre 1893. — ARRÊTÉ *allouant au fonctionnaire huissier de Hué les émoluments fixés par l'arrêté du 11 décembre 1888.*

Article premier. — L'agent de la force publique désigné pour remplir les fonctions d'huissier près le tribunal de Tourane pour la province de Thua-thien, touchera, pour son compte, les honoraires afférents aux actes de son ministère, tels qu'ils sont fixés et décrits par l'article 7 de l'arrêté du 11 décembre 1888.

Art. 2. — Le Résident supérieur en Annam est chargé de l'exécution du présent arrêté. — DE LANESSAN.

---

(1) Le tarif des actes d'huissiers et des commissaires-priseurs est actuellement fixé par l'arrêté du 4 août 1891, publié V° Droits de Greffe.

(2) Cette indemnité a été portée à 2,500 fr. par arrêté du 20 décembre 1894.

(3) Pour Hon-gay et Ké-bao, voir arrêté du 4 octobre 1892.

6. — 21 août 1894. — Arrêté *sur l'exercice des fonctions d'huissier à Phu-lang-Thuong.*

Article premier. — Les fonctions d'huissier seront remplies, dans le ressort de la vice-résidence de Phu-lang-Thuong, par le gendarme chef de poste qui s'y trouve détaché.

Art. 2. — Le Résident de France à Bac-ninh est chargé de l'exécution du présent arrêté. — Rodier.

7. — 20 décembre 1894. — Arrêté *fixant à nouveau la solde des huissiers du Tonkin, et déterminant leur classement à bord des transports et affrétés.*

Article premier. — Les huissiers près les tribunaux de Hanoi et de Haïphong recevront, à compter du 1er janvier 1895, une solde coloniale annuelle de 2,500 francs (solde d'Europe 1.250 francs), sans accessoires.

Art. 2. — L'indemnité de fonctions de 600 $ 00 par an, qui leur était allouée en vertu de l'arrêté du 11 décembre 1888, est supprimée à compter de la même date.

Art. 3. — Les huissiers intérimaires auront droit à la moitié de la solde des huissiers titulaires, lorsque ceux-ci seront en congé.

Art. 4. — Les huissiers près les Tribunaux de Hanoi et de Haïphong sont classés à la 3e catégorie à bord des transports de l'État.

Art. 5. — Le Résident supérieur du Tonkin et le Procureur général chef du Service judiciaire sont chargés, chacun en ce qui le concerne, de l'exécution du présent arrêté. — De Lanessan.

8. — 22 décembre 1894. — Circulaire *au sujet de l'application du tarif des droits de greffe établis par arrêté du 4 août 1894.*

J'apprends que certains articles de l'arrêté du 4 août dernier, sur les frais de justice, sont diversement interprétés par MM. les Chanceliers de résidence qui, spécialement pour la perception des taxes prévues pour les actes d'huissier, ne procèdent pas d'une manière uniforme. Les uns perçoivent ces taxes à leur profit, d'autres en versent au contraire le produit au trésor.

J'ai l'honneur de vous informer que cette dernière manière de comprendre le texte de l'arrêté précité, est la seule règlementaire.

Les chanceliers de résidence touchent en effet une solde de l'État pour remplir les fonctions spéciales dont ils sont investis, et ils ne peuvent, en aucun cas, être considérés comme les notaires, greffiers ou huissiers ordinaires, qui n'ont pour tout salaire que les taxes prévues pour les actes qu'ils sont appelés à établir.

Je vous prie, en conséquence, de vouloir bien inviter MM. les Chanceliers placés sous vos ordres, à verser au trésor tous les fonds qu'ils perçoivent dans l'exercice de leurs fonctions diverses.

Il demeure toutefois entendu que lorsque ces fonctionnaires se déplacent pour les besoins de leur service, ils ont droit à l'indemnité fixe de 12 fr. par jour, prévue par les règlements, sur le budget du Protectorat, qui bénéficie, d'autre part, de la totalité des taxes perçues. Ces taxes comportent les frais de déplacement suivant le tarif.

Je vous laisse le soin d'apprécier les cas dans lesquels cette indemnité doit être payée aux intéressés, qui ne peuvent naturellement la réclamer pour un déplacement de courte durée, ne leur occasionnant aucun frais.

J'appelle également votre attention sur le point suivant.

Le décret du 13 janvier 1894 a transformé les tribunaux de résidence en justice de paix.

MM. les Chanceliers ne doivent pas toutefois déduire de cette nouvelle organisation judiciaire que leur ministère ne consiste que dans l'établissement des actes spéciaux aux tribunaux de paix.

Ils peuvent, au contraire, être appelés à agir à la requête du Ministère public, de MM. les avocats-défenseurs, ou des particuliers, au même titre que les huissiers près la Cour d'appel de Hanoi ou les tribunaux de première instance et de commerce.

Dans ce cas les tarifs qui doivent être appliqués au profit du trésor pour les actes établis par les chanceliers, sont ceux fixés par les articles 20, 29 et suivants de l'arrêté du 4 août 1894.

Je vous prie de vouloir bien transmettre ces diverses instructions aux fonctionnaires intéressés placés sous vos ordres, et de les signaler à toute leur attention. — Rodier.

Voy.: **Droits de Greffe**; — **Enregistrement**; — **Commissaires-priseurs**.

HUNG-YEN (VILLE DE)

1. — 26 avril 1892. — Arrêté *créant une taxe d'éclairage à percevoir sur les immeubles de la ville de Hung-yên.*

Article premier. — *Modifié par arrêté du 14 juillet 1892.*

Art. 2. — La ville de Hung-yên sera éclairée aux frais du Protectorat au moyen de 150 becs de lampes. La dépense d'éclairage ne devra pas dépasser le montant des rôles, évalué à 1.220 $ par an.

Art. 3. — Une avance de 580 $ sera faite au résident de la province pour couvrir les frais de première installation, et sera remboursée dans un délai de six mois, au moyen du paiement d'une surtaxe sur chaque catégorie de maison, proportionnelle au principal.

Cette surtaxe sera perçue par le résident, responsable de la justification de l'avance dans les délais fixés.

Art. 4. — L'éclairage sera assuré en régie. Une remise totale de 20 $ par an, sera faite aux hommes chargés de l'entretien et de l'éclairage des lampes.

Art. 5. — Le Résident supérieur du Tonkin est chargé de l'exécution du présent arrêté. — Chavassieux.

2. — 14 juillet 1892. — Arrêté *modifiant celui du 26 avril 1892, créant une taxe d'éclairage à Hung-yên.*

Article premier. — l'article premier de l'arrêté du 26 avril 1892, est modifié comme suit :

Une taxe d'éclairage, basée sur l'importance des immeubles, est créée à Hung-yên.

Elle comprend quatre catégories :

1re catégorie.	0 $ 50 par mois
2e	0 35
3e	0 25
4e	exempte.

Cette taxe sera perçue sur rôle dressé par le vice-résident de Hung-yên et rendue exécutoire dans la forme ordinaire.

Art. 2. — Le Résident supérieur du Tonkin est chargé de l'exécution du présent arrêté. — Chavassieux.

HUNG-HOA (CENTRE DE)

1. — 6 décembre 1892. — ARRÊTÉ *créant une taxe d'éclairage dans la ville de Hung-hoa.*

Article premier. — Une taxe d'éclairage basée sur l'importance des immeubles, est créée à Hung-hoa ; elle comprend cinq catégories :

Européens et chinois, par mois. . .	0 $ 50
Indigènes de 1re catégorie — . . .	0 30
— 2o — . . .	0 20
— 3o — . . .	0 12
— 4o — . . .	exempte

Cette taxe sera perçue par les soins du trésor, sur le rôle dressé par le résident de Hung-hoa et rendu exécutoire dans la forme ordinaire.

Elle sera payable par mensualité et d'avance ; toutefois, les contribuables auront la faculté de se libérer soit par trimestre, soit par semestre, soit pour l'année. Ces payements devront toujours être effectués d'avance, et, en cas de départ du propriétaire, de vente ou d'abandon de l'immeuble, resteront acquis au trésor.

Art. 2. — La ville de Hung-hoa sera éclairée au frais du Protectorat au moyen de cent becs de lampes. La dépense d'éclairage ne devra pas dépasser le montant des rôles évalués à 877 $ 20.

Art. 3. — Une avance de 378 $ 50 sera faite au résident de Hung-hoa pour couvrir les frais de première installation, et sera remboursée dans un délai de une année au moyen d'une surtaxe sur chaque catégorie de maison, proportionnelle au principal.

Cette surtaxe sera perçue dans les mêmes conditions que la taxe et figurera, sous la rubrique *Remboursement d'avance,* sur le rôle établi pour la première année. Ces sommes seront reversées au Trésor comme *Recettes en atténuation de dépenses.*

Le résident est responsable de la justification de l'avance dans les délais fixés.

Art. 4. — L'éclairage sera assuré en régie et commencera, dans les conditions énoncées au présent arrêté, à compter du 1er décembre 1892.

Art. 5. — Le Résident supérieur du Tonkin est chargé de l'exécution du présent arrêté. — DE LANESSAN.

HYGIÈNE ET SALUBRITÉ PUBLIQUES

1. — 22 juillet 1887. — ARRÊTÉ *instituant à Hanoi et à Haiphong un comité consultatif d'hygiène et de salubrité publiques.*

Article premier. — Il est institué dans chacune des villes de Hanoi et de Haiphong un comité consultatif d'hygiène et de salubrité publiques.

Ce comité connaîtra spécialement des questions suivantes :

Quarantaines. — Mesures préventives à prendre contre la propagation des épidémies. — Service de la vaccine. — Amélioration des conditions sanitaires des populations. — Police médicale et pharmaceutique. — Salubrité des établissements publics et privés, et en général, de toutes questions intéressant l'hygiène publique.

Art. 2. — *Modifié par arrêté du 20 février 1889.*

Art. 3. — Il tiendra ses séances ordinaires le premier lundi de chaque mois, et devra en outre se réunir sur convocation, de l'administration. — G. BIHOURD.

2. — 20 février 1889. — ARRÊTÉ *modifiant la composition des comités d'hygiène et de salubrité publiques à Hanoi et Haiphong.*

L'article 2 de l'arrêté du 22 juillet 1887, instituant à Hanoi et à Haiphong, un comité d'hygiène et de salubrité publiques, est modifié ainsi qu'il suit :

Art. 2. — Il (le comité consultatif) se compose, à Hanoi :

Du Résident supérieur, président ; du chef du service de santé, vice-président ; du directeur de l'artillerie et du génie ; du résident-maire de Hanoi ; de l'ingénieur chef du service des travaux publics ; du médecin principal de l'hôpital de Hanoi ; du pharmacien chef du service pharmaceutique ; de deux médecins ou pharmaciens ; d'un membre du conseil municipal de Hanoi, membres.

A Haiphong : du résident-maire, du médecin chef de service à l'hôpital, vice-président ; du directeur des douanes ; du sous-directeur d'artillerie ; du pharmacien de 1re classe de la marine ; de deux pharmaciens ; de l'architecte-voyer de Haiphong ; d'un membre du conseil municipal de Haiphong, membres. — RICHAUD.

HYPOTHÈQUES. — Voy. : Enregistrement.

HYPOTHÈQUE MARITIME

1. — 22 mai 1886. — INSTRUCTIONS MINISTÉRIELLES *relatives à l'application de la loi du 10 juillet 1885, sur l'hypothèque maritime* (1).

Ainsi que vous le savez, la loi du 10 juillet 1885, promulguée au *Journal officiel* du 11 du même mois, a remanié la loi du 10 décembre 1874, sur l'hypothèque maritime, et l'a abrogée.

Il m'a paru utile d'appeler, d'une manière particulière, l'attention des agents du service consulaire sur les dispositions de l'article 33 de la nouvelle loi.

Aux termes du premier paragraphe de cet article, la vente volontaire d'un navire grevé d'hypothèque, à un étranger, soit en France, soit à l'étranger, est interdite. Tout acte fait en fraude de cette disposition est nul et rend le vendeur passible des peines portées par l'article 408 du code pénal. En présence de cette interdiction, les autorités consulaires françaises à l'étranger ne sauraient consentir, à dresser dans leur chancellerie, un acte de vente volontaire d'un navire grevé d'hypothèque ; dans le cas où la défense faite par la loi aurait été transgressée, elles doivent, pour sauvegarder les droits des tiers et maintenir le navire sous la juridiction française, s'opposer au retrait de notre pavillon et ne pas accepter le dépôt entre leurs mains de l'acte de francisation, qui constitue l'acte de nationalité du navire.

Le paragraphe 3 de l'article 33 consacre, d'autre part, le principe de la validité de l'hypothèque consentie sur un navire acheté à l'étranger et francisé provisoirement, pourvu que ces hypothèques aient été régulièrement inscrites par l'agent diplomatique ou consulaire de France sur le congé provisoire de navigation, et reportées, à la requête du créancier, sur le registre du receveur des douanes du lieu où le navire sera immatriculé.

La loi du 10 juillet 1885 n'ayant pas déterminé la forme dans laquelle doivent être requises les inscriptions hypothécaires consenties sur un navire francisé provisoirement, j'ai cru devoir appeler l'attention de

(1) La loi du 10 juillet 1885 n'a pas été promulguée au Tonkin

19.

M. le ministre des finances sur cette lacune, afin de prévenir les difficultés qu'elle pourrait amener.

Il résulte de la réponse de M. Sadi Carnot, qu'en l'absence de toute disposition précise, les agents diplomatiques ou consulaires ne sauraient suivre, dans le paragraphe 3 de l'article 33 de la loi du 10 juillet 1885, que les règles analogues à celles qui sont obligatoires en France. Dans ces conditions, pour opérer l'inscription d'une hypothèque sur un congé provisoire, l'autorité consulaire devra exiger la présentation de l'acte d'hypothèque lui-même ou d'une expédition de cet acte, ainsi que le dépôt d'un bordereau établi dans la forme prescrite par l'article 8 de la loi précitée, bordereau que les ayants-droit sont tenus de présenter, en double exemplaire, au bureau du receveur des douanes, avec l'un des originaux ou une expédition du titre constitutif d'hypothèque.

D'après les dispositions des paragraphes 3 et 4 de l'article 33, l'hypothèque ne devenant valable à l'égard des tiers que lorsque le créancier en a requis l'inscription au port où le navire est immatriculé, et lorsqu'elle a été reportée sur le registre du receveur principal des douanes du même port, c'est à ce comptable qu'il appartient exclusivement, dans l'opinion de M. le ministre des finances, de percevoir les droits exigibles. Au moment où s'effectue l'inscription de l'hypothèque sur le congé provisoire, l'autorité consulaire n'aura pas, dès lors, à réclamer aux intéressés une soumission garantissant le payement de ces droits; l'inscription même de l'hypothèque sur le congé provisoire donnera, toutefois, ouverture à la taxe fixée par l'article 174 du tarif des chancelleries.

Il est bien entendu, d'ailleurs, que si vous êtes appelé à dresser l'acte même d'obligation ayant pour objet la constitution d'une hypothèque maritime, il y aurait lieu de soumettre cet acte aux taxes ordinaires du tarif des chancelleries.

Je vous serai obligé de m'accuser réception de la présente circulaire, que vous voudrez bien faire enregistrer dans votre chancellerie. — C. DE FREYCINET.

I

IMPORTATIONS

1. — 13 février 1886. — DÉCISION *n'accordant l'exonération des droits d'importation d'outillage d'usine à vapeur, qu'au matériel de provenance française.*

Article premier. — L'exonération des droits d'importation, accordée par la décision du 1er octobre 1885, à tout outillage d'usine à vapeur, toute chaloupe à vapeur et autre matériel susceptible d'apporter un perfectionnement ou un développement quelconque aux moyens industriels et commerciaux actuellement en usage, ne s'appliquera désormais uniquement qu'à l'outillage et au matériel français venant de France ou d'une colonie française.

Art. 2. — Le Directeur des affaires civiles et politiques est chargé de l'exécution de la présente décision. — WARNET.

2. — 23 février 1886. — DÉCISION *réglementant les droits au bénéfice de 2 1/2 %, pour les marchandises françaises importées au Tonkin.*

Article premier. — Les marchandises françaises ou nationalisées par le payement des droits, doivent, à leur importation au Tonkin, pour bénéficier de la réduction du droit de 2 1/2 pour cent, être munies de passavants délivrés par les douanes françaises.

Art. 2. — Les marchandises étrangères venant de France, extraites d'entrepôt, réexpédiées après transit ou transbordement, doivent être accompagnées d'acquits-à-caution qui seront déchargés à l'arrivée au Tonkin.

Art. 3. — La présente décision aura son plein et entier effet à partir du 1er juin 1886.

Jusqu'à cette époque, il ne sera rien changé au mode suivi antérieurement, mais sous la condition que les réceptionnaires s'engagent à fournir, avant le 1er juillet 1886, les pièces exigées par la dépêche ministérielle précitée. — WARNET.

3. — 6 septembre 1886. — ARRÊTÉ *établissant un droit sur les monnaies de cuivre ou de zinc importées.*

Article premier. — Un droit de 20 pour cent sera perçu, à partir du 10 septembre 1886, sur les monnaies de cuivre ou de zinc importées en Annam et au Tonkin.

Art. 2. — Les Résidents supérieurs en Annam et au Tonkin et le Directeur du service des douanes sont chargés, chacun en ce qui le concerne, de l'exécution du présent arrêté. — PAUL BERT.

4. — 16 octobre 1886. — ARRÊTÉ *prohibant l'importation au Tonkin des sapèques de cuivre.*

Article premier. — L'importation au Tonkin des sapèques de cuivre est réputée contrebande.

Art. 2. — Sont rapportées les dispositions de l'arrêté du 6 septembre 1886, en ce qu'elles ont de contraire au présent.

Art. 3. — Le Résident supérieur au Tonkin et le directeur du service des douanes sont chargés, chacun en ce qui le concerne, de l'exécution du présent arrêté. — PAUL BERT.

5. — 18 août 1887. — ARRÊTÉ *fixant des droits d'entrée sur le thé du Yun-nam.*

Rapporté par arrêté du 26 décembre 1889.

6. — 26 décembre 1889. — ARRÊTÉ *exonérant de tous droits à l'importation au Tonkin, les produits du Yun-nam et du Quang-si.*

Article premier. — Les produits du Yun-nam et du Quang-si, à l'exception de l'opium, dont les conditions d'importation restent soumises aux dispositions qui en régissent le monopole au Tonkin, sont exemptés des droits d'importation à leur entrée au Tonkin par la frontière terrestre.

Art. 2. — Les mêmes produits, ainsi que l'opium

brut, sont exemptés des droits de transit, en se conformant, pour l'opium, aux prescriptions du chapitre III de l'arrêté du 7 septembre 1887.

Art. 3. — Le Résident supérieur au Tonkin est chargé de l'exécution du présent arrêté. — PIQUET.

---

7. — 10 septembre 1891. — ARRÊTÉ *du Lieutenant-gouverneur de Cochinchine, accordant une détaxe de cinq cents par picul de riz et paddy de la Cochinchine, exportés par la voie de mer au Cambodge, en Annam et au Tonkin* (1).

Article premier. — Les riz et paddys de la Cochinchine, exportés au Cambodge par la voie de mer, ainsi qu'en Annam et au Tonkin, jouiront, à dater du présent arrêté, d'une détaxe de 5 cents par picul.

Art. 2. — Cette détaxe sera accordée aux exportateurs, sur la production du passavant de sortie dûment revêtu des formalités d'apurement. Toutefois, les exportations faites au Cambodge, en Annam et au Tonkin par des vapeurs et voiliers effectuant un service régulier, bénéficieront immédiatement de la détaxe, sauf production ultérieure du certificat de débarquement.

Art. 3. — Les délais pour obtenir le remboursement de la différence des droits acquittés au départ, comme pour opérer l'apurement de la détaxe accordée à la sortie aux bâtiments faisant un service régulier, sont fixés à deux mois pour les voiliers et jonques.

Art. 4. — Ces mêmes délais seront également appliqués aux bâtiments exportant des riz blancs aux Philippines, dans les conditions prévues par les arrêtés des 6 février et 7 avril 1891.

Art. 5. — Le secrétaire général est chargé de l'exécution du présent arrêté, qui sera enregistré et communiqué partout où besoin sera. — DANEL.

Voy.: Douanes; — Plantes vivantes; — Sapèques; — Sucre.

IMPOTS

En raison de son importance, nous avons cru devoir diviser tout ce qui a rapport à l'impôt dans les pays de Protectorat, en sept sections:

1° DISPOSITION GÉNÉRALES ;
2° PATENTES ;
3° IMPÔT FONCIER ;
4° IMPÔT DE CAPITATION ;
5° IMPÔT INDIGÈNE ;
6° IMPÔT SUR LA NAVIGATION, PHARES ET ANCRAGE ;
7° IMPÔT SUR LES BOIS.
8° IMPÔTS MUNICIPAUX OU DES COMMUNES (2).

VOIR EN OUTRE: **Allumettes; — Alcools; — Chaux; — Infirmiers; — Navigation; — Percepteurs; — Porteurs de contrainte; — Pétrole; — Noix d'arec; — Sel; — Tabac.**

PREMIÈRE SECTION
Dispositions générales

1. — 17 février 1886. — DÉCISION *fixant les dispositions à prendre pour l'acquittement des impôts créés par les décisions des 11 et 12 décembre 1885.*

Article premier. — Les commandants d'armes

(1 Nous avons cru devoir reproduire cette décision à cause de l'intérêt qu'elle présente pour le commerce de l'Annam et du Tonkin.

(2) Tout ce qui a trait aux impôts municipaux proprement dits, est publié sous la rubrique de chacune des villes autorisée à en faire la perception.

---

désignés dans les conditions ci-dessus indiquées, auront provisoirement les mêmes pouvoirs que les Résidents, en ce qui concerne la préparation des rôles d'impôts d'Asiatiques étrangers et la rentrée des mêmes impôts.

A cet effet, ils se feront délivrer, par les chefs de congrégation, la liste de tous les Asiatiques, en vérifieront la sincérité et l'adresseront au Résident de la grande province, avec tous les renseignements utiles à la confection des rôles. Les rôles établis et approuvés par le Résident général, une copie leur en sera envoyée, et ils prendront les mesures pour en assurer le recouvrement. Les sommes seront perçues par les chefs de congrégation et versées par ces Asiatiques à la caisse du trésor la plus proche.

En cas de non payement ou de retard dans les versements, il appartiendra au commandant d'armes de prendre, contre les chefs de congrégation, toute mesure coercitive que de droit.

Art. 2. — Le Directeur des affaires civiles et politiques est chargé de l'exécution de la présente décision. — WARNET.

---

2. — 10 juin 1886. — ARRÊTÉ *relatif à la perception de l'impôt en argent.*

Article premier. — L'impôt sera perçu en argent partout où la population ne demandera pas expressément à le payer en nature (1).

Art. 2. — La mesure sera évaluée d'accord avec S. E. le Kinh-luoc par intérim.

Art. 3. — Les soldes des employés annamites et celles des linh, seront payées en argent, la mesure de riz étant remplacée au taux auquel l'impôt a été perçu dans la province.

Art. 4. — Toutes les soldes des fonctionnaires et soldats étant payées, la répartition et l'emploi du surplus de l'impôt au Tonkin seront déterminés, en application de l'article 11 du traité du 6 juin 1884, par une commission composée du Résident supérieur, président, du Résident de Nam-dinh, du Kinh-luoc par intérim, et du Quan-bo de Hanoi. — PAUL BERT.

---

3. — 24 juin 1886. — CIRCULAIRE *portant organisation de la perception des impôts, et instructions de comptabilité.*

Service de la perception. — Des arrêtés en date des 11 et 12 décembre 1885 fixent les contributions foncières, des patentes et des barques, à payer par les Français et étrangers, et le droit de séjour annuel à acquitter par les Asiatiques étrangers. Or, j'ai lieu de constater que, dans la plupart des provinces, les rôles nécessaires à la perception de ces droits, ou n'ont pas été établis, ou ne l'ont été qu'en partie. Je vous prie de réparer ce retard en me faisant, dans le plus bref délai, l'envoi de titres établis avec soin et en simple expédition, mais accompagnés de deux extraits constatant numériquement les droits mis en recouvrement et leur montant. Vous me ferez connaître, en même temps, le nombre de cartes de séjour qui vous est nécessaire pour les Asiatiques étrangers domiciliés dans votre province. Les cartes seront remises aux intéressés au moment du payement des droits. Dans les localités où le service du Trésor est organisé, c'est au préposé payeur qu'il appartient de faire directement la perception des deniers publics dont l'assiette vous est confiée. Ailleurs, la perception sera faite par le caissier comptable de la caisse

(1) Voyez arrêté du 21 juillet 1888.

d'avances, auquel il sera remis un livre à souches pour les recettes de toute nature perçues directement dans la province par l'administration du Protectorat. Je serai bientôt en mesure de vous fournir les registres indispensables pour distinguer nettement dans votre comptabilité le produit de la perception de chaque revenu. En attendant, il convient d'émarger les rôles avec le plus grand soin au moment de la remise des quittances à souches, et de délivrer celles-ci très exactement.

Je vous prie également de ne pas perdre de vue la différence profonde qui existe entre les contributions proprement dites et les recettes accidentelles. Les premières sont exclusivement perçues sur rôles, tandis que les recettes accidentelles donnent lieu à la délivrance d'ordres de recette ou du versement.

Les produits affermés forment une 3e catégorie de revenus pour lesquels les baux ou contrats servent de titre de perception.

Tous les ordres de recette que vous émettez doivent être remis directement au comptable chargé d'en opérer le recouvrement, et inscrits par ordre de dates et de numéros, sur un registre spécial que vous recevrez bientôt. Vous devrez remettre le 1er de chaque mois, à M. le payeur de votre localité, un relevé des ordres de recette que vous aurez délivrés sur sa caisse ; un bulletin indiquant seulement par produit, les totaux de ce relevé me sera transmis en même temps.

Afin de ne pas multiplier le nombre des ordres de recette, les droits de chancellerie continueront d'être perçus par le chancelier de la Résidence au moyen du registre à souches déjà en usage. Le montant des droits de l'espèce sera versé chaque samedi, sur ordre de recette, à la caisse générale. Dans les provinces où ces droits sont peu importants, ils pourront du reste être versés directement à la caisse du comptable.

Instructions de comptabilité. — Il ne doit exister qu'une seule caisse et qu'un seul livre de caisse pour la perception des deniers publics et la gestion des fonds d'avances. Les recettes y seront inscrites par journées, et les dépenses au fur et à mesure qu'elles se produiront.

Les vice-résidents placés dans les centres non pourvus de préposés payeurs, m'adresseront, le 1er de chaque mois, un état en double expédition, faisant connaître sommairement pour chaque produit les recettes de toute nature qu'ils auront effectuées tant sur rôles que sur ordres de recette et autres titres.

Les dépenses seront de même relevées, dans un état qu'ils me feront parvenir très exactement à la date ci-dessus, appuyé des pièces de dépense dûment acquittées, pour que je fasse procéder à leur régularisation ou à leur échange au Trésor contre numéraire.

La différence entre les recettes et les dépenses fera, suivant le cas, l'objet d'un envoi de fonds pour reconstituer la caisse d'avances au chiffre réglementaire, ou sera versé à la caisse du payeur qui sera désigné.

Le comptable doit toujours être à même d'établir, par pièces probantes, la situation de sa caisse. On a, par suite, été amené à prescrire quelquefois l'établissement des pièces de dépenses payées sur fonds d'avances en double expédition, dont l'une est conservée par le comptable pendant que l'autre est envoyée en régularisation. Cette manière de faire est vicieuse en permettant de faire double emploi d'une seule pièce de dépense, et je la proscris formellement. Le caissier ne devra conserver dans sa caisse qu'un double de l'état des pièces de dépense envoyées en régularisation, visé par vous.

Mais je ne saurais trop recommander d'apporter le plus grand soin dans l'établissement des pièces de dépense. — Sans compter les inconvénients que feraient naître des régularisations retardées par le renvoi des pièces erronées, j'ai à peine besoin d'indiquer à quels embarras on s'exposerait dans le cas où les sommes payées devraient être modifiées.

Je crois donc devoir vous rappeler que les pièces de dépense doivent justifier d'une manière complète que le service donnant lieu au payement a été effectué. La prise en charge des fournitures de matériel doit donc être soigneusement mentionnée sur les états de payement, qui doivent en outre être arrêtés en toutes lettres par le fonctionnaire qui a ordonné le service ou par son délégué.

Le payement des dépenses publiques ne peut être fait qu'entre les mains du véritable créancier justifiant de ses droits, ou à son fondé de pouvoirs pourvu d'une procuration en due forme.

Les payements faits aux illettrés doivent être certifiés par deux témoins pour les sommes inférieures à 150 francs ; au delà, une quittance administrative ou notariée est nécessaire. Le comptable qui procède au payement signe à côté des témoins.

Les signatures en caractères étrangers doivent être légalisées.

Les pièces de dépense doivent toujours être établies au nom du véritable créancier, et tout intermédiaire entre lui et le Trésor est prohibé. Dans le cas de payement à des unités collectives, le billeteur doit certifier et signer les états de dépense.

Opérations de Trésorerie. — Les caissiers comptables des vice-résidences pourront être appelés à recevoir dans leur caisse, sur autorisation de la Résidence supérieure, les dépôts de soumissionnaires de marchés, les versements à la caisse des dépôts et consignations, et toutes autres sommes destinées au Trésor. Pour l'obtention des mandats sur le Trésor, vous recevrez les dépôts jusqu'à concurrence du tiers des appointements des militaires ou employés. Les recettes de l'espèce donneront lieu à la délivrance d'une quittance à souche, mais elles devront faire l'objet d'un article distinct dans la situation sommaire des recouvrements qui doit m'être adressée le 1er du mois. Vous porterez au dos de cette situation les renseignements nécessaires pour que le Trésor puisse donner à ces recettes leur destination définitive.

Les registres à souches et les livres de caisses devront être cotés et paraphés par vous, avant d'être remis à l'agent chargé de la perception.

En terminant, je fais appel à tout votre zèle pour assurer la bonne exécution des instructions qui précèdent. — P. VIAL.

4. — 22 octobre 1886. — ARRÊTÉ *réglementant le recouvrement des impôts directs.*

I. — DU RECOUVREMENT DES IMPOTS DIRECTS

Article premier. — Les contributions directes sont exigibles en vertu des rôles rendus exécutoires par le Résident supérieur. Elles sont payables par moitié et d'avance, à partir du jour de la publication des rôles.

Art. 2. — Les droits et privilèges attribués au trésor pour le recouvrement des impôts directs par la loi du 12 novembre 1808, sont étendus aux territoires de l'Annam et du Tonkin. Ils s'appliquent également aux frais de poursuites dûment liquidés et taxés.

Art. 3. — Un avertissement, indiquant la nature et le montant des cotes, est remis à chaque contribuable dans les huit jours qui suivent la publication des rôles.

II. — DES POURSUITES

Art. 4. — Quinze jours après la date d'exigibilité, le contribuable qui ne s'est pas libéré des termes échus, est dans le cas d'être poursuivi.

Art. 5. — Les poursuites avec frais sont précédées d'une sommation gratis adressée à domicile.

Art. 6. — Le premier acte de poursuite est une contrainte décernée à la demande de l'agent chargé du recouvrement, par le chef du service de la trésorerie, et rendue exécutoire par le Résident supérieur.

Elle comprend toutes les sommes à la charge du contribuable, quel que soit l'exercice, et ne lui est notifiée que huit jours après l'envoi de la sommation gratis.

Cette contrainte peut être collective.

Art. 7. — Vingt-quatre heures après la notification de la contrainte à personne ou à domicile, le contribuable peut être poursuivi par voie de saisie et de vente de ses meubles, créances, etc., en observant les formalités prescrites par le code de procédure (Articles 557 à 655).

Art. 8. — La saisie comprend de droit toutes les sommes devenues exigibles le jour de la vente, alors même que le commandement exprime une somme moindre.

Art. 9. — Un nouveau commandement individuel est nécessaire pour poursuivre la vente des immeubles; il est procédé à la saisie immobilière conformément aux règles du droit commun.

Art. 10. — Les sommations sans frais et les copies des actes de poursuites, en l'absence du redevable, sont remises à la personne qui le représente, et à défaut, au résident ou vice-résident du lieu de son domicile.

Art. 11. — Le coût des actes de poursuite est fixé uniformément à 2 fr. 50; il est indiqué sur l'original et les copies.

Les frais de vente sont tarifés à 2 % du prix.

Art. 12. — Le recouvrement des frais de poursuite a lieu sur état dûment taxé.

Art. 13. — En ce qui regarde l'impôt de capitation des chinois domiciliés au Tonkin, le produit en est versé au Trésor par les chefs de congrégation, qui deviennent responsables des sommes dues par leurs congréganistes.

A cet effet il est remis à chaque chef de congrégation un extrait du rôle spécial, avec les avertissements correspondants.

III. — DES ACTES DE POURSUITES

Art. 14. — Les actes de poursuite sont signifiés, à Hanoï et Haïphong, par des porteurs de contraintes, dans les autres résidences, par un des agents assermentés spécialement commissionné à cet effet.

Art. 15. — Les porteurs de contraintes sont nommés par le Résident général, sur la proposition du chef de service de trésorerie et la proposition du Résident supérieur.

Avant leur entrée en fonction, ils prêtent serment devant le tribunal de la Résidence à laquelle ils sont attachés.

Les agents de poursuites doivent toujours, dans l'exécution de leur service, être munis de leur commission, et ils sont tenus de la représenter à toute réquisition.

Art. 16. — Les agents de poursuites ont qualité pour poursuivre l'exécution des contraintes jusques et y compris la vente des meubles, effets mobiliers, fruits et récoltes des redevables.

Ils n'ont pas qualité pour procéder à la saisie immobilière.

Art. 17. — Les porteurs de contraintes jouissent d'un traitement fixe de 2.500 fr.

Ils sont sous les ordres directs du chef du service de trésorerie.

Art. 18. — Il est alloué aux agents de poursuites, 0 fr. 50 centimes sur chacun des actes taxés qu'ils notifient, et deux pour cent sur toute vente de meubles.

Ces allocations sont payées sur états trimestriels établis par l'agent de perception qui les a employés, et visés par le chef du service de trésorerie.

Ils ont droit, en outre, hors du chef-lieu de la résidence, à l'indemnité de déplacement fixée par l'arrêté du 22 octobre 1886.

Art. 19. — Les agents de poursuites tiennent un répertoire de leurs actes, visé à chaque signification par le chancelier de la résidence.

Art. 19 bis. — Sont abrogées toutes dispositions contraires au présent arrêté.

Art. 20. — Les Résidents supérieurs au Tonkin et en Annam sont chargés, chacun en ce qui le concerne, de l'exécution du présent arrêté. — PAUL BERT.

---

5. — 19 mars 1890. — ARRÊTÉ *réglementant la perception de l'impôt.*

Article premier. — Les articles 5, 6 et 7 de l'arrêté du 21 juillet 1888 (1) sont modifiés comme suit :

Art. 5, § 1. — Le Résident de la province fait verser dans les caisses du trésor toutes les recettes en piastres.

§ 2. — Du 1er au 5 et du 15 au 20 de chaque mois, il fait parvenir à la Résidence supérieure, 2° bureau, un bordereau de quinzaine en double expédition, (modèle ci-annexé), accompagné des pièces de recettes et de dépenses.

Art. 6, § 1er. — L'une des expéditions du bordereau dont il est fait mention ci-dessus est retournée au Résident, la 2° expédition est transmise au payeur chef du service, accompagnée des mandats régulièrement ordonnancés à son nom.

§ 2. — En contre-valeur des dépenses, le payeur chef du service établit un mandat de trésorerie à l'ordre du préposé payeur ou du percepteur, dont il sera fait retour au titre de l'impôt annamite, sur ordre de versement établi par le Résident de la province, auquel il remettra la quittance à souche destinée à couvrir le trésor provincial des avances faites. Cette quittance sera conservée dans les caisses pour justifier de la sortie des ligatures.

Art. 7. — Le trésor suivra les opérations des magasins provinciaux, au moyen des états ci-dessus, établis par quinzaine, et en ouvrant dans ses écritures deux comptes intitulés :

Magasins provinciaux, le compte de dépôts, et : magasins provinciaux, le compte de contrôle; le premier débité des recettes par le crédit du second, le second débité des dépenses par le crédit du premier.

Art. 2. — Le Résident supérieur au Tonkin est chargé de l'exécution du présent arrêté. — PIQUET.

(1) Voir cet arrêté à la 5° section : *Impôts indigènes.*

6. — 27 mars 1891. — Arrêté *fixant le taux auquel la piastre sera convertie pour tous les paiements et toutes les recettes à faire en Indo-Chine a compter du 1er avril 1891.*

Article premier. — Le taux auquel la piastre sera convertie en francs à partir du 1er avril 1891, pour tous les paiements et toutes les recettes à faire en Indo-Chine, dans les cas déterminés par les décrets du 5 juillet 1881 et du 10 décembre 1887, est fixé à quatre francs.

Art. 2. — Le Lieutenant-gouverneur de la Cochinchine, les Résidents supérieurs au Tonkin, en Annam et au Cambodge, le trésorier-payeur de l'Indo-Chine, sont chargés, chacun en ce qui le concerne, de l'exécution du présent arrêté (1). — PIQUET.

7. — 31 janvier 1891. — Arrêté *rapportant celui du 12 juillet 1890, relatif aux produits et revenus directs.*

Article premier. — L'arrêté susvisé du 12 juillet 1890 est rapporté.

Art. 2. — Le produit des revenus directs (patente, capitation, foncier), continuera à être affecté, moitié au budget du Protectorat, moitié au budget des villes de Hanoi et de Haiphong, conformément aux dispositions de l'arrêté du 19 juillet 1888 (Art. 22).

Art. 3. —

Art. 4. — Le Résident supérieur p. i. au Tonkin est chargé de l'exécution du présent arrêté. — PIQUET.

2o SECTION

Impôt des patentes

8. — 12 décembre 1885. — DÉCISION *relative à la contribution des patentes ; annexes et tableaux.*

Rapportée par arrêté du 15 avril 1890.

9. — 30 décembre 1888. — Arrêté *relatif à l'établissement du rôle de l'impôt des patentes dans les villes de Hanoi et de Haiphong.*

10. — 20 février 1889. — Arrêté *déterminant l'impôt des patentes pour les indigènes exerçant un commerce, une industrie ou une profession dans les villes de Hanoi et Haiphong, autres que celles déterminées par l'arrêté du 12 décembre 1885.*

Ces deux arrêtés se trouvent modifiés par celui du 15 avril 1890, dont le texte suit.

11. — 15 avril 1890 — Arrêté *réglementant l'impôt des patentes* (2).

Article premier. — Tout individu français ou étranger, qui exerce au Tonkin un commerce, une industrie, une profession non comprises dans les exceptions déterminées par le présent arrêté, est assujetti à la contribution des patentes. Il en est de même des indigènes dans les villes de Hanoi et de Haiphong.

Art. 2. — (*Arrêté du 17 avril 1893*). Les patentables sont divisés en deux catégories. La première catégorie comprend les patentables des villes de Hanoi, Haiphong, Nam-dinh, Hai-duong, Bac-ninh, Quang-yên et Son-tay, la seconde catégorie les patentables de l'Intérieur.

(1) Le taux du change est fixé par arrêtés du Gouverneur général d'après les fluctuations de la valeur monétaire.
(2) Voir modifications aux art. 2 et 33, par arrêté du 8 juin 1891.

La contribution des patentes se compose d'un droit fixe et d'un droit proportionnel.

Le droit proportionnel n'est applicable qu'aux patentables de la première catégorie compris dans les six premières classes de patentés, sous réserve que pour la sixième classe, la taxe proportionnelle ne pourra en aucun cas être supérieure à 2 piastres.

Art. 3. — Le droit fixe est réglé conformément au tableau A annexé au présent arrêté.

Art. 4. — Les commerces, industries et professions non dénommés dans le tableau B, n'en sont pas moins assujettis à la patente. Les droits auxquels ils doivent être soumis sont réglés d'après l'analogie des opérations ou des objets de commerce, par un arrêté spécial du Résident supérieur rendu, en conseil de Protectorat, après avis du conseil municipal de la commune où il en existe.

Tous les cinq ans, des tableaux additionnels contenant la nomenclature des commerces, industries et professions classés par voie d'assimilation, seront soumis à la sanction du Gouverneur général.

Art. 5. — Le patentable, à quelque catégorie et à quelque classe qu'il appartienne, ayant plusieurs établissements, boutiques ou magasins de même espèce ou d'espèces différentes, soit dans la même commune, soit dans des communes ou provinces différentes, est imposable au droit fixe entier pour chaque établissement, boutique ou magasin.

S'il y a pluralité d'industries ou genres de commerce spéciaux exercés dans un même local, une seule patente sera imposée pour le commerce donnant lieu au droit le plus élevé.

Pour les patentés des quatre dernières classes, l'atelier de fabrication ne donnera pas lieu à une patente particulière, même quand il sera distinct de la maison de vente, pourvu qu'il n'y soit pas fait de débit des produits fabriqués.

Art. 6. — Le droit proportionnel est établi au taux du trentième sur la valeur locative tant de la maison d'habitation que des magasins, boutiques, usines, ateliers, hangars, remises, chantiers et autres locaux servant à l'exercice des professions imposables.

Il est dû lors même que le logement et les locaux occupés sont concédés à titre gratuit.

Dans aucun cas, le montant du droit proportionnel ne pourra excéder le montant du droit fixe applicable à l'établissement industriel ou commercial.

Art. 7. — Si, indépendamment de la maison où il fait sa résidence habituelle et principale, et qui, dans tous les cas, sauf l'exception ci-après, doit être soumise au droit proportionnel, le patentable possède, soit dans la même commune, soit dans des communes différentes, une ou plusieurs maisons d'habitation, il ne paie le droit proportionnel que pour celles de ces maisons qui servent à l'exercice des professions ; si l'industrie pour laquelle il est assujetti à la patente ne constitue pas sa profession principale, ou s'il ne l'exerce pas lui-même, il ne paie le droit proportionnel que sur la maison d'habitation de l'agent préposé à l'exploitation.

Art. 8. — Les droits fixes et les droits proportionnels sont imposables dans les communes où sont situés les magasins, boutiques, usines, hangars, et autres locaux qui y donnent lieu.

Art. 9. — Les enfants au-dessous de quatorze ans et les vieillards au-dessus de cinquante-cinq ans, imposés aux patentes, dernières classes, ne paieront que demi-droit fixe.

Art. 10. — Ne sont point assujettis à la patente :
1o Les fonctionnaires et employés salariés soit

par l'Etat, soit par les administrations coloniales ou communales, en ce qui concerne seulement l'exercice de leur fonctions.

Ils seront déclarés imposables si, en dehors de leurs fonctions, ils se livrent à une série d'opérations qui, pour toute autre personne, motiveraient l'imposition d'une patente.

2° Les peintres, statuaires, graveurs, dessinateurs, considérés comme artistes et ne vendant que le produit de leur art, les professeurs de belles-lettres, sciences et arts d'agrément, les instituteurs primaires, les sages-femmes, les éditeurs de feuilles périodiques, les artistes dramatiques, les cabinets de lecture.

3° Les laboureurs et les cultivateurs, seulement pour la vente, la manipulation et le transport des récoltes ou fruits provenant des terrains qui leur appartiennent ou par eux exploités, et pour le bétail qu'ils y élèvent, qu'ils y entretiennent ou qu'ils y engraissent.

Les concessionnaires des mines, pour le seul fait de l'extraction et de la vente des matières par eux extraites.

Les propriétaires ou locataires louant accidentellement une partie de leur habitation personnelle.

Les pêcheurs, même lorsque la barque qu'ils montent leur appartient.

Les propriétaires de bateaux ne tenant pas boutique dans leurs embarcations, et ne faisant pas du transport des marchandises et denrées leur profession habituelle; encore, dans ce dernier cas, ceux qui se livreraient à l'industrie des transports seraient-ils exempts de patente, s'ils n'avaient d'autres rameurs que leurs femmes ou enfants. Dans le cas contraire, ils sont imposables, soit comme marchands forains ou ambulants, soit comme entrepreneurs de transports.

Les commerçants ou industriels d'origine française ou asiatique, pour la vente, hors les centres fixés dans l'article 2, du pain fabriqué à la française et de la viande de bœuf, de veau ou de mouton.

4° Les associés en commandite, les caisses d'épargne, de secours et de prévoyance, administrées gratuitement, les assurances mutuelles régulièrement autorisées.

5° Les cantiniers attachés à l'armée, les écrivains publics, les commis, et toutes les personnes travaillant à gages, à façon et à la journée dans les maisons, ateliers et boutiques de leur profession, ainsi que les ouvriers travaillant chez eux ou chez les particuliers sans compagnon ni apprenti, qu'ils aient ou non boutique ou enseigne, soit qu'ils travaillent à façon pour leur compte et avec des matières à eux appartenant, sauf les incrusteurs, brodeurs, sculpteurs, ébénistes, vermicelliers, bijoutiers; en un mot est exempt, sauf les exceptions ci-dessus spécifiées, tout ouvrier travaillant pour vendre aux marchands ou sur commande pour les particuliers, ou dont les produits sont vendus sur les marchés, et non à domicile habituellement.

6° Les ramasseurs de sapèques brisées et autres objets de métal de rebut.

7° Les marchands de lait, la veuve qui continue avec l'aide d'un seul ouvrier ou d'un seul apprenti, la profession précédemment exercée par son mari.

Ne sont point considérés comme apprentis ou compagnons, la femme travaillant avec son mari, les enfants non mariés travaillant avec leur père ou leur mère, ou le simple manœuvre dont le concours est indispensable à l'exercice de la profession.

8° Les personnes qui vendent en ambulance dans les rues, lieux de passage, marchés, et en barque, ou à domicile, à plus de 300 mètres des marchés, des fruits, des légumes, œufs, ou autres denrées comestibles sans préparation culinaire, les gâteaux, des préparations de riz et de haricots, des boissons chaudes non alcooliques, à la condition qu'il ne soit vendu dans une même maison et par un même individu qu'une seule catégorie d'articles et que la valeur totale de l'approvisionnement n'excède pas une piastre. Par marchand à domicile n'est entendu que celui qui vend dans la maison où il habite réellement.

9° Les porteurs ou marchands d'eau, les portefaix avec bambous ou voitures à bras, lorsque la voiture leur appartient.

Art. 11. — Les revendeurs, bouchers, marchands d'étoffes, etc., vendant habituellement et exclusivement dans les marchés de Hanoï, seront exemptés des patentes jusqu'au 1ᵉʳ janvier 1893, même s'ils y ont un étal permanent ou s'ils y occupent des places fixes. A partir de cette date, ils seront soumis au droit fixe que comportera l'importance de leur commerce.

Une seule patente suffit aussi aux mari et femme, même séparés de biens, pourvu qu'ils demeurent ensemble et exercent dans le même local.

Art. 12. — Tout individu, capitaine de navire ou autre, de passage dans les villes de Hanoï, Haïphong, Nam-dinh, Hai-duong, Bac-ninh, Quang-yen et Sontay, ne pourra y vendre des marchandises avant de s'être muni d'une patente pour un trimestre au moins, et valable dans toutes ces localités. La classe sera la même que celle des marchands locaux vendant des marchandises analogues.

Lorsque le séjour dépassera un trimestre, la patente sera due pour toute l'année.

Art. 13. — Les commis-voyageurs des nations étrangères seront traités, relativement à la patente, sur le même pied que les commis-voyageurs français chez ces mêmes nations.

Art. 14. — Toute personne qui entreprendra une profession imposable devra, dans la huitaine, se présenter au bureau de la résidence, pour requérir son inscription au rôle et se munir d'une patente, à peine d'encourir les amendes édictées par l'article 28.

Art. 15. — Les patentes sont personnelles et ne peuvent servir qu'à ceux à qui elles sont délivrées. Toutefois, la patente délivrée à une société en nom collectif, sert à tous les membres concourant au genre de commerce ou d'industrie pour lequel la société est formée. Le droit proportionnel est établi sur la maison de l'associé principal et sur tous les locaux qui servent à la société pour l'exercice de son industrie.

La maison d'habitation de chacun des autres associés est affranchie du droit proportionnel, à moins qu'elle ne serve à l'exercice de l'industrie sociale. Dans ce dernier cas, elle est, de même que les autres locaux servant à l'industrie sociale, imposable au nom de l'associé principal.

Art. 16. — Les sociétés ou compagnies anonymes ayant pour but une entreprise industrielle ou commerciale, sont imposées, pour chacun de leurs établissements, à un seul droit fixe sous la désignation de l'objet de l'entreprise, sans préjudice du droit proportionnel, lorsqu'il y a lieu.

Les patentes assignées à ces sociétés ou compagnies ne dispensent aucun de leurs sociétaires du paiement du droit de patente auquel ils pourraient être personnellement assujettis pour exercice d'une industrie particulière.

Cette dernière disposition est applicable aux gérants et associés solidaires des sociétés en commandite.

Art. 17. — Tout individu colportant des marchandises de commune en commune, lors même qu'il vend pour le compte de marchands et de fabricants, est tenu d'avoir une patente personnelle.

Il en est de même des commis-voyageurs vendant à la commission ou sur échantillon.

Art. 18. — La contribution des patentes est due pour l'année entière par tous les individus exerçant au mois de janvier une profession imposable.

Toutefois, en cas de fermeture des magasins, boutiques et ateliers par suite de décès ou de faillite déclarée, les droits ne seront dus que pour le passé et le mois courant (à compter de la réclamation à la résidence) pourvu que les parties intéressées réclament, dans les trois mois de l'événement, décharge du surplus de la taxe. Les termes perçus seront le cas échéant remboursés.

En cas de cession d'établissement, la patente sera, sur la demande du cédant ou du cessionnaire, transférée à son successeur après paiement du semestre dû.

En cas de cessation de commerce, il ne sera exigé que les semestres échus lors de la déclaration.

Art. 19. — La contribution des patentes est payable par trimestre et d'avance. Le premier trimestre doit être payé dans le mois qui suit la publication du rôle. Le patentable qui aura reçu avertissement pour le payement du premier terme perdra le bénéfice de cette disposition et sa contribution deviendra exigible en entier.

La contribution sera également exigible en entier dans le cas de vente volontaire ou forcée.

Toutefois les marchands forains, les colporteurs, les directeurs de troupes ambulantes, entrepreneurs d'amusements et jeux publics non sédentaires, les patentables des 7°, 8° et 9° classes, et tous ceux dont la profession n'est pas exercée à demeure fixe, sont tenus d'acquitter le montant total de leur cote dans le mois de la publication du rôle.

Les cercles non européens sont soumis à la même obligation.

Art. 20. — En cas de transfert du commerce ou de l'industrie dans une autre commune ou province, il en sera fait une déclaration préalable au point de départ et au point d'arrivée. A défaut de cette déclaration, la contribution devient exigible dans les deux localités. Le droit entier pour l'année courante sera payé à la perception du lieu d'origine, avant que le changement de résidence ne soit effectué.

Les patentables qui résident dans une localité où ils ne sont imposables qu'au droit fixe, et qui dans le courant d'une année transportent leur établissement dans une commune ou province sujette à un droit proportionnel, deviennent passibles de ce droit au prorata du temps restant à courir.

Ce droit est payable au lieu d'arrivée.

Art. 21. — MM. les Résidents ou les agents chargés par le Résident supérieur des fonctions de contrôleur, procéderont annuellement, ces derniers sous la surveillance des Résidents, à la formation de la matrice des patentes.

La matrice sera déposée pendant 10 jours à la résidence ou à la mairie, afin que les intéressés puissent en prendre connaissance et remettre leurs observations au résident ou au maire.

A l'expiration de ce délai de 10 jours, le résident transmettra la matrice avec les réclamations des particuliers, les observations du maire, les réponses du contrôleur, et un avis motivé, au Résident supérieur, qui prononcera sur les contestations.

Après vérification et approbation par le Résident supérieur, les rôles seront rendus exécutoires et publiés immédiatement après par une insertion au *Journal officiel* du Protectorat, et par des affiches en français et, lorsqu'il y aura lieu, en caractères.

Des avertissements seront remis aux patentables par les soins du payeur ou du percepteur.

Les feuilles de patentes seront délivrées par le Résident au vu de la quittance constatant le paiement des termes exigibles.

Les résidents asiatiques assujettis à la carte devront être portés sur les rôles et feuilles de patentes avec les mêmes noms que ceux inscrits sur les cartes. Le numéro de la carte et la congrégation y seront de plus indiqués.

Art. 22. — Au commencement de chaque trimestre il sera dressé un rôle supplémentaire des patentes. Il sera présenté dans les mêmes formes et soumis aux mêmes modifications que le rôle primitif.

Sont imposables au moyen des rôles supplémentaires:

1° Les individus omis au rôle primitif, qui exerçaient avant le premier janvier de l'émission de ces rôles, une profession, un commerce ou une industrie sujets à patente;

2° Ceux qui, antérieurement à la même époque, avaient apporté dans leur profession, commerce ou industrie, des changements donnant lieu à des augmentations de droits. Dans ces deux cas les droits sont dus à partir du 1er janvier de l'année pour laquelle le rôle primitif a été émis;

3° Ceux qui entreprennent après le 1er janvier une profession sujette à la patente;

4° Ceux qui, dans le cours de l'année, entreprennent une profession d'une classe supérieure à celle qu'ils exerçaient d'abord, ou qui transportent leur établissement dans une localité donnant lieu à un droit plus élevé.

5° Les patentables de la première catégorie qui prennent des maisons ou locaux d'une valeur locative supérieure à celle des maisons ou locaux pour lesquels ils ont été primitivement imposés. Dans ces trois derniers cas, la contribution ou le supplément de contribution n'est dû qu'à partir du premier du mois dans lequel la profession a été entreprise ou le changement introduit, à moins que par sa nature, la profession ne puisse pas être exercée pendant toute l'année. En ce cas la contribution sera due pour l'année entière, quelle que soit l'époque à laquelle la profession aura été entreprise.

Dans aucun cas, le contrôleur ne peut établir un rôle supplémentaire pour élever la cote d'un patentable, pour le seul motif que les éléments d'imposition de ce patentable auraient été mal appréciés dans le rôle primitif. Il faut, pour qu'il y ait lieu à un supplément, des faits nouveaux, réalisés dans l'année courante, ou omis antérieurement.

Art. 23. — Il peut être délivré des patentes avant l'émission des rôles aux individus qui désireraient transférer leur commerce ou leur industrie hors de la localité où ils étaient précédemment établis, et à ceux qui en feront la demande pour un motif quelconque, à charge par eux de justifier du versement à la caisse du percepteur du montant de leur contribution.

Art. 24. — Le recouvrement de l'impôt des patentes est poursuivi comme celui des autres contributions directes.

Les propriétaires ou détenteurs successifs de la même patente dans le cours de l'année seront solidairement soumis au paiement de la contribution, sauf recours entre eux.

Art. 25. — La moitié du produit des patentes sera laissé à la disposition des autorités municipales dans chacun des centres ci-dessus désignés, et devra être exclusivement employé aux travaux d'utilité locale.

Art. 26. — Les réclamations des contribuables en décharge ou en réduction, les demandes en remise ou en modération, seront adressées aux résidents qui les transmettront avec les observations du contrôleur et leur avis motivé, au Résident supérieur.

Les patentés qui réclameront contre la fixation de leur taxe seront admis à prouver la justesse de leur réclamation par la représentation d'actes de société légalement publiés, des livres et journaux de commerce régulièrement tenus, et tous autres documents.

Les réclamations des contribuables en décharge ou en réduction de leur taxe, ne seront admises qu'autant qu'elles seront présentées à l'administration dans le délai d'un mois à partir du jour de la publication des rôles, sous la réserve de l'exception fixée à l'article 19 du présent arrêté. Il devra être donné au contribuable un reçu de sa réclamation.

Les réclamations devront, à peine de rejet sans examen, être accompagnées de l'avertissement du rôle, et pour les cinq premières classes, de la quittance constatant le paiement du trimestre échu au moment de la demande.

Les pétitions en remise ou en modération pour pertes résultant d'événements extraordinaires, devront être remises à l'administration dans les quinze jours qui suivront les événements. Elles seront appuyées des pièces sus-indiquées, à l'exception de la quittance des termes échus.

Le Résident supérieur statue en Conseil de Protectorat sur les réclamations en décharge ou en réduction ; il juge seul les demandes en remise ou en modération.

Art. 27. — Tout patentable est tenu d'exhiber sa patente lorsqu'il en est requis par les agents du contrôle et tous les officiers et agents de la force publique.

En outre, les commerçants et industriels asiatiques ayant magasin, devront tenir leur patente constamment affichée dans un endroit apparent.

Toute infraction aux dispositions du paragraphe premier et toute récidive dûment constatée d'infraction aux dispositions du paragraphe 2, sera constatée par procès-verbal et punie d'une amende de cinquante cents (0 $ 50) à deux piastres.

Art. 28. — Toute individu exerçant un commerce ou une industrie sans être muni d'une patente, sera puni d'une amende qui pourra être du double de la taxe qu'il aurait dû acquitter pour l'année entière, sans préjudice du droit de patente à lui imposé à compter du 1er janvier de l'année courante.

Art. 29. — Les marchandises mises en vente hors de leur domicile par les individus non munis de patentes pourront être séquestrées aux frais du vendeur, à moins qu'il ne donne caution suffisante pour garantir le paiement de l'amende qu'il a encourue et du droit entier.

Les marchandises ainsi séquestrées seront déposées au lieu fixé par l'autorité administrative. Elles y seront immédiatement inventoriées et un double de l'inventaire sera, séance tenante, envoyé au contrôleur.

En cas de non paiement, le Résident supérieur pourra en ordonner la saisie et la vente. Si l'individu non muni de patente exerce au lieu de son domicile, il sera dressé procès-verbal qui sera transmis immédiatement à l'agent faisant fonctions de contrôleur des contributions.

Art. 30. — Toute fausse déclaration faite, soit par le commerçant principal, soit par ses associés, dans le but de se soustraire en tout ou en partie au paiement des droits de patente, sera passible d'une amende égale au triple de la contribution qui aurait dû être acquittée, sans préjudice de la patente réglementaire à imposer suivant le commerce ou l'industrie.

Art. 31. — Les procès-verbaux dressés par les agents du contrôle ou par les agents de la force publique seront transmis, dans les villes de Haiphong et Hanoi au procureur de la République, et dans les provinces au Résident.

Art. 32. — Les commerçants asiatiques qui auront égaré leur patente devront en demander un duplicata qui leur sera délivré contre paiement d'un droit de 0 $ 50 cents.

Ces duplicatas seront délivrés gratuitement aux européens.

Art. 33. — Le % de l'impôt des patentes établi par l'arrêté du 21 juillet 1888, sera affecté à couvrir les dépenses des chambres de commerce du Tonkin dans les conditions spécifiées par ledit arrêté. (Voir arrêté modificatif du 8 juin 1891.)

Art. 34. — Le trésor jouira, pour le recouvrement de la contribution des patentes, des droits et privilèges qui lui sont attribués par la loi du 12 novembre 1808.

Art. 35. — Sont abrogés tous les arrêtés et décisions antérieurs, en ce qu'ils ont de contraire au présent.

Art. 36. — Les dispositions du présent arrêté ne sont applicables qu'à compter du 1er janvier 1891, à l'exception cependant de la ville de Hanoi pour laquelle le nouveau tarif sera appliqué à compter du 1er janvier 1890.

Art. 37. — Le Résident supérieur au Tonkin est chargé de l'exécution du présent arrêté. — PIQUET.

TABLEAU A

Indiquant le droit fixé à imposer aux patentables de l'Annam et du Tonkin

Hors classe	300 $	5e classe	15 $
1re	125	6e	6
2e	66	7e	3
3e	48	8e	1 50
4e	30	9e	0 50

TABLEAU B

Modifié par arrêté du 17 avril 1893.

12. — 8 juin 1891. — ARRÊTÉ *modifiant les articles 2 et 33 de celui du 15 avril 1890, sur l'impôt des patentes.*

Modifié par arrêté du 17 avril 1893.

13. — 11 février 1893. — ARRÊTÉ *fixant la quotité de la patente des défenseurs agréés près les tribunaux du Tonkin.*

Article premier. — Les droits de patente auxquels seront soumis les défenseurs agréés près les tribunaux et la cour criminelle du Tonkin, sont ceux inscrits au tableau B annexé à l'arrêté organique du 15 avril 1890, pour la profession d'agent d'affaire.

Art. 2. — Les Résidents-maires de Hanoi et de Haiphong sont chargés, chacun en ce qui le concerne, de l'exécution du présent arrêté. — CHAVASSIEUX.

---

14. — 17 avril 1893. — ARRÊTÉ *modifiant le tarif des patentes à percevoir au Tonkin* (1)

Article premier. — L'article 2 de l'arrêté du 15 avril 1890 susvisé, est modifié comme suit:

« Art. 2. — Les patentables sont divisés en deux catégories. La première catégorie comprend les patentables des villes de Hanoi, Haiphong, Nam-dinh, Hai-duong, Bac-ninh, Quang-yen et Son-tay; la seconde catégorie, les patentables de l'intérieur.

« La contribution des patentes se compose d'un droit fixe et d'un droit proportionnel.

« Le droit proportionnel n'est applicable qu'aux patentables de la première catégorie compris dans les six premières classes de patentés, sous réserve que, pour la sixième classe, la taxe proportionnelle ne pourra en aucuncas être supérieure à 2 piastres. »

Art. 2. — Le tableau B annexé à l'arrêté sus-visé du 15 avril 1890, est modifié conformément au tableau annexé au présent arrêté.

Art. 3. — Le Résident supérieur du Tonkin est chargé de l'exécution du présent arrêté. — CHAVASSIEUX.

TABLEAU B

A

Agents d'affaires (2)	2ᵉ 3ᵉ
Agents de change	H. c.
Allèges (maîtres) arrimeurs, débarqueurs, délesteurs, gabariers	3ᵉ 4ᵉ 5ᵉ
Architectes	2ᵉ
Armateurs pour le long cours	H. c.
Armateurs pour le cabotage	1ʳᵉ
Assurances maritimes ou terrestres, agents spéciaux	1ʳᵉ
Aubergistes	3ᵉ 4ᵉ 5ᵉ
Avocats, défenseurs-agréés	2ᵉ 3ᵉ

B

Banques, caisse d'escompte, d'avance, de prêt	H. c.
Barbiers, sédentaires ou ambulants	7ᵉ 8ᵉ 9ᵉ
Bateaux à vapeur, remorqueurs	1ʳᵉ
Bijoutiers, horlogers ou orfèvres européens avec magasin	2ᵉ 3ᵉ 4ᵉ
Bijoutiers, horlogers ou orfèvres européens sans magasin	4ᵉ 5ᵉ 6ᵉ
Bijoutiers, horlogers ou orfèvres asiatiques	2ᵉ 3ᵉ 4ᵉ 5ᵉ 6ᵉ
Blanchisseur de linge	2ᵉ 3ᵉ 4ᵉ 5ᵉ 6ᵉ 7ᵉ
Bœufs et bestiaux (marchands de)	3ᵉ
Bois et autres matériaux de construction (marchands de)	1ʳᵉ 2ᵉ 3ᵉ 4ᵉ 5ᵉ 6ᵉ 7ᵉ
Bouchers (marchands divers)	2ᵉ 3ᵉ 4ᵉ 5ᵉ 6ᵉ 7ᵉ 8ᵉ
Boulangers	3ᵉ 4ᵉ
Bourreliers	3ᵉ 4ᵉ 5ᵉ 6ᵉ
Briques, carreaux, tuiles (fabricants européens de)	2ᵉ 3ᵉ 4ᵉ
Briquetiers à façon	4ᵉ 5ᵉ 6ᵉ
Brodeurs sur étoffes	4ᵉ 5ᵉ 6ᵉ 7ᵉ 8ᵉ

C

Cabaretiers, teneurs de buvette	4ᵉ 5ᵉ
Cafetiers	2ᵉ 3ᵉ
Calfats (radoubeurs de navires ou de barques)	5ᵉ 6ᵉ 7ᵉ
Capitaines de navires ou de barques (pour vendre sa cargaison)	1ʳᵉ 2ᵉ 3ᵉ 4ᵉ
Carrières souterraines ou à ciel ouvert (exploitation de)	4ᵉ 5ᵉ 6ᵉ
Carrossiers (pour voitures et pousse-pousse)	2ᵉ 3ᵉ 4ᵉ 5ᵉ 6ᵉ
Cercles non européens à Hanoi et Haiphong	H. c.
Cercles non européens en tout autre centre que Hanoi et Haiphong	1ʳᵉ
Caroudts, seaux, tonneaux, etc. (fabricants de)	5ᵉ 6ᵉ 7ᵉ 8ᵉ

(1) Cette décision a été rendue applicable à Tourane par arrêté du 1ᵉʳ juillet 1893.
(2) Voir arrêté du 11 février 1893 pour la patente des défenseurs agréés.

(colonne de droite, suite)

Changeurs de monnaies	5ᵉ 6ᵉ 7ᵉ 8ᵉ
Chapeaux de pays (fabricants de)	7ᵉ 8ᵉ 9ᵉ
Charbonniers	7ᵉ 8ᵉ 9ᵉ
Charretiers (européens)	3ᵉ 4ᵉ 5ᵉ
— (asiatiques)	6ᵉ 7ᵉ 8ᵉ
Charpentiers	3ᵉ 4ᵉ 5ᵉ 6ᵉ 7ᵉ
Charrettes (loueurs à la journée)	6ᵉ 7ᵉ 8ᵉ
Chaufourniers	5ᵉ 6ᵉ 7ᵉ 8ᵉ
Chaussures de pays (fabricants et marchands de)	6ᵉ 7ᵉ 8ᵉ 9ᵉ
Ciments, mortiers, bétons (fabricants de)	4ᵉ 5ᵉ
Cochons (marchands de)	6ᵉ 7ᵉ 8ᵉ
Coffretiers (malletiers)	5ᵉ 6ᵉ 7ᵉ 8ᵉ
Coiffeurs, parfumeurs européens, avec magasin ayant un ou deux employés européens	2ᵉ 3ᵉ
Coiffeurs, parfumeurs, n'ayant pas d'employé	3ᵉ 4ᵉ
Commissaires-priseurs	3ᵉ
Consignataires de navires de mer	H. c.
Constructeurs de barques, jonques, etc.	3ᵉ 4ᵉ 5ᵉ
Cordiers	6ᵉ 7ᵉ 8ᵉ 9ᵉ
Cordonniers	5ᵉ 6ᵉ 7ᵉ 8ᵉ
Courtiers et commissionnaires	1ʳᵉ 2ᵉ 3ᵉ 4ᵉ 5ᵉ
Constructeurs de navires et chaloupes	1ʳᵉ

D

Distillateurs européens, fabricants de sirops et liquoristes à feu nu	2ᵉ 3ᵉ 4ᵉ

E

Entrepreneurs de grands travaux ou d'un travail dépassant 150.000 francs	H. c.
Entrepreneurs d'un travail dépassant 75.000 fr.	1ʳᵉ
— de travaux spéciaux et bâtiments	2ᵉ
— menus travaux	3ᵉ 4ᵉ
Entrepositaires transitaires	1ʳᵉ 2ᵉ 3ᵉ
Entreprises (grandes) commerciales et industrielles	H. c.
Escompteurs	1ʳᵉ
Eventaillistes	5ᵉ 6ᵉ 7ᵉ 8ᵉ 9ᵉ

F

Fabricants d'eaux gazeuses, limonadiers	3ᵉ
Fermages de plus de 100.000 fr.	H. c.
— de 50.000	4ᵉ
— de 25.000	2ᵉ
— de 10.000	4ᵉ
— de 2.000	5ᵉ
Fermages de 2.000 et au-dessous	7ᵉ
Ferblantiers, lampistes, quincailliers	3ᵉ 4ᵉ 5ᵉ 6ᵉ 7ᵉ 8ᵉ
Fermier des boues et vidanges	6ᵉ 7ᵉ 8ᵉ
Filets pour la pêche, la chasse (fabricants de)	5ᵉ 6ᵉ 7ᵉ 8ᵉ 9ᵉ
Fondeurs	4ᵉ
Forgerons, charrons, maréchaux ferrants, chaudronniers, ferronniers, serruriers, cloutiers, taillandiers, armuriers	2ᵉ 3ᵉ 4ᵉ 5ᵉ 6ᵉ 7ᵉ 8ᵉ 9ᵉ
Fournisseurs de l'administration ou de grandes entreprises, dépassant le chiffre d'affaires de 150.000 francs	H. c.
Fournisseurs d'entreprises de plus de 75.000 fr.	1ʳᵉ

G

Gargotiers	6ᵉ 7ᵉ 8ᵉ 9ᵉ
Graveurs sur bois ou sur métaux	6ᵉ 7ᵉ 8ᵉ

H

Hôtels	1ʳᵉ
Huiles du pays (fabricants de)	4ᵉ 5ᵉ 6ᵉ 7ᵉ 8ᵉ

I

Imprimeurs importants	1ʳᵉ 2ᵉ 3ᵉ
— d'importance secondaire	2ᵉ 3ᵉ
— libraires, papetiers	3ᵉ 4ᵉ 5ᵉ 6ᵉ
Incrustateurs	4ᵉ 5ᵉ 6ᵉ 7ᵉ 8ᵉ
Ivoire, ambre, jais, os et corne (fabricants du)	6ᵉ 7ᵉ 8ᵉ

L

Lanterniers	6ᵉ 7ᵉ 8ᵉ
Liques (marchands de), laqueurs	1ʳᵉ 2ᵉ 3ᵉ 4ᵉ 5ᵉ 6ᵉ 7ᵉ 8ᵉ
Logeurs d'ouvriers	6ᵉ
— en garni	5ᵉ 6ᵉ
Loueurs de coolis	1ʳᵉ 2ᵉ 3ᵉ 4ᵉ 5ᵉ 6ᵉ

M

Maçons, couvreurs, carreleurs	5ᵉ 6ᵉ 7ᵉ 8ᵉ
Maisons publiques annamites	3ᵉ 4ᵉ 5ᵉ 6ᵉ
— chinoises et japonaises	1ʳᵉ
Marchands demi-gros et détail	1ʳᵉ 2ᵉ 3ᵉ
— en détail	3ᵉ 4ᵉ 5ᵉ 6ᵉ 7ᵉ
Marchands de riz (gros)	1ʳᵉ
— moins important	2ᵉ 3ᵉ 4ᵉ 5ᵉ 6ᵉ 7ᵉ
— faisant le gros et le détail	1ʳᵉ

Marchands forains ou colporteurs . . . . . . 5° 6° 7° 8° 9°
— — à postes fixes ou petits écho-
pliers . . . . 6° 7° 8° 9°
Matelassiers . . . . 5° 6° 7°
Mats et avirons (fabricants de) . . . . . . 5° 6° 7° 8°
Mécaniciens avec ateliers sans vapeur . . . 2° 3° 4°
— sans magasin . . 3° 4° 5°
Médecins européens, chirurgiens, dentistes . 1° 2° 3°
asiatiques . . . . 6° 7° 8°
Menuiseries (entrepreneurs de) . . . . . . 3° 4°
Menuisiers, marchands de meubles . . . . . 4° 5° 6° 7°
Modistes, couturières . . . . 5° 6°

N

Nattiers . . . . 5° 6° 7° 8°
Négociants . . . . 1° 2°
Noix d'arecs et écorces . . . . 4° 5° 6° 7° 8°
Nuoc mam (fabricants de) . . . . 5° 6° 7°
Nuoc mam (marchands de) . . . . 6° 7° 8°

O

Objets de cultes, menus objets (fabricants de) 6° 7° 8° 9°
Ornemanistes . . . . 5° 6° 7° 8°

P

Paillottes et caisses légères (fabricants de) . 6° 7° 8° 9°
Parapluies (fabricants de) . . . . 6° 7° 8°
Patissiers-confiseurs . . . . 5° 6° 7° 8°
Peintres en bâtiments . . . . 2° 3° 4°
Peintres et vernisseurs . . . . 5° 6°
Peintres d'images . . . . 7° 8° 9°
Perruquiers asiatiques . . . . 7° 8° 9°
Pharmaciens européens . . . . 1°
— asiatiques, herboristes, etc. 3° 4° 5° 6° 7° 8°
Photographes . . . . 2° 3° 4°
Plumassiers . . . . 3° 4° 5°
Poteries (fabricants et marchands de) . . . 5° 6° 7°

R

Restaurateurs, traiteurs européens . . . . . 3° 4°
Restaurateurs, traiteurs asiatiques . . . . . 5° 6° 7° 8° 9°
Rotiniers, vanniers . . . . 4° 5° 6° 7° 8°

S

Sacs d'emballages (fabricants de) . . . . . 6° 7° 8°
Sculpteurs sur bois ou sur métaux . . . . . 5° 6° 7° 8°
Selliers harnacheurs . . . . 3° 4° 5° 6°
Shipshandlers ou approvisionnement denavires 2°
Sucre indigène (fabricants ou marchands de) 5° 6° 7°

T

Tabac (fabricants ou marchands) . . . . . . 6° 7° 8°
Tailleurs d'habits . . . . 2° 3° 4° 5° 6° 7° 8°
— de pierres . . . . 5° 6° 7° 8°
Tanneurs, corroyeurs, chamoiseurs, mégissiers 5° 6° 7° 8°
Teinturiers . . . . 5° 6° 7° 8°
Théâtres (Directeurs de grands) . . . . . . 1°
— de petits), cafés concerts . 2° 3°
— ambulants, panoramas (Directeurs) 4° 5° 6° 7°
Tissus de soie (fabricants ou marchands) . . 4° 5° 6° 7°
— de coton — . . 6° 7° 8°
Tourneurs sur bois ou sur métaux . . . . . 6° 7° 8°
Transports maritimes ou fluviaux, par bâti-
ments à vapeur (entreprises de) . . . . . H. c.
Transports fluviaux par bateaux et barques (en-
treprises de) . . . . 3° 4° 5° 6° 7° 8° 9°

U

Usines, ateliers et moulins à moudre, battre,
triturer, décortiquer, broyer, et fabriques de
la glace, avec emploi d'une force motrice de 10
chevaux-vapeur au moins en une ou plusieurs
machines . . . . H. c.
Usines, ateliers et moulins ayant moins de 10
chevaux-vapeur . . . . 1°
Usines, ateliers, moulins sans emploi de la vapeur 2°

V

Vermicelliers . . . . 5° 6° 7° 8°
Vétérinaires . . . . 4°
Voiliers . . . . 6°
Voitures et pousse-pousse (loueurs de) . . . 3° 4° 5° 6°

3° SECTION
Impôt foncier

15. — 12 décembre 1885. — DÉCISION *fixant les taxes annuelles qui seront perçues sur toutes les propriétés appartenant à des Français ou à des étrangers* (1).

Article premier. — A dater du 1er janvier 1886,

(1) Voir ci-après arrêté du 18 août 1886.

des taxes annuelles, tenant lieu d'impôt foncier, seront perçues au profit du trésor du Protectorat sur toutes les propriétés foncières appartenant à des Français ou à des étrangers, et situées dans les territoires du Tonkin et de l'Annam.

Art. 2. — Les terrains compris dans les limites des villes de Hanoi, Nam-dinh, Haiphong, Haiduong, Bac-ninh, Son-tay et Quang-yen, seront divisés en cinq classes, d'après les zones auxquelles ils appartiendront et qui seront déterminées par un arrêté ultérieur.

Art. 3. — *Modifié par arrêté du 9 septembre 1886.*

Art. 4. — Ne seront imposées à ces taxes que les superficies occupées par les constructions, cours et dépendances ; les constructions en paillotte seront toujours, à conditions égales d'ailleurs, rangées dans la classe inférieure, par rapport aux constructions en maçonnerie de la catégorie correspondante. Cette atténuation des taxes ne sera valable que pendant le laps de temps accordé aux propriétaires pour la substitution de matériaux solides aux paillottes.

Le même bénéfice est accordé aux jardins maraîchers, cultures diverses, chantiers, ateliers, dépôts de matériaux et terrains non bâtis ni cultivés, sis dans les centres urbains susdits.

Le minimum des taxes foncières imposables à un contribuable dans les centres, est fixé à 0 fr. 50 par an, pour les terrains possédés dans un même centre.

Art. 5. — Dans les centres autres que ceux dénommés ci-dessus, et sur tout le reste du territoire, les propriétés foncières appartenant à des Français ou à des étrangers seront imposées à partir du 1er janvier 1886, comme ci-après.

Art. 6. — Les rizières seront divisées en trois classes suivant leur degré de fertilité reconnu :

La 1re classe payera par hectare . . . . . . 6 fr. 16
La 2° classe payera par hectare 4 61
La 3° classe payera par hectare 3 08

Art. 7. — Les cultures diverses seront divisées en 6 catégories :

La 1er catégorie (*mûriers supérieurs, plantations de badiane, de thé, de tabac, de cocotiers et d'arequiers*), payera pour un hectare . . . . . . 3 fr. 07

La 2° catégorie (*cannes à sucre, jardins fruitiers et maraîchers, maïs, haricots, patates, ricin, sésame, arachides et cultures assimilables*) payera pour un hectare . . . . 1 fr. 73

La 3° catégorie (*mûriers inférieurs, textiles divers, plantes à laque*) payera pour un hectare . 1 fr. 47

La 4° catégorie (*joncs à nattes*) payera pour un hectare . . . . 1 fr. 20

La 5° catégorie (*terrains d'habitation, chantiers, ateliers, dépôts de matériaux et terrains non bâtis ni cultivés, alluvions récentes cultivées aux basses eaux seulement, étangs, viviers et mares à poissons*) payera pour un hectare ou fraction d'hectare. 0 fr. 47

La 6° catégorie (*marécages cultivés*) payera pour un hectare ou fraction d'hectare . . . . . . 0 fr. 93

Art. 8. — Les cultures d'indigotiers, de cotonniers et les autres cultures coloniales riches à introduire dans le pays, telles que celles du cacaoyer, du caféier, etc., seront exemptées d'impôt foncier jusqu'à nouvelle décision.

Les cultures d'arequiers, de cocotiers et en général les jardins fruitiers, seront rangés dans la 5° catégorie, jusqu'au moment où ils commenceront à produire régulièrement.

Les plantations ou défrichements nouveaux jouiront de toutes les immunités qui leur sont accordées dans la colonie de Cochinchine, par les règlements actuellement en vigueur, et qui ont été promulgués au Tonkin et en Annam.

Art. 9. — Le minimum des taxes foncières à acquitter par un contribuable pour une propriété rurale quelconque, est fixé à 0 fr. 20 par an, pour les terrains possédés dans un même centre.

Art. 10. — Les rôles des contributions foncières, établis par les soins de MM. les Résidents, seront soumis à l'approbation du Résident général, notifiés partout où besoin sera, et les Résidents seront chargés de poursuivre le recouvrement des taxes par tous les moyens conformes à la législation de la Cochinchine française, promulguée au Tonkin et en Annam par arrêté du Gouverneur en date du 6 octobre 1881.

Art. 11. — Le directeur des affaires civiles et politiques est chargé de l'exécution de la présente décision qui, provisoirement exécutoire, sera soumise à l'approbation de M. le Ministre. — COURCY.

16. — 18 août 1886. — ARRÊTÉ *modifiant celui du 12 décembre 1885, fixant les taxes à percevoir sur les propriétés foncières.*

Article premier. — Les art. 5, 6, 7, 8, 9 et 10 de la décision du 12 décembre 1885, fixant les taxes à percevoir sur les propriétés foncières appartenant à des français ou à des étrangers, et situées sur les territoires du Tonkin et de l'Annam, sont abrogés et remplacés par les dispositions suivantes :

Dans les centres autres que ceux des chefs-lieux de résidence ou de vice-résidence, et sur tout le reste du territoire, les propriétés foncières appartenant à des français ou à des étrangers seront assujetties au tarif ci-annexé, et l'impôt en sera perçu sur rôles spéciaux, par les soins des résidents, aux mêmes époques que les contributions annamites.

Art. 2. — Les cultures d'indigotiers, et les autres cultures coloniales riches, à introduire dans le pays, telles que celles du cocoyer, du caféier, etc., sont exemptées d'impôt foncier jusqu'à nouvelle décision.

Art. 3. — Le Résident supérieur au Tonkin est chargé de l'exécution du présent arrêté. — PAUL BERT.

TABLEAU *annexé à l'arrêté du 18 août 1886*

1° RIZIÈRES

	PAR MAU de 62 ares 25	PAR HECTARE	
Rizières de 1re cl.	6 fr.	9 fr. 60	Provenant de la conversion en argent de l'impôt en nature de 40 thangs par mân, à raison de 4 fr. le hoc de 20 thangs.
— 2e —	4 »	7 20	Impôt en nature de 30 thangs.
— 3e —	3 »	4 80	Impôt en nature de 20 thangs.

2° CULTURES (1)

	PAR MAU de 62 ares 25	PAR HECTARE
1re Catégorie, comprenant les aréquiers, le tabac, bétel, bucarin, et en général les plantations d'arbres fruitiers	5 fr.	8 fr.
2e Catégorie, comprenant les terrains d'habitation, la canne à sucre, les arachides, le maïs, la ramie ou ortie de Chine, le sésame, les pastèques, et en général toutes les cultures de légumes	3 »	5 »
3e Catégorie, comprenant les plantes aquatiques	2 »	3 »

17. — 9 septembre 1886. — ARRÊTÉ *fixant le montant des taxes foncières auxquelles sont assujetties les propriétés immobilières appartenant aux Européens ou assimilés.*

Article premier. — Les propriétés immobilières appartenant à des Européens ou assimilés dans les villes du Tonkin chefs-lieux de résidence et de vice-résidence, sont divisées en quatre classes pour le payement des taxes foncières.

La première classe comprend les constructions en maçonnerie à étage ;

La deuxième, les constructions en maçonnerie sans étage ;

La troisième, les constructions en bois ou en paillottes ;

La quatrième, les terrains non construits ni cultivés.

Art. 2. — (*Voyez arrêté du 6 mars 1888, modifiant la taxe foncière*).

Art. 3. — Le classement des immeubles sera effectué par les soins des résidents ou vice-résidents chefs de poste.

Les poursuites pour le recouvrement des taxes foncières sont soumises aux règles générales relatives à la perception des impôts directs.

Art. 4. — Les dispositions de l'arrêté du 12 décembre 1885 sont abrogées en tout ce qu'elles ont de contraires aux articles ci-dessus.

Art. 5. — Le Résident supérieur au Tonkin est chargé de l'exécution du présent arrêté. — PAUL BERT.

18. — 6 mars 1888. — ARRÊTÉ *portant modification des taxes foncières sur les propriétés des Européens ou assimilés* (2).

Article premier. — Les taxes foncières auxquelles sont assujetties les propriétés foncières des Européens ou assimilés par l'arrêté susvisé (3) sont ainsi modifiées :

Première classe	0 fr. 17
Deuxième	0 12
Troisième	0 07
Quatrième	0 02

Art. 2. — Sont abrogées les dispositions de l'arrêté du 9 septembre 1886, contraires au présent. — RAOUL BERGER.

(1) Voir ci-après arrêté du 27 mai 1893.
(2) Une classification spéciale a été faite pour les villes de Haïphong et Hanoï, par arrêtés des 26 janvier 1886 et 27 février 1890.
(3) Arrêté du 9 septembre 1886, publié ci-dessus.

19. — 30 décembre 1888. — ARRÊTÉ *relatif à l'établissement du rôle des rentes tenant lieu d'impôt foncier, dans les villes de Hanoi et de Haiphong.*

Article premier. — Dans les villes de Hanoi et de Haiphong, le rôle des rentes tenant lieu d'impôt foncier, sera préparé annuellement par des contrôleurs assermentés, nommés à cet effet par le Résident général sur la proposition des Résidents-maires. Ces derniers surveilleront et dirigeront ce travail préparatoire, qui devra être terminé le 1er décembre de chaque année au plus tard.

Art. 2. — Le rôle une fois établi sera soumis à l'examen du Résident-maire.

Art. 3. — Le rôle arrêté par le Résident-maire, sera envoyé dans la première quinzaine de décembre au Résident supérieur, qui fixera définitivement le montant et le transmettra, pour publication et exécution, au service de la trésorerie.

Art. 4. — La publication du rôle résultera de son affichage à la porte de la mairie et de son insertion au *Journal officiel* du Protectorat.

Art. 5. — Un délai de trois mois à partir de cette date est accordé aux contribuables qui auraient à réclamer contre des impositions indues ou exagérées.

Les réclamations seront adressées au Résident-maire qui devra en délivrer un récépissé.

Aucune réclamation ne sera reçue après l'expiration du délai ci-dessus.

Art. 6. — Les réclamations seront soumises au Résident-maire.

Celui-ci, assisté, s'il le juge nécessaire, du contrôleur, aura le droit, pour s'éclairer, de pénétrer dans les propriétés du réclamant. Il pourra exiger la production des plans et titres desdites propriétés, en un mot s'entourer de tous les renseignements de nature à lui permettre d'apprécier le bien-fondé de la réclamation.

Il devra être statué dans le délai d'un mois à partir de la date du récépissé de la réclamation.

Art. 7. — Les décisions prises seront exécutoires et sans appel, après approbation du Résident supérieur, sur simple avis du Résident-maire et du contrôleur, et notifiées immédiatement aux parties.

Art. 8. — Les délais de réclamation n'arrêteront pas la mise en recouvrement du rôle, qui courra à partir du premier février de chaque année.

Les récépissés des réclamations seront remis aux intéressés au vu de la quittance constatant le payement du 1er semestre de la contribution foncière, à la caisse du préposé payeur de la localité.

Art. 9. — L'établissement des rôles supplémentaires et l'examen des réclamations y relatives sont soumis aux formes, vérifications et délais prévus pour le rôle primitif.

Toutefois le délai de réclamation pour les taxes comprises aux rôles supplémentaires courra à partir de la notification individuelle qui sera faite à chaque contribuable, de l'extrait du rôle le concernant.

Art. 10. — Seront imposables au moyen des rôles supplémentaires :

1° Les propriétaires fonciers omis au rôle primitif, pour tous les terrains et immeubles qu'ils possédaient antérieurement au premier janvier, date de l'émission du rôle. Dans ce cas, les taxes ne seront dues qu'à partir du 1er janvier de l'année pour laquelle le rôle primitif a été émis ;

2° Ceux qui, dans le cours de l'année, se seront rendus acquéreurs de terrains ou d'immeubles ;

3° Les contribuables qui, après le mois de janvier, auront élevé des constructions sur les terrains pour lesquels ils n'ont été primitivement imposés.

Dans ces deux cas, la contribution ou le supplément de contribution n'est dû qu'à partir du mois dans lequel les acquisitions ont eu lieu, ou à compter de celui dans lequel les constructions ont été achevées.

Art. 11. — Tout acquéreur, concessionnaire, héritier, légataire, donataire ou nouveau propriétaire, à quelque titre que ce soit, doit faire au contrôle des contributions directes, la déclaration des terrains ou immeubles qu'il a acquis.

En cas de cession de terrains ou d'immeubles, le vendeur et l'acquéreur seront solidairement responsables du payement de l'impôt foncier de l'année pendant laquelle la mutation aura eu lieu.

Art. 12. — Toutes les dispositions des arrêtés antérieurs, contraires à celles du présent arrêté, sont et demeurent abrogées.

Art. 13. — M. le Résident supérieur au Tonkin et M. le Payeur chef du service de la Trésorerie sont chargés, chacun en ce qui le concerne, de l'exécution du présent arrêté, qui sera mis en vigueur pour l'établissement du rôle de l'exercice 1889, et publié et enregistré partout où besoin sera. — RHEINART.

---

20. — 21 juin 1889. — CIRCULAIRE *au sujet de l'inscription au rôle foncier, de tout Européen ou Asiatique étranger occupant des terrains ou des immeubles.*

L'examen des rôles de l'impôt foncier, en faisant ressortir le montant peu élevé de ces rôles, m'a amené à penser que les dispositions réglementaires ayant trait à cette contribution ne sont pas appliquées dans toute leur intégrité.

J'ai tout lieu de croire, en effet, que dans la plupart des circonscriptions, seuls sont imposés à la taxe foncière les propriétaires munis de titres réguliers, et qu'à côté d'eux, d'autres possesseurs, locataires ou simples occupants, bénéficient des mêmes avantages de la propriété régulière, sans avoir à en supporter les charges.

Tel n'est pas l'esprit de la loi du 3 frimaire an VII qui régit la matière, et qui, par son article 2, vise la propriété et non le propriétaire. Aucune des dispositions de ce texte, en effet, ne parle de titres à produire. L'occupant est substitué au propriétaire, à défaut ou en l'absence de ce dernier, pour tous renseignements à donner ou réclamations à faire (Art. 41) et contraint au paiement de la taxe (Art 147). Bien que cette législation n'ait pas été promulguée au Tonkin, les principes qu'elle consacre sont d'une application générale et doivent tous les règlements locaux en matière d'impôt foncier.

J'estime, en conséquence, que tous les Européens ou Asiatiques étrangers doivent être inscrits au rôle de l'impôt foncier pour tous les terrains ou immeubles non exceptés par la loi, et non imposés déjà, qu'ils occupent, soit comme propriétaires, soit à un titre quelconque.

Vous voudrez donc bien réparer les omissions qui auraient pu se produire dans votre circonscription, et porter sur le rôle supplémentaire du trimestre en cours, les Européens ou Asiatiques étrangers jouissant, sans titres réguliers, d'immeubles ou de terrains dans les conditions déterminées par la présente circulaire.

Il va sans dire que cette inscription au rôle d'impôt

foncier n'implique en aucune façon la reconnaissance de la qualité de propriétaire. — BRIÈRE.

21. — 27 février 1890. — ARRÊTÉ *classifiant les propriétés de la ville de Hanoï, pour l'assiette de l'impôt foncier.*

Modifié par arrêté du 15 mars 1892, dont le texte est publié V° Hanoï (ville de)

22. — 27 mai 1893. — ARRÊTÉ *fixant les taxes à percevoir sur les plantations de badiane.*

Article premier. — A partir du 1er janvier 1893, les plantations de badiane sont assujetties à une taxe de 0 $ 25 par pied d'arbre en rapport.

Les arbres ne produisant pas encore sont exemptés de toute taxe ; néanmoins le recensement devra en être fait, et ils figureront sur les rôles pour mémoire.

Art. 2. — Le commerce de la badiane et la fabrication de l'huile sont libres et exempts de tous droits intérieurs et de sortie.

Art. 3. — Toute disposition contraire au présent arrêté est abrogée.

Art. 4. — Le Résident supérieur du Tonkin est chargé de l'exécution du présent arrêté. — DE LANESSAN.

23. — 19 décembre 1893. — ARRÊTÉ *supprimant la ferme des thés du Loch-nam et fixant la taxe annuelle à payer par les cultures de thé.*

Article premier. — La ferme des thés du Loch-nam est supprimée à compter du 1er janvier 1894, date de l'expiration du contrat en cours.

Art. 2. — Les cultures des thés de la région du Loch-nam seront soumises à une taxe foncière, applicable dès l'ouverture de l'exercice 1894, perçue sur rôle spécial.

Art. 3. — La taxe à payer par an et par mâu cultivé en thé, sera la suivante :

Cultures de		
1re classe	2 $ 00
2e —	1 40
3e —	1 00
4e —	0 60
5e —	0 50
6e —	0 40

Art. 4. — Le Résident supérieur et le Colonel commandant le 1er territoire militaire sont chargés de l'exécution du présent arrêté. — DE LANESSAN.

4° SECTION
Impôt de capitation

24. — 12 décembre 1885. — DÉCISION *fixant l'impôt de capitation des Asiatiques étrangers.*

Modifiée par arrêté du 27 décembre 1886.

25. — 27 décembre 1886. — ARRÊTÉ *modifiant et réglementant l'impôt de capitation à payer par les Asiatiques étrangers au Tonkin* (1).

Article premier. — Tous les Asiatiques étrangers immigrant au Tonkin ou y résidant, devront se munir

(1) L'impôt de capitation en Annam est régi par les dispositions spéciales de l'arrêté du 24 juin 1889.

Voir, en outre, arrêté du 15 mai 1890, réduisant l'impôt de capitation pour les Chinois voyageant temporairement en Annam et au Tonkin, et celui du 15 décembre 1893, sur la forme des cartes de séjour.

d'une carte de séjour personnelle, renouvelable le 1er janvier de chaque année, et dont le prix, *pour les nouveaux immigrants,* sera décompté par quart, suivant le trimestre de l'arrivée.

Art. 2 et 3. — *Modifiés par arrêté du 19 février 1889.*

Art. 4. — Il sera formé, dans chaque province, une seule congrégation pour tous les Asiatiques étrangers.

Art. 5. — Dès leur arrivée, les Asiatiques sont tenus de faire partie de la congrégation établie dans la province qu'ils habitent.

La congrégation est responsable de l'impôt personnel dû par chacun de ses membres, et peut refuser l'admission des individus dont elle ne voudrait pas répondre. Les individus dont la congrégation ne voudrait pas répondre, seront placés sous la surveillance directe de la police, qui leur fixera le lieu de leur résidence et provoquera leur expulsion, s'ils ne présentent pas des garanties de moralité et de travail satisfaisantes.

Art. 6. — L'impôt personnel, dont le payement est représenté par la carte de séjour, doit être acquitté dans les deux premiers mois de l'année.

Art. 7. — *Modifié par arrêté du 11 mai 1889.*

Art. 8. — Nul Asiatique soumis à la carte de séjour ne pourra quitter le territoire du Tonkin, sans se munir au préalable d'un passeport dont le prix est fixé à 12 francs, et qui lui sera délivré par le résident ou vice-résident de sa province, sur la production d'un certificat du chef de congrégation attestant que l'intéressé n'est redevable d'aucune somme au trésor, et qu'il n'existe aucun empêchement à son départ.

Art. 9. — Les Asiatiques étrangers arrivant au Tonkin devront se présenter à la résidence ou vice-résidence la plus rapprochée, et justifier de leur qualité de nouvel immigrant. Il leur sera délivré une carte de séjour, s'il y a lieu. Si l'immigrant déclare vouloir se rendre dans une autre province, le Résident ou vice-résident lui délivrera un laissez-passer valable pendant 15 jours pour les provinces limitrophes, et pendant un mois pour toutes les autres ; un permis sera délivré moyennant un droit d'enregistrement de deux francs.

Art. 10. — En cas de changement définitif de résidence, les Asiatiques soumis à la carte de séjour seront tenus d'en faire la déclaration au résident ou vice-résident de la province qu'ils habitent.

La carte sera retirée et envoyée au résident du nouveau domicile. Cette carte sera remplacée provisoirement entre les mains du nouveau propriétaire par un laissez-passer indiquant le numéro de la carte, et valable pendant les durées de temps déterminées par l'article 9.

Art. 11. — Le chef de la congrégation sera tenu d'adresser à la date du premier jour de chaque mois, un état indiquant les noms des Asiatiques étrangers qui auront été admis à la congrégation ou qui auront été rayés par suite de départ, décès, fuite, etc.

Art. 12. — Les chefs et sous-chefs de congrégation sont choisis par les Asiatiques résidant dans la circonscription.

Art. 13. — Les élections des chefs et sous-chefs de congrégation auront lieu au mois d'octobre et seront soumises à l'approbation du Résident général.

Art. 14. — Les chefs et sous-chefs de congrégation seront exempts de l'impôt de capitation. Toutefois ceux qui, sans excuse reconnue valable par l'Administration, quitteraient leurs fonctions sans avoir dirigé la congrégation pendant 6 mois consécutifs, seront exclus de cette faveur.

Le sous-chef remplacera le chef en cas d'absence de peu de durée. Si l'absence se prolonge au delà de 3 mois, il y aura lieu de procéder à de nouvelles élections.

Art. 15. — Les chefs et sous-chefs de congrégation concourent avec les agents de l'administration à la police de leur congrégation. Ils exercent une surveillance directe sur la congrégation et recourent au besoin à la protection des autorités, pour assurer leur intervention dans l'intérêt de l'ordre public.

Ils doivent toujours être à même d'indiquer, au moyen du contrôle nominatif qu'ils sont astreints à tenir, les mouvements survenus parmi les membres de leur congrégation et le nombre exact des congréganistes. Ils doivent signaler, au fur et à mesure qu'ils se produisent, les changements de domicile, décès, départs, fuites, etc.

Toute infraction à cette disposition, de même que toute déclaration inexacte, sera punie d'une amende de 10 à 50 francs, et de 15 jours de prison en cas de récidive.

Art. 16. — La congrégation est civilement responsable, dans la personne de son chef, et au besoin solidairement entre tous ses membres, de la totalité des contributions personnelles dues par les congréganistes.

Le chef de congrégation est l'intermédiaire désigné pour recevoir toute communication de l'administration, adressée à la collectivité des individus composant la congrégation.

Art. 17. — Seront punis d'une amende de 50 francs, les Asiatiques des 1re et 2e catégories qui n'auront pas une carte de séjour en rapport avec leur classe de patente ou le montant de leur cote foncière, au moment de la délivrance de leur carte.

Art. 18. — Tout Asiatique étranger qui, après s'être muni d'une carte de séjour, quittera le pays, ne sera pas tenu de payer un nouveau droit, si son retour a lieu la même année.

Art. 19. — Tout porteur d'une carte reconnue ne pas lui appartenir, sera puni d'une amende de 25 francs outre le prix de la carte personnelle de séjour qu'il est tenu de posséder. Le prêteur sera puni de la même peine, et la carte prêtée ou achetée sera saisie et annulée.

Tout Asiatique soumis à la carte, qui ne pourra la présenter à toute réquisition de l'autorité, sera puni de 5 francs d'amende, s'il se trouve dans la province où il est inscrit, et d'une amende de 20 francs s'il se trouve dans une autre province que celle de sa congrégation.

Par dérogation aux dispositions ci-dessus, les résidents asiatiques des deux premières catégories ne seront pas, dans leur province, tenus d'être porteurs de leur carte de séjour.

Art. 20. — Tout contrevenant aux dispositions des articles 6 et 9 sera puni d'une amende de 20 francs, outre le prix de la carte qui lui sera délivrée d'office.

Les duplicata de cartes de séjour, lorsque la demande en sera faite spontanément, donneront lieu à la perception d'un nouveau droit entier, sans amende.

En cas d'insolvabilité, les délinquants seront contraints par corps et incarcérés pendant une durée qui ne pourra excéder un mois, puis expulsés aux frais de la congrégation. Les frais de nourriture pendant l'incarcération seront à la charge de la congrégation, qui est libre de provoquer l'expulsion de l'insolvable dès l'arrestation, après avoir payé les contributions dues au trésor.

Art. 21. — Les contrevenants aux articles 8, 9, 10 seront punis d'une amende de 10 francs par le fonctionnaire qui aura opéré l'arrestation.

En cas d'insolvabilité, ils seront emprisonnés, puis expulsés, comme il est dit à l'article 20.

Art. 22. — Est abrogée la décision du 12 décembre 1885, en tout ce qu'elle a de contraire à la présente, qui sera mise en vigueur à partir du 1er janvier 1887.

Art. 23. — Le Résident supérieur au Tonkin est chargé de l'exécution du présent arrêté. — P. VIAL.

26. — 19 février 1889. — ARRÊTÉ *établissant une nouvelle classification pour l'impôt de capitation.*

Article premier. — Les dispositions des articles 2 et 3 de l'arrêté du 27 décembre 1886 sont ainsi modifiées :

Art. 2. — *Modifié par arrêté du 14 avril 1893.*

Art. 3. — Le prix de la carte de séjour est fixé en piastres de la manière suivante (1) :

Pour la 1re catégorie............ 60 piastres.
Pour la 2e catégorie............ 20 —
Pour la 3e catégorie............ 5 —

Art. 4. — L'application de ce nouveau tarif sera faite à compter du premier janvier 1889.

Art. 5. — Le Résident supérieur au Tonkin est chargé de l'exécution du présent arrêté qui sera enregistré, notifié et publié partout où besoin sera. — RICHAUD.

27. — 13 mars 1889. — ARRÊTÉ *réduisant les impôts de capitation pour les Chinois venant à Hanoi en représentation théâtrale.*

Article premier. — Les Chinois venus à Hanoi pour y installer un théâtre, sont exemptés de la moitié des droits de passeports.

Art. 2. — L'exemption de l'impôt de capitation leur est également accordée pour la totalité de l'impôt, si leur séjour à Hanoi ne dépasse pas trois mois, pour la moitié seulement, si le séjour se prolonge de trois à six mois ; s'ils restent plus de six mois, ils seront soumis au payement intégral de l'impôt.

Art. 3. — M. le Résident supérieur au Tonkin et M. le Résident-maire de Hanoi sont chargés, chacun en ce qui le concerne, de l'exécution du présent arrêté. — RHEINART.

28. — 16 mars 1889. — CIRCULAIRE *au sujet de l'application de l'arrêté du 19 février 1889, modifiant l'impôt de capitation.*

J'ai l'honneur de vous adresser ampliation d'un arrêté de M. le Gouverneur général, n° 28, en date du 19 février, qui modifie les articles 2 et 3 de celui du 27 décembre 1886, relatif à l'impôt personnel de séjour des Asiatiques non indigènes. Ces dispositions, empruntées d'ailleurs à la Cochinchine, ont pour but, tout en créant de nouvelles ressources, minimes d'ailleurs, au trésor, de mettre sur un pied d'égalité aussi complet que possible, au point de vue des charges, les Asiatiques étrangers et les indigènes.

(1) Un arrêté du 1er octobre 1890, publié ci-après, crée pour certaines provinces du Tonkin, deux nouvelles catégories, la 4e et la 5e.

Le surplus de l'article 3 a été modifié par arrêté du 6 juin 1892, publié ci-après.

Ceux-ci sont soumis aux impôts foncier et personnel, à la corvée, au service militaire, de garde, etc. Il est équitable que les autres Asiatiques contribuent dans une proportion équivalente aux charges communes, alors qu'ils bénéficient également de l'ordre de choses établi.

Autrement la situation qui leur serait faite serait tout au moins choquante au point de vue de la justice.

Dans un but de simplification, l'arrêté du 16 février a réduit de 4 à 3 le nombre des catégories d'imposables à la taxe de capitation. Vous voudrez bien remarquer que cette réduction emporte, pour un certain nombre de ceux-ci, un abaissement du taux de la taxe ancienne, la taxe de la 1re catégorie ancienne étant de 300 fr., tandis que la nouvelle n'est que de 60 piastres.

En outre, un traitement de faveur a été fait aux ouvriers asiatiques étrangers, employés dans des exploitations agricoles ou minières; l'intérêt supérieur qui s'attache au développement de ces exploitations explique cette exception (1). Les ouvriers asiatiques étrangers, au nombre de cent au moins dans une même exploitation minière, ou au nombre de 25 au moins dans une même exploitation agricole, sont assujettis, sur la déclaration de l'exploitant, à une carte spéciale de séjour dont le prix n'est que de deux piastres cinquante cents dans le premier cas, et d'une piastre dans le second.

Il est spécifié d'ailleurs que, dans ces deux cas, l'exploitant est soumis à toutes les obligations imposées au chef de congrégation, et qu'il est responsable de la totalité des contributions personnelles dues par ses ouvriers.

Les taxes nouvelles, aux termes de l'arrêté, doivent entrer en vigueur à partir du 1er janvier. Toutefois, un certain nombre d'Asiatiques ayant acquitté leur taxe entre cette date et celle à laquelle l'arrêté a été publié, j'estime qu'il convient de ne point revenir sur ces versements qui, en raison du caractère flottant d'un grand nombre de ces contribuables, resteront acquis tels quels.

En conséquence, ceux d'entre vous dont les rôles établis sur les anciennes bases auraient déjà été mis en recouvrement, sont invités à arrêter cette opération au reçu de la présente instruction. Ils devront m'adresser un état de propositions de dégrèvement pour les imposés qui, compris au rôle, n'auront pas encore acquitté leur taxe, et qui seront reportés sur un rôle supplémentaire spécial, établi d'après les nouvelles bases.

Quant à ceux dont les rôles primitifs n'auraient pas encore été mis en recouvrement, ils auront à les dresser conformément aux prescriptions et à la tarification de l'arrêté.

Ces rôles, primitifs ou supplémentaires, devront m'être adressés suivant la règle ordinaire, pour être rendus exécutoires. Je désire qu'ils me parviennent avant le 15 avril. — E. PARREAU.

29. — 11 mai 1889. — ARRÊTÉ *modifiant l'art. 7 de celui du 27 décembre 1886, sur l'impôt de capitation.*

Article premier. — L'article 7 de l'arrêté du 27 décembre 1886 est ainsi modifié: Les enfants au-dessous de quinze ans, les vieillards au-dessus de 60 ans, les femmes et les infirmes sont dispensés de

(1) Voir arrêté du 6 juin 1892, modifiant les dispositions visées dans cette circulaire.

la carte de séjour; il leur sera délivré des laissez-passer personnels, renouvelables le 1er janvier de chaque année, soumis à un droit d'enregistrement de cinquante cents.

Ce droit d'enregistrement sera réduit à vingt-cinq cents pour les immigrants de la catégorie précitée, qui appartiendront à des familles d'ouvriers miniers ou agricoles, agglomérés dans les conditions prévues par l'article 1er de l'arrêté du 19 février 1889.

Art. 2. — M. le Résident général en Annam et au Tonkin est chargé de l'exécution du présent arrêté. — RICHAUD.

30. — 24 avril 1889. — CONVENTION *entre le Protectorat et l'empire d'Annam, au sujet de l'impôt de capitation.*

Entre LL. EE. les membres du Conseil de régence de l'empire d'Annam,

D'une part;

Et le Résident général de la République française en Annam et au Tonkin, agissant au nom du Protectorat,

D'autre part;

Il a été convenu ce qui suit:

Article premier. — Le Gouvernement du Protectorat assume en Annam et au Tonkin la charge de la police des Chinois qui, suivant l'article 10 du traité du 6 juin 1884, sont placés sous sa juridiction; de concert avec les autorités provinciales, il surveille l'immigration et assure le recouvrement de la taxe de capitation.

Art. 2. — La taxe de capitation sera modifiée par arrêté du Résident général.

Art. 3. — Le Gouvernement du Protectorat garantit à la cour de Hué moitié des sommes à recouvrer au titre de la taxe de capitation, sans que jamais le Gouvernement annamite puisse recevoir de ce chef une somme inférieure au montant de la taxe perçue à son profit pendant la 3e année de Dong-khanh. L'autre moitié sera employée, pour chaque province, par le Résident, d'accord avec le Tong-doc, pour le paiement des dépenses provinciales, telles que: entretien des gardes civiles et des miliciens, ouverture de voies de communication, réfection de routes, etc.

Art. 4. — Le Gouvernement annamite donnera des ordres aux autorités provinciales pour qu'elles prêtent leur concours le plus absolu aux autorités françaises en ce qui concerne l'assiette, le recouvrement et l'emploi de la taxe de capitation. — RHEINARD — LE CONSEIL DE RÉGENCE.

31. — 24 juin 1889. — ARRÊTÉ *réglementant l'impôt de capitation en Annam.*

Art. premier. — A dater du 1er juillet 1889, les Asiatiques étrangers sont placés, au point de vue de l'impôt de capitation, sous l'autorité du Gouvernement français en Annam.

Art. 2. — En dehors des prescriptions contenues dans le présent arrêté, ils restent soumis jusqu'à nouvel ordre, aux lois en vigueur en Annam et aux règlements particuliers les concernant, édictés par le Gouvernement annamite, et sont justiciables des tribunaux indigènes. Cependant, le Gouvernement du Protectorat, considérant les Chinois comme étrangers au point de vue politique aussi bien qu'au point de vue administratif, se réserve le droit, en cas de troubles ou de coalition de la part de certains d'entre eux, de provoquer leur expulsion ou leur internement par mesure administrative.

Art. 3. — *Modifié par arrêté du 8 juin 1894.*

Art. 4. — Chaque résident, pour sa province, est chargé de la répartition des Chinois dans ces trois catégories.

Art. 5. — Tout Chinois arrivant ou résidant en Annam, devra faire partie d'une des congrégations établies dans la province qu'il habite.

Les congrégations reconnues sont, comme auparavant, au nombre de quatre : Hai-nam, Canton, Trieuchau, Phuoc-kien.

Art. 6. — Le régime des congrégations est provincial. Dans les provinces où le nombre des Chinois est considérable, ils pourront être répartis en plusieurs congrégations.

Dans celles où le nombre des Chinois est restreint, ils seront tous réunis en une seule, comprenant les individus de toutes langues.

Art. 7. — Chaque congrégation nommera un chef et au besoin un sous-chef, qui seront exempts de l'impôt de capitation. Ces nominations seront soumises à l'approbation du Résident supérieur et du Gouvernement annamite.

Art. 8. — Dans le cas où les membres d'une congrégation refuseraient d'élire un chef ou un sous-chef de congrégation, le résident, après approbation du Résident supérieur, les désignerait d'office.

Art. 9. — La congrégation est pécuniairement responsable dans la personne de son chef, et au besoin solidairement entre tous ses membres, de la totalité des contributions personnelles dues par les congréganistes.

Art. 10. — Le chef de congrégation est l'intermédiaire désigné pour recevoir toute communication de l'administration, adressée à la collectivité des individus composant la congrégation. Les chefs ou les sous-chefs de congrégation doivent toujours être à même d'indiquer, au moyen du contrôle nominatif qu'ils sont astreints à tenir, les mouvements survenus parmi les membres de leur congrégation, et le nombre exact de ces membres. Ils doivent signaler, au fur et à mesure qu'ils se produisent, les changements de domicile, décès, départs, fuites, etc.

Toute infraction à cette disposition, de même que toute déclaration inexacte, sera punie d'une amende de deux à vingt piastres, et il pourra être infligé 15 jours de prison en cas de récidive.

Art. 11. — La congrégation peut refuser l'admission des individus dont elle ne veut pas répondre. Dans ce cas, il appartient à l'autorité française de prendre contre ces individus telle mesure administrative qu'elle jugera utile.

Art. 12. — La perception de l'impôt de capitation sera effectuée sur rôles annuels établis par les soins des résidents, avec le concours des autorités annamites et des chefs de congrégation, et soumis à l'approbation du Résident supérieur.

Les droits constatés par ces rôles primitifs devront être rentrés avant le 1er mars de chaque année. Des rôles supplémentaires seront établis mensuellement, s'il y a lieu, pour les inscriptions postérieures au 1er janvier.

Art. 13. — Le paiement de l'impôt sera constaté par des cartes de séjour qui seront délivrées par les résidents aux asiatiques soumis à la taxe.

Le Dien-chi du propriétaire réel de la carte sera apposé sur cette carte par les soins de la Résidence ou du chef de congrégation.

Art. 14. — Tout Asiatique étranger résidant en Annam, devra être muni d'une carte de séjour qu'il est tenu de présenter à toute réquisition d'un agent de l'autorité, sous peine d'une amende de trois piastres, sans préjudice des poursuites à exercer devant le Résident pour l'inscription au rôle, s'il n'y figurait pas.

Art. 15. — Les enfants au-dessous de quinze ans, les vieillards au-dessus de soixante, les femmes et les infirmes, sont exempts de l'impôt de capitation. Il leur sera délivré, sans frais, des laissez-passer personnels, renouvenables dans les deux premiers mois de chaque année.

Art. 16. — Tout Asiatique étranger immigrant en Annam, est tenu de faire constater immédiatement son arrivée, et une carte de séjour lui sera délivrée le plus tôt possible, contre paiement de la capitation, et après son inscription dans une des congrégations de la province.

Si l'arrivée a lieu dans le cours du second semestre, il ne paiera que la demi-taxe.

Il appartient à chaque Résident de proposer au Résident supérieur les moyens propres à assurer l'exécution de cette mesure dans sa province.

Art. 17. — Les chinois ne peuvent quitter le territoire de l'Annam qu'autant qu'ils auront acquitté leur capitation de l'année courante, et après déclaration du chef de congrégation. Ce dernier devra en même temps remettre la carte du partant à la résidence. En cas de non déclaration, sauf dans les cas de fuite ou tout autre cas d'impossibilité dûment constaté, l'absent est porté sur le rôle de l'année suivante, et la congrégation est tenue d'acquitter le montant de la taxe à laquelle il était soumis.

Art. 18. — En cas de changement définitif de résidence, l'asiatique soumis à la carte de séjour sera tenu d'en faire la déclaration au résident de la province qu'il habite.

La carte sera retirée et envoyée au résident de la province où il doit fixer son nouveau domicile. Elle sera remplacée par un laissez-passer indiquant le numéro de la carte, et valable pendant trois mois. A l'arrivée dans la province qu'il doit habiter, le déclarant devra échanger son laissez-passer contre son ancienne carte, qui portera le nouveau numéro d'inscription à la résidence où il s'établit.

Art. 19. — Tout asiatique étranger qui, après s'être muni d'une carte de séjour, quittera le pays, ne sera pas tenu de payer un nouveau droit si son retour a lieu dans la même année.

Art. 20. — Les chefs de congrégation seront tenus d'adresser, au résident de la province, le premier jour de chaque mois, un état des mutations survenues dans le mois parmi les chinois de leur congrégation.

Art. 21. — Tout porteur d'une carte reconnue ne pas lui appartenir, sera puni d'une amende de dix piastres, outre le prix de la carte personnelle de séjour qu'il est tenu de posséder. Le prêteur sera puni de la même peine et la carte prêtée ou achetée sera saisie et annulée.

Art. 22. — Les duplicata de cartes de séjour, lorsque la demande en sera faite spontanément, donneront lieu à la perception d'un nouveau droit entier, sans amende. Toute contravention aux articles 16 et 18 sera punie d'une amende de deux à cinq piastres.

En cas d'insolvabilité, les délinquants seront contraints par corps et incarcérés pendant une durée qui ne pourra excéder un mois, puis expulsés aux frais de la congrégation.

Les frais de nourriture pendant l'incarcération

20.

seront à la charge de la congrégation, qui est libre de provoquer l'expulsion de l'insolvable dès l'arrestation, après avoir rayé les contributions dues au trésor.

Art. 23. — *Rapporté par arrêté du 3 septembre 1889.* — Piquet.

32. — 3 septembre 1889. — Arrêté *rapportant l'art. 23 de celui du 24 juin 1889, sur l'impôt de capitation en Annam.*

Article premier. — L'article 23 de l'arrêté du 24 juin 1889 est et demeure abrogé. — Piquet.

33. — 1er octobre 1890. — Arrêté *modifiant les taxes de l'impôt de capitation pour diverses provinces.*

Article premier. — L'arrêté du 19 février 1889 est modifié de la manière suivante, en ce qui concerne les Asiatiques étrangers dans les provinces de Laokay, Cao-bang, Lang-son, Tuyên-quang, Hai-ninh et Quang-yen :

Quatrième catégorie. . . . . . . 3 piastres
Cinquième catégorie. . . . . . . 1 piastre

Art. 2. — Les dispositions de l'arrêté du 14 mai 1889 cesseront d'être appliquées dans lesdites provinces. Les laissez-passer seront délivrés gratis aux femmes, aux enfants, aux infirmes et aux vieillards.

Art. 3. — Le Résident supérieur au Tonkin est chargé de l'exécution du présent arrêté (1). — Piquet.

34. — 6 juin 1892. — Arrêté *étendant au 4e territoire militaire, l'effet de l'arrêté du 1er octobre 1890, sur l'impôt de capitation au Tonkin.*

Les dispositions de l'arrêté du 1er octobre 1890, sont rendues applicables au 4e territoire militaire.

Le Résident supérieur du Tonkin et le Commandant du 4e territoire militaire sont chargés, chacun en ce qui le concerne, de l'exécution du présent arrêté. — De Lanessan.

35. — 6 juin 1892. — Arrêté *modifiant celui du 19 février 1889, sur l'impôt de capitation.*

Article premier. — Les dispositions de l'arrêté du 19 février 1889, relatives aux asiatiques étrangers employés au service de français chefs d'exploitations minières et agricoles, sont rapportées.

Art. 2. — Ces asiatiques étrangers, s'ils sont au nombre de vingt-cinq au minimum dans les exploitations agricoles, et de cent au maximum dans les exploitations minières, rentreront dans la cinquième catégorie des contribuables, établie par l'arrêté du 1er octobre 1890, pour les asiatiques étrangers des provinces limitrophes de la Chine.

Art. 3. — Les français chefs d'exploitations minières ou agricoles qui les emploieront, en tiendront un contrôle nominatif faisant ressortir par jour toutes les mutations survenues parmi eux à la suite de décès, départ, fuite ou entrée à leur service.

Il adresseront au commencement de chaque année, à l'administration, un extrait de ce contrôle, arrêté au

(1) Ces dispositions ont été étendues au 4e territoire militaire par arrêté du 6 juin 1892.

dernier jour du mois précédent, et seront personnellement responsables de la totalité des contributions personnelles dues par les asiatiques étrangers portés sur ce contrôle, ainsi que des amendes qu'ils pourraient avoir encourues.

Art. 4. — L'Administration délivrera aux français chefs d'exploitations minières ou agricoles, un nombre de cartes de séjour en blanc, proportionnel au nombre de leurs ouvriers asiatiques étrangers ; ils les délivreront aux intéressés au fur et à mesure de leur entrée et devront, en fin de trimestre, représenter, soit en argent, soit en cartes de séjour non encore délivrées, le montant de la taxe de capitation correspondant au nombre de cartes de séjour qui leur auront été confiées en dépôt.

Art. 5. — Les français chefs d'exploitations minières et agricoles seront tenus de concourir, avec l'administration, à la police des asiatiques étrangers qu'ils emploieront. En cas de départ ou licenciement de plus de 10 de leurs ouvriers asiatiques étrangers, ils devront aviser l'administration, qui examinera s'il y a lieu d'assurer le rapatriement de ces asiatiques.

Art. 6. — Les français chefs d'exploitations minières ou agricoles qui ne se conformeraient pas aux dispositions du présent arrêté, seront passibles d'amendes variant entre 10 et 50 francs pour chaque contravention.

Art. 7. — Le Résident supérieur du Tonkin est chargé de l'exécution du présent arrêté. — De Lanessan.

36. — 14 avril 1893. — Arrêté *modifiant celui du 19 février 1889, sur la classification des asiatiques ou indigènes au point de vue de l'impôt de capitation à percevoir au Tonkin.*

Article premier. — L'article 2 de l'arrêté du 19 février 1889 sus-visé, est modifié comme suit :

« Art. 2. — Les asiatiques ou indigènes sont, au point de vue de l'impôt personnel de séjour, divisés en trois catégories.

« La première catégorie comprend les patentés hors classes, les patentés de 1re et 2e classes, et les propriétaires fonciers payant une taxe de 60 piastres et au-dessus.

« La deuxième catégorie comprend les patentés de 3e, 4e et 5e classes, et les propriétaires payant une taxe de 20 à 60 piastres.

« La troisième catégorie comprend tous les asiatiques étrangers non compris dans les deux catégories précédentes. »

Art. 2. — Le Résident supérieur du Tonkin est chargé de l'exécution du présent arrêté. — Chavassieux.

37. — 15 décembre 1893. — Arrêté *déterminant la forme des cartes de capitation.*

Article premier. — A compter du 1er janvier 1894, les cartes de capitation délivrées au Tonkin, seront conformes au modèle annexé au présent arrêté.

Art. 2. — Le prix de chacune de ces cartes est de une piastre, en plus de la taxe de capitation. Ce prix de vente sera perçu au titre des recettes accidentelles.

Art. 3. — Le Résident supérieur au Tonkin est chargé de l'exécution du présent arrêté. — Rodier.

(RECTO)

PROTECTORAT DE L'ANNAM ET DU TONKIN

CARTE DE SÉJOUR

5ᵉ CATÉGORIE

1894

Résidence ....

Congrégation de ....

Nᵒ ....

Date du payement ....

Nᵒ de la quittance ....

A .... le .... 189 ....

Le Résident.

BIÊM CHI
(Côté de la main)

Nom en quôc-ngu ....

Nom en caractères ....

Age .... Taille.................

Profession ....

Signes particuliers ....

(VERSO)

MUTATIONS

Avis important

La photographie devra être en bon état de conservation pour permettre de reconnaître, l'identité du porteur qui, en cas d'altération ou de perte de la photographie, devra se présenter à la Résidence où il est inscrit, pour en faire la déclaration et où une nouvelle photographie lui sera délivrée à ses frais.

Coût de la photographie, 1 $ en sus de la capitation.

關重曉示

人影紙要宜護守清潔俾人與影
相肖臨辰易於誌認倘遺影即迹
飛淡或失落官即就何使座前經
編姓名者詳開另給別影紙其影
貲之錢則併影人所受
這影紙值銀壹元

---

38. — 8 juin 1894. — ARRÊTÉ *modifiant le tarif de l'impôt de capitation à percevoir en Annam.*

Article premier. — A partir du 1ᵉʳ janvier 1895, l'impôt de capitation auquel sont assujettis les asiatiques étrangers en Annam, sera perçu d'après la classification et le tarif suivants:

1ʳᵉ Catégorie, comprenant les notables commerçants ou les propriétaires fonciers payant une taxe de 60 $ et au-dessus...................... 60 $ 00

2ᵉ Catégorie, comprenant les négociations de moindre importance et les propriétaires fonciers imposés à une cote de moins de 60 $..... 20 $ 00

3ᵉ Catégorie, petits commerçants et marchands ambulants, vivant au jour le jour......... 5 $ 00

4ᵉ Catégorie, coolies et ouvriers, vivant du produit de leur travail manuel.............. 3 $ 00

Art. 2. — Toutes dispositions contraires aux présentes sont rapportées.

Art. 3. — Le présent arrêté sera applicable à la concession française de Tourane.

Art. 4. — Le Résident supérieur en Annam est chargé de l'exécution du présent arrêté. — CHAVASSIEUX.

5ᵉ SECTION

Impôts indigènes

39. — 22 février 1888. — INSTRUCTIONS *du Gouverneur général de l'Indo-Chine, relatives à la perception de l'impôt annamite.*

En comparant les impôts établis par l'ancienne administration annamite avec les perceptions qui ont été effectuées pendant l'année 1886, et celles réalisées en 1887, il m'a paru que MM. les chefs de circonscription ne se préoccupent pas d'augmenter les revenus du budget.

Cette situation ne saurait se prolonger, et les sacrifices que la France s'est imposée jusqu'à ce jour doivent être allégés le plus possible par la perception intégrale des impôts indigènes.

Je vous prie, en conséquence, de vouloir bien donner des ordres à MM. les Résidents et vice-résidents, pour que la rentrée des impôts soit l'objet de toute leur application et que, d'une manière générale, ils étudient les moyens de mettre en valeur tous les revenus publics.

Vous remarquerez que si on tient compte des anciennes douanes intérieures, et des charges diverses qui pesaient sur la population, nous sommes en droit de penser que les impôts indirects établis par le Protectorat n'ont pas occasionné un surcroît de charges pour le pays.

L'impôt personnel est particulièrement mal réparti. Les rôles datent généralement de l'époque de Minh-Mang et, souvent, remontent à l'origine même de la fondation de la commune. Il est à peine besoin d'ajouter que le nombre des inscrits n'a plus aucun rapport avec la population actuelle des villages.

Cet état de choses est d'autant plus regrettable que le chiffre des inscrits offre un triple intérêt, puisqu'il sert de base pour l'assiette de l'impôt personnel, les corvées et la répartition du contingent des milices et des tirailleurs.

L'assiette de l'impôt foncier est tout aussi défectueuse. Les taxes sont trop multiples et rendent impossible tout contrôle. Les contributions sont inégalement réparties, parce qu'il n'a été tenu aucun compte, non seulement des défrichements ou des changements de culture, mais aussi des changements survenus dans la constitution physique du sol.

Dans ces conditions, toute augmentation générale des impôts devient impossible, parce qu'elle grèverait trop lourdement certains villages et certaines régions, et, d'autre part, l'administration n'est pas en mesure de faire exécuter le levé exact des terres imposables de chaque village.

J'ai pensé que l'impôt personnel pourrait donner des revenus importants au budget, tout en aidant puissamment à l'action de la police, au moyen de cartes à peu près semblables à celles délivrées annuellement en Cochinchine, contre le versement d'un droit de trois francs, à tous les indigènes de 20 à 25 ans, et qui pourrait être abaissé au Tonkin à 50 centimes. Ces cartes ne compliqueraient pas les écritures, puisqu'elles seraient délivrées en blanc, en quantité égale au nombre des cotes déclarées.

Les tirailleurs et, en général, tous les hommes levés pour le service militaire, reçoivent soit en terres communales, soit en espèces, une indemnité qui peut être évaluée à 6 ligatures par mois. Or les engagés militaires ne recevant aucune allocation, il en résulte que les revenus des villages sont augmentés des sommes qui seraient affectées au payement de ces indemnités. Pour faire disparaître cette anomalie, il serait, je crois, possible d'attribuer les engagés volontaires aux villages qui n'ont pas sous les drapeaux l'effectif règlementaire. Dans le cas où les villages ne voudraient pas assumer la responsabilité qui résulterait pour eux de l'acceptation de ces hommes, ceux-ci seraient libérés le plus tôt possible, et les villages qui n'auraient pas leur contingent, seraient tenus de fournir les tirailleurs et miliciens qui seraient demandés, jusqu'à concurrence de leurs charges légales.

Une ordonnance de S. E. le Kinh-luoc, en date du 12 octobre 1888, a autorisé le rachat de 24 des 48 journées de corvées dues par chaque inscrit. Cette mesure n'a pas encore été appliquée.

D'un autre côté, les corvées dues n'ont pas été exigées dans la plupart des provinces. Cette charge pèse d'ailleurs très inégalement sur la population; les provinces excentriques sont très pauvres et dépeuplées; ce sont elles aussi dont l'état exige le plus de travaux publics et qui, par suite, se trouvent le plus écrasées sous le poids de cette prestation. En général, moyennant les frais d'une nourriture insuffisante (1 ou 2 tiens par jour) c'est le *dân* qui exécute ce service au lieu et place de l'inscrit. L'assiette de l'impôt se trouve ainsi déplacée, et comme l'administration est souvent dans l'impossibilité de lever des corvéables en nombre suffisant, elle doit rétribuer les travailleurs, et nous avons finalement mis une dépense à la place d'une recette.

On peut examiner si le moment est opportun d'exiger le rachat des corvées, mais il convient de remarquer qu'en différant de lever cette contribution, nous ne pourrons la percevoir plus tard.

J'estime donc que, pour l'année 1888, le rachat d'une certaine partie des 24 corvées dont l'administration indigène a demandé elle-même à s'acquitter en argent, est exigible. A raison de 50 centimes par corvée, on arrive ainsi, pour le chiffre de 450.000 inscrits, à 1.500.000 francs.

La réforme de l'assiette de l'impôt foncier sera longue et n'exigera pas moins d'un an de préparation; aussi doit-elle être commencée immédiatement. A défaut de service topographique et d'administrateurs en nombre suffisant, la réforme ne peut évidemment produire qu'une amélioration relative et les nouveaux rôles ne devront jamais, dans leur ensemble, être inférieurs aux rôles actuels.

C'est en discutant avec les autorités indigènes, en leur démontrant les vices de l'état de choses actuel, en faisant ressortir à leurs yeux les dissimulations qui se produisent, que nous obtiendrons sans violence et presque sans effort, le maximum de revenus que le pays peut donner. De cette façon, l'impôt sera pour ainsi dire consenti, et toutes les classes de terres ayant été contradictoirement remaniées, nous serons en droit d'exiger la perception complète et de refuser, à moins de raisons exceptionnelles, les dégrèvements énormes qui se présentent chaque année et que nous devons accorder, faute de pouvoir en juger le bien fondé.

Lorsque ces remaniements auront été effectués, les rôles d'impôt foncier et personnel, établis à nouveau, seront tenus au courant des mutations, et vous donnerez des ordres pour qu'un contrôle vigilant soit exercé à ce point de vue.

Enfin, vous appellerez l'attention de MM. les Résidents et vice-résidents sur la nécessité de développer les revenus indirects (fermes des marchés, des bacs, des abattoirs, des pêcheries, etc.). L'épargne est rare et difficile chez l'Annamite, qui est d'ailleurs peu disposé à payer en une seule fois des sommes importantes, alors qu'il acquitte sans difficulté, bien qu'il n'ignore pas leur caractère fiscal, des taxes minimes et indirectes.

C'est dans ce sens, Monsieur le Résident général, que l'expérience nous conseille de régler l'établissement des impôts. — CONSTANS.

40. — 21 juillet 1888. — LETTRE *de M. le Résident général p. i. à M. le Gouverneur général p. i., au sujet de la règlementation de la perception de l'impôt indigène.*

J'ai l'honneur de soumettre à votre haute approbation certaines mesures qu'il me semble indispensable de prendre pour apporter un peu d'ordre et de régularité dans l'assiette et le recouvrement de l'impôt annamite.

J'estime tout d'abord qu'il est essentiel de mettre de sérieux moyens de contrôle entre les mains des Résidents ou vice-résidents chefs de poste, qui, aux termes de l'article 11 du traité du 6 juin 1884, doivent au Tonkin « centraliser, avec le concours des quan-bo, le service de l'ancien impôt dont ils surveilleront la perception et l'emploi ».

Jusqu'à ce jour, les différents impôts annamites perçus par les autorités indigènes sont réalisés, en majeure partie, en ligatures qui sont centralisées dans les caisses des trésors provinciaux dont les quan-bo sont les dépositaires; les piastres seules sont versées, dans un délai plus ou moins long, au trésor, par les soins des résidents. Les sommes résultant de ces derniers versements sont seules prises en charge dans les écritures du payeur, et les sapèques restent dans les magasins provinciaux, sans figurer dans les recettes du trésor.

Il en résulte une différence notable, qu'il y a lieu d'estimer à plusieurs millions, entre nos prévisions budgétaires et les recettes du trésor français, différence qui vient s'ajouter aux déficits trop réels de nos budgets antérieurs, et en augmenter en apparence, mais indûment, le chiffre. Je pense qu'il y aurait lieu de demander à M. le Payeur chef du service de la trésorerie, de faire recette de l'impôt annamite, en quelque monnaie qu'il soit versé, au fur et à mesure des recouvrements.

Pour cela, les résidents devraient établir très régulièrement, à des époques déterminées, mensuellement par exemple, la situation de l'encaisse en ligatures. Cette situation, produite au payeur, lui permettrait de prendre en charge dans ses écritures le montant de cette encaisse, le résident restant entièrement responsable de l'exactitude du numéraire.

Ces dispositions, il ne faut pas se le dissimuler, donneront lieu encore à des inconvénients, qui ne pourraient être évités qu'en exigeant de la population indigène le versement total de l'impôt en piastres. Mais il serait impolitique de prendre, dès maintenant, cette mesure qui, en avilissant le cours de la ligature, seule monnaie d'échange dans bien les villages, créerait un accroissement de charges à l'Annamite, obligé de se procurer des piastres à un taux très élevé. Il est à craindre que la population, d'ici à quelque temps encore, ne voie dans cette exigence une charge trop lourde, et qu'une pareille mesure n'excite de graves mécontentements.

Cependant, après avoir pris l'avis du Kinh-luoc et d'autres mandarins compétents, je juge qu'on pourrait, dès l'année 1889, exiger le versement en piastres de deux tiers de l'impôt. La part de l'impôt perçue en ligatures continuerait à être centralisée dans les magasins spéciaux, et à servir au payement de la solde des fonctionnaires indigènes et de leurs milices, des secours et prélèvements accordés ou autorisés, etc. Mais de même que la prise en charge de la recette dans les comptes du budget du Protectorat devra être effective, de même il y aurait lieu de procéder à un mandatement régulier des dépenses. On opérerait de la manière suivante :

Les résidents feraient parvenir au bureau de l'ordonnancement les états de solde ou autres états de dépenses autorisées, qui seraient régulièrement ordonnancées au nom d'un agent de payement à désigner. Le titulaire du mandat se présenterait au Trésor ou à la caisse d'avances ; il acquitterait et recevrait en échange, du payeur ou du gérant de caisse, une quittance qui lui permettrait de prendre à la caisse provinciale, la quantité de ligatures correspondante au montant de la créance.

Pour permettre à la Résidence générale de suivre l'établissement de l'impôt annamite, pour établir un moyen efficace de contrôle et, en rassurant le contribuable, apporter de l'ordre et de la régularité dans la perception, les rôles établis en annamite devraient être traduits en français, et adressés en triple expédition à l'approbation du Résident général. Une des expéditions serait retournée au résident de la province, l'autre serait envoyée au payeur, la troisième resterait à la Résidence générale. En ce qui concerne le détail de la perception, voici ce qui aurait lieu : l'impôt ne pourrait plus être versé par les maires de village qu'au chef-lieu de la résidence ou dans les phus, les piastres entre les mains du résident ou de ses délégués, les ligatures entre les mains du quan-bo ou de ses délégués. Chaque fois, la partie prenante inscrirait la somme perçue sur une carte-quittance, dont devrait être muni le maire de chaque village par les soins du quan-bo. Le reçu ainsi donné par l'une des autorités, devrait être soumis immédiatement au visa de l'autre. Cette carte serait remise à tous les maires au commencement de l'exercice ; elle serait valable pendant un an et servirait à recevoir l'inscription des diverses sommes versées par le village au titre de l'impôt indigène.

Au fur et à mesure, les résidents tiendraient compte sur un livre *ad hoc* des diverses inscriptions des cartes-quittances. La totalisation sur ce livre des diverses inscriptions donnerait, à un moment quelconque, la situation de la rentrée de l'impôt.

Les ligatures resteraient confiées à la garde des quan-bo dans les magasins provinciaux ; caisses et magasins auraient une double clef, dont l'une resterait aux mains des résidents et l'autre des quan-bo. Cette façon de procéder, en permettant aux résidents et vice-résidents de remplir plus étroitement les devoirs qui leur sont imposés par le traité, me paraît seule, quant à présent, de nature à sauvegarder d'une façon efficace, les intérêts du budget du Protectorat. Elle démontrera, en outre, aux indigènes, la sollicitude de l'administration française pour tout ce qui touche à leurs intérêts, en leur faisant voir que notre intervention dans la juste perception de l'impôt, a principalement pour but de les bien fixer sur les sommes qu'ils ont à payer et de les mettre à l'abri des exactions dont ils sont trop souvent victimes. — E. PARREAU.

41. — 21 juillet 1888. — ARRÊTÉ *réglementant la perception de l'impôt indigène* (1).

Article premier. — § 1er. — Tous les ans, chaque résident ou vice-résident chargé de la direction d'une province, fait établir, avec l'aide du quan-bo, un projet en français et en annamite, du rôle de l'impôt indigène pour l'exercice suivant. L'impôt est décompté en ligatures.

§ 2. — Le projet dressé en français est transmis en triple expédition au Résident général avant le 1er septembre, pour approbation.

§ 3. — Après approbation, une des expéditions est retournée au résident de la province, une autre envoyée au payeur chef du service du Tonkin, la troisième reste à la Résidence générale.

Art. 2. — § 1er. — L'impôt annamite sera perçu jusqu'à nouvel ordre : deux tiers au moins en piastres, le reste en ligatures.

§ 2. — Dans les provinces où le numéraire piastres serait momentanément rare, le Résident général, sur la proposition du résident de la province, pourra autoriser qu'il soit dérogé au § 1er du présent article.

Art. 3. — Au commencement de l'exercice, chaque maire de village est mis en possession, par le quan-bo, de deux cartes-quittances du modèle ci-joint et destinées à recevoir, pendant l'année, par les soins des autorités compétentes, l'inscription faite à mesure, des diverses sommes payées par le village au titre de l'impôt annamite. L'une des cartes sera pour l'impôt des villages proprement dit, l'autre pour les taxes diverses.

Art. 4. — § 1er. — L'impôt indigène est reçu :
1° Au chef-lieu de la résidence, par le résident ou par le quan-bo, suivant le cas ;
2° Dans chaque phu, par le délégué du résident ou par celui du quan-bo, suivant le cas.

§ 2. — Le quan-bo et ses délégués reçoivent la partie de l'impôt qui est payée en ligatures.

Ils la versent immédiatement dans les caisses des trésors provinciaux, dont le résident et le quan-bo ont chacun une clé.

§ 3. — Le résident et ses délégués dans les phus reçoivent la partie de l'impôt qui est payée en piastres.

Elle est versée provisoirement dans la caisse du

(1) Voir ci-après la circulaire du 20 septembre 1892.

résident dont celui-ci et le quan-bo ont chacun une clé.

§ 4. — Tout versement, qu'il soit effectué en ligatures ou en piastres, donne lieu de la part de celui qui le reçoit à une inscription conforme sur la carte-quittance. Cette inscription constitue reçu pour la partie payante.

L'inscription faite par l'une des autorités devra immédiatement être soumise au visa de l'autre.

Art. 5, 6 et 7. — *Modifiés par arrêté du 10 mars 1890* (1).

Art. 8. — Le Résident général en Annam et au Tonkin est chargé de l'exécution du présent arrêté. — RICHAUD.

42. — 1er août 1888. — CIRCULAIRE *au sujet de l'assiette et du recouvrement de l'impôt annamite* (2).

J'ai l'honneur de vous adresser, sous ce pli, ampliations de mon rapport du 21 juillet à M. le Gouverneur général, relatif à l'assiette et au recouvrement de l'impôt annamite, et de l'arrêté conforme du même jour.

Je vous recommande de tenir la main à l'exécution des dispositions de cet arrêté ; il s'agit d'obtenir surtout deux résultats importants :

1° Apporter de l'ordre et de la régularité dans la perception de l'impôt ;

2° Arriver à ce que les populations ne paient exactement que ce qu'elles doivent.

J'appelle plus particulièrement votre attention sur l'inscription des versements, qui doit être faite sur la carte-quittance, et sur les dispositions qui prescrivent que la partie de l'impôt qui est payée en piastres, doit être versée entre les mains du résident ou de ses délégués, et celle payée en ligatures entre les mains du quan-bo.

Le résident ou ses délégués devront inscrire sur les cartes-quittances le montant des sommes qu'ils percevront en piastres, et faire viser ces versements par le quan-bo. Les quan-bo en feront autant pour les perceptions en ligatures, qui seront visées par le résident.

La comptabilité comprendra :

1° Un *livre de caisse* ;

2° Un *livre-journal* ouvert par débit et crédit, constatant les recettes et les dépenses effectuées pendant la journée, et faisant ressortir l'encaisse journalière ;

3° Un *livre récapitulatif* comprenant : 1° l'inscription du montant de chaque rôle ; 2° les recettes par nature d'impôt ;

4° Un *carnet* de dépenses, indiquant le détail de la dépense effectuée, qui devra reproduire le chiffre du débit du livre-journal et des dépenses inscrites au livre de caisse ;

5° Un livre spécial constatant les opérations des caisses de ligatures du quan-bo, et indiquant l'encaisse par la balance des recettes et des dépenses.

Chaque versement devra être émargé sur le rôle.

Les versements en piastres seront inscrits avec la conversion en ligatures au taux officiel.

Vous voudrez bien établir mensuellement une situation *exacte* des recouvrements opérés dans votre province pour l'impôt annamite, tant en piastres qu'en ligatures. Cette situation devra être faite en triple expédition dont une sera adressée à la Résidence générale, la deuxième au payeur chef, chargé de

centraliser les impôts annamites, la troisième conservée à la Résidence.

En ce qui concerne les dépenses faites directement sur les caisses du quan-bo pour *traitements* des fonctionnaires indigènes, secours, dégrèvements, etc., vous établirez des *états mensuels* et *réguliers* qui seront adressés au bureau de l'ordonnancement pour lui permettre d'établir, en votre nom, un mandat de régularisation que vous aurez à acquitter et que vous devrez laisser aux mains du payeur ou du chargé de la caisse d'avances, en échange d'une quittance à souche qui sera remise au quan-bo pour représenter la valeur du prélèvement effectué sur sa caisse.

Vous recevrez sous peu les registres et imprimés qui vous seront nécessaires. — E. PARREAU.

43. — 15 octobre 1888. — CIRCULAIRE *au sujet de l'envoi à M. le Chef du service de la trésorerie, des situations mensuelles du recouvrement de l'impôt indigène, et des sapèques en magasin.*

Ma circulaire n° 14 du 20 août dernier, prescrivait d'établir mensuellement, en triple expédition, la situation du recouvrement de l'impôt indigène tant en ligatures qu'en piastres.

Une de ces expéditions doit être envoyée à M. le Payeur chef, qui est chargé de centraliser dans ses écritures le montant des ligatures encaissées pour le compte du Protectorat, dans les magasins des quan-bo.

M. le Chef du service de la trésorerie me fait connaître que ces situations ne lui sont pas régulièrement fournies, et qu'il lui est par conséquent impossible d'assurer la bonne marche de ce service.

Je vous prie, en conséquence, de vouloir bien, à compter du mois d'octobre courant, vous conformer à la circulaire précitée et, dans la première semaine de chaque mois, fournir au trésor avec la plus grande exactitude, et en y apportant le plus grand soin : 1° un état des ligatures existant en magasin au dernier du mois ; 2° une situation du recouvrement de l'impôt indigène de votre province. — E. PARREAU.

44. — 20 octobre 1888. — CIRCULAIRE *au sujet de la révision des rôles d'impôts annamites.*

En vous prescrivant la révision des rôles, l'administration a eu en vue une plus juste répartition de l'impôt, tout en obtenant une augmentation de revenus en rapport avec le chiffre de la population, qui n'a pas manqué de s'accroître et de se développer pendant la longue période de temps où les rôles actuels ont été en vigueur.

Il est cependant nécessaire d'agir encore avec la plus extrême prudence, et d'éviter avec le plus grand soin de soulever des mécontentements qui pourraient se produire, si nos exigences étaient trop fortes et le changement trop brusque. L'augmentation des charges devra donc être d'année en année progressive, et se borner à suivre l'œuvre de pacification que nous avons entreprise.

J'ai décidé que pour l'année prochaine, vous devrez restreindre l'augmentation du nombre des inscrits à une moyenne de 20 % par village. Je vous laisse toutefois et bien entendu, le soin de modifier cette proportion suivant le cas, soit en augmentant, soit en diminuant, mais je vous prie de la prendre autant que possible pour base de vos opérations dans la confection des nouveaux rôles. — E. PARREAU.

(1) Voir cet arrêté dans la 1re section, *Dispositions générales.*
(2) Voir ci-après la circulaire du 20 septembre 1892.

45. — CIRCULAIRE *au sujet de l'établissement en piastres des rôles d'impôts indigènes* (1).

Pour me conformer aux instructions de M. le Gouverneur général, et afin d'éviter les mécomptes qui se produisent dans nos évaluations budgétaires, par suite de la dépréciation constante de la ligature, j'ai décidé que les rôles d'impôt annamite de l'année 1889 seraient établis en piastres.

Mais comme il n'est pas possible encore de supprimer la base d'impôt qui est la ligature, après avoir déterminé la quantité de ligatures due par un village, vous convertirez ce chiffre en piastres, d'après la moyenne du taux du change pendant l'année précédente ; pour les rôles de l'année prochaine, je vous indiquerai le taux de conversion déterminé d'après la moyenne que vous m'aurez fait connaître.

Cette mesure ne devra cependant pas empêcher les indigènes de profiter des dispositions de l'article 2 de l'arrêté du 21 janvier, qui leur laisse la faculté de payer un tiers de l'impôt en sapèques ; mais cette partie de l'impôt sera reçue en ligatures, en convertissant *au taux du jour du marché*, les piastres inscrites au rôle. — E. PARREAU.

46. — 12 janvier 1889. — CIRCULAIRE *au sujet de l'envoi des rôles d'impôts à la Résidence supérieure.*

J'ai l'honneur de vous prier de vouloir bien adresser le plus tôt possible, à la Résidence supérieure, les rôles primitifs des impôts directs de votre province, patentes, capitations et taxes foncières.

Les rôles supplémentaires devront être fournis du 1er au 10 du premier mois de chaque trimestre, soit, avril, juillet, octobre et janvier de l'année suivante pour le 4e trimestre.

Tous les rôles, sans exception, doivent être soumis à l'approbation du Résident supérieur et accompagnés de deux extraits. Si, dans le trimestre, aucune mutation ne s'était produite parmi les contribuables, vous devriez m'adresser un extrait de rôle portant la mention « néant ».

Toutes les capitations doivent être payées sur rôle, et ne peuvent, sous aucun prétexte, être versées sur ordre de recette dans les caisses du Protectorat.

Du premier au cinq de chaque mois, vous devrez faire parvenir à la Résidence supérieure, pour toutes les recettes, une situation comprenant les recouvrements effectués pendant le mois, ainsi que les dégrèvements accordés, en ayant soin, jusqu'à la clôture de l'exercice 1888, de fournir une situation distincte pour chaque exercice.

A la fin de chaque mois, vous m'adresserez également, par nature des recettes, un relevé des ordres de versement émis pendant le mois écoulé avec indication du payement.

Vous voudrez bien apporter la plus grande régularité dans l'établissement et dans l'envoi de ces documents, et assurer le recouvrement de ces impôts, en appliquant la réglementation des arrêtés de décembre 1885, qui prescrivent, pour les patentes, le payement par moitié et d'avance, du montant de la contribution, et pour les capitations le versement intégral et d'avance de la taxe à compter du premier mois du trimestre où la carte est délivrée, jusqu'à la fin de l'année courante.

En ce qui concerne les dégrèvements, vous examinerez avec soin, les titres des pétitionnaires, et rejetterez leurs demandes, si elles ne sont pas faites dans les délais voulus, et si elles ne réunissent pas les conditions prévues par les divers arrêtés régissant les impôts directs. — E. PARREAU.

47. — 25 novembre 1889. — CIRCULAIRE *au sujet de la suppression de la tolérance accordée à certains villages de payer l'impôt en nature.*

Jusqu'à présent, un certain nombre de villages des cinq grandes provinces payaient l'impôt en nature, appelé thuc-tho-sang, et étaient exempts de toute autre charge, même de l'impôt personnel et de l'impôt des soldats.

La répartition de cet impôt présentait de nombreuses difficultés ; sa perception était très peu avantageuse pour le trésor et compliquait l'établissement des rôles.

J'ai décidé, d'accord avec S. E. le Kinh-luoc, que désormais ces villages seraient soumis au régime commun. Il y aura donc lieu, l'an prochain, d'abandonner l'impôt dit thuc-tho-sang, et d'exiger l'impôt personnel et des corvées de tous les villages sans distinction. — BRIÈRE.

48. — 9 décembre 1889. — CIRCULAIRE *relative à l'observation de l'arrêté du 21 juillet 1889, pour la formation des rôles d'impôt indigène* (1).

Un certain nombre de rôles d'impôt pour l'année 1890 me sont déjà parvenus, et j'ai constaté qu'en général l'arrêté du 21 juillet dernier était resté à l'état de lettre morte. Les états de solde ont été établis en conformité des nouveaux effectifs de linh-co et linh-lê, mais on a complètement négligé de s'occuper du personnel supprimé.

D'autre part, les mandarins provinciaux ayant tout intérêt à voir se perpétuer l'ancien état de choses, ont donné des ordres presque partout pour conserver les linh en position de congé, avec la jouissance des terres communales, de sorte que tous les rôles d'impôt personnel, au lieu de faire ressortir une augmentation du nombre d'inscrits, se trouvent tous subir une diminution. Ainsi l'autorité provinciale de Haïphong, dont le territoire comporte 3 huyên, a fait figurer dans son rôle :

43 linh-giang ;
et 386 linh-lê.

Le quan-dao de Hai-ninh libelle, de la façon suivante, les diminutions dans le rôle d'impôt personnel :

1 inscrit fusillé par l'autorité française,
31 inscrits enlevés par les tigres,
36 inscrits tués au combat,
108 inscrits tués par les rebelles,
1 pirate décapité.

Afin de couper court à ces abus, j'ai adressé à S. E. le Kinh-luoc la lettre ci-annexée. Elle établit d'une façon précise les renseignements qui doivent figurer au bô-dinh, et les catégories d'inscrits soumis à l'impôt personnel et aux corvées ou dispensés d'impôt.

Cette classification et la fixation de l'impôt en piastres, apporteront une grande simplification dans l'établissement des rôles ou la perception des impôts.

Je vous prie, en conséquence, de tenir la main à ce que les mandarins ne s'écartent pas des prescriptions contenues dans ma lettre au Kinh-luoc. — BRIÈRE.

---

(1) Cette circulaire, publiée sans date, paraît être de la fin de l'année 1888.

(1) Voir ci-après la circulaire du 20 septembre 1892.

49. — 9 décembre 1889. — M. BRIÈRE, *Résident supérieur au Tonkin, chevalier de la Légion d'honneur, à son Excellence le Kinh-luoc p. i. du Tonkin, à Hanoi.*

Plusieurs rôles d'impôt pour l'année 1890 me sont déjà parvenus, et j'ai remarqué que les mandarins provinciaux n'ont pas tenu le moindre compte des modifications opérées dans le courant de l'année, ni des instructions qu'ils ont reçues.

Ainsi par exemple, la province de Haiphong (qui continue à s'appeler province de Hai-duong, bureau de Haiphong) porte dans son rôle :

Linh-giang, 431 hommes ;
Linh-lê 380 hommes.

Je vous serai obligé, Excellence, de vouloir bien donner aux autorités provinciales des instructions très précises au sujet des rôles, et les inviter à les établir à nouveau dans le plus bref délai.

Les rôles d'impôt personnel comportent les catégories d'inscrits suivantes :

I. — Inscrits âgés de 21 à 54 ans. Doivent l'impôt personnel fixé à 0 $ 40 et les corvées en totalité.

II. — Inscrits âgés de 18 à 20 ans et de 55 à 59 ans.
Doivent la moitié de l'impôt personnel, soit 0 $ 20.

III. — Doivent l'impôt personnel de 0 $ 40, mais non les corvées :
Les pères de mandarins, les fils de mandarins, les gardiens de pagodes, les ly-truong et les pho-ly, les étudiants dans les limites prescrites par ma circulaire du 6 septembre dernier.

IV. — Exempts de tout impôt et de corvées,

Savoir :

1° Toute personne pourvue d'un brevet de mandarin à partir du 9e degré, 2° classe ;

2° Tous les employés de l'administration recevant une solde mensuelle, Thong-lai, Linh-co, Linh-le et Linh-tram ;

3° Tous les employés du Protectorat, les tirailleurs, gardes civils, infirmiers, matelots et tous ceux qui sont employés à un titre quelconque et payés mensuellement par l'administration française.

N. B. — 1° *Les tirailleurs qui ont servi pendant six ans, sont exempts de l'impôt personnel et de la corvée pendant cinq ans* ;

2° *Tout engagé volontaire dans le courant de l'année, doit d'abord acquitter l'impôt personnel et les corvées ;*

3° Les chefs et sous-chefs de canton, les thien-ho, ba-ho, giam-sanh, am-sanh, les bonzes, les vieillards de 60 ans et au-dessus et les infirmes.

Je vous proposerai, Excellence, d'abandonner le calcul en ligatures et tien, qui ne répond plus aux exigences actuelles, et d'adopter les fixations en piastres et en cents, ce qui est plus commode et plus avantageux. Les paiements en ligatures se feront au taux du jour du versement de l'impôt.

Le chiffre de 0 $ 40 cents pour l'impôt personnel répond à peu près à la valeur moyenne de 2 ligatures 1 tien, dont la moitié de l'impôt serait alors de 0 $ 20 cents.

Je vous prie de vouloir bien me communiquer le détail des instructions que vous aurez adressées aux autorités provinciales, en conformité de la présente lettre. — BRIÈRE.

50. — 20 décembre 1889. — CIRCULAIRE *fixant les taxes de l'impôt foncier annamite pour 1890.*

Comme suite à ma circulaire n° 5.960, j'ai l'honneur de vous faire connaître ci-après les nouvelles fixations de l'impôt foncier pour les rôles de 1890 :

Rizières de 1re classe	. . . . .	1	$ 35
— 2e classe	. . . . .	1	04
— 3e classe	. . . . .	0	70
Cultures diverses de 1re classe	.	2	02
— 2e classe	. .	1	85
— 3e classe	. .	0	43
— 4e classe	. .	0	30
— 5e classe	. .	0	28
— 6e classe	. .	0	24
— 7e classe	. .	0	22
— 8e classe	. .	0	17
— 9e classe	. .	0	13
— 10e classe	. .	0	09
— 11e classe	. .	0	07
— 12e classe	. .	0	06

Le travail préparatoire à la réforme de l'assiette de l'impôt foncier que je vous avais demandé par ma circulaire n° 33, m'est parvenu trop tard pour qu'il soit possible de mettre à exécution, dès l'année prochaine, les transformations que j'avais projetées.

Il n'y aura donc pas de modifications dans l'établissement des rôles de 1890 que celles résultant de l'application des taxes en piastres au lieu de celles en ligatures.

Il demeure bien entendu que les contribuables continueront à jouir de la faculté qui leur est laissée par l'arrêté du 21 juillet, de verser un tiers de l'impôt en ligatures, mais ces versements devront être effectués *au cours du jour.*

Un stock considérable d'imprimés restant en magasin, et le temps faisant du reste absolument défaut pour faire exécuter les nouveaux modèles, les anciens devront être encore utilisés cette année, et je vous laisse le soin d'opérer vous-même les rectifications nécessaires à l'encre rouge. Vous voudrez bien dès la réception de cette circulaire, me demander le complément dont vous aurez besoin.

Vous trouverez joint à cette circulaire un modèle de tableau récapitulant, par huyen, l'ensemble des impôts dus par les villages ; vous voudrez bien le remplir et le reproduire au dos de chacun des rôles que vous soumettrez à mon approbation.

Vous pourrez, en outre, comprendre sur le même rôle, l'impôt des corvées, que vous intercaleriez par village à la suite de la désignation du nombre des inscrits. Une seule difficulté s'opposerait peut-être à l'adoption de cette simplification : c'est l'ignorance dans laquelle vous serez encore, au moment de l'établissement de vos rôles, des cas d'exemption résultant de l'examen des lettrés, fixé désormais aux premiers jours de janvier.

Je vous autorise à obvier à cet inconvénient en déduisant en bloc, à la fin de votre rôle, le chiffre d'exemptions qui vous a été fixé par la circulaire n° 35 en date du 6 septembre dernier. Il ne vous resterait, lorsque les résultats de l'examen vous seront connus, qu'à faire la répartition entre les villages et à rectifier en conséquence vos articles des rôles.

Je fais établir enfin de nouvelles cartes-quittances, d'un maniement plus facile que les précédentes : sur le recto sera reproduit exactement l'ensemble des impôts dus par le village, le verso reste destiné à la constatation des versements effectués. Ces cartes ne vous seront délivrées que sur votre demande, et lorsque celles qui existent actuellement auront été épuisées.

À ce propos, je crois devoir vous faire remarquer que contrairement à ce qui semble résulter des prescriptions de l'arrêté du 21 juillet, chaque versement effectué doit donner lieu à la délivrance d'une quittance à souche, ces cartes-quittances ne constituant qu'un moyen de contrôle pour les versements de chaque village. Lorsque le versement a lieu en ligatures, vous devez inscrire sur votre quittancier dans la colonne « montant de chaque quittance », la valeur correspondante en piastres, de façon à ce qu'une vérification puisse faire ressortir immédiatement l'ensemble des recouvrements effectués au titre de l'impôt annamite.

Vous ouvrirez, en outre, à la droite du quittancier, deux colonnes exprimant, l'une les versements en piastres, l'autre les sommes dont est comptable le trésor provincial.

Je vous prie de veiller avec le plus grand soin à la stricte observation de ces prescriptions et de faire tous vos efforts pour obtenir le plus de clarté et de simplicité possibles dans l'établissement des impôts annamites, qui constituent la ressource la plus importante du budget du Protectorat. — BRIÈRE.

RÉCAPITULATION

51. — 29 janvier 1890. — CIRCULAIRE *sur le mode de perception de l'impôt indigène.*

Des objections ont été soulevées par plusieurs d'entre vous au sujet de la quittance à souche à délivrer pour les versements effectués à la résidence par les mandarins ou les villages, au compte de l'impôt indigène. J'ai l'honneur de vous adresser ci-dessous les explications qui me paraissent indispensables pour qu'il soit procédé de la même façon dans toutes les résidences.

L'impôt indigène doit, conformément à l'arrêté du 21 juillet, être perçu par les soins du résident lui-même, qui en tient compte sur un registre ouvert spécialement à cet effet, et sur lequel sont inscrits par jour et par village, les recettes effectuées. Ces recettes doivent, en fin de journée, être versées par la résidence soit au percepteur, soit au trésor.

C'est ce versement (pouvant comprendre un nombre indéterminé de villages), qui donne lieu à la délivrance d'une quittance à souche que le résident doit conserver à l'appui de ses rôles émargés.

Dans le cas où un agent quelconque de la résidence est envoyé en tournée pour percevoir l'impôt, les recettes faites par lui sont inscrites à son retour au registre journal tenu par le résident, et font partie du 1er versement à effectuer.

Il est indispensable que ce registre journal soit tenu avec le plus grand soin, car il est le seul moyen de vérification pour l'émargement de vos rôles et les inscriptions portées sur les cartes-quittances.

Un nouveau registre doit être ouvert chaque année au moment de la publication des rôles, être totalisé de la droite à la gauche pendant toute la durée de leur recouvrement, et n'être arrêté qu'au moment où toutes les sommes qui y étaient inscrites sont entièrement recouvrées.

Ce registre reste de la sorte, en même temps que les quittances à souche à l'appui des rôles émargés, à conserver dans les archives de la résidence. — BRIÈRE

52. — 4 février 1890. — ARRÊTÉ *frappant d'une taxe additionnelle au principal de la contribution foncière et personnelle pour l'année 1890, divers phus et huyens de la province de Hanoi, pour la réfection de digues.*

Article premier. — Seront frappés d'un impôt additionnel de 0.0572 au principal de la contribution foncière et personnelle pour l'année 1890, les phus et huyens dont les noms suivent :

Thuong-phuc, Thanh-oai, Son-lang, Duy-tien, Kim-bang, Phu-xuyen, Thanh-tri, Tu-liem, Ninh-thuan, Tho-xuong, Dang-phuong, ainsi que la partie du huyen de Yen-duc qui se trouve sur la rive gauche du Day.

Art. 2. — Le produit de cette taxe additionnelle sera affecté à la réfection des digues de la province, situées dans les régions ci-dessus désignées.

Art. 3. — M. le résident de la province de Hanoi est chargé de l'exécution du présent arrêté. — BRIÈRE.

53. — 15 avril 1890. — CIRCULAIRE *relative au recouvrement de l'impôt annamite.*

Les nombreuses demandes de dégrèvement qui se sont produites à la fin de l'exercice 1889, surtout en matière de rachat de corvées, m'ont amené à examiner à nouveau la manière dont avait été assis l'impôt personnel, base de celui des corvées. J'ai reconnu que la révision des registres d'impôts et l'augmentation générale du chiffre des inscrits, ordonnée par mon prédécesseur dans sa circulaire en date du 26 octobre 1888, avait causé de vives alarmes chez la population de diverses provinces, et augmenté d'une manière fort inégale, et souvent excessive, les charges qu'elle supporte.

Sur un point notamment, cette révision des rôles a été particulièrement mal interprétée. Les autorités provinciales sont partout revenues aux chiffres des anciens registres, tels qu'ils existaient à l'origine et les ont pris pour base d'augmentations nouvelles. Or, nombre de villages ruinés par des inondations ou par les révoltes qui ont désolé le Tonkin bien avant l'occupation française, avaient, dès le règne de Tu-duc, obtenu des réductions sur le chiffre de leurs inscrits, et étaient restés à moitié dépeuplés. Il y a eu évidemment une injustice flagrante à prendre pour base les rôles d'années de prospérité depuis longtemps écoulées, et à aggraver encore des charges antérieurement reconnues impossibles à supporter par une population moindre qu'elle n'était à l'origine. Nous n'avons du reste aucun intérêt à ne pas revenir sur une mesure qui mécontente à juste titre le peuple, et d'ailleurs ne rapporte rien au trésor, car nous serons toujours forcés, en fin d'exercice, d'accorder des dégrèvements si nous ne voulons pas amener la désertion entière de ces villages misérables, désignés dans les rôles indigènes sous la dénomination de *Dieu-hao-xa*.

Il semblerait donc tout indiqué de procéder dès maintenant à une révision générale des rôles et à un recensement des propriétés et des personnes, qui nous permit d'asseoir sur une base définitive l'impôt personnel et foncier, de manière qu'avec les révisions quinquennales régulières, le rendement suivit une progression en rapport direct avec le développement de la richesse publique. Malheureusement, en l'état actuel des choses, nous ne saurions nous flatter d'obtenir, par voie de recensement, des résultats sérieux, et vous n'ignorez pas que toute opération de ce genre, confiée sans contrôle suffisant aux autorités inférieures indigènes, est extrêmement onéreuse pour les villages, et viciée dans sa source par des compromissions de toute nature.

Désireux de donner une satisfaction immédiate et réelle aux justes réclamations de certains villages, tout en ne compromettant pas l'équilibre du budget et le rendement général de l'impôt, je vous prie de vouloir bien, dès maintenant, arrêter par village un rôle des inscrits de votre province, en prenant pour base, non plus les anciens rôles de Gia-long et de Minh-mang, mais ceux de la 2ᵉ année de Dong-khanh. Ces rôles subiraient une augmentation uniforme de 10 %. Vous ferez ressortir dans un tableau spécial : 1° les dégrèvements urgents qui vous paraîtraient dans tous les cas devoir être accordés dès cette année ; 2° ceux qui pourraient ne commencer à figurer qu'au rôle de l'année prochaine.

Ce travail servirait donc à établir les dégrèvements de l'exercice 1890, et les rôles de l'exercice 1891. Il donnerait certainement satisfaction aux populations, car les réductions s'opérant dans vos bureaux, sans mettre en mouvement cette armée de subalternes qui rend si onéreuse toute enquête administrative dirigée par les autorités indigènes, il n'en résulterait aucune dépense occulte à la charge des villages. — Brière.

───

54. — 8 mars 1891. — Circulaire *au sujet de la situation du recouvrement de l'impôt annamite.*

Par ma circulaire du 12 juillet 1889, n° 16 (J. O., p. 562) j'ai déjà eu à vous prescrire un ensemble de mesures destinées à me renseigner sur la situation du recouvrement de l'impôt annamite, ainsi que sur les restes à recouvrer en fin d'exercice.

Les non recouvrements de ces impôts n'ont pas cessé de s'accroître depuis cette époque, au point de compromettre l'équilibre du budget et de constituer une des plus sérieuses difficultés du moment. Enfin, M. l'Inspecteur général des colonies vient d'appeler mon attention sur l'application, négligée jusqu'ici, de l'article 209 du décret financier du 20 novembre 1882, aux termes duquel il doit être établi, au dernier jour de chaque exercice, un état détaillé par article, de tous les restes à recouvrer sur les divers revenus du budget, soit en vertu de marchés, soit en vertu des rôles d'impôts ou de tout autre titre de perception.

En ce qui vous concerne, vous voudrez donc bien, à l'avenir, au 30 juin de chaque année, me produire en double expédition cet état pour les impôts annamites foncier et personnel, le rachat des corvées de l'exercice précédent, et les restes des exercices antérieurs. Vous trouverez d'autre part le modèle de ce document que vous pourrez facilement établir, à l'aide des minutes des rôles qui sont entre vos mains, et qui doivent être émargés dans la colonne *ad hoc*, après chaque versement partiel.

Les propositions de dégrèvement que vous croirez devoir présenter seront dûment motivées.

Vous vérifierez, à l'aide du chiffre des encaissements de la perception, des versements au magasin provincial et des dégrèvements déjà consentis, de manière à présenter comme restes à recouvrer la différence réellement exigible.

L'expédition qui vous sera retournée, revêtue de mon visa, vous servira de titre de perception dans le cours du nouvel exercice, et les recettes effectuées de ce chef seront classées à l'article 7, § 1ᵉʳ, *Restes à recouvrer sur l'impôt annamite.*

En raison du chiffre élevé des contributions indigènes impayées de l'année 1889, vous aurez à m'adresser, avant le 15 avril au plus tard, un état spécial à cet exercice, faisant ressortir pour cette fois seulement : 1° le montant des sommes restant à payer au dernier jour de l'exercice 1889 (30 juin 1890) ; 2° le montant des sommes restant à payer au 28 février 1891, en tenant compte des versements reçus et des dégrèvements accordés depuis le 30 juin dernier. — Brière.

| PROVINCE du | | ÉTAT *des restes à recouvrer au 30 juin 189* sur les rôles (1) | | | | |

(1) Impôt foncier et personnel annamite ou rachat des corvées.
(2) Produire un état par nature d'impôt.

(2)

EXERCICE 189 .

NUMÉRO de l'article DU RÔLE	NOMS DES VILLAGES	MONTANT de L'ARTICLE du rôle	VERSEMENTS et DÉGRÈVEMENTS	RESTES à RECOUVRER	MOTIF des RETARDS	PROPOSITIONS de dégrèvement S'IL Y A LIEU

55. — 20 septembre 1892. — CIRCULAIRE *déterminant le délai pour réclamer l'exemption de l'impôt annamite.*

Mon attention a été appelée sur les difficultés qui résultent du silence que garde la circulaire n° 73, du 7 décembre 1889 et son annexe, relativement à la date à laquelle le contribuable appelé à être exonéré des charges personnelles vis-à-vis de l'Etat, est fondé à réclamer la jouissance de ce droit.

Les rôles sont en effet établis au commencement de l'année, et il n'est pas possible de les modifier chaque fois qu'un particulier obtient la faculté de n'y plus figurer.

J'ai décidé en conséquence, ainsi que cela a déjà été réglé pour les tirailleurs par l'arrêté n° 456, du 28 novembre 1891, que tout indigène qui sera mis, à un titre quelconque, en situation de bénéficier de l'exemption de l'impôt personnel et des corvées, ne sera admis à revendiquer ce privilège qu'à partir du 1er janvier de l'année qui suivra l'obtention. — CHAVASSIEUX.

6° SECTION
Impôt sur la navigation

56. — 11 décembre 1885. — ARRÊTÉ *fixant les taxes des navires, jonques et barques appartenant à des Français et à des indigènes au Tonkin.*

Article premier. — A partir du 1er janvier 1886, les navires, jonques et barques, appartenant à des français ou à des étrangers, et qui servent à des transports fluviaux dans le Tonkin ou l'Annam, seront soumis aux taxes ci-après:

Tarif modifié par arrêté du 7 janvier 1888.

Art. 2. — *Modifié par arrêté du 28 mai 1892.*

Art. 3. — Les propriétaires de navires, jonques, barques de rivière ou barques de mer, seront tenus de faire inscrire ceux-ci à la résidence du ressort de leur domicile, dans un délai de trois mois, sous peine d'une amende égale à la taxe imposable, sans préjudice, bien entendu, du payement de cette dernière.

Art. 4. — Les navires, jonques et barques de rivière, les barques de mer, construits ou acquis dans le cours du 1er semestre, devront la taxe annuelle entière; ceux construits ou acquis pendant le cours du 2° semestre, ne seront imposés qu'à la demi-taxe.

Art. 5. — Dans chaque résidence, il sera établi une série spéciale de numérotage pour les barques de rivière et pour les barques de mer. Le numéro d'ordre de chaque bateau ou barque sera gravé en plein bois, à l'avant et dans une partie très apparente, précédé du numéro de la résidence, sous peine d'une amende égale à la taxe annuelle.

Art. 6. — Les numéros adoptés pour indiquer la résidence à laquelle ressortit chaque bateau ou jonque, sont: (1)

Art. 7. — Tout patron de bateau, jonque ou barque devra exhiber, à première réquisition d'un agent de l'autorité civile ou militaire, le bulletin attestant l'inscription du bateau, de la jonque ou barque, et l'acquittement de l'impôt, sous peine, pour le propriétaire, d'une amende égale à la double taxe, sans préjudice du payement de l'impôt normal, s'il n'a point été acquitté.

(1) La série des numéros a été modifiée par arrêté du 22 février 1889.

La saisie du bateau, de la jonque ou barque pourra être effectuée, à titre de garantie au moins provisoire.

Art. 8. — En cas de récidive, les infractions aux dispositions prévues aux articles 3, 5 et 7 de la présente décision entraîneront l'application d'une double amende.

Le fait de récidive résultera de deux contraventions dans un même semestre.

Art. 9. — Le Directeur des affaires civiles et politiques est chargé de l'exécution de la présente décision, provisoirement exécutoire, et qui sera soumise à l'approbation de M. le Ministre (1). — COUNCY.

57. — 20 août 1886. — ORDONNANCE *du Kinhluoc, relative à l'impôt sur les embarcations des Annamites.*

Par décision du 29 août 1886, le Résident général a rendu exécutoire l'ordonnance en date du 12 août 1886, par laquelle S. E. le Kinh-luoc p. i. du Tonkin a rendu applicables aux Annamites, les dispositions de la décision du 11 décembre 1885 relative à l'impôt sur les navires, jonques et barques.

58. — 7 janvier 1888. — ARRÊTÉ *fixant la taxe à payer par les navires et bateaux de transport ou de pêche dans le Tonkin ou l'Annam.*

Rapporté par arrêté du 22 février 1889.

59. — 12 juillet 1888. — ARRÊTÉ *portant règlementation de la pêche et du commerce dans les mers d'Annam, en ce qui concerne les barques chinoises ayant leur port d'attache en Chine.*

1° BARQUES DE PÊCHE

Article premier. — Les barques de pêche chinoises pourront pêcher librement dans les mers d'Annam, si elles sont munies d'un permis de pêche.

Art. 2. — Les permis de pêche sont délivrés par le vice-consulat de Pakhoy, contre payement d'une taxe indiquée au tarif ci-annexé et au profit du budget du Protectorat de l'Annam et du Tonkin.

Art. 3. — Les permis de pêche sont valables pendant un an, à compter du premier jour du mois pendant lequel ils ont été pris.

Art. 4. — Toute barque munie d'un permis de pêche, pourra circuler et pêcher librement sans payer aucun droit, relâcher en un point quelconque de la côte sans être taxée, ni pour le sel qu'elle aura à bord pour la préparation du poisson, ni pour le poisson salé.

2° BARQUES DE COMMERCE

Art. 5. — Les barques de commerce chinoises pourront naviguer librement dans les mers d'Annam, si elles sont munies d'un permis de circulation.

Art. 6. — Les permis de circulation sont délivrés par le vice-consul de Pakhoy, contre payement d'une taxe indiquée au tarif ci-annexé.

Art. 7. — Les permis de circulation sont valables pendant un an, à compter du premier jour du mois pendant lequel ils ont été pris.

3° DISPOSITIONS COMMUNES

Art. 8. — Les permis de pêche et de circulation ne seront délivrés, par l'autorité consulaire, que si les

(1) Voir V° *Haïphong*, arrêté du 8 juin 1885, organisant le service des barques et sampans de passage sur la rade de Haïphong, et le tarif y établi.

barques sont présentées par les chefs de congrégation ou par le chef d'une maison de commerce européenne.

Art. 9. — L'armement des barques ne pourra excéder quatre fusils avec 100 cartouches par arme ; il sera déterminé par le vice-consul, d'après l'importance de la jonque, et sera indiqué sur le permis de pêche ou de circulation. Il n'y aura jamais de canon à bord.

Art. 10. — Tout patron de barque chinoise, de pêche ou de commerce, devra exhiber, à première réquisition d'un agent de l'autorité française, son permis de pêche ou de circulation.

Art. 11. — Toute barque qui ne sera pas munie du permis règlementaire, sera frappée d'une amende égale au triple de la taxe.

Toute barque qui aura plus que son armement règlementaire, ou qui fera la contrebande, sera saisie avec son chargement et vendue au profit du Trésor.

Art. 12. — Ce règlement annule et remplace les arrêtés du 11 décembre 1885 et du 7 janvier 1888, en ce qui concerne les barques chinoises.

Il n'entrera en application que lorsque le nombre des demandes de permis des deux espèces sera supérieur à 900.

4° DISPOSITIONS TRANSITOIRES

Art 13. — Dès que ce règlement entrera en vigueur, les permis de pêche et de circulation précédemment délivrés aux barques chinoises, cesseront d'être valables.

Ils devront être renouvelés par les soins du vice-consulat de Pakhoy.

On tiendra compte de la taxe déjà payée pour les douzièmes restant encore à courir.

Art. 14. — Le Résident général en Annam et au Tonkin et le vice-consul de France à Pakhoy sont chargés de l'exécution du présent arrêté. — RICHAUD.

TARIF ANNEXÉ

	BARQUES de pêche	BARQUES de commerce
	francs	francs
1re classe, bateaux mesurant plus de 20 mètres de longueur, par mètre de largeur au maître bau et par an..............	50	30
2e classe, bateaux mesurant de 15 à 20 mètres de longueur, par mètre de largeur au maître bau et par an.............	40	25
3e classe, bateaux mesurant de 10 à 15 mètres de longueur, par mètre de largeur au maître bau et par an.............	30	20
4e classe, tout bateau mesurant moins de 10 mètres de longueur, par an..............	30	20

60. — 22 février 1889. — ARRÊTÉ *déterminant le mode de perception de l'impôt sur les barques de mer ou de rivière* (1).

Article premier. — A compter du premier avril 1889, l'impôt sur les barques de mer ou de rivière appartenant à des Français, des étrangers ou des Annamites, sera perçu sur rôles.

(1) Modifié, en ce qui concerne les barques de mer, par arrêté du 28 mai 1892.

Art. 2. — Les rôles seront établis, chaque année avant le 1er février, par les soins des maires de village, soumis à l'approbation des résidents, et rendus exécutoires par le Résident supérieur.

Le recouvrement en sera effectué par les maires sous le contrôle des résidents, et le montant en sera versé en piastres au trésor.

Art. 3. — Les taxes à percevoir pour les barques de rivière et de mer sont fixées conformément aux tableaux 1 et 2 annexés au présent arrêté.

Art. 4. — L'impôt sur les barques est payable en un seul terme, dont l'échéance aura lieu au 1er avril de chaque année.

Art. 5. — Les barques construites pendant les deux premiers trimestres de l'année paieront l'impôt pour l'année entière ; celles construites pendant le dernier semestre ne seront astreintes qu'à un demi-droit.

Art. 6. — Dans chaque résidence, il sera tenu une matricule des barques de la province par nature de barques (barques de mer, barques de rivière).

Art. 7. — Les propriétaires devront, du 1er au 31 décembre de chaque année, venir faire inscrire leurs barques. Ceux qui ometront volontairement de faire leur déclaration, seront passibles d'une amende égale au montant de leur impôt, sans préjudice du paiement de cet impôt.

Art. 8. — Ils ne pourront, sous aucun prétexte, obtenir l'autorisation de quitter le territoire du Tonkin, ni transférer leur domicile dans une autre province sans avoir acquitté l'impôt.

Toute contravention à cette règle donnera lieu à une amende de 1 piastre en cas de simple déménagement, et de 5 piastres en cas de départ de la colonie.

Art. 9. — Les propriétaires de barques qui voudront changer de province, se feront délivrer un certificat constatant qu'ils ont payé l'impôt ; ils devront le présenter en se faisant inscrire à leur nouvelle résidence. Cette pièce sera retournée, par les soins de l'administration, au résident de la province où la barque était précédemment inscrite.

La radiation du registre matricule aura lieu au reçu de cette pièce.

Art. 10. — Les maires de village et les chefs de congrégation pour les chinois, devront veiller à ce que toutes les barques soient inscrites ; ils seront solidairement responsables de l'impôt non payé et des amendes infligées aux contrevenants.

Art. 11. — Il sera fait aux maires des villages qui auront effectué, avant le 1er juillet, le recouvrement intégral de l'impôt de barques dans le village, une remise de deux pour cent sur le montant de cet impôt.

Art. 12. — Toutes les barques inscrites porteront à l'avant le numéro de la province à laquelle elles appartiennent (tableau annexe n° 3) et le numéro de leur inscription au registre matricule ; les numéros seront indiqués en chiffres arabes, d'une hauteur de 0m 10 au moins ; ils seront incrustés sur le bois ou peints d'une couleur tranchant sur celle de la barque. Les numéros seront placés à l'avant, celui de la province le premier, celui de l'inscription au registre matricule le second.

Art. 13. — Toute altération, tout changement de numéro, seront punis d'une amende d'une à dix piastres.

Art. 14. — Il sera délivré aux propriétaires une carte indiquant le nom de la province, le numéro de la barque, son tonnage, le nom du propriétaire, et portera, avec la date de la délivrance, la signature du résident et le cachet de la résidence.

Art. 15. — Les propriétaires, lorsqu'ils loueront leur barque, devront en confier la carte aux locataires.

Art. 16. — En cas de vente de la barque, on délivrera gratuitement une autre carte au nouveau propriétaire.

Art. 17. — Comme moyen de contrôle, les résidents devront apposer leur signature sur le dos de la carte à chaque paiement de l'impôt.

Art. 18. — Les pénalités prévues pour les contraventions aux prescriptions du présent arrêté seront prononcées administrativement par les résidents, et le montant des amendes infligées sera versé au trésor.

Art. 19. — Sont déclarés abrogés tous les arrêtés et décisions relatifs à l'impôt des barques, antérieurs au présent arrêté.

Art. 20. — Le Résident général en Annam et au Tonkin est chargé de l'exécution du présent arrêté. — RICHAUD.

TABLEAU Nº 1. — *Barques de rivière*

1re catégorie, 300 piculs et au-dessus.... 15 $ 00
2º catégorie, 150 à 300 piculs.......... 5 »
3º catégorie, 50 à 150 piculs.......... 3 »

NOTA. — Les barques au-dessous de 50 piculs sont exemptées de toute taxe.

TABLEAU Nº 2. — *Barques de mer*
Modifié par arrêté du 28 mai 1892.

TABLEAU Nº 3. — *Numéros des Résidences* (1)

Haiphong	1	Bac-ninh	11
Quang-yen	2	Thai-nguyen	12
Hai-duong	3	Lang-son	13
Nam-dinh	4	Cao-bang	14
Hung-yen	5	Hai-ninh	15
Hanoi	6	Lao-kai	16
Son-tay	7	Son-la	17
Hung-hoa	8	Cho-bo	18
Ninh-binh	9	Phu-ly	19
Tuyen-quan	10		

61. — 30 mars 1889. — CIRCULAIRE *sur l'établissement des rôles d'impôt sur les barques et jonques.*

J'ai l'honneur de vous adresser, sous bordereau, les imprimés nécessaires à l'établissement des rôles d'impôt des barques de mer et de rivière.

Le rôle, établi par vous, devra comprendre trois catégories : 1º les barques appartenant aux européens ; 2º aux asiatiques étrangers ; 3º aux annamites.

Pour les deux premières catégories, vous devrez recueillir vous-même tous les renseignements nécessaires et procéder au jaugeage ; pour les barques annamites, chaque maire de village devra établir un rôle partiel, sur lequel figureront tous les renseignements nécessaires.

Comme une partie de l'impôt des barques a déjà été perçue, il y aurait lieu de procéder de la même façon que pour les capitations, c'est-à-dire de considérer comme définitivement acquises les sommes recouvrées, et de n'appliquer le nouveau tarif qu'aux barques n'ayant pas encore payé l'impôt.

En conséquence, les rôles soumis à mon approbation ne devront comprendre que les barques dont les taxes n'ont pas été perçues ; cependant comme renseignement budgétaire, et pour me rendre compte du rendement de cet impôt, vous voudrez bien joindre aux rôles que vous me soumettrez, un état

faisant ressortir ce qu'aurait été le montant total du rôle comprenant toutes les barques imposables de votre province, qu'elles aient payé ou non leur cote annuelle.

Toute barque imposable, inscrite au registre matricule, donnera lieu à la délivrance d'une carte du modèle qui vous est adressé ; les autres barques ou sampans jaugeant moins de cinquante piculs seront munis d'un laissez-passer, délivré gratuitement et enregistré sur un registre particulier.

Vous voudrez bien prendre toutes les mesures nécessaires pour que les prescriptions de l'arrêté du 22 février soient appliquées avec le plus d'exactitude possible, et qu'il ne soit point commis de fraude dans le jaugeage des barques.

Vous pourriez, dans ce but, donner des instructions aux sous-officiers européens de la milice pour que, dans leurs tournées ou leurs reconnaissances, ils exercent un contrôle actif sur les barques qu'ils pourront rencontrer. — E. PARREAU.

62. — 20 septembre 1890. — ARRÊTÉ *fixant les droits de phare et d'ancrage pour les navires partant avec un chargement exclusif de charbon*

Article premier. — Les droits de phare et d'ancrage pour les navires arrivant sur lest à Haiphong, et emportant un chargement exclusif de charbon, sont fixés comme suit :

Au voyage : 0 $ 04 par tonneau de jauge pour les navires étrangers, et 0 $ 02 pour les navires français.

À l'abonnement : par trimestre, 20 cents pour les navires étrangers, et 10 cents pour les navires français.

Art. 2. — Les navires arrivant chargés, et repartant avec une cargaison de charbon, acquitteront au voyage pour l'aller les droits inscrits au § 2 de l'article 1er de l'arrêté du 15 février 1889 (1), et pour le retour ceux inscrits à l'article ci-dessus.

À l'abonnement, les droits seront de 30 cents par tonne et par trimestre pour les navires étrangers, et 15 cents pour les navires français.

Art. 3. — Le même régime pourra être appliqué aux jonques de mer qui se livreront au transport du charbon.

Art. 4. — Le Résident supérieur au Tonkin est chargé de l'exécution du présent décret. — PIQUET.

63. — 16 mars 1892. — ARRÊTÉ *complétant la nomenclature du tableau nº 3 de l'arrêté du 22 février 1889, sur l'impôt des barques.*

Article premier. — Le tableau nº 3, annexé à l'arrêté du 22 février 1889 précité, est complété ainsi qu'il suit :

Cercle des Sept-Pagodes (1er territoire militaire), nº 24.

Cercle de Yên-bay (3e territoire militaire), nº 25.

Art. 2. — Le Résident supérieur du Tonkin est chargé de l'exécution du présent arrêté. — CHAVASSIEUX.

64. — 28 mai 1892. — ARRÊTÉ *modifiant les droits à percevoir sur les barques de mer inscrites dans un port du Tonkin* (2).

Article premier. — Les barques de mer inscrites dans un port du Tonkin sont soumises aux droits de navigation déterminés ci-après :

(1) Voir ci-après le complément du tableau nº 3 par arrêté du 16 mars 1892.

(1) Voir cette décision, Vº Ports de commerce.
(2) Voir pour l'Annam l'arrêté du 16 juin 1893.

DÉSIGNATION des EMBARCATIONS	UNITÉ de PERCEPTION	TAXE ANNUELLE
Mesurant moins de 50 piculs.	Par barque	1 piastre.
— de 50 à 100 —		3 piastres.
— de 100 à 150 —		6 —
— de 150 à 200 —		10 —
Au-dessus de 200 piculs....	Par picul de jauge.	10 piastres pour les 200 premiers, et 0 $ 04 sur chaque picul excédant.

Ces droits sont perçus par le service des douanes.

Art. 2. — Cette taxe est exigible dans le premier trimestre de l'année. La perception peut être effectuée par semestre pour toutes celles ayant à payer une redevance annuelle supérieure à 20 piastres.

Art. 3. — Les barques construites et mises en service dans le courant de l'année acquittent le droit proportionnel calculé d'après le nombre de mois restant à courir.

Art. 4. — Chaque barque est marquée d'un numéro d'ordre renouvelé à la fin de chaque année. Le patron est porteur d'un livret sur lequel sont inscrites toutes les indications de nature à constater l'identité de la barque, le nombre d'hommes qui composent l'équipage, et son armement. Seront, en outre, portés sur ledit livret : le paiement de la taxe, les départs, arrivées, déplacements et autres mentions que le service des douanes estimerait utiles au bon fonctionnement du contrôle.

Art. 5. — Toute mutation concernant la propriété de la barque doit faire l'objet d'une déclaration au bureau d'inscription dans un délai de dix jours.

Art. 6. — Les jonques de commerce arrivant dans un port du Tonkin sont soumises aux droits prévus pour les barques de mer à l'article 1er ci-dessus, avec faculté de ne payer que pour un trimestre dans le cas où elles déclareraient ne devoir effectuer qu'un seul voyage ; mais tout déplacement en cabotage entraîne le paiement du complément de taxe pour un semestre.

Art. 7. — Les jonques de commerce ayant acquitté les droits de navigation au Tonkin ne sont assujetties à aucune autre taxe de navigation ou de tonnage dans les ports de l'Annam. Dans le cas où la période de temps pour laquelle la taxe a été payée viendrait à expiration en cours de voyage sur les côtes des pays du Protectorat (Annam-Tonkin), il serait perçu, au lieu même du mouillage de la jonque, le montant de la taxe due pour la période suivante, annuité ou semestre.

Art. 8. — Les barques de pêche ayant leur port d'attache en Chine doivent, en arrivant dans les eaux du Tonkin, se présenter au poste de douane de la Cac-ba, pour y faire leur déclaration en vue de la délivrance d'un permis de pêche.

Art. 9. — Ce permis est délivré après versement des droits de navigation inscrits à l'article premier et le dépôt d'une soumission de garantie pour le paiement des droits sur le poisson pêché, dressé en la forme qui sera déterminée par le service des douanes.

Ces barques seront l'objet d'un numérotage spécial.

Art. 10. — Toute barque munie d'un permis de pêche pourra circuler librement et relâcher en un point quelconque de la côte, sans payer aucun droit ni pour le sel qu'elle aura à bord pour la préparation du poisson, ni pour le poisson pêché.

Les droits d'exportation sur le poisson pêché sont payables au bureau de douane de la Cac-ba.

Les permis de barque de pêche qui expirent en cours de la campagne de pêche sont renouvelés dans ce bureau.

Art. 11. — Une jonque de la douane est spécialement affectée au contrôle de la pêche et à la surveillance des barques qui se livrent à cette industrie. Elle les accompagne dans tous leurs déplacements. Les patrons de barques sont tenus de déférer aux instructions et aux ordres qui leur sont donnés par le garde-pêche.

Art. 12. — Les rayons dans lequel les barques de pêche inscrites à la Cac-ba pourront exercer, comprend les côtes du Tonkin et celles des provinces de Vinh et de Thanh-hoa (Annam).

Art. 13. — Pour toutes les embarcations soumises au régime ci-dessus, l'armement ne pourra excéder quatre fusils avec 100 cartouches par arme. Ces armes seront marquées au feu par les agents de la douane, leur nombre et la quantité de munitions portées sur le livret de barque.

Pour les jonques provenant du port de Packhoi, l'armement en canons ne pourra être autorisé que par le consul de France en cette ville, pour le trajet direct de Packhoi à la Cac-ba, où ces engins de guerre seront débarqués pour être réembarqués au moment du retour au port d'attache.

Tout excédent ou manquant non justifié dans la quantité ou la nature des armes et munitions entraînera la confiscation de la jonque et de son chargement.

Art. 14. — Tout patron de chaloupe, de jonque, de barque de commerce ou de pêche est tenu de s'arrêter et d'exhiber, à première réquisition d'un agent de l'autorité française, ses papiers et son armement.

Art. 15. — Sont applicables aux chaloupes à vapeur toutes les dispositions relatives à la perception des droits de navigation. Sont réputées chaloupes de mer, toutes celles qui naviguent en mer ou dans la partie des fleuves soumise à la police des douanes, qu'elles soient ou non munies d'appareil à condensation.

Art. 16. — Les contraventions aux dispositions fiscales du présent arrêté seront punies d'une amende égale au double au moins, au décuple au plus, du montant des droits au paiement desquels le contrevenant était astreint.

Les autres infractions seront punies d'une amende de 5 à 100 piastres.

En garantie du paiement des amendes prévues ci-dessus, la barque pourra toujours être saisie et retenue, et, en cas de récidive, confisquée.

Art. 17. — L'arrêté du 12 juillet 1888, les dispositions de l'arrêté du 22 février 1880, qui concernent les barques de mer, l'arrêté du 6 juillet 1880 et toutes les dispositions contraires à celles du présent arrêté sont abrogés.

Art. 18. — Le Résident supérieur du Tonkin est chargé de l'exécution du présent arrêté. — CHAVASSIEUX.

---

65. — 16 juin 1893. — ARRÊTÉ *fixant les droits de navigation à percevoir en Annam sur les barques de mer* (1).

Article premier. — Les barques de mer inscrites dans les ports de l'Annam sont soumises aux droits de navigation ci-après :

---

(1) L'effet de cet arrêté a été suspendu par décision du 22 mai 1894, mais seulement en ce qui concerne la perception de la taxe.

DÉSIGNATION des BARQUES	UNITÉ de PERCEPTION	TAXE ANNUELLE
Mesurant moins de 25 piculs	par barque	0 $ 25
— de 25 à 50 —	—	1 00
— de 50 à 100 —	—	00
— de 100 à 150 —	—	00
— de 150 à 200 —	—	10 00
Au-dessus de 200 piculs —	Par picul de jauge.	10 piastres pour les 200 premiers piculs et 0 $ 04 sur chaque picul excédant.

Ces droits sont perçus par le service des douanes dans les ports où le service est représenté par ses receveurs. Dans les autres, les Thu-ngu et les Thuabien seront chargés de cette perception sous le contrôle du receveur des douanes de la localité la plus voisine auquel ils feront leur versement. Des instructions ultérieures détermineront les ports qui relèveront de chaque recette des Douanes.

Une remise de un pour cent sur leur recette sera attribuée à ces fonctionnaires indigènes; ils ne devront prétendre à aucune autre rémunération de la part des contribuables, sous peine d'être poursuivis devant le tribunal consulaire de la province pour concussion.

Art. 2. — La taxe est exigible dans le 1er trimestre de l'année; elle peut être effectuée par semestre et d'avance, pour toutes les barques ayant à payer une redevance annuelle supérieure à vingt piastres.

Art. 3. — Les barques construites et mises en service dans le courant de l'année acquitteront le droit proportionnel calculé d'après le nombre de mois restant à courir.

Art. 4. — Chaque barque est marquée d'un numéro d'ordre précédé de la lettre A, dont l'inscription devra être entretenue par le propriétaire. Le patron est porteur d'un livret sur lequel sont inscrites toutes les indications de nature à constater l'identité de la barque ainsi que l'armement qu'elle peut posséder. Seront en outre portés sur ledit livret: le montant de la taxe et la date à laquelle elle a été payée, ainsi que les départs, arrivées, déplacements et autres mentions que le service des douanes estimerait utiles au bon fonctionnement du contrôle.

Art. 5. — Toute mutation concernant la propriété de la barque doit faire l'objet d'une déclaration au bureau d'inscription dans un délai de dix jours.

Art. 6. — Les jonques de commerce annamites arrivant dans un port de l'Annam ou du Tonkin sont soumises aux droits prévus à l'article premier, avec faculté de ne payer que pour un trimestre dans le cas où elles déclareraient ne devoir effectuer qu'un seul voyage; mais tout déplacement en cabotage entraîne le payement des compléments de la taxe pour un semestre.

Art. 7. — Les jonques de commerce ayant acquitté les droits de navigation en Annam ne sont assujetties à aucune autre taxe de navigation ou de tonnage dans les ports du Tonkin. Dans le cas où la période de temps pour laquelle la taxe a été payée viendrait à expirer en cours de voyage sur les côtes du Protectorat (Tonkin-Annam), il serait perçu au lieu même du mouillage de la jonque, le montant de la taxe due pour la période suivante, annuité ou semestre.

Art. 8. — Les barques de pêche ayant leur port d'attache en Chine doivent, en arrivant dans les eaux du Tonkin ou de l'Annam, se présenter au poste de douane de la Cac-ba pour le Tonkin, de Thanh-hoa pour l'Annam, et y faire leur déclaration en vue de la délivrance d'un permis de pêche.

Art. 9. — Les barques chinoises dites de pêche, ne seront comprises dans cette catégorie et ne jouiront des avantages qui y sont attachés qu'à la condition expresse de ne point se livrer à d'autre genre de commerce; au cas contraire, elles seront considérées comme jonques de commerce proprement dites et passibles des taxes en vigueur pour ce régime.

Art. 10. — Le permis est délivré aux jonques visées dans l'art. 8 après versement des droits de navigation inscrits à l'article premier, et le dépôt d'une soumission de garantie pour le paiement des droits sur le poisson pêché, dressé en la forme déterminée par le service des Douanes. Ces barques seront l'objet d'un numérotage spécial.

Art. 11. — Toute barque chinoise munie d'un permis de pêche pourra circuler librement et relâcher en un point quelconque de la côte sans payer de droit, ni pour le poisson qu'elle aura à bord, ni pour le sel destiné à sa préparation. Les droits d'exportation sur le poisson pêché sont payables aux bureaux des Douanes de la Cac-ba pour le Tonkin, de Thanh-hoa pour l'Annam.

Les permis qui expirent en cours de campagne de pêche seront renouvelés dans ces bureaux.

Art. 12. — Tous les agents des douanes concourront au contrôle des barques se livrant à cette industrie; les patrons sont tenus de déférer aux instructions et aux ordres qui leur sont donnés par eux.

Art. 13. — Pour toutes les embarcations chinoises soumises au régime ci-dessus, l'armement ne pourra excéder quatre fusils avec 100 cartouches par arme. Ces armes seront marquées au feu par les agents des douanes; leur nombre et la quantité des munitions seront portés sur le livret de barque.

Pour les jonques provenant du port de Pakhoi, l'armement en canons ne pourra être autorisé que par le Consul de France en ce port.

Tout excédant ou manquant non justifié dans la quantité ou la nature des armes et munitions, entraînera la confiscation de la jonque et de son chargement.

Art. 14. — Tout patron de chaloupe, de jonque, de barque de commerce ou de pêche est tenu de s'arrêter et d'exhiber à la première réquisition d'un agent de l'autorité française, ses papiers et son armement.

Art. 15. — Sont applicables aux chaloupes à vapeur toutes les dispositions relatives à la perception des droits de navigation.

Art. 16. — Les contraventions aux dispositions fiscales du présent arrêté seront punies d'une amende égale au double au moins et au décuple au plus du montant des droits au paiement desquels le contrevenant était astreint.

Les autres infractions seront punies d'une amende de 5 à 100 piastres. En garantie des amendes prévues ci-dessus, la barque pourra toujours être saisie et en cas de récidive, confisquée.

Art. 17. — Le régime fiscal des barques réglé par l'administration annamite est supprimé. L'arrêté du 12 juillet 1888, les dispositions de l'arrêté du 22 février 1889 qui concernent les barques, l'arrêté du 6 juillet 1889 et toutes les dispositions contraires à celles du présent arrêté, sont abrogés.

Art. 18. — Le présent arrêté sera exécutoire à partir du 1er juillet 1893.

Art. 19. — Les chaloupes à vapeur ayant leur port d'attache à Tourane, et faisant gratuitement le service postal entre Tourane et Thuan-an, seront provisoirement dégrevées des droits de navigation.

Art. 20. — Le Résident supérieur de l'Annam est chargé de l'exécution du présent arrêté. — DE LANESSAN.

66. — 22 mai 1894. — ARRÊTÉ *suspendant temporairement l'effet de celui du 16 juin 1893.*

Article premier. — L'arrêté du 11 mars 1894 est rapporté.

Art. 2. — La perception des droits de navigation établis par l'arrêté du 16 juin 1893 est suspendue à dater du 2º semestre 1894.

Art. 3. — Le Résident supérieur en Annam est chargé de l'exécution du présent arrêté. —CHAVASSIEUX.

7º SECTION

Impôt sur les bois

67. — 20 février 1888. — ARRÊTÉ *fixant les droits à percevoir pour l'exploitation des bois.*

Modifié par arrêté du 31 août 1890, publié ci-après.

68. — 26 février 1888. — ARRÊTÉ *déterminant les droits à percevoir sur le flottage des bois, au Tonkin.*

Rapporté par arrêté du 25 mars 1888.

69. — 25 mars 1888. — ARRÊTÉ *rapportant celui du 26 février 1888, créant un droit de flottage sur les bois.*

Article premier. — L'arrêté du 26 février 1888, établissant un droit de flottage sur les bois, est et demeure rapporté.

Art. 2. — Le secrétaire général du gouvernement, le Résident général en Annam et au Tonkin, et le Directeur des douanes et régies, sont chargés, chacun en ce qui le concerne, de l'exécution du présent arrêté. — CONSTANS.

70. — 31 août 1890. — ARRÊTÉ *fixant les redevances à percevoir sur l'exploitation des bois dans les forêts de l'archipel et du littoral du golfe du Tonkin* (1).

Article premier. — L'arrêté du 26 février 1888 est modifié ainsi qu'il suit:

Art. 2. — La division adoptée pour l'exploitation des bois de construction, des bois à brûler, des charbons de bois, des bambous et des rotins, dans les forêts des îles de l'archipel du Tonkin et du littoral des provinces de Quang-yen et de Hai-ninh, est la suivante:

POUR LA PROVINCE DE QUANG-YEN

1º L'île de la Cat-ba et ses dépendances;
2º L'île aux Cerfs et la partie du littoral comprise entre le Lach-huyen et le port Courbet;
3º L'île de la baie d'Along jusqu'à la passe de l'Aspic;
4º La baie d'Hongay;
5º Le littoral d'Hongay jusqu'à Kampha;

(1) Voir plus loin arrêté du 1er mai 1892, soumettant le flottage des bois à un droit de statistique.
Pour l'Annam, voir arrêté du 30 juin 1893.

8º Le groupe de l'île Rousse et île Longue;
9º Le groupe des îles Koan-lan, de la Table et Ba-muon;
10º L'île de la Madeleine et ses dépendances (partie non concédée à M. Le Méo);
11º L'île aux Sangliers et ses dépendances;
12º Les îles Gottow.

POUR LA PROVINCE DE HAI-NINH

13º Le littoral et les îles de la rivière et de la baie de Tien-yen;
14º L'île du Château-Renaud et ses dépendances;
15º L'île de Trieng-mai-tao et ses dépendances;
16º Le littoral de la province entre Damka et la frontière.

Art. 3. — Quiconque voudra entreprendre la coupe du bois dans cette région, devra en faire la déclaration aux vice-résidents de France à Quang-yen ou à Hai-ninh, et se munir auprès d'eux d'un permis de coupe valable pour trois mois.

Art. 4. — Ce permis mentionnera les noms, qualités et domicile du titulaire, et la désignation exacte des lieux d'exploitation, d'après les divisions territoriales mentionnées en l'art. 2; il ne sera valable que pour un même groupe ou chantier de bûcherons, et devra être présenté à toute réquisition des agents de la douane ou de tous autres agents de la force publique.

Art. 5. — La délivrance du permis donnera lieu à la perception d'une redevance de une piastre.

Art. 6. — Tout exploitant forestier sera tenu de laisser subsister, de dix en dix mètres environ, un baliveau d'essence de bois dur, qui sera choisi droit et bien venant, et qui devra avoir un diamètre de 10 à 15 centimètres à un mètre du sol.

Il devra en outre laisser subsister les arbres et groupes d'arbres qui lui seront signalés par les agents de l'administration.

Le tout à peine du retrait immédiat du permis de coupe et de la confiscation des bois coupés.

Art. 7. — La taxe à percevoir sur les produits forestiers, exploités en vertu des dispositions qui précèdent, est déterminée ainsi qu'il suit:

Bois à brûler, le mètre cube	0 $ 05
Bois de construction ou d'ébénisterie, le mètre cube	0 20
Charbon de bois, le picul	0 05
Bambous mâles, gros, pour construction, le mètre cube	0 25
Bambous mâles autres, pour construction, le mètre cube	0 05
Bambous mâles petits, pour tresses, et rotins, le mètre cube	0 03

Cette taxe sera perçue par le service de la douane au moment du flottage (1).

Art. 8. — Tous patrons de jonques, conducteurs de radeaux et autres transporteurs des produits forestiers, devront se présenter au premier poste de douane placé sur leur route, pour y faire leur déclaration et acquitter les droits, ou obtenir un laissez-passer pour effectuer le paiement à destination.

Art. 9. — Les contraventions aux dispositions de l'article 8 seront punies d'une amende de une à cinq piastres, et entraîneront la confiscation des produits coupés et des outils et ustensiles d'exploitation.

Art. 10. — Le double droit sera encouru par les produits forestiers qui auront franchi un poste de

(1) Voir, pour le 4e territoire militaire, l'arrêté du 1er mai 1892

douane sans avoir accompli les formalités prescrites par l'article 8.

En cas de récidive, les barques et chargements seront confisqués, sans préjudice du double droit encouru.

Art. 11. — Le Résident supérieur au Tonkin est chargé de l'exécution du présent arrêté. — PIQUET.

71. — 1er mai 1892. — ARRÊTÉ *confiant à l'administration du 2° territoire militaire, la perception des droits sur les produits forestiers.*

Article premier. — La perception des droits de douane à la sortie, sur les produits forestiers, tels qu'ils sont fixés par l'arrêté du 6 juillet 1889 susvisé, est confiée à l'autorité administrative du 2° territoire, pour ceux de ces produits qui seront exportés par la voie des rivières Song-bang-Giang et Song-ki-Kong.

Art. 2. — Il est créé deux postes de perception l'un à Phuc-hoa sur le Song-bang-Giang, l'autre à Binh-dao, sur le Song-ki-Kong.

Art. 3. — Le droit initial de 5 °/₀ pourra être converti en taxes spécifiques, par décision du commandant du 2° territoire militaire.

Art. 4. — Les conducteurs de radeaux ou trains de bois, bambous et autres produits des forêts, devront se présenter aux postes de Phuc-hoa et de Binh-dao, pour y acquitter les droits.

Art. 5. — Les contraventions au présent arrêté seront punies d'une amende de la valeur des double et triple droits, pour laquelle les produits seront saisis et retenus en garantie du paiement.

Art. 6. — Le Résident supérieur du Tonkin et le Commandant du 2° territoire militaire sont chargés, chacun en ce qui le concerne, de l'exécution du présent arrêté, qui sera applicable un mois après sa publication sur le 2° territoire militaire. — DE LANESSAN.

72. — 1er mai 1892. — ARRÊTÉ *créant un droit de statistique à percevoir sur le flottage des bois et bambous.*

Article premier. — Un droit de statistique est établi sur les bois, bambous, rotins et autres produits des forêts, transportés par flottage dans l'intérieur du Tonkin.

Art. 2. — Ce droit est fixé comme suit, par mètre cube :

Pour les bois d'ébénisterie ou d'essences fines 0 10
Pour les bois durs de construction...... 0 05
Pour les autres bois et charbon de bois... 0 03
Pour les bambous et rotins.............. 0 03

Art. 3. — Ce droit est perçu au passage par l'administration des douanes et régies.

Art. 4. — Les propriétaires ou constructeurs de barques, trains flottés, radeaux ou autres convois de bois, bambous et rotins, devront se présenter au premier bureau de perception placé sur leur route, pour y acquitter les droits.

Le récépissé constatant le paiement des droits servira de laisser-passer jusqu'à destination.

Art. 5. — La déclaration verbale ou écrite des propriétaires ou conducteurs contiendra : la provenance, la quantité, les espèces et la valeur des produits transportés.

Art. 6. — Les contraventions aux présentes dispositions seront punies d'une amende égale au double droit, et, en cas de récidive, au décuple droit. La barque, radeau ou convoi pourra toujours être retenu jusqu'à paiement de l'amende encourue.

Art. 7. — Le Résident supérieur du Tonkin est chargé de l'exécution du présent arrêté, qui sera appliqué à partir du 1er juin 1892. — DE LANESSAN.

73. — 30 juin 1893. — ARRÊTÉ *fixant la quotité des droits à percevoir sur les bois à construire et sur la gomme laque, dite stick laque, à leur sortie de l'Annam.*

Article premier. — Les droits de sortie à percevoir en Annam sur les bois à construire bruts ou équarris, à destination de l'étranger, sont portés à 40 °/₀ de la valeur.

Les droits de sortie à percevoir, en Annam, sur la gomme laque dite stick laque, exportée à l'étranger, sont portés à 50 °/₀ de la valeur.

Art. 2. — Le Résident supérieur en Annam est chargé de l'exécution du présent arrêté. — DE LANESSAN.

8° SECTION
Impôts municipaux ou des centres

74. — 8 novembre 1892. — ARRÊTÉ *créant des taxes spéciales à percevoir dans les centres du Tonkin.*

Article premier. — Des taxes, dont la quotité pour chacun des centres intéressés sera déterminée par des arrêtés spéciaux, seront établies sur les habitants de ces centres et perçues sur les rôles dressés par les soins du résident pour les habitants européens et asiatiques étrangers, et par les soins du résident et de l'autorité provinciale indigène pour les habitants indigènes.

Ces rôles, approuvés par le Résident supérieur, seront recouvrés :

1° Par les chefs de quartier, sous la direction de l'autorité provinciale, pour les indigènes ;

2° Par le préposé-payeur du Trésor ou le percepteur, pour les européens et asiatiques étrangers ;

Art. 2. — En outre de ces taxes individuelles, le Protectorat fera abandon aux budgets urbains ainsi constitués :

1° Du produit des bouages et vidanges ;
2° Du produit de la fourrière ;
3° Du produit des amendes de simple police ;
4° Du produit des livrets de domestiques indigènes ;
5° Du produit des abattoirs ;
6° Du produit de la ferme des pousse-pousse ;
7° Du produit des marchés ;
8° Du 1/10° du produit des patentes.

Art. 3. — Toutes les taxes seront acquittées en piastres et versées à la caisse du préposé-payeur du Trésor ou du percepteur-comptable désigné à cet effet, et dont les opérations seront contrôlées par le résident de la province.

Art. 4. — La législation et la procédure appliquées au Tonkin en matière de recouvrement des contributions directes, seront applicables au recouvrement des taxes ci-dessus énoncées.

Art. 5. — Les recettes ainsi constituées serviront à couvrir les dépenses suivantes :

1° Éclairage, comprenant l'installation d'un matériel d'éclairage, l'entretien de ce matériel et l'éclairage courant ;

2° Établissement de trottoirs et de caniveaux pour l'écoulement des eaux ;

3° Travaux ordinaires de voirie, création de rues nouvelles, entretien des chaussées, etc. ;

21.

4° Travaux de terrassement, remblais, comblement des mares, etc.;

5° Entretien des cimetières;

6° Dépenses du personnel de la police;

7° Entretien d'un personnel de cantonniers;

8° Dépenses du dispensaire;

9° Construction et entretien de bâtiments spécialement affectés au service urbain et entretien courant des bâtiments de la résidence du chef-lieu;

10° Entretien des quais;

11° Remise au préposé-payeur ou au percepteur chargé de la tenue de la comptabilité et de la caisse.

Art. 6. — Le budget des dépenses et des recettes sera établi par le résident de la province avec le concours de l'autorité provinciale et soumis, avant le 1er décembre de chaque année, à l'approbation du Résident supérieur.

Art. 7. — Le résident peut seul délivrer des mandats; s'il refusait d'ordonnancer une dépense régulièrement autorisée et liquidée, il serait statué par le Résident supérieur.

Art. 8. — Les recette et les dépenses de la ville seront effectuées par les soins du préposé-payeur du Trésor ou du percepteur, qui sera rémunéré, pour ce service, au moyen d'une remise de 1 % jusqu'à 10.000 piastres; 1/2 % de 10.000 à 20.000 piastres, et de 1/4 % au-dessus de 20.000 piastres.

Art. 9. — La comptabilité se composera essentiellement:

POUR LES RECETTES

1° D'un livre de quittances à souche;

2° D'un livre de détail pour les divers produits;

3° Des registres réglementaires pour la tenue de la comptabilité des droits et produits mis en recouvrement chez le préposé-payeur ou le percepteur.

POUR LES DÉPENSES

4° D'un livre d'enregistrement des crédits délégués;

5° D'un livre journal des mandats délivrés (modèle 36 du règlement du 14 janvier 1869);

6° D'un livre de détail pour l'enregistrement, par crédit, des dépenses faites.

Le résident créera, en outre, les livres auxiliaires qu'il jugera nécessaires.

Les pièces suivantes seront adressées mensuellement à M. le Résident supérieur:

1° Un relevé des recettes et des dépenses effectuées pendant le mois précédent;

2° Un état de la situation des crédits;

3° Demande de mise en distribution des crédits nécessaires pour couvrir les dépenses du mois suivant.

Les crédits ne pourront jamais être dépassés ni détournés de leur affectation primitive, sans une autorisation spéciale du Résident supérieur.

Art. 10. — Les recettes et les dépenses de chaque exercice ne comprendront que les opérations faites du 1er janvier au 31 décembre, excepté en ce qui concerne les travaux déjà commencés, pour lesquels la période d'exécution durera jusqu'au 31 janvier de l'année suivante.

Art. 11. — Le paiement des dépenses et le recouvrement des recettes auront lieu jusqu'au 28 février de l'année suivante. A cette date tous les comptes devront être apurés, et le résident établira un compte de gestion présentant, d'une manière détaillée, toutes les opérations effectuées pendant l'exercice écoulé et comparant les recettes et dépenses avec les prévisions budgétaires.

Ce compte, visé par l'autorité provinciale et le préposé-payeur ou le percepteur, et appuyé de toutes les pièces justificatives de recettes et de dépenses, sera soumis à l'approbation du Résident supérieur avant le 31 mars.

Le receveur du budget urbain établira, en outre, un compte de gestion dont le jugement appartiendra au conseil du Protectorat.

Art. 12. — Les plans et devis pour les travaux dépassant 500 piastres, devront être soumis à l'approbation du Résident supérieur.

Art. 13. — Le Résident ne pourra engager de dépenses sur le budget urbain, que dans les limites fixées par les règlements en vigueur pour les marchés, adjudications, appels d'offres, etc., en ce qui concerne l'importance et la nature des travaux et fournitures.

Art. 14. — Le Résident supérieur du Tonkin est chargé de l'exécution du présent arrêté. — DE LANESSAN.

IMPOT FONCIER. — VOY.: Impôts.

IMPRIMÉS. — VOY.: Presse.

INCENDIES

1. — 1er septembre 1886. — ARRÊTÉ *relatif à l'organisation des secours en cas d'incendie.*

Article premier. — Dans les villes du Tonkin, les résidents ou vice-résidents chefs de poste sont chargés de la direction générale des secours à porter en cas d'incendie.

Ils se feront assister des autorités annamites de la localité.

Art. 2. — Les dispositions qui précèdent sont applicables aux villes situées sur les territoires temporairement soumis à la juridiction militaire dans les conditions déterminées par l'arrêté du 24 mai 1886.

Art. 3. — M. le Général commandant la division d'occupation et M. le Résident supérieur au Tonkin sont chargés, chacun en ce qui le concerne, de l'exécution du présent arrêté. — PAUL BERT.

2. — 23 octobre 1889. — ARRÊTÉ *municipal sur les mesures à prendre en cas d'incendie dans la ville de Hanoi.*

Article premier. — Aussitôt qu'un incendie sera signalé, le Commissaire de police fera prévenir immédiatement le Résident supérieur, le Résident-maire, le Procureur de la République, le Directeur des Travaux publics, l'Inspecteur de la Milice et le Chef du service de la voirie.

L'agent chargé de prévenir le maire restera à sa disposition et l'accompagnera.

Art. 2. — Le Commissaire de police se transportera immédiatement, dès le premier signal, sur le lieu de l'incendie avec tous ses agents disponibles, et organisera les premiers secours.

Art. 3. — Le huyen chargé de l'administration indigène de la ville, le chef du quartier dans lequel a lieu l'incendie, le chef de la rue et des rues voisines, après avoir fait aviser d'urgence le Commissaire de police du sinistre qui s'est déclaré, devront se porter sur les lieux pour faire exécuter, par la population indigène, les ordres donnés par les autorités compétentes.

Art. 4. — Tous les habitants devront se mettre à la disposition de l'autorité, faire la chaîne, apporter de l'eau, porter les secours, prêter des échelles, des scaux, des haches, en un mot prêter aide et main-forte dans toute la mesure de leurs moyens.

Art. 5. — Toutes les pompes particulières agiront sous les ordres du Résident-maire ou de son délégué.

Art. 6. — Les habitants voisins des maisons incendiées devront, à première réquisition, ouvrir la porte de leurs demeures, et se mettre à la disposition de l'autorité, dans les conditions énoncées à l'article 4.

Art. 7. — Toutes les contraventions au présent arrêté seront punies conformément à la loi.

Art. 8. — Les Commissaire de police de la ville de Hanoï est chargé de l'exécution du présent arrêté. — LANDES.

3. — 12 avril 1891. — ARRÊTÉ *réglant le service des pompes et le service d'ordre, en cas d'incendie à Hanoï.*

Article premier. — Aussitôt qu'un incendie sera signalé, les pompes désignées par l'autorité militaire, celles de la garde civile et des congrégations chinoises, se rendront immédiatement sur le lieu du sinistre avec le personnel nécessaire pour les manœuvres, pour être mises à la disposition du Résident-maire de Hanoï, chargé de la direction des secours.

Art. 2. — Un officier d'artillerie désigné par le général en chef, sera spécialement chargé de la direction technique du service de secours, et recevra à cet effet des instructions du Résident-maire.

Art. 3. — Le service d'ordre sera assuré par un détachement de troupes de la garnison, concurremment avec les agents de la police municipale, de concert entre le Résident-maire et l'officier chargé du commandement des troupes.

Art. 4. — La municipalité fournira les hommes nécessaires tant pour faire la chaîne et porter l'eau, que pour abattre les maisons condamnées et faire la part du feu.

Art. 5. — MM. le Général en chef et le Résident supérieur au Tonkin sont chargés, chacun en ce qui le concerne, de l'exécution du présent arrêté. — BIDEAU.

INDEMNITÉS

1. — 26 juillet 1883. — DÉCISION *portant que l'indemnité d'entrée en campagne sera payée aux agents de la trésorerie au titre des dépenses accessoires.*

Rapportée par arrêté du 16 février 1888.

2. — 12 mai 1886. — ARRÊTÉ *accordant une indemnité de logement aux fonctionnaires du Protectorat régis par le décret du 3 février 1886.*

Modifié par arrêté du 26 février 1892.

3. — 20 juin 1886. — ARRÊTÉ *allouant une indemnité aux fonctionnaires indigènes à titre de frais de représentation.*

Modifié par arrêté du 15 janvier 1889.

4. — 22 octobre 1886. — ARRÊTÉ *établissant et fixant une indemnité journalière de déplacement en faveur des agents subalternes civils de l'administration du Protectorat.*

Modifié par le décret du 12 décembre 1889, qui fixe définitivement les indemnités de déplacement dans les colonies.

5. — 30 décembre 1886. — DÉCISION *accordant l'indemnité de logement aux commis auxiliaires de résidence.*

Article premier. — Les commis auxiliaires de résidence bénéficieront de l'indemnité de logement accordée aux commis de résidence par l'arrêté du 12 mai 1886.

Art. 2. — La présente décision aura son effet à dater du 1er janvier 1887.

Art. 3. — Le Résident supérieur p. i. au Tonkin est chargé de l'exécution de la présente décision. — P. VIAL.

6. — 19 mars 1887. — ARRÊTÉ *portant extension de l'indemnité de logement à tous les fonctionnaires des services civils du Protectorat.*

Article premier. — Les dispositions de l'arrêté du 12 mai 1886, relatives à l'indemnité de logement, sont étendues à tous les fonctionnaires des services civils du Protectorat.

Art. 2. — Toutefois les agents du service de trésorerie continueront, jusqu'à nouvel ordre, à toucher l'allocation fixée par le décret du 15 mai 1874 et l'arrêté ministériel du 31 mai 1883.

Art. 3. — Le présent arrêté sera exécutoire à partir du 1er avril 1887. — G. BIHOUARD.

7. — 19 juillet 1887. — ARRÊTÉ *fixant l'indemnité de déplacement du personnel du Protectorat.*

Le décret du 12 décembre 1889 fixe définitivement les indemnités de déplacement dans les colonies. *Voir le texte ci-après.*

8. — 15 février 1888. — ARRÊTÉ *supprimant les indemnités de logement à tous les agents du Protectorat, l'indemnité d'entrée en campagne allouée aux agents de la trésorerie, la distribution des vivres en nature dont jouissaient les agents ayant une solde inférieure à 6.000 fr., et les indemnités de déplacement aux agents voyageant sur les transports.*

Art. 1 et 2. — *Modifiés par arrêté du 26 février 1888, publié ci-après.*

Art. 3. (1) — Les dispositions de l'arrêté du 19 juillet susvisé, fixant les indemnités de déplacement à payer aux agents du Protectorat voyageant à l'intérieur, sont abrogées et remplacées par celles du décret du 19 janvier 1878, qui est promulgué et exécutoire dans toute l'étendue du territoire de l'Indo-Chine.

Art. 4. — Le Secrétaire général du Gouvernement de l'Indo-Chine est chargé de l'exécution du présent arrêté. — CONSTANS.

9. — 26 février 1888. — ARRÊTÉ *accordant des indemnités de logement et de vivres aux agents du Protectorat dont le traitement est de 6.000 francs et au-dessous.*

Article premier. — Les agents du Protectorat dont le traitement est de 6.000 francs et au-dessous, auront droit à une indemnité fixe de logement de 500 francs (2), et à une indemnité représentative

(1) Voir ci-après le décret du 12 décembre 1889, fixant définitivement les indemnités de déplacement aux colonies.
(2) Le montant de l'indemnité de logement a été modifié par arrêté du 26 février 1892.

de vivres équivalente au prix de la ration, soit de 1 franc 20 centimes par jour.

Art. 2. — L'indemnité n'est acquise qu'aux agents non logés par l'administration.

Art. 3. — Le Secrétaire général du gouvernement est chargé de l'exécution du présent arrêté. — CONSTANS.

---

10. — 19 juillet 1888. — ARRÊTÉ *portant fixation des indemnités au personnel des Résidences militaires de Cao-bang, Lao-kay et Song-là.*

Rapporté par arrêté du 8 janvier 1891.

---

11. — 10 janvier 1889. — ARRÊTÉ *allouant une indemnité annuelle, pour frais de service, aux chefs de poste.*

Article premier. — Une indemnité annuelle de mille francs est accordée, pour frais de service et de bureau, aux chefs de postes administratifs.

Art. 2. — Le Résident général de la République française en Annam et au Tonkin est chargé de l'exécution du présent arrêté. — RICHAUD.

---

12. — 11 février 1889. — ARRÊTÉ *allouant les indemnités de logement et de vivres aux chanceliers de résidence* (1).

Article premier. — Les chanceliers auront droit aux indemnités de logement et de vivres, dans les conditions énoncées aux articles 1 et 2 de l'arrêté du 26 février 1888.

Art. 2. — Sont et demeurent abrogées toutes les dispositions antérieures contraires à celles du présent arrêté. — RICHAUD.

---

13. — 13 février 1889. — CIRCULAIRE MINISTÉRIELLE *sur l'application, au Tonkin, de l'arrêté ministériel du 19 janvier 1878, sur les indemnités de route et de séjour* (2).

---

14. — 11 avril 1889. — CIRCULAIRE *du département des colonies relative à l'application, au Tonkin, du règlement du 19 janvier 1878, sur les indemnités de route et séjour* (3).

---

15. — 3 mai 1889. — ARRÊTÉ *allouant les indemnités de vivres et de logement aux contrôleurs de 2e classe des douanes en Annam et au Tonkin.*

Article premier. — Les contrôleurs de 2e classe du service des douanes et régies de l'Annam et du Tonkin auront droit aux indemnités de vivres et de logement, dans les conditions prévues aux articles 1 et 2 de l'arrêté du 26 février 1888 (4).

Art. 2. — Le Résident général en Annam et au Tonkin est chargé de l'exécution du présent arrêté — RICHAUD.

---

16. — 1er juillet 1889. — ARRÊTÉ *déterminant les indemnités allouées aux chanceliers et commis employés à la Résidence supérieure du Tonkin.*

Rapporté par arrêté du 19 mars 1890.

---

(1) Les frais de route et de séjour ont été fixés définitivement par le décret du 12 décembre 1889, qu'on trouvera plus loin.
(2) Voir modifications faites par arrêtés des 31 décembre 1891 et 26 février 1892.
(3) Ces indemnités ont été définitivement fixées par décret du 12 décembre 1889, publié ci-après; voir en outre circulaire du 15 février 1893.
(4) Voir modifications faites par arrêtés des 31 décembre 1891 et 26 février 1892.

---

17. — 21 mars 1890. — ARRÊTÉ *promulguant en Indo-Chine le décret du 12 décembre 1889, sur les indemnités de route, de séjour et de passage des officiers, employés et agents civils et militaires des services coloniaux ou locaux.*

Est promulgué dans toute l'étendue de l'Indo-Chine, le décret du 12 décembre 1889, portant règlement sur les indemnités de route et de séjour et les passages des officiers, fonctionnaires, employés et agents civils et militaires des services coloniaux ou locaux. — PIQUET.

---

18. — 12 décembre 1889. — DÉCRET *fixant les indemnités de route, de séjour et de passage des officiers, employés et agents civils et militaires des services coloniaux et locaux.*

LIVRE PREMIER

Indemnités allouées aux officiers, fonctionnaires, employés et agents civils et militaires des services coloniaux ou locaux, voyageant isolément en France.

TITRE PREMIER

DE L'INDEMNITÉ DE ROUTE ET DE L'INDEMNITÉ DE SÉJOUR

CHAPITRE PREMIER

DE L'INDEMNITÉ DE ROUTE

Article premier. — *Indemnités de route en France; à qui allouées.* — Les officiers, fonctionnaires, employés et agents civils et militaires des services coloniaux ou locaux reçoivent, en France, les indemnités de route fixées par le tarif annexé au présent décret, suivant qu'ils se trouvent dans l'une des positions déterminées par les articles 2 et 3 ci-après :

Art. 2. — *Positions donnant droit à l'indemnité de route.* — Les positions donnant droit à l'indemnité fixée par la colonne n° 1, sont les suivantes :

POSITIONS	OBSERVATIONS
1° Se rendant à une première destination active.	L'indemnité de route est payée pour le trajet compris entre le lieu où l'officier, fonctionnaire, employé ou agent civil ou militaire des services coloniaux ou locaux reçoit l'ordre de déplacement et le lieu de destination.
2° Passant d'une destination active à une autre, sauf le cas de destination ou de permutation demandées.	L'indemnité est allouée, si l'ordre ou la lettre de service ne mentionne pas expressément le fait de la demande.
	L'indemnité est allouée du lieu de débarquement jusqu'à celui où l'officier, fonctionnaire, employé ou agent civil ou militaire des services coloniaux ou locaux reçoit l'ordre de se rendre, à moins qu'il ne passe sous la dépendance d'un autre département ministériel, qui demeure chargé du règlement de ses frais de route. Cette restriction ne s'applique pas aux fonctionnaires des services métropolitains, affectés temporairement au service des colonies.

POSITIONS	OBSERVATIONS
3° Revenant des colonies, en vertu d'un ordre de service et hors le cas de congé ou de permission. — Rentrant en France après naufrage.	Toutefois, s'il obtient au débarquement, un congé ou une permission, son droit à l'indemnité est suspendu jusqu'au moment où il reprend l'activité sur place ou que, quittant le lieu de sa résidence, en congé ou en permission, il se met définitivement en route pour suivre la destination ordonnée. L'indemnité est allouée du port de débarquement au port d'embarquement ou au lieu où l'officier, fonctionnaire, employé ou agent civil ou militaire des services coloniaux ou locaux, aura repris son service.
4° Recevant, pendant la durée ou à l'expiration d'un congé ou d'une permission, un ordre de service ou d'embarquement entraînant changement de destination.	L'indemnité est allouée du port de débarquement au port d'embarquement.
5° Recevant, pendant qu'il est en résidence, un ordre de service pour se rendre à un poste autre que celui qu'il occupait.	L'indemnité est allouée du lieu où l'ordre est notifié jusqu'au lieu de destination ou jusqu'au port d'embarquement.

Art. 3. — Les positions donnant droit à l'indemnité fixée par la colonne n° 2 sont celles ci-après :

POSITIONS	OBSERVATIONS
1° Voyageant par ordre, pour remplir une mission temporaire (R).	L'accomplissement d'une mission temporaire sur des routes non desservies par des voitures publiques, donne droit à l'allocation kilométrique prévue dans la première colonne du tarif. (Circulaire du 7 septembre 1870.)
2° Appelés à faire partie, hors de leur résidence, d'un conseil, d'une commission d'enquête, d'un jury d'examen ou de toute autre commission (R).	
3° Envoyés devant un conseil ou une commission d'enquête hors de leur résidence (R).	
4° Mis en liberté après jugement.	L'indemnité est allouée du lieu où le jugement est prononcé jusqu'au lieu où l'officier, fonctionnaire, employé ou agent civil ou militaire des services coloniaux ou locaux, est envoyé.
5° Cités à comparaître comme témoins ou prévenus, devant un tribunal civil ou militaire (R).	L'indemnité de route n'est due à l'officier, fonctionnaire, employé ou agent civil ou militaire des services coloniaux ou locaux, cité devant un tribunal civil, que sur la production d'un certificat du greffier attestant qu'il n'a pas reçu des indemnités correspondantes sur les fr de justice.

POSITIONS	OBSERVATIONS
6° Allant prêter serment au siège le plus voisin d'un tribunal de première instance, lorsque cette obligation résulte de la fonction (R).	
7° Allant, par ordre ou par autorisation, subir les épreuves d'un examen ou d'un concours (R).	L'indemnité n'est due, pour le retour, que si l'officier, fonctionnaire, employé ou agent civil ou militaire des services coloniaux ou locaux justifie qu'il a subi au moins l'une des épreuves, ou qu'il en a été empêché par maladie dûment constatée.
8° Se rendant soit aux hôpitaux, soit aux eaux thermales ou minérales, en vertu d'une décision spéciale (R).	Pour avoir droit aux frais de route, l'officier, fonctionnaire, employé ou agent civil ou militaire des services coloniaux ou locaux, envoyé aux eaux, doit produire un certificat attestant qu'il a suivi un traitement complet. Les officiers en non-activité pour infirmités temporaires ont, dans les mêmes conditions, également droit à cette allocation.
9° Évacué d'un hôpital ou d'un établissement thermal sur un autre.	Il doit, dans ce cas, être produit un certificat du médecin traitant.
10° Renvoyé des eaux par suite de maladie, ou parce que les eaux sont contraires.	Dans ce cas, l'officier, fonctionnaire, employé ou agent civil ou militaire des services coloniaux ou locaux, doit produire un certificat du médecin traitant.
11° En congé ou en permission, recevant à l'expiration du congé ou de la permission, l'ordre de rejoindre son poste.	L'indemnité n'est pas due si l'officier, fonctionnaire, employé ou agent civil ou militaire des services coloniaux ou locaux, au moment où il se met en route pour rejoindre, n'a plus que le temps strictement nécessaire pour arriver à destination, à l'expiration de la période d'absence prévu par le titre dont il est porteur.
12° Rentrant en France après captivité.	L'indemnité est due du lieu de débarquement, ou de la rentrée en France, au lieu où l'officier, fonctionnaire, employé ou agent civil ou militaire des services coloniaux ou locaux reçoit l'ordre de se rendre.
13° Mis en réforme.	
14° Passant de l'activité à la non-activité et de la non-activité à l'activité.	
15° En non-activité, se déplaçant pour subir l'inspection semestrielle.	
16° Admis à la retraite ou licencié du service, hors le cas de licenciement par mesure de discipline.	
17° Aux surveillants militaires rentrant en France après révocation ou démission.	Du port de débarquement au lieu où ils étaient domiciliés à l'époque de leur nomination.

Observation générale. — (R) Cette lettre indique que l'indemnité de route est aussi due pour le retour.

Art. 4. — Dans aucun autre cas que ceux prévus aux articles 2 et 3, il n'est alloué d'indemnité de route.

Art. 5. — *Distance à parcourir.* — Aucun déplacement ne donne droit à l'indemnité de route, si la distance à parcourir n'excède pas 4 kilomètres.

Art. 6. — *Calcul des distances et décompte des trajets.* — 1° Les distances à franchir sont calculées d'après les indications du livret spécial à l'administration des colonies.

2° Les parcours qui ne figurent pas sur ce document sont déterminés au moyen des indications de la carte des postes ou de tout autre document officiel, pour les trajets à effectuer ou effectués sur les voies ordinaires, et au moyen du livret des chemins de fer, dit « *Livret Chaix* », pour les trajets à accomplir ou accomplis sur les voies ferrées.

3° Le décompte des trajets, soit sur les voies ordinaires, soit sur les voies ferrées, est établi par la plus directe, d'après les bases indiquées dans les deux paragraphes précédents.

Art. 7. — *Payement de l'indemnité de route.* — 1° L'indemnité de route se paye, par avance, au point de départ, pour toute la distance à parcourir, sans station.

2° En cas de mission, l'indemnité est payée pour le trajet qui sépare le lieu où se trouve l'officier, fonctionnaire, employé et agent civil ou militaire des services coloniaux ou locaux, de la localité où il a l'ordre de s'arrêter.

3° Si, par suite de contre-ordre ou de non-exécution, la totalité ou une partie du voyage n'est pas accomplie, il est fait reprise sur la solde de l'officier, fonctionnaire, employé et agent civil ou militaire des services coloniaux ou locaux, du montant de l'indemnité afférente au trajet non parcouru. Il ne peut être accordé de dégrèvement que par décision spéciale du ministre.

Art. 8. — *Délais de route.* — 1° Les délais de route sont déterminés comme suit : un jour à raison de 120 kilomètres parcourus sur les voies ordinaires; un jour à raison de 360 kilomètres parcourus sur les voies ferrées.

2° Toute fraction de temps excédant une période de 24 heures, sera comptée comme un jour plein, si la distance correspondant à cette fraction de temps excède 42 kilomètres sur les voies ordinaires, ou 40 kilomètres sur les voies ferrées.

3° Mais lorsque le trajet sera accompli, partie sur les voies ordinaires, partie sur les voies ferrées, les deux fractions seront réunies, s'il y a lieu, pour former une nouvelle période de 24 heures (1).

Art. 9. — *Droit à l'indemnité de route des officiers, fonctionnaires, employés et agents civils et militaires des services coloniaux ou locaux qui, par leur faute, n'arrivent pas à destination dans les délais déterminés.* — Les officiers, fonctionnaires, employés, et les agents civils et militaires des services coloniaux ou locaux qui, par leur faute, n'arrivent pas à destination dans les délais désignés par leur feuille de route, peuvent être punis disciplinairement, mais ils conservent le droit à l'indemnité de route qu'ils n'auraient pas reçue au départ.

Art. 10. — *Indemnités fixes de déplacement.* — L'officier, fonctionnaire, employé et agent civil ou militaire des services coloniaux ou locaux, auquel sont alloués des indemnités fixes de tournées ou de déplacement pour effectuer des voyages en France,

n'a pas droit, en ce qui concerne ces voyages, à l'indemnité de route.

Art. 11. — *Avances en argent allouées aux officiers, fonctionnaires, employés et agents civils et militaires des services coloniaux ou locaux qui n'ont pas droit à l'indemnité de route.* — 1° Tout officier, fonctionnaire, employé et agent civil ou militaire des services coloniaux ou locaux, en activité de service, voyageant isolément dans une position ne donnant pas droit à l'indemnité de route, peut recevoir, dans les cas d'urgence, une avance en argent pour subvenir aux frais de son voyage jusqu'à destination.

2° L'avance en argent ne doit pas dépasser le montant de l'indemnité de route correspondant au trajet pour lequel elle est réclamée.

3° Le fonctionnaire qui aura payé, en avisera immédiatement le fonctionnaire chargé de la surveillance administrative du corps ou le service auquel appartient la personne qui aura reçu les avances.

CHAPITRE II
DE L'INDEMNITÉ DE SÉJOUR

Art. 12. — *Quotité de l'indemnité de séjour.* — *A qui allouée; assimilation des officiers, fonctionnaires, employés et agents civils et militaires des services coloniaux ou locaux* (1). — 1° La quotité de l'indemnité de séjour est fixée par journée de séjour à :

20 fr. pour les officiers généraux ou assimilés ;
15 fr. pour les officiers supérieurs ou assimilés ;
10 fr. pour les officiers subalternes ou assimilés ;
5 fr. ⎫ pour les employés et agents civils et mili-
4 fr. ⎬ taires des services coloniaux ou locaux,
3 fr. ⎪ suivant la catégorie à laquelle ils ap-
2 fr. ⎭ partiennent.

2° Lorsque le séjour dans une même localité se prolonge au delà de 30 jours, les indemnités ci-dessus sont réduites de moitié.

3° Le tableau annexé au présent décret fixe l'assimilation des officiers, fonctionnaires, employés et agents civils et militaires des services coloniaux et locaux.

4° L'indemnité de séjour est due aux officiers, fonctionnaires, employés et agents civils et militaires des services coloniaux ou locaux, qui se trouvent dans une des positions ci-après :

POSITIONS	TERME QUE L'ALLOCATION NE PEUT EXCÉDER
1° Remplissant une mission de service et séjournant, par ordre, en route ou à destination.	Le temps nécessaire pour l'accomplissement de la mission ou la durée de l'intérim, sans pouvoir excéder le terme de trois mois fixé par l'article 13 du présent décret. L'officier, fonctionnaire, employé ou agent civil ou militaire des services coloniaux ou locaux qui, pendant le cours d'une mission, revient dans la localité où il se trouve en service pour y continuer une mission déjà commencée, et qui ne doit pas finir dans cette localité, a droit, sans interruption, au frais de séjour.

(1) Voir ci-après circulaire ministérielle du 11 décembre 1890.

---

(1) Si le trajet comprend à la fois des transports sur les voies ordinaires et sur les voies ferrées, on triple le nombre de kilomètres à franchir sur les voies ordinaires, on les additionne avec le nombre de kilomètres sur les voies ferrées et on divise le total par 360; le quotient de la division représente le nombre de journées de route, et, le reste, la fraction de journées.

POSITIONS	TERME QUE L'ALLOCATION NE PEUT EXCÉDER
2° Détachés temporairement de leur résidence pour aller remplir, dans une autre localité, des fonctions intérimaires.	En cas d'intérim, l'indemnité se cumule avec le supplément attaché à la fonction du titulaire.
3° Tenus, par ordre, en séjour dans un port, soit avant d'être embarqués pour une destination outre-mer, soit en revenant des prisons de l'ennemi.	Quinze jours, sauf décision spéciale du ministre.
4° (1)	. . . .
5° Tenus en quarantaine au lazaret, après leur débarquement.	Le jour dûment constaté où expire la quarantaine.
6° Appelés à faire partie, hors de leur résidence, soit d'un conseil d'enquête, d'une commission d'enquête, ou d'un tribunal militaire.	Le jour dûment constaté où finit la mission.
7° Appelés, hors de leur résidence, en témoignage devant un tribunal, à la requête du ministère public.	Le jour dûment constaté où ils cessent d'être retenus. L'indemnité n'est due à l'officier, fonctionnaire, employé ou agent civil ou militaire des services coloniaux ou locaux, cité devant un tribunal civil, que sur la production d'un certificat du greffier attestant qu'il n'a pas reçu les indemnités correspondantes sur les frais de justice.
8° Envoyés devant un conseil d'enquête, une commission d'enquête ou un tribunal militaire hors de leur résidence.	Le jour dûment constaté où le conseil a exprimé son vote.

Art. 13. — *Payement de l'indemnité de séjour. Elle ne peut être cumulée avec l'indemnité de résidence.* — 1° L'indemnité de séjour ne peut, à moins d'une décision motivée du ministre, être payée pendant plus de trois mois consécutifs dans un même lieu de résidence.

2° Chacune des concessions ultérieures ne peut excéder la même limite.

3° Dans aucun cas, l'officier, fonctionnaire, employé ou agent civil ou militaire des services coloniaux ou locaux résidant à Paris, ne peut y cumuler l'indemnité de séjour et le supplément de résidence.

Art. 14. — *Décompte de l'indemnité de séjour. Elle n'est pas due pendant le traitement à l'hôpital.* — 1° L'indemnité de séjour est due à compter du jour de l'arrivée inclusivement, jusqu'à celui du départ exclusivement.

2° Lorsque l'aller et le retour ont lieu dans la même journée, l'indemnité de séjour est réduite de moitié.

3° L'indemnité de séjour cesse d'être allouée pendant le cours du traitement à l'hôpital.

Art. 15. — *Payement de l'indemnité de séjour.* — L'indemnité de séjour se paye après constatation de la durée effective du séjour, ou à la fin de chaque mois, si le séjour se prolonge au delà de trente jours.

Art. 16. — *Indemnités fixes de tournée ou de déplacement.* — L'officier, fonctionnaire, employé

(1) Voir ci-après la circulaire ministérielle du 15 février 1894, et le décret qui lui fait suite.

ou agent civil ou militaire des services coloniaux ou locaux, auquel sont allouées des indemnités fixes de tournée ou de déplacement pour effectuer des voyages en France, n'a pas droit, à raison des mêmes voyages, à l'indemnité de séjour.

TITRE II

DISPOSITIONS COMMUNES AUX INDEMNITÉS DE ROUTE ET DE SÉJOUR

Art. 17. — *Feuilles de route. Par qui délivrées.* — Les feuilles de route sont délivrées sur la présentation des ordres du Ministre ou des autorités compétentes, savoir :

A Paris. — Par les chefs de service de l'administration centrale, suppléés, s'il y a lieu, par les chefs et sous-chefs de bureau, qui ont dans leurs attributions le personnel auquel appartient l'officier, le fonctionnaire, l'employé ou l'agent civil ou militaire des services coloniaux ou locaux;

Dans les ports secondaires. — Par les chefs du service administratif colonial ;

Dans les autres localités. — Par les sous-intendants militaires, les officiers du Commissariat chargés du service des revues ou de l'inscription maritime, les préfets, les sous-préfets ou leurs suppléants légaux.

Art. 18. — *Constatation du droit aux indemnités de route et de séjour.* — Les droits aux indemnités de route et de séjour sont constatés, à l'arrivée et au départ, par les autorités énumérées à l'article précédent.

Art. 19. — *Validité de la feuille de route.* — 1° La feuille de route doit mentionner si le titulaire a ou n'a pas droit à la réduction sur les voies ferrées.

2° Elle est valable pour toute la durée d'un voyage (aller et retour, s'il y a lieu) et ne peut servir pour un nouveau trajet qu'après avoir reçu, en cas de mission prolongée, le visa de l'un des fonctionnaires désignés à l'article 17. Elle doit indiquer la durée présumée de l'absence.

3° Les maires ne délivrent pas de feuilles de route, mais seulement des sauf-conduits pour aller jusqu'à la résidence la plus rapprochée de l'un des fonctionnaires qui, en vertu de l'article 17, ont qualité pour délivrer des feuilles de route.

Art. 20. — *Délivrance des mandats de payement pour indemnités de séjour.* — 1° Toute délivrance de mandats de payement pour indemnités de route ou de séjour doit, lors de la remise du titre au titulaire, être mentionnée sur la feuille de route par le fonctionnaire qui délivre la pièce comptable.

2° Le décompte final est établi par le fonctionnaire chargé de pourvoir au dernier payement.

Art. 21. — *Registre de route; par qui tenu.* — 1° Les officiers et fonctionnaires spécifiés à l'article 17 tiennent un registre de route, destiné à recevoir l'inscription des feuilles de route et des mandats délivrés dans le cours de chaque journée.

2° Ce registre contient les principales indications portées sur la feuille de route. A la fin de chaque journée, il est paraphé par le fonctionnaire compétent, de manière à ne pas permettre l'intercalation de nouvelles inscriptions, et arrêté par ledit fonctionnaire le 1er de chaque mois.

3° Chaque feuille de route ou mandat est enregistré sous un numéro d'ordre dont la série se continue sans interruption pendant toute la durée de l'année.

Art. 22. — *Production de la feuille de route pour le payement des indemnités de route et de séjour.* —

1° Aucun payement d'indemnité de route ou de séjour ne peut être opéré que sur la production d'une feuille de route conforme au modèle adopté.

2° Cette feuille de route indique, conformément au contenu des ordres, le lieu de destination et, le cas échéant, l'itinéraire, les délais de route et, en toutes lettres, le jour de l'arrivée à destination.

Art. 23. — *Perte de la feuille de route.* — Tout officier, fonctionnaire, employé et agent civil ou militaire des services coloniaux ou locaux, qui a perdu sa feuille de route, en fait la déclaration écrite à l'un des fonctionnaires précédemment désignés, qui lui délivre une nouvelle feuille de route sur laquelle les allocations perçues depuis le départ sont mentionnées, sous la responsabilité du déclarant.

Art. 24. — *Délais dans lesquels doivent être réclamées les indemnités de route et de séjour.* — 1° Les indemnités de route et de séjour doivent être réclamées dans le délai d'un mois à compter du jour où le voyage, la mission ou le séjour sont arrivés à leur terme.

2° Toute allocation réclamée après ce délai ne sera payée qu'avec l'autorisation du Ministre.

Art. 25. — *Voyages sur mémoire. Cas dans lesquels ils sont autorisés.* — Lorsque, par suite de la mission donnée à un officier, fonctionnaire, employé et agent civil ou militaire des services coloniaux ou locaux, le ministre juge que les allocations attribuées par le présent décret ne sont pas suffisantes, il peut autoriser cet officier, fonctionnaire, employé ou agent à voyager sur mémoire.

Art. 26. — *Indemnités de route et de séjour payées sans retenue.* — Les indemnités de route et de séjour sont payées sans retenue.

Art. 27. — *Reprise pour trop payé des allocations abusivement concédées.* — L'officier, fonctionnaire ou employé compétent qui s'aperçoit que, par une fausse interprétation des dispositions du présent décret, une allocation a été abusivement accordée, doit refuser la continuation de l'indemnité et mentionner son refus sur la feuille de route. En outre, il fait connaître directement à l'administration centrale des colonies la somme qui a été payée indûment, pour que la reprise en soit opérée.

Art. 28. — *Droit des officiers, fonctionnaires, employés et agents civils ou militaires des services coloniaux ou locaux, remplissant un intérim, aux indemnités de route et de séjour. Mode de calcul de ces indemnités.* — Les officiers, fonctionnaires, employés et agents civils ou militaires des services coloniaux ou locaux, qui remplissent des fonctions intérimaires supérieures à celles de leur grade ou de leur emploi, et qui n'ont pas été spécialement désignés par le ministre pour exercer l'intérim, n'ont droit qu'aux indemnités de route et de séjour fixées pour le grade ou l'emploi dont ils sont titulaires.

Art. 29. — *Indemnités de route et de séjour allouées à l'officier titulaire d'une fonction donnant droit à des allocations supérieures à celles de son grade.* — 1° L'officier qui exerce titulairement une fonction conférée par le ministre, donnant droit à des allocations de route et de séjour supérieures à celles de son grade, reçoit les allocations dévolues à cette fonction. Mais dans ce cas, les allocations qui lui sont attribuées sont celles qui sont déterminées pour le personnel ayant droit à la réduction sur les chemins de fer.

2° Quand les allocations attribuées au grade sont supérieures à celles dévolues à la fonction, l'officier reçoit les allocations de son grade.

3° Il en est de même, lorsque les allocations du grade sont égales à celles qui sont attribuées à la fonction.

TITRE III
DISPOSITIONS GÉNÉRALES

Art. 30. — Le ministre règle, par décisions spéciales, la quotité des indemnités de route et de séjour à allouer aux officiers, fonctionnaires, employés et agents civils et militaires des services coloniaux ou locaux qui ne se trouvant pas compris dans les désignations portées au tableau annexé au présent décret, auraient à voyager pour le service.

LIVRE II
Indemnités allouées aux officiers, fonctionnaires, employés et agents civils et militaires des services coloniaux ou locaux, voyageant isolément dans les colonies.

TITRE PREMIER
DE L'INDEMNITÉ FIXE DE ROUTE, DE L'INDEMNITÉ DE TRANSPORT ET DE L'INDEMNITÉ DE SÉJOUR.

CHAPITRE PREMIER
DE L'INDEMNITÉ FIXE DE ROUTE ET DE L'INDEMNITÉ DE TRANSPORT (1).

Art. 31. — *Transport en nature dû en principe au personnel colonial.* — 1° En principe, l'administration doit pourvoir en nature au transport des officiers, fonctionnaires, employés et agents civils et militaires des services coloniaux ou locaux voyageant isolément dans l'intérieur des colonies.

2° Les moyens de transport sont fournis par le service dans l'intérêt duquel les déplacements sont effectués.

Art. 32. — *Indemnité fixe de route. Cas dans lequel elle est due. Quotité de cette indemnité.* — 1° Lorsque les moyens de transport sont, conformément aux dispositions de l'article ci-dessus, fournis en nature par l'administration, les officiers, fonctionnaires, employés et agents civils et militaires des services coloniaux ou locaux reçoivent une indemnité fixe de route.

2° La quotité de cette indemnité est fixée par journée de route à:

20 francs pour les officiers généraux ou assimilés;
16 francs pour les officiers supérieurs ou assimilés;
12 francs pour les officiers subalternes ou assimilés;

Employés et agents civils et militaires des services coloniaux ou locaux...		
1re catégorie.	10 fr.
2e —	6
3e —	4
4e —	3

Art. 33. — *Cumul de l'indemnité fixe de route et de l'indemnité de transport.* — Lorsque les moyens de transport ne sont pas fournis en nature, les officiers, fonctionnaires, employés et agents civils et militaires des services coloniaux ou locaux reçoivent, cumulativement avec l'indemnité fixe de route prévue à l'article précédent, une indemnité de transport.

Art. 34. — *Mode d'allocation de l'indemnité fixe de route.* — 1° L'indemnité fixe de route représente les dépenses accessoires occasionnées par le voyage. Elle est allouée pour toute journée passée en route, le jour de l'arrivée à destination non compris.

2° Lorsque l'aller et le retour ont lieu dans la même journée, elle est réduite de moitié.

Art. 35. — *Voyage comportant l'emploi d'une*

(1) Voir ci-après le décret du 14 juin 1892, pour l'indemnité kilométrique de chemin de fer.

monture. — 1° En cas de voyage comportant l'emploi d'une monture, l'indemnité fixe est augmentée d'après les tarifs locaux en usage, du montant des frais de nourriture de l'animal.

2° Les frais de nourriture de l'animal continuent d'être alloués quand l'officier, fonctionnaire, employé et agent civil ou militaire des services coloniaux ou locaux se trouve dans la nécessité reconnue de le conserver pendant la durée de sa mission.

Art. 36. — *Indemnité de transport.* — L'indemnité de transport comprend :

1° Pour les trajets accomplis sur les voies ferrées, l'indemnité kilométrique ;

2° Pour les trajets accomplis sur les voies terrestres et fluviales (1) non desservies, l'indemnité pour location de montures, de voitures, d'embarcations, etc.;

3° Pour les trajets accomplis sur les voies terrestres et fluviales (1) régulièrement desservies, le prix du transport ou du passage.

Les indemnités kilométriques ainsi que les indemnités pour location de montures, de voitures, d'embarcations, etc., etc., sont allouées, dans chaque colonie d'après les tarifs locaux approuvés par le ministre.

Lorsque le prix du transport ou du passage pour les trajets accomplis sur les voies régulièrement desservies ne peut être déterminé avant le départ de l'intéressé, ce dernier reçoit, à titre d'avances, à charge par lui d'en justifier par la production de quittances ou, à défaut, d'attestations en due forme, la somme présumée nécessaire pour lui permettre d'accomplir sa route.

Art. 37. — *Positions donnant droit à l'indemnité fixe de route et à l'indemnité de transport.*

Les positions donnant droit, dans les conditions des articles précédents, à l'indemnité fixe de route et à l'indemnité de transport, sont les suivantes :

POSITIONS	OBSERVATIONS
1° Se rendant à une première destination active.	L'indemnité fixe de route et l'indemnité de transport sont allouées pour le trajet compris entre le lieu où l'officier, fonctionnaire, employé et agent civil ou militaire des services coloniaux ou locaux reçoit son ordre et le lieu de destination.
2° Passant d'une destination active à une autre, sauf le cas de destination ou de permutation demandées.	L'indemnité fixe de route et l'indemnité de transport sont allouées, si l'ordre, ou la lettre de service, ne mentionne pas expressément le fait de la demande ou de l'acceptation. Elles sont allouées du lieu où l'officier, fonctionnaire, employé et agent civil ou militaire des services coloniaux ou locaux était en service, ou du lieu de débarquement, jusqu'à celui où il a reçu l'ordre de se rendre. Toutefois, si l'officier, fonctionnaire, employé ou agent civil ou militaire des services coloniaux ou locaux, obtient au débarquement un congé ou une permission, son droit aux indemnités est suspendu jusqu'au moment où il quitte le lieu de sa résidence en congé ou en permission et se met définitivement en route pour suivre la destination ordonnée.

(1) Il en est de même pour les trajets accomplis par voie de mer sur les côtes, ou entre les dépendances d'une colonie.

POSITIONS	OBSERVATIONS
3° Recevant pendant la durée ou à l'expiration d'un congé ou d'une permission, un ordre de service ou d'embarquement entraînant changement de destination.	L'indemnité fixe de route et l'indemnité de transport sont allouées du lieu où l'officier, fonctionnaire, employé et agent civil ou militaire des services coloniaux ou locaux, reçoit l'ordre, jusqu'à celui de destination.
4° Voyageant par ordre pour remplir une mission de service (R).	Ces indemnités ne sont pas dues dans l'intérieur de la colonie, aux vicaires généraux lorsqu'ils accompagnent l'évêque dans les tournées diocésaines.
5° Appelés à faire partie, hors de leur résidence, d'un conseil, d'une commission d'enquête, d'un jury d'examen ou de toute autre commission (R).	
6° Se transportant, comme membre d'un tribunal maritime ou militaire, sur les lieux où un crime ou délit a été commis (R).	
7° Envoyés devant un conseil d'enquête, une commission d'enquête ou un conseil de santé hors de leur résidence.	
8° Raillant le port d'embarquement en vertu d'un congé à passer hors de la colonie, non compris les congés pour affaires personnelles, ou rentrant à leur poste après avoir joui de ce congé.	
9° Allant sur un point de la colonie jouir d'un congé de convalescence (R).	
10° Cité à comparaître comme témoin ou prévenu devant un tribunal civil ou militaire.	L'indemnité fixe de route et l'indemnité de transport ne sont allouées à l'officier, fonctionnaire, employé et agent civil ou militaire des services coloniaux ou locaux, cité devant un tribunal civil, que sur la production d'un certificat du greffier attestant qu'il n'a pas reçu ces indemnités sur les frais de justice.
11° Mis en liberté après jugement.	Ces indemnités sont allouées du lieu où le jugement est prononcé, jusqu'à celui où l'officier, fonctionnaire, employé et agent civil ou militaire des services coloniaux ou locaux est envoyé.
12° Allant prêter serment au siège le plus voisin d'une cour ou d'un tribunal, lorsque cette obligation résulte de la position (R).	
13° Allant, comme trésorier ou comptable, percevoir ou payer, en dehors de leur résidence, la solde ou d'un corps ou d'un personnel d'un établissement.	
14° Allant par ordre ou par autorisation, subir les épreuves d'un examen ou d'un concours (R).	L'indemnité fixe de route et l'indemnité de transport ne sont dues pour le retour que si l'officier, fonctionnaire, employé et agent civil ou militaire des services coloniaux ou locaux justifie qu'il a subi au moins une des épreuves, ou s'il en a été empêché par maladie dûment constatée.

POSITIONS	OBSERVATIONS
15° Se rendant soit aux hôpitaux, soit aux eaux thermales ou minérales, en vertu d'une décision spéciale (R).	Pour avoir droit aux indemnités de déplacement, l'officier, fonctionnaire, employé et agent civil ou militaire des services coloniaux ou locaux, envoyé aux eaux, doit produire un certificat attestant qu'il a suivi un traitement complet. Les officiers en non-activité pour infirmités temporaires ont, dans les mêmes conditions, également droit à ces allocations.
16° Renvoyés des eaux par suite de maladie ou parce que les eaux leur sont contraires.	Dans ce cas il doit être produit un certificat du médecin traitant.
17° Évacué d'un hôpital ou d'un établissement thermal sur un autre.	Il doit, dans ce cas, être produit un certificat du médecin traitant.
18° En congé ou en permission, recevant, avant l'expiration du congé ou de la permission, l'ordre de rejoindre leur poste.	Les indemnités de déplacement ne sont pas dues si l'officier, fonctionnaire, employé et agent civil ou militaire des services coloniaux ou locaux, au moment où il se met en route pour rejoindre, n'a plus que le temps strictement nécessaire pour arriver à destination, à l'expiration de la période d'absence prévue par le titre dont il est porteur.
19° Rentrant dans la Colonie après captivité.	Les indemnités de déplacement sont dues du lieu de débarquement au lieu où l'officier, fonctionnaire, employé et agent civil ou militaire des services coloniaux ou locaux reçoit l'ordre de se rendre.
20° Mis en réforme, 21° Passant de l'activité à la non-activité et de la non-activité à l'activité. 22° Admis à la retraite ou licencié du service, hors le cas de licenciement par mesure de discipline.	Les indemnités de déplacement sont dues jusqu'au lieu où l'officier, fonctionnaire, employé et agent civil ou militaire des services coloniaux ou locaux, a déclaré fixer sa résidence, ou jusqu'au port d'embarquement pour rentrer en France ou pour se rendre dans une autre colonie. Elles sont allouées aux surveillants militaires rentrant en France après démission ou révocation.

NOTA. — Dans les colonies où il existe un fonds de mobilisation du clergé, prévu au budget, les ecclésiastiques n'ont droit aux indemnités de transport et aux indemnités fixes de route, que dans le cas de missions administratives ordonnées ou autorisées par le chef de la colonie, sur proposition du chef de l'administration compétente.

(R) Cette lettre indique que les indemnités sont aussi dues pour le retour.

Art. 38. — Dans aucun autre cas que ceux prévus à l'article 37, les indemnités dont il s'agit ne peuvent être allouées.

Art. 39. — *Distance à parcourir pour avoir droit à l'indemnité fixe de route et à l'indemnité de transport.* — 1° Dans les colonies situées entre les tropiques, la distance à parcourir pour avoir droit à l'indemnité fixe de route et à l'indemnité de transport doit être d'au moins 2 kilomètres.

2° Aux îles Saint-Pierre et Miquelon, cette distance est fixée à quatre kilomètres.

Art. 40. — *Calcul des distances. Décompte des indemnités.* — 1° Les distances à franchir sont calculées d'après les indications contenues dans un tableau spécial des distances qui devra être établi dans chaque colonie, et transmis au département dans le délai de six mois, à partir de la mise en vigueur du présent décret.

2° Les parcours qui ne figureraient pas sur ce document, seront déterminés pour chaque cas particulier, par les soins de l'administration de la colonie.

3° Le décompte des indemnités est établi d'après le trajet par la voie la plus directe, sur les bases indiquées dans les deux paragraphes précédents.

Art. 41. — *Payement de l'indemnité fixe de route.* — 1° L'indemnité fixe de route se paye par avance au point de départ, pour toute la distance à parcourir, sans station.

2° En cas de mission, l'indemnité est payée pour le trajet qui sépare le lieu où se trouve l'officier, fonctionnaire, employé ou agent civil ou militaire des services coloniaux ou locaux, de la localité où il a ordre de s'arrêter.

3° Si par suite de contre-ordre ou de non-exécution, la totalité ou une partie du voyage n'est pas accomplie, il est fait reprise sur la solde de l'officier, fonctionnaire, employé et agent civil ou militaire des services coloniaux ou locaux, du montant de l'indemnité afférente au trajet non parcouru. Toutefois, le chef de la colonie peut en accorder le dégrèvement, sous réserve de l'approbation ministérielle, lorsque la dépense incombe au budget de l'État.

Art. 42. — *Délais de route.* — Les délais de route sont mentionnés sur la feuille de route ou l'ordre de service, et déterminés d'après les indications du tableau prévu à l'article 37 ci-dessus.

Art. 43. — *Délais de tolérance.* — 1° Indépendamment de ces délais, il peut être accordé, pour la mise en route, un délai de tolérance qui est fixé par l'ordre ou la lettre de service et qui, sans donner droit à aucune indemnité, ne doit, dans aucun cas, dépasser le terme de quatre jours.

2° Ce délai n'est jamais accordé lorsque, dans un voyage, l'aller et le retour doivent avoir lieu dans la même journée.

Art. 44. — *Droit à l'indemnité fixe de route des officiers, fonctionnaires, employés et agents civils et militaires des services coloniaux ou locaux qui, par leur faute, n'arrivent pas à destination dans les délais déterminés.* — L'officier, fonctionnaire, employé et agent civil ou militaire des services coloniaux ou locaux qui, par sa faute, n'arrive pas à destination dans les délais assignés par le titre en vertu duquel il voyage, peut être puni disciplinairement, mais il conserve le droit à l'indemnité fixe de route qu'il n'aurait pas reçue au départ.

Art. 45. — *Indemnités fixes de déplacement.* — 1° L'officier, fonctionnaire, employé et agent civil ou militaire des services coloniaux ou locaux, auquel sont allouées des indemnités fixes de tournées ou déplacement pour les voyages que son service l'oblige d'effectuer dans la colonie à laquelle il est attaché, n'a droit, à raison de ces voyages, ni à l'indemnité fixe de route, ni à l'indemnité de transport.

2° La même disposition s'applique, en ce qui concerne les voyages accomplis par lui dans l'étendue de son ressort et pour l'exercice de ses fonctions, à l'officier, fonctionnaire, employé et agent civil ou militaire des services coloniaux ou locaux, qui reçoit à titre de supplément d'indemnité représentative, ou sous toute autre forme, des émoluments en argent ou des prestations en nature, à charge de se pourvoir des moyens de transports nécessaires pour l'exécution de son service.

Art. 46. — *Avances en argent allouées aux officiers, fonctionnaires, employés et agents civils et militaires des services coloniaux ou locaux, qui n'ont pas droit à l'indemnité fixe de route.* — 1º Tout officier, fonctionnaire, employé et agent civil ou militaire des services coloniaux ou locaux, en activité de service, voyageant isolément dans une position qui ne donne pas droit aux indemnités de transport et de route, peut recevoir dans le cas d'urgence, une avance en argent pour subvenir aux frais de son voyage jusqu'à destination.

2º L'avance en argent ne doit pas dépasser le montant des indemnités correspondant au trajet pour lequel elle est allouée.

3º Le fonctionnaire qui aura pourvu au payement de cette avance, en avisera immédiatement l'autorité chargée de la surveillance administrative du corps ou service auquel appartient la personne qui l'aura reçue.

CHAPITRE II
DE L'INDEMNITÉ DE SÉJOUR (1)

Art. 47. — *Quotité de l'indemnité de séjour.* — 1º La quotité de l'indemnité de séjour est fixée, par journée de séjour, à :

20 francs pour les officiers généraux ou assimilés ;
16 francs pour les officiers supérieurs ou assimilés ;
12 francs pour les officiers subalternes ou assimilés ;

Employés et agents ci- (1re catégorie. 10 francs,
vils et militaires des { 2º catégorie. 6 —
services coloniaux ou { 3º catégorie. 4 —
locaux .... (4º catégorie. 3 —

2º Le tableau A, annexé au présent décret, fixe l'assimilation des officiers, fonctionnaires, employés et agents civils et militaires des services coloniaux ou locaux.

3º L'indemnité de séjour est due aux officiers, fonctionnaires, employés et agents civils et militaires des services coloniaux ou locaux qui se trouvent dans l'une des positions ci-après (2) ;

POSITIONS	TERME QUE L'ALLOCATION NE PEUT EXCÉDER
1º Remplissant une mission de service et séjournant par ordre en route ou à destination.	Le temps nécessaire pour l'accomplissement de la mission ou la durée de l'intérim, sans pouvoir excéder le terme de trois mois fixé par l'art. 48 du présent décret. L'officier, fonctionnaire, employé ou agent civil ou militaire des services coloniaux ou locaux qui, pendant le cours d'une mission, revient dans la localité où il se trouvait en service pour y continuer une mission déjà commencée et qui ne doit pas finir dans cette localité, a droit, sans interruption, aux frais de séjour. En cas d'intérim, l'indemnité de séjour se cumule avec le supplément attribué à la fonction du titulaire.

(1) Voir ci-après instructions ministérielles du 24 octobre 1892.
(2) Voir la circulaire du 15 février 1893.

POSITIONS	TERME QUE L'ALLOCATION NE PEUT EXCÉDER
2º Détachés temporairement de leur résidence pour aller remplir dans une autre localité, des fonctions intérimaires.	L'indemnité n'est pas allouée dans les cas exceptionnels où, en vertu des ordres du Département, un supplément est alloué à l'intérimaire par le fait même de l'intérim.
3º Envoyés en mission d'une colonie dans une autre.	Le temps nécessaire pour l'accomplissement de la mission ou le temps de séjour forcé, c'est-à-dire celui résultant de circonstances indépendantes de la volonté des intéressés.
4º Retenus en séjour dans une colonie en cours de voyage, soit en se rendant à leur poste, soit en effectuant leur retour en France.	
5º Tenus par ordre en séjour dans un port autre que celui de la résidence, soit avant d'être embarqués pour une destination outre-mer, soit en revenant des prisons de l'ennemi.	Quinze jours, sauf décision du chef de la colonie.
6º Admis, sur l'avis du conseil de santé, à faire usage des eaux thermales ou minérales dans les stations où il n'existe pas d'hôpital militaire.	L'indemnité n'est due qu'aux officiers, fonctionnaires, employés et agents civils ou militaires des services coloniaux ou locaux ayant droit à l'hospitalisation. Elle est allouée jusqu'au dernier jour exclu du traitement (1).
7º Tenus en quarantaine au lazaret dans une colonie, soit à l'arrivée à destination, soit en cours de voyage, en se rendant à leur poste ou en effectuant leur retour en France.	Le jour dûment constaté où expire la quarantaine.
8º Appelés à faire partie, hors de leur résidence, soit d'un conseil ou d'une commission d'enquête, ou d'un tribunal maritime ou militaire.	Le jour dûment constaté où finit la mission.
9º Appelés, hors de leur résidence, en témoignage devant un tribunal, à la requête du ministère public.	Le jour dûment constaté où ils cessent d'être retenus. L'indemnité n'est due à l'officier, fonctionnaire, employé et agent civil ou militaire des services coloniaux ou locaux, cité devant un tribunal civil, que sur la production d'un certificat du greffier attestant qu'il n'a pas reçu les indemnités allouées sur les frais de justice.
10º Envoyés devant un conseil ou une commission d'enquête hors de leur résidence.	Le jour dûment contaté où le conseil ou la commission a exprimé son vote.

(1) L'indemnité de séjour est réduite de moitié pour les officiers, fonctionnaires, employés et agents civils et militaires des services coloniaux ou locaux envoyés aux eaux, lorsqu'il existe un hôpital militaire dans lequel ils n'ont pu trouver place.
Observation. — Dans les cas prévus aux positions 4, 5 et 7, l'indemnité de séjour ne peut se cumuler qu'avec la solde d'Europe. L'indemnité de séjour n'est pas due :
1º Aux vicaires généraux, lorsqu'ils voyagent avec l'évêque dans ses tournées diocésaines ;
2º Aux ecclésiastiques dans les colonies où il existe un fonds de mobilisation du clergé inscrit au budget, à moins qu'ils ne soient envoyés en mission administrative ordonnée ou autorisée par le chef de la colonie, sur la proposition du chef d'administration compétent.

Art. 48. — *Payement de l'indemnité de séjour.* — 1º L'indemnité de séjour ne peut être payée pendant plus de trois mois consécutifs dans un même lieu de résidence.

2º Si une nouvelle concession devient nécessaire, le chef de la Colonie en rend compte au Ministre, qui statue.

Art. 49. — *Décompte de l'indemnité de séjour. Elle n'est pas due pendant le traitement à l'hôpital, et ne peut se cumuler avec l'indemnité fixe de route.* — 1. L'indemnité de séjour est due à compter du jour de l'arrivée inclusivement jusqu'à celui du départ exclusivement.

2º Lorsque l'aller et le retour ont lieu dans la même journée, l'indemnité de séjour est réduite de moitié.

3º L'indemnité de séjour cesse d'être allouée pendant le cours du traitement à l'hôpital.

4º Elle ne peut jamais se cumuler avec l'indemnité fixe de route.

Art. 50. — *Mode de payement de l'indemnité de séjour.* — L'indemnité de séjour, se paye après constatation de la durée effective du séjour, ou à la fin de chaque mois, si le séjour se prolonge au delà de trente jours.

Art. 51. — *Indemnités fixes de tournée ou de déplacement.* — L'officier, fonctionnaire, employé et agent civil ou militaire des services coloniaux ou locaux, auquel sont allouées des indemnités fixes de déplacement, pour les voyages que son service l'oblige à effectuer dans la colonie à laquelle il est attaché, ou dans une circonscription déterminée de cette colonie, n'a pas droit, à raison des mêmes voyages, à l'indemnité de séjour.

Art. 52. — *Officiers, fonctionnaires, employés et agents civils et militaires des services coloniaux ou locaux, envoyés en mission et logés dans les postes.* — 1º Les officiers, fonctionnaires, employés et agents civils et militaires des services coloniaux ou locaux envoyés en mission dans les localités dépourvues de ressources au point de vue du logement et de la nourriture, sont logés dans les postes. Ils sont, en outre, admis, sur l'ordre de l'autorité compétente, et suivant le grade ou l'emploi dont ils sont titulaires, aux tables des chefs de poste, commandants ou administrateurs, ou à celle des officiers et fonctionnaires en service à tout autre titre dans ces localités.

2º L'indemnité à allouer, dans ce cas, est fixée par arrêté spécial du chef de la colonie, qui détermine en même temps les tables auxquelles les officiers et autres en cours de voyage doivent être admis.

3º Ces arrêtés sont soumis à l'approbation du ministre.

4º L'indemnité est payée directement aux chefs de table, et l'officier, fonctionnaire, employé et agent civil ou militaire des services coloniaux ou locaux, n'a pas droit à l'indemnité de séjour.

TITRE II

DISPOSITIONS COMMUNES AUX INDEMNITÉS DE TRANSPORT, DE ROUTE ET DE SÉJOUR

Art. 53. — *Feuilles de route. — Par qui délivrées.* — Les feuilles de route sont délivrées sur la présentation des ordres de service émanant des autorités compétentes, savoir:

Au chef-lieu de la colonie, par les officiers du commissariat, les chefs de bureau de la direction de l'intérieur ou de l'administration pénitentiaire, chargés de l'administration de la solde.

Dans les quartiers, ports ou postes en dehors du chef-lieu, par les officiers du commissariat ou les délégués des chefs d'administration ou de service compétents, et, en cas d'absence ou d'empêchement, par leurs suppléants légaux.

Art. 54. — *Constatation du droit aux indemnités de transport, de route et de séjour.* — Les droits aux indemnités de transport, de route et de séjour, sont constatés à l'arrivée et au départ, par les officiers du commissariat et les fonctionnaires des directions de l'intérieur ou de l'administration pénitentiaire, suivant que les officiers, fonctionnaires et employés intéressés dépendent, au point de vue de la solde, de l'une ou de l'autre de ces administrations.

Art. 55. — *Validité de la feuille de route.* — 1º La feuille de route doit mentionner si le titulaire a ou n'a pas droit à la réduction sur les chemins de fer. Elle est valable pour toute la durée d'un voyage (aller et retour, s'il y a lieu), et ne peut servir pour un nouveau trajet qu'après avoir reçu, en cas de mission prolongée, le visa de l'un des fonctionnaires désignés à l'article 53. Elle doit indiquer la durée présumée de l'absence.

2º Lorsqu'il n'est pas délivré de feuilles de route, les ordres de service qui en tiennent lieu, sont soumis, avant le départ, au visa des mêmes fonctionnaires, et revêtus par eux des indications nécessaires pour en faire un titre de route et servir à la constatation des droits aux indemnités de transport, de route et de séjour.

Art. 56. — L'arrivée et le départ sont constatés sur les feuilles de route ou les ordres de service, par les fonctionnaires désignés à l'article 53, et, à leur défaut, dans les localités où les administrations du chef-lieu ne sont pas directement représentées, par les maires ou les commandants de gendarmerie, ou, en leur absence, par toutes autres autorités constituées.

Art. 57. — *Délivrance des mandats de payement pour indemnités de transport, de route et de séjour.* — 1º Toute délivrance de mandat de payement pour indemnité de transport, de route ou de séjour doit, lors de la remise du titre au titulaire, être mentionnée sur sa feuille de route ou sur l'ordre de service en vertu duquel il voyage, par le fonctionnaire qui délivre la pièce comptable.

2º Le décompte final est établi par le fonctionnaire qui pourvoit au dernier payement.

Art. 58. — *Registre de route.* — 1º Les officiers et fonctionnaires désignés à l'article 53 tiennent un registre de route destiné à recevoir l'inscription des feuilles de route ou ordres de service, et des mandats délivrés dans le cours de chaque journée.

2º Ce registre contient les principales indications portées sur la feuille de route ou sur les ordres de service. A la fin de chaque journée, il est parafé par le fonctionnaire compétent, de manière à ne pas permettre l'intercalation de nouvelles inscriptions, et arrêté par ledit fonctionnaire le premier de chaque mois;

3º Chaque feuille de route, ordre de service ou mandat, est enregistré sous un numéro d'ordre dont la série se continue sans interruption pendant tout la durée de l'année.

59. — *Production de la feuille de route pour le payement des indemnités de transport, de route et de séjour.* — 1º Aucun payement d'indemnité de transport, de route ou de séjour, ne peut être opéré que sur la production d'une feuille de route ou d'ordre de service en tenant lieu.

2º La feuille de route ou l'ordre de service indique le lieu de destination, et, le cas échéant l'itinéraire, les délais de route, et, en toutes lettres, le jour de l'arrivée à destination.

Art. 60. — *Perte de la feuille de route.* — Tout officier, fonctionnaire, employé et agent civil et militaire des services coloniaux ou locaux qui a perdu sa feuille de route ou son ordre de service, en fait la déclaration à l'un des fonctionnaires désignés à l'article 53, suivant l'administration de laquelle il relève, qui lui délivre un nouveau titre de route sur lequel les allocations perçues depuis le départ sont mentionnées sous la responsabilité du déclarant.

Art. 61. — *Délai dans lequel doivent être réclamées les indemnités de transport, de route et de séjour.* — 1° Les indemnités de transport, de route ou de séjour, doivent être réclamées dans le délai d'un mois à compter du jour où le voyage, la mission ou le séjour sont arrivés à leur terme.

2° Toute allocation réclamée après ce délai ne pourra être payée qu'avec l'autorisation du chef de la colonie.

Art. 62. — *Les indemnités de route et de séjour ne peuvent se cumuler avec le traitement de table, ni avec l'allocation des vivres en nature.* — Lorsque le logement et la nourriture sont fournis, l'indemnité fixe de route est réduite des trois-quarts et l'indemnité de séjour n'est pas allouée. Lorsque le logement seul, ou la nourriture seule, sont fournis, l'indemnité fixe de route est réduite d'un quart et l'indemnité de séjour est réduite de moitié.

Art. 63. — *Voyages sur mémoire. Cas dans lesquels ils sont autorisés.* — Lorsque, par suite de la nature exceptionnelle de la mission donnée à un officier, fonctionnaire, employé et agent civil ou militaire des services coloniaux ou locaux, le chef de la colonie juge que les allocations réglementaires ne sont pas suffisantes, il peut autoriser l'intéressé à voyager sur mémoire, sauf à en rendre compte immédiatement au ministre, lorsque la dépense incombe au budget de l'Etat.

Art. 64. — *Transport de la famille. Cas dans lequel celle-ci reçoit l'indemnité de transport.* — 1° En cas de changement définitif de résidence de l'officier, fonctionnaire, employé et agent civil ou militaire des services coloniaux ou locaux, le transport de chacun des membres de sa famille est assuré dans les conditions prévues pour le chef de la famille.

2° Lorsque les moyens de transport ne sont pas fournis en nature, il est alloué, dans le cas prévu au paragraphe précédent, pour chacun des membres de la famille âgés de plus de douze ans, une indemnité de transport égale à celle que reçoit le chef de la famille.

3° Cette indemnité est réduite de moitié pour les enfants âgés de moins de douze ans et de plus de trois ans.

Art. 65. — *Transport des domestiques.* — 1° En cas de changement de résidence, les officiers généraux et les officiers supérieurs, ainsi que les fonctionnaires assimilés, ont droit au transport de leurs domestiques dans les conditions ci-après:

Officiers généraux et fonctionnaires assimilés: 3 domestiques.

Officiers supérieurs et fonctionnaires assimilés: 1 domestique.

2° Le transport des domestiques est assuré dans les conditions prévues aux deux premiers paragraphes de l'article précédent.

TITRE III
DISPOSITIONS GÉNÉRALES

Art. 66. — *Indemnités fixes de route, de transport et de séjour payées sans retenue.* — L'indemnité fixe de route, l'indemnité de transport et l'indemnité de séjour, sont payées sans retenue.

Art. 67. — *Reprise, pour trop payé, des allocations abusivement concédées.* — 1° L'officier, fonctionnaire ou employé compétent qui s'aperçoit que, par une fausse interprétation des dispositions du présent décret, une allocation a été abusivement accordée, doit refuser la continuation de l'indemnité, et mentionner son refus sur la feuille de route ou l'ordre de service qui en tient lieu.

2° En outre, il fait directement connaître à l'autorité compétente du lieu où se rend la partie prenante, ou, à défaut, à celle du chef-lieu, la somme qui a été indûment payée, pour que la reprise en soit opérée.

Art. 68. — *Droit des officiers, fonctionnaires, employés et agents civils et militaires des services coloniaux ou locaux, remplissant un intérim, aux indemnités fixes de route, de transport et de séjour. Mode de calcul de ces indemnités.* — 1° Les officiers, fonctionnaires, employés et agents civils et militaires des services coloniaux, exerçant ou ayant exercé des fonctions supérieures à celles de leur grade ou de leur emploi, n'ont droit qu'aux indemnités de déplacement et qu'aux indemnités de séjour fixées pour le grade ou l'emploi dont ils sont titulaires.

2° L'officier qui exerce titulairement une fonction conférée par le Ministre, et donnant droit à des allocations de transport de route et de séjour supérieures à celles de son grade, reçoit les allocations dévolues à cette fonction. Mais dans ce cas, l'allocation qui lui est attribuée est celle qui est déterminée pour le personnel ayant droit à la réduction sur les voies ferrées.

3° Quand les allocations attribuées au grade sont supérieures à celles dévolues à la fonction, l'officier reçoit les allocations de son grade.

4° Il en est de même lorsque les allocations de grade sont égales à celles qui sont attribuées à la fonction.

Art. 69. — *Assimilation des officiers, fonctionnaires, employés et agents civils et militaires des services coloniaux ou locaux non compris au tableau annexé au présent décret.* — 1° Le Ministre règle, par des décisions spéciales, soit directement, soit sur la proposition des gouverneurs, l'assimilation des officiers, fonctionnaires, employés et agents civils et militaires des services coloniaux ou locaux qui, ne se trouvant pas compris dans les désignations portées au tableau annexé au présent décret, auraient à voyager pour le service dans l'intérieur des Colonies.

2° Il détermine, pour ces cas spéciaux, les indemnités à leur allouer.

3° En ce qui concerne les agents appartenant au personnel inférieur indigène, qui n'auraient pas trouvé place dans le tableau mentionné au paragraphe précédent, leur classement et la fixation des indemnités qu'il y a lieu de leur allouer, sont déterminés par arrêtés du gouverneur.

LIVRE III
Transport des bagages des officiers, fonctionnaires, employés et agents civils et militaires des services coloniaux ou locaux.

Art. 70. — *Droit des officiers, fonctionnaires,*

employés et agents civils et militaires des services
coloniaux ou locaux au transport de leurs bagages.
— 1° Les officiers, fonctionnaires, employés et
agents civils et militaires des services coloniaux ou
locaux, changeant, par ordre, définitivement de résidence, ont droit, ainsi que leur famille, dans l'intérieur des colonies, au transport gratuit de leurs
bagages.
2° Le poids des bagages à transporter pour leur
compte, aux frais de l'État ou des budgets locaux, ne
peut excéder les quantités indiquées au tableau ci-
après :

CATÉGORIES	POIDS DES BAGAGES	
	pour l'officier, le fonctionnaire, l'employé, l'agent civil ou militaire des services coloniaux ou locaux	pour la famille, lorsqu'elle voyage avec son chef ou isolément
Gouverneurs se rendant pour la première fois à leur poste...	Illimité	Illimité
1ʳᵉ catégorie A................	1.000 kilogr.	500 kilogr.
1ʳᵉ catégorie B................	800 —	400 —
2ᵉ catégorie................	600 —	300 —
3ᵉ catégorie................	500 —	200 —
4ᵉ catégorie................	400 —	150 —
5ᵉ catégorie................	300 —	100 —
6ᵉ catégorie................	300 —	100 —

Art. 71. — *Indemnité représentative du transport des bagages.* — 1° Lorsque le transport des bagages ne peut être assuré par les soins de l'administration, il est alloué à l'officier, fonctionnaire,
employé et agent civil ou militaire des services
coloniaux ou locaux, une indemnité représentative
de ce transport.
2° Cette indemnité est, comme dans les cas
prévus à l'article 70 ci-dessus, déterminée dans
chaque colonie par des tarifs locaux approuvés par
le Ministre.

LIVRE IV

Concessions de passage aux officiers, fonctionnaires, employés et agents civils et militaires des
services coloniaux ou locaux.

Art. 72. — *Détermination du droit au passage
aux frais de l'État, des officiers, fonctionnaires,
employés et agents civils et militaires des services
coloniaux ou locaux et de leur famille.* — 1° Il ne
sera accordé de passage aux frais du budget colonial
ou des services locaux des colonies que dans les
circonstances indiquées ci-après :
1. Aux officiers, fonctionnaires, employés et
agents civils et militaires des services coloniaux ou
locaux qui se rendront, par ordre, de France aux
Colonies et réciproquement, ou d'un établissement
colonial à un autre, à leur femme et à leurs enfants
qui les accompagneront ou qui voyageront isolément
pour les rejoindre ;
2. Aux officiers, fonctionnaires, employés et
agents civils et militaires des services coloniaux ou
locaux envoyés d'Europe, qui, licenciés, révoqués
ou admis à la retraite dans les colonies, demanderont, dans le délai d'une année, à rentrer en
France ;
3. Aux officiers, fonctionnaires, employés et agents
civils et militaires créoles, qui licenciés, révoqués
ou admis à la retraite hors de leur colonie d'origine,

demanderont, dans le même délai, à rentrer dans
cette colonie ;
4. Aux femmes et aux enfants des officiers, fonctionnaires, employés et agents compris dans les
paragraphes 2 et 3 ci-dessus, voyageant avec eux, ou
qui s'embarqueront dans les mêmes délais pour les
rejoindre ;
5. Aux veuves et aux enfants des officiers, fonctionnaires, employés et agents civils et militaires
des services coloniaux ou locaux, décédés en activité de service, soit en France, soit dans les colonies, si le départ a lieu dans le délai d'un an à
partir du jour du décès du chef de la famille ;
6. Aux officiers, fonctionnaires, employés et agents
civils et militaires des services coloniaux ou locaux
auxquels il sera accordé des congés pour motifs de
santé dûment constatés, ainsi qu'à ceux auxquels il
sera accordé dans les conditions prévues au décret
sur la solde, des congés administratifs, après accomplissement d'une période de séjour aux colonies ;
7. Aux médecins auxiliaires, qui viennent en
France, avec l'autorisation du ministre, en vue de subir
les épreuves d'un concours pour l'avancement. Si ces
officiers de santé auxiliaires laissent passer le concours sans y prendre part, ils devront rembourser à
l'État les frais de passage auxquels ils auront donné
lieu ; ces dispositions sont applicables aux officiers,
fonctionnaires, employés et agents civils et militaires
coloniaux ou locaux, qui sont autorisés à venir en
France pour y subir les examens ou les concours
nécessités par leur carrière ;
8. Aux surveillants militaires démissionnaires
rentrant en France.
2° Les congés prévus aux paragraphes 6 et 7
ci-dessus, donnent droit au passage pour venir en
France et pour retourner aux colonies.
3° Les créoles en service hors de leur colonie
d'origine, qui obtiendront des congés de convalescence à l'effet d'aller en jouir dans cette colonie,
auront droit au passage d'aller et de retour, quand
ils seront signalés par le service de santé comme
ayant un besoin urgent indispensable d'y séjourner.

Art. 73. — *Les congés pour affaires personnelles
ne donnent pas droit au passage aux frais de l'État.* —
Les congés motivés par des affaires personnelles ne
comportent aucune concession de passage à titre
gratuit.

Art. 74. — *Limitation à deux traversées, du
droit au passage aux frais de l'État, des familles des
officiers, fonctionnaires, employés et agents civils
et militaires des services coloniaux ou locaux.* —
1° Les concessions relatives aux femmes et aux
enfants sont limitées à deux traversées ; celle d'aller,
pour se rendre de France aux colonies ou d'une colonie dans une autre, et celle de retour ; toutefois,
n'ont droit qu'au passage dit de retour, les familles
des officiers, fonctionnaires, employés et agents du
service colonial dont le mariage a eu lieu dans la
colonie où ils sont en service.
2° Le droit au passage pour la femme et pour les
enfants est renouvelé, lorsque le chef de la famille
est envoyé en France ou dans une autre colonie, par
suite de changement de destination.
3° Le droit des femmes et des enfants au
passage de retour peut toujours être exercé par
anticipation.

Art. 75. — Lorsque la femme et les enfants
d'un officier, fonctionnaire, employé et agent
civil ou militaire des services coloniaux ou locaux,
comptent au minimum trois années de séjour

consécutif au Gabon-Congo, à Obock, en Indo-Chine, au Sénégal, à la Guyane, à Mayotte, à Nossi-Bé et à Madagascar, ou cinq années de séjour consécutif dans les autres colonies, il leur est accordé, en dehors des passages prévus à l'article 72, un deuxième passage gratuit d'aller et de retour.

Art. 76. — *Passages aux frais de l'Etat, accordés aux boursiers.* — 1° Il sera accordé des passages pour la France aux enfants des officiers, fonctionnaires, employés et agents civils et militaires des services coloniaux ou locaux, et aux jeunes créoles ayant obtenu, à la charge de l'Etat ou des colonies, soit des bourses dans les établissements d'enseignement de la métropole, soit des subventions pour faire leurs études en France.

2° Le passage pour retourner aux colonies leur sera de même accordé, s'ils s'embarquent à cet effet dans l'année qui suivra leur sortie définitive desdits établissements. S'ils quittent ces établissements avant d'avoir terminé les études qui avaient motivé leur admission, le passage de retour ne leur sera accordé que si une décision du conseil de santé constate qu'ils sont atteints d'une maladie qui ne leur permet pas de prolonger leur séjour en France.

Art. 77. — *Passages aux frais de l'Etat, accordés aux colons et aux individus dénués de ressources.* — 1° Les individus nés dans les colonies françaises pourront, s'ils sont dépourvus de ressources, être rapatriés dans leur pays d'origine.

2° La même mesure est applicable aux colons français dénués de ressources.

3° Ces passages sont toujours accordés à la dernière classe.

4° Lorsque les colons français dénués de ressources comptent plus d'une année de séjour dans la colonie où ils sont établis, les frais de rapatriement sont à la charge du budget local de cette colonie.

5° Dans le cas contraire, ces frais sont remboursés par le budget du Département de l'intérieur, mais le passage ne doit être alors accordé qu'après autorisation du ministre de l'intérieur. Si, dans un intérêt d'ordre public, cette règle ne pouvait être observée, la dépense resterait à la charge du budget de la colonie.

Art. 78. — Le ministre pourra, par décision spéciale, accorder des passages aux colons libres, à destination de celles de nos colonies pour lesquelles il a été prévu des crédits spéciaux à cet effet, soit au budget de l'Etat, soit aux budgets locaux.

Art. 79. — Le Ministre peut autoriser les officiers, fonctionnaires, employés et agents civils et militaires des services coloniaux ou locaux, qui n'ont pas droit au passage gratuit, à s'embarquer avec leur femme et leurs enfants, à destination des colonies, moyennant le versement préalable des frais de passage.

Art. 80. — *Passage aux frais de l'Etat, accordé aux domestiques.* — Suivant les conditions prévues par la réglementation en vigueur, il sera accordé, dans les circonstances ci-après, des passages gratuits aux domestiques des officiers généraux et supérieurs et des fonctionnaires assimilés des services coloniaux et des services locaux, savoir:

1° Lorsque le domestique accompagnera l'officier général ou supérieur, ou le fonctionnaire assimilé, ou qu'il ira le rejoindre isolément;

2° Lorsqu'il accompagnera la famille de l'officier général ou supérieur, ou du fonctionnaire assimilé, voyageant isolément tant à l'aller qu'au retour;

3° Lorsqu'il sera rapatrié après le décès du maître et dans le délai de six mois;

4° Lorsqu'il sera renvoyé pour motif de santé ou de convenance personnelle de l'officier général ou supérieur, ou du fonctionnaire assimilé, sous la réserve que le droit de l'officier ou du fonctionnaire assimilé sera épuisé lorsqu'il aura usé du droit au passage du domestique une fois pour l'aller et une fois pour le retour.

Les domestiques qui se sont séparés de leur maître, n'ont pas droit au passage de rapatriement.

Art. 81. — *Transport de bagages aux frais de l'Etat.* — Le poids des bagages dont le transport doit rester à la charge de l'Etat, y compris celui accordé en franchise par les compagnies de navigation et autres, est fixé d'après les indications portées sur le tableau annexé à l'article 70 du présent décret.

Art. 82. — *Imputation des frais de passage.* — Les frais de passage sont imputés sur les fonds du budget qui supporte soit le traitement, soit la solde des officiers, fonctionnaires, employés et militaires des services coloniaux ou locaux, ou sur les fonds du service qui motive le déplacement des passagers.

Art. 83. — *Passage sur les bâtiments des lignes de Corse et d'Algérie.* — Les passages par paquebots subventionnés faisant le service entre la France, la Corse et l'Algérie et sur le littoral algérien, sont réglés par décision ministérielle.

LIVRE V

Indemnités allouées aux officiers, fonctionnaires, employés et agents civils et militaires des services coloniaux ou locaux voyageant à l'étranger, à bord des bâtiments étrangers.

Art. 84. — *Détermination du droit au passage, aux frais de l'Etat, sur les navires étrangers, des officiers, fonctionnaires et agents civils et militaires des services coloniaux ou locaux.* — Les officiers, fonctionnaires, employés et agents civils et militaires des services coloniaux ou locaux, se rendant aux colonies, peuvent être appelés à prendre passage sur les navires étrangers, ou à voyager par chemin de fer hors du territoire français.

Les droits au passage aux frais de l'Etat sur les navires étrangers, sont déterminés par les articles 72 à 83 du présent décret.

Art. 85. — *Frais accessoires de passage sur les navires étrangers, des fonctionnaires, officiers, employés et agents civils et militaires des services coloniaux ou locaux.* — Les frais accessoires qu'entraînent pour les officiers, fonctionnaires, employés et agents civils et militaires des services coloniaux ou locaux qui voyagent en service et leur passage sur les navires étrangers, sont réglés comme suit:

1° *Vin.* — La dépense résultant pour le passager de la délivrance du vin, est à la charge de l'Etat, et donne lieu à la concession d'une indemnité qui ne peut dépasser le chiffre de 6 fr. 25 cent., quelque soit le grade de l'officier, fonctionnaire, employé ou assimilé, et de 3 fr. pour les agents civils et militaires ou assimilés d'un grade inférieur.

2° *Frais de maladie.* — Les dépenses effectuées à ce titre sont remboursées aux passagers des services coloniaux ou locaux, en vertu d'une décision spéciale du ministre, et après production d'un mémoire dûment certifié par le médecin du bord.

3° *Transport de bagages. Frais d'embarquement et de débarquement.* — Des indemnités fixées par le tableau ci-après sont allouées aux passagers des services coloniaux ou locaux, pour leur tenir compte

22

des frais auxquels ils ont à faire face pour le transport, l'embarquement de leur personne et de leurs bagages à l'étranger, savoir :

DÉSIGNATION DES CATÉGORIES	OFFICIERS ET ASSIMILÉS			SOUS-LIEUTENANTS et assimilés	ADJUDANTS sergents-majors sergents et assimilés
	généraux	supérieurs	subalternes		
	fr.	fr.	fr.	fr.	fr.
1re catégorie					
2e catégorie	50	40	30	25	15
3e catégorie					
4e catégorie					
5e catégorie	35	25	20	15	10

Nota. — Ces indemnités ne sont payées qu'une seule fois pour chaque voyage, du point de départ au point d'arrivée, sans tenir compte des escales ou arrêts. Elles sont destinées à faire face aux dépenses de bagages, soit à l'embarquement, soit en cours de route. Les agents et employés ayant rang de caporaux et soldats ne peuvent prétendre à aucune indemnité pour transport de bagages.

Art. 86. — *Détermination du droit de passage, aux frais de l'État, sur les navires étrangers, des familles des officiers, fonctionnaires, employés et agents civils et militaires des services coloniaux ou locaux.* — Les familles des officiers, fonctionnaires, employés et agents civils et militaires des services coloniaux ou locaux, passagers sur les bâtiments étrangers et voyageant aux frais de l'État, ont également droit aux indemnités de transport de bagages, d'embarquement et de débarquement, réduites ;

A la moitié pour la femme ;

Et au quart pour les enfants au-dessous de trois ans, que la famille voyage ou non avec son chef.

Art. 87. — Le droit aux indemnités fixées par le tableau de l'article 85 ci-dessus, est déterminé d'après la situation des localités dans lesquelles les officiers, fonctionnaires, employés et agents civils et militaires des services coloniaux ou locaux embarquent ou débarquent, savoir :

1re *Catégorie.* — La Havane, les ports de la Chine et du Japon, Calcutta, les îles Philippines et de la Sonde ;

2e *Catégorie.* — New-York, les ports de l'Indo-Chine et de l'Indoustan (autres que Calcutta), Madagascar, les ports de l'Afrique australe et les ports étrangers de la côte occidentale d'Afrique ;

3e *Catégorie.* — Aden, l'Australie, sauf la Nouvelle-Zélande, et la Havane, et tous les pays de l'Amérique, à l'exception de New-York ;

4e *Catégorie.* — Les Seychelles et Maurice ;

5e *Catégorie.* — Tous les pays, villes et ports de l'Europe.

Art. 88. — *Frais de voyage réglés sur mémoire, hors du territoire français.* — Les indemnités dues aux officiers, fonctionnaires, employés et agents civils et militaires des services coloniaux ou locaux, et à leur famille, en séjour prolongé en Europe et hors du territoire français, sont réglées sur mémoire.

Art. 89. — Les frais de transport en chemin de fer pour les officiers, fonctionnaires, employés et agents civils et militaires des services coloniaux ou locaux, ainsi que pour leurs familles et leurs domestiques, voyageant en pays étranger, sont payés sur la production de certificats émanant des consuls.

Art. 90. — *Détermination du droit aux indemnités de séjour à l'étranger, des officiers, fonctionnaires, employés et agents civils et militaires des*

services coloniaux ou locaux. — 1° Les officiers, fonctionnaires, employés et agents civils et militaires des services coloniaux ou locaux, qui sont obligés de séjourner à l'étranger, ont droit à une indemnité pour chaque journée de séjour obligatoire dûment constaté par les agents consulaires, ou, à défaut, par les autorités locales.

2° Les indemnités dont il s'agit sont fixées par le tableau ci-après, en tenant compte des catégories déterminées pour les frais de transport de bagages.

DÉSIGNATION des CATÉGORIES	OFFICIERS ET ASSIMILÉS			SOUS-LIEUTENANTS et assimilés	ADJUDANTS sergents-majors, sergents et assimilés	CAPORAUX soldats et assimilés
	généraux	supérieurs	subalternes			
	fr.	fr.	fr.	fr.	fr.	fr.
1re Catégorie	60	50	40	30	15	10
2e Catégorie	50	40	30	25	15	10
3e Catégorie	45	35	25	20	12	8
4e Catégorie	40	30	20	15	10	7
5e Catégorie	30	20	15	10	8	6

Art. 91. — *Droit des familles aux indemnités de séjour à l'étranger.* — 1° Les familles des officiers, fonctionnaires, employés et agents civils et militaires des services coloniaux ou locaux, ont droit également à une indemnité fixe par journée de voyage en chemin de fer, ainsi que pour les séjours obligés, sous réserve des justifications à produire comme il est dit plus haut, en ce qui concerne le chef de famille.

2° Ces indemnités sont basées sur le chiffre de l'allocation accordée au chef de famille et dans les proportions ci-après indiquées :

1° Pour la femme, 3/4 ;

2° Pour les enfants au-dessus de 16 ans, 1/2 ;

3° Pour les enfants de 3 à 16 ans, 1/3 ;

4° Pour un enfant au-dessous de 3 ans, néant ;

5° Pour deux enfants au-dessous de 3 ans, 1/4.

Art. 92. — *Passage des domestiques sur les navires étrangers.* — 1° Le passage des domestiques sur les navires étrangers n'est accordé aux frais de l'État, que lorsqu'ils accompagnent l'officier général, ou supérieur, ou assimilé, au service duquel ils sont attachés.

2° Dans les cas exceptionnels où ils ne pourront accompagner leurs maîtres, la dépense résultant de leur passage ne pourra être mise à la charge de l'État que par décision ministérielle.

3° Tout domestique licencié ou renvoyé par suite de convenance personnelle du maître, n'aura droit aux frais de passage au compte de l'État que dans le cas de rapatriement pour cause de maladie dûment constatée par les autorités médicales.

4° La dépense sera toujours limitée au nombre de domestiques attribué à la catégorie à laquelle le maître appartient, à raison de deux voyages accomplis, l'un pour l'aller, l'autre pour le retour.

Art. 93. — Les indemnités de toute nature et concessions de passage aux frais de l'État, prévues dans le présent décret pour la famille de l'officier, fonctionnaire, employé, agent civil ou militaire des services coloniaux ou locaux, sont allouées :

A la femme ;

Aux fils, jusqu'à leur majorité ;

Et aux filles jusqu'à leur mariage.

Art. 94. — Toutes dispositions contraires au présent décret sont abrogées.

Art. 95. — Le Président du Conseil, ministre du commerce, de l'industrie et des colonies, est chargé de l'exécution du présent décret, qui sera inséré au *Bulletin officiel* de l'administration des colonies. — CARNOT.

Indemnités de route en France (1)

TABLEAU *indiquant l'assimilation en ce qui concerne:*

1° Le classement des passagers (2);

2° L'assimilation des officiers, fonctionnaires, employés et agents civils et militaires des services coloniaux ou locaux, voyageant en France ou aux colonies, au point de vue des moyens de transport, ainsi que des indemnités de route et de séjour à leur accorder.

(1) Ce tableau a été modifié par décret du 14 juin 1892, publié ci-après.

(2) Les officiers, fonctionnaires, employés et agents appartenant aux divers départements ministériels et qui sont détachés en service dans les établissements outre-mer continuent d'être régis, au point de vue des concessions de passage et du classement à bord, par les dispositions de la circulaire du 23 février 1887.

1re catégorie	A. Officiers généraux et assimilés.
	B. Officiers supérieurs et assimilés.
2e catégorie...	Officiers subalternes et assimilés.
3e — ...	Sous-lieutenants et personnel assimilé (1re catégorie).
4e — ...	Adjudants, sergents-majors et assimilés (2e catégorie).
5e — ...	Sergents et assimilés (3e catégorie).
6e — ...	Caporaux, soldats et assimilés (4e catégorie).

Ces catégories correspondent, pour les diverses lignes de paquebots, aux classements indiqués dans le tableau ci-contre :

DÉSIGNATION DES CATÉGORIES	MESSAGERIES MARITIMES		COMPAGNIE GÉNÉRALE TRANSATLANTIQUE		CÔTE occidentale d'Afrique	LIGNES de la Méditerranée et de la Mer Noire
	Lignes de l'Indo-Chine, du Japon, de la Réunion et de la Calédonie	Lignes de l'Atlantique, Sénégal, Brésil, la Plata	Ligne du Havre à New-York	Ligne des Antilles et de la Guyane	Chargeurs Réunis et Compagnie Frayssinet	
(1) 1re catégorie, { A..... { B.....	1re classe spéciale. 1re classe.	1re classe { 1re catégorie { 2e { 3e	2e classe { Cabine extérieure Cabine intérieure arrière.	1re catégorie. 2e 3e	1re classe 2e	1re classe 2e
2e catégorie......... 3e —	2e —					
4e —	3e —	Entrepont.	2e classe. (entrepont).	{ Entrepont avec couchette { Entrepont sans couchette	3e — 4e —	3e — Pont.
5e — 6e —	4e —					

(1) La classification à bord des paquebots des lignes postales a été coordonnée par circulaire ministérielle du 28 novembre 1892, publiée Vo *Passages gratuits.*

DÉSIGNATION des SERVICES	1re CATÉGORIE		2e CATÉGORIE	3e CATÉGORIE	4e CATÉGORIE	5e CATÉGORIE	6e CATÉGORIE (Nationaires)
	A	B					
Administration centrale.........	Chef de division.	Chef de bureau. Sous-chef de bureau.	Commis principal rédacteur ou expéditionnaire. Commis rédacteur de 1re, 2e, 3e et 4e cl.	Commis expéditionnaire de toutes classes. Commis stagiaire.			
Inspection coloniale	Inspecteur général. Chef du service central de l'Inspection.	Inspecteur.					
Administration de l'Indo-Chine. { Gouvernement et Résidences.	Gouverneur général. Lieutenant gouverneur en Cochinchine. Résident supérieur en Annam, au Tonkin et au Cambodge.	Chef de cabinet du gouverneur général. Résident de 1re et 2e classes. Vice-résident de 1re et 2e cl.	Sous-chef du cabinet du gouverneur général. Secrétaire particulier du gouverneur général. Secrétaire archiviste du conseil privé. Chef du cabinet du lieutenant-gouverneur de la Cochinchine.	Attaché au cabinet du gouverneur général.. Commis du conseil privé. Secrétaire particulier du lieutenant-gouverneur de Cochinchine. Secrétaire particulier des résidents supérieurs en Annam, au Tonkin et au Cambodge.	Écrivain du conseil privé. Interprète indigène.	Huissier du conseil privé.	

22.

Administration de l'Indo-Chine (Suite).

DÉSIGNATION des SERVICES	1re CATÉGORIE		2e CATÉGORIE	3e CATÉGORIE	4e CATÉGORIE	5e CATÉGORIE	6e CATÉGORIE (Rationnaires)
	A	B					
Gouvernement et Résidences (Suite).			Chef du cabinet des résidents supérieurs. Chancellor de résidence. Commis de résidence de 1re classe. Interprète principal européen.	Commis de résidence de 2e et 3e classes. Commis auxiliaire de résidence. Interprète principal indigène. Interprète européen.			
Affaires indigènes en Cochinchine.	Administrateur principal. Administrateur de 1re, 2e et 3e classes.		Administrateur stagiaire. Doc-Phu-Sö.	Huyen.			
Secrétariat général en Cochinchine...	Secrétaire général en Cochinchine. Chef de bureau de 1re et de 2e classes.		Sous-chef de bureau. Commis principal, comptable principal. Comptable. Interprète principal européen.	Commis rédacteur. Commis de comptabilité. Interprète principal indigène. Interprète européen.	Commis auxiliaire de comptabilité. Secrétaire principal indigène. Secrétaire indigène. Interprète indigène.		Élève secrétaire indigène.
Trésorerie....	Trésorier-payeur. Trésorier particulier.		Payeur adjoint. Commis de trésorerie.	Commis du cadre local. Commis auxiliaire de trésorerie. Surnumér. envoyé d'Europe.	Commis auxiliaire du cadre local.	Gardien de caisse.	Agent inférieur.
Douanes et régies........	Directeur. Inspecteur.		Sous-inspecteur. Contrôleur principal. Contrôleur de 1re, 2e et 3e cl. Régisseur de manufacture. Commis principal.	Commis. Comptable. Commis de comptabilité.	Commis auxiliaire de comptabilité. Brigadier.	Sous-brigadier. Préposé de 1re classe. Chef et sous-chef d'atelier. Magasinier comptable.	Préposé de 2e et 3e classes. Préposé auxiliaire. Surveillant indigène.
Ponts et chaussées..	Directeur. Ingénieur chef de service.		Ingénieur adj. Ingénieur col. Sous-ingénieur colonial. Conducteur principal.	Agent principal. Conducteur. Agent. Comptable. Secrétaire principal.	Agent secondaire. Aide-comptable. Piqueur. Surveillant. Agent voyer. Secrétaire. Sculpteur.		Agent inférieur.
Bâtiments civils.......	Architecte chef de service.		Architecte adj. Contrôleur inspecteur. Inspecteur.	Sous-inspecteur			
Ports et rades.			Capitaine de port.	Lieutenant de port.	Maître de port. Pilote.	Chef gardien de phare. Sous-chef gardien de phare.	Gardien de phare.
Postes et télégraphes (1)..			Contrôleur du cadre colonial.	Commis du cadre local.	Commis auxiliaire du cadre local.	Surveillant du cadre local.	
Enregistrement, domaine et timbre (2)........... Cadastre, topographie. Garde civile...			Vérificateur. Géomètre principal. Inspecteur européen.	Géomètre.	Élève géomètre. Dessinateur. Garde principal européen de 1re classe.	Garde principal européen 2e et 3e classes.	
Agents divers..			Commissaire central de police. Commissaire de police. Directeur d'un hôpital civil. Chef d'imprimerie.	Vétérinaire civil. Vérificateur des poids et mesures (3). Garde forestier principal. Sous-chef d'imprimerie.	Garde forestier de 1re et 2e cl. Agent d'imprimerie de 1re et 2e classes.	Brigadier de police. Garde forestier de 3e et 4e cl. Agent d'imprimerie des autres classes.	Sous-brigadier de police. Agent de police. Infirmier d'un hôpital civil.

(1) Pour les agents du cadre métropolitain, voir le classement des postes et télégraphes.
(2) Voir le classement des Finances.
(3) De formation locale.

DÉSIGNATION des SERVICES	1re CATÉGORIE		2e CATÉGORIE	3e CATÉGORIE	4e CATÉGORIE	5e CATÉGORIE	6e CATÉGORIE (Rationnaires)
	A	B					
Gouvernement colonial..........	Gouverneur de 1re, 2e et 3e cl.	Gouverneur de 4e classe. Lieutenant-gouverneur.	Secrétaire archiviste du conseil privé.		Commis. Écrivain du conseil privé.	Huissier de conseil privé.	
Administrateurs coloniaux (1).....		Administrateur principal.	Administrateurs de 1re, 2e, 3e et 4e classes.				
Personnel du Congo français	Commissaire général.	Lieutenant-gouverneur.	Résident. Chef du service administratif (2). Chef du personnel. Chef de station de 1re et 2e cl. Ingénieur. Médecin. Secrétaire du commissaire général. Inspecteur des postes. Chef d'exploitation.	Chef de poste.	Agent auxiliaire de 1re et 2e cl.	Agent auxiliaire des autres classes. Ouvrier d'art ou de profession.	Manœuvres. Terrassiers. Autres ouvriers.
Commissariat colonial (3)........	Commissaire général	Commissaire. Commissaire-adjoint. Agent principal.	Sous-commissaire. Aide-commissaire. Agent. Sous-agent.	Élève commissaire. Commis.	Écrivain.		
Directeur de l'intérieur (4)........		Directeur. Secrétaire général. Chef de bureau de 1re classe.	Chef de bureau de 2e classe. Sous-chef de bureau.	Commis principal. Commis.	Écrivain.		
Service de santé... Service hospitalier			Sœur.	Infirmier chef.	Infirmier major de 1re classe.	Infirmier major de 2e classe.	Infirmier ordinaire. Agent inférieur. Gardien.
Service du trésor..		Trésorier-payeur. Martinique, Guadeloupe, Réunion, Guyane, Sénégal, Inde, Cochinchine, Nouvelle-Calédonie, Taïti.	Trésorier-payeur dans les autres colonies que celles indiquées ci-contra. Trésorier particulier. Percepteur (5).	Commis auxiliaire. Surnuméraire envoyé d'Europe.			
Ports et bassins de radoub........			Capitaine de port. Directeur de bassins de radoub.	Lieutenant de port.	Maître de port. Chef pilote. Pilote major. Chef mécanicien. Gardien concierge.	Surveillant d'ouvriers. Pilote breveté. Écrivain d'atelier. Écrivain de port. Surveillant de rade.	Mécanicien. Agent inférieur. Pilote non breveté. Patron de barque des ports. Patron postal. Maître de sifflet de brume. Aide-maître. Canotier. Guetteur. Agent inférieur.
Bâtiments militaires.......... Ponts-et-chaussées et mines.......		Ingénieur chef de service à la Martinique, à la Guadeloupe et à la Réunion.	Ingénieur ordinaire chef de service dans toutes les autres colonies. Sous-ingénieur. Conducteur principal.	Conducteur. Agent-voyer. Garde-mine.	Piqueur. Surveillant. Gardien chef de phare.		

(1) Colonies autres que l'Indo-Chine.
(2) Lorsqu'il n'appartient pas à un corps militaire.
(3) Toutes les colonies.
(4) Colonies autres que l'Indo-Chine.
(5) Toutes les colonies.

DÉSIGNATION des SERVICES	1ʳᵉ CATÉGORIE A	1ʳᵉ CATÉGORIE B	2ᵉ CATÉGORIE	3ᵉ CATÉGORIE	4ᵉ CATÉGORIE	5ᵉ CATÉGORIE	6ᵉ CATÉGORIE (Rationnaires)
Service postal et télégraphique (1). *Enregistrement. — Hypothèques, ... Contributions et douanes* (2)... *Instruction publique*............		Inspecteur de l'enseignement au Tonkin. Vice-recteur, Inspecteur d'académie, Proviseur,	Censeur, Directeur de l'enseignement, Principal ou directeur de collège, Professeur, Surveillant général, Inspecteur primaire, Économe, Directeur d'école normale, Sous-directeur d'école normale, Directrice d'école normale, Sous-directrice d'école normale, Directeur d'école supérieure primaire, Directrice d'école supérieure primaire, Sœur de congrégation institutrice, Maître adjoint d'école normale, Maîtresse adjointe d'école normale, Institutrice, Sous-directrice d'école supérieure primaire,	Commis d'inspection, Commis d'économat, Sous-directeur d'école supérieure primaire, Frère des congrégations religieuses, Maître répétiteur laïque,		Chef guetteur, Agent subalterne,	
Cadastre et topographie (3). . .		Géomètre en chef, Inspecteur des services topographiques,	Vérificateur du service topographique, Géomètre principal,	Géomètre, Dessinateur principal,	Commis ordinaire, Dessinateur, Commis adjoint, Élève géomètre,	Expéditionnaire, Triangulateur,	Chaouch
Service des cultes.	Évêque (4).	Préfet apostolique, Vicaire général, Administrateur apostolique du diocèse,	Supérieur ecclésiastique, Prêtre, Pasteur, Rabbin, Séminariste dans les ordres ou tonsuré,	Élève du grand séminaire,	Frère lai, Catéchiste,		
Service judiciaire.	Procureur général en Indo-Chine,	Cour d'appel : Procureur général près des cours autres que celles de l'Indo-Chine, Avocat général Président, Vice-président, Conseiller, Substitut du procureur général,	Conseiller auditeur, Greffier en chef	Chef de bureau du parquet du procureur général, Secrétaire général du parquet du procureur général, Attaché au parquet du procureur général, Commis greffier assermenté de cour d'appel,	Secrétaire rédacteur du parquet du procureur général, Commis greffier ordinaire de cour d'appel, Commis greffier de justice de paix,	Employé commissionné, Secrétaire expéditionnaire, Employé auxiliaire,	

(1) Voir le classement des postes et télégraphes.
(2) Voir le classement des finances.
(3) Colonies autres que l'Indo-Chine.
(4) Ces classements ne s'appliquent qu'aux évêques, chefs de diocèses constitués par le décret de 1852.

DÉSIGNATION des SERVICES	1ʳᵉ CATÉGORIE		2ᵉ CATÉGORIE	3ᵉ CATÉGORIE	4ᵉ CATÉGORIE	5ᵉ CATÉGORIE	6ᵉ CATÉGORIE (Rationnaires)
	A	B					
Service judiciaire.		Chef du service judiciaire à : Nouméa, Cayenne, Papeete, St-Pierre et Miquelon. Président du tribunal supérieur à : Nouméa, Papeete, Cayenne, Président du conseil d'appel à St-Pierre et Miquelon. Tribunal de 1ʳᵉ Instance : Juge au tribunal supérieur à : Nouméa, Cayenne, Papeete, Procureur de la République et président à : Martinique, Guadeloupe, Réunion, Indo-Chine, Saigon de 1ʳᵉ cl. (1), St-Louis (Sénégal), Pondichéry, Juge-président à Cayenne, Juge-président à Nouméa.	Juge d'instruction, Lieutenant de juge, Juge suppléant, Procureur de la République et président à : Indo-Chine (tribunaux de 2ᵉ et 3ᵉ cl. (1) Dakar, Chandernagor, Karikal, Substitut du procureur de la République, Juge à : Martinique, Guadeloupe, Réunion, Juge-président à : St-Pierre et Miquelon, Mayotte, Nossi-bé, Gabon, Papeete, Juge de paix à compétence étendue, Juge de paix, Chef de bureau de 2ᵉ classe.	Greffiers des tribunaux supérieurs et greffiers des tribunaux de 1ʳᵉ instance.	Secrétaire du procureur de la République à Saigon. Commis greffier assermenté des tribunaux de 1ʳᵉ instance.	Commis greffiers ordinaires des tribunaux de 1ʳᵉ instance.	
Administration pénitentiaire . . .		Directeur, Sous-directeur, Chef de bureau de 1ʳᵉ classe, Inspecteur principal de 1ʳᵉ classe, Commandant supérieur de pénitencier de 1ʳᵉ classe, Agent général de culture de 1ʳᵉ classe.	Inspecteur principal de 2ᵉ et 3ᵉ classes, Commandant supérieur de pénitencier de 2ᵉ et 3ᵉ classes, Agent général de culture de 2ᵉ et 3ᵉ classes, Surveillant principal, Caissiers de toutes classes, Chef de service des travaux, Sous-chef de bureau, Inspecteur, Commandant de pénitencier, Agent de colonisation, Directeur de prison (2), Inspecteur.	Suppléant de juge de paix, Commis rédacteur et commis, Agent de culture de toutes classes, Surveillant chef, Sous-caissier de toutes classes, Conducteur, Commissaire de police de la transportation.	Surveillant de 1ʳᵉ classe.	Surveillant de 2ᵉ et 3ᵉ classes.	Agent intérieur.
Service des geôles et prisons coloniales					Régisseur de prison, Gardien chef, Commis comptable.	Commis greffier de 1ʳᵉ classe, Gardien 1ʳᵉ cl.	Commis greffier de 2ᵉ et 3ᵉ classes, Gardien de 2ᵉ et 3ᵉ classes, Agents et employés divers, Distributeur indigène.
Comptables des Colonies			Garde-magasin principal.	Garde-magasin, Sous-chef d'imprimerie du gouvernement.	Magasinier, Vérificateur des poids et mesures.	Agent d'imprimerie de 1ʳᵉ et 2ᵉ classes, Gardien de lazaret.	Commis greffier de 2ᵉ et 3ᵉ classes, Agents d'imprimerie des autres classes.

(1) Pour les passages, la première classe comprend les tribunaux de : Mytho, Vinh-long, Hanoi, Haiphong. La deuxième classe, ceux de Bentré, Bien-hoa, Sadec, Chaudoc, Pnom-penh. Et la troisième classe, les tribunaux de : Cantho, Tra-vinh, Long-xuyen, Tanun, Gocong, Soctrang, Tay-ninh, Bac-lieu.

(2) Y compris le directeur du pénitencier de Poulo-Condor.

DÉSIGNATION des SERVICES	1re CATÉGORIE		2e CATÉGORIE	3e CATÉGORIE	4e CATÉGORIE	5e CATÉGORIE	6e CATÉGORIE (Fractionnaires)
	A	B					
Services spéciaux et agents divers....			Commissaire d'immigration, Sous-commissaire d'immigration, Chef d'imprimerie du gouvernement, Directeur de jardin botanique, Chef de station agronomique, Commissaire central ou principal de police.	Vétérinaire civil, Commissaire de police.	Syndic d'immigration, Écrivain commissionné d'immigration, Jardinier chef, Aide-botaniste.	Brigadier de police de sûreté,	Jardinier, Agent inférieur, Brigadier, agent de police municipale.
Chemins de fer.		Directeur, Sous-directeur.	Chef de section, Conducteur colonial principal, Capitaine de remorqueur (s'il est capitaine au long cours), Chef du service télégraphique, Sous-trésorier,	Conducteur colonial de 1re classe, Commis, Agent aux écritures.	Conducteur colonial de 2e et 3e classes, Capitaine et second capitaine de remorqueur (s'ils ne sont pas pourvus du brevet de capitaine au long cours).	Ouvriers de profession, Agent auxiliaire, Surveillant, Écrivain auxiliaire.	Chef d'équipe.
Remorques et dragues.							
Service télégraphique. Service administratif et Trésor.							
Surveillance administrative des chemins de fer.		Inspecteur de l'exploitation.		Commissaire de surveillance.	Chef mécanicien.		

(Left margin vertical labels: *Services spéciaux et agents divers.* / *Soudan Français.*)

19. — 9 septembre 1890. — ARRÊTÉ *accordant une indemnité journalière de vivres de 1 fr. 20 aux agents européens en service à la résidence de Lang-son, dont la solde n'est pas supérieure à 6.000 fr.* (1).

Article premier. — Une indemnité journalière de cherté de vivres de 1 fr. 20 est allouée aux agents européens en service à la résidence de Lang-son, dont la solde n'est pas supérieure à 6.000 fr.

Art. 2. — Le Résident de France à Lang-son est chargé de l'exécution du présent arrêté, dont l'effet remontera au 1er septembre 1890. — BONNAL.

20. — 13 novembre 1890. — ARRÊTÉ *allouant des indemnités pour cherté de vivres aux agents européens de diverses résidences* (1).

Article premier. — Une indemnité spéciale pour cherté de vivres, de 2 francs par jour, est accordée, indépendamment de l'indemnité en remplacement de vivres, aux fonctionnaires et agents européens du Protectorat dont la solde n'est pas supérieure à 6.000 francs, servant dans les résidences de Lao-kai et de Cao-bang et dans les consulats de Long-Tchéou et de Mongtzé.

Art. 2. — Une indemnité de même nature, fixée à 1 fr. 20 par jour, est accordée dans les mêmes conditions, aux mêmes fonctionnaires et agents européens servant dans les résidences de Lang-son et de Cho-bo et aux îles Go-tow.

Art. 3. — Une indemnité spéciale de même nature, fixée à 3 $ par mois, est accordée aux interprètes et lettrés en service dans les résidences de

(1) Voir ci-après arrêté du 8 juin 1891.

Lao-kai, Cao-bang, Lang-son, Cho-bo, aux îles Go-tow et dans les postes militaires de Son-la et Bao-lac.

Art. 4. — Sont et demeurent abrogées toutes dispositions antérieures contraires au présent arrêté, dont l'effet remontera au 1er octobre 1890.

Art. 5. — Le Résident supérieur p. i. au Tonkin est chargé de l'exécution du présent arrêté. — PIQUET.

21. — 21 novembre 1890. — LETTRE MINISTÉRIELLE *sur l'application aux officiers, fonctionnaires, etc., du département de la marine, du décret du 12 décembre 1889, quant aux indemnités de route et de séjour, passages et voyages à l'étranger* (1).

Par lettre du 30 septembre dernier, vous m'avez fait part d'une divergence d'opinion qui s'est produite dans la colonie entre le service de l'inspection et le service administratif, relativement à l'application du décret du 12 décembre 1889, portant règlement sur les indemnités de route et de séjour, les passages et les voyages à l'étranger des officiers, fonctionnaires et agents des services coloniaux ou locaux.

D'une part, M. l'Inspecteur permanent estime que cet acte est applicable aux officiers des états-majors et des corps de troupe, ainsi qu'aux médecins et pharmaciens relevant du département de la marine.

D'autre part, M. le chef du service administratif pense, au contraire, que les officiers dont il s'agit ne sauraient être régis par les dispositions du texte précité, et il excipe de divers passages du rapport qui précède ce document.

(1) Voir la circulaire du 15 février 1893.

Je m'explique difficilement qu'une pareille discussion ait pu être soulevée, en présence des termes si précis du dernier paragraphe de la circulaire notificative du 16 décembre 1889, et qui est ainsi conçu:

« Vous remarquerez, d'ailleurs, que les textes « anciens demeurent applicables aux officiers, fonc- « tionnaires et agents des départements de la marine « et de la guerre en service hors d'Europe. »

J'ai en conséquence l'honneur de vous prier de vouloir bien donner des instructions pour que les dépenses qui auraient pu être engagées par suite de la fausse application de cet acte, soient reversées au trésor dans le plus bref délai possible. — EUG. ÉTIENNE.

22. — 11 décembre 1890. — LETTRE MINISTÉRIELLE *interprétant le droit à l'allocation de l'indemnité réglementaire de séjour* (1).

Par lettre du 13 octobre dernier, vous m'avez transmis une demande formée par M. X..., capitaine d'artillerie de marine, en vue d'obtenir le payement de l'indemnité réglementaire de séjour pour la période pendant laquelle il a été attaché à la colonne de Thanh-hoa.

Cet officier expose qu'ayant été désigné pour effectuer une tournée d'inspection d'armes dans la circonscription de la 1re brigade au Tonkin, il avait droit, pendant la durée de sa mission, à l'indemnité de séjour prévue par l'art. 12 de l'arrêté ministériel du 19 janvier 1878, mais qu'ayant reçu l'ordre de se mettre à la disposition du commandant du corps expéditionnaire qui opérait dans cette région, l'allocation dont il s'agit ne lui fût plus concédée du jour où il prit son service à la colonne de Thanh-hoa, le 5 décembre 1889, jusqu'au 18 janvier 1890, où il a cessé d'en faire partie.

M. le capitaine X... pense que c'est à tort qu'on lui a payé l'indemnité allouée aux troupes en marche pour la période précitée, et il estime que dans cette position il devait conserver ses droits à l'indemnité de séjour.

J'ai l'honneur de vous faire connaître que cette manière de voir ne saurait être admise, attendu que l'ordre qui a été remis à ce capitaine l'a placé dans la situation dans laquelle se serait trouvé tout autre de ses collègues, pris dans un poste quelconque, pour servir provisoirement au détachement dirigé sur Thanh-hoa et qui, en l'état, n'aurait pu arguer de son déplacement pour prétendre à l'indemnité de séjour.

La demande de M. le capitaine X... ne peut en conséquence être accueillie, et je l'en fais informer par les soins de M. le Vice-amiral commandant en chef, préfet maritime à Rochefort, où il est actuellement en service. — EUG. ÉTIENNE.

23. — 31 décembre 1890. — ARRÊTÉ supprimant *l'indemnité de logement du personnel des services civils du Protectorat de l'Annam et du Tonkin, à partir du 1er janvier 1891.*

Article premier. — L'indemnité de logement de 500 francs par an, accordée au personnel des services civils du Protectorat de l'Annam et du Tonkin, est supprimée à compter du 1er janvier 1891.

Art. 2. — Ladite suppression s'étend aux commis de trésorerie du service local qui, par assimilation aux agents des cadres de la métropole et de l'Algérie,

(1) Voir la circulaire du 15 février 1893.

recevaient l'indemnité annuelle de logement de 900 francs allouée à ces derniers.

Art. 3. — Les Résidents supérieurs en Annam et au Tonkin sont chargés de l'exécution du présent arrêté. — PIQUET.

24. — 31 décembre 1890. — ARRÊTÉ *suspendant le mandatement des indemnités et suppléments alloués au personnel du commissariat et du corps de santé en service en Annam et au Tonkin* (1).

Article premier. — Il sera sursis, jusqu'à décision présidentielle, au mandatement du supplément spécial accordé par les actes qui l'autorisaient, en faveur du personnel du commissariat et du corps de santé en service en Annam et au Tonkin.

Art. 2. — Les mêmes suppléments dont jouissaient les officiers attachés à l'État-major, en vertu de la décision ministérielle sus-visée (24 août 1889, no 452) sont supprimés.

Art. 3. — Le supplément de fonctions attribué au chef du service de santé par décision du général en chef en date du 17 juillet 1886, est porté de 3.136 fr. à 5.000 francs.

Art. 4. — Les suppléments accordés par les dépêches ministérielles sus-visées (12 juillet 1889 et 9 mai 1890, no 220), aux cadres européens des corps indigènes en Indo-Chine, sont et demeurent supprimés.

Art. 5. — Les indemnités spéciales concédées au lieutenant commandant la gendarmerie et au vétérinaire en 1er, sont supprimées.

Art. 6. — Le présent arrêté aura son effet à compter du 1er janvier 1891.

Art. 7. — Le commissaire général chef des services administratifs militaires en Annam et au Tonkin est chargé de l'exécution du présent arrêté, qui sera enregistré et publié partout où besoin sera. — PIQUET.

25. — 8 janvier 1891. — ARRÊTÉ *supprimant à partir du 1er janvier 1891, l'indemnité spéciale pour cherté de vivres, accordée aux agents en service dans les provinces excentriques, et dans les consulats de Long-tchéou et de Mong-tsé.*

Article premier. — L'indemnité spéciale pour cherté de vivres, accordée aux agents européens et indigènes servant dans les résidences de Lao-kay, Cao-bang Lang-son, Cho-bo, dans les consulats de Long-tchéou et de Mong-tsé, dans les postes militaires de Son-la et de Bao-lac, et aux îles Go-tow, est supprimée à compter du 1er janvier 1891.

Art. 2. — Le Général commandant en chef les troupes de l'Indo-Chine et le Résident supérieur p. i. au Tonkin sont chargés, chacun en ce qui le concerne, de l'exécution du présent arrêté. — PIQUET.

26. — 10 février 1891. — ARRÊTÉ *relatif à l'in- l'indemnité de logement des officiers des corps de troupes de tous grades, et des officiers et fonctionnaires des divers services militaires* (2).

Article premier. — Les commandants des divers corps de troupe, les chefs des divers services administratifs militaires, établiront, chacun en ce qui le concerne, la liste nominative, par grades et fonctions, des officiers, fonctionnaires et employés de leur service, logés à un titre quelconque dans un bâtiment

(1) Voir ci-après arrêté du 10 février 1891.
(2) Voir ci-dessus arrêté du 31 décembre 1890.

appartenant au Protectorat, en indiquant le nombre de pièces dont chacun de ces officiers, fonctionnaires et employés dispose, s'il subit ou non, par le fait de cette occupation, la retenue de l'indemnité de logement prévue dans ce cas pour son grade ou sa fonction.

Ces listes particulières seront centralisées par le général en chef en ce qui concerne les états-majors et les corps de troupe, par le chef des services administratifs et par le chef du service de santé en ce qui concerne les officiers, fonctionnaires et employés relevant directement de leur autorité.

Chacune des listes particulières sera visée par le colonel commandant l'artillerie, en sa qualité de chargé des bâtiments militaires, en vue de constater si les indications qui y sont portées donnent lieu de sa part à observations.

En l'état, les listes générales, appuyées des listes particulières, seront adressées au bureau militaire du gouvernement.

Art. 2. — Elles seront ensuite soumises à l'examen d'une commission spéciale composée :

1° D'un officier supérieur de l'infanterie de marine à désigner par le général en chef;

2° D'un officier supérieur du commissariat des colonies à désigner par le commissaire général chef des services administratifs militaires et maritimes;

3° D'un officier supérieur du service de santé à désigner par le médecin en chef, chef du service de santé.

La commission donnera son avis sur les points ci-après :

1° Le logement occupé répond-il complètement aux prévisions de l'arrêté ministériel du 14 février 1879, eu égard au grade de l'occupant ?

2° Au cas contraire, dans quelle proportion et en tenant compte des situations constatées, y a-t-il lieu de faire subir à l'occupant une réduction sur l'indemnité de logement afférente à son grade ?

Art. 3. — La même commission se prononcera sur la répartition des logements en ce moment occupés par les officiers des états-major des corps de troupe, officiers, fonctionnaires et employés des services administratifs militaires et du service de santé, en les classant par catégories de grades entre les divers corps et services, d'après l'effectif réglementaire des officiers de ces divers corps ou services.

Art. 4. — Le procès-verbal de la commission sera adressé par son président au Gouverneur général, qui statuera sous réserve de l'approbation du Sous-secrétaire d'Etat.

Art. 5. — Les dispositions qui précèdent ne recevront provisoirement leur application qu'en ce qui concerne les places de Hanoi et de Haiphong.

Art. 6. — Le Général commandant en chef, le Commissaire général chef des services administratifs militaires et le chef du service de santé sont chargés, chacun en ce qui le concerne, de l'exécution du présent arrêté, qui sera communiqué et enregistré partout où besoin sera. — PIQUET.

27. — 24 février 1891. — CIRCULAIRE *au sujet des déplacements des fonctionnaires au Tonkin* (1).

Mon attention a été appelée sur la fréquence des déplacements des fonctionnaires et agents des divers services, et le chiffre élevé des frais qui en résulte pour le Protectorat.

J'ai l'honneur de vous inviter à ne mettre aucun fonctionnaire, dans les limites de la province où il sert, en position de déplacement donnant droit à l'indemnité, que dans des cas d'absolue nécessité.

Quant aux déplacements de même nature en dehors de la province, sauf le cas d'une urgence spéciale, je vous prierai de ne jamais les autoriser sans m'en avoir préalablement référé et avoir reçu, pour chacun d'eux, mon approbation.

Mention de cette approbation, de son numéro d'ordre et de sa date, devra être inscrite en tête des états des sommes dues pour indemnité de déplacement hors de la province, que vous m'adresserez pour être ordonnancés, et je me verrai dans l'obligation de refuser le mandatement des indemnités réclamées pour les déplacements que je n'aurai pas autorisés ou dont je n'aurai pas reconnu l'utilité.

Je vous prie, Messieurs, de vouloir bien apporter le plus grand soin à l'exécution de ces prescriptions. — BRIÈRE.

28. — 5 juin 1891. — CIRCULAIRE sur *l'établissement des états de solde du personnel.*

J'ai l'honneur de vous prier de vouloir bien établir les états de solde du personnel des différents services sous vos ordres, conformément aux indications ci-après :

1° Les indemnités diverses devront toujours être additionnées en bloc et le total *en chiffre* porté par vos soins au bas de la colonne *ad hoc.*

2° Vous devrez totaliser la solde proprement dite (total brut et total net) du personnel européen, séparément de celle du personnel indigène.

L'état de solde, sur lequel figurent en même temps le personnel européen et le personnel indigène, devra donc comprendre trois totaux distincts :

A. Total du personnel européen ;

B. Total du personnel indigène ;

C. Total général, indépendamment bien entendu de la totalisation habituelle des colonnes diverses.

Je vous prie de veiller à l'application rigoureuse de ces prescriptions, qui rendront facile et rapide l'établissement des mandats budgétaires. — BRIÈRE.

29. — 6 juillet 1891. — CIRCULAIRE *au sujet des ordres de route et de séjour* (1).

J'ai l'honneur de vous adresser, ci-joint, un extrait d'une dépêche de M. le Sous-secrétaire d'Etat des colonies, en date du 16 mai 1891, relative au payement des indemnités de route et de séjour.

Ainsi que vous le verrez par la lecture de ce document, M. le Sous-secrétaire d'Etat prescrit de n'ordonner des mutations dans le personnel que d'une façon judicieuse et lorsque les nécessités du service l'exigent impérieusement.

Je vous prie de veiller, dans la limite de vos attributions, à ce que ces prescriptions soient rigoureusement observées.

J'ajouterai que les déplacements qui ne seront pas absolument justifiés et nécessités par l'intérêt du service, ne donneront droit à aucune indemnité de route, de séjour ou de transport.

D'autre part, les motifs de l'envoi en mission d'un fonctionnaire ou d'un agent devront toujours être suffisamment expliqués sur la réquisition de passage et sur l'ordre de route à lui délivré, à moins qu'il ne s'agisse d'une mission confidentielle et secrète. — BRIÈRE.

(1) Voir la circulaire du 15 février 1893.

(1) Voir la circulaire du 15 février 1893.

30. — 16 mai 1891. — ANNEXE *à la circulaire du 6 juillet 1891.*

Le Sous secrétaire d'Etat des colonies à M. le Gouverneur général de l'Indo-Chine

A plusieurs reprises, j'avais signalé à votre prédécesseur les inconvénients que présentent les déplacements fréquents des agents. Je lui avais fait observer, notamment, que les chefs de province changent trop souvent pour pouvoir se substituer utilement aux mandarins et inspirer confiance aux populations, et je l'avais invité à ne faire de mutation que lorsque l'intérêt du service l'exigerait impérieusement.

Mais ces prescriptions ne s'appliquent pas seulement au personnel des résidences : il est indispensable que dans tous les autres services du Protectorat, notamment dans les postes et télégraphes et les douanes, les changements de personnel soient aussi rares que possible.

On évitera ainsi des frais de route et frais de transport de matériel considérables, qui grèvent inutilement le budget.

Quant aux indemnités de séjour, elles pourraient être également réduites dans une très forte proportion si les ordres de route étaient donnés d'une façon plus judicieuse, et si les agents n'arrivaient au port d'embarquement que 24 ou 48 heures avant le départ.

Je vous serais obligé de donner à ce sujet, aux chefs, des différents services, des instructions formelles. — EUG. ETIENNE.

31. — 6 juillet 1891. — CIRCULAIRE *au sujet du visa des ordres de route.*

Mon attention a été appelée sur les irrégularités nombreuses qui se produisent relativement au visa des ordres de route, que certains agents de passage dans une ville négligent de faire signer, à l'arrivée ou au départ, par l'autorité compétente. D'autres, et c'est ce qui se produit notamment à Haiphong, qui ont omis, dès leur arrivée ou au moment de leur départ, de remplir cette formalité, font présenter plusieurs jours après leur ordre de route par un planton ou un domestique, et s'abstiennent de se présenter eux-mêmes.

Je vous prie de rappeler à tous les agents sous vos ordres qu'ils doivent, dès leur arrivée dans une place, ou au moment du départ, faire signer eux-mêmes l'ordre de route qui leur est délivré, et se présenter, quel que soit leur grade, à la résidence du lieu.

Aucune réquisition ne sera délivrée dans ce cas, et les états d'indemnité auxquels seront joints les ordres de route irrégulièrement établis, ne seront pas mandatés.

Je vous rappelle, à ce propos, ma circulaire n° 38, en date du 2 juin, et je vous prie de tenir strictement la main à ce qu'elle reçoive pleine et entière exécution. — BRIÈRE.

32. — 31 décembre 1891. — ARRÊTÉ *supprimant l'indemnité de vivres du personnel des services civils du Tonkin, à partir du 1er janvier 1891.*

Article premier. — L'indemnité de vivres de 1 fr. 20 par jour, accordée au personnel des services civils du Protectorat de l'Annam et du Tonkin, est supprimée à compter du 1er janvier 1891.

Art. 2. — Les seuls agents des services civils dont la solde n'est pas supérieure à 6.000 francs, auront droit, à compter de la même date, à une indemnité de 400 francs par an.

Art. 3. — Les Résidents supérieurs en Annam et au Tonkin sont chargés de l'exécution du présent décret. — PIQUET.

33. — 26 janvier 1892. — ARRÊTÉ *supprimant l'indemnité de 10 % allouée aux fonctionnaires des résidences en service à la Résidence supérieure du Tonkin* (1).

Article premier. — L'article 3 de l'arrêté du 19 mars 1890 est rapporté.

Art. 2. — Tous les fonctionnaires des résidences en service à la Résidence supérieure à Hanoi, cesseront de recevoir, à compter du 1er janvier 1892, l'indemnité égale au dixième de leur solde, qui leur avait été attribuée par l'arrêté du 19 mars 1890.

Art. 3. — Une disposition nouvelle réglera incessamment la situation des fonctionnaires ci-dessus.

Art. 4. — Le Résident supérieur du Tonkin est chargé de l'exécution du présent arrêté. — DE LANESSAN.

34. — 26 février 1892. — ARRÊTÉ *fixant l'indemnité de logement des fonctionnaires des résidences en service à Hanoi et à Haiphong* (2).

Article premier. — Une indemnité de logement est accordée, sur les bases suivantes, à compter du 1er janvier 1892, aux fonctionnaires non logés de l'administration des résidences, en service à Hanoi et à Haiphong, savoir :

Douze piastres (12 $) par mois, aux fonctionnaires non logés, classés aux deuxième et troisième catégories du tableau d'assimilation annexé au décret du 12 décembre 1889.

Vingt piastres (20 $) par mois aux fonctionnaires non logés, classés à la première catégorie.

Art. 2. — Le Résident supérieur du Tonkin est chargé de l'exécution du présent arrêté. — DE LANESSAN.

35. — 31 mars 1892. — ARRÊTÉ *fixant l'indemnité de fonctions des chefs de bureau, et allouant l'indemnité de logement aux fonctionnaires des résidences, en service à la Résidence supérieure en Annam.*

Article premier. — L'arrêté du 23 décembre 1890 est rapporté (3).

Art. 2. — Les effets des arrêtés des 19 mars 1890 (4) et 26 février 1892, sont rendues applicables aux fonctionnaires en service à la Résidence supérieure de Hué, à compter du 1er janvier 1892.

Art. 3. — Le Résident supérieur en Annam est chargé de l'exécution du présent arrêté. — DE LANESSAN.

36. — 14 juin 1892. — DÉCRET *modifiant le tarif des indemnités kilométriques de route à payer aux officiers, fonctionnaires, employés et agents des services coloniaux ou locaux.*

Aux termes de l'article 26 de la loi des finances du 26 janvier 1892, la taxe additionnelle de 10 % établie par l'article 12 de la loi du 16 septembre 1871, sur le prix des places des voyageurs transportés par

---

(1) Voir ci-après arrêté du 26 février 1892.
(2) Ces dispositions ont été étendues à Hué par arrêté du 31 mars 1892.
(3) Réduisant à 1.000 fr. l'indemnité des chefs de bureau de la Résidence supérieure en Annam.
(4) Fixant à 1.500 fr. cette indemnité. (Voir V° Organisation administrative).

chemin de fer, par voitures publiques, par bateaux à vapeur et autres consacrés au public, est supprimée.

Cette disposition entraîne de plein droit la révision des indemnités kilométriques allouées par le décret du 12 décembre 1889, aux officiers, fonctionnaires, employés et agents civils et militaires des services coloniaux ou locaux voyageant en France.

Si ce personnel était exclusivement militaire, il suffirait de réduire dans une proportion équivalente les allocations kilométriques prévues pour les officiers et autres du département de la marine et des colonies. Mais l'application de la loi du 26 janvier 1892 ayant eu, en outre, pour effet d'amener les différentes compagnies à diminuer dans de notables proportions le prix des transports de voyageurs, il convient de réduire proportionnellement les tarifs actuellement en vigueur pour le personnel colonial qui ne bénéficie pas des avantages réservés aux officiers et agents figurant sur l'état annexé à la circulaire du ministre des travaux publics, en date du 21 février 1890.

J'ai, en conséquence, l'honneur de soumettre à votre sanction le projet de décret ci-joint, qui a pour objet de modifier la quotité des indemnités de déplacement à allouer aux officiers, fonctionnaires, employés ou agents civils et militaires des services coloniaux ou locaux voyageant en France sur les divers réseaux, et de les mettre en concordance, d'une part avec les prescriptions de la loi précitée du 26 janvier 1892, et, d'autre part, avec les concessions adoptées par les compagnies de chemin de fer. — G. CAVAIGNAC.

DÉCRET

Article premier. — Le tableau annexé au décret du 12 décembre 1889, fixant la quotité des indemnités kilométriques de route à payer aux officiers, fonctionnaires, employés et agents des services coloniaux ou locaux, voyageant en France sur les voies ferrées, est modifié ainsi qu'il suit :

INDEMNITÉ DE ROUTE EN FRANCE

GRADES ET EMPLOIS		COLONNE N° 1		COLONNE N° 2		
		Positions prévues par l'article 2 — Indemnités de route par kilomètre sur les voies ferrées (A)	Indemnité de mise en route	Positions prévues par l'article 3 — Indemnité de route par kilomètre		
				Sur les voies ordinaires (B)	Sur les voies ferrées par le personnel	
					ayant droit à la réduction	n'ayant pas droit à la réduction
1° Personnel n'ayant pas droit à la réduction sur les voies ferrées						
Officiers { général ou assimilé........		0.248	20 »	0.480	»	0.247
{ supérieur ou assimilé.......		0.178	15 »	0.225	»	0.136
{ subalterne ou assimilé.......		0.138	10 »	0.195	»	0.124
Employés ou agents divers { 1re catégorie..		0.104	5 »	0.195	»	0.080
{ 2e — ..		0.082	3 »	0.130	»	0.080
{ 3e — ..		0.072	1 75	0.125	»	0.057
{ 4e — ..		0.067	1 50	0.125	»	0.057
2° Personnel ayant droit à la réduction sur les voies ferrées						
Officiers { général ou assimilé........		0.230	20 »	0.480	(C) 0.172	»
{ supérieur ou assimilé.......		0.174	15 »	0.225	(D) 0.055	»
{ subalterne ou assimilé.......		0.130	10 »	0.195	0.040	»
Employés ou agents divers { 1re catégorie..		0.097	5 »	0.195	0.080	»
{ 2e — ..		0.070	3 »	0.130	0.028	»
{ 3e — ..		0.062	1 »	0.125	0.018	»
{ 4e — ..		0.051	1 »	0.125	0.018	»

(A) Lorsque le département exige qu'une partie du parcours soit effectuée sur les voies ordinaires, le décompte du trajet sur les voies ordinaires est établi d'après les fixations adoptées pour les voies ferrées, avec augmentation de moitié des allocations (Voir circulaire du 7 septembre 1890, *B. O. M.*, page 81).

(B) Les parcours effectués sur les voies ordinaires non desservies par des voitures publiques donnent droit à l'allocation kilométrique de la colonne n° 1, avec augmentation de moitié.

(C) L'indemnité kilométrique pour les officiers généraux et assimilés, est la même sur les voies ferrées, quels que soient les tarifs militaires des compagnies.

(D) Tout parcours accompli sur une voie ferrée où la réduction n'est que de moitié, au lieu des trois quarts, donne droit à l'indemnité kilométrique de transport fixée par la 2e colonne, avec augmentation par kilomètre de :

0.028 pour les officiers supérieurs, inférieurs et assimilés ;

0.021 pour les employés de la 1re et de la 2e catégories ;

0.015 pour les employés de la 3e et de la 4e catégories.

Art. 2. — Le ministre de la marine et des colonies est chargé de l'exécution du présent décret, qui sera inséré au *Bulletin officiel* de l'administration des colonies. — CARNOT.

37. — 21 octobre 1892. — CIRCULAIRE MINISTÉRIELLE *fixant les droits à l'indemnité de séjour à Haïphong* (1).

A la date du 19 août dernier, vous m'avez adressé trois réclamations formulées par MM. X..., médecins de 2e classe de la marine, en vue d'obtenir le

(1) Voir la circulaire du 15 février 1893.

paiement de l'indemnité de séjour pour le temps qu'ils ont passé à Haiphong à leur arrivée au Tonkin, avant de recevoir une destination.

L'administration de Haiphong, après avoir consulté le Commissaire aux revues à Hanoi, à refusé, par ce motif que les intéressés ont été appelés à servir au Tonkin, sans que le poste à leur affecter ait été préalablement désigné. Elle estime que, dans la circonstance, MM. X... ne se trouvaient pas dans les conditions prévues par le 3° paragraphe de l'article 12 de l'arrêté ministériel du 19 janvier 1878, et que par suite, leur droit à l'indemnité de séjour ne saurait être établi.

M. le Commissaire général chef des services administratifs reconnaît que la décision prise par le service des revues de Hanoi est conforme aux textes, mais qu'elle n'est peut-être pas parfaitement équitable, attendu que l'officier ou le fonctionnaire destiné au Tonkin et qui débarque à Haiphong ne trouve presque jamais, à son arrivée en Indo-Chine, l'ordre de service lui désignant son poste définitif.

En appelant mon attention sur cette situation, vous m'avez demandé de décider que tous les officiers et employés venant de France et débarquant à Haiphong pour être dirigés sur un autre poste, soient admis à bénéficier d'un jour de vacation.

J'ai l'honneur de vous faire connaître que j'ai accueilli votre proposition. Vous voudrez bien, par suite, donner les ordres nécessaires pour que MM. les médecins de 2° classe X..., reçoivent cette allocation, et donner des ordres aux chefs d'administration placés sous votre autorité pour assurer l'exécution de cette disposition. — JAMAIS.

---

38. — 15 février 1893. — CIRCULAIRE *relative au séjour, à Hanoi, des fonctionnaires appelés en service, et des indemnités auxquelles ils peuvent prétendre.*

J'ai eu l'occasion de remarquer que les fonctionnaires appartenant aux diverses administrations du Protectorat, appelés en service à Hanoi, soit sur leur demande, soit sur l'invitation de l'autorité supérieure, prolongeaient souvent leur séjour au chef lieu au delà des limites de leur mission, et pour des raisons de convenance personnelle.

En principe, je suis toujours très heureux d'autoriser ces prolongations de séjour, mais à condition, toutefois que ces dispositions bienveillantes ne soient pas préjudiciables aux intérêts du Protectorat.

Or, j'ai pu constater, à plusieurs reprises que des demandes de paiement d'indemnité comprenaient, sans distinction, la totalité des journées passées à Hanoi soit pour le service, soit pour affaires personnelles et que, de ce fait, des sommes relativement importantes étaient mandatées au profit de fonctionnaires qui n'avaient consacré au service du Protectorat qu'une faible partie du temps de leur présence à Hanoi.

J'ai jugé nécessaire de déterminer aussi nettement et aussi équitablement que possible la durée du droit à l'indemnité de séjour:

Les motifs qui nécessitent la présence à Hanoi des agents ou fonctionnaires, se divisent en deux catégories. Ils sont appelés:

1° Soit pour conférer avec leurs chefs de service sur la marche générale du service, soit pour traiter une question particulière ou donner des renseignements;

2° Pour faire partie d'un conseil d'enquête, d'une commission, ou pour toute autre mission de même nature.

Dans le premier cas, j'ai décidé qu'il ne serait alloué aux ayants-droit que deux journées d'indemnité de séjour, ce temps me paraissant très suffisant pour permettre aux fonctionnaires de traiter les affaires de service pour lesquelles ils auront été appelés; si, pour des raisons personnelles, ils sont autorisés à rester plus longtemps à Hanoi, ils seront considérés comme en permission, sans aucun droit au paiement de l'indemnité.

Dans le second cas, je me bornerai à appliquer strictement les dispositions du § 3 de l'art. 47 du décret du 12 décembre 1889, alinéas 8, 9 et 10, qui font cesser le droit à l'indemnité de séjour *au jour dûment constaté où finit la mission*, c'est-à-dire au jour de la dernière séance du conseil ou de la commission.

Si, dans le cas où, sur mon invitation formelle ou celle du chef d'administration, il devenait nécessaire de prolonger, pour le service, le séjour à Hanoi, d'un fonctionnaire, il lui sera délivré un ordre écrit fixant la durée de la nouvelle période pour laquelle il aura droit à l'indemnité: cette pièce devra être visée à la Résidence supérieure et jointe à l'ordre de route pour servir à l'établissement du mandat de paiement des indemnités acquises. — CHAVASSIEUX.

---

39. — 15 février 1894. — CIRCULAIRE MINISTÉRIELLE *notifiant les modifications survenues au décret du 12 décembre 1892, sur les indemnités de route et de séjour.*

J'ai l'honneur de vous notifier un décret en date du 27 janvier dernier, ayant pour objet d'apporter certaines modifications: 1° au 4° paragraphe de l'article 12 du décret du 12 décembre 1890, portant règlement sur les passages et les indemnités de route et de séjour des officiers, fonctionnaires, employés et agents civils et militaires des services coloniaux ou locaux, tant en France qu'aux Colonies; 2° aux paragraphes 9 et 10 de l'article 48 du décret du 28 janvier 1890, portant règlement sur la solde des mêmes officiers, fonctionnaires, employés ou agents, lorsqu'ils sont admis, sur l'avis du Conseil supérieur de santé des Colonies, à faire usage des eaux thermales ou minérales, soit dans les stations où il n'existe pas d'hôpital militaire, soit dans celles qui possèdent des établissements de cette nature.

D'après ces textes les intéressés reçoivent, dans le premier cas, l'indemnité entière de séjour prévue pour leur grade ou leur emploi; dans le second, ils toucheront seulement la moitié de cette allocation, lorsqu'ils n'ont pu trouver place dans les hôpitaux du département de la guerre.

Or, l'expérience a permis de reconnaître qu'il convenait de désigner, en les limitant à une nomenclature adoptée par le Conseil supérieur de Santé, les diverses stations d'eaux thermales ou minérales non pourvues d'un hôpital militaire, dans lesquelles les officiers, fonctionnaires et agents du service colonial pourront être traités, lorsque leur état de santé sera reconnu devoir le comporter.

Qu'en outre, il y avait lieu de compléter le paragraphe 9 de l'article 48 du décret précité du 28 janvier 1890, par une disposition n'accordant la demi-indemnité de séjour qu'à ceux des officiers, fonctionnaires ou autres qui seraient envoyés *d'office* dans les stations où il existe un hôpital militaire, dans lequel ils ne peuvent être admis.

Qu'enfin, le droit à l'indemnité entière de séjour ouvert par le paragraphe 10 du même article, pour ceux envoyés dans les localités non pourvues d'un établissement militaire hospitalier, serait limité aux malades rapatriés pour maladies endémiques et épidémiques.

Il résulte donc de l'ensemble de ces dispositions que l'officier, fonctionnaire, etc..., simplement autorisé par le Conseil supérieur de Santé à faire usage des eaux, mais non envoyé d'office, ne saurait prétendre, bien que n'étant pas hospitalisé, à aucune allocation en dehors des frais de route qui lui sont accordés.

Les stations thermales ou minérales dans lesquelles il n'existe pas d'hôpital militaire étant désignées dans l'article premier du décret du 27 janvier 1894, je crois utile d'indiquer, à titre de renseignement, quels sont les établissements thermaux du département de la guerre. Il y en a sept, savoir:

Amélie-les-Bains (Pyrénées-Orientales);
Barèges-Luz (Hautes-Pyrénées);
Bourbonne-les-Bains (Haute-Marne);
Bourbon-l'Archambault (Allier);
Guagno (Corse);
Plombières (Vosges);
Vichy (Allier).

La présente circulaire et le décret du 27 janvier dernier seront prochainement insérés au *Bulletin officiel* de l'Administration des Colonies. Mais, en attendant, je vous envoie, ci-joint, trois exemplaires de ce dernier document. — MAURICE LE BON.

DÉCRET du 27 janvier 1894

Article premier. — Les dispositions contenues dans la position n° 4 du paragraphe 4 de l'article 12 du décret susvisé du 12 décembre 1889, ainsi que le renvoi qui y fait suite, sont abrogées et remplacées par les suivantes:

4° Admis, sur l'avis formel du Conseil supérieur de Santé, à faire usage des eaux thermales ou minérales dans les stations où il n'existe pas d'hôpital militaire.	L'indemnité de séjour entière n'est due que dans le cas où le Conseil supérieur de santé aurait jugé indispensable, pour certains malades rapatriés pour maladies endémiques ou épidémiques, de les envoyer dans les stations thermales ou minérales dénommées ci-dessous et il n'existe pas d'hôpital militaire, savoir: Cauterets (Hautes-Pyrénées); Châtel-Guyon (Puy-de-Dôme); Contrexéville (Vosges); La Bourboule (Puy-de-Dôme); Lamalou (Hérault); La Preste (Pyrénées-Orientales); Royat (Puy-de-Dôme); Vittel (Vosges).
4° bis Envoyés d'office, sur la proposition du Conseil supérieur de santé, dans les stations d'eaux thermales ou minérales où il existe un hôpital militaire, dans lequel ils n'ont pu trouver place.	La demi-indemnité de séjour n'est due que dans le cas où, malgré le manque de place, le Conseil supérieur de santé estime qu'il y a lieu d'envoyer d'urgence l'intéressé suivre un traitement dans la station, et sans attendre l'ouverture de la saison suivante. L'officier, fonctionnaire, etc., simplement autorisé à faire usage des eaux, bien que non hospitalisé, ne peut prétendre à cette allocation.

Art. 2. — Le paragraphe 9 de l'article 48 du décret du 28 janvier 1890 est complété comme suit:

« Toutefois, cette demi-indemnité ne sera accordée qu'aux officiers, fonctionnaires ou agents pour

lesquels le Conseil supérieur de santé aurait proposé l'envoi d'office ».

Art. 3. — Le texte suivant est substitué aux dispositions du paragraphe 10 du même article:

« Dans le cas où le Conseil supérieur de santé aurait jugé indispensable, pour certains malades rapatriés pour maladies endémiques ou épidémiques, de les envoyer dans les stations thermales ou minérales ci-dessous désignées et où il n'existe pas d'hôpital militaire, ces malades auront droit à l'indemnité entière de séjour (1). »

Art. 4. — Le Ministre du Commerce, de l'Industrie et des Colonies est chargé de l'exécution du présent décret qui sera inséré au *Bulletin officiel* de l'administration des Colonies. — CARNOT.

Voy.: **Bagages**; — **Déplacements**; — **Fonds d'avances**; — **Logements**; — **Voyages.**

INDIGÈNES. — Voy.: **Commissions consultatives**; — **Pensions de retraite**; — **Concessions**; — **Centres indigènes**; — **Organisation administrative**; — **Administration annamite.**

INDO-CHINE. — Voy.: **Organisation administrative.**

INDUSTRIE. — Voy.: **Comité agricole et industriel.**

INFIRMERIE VÉTÉRINAIRE

1. — 26 février 1892. — ARRÊTÉ *créant une infirmerie vétérinaire à Hanoï (2).*

Article premier. — L'infirmerie vétérinaire de Hanoï est autorisée à recevoir et à traiter les chevaux, les mulets, les bœufs appartenant aux services publics, aux corps de troupe, aux officiers de troupe et sans troupe, aux fonctionnaires civils et aux particuliers.

Art. 2. — Le chef du service vétérinaire est chargé de la direction de la comptabilité et de la caisse de cette infirmerie, sous le contrôle administratif du commissaire aux revues.

Art. 3. — Les recettes formant la masse de l'infirmerie, se composent de la dotation inscrite au budget des services militaires pour achat d'instruments, d'appareils et d'ouvrages de médecine vétérinaire, et des versements à la caisse de l'infirmerie.

Elles seront reçues par le chef du service vétérinaire, dans les formes ordinaires. Les excédents des encaissements sur les paiements seront remis au trésor, au même titre que les fonds des corps de troupe, pour en être ensuite retirés suivant les besoins.

Art. 4. — Le prix de la journée de traitement des animaux soignés à l'infirmerie, est réglé comme suit:

Pour les services publics militaires, les corps de troupe, les officiers:

Grands chevaux	1 fr. 85
Petits chevaux	1 00
Mulets	1 85
Bœufs de trait	1 85

(1) Stations thermales ou minérales d'Aix-les-Bains (Savoie); de Cauterets (Hautes-Pyrénées); de Châtel-Guyon (Puy-de-Dôme); de Contrexéville (Vosges); de La Bourboule (Puy-de-Dôme); de Lamalou (Hérault); de La Preste (Pyrénées-Orientales); de Royat (Puy-de-Dôme) et de Vittel (Vosges).

(2) Voir les modifications résultant de l'arrêté dont le texte suit.

Pour les services publics civils et les particuliers :

Grands chevaux . . . . 2 fr. 35
Petits chevaux. 1 50
Mulets 2 35
Bœufs de trait. 2 35

Art. 5. — Le paiement des journées de traitement sera opéré de la façon suivante :

Pour les services publics militaires par mandats budgétaires établis au nom du chef du service vétérinaire et sur états dressés par lui, reconnus exacts par les services débiteurs et visés par le commissaire aux revues.

Pour les corps de troupe, par le versement à la caisse de l'infirmerie, de la valeur officielle des rations de fourrage non perçues et de la différence entre cette valeur et le prix de la journée de traitement.

La valeur des rations sera réglée par un mandat budgétaire du service des subsistances, au nom du chef du service vétérinaire, sur état par lui produit, reconnu exact par le corps intéressé, visé par le commissaire aux revues et arrêté par le commissaire aux subsistances ; la différence entre cette somme et le prix de la journée de traitement sera prélevée sur la masse d'entretien de harnachement et de ferrage des corps intéressés.

Pour les officiers de troupe, par le versement du montant intégral des indemnités représentatives de fourrage allouées aux officiers détenteurs de montures. Les conseils d'administration ou les chefs de corps, suivant le cas, feront opérer les retenues sur le traitement des officiers d'après un état des sommes dues, dressé par le chef du service vétérinaire, et en verseront la valeur à la caisse de l'infirmerie.

Pour les autres officiers et les fonctionnaires civils, au moyen de versements faits par eux directement à ladite caisse.

Pour les services publics civils et les particuliers :

Pour les particuliers il sera versé à l'avance, à la caisse de l'infirmerie, une provision représentant la valeur de 15 journées de traitement et qui sera renouvelée à la fin de chaque quinzaine. Le règlement définitif se fera à la sortie des animaux.

Par les services civils, dans la même forme que pour les services militaires.

Art. 6. — Les dépenses qui comprendront tous les frais reconnus nécessaires pour assurer le bon fonctionnement de l'infirmerie, seront prélevées sur les ressources ci-dessus indiquées. Elles seront directement engagées par le chef du service vétérinaire et sous sa responsabilité. Elles seront acquittées dans les formes ordinaires.

Les achats à faire en France seront effectués par l'intermédiaire de l'administration, sur demande du chef du service vétérinaire.

Art. 7. — A la fin de chaque mois, le chef du service vétérinaire adressera au commissaire aux subsistances, pour les animaux appartenant aux services publics militaires et aux corps de troupe, un relevé par service et par corps, de l'effectif des animaux traités et du nombre des journées de présence à l'infirmerie, avec indication des dates d'entrée et de sortie.

Pour les autres services publics, un état semblable pourra être adressé aux chefs de ces services, s'il en est besoin.

Art. 8. — Les dates des entrées et des sorties seront régulièrement constatées sur un registre spécial par les signatures des chefs de service, de corps, des officiers, fonctionnaires ou particuliers intéressés ou de leurs représentants.

Art. 9. — Pour le règlement de la comptabilité, il devra être tenu par le chef du service vétérinaire :

Un registre d'infirmerie contenant tous les renseignements utiles sur les animaux reçus, sur le genre, la durée et le traitement de la maladie ;

Un registre pour l'inscription des médicaments, objets de pansement, ustensiles, matériel, bibliothèque et denrées alimentaires reçus et consommés par trimestre ;

Un registre journal des recettes et des dépenses, qui sera arrêté par trimestre et soumis, avec les pièces justificatives, à la vérification et au visa du commissaire aux revues.

Ces registres seront tenus dans la forme usitée au Département de la guerre.

Art. 10. — Les envois de France seront visités et reçus par une commission composée d'un officier d'artillerie à la désignation du commandant d'armes, du chef du service vétérinaire aux revues, ou de leurs délégués.

Art. 11. — Le Général commandant en chef et le Chef des services administratifs militaires sont chargés de l'exécution de la présente décision. — De LANESSAN.

2. — 30 novembre 1892. — ARRÊTÉ *modifiant celui du 26 février 1892, sur le fonctionnement des infirmeries vétérinaires.*

Article premier. — Les articles 4 et 5 de la décision locale du 26 février 1892, sur le fonctionnement de l'infirmerie-vétérinaire à Hanoi, sont modifiés de la manière suivante :

Le prix de la journée de traitement des animaux soignés à l'infirmerie-vétérinaire, est réglé comme il suit :

1° Pour les services militaires, les corps de troupe :

Grands chevaux . . .	La valeur officielle de la ration de fourrages.	L'indemnité fixe journalière de 0 fr. 16.
Petits chevaux . . .		
Mulets		

2° Pour les officiers touchant l'indemnité de fourrage :

Grands chevaux	Le montant intégral de cette indemnité.
Petits chevaux	
Mulets	

3° Pour les services publics civils et les particuliers :

Grands chevaux	2 fr. 35
Petits chevaux	1 50
Mulets	2 35
Bœufs de trait	2 35

Le paiement des journées sera effectué de la façon suivante :

Pour les services publics militaires :

Par mandats budgétaires, au nom du Chef du service vétérinaire et sur états dressés par lui, reconnus exacts par les services débiteurs et visés par le Commissaire aux Revues.

Pour les corps de troupe :

Par le versement à la caisse de l'infirmerie, de la valeur officielle des rations de fourrage non perçues, et de l'indemnité fixe de 0 fr. 16 qui sera prélevée sur la masse d'entretien de harnachement et de ferrage des corps intéressés.

La valeur des rations sera réglée par un mandat

budgétaire du service des subsistances au nom du Chef du service vétérinaire, sur état par lui produit, reconnus exact par le corps intéressé, visé par le Commissaire aux revues et arrêté par le Commissaire aux subsistances.

(Le reste de l'article sans modification).

Art. 2. — Cette modification sera mise en vigueur à partir du 1er janvier 1893.

Art. 3. — Le Général commandant en chef les troupes de l'Indo-Chine et le Commissaire général chef des services administratifs militaires de l'Annam et du Tonkin sont chargés, chacun en ce qui le concerne, de l'exécution du présent arrêté. — DE LANESSAN.

VOY.: **Epizooties.**

INFIRMIERS

1. — 23 février 1889. — ARRÊTÉ sur le recrutement et l'organisation des infirmiers nécessaires aux hôpitaux du Tonkin.

Article premier. — Il est affecté en Annam et au Tonkin, au service des hôpitaux, des infirmeries-ambulances, des postes médicaux et éventuellement des ambulances volantes :

1° Un personnel d'infirmiers européens ;

2° Un personnel d'infirmiers indigènes, liés au service par un engagement administratif.

En cas d'insuffisance du cadre des infirmiers permanents, et en vue de leur recrutement, il peut être employé dans le service des établissements hospitaliers, des infirmiers temporaires.

Des agents divers et un personnel de journaliers (coolies) sont préposés dans les hôpitaux et infirmeries-ambulances, au service intérieur, aux magasins, à l'entretien des jardins et des cours.

Art. 2. — Infirmiers européens. — Il est formé à Hanoi, sous la dénomination de personnel des infirmiers du Tonkin et de l'Annam, des infirmiers européens chargés de donner des soins aux malades, d'instruire et de surveiller, dans le service, les auxiliaires indigènes qui les assistent.

Ces infirmiers sont soumis aux dispositions des lois et règlements sur la police et la discipline, dans les ports, arsenaux et autres établissements de la marine, ainsi que dans les colonies.

Art. 3. — Recrutement. — Ce personnel se recrute parmi :

1° Des infirmiers maritimes détachés par le Ministre au service des hôpitaux de la colonie ;

2° Des militaires des corps de troupe de la marine et de la guerre, mis en congé renouvelable et commissionnés, en qualité d'infirmiers permanents, après un stage de six mois ;

3° Des infirmiers militaires mis également en congé renouvelable ;

4° La population civile.

Au bout d'un stage d'au moins six mois, les agents de cette dernière provenance pourront être commissionnés en qualité d'infirmiers permanents, après avoir contracté un engagement administratif de service pendant trois années.

Les candidats à l'emploi d'infirmiers doivent savoir lire et écrire, et avoir la force physique nécessaire pour transporter un malade ; s'ils sont civils, ils doivent, en outre, être munis d'un certificat de bonnes vie et mœurs.

Art. 4. — Hiérarchie, cadre, solde et accessoires de solde. — La hiérarchie, le cadre, l'assimilation et la solde de ce personnel, sont déterminés comme suit :

HIÉRARCHIE	CADRE	ASSIMILATION	SOLDE d'Europe	SOLDE Coloniale
Infirmiers-chefs, 1re cl....	1	Maître........	1300	2600
Infirmiers-chefs, 2e cl....	1	Maître........	1100	2200
Infirmiers-majors de 1re cl.	5	Second maître..	800	1600
Infirmiers-majors de 2e cl.	13	Quartier-maître.	700	1400
Infirmiers ordinaires, 1re cl	45	Matelot........	500	1000
Infirmiers ordinaires, 2e cl.	45	Matelot........	400	800
	110			

Ils reçoivent, en outre, pour première mise et pour renouvellement et entretien de leurs effets, les indemnités suivantes :

CLASSEMENT	PREMIÈRE mise	INDEMNITÉ journalière	OBSERVATIONS
Infirmier-chef.....	150	0.40	Cette première mise n'est due que pour l'avancement en grade.
Infirmier-major....	100	0.25	
Infirmier ordinaire.	100	0.20	

L'indemnité journalière n'est payée que pour les jours de présence dans la colonie.

Art. 5. — Avancement. — L'avancement en grade et en classe est accordé par le chef du service de santé, de concert avec le chef du service administratif, au fur et à mesure des vacances.

Le tableau d'avancement, pour les infirmiers, est dressé par une commission siégeant à Hanoi et composée de quatre membres :

1° Le chef du service de santé, président ;

2° Le commissaire aux hôpitaux ;

3° Les deux officiers du corps de santé les plus élevés en grade du service hospitalier, présents à Hanoi.

Le secrétaire archiviste remplit les fonctions de secrétaire.

Les propositions d'avancement sont établies dans chaque formation sanitaire par le médecin chef du service.

Art. 6. — Le personnel des infirmiers du Tonkin et de l'Annam est administré par le commissaire aux hôpitaux ou par le chargé du service administratif dans chaque arrondissement, auxquels sont dévolues les attributions prévues pour le commandant de la division et le capitaine du petit état-major par le décret du 15 septembre 1882.

Dans le service hospitalier, ils sont placés sous les ordres directs du médecin chef de l'hôpital. Il obéissent aux médecins, aux pharmaciens et aux sœurs hospitalières, dans les salles et les détails auxquels ils sont employés.

Art. 7. — Habillement. — L'uniforme des infirmiers européens, ne provenant pas des infirmiers maritimes, est le même que celui déterminé par l'art. 30 du règlement ministériel du 1er juillet 1876, pour le corps des infirmiers permanents ; toutefois, ils ne peuvent porter cet uniforme que dans la colonie.

Les infirmiers affectés au service des établissements

hospitaliers de l'Annam et du Tonkin ne reçoivent pas leurs effets des magasins de l'État ; ils les achètent directement.

Art. 8. — *Infirmiers temporaires.* — En cas d'insuffisance du cadre des infirmiers par suite d'augmentation dans l'effectif des malades, il peut être momentanément employé dans les services hospitaliers, des infirmiers temporaires, à raison de 1 pour 20 malades.

Ces infirmiers proviennent :

1° De la population civile ;

2° A son défaut, des corps de troupe de la marine et de la guerre.

L'admission de ce groupe d'infirmiers temporaires est prononcée par le Gouverneur sur la proposition du chef du service de santé concerté avec le général commandant en chef.

Les infirmiers sont renvoyés à leur corps lorsque leurs services ne sont plus nécessaires.

Nul ne peut être admis comme infirmier temporaire s'il ne sait lire et écrire, s'il n'est muni d'un certificat de bonnes vie et mœurs.

Les infirmiers temporaires sont assimilés aux infirmiers ordinaires, avec lesquels il concourent au service.

Ils reçoivent la solde d'infirmiers ordinaires de 2° classe.

Ils sont soumis aux mêmes peines de discipline.

Art. 9. — Les infirmiers malades traités dans les hôpitaux ne subissent aucune retenue sur leur solde pour frais de traitement.

Art. 10. — Ils sont nourris par l'établissement ; la ration qui leur est allouée est celle fixée par le tableau n° 3 du règlement sur le régime alimentaire des hôpitaux du Protectorat.

Art. 11. — Le casernement et l'ameublement sont les mêmes que pour les infirmiers de Cochinchine. (Articles 26, 27, 28, 29, 30 du règlement du 13 janvier 1879, *B. O.* Cochinchine, p. 300).

Art. 12. — Les infirmiers maritimes détachés au Tonkin continueront à concourir à l'avancement dans leur corps respectif.

Ils pourront être l'objet de propositions en classe et en grade, pour l'obtention de la médaille militaire et pour l'admission dans la Légion d'honneur.

Art. 13. — *Infirmiers indigènes.* — En outre des infirmiers européens, il est affecté au service des établissements hospitaliers du Protectorat un personnel d'indigènes qui prend le titre d'infirmiers indigènes de l'Annam et du Tonkin.

Ces infirmiers devront produire un certificat d'identité et de moralité, signé par le chef de canton et le maire, et visé par le Résident.

Art. 14. — Dans le cas d'insuffisance de cette fraction du personnel, il peut être employé des auxiliaires.

Art. 15. — Les infirmiers titulaires contractent un engagement administratif de servir trois ans dans la formation sanitaire qu'ils ont choisie.

Art. 16. — Dans le cours de la troisième année ou à son terme, ils peuvent être admis à contracter un nouvel engagement de trois ans.

Art. 17. — Les engagements et les rengagements sont reçus par le commissaire aux hôpitaux ou, en vertu de sa délégation spéciale, par les chargés du service administratif et, à défaut, leur suppléant.

Art. 18. — La hiérarchie, le cadre et les accessoires de salaire sont réglés de la façon suivante :

HIÉRARCHIE	CADRE	ASSIMILATION	SALAIRE JOURNALIER
Infirmiers-majors de 1re classe.	13	Dol	30 cents
Infirmiers-majors de 2e classe.	26	Cal	25 —
Infirmiers de 1re classe........	112	Soldat	20 —
Infirmiers de 2e classe........	112	Soldat	18 — (1)
	263		
Auxiliaires (pour mémoire).			

Art. 19. — Dans le cas où ils s'occupent de servir dans une autre formation sanitaire que celle pour laquelle ils se sont engagés, ils reçoivent la paye de la classe supérieure.

Ces infirmiers recevront un insigne spécial qui sera déterminé ultérieurement.

Art. 20 et 21. — *Modifiés par arrêté du 7 février 1895, publié ci-après.*

Art. 22. — Les infirmiers malades, traités dans les établissements hospitaliers, ne subissent pour frais de traitement aucune retenue sur leur salaire.

Art. 23. — Ils ne sont admis à contracter un engagement qu'après un stage, comme auxiliaires, de trois mois au moins.

Art. 24. — Au 1er janvier et au 1er juillet de chaque année, il est procédé au travail d'avancement d'après le cadre fixé ci-dessus.

Le tableau d'avancement et les propositions pour l'avancement en classe et en grade sont établis d'après les règles fixées pour les infirmiers européens.

Art. 25. — Les infirmiers indigènes, quelle que soit leur assimilation, doivent obéissance, en service, aux infirmiers européens.

Art. 26. — Les dépenses relatives aux infirmiers sont à la charge du service des hôpitaux.

Art. 27. — La répartition du personnel infirmier entre les divers établissements est faite par le commissaire aux hôpitaux, sur la proposition du chef du service de santé, en conformité des chiffres du tableau ci-annexé.

DISPOSITIONS COMMUNES AUX DEUX CATÉGORIES D'INFIRMIERS

Réglementation du service intérieur

Art. 28. — Dans chaque établissement, le médecin chargé du service règle la répartition des infirmiers qui doivent être employés au service des salles, à la pharmacie, à la tisanerie, à l'amphithéâtre et aux bains. Il en donne avis au commissaire de l'hôpital.

Art. 29. — Les infirmiers-majors sont préposés à la surveillance des infirmiers ordinaires et des auxiliaires indigènes placés sous leurs ordres ; ils coopèrent personnellement avec eux, tant à la tenue des salles qu'à l'exécution de toutes les parties du service.

Art. 30. — Tous les matins, à l'heure fixée par le médecin, les infirmiers-majors et ceux qui en font les fonctions se réunissent chez l'infirmier chef pour lui faire verbalement leur rapport sur le service du jour précédent et de la nuit.

Art. 31. — L'infirmier-chef, ou le faisant fonctions d'infirmier-chef, est chargé, sous la surveillance du médecin, de la surveillance et de la police de tous les infirmiers.

Chaque matin, il remet au médecin chef de l'hôpital

(1) Voir ci-après arrêté du 7 septembre 1889, complétant l'article 18, en ce qui concerne la dispense d'impôt et de corvée.

23

un rapport sur le service de la veille, il reçoit les ordres du médecin, et est chargé d'en assurer l'exécution.

Art. 32. — Un infirmier major est commissionné par le chef du service administratif pour remplir les fonctions de vaguemestre. Il reçoit, à cet effet, un supplément de 50 centimes par jour.

Il lui est remis un livret dit de vaguemestre.

Police et discipline

Art. 33. — Les infirmiers sont subordonnés entre eux à raison de leur grade, sous le rapport de la police, de la discipline et de leurs fonctions dans l'hôpital.

RÉPARTITION DES INFIRMIERS ENTRE LES DIVERS
ÉTABLISSEMENTS HOSPITALIERS

Infirmiers européens

DÉSIGNATION des ÉTABLISSEMENTS	INFIRMIER CHEF ou INFIRMIER MAJOR CHEF	INFIRMIER de SALLE	VAGUEMESTRE	AMPHITHÉATRE, BAINS, ETC.	PHARMACIE	TOTAL
HANOI Effectif moyen : 250 malades	1	8	1	1	1	12
QUAN-YEN Effectif moyen : 200 malades	1	6	»	1	1	9
TI-CAU Effectif moyen : 150 malades	1	5	»	1	1	8
LANG-SON Effectif moyen : 100 malades	1	3	»	1	1	6
HAIPHONG Effectif moyen : 50 malades	1	2	1	»	1	5
THUAN-AN Effectif moyen : 100 malades	1	3	»	»	1	5
TOURANE Effectif moyen : 50 malades	1	2	»	»	1	4
Infirmeries-ambulances de 50 à 100 malades : Nam-dinh, Thanh-hoa, Son-tay, Thai-nguyen, Phu-lang-Thuong, Quang-binh, Dong-hol	»	3 par ambulance.	»	»	»	21
Infirmeries-ambulances de 35 à 50 malades : Viétri, Vinh, Hung-hoa, Hai-duong, Cao-bang, Tuyen-quan, Vinh-loy, Qui-nhone, Diguo	»	2 par ambulance.	»	»	»	18
Infirmeries-ambulances au-dessous de 35 malades : Lao-kay, Yen-bai, Ninh-binh, Lai-cho, Son-la, Mon-cai, Lem, That-ké, Hao-lac, Chora, Chiem-hoa	»	1 par ambulance.	»	»	»	11
A ajouter pour les circonstances imprévues : remplacements, maladies, congés, etc.						11
Total général						110

Infirmiers indigènes

DÉSIGNATION des ÉTABLISSEMENTS	INFIRMIERS de SALLE	PHARMACIE de détail et LABORATOIRES	ARSENAL DE CHIRURGIE	BAINS ET DOUCHES	TOTAL
Hanoi	(1) 38	3	1	1	43
Quang-yen	28	2	»	1	31
Ti-cau	21	2	»	1	24
Lang-son	14	2	»	1	17
Halphong	7	2	»	1	10
Thuan-an	14	2	»	1	17
Tourane	7	2	»	1	10
					152
Infirmeries-ambulances de 50 à 100 malades (7)	6 par ambulance.	»	»	»	42
Infirmeries-ambulances de 35 à 50 malades (9)	4 par ambulance.	»	»	»	36
Infirmeries-ambulances au-dessous de 35 malades (11)	3 par ambulance.	»	»	»	33
Total général					263

OBSERVATIONS. (1) Un infirmier pour 7 malades.

Art. 34. — A l'hôpital, les peines de discipline à prononcer contre les infirmiers sont les suivantes :

1° Pour les infirmiers européens :

La consigne dans l'intérieur de l'hôpital ;

La salle de police pendant un mois au plus ;

La prison pendant quinze jours ; cette peine entraîne la suppression de solde pendant sa durée.

2° Pour les infirmiers indigènes :

La réduction ou suppression de solde pendant un mois au plus.

Art. 35. — Ces peines sont prononcées par le chef de l'hôpital, sur le rapport des chefs des différents détails, des sœurs hospitalières et de l'infirmier-chef. La prison pour plus de quinze jours et le licenciement en ce qui concerne les Européens, ne peuvent être prononcés que par le Gouverneur. Avis est donné au commissaire de la punition infligée. Ce dernier est chargé d'en assurer l'exécution.

Art. 36. — Les infirmiers-chefs et les infirmiers-majors peuvent, pour des fautes graves, être suspendus de leur fonction pendant un temps déterminé qui ne peut excéder six mois. Ils sont astreints, pendant la durée de leur suspension, au service du grade inférieur, dont ils reçoivent la solde.

La suspension est prononcée par le Gouverneur, sur la proposition du chef du service de santé concerté avec le commissaire aux hôpitaux.

DISPOSITIONS TRANSITOIRES

Art. 37. — Tous les infirmiers militaires actuellement en service dans les hôpitaux de la colonie pourront y être maintenus jusqu'à l'achèvement de leur deuxième année de séjour. Ils conserveront leur position actuelle.

Les auxiliaires indigènes actuellement employés, qui ne contracteront pas d'engagement administratif, pourront être conservés ; leur salaire ne sera pas modifié. Ils pourront être remplacés.

N. B. — Il pourra être employé des infirmiers indigènes auxiliaires toutes les fois que le nombre de ces agents, affecté à chaque établissement, sera inférieur à la proportion d'un infirmier par officier supérieur, d'un infirmier par trois officiers inférieurs, et d'un infirmier par huit sous-officiers ou soldats. — RICHAUD.

2. — 7 septembre 1880. — ARRÊTÉ *complétant l'art. 18 de celui du 23 février 1880 sur les infirmiers indigènes.*

L'article 18 de l'arrêté du 23 février 1880 est ainsi complété:

« Pendant la durée des services des infirmiers indigènes dans les hôpitaux, leur famille (les ascendants seulement) est exemptée d'impôt et de corvée. — PIQUET.

3. — 8 février 1890. — CIRCULAIRE *au sujet des pièces à produire par les infirmiers indigènes.*

Il arrive parfois que des indigènes désireux de s'engager comme infirmiers, éprouvent des difficultés de la part des maires de leur village pour obtenir les pièces nécessaires à cet engagement (certificat d'identité et de moralité).

Les pièces leur sont souvent refusées, et le postulant se voit désigné par le maire pour faire partie du contingent de la milice ou des tirailleurs.

Plusieurs indigènes dressés au service d'infirmier n'ont pu, de ce fait, contracter leur engagement.

Pour obvier à ces inconvénients, j'ai décidé que dorénavant les demandes de certificats d'identité et de moralité, formulées par les indigènes qui désirent s'engager comme infirmiers, vous seraient transmises (aux résidents et vice-résidents) par les soins de MM. les médecins chefs des formations sanitaires, auxquels vous voudrez bien faire remettre lesdites pièces dès qu'elles vous auront été délivrées par les autorités annamites.

De son côté, M. le médecin en chef chef du service de santé, donne des instructions conformes à MM. les médecins placés sous ses ordres. — BRIÈRE.

4. — 7 février 1895. — ARRÊTÉ *modifiant les dispositions de celui du 23 février 1889, sur la solde des infirmiers indigènes rengagés.*

Les articles 20 et 21 de l'arrêté local du 23 février 1889, sont modifiés de la manière suivante:

Art. 20. — Ils (les infirmiers indigènes) ont droit, en cas de rengagement, à l'indemnité journalière d'ancienneté déterminée comme suit:

Après 3 ans . . . . à 8 cents de salaire journalier ;
Après 6 ans . . . . à 15 —
Après 9 ans et au delà, à 20 —

Art. 21. — Un supplément de cinq cents par jour leur est accordé en temps d'épidémie ou pour tout autre service exceptionnel, sur la proposition du chef du service de santé, concerté avec le Chef des services administratifs.

Ce supplément est alloué aux infirmiers servant dans les ambulances de la frontière, Lao-kay, Ha-giang, Bao-lac, Lang-son, That-khé, Cao-bang.

Les infirmiers servant dans les ambulances ci-dessus désignées cessent d'avoir droit à la haute-paye prévue par l'article 19.

Le Chef des services administratifs et le Chef du service de santé sont chargés, chacun en ce qui le concerne, de l'exécution du présent arrêté. — RODIER.

VOY.: **Hôpitaux, Hospices; — Hôpitaux militaires.**

INFORMATIONS COMMERCIALES

1. — 25 août 1884. — ARRÊTÉ *créant un bureau d'informations commerciales.*

Article premier. — Un bureau d'informations commerciales est créé à Hanoï, près la Direction des affaires civiles et politiques.

Art. 2. — Ce bureau comprendra: un chef de bureau, un secrétaire français, un secrétaire indigène et un lettré.

Art. 3. — Il sera chargé de réunir, pour le Département, un ensemble de renseignements et de données statistiques capables d'éclairer les industriels et les commerçants de la métropole sur les cultures du Tonkin et de l'Annam, sur la production, sur l'industrie manufacturière, maritime et minière, sur le commerce d'importation et d'exportation, sur les moyens de communication dans l'Annam, le Tonkin, le Laos et les provinces méridionales de la Chine.

Il devra faire des études, au point de vue économique et commercial, sur chaque ville importante, sur chaque province, études complétées par des renseignements géographiques précis.

Art. 4. — Un rapport mensuel destiné à tenir le Département au courant des travaux du bureau d'informations commerciales, devra être adressé au général en chef, sous le contrôle de la direction des affaires civiles et politiques.

Art. 5. — MM. les Résidents et sous-résidents de France et les chefs des divers services civils, ainsi que la chambre consultative de commerce, de l'agriculture et de l'industrie, actuellement en voie de formation à Haïphong, sont invités à collaborer à ces travaux.

Art. 6. — Le Directeur des affaires civiles et politiques est chargé de l'exécution de la présente décision, qui sera publiée partout où besoin sera. — MILLOT.

VOY.: **Renseignements ; — Organisation administrative.**

INHUMATIONS

1. — 22 janvier 1892. — ARRÊTÉ *sur la police des inhumations des indigènes à Hanoï.*

Article premier. — Est déclaré d'utilité publique l'établissement d'un cimetière indigène à Hanoï, route de l'Abattoir.

Art. 2. — Les terrains expropriés, compris dans le périmètre porté au plan susvisé, sont affectés à l'emplacement du nouveau cimetière.

Art. 3. — A partir du jour de l'ouverture du cimetière, qui sera fixé ultérieurement par arrêté municipal, les indigènes seront tenus d'y enterrer leurs morts, après avoir, au préalable, demandé un permis d'inhumation à la résidence-mairie.

Toutefois, les Annamites qui en feront la demande pourront être autorisés à inhumer en dehors du périmètre de la ville de Hanoï, et dans leur village d'origine, un membre décédé de leur famille. Dans les deux cas, les autorisations seront données gratuitement par la résidence-mairie.

Art. 4. — Seront à la charge des indigènes les frais d'entretien, de gardiennage et de clôture du cimetière à eux affecté, et ce par les soins des autorités indigènes.

Art. 5. — Le résident-maire de Hanoï est chargé de l'exécution du présent arrêté. — CHAVASSIEUX.

INSPECTION DES COLONIES

1. — 25 novembre 1887. — DÉCRET *réglant l'organisation du corps de l'inspection des colonies.*

TITRE PREMIER

ATTRIBUTIONS DE L'INSPECTION DES COLONIES

Article premier. — L'inspection des colonies a pour mission de sauvegarder les intérêts du Trésor et les droits des personnes, et de constater, dans tous les services, l'observation des lois, décrets, règlements et décisions qui en régissent le fonctionnement administratif.

Art. 2. — Le contrôle est exercé par des inspecteurs permanents dans les colonies de la Martinique, de la Guadeloupe, de la Guyane, du Sénégal, de la Réunion, de la Cochinchine et de la Nouvelle-Calédonie; il peut l'être également dans toute autre colonie qui sera désignée par décret du Président de la République.

Les autres colonies sont soumises à des inspections temporaires.

Des inspecteurs généraux et des inspecteurs en mission surveillent l'exécution du service dans les différentes colonies.

Art. 3. — Les fonctionnaires de l'inspection, chefs de service, ne relèvent, pour l'exercice de leurs fonctions, que du ministre avec qui ils correspondent directement.

Les fonctionnaires de l'inspection en sous-ordre relèvent de leurs chefs de service.

Les uns et les autres sont subordonnés aux Gouverneurs sous le rapport hiérarchique.

Art. 4. — L'inspecteur surveille spécialement la gestion de tous les comptables publics tant en deniers qu'en matières; son droit d'investigation n'est pas limité et il vérifie, en conséquence, toutes les fois qu'il le juge convenable, les caisses et les écritures du Trésor et des comptables locaux, ainsi que celles des communes, des hospices et des établissements publics.

Il requiert, dans tous les services, l'exécution ponctuelle des lois, ordonnances, décrets, règlements et ordres ministériels qui en déterminent le fonctionnement.

Tous les bureaux, ateliers, magasins, greffes, hôpitaux, prisons, établissements pénitentiaires et autres établissements de l'État ou de la colonie, seront ouverts à l'inspecteur.

Les chefs d'administration et de service sont tenus de lui donner tous les éclaircissements et tous les renseignements qui lui seront nécessaires.

Il lui est donné communication de tous les ordres ministériels concernant les services administratifs et financiers.

Il lui est également donné connaissance des ordres de service de l'autorité locale avant leur exécution.

L'inspecteur reçoit une expédition certifiée conforme de tous les marchés et conventions, quelles qu'en soit la nature et la forme, ainsi que tous les baux passés par l'administration.

Il peut assister, avec droit de faire des représentations, aux adjudications, à la passation des marchés de gré à gré, aux opérations de paiement d'ouvriers, d'envoi de fonds, de recette de deniers, de matières ou de travaux de recensement, de condamnation, de déclassement, de vente, enfin à toute opération quelconque intéressant le service de l'État ou le service local.

L'administration lui donne à l'avance les informations nécessaires.

Art. 5. — L'inspecteur exerce, à l'égard de tous les comptables publics, en deniers et en matières, aux colonies, les diverses attributions dévolues aux membres de l'inspection générale des finances en France.

Des instructions lui sont données par le ministre des finances pour tout ce qui touche aux services financiers des colonies. La transmission des instructions aux inspecteurs et des réponses de ces derniers, se fait par l'intermédiaire de l'administration des colonies.

Le ministre de la marine et des colonies adresse au ministre des finances la partie des rapports des inspecteurs qui concerne le service financier des colonies.

Art. 6. — L'inspecteur ne peut diriger, empêcher ni suspendre aucune opération.

Il peut toutefois fermer provisoirement les mains aux comptables dont la situation lui paraît irrégulière, sauf à en donner immédiatement avis au gouverneur.

Il peut également apposer les scellés sur les pièces qui lui sont présentées au cours de sa vérification, à charge d'en informer aussitôt le gouverneur qui statue, par décision écrite, sur les mesures à prendre.

Art. 7. — L'inspecteur a le droit d'assister, avec droit de faire des représentations, aux séances du conseil privé. Il siège en face du président. Les affaires soumises à ce conseil lui sont communiquées en temps utile pour qu'il puisse en prendre connaissance avant la séance.

Lorsqu'un inspecteur réside à poste fixe dans une colonie, il siège en qualité de commissaire du gouvernement, au conseil du contentieux, conformément aux prescriptions du décret du 5 août 1881.

Il reçoit, à cet effet, au moins cinq jours avant chaque séance, communication du dossier de chacune des affaires qui doivent y être jugées; le dossier doit être en état d'examen, le rapport du conseiller rapporteur y annexé.

Art. 8. — L'inspecteur à poste fixe remplit, près la banque de la colonie, les fonctions de censeur légal.

Art. 9. — L'inspecteur adresse au ministre des comptes rendus périodiques sur la situation des services administratifs et financiers de la colonie.

Art. 10. — Lorsqu'un inspecteur en résidence dans une colonie est absent ou empêché, ses fonctions comme commissaire du gouvernement au conseil du gouvernement et comme censeur de la banque, sont remplies par un officier ou fonctionnaire désigné par le gouverneur.

TITRE II

ATTRIBUTIONS DU SERVICE CENTRAL DE L'INSPECTION À L'ADMINISTRATION CENTRALE DES COLONIES

Art. 11. — Le chef du service central de l'inspection est spécialement chargé de centraliser à l'administration centrale, toutes les opérations de l'inspection aux colonies.

Il exerce à l'égard des divers services de l'administration centrale les attributions de contrôle qui sont déterminées par un arrêté ministériel.

TITRE III

ORGANISATION DU CORPS DE L'INSPECTION

Art. 12. — Le service de l'inspection est assuré par un corps spécial portant le titre *d'inspection des colonies,* et composé exclusivement d'agents civils.

Art. 13. — Le corps de l'inspection des colonies possède une hiérarchie propre ne comportant aucune assimilation avec les emplois des divers fonctionnaires des services coloniaux.

Cette hiérarchie est ainsi réglée :

Inspecteur de 3e classe
— de 2e —
— de 1re —
— général de 2e classe.
— de 1re —

Les fonctionnaires de l'inspection sont nommés par décrets du Président de la République.

Art. 14. — Les traitements d'Europe sont fixés de la manière suivante :

Inspecteur de 3e classe 7.000
— de 2e — 9.000
— de 1re — 11.000
— général de 2e classe. . 14.000
— de 1re — . . 16.000

Art. 15. — *Modifié par l'art. 1er du décret du 9 août 1889 (Voir ci-après).*

Art. 16. — Tous les avancements sont donnés au choix.

Nul ne peut obtenir un avancement s'il ne compte deux années de service effectif dans le grade immédiatement inférieur.

Art. 17. — Les fonctionnaires de l'inspection des colonies sont soumis, pour la pension de retraite, à la loi du 9 juin 1853.

Art. 18. — Les peines disciplinaires applicables aux fonctionnaires de l'inspection des colonies, sont les suivantes :

Le blâme ;

La privation de la moitié du traitement pour une durée de deux mois au plus ;

La révocation.

Le blâme et la privation de traitement sont prononcés par le ministre.

La révocation ne peut être prononcée que pour les motifs ci-après :

Fautes graves et répétées dans le service.

Fautes contre l'honneur.

La révocation est prononcée par décret du Président de la République et d'après l'avis d'un conseil d'enquête. Un décret spécial déterminera la composition et le mode de procéder de ce conseil, dont l'avis ne pourra jamais être modifié que dans un sens favorable au fonctionnaire inculpé.

Art. 19. — Les dispositions relatives à la fixation des cadres, aux accessoires de traitement et aux indemnités du personnel, sont réglées par décret du Président de la République.

Le mode de fonctionnement du service est fixé par arrêté ministériel.

TITRE IV

DISPOSITIONS TRANSITOIRES

Art. 20. — Les fonctionnaires du corps de l'inspection des colonies sont recrutés, pour la formation, parmi les officiers du corps de l'inspection de la marine ayant opté pour les colonies, savoir :

Les inspecteurs généraux parmi les inspecteurs en chef ;

Les inspecteurs de 1re classe parmi les inspecteurs ;

Les inspecteurs de 2e classe parmi les inspecteurs adjoints.

Ils sont nommés par décret du Président de la République, font définitivement partie des cadres de l'inspection des colonies, et prennent rang dans chaque grade, tant au point de vue de l'ancienneté relative qu'à celui du temps exigé pour l'avancement, du jour de leur dernière nomination dans leur ancien corps.

Art. 21. — Les fonctionnaires du corps de l'inspection des colonies provenant, au moment de sa formation, de l'inspection de la marine, tout en ayant une hiérarchie propre sans aucune assimilation avec les grades de l'armée, conserveront l'état d'officier et continueront à bénéficier des dispositions de la loi du 19 mai 1834.

Leurs services dans l'inspection des colonies seront considérés, au point de vue de la Légion d'honneur et de la retraite, comme services militaires.

Les pensions auxquelles ces services donneront droit, seront liquidées conformément aux dispositions des lois des 18 avril 1831 et 5 août 1879. Leur assimilation pour la retraite sera fixée suivant le tableau annexé au présent décret.

Art. 22. — Les vides restant dans les cadres après les nominations prévues à l'article 20, seront comblés par les inspecteurs en chef, inspecteurs et inspecteurs adjoints en excédant au cadre de l'inspection de la marine. Ces fonctionnaires continueront à être détachés et traités conformément aux dispositions du décret du 20 juillet 1887.

Art. 23. — Les vacances venant à se produire dans les conditions prévues par l'article 4 du décret du 20 juillet 1887, donneront lieu à une promotion qui portera seulement sur les fonctionnaires faisant définitivement partie de l'inspection des colonies.

Art. 24. — Les droits des candidats reconnus admissibles à la suite du concours du 4 avril 1887 pour le grade d'inspecteur adjoint de la marine, sont réservés conformément au décret du 24 août suivant.

TITRE V

DISPOSITIONS GÉNÉRALES

Art. 25. — Sont abrogées les dispositions des ordonnances, décrets et règlements antérieurs, en ce qu'elles ont de contraire au présent décret.

Art. 26. — Le ministre de la marine et des colonies est chargé de l'exécution du présent décret. — CARNOT.

TABLEAU *indiquant l'assimilation, pour la pension de retraite, des fonctionnaires provenant de l'inspection de la marine, nommés au moment de la formation.*

DÉSIGNATION des grades dans l'inspection des COLONIES	DÉSIGNATION du grade de la marine servant de base à la FIXATION DE LA PENSION
Inspecteur général de 1re ou 2e cl.	Inspecteur en chef
— de 1re classe	Inspecteur
— de 2e —	Capitaine de frégate

2. — 29 novembre 1887. — ARRÊTÉ MINISTÉRIEL *concernant le fonctionnement de l'inspection des colonies.*

TITRE PREMIER

SERVICE CENTRAL

Article premier. — Les attributions du service central de l'inspection des colonies, sont fixées ainsi qu'il suit :

Examen et visa, avant décision, de tous rapports et projets de décret concernant les services coloniaux, de tous rapports ou dépêches portant nominations ou promotions, augmentation de personnel, mission en France ou à l'étranger, entraînant engagement ou liquidation de dépenses, — de toutes ordonnances, propositions de paiement ou répartitions de fonds, de toutes propositions de concession de traitement, d'allocations précaumes ou autres, de tous cahiers des charges, marchés, transactions, contrats ou engagements de toute sorte, — de toutes questions relatives à l'interprétation des règlements administratifs, et de toutes affaires litigieuses ou contentieuses instruites par les divisions, sans exception de juridiction, — de toutes propositions relatives à la mainlevée des cautionnements, à la constitution des débets envers l'Etat, et aux exonérations à titre gracieux, — de tous mémoires de propositions de pensions et secours, — de toutes affaires ressortissant au département de la marine et des colonies, et tendant à constituer l'Etat débiteur, soit sur les fonds du budget des colonies, soit sur ceux d'un autre département.

Vérification sur place des documents officiels de toute nature, ressortissant aux divers services de l'administration centrale, assistance aux travaux des commissions chargées à Paris de passer des marchés et de procéder à des recettes, — examen des comptes courants tenus à la comptabilité centrale des fonds, correspondance du Sous-secrétaire d'Etat avec les inspecteurs en permanence dans les colonies, — préparation des instructions à donner à l'inspection mobile, examen et suite des rapports de l'inspection permanente, — discussion contradictoire des questions que peut soulever l'inspection extérieure, — travail de nomination et de mouvement dans le corps de l'inspection des colonies.

TITRE II
SERVICE MOBILE

Art. 2. — L'inspecteur général ou l'inspecteur envoyé en mission dans une colonie est chargé d'inspecter toutes les parties des services administratifs et financiers de ladite colonie.

Art. 3. — Il reçoit du ministre des finances des instructions en ce qui concerne les services financiers des colonies qu'il est chargé de visiter. Le département de la marine et des colonies avise, à cet effet, celui des finances des inspections projetées, en laissant un délai suffisant pour que ses instructions puissent être préparées et remises en temps utile.

La transmission des instructions aux inspecteurs mobiles et les réponses de ces derniers, se font par l'intermédiaire du service central de l'inspection au ministère de la marine et des colonies. Le ministre de la marine et des colonies adresse à son collègue des finances la partie des rapports des inspecteurs généraux et inspecteurs, concernant le service financier des colonies.

Art. 4. — Pendant son séjour aux colonies, l'inspecteur général ou l'inspecteur en mission, est investi de tous les droits attribués à l'inspecteur permanent par les art. 4, 5 et 6 du décret du 25 novembre 1887.

Il peut requérir l'inspecteur permanent de procéder à toute vérification ou opération ressortissant à ses fonctions.

Il donne des notes sur le personnel attaché à l'inspection permanente. Il adresse au ministre un rapport sur le résultat de sa mission.

TITRE III
SERVICE PERMANENT

Art. 5. — L'inspecteur a le droit d'assister à toutes les commissions, ainsi qu'à l'accomplissement de toutes les opérations administratives; il reçoit, à cet effet, de l'administration, en temps utile, avis de toute convocation de commission ou de toute autre réunion à laquelle il a le droit et le devoir d'assister.

L'inspecteur siège toujours en face du président, et a le droit de faire insérer ou annexer ses observations aux procès-verbaux, qu'il signe.

Art. 6. — L'inspecteur est prévenu à l'avance des vérifications mensuelles et inopinées des caisses et des écritures auxquelles le directeur de l'intérieur procède ou fait procéder chez les comptables locaux.

Il est prévenu, par le chef du service administratif, des vérifications de même nature que ce fonctionnaire effectue chez les comptables de son service.

Il est également prévenu par le directeur de l'administration pénitentiaire, lorsque celui-ci procède à la vérification des caisses de la transportation et de la relégation.

Art. 7. — L'inspecteur est tenu d'aviser, au moment même, suivant le cas, le directeur de l'intérieur, le chef du service administratif ou le directeur de l'administration pénitentiaire, quand il juge à propos de procéder à une vérification inopinée de la caisse et des écritures des comptables.

Lorsqu'il s'agit des caisses de l'Etat, deux expéditions du procès-verbal de vérification sont adressées, sans retard, par les soins de l'inspecteur, au ministre de la marine. L'une de ces expéditions est destinée au ministre des finances.

Art. 8. — L'inspecteur, procédant à une vérification d'écritures, constate l'opération sur le journal par un visa et par un arrêté.

Art. 9. — Les cahiers des charges sont communiqués à l'inspecteur avant l'adjudication, afin qu'il puisse assister, s'il le juge nécessaire, aux différentes opérations qui seront la conséquence de leur exécution.

Art. 10. — Si le commissariat ne remplit pas ses obligations relativement aux revues d'effectif des corps de troupe d'infanterie et d'artillerie, des troupes indigènes et autres, l'inspecteur en fait l'observation au gouverneur.

Il peut requérir l'administration de procéder à des revues inopinées, après avis préalable adressé au gouverneur.

Art. 11. — L'inspecteur reçoit du commissaire aux revues l'avis de l'apposition et de la levée des scellés sur les effets et papiers provenant de la succession des fonctionnaires décédés dans la colonie. Il peut assister à ces opérations, comme à la vente desdits effets, et doit recevoir communication de la liquidation de la succession.

Art. 12. — Il s'assure de la régularité des dépenses faites au titre des bâtiments des stations locales. Il veille à ce que le commissariat procède à la vérification de la comptabilité de ces bâtiments, et, dans le cas où ces opérations n'auraient pas lieu, il en rend compte au gouverneur.

Art. 13. — L'inspecteur s'assure qu'il est procédé régulièrement à la constatation de la présence des ouvriers sur les travaux aux heures réglementaires, et peut faire procéder, dans les divers services, à des contre-appels de ces mêmes ouvriers par le maître, le contre-maître, le surveillant militaire ou autre.

Art. 14. — L'inspecteur s'assure de la bonne tenue des matricules de l'inscription maritime et de l'exécution des règles relatives à la police de la navigation.

Art. 15. — L'inspecteur s'assure que les travaux exécutés résultent d'ordres supérieurs, que les consommations sont régulièrement établies, que les dépenses en matières et en journées sont pleinement justifiées par la nature des travaux. Il peut, à cet effet, requérir tout métrage, cubage, ou toute constatation comparative.

Art. 16. — L'inspecteur peut requérir les chefs d'administration de faire opérer des recensements partiels et inopinés de matériel ou de vivres. Ces recensements ont lieu immédiatement.

Art. 17. — L'inspecteur, à la suite des vérifications, des investigations auxquelles il se livre, et lorsqu'il relève des irrégularités, fait usage, par spécialité de service, de l'imprimé n° 3, sur lequel est consignée l'observation de l'inspection.

Si l'imprimé est émargé d'une réponse du chef de service, confirmée par le chef d'administration, reconnaissant fondée l'observation de l'inspection, l'instruction ne va pas plus loin.

Si le dissentiment continue à subsister entre l'inspecteur et le chef d'administration, le litige est porté, avec les notes échangées, devant le gouverneur, qui donne la solution et indique qu'il la propose au ministre.

Si le gouverneur statue dans un sens qui donne satisfaction aux observations de l'inspection, le litige prend fin.

Si le gouverneur ne croit pas devoir statuer, ou s'il prononce dans un sens contraire aux observations de l'inspection, il doit en écrire sans retard au ministre, sous le timbre de la direction que l'affaire concerne, en transmettant l'imprimé n° 3 annoté.

De son côté, l'inspecteur est tenu de rendre compte au ministre, sous le timbre central de l'inspection, dans le délai d'un mois à partir du jour où il a présenté ses observations à l'autorité supérieure, en indiquant la nature et l'objet du débat, et les motifs qui le portent à maintenir son opinion.

Art. 18. — L'inspecteur peut faire des tournées d'inspection administrative et financière dans la colonie.

L'autorité met à sa disposition les moyens matériels nécessaires à l'accomplissement de sa mission. Il prévient le gouverneur et rend compte au ministre.

Art. 19. — L'inspecteur tient enregistrement des correspondances avec le ministre, avec le gouverneur, ainsi que de ses observations adressées aux chefs d'administration et de service.

Cet enregistrement est visé par l'inspecteur général en mission.

Art. 20. — L'inspecteur nomme directement les employés de l'inspection et fixe le traitement dans la limite des fonds de l'abonnement accordé par le décret du 27 novembre 1887 (1).

Les services rendus dans cette situation ne peuvent ouvrir aucun droit à pension en faveur de ces employés

Les commissions délivrées à ces employés sont visées par le gouverneur.

Art. 21. — L'inspecteur adresse le 1er février, au ministre, un compte-rendu annuel sur la situation des services administratifs et financiers de la colonie. Toutes les propositions de réforme ou amélioration qu'il croit devoir présenter, sont communiquées préalablement au gouverneur, afin que ce dernier puisse faire parvenir au ministre les observations que ces propositions lui semblent comporter.

Art. 22. — A son entrée en fonction, l'inspecteur fait la première visite au commandant supérieur des troupes, au commandant de la marine, aux chefs d'administration, au président de la cour, au supérieur ecclésiastique (évêque ou préfet apostolique) aux membres civils du conseil privé, au président du conseil général, et aux chefs de corps pourvus d'un grade d'officier supérieur.

Cette visite lui est rendue dans les 24 heures.

Il reçoit la visite des autres fonctionnaires du gouvernement et la rend, dans les 24 heures, aux conseillers de la cour, aux membres du tribunal de 1re instance, au juge de paix, au curé de la paroisse et aux chefs de service.

Art. 24. — Dans les fêtes et cérémonies publiques, l'inspecteur reçoit les convocations du gouverneur, prend rang avec les chefs d'administration, et, dans l'ordre de préséance, après le Procureur général.

3. — 27 août 1889. — DÉCRET *appliquant à l'Annam et au Tonkin le contrôle de l'inspection permanente des colonies.*

Article premier. — Le contrôle est exercé par un inspecteur permanent dans le Protectorat de l'Annam et du Tonkin.

Ce fonctionnaire recevra, à titre d'indemnité pour frais d'employés et d'abonnement pour fournitures de bureau, des allocations égales à celles qu'alloue à l'inspecteur permanent de la Cochinchine le tarif n° 2 annexé au décret susvisé du 25 novembre 1887.

Art. 2. — Le contrôle est exercé dans le Protectorat du Cambodge par l'inspecteur chargé, en Cochinchine, du service permanent de l'inspection.

Art. 3. — Le Président du conseil, ministre du commerce, de l'industrie et des colonies, est chargé de l'exécution du présent décret, qui sera inséré au *Journal officiel* de la République française, au *Bulletin des lois* et au *Bulletin officiel* de la marine et de l'administration des colonies. — CARNOT.

4. — 21 novembre 1889. — ARRÊTÉ *promulguant le décret du 9 août 1889 sur le mode de nomination des inspecteurs des colonies de 3e classe.*

Est promulgué dans toute l'étendue de l'Indo-Chine, le décret du 9 août 1889, relatif au personnel du corps de l'inspection des Colonies. — PIQUET.

DÉCRET *du 9 août 1889*

Article premier. — L'article 15 du décret du 25 novembre 1887 est remplacé par l'article suivant :

« Article 15. — Les inspecteurs de 3e classe sont nommés soit au concours, soit au choix, parmi les inspecteurs adjoints de la marine et les inspecteurs des finances.

« Peuvent être admis au concours :

« 1° Les commissaires adjoints de la marine et des colonies ;

(1) Tableau annexé au décret du 27 novembre 1887, sous la rubrique « *Tarif n° 2, frais d'employés, et abonnements pour fournitures de bureau* (art. 6 du décret) », ne vise pas les pays de Protectorat ; la Cochinchine seule y figure pour une somme annuelle de 5.090 francs.

« 2° Les sous-commissaires de la marine et des colonies ayant au moins trois ans de grade au jour de l'ouverture du concours ;

« 3° Les sous-chefs de bureau de l'administration centrale des colonies, sans condition de temps et de grade, et les commis principaux rédacteurs réunissant trois ans de service dans leur emploi au jour de l'ouverture du concours ;

« 4° Les secrétaires généraux des directions de l'intérieur comptant au moins six ans de service dans les colonies ;

« 5° Les sous-directeurs de l'administration pénitentiaire à la Guyane et à la Nouvelle-Calédonie ;

« 6° Les chefs de bureau de 1re classe des directions de l'intérieur aux colonies réunissant trois ans de service dans leur emploi, à la date de l'ouverture du concours.

« Les uns et les autres de ces candidats devront, au préalable, avoir été autorisés à concourir par le Ministre chargé des colonies.

« Les nominations sont faites suivant l'ordre de classement arrêté à la suite du concours.

« Un arrêté ministériel détermine le programme, l'époque d'ouverture et les conditions des concours pour l'admission à l'emploi d'inspecteur de 3e classe.

« Peuvent être nommés, au choix et sans concours, inspecteurs de 3e classe des colonies, les inspecteurs adjoints de la marine et les inspecteurs des finances qui, après un stage dans le service de l'inspection des colonies, auront été agréés par le Ministre.

« Les tours de nomination sont établis ainsi qu'il suit :

« 1er tour. — Concours ;

« 2e tour. — Inspecteurs adjoints de la marine et inspecteurs des finances ;

« 3e tour. — Concours. »

Art. 2. — Jusqu'au 1er janvier 1890, les inspecteurs adjoints de la marine pourront, par une nouvelle application des dispositions transitoires prévues à l'article 20 du décret précité du 25 novembre 1887, être nommés au grade d'inspecteur de 2e classe des colonies.

Ils seront nommés par décret du Président de la République, feront définitivement partie des cadres de l'inspection des colonies, et prendront rang entre eux, dans leur nouveau grade, tant au point de vue de l'ancienneté relative qu'à celui du temps exigé pour l'avancement, du jour de leur nomination dans le corps de l'inspection de la marine.

Art. 3. — Les dispositions de l'article 21 du décret du 25 novembre 1887, seront applicables aux inspecteurs de 2e classe des colonies provenant, dans les conditions déterminées à l'article 2 du présent décret, du corps de l'inspection de la marine.

Art. 4. — Les vides restant dans les cadres de l'inspection des colonies, après les nominations prévues à l'article 2 du présent décret, seront comblés par les inspecteurs et inspecteurs adjoints en excédent au cadre de l'inspection de la marine. Ces fonctionnaires continueront à être détachés et traités conformément aux dispositions du décret du 20 juillet 1887.

A compter du jour où le cadre aura été ramené à son effectif normal, les inspecteurs et inspecteurs adjoints de la marine cesseront d'être appelés à concourir au service de l'inspection des colonies.

Art. 5. — Sont abrogées les dispositions du décret du 25 novembre 1887, en ce qu'elles ont de contraire à celles du présent décret.

Art. 6. — Le Ministre du commerce, de l'industrie et des colonies, et le Ministre de la marine sont chargés, chacun en ce qui le concerne, de l'exécution du présent arrêté, qui sera inséré au *Journal officiel*, au *Bulletin des lois* et au *Bulletin officiel* de la marine et des colonies. — CARNOT.

5. — 14 mai 1890. — ARRÊTÉ *déterminant le mode de communication, à l'inspection des colonies, des pièces soumises à son visa.*

Article premier. — Il sera donné connaissance à l'inspection, de tous les arrêtés, ordres, décisions ou circulaires émanant, soit du Gouverneur général, soit des chefs d'administration ou de service.

Cette communication sera faite assez à temps par les diverses autorités résidant à Hanoï, pour que des observations puissent être, s'il y a lieu, présentées avant exécution des ordres donnés.

Dans le cas où ces divers actes seraient assez importants pour nécessiter l'impression, l'inspection sera comprise dans la distribution du tirage spécial ordonné. Afin de constituer les archives du contrôle, MM. les chefs d'administration et de service adresseront à l'inspecteur un exemplaire de ce qui a paru jusqu'à ce jour.

Art. 2. — Les affaires destinées à être soumises au Conseil du Protectorat seront communiquées en temps utile à l'inspecteur pour qu'il puisse en prendre connaissance avant la séance. Les dossiers seront accompagnés de toutes les pièces nécessaires à leur étude.

Art. 3. — L'inspecteur recevra communication de toutes les dépêches ministérielles, manuscrites ou télégraphiques, à l'exception de celles auxquelles le Département attribuera le caractère de document confidentiel ou secret.

Art. 4. — Les cahiers des charges rédigés par les diverses administrations, en vue d'une adjudication publique, seront, avant d'être approuvés par l'autorité chargée de leur donner la sanction, soumis au visa préalable de l'inspecteur ; un exemplaire des affiches annonçant l'adjudication lui sera adressé en même temps que la publication en sera faite.

Les procès-verbaux d'adjudication, avec les soumissions et pièces à l'appui, seront, avant d'être présentés à l'approbation du Gouverneur général, soumis au visa de l'inspecteur.

Art. 5. — Quand il y aura lieu de traiter de gré à gré, le projet de marché sera communiqué avec les pièces composant le dossier de l'affaire. La convocation aux fournisseurs sera également présentée au contrôle et constituera notification suffisante pour la séance d'ouverture des offres. Avant d'être soumis à l'approbation de l'autorité supérieure, les marchés seront revêtus du visa de l'inspection.

Art. 6. — La procédure sera la même pour les achats sur simple facture, c'est-à-dire que l'inspection aura connaissance de l'appel d'offres et du jour fixé pour l'ouverture des soumissions.

Art. 7. — Les baux, contrats, affermages, actes de concession de mines, terrains et autres biens domaniaux, seront soumis au visa de l'inspecteur avant d'être rendus définitifs par l'approbation de l'autorité compétente.

Les dossiers de l'instruction de ces diverses affaires seront joints aux contrats.

Art. 8. — Les divers marchés, contrats et autres actes administratifs émanant des services de l'Annam seront, lorsque la sanction du gouverneur général sera réclamée, communiqués préalablement par le directeur du cabinet du gouverneur général au service de l'inspection.

Art. 9. — Dans le cas où des modifications quelconques seraient reconnues nécessaires aux marchés, baux et contrats primitifs, l'inspection aura connaissance de ces actes additionnels, comme s'il s'agissait d'un nouveau contrat.

Art. 10. — Une copie certifiée conforme de tous marchés, concessions, baux, actes d'affermages etc..., sera toujours remise à l'inspection.

Les archives de ce service n'existant pas encore, il y aura lieu de les constituer par le dépôt d'un exemplaire de tous les contrats actuellement en vigueur.

Art. 11. — Les demandes de matériel, les propositions d'achats et de travaux à adresser soit en France, soit, le cas échéant, à l'étranger, seront, avant leur envoi au Gouvernement général, revêtues de l'attache de l'inspection. Les situations, états d'approvisionnement et autres pièces justifiant la proposition seront communiqués en même temps, afin de mettre l'inspecteur à même de formuler ses observations.

Art. 12. — Les propositions de transactions, de remises d'amendes ou de pénalités quelconques devront toujours, avant leur présentation à l'approbation de l'autorité compétente, être revêtues de l'attache du contrôle, auquel elles seront présentées avec les pièces justificatives à l'appui.

Art. 13. — L'inspection sera avertie, en temps utile, de la réunion des diverses commissions appelées à fonctionner à Hanoi à titre permanent ou extraordinaire ; cet avis, donné assez tôt pour que l'inspecteur puisse assister aux séances, résultera, soit de la présentation dans ses bureaux de la convocation collective des divers membres, soit d'une invitation individuelle, si ce mode de procéder est adopté pour les autres fonctionnaires faisant partie de la commission. Les diverses autorités chargées de diriger ce service auront à s'assurer que cette formalité a été remplie.

Art. 14. — Les mandats de paiement seront, avant d'être revêtus de la signature de l'ordonnateur, soumis au visa de l'inspection avec les pièces à l'appui de la dépense.

Art. 15. — L'inspecteur sera toujours avisé des vérifications de caisse, recensements de matériel, inventaires de fin d'année ou de changement de comptable, enfin de toutes les opérations ayant pour objet les constatations périodiques ou éventuelles des deniers ou matières formant l'avoir du Protectorat. Les procès-verbaux, rapports et propositions de l'administration, concernant ces diverses opérations, seront toujours communiqués à l'inspection avec les pièces à l'appui, avant d'être soumis à l'approbation du Gouvernement général.

Art. 16. — Les réquisitions de passage, soit pour les officiers, fonctionnaires et agents, soit pour leurs familles, seront communiquées avant la mise en route, à l'inspection.

Les dispositions du présent article ne sont applicables qu'en ce qui concerne les départs de Hanoi.

Art. 17. — Les propositions de fixation de tarifs de solde, salaires, ou suppléments, les modifications aux tarifs existant, seront, avant approbation, présentées au visa de l'inspection. Il en sera de même des demandes d'indemnités, secours, gratifications, délivrances extra-règlementaires de vivres ou de matériel, en un mot de toutes les mesures ayant pour conséquence de créer une charge nouvelle, permanente ou temporaire, au budget du Protectorat.

Les actes de cette nature, émanant des services de l'Annam, seront communiqués par le directeur du cabinet avant d'être revêtus de la signature du Gouverneur général.

Art. 18. — L'inspecteur recevra communication des revues de liquidation des corps de troupes ; ces documents seront accompagnés de toutes leurs annexes.

Art. 19. — Les états de liquidation de cessions de vivres ou de matériel, soit aux services publics, soit à des particuliers, seront soumis au visa de l'inspecteur, accompagnés des pièces à l'appui et de l'autorisation accordée par l'autorité compétente.

Art. 20. — Quand l'administration aura à prendre la gestion de la succession d'officiers, fonctionnaires, employés ou agents décédés dans le Protectorat, elle avisera l'inspection de l'apposition et de la levée des scellés, ainsi que de la vente ultérieure des objets ou valeurs composant la succession.

Un exemplaire des affiches sera remis à l'inspecteur, qui recevra également communication de la liquidation.

Art. 21. — L'inspecteur sera avisé en temps utile, par l'administration des domaines, des ventes de toute nature qu'elle aura à faire pour le Protectorat. Cette notification résultera de l'envoi à l'inspection d'un exemplaire des placards annonçant au public la mise aux enchères.

Art. 22. — Il sera remis à l'inspection un exemplaire de tous les documents périodiques publiés dans le Protectorat de l'Annam et du Tonkin.

Art. 23. — Il sera répondu dans les huit jours aux observations que l'inspecteur croira devoir adresser aux divers services. Dans le cas où une solution complète n'aurait pu être donnée dans ce délai aux questions soulevées, l'autorité à laquelle la note aura été remise fera connaître à l'inspecteur la situation actuelle de l'affaire, et la suite qu'elle se propose d'y donner.

Art. 24. — Les diverses administrations auront le soin de préparer le visa de l'inspecteur sur toutes les pièces à lui soumettre, par l'inscription de la formule :

VU :

L'inspecteur des colonies,

Art. 25. — Le présent arrêté sera inséré au *Journal officiel* et au *Bulletin* du Protectorat. — PIQUET.

———

6. — 11 octobre 1893. — PROMULGATION *du décret du 30 août 1893, modifiant l'art. 23 de celui du 3 février 1891, sur l'inspection des colonies* (1).

Est promulgué dans toute l'étendue de l'Indo-Chine, le décret du 30 août 1893, portant modification de l'article 23 du décret du 3 février 1891. — DE LANESSAN.

DÉCRET *du 30 août 1893.*

Article premier. — Est modifié comme suit l'article 23 du décret du 3 février 1891 (2).

Art. 2. — Le ministre du commerce, de l'industrie et des colonies est chargé de l'exécution du présent décret, qui sera inséré au *Bulletin officiel* de l'Administration des colonies. — CARNOT.

(1) Rectifié d'après l'erratum publié au *Journal officiel* du 17 avril 1893, n° 40.
(2) Voir le texte d'autre part.

TEXTE ANCIEN	TEXTE NOUVEAU
A leur arrivée dans une colonie, les inspecteurs généraux et les inspecteurs chefs de mission doivent la première visite au Gouverneur. Cette visite leur est rendue dans les vingt-quatre heures. Il n'y a pas d'autres visites obligatoires pour les fonctionnaires de l'inspection des colonies en mission.	A leur arrivée dans une colonie, les inspecteurs généraux et les inspecteurs chefs de mission doivent la première visite au Gouverneur. Cette visite leur est rendue dans les vingt-quatre heures. Les inspecteurs généraux reçoivent la visite des chefs d'administration ou chefs de service, membres du conseil privé et du président du conseil général; ils la rendent dans les vingt-quatre heures. Ils reçoivent la visite des divers chefs de service au jour fixé, après entente avec le Gouverneur. Les inspecteurs chefs de mission font la première visite aux chefs d'administration, ou chefs de service membres du Conseil privé et au président du Conseil général. Cette visite leur est rendue dans les 24 heures. Ils reçoivent la visite des autres chefs de service au jour fixé d'accord avec le Gouverneur, et ils rendent ces visites dans les vingt-quatre heures au trésorier-payeur et au médecin en chef.

INSTITUT MICROBIOLOGIQUE. — Voy.: Vaccine.

INSTRUCTIONS ADMINISTRATIVES. — Voy.: Organisation administrative.

INSTRUCTION PUBLIQUE

1. — 26 décembre 1888. — CIRCULAIRE MINISTÉRIELLE *autorisant les fonctionnaires coloniaux, candidats à la licence en droit, à faire une déclaration d'étude dans la colonie même où ils sont en service.*

J'ai l'honneur de vous informer que, sur la demande du département, M. le Ministre de l'instruction publique, dans le but de faciliter aux fonctionnaires en service aux colonies les moyens d'entreprendre les études juridiques, a bien voulu arrêter les dispositions suivantes :

Dans les colonies où il n'existe par d'école de droit, le chef du service de l'instruction publique (vice-recteur à la Réunion, secrétaire général en Cochinchine, directeur de l'intérieur ou fonctionnaire en remplissant l'emploi dans les autres établissements d'outre-mer) recevra les déclarations des candidats qui veulent entreprendre l'étude du droit.

Cette déclaration, faite dans la colonie au début de chaque année scolaire, c'est-à-dire entre le 1er novembre et le 31 décembre inclus, *limite extrême*, sera consignée, dans la forme indiquée au tableau joint à la présente circulaire, sur un cahier spécial ou registre à souche dont chaque feuillet sera divisé en deux parties. L'une restera attachée au registre pour faire foi de la déclaration du candidat. L'autre sera transmise dans le plus bref délai par l'administration locale au département qui la fera parvenir, par l'intermédiaire du ministre de l'instruction publique, à celle des facultés de la métropole devant laquelle le candidat aura déclaré vouloir subir les examens. Celles-ci ont leur siège à Paris, Aix-en-Provence, Bordeaux, Caen, Dijon, Grenoble, Lille, Lyon, Montpellier, Nancy, Poitiers, Rennes et Toulouse. Une école de droit est en outre établie à Alger ; les candidats coloniaux pourront également y passer leurs examens.

Lors de la première année d'études, le certificat de déclaration mentionné ci-dessus devra toujours être accompagné d'une expédition légalisée de l'acte de naissance du postulant, et de son diplôme de bachelier ès lettres, ou d'une copie conforme dûment certifiée par les autorités locales.

Cette déclaration, qui sera enregistrée par la faculté, permettra à l'étudiant, à son arrivée dans la métropole, de prendre en une seule fois les quatre inscriptions nécessaires afin de se présenter au premier examen (1er de baccalauréat), quand il se sera écoulé une année scolaire depuis le jour de ladite déclaration ; de telle sorte qu'un candidat qui aura fait sa déclaration dans le délai fixé ci-dessus, pourra se présenter à l'examen l'année suivante, à la session de fin d'année, c'est-à-dire en juillet. Quant à la date de l'ouverture de la session, elle est arrêtée chaque année par la faculté.

Les étudiants fonctionnaires coloniaux devront, par suite, être rendus au siège de la faculté désignée par eux, un laps de temps suffisant avant l'ouverture de la session, afin d'y prendre les quatre inscriptions règlementaires.

En outre, comme le fonctionnaire ne peut pas, le plus souvent, revenir chaque année en France, il est entendu qu'après avoir pris quatre inscriptions et passé le premier examen, il sera autorisé à prendre immédiatement quatre autres inscriptions pour se présenter au 2e examen (2e de baccalauréat) pourvu qu'il se soit écoulé deux années scolaires depuis sa déclaration de commencement d'études, et sous la condition que le premier examen aura été subi avec succès.

Il en sera de même pour l'examen de troisième année (examen de licence), si trois années scolaires se sont écoulées depuis la première déclaration. De cette façon, le fonctionnaire pourra, s'il le désire, ne faire qu'un unique voyage en France et passer successivement les examens afférents aux trois années d'études.

En cas d'insuccès à l'un des examens de 1re, 2e et 3e année, le candidat sera ajourné à la session du mois de novembre suivant. S'il a été admis à une partie de l'examen, soit à la session de juillet, soit à celle de novembre, il pourra se présenter pour l'autre partie à une session spéciale qui a lieu au commencement de janvier.

Il est expressément stipulé que cette dérogation aux règlements, motivée par une nécessité de service public, est absolument réservée aux fonctionnaires coloniaux. Ceux-ci devront de leur côté, afin de ne pas entraver la bonne marche du service, aviser le chef du service de l'époque à laquelle ils comptent se rendre en France et solliciter en temps utile, soit un congé administratif, s'ils réunissent les conditions exigées, soit un congé pour affaires personnelles. En aucun cas, les dispositions de l'art. 11 du décret du 1er juin 1875, relatif aux congés accordés aux officiers du corps de la marine, ne pourront, par assimilation, leur être appliquées.

Il n'est apporté aucune modification aux règles suivies jusqu'ici pour les étudiants de la Martinique et des établissements français dans l'Inde, qui continueront, comme par le passé, à faire leurs études de droit aux écoles de Fort-de-France et de Pondichéry.

Les fonctionnaires en service à la Guadeloupe et à la Guyane conserveront la faculté d'entreprendre leurs études à l'école de droit de la Martinique.

Les dispositions qui précèdent ne pourront qu'encourager les divers fonctionnaires coloniaux à entreprendre l'étude du droit.

ANNEXES *à la circulaire du 26 décembre 1889.*

I. — MODÈLE DU REGISTRE DES DÉCLARATIONS D'ÉTUDE

COLONIE DE

DÉCLARATION D'ÉTUDES DE DROIT

Je soussigné (*nom, prénoms et qualité*)

né le   189 ,

à   déclare par le présent vouloir

entreprendre}
ou   } l'étude du droit et me présenter aux examens
continuer }

de   * année devant la Faculté de droit de

A   , le   189 .

Signature:

⊙ Timbre ⊙
⊙   du   ⊙
⊙ chef de service ⊙

Approuvé:
*Le (qualité)
chef du service de l'instruction
publique à*

(Partie à conserver dans la Colonie).

COLONIE DE

CERTIFICAT

DE DÉCLARATION D'ÉTUDES DE DROIT

Le soussigné (*qualité*)

Chef du service de l'Instruction publique à

certifie qu'à la date du

M. (*nom et prénoms, fonction*)

né le   189 , à   a déclaré vouloir

entreprendre) l'étude du droit et a témoigné l'intention de
ou   } se présenter aux examens de   * année
continuer }

devant la Faculté de droit de

A   , le   189 .

⊙ Timbre ⊙
⊙   du   ⊙   *Signature:*
⊙ chef de service ⊙

N.-B. — La présente déclaration devra être envoyée, *dans le plus bref délai possible,* au Ministère de la marine et des colonies et sera, en cas de commencement d'études, accompagné de l'acte de naissance et du diplôme de bachelier ès lettres du candidat.

II. — EXTRAIT *de la loi du 28 décembre 1880, déterminant les conditions d'études et d'admission aux grades de bachelier et de licencié dans les facultés de droit.*

Article premier. — La durée des études pour obtenir le grade de licencié en droit est de trois ans.

Les étudiants doivent prendre douze inscriptions trimestrielles, suivre les cours correspondant à chaque année et subir trois examens.

Art. 2. — La première inscription doit être prise au commencement du premier trimestre de l'année scolaire . . . .

Art. 5. — Chaque étudiant subit, à la fin de l'année scolaire, un examen portant sur toutes les matières enseignées pendant l'année.

Le deuxième examen confère le grade de bachelier en droit, le troisième celui de licencié en droit.

Les trois examens sont divisés en deux parties, subies chacune, à deux jours consécutifs, devant un jury composé de trois examinateurs.

Ils portent sur les objets suivants :

1er année (1er de baccalauréat)

1re partie.. { Droit romain ;
             { Histoire générale du droit français.
2e partie... { Code civil ;
             { Droit criminel.

2e année (2e de baccalauréat)

1re partie.. { Droit romain ;
             { Économie politique.
2e partie... { Code civil ;
             { Procédure civile.

3e année (Examen de licence)

1re partie.. { Droit administratif ;
             { Droit commercial ;
2e partie... { Code civil ;
             { Droit international privé.

Chaque partie de l'examen donne lieu à trois suffrages.

Chacune des matières de l'épreuve fait nécessairement l'objet d'une interrogation ; une troisième interrogation porte, au gré du troisième examinateur, sur l'une ou sur l'autre de ces matières.

Art. 6. — Tout candidat qui a mérité une boule noire et une rouge-noire, ou trois rouges-noires, est ajourné.

Le candidat admis à la première ou à la seconde partie de l'examen et ajourné sur l'autre, conserve le bénéfice de la partie où il a réussi.

Art. 7. — L'examen de 1re année doit être subi après la quatrième inscription et avant la cinquième ; l'examen de seconde année, après la huitième inscription et avant la neuvième ; l'examen de troisième année ne peut être subi qu'après la douzième inscription.

A cet effet, il est tenu deux sessions ordinaires, à la fin et au commencement de l'année scolaire, en juillet et en novembre ; la date de l'ouverture des sessions est arrêtée par la faculté, sous l'approbation du recteur. Aucun examen isolé ou collectif ne peut avoir lieu *extra tempora.*

Tout étudiant doit, à moins d'une autorisation du conseil de la faculté, qui n'est accordée que pour cause grave, subir l'examen de fin d'année à la session de juillet ; sont seuls admis à se présenter en novembre, ceux qui ont été ajournés à la session de juillet, ou autorisés par le conseil de la faculté à ne pas se présenter à cette session.

L'étudiant qui n'a passé à la session de novembre

ni l'une ni l'autre des deux parties de l'examen de l'année scolaire précédente, soit qu'il n'ait pas subi les épreuves, soit qu'il ait été refusé, est ajourné à la session de fin d'année de l'année suivante; il ne peut prendre aucune inscription pendant le cours de cette année.

L'étudiant qui a été admis à une partie de l'examen, soit à la session de juillet, soit à celle de novembre, peut se présenter pour l'autre partie à une session spéciale, qui a lieu au commencement de janvier; en cas d'admission, il peut prendre rétroactivement l'inscription de novembre conjointement avec celle de janvier; en cas d'ajournement, il est définitivement renvoyé à la fin de l'année scolaire, avec suspension du cours des inscriptions.

Art. 8. — Les étudiants qui n'ont passé l'examen de fin d'année qu'à la session de novembre, peuvent prendre la cinquième ou la neuvième inscription jusqu'au 30 novembre.

Art. 9. — Tout élève doit subir l'examen de fin d'année dans la faculté où il a pris les deux dernières inscriptions de l'année courante.

Tout élève ajourné doit se représenter devant la faculté qui a prononcé l'ajournement.

Il ne peut être dérogé à ces règles que par le conseil de la faculté. . . . .

III. — INSTRUCTIONS *du ministère de l'instruction publique, concernant les fonctionnaires des colonies, candidats à la licence en droit, du 1er février 1889.*

Afin de permettre aux fonctionnaires des colonies d'entreprendre les études juridiques et d'acquérir le titre de licencié en droit, j'ai pris, de concert avec mon collègue le ministre de la marine, les dispositions suivantes :

Dans les colonies où il n'existe pas d'école de droit, l'administration coloniale désignera un des fonctionnaires de l'Etat pour recevoir les déclarations des candidats qui veulent entreprendre l'étude du droit.

Cette déclaration, faite entre le 1er novembre et le 15 janvier, limite extrême, sera transmise dans le plus bref délai à la faculté de la métropole que l'étudiant aura choisie, par l'intermédiaire des ministres de la marine et de l'instruction publique.

La déclaration, qui sera enregistrée par la faculté, permettra à l'étudiant, à son arrivée en France, de prendre les inscriptions nécessaires afin de se présenter au premier examen quand il se sera écoulé une année scolaire depuis le jour de sa déclaration. En outre, comme l'étudiant ne peut, le plus souvent, revenir chaque année en France, il est entendu qu'après avoir pris quatre inscriptions et subi le premier examen, il sera autorisé à prendre quatre autres inscriptions pour se présenter au deuxième examen, pourvu qu'il se soit écoulé deux années scolaires depuis la déclaration de commencement d'études, et sous la condition que le premier examen aura été subi avec succès.

Il en sera de même pour la troisième année, si trois années scolaires se sont écoulées depuis la première déclaration.

Il est expressément entendu que cette dérogation aux règlements, motivée par une nécessité de service public, est absolument réservée aux fonctionnaires coloniaux.

Aucune modification n'est apportée aux règles suivies jusqu'à ce jour pour les étudiants de la Marti-

nique et des établissements français dans l'Inde, qui continueront, comme par le passé, à faire leurs études de droit aux écoles de Fort-de-France et de Pondichéry.

Je vous prie de porter ces dispositions à la connaissance de M. le Doyen et de l'inviter à donner à M. le Secrétaire les instructions nécessaires pour que les candidats venant des colonies et justifiant des conditions qui précèdent, puissent prendre, dès leur arrivée en France, les inscriptions réglementaires et se présenter aux examens (1).

Voy : **Enseignement primaire.**

INTERPRÈTES

1. — 27 février 1886. — DÉCISION *portant création d'une école d'interprètes à Hanoi.*

Article premier. — Une école d'élèves interprètes est créée à Hanoi, rue Dupuis. Les externes seuls y seront reçus jusqu'à concurrence de quarante, et seront répartis en deux divisions.

Art. 2. — M. Besançon, professeur stagiaire, est nommé directeur de ladite école ; il recevra, à ce titre, un supplément de mille francs.

Art. 3. — L'instituteur annamite de 3e classe Danh, et l'instituteur de 4e classe Tinh, seront attachés à cette école.

Art. 4. — Le directeur des affaires civiles et politiques est chargé de l'exécution de la présente décision. — WARNET.

---

2. — 10 mars 1886. — DÉCISION *instituant une commission chargée d'examiner les élèves interprètes.*

Article premier. — A la fin de chaque année scolaire, une commission se réunira à Hanoi pour y examiner les élèves que le directeur de l'école jugera aptes à servir d'interprètes.

Art. 2. — Tout élève qui aura subi avec succès l'examen dont le programme sera ultérieurement arrêté, pourra être nommé auxiliaire de 2e classe, suivant les besoins.

Il recevra en outre, à titre de gratification, une somme de quinze piastres.

Toutefois, la gratification ne lui sera acquise, et il ne pourra être nommé, qu'autant qu'il aura souscrit l'engagement de servir pendant six ans dans l'administration.

En cas d'inexécution de cette condition, il sera révoqué de plein droit et ne pourra plus être admis dans aucun service civil ou militaire.

Art. 3. — Le directeur de l'école recevra, pour chaque élève admis par la commission, une gratification de quinze piastres.

Art. 4. — Le directeur des affaires civiles et politiques est chargé de l'exécution de la présente décision. — WARNET.

---

3. — 17 mai 1886. — ARRÊTÉ *organisant le personnel des interprètes et des lettrés indigènes.*

Article premier. — Le personnel des secrétaires indigènes appelés à servir dans les différents bureaux du Protectorat comprend :

1o Des secrétaires principaux répartis en deux classes ;

---

(1) Ces instructions sont adressées à MM. les Recteurs d'Académie de la métropole.

2° Des secrétaires titulaires répartis en quatre classes ;

3° Des secrétaires auxiliaires répartis en quatre classes ;

4° Des élèves secrétaires formant une classe unique.

Art. 2. — Les soldes de ces employés sont fixées comme suit :

Modifié par arrêtés des 16 janvier 1891 et 11 juin 1892.

Art. 3. — Le corps des lettrés attachés aux Résidences se composera de lettrés principaux, titulaires, auxiliaires et élèves qui jouiront des mêmes soldes.

Art. 4. — Les interprètes chinois attachés aux résidences se divisent en interprètes principaux (deux classes), interprètes titulaires (quatre classes), interprètes auxiliaires (classe unique).

Les soldes des interprètes principaux et titulaires seront celles des secrétaires des classes correspondantes ; les interprètes auxiliaires seront assimilés, à ce point de vue, aux secrétaires auxiliaires de 1re classe.

Art. 5. — Les secrétaires, les lettrés et les interprètes chinois seront admis dans l'administration (après un examen dont le programme sera ultérieurement arrêté, et qui sera passé à Hanoi), les premiers en qualité d'élèves, les derniers comme interprètes auxiliaires.

Art. 6. — Le temps minimum de service exigé dans chaque classe pour obtenir l'avancement sera de :

Six mois pour les élèves ou auxiliaires des deux dernières classes ;

Un pour les auxiliaires des deux premières classes ;

Deux ans pour les titulaires (secrétaires, lettrés ou interprètes) ;

Trois ans pour les principaux (secrétaires, lettrés ou interprètes).

Art. 7. — Les secrétaires, lettrés ou interprètes principaux seront nommés par le Résident supérieur, les titulaires seront à la nomination des résidents, les auxiliaires et les élèves à celle des vice-résidents auxquels ils seront attachés.

Le Résident supérieur nommera directement tout le personnel indigène employé dans ses bureaux.

Le Directeur du cabinet et les résidents nommeront tout le personnel indigène appelé à servir sous leurs ordres, à l'exception des secrétaires, lettrés ou interprètes principaux.

Toute nomination contraire aux règles posées ci-dessus pour l'admission et l'avancement, sera considérée comme nulle et non avenue.

Art. 8. — Les secrétaires, lettrés ou interprètes principaux, ne pourront être révoqués ou licenciés que par décision du Résident général ; les titulaires le seront par le Résident supérieur, et tous les autres agents par les résidents, ou le directeur du cabinet pour les employés attachés à la Résidence générale.

Toutefois, le Résident supérieur pourra prononcer la révocation des auxiliaires et élèves servant dans ses bureaux.

Art. 9. — Les agents promus antérieurement au présent arrêté continueront à jouir de la solde qui leur est actuellement attribuée, et seront classés en conséquence. Ceux dont le traitement ne correspond exactement à aucun de ceux prévus au nouveau tarif, recevront la solde immédiatement supérieure à leurs émoluments actuels, avec le titre qui y est attaché.

Art. 10. — Le Résident supérieur est chargé de l'exécution du présent arrêté. — P. VIAL.

---

4. — 28 décembre 1886. — ARRÊTÉ *instituant cent bourses d'étude pour les étudiants indigènes élèves interprètes.*

Article premier. — Il est créé, pour les indigènes qui se destinent à l'interprétariat, cent bourses d'étude, de chacune dix ligatures par mois.

Art. 2. — Ces bourses seront accordées aux étudiants pauvres qui en feront la demande, et qui auront satisfait à l'examen d'entrée à l'école des interprètes.

Cet examen comprend :

1° Un exercice de lecture, d'écriture et d'interprétation des caractères chinois usuels (Le Tam-tu-kinh et les 4 livrets.)

2° Une composition de langue annamite vulgaire en caractères quoc-ngu,

3° Les quatre règles de l'arithmétique.

4° Un exercice sur le rudiment de la langue française écrite et parlée.

Art. 3. — Les boursiers seront tenus de se loger dans les environs immédiats de l'établissement scolaire dont ils dépendront.

S'il y avait insuffisance de locaux vacants à proximité de l'établissement scolaire, l'administration prendrait des mesures pour l'édification de cases annamites, qu'elle mettrait à la disposition des étudiants.

Art. 4. — Les boursiers devront assister très régulièrement aux cours et ne donner lieu soit dans l'école, soit au dehors, à aucune plainte sur leur tenue ou leur conduite.

Art. 5. — Toute infraction au règlement sera très sévèrement réprimée.

Après plusieurs plaintes successives, ou en cas d'absences répétées et non motivées, M. le Résident supérieur pourra, sur la proposition de M. l'inspecteur de l'enseignement, prononcer la radiation de l'étudiant coupable de la liste des boursiers.

Art. 6. — Le Résident supérieur p. i, au Tonkin est chargé de l'exécution du présent arrêté. — P. VIAL.

---

5. — 10 juin 1887. — ARRÊTÉ *portant suppression de l'emploi de directeur du collège des interprètes à Hanoi.*

M. Tran-nguyen-Hanh, professeur de chinois et d'annamite, chargé de la direction du collège des interprètes à Hanoi, est licencié de son emploi, qui est supprimé. — G. BIHOURD.

---

6. — 27 septembre 1887. — ARRÊTÉ *rétablissant le directeur du collège des interprètes à Hanoi.*

M. Larnaudie, instituteur de 1re classe, directeur de l'école de Nam-dinh, est nommé directeur du collège des interprètes à Hanoi (emploi rétabli), au traitement annuel de 7,000 francs. — RAOUL BERGER.

---

7. — 24 février 1889. — ARRÊTÉ *créant en Annam et au Tonkin un corps spécial d'interprètes et lettrés militaires.*

Rapporté par arrêté du 29 septembre 1889

8. — 29 octobre 1889. — Arrêté *rapportant celui du 24 février 1889, créant les interprètes et lettrés militaires* (1).

Article premier. — L'arrêté du 24 février 1889, portant création d'un corps spécial d'interprètes et de lettrés militaires, est et demeure rapporté.

Art. 2. — Les interprètes et lettrés militaires, actuellement en fonctions, seront, d'ici au premier janvier 1890, mis à la disposition du Résident supérieur au Tonkin, qui statuera sur leur maintien dans les services civils, ou leur licenciement.

Art. 3. — Des interprètes et des lettrés pourront, dans une proportion qui sera déterminée par le Gouverneur général, être détachés des services civils et mis, par le Résident supérieur, à la disposition du général commandant en chef, pour être affectés au service de l'état-major général et à celui des états-majors de brigade, ou attachés temporairement aux détachements militaires en cours d'opérations.

Art. 4. — Les interprètes et lettrés ainsi détachés continueront à recevoir la solde afférente à leur grade, sans supplément ni indemnité spéciale.

Art. 5. — Dans chaque détachement de tirailleurs tonkinois, un tirailleur indigène, gradé ou non, nommé par le général commandant en chef, remplira les fonctions d'interprète.

Il recevra un supplément de 0 $ 10 par jour, qui lui sera payé sur les soins du corps.

Art. 6. — Le général commandant en chef, le Résident supérieur au Tonkin et le chef des services administratifs sont chargés, chacun en ce qui le concerne, de l'exécution du présent arrêté. — PIQUET.

9. — 3 février 1890. — Arrêté *modifiant celui du 24 avril 1889, sur la composition et la solde du personnel asiatique.*

Article premier. — L'arrêté du 24 avril 1889 est modifié ainsi qu'il suit :

La composition et la solde du personnel asiatique, sont fixées ainsi qu'il suit :

Vingt secrétaires interprètes et élèves topographes cambodgiens à la solde mensuelle de 20 $;

Vingt agents subalternes à la solde mensuelle de 6 $.

Art. 2. — Le Résident supérieur au Tonkin est chargé de l'exécution du présent arrêté qui aura son effet à compter du 16 décembre 1889. — PIQUET.

10. — 30 mai 1890. — Arrêté *étendant aux interprètes et lettrés de la marine, les dispositions de celui du 29 octobre 1889.*

Article premier. — Les dispositions de l'arrêté du 29 octobre 1889 sont étendues aux interprètes et lettrés affectés au service de la marine du Tonkin.

Art. 2. — Les interprètes et lettrés actuellement au service de la marine seront, d'ici au 1er juillet 1890, mis à la disposition du Résident supérieur du Tonkin, qui statuera sur leur maintien dans les services civils, leur classement ou leur licenciement.

Art. 3. — Des interprètes et lettrés pourront, dans une proportion qui sera déterminée par le Gouverneur général, être détachés des services civils et mis par le Résident supérieur à la disposition de M. le Contre-amiral, commandant de la marine, pour être affectés au service de la division

navale et des canonnières fluviales de la flottille du Tonkin.

Art. 4. — Les interprètes et lettrés ainsi détachés continueront à recevoir la solde afférente à leur grade, sans supplément ni indemnité spéciale.

Art. 5. — Le contre-amiral chef de la division navale, le Résident supérieur au Tonkin, et le chef des services administratifs sont chargés, chacun en ce qui le concerne, de l'exécution du présent arrêté. — PIQUET.

11. — 16 janvier 1891. — Arrêté *modifiant les soldes des secrétaires, interprètes et lettrés indigènes, à compter du 1er février 1891* (1).

12. — 11 juin 1892. — Arrêté *modifiant les soldes annuelles des secrétaires-interprètes et lettrés du cadre des résidences.*

Article premier. — Les soldes annuelles des secrétaires-interprètes et des lettrés du cadre des résidences de l'Annam et du Tonkin, soit affectés au service des bureaux des résidences, soit affectés dans les divers services civils et militaires du Protectorat, seront fixées en piastres ainsi qu'il suit, à compter du 1er juillet 1892 :

Secrétaire-interprète et lettré titulaire de :

1re classe	625 $ 00
2e classe.	562 50
3e classe.	500 00
4e classe.	437 50
5e classe.	375 00
6e classe.	325 00

Secrétaire-interprète et lettré auxiliaire de :

1re classe	275 $ 00
2e classe	237 50
3e classe.	200 00
4e classe.	157 00

Art. 2. — Les Résidents supérieurs au Tonkin et en Annam sont chargés, chacun en ce qui le concerne, de l'exécution du présent arrêté. — CHAVASSIEUX.

13. — 12 mai 1893. — Arrêté *étendant à l'Annam l'effet de celui du 29 octobre 1889, supprimant les interprètes et lettrés militaires.*

Article premier. — L'effet de l'arrêté du 29 octobre 1889, supprimant le corps spécial des interprètes et lettrés militaires, est étendu à l'Annam à compter du 1er janvier 1893.

Art. 2. — Le Résident supérieur de l'Annam est chargé de l'exécution du présent arrêté. — DE LANESSAN.

Voy. : **Bourses d'enseignement ; — Enseignement ; — Justice indigène ; — Lettrés.**

IVRESSE PUBLIQUE

1. — 27 juin 1885. — Arrêté *promulguant au Tonkin, la loi du 4 février 1873, sur l'ivresse publique.*

Article premier. — Sont promulgués dans toute l'étendue de l'Annam et du Tonkin :

La loi du 4 février 1873 tendant à réprimer l'ivresse publique et à combattre les progrès de l'alcoolisme.

---

(1) Étendu à l'Annam par arrêté du 12 mai 1893.

(1) Modifié par arrêté du 11 juin 1892.

Et le décret du 31 mars 1873, rendant cette loi applicable aux colonies.

Art. 2. — Le directeur des affaires civiles et politiques et les agents de la force publique sont chargés, chacun en ce qui le concerne, de l'exécution de la présente décision. — WARNET.

2. — 4 février 1873. — LOI *sur l'ivresse publique.*

Article premier. — Seront punis d'une amende de un à cinq francs inclusivement, ceux qui seront trouvés en état d'ivresse manifeste dans les rues, chemins, places, cafés, cabarets ou autres lieux publics.

Les articles 474 et 483 du Code pénal seront applicables à la contravention indiquée au paragraphe précédent.

Art. 2. — En cas de nouvelle récidive, conformément à l'article 483, dans les douze mois qui auront suivi la deuxième condamnation, l'inculpé sera traduit devant le tribunal de police correctionnelle, et puni d'un emprisonnement de six jours à un mois et d'une amende de seize frans à trois cents francs.

Quiconque, ayant été condamné en police correctionnelle pour ivresse depuis moins d'un an, se sera de nouveau rendu coupable du même délit, sera condamné au maximum des peines indiquées au paragraphe précédent, lesquelles pourront être élevées jusqu'au double.

Art. 3. — Toute personne qui aura été condamnée deux fois en police correctionnelle pour délit d'ivresse manifeste, conformément à l'article précédent, sera déclarée par le second jugement incapable d'exercer les droits suivants : 1º de vote et d'élection ; 2º d'éligibilité ; 3º d'être appelée ou nommée aux fonctions de juré ou autres fonctions publiques, ou aux emplois de l'administration, ou d'exercer ces fonctions ou emplois ; 4º du port d'armes pendant deux ans à partir du jour où la condamnation sera devenue irrévocable.

Art. 4. — Seront punis d'une amende de un à cinq francs inclusivement, les cafetiers, cabaretiers et autres débitants, qui auront donné à boire à des gens manifestement ivres, ou qui les auront reçus dans leurs établissements, ou auront servi des liqueurs alcooliques à des mineurs âgés de moins de seize ans accomplis.

Toutefois, dans le cas où le débitant sera prévenu d'avoir servi des liqueurs alcooliques à un mineur âgé de moins de seize ans accomplis, il pourra prouver qu'il a été induit en erreur sur l'âge du mineur ; s'il fait cette preuve, aucune peine ne lui sera applicable de ce chef.

Les articles 474 et 483 du Code pénal seront applicables aux contraventions indiquées aux paragraphes précédents.

Art. 5. — Seront punis d'un emprisonnement de six jours à un mois et d'une amende de seize francs à trois cents francs, les cafetiers, cabaretiers ou autres débitants qui, dans les douze mois qui auront suivi la deuxième condamnation prononcée en vertu de l'article précédent, auront commis un des faits prévus audit article.

Quiconque ayant été condamné en police correctionnelle pour l'un ou l'autre des mêmes faits depuis moins d'un an, se rendra de nouveau coupable de l'un ou l'autre de ces faits, sera condamné au maximum des peines indiquées au paragraphe précédent, lesquelles pourront être portées jusqu'au double.

Art. 6. — Toute personne qui aura subi deux condamnations en police correctionnelle pour l'un ou l'autre des délits prévus à l'article précédent, pourra être déclarée, par le second jugement, incapable d'exercer tout ou partie des droits indiqués en l'article 3.

Dans le même cas, le tribunal pourra ordonner la fermeture de l'établissement pour un temps qui ne saurait excéder un mois, sous les peines portées par l'article 3 du décret du 29 décembre 1851.

Il pourra aussi, sous les mêmes peines, interdire seulement au débitant la faculté de livrer des boissons à consommer sur place.

Art. 7. — Sera puni d'un emprisonnement de six jours à un mois et d'une amende de seize francs à trois cents francs, quiconque aura fait boire jusqu'à l'ivresse un mineur âgé de moins de 16 ans accomplis. Sera puni des peines portées aux articles 5 et 6 tout cafetier, cabaretier ou autre débitant de boissons qui, ayant subi une condamnation en vertu du paragraphe précédent, se sera de nouveau rendu coupable, soit du même fait, soit de l'un ou de l'autre des faits prévus en l'article 4, 1º, dans le délai indiqué en l'article 5, 2º.

Art. 8. — Le tribunal correctionnel, dans les cas prévus par la présente loi, pourra ordonner que son jugement soit affiché à tel nombre d'exemplaires et en tels lieux qu'il indiquera.

Art. 9. — L'article 463 du Code pénal sera applicable aux peines d'emprisonnement et d'amende portées par la présente loi. L'article 59 du même Code ne sera pas applicable aux délits prévus par la présente loi.

Art. 10. — Les procès-verbaux constatant les infractions prévues dans les articles précédents, seront transmis au Procureur de la République dans les trois jours au plus tard, y compris celui où aura été reconnu le fait sur lequel ils sont dressés.

Art. 11. — Toute personne trouvée en état d'ivresse dans les rues, chemins, places, cafés, cabarets ou autres lieux publics, pourra être, par mesure de police, conduite à ses frais au poste le plus voisin, pour y être retenue jusqu'à ce qu'elle ait recouvré sa raison.

Art. 12. — Le texte de la présente loi sera affiché à la porte de toutes les mairies et dans la salle principale de tous les cabarets, cafés et autres débits de boissons. Un exemplaire en sera adressé, à cet effet, à tous les tenant et à tous les cabaretiers et autres débitants de boissons. Toute personne qui aura détruit ou lacéré le texte affiché sera condamnée à une amende de un franc à cinq francs et aux frais du rétablissement de l'affiche. Sera puni de même tout cabaretier, cafetier ou débitant chez lequel ledit texte ne sera pas trouvé affiché.

Art. 13. — Les gardes-champêtres sont chargés de rechercher, concurremment avec les autres officiers de police judiciaire, chacun sur le territoire sur lequel il est assermenté, les infractions à la présente loi. Ils dressent des procès-verbaux pour constater ces infractions.

Délibéré en séance publique, à Versailles, les 16 février, 24 avril 1872 et 23 janvier 1873. — A. THIERS.

J

JARDIN BOTANIQUE

1. — 4 octobre 1886. — Décision *portant création à Hanoi d'un jardin public, dit Jardin d'essai* (1).

Article premier. — Il sera créé à Hanoi, sur l'emplacement déterminé par le plan annexé à la présente décision, un jardin public dit jardin d'essai.

Art. 2. — Une commission, composée de 7 membres, sera chargée de préparer les projets relatifs à la figure, aux dossiers, aux plantations de ce jardin.

Art. 3. — Le Résident supérieur au Tonkin est chargé de l'exécution de la présente décision. — Paul Bert.

2. — 18 février 1889. — Arrêté *instituant à Hanoi une école d'agriculture pratique.*

Rapporté par arrêté du 3 septembre 1889.

3. — 3 septembre 1889. — Arrêté *transformant l'école d'agriculture de Hanoi en jardin botanique et d'acclimatation.*

Article premier. — L'Ecole d'agricuture pratique, créée à Hanoi par l'arrêté du 18 février 1889 précité, est transformée en jardin botanique et d'acclimatation.

Art. 2. — Le personnel affecté à cet établissement relèvera du Résident supérieur et sera composé comme suit :

Un directeur dont le traitement annuel est fixé à . . . . 2.500 $
Un jardinier chef. 1.000
Deux jardiniers à 750 $ chacun, soit ensemble 1.500

Un nombre de journaliers indigènes, variable suivant les besoins du service et les nécessités budgétaires.

Art. 3. — Le directeur du jardin sera logé. Le jardinier chef et les jardiniers jouiront des indemnités de vivres allouées aux agents du Protectorat ainsi que des indemnités de logement, si celui-ci de leur est pas fourni par l'Administration.

Art. 4. — Une commission spéciale, dont les membres seront nommés par le Résident supérieur au Tonkin, sera chargée du contrôle et de la surveillance des dépenses du jardin botanique, qui ne seront ordonnancées que sur autorisation de ladite commission.

Le directeur du jardin botanique sera convoqué aux séances de la commission où il aura voix consultative.

Art. 5. — Sont abrogées toutes les dispositions antérieures, contraires à celles du présent arrêté.

Art. 6. — Le Résident supérieur au Tonkin est chargé de l'exécution du présent arrêté. — Piquet.

4. — 5 juin 1891. — Arrêté *sur la cession des produits du Jardin botanique de Hanoi.*

Article premier. — Il sera dressé annuellement un catalogue spécial des plantes (arbres, arbustes, fleurs) et des graines, pouvant être livrées au public par le Jardin botanique de Hanoi.

(1) Voir ci-après arrêté du 18 février 1889; le jardin d'essai fait partie de l'école d'agriculture pratique, qui elle-même a été transformée en jardin botanique par autre arrêté du 3 septembre 1889.

Art. 2. — Toutes demandes de plantes ou graines seront remises au Directeur du jardin botanique qui en déterminera le nombre et en arrêtera le prix, d'après le tarif fixé au catalogue officiel ; il délivrera ensuite à l'intéressé un bordereau de versement à effectuer à la caisse du receveur des domaines de Hanoi.

Art. 3. — La délivrance des produits demandés sera faite par le directeur du jardin botanique contre remise des quittances délivrées en vertu de l'article précédent, dont envoi devra être fait à la Résidence supérieure à la fin de chaque mois.

Art. 3. — Le Résident supérieur au Tonkin est chargé de l'exécution du présent arrêté. — Bideau.

JEUX

1. — 16 juin 1886. — Arrêté *règlementant la ferme des jeux au Tonkin* (1).

CHAPITRE PREMIER

DE LA POLICE DES MAISONS DE JEUX

Article premier. — L'ouverture des maisons de jeux pourra être autorisée, dans les principaux centres du Tonkin, par le résident de chaque province.

Art. 2. — Le nombre de ces établissements n'est pas limité. Ils sont placés sous la surveillance de la police, dont les agents peuvent y pénétrer et y opérer des perquisitions à toute heure de jour et de nuit.

Ils ne peuvent être déplacés sans autorisation.

Art. 3. — Dans chaque maison, une salle unique, sans cloisons intérieures, est consacrée au jeu. Les portes en doivent être constamment ouvertes.

Il ne peut y être débité ni boissons, ni comestibles.

Art. 4. — Les heures d'ouverture et de fermeture des salles de jeu seront déterminées par les résidents.

Les Européens, les femmes, les enfants au-dessous de vingt ans, les individus porteurs d'armes apparentes ou cachées, ne peuvent être admis dans les salles de jeu.

Art. 5. — Les enjeux ne pourront se composer que de monnaies ayant cours, sans qu'il puisse être fait aucun échange ou engagement de marchandises.

Art. 6. — Le jeu est interdit sur la voie publique et dans toute maison non autorisée.

CHAPITRE II

DES PÉNALITÉS

Art. 7. — Toute infraction aux dispositions des articles 3, 4 et 5, sera punie d'une amende de 100 à 500 francs contre le fermier, qui demeure responsable de ses agents.

Art. 8. — Tout individu se livrant au jeu en dehors des établissements autorisés, sera puni d'une amende de 20 à 100 francs. L'amende sera triple

(1) La première édition porte l'annotation suivante :
« La ferme des jeux a été supprimée par simple décision administrative, à partir du 1er janvier 1888, sans que l'arrêté le règlementant ait été rapporté; nous avons donc pensé qu'il y avait lieu de lui donner une place dans ce recueil. »
Depuis lors est survenu le décret du 8 novembre 1889, dont on trouvera le texte ci-après, et qui prohibe formellement les jeux en Indo-Chine.

pour le propriétaire de la maison ou de la banque où la contravention aura été commise.

En cas de récidive, ce dernier pourra être puni d'un emprisonnement de un à six mois et d'une amende double.

Art. 9. — L'ouverture, sans autorisation, d'une maison de jeu est punie d'une amende de 1.000 à 5.000 francs et d'un emprisonnement de trois mois à un an. Ces peines seront doublées en cas de récidive.

Art. 10. — Dans les cas prévus aux articles 8 et 9, le mobilier et les enjeux seront confisqués.

CHAPITRE III
DE L'ADJUDICATION ET DE L'EXPLOITATION DE LA FERME.

Art. 11. — Le droit exclusif d'ouvrir des maisons de jeu sera concédé, dans chaque province, à un ou plusieurs fermiers, par voie d'adjudication, ou de gré à gré si l'adjudication ne produit pas de résultats.

Art. 12. — Les gérants préposés par le fermier à la direction de ces établissements devront être agréés par le résident de la province.

Il leur sera délivré une licence dont le prix est fixé à 500 francs dans les villes de Hanoi, Bac-ninh, Son-tay, Ninh-binh, Haiphong, Hai-duong et Quang-yen, et à 100 francs dans les autres localités.

Art. 13. — Le fermier est responsable de ses agents qui sont tenus de se conformer aux ordres des résidents et des autorités locales chargées de la police.

Art. 14. — S'il était démontré que le fermier ou ses agents ont favorisé le jeu clandestin, ils seraient passibles des peines portées aux articles 8 et 9.

L'Administration pourra même prononcer la déchéance de l'adjudicataire lorsque le nombre et la gravité des contraventions justifieront cette mesure.

CHAPITRE IV
DISPOSITIONS DIVERSES

Art. 15. — Une copie du présent arrêté, en français et en caractères, sera affichée, aux frais du fermier, dans un endroit apparent de chaque salle de jeu, à peine d'une amende de 20 à 100 francs.

Art. 16. — Le cahier des charges de chaque adjudication sera dressé par le résident de la province et approuvé par le Résident supérieur. — PAUL BERT.

---

2. — 26 décembre 1889. — PROMULGATION, en Indo-Chine, *du décret du 8 novembre 1889, relatif à la législation pénale des maisons de jeu.*

Est promulgué dans toute l'étendue de l'Indo-Chine, le décret du 8 novembre 1889, relatif à la législation pénale des maisons de jeu en Indo-Chine (art. 410 du code pénal).

Le Procureur général est chargé de l'exécution du présent arrêté, qui sera communiqué et enregistré partout où besoin sera. — DANEL.

DÉCRET *du 8 novembre 1889*

Article premier. — L'art. 410 du code pénal est modifié comme suit pour l'Indo-Chine :

« Ceux qui auront fait tenir, tenu pour leur « compte ou celui d'autrui, une maison de jeu « de hasard et y auront admis le public, soit libre- « ment, soit sur la présentation des intéressés ou « affiliés, les banquiers de cette maison, tous ceux « qui y auront établi ou tenu des loteries non auto- « risées par la loi, tous les administrateurs, pré- « posés ou agents de ces établissements, seront

« punis d'un emprisonnement de six mois au moins « et de deux ans au plus, et d'une amende de 100 à « 6.000 francs.

« Les coupables pourront être, de plus, à compter « du jour où ils auront subi leur peine, interdits « pendant cinq ans au moins et dix ans au plus des « droits mentionnés à l'art. 42 du présent code.

« En cas de récidive, la peine de l'emprisonne- « ment devra toujours être portée au double.

« Dans tous les cas, seront confisqués tous les « fonds ou effets qui seront trouvés exposés au jeu « ou mis à la loterie, les meubles, instruments, « ustensiles, appareils employés ou destinés au ser- « vice des jeux ou des loteries, les meubles et les « effets mobiliers dont les lieux seront garnis ou « décorés.

« Les personnes surprises à jouer dans les éta- « blissements désignés ci-dessus seront punis d'un « emprisonnement de quinze jours au moins et de « trois mois au plus, et d'une amende de 100 à « 2.000 francs.

« En cas de récidive, la peine de l'emprisonne- « ment devra toujours être portée au double.

Art. 2. — Le Président du conseil ministre du commerce, de l'industrie et des colonies, et le garde des sceaux ministre de la justice sont chargés, chacun en ce qui le concerne, de l'exécution du présent décret, qui sera inséré au *Journal officiel de la République française*, au *Bulletin des lois* et au *Bulletin officiel des colonies*. — CARNOT.

JOURNAL OFFICIEL

1. — 31 décembre 1888. — ARRÊTÉ *portant création du* Journal officiel *de l'Indo-Chine française, du* Bulletin officiel *de l'Indo-Chine française, et de l'*Annuaire *de l'Indo-Chine française*

Article premier. — Il est créé, à partir du 1er janvier 1889 :

1° Un *Journal officiel de l'Indo-Chine française*, paraissant simultanément à Saigon et à Hanoi le lundi et le jeudi de chaque semaine, et divisé en deux parties : la première, publiée à Saigon, comprend tous les actes officiels concernant la Cochinchine et le Cambodge; la seconde, publiée à Hanoi, comprend tous les actes officiels concernant le Protectorat de l'Annam et du Tonkin ;

2° Un *Bulletin officiel de l'Indo-Chine française*, paraissant simultanément à Saigon et à Hanoi le premier de chaque mois et divisé, comme le *Journal officiel*, en deux parties : la première publiée à Saigon et relative à la Cochinchine et au Cambodge ; la seconde publiée à Hanoi, pour tous les actes administratifs concernant l'Annam et le Tonkin.

3° Un *Annuaire de l'Indo-Chine française*, divisé en deux tomes : le tome premier, publié à Saigon, comprendra la Cochinchine et le Cambodge ; le tome second comprendra le Protectorat de l'Annam et du Tonkin.

Art. 2. — Les journaux et bulletins officiels, ainsi que les annuaires publiés actuellement en Cochinchine et dans les pays de Protectorat de l'Indo-Chine, cesseront de paraître à dater du 1er janvier 1889.

Art. 3. — Le Résident général en Annam et au Tonkin, le Résident général au Cambodge et le Directeur du service local sont chargés, chacun en ce qui le concerne, de l'exécution du présent arrêté, qui sera communiqué et enregistré partout où besoin sera. — RICHAUD.

2. — 27 décembre 1888. — Circulaire *au sujet de la publication du* Journal officiel *de l'Indo-Chine, 2e partie, Annam et Tonkin.*

J'ai l'honneur de vous faire connaître que, conformément aux instructions de M. le Gouverneur général, l'administration locale publiera à Hanoi, à compter du 15 janvier prochain, un journal officiel qui sera intitulé : Journal officiel de l'Indo-Chine, 2e partie, Annam et Tonkin.

Ce journal, qui paraîtra deux fois par semaine, le lundi et le jeudi, contiendra tous les actes officiels de l'administration locale les avis d'adjudications, le cours de la piastre, les comptes rendus des séances des diverses assemblées de la colonie, et toutes les informations pouvant intéresser le public.

Je vous serai obligé de vouloir bien, à dater du 1er janvier prochain, faire parvenir à la résidence supérieure, et *sous le timbre du 1er bureau,* toutes les informations et tous les avis émanant de votre service. — E. PARREAU.

3. — 20 juin 1891. — Circulaire *au sujet des annonces et insertions à faire au* Journal officiel.

J'ai l'honneur de vous prier de vouloir bien m'adresser à l'avenir toutes les annonces légales, les avis de successions, de curatelles, d'adjudications et autres, que vous pourriez avoir à porter à la connaissance du public.

Les annonces seront, par les soins de mon cabinet, insérées au Journal officiel ou dans les différents journaux du Tonkin, selon le cas. Je tiens à ce que ce mode de procéder soit employé dorénavant et je n'hésiterai pas à imputer le prix d'insertion des annonces aux fonctionnaires qui les auront ordonnées directement. — BRIÈRE.

Voy. : **Moniteur du Protectorat** ; — **Presse** ; — **Annonces judiciaires et légales.**

JOURNAUX. — Voy. : **Annonces judiciaires** ; — **Postes et Télégraphes.**

JUMENTERIES

1. — 10 février 1892. — Arrêté *organisant les jumenteries en Annam et au Tonkin.*

Article premier. — Le Protectorat fera l'acquisition immédiate de cinq étalons de race indigène, et, dans le courant de l'année, de cinq étalons bretons de la race de Corlay. Ces étalons seront mis à la disposition des éleveurs de juments du Tonkin et de l'Annam.

Art. 2. — Des allocations seront accordées, à titre d'encouragement, à tous les éleveurs français ou indigènes dans les conditions suivantes :

1o Une indemnité annuelle de vingt-quatre piastres (24 $) par jument, sera allouée à tout éleveur possédant au moins cinq juments. Le droit à cette indemnité partira du jour de l'entrée de la jument chez l'éleveur. L'indemnité sera payée par trimestre et décomptée par jour de présence. L'administration devra être avisée de l'entrée de la jument le jour même de cette entrée, qui sera constatée sur un registre tenu par l'éleveur et sur lequel les décès seront également portés.

2o Une allocation complémentaire, dite indemnité d'installation, de quarante piastres (40 $) par jument, sera payée à tout propriétaire d'une jumenterie comptant au moins vingt-cinq animaux. Cette indemnité sera remise à l'éleveur aussitôt que l'administration aura agréé la déclaration qu'il devra lui faire,

du nombre de juments qu'il s'engage à entretenir.

3o Une indemnité de deux piastres (2 $) sera allouée à tout éleveur ayant moins de cinq juments, qui présentera une jument à la saillie des étalons du Protectorat. Cette prime, payée au moment de la délivrance de la carte de saillie, sera renouvelée un an après, si l'éleveur représente la même jument avec son poulain.

Art. 3. — En dehors des indigènes, nul ne pourra être agréé comme éleveur par l'administration, s'il n'est de nationalité française et ne justifie des aptitudes nécessaires pour assurer, dans de bonnes conditions, l'élevage du cheval. Il aura à fournir, en outre, une caution solvable qui sera soumise à l'acceptation de l'administration et garantira, au cas où l'éleveur n'exécuterait pas ses engagements, le remboursement des indemnités qui lui auraient été versées.

Art. 4. — Les produits provenant des jumenteries subventionnées ne pourront pas être vendus avant quarante-deux mois d'âge, et le Protectorat aura toujours le droit de préemption à prix égal. En cas d'acquisition par le Protectorat, l'éleveur s'engagera à conserver et à entretenir le produit, à ses frais et risques, jusqu'à quatre ans révolus. Le prix d'achat ne sera acquis à l'éleveur qu'à la date de la livraison.

Art. 5. — Le contrôle technique et administratif du Protectorat sera exercé par un conseil spécial dont la composition a été déterminée par arrêté du 10 janvier 1892.

Le conseil aura à examiner toutes les propositions qui pourront être faites en vue du perfectionnement de l'élevage et de l'amélioration de la race chevaline au Tonkin et en Annam. Il soumettra à l'administration les mesures qui lui paraîtront utiles pour atteindre ce but. Il déterminera, par des règlements particuliers, tous les détails de l'organisation des jumenteries subventionnées et les conditions générales d'entretien et d'élevage des animaux qui y seront conservés. Il fixera les pénalités auxquelles pourront être soumis les éleveurs subventionnés qui refuseraient de se conformer à ces conditions générales. Il aura, en outre, l'administration des crédits ouverts au budget du Protectorat pour l'achat et l'entretien des étalons et le paiement des primes et indemnités aux éleveurs.

Art. 6. — Le chef du service vétérinaire, membre de ce conseil, sera plus particulièrement chargé de toute la partie technique : direction de l'élevage, surveillance et entretien des étalons, inspection permanente des jumenteries.

Art. 7. — Un crédit de vingt mille piastres (20,000 $) est ouvert au chapitre 13, article 4, § 1 du budget du Protectorat, pour l'exercice 1892, pour assurer le paiement des dépenses d'achat et d'entretien des étalons, et des primes allouées aux éleveurs.

Art. 8. — Le Résident supérieur du Tonkin est chargé de l'exécution du présent arrêté. — DE LANESSAN.

2. — 18 février 1892. — Arrêté *instituant le conseil de surveillance des jumenteries.*

Un conseil composé de :

MM. le Résident supérieur du Tonkin. *Président*
le colonel commandant l'artillerie.
le chef du bureau militaire du Gouverneur général . . . . } *Membres,*
le chef du service vétérinaire.
les présidents des Sociétés des courses de Hanoi et de Haiphong.

est chargé d'exercer, dans les conditions déterminées par les articles 5 et 6 de l'arrêté précité (10 février 1892), le contrôle technique et administratif du Protectorat sur l'élevage de la race chevaline au Tonkin et en Annam.

Le Résident supérieur du Tonkin est chargé de l'exécution du présent arrêté. — DE LANESSAN.

3. — 2 mars 1892. — CIRCULAIRE *et règlement sur l'organisation et le service des jumenteries en Annam et au Tonkin.*

Le *Journal officiel* du 15 février 1892 a publié un arrêté relatif aux encouragements que le Protectorat était disposé à donner aux Européens et aux indigènes qui s'occuperaient de l'élevage et de la reproduction de la race chevaline au Tonkin. Par suite, en effet, du peu de soin apporté par les indigènes à cette question de l'élevage, la race chevaline tend à s'épuiser rapidement comme nombre et comme qualité. Il importait de porter remède à cette situation et c'est dans ce but qu'ont été pris les divers arrêtés du 10 février 1892, allouant des primes aux éleveurs que l'administration agréerait, constituant un Conseil technique de Haras, et interdisant, jusqu'à nouvel ordre, l'exportation de chevaux pour tout autre pays que ceux de l'union indo-chinoise.

Nous devons, au début, laisser aux Européens le soin de créer des jumenteries, pour l'organisation et la direction desquelles les indigènes ne semblent pas à l'heure actuelle présenter les garanties de science nécessaires ; mais je crois que, par contre, bon nombre d'entre eux pourront probablement bénéficier des dispositions du paragraphe 2 de l'article 2 de l'arrêté du 10 février 1892, allouant aux éleveurs de plus de cinq juments qui seront agréés par l'administration, une prime mensuelle de deux piastres par tête d'animal. Plusieurs également pourront jouir des avantages réservés aux propriétaires de juments qui les présenteront à la saillie des étalons de l'État.

Il importe donc que vous donniez aux dispositions de l'arrêté sus-visé une publicité suffisante dans votre province pour qu'aucun des intéressés ne puisse les ignorer. Je vous prie, en même temps, de me rendre compte par un rapport spécial de ce qui existe déjà dans votre province pour l'élevage et le commerce des chevaux, de me signaler les points où s'exerce de préférence ce commerce et ceux auxquels il conviendrait d'envoyer, aux époques de monte, les étalons du Protectorat. Vous voudriez bien me faire savoir également s'il ne serait pas utile qu'une inspection fût faite dans certaines régions par le vétérinaire en chef, membre du Conseil des Haras, pour donner aux propriétaires de juments, les indications nécessaires pour l'élevage raisonné de leurs produits en vue de l'amélioration de la race. J'attacherais du prix à recevoir ces divers renseignements aussitôt que possible. L'époque de la monte est close, en effet, au mois de juin, et, si d'ici là les étalons dont le Protectorat s'est fait acquéreur n'avaient pu être employés, les résultats que nous sommes en droit d'attendre de ce nouveau service seraient reculés d'une année.

L'importance qu'il y a pour le Protectorat à ne pas laisser la race chevaline indo-chinoise, dont les qualités sont connues de tous, s'appauvrir et s'épuiser, ne vous échappera certainement pas, et je suis certain que l'indigène, éclairé par vous sur les avantages qu'il pourra en retirer, se livrera très volontiers à l'élevage, ou tout au moins, dans les

premiers temps, amènera sans difficulté les juments qu'il peut posséder à la saillie des étalons du Protectorat.

Pour permettre le paiement immédiat de la prime de deux piastres prévue pour tout animal présenté à la saillie des étalons de l'État, vous recevrez un registre à souche de cartes de saillie, dont vous remettrez un exemplaire au propriétaire en même temps que vous lui paierez la prime, et dont le double adressé à la Résidence supérieure permettra le remboursement, à votre caisse, de la somme que vous aurez ainsi avancée.

En ce qui concerne les allocations mensuelles aux éleveurs de plus de cinq juments, elles seront payées trimestriellement également à votre résidence, sur la présentation d'un double, certifié par les autorités locales indigènes, de la situation trimestrielle que l'éleveur doit adresser au Conseil des Haras, faisant ressortir par journées de présence la somme acquise par les juments incorporées et immatriculées. Cette pièce envoyée, pour régularisation de la dépense, à la Résidence supérieure, servira au remboursement à votre caisse des sommes que vous aurez avancées à cet effet.

Je serais heureux que vous me fassiez connaître dans le rapport que vous m'adresserez sur cette question des jumenteries, les observations qu'elle aura pu vous suggérer en ce qui concerne votre province. — CHAVASSIEUX.

Règlement intérieur pour le service des jumenteries (1)

TITRE PREMIER

DES DEMANDES D'AGRÉMENT COMME ÉLEVEUR OU PROPRIÉTAIRE DE JUMENTERIE, ET DE LEUR ACCEPTATION PAR LE CONSEIL DES HARAS.

Les demandes d'agrément comme éleveur ou comme propriétaire de jumenterie seront adressées au Président du Conseil des Haras. Elles indiqueront le nombre de juments dont le demandeur est propriétaire et qu'il est dans l'intention de présenter à l'examen du Conseil.

Toute demande, pour être instruite, devra être appuyée :

1° D'un engagement vis-à-vis le Protectorat, pris par le demandeur, dans la forme du modèle n° 1, ci-annexé.

2° D'une déclaration faite par la caution, présentée par le demandeur, dans la forme du modèle n° 2, ci-annexé. Cette caution ne pourra, dans aucun cas, être elle-même éleveur agréé ou propriétaire de jumenterie.

Si le conseil des Haras agrée la demande qui lui est faite et la caution qui lui est offerte, un titre, conforme au modèle n° 3 ci-annexé, sera délivré par le Résident supérieur au demandeur, le reconnaissant comme éleveur ou comme propriétaire de jumenterie, et lui donnant droit aux primes allouées par l'article 2 de l'arrêté du 10 février 1892, pour celles des juments présentées à l'examen du conseil, qui auront été déclarées remplir les conditions exigibles pour l'allocation de ces primes.

TITRE II

DU CONTRÔLE DES JUMENTS AGRÉÉES

Le conseil des Haras tiendra la matricule générale

(1) Voir complément du règlement intérieur par décisions des 10 juin et 20 octobre 1892.

24.

conforme au modèle n° 4 ci-annexé, de tous les animaux pour lesquels les propriétaires toucheront les allocations prévues à l'art. 2 de l'arrêté du 10 février 1892.

Pour éviter toute substitution, ces animaux porteront une marque distinctive à déterminer ultérieurement.

Chaque propriétaire de jumenterie ou éleveur agréé recevra un registre, coté et paraphé par un des membres du conseil des Haras délégué à cet effet, et conforme, comme dispositions, à celles adoptées pour la matricule générale. Toutes les mutations qui pourront survenir parmi les animaux inscrits sur ces registres, devront y être mentionnées et le registre soumis, lors des inspections, au conseil des Haras ou à son délégué, qui l'arrêtera et le visera.

En dehors des mutations par décès qui devront être signalées immédiatement au conseil des Haras, les propriétaires de jumenterie ou éleveurs agréés, devront adresser chaque mois audit conseil, une situation conforme au modèle n° 5 ci-annexé, dont les indications seront, s'il y a lieu, reportées sur la matricule générale.

Tous les trois mois, ils fourniront, en outre, un état spécial, conforme au modèle n° 6 ci-annexé, destiné à permettre le paiement des allocations mensuelles. Cet état fera ressortir, par journées de présence des animaux qui y seront portés, les sommes acquises pour chacun d'eux et devra, pour que le mandatement puisse se faire, être visé par le conseil des Haras ou son délégué, pour conformité avec la matricule générale.

TITRE III
DES SAILLIES

Les étalons du Protectorat seront mis à la disposition des propriétaires de jumenterie ou éleveurs agréés qui en feront la demande ; pendant la durée de la monte, l'entretien des étalons sera laissé, sous le contrôle de la personne à laquelle le conseil des Haras en aura délégué la garde, à la charge des propriétaires ou éleveurs qui les utiliseront.

Toute saillie, ainsi que tout produit en résultant, sera portée sur le registre de contrôle dont il est question au titre II, sur la situation mensuelle et reportée sur la matricule générale. Il sera en outre délivré au propriétaire une carte de saillie à souche, conforme au modèle n° 7 ci-annexé, destinée à suivre le produit résultant de la saillie et à établir son identité auprès de ses acquéreurs.

Les propriétaires de juments, qui, en dehors des éleveurs agréés, désireraient bénéficier des dispositions du § 3 de l'article 2 de l'arrêté du 10 février 1892, et présenter leurs animaux à la saillie des étalons du Protectorat, recevront également cette carte de saillie ; elle leur donnera droit au paiement immédiat de la prime de 2 piastres, et au renouvellement de cette prime, lorsqu'ils représenteront la jument saillie avec son produit.

Dans ce dernier cas, le double de la carte de saillie servira à l'établissement d'une seconde matricule, analogue comme disposition à la matricule générale dont il est question au titre II, et réservée aux juments n'appartenant ni aux propriétaires de jumenterie ni aux éleveurs agréés, et qui auront cependant bénéficié de la saillie des étalons du Protectorat et à leurs produits.

TITRE IV
DES PRODUITS

Les produits de la saillie des juments dans les jumenteries et chez les éleveurs agréés, seront enregistrés dès leur naissance, qui devra être immédiatement signalée au Conseil des Haras. Cet enregistrement sera mentionné sur la situation mensuelle prévue au titre II, et le propriétaire, aux termes de l'article 4 de l'arrêté du 10 février 1892, ne pourra se défaire de ces produits avant quarante-deux mois d'âge. Le Protectorat conservera toujours le droit de préemption pour l'achat de ces produits, dont l'entretien, dans le cas où le Protectorat se portera acquéreur, restera jusqu'à quatre ans révolus à la charge et aux risques du propriétaire.

TITRE V
DES PÉNALITÉS

Tout propriétaire de jumenterie ou éleveur agréé qui par négligence ou mauvaise volonté, ne se conformerait pas aux dispositions de l'arrêté du 10 février 1892, à celles du présent règlement ou aux prescriptions qui pourront lui être faites par le Conseil des Haras ou ses délégués dans les inspections, seront passibles de pénalités consistant :

1° En observations mentionnées par l'inspecteur délégué du Conseil des Haras sur le registre de contrôle de l'établissement qu'il inspecte ;

2° En observations directement faites au propriétaire ou à l'éleveur par le Conseil des Haras, sur le rapport de l'inspecteur délégué ;

3° En retenue des indemnités mensuelles pendant un ou plusieurs mois ;

4° Dans le retrait provisoire ou définitif de l'agrément consenti au propriétaire ou à l'éleveur, l'administration ayant, dans ce cas, recours contre la caution pour le remboursement de tout ou partie des primes déjà payées.

Toute pénalité entraînant suppression ou reprise des allocations devra être soumise aux délibérations du Conseil des Haras avant d'être prononcée. — CHAVASSIEUX.

4. — 10 juin 1892. — DÉCISION *modifiant le règlement intérieur du service des jumenteries.*

ANNEXE *au titre premier.*

« Le Conseil des Haras ne pourra donner suite à une demande d'agrément comme propriétaire de jumenterie, qu'autant que le demandeur justifiera de la possession par location, concession ou achat, d'un terrain d'une superficie suffisante pour assurer l'installation de ses animaux dans de bonnes conditions, et qu'il soumettra à l'examen du Conseil un plan indiquant la disposition générale des aménagements de toute nature qu'il compte faire sur ce terrain. »

Vu, après approbation du Conseil des Haras, pour être annexé au règlement intérieur sur le service des jumenteries. — CHAVASSIEUX.

5. — 20 octobre 1892. — MODIFICATION *au règlement intérieur pour le service des jumenteries.*

« Tous les ans, une fois la période de la monte
« terminée, toutes les juments subventionnées qui
« n'auront pas été présentées à la saillie des étalons
« du Protectorat, seront réformées, rayées des con-
« trôles et perdront tout droit au paiement de l'allo-
« cation mensuelle d'entretien. »

Décidé par le Conseil supérieur d'agriculture,

dans sa séance du 19 octobre 1892, et vu pour être annexé au règlement intérieur sur le service des jumenteries. -- CHAVASSIEUX.

JUSTICE (1)

1. — 23 août 1871. — DÉCRET *déterminant les étrangers habitant l'Indo-Chine, restant soumis à la loi annamite.*

Article unique. — Les Asiatiques qui, aux termes du décret du 25 juillet 1864, sont soumis à la loi annamite, sont: les Chinois, les Cambodgiens, les Minh-huongs, les Siamois, les Moïs, les Chams, les Stiengs, les Sang-Mêlés (Malais de Chaudoc), Tous les autres individus, à quelque race qu'ils appartiennent, sont soumis à la loi française. — THIERS.

2. — 10 juin 1884. — DÉCISION *promulguant au Tonkin le décret du 25 mai 1883, relatif à la procédure devant les cours criminelles de Cochinchine.*

Voir ci-après les décrets des 8 et 18 septembre 1888, organisant la justice au Tonkin, et rapportant celui du 25 mai 1883.

3. — 18 janvier 1889. — ARRÊTÉ *promulguant le décret du 8 septembre 1888, portant organisation de la justice au Tonkin et créant les tribunaux de Hanoi et de Haiphong.*

Article premier. — Est promulgué dans toute l'étendue de l'Indo-Chine française, le décret du 8 septembre 1888, portant organisation de la justice au Tonkin.

Art. 2. — Le Résident général en Annam et au Tonkin et le Procureur général chef du service judiciaire de l'Indo-Chine sont chargés, chacun en ce qui le concerne, de l'exécution du présent arrêté, qui sera enregistré partout où besoin sera et inséré aux *Journaux* et *Bulletins officiels de l'Indo-Chine*. — RICHAUD.

8 septembre 1888. — RAPPORT *du Ministre de la marine et des colonies au Président de la République française, sur l'organisation de la justice civile au Tonkin.*

L'article 10 du traité conclu à Hué le 6 juin 1884, entre la République française et le royaume d'Annam, place sous la juridiction française, en Annam et au Tonkin, les étrangers de toute nationalité. Il soumet, en outre, au jugement de l'autorité française toutes les contestations, de quelque nature qu'elles soient, qui s'élèveront entre Annamites et étrangers.

A défaut d'autre organisation judiciaire, ce sont jusqu'à présent nos résidents et vice-résidents qui ont exercé, chacun dans sa circonscription, les fonctions de juge en Annam et au Tonkin. Je ne crois pas qu'il y ait lieu de rien changer à cet état de choses en ce qui concerne l'Annam; mais au Tonkin, où le mouvement des affaires et des échanges se développe chaque jour, attirant dans la colonie un grand nombre de Français et d'étrangers de nationalités diverses, la plupart des litiges soulèvent des questions de droit assez délicates pour que les résidents, obligés de donner tout leur temps à leurs fonctions politiques, puissent en poursuivre l'étude et en préparer la solution avec toute la maturité désirable.

(1) Pour le tarif des frais de justice, voir arrêté du 4 août 1894, publié V° Droits de greffe.

L'organisation de tribunaux réguliers, composés de magistrats ayant une compétence bien déterminée, est donc nécessaire pour la complète sauvegarde des graves intérêts dont nous avons assumé la protection.

Deux tribunaux de première instance ayant leur siège, le premier à Hanoi, le second à Haiphong, me paraissent devoir assurer suffisamment une prompte distribution de la justice. C'est, en effet, dans ces deux villes, que s'est particulièrement groupée la population étrangère.

La compétence des tribunaux de Hanoi et de Haiphong sera, au point de vue de l'importance des affaires, la même que celle des tribunaux de la Cochinchine.

Au point de vue des personnes, j'estime que, malgré la généralité des dispositions contenues dans l'article 10 du traité de Hué, il n'y a pas lieu de soumettre à la juridiction de nos tribunaux les asiatiques énumérés à l'arrêté présidentiel du 23 août 1871. Il ne serait fait exception à cette règle, soit pour ces asiatiques, soit pour les indigènes, que s'ils consentaient à être jugés par nos tribunaux, ou s'ils avaient déclaré contracter sous l'empire de la loi française, ou si le procès intéressait, en même temps qu'eux, des Français ou étrangers justiciables de nos tribunaux.

La compétence des tribunaux de Hanoi et de Haiphong, en matière correctionnelle ou de simple police, serait réglée d'après des principes analogues.

La connaissance des crimes commis par les justiciables des tribunaux français sur le territoire du Tonkin, serait déférée à une cour criminelle ayant son siège à Hanoi.

Les crimes et délits commis en Annam par des Français ou étrangers, continueraient, suivant les stipulations des traités du 15 mai 1874 et du 6 juin 1884, à être jugés par la cour criminelle de Saigon.

Telles sont, Monsieur le Président, les principales dispositions du décret que, d'accord avec M. le Garde des sceaux, j'ai l'honneur de soumettre à votre signature. — KRANTZ.

8 septembre 1888. — DÉCRET *sur l'organisation de la justice civile au Tonkin* (1).

TITRE PREMIER

DE LA COMPÉTENCE

Article premier. — Il est institué au Tonkin deux tribunaux de 1re instance ayant leur siège, l'un à Hanoi, l'autre à Haiphong, et une cour criminelle siégeant à Hanoi.

Art. 2. — La circonscription de la cour criminelle comprend tout le territoire du Tonkin.

Les circonscriptions respectives des tribunaux seront déterminées provisoirement par arrêté du Gouverneur général de l'Indo-Chine, rendu après avis du Résident général en Annam et au Tonkin et du Procureur général près la Cour d'appel de Saigon. Elles seront fixées définitivement par décret.

Art. 3. — Les tribunaux de 1re instance de Hanoi et de Haiphong connaissent de toutes les affaires civiles, commerciales, correctionnelles ou de simple police, à l'exception de celles dans lesquelles ne sont en cause que des indigènes ou des asiatiques appartenant à l'une des catégories énumérées par l'arrêté du pouvoir exécutif de la République française en date du 23 août 1871.

(1) La compétence des tribunaux de Hanoi et de Haiphong a été étendue à tout le Tonkin par décret du 13 janvier 1894; leur ressort a été déterminé par l'arrêté du 9 mai 1894.

Cette exception cesse d'être applicable en matière civile ou commerciale, si les parties qui pourraient l'invoquer ont consenti à être jugées par les tribunaux français, ou ont déclaré contracter sous l'empire de la loi française.

Art. 4. — Les tribunaux de Hanoi et de Haiphong sont également compétents en matière correctionnelle, alors même qu'il n'y a pas constitution de partie civile, si le délit a été commis au préjudice d'une personne autre qu'un indigène ou un asiatique régi par l'arrêté du 23 août 1871.

Art. 5. — Ils statuent en premier et dernier ressort :

1º Sur toutes les actions personnelles et mobilières jusqu'à la valeur de 1.500 francs en principal, et sur les actions immobilières jusqu'à 100 francs de revenu, déterminé comme il est dit à l'article 8 du décret du 15 décembre 1887 ;

2º Sur toutes les contraventions.

En matière commerciale, leur compétence est celle des tribunaux de commerce de la métropole.

Les juges-présidents des tribunaux du Tonkin exercent, en outre, les attributions tutélaires conférées aux juges de paix par la loi française.

Art. 6. — L'appel des jugements rendus en première instance par les Tribunaux de Hanoi et de Haiphong est porté devant la cour d'appel de Saigon (1).

Art. 7. — La Cour criminelle du Tonkin connaît, dans les conditions prévues aux articles 3 et 4, de tous les crimes commis dans le ressort de sa juridiction.

TITRE II

COMPOSITION DES TRIBUNAUX ET DE LA COUR CRIMINELLE

Art. 8. — Les Tribunaux de Hanoi et de Haiphong se composent d'un juge président, d'un juge suppléant, d'un procureur de la République, d'un greffier et d'un commis-greffier.

Si les nécessités du service l'exigent, le nombre des commis-greffiers pourra être augmenté par décret.

Art. 9. — La cour criminelle se compose : 1º d'un conseiller à la cour d'appel de Saigon, président ; 2º de deux magistrats pris parmi les juges présidents ou juges suppléants des tribunaux du Tonkin ; 3º de deux assesseurs désignés par la voie du sort parmi les citoyens français portés sur une liste dressée à cet effet ; 4º d'un greffier ou d'un commis-greffier de l'un des tribunaux du Tonkin.

Art. 10. — Le Gouverneur général peut, sur la proposition du Procureur général, appeler comme juge à la cour criminelle, à défaut des magistrats du Tonkin désignés à l'article qui précède, les fonctionnaires en service au Tonkin et pourvus du grade de licencié en droit.

Art. 11. — La liste des assesseurs comprend vingt citoyens français jouissant de leurs droits civils et politiques.

Elle est dressée chaque année par le Gouverneur général, après avis du Résident général en Annam et au Tonkin, et du Procureur général près la cour d'appel de Saigon.

Art. 12. — Les fonctions du ministère public près

(1) Voir plus loin le décret du 13 janvier 1894, instituant la cour d'appel de Hanoi.

la cour criminelle de Hanoi sont remplies par le Procureur général, ou par l'un de ses substituts, ou le Procureur de la République près le tribunal de Hanoi.

TITRE III

DE LA PROCÉDURE ET DE LÉGISLATION EN GÉNÉRAL

Art. 13. — Les tribunaux de 1re instance et la cour criminelle du Tonkin se conforment à la législation civile et criminelle en vigueur en Cochinchine, qui est déclarée applicable au Tonkin.

Art. 14. — Les tribunaux correctionnels et le tribunal criminel peuvent être saisis par voie de citation directe, à la requête, soit des parties dans le cas où la loi l'autorise, soit du ministère public après enquête ou instruction préalable.

Art. 15. — Les débats devant la cour d'appel de Saigon peuvent en matière correctionnelle, avoir lieu et l'arrêt être rendu en dehors de la présence des parties, si celles-ci y consentent.

Art. 16. — La tenue de la cour criminelle a lieu tous les quatre mois, sans préjudice des sessions extraordinaires qui sont, en cas de besoin, autorisées par le Gouverneur général de l'Indo-Chine sur la proposition du Procureur général.

Art. 17. — Les assesseurs ont voix délibérative sur la question de culpabilité seulement.

La condamnation est prononcée à la majorité de trois voix contre deux.

Art. 18. — Le ministre de la marine et des colonies et le garde des sceaux ministre de la justice et des cultes sont chargés, chacun en ce qui le concerne, de l'exécution du présent décret, qui sera inséré au *Journal officiel* de la République française, au *Bulletin des lois* et au *Bulletin officiel* de l'administration des colonies (1). — CARNOT.

---

4. — 8 septembre 1888. — DÉCRET *fixant la solde et le costume des magistrats des tribunaux du Tonkin.*

Article premier. — Le traitement colonial et la parité d'office des magistrats des tribunaux du Tonkin, sont fixés conformément au tableau annexé au présent décret.

Le traitement d'Europe desdits magistrats est fixé à la moitié du traitement colonial, conformément aux dispositions de l'article 1er, § 2, du décret du 17 janvier 1863.

Art. 2. — Les magistrats des tribunaux du Tonkin porteront, aux audiences et dans les cérémonies publiques, le costume fixé par les décrets des 17 août 1864, 7 mars 1868, 28 mai 1880 et 25 mai 1881, pour les membres des tribunaux de la Cochinchine.

Art. 3. — Le ministre de la marine et des colonies, et le garde des sceaux ministre de la justice et des cultes sont chargés, chacun en ce qui le concerne, de l'exécution du présent décret, qui sera inséré au *Journal officiel* de la République française, au *Bulletin des lois* et au *Bulletin officiel* de l'administration des colonies. — CARNOT.

(1) Voir ci-après, décret du 18 septembre 1888, sur la procédure devant les cours et tribunaux, tant en matière civile que criminelle, et décret du 17 juin 1889, réorganisant la justice en Cochinchine.

DÉSIGNATION des OFFICES	TRAITEMENT	OFFICES (magistrature métropolitaine)	QUOTITÉ du traitement
Juge président à Hanoi	12.000	Président (ou procureur d'un tribunal de 2e classe de la République)	7.000
Procureur de la République à Hanoi	12.000		
Juge président à Haiphong	10.000	de 3e classe	5.000
Procureur de la République à Haiphong	10.000		
Juges suppléants	6.000	Juge d'un tribunal de 3e classe	3.000
Greffiers 1re classe	6.000	Greffiers d'un tribunal de 1re classe	2.000
Greffiers 2e classe	5.000	Commis-greffiers d'un tribunal de 2e classe	2.000
Commis greffiers	4.000	Commis greffiers d'un tribunal de 3e classe	2.000

5. — 5 décembre 1888. — ARRÊTÉ *déterminant le ressort des tribunaux civils de Hanoi et de Haiphong.*

Modifié par décret du 13 janvier 1894 et par arrêté du 9 mai 1894.

---

6. — 2 janvier 1889. — ARRÊTÉ *promulguant en Indo-Chine le décret du 18 septembre 1888, sur la procédure à suivre devant les cours criminelles et les tribunaux de la Cochinchine, du Cambodge et du Tonkin.*

Article premier. — Est promulgué dans toute l'étendue de l'Indo-Chine française, le décret du 18 septembre 1888, réglant la procédure à suivre devant les cours criminelles et les tribunaux de la Cochinchine, du Cambodge et du Tonkin, en matière civile, criminelle, correctionnelle et de simple police.

Art. 2. — Le Procureur général chef du service judiciaire de l'Indo-Chine est chargé de l'exécution du présent arrêté, qui sera enregistré partout où besoin sera et inséré aux journaux et bulletins officiels de l'Indo-Chine. — RICHAUD.

18 septembre 1888. — DÉCRET *sur la procédure à suivre devant les Cours criminelles et les tribunaux de la Cochinchine, du Cambodge et du Tonkin* (1).

Article premier. — La procédure suivie devant les tribunaux français installés en Cochinchine, au Cambodge et au Tonkin est réglée, tant en matière civile qu'en matière criminelle, correctionnelle et de simple police, conformément aux dispositions du présent décret.

(1) Voir le décret du 13 janvier 1894, instituant la Cour d'appel de Hanoi.

TITRE PREMIER
PROCÉDURE CIVILE

Art. 2. — Toutes les instances civiles sont dispensées du préliminaire de conciliation ; néanmoins, pour toutes les affaires qui, en France, sont soumises à ce préliminaire, le juge devra inviter les parties de comparaître en personne, sur simple avertissement et sans frais.

Art. 3. — La forme de procéder en matière civile et commerciale, est celle qui est suivie, en France, devant les tribunaux de commerce.

Art. 4. — Le délai pour interjeter appel des jugements contradictoires en matière civile et commerciale est de deux mois, à partir de la signification à personne ou à domicile réel ou d'élection.

Ce délai est augmenté à raison des distances, dans les conditions qui seront déterminées par arrêté du Gouverneur général, rendu sur la proposition du Procureur général chef du service judiciaire.

À l'égard des incapables, ce délai ne compte que du jour de la signification à la personne ou au domicile de ceux qui sont chargés de l'exercice de leurs droits.

Dans aucun cas l'appel ne sera reçu ni contre les jugements par défaut, ni contre les jugements interlocutoires, avant le jugement définitif.

Art. 5. — Les parties qui veulent se défendre par elles-mêmes et sans avoir recours au ministère des avocats-défenseurs, doivent déposer, dans les délais légaux, au greffe du tribunal, tous les actes nécessaires à l'instruction des causes civiles et commerciales et à l'exécution des jugements et arrêts. Le greffier donne un récépissé desdits actes, en y portant la date du dépôt et doit, sous sa responsabilité, les signifier à la partie adverse dans les vingt-quatre heures.

TITRE II
INSTRUCTION CRIMINELLE
CHAPITRE PREMIER
DE LA PROCÉDURE DEVANT LES TRIBUNAUX DE POLICE

Art. 6. — En matière correctionnelle et de simple police, le tribunal est saisi directement par le ministère public, soit qu'il y ait eu ou qu'il n'y ait pas eu instruction préalable, ou par la citation donnée au prévenu à la requête de la partie civile.

S'il y a eu instruction, le juge remet les pièces au magistrat chargé du ministère public, qui reste le maître de ne pas donner suite à l'affaire ou de saisir le tribunal compétent.

Art. 7. — Des juges suppléants ou des attachés de parquet désignés par le Gouverneur général, sur la proposition du Procureur général chef du service judiciaire, remplissent auprès des tribunaux de paix à compétence étendue toutes les fonctions du ministère public.

Ils sont officiers de police judiciaire et placés sous la surveillance du procureur de la République près le tribunal de première instance dans le ressort duquel se trouve le tribunal de paix à compétence étendue.

Art. 8. — La forme de procéder en matière correctionnelle, ainsi que les formes de l'opposition et de l'appel, sont réglées par les dispositions du Code d'instruction criminelle relatives à la procédure devant les tribunaux correctionnels, sous réserve des modifications prévues aux articles ci-dessus.

Art. 9. — Le mode de procéder en matière de simple police est réglé par les sections 1 et 3 du chapitre 1er, titre 1er du livre II du Code d'instruction criminelle.

CHAPITRE II.
DE LA PROCÉDURE DEVANT LES COURS CRIMINELLES (1)

Art. 10. — Le Procureur général près la cour d'appel de Saigon poursuit devant la cour criminelle, soit par lui-même, soit par ses substituts, toute personne dont il a décidé la mise en accusation.

Art. 11. — Il dresse, aussitôt que l'information est terminée, l'acte d'accusation et le fait signifier à l'accusé, auquel toutes les pièces de la procédure pourront être communiquées sur sa demande.

Art. 12. — Il apporte tous les soins à ce que les actes préliminaires soient faits, et que tout soit en état pour que les débats puissent commencer à l'époque de l'ouverture de la cour criminelle.

Art. 13. — Quand la mise en accusation a été décidée par le Procureur général, si l'affaire ne doit pas être jugée dans le lieu où siège la cour d'appel, il transmet les pièces du procès au greffe du tribunal de première instance du chef-lieu d'arrondissement où doit siéger la cour appelée à en connaître.

Les pièces servant à conviction, qui sont restées déposées au greffe du tribunal ou qui ont été apportées au greffe de la cour d'appel, sont réunies, sans délai, au greffe où ont été remises les pièces du procès.

Art. 14. — L'accusé, s'il est détenu, est envoyé, en temps utile, dans la maison de justice du lieu où doit se tenir la cour criminelle.

Art. 15. — Aussitôt après la remise des pièces au greffe et l'arrivée de l'accusé dans la maison de justice, celui-ci est interrogé par le président de la cour criminelle ou par le juge qu'il a délégué.

Art. 16. — L'accusé est interpellé de déclarer le choix qu'il a fait d'un conseil pour l'aider dans sa défense, sinon le juge lui en désigne un, à peine de nullité de tout ce qui suivra.

Cette désignation est comme non avenue et la nullité en sera prononcée si l'accusé choisit un conseil.

Art. 17. — Le conseil de l'accusé est choisi par lui ou désigné par le juge parmi les défenseurs ou, à défaut de ces derniers, parmi les personnes parlant le français et jouissant de leurs droits civils et politiques.

Le président de la cour criminelle peut, en outre, l'autoriser à prendre pour conseil un de ses parents ou amis.

Art. 18. — Le conseil peut communiquer avec l'accusé après son interrogatoire. Il peut aussi prendre connaissance de toutes les pièces sans déplacement.

Art. 19. — Les conseils des accusés peuvent prendre ou faire prendre copie de telle pièce du procès qu'ils jugent utile à leur défense.

Art. 20. — Trois jours au moins avant l'ouverture de la cour criminelle, il est procédé par le président de la cour criminelle ou par le juge qu'il a délégué à cet effet, au tirage au sort des assesseurs, sur une liste de vingt notables, dressée chaque année, dans la seconde quinzaine de décembre, conformément

(1) Voir ci-après la loi du 16 novembre 1892, sur la prison préventive.

aux prescriptions de l'article 30 du décret du 15 novembre 1887.

Une liste complémentaire de dix notables pour chaque catégorie d'accusés, peut être dressée dans les mêmes conditions.

En cas d'insuffisance des notables de la liste principale, par suite de décès, d'incapacité ou d'absence de la colonie, le président pourvoit à leur remplacement par une simple ordonnance.

Il complète la liste des vingt notables en suivant l'ordre de l'inscription sur la liste complémentaire.

Art. 21. — Les mêmes membres peuvent être indéfiniment inscrits sur les listes dressées chaque année.

Nul ne peut être porté sur la liste des notables s'il ne jouit de ses droits civils et politiques.

Art. 22. — Les fonctions d'assesseur sont incompatibles avec celles de membre du conseil privé, de membre de l'ordre judiciaire, de ministre d'un culte quelconque, et de militaire en activité de service dans les armées de terre et de mer.

Art. 23. — Le jour du tirage au sort des assesseurs est fixé par une ordonnance du président de la cour criminelle, sur la réquisition du Procureur général ou de ses substituts.

Cette ordonnance et la liste des vingt notables sont notifiées à l'accusé la veille au moins du jour déterminé pour le tirage.

Art. 24. — Le tirage se fait en chambre du conseil, en présence du ministère public, du greffier, des accusés et de leurs conseils. À cet effet, le juge chargé du tirage dépose un à un dans une urne, après les avoir lus à haute et intelligible voix, les noms des vingt notables de l'arrondissement, écrits sur des bulletins.

Art. 25. — Cette première opération terminée, le président ou le juge délégué retire successivement chaque bulletin de l'urne et lit le nom qui s'y trouve inscrit.

Les accusés, quel que soit leur nombre, ont la faculté d'exercer deux récusations péremptoires. Le ministère public jouit de la même faculté. Lorsque les accusés ne se sont point concertés pour exercer leurs récusations, l'ordre des récusations s'établit entre eux d'après la gravité de l'accusation.

Dans le cas d'accusation de crime de même gravité contre divers individus, l'ordre des récusations est déterminé par la voie du sort.

Art. 26. — La liste des assesseurs est définitivement formée lorsque le magistrat chargé du tirage a obtenu par le sort le nombre d'assesseurs nécessaire au service de la session, sans qu'il y ait eu de récusation, ou lorsque les récusations ont été épuisées.

Les deux assesseurs ainsi désignés font partie de la cour criminelle pour le jugement de toutes les affaires inscrites au rôle de la session.

Il est tiré également au sort, de la même manière, un ou deux assesseurs supplémentaires pour remplacer, le cas échéant, les assesseurs titulaires.

Procès-verbal des opérations du tirage est dressé par le greffier et signé du magistrat qui a présidé.

Art. 27. — Les empêchements résultant pour les juges de parenté ou de leur alliance soit entre eux, soit avec les accusés ou la partie civile, sont applicables aux assesseurs, soit entre eux, soit entre eux et les juges, soit entre eux et les accusés et la partie civile.

Art. 28. — Nul ne peut être assesseur dans la

même affaire où il a été officier de police judiciaire, témoin, interprète, expert ou partie.

Art. 29. — Les récusations fondées sur une des causes prévues par les deux articles qui précèdent seront jugées sur simple requête par la cour criminelle, qui ordonne, s'il y a lieu, que l'assesseur récusé soit remplacé par un des assesseurs supplémentaires, en suivant l'ordre du tirage au sort.

Art. 30. — Les accusés qui ne seront arrivés dans la maison de justice qu'après le tirage des assesseurs ou l'ouverture des assises, ne pourront y être jugés que lorsque le Procureur général l'aura requis, lorsque les accusés y auront consenti, et lorsque le président l'aura ordonné. En ce cas, le Procureur général et les accusés seront considérés comme ayant accepté la composition de la cour criminelle.

Art. 31. — Tout assesseur qui ne se sera rendu à son poste sur la citation qui lui aura été notifiée, sera condamné par la cour criminelle à une amende, laquelle sera :

Pour la première fois, de 200 francs au moins et de 500 francs au plus ; pour la seconde, de 500 francs au moins et de 1,000 francs au plus ; pour la troisième, de 1,000 francs au moins et de 2,000 francs au plus.

Cette dernière fois, il sera, de plus, déclaré incapable d'exercer à l'avenir les fonctions d'assesseur. L'arrêt sera imprimé et affiché à ses frais.

Art. 32. — Seront exceptés ceux qui justifieront qu'ils étaient dans l'impossibilité de se rendre au jour indiqué.

La cour prononcera sur la validité de l'excuse.

Art. 33. — Les peines portées en l'article 31 sont applicables à tout assesseur qui, même s'étant rendu à son poste, se retirerait avant l'expiration de ses fonctions sans une excuse valable, qui sera également jugée par la cour.

Art. 34. — Au jour fixé pour l'ouverture de la session, la cour ayant pris séance, les assesseurs se placent à ses côtés dans l'ordre désigné par le sort.

Art. 35. — Le président a la police de l'audience. Il est investi d'un pouvoir discrétionnaire, en vertu duquel il peut prendre sur lui tout ce qu'il croit utile pour découvrir la vérité, et la loi charge son honneur et sa conscience d'employer tous ses efforts pour en favoriser la manifestation.

Il peut, au cours des débats, appeler, même par mandat d'amener, et entendre toutes personnes ou se faire apporter toutes nouvelles pièces qui lui paraîtraient, d'après les nouveaux développements donnés à l'audience, soit par les accusés, soit par les témoins, pouvoir répandre un jour utile sur le fait contesté. Les témoins ainsi appelés ne prêtent point serment, et leurs déclarations ne sont considérées que comme renseignements.

Le président doit rejeter tout ce qui tendrait à allonger les débats, sans donner lieu d'espérer plus de certitude dans les résultats.

Art. 36. — L'accusé comparaît libre et seulement accompagné de gardes pour l'empêcher de s'évader. Le président lui demande son nom, ses prénoms, son âge, sa profession, sa demeure et le lieu de sa naissance.

Art. 37. — Le président avertit le conseil de l'accusé qu'il ne peut rien dire contre sa conscience ou contre le respect dû aux lois, et qu'il doit s'exprimer avec décence et modération.

Art. 38. — A la première audience de chaque session d'assises, le président fait prêter aux assesseurs, debouts et découverts, le serment suivant dont il prononcera la formule en ces termes :

« Je jure et promets, devant Dieu et devant les hommes, d'examiner, avec l'attention la plus scrupuleuse, les affaires qui me seront soumises pendant le cours de la présente session ; de ne trahir ni les intérêts de l'accusé, ni ceux de la société ; de n'écouter ni la haine, ni la méchanceté, ni la crainte ou l'affection, et de ne me décider que d'après les charges et les moyens de défense, suivant ma conscience et mon intime conviction, avec l'impartialité et la fermeté qui conviennent à un homme probe et libre. »

Chacun des assesseurs, appelé individuellement par le président, répondra en levant la main : « Je le jure », à peine de nullité.

Art. 39. — Immédiatement après, le président avertit l'accusé d'être attentif à ce qu'il va entendre.

Il ordonne au greffier de lire la décision du parquet et l'acte d'accusation.

Le greffier fait cette lecture à haute voix.

Art. 40. — Le procureur général expose le sujet de l'accusation et présente ensuite la liste des témoins qui doivent être entendus, soit à sa requête, soit à la requête de la partie civile, soit à celle de l'accusé.

Cette liste est lue à haute voix par le greffier.

Art. 41. — Le président ordonne aux témoins de se retirer dans la chambre qui leur aura été destinée. Ils n'en sortiront que pour déposer. Le président prend des précautions, s'il en est besoin, pour empêcher les témoins de conférer entre eux avant leur déposition.

Art. 42. — Les témoins font à l'audience, sous peine de nullité, le serment de dire toute la vérité, rien que la vérité, et le greffier en tient note, ainsi que de leurs nom, prénoms, profession, âge et demeure.

Sont, en outre, observées les dispositions des articles 156, 157, 158, 319, 325, 326, 327 et 329 du Code d'instruction criminelle.

Art. 43. — Si, d'après les débats, la déposition d'un témoin paraît fausse, le président peut, sur la réquisition soit du Procureur général, soit de l'accusé, et même d'office, faire sur le champ mettre le témoin en état d'arrestation. Le Procureur général, le président ou l'un des juges par lui commis remplissent à son égard, le premier les fonctions d'officier de police judiciaire, le second les fonctions attribuées au juge d'instruction dans les autres cas.

Les pièces d'instruction sont remises au procureur pour être, par lui, statué sur la mise en accusation.

Art. 44. — Dans le cas de l'article précédent, le Procureur général, la partie civile ou l'accusé peuvent immédiatement requérir, et la cour ordonner même d'office, le renvoi de l'affaire à la prochaine session.

Art. 45. — Si l'accusé, les témoins ou l'un d'eux ne parlent pas le même idiome, ou si l'accusé est sourd et muet et ne sait pas écrire, le président doit se conformer aux prescriptions des articles 332 et 333 du code d'instruction criminelle.

Art. 46. — Le président détermine celui des accusés qui doit être soumis le premier aux débats, en commençant par le principal accusé, s'il y en a un.

Il se fait ensuite un débat particulier sur chacun des accusés.

Art. 47. — A la suite des dépositions des témoins et des dires respectifs auxquels elles auront donné lieu, la partie civile ou son conseil, et le Procureur général sont entendus et développent les moyens qui appuient l'accusation.

L'accusé et son conseil peuvent leur répondre.

La réplique est permise à la partie civile et au Procureur général, mais l'accusé ou son conseil a toujours la parole le dernier.

Le président déclare ensuite que les débats sont terminés.

Art. 48. — Le président pose les questions de l'acte d'accusation en ces termes :

« L'accusé est-il coupable d'avoir commis tel meurtre, tel vol ou tel autre crime, avec toutes les circonstances comprises dans le résumé de l'acte d'accusation ? »

Il observe pour le surplus les dispositions des articles 338, 339 et 340 du code d'instruction criminelle.

Art. 49. — En toute matière criminelle, même en cas de récidive, le président, après avoir posé les questions résultant de l'acte d'accusation et des débats, pose la question des circonstances atténuantes.

Art. 50. — Après la lecture des questions par le président, l'accusé, son conseil, la partie civile et le Procureur général peuvent faire, sur la position de ces questions, telles observations qu'ils jugent convenables.

Si le Procureur général ou l'accusé s'opposent à la position des questions telles qu'elles ont été présentées, il est statué par la cour sur le mérite de cette opposition.

Art. 51. — Le président fait ensuite retirer l'accusé de l'auditoire, et la cour se rend avec les assesseurs dans la chambre du conseil pour délibérer sur la solution des questions.

Art. 52. — La cour criminelle, avec les assesseurs, rentre ensuite en séance et le président, après avoir fait comparaître l'accusé, donne lecture de la délibération, qui est signée par les membres de la cour, les assesseurs et le greffier.

Art. 53. — La cour, sans la participation des assesseurs, délibère sur l'application de la peine.

Sont observées, pour le surplus, les dispositions des articles 191, 353, 359, 360, 361, 362, 363, 364, 365, 367, 368, 405 et 371 du code d'instruction criminelle.

Art. 54. — La cour, jugeant sans le concours des assesseurs, statue sur les affaires de contumace, conformément aux dispositions des articles 465 à 478 inclus du code d'instruction criminelle.

DISPOSITIONS GÉNÉRALES

Art. 55. — En toute matière, le Procureur général peut autoriser la mise en liberté provisoire avec ou sans caution. Il peut admettre comme cautionnement suffisant, sans qu'il soit besoin de dépôt de deniers ou autres justifications et garanties, la soumission écrite de toute tierce personne jugée solvable, portant engagement de présenter ou de faire représenter le prévenu ou l'accusé à toute réquisition de la justice, ou à défaut, de verser au trésor, à titre d'amende, une somme déterminée dans l'acte de cautionnement.

Art. 56. — Sont abrogés :

Les décrets du 25 juillet 1864 et du 7 mars 1884, l'article 11 du décret du 25 novembre 1887, et toutes dispositions contraires au présent décret.

Art. 57. — Le ministre de la marine et des colonies et le garde des sceaux ministre de la justice et des cultes, sont chargés, chacun en ce qui le concerne, de l'exécution du présent décret, qui sera inséré au *Journal officiel* de la République française,

au *Bulletin des Lois* et au *Bulletin officiel* de l'Administration des colonies. — CARNOT.

7. — 11 décembre 1888. — ARRÊTÉ *abrogeant ceux des 6 février 1882, 8 octobre 1884 et 4 novembre 1885, et déterminant les frais de déplacement et de transport des magistrats de la cour d'appel de Saïgon appelés à faire partie des cours criminelles.*

Article premier. — Les dispositions des arrêtés des 6 février 1882, 8 octobre 1884 et 4 novembre 1885, sont et demeurent abrogées.

Art. 2. — Il est alloué aux membres de la cour d'appel et du parquet général de Saïgon, appelés à se transporter pour présider les sessions des cours criminelles, ou occuper auprès de ces cours le siège du ministère public, indépendamment des frais de transport fournis par l'administration, et à titre de frais de déplacement et de séjour :

1° Pour Vinh-long et My-tho, une indemnité de cent piastres par session ;

2° Pour Hanoi, une indemnité de deux cents piastres par session.

Art. 3. — Le Procureur général chef du service judiciaire de l'Indo-Chine, le directeur du service local, et le Résident général en Annam et au Tonkin sont chargés, chacun en ce qui le concerne, de l'exécution du présent arrêté, qui sera communiqué et enregistré partout où besoin sera et inséré au *Journal officiel* et au *Bulletin officiel* de la colonie. — RICHAUD.

8. — 20 janvier 1889. — ARRÊTÉ *fixant les jours et heures d'audiences des tribunaux de Hanoi et de Haïphong, et déterminant la garde des minutes des jugements et actes notariés, et celle des actes de l'état civil.*

Article premier. — Les tribunaux de Hanoi et de Haïphong tiendront deux audiences ordinaires par semaine. Ces audiences sont fixées au mercredi pour les affaires civiles et commerciales, et au vendredi pour les affaires correctionnelles et de simple police. Elles s'ouvriront à huit heures du matin. La première audience sera extraordinairement tenue dans chacun de ces tribunaux le jeudi 31 janvier 1889.

Art. 2. — Les minutes, papiers et registres des différentes juridictions françaises ayant successivement exercé dans l'étendue des ressorts des tribunaux de Hanoi et de Haïphong antérieurement à leur installation, seront respectivement déposés au greffe de chacun desdits tribunaux. Les registres de l'état civil existant dans les greffes de ces juridictions seront déposés au greffe du tribunal de première instance du ressort.

Il sera donné acte de chaque dépôt.

Art. 3. — Les minutes des actes notariés émanant des chancelleries comprises dans le ressort des deux tribunaux de Hanoi et de Haïphong, et les répertoires, seront remis au greffier-notaire, qui en donnera un récépissé au bas d'un état sommaire. Un état détaillé, dressé et certifié par le dépositaire actuel des minutes figurant sur les registres, ayant en même temps servi à l'enregistrement des actes, sera également remis au greffier-notaire. Les grosses et expéditions seront délivrées par cet officier public. Un double des états ci-dessus prescrits sera déposé dans chacun des greffes du tribunal de première instance.

Art. 4. — Le Résident général en Annam et au Tonkin et le Procureur général chef du service judiciaire de l'Indo-Chine sont chargés, chacun en ce qui le concerne, de l'exécution du présent arrêté, qui sera communiqué et enregistré partout où besoin sera. — RICHAUD.

9. — **24 juin 1889.** — ARRÊTÉ *sur les honneurs à rendre au Président de la cour criminelle du Tonkin.*

Le président de la cour criminelle du Tonkin sera reçu, à son arrivée à Hanoi, par le résident-maire et les membres du tribunal.

Il sera logé dans un appartement meublé désigné à l'avance par l'administration du Protectorat.

Au siège de la cour criminelle, il aura à sa porte, pendant la durée de son séjour, une sentinelle fournie par le contingent de la place.

Il fera visite au général commandant en chef des troupes et au chef de l'administration du Protectorat, qui devront la lui rendre dans les 24 heures.

Des visites lui seront faites par tous les autres chefs d'administration, de service et de corps, en grande tenue, et à l'heure qu'il aura indiquée. Il les recevra en robe rouge et leur rendra leur visite, en habit, dans les 24 heures.

Un piquet de quinze hommes commandé par un sous-officier, sera fourni à la cour criminelle, pour le service des audiences, pendant toute la durée de la session.

Le général commandant en chef les troupes de l'Indo-Chine, le Résident supérieur au Tonkin et le Procureur général sont chargés de l'exécution du présent arrêté, qui sera enregistré, communiqué et publié partout où besoin sera. — PIQUET.

10. — **27 juin 1889.** — ARRÊTÉ *promulguant le décret du 19 avril 1889, sur le serment professionnel des magistrats aux colonies.*

Est promulgué dans toute l'étendue de l'Indo-Chine, le décret du 19 avril 1889, relatif au serment professionnel des magistrats aux colonies.

Le Procureur général chef du service judiciaire de l'Indo-Chine est chargé de l'exécution du présent arrêté, qui sera enregistré et publié partout où besoin sera. — FOURÈS.

DÉCRET du 19 avril 1889

Article premier. — La cour d'appel de Pondichéry (Établissements français de l'Inde) et la cour d'appel de Saïgon (Indo-Chine) pourront déléguer les tribunaux de 1re instance de leur ressort, autres que celui du chef-lieu, pour recevoir le serment professionnel de leurs membres.

La cour d'appel de Pondichéry, la cour d'appel de Saïgon et le tribunal supérieur de Papaëti (Établissements français de l'Océanie) pourront recevoir par écrit le serment des magistrats de leur ressort nommés à des postes comportant un juge unique.

Art. 2. — Le président du Conseil ministre du commerce, de l'industrie et des colonies, et le garde des sceaux ministre de la justice et des cultes, sont chargés, chacun en ce qui le concerne, de l'exécution du présent décret, qui sera inséré au *Journal officiel* de la République française et au *Bulletin officiel* de l'administration des colonies. — CARNOT.

11. — **14 août 1889.** — ARRÊTÉ *promulguant le décret du 17 juin 1889, portant réorganisation de la justice en Cochinchine, et fixant les traitements et les parités d'office des magistrats greffiers et commis-greffiers.*

Article premier. — Est promulgué dans toute l'étendue de l'Indo-Chine, le décret du 17 juin 1889 (1) portant réorganisation de la justice en Cochinchine, et fixant les traitements et les parités d'office des magistrats, des greffiers et des commis-greffiers.

Art. 2. — Les mesures d'exécution nécessitées par la présente promulgation feront l'objet d'actes ultérieurs.

Le Procureur général est chargé de l'exécution du présent arrêté, qui sera enregistré partout où besoin sera et inséré au *Journal* et au *Bulletin officiel* de l'Indo-Chine (première et deuxième parties). — PIQUET.

RAPPORT *du président du Conseil, ministre du commerce, de l'industrie et des colonies, sur la réorganisation de la justice en Indo-Chine.*

L'article 11 du décret du 15 novembre 1887, portant réorganisation de la justice en Cochinchine, avait investi les commissaires de police des fonctions du ministère public près les justices de paix à compétence étendue.

Le Procureur général n'avait, par suite, comme auxiliaires directs de l'intérieur, pour l'exercice de l'action publique, que ses deux substituts de Vinhlong et de My-tho.

Mon prédécesseur, trouvant insuffisant le nombre des magistrats du parquet, et désireux d'assurer d'une façon plus effective la poursuite et répression des délits, reconnut la nécessité de placer auprès de chaque justice de paix un magistrat spécialement chargé de représenter le ministère public.

L'article 7 du décret du 18 septembre 1888 décida, en conséquence, que les juges suppléants ou des attachés du parquet, désignés par le Gouverneur général, rempliraient auprès des tribunaux de paix les fonctions de ministère public, et exerceraient les attributions de la police judiciaire. Comme conséquence, un arrêté du 19 octobre dernier porta de cinq à huit le nombre des attachés de parquet du procureur général. L'application plus complète de cette heureuse innovation me paraît de nature à donner les meilleurs résultats au point de vue du bon fonctionnement de la justice.

Je m'en suis inspiré pour la préparation du décret ci-joint qui, sans rien changer à l'esprit du système actuellement en vigueur, n'a pour but que d'en faciliter et d'en améliorer les conditions d'application.

Afin d'éviter les froissements qui peuvent survenir entre les fonctionnaires appartenant à des degrés différents de la hiérarchie, et devant avoir fréquemment des relations de service, la substitution de tribunaux de première instance aux justices de paix me paraît nécessaire.

L'inégalité de situation entre les membres d'un tribunal de première instance et les fonctionnaires de l'administration, est en effet moindre qu'entre ces derniers et de simples attachés de parquet ou juges suppléants.

_____

(1) Ce décret, s'appliquant uniquement à la Cochinchine, peut être utilement consulté en ce qui concerne les attributions de la cour d'appel de Saïgon, et celles de M. le Procureur général comme chef du service judiciaire de l'Indo-Chine ; à ce titre, nous avons pensé qu'il était indispensable de l'insérer dans ce recueil.

Voir, d'ailleurs, ci-dessus, les décrets des 8 et 18 septembre 1888.

Il n'y a d'exception à ce principe que pour trois arrondissements très rapprochés de Saigon, et qui se trouvent rattachés au tribunal de première instance de cette ville.

Cette substitution aurait, en outre, l'avantage de rapprocher la justice des justiciables, et de donner à la Cochinchine une organisation judiciaire uniforme, définitive, et cadrant avec les divisions administratives de la colonie.

Ces modifications, qui seront certainement bien accueillies des justiciables, en raison des avantages et des garanties qu'elles leur donnent, n'entraînent pour le budget local qu'une très faible augmentation de dépense. Celle-ci sera facilement couverte par l'extension à tous les tribunaux du tarif judiciaire de Saigon, qui n'a été appliqué jusqu'à ce jour qu'au ressort du tribunal de cette ville.

En vue de faciliter l'application du nouveau système, j'ai cru devoir réunir, dans un seul acte, toutes les dispositions concernant l'administration de la justice, afin de permettre l'abrogation pure et simple des décrets antérieurs, dont quelques-uns sont déjà en partie abrogés.

Dans ces conditions, j'ai l'honneur, d'accord avec M. le Garde des sceaux, de soumettre à votre haute sanction le projet de décret ci-joint.

Je vous prie d'agréer, Monsieur le Président, l'hommage de mon profond respect. — P. TIRARD.

12. — 17 juin 1889. — DÉCRET *réorganisant la justice en Cochinchine* (1).

TITRE PREMIER
DISPOSITIONS PRÉLIMINAIRES

Article premier. — Dans les possessions françaises de Cochinchine, la justice est rendue par une justice de paix, par des tribunaux de première instance et de commerce, par la cour d'appel de l'Indo-Chine et par des cours criminelles.

Art. 2. — Les audiences sont publiques en matière civile et criminelle, à moins que cette publicité ne soit dangereuse pour l'ordre et pour les mœurs, et, dans ce cas, le tribunal ou la cour le déclare par un jugement ou arrêt préalable.

Dans tous les cas, les jugements ou arrêts sont prononcés publiquement et doivent être motivés, à peine de nullité.

TITRE II
JUSTICE DE PAIX

Art. 3. — Le ressort de la justice de paix de Saigon comprend le territoire de la ville de Saigon, et les arrondissements de Cho-lon, Gia-dinh et Baria.

Art. 4. — Le tribunal de paix de Saigon est composé d'un juge de paix, d'un greffier, et, si les besoins l'exigent, d'un commis assermenté

Art. 5. — La compétence et le fonctionnement du tribunal de paix de Saigon sont déterminés conformément aux règles qui régissent les justices de paix de France.

TITRE III
DES TRIBUNAUX DE PREMIÈRE INSTANCE ET DE COMMERCE
CHAPITRE PREMIER
COMPOSITION ET SIÈGE DES TRIBUNAUX

Art. 6. — Le ressort du tribunal de première ins-

(1) Voir ci-après le décret du 13 juin 1894, instituant la Cour d'appel de Hanoi.

tance de Saigon comprend le territoire de la ville de Saigon, les arrondissements de Cho-lon, Gia-dinh et Baria.

Art. 7. — Dans chacun des autres arrondissements de Cochinchine siège un tribunal de première instance.

Art. 8. — Les tribunaux de première instance de l'intérieur sont divisés en trois classes, savoir :

2 de 1re classe : My-tho et Vinh-long ;
4 de 2e classe : Ben-tré, Bien-hoa, Sa-dec et Chaudoc ;
8 de 3e classe : Chau-tho, Tra-vinh, Long-xuyen, Tan-an, Go-cong, Soc-trang, Tay-ninh et Bac-lieu.

Art. 9. — Le tribunal de première instance est composé de :

1 Juge-président ;
1 Lieutenant de juge ;
8 Juges suppléants ;
1 Procureur de la République ;
1 Substitut ;
1 Greffier ;
1 ou plusieurs commis assermentés.

Art. 10. — Les juges suppléants sont spécialement destinés à remplacer les magistrats empêchés ou absents, soit à Saigon, soit à l'intérieur.

Art. 11. — Les tribunaux de première instance de l'intérieur sont composés : d'un juge, d'un procureur de la République, d'un greffier, et, si les besoins du service l'exigent, d'un commis assermenté.

Le greffier remplit les fonctions de notaire et de commissaire-priseur.

Art. 12. — Des interprètes assermentés sont spécialement attachés au service des divers tribunaux et répartis, selon les besoins, par arrêté du gouverneur général, sur la proposition du Procureur général chef du service judiciaire en Indo-Chine.

Art. 13. — Les fonctions du ministère public sont exercées devant le tribunal de Saigon par le procureur de la République ou son substitut, devant les tribunaux de l'intérieur par les procureurs de la République.

Art. 14. — L'administrateur des îles de Poulo-Condore exerce, dans ces îles, les attributions d'un juge, et son secrétaire d'arrondissement, celles d'officier du ministère public.

CHAPITRE II
COMPÉTENCE DES TRIBUNAUX DE PREMIÈRE INSTANCE
Première section

Art. 15. — La loi annamite régit toutes les conventions et toutes les contestations civiles et commerciales entre indigènes et Asiatiques ; toutefois la déclaration faite dans un acte, par les dits indigènes ou Asiatiques, qu'ils entendent contracter sous l'empire de la loi française, entraîne l'application de cette loi.

Art. 16. — La loi française régit toutes les conventions et toutes les contestations civiles et commerciales entre Européens ou entre Européens et Asiatiques ou assimilés.

Deuxième section

Art. 17. — En matière civile, les tribunaux de première instance connaissent en premier et dernier ressort, de toutes actions personnelles et mobilières jusqu'à la valeur de 1.500 francs ou principal, et des actions immobilières jusqu'à 100 fr.

de revenu déterminé par la déclaration des parties ou, en cas de désaccord, par l'estimation faite, sans frais, par le chef de canton du lieu de la situation des immeubles litigieux, à charge d'appel de toutes les autres actions.

En matière commerciale, leur compétence est déterminée par le titre II du livre IV du code de commerce.

En matière correctionnelle, ils connaissent de tous les délits.

Art. 18. — Les juges des tribunaux de l'intérieur remplissent les fonctions et font tous les actes tutélaires attribués aux juges de paix par la loi française, tels que les appositions et levées de scellés, les avis de parents, les actes de notoriété et autres actes qui sont dans l'intérêt des familles.

Ils sont juges de simple police et, en cette qualité, connaissent en dernier ressort de toutes les contraventions.

Ils sont, en outre, chargés de l'instruction des affaires criminelles ainsi qu'il est dit à l'article 52 ci-après.

TITRE IV

CHAPITRE PREMIER
DE LA COUR D'APPEL

Art. 19. — La cour d'appel de l'Indo-Chine française a son siège à Saigon.

Elle est composée d'un président, d'un vice-président, de sept conseillers, d'un greffier et de commis-greffiers assermentés, dont le nombre est déterminé par le Gouverneur général, sur la proposition du Procureur général, suivant les besoins du service.

Les fonctions du ministère public près la cour d'appel de l'Indo-Chine sont remplies par le Procureur général, assisté d'un avocat général et de deux substituts.

Art. 20. — La cour comprend deux chambres, entre lesquelles sont réparties les affaires, d'après la distribution qui en est faite par le président.

La deuxième chambre est plus spécialement chargée des affaires civiles et commerciales entre indigènes.

La cour se constituera, en outre, en chambre des appels correctionnels, pour prononcer sur les affaires mentionnées dans les articles 22, 23 et 24.

Le service de la chambre correctionnelle ne dispensera pas du service des chambres civiles.

Art. 21. — En matière civile et commerciale, la cour connaît :

1° Des appels formés contre les jugements rendus en premier ressort par les tribunaux de première instance et de commerce de la Cochinchine ;

2° Des appels formés contre les jugements rendus en premier ressort par les juridictions françaises établies en Extrême-Orient, soit dans les pays soumis au Protectorat de la France, soit dans les consulats français.

Art. 22. — En matière correctionnelle, la cour connaît des appels des jugements rendus par les tribunaux correctionnels de la Cochinchine, et par les juridictions françaises établies dans les pays soumis au Protectorat de la France en Indo-Chine.

Art. 23. — Conformément à la loi du 28 avril 1889, la cour d'appel de l'Indo-Chine connaît :

1° Des appels des jugements rendus en matière civile, commerciale et de police correctionnelle, par les tribunaux consulaires français en Chine, au royaume de Siam et au Japon ;

2° Des crimes commis dans les mêmes contrées par des sujets français.

Art. 24. — Les jugements rendus en dernier ressort par les tribunaux de simple police et les tribunaux de première instance jugeant en matière indigène, pourront être attaqués devant la cour d'appel par la voie de l'annulation, dans les formes et conditions déterminées par le décret du 25 juin 1879.

Sont applicables aux arrêts de la cour, statuant en matière indigène, les dispositions de l'article 5, paragraphe premier, du décret du 7 mars 1868, et celles du titre II du décret du 25 juin 1879, concernant le recours en cassation.

Art. 25. — Les chambres civiles et la chambre des appels de police correctionnelle ne peuvent rendre arrêt qu'au nombre de trois juges au moins.

Lorsque la cour connaîtra des demandes en annulation, elle devra être composée de cinq membres au moins.

En audience solennelle, les arrêts doivent être rendus par cinq magistrats au moins.

Art. 26. — L'assemblée générale de la cour se composera de tous les membres de la cour. La cour ne pourra prendre de décision qu'au nombre de cinq magistrats au moins. Les décisions seront prises à la simple majorité. En cas de partage, le magistrat le plus jeune se retirera.

Art. 27. — L'assemblée générale de la cour se tient en chambre du conseil, et à huis clos, et n'a lieu que sur la convocation du président, faite d'accord avec le chef du service judiciaire, ou sur les réquisitions du Procureur général.

Le greffier de la cour assistera aux assemblées générales et y tiendra la plume.

CHAPITRE II
DES COURS CRIMINELLES

Art. 28. — Les crimes commis sur le territoire de la Cochinchine française, sont déférés à des cours criminelles, siégeant à Saigon, My-tho et Vinh-long.

Art. 29. — Les crimes commis par des Français ou autres Européens au Cambodge, ou par des sujets Asiatiques français au préjudice, soit de Français ou autres Européens, soit d'Asiatiques sujets français, seront déférés à la cour criminelle de Saigon.

Art. 30. — Le ressort de la cour criminelle de Saigon s'étend sur les arrondissements de Cho-lon, Gia-dinh, Tay-ninh, Bien-hoa, Baria et les îles de Poulo-Condore.

Le ressort de la cour criminelle de My-tho s'étend sur les arrondissements de My-tho, Go-cong, Tan-an, Bentré et Tra-vinh.

Le ressort de la cour criminelle de Vinh-long s'étend sur les arrondissements de Vinh-long, Sadec, Can-tho, Chau-doc, Long-xuyen, Soc-trang et Bac-lieu.

Art. 31. — La cour criminelle de Saigon se compose, indépendamment du greffier de la cour ou de l'un de ses commis assermentés, comme suit :

1° Trois conseillers à la cour, dont l'un remplit les fonctions de président ; toutefois, et au cas où les besoins du service l'exigent, le gouverneur général pourra exceptionnellement, sur la proposition du Procureur général, désigner un magistrat de première instance au lieu et place de l'un des deux conseillers assesseurs ;

2° Deux assesseurs désignés par la voie du sort sur une liste de vingt notables français, domiciliés dans les arrondissements de Saigon, Cho-lon et Gia-dinh, lorsqu'il s'agira d'accusés européens.

Lorsqu'il s'agira de juger des accusés annamites ou asiatiques, les assesseurs seront indigènes.

Trois voix sont nécessaires pour qu'il y ait condamnation.

Le droit de récusation ne pourra être exercé.

Art. 32. — La liste des assesseurs européens sera dressée chaque année, dans la seconde quinzaine de décembre, par une commission composée du directeur du service local ou du secrétaire général, président ; du président du tribunal de première instance ; d'un membre du conseil colonial, et d'un membre du conseil municipal, désignés par ces assemblées.

Art. 33. — La liste des assesseurs indigènes sera dressée chaque année à la même époque par le directeur du service local, sur la proposition du procureur de la République du siège de la cour.

Cette liste sera approuvée du Gouverneur général en conseil privé.

Art. 34. — Une liste complémentaire de dix notables, pour chaque catégorie d'accusés, sera dressée dans les mêmes conditions.

En cas d'insuffisance des notables de la liste principale, par suite de décès, d'incapacité ou d'absence de la colonie, le président de la cour criminelle pourvoit à son remplacement par simple ordonnance.

Il complète la liste des vingt notables, en suivant l'ordre d'inscription sur la liste complémentaire.

Art. 35. — Les mêmes membres peuvent être indéfiniment inscrits sur les listes dressées chaque année.

Nul ne pourra être inscrit sur la liste des notables s'il ne jouit de ses droits civils et politiques.

Art. 36. — Les fonctions d'assesseur sont incompatibles avec celles de membre du conseil privé, de membre de l'ordre judiciaire, de ministre d'un culte quelconque, et de militaire en activité de service dans les armées de terre et de mer.

Art. 37. — Dans les ressorts autres que celui de la cour de Saigon, la cour criminelle se compose :

1° D'un conseiller à la cour d'appel, président ;

2° D'un juge du siège de la cour criminelle ;

3° D'un magistrat désigné par le Procureur général, et pris parmi les juges ou juges suppléants ;

4° De deux assesseurs choisis par la voie du sort sur une liste de vingt notables indigènes, dressée comme il est dit aux articles 32 et 36 ci-dessus.

Lorsqu'il s'agira de juger des accusés européens, les deux assesseurs seront désignés par la voie du sort, sur la liste des notables français de Saigon ;

5° Du greffier du tribunal siège de la Cour criminelle.

Art. 38. — Les fonctions du ministère public près les cours criminelles seront remplies :

1° A Saigon, par le Procureur général ou ses substituts ;

2° Dans l'intérieur, par le Procureur général, l'un de ses substituts, ou par le procureur de la République du tribunal siège de la cour criminelle.

Art. 39. — La cour criminelle siège tous les trois mois dans chacun des chefs-lieux judiciaires indiqués en l'article 28.

Art. 40. — Le Gouverneur général, après avis du conseil privé, peut ordonner que la cour criminelle siégera dans un lieu autre que celui où elle siège habituellement ; il peut également ordonner la réunion extraordinaire des cours criminelles.

Art. 41. — Des arrêtés du Gouverneur général, pris après avis du conseil privé, sur la proposition du Procureur général, fixent les époques où se tiendront les sessions trimestrielles.

Art. 42. — Le Gouverneur général nomme, sur la proposition du Procureur général, le conseiller président et les magistrats assesseurs de la cour criminelle.

TITRE V

DE LA PROCÉDURE

CHAPITRE PREMIER

PROCÉDURE CIVILE

Art. 43. — Toutes les instances sont dispensées du préliminaire de conciliation ; néanmoins, pour toutes les affaires qui, en France, sont soumises à ce préliminaire, le juge pourra inviter les parties à comparaître en personne, sur simple avertissement et sans frais.

Art. 44. — La forme de procédure en matière civile et commerciale dans les affaires européennes, est celle suivie en France, devant les tribunaux de commerce.

Art. 45. — Le délai pour interjeter appel en matière civile et commerciale est de deux mois, à partir de la signification du jugement à personne où à domicile ou d'élection.

Ce délai est augmenté à raison des distances, dans les conditions qui seront déterminées par des arrêtés du gouverneur général, rendus sur la proposition du Procureur général.

A l'égard des incapables, ce délai ne court que du jour de la signification à la personne ou au domicile de ceux qui sont chargés de l'exercice de leurs droits.

Dans aucun cas, l'appel ne sera reçu, ni contre les jugements par défaut, ni contre les jugements préparatoires, avant le jugement définitif.

Art. 46. — Les parties qui veulent se défendre par elles-mêmes et sans avoir recours au ministère des avocats-défenseurs, doivent déposer, dans les délais légaux, au greffe du tribunal, tous les actes nécessaires à l'instruction des causes civiles et commerciales et à l'exécution des jugements et arrêts. Le greffier donne un récépissé desdits actes, en y portant la date du dépôt, et doit, sous sa responsabilité, les signifier à la partie adverse dans les vingt-quatre heures.

CHAPITRE II

DE L'INSTRUCTION CRIMINELLE

Première section

Art. 47. — En matière correctionnelle et de simple police, le tribunal est saisi directement par le ministère public, soit qu'il y ait ou qu'il n'y ait eu instruction, ou par la citation donnée au prévenu à la requête de la partie civile.

Art. 48. — En matière correctionnelle, le procureur de la République procède à l'instruction de l'affaire dans les formes et d'après les règles prescrites aux chapitres VI et VII du livre 1er du code d'instruction criminelle.

Art. 49. — S'il y a eu instruction, et que le procureur de la République donne suite à l'affaire, il transmet au juge les pièces et ses réquisitions écrites. Celui-ci en ordonne la mise au rôle de la plus prochaine audience utile, où il est statué par lui, le prévenu et le ministère public préalablement entendus.

Art. 50. — La forme de procéder en matière correctionnelle est réglée, sauf ce qui est dit aux articles 48 et 49 ci-dessus, par les dispositions du code d'instruction criminelle relatives à la procédure devant les tribunaux correctionnels.

Art. 51. — Le mode de procéder en matière de simple police, est réglé par les sections 1re et 3e du chapitre 1er, titre 1er du livre II du code d'instruction criminelle.

Deuxième section

DE LA PROCÉDURE DEVANT LES COURS CRIMINELLES

Art. 52. — Dans les cas de crimes, aussitôt l'information terminée, le procureur de la République transmet les pièces au juge du siège qui procède à l'instruction de l'affaire, dans les formes et d'après les règles prescrites au code d'instruction criminelle.

Art. 53. — Quand la procédure sera complète, le juge ordonnera que les pièces soient transmises au Procureur général.

Art. 54. — Si le Procureur général, après examen des pièces, est d'avis qu'il y a lieu de traduire l'accusé devant la cour criminelle, il dresse l'acte d'accusation, qui est signifié avec l'ordonnance du juge à l'accusé, auquel toutes les pièces peuvent être communiquées sur sa demande.

Art. 55. — Si le Procureur général est d'avis que le fait ne constitue pas un crime, il rend une ordonnance de renvoi devant le tribunal correctionnel.

S'il est d'avis que le fait ne constitue aucun crime ou délit prévu par la loi, il rendra une ordonnance motivée prescrivant la mise en liberté du prévenu.

Dans ce cas, le Procureur général rendra compte au ministre, dans son rapport de session, auquel sera jointe une copie de l'ordonnance de mise en liberté du prévenu.

Art. 56. — Le Procureur général pourra, s'il le juge utile, ordonner un supplément d'instruction.

Art. 57. — Dans le cas de poursuite devant la cour criminelle, toutes les pièces seront déposées au greffe de ladite cour, cinq jours au moins avant l'ouverture des débats.

Les pièces à conviction seront également déposées au greffe avant le jour de l'ouverture des débats.

Art. 58. — Aussitôt après la remise des pièces au greffe, et l'arrivée de l'accusé dans la maison de justice, celui-ci est interrogé par le président de la cour criminelle ou par le juge qu'il a désigné.

Art. 59. — L'accusé est interpellé de déclarer le choix qu'il a fait d'un conseil pour l'aider dans sa défense, sinon le juge lui en désigne un, à peine de nullité de tout ce qui suivra.

Cette désignation est comme non avenue et la nullité en sera prononcée, si l'accusé choisit un conseil.

Art. 60. — Le conseil de l'accusé est choisi par lui ou désigné par le juge parmi les défenseurs ou, à défaut de ces derniers, parmi les personnes parlant le français et jouissant de leurs droits civils et politiques.

Le président de la cour criminelle peut, en outre, l'autoriser à prendre pour conseil l'un de ses parents ou amis.

Art. 61. — Le conseil peut communiquer avec l'accusé après son interrogatoire. Il peut aussi prendre connaissance de toutes les pièces sans déplacement.

Art. 62. — Les conseils des accusés peuvent prendre, ou faire prendre, copie de telle pièce du procès qu'ils jugent utile à leur défense.

Art. 63. — Trois jours au moins avant l'ouverture de la cour criminelle, il est procédé, par le président de ladite cour ou par le juge qu'il a délégué à cet effet, au tirage au sort des assesseurs.

Art. 64. — Le jour du tirage au sort des assesseurs est fixé par une ordonnance du président de la cour

criminelle, sur la réquisition du Procureur général ou de ses substituts.

Art. 65. — Le tirage se fait en chambre du conseil, en présence du ministère public, du greffier, des accusés et de leurs conseils.

A cet effet, le juge chargé du tirage dépose un à un dans une urne, après les avoir lus à haute et intelligible voix, les noms des vingt notables de l'arrondissement, écrits sur des bulletins.

Art. 66. — Cette première opération terminée, le président ou le juge délégué retire successivement chaque bulletin de l'urne et lit le nom qui s'y trouve inscrit.

Les accusés, quel que soit leur nombre, ont la faculté d'exercer deux récusations péremptoires. Le ministère public jouit de la même faculté. Lorsque les accusés ne se sont point concertés pour exercer leurs récusations, l'ordre des récusations s'établit entre eux d'après la gravité de l'accusation.

Dans le cas d'accusation de crime de même gravité contre divers individus, l'ordre des récusations est déterminé par la voie du sort.

Art. 67. — La liste des assesseurs est définitivement formée lorsque le magistrat chargé du tirage a obtenu par le sort le nombre d'assesseurs nécessaire au service de la session, sans qu'il y ait eu de récusation ou lorsque les récusations ont été épuisées.

Les deux assesseurs ainsi désignés font partie de la cour criminelle pour le jugement de toutes les affaires inscrites au rôle de la session.

Il est tiré également au sort, de la même manière, deux assesseurs supplémentaires, pour remplacer, le cas échéant, les assesseurs titulaires.

Art. 68. — Les empêchements résultant pour les juges de leur parenté ou de leur alliance, soit entre eux, soit avec les accusés ou la partie civile, sont applicables aux assesseurs, soit entre eux, soit entre eux et les juges, soit entre eux et les accusés et la partie civile.

Art. 69. — Nul ne peut être assesseur dans la même affaire où il a été officier de police judiciaire, témoin, interprète, expert ou partie.

Art. 70. — Les récusations fondées sur une des causes prévues par les deux articles qui précèdent sont jugées sur simple requête par la cour criminelle, qui ordonne, s'il y a lieu, que l'assesseur récusé soit remplacé par un des assesseurs supplémentaires, en suivant l'ordre du tirage au sort.

Art. 71. — Les accusés qui ne sont arrivés dans la maison de justice qu'après le tirage des assesseurs ou l'ouverture des assises, ne pourront y être jugés que lorsque le Procureur général l'aura requis, lorsque les accusés y auront consenti, et lorsque le président l'aura ordonné. En ce cas, le Procureur général et les accusés seront considérés comme ayant accepté la composition de la cour criminelle.

Art. 72. — Tout assesseur qui ne sera pas rendu à son poste sur la citation qui lui aura été notifiée, sera condamné par la cour criminelle à une amende, laquelle sera :

Pour la première fois, de 200 francs au moins et de 500 francs au plus ;

Pour la seconde fois, de 500 francs au moins et de 1.000 francs au plus ;

Pour la troisième fois, de 1.000 francs au moins et de 2.000 francs au plus ;

Cette dernière fois, il sera, de plus, déclaré incapable d'exercer à l'avenir les fonctions d'assesseur. L'arrêt sera imprimé et affiché à ses frais.

Art. 73. — Seront exceptés ceux qui justifieront

qu'ils étaient dans l'impossibilité de se rendre au jour indiqué.

La cour prononcera sur la validité de l'excuse.

Art. 74. — Les peines portées en l'article 72 sont applicables à tout assesseur qui, même s'étant rendu à son poste, se retirerait avant l'expiration de ses fonctions sans une excuse valable, qui sera également jugée par la cour.

Art. 75. — Au jour fixé pour l'ouverture de la session, la cour ayant pris séance, les assesseurs se placent à ses côtés dans l'ordre désigné par le sort.

Art. 76. — Le président a la police de l'audience. Il est investi d'un pouvoir discrétionnaire, en vertu duquel il peut prendre sur lui tout ce qu'il croit utile pour découvrir la vérité, et la loi charge son honneur et sa conscience d'employer tous ses efforts pour en favoriser la manifestation.

Il peut, dans le cours des débats, appeler, même par mandat d'amener, et entendre toutes personnes, ou se faire apporter toutes nouvelles pièces qui lui paraîtraient, d'après les nouveaux développements donnés à l'audience, soit par les accusés, soit par les témoins, pouvoir répandre un jour utile sur le fait contesté. Les témoins ainsi appelés ne prêtent point serment, et leurs déclarations ne sont considérées que comme renseignements.

Le président doit rejeter tout ce qui tendrait à allonger les débats sans donner lieu d'espérer plus de certitude dans les résultats.

Art. 77. — L'accusé comparaît libre et seulement accompagné de gardes pour l'empêcher de s'évader. Le président lui demande son nom, ses prénoms, son âge, sa profession, sa demeure et le lieu de sa naissance.

Art. 78. — Le président avertit le conseil de l'accusé qu'il ne peut rien dire contre sa conscience, ou contre le respect dû aux lois, et qu'il doit s'exprimer avec décence et modération.

Art. 79. — A la première audience de chaque session d'assises, le président fait prêter aux assesseurs, debout et découverts, le serment suivant, dont il prononce la formule en ces termes:

« Je jure et promets, devant Dieu et devant les hommes, d'examiner avec l'attention la plus scrupuleuse les affaires qui me seront soumises pendant le cours de la présente session; de ne trahir ni les intérêts de l'accusé ni ceux de la société; de n'écouter ni la haine, ni la méchanceté, ni la crainte ou l'affection, et de ne me décider que d'après les charges et moyens de défense, suivant ma conscience et mon intime conviction, avec l'impartialité et la fermeté qui conviennent à un homme probe et libre. »

Chacun des assesseurs, appelé individuellement par le président, répondra en levant la main : « Je le jure », à peine de nullité.

Art. 80. — Immédiatement après, le président avertit l'accusé d'être attentif à ce qu'il va entendre. Il ordonne au greffier de lire la déclaration de poursuite et l'acte d'accusation.

Le greffier fait cette lecture à haute voix.

Art. 81. — Le Procureur général expose le sujet de l'accusation, et présente ensuite la liste des témoins qui doivent être entendus, soit à la requête de la partie civile, soit à celle de l'accusé.

Cette liste est lue à haute voix par le greffier.

Art. 82. — Le président ordonne aux témoins de se retirer dans la chambre qui leur aura été destinée. Ils n'en sortiront que pour déposer.

Le président prend des précautions, s'il en est

besoin, pour empêcher les témoins de conférer entre eux avant leur déposition.

Art. 83. — Les témoins font à l'audience, sous peine de nullité, le serment de dire toute la vérité, rien que la vérité, et le greffier en tient note, ainsi que de leurs nom, prénoms, âge, profession et demeure.

Sont, en outre, observées les dispositions des articles 156, 157, 158, 159, 325, 326, 327 et 329 du code d'instruction criminelle.

Art. 84. — Si, d'après les débats, la déposition d'un témoin paraît fausse, le président peut, sur la réquisition, soit du Procureur général, soit de l'accusé, et même d'office, faire sur le champ mettre le témoin en état d'arrestation. Le Procureur général, le président ou l'un des juges par lui commis remplissent à son égard :

Le premier, les fonctions d'officier de police judiciaire;

Le second, les fonctions de juge d'instruction.

Les pièces de l'instruction sont transmises au Procureur général pour être par lui statué sur la mise en accusation.

Art. 85. — Dans le cas de l'article précédent, le Procureur général, la partie civile, ou l'accusé, peuvent immédiatement requérir, et la cour ordonner même d'office, le renvoi de l'affaire à la prochaine session.

Art. 86. — Si l'accusé, les témoins ou l'un d'eux ne parlent pas le même langage ou le même idiome, ou si l'accusé est sourd et muet et ne sait écrire, le président doit se conformer aux prescriptions des articles 332 et 333 du code d'instruction criminelle.

Art. 87. — Le président détermine celui des accusés qui doit être le premier soumis aux débats, en commençant par le principal accusé, s'il y en a un. Il se fait ensuite un débat particulier sur chacun des accusés.

Art. 88. — A la suite des dépositions des témoins et des dires respectifs auxquels elles auront donné lieu, la partie civile ou son conseil, et le Procureur général, sont entendus et développent les moyens qui appuient l'accusation.

L'accusé ou son conseil peut leur répondre. La réplique est permise à la partie civile et au Procureur général, mais l'accusé ou son conseil a toujours la parole le dernier.

Le président déclare ensuite que les débats sont terminés.

Art. 89. — Le président pose les questions de l'acte d'accusation en ces termes:

« L'accusé est-il coupable d'avoir commis tel meurtre, tel vol, ou tel autre crime, avec toutes les circonstances comprises dans le résumé de l'acte d'accusation? »

Il observe, pour le surplus, les dispositions des articles 338, 339 et 340 du code d'instruction criminelle.

Art. 90. — En toute matière criminelle, même en cas de récidive, le président, après avoir posé les questions résultant de l'acte d'accusation et des débats, pose la question des circonstances atténuantes.

Art. 91. — Après la lecture des questions par le président, l'accusé, son conseil, la partie civile et le Procureur général peuvent faire, sur la position de de ces questions, telles observations qu'ils jugent convenables.

Si le Procureur général ou l'accusé s'oppose à la position des questions telles qu'elles ont été présentées, il est statué par la cour sur le mérite de cette opposition.

Art. 92. — Le président fait ensuite retirer l'accusé de l'auditoire, et la cour se rend, avec les assesseurs, dans la chambre du conseil pour délibérer sur la solution des questions.

Art. 93. — La cour criminelle, avec les assesseurs, rentre ensuite en séance, et le président, après avoir fait comparaître l'accusé, donne lecture de la délibération, qui est signée par les membres de la cour, les assesseurs et le greffier.

Art. 94. — La cour, sans la participation des assesseurs, délibère sur l'application de la peine.

Sont observées pour le surplus les disposition des articles 191, 358, 359, 360, 361, 362, 363, 364, 365, 367, 368, 105 et 371 du code d'instruction criminelle.

Art. 95. — La cour, jugeant sans le concours des assesseurs, statue sur les affaires de contumace, conformément aux dispositions des articles 465 à 478 inclus du code d'instruction criminelle.

Art. 96. — En toute matière, le Procureur général peut autoriser la mise en liberté provisoire, avec ou sans caution. Il peut admettre, comme cautionnement suffisant, sans qu'il soit besoin de dépôt de deniers ou autres justifications et garanties, la soumission écrite de toute tierce personne jugée solvable, portant engagement de présenter ou de faire représenter le prévenu ou l'accusé à toute réquisition de la justice ou, à défaut, de verser au Trésor, à titre d'amende, une somme déterminée dans l'acte de cautionnement.

Art. 97. — Les crimes et délits commis par les indigènes ou asiatiques sont régis par le code pénal modifié, rendu applicable aux Annamites par les décrets du 16 mars 1880, 28 février 1887 et 10 mai 1880, sauf ce qui est dit à l'article 98 ci-dessous.

Art. 98. — Les crimes et délits commis par les européens ou par des indigènes ou des asiatiques, de complicité avec des européens, ou par des indigènes au préjudice d'européens, sont régis par le code pénal métropolitain.

TITRE VI

DU MINISTÈRE PUBLIC

Art. 99. — Le Procureur général, comme représentant de l'action publique dans toute l'Indo-Chine, veille dans la limite de sa compétence à l'exécution des lois, ordonnances, décrets et règlements en vigueur; il fait toutes réquisitions nécessaires, poursuit d'office l'exécution des jugements et arrêts dans les dispositions qui intéressent l'ordre public.

Il signale au Gouverneur général les arrêts ou jugements en dernier ressort qui lui paraissent susceptibles d'être attaqués par voie d'annulation ou de cassation dans l'intérêt de la loi.

Il requiert la force publique dans les cas et suivant les formes déterminées par les lois et décrets.

Art. 100. — Comme chef du service judiciaire de l'Indo-Chine, le Procureur général veille au maintien de l'ordre et de la discipline dans tous les tribunaux de l'Indo-Chine. Il a droit d'avertissement sur tout le personnel judiciaire et provoque, le cas échéant, les décisions du gouverneur général sur les actes qui seraient contraires à la discipline.

Il a la surveillance de tous les officiers de police judiciaire et des officiers ministériels.

Art. 101. — Le Procureur général veille à ce que les lois et règlements soient exécutés dans les tribunaux, et lorsqu'il aura des observations à faire à

cet égard, le président de la cour ou le président du tribunal de première instance sera tenu, sur sa demande, de convoquer une assemblée générale de la cour ou du tribunal.

Art. 102. — Le Procureur général n'assiste pas aux délibérations des juges lorsqu'ils se retirent dans la chambre du conseil pour les jugements, mais il assiste à toutes les délibérations qui regardent l'ordre et le service intérieur, ainsi que la discipline.

Il a le droit de faire inscrire sur les registres de la cour ou du tribunal les réquisitions qu'il juge à propos de faire sur ces matières.

Art. 103. — Dans les affaires qui intéressent le Gouvernement, le Procureur général est tenu, lorsqu'il en est requis par le Gouverneur général, de faire, conformément aux instructions qu'il en reçoit, les actes nécessaires pour saisir les tribunaux.

Il examine les plaintes qui peuvent s'élever de la part des prévenus, et en rend compte au Gouverneur général.

Il a l'inspection des actes judiciaires et des registres des greffes, des registres constatant l'état civil et de ceux des curateurs aux successions vacantes.

Il est chargé de réunir, pour être envoyés au Sous-secrétaire d'État des colonies, les doubles registres, doubles minutes et documents divers destinés au dépôt des archives coloniales.

Art. 104. — Le Procureur général prépare et soumet au Conseil privé, d'après les ordres du Gouverneur général :

1° Les projets de décret, d'arrêtés, de règlements et d'instructions sur les matières judiciaires;

2° Les rapports concernant :

Les recours en grâce;

Les mesures à prendre à l'égard des fonctionnaires attachés à l'ordre judiciaire;

Les contestations entre les membres des tribunaux relativement à leurs fonctions, rangs et prérogatives; enfin toutes les autres affaires concernant son service et qui doivent être portées au conseil privé.

Art. 105. — Le Procureur général a dans ses attributions :

1° La surveillance et la bonne tenue des lieux où se rend la justice;

2° La surveillance de la curatelle aux successions vacantes, telle qu'elle est déterminée par les ordonnances et décrets;

3° La censure des écrits en matière judiciaire destinés à l'impression.

4° La préparation du budget des dépenses relatives à la justice;

5° La vérification et le visa de toutes les pièces nécessaires à la justification et à la liquidation des frais de justice à la charge des divers services;

6° Le contre-seing des arrêtés, règlements, décisions du Gouverneur général et autres actes de l'autorité locale, en ce qui concerne l'administration de la justice;

7° L'expédition et le contre-seing des provisions, commissions et congés délivrés par le Gouverneur général aux membres de l'ordre judiciaire, ainsi que des commissions des notaires, avoués et autres officiers ministériels.

8° La nomination des agents attachés aux tribunaux dont le traitement, joint aux autres allocations, n'excède pas 1.800 francs par an;

9° La révocation ou la destitution de ces agents, après avoir pris les ordres du Gouverneur général;

10° L'enregistrement, partout où besoin est, des

25

commissions et autres actes qu'il expédie et contre-
signe.

Art. 106. — Il exerce directement la discipline
sur les notaires, les avoués et les autres officiers
ministériels, prononce contre eux, après les avoir
entendus, et sauf les exceptions prévues par les
décrets spéciaux concernant l'organisation des corps
auxquels ils appartiennent, le rappel à l'ordre, la
censure simple, la censure avec réprimande,
et leur donne tout avertissement qu'il juge convenable.

A l'égard des peines plus graves, telles que la
suspension, le remplacement pour défaut de résidence,
ou la destitution, il fait d'office ou sur la réclamation
des parties, les propositions qu'il juge nécessaires,
et le Gouverneur général statue après avoir pris
l'avis des tribunaux, qui entendent en chambre du
conseil le fonctionnaire inculpé.

Art. 107. — Il prépare et présente les rapports
sur les demandes en dispense et en autorisation de
mariage.

Art. 108. — Il fait remettre et adresse au Gouverneur général, après en avoir fait la vérification, les
doubles minutes des actes qui doivent être envoyés
au dépôt des chartes coloniales en France.

Art. 109. — § 1er. Il prend les ordres généraux
du Gouverneur général sur toutes les parties du service qui lui est confié, dirige et surveille leur exécution en se conformant aux lois, décrets, règlements
et décisions ministérielles, et rend compte au Gouverneur général périodiquement, et toutes les fois
qu'il l'exige, des actes et des résultats de son administration.

§ 2. Il l'informe immédiatement de tous les cas
extraordinaires et circonstances imprévues qui intéressent son service.

Art. 110. — § 1er. Le Procureur général travaille
et correspond seul avec le Gouverneur général sur
les matières de ses attributions.

§ 2. Seul il reçoit et transmet ses ordres sur tout
ce qui est relatif au service qu'il dirige.

§ 3. Il présente au Gouverneur général, toutes les
fois qu'il en est requis, les registres des ordres qu'il
a donnés et de sa correspondance officielle.

§ 4. Il porte à la connaissance du Gouverneur général, sans attendre ses ordres, les rapports qui lui
sont faits par ses subordonnés sur les abus à réformer, les améliorations à introduire dans les parties
du service qui lui sont confiées.

Art. 111. — Le Procureur général prépare et
propose, en ce qui concerne le service qu'il
dirige :

La correspondance générale du Gouverneur général avec le Sous-secrétaire d'État des colonies et
avec les gouvernements étrangers ;

Les ordres généraux de service ;

Et tous autres travaux de même nature dont le
Gouverneur général juge à propos de le charger.

Il tient enregistrement de la correspondance
générale du Gouverneur général relative à son service.

Art. 112. — Il correspond avec tous les fonctionnaires et les agents du gouvernement dans la colonie, et les requiert, au besoin, de concourir au
bien du service qu'il dirige.

Art. 113. — Il adresse au Sous-secrétaire d'État
des colonies copie des représentations et des propositions qu'il a été dans le cas d'adresser au Gouverneur général, lorsqu'elles ont été écartées, ainsi que
de la décision intervenue.

Il lui adresse également, par l'intermédiaire du
Gouverneur général, à la fin de chaque année, un
compte moral et raisonné de la situation du service
dont il est chargé.

Il a la correspondance avec le Sous-secrétaire
d'État des colonies pour les renseignements à demander et à transmettre, en ce qui concerne son
service, ainsi que pour l'envoi des significations faites
à son parquet et pour la réception de celles qui ont
été faites au parquet des cours et tribunaux de
France à l'effet d'être transmises aux colonies.

Art. 114. — Le Procureur général est personnellement responsable de tous les actes de son administration, hors le cas où il justifie, soit avoir agi en
vertu d'ordres formels du Gouverneur général et lui
avoir fait sur ces ordres des représentations qui
n'ont pas été accueillies, soit avoir proposé au
Gouverneur général des mesures qui n'ont pas été
adoptées.

Art. 115. — Lorsque le Procureur général est
remplacé dans ses fonctions, il est tenu de remettre
à son successeur, en ce qui concerne son service,
les pièces et documents mentionnés ci-dessous :

1° Un mémoire détaillé faisant connaître les opérations commencées ou projetées pendant son administration, et la situation des différentes parties du
service ;

2° Des renseignements par écrit sur tous les magistrats, fonctionnaires et employés du Gouvernement
relevant de son service dans la colonie ;

3° Enfin, et sur inventaire, ses registres de correspondance et toutes les lettres et pièces officielles
relatives à son administration, sans pouvoir en retirer
aucune, à l'exception de ses registres de correspondance confidentielle et secrète.

Art. 116. — Toutes les fonctions du ministère
public sont personnellement et spécialement confiées
au Procureur général.

Il porte la parole, s'il le juge convenable, aux
audiences de la cour, toutes chambres rassemblées,
aux audiences solennelles de la cour, et aux audiences des chambres de la cour.

Art. 117. — L'avocat général et les substituts du
Procureur général participent à l'action du ministère
public, sous les ordres et sous la direction du Procureur général, qui les attache à la chambre à laquelle
il croit leur service le plus utile.

Toutes les fois qu'ils en sont requis par le Procureur général, ils sont tenus de lui communiquer les
conclusions qu'ils se proposent de donner.

En cas de dissentiment, le Procureur général
prend la parole.

En cas d'absence ou d'empêchement du Procureur
général, la direction du parquet est confiée à l'avocat
général.

Art. 118. — Les procureurs de la République de
Saïgon et de l'intérieur remplissent près de leurs
tribunaux respectifs, les fonctions du ministère public
et participent, sous la direction du Procureur général, à l'exercice des autres fonctions énoncées au
présent titre. Ils sont placés sous les ordres du Procureur général.

Art. 119. — Des licenciés en droit, nommés par
le Sous-secrétaire d'État des colonies, pourront être
attachés au parquet du Procureur général.

Ils pourront être nommés par décret du chef de
l'État à un emploi dans la magistrature, après avoir
rempli les conditions dont il sera parlé au titre VII
ci-après.

TITRE VII

DES MEMBRES DE L'ORDRE JUDICIAIRE

CHAPITRE PREMIER

COMPOSITION DU CORPS JUDICIAIRE EN COCHINCHINE

Art. 120. — Les magistrats et les greffiers de la cour d'appel et des tribunaux sont nommés par le Président de la République.

Le greffier de la justice de paix de Saigon, est nommé par le Sous-secrétaire d'État des colonies.

Les commis-greffiers sont nommés par le Gouverneur général, sur la proposition du Procureur général.

Art. 121. — Les attachés pourront, si les besoins du service l'exigent, être proposés concurremment avec les juges suppléants ou à défaut de ces derniers, pour remplir par intérim des emplois vacants, soit à la justice de paix de Saigon, soit au tribunal de Saigon, soit dans les tribunaux de l'intérieur.

Dans ce cas ils devront, préalablement à leur entrée en fonction, prêter serment devant la cour d'appel.

CHAPITRE II

DES CONDITIONS D'AGE ET DE CAPACITÉ

Art. 122. — L'âge requis pour les divers emplois de la magistrature est fixé comme suit: à vingt-deux ans pour les juges suppléants et le substitut du procureur de la République ; à vint-cinq ans accomplis pour les Procureurs de la République, les substituts du Procureur général et les greffiers des tribunaux de première instance et de la justice de paix de Saigon; vingt-sept ans accomplis pour les juges de première instance, les conseillers et le greffier de la cour d'appel; trente ans accomplis pour le Procureur général et le Président de la cour.

Art. 123. — Nul ne peut entrer dans la magistrature s'il n'est licencié en droit, s'il n'a suivi le barreau pendant deux ans après avoir prêté serment à la cour d'appel, ou s'il n'a été attaché pendant un an au moins au parquet général de Cochinchine.

Les administrateurs des affaires indigènes, licenciés en droit, qui entreront dans le corps judiciaire de la Cochinchine, sont exemptés de cette condition de stage.

Art. 124. — Les greffiers de la cour et des tribunaux de 1re instance ne pourront être choisis que parmi les licenciés en droit, à moins qu'ils n'aient précédemment exercé les fonctions d'avoué, de défenseur ou de commis greffier pendant quatre années au moins.

Art. 125. — Les parents et alliés jusqu'au degré d'oncle et de neveu inclusivement, ne pourront être simultanément membres de la cour ou du même tribunal, soit comme conseillers, juges, lieutenants de juge ou juges suppléants, soit comme officiers du ministère public, ou comme greffiers.

En cas d'alliance survenue depuis la nomination, celui qui l'a contractée ne pourra continuer ses fonctions sans obtenir une dispense du chef de l'État.

Art. 126. — Avant d'entrer en fonctions, les membres de la cour et des tribunaux prêtent serment, soit devant la cour, soit devant le tribunal désigné par la cour, soit par écrit, conformément aux décrets du 11 décembre 1885, et du 19 avril 1889.

CHAPITRE III

DE LA RÉSIDENCE ET DES CONGÉS

Art. 127. — Les membres de la cour et des tribunaux, ainsi que les greffiers et commis-greffiers sont, tenus, à défaut d'une autorisation spéciale, de résider dans le lieu même où siègent la cour et les tribunaux dont ils font partie.

Art. 128. — Les magistrats ne peuvent s'absenter sans congé, si ce n'est pour cause de service. Le magistrat qui s'absente sans un congé délivré d'après les dispositions du règlement, est privé de son traitement pendant le temps qu'a duré son absence.

Si cette absence excède quinze jours, il lui est enjoint par le procureur de se rendre à son poste. Faute par lui d'obtempérer à cette injonction dans le même délai, il en est rendu compte au Gouverneur général qui, suivant les circonstances, et de l'avis du conseil privé, peut, après avoir entendu le magistrat ou au moins l'avoir appelé, le suspendre provisoirement de ses fonctions pendant trois mois au plus, et même provoquer sa destitution.

La disposition ci-dessus est applicable à tout magistrat qui n'aura pas repris ses fonctions à l'expiration de son congé, ou qui ne résiderait pas dans le lieu qui lui est assigné par ces fonctions.

CHAPITRE IV

DE LA DISCIPLINE

Art. 129. — La cour d'appel a le droit de surveillance sur ses membres autres que les officiers du ministère public, ainsi que sur les juges des tribunaux de première instance et de commerce.

Elle a la connaissance des crimes et des délits prévus par le chapitre III, titre IV, livre II du code d'instruction criminelle, dans tous les cas où la connaissance en est déférée aux cours d'appel de France.

Le Président de la cour avertit d'office, ou sur la réquisition du ministère public, tout juge qui manquerait aux devoirs de son état.

Art. 130. — Si l'avertissement reste sans effet, ou si le fait reproché au magistrat est de nature à compromettre la dignité de son caractère, le président ou le Procureur général provoque contre ce magistrat, par forme de discipline, l'application d'une des peines suivantes :

La censure simple ;
La censure avec réprimande ;
La suspension provisoire.

Art. 131. — La censure avec réprimande emporte de droit la privation, pendant un mois, de la totalité du traitement.

La suspension provisoire emporte aussi, pendant le temps de sa durée, la privation du traitement sans que, dans aucun cas, la durée de cette privation puisse être moindre de deux mois.

Art. 132. — L'application des peines déterminées par l'article 130 est faite par la cour en chambre du conseil, sur les conclusions écrites du Procureur général, après toutefois que le magistrat inculpé a été entendu ou dûment appelé.

Art. 133. — Tout magistrat qui se trouve sous les liens d'un mandat d'arrêt, de dépôt ou d'une ordonnance de prise de corps, est suspendu de ses fonctions.

En cas de condamnation correctionnelle emportant emprisonnement, la suspension a lieu à dater du jour de la condamnation, jusqu'à celui où il aura subi sa peine, sans préjudice des mesures de discipline qui pourraient être prises contre lui, et même de la révocation, s'il y a lieu.

Art. 134. — Il est rendu compte par le Procureur général au Gouverneur général des décisions prises par la cour.

Lorsque la censure avec réprimande ou la suspension provisoire auront été prononcées, ces mesures ne seront exécutées qu'autant qu'elles auront été approuvées par le Gouverneur général, après avis du conseil privé.

Néanmoins, en cas de suspension, le magistrat sera tenu de s'abstenir de ses fonctions jusqu'à ce que le Gouverneur général ait prononcé.

Le Gouverneur général rendra compte au Sous-secrétaire d'État des colonies des décisions prises à cet égard.

Art. 135. — Le Gouverneur général pourra toujours, quand il le jugera convenable, mander devant lui les membres de l'ordre judiciaire pour en obtenir des explications sur les faits qui leur seraient imputés, et les déférer ensuite, s'il y a lieu, à la cour qui statuera ce qu'il appartiendra.

Art. 136. — Les officiers du ministère public, qui manqueraient aux convenances de leur état ou qui compromettraient la dignité de leur caractère, seront rappelés à leurs devoirs par le Procureur général.

Il en rendra compte au Gouverneur général qui, suivant la gravité des circonstances, leur fera faire par le Procureur général les injonctions qu'il jugerait nécessaires, ou pourra leur appliquer, après avis du conseil privé, l'une des peines de discipline prévues par l'article 130, après toutefois que le magistrat inculpé aura été dûment appelé.

Le Gouverneur général rendra compte au Sous-secrétaire d'État des colonies des décisions qui auront été prises à cet égard.

Art. 137. — Les greffiers seront avertis ou réprimandés, savoir : celui de la cour par le président, ceux des tribunaux de première instance par le président du tribunal.

Le Procureur général et les procureurs de la République auront à l'égard des greffiers les mêmes droits d'avertissement et de réprimande.

Le Procureur général les dénoncera, s'il y a lieu, au Gouverneur général.

Art. 138. — Les commis-greffiers pourront être révoqués avec l'assentiment de la cour ou du tribunal auxquels ils sont attachés. Toutefois la révocation ne sera définitive qu'après approbation du Gouverneur général.

Dans les cas de fautes graves, la cour ou le tribunal pourra d'office ou sur la réquisition du ministère public, ordonner que le commis-greffier entendu ou dûment appelé, cessera sur le champ ses fonctions. Le greffier sera tenu de pourvoir au remplacement dans le délai qui aura été fixé par la cour ou le tribunal.

Art. 139. — Les décisions de la cour d'appel en matière de discipline ne peuvent être rendues que par cinq magistrats: elles ne seront pas susceptibles de recours en cassation.

Art. 140. — Le ministre du commerce, de l'industrie et des colonies exerce, avec le concours du garde des sceaux, ministre de la justice, le pouvoir disciplinaire à l'égard des membres de l'ordre judiciaire de la colonie.

Après avoir entendu les explications du magistrat inculpé, ils statuent définitivement sur l'action disciplinaire.

TITRE III

DISPOSITIONS DIVERSES

Art. 141. — En cas d'empêchement de l'un des magistrats désignés ci-dessus, il sera pourvu à son remplacement par le Gouverneur général, sur la proposition du Procureur général.

Les personnes désignées à cet effet pourront être dispensées des conditions d'âge et de capacité exigées des titulaires. Leur situation, au point de vue de la solde, sera réglée conformément aux dispositions de l'article 10 du décret du 1er juin 1875.

Art. 142. — Lorsque la cour d'appel de Saïgon, en cas d'absence ou empêchement momentané de l'un ou de plusieurs de ses membres, ne pourra se constituer pour le jugement des affaires civiles et commerciales, correctionnelles, criminelles, et d'annulation, le juge président du tribunal de première instance, et, à son défaut, le lieutenant de juge ou le magistrat qui occupe ces fonctions, pourront être appelés par le président pour la composition de la cour.

Art. 143. — La cour pourra proposer au Gouverneur général des règlements pour la plus prompte expédition des affaires et pour la fixation du nombre et de la durée de ses audiences et de celles des tribunaux de première instance.

Ces règlements ne seront exécutés qu'après avoir été arrêtés par le Gouverneur général, après avis du conseil privé; ils ne deviendront définitifs que lorsqu'ils seront revêtus de l'approbation du Sous-secrétaire d'État des colonies.

Tout ce qui concerne la fixation des tarifs judiciaires et des droits de greffe, ainsi que la discipline sur les notaires, les officiers ministériels et les fonctionnaires attachés au service de la justice, a été ou sera réglé par décret du Président de la République, sur la proposition du ministre du commerce, de l'industrie et des colonies, et du garde des sceaux ministre de la justice et des cultes.

Toutefois, le Gouverneur général, après avis du conseil privé, pourra prendre des arrêtés sur ces matières.

Ces arrêtés seront provisoirement exécutoires.

Art. 144. — La date de l'entrée en fonctions des tribunaux institués par le présent décret, sera déterminée par des arrêtés du Gouverneur général.

Art. 145. — Sont abrogées toutes les dispositions contraires au présent décret.

Continueront d'être observés les lois, décrets, règlements, ordonnances et arrêtés en vigueur en Cochinchine, concernant les diverses classes d'habitants, sur toutes les matières non réglées par le présent décret.

Art. 146. — Le président du conseil ministre du commerce, de l'industrie et des colonies, et le garde des sceaux ministre de la justice et des cultes sont chargés, chacun en ce qui le concerne, de l'exécution du présent décret, qui sera inséré au *Journal officiel* de la République française, au *Bulletin des lois* et au *Bulletin officiel* de l'administration des colonies. — CARNOT.

17. — 11 novembre 1889. — CIRCULAIRE MINISTÉRIELLE *au sujet des indemnités de déplacement et de séjour des magistrats.*

Par lettre du 29 septembre dernier, vous avez appelé mon attention sur les dépenses occasionnées pour les indemnités de déplacement et de séjour attribuées aux magistrats qui remplissent des fonctions intérimaires hors de leur siège.

Vous m'avez signalé en même temps les abus et les compétitions fâcheuses qui résultent de cette situation, et vous m'avez proposé d'y apporter remède en supprimant lesdites indemnités.

J'ai l'honneur de vous informer que je partage cette manière de voir et que j'estime, dans ces conditions, qu'il y a lieu d'étendre à tous les magistrats de la Cochinchine les exceptions qui sont formulées sur les tableaux annexés aux articles 2 et 12 (Observations) de l'arrêté ministériel du 19 janvier 1878, sur les indemnités de route et de séjour.

J'ai décidé, en conséquence,

1º Que l'indemnité de route n'est pas due aux fonctionnaires de l'ordre judiciaire, toutes les fois que les moyens de transport leur sont fournis par l'administration;

2º Que l'indemnité de séjour n'est pas due à ces mêmes fonctionnaires quand ils sont déplacés pour exercer des fonctions inférieures.

Je vous prie de donner des ordres en conséquence. — Eug. Étienne.

18. — 1ᵉʳ septembre 1890. — Arrêté *modifiant ceux du 30 janvier 1882 et 19 février 1883, relatifs au parquet général de la Cour d'appel de l'Indo-Chine.*

Article premier. — Les arrêtés du 30 janvier 1882 et 19 février 1883 sont modifiés comme suit:

Art. 2. — Le parquet général de la Cour d'appel de l'Indo-Chine comprend un bureau administratif et un bureau judiciaire.

Art. 3. — Le bureau administratif est composé d'un secrétaire général, chef du secrétariat, d'un secrétaire rédacteur européen, et de deux interprètes expéditionnaires.

Art. 4. — Le bureau judiciaire est composé d'un secrétaire rédacteur européen, et de 3 interprètes expéditionnaires.

Art. 5. — Le parquet de première instance de Saigon est composé d'un secrétaire européen, et de trois interprètes expéditionnaires.

Art. 6. — La hiérarchie et les soldes des secrétaires européens du parquet général et du parquet de première instance de Saigon, sont fixées ainsi qu'il suit:

PARQUET GÉNÉRAL

Secrétaire général de 1ʳᵉ classe . .	10.000
— — de 2ᵉ — . .	8.000
— rédacteur de 1ʳᵉ — . .	6.000
— — de 2ᵉ — . .	5.000
— expéditionnaire	4.000

PARQUET DE PREMIÈRE INSTANCE DE SAIGON

Secrétaire de parquet de 1ʳᵉ classe. .	7.000
— de 2ᵉ — . .	5.500
— de 3ᵉ — . .	4.000

Art. 7. — Les candidats aux emplois prévus par le présent arrêté devront justifier de leur qualité de français, être âgés de 20 ans au moins, et produire un extrait de leur casier judiciaire et un certificat de bonnes vie et mœurs.

Art. 8. — A partir du présent arrêté, les candidats aux emplois de secrétaire du parquet général ou du parquet de 1ʳᵉ instance devront être pourvus du diplôme de bachelier ès lettres ou de celui de bachelier ès sciences.

Art. 9. — L'avancement a lieu dans l'ordre des classes. Il est donné au choix.

Les secrétaires du parquet de 1ʳᵉ instance de Saigon, le secrétaire expéditionnaire et le secrétaire rédacteur de 2ᵉ classe du parquet général, ne pourront être nommés à la classe supérieure, s'ils ne comptent au moins deux années de services effectifs dans leurs grades.

Le secrétaire rédacteur de 1ʳᵉ classe du parquet général et le secrétaire général de 2ᵉ classe devront avoir au moins un an de service dans leurs grades pour être nommés à la classe supérieure.

Art. 10. — Sont et demeurent abrogées toutes dispositions contraires au présent arrêté.

Art. 11. — Le Procureur général est chargé de l'exécution du présent arrêté qui sera communiqué partout où besoin sera. — Piquet.

19. — 16 septembre 1890. — Arrêté *promulguant le décret du 2 août 1890, relatif à l'exécution des peines prononcées contre les indigènes par les diverses juridictions de l'Indo-Chine.*

Article premier. — Est promulgué dans toute l'étendue de l'Indo-Chine le décret du 2 août 1890, relatif à l'exécution des peines prononcées contre les indigènes par les diverses juridictions de l'Indo-Chine.

Art. 2. — Le Lieutenant-Gouverneur de Cochinchine, les Résidents supérieurs au Tonkin, en Annam et au Cambodge, et le Procureur général sont chargés, chacun en ce qui le concerne, de l'exécution du présent arrêté. — Piquet.

DÉCRET *du 2 août 1890.*

Article premier. — Les peines prononcées contre les indigènes par les différentes juridictions de l'Indo-Chine, en exécution des décrets susvisés (1) pourront, suivant la décision du Gouverneur général, être subies soit dans la colonie, soit dans un des établissements pénitentiaires désignés par le Sous-secrétaire d'Etat des colonies.

Art. 2. — Le ministre du commerce, de l'industrie et des colonies, et le garde des sceaux ministre de la justice et des cultes sont chargés, chacun en ce qui le concerne, de l'exécution du présent décret, qui sera inséré au *Bulletin des lois*, au *Journal officiel* et au *Bulletin officiel* de l'administration des colonies. — Carnot.

20. — 31 décembre 1890. — Arrêté *supprimant l'indemnité de service allouée au Procureur de la République de Hanoi, à partir du 1ᵉʳ janvier 1891.*

Modifié par arrêté du 20 mai 1892.

21. — 3 mars 1891. — Arrêté *fixant la valeur pour laquelle la piastre entrera dans le calcul du taux de la compétence des tribunaux, en matière civile et commerciale.*

Article premier. — La valeur pour laquelle la piastre entrera dans le calcul du taux de la compétence des tribunaux de 1ʳᵉ instance et des tribunaux de résidence de l'Indo-Chine française, en matière civile et commerciale, est fixée d'une manière définitive et invariable à 4 francs.

Art. 2. — Le Procureur général est chargé de l'exécution du présent arrêté, qui sera communiqué et enregistré partout où besoin sera. — Piquet.

22. — 11 mars 1892. — Arrêté *modifiant le mode d'ordonnancement des menues dépenses allouées aux tribunaux de Hanoi et Haiphong.*

Article premier. — Les sommes allouées sous la

(1) 16 mars 1880, rendant applicable aux Annamites et Asiatiques étrangers, en Cochinchine, les dispositions du code pénal métropolitain, et 25 mai 1881, sur l'indigénat.

rubrique, « menues dépenses », aux tribunaux de Hanoi et de Haiphong, cesseront d'être ordonnancées par douzième au nom des greffiers et seront, à compter du 1er janvier 1892, mandatées sur la production de pièces justificatives régulières (factures ou états détaillés et acquittés). ..

Art. 2. — Le Résident supérieur du Tonkin est chargé de l'exécution du présent arrêté. — CHAVASSIEUX.

23. — 20 mai 1892. — ARRÊTÉ *fixant les frais de bureau et de service du Procureur de la République à Hanoi.*

Article premier. — Les frais de bureau et de service du Procureur de la République, à Hanoi, sont portés de 100 à 200 $ par an ; à compter du 1er janvier 1892.—

Art. 2. — Le Résident supérieur du Tonkin est chargé de l'exécution du présent arrêté. — CHAVASSIEUX.

24. — 13 avril 1893. — ARRÊTÉ *promulguant la loi du 15 octobre 1892, sur l'imputation de la prison préventive sur la durée des peines.*

Article premier. — Est promulguée dans toute l'étendue de l'Indo-Chine, la loi du 15 novembre 1892, relative à l'imputation de la détention préventive sur la durée des peines prononcées, et modifiant les articles 23 et 24 du code pénal.

Art. 2. — Le Procureur général est chargé de l'exécution du présent arrêté, qui sera publié et enregistré partout où besoin sera. — DE LANESSAN.

Loi du 16 novembre 1892.

Article premier. — Les articles 23 et 24 du code pénal sont abrogés et remplacés par les dispositions suivantes;

« Art. 23 — La durée de toute peine privative de la liberté compte du jour où le condamné est détenu en vertu de la condamnation, devenue irrévocable, qui prononce la peine.

« Art. 24. — Quand il y aura eu détention préventive, cette détention sera intégralement déduite de la durée de la peine qu'aura prononcée le jugement ou l'arrêt de condamnation, à moins que le juge n'ait ordonné, par disposition spéciale et motivée, que cette imputation n'aura pas lieu ou qu'elle n'aura lieu que pour partie.

« En ce qui concerne la détention préventive comprise entre la date du jugement ou de l'arrêt et le moment où la condamnation devient irrévocable, elle sera toujours imputée dans les deux cas suivants:

« 1° Si le condamné n'a point exercé de recours contre le jugement ou l'arrêt;

« 2° Si, ayant exercé un recours, sa peine a été réduite sur son appel ou à la suite de son pourvoi. »

Art. 2. — La présente loi n'aura pas d'effet rétroactif.

Art. 3. — Elle sera applicable à l'Algérie et aux colonies.

La présente loi, délibérée et adoptée par le Sénat et par la Chambre des députés, sera exécutée comme loi de l'État. — CARNOT.

25. — 1er septembre 1893. — ARRÊTÉ *étendant la juridiction criminelle du tribunal de Haiphong aux provinces de Bac-ninh et de Hung-yen.*

Modifié par décret du 13 janvier 1894, publié ci-après (1).

_____
(1) Le ressort des deux tribunaux de Hanoi et de Haiphong est aujourd'hui déterminé par arrêté du 9 mai 1894.

26. — 11 décembre 1893. — ARRÊTÉ *déterminant la hiérarchie et la solde du personnel indigène du service judiciaire en Indo-Chine.*

Article premier. — L'arrêté du 8 septembre 1887 susvisé, est modifié ainsi qu'il suit.

Art. 2. — La hiérarchie et la solde du personnel des interprètes expéditionnaires et lettrés du service judiciaire, sont fixés, à compter du 1er janvier 1894, conformément au tableau ci-après:

GRADES	SOLDE D'EUROPE	SOLDE COLONIALE
Personnel des interprètes		
	$	$
Interprètes principaux (hors 1re classe...	375 00	303 75
classe..................	325 00	315 25
Interprètes principaux de... 1re	312 50	303 10
2e	281 25	272 81
3e	250 00	242 50
Interprètes titulaires de... 1re	225 00	218 25
2e	200 00	194 00
3e	175 00	169 75
Interprètes auxiliaires de... 1re	150 00	145 50
2e	125 00	121 25
3e	100 00	97 50
Élèves interprètes............	75 00	72 75
Personnel des lettrés		
Lettrés principaux de .... 1re classe...	312 50	303 13
2e	281 25	272 81
3e	50 00	242 50
Lettrés de............ 1re	225 00	218 25
2e	200 00	194 00
3e	175 00	169 75
Lettrés auxiliaires de...... 1re	150 00	145 50
2e	125 00	121 25
3e	100 00	97 00
Élèves lettrés.........	75 00	72 75

Art. 3. — Le Lieutenant-gouverneur de la Cochinchine et le Procureur-général chef du service judiciaire de l'Indo-Chine sont chargés, chacun en ce qui le concerne, de l'exécution du présent arrêté, qui sera communiqué et enregistré partout où besoin sera. — DE LANESSAN.

27. — 24 avril 1894. — PROMULGATION *des décrets créant la cour d'appel du Tonkin et étendant le ressort des tribunaux.*

Article premier. — Sont promulgués dans toute l'étendue de l'Indo-Chine les deux décrets en date du 13 janvier 1894, portant création d'une Cour d'appel au Tonkin et fixant la compétence des tribunaux du Tonkin.

Art. 2. — Les Résidents supérieurs en Annam et au Tonkin et le Procureur général chef du service judiciaire sont chargés, chacun en ce qui le concerne, de l'exécution du présent arrêté. — TIRANT.

1° DÉCRET *du 13 janvier 1894, étendant le ressort des tribunaux de Hanoi et Haiphong.*

Article premier. — Il n'est rien modifié à la législation actuellement en vigueur en Annam et au Tonkin.

Art. 2. — Le ressort des tribunaux de Hanoi et de Haiphong pour les affaires, qui sont, en France, de la compétence des juges de paix, reste fixé par l'arrêté du 5 décembre 1888.

Pour toutes les autres affaires, leur juridiction s'étend sur tout le territoire du Tonkin; leurs circonscriptions respectives seront fixées par arrêté du

Gouverneur général de l'Indo-Chine rendu sur la proposition du Résident supérieur du Tonkin et du Procureur général Chef du service judiciaire à Hanoi (1).

Art. 3. — La compétence des tribunaux des Résidences dans les provinces, est la même que celle des Justices de paix en France.

Les affaires qu'ils jugent dans ces conditions ne sont pas sujettes à l'appel.

Exceptionnellement, toutes les fois que les parties y consentent, les résidents et vice-résidents chefs de poste peuvent connaître en premier ressort et à la charge d'appel devant la cour du Tonkin, des affaires qui relèvent en France de la compétence des tribunaux de première instance et qui intéressent des nationaux, sujets et protégés français, des sujets ou protégés d'une puissance étrangère.

La procédure suivie sera celle des justices de paix.

Art. 4. — Sont abrogées toutes dispositions contraires au présent décret.

Art. 5. — Le Ministre du Commerce, de l'Industrie et des Colonies et le Garde des Sceaux ministre de la Justice sont chargés, chacun en ce qui le concerne, de l'exécution du présent décret, qui sera inséré au *Journal officiel* de la République française, au *Bulletin des lois* et au *Bulletin officiel* de l'Administration des colonies. — CARNOT.

2° DÉCRET du 13 janvier 1894, créant la Cour d'appel de Hanoi

Article premier. — Il est institué à Hanoi une Cour d'appel, dont la juridiction s'étend sur les pays de Protectorat de l'Annam et du Tonkin.

Art. 2. — La Cour d'appel de Hanoi est composée d'un Président, de deux conseillers, d'un conseiller auditeur et d'un greffier assisté d'un commis-greffier;

Les fonctions du Ministère public près la Cour d'appel de Hanoi sont remplies par un Procureur général, assisté d'un substitut et d'un attaché de parquet.

Art. 3. — En toutes matières, les arrêts de la Cour d'appel de Hanoi sont rendus par trois juges.

Art. 4. — Le Procureur général près la Cour d'appel de Hanoi remplit les fonctions de Chef du service judiciaire en Annam et au Tonkin.

Il est investi des mêmes attributions et prérogatives que celles qui ont été dévolues par le décret du 17 juin 1889 au Procureur général près la Cour d'appel de Saigon en ce qui concerne la Cochinchine.

Art. 5. — Les attributions précédemment conférées, en ce qui concerne l'Annam et le Tonkin, à la Cour d'appel de Saigon et à ses membres, par les lois et règlements antérieurs au présent décret, sont dévolues à la Cour d'appel de Hanoi et à ses membres.

Art. 6. — Les magistrats de la Cour d'appel du Tonkin sont nommés par décret du Président de la République, rendu sur la proposition du Ministre chargé des colonies et du Garde des sceaux ministre de la justice.

Ils portent aux audiences et dans les cérémonies publiques le même costume que les magistrats de la Cour d'appel de Saigon.

L'attaché au parquet du Procureur général près la Cour d'appel de Hanoi est nommé par arrêté du Sous-secrétaire d'État des colonies.

Art. 7. — Le traitement colonial et la parité

(1) Voir les modifications au ressort des tribunaux, par arrêté du 9 mai 1894.

d'office des magistrats de la Cour d'appel du Tonkin sont fixés conformément au tableau suivant :

DÉSIGNATION des OFFICES	TRAITEMENT COLONIAL	DÉSIGNATION DES OFFICES Offices	Quotité du traitement (De la magistrature métropolitaine auxquels sont assimilés les emplois de la magistrature du Tonkin, pour servir de base à la liquidation de la pension de retraite.)	Classe
Procureur général chef du service judiciaire.	20.000	Procureur général.	18.000	
Président de la cour d'appel.	18.000	Président de Chambre à Paris	13.750	
Conseiller à la Cour d'appel.	13.000	Conseiller.	7.000	
Substitut du Procureur général	12.000	Conseiller.	7.000	
Conseiller auditeur	8.000	Juge.	5.000	4°
Greffier.	9.000	Greffier de Cour d'appel.	3.200	
Commis greffier.	3 à 5.000	Commis-greffier de tribunal.	2.000	3°

Le traitement colonial de l'attaché au parquet du Procureur général près la Cour d'appel du Tonkin est fixé à 5.000 francs.

Art. 8. — Le costume d'audience des magistrats et greffiers de la Cour d'appel du Tonkin est réglé ainsi qu'il suit :

1° Aux audiences ordinaires, les membres de la Cour d'appel porteront la toge et la simarre en étoffe de soie noire, la chausse de licencié sur l'épaule gauche, la ceinture moirée en soie noire avec franges, et une rosette sur le côté gauche, la cravate en batiste tombante et plissée, la toque en velours noir.

Le Président et le Procureur général auront autour de leur toque deux galons d'or en haut et deux galons d'or en bas. Les conseillers en auront deux en bas. Le conseiller auditeur n'en aura qu'un en bas.

2° Aux audiences solennelles, aux audiences de la Cour criminelle et aux cérémonies publiques, les membres de la Cour d'appel porteront la toge et la chausse en étoffe de laine rouge.

La toge du Président et celle du Procureur général seront bordées, sur le devant, d'une fourrure d'hermine de 10 centimètres de large.

3° Le substitut du Procureur général portera le même costume que les conseillers.

4° Le greffier de la Cour portera, soit aux audiences ordinaires, soit aux audiences solennelles ou criminelles, soit dans les cérémonies publiques, le même costume que celui des conseillers, à l'exception des galons d'or à la toque qui seront remplacés par deux galons de soie noire.

Le commis-greffier portera la robe fermée à

grandes manches, en étamine noire, et la toque en étoffe de laine, avec un galon de laine de la même couleur.

Art. 9. — Les défenseurs installés près les tribunaux du Tonkin pourront occuper et plaider devant la Cour d'appel. Les dispositions qui régissent actuellement l'exercice de leurs fonctions sont maintenues.

Ils porteront aux audiences de la Cour d'appel et des tribunaux du Tonkin la robe d'étamine noire fermée, à manches larges, la toque en laine bordée d'un ruban de velours, et la cravate pareille à celle des juges. Lorsqu'ils seront licenciés, ils auront le droit de porter la chausse.

Art. 10. — Sont maintenues toutes dispositions non contraires au présent décret.

Art. 11. — Le Ministre du commerce, de l'industrie et des colonies, et le Garde des sceaux ministre de la justice, sont chargés, chacun en ce qui le concerne, de l'exécution du présent décret, qui sera inséré au *Journal officiel* de la République française, au *Bulletin des lois* et au *Bulletin officiel* du Sous-secrétaire d'État des colonies. — CARNOT.

28. — 9 mai 1894. — ARRÊTÉ *déterminant les ressorts judiciaires des tribunaux de Hanoi et de Haïphong.*

Article premier. — Pour les affaires autres que celles qui sont en France de la compétence des juges de paix, la juridiction des tribunaux de Hanoi et de Haïphong s'étend sur tout le territoire du Tonkin. Les circonscriptions respectives des deux tribunaux susdésignés sont fixées comme suit (1) :

Tribunal de Hanoi : provinces de Hanoi, Sontay, Hung-hoa, Cho-bo, 3° territoire, 4° territoire, Bac-ninh, Phu-lang-Thuong, Thai-nguyên, Hung-yên et Phu-ly ;

Tribunal de Haïphong : Haïphong, Haiduong, Thaï-binh, Nam-dinh, Ninh-binh, Quang-yên, 1er territoire et 2° territoire.

Art. 2. — Le Résident supérieur du Tonkin et le Procureur général Chef du Service judiciaire sont chargés, chacun en ce qui le concerne, de l'exécution du présent arrêté. — CHAVASSIEUX.

29. — 8 juin 1894. — ARRÊTÉ *fixant les indemnités pour frais de service et de bureau des magistrats de la Cour d'appel de Hanoi.*

Article premier. — Les allocations supplémentaires suivantes sont accordées au personnel judiciaire du Tonkin, ci-dessous énuméré :

Au Procureur général chef du Service judiciaire de l'Annam et du Tonkin :

A titre de frais de représentation 5.000 fr. par an
bureau...... 200

Au Président de la Cour d'appel de Hanoi :

A titre de frais de bureau....... 80 $ par an

Au greffier en chef de la Cour

A titre d'indemnité pour les responsabilités pécu-

niaires qu'il encourt à l'occasion des actes de son ministère,.............. 300 $ par an.

Art. 2. — Le Résident supérieur du Tonkin et le Procureur général chef du Service judiciaire en Annam et au Tonkin sont, chacun en ce qui le concerne, chargés de l'exécution du présent arrêté. — TIRANT.

30. — 8 juin 1894. — ARRÊTÉ *fixant le personnel indigène attaché au Parquet général de Hanoi.*

Article premier. — Il est créé près le Parquet général de la Cour d'appel du Tonkin :

Trois emplois de secrétaires-interprètes ou lettrés à la solde de 250 piastres par an, et un emploi d'interprète à 450 piastres.

Art. 2. — Le personnel affecté à la garde et au service des bureaux du Parquet général est fixé ainsi qu'il suit :

Un planton chef à 120 piastres par an ;
Trois plantons à 96 piastres l'un par an.

Art. 3. — Le Résident supérieur du Tonkin et le Procureur général Chef du Service judiciaire en Annam et au Tonkin sont, chacun en ce qui le concerne, chargés de l'exécution du présent arrêté. — TIRANT.

30. — 20 juin 1894. — ARRÊTÉ *fixant les jours et heures d'audience des cours et tribunaux du Tonkin.*

Article premier. — La Cour d'appel de Hanoi tiendra deux audiences par semaine, savoir :

Le mercredi pour le jugement des affaires civiles et commerciales, et le samedi, pour le jugement des affaires correctionnelles.

Art. 2. — Suivant l'état de son rôle, l'urgence et la nature des affaires, la Cour pourra, pour leur plus prompte expédition, tenir des audiences extraordinaires.

Art. 3. — Les audiences des Tribunaux de première instance seront tenues :

1° A Hanoi, le mardi, pour le jugement des affaires civiles et commerciales, le jeudi, pour le jugement des affaires correctionnelles ;

2° A Haïphong, le vendredi, pour le jugement des affaires civiles et commerciales, et le lundi, pour le jugement des affaires correctionnelles.

Art. 4 — Les dispositions de l'art. 2 sont communes aux Tribunaux de première instance.

Art. 5. — Les audiences de la Cour et des Tribunaux, et celles de la Cour criminelle, s'ouvriront à huit heures du matin.

La durée des audiences civiles sera de trois heures.

Art. 6. — Le Procureur général est chargé de l'exécution du présent arrêté, qui sera soumis à l'approbation du Ministre des colonies. — TIRANT.

Voy.: Assistance judiciaire ; — Caisse des dépôts et consignations ; — Codes français ; — Enregistrement ; — Tribunaux mixtes ; — Tribunaux indigènes ; — Tribunaux consulaires.

JUSTICE INDIGÈNE. — Voy.: Tribunaux mixtes.

(1) Fixation rectifiée d'après l'*erratum* publié au *Journal officiel* du 28 mai 1894, n° 43.

L

LANG-SON (VILLE DE)

1. — 11 décembre 1891. — ARRÊTÉ *créant une taxe d'éclairage sur les propriétés de Lang-son* (1).

Article premier. — Les propriétaires d'immeubles situés dans les rues de la ville de Lang-son, éclairées aux frais du budget du Protectorat, seront assujettis à une taxe spéciale de cinquante-cinq cents (0 $ 55) par mètre courant occupé par leurs propriétés sur la voie publique.

Art. 2. — Cette taxe sera perçue en deux termes et d'avance, dans les dix premiers jours de chaque semestre, sur rôle régulier établi par M. le Commandant du 2e territoire militaire.

Art. 3. — Le commandant du 2e territoire militaire est chargé de l'exécution du présent arrêté. — DE LANESSAN.

2. — 13 mars 1893. — ARRÊTÉ *fixant les taxes dont la perception est autorisée par la ville de Lang-son* (1).

Article premier. — La ville de Lang-son est placée sous le régime de l'arrêté du 8 novembre 1892 précité.

Art. 2. — Les habitants non exemptés par les lois de contribution personnelle seront, au point de vue de l'impôt urbain, répartis en 2 catégories :

1re *Catégorie.* — Hommes valides de 18 à 54 ans n'exerçant pas un métier domestique ;

2e *Catégorie.* — Tous ceux qui ne sont pas compris dans la catégorie précédente.

Art. 3. — Les habitants indigènes seront soumis, suivant la catégorie à laquelle ils appartiennent, au paiement des taxes suivantes :

1re Catégorie	0 $ 30
2e	0 15

En outre de cet impôt personnel, les contribuables de la 1re catégorie paieront une taxe annuelle de 2 $, représentative du rachat de la prestation des corvées.

Les fonctionnaires et employés en activité de service, sont exempts des contributions ci-dessus.

Art. 4. — Les habitants asiatiques étrangers seront soumis, en plus de la capitation, aux taxes spéciales suivantes :

1o Asiatiques payant une capitation de 20 $ ou au-dessus	2 $ 00
2o Asiatiques payant moins de 20 $ de capitation	0 50

Art. 5. — Les maisons de la ville de Lang-son seront réparties, au point de vue de l'impôt urbain, en 2 catégories :

1o Maisons en briques ou en terre, couvertes en tuiles, par mètre carré	0 $ 04
2o Autres maisons en briques ou en terre, couvertes en paillottes, par mètre carré	0 02

Art. 6. — Les maisons en paillottes de moins de 25 mètres de superficie, ainsi que les établissements publics et les édifices affectés aux divers cultes, seront exempts de l'impôt.

Les droits sur les maisons sont indépendants des taxes foncières dues au Protectorat.

Art. 7. — Les terrains vagues en bordure sur les voies éclairées seront assujettis à une taxe d'éclairage de 0 $ 15 par mètre courant, le montant maximum de cette taxe ne pouvant dépasser 5 $.

Art. 8. — Le Résident supérieur du Tonkin et le colonel commandant le 2e territoire militaire sont chargés, chacun en ce qui le concerne, de l'exécution du présent arrêté. — CHAVASSIEUX.

3. — 7 juin 1893. — ARRÊTÉ *déterminant les limites du territoire de la ville de Lang-son, et fixant les taxes à percevoir au profit de son budget local* (1).

Article premier. — Le territoire de Lang-son est délimité :

Au Nord et à l'Est, par le Song-ki-Kung ;

À l'Ouest, par la barrière enfermant la ville et provisoirement par le mur Est de la citadelle ;

Au Sud, par barrière élevée au Blockhaus sud et provisoirement par le mur nord de la Citadelle.

Art. 2. — Les taxes urbaines que le commandant du 2e territoire est autorisé à percevoir, en plus de celles édictées par l'arrêté du 13 mars 1893, sont les suivantes :

TAXES DE VOIRIE

Demande d'autorisation de construire pour les maisons en briques	0 $ 30
Demande d'autorisation de contruire pour les maisons en paillotes	0 15

CARTES

Carte de boy (annuelle)	0 25
Carte de fille publique (par trimestre)	0 25
Licence des maisons de tolérance (par trimestre)	15 00

FOURRIÈRE

Buffles, bœufs, chèvres (par tête et par jour)	0 40
Chevaux	0 50
Moutons	0 50
Cochons	0 20
Chiens	0 20
Voitures, charrettes, etc.	0 20
Vente des objets en fourrière	le total

Les animaux et les objets non retirés dans les 10 jours qui suivront leur mise en fourrière, seront vendus au profit du budget urbain.

Art. 3. — Les habitants qui enfreindraient les règlements de police et de voirie et ne se mettraient pas en règle vis-à-vis de la caisse municipale en ce qui concerne le paiement des taxes urbaines prévues aux paragraphes qui précèdent, seront passibles d'amendes qui devront être payées dans les vingt-quatre heures qui suivront leur notification aux intéressés, et ce entre les mains du receveur municipal, sous peine de les voir porter au double en cas de retard dépassant ce délai.

Le montant des amendes sera du triple de la taxe pour toute infraction aux dispositions de l'article 2.

(1) Voir ci-après arrêtés des 7 juin 1893 et 17 janvier 1894.

(1) Voir ci-après arrêté du 17 janvier 1894.

Art. 4. — Toutes les contraventions aux dispositions des arrêtés du 8 novembre 1892 précités, du présent arrêté, et des arrêtés locaux pris par le commandant du territoire, seront poursuivies et punies, conformément à la loi, par la juridiction compétente française ou indigène.

Art. 5. — Le Résident supérieur et le Colonel commandant le 2ᵉ territoire militaire sont chargés, chacun en ce qui le concerne, de l'exécution du présent arrêté. — DE LANESSAN.

4. — 17 janvier 1894. — ARRÊTÉ *limitant temporairement les impôts à percevoir à Lang-son.*

Article premier. — Les seuls impôts payés par les habitants de la ville de Lang-son seront, jusqu'à nouvelle décision:

1º L'impôt personnel, fixé par le premier paragraphe de l'article 3 de l'arrêté du 13 mars 1893;

2º La moitié de l'impôt sur les maisons, tel qu'il est prévu par l'article 5 dudit arrêté.

Art. 2. — Toute famille annamite venant se fixer à Lang-son et y faisant construire, sera exemptée de l'impôt des maisons pendant deux ans, si son habitation est en paillottes et pendant cinq ans, si elle est en briques et tuiles.

Art. 3. — M. le Général commandant en chef et M. le Résident supérieur sont chargés, chacun en ce qui le concerne, de l'exécution du présent arrêté. DE LANESSAN.

LANGUE ANNAMITE (PRIMES POUR LA)

1. — 9 août 1886. — ARRÊTÉ *accordant une allocation supplémentaire à tout fonctionnaire du Protectorat qui justifiera de connaissances pratiques en langue annamite et en langue chinoise.*

Article premier. — Tout fonctionnaire français du Protectorat, qui passera avec succès un examen d'ordre pratique sur la langue annamite ou la langue chinoise, recevra, tout le temps qu'il sera au service du Protectorat, une allocation annuelle de deux cent cinquante francs (250 francs), s'il subit l'examen avec la mention *passable*, et de cinq cents francs (500 francs) s'il obtient la mention *bien*.

Les allocations pour les deux langues pourront se cumuler (1).

Le fonctionnaire qui a obtenu dans un examen la mention *passable*, pourra se représenter de nouveau en vue d'obtenir la mention *bien*.

Art. 2. — Les Résidents supérieurs en Annam et au Tonkin sont chargés, chacun en ce qui le concerne, de l'exécution du présent arrêté (2). — PAUL BERT.

2. — 3 août 1888. — ARRÊTÉ *créant une commission d'examen pour les fonctionnaires désirant concourir pour l'obtention de la prime pour la connaissance de la langue annamite.*

Rapporté par arrêté du 7 septembre 1888, publié ci-après.

3. — 21 septembre 1888. — ARRÊTÉ *modifiant celui du 9 août 1886, accordant des primes pour la connaissance de la langue annamite et des caractères chinois.*

Article premier. — L'arrêté du 9 août 1886,

accordant des primes pour la connaissance de la langue annamite et des caractères chinois, est rapporté et modifié ainsi qu'il suit.

Art. 2. — Les fonctionnaires et employés de tous grades de l'administration civile du Protectorat en Annam et au Tonkin, les inspecteurs et gardes principaux de la garde civile, qui justifieront, devant un jury d'examen, de la connaissance de la langue annamite et des caractères chinois, recevront, à titre de prime, durant leur séjour dans la colonie, une indemnité annuelle de cent piastres pour l'écriture en quoc-ngu, et de cent-vingt cinq piastres pour les caractères chinois.

Les allocations pour les deux langues pourront se cumuler. (1)

Art. 3. — Ces examens porteront sur les matières ci-après :

LANGUE ANNAMITE

Épreuve écrite. — Thème et version sans dictionnaire.

Épreuve orale. — Traduction à livre ouvert, d'un ouvrage en prose facile, écrit en quoc-ngu.

Dialogue en annamite (l'examinateur parlant français et le postulant répondant en annamite).

CARACTÈRES CHINOIS

Épreuve écrite. — Traduction d'une pièce usuelle en caractères chinois, établissement d'une facture ou d'un acte usuel.

Épreuve orale. — Traduction d'un texte en caractères chinois.

Art. 4. — Dans la première quinzaine de chaque semestre aura lieu une session d'examen pour la langue annamite et les caractères chinois.

Les dates des examens et la composition de la commission d'examen seront fixées par le Résident général.

Les demandes des candidats devront parvenir à la Résidence générale au plus tard le 15 juin et le 15 décembre de chaque année.

Art. 5. — Les titulaires des primes devront justifier tous les cinq ans, par un nouvel examen, de leur connaissance de la langue annamite ou des caractères chinois.

Art. 6. — Les fonctionnaires ayant déjà subi ces examens en Cochinchine, à l'exception des administrateurs des affaires indigènes et des interprètes, auront droit, durant leur séjour au Tonkin, à une allocation annuelle de cent vingt-cinq piastres (125 $) pour chacune des deux primes.

Art. 7. — Sont exceptés des dispositions du présent arrêté, MM. les Résidents, vice-résidents et interprètes, pour lesquels la connaissance de la langue annamite est obligatoire.

Art. 8. — Le Résident général en Annam et au Tonkin est chargé de l'exécution du présent arrêté. — RICHAUD.

4. — 7 octobre 1888. — ARRÊTÉ *rapportant celui du 3 août 1888, au sujet des primes pour la connaissance de la langue annamite et des caractères chinois.*

Article unique. — L'arrêté du 3 août 1888 est rapporté. — E. PARREAU.

(1) Voir ci-après modification à cette disposition par arrêté du 21 septembre 1888.
(2) Voir ci-après arrêté du 20 septembre 1894, modifiant les dispositions de cet arrêté.

(1) Voir ci-après arrêté du 20 septembre 1894, modifiant cette disposition.

5. — 9 septembre 1891. — ARRÊTÉ *créant un cours public de langue annamite à Hanoi.*

Article premier. — Un cours public de langue annamite à l'usage des Européens, est créé à Hanoi.

Ce cours aura lieu à partir du 2 octobre 1891, les lundi, mercredi et vendredi de chaque semaine, aux heures et dans un local qui seront ultérieurement déterminés.

Art. 2. — M. Chéon, chancelier de résidence, ancien chef de la section des affaires indigènes au cabinet du Résident supérieur, est chargé de ce cours.

Art. 3. — Il recevra en cette qualité une indemnité de 1 200 francs, payable sur le chapitre V.

Art. 4. — Le Résident supérieur est chargé de l'exécution du présent arrêté. — DE LANESSAN.

6. — 20 novembre 1894. — ARRÊTÉ *modifiant certaines dispositions de ceux des 9 août 1886 et 21 septembre 1888, en ce qui concerne les primes pour la connaissance de la langue annamite et des caractères.*

Article premier. — Les primes allouées aux fonctionnaires et agents des services civils du Protectorat de l'Annam et du Tonkin, pour la connaissance de la langue annamite et pour la connaissance des caractères chinois, sont uniformément fixées à 125 piastres par an, à compter du 1er décembre 1894.

Art. 2. — Ces primes cesseront d'être payées aux fonctionnaires et agents dont la solde atteindra 10.000 francs.

Art. 3. — Les Résidents supérieurs en Annam et au Tonkin sont chargés, chacun en ce qui le concerne, de l'exécution du présent arrêté. — DE LANESSAN.

LÉGALISATIONS

1. — 21 août 1889. — CIRCULAIRE MINISTÉRIELLE *rappelant les prescriptions de celle du 7 mars 1887, relative aux pièces délivrées dans les colonies, et à l'envoi des signatures types.*

Une circulaire du 7 mars 1887, insérée au *Bulletin officiel* de l'administration des colonies, année 1887, page 89, vous a indiqué d'une façon précise les mesures que vous aviez à prendre pour l'envoi au Département des pièces délivrées dans les colonies, et destinées à être soumises, en France, à la légalisation ministérielle, ainsi que pour l'envoi des signatures types.

J'ai remarqué que, dans un certain nombre de colonies, il n'a été tenu aucun compte de ces prescriptions.

J'ai l'honneur de vous rappeler que toute pièce officielle émanant d'une colonie, et destinée à être produite en France doit, avant d'être légalisée par le Sous-secrétaire d'État des colonies, être revêtue de votre légalisation ou de celle du fonctionnaire spécialement délégué par vous à cet effet.

Il est donc absolument indispensable que les signatures types des fonctionnaires chargés des légalisations au secrétariat du gouvernement, soient envoyées en France à chaque mutation et sans aucun retard, même s'il s'agit d'un intérimaire.

Je tiens à recevoir également les signatures types des Résidents supérieurs et Résidents chargés en sous ordre de l'administration des dépendances ou des pays de Protectorat.

Enfin, je désire que la plus grande publicité possible soit donnée aux 3e et 4e paragraphes de la circulaire précitée du 7 mars 1887, que je vous rappelle ci-dessous :

« Cependant des actes, soit en expédition, soit en « brevet, signés seulement par un maire, un adjoint, « un notaire, un greffier de tribunal, etc., dont le « Département ne connaît pas et ne peut vérifier la « signature, sont trop souvent présentés à la légalisation « ministérielle.

« Pour obvier à cet inconvénient, qui peut obliger « les détenteurs à renvoyer ces pièces au lieu d'ori« gine pour les faire régulariser, j'ai l'honneur de « vous prier de rappeler au public, par des avis « placardés dans les bureaux de l'administration, « dans les mairies, dans les études de notaires et « autres officiers ministériels, que toute pièce des« tinée à être produite en France, ne doit pas être « emportée par les particuliers, ni transmise hors « de la colonie par les autorités, sans avoir été, au « préalable, soumise à votre légalisation ou à celle « de votre délégué. »

Je vous prie de faire connaître au personnel placé sous vos ordres qu'en présence des réclamations qui me parviennent journellement, par suite de la négligence de certaines colonies, de la part de personnes qui reçoivent des actes non légalisés, ou dont la légalisation est incomplète, et qui sont forcées de les renvoyer dans le pays d'origine pour régularisation, je n'hésiterai pas à prendre des mesures de rigueur contre les fonctionnaires qui ne se conformeraient pas à mes instructions.

L'insertion de la présente circulaire au *Bulletin officiel* de l'administration des colonies tiendra lieu de notification. — E. ÉTIENNE.

2. — 27 décembre 1889. — CIRCULAIRE *au sujet des légalisations des actes de l'état civil.*

J'ai eu l'occasion de remarquer à maintes reprises que les expéditions d'actes d'état civil, délivrées par les chanceliers de résidence, n'étaient pas revêtues de la légalisation réglementaire du chef de la province.

Je vous prie de vouloir bien, à l'avenir, assurer l'exécution de cette formalité, obligatoire pour toutes pièces d'état civil destinées à être produites dans la Métropole. — BRIEAK.

3. — 20 juin 1891. — CIRCULAIRE MINISTÉRIELLE *prescrivant que les certificats médicaux destinés à être mis à l'appui de propositions de pensions en faveur de veuves ou d'orphelins, doivent toujours être légalisés.*

Messieurs, un grand nombre d'administrations coloniales négligent de soumettre à la légalisation les certificats médicaux et les certificats de décès destinés à être mis à l'appui de propositions de pensions en faveur de veuves ou d'orphelins.

Cette manière de procéder, qui oblige le Département à renvoyer ces pièces dans la colonie d'origine pour y être régularisées, entraîne pour les intéressés, dont la situation est souvent fort précaire et digne d'intérêt, des retards qui pourraient être évités, si les administrations locales se conformaient aux règlements en vigueur.

J'ai l'honneur de vous rappeler que les certificats médicaux et certificats de décès sont, comme les actes même de décès, astreints à la légalisation, conformément à la loi du 15 avril 1886 (Circulaire du

24 mai 1886, *B. O. Marine*, 1er semestre 1886, page 937).

Je vous prie de donner des instructions au personnel placé sous vos ordres, pour que ces prescriptions ne soient plus désormais perdues de vue. — J. HAUSSMANN.

LÉPROSERIE, LÉPREUX

1. — 22 août 1883. — DÉCISION *allouant un secours en nature aux lépreux de l'hôpital de Hanoi* (1).

Le Général commandant supérieur des troupes, en l'absence et sous réserve de l'approbation de M. le commissaire général de la République,

Vu la demande de secours formulée par les lépreux de l'hôpital de Hanoi;

Attendu que ces incurables ont toujours été nourris et entretenus aux frais du gouvernement annamite; que l'administration française ne peut mieux faire que de suivre cette généreuse tradition;

Que d'ailleurs il y a intérêt, pour la santé publique, à isoler les lépreux et à les nourrir dans un local spécial;

Attendu qu'il y a urgence, ces malheureux étant pressés par la faim;

Vu l'avis favorable du résident de France, administrateur de la ville de Hanoi;

Sur la proposition du Secrétaire général, inspecteur des résidences,

DÉCIDE :

Il sera acheté, sur les fonds d'avances mis à la disposition de M. l'administrateur de la ville de Hanoi, 20 picols de riz pour la nourriture des lépreux de l'hôpital.

La distribution en sera faite aux malades par les soins de ce fonctionnaire, qui devra en surveiller l'emploi. — BOUET.

2. — 27 janvier 1884. — DÉCISION *relative aux secours accordés à la Mission du Tonkin occidental, pour l'établissement d'une léproserie à Hanoi.*

Article premier. — Un secours est accordé à la Mission du Tonkin occidental, pour l'établissement d'une léproserie à Hanoi, et l'entretien des infirmes et incurables de la province.

Art. 2. — Ce secours consistera, savoir:

1º En cinquante-huit piastres (58 piastres) par mois, imputables aux fonds du budget local;

2º En cinquante-huit picols de paddy par mois, pris dans les greniers des *Pavillons-noirs*, à la citadelle de Son-tay, et qui pourront être livrés, pour l'année entière, en une fois et par anticipation, à la Mission du Tonkin occidental;

3º En cinq cents ligatures (500 ligatures) et deux cents *vuon* (environ 60 picols) de riz, offerts par le Tong-doc de Hanoi.

Art. 3. — Les délivrances seront faites sur place, et sur acquit de Mgr le vicaire apostolique du Tonkin occidental ou de son fondé de pouvoirs, les frais de transport demeurant à la charge de l'institution, qui reste elle-même, d'ailleurs, sous le contrôle de M. le Résident de France à Hanoi.

Art. 4. — Le Directeur des affaires civiles et politiques et le chef du service administratif sont

chargés, chacun en ce qui le concerne, de l'exécution du présent arrêté. — COURBET.

3. — 15 novembre 1889. — CIRCULAIRE *au sujet de l'entretien des lépreux.*

D'après les lois et les coutumes annamites, les lépreux doivent être entretenus par l'État. Il en résulte que la caisse provinciale doit supporter les dépenses de cette nature.

J'ai décidé d'un commun accord avec S. E. le Kinh-luoc, que les sommes nécessaires à l'entretien des lépreux seraient prélevées mensuellement sur les caisses provinciales, et distribuées aux maires des communes qui ont à leur charge ces infirmes.

Vous voudrez donc bien vous entendre avec l'autorité provinciale pour vous renseigner sur le nombre de lépreux de votre province, et les localités où ils se trouvent, puis vous déterminerez de concert avec le chef de la province la somme à allouer mensuellement par individu.

Les maires seront chargés de toucher cette allocation, et de pourvoir par ce moyen à l'entretien des lépreux de leur commune. — BRIÈRE.

LETTRÉS. — Voy.: **Interprètes.**

LICENCES. — Voy.: **Alcools; — Opium.**

LIGATURES. — Voy.: **Fonds d'avances; — Impôts.**

LIVRETS DE DOMESTIQUES

1. — 1er octobre 1885. — DÉCISION *astreignant les ouvriers et domestiques non citoyens français, à l'obligation du livret.*

Article premier. — Tout asiatique non citoyen français, qu'il soit sujet français ou étranger, travaillant comme ouvrier ou domestique pour le compte d'un Européen ou assimilé, à la tâche, à la journée ou au mois, que l'engagement soit verbal ou par écrit, qu'il soit contracté pour une durée déterminée ou non, sera astreint à se pourvoir d'un livret d'ouvrier, à moins qu'il ne paye l'impôt foncier ou qu'il ne soit patenté.

Art. 2. — S'il travaille pour le compte d'une administration civile ou militaire, il sera également astreint à cette formalité, si ses fonctions ne doivent pas le faire comprendre dans la catégorie des employés.

Art. 3. — Les asiatiques astreints au livret seront soumis, pour tout ce qui concerne les contrats de louage, aux dispositions du Code civil français (1).

Art. 4. — La possession d'un livret régulier, tant que son titulaire n'aura pas quitté son maître, sera une preuve suffisante pour écarter toute prévention de vagabonge.

Art. 5. — Le livret contiendra les nom et prénoms, le lieu de naissance, la profession du titulaire, les noms et domicile de ses parents, s'ils sont fixés en Annam ou au Tonkin, son signalement et même sa photographie, si faire se peut. Il portera un numéro d'ordre et la date de la délivrance; les diverses mutations y seront inscrites, sauf pour les ouvriers à la journée ou à la semaine.

Art. 6. — Les résidents sont chargés de délivrer

---

(1) Nous insérons cette décision à simple titre de document, établissant que l'entretien des lépreux a toujours été une charge du pouvoir annamite.

(1) Livre III, titre VIII, art. 1708 et suivants.

ou faire délivrer par le commissaire de police ou chef de la résidence, les livrets d'ouvriers et de domestiques, moyennant un droit unique de un franc par livret.

En cas de perte de son livret, l'ouvrier ou le domestique pourra en obtenir un nouveau, en faisant un nouveau payement de un franc.

Art. 7. — Il sera tenu, dans chaque résidence, un registre des ouvriers et domestiques auxquels il aura été distribué un livret. Ce registre rapportera les indications inscrites au livret.

Art. 8. — Quiconque, astreint à se pourvoir d'un livret, ne l'aura pas fait, sera puni de 1 à 5 jours de prison et de 1 à 50 francs d'amende, ou de l'une des deux peines seulement.

Sera puni des mêmes peines, sans préjudice de plus graves, s'il y a lieu, quiconque aura fait usage d'un livret dont il n'est pas titulaire.

Art. 9. — Le Directeur des affaires civiles et politiques et les résidents chargés de la justice sont chargés, chacun en ce qui le concerne, de l'exécution de la présente décision qui, provisoirement exécutoire, sera soumise à l'approbation du Ministre, insérée au *Bulletin officiel du Protectorat*, et affichée partout où besoin sera. — COURCY.

Voy. : **Ouvriers et domestiques** ; — **Police.**

LIVRETS DE SOLDE

1. — 29 décembre 1884. — DÉPÊCHE MINISTÉRIELLE *rappelant que le livret de solde doit être remis aux officiers, fonctionnaires ou agents qui quittent la colonie.*

Trois infirmiers-majors de 2e classe, MM. XX..., viennent de rentrer en France sans être porteurs de leur livret de solde.

Il résulte des renseignements fournis par ces agents, qu'à leur départ du Tonkin, le commissaire aux revues les aurait informés que ces livrets seraient envoyés en France.

Ces pièces ne me sont pas parvenues, et il en résulte, pour le Département, l'impossibilité de régler leur situation pécuniaire.

Je vous prie de rappeler à l'administration placée sous vos ordres, que le livret est la propriété de l'officier, fonctionnaire ou agent, auquel il doit être remis après avoir été apostillé, lorsqu'il part de la colonie en vertu d'un ordre de service.

Vous voudrez bien me faire connaître immédiatement quelle était leur situation pécuniaire au moment de leur embarquement. — FÉLIX FAURE.

2. — 17 juin 1889. — CIRCULAIRE *au sujet de la tenue des livrets de solde.*

J'ai eu l'occasion de constater que les prescriptions de la circulaire de M. le Résident supérieur, en date du 14 septembre 1886, No 109, rappelée par celle du 10 octobre 1887, n° 611, relatives à la tenue des livres individuels de solde, ont été perdues de vue, et que divers fonctionnaires et autres employés du Protectorat ont quitté le Tonkin sans être munis du livret destiné à la constatation de leur situation financière à leur arrivée en France.

En conséquence, j'ai décidé qu'à l'avenir tous les livrets du personnel seraient réunis à la résidence supérieure, 1er bureau (personnel), où les fonctionnaires et employés devront les réclamer à leur passage à Hanoi. Vous aurez à m'en faire la demande télégraphiquement pour ceux d'entre eux qui ne toucheraient pas à Hanoi avant d'être rapatriés.

Je vous prie de vouloir bien me faire adresser d'urgence les livrets de solde du personnel placé sous vos ordres. — BRIÈRE.

LOGEMENT. — Voy. : **Indemnités.**

M

MACHINES A VAPEUR

1. — 10 juin 1888. — ARRÊTÉ *instituant le contrôle des chaudières et machines à vapeur.*

Article premier. — Les lois, décrets et règlements qui régissent, en France, les chaudières et machines à vapeur placées à demeure ou en service à bord des bateaux, sont en tout applicables en Annam et au Tonkin.

Art. 2. — Les embarcations à vapeur qui naviguent dans les eaux de l'Annam et du Tonkin sans être inscrites sur les registres du Protectorat, sont soumises à toutes les dispositions du présent arrêté.

Art. 3. — Dans le délai de un mois, les propriétaires d'appareils à vapeur auront à faire une déclaration d'existence ou de mise en service, qui fera connaître avec précision :

1° Le nom et le domicile du vendeur de la chaudière ou l'origine de celle-ci ;

2° Le lieu où elle est ou doit être établie ;

3° La forme, la capacité et la surface de chauffe (joindre un croquis) ;

4° Le numéro du timbre règlementaire en kilos ;

5° La date de la dernière épreuve règlementaire ;

6° Un numéro d'ordre, si plusieurs chaudières sont installées au même point ;

7° L'usage auquel la chaudière est destinée.

Art. 4. — Les épreuves règlementaires commenceront 4 mois après la notification du présent arrêté.

Art. 5. — Les propriétaires d'appareils à vapeur auront à verser au Trésor une somme de 30 fr. pour une épreuve règlementaire complète, quand ils auront fourni leur pompe, et une somme de 50 francs, lorsqu'ils auront employé la pompe de l'administration.

Art. 6. — Le personnel chargé de la surveillance des chaudières aura droit au passage gratuit à bord d'une chaloupe quelconque, toutes les fois qu'il se déplacera pour son service.

Art. 7. — Les contestations qui pourraient survenir seront réglées en dernier ressort par M. le résident général.

Art. 8. — L'ingénieur conseil du Protectorat est chargé de l'exécution du présent arrêté, qui sera inséré au *Bulletin du Protectorat* et affiché selon les besoins. — RAOUL BERGER.

MAGASINAGE. — Voy. : **Douanes** ; — **Magasins généraux.**

MAGASINS GÉNÉRAUX

1. — 6 août 1886. — CONTRAT *entre le gouvernement du Protectorat de l'Annam et du Tonkin, et MM. Ulysse Pila et Cie, pour la construction d'appontements et de magasins généraux à Haiphong.*

Les conventions intervenues entre le Protectorat et la société U. Pila et Cie, pour la création et le fonctionnement des magasins généraux de Haiphong, ont été résiliées ; leur administration est actuellement confiée au service de la douane par arrêté du 9 décembre 1892, qu'on trouvera à sa date, ci-après.

2. — 4 janvier 1890. — ARRÊTÉ *prescrivant le déchargement aux Docks de Haiphong, des colis arrivant au Tonkin par les navires affrétés par l'État.*

Article premier. — Les opérations de déchargement des colis arrivant au Tonkin à bord des navires affrétés par l'État, seront effectuées aux appontements de la société des Docks.

Art. 2. — (1).

Art. 3. — Tous les colis autres que ceux de l'administration, embarqués sur les transports de l'État ou affrétés, seront déclarés en douane pour l'acquittement des droits, s'il y a lieu, et l'établissement de la statistique.

Art. 4. — Le Résident supérieur du Tonkin est chargé de l'exécution du présent arrêté. — PIQUET.

3. — 16 mai 1890. — ARRÊTÉ *modifiant celui du 4 janvier 1890, sur la cargaison des navires à débarquer aux Docks de Haiphong (2).*

Article premier. — L'article 2 de l'arrêté du 4 janvier 1890 est modifié comme suit :

Art. 2. — Tout ce qui compose la cargaison de ces navires, ainsi que des transports de l'État, y compris le matériel naval, le matériel de l'artillerie, le matériel des ateliers de la marine, et celui des services civils, sera reçu dans les magasins centraux ou généraux, suivant que ces colis seront importés pour le compte de l'administration ou des particuliers.

Les bagages des passagers, ainsi que les colis à destination des officiers ou fonctionnaires en service au Tonkin, seront déposés au magasin de la Douane.

Art. 3 — Le Résident supérieur du Tonkin, le commissaire général chef des services administratifs de l'Annam et du Tonkin, et le commandant de la marine sont chargés, chacun en ce qui le concerne, de l'exécution du présent arrêté. — PIQUET.

4. — 9 décembre 1892. — ARRÊTÉ *remettant à l'administration des douanes l'exploitation des magasins généraux de Haiphong, et fixant les droits à percevoir.*

Article premier. — Les magasins généraux de Haiphong, comprenant les entrepôts, appontements, magasins à pétrole, voies ferrées, le matériel fixe, roulant ou flottant, les constructions élevées sur l'emplacement concédé à la Société des docks par le contrat du 6 août 1886, sauf celles affectées aux magasins centraux par l'article 3 du contrat du 11 décembre 1886, les privilèges et servitudes que cet

établissement comporte, sont, à partir du 1er janvier 1893, passés à l'administration des douanes qui en prendra charge au nom du Protectorat.

Art. 2. — Les diverses taxes actuellement en vigueur sont modifiées comme suit :

1° *Accostage*. — Les taxes d'accostage sont entièrement supprimées pour les navires venant de France. Pour les navires venant de l'étranger, elles sont réduites de 1 fr. 20 à vingt cents (0 $ 20) par mètre cube de marchandise débarquée ou embarquée.

2° *Droits uniformes*. — Les droits uniformes sont réduits de dix centimes (0 fr. 10) à deux cents (0 $ 02) par colis.

3° *Droits de magasinage*. — Les droits de magasinage sont uniformément réduits de 50 %.

4° *Manipulation*. — Le désarrimage et la mise à quai sont réduits de un franc cinquante centimes (1 fr. 50) à douze cents (0 $ 12). La mise en magasin est fixée à vingt cents (0 $ 20) au lieu de vingt-cinq cents (0 $ 25).

La sortie du magasin et la mise à quai sont réduites de vingt-cinq cents (0 $ 25) à quinze cents (0 $ 15).

De plus, le délai de franchise de magasinage accordé aux marchandises débarquées des navires qui accostent aux appontements, est porté de trois à douze jours.

Des arrêtés ultérieurs du Résident supérieur régleront les autres points de détail du fonctionnement de l'établissement.

Art. 3. — Une commission composée : du résident-maire de Haiphong ou de son délégué ; de l'agent principal des travaux publics chef du service de la voirie à Haiphong ; d'un contrôleur des douanes désigné par le directeur de ce service, se réunira le 28 décembre prochain, à l'effet de procéder à l'examen des bâtiments et du matériel, lesquels doivent être livrés en bon état d'entretien.

La Société des docks se fera représenter.

Le procès-verbal de la Commission contiendra, en outre, l'inventaire du matériel mobile, outillage, mobilier, etc., etc., qui sera immédiatement pris en charge par le service des douanes.

Art. 4. — Les marchandises en entrepôt feront l'objet d'un inventaire spécial dressé contradictoirement par la douane et les docks. Les droits de magasinage et autres, dus à la Société des docks pour la période écoulée seront liquidés. Le montant lui en sera remboursé sur état.

Art. 5. — Le service des douanes étant substitué à la Société des docks, assurera l'entretien des bâtiments affectés aux magasins centraux, des passerelles et appontements, des clôtures, de la voie ferrée et de son matériel roulant.

Art. 6. — Les services administratifs installés aux magasins centraux reprendront leur liberté d'action en ce qui concerne les opérations prévues : 1° au paragraphe de la 2e section (conservation générale des denrées) ; 2° à la 3e section (confection et mise en colis réduits) ; 3° à la 4e section (entretien et conservation du matériel des subsistances), de l'article XXIII du contrat du 11 décembre 1886 (1).

Art. 7. — Pour les taxes d'accostage et les opérations prévues à la 1re section (matériel et transit) aux paragraphes 1, 2 et 3 de la 2e section (approvisionnements) de l'article 23 ci-dessus désigné, les services administratifs auront la faculté de demander à bénéficier des tarifs appliqués aux opérations de même nature dans les magasins généraux par les

---

(1) Voir ci-après arrêté de 16 mai 1890, modifiant l'article 2, et celui du 10 juillet 1893.

(2) Voir plus loin l'arrêté du 10 juillet 1893.

(1) Voir ci-après l'arrêté du 10 juillet 1893.

services des douanes ou son entrepreneur agréé.

Art. 8. — Les autres conventions ou engagements des services administratifs avec la Société des docks, concernant les opérations effectuées aux magasins chinois ou à la concession, telle que débarquement de charbon, bois à brûler, etc., sont abrogés.

Art. 9. — Un règlement ultérieur déterminera le fonctionnement et les relations des services installés dans l'ensemble de l'établissement des docks.

Art. 10. — Le Résident supérieur du Tonkin est chargé de l'exécution du présent arrêté. — DE LA-NESSAN.

5. — 10 juillet 1893. — ARRÊTÉ *réglant la situation des services administratifs vis-à-vis des magasins généraux de Haiphong.*

Article premier. — Les services administratifs installés aux magasins centraux reprennent leur liberté complète d'action en ce qui concerne toutes les opérations prévues au contrat du 11 décembre 1886.

L'usage des appontements, passerelles, voies ferrées, grues et matériel roulant, pour le débarquement, l'embarquement et la conduite en magasin des denrées, vivres et matériel appartenant au service des approvisionnements ou au transit, leur est concédé, sous les conditions ordinaires de responsabilité en cas d'avaries ou de dégradations, et moyennant une redevance annuelle de six mille francs à payer au service des douanes à titre d'abonnement pour les droits d'accostage et location de matériel.

Art. 2. — Les services administratifs pourront édifier, dans la partie de l'établissement des Docks qui est affectée aux magasins centraux, les bâtiments, les hangars, abris et autres installations qu'il leur conviendra, à la condition que ces constructions ne soient ni appuyées, ni superposées à celles existantes et que le service des douanes est chargé d'entretenir; pour ces dernières il ne pourra être fait aucune modification sans autorisation.

Art. 3. — L'éclairage et la surveillance à l'intérieur des magasins et dans l'enceinte clôturée affectée aux magasins centraux, seront effectués par les occupants.

Art. 4. — Les articles 6 et 7 de l'arrêté du 9 décembre 1892, et les autres dispositions contraires à celles du présent arrêté, sont abrogés.

Art. 5. — Le Résident supérieur *p. i.* au Tonkin et le Chef des services administratifs sont chargés, chacun en ce qui le concerne, de l'exécution du présent arrêté. — DE LANESSAN.

MAIRE, MAIRIE. — VOY.: **Municipalités ; Territoire municipal ; — Conseil municipal.**

MALADIES

1. — CIRCULAIRE *au sujet des mesures prophylactiques contre les maladies vénériennes* (1).

M. le Général en chef m'a fait connaître, par lettre n° 130, du 18 octobre courant, qu'en raison du grand nombre d'hommes signalés, lors de leur rapatriement, comme ayant contracté en Extrême-Orient des maladies vénériennes, le ministre de la marine l'a invité à faire scrupuleusement appliquer dans les diverses garnisons d'Indo-Chine, les mesures prophylactiques à prendre contre ces affections.

(1) Cette circulaire ne porte pas de date ; elle figure au Recueil du mois d'octobre 1888 du *Moniteur du Protectorat*, sous le n° 603.

A cette occasion et sur la demande de M. le Général en chef, j'ai l'honneur de vous inviter à veiller à l'exécution stricte des dispositions de la circulaire n° 1194 du 7 décembre 1887, et à favoriser, dans la mesure du possible, l'établissement de maisons publiques, notamment dans les places de votre province occupées par des garnisons européennes.

E. PARREAU.

VOY.: **Épidémies.**

MANDARINS. — VOY.: **Administration annamite.**

MANDATS SUR LE TRÉSOR. — VOY.: **Trésor.**

MARCHÉS

1. — 24 juillet 1893. — ARRÊTÉ *déterminant le mode de fixation des prix dans les marchés, pour fournitures d'origine européenne.*

Article premier. — Les marchés passés par les services civils du Protectorat de l'Annam et du Tonkin pour la fourniture de marchandises d'origine européenne seront établis en francs. Les règlements auxquels donneront lieu ces marchés seront en piastres, au taux officiel du Trésor au jour de la liquidation.

Lorsque, dans un marché pour travaux, les fournitures de provenance européenne comprises dans ce marché seront d'une valeur supérieure de 1,000 $, avant tout rabais sur les prix de base, il en sera fait prévision en francs et elles seront payées comme il est dit ci-dessus.

Art. 2. — *Dispositions transitoires.* — Les bénéficiaires de contrats en cours pourront (à titre de mesure bienveillante), en réclamer la révision sur ces nouvelles bases, pour l'exécution de leurs marchés postérieurement à la date de ce jour.

La fixation des prix en francs aura lieu par les soins d'une commission administrative nommée à cet effet.

Art. 3. — Le Résident supérieur *p. i.* au Tonkin est chargé de l'exécution du présent arrêté. — DE LANESSAN.

VOY.: **Bacs et marchés; — Violences; — Cahier des charges.**

MARIAGE. — VOY.: **Dispenses pour.**

MARQUES DE COMMERCE ET DE FABRIQUE

1. — 24 novembre 1891. — ARRÊTÉ *promulguant en Indo-Chine le décret du 27 février 1891, sur les marques de fabrique et de commerce.*

Article premier. — Est promulgué dans toute l'étendue de l'Indo-Chine, le décret du 27 février 1891, sur les marques de fabrique et de commerce.

Art. 2. — Le Lieutenant-gouverneur de la Cochinchine, les Résidents supérieurs au Tonkin, en Annam et au Cambodge et le Procureur général chef du service judiciaire sont chargés, chacun en ce qui le concerne, de l'exécution du présent arrêté. — DE LANESSAN.

DÉCRET du 27 février 1891

Article premier. — Le dépôt que les fabricants, commerçants ou agriculteurs peuvent faire de leur marque au greffe du tribunal de commerce de leur domicile, ou à défaut de tribunal de commerce, au greffe du tribunal civil, pour jouir des droits résultant de la loi du 23 juin 1857, est soumis aux dispositions suivantes.

Art. 2. — Le dépôt doit être effectué par la partie intéressée ou par son fondé de pouvoir spécial.

La procuration peut être sous-seings privés, mais elle doit être enregistrée ; elle est laissée au greffe.

Art. 3. — Le déposant doit fournir en triple exemplaire, sur papier libre, le modèle de la marque dont il effectue le dépôt.

Ce modèle consiste en un dessin, une gravure ou une empreinte exécutée de manière à représenter la marque avec netteté et à ne pas s'altérer.

Le papier sur lequel ce modèle est tracé ou collé, présente la forme d'un carré de 18 centimètres de côté ; la marque doit en occuper le milieu, de manière à laisser les espaces nécessaires pour inscrire les mentions dont il sera parlé ci-après.

Art. 4. — Si la marque consiste en un signe unique ou dans un ensemble de signes employés simultanément, dont le modèle soit de trop grande dimension pour tenir sur une seule feuille de papier ayant 18 centimètres de côté, ce modèle pourra être, soit réduit dans la proportion nécessaire, soit divisé en plusieurs parties, lesquelles seront tracées ou collées sur plusieurs feuilles de papier ayant 18 centimètres de côté.

Si la marque est de petite dimension, le modèle pourra la représenter augmentée.

Art. 5. — Si la marque est en creux ou en relief sur les produits, si elle a dû être réduite pour ne pas excéder les dimensions prescrites, si elle a été augmentée ou si elle présente quelque autre particularité relative à sa figuration ou à son mode d'emploi sur les produits auxquels elle est destinée, le déposant doit l'indiquer sur les trois exemplaires, soit par une ou plusieurs figures, soit au moyen d'une légende explicative.

Ces indications occupent la gauche du papier où est figurée ou collée la marque. La droite est réservée aux mentions prescrites aux articles 10 et 11.

Les exemplaires déposés ne doivent contenir aucune autre indication.

Art. 6. — Le greffier vérifie si les trois exemplaires sont établis conformément aux dispositions qui précèdent.

Si ces exemplaires ne sont pas dressés sur papier de dimension ou contiennent des indications interdites par l'article 5, le greffier les rend au déposant pour être rectifiés ou remplacés, et ne dresse le procès-verbal de dépôt que sur la remise des trois exemplaires régulièrement établis.

Le greffier procède de la même manière :

Si les trois exemplaires ne sont pas semblables ;

Si le modèle de la marque n'adhère pas complètement au papier sur lequel il est appliqué ;

Si le modèle est tracé au crayon ;

Si le modèle est en métal, en cire, ou présente un relief quelconque, de nature à détériorer les registres sur lesquels les exemplaires devront être collés ;

Si le cliché typographique n'est pas produit avec les trois exemplaires de la marque.

Art. 7. — Le cliché typographique que le déposant doit fournir avec les trois exemplaires de sa marque, ne doit pas dépasser 12 centimètres de côté ; il doit être en métal et conforme aux clichés employés usuellement en imprimerie typographique.

Si la marque consiste en une bande d'une longueur de plus de 12 centimètres ou en un ensemble de signes, cette bande peut être divisée en plusieurs parties qui seront reproduites sur le même cliché, les unes sous les autres, ou il peut n'être fourni qu'un seul cliché reproduisant cet ensemble réduit.

Le déposant inscrit sur un côté du cliché son nom et son adresse.

Art. 8. — Le greffier doit appliquer sur les trois exemplaires du modèle le timbre du tribunal. Lorsque ce modèle, au lieu d'être placé sur le papier, y est seulement collé, le greffier doit apposer le timbre de manière qu'une partie de l'empreinte porte sur le modèle et l'autre sur le papier.

Art. 9. — Le greffier colle un des trois exemplaires sur une feuille du registre qu'il tient à cet effet ; les modèles y sont placés à la suite les uns des autres d'après l'ordre des présentations. Le registre est fourni par le greffe ; il doit être en papier libre du format de 24 centimètres de largeur sur 40 centimètres de hauteur. Le registre est coté et parafé par le président du tribunal de commerce ou du tribunal civil, suivant le cas.

Art. 10. — Le greffier dresse ensuite sur un registre timbré, coté et parafé comme le registre mentionné ci-dessus, le procès-verbal du dépôt dans l'ordre des présentations. Il indique :

1° Le jour et l'heure du dépôt ;

2° Le nom du propriétaire de la marque et, le cas échéant, le nom du fondé de pouvoir ;

3° La profession du propriétaire, son domicile et le genre d'industrie ou de commerce pour lequel il a l'intention de se servir de la marque. Le greffier inscrit, en outre, un numéro d'ordre sur chaque procès-verbal. Il reproduit ce numéro sur chacun des trois exemplaires, ainsi que le nom, le domicile, la profession du propriétaire de la marque et, s'il y a lieu, de son fondé de pouvoir, la date, l'heure et le lieu du dépôt et le genre d'industrie ou de commerce auquel la marque est destinée.

Le procès-verbal et les modèles sont signés par le greffier et par le déposant ou par son fondé de pouvoir.

Art. 11. — Lorsque le dépôt est fait en vue de conserver pour une nouvelle période de quinze ans une marque déjà déposée, cette circonstance doit être mentionnée au procès-verbal de dépôt, ainsi que sur les trois exemplaires du modèle.

Art. 12. — Il est dû au greffier, outre le droit fixe de 1 fr. par procès-verbal de dépôt, y compris le coût de l'expédition, le remboursement des droits de timbre et d'enregistrement.

Le même fabricant ou commerçant peut effectuer le dépôt de plusieurs marques dans un seul procès-verbal, mais il est dû au greffier autant de fois le droit fixe de 1 fr. qu'il y a de marques déposées.

Art. 13. — Dans le cas où une expédition du procès-verbal est demandée ultérieurement par une personne quelconque, elle doit être délivrée moyennant l'acquittement d'un droit fixe de 1 fr. et le remboursement du droit de timbre.

Art. 14. — Un des trois exemplaires ainsi que le cliché typographique de chaque marque sont transmis, dans les cinq jours de la date du procès-verbal, au ministère du commerce.

Les exemplaires transmis au ministère du commerce y restent déposés pour être communiqués sans frais au public.

Art. 15. — Les étrangers et les Français dont les établissements sont situés hors de France et qui peuvent déposer leurs marques de fabrique et de

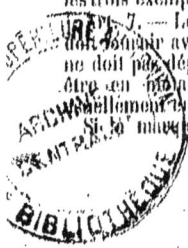

commerce en France en vertu soit de l'article 6 de la loi du 23 juin 1857, soit de l'article 9 de la loi du 26 novembre 1873, relative à l'établissement du timbre ou signe spécial destiné à être apposé sur les marques commerciales et de fabrique, ne sont admis à en effectuer le dépôt qu'au greffe du tribunal de commerce du département de la Seine.

Art. 16. — Lorsqu'un déposant entend renoncer à l'emploi de sa marque, il en fait la déclaration au greffe du tribunal où la marque aura été déposée. Le greffier inscrit cette déclaration en marge du procès-verbal de dépôt et en donne immédiatement avis au Ministre du commerce, qui la publiera dans le *Bulletin officiel de la propriété industrielle et commerciale*.

Art. 17. — Au commencement de chaque année, le greffier dresse sur papier libre et d'après le modèle arrêté par le Ministre du commerce, un répertoire des marques dont il aura reçu le dépôt pendant le cours de l'année précédente.

Le greffier est autorisé à délivrer au déposant des certificats d'identité de sa marque, moyennant le droit de 1 fr. fixé par l'article 8 du décret du 18 juin 1880.

Art. 18. — Les registres, procès-verbaux et répertoires déposés dans les greffes sont communiqués sans frais.

Art. 19. — Les marques déposées sont publiées, après leur réception au ministère du commerce, dans le *Bulletin officiel de la propriété industrielle et commerciale*.

Art. 20. — Le décret du 26 juillet 1858 est et demeure rapporté.

Art. 21. — Le ministre du commerce, de l'industrie et des colonies est chargé de l'exécution du présent décret, qui sera inséré au *Bulletin des lois* et publié au *Journal officiel* de la République française. — CARNOT.

VOY.: Commerce.

MATÉRIEL

1. — CIRCULAIRE *au sujet de la comptabilité du matériel des résidences.*

J'ai remarqué que la plupart des résidences et vice-résidences n'envoyaient pas régulièrement à la Résidence générale, l'état mensuel concernant la comptabilité du matériel, qui doit être fourni, conformément aux prescriptions de la circulaire n° 19 du 7 juillet 1886.

Vous voudrez bien réparer cette omission, et, jusqu'à la fin de l'année, consigner, sur le modèle en usage, tous les renseignements que vous possédez.

Au 31 décembre prochain, vous dresserez, avec le plus grand soin, un inventaire général du matériel appartenant à votre résidence et vous devrez m'en adresser deux expéditions avant le 15 janvier 1889. Je me propose de modifier à cette époque les prescriptions de la circulaire du 7 juillet 1886, et de n'exiger que tous les semestres l'inventaire du mobilier. De nouveaux imprimés vous seront adressés en temps opportun. — E. PARREAU.

MÉDECINE, MÉDECINS

1. — 11 novembre 1888. — ARRÊTÉ *rapportant celui du 22 octobre 1886, et fixant les indemnités des médecins militaires chargés des services extérieurs.*

Rapporté par arrêté du 31 décembre 1890 (1).

(1) Ces indemnités ont été rétablies sur d'autres bases par l'arrêté du 10 décembre 1892, publié ci-après.

2. — 31 décembre 1891. — ARRÊTÉ *supprimant à partir du 1er janvier 1891, les indemnités allouées au Directeur du service de santé et aux médecins des services extérieurs, en Annam et au Tonkin.*

Article premier. — Les arrêtés des 11 novembre 1888, 14 février et 1er mars 1889, 11 mai et 6 septembre 1890, accordant des indemnités annuelles au directeur du service de la santé en Annam et au Tonkin, et aux médecins des services extérieurs, sont rapportés, et lesdites indemnités supprimées à compter du 1er janvier 1891.

Art. 2. — Le Résident supérieur p. i. au Tonkin est chargé de l'exécution du présent arrêté. — PIQUET.

3. — 10 décembre 1892. — ARRÊTÉ *allouant une indemnité annuelle, pour frais de voitures, aux médecins chargés des services extérieurs.*

Article premier. — Une indemnité annuelle fixe, à titre de frais de voitures et autres, est allouée aux médecins chargés, dans les postes, des services extérieurs.

Cette indemnité est fixée et déterminée comme ci-après:

Hanoi	200 $
Haiphong	200
Sontay	150
Phu-lang-Thuong	200
Bac-ninh — Dap-cầu	200
Quang-yên	100
Hung-hoa	100
Ninh-binh	100

Art. 2. — Le Résident supérieur du Tonkin est chargé de l'exécution du présent arrêté, qui aura son effet le 1er janvier 1893. — DE LANESSAN.

4. — 1er juin 1893. — INSTRUCTIONS MINISTÉRIELLES *sur le droit des médecins coloniaux d'exercer concurremment avec les médecins civils.*

Mon attention a été appelée sur les conditions dans lesquelles les officiers du corps de santé des colonies exercent la médecine dans nos différentes possessions d'outre-mer. Certains médecins civils ont tenté des démarches en vue d'obtenir que la pratique médicale fût, pour ainsi dire, interdite aux médecins possesseurs d'un grade militaire, et j'ai pensé que le moment était venu de fixer les règles à suivre à ce sujet.

Aux termes de la loi du 30 novembre 1892, sur l'exercice de la médecine, loi qui sera exécutoire à partir du 1er décembre prochain, quiconque est titulaire d'un diplôme de docteur en médecine délivré par une des facultés établies par l'État, est autorisé à jouir des droits et privilèges attachés à ce titre. Or, le droit d'exercer la médecine constitue le premier de ces droits et privilèges. Il est soumis à une seule obligation préjudicielle: le dépôt du diplôme à la préfecture ou sous-préfecture (aux colonies; direction de l'intérieur ou résidence) et au greffe du tribunal de l'arrondissement.

Tel est le point de droit.

D'un autre côté, il est incontestable que les ministres de la guerre, de la marine et des colonies, qui ont sous leurs ordres des officiers pourvus du diplôme de docteur en médecine, ont la faculté d'employer ces officiers comme bon leur semble

26

et de limiter, par exemple, pour eux, l'exercice de la pratique médicale aux soins à donner à leur personnel ressortissant à leur département. Toutefois, ils ne sauraient se laisser guider à cet égard que par le désir de satisfaire, le mieux possible, les intérêts qui leur sont confiés. Or, si les Ministres de la guerre et de la marine n'ont à se préoccuper que des hommes composant les armées de terre et de mer et veulent, par suite, exiger que les médecins qui relèvent d'eux consacrent exclusivement leur temps à ces derniers, il n'en est pas de même en ce qui concerne le Ministre chargé des colonies. Celui-ci a entre les mains les intérêts non seulement des militaires, fonctionnaires et agents en service outre-mer, mais encore des populations de nos différentes colonies. Il joint aux attributions des Ministres de la marine et de la guerre celles dévolues dans la métropole au Ministre de l'intérieur, en ce qui a trait à la santé publique. Tandis qu'en France, on se trouve en présence d'un corps médical suffisamment nombreux pour assurer les besoins des habitants, il n'existe aux colonies qu'un nombre très restreint de médecins civils. En outre, la plupart d'entre eux perçoivent, sur les fonds des budgets locaux ou municipaux, des allocations égales, sinon supérieures, à la solde de grade des officiers du corps de santé. Enfin, dans bon nombre de nos possessions, la situation est telle, que si les médecins des colonies cherchaient à se retrancher derrière leur qualité d'officier pour se refuser à exercer la pratique médicale, les Gouverneurs devraient leur donner l'ordre formel de soigner les malades.

Dans ces conditions, il est impossible de décider que les officiers du corps de santé des colonies auront le droit d'exercer la médecine sur tel ou tel point du globe et ne l'auront par sur tel ou tel autre, ou bien que ce droit sera subordonné à la présence de tel ou tel nombre de médecins civils.

J'estime donc, que les médecins appartenant au corps de santé des colonies, en service dans nos différentes possessions d'outre-mer, ont la faculté d'y exercer la médecine ; mais qu'il doivent être soumis à toutes les obligations imposées aux médecins civils établis dans la même colonie, telles que patente, etc...

Il demeure entendu que le service de l'État passe en première ligne et que les officiers du corps de santé des colonies doivent, si cela est nécessaire, y consacrer exclusivement tout leur temps. En outre, ils ne sauraient perdre de vue un seul instant qu'ils ont pour stricte obligation de se garder sévèrement de tout ce qui serait contraire à ce qui constitue l'honneur de l'état d'officier. En aucun cas, ils ne peuvent s'entremettre dans des affaires commerciales. Dans la pratique médicale près des familles qui réclament leurs soins, ils doivent exercer leur art avec zèle et dévouement, se montrer modérés dans la réception des honoraires, et ne jamais les solliciter ni les exiger judiciairement.

En se conformant aux règles fixées par la présente circulaire, que je vous prie de porter à la connaissance des officiers placés sous vos ordres et d'insérer dans le *Bulletin officiel* de la colonie, j'ai tout lieu de penser que les médecins des colonies continueront à rendre à l'État et aux populations coloniales les utiles et honorables services qui sont une des traditions du corps auquel ils appartiennent. — DELCASSÉ.

5. — 24 août 1893. — INSTRUCTIONS *relatives aux soins médicaux à donner aux fonctionnaires et à leurs familles.*

J'ai l'honneur de porter à votre connaissance qu'après entente avec M. le Directeur du service de santé, les soins médicaux seront désormais assurés aux fonctionnaires civils par M. le Médecin des services extérieurs de Hanoï, aux conditions suivantes :

Les fonctionnaires dont l'état exige la visite à domicile font prévenir par leur chef de service le médecin visiteur qui se transporte chez eux.

En cas d'urgence, le fonctionnaire malade fait appeler directement, sans passer par l'intermédiaire de son chef de service, le médecin visiteur.

Les fonctionnaires dont l'état n'exige pas la visite à domicile, se rendent à la consultation du médecin des services extérieurs (tous les jours, le dimanche excepté, de 3 à 5 heures du soir).

Dans le premier comme dans le second cas, le médecin décide soit l'envoi à l'hôpital, si la maladie lui paraît grave ou de longue durée probable, soit le traitement à domicile, avec un nombre de journées de repos qui ne peut être supérieur à quelques jours.

Le médecin des services extérieurs prévient par note le chef de service du fonctionnaire, du résultat de sa visite.

Les familles des fonctionnaires ont droit aux consultations gratuites aux heures ci-dessus indiquées.

Les visites des familles des fonctionnaires, à domicile, ne sont pas gratuites ; elles pourront être faites par le médecin des services extérieurs dans les limites où le lui permet son service, à titre onéreux.

Je vous serais obligé de vouloir bien faire part des dispositions qui précèdent à MM. les fonctionnaires et agents sous vos ordres. — RODIER.

MÉDICAMENTS

1. — 7 août 1883. — DÉCISION *autorisant la délivrance des médicaments, à titre remboursable, aux particuliers, par les pharmaciens des hôpitaux.*

Rapportée par arrêté du 13 mars 1888.

2. — 13 mars 1888. — ARRÊTÉ *supprimant les cessions gratuites de médicaments aux fonctionnaires civils.*

Article premier. — Les dispositions de la circulaire du 28 juin 1885, relatives aux cessions, à titre gratuit, des médicaments à tous les fonctionnaires civils de l'Annam et du Tonkin, sont et demeurent abrogées.

Art. 2. — M. le Chef du service administratif en Annam et au Tonkin est chargé de l'exécution du présent arrêté. — PAUL BERT.

3. — 18 juillet 1886. — DÉCISION *rapportant celle du 7 août 1883, qui autorise la délivrance des médicaments à titre remboursable.*

La décision du 7 août 1883, autorisant la délivrance des médicaments à titre remboursable, aux particuliers, par les pharmacies des hôpitaux militaires, est rapportée. — PAUL BERT.

Voy. : **Pharmacie.**

MESSAGERIES FLUVIALES. — Voy. : **Correspondances fluviales.**

MÉTÉOROLOGIE

1. — 20 décembre 1884. — DÉCISION *portant création d'une station d'observations météorologiques à Haiphong.*

Article premier. — Il est créé, à Haiphong, une station d'observations météorologiques.

Un médecin de l'hôpital de Haiphong sera habituellement chargé d'assurer le service de l'observatoire. Présentement, ce soin est confié à M. le médecin principal de la marine Borius.

Art. 2. — Le Directeur des affaires civiles et politiques et M. le chef du service de santé au Tonkin sont chargés, chacun en ce qui le concerne, de l'exécution de la présente décision.

MILICE INDIGÈNE. — Voy. : **Garde civile indigène.**

MINES

1. — 2 mars 1889. — DÉCRET *rendant exécutoire la convention entre la France et l'Annam, sur le régime des mines de l'Annam et du Tonkin.*

Article premier. — Une convention relative au régime des mines de l'Annam et du Tonkin ayant été signée, le 18 février 1885, entre la France et le royaume d'Annam, et les ratifications de cet acte ayant été échangées à Hué le 23 février 1886, ladite convention, dont la teneur suit, est approuvée et sera insérée au *Journal officiel.*

Art. 2. — Le Président du Conseil, Ministre des affaires étrangères, est chargé de l'exécution du présent décret. — JULES GRÉVY.

18 février 1885. — CONVENTION *entre la France et l'Annam, sur le régime minier en Annam et au Tonkin.*

Sa Majesté le Roi d'Annam s'étant engagé, par l'article 18 du traité signé le 6 juin 1884, entre la France et l'Annam, à régler d'accord avec le Gouvernement de la République française, le régime des mines situées dans ses États, et s'étant ainsi interdit, d'une manière absolue, de disposer d'aucun gisement soit en Annam, soit au Tonkin, avant que l'entente à intervenir fût établie ; déclarant d'ailleurs, que toutes les mines situées dans ses États font encore partie du domaine royal, et qu'elles sont libres de toutes charges, à l'exception d'une mine de houille située sur le territoire du village de Nong-son (province de Quang-nam), concédé le 12 mars 1881, pour une durée de 20 ans, et considérant qu'il importe de déterminer les conditions dans lesquelles les mines de l'Annam et du Tonkin pourront être exploitées ;

Et le Gouvernement de la République, désirant faciliter à Sa Majesté le Roi d'Annam l'établissement d'un régime minier de nature à développer la prospérité de ses États.

Ont résolu de conclure une convention spéciale à cet effet.

En conséquence ils ont nommé pour leurs plénipotentiaires, savoir :

Le Gouvernement de la République :

M. Victor-Gabriel Lemaire, Résident général de la République française à Hué, ministre plénipotentiaire, chevalier de la Légion d'honneur, etc., etc. ;

Sa Majesté le Roi d'Annam :

Leurs Excellences : Pham-Than-Duat, ministre des finances, 1er plénipotentiaire ;

Huinh-Hun-Thuong, Sous-secrétaire d'État au ministère de la guerre, 2e plénipotentiaire ;

Lesquels, après s'être communiqués leurs pleins pouvoirs respectifs, trouvés en bonne et due forme, sont convenus des articles suivants :

Article premier. — Sa Majesté le Roi d'Annam accepte de soumettre le régime et l'exploitation des mines situées dans ses États, aux règlements dont l'utilité aura été reconnue par le Gouvernement de la République.

Art. 2. — Le montant des taxes et impôts établis sur les mines de l'Annam et sur leurs produits, ainsi que les prix de celles qui auront été adjugées ou auront fait l'objet d'une prise de possession, seront versés, chaque année, dans le trésor royal, après défalcation des dépenses qui auront été faites par l'administration des mines de l'Annam.

Le gouvernement annamite pourra déléguer un ou plusieurs fonctionnaires pour assister aux adjudications des mines de l'Annam. Il pourra également demander au Résident général, toutes les fois qu'il le jugera utile, des éclaircissements sur le rendement des taxes et impôts établis sur lesdites mines.

Art. 3. — Le montant des taxes et impôts établis sur les mines du Tonkin, sur leurs produits, ainsi que le prix de celles qui auront été adjugées ou auront fait l'objet d'une prise de possession, seront affectés aux dépenses de l'administration du Tonkin.

Art. 4. — La présente convention sera soumise à la ratification des deux gouvernements, et elle entrera en vigueur aussitôt après l'accomplissement de cette formalité, qui aura lieu dans un délai aussi bref que possible.

En foi de quoi les plénipotentiaires ont signé le présent acte et y ont apposé leurs sceaux. — G. LEMAIRE ; PHAM-THAN-THUAT ; HUINH-HUN-THUONG.

---

2. — 4 décembre 1888. — CIRCULAIRE *au sujet du régime des mines au Tonkin.*

(Les instructions contenues dans cette circulaire ne sont que la reproduction des prescriptions sur la procédure à suivre pour introduire les demandes de concession de mines, édictées par le décret du 16 octobre 1888 publié ci-après : nous croyons donc inutile de les insérer ici).

---

3. — 9 janvier 1889. — ARRÊTÉ *promulguant le décret du 16 octobre 1888, sur le régime minier en Annam et au Tonkin.*

Article premier. — Est promulgué dans toute l'étendue du territoire de l'Indo-Chine, le décret du 16 octobre 1888, portant réglementation du régime minier en Annam et au Tonkin.

Art. 2. — M. le Résident général en Annam et au Tonkin est chargé de l'exécution du présent arrêté. — RICHAUD.

16 octobre 1888. — DÉCRET *sur le régime minier en Annam et au Tonkin* (1).

TITRE PREMIER

DISPOSITIONS GÉNÉRALES

Article premier. — Sont considérés comme mines les gîtes naturels de substances minérales ou fossiles

---

(1) Voir ci-après circulaire du 6 mai 1891.

susceptibles d'une utilisation spéciale, à l'exception des matériaux de construction et des amendements ou engrais pour la culture des terres, qui sont laissés à la libre disposition des propriétaires du sol.

L'Administration décide, en cas de contestation, si la nature d'une substance donne à ces gisements le caractère légal de mine.

Art. 2. — Les gîtes naturels de substances minérales ou fossiles sont classés en trois catégories :

1° Les couches de combustibles et substances subordonnées, qui se trouvent associées dans la même formation, telles que, pour la houille, le minerai de fer carbonaté et l'argile réfractaire ;

2° Les filons ou couches de toutes autres substances minérales ;

3° Les alluvions contenant de l'or, de l'étain, des gemmes et autres substances métalliques ou fossiles.

Art. 3. — On peut acquérir, d'après les prescriptions du présent décret, dans une étendue déterminée, le droit d'explorer ou le droit d'exploiter les gîtes naturels de substances minérales ou fossiles.

Ces droits s'étendent indéfiniment en profondeur, dans la projection verticale de l'étendue de la surface sur laquelle ils ont été acquis, sauf pour les gîtes d'alluvion, où ils ne s'étendent que jusqu'à la roche encaissante en place.

Le droit d'exploiter une substance comprise dans l'une des catégories mentionnées à l'article précédent confère le même droit sur les autres substances appartenant à la même catégorie ; il donne en outre le droit de disposer des roches ou matériaux dont l'abattage est inséparable des travaux que comporte l'exploitation de la mine.

Mais des personnes distinctes peuvent acquérir le droit d'exploiter, dans le même périmètre, des gîtes de catégories différentes.

La recherche et l'exploitation des gîtes d'alluvion sont soumises à des règles spéciales, qui font l'objet de la section 4 du titre III.

TITRE II
DES RECHERCHES DE MINES
SECTION PREMIÈRE
DISPOSITIONS GÉNÉRALES

Art. 4. — Tout individu ou toute société peut se livrer librement à la recherche des mines dans les terrains domaniaux.

Art. 5. — Dans un terrain de propriété privée, les travaux de recherche ne peuvent être commencés ou poursuivis, à défaut d'entente amiable avec le propriétaire ou le possesseur, qu'en vertu d'une autorisation du résident de la province où se trouve la mine ; cette autorisation n'est donnée qu'après que le propriétaire ou possesseur a été entendu et qu'il lui a été payé, pour l'occupation de son terrain, une indemnité fixée ainsi qu'il est dit à l'article 56.

Art. 6. — Dans le périmètre d'une mine déjà instituée, la recherche d'une mine de catégorie différente ne peut être commencée et poursuivie, à défaut d'entente amiable entre l'explorateur et le propriétaire de la mine, qu'avec l'autorisation du résident ; cette autorisation n'est donnée qu'après que le propriétaire de la mine a été entendu, et sous réserve des dommages que l'explorateur est tenu de réparer.

Art. 7. — Les explorateurs sont soumis, pour l'exécution de leurs travaux, aux obligations imposées aux propriétaires de mines par les articles 53, 54 et 57, ainsi que par la section 5 du titre IV.

Ils peuvent toutefois être dispensés par l'administration de tenir un plan et un registre d'avancement de leurs travaux.

SECTION II
DES RECHERCHES EN PÉRIMÈTRE RÉSERVÉ

Art. 8. — Dans tout terrain libre de droits antérieurs, qui ne se trouve pas dans une région affectée aux adjudications publiques, tout individu ou toute société peut acquérir, par priorité d'occupation, un droit exclusif de recherche en périmètre réservé.

Art. 9. — Le périmètre réservé, de forme rectangulaire, a une superficie minimum de 24 hectares, et une superficie maximum de 100 hectares pour les gîtes d'alluvion, 500 pour ceux de houille, et 200 pour les autres.

Le petit côté du rectangle ne peut avoir moins du quart du grand côté.

Les terrains qui restent libres entre plusieurs mines instituées, avec des dimensions et des formes telles qu'il est impossible d'y placer un périmètre réservé satisfaisant aux conditions précédentes, ne peuvent qu'être annexés aux mines contiguës, dans les conditions stipulées à l'article 64.

Art. 10. — L'occupation d'un périmètre réservé doit, pour être valable, avoir été, avant toute autre, matériellement marquée et signalée sur le sol, d'une façon certaine et bien apparente, et avoir fait, dans la quinzaine de la date de l'occupation, l'objet d'une déclaration au résident de la province, le tout ainsi qu'il sera dit aux deux articles suivants (1).

Art. 11. — Pour marquer et signaler le périmètre réservé, il doit être planté des bornes ou poteaux, partout où besoin est, notamment aux quatre sommets du rectangle, et placé un signal sur les travaux en activité (1).

Aux bornes ou poteaux de sommet, et aux signaux, doit être fixé un écriteau faisant connaître :

1° Le nom donné à la recherche ;

2° Le nom de l'explorateur ;

3° La nature de la mine recherchée ;

4° La date de l'occupation.

L'administration détermine les types des poteaux, signaux et écriteaux.

Art. 12. — La déclaration de recherche doit faire connaître (1) :

1° Le nom donné à la recherche ;

2° La situation, aussi exacte que possible, du lieu où se trouve celle-ci, repérée, si faire se peut, à quelque point fixe, ou, à défaut de point fixe, à quelque point remarquable du sol ;

3° Les dimensions et l'orientation du rectangle du périmètre réservé ;

4° Le nom et le domicile de l'explorateur ;

5° La nature de la substance recherchée ;

6° La date de l'occupation.

Il est donné récépissé de la déclaration qui est inscrite, à la date de sa présentation, sur le registre des déclarations de recherches, tenu constamment à la disposition du public.

L'enregistrement n'a lieu que contre payement d'un droit fixe de 100 francs.

Art. 13. — Pour les mines autres que celles de combustible, un explorateur ne peut valablement occuper un second périmètre réservé, que si celui-ci est à une distance de plus de 5 kilomètres, mesurés entre les deux sommets les plus voisins des rectangles.

Art. 14. — L'explorateur qui a acquis, par une

(1) Voir ci-après circulaire du 10 mars 1891.

occupation régulière, le droit de recherche en périmètre réservé doit, dans le délai de trois ans à partir de la date de cette occupation, soumettre à l'administration une demande en délivrance de la propriété de la mine, conformément aux prescriptions de la section 2 du titre III.

À l'expiration de ce délai, le terrain cesse d'être réservé. L'explorateur déchu ne peut en reprendre possession qu'après un délai de deux ans, et si aucun autre ne s'y est établi.

Toutefois, l'instance en institution de la propriété de la mine maintient le privilège de l'explorateur jusqu'à ce qu'il ait été définitivement statué sur sa demande.

Mention de la demande en délivrance du titre de propriété doit être portée avec sa date, sur les écriteaux prévus à l'article 11.

Art. 15. — L'explorateur dispose librement du produit de ses recherches.

Art. 16. — L'explorateur qui cesse d'occuper un périmètre réservé est tenu d'enlever les poteaux, signaux et écriteaux; faute de quoi, il est procédé d'office à l'enlèvement par l'Administration, aux frais dudit explorateur.

Art. 17. — Tout explorateur condamné par application de l'article 71, perd tous les droits que son occupation lui aurait conférés; du jour de sa condamnation, le terrain redevient libre pour les tiers.

TITRE III
DE L'INSTITUTION DE LA PROPRIÉTÉ DES MINES
SECTION PREMIÈRE
DISPOSITIONS GÉNÉRALES

Art. 18. — Le droit d'exploiter une mine s'acquiert par voie de prise de possession, dans les régions qui n'ont pas été affectées aux adjudications publiques, ou par voie d'adjudication publique.

Art. 19. — Le Résident général pourra, par un arrêté qui sera immédiatement transmis, par voie hiérarchique, à l'Administration métropolitaine, décider que certaines catégories de mines ne peuvent être acquises que par adjudication publique dans les régions que définira ledit arrêté; cette décision ne pourra préjudicier aux droits acquis antérieurement, de recherche en périmètre réservé, et aux droits éventuels de propriété qui en résulteraient.

Sont déclarées, dès maintenant, ne pouvoir être acquises que par adjudication, les mines de houille des provinces de Quang-yên, Haidhuong et Bac-ninh.

Art. 20. — Les sujets ou protégés français et les sociétés françaises peuvent seuls être propriétaires, possesseurs ou exploitants de mines.

Ne sont considérées comme françaises que les sociétés constituées conformément à la loi française, qui ont fait enregistrer leurs statuts en France ou dans les colonies et pays de Protectorat, et dont le conseil d'administration est composé en majorité de membres français.

Toute société qui veut devenir propriétaire d'une mine, la posséder ou l'exploiter, doit remettre à l'Administration un exemplaire certifié de son acte de société ou de ses statuts.

Art. 21. — Ne peuvent ni posséder ou exploiter des mines, ni en acquérir la propriété par prise de possession, adjudication publique ou par les voies de droit commun autres que la succession *ab intestat*, les fonctionnaires et agents français, et les employés asiatiques de l'administration française en Indo-Chine.

Il en est de même des fonctionnaires annamites dans le ressort de leur juridiction.

SECTION II
DE L'INSTITUTION DE LA PROPRIÉTÉ DES MINES PAR PRISE DE POSSESSION.

Art. 22. — Nul ne peut acquérir une mine par prise de possession, s'il n'en a fait au préalable l'objet d'une recherche en périmètre réservé comme il est dit au titre II, soit par lui-même, soit par un tiers, aux droits duquel il se trouve.

Art. 23. — Tout individu ou société qui désire acquérir la propriété d'une mine adresse une demande au résident.

Cette demande doit faire connaître :

1° Le nom du demandeur, ainsi que le domicile élu par lui dans le ressort de la résidence ;

2° La recherche dont la propriété comme mine est demandée ;

3° Les titres, s'il y a lieu, en vertu desquels le demandeur se trouve substitué à l'explorateur originaire ;

4° Les limites et la superficie du périmètre de la mine.

Art. 24. — À la demande doit être annexé un plan en double expédition, à l'échelle du dix millième, indiquant les limites de ce périmètre orienté au nord vrai, rattachées à quelque point fixe remarquable à la surface.

Ce plan doit avoir été dressé ou vérifié par l'Administration, aux frais du demandeur, suivant un tarif arrêté par le Résident général.

Si l'Administration n'a pas terminé ces opérations dans un délai de six mois à partir de la date à laquelle elle aura été mise en demeure d'y procéder, le privilège de l'explorateur sera maintenu comme il est dit à l'article 14, paragraphe 3.

Art. 25. — Le demandeur doit, en outre, avoir versé au Trésor une somme, par hectare contenu dans le périmètre, de 20 francs pour les mines de combustible, 40 francs pour celles d'alluvion et 30 francs pour toutes autres.

Art. 26. — La demande n'est recevable qu'après la production du plan et ledit versement.

Elle est inscrite à la date de son dépôt, contre récépissé, sur un « registre de demandes en propriété de mines » tenu à la disposition du public.

Art. 27. — La demande est affichée pendant deux mois sur la mine et au chef-lieu de la province.

Elle est insérée dans la publication officielle du Protectorat.

L'affichage a lieu à la diligence de l'Administration et aux frais des demandeurs.

Art. 28. — Les oppositions contre la validité de la demande, recevables seulement pendant la durée de l'enquête locale, sont formulées par écrit et remises au résident, qui en donne acte et les inscrit sur le registre mentionné à l'article 26. L'opposant doit faire élection de domicile dans le ressort de la résidence.

Il doit justifier pendant la durée de l'enquête que son opposition a été portée devant les tribunaux; faute de quoi elle est considérée comme nulle et non avenue.

Art. 29. — À l'expiration de l'enquête, le résident transmet le dossier, avec ses observations et propositions, au Résident général.

S'il n'y a pas d'opposition, celui-ci, sous réserve de l'application de l'article 44, délivre un titre de propriété qui est remis au demandeur avec un des plans dûment certifié; inscription du titre est faite sur le « registre des mines ».

S'il y a opposition, l'Administration sursoit à statuer jusqu'après la décision judiciaire. Le titre de propriété est délivré, s'il y échet, à la partie qui a fait reconnaître son droit à la propriété de la mine.

S'il n'y a pas lieu à délivrance de titre, l'instance administrative est close par une décision motivée du Résident général, notifiée par l'intermédiaire du résident de la province et inscrite en marge des registres spéciaux mentionnés aux articles 12 et 26.

La somme versée aux termes de l'article 23 est restituée sur la présentation de la décision de rejet.

SECTION III
DE L'INSTITUTION DE LA PROPRIÉTÉ DES MINES PAR ADJUDICATION PUBLIQUE

Art. 30. — Les terrains miniers situés dans une région affectée aux adjudications publiques seront, avant tout avis d'adjudication, divisés en lots abornés, signalés à la surface. Il sera en outre dressé un plan général du lotissement et un plan de chacun des lots.

L'Administration aura la faculté de donner aux lots la délimitation et l'étendue qui lui paraîtront les plus convenables, même en dépassant les maxima fixés par l'art. 9.

Art. 31. — Les adjudications auront lieu quand il y écherra, devant le Résident général ou son délégué.

Art. 32. — Avant toute adjudication, l'administration fera publier et afficher la désignation et la description sommaire des lots offerts.

La publication au *Journal officiel de la République* et au *Bulletin officiel du Protectorat*, ainsi que l'affichage au ministère de la marine et des colonies, au Gouvernement général de l'Indo-Chine et à la résidence générale, devront précéder de trois mois la date de l'adjudication.

Art. 33. — Pour se présenter à l'adjudication, les concurrents devront avoir fait élection de domicile au lieu de l'adjudication, et produire la quittance du versement de garantie calculé par hectare de superficie, à raison de 20 francs pour les mines de houille, 40 francs pour celles d'alluvion et 30 francs pour les autres.

Art. 34. — L'adjudication aura lieu par surenchères publiques; elle portera sur le chiffre de la redevance annuelle à verser pour chaque hectare; cette redevance ne pourra, dans aucun cas, être inférieure à 10 francs pour les mines de combustible et de fer; 20 francs pour les mines d'alluvion et 15 francs pour les autres.

L'adjudication aura lieu, pour chaque lot, en faveur du concurrent qui aura offert la redevance la plus forte.

Art. 35. — Le concurrent qui aura obtenu deux ou plusieurs lots dans une adjudication sera tenu d'indiquer, dans la huitaine, à l'Administration, celui des lots auquel il donnera la préférence.

L'Administration, à son tour, devra lui faire connaître, huit jours après cet avis, celui ou ceux des lots qu'elle l'autorise à acquérir en outre de celui qu'il a indiqué. Les lots délaissés reviendront respectivement aux concurrents, selon l'ordre déterminé par la soumission.

Lorsque toutes les opérations seront terminées, et après vérification de leur régularité, le procès-verbal de l'adjudication sera clos et publié, et le Résident général signifiera aux intéressés les lots dont ils resteront définitivement adjudicataires.

Art. 36. — L'adjudicataire devra, dans les trois mois de la signification qui lui aura été faite, verser la première annuité de la redevance offerte par lui, à peine d'être déchu de plein droit, de perdre son versement de garantie et de ne pouvoir plus prendre part à la nouvelle adjudication.

Un titre de propriété et un plan certifié seront délivrés à l'adjudicataire après ce versement. Inscription du titre sera faite sur le *registre des mines*.

L'adjudicataire ne pourra d'ailleurs exercer aucun recours contre l'Administration pour erreur dans la contenance énoncée.

Art. 37. — Tout individu ou société remplissant les conditions énoncées à l'article 20 pourra faire des offres pour l'acquisition d'une mine qui, dans une région affectée aux adjudications, n'aurait pas encore été allotie par l'Administration.

Dans ce cas, celle-ci devra procéder à un lotissement, de façon à mettre en adjudication cette mine, et s'il y a lieu, les mines voisines, dans le délai de six mois après la demande.

L'Administration aura la faculté, après qu'elle aura fixé les bases du lotissement, de laisser l'intéressé procéder à l'abornement sur place et à la confection du plan; ce plan devra toutefois être vérifié par l'Administration.

L'acquisition définitive ne pourra jamais avoir lieu que par une adjudication publique, faite d'après les règles de la présente section.

SECTION IV
DISPOSITIONS SPÉCIALES AUX GITES D'ALLUVION

Art. 38. — Les dispositions du présent règlement, sur les droits de recherche et exploitation des mines s'appliquent à tous les gîtes d'alluvion situés dans les terrains non cultivés.

Toutefois, le délai de trois ans prévu par l'article 14 est réduit à deux ans.

Art. 39. — Dans les terrains cultivés, le propriétaire ou ses ayants-droit peuvent seuls acquérir le droit d'exploiter une mine d'alluvion, en se conformant aux prescriptions du titre II et de la section 2 du présent titre, mais la mine peut avoir une étendue et une forme quelconques.

Art. 40. — L'orpaillage à la battée est librement permis dans le lit des cours d'eau.

Les orpailleurs peuvent disposer de l'or recueilli par eux.

TITRE IV
DES DROITS ET DES OBLIGATIONS DES PROPRIÉTAIRES DE MINES

SECTION PREMIÈRE
DU CARACTÈRE DE LA PROPRIÉTÉ DES MINES

Art. 41. — La propriété d'une mine constitue une propriété distincte de la surface immobilière, disponible et transmissible comme tous autres biens immeubles, et soumise généralement aux règles légales relatives aux immeubles, sous réserve des exceptions stipulées ci-après.

Art. 42. — Une mine ne peut être vendue par lots, ni partagée matériellement, sans une autorisation donnée par le Résident général; celui-ci délivre, s'il y a lieu, aux intéressés, après annulation du premier titre de propriété, de nouveaux titres qui sont inscrits à leur tour sur le « registre des mines ».

Art. 43. — Toute cession d'une mine doit être déclarée au résident de la province par le cédant ou le concessionnaire. La transmission de la propriété n'est effective qu'après cette déclaration, qui est consignée au « registre des mines » et dont il est donné acte.

Art. 44. — Un individu ou une société peut réunir la propriété de plusieurs mines de même nature, à condition de le déclarer dans la quinzaine au résident de la province ; le Résident général peut s'opposer à cette réunion dans les six mois de la date de la déclaration.

Si la réunion n'a pas été déclarée ou si, ayant été déclarée, elle est maintenue nonobstant la défense du Résident général, ce dernier prononce le retrait de toutes les propriétés minières réunies.

Celles-ci sont vendues par adjudication publique, dans les conditions prévues aux articles 49 et 50.

Art. 45. — L'exploitation des mines n'est pas considérée comme un commerce.

Les actions ou intérêts dans une société constituée pour leur exploitation sont réputés meubles.

Art. 46. — Tout propriétaire d'une mine doit faire, dans le ressort de la résidence, élection d'un domicile où lui sont valablement faites toutes les significations et communications administratives.

Toute société à qui appartient une mine, désigne un gérant responsable pour être son représentant vis-à-vis de l'administration ; ce dernier doit faire élection de domicile dans le ressort de la résidence.

Toute contravention à ces obligations donne lieu contre l'individu ou la société, à une amende de 500 fr., recouvrable par voie de contrainte administrative.

SECTION II
DES IMPOTS SUR LES MINES ET SUR LEURS PRODUITS

Art. 47. — Toute mine doit payer annuellement une taxe par hectare compris dans son périmètre. Cette taxe est calculée à raison de 10 fr. pour les mines de combustible et de fer, 20 fr. pour les mines d'alluvion, 15 francs pour les mines de toutes autres substances.

En cas d'adjudication, ces taxes sont remplacées par celles qu'a consenties l'adjudicataire (1).

Art. 48. — A partir du jour de la délivrance du titre de propriété, les taxes prévues à l'article 47 sont payées par avance en deux semestres égaux, le 30 juin et le 31 décembre ; elles sont calculées par douzièmes, à compter du 1er du mois dans lequel a eu lieu la remise dudit titre.

Art. 49. — Si le propriétaire d'une mine n'a pas payé à l'échéance le semestre exigible, l'Administration lui fait notifier un avertissement au domicile élu par lui ; trois mois après l'avertissement resté sans résultat, elle lui fait signifier sa déchéance, qui est exécutoire à partir de cette date.

Toutefois ces avertissement et signification ne sont pas faits à l'exploitant qui a notifié à l'Administration, avant le commencement du semestre, sa renonciation à la propriété de la mine.

La mine retirée ou délaissée doit être adjugée dans les six mois qui suivent l'arrêté prononçant la déchéance, ou acceptant la renonciation.

Le propriétaire déchu ne peut concourir à l'adjudication.

Mention du retrait ou du délaissement et du nom du propriétaire est faite dans les affiches et publications définies à l'article 32.

Art. 50. — Ces affiches et publications indiquent également que le nouveau propriétaire continuera d'être tenu, vis-à-vis de l'Etat, au payement de la redevance annuelle moyennant laquelle la propriété minière a été précédemment constituée. L'adjudication ne porte donc que sur une somme fixe à verser une fois pour toutes, et représentant la plus-value éventuelle donnée à la mine par les travaux exécutés, ainsi que par les immeubles ou le matériel dont le propriétaire déchu ou renonçant, n'a pas pu ou n'a pas voulu disposer.

Le Résident général détermine, après avis du service technique, les ouvrages et installations qui ne peuvent être enlevés ou vendus, comme ayant été reconnus indispensables à la sécurité de l'exploitation, ou de la surface, ou à la conservation de la mine.

Art. 51. — Si l'adjudication n'aboutit pas, la propriété minière revient à l'Etat, libre et franche de toutes charges, et ne peut plus être acquise dorénavant par prise de possession. Toutefois, s'il s'agit d'une mine d'alluvion constituée par application de l'article 39, à la propriété de laquelle il a été régulièrement renoncé, le propriétaire du sol conserve le droit qui lui est reconnu par ledit article, à la condition d'avoir versé au trésor les frais d'affichage de sa renonciation.

Art. 52. — Il est perçu par la douane un droit de sortie *ad valorem* sur les produits des mines ou sur les métaux bruts.

Ce droit, calculé d'après la valeur au port d'embarquement, des produits des mines ou métaux bruts, est de :

3 p. 100 pour les combustibles et minerais de fer (1) ;

5 p. 100 pour toutes autres substances minérales ou fossiles et métaux bruts.

La perception de ce droit se fait conformément aux lois et règlements relatifs aux douanes.

SECTION III
DES RELATIONS DE L'EXPLOITANT DE MINES AVEC LE PROPRIÉTAIRE DE LA SURFACE.

Art. 53. — Aucun puits ou galerie ne peut être ouvert dans un rayon de 50 mètres d'une habitation et des terrains compris dans les clôtures y attenant, sans le consentement du propriétaire de cette habitation.

Art. 54. — Aucun travail ne peut avoir lieu sous les chemins publics, chaussées, digues, canaux de navigation et d'irrigation, fleuves et rivières navigables ou flottables, sans une autorisation du résident, ni sous les maisons et lieux d'habitation, sans une déclaration de l'exploitant que le résident communique aux propriétaires intéressés.

Art. 55. — Dans les terrains domaniaux situés à l'intérieur du périmètre d'une mine, l'exploitant aura le droit d'occuper la surface que le résident reconnaîtrait nécessaire à son exploitation, ainsi qu'à l'érection des établissements pour la préparation ou la transformation des produits, en payant la contribution foncière sur les taux des terrains de culture les plus imposés de la commune.

Art. 56. — Si des terrains situés à l'intérieur du périmètre de la mine sont possédés par un tiers, l'exploitant, à défaut d'entente amiable avec celui-ci, pourra occuper temporairement ou définitivement la surface dont l'occupation aura été déclarée nécessaire par le résident, moyennant le payement d'une

(1) Voir arrêté du 20 mars 1893.

(1) Voir arrêté du 20 mars 1893.

indemnité préalable, calculée au double de la valeur qu'avaient les terrains avant l'occupation.

Art. 57. — L'exploitant sera tenu de payer une indemnité déterminée par expertise, pour tous les dommages que ses travaux causeraient aux propriétés ou établissements de la surface.

Art. 58. — Dans les terrains situés en dehors du périmètre de la mine, et sous réserve de l'application de l'article 60, l'exploitant pourra faire, avec autorisation du résident, tous les travaux de secours que nécessiterait son exploitation, en se conformant, pour l'occupation, aux prescriptions des articles 55 et 56, suivant les cas.

Il pourra établir sur ces terrains toutes voies de transports, tels que sentiers, chemins de charroi, chemins de fer, canaux de navigation, en observant les règles concernant les travaux publics.

SECTION IV

DES RELATIONS ENTRE LES EXPLOITANTS DES MINES VOISINES ET CONTIGUES.

Art. 59. — Il sera laissé autour du périmètre de chaque mine un massif intact de roche en place de dix mètres au moins, lequel ne pourra être enlevé ou traversé qu'avec l'autorisation du résident.

Tout propriétaire de mine qui, nonobstant cette prescription, poursuivrait les travaux dans une mine voisine, resterait civilement responsable jusqu'après l'expiration de la troisième année qui suivra la découverte du fait.

Art. 60. — Il y aura, entre mines voisines, une servitude réciproque pour l'établissement de travaux de secours, tels que ceux nécessités par les besoins de l'aérage ou de l'écoulement des eaux. A défaut d'entente amiable entre les intéressés, il sera statué par le résident sur la situation et la nature des travaux à exécuter. L'exploitant au profit duquel seront faits les travaux devra payer à celui qui subirait un dommage matériel, ou qui le ferait bénéficier d'une économie dans l'exploitation, une indemnité fixée par expertise.

Art. 61. — Si deux mines de catégorie différente se trouvaient superposées l'une à l'autre, à défaut d'entente amiable entre les exploitants pour la conduite de leurs travaux respectifs, il serait également statué par le résident, sous réserve de l'indemnité qu'un des exploitants pourrait devoir à l'autre, et qui serait réglée comme à l'article précédent.

Art. 62. — Tout exploitant de mine sera responsable des dommages que ses travaux causeraient à une mine voisine ou superposée.

Art. 63. — Tout propriétaire de mine a le droit de se servir des sentiers et chemins de charroi établis par le propriétaire d'une mine voisine dans le périmètre de celle-ci, sauf payement d'une indemnité pour cet usage.

Art. 64. — S'il existe entre plusieurs mines voisines des terrains libres qui, par leur contenance et forme, ne peuvent, aux termes de l'article 9, faire l'objet d'une prise de possession spéciale, ils ne pourront qu'être ajoutés à celle des mines contiguës dont le propriétaire en ferait la demande en se conformant aux prescriptions de la section 2 du titre II.

Si plusieurs propriétaires de mines contiguës à ces terrains libres en revendiquent tout ou partie pendant l'instruction de cette demande, ces terrains seront partagés entre eux, par l'administration, à défaut d'entente amiable, proportionnellement à la surface des mines intéressées.

SECTION V

SURVEILLANCE DE L'EXPLOITATION DES MINES

Art. 65. — L'exploitation des mines est soumise à la surveillance de l'administration, en vue de prévenir les dangers que cette exploitation peut avoir pour la sûreté de la surface et pour la sécurité du personnel occupé dans la mine.

Art. 66. — Cette surveillance s'exerce, sous l'autorité de l'administration supérieure, par les résidents assistés des fonctionnaires et agents du service des mines.

Le Résident général pourra édicter les règlements de police qu'il jugera nécessaires pour satisfaire aux objets prévus à l'article précédent.

Les résidents prescriront, le cas échéant, et dans le même but, les mesures de précautions spéciales et urgentes auxquelles l'exploitant sera tenu de se soumettre.

Aucune injonction faite à ce titre ne pourra donner ouverture à une indemnité en faveur de l'exploitant ; toutefois, dans le cas où la mesure prescrite aurait pour but de protéger un travail d'utilité publique, autorisé postérieurement à l'institution de la mine, l'exploitant devrait être indemnisé de la valeur des installations que cette mesure rendrait inutiles ou de celles qu'il serait obligé d'exécuter.

Art. 67. — Tout propriétaire de mine doit tenir à jour, sur place, un plan des travaux, ainsi qu'un registre d'avancement dans lequel sont mentionnés les faits importants de l'exploitation. Ce plan, dont copie doit être envoyée annuellement à l'Administration, et ce registre doivent être représentés aux fonctionnaires et agents du service des mines.

Le propriétaire est également tenu de fournir à l'Administration les renseignements statistiques qu'elle demanderait sur la nature et la quantité des produits extraits ou élaborés et sur le personnel occupé par l'entreprise.

Il est tenu de procurer aux fonctionnaires et agents chargés de la surveillance les moyens de parcourir les travaux accessibles.

Art. 68. — Tout travail d'exploration ou d'exploitation ouvert en contravention au présent décret, peut être interdit par mesure administrative, sans préjudice des poursuites et pénalités prévues au titre suivant.

TITRE V

DES PÉNALITÉS

SECTION PREMIÈRE

DES AMENDES

Art. 69. — Seront punis d'une amende 16 à 100 francs :

1° Tout individu qui aura fait des travaux de recherche ou d'exploitation, sans autorisation administrative ou sans déclaration préalable, dans les lieux interdits par les articles 5, 6, 8 et 54.

2° Tout explorateur ou propriétaire de mine qui aura contrevenu aux règlements ou décisions de police rendus par application de l'article 66.

3° Tout explorateur ou exploitant qui n'aura pas fourni, dans les délais impartis, les plans ou renseignements statistiques prévus à l'article 67.

Art. 70. — Sera puni d'une amende de 100 à 500 francs, tout individu qui aura disposé des substances minérales soumises au présent décret, et extraites par des travaux illicites d'exploration ou d'exploitation.

Art. 71. — Sera puni d'une amende de 1.000 francs, tout individu qui aura frauduleusement planté, enlevé ou déplacé des poteaux ou signaux de recherche, modifié ou altéré les inscriptions de leurs écriteaux, de façon à tromper autrui sur la délimitation, la contenance ou la date d'une occupation de périmètre de recherche réservé.

Art. 72. — Les amendes prévues aux articles 69, 70 et 71 seront portées au double en cas de récidive dans les douze mois qui suivront la première condamnation.

SECTION II
DE LA RÉPRESSION DES INFRACTIONS

Art. 73. — Les contraventions aux prescriptions du présent décret seront constatées par des procès-verbaux des fonctionnaires ou agents du service des mines et de tous autres qui auront reçu compétence en pareille matière.

Ces procès-verbaux feront foi jusqu'à preuve contraire.

Les amendes seront appliquées par les tribunaux, sauf le cas prévu à l'article 46 du présent décret.

TITRE VI
DE LA COMPÉTENCE

Art. 74. — L'autorité judiciaire connaît de toutes contestations entre particuliers, nées de l'exécution du présent décret, et notamment de toutes indemnités qui peuvent être dûes par les explorateurs ou exploitants à des propriétaires de la surface ou à des exploitants de mines.

Art. 75. — Le service technique des mines doit être consulté dans les cas prévus aux articles 5, 6, 19, 20, 35, 42, 44, 53, 54, 55, 56, 58, 59, 60, 61, 65 et 66.

TITRE VII
DISPOSITION SPÉCIALE

Art. 76. — Les dispositions édictées par le présent décret s'appliquent aux propriétés minières constituées antérieurement à sa date, sous réserve des clauses contraires contenues dans des actes déjà consentis par l'État à titre de transaction, ainsi que de la concession de Nong-son (province de Quang-nam), précédemment accordée par le roi d'Annam. — CARNOT.

4. — *4 mars 1889.* — ARRÊTÉ *sur la possession et l'exploitation des mines aurifères de la province du Quang-nam.*

Article premier. — La possession et l'exploitation des mines aurifères, ou réputées telles, situées sur le territoire de la province du Quang-nam, ne pourront être acquises que par voie d'adjudication publique, et selon les formes qui seront déterminées par un cahier des charges spécial pour chacune d'elles.

Art. 2. — Le Résident de Tourane est chargé de l'exécution du présent arrêté. — RHEINART.

5. — *10 mars 1891.* — CIRCULAIRE *au sujet de la forme des déclarations de recherche de mine en périmètre réservé.*

Mon attention s'est portée sur les mesures qu'il conviendrait de prendre pour éviter le retour des irrégularités nombreuses signalées dans les déclarations de recherches de mine en périmètre réservé, transcrites pour leur validité sur le registre spécial tenu au siège de chaque résidence.

L'examen de cette situation m'a amené à rechercher si, aux règles générales tracées par les art. 10 et suivants du décret du 16 octobre 1888, il ne serait pas possible d'ajouter quelques recommandations ne s'écartant par des prescriptions légales, que les explorateurs auraient tout intérêt à suivre pour éviter non seulement les conflits qui ont surgi à plusieurs reprises déjà, mais encore la non recevabilité de leur demande, qui serait la conséquence d'irrégularités dans la prise de possession ou dans la déclaration.

L'occupation d'un périmètre réservé, après avoir été matériellement marquée et signalée sur le sol, d'une façon certaine et bien apparente, doit faire l'objet d'une déclaration au résident dans la quinzaine de sa date.

Cette dernière formalité est appelée à faire foi et acquiert à son auteur un droit de priorité sur tout concurrent; il importe donc qu'elle fournisse d'une manière précise les indications utiles, et que dans son ensemble, elle ne présente aucune ambiguïté.

D'après l'article 12 du décret précité, ces indications sont les suivantes :

1° Nom donné à la recherche ;

2° Situation aussi exacte que possible du lieu où se trouve celle-ci, repérée, si faire se peut, à quelque point fixe, et à défaut, à quelque point remarquable du sol ;

3° Dimension et orientation du rectangle du périmètre réservé ;

4° Nom et domicile de l'explorateur ;

5° Nature de la substance recherchée ;

6° Date de l'occupation.

Les prescriptions des § 1 et 4 ne prêtent à aucun commentaire ; il va de soi que suivant le § 5, la déclaration ne doit porter que sur des minerais de la même catégorie, selon la distinction faite en l'article 2 du décret de 1888.

Quand à la date de l'occupation, § 6, il est indispensable qu'elle ne soit pas antérieure de plus de quinze jours à celle de l'enregistrement en chancellerie. À peine de non recevabilité de la demande, nécessitant pour le postulant une réoccupation nouvelle de son périmètre, s'il était resté libre.

De plus, l'occupation ne devient légitime qu'après l'accomplissement des formalités prescrites par les articles 10, 11, 12 et 13 du décret, particulièrement en ce qui concerne la plantation des bornes partout où besoin est, notamment aux quatre sommets du rectangle.

Les conséquences de l'inobservation ou de l'irrégularité des formalités mentionnées aux § 2 et 3 de l'article 12 sont plus graves; il y a lieu d'en faire un examen tout particulier.

§ 2. — La situation doit être repérée à quelque point fixe ou, à défaut, à quelque point remarquable du sol. Cette expression de *situation repérée* n'implique pas seulement le repérage de la partie du terrain comprise à l'intérieur du périmètre par rapport à l'un ou plusieurs de ses points, mais encore en ce qui concerne la contrée environnante, ce qui revient à dire que les indications doivent être suffisantes pour qu'on puisse fixer, aussi exactement que possible, sur une carte d'état-major, la position du périmètre occupé.

Des explorateurs se sont bornés à indiquer, comme point de repère, le nombre d'heures de marche, en sampan ou à pied, dans une direction déterminée, pour arriver à tel ou tel village marqué sur la carte d'état-major. On concevra facilement que cette indication peut avoir la valeur d'un itinéraire à suivre, mais qu'elle ne suffit pas pour fixer la position du périmètre.

Puisque la législation minière exige la désignation *aussi exacte que possible* de la position du gisement, il me semble que la production d'un croquis, pouvant toujours être fait sur les lieux, éviterait toute ambiguïté d'interprétation des termes dans lesquels les demandeurs désignent plus ou moins exactement la situation d'un lieu.

Je suis persuadé que tout explorateur sérieux, ayant à cœur le succès de son entreprise, comprendra l'intérêt qui s'attache à la production d'un document de cette nature, et n'hésitera pas à en effectuer le dépôt sur votre recommandation.

§ 3. — Le périmètre réservé doit former un rectangle dont le petit côté aura au moins, en longueur, le quart du grand ; il suffira par conséquent, d'indiquer le nombre de mètres de chaque côté.

Mais la spécification de l'orientation doit être faite avec grand soin ; il ne suffirait pas, à mon avis, de porter dans l'indication que *le périmètre réservé est orienté à tant de degrés Est ou Ouest*, ce qui n'aurait pas de signification.

D'autre part, en indiquant que le grand côté *a la direction tant de degrés Est ou Ouest*, on saurait que le grand côté *fait avec le méridien magnétique un angle égal à l'Est ou à l'Ouest*. Une définition de cette nature n'éviterait pas encore les contestations.

Il arrive, en effet, que ces directions angulaires sont relevées avec des instruments de peu de précision, présentant parfois, au Tonkin surtout où leur détérioration est si rapide, des différences de plus d'un degré.

Pour éviter toute contestation future, il serait bon d'engager les explorateurs à fixer l'orientation sur le sol, en jalonnant un des côtés du rectangle à l'aide de deux signaux, lesquels seraient repérés sur le croquis à joindre à la déclaration de recherche.

Jusqu'à présent, le rectangle repéré en périmètre réservé n'a été déterminé que comme orientation ; il serait également indispensable de le déterminer comme position, en fixant sur la déclaration un des quatre poteaux d'angle, exigés pour la validité de l'occupation, comme *poteau pivot*, et en le repérant spécialement, d'une façon très exacte avec un ou plusieurs points fixes très apparents du sol, comme le sommet d'un mamelon, une pagode, etc. Le poteau pivot aurait en outre l'avantage, s'il est établi à la fois sur la demande et sur le terrain, de rendre impossible le déplacement d'un périmètre, comme cela s'est produit à différentes reprises dans les régions métallifères. Il garantirait les droits du premier explorateur, et signalerait aux explorateurs concurrents la zone du terrain minier libre, de celle qui ne l'est plus.

Le poteau pivot pourrait, en outre, être utilisé pour l'orientation du rectangle par jalonnement d'un des côtés. Il suffirait pour cela de poser un autre poteau sur le grand ou le petit côté du rectangle en partant du poteau pivot, à une distance quelconque mais suffisante pour avoir une bonne direction, 100 mètres par exemple.

Le nouveau poteau, qui s'appellerait poteau n° 5, serait repéré comme le poteau pivot, et sa distance serait indiquée sur la déclaration à faire à la résidence.

Comme corollaire de ces instructions, je vous transcris ci-après un projet de formule de déclaration

de recherche, qu'il serait convenable d'adopter afin d'obtenir l'uniformité dans le mode de repérage et d'indication de l'orientation d'un périmètre.

Il ne vous échappera pas que toutes ces recommandations, suivies de point en point par les intéressés, éviteraient pour l'avenir les difficultés suscitées récemment par des compétitions de jour en jour plus nombreuses.

Il vous appartient de donner toute la publicité voulue à la présente circulaire, que je vous prie de tenir constamment à la disposition des explorateurs, qui n'hésiteront pas à en remplir toutes les indications, et comprendront que, loin d'édicter une réglementation nouvelle, l'administration a uniquement en vue la sauvegarde des droits de chacun et la suppression de tout prétexte à contestation ou litige, dont la solution appartiendrait, le cas échéant, à la juridiction compétente. — BRIÈRE.

FORMULE DE DÉCLARATION DE RECHERCHE

L'an 189   le   par devant nous, résident de France à   , s'est présenté M.
(*nom, prénoms, qualité de celui qui se présente et nom de celui qui demande le périmètre*)
opérant pour   compte   (*nom, prénoms, qualité de celui qui demande, s'il ne s'est pas présenté*)   lequel (*le demandeur*) a élu domicile dans ladite province, chez M.   , et nous a présenté une déclaration de recherche de mine en périmètre réservé, ainsi libellée :

Monsieur le Résident,

J'ai l'honneur de vous adresser la demande suivante de recherche de mine en périmètre réservé :

1° Je donne à la mine le nom de

2° Elle se trouve sur le territoire de (*ou des*) village de   canton de   huyen de   dans votre province ; on arrive dans la région de la manière suivante : (*à partir d'un point comme, par exemple, une escale de bateau, le poste militaire ou celui de milice le plus voisin*) au village de (*le plus rapproché de ceux qui sont indiqués sur la carte d'état-major*) on va à la mine (*de telle façon, sentier ou petit ruisseau*) ; la mine est à   mètres de ce village.

Le pays est   (*en montagne, plaine, brousse ou rizière*).

J'ai rempli les prescriptions du décret du 16 octobre 1888 ; particulièrement j'ai planté les quatre poteaux d'angles, et je considère le poteau n°   du croquis ci-joint comme le poteau pivot de mon périmètre.

Le poteau n°   est placé   (*sur monticule ou flanc de coteau, ou rizière*) et il est à   mètres de   (*tels et tels points remarquables du sol*) points indiqués également sur le croquis.

3° Le rectangle demandé a   mètres de grand côté et   mètres de petit côté.

Son orientation est obtenue à l'aide du poteau pivot n°   et du poteau n° 5 planté à   mètres du premier sur le (*petit ou grand*) côté du rectangle. La direction de ces deux poteaux, mesurée avec une boussole (*de poche ou autre*) fait   degrés à (*Est ou Ouest*) du méridien magnétique.

4° Je me nomme (*nom, prénoms, domicile de l'explorateur*) et je déclare faire élection de domicile à   chez M.   , dans votre province.

5° La recherche porte sur (*nature du minerai*).

6° L'occupation de mon périmètre date du
189 .

Je vous adresse sous ce pli la somme de cent francs exigée pour l'enregistrement de chaque demande en périmètre réservé, et vous prie, Monsieur le résident, de me faire délivrer un récépissé de ma déclaration.

(*Signature*).

En foi de quoi nous avons enregistré cette demande, sous toutes réserves, et délivré au s' le présent extrait à titre de récépissé, après versement du droit d'enregistrement de 100 fr. prévu par l'article 12 du décret du 16 octobre 1888.

Le tout pour servir et valoir ce que de droit.

Le   Résident,

6. — 6 mai 1891. — CIRCULAIRE *au sujet des recherches de mine en périmètre réservé.*

Mon attention s'est portée à nouveau sur la situation délicate créée par l'inobservation ou l'exécution incomplète des prescriptions du décret minier du 16 octobre 1888, en ce qui concerne les demandes en périmètre réservé déjà déposées dans les diverses résidences.

Vous trouverez ci-joint (annexe n° 1), copie d'un rapport du directeur des travaux publics, dont les considérations particulières complètent celles déjà exposées à ce sujet dans ma circulaire n° 5 du 10 mars dernier, et vous permettront de juger de l'utilité qu'il y a à se conformer rigoureusement aux instructions qui s'en dégagent, afin de faire respecter les droits de chacun, tout en obligeant les explorateurs à donner à leurs prises de périmètre réservé le caractère sérieux qu'elles doivent comporter, et régler la situation confuse qui existe actuellement par suite du défaut d'observation des prescriptions du décret.

Pour arriver rapidement à la régularisation de la situation actuelle, vous adresserez sans retard à chacun des demandeurs en périmètre réservé, une lettre conforme au modèle ci-inclus (annexe n° 2).

Dans la majeure partie des cas, la visite de constat devra être faite par les soins d'un agent de la résidence, et fera l'objet d'un procès-verbal dont le modèle est ci-inclus (annexe n° 3).

Sur votre demande motivée, et si les circonstances le permettent, un agent spécial vous sera envoyé pour procéder à cette formalité.

Il va sans dire que pour les recherches en périmètre qui vous seront signalées à l'avenir, vous déterminerez, d'accord avec l'explorateur, soit au moment où la déclaration sera consignée sur le registre, soit lors de l'envoi du récépissé qui en est délivré, la date où l'agent désigné à cet effet se rendra sur les lieux pour procéder au constat. BRIÈRE.

ANNEXE N° 1. — *Rapport de M. le Directeur des Travaux publics à M. le Résident supérieur.*

Par notre lettre du 18 avril 1891, n° 456 A, nous vous annoncions un rapport sur les mesures à prendre pour régler la situation actuelle des mines, qui est plus ou moins confuse, suivant les régions minières. Le rapport ci-joint complète notre lettre du 20 février 1891, donnant le type de déclaration que nous avons proposé pour la recherche en périmètre réservé.

Jusqu'à présent les mesures à prendre pour la délimitation des périmètres réservés n'ont pas été considérées comme impératives par les explorateurs qui ont alors, avec plus ou moins de bonne foi, délimité leurs périmètres sur le terrain d'une manière

incomplète et généralement même insuffisante pour qu'ils puissent, en général, les déplacer à volonté, suivant leur bon vouloir.

L'administration n'a pas à considérer quelles sont les raisons qui ont motivé une dérogation quelconque aux prescriptions du décret.

Elle a le droit et le devoir de sauvegarder les intérêts de chacun et ne peut accomplir cette mission que si les divers explorateurs obéissent aux textes des lois qui régissent les mines dans le pays. Le décret du 16 octobre 1888, portant réglementation des mines en Annam et au Tonkin, fait loi actuellement. Il est, à quelques modifications près, la reproduction du projet élaboré par la commission des mines réunie en septembre 1884, sous la présidence de M. Lamé-Fleury.

Cette commission s'est inspirée des considérations qui sont développées dans son rapport du 5 septembre 1884 au ministre de la marine et des colonies.

Voici, en particulier, celles qui se rapprochent le plus particulièrement à la période d'exploration, et aux moyens à employer pour la rendre la plus active possible (*Journal officiel* de la République française, du 6 décembre 1884, page 6405, 1re colonne, 2e alinéa) : « L'absence de toute formalité inutile et vraiment gênante...... La délimitation authentique « et naturellement très nette du périmètre réservé « à l'explorateur dans les conditions de minimum « et maximum les plus convenables...... Tels sont « les traits principaux du système libéral auquel la « commission a cru devoir s'arrêter ».

La commission des mines nommée en 1888 ne modifiant simplement que les surfaces maximum des périmètres, s'est ainsi associée entièrement aux vues de la commission de 1884, et en particulier elle a admis, comme elle, la nécessité d'une délimitation authentique et matériellement très nette des périmètres.

C'est ce que les articles 10 et 11 du décret du 16 octobre 1888 ont consacré d'une manière précise. L'article 10 dit : que l'occupation d'un périmètre réservé doit, pour être valable, avoir été, avant toute autre, matériellement marquée et signalée sur le sol..., et l'article 11 : que pour marquer et signaler le périmètre réservé, il doit être planté des bornes ou poteaux partout où besoin est, notamment aux quatre sommets du rectangle.

Les indications de marque et signal figurées dans ces articles 10 et 11 doivent donc être considérées comme impératives par les divers explorateurs. Or, je le répète, ces prescriptions n'ont été, jusqu'à présent, observées que d'une manière tout à fait irrégulière et fort incomplète.

Nous nous trouvons en présence d'une situation déjà créée et pour laquelle l'administration est plus ou moins engagée. Il est indispensable de dégager sa responsabilité et de faire rentrer dans la légalité les détenteurs des périmètres réservés, en les invitant à se conformer strictement au texte du décret, et de prévoir les mesures propres à éviter à l'avenir le retour de la situation présente.

Ces mesures, fixées dans ma lettre du 20 février dernier, consistent dans l'envoi sur les lieux d'un agent assermenté des mines, ou à son défaut, des travaux publics, pour y dresser le procès-verbal de constat qui seul peut rendre authentique la délimitation du périmètre sur le sol, en présence du détenteur du périmètre réservé ou de son fondé de pouvoirs dûment accrédité auprès du Résident de la province.

Dans le cas de contestation pour les périmètres réservés, l'administration n'a pas à faire un levé de plan général des périmètres, plan qui a été écarté par les termes du décret et qu'il est impossible de lever dans l'état actuel des choses, étant donné la longueur de ce travail, sa durée et son coût très élevé, que l'on ne pourra pas toujours mettre à la charge des explorateurs, attendu qu'ils n'y sont pas obligés par le décret de 1888, et que l'on ne peut faire aucune addition ni suppression aux prescriptions édictées.

Cependant, dans certaines régions où les explorateurs se livrent à une véritable course au clocher pour la prise des périmètres réservés, où il y a, par suite, intérêt pour l'administration à faciliter le plus possible des recherches sérieuses, un agent de l'administration pourra, au moyen des demandes en périmètre réservé, et du repérage des simples poteaux-pivots, fixer d'une manière exacte et assez rapide la situation respective des divers périmètres, et donner ainsi aux explorateurs le moyen de reconnaître assez rapidement sur les lieux les terrains libres de droits antérieurs, de ceux qui ne le sont plus.

L'agent doit, en outre, joindre au procès-verbal, mais non dans le corps, signées par le demandeur ou son fondé de pouvoirs, ses observations particulières et les indications qui pourraient être utiles pour juger à priori des empêchements possibles ou à craindre de la part des voisins.

Son procès-verbal doit être fait sur les lieux et signé sur les lieux par le demandeur ou son fondé de pouvoirs ; il doit être établi une double expédition du procès-verbal et des observations, l'original restant à la résidence, et deux expéditions (certifiées conformes par le résident de la province) envoyées à la Résidence supérieure, l'une devant rester au dossier mine (3e bureau), l'autre envoyée au service des travaux publics, afin que l'on puisse statuer sur la recevabilité de la demande. — PRÉVOST.

ANNEXE No 2

Le Résident de
À M. (*nom, qualité et adresse du détenteur du périmètre réservé*).

Vous avez déposé le (*date du dépôt de la demande*) une déclaration de recherche en périmètre réservé pour une mine de (*nature du minerai*) située à (*nom et désignation de la mine*).

Votre déclaration, tout en vous donnant une date certaine de dépôt, ne peut vous créer un droit légitime d'occupation que si vous avez rempli réellement sur le terrain toutes les formalités exigées par le décret du 16 octobre 1888, réglementant les mines au Tonkin.

Je vous prie de me faire connaître dans le plus bref délai possible l'époque à laquelle vous serez disposé, vous-même ou votre fondé de pouvoirs dûment accrédité auprès de moi, à conduire un agent de l'administration sur les lieux, afin qu'il puisse procéder à la visite de constat qui aurait dû affirmer et vérifier les dires de votre demande de recherche en périmètre réservé.

Il est inutile d'insister sur les avantages qui résulteront pour vous de cette visite prévue par le décret de 1888. D'un côté, fixation exacte de votre périmètre et du poteau pivot, de l'autre occupation certaine et incontestée, si le terrain est libre de droits antérieurs.

J'ai l'honneur de vous rappeler que votre périmè-

tre doit être marqué sur le sol d'une façon certaine et bien apparente, à l'aide de quatre poteaux d'angle, afin d'éviter les empiètements possibles de bonne foi d'explorateurs voisins, empiètements pour lesquels l'administration réserve tous ses droits pour les procès qui pourraient résulter de ce chef.

Je vous prie en outre de vouloir bien prendre note que pour toute nouvelle demande en périmètre réservé déposée à la résidence, et dans un délai de.... l'administration fera procéder en votre présence, par un de ses agents, au procès-verbal de constat qui seul permettra de juger la parfaite conformité de votre demande avec ce qui existe réellement sur les lieux.

ANNEXE no 3. — *Procès-verbal de constat*

Visite du périmètre réservé demandé par M. le   à   pour   mine de
L'an 1891 le   nous (*nom et qualité de l'agent*) nous sommes rendu à   à l'effet de procéder à une visite de constat du périmètre réservé pour mine de (*nature de minerai*) dont la demande a été déposée le   pour M.   (*nom et qualité du demandeur*) qui m'a conduit sur les lieux ou bien qui a accrédité M.   comme fondé de pouvoirs. M.   m'a montré le poteau dont la description suit :

portant l'indication
et dont la position est repérée ainsi :

Il m'a indiqué en plus   poteaux (*angles ou signaux ; description, indication, position*).

J'ai constaté à   la présence   (*autres signaux ou poteaux*).

En foi de quoi je signe le présent procès-verbal dressé sur les lieux.

(*Signature de l'agent*).

Et je fais signer, pour approbation des constatations ci-dessus, le demandeur ou le fondé de pouvoirs du demandeur, qui écrit (lui-même) :

« (1) Je certifie que ce procès-verbal est bien l'expression exacte de tout ce qui existe dans mon périmètre réservé. »

À   , le   189 .

(*Signature*).

7. — 29 mars 1893. — ARRÊTÉ *fixant une taxe uniforme pour la redevance à payer par les sociétés minières, en exploitation au Tonkin.*

Article premier. — Les redevances imposées à la Société française des charbonnages du Tonkin, en vertu de l'article 4 de l'acte de concession en date du 27 avril 1888, sont remplacées par une taxe fixe de 0 fr. 50 par tonne de houille extraite, transformée ou non, et livrée dans un intérêt étranger à celui de l'exploitation.

Art. 2. — La redevance annuelle imposée à la Société des mines de Kébao en vertu de l'article 8 de l'acte de concession en date du 1er septembre 1888, est également remplacée par une taxe de 0 fr. 50.

Art. 3. — Le droit de 3 0/0 *ad valorem*, établi par l'article 52 du décret du 16 octobre 1888 précité, sur les houilles exportées de l'Annam et du Tonkin est supprimé.

_____

(1) Toute la partie qui suit doit être écrite par le demandeur ou son fondé de pouvoirs.

Art. 4. — Le présent arrêté entrera en exécution à partir du 1ᵉʳ avril 1893.

Art. 5. — Les Résidents supérieurs en Annam et au Tonkin sont chargés, chacun en ce qui le concerne, de l'exécution du présent arrêté. — DE LANESSAN.

MISSION, MISSIONNAIRES. — Voy. : Aumôniers ; — Douanes.

MONNAIES. — Voy. : Budget ; — Exportation ; — Importation ; — Sapèques ; — Solde.

MONITEUR DU PROTECTORAT

1. — 13 mai 1886. — DÉCISION *chargeant la Résidence supérieure de la publication du* Moniteur *du Protectorat* (1).

Le *Moniteur du Protectorat* de l'Annam et du Tonkin sera publié par les soins de la Résidence supérieure.

Les documents à insérer dans chaque numéro, devront être remis à cette administration le 2 de chaque mois au plus tard.

Lorsque l'épreuve sera prête, elle sera soumise au Directeur du cabinet du Résident général pour recevoir le « Bon à tirer » et reviendra définitivement à la Résidence supérieure. — P. VIAL.

VOY. : Presse ; — Journal officiel.

MONTS-DE-PIÉTÉ

1. — 20 août 1886. — ARRÊTÉ *réglementant les opérations des monts-de-piété au Tonkin.*

I. — DES OPÉRATIONS DES MONTS-DE-PIÉTÉ

Article premier. — Les opérations des monts-de-piété consistent en prêts sur dépôts, renouvellements, dégagements et vente des objets déposés.

II. — DU DÉPÔT ET DU RENOUVELLEMENT

Art. 2. — Aucun dépôt ne peut être accepté que de personnes connues et domiciliées dans la ville siège de l'établissement, ou assistés d'un répondant connu et domicilié.

En cas de doute sur l'origine des objets déposés, ou sur les droits de propriété du déposant, avis en sera immédiatement donné au fonctionnaire chargé de la police ; le prêt demeurera suspendu et les objets seront conservés en magasin jusqu'à ce qu'il ait été statué.

Art. 3. — Si les objets consistent en marchandises neuves et de commerce, de quelque nature qu'elles soient, le déposant devra représenter sa patente pour l'année courante, ou se faire assister d'un patentable exerçant le même commerce, qui se portera garant de la légitime propriété de ces marchandises.

Art. 4. — Les enfants au-dessous de quinze ans ne sont, en aucun cas, admis à déposer.

Les militaires et marins européens, les tirailleurs, miliciens, et agents de police indigènes, ne pourront effectuer aucun dépôt qu'au vu d'une autorisation du chef de corps ou de service, qui restera déposée au mont-de-piété et dont mention sera faite sur la reconnaissance.

(1) Le *Moniteur du Protectorat* a été remplacé par le *Journal officiel* et par le *Bulletin officiel* de l'Indo-Chine.
Voir, Vᵒ *Journal officiel*, le texte de l'arrêté du 31 décembre 1888.

Art. 5. — Le prêt doit être au moins égal au tiers de la valeur des objets engagés. L'estimation est faite par des employés du fermier, agréés par le résident.

Les objets de valeur trop minime, ou de nature encombrante, ou qui ne sont pas susceptibles de conservation, et en général, ceux que les estimateurs ne jugeront pas susceptibles de servir de gages, pourront être refusés.

Art. 6. — La durée du prêt est de six mois et l'intérêt de 3 p. 100 par mois, l'intérêt de tout mois commencé étant dû pour le mois entier.

Il n'est perçu aucun frais à titre de commission, droit d'emmagasinage, expertise, etc.

Art. 7. — Avant l'expiration de ces six mois, l'emprunteur pourra demander le renouvellement du prêt.

Dans ce cas une nouvelle estimation sera faite des objets déposés, et la partie devra acquitter, outre les intérêts échus, la moins-value qui pourrait en résulter.

Le nouvel engagement se trouvera alors réalisé sur la valeur actuelle du gage et pour un nouveau délai de six mois.

III. — DES DÉGAGEMENTS

Art. 8. — Quand l'emprunteur voudra retirer les objets déposés, il devra représenter sa reconnaissance et acquitter le montant du prêt avec les intérêts échus au jour du dégagement.

Le retrait pourra avoir lieu même après l'expiration du délai de six mois, si les objets n'ont pas été vendus.

Art. 9. — Les objets déposés devront être restitués dans l'état où ils se trouvaient lors du dépôt.

Au cas où ils seraient avariés, le propriétaire sera en droit de les abandonner à l'établissement au prix d'estimation.

Art. 10. — Si le gage ne peut être restitué par suite de perte ou pour toute autre cause, il sera payé au déposant une indemnité égale au prix d'estimation majoré d'un quart.

Art. 11. — En cas de perte de la reconnaissance, l'emprunteur ne pourra réclamer le dégagement qu'à l'expiration du délai de six mois.

Quand, après ce terme, il recevra soit le gage lui-même, soit le boni résultant de la vente, il en donnera décharge spéciale, certifiée par une caution solvable et domiciliée.

Art. 12. — Toute personne qui revendiquerait, pour cause de vol ou autre, la propriété d'un objet déposé en nantissement, devra justifier de son droit de propriété sur ce gage et rembourser le montant du prêt avec les intérêts échus, sauf son recours par toutes voies de droit contre l'emprunteur et le répondant, ainsi que contre le fermier et ses agents, en cas de fraude, vol, ou inexécution des clauses du présent règlement.

IV. — DES VENTES

Art. 13. — Les objets déposés en nantissement, qui n'auront pas fait l'objet d'un dégagement ou d'un renouvellement à l'expiration du délai de six mois, seront vendus à la diligence du fermier.

Un état des gages non réclamés sera dressé à cet effet dans les cinq premiers jours de chaque mois, et soumis au résident qui donnera l'autorisation de vente.

En aucun cas la vente ne pourra comprendre d'autres objets que ceux régulièrement déposés en nantissement.

Art. 14. — La vente se fera aux enchères publiques, dans une des salles du mont-de-piété, par les soins d'un courtier, d'un commissaire-priseur ou de l'agent en tenant lieu, et sous la surveillance d'un fonctionnaire désigné par le résident. Elle sera annoncée au moins quinze jours à l'avance par affiches publiques et par une ou plusieurs insertions dans un des journaux du Protectorat. Les affiches et insertions indiqueront exactement le jour et l'heure de la vente.

Les frais de vente seront à la charge de l'acheteur.

Art. 15. — Il sera passé outre à toute opposition formée contre la vente, sauf à l'opposant à faire valoir ses droits sur la portion du prix excédant les sommes dues au mont-de-piété.

Art. 16. — Après chaque vacation, le fermier dressera un état détaillé des objets mis en vente, contenant le numéro du dépôt, la nature du gage, le nom et le domicile du déposant, le montant du prêt, celui des intérêts échus, enfin le produit et les frais de la vente.

Cet état sera déposé à la résidence dans le délai de trois mois, et pourra, pendant une année, y être consulté par les intéressés.

Art. 17. — Le fermier prélèvera sur les prix de vente, une somme égale au prêt et aux intérêts échus.

L'excédent restera pendant un an et un jour à la disposition de l'emprunteur; il ne pourra lui être payé que sur la remise de la reconnaissance ou d'une décharge spéciale, conformément à l'article 11.

Art. 18. — A l'expiration de ce délai, l'excédent sera versé au trésor, et le déposant restera déchu de tout droit de réclamation.

V. — COMPTABILITÉ. — MANUTENTION.

Art. 19. — Il sera délivré, pour chaque engagement, une reconnaissance détachée d'un registre à souches.

Cette pièce, rédigée en français et en caractères, devra contenir:

1° Un numéro d'ordre;
2° La date du dépôt;
3° La désignation de l'objet engagé;
4° Le nom et le domicile du déposant, certifiés par le fermier ou le répondant, selon le cas;
5° Le montant de l'estimation et celui du prêt;
6° La signature du directeur du mont-de-piété.

Les paiements d'intérêts y seront inscrits successivement.

Art. 20. — En cas de perte de sa reconnaissance, le déposant devra en faire immédiatement la déclaration au fermier, qui sera tenu de la mentionner sur le registre d'engagement, en marge de l'article correspondant.

Art. 21. — La comptabilité devra comprendre au moins les livres suivants:

1° Un registre à souches pour la délivrance des reconnaissances, reproduisant en français et en caractères toutes les indications de la reconnaissance. Ce registre sera arrêté chaque jour par l'agent assermenté dont il est parlé plus loin;
2° Un registre d'entrée et de sortie du magasin;
3° Un livre-journal où seront portées, dans l'ordre où elles s'effectuent, toutes les opérations de dépôt, renouvellement, dégagement, etc..., avec des références aux deux livres précédents.

Le registre de magasin et le livre-journal seront tenus en double minute, l'une en caractères, l'autre

en français, celle-ci devant être visée et arrêtée chaque jour par l'agent assermenté;

4° Un carnet, également tenu en français et en caractères, pour l'inscription des déclarations relatives aux objets volés;

5° Un registre des ventes, en français, contenant toutes les indications portées sur l'état prévu à l'article 11, et visé par l'agent assermenté.

Tous ces registres seront cotés et paraphés par le résident ou par un délégué.

Art. 22. — Les dépôts seront conservés dans un magasin spécial, sous la double clef du fermier et de l'agent assermenté.

Ce magasin devra être construit en fer, briques ou pierres et couvert en tuiles. Il devra être isolé de toute maison en bois et de toute paillote.

Chaque objet portera une étiquette très apparente où seront inscrits en français et en caractères le numéro d'ordre et la date de l'engagement.

Art. 23. — Les heures d'ouverture du mont-de-piété seront déterminées par le résident.

VI. — SURVEILLANCE. — PÉNALITÉS.

Art. 24. — Une commission composée du résident, d'un fonctionnaire ou négociant français et d'un fonctionnaire annamite, désignés par le Résident supérieur, est chargée de la surveillance de chaque établissement.

Art. 25. — (1).

Art. 26. — Toute infraction aux dispositions des articles 2, 3, 4, 19, et au dernier paragraphe de l'article 13, sera punie d'une amende de 500 à 1,000 francs.

Tout retard ou inexactitude dans la rédaction des états prescrits par les articles 13 et 16, donnera lieu à une amende de 15 à 100 francs.

Enfin, si le fermier ne se conformait pas aux heures d'ouverture fixées par le résident en vertu de l'article 23, il serait passible d'une amende de 15 à 100 francs.

Ces amendes pourront être doublées en cas de récidive. Elles seront encourues de plein droit, prononcées par le résident, et versées au trésor dans le délai de huit jours. — PAUL BERT.

2. — 20 novembre 1886. — DÉCISION *modifiant l'arrêté du 20 août 1886, relatif aux monts-de-piété* (1).

3. — 21 mars 1887. — ARRÊTÉ *modifiant celui du 20 août 1886, sur l'organisation des monts-de-piété* (1).

4. — 28 janvier 1892. — ARRÊTÉ *modifiant le contrôle et la surveillance des monts-de-piété au Tonkin.*

Article premier. — L'arrêté du 21 mars 1887, modifiant celui du 20 août 1886, organique des monts-de-piété du Tonkin, est rapporté.

Art. 2. — L'article 25 de l'arrêté du 20 août 1886 est modifié ainsi qu'il suit:

« *Un agent français assermenté, nommé par le* « *Résident supérieur sur la proposition du résident* « *de la province, sera placé auprès de chaque* « *mont-de-piété pour surveiller les opérations, et* « *spécialement la comptabilité.*

_____

(1) La surveillance administrative des monts-de-piété est actuellement réglée par un arrêté du 28 janvier 1892, publié ci-après.

« L'indemnité annuelle à payer par le fermier à
« cet agent sera fixée suivant l'importance présumée
« des opérations de l'établissement et inscrite au
« cahier des charges de l'adjudication. »

Art. 3. — Le Résident supérieur du Tonkin est
chargé de l'exécution du présent arrêté. — DE
LANESSAN.

MONUMENTS COMMÉMORATIFS

1. — 22 avril 1886. — DÉCISION ordonnant l'érection de monuments commémoratifs aux militaires tombés sur les champs de bataille du Tonkin.

Article premier. — Il sera élevé sur les emplacements où ont eu lieu les principales rencontres, des monuments commémoratifs des divers faits d'armes qui s'y sont produits.

Art. 2. — Dans chaque province une commission composée :

Du résident ou vice-résident de la province, président ;

Du commandant d'armes du chef-lieu, membre ;

D'un officier du génie désigné par l'autorité militaire, idem ;

sera chargée d'établir les projets relatifs à l'érection de ces monuments.

Art. 3. — Les travaux de ces commissions devront parvenir au Résident général avant le 1er juillet 1886.

Art. 4. — Le commandant des troupes de terre et de mer et de la flottille, les résidents supérieurs de Hanoi et de Hué sont chargés, chacun en ce qui concerne, de l'exécution de la présente décision. — PAUL BERT.

2. — 22 avril 1886. — NOTE CIRCULAIRE pour l'exécution de l'arrêté sur les monuments commémoratifs.

J'ai l'honneur de vous adresser les instructions qui suivent, au sujet de la composition et du fonctionnement des commissions instituées par ma décision en date de ce jour.

I. — COMPOSITION DE LA COMMISSION

Le président de la commission sera toujours le résident ou le vice-résident de la province, et, à défaut du titulaire, le vice-résident intérimaire régulièrement nommé. Ce fonctionnaire ne pourra se faire remplacer dans l'exercice de ses fonctions de président.

En cas où le chef-lieu de la province comporterait une garnison inférieure à une compagnie, un officier du grade de capitaine serait désigné par l'autorité

militaire dans la garnison la plus voisine, pour prendre part aux travaux de la commission.

II. — FONCTIONNEMENT DES COMMISSIONS

Chaque commission se livrera à une enquête succincte sur les faits d'armes qui se sont passés dans la province ; cet examen s'étendra sur l'histoire de l'époque comprise entre le 1er septembre 1873 et le 1er juin 1885.

En raison du grand nombre de rencontres qui ont eu lieu sur le territoire du Tonkin, il sera sans doute difficile d'élever dès maintenant des monuments sur tous les points où nos troupes ont été engagées, mais il me paraît possible d'étendre aujourd'hui cette mesure à tous les combats où un officier a trouvé la mort. Le travail de chaque commission devra donc porter au moins sur tous les engagements qui rentrent dans cette catégorie.

Ce travail comprendra :

A. Un rapport mentionnant succinctement les différentes actions militaires desquelles il y a lieu de conserver le souvenir. Ce rapport empruntera autant que possible sa rédaction aux pièces officielles qui ont été établies à la suite de chaque affaire.

B. Un projet comportant :

1° Pour chaque monument, la désignation exacte de l'emplacement ou des emplacements proposés ;

2° Un croquis au 1/50e de l'édifice projeté ;

3° Une réduction au 1/10e de l'inscription qui doit relater le fait d'armes. Cette inscription devra en principe donner le nom des militaires tombés devant l'ennemi ;

4° Un mémoire descriptif très succinct destiné à compléter les indications du croquis ;

5° Un devis faisant ressortir la dépense totale occasionnée par l'érection du monument.

Toutes ces pièces seront transmises à la Résidence supérieure intéressée, par les présidents des commissions, en temps utile pour que le travail d'ensemble me parvienne avant le 1er juillet. — P. BERT.

MUNICIPALITÉS. — Voy. : *Maire, mairie ;* *Conseil municipal ;* *Territoire municipal.*

MUNITIONS. — Voy. : *Armes et munitions ;* *Poudre de chasse.*

MUONGS. — Voy. : *Organisation administrative ;* *Garde civile indigène.*

N

NAM-DINH (VILLE DE)

1. — 26 juillet 1886. — ARRÊTÉ fixant la composition du personnel de la police de Nam-dinh.

Article premier. — Le personnel de la police affecté aux divers services de la ville de Nam-dinh comprend :

Personnel européen :

1 Commissaire de police	6.000 fr.
Frais de bureau	600
2 Sous-brigadiers (à 2.700 francs l'un)	5.400
Frais de bureau (100 francs l'un)	200
2 Agents de 1re classe (à 2.400 francs l'un)	4.800
3 Agents de 2e classe (à 2.000 francs l'un)	6.000
Indemnité d'habillement (100 fr. par agent)	700
A reporter	23.700 fr.

Report	23.700 fr.

Personnel indigène :

1 Sous-brigadier de 1re classe	780 fr.
1 — 2e classe	720
3 Agents de 1re classe (à 600 francs l'un)	1.800
4 Agents de 2e classe (à 540 francs l'un)	2.160
Indemnité d'habillement (50 fr. par agent)	450
	5.910 fr.
Total	29.610 fr.

Art. 2. — Le Résident supérieur au Tonkin est chargé de l'exécution du présent arrêté. — PAUL BERT.

2. — 8 janvier 1890. — ARRÊTÉ *fixant un mode particulier pour l'établissement du budget des recettes et dépenses de la ville de Nam-dinh, et créant des taxes spéciales à percevoir dans cette ville* (1).

Article premier. — Les taxes suivantes seront établies sur les habitants de la ville de Nam-dinh, et perçues sur rôles dressés par les soins du Résident de la province.

(Le surplus de cet article est rapporté par arrêté du 30 juin 1890).

Art. 2. — *Rapporté par le même arrêté.*

Art. 3. — (La taxe d'éclairage est actuellement fixée par arrêté du 26 août 1893).

Tous les droits ci-dessus feront l'objet de rôles réguliers établis par le Résident de la province pour les européens et asiatiques étrangers, et par le Résident et le tong-doc pour les indigènes. Ces rôles, approuvés par le Résident supérieur, seront recouvrés, savoir :

Par les chefs de quartier sous la direction du tong-doc pour les indigènes ;

Par le préposé payeur pour les européens et les asiatiques étrangers.

En outre des revenus ci-dessus, les recettes suivantes seront attribuées à la ville :

1° Produit de la ferme des bouages et vidanges ;
2° Produit de fourrière ;
3° Produit des amendes de simple police ;
4° Produit des abattoirs ;
5° Produit des marchés du chef-lieu ;
6° Taxe sur les pousse-pousse ;
7° Le 1/10° du produit des patentes.

Toutes les taxes seront acquittées en piastres et versées directement dans la caisse du préposé payeur du trésor, comptable désigné à cet effet, et dont les opérations seront contrôlées par le Résident.

Les droits à percevoir par le préposé payeur sont, outre ceux établis sur les maisons des européens et asiatiques étrangers, le produit de la ferme des bouages et vidanges, des abattoirs et des marchés.

Art. 4. — Les arrêtés et décisions qui règlent au Tonkin le mode de recouvrement et de poursuites en matière de contributions directes, seront applicables au recouvrement des taxes créées par les articles 1, 2, 3 ci-dessus.

DÉPENSES

Art. 5. — Les revenus ci-dessus seront employés à couvrir les dépenses suivantes :

1° Éclairage de la ville, installation d'un matériel d'éclairage, entretien de ce matériel et éclairage courant ;
2° Nivellement de la ville ;
3° Établissement de caniveaux rationnels, remplaçant les fossés d'écoulement existant actuellement qui, par leur trop grande profondeur, sont d'un entretien et d'un curage difficiles et une cause d'insalubrité ;
4° Travaux ordinaires de voirie (création et entretien des chaussées) ;
5° Établissement de trottoirs ;
6° Dépenses du personnel de la police ;

7° Dépenses du service des bouages et vidanges ;
8° Travaux de terrassement (remblais, déblais, comblement des mares) ;
9° Entretien d'un corps de cantonniers ;
10° Remise au préposé payeur chargé de la tenue de la comptabilité et de la caisse ;
11° Dépenses du dispensaire ;
12° Entretien des bâtiments affectés aux services urbains.

Art. 6. — Le budget des recettes et des dépenses sera établi par le Résident de la province avec le concours du tong-doc, et soumis, avant le 1er décembre de chaque année, à l'approbation de M. le Résident supérieur.

Art. 7. — Le Résident peut seul délivrer des mandats ; s'il refusait d'ordonnancer une dépense régulièrement autorisée et liquidée, il serait statué par le Résident supérieur.

Art. 8. — Les recettes et les dépenses de la ville s'effectueront par les soins du préposé payeur du trésor qui sera rémunéré pour ce service au moyen d'une remise de 1 °/₀ jusqu'à 10.000 $; 1/2 °/₀ de 10.000 à 20.000 piastres, et 1/4 °/₀ au-dessus de 20.000 piastres.

Art. 9. — La comptabilité se composera essentiellement :

POUR LES RECETTES

1° D'un livre de quittances à souches ;
2° D'un livre de détail pour les divers produits ;
3° Des registres règlementaires pour la tenue de la comptabilité des droits et produits mis en recouvrement chez le préposé-payeur.

POUR LES DÉPENSES

4° D'un livre d'enregistrement des crédits délégués ;
5° D'un livre-journal des mandats délivrés (modèle 36 du règlement du 14 janvier 1889) ;
6° D'un livre de détail pour l'enregistrement par crédit des dépenses faites.

Le Résident créera en outre les livres auxiliaires qu'il jugera nécessaires.

Les pièces suivantes seront adressées mensuellement à M. le Résident supérieur :

1° Un relevé des recettes et des dépenses effectuées pendant le mois précédent ;
2° Un état de la situation des crédits ;
3° Demande de mise en distribution des crédits nécessaires pour couvrir les dépenses du mois suivant.

Les crédits ne pourront jamais être dépassés ni détournés de leur affectation primitive, sans une autorisation de M. le Résident supérieur.

Art. 10. — Les recettes et dépenses de chaque exercice ne comprendront que les opérations faites du 1er au 31 décembre, excepté en ce qui concerne les travaux déjà commencés pour lesquels la période d'exécution durera jusqu'au 31 janvier de l'année suivante.

Art. 11. — Le paiement des dépenses et le recouvrement des recettes auront lieu jusqu'au 28 février de l'année suivante. A cette date tous les comptes devront être apurés, et le résident établira un compte de gestion présentant d'une manière détaillée toutes les opérations effectuées pendant l'exercice écoulé, et comparant les recettes et dépenses avec les prévisions budgétaires. Ce compte, visé par le tong-doc et le caissier-comptable, et appuyé de toutes les pièces justificatives de recettes et

(1) Voir les modifications à cette décision par arrêté du 30 juin 1890.

de dépenses, sera soumis à l'approbation de M. le Résident supérieur avant le 31 mars.

Le receveur du budget rural établira en outre un compte de gestion, dont le jugement appartiendra au conseil de Protectorat.

Art. 12. — Les plans et devis pour les travaux dépassant 500 $, devront être soumis à l'approbation de M. le Résident supérieur.

Art. 13. — Les dispositions des règlements en ce qui concerne les marchés, adjudications, appels d'offres, suivant la nature et l'importance des travaux ou des fournitures, seront applicables aux dépenses que le résident de Nam-dinh engagera sur le budget de la ville.

Art. 14. — Le Résident supérieur du Tonkin est chargé de l'exécution du présent arrêté qui sera enregistré et communiqué partout où besoin sera. — PIQUET.

———————

3. — *30 juin 1890.* — ARRÊTÉ *modifiant celui du 8 janvier 1890, relatif aux impôts spéciaux de la ville de Nam-dinh.*

Article premier. — Les paragraphes 2, 3 et 4 de l'article 1er, l'art. 2 et le paragraphe 2 de l'art. 3 de l'arrêté susvisé (8 janvier 1890) sont abrogés.

Art. 2. — Les habitants de la ville de Nam-dinh sont, au point de vue de l'impôt urbain, divisés en trois catégories :

1re Catégorie. — Hommes valides, âgés de 18 à 54 ans, non compris dans les deux classes suivantes et n'exerçant pas un métier domestique.

2e Catégorie. — Anciens employés et fonctionnaires indigènes.

3e Catégorie. — Contribuables des deux classes ci-dessus, âgés de 55 à 60 ans inclus.

Les individus des 1re et 2e catégories paieront une contribution personnelle d'une piastre par an.

Les individus de la 3e catégorie paieront 50 cents par an.

En outre de l'impôt personnel, les contribuables de la 1re catégorie paieront une contribution annuelle de une piastre, représentative du rachat des corvées.

Les fonctionnaires et employés en activité de service sont exempts des contributions ci-dessus.

Art. 3. — *Rapporté par arrêté du 3 juillet 1894* (1).

Art. 4. — Les maisons de la ville seront imposées suivant leur superficie, conformément au tableau ci-après :

	1re ZONE	2e ZONE	3e ZONE
Maison en briques à étage, par mètre carré.............	0 $ 04	0 $ 03	0 $ 025
Maison en briques sans étage, par mètre carré.............	0 03	0 025	0 02
Maison en briques couverte en paillotes et maison en bois, couverte en tuiles, par mètre carré..	0 025	0 02	0 015
Maison en paillotes et bambous, ayant 30 mètres carrés et au-dessus de surface couverte, par m. carré.	0 015	0 01	0 005
Maison en bois couverte en paillottes, le mètre carré...........	0 02	0 015	0 01

Art. 5. — Le Résident supérieur *p. i.* au Tonkin est chargé de l'exécution du présent arrêté qui sera enregistré et communiqué partout où besoin sera. — PIQUET.

———————

(1) Voir le texte de cet arrêté, commun à d'autres villes, Vo *Bac-ninh.*

NINH-BINH (CENTRE DE)

1. — *26 août 1893.* — ARRÊTÉ *créant une taxe d'éclairage à Ninh-binh.*

Article premier. — Une taxe d'éclairage, basée sur l'importance des immeubles, est créée à Ninh-binh ; elle comprend six catégories :

1re catégorie, par an	4 $ 50
2e — —	4 00
3e — —	3 00
4e — —	2 50
5e — —	1 50
6e — —	1 00

Cette taxe sera perçue par les soins du percepteur, sur rôle dressé par le Résident de Ninh-binh, et rendue exécutoire dans la forme ordinaire.

Elle sera payable par trimestre et d'avance, avec faculté pour les contribuables de se libérer par semestre ou pour l'année.

Les paiements effectués resteront acquis au Trésor en cas de départ du propriétaire, de vente ou d'abandon de l'immeuble.

Art. 2. — La ville de Ninh-binh sera éclairée aux frais du Protectorat, au moyen de 70 becs de lampes. La dépense annuelle d'éclairage ne devra pas dépasser le montant des rôles évalué à 420 $ 50.

Art. 3. — L'éclairage sera assuré en régie et commencera, dans les conditions énoncées au présent arrêté, à compter du 15 août 1893.

Art. 4. — Le Résident supérieur du Tonkin est chargé de l'exécution du présent arrêté. — DE LANESSAN.

———————

NANTISSEMENT. — Voy. : Gage, nantissement ; — Prêts sur récolte ; — Monts-de-piété.

NATURALISATION

1. — *18 octobre 1887.* — ARRÊTÉ *promulguant le décret du 29 juillet 1887, relatif à la naturalisation.*

Article unique. — Est promulgué dans toute l'étendue du territoire de l'Annam et du Tonkin, le décret du 29 juillet 1887, relatif à la naturalisation des étrangers et des indigènes annamites ou tonkinois. — PIQUET.

DÉCRET du 29 juillet 1887.

Article premier. — Peuvent, après l'âge de vingt et un ans accomplis, être admis à jouir des droits de citoyen français :

1o L'étranger qui justifie de trois années de résidence, soit en Annam ou au Tonkin, soit en Cochinchine, et en dernier lieu en Annam ou au Tonkin ;

2o L'indigène annamite ou tonkinois qui, pendant trois ans, aura servi la France, soit dans ses armées de terre ou de mer, soit dans les fonctions ou emplois civils rétribués par le trésor français.

Art. 2. — Le délai de trois ans est réduit à une seule année en faveur des individus mentionnés à l'article précédent, qui auraient rendu à la France des services exceptionnels.

Art. 3. — Pourront être également admis à jouir des droits de citoyen français, les sujets annamites qui, sans avoir servi dans les armées françaises de terre ou de mer, ou rempli des fonctions ou emplois civils rétribués par le trésor français, auraient rendu à la France des services exceptionnels.

Art. 4. — La demande en naturalisation est présentée au résident ou vice-résident chef de poste dans le ressort duquel est domicilié l'impétrant.

Le résident ou vice-résident procède d'office à une enquête sur les antécédents et la moralité du demandeur.

Si le demandeur est sous les drapeaux, la demande est adressée au chef de corps, qui la transmet au général commandant supérieur, chargé de diriger l'enquête et d'émettre son avis.

Pour chaque affaire, le résultat de l'enquête, avec la demande et les pièces à l'appui, sont envoyés au Résident général, qui transmet le dossier, avec son avis motivé, au ministre des affaires étrangères.

Art. 5. — Il est statué par un décret du Président de la République, le Conseil d'État entendu, sur la proposition collective du ministre des affaires étrangères et du garde des sceaux ministre de la justice.

Art. 6. — Aucun droit de sceaux ne sera perçu pour la naturalisation des individus attachés au service de la France.

Pour les autres, le droit est fixé à 50 francs. La perception de ce droit sera faite au profit du Protectorat.

Art. 7. — Le ministre des affaires étrangères et le garde des sceaux ministre de la justice sont chargés, chacun en ce qui le concerne, de l'exécution du présent décret. — CARNOT.

NAVIGATION

1. — 6 octobre 1883. — ARRÊTÉ *déterminant les conditions à remplir par les indigènes et les Chinois pour pouvoir arborer sur leurs barques, ou porter à terre, le pavillon français.*

Article premier. — Nulle barque indigène ou chinoise ne sera admise à arborer le pavillon français, sans en avoir obtenu l'autorisation par écrit, en français et annamite, du résident de la province ou de son délégué. Ladite autorisation devra comprendre une description détaillée du bateau, et le nom du village où il est inscrit.

Art. 2. — Un cachet spécial, en français et en caractères, sera apposé dans le blanc du pavillon, et il sera tenu un registre des individus auxquels l'autorisation aura été concédée. Cette autorisation devra être présentée à toute réquisition de l'autorité.

Art. 3 — Tout bateau rencontré porteur d'un pavillon français sans avoir rempli ces formalités, sera confisqué, et ceux qui le montaient mis à la disposition de la justice.

Art. 4. — Une mesure semblable sera appliquée, à terre, à toute troupe à notre service, quelle qu'elle soit, par les soins de l'autorité qui la commande, de manière qu'aucun drapeau français ne reste en la possession d'un asiatique sans autorisation et sans qu'un cachet français y ait été apposé.

Art. 5. — Un délai de quinze jours, à partir de l'affichage dans les résidences, est accordé aux intéressés pour se mettre en règle.

Art. 6. — Le colonel commandant supérieur des troupes et le secrétaire général des affaires civiles sont chargés, chacun en ce qui le concerne, de l'exécution du présent arrêté, qui sera enregistré et communiqué partout où besoin sera. — HARMAND.

2. — 9 octobre 1883. — DÉCISION *réglementant la navigation dans les fleuves et rivières du Tonkin* (1).

Article premier. — Tout bateau à vapeur qui navigue en rivière, est tenu d'aborer son pavillon pendant le jour, et, pendant la nuit, de porter les feux prescrits par les article 2 et 4 du décret impérial du 28 mai 1858 (2).

Art. 2. — Tout bateau chargé pour l'État devra avoir, pendant la nuit, un feu visible extérieurement.

Art. 3. — Toute infraction aux présentes dispositions entraînera une amende de vingt piastres, sans préjudice de la responsabilité encourue pour les avaries qui en résulteraient.

En cas de récidive, l'amende sera de cinquante piastres et une peine d'emprisonnement de 1 à 6 jours pourra, de plus, être prononcée contre le délinquant.

Art. 4. — Les contraventions seront constatées par tout commandant de bâtiment français, tout chef de poste, employé de douanes et agent de police; les peines seront appliquées par le résident de la province où elles auront eu lieu.

Art. 5. — La présente décision sera enregistrée et publiée partout où besoin sera. — HARMAND.

3. — 9 novembre 1883. — DÉCISION *instituant une commission à l'effet de s'assurer de l'état de toutes les embarcations et bâtiments à vapeur appartenant à des particuliers et se livrant à la navigation dans les rivières du Tonkin* (3).

Une commission permanente, composée de:
MM. le directeur du port, président, le mécanicien principal, l'officier commandant le détachement d'artillerie, est chargée de s'assurer par des visites aussi fréquentes qu'elle le jugera utile, de l'état de toutes les embarcations et bâtiments à vapeur appartenant à des particuliers et se livrant à la navigation dans les rivières du Tonkin.

Les dernières visites auront lieu lors du passage à Haïphong de ces bâtiments.

Dans le cas où la commission jugerait des réparations nécessaires pour prévenir tout danger, le bateau qui serait l'objet de ces observations ne pourrait continuer à naviguer qu'après que les réparations indiquées auraient été effectuées et que la commission les aurait constatées. La commission se réunira sur la convocation de son président, toutes les fois qu'elle jugera utile de procéder aux visites des machines des bateaux à vapeur. — HARMAND.

4. — 1er septembre 1884. — DÉCRET *prescrivant les mesures à prendre pour prévenir les abordages.*

Article premier. — A dater du 1er septembre 1884, les bâtiments de la marine nationale ainsi que les navires de commerce, seront assujettis aux prescriptions ci-après, qui ont pour objet de prévenir les abordages.

Dans les règles qui suivent, tout navire à vapeur qui ne marche qu'à l'aide de ses voiles, est considéré comme bâtiment à voiles, et tout navire à vapeur dont la machine est en action, est considéré comme

---

(1) Voir ci-après la loi du 10 mars 1891, la circulaire ministérielle du 13 juin 1892, et l'arrêté du 17 janvier 1895.
(2) Le décret du 28 mai 1858 a été remplacé par le règlement du 1er septembre 1884, publié ci-après.
(3) Voir arrêté du 29 décembre 1893.

navire à vapeur, qu'il se serve de ses voiles ou qu'il ne s'en serve pas.

RÈGLES CONCERNANT LES FEUX

Art. 2. — Les feux mentionnés dans les articles suivants, numérotés 3, 4, 5, 6, 7, 8, 9, 10 et 11, doivent être tenus allumés par tout les temps, depuis le coucher du soleil jusqu'à son lever.

Aucun autre feu ne devra paraître à l'extérieur du navire.

Art. 3. — Tout navire à vapeur de mer, quand il est en marche, doit porter :

A. — Sur le mât de misaine, ou en avant du mât de misaine, à une hauteur d'au moins 6 mètres au-dessus du plat bord, et si la largeur du navire est de plus de 6 mètres, à une hauteur au-dessus du plat bord au moins égale à la largeur du navire, un feu blanc brillant, placé de manière à fournir une lumière uniforme et sans interruption sur tout le parcours d'un arc horizontal de vingt quarts ou rumbs de vent.

Il devra être fixé de telle sorte, que la lumière se projette de chaque côté du navire, depuis l'avant jusqu'à deux quarts de l'arrière du travers. La portée de ce feu devra être assez grande pour qu'il soit visible à 5 milles de distance par une nuit noire, mais atmosphère pure.

B. — A tribord un feu vert, établi de manière à projeter une lumière uniforme et sans interruption sur tout le parcours d'un arc horizontal de dix quarts de compas, compris entre l'avant du navire, et deux quarts de l'arrière du travers à tribord ; il doit avoir une portée telle, qu'il soit visible à au moins deux milles de distance, par une nuit noire, mais atmosphère pure.

C. — A bâbord, un feu rouge établi de manière à projeter une lumière uniforme et sans interruption sur tout le parcours d'un arc horizontal de dix quarts de compas, compris entre l'avant du navire et deux quarts de l'arrière du travers à bâbord ; il doit avoir une portée telle qu'il soit visible à au moins deux milles de distance par une nuit noire, mais atmosphère pure.

D. — Les feux de côté, vert et rouge, doivent être pourvus du côté du navire par rapport à eux, d'écrans projetant en avant d'au moins 91 centimètres, de telle sorte que leur lumière ne puisse pas être aperçue de tribord devant pour le feu rouge et de bâbord devant pour le feu vert.

Art. 4. — Tout navire à vapeur qui remorque un autre bâtiment doit porter, outre ses feux de côté, deux feux blancs brillants, placés verticalement à 91 centimètres de distance au moins l'un au-dessus de l'autre, afin de le distinguer des autres bâtiments à vapeur. Chacun de ces feux doit être du même genre et installé de la même manière que le feu blanc brillant porté au mât de misaine par les autres navires à vapeur.

Art. 5. — A. — Tout navire à voiles ou à vapeur qui, par une cause accidentelle, n'est pas libre de ses mouvements, doit, si c'est pendant la nuit, mettre à la place assignée au feu blanc brillant que les bâtiments à vapeur sont tenus d'avoir en avant du mât de misaine, trois feux rouges placés dans des lanternes sphériques d'au moins 25 centimètres de diamètre, et disposés verticalement à une distance l'une de l'autre d'au moins 91 centimètres ; ils doivent avoir une telle portée qu'ils soient visibles à au moins deux milles de distance, par une nuit noire, mais atmosphère pure ; si c'est le jour, il doit porter

en avant de la tête du mât de misaine, et pas plus bas que cette tête de mât, trois boules noires de 61 centimètres de diamètre chacune, placées verticalement l'une au-dessous de l'autre, à une distance d'au moins 91 centimètres.

B. — Tout navire à voiles ou à vapeur employé soit à poser, soit à relever un câble télégraphique, doit, si c'est pendant la nuit, mettre à la place assignée au feu blanc brillant que les bâtiments à vapeur sont tenus d'avoir en avant du mât de misaine, trois feux placés dans des lanternes sphériques d'au moins 25 centimètres de diamètre, disposées verticalement à une distance l'une de l'autre d'au moins 1 m 82; le feu supérieur et le feu inférieur devront être rouges, et celui du milieu devra être blanc, et les feux rouges devront avoir la même portée que le feu blanc. Si c'est le jour, il doit porter en avant de la tête du mât de misaine, et pas plus bas que cette tête de mât, trois boules de 61 centimètres de diamètre au moins chacune, placées verticalement l'une au-dessous de l'autre à une distance d'au moins 1 m 82; la boule supérieure et la boule inférieure devront être de forme sphérique et de couleur rouge, et celle du milieu devra être de la forme d'un diamant (deux côtés réunis par la base) et de couleur blanche.

C. — Les navires cités dans cet article ne doivent pas avoir les feux de côté allumés lorsqu'ils n'ont aucun sillage ; ils doivent au contraire les tenir allumés s'ils sont en marche, soit à la voile, soit à la vapeur.

D. — Les lanternes et les boules que cet article oblige à montrer servent à avertir les autres navires que celui qui les montre n'est pas manœuvrable et, par suite, ne peut se garer ; les signaux que doivent faire les bâtiments en détresse et demandant des secours, sont spécifiés dans l'article 27.

Art. 6. — Tout navire à voiles qui fait route, ou qui est remorqué, doit porter les feux indiqués par l'article 3 pour un bâtiment à vapeur en marche, à l'exception du feu blanc qu'il ne doit avoir en aucun cas.

Art. 7. — Toutes les fois que les feux de côté, rouge et vert, ne pourront pas être fixés à leurs postes, comme cela a lieu à bord des petits navires pendant le mauvais temps, on devra tenir ces feux sur le pont, à leurs côtés respectifs du bâtiment, allumés et prêts à être montrés. Si on approche d'un autre bâtiment ou si on en est approché, on doit montrer ces feux à leurs bords respectifs, en temps utile pour empêcher l'abordage, les placer de manière qu'ils soient le plus visibles possible, et de telle sorte que le feu vert ne puisse pas s'apercevoir de bâbord ni le feu rouge de tribord.

Art. 8. — Tout navire, soit à voiles, soit à vapeur, doit, lorsqu'il est au mouillage, avoir un feu blanc dans une lanterne sphérique d'au moins 20 centimètres de diamètre, placé le plus en vue possible, à une hauteur au-dessus du plat-bord qui n'excède pas 6 mètres ; ce feu doit montrer une lumière claire uniforme, sans interruption, et visible tout autour de l'horizon, à une distance d'au moins un mille.

Art. 9. — Les bateaux pilotes, quand ils sont sur leur station de pilotage pour leur service, ne doivent pas porter les mêmes feux que les autres navires ; ils doivent avoir à la tête du mât un feu blanc visible tout autour de l'horizon ; ils doivent également montrer, à de courts intervalles ne dépassant jamais quinze minutes, un ou plusieurs feux intermittents.

Quand un bateau pilote n'est pas dans sa zone et

occupé au service du pilotage, il doit porter les mêmes feux que les autres navires.

Art. 10. — Les embarcations non pontées et les bateaux de pêche de moins de 20 tonneaux (jauge nette) étant en marche, sans avoir leurs filets, chaluts, dragues ou lignes à l'eau, ne seront pas obligés de porter les feux de couleur de côté, mais dans ce cas, chaque embarcation ou chaque bateau devra, en leur lieu et place, avoir prêt sous la main un fanal muni d'un côté d'un verre vert, et sur l'autre d'un verre rouge ; et s'il approche d'un navire ou s'il en voit approcher un, il devra montrer ce fanal assez à temps pour prévenir un abordage, et de manière que le feu vert ne soit pas vu sur le côté de bâbord, ni le feu rouge du côté de tribord.

(La partie qui suit de cet article s'applique uniquement aux bateaux et embarcations de pêche, au large de la côte d'Europe, dans le nord du cap Finistère).

A. — Tous les bateaux et toutes les embarcations de pêche de 20 tonneaux (jauge nette) et au-dessus, lorsqu'ils sont en marche, et ne se trouvent pas dans l'un des cas où ils ont à montrer les feux désignés par les prescriptions suivantes de cet article, doivent porter et montrer les mêmes feux que les autres bâtiments en marche.

B. — Tous les bateaux qui seront en pêche avec des filets flottants ou dérivants, devront montrer deux feux blancs placés de manière qu'ils soient le plus visibles possible. Ces feux seront disposés de façon que leur écartement vertical soit de 1ᵐ80 au moins, et de 3 mètres au plus, et de manière que leur écartement horizontal, mesuré dans le sens de la quille du navire, soit de 1ᵐ50 au moins et de 3 mètres au plus ; le feu inférieur devra être le plus sur l'avant. et les deux feux devront être placés de telle sorte qu'ils puissent être aperçus de tous les points de l'horizon, par nuit noire avec atmosphère pure, à une distance de trois milles au moins.

C. — Un bateau pêchant à la ligne et ayant ses lignes dehors, devra porter les mêmes feux qu'un bateau en pêche avec des filets flottants ou dérivants.

D. — Si un bateau en pêche devient stationnaire, par suite d'un engagement de son appareil de pêche dans un rocher ou tout autre obstacle, il devra montrer le feu blanc et faire le signal de brume d'un bâtiment au mouillage.

E. — Les bateaux de pêche et les embarcations non pontées peuvent, en toute circonstance, faire usage d'un feu intermittent (c'est-à-dire alternativement montré et caché) en plus des autres feux exigés par cet article. Tous les feux intermittents montrés par un bateau qui chalute, drague ou pêche avec un filet à drague quelconque, devront être montrés de l'arrière du bateau. Toutefois, si le bateau est tenu par l'arrière à son chalut, à sa drague ou à son filet à drague, le feu intermittent devra être montré de l'avant.

F. — Chaque bateau de pêche ou embarcation non pontée, étant à l'ancre entre le coucher et le lever du soleil, devra montrer un feu blanc visible tout autour de l'horizon, à une distance d'un mille au moins.

G. — Par temps de brume, un bateau en pêche avec des filets flottants ou dérivants, rattaché à ses filets, un bateau chalutant, draguant ou pêchant avec des filets à drague quelconques, un bateau pêchant à la ligne et ayant ses lignes dehors, devra, à intervalles de deux minutes au plus, sonner alternativement du cornet de brume et de la cloche.

Art. 11. — Un navire qui est rattrapé par un autre bâtiment, doit montrer au-dessus de sa poupe un feu blanc ou un feu intermittent, destiné à avertir le navire qui approche.

SIGNAUX PHONIQUES PAR TEMPS DE BRUME, BROUILLARD, ETC.

Art. 12. — Tout navire à vapeur doit être pourvu ;

1° D'un sifflet à vapeur ou de tout autre système efficace de sons au moyen de la vapeur, placé de manière que le son ne soit gêné par aucun obstacle.

2° D'un cornet de brume d'une sonorité suffisante et qu'on puisse faire entendre au moyen d'un soufflet ou de tout autre instrument.

3° D'une cloche assez puissante (1).

Tout navire à voiles doit être pourvu d'un cornet et d'une cloche analogues.

En temps de brume, de brouillard ou de neige, soit de nuit, soit de jour, les avertissements indiqués ci-dessous seront employés par les bâtiments.

A. — Tout navire à vapeur, lorsqu'il est en marche, doit faire entendre un coup prolongé de son sifflet à vapeur ou de tout autre mécanisme à vapeur, à des intervalles qui ne doivent pas excéder deux minutes.

B. — Tout navire à voiles, lorsqu'il est en marche, doit faire les signaux suivants avec son cornet, à des intervalles de deux minutes au plus : un coup lorsqu'il est tribord amure ; deux coups l'un après l'autre, quand il est bâbord amure ; trois coups l'un après l'autre quand il a le vent de l'arrière du travers.

C. — Tout navire à voiles ou à vapeur qui ne fait pas route, doit sonner la cloche, à des intervalles qui n'excèdent pas deux minutes.

Art. 13. — Tout navire, soit à voiles, soit à vapeur, ne doit aller qu'à une vitesse modérée, pendant les temps de brouillard, de brume ou de neige.

RÈGLES RELATIVES A LA ROUTE ET A LA MANIÈRE DE GOUVERNER.

Art. 14. — Quand deux navires à voiles font des routes qui les rapprochent l'un de l'autre, de manière à faire courir le risque d'abordage, l'un des deux s'écartera de la route de l'autre d'après les règles suivantes :

A. — Le navire qui court largue doit s'écarter de la route de celui qui est au plus près.

B. — Le navire qui est au plus près bâbord amure, doit s'écarter de la route de celui qui est au plus près tribord amure.

C. — Si les deux navires courent largue, mais avec les amures de bords différents, le bâtiment qui a le vent par bâbord s'écarte de la route de celui qui le reçoit par tribord.

D. — Si les deux navires courent largue ayant tous deux le vent du même bord, celui qui est au vent doit s'écarter de la route de celui qui est sous le vent.

Art. 15. — Si deux navires marchant à la vapeur courent l'un sur l'autre en faisant des routes directement opposées ou à peu près, de manière à faire craindre un abordage, chacun d'eux devra venir sur tribord, afin de laisser l'autre navire passer à bâbord.

Cet article s'applique uniquement au cas où les bâtiments ont le cap l'un sur l'autre, en suivant des rumbs de vent tout à fait opposés, de telle sorte que l'abordage soit à craindre. Il ne s'applique pas à des navires qui, s'ils continuent leur route, se croiseront certainement sans se toucher.

_____

(1) Dans tous les cas où le règlement prescrit l'emploi d'une cloche, un tambour sera substitué à cet instrument à bord des navires ottomans.

Les seuls cas que vise cet article sont ceux dans lesquels chacun des deux bâtiments a le cap sur l'autre, les deux plans longitudinaux étant complètement ou à très peu près sur le prolongement l'un de l'autre ; en d'autres termes, les cas dans lesquels, pendant le jour, chaque navire voit les mâts de l'autre bâtiment l'un par l'autre ou à très peu près, et tout à fait ou à très peu près dans le prolongement de son cap ; et pendant la nuit, le cas où chaque bâtiment est placé de manière à voir les deux feux de côté et de l'autre.

Il ne s'applique pas au cas où, pendant le jour, un bâtiment en aperçoit un autre droit devant lui, et coupant sa route, ni au cas où, pendant la nuit, chaque bâtiment présentant son feu rouge, voit le feu de même couleur de l'autre navire, ou chaque bâtiment présentant son feu vert, voit le feu de même couleur de l'autre navire ; ni au cas où un bâtiment aperçoit droit devant lui un feu vert sans voir le feu rouge ; enfin, ni au cas où un bâtiment aperçoit à la fois un feu vert et un feu rouge dans toute autre direction que droit devant ou à peu près.

Art. 16. — Lorsque deux navires, marchant à la vapeur, font des routes qui se croisent, de manière à faire craindre un abordage, le bâtiment qui voit l'autre par tribord doit s'écarter de la route de cet autre navire.

Art. 17. — Si deux navires, l'un à voile, l'autre à vapeur, courent de manière à risquer de se rencontrer, le navire sous vapeur doit s'écarter de la route de celui qui est à voiles.

Art. 18. — Tout navire à vapeur qui en approche un autre au point de faire craindre un abordage, doit diminuer de vitesse ou stopper, et même marcher en arrière, si cela est nécessaire.

Art. 19. — En changeant sa route conformément à l'autorisation ou aux prescriptions de ce règlement, un bâtiment à vapeur qui est en marche peut indiquer ce changement à tout autre navire en vue, au moyen des avertissements suivants donnés avec le sifflet à vapeur :

Un coup bref pour dire : *Je viens sur tribord*.

Deux coups brefs pour dire : *Je viens sur bâbord*.

Trois coups brefs pour dire : *Je viens en arrière à toute vitesse*.

L'emploi de ces avertissements est facultatif ; mais si l'on s'en sert, il faut que les mouvements du navire soient d'accord avec la signification des coups de sifflet (1).

Art. 20. — Quelles que soient les prescriptions des articles qui précèdent, tout bâtiment à vapeur ou à voile qui en rattrape un autre doit s'écarter de la route de celui-ci.

Art. 21. — Dans les passes étroites, tout navire à vapeur doit, quand la recommandation est d'une exécution possible et sans danger pour lui, prendre la droite du chenal.

Art. 22. — Quand, d'après les règles tracées ci-dessus, l'un des navires doit changer sa route, l'autre doit continuer la sienne.

Art. 23. — En suivant et en interprétant les prescriptions qui précèdent, on doit tenir compte de tous les dangers de la navigation, ainsi que des circonstances particulières qui peuvent forcer de s'écarter de ces règles pour éviter un danger immédiat.

Art. 24. — Rien de ce qui est recommandé ici ne peut exonérer un navire, ou son propriétaire, ou son capitaine, ou son équipage, des circonstances d'une négligence quelconque, soit au sujet des feux et si-

gnaux, soit de la part des hommes de veille, soit enfin au sujet de toute précaution que commandent l'expérience ordinaire des marins et les circonstances particulières dans lesquelles le bâtiment se trouve.

Art. 25. — Rien dans ces règles ne doit entraver l'application des règles spéciales dûment édictées par l'autorité locale, relativement à la navigation dans une rade, dans une rivière, ou enfin dans une étendue d'eau extérieure quelconque.

Art. 26. — Ces règles ne doivent en rien gêner la mise à exécution de toute prescription spéciale faite par un gouvernement quelconque, quant à un plus grand nombre de feux de position ou de signaux à mettre à bord des bâtiments de guerre, au nombre de deux ou davantage, ainsi qu'à bord des bâtiments à voiles naviguant en convoi.

Art. 27. — Lorsqu'un bâtiment est en détresse et demande des secours à d'autres navires ou à la terre, il doit faire usage des signaux suivants, ensemble ou séparément, savoir :

Pendant le jour :

1° Coups de canon tirés à intervalles d'une minute environ.

2° Le signal de détresse du Code international indiqué par N. E.

3° Le signal de grande distance, consistant en un pavillon carré ayant, au-dessus et au-dessous, une boule ou quelque chose ressemblant à une boule.

Pendant la nuit :

1° Coups de canon tirés à intervalles d'une minute environ.

2° Flammes sur le navire, telles qu'on peut les produire au moyen d'un baril à goudron ou à huile en combustion, etc. ;

3° Bombes ou fusées, de quelque genre ou couleur que ce soit, lancées une à une, à de courts intervalles. — JULES GRÉVY.

5. — 20 mars 1885. — DÉCISION *relative aux règles à suivre pour prévenir les abordages dans les rivières du Tonkin* (1).

Désormais, pour la navigation dans les arroyos, rivières et bouches des fleuves du Tonkin, l'article 19 du règlement du 1er septembre 1884 sera complété de la manière suivante :

« Art. 19. — En changeant sa route conformément à l'autorisation ou aux prescriptions du règlement, un bâtiment à vapeur devra indiquer ce changement à tout autre navire en vue, au moyen des avertissements suivants, donnés avec le sifflet à vapeur :

« Un coup bref pour dire : *Je viens sur tribord ;*

« Deux coups brefs pour dire : *Je viens sur bâbord ;*

« Trois coups brefs pour dire : *Je vais en arrière.*

« Chaque coup bref devra avoir une durée de deux secondes, ainsi que l'intervalle des coups successifs.

« Ces avertissements devront n'être donnés qu'au moment où le navire commence à exécuter réellement le mouvement indiqué.

« Quand un bâtiment à vapeur, pour une raison quelconque, ne sera pas maître de changer sa route et, par suite, ne pourra se garer, il l'indiquera dès qu'il apercevra tout autre navire, par un coup de sifflet prolongé pendant 20 secondes, et qui, après un repos de cinq secondes, devra être renouvelé, jusqu'à ce que toute possibilité de collision ait disparu. »

Article supplémentaire. — Arrivés vers 200 ou

(1) Voir ci-après arrêtés des 20 mars 1885 et 13 mai 1887, complétant cet article pour l'Annam et le Tonkin.

(1) Voir ci-après arrêtés du 13 mai 1887 et 17 juillet 1894.

300 mètres d'un coude à angle prononcé, les bâtiments et canots diminueront de vitesse et signaleront leur approche par plusieurs coups de sifflet à vapeur, d'une durée d'environ 10 secondes, séparés par des intervalles de même durée.

En franchissant les coudes, ils devront se conformer, aussi strictement que possible, aux prescriptions de l'article 21.

La présente décision sera affichée *in extenso* à bord de tous les remorqueurs et chaloupes des divers services publics, et sur les bâtiments de commerce naviguant dans les eaux intérieures du Tonkin.

M. le Chef de la division navale, M. le chef du service administratif et M. le Directeur des affaires civiles et politiques sont chargés, chacun en ce qui le concerne, des mesures à prendre pour assurer l'exécution de la présente décision. — BRIÈRE DE L'ISLE.

6. — 14 avril 1885. — DÉCISION MINISTÉRIELLE *au sujet des attributions des résidents dans les questions relatives à la police de la navigation* (1).

Par une lettre du 9 août 1884, n° 202, votre prédécesseur a consulté le département, en vue de savoir si les questions relatives à la police de la navigation dans le royaume d'Annam et au Tonkin, devaient être traitées par nos résidents dans ces deux pays, ou par les officiers du commissariat de la marine.

M. le général Millot a fait connaître, à ce sujet, que depuis le moment où un service administratif a été placé près le corps expéditionnaire, les officiers du commissariat de la marine se sont institués commissaires de l'inscription maritime, et se sont saisis des attributions consulaires relatives à la marine du commerce.

Cette substitution du service administratif du corps expéditionnaire au personnel civil me paraît présenter de sérieux inconvénients dans des pays qui, comme l'Annam et le Tonkin, sont simplement placés sous notre Protectorat. J'estime que, provisoirement, les résidents doivent continuer à exercer en matière de police de la navigation, les attributions dévolues aux consuls français en pays étrangers, et je vous prie, en conséquence, de vouloir bien donner des ordres dans ce sens. — F. FAURE.

7. — 8 août 1885. — DÉCISION *réglementant la navigation des chaloupes dans le canal des Rapides, au passage du bac.*

Le général commandant en chef le corps du Tonkin, afin d'éviter les accidents résultant de l'arrivée inopinée d'un bâtiment descendant le canal des Rapides au moment où le bac interrompt la circulation fluviale, décide :

1° Un pavillon rouge sera hissé en tête d'un mât placé près du bac pour indiquer au loin que la navigation est interrompue par le câble reliant les deux rives ;

2° Un homme sera détaché en amont du bac et déploiera un pavillon rouge dès qu'il apercevra un bâtiment.

Ce signal indiquera aux pontonniers qu'ils doivent se hâter de rétablir la circulation du canal, en même temps qu'il préviendra les bâtiments du danger auquel ils sont exposés tant que ce pavillon rouge ne sera pas amené.

(1) Consulter la circulaire ministérielle du 13 juin 1892.

L'article supplémentaire de la décision du 20 mars 1885 (1), doit être rigoureusement appliqué, surtout du fleuve Rouge au bac des Rapides.

Cette décision sera affichée *in extenso* à bord de tous les remorqueurs et chaloupes des divers services publics et sur les bâtiments de commerce naviguant dans les eaux intérieures du Tonkin.

M. le Général commandant l'artillerie, M. le chef de la division navale, M. le chef du service administratif et M. le Directeur des affaires civiles et politiques sont chargés, chacun en ce qui le concerne, des mesures à prendre pour assurer l'exécution de la présente décision. — CH. WARNET.

8. — 22 août 1885. — DÉCISION *installant au Tonkin un service dit « de surveillance des arroyos », et rendant obligatoire le livret de barque pour les bateaux servant au transport des marchandises.*

Article premier. — Un service dit de *surveillance des arroyos* est installé au Tonkin à la date de ce jour.

Des chaloupes battant les couleurs de la douane, montées par un certain nombre d'hommes fournis par le commandement, des employés des douanes et de la police civile, ayant toujours à bord un interprète, parcourront les fleuves et arroyos. Elles en assureront la police en exerçant le droit de visite des chaloupes à vapeur et jonques.

Art. 2. — Dans le délai de 20 jours après la promulgation du présent arrêté, toute maison de commerce européenne, annamite ou chinoise, tout commerçant, devra munir les patrons des jonques ou autres embarcations transportant des marchandises, d'un livret portant le nom et l'origine du patron, les noms de l'équipage, le chargement, l'armement de la jonque, s'il est autorisé.

Ce livret devra être signé, à l'aller et au retour, par les résidents, et en leur absence, par le commandant du port.

Art. 3. — Il est défendu aux jonques de battre pavillon français à moins d'une autorisation spéciale. Toute embarcation annamite qui en fera la demande, pourra porter le pavillon du Protectorat.

Art. 4. — Toute jonque ou autre embarcation doit se laisser visiter. Si elle renferme de l'opium ou des marchandises de contrebande, elle sera amarinée et l'équipage mis aux fers pour être jugé conformément aux lois. Si elle renferme des munitions de guerre, l'équipage sera immédiatement traité comme pirate.

Art. 5. — Dans un délai de quinze jours, tous les commerçants européens ou indigènes devront présenter aux résidents ou aux commandants d'armes les armes en leur possession.

Ces armes, après avoir été enregistrées, seront immatriculées et poinçonnées.

Art. 6. — Toute arme prise entre les mains d'un Annamite ou d'un Chinois, qui porterait le poinçon, sera confisquée et son vrai propriétaire traduit devant le Conseil de guerre.

Art. 7. — La vente aux Asiatiques des armes et munitions de guerre de toute nature est interdite dans le Tonkin.

(1) Article supplémentaire de la décision du 20 mars 1885 : « Arrivés vers 200 ou 300 mètres d'un coude à angle prononcé, les bâtiments diminueront de vitesse et signaleront leur approche par plusieurs coups de sifflet à vapeur d'une durée d'environ 10 secondes, séparés par des intervalles de même durée ».

Art. 8. — Des perquisitions devront être faites par l'autorité civile pour assurer l'exécution des prescriptions ci-dessus.

Art. 9. — Toutes les dispositions sur la matière, comprises dans les décisions antérieures, sont et demeurent abrogées en ce qu'elles ont de contraire à la présente.

Art. 10. — Le Directeur des affaires civiles et politiques est chargé de l'exécution de la présente décision. — Couvcy.

9. — 19 avril 1886. — Décision *réglementant la circulation des jonques dans le Song-tam-bac.*

Article premier. — Les jonques de mer ayant terminé leurs opérations de chargement et de déchargement ne devront plus séjourner dans le Song-tam-bac.

Quand aux jonques de rivière, elles devront se tenir sur une seule rangée de chaque côté de l'arroyo, parallèlement à la rive.

Art. 2. — Le Résident supérieur au Tonkin est chargé de l'exécution de la présente décision. — Paul Bert.

10. — 27 mai 1886. — Arrêté *étendant le droit de faire du cabotage de province à province, à tous navires, chaloupes ou barques régulièrement autorisés à battre pavillon français.*

Article premier. — Le cabotage de province à province, réservé par l'article 2 précité, aux barques indigènes, pourra, à l'avenir, être également effectué par tous navires, chaloupes ou barques régulièrement autorisés à battre pavillon français, et munis de manifestes délivrés par les autorités compétentes.

Toutes dispositions contraires sont et demeurent abrogées.

Art. 2. — Les Résidents supérieurs au Tonkin et en Annam sont chargés, chacun en ce qui le concerne, de l'exécution du présent arrêté. — Paul Bert.

11. — 17 juin 1886. — Circulaire *au sujet des manifestes dont doivent être munis les bateaux faisant du cabotage.*

L'arrêté du 27 mai 1886 ayant étendu le cabotage de province à province à tous les navires, chaloupes ou barques autorisés à battre pavillon français, il est nécessaire que ces bateaux soient munis de manifestes réguliers.

Je vous prie, en conséquence, de vouloir bien prier le service des douanes de votre circonscription de donner aux vapeurs ou jonques des autorisations en caractères chinois, munies d'un cachet, et pouvant permettre aux autorités indigènes des points où il n'existe pas d'agent français, de s'assurer que les conventions ont été remplies et que ces bateaux sont en règle. — P. Vial.

12. — 25 juin 1886. — Arrêté *réglant l'armement que peuvent posséder les chaloupes, jonques, etc., circulant sur les rivières du Tonkin ou en mer.*

Article premier. Les chaloupes et canots à vapeur circulant sur les fleuves du Tonkin peuvent être autorisés à avoir à bord, pour leur défense, un nombre de fusils à piston qui ne peut dépasser six. Les Européens pourront être autorisés à avoir chacun un fusil à tir rapide et un revolver.

Art. 2. — Les jonques et chaloupes de mer peuvent être autorisées à s'armer de fusils de tous modèles.

Art. 3. — Les autorisations d'armement seront données par écrit par les résidents ou vice-résidents de la province où la barque est armée. Elles indiqueront le nombre et la nature des armes autorisées.

Les fusils devront porter un numéro matricule inscrit par les soins de l'administration.

Art. 4. — Les armes et l'autorisation d'armement devront être représentées à toute réquisition d'un agent de l'autorité.

Art. 5. — Les barques qui remontent le fleuve pourront recevoir un armement autorisé par les résidents de Hanoi, de Sontay, et par le vice-résident de Lao-kai.

Art. 6. — Les fusils non poinçonnés ou trouvés dans une barque autre que celle pour laquelle ils ont été autorisés seront saisis, sans préjudice des peines édictées par les arrêtés prohibant la contrebande des armes de guerre.

Art. 7. — Le Résident supérieur au Tonkin est chargé de l'exécution du présent arrêté. — Paul Bert.

13. — 6 septembre 1886. — Arrêté *fixant les droits de tonnage auxquels sont soumis les navires* (1).

Rapporté par arrêté du 15 février 1889.

14. — 10 octobre 1886. — Décision *fixant les obligations des patrons de bateaux ou de chaloupes en matière de correspondances postales* (2).

Article premier. — Les patrons de bateaux ou de chaloupes en partance devront prévenir le bureau de poste de la localité où ils se trouvent, trois heures au moins avant leur départ.

Une demi-heure avant leur départ, ils devront venir prendre à ce même bureau de poste les paquets et dépêches qu'on aura à leur confier, en même temps que la boîte mobile qui devra être placée sur un point accessible et bien apparent du bord.

Cette boîte sera fermée par les soins du chef de bureau.

Art. 2. — A l'arrivée à sa destination, le patron de la chaloupe devra se rendre immédiatement au bureau de poste pour y déposer la boîte; l'ouverture de la boîte et la distribution des correspondances devront être assurées par les soins des employés du service des postes et télégraphes.

Il est interdit aux patrons de chaloupes de faire aucun tri, ni aucune manipulation de correspondance pendant leur traversée.

Art. 3. — Faute de se conformer à ces prescriptions, ils seront considérés comme contrevenant aux règlements en vigueur sur la matière, et punis suivant la rigueur des lois.

Les armateurs ou propriétaires sont civilement et pécuniairement responsables des contraventions commises par les patrons de leurs chaloupes.

Ces derniers n'en sont pas moins tenus de se présenter en personne devant le tribunal lorsqu'ils en sont requis, sous peine d'y être contraints par corps et au besoin d'être condamnés par défaut, sans que leur défense puisse être présentée par une tierce personne.

Art. 4. — Le Résident supérieur au Tonkin est

(1) Voir ci-après arrêté du 1er mars 1887.
(2) Ces dispositions ont été étendues à l'Annam par arrêté du 11 avril 1893.

chargé de l'exécution de la présente décision. — PAUL BERT.

15. — 1er mars 1887. — ARRÊTÉ *soumettant au droit de tonnage, les jonques indigènes qui se livrent au cabotage sur la côte d'Annam.*

Article premier. — Les jonques indigènes, qui se livrent au cabotage sur la côte d'Annam, sont soumises au droit de tonnage dans les conditions déterminées par l'arrêté du 6 septembre 1886.

Art. 2. — Les droits de tonnage applicables à ces bâtiments sont toutefois fixés comme suit :

1° À l'abonnement : 0 fr. 50 par tonneau de jauge et par trimestre ;

2° Au voyage : 0 fr. 125 par tonneau de jauge et par voyage.

Art. 3. — Le Résident supérieur en Annam et le Directeur des douanes sont chargés, chacun en ce qui le concerne, de l'exécution du présent arrêté. — G. BIHOURD.

16. — 13 mai 1887. — ARRÊTÉ *complémentaire réglant les avertissements des navires à vapeur dans la navigation fluviale* (1).

Désormais, pour la navigation dans les arroyos, rivières et bouches des fleuves du Tonkin, l'article 19 du règlement du 1er septembre 1884 sera complété de la manière suivante :

Art. 19. — En changeant sa route conformément à l'autorisation ou aux prescriptions du règlement, un bâtiment à vapeur devra indiquer ce changement à tout autre navire en vue, au moyen des avertissements suivants, donnés avec le sifflet à vapeur :

Un coup bref pour dire : *Je viens sur tribord.*

Deux coups brefs pour dire : *Je viens sur bâbord.*

Trois coups brefs pour dire : *Je vais en arrière.*

Chaque coup bref devra avoir une durée de deux secondes, ainsi que l'intervalle des coups successifs.

Ces avertissements devront n'être donnés qu'au moment où le navire commence à exécuter réellement le mouvement indiqué.

Quand un bâtiment à vapeur, pour une raison quelconque, ne sera pas maître de changer sa route, et, par suite, ne pourra se garer, il l'indiquera, dès qu'il apercevra tout autre navire en vue, par un coup de sifflet prolongé pendant vingt secondes, et qui, après un repos de cinq secondes, devra être renouvelé, jusqu'à ce que toute possibilité de collision ait disparu.

Art. 21. — Dans les passes étroites, tout navire à vapeur doit, quand la recommandation est d'une exécution possible et sans danger pour lui, prendre la droite du chenal.

En conséquence, quand une chaloupe à vapeur désire en dépasser une autre qui marche moins vite qu'elle, elle devra indiquer par son sifflet qu'elle prend la gauche du chenal pour rappeler à la chaloupe marchant devant elle, qu'elle doit en prendre la droite.

Article supplémentaire. — Arrivés vers deux ou trois cents mètres d'un coude à angle prononcé, les bâtiments et canots diminueront de vitesse et signaleront leur approche par plusieurs coups de sifflet à vapeur d'une durée d'environ dix secondes, séparés par des intervalles de même durée.

En franchissant les coudes, ils devront se conformer aussi strictement que possible aux prescriptions de l'article 21. — G. BIHOURD.

17. — 10 août 1887. — ARRÊTÉ *indiquant les endroits ouverts au commerce extérieur sur la côte du Tonkin.*

Article premier. — Sont seuls ouverts au commerce extérieur, sur la côte du Tonkin, le Lach-day, le Cua-lac, le Cua-balat, le Lach-tray, le Cua-cam, le Cua-nam-trieu et la rivière de Mon-cay.

Art. 2. — Les formalités de douanes devront être remplies au premier poste établi sur chacun de ces fleuves.

Art. 3. — Les postes de douanes sont établis à cet effet à Phat-diem, Luc-bo, Nam-dinh, Yen-lang, Wu-tong, Haiphong, Quang-yen et Mon-cay.

Art. 4. — Toute chaloupe ou jonque pénétrant à l'intérieur par une embouchure non ouverte au commerce extérieur, sera passible de confiscation, sans préjudice du payement des droits d'importation sur le chargement.

Art. 5. — Le directeur des douanes est chargé de l'exécution du présent arrêté. — G. BIHOURD.

18. — 10 août 1887. — ARRÊTÉ *réglementant la navigation intérieure et le transbordement des marchandises.*

Article premier. — Les marchandises qui ont acquitté les droits d'importation au port d'arrivée ne sont soumises, lorsqu'elles sont transportées à l'intérieur, à aucune formalité de douanes.

Art. 2. — Les marchandises venant de l'intérieur peuvent, à l'exception de l'opium et des armes, être transbordées sans payement des droits, à destination d'un port de l'intérieur où existe un bureau de douane.

Art. 3. — Dans ce cas l'opération devra être précédée d'une déclaration de transbordement, sous peine d'une amende de 1.000 à 5.000 francs.

Art. 4. — Le transbordement ne pourra avoir lieu que sous la surveillance d'un agent des douanes. Les marchandises seront vérifiées ou plombées.

Il sera délivré à l'intéressé un acquit-à-caution qui devra être rapporté au bureau d'origine, dans le délai d'un mois, revêtu du certificat de décharge du chef du bureau destinataire, à peine du double droit sur les marchandises déclarées.

Art. 5. — Aucun transbordement ne peut être effectué en dehors des ports où existe un bureau de douanes, sauf les cas de force majeure dont il devra être justifié.

Les infractions à cette disposition seront punies d'une amende de 500 à 2.000 francs et de la confiscation des marchandises transbordées.

Art. 6. — Les jonques de mer et les chaloupes naviguant à l'intérieur ne peuvent, sauf le cas de réquisition, quitter un port ouvert sans que leur destination ait été déclarée et leurs papiers de bord visés à la douane.

Ce visa sera donné sans frais et pourra être réclamé du lever au coucher du soleil.

Toute infraction sera punie d'une amende de 50 à 200 francs, et rendra, en outre, les marchandises embarquées passibles d'un droit d'importation ou d'exportation, suivant le cas.

Art. 7. — Les dispositions de l'arrêté du 13 décembre 1886 ne sont applicables qu'aux marchandises transportées en cabotage par voie de mer sur les côtes de l'Annam et du Tonkin.

(1) Voir plus loin arrêté du 17 janvier 1891.

Art. 8. — Toutes dispositions contraires à celles du présent arrêté sont et demeurent rapportées. — G. Dimourd.

19. — 12 juillet 1888. — Arrêté *sur la taxe à percevoir sur les barques chinoises de pêche et de commerce.*

Rapporté par arrêté du 6 juillet 1889.

20. — 7 janvier 1889. — Circulaire *au sujet du numérotage des barques.*

Il m'est rendu compte que le service de surveillance à exercer sur les barques et jonques naviguant dans les eaux du Tonkin devient chaque jour plus difficile, par suite de la négligence qu'apportent les propriétaires d'embarcations à se conformer aux règlements en vigueur.

Il est prescrit, en effet, que toute barque doit porter à l'avant, sur la partie droite et extérieure du bordage, au-dessus de la flottaison, en caractères très apparents, le numéro inscrit sur son permis de circulation.

En vous signalant l'utilité de ce numérotage, qui a produit dans quelques provinces les meilleurs résultats, je vous recommanderai de tenir la main à la stricte observation des décisions antérieures.

Vous ne devez pas hésiter à infliger des amendes aux propriétaires des barques trouvées en contravention et, en cas de récidive, supprimer les permis de circulation. — E. Parreau.

21. — 15 février 1889. — Arrêté *fixant la taxe de tonnage des navires entrant dans les ports ouverts de l'Annam et du Tonkin* (1).

Article premier. — Les navires entrant dans les ports ouverts de l'Annam et du Tonkin sont, à dater de ce jour, soumis à la taxe de tonnage ci-après, représentant les droits de phare, de balisage, de quai, de police de rivière, de rade et d'ancrage.

1° À l'abonnement, 60 cents par trimestre, pour les navires français ; 1 $ 20, par trimestre, pour les navires étrangers.

2° Au voyage, 15 cents pour les navires français ; 30 cents pour les navires étrangers.

Art. 2. — Cette taxe devra être payée avant le départ du navire.

Elle sera perçue par les soins de l'administration des douanes.

Art. 3. — La taxe sera réduite de moitié, pour les navires non abonnés, arrivant sur lest et partant avec chargement, et *vice versa*.

Art. 4. — Le jaugeage est déterminé par la méthode Moorsom usitée en Cochinchine.

Art. 5. — Les navires à voiles ne seront soumis à la taxe qu'une fois tous les quatre mois.

Art. 6. — Le navire et la cargaison répondent du payement de la taxe.

Art. 7. — Sont exemptés de la taxe :

1° Les navires entrant et sortant sur lest. Est considéré comme sur lest tout navire portant une pacotille inférieure, en encombrement, au vingtième de la jauge du navire ;

2° Les bâtiments de guerre français et étrangers ;

3° Les navires nolisés par l'État, dans la proportion du tonnage dont ils sont chargés pour l'administration du Protectorat. Lorsqu'ils repartiront avec un chargement pour le commerce, ils payeront demi-droit.

Art. 8. — Le Résident général en Annam et au Tonkin est chargé de l'exécution du présent arrêté. — Richaud.

22. — 15 mars 1889. — Circulaire *au sujet de l'application des taxes sur les barques et jonques.*

J'ai l'honneur de vous adresser ampliation de l'arrêté de M. le Gouverneur général, n° 86, du 22 février 1889 (1), qui modifie l'assiette de l'impôt des barques et jonques et règlemente sur de nouvelles bases la perception de cette contribution.

L'arrêté du 7 janvier 1888 déterminait le tarif des taxes auxquelles sont soumises les barques et jonques, selon leur nature et leurs dimensions. Mais dès la mise en vigueur de cet acte, les résidents des provinces où la batellerie fluviale a atteint le plus grand développement ont fait ressortir, dans leurs rapports, les difficultés que présente, dans l'application, le mode de calcul imposé, et les anomalies auxquelles il conduit : un jaugeage souvent inexact et un défaut de proportionnalité entre le jaugeage et la taxe à percevoir.

La tâche des agents chargés de déterminer le montant des taxes était rendue très difficile. D'autre part les propriétaires de jonques ou de barques se prêtaient peu à des calculs compliqués qui déroutaient leurs habitudes.

Jusqu'ici la perception de ces taxes s'est effectuée au moyen de cartes délivrées par les résidents. Le signalement de la barque, le nom du propriétaire, la date de chaque versement y étaient inscrits. Le mode de procéder ne permettait pas toujours d'ouvrir un contrôle efficace dans les résidences sur la perception de cet impôt. De son côté, le service central n'ayant aucune donnée sur les sommes à percevoir, se trouvait dans l'impossibilité d'en suivre le recouvrement et d'en faire figurer les prévisions exactes au budget.

La constatation des droits, au moyen des rôles, fait disparaître ces inconvénients. La tâche des résidents est facilitée. Il leur sera possible de s'assurer, pour les annamites et les chinois, le concours des maires des villages et des chefs de congrégations. Le service central aura désormais, pour l'impôt des barques, les mêmes moyens de contrôle que pour les patentes et les capitations.

Le système de règlementation adopté par l'arrêté n° 85 du 22 février n'est autre que celui qui est en vigueur en Cochinchine depuis de longues années et qui y a donné de bons résultats. Il est à espérer qu'il en sera de même au Tonkin.

Les dispositions des articles 10 et 11 du nouvel arrêté ont pour but d'intéresser les maires des villages au recouvrement de cet impôt. D'une part leur responsabilité s'engage pour les obliger à inscrire toutes les barques et jonques ; d'autre part, remise de deux pour cent leur est allouée, quand ils en auront effectué la perception avant le premier juillet.

Ces mesures sont complétées par celles prescrites dans les articles 6 à 9, 12 à 15, 17 et 18. L'article 16 contient une facilité qui témoigne de la bienveillance accordée aux transactions. Cette bienveillance se manifeste dans l'état annexé à l'arrêté, d'une manière générale à tous les besoins de la vie, particulièrement à ceux de communication et de circulation, par l'exemption de toute taxe accordée aux embarcations d'un tonnage inférieur à 50 piculs.

_____

(1) Voir ci-après arrêté du 15 mai 1889, et V° Impôts, n° 62, celui du 20 septembre 1890.

(1) Voir cet arrêté V° Impôts, n° 60.

Telle est l'économie de l'arrêté n° 87, du 22 février 1889, que vous avez à appliquer, et qui remplace les décisions des 11 décembre 1885 et 7 janvier 1888. Il est calqué, ainsi que je vous l'ai fait remarquer, sur l'arrêté du 25 juillet 1871, auquel il n'apporte que quelques modifications indispensables en ce qui concerne le Tonkin. — E. PARREAU.

23. — 14 avril 1889. — ARRÊTÉ *sur les droits de stationnement et d'amarrage des barques, à percevoir dans le périmètre de la concession française de Tourane.*

Article premier. — A dater du 1er mai 1889, les droits suivants seront perçus dans le périmètre de la concession française de Tourane, pour le stationnement et l'amarrage des barques de rivière et jonques de mer :

Barques de 200 piculs et au-dessus. 0 $ 30 par mois
— 100 à 200 piculs.... 0 15 —
— au-dessous de 100 piculs. 0 05 —

Tout mois commencé sera dû en entier.
Art. 2. — Le résident de France à Tourane est chargé de l'exécution du présent arrêté qui sera enregistré et publié partout où besoin sera. — RHEINART.

24. — 15 mai 1889. — ARRÊTÉ *modifiant celui du 22 février 1889, au sujet des droits à percevoir sur les chaloupes d'un tonnage supérieur à 160 tonneaux* (1).

Article premier. — L'arrêté du 22 février 1889 n'est pas applicable aux chaloupes d'un tonnage inférieur à 160 tonneaux, servant généralement aux transports fluviaux, et soumises de ce chef aux droits prévus par les arrêtés du 11 décembre 1885 et du 7 février 1888.
Art. 2. — Le Résident général en Annam et au Tonkin est chargé de l'exécution du présent arrêté. — RICHAUD.

25 — 6 juillet 1889. — ARRÊTÉ *rapportant celui du 12 juillet 1888, fixant l'impôt à percevoir sur les barques chinoises.*

Article premier. — L'arrêté du 12 juillet 1888 est rapporté en ce qui concerne les barques chinoises ayant leur port d'attache en Chine.
Art. 2. — Ces barques et jonques seront, lorsqu'elles navigueront dans les eaux du Tonkin ou de l'Annam, soumises aux règlements douaniers et aux taxes en vigueur.
Art. 3. — MM. les Résidents supérieurs au Tonkin et en Annam sont chargés de l'exécution du présent arrêté. — PIQUET.

26. — 6 août 1889. — ARRÊTÉ *fixant à nouveau la taxe annuelle à percevoir sur les barques et jonques de mer.*

Article premier. — L'arrêté sus-visé du 22 février 1889 (1) est rapporté en ce qui concerne les barques et les jonques de mer.
Art. 2. — La taxe annuelle à percevoir sur les barques et jonques de mer est fixée, quelle que soit leur forme, à vingt-cinq centimes par picul.
Art. 3. — La capacité des barques est déterminée par les procédés ordinaires de jaugeage, suivant la forme de la barque.

(1) Voir cet arrêté V° Impôts n° 60.

Art. 4. — La perception des taxes est confiée au service des douanes.
Art. 5. — Les barques et jonques ayant déjà acquitté leur taxe en vertu de l'arrêté du 22 février 1889, ne seront soumises à aucun droit supérieur.
Art. 6. — M. le Résident supérieur au Tonkin est chargé de l'exécution du présent arrêté — PIQUET.

27. — 11 juin 1890. — CIRCULAIRE *complétant l'arrêté du 22 février 1889, sur la police des barques de mer et de rivière.*

Le tableau n° 3 annexé à l'arrêté du 22 février 1889 (1), règlementant la police des barques de mer et de rivière est ainsi complété.

	Numéros des résidences
TABLEAU N° 3.	
Thai-binh	n° 20
Bay-say	n° 21
My-duc	n° 22
Luc-nam	n° 23

Les autres résidences et vice-résidences conserveront le numéro qui leur a été affecté par ledit arrêté. — BONNAL.

28. — 10 mars 1891. — LOI *sur les accidents et collisions en mer* (2).

CHAPITRE PREMIER
DES DÉLITS ET DES PEINES

Article premier. — Tout capitaine, patron ou officier de quart, qui se rend coupable d'une infraction aux règles prescrites par les décrets en vigueur sur les feux à allumer la nuit et les signaux à faire en temps de brume, est puni d'une amende de 10 à 300 francs, et d'un emprisonnement de trois jours à un mois, ou de l'une de ces deux peines seulement.
Art. 2. — Si l'infraction prévue à l'article précédent, ou toute autre infraction aux règles prescrites sur la route à suivre ou les manœuvres à exécuter en cas de rencontre d'un bâtiment, est suivie d'un abordage, l'amende est portée à 500 francs et l'emprisonnement à trois mois.
Si l'abordage a pour conséquence la perte ou l'abandon d'un des navires abordés, ou s'il entraîne soit des blessures, soit la mort pour une ou plusieurs personnes, le coupable est puni d'une amende de 50 à 1.000 francs et d'un emprisonnement de quinze jours à six mois ; le retrait de la faculté de commander peut, en outre, être prononcé pour trois ans au plus.
Art. 3. — Tout homme de l'équipage qui se rend coupable d'un défaut de vigilance ou de tout autre manquement aux obligations de son service, suivi d'un abordage ou d'un naufrage, est puni d'une amende de 16 à 100 francs et d'un emprisonnement de dix jours à quatre mois, ou de l'une de ces deux peines seulement.
Art. 4. — Après un abordage, le capitaine, maître ou patron de chacun des navires abordés, est tenu, autant qu'il peut le faire sans danger pour son navire, son équipage et ses passagers, d'employer tous les moyens dont il dispose pour sauver l'autre bâtiment, son équipage et ses passagers, du danger créé par l'abordage. Hors le cas de force majeure, il ne doit pas s'éloigner du lieu du sinistre avant de s'être

(1) Voir cet arrêté V° Impôts, n° 60.
(2) Voir circulaire ministérielle du 13 juin 1892 et l'arrêté du 17 janvier 1894.

assuré qu'une plus longue assistance leur est inutile, et si ce bâtiment a sombré, avant d'avoir fait tous ses efforts pour recueillir les naufragés.

Tout capitaine, maître ou patron qui enfreint les prescriptions précédentes est puni d'une amende de 200 à 3.000 francs, d'un emprisonnement d'un mois à un an, et du retrait temporaire ou définitif de la faculté de commander.

L'emprisonnement peut être porté à deux ans, si une ou plusieurs personnes ont péri dans le naufrage.

Art. 5. — Après un abordage, le capitaine, maître ou patron de chacun des navires abordés, est tenu, s'il le peut sans danger pour son navire, son équipage et ses passagers, de faire connaître au capitaine de l'autre bâtiment les noms de son propre navire et du port d'attache, de départ et de destination de celui-ci, sous peine d'une amende de 50 à 500 francs et d'un emprisonnement de six jours à trois mois.

Art. 6. — Tout capitaine, maître ou patron coupable d'avoir perdu, par négligence ou impéritie, le navire qu'il était chargé de conduire, est puni du retrait temporaire ou définitif de la faculté de commander.

Art. 7. — Un règlement d'administration publique fixera les moyens de sauvetage dont devront être pourvus les navires affectés au transport des passagers, suivant leur tonnage et la nature de leurs voyages.

Tout capitaine qui prend la mer sans être pourvu de ses moyens de sauvetage, qui ne les entretient pas en état de service, ou ne les remplace pas au besoin, est puni d'une amende de 50 à 4.500 francs.

Art. 8. — Tout armateur qui n'a pas pourvu son navire des moyens d'établir et d'entretenir les feux et de faire les signaux de brume réglementaires, est puni d'une amende de 100 à 2.000 francs.

Dans le cas où son navire est affecté au transport des passagers, si l'armateur ne l'a pas pourvu des moyens de sauvetage fixés par le règlement d'administration publique, il est puni d'une amende de 100 à 3.000 francs.

Ces peines sont prononcées indépendamment de celles dont sont passibles les capitaines, maîtres ou patrons, en vertu des articles précédents.

Toutefois, l'armateur sera affranchi de toute responsabilité pénale s'il a fait constater par la commission de visite prescrite par l'article 225 du Code de commerce, que son navire est pourvu de tous les appareils exigés par les règlements.

Art. 9. — L'article 463 du Code pénal est applicable aux cas prévus par la présente loi.

CHAPITRE II

DES JURIDICTIONS ET DE LA PROCÉDURE

Art. 10. — La connaissance des délits prévus par la présente loi, est attribuée à la juridiction des tribunaux maritimes commerciaux institués par le Code disciplinaire et pénal de la marine marchande, du 24 mars 1852.

Dans les cas prévus par l'article 1er, il n'est en rien dérogé aux dispositions de ce code concernant la composition de ces tribunaux et le lieu où ils se réunissent.

Art. 11. — Dans les cas prévus par les articles 2, 3, 4, 5, 6 et 8, le tribunal est toujours réuni dans un des ports de France, chef-lieu d'arrondissement ou de sous-arrondissement maritime.

Les cinq membres qui le composent sont :

Un capitaine de vaisseau ou de frégate, président ; Un juge du tribunal de commerce, juge ; Un lieutenant de vaisseau, juge ; Deux capitaines au long cours, juges.

Le capitaine de vaisseau ou de frégate et le lieutenant de vaisseau sont désignés par le préfet maritime de l'arrondissement.

Le juge du tribunal de commerce et les capitaines au long cours sont désignés par le président du tribunal de commerce du lieu, ou à défaut de tribunal de commerce sur les lieux, de celui du tribunal de commerce le plus voisin.

Art. 12. — Lorsque le capitaine d'un navire de commerce, poursuivi devant le tribunal composé conformément à l'art. 11, est un officier appartenant au corps de la marine, les capitaines au long cours siégeant comme juges sont remplacés par deux officiers du même grade que l'inculpé, désignés par le préfet maritime de l'arrondissement.

Art. 13. — Chaque fois que le tribunal maritime commercial est composé conformément à l'art. 11, un commissaire-rapporteur, pris parmi les officiers de la marine en activité ou en retraite, et désigné par le ministre, est chargé de l'instruction, et remplit près ce tribunal les fonctions de ministère public.

Un officier ou un employé du commissariat de la marine, désigné par le préfet maritime de l'arrondissement, remplit les fonctions de greffier.

Art. 14. — Les commandants des bâtiments de l'État, les consuls et les commissaires de l'inscription maritime ont qualité pour faire rechercher et constater les délits prévus par les articles 1, 7 et 8 de la présente loi, pour recevoir à leur sujet les plaintes des capitaines, des équipages et des passagers des navires de commerce, ainsi que les procès-verbaux des experts chargés de la visite de ces navires, enfin pour assembler, conformément aux prescriptions des articles 10 et suivants du code disciplinaire et pénal pour la marine marchande du 24 mars 1852, les tribunaux maritimes commerciaux qui doivent connaître des infractions à l'article 1er de la présente loi.

Art. 15. — Dans les cas autres que ceux qui sont prévus par l'article 1er de la présente loi, les commandants des bâtiments de l'État, les consuls ou les commissaires de l'inscription maritime procèdent à une enquête et en transmettent les résultats au ministre, avec les procès-verbaux, plaintes et rapports qui l'ont motivée.

Si la contravention prévue par l'un des art. 7 et 8 est constatée dans un port de France, l'autorité maritime de ce port transmet également les pièces et les résultats de l'enquête au ministre de la marine.

Si, d'après les résultats de l'enquête, le ministre juge que le délit signalé doit être déféré au tribunal maritime commercial, composé conformément à l'article 11, il ordonne la formation de ce tribunal dans le chef-lieu d'arrondissement ou de sous-arrondissement maritime où il lui paraît le plus facile de procéder à l'instruction et d'éclairer la justice.

Il fait parvenir en même temps le dossier de l'enquête au commissaire-rapporteur qu'il a désigné.

Art. 16. — Le commissaire-rapporteur procède à l'instruction. Dès qu'elle est terminée, il remet les pièces au président du tribunal, qui fixe le jour et l'heure de l'audience, après en avoir prévenu le préfet maritime ou le chef du service de la marine du port.

Art. 17. — Les jugements sont rendus à la majorité des voix.

La question de l'application de l'article 463 du code pénal doit toujours être posée.

Art. 18. — Les jugements des tribunaux maritimes commerciaux, composés conformément à l'article 11 de la présente loi, peuvent être l'objet d'un recours devant un des tribunaux de révision permanents institués par l'article 47 du code de justice militaire pour l'armée de mer, du 4 juin 1858.

Les délais, la forme de ces recours et la procédure devant ces tribunaux seront ceux indiqués par le même code. Le recours sera porté devant le tribunal maritime dans le ressort duquel le jugement aura été rendu.

Art. 19. — Dans tous les cas où une condamnation à la peine de l'emprisonnement a été prononcée par application de la présente loi, et dès qu'elle est devenue définitive, le commissaire-rapporteur près le tribunal maritime commercial ou le commissaire de la République près le tribunal de révision, remet le condamné sans délai, avec une expédition du jugement, au procureur de la République du lieu, qui fait exécuter la sentence.

La peine du retrait de la faculté de commander est mise à exécution par les soins du préfet maritime ou du chef du service de la marine, suivant le cas, sur les réquisitions du ministère public.

Le recouvrement des amendes est poursuivi dans la forme ordinaire par les agents du département des finances, à la requête du ministère public.

Art. 20. — Toutes les sommes provenant des amendes prononcées en vertu de la présente loi sont versées dans la caisse des invalides de la marine.

Art. 21. — Les juridictions saisies des délits prévus par la présente loi ne connaissent pas de l'action civile.

Art. 22. — Les commandants, les officiers et les marins des bâtiments de l'État continuent à être soumis, pour tous les faits relatifs aux abordages, aux règles et juridictions instituées par le Code de justice militaire pour l'armée de mer, du 4 juin 1858, sans que, en cas d'abordage entre un bâtiment de l'État et un navire de commerce, les inculpés appartenant à ce dernier navire puissent, pour cause de connexité, être renvoyés devant un conseil de guerre.

Art. 23. — Les dispositions du décret du 24 mars 1852, particulièrement celles concernant la procédure, la tenue de l'audience, la forme des jugements et leur exécution, seront appliquées, en tant qu'elles ne sont pas contraires à la présente loi.

La présente loi, délibérée et adoptée par le Sénat et par la Chambre des députés, sera exécutée comme loi de l'État. — CARNOT.

20. — 13 juin 1892. — CIRCULAIRE MINISTÉRIELLE *sur l'interprétation à donner à la convention anglo-française du 23 octobre 1880, au sujet des naufrages de navires.*

A l'occasion du naufrage de deux navires anglais, l'un sombré à Rouen et l'autre coulé dans le bassin de l'Eure au Havre, M. le Chef du Service de la Marine dans ce dernier port m'a posé diverses questions concernant l'interprétation à donner à certaines dispositions de la convention signée, le 23 octobre 1880, avec l'Angleterre, notamment celle de savoir si l'article 216 du Code de commerce, ouvrant la faculté de se libérer par l'abandon du navire et du fret, peut être invoqué par le capitaine d'un bâtiment étranger.

J'ai cru devoir consulter, à cet égard, M. le Ministre des affaires étrangères. Vous trouverez, reproduite ci-après, la réponse qu'il m'a faite, à laquelle je n'ai rien à ajouter; je ne puis donc que vous inviter à vous conformer, le cas échéant, aux avis exprimés par mon collègue dans la lettre et la note ci-annexées. — G. CAVAIGNAC.

CIRCULAIRE

Paris, le 14 juin 1892.

Monsieur le Ministre et cher Collègue,

Le 22 avril dernier, vous m'avez transmis la copie d'une lettre de M. le Chef du Service de la Marine au Havre, relative à l'interprétation à donner à la convention signée le 23 octobre 1880 avec l'Angleterre, pour le règlement des naufrages, en ce qui concerne notamment les quatre questions suivantes:

1° Lorsqu'un consul anglais ne prend pas en main la gestion du naufrage d'un navire de son pays, l'Administration française peut-elle ou doit-elle agir d'office?

2° Est-il indispensable que le consul anglais notifie, dans ce cas, son désistement?

3° Le propriétaire d'un navire étranger a-t-il le droit de se libérer des obligations du capitaine par l'abandon du bâtiment et du fret, conformément à l'article 216 du Code de commerce?

4° Dans ce cas, n'est-ce pas par l'entremise de l'agent consulaire étranger, que l'offre d'abandon doit être adressée à l'Administration française?

Pour répondre au désir que vous m'avez exprimé, j'ai fait étudier ces questions et j'ai l'honneur de vous transmettre, ci-joint, une note faisant connaître le résultat de l'examen dont elles ont été l'objet de la part de mon Département.

Comme vous le verrez, il en résulte que le premier point doit se résoudre par l'affirmative. L'Administration française a le droit d'intervenir dans la liquidation du naufrage d'un navire étranger, lorsque l'agent consulaire compétent refuse d'agir; mais, pour ce qui est du désistement de l'agent, point qui fait l'objet de la deuxième question, on ne saurait aller jusqu'à en exiger la notification officielle, quelque désirable que puisse être, en fait, l'accomplissement de cette formalité.

La note ci-jointe établit, d'autre part, que le principe de la responsabilité qui peut incomber aux propriétaires du navire étranger, du fait des obligations du capitaine, dérive exclusivement du mandat qu'ils lui ont conféré.

C'est donc dans la loi sous l'empire de laquelle le contrat a été passé, qu'il faut rechercher la portée et les effets de ce mandat, et l'article 216 qui permet aux propriétaires de navires français de se libérer par l'abandon du navire et du fret, ne semble pas pouvoir être appliqué en droit strict aux propriétaires étrangers.

En fait, toutefois, rien ne paraît s'opposer à ce que l'Administration de la Marine accepte, le cas échéant et après entente régulière avec les intéressés, l'offre d'abandon d'un bâtiment étranger conformément aux conditions de l'article 216 précité.

Enfin, relativement à la quatrième question, il y a lieu de faire remarquer que lorsqu'un consul étranger s'abstient d'intervenir dans une liquidation de naufrage, aucun texte ne lui impose l'obligation de recevoir du capitaine, pour les faire parvenir aux autorités françaises, les pièces ou requêtes pouvant se rapporter à l'abandon. — RIBOT.

NOTE

Première question

Lorsqu'un consul britannique, présent sur les lieux, ne prend pas en main la gestion du naufrage, malgré le droit exclusif dont il peut se prévaloir en vertu de la déclaration du 23 octobre 1880, l'Administration de la marine peut-elle ou doit-elle agir d'office ?

La solution affirmative ne saurait souffrir de difficulté. L'autorité locale est naturellement compétente en pareil cas : elle doit s'effacer devant l'autorité consulaire, mais lorsque celle-ci intervient et fait le nécessaire. Si l'autorité consulaire, avertie, n'agit pas, son inaction ne peut paralyser l'autorité locale au grand dommage des intérêts privés et aussi de l'intérêt public, quand, comme dans l'espèce, le navire échoué met obstacle à la navigation. Cela se déduirait du bon sens; cela, du reste, peut se déduire des termes mêmes de la déclaration précitée. Dans le cas où l'éloignement, la maladie ou *toute autre cause* empêcherait les agents du service consulaire de pourvoir aux opérations et à la gestion du sauvetage, les autorités locales *qui resteraient chargées de ces opérations et de cette gestion seront tenues de remettre à ces agents les papiers de bord et le produit net du navire et de la cargaison.* (Article 4 de la déclaration.)

Deuxième question

N'est-il pas indispensable, pour que l'administration française se substitue définitivement à l'action consulaire, que le représentant du Gouvernement anglais nous notifie un désistement officiel de ses prérogatives ?

Toute difficulté sera évidemment levée si le consul anglais se désiste par un acte formel. La déclaration doit être interprétée comme lui donnant le droit d'intervenir dans l'intérêt de ses nationaux et ne lui en impose pas *l'obligation*. Mais il serait excessif de subordonner la régularité de l'intervention des autorités locales à un *désistement exprès*. Il semble qu'il suffirait d'une mise en demeure adressée au consul et restée sans effet.

Troisième question

Le capitaine d'un bâtiment étranger a-t-il le droit de se libérer par l'abandon du navire et du fret, ou le bénéfice de l'article 216 du Code de commerce est-il réservé au pavillon national ?

La question ainsi posée prête peut-être à l'équivoque. On pourrait l'entendre en ce sens que, si l'article 216 n'est pas applicable à un navire étranger, le propriétaire de ce navire sera nécessairement tenu *in infinitum* des obligations du capitaine, qu'elles résultent de contrats ou de délits. Cela ne serait pas exact. La cour suprême, dans un arrêt du 4 novembre 1891, a rejeté le pourvoi formé contre l'arrêt de Rennes du 12 décembre 1887, cité dans la lettre de M. le Commissaire de la Marine au Havre. Suivant elle, le principe de la responsabilité qui peut incomber aux propriétaires du navire dérive exclusivement du mandat confié par ceux-ci à leur capitaine; la solution du litige actuel dépendant, vis-à-vis d'eux, de l'existence et des conséquences légales dudit mandat, doit nécessairement être cherchée dans la loi sous l'empire de laquelle ce contrat a été passé et qui seule peut servir à en déterminer la portée et les effets. En conséquence, ce n'était pas l'article 216 qui pouvait être appliqué,

mais la loi anglaise sous l'empire de laquelle les armateurs avaient traité avec les capitaines.

La même solution doit être donnée dans les espèces sur lesquelles l'attention du Ministre de la marine est appelée. Mais l'application de la loi anglaise n'a pas pour conséquence l'obligation indéfinie pour les propriétaires du navire de réparer le dommage causé par le fait du capitaine. En effet, la loi anglaise admet bien que les propriétaires sont tenus sur tous leurs biens à raison des contrats du capitaine ; mais s'il s'agit de délits ou de quasi-délits, elle ne les déclare responsables des dommages causés à des choses, qu'à raison de 8 liv. sterl. par tonneau de jauge du navire à bord duquel la faute a été commise. La responsabilité s'élève à 15 liv. sterl. pour les dommages causés à des personnes. Dans les espèces actuelles, si on se conforme à la jurisprudence de la Cour de cassation, on dira que les propriétaires des navires échoués peuvent se libérer de l'obligation de réparer le préjudice en payant 8 liv. sterl. par tonneau de jauge de leurs navires. L'Administration a le droit de leur réclamer une indemnité ainsi fixée, au cas où elle jugera cette indemnité supérieure à la valeur des navires que les intéressés offrent d'abandonner.

S'il s'agissait de navires allemands ou italiens, le principe admis par la Cour de cassation entraînerait cette conséquence que les propriétaires pourraient se décharger en abandonnant le navire et le fret, la législation allemande et la législation italienne contenant une disposition analogue à celle de notre article 216.

Quatrième question

Si les capitaines étrangers ont le droit de se libérer comme les capitaines français, n'est-ce pas entre les mains du consul que cet abandon doit être fait et non au Commissaire de l'Inscription maritime qui n'a pas une suffisante connaissance de la législation anglaise pour acquérir la certitude que tous les intéressés sont représentés et qu'ils sont unanimes à consentir à l'abandon ?

D'après les explications fournies sur la troisième question, les capitaines anglais n'ont pas à faire d'abandon, puisque leur législation n'admet jamais cet abandon, mais limite seulement dans certains cas le montant de la responsabilité pécuniaire encourue. La question pourrait se présenter pour les capitaines de pays dont la législation admet la faculté d'abandon ou même pour des capitaines anglais qui offriraient de faire l'abandon, *s'il convenait à l'administration de l'accepter*.

Ceux qui veulent faire l'abandon doivent justifier de leur qualité et il serait assez naturel que le consul intervînt pour attester cette qualité. Mais, en l'absence de texte, on ne peut envisager cette intervention comme une condition *sine quâ non* de l'abandon.

30. — 11 avril 1893. — ARRÊTÉ *étendant à l'Annam l'obligation pour les patrons de bateaux ou chaloupes d'assurer le service postal.*

Article premier. — L'effet de l'arrêté du 16 octobre 1886, sur l'obligation des patrons de bateaux ou chaloupes naviguant au Tonkin, pour assurer le service des correspondances postales, est étendu à l'Annam.

Art. 2. — Le Résident supérieur en Annam est chargé de l'exécution du présent arrêté. — DE LANESSAN.

31. — 29 décembre 1893. — PROMULGATION *du décret du 1er février 1893, sur les appareils à vapeur à bord des bateaux.*

Article premier. — Est promulgué dans toute l'étendue de l'Indo-Chine le décret du 1er février 1893, relatif aux appareils à vapeur à bord des bateaux naviguant dans les eaux maritimes.

Art. 2. — Le Lieutenant-gouverneur de la Cochinchine, les Résidents supérieurs en Annam, au Tonkin et au Cambodge sont chargés, chacun en ce qui le concerne, de l'exécution du présent arrêté. — DE LANESSAN.

DÉCRET *du 1er février 1893*

Article premier. — Sont assujettis aux dispositions du présent décret les bateaux français à bord desquels se trouvent des appareils à vapeur et qui naviguent sur mer, sur les étangs d'eau salée et dans la partie maritime des fleuves, en aval d'une limite déterminée, pour chaque fleuve, par décret rendu après enquête, sur le rapport du ministre des travaux publics et du ministre de la marine.

TITRE PREMIER

DES PERMIS DE NAVIGATION

SECTION PREMIÈRE

FORMALITÉS PRÉLIMINAIRES

Art. 2. — Aucun bateau à vapeur ne peut être mis en service sans un permis de navigation délivré après vérification de l'état des générateurs à vapeur et de l'appareil moteur, sans préjudice de l'exécution des conditions imposées à tous les navires de commerce français, tant par le code de commerce que par les lois et règlements sur la navigation.

Toute demande en permis de navigation est adressée par le propriétaire du bateau au préfet du département où se trouve le port d'armement de ce bateau.

Art. 3. — Dans sa demande, le propriétaire fait connaître :

1° Le nom du bateau, son port d'armement et son port d'attache ;

2° Ses principales dimensions, son tirant d'eau, lège et au maximum de charge, et le déplacement qui ne doit pas être dépassé, exprimé en tonneaux de 1.000 kilogr. ;

3° Les hauteurs de la ligne de flottaison, correspondant au déplacement maximum, rapportées à des points de repère invariablement établis au-dessus de cette flottaison, à l'avant, à l'arrière et au milieu du bateau ;

4° Le service auquel le bateau est destiné (transport des passagers ou marchandises, remorquage, etc.) et le genre de navigation qu'il est appelé à desservir (long cours, cabotage, bornage, etc.) ;

5° Le nombre maximum des passagers qui pourront être reçus dans le bateau ;

6° Le nom et le domicile du vendeur des chaudières, ou l'origine de ces appareils, la nature des matériaux employés pour la construction de leurs diverses parties ;

7° Les surfaces de grille et de chauffe et la capacité des chaudières, ainsi que les volumes d'eau et de vapeur dont la somme forme cette capacité ;

8° Le numéro du timbre exprimant, en kilogrammes par centimètre carré, la pression effective maximum sous laquelle ces appareils doivent fonctionner ;

9° Un numéro d'ordre distinctif par chaque chaudière, si le bateau en porte plusieurs ;

10° Le nombre et la définition des soupapes de sûreté ;

11° Le système des machines et leur puissance en chevaux de 75 kilogrammètres par seconde, indiqués sur les pistons ;

12° Les dispositions générales de l'appareil moteur ;

13° S'il y a lieu, le nombre, la capacité et le timbre des récipients de vapeur placés à bord.

Cette demande est accompagnée d'un dessin détaillé et coté des chaudières et des soupapes de sûreté, et d'un plan d'ensemble du bateau, figurant les soutes à marchandises et à charbon, avec indication de leur capacité, et les aménagements affectés aux passagers.

Elle est envoyée par le préfet à la commission de surveillance compétente, conformément à l'article 35 du présent décret.

SECTION II

DES VISITES ET DES ESSAIS DES BATEAUX A VAPEUR

Art. 4. — La commission de surveillance visite les bateaux à vapeur à l'effet de s'assurer :

1° Si les chaudières et les récipients ont été soumis aux épreuves voulues, et si ces appareils sont pourvus des moyens de sûreté prescrits par le présent décret ;

2° Si les chaudières, à raison de leur forme, du mode de jonction de leur diverses parties, de la nature des matériaux employés, ou autres conditions de leur construction, ne présentent aucune cause particulière de danger ;

3° Si l'on a pris toutes les précautions nécessaires, d'une part pour prévenir les chances d'incendie, et, d'autre part, dans le cas spécial où le bateau serait destiné à un service de passagers, pour éviter tous autres accidents qui pourraient être causés par l'appareil moteur.

Art. 5. — Indépendamment de la visite, la commission assiste à un essai dont elle trace le programme en se conformant aux conditions qui seront définies par une instruction ministérielle ; elle en constate les résultats et détermine notamment la puissance des machines motrices.

Le propriétaire fournit le personnel et le matériel nécessaires pour cet essai et en supporte tous les frais.

Art. 6. — La commission dresse un procès-verbal de ses opérations et l'envoie immédiatement au préfet du département, avec ses propositions motivées, concluant à la délivrance, à l'ajournement ou au refus du permis.

SECTION III

DÉLIVRANCE DES PERMIS DE NAVIGATION

Art. 7. — Sur le vu de ce procès-verbal, et dans un délai maximum de huit jours à dater de sa remise, le préfet statue, s'il adopte l'avis de la commission : lorsque cet avis est favorable, il délivre le permis de navigation ; lorsque l'avis est défavorable, il notifie au demandeur une décision motivée portant refus ou ajournement, sauf recours devant le ministre des travaux publics.

Si le préfet n'adopte pas l'avis de la commission, il défère la décision au ministre des travaux publics dans le même délai de huit jours, et en informe le demandeur.

Le ministre, saisi de la question, soit par le préfet en cas de désaccord entre celui-ci et la commission, soit par le demandeur formant recours contre la décision du préfet, statue après avoir pris l'avis de la commission centrale des machines à vapeur.

Art. 8. — Dans le permis de navigation sont énoncés ;

1° Les déclarations faites par le propriétaire, conformément aux cinq premiers paragraphes de l'article 3 ci-dessus ;

2° Les surfaces de grille et de chauffe et la capacité des chaudières, ainsi que les volumes d'eau et de vapeur dont la somme forme cette capacité ;

3° Le numéro du timbre exprimant, en kilogrammes par centimètre carré, la pression effective maximum sous laquelle ces appareils doivent fonctionner ;

4° Le nombre et la définition des soupapes de sûreté, ainsi que les conditions auxquelles elles doivent satisfaire, conformément à l'article 18.

5° Le système des machines et leur puissance en chevaux de 75 kilogrammètres par seconde, indiqués sur le piston, telle qu'elle résulte de l'essai prévu à l'article 5 ;

6° S'il y a lieu, le nombre, la capacité et le timbre des récipients de vapeur placés à bord.

Art. 9. — Le permis de navigation cesse d'être valable et doit être renouvelé, soit en cas de changement de nature à faire modifier les énonciations mentionnées à l'article 8, soit en cas d'inobservation, par le fait du propriétaire, des prescriptions des articles 13 et 37 ci-après. Le renouvellement du permis a lieu dans les mêmes formes que sa délivrance ; toutefois, l'essai prévu à l'article 5 ci-dessus pourra ne pas être renouvelé.

Art. 10. — Le permis de navigation peut être suspendu ou révoqué par le préfet, dans les cas prévus par l'article 39.

Art. 11. — Si le bateau a été construit et mis en état de naviguer ailleurs que dans son port d'armement, le propriétaire doit obtenir du préfet du département une autorisation provisoire de navigation pour faire arriver le bateau au port d'armement. La commission de surveillance compétente, aux termes soit du présent décret, soit du décret du 9 avril 1883, est consultée sur la demande.

Cette autorisation provisoire ne dispense pas le propriétaire du bateau de l'obligation d'obtenir un permis définitif dans le port d'armement.

TITRE II

ÉPREUVES ET MESURES DE SURETÉ RELATIVES AUX APPAREILS A VAPEUR

SECTION PREMIÈRE

ÉPREUVES DES CHAUDIÈRES A VAPEUR

Art. 12. — Aucune chaudière à vapeur ne peut être mise en service si elle n'a subi la double épreuve ci-après :

L'une chez le constructeur, par le service de la surveillance des appareils à vapeur du département ;

L'autre, à bord, par les soins de la commission de surveillance, après que la chaudière a été entièrement montée et munie de tous ses accessoires.

Toute chaudière de l'étranger est éprouvée en France par la commission de surveillance, avant et après sa mise à bord. Toutefois, si la mise à bord a lieu à l'étranger, la double épreuve est faite dans les conditions prévues à l'article 43 ci-après.

Art. 13. — L'épreuve est renouvelée périodiquement, de manière que l'intervalle entre deux épreuves consécutives ne soit pas supérieur à une année.

Avant l'expiration de ce délai, le propriétaire doit lui-même demander l'épreuve.

Elle est renouvelée également :

1° Lorsque la chaudière ou une partie de la chau-

dière a subi des changements ou des réparations notables ;

2° Lorsque, par suite d'une nouvelle installation, d'un chômage prolongé ou d'un accident quelconque, il y a lieu d'on suspecter la solidité.

Le propriétaire est tenu d'aviser le préfet de toute circonstance de nature à motiver une épreuve exceptionnelle. La commission peut, au besoin, en provoquer une d'office. Dans l'un et l'autre cas, le préfet statue, sur les propositions de la commission de surveillance, le propriétaire entendu, sauf recours au ministre.

Le renouvellement a lieu par les soins de la commission de surveillance dans le port de laquelle la nécessité en a été constatée.

Art. 14. — L'épreuve consiste à soumettre les chaudières à une pression hydraulique supérieure à celle qui ne doit pas être dépassée dans le service.

Pour les chaudières neuves, remises à neuf ou refondues, la surcharge d'épreuve est égale à la pression effective indiquée par le timbre, sans jamais être inférieure à un demi-kilogramme ni supérieure à six kilogrammes.

Dans les autres cas prévus par l'article 13, la surcharge d'épreuve est égale à la moitié de la pression effective indiquée par le timbre, sans jamais être inférieure à un quart de kilogramme ni supérieure à trois kilogrammes.

Art. 15. — La pression d'épreuve est maintenue pendant le temps nécessaire à l'examen de la chaudière, dont toutes les parties doivent être visitées.

Le propriétaire fournit le personnel et le matériel nécessaires pour l'épreuve, et en supporte tous les frais.

Art. 16. — Après qu'une chaudière ou partie de chaudière a été éprouvée avec succès, il y est apposé un timbre indiquant d'une manière très apparente, en kilogrammes par centimètre carré, la pression effective que la vapeur ne doit pas dépasser.

Les timbres sont poinçonnés par l'agent chargé de procéder à l'épreuve et reçoivent, par ses soins, trois nombres, indiquant le jour, le mois et l'année de l'épreuve.

Art. 17. — L'épreuve n'est pas exigée pour l'ensemble d'une chaudière dont les diverses parties, éprouvées séparément, ne doivent être réunies que par des tuyaux placés, sur tout leur parcours, en dehors du foyer des conduits de flamme, et dont les joints peuvent être facilement démontés.

Pour les chaudières qui ne doivent pas être soumises au chauffage à feu nu, les conditions des épreuves sont déterminées par l'article 24 ci-après.

SECTION II

DES APPAREILS DE SURETÉ DONT LES CHAUDIÈRES A VAPEUR DOIVENT ÊTRE MUNIES

§ 1er — Des soupapes de sûreté

Art. 18. — Chaque chaudière est munie de deux soupapes de sûreté, convenablement installées, chargées de manière à laisser la vapeur s'écouler dès que sa pression atteint la limite maximum indiquée par le timbre dont il est fait mention à l'article 16.

Chacune des soupapes doit suffire pour évacuer à elle seule toute la vapeur produite, quelle que soit l'activité du feu, sans que la pression effective dépasse de plus d'un dixième la limite ci-dessus.

L'une de ces soupapes peut être remplacée par une soupape avertisseuse, de vingt millimètres environ de diamètre, chargée par un poids, placée bien en vue, et laissant échapper sa vapeur directement dans la chaufferie dès que la pression de la vapeur dépasse d'un vingtième la même limite.

§ 2. — *Des manomètres*

Art. 19. — Chaque chaudière est munie d'un manomètre en bon état, convenablement installé, placé en vue du chauffeur et gradué de manière à indiquer, en kilogrammes, la pression effective de la vapeur, dans la chaudière ; ce manomètre doit être convenablement éclairé en tout temps.

Une marque très apparente sur l'échelle du manomètre indique la limite que la pression ne doit pas dépasser.

Les chaudières qui ont des foyers sur plusieurs façades doivent être pourvues d'un manomètre sur chacune d'elles.

La chaudière est munie, en outre, d'un ajustage, terminé par une bride de 4 centimètres de diamètre et de 5 millimètres d'épaisseur, disposée pour recevoir le manomètre vérificateur.

Il doit toujours y avoir à bord un manomètre de rechange.

§ 3. — *De l'alimentation et des indicateurs du niveau de l'eau*

Art. 20. — Toute chaudière est en communication avec deux appareils d'alimentation convenablement installés, chacun de ces appareils devant pouvoir suffire aux besoins de la chaudière dans toutes les circonstances ; l'un d'eux au moins doit fonctionner par des moyens indépendants de la machine motrice du bateau.

Chaque chaudière est munie d'un appareil de retenue, soupape ou clapet, fonctionnant automatiquement et placé à l'insertion de chaque tuyau d'alimentation.

Lorsque plusieurs corps de chaudière sont en communication, l'appareil de retenue est obligatoire pour chacun d'eux.

Art. 21. — Chaque corps de chaudière est muni d'un appareil d'arrêt de vapeur (soupape, valve, robinet, etc.), placé autant que possible à l'origine du tuyau de conduite de vapeur, sur la chaudière même.

Art. 22. — Toute paroi de chaudière en contact, par une de ses faces, avec la flamme, doit être baignée par l'eau sur la face opposée.

La plan de feu doit être maintenu à un niveau de marche tel qu'il soit à une hauteur moyenne de 15 centimètres au moins au-dessus du point pour lequel la condition précédente cesserait d'être satisfaite dans la position normale du navire. Cette hauteur peut toutefois être réduite jusqu'à 10 centimètres pour les chaudières de petite dimension, sur l'avis de la commission de surveillance. Le niveau ainsi déterminé est indiqué d'une manière très apparente, au voisinage du tube de niveau mentionné à l'article 23 ci-après.

Les prescriptions énoncées au paragraphe précédent du présent article ne s'appliquent point :

1° Aux surchauffeurs de vapeur distincts de la chaudière ;

2° A des surfaces relativement peu étendues et placées de manière à ne jamais rougir, même lorsque le feu est poussé à son maximum d'activité, telles que les tubes ou parties de cheminées qui traversent le réservoir de vapeur en envoyant directement à la cheminée principale les produits de la combustion ;

3° Aux générateurs dits « à petits éléments » ;

4° Aux générateurs dits « à production de vapeur instantanée ».

Art. 23. — Chaque chaudière est munie de deux appareils indicateurs du niveau de l'eau, convenablement disposés, indépendants l'un de l'autre, placés en vue de l'agent chargé de l'alimentation et suffisamment espacés.

L'un de ces deux indicateurs est un tube de verre ou autre appareil à paroi transparente, laissant voir le niveau de l'eau, disposé de manière à pouvoir être facilement nettoyé ; cet indicateur doit être convenablement éclairé en tout temps.

L'autre est un système de trois robinets étagés, ou de deux seulement pour les petites chaudières.

Les chaudières qui ont des foyers sur plusieurs façades doivent être pourvues, sur chacune de celles-ci, des appareils indicateurs du niveau de l'eau.

Il y a, sur chaque bateau à vapeur, les pièces de rechange nécessaires pour l'entretien de ces appareils.

SECTION III
DES RÉCIPIENTS PLACÉS A BORD DES BATEAUX

Art. 24. — Sont soumis aux épreuves, conformément aux articles 12, 13, 14, 15 et 16, les récipients, de formes diverses, d'une capacité de plus de 100 litres, qui reçoivent de la vapeur empruntée à un générateur distinct, lorsque leur communication avec l'atmosphère n'est point établie par des moyens excluant toute pression effective notable.

Toutefois, la surcharge d'épreuve est égale à la moitié de la pression maximum à laquelle l'appareil doit fonctionner, sans que cette surcharge puisse excéder quatre kilogrammes par centimètre carré.

Sont assimilées aux récipients les chaudières dans lesquelles la vaporisation est obtenue, non par le chauffage à feu nu, mais au moyen de réactions chimiques ou d'autres sources de chaleur ne produisant jamais que des températures modérées, ainsi que les réservoirs dans lesquels de l'eau à haute température est emmagasinée à l'effet de fournir ensuite un dégagement de vapeur ou de chaleur, quel qu'en soit l'usage.

Art. 25. — Les récipients sont munis d'une soupape de sûreté réglée pour la pression indiquée par le timbre, à moins que cette pression ne soit égale ou supérieure à celle fixée pour le générateur qui l'alimente.

Cette soupape doit suffire à maintenir, pour tous les cas, la vapeur dans le récipient à un degré de pression qui n'excède pas de plus d'un dixième la limite du timbre.

Elle peut être placée, soit sur le récipient lui-même, soit sur le tuyau d'arrivée de la vapeur, entre le robinet et le récipient.

TITRE III
DE L'INSTALLATION ET DU SERVICE DES BATEAUX A VAPEUR. DISPOSITIONS RELATIVES AUX PASSAGERS

Art. 26. — Les soutes à charbon doivent être convenablement isolées des chaudières. Elles sont munies de tuyaux permettant d'y injecter de la vapeur, à moins que le préfet, sur l'avis de la commission de surveillance, ne décide que cette précaution n'est pas nécessaire.

Des précautions doivent être prises pour mettre les personnes à l'abri des accidents auxquels pourrait les exposer l'approche des parties mobiles.

Les locaux de l'appareil moteur et de toute

chaudière à feu doivent être isolés par des cloisons solidement construites en tôle, ou revêtues intérieurement de feuilles de tôle d'un millimètre d'épaisseur au moins, et soigneusement assemblées.

Le plancher et les parois intérieures de la forge doivent également être revêtus en tôle.

Toutes les ouvertures pratiquées au-dessus des machines et des chaudières sont munies d'un grillage métallique, si elles ne sont pas habituellement fermées par un panneau plein.

Art. 27. — La ligne de flottaison, correspondant au déplacement qui ne doit pas être dépassé, est indiquée, d'une manière très apparente, au milieu de chaque bord du bateau, d'après les points de repère mentionnés sur le permis de navigation.

Art. 28. — Il y a, à bord de chaque bateau à vapeur, un chef mécanicien, chargé de la direction et de la conduite des appareils à vapeur, sous l'autorité du capitaine.

Il y a, en outre, autant de mécaniciens auxiliaires, de graisseurs et de chauffeurs que le service des appareils l'exige.

Sur tous les bateaux naviguant au long cours et sur ceux naviguant au cabotage, dont la machine a une puissance d'au moins 300 chevaux de 75 kilogrammètres par seconde indiquée sur le piston, les fonctions de chef mécanicien ne peuvent être remplies que par un mécanicien de 1re classe; sur les bateaux naviguant au long cours, il y a au moins un autre mécanicien de 1re ou de 2e classe.

Sur les bateaux naviguant au cabotage, dont la machine est de moins de 300 chevaux et sur ceux naviguant au bornage, les fonctions de chef mécanicien peuvent être remplies par un mécanicien de 2e classe.

Art. 29. — Les conditions nécessaires pour obtenir le brevet de mécanicien de 1re et de 2e classe sont déterminées par des arrêtés pris par le ministre des travaux publics, après avis du ministre de la marine.

Art. 30. — Il est tenu, par les soins du chef mécanicien, un journal où sont relatés tous les faits concernant le fonctionnement et l'entretien des appareils à vapeur. Ce journal, coté et paraphé par le commissaire de l'inscription maritime, est visé chaque jour par le capitaine, qui peut y consigner ses observations.

Art. 31. — Le capitaine inscrit sur le journal de bord les circonstances relatives à l'appareil moteur, qui sont dignes de remarque. Il y mentionne les avaries et les réparations notables.

Art. 32. — Il est interdit à toute personne étrangère au service de s'introduire, sans permission spéciale, dans la chambre des machines ou dans la chambre de chauffe.

Art. 33. — Il est tenu, dans chaque bateau à vapeur, un registre coté et paraphé par le commissaire de l'inscription maritime. Ce registre est destiné à recevoir les réclamations des passagers qui auraient des plaintes ou des observations à formuler. Il est présenté à toute réquisition des passagers.

Le capitaine peut également y consigner les observations qu'il jugerait convenables, ainsi que les faits qu'il lui paraîtrait important de faire attester par les passagers.

Les différentes autorités que l'article 40 ci-après charge de la surveillance des bateaux à vapeur ont le droit de se faire communiquer ce registre à toute réquisition.

Art. 34. — Dans les salles où se tiennent les passagers, un extrait du présent décret est affiché en un lieu très apparent, avec l'indication de la faculté qu'ont les passagers de consigner leurs plaintes et leurs observations sur le registre ouvert à cet effet.

TITRE IV
DE LA SURVEILLANCE ADMINISTRATIVE DES APPAREILS A VAPEUR PLACÉS A BORD DES BATEAUX

Art. 35. — Dans chaque port fréquenté par des bateaux à vapeur, le ministre des Travaux publics institue une commission de surveillance dont il nomme les membres sur les propositions que le préfet lui adresse, après avoir pris l'avis de l'ingénieur en chef du port.

Cette commission est présidée par l'ingénieur en chef du port; ses membres sont choisis parmi les ingénieurs des ponts et chaussées et des mines, les officiers de marine, les officiers du génie maritime, les officiers mécaniciens de la flotte, les commissaires de l'inscription maritime, les officiers ou maîtres de port et autres personnes recommandées par leur compétence.

Les ingénieurs des ponts et chaussées chargés du service du port, le directeur des mouvements du port, le commissaire ou le préposé à l'inscription maritime, l'un des officiers ou maître de port, ainsi qu'un ingénieur des mines et un officier du génie maritime, s'il en est qui résident dans le port, font nécessairement partie de la commission. Les fonctions de secrétaire sont remplies par l'ingénieur ordinaire chargé de l'exploitation du port.

Dans chaque commission, le président a voix prépondérante en cas de partage.

Le ministre des travaux publics peut, lorsqu'il le juge nécessaire, adjoindre à la commission de surveillance un ou plusieurs agents rétribués, chargés de l'assister dans ses travaux.

Il peut étendre la surveillance d'une commission en dehors du port où elle est instituée, sur une étendue de côte ou de rivière déterminée.

Art. 36. — Les commissions de surveillance ont mission de faire à bord des bateaux à vapeur, avant et après leur mise en service, toutes visites, épreuves et essais, à l'effet de s'assurer qu'à toute époque les appareils à vapeur placés à bord des bateaux satisfont aux prescriptions réglementaires.

Elles sont consultées par les préfets, qui demeurent chargés, sous l'autorité du ministre des travaux publics, de prendre toutes les mesures que comporte l'exécution du présent décret.

Leur action s'étend sur tous les bateaux à vapeur présents dans leur port.

Les commissions de surveillance peuvent déléguer un ou plusieurs de leurs membres pour faire des visites individuelles.

En cas d'urgence, le président de chaque commission de surveillance prend, à titre provisoire, telles mesures que de droit, sous réserve de la décision définitive à prendre par le préfet; il rend immédiatement compte au préfet des mesures ainsi prises, en même temps qu'il lui communique l'avis de la commission.

Art. 37. — Tout propriétaire de bateau à vapeur doit provoquer la visite de son bateau par une commission de surveillance, au moins une fois par an. A cet effet, quinze jours avant l'expiration d'une année à compter de la dernière visite, il est tenu d'adresser au préfet du département dans lequel doit avoir lieu la visite, une demande indiquant le

28

jour à partir duquel le bateau sera mis à la disposition de la commission de surveillance.

Le préfet délivre immédiatement récépissé de cette demande.

Art. 38. — Les visites ainsi que les renouvellements d'épreuve, effectués conformément au titre II, sont mentionnés, à leur date, par la commission elle-même, sur le permis de navigation, dont le capitaine doit toujours être muni.

Ce permis est communiqué à toute réquisition des fonctionnaires et agents préposés à la surveillance, ainsi que le journal du bord et le journal prévu à l'article 20.

La commission adresse au préfet le procès-verbal de chacune de ses visites.

Dans ce procès-verbal, elle consigne ses propositions sur les mesures à prendre, si l'appareil moteur ou le bateau ne présente plus des garanties suffisantes de sécurité.

Art. 39. — Sur les propositions de la commission de surveillance, le préfet ordonne les mesures nécessaires et peut suspendre le permis de navigation jusqu'à l'entière exécution de ces mesures.

Il peut également suspendre et au besoin révoquer le permis de navigation dans tous les cas où, par suite soit d'avaries, soit d'inexécution du présent décret, la sûreté publique serait compromise.

En cas de révocation, il rend immédiatement compte au ministre de sa décision.

Le propriétaire peut, en tout cas, déférer la décision du préfet au ministre des travaux publics, qui statue après avoir pris l'avis de la commission centrale des machines à vapeur.

Art. 40. — La surveillance permanente des bateaux à vapeur, en ce qui concerne les mesures prescrites par le présent décret, est exercée par les autorités désignées à l'article 21 de la loi du 21 juillet 1856, c'est-à-dire par les ingénieurs des mines, les ingénieurs des ponts et chaussées, les contrôleurs des mines, les conducteurs et autres employés des ponts et chaussées et des mines commissionnés à cet effet, les maires et adjoints, les commissaires de police, les officiers et maîtres de port, les membres des commissions de surveillance, et, dans les ports étrangers, les hommes de l'art qui sont désignés par les consuls, en vertu de l'article 43 ci-après.

Art. 41. — Lorsqu'il survient aux appareils à vapeur d'un bateau un accident de nature à compromettre la sécurité, le propriétaire ou, à son défaut, le capitaine doit immédiatement ou dès l'arrivée du bateau dans un port français, en donner avis au président de la commission de surveillance et, s'il y a eu mort d'homme ou blessure, au préfet et à l'autorité chargée de la police locale. La commission ou son délégué se rend sur les lieux dans le plus bref délai possible, pour visiter les appareils, en constater l'état et rechercher les causes de l'accident. Elle dresse de sa visite un rapport qui est transmis au préfet, et, en cas d'accident ayant occasionné la mort ou des blessures, au procureur de la République.

En cas d'explosion dans le port, les bateaux ne doivent point être réparés, à moins que la sûreté publique ne soit en jeu, et les fragments de l'appareil rompu ne doivent point être déplacés ou dénaturés avant la constatation de l'état des lieux par la commission de surveillance.

Art. 42. — Dans les ports des colonies françaises, les commissions de surveillance sont nommées par le Gouverneur ou le commandant de la colonie.

Art. 43. — La surveillance prescrite par les arti-

cles ci-dessus est exercée, dans les ports étrangers, par les soins des consuls et agents consulaires français, assistés de tels hommes de l'art qu'ils jugent à propos de désigner. Le capitaine doit représenter au consul, en même temps qu'il lui fait le rapport exigé par l'article 244 du code de commerce, le permis de navigation qui lui a été délivré.

Les hommes de l'art qui sont chargés, dans les ports étrangers, de procéder aux visites et aux vérifications prescrites par le présent décret, reçoivent des frais de vacation qui sont réglés par le consul et payés par le capitaine.

TITRE V

DISPOSITIONS GÉNÉRALES

Art. 44. — Les conditions prescrites par le présent décret sont applicables aux chaudières servant, à bord des bateaux à vapeur, à tout autre usage que la propulsion.

Art. 45. — Les chaudières placées à bord des bateaux à voiles, pontons, dragues, chalands, etc., ne peuvent être mises en service sans une autorisation délivrée par le préfet, sur l'avis de la commission de surveillance des bateaux à vapeur.

Elles sont soumises aux épreuves et autres mesures de sécurité prescrites par le titre II du présent décret ; elles peuvent toutefois n'avoir qu'un appareil d'alimentation.

Les articles 24 et 25 s'appliquent aux récipients placés à bord des bateaux à voiles, pontons, dragues, chalands, etc.

Art. 46. — Le ministre des travaux publics peut, par décisions spéciales rendues après avis de la commission de surveillance et de la commission centrale des machines à vapeur, accorder dispense de tout ou partie des prescriptions du présent décret relatives aux appareils à vapeur placés à bord des bateaux, dans tous les cas où, à raison soit de la forme, soit de la faible dimension des appareils, soit de la disposition spéciale des pièces contenant de la vapeur, il serait reconnu que la dispense ne peut pas avoir d'inconvénient.

Il peut également, et dans les mêmes formes, accorder dispense de celles des dispositions du titre III qui ne seraient pas en rapport avec la nature du service auquel le bateau est affecté.

Art. 47. — Les bateaux acquis ou construits hors de France sont soumis, après leur francisation, à toutes les dispositions du présent décret. Toutefois, le ministre des travaux publics peut, sur l'avis de la commission de surveillance et de la commission centrale des machines à vapeur, prononcer, par arrêté, l'équivalence entre les formalités accomplies à l'étranger et les formalités prescrites par le présent décret.

Art. 48. — Les propriétaires ou armateurs veillent à ce que les appareils moteurs, y compris les propulseurs et les appareils à vapeur accessoires, soient entretenus constamment en bon état de service.

Ils tiennent la main, notamment, à ce que des visites complètes, tant à l'intérieur qu'à l'extérieur, faites à des intervalles assez rapprochés, assurent la constatation de l'état des chaudières et l'exécution, en temps utile, des réparations nécessaires. Une de ces visites au moins devra être faite, chaque année, dans l'intervalle des épreuves prescrites par les articles 12 et 13 ; la commission de surveillance en sera préalablement informée. Le capitaine mentionnera chacune de ses visites sur le journal du bord.

Art. 49. — Les bateaux appartenant aux divers services de l'État, ou ceux qui seraient affrétés par le département de la marine, ne sont pas soumis aux dispositions du présent décret.

Le ministre de la marine pourra, après accord avec le ministre des travaux publics, soumettre à une surveillance spéciale les appareils à vapeur employés à bord des bateaux de pêche à voiles, pour la manœuvre des engins de pêche, et, dans ce cas, ces appareils cesseront d'être soumis aux dispositions du présent décret.

Art. 50. — Le ministre des travaux publics pourra appliquer, en tout ou en partie, les dispositions du présent décret aux navires dans des pays étrangers dans lesquels les navires français à vapeur seraient soumis à une réglementation sur la matière.

Art. 51. — Les bateaux navigant à la fois en aval et amont de la limite où cesse, pour chaque fleuve, l'application du présent décret, sont assujettis en outre aux prescriptions du décret du 9 avril 1883, relatif à la navigation fluviale.

Art. 52. — L'ordonnance royale du 17 janvier 1846, relative aux bateaux à vapeur qui naviguent sur mer, est rapportée.

Art. 53. — Le ministre des travaux publics et le ministre de la marine sont chargés de l'exécution du présent décret, qui sera inséré au *Bulletin des lois*. — CARNOT.

32. — 17 janvier 1894. — ARRÊTÉ *réglementant la police de la navigation sur le haut Fleuve-Rouge.*

Article premier. — Sur le haut Fleuve-Rouge, entre Yên-bay et Lao-kay, dans les passages étroits ou difficiles, le bâtiment montant, plus maître de sa manœuvre que celui qui descend, doit s'écarter de la route de celui qui descend.

Art. 2. Les navires aussi bien montant que descendant, chaque fois qu'ils sont sur le point d'arriver à un tournant du fleuve, qui empêche de voir à distance convenable, doivent prévenir de leur présence en sifflant. Cet avertissement se compose de quatre coups de sifflets longs, séparés les uns des autres par des coups brefs.

Art. 3. — Le navire descendant, aussitôt qu'il aperçoit un navire montant, doit indiquer sa manœuvre à l'aide des coups de sifflet prescrits par l'article 19 du décret du 1er septembre 1884; le navire montant doit exécuter la manœuvre correspondante; il ne doit pas hésiter à s'arrêter et à mouiller, au besoin même à marcher en arrière, si le passage est trop étroit pour que le croisement ne puisse s'y effectuer sans danger.

Art. 4. — Le Résident supérieur au Tonkin et le commandant de la marine au Tonkin sont chargés, chacun en ce qui le concerne, de l'exécution du présent arrêté. — DE LANESSAN.

Voy. : Codes français ; — Barques et sampans ; — Douanes ; — Impôts ; — Pêcherie, Pêche ; — Port d'armes ; — Postes et télégraphes ; — Réquisitions.

NOIX D'AREC

1. — 22 juin 1893. — ARRÊTÉ *frappant d'un droit d'accise le commerce des noix d'arec en Annam.*

Article premier. — Le commerce des noix d'arec et leur circulation seront libres dans tout l'Annam.

Art. 2. — Les noix d'arec exportées de l'Annam pour l'étranger restent frappées du droit prévu à l'arrêté du 26 mai 1892.

Art. 3. — Les noix d'arec sèches transportées en cabotage d'un port quelconque de l'Annam, soit en Cochinchine ou au Tonkin, soit dans un autre port de l'Annam, seront soumises, en plus du droit de statistique, à un droit d'accise d'une piastre par 100 kilogrammes pour les noix d'arec sèches, et de 0 $ 25 cents pour les rognures de noix d'arec (câu-ngang et câu-chum).

Les noix d'arec fraîches seront exemptes du droit d'accise.

Art. 4. — Le droit d'accise est perçu à la sortie par l'administration des douanes et régies, et ne se confond pas avec celui d'exportation.

Art. 5. — Les noix d'arec sèches importées de l'étranger seront soumises au droit d'accise prévu à l'article 3, lequel ne se confondra pas avec les droits de douane.

Art. 6. — Le produit des droits d'accise sera partagé entre le Gouvernement du Protectorat et le Gouvernement annamite dans les mêmes conditions que ceux des autres produits indirects.

Art. 7. — Les dispositions antérieures concernant ce produit, et notamment l'affermage par le Gouvernement annamite des noix d'arec du Quang-nam et du Thua-thiên (province de Huê) sont et demeurent supprimées en ce qu'elles ont de contraire au présent arrêté.

Art. 8. — Les prescriptions, formules et pénalités prévues pour le service des douanes et régies, par les règlements locaux en vigueur, sont applicables à la perception des droits établis par le présent arrêté.

Art. 9. — Le Résident supérieur en Annam est chargé de l'exécution du présent arrêté, qui sera appliqué à compter du 1er juillet 1893. — DE LANESSAN.

NOTAIRES (1)

1. — 8 juin 1893. — LOI *sur la forme de certains actes civils dans les établissements en mer ou aux armées.*

Article premier. — En temps de guerre ou pendant une expédition, les actes de procuration, les actes de consentement à mariage ou à engagement militaire, et les déclarations d'autorisation maritale, consentis ou passés par les militaires, les marins de l'État ou les personnes employées à la suite des armées ou embarquées à bord des bâtiments de l'État, pourront être dressés par les fonctionnaires de l'intendance ou les officiers du commissariat.

A défaut de fonctionnaires de l'intendance ou d'officiers du commissariat, les mêmes actes pourront être dressés : 1° Dans les détachements isolés, par l'officier commandant, pour toutes les personnes soumises à son commandement ; 2° dans les formations ou établissements sanitaires dépendant des armées, par les officiers d'administration gestionnaires pour les personnes soignées ou employées dans ces formations ou établissements ; 3° à bord des bâtiments qui ne comportent pas d'officier d'administration, par le commandant ou celui qui en remplit les fonctions ; 4° dans les hôpitaux maritimes et coloniaux, sédentaires ou ambulants, par le médecin directeur ou son suppléant, pour les personnes soignées ou employées dans ces hôpitaux.

(1) Pour le tarif des droits à percevoir, voir V° *Droits de greffe*, arrêté du 4 août 1894.

28.

Art. 2. — Au cours d'un voyage maritime, soit en route, soit pendant un arrêt dans un port, les mêmes actes concernant les personnes présentes à bord pourront être dressés ; sur les bâtiments de l'État, par l'officier d'administration ou, à son défaut, par le commandant ou celui qui en remplit les fonctions, et sur les autres bâtiments, par le capitaine, maître ou patron, assisté par le second du navire ou, à leur défaut, par ceux qui les remplacent.

Ils pourront de même être dressés, dans les hôpitaux maritimes ou coloniaux sédentaires ou ambulants, par le médecin directeur ou son suppléant pour les personnes employées ou soignées dans ces hôpitaux.

Art. 3. — Hors de France, la compétence des fonctionnaires et officiers désignés aux deux articles précédents sera absolue.

En France, elle sera limitée au cas où les intéressés ne pourront s'adresser à un notaire. Mention de cette impossibilité sera consignée dans l'acte.

Art. 4. — Les actes reçus dans les conditions indiquées en la présente loi seront rédigés en brevet.

Ils seront légalisés : par le commissaire aux armements, s'ils ont été dressés à bord d'un bâtiment de l'État ; par l'officier du commissariat chargé de l'inscription maritime, s'ils ont été dressés sur un bâtiment de commerce ; par un fonctionnaire de l'intendance ou par un officier du commissariat, s'ils ont été dressés dans un corps de troupe : et par le médecin chef, s'ils ont été dressés dans un hôpital ou une formation sanitaire militaire.

Ils ne pourront être valablement utilisés qu'à la condition d'être timbrés et après avoir été enregistrés.

La présente loi, délibérée et adoptée par le Sénat et par la Chambre des députés, sera exécutée comme loi de l'État (1).

2. — 5 mars 1895. — CIRCULAIRE *relative à la tenue et au dépôt annuel des registres des actes notariés.*

J'ai l'honneur de vous informer qu'en exécution

de l'article 103 du décret du 17 juin 1889, réorganisant la justice en Indo-Chine, vous devez à la fin de chaque année, après avoir clos les registres des actes notariés de votre résidence, en adresser un double à M. le Procureur général à Hanoi, qui le transmet à M. le ministre des colonies pour être déposé aux archives coloniales.

Je profite de cette occasion pour vous prier de veiller à la parfaite tenue de ces registres.

J'ai pu constater que des chanceliers y inscrivaient comme actes notariés des documents qui n'appartiennent pas à cette catégorie, tels que les actes de dépôt, l'enregistrement ou la transcription de contrats sous-seing-privés.

Vous voudrez bien rappeler à ces fonctionnaires qu'ils trouveront tous les renseignements qui leur sont nécessaires à ce sujet, dans le guide pratique des consulats de MM. de Clerq et de Vallat, tome 1er, livre sixième, dont un exemplaire doit exister à la bibliothèque de votre résidence. — HAUSER.

Voy. : **Droits de Greffe ; — Greffiers-notaires.**

NOTICES INDIVIDUELLES

1. — 27 août 1889. — CIRCULAIRE *sur les notices individuelles du personnel.*

J'ai remarqué que dans les notices individuelles du personnel, quelques-uns d'entre vous se sont abstenus de donner des notes à des agents nouvellement placés sous leurs ordres, parce qu'ils n'avaient pu encore apprécier leur façon de servir.

J'ai décidé qu'à l'avenir, dans les remises de service, le résident sortant fournira à son successeur un état *annoté* de tout le personnel de la résidence.

Cet état sera établi en deux expéditions, dont l'une sera adressée à la Résidence supérieure (Cabinet).

Lorsqu'un agent sera appelé à servir d'une résidence dans une autre, ses notes seront envoyées dans son nouveau poste et à la Résidence supérieure, par les soins du résident sous les ordres duquel il servait.

Pareillement, un état de notes sera adressé, à titre confidentiel, à MM. les résidents sur les employés qui leur seront envoyés de la Résidence supérieure. — BRIÈRE.

(1) Ce décret confirme et complète les prescriptions de celui du 8 juin 1893 publié V° *État civil*, contenant des dispositions particulières pour la forme de certains testaments.

O

OPIUM

Par suite de la résiliation des divers contrats qui avaient concédé à un fermier le monopole de l'opium, la vente de cette matière est actuellement régie, en Annam et au Tonkin, par les dispositions suivantes :

1. — 7 septembre 1892. — ARRÊTÉ *supprimant la régie de l'opium en Annam.*

Article premier. — La régie de l'opium en Annam est supprimée à partir du 1er novembre 1892.

Art. 2. — La convention susvisée (convention du 24 juillet 1892 avec M. de Saint-Mathurin) entrera en exécution à partir de la même date.

Art. 3. — Un arrêté ultérieur réglera, d'accord avec le Gouvernement de S. M. l'Empereur d'Annam, les conditions d'exécution de cette convention.

Art. 4. — Le Résident supérieur en Annam est chargé de l'exécution du présent arrêté. — DE LANESSAN.

2. — 6 octobre 1892. — ARRÊTÉ *réglant le monopole de l'opium concédé à un fermier en Annam.*

Modifié par arrêté du 31 décembre 1894.

3. — 6 juin 1893. — ARRÊTÉ *confiant au service des douanes et régies, la vente de l'opium au Tonkin.*

Article premier. — L'exploitation de l'opium est confiée à l'administration des douanes et régies.

Art. 2. — Cette administration pourra acheter, fabriquer et vendre de l'opium aux prix et dans les conditions qui seront fixés par des arrêtés du Résident supérieur.

Art. 3. — L'administration des douanes et régies pourra installer des entrepôts et bureaux de vente partout où il lui conviendra. Ces entrepôts et bureaux seront gérés par des agents de cette administration ou par des particuliers agréés et cautionnés.

Les remises à allouer aux gérants d'entrepôts seront déterminées par un arrêté ultérieur.

Art. 4. — Les recettes de l'opium seront centralisées au siège de l'administration des douanes et régies entre les mains du receveur principal qui seul est autorisé à effectuer des versements au trésor.

Art. 5. — Il sera fourni mensuellement par l'administration des douanes et régies, une situation faisant ressortir par entrepôt et par bureau, les opérations du mois écoulé, les valeurs en caisse et l'opium en approvisionnement.

Art. 6. — Il est institué un conseil de surveillance composé de :

MM. le Résident supérieur . . . . . . *Président*
Le directeur du contrôle financier.
Le trésorier-payeur . . . . } *Membres*
Un résident de 1re classe. . . . . .

Le directeur des douanes et régies est admis de droit au conseil qui peut, lorsqu'il le juge convenable, appeler aussi l'inspecteur et le chef de la comptabilité.

Le Conseil se réunit au moins une fois par an, sur la convocation de son président et examine les résultats de toutes les perceptions confiées à l'administration des douanes et régies. A la suite de chaque séance, il adresse un rapport au Gouverneur général.

Art. 7. — La gestion confiée à l'administration des douanes et régies constituant un service régi par économie, cette administration disposera pour sa gestion d'une caisse de fonds d'avance.

Art. 8. — Le Résident supérieur du Tonkin est chargé de l'exécution du présent arrêté qui sera exécutoire à partir du premier juillet prochain, et enregistré et publié partout où besoin sera. — DE LANESSAN.

---

4. — 7 juin 1893. — ARRÊTÉ *déterminant les prix de vente de l'opium au Tonkin*.

Article premier. — Le prix de vente de l'opium Bénarès dit opium n° 1, par la régie aux débitants, est fixé à 1 $ 60 le taël (1).

Art. 2. — Provisoirement, l'administration des douanes et régies est autorisée à mettre en vente un opium dit opium n° 2, renfermé dans des boîtes de couleur distincte de celle des boîtes de l'opium n° 1, dans des zones et à des prix à déterminer par le directeur de cette administration.

Art. 3. — Des bouilleries d'opium du Yun-nam pourront être installées dans les bureaux de régie situés dans les zones désignées ci-dessus, et le produit sera mis en vente, renfermé dans des boîtes d'une couleur spéciale et à des prix qui seront déterminés par l'administration des douanes et régies, d'après le prix d'achat de la matière à l'état brut et le rendement.

Art. 4. — Tous les changements de tarifs dans la vente des opiums inférieurs devront être affichés à la porte du bureau de la régie et communiqués au Résident de la province. Les changements de tarif ne peuvent avoir lieu qu'à la fin du mois.

Art. 5. — La régie pourra mettre en vente dans les zônes ci-dessus, de l'opium du Yun-nam à l'état brut, dans des paquets de 3 taëls au moins, cachetés à la cire, avec le timbre du bureau de vente et à un prix qui sera fixé par cette administration.

Art. 6. — La régie pourra autoriser l'entrée de l'opium du Yun-nam par des particuliers pour leur consommation dans la zone frontière, moyennant payement d'un droit de régie à fixer par l'administration. Ces opiums seront timbrés et revêtus des marques propres à les faire connaître à premier examen.

Art. 7. — Le directeur des douanes et régies est chargé de l'exécution du présent arrêté, qui sera enregistré et publié partout où besoin sera. — CHAVASSIEUX.

---

5. — 8 juin 1893. — ARRÊTÉ *réglementant la régie et la vente de l'opium au Tonkin*.

TITRE PREMIER
De la constatation des contraventions

Article premier. — Les contraventions aux règlements et arrêtés sur l'introduction, la fabrication et la vente de l'opium au Tonkin seront spécialement constatées par les préposés et agents de la régie et en général par tout agent de la force publique.

CHAPITRE PREMIER
DES PRÉPOSÉS DE LA RÉGIE, PROCÈS-VERBAUX, PERQUISITIONS ET VISITES

Art. 2. — Les préposés de la régie seront citoyens ou sujets français et âgés de 21 ans accomplis.

Ils seront tenus, avant d'entrer en fonctions, de prêter serment devant les tribunaux français établis au Tonkin. Leurs attributions s'étendront à tout le territoire du Protectorat.

Le serment des agents ou préposés de la régie sera enregistré au greffe du tribunal et transcrit sur leurs commissions, sans autres frais que ceux d'enregistrement et de greffe.

Art. 3. — Le directeur, les inspecteurs, contrôleurs, entreposeurs et autres fonctionnaires de la régie prêteront serment dans les mêmes conditions, et auront également qualité pour constater les mêmes contraventions.

Art. 4. — Les perquisitions et visites domiciliaires, ailleurs que chez les débitants, ne pourront être faites que par les fonctionnaires, agents et préposés européens de la régie, par la gendarmerie, les officiers de police judiciaire et généralement par tout agent européen de la force publique.

Art. 5. — Quel que soit le résultat de sa visite ou perquisition, celui qui y aura procédé devra en dresser procès-verbal et en laisser copie aux parties intéressées.

Le procès-verbal, rédigé en double expédition, sera transmis sans délai au procureur de la République dans les villes de Hanoi et de Haiphong et aux résidents dans les autres localités, le tout à peine de 50 à 100 piastres d'amende et de dommages-intérêts, s'il y a lieu.

Art. 6. — Les fonctionnaires, préposés ou agents, lorsqu'ils opéreront une visite ou une perquisition, devront être porteurs de leur nomination ou commission, ou d'une carte délivrée par le directeur des

---

(1) Voir arrêté du 9 août 1893, pour la vente de l'opium du Yun-nam n° 1.

douanes et régies certifiant leur qualité et leur identité.

Art. 7. — A défaut d'un signe extérieur révélant leurs fonctions, ils devront exhiber la pièce désignée en l'article précédent aux personnes intéressées; s'ils ne sont porteurs ni de pièces officielles, ni d'un signe extérieur indiquant leurs fonctions, ils ne pourront se livrer à aucune visite ou perquisition contre le gré des particuliers, à peine de tous dommages-intérêts, s'il y a lieu, et d'être poursuivis pour violation de domicile.

Art. 8. — Les procès-verbaux énonceront la date et la cause de la saisie, la déclaration qui en aura été faite au prévenu, les nom, qualité et demeure du saisissant, l'espèce de poids et mesure des objets saisis, la présence de la partie à leur description ou la sommation qui lui aura été faite d'y assister, le nom et la qualité du gardien, s'il y a lieu, le lieu de la rédaction du procès-verbal et l'heure de sa clôture.

Art. 9. — Dans le cas où le motif de la saisie portera sur le faux ou l'altération des expéditions ou des marques de la régie, le procès-verbal énoncera le genre de faux, les altérations ou surcharges. Lesdites pièces fausses seront signées du saisissant et annexées au procès-verbal, qui contiendra la sommation faite à la partie de les parapher et sa réponse.

Art. 10. — Il pourra être donné mainlevée sous caution solvable, ou en consignant la valeur des navires, bateaux, barques et voitures, chevaux et équipages ou tous autres objets saisis pour cause de fraude.

Art. 11. — Si le prévenu est présent, le procès-verbal énoncera qu'il lui en a été donné lecture et copie. En cas d'absence du prévenu, la copie sera affichée dans le jour à la porte de la maison commune du lieu de la saisie.

Les procès-verbaux ou affiches pourront être faits tous les jours indistinctement.

Art. 12. — Les procès-verbaux seront affirmés dans les trois jours devant le juge de paix ou le magistrat qui en remplira les fonctions, si la contravention a été constatée au chef-lieu d'un arrondissement judiciaire, et dans les huit jours si la constatation s'est faite en dehors du chef-lieu. Dans les arrondissements où il n'existe pas de juge de paix ni de magistrat en remplissant les fonctions, le procès-verbal sera affirmé dans les mêmes conditions devant le Résident.

Art. 13. — Les procès-verbaux ainsi rédigés et affirmés par deux agents européens seront crus jusqu'à inscription de faux.

Les tribunaux ne pourront admettre contre lesdits procès-verbaux d'autres nullités que celles résultant de l'omission des formalités prescrites par les articles précédents. Le procès-verbal nul pour défaut de forme, ou qui n'aurait été rédigé que par un seul agent, ne fera foi que jusqu'à preuve du contraire.

Art. 14. — Les fonctionnaires, les préposés et les employés assermentés de la régie, les officiers de police judiciaire, les gardes forestiers, et généralement tout employé européen assermenté, pourront, en constatant la fraude et en procédant à la saisie des objets prohibés (d'opium brut ou bouilli, dross, écorces de pavots), procéder à l'arrestation et constituer prisonniers les fraudeurs et colporteurs.

Art. 15. — Lorsque conformément à l'article précédent, les employés auront arrêté un fraudeur ou colporteur de matières sus-désignées, ils seront tenus

de le conduire sur le champ devant un officier de police judiciaire ou de le remettre à la force armée qui le conduira devant le juge de paix ou le magistrat qui en remplit les fonctions, lequel statuera de suite par une décision motivée sur son emprisonnement ou sa mise en liberté sous caution.

La caution devra être suffisante pour garantir la représentation en justice du prévenu et le paiement de l'amende et des condamnations encourues.

Le prévenu sera admis à consigner lui-même le montant desdites condamnations et amendes.

Art. 16. — Les rébellions et voies de faits contre les employés et agents seront poursuivies devant les tribunaux qui ordonneront l'application des peines prononcées par le code pénal, indépendamment des amendes et confiscations qui pourraient être encourues par les contrevenants.

Quand les rébellions ou voies de faits auront été commises par un débitant, le tribunal ordonnera en outre la clôture du débit pendant un délai de trois mois au moins et de six mois au plus, sans préjudice du droit qu'aura l'administration d'ordonner la fermeture desdits établissements, soit après toute condamnation, soit par mesure de sûreté publique.

CHAPITRE II

DE LA PROCÉDURE JUDICIAIRE SUR LES PROCÈS-VERBAUX DE CONTRAVENTION

Art. 17. — L'assignation à fin de condamnation sera donnée dans le mois au plus tard de la date du procès-verbal; elle pourra être donnée par les agents assermentés de la régie ou tous autres agents de la force publique.

Art. 18. — La régie sera représentée devant les tribunaux du Tonkin par les fonctionnaires de cette administration.

Art. 19. — Si le tribunal juge la saisie mal fondée, il pourra condamner la régie, non seulement aux frais du procès et à ceux de fourrière et de gardiennage, le cas échéant, mais encore à une indemnité proportionnée à la valeur des objets dont le saisi aura été privé pendant le temps de la saisie jusqu'à leur remise ou l'offre qui en aura été faite. Mais cette indemnité ne pourra excéder 1 % par mois de la valeur desdits objets.

Art. 20. — Si par l'effet de la saisie et leur dépôt dans un lieu et à la charge d'un dépositaire qui n'aurait pas été choisi ou indiqué par le saisi, les objets saisis avaient dépéri avant leur remise ou l'offre valable de cette remise, la régie pourra être condamnée à en payer la valeur ou l'indemnité de leur dépérissement.

Art. 21. — Dans le cas où la saisie n'étant pas déclarée valable, la régie interjetterait appel du jugement, les navires, bateaux, barques, voitures, chevaux et autres animaux saisis et tous les objets sujets à dépérissement ne seront remis que sous caution solvable, après estimation de leur valeur.

Art. 22. — L'appel devra être notifié dans le mois de la signification du jugement. Après ce délai il ne sera point recevable. La déclaration d'appel contiendra assignation à huitaine devant la cour d'appel; le délai de huit jours sera prorogé d'un jour par chaque deux myriamètres de distance du domicile du défendeur au chef-lieu de la cour.

Art. 23. — L'irrégularité du procès-verbal portant saisie d'objets prohibés n'empêchera pas les juges de prononcer la peine encourue et la confiscation desdits objets, si la contravention se trouve d'ailleurs suffisamment constatée par l'instruction.

Art. 24. — Les propriétaires des marchandises seront responsables du fait de leurs facteurs, agents ou domestiques, en ce qui concerne les droits, confiscations, amendes et dépens.

Art. 25. — La confiscation des objets saisis pourra être poursuivie contre les conducteurs, colporteurs ou détenteurs, sans que la régie soit obligée de mettre en cause les propriétaires, quand même ils lui seraient indiqués, sauf, si les propriétaires intervenaient ou étaient appelés par ceux sur qui les saisies auraient été faites, à être statué ainsi que de droit sur leur intervention ou réclamation.

Art. 26. — Les condamnations pécuniaires contre plusieurs personnes pour un même fait de fraude seront solidaires.

Art. 27. — Les objets soit saisis pour fraudes ou contraventions, soit confisqués, ne pourront être revendiqués par les propriétaires, ni le prix, soit qu'il soit consigné ou non, réclamé par aucun créancier, même privilégié, sauf le recours contre les auteurs de la fraude.

Art. 28. — Les juges ne pourront sous aucun prétexte, modérer les confiscations ou amendes ni en ordonner l'emploi au préjudice de la régie.

Art. 29. — Les jugements portant condamnation du payement des amendes et dommages-intérêts seront exécutés par corps, selon les dispositions des lois et règlements en vigueur dans la colonie. La durée de cette contrainte ne pourra excéder un an.

Art. 30. — Les jugements portant confiscation des objets saisis sur des particuliers inconnus et par ceux abandonnés et non réclamés, ne seront exécutés qu'après le mois de l'affichage desdits jugements à la porte du bureau de la régie où ont été déposés les objets saisis.

Passé ce délai, aucune demande ou répétition ne sera valable et les objets saisis seront vendus au profit de la régie.

Art. 31. — La régie pourra en tout état de cause, transiger avec les contrevenants. En cas de transaction avant tout jugement, les objets sujets à confiscation ne pourront être revendiqués par leur propriétaire ; ils seront acquis de plein droit à la régie sans qu'il soit besoin de faire prononcer la confiscation par les tribunaux.

CHAPITRE III
DE L'INSCRIPTION DE FAUX

Art. 32. — Celui qui voudra s'inscrire en faux contre un procès-verbal sera tenu d'en faire la déclaration par écrit, en personne ou par un fondé de pouvoir spécial et authentique, au plus tard à l'audience indiquée dans l'assignation à fin de condamnation. Cette déclaration sera reçue et signée par le président du tribunal et le greffier dans le cas où le déclarant ne saurait écrire ni signer ; cette déclaration indiquera les moyens de faux, le nom et la qualité des témoins qui devront être entendus, le tout à peine de déchéance à l'inscription de faux.

Art. 33. — Le délai pour l'inscription de faux contre le procès-verbal ne commencera à courir que du jour de la signification du jugement, s'il a été rendu par défaut.

Art. 34. — Les moyens de faux proposés contre les procès-verbaux des préposés de la régie ne seront admis qu'autant qu'ils tendront à justifier les prévenus de la fraude ou contravention qui leur sont imputées.

CHAPITRE IV
DES CONTRAINTES

Art. 35. — La régie pourra employer contre les redevables en retard, la voie de la contrainte.

Art. 36. — La contrainte sera décernée par le directeur ; elle sera visée et déclarée exécutoire sans frais par le juge de paix de la circonscription où est domicilié le redevable ou par le magistrat qui en remplit les fonctions.

Ce magistrat ne pourra refuser de viser la contrainte pour être exécutée, à peine de répondre des valeurs pour lesquelles la contrainte aura été décernée.

Art. 37. — L'exécution de la contrainte ne pourra être suspendue que par une opposition formée par le redevable. Cette opposition sera portée dans la huitaine devant le tribunal civil de l'arrondissement de l'opposant.

CHAPITRE V
DISPOSITIONS GÉNÉRALES

Art. 38. — La force publique sera tenue de prêter assistance aux préposés de la régie dans l'exercice de leurs fonctions.

Art. 39. — Toutes saisies du produit des droits, faites entre les mains des préposés de la régie ou dans celles de ses redevables, sont nulles et de nul effet.

Art. 40. — La prescription est acquise à la régie contre toutes demandes de restitution de droits, marchandises ou objets, et en dommages-intérêts, après un délai révolu d'une année.

Art. 41. — Elle est acquise aux redevables contre la régie pour les droits que les préposés n'auraient pas réclamés dans l'espace d'un an à compter de l'époque où ils étaient exigibles.

Art. 42. — Les contraventions pour fraude et les infractions aux dispositions des arrêtés et règlements sur la régie seront prescrites par l'absence de toute poursuite pendant un an à compter du jour où elles auront été commises, conformément aux dispositions de l'article 640 du code d'instruction criminelle.

Art. 43. — Les peines portées par les jugements rendus pour contravention aux intérêts de la régie seront prescrites après deux années révolues du jour où la décision judiciaire aura acquis l'autorité de la chose jugée, conformément à l'article 639 du code d'instruction criminelle.

Art. 44. — Les produits d'amendes, par suite de constatations faites par les préposés ou agents de la régie, seront distribués comme suit :

Un cinquième entre tous les agents ou préposés assermentés de la régie, à l'exclusion des fonctionnaires de cette même administration ;

Un cinquième au saisissant, plus le tiers des objets confisqués ;

Le surplus sera acquis au Protectorat.

Art. 45. — Dans le cas ou des contraventions de même nature auront été désignées à l'autorité par des personnes étrangères à la régie, il leur sera accordé les deux tiers du produit des confiscations. Un cinquième seulement du produit des confiscations sera attribué à l'agent ou préposé de la régie qui aura fait la saisie sur les indications du dénonciateur ; le surplus sera acquis à l'administration.

Art. 46. — Tout préposé destitué ou démissionnaire sera tenu, sous peine d'y être contraint même par corps, de remettre à la régie en quittant son emploi, sa commission ainsi que les registres et autres effets dont il aura été chargé par la régie, et de rendre des comptes.

TITRE II
De la répression
CHAPITRE PREMIER
DE L'IMPORTATION

Art. 47. — L'administration des douanes et régies a seule le droit d'introduire l'opium au Tonkin.

Art. 48. — Quiconque, sans y être autorisé par la régie, introduira de l'opium au Tonkin sous quelque forme que ce soit, sera considéré comme contrebandier et puni d'une amende de 20 piastres par chaque taël d'opium saisi en fraude, sans qu'elle puisse être inférieure à 20 piastres, si faible que soit cette quantité.

Il sera de plus condamné à un emprisonnement qui ne pourra être inférieur à quinze jours ni supérieur à trois ans.

L'évaluation des dommages-intérêts dûs à l'administration de la régie ne pourra être inférieure au montant de l'amende encourue. En cas de récidive dans la même année, le minimum de l'emprisonnement ne pourra être inférieur à un an.

Les opiums et leur contenant seront confisqués, les objets servant à leur transport, tels que charettes, voitures, bœufs, buffles, chevaux, etc., les barques, embarcations, bateaux, jonques de mer, navires, etc., seront saisis pour garantir le payement des condamnations pécuniaires, lorsque la fraude sera imputable aux propriétaires desdits objets, aux conducteurs, gens de l'équipage, aux maîtres, patrons ou capitaines.

Art. 49. — Les voitures et les navires affectés à un service public de messageries ne sont pas compris dans les dispositions qui précèdent, mais leurs propriétaires n'en demeurent pas moins responsables des faits de leurs préposés.

Art. 50. — Sont exceptés de la prohibition contenue en article 47, les opiums destinés aux usages de la pharmacie.

SECTION PREMIÈRE
DES OPIUMS DESTINÉS A L'USAGE DE LA PHARMACIE

Art. 51. — Les pharmaciens au titre européen pourront seuls recevoir de l'opium brut, en extrait ou sous forme de médicaments, en se conformant aux prescriptions suivantes:

Art. 52. — Les opiums bruts ou en extrait et les préparations pharmaceutiques à base d'opium expédiés à ces pharmaciens devront être adressés à Haiphong, et ils ne pourront être débarqués ailleurs que dans ce port, si ce n'est pour cause de fortune de mer.

Art. 53. — Les quantités d'opium brut ou en extrait seront mises dans une caisse spéciale. Si l'expéditeur omet de faire porter sur le manifeste les opiums bruts ou en extrait expédiés à des pharmaciens européens, ces derniers, sauf leur recours contre lui, seront civilement responsables du préjudice qui pourra être causé à la régie par suite de détournement ou d'un débarquement frauduleux dans la colonie.

Art. 54. — Le pharmacien destinataire devra, avant de faire opérer le débarquement de la marchandise prohibée, faire au bureau de la régie une déclaration exacte des quantités d'opium brut ou en extrait qui lui sont expédiés, le nom de l'expéditeur et le lieu d'origine des opiums.

Il sera tenu de représenter la facture d'envoi à l'appui de la déclaration.

Art. 55. — Si l'administration estime que les quantités d'opium brut ou en extrait excèdent un approvisionnement de trois mois, elle aura le droit de faire déposer l'excédent dans un entrepôt et les opiums ne seront délivrés au destinataire qu'au fur et à mesure de ses besoins.

Aucune réclamation ne sera admise contre les appréciations de l'administration, lorsqu'il sera démontré qu'elle a autorisé la délivrance au destinataire d'une quantité d'opium suffisante pour satisfaire à ses besoins hebdomadaires.

En cas de contestation, le Gouverneur prononcera seul et sans recours.

Art. 56. — Un permis de circulation indiquant les quantités d'opium brut ou en extrait sera délivré au pharmacien destinataire et devra accompagner la marchandise jusqu'à l'arrivée dans ses magasins.

Le permis devra, à toute réquisition, être représenté au préposé de la régie ou à tout agent de la force publique.

Art. 57. — Tout opium brut ou en extrait introduit au Tonkin par les pharmaciens européens, sans s'être conformés aux prescriptions des articles 54, 55 et 56, sera considéré comme opium de contrebande et les délinquants seront passibles des peines portées en l'article 48.

Art. 58. — L'administration aura toujours la faculté de faire surveiller l'emploi des quantités d'opium introduites par les pharmaciens.

Art. 59. — Ils sont tenus, sur la réquisition du directeur, de lui présenter les opiums et les préparations à base d'opium existant dans leur magasin ou dans leur pharmacie; ils devront également, s'il le demande, lui communiquer leurs livres ou toutes autres pièces pouvant justifier l'emploi de l'opium manquant.

Art. 60. — Tout refus de la part d'un pharmacien de laisser procéder aux vérifications prescrites par l'article qui précède, sera puni d'une amende de 50 à 100 piastres.

SECTION II
DE L'OPIUM EN TRANSIT

Art. 61. — Le transit de l'opium à travers le Tonkin est permis.

On ne pourra toutefois faire transiter des quantités moindres d'une caisse de la dimension usitée dans le commerce.

Art. 62. — L'opium ne pourra être introduit et exporté que par les bureaux de douane de Haiphong et de Lao-kay, sauf le cas où par fortune de mer, il y aurait nécessité de le débarquer ailleurs.

Art. 63. — Tout capitaine de navire, tout patron de barque ayant à son bord de l'opium, tout individu qui veut obtenir une autorisation de transit, devra en faire de suite la déclaration à l'administration de la régie, à peine d'être considéré comme contrebandier et puni comme tel.

Il devra ne permettre le débarquement de l'opium ainsi déclaré que sur le vu d'un permis de débarquement délivré par la régie et ce sous la même peine que ci-dessus.

Dans le cas de l'exception prévue en l'article 62, le capitaine naufragé ou en avaries devra faire aux autorités du lieu la déclaration ci-dessus prescrite et l'opium mis immédiatement sous séquestre, sera déposé au bureau de la régie.

Il sera dressé du tout un procès-verbal qui indiquera le nombre et l'état extérieur des caisses; un double de ce procès-verbal restera entre les mains du capitaine et vaudra récépissé.

Art. 64. — Au débarquement ou à l'entrée de la frontière, l'opium devra être présenté au bureau de la régie par le capitaine ou le destinataire; les caisses seront scellées, numérotées et marquées par les préposés de la régie, en présence du capitaine ou du destinataire; mention de l'accomplissement de cette formalité sera faite sur un registre spécial tenu par la régie.

Cette mention contiendra l'indication du nombre de caisses, de leur poids, leur numéro d'ordre, la date de l'arrivée du navire importateur, le nom de l'expéditeur, et celui du destinataire. Cette mention sera signée par le déclarant et par le préposé de la régie.

Art. 65. — Après l'accomplissement des formalités ci-dessus, il sera délivré au propriétaire ou à son représentant un permis de circulation, si l'opium doit être réexporté sans délai.

Art. 66. — Le permis de circulation portera le nom du propriétaire, le nombre de caisses d'opium et leur poids total. Il indiquera également la route qui devra être suivie et le point de sortie du territoire du Protectorat; il mentionnera le délai dans lequel le transit devra être effectué. Ce permis devra accompagner la marchandise et être représenté à toute réquisition des préposés de la régie et de tout agent ou fonctionnaire de l'autorité ayant qualité pour constater les contraventions au présent arrêté, à peine d'une amende de 20 à 50 piastres.

L'administration pourra même faire suivre la marchandise par ses préposés, aux frais du destinataire.

Art. 67. — Si la réexportation doit s'opérer par le même navire, l'administration de la régie pourra faire placer les opiums dans un endroit du bâtiment, y apposer les scellés et prendre telles mesures qu'elle jugera à propos pour prévenir tout débarquement en fraude de ses droits.

Elle pourra même, si elle le juge nécessaire, ordonner que les opiums seront entreposés dans ses magasins jusqu'au départ du bâtiment. Si la réexpédition ne doit s'opérer par le même navire et n'a pas lieu de suite, les opiums devront être entreposés dans les magasins de la régie.

Art. 68. — Les passagers embarqués à bord d'un bâtiment faisant escale à Haïphong ou dans un port quelconque du Tonkin, ne pourront descendre à terre avec de l'opium sous quelque forme et en si faible quantité que ce soit, sous peine d'être considérés comme contrebandiers et d'être punis comme tels.

Le capitaine devra, en pénétrant dans les eaux du Tonkin, prévenir les passagers de cette prohibition sous peine d'être déclaré responsable des conséquences de l'infraction qui pourrait être faite.

Art. 69. — Si un passager est obligé de débarquer pour continuer sa route sur un autre bâtiment ou pour tout autre motif, il devra remettre son opium dont il est détenteur au capitaine qui en fera le dépôt à la régie en se conformant aux prescriptions énumérées aux articles 63 et 64. Cet opium sera remis au passager par la Régie lorsqu'il quittera le port.

Art. 70. — Tout passager, tout individu embarqué à quelque titre que ce soit sur un navire passant ou stationnant dans les eaux du Tonkin, qui aura vendu ou donné gratuitement de l'opium à une personne étrangère au bord, sera puni comme contrebandier des peines prévues à l'article 8.

Celui qui aura acheté ou reçu en cadeau de l'opium subira la même peine.

Art. 71. — Les droits de scellage, de permis de débarquement et de circulation, les frais d'entrepôt, seront déterminés par un arrêté ultérieur. L'administration conservera les opiums jusqu'à l'acquittement des droits, et s'ils ne sont pas retirés dans un délai de six mois, ils seront confisqués à son profit.

Art. 72. — En arrivant à la limite du territoire du Protectorat, le transitaire représentera la marchandise transitée aux préposés de la régie.

Si les colis et scellés sont trouvés intacts, le préposé de la régie en permettra la sortie en faisant sur les colis, au crayon ou à la craie, une marque particulière, et il retirera au transitaire son permis de circulation.

Si les colis ont été ouverts ou si les scellés ne sont pas intacts, il en opérera la saisie et dressera procès-verbal contre le transitant qui sera poursuivi et puni comme contrebandier, à moins qu'il ne prouve que le fait ne peut lui être imputé. Dans ce cas seulement, il ne serait que civilement responsable du montant de l'amende encourue et des dommages-intérêts dus à la régie.

CHAPITRE II
DE LA FABRICATION ET DE LA VENTE DE L'OPIUM

Art. 73. — La régie a le monopole de la fabrication et de la vente de l'opium dans toute l'étendue du Tonkin.

Art. 74. — L'administration pourra livrer à la consommation telle quantité d'opium bouilli ou brut qui lui conviendra et établir pour son débit autant d'entrepôts, de bureaux de vente et autant de fumeries qui lui paraîtront nécessaires.

Art. 75. — Tout colportage, toute vente ou cession à titre gratuit d'un opium autre que celui de la régie, sera puni d'une amende de 100 à 500 piastres et d'un emprisonnement de quinze jours à trois ans. Quiconque en sera trouvé détenteur sera puni de la même peine; le minimum de l'amende pourra toutefois être réduit jusqu'à 20 piastres et l'emprisonnement jusqu'à huit jours.

Les infractions de même nature concernant les qualités d'opium à prix réduit, qui ne peuvent être vendues et consommées que dans les zones déterminées, seront punies des mêmes peines.

Art. 76. — Toute vente de l'opium de la régie par une personne non autorisée sera punie d'une amende de 100 à 500 piastres et d'un emprisonnement de quinze jours à trois ans ou de l'une de ces deux peines seulement. Mais en cas de récidive dans la même année, la peine de l'emprisonnement devra être appliquée. Les opiums saisis en fraude, les ustensiles servant à la fabrication et les objets contenant l'opium seront confisqués.

Art. 77. — Il est interdit à tout individu d'avoir en sa possession plus de deux taëls de dross (détritus d'opium déjà fumé) sous peine d'une amende de 50 à 100 piastres et de 5 jours à un mois de prison, ou de l'une de ces deux peines seulement.

La régie s'engage à acheter le dross d'après un tarif qui sera affiché et publié.

Est interdite toute vente ou cession à des particuliers du dross pur ou mélangé à d'autres matières à moins d'une autorisation spéciale de la régie. Toute infraction à cette dernière disposition sera punie d'une amende de 50 à 100 piastres et d'un emprisonnement de 5 jours à trois ans. En cas de récidive, le maximum de l'amende sera appliqué et le minimum de l'emprisonnement porté à 15 jours.

SECTION PREMIÈRE
DES ENTREPÔTS

Art. 78. — Les entrepôts pourront être administrés directement par la régie ou établis chez des particuliers qu'elle aura choisis à cet effet.

Art. 79. — Les entreposeurs à quelque titre que ce soit ne pourront détenir ni mettre en vente un autre opium que celui de la régie, à peine de révocation et d'être poursuivis comme contrebandiers, l'amende portée en l'article 48 sera doublée et le minimum de l'emprisonnement ne pourra être inférieur à un mois.

Les opiums et leurs contenants seront confisqués.

Art. 80. — Il est interdit aux entreposeurs, sous peine d'une amende de 100 à 500 piastres, de vendre de l'opium au détail ; l'opium devra être livré par eux au public en récipients ou paquets cachetés et revêtus des marques de la régie.

Art. 81. — Les entreposeurs non fonctionnaires publics pourront être autorisés par l'administration à tenir un autre genre de commerce en se conformant aux arrêtés en vigueur sur les patentes.

Art. 82. — Tout entreposeur qui aura décacheté les pots d'opium, mêlé à l'opium des substances de quelque nature qu'elles soient, ou contrefait les marques de la régie, sera puni d'une amende de 100 à 500 piastres et d'un emprisonnement de trois mois à trois ans, sans préjudice des peines prévues par le code pénal dans le cas de faux ou d'un mélange nuisible à la santé.

Art. 83. — Les entreposeurs devront, à peine d'une amende de 5 à 20 piastres pour chaque infraction, se conformer aux instructions prises par le directeur de la régie dans l'intérêt du service. Les amendes seront prononcées administrativement par le directeur de la régie, sauf appel devant le Gouverneur.

Tout entreposeur qui sera convaincu d'avoir vendu de l'opium au-dessus du prix fixé par l'administration, sera puni d'une amende de 100 à 500 piastres et d'un emprisonnement de 8 jours à 6 mois.

SECTION II
DES DÉBITANTS

Art. 84. — Les personnes qui voudront se livrer à la vente au détail de l'opium ou ouvrir une fumerie, devront se pourvoir d'une licence.

Art. 85. — Cette licence pourra être accordée à toute personne majeure dont la moralité aura été reconnue et qui pourra fournir deux garants solvables ou un cautionnement dont l'importance sera déterminée par l'administration.

Art. 86. — En cas de condamnation contre le débitant, la régie aura pour le recouvrement des dommages-intérêts son recours contre les cautions ou un privilège sur le cautionnement qui aura été déposé.

Art. 87. — Le débitant pourra vendre l'opium en pots revêtus des marques de la régie, ou au détail.

Lorsqu'il aura ouvert un pot d'opium pour le détail, il devra laisser subsister sur le pot les marques de la régie.

Art. 88. — Tout opium de la régie qui sera trouvé chez un débitant dans des pots autres que ceux de la régie ou dans des pots dépouillés de la marque officielle, sera confisqué, et le contrevenant puni d'une amende de 20 à 100 piastres.

En cas de récidive dans la même année, il sera puni du maximum de la peine et sa licence pourra lui être retirée.

Art. 89. — Tout débitant qui aura vendu un opium autre que celui de la régie ou qui y aura mêlé quelque substance de quelque nature que ce soit, sera puni d'une amende de 100 à 500 piastres et d'un emprisonnement de quinze jours à trois ans.

Les opiums de contrebande ou altérés seront confisqués ainsi que leur contenant.

Art. 90. — Le débitant qui aura contrefait la marque de la régie sera puni des peines portées en l'article 84. Sa licence lui sera retirée.

Art. 91. — Le débitant qui s'opposerait aux visites ou vérifications de l'autorité sera puni d'une amende de 50 à 200 piastres.

Art. 92. — Tout débitant, à peine d'une amende de 50 à 100 piastres, ne pourra s'approvisionner qu'à l'entrepôt qui sera désigné par la régie.

Art. 93. — Il lui sera délivré, à ses frais, par l'administration, un livret spécial sur lequel seront portées par l'entreposeur, au fur et à mesure des livraisons, les quantités d'opium qui lui auront été vendues à l'entrepôt.

Chaque mention sera signée de l'entreposeur.

Art. 94. — Ce livret restera en la possession du débitant et lui servira de permis de circulation ; il devra le représenter à toute réquisition de l'autorité, à peine d'une amende de 50 à 100 piastres.

Art. 95. — Chaque débitant devra, sous les mêmes peines, tenir un carnet indiquant jour par jour la quantité de pots consommés.

Art. 96. — Le débitant est responsable des contraventions au présent arrêté commises par ses préposés ou par ceux qu'il emploie.

SECTION III
DES FUMERIES

Art. 97. — Tout débitant aura le droit d'ouvrir une fumerie d'opium ; ceux qui useront de cette faculté devront en faire la déclaration à la régie.

Art. 98. — Ils ne pourront vendre de l'opium dans l'intérieur de la fumerie ; le local affecté à la fumerie ne pourra servir à aucun autre usage.

Art. 99. — Il en défendra l'entrée à toute personne qui porterait des armes apparentes ou cachées.

Art. 100. — Il est expressément défendu au maître de maison d'opium de recevoir dans son établissement des femmes de tout âge, des enfants au-dessous de 20 ans, et des Européens.

Art. 101. — Toute infraction aux articles 98, 99, et 100 sera punie d'une amende de 25 à 50 piastres.

Art. 102. — Le maître de la maison est personnellement responsable des contraventions au présent arrêté commises dans son établissement.

Art. 103. — Il doit empêcher tout tumulte parmi les personnes présentes et il fait expulser ou arrêter par la police toutes celles qui contreviennent aux règlements de la fumerie.

Art. 104. — Tout agent de la force publique, tout préposé de la régie pourra, à quelque moment du jour ou de la nuit que ce soit, entrer et circuler dans l'établissement, et y faire toutes les visites qu'il jugera nécessaires.

Art. 105. — Les maîtres de maisons d'opium qui auraient refusé de se soumettre aux visites des agents sus-mentionnés, ou qui tenteraient de se soustraire à leur surveillance et vérification, ou commis un fait contraire aux prescriptions du présent arrêté, seront condamnés, nonobstant la suite à donner aux procès-verbaux, à une amende de 50 à 200 piastres.

DISPOSITIONS GÉNÉRALES

Art. 106. — L'article 463 du code pénal n'est pas applicable aux peines prévues par le présent arrêté.

Le présent arrêté, qui sera soumis à l'approbation du Ministre du commerce et des colonies, sera provisoirement exécutoire à partir du 1er juillet prochain.

Art. 107. — Sont abrogées toutes dispositions antérieures ayant pour objet la réglementation du commerce de l'opium au Tonkin.

Art. 108. — Le Résident supérieur du Tonkin et le Procureur général sont chargés, chacun en ce qui le concerne, de l'exécution du présent arrêté, qui sera enregistré et publié partout où besoin sera. — DE LANESSAN.

---

6. — 9 juin 1893. — CIRCULAIRE *du service des douanes, sur le mode d'exploitation de la régie de l'opium au Tonkin.*

Je vous adresse sous ce pli une ampliation des arrêtés des 6, 7 et 8 juin derniers, relatifs au nouveau régime de l'opium.

Vous trouverez dans le même pli des instructions particulières à chaque poste, sur l'exécution desquelles j'appelle toute votre attention.

En principe et durant l'année courante, les errements de la Société fermière devront être suivis et les engagements contractés avec des débitants pour la vente de l'opium respectés. Les quelques modifications apportées au système en vigueur constituent un adoucissement suffisamment accentué pour qu'elles soient bien accueillies des consommateurs.

La mesure que vient de prendre le gouvernement du Protectorat, dans l'intérêt du pays, crée une lourde charge à notre administration et je ne puis vous laisser ignorer que pour obtenir des résultats satisfaisants, il faudra que tous, à tous les degrés de la hiérarchie, y compris le personnel indigène, vous apportiez dans l'exercice de vos fonctions tout le zèle et l'intelligence dont vous êtes capables et donniez sans compter le maximum de travail dont vous pouvez disposer. Je compte exclusivement sur votre concours actif et dévoué pour réussir.

Dans l'application du nouveau régime, votre zèle pourra utilement s'exercer pour la vente de l'opium; mais je vous recommande d'apporter toute votre intelligence, votre tact, votre jugement, dans la répression de la fraude, et de ne commettre aucun acte vexatoire pour la population. Vous ne ferez aucune visite domiciliaire sans être absolument sûrs que vous trouvez en présence d'un cas de fraude d'une certaine importance, mais par contre vous aurez à poursuivre sans répit le colportage qui est l'âme de la contrebande.

Nous admettons en principe que le consommateur est autorisé à traiter son opium comme il lui plaît et à l'additionner de matières étrangères ou de dross, soit par goût, soit dans un but d'économie.

Il n'y aura donc pas lieu, le cas échéant, de verbaliser contre un particulier qu'on trouverait détenteur d'un opium ainsi mélangé, pourvu que la quantité ne révèle pas une suspicion de commerce frauduleux et que l'opium, avant d'avoir subi cette manipulation, ait été acheté à la régie ou à ses débitants.

Jusqu'à nouvel ordre il sera sursis à toute instrumentation contre les détenteurs de dross.

En ce qui concerne la répression de l'importation frauduleuse, les instructions particulières vous prescrivent les voies et moyens à appliquer pour arriver à un prompt résultat.

Dans les visites et perquisitions que vous ferez, vous aurez soin de vous conformer strictement aux prescriptions du chapitre premier de l'arrêté du 9 juin et de les remplir toutes. Le législateur ayant pourvu les régies d'éléments de répression d'une grande vigueur, a voulu entourer les constatations des agents d'une série de formalités qui sont autant de garanties en faveur des particuliers contre les erreurs possibles des agents et même contre les entraînements; il importe donc que les actes matériels des verbalisants soient accomplis avec la plus grande honnêteté et que la rédaction des procès-verbaux soit faite avec beaucoup de soin et de sincérité.

Je vous autorise à transiger avec les contrevenants pour des sommes que vous apprécierez d'après l'importance de la fraude commise et l'état de fortune de l'individu, en vous rappelant que je désire aussi qu'une grande modération soit apportée dans l'application de ces peines chaque fois qu'il s'agit d'un annamite et surtout d'un père de famille. Vous me ferez connaître par le télégraphe les transactions consenties, en vue de mon approbation.

Je vous recommande vos relations avec les autorité militaires et provinciales, et les fonctionnaires des autres services avec lesquels vous pouvez vous trouver en contact. Vous tiendrez le chef de la province au courant des choses qui peuvent l'intéresser et déférerez toujours à ses désirs ou instructions. — CLAUDE COQUI.

7. — 12 juin 1893. — DÉCISION *instituant les différentes zones et les bureaux de vente d'opium au Tonkin.*

Article premier. — Les bureaux de régie ouverts à la vente de l'opium sont:

1.	Haiphong	Entrepôt général et bureau
2.	Doson	Poste
3.	La-Cac-Ba	....
4.	Quang-Yên	....
4.	Hongay	—
6.	Kébao	—
7.	Moncay	Bureau
8.	Mui-Ngoc	Poste
9.	Tien-Yen	—
10.	Pac-Si	...
11.	Dong-Mo	—
11.	Haiduong	Bureau
13.	Phu-ninh-Gian	Poste
14.	Sept-Pagodes	—
15.	Bac-Ninh	Bureau
16.	Phu-lang-Thuong	Poste
17.	Luc-Nam	—
18.	Hung-Yen	Bureau
19.	Phu-Ly	Poste
20.	Nam-Dinh	Bureau
21.	Thai-Binh	Poste
22.	Ngo-Dong	—
23.	La-Quan	—
24.	Phat-Diem	—
25.	Ninh-Binh	Bureau
26.	Hanoi	Entrepôt et bureau
27.	Sontay	Bureau

28.	Sontay fleuve	Poste
29.	Vinh-Yen	—
30.	Hong-Hoa	Bureau
31.	Yen-Baï	Poste
32.	Lao-Kay	Bureau
33.	Tuyen-Quang	—
34.	Ha-Giang	Poste
35.	Thay-Nguyen	—
36.	Cho-Bo	Bureau
37.	My-Duc	Poste
38.	Lang-Son	Bureau
39.	Dong-Dang	—
40.	Pac-Lan	Poste
41.	Na-Thon	—
42.	Cao-Bang	Bureau

Art. 2. — L'opium n° 2 ou régional pourra être vendu et consommé dans les régions de :

Charbonnages de Hon-gay ; charbonnages de Ke-bao, Tiên-yên, Ha-koi, Mon-cay, Luc-nam, Lam, Bac-lé et tout le pays situé au delà vers la frontière chinoise ; Yên-thé, Thai-nguyên, Phu-doan, Tuyên-quang, et tout le pays situé au delà vers la frontière chinoise ; Yên-bai, Cho-bo et tout le pays situé au delà vers la frontière chinoise et laotienne.

Art. 3. — L'opium du Yun-nam à prix réduit pourra être fabriqué et vendu par les bureaux et postes de régie de :

Mon-cay, Pac-si, Dong-mo, Tiên-yên, Lang-son, Dong-dang, Pac-lan, Na-thon, Cao-bang, Luc-nam, Thai-nguyên, Tuyên-quan, Ha-giang, Yên-bai, Lao-kay, Cho-bo, pour être consommé dans la région de ces bureaux.

Art. 4. — L'opium brut du Yun-nam sera admis, importé par les particuliers pour leur consommation dans la région, sous réserve de limitation de quantités et paiement du droit de régie, par les bureaux et postes de :

Lao-kay, Ha-giang, Na-thon, Pac-lan, Dong-dang, Dong-mo, Pac-si, Cho-bo.

Art. 5. — Le prix des opiums autres que le Bénarès et le Yun-nam n° 1, est provisoirement fixé comme suit dans chaque zone (1) :

RÉGIONS OU BUREAUX	OPIUM PRÉPARÉ	
	à la bouillerie D'HAIPHONG	dans les bouilleries de la FRONTIÈRE
Hon-gay	1 $ 20	»
Ké-bao	1 10	»
Tiên-yên	1 00	0 80
Ha-koy	1 00	0 80
Mon-cay	1 00	0 80
Dong-mo	1 00	0 80
Luc-nam, Lam	1 20	1 00
Bac-lé	1 20	»
Lang-son	1 00	0 80
Dong-dang	1 00	0 70
Thai-kho	1 00	0 70
Pac-lan	1 00	0 60
Na-thon	1 00	0 60
Cao-bang	1 00	0 70
Thai-nguyen	1 00	0 70
Tuyên-quang	1 20	0 90
Yên-bai	1 00	0 80
Cam-kho	1 20	»
Lao-kay	1 00	0 60
Cho-bo	1 00	»
Hong-hoa	1 40	»

(1) Le tableau qui suit est celui annexé à l'arrêté modificatif du 24 décembre 1894 ; voir en outre un autre arrêté du même jour, publié ci-après.

Art. 6. — Le droit de régie sur les opiums bruts du Yunnam importés par les particuliers est fixé à 10 cents par taël.

Art. 7. — Le service de la régie commencera le 1er juillet prochain dans les bureaux et postes pourvus du personnel européen, et dans les autres aussitôt qu'ils seront constitués. — CLAUDE COQUI.

8. — 24 juillet 1893. — ARRÊTÉ *modifiant celui du 6 octobre 1892, sur le monopole de la vente de l'opium en Annam.*
Modifié par arrêté du 31 décembre 1894.

9. — 9 août 1893. — ARRÊTÉ *fixant le prix de vente de l'opium du Yun-nam au Tonkin.*

Article premier. — La régie est autorisée à vendre aux débitants d'opium, dans le Delta, l'opium du Yun-nam n° 1, au prix de 1 $ 50 le taël (1).

Art. 2. — Le second paragraphe de l'article 1er de l'arrêté du 7 juin 1893 est rapporté.

Art. 2. — Le Directeur des douanes et régies est chargé de l'exécution du présent arrêté. — RODIER.

10. — 24 décembre 1894. — ARRÊTÉ *fixant à nouveau les prix de vente de l'opium au Tonkin.*

Article premier. — Le prix auquel la régie est autorisée à vendre l'opium à partir du 1er janvier 1895, est fixé comme suit :

	AUX DÉBITANTS	AUX PARTICULIERS
Opium de Bénarès (la boîte de 1 taël)	1 $ 90	2 $ »
— 2 —	3 80	4 »
— 5 —	9 50	10 »
Opium du Yunnam. 1	1 50	1 00
— 2 —	3 »	3 20
— 5 —	7 50	8 »
Opium de zone au prix fixé par la régie		2 % en sus

Art. 2. — Le Directeur des douanes et régies est chargé de l'exécution du présent arrêté qui sera publié et enregistré partout où besoin sera. — RODIER.

11. — 31 décembre 1894. — ARRÊTÉ *réglant la vente de l'opium en Annam.*

CHAPITRE PREMIER
ORGANISATION DE LA FERME

Article premier. — Un fermier a le monopole de l'importation, du transport et de la vente de l'opium sur tout le territoire de l'Annam.

Art. 2. — Il est responsable de ses agents et passible, comme tel, de dommages-intérêts envers les parties lésées.

Art. 3. — Le personnel de la ferme se compose d'agents français assermentés, commissionnés par le Résident supérieur, et d'agents asiatiques agréés par l'autorité locale.

Dans l'exercice de leurs fonctions, les agents de la ferme devront être porteurs d'une carte d'identité délivrée par le Résident supérieur pour les agents européens, et par l'autorité locale pour les agents asiatiques.

En cas de cessation ou de retrait d'emploi, l'agent devra remettre sa carte à l'autorité locale sous

(1) Ce prix a été modifié par un arrêté du 24 décembre 1894, dont le texte suit.

peine d'une amende de cent piastres et d'un emprisonnement d'un mois.

Ils devront, à la demande des intéressés, permettre que ceux qui les accompagneraient, et eux-mêmes, soient fouillés avant la perquisition pour écarter tout soupçon de malveillance.

Ils peuvent être autorisés à porter des armes.

CHAPITRE II
DE LA VENTE DE L'OPIUM

Art. 4. — Le fermier pourra livrer à la consommation diverses qualités d'opium dont les prix de vente seront fixés librement par lui.

Il pourra établir autant d'entrepôts, de bureaux de vente et de fumeries qu'il le jugera nécessaire, après déclaration préalable au chef de la province.

Art. 5. — Les personnes qui voudront ouvrir un débit au détail ou une fumerie d'opium devront se munir d'une licence du fermier.

Cette licence n'est valable que pour la localité désignée.

Le débitant particulier est responsable des contraventions au présent arrêté commises par ses préposés ou ceux qu'il emploie.

CHAPITRE III
RÉPRESSION DE LA FRAUDE

Art. 6. — L'introduction de l'opium en Annam, la fabrication, le colportage, la vente, la cession d'une quantité quelconque d'opium, la possession d'opium autre que celui de la ferme, sont considérés comme contrebande.

Art. 7. — Le fermier pourra organiser pour la répression de la fraude des postes intérieurs et des postes maritimes.

Toute création de poste devra être préalablement signifiée au Résident supérieur qui conserve le droit de l'interdire.

Le fermier pourra également, pour la surveillance du littoral et des rivières et arroyos, entretenir des chaloupes et des embarcations armées dans les conditions à déterminer par le Résident supérieur.

Art. 8. — Les agents de la ferme constateront toutes les contraventions prévues au présent arrêté. Ils procéderont à la saisie de l'opium, des vases et ustensiles qui le contiennent, du matériel servant à la fabrication frauduleuse.

Ils arrêteront et constitueront prisonniers entre les mains des autorités locales et contre récépissé, tous fabricants, colporteurs ou détenteurs non autorisés.

Ces autorités feront conduire les délinquants au mandarin chargé de la justice.

Art. 9. — Les agents de la ferme pourront opérer seuls des perquisitions à toutes heures de jour et de nuit chez les débitants d'opium.

Les perquisitions à domicile, dans les autres cas, et les visites sur les navires, devront toujours être dirigées par un employé européen ou un fonctionnaire indigène désigné par l'autorité locale.

En outre, dans les centres où existe un personnel de police européenne, un de ces agents devra assister aux visites domiciliaires.

Art. 10. — Il ne pourra être fait de perquisitions au domicile officiel des princes, ministres, mandarins civils de la capitale et des mandarins des quatre premiers degrés, des mandarins militaires de la capitale des deux premiers degrés, et dans les provinces jusqu'à Pho-lanh-binh inclusivement, sans autorisation du roi; dans les provinces il ne pourra être fait de perquisitions dans les demeures officielles des

phu et des huyên sans autorisation du Gouverneur de la province.

Dans le cas de contrebande ou contravention dûment établie contre un des personnages énumérés ci-dessus, ledit personnage pourra, en dehors des pénalités prévues pour ladite contravention, être soumis à l'examen de la cour.

Art. 11. — Le fermier pourra mettre un ou deux agents sur chaque navire stationnant dans les rades ou remontant les rivières; ces agents devront profiter, pour monter à bord, du moment où les navires sont arrêtés; ils seront traités comme le sont en France les agents de la douane dans les mêmes circonstances.

Les agents de la ferme ne pourront procéder à l'ouverture d'aucun colis, mais, en cas de soupçon de fraude, ils requéreront le transport des colis suspects au plus prochain bureau des douanes, où ils seront ouverts et visités à moins que le capitaine ne consente à la visite immédiate.

Art. 12. — Lorsque le manifeste d'un navire mentionnera une quantité quelconque d'opium, communication de cette pièce sera faite aux agents de la ferme par le service de la douane.

Art. 13. — Toute chaloupe, jonque ou autre embarcation, tout véhicule (voitures, bêtes de somme, coolies, etc.) pourront être visités par les agents de la ferme, s'ils portent des colis suspects, conduits devant l'autorité locale la plus proche, à moins que la personne responsable ne consente à l'ouverture immédiate de ces colis.

Art. 14. — Dans les cas prévus aux articles, 8, 9, 10, 11 et 13, procès-verbal ou rapport à l'autorité locale sera immédiatement dressé par les agents qui effectuent les visites.

En cas de saisie ils indiqueront la nature, le nombre et le poids des objets saisis.

Art. 15. — Les autorités locales, les gendarmes, agents de police et des douanes, et tous autres agents de l'administration auront qualité pour constater les contraventions au présent arrêté et devront, toutes les fois qu'ils en seront requis, donner aide et appui aux agents de la ferme dans l'exercice de leurs fonctions.

Art. 16. — Les rébellions ou voies de fait contre les agents de la ferme seront poursuivies devant le mandarin chargé de la justice, qui ordonnera l'application d'une amende de cinq cents piastres et d'un emprisonnement de cinq mois.

CHAPITRE IV
DES FORMES DE LA PROCÉDURE

Art. 17. — Les procès-verbaux ou rapports dressés par les agents de la ferme seront affirmés sans frais devant les autorités locales dans les huit jours, et feront foi en justice jusqu'à preuve contraire.

Art. 18. — Les poursuites auront lieu à la requête des autorités locales ou des agents de la ferme.

Art. 19. — Le jugement prononcera les peines prévues au chapitre V. Il ordonnera la confiscation de l'opium et du matériel saisis et ordonnera la contrainte par corps.

Art. 20. — Le juge ne pourra, sous aucun prétexte, modérer les confiscations ou amendes, ni en ordonner l'emploi au préjudice du fermier.

Art. 21. — L'irrégularité du procès-verbal ou rapport portant saisie d'objets prohibés n'empêchera pas le juge de prononcer la peine encourue et la confiscation des objets saisis, si la contravention se trouve d'ailleurs suffisamment constatée par l'instruction.

Art. 22. — Les condamnations pécuniaires contre plusieurs personnes pour un même fait de fraude seront solidaires.

Art. 23. — Le fermier ou ses agents pourront en tout état de cause transiger avec les contrevenants. En cas de transaction avant tout jugement, les objets à confiscation seront acquis de plein droit au fermier sans qu'il soit besoin de faire prononcer la confiscation par le juge.

Art. 24. — Les contraventions seront prescrites après un délai de six mois.

CHAPITRE V

DES PEINES

Art. 25. — Quiconque introduira de l'opium en Annam, sous quelque forme que ce soit, sera considéré comme contrebandier et puni d'une amende de quarante taël d'opium par chaque taël d'opium saisi en fraude, sans que l'amende puisse être inférieure à quarante piastres, si faible que soit la quantité.

Il sera, de plus, condamné à un emprisonnement qui ne pourra être inférieur à quinze jours ni supérieur à trois ans.

L'évaluation des dommages-intérêts dus à la ferme ne pourra être inférieur au montant de l'amende encourue.

En cas de récidive dans la même année, le minimum de l'emprisonnement ne pourra être inférieur à un an.

Les opiums et leurs contenants seront confisqués; les objets servant à leur transport, tels que charrettes, voitures, bœufs, buffles, chevaux, etc., les barques, embarcations, bateaux, jonques de mer, navires, etc., seront saisis pour garantir le paiement des condamnations pécuniaires, lorsque la fraude sera imputable aux propriétaires desdits objets, aux conducteurs, gens de l'équipage, aux maîtres, patrons et capitaines.

Les voitures et les navires affectés à un service public de messageries ne sont pas compris dans les dispositions qui précèdent, mais leurs propriétaires n'en demeurent pas moins responsables des faits de leurs préposés.

Art. 26. — Toute fabrication d'opium préparé, tout colportage, toute vente ou cession à titre gratuit d'un opium autre que celui de la ferme, sera puni d'une amende de cent piastres à cinq cents piastres et d'un emprisonnement de quinze jours à trois ans.

Quiconque en sera trouvé sciemment détenteur sera puni de la même peine, le minimum de l'amende pourra toutefois être réduit à quarante piastres et l'emprisonnement à huit jours lorsque la quantité de matière saisie sera inférieure à un taël.

Les infractions de même nature concernant les opiums à prix réduit qui ne peuvent être vendus et consommés que dans les zones déterminées, seront punies des mêmes peines.

Toute vente d'opium de la ferme par une personne non autorisée ou par un débitant dans une localité autre que celle désignée sur sa licence, sera punie d'une amende de cent à cinq cents piastres et d'un emprisonnement de quinze jours à trois ans ou de l'une de ces peines seulement.

Les opiums et leurs contenants seront confisqués.

Les dispositions du cinquième paragraphe de l'article 25 ci-dessus sont applicables aux véhicules servant au transport de l'opium.

L'évaluation des dommages intérêts dus à la ferme ne pourra être inférieur au montant de l'amende encourue.

Art. 27. — Tout débitant, tout employé de la ferme, qui détiendra ou aura vendu un opium autre que celui de la ferme, ou qui y aura mêlé quelque substance de quelque nature que ce soit, sera puni d'une amende de cent à cinq cents piastres et d'un emprisonnement de quinze jours à trois ans.

L'évaluation des dommages-intérêts dus à la ferme ne pourra être inférieure au montant de l'amende encourue.

Art. 28. — Il est interdit à tout individu d'avoir en sa possession plus de deux taëls de dross (détritus d'opium déjà fumé) sous peine de cinq jours à un mois de prison.

La ferme s'engage à acheter ou à échanger ces matières contre de l'opium, d'après un tarif qui sera affiché et publié.

Art. 29. — L'importation, la fabrication, la circulation, le colportage, la vente, la cession, de matières qui, sans être de l'opium, peuvent lui être comparées, seront punis des peines édictées aux articles 25 et 26.

Art. 30. — La récidive dans la même année de l'une quelconque des contraventions prévues aux articles 25, 26, 27, 28 et 29, entraînera l'application du maximum de la peine.

Art. 31. — Il ne sera pas admis de circonstances atténuantes pour les délits prévus par le présent arrêté.

Les jugements portant condamnation au paiement des amendes ou dommages-intérêts prononceront la contrainte par corps.

La durée de cette contrainte sera de un mois par chaque cinquante piastres ou fraction de cinquante piastres d'amende ou dommages-intérêts; elle ne pourra excéder un an.

Les individus condamnés à l'amende et aux dommages-intérêts envers la ferme seront conservés en état d'arrestation jusqu'au paiement du montant des condamnations prononcées, dans la limite d'un an ci-dessus déterminée.

CHAPITRE VI

DISPOSITIONS GÉNÉRALES

Art. 32. — Tous mandarins, chefs de provinces et leurs subordonnés, autorités communales, etc., etc., devront, toutes les fois qu'ils en seront requis, donner aide et appui aux agents de la ferme pour l'exécution du présent arrêté.

L'intervention personnelle des autorités annamites sera gratuite.

Art. 33. — Toutes dispositions antérieures contraires au présent arrêté sont et demeurent abrogées.

Art. 34. — Le Résident supérieur en Annam est chargé de l'exécution du présent arrêté, lequel aura effet à dater du 1er janvier 1895. — ROBIER.

ORDONNANCEMENTS

1. — 22 juin 1885. — ARRÊTÉ sur *l'ordonnancement des dépenses concernant les services civils* (1).

Article premier. — A dater de ce jour, les dépenses des services civils et politiques seront ordonnancées sur états visés par le directeur des affaires civiles et politiques et approuvés par le général en chef.

Toutefois, pour les dépenses dont l'importance est inférieure à cinq cents francs en totalité, le

(1) Voir ci-après arrêtés des 25 novembre 1891 et 12 septembre 1885.

général en chef délègue sa signature au directeur des affaires civiles et politiques.

Art. 2. — Le directeur des affaires civiles et politiques et le chef des services administratifs de la marine sont chargés, chacun en ce qui le concerne, de l'exécution de la présente décision. — COUNCY.

2. — 14 avril 1886. — ARRÊTÉ *conférant le droit aux Résidents supérieurs de Hanoi et de Hué, de mandater, comme ordonnateurs secondaires du Résident général, les dépenses des services civils au Tonkin et en Annam.*

Article premier. — Les Résidents supérieurs de Hanoi et de Hué mandateront, comme ordonnateurs secondaires du Résident général, les dépenses des services civils au Tonkin et en Annam, dans la limite des crédits qui leur seront sous-délégués.

Art. 2. — Le présent arrêté sera notifié au chef du service de la trésorerie et au chef du service administratif de la marine, ordonnateur (1). — PAUL BERT.

3. — 14 décembre 1886. — ARRÊTÉ *concernant l'ordonnancement des dépenses du Protectorat à partir du 1er janvier 1887* (2).

Article premier. — A partir du 1er janvier 1887, et jusqu'à ce qu'un arrêté du Résident général ait définitivement organisé les services financiers, les dépenses du Protectorat seront ordonnancées, savoir :

Celles des services civils par les Résidents supérieurs en Annam et au Tonkin, dans les conditions de l'arrêté du 14 avril 1887.

Celles de la division d'occupation, par le sous-intendant directeur des services administratifs et ses délégués ;

Celles de la marine, par le commissaire chef du service administratif.

Art. 2. — Des crédits seront mensuellement délégués à chacun des ordonnateurs par le Résident général.

Art. 3. — Le payement des dépenses continuera à être effectué par les agents du service de la trésorerie et les gérants des caisses de fonds d'avances.

Art. 4. — Les mandats transmis au payeur devront être accompagnés de bordereaux d'émission, dont le double devra être adressé par l'ordonnateur à la résidence générale sous le timbre de la direction du contrôle des services financiers.

Art. 5. — Un relevé des bordereaux d'émission et un état des ordonnancements par article de budget, sera transmis en fin de mois par chaque ordonnateur à la direction du contrôle. — P. VIAL.

4. — 6 février 1889. — ARRÊTÉ *promulguant l'article 12 du décret du 24 octobre 1882, sur les ordonnateurs secondaires.*

Article premier. — Est rendu applicable et exécutoire en Annam et au Tonkin, l'article 12 du décret du 24 novembre 1882, réorganisant le service financier aux colonies, ainsi conçu :

« Les ordonnateurs secondaires émettent, en ce « qui concerne leur service, les ordres de recette et

(1) Cet arrêté cesse de produire son effet par suite de la promulgation de celui du 14 décembre 1886, publié ci-après, instituant les Résidents supérieurs ordonnateurs des dépenses de tous les services civils.
(2) Voir ci-après arrêtés du 25 novembre 1891 et 12 septembre 1893.

« de reversement dont le recouvrement doit être « opéré par le trésorier payeur, et en tiennent enre-« gistrement.

« Ces fonctionnaires sont tenus de remettre, dans « les cinq premiers jours de chaque mois, au comp-« table chargé de l'encaissement, un bordereau « détaillé des ordres de recette ou de reversement « qu'ils ont émis dans le mois précédent. »

Art. 2. — M. le Résident général en Annam et au Tonkin est chargé de l'exécution du présent arrêté, qui sera notifié, publié et enregistré partout où besoin sera. — RICHAUD.

5. — 20 septembre 1889. — CIRCULAIRE *appliquant au personnel européen de tous les services du Protectorat, les prescriptions de la circulaire du 19 mai 1889.*

Afin d'éviter les retards qui se produisent souvent dans l'ordonnancement des états de solde, par suite des irrégularités qu'ils contiennent, j'ai décidé que les prescriptions de la circulaire du 19 mai dernier, concernant le personnel européen de la garde civile, s'appliqueraient également à tous les autres agents des services du Protectorat.

Vous voudrez donc bien, à l'avenir, lorsque des agents quitteront votre résidence avant l'établissement des états de solde, leur donner un certificat de cessation de paiement à la date du 1er du mois courant.

Lorsque leur départ aura lieu après l'envoi, à Hanoi des états de solde, ils seront payés sur la caisse du percepteur, s'il y en a une dans votre résidence.

Dans le cas contraire, vous aurez à leur faire parvenir ultérieurement leur solde par un mandat de trésorerie.

Le certificat de cessation de paiement qui leur sera alors délivré indiquera qu'ils ont été tenus au courant de leur solde jusqu'au dernier du mois. — BRIÈRE.

6. — 25 novembre 1891. — ARRÊTÉ *fixant le mode d'ordonnancement des dépenses à effectuer dans les territoires militaires du Tonkin* (1).

Article premier. — L'ordonnancement des dépenses à effectuer dans les territoires (militaires ?) est assuré selon les prescriptions réglementaires par les soins du Résident supérieur du Tonkin.

En ce qui concerne les recettes, ce haut fonctionnaire exerce les mêmes attributions que celles qu'il remplit à l'égard des résidences en territoire civil.

Art. 2. — Chaque mois, le Résident supérieur proposera au Gouverneur général d'affecter, dans la limite des crédits budgétaires, des dotations spéciales aux besoins signalés par les commandants de territoires militaires.

Des délégations mensuelles seront faites à cet effet, au Résident supérieur, dans la forme adoptée pour les services civils.

Art. 3. — Les seules dépenses à payer avant ordonnancement sont celles désignées dans l'article 1er de l'arrêté du 20 août 1891 (2). Pour toutes les autres dépenses, les pièces nécessaires à la liquidation et à l'ordonnancement seront adressées par les soins des commandants de territoires, comme toute la correspondance y relative, au Gouverneur général pour être transmises au Résident supérieur du Tonkin, qui assurera le paiement par mandats réguliers.

(1) Voir ci-après arrêté du 12 septembre 1893.
(2) Dépenses urgentes.

Art. 4. — Le Général commandant en chef les troupes de l'Indo-Chine et le Résident supérieur au Tonkin sont chargés, chacun en ce qui le concerne, de l'exécution du présent arrêté. — DE LANESSAN.

7. — 10 décembre 1891. — ARRÊTÉ *promulguant en Indo-Chine les décrets des 11 août 1890 et 16 mai 1891, sur le service financier des colonies.*

Article premier. — Sont promulgués dans toute l'étendue de l'Indo-Chine française, les décrets des 11 août 1890 et 16 mai 1891, déterminant, le premier, l'exercice auquel appartiennent les dépenses de loyer, et le second, portant modification à l'article 6 du décret du 20 novembre 1882, sur le service financier des colonies.

Art. 2. — Le Lieutenant-gouverneur de la Cochinchine, les Résidents supérieurs du Tonkin, de l'Annam et du Cambodge et le Trésorier-payeur de l'Indo-Chine sont chargés, chacun en ce qui le concerne, de l'exécution du présent arrêté, qui sera publié au *Journal officiel* et au *Bulletin officiel* de l'Indo-Chine (1re et 2e parties). — DE LANESSAN.

DÉCRET *du 11 août 1890*

Article premier. — L'exercice auquel appartient les dépenses de loyer est déterminé par la date du jour qui précède l'échéance de chaque terme.

Art. 2. — Le ministre des finances est chargé de l'exécution du présent décret, qui sera inséré au *Bulletin des lois* et au *Journal officiel.*

DÉCRET *du 16 mai 1891*

Article premier. — L'article 6 du décret du 20 novembre 1882, est modifié ainsi qu'il suit :

« Au début de l'exercice et en attendant l'arrivée « des ordonnances de délégation délivrées par le « ministre chargé des colonies, ou des extraits adres-« sés aux Trésoriers-payeurs par le ministre des « finances, les Gouverneurs peuvent ouvrir aux or-« donnateurs secondaires les crédits nécessaires « pour l'acquittement des dépenses. Ces crédits « provisoires sont annulés lors de la réception des « crédits réguliers.

« Pendant le cours de l'exercice, il est interdit « aux Gouverneurs, en cas d'insuffisance des crédits « délégués, d'ouvrir des crédits provisoires sans « une autorisation du Ministre chargé des colonies, « demandée au besoin par la voie télégraphique.

« Toutefois, dans les colonies qui ne sont pas « reliées directement avec la Métropole par une « communication télégraphique, les gouverneurs « peuvent, s'il y a urgence, ouvrir des crédits provi-« soires ; mais cette faculté est limitée aux services « pouvant seuls donner lieu à des ouvertures de « crédits supplémentaires, par décrets, pendant la « prorogation des Chambres, conformément à la « nomenclature qui en est donnée, chaque année, « par la loi des finances.

« Les trésoriers-payeurs ne peuvent, sans engager « leur responsabilité personnelle, acquitter des « dépenses qui seraient mandatées en dehors des « conditions ci-dessus énoncées.

« Les arrêtés portant ouverture de crédits sont « délibérés en conseil et notifiés aux trésoriers-« payeurs. Copie en est immédiatement adressée au « Ministre chargé des colonies et au ministre des « finances.

« Dans les cas d'urgence indiqués à la fin du « paragraphe 2 du présent article, les Gouverneurs

« adressent, en même temps qu'une copie de leurs « arrêtés, un rapport circonstancié sur les événe-« ments qui les ont motivés. »

Art. 2. — Le Ministre du commerce, de l'industrie et des colonies et le Ministre des finances sont chargés, chacun en ce qui le concerne, de l'exécution du présent décret, qui sera inséré au *Journal officiel,* au *Bulletin des lois* et au *Bulletin officiel* de l'administration des colonies. — CARNOT.

8. — 12 septembre 1893. — ARRÊTÉ *soumettant les mandats à ordonnancer pour l'Annam et le Tonkin, au visa du contrôle financier avant toute signature.*

Article premier. — Les mandats de paiement émis par le Résident supérieur du Tonkin et par le Chef des services administratifs, sur le budget du Protectorat de l'Annam et du Tonkin, seront, avant d'être revêtus de la signature de l'ordonnateur, soumis au visa du Directeur du contrôle, avec les pièces à l'appui de la dépense.

Art. 2. — Aucun mandat ne devra être payé par le service du trésor s'il n'est revêtu du visa ci-dessus.

Art. 3. — Le Résident supérieur au Tonkin, le Chef des Services administratifs et le Trésorier-payeur du Tonkin sont chargés, chacun en ce qui le concerne, de l'exécution du présent arrêté, qui entrera en vigueur à compter du 12 septembre courant. — DE LANESSAN.

ORGANISATION ADMINISTRATIVE

1. — 7 janvier 1886. — DÉCRET *portant distraction du Ministère de la marine et des colonies, et rattachement au Ministère des affaires étrangères, des pays placés sous le Protectorat de la France.*

Article premier. — Les pays placés sous le Protectorat de la France sont distraits du ministère de la marine et des colonies, et rattachés au département des affaires étrangères.

Art. 2. — Des arrêtés concertés entre les ministres compétents régleront les dates à partir desquelles ces dispositions entreront en vigueur dans les divers pays dont il s'agit.

Art. 3. — Les ministres des affaires étrangères, de la guerre et de la marine et des colonies sont chargés, chacun en ce qui le concerne, de l'exécution du présent décret. — JULES GRÉVY.

2. — 27 janvier 1886. — DÉCRET *portant organisation du Protectorat de l'Annam et du Tonkin* (1).

3. — 3 février 1886. — DÉCRET *relatif à l'organisation du personnel des résidences de l'Annam et du Tonkin* (2).

4. — 4 avril 1886. — DÉCISION *promulguant le décret du 27 janvier 1886, portant organisation du Protectorat de l'Annam et du Tonkin.*

Article premier. — Est promulgué dans toute l'étendue du territoire de l'Annam et du Tonkin, le décret du 27 janvier 1886, portant organisation du Protectorat de l'Annam et du Tonkin.

(1) Voir ci-après les décrets des 17 et 20 octobre 1887, créant le Gouvernement général de l'Indo-Chine, et celui du 2 mai 1889, réorganisant l'administration du Protectorat.

(2) Modifié par décrets des 17 et 20 octobre 1887 et 2 mai 1889.

Art. 2. — Le directeur des affaires civiles et politiques est chargé de l'exécution de la présente décision. — WARNET.

5. — 20 avril 1886. — ARRÊTÉ *réglant les attributions des Résidents supérieurs de l'Annam et du Tonkin.*

Modifié par arrêté du 7 juillet 1889 (1).

6. — 13 mai 1886. — ARRÊTÉ *établissant trois classes de commis de résidence et fixant la solde afférente à chaque classe.*

Voir ci-après le décret du 2 mai 1889, fixant la solde et les classes des commis de résidence.

7. — 20 mai 1886. — LETTRE *du Résident général au Général commandant la division d'occupation, au sujet de l'application du traité du 6 juin 1884.*

Par une décision en date du 13 mai courant, dont j'ai l'honneur de vous adresser ci-joint copie, les décrets et arrêtés réglementant les attributions des résidents et vice-résidents au Tonkin ont été rendus exécutoires

En conséquence, il sera procédé par MM. les résidents et vice-résidents chefs de poste, au fur et à mesure de leur installation au siège des résidences qui leur sont assignées, à l'application du traité du 6 juin 1884, dont la pleine et entière exécution est prescrite par décret du Président de la République en date du 2 mars dernier.

J'ai l'honneur de vous faire remarquer que par suite de ces dispositions, les instructions contenues dans votre note circulaire du 28 avril dernier, insérée au journal *l'Avenir du Tonkin* du 15 mai, devront nécessairement être modifiées dans un sens conforme aux principes établis aussi bien par le traité que par le décret du 27 janvier, relatif à l'organisation du Protectorat de l'Annam et du Tonkin.

L'article 9 du décret précité est ainsi conçu:

« Des territoires pourront être déterminés par le
« Résident général, après avis de l'autorité militaire,
« pour être soumis à la juridiction militaire.

« Dans ces territoires, le commandant du corps
« d'occupation exercera, par délégation, les pouvoirs
« du Résident général, auquel il sera tenu de rendre
« compte.

« Ces territoires rentreront sous le régime normal
« par décision du Résident général. »

Il ressort clairement de cet article que, dans les territoires à déterminer, les commandants militaires désignés par vous, seront temporairement investis, sous votre haute direction, des pouvoirs des résidents ou vice-résidents, tels qu'ils sont définis aux décrets et arrêtés en vigueur.

Dans ces cas seulement, les ordres donnés par votre circulaire du 28 avril, notamment dans les paragraphes qui suivent, pourront être exécutés :

§ 4 « Dans chaque poste, le commandant d'armes
« se concertera avec le chef de canton ou maire
« pour arrêter, etc., etc. »

§ 10 « Ils doivent (les commandants d'armes) se
« tenir en rapports constants avec les autorités
« annamites pour se renseigner sur l'état du pays,
« sur les nouvelles qui circulent, sur les dispositions
« des habitants et, au besoin, sur leurs désirs. »

Dans toutes les provinces qui n'auront pas été

(1) Voir en outre arrêté du 5 février 1887 et décret du 25 février 1895.

distraites du régime normal établi par le décret constitutif du 27 janvier, le traité du 6 juin devra être appliqué dans toute sa teneur, et les agents français de toute catégorie ne communiqueront avec les autorités annamites que par l'intermédiaire des résidents. (Art. 8 du traité).

Je vous prie, Monsieur le Général en chef, de vouloir bien adresser des instructions dans ce sens à MM. les commandants d'armes du Tonkin et m'accuser réception de la présente lettre. — P. VIAL.

8. — 21 mai 1886. — LETTRE *au sujet de la constitution des dossiers des agents du Protectorat, et des notes à leur donner.*

Il y a lieu de constituer, dès à présent, les dossiers individuels des agents du Protectorat.

J'ai, en conséquence, l'honneur de vous prier de vouloir bien inviter chacun des agents placés sous vos ordres, à vous remettre, dans le plus bref délai possible, pour m'être aussitôt transmises par la voie hiérarchique, les pièces ci-après énumérées :

1° Extrait de naissance ;

2° Extrait du casier judiciaire ;

3° Certificat ou état des services antérieurs, s'il y a lieu.

De même, en ce qui vous concerne personnellement.

Vous devrez m'expédier ces dossiers au fur et à mesure que chacun d'eux sera complet.

J'ai décidé, d'autre part, que des notes relatant les conditions particulières, les aptitudes et la manière de servir de chaque agent, ainsi que les propositions dont il pourrait être l'objet, seraient établies semestriellement, soit à la date des 30 juin et 31 décembre de chaque année, de manière à ce qu'elles me parviennent dans la quinzaine qui suit les époques indiquées.

Ces notes seront, suivant le cas, établies en deux, trois ou quatre expéditions, destinées aux archives des vice-résidences, résidences, Résidences supérieures intéressées, et de la Résidence générale.

Le dossier de chaque agent devra le suivre dans chacun des nouveaux postes qu'il peut être appelé à occuper et sera, le cas échéant, transmis comme il convient, par les soins du chef du service sous les ordres immédiats duquel il était précédemment placé.

Ces prescriptions sont également applicables au personnel indigène, en ce qui concerne les notes semestrielles.

Vous recevrez en temps utile les imprimés nécessaires à cet effet. — P. VIAL.

9. — 10 juin 1886. — ARRÊTÉ *créant des commis auxiliaires de résidence.*

Article premier. — Dans tous les postes où le service l'exigera, des commis auxiliaires européens pourront être adjoints au personnel de l'administration du Protectorat.

Le nombre de ces agents sera fixé d'après les besoins ; leur solde ne sera, en aucun cas, supérieure à 4.000 francs, ni inférieure à 1.200 ; ils ne jouiront pas des prérogatives conférées par les règlements en vigueur au personnel régi par le décret du 3 février 1886. — PAUL BERT.

10. — 3 août 1886. — ARRÊTÉ *modifiant l'article premier de l'arrêté du 3 mai 1886, relatif à la fixation des classes des commis de résidence.*

Les classes et la solde des commis de résidence

29

sont déterminées par le décret du 2 mai 1889, publié ci-après.

11. — 30 août 1886. — CIRCULAIRE *du Résident général de la République française en Annam et au Tonkin, membre de l'Institut, à MM. les résidents et vice-résidents chefs de poste, sur les droits et devoirs des résidents et vice-résidents dans leurs relations avec les différents services* (1).

Depuis le 8 avril dernier, date de mon entrée en fonctions, un certain nombre de décisions ont assuré l'application progressive du décret du 27 janvier 1886, qui place l'Annam et le Tonkin sous l'autorité civile et détermine les bases définitives de l'organisation de notre Protectorat.

Des instructions vous ont été adressées le 16 avril, indiquant sommairement, en même temps que les vues générales du Gouvernement de la République, la ligne de conduite que vous deviez observer à l'égard des autorités indigènes, pour préparer l'exécution intégrale du traité du 6 juin 1884.

Ces indications, qu'il n'était pas utile de développer alors que l'insuffisance numérique du personnel administratif ne nous permettait pas d'étendre notre action, doivent, à l'heure actuelle, être complétées.

Il importe surtout de définir vos droits et vos devoirs dans les relations constantes que vous êtes appelés à entretenir avec vos chefs directs et vos subordonnés, avec les fonctionnaires indigènes, les missionnaires, la population annamite et les émigrants chinois.

La division administrative adoptée en Conseil du Protectorat et dont le tableau ci-annexé vous donnera le détail, comprend, pour l'Annam, trois résidences et quatre vice-résidences, et, pour le Tonkin, quatre résidences et onze vice-résidences.

Cette répartition est, en ce qui concerne le Tonkin, la reproduction à peu près identique de l'ancienne division territoriale établie par le gouvernement annamite; j'ai tenu, dans cette circonstance, à m'inspirer des traditions du pays, me gardant de toute innovation qui n'aurait pas été justifiée par l'expérience.

RAPPORTS DES RÉSIDENTS ET VICE-RÉSIDENTS CHEFS DE POSTE ENTRE EUX ET AVEC LES RÉSIDENTS SUPÉRIEURS. LEURS ATTRIBUTIONS

Vous êtes, dans l'ordre politique, les dépositaires de l'autorité du Résident général; vous avez, à ce point de vue, une situation analogue à celle des préfets et des sous-préfets en France.

Les résidents relèvent immédiatement des Résidents supérieurs et les vice-résidents des résidents.

Toutefois, comme on ne peut contrôler efficacement l'administration d'un aussi vaste pays qu'en décentralisant le plus possible, les vice-résidents ont les mêmes attributions administratives que les résidents. Mais ils doivent avoir soin de consulter ceux-ci sur les affaires qui seraient de nature à engager la responsabilité du Protectorat, et de les tenir soigneusement au courant de l'état politique de leur circonscription.

En outre, afin d'accélérer la marche du service, ils ont la faculté de correspondre directement avec le Résident supérieur, en ce qui concerne l'assiette et la perception des revenus publics, l'engagement des dépenses, l'état civil, les travaux publics de moindre importance, l'instruction publique, le per-

(1) Rapprocher de la circulaire du 6 octobre 1891, de M. le Gouverneur général de Lanessan.

sonnel, la police, la justice, et, en général, toutes les questions d'administration intérieure n'ayant pas un contre-coup immédiat et important sur l'ensemble de la province ou des provinces voisines. Ils tiennent du reste le résident au courant de ces communications directes.

Quant aux affaires intéressant la sûreté générale, la navigation, les grands travaux, les principales voies de communications fluviales et terrestres, les vice-résidents transmettront aux résidents une copie des études et des propositions qu'ils auront adressées à la Résidence supérieure. Les résidents centraliseront ainsi les renseignements recueillis et pourront les résumer dans leurs rapports périodiques.

En outre, les résidents, sur délégation spéciale, seront chargés, à des époques déterminées, de l'inspection des sous-résidences dépendant de leurs circonscriptions. Ils se conformeront alors aux instructions qui leur seront données pour la visite des travaux en cours et des édifices publics, pour le contrôle et la revue du personnel et des milices.

Résidents ou vice-résidents exercent, à l'égard de nos nationaux et des étrangers, les pouvoirs consulaires et judiciaires qui sont conférés par les décrets des 8 et 10 février 1886. Ils veillent à ce que les rapports entre les autorités annamites et les diverses autorités françaises n'aient lieu, à moins d'autorisation spéciale, que par leur intermédiaire, de façon à éviter toutes difficultés et tout malentendu. (*Article 8 du traité du 6 juin 1884 et article 3 du décret du 27 janvier 1886*).

Les dispositions qui précèdent suffisent à préciser la nature de vos relations avec les services civils du Protectorat.

Votre autorité doit s'exercer sur la marche générale de chaque service ainsi que sur la manière dont chaque agent s'acquitte de ses fonctions.

Je vous adresserai de nouvelles instructions dès que la réorganisation de ces services, actuellement en préparation à mon cabinet, sera terminée.

Vous avez déjà reçu celles qui concernent les travaux publics. J'en extrais ici les indications principales.

Le service des travaux publics n'est plus, depuis mon arrêté du 29 juillet, un service distinct et autonome. Il est fragmenté entre les diverses résidences et vice-résidences, à la façon de celui des agents-voyers de France; son personnel est sous votre direction et à vos ordres pour les travaux courants.

Mais lorsque les travaux à exécuter devront avoir des conséquences d'ordre général, lorsqu'ils auront le caractère de travaux d'art, ou qu'ils engageront, dans une mesure importante, les finances du Protectorat, vous devrez transmettre les projets, plans et devis, à M. le Résident supérieur, qui les soumettra à l'examen de M. l'ingénieur-conseil attaché à la Résidence générale.

RAPPORTS AVEC LES AUTORITÉS MILITAIRES

En disant que vous êtes les représentants du Résident général, j'ai, par cela même, indiqué la place qui vous revient, et défini votre rôle au regard des autorités militaires.

Je ne veux pas m'arrêter ici aux questions de présence et de pure forme, qui trouvent plus facilement leur solution dans le code des convenances que dans les règlements les mieux étudiés.

Aussi bien, les froissements d'amour-propre et les susceptibilités personnelles doivent disparaître devant l'intérêt supérieur du pays, qui exige l'union de tous les dévouements et de toutes les intelligences appliqués au succès d'une œuvre nationale.

D'ailleurs, le décret du Président de la République en date du 24 juin 1886, document dont vous avez eu connaissance, a défini vos relations officielles avec les troupes de terre et de mer. Vous aurez donc à vous y reporter pour apprécier vos droits ainsi que les obligations qui vous incombent.

Le traité prévoit, dans son article 6, « qu'il sera donné aux résidents, s'il y a lieu, une escorte française ou indigène ». Vous ne devrez vous prévaloir de ce droit que dans des cas exceptionnels. Les milices en voie de formation vous fourniront, dans les circonstances régulières, une force suffisante.

Dans le cas où vous jugeriez que le concours de l'autorité militaire vous est nécessaire pour assurer le maintien de l'ordre public, vous aurez à vous entendre avec elle à ce sujet. Au besoin même, et par analogie avec ce qui se passe en France, vous aurez le droit de repousser les attaques des malfaiteurs et faire exécuter les prescriptions légales.

Pour les réquisitions adressées aux officiers de vaisseau, il y a lieu de distinguer.

Les navires de mer étant considérés comme bâtiments isolés, les commandants peuvent accepter ou refuser les réquisitions, dans les conditions indiquées par l'arrêté du 20 mai 1885.

En ce qui concerne les navires de rivières, si les relations doivent avoir lieu en un point habité par le commandant de la région, c'est à ce dernier que les réquisitions doivent être adressées. Sur tout autre point, vous pouvez les faire directement au commandant du navire, lequel, suivant les ordres qu'il aurait reçus, pourra les accepter ou les refuser, mais dans ce dernier cas, par écrit et en indiquant les motifs du refus.

L'article 6 du traité, en disant que vous habiterez dans la citadelle, vous donne un droit, mais ne vous impose rien d'impératif. Lors donc que vous n'y trouverez pas une place convenable, vous pourrez vous tenir en dehors. Autant que possible, vous vous en éloignerez peu, et vous vous concerterez avec l'autorité militaire pour choisir un emplacement qui ne gêne pas son action et qui soit facilement défendable.

Si, au contraire, l'intérieur de la citadelle vous offre un bon emplacement, vous pourrez vous y installer et y garder auprès de vous les mandarins.

Dans tous les cas, vous tâcherez de faire en sorte que les services civils et indigènes soient groupés ensemble, et séparés nettement des services militaires. Si vous êtes dans la citadelle, une porte spéciale, gardée par vos miliciens, devra vous être réservée; et vous pourrez, par quelque séparation légère, indiquer la ligne de démarcation que ne devront pas franchir les personnes qui ont affaire seulement à vous et aux autorités annamites. C'est le moyen, peut-être le seul moyen de concilier les justes exigences des précautions et des consignes militaires avec la facilité d'accès que vous devez ménager aux annamites auprès de vous.

Je tiens tellement à cette séparation des services, que si elle doit entraîner quelques dépenses, je suis prêt, sur votre demande, à les autoriser.

RAPPORTS AVEC LES AUTORITÉS ANNAMITES

Vos relations avec les autorités annamites diffèrent, suivant que vous êtes en Annam ou au Tonkin.

En Annam, votre rôle est exclusivement politique. L'article 3 du traité, corroboré et complété par les articles 11 et 12, conserve aux représentants du Souverain l'entière administration des territoires compris depuis la frontière de la Cochinchine jusqu'à la frontière de la province de Ninh-binh, sauf en ce qui concerne les douanes, les contributions indirectes, les travaux publics, et en général les services qui exigent une direction unique ou l'emploi d'ingénieurs ou d'agents européens.

Vous n'aurez donc à vous immiscer ni dans le service des impôts directs, ni dans l'administration intérieure du territoire. Vous vous bornerez, en ces matières, à vous tenir informés des actes de l'autorité indigène. Vous agirez de même dans les questions relatives à la police, la justice indigène, les milices dont disposent les mandarins. Du reste, la situation politique, très troublée, de tout ce pays vous impose une vigilance de tous les instants.

Au Tonkin, vous êtes chargés de la direction politique, administrative et financière de vos provinces respectives et du contrôle des fonctionnaires annamites.

Au surplus, votre conduite vous est tracée par ma circulaire du 16 avril, dont je reproduis ici un passage, et dont l'application, sur la plupart des points, peut être faite à l'Annam comme au Tonkin, en tenant compte, bien entendu, des restrictions formulées par le traité

. . . . « Votre rôle politique con-
« siste à encourager, conseiller et diriger les fonction-
« naires annamites, afin qu'ils remplissent très
« exactement les obligations contractées par leur
« gouvernement envers la France.

« Ils continueront à exercer, dans l'Administra-
« tion générale, la justice indigène, la collecte des
« impôts, les fonctions qui leur sont dévolues par les
« lois du pays. Votre rôle n'est pas d'administrer à
« leur place, mais de surveiller et de contrôler leurs
« actes. Pour cela, vous appellerez fréquemment
« auprès de vous les plus importants d'entre eux
« pour vous rendre compte des intérêts majeurs de
« la province.

« D'autre part, vous visiterez, aussi souvent qu'il
« vous sera possible, les villes principales de votre
« circonscription, ainsi que les lieux qui représente-
« raient un intérêt particulier au point de vue, par
« exemple, de la défense, des travaux publics, etc.
« Enfin, les actes principaux administratifs et politi-
« ques des mandarins provinciaux devront être sanc-
« tionnés par vous avant d'être mis à exécution.
« Vous en référeriez, si quelque difficulté grave
« survenait, à M. le Résident supérieur. Il faut, en
« un mot, que votre personne soit rapidement connue
« de tous et que votre influence se fasse sentir à
« tous les échelons de la hiérarchie administrative,
« de telle sorte que vous obteniez la confiance des
« fonctionnaires par vous contrôlés, et que ceux-ci
« n'aient ni la faculté ni le désir d'échapper à votre
« autorité.

« Il est nécessaire que, non par des manifesta-
« tions violentes ou intermittentes, mais par une
« action continue, faite de patience et de fermeté,
« vous persuadiez très vite le peuple et les mandarins
« des résolutions définitives de la France, et de son
« inébranlable volonté d'accomplir tous les devoirs
« imposés et d'user de tous les droits conférés par
« les traités. Vous leur montrerez bien nettement
« que le temps des hésitations est passé, et que l'ap-
« plication régulière du Protectorat de la France
« ouvre pour leur pays, depuis si longtemps troublé,
« une ère nouvelle. L'obéissance à l'autorité royale,

29.

« l'exécution scrupuleuse des lois du pays, la pro-
« tection des habitants et des propriétés, le respect
« des libertés locales, le rétablissement de la sécu-
« rité, le développement du commerce, de l'indus-
« trie, de l'agriculture, et, par suite, de la richesse
« publique, doivent en être les fruits. Ainsi, l'intérêt
« de l'Annam et celui de la France sont intimement
« et indissolublement liés l'un à l'autre, et c'est là la
« vérité fondamentale que vous ne laisserez échapper
« aucune occasion publique ou privée de développer
« et de prouver.

« Ceux des fonctionnaires qui ne comprendraient
« pas cette situation politique et qui ne se dévoue-
« raient pas à elle, devraient être désignés par vous à
« M. le Résident supérieur, pour que j'obtienne de
« S. M. le Roi d'Annam le déplacement, la révocation
« ou le châtiment d'agents qui désobéissent à ses
« ordres et refusent de respecter les traités qu'il a
« signés. »

Vous constituerez, en conséquence, à votre cabinet,
le dossier de chaque mandarin, lettré ou homme
influent, ainsi que celui de chacun des membres du
conseil consultatif créé par mon arrêté du 30 avril
1886.

Vous donnerez audience aux chefs de canton et
aux notables des villages lorsque leurs affaires les
amèneront au chef-lieu de votre résidence. Vous
prendrez soin de leur donner sur la situation toutes
explications utiles, et vous chercherez à gagner leur
confiance et leur sympathie.

J'appelle particulièrement votre attention sur les
membres du conseil consultatif tonkinois. Ces hommes, choisis par leurs concitoyens, simples notables
de village, vivant de la vie du peuple annamite, sont
admirablement placés pour vous renseigner sur les
aspirations et les sentiments de la population. Ils
m'ont, dès leur première réunion, donné des indications très sages.

Je n'ai pas besoin de vous recommander d'avoir
vis-à-vis des dignitaires annamites l'attitude de
bienveillance courtoise qui convient aux représentants de la nation protectrice. Mais je vous prie de
donner les instructions nécessaires pour que vos
subordonnés conforment leur conduite aux règles
hiérarchiques. J'ai eu à constater, de la part de
certains employés très inférieurs du Protectorat, vis-
à-vis des plus hauts mandarins provinciaux, une
tenue et des allures qui constituent de véritables
inconvenances. Cette manière d'agir est de nature à
blesser profondément, et cela au grand détriment de
notre action politique, de très justes et très vives
susceptibilités.

IMPÔTS

Pour la perception et le contrôle des impôts
institués par nous, il n'y a pas d'indication générale
à vous donner; vous vous guiderez par les règles
propres à chaque administration.

Vous avez, d'après l'article 11 du traité, la centralisation de l'impôt ancien, avec la surveillance de sa
perception. La transformation de l'impôt en nature
en impôt en argent, proposée par mon arrêté du
10 juin 1886, semble avoir l'approbation générale
des populations. Il doit en résulter de grosses
économies dans les frais de collecte des impôts qui
s'élèvent, si mes renseignements sont exacts, à plus
de 30 p. 100. Vous aurez à examiner de très près
ce mécanisme de la collecte de l'impôt, et à veiller
à ce que des prélèvements illégaux ne viennent pas
augmenter les charges des contribuables.

Lorsque quelque calamité (inondation, incendie,

pillage), se sera appesantie sur un village, vous aurez
soin de bien apprécier l'état dans lequel elle aura
laissé les habitants, et de me proposer, s'il est nécessaire, des atermoiements, des diminutions ou
même des remises complètes d'impôts.

TRAVAUX PUBLICS

Votre attention se portera principalement sur les
travaux essentiels qui intéressent à un si haut degré
la prospérité du pays, c'est-à-dire sur la construction
et l'entretien des digues, des routes et des ponts, le
curage des arroyos, etc.

J'appelle tout particulièrement votre attention sur
l'entretien des digues, dont les ruptures trop nombreuses ont causé, cette année encore, d'immenses
désastres. Vous ferez relever avec soin les points
dangereux où les ruptures ont eu lieu pendant ces
dernières années, afin d'agir avec énergie à la bonne
saison pour solidifier les endroits faibles. Vous ferez
veiller avec soin à ce que les indigènes n'amincissent
pas ou n'écrêtent pas les digues, et cela sous peine
d'amendes infligées aux villages. Vous ferez remettre
en état, aux frais de ceux-ci, toutes les digues ainsi
compromises par la maladresse des habitants. Il sera
bon de créer, dans chaque province, un système
d'inspection des digues avec rapports mensuels par
les autorités annamites.

Autant qu'il vous sera possible, vous mettrez en
œuvre, pour l'exécution des travaux auxquels les
indigènes sont habitués, toutes les ressources locales.
Mais dans l'usage des corvées, vous n'appliquerez
pas toute la rigueur des lois annamites, et vous vous
tiendrez dans les limites prescrites par la justice et
le bon sens.

La nouvelle organisation du service des travaux
publics vous permettra de contrôler avec efficacité
les entreprises déjà commencées, et d'apprécier dans
quelles circonstances il est indispensable que des
agents européens viennent appuyer de leurs connaissances techniques l'expérience des indigènes. Il y a
grand intérêt à ce que nous saisissions toutes les
occasions de leur montrer notre supériorité, et l'emploi utile que nous en faisons pour leurs intérêts.

JUSTICE

Je vous disais dans ma circulaire du 16 avril:
« Vous n'interviendrez pas directement dans l'administration de la justice indigène, mais vous suivrez
ses actes avec soin, afin de faire prévaloir l'esprit de
modération et de sage tolérance qui inspire notre
politique. A l'occasion, des mesures de bienveillance
pourront être provoquées par vos conseils, envers
les individus qui auront été sympathiques à notre
cause; mais il faudra toujours que les faveurs ou les
grâces accordées par l'administration ne puissent
léser aucun intérêt particulier ».

Je vous prie, Messieurs, de vous bien pénétrer de
ces prescriptions. J'ai remarqué, en effet, que quelques résidents, suivant encore les traditions d'un
régime d'exception, continuaient à statuer sur les
litiges où des annamites seuls sont en cause. Or, le
traité limite votre compétence aux contestations qui
s'élèvent entre annamites et français ou étrangers.
J'insiste pour que cette illégalité ne se renouvelle pas.

Vous ne connaîtrez donc pas des instances civiles
ou criminelles introduites par les indigènes ou contre
eux, qui sont du ressort exclusif des tribunaux annamites; mais vous devrez toujours, lorsque vous aurez
déféré une affaire importante à la justice indigène,

demander qu'on vous tienne au courant de la suite qu'elle aura reçue.

J'ai appris que lorsque des condamnations à la peine capitale étaient prononcées par l'autorité annamite, on avait coutume d'en aviser les missionnaires qui se rendaient alors auprès du condamné. C'est une pratique qu'il convient de faire cesser; les missionnaires ne devront être avertis que si les condamnés sont chrétiens et demandent l'assistance d'un prêtre.

RAPPORTS AVEC LES MISSIONS CATHOLIQUES

Le traité du 15 mars 1874 a fait disparaître, par son article 9, les inégalités qui existaient autrefois entre les chrétiens d'Annam et les autres sujets du royaume.

Je crois utile de remettre sous vos yeux le texte de cet article:

« Le Roi d'Annam, reconnaissant que la religion « catholique enseigne aux hommes à faire le bien, « révoque et annule toutes les prohibitions portées « contre cette religion et accorde à tous ses sujets « la permission de l'embrasser et de la pratiquer « librement.

« En conséquence, les chrétiens du royaume « d'Annam pourront se réunir dans les églises en « nombre illimité pour les exercices de leur culte. « Ils ne seront plus obligés, sous aucun prétexte, « à des actes contraires à leur religion, ni soumis à « des recensements particuliers. Ils seront admis à « tous les concours et aux emplois publics, sans être « tenus pour cela n'aucun acte prohibé par la religion. « S. M. s'engage à faire détruire les registres de « dénombrement des chrétiens faits depuis quinze ans, « et à les traiter, quant aux recensements et impôts, « exactement comme tous ses autres sujets. Elle « s'engage, en outre, à renouveler la défense, si « sagement portée par elle, d'employer dans le lan- « gage ou dans les écrits des termes injurieux pour « la religion, à faire corriger les articles du Thap- « dieu dans lesquels de semblables termes sont « employés.

« Les évêques et missionnaires pourront librement « entrer dans les royaume et circuler dans leurs dio- « cèses avec un passeport du Gouverneur de la « Cochinchine, visé par le ministre des rites ou par « le gouverneur de la province. Ils pourront prêcher « en tous lieux la doctrine catholique. Ils ne seront « soumis à aucune surveillance particulière, et les « villages ne seront plus tenus de déclarer aux man- « darins ni leur arrivée, ni leur présence, ni leur « départ.

« Les prêtres annamites exerceront librement, « comme les missionnaires, le ministère. Si leur « conduite est répréhensible et si, aux termes de la « loi, la faute par eux commise est passible de la « peine du bâton ou du rotin, cette peine sera com- « muée en une punition équivalente.

« Les évêques, les missionnaires et les prêtres « annamites auront le droit d'acheter et de louer des « terres et des maisons, de bâtir des églises, hôpi- « taux, écoles, orphelinats et tous autres édifices « destinés au service de leur culte.

« Les biens enlevés aux chrétiens pour fait de re- « ligion, qui se trouvent encore sous séquestre, leur « seront restitués.

« Toutes les dispositions précédentes, sans excep- « tion, s'appliquent aux missionnaires espagnols aussi « bien qu'aux français.

« Un édit royal, publié aussitôt après l'échange

« des ratifications, proclamera dans toutes les com- « munes la liberté accordée par S. M. aux chrétiens « de son royaume. »

Le traité du 6 juin 1885 confirme expressément ces dispositions que, par suite, nous nous sommes engagés à faire observer. Les missionnaires ont été nos précurseurs en Indo-Chine et, dans les périodes de troubles, les premières victimes des mouvements insurrectionnels. Ils nous ont aidé jadis de leurs conseils. Aussi, les populations chrétiennes ont été souvent maltraitées et persécutées, non-seulement pour des raisons religieuses, mais comme amies des Français. Nous ne devons pas oublier nos dettes de reconnaissance.

Vous ne perdrez pas de vue cependant que les ga- ranties stipulées par le traité du 15 mars 1874, ne donnent pas aux chrétiens une situation privilégiée et ne les exonèrent d'aucune des obligations auxquel- les sont soumis tous les sujets de l'empire, aussi bien envers S. M. le roi d'Annam qu'envers le Protectorat.

Vous leur accorderez votre entier concours, s'ils sont inquiétés dans l'exercice de leur culte, ou me- nacés dans leurs personnes et dans leurs biens.

Mais, en revanche, vous exigerez, en temps normal, qu'ils obéissent au droit commun, qu'ils payent les impôts, fournissent des hommes aux milices provin- ciales, et exécutent les ordres des mandarins.

En temps troublé, il est logique qu'ils se mettent sur la défensive, et vous devrez veiller avec soin à leur sûreté; quelques armes pourront êtres données à leurs villages, comme du reste aux villages fidèles non chrétiens. Mais vous veillerez avec soin pour em- pêcher le retour de pratiques qui ont eu des résultats aussi funestes pour les chrétiens eux-mêmes que pour notre influence, et vous ne les autoriserez jamais à prendre l'offensive ni à user de représailles. S'ils ne se conformaient pas à cette règle, vous manderiez auprès de vous les missionnaires responsables, et vous leur adresseriez des observations sévères, en leur représentant que nul n'a le droit de se faire justice à soi-même; au besoin, vous avertiriez leur évêque. Enfin, si les faits devenaient tout à fait gra- ves, et si, par impossible, leurs auteurs restaient sourds à vos exhortations, vous les déféreriez à la justice française s'ils sont européens, annamite s'ils sont indigènes; mais vous n'en arriveriez jamais à ce moyen extrême sans m'en avoir au préalable référé.

C'est dans ce sens, Messieurs, que vous parlerez aux mandarins et aux missionnaires. Je m'en rapporte assez à votre tact pour vous laisser juge du langage que vous devrez tenir aux uns et aux autres, ainsi que de l'attitude qu'il conviendra de prendre dans la pratique à l'égard des prêtres français, espagnols ou indigènes.

En résumé, vous vous inspirerez dans votre con- duite à l'égard des missionnaires et de leurs prosé- lytes, des principes supérieurs de liberté de cons- cience et d'égalité que le gouvernement de la Républi- que s'est toujours efforcé de faire prévaloir. Et d'une manière générale, vous veillerez au respect de toutes les croyances religieuses, à la sauvegarde des droits de la conscience, et en même temps à la répartition équitable entre tous et sans distinction de culte, des charges communes aux habitants du royaume.

RAPPORTS AVEC LA POPULATION ANNAMITE

La législation annamite a pourvu les communes d'une organisation forte et rationnelle, qui est un gage excellent de sécurité intérieure et de bonne adminis- tration. Aussi, vous vous garderez d'y apporter le moindre changement, vous vous préoccuperez, au contraire, d'en assurer le fonctionnement régulier en vous mettant en communication avec les conseils des notables dont vous fortifierez ainsi l'autorité morale.

Il est d'un grand intérêt que les indigènes puissent arriver facilement à vous, et soumettre à votre examen personnel les questions qui les intéressent; mais je vous engage encore et surtout, à parcourir fréquemment votre province et à vous rendre compte par vous-même des besoins de la population et de ses désirs. Je vous recommande d'employer à son égard de bons procédés, d'interdire et de poursuivre au nom de la dignité française et de l'intérêt de la paix publique, les actes de brutalité dont parfois et sans motifs, certains Européens se rendent coupables.

Quand un accident grave (inondation, incendie, pillage) aura ruiné un pays, vous vous transporterez le plus tôt possible sur les lieux, et vous distribuerez aux populations, au nom de la France, les secours nécessaires.

Les exigences de la guerre ont contraint fréquemment nos troupes à occuper des pagodes, qui sont souvent les seuls bâtiments solides et sains qu'on trouve à sa disposition. Cela n'a pas été sans froisser vivement les sentiments des populations. Je tiens beaucoup à ce que ces faits ne se reproduisent pas, et à ce qu'aucune pagode consacrée au culte ne soit réquisitionnée par un service public sans nécessité absolue, et sans entente préalable avec les autorités annamites, qui pourront mettre en lieu sûr les objets consacrés.

Si quelque pagode particulièrement vénérée, était actuellement occupée par nous, et si des réclamations s'élevaient, je vous prie d'en tenir compte, d'examiner comment il serait possible de donner satisfaction aux réclamants, et d'en référer, pour l'exécution, à M. le Résident supérieur.

Je signale de même à votre attention les cimetières qui sont souvent établis dans des terrains domaniaux. En principe, vous devrez les respecter ; mais s'il est nécessaire, et cela arrivera souvent, à cause de leur grande multiplicité, d'en occuper un pour quelque établissement public, vous aurez soin d'avertir les autorités annamites, afin que les intéressés puissent accomplir librement les cérémonies usitées en pareil cas. Nous pourrions, s'il est nécessaire, prendre à notre charge les dépenses qu'entraîne la translation des corps.

RÉPRESSION DES DÉSORDRES

La sécurité du pays peut être troublée dans trois ordres de circonstances, assez nettement distinctes :

Par les incursions de bandes quasi-régulières, exclusivement chinoises ou composées de pirates annamites ;

Par les déprédations commises par des bandes importantes, agissant avec la complicité de certains villages ;

Par des actes isolés de piraterie vulgaire.

Dans le premier cas, c'est à notre armée régulière qu'il appartient d'intervenir, et votre action se borne à la seconder de tous vos moyens d'information.

Dans le deuxième, les autorités indigènes doivent rétablir l'ordre à l'aide de leurs gardes de police et organiser la répression suivant toutes les rigueurs des lois annamites. Si vous en reconnaissez la nécessité, vous leur prêterez l'appui de votre milice et les soutiendrez de votre présence.

Dans le dernier cas, vous appliquerez le principe de la responsabilité des villages, que vous frapperez immédiatement d'une amende, à moins qu'ils ne vous fournissent la preuve de leur impuissance à empêcher les actes de désordre qui auront été constatés.

Je vous recommande vivement d'appliquer aux villages coupables le système des amendes-cautions, remboursables après quelques mois de bonne conduite.

Vous ferez entendre aux mandarins qu'il est très difficile de croire que des attaques puissent se renouveler, ou des bandes importantes s'organiser sur le territoire qu'ils administrent, sans qu'ils en aient connaissance. Lors donc que ces faits se répéteront sans que vous ayez été renseignés à l'avance par les fonctionnaires annamites, vous examinerez à quels d'entre eux devra remonter la responsabilité d'une négligence peut-être coupable, et vous me tiendrez au courant.

Quand un village se sera défendu contre des pirates, vous lui donnerez des récompenses en argent, des armes, et à l'occasion, vous me proposerez quelque chef pour une récompense honorifique. Vous en ferez de même pour les villages dont la population serait venue au secours du village attaqué. Que si, dans la bagarre, quelque habitant avait été tué, vous feriez faire une enquête en vue de rechercher s'il y aurait lieu de donner des secours à sa famille.

RAPPORTS AVEC LES CHINOIS

Les chinois forment dans la population, au point de vue commercial, un élément qu'on ne saurait négliger.

Vous leur donnerez, pour s'établir en Annam et au Tonkin, toutes les facilités compatibles avec nos intérêts. En retour, vous exigerez d'eux une correction d'attitude d'autant plus grande, que le traité du 9 juin 1884 (art. 10) leur accorde le bénéfice de la juridiction française. Autant que possible, vous traiterez les affaires qui les intéressent avec les chefs de congrégation qu'ils ont eux-mêmes désignés.

Telles sont, Messieurs, les règles dont je vous saurai gré de ne pas vous départir dans l'exercice de vos fonctions. La tâche qui vous a été confiée est difficile; elle ne peut être accomplie qu'en alliant à beaucoup de tact et de fermeté un grand esprit de persévérance et d'abnégation; pour la mener à bonne fin, je compte sur votre patriotisme. — P. BERT.

PROTECTORAT DE L'ANNAM ET DU TONKIN
DIVISION ADMINISTRATIVE (1)

RÉSIDENCES SUPÉRIEURES	RÉSIDENCES	VICE-RÉSIDENCES
ANNAM		
Hué...........		Tourane, Dong-hoi, Xuan-day,
	Qui-nhon...... Binh-thuan	
	Thanh-hoa......	Vinh.
TONKIN		
Hanoï........		Hong-yen, Lang-son, Thai-khé, Cho-bo, Thai-nguyen,
	Bac-ninh.......	Cao-bang,
	Nam-dinh.......	Ninh-binh,
	Hai-phong......	Hai-duong (2), Quang-yen,
	Son-tay........	Tuyen-quan, Lao-kay.

(1) Voyez les modifications à la division administrative par arrêtés des 3 septembre et 22 septembre 1891, 17 février, 23 juin, 10 décembre 1892, et 24 juillet 1893.

(2) Voir arrêté du 20 avril 1893.

12. — 26 novembre 1886. — Décision réglementant le service des bureaux (1).

Le service intérieur des bureaux sera constitué dans les conditions ci-après :

1° *Modifié par arrêté du 24 février 1887.*

2° Tout arrêté concernant le service administratif, la nomination des employés au Tonkin, la perception des impôts, la police intérieure, les mouvements et mutations du personnel et des milices, sont préparés par le Résident supérieur et soumis au Résident général.

3° Les décisions et correspondances concernant l'Annam et l'intérieur sont préparées par le Directeur du cabinet de la Résidence générale et par le Résident général lui-même qui consulte, toutes les fois qu'il est nécessaire, M. le Résident supérieur à Hué.

4° Les bureaux de la Résidence générale sont chargés, sous les ordres du Directeur du cabinet et du Résident général lui-même, de la réexpédition des arrêtés, correspondances et notes concernant le service.

5° Dans chaque bureau de la Résidence générale et de la Résidence supérieure, il sera tenu un registre des dossiers, registres, cartes et pièces les plus importantes, sous la responsabilité des chefs de bureau. Ce répertoire sera visé tous les mois par les chefs d'administration.

6° Un commis sera désigné à la Résidence générale et à la Résidence supérieure pour y remplir les fonctions de magasinier. — P. VIAL.

13. — 5 janvier 1887. — Arrêté *plaçant les services du trésor, des contributions directes et indirectes, des douanes, des postes et télégraphes sous l'autorité de la Résidence générale.*

Article premier. — Les services du trésor, des contributions directes et indirectes, des douanes, des postes et télégraphes, relèveront directement de la Résidence générale.

Art. 2. — Sont abrogées les dispositions de l'arrêté du 20 avril 1886 susvisé, en ce qu'elles ont de contraire au présent arrêté. — G. BIHOURD.

14. — 24 janvier 1887. — Arrêté *fixant les heures de bureau*

Article premier. — La décision prise à la date du 26 novembre 1886, et réglementant le service des bureaux, est rapportée.

Art. 2. — Les heures de bureau à la Résidence générale, à la Résidence supérieure et à la vice-résidence de Hanoi, sont ainsi fixées.

1° Du 15 avril au 14 octobre inclus, de 7 heures à 10 heures du matin, et de 2 heures et demie à 5 heures de l'après midi ;

2° *Modifié par arrêté du 6 octobre 1887.* — G. BIHOURD.

15. — 6 octobre 1887. — Arrêté *portant modification aux heures de bureau.*

Le paragraphe 2 de l'article 2 de l'arrêté susvisé (2) est modifié ainsi qu'il suit :

§ 2. — Du 15 octobre au 15 avril inclus, de huit heures à onze heures du matin, et de 2 heures à cinq heures de l'après-midi. — RAOUL BERGER.

16. — 17 octobre 1887. — Décret *sur l'organisation de l'Indo-Chine* (1).

Article premier. — L'administration supérieure de la Cochinchine et des Protectorats du Tonkin, de l'Annam et du Cambodge, sont confiés à un Gouverneur général de l'Indo-Chine.

Art. 2. — Les services indo-chinois sont répartis entre cinq chefs d'administration :

Le commandant supérieur des troupes ;
Le commandant supérieur de la marine ;
Le secrétaire général (2) ;
Le chef du service judiciaire ;
Le directeur des douanes et régies.

Un trésorier-payeur est chargé, sous les ordres immédiats du Gouverneur général, de la direction du trésor pour les services indo-chinois.

Il peut être chargé du trésor pour la Cochinchine et les pays de Protectorat.

Art. 3. — Un Lieutenant-gouverneur en Cochinchine, un Résident général en Annam et au Tonkin, et un Résident général au Cambodge, représentent l'autorité métropolitaine. Ils sont placés sous les ordres du Gouverneur général.

Art. 4. — Le Résident général de l'Annam et du Tonkin et le Résident général du Cambodge exercent, sous l'autorité du Gouverneur général, les pouvoirs qui leur sont conférés par la loi du 15 juin 1885, portant approbation du traité de Hué, et par la loi du 17 juillet 1885, portant approbation de la convention passée avec S. M. le roi du Cambodge.

Le Gouverneur général, par délégation du Président de la République, statue sur les recours en grâce.

Art. 5. — Le Lieutenant-gouverneur et les Résidents généraux reçoivent les instructions du Gouverneur général et en assurent l'exécution par les officiers et fonctionnaires appartenant aux diverses administrations.

Art. 6. — Le Gouverneur général correspond directement avec le ministre de France en Chine, les consuls et vice-consuls de France à Batavia, Hong-kong, Singapore, Siam et Luang-Prabang. Il ne peut engager d'action politique ou diplomatique en dehors de l'autorisation du gouvernement.

Art. 7. — Les différents services financiers en Indo-Chine sont soumis aux inspections métropolitaines ; les rapports des inspecteurs sont transmis en même temps au ministre et au Gouverneur général.

Art. 8. — Toutes les dépenses des troupes de terre et de mer françaises ou indigènes, de la flottille, des fortifications, du Gouvernement général, des postes et télégraphes, des contributions indirectes et des douanes, sont supportées par le budget de l'Indo-Chine.

Art. 9. — Les recettes comprennent les produits des postes et des télégraphes, les contributions de la Cochinchine et des pays de Protectorat, telles qu'elles sont fixées par un arrêté du ministre de la marine et des colonies, et la subvention métropolitaine.

Art. 10. — Le budget est préparé par le Gouverneur général et délibéré par le conseil supérieur de l'Indo-Chine, composé :

Du Gouverneur général, président ;
Du Lieutenant-gouverneur de la Cochinchine ;
Du Résident général en Annam et au Tonkin (2) ;
Du Résident général du Cambodge ;

---

(1) Voir ci-après l'arrêté du 1er avril 1892, sur les attributions des Résidents supérieurs.
(2) 24 février 1887.

(1) Voir instructions ministérielles du 25 mars 1892.
(2) Voir ci-après le décret du 25 février 1895.

Et des cinq chefs d'administration énumérés à l'article 2 (1).

Il est approuvé par décret rendu en conseil des ministres, sur le rapport du ministre de la marine et des colonies.

Les contributions imposées à la Cochinchine et aux pays de Protectorat sont inscrites aux budgets locaux comme dépenses obligatoires.

Art. 11. — Les contributions indirectes et produits des douanes sont perçus par le service des douanes et régies pour le compte des budgets locaux qui les ont établis; il est fait au profit du budget de l'Indo-Chine, à titre de frais de perception, une retenue proportionnelle dont le quantum est fixé par le ministre de la marine et des colonies, sur la proposition du Gouverneur général.

Art. 12. — Des emprunts peuvent être contractés soit pour l'Indo-Chine, soit pour la Cochinchine ou l'un des pays de Protectorat, avec la garantie du budget général de l'Indo-Chine. Dans le second cas, les intérêts et l'amortissement, avancés par le budget général, lui sont remboursés par le budget local intéressé, conformément aux conventions intervenues lors de l'approbation de l'emprunt.

Les emprunts sont approuvés par décret d'État (2).

Art. 13. — Le ministre des affaires étrangères et le ministre de la marine sont chargés, chacun en ce qui le concerne, de l'exécution du présent décret. — JULES GRÉVY.

17. — 17 octobre 1887. — DÉCRET *rattachant le Protectorat de l'Annam et du Tonkin au ministère de la marine et des colonies.*

Modifié par décret du 14 mars 1889.

18. — 20 octobre 1887. — DÉCRET *portant modifications à l'organisation du gouvernement de l'Indo-Chine* (3).

Article premier. — Le Gouverneur général de l'Indo-Chine, les Résidents généraux, Résidents supérieurs et résidents dans l'Annam, le Tonkin et le Cambodge, sont nommés par décrets rendus sur les propositions du ministre des affaires étrangères et du ministre de la marine et des colonies.

Art. 2. — Aucune opération militaire ne peut être entreprise, aucun changement ne peut être apporté aux circonscriptions politiques ou administratives, sans l'assentiment du Ministre des affaires étrangères.

Art. 3. — Le Gouverneur général et les Résidents généraux adresseront, chaque trimestre, au Ministre des affaires étrangères et au Ministre de la marine et des colonies, un rapport sur la situation des circonscriptions à la tête desquelles ils sont placés.

Art. 4. — Les emprunts qui ne seraient pas gagés sur les excédents constatés aux exercices antérieurs, et ceux qui seraient contractés avant que les ressources locales du budget de l'Indo-Chine lui permettent de s'équilibrer sans subvention de la Métropole, ne pourront être autorisés que par une loi.

Art. 5. — Le ministre des affaires étrangères et le ministre de la marine et des colonies sont chargés, chacun en ce qui le concerne, de l'exécution du présent décret. — JULES GRÉVY.

19. — 12 novembre 1887. — DÉCRET *déterminant les attributions du Gouverneur général de l'Indo-Chine* (1).

20. — 12 novembre 1887. — DÉCRET *fixant le traitement du personnel politique et administratif de l'Indo-Chine.*

Article premier. — La solde du personnel politique et administratif de l'Indo-Chine, est fixée comme suit:

(*Le tableau des soldes a été modifié par décret du 12 avril 1888*).

L'emploi d'administrateur principal en Cochinchine est supprimé.

Art. 2. — L'indemnité pour dépenses accessoires et l'indemnité pour entrée en campagne, prévues au décret du 3 février 1886, sont supprimées.

Toutefois, le Gouverneur général pourra accorder aux chefs de postes éloignés des indemnités pour frais de service, variant de 2.000 à 5.000 francs.

Les agents appartenant au personnel diplomatique et consulaire qui seront détachés en Indo-Chine, auront droit aux indemnités et avances prévues par les règlements du ministère des affaires étrangères.

Art. 3. — Sont spécialement abrogés les articles 6 et 7 du décret du 3 février 1886, ainsi que toutes les dispositions dudit acte et du décret du 4 mai 1881, qui sont contraires au présent décret.

Art. 4. — Le ministre de la marine et des colonies est chargé de l'exécution du présent décret, qui sera inséré au *Bulletin des lois*, au *Journal officiel* de la République française et au *Bulletin officiel* de l'administration des colonies. — JULES GRÉVY.

21. — 1er janvier 1888. — ARRÊTÉ *désignant les agents du personnel dont la nomination peut être faite par M. le Résident général en Annam et au Tonkin* (2).

22. — 15 février 1888. — ARRÊTÉ *organique du gouvernement de l'Indo-Chine* (3).

Article premier. — Est promulgué et rendu exécutoire dans toute l'étendue des pays de Protectorat (Cambodge, Annam et Tonkin) et d'une manière générale pour l'administration du budget de l'Indo-Chine, le décret du 20 novembre 1882, à l'exception des dispositions de cet acte contraires aux décrets organiques susvisés et notamment des articles 1 à 36, 98, 148 à 153, 155, 156, 182 à 186, 187 à 190, 193 à 196, 219 à 221, 224 à 228 dudit décret.

Art. 2. — Le Lieutenant-gouverneur en Cochinchine et les Résidents généraux au Cambodge, en Annam et au Tonkin, rempliront les fonctions dévolues par le décret du 20 novembre 1882 au directeur de l'intérieur.

Art. 3. — La commission prévue par l'article 141 du décret précité sera, pour l'Annam et le Tonkin, composée de trois membres pris dans le sein du Conseil du Protectorat.

Art. 4. — La concordance des écritures de chaque ordonnateur avec celles du payeur chef de service ayant été reconnue par ladite commission, le procès-verbal de cette constatation est transmis au Gouverneur général avec le compte rendu du budget et les

---

(1) Voir V° *Conseil supérieur*, décret du 7 décembre 1888, fixant la composition de ce conseil.
(2) Cet article a été modifié par le décret du 20 octobre 1887.
(3) Voir Instructions ministérielles du 25 mars 1892.

(1) Modifié par décret du 21 avril 1891, publié V° *Gouverneur général.*
(2) Modifié par l'arrêté d'attribution du 1er avril 1892.
(3) Voir le décret du 21 avril 1891, V° *Gouverneur général.*

divers pièces et tableaux destinés à permettre l'examen de la gestion.

Ces diverses opérations sont faites tant pour le budget particulier de chaque pays de Protectorat, que pour la partie du budget général confiée à la gestion des ordonnateurs secondaires.

Art. 5. — Aucune taxe ou contribution ne peut être établie au profit des budgets locaux des pays de Protectorat que par décision du Gouverneur général.

Art. 6. — Les taxes ou contributions perçues au profit des communes ou de tout autre établissement pourront toutefois être établies par le Lieutenant-gouverneur en Cochinchine, et par les Résidents généraux pour les autres pays de Protectorat.

Art. 7. — La perception des revenus publics autres que les produits des douanes et des postes et télégraphes, sera faite, au Cambodge, en Annam et au Tonkin, par les agents du trésor, sous la responsabilité des payeurs chefs de service, dans les places où le service du trésor est représenté, et dans les autres localités par les agents du Protectorat institués à cet effet par les Résidents généraux.

Art. 8. — La centralisation des recettes de toute nature sera opérée par les agents du trésor, au moyen des versements réguliers des divers comptables des deniers publics.

Art. 9. — La forme des registres, comptes, pièces, etc., du service de la perception sera celle suivie en Cochinchine, et les divers agents chargés de la perception recevront, à cet effet, de leurs chefs, des instructions spéciales.

Art. 10. — Le Secrétaire général du Gouvernement de l'Indo-Chine est chargé de l'exécution du présent arrêté, qui sera notifié, publié et enregistré partout où besoin sera. — CONSTANS.

---

23. — 22 février 1888. — INSTRUCTIONS *du Gouverneur général relatives au mode de transmission des correspondances.*

J'ai l'honneur de porter à votre connaissance les mesures que j'ai prises afin de me permettre d'exercer la direction et le contrôle effectif de tous les services publics de l'Indo-Chine, tout en modifiant le moins possible l'organisation actuelle.

Toutes les correspondances destinées au département et aux autorités de l'extérieur sont signées par vous et me sont adressées par les services expéditeurs.

Les correspondances qui ne comportent qu'une simple transmission sont visées au secrétariat général du gouvernement.

Les dépêches qui contiennent des appréciations ou des propositions que je crois devoir appuyer, sont revêtues de mon approbation pure et simple.

Quant aux correspondances qui traitent des questions importantes, sur lesquelles il me paraît nécessaire de formuler un avis motivé, elles sont retenues au gouvernement général et transmises au Département, accompagnées de lettres spéciales à chaque affaire, rédigées à mon cabinet ou au secrétariat général du gouvernement.

En procédant ainsi, je puis, sans intervenir dans les détails de l'administration et sans diminuer en rien votre initiative et votre responsabilité, surveiller l'ensemble des différents services, étudier toutes les questions importantes susceptibles d'engager les revenus du budget général et des budgets locaux, et indiquer le sens dans lequel chacune d'elles doit être traitée et résolue.

Vous voudrez bien veiller à la stricte observation de ces instructions qui me semblent présenter l'avantage de ne pas troubler l'ordre de chose établi, de me tenir au courant de toutes les questions en instance, et de ne pas retarder la marche des affaires. — CONSTANS.

---

24. — 12 avril 1888. — DÉCRET *fixant le cadre et la solde du personnel politique et administratif de l'Indo-Chine* (1).

25. — 20 juillet 1888. — ARRÊTÉ *règlementant les conditions d'entrée, d'avancement, etc., du personnel de l'administration* (2).

26. — 22 juillet 1887. — ARRÊTÉ *créant dans chaque phu un centre de contrôle administratif.*

Rapporté par arrêté du 30 juillet 1889.

27. — 12 août 1888. — CIRCULAIRE *au sujet l'envoi de certaines correspondances.*

Quelques-uns d'entre vous, en petit nombre il est vrai, traitent directement avec les bureaux de S. E. le Kinh-luoc, certaines questions se rapportant à l'administration ou au personnel indigène.

J'ai l'honneur de vous faire savoir que cette manière de procéder, qui me paraît absolument irrégulière, a déjà amené les résultats les plus fâcheux. C'est ainsi que, récemment, on a fait rapporter certaines mesures prises par S. E. le Kinh-luoc, et approuvées par mon prédécesseur, sans que la Résidence générale en ait été informée par une autre voie que celle de ce haut fonctionnaire, pour mémoire.

Je suis persuadé, Messieurs, qu'il me suffira de vous signaler ces résultats pour qu'à l'avenir les questions de cette nature, et qui relèvent des attributions de S. E. le Kinh-luoc, ne soient traitées que par mon intermédiaire.

A cette occasion, je vous prie de vouloir bien, pour assurer une plus prompte expédition des affaires, et chaque fois que les gouverneurs des provinces se seront entendus au préalable avec vous, me donner votre avis sur les propositions qu'ils adressent à S. E. le Vice-roi : cela me permettra, le plus souvent, de donner une solution immédiate à l'affaire qui m'est soumise. — E. PARREAU.

---

28. — 29 octobre 1888. — CIRCULAIRE MINISTÉRIELLE *au sujet des nominations réservées au département et faites à titre provisoire par le Gouverneur général* (3).

29. — 27 décembre 1888. — CIRCULAIRE *décidant que les vice-résidents chefs de poste relèveront directement du Résident supérieur ou du Résident général, suivant qu'ils occuperont un poste au Tonkin ou en Annam.*

La circulaire du 30 août 1886 porte que les vice-résidents relèvent des résidents. J'ai l'honneur de vous informer qu'à dater de ce jour, pour hâter

(1) Modifié par décrets des 2 mai 1889 et 25 février 1895.
(2) Le décret du 2 mai 1889 réserve toutes les nominations au Président de la République et au Sous-secrétaire d'État.
(3) Le décret du 21 avril 1891, publié V° *Gouverneur général*, règle définitivement le mode de nomination aux différentes fonctions du Protectorat.

l'expédition des affaires, j'ai décidé que les vice-résidents chefs de poste relèveront directement du Résident supérieur ou du Résident général, suivant qu'ils occuperont un poste au Tonkin ou en Annam. — ÉTIENNART.

30. — 11 janvier 1889. — ARRÊTÉ *réorganisant les bureaux de la Résidence générale de l'Annam et du Tonkin*.

La Résidence générale a été supprimée par décret du 9 juin 1889 (1).

31. — 28 janvier 1889. — DÉCRET *déterminant le cadre du personnel des résidences et vice-résidences du Protectorat de l'Annam et du Tonkin* (2).

32. — 2 mai 1889. — DÉCRET *réorganisant le personnel européen du secrétariat général ou des affaires indigènes de Cochinchine et des résidences de l'Annam, du Tonkin et du Cambodge* (3).

Article premier. — Les cadres, les traitements, les dénominations du personnel européen du secrétariat général ou des affaires indigènes de Cochinchine, des résidences de l'Annam, du Tonkin et du Cambodge, sont fixés conformément aux tableaux annexés au présent décret (Tableaux 1, 2, 3, 4).

Art. 2. — Les agents énumérés dans les tableaux annexés au présent décret sont nommés, avancés, placés hors cadres et révoqués par arrêtés du Sous-secrétaire d'État des colonies (4).

Toutefois, les résidents et vice-résidents dans l'Annam, le Tonkin et le Cambodge, continueront à être nommés par décret, dans les conditions prévues par l'article 1er du décret du 20 octobre 1887.

Art. 3. — Les candidats aux emplois prévus par le présent décret devront justifier de leur qualité de Français, être âgés de vingt ans au moins, de trente ans au plus, et avoir satisfait à la loi sur le recrutement de l'armée.

Art. 4. — Les emplois de commis auxiliaires de comptabilité et de commis auxiliaires de résidence sont réservés :

1° La moitié aux sous-officiers appelés aux emplois civils, par application des lois du 24 *juillet 1873*, du 23 *juillet 1881*, et du 18 *mars 1889* ;

2° La moitié aux candidats réunissant les conditions prévues à l'article 3 du présent décret, et qui auront été choisis par le Sous-secrétaire d'État des colonies.

Art. 5. — Les emplois de commis de comptabilité de 2° classe au Secrétariat général de Cochinchine sont réservés :

1° La moitié aux commis auxiliaires de comptabilité du secrétariat général de Cochinchine ;

2° La moitié aux commis auxiliaires de résidence de l'Annam, du Tonkin et du Cambodge.

Art. 6. — Les commis de comptabilité de 1re classe sont exclusivement choisis parmi les commis de comptabilité de 2° classe, comptant deux années au moins d'ancienneté dans ladite classe.

Art. 7. — Les comptables de 2° classe au Secrétariat général de Cochinchine sont exclusivement

choisis parmi les commis de comptabilité de 1re classe, réunissant deux années au moins de service dans leur classe.

Les comptables de 1re classe sont exclusivement choisis parmi les comptables de 2° classe, réunissant trois années au moins dans leur service.

Art. 8. — Les commis-rédacteurs de 2° classe du Secrétariat général de Cochinchine, les commis de résidence de 3° classe de l'Annam, du Tonkin et du Cambodge, sont exclusivement choisis parmi les candidats pourvus du diplôme de bachelier ès lettres ou de bachelier ès sciences, du brevet de l'enseignement supérieur ou du diplôme de bachelier de l'enseignement secondaire spécial.

Art. 9. — Les commis rédacteurs de 1re classe du Secrétariat général de Cochinchine et les commis de résidence de 2° classe en Annam, au Tonkin et au Cambodge, sont exclusivement choisis :

1° Parmi les jeunes gens à la fois bachelier ès lettres et bacheliers ès sciences (diplômes complets) ;

2° Parmi les anciens officiers sortant de l'école polytechnique, de l'école de Saint-Cyr, de l'école navale ;

3° Parmi les licenciés en droit et les élèves de l'école centrale pourvus d'un brevet d'ingénieur civil ;

4° Parmi les anciens officiers des différents corps de la marine, bacheliers ès lettres ou ès sciences, comptant au moins une année de séjour en Indo-Chine ;

5° Parmi les commis rédacteurs de 2° classe et les commis de résidence de 3° classe, comptant au moins dix-huit mois de services effectifs dans leur classe.

La moitié des emplois vacants sera réservée à cette dernière catégorie de candidats.

Art. 10. — Les commis principaux de 2 classe du Secrétariat général de Cochichine et les commis de résidence de 1re classe de l'Annam, du Tonkin et du Cambodge sont exclusivement choisis :

1° Parmi les commis expéditionnaires de l'Administration centrale des colonies qui demanderaient à aller continuer leurs services en Indo-Chine, dans les conditions prévues à l'article 15 du décret du 3 janvier 1887 ;

2° Parmi les commis-rédacteurs de 1re classe et les commis de résidence de 2° classe comptant au moins dix-huit mois de services effectifs dans leur classe.

Les deux tiers des emplois vacants seront réservés à cette dernière catégorie de candidats.

Art. 11. — Les commis principaux de 1re classe du Secrétariat général de Cochinchine, les administrateurs stagiaires et les chanceliers de résidence sont exclusivement choisis :

1° Parmi les candidats pourvus du diplôme de docteur en droit ;

2° Parmi les commis-rédacteurs de 4° classe et de 3° classe de l'Administration centrale des colonies qui demanderaient à aller continuer leurs services en Indo-Chine, dans les conditions prévues à l'article 15 du décret du 3 janvier 1887 ;

3° Parmi les commis principaux de 2° classe du Secrétariat général de Cochinchine et les commis de résidence de 1re classe de l'Annam, du Tonkin et du Cambodge, comptant deux années de service dans leur classe. Les deux tiers des emplois vacants seront réservés à cette dernière catégorie de candidats.

Art. 12. — Les sous-chefs de bureau de 2° classe du Secrétariat général de Cochinchine sont exclusivement choisis parmi les commis principaux de 1re classe de ce service, les administrateurs stagiaires

(1) Voir ci-après arrêté du 6 juillet 1889, organisant les bureaux de la Résidence supérieure du Tonkin, et ceux des 1er novembre 1889 et 23 juin 1894 réglant la question pour l'Annam.
(2) Modifié par décret du 2 mai 1889.
(3) Un arrêté du 23 novembre 1892, publié ci-après, organise le corps des comptables en Annam et au Tonkin ; voir en outre l'arrêté du 17 janvier 1894, limitant les cadres du personnel, et le décret du 25 février 1895 supprimant la résidence supérieure du Tonkin.
(4) Voir V° *Gouverneur général*, décret du 21 avril 1891.

de Cochinchine et les chanceliers de résidence de l'Annam, du Tonkin et du Cambodge, comptant au moins deux années de service dans leur grade.

Les sous-chefs de bureaux de 1re classe sont choisis parmi les sous-chefs de bureau de 2e classe comptant au moins deux années de service dans leur classe.

Art. 13. — Les administrateurs de 3e classe de Cochinchine, les vice-résidents de 2e classe de l'Annam, du Tonkin et du Cambodge, sont exclusivement choisis :

1° parmi les commis-rédacteurs de 2e classe et de 1re classe de l'administration centrale des colonies qui demanderaient à aller continuer leurs services en Indo-Chine, dans les conditions prévues à l'article 15 du décret du 3 janvier 1887 ;

2° Parmi les administrateurs stagiaires et les chanceliers de résidence comptant deux années de service dans leur grade. *Les deux tiers* au moins des emplois vacants seront réservés à cette dernière catégorie de candidats.

Art. 14. — Les chefs de bureau de 2e classe du Secrétariat général de Cochinchine sont choisis :

1° Parmi les commis-rédacteurs principaux de 2e classe de l'administration centrale des colonies qui demanderaient à aller continuer leurs services en Indo-Chine, dans les conditions prévues à l'article 15 du décret du 3 janvier 1887;

2° Parmi les sous-chefs de bureau de 1re classe du Secrétariat général de Cochinchine comptant au moins deux années de services effectifs dans leur classe.

Les chefs de bureau de 1re classe du Secrétariat général de Cochinchine sont exclusivement choisis parmi les chefs de bureau de 2e classe de ce service comptant au moins deux années de services effectifs dans leur classe.

Art. 15. — Les administrateurs de 2e classe de Cochinchine et les vice-résidents de 1re classe de l'Annam, du Tonkin et du Cambodge, sont exclusivement choisis :

1° Parmi les commis-rédacteurs principaux de 1re classe de l'administration centrale des colonies qui demanderaient à aller continuer leurs services en Indo-Chine, dans les conditions prévues à l'article 15 du décret du 3 janvier 1887 ;

2° Parmi les administrateurs de 3e classe et les vice-résidents de 2e classe comptant au moins deux années de services effectifs dans leur classe.

Art. 16. — Le Secrétaire général de Cochinchine, les administrateurs de 1re classe de la même colonie et les résidents de 2e classe de l'Annam, du Tonkin et du Cambodge sont exclusivement choisis parmi les administrateurs de 2e classe et les vice-résidents de 1re classe comptant au moins *trois* années de service dans leur grade.

Art. 17. — Les administrateurs principaux de Cochinchine et les résidents de 1re classe de l'Annam, du Tonkin et du Cambodge sont exclusivement choisis :

1° Parmi les sous-chefs de bureau de l'Administration centrale des colonies qui demanderaient à aller continuer leurs services en Indo-Chine ;

2° Parmi les administrateurs de 1re classe de Cochinchine et les résidents de 2e classe de l'Annam, du Tonkin et du Cambodge comptant au moins deux années de services effectifs dans leur classe. Les deux tiers des emplois vacants seront réservés à cette dernière catégorie de candidats.

Art. 18. — Les candidats aux emplois d'administrateurs stagiaires, de chanceliers de résidence, d'administrateurs, de vice-résidents et de résidents devront, préalablement à leur nomination, justifier de leur connaissance de la langue annamite devant une commission instituée à cet effet.

Toutefois, les docteurs en droit envoyés d'Europe pour servir en Indo-Chine en qualité d'administrateurs stagiaires ou de chanceliers, ainsi que les fonctionnaires de l'administration centrale des colonies détachés en Indo-Chine dans les fonctions d'administrateurs stagiaires, de chanceliers, d'administrateurs, de vice-résidents et de résidents, auront un délai d'une année pour justifier de leur connaissance de la langue annamite.

DISPOSITION TRANSITOIRE

Art. 19. — En vue d'assurer la formation des nouveaux cadres, les conditions d'ancienneté prévues au paragraphe 3 des articles 11 et 13 ne sont pas exigibles jusqu'au 1er janvier 1890.

Art. 20. — Toutes les dispositions contraires au présent décret sont et demeurent abrogées.

Art. 21. — Le président du conseil, ministre du commerce, de l'industrie et des colonies, est chargé de l'exécution du présent décret, qui sera inséré au *Bulletin officiel* de l'administration des colonies et aux *Journaux officiels* de l'Indo-Chine. — CARNOT.

Tableau 1

GRADES	CADRES	SOLDE D'EUROPE	TRAITEMENT COLONIAL
		Fr.	Fr.
Secrétaire général...............	1	7.500	15.000
Chefs de bureau de 1re classe......	2	6.000	12.000
Chefs de bureau de 2e classe........	3	5.000	10.000
Sous-chefs de bureau de 1re classe.....	2	4.500	9.000
Sous-chefs de bureau de 2e classe.....	2	4.000	8.000
Commis principaux de 1re classe......	10	3.500	7.000
Commis principaux de 2e classe......	17	3.000	6.000
Commis-rédacteurs de 1re classe......	8	2.500	5.000
Commis-rédacteurs de 2e classe......	16	2.000	4.000
SERVICES ANNEXES			
Comptables de 1re classe............	8	3.500	7.000
Comptables de 2e classe............	12	3.000	6.000
Commis de comptabilité de 1re classe..	20	2.500	5.000
Commis de comptabilité de 2e classe...	25	2.000	4.000
Commis auxiliaires de comptabilité....	30	1.750	3.500

Tableau 2

GRADES	CADRES	SOLDE D'EUROPE	TRAITEMENT COLONIAL
		Fr.	Fr.
Administrateurs principaux..........	2	9.000	18.000
Administrateurs de 1re classe........	10	7.500	15.000
Administrateurs de 2e classe........	10	6.500	13.000
Administrateurs de 3e classe........	10	5.000	10.000
Administrateurs stagiaires..........	10	3.500	7.000

Tableau 3

GRADES	CADRES	SOLDE D'EUROPE	TRAITEMENT COLONIAL
		Fr.	Fr.
Résidents de 1re classe.............	5	9.000	18.000
Résidents de 2e classe.............	10	7.500	15.000
Vice-résidents de 1re classe........	5	6.500	13.000
Vice-résidents de 2e classe........	10	5.000	10.000
Chanceliers.................	30	3.500	7.000
Commis de résidence de 1re classe.	20	3.000	6.000
Commis de résidence de 2e classe..	25	2.500	5.000
Commis de résidence de 3e classe..	30	2.000	4.000
Commis auxiliaires de résidence.....	30	1.750	3.500

Tableau 4

GRADES	CADRES	SOLDE D'EUROPE	TRAITEMENT COLONIAL
		Fr.	Fr.
Résidents de 1re classe.............	1	9.000	18.000
Résidents de 2e classe.............	2	7.500	15.000
Vice-résidents de 1re classe........	1	6.500	13.000
Vice-résidents de 2e classe........	2	5.000	10.000
Chanceliers.................	2	3.500	7.000
Commis de résidence de 1re classe.	3	3.000	6.000
Commis de résidence de 2e classe..	4	2.500	5.000
Commis de résidence de 3e classe..	4	2.000	4.000
Commis auxiliaires de résidence.....	5	1.750	3.500

32. — 13 juin 1889. — ARRÊTÉ *promulguant le décret du 9 mai 1889, fixant l'assimilation, les attributions et les traitements des Résidents supérieurs de Hanoi et de Hué* (1).

Est promulgué dans toute l'étendue de l'Indo-Chine, le décret du 9 mai 1889, fixant les attributions, l'assimilation et les traitements du Lieutenant-gouverneur de la Cochinchine et des Résidents supérieurs de Hué, de Pnom-penh et de Hanoi. — PIQUET.

33. — 9 mai 1889. — DÉCRET *fixant les attributions, assimilations et traitements des Résidents supérieurs de Hanoi et de Hué.*

Article premier. — Le Gouverneur général de l'Indo-Chine a sous ses ordres, pour le seconder dans l'Administration de la Cochinchine et des Protectorats du Tonkin, de l'Annam et du Cambodge :

Un Lieutenant-gouverneur à Saigon ;
Un Résident supérieur à Hué ;
Un Résident supérieur à Hanoi (1) ;
Un Résident supérieur à Pnom-penh.

Art. 2. — Le Lieutenant-gouverneur exerce les attributions qui lui ont été conférées par le décret du 20 octobre 1887.

Art. 3. — Le Résident supérieur à Hué et le Résident supérieur à Pnom-penh exercent, par délégation du Gouverneur général, les pouvoirs qui sont conférés au représentant du Gouvernement de la République française par la loi du 15 juin 1885, portant approbation du traité de Hué, et par la loi du 17 juillet 1885, portant approbation de la conven-

(1) Voir ci-après le décret du 25 février 1895.

tion passée avec Sa Majesté le Roi du Cambodge (1).

Art. 4. — Le Résident supérieur à Hanoi remplit les fonctions précédemment dévolues au Résident général de l'Annam et du Tonkin, dans les provinces non comprises dans les limites fixées par l'article 3 du traité du 6 juin 1884.

Art. 5. — Le traitement du Lieutenant-gouverneur de la Cochinchine et des Résidents supérieurs à Hué, à Hanoi et à Pnom-penh, est fixé comme suit :

Solde d'Europe.   Solde coloniale.   Frais de représentation.
15.000 fr.   30.000 fr.   10.000 fr.

Ces fonctionnaires auront, au point de vue de la retraite, l'assimilation de commissaire général de la marine.

Art. 6. — Sont et demeurent abrogées toutes dispositions contraires au présent décret.

Art. 7. — Le président du conseil ministre du commerce, de l'industrie et des colonies, et le ministre des affaires étrangères sont chargés, chacun en ce qui le concerne, de l'exécution du présent décret. — CARNOT.

34. — 30 juin 1889. — ARRÊTÉ *rapportant celui du 11 juillet 1888, et supprimant les postes administratifs.*

Article premier. — L'arrêté du 11 juillet 1889 est rapporté.

Art. 2. — Les postes administratifs de Phu-lang-thuong, Van-gian (province de Bac-ninh), Yen-lan et Késat (province de Haiphong), sont supprimés à partir du 1er juillet prochain.

Art. 3. — Les chefs des postes administratifs devront dresser en double expédition un inventaire de tous les objets existant à leur poste, et en faire la remise au garde principal commandant de la garde civile, placé sous leurs ordres.

Art. 4. — Le produit de l'impôt déposé dans les postes administratifs devra être versé à la résidence ou au trésor provincial, selon qu'il s'agit de piastres ou de ligatures.

Art. 5. — Les chefs des postes administratifs se mettront à la disposition des résidents dont ils relèvent.

Art. 6. — Le Résident supérieur au Tonkin est chargé de l'exécution du présent arrêté. — PIQUET.

35. — 6 juillet 1889. — ARRÊTÉ *portant organisation des bureaux de la Résidence supérieure au Tonkin.*

Article premier. — Les services de la Résidence supérieure au Tonkin sont organisés ainsi qu'il suit :

CABINET DU RÉSIDENT SUPÉRIEUR

1re section. — Dépouillement, enregistrement et répartition de la correspondance à l'arrivée ; expédition de la correspondance au département, au Gouverneur général et aux Résidents supérieurs, centralisation du travail des bureaux. — Signature du Résident supérieur. — Dossiers du personnel, avancement et discipline du personnel. — Distinctions honorifiques. — Audiences. — Police générale. — Affaires politiques et confidentielles. — Missions. — Chiffre. — Presse, autographie, bibliothèque et archives. — Journal et bulletin officiels.

(1) Voir ci-après arrêté du 1er avril 1892, sur les attributions des Résidents supérieurs.

2ᵉ *section.* — Rapports avec les autorités militaires. — Expédition des affaires transmises par la division. — Rapports avec la division navale. — Piraterie. — Mouvement de la flottille, approvisionnements des chaloupes de la Résidence supérieure. Cessions de vivres et de matières à titre remboursable. — Garde civile indigène : personnel, habillement, armement, casernement.

3ᵉ *section.* — Affaires indigènes. — Traductions. — Fonctionnaires annamites : nominations, promotions, enquêtes et jugements. — Modifications aux circonscriptions administratives. — Justice indigène. — Tribunaux mixtes, approbation des jugements.

1ᵉʳ BUREAU

Contrôle du personnel, nominations, mutations. — Liquidation et mandatement des dépenses du personnel. — Solde et accessoires de solde.

Réquisitions de passage et de transport. — Rapatriements. — Congés. — Transports et affrétés.

Étude et préparation du budget du personnel. — Frais de représentation et traitement des mandarins. — Hôpitaux et vivres. — Visa des mandats sur la caisse centrale et des récépissés du Trésor.

2ᵉ BUREAU

Comptabilité générale. — Étude et préparation du budget des recettes. — Centralisation des documents concernant le budget et la rédaction du budget. — Distributions partielles des crédits. — Versements de crédits.

Centralisation des recettes de tous les services civils.

Examen et contrôle des rôles d'impôt, et questions se rattachant à l'assiette et au recouvrement de ces rôles. — Dégrèvements.

Centralisation et ordonnancement des dépenses du service civil. — Publication des comptes du service civil.

Comptabilité des fonds d'avances.

Régime monétaire.

Comptabilité des chancelleries.

Impôt annamite. — Caisses provinciales.

Comptabilité municipale.

Comptabilité des travaux publics, approbation des devis.

Marchés et adjudications des fournitures.

Liquidation et mandatement des dépenses du matériel. — Matériel et fournitures de bureau. — Délivrance d'objets. — Étude et préparation du matériel.

Contributions indirectes. — Régies et fermes, préparation des cahiers des charges.

3ᵉ BUREAU.

Statistiques générales.

Agriculture. — Commerce. — Industrie.

Navigation.

Administration générale.

Assistance publique, établissements de bienfaisance. — Hôpitaux.

Instruction publique et cultes.

Hygiène, salubrité, police sanitaire.

Administration municipale. — Justice. — Prisons. — Transportation. — Nourriture des prisonniers.

Demandes de naturalisation. — Successions vacantes. — État civil. — Permis d'armes.

Bourses.

Messageries maritimes, fluviales, terrestres.

Flottille de la Résidence supérieure et des résidences (réparations).

Forêts.

Cartes et plans.

Concessions, domaine, cadastre, expropriations, séquestre.

Poids et mesures.

Postes et télégraphes, trans.

Travaux publics (approbation des plans, etc).

Voirie, alignements et nivellements.

Douanes, règlements et tarifs.

Ferme de l'opium.

Art. 2. — Toutes les dispositions antérieures, contraires au présent arrêté sont abrogées.

Art. 3. — Le Résident supérieur du Tonkin est chargé de l'exécution du présent arrêté. — PIQUET.

---

86. — 7 juillet 1889. — ARRÊTÉ *déterminant les pouvoirs attribués aux Résidents supérieurs en Annam et au Tonkin.*

Modifié par arrêté du 1ᵉʳ avril 1892 et décret du 25 février 1895.

---

87. — 20 septembre 1889. — ARRÊTÉ *supprimant le bureau politique et des Protectorats.*

Article premier. — Le bureau politique et des Protectorats au Gouvernement général, est et demeure supprimé.

Les attributions de ce bureau passent au cabinet du Gouverneur général.

Art. 2. — Le cabinet sera divisé en deux sections :

1ʳᵉ Section, de l'enregistrement et du personnel ;

2ᵉ Section, politique et d'administration générale.

Art. 3. — Le chef du cabinet, sous l'autorité duquel ces deux sections sont placées, déterminera les attributions de chacune d'elles, et répartira, selon les besoins du service, le personnel tant européen qu'indigène. — PIQUET.

---

88. — 20 septembre 1889. — ARRÊTÉ *fixant la composition des bureaux du Gouvernement général de l'Indo-Chine.*

Article premier. — Le chef du cabinet prendra le titre de directeur du cabinet du Gouverneur général de l'Indo-Chine.

Art. 2. — Indépendamment du directeur, le personnel européen du cabinet est ainsi composé :

2 Sous-chefs ;

1 Secrétaire particulier ;

1 Archiviste (1) ;

1 Attaché ;

2 Commis rédacteurs.

Art. 3. — La solde de ces fonctionnaires est fixée conformément au tableau ci-dessous :

FONCTIONS	SOLDE D'EUROPE	SUPPLÉMENT COLONIAL	TOTAL
Directeur	9.000	9.000	18.000
Sous-chefs	5.000	5.000	10.000
Secrétaire particulier	4.000	4.000	8.000
Archiviste	3.700	3.800	7.500
Attaché	3.000	3.000	6.000
Commis-rédacteurs	2.500	2.500	5.000

Art. 4. — Les sous-chefs, l'archiviste et les

(1) Voir ci-après arrêté du 12 juillet 1893.

commis-rédacteurs seront exclusivement choisis parmi le personnel de l'administration de l'Indo-Chine.

Art. 5. — Suivant les besoins du service, des fonctionnaires, dépendant du Secrétariat général de la Cochinchine ou des résidences des pays de Protectorat, pourront être détachés au cabinet du Gouverneur général ; ils conserveront leur solde de grade, qui sera imputée sur le budget du service auquel ils appartiennent. — PIQUET.

39. — 2 octobre 1889. — DÉCRET *fixant l'indemnité allouée au Gouverneur général pour frais de premier établissement.*

Article premier. — L'indemnité à allouer au Gouverneur général de l'Indo-Chine, à titre de frais de premier établissement, est fixée à quinze mille francs.

Art. 2. — Le Président du conseil ministre du commerce de l'industrie et des colonies, est chargé de l'exécution du présent décret. — CARNOT.

40. — 1er novembre 1889. — ARRÊTÉ *divisant les services de la Résidence supérieure en Annam en deux bureaux.*

Article premier. — Les services de la Résidence supérieure en Annam sont divisés en deux bureaux rattachés au cabinet, dont ils doivent dépendre.

Art. 2. — Le Résident supérieur en Annam déterminera par un arrêté spécial leurs attributions respectives.

Art. 3. — Le Résident supérieur en Annam est chargé de l'exécution du présent arrêté. — PIQUET.

41. — 1er novembre 1889. — ARRÊTÉ *fixant les attributions des bureaux de la Résidence supérieure en Annam.*

Modifié par arrêté du 23 juin 1894.

42. — 29 octobre 1889. — ARRÊTÉ *fixant le traitement du chef du cabinet du Résident supérieur au Tonkin.*

Article premier. — Le chef du cabinet du Résident supérieur au Tonkin recevra un traitement annuel de 15.000 francs.

Il cessera de jouir du supplément de fonctions de 3.000 francs qui lui avait été alloué par arrêté du 6 juillet 1889.

Art. 2. — Le Résident supérieur au Tonkin est chargé de l'exécution du présent arrêté, qui aura son effet à compter du 1er novembre 1889. — PIQUET.

43. — 20 novembre 1889. — ARRÊTÉ *déterminant le traitement du personnel de la Résidence supérieure au Tonkin.*

Rapporté par arrêté du 19 mars 1890.

44. — 21 décembre 1889. — ARRÊTÉ *fixant les frais de service alloués aux résidents et vice-résidents chefs de poste au Tonkin (1).*

Modifié par arrêté du 22 mai 1890.

(1) Pour l'Annam, voir arrêtés des 16 et 17 février et 30 avril 1892.

45. — 4 février 1890. — ARRÊTÉ *modificatif de l'article 7, titre III, de celui du 7 juillet 1889, sur les attributions de pouvoirs des Résidents supérieurs.*

Rapporté par arrêté du 1er avril 1892.

46. — 10 mars 1890. — ARRÊTÉ *rapportant celui du 29 novembre 1888, fixant les cadres du personnel des bureaux de la Résidence supérieure au Tonkin.*

Article premier. — L'arrêté du 29 novembre 1889 est rapporté ; les dispositions qu'il contenait cesseront d'être appliquées à partir du 1er avril 1890.

Art. 2. — Les fonctionnaires détachés à la Résidence supérieure en qualité de chefs de bureau auront droit à une indemnité fixe de 1.500 francs.

Art. 3. — (2).

Art. 4. — Le Résident supérieur au Tonkin est chargé de l'exécution du présent arrêté. — PIQUET.

47. — 29 avril 1890. — DÉCRET *déterminant la situation des officiers et sous-officiers détachés au service du Protectorat.*

Article premier. — Tous les officiers et assimilés de l'armée active, de réserve et de l'armée territoriale, que le département de la guerre met à la disposition du service du Protectorat de l'Annam et du Tonkin, sont considérés comme en mission et placés hors cadre.

Quant aux sous-officiers, ils sont mis à la suite et remplacés dans leurs corps, où ils ne peuvent rentrer qu'avec leur ancien grade, lorsqu'ils seront rendus à l'armée de terre.

Art. 2. — Les officiers et assimilés de l'armée active conservent leurs droits à l'avancement et à l'ancienneté.

Art. 3. — Pendant tout le temps qu'ils restent à la disposition du service du Protectorat de l'Annam et du Tonkin, ces militaires ne reçoivent aucune allocation du département de la guerre, ni en deniers, ni en nature.

Art. 4. — Ces militaires ne peuvent être l'objet d'aucune proposition pour l'avancement au choix, dans l'armée nationale, ni pour l'admission ou l'avancement dans la Légion d'honneur ou la décoration de la médaille militaire au titre du département de la guerre.

Toutefois, les officiers, les assimilés de l'armée active, et les sous-officiers déjà inscrits sur les tableaux d'avancement, au moment de leur envoi en mission, pourront être promus, au choix, sur la proposition du ministre de la guerre.

Art. 5. — Les officiers servant au titre étranger dans les régiments étrangers, peuvent également être détachés en mission dans le service du Protectorat de l'Annam et du Tonkin.

Ces officiers sont mis à la suite de leur corps.

Si, à l'expiration de leur mission, il n'existe pas de vacance de leur grade dans les régiments étrangers, le traitement de non activité leur sera alloué par les soins du Protectorat, jusqu'à ce qu'ils soient replacés dans les cadres de l'activité.

Art. 6. — Les dispositions de l'article 10 de la loi du 18 mars 1889 sont applicables, dans les conditions déterminées par cette loi, aux sous-officiers rengagés qui passent au service du Protectorat.

Dans le cas où des sous-officiers rengagés rentreraient dans leurs anciens corps avant l'expiration de

(2) Modifié par arrêté du 26 janvier 1892, publié V° *Indemnités.*

eur rengagement dans l'armée active, ils auront droit à une nouvelle part, proportionnelle au temps de service accompli, depuis leur retour jusqu'à l'expiration de leur rengagement, par analogie avec les dispositions de l'art. 6 de la loi du 18 mars 1889.

Art. 7. — Le temps passé en mission, dans le service du Protectorat, par les militaires de l'armée active, leur sera compté comme service effectif pour la pension de retraite et la pension proportionnelle, jusqu'à leur retour sur le territoire français.

Dans la supputation des services militaires, ce temps leur sera compté comme campagne, dans les mêmes conditions que pour les militaires de l'armée active faisant partie des troupes d'occupation du Tonkin.

En cas de blessures et d'infirmités, il sera fait application aux intéressés du titre II de la loi du 11 avril 1831, sur les pensions de l'armée de terre.

La pension sera réglée dans les conditions déterminées par les articles 10 et 18 de la loi du 11 avril 1831 et l'article 13 de la loi du 18 mars 1889, sur le grade dont l'intéressé était pourvu au moment de son envoi en mission, ou sur le grade auquel il aurait été ultérieurement promu, par application des dispositions de l'article 2 et du troisième paragraphe de l'article 4 du présent décret.

Art. 8. — Le temps passé dans le service du Protectorat de l'Annam et du Tonkin ne compte pas comme service militaire à l'égard des officiers de réserve, des officiers de l'armée territoriale, des officiers démissionnaires et des sous-officiers libérés du service actif, et ne leur constitue aucun droit à l'obtention d'une pension quelconque au titre du département de la guerre.

Art. 9. — Le président du conseil ministre de la guerre, et le ministre du commerce, de l'industrie et des colonies sont chargés, chacun en ce qui le concerne, de l'exécution du présent décret, qui sera inséré au *Journal officiel*, au *Bulletin des lois* et au *Bulletin officiel* de l'administration des colonies. — CARNOT.

48. — 22 mai 1890. — ARRÊTÉ *déterminant le montant des frais de service alloués aux Résidents et vice-résidents du Tonkin.*

Modifié par arrêté du 1er décembre 1891.

49. — 26 juillet 1890. — ARRÊTÉ *modifiant certains paragraphes de l'arrêté du 7 juillet 1889, relatif aux attributions des Résidents supérieurs en Annam et au Tonkin*

Rapporté par arrêté du 1er avril 1892.

50. — 23 décembre 1890. — ARRÊTÉ *réduisant à 1.000 francs l'indemnité allouée aux chefs de bureau de la Résidence supérieure de Hué.*

Rapporté par arrêté du 31 mars 1892 (1).

51. — 19 mars 1891. — CIRCULAIRE *au sujet des commandes d'imprimés et de reliures nécessaires aux différents services du Protectorat.*

Aux termes d'un marché de gré à gré passé le 12 février dernier, l'exécution de tous les travaux d'impression et de reliure nécessaires aux divers services civils du Protectorat a été, pour une période

(1) Voir cet arrêté V° *Indemnités.*

de dix années à compter du 1er juillet 1891, garantie à M. Schneider, imprimeur à Hanoi.

Il est indispensable, pour la bonne exécution de ce marché, et pour éviter toutes contestations de la part du concessionnaire, de centraliser à la Résidence supérieure toutes les commandes qui pourront être faites.

J'ai décidé en conséquence qu'un bureau spécial, rattaché au cabinet, serait chargé de l'approvisionnement des résidences et des divers services du Protectorat, en même temps que du contrôle et du paiement des factures. C'est à lui que devront, à l'avenir, être adressées toutes les demandes d'imprimés ou de reliures.

Vous voudrez bien m'adresser, le plus tôt possible, en même temps que la nomenclature des imprimés qui vous sont nécessaires, deux spécimens de chacun d'eux, en ayant soin de donner à chaque modèle un numéro d'ordre, la lettre de série à prendre étant indiquée à l'imprimerie par la Résidence supérieure. Cet envoi sera accompagné d'un état indiquant pour chaque catégorie d'imprimés, les quantités présumées nécessaires pour une année.

Le fonctionnement du bureau chargé des approvisionnements sera le suivant:

Dès leur arrivée à la Résidence supérieure, les commandes seront transmises, après enregistrement préalable, à M. Schneider qui, aux termes de son marché, doit être en mesure de les livrer dans le délai qui lui aura été fixé et qui est variable selon l'importance et la difficulté d'exécution de la commande.

Enfin, conformément aux dispositions de l'article 18 du marché, toutes les épreuves manuscrites seront communiquées au service qui aura commandé, par les soins du bureau compétent, auquel elles devront toujours être retournées d'urgence revêtues des observations que leur examen aura fait naître, des corrections à y apporter, et du bon à tirer donné par le chef de service.

Le marché passé avec M. Schneider visant tous les travaux d'impression et de reliure, sans exception, à faire exécuter par les services civils, je ne saurais admettre, en aucun cas, que des commandes, quelles que soient leur importance et leur destination, soient faites à d'autres maisons, et je suis disposé à refuser, d'une façon formelle, le mandatement des dépenses qui auront été ainsi engagées.

Sera également rejeté le mandatement de toute facture exécutée contrairement aux prescriptions de la présente circulaire. Dans ces deux cas, le paiement des factures présentées sera laissé à la charge des fonctionnaires qui auront fait la commande, sans préjudice des revendications que le concessionnaire, ainsi lésé dans ses intérêts, sera en droit d'exercer contre eux. — BRIÈRE.

52. — 8 septembre 1891. — ARRÊTÉ *fixant les nouvelles circonscriptions des provinces de Hung-hoa, Bac-ninh, Hai-duong, Luc-nam et Quang-yên.*

Article premier. — Le territoire de la province de Hung-hoa sera constitué :

1° Par les huyens de Tam-nông, Thanh-thu, ce dernier diminué du canton de Cu-thang, mais augmenté du canton de Tinh-nhuê, du huyên de Thanh-son ;

2° Par les huyens de Son-vi, Thanh-ba et Phu-ninh, du phu de Lam-thao, province de Son-tay.

Art. 2. — Le phu de Lang-giang, de la province de Luc-nam, fait retour à la province de Bac-ninh; ce phu formera une circonscription administrative dirigée par un vice-résident, placé sous les ordres du résident de Bac-ninh.

Art. 3. — Les cantons de Thuong-chiêu, Ha-chiêu et Kim-lôi du huyên de Dông-triên, sont rattachés au phu de Kinh-môn, province Hai-duong.

Les cantons de Cao-doi, Yên-dieu et Yên-minh du huyên de Chi-linh, sont rattachés au phu de Nam-sach de la même province.

Art. 4. — L'île des Deux-Song, c'est-à-dire la partie du huyên de Thai-nguyên (province de Hai-duong) comprise entre le Sông-da-bac et le Song-gia, passe au huyên de Yên-hung, province de Quang-yên.

Art. 5. — Le Résident supérieur du Tonkin est chargé de l'exécution du présent arrêté. — DE LANESSAN.

---

53. — 22 septembre 1891. — ARRÊTÉ *supprimant la vice-résidence de Hoa-binh et nommant un commissaire du Gouvernement dans la province Muong.*

Article premier. — La vice-résidence de Hoa-binh est supprimée.

Art. 2. — Le Gouvernement du Protectorat sera représenté dans la province Muong par un agent politique qui prendra le titre de commissaire du Gouvernement.

Art. 3. — Le commissaire du Gouvernement de la province Muong jouira d'un traitement annuel de dix mille francs (10.000 fr.).

Art. 4. — Le Résident supérieur du Tonkin est chargé de l'exécution du présent arrêté. — DE LANESSAN.

---

54. — 22 septembre 1891. — ARRÊTÉ *modifiant les circonscriptions des provinces de Haiphong et Hai-duong.*

Article premier. — Le huyên de Thuy-nguyên, de la province de Hai-duong, y compris son enclave de Roi-nha, dans le phu de Kinh-mon, est rattaché à la province de Haiphong.

Art. 2. — Le canton de Quinh-hoang, du phu de Kinh-mon (Hai-duong), est rattaché au huyên d'An-duong (Haiphong); la frontière séparant le phu de Kinh-mon du huyên d'An-duong partira du Song-tam-Bac pour aboutir au Song-kinh-Man, en passant au nord du village de Roi-nha.

Art. 3. — Le canton de Quang-trang, du huyên de Kim-thanh (Hai-duong), est rattaché au huyên d'An-dao (province de Haiphong).

Art. 4. — Le Résident supérieur du Tonkin et S. E. le Kinh-luoc sont chargés de l'exécution du présent arrêté. — DE LANESSAN.

---

55. — 6 octobre 1891. — CIRCULAIRE *sur les droits et devoirs des résidents et vice-résidents chefs de province, en territoire civil.*

L'œuvre de pacification et de l'organisation du Tonkin ne dépend pas seulement de la force des pouvoirs militaires, elle dépend au moins autant de la vigilance et de l'habileté des pouvoirs administratifs.

S'il appartient à l'armée de réprimer le désordre partout où il se manifeste avec le plus de gravité, c'est à la sollicitude des administrateurs qu'incombe le soin de le prévenir en faisant disparaître la misère et les abus, source ordinaire de toute perturbation.

Chacune de ces deux missions bien distinctes a sa grandeur et ses fatigues. Chacune d'elles réclame et doit absorber à elle seule toute l'activité de ceux qui s'y dévouent.

Par l'organisation que je viens de donner aux régions montagneuses du Tonkin, les pouvoirs militaires auront seuls désormais le souci et la responsabilité du rétablissement de l'ordre, dans les régions qui sont le siège permanent des plus fortes bandes et le champ où nous serons contraints de déployer le plus d'énergie.

Dégagés de ce souci et de cette responsabilité qui ne sauraient être les vôtres, vous allez pouvoir vous consacrer tout entiers à ce qui est votre véritable tâche : le maintien de l'ordre et l'accroissement de la prospérité dans les régions plus calmes et plus riches du Delta.

C'est là ce que réclamait avec raison, dès le mois de mai, M. le Résident supérieur, lorsqu'il proposait de laisser au commandement militaire l'œuvre de la pacification de la zone montagneuse. « L'autorité civile étant ainsi déchargée du soin d'assurer l'ordre dans le haut pays, disait-il, le prompt rétablissement de la sécurité dans le Delta deviendra pour elle une tâche beaucoup moins difficile ».

En constituant les territoires militaires, je n'ai pas fait autre chose que d'accueillir cette juste réclamation du premier d'entre vous, m'estimant heureux de pouvoir ainsi faire cesser, dans l'intérêt général, une confusion de responsabilité également préjudiciable à l'autorité civile et à l'autorité militaire.

Je tiens à ce que nul ne s'y trompe : on vous allégeant je ne vous ai pas amoindri.

Vos efforts, dorénavant concentrés sur le Delta, autour duquel l'armée et la marine forment une ceinture protectrice, doivent tendre à un double but : d'une part, assurer à sa population si dense et si laborieuse la sécurité intérieure sans laquelle rien d'utile ne peut même être tenté ; d'autre part, augmenter le bien-être du peuple et mériter ses sympathies par une administration ménagère de ses ressources et respectueuse de ses coutumes.

Le premier de ces devoirs vous sera facilité, je l'espère, par la réorganisation et l'augmentation de nos forces de police à laquelle je viens de procéder. Il ne restait guère dans le Delta que 6.000 miliciens environ. J'affecte aujourd'hui à sa protection un total de 8.700 hommes. Dans cet effectif ainsi grossi, je donne à un élément de police déjà familier au peuple annamite la place importante que devait lui faire attribuer l'expérience de ces derniers temps.

Les forces avec lesquelles sera maintenue la sécurité du Delta sont aujourd'hui composées de deux éléments distincts, à peu près égaux en nombre : la garde civile et les linh-co.

Avec son chiffre définitif de 8.700 hommes commandés par un cadre européen, la garde civile doit, sous votre autorité directe, constituer pour le Delta une véritable gendarmerie. Nous pourrons compter sur sa cohésion, sur sa discipline et sur l'intelligence de ses chefs dans l'exercice de cette fonction qui lui convient mieux qu'aucune autre et à laquelle s'adapte l'effectif que je lui ai laissé.

Vous assurerez l'ordre avec elle dans les chefs-lieux de province, dans les grandes villes et dans leur banlieue immédiate. Avec elle encore vous garderez les points de votre territoire plus particulièrement accessibles à la pénétration des bandes de la haute région. En installant aux endroits les plus convenables de la périphérie du Delta des postes fortement constitués, vous doublerez d'une ligne intérieure de défense les deux lignes extérieures déjà formées par l'armée et la marine.

La garde civile devra aussi occuper, dans chaque province, quelques postes principaux et constituer une réserve à laquelle vous ferez appel dans le cas de nécessité.

Quant à la police intime, à la surveillance quotidienne et minutieuse des moindres villages, elle doit être faite par ceux-là seuls qui peuvent le faire efficacement, c'est-à-dire par les fonctionnaires indigènes, laissés maîtres, sous votre contrôle, de leurs moyens de renseignement et d'exécution. Les autorités annamites aidées par les linh-co pourront mettre au service de la sécurité publique, non seulement une connaissance du pays et de la langue qu'il serait injuste d'exiger des chefs européens de la milice, mais encore une variété de procédés à laquelle nous ne saurions plier ni notre tempérament ni notre caractère, et que notre intérêt politique nous commande presque toujours de ne pas employer nous-mêmes.

Les phu et les huyen useront des linh-co pour former de petits postes auprès des villages les plus exposés, et pour battre sans cesse, de nuit comme de jour, toute l'étendue de leur circonscription.

Cette organisation de police intime du pays est conforme à la tradition annamite que nous aurons toujours intérêt à respecter. Elle offre le double avantage de nous gagner la confiance des autorités locales et de nous permettre de leur appliquer dans toute sa rigueur le principe de la responsabilité effective. S. E. le Kinh-luoc l'a déjà rappelé de la façon la plus pressante à tous ses subordonnés. Vous pouvez être certains que sa fermeté donnerait, le cas échéant, à votre contrôle, la sanction la plus énergique.

Mais pour qu'une telle sanction puisse s'exercer équitablement contre les autorités qui se montreraient négligentes ou hostiles, il importe que leur responsabilité soit seule engagée. J'insiste donc tout particulièrement pour qu'aucun de vous n'intervienne dans les commandements directs des linh-co.

Vous vous bornerez à contrôler leur emploi par les autorités annamites, en faisant peser toute la responsabilité des désordres sur les mandarins qui auraient dû les prévenir et qui en avaient les moyens.

Il n'est pas moins indispensable au bon ordre et au libre jeu des responsabilités de chacun, qu'il ne se produise jamais aucun mélange des deux éléments des forces policières du Delta. Je tiens à ce qu'aucun poste mixte ne soit formé par la fusion de garde civils et de linh-co, et à ce que les gradés des linh-co appartiennent exclusivement à ce corps. Si ces deux règles n'étaient pas rigoureusement observées, les fonctionnaires indigènes en tireraient aisément prétexte pour se dégager des responsabilités qui leur incombent.

Cela n'empêchera pas d'ailleurs, les gardes civils et les linh-co de s'aider réciproquement toutes les fois que les circonstances l'exigeront, comme ils l'ont fait récemment dans la colonne de police. C'est à vous qu'il appartiendra de décider l'opportunité de ces opérations combinées et de préciser les conditions dans lesquelles elles devront être faites.

Le maintien de l'ordre dans le Delta ne représente que la première partie de votre tâche. D'autres devoirs plus délicats et non moins importants vous sont imposés par le traité qui a institué notre Protectorat sur l'empire d'Annam.

La France a accepté par ce traité le noble rôle d'étendre au peuple annamite l'influence libérale qu'elle a toujours exercée dans l'histoire du progrès humain.

L'accomplissement de cette généreuse mission doit être profitable à la fois au peuple protégé, dont le bien-être et la puissance industrielle s'accroîtront au contact de la science européenne, et au peuple protecteur qui verra s'accroître, en même temps que son prestige civilisateur, le nombre des débouchés ouverts à ses capitaux et à son travail. Mais la France ne songe pas à cacher sous le masque de la protection un égoïste et brutal despotisme. Une telle politique ne serait pas seulement cruelle pour le peuple voué à l'asservissement, elle serait néfaste à la France elle-même, qui devrait accumuler les dépenses et les fatigues pour régner sur un peuple découragé, misérable et toujours frémissant.

Ce sont, j'en suis certain, vos principes et vos sentiments. Il faut que les populations ne puissent jamais vous en prêter d'autres. A cette condition, votre action sera puissante et féconde, chez cette race annamite si attachée à ses anciennes traditions, mais si intelligente et si prompte à l'acceptation de tout progrès.

Vous ne réussirez dans votre œuvre de civilisation, et vous n'exercerez utilement votre influence qu'à la condition de respecter scrupuleusement la religion, le culte, les traditions et les coutumes du peuple et de traiter, en toute circonstance, les autorités annamites avec les égards qui leur sont dus.

Vous ne tenterez ni de suppléanter ni d'annihiler les fonctionnaires indigènes, et vous ne ferez rien qui soit de nature à diminuer leur prestige aux yeux des populations. Ce serait détruire leur autorité sans augmenter la vôtre, et affaiblir entre vos propres mains le plus indispensable instrument de votre action dans le pays. En fortifiant, au contraire, l'autorité des fonctionnaires indigènes, vous les mettrez à même d'assurer, sous votre direction qui sera respectée parce qu'elle sera bienfaisante, la distribution d'une bonne justice, la rentrée normale de l'impôt et l'augmentation de la richesse publique.

Le fonctionnement actuel de la justice indigène est des moins satisfaisants. Il appelle toute votre sollicitude.

Pendant ces dernières années, l'état de trouble du pays et la diversité des obligations imposées à l'administration civile ne vous ont pas toujours permis d'y veiller d'assez près, tandis qu'au cours des événements qui les agitaient les fonctionnaires indigènes négligeaient ou enfreignaient trop souvent leurs devoirs.

Il est urgent de mettre fin à cet état de choses. Né des désordres qui ont désolé le pays, il est de nature à les entretenir ou même à les faire renaître.

Vous devrez, Messieurs les Résidents, apporter le plus grand soin à remplir les fonctions qui vous ont été confiées lors de l'institution des tribunaux mixtes. Vous pourrez, Monsieur le Résident supérieur, grâce à l'augmentation de votre personnel dans le Delta par suite de la constitution des territoires militaires, détacher dans chaque province un administrateur spécialement chargé de siéger au tribunal mixte, d'y assurer l'exacte observation des lois et la prompte comparution des prévenus.

Un tribunal de révision sera du reste prochainement institué à Hanoi, sous la haute direction de M. le Résident supérieur. Il aura pour mission de réformer les vices de droit qui pourraient s'introduire dans les décisions des tribunaux mixtes, de manière à fixer leur jurisprudence.

Vous vous attacherez aussi à bien organiser le régime des prisons, afin de tirer des condamnés le plus de services possibles, en les employant à différents travaux publics. C'est, du reste, un usage pratiqué déjà dans la plupart des provinces.

L'accroissement du personnel administratif dans le Delta doit faciliter, en même temps qu'une meilleure distribution de la justice, une répartition plus équitable et plus rationnelle des charges publiques. Du contrôle vigilant que vous serez mieux à même d'exercer sur l'établissement des rôles et la rentrée des impôts, résultera, je l'espère, une prompte augmentation de nos recettes et une régularité plus grande dans leur perception.

L'assiette de l'impôt foncier indigène est aujourd'hui fort défectueuse. Le classement des terres est compliqué dans son principe et singulièrement arbitraire dans son application. Le rachat des corvées occasionne des pratiques abusives qui ont pour effet de faire supporter aux plus pauvres les charges les plus écrasantes, etc. Ces défectuosités et d'autres encore doivent être l'objet de vos études. C'est à vous qu'incombe le soin de contrôler l'assiette et la perception de l'impôt, de découvrir les vices de l'organisation actuelle et de rechercher les moyens de les faire disparaître. Je serai heureux que vous me fassiez part de vos appréciations à cet égard et que vous m'indiquiez les procédés les plus propres, selon vous, à améliorer le régime fiscal annamite, sans charges vexatoires et sans prétendre atteindre à une péréquation rigoureuse que la France elle-même ne connaît pas.

Je tiens aussi à ce que votre attention se porte sur la contrebande de l'opium et à ce que vous surveilliez étroitement tous les abus qui pourraient tarir, en favorisant l'entrée en fraude de ce produit, une source importante des revenus du Protectorat.

Enfin, chacun de vous se fera un devoir d'étudier les travaux publics de toute sorte qu'il lui semblera utile de faire dans sa province, pour faciliter le rayonnement de nos forces dans le pays, fournir à l'agriculture des terrains nouveaux, ouvrir au commerce et à l'industrie des voies nouvelles et augmenter ainsi la richesse déjà si grande du Tonkin. Vous aurez soin de me faire parvenir vos propositions à cet égard, afin qu'un classement d'ensemble puisse en être fait, et qu'il me soit permis de procéder avec méthode et en commençant par les plus urgents, à l'exécution de tous ces travaux depuis longtemps réclamés.

Déjà je me suis préoccupé de l'amélioration des logements destinés à tous nos services. Notre administration et notre armée ne peuvent pas rester indéfiniment installées dans tous les locaux insuffisants, parfois insalubres et presque toujours indignes de ceux qui les habitent.

Cette mauvaise installation nuit à la santé de nos troupes ; elle imprime à notre occupation un caractère provisoire et précaire dont notre prestige souffre grandement aux yeux des populations indigènes. Je compte pouvoir faire entreprendre à bref délai les constructions nécessaires à nos services civils, concurremment avec celles que nécessite le mauvais état de la plupart de nos casernements et de nos hôpitaux. Je tiens à ce que vous occupiez le plus tôt possible des bâtiments en rapport avec le rôle important que vous êtes appelés à jouer dans le pays comme représentants de l'administration du gouvernement de la France.

Je me propose aussi d'user des pouvoirs étendus qui m'ont été conférés sur le personnel des administrations civiles pour établir votre avancement sur des règles fixes, assurant à chacun le légitime fruit de son travail et de ses services. Mon attention se porte encore sur la question si délicate des retraites pour vous et vos subordonnés, pour les inspecteurs et les gardes de la milice et pour tous les employés qui font leur carrière dans l'Indo-Chine. Je m'efforcerai de la résoudre à la satisfaction de tous, sans oublier même ceux à qui le climat ne permettrait pas d'attendre ici l'heure de la retraite. En un mot, si je crois pouvoir exiger de tout le monde un dévouement absolu aux intérêts de ce pays, je ne négligerai rien de ce qui dépendra de moi pour que les services de chacun soient équitablement récompensés.

Messieurs, je ne compte pas moins sur votre concours que sur celui de l'armée et de la marine pour mener à bien l'œuvre difficile que le Gouvernement de la République m'a fait l'honneur de me confier. Les services que vous avez déjà rendus au pays pendant les périodes de trouble qu'il vient de traverser, témoignent de ceux que vous lui rendrez à l'avenir, dans le rôle plus exclusivement administratif, mais non moins utile, qui vous est désormais assigné. — DE LANESSAN.

56. — 1er décembre 1891. — ARRÊTÉ *rapportant celui du 22 mai 1890, et accordant une indemnité annuelle de frais de service aux résidents de Bac-ninh, Nam-dinh et Son-tay* (1).

Article premier. — L'arrêté du 22 mai 1890 est rapporté.

Art. 2. — Les chefs des provinces de Bac-ninh, Nam-dinh, Son-tay recevront une allocation de 2.000 fr. à titre de frais de service.

Art. 3. — Le Résident supérieur du Tonkin est chargé de l'exécution du présent arrêté, qui aura son effet à compter du 1er décembre 1891. — DE LANESSAN.

57. — 1er décembre 1891. — ARRÊTÉ *allouant des indemnités fixes de tournées et de déplacement aux résidents et vice-résidents du Tonkin* (2).

Article premier. — Il est alloué aux résidents chefs de province, aux résidents et vice-résidents adjoints et en sous-ordre, des indemnités fixes de tournées et de déplacement déterminées par le tableau ci-après :

DÉSIGNATION des PROVINCES	QUOTITÉ DES INDEMNITÉS ALLOUÉES AUX		OBSERVATIONS
	résidents chefs de provinces	résidents ou vice-résidents adjoints ou en sous-ordre	
Hung-hoa ...	1.000 fr. 00	»	
Son-tay ...	»	600 fr. 00	
Hanoï (3) ...	1.000 00	600 00	
Bac-ninh ...	»	600 00	
Hai-duong ...	1.400 00	600 / 00	
Quang-yên (3) ...	500 00	»	
Thai-binh (3) ...	1.000 00	600 00	
Nam-dinh ...	»	600 00	
Ninh-binh (3) ...	1.000 00	600 00	
Ha-nam (3) ...	1.000 00	»	
Hung-yên ...	900 00	500 00	
Haiphong ...	»	500 00	
Cho-bo ...	1.000 00	»	

(1) Voir arrêté du 9 septembre 1873.
(2) Voir arrêté du 17 février 1892, pour Phu-lang-Thuong.
(3) Voir arrêté du 9 septembre 1893.

Art. 2. — Sont abrogées toutes les dispositions contraires au présent arrêté.

Art. 3. — Le Résident supérieur du Tonkin est chargé de l'exécution du présent arrêté, qui aura son effet à compter du 1er décembre 1891. — DE LANESSAN.

58. — 16 février 1892. — ARRÊTÉ *déterminant les frais de service des Résidents de l'Annam* (1).

Article premier. — L'arrêté du 13 juillet 1888 est rapporté.

Art. 2. — A compter du 1er janvier 1892, les chefs des provinces de Vinh, Thanh-hoa et Qui-nhon, recevront une allocation annuelle de 2.000 fr, à titre de frais de service.

Art. 3. — Toutes les dispositions contraires au présent arrêté sont abrogées.

Art. 4. — Le Résident supérieur en Annam est chargé de l'exécution du présent arrêté. — DE LANESSAN.

59. — 17 février 1892. — ARRÊTÉ *allouant une indemnité de frais de service au vice-résident délégué à Phu-lang-Thuong.*

Modifié par arrêté du 9 septembre 1893.

60. — 17 février 1892. — ARRÊTÉ *déterminant les indemnités de tournées et de déplacement des résidents et vice-résidents de l'Annam.*

Modifié par arrêté du 16 janvier 1894.

61. — 27 février 1892. — ARRÊTÉ *modifiant les attributions des bureaux de la Résidence supérieure du Tonkin ; création du 4e bureau.*

Rapporté par arrêté du 9 septembre 1893 ; voir en outre décret du 25 février 1895.

62. — 25 mars 1892. — INSTRUCTIONS MINISTÉRIELLES *faisant connaître que la Cochinchine et les Protectorats du Cambodge, de l'Annam et du Tonkin, forment une seule colonie sous le nom d'Indo-Chine.*

Par lettre du 28 octobre dernier, et à la suite d'une réclamation formulée par M. X..., capitaine d'infanterie de marine, vous m'avez consulté sur la question de savoir si la Cochinchine, le Cambodge, le Tonkin et l'Annam devaient constituer, sous le nom d'Indo-Chine, une seule et même colonie, et vous m'avez demandé de vous faire connaître quelle doit être la solde à allouer, pendant la traversée, aux officiers, fonctionnaires ou agents qui, étant employés en Cochinchine, sont désignés pour continuer leurs services dans les deux Protectorats.

Vous avez cru devoir également appeler mon attention sur une contradiction qui paraît exister entre les termes du § 3 de l'article 25 du décret du 28 janvier 1890, qui stipule que le droit à la solde coloniale court du jour inclus du débarquement aux colonies, pour cesser le jour de l'embarquement pour France, et l'observation qui fait suite à l'article 47 du décret du 12 décembre 1880, d'après laquelle

l'officier, fonctionnaire, etc... en séjour dans un port autre que celui de sa résidence, avant d'être embarqué à destination d'outremer (position n° 5), ne peut recevoir que la solde d'Europe avec l'indemnité de séjour.

Vous faites remarquer que cette restriction n'existant pas dans les actes qui régissent les officiers de troupes, ces derniers touchent l'indemnité de séjour cumulativement avec la solde coloniale. De là deux manières de procéder, suivant que les intéressés sont placés sous le régime du décret du 12 décembre 1880 ou de l'arrêté du 19 janvier 1878.

Vous m'avez, par suite, demandé de vous indiquer la règle à suivre dans les divers cas de l'espèce.

Comme vous le savez, le décret du 17 octobre 1887, toujours en vigueur, a réuni, sous l'autorité du Gouverneur général, la colonie de la Cochinchine et les pays de Protectorats du Tonkin, de l'Annam et du Cambodge. Ces territoires constituent donc, au point de vue administratif et politique, l'Union indochinoise.

Bien que chaque pays de cette union ait conservé son autonomie et son administration propres, puisqu'on se trouve aujourd'hui, en dehors des crédits inscrits au budget colonial, en présence de trois budgets spéciaux, celui du Protectorat de l'Annam et du Tonkin et ceux de la Cochinchine et du Cambodge, on ne saurait considérer ces diverses possessions comme étant absolument distinctes.

J'estime, en conséquence, que les officiers, fonctionnaires, employés ou agents civils ou militaires appelés à servir de Cochinchine au Cambodge, en Annam ou au Tonkin et réciproquement, ont droit, pendant la durée des traversées, à la solde coloniale de leur grade ou de leur emploi. Il demeure entendu, toutefois, qu'ils ne peuvent prétendre au bénéfice de l'article 47 (position n° 5) du décret du 12 décembre 1880, et 12 de l'arrêté du 19 janvier 1878 (position n° 4), puisqu'ils ne sont pas désignés pour une autre possession d'outremer, et que la mutation a lieu dans une même colonie.

Quant à la contradiction signalée dans votre lettre précitée du 28 octobre 1891, entre les articles 25 du décret du 28 janvier 1890 et 47 du décret du 12 décembre 1880, elle n'est qu'apparente et n'existe pas en fait, puisque, d'une part, l'article 25 du premier de ces textes a eu uniquement pour but de fixer, d'une manière générale, le droit à la solde coloniale et que, d'autre part, l'observation inscrite à la suite de l'article 47 du décret du 12 décembre 1880 détermine les cas dans lesquels il doit être dérogé au principe posé par l'article 25 de l'acte du 28 janvier 1890.

En résumé, la solde coloniale doit être payée, sauf les exceptions prévues ci-dessus, pendant la durée du séjour aux colonies. C'est là, d'ailleurs, la règle admise dans toutes nos autres possessions d'outremer, aussi bien pour le personnel régi par les décrets des 1er janvier 1875 et 28 janvier 1890, que pour les officiers et militaires appartenant aux corps de troupes et auxquels l'ordonnance du 22 juin 1847 est applicable.

J'ai, en conséquence, l'honneur de vous prier de vouloir bien donner les ordres pour que ces prescriptions soient strictement observées par les divers administrateurs placés sous votre autorité. — JAMAIS.

(1) Voir arrêté du 17 février 1892.

30.

68. — 1ᵉʳ avril 1892. — ARRÊTÉ *déterminant les attributions de pouvoirs des Résidents supérieurs en Annam et au Tonkin* (1).

TITRE PREMIER

ATTRIBUTIONS PROPRES AU RÉSIDENT SUPÉRIEUR EN ANNAM

Article premier. Le Résident supérieur en Annam, conformément à l'article 4 du décret du 17 octobre 1889, exerce par délégation et sous la haute autorité du Gouverneur général, les pouvoirs qui sont conférés au représentant du gouvernement de la République française par la loi du 15 juin 1885, portant approbation du traité de Hué.

TITRE II

ATTRIBUTIONS PROPRES AU RÉSIDENT SUPÉRIEUR AU TONKIN

Art. 2. — Le Résident supérieur au Tonkin exerce à l'égard de l'administration indigène, le contrôle prévu par l'article 7, du traité du 6 juin 1884 ; il approuve les actes officiels intéressant le personnel, pris par le Kinh-luoc. Toutefois, il devra préalablement en référer au Gouverneur général toutes les fois qu'il s'agira :

1° D'une nomination aux fonctions de Tong-doc ou de chef de province ;

2° De la nomination, révocation, dégradation ou suspension d'un madarin du 4° degré et au-dessus.

Art. 3. — Il approuve, au nom du Gouverneur général, les jugements rendus par les tribunaux mixtes en matière de rébellion et de piraterie ; il approuve et inflige les amendes et les autres peines encourues de ce chef par les villages, sauf le cas où la dispersion d'un village serait demandée par l'autorité indigène.

Art. 4. — Il autorise les dépenses de l'administration annamite, approuve et rend exécutoires les rôles d'impôts, en surveille le recouvrement ; il prononce les dégrèvements en matière d'impôts et de taxes indigènes, lorsqu'il n'est accordé que des dégrèvements partiels n'intéressant pas une région entière. Le total de ces dégrèvements ne pourra pas dépasser 5.000 $ par province.

Art. 5. — Il exerce une haute surveillance sur les membres du service judiciaire.

Art. 6. — Il contrôle le service de l'enseignement, délivre l'autorisation préalable nécessaire pour l'ouverture de tout collège, de toute école, ou de toute autre institution de même nature, et peut ordonner la fermeture de ces établissements, lorsque l'intérêt de la morale ou de l'ordre public l'exige.

Art. 7. — Il est chargé de la surveillance des magasins généraux et docks de Haiphong.

TITRE III

ATTRIBUTIONS COMMUNES AUX RÉSIDENTS SUPÉRIEURS EN ANNAM ET AU TONKIN

1° En matière de personnel

Art. 8. — Ils ont la haute direction de tous les services civils, chacun en ce qui le concerne.

Art. 9. — Ils proposent au Gouverneur général les arrêtés concernant ces services.

Art. 10. — Les chefs des services civils sont placés sous leur autorité immédiate et correspondent exclusivement avec eux.

(1) Voir décret du 25 février 1895, supprimant la Résidence supérieure du Tonkin.

Art. 11. — Ils prononcent les peines disciplinaires jusqu'à 15 jours de suspension contre les agents de tous les services dont la solde est égale ou inférieure à 6.000 francs, et proposent au Gouverneur général les peines à infliger aux agents dont la solde est supérieure à ce chiffre ; dans tous les cas, ils en rendent compte au Gouverneur général.

Art. 12. — Ils établissent le tableau d'avancement du personnel européen de tous les services civils et décident de toutes les mutations, sauf celles des résidents et vice-résidents chefs de province, que le Gouverneur général décide sur leur proposition, et celles qui concernent les agents dont la solde est inférieure à 4.000 francs, qui sont effectuées par décision des chefs de service.

Art. 13. — Ils reçoivent les déclarations de délégation.

Art. 14. — Ils adressent au Gouverneur général les propositions pour les distinctions et récompenses honorifiques ; ils lui adressent également les propositions relatives aux retraites, demi-soldes et pensions.

Art. 15. — Ils lui font parvenir avec leurs observations, les notes qui leur sont remises par les chefs de service et d'administration sur la conduite et la capacité des agents placés sous leurs ordres.

Art. 16. — Ils nomment et révoquent, par délégation permanente du Gouverneur général, tout le personnel indigène du Protectorat, sauf celui du Gouvernement général.

2° En matière financière

Art. 17. — Ils soumettent au Gouverneur général l'arrêté de distribution mensuelle des fonds pour les services civils de l'Annam et du Tonkin et procèdent eux-mêmes à la répartition entre les services, des fonds ainsi mis à leur disposition.

Art. 18. — Ils sont chargés de présenter, aux termes de l'arrêté du 31 décembre 1891, le compte administratif de l'Annam et du Tonkin, et reçoivent à cet effet, des ordonnateurs, les éléments nécessaires à leur préparation.

Art. 19. — Ils soumettent à l'approbation du Gouverneur général les dépenses de fournitures et de travaux pour lesquels des prévisions ont été inscrites ou non au budget.

Toutefois ils autorisent, dans la limite de 1.500 fr., les fournitures et travaux compris dans les prévisions budgétaires.

Art. 20. — Ils passent tous les marchés pour fournitures et travaux à exécuter en Annam et au Tonkin. Ils les rendent exécutoires, sauf les exceptions suivantes :

1° Marchés pour fournitures d'une durée supérieure à un an ou dont le chiffre excède 10.000 $;

2° Marchés de travaux dont l'estimation est supérieure au même chiffre ou qui ne figurent pas au programme approuvé par le Gouverneur général pour l'exercice en cours. Dans ce cas les marchés sont soumis à l'approbation du Gouverneur général.

Art. 21. — Ils approuvent, dans les mêmes limites et sous les mêmes conditions, les cahiers des charges établis en vue des adjudications de fournitures et de travaux, ainsi que les procès-verbaux de ces adjudications.

Art. 22. — Ils centralisent tous les renseignements et adressent au Gouverneur général toutes les propositions ayant trait au régime monétaire.

Art. 23. — Ils surveillent la comptabilité municipale, celle du trésor, de la douane, des postes et télégraphes et celle des caisses de fonds d'avances.

Art. 24. — Ils sont chargés de l'approvisionnement du matériel ainsi que du contrôle du service des contributions indirectes, des régies et des fermes.

Art. 25. — Ils surveillent le recouvrement des recettes inscrites au budget, et proposent au Gouverneur général toutes les mesures tendant à affecter ces recettes ou à en créer de nouvelles.

Art. 26. — Ils approuvent les rôles d'impôts non indigènes et les rendent exécutoires.

Art. 27. Ils prononcent les dégrèvements de ces impôts et approuvent les états des cotes irrécouvrables.

Art. 28. — Ils arrêtent d'un commun accord les mercuriales pour la perception des droits *valo adrem*.

Art. 29. — Ils arrêtent et rendent définitives, en matière de régie et de contributions indirectes, les transactions intervenues, dans les cas prévus, entre l'administration et les contrevenants, jusqu'à concurrence de 10.000 $.

Au-dessus de ce chiffre les transactions sont soumises à l'approbation du Gouverneur général (1).

Art. 30. — Ils approuvent par délégation et par ordre du Gouverneur général, les procès-verbaux de perte et de condamnation de tous les services civils.

Art. 31. — Ils autorisent la vente des approvisionnements et de tous les objets appartenant aux services civils et reconnus inutiles ou condamnés comme impropres à la consommation.

Art. 32. — Ils sont chargés, par délégation permanente du Gouverneur général, de la surveillance des hôpitaux et vivres.

3° En matière de police générale, administrative ou sanitaire.

Art. 33. — Ils sont chargés de la police générale.

Art. 34. — Ils prennent les arrêtés d'expulsion et d'internement concernant les asiatiques dont la présence est reconnue dangereuse pour la sécurité ou la tranquillité publiques.

Art. 35. — Ils proposent au Gouverneur général les arrêtés d'expulsion concernant les européens, quand ils jugent cette mesure nécessaire.

Art. 36. — Ils interdisent, sauf à en référer au Gouverneur général, l'apposition de placards et dessins reconnus dangereux et font procéder, s'il y a lieu, à leur enlèvement.

Art. 37. — Ils sont chargés de la surveillance des prisons; il autorisent, s'ils le jugent utile, en se conformant aux lois et aux instructions du Gouverneur général, l'emploi des condamnés sur les chantiers et dans les ateliers, et règlent les conditions de cet emploi.

Art. 38. — Ils autorisent la constitution des cercles et en prononcent, s'il y a lieu, la suppression et la dissolution.

Art. 39. — Ils proposent au Gouverneur général les modifications aux arrêtés et règlements en vigueur concernant le séjour des asiatiques étrangers.

Art. 40. — Ils délivrent, conformément aux règles établies, les passeports et permis de débarquement et de séjour.

Art. 41. — Ils sont chargés de la police et de la règlementation des cours d'eau.

Art. 42. — Ils règlementent la pêche fluviale et déterminent les limites dans lesquelles elle peut être régulièrement exercée.

Art. 43. — Ils règlementent les conditions d'établissement des ateliers dangereux et insalubres, ainsi que celles du débarquement et du dépôt des matières explosives.

(1) Voir V° *Douanes*, décret du 8 août 1890 (n° 39).

Art. 44. — Ils prennent des arrêtés généraux ou spéciaux concernant les logements insalubres et les mesures à imposer aux villes ou aux particuliers dans l'intérêt de la salubrité publique.

Art. 45. — (Voir, V° *Santé*, arrêté du 2 août 1894, modifiant l'article 45, en plaçant le service sanitaire dans les attributions du Directeur de la santé).

Art. 46. — Ils autorisent l'exhumation et la translation en France des corps des Européens.

Art. 47. — Ils délivrent, au nom du Gouverneur général, aux officiers de santé et pharmaciens non attachés au service, après qu'ils ont rempli les formalités prescrites par les ordonnances, décrets et règlements, l'autorisation sans laquelle ils ne peuvent pas exercer en Annam et au Tonkin.

4° En matière purement administrative.

Art. 48. — Ils exercent à l'égard des municipalités de Hanoi, Haiphong et Tourane, chacun en ce qui le concerne, tous les pouvoirs qui leur sont attribués par les arrêtés qui ont créé ou organisé ces municipalités, notamment par les arrêtés du 31 décembre 1891 et 25 mars 1892.

Art. 49. — Ils assurent de même, en ce qui concerne les chambres de commerce, l'exécution des décisions les concernant, notamment celles de l'arrêté du 16 février 1889.

Art. 50. — Ils proposent au Gouverneur général les modifications à apporter à l'organisation et aux attributions des conseils municipaux ou commissions en tenant lieu, ainsi que des chambres de commerce.

Art. 51. — Ils proposent au Gouverneur général la suspension des conseils municipaux ou commissions en tenant lieu, ainsi que des chambres de commerce, ou même leur dissolution, s'ils jugent ces mesures nécessaires dans l'intérêt du bon ordre et de la tranquillité publique.

Art. 52. — Ils contrôlent la tenue des registres de l'état civil et les arrêtent définitivement en fin d'année.

Art. 53. — Ils légalisent la signature des fonctionnaires.

Art. 54. — Ils instruisent et soumettent au Gouverneur général les demandes de naturalisation des étrangers et des Annamites.

Art. 55. — Ils proposent au Gouverneur général, conformément à l'ordonnance royale du 2 avril 1817, l'acceptation des dons et legs faits au Protectorat, qui contiendraient des clauses onéreuses ou donneraient lieu à réclamations.

Art. 56. — Ils soumettent à l'approbation du Gouverneur général les actes de francisation exceptionnelle ou provisoire à délivrer, ainsi que les congés de mer, dans la limite et selon des formes déterminées par les lois, ordonnances et décrets sur la matière.

Art. 57. — Ils instruisent et soumettent au Gouverneur général les demandes de concessions agricoles ou de mines, et font la procédure préliminaire prescrite par les règlements.

Art. 58. — Ils veillent à l'exécution des conditions et charges imposées aux concessionnaires de terres ou de mines, et en cas d'inexécution, proposent au Gouverneur général leur déchéance.

Art. 59. — Ils proposent au Gouverneur général la franchise postale et télégraphique.

Art. 60. — Ils proposent au Gouverneur général la création et la suppression des bureaux des douanes et des postes et télégraphes.

Art. 61. — Ils prennent les arrêtés déclaratifs

d'utilité publique, soit en matière de travaux municipaux, soit en matière de travaux publics, mais pour ceux-ci dans la limite du programme approuvé par le Gouverneur général pour l'année en cours (1).

Art. 62. — Ils prononcent les classements en matière de grande voirie et instruisent les projets de travaux neufs s'y rattachant.

Art. 63. — Ils soumettent à l'approbation du Gouverneur général, les actes d'aliénation d'immeubles appartenant au Protectorat et ceux portant acquisition ou échange d'immeubles.

Art. 64. — Ils établissent les statistiques annuelles de la population, ainsi que celles relatives à l'agriculture, et les transmettent au Gouverneur général. Ils lui adressent également les états d'importation et d'exportation.

Art. 65. — Ils sont chargés des rapports avec les Messageries maritimes et fluviales.

Art. 66. — Ils proposent au Gouverneur général la création ou la suppression des escales des Messageries fluviales.

5° *En matière contentieuse*

Art. 67. — Ils représentent le Protectorat de l'Annam et du Tonkin devant les tribunaux, à charge d'autorisation par le Gouverneur général quand l'objet du litige a une valeur supérieure à 10.000 $. Ils font tous actes conservatoires jusqu'à ce que cette autorisation soit intervenue.

Art. 68. — Ils approuvent les transactions jusqu'à concurrence de 2,000 $.

Art. 69. — Ils font la procédure des expropriations nécessaires en vue de l'exécution des travaux publics (1).

TITRE IV

DES RAPPORTS DES RÉSIDENTS SUPÉRIEURS AVEC LE GOUVERNEUR GÉNÉRAL ET ENTRE EUX

Art. 70. — Les Résidents supérieurs en Annam et au Tonkin soumettent au Gouverneur général toutes les questions spéciales qui ne sont pas prévues au présent arrêté.

Art. 71. — Ils lui adressent, tous les trois mois, un rapport sur la situation politique, financière, commerciale, agricole et industrielle de l'Annam et du Tonkin. Ils correspondent entre eux pour les besoins communs de leurs services et se concertent sur les mutations à faire dans le personnel de l'Annam et du Tonkin. Ils soumettent, en ce qui concerne le personnel européen, leurs propositions, arrêtées d'un commun accord, au Gouverneur général, qui décide.

Art. 72. — Toutes dispositions antérieures contraires au présent arrêté sont et demeurent abrogées.

Art. 73. — Les Résidents supérieurs en Annam et au Tonkin sont chargés de l'exécution du présent arrêté. — DE LANESSAN.

64. — 30 avril 1892. — ARRÊTÉ *fixant les indemnités fixes de tournées et de déplacement du vice-résident de Thuan-khanh.*

Modifié par arrêté du 16 janvier 1894.

65. — 23 juin 1892. — ARRÊTÉ *organisant l'administration de la province Muong.*

Article premier. — L'administration indigène actuelle de la province Muong est et demeure sup-

primée. Elle est remplacée par une administration spéciale exclusivement Muong, ainsi composée :

Un quan-lang délégué centralise au chef-lieu, l'autorité générale sur tout le territoire et il est placé sous la direction du représentant de l'administration française, avec le titre de quan-lang délégué. Il est assisté d'un quan-lang adjoint et d'un dé-dôc chargé du commandement des forces de police.

Art. 2. — Les soldes annuelles du quan-lang délégué, du dé-dôc, et du quan-lang adjoint sont fixées respectivement à 1,200, 720 et 420 piastres.

Art. 3. — Le quan-lang délégué est désigné par un conseil de douze quan-lang, dont six élus par tous les quan-lang réunis et choisis chacun dans une région différente du pays, dont toutes les terres seront ainsi représentées dans le conseil. Les six autres membres sont choisis par le Commissaire du Gouvernement. Ce conseil prend le titre de Conseil du pays Muong. Ses membres ne reçoivent aucun traitement, mais des distinctions honorifiques peuvent leur être accordées.

Art. 4. — Les nominations du quan-lang délégué, de son adjoint et du dé-dôc sont soumises à l'approbation du Résident supérieur.

Art. 5. — Le Conseil du pays Muong est toujours présidé par le Commissaire du Gouvernement et ne peut se réunir que sur sa convocation. Il s'occupe exclusivement des affaires politiques ou judiciaires concernant le pays Muong.

Art. 6. — Dans le cas où le Commissaire du Gouvernement estimerait qu'une décision ou un jugement pris par le conseil sont contraires aux intérêts du Protectorat, il a le droit d'en suspendre l'effet et d'en référer au Résident supérieur du Tonkin, qui statuera en dernier ressort.

Art. 7. — Le Résident supérieur peut, sur la proposition de son représentant en pays Muong, prononcer la dissolution du conseil et faire procéder, s'il le juge utile, à de nouvelles élections.

Art. 8. — Chacun des quan-lang du pays Muong est chargé de la direction de la partie du pays où est situé son domaine héréditaire. Il exerce en matière administrative et judiciaire les attributions dévolues aux phu et aux huyên dans les provinces annamites.

Les quan-lang sont placés sous les ordres du quan-lang délégué et du Commissaire du Gouvernement.

Art. 9. — L'impôt foncier et personnel est remplacé par un tribut qui sera versé après la vente des récoltes, par les soins des quan-lang, directement aux mains du Commissaire du Gouvernement.

Cet impôt sera discuté et fixé chaque année entre le représentant du Protectorat et le Conseil du pays Muong.

Art. 10. — Le siège de l'administration de la province et du Conseil des quan-lang, est fixé à Cho-bo.

Art. 11. — L'organisation des forces de police du pays Muong sera déterminée par un arrêté spécial.

Art. 12. — Le Résident supérieur du Tonkin est chargé de l'exécution du présent arrêté. — CHAVASSIEUX.

66. — 23 novembre 1892. — ARRÊTÉ *portant organisation du corps des comptables dans les résidences de l'Annam et du Tonkin* (1).

Article premier. — Il est créé dans le personnel des résidences de l'Annam et du Tonkin un corps de comptables appelés :

---

(1) Voir décret du 11 juin 1893, V° *Expropriation pour cause d'utilité publique* (n° 5).

(1) Voir ci-après arrêté du 17 janvier 1894.

1° A servir dans les bureaux des Résidences supérieures, des résidences provinciales, de la trésorerie, du contrôle de la ferme de l'opium, de l'enregistrement, etc.;

2° A assurer le service des perceptions, des caisses de fonds d'avances des services civils, du contrôle des contributions directes, du secrétariat des mairies.

Art. 2. — Les grades et soldes du corps des comptables en Annam et au Tonkin sont fixés ainsi qu'il suit :

GRADES OU EMPLOIS	SOLDE D'EUROPE	TRAITEMENT COLONIAL	OBSERVATIONS
	francs	francs	
Chefs de bureau de 1re classe.....	7.500	15.000	
— 2e classe....	6.500	13.000	
Sous-chefs de bureau de 1re classe..	5.000	10.000	
— 2e classe...	4.000	8.000	
Comptables de 1re classe..........	3.500	7.000	
— 2e classe..........	3.000	6.000	
Commis de comptabilité de 1re classe	2.500	5.000	
— 2e classe	2.000	4.000	
Commis auxiliaires de comptabilité.	1.750	3.500	

Art. 3. — Les candidats à l'emploi de commis auxiliaire de comptabilité devront justifier: de leur qualité de français, être âgés de 20 ans au moins et de 30 ans au plus, avoir satisfait à la loi sur le recrutement de l'armée, et subi un examen technique dont les conditions et le programme seront fixés par un arrêté du Gouverneur général.

Art. 4. — Sont dispensés de subir l'examen et nommés directement commis auxiliaires, les sous-officiers classés en exécution des lois et décrets en vigueur sur les emplois réservés.

Art. 5. — Les commis de comptabilité de 2e classe sont choisis parmi les commis auxiliaires comptant au moins 18 mois de grade.

Les commis de comptabilité de 1re classe sont choisis parmi les commis de comptabilité de 2e classe comptant au moins 18 mois de grade.

Les comptables de 2e classe sont choisis parmi les commis de comptabilité de 1re classe ayant au moins deux ans de grade.

Les comptables de 1re classe sont choisis parmi les comptables de 2e classe ayant au moins deux ans de grade.

Les sous-chefs de bureau de 2e classe sont choisis parmi les comptables de 1re classe ayant au moins trois ans de grade et ayant satisfait à un examen dont le programme sera fixé par un arrêté du Gouverneur général (1).

Les sous-chefs de bureau de 1re classe sont choisis parmi les sous-chefs de bureau de 2e classe, ayant au moins trois ans de grade.

Les chefs de bureau de 2e classe sont choisis parmi les sous-chefs de bureau de 1re classe ayant au moins trois ans de grade.

Les chefs de bureau de 1re classe sont choisis parmi les chefs de bureau de 2e classe ayant au moins trois ans de grade.

Art. 6. — Le personnel du corps des comptables est nommé par arrêté du Gouverneur général de l'Indo-Chine, sur la proposition des Résidents supérieurs.

(1) Voir arrêté du 11 août 1894, déterminant les matières du concours.

Art. 7. — L'assimilation du personnel du corps des comptables au point de vue des passages à bord des transports de l'État et des paquebots, de l'hospitalisation, des indemnités de route, de séjour, etc., est celle fixée par le décret du 28 janvier 1890, pour le personnel du Secrétariat général de la Cochinchine.

Art. 8. — Les mesures disciplinaires comportent les peines suivantes :

Le blâme;
La suspension avec la retenue de traitement;
La rétrogradation;
Le licenciement;
La révocation,

Le blâme est prononcé par les Résidents supérieurs.

La suspension avec retenue de traitement, est prononcée par les Résidents supérieurs pour une durée de 8 jours au plus, et sur la proposition de ces derniers, par le Gouverneur général, pour une durée supérieure qui ne pourra excéder un mois.

La rétrogradation, le licenciement et la révocation sont prononcées sur la proposition des Résidents supérieurs, et après avis conforme d'un conseil d'enquête, par arrêté du Gouverneur général.

A l'égard des sous-chefs et des chefs de bureau, toutes les peines disciplinaires, y compris le blâme et la suspension, sont prononcées par le Gouverneur général.

DISPOSITIONS TRANSITOIRES

Art. 9. — Le corps des comptables sera formé, au moment de sa création, à l'aide :

1° Des agents du cadre local de la Trésorerie et des commis auxiliaires de résidence;

2° D'agents provenant, sur leur demande, des divers services civils du Protectorat.

Art. 10. — Les agents de la Trésorerie et des diverses administrations appelés à servir dans le corps des comptables y seront classés avec le grade correspondant plus immédiatement à leur solde actuelle.

Ceux qui se trouveront dans les conditions pour être nommés aux emplois de sous-chefs de bureau devront subir préalablement l'examen prévu à l'article 5 du présent arrêté.

Tous ces agents prendront rang, au point de vue de l'ancienneté et des droits à l'avancement, à la date de leur dernière nomination ou promotion dans le service auquel ils appartenaient.

Toutefois les agents qui, par suite de leur classement dans le corps des comptables, bénéficieront d'une augmentation de solde, prendront rang d'ancienneté du jour de leur nomination dans le nouveau corps.

Les agents dont la solde nouvelle sera inférieure à la solde ancienne, recevront à titre d'*ancienneté de services* et jusqu'à ce qu'ils passent à la classe supérieure, un supplément égal à la différence entre les deux soldes.

Art. 11. — Les cadres et la répartition du personnel du corps des comptables seront fixés par un arrêté ultérieur de M. le Gouverneur général.

Art. 12. — Toutes dispositions antérieures contraires à celles du présent arrêté sont et demeurent abrogées.

Art. 13. — Les Résidents supérieurs en Annam et au Tonkin et le Trésorier-payeur du Tonkin sont chargés, chacun en ce qui le concerne, de l'exécution du présent arrêté. — DE LANESSAN.

67. — 19 décembre 1892. — ARRÊTÉ *plaçant sous l'autorité du Résident de Quang-yen, la région minière de Hongay, Kampha et Kébao* (1).

Article premier. — La région minière comprenant les territoires de Hongay, Kampha et Kébao, relèvera toute entière de l'autorité du résident de France à Quang-yen qui en assurera la police et l'administration.

Art. 2. — Les postes militaires de Thac-hat, Vu-hoai, Lang-huy, Kampha et les trois postes de milice de Xich-tho, Dong-tau et Ké-ho, dépendant de Thac-hat, ainsi que les territoires en relevant et dépendant actuellement du 1er territoire, seront remis par l'autorité militaire au résident de France à Quang-yen.

Art. 3. — Pour assurer le service de ces différents postes, les effectifs de la brigade de garde civile et du détachement de linh-co de la province de Quang-yen sont augmentés, le premier de 200 hommes, le second de 100 hommes.

Art. 4. — Le Général commandant en chef et le Résident supérieur du Tonkin sont chargés, chacun en ce qui le concerne, de l'exécution du présent arrêté. — DE LANESSAN.

68. — 30 décembre 1892. — ARRÊTÉ *déterminant la circonscription de la province de Thai-nguyen.*

Article premier. — Font partie de la province de Thai-nguyen, nouvellement reconstituée, les circonscriptions qui figurent sur le tableau ci-annexé et qui formaient ladite province avant la création des territoires militaires.

DIVISIONS ADMINISTRATIVES DE LA PROVINCE DE THAI-NGUYEN

PHUS	HUYENS	CANTONS
Trois phus.	8 Huyên et 2 Châu.	
Phu-binh.	TU-NONG	La-dinh, Nha-long, Thuong-dinh, Ngia-hung, Phao-thanh, Duc-lân, Ly-nhon, Tiên-la, Bao-lang.
	DONG-HI.	Tuc-duyên, Dong-bang, Huong-thuong, Niêm-cuong, Hoa-thuong, Xuân-son, Bang-ly, Thuong-nung, Vân-lang.
	PHO-YEN	Hoang-dam, Van-phai, Tuong-vu, Nha-luat, Thuong-ket, Thong-thuong.
	VU-NHAI	Huynh-son, Bat-son, Vinh-yên, Trân-chi, Nhu-thê, Lân-thuong, Trang-Xa, Lan-ha.
Tông-hoa.	DAI-TU	Hung-son, Trang-lang, An-thuân, Tiên-son, Ky-phu, Phuc-luc, An-do.
	PHU-LUONG	Cu-vân, Cô-lung, Tuc-tranh, Son-câm, Dông-dac, Y-nha.
	DINH-CHAU	Phuong-i-thuong, Phuong-vi-trung, Phuong-vi-ha, Dinh-hiên-thuong, Dinh-hiên-trung, Dinh-hiên-ha, Yên-trach, Khuynh-qui, Thanh-diêu.
	VAN-LANG	Thuong-lâm, Ha-lam, Thuong-luong, Vi-xuyên, Van-xuyên.
	CAM-HOA	Phuong-linh, Luong-thuong, Luong-ba, Ha-quan.
Thông-hoa.	BACH-THONG-CHAU	Nông-thuong. Nông-ha. Côn-minh. Ha-vi. Thuong-giao. Ha-hiêu. Dong-viên. Nhu-viên. Quang-khê.

(1) Complété par arrêté du 6 avril 1893.

Art. 2. — Le Général commandant en chef les troupes de l'Indo-Chine et le Résident supérieur du Tonkin sont chargés, chacun en ce qui le concerne, de l'exécution du présent arrêté. — DE LANESSAN.

69. — 4 avril 1893. — ARRÊTÉ *fixant les frais de service alloués aux résidents et vice-résidents chefs de province, adjoints ou en sous-ordre en Annam.*

Modifié par arrêté du 16 janvier 1894.

70. — 6 avril 1893. — ARRÊTÉ *abrogeant les dispositions de l'arrêté du 25 octobre 1891, en ce qu'elles concernent les villages rattachés à la province de Quang-yen.*

Article premier. — Sont et demeurent abrogées toutes dispositions de l'arrêté du 25 octobre 1891, contraires à celles de l'arrêté du 19 décembre 1892.

Art. 2. — M. le Général commandant en chef les troupes de l'Indo-Chine, et M. le Résident supérieur du Tonkin sont chargés, chacun en ce qui le concerne, de l'exécution du présent arrêté. — CHAVASSIEUX.

71. — 20 avril 1893. — ARRÊTÉ *modifiant les circonscriptions territoriales des provinces de Haiphong et de Hai-duong.*

Article premier. — Le huyen de Tiên-lang tout entier (93 villages), les cantons de Ngô-duong et de Hà-nhuân, du huyen de Kim-tành (9 villages), le canton de Vu-nang, du huyen de Kim-môn (9 villages), le village de Trai-suong, du canton de Duong-nham, huyen de Hiêp-son, de la province de Hai-duong, sont rattachés à la province de Haiphong.

Art. 2. — Le huyen de Tiên-lang conserve ses frontières actuelles. Les cantons de Hà-nhuan et de Ngô-duong seront annexés au huyen d'An-lao, et le canton de Vu-nong et le village de Trai-suong au huyen de Thuy-nguyen. — CHAVASSIEUX.

72. — 12 juillet 1893. — ARRÊTÉ *organisant le cadre des archivistes du Gouvernement général de l'Indo-Chine.*

Modifié par arrêté du 1er février 1894.

73. — 24 juillet 1893. — ARRÊTÉ *replaçant les provinces de Hung-hoa et Cho-bo sous le régime civil.*

Article premier. — La province de Hung-hoa et celle de Cho-bo sont replacées sous le régime normal des provinces du Delta.

Art. 2. — La garde civile occupera, en conséquence, les postes militaires de Cam-khê et Dai-pham, situés dans la province de Hong-hoa, dans un délai qui ne dépassera pas quinze jours à compter de la date du présent arrêté.

Art. 3. — Le poste militaire de Yên-luong, situé dans le canton de Dong-lan, huyen de Ha-hoa, province de Hong-hoa, continuera, quoique en territoire civil, de relever du 4e territoire militaire.

Art. 4. — Le Général commandant en chef et le Résident supérieur au Tonkin sont chargés, chacun en ce qui le concerne, de l'exécution du présent arrêté. — DE LANESSAN.

74. — 9 septembre 1893. — ARRÊTÉ *supprimant le 4e bureau de la Résidence supérieure du Tonkin.*

Article premier. — Le 4e bureau de la Résidence supérieure est supprimé.

Art. 2. — Le Résident supérieur du Tonkin est chargé de l'exécution du présent arrêté. — DE LANESSAN.

---

75. — 9 septembre 1893. — ARRÊTÉ *fixant les frais de service et les indemnités de tournées et de déplacements des résidents et vice-résidents au Tonkin, à partir du 1er janvier 1894.*

Article premier. — Les frais de service alloués aux résidents ou vice-résidents chefs de province sont fixés ainsi qu'il suit :

Nam-dinh . . .	900 $ imputable au budget urbain.
Bac-ninh (1) . .	2.400 fr.
Sontay (1) . . .	2.400
Thai-nguyên . .	4.000
Hai-duong . . .	720 $ imputable au budget urbain.
Cho-bo	2.000 fr.
Hung-yên . . .	2.000
Phu-lang-thuong	360 $ imputable au budget urbain.

Art. 2. — Les indemnités fixes de tournées et de déplacements allouées aux résidents ou vice-résidents chefs de province, sont fixées ainsi qu'il suit :

Hanam	1.000 fr.	Hanoï	1.000 fr.
Thai-binh	1.000	Quang-yen	1.000
Ninh-binh	1.000		

Art. 3. — Tous les résidents ou vice-résidents en sous-ordre dans les provinces recevront une indemnité fixe de tournées et de déplacements, fixée à 600 fr. par an.

Art. 4. — Le Résident supérieur du Tonkin est chargé de l'exécution du présent arrêté, qui annule et remplace toutes les dispositions antérieures contraires.

Art. 5. — Le présent arrêté entrera en vigueur à partir du 1er janvier 1894. — DE LANESSAN.

---

76. — 10 janvier 1894. — ARRÊTÉ *fixant les indemnités fixes de tournée et de déplacement allouées aux résidents et vice-résidents de l'Annam.*

Article premier. — Il est alloué à compter du 1er janvier 1894, aux résidents chefs de province, aux résidents et vice-résidents en sous-ordre, des indemnités fixes de tournées et de déplacements déterminées par le tableau ci-après :

DÉSIGNATION des PROVINCES	QUOTITÉ DES INDEMNITÉS ALLOUÉES		OBSERVATIONS
	Résidents et vice-résidents chefs de province et chanceliers chefs de poste.	Résidents et vice-résidents adjoints ou en sous-ordre	
Thanh-hoa	2.000 00	»	
Vinh	2.000 00	750 00	
Dong-hoï (1)	900 00	»	
Faifo	1.000 00	»	
Qui-nhon	2.000 00	750 00	
Nha-trang	1.500 00	750 00	
Song-kone	3.000 00	»	
Cam-mou	3.000 00	»	

(1) Voir ci-après arrêté du 23 décembre 1894.
(2) Ces allocations ont été modifiées pour la province de Dong-hoï par arrêté du 3 novembre 1894.

Art. 2. — Le Résident supérieur en Annam est chargé de l'exécution du présent arrêté. — TIRANT.

---

77. — 17 janvier 1894. — ARRÊTÉ *limitant les effectifs des cadres du personnel du Protectorat.*

Article premier. — Les effectifs prévus au budget de 1894 serviront de base à la fixation du personnel de chacun des services de l'Annam et du Tonkin. Il ne pourra être fait de nomination que pour combler les vacances qui se seront produites.

Art. 2. — Les Résidents supérieurs en Annam et au Tonkin sont chargés, chacun en ce qui le concerne, de l'exécution du présent arrêté. — DE LANESSAN.

---

78. — 1er février 1894. — ARRÊTÉ *créant l'emploi d'archiviste au Gouvernement général de l'Indo-Chine.*

Article premier. — Il est créé un emploi d'archiviste du Gouvernement général. Le titulaire de cet emploi est pris parmi les fonctionnaires de l'administration de l'Indo-Chine.

Art. 2. — La solde d'Europe de l'archiviste du Gouvernement général est de 5.000 francs et la solde coloniale, de 10.000 francs.

Art. 3. — Pour le passage à bord, le traitement dans les hôpitaux, les indemnités de route et de séjour, etc., l'archiviste du Gouvernement général est assimilé à vice-résident de 2e classe; son assimilation de retraite sera fixée ultérieurement par décret. — DE LANESSAN.

---

79. — 23 juin 1894. — ARRÊTÉ *réorganisation les attributions des bureaux de la Résidence supérieure en Annam.*

Article premier. — L'arrêté du 1er novembre 1889, réglant les attributions des différents bureaux de la Résidence supérieure en Annam, est modifié ainsi qu'il suit :

Art. 2. — Les attributions du cabinet du Résident supérieur seront les suivantes :

Dépouillement, enregistrement et répartition de la correspondance à l'arrivée ;

Expédition de la correspondance ;

Centralisation du travail des bureaux ; signature du Résident supérieur ;

Dossiers, avancement et discipline du personnel européen ;

Distinctions honorifiques ;

Cartes et plans ; presse autographique ;

Audiences, police générale, missions ;

Affaires politiques et confidentielles ; chiffre ;

Bibliothèque et archives.

Art. 3. — Le premier bureau formera deux sections, qui auront respectivement les attributions ci-après déterminées :

1re SECTION

Affaires indigènes; traductions; fonctionnaires annamites ;

Postes et télégraphes ; trams ;

Travaux publics ; routes et ponts.

2e SECTION

Journal et Bulletin officiel;

Rapports avec les autorités militaires ;

Administration générale et communale ;

Industrie, agriculture, statistique ;

Justice, prisons, naturalisations ;
Forêts, mines, concessions, domaine, séquestre ;
Exhumations ;
Successions vacantes ;
Cahiers des charges, marchés, adjudications ;
Douanes et régies ;
Affaires contentieuses.

Art. 4. — Le 2ᵉ bureau aura dans ses attributions les affaires ci-après :
Contrôle du personnel, nominations, mutations ;
Liquidation et mandatement des dépenses du personnel, solde et accessoires de solde ;
Visa des mandats ;
Réquisitions de passages et transports ;
Congés ; transports de l'État et affrétés ;
Assistance publique ; dispensaires ;
Comptabilité générale ;
Centralisation des recettes des services civils et des documents relatifs au budget ;
Examen et contrôle des rôles de l'impôt de capitation ;
Étude et préparation du budget ;
Garde civile ;
Caisses de fonds d'avances ;
Comptabilité municipale ;
Matériel et fournitures de bureaux ;
Publication des comptes ;
Passeports et laissez-passer ;
Chancellerie de la Résidence supérieure.

Art. 5. — Le Vice-résident secrétaire particulier est chargé de l'exécution du présent arrêté. — BOULLOCHE.

---

80. — 11 août 1894. — ARRÊTÉ *déterminant les matières du concours à subir par les candidats au grade de sous-chef de bureau.*

Article premier. — Les examens à subir, conformément aux prescriptions de l'article 5, paragraphe 5, de l'arrêté sus-visé du 23 novembre 1892, par les comptables de 1ʳᵉ classe, auront lieu chaque année, le 1ᵉʳ décembre et le premier juin, à la Résidence supérieure à Hanoi.

Par dérogation, la date en est fixée, pour cette année, au 3 septembre.

Art. 2. — Sont autorisés à prendre part à ces examens les chanceliers et les comptables de 1ʳᵉ classe.

Art. 3. — La commission d'examen sera composée de cinq membres :

Un Résident . . . . *Président*
Le Directeur du contrôle. . . . .
Le Chef de la comptabilité du Trésor. . } *Membres.*
Le Chef du 1ᵉʳ bureau . . . .
Le Chef du 2ᵉ bureau . . . .

Art. 4. — Les candidats qui auront satisfait aux diverses épreuves, seront classés d'après le nombre de points obtenus ; ils pourront être nommés au grade de sous-chef de bureau de 2ᵉ classe, au fur et à mesure que des vacances se produiront dans ce grade et dans les conditions d'ancienneté prévues par l'arrêté du 23 novembre 1892.

Art. 5. — Les épreuves sont divisées en deux parties : épreuves écrites et examen oral.

Les épreuves écrites comprendront :
1° Une rédaction sur un sujet d'administration générale ;
2° Soit le dépouillement d'un dossier administratif avec rapport à l'appui, soit la préparation ou la vérification d'un cahier des charges, soit la préparation d'un ou de plusieurs chapitres du budget.

Il sera mis à la disposition des candidats, qui pourront les consulter, les codes, recueils des lois, règlements et circulaires, *Journal officiel* de France et de la Colonie, *Bulletins officiels*, qui sont des documents de principes, renfermant le texte des règlements d'après lesquels se doivent traiter les questions proposées.

L'examen oral roulera sur les questions portées au programme annexé au présent arrêté.

Art. 6. — La commission déterminera en séance secrète les questions écrites à traiter.

Art. 7. — La durée des épreuves écrites est fixée de la manière suivante :
1ʳᵉ Composition : 5 heures sans interruption ;
2ᵉ Composition : 4 heures sans interruption.

Un membre de la commission sera chargé de la surveillance des candidats pendant la durée des compositions. Les copies devront lui être remises à l'expiration des délais fixés.

Art. 8. — L'épreuve orale aura lieu le lendemain des compositions écrites ; chacun des examinateurs aura le droit de poser une question, la moyenne des notes données au candidat constituera la note générale de l'examen oral.

Art. 9. — La notation adoptée est la suivante : nul 0 ; de 1 à 5, mal ; 6 à 9, médiocre ; 10 à 14, assez bien ; 15 à 17, bien ; 18 à 19, très bien ; 20, parfaitement.

Art. 10. — Les coefficients indiquant la valeur relative de chaque partie de la composition sont fixés ainsi qu'il suit :

Première rédaction, à juger d'après la question traitée. 7
Deuxième rédaction, à juger au point de vue de la connaissance des règlements de comptabilité 7
Épreuve orale 6
Total. 20

Le maximum des points est 400 : tout candidat qui n'aura pas obtenu un minimum de points égal à la moitié plus un, sera rigoureusement éliminé.

Art. 11. — Le Résident supérieur du Tonkin est chargé de l'exécution du présent arrêté. — CHAVASSIEUX.

PROGRAMME

1° Administration

Organisation et attributions de l'administration centrale des Colonies.
Inspection générale des Colonies. Régime politique de l'Indo-Chine. Législation relative à l'établissement du budget du Protectorat.
Budgets municipaux.
Budgets urbains.
Budgets provinciaux.
Contrôle financier de l'Indo-Chine. Objet, fonctionnement.
Notions générales sur les impôts.
Impôts directs et indirects. Système monétaire de la France et de l'Indo-Chine.

2° Comptabilité

Règlements financiers du 14 janvier 1869.
Décrets sur la comptabilité des 3 août et 20 novembre 1882.
Règlement sur la solde et les indemnités de route et de séjour.
Arrêtés et règlements intéressant le service financier de la Colonie (budget, exercice, gestions,

établissement du budget et du compte administratif).

Service des recettes

Des différentes sortes de recettes.
Des divers revenus du budget.
Recettes d'ordre.
Mode d'assiette et de recouvrement des impôts. — Actes qui ont autorisé les contributions et les régissent dans la Colonie. — Constatation des droits à percevoir. — Poursuites. Prise en recette. — Forme des titres de perception.
Comptabilité de la perception. — Dégrèvements. — Droits indûment perçus.

Service des dépenses

Divisions générales du budget des dépenses. — Crédits. Délégation. Répartitions des crédits, virements et annulations de crédit; ordonnancement des dépenses ; faux classement, réimputations, refus de paiement, liquidation et imputation des dépenses, pièces justificatives; baux, marchés, adjudications.

Fonctionnement des services spéciaux qui exécutent des recettes ou des dépenses, pour le compte du budget du Protectorat

Enregistrement et Domaines. Service de la curatelle.
Postes et Télégraphes.
Douanes et Régies.
Opérations de Trésorerie.
Caisses de fonds d'avances.
Avances diverses à régulariser.

81. — 3 novembre 1894. — ARRÊTÉ *modifiant les allocations pour frais de tournée et de déplacement dans la province du Quang-binh.*

Article premier. — L'arrêté du 4 avril 1893 est modifié ainsi qu'il suit, en ce qui concerne les indemnités, frais de tournée et de déplacement prévues pour les provinces de Binh-tri :

DÉSIGNATION des PROVINCES	QUOTITÉ DES INDEMNITÉS ALLOUÉES		OBSERVATIONS
	Résidents chefs de province	Résidents ou Vice-résidents adjoints ou en sous ordres	
Quang-binh........			
Quang-tri.........	1.500 $ 00		

Art. 2. — L'effet du présent arrêté remontera au 16 octobre 1894.
Art. 3. — Le Résident supérieur en Annam est chargé de l'exécution du présent arrêté. — DE LANESSAN.

82. — 23 décembre 1894. — ARRÊTÉ *fixant les frais de service des Résidents de Bac-ninh et Son-tay.*

Article premier. — Les frais de service alloués aux Résidents de France à Bac-ninh et à Son-tay, fixés à 2.400 fr. par an, cesseront, à compter du 1er janvier 1895, d'être payés sur le budget du Protectorat.
Art. 2. — Ils seront, à compter de la même date, fixés à 900 piastres et imputés aux budgets urbains de Bac-ninh et de Son-tay.

Art. 3. — Le Résident supérieur du Tonkin est chargé de l'exécution du présent arrêté. — DE LANESSAN.

83. — 25 février 1895. — DÉCRET *supprimant la Résidence supérieure du Tonkin, et créant le secrétariat général du Gouvernement général de l'Indo-Chine.*

Article premier. — Le Gouverneur général de l'Indo-Chine a sous ses ordres un Secrétaire général pour le seconder dans l'expédition des affaires du Gouvernement général.
Art. 2. — Ce fonctionnaire remplace intérimairement le Gouverneur général en cas d'absence du territoire de l'Indo-Chine.
Il exerce les fonctions précédemment dévolues au Résident supérieur du Tonkin, dont l'emploi est supprimé.
Toutes les fois qu'il ne remplit pas l'intérim du gouvernement général, il prend rang dans les différents conseils immédiatement après le commandant en chef des troupes de l'Indo-Chine.
Art. 3. — Le traitement et les allocations du secrétaire général sont fixés comme suit :

Solde d'Europe.	20.000 fr.
— coloniale	40.000
Frais de représentation . . .	10.000
Frais de premier établissement	12.000

Lorsqu'il remplira l'intérim du Gouvernement général, ce fonctionnaire touchera, en sus de sa solde coloniale, les trois-quarts des frais de représentation prévus pour le Gouvernement général, un-quart restant au titulaire.
Il aura, au point de vue de la retraite, l'assimilation de commissaire général de la marine.
Art. 4. — Le ministre des colonies est chargé de l'exécution du présent décret, qui sera inséré au *Journal officiel* de la République française, au *Bulletin des lois* et au *Bulletin officiel* de l'administration des colonies. — FÉLIX FAURE.

Voy.: Budget; — Conseil supérieur; — Contrôle financier; — Costume; — Inspection des colonies; — Conseil du Protectorat; — Protocole; — Honneurs et préséances; — Serment; — Solde; — Territoires militaires.

ORGANISATION MUNICIPALE. — Voy.: Conseils municipaux.

OUVRIERS ET DOMESTIQUES

1. — 22 juin 1886. — ARRÊTÉ *relatif aux Asiatiques employés par des Européens à titre de serviteurs ou ouvriers à gages.*

Article premier. — Tous les Asiatiques employés d'une façon permanente par les Européens habitant dans la limite des villes de Hanoï ou de Haïphong, à titre de serviteurs ou ouvriers à gages, devront être pourvus de livrets nominatifs.
Art. 2. — Les formules de livrets seront remises en blanc aux intéressés par les agents du Trésor qui en seront comptables, contre versement d'une somme de deux francs cinquante centimes par formule; elles seront ensuite présentées au commissaire central de police, qui inscrira à la première page les indications qu'elle comporte, et fera apposer sur la seconde la photographie du titulaire.

Ces livrets seront, avant remise au titulaire, enregistrés à la police sur un registre *ad hoc*, et prendront le numéro d'ordre de leur enregistrement ; un feuillet spécial, sur lequel seront successivement reportées toutes les mentions inscrites aux livrets, sera affecté à chacun d'eux.

Art. 3. — En cas de départ, tout porteur de livret est tenu de faire une déclaration préalable à la police qui vise son livret au départ. Il devra également le faire viser à l'arrivée, et enregistrer à nouveau s'il se transporte dans une ville où le livret est obligatoire.

Art. 4. — Tout porteur de livret qui entre au service d'un nouveau maître ou patron devra lui présenter son livret, sur lequel ce dernier mentionne, aux colonnes à ce destinées, la date de l'entrée à son service, la durée de l'engagement et le chiffre mensuel des gages, en certifiant cette mention de sa signature. Il remettra ensuite le livret au titulaire qui, après avoir apposé sa signature, le présentera lui-même au visa du commissaire de police. Cette présentation produira, s'il est illettré, le même effet que la signature.

Art. 5. — Tout ouvrier ou domestique, engagé dans la forme indiquée dans l'article précédent, devra, en quittant son maître ou patron, faire inscrire par lui, sur son livret, en regard de la mention relative à son entrée au service :

1° La date de sa sortie ;

2° Le payement intégral de ses gages, ou, le cas échéant, les motifs qui en justifient la retenue ; cette mention sera certifiée par la signature de son auteur ; le porteur du livret la signera également, s'il en accepte la teneur, et la présentera au visa du commissaire, visa qui suppléera à sa signature, s'il est illettré.

Art. 6. — Aucune réclamation, présentée par les serviteurs ou ouvriers contre leurs maîtres ou patrons, ne sera admise, lorsqu'ils auront signé la mention relative à leur cessation de service, ou l'auront fait viser par le commissaire.

Par contre, il ne sera donné aucune suite aux plaintes formulées par les maîtres ou patrons contre les serviteurs ou ouvriers qu'ils auront acceptés sans livret, ou avec un livret non revêtu des formalités requises, ou bien encore lorsque la mention d'entrée au service n'aura pas été soumise au visa de la police.

Art. 7. — Tout serviteur ou ouvrier porteur de livret sera tenu de se pourvoir, en entrant chez un nouveau maître ou patron, d'une carte portant le nom de ce dernier, qui lui sera délivrée en blanc par les agents du Trésor, de la même manière que le livret, moyennant le versement d'un droit de un franc ; elle sera signée du maître, visée par le commissaire, et servira

à établir son identité ; tout agent de la force publique pourra en exiger la présentation. Elle sera remise à la police lorsque son porteur changera de maître.

Cette carte sera renouvelée tous les ans au 1er janvier, alors même que son titulaire continuerait à servir chez la même personne.

Tout ouvrier ou domestique qui ne sera pas en service chez un européen sera tenu de se faire admettre dans une commune annamite, ce qui ne lui sera accordé que sur présentation d'un livret en règle.

Art. 8. — Les livrets ne seront délivrés, pour la première fois, que sur la présentation d'un certificat d'identité émanant des notables de la commune dont l'impétrant est originaire, ou d'un passeport régulier, s'il provient de l'extérieur.

Art. 9. — Les serviteurs ou ouvriers qui auront contrevenu aux dispositions qui précèdent, seront considérés comme étant en état de vagabondage ; ils seront en outre passibles d'une amende quadruple des droits dont ils auront frustré le trésor, en négligeant de se pourvoir des livret et carte règlementaires.

La même amende sera prononcée contre les maîtres ou patrons européens qui acceptent ou conservent des asiatiques à leurs gages, sans s'assurer que ces derniers ont satisfait aux prescriptions du présent arrêté, ou qui ne déclareront pas à la police ceux qui auront quitté leur service sans avoir satisfait aux formalités requises. Les notables des communes qui délivreront de faux certificats d'identité, ou accepteront dans leur commune, sans les signaler à la police, des individus en contravention aux dispositions qui précèdent, seront passibles des mêmes peines.

En cas de récidive dans une même année, l'amende sera portée au double.

Art. 10. — Est rapportée la décision du 1er octobre 1885. — PAUL BERT.

2. — 18 mars 1887. — ARRÊTÉ *étendant à la ville de Nam-dinh l'arrêté du 22 juin 1886, sur les asiatiques employés par des Européens.*

Article premier. — La décision du 22 juin 1886, relative aux Asiatiques employés par des Européens à titre de serviteurs ou ouvriers à gages, sera appliquée à la ville de Nam-dinh.

Art. 2. — Le Résident supérieur au Tonkin est chargé de l'exécution du présent arrêté. — G. DIGOURD.

VOY. : Domestiques ; — Livrets de domestiques.

P

PAILLOTTES. — VOY. : Police ; — Hanoï ; — Haïphong ; — Bac-ninh, etc., etc.

PAPIER TIMBRÉ

1. — 24 juillet 1892. — ARRÊTÉ *réglementant l'emploi et la vente du papier timbré indigène.*

Article premier. — *Modifié par arrêté du 15 mars 1893.*

Art. 2. — Le papier timbré est en feuilles de quatre sortes (1) :

1° Pour les requêtes de toute nature adressées aux autorités françaises ou indigènes, en feuilles du prix de quatre cents (0 $ 04) ;

2° Pour les actes d'une valeur inférieure à cent ligatures, en feuilles du prix de cinq cents (0 $ 05) ;

3° Pour les actes d'une valeur de cent ligatures

(1) Voir arrêté du 13 octobre 1893.

et au-dessus, sans atteindre mille ligatures, en feuilles du prix de dix cents (0 $ 10) ;

4o *Modifié par arrêté du 15 mars 1893.*

Art. 3. — Une remise de 10 0/0 sur le prix de chaque espèce de feuille sera faite à toute personne qui se rendra acquéreur d'au moins 100 feuilles de chacune de ces espèces.

Art. 4. — La vente du papier timbré est libre, à la seule condition, pour le vendeur, d'afficher en français et en caractères, dans un endroit apparent du lieu de vente, le prix du papier timbré et l'article 5 du présent arrêté.

Art. 5. — Tout vendeur qui pourra être convaincu d'avoir exigé pour le papier timbré un prix supérieur à celui qui est porté sur les feuilles, sera puni d'une amende de cinquante piastres.

Art. 6. — Toutes les ventes, transactions, et, en général, toutes les opérations quelconques pouvant donner lieu, par la suite, à des contestations à régler par les tribunaux, devront être rédigées sur papier timbré. Tous les actes de cette nature, postérieurs au 23e jour du 6e mois intercalaire de la 4e année de Thanh-thai (15 août 1892), qui ne seront pas rédigés sur papier timbré, ne pourront être admis en justice qu'en payant double droit de timbre. Mention manuscrite de ce paiement sera faite sur l'acte lui-même.

Art. 7. — Les Résidents supérieurs au Tonkin et en Annam et S. E. le Kinh-luoc sont chargés, chacun en ce qui le concerne, de l'exécution du présent arrêté qui aura son effet à compter du 23e jour du 6e mois intercalaire de la 4e année de Than-thai (15 août 1892). — CHAVASSIEUX.

2. — 30 juillet 1892. — CIRCULAIRE *portant instructions pour la vente du papier timbré indigène.*

Par deux ordonnances en date du 8e jour du 5e mois et du 16e jour du 6e mois de la 4e année de Thanh-thai, S. M. l'Empereur d'Annam a décidé que toutes les requêtes adressées par les indigènes et asiatiques étrangers à l'autorité administrative ou judiciaire française et annamite, et tous les actes de vente, d'achat, de partage et mutation de biens et en général toutes transactions (1), devront, à compter du 15 août prochain, être rédigés sur papier timbré. Un arrêté de M. le Gouverneur général, en date du 24 juillet 1892, a sanctionné ces dispositions et spécifié les différents types de papier timbré, les conditions de la vente, et les remises faites par l'administration aux débitants.

Vous trouverez, sous ce pli, la copie de ces ordonnances et de l'arrêté de M. le Gouverneur général.

Il importe, Messieurs, que vous donniez la plus grande publicité, et que vous fassiez ressortir, aux yeux de la population, les avantages que présente l'usage du papier timbré pour garantir l'authenticité des actes, à la rédaction desquels il servira.

Je vous adresse, d'autre part, l'approvisionnement de papier de différentes sortes, nécessaire à votre province ; il vous appartient de le répartir dans les différentes circonscriptions, suivant les besoins des habitants, et de façon qu'ils puissent s'en procurer aisément et sans être obligés à des déplacements onéreux.

Vous aurez à choisir les fonctionnaires indigènes chez lesquels vous constituerez des dépôts, de telle façon que la diffusion du papier dans la population

(1) Voir arrêté du 13 octobre 1893.

s'effectue sans difficulté. Ces fonctionnaires seront responsables, vis-à-vis de vous, des valeurs que vous leur aurez confiées, et devront vous les représenter, soit par elles-mêmes, soit par leur valeur correspondante en numéraire. Vous aurez toute liberté sur le choix des débitants, auxquels vous ferez la remise de 10 o/o sur le prix du papier qu'ils seront autorisés à vendre, et vous tiendrez très exactement la main, surtout dans les premiers temps, à ce que la vente au détail se fasse bien au prix porté sur le papier. Toute contravention devra être rigoureusement punie de l'amende de 50 $ fixée par les ordonnances et l'arrêté instituant le papier timbré, et, en cas de récidive, vous aurez à examiner si le droit de vente ne doit pas être retiré au débitant contrevenant.

Le papier timbré représentant une valeur, vous devrez en tenir une comptabilité régulière faisant ressortir, pour chaque espèce de feuille, les quantités qui vous auront été remises, et celles qui auront été vendues.

Pour l'exercice 1892, les recettes provenant de la vente devront être versées sur ordres de recette à la caisse du percepteur de votre résidence au titre « *Recettes diverses et accidentelles* ».

Vous voudrez bien m'adresser, en fin de chaque mois, à compter de septembre, un état faisant ressortir, pour chaque espèce de feuille, les stocks existant à votre résidence et dans les divers dépôts que vous aurez constitués, et permettant, par suite, de constater par comparaison avec les existants du mois précédent, le chiffre de la consommation de chaque mois. Il sera même intéressant, dans les premiers temps, de suivre la vente faite par les débitants, pour établir sur des données certaines les quantités de chaque espèce de papier réellement consommées.

L'exactitude de ces renseignements est des plus importante pour permettre à l'administration de se rendre rapidement compte des quantités de chaque espèce de papier qu'elle aura à faire fabriquer, pour constituer, dans chaque province, un approvisionnement suffisant à tous les besoins de la consommation. — CHAVASSIEUX.

3. — 1er juillet 1892. — ORDONNANCES ROYALES *établissant l'impôt du timbre en Annam et au Tonkin.*

ORDONNANCE ROYALE

Le 8 du 5e mois de la 4e année de Thanh-thai, les membres du Conseil secret ont adressé à Sa Majesté le rapport suivant :

M. le Gouverneur général ayant conféré avec nous au sujet de l'établissement du timbre et des six articles qui devront réglementer cette mesure, nous en avons ensuite délibéré. Étant tombés d'accord, nous avons présenté à Sa Majesté le projet qu'Elle nous charge de promulguer aujourd'hui.

Article premier. — L'établissement du timbre est décidé.

Le papier timbré portera des empreintes officielles qui feront foi.

Tout annamite, tout asiatique qui vendra, engagera des rizières, terrains, jardins, maisons, barques, qui contractera un emprunt, qui fera un testament portant partage de ses biens, devra, dans chacun de ces cas, se conformer à la loi annamite et employer le papier timbré pour la rédaction des actes relatifs à ces diverses opérations et qui constitueront des titres.

Art. 2. — Il y a trois catégories de papier timbré :

1° Papier de 15 cents exigé pour les transactions et actes à partir de 1.000 ligatures et au-dessus ;

2° Papier de 10 cents pour les actes de 100 ligatures et au-dessus ;

3° Papier de 5 cents pour les actes dont l'objet vaut moins de 100 ligatures.

Art. 3. — Quiconque voudra vendre du papier timbré devra adresser une demande aux mandarins provinciaux, phu et huyên, qui lui en feront délivrer une certaine quantité.

Tout bureau de papier timbré devra être muni d'une enseigne en bois, suspendue auprès de la porte et portant à sa partie supérieure : « Vente du papier timbré », et à sa partie inférieure : « Quiconque percevra une somme supérieure à celle qui est portée sur le papier lui-même, sera puni d'une amende de 50 piastres ».

Art. 4. — Tout acte, spécifié au premier article, venant à être l'objet d'une contestation et l'affaire étant portée devant l'autorité, il n'y sera donné aucune suite si, lors de l'achat du papier timbré, les intéressés ne se sont pas conformés aux prescriptions de la présente ordonnance.

Art. 5. — Le débitant de papier timbré qui percevra une somme supérieure au prix porté sur le papier sera condamné à 50 piastres d'amende.

Art. 6. — Il appartiendra à l'administration de faire aux débitants de papier une remise sur le prix d'achat.

ORDONNANCE ADDITIONNELLE *du 8 août 1892*

Les ordres émanant des autorités, les déclarations faites par les habitants continueront à être écrits sur papier ordinaire. Les demandes et plaintes adressées aux autorités devront être rédigées sur papier timbré. Le coût du papier timbré spécial, réservé pour ces demandes et plaintes, sera de quatre cents.

---

4. — 14 mars 1893. — ARRÊTÉ *modifiant certaines dispositions de celui du 24 juillet 1892, sur le papier timbré.*

Article premier. — Les articles 1 et 2 de l'arrêté susvisé du 24 juillet 1892 sont modifiés comme suit :

« Art. 1er. — Les requêtes adressées par les indigènes et asiatiques étrangers aux autorités administratives et judiciaires françaises et annamites, les titres de nominations délivrés aux autorités indigènes, communales et cantonales, les permis de séjour et les récépissés de déclaration d'immigrant asiatique, les reçus de déclaration délivrés aux commerçants chinois en exécution des arrêtés précités du 5 décembre 1892, et les actes de toute nature passés entre asiatiques dans les formes déterminées par la loi annamite, devront être rédigés sur papier timbré (1).

« Art. 2. — Le papier timbré est en feuilles de quatre sortes :

« 1° . . . .

« 2° . . . .

« 3° . . . .

« 4° Pour les titres de nomination délivrés aux autorités cantonales et communales, pour les permis de séjour et les récépissés de déclaration d'immigrant asiatique, ainsi que pour les reçus de déclaration délivrés aux commerçants chinois, et pour les actes d'une valeur de mille ligatures et au-dessus, en feuille du prix de quinze cents (0 $ 15) ».

(1) Voir arrêté du 13 octobre 1893.

Art. 2. — Les Résidents supérieurs en Annam et au Tonkin et S. E. le Kinh-luoc sont chargés, chacun en ce qui le concerne, de l'exécution du présent arrêté. — DE LANESSAN.

---

5. — 13 octobre 1893. — ARRÊTÉ *étendant l'obligation du papier timbré aux actes et certificats concernant la douane.*

Article premier. — A partir du 1er novembre 1893, les actes émanant de l'administration des Douanes et Régies se rapportant au contentieux, et ceux de nature facultative, tels que duplicatas, traites, soumissions, certificats, etc., employés dans la perception des droits, seront établis sur papier timbré uniformément à quinze cents.

Art. 2. — Les Résidents supérieurs en Annam et au Tonkin sont chargés de l'exécution du présent arrêté. — DE LANESSAN.

PASSAGES GRATUITS

1. — 10 janvier 1889. — CIRCULAIRE *au sujet des indications que doivent contenir les ordres d'embarquement des passagers civils* (1).

Pour faire suite aux circulaires nos 5 et 8 des 17 octobre et 29 novembre derniers, j'ai l'honneur de vous donner ci-après copie d'une dépêche ministérielle, relative aux indications que doivent contenir les ordres d'embarquement des passagers civils.

Je vous serai obligé de vouloir bien, en me transmettant les demandes de congé ou de rapatriement, qui pourront vous être adressés, me fournir, sur le compte des pétitionnaires, tous les renseignements demandés par le Département. — RHEINART.

DÉPÊCHE MINISTÉRIELLE *du 10 novembre 1888.*

« D'autre part, les ordres d'embarquement des passagers *civils* sont généralement incomplets ; je rappelle que ces pièces doivent mentionner non seulement les noms et prénoms *correctement écrits*, mais encore le lieu et la date de naissance, la destination et autant que possible la filiation. Les ordres relatifs aux indigents devront indiquer en outre, à l'avenir, *le signalement des intéressés*, afin d'empêcher des substitutions frauduleuses de personnes. »

. . . .

---

2. — 23 avril 1889. — LETTRE MINISTÉRIELLE *au sujet des passages des membres des familles des fonctionnaires* (2).

Vous m'avez fait connaître que vous aviez accordé, sous réserve de mon approbation, un passage gratuit à la 3e table sur un prochain transport, à Mme X., mère d'un commis de résidence du Tonkin, que son état de santé obligeait à rentrer immédiatement en France.

J'ai l'honneur de vous faire remarquer qu'aux termes des règlements en vigueur, les femmes et enfants des fonctionnaires et agents en service aux colonies peuvent seuls, et dans des conditions déterminées, obtenir un passage gratuit, soit à bord des

(1) Voir ci-après la circulaire du 17 septembre 1890, pour l'octroi des passages à bord des Messageries maritimes, et celle du 16 octobre 1894, pour les réquisitions concernant les bagages.
(2) Voir, pour le passage des enfants, circulaires ministérielles des 10 mars et 2 avril 1893.

paquebots, soit à bord des bâtiments de l'État. Cette faveur ne peut en aucun cas être étendue à d'autres membres de leurs familles.

Je vous prie, en conséquence, de vouloir bien mettre M. X... en demeure de rembourser le montant des frais du passage de sa mère, et de m'adresser, par le plus prochain courrier, le récépissé constatant ce versement. — ÉTIENNE.

3. — 22 août 1889. — ARRÊTÉ *déterminant le classement du personnel européen et indigène voyageant à bord des Messageries fluviales* (1).

Article premier. — Le personnel européen et indigène des divers services civils du Protectorat est classé, lorsqu'il voyage sur les bateaux des Messageries fluviales, d'après les indications portées au tableau annexé au présent arrêté (2).

Art. 2. — La quantité de bagages que ce personnel est autorisé à faire transporter aux frais du Protectorat, ainsi que le nombre de domestiques qui peuvent l'accompagner lorsqu'il change de résidence, ou qu'il se rend pour la première fois à son poste, est également fixé par le même tableau.

Pour tous les autres cas, l'article 18 du cahier des charges reste applicable.

Art. 3. — Dans aucun cas, le transport des chevaux appartenant aux fonctionnaires et agents des services civils ne pourra être effectué au compte du budget.

Toutefois les agents du personnel européen de la garde civile, montés à leurs frais, jouiront du transport gratuit, à raison d'un cheval par personne, dans les cas suivants :

1° En tournée de service ;

2° En changeant de résidence ou se rendant pour la première fois à leur poste.

Art. 4. — Les passagers voyageant en 1re classe à bord des vapeurs des Messageries fluviales, aux frais du Protectorat, sont tenus d'inscrire, sur la réquisition qui leur aura été délivrée, le nombre de repas pris pendant le voyage ou, à défaut, d'établir un bon pour ce même nombre de repas.

Art. 5. — Les fonctionnaires qui ont qualité pour délivrer les réquisitions de passage se conformeront, sous leur responsabilité pécuniaire, aux indications du tableau annexé au présent arrêté. — BIHÈRE.

DÉSIGNATION des GRADES OU EMPLOIS	CLASSEMENT		POIDS des bagages exprimé EN TONNES	NOMBRE de DOMESTIQUES
	1re CLASSE	PONT		
Résidences				
Résidents de 1re et 2e classes..	1	»	3	3
Vice-résidents de 1re et 2e classes	1	»	3	2
Chanceliers..............	1	»	2	2
Commis de résidence des 3 cl.	1	»	1	1
Commis auxiliaires..........	»	1	1	1
Trésorerie				
Payeur chef de service........	1	»	3	3
Payeurs particuliers.........	1	»	2	2
Payeurs adjoints...........	1	»	2	2
Commis de trésorerie........	1	»	1	1
Commis auxiliaires.........	»	1	1	1

(1) Voir V° *Indemnités*, décret du 12 décembre 1889, et la circulaire du 12 juin 1890 publiée ci-après.
(2) Voir arrêté du 8 septembre 1891.

DÉSIGNATION des GRADES OU EMPLOIS	CLASSEMENT		POIDS des bagages exprimé EN TONNES	NOMBRE DE DOMESTIQUES
	1re CLASSE	PONT		
Postes et Télégraphes				
Directeur..............	1	»	3	3
Inspecteurs............	1	»	3	2
Receveurs.............	1	»	2	2
Sous-inspecteurs........	1	»	2	2
Commis principaux......	1	»	2	1
Commis titulaires.......	1	»	1	1
Commis auxiliaires......	»	1	1	»
Surveillants...........	»	1	1	»
Douanes				
Directeur.............	1	»	3	3
Sous-directeur.........	1	»	3	2
Contrôleurs des 3 classes..	1	»	2	2
Commis des 3 classes.....	1	»	1	1
Commis de comptabilité...	1	»	1	1
Commis auxiliaires......	»	1	1	1
Brigadiers............	»	1	1	»
Préposés des 3 classes....	»	1	1	1
Préposés auxiliaires.....	»	1	1	»
Travaux publics				
Ingénieur directeur......	1	»	3	3
Ingénieurs des 2 classes...	1	»	3	2
Sous-ingénieurs des 2 classes	1	»	2	2
Conducteurs principaux...	1	»	2	1
Conducteurs des 3 classes..	1	»	1	1
Commis des 2 classes.....	1	»	1	1
Surveillants des 2 classes..	»	1	1	»
Garde civile				
Inspecteurs { de 1re classe..	1	»	2	2
{ de 2e classe..	1	»	1	2
Gardes principaux des 3 classes.	1	»	1	»
Personnel indigène de tous grades..	»	1	»	»
Police				
Commissaires de police......	1	»	2	2
Enseignement				
Inspecteur.............	1	»	3	2
Instituteurs et institutrices des 3 classes..	1	»	1	1
Instituteurs auxiliaires français.	1	»	1	1
Personnel non classé				
Directeur de l'école d'agriculture	1	»	2	2
Capitaine de port........	1	»	2	2
Lieutenant de port.......	1	»	2	1
Maître de port..........	»	1	1	»
Pilote major...........	»	1	1	»
Gardien de phare........	»	1	1	»
Garde meubles..........	»	1	1	»
Secrétaires, interprètes et lettrés des divers services.	»	1	250k	»
Indigènes non dénommés au présent tableau.	»	1	100k	»

4. — 12 juin 1890. — CIRCULAIRE *au sujet du passage à bord des Messageries fluviales* (1).

Il m'a été donné d'observer que les dispositions du décret ministériel du 12 décembre 1889, sont généralement mal appliquées en ce qui concerne les passages accordés aux fonctionnaires sur les chaloupes fluviales, et le transport de leurs bagages.

J'ai l'honneur d'appeler votre attention sur ce décret, promulgué au *Journal officiel* du Protectorat dans son numéro 23 du 24 mars 1890, et de vous inviter à la rigoureuse exécution de ses prescriptions,

(1) Voir ci-après la circulaire du 18 octobre 1894, en ce qui concerne les bagages.

à l'exclusion de tous arrêtés antérieurs que le nouveau décret annule et remplace.

Je crois devoir vous signaler notamment les dispositions suivantes, qui m'ont paru être surtout jusqu'ici méconnues :

1° N'ont droit à une réquisition de passage que les fonctionnaires voyageant sur ordre de service ;

2° N'ont droit au transport gratuit de domestiques que les fonctionnaires assimilés au grade d'officier général, 3 domestiques, et les fonctionnaires assimilés au grade d'officier supérieur, 1 domestique, dans le seul cas de changement de résidence.

Les officiers subalternes et assimilés n'ont droit, en aucun cas, au passage d'un domestique ;

3° Le poids des bagages dont le transport gratuit est autorisé aux divers fonctionnaires, lorsqu'ils changent, par ordre, définitivement de résidence, est fixé au tableau contenu dans l'article 70, livre III (page 296 du *J. O.*).

L'arrêté du 22 mai 1889, concernant le transport des bagages, est donc abrogé ;

4° Les inspecteurs et les gardes principaux de la garde civile n'ont, en aucun cas, droit au transport gratuit d'un cheval.

Je vous prie de vouloir bien informer les fonctionnaires sous vos ordres, chargés de délivrer les réquisitions de passage, que je me verrai, à l'avenir, dans l'obligation de les rendre pécuniairement responsables du prix de tout passage qu'ils auront concédé à tort.

Je vous prie également de prescrire à votre personnel de payer, s'il y a lieu, à l'agence des Messageries fluviales, au moment de l'embarquement, le prix de tout excédent de bagages. Le poids prévu par les règlements doit seul être porté sur la réquisition de passage. — BONNAL.

5. — 27 septembre 1890. — CIRCULAIRE *au sujet des passages par messageries maritimes.*

Il est arrivé, malgré les dispositions de ma circulaire du 11 avril dernier, que des fonctionnaires et des officiers de l'Indo-Chine ont obtenu des passages à bord des paquebots des Messageries maritimes à destination de Marseille, sans mon autorisation préalable d'user des voies rapides.

Pour prévenir le retour de ces irrégularités, j'ai décidé :

1° Que les réquisitions de passage à destination de la métropole ne seraient plus délivrées qu'à Saigon, au personnel rapatrié de toutes les parties de l'Indo-Chine ;

2° Que toute réquisition, pour être valable et

échangée à l'agence principale de Saigon contre un billet de passage, devra porter le visa de mon bureau des affaires militaires chargé des rapatriements.

Il résulte de ces dispositions, que les passagers venant du Tonkin auront à se faire mettre en route pour Marseille, suivant leurs titres et qualités, soit par les soins de l'administration civile de la Cochinchine, soit par ceux du service administratif de cette colonie.

Ces mesures permettront le débarquement du courrier, pour être embarqués sur le transport ou l'affrété, des passagers rapatriables, lorsque ces navires, à leur retour du Tonkin, auront des places vacantes et qu'il en résultera une économie pour le Trésor.

Les demandes de rapatriement par les voies rapides continueront à m'être adressées et les autorisations seront valables pour le courrier dont la date du départ de Saigon sera spécifiée, de façon à éviter tout séjour au chef-lieu entraînant un surcroît de dépenses pour l'État.

Les imprimés des réquisitions de passage porteront à l'avenir la mention suivante, qui sera, jusqu'à épuisement de ceux actuellement en service, inscrite à la main :

« La présente réquisition ne sera valable et ne « pourra être échangée contre un billet de passage, « que revêtue du visa du bureau des affaires mili- « taires du Gouvernement général. »

Je vous prie d'assurer, chacun en ce qui vous concerne, l'exécution de la présente circulaire, qui sera communiquée au *Journal officiel* de l'Indo-Chine (1re et 2e parties). — PIQUET.

6. — 28 mai 1891. — CIRCULAIRE *au sujet des demandes d'embarquement des colis à bord des transports ou affrétés* (1).

M. le Commandant de la marine a appelé mon attention sur la façon irrégulière dont étaient généralement établies les demandes d'embarquement des colis à bord des transports de l'État ou affrétés.

Ces demandes ne portent pas les indications nécessaires pour assurer l'arrivée en France des caisses embarquées.

Pour éviter toutes causes d'erreurs, j'ai l'honneur de vous adresser sous ce pli un modèle de demande d'embarquement qui devra, le cas échéant, être rempli par les intéressés. Ces demandes devront me parvenir assez à temps pour que je puisse les transmettre à M. le Commandant de la marine. — BRIÈRE.

(1) Voir instructions du 18 octobre 1893.

DEMANDE D'EMBARQUEMENT

Monsieur (nom et fonction de l'expéditeur) *demande l'autorisation à M. le Commandant de la marine, d'embarquer sur l* les colis ci-après, à l'adresse de M. (nom *et adresse du destinataire)* (et nom du commissionnaire de Toulon chargé de l'expédition).

DÉSIGNATION des COLIS	NOMBRE	OBJETS CONTENUS dans CHAQUE COLIS	POIDS	VOLUME	OBSERVATIONS
		Totaux........			

N°   A   le   189
Approuvé: L'Expéditeur.
Le Commandant de la marine.

7. — 24 juillet 1894. — CIRCULAIRE *au sujet de l'embarquement des passagers civils sur les transports ou affrétés* (1).

M. le Commandant de la Marine se plaint que certains passagers civils négligent, avant leur embarquement à bord du transport ou de l'affrété qui doit les conduire en France, de passer la visite sanitaire et de faire désinfecter leurs bagages.

Je vous prie de rappeler, avant chaque départ, à ceux des agents sous vos ordres en instance de rapatriement, l'obligation qui leur est imposée, de remplir les formalités ci-dessus. M. le Commandant de la Marine se verra dans la nécessité de refuser leur ordre d'embarquement à tous ceux qui ne s'y seraient pas conformés.

Les fonctionnaires et employés du Protectorat doivent d'ailleurs se présenter, à leur arrivée à Haiphong, à la résidence, où toutes les indications nécessaires leur seront données. — BRIÈRE.

(1) Pour les passages à bord des paquebots des lignes postales, voir circulaire ministérielle du 28 novembre 1892.

8. — 28 novembre 1892. — CIRCULAIRE MINISTÉRIELLE *coordonnant la classification des passagers de la marine à bord des paquebots des lignes postales.*

La classification des passagers de la marine à bord des paquebots des lignes postales subventionées est actuellement déterminée par différentes circulaires, dont la plus ancienne remonte à 1872.

Afin d'assurer un classement régulier sans de laborieuses recherches, il m'a paru utile de coordonner dans un seul document facile à consulter, ces dispositions éparses qui ne permettent pas d'apprécier avec justesse la correspondance de classe à bord des paquebots de types différents.

Vous trouverez ci-après le tableau établi dans ce but.

J'ai l'honneur de vous prier d'assurer, chacun en ce qui vous concerne, l'exécution de ces dispositions, dont l'insertion au *Bulletin officiel* de la marine tiendra lieu de notification. — A. BURDEAU.

TABLES correspondantes à bord des bâtiments de L'ÉTAT		MESSAGERIES MARITIMES		COMPAGNIE TRANSATLANTIQUE			LIGNE de la Côte occidentale d'Afrique (Compagnies Fraissinet ET CHARGEURS RÉUNIS)
		LIGNES des Indes, Chine, Japon, Australie, Nouvelle Calédonie, Côte Orientale d'Afrique et MÉDITERRANÉE	LIGNES de l'océan ATLANTIQUE	LIGNE des ANTILLES	LIGNE du Havre à NEW-YORK	LIGNES de la MÉDITERRANÉE	
1re table. 1re catégorie.	Officiers généraux et assimilés (a)	1re classe.	Cabine à 1 passager.	1re catégorie.	1re classe cabines extérieures.	1re classe.	1re classe.
1re table. 2e catégorie.	Officiers supérieurs et assimilés..		Cabine à 2 passagers	2e catégorie.			
2e table.	Lieutenants de vaisseau, capitaines, enseignes de vaisseau, lieutenants et assimilés......	2e classe.	Cabine à 4 passagers	3e catégorie.	1re classe, cabines intérieures arrière	2e classe.	2e classe.
3e table.	Aspirants, sous-lieutenants et assimilés..............						
4e table.	Premiers-maîtres, maîtres-adjudants, sergents-majors et assimilés.............	3e classe.		Entrepont avec couchette	3e classe.	3e classe.	
5e table.	Seconds-maîtres, sergents et assimilés.............	4e classe (b) (pont).	Entrepont.	Entrepont sans couchette			3e classe.
Rationnaires	Quartiers-maîtres, caporaux, marins, soldats et assimilés.....						
	Laplois et passagers indigènes..	»	»	»	»	4e classe.	Pont

(a) Les officiers généraux ont droit à l'usage exclusif d'une cabine.

(b) A titre exceptionnel, les passagers de 4e classe sur les paquebots des Messageries peuvent être embarqués en 3e classe lorsqu'au retour de la mer ou des colonies, si leur santé l'exige impérieusement.

NOTA. — L'assimilation, au point de vue des passagers des différents corps de la marine, est déterminée par le classement à bord des bâtiments de l'État (Circulaire du 23 février 1887, *Bulletin officiel de la Marine*, page 140).

9. — 2 décembre 1892. — CIRCULAIRE MINISTÉRIELLE *fixant le prix de remboursement des passages concédés sur les bâtiments de l'État et les affrétés.*

Aux termes de l'article 79 du décret du 12 décembre 1889, des passages sur les bâtiments de l'État peuvent être accordés aux officiers, fonctionnaires, agents ou autres membres de leur famille qui ont épuisé leurs droits au voyage gratuit, mais sous la

condition expresse que les frais de passage seront payés par les intéressés préalablement à leur départ.

Cette prescription formelle renouvelle la prohibition inscrite à l'article 12 du décret du 7 mai 1879, rappelée par la circulaire du 23 décembre 1885 . .

La marine a fait observer, d'autre part, que des passages avaient été accordés à charge de remboursement des frais de nourriture sur les vapeurs affrétés. L'emploi de cette formule n'a évidemment pas eu pour résultat de faire rembourser par les intéressés des sommes inférieures à celles qui ont été déterminées par la circulaire ministérielle du 29 mai 1886 pour le prix des traversées par affrétés ; néanmoins, cette application a donné naissance à des difficultés que soulevaient les passagers au moment du remboursement.

Ceux-ci, en effet, s'appuyant sur le texte des autorisations d'embarquement qui leur avaient été délivrées, prétendaient ne devoir payer que les frais proprement dits de leur nourriture, c'est-à-dire une somme équivalente à celle qui est perçue pour la traversée sur les transports de l'état. (Circulaire du 13 janvier 1890); afin d'éviter tout malentendu il y a donc lieu d'employer exclusivement à l'avenir, pour les concessions de l'espèce, la mention à charge de remboursement des frais de passage prévus par la circulaire du 29 mai 1886.

Je rappelle qu'aux termes de cette disposition, le tarif unique des traversées entre Toulon et Saigon, sur les bâtiments affrétés de la Compagnie nationale de navigation, effectuant les voyages réguliers de l'Indo-Chine concurremment avec les transports de l'État, est fixé ainsi :

Toulon à Saigon et réciproquement

Officiers supérieurs ou assimilés, 1re table	603 fr.	40
Officiers subalternes ou assimilés, 2e et 3e tables	443	40
Sous-officiers ou assimilés, 4e et 5e tables	323	40
Rationnaires	283	40

Enfin, le prix du voyage de Saigon à Haiphong a été déterminé come suit, ainsi que M. le Ministre de la marine nous l'a fait savoir par dépêche spéciale :

Saigon à Haiphong et réciproquement

Officiers supérieurs et assimilés, 1re table	63 fr.	50
Officiers subalternes et assimilés, 2e et 3e tables	46	70
Sous-officiers, 4e et 5e tables	34	05
Rationnaires	29	85

Je vous serai obligé d'adresser à qui de droit des instructions pour assurer la stricte exécution des dispositions, ci-dessus rappelées..... JAMAIS.

10. — 10 mars 1893. — CIRCULAIRE MINISTÉRIELLE *faisant connaître que la gratuité du passage est accordée, à bord des affrétés, aux enfants de moins de trois ans* (1).

Conformément à une entente intervenue entre le Département de la marine, le sous-secrétaire d'État des colonies et la Compagnie nationale de navigation, les enfants au-dessous de trois ans, tout en ayant droit, s'il y a lieu, à la nourriture, seront admis gratuitement sur les vapeurs affrétés du service régulier d'Indo-Chine (Traité du 10 mai 1886).

Aucun remboursement dès lors ne sera dû pour le transport des enfants dont il s'agit, soit à l'armement, soit au budget colonial (Chapitre: *Services militaires et maritimes de l'Annam et du Tonkin*).

Par voie de conséquence, il ne devra pas être réservé de couchette aux enfants de moins de trois ans des personnes autorisées à prendre passage à leurs frais sur lesdits steamers.

Veuillez porter cette disposition à la connaissance des services intéressés de l'Indo-Chine. — RIEUNIER.

(1) Voir circulaire ministérielle du 2 août 1893.

11. — 2 août 1893. — INSTRUCTIONS MINISTÉRIELLES *allouant le demi-tarif aux enfants de 3 à 10 ans, passagers sur les vapeurs de la ligne commerciale de l'Indo-Chine.*

J'ai l'honneur de vous informer qu'à la suite de pourparlers engagés avec M. le Président de la Compagnie nationale de navigation, des conditions spéciales ont été adoptées pour le passage des enfants de moins de dix ans sur les vapeurs de la ligne commerciale de l'Indo-Chine.

A l'avenir, le transport sur ces bâtiments sera gratuit pour les enfants âgés de moins de 3 ans, le demi-tarif sera appliqué au transport des enfants âgés de 3 à 10 ans.

Dans le cas où il se trouverait dans la même famille plusieurs enfants au-dessous de 3 ans, un seul bénéficierait de la gratuité du passage: les autres paieraient quart de place.

Le passage des enfants au-dessus de 10 ans sera réglé sur le tarif ordinaire.

Ces dispositions seront relatées dans les contrats de transport qui seront conclus, à l'avenir, entre l'administration des Colonies et la Compagnie nationale de navigation. — DELCASSÉ.

12. — 8 septembre 1894. — ARRÊTÉ *classant à la 6e catégorie à bord des bâtiments de l'État, les agents indigènes des services civils du Protectorat.*

Article premier. — Provisoirement, et sous réserve de ratification par M. le Ministre des colonies, les interprètes et lettrés indigènes, et généralement les agents indigènes de toutes catégories des services civils du Protectorat de l'Annam et du Tonkin, seront classés à la 6e catégorie à bord des bâtiments de l'État.

Art. 2. — Ces agents recevront, lorsqu'ils se déplaceront pour le service, une indemnité journalière de route et de séjour fixée à 1 fr. 50 par jour.

Art. 3. — Les Résidents supérieurs en Annam et au Tonkin sont chargés, chacun en ce qui le concerne, de l'exécution du présent arrêté. — CHAVASSIEUX.

13. — 18 octobre 1893. — INSTRUCTIONS *pour l'embarquement des colis des particuliers sur les transports et affrétés.*

RÉDACTION DES DEMANDES

Les demandes d'embarquement doivent être établies conformément au modèle ci-annexé..... (1).

L'expéditeur doit mentionner sur sa demande celui des deux commissionnaires de Toulon agréés par la marine, Caussy ou Vernain, qu'il charge de prendre les colis à bord du transport ou de l'affrété.

TRANSMISSION

Les demandes dûment remplies et signées par les intéressés, doivent être transmises au commandant de la marine par la voie hiérarchique.

Par exception à la règle précédente, et dans un but de simplification, le commandant de la marine recevra par l'intermédiaire des officiers ou fonctionnaires chefs de service à Haiphong, les demandes émanées des militaires ou fonctionnaires placés sous les ordres desdits chefs de service.

(1) Voir ci-dessus le modèle de ce tableau, à la suite de la circulaire du 28 mai 1891, n° 6.

DÉLAI

Les demandes de l'espèce, quelqu'en soit la provenance, devront parvenir au bureau du commandant de la marine au plus tard le cinquième jour avant celui du départ du transport ou de l'affrété ; il ne sera donné suite à aucune demande après la fermeture des bureaux ce-jour-là, de telle façon qu'il s'écoule toujours quatre jours francs entre l'approbation des demandes et le départ des bâtiments.

INSCRIPTION SUR LES COLIS

Les colis devront porter ostensiblement les inscriptions suivantes :
1° Adresse du destinataire ;
2° Nom et qualité du militaire ou fonctionnaire qui aura été autorisé à faire l'envoi (Dépêches ministérielles des 19 avril 1888 et 11 janvier 1889) ;
3° Nom du commissionnaire à Toulon.
Ces inscriptions doivent être faites d'une manière indélébile.

DIRECTION A DONNER AUX COLIS ET DÉLAI

Les colis particuliers doivent être déposés par les soins et aux frais des intéressés, au magasin du transit de Haïphong, chargé de les conduire à bord du transport ou de l'affrété, au plus tard le quatrième jour avant le départ.

Toutes ces formalités s'appliquent non seulement aux colis particuliers, mais encore aux bagages des passagers, lorsqu'il y aura lieu de recourir pour leur embarquement à une autorisation spéciale.

Ces formalités ne concernent pas le matériel appartenant aux divers services du Protectorat. — BONNAIRE.

14. — 18 octobre 1894. — CIRCULAIRE *relative au mode de délivrance des réquisitions de passage, en ce qui concerne les excédents de bagages.*

Par lettre n° 72 du 9 octobre 1894, M. le Gouverneur général appelle mon attention sur l'importance des dépenses qui résultent des déplacements par voie fluviale, et me fait remarquer que cette importance est due au mode employé dans la délivrance des réquisitions.

En effet, jusqu'ici il n'a été délivré aux fonctionnaires ou agents voyageant sur les bateaux de la compagnie subventionnée, qu'une même réquisition pour eux et leur matériel, qui est compris sur cette réquisition sous la rubrique *bagages*, sans indication, ni du poids ni du nombre des colis.

Aux termes de la convention du 15 juin 1886, article 19, le transport de ces bagages, déduction faite des 100 ou 30 kilos de colis de main auxquels ont droit, selon leur grade, les réquisitionnaires, est payé par le Protectorat à la Compagnie à raison de 0 fr. 05 par 100 kilos et par mille marin ; sur ces bases, le transport d'une tonne de bagages de Vinh à Haïphong, par exemple, coûte à l'administration la somme importante de 124 francs, soit au taux actuel 47 $ 85.

A quelques exceptions près, il n'est pas nécessaire que les fonctionnaires ou agents en déplacement, fassent suivre avec eux tout leur matériel sous forme de bagages. En France, lorsqu'on se déplace par voie ferrée, on a bien soin de ne prendre avec soi que des bagages légers et peu nombreux pour confier, pour raison d'économie, les colis lourds et encombrants, à la petite vitesse.

Sans s'écarter de la convention passée avec la compagnie des Messageries fluviales, il peut être procédé de la même façon en Annam et au Tonkin. L'article 20 du contrat stipule que le concessionnaire s'engage à transporter les approvisionnements et le matériel de l'administration, moyennant un fret de 0 fr. 15 par tonne d'encombrement ou par 1.000 kilos et par lieue marine parcourue, y compris les frais de chargement et de déchargement. Il suffira donc de prescrire aux fonctionnaires chargés de la délivrance des réquisitions, de limiter les bagages portés sur la réquisition des agents mis en route, à ceux dits « de main ou de cabine », indispensables en cours de voyage. Le reste, mobilier, caisses de popote, de vivres, etc., sera embarqué sur réquisition spéciale comme matériel, et ne paiera ainsi que 0 fr. 004, au lieu de 0 fr. 05, par mille et par tonne.

Je vous prie de donner des instructions pour que les prescriptions édictées par M. le Gouverneur général, soient rigoureusement suivies. — BOULLOCHE.

Voy. : **Bagages**; — **Indemnités**; — **Santé**.

PASSEPORTS

1. — 15 mai 1890. — ARRÊTÉ *créant un passeport spécial pour les commerçants chinois voyageant en Annam et au Tonkin* (1).

Article premier. — Les commerçants chinois, porteurs d'un passeport spécial, valable seulement en Annam et au Tonkin, qui leur aura été délivré par les consuls de France à Mongtzé (2), Long-tchéou, Canton, Hong-kong et Pakhoï, seront exempts de tout impôt à leur entrée sur le territoire du Protectorat.

Art. 2. — Ils devront, dès leur arrivée, faire viser leur passeport à la résidence du port de débarquement ou de la ville frontière par laquelle ils pénètreront au Tonkin.

Art. 3. — La délivrance et le visa de ces passeports ne donnera lieu à la perception d'aucun droit (3).

Art. 4. — Les chinois, porteurs de ce passeport, pourront séjourner et circuler librement au Tonkin et en Annam pendant deux mois, à compter du jour de leur entrée, constatée par le visa du passeport.

Art. 5. — Passé ce délai, ils devront quitter le territoire du Protectorat ou se conformer aux prescriptions des arrêtés fiscaux concernant les Chinois qui établissent leur domicile dans le territoire du Protectorat.

Art. 6. — Les Résidents supérieurs en Annam et au Tonkin sont chargés, chacun en ce qui le concerne, de l'exécution du présent arrêté. — PIQUET.

2. — 20 août 1890. — ARRÊTÉ *autorisant le Résident de Lao-kay à délivrer le passeport spécial créé par l'arrêté du 15 mai 1890, au lieu et place du consul de Mongtzé.*

Article premier. — Le vice-résident de France à Lao-kay est autorisé à délivrer, au lieu et place du consul de France à Mongtzé, le passeport spécial créé par l'arrêté du 15 mai 1890, aux commerçants chinois habitant une zone comprise entre Koaognam, Koui-hon, Man-hao et la frontière française.

Art. 2. — Le Résident au Tonkin est chargé de l'exécution du présent arrêté. — PIQUET.

(1) Pour le visa à l'arrivée, voir arrêté du 31 janvier 1891.
(2) Droit étendu au Résident de Lao-kay par arrêté du 20 août 1890.
(3) Voir la modification introduite à cet article par arrêté du 28 novembre 1890.

3. — 28 novembre 1890. — Arrêté *modifiant l'art. 3 de celui du 15 mai 1890, sur la délivrance des passeports spéciaux.*

Article premier. — L'article 3 de l'arrêté du 15 mai 1890 sus-visé, est modifié comme suit :

« Art. 3. — La délivrance et le visa de ces passe-« ports par les autorités du Protectorat, ne donnera « lieu à la perception d'aucun droit.

Art. 2. — Les Résidents supérieurs en Annam et au Tonkin sont chargés, chacun en ce qui le concerne, de l'exécution du présent arrêté. — Piquet.

4. — 31 janvier 1891. — Arrêté *relatif au visa des passeports délivrés aux Asiatiques.*

Article premier. — Tout Asiatique auquel aura été délivré un passeport, devra, dans les trois jours précédant son départ, le faire viser au commissariat de police de son port d'embarquement, à défaut de commissariat à la chancellerie, à défaut de chancellerie au bureau des douanes le plus voisin.

Art. 2. — Les Résidents supérieurs en Annam et au Tonkin sont chargés, chacun en ce qui le concerne, de l'exécution du présent arrêté. — Piquet.

5. — 22 avril 1891. — Circulaire *concernant la délivrance des passeports aux Chinois voyageant avec des femmes.*

Mon attention vient d'être appelée à nouveau sur le trafic des femmes et des petites filles annamites, enlevées au Tonkin et emmenées en Chine pour y être vendues.

Indépendamment de celles qui sont enlevées de vive force et dirigées clandestinement sur la Chine, soit par terre, soit par mer, un grand nombre de femmes, et surtout de petites filles sont emmenées ostensiblement par de prétendus parents chinois, lesquels, pour la circonstance, leur font échanger le costume national contre un déguisement leur donnant l'apparence de jeunes chinoises.

Or, il m'est rendu compte que des chinois venant de l'intérieur du Tonkin, se présentent à Haiphong avec des passeports réguliers, délivrés par les résidences, et sur lesquels figure la mention : avec ses enfants. Trop souvent ces enfants sont des petites filles annamites destinées à la prostitution.

Si tous nos efforts doivent tendre à empêcher ce trafic infâme, à bien plus forte raison devons-nous prendre garde d'y prêter inconsciemment les mains. C'est pourquoi je vous recommanderai d'apporter la plus grande circonspection dans la délivrance des passeports qui vous seraient demandés par des chinois accompagnés d'enfants. A moins de preuves établissant leur filiation d'une façon suffisamment probante, vous devrez refuser l'inscription des enfants, et surtout des jeunes filles, sur les passeports délivrés aux Chinois. — Brière.

PATENTES (Impôt des). — Voy. : Chambres de commerce ; — Impôts.

PAVILLONS-NOIRS. — Voy. : Séjour.

PÊCHERIE, PÊCHE

1. — 22 mars 1884. — Décision *relative à l'établissement des pêcheries et à la police des cours d'eau intérieurs du Tonkin.*

Article premier. — L'établissement des pêcheries

sur les cours d'eau intérieurs du Tonkin est entièrement libre, sauf les réserves ci-après.

Art. 2. — Les pêcheries ne devront pas barrer plus des deux cinquièmes de la largeur des cours d'eau et, dans tous les cas, ne pas être placées au milieu de la voie, mais près d'une rive, et en ménageant toujours le chenal navigable.

Art. 3. — Elles seront garnies à l'extrémité, du côté du large, d'une balise de deux mètres d'élévation au-dessus des plus hautes marées.

Art. 4. — Tout bâtiment, jonque ou sampan, naviguant de nuit, devra être muni d'un feu parfaitement visible.

Art. 5. — Toute infraction au présent arrêté sera punie d'une amende de un à seize francs, prononcée par le tribunal de simple police de la résidence la plus voisine. — Millot.

Voy. : **Navigation** ; — **Ports de commerce.**

PEINE CAPITALE

1. — 6 juin 1889. — Circulaire ministérielle *relative à la procédure à suivre en matière d'exécution capitale.*

Il s'est produit, dans l'une de nos colonies, une divergence d'opinion entre l'administration et le service judiciaire, sur la façon dont devaient être pris les arrêtés du Gouverneur ordonnant l'exécution d'un arrêt criminel prononçant la peine capitale.

J'ai l'honneur de vous rappeler que M. le Président de la République a exprimé le désir d'examiner, en s'entourant des renseignements les plus précis, les dossiers des criminels condamnés à mort, qu'ils aient formé ou non un recours en grâce.

Les pièces de la procédure doivent par suite, être toujours envoyées en France.

Afin que le Chef de l'État puisse se prononcer en complète connaissance de cause, il est indispensable que le Conseil privé de la colonie ait fait connaître son sentiment sur l'opportunité d'une mesure de clémence.

Cet avis doit, par suite, être pris aussitôt que l'arrêt portant la peine de mort a été rendu, et être transmis au Département en même temps que les pièces du procès, ou, au plus tard, par le courrier qui suit.

Le rôle du Conseil privé se borne, en la matière, à cette consultation sur le point de savoir s'il y a lieu ou non de laisser la justice suivre son cours. La décision du Président de la République une fois arrêtée, il n'y a plus, en effet, à prendre que des mesures de police, soit pour l'exécution, soit pour l'entérinement de la lettre de grâce.

L'intervention du Conseil privé ne se comprendrait pas pour ces mesures uniquement d'ordre et dont la fixation est, la plupart du temps, réglée par la loi ou par l'usage.

Je vous prie de veiller, le cas échéant, à la rigoureuse exécution de la présente circulaire, dont l'insertion au *Bulletin officiel des colonies* tiendra lieu de notification. — E. Étienne.

PENSIONS DE RETRAITE

1. — 1er janvier 1886. — Décision *fixant les pensions de retraite à accorder aux soldats annamites blessés au service de la France.*

Militaires en instance de pension de retraite ou de gratification renouvelable de réforme, en conséquence de naturalisation.

1° A tout militaire du cadre indigène, en expectative

d'une pension de retraite ou d'une gratification renouvelable de réforme, qu'il soit naturalisé ou en instance de l'être, et renvoyé dans ses foyers en attendant la liquidation de cette retraite ou de cette gratification, il sera accordé un subside, une fois donné, dont la fixation sera la suivante :

EN INSTANCE DE PENSION DE RETRAITE (1)

40 fr. pour le grade de sous-officier.
35   —   caporal.
30   —   soldat.

EN INSTANCE DE GRATIFICATION DE RÉFORME (2)

25 fr. pour le grade de sous-officier.
20   —   caporal.
15   —   soldat.

2º Ce subside constituera une avance sur le taux de la pension ou de la gratification du militaire, avance dont il sera tenu compte lors du premier payement du premier terme échu de la pension, ou du premier payement semestriel de la gratification.

3º Il appartiendra au corps de faire cette avance au militaire, sur les frais généraux de sa caisse. Il sera adressé au payeur un bordereau des sommes payées à ce titre, sur reçu des intéressés.

Les corps qui auront fait des avances en aviseront les résidents intéressés, de manière à permettre à ces fonctionnaires d'intervenir, s'il y a lieu, dans le remboursement ultérieur de ces avances.

Lors du premier payement, l'avance sera retenue par le payeur et simplement remboursée au corps, après que le militaire aura donné décharge de tout.

Militaires réformés non naturalisés

1º A tout militaire du cadre indigène, réformé pour blessures reçues en service commandé, entraînant l'incapacité de pourvoir à sa subsistance, ou ayant contracté, dans son séjour au service des infirmités le plaçant dans le même cas, et qui ne désire pas se faire naturaliser, il est accordé un secours non renouvelable, d'après les fixations suivantes :

80 fr. pour le grade de sous-officier.
70   —   caporal.
50   —   soldat.

2º Ces allocations seront ordonnancées directement au nom des intéressés, sur le vu de la décision du général commandant la division d'occupation, et imputées jusqu'à nouvel avis, chapitre 48, § 13, *dépenses diverses*.

3º A la fin de l'année, chaque ordonnateur établira un relevé nominatif des individus au profit desquels il aura mandaté des secours de cette nature, et l'adressera au général commandant la division d'occupation ; ce relevé indiquera les corps d'origine des intéressés et l'ancien grade de ceux-ci.

Dispositions relatives aux secours à accorder à la veuve ou aux orphelins de tout militaire indigène tué à l'ennemi, ou ayant succombé des suites de blessures.

1º En conformité : — Premièrement : Des dispositions de la lettre de M. le Ministre de la marine, en date du 16 octobre 1884, rappelée par M. le Ministre de la guerre, à la date du 23 septembre 1885.

— Deuxièmement : Des dispositions de l'article 38 (§ *secours*) du règlement du 15 février 1885 (Recrutement, organisation des tirailleurs tonkinois), des secours qui, dans certains cas particuliers seulement, pourront être renouvelés sur l'initiative du [Général commandant la division, pourront être accordés, pour leur venir en aide, à la veuve non remariée ou aux orphelins de tout militaire indigène, non naturalisé, tué à l'ennemi ou ayant succombé des suites de blessures.

2º Ces secours seront alloués, sur la demande des corps, par le Général commandant la division, sur fonds spéciaux mis à sa disposition par le Ministre, dans les fixations maxima suivantes :

80 fr. pour le grade de sous-officier.
70   —   caporal.
50   —   soldat.

3º Les demandes seront faites par voie de pétition adressée à M. le général commandant la division, avec des certificats de l'autorité militaire ou locale à l'appui, dans les conditions de la circulaire ministérielle du 15 mars 1885, savoir :

Un état des services du mari ;
Un extrait de l'acte de décès du mari (et de la mère, pour le cas de secours aux orphelins) ;
Un certificat de l'autorité civile, corroboré par le résident et, s'il est possible, par l'autorité militaire ;

4º Le mandatement direct des secours accordés aux veuves ou aux orphelins, sera effectué et imputé comme il est prescrit au § 2 du titre qui précède. Un relevé annuel nominatif des bénéficiaires sera produit dans les conditions indiquées au § 3 du même titre.

Dispositions relatives au renouvellement de la gratification de réforme accordée aux militaires indigènes naturalisés.

1º Conformément aux dispositions de la circulaire du 24 décembre 1864, la gratification de réforme accordée pour deux années seulement, n'est renouvelable qu'autant qu'une visite devant une commission spéciale a constaté que le militaire n'a pas encore recouvré la faculté de travailler ;

2º A cet effet, les militaires indigènes réformés, en jouissance d'un titre de gratification renouvelable, devront se présenter, dans le cours du dernier semestre de la deuxième année de la jouissance de leur titre, au chef-lieu de recrutement du corps auquel ils appartenaient, à l'effet d'être examinés à nouveau par une commission qui comprendra :

Le chef de corps, président ;
Le sous-intendant militaire ou son suppléant légal.
Un médecin militaire assistera la commission.
Le certificat de visite sera établi par le médecin militaire dans les conditions énoncées dans la circulaire du 25 octobre 1877.

La commission appréciera et conclura au maintien ou au rejet de la gratification précédemment accordée, et adressera le résultat de la visite au général qui le transmettra au ministre pour qu'il soit statué. — E. JAMONT.

2. — 28 juillet 1886. — ARRÊTÉ *fixant les soldes indemnitaires et les pensions de retraite des fonctionnaires du Protectorat* (1).

---

(1) Calculé sur le terme de pension, soit : { Sous-officier............ 47
                                               Caporal................. 42
                                               Soldat.................. 30

(2) Somme un peu moindre que le premier payement semestriel de gratification, savoir : { Sous-officier............ 31
                                                                                          Caporal................. 31
                                                                                          Soldat.................. 31

(1) Les droits à la pension du personnel du secrétariat général de Cochinchine et des résidences en Annam et au Tonkin, est réglé par les décrets des 27 février 1880 et 15 mars 1894, publiés ci-après ; voir en outre Vº *Garde civile*, l'arrêté local du 23 février 1895.

3. — 12 janvier 1889. — CIRCULAIRE *relative aux retenues à exercer, pour le service des retraites, sur la solde des fonctionnaires, employés et agents du Protectorat.*

Mon attention a été appelée par M. l'Inspecteur des colonies sur la situation faite aux fonctionnaires et agents des divers services du Protectorat, qui ne subissent pas sur leur solde les retenues règlementaires pour le service des retraites.

Certains agents, tels que ceux détachés des cadres de la Métropole ou de la Cochinchine, dont le droit à une pension de retraite ne saurait être douteux, doivent être astreints aux versements prévus par les lois des 9 juin 1853 et 5 août 1876. La même mesure peut être étendue dès maintenant aux agents du service colonial, bien que la question de leurs droits à une retraite n'ait pas encore été tranchée ; une commission élabore actuellement à Paris un projet d'assimilation des fonctionnaires et employés du Protectorat, au point de vue des retraites, et il importe de sauvegarder les droits de chacun à une pension éventuelle.

J'ai décidé, en conséquence, que les versements règlementaires seraient opérés pour tout le personnel de l'Annam et du Tonkin à compter du 1er janvier 1889, la question des versements qui auraient dû être faits antérieurement et qui deviendront exigibles dès que le droit à une retraite aura été consacré ultérieurement, demeurant réservée.

Les retenues à faire sur le traitement des fonctionnaires et employés devront être décomptées ainsi qu'il suit :

1º Pour les agents métropolitains retraités sous le régime de la loi du 9 juin 1853 :

5 % au profit des pensions civiles, sur la partie du traitement représentant la solde d'Europe ;

3 % au profit du trésor sur le supplément colonial et les indemnités de toute nature ;

2º Pour les agents européens du service colonial, application de la loi 5 août 1879 :

5 % au profit du trésor sur la solde totale, dégagée de tous accessoires, pour les traitements supérieurs à 6.000 francs ;

3 % au profit du trésor, sur la solde totale dégagée de tous accessoires, pour les traitements inférieurs à 6.000 francs ;

3º Pour les agents indigènes :

5 % sur la moitié de la solde et 3 % sur le surplus. Ce personnel, qui n'a ni assimilation ni parité d'office déterminée par une loi et par un décret, doit, aux termes de la dépêche ministérielle du 8 août 1882, tomber sous le régime de la loi du 9 juin 1853.

Toutefois, la circulaire ministérielle du 30 décembre 1882, fait remarquer que sous le régime de la loi de 1853, les services, pour être admissibles, doivent exiger un travail habituel et continu ; en conséquence, ceux des agents qui ne sont employés que temporairement, n'ont pas droit à pension et ne doivent supporter aucune retenue.

Les indemnités de toute nature, de logement, de vivres, gratifications, primes, suppléments de fonctions, frais de représentation, etc, en un mot toutes les allocations autres que la solde proprement dite, sauf les indemnités de route et de séjour, sont passibles de la retenue de 3 % au profit du trésor (1).

Je vous serai obligé de vouloir bien faire figurer, à compter du 1er janvier courant, les retenues, calculées ainsi qu'il vient d'être dit, sur les états de solde et sur tous les états devant servir au payement d'une indemnité, supplément, etc., etc., que vous pourrez avoir à établir en faveur du personnel placé sous vos ordres. Vous voudrez bien également me faire parvenir un état des sommes payées par vos soins, depuis le 1er de ce mois, et qui auraient dû être grevées de retenue. — RHEINART.

4. — 27 février 1889. — DÉCRET *déterminant l'assimilation des fonctionnaires, employés et agents des colonies, pour la pension de retraite* (1).

Article premier. — Les pensions des fonctionnaires, employés et agents du service colonial, énumérés au tableau annexé au présent décret, et auxquels il y a lieu d'appliquer les tarifs de la loi du 5 août 1879 ou ceux de la loi du 8 août 1883, sont réglées conformément aux assimilations déterminées par ce tableau.

Art. 2. — Dans aucun cas le bénéfice du cinquième en sus pour douze ans de services dans le dernier grade, tel qu'il est prévu dans la 1re section du tarif de la loi du 8 août 1883, n'est accordé au personnel colonial auquel ce tarif est applicable.

Art. 3. — Le ministre de la marine et des colonies est chargé de l'exécution du présent décret. — CARNOT.

DÉSIGNATION DES EMPLOIS	DÉSIGNATION DU GRADE servant de base A LA FIXATION DE LA PENSION
Gouverneur général...........	Commissaire général de la marine.
Commissaire général du gouvernement dans le Congo....	Commissaire général de la marine.
Résident général de l'Annam et du Tonkin...............	Commissaire général de la marine.
Lieutenant-gouverneur........	Commissaire de la marine.
Résident supérieur au Tonkin.	Commissaire de la marine.
Résidents de 1re et 2e classes de l'Annam et du Tonkin......	Commissaire adjoint de la marine.
Chanceliers de résidence......	Aide commissaire de la marine.
Commis de résidence..........	Commis de marine.
Administrateur principal de 1re et de 2e classes	Commissaire adjoint de la marine.
Administrateur de 1re et de 2e cl.	Sous-commissaire de la marine.
Administrateur de 3e et de 4e cl.	Aide commissaire de la marine
Secrétaire du commissaire général du Congo......	Sous-commissaire de la marine.
Chef de station de 1re et de 2e cl.	Aide commissaire de la marine
Chef de poste de 1re et de 2e cl.	Commis de marine.
Chef d'exploration...........	Aide commissaire de la marine
Mécanicien au service du Congo	Chef contre-maître mécanicien

5. — 7 mai 1894. — PROMULGATION *du décret du 15 mars 1894, complétant le tableau des assimilations pour la pension de retraite de certains fonctionnaires du Protectorat.*

Article premier. — Est promulgué dans toute l'étendue de l'Indo-Chine le décret en date du 15 mars 1894, donnant la même assimilation au point de vue de la retraite aux Résidents de 1re classe de l'Annam et du Tonkin qu'aux fonctionnaires du même grade du cadre du Cambodge.

Art. 2. — Les Résidents supérieurs en Annam et au Tonkin sont chargés, chacun en ce qui le concerne, de l'exécution du présent arrêté. — CHAVASSIEUX.

(1) Cette disposition a été complétée, en ce qui concerne les résidents de 1re classe, par un décret du 15 mars 1894.

(1) Erratum publié au *Journal officiel* du 24 janvier 1889 n° 7.

DÉCRET *du 15 mars 1894*

Article premier. — Le tableau annexé au décret du 27 février 1889 précité, est modifié ainsi qu'il suit, en ce qui concerne les résidents de 1re classe de l'Annam et du Tonkin.

DÉSIGNATION DES EMPLOIS	DÉSIGNATION DU GRADE SERVANT DE BASE à la fixation de la pension
Résident de 1re classe de l'Annam et du Tonkin.	Commissaire de la Marine.

Art. 2. — Le Ministre du Commerce, de l'Industrie et des Colonies est chargé de l'exécution du présent décret. — CARNOT.

Voy. : **Retraites (Caisse des)**; — **Retenues.**

PERCEPTION. — Voy. : **Impôts**; — **Percepteurs.**

PERCEPTEURS

1. - 20 juin 1889. — ARRÊTÉ *créant des emplois de percepteurs au Tonkin.*

Article premier. — Les caisses de fonds d'avances des résidences de Haiphong, Quang-yen, Mon-cay, Nanh-dinh, Hung-yen, Thai-nguyen et Cho-bo sont supprimées à compter du 1er août 1889.

Art. 2. — Il est institué dans chacun de ces postes un emploi de percepteur qui sera confié à un des agents de la résidence (1).

Art. 3. — Les percepteurs sont placés sous les ordres de chaque résident, mais ils relèvent du chef du service de la trésorerie pour toute la partie technique de leur service.

Art. 4. — Les résidents et vice-résidents continuent à être chargés de la rentrée des impôts annamites et du contrôle des opérations des magasins provinciaux, dans les conditions prévues par arrêté du 21 juillet 1888.

Art. 5. — Les agents du personnel des résidences chargés des fonctions de percepteurs, seront désignés par le Résident supérieur. Avis de chaque nomination sera donné au chef de la trésorerie.

Art. 6. — Les percepteurs ne sont astreints à aucun cautionnement. Ils sont responsables non seulement des fonds qui leur sont confiés, mais des faits de leur gestion.

Ils recevront une indemnité de responsabilité annuelle de trois cents piastres à Haiduong, Ninh-binh et Hung-yen et deux cents piastres à Quang-yen, Moncay, Thai-nguyen et Cho-bo (2).

Art. 7. — Les résidents demeurent chargés de l'apurement des caisses d'avances qui étaient à leur disposition au moment de la remise du service.

Art. 8. — Le Résident supérieur au Tonkin est chargé de l'exécution du présent arrêté. — PIQUET.

2. — 30 juin 1889. — CIRCULAIRE *au sujet de l'application de l'arrêté du 20 juin 1889, supprimant les caisses de fonds d'avances établies près des résidences.*

Un arrêté de M. le Gouverneur général en date du

(1) Voir ci-après les arrêtés des 28 mai et 5 juin 1890, 21 avril 1891 et 17 janvier 1892, créant de nouvelles perceptions.
(2) Les arrêtés cités au renvoi n° 1 fixent les indemnités de certains percepteurs; les autres sont déterminées par une décision du 20 mai 1891.

29 juin 1889 (voir *Journal officiel*, 2e partie, page 505), supprime, à compter du 1er août prochain, les caisses civiles des résidences du Tonkin, fonctionnant au moyen de fonds initiaux d'avance.

Il est institué dans chaque chef-lieu de province au Tonkin, et seulement là où n'existe pas un poste de préposé payeur du trésor, un service de perception destiné à assurer partout uniformément, et sous la direction du service de la trésorerie, le recouvrement des produits de toute nature et le paiement des dépenses à faire dans la province.

Chaque perception sera gérée par un commis de résidence, qui relèvera du payeur chef du service de la trésorerie pour tout ce qui concerne la comptabilité en général et le mouvement des fonds. Il reste entièrement sous les ordres et la surveillance du résident pour tout le reste du service.

Il reçoit les instructions de la trésorerie, soit directement du payeur chef, soit par l'intermédiaire du préposé payeur de la circonscription à laquelle la perception sera rattachée.

Le percepteur sera responsable pécuniairement de la régularité de ses opérations et des fonds qui lui seront confiés. Il correspondra avec le fonctionnaire de la trésorerie qui centralisera ses opérations. Il ne pourra pas quitter son poste sans votre autorisation, même pour les besoins du service.

Le 31 juillet au soir, vous voudrez bien faire remise à cet agent du montant du numéraire existant à cette date dans votre caisse de fonds d'avances; vous recevrez en échange une quittance à souche délivrée à titre de fonds de subvention.

Pour hâter et faciliter la liquidation de cette caisse, vous voudrez bien faire les diligences nécessaires pour que dans le milieu de juillet, ou même plus tôt, toutes les dépenses urgentes que vous aurez payées me soient envoyées à l'ordonnancement, et que celles qui vous ont été retournées comme irrégulières soient régularisées, de telle sorte qu'au moment de la remise de service, il ne reste entre vos mains aucune dépense représentée simplement par un duplicata de bordereau d'envoi, et que j'aie eu le temps de vous envoyer tous les mandats budgétaires de régularisation.

Le 31 juillet au soir, vous enverrez au payeur du trésor : 1° les pièces de dépenses urgentes payées par vous dans la dernière quinzaine de juillet, sous bordereau; 2° les mandats budgétaires, mandats de poste ou de trésorerie que vous aurez encaissés; 3° la quittance à souche remise par le percepteur pour le montant du numéraire qu'il aura reçu de vous. Ces diverses pièces devront représenter non seulement la totalité de l'avance initiale dont vous avez la disposition, mais même les recettes encaissées depuis le dernier versement au trésor.

Vous y joindrez également toutes les pièces afférentes aux recettes effectuées depuis ce versement. Le payeur vous donnera une décharge définitive au moyen d'un récépissé de fonds initial, et s'il y a lieu, au moyen des récépissés ou quittances concernant les recettes courantes supplémentaires. Il se chargera en votre lieu et place de la régularisation des derniers paiements d'urgence.

Par suite de la suppression de la caisse d'avances, il ne doit plus rester entre vos mains aucuns fonds en dépôt, de quelque provenance que ce soit. S'il en existait, vous auriez à les comprendre dans votre versement du 31 juillet. Les lingots, bijoux, matières d'or ou d'argent, seront envoyés au trésor, accompagnés d'un procès-verbal spécial, tandis que le numéraire qui s'y rapporterait sera, comme nous l'avons vu plus haut, versé dans la caisse du percepteur.

Vous établirez un procès-verbal de la remise de service en cinq expéditions, signées de vous et du percepteur, et contenant le détail de toutes les valeurs, registres, circulaires et documents faisant l'objet de la remise ; deux de ces expéditions seront conservées par les signataires, une troisième me sera adressée, les deux dernières sont destinées l'une au chef du service de la trésorerie, l'autre au payeur de la circonscription.

Les perceptions sont rattachées aux circonscriptions du trésor, suivant le tableau ci-après :

Hanoi............	{ Hung-yen.
	{ Cho-bo.
Bac-ninh........	Thai-nguyen.
Nam-dinh........	Ninh-binh.
	{ Quang-yen.
Haiphong.......	{ Hai-duong.
	{ Mon-cay.

Je vous adresse sous ce pli deux expéditions de l'arrêté du 29 juin courant et un exemplaire de l'instruction que vous voudrez bien remettre au percepteur. — Brière.

3. — 30 juin 1889. — Instructions *aux percepteurs, sur l'organisation et le fonctionnement de leur service.*

Un arrêté en date du 22 juin 1889, organise au Tonkin un service complet de perception dans de telles conditions que la trésorerie du Protectorat soit représentée au chef-lieu de chaque province, soit par un préposé payeur du trésor, soit par un percepteur.

Votre service diffère de celui des caisses d'avances civiles, auquel il succède, en ce que vous vous trouvez rattachés directement au trésor pour le recouvrement des rôles d'impôts français et des produits divers du budget, le paiement des dépenses publiques et les mouvements de fonds. De plus, au lieu de disposer d'une avance initiale renouvelable, vous alimenterez votre caisse au moyen de vos propres recouvrements, et s'ils sont insuffisants, au moyen de fonds de subvention que vous fera parvenir le trésor. Vous serez personnellement responsables des pertes de caisse, pièces fausses, ou paiements inexacts de votre service ; en revanche, vous jouirez d'une indemnité de responsabilité fixée à 300 piastres pour les provinces de Hai-duong, Nam-dinh et Hung-yen, et à 200 piastres pour Quang-yen, Mon-cay, Thai-nguyen et Cho-bo.

La franchise postale et télégraphique est accordée à chaque percepteur pour correspondre avec le payeur chargé de centraliser ses opérations.

Les circonscriptions sont fixées ainsi qu'il suit : les perceptions de Hung-yen, Cho-bo sont rattachées au bureau central à Hanoi ; celles de Thai-nguyen à Bac-ninh ; de Ninh-binh à Nam-dinh ; de Quang-yen, Hai-duong et Mon-cay à Haiphong.

Dans les cinq premiers jours de chaque mois, ou plus souvent, si c'est nécessaire, vous enverrez au payeur votre comptabilité qui comprendra : 1° Un bordereau de versement dont vous trouverez le modèle ci-joint, et qui récapitule vos opérations de toute nature et les résultats de vos divers carnets ; 2° une copie de votre livre de détail des recettes ; 3° une situation mensuelle des recouvrements ;

4° toutes les pièces justificatives de recettes et de dépenses.

Dans le cas où vos recettes seraient insuffisantes pour faire face aux paiements que vous aurez à prévoir, vous aurez à adresser au payeur chef de service, une demande de fonds de subvention suivant le modèle ci-après (*modèles nos 1 et 2*) indiquant : 1° le montant de votre encaisse en numéraire ; 2° celui de vos recettes présumées de la prochaine quinzaine ; 3° le total des dépenses auxquelles vous avez à faire face ; et 4° la somme en chiffres ronds qui vous paraît nécessaire pour assurer le service.

Le montant de l'ordre de versement vous sera envoyé par le payeur auquel est rattachée la perception, et vous lui ferez parvenir sans retard votre quittance à souche.

D'après ce qu'apprendra l'usage du bordereau de versement (*modèle n° 5*), le montant de vos paiements et de vos versements en numéraire est appliqué en première ligne aux recettes des divers produits que vous aurez perçus, et le reliquat destiné à vous acquitter des avances reçues. Si, en fin d'année, les recettes ne suffisent pas à couvrir la totalité des subventions, vous auriez à en demander une nouvelle, du montant exact du découvert ; il y aurait là une simple opération d'ordre permettant de solder d'un côté l'année expirée, en portant en dépense le bon de subvention, et par suite l'affectation correspondante sur le bordereau de l'exercice plus ancien, et de l'autre côté, nouvelle prise en charge reportée au titre de l'exercice suivant.

S'il vous était impossible d'attendre les quelques délais que nécessiteront les envois de fonds, d'après le procédé ci-dessus décrit, il vous serait loisible de faire au trésor un simple échange de mandats acquittés contre du numéraire. Les mandats ainsi échangés ne figureraient pas sur le prochain bordereau de versement, et le montant en serait déduit du carnet d'enregistrement journalier, avec mention à l'encre rouge du motif de la radiation.

Il y aurait, de la sorte, concordance constante entre le total des paiements inscrits à votre registre et le total (y compris les antérieurs des paiements), qui figure à la récapitulation dans la deuxième page du bordereau de versement ; je crois que vous serez rarement dans l'obligation de recourir à ce mode de procéder.

Vous aurez soin, chaque soir, et cela sans qu'aucun motif puisse vous en dispenser, de consigner toutes vos opérations, quelles qu'elles soient, sur les registres de comptabilité dont la nomenclature suit, et vous assurer de l'exactitude de la caisse. Je ne puis pas mieux entrer dans le détail du système de comptabilité que vous allez appliquer, qu'en vous donnant les explications les plus détaillées sur chacune des opérations qui se rattachent aux carnets dont vous allez faire usage, en même temps que je vous indiquerai la manière de tenir ces carnets.

Registres de la perception

1° Quittancier à souches ;

2° Carnet d'enregistrement des titres de perception ;

3° Livre de détail des dégrèvements ;

4° Livre de détail des recettes locales et diverses ;

5° Livre de situation journalière de caisse ;

6° Carnet d'enregistrement d'entrée et de sortie des dépenses urgentes ;

7° Livre d'enregistrement de dépenses autres que les dépenses urgentes ;

8° Carnet des ordres de service et circulaires;
9° Carnet de correspondance.

1° QUITTANCIER A SOUCHES
(*Modèle n° 4*)

Le quittancier ou journal à souches est la base de toutes les opérations de recettes effectuées dans la perception.

Tout versement, quelle que soit sa provenance, doit donner lieu à la délivrance d'une quittance extraite du journal à souches.

Le quittancier doit être tenu et arrêté par exercice, conformément au modèle ci-joint.

Avant d'employer un nouveau registre, les percepteurs doivent le faire coter et parapher par le résident, suivant une formule qui est imprimée en tête du modèle.

La quittance à laquelle donne lieu chaque versement sans exception, doit être établie en présence de la partie versante, et complétée par l'inscription nécessaire sur le corps du livre, c'est-à-dire par l'indication du numéro de la quittance, de la recette, du nom du redevable, de la nature du produit, et de l'exercice, enfin, s'il y a lieu, du numéro du rôle.

La quittance à détacher doit reproduire les mêmes indications et être remise de suite à l'intéressé.

S'il était demandé un duplicata de quittance, le percepteur se bornerait à délivrer une déclaration de versement à l'encre rouge, sur tel papier qu'il jugera convenable, mais non sur des formules de quittances à souche (*modèle n° 4 bis*).

Il est formellement interdit aux percepteurs de signer à l'avance les quittances attenantes à leur livre à souches.

Les sommes portées dans les diverses colonnes du journal à souches doivent être additionnées par journée, et les totaux journaliers reportés et additionnés de jour en jour, de manière à reproduire exactement les totaux du livre de détail des recettes.

Le quittancier à souches est arrêté en fin d'année, et la série des numéros recommence au 1er janvier de l'année suivante.

Il ne doit être fait aucune rature ni surcharge sur le quittancier; les erreurs qui résulteraient soit des additions, soit du transport des chiffres de recettes dans la colonne d'un exercice au lieu d'un autre, etc., doivent être rectifiées par augmentation en fin de journée; les chiffres erronés, biffés par un simple trait qui n'empêche pas de les lire, et remplacés immédiatement au-dessous par le chiffre véritable.

2° CARNET D'ENREGISTREMENT DES TITRES DE PERCEPTION
(*Modèle n° 5*)

Ce carnet est destiné, comme son titre l'indique, à constater la prise en charge, par le percepteur, des rôles d'impôts ou des adjudications de produits dont le recouvrement lui incombe sous sa responsabilité.

Pour les impôts sur rôles, le verso du carnet indiquera pour chaque nature de produit, et sur une feuille distincte, le numéro, la date et le montant de chaque rôle primitif, auquel viendront s'ajouter les rôles supplémentaires de chaque nature. Au recto, on portera chaque mois le total des recouvrements ou des dégrèvements correspondants, de manière à suivre la rentrée de l'impôt. Il va sans dire que si la perception comprend plusieurs centres, les rôles de chaque centre donneront lieu à l'ouverture d'un compte spécial.

Les rôles parviennent au percepteur par l'intermédiaire du payeur de sa circonscription; ils doivent être revêtus de l'approbation du Résident supérieur et, dès leur arrivée, publiés par les soins du Résident ou chef de poste.

Dès la publication, le percepteur envoie à chaque contribuable un premier avis, dont le modèle est ci-joint (*modèle n° 6*) et qui tient lieu d'extrait de rôle, et si le versement n'est pas promptement effectué, il ajoute au bout de quelques semaines, un avertissement sans frais (*modèle n° 7*). Les poursuites ultérieures, si elles sont nécessaires, sont effectuées conformément aux dispositions de l'arrêté local du 21 octobre 1886, et au moyen de l'agent assermenté de la résidence qui remplit les fonctions d'agent de poursuites, en vertu de l'arrêté du 31 mai 1886.

L'approbation du chef de la trésorerie et du Résident supérieur sont indispensables et doivent être mentionnées à la fin de l'état de poursuites.

Il peut se faire que quelques contribuables demandent à se libérer avant la publication du rôle, ou que l'on ait intérêt à faire payer, par exemple, les capitations à des Asiatiques qui se disposent à quitter le pays; dans ce cas la perception a lieu sur bulletin individuel délivré par le Résident. Il en est tenu note à part, de manière à pouvoir annoter, c'est-à-dire émarger le rôle quand il arrive, et, s'il y a lieu, poursuivre le recouvrement en surplus auquel le contribuable pourrait se trouver taxé.

L'émargement des rôles doit se faire non seulement chaque jour, mais au moment même de la perception; il consiste dans l'inscription, dans la colonne ce destinée, de la somme payée et de la date du paiement.

La prise en charge des adjudications de produits, tels que fermes diverses, bacs, etc., consiste dans l'analyse du marché, portant indication du montant des termes, la date des échéances; les paiements sont inscrits immédiatement au-dessous. En cas de retard dans le versement, le percepteur doit aviser immédiatement le résident pour que celui-ci puisse établir un ordre de recette des amendes journalières encourues d'après le marché.

3° LIVRE DE DÉTAIL DES DÉGRÈVEMENTS
(*Modèle n° 8*)

Ce registre constitue le complément du précédent et peut être ouvert à la suite. Il est tenu d'ailleurs dans la même forme, et consiste simplement dans l'inscription des ordonnances de dégrèvement des impôts directs. Les résultats, comme on l'a vu plus haut, sont reportés en regard de la prise en charge des rôles.

En principe, il ne doit être demandé de dégrèvement qu'après paiement de la contribution. Dans ce cas, le remboursement de la somme payée se fait au moyen d'une formule imprimée ci-jointe (*modèle n° 9*), l'intéressé émargeant aussi la feuille de dégrèvement.

Dans le cas d'erreurs matérielles dans l'établissement des rôles, de disparition du contribuable ou d'insuccès des poursuites, le percepteur doit, dans les premiers jours du 2e semestre, ou à une seconde époque, s'il y a lieu, soumettre au visa du résident, pour être soumis à l'approbation du Résident supérieur, un état des cotes irrécouvrables, comportant en regard de chaque article les motifs de l'irrécouvrabilité.

Les ordonnances de dégrèvement émanent, comme les rôles, du Résident supérieur, et parviennent au percepteur par l'intermédiaire du trésor à qui ils en accusent réception, comme de toutes les pièces reçues.

4° LIVRE DE DÉTAIL DES RECETTES LOCALES
(Modèle n° 10)

Ce livre est destiné à présenter la situation complète de toutes les recettes perçues, et qui ont donné lieu à la délivrance d'une quittance à souche ; il est tenu par exercice conformément au modèle ci-joint. Ce carnet, avant d'être employé, doit être visé et paraphé par le vice-résident par première et dernière pages.

Lorsqu'à la fin de chaque jour, le percepteur a additionné le quittancier à souches, il fait immédiatement le report détaillé, quittance par quittance, sur le livre de détail, en ayant soin que chaque produit ressorte dans la colonne qui lui est destinée. Le total par journée doit être rigoureusement le même que celui du quittancier. Il s'arrête chaque mois et se totalise par le report du mois antérieur.

Une copie littérale du livre à souches (*modèle n° 11*) est envoyée chaque mois au trésor avec le bordereau de versement et la situation des recouvrements (*modèle n° 12*).

5° LIVRE DE SITUATION JOURNALIÈRE DE CAISSE
(Modèle n° 13)

Le percepteur doit faire sa caisse tous les soirs, et constater les résultats de cette opération en détaillant sur le carnet de caisse toutes les valeurs qui constituent son solde et qui doivent être représentées matériellement par du numéraire ou des valeurs en portefeuille.

Le résultat doit représenter rigoureusement le solde à nouveau qui résulte des opérations de la journée, c'est-à-dire de l'addition des recettes au solde de la veille, et de la déduction des dépenses de la journée du solde ainsi obtenu ; les déficits qui seraient constatés doivent être comblés immédiatement.

Par dépenses, il faut entendre celles qui sont effectuées sur la présentation de pièces régulières et définitives, c'est-à-dire mandats budgétaires revêtus de la signature du payeur chef ou de ses préposés, mandats de trésorerie, mandats-poste métropolitains en francs (à l'exclusion des bons de poste, des mandats internationaux et des mandats-poste en piastres de l'Indo-Chine).

Les dépenses faites d'urgence sur pièces non encore ordonnancées, rentrent dans la catégorie des valeurs de portefeuille qui font partie de l'encaisse. Elles en disparaissent comme on le verra plus loin, au moment où le mandat budgétaire est porté en dépense.

L'absence de livre journal et de grand-livre met le percepteur dans l'obligation de suivre avec la plus rigoureuse exactitude le solde à nouveau tiré chaque jour. Le chiffre des recettes et des dépenses journalières, qui modifie le nouveau solde, doit être exactement celui qui résulte du livre de détail des recettes et du carnet d'enregistrement des dépenses. Toute négligence dans les centièmes, toute différence en plus ou en moins, quelque minime qu'elle soit, entraînerait en fin de mois des écarts qui donneraient lieu à de longues recherches, et dont on ne pourrait que difficilement s'expliquer la provenance.

6° CARNET DES DÉPENSES URGENTES
(Modèle n° 14)

Les dépenses urgentes sont celles qui, en vertu de décisions diverses et notamment des arrêtés locaux des 23 septembre 1886, 25 juin, 16 juillet et 2 août 1887, sont susceptibles d'être payées avant ordonnancement, sur le vu de simples ordres de paiement ou même de quittances ou factures sur papier libre.

Ces dépenses sont enregistrées jour par jour sur un carnet dont le modèle est ci-annexé. Tous les quinze jours, il sera établi un bordereau en double expédition des paiements de cette nature qui sera remis avec les pièces au résident chef de poste chargé de le faire parvenir au résident supérieur.

Les dépenses urgentes figurent sur la situation de caisse après le détail du numéraire dans les valeurs de portefeuille ; en effet, le numéraire sorti de la caisse pour des paiements provisoires s'y trouve représenté soit par les quittances mêmes de la quinzaine courante, soit pour les quinzaines antérieures, par les duplicata rendus par le résident et visés par lui, des bordereaux de dépenses urgentes qu'il a envoyées au mandatement de la Résidence supérieure et dont la régularisation n'est pas encore effectuée.

Les mandats de régularisation sont établis au nom du comptable qui a effectué le paiement ; dès que celui-ci est en possession des mandats, il s'en porte en dépense et inscrit, en regard de chaque pièce de dépense urgente payée, la date de sa régularisation, en même temps qu'il en diminue le montant, et du total du carnet d'enregistrement, et du livre de caisse.

Le carnet d'enregistrement des dépenses urgentes doit, au moyen de ces déductions périodiques, comprendre à son total uniquement les dépenses non régularisées, celles en un mot qui comptent encore aux valeurs de portefeuille. C'est un carnet d'entrée et de sortie. Sa tenue doit appeler plus spécialement l'attention du percepteur, car c'est dans les doubles emplois qui pourront résulter de la non-radiation des dépenses urgentes régularisées par des mandats budgétaires, ou dans une confusion parmi les valeurs régularisées que proviendront presque toutes les erreurs du service.

De plus, il arrive souvent que les mandats de régularisation, envoyés pour solde de dépenses comprises dans un même bordereau d'envoi, ne représenteraient pas exactement le montant de ce bordereau, soit que les régularisations incombent à divers ordonnateurs qui peuvent n'avoir pas terminé leur travail en même temps, ou que quelques dépenses soient ordonnancées pour un chiffre rectifié, etc.; on devra donc ne pas déduire en bloc du carnet d'enregistrement le montant total d'un bordereau, mais avoir bien soin d'émarger les paiements d'urgence un à un, et si l'un d'eux était régularisé pour une somme inférieure à celle pour laquelle il a été payé, parfaire la différence en numéraire, quitte à réclamer la somme ainsi reversée dans la caisse à la personne qui aurait perçu en trop.

7° LIVRE D'ENREGISTREMENT DES DÉPENSES

Ce livre est destiné à l'enregistrement de tous les mandats définitifs payés par la perception.

Les mandats doivent être inscrits chaque soir, et les journées reportées jusqu'à la fin du mois, puis les mois additionnés entre eux par le report des mois antérieurs.

Il y a lieu d'inscrire également sur ce carnet, en en comprenant le montant dans le total des dépenses, les versements en numéraire que le percepteur aura à faire.

Je crois utile de vous donner ici quelques indications sommaires sur les conditions que doivent présenter les mandats que vous avez à payer afin de vous prémunir contre les paiements irréguliers dont vous êtes responsables.

Visa. — Aucun mandat budgétaire ne peut être payé par un percepteur s'il n'est revêtu du visa du payeur chef de service ou de ses préposés. Si le visa est conditionnel, c'est-à-dire si une retenue à effectuer par suite d'opposition juridique, de précompte, etc., doit être effectuée, il y a lieu de porter en dépense seulement la somme réellement payée. Il en est de même pour les retenues 3 et 5 °/₀ et pour pensions civiles. Le percepteur n'a jamais à se porter en dépense que de la somme nette, c'est-à-dire de la somme réellement payée.

Si la quittance est donnée en caractères étrangers, la signature doit être traduite et certifiée par le résident, qui appose le cachet de la résidence à côté de sa propre signature.

Si le mandat est émis au profit d'un agent de paiement dont le nom n'est pas indiqué, sa signature doit être précédée de la mention de sa qualité.

Pour les illettrés, si la somme à payer est inférieure à 150 francs, il y a lieu de faire le paiement en présence de deux témoins, en remplaçant l'acquit par la mention suivante :

« La partie prenante ayant déclaré ne savoir signer, a été payée en présence des témoins soussignés. » Le percepteur signe à côté des témoins.

Si la somme à payer dépasse 150 francs, il y a lieu de faire établir, par le résident, une quittance administrative suivant une formule insérée au formulaire des chancelleries. Cette quittance est gratuite. Elle remplace l'acquit et se joint au mandat au bas duquel, à la suite de la date du paiement, le percepteur se borne à mentionner « quittance administrative ».

Les mandats budgétaires ne doivent pas être payés après l'expiration de l'exercice. L'exercice est clos, pour le budget du Protectorat, le 30 juin de la 2ᵉ année, pour les avances au service marine le dernier jour de février, mais ces dates ne concernent que le bureau central ; dans les perceptions, les mandats cessent d'être payés dix jours avant l'expiration de l'exercice.

Dans le cas où un mandat porterait un visa conditionnel, c'est-à-dire sur production de pièces d'hérédité, de procurations, etc., etc., le percepteur devrait réclamer ces pièces, et pour plus de sûreté, les faire vérifier au trésor avant d'effectuer le paiement.

Les mandats-poste métropolitains en francs demandent une attention spéciale. Avant de les payer, le percepteur doit s'assurer qu'ils ne présentent aucun grattage ni surcharge ; que la somme inscrite sur les filets est exactement représentée par les chiffres découpés en marge pour ceux qui sont inférieurs à 300 francs, ou par une inscription en chiffres s'ils sont supérieurs ; que les timbres à date ou horizontaux sont apposés ; tous les chiffres latéraux oblitérés, et surtout qu'ils n'ont pas neuf mois de date.

Les mandats destinés aux sous-officiers, soldats et marins, sont payables à des vaguemestres porteurs d'une commission émanant du chef de corps ou du conseil d'administration.

Le vaguemestre est tenu d'inscrire sur son carnet tous les mandats qu'il présente au paiement ; chaque fois que ce carnet est apporté au comptable, celui-ci doit s'assurer que tous les mandats payés précédemment sont émargés par les destinataires, et que le livret est visé de temps en temps par le chef de corps. De plus, si le vaguemestre est porteur de plus

de dix mandats, il est tenu de le remettre au percepteur accompagné d'un bordereau récapitulatif.

Il pourra être donné suite, sur la demande des intéressés, au paiement de mandats-poste irréguliers, dans les cas ci-après, et dans les conditions déterminées pour chaque cas :

1° *Absence de timbre d'origine.* On peut payer sur la présentation de la lettre particulière contenant le mandat envoyé, en inscrivant en regard de l'acquit cette mention : « Payé sur le vu de la lettre d'envoi timbrée de..... le..... »

2° *Défaut de concordance entre la somme en toutes lettres et les chiffres latéraux.* On peut payer la somme la plus faible, si le destinataire y consent, la relater en regard de l'acquit, et aviser le payeur de la circonscription de l'irrégularité constatée sur le mandat, qui doit être signalée d'une manière spéciale dans le versement.

3° *Indication inexacte du nom du destinataire.* Ajouter à la suite de l'acquit la mention « Payé en présence des soussignés qui ont attesté que M..... est le véritable destinataire » ; pour les militaires, cette mention doit émaner du capitaine commandant la compagnie.

4° *Mandats ayant plus de neuf mois de date.* Les mandats de cette nature peuvent être renvoyés aux payeurs qui provoquent de la part de l'administration des postes un visa pour date permettant de payer.

Une fois les paiements de mandats-poste effectués, les percepteurs doivent inscrire la somme payée sur les filets de droite réservés à cet effet.

Enfin, il ne faut pas perdre de vue que ni les bons de poste à somme fixe, ni les mandats-poste internationaux, ni les mandats en piastres délivrés en Indo-Chine, ne sont payables dans les perceptions.

Rien de particulier pour le paiement des mandats de trésorerie émis par le Payeur chef ou ses préposés. Ces mandats sont en général au nom de commandants des détachements de troupes. Ils sont assignés directement payable sur une caisse déterminée ; s'ils sont présentés dans une autre, le percepteur peut demander, pour sa garantie, la communication de l'avis du mandat, qui, actuellement, reste au trésor ; mais il y a lieu, dans tous les cas, de bien s'assurer de l'identité de la partie qui se présente. Car des mandats de cette nature s'égarent facilement et peuvent tomber entre les mains d'individus qui essayent de s'en approprier le montant.

Il est recommandé expressément à tous les comptables qui effectuent des versements, soit à des corps de troupe, soit à des officiers isolés ou commandants de détachements, d'inscrire le paiement sur le carnet de solde.

Enfin les percepteurs auront soin, aussitôt qu'ils ont payé un mandat quelconque, d'y apposer un timbre semblable à celui dont le fac-similé est ci-dessous ; cette précaution est très utile pour éviter les doubles paiements.

8° CARNET DES ORDRES DE SERVICE ET DES CIRCULAIRES.

Ce carnet est destiné à assurer, dans chaque perception, quelques changements de titulaire qu'elle subisse, la continuation d'une marche uniforme du service. Toutes les circulaires, tous les ordres de service, y seront copiés in extenso et autant que possible à mi-marge, pour permettre les annotations postérieures.

Aussitôt qu'une circulaire de la trésorerie aura été copiée, elle devra être envoyée au payeur chef avec la mention suivante : « Le percepteur de... certifie avoir inscrit la présente circulaire sur son registre spécial ».

À chaque remise de service, il devra être fait une mention spéciale de la remise du carnet des circulaires.

9° CARNET DE CORRESPONDANCE

Le percepteur doit donner un numéro à tous ses envois de pièces, de notes ou de correspondance.

Les lettres peuvent être ou inscrites en sommaire, ou copiées intégralement, si on a intérêt à en conserver une trace complète; la série des numéros recommence au 1er janvier de chaque année.

Vous n'aurez à tenir, pour toute votre comptabilité, que les neuf carnets qui précèdent, et vous remarquerez que, pour la plupart, ils se contrôlent les uns les autres; c'est ainsi que le quittancier à souches et le livre de détail des recettes doivent donner constamment des totaux identiques. Le livre de caisse, par le solde qu'il présente en fin de mois, contrôle à son tour les registres de recettes et le carnet d'enregistrement des dépenses; en effet, si l'on ajoute au solde en caisse au dernier jour d'un mois, les recettes du mois suivant, et qu'on en déduise les dépenses, la différence donne exactement le solde en caisse à la fin du mois.

Le carnet des dépenses urgentes se contrôle aussi par le livre de caisse, puisque le solde de ce carnet, une fois les mandats régularisés déduits, doit donner le montant de ces valeurs comprises sur les situations de caisse. Enfin, le bordereau de versement dont il va être parlé, et qui n'est, en somme, que la balance des opérations mensuelles, vient compléter ce contrôle de la façon la plus efficace, en résumant le total des opérations faites au titre de chacun des comptes de dépenses ou de chacun des produits.

BORDEREAU DE VERSEMENT
(*Modèle n° 7*)

Ce bordereau doit être envoyé en double expédition au payeur qui centralise la perception, dans les dix premiers jours du mois, avec la situation des recouvrements et la copie du livre de détail des recettes. Le percepteur en conserve une minute littérale.

La première et la quatrième pages contiennent le détail des mandats payés pendant le mois précédent, et les envois matériels de numéraire; ce n'est que la copie du registre n° 7. La première page contient en outre le détail de la situation de caisse au dernier jour du mois.

Les pages intérieures 2 et 3 contiennent plusieurs tableaux dont le plus grand est divisé en 12 colonnes; la 1re indique la nature des produits; les 2° et 3° sont la reproduction du carnet d'enregistrement des titres de perception et de celui des dégrèvements; la 4° fait ressortir la somme à percevoir.

Pour les produits autres que ceux sur rôle ou provenant de marchés, il y a identité entre les chiffres des encaissements et celui des prises en charge.

Les colonnes 5, 6 et 7 sont affectées à la reproduction du livre de détail des recettes; la 8° représente la différence entre les colonnes 7 et 4.

Les colonnes 9, 10 et 11 servent à indiquer le détail du versement de chaque produit; enfin la 12°, qui est la différence des colonnes 8 et 11, indique la somme restant en caisse à la fin de chaque mois.

Le petit tableau de droite est réservé aux recettes d'ordre ou opérations de trésorerie. Les percepteurs remarqueront qu'ils doivent prêter leur concours au trésor en même temps qu'aux habitants de leur résidence pour les transmissions de fonds relatives aux demandes de traites, de mandats à la caisse centrale, d'achats de rente, ainsi que pour les versements à la caisse des dépôts. En raison de la difficulté des communications, de l'application d'une taxe additionnelle et de la rareté des relations avec le trésor, les percepteurs ne prêteront pas leur concours pour la transmission de fonds destinés à la délivrance de mandats-poste sur la métropole. Le total des opérations de trésorerie vient s'ajouter, mais à part, et après le total des produits directs, aux résultats du grand tableau. Il doit être délivré des quittances à souche pour chacun de ces versements.

Les dépôts des soumissionnaires sont ceux que les concurrents à une adjudication peuvent, en vertu du cahier des charges, être appelés à verser avant l'adjudication. Le remboursement en sera fait par le percepteur à ceux qui ne sont pas astreints au dépôt définitif. Le président de l'adjudication autorise le remboursement par une mention au dos de la quittance à souche; la partie prenante acquitte à côté. De même que les versements concourent à l'augmentation du total de la colonne n° 11, les remboursements sont compris parmi les dépenses, des 1re et 4° pages. Si l'adjudicataire définitif doit verser son cautionnement à la caisse des dépôts et consignations, sa quittance à souche figure néanmoins acquittée aux dépenses, mais le montant du versement est indiqué avec une fiche détaillée à l'appui, à la sixième ligne du tableau *versement à la caisse des dépôts*.

Enfin, une récapitulation placée au bas de la 2° page exprime l'opération dont j'ai parlé à la fin des explications sur l'emploi des carnets, et par l'addition des recettes du mois avec les recettes antérieures et la déduction faite du total des dépenses, donne le chiffre du solde, qui doit, au dernier jour du mois, se trouver représenté dans la caisse en numéraire et en dépenses urgentes non régularisées. — GUILLAUMOT. (1)

4. — 22 janvier 1890. — ARRÊTÉ *supprimant les caisses de fonds d'avances à Hung-hoa et Tuyên-quang, et créant des perceptions dans ces postes.*

Article premier. — Les caisses de fonds d'avances de Hung-hoa et de Tuyên-quang sont supprimées à compter du 1er février 1890.

Art. 2. — Il est institué dans chacun de ces postes un emploi de percepteur qui sera confié à un des agents de la vice-résidence.

Art. 3. — Les commis chargés de la perception recevront une indemnité annuelle de responsabilité de deux cents piastres.

Art. 4. — Toutes les dispositions prises par l'arrêté du 20 juin 1889, ainsi que les instructions contenues dans la circulaire du 30 juin suivant, sont applicables aux vice-résidences de Hung-hoa et de Tuyên-quang.

Art. 5. — Le 31 janvier 1890 au soir, les gérants des deux caisses de fonds d'avances feront remise au percepteur, qui en donnera décharge par une quittance à souche, du numéraire existant dans leur caisse.

Il sera dressé procès-verbal de l'opération en triple expédition.

(1) Voir en outre la circulaire du 13 juillet 1891, au sujet de l'émission des ordres de recette.

Les gérants des caisses d'avances demeurent chargés de la régularisation de toutes les opérations faites antérieurement à la remise de leurs caisses.

Art. 6. — Le Résident supérieur du Tonkin, le Commissaire général chef des services administratifs, et le Payeur chef du service de la trésorerie, sont chargés, chacun en ce qui le concerne, de l'exécution du présent arrêté. — PIQUET.

5. — 19 avril 1890. — ARRÊTÉ *créant une perception au chef-lieu du dao du Bay-say.*

Article premier. — Il est créé à Han-yen-Nhan, province du Bay-say, une perception qui relèvera du payeur de Hanoï.

Art. 2. — M. Espent, commis de 2ᵉ classe, est nommé percepteur à Han-yen-Nhan. Il jouira en cette qualité d'une indemnité mensuelle de 10 $ 00.

Art. 3. — M. le vice-résident du dao du Bay-say et M. le Payeur de Hanoï sont, chacun en ce qui concerne, chargés de l'exécution du présent arrêté. — BRIÈRE.

6. — 28 mai 1890. — ARRÊTÉ *créant une perception au siège de la province du Thaï-binh.*

Article premier. — Il est créé à Kién-xuong, siège de la vice-résidence du Thaï-binh, une perception qui relèvera de M. le Payeur de Nam-dinh.

Art. 2. — L'emploi de percepteur sera confié à un agent de la vice-résidence, lequel aura droit à une indemnité annuelle de responsabilité de deux cents piastres.

Art. 3. — Toutes les dispositions prises par l'arrêté précité du 20 juin 1880, ainsi que les instructions contenues dans la circulaire du 30 juin suivant, sont applicables à la vice-résidence de Thaï-binh.

Art. 4. — Un fonds de subvention, qui ne pourra être supérieur à deux mille piastres, sera mis à la disposition de M. le Percepteur du Thaï-binh, pour lui permettre d'assurer le paiement des dépenses jusqu'au moment où sa caisse sera suffisamment alimentée par ses propres recouvrements.

Art. 5. — Le chef du service de la trésorerie et le vice-résident du Thaï-binh sont chargés, chacun en ce qui le concerne, de l'exécution du présent arrêté. — BONNAL.

7. — 5 juin 1890. — ARRÊTÉ *créant une perception au siège du dao de My-duc.*

Article premier. — Il est créé à Ba-tha, siège du dao de My-duc, une perception qui relèvera du M. le Payeur de Hanoï.

Art. 2. — L'emploi de percepteur sera confié à l'un des agents détachés auprès de M. le vice-résident chargé de la direction du dao. Cet agent aura droit à une indemnité annuelle de responsabilité dont le chiffre sera fixé ultérieurement.

Art. 3. — Toutes les dispositions prises par l'arrêté précité du 20 juin 1880, ainsi que les instructions contenues dans la circulaire du 29 juin suivant, sont applicables à la vice-résidence de My-duc.

Art. 4. — Le chef du service de la trésorerie et le vice-résident détaché au dao de My-duc sont chargés, chacun en ce qui le concerne, de l'exécution du présent arrêté. — BONNAL.

8. — 17 octobre 1890. — ARRÊTÉ *créant une perception au siège de la résidence de Lao-kay*

Article premier. — La caisse de fonds d'avances de Lao-kay est supprimée à partir du 1ᵉʳ novembre 1890.

Art. 2. — Il est créé au siège de cette résidence une perception qui relèvera du payeur chef de service à Hanoï.

Art. 3. — L'emploi de percepteur sera confié à un agent de la résidence, lequel aura droit à une indemnité annuelle de responsabilité de 200 $.

Art. 4.

Art. 5. — Le Résident supérieur p. i. au Tonkin, le commissaire général de la marine chef des services administratifs, et le payeur chef du service de la trésorerie sont chargés, chacun en ce qui le concerne, de l'exécution du présent arrêté. — BONNAL.

9. — 22 avril 1891. — ARRÊTÉ *instituant trois nouvelles perception au Tonkin, et fixant les indemnités de responsabilité allouées aux titulaires des différentes perceptions.*

Article premier. — Il est institué au Tonkin, à compter du 1ᵉʳ mai 1891, trois perceptions nouvelles aux chefs-lieux des provinces de Ha-nam, Luc-nam et Hoa-binh.

Art. 2. — A compter de la même date l'indemnité de responsabilité prévue pour les titulaires des différentes perceptions est fixée à sept cent cinquante francs (750) pour les perceptions de Hai-duong, Ninh-binh, Hung-yen.

Cinq cent cinquante francs (550) pour les perceptions de Hung-hoa, Mon-cay, Quang-yen, Lao-kay, Cao-bang, Thai-nguyen, Tuyen-quang, Thaï-binh, Ha-nam, Luc-nam, Hoa-binh.

Art. 3. — Une indemnité de responsabilité de 400 francs par an est accordée aux fonctionnaires chargés du recouvrement de l'impôt aux résidences de Bac-ninh, Nam-dinh, Hanoï, Son-tay, Haiphong, Lang-son.

Art. 4. — Le Résident supérieur du Tonkin est chargé de l'exécution du présent arrêté. — BIDEAU.

10. — 20 mai 1891. — ARRÊTÉ *allouant une indemnité de responsabilité de 400 francs par an à divers agents chargés du recouvrement de l'impôt.*

Article premier. — Une indemnité de responsabilité de 400 francs par an, prévue à l'art. 3 de l'arrêté susvisé (22 avril 1891), est allouée aux fonctionnaires dont les noms suivent, chargés du recouvrement de l'impôt:

Hanoï.	MM. XX...
Bac-ninh	
Nam-dinh	
Lang-son	
Son-tay	
Hai-phong	

Art. 2. — Les Résidents de France à Hanoï, Bac-ninh, Nam-dinh, Lang-son, Haiphong, et le Payeur chef du service de la trésorerie sont chargés, chacun en ce qui le concerne, de l'exécution du présent arrêté. — BRIÈRE.

11. — 13 juillet 1891. — CIRCULAIRE *au sujet de l'émission des ordres de recette.*

Une circulaire du 24 juin 1886 règle les conditions dans lesquelles doit s'effectuer l'émission des ordres de recettes.

Dans de nombreux cas, ces règles n'ont pas été suivies; des ordres de recettes ont été délivrés indistinctement pour tous les revenus, alors même qu'il existait déjà un titre de perception, rôles de capitation, patentes, etc. Il en résulte un double emploi pouvant donner lieu à des erreurs et occasionnant un surcroît de travail inutile.

Je me borne à vous rappeler ci-après, avec quelques modifications de forme, les dispositions arrêtées par mon prédécesseur, auxquelles je vous invite à vous conformer strictement.

Vous n'ignorez pas la différence qui existe entre les contributions proprement dites et les recettes accidentelles. Les premières sont exclusivement perçues sur rôles, tandis que les recettes accidentelles donnent lieu à la délivrance d'ordres de recette ou de versement.

Les produits affermés forment une troisième catégorie de revenus pour lesquels les baux ou contrats servent de titres de perception.

Tous les ordres de recettes que vous émettez doivent être remis directement au comptable chargé d'en opérer le recouvrement, et inscrits par ordre de dates sur un registre spécial.

Afin de ne pas multiplier le nombre des ordres de recettes, les droits de chancellerie continueront à être perçus par le chancelier de la résidence, au moyen du registre à souche déjà en usage. Le montant des droits de l'espèce sera versé chaque samedi sur ordre de recette, à la caisse du payeur ou du percepteur.

J'ajouterai que les versements des douanes ou des postes et télégraphes ne doivent pas non plus, donner lieu à l'émission d'ordres de recette, les bordereaux de versement des receveurs constituant des pièces comptables suffisantes.

Les ordres de recette sont exclusivement destinés à remplir le rôle de titre de perception quand il n'en existe pas d'autre, et ne s'emploient, en dehors du versement des droits de chancellerie, que pour le recouvrement de droits éventuels, amendes, etc., et pour les recettes en atténuation de dépenses, c'est-à-dire les cessions à titre remboursable de matériel, de vivres, etc.

Cette pièce étant destinée au comptable, il y a lieu d'adresser au débiteur un avis de versement dont vous trouverez le modèle ci-joint.

Vous voudrez bien, à la fin de chaque trimestre, adresser au payeur ou au percepteur le relevé des ordres de recette émis pendant les trois derniers mois. Celui-ci vous le retournera après avoir indiqué par une note marginale, les numéros des quittances à souche délivrées pour les sommes reçues. Les reversements non soldés figureront sur le relevé du trimestre suivant. Un duplicata de cet état me sera adressé, par vos soins, dans les cinq premiers jours du nouveau trimestre.

Je vous rappelle qu'aux termes de l'article 211 du décret financier du 20 novembre 1882, les poursuites en cas de non paiement doivent être faites à la diligence des liquidateurs de la dépense, c'est-à-dire des fonctionnaires qui ont établi l'ordre de versement. Ces poursuites se bornant à des avertissements répétés au moins deux fois, au cas où ils n'auraient pas été suivis d'effet, vous aurez à réclamer par mon intermédiaire, des poursuites au payeur, chef du service de la trésorerie, agent judiciaire du Protectorat (Arrêté du 15 octobre 1888). — BRIÈRE.

AVIS D'ÉMISSION D'ORDRE DE VERSEMENT
(SANS FRAIS)

Monsieur

.est informé d'avoir à acquitter entre les mains du (1)
de   le montant de l'ordre
de versement émis en son nom, ce jour, sous le n°
pour les motifs ci-après:
et s'élevant à la somme de

À   le   189 .
                                   Le Résident.

(1) Percepteur ou Payeur.
Prière de produire le présent avis à la caisse du payeur ou percepteur.

AVIS D'ÉMISSION D'ORDRE DE VERSEMENT
(SANS FRAIS)

Monsieur

est prié d'avoir à se libérer sans délai entre les mains du (1)
de
de la somme de
montant de l'ordre de versement émis le   sous le n°
pour les motifs ci-après :
    Faute de se conformer à ce dernier avis, des poursuites légales pourront être exercées contre lui.

À   , le   189 .
                         Le Résident,

19. — 17 janvier 1892. — ARRÊTÉ *allouant une indemnité de responsabilité à l'agent chargé du recouvrement de l'impôt à Vinh-yen.*

Article premier. — Il est alloué, à compter du 1er janvier 1892, une indemnité de responsabilité de 400 francs par an au commis de résidence chargé du recouvrement de l'impôt au poste administratif de Vinh-yen.

Art. 2. — Le Résident supérieur au Tonkin est chargé de l'exécution du présent arrêté. — DE LANESSAN.

Voy.: **Fonds d'avances**; — **Dépenses urgentes**; **Trésor.**

PERMIS DE CHASSE. — Voy.: **Chasse**; — **Port d'armes**; — **Aigrettes.**

PERSONNEL. — Voy.: **Interprètes**; — **Organisation administrative.**

PÉTROLES

1. — 19 mai 1891. — ARRÊTÉ *déterminant les conditions d'établissement des raffineries de pétrole en Indo-Chine.*

Article premier. — Des raffineries de pétrole pourront être établies en Indo-Chine, à charge par les exploitants de se conformer, pour la construction et l'aménagement de ces usines, aux prescriptions actuellement en vigueur relativement au régime des établissements insalubres, incommodes ou dangereux.

Art. 2. — Les raffineries de pétrole seront soumises à la réglementation suivante, en ce qui concerne les droits de douane et les taxes locales perçues pour les pétroles.

Art. 3. — Les raffineries pourront être soumises à l'exercice des employés de l'administration des douanes et régies. Les frais de l'exercice sont déterminés, d'après le nombre des employés nécessaires, par l'autorité administrative, sur la proposition du service, qui devra préalablement et autant que possible s'entendre avec les exploitants.

Art. 4. — Toute usine exercée sera considérée comme entrepôt réel au point de vue de l'action de la douane.

Art. 5. — Les huiles minérales brutes importées à destination des raffineries, seront entreposées dans les magasins que l'administration supérieure désignera ultérieurement ou dans les locaux aménagés à cet effet par les raffineries.

Dans les localités où il existe des magasins publics ou monopolisés, ces matières pourront être entreposées dans ces magasins, si les concessionnaires le permettent.

En ce cas, elles seraient soumises aux droits de magasinage en vigueur.

Art. 6. — Les huiles minérales brutes importées pour le compte des raffineries soumises à l'exercice, jouiront du bénéfice de l'admission temporaire.

Les droits du tarif spécial inscrits dans le tableau du décret du 9 mai 1889, seront appliqués aux produits raffinés livrés à la consommation.

La réexportation aura lieu en franchise.

Les huiles minérales brutes importées pour le compte des raffineurs qui ne seraient pas soumis à l'exercice, seront soumises aux droits d'importation.

Ces droits, perçus au moment de la sortie des huiles brutes de l'entrepôt ou de leur introduction sur le territoire, s'il n'y a pas d'entrepôt, seront calculés d'après le rendement en produit raffiné.

Le remboursement des droits sur les produits réexportés aura lieu dans les conditions ordinaires des drawbacks.

Les autres huiles et essences tirées des huiles minérales brutes suivent le régime des huiles raffinées.

Art. 7. — Les raffineurs ne pourront être autorisés à conserver dans leurs usines des quantités d'huiles minérales brutes supérieures à celles nécessaires pour une production de dix jours.

Cette proportion sera établie par la moyenne des quatre dizaines écoulées.

Les pétroles raffinés seront retirés de l'usine pour être emmagasinés ou réexportés, ou livrés au commerce, au gré des raffineurs, sous le contrôle des employés de la régie. En aucun cas, le stock de ce produit conservé à l'usine, ne pourra être supérieur à 4,000 litres.

Ils seront logés dans des récipients en métal, avec ou sans caissage en bois, présentant des conditions de solidité et des garanties contre l'incendie, analogues à ceux dans lesquels les huiles minérales raffinées sont aujourd'hui importées.

Le caissage en bois sera obligatoire pour les pétroles destinés à être entreposés.

Art. 8. — Les huiles minérales brutes qui seront entreposées dans les magasins publics, pourront être retirées de ces établissements pour être livrées aux raffineries sans que le délai d'entrepôt pour lequel les droits de magasinage ont été payés prenne fin par le fait de cette opération. Une quantité équivalente de produit raffiné pourra être réintégrée au lieu et place des sorties de matières brutes, le temps passé à la raffinerie comptant comme si la matière entreposée n'avait pas quitté l'établissement.

En ce cas, les raffineries auraient toujours à payer la main-d'œuvre supplémentaire résultant de cette double manipulation.

Art. 9. — Toute infraction aux dispositions du présent arrêté sera constatée par un procès-verbal en due forme, et punie des peines de simple police, sans préjudice d'une amende spéciale de cinq centimes par litre de liquide sur les quantités ayant donné lieu à la contravention.

En cas de sortie ou d'entrée frauduleuse de liquide d'une raffinerie soumise à l'exercice, les quantités saisies en fraude seront confisquées. Après deux contraventions pour faits frauduleux, le bénéfice de l'admission temporaire pourra être retiré.

Art. 10. — Le Lieutenant-gouverneur de la Cochinchine, les Résidents supérieurs en Annam, au Tonkin et au Cambodge sont chargés, chacun en ce qui le concerne, de l'exécution du présent arrêté, qui sera enregistré et publié partout où besoin sera. — BIDEAU.

2. — 1er mai 1892. — ARRÊTÉ *établissant un impôt de consommation sur les huiles minérales.*

Article premier. — Les huiles de pétrole, de schiste, et autres huiles minérales propres à l'éclairage, sont soumises à un droit de consommation ou d'accise fixé à une piastre par cent kilos.

Art. 2. — Ce droit est perçu à l'arrivée par l'administration des douanes et régies, et ne se confond pas avec celui d'importation.

Art. 3. — Il n'est pas applicable aux huiles dessus dites, transitées ou réexportées, lorsqu'elles auront été déposées à l'entrepôt réel ou admises en entrepôt fictif.

Art. 4. — Le bénéfice de l'entrepôt fictif pourra être accordé par décision spéciale du Résident supérieur, sous la garantie d'une caution pour le paiement du montant des droits constatés, et sous les réserves établies par les règlements locaux en vigueur, pour l'emmagasinement des huiles minérales.

Art. 5. — Les sorties des entrepôts fictifs se feront sans déclaration préalable, mais seront portées sur un compte courant spécial, tenu par l'entrepositaire. Ce compte sera toujours à la disposition des agents de la douane chargés de la vérification et de la surveillance des entrepôts fictifs. Le règlement des droits se fera en fin de chaque mois, sur le chiffre des sorties à ce compte courant, après vérification des quantités restant dans l'entrepôt fictif.

Art. 6. — Les manquants par coulage et ceux dont l'entrepositaire fournira la justification, donneront lieu au paiement intégral de la taxe de consommation, conformément à la législation métropolitaine sur les entrepôts fictifs.

En cas de manquants non justifiés, le double droit sera exigé sur les quantités en déficit.

Art. 7. — La faveur de l'entrepôt fictif pourra être accordée par le Résident supérieur aux huiles de pétrole, de schisto et autres huiles minérales propres à l'éclairage, pour une localité autre que le port de débarquement, à condition qu'elle soit pourvue d'un bureau de douanes. La prise en charge, dans ce cas, aura lieu sur les quantités constatées à la vérification au débarquement et les huiles ainsi entreposées à l'intérieur seront soumises aux dispositions des articles 4, 5, et 6 ci-dessus.

Art. 8. — Les huiles de pétrole, de schisto, et autres huiles minérales propres à l'éclairage, placées en entrepôt réel, seront à leur entrée, prises en compte pour les quantités reconnues à la vérification, mais les droits ne seront perçus que sur les quantités réellement sorties, c'est-à-dire après que le plein des barils et caisses aura été fait ou constaté.

Les manquants constatés par procès-verbal, seront alors déduits à titre de déchet naturel de coulage.

Art. 9. — Les huiles minérales dessus dites, emmagasinées dans l'entrepôt réel, pourront être acheminées sur les villes de l'intérieur dans les conditions déterminées par l'article 7.

Art. 10. — Les dispositions, prescriptions, formules et pénalités prévues pour le service des douanes, par les règlements locaux en vigueur, sont applicables à la perception des droits établis par le présent arrêté.

Art. 11. — Les Résidents supérieurs au Tonkin et en Annam sont chargés, chacun en ce qui le concerne, de l'exécution du présent arrêté, qui sera appliqué à compter du 1er juin 1892, sans recensement. — DE LANESSAN.

Voy. : **Douanes** ; — **Importations** ; — **Raffineries.**

PHARES ET ANCRAGE (DROITS DE)

1. — 12 avril 1891. — ARRÊTÉ *fixant la composition et la solde des gardiens de phare.*

Article premier. — Le personnel du service des phares comprend des maîtres de phare (une seule classe), des gardiens européens (deux classes), et des gardiens asiatiques journaliers.

Art. 2. — Le personnel est placé sous la direction du service des travaux publics.

Art. 3. — Les soldes des maîtres et gardiens de phare sont fixés ainsi qu'il suit :

GRADES ET CLASSES	SOLDE		TOTAL	OBSERVATIONS
	d'Europe	supplément colonial		
Maîtres de phare........	2,000	2,000	4,000	
Gardiens européens de 1re classe,............	1,500	1,500	3,000	
Gardiens européens de 2e classe.............	1,312 50	1,312 50	2,625	

Art. 4. — Ce personnel aura droit à l'indemnité de vivres de 400 francs allouée aux agents du Protectorat par l'arrêté du 31 décembre 1890, à l'exception des maîtres et gardiens détachés au phare de Padaran, pour lesquels cette indemnité sera remplacée par une indemnité journalière de 0 $ 50.

Art. 5. — Les Résidents supérieurs en Annam et au Tonkin sont chargés de l'exécution du présent arrêté. — BIDEAU.

2. — 1er mai 1892. — ARRÊTÉ *fixant la quotité de la taxe de tonnage à percevoir sur les navires entrant dans les ports ouverts de l'Annam et du Tonkin.*

Article premier. — Dans les ports ouverts de l'Annam et du Tonkin, les navires seront soumis, pour chaque voyage comprenant l'entrée et la sortie du port, à la taxe de tonnage ci-après, représentant les droits de phare, d'ancrage, de balisage, de quai, de police de rivière et de rade.

Les navires français : 0 $ 01 (par tonneau de jauge et par voyage).

Les navires étrangers : 0 $ 10 (par tonneau de jauge et par voyage).

Les navires étrangers ont la faculté de l'abonnement à raison de 0 $ 40 par période de 3 mois et par tonneau de jauge.

Art. 2. — Le tonnage est déterminé par la méthode Moorson appliquée en Cochinchine.

Art. 3. — Les navires à voiles ne seront soumis à la taxe de tonnage qu'une fois tous les quatre mois.

Art. 4. — La taxe de tonnage devra être acquittée avant le départ du navire; elle sera perçue par les soins de l'administration des douanes et régies.

Le navire et le chargement répondent du paiement de la taxe.

Art. 5. — Les navires de toute nationalité, entrant et sortant sur lest, c'est-à-dire ceux dont le chargement en marchandises sera inférieur, comme encombrement, au vingtième de la jauge du navire et comme valeur à une piastre par tonneau de jauge du navire, paieront la taxe proportionnellement au nombre de tonnes de marchandises embarquées, et non d'après le tonnage total du navire.

Art. 6. — Sont entièrement exempts du paiement de la taxe de tonnage :

1o Les bâtiments de guerre de toute nationalité;

2o Les navires de plaisance et les bâtiments autres que ceux du commerce.

Les navires nolisés ou affrétés par l'État, lorsque leur chargement est exclusivement destiné à l'État.

Art. 7. — En cas de chargement partiel pour le compte du commerce, les navires nolisés ou affrétés par l'État, acquitteront la taxe de tonnage proportionnellement au nombre de tonnes de marchandises qu'ils porteront pour le compte du commerce.

En cas de chargement complet pour le commerce, ils seront soumis au régime général défini par l'article premier du présent arrêté.

Art. 8. — Les navires arrivant sur lest dans un port ouvert de l'Annam et du Tonkin et emportant un chargement exclusif de charbon ou de minerai, seront exempts de tout droit de tonnage, s'ils battent pavillon français, et paieront par tonneau de jauge, s'ils sont navires étrangers, une taxe réduite à 0 $ 03 par voyage, et par abonnement à 0 $ 12 par trimestre.

Art. 9. — Les navires arrivant chargés, et repartant avec un chargement exclusif de charbon ou de minerai n'acquitteront, pour chaque voyage, que la moitié du droit inscrit à l'article premier.

Art. 10. — Le droit de tonnage n'est dû que dans le premier port de l'Annam et du Tonkin où le navire aborde, s'il se rend directement, ensuite, dans un des autres ports ouverts du Protectorat.

Les navires abonnés peuvent entrer indifféremment dans tous les ports, sans être soumis au paiement d'une nouvelle taxe.

Art. 11. — Sont abrogés, en tout ce qu'ils ont de contraire aux dispositions du présent arrêté, les arrêtés du 15 février 1889 et des 20 septembre et 15 octobre 1890.

Art. 12. — Les Résident supérieurs au Tonkin et en Annam sont chargés, chacun en ce qui le concerne, de l'exécution du présent arrêté. — DE LANESSAN.

Voy. : **Impôts** ; — **Navigation** ; — **Ports de commerce** ; — **Travaux publics.**

PHARMACIES, PHARMACIENS

1. — 30 novembre 1884. — DÉCISION *réglementant l'exercice de la pharmacie en Annam et au Tonkin.*

Article premier. — Tout pharmacien ayant officine ouverte ou qui désire exercer sa profession en Annam et au Tonkin, sera tenu d'adresser copie légalisée de son titre à l'autorité administrative du Protectorat.

Art. 2. — Les pharmaciens non pourvus du titre exigé par la loi du 21 germinal an XI pourront être autorisés à ouvrir des officines de pharmacie, s'ils justifient de leurs connaissances devant un jury d'examen institué comme ci-après.

Ils devront, avant tout, faire de dépôt, à la résidence, des pièces justifiant des inscriptions et du stage exigés par le décret du 22 août 1854,

Art. 3. — Le jury d'examen sera composé d'un docteur en médecine et de deux pharmaciens universitaires de 1re classe, désignés par le chef du service de santé.

Autant que possible, ce jury sera présidé par le chef dudit service.

Art. 4. — Les examens seront passés dans la forme prescrite par les articles 15 et 16, titre III, de la loi du 21 germinal an XI. Le jury délivrera, s'il y a lieu, aux postulants, le diplôme nécessaire pour exercer au Tonkin et en Annam.

Ce diplôme sera soumis à l'approbation du ministre plénipotentiaire, Résident général, enregistré au greffe du tribunal de la résidence du lieu d'exercice, et rendu public par la voie du *Bulletin officiel du Protectorat.*

La prestation de serment sera reçue par le résident.

Art. 5. — A partir de l'établissement d'un pharmacien ayant justifié des capacités exigées, nulle autre personne ne pourra fournir des médicaments

composés, des compositions ou préparations pharmaceutiques, sous peine de cent à cinq cents francs d'amende. Le commerce en gros des drogues simples est librement autorisé, mais sans qu'il soit possible d'en débiter aucune au poids médicinal.

Art. 6. — Les pharmaciens ne pourront livrer et débiter les préparations médicinales ou drogues composées quelconques que d'après la prescription qui en sera faite par des médecins, chirurgiens, officiers de santé ou vétérinaires, et sur leur signature. Ils ne pourront vendre aucun remède secret. Ils se conformeront, pour les préparations et compositions qu'ils devront exécuter et tenir dans leurs officines, au formulaire pharmaceutique connu sous le nom de *Codex medicamentarius.* Ils ne pourront faire, dans les mêmes lieux ou officines, aucun autre commerce ou débit que celui des drogues et préparations médicinales.

Ces dispositions ne sont pas applicables aux pharmaciens, droguistes et épiciers indigènes ou chinois, lesquels cependant ne pourront avoir, dans leurs boutiques, ou mettre en vente des médicaments de fabrication européenne, qui sont exclusivement réservés aux officines des pharmaciens européens, sous peine d'une amende qui sera prononcée par le mandarin de la province chargé de la justice. Les médicaments seront, en outre, saisis et confisqués.

Art. 7. — Le directeur des affaires civiles et politiques est chargé de l'exécution de la présente décision. — G. LEMAIRE.

2. — 29 décembre 1885. — DÉCISION *prescrivant aux pharmaciens ayant officine ouverte au Tonkin de ne pas quitter leur résidence sans l'autorisation du Résident général, et les obligeant à se faire remplacer, en cas de congé, par un élève agréé par le Conseil de santé,*

Rapportée par décision du 27 février 1886.

3. — 27 février 1886. — DÉCISION *abrogeant celle du 29 août 1885, et promulguant les lois du 21 germinal an XI et les décrets des 9 octobre 1846 et 7 juillet 1850, portant réglementation des officines de pharmaciens.*

Article premier. — Est abrogée la décision du 29 août 1885.

Art. 2. — Sont promulguées dans toute l'étendue de l'Annam et du Tonkin, les lois du 21 germinal an XI et les décrets des 29 octobre 1846 et 8 juillet 1850, portant réglementation des officines de pharmacie.

Art. 3. — Aucun pharmacien autorisé à tenir une officine au Tonkin ou dans l'Annam ne pourra, sous peine de voir fermer sa maison, quitter le pays sans avoir présenté à l'administration un pharmacien diplômé qui prendra sa place.

Art. 4. — Le directeur des affaires civiles et politiques est chargé de l'exécution de la présente décision. — WARNET.

Voy. : **Médicaments.**

PHU-LANG-THUONG (CENTRE DE)

1. — 10 février 1893. — ARRÊTÉ *fixant les impôts dont la perception est autorisée dans la ville de Phu-lang-Thuong* (1).

Article premier. — La ville de Phu-lang-Thuong

(1) Voir en outre arrêté du 16 mai 1893.

32

est placée sous le régime de l'arrêté du 8 novembre 1892 précité.

Art. 2. — Une taxe annuelle de 0 $ 30 sera perçue au profit du budget urbain de Phu-lang-Thuong sur tout indigène, propriétaire, employé, artisan non domestique, âgé de 18 à 54 ans, habitant la ville de Phu-lang-Thuong, et non exempté de contribution personnelle par les lois indigènes.

Les fonctionnaires et employés en activité de service sont exempts de cette taxe.

Art. 3. — *Rapporté par arrêté du 3 juillet 1894* (2).

Art. 4. — Les Européens commerçants et industriels paieront une taxe d'éclairage fixée à 0 $ 50 par mois.

Art. 5. — Les corvées resteront dues en nature et les journées de prestations seront affectées aux travaux de voirie de la ville. Toutefois, ces corvées pourront être rachetées dans les conditions établies pour le Protectorat par l'arrêté du 30 juin 1889, et le produit en sera versé au titre des recettes du budget urbain de Phu-lang-Thuong.

Art. 6. — Les maisons de la ville de Phu-lang-Thuong seront imposées suivant leur nature, conformément au tableau ci-dessous :

Maisons en briques couvertes en tuiles . . .	2 $ »
— paillottes ou bois couvertes en tuiles	0 50
paillottes	0 20

Ces taxes sont indépendantes de l'impôt foncier dû au Protectorat.

Art. 7. — Les terrains vagues ou les mares en bordure sur les voies éclairées paieront, à titre de taxe d'éclairage, 0 $ 20 par mètre courant. Le montant maximum de cette taxe ne pouvant dépasser 5 piastres.

Art. 8. — Tous les commerçants européens ou asiatiques étrangers seront assujettis à une taxe annuelle variant de 0 $ 50 à 5 $, suivant l'importance de leur commerce et déterminée comme suit, d'après la classification de l'arrêté du 15 avril 1890, réglementant l'impôt des patentes :

Hors classe et 1re catégorie	5 $ »
2e et 3e —	4 »
4e —	3 »
5e —	2 »
6e — . . .	1 50
7e — . . .	1 »
8e et 9e — . . .	0 50

Art. 9. — Il est fait abandon au budget urbain de Phu-lang-Thuong, des taxes perçues actuellement par le budget du Protectorat sur le bac desservant directement cette ville.

Art. 10. — Le résident de Bac-ninh pourra charger M. le vice-résident de Phu-lang-Thuong, des fonctions d'ordonnateur du budget urbain de Phu-lang-Thuong, qui lui sont dévolues aux termes de l'article 7 de l'arrêté organique du 8 décembre 1892; mais il continuera à adresser lui-même, à la Résidence supérieure, les situations mensuelles de recettes et de dépenses et la demande des crédits qui devront lui être délégués pour couvrir les dépenses de chaque mois.

Art. 11. — Le Résident supérieur du Tonkin est chargé de l'exécution du présent arrêté. — CHAVASSIEUX.

(2) Voir, Vo *Bac-ninh*, le texte de cet arrêté commun à d'autres villes.

2. — 16 mai 1893. — ARRÊTÉ *déterminant les limites du territoire de la ville de Phu-lang-Thuong, et fixant les taxes à percevoir au profit de son budget local.*

Article premier. — Le territoire de la ville de Phu-lang-Thuong est limité :

1o Au Nord par une ligne fictive qui passerait par un point situé sur le prolongement de la rue du Marché de Châu-xuyên et à 200 mètres à l'angle Nord de la citadelle, et qui rejoindrait ensuite la borne kilométrique no 1 de la voie ferrée;

2o A l'Ouest par une ligne parallèle à la voie ferrée et à 450 mètres au delà de cette voie ferrée;

3o Au Sud par le Song-Thuong jusqu'en aval de l'abattoir, ensuite par l'ancienne digue, enfin par la digue actuelle;

4o A l'Est par une ligne parallèle à la rue du Marché de Châu-xuyên et située à 200 mètres au delà.

Art. 2. — Les taxes de voirie que le vice-résident délégué du Résident de Bac-ninh est autorisé à percevoir au profit du budget local de la ville de Phu-lang-Thuong, dans le périmètre indiqué dans l'article précédent, sont les suivantes :

§ 1er. — TAXES DIVERSES DE VOIRIE

Demande d'alignement, de nivellement, d'autorisation de construire, réunies ou séparément :

1o Maisons en briques	1 $ 00
2o Maisons en paillottes	0 20
Demande d'autorisation pour grosses réparations à des maisons en briques	0 20
Demande d'établir des appontements, par mètre carré	0 10
Dépôts ou échafaudages sur la voie publique, par mètre carré et par mois	0 02

§ 2. — LIVRETS ET CARTES

Livrets de boys, obligatoires	0 40
Carte de circulation annuelle (boys) . . .	0 20
Carte de fille publique annamite, par trimestre.	1 50
Carte de fille publique japonaise ou chinoise, par trimestre	3 00

§ 3. — TAXE DE FOURRIÈRE

Buffles, bœufs, chèvres, par tête et par jour .	0 20
Chevaux	0 25
Chiens, moutons	0 15
Cochons	0 10
Volailles (par panier et par jour)	0 05
Sampans (par unité et par jour)	0 10
Voitures, charrettes, pousse-pousse (par unité et par jour)	0 30

Marchandises diverses.

1/2 mètre cube et au-dessous, par jour . .	0 05
Au-dessus d'un 1/2 mètre cube, et jusqu'à 1 mètre cube, par jour	0 10
Au-dessus de 1 mètre cube et par jour . .	0 10

Art. 3. — *Amendes de simple police* — Les habitants qui enfreindraient les règlements de police et de voirie et ne se mettraient pas en règle vis-à-vis de la caisse municipale en ce qui concerne le paiement des taxes urbaines prévues aux paragraphes qui précèdent, seront passibles d'amendes qui devront être payées dans les vingt-quatre heures qui suivront leur notification aux intéressés, et ce entre les mains du receveur municipal, sous peine de les voir portées au double en cas de retard dépassant ce délai.

Le montant des amendes sera triple de la taxe pour toute infraction aux dispositions de l'article 2.

Art. 4. Toutes les contraventions aux dispositions des arrêtés du 8 novembre 1892 et du 10 février 1893 précités, du présent arrêté et des arrêtés de police locale pris par le résident, seront poursuivies et punies, conformément à la loi, par la juridiction compétente française ou indigène.

Art. 5. — Le Résident supérieur du Tonkin est chargé de l'exécution du présent arrêté. — DE LANESSAN.

PILOTAGE, PILOTES

1. — 21 novembre 1883. — DÉCISION *règlementant la station des pilotes à Haiphong.*

Modifiée par arrêté du 26 septembre 1892.

2. — 10 décembre 1883. — DÉCISION *fixant les droits de pilotage à l'entrée et à la sortie des bouches du Cua-tray, du Van-ne, du Tray-binh, du Tra-ly, du Ba-lat et du Day.*

Modifiée par arrêté du 26 septembre 1892.

3. — 2 janvier 1884. — DÉCISION *modifiant l'article 5 de celle du 20 décembre 1883, concernant les tarifs du pilotage.*

Modifiée par arrêté du 26 septembre 1892.

4. — 15 juillet 1884. — ARRÊTÉ *concernant l'organisation d'un corps de pilotes indigènes pour le service des bâtiments de la flottille.*

Article premier. — Il est créé, au Tonkin, un corps de pilotes indigènes pour le service des bâtiments de la flottille ; ce corps se compose d'élèves pilotes et de pilotes titulaires divisés en trois classes.

Art. 2. — Les élèves pilotes pourront être recrutés par MM. les capitaines des bâtiments de la flottille et par les autorités maritimes de Haiphong et de Hanoi, qui s'assureront au préalable des aptitudes du candidat et en demanderont l'embarquement à M. le commandant de la marine.

Les élèves pilotes qui, après six mois d'embarquement, ne seront pas reconnus aptes à passer l'examen de pilote titulaire, seront licenciés. Ils pourront l'être également pour inconduite, par décision de M. le commandant de la marine, sur la proposition de leurs capitaines.

Art. 3. — Les élèves pilotes, après trois mois d'embarquement en cette qualité, pourront être admis, sur la proposition de leurs capitaines, à passer l'examen de pilote titulaire devant une commission composée ainsi qu'il suit :

Le plus ancien des capitaines de la flottille présent sur rade, *président* ;

Deux capitaines de la flottille, *membres* ;

Deux pilotes titulaires présents, *assistants.*

A défaut de trois capitaines présents, M. l'adjudant de division pourra faire partie de cette commission, soit comme membre, soit comme président.

Cette commission se réunira sur l'ordre de M. le commandant de la marine et autant que possible à Hanoi ou à Haiphong.

La commission donnera au candidat reçu un certificat constatant son aptitude professionnelle et lui fera souscrire, séance tenante, l'engagement de servir pendant deux années au moins sur les bâtiments de la flottille ; cet engagement sera joint au dossier

du candidat, qui devra être envoyé à M. le commandant de la marine par le président de la commission.

Art. 4. — La nomination des pilotes titulaires et leur avancement en classe auront lieu par décision de M. le Général commandant en chef, prise sur la proposition de M. le commandant de la marine.

Il sera exigé une année d'embarquement non interrompue dans une classe pour passer à la classe supérieure.

Les pilotes titulaires pourront être révoqués pour inconduite, par décision de M. le Général commandant en chef, sur le rapport de M. le commandant de la marine.

Art. 5. — *Complété et modifié par les arrêtés des 17 juin et 20 août 1887, qu'on trouvera ci-après.*

Art. 6. — Les pilotes titulaires porteront, pour insignes, deux ancres en sautoir sur le côté gauche de la poitrine ; elles seront en étoffe bleue pour les pilotes de 2e et 3e classes, et en étoffe rouge pour les pilotes de 1re classe.

Art. 7. — Le présent arrêté sera exécutoire à partir du 1er août 1884.

M. le commandant de la marine prendra les mesures nécessaires pour régler suivant sa teneur, la situation des pilotes embarqués. — MILLOT.

5. — 17 juin 1887. — ARRÊTÉ *fixant la solde des pilotes indigènes.*

L'article 5 de l'arrêté précité (1) est rapporté et remplacé par les dispositions suivantes.

La solde du personnel des pilotes indigènes est fixée ainsi qu'il suit, pour compter du 1er juillet 1887 :

Chef des pilotes....	3 fr. 33	net par jour
Pilotes de 1re classe..	2 70	—
Pilotes de 2e classe..	2 20	—
Pilotes de 3e classe..	1 60	—
Élèves pilotes......	1 10	—

Tout pilote titulaire qui remplira en même temps les fonctions d'interprète recevra un supplément journalier de 0 fr. 70 net, et sera désigné sous la dénomination de pilote interprète.

Le chef des pilotes, les pilotes de 1re classe et les pilotes interprètes, continuent d'être admis à la table des maîtres chargés. — G. BIHOURD.

6. — 20 août 1887. — ARRÊTÉ *fixant la solde des pilotes indigènes en cas d'absence.*

Le nouvel article 5 de l'arrêté sur l'organisation des pilotes indigènes (2) est complété par les dispositions suivantes :

La solde journalière d'absence à l'hôpital, en congé, ou en inactivité est fixée :

Pour les pilotes de 1re classe à....	1 fr.	80
— 2e —	1	35
— 3e —	0	75
Et pour les élèves pilotes à.......	0	55

Lorsque ces indigènes sont traités dans un hôpital ou dans une ambulance pendant leur congé, ils ont droit, savoir :

Les pilotes de 1re classe à...	0 fr. 95	par jour
— 2e — ...	0 60	—
— 3e — ...	0 10	—

Les élèves pilotes ne peuvent être mis dans la position de congé. — G. BIHOURD.

(1) 15 juillet 1884. Voir en outre complément du tarif par arrêté du 20 août 1887.
(2) Arrêté du 17 juin 1887.

32.

7. — 12 avril 1892. — ARRÊTÉ *modifiant celui du 21 novembre 1883, sur le service du pilotage* (1).

8. — 10 mai 1892. — ARRÊTÉ *suspendant l'effet de celui du 10 mai 1892, sur le service du pilotage.*

Article premier. — L'effet des arrêtés du 12 avril 1892 réglementant le service du pilotage dans les ports de Haiphong, Hon-gay et Ké-bao est provisoirement suspendu.

Art. 2. — Toutefois le tarif pour pilotage à l'entrée et à la sortie du port de Ké-bao continuera à être appliqué dans les conditions déterminées par ces arrêtés.

Art. 3. — Le Résident supérieur du Tonkin est chargé de l'exécution du présent arrêté. — CHAVASSIEUX.

9. — 12 avril 1892. — ARRÊTÉ *créant une station de pilotage à Ké-bao* (2).

10. — 26 septembre 1892. — ARRÊTÉ *réorganisant le service du pilotage au Tonkin.*

TITRE PREMIER

ORGANISATION ET RECRUTEMENT DU PERSONNEL
DES PILOTES

Article premier. — Le personnel affecté au service des stations de pilotage du Tonkin comprend : des pilotes titulaires, des aspirants pilotes et des élèves pilotes.

L'effectif de chaque catégorie est fixé par un arrêté du Gouverneur général, sur la proposition du commandant de la marine, selon les besoins du service (3).

Les cadres doivent être maintenus au complet. Transitoirement les pilotes titulaires existant actuellement resteront en fonctions. Au moment de la mise en vigueur du présent arrêté, ces pilotes seront mis en demeure d'opter pour l'une des trois stations de pilotage. Ils pourront néanmoins continuer à exercer leurs fonctions sur toute la côte, jusqu'à ce que les stations nouvellement créées aient été définitivement constituées en personnel.

Art. 2. — Les élèves pilotes sont nommés par le Commandant de la marine et choisis parmi les inscrits maritimes réunissant cinq ans de navigation et ayant 40 ans au plus.

Ils sont choisis de préférence parmi les capitaines au long cours, les maîtres au cabotage, les officiers mariniers et les marins ayant navigué comme maîtres d'équipage à bord des navires de commerce.

Dans ce choix, il sera tenu compte du fait d'avoir navigué comme officier ou maître à bord des bâtiments à voiles.

Les élèves pilotes devront savoir écrire et être capables de relater clairement un événement maritime.

Art. 3. — Sont nommés aspirants pilotes, au fur et à mesure des besoins, et en suivant l'ordre de classement, les élèves pilotes qui, ayant subi avec succès les épreuves du concours dont il est question aux articles 4, 5, 6 et 7, sont inscrits sur la liste d'admissibilité.

Leur nomination est faite sur la proposition du

Commandant de la marine, par le Gouverneur général, délégué du Ministre de la marine, qui, à cet effet, délivre aux intéressés un brevet d'aspirant pilote.

Ce brevet est enregistré à l'inscription maritime.

Art. 4. — Le concours pour l'obtention du brevet d'aspirant pilote a lieu devant une commission réunie par ordre du Commandant de la marine quand les besoins du service l'exigent.

Art. 5. — Nul élève pilote, candidat au brevet d'aspirant pilote, n'est admis à se présenter au concours s'il ne réunit les conditions suivantes : être âgé de 24 ans au moins, compter six ans de navigation, dont six mois au moins dans son emploi d'élève pilote.

Le Commandant de la marine pourra cependant faire une dérogation à cette dernière condition (six mois d'élève pilote), si des vacances trop nombreuses et imprévues l'exigent, et si les candidats présentent des garanties suffisantes.

Art. 6. — La commission du concours pour l'obtention du brevet d'aspirant pilote se compose de :

L'officier-directeur des mouvements du port de guerre, *président ;*

Le capitaine du port de commerce, s'il est capitaine au long cours, un capitaine au long cours pourvu d'un commandement ;

Deux pilotes titulaires.

Ces deux pilotes sont nommés pour un an par le commandant de la marine.

Si le capitaine du port de commerce n'est pas capitaine au long cours, il est remplacé par un officier de ce grade pourvu ou non d'un commandement.

Le concours a lieu en présence du commissaire de l'inscription maritime.

Art. 7. — Le concours est oral ; il porte sur les matières désignées ci-après :

1er PARTIE. — QUESTIONS TECHNIQUES DE PILOTAGE

(Coefficient 4)

(A). — *Pour la station de Haiphong :*

Connaissance du Cua-cam, du Cua-nam-Triêu, du Vang-chau, du Song-chang, et du Lach-huyên.

(B). — *Pour la station de Hong-gay :*

Connaissance du Lach-huyên, des passes de Gia-luan, Profonde, Henriette, de l'Arche, de l'Hamelin, des mouillages de la Cac-ba, de Ha-long, de Hon-gay et du Port-Courbet.

(C). — *Pour la station de Ké-bao :*

Connaissance de l'archipel des Gow-Tow et des passes donnant accès du large à Ké-bao et à l'estuaire de Tien-yen, Tsiong-mun, Kuai-lù-Mun, passes des Bruyères, Cua-mo.

Dans chacune des stations, les candidats devront connaître les dangers, balisages, feux, alignements, limites du louvoyage, courants de marée, vents et courants généraux.

2e PARTIE. — QUESTIONS SUR LES MANŒUVRES DES BATIMENTS A VOILES ET A VAPEUR, CARTES, COMPAS, SIGNAUX COMMERCIAUX, RÉGLEMENT INTERNATIONAL POUR PRÉVENIR LES ABORDAGES.

(Coefficient 2).

Il sera donné une note unique pour chaque partie.

Le président donne, en outre, une note d'ensemble, conduite et moralité, dont le coefficient est de 3. Les notes sont données de 0 à 20.

---

(1) L'effet de cet arrêté avait été provisoirement suspendu par celui du 10 mai 1892 ; puis le service du pilotage a été totalement réorganisé pour les ports de Tonkin par arrêté du 26 septembre 1892, publié à sa date.

(2) Abrogé par arrêté du 26 septembre 1892.

(3) L'effectif des différentes stations de pilotes a été fixé par arrêté du 26 septembre 1892, dont le texte suit.

Lorsque la somme de leurs produits par les coefficients donnera un total d'au moins 135 points, sans que l'une des trois notes ait été inférieure à 12, le candidat sera déclaré admissible.

Les candidats déclarés admissibles sont inscrits, d'après le nombre de points obtenus, sur une liste d'admissibilité que le Commandant de la marine transmet au Gouverneur général, en y joignant son appréciation personnelle.

Cette liste est déposée à la direction du port de guerre et à celle du port de commerce : elle n'est valable que pour deux ans.

Aucun concours ne peut avoir lieu avant épuisement complet de la liste d'admissibilité, soit par suite de nomination de candidats, soit par suite de leur radiation (voir article 10) ou de leur renonciation.

Art. 8. — Sont nommés pilotes titulaires les aspirants pilotes en suivant l'ordre d'ancienneté.

Leur nomination est faite sur la proposition du commandant de la marine par le Gouverneur général, délégué du Ministre de la marine, qui, à cet effet, délivre à l'intéressé un brevet de pilote titulaire.

Ce brevet est enregistré à l'inscription maritime.

Art. 9. — Les pilotes titulaires et les aspirants pilotes doivent remettre par écrit leur démission à l'autorité maritime, qui peut les autoriser à cesser leur service ; il en est ensuite rendu compte au Gouverneur général par l'autorité maritime.

Ceux d'entre-eux qui ne se seront pas conformés à cette prescription perdront tout droit au remboursement des sommes par eux versées à la caisse commune ; ces sommes feront retour au fonds de réserve dont il est question à l'article 70.

Art. 10. — Les élèves pilotes inscrits sur la liste d'admissibilité, qui quitteront le service sans y avoir été autorisés, seront rayés de cette liste.

Art. 11. — Il sera tenu à l'inscription maritime une matricule particulière où seront enregistrés les pilotes titulaires, les aspirants et les élèves pilotes, leurs services à l'État et au commerce, leurs admissions comme élève, aspirant ou pilote, les services signalés qu'ils auront rendus, les récompenses qui en auront été la suite, leurs absences, leurs permissions, leurs punitions, enfin la cessation de leurs services.

TITRE II
SERVICE. — DISCIPLINE DU PERSONNEL

Art. 12. — Le service du pilotage est placé sous l'autorité exclusive de l'autorité maritime ; la direction en est confiée à l'officier directeur des mouvements du port de guerre qui, à cet effet, est secondé par le capitaine du port de commerce et ses officiers.

Art. 13. — Les pilotes titulaires concourent à titre égal à l'exécution du pilotage.

Chaque pilote doit posséder un bateau d'environ 15 tonnes, pouvant loger un élève pilote, monté par trois hommes et muni d'un rôle d'équipage.

Le bateau doit porter sur sa grande voile d'un des trois signes : ᚼ, ᚼ, ᚼ, suivi de son numéro, selon qu'il appartient à l'une des trois stations de Haiphong, Hon-gay ou Kébao.

L'ancre doit avoir un mètre et les caractères 0 m 50 de hauteur.

De nuit, les bateaux pilotes se conforment, pour se faire reconnaître, aux prescriptions de l'article 9 du décret du 1er septembre 1884 sur les abordages. Ils ne peuvent être distraits, sous aucun prétexte, du service de pilotage.

Art. 14. — En l'absence du pilote titulaire, l'as-

pirant pilote le plus ancien le remplace et prend tour dans le roulement du service, de manière à maintenir le cadre au complet.

Dans ce cas l'aspirant pilote se sert du bateau du pilote qu'il remplace ; ce dernier continue à en supporter tous les frais et touche, comme indemnité, le tiers des pilotages effectués par l'aspirant pilote, auquel reviennent alors les deux autres tiers.

Art. 15. — Le personnel du pilotage doit être maintenu, autant que possible, en activité de service et ne peut séjourner dans les stations de pilotage.

Il n'est accordé de congé qu'en cas de nécessité absolue.

Art. 16. — Il y aura toujours une moitié des pilotes à la mer, l'autre au centre de la station, l'officier chargé des mouvements du port conservant la faculté, si les nécessités du service l'exigent, de faire monter ou descendre un certain nombre de pilotes.

Art. 17. — A Haiphong, les pilotes et aspirants sont placés sous les ordres immédiats du capitaine du port de commerce, qui assure l'exécution des instructions du directeur des mouvements du port.

Ils doivent se conformer strictement aux ordres qui leur sont donnés par les officiers et maîtres du port en ce qui concerne les mouvements des navires, leurs postes d'amarrage et les mesures d'ordre et de police prescrites par les règlements.

Art. 18. — Il est tenu à la direction du port de commerce une liste sur laquelle sont inscrits les pilotes titulaires et les aspirants faisant fonctions, au fur et à mesure de leur arrivée de la mer.

Le premier pilote inscrit est toujours le premier à marcher, soit pour descendre un navire, soit pour aller reprendre son poste à la mer.

Art. 19. — Le service de la rade et du port est assuré par le dernier pilote inscrit sur la liste. Il concourt à la surveillance et à la police de la rade et du port. Il reste toujours à portée de recevoir les ordres et les instructions du capitaine du port de commerce.

Art. 20. — Les pilotes rentrant sur la liste après une absence légale, prennent le dernier tour et ne sont considérés comme ayant repris leur service que lorsqu'ils sont désignés pour marcher.

Art. 21. — A Haiphong, les pilotes doivent laisser leur adresse au port de commerce et répondre à tout appel.

Ils doivent venir prendre les ordres tous les jours à neuf heures du matin, à moins d'autorisation régulière d'absence.

Art. 22. — Les pilotes et aspirants ne peuvent s'écarter de Haiphong sans permission ou congé réguliers, enregistrés à l'inscription maritime si l'absence dépasse huit jours.

Toute absence illégale de plus d'un mois entraîne la révocation.

Art. 23. — Les exemptions de service pour cause de maladie ne peuvent avoir lieu que sur le certificat d'un médecin désigné à cet effet par l'autorité maritime. Celle-ci fixe le taux de l'indemnité à payer à ce médecin à titre d'honoraires ; elle est à la charge personnelle du malade.

Art. 24. — Des congés ne dépassant pas neuf mois peuvent être accordés aux pilotes et aspirants, à tour de rôle et par rang d'ancienneté, depuis le dernier retour dans le service du pilotage.

Il ne peut être accordé plus d'un seul congé à la fois.

Ces congés devront être soumis à l'approbation du commandant de la marine.

Art. 25. — A son retour au Tonkin, un pilote revenant de congé prend le dernier tour sur la liste de roulement.

Il ne peut piloter aucun navire avant son inscription sur cette liste, à moins d'une réquisition expresse du capitaine du navire.

Art. 26. — Si après un congé expiré, un pilote ne rejoint pas son poste, il sera rayé du cadre après trois mois de délai, à moins de maladie dûment constatée par deux médecins.

Il sera alors procédé contre lui comme il est dit à l'article 9.

Art. 27. — Les articles 24, 25 et 26 sont applicables aux aspirants pilotes.

Art. 28. — Les pilotes veillent à l'exécution des règlements sanitaires et exécutent scrupuleusement les ordres qui leur sont transmis à ce sujet par le capitaine du port de commerce.

Toute infraction à cette prescription sera signalée à l'autorité maritime par le chef du service de santé qui en précisera la gravité.

Art. 29. — Les pilotes doivent se tenir au courant, par tous les moyens à leur disposition, des modifications qui peuvent survenir dans les passes et rivières. Tout changement doit être immédiatement porté par eux à la connaissance du directeur du port, du capitaine du port de commerce et de leurs collègues.

Ils dressent procès-verbal de tous les actes qui paraîtraient de nature à compromettre le bon entretien du balisage et la sécurité de la navigation.

Art. 30. — Les pilotes seront toujours prêts, quel que soit leur rang sur la liste de roulement et à première réquisition, à se porter au secours d'un navire en danger.

Art. 31. — En cas de typhon, les pilotes et aspirants présents à Haïphong doivent immédiatement et sans autre ordre, se rendre auprès de l'officier chargé des mouvements du port.

Lorsqu'ils sont éloignés de Haïphong, ils doivent, en pareil cas, se souvenir qu'ils doivent à tous l'exemple de l'abnégation et du dévouement, et s'efforcer de porter aux bâtiments en détresse tous les secours possibles.

Art. 32. — Les peines disciplinaires qui peuvent être infligées au personnel sont l'amende, la suspension et la révocation.

Art. 33. — Les amendes ne peuvent dépasser 60 piastres.

Au-dessous de 15 piastres, elles sont infligées par le capitaine du port de commerce.

Au-dessous de 30 piastres elles sont infligées par le directeur des mouvements du port; au-dessus par le commandant de la marine sur la proposition de cet officier.

Le produit des amendes est versé au fonds de réserve dont il est question à l'article 70.

Art. 34. — La suspension jusqu'à 15 jours est prononcée par l'officier directeur du port. La suspension jusqu'à un mois est prononcée par le commandant de la marine.

Au-delà d'un mois elle est prononcée par le Gouverneur général, après avis de la commission d'administration instituée à l'article 39.

Art. 35. — La révocation est prononcée dans la même forme par le Gouverneur général. Elle entraîne, pour le pilote, la perte de tout droit au remboursement des sommes versées par lui à la caisse commune jusqu'à concurrence d'un mois de solde au maximum.

Art. 36. — Le pilote est entendu dans ses moyens de défense, qu'il peut présenter par écrit et qui, dans ce cas, devront être joints au rapport.

Art. 37. — Les pilotes suspendus restent à la disposition de l'officier directeur des mouvements du port qui peut les employer si les besoins du service l'exigent.

Dans ce cas, ils ne touchent que les deux tiers des prix du pilotage; le troisième est versé à la caisse de réserve à titre d'amende.

Art. 38. — Toutes les punitions sont communiquées aux intéressés par écrit, avec l'indication des raisons qui les ont motivées.

Art. 39 (1). — Toutes les questions relatives au service du pilotage, aux propositions qu'il y aura lieu de faire à l'autorité supérieure, aux modifications jugées nécessaires aux règlements en vigueur, à la vérification et au règlement des comptes, seront soumises à l'examen d'une commission d'administration du pilotage dont les rapports seront adressés au Commandant de la marine.

La commission est composée de :

L'officier-directeur du port de guerre, *président* ;

Le commissaire de l'inscription maritime ;

Le capitaine du port de commerce ;

Deux pilotes titulaires nommés pour un an par l'autorité maritime.

Le commissaire de l'inscription remplira les fonctions de rapporteur.

Le commandant de la marine convoquera la commission quand il le jugera nécessaire, et au moins une fois tous les trois mois, pour la vérification des comptes. Il pourra en prendre la présidence quand il le jugera utile.

La même commission, moins les deux pilotes, est saisie de l'examen des fautes et délits commis par les pilotes et aspirant

TITRE III

DU PILOTAGE

Art. 40. — Le pilote ne démonte pas le capitaine; il est son conseiller, responsable des avis qu'il donne, et qui deviennent des ordres si le capitaine les approuve.

Le capitaine est, d'ailleurs, couvert par l'avis du pilote, s'il n'avait pas de motif pour le croire mauvais, et s'il a bien renseigné son auxiliaire sur le tirant d'eau et les qualités nautiques du bâtiment.

Art. 41. — Tout bâtiment entrant ou sortant doit prendre un pilote; s'il le refuse il sera tenu néanmoins d'acquitter les frais de pilotage.

Sont exemptés de cette obligation les navires à voiles au-dessous de 80 tonneaux de jauge nette et les navires à vapeur au-dessous de 150 tonneaux.

Il en est de même des bâtiments de la station locale du Tonkin.

Art. 42. — Si par une circonstance quelconque, un bâtiment ayant demandé un pilote, soit au départ, soit à l'arrivée, au moyen de signaux de convention de jour ou de nuit, il ne s'en présente aucun, le capitaine peut continuer sa route sous sa propre responsabilité, sans avoir à acquitter le droit de pilotage; mais s'il rencontre un pilote en route, il est tenu de le prendre; les frais de pilotage ne sont alors que la moitié de ceux du tarif, si au moment de la rencontre, le bâtiment est dans les limites du pilotage. Le navire doit garder le pavillon de pilote

(1) Voir les modifications faites à cet article par l'arrêté du 3 décembre 1898.

en tête du mât pendant tout le temps qu'il n'a pas de pilote ; tout pilote rencontré est tenu de monter à bord.

Art. 43. — Chaque pilote est muni d'un livret individuel à souche qu'il doit montrer au capitaine en montant à bord. C'est sur ce livret que le capitaine constate le pilotage de son navire avec ses observations.

En cas de divergence d'opinion entre le capitaine et le pilote, chacun d'eux inscrit ses observations sur le livret.

Les pilotes ne peuvent exiger aucune gratification en dehors du tarif de pilotage.

Ils sont porteurs d'un exemplaire du présent arrêté dont ils donnent connaissance au capitaine, en appelant particulièrement son attention sur l'article 62.

Art. 44. — Tout capitaine de navire est tenu, dès qu'un pilote monte à son bord, de lui déclarer exactement le tirant d'eau. Il doit lui faire connaître la marche du navire, ses qualités nautiques, ses défauts, enfin tous les renseignements utiles pour la manœuvre.

Si le pilote constate qu'il lui a été donné des renseignements erronés, il doit en faire l'observation au capitaine et adresser à ce sujet un rapport au capitaine du port de commerce qui le transmettra au directeur des mouvements du port.

Art. 45. — Aussitôt qu'un pilote est à bord d'un navire, il fait amener le pavillon de pilote, sous peine de quatre piastres d'amende si sa négligence a eu pour résultat le déplacement d'un autre pilote.

Il fait hisser le numéro commercial du bâtiment.

Art. 46. — Lorsque le pilote, après avoir examiné la patente de santé et interrogé le capitaine sur l'état sanitaire du bord, ne peut donner la libre pratique, il fait hisser le pavillon de quarantaine et attend des instructions au mouillage extérieur.

Il séjourne à bord pendant toute la durée de l'observation ou de la quarantaine.

Il est dû par le navire, en dehors du pilotage, une indemnité de six piastres par jour de séjour du pilote à bord.

Celui-ci est nourri aux frais du navire.

Art. 47. — Le pilotage est considéré comme terminé lorsque le bâtiment est définitivement amarré ou qu'il est conduit au delà des dangers.

Il est expressément défendu aux pilotes de quitter les navires qu'ils conduisent, avant la fin du pilotage.

Si les pilotes sont retenus à bord des dangers ou après l'amarrage définitif du navire, ils auront recours aux tribunaux pour réclamer une indemnité.

Si par suite de mesures de police du port, le navire est obligé de prendre un mouillage provisoire, il n'est dû au pilote aucune rétribution pour le changement de mouillage.

Tout pilote ayant mal mouillé un navire doit faire le changement de mouillage ; il ne peut prétendre à aucune rétribution de ce chef.

Il paie une amende de cinq piastres si le mouvement doit être effectué par un autre pilote.

Art. 48. — Lorsque plusieurs navires se présentent à la fois pour entrer, la préférence doit être donnée aux bâtiments subventionnés pour le service postal, aux navires de guerre français et aux navires affrétés par l'État, enfin aux bâtiments les plus rapprochés de l'entrée.

Les navires en danger doivent cependant être accostés toujours les premiers.

Art. 49. — Les demandes de pilotes doivent être adressées, autant que possible, par les navires ou leurs consignataires vingt-quatre heures avant le départ.

Ces demandes sont remises au port de commerce ; le capitaine de port désigne pour marcher le pilote inscrit le premier sur le tableau de roulement. Si un navire, pour une cause quelconque, ne peut partir à l'heure indiquée, le pilote désigné reprend immédiatement son tour sur la liste.

Lorsque plusieurs navires doivent partir en même temps, la répartition de ces navires entre les pilotes appelés à marcher est fixée par le tirage au sort.

Art. 50. — Les navires peuvent demander un pilote à leur choix ; cette demande motivée doit être adressée au directeur des mouvements du port qui reste juge de la suite à lui donner.

Le commandant de la marine peut même désigner un pilote à son choix lorsqu'il le juge convenable.

Art. 51. — Le pilote, en arrivant à bord, s'entend avec le capitaine pour continuer la route ou attendre l'heure favorable.

Art. 52. — Si le navire est retardé pour un motif indépendant de la volonté du pilote, il est dû à celui-ci par le capitaine une indemnité de six piastres par jour de retard. Si ce retard dépasse quarante-huit heures, l'indemnité est portée à partir de ce moment à dix piastres par jour.

Si le retard a lieu par le fait du pilote, celui-ci sera puni d'une amende fixée par le directeur des mouvements du port.

Les retards provenant de cas de force majeure ne donnent lieu à aucune indemnité.

Art. 53. — Dans quelque circonstance que ce soit, si un bateau pilote ou son embarcation éprouvent des avaries en accostant un navire, par la faute de celui-ci, les réparations sont à la charge du bâtiment et de la cargaison. Le paiement des frais occasionnés sera poursuivi par tous les moyens de droit ; à cet effet le pilote prendra toutes les précautions juridiques d'usage.

Lorsque les avaries dans les bateaux pilotes et leurs embarcations proviennent de la faute des pilotes, elles restent à leur charge personnelle, sauf décision contraire de la commission d'administration prévue à l'article 39.

Art. 54. — Tout pilote qui, s'étant chargé de conduire un bâtiment, l'aura échoué ou perdu par négligence, ignorance ou volontairement, sera jugé suivant les lois et décrets.

En cas d'échouage, un pilote ne doit pas abandonner son navire, à moins d'y être autorisé par le capitaine.

Art. 55. — Tout pilote qui aura occasionné des avaries à un navire par sa faute sera puni, sur la plainte du capitaine et après enquête, suivant les circonstances.

Art. 56. — Toute promesse faite aux pilotes en cas de danger ou de naufrage est nulle.

Art. 57. — Tout pilote dont l'état d'ivresse dans l'exercice de ses fonctions aura été constaté, sera traduit devant la commission d'enquête qui statuera sur son cas.

Art. 58. — Tout pilote conduisant un navire doit s'opposer formellement à ce qu'il soit jeté quelque matière que ce soit dans les passes, rades, ports ou rivières, excepté aux points désignés à cet effet.

S'il n'était pas tenu compte de ses injonctions, il en informerait par écrit le capitaine du port de commerce qui en référerait au directeur des mouvements du port.

Art. 59. — Les ancres et câbles qui auront été

abandonnés par les navires pour une cause accidentelle, et qui doivent dans ce cas être munis de bouées et d'orins, seront levés au premier temps opportun par les pilotes.

Ceux-ci doivent informer à bref délai le capitaine du port de commerce de l'abandon d'ancres en lui faisant connaître si elles sont munies ou non de bouées.

Art. 60. — Des ordres généraux de mouillage, d'amarrage et de mouvements de navires sont donnés aux pilotes par le capitaine du port de commerce ou transmis par ses officiers.

Ces ordres doivent être communiqués par les pilotes aux capitaines des bâtiments en ce qui concerne ceux-ci.

Art. 61. — Le capitaine du port de commerce ainsi que les pilotes, doivent prendre les ordres du directeur du port de guerre pour tout ce qui concerne les mouvements des navires de guerre et pour tous ceux qui doivent être effectués dans le port de guerre.

Art. 62. — Dans la navigation dans les passes étroites ou en rivière, quand deux bâtiments à vapeur font des routes devant les faire passer à contre bord l'un de l'autre, ils doivent manœuvrer comme il est dit à l'article 21 du décret du 1er septembre 1884, destiné à prévenir les abordages, c'est-à-dire que chacun d'eux doit prendre la droite du chenal.

Il n'est fait d'exception à cette règle générale que dans le cas où, par suite de circonstances provenant de la rapidité du courant ou des sinuosités brusques de la rivière, le bâtiment qui marche dans le sens du courant éprouverait de la difficulté à manœuvrer comme il a été dit; dans ce cas, dont ce dernier bâtiment est juge, celui-ci est libre, par dérogation à la règle, de choisir, pour le ranger, le côté du chenal qu'il juge convenable pour la facilité de sa manœuvre; il doit alors en prévenir suffisamment à temps l'autre bâtiment en faisant entendre les coups de sifflet indiqués à l'article 19 du décret du 1er septembre 1884; le bâtiment qui a le courant contre lui est tenu de conformer sa manœuvre à celle du navire qui marche avec le courant.

TITRE IV
TARIFS DU PILOTAGE

Art. 63. — Il existe trois stations de pilotage dont les centres sont : Haiphong, Hon-gay et Ké-bao.

La station de Haiphong comprend toutes les passes donnant accès à Haiphong et Quang-yen: Cua-cam, Cua-nam-Trieu et Lach-xuyen; elle est limitée par le Day et le Lach-Xuyen.

La station de Hon-gay comprend toutes les passes donnant accès à la baie d'Along, à Hon-gay et au Port-Coubert; elle est limitée par le Lach-Xuyen et le méridien de la Voile, 104° 50'.

La station de Ké-bao comprend toutes les passes donnant accès à Ké-bao et à l'estuaire de Tien-yen; elle est limitée par le méridien de 104° 50' et s'étend jusqu'à Back-lung.

Art. 64. — (1) *Modifié par arrêté du 17 mai 1894.*

Art. 65. — Le séjour d'un pilote à bord d'un bâtiment allant d'une embouchure à une autre n'est pas rétribué; le pilote n'a droit qu'au pilotage de la sortie de la première bouche et d'entrée de la seconde; exception sera faite pour le passage du Cua-tray au Cua-cam et inversement; ce pilotage ne sera payé que comme l'entrée de Haiphong.

(1) Tarif du pilotage.

TITRE V
CAISSE COMMUNE DU PILOTAGE ET CAISSE DE RÉSERVE

Art. 66. — Il est formé, dans chaque station de pilotage, une caisse commune entre tous les pilotes titulaires et aspirants pilotes faisant fonctions de pilotes de la station, à l'exclusion des pilotes indigènes créés par l'arrêté du 15 juillet 1884 pour les besoins des bâtiments de la station locale.

Art. 67. — La caisse commune comprend tous les produits du pilotage dont la perception est autorisée par les tarifs et règlements en vigueur.

Le produit des amendes infligées aux pilotes est versé dans une caisse spéciale dite de réserve, qui fait l'objet d'un compte distinct de la première.

Art. 68 — Le recouvrement des droits de pilotage est assuré par les soins de la direction du port de commerce; à cet effet chaque pilote, au retour de chaque opération de pilotage, sera tenu de remettre au capitaine de port ou à son suppléant le bon de pilotage; celui-ci en opère immédiatement le recouvrement.

Les recettes sont centralisées journellement à Haiphong, et mensuellement pour les autres stations, à la caisse du Trésor public, au compte particulier du service du pilotage de chaque station.

Art. 69. — La commission d'administration prévue à l'article 30 du présent arrêté se réunit du 1er au 5 de chaque mois pour régler les comptes de la caisse commune.

Art. 70. — A compter du jour de l'application du présent arrêté, il sera fait état à la caisse, par chacun des pilotes titulaires actuels, ou par ceux qui seront nommés ultérieurement, d'une somme représentant un mois environ des bénéfices d'un pilote calculés sur la moyenne des trois dernières années; cette somme, uniforme pour tous, sera déterminée par la commission d'administration d'une façon définitive et fixe.

Les intéressés pourront réaliser cette obligation, soit par versement direct à la caisse, soit par abandon volontaire de leurs bénéfices jusqu'à concurrence du chiffre fixé, soit enfin par la retenue qui leur sera faite chaque mois du sixième de leurs bénéfices jusqu'à constitution de leur apport.

La somme ainsi retenue à chacun des pilotes reste sa propriété, mais ne lui sera remise que le jour où il quittera le service pour un motif légitime et dans les conditions indiquées plus haut. Si un pilote est révoqué ou s'il quitte le service sans être régulièrement démissionnaire, ce mois de retenue est versé à la caisse de réserve à titre d'amende et devient la propriété de cette caisse.

Art. 71. — Sur l'ensemble total des recettes, il sera prélevé un tant pour cent, à déterminer par la commission d'administration, pour indemniser le lieutenant ou maître de port chargé de la comptabilité de la caisse commune.

Le surplus sera réparti également entre tous les pilotes, sauf ce qui est dit à l'article 73 ci-après.

Art. 72. — Les aspirants pilotes prendront part à la répartition au prorata du nombre de jours pendant lesquels ils auront remplacé un pilote.

Art. 73. — Tout pilote exempt de service comme malade, ne pourra prendre part à la répartition des recettes qu'au prorata du nombre de jours pendant lesquels il aura fait du service.

Il en est de même pour les pilotes suspendus et

faisant du service, mais dans ce cas ils ne toucheront que les deux tiers de leur part, le troisième tiers sera versé à la caisse de réserve.

Art. 74. — Tout pilote qui par négligence aura perdu le pilotage d'un navire, fera état à la caisse commune d'une somme égale au pilotage.

Cette somme sera comprise dans la répartition mensuelle comme il a été dit à l'article 71.

Art. 75. — Les paiements seront faits aux pilotes par le trésorier-payeur chef de service, en imputation sur le compte particulier du service du pilotage, sur le vu du procès-verbal de répartition, signé par tous les membres de la commission d'administration.

Art. 76. — La commission d'administration de la caisse commune adressera tous les ans, dans le courant du mois de janvier, un rapport au Commandant de la marine, qui le transmettra au Résident supérieur, sur les opérations de l'année précédente.

Art. 77. — Aucune dépense pour le service commun ne peut être effectuée sur la caisse commune que sur la demande de deux pilotes au moins et après décision de la commission d'administration.

Art. 78. — Aucun secours ne peut être accordé que sur délibération de la commission d'administration.

Les sommes délivrées à titre de secours sont prélevées sur la caisse de réserve spécialement créée à cet effet, et à défaut de fonds disponibles dans cette caisse, sur la caisse commune.

On établira sous quelle forme le secours sera accordé, soit à titre temporaire avec remboursement, soit à titre de don définitif.

Dans toute délibération sur des secours à accorder, tous les pilotes présents pourront être appelés à titre consultatif par la commission.

Art. 79. — Toutes les règles générales édictées par le décret du 12 décembre 1806, sont et demeurent applicables au pilotage tel qu'il est réglé par le présent arrêté.

Art. 80. — Le Résident supérieur du Tonkin et le Commandant de la marine en Annam et au Tonkin sont chargés, chacun en ce qui le concerne, de l'exécution du présent arrêté. — DE LANESSAN.

11. — 26 septembre 1892. — ARRÊTÉ *fixant l'effectif des pilotes dans les différents ports du Tonkin.*

L'effectif des pilotes, dans chacune des stations de Haiphong, Hon-gay et Ké-bao, est fixé comme suit :

Station de Haiphong.... { 6 Pilotes titulaires
2 Aspirants pilotes
2 Élèves pilotes

Station de Hon-gay..... { 1 Pilote titulaire
1 Élève pilote

Station de Ké-bao...... { 1 Pilote titulaire
1 Élève pilote

Le Commandant de la marine en Annam et au Tonkin est chargé de l'exécution du présent arrêté. — DE LANESSAN.

12. — 3 décembre 1892. — ARRÊTÉ *modifiant l'article 39 de celui du 26 septembre 1892, sur le service du pilotage.*

Article premier. — L'article 39 de l'arrêté du 26 septembre 1892 est modifié, en ses alinéas 4 et 7, de la façon suivante :

« Art. 39. — . . . .

Un des officiers du commissariat colonial, en service à Haiphong, désigné par le Chef des services administratifs et maritimes.

L'officier du commissariat susdésigné remplira les fonctions de rapporteur.

Art. 2. — Le Résident supérieur du Tonkin, le Commandant de la marine en Annam et au Tonkin et le Commissaire général sont chargés, chacun en ce qui le concerne, de l'exécution du présent arrêté. — DE LANESSAN.

13. — 17 mai 1894. — ARRÊTÉ *modifiant le tarif du pilotage à Haiphong.*

Article premier. — L'article 64 de l'arrêté du 26 septembre 1892 est abrogé et remplacé par le suivant :

Art. 64. — Les tarifs de pilotage sont fixés ainsi qu'il suit :

Tarifs de pilotage par mètre de tirant d'eau. Toute fraction de mètre égale ou supérieure à 0m 50 est comptée pour un mètre ; toute fraction inférieure à 0m 50 est négligée.

Entrée ou sortie de Haiphong à la mer ou réciproquement, par le Cua-cam.

Voiliers non remorqués................. 48 fr.
Voiliers remorqués ou vapeurs........ 32

N. B. La limite du pilotage, à la sortie, est donnée par le parallèle du grand mirador dépassé au sud.

Entrée ou sortie des bouches du Cua-tray, du Balac, du Cua-van-Uc, du Thai-binh, du Tra-ly, du Day et du Lach-huyen :

Voiliers non remorqués................. 48 fr.
Voiliers remorqués ou vapeurs........ 32

N. B. A l'aller, le pilotage consistera à conduire le bâtiment : pour le Cua-tray et le Cua-van-Uc, jusqu'à l'alignement du morne aplati par le morne conique ; pour le Thai-binh, jusqu'au village de Dong-huyen ; pour le Tra-ly, jusqu'au village de Chuong-loc ; pour le Ba-lac-Dong (branche du nord), jusqu'à la douane de Phuong-lô ; pour le Balac-Nam branche du sud), jusqu'au fort Ba-lac, sur la rive gauche ; pour le Day, jusqu'au bras conduisant à Phat-diêm et, pour le Lach-huyen, jusqu'aux roches de l'entrée de Quang-yên.

A la sortie le pilotage consistera à conduire le bâtiment en dehors des bancs jusqu'aux fonds de 8 mètres.

Entrée ou sortie du Cua-nam-Trieu, jusqu'à un mille au sud du Vang-chan

Voiliers non remorqués................. 36 fr.
Voiliers remorqués ou vapeurs........ 24

De la mer à Haiphong, par le Cua-nam-Trieu et le Vang-chan

Voiliers non remorqués................. 60 fr.
Voiliers remorqués ou vapeurs........ 40

N. B. La limite du pilotage, à la sortie, est donnée par le parallèle du grand mirador dépassé au sud.

Passer de Vang-chan

Voiliers non remorqués................. 24 fr.
Voiliers remorqués ou vapeurs........ 16

Entrée ou sortie de la Cac-ba

Voiliers non remorqués............... 20 fr.
Voiliers remorqués ou vapeurs......... 12

N. B. La limite du pilotage, à la sortie, est donné par le méridien du point R, dépassée à l'est.

Entrée ou sortie de la baie d'Along

Navires venant du large ou s'y rendant.. 28 fr.
Navires venant de Haiphong ou de la Cac-ba ou s'y rendant................. 20

De la mer à Hon-gay et réciproquement

Navires venant du large.............. 36 fr.
Navires venant de Haiphong ou de la Cac-ba. 28

De la baie d'Along à Hon-gay et réciproquement

Voiliers remorqués ou vapeurs......... 12 fr.

Entrée ou sortie de Ké-bao et de l'estuaire de Tien yen

Voiliers non remorqués............... 48 fr.
Voiliers remorqués ou vapeurs......... 32

Changement de mouillage sur la rade de Haiphong

Voiliers non remorqués............... 12 fr.
Voiliers remorqués ou vapeurs......... 8

Du large au bateau-feu et réciproquement

Voiliers non remorqués............... 32 fr.
Voiliers remorqués ou vapeurs......... 24

De Haiphong au bateau-feu et réciproquement

Voiliers non remorqués............... 24 fr.
Voiliers remorqués ou vapeurs......... 16

De Haiphong à la baie d'Along, par Quang-yên
(Quelque soit le tirant d'eau du navire à piloter).

Pour l'aller...................... 56 fr.
Pour le retour.................... 56

Art. 2. — Le Résident supérieur du Tonkin et le Commandant de la Marine en Annam et au Tonkin sont chargés, chacun en ce qui le concerne, de l'exécution du présent arrêté. — CHAVASSIEUX.

PIRATES, PIRATERIE

1. — 1er août 1888. — CIRCULAIRE au sujet des renseignements à fournir sur les bandes de pirates.

MM. les résidents et vice-résidents chefs de poste, sont priés de vouloir bien fournir, le plus tôt possible, pour la province qu'ils administrent, les renseignements figurant au tableau ci-joint, relatifs aux chefs de pirates, à leur bande, à leur importance, etc. :

RÉSIDENCE DE
PROVINCE DE

NOMS des CHEFS PIRATES	1° Lieux où ils se tiennent, où ils sont nés ; 2° Contrée où ils opèrent habituellement ; Donner non-seulement le nom des communes mais aussi ceux des phu et huyen ;	1° Nombre d'hommes qui composent la bande ; 2° Combien de fusils, quels modèles.	Postes les plus voisins ; 1° Postes militaires (effectif); 2° Postes actuels de la milice (effectif); 3° Huyen, phu qui pourront être occupés dans l'organisation nouvelle.	OBSERVATIONS (Faire dans cette colonne un petit historique de chaque bande, et fournir tous renseignements qui pourront être utiles.)

Il est nécessaire que ces renseignements soient recueillis avec soin, car ils doivent permettre à l'autorité supérieure de se rendre compte, d'un seul coup d'œil, de l'état d'agitation des différentes contrées, et la mettre en mesure de donner ou provoquer rapidement des ordres, au cas où une action énergique et prompte serait nécessaire pour réprimer un mouvement important des rebelles.

2. — 4 novembre 1888. — CIRCULAIRE au sujet de la remise à l'artillerie des armes prises aux pirates.

M. le général commandant en chef a, par lettre n° 3.222, du 31 octobre 1888, appelé mon attention sur les inconvénients qui résultent de ce que les armes prises aux pirates restent pendant un temps plus ou moins considérable déposées dans les résidences.

Beaucoup de ces armes sont du modèle réglementaire et appartiennent à nos corps de troupes qui les ont perdues, ou auxquels elles ont été volées ; le règlement sur le service de l'armement en campagne prescrit d'ailleurs que les armes prises à l'ennemi, aux déserteurs, trouvées sur le champ de bataille, etc., doivent être versées au service de l'artillerie.

Il y a lieu, à mon avis, d'étendre les dispositions de ce règlement aux armes prises sur les pirates ou livrées par eux dans quelque circonstance que ce soit.

Je décide, en conséquence, que toutes les armes à feu de modèle européen ou américain, fusils, carabines, mousquetons, revolvers ou pistolets, ainsi que les armes blanches de modèle réglementaire, baïonnettes modèle 1842, sabres-baïonnettes, épées-baïonnettes, etc., enlevées aux pirates et remises entre vos mains, devront être adressées par vos soins à M. le lieutenant-colonel directeur de l'artillerie de Hanoi.

Le service de l'artillerie dans cette place possède tous les moyens de faire à ces armes les réparations dont elles ont généralement besoin, et de les maintenir en bon état à la disposition du Protectorat.

Vous voudrez bien, lorsqu'il y aura lieu, mentionner dans la colonne *Observations de la situation mensuelle d'armement*, les dates auxquelles les envois d'armes à la direction d'artillerie auront été faits.

Les armes de fabrication indigène pourront être, comme par le passé, conservées par vous. — E. PARREAU.

---

3. — 4 novembre 1888. — INSTRUCTIONS *au sujet d'une circulaire de S. E. le Kinh-luoc, adressée aux gouverneurs des provinces, sur la répression de la piraterie.*

Pour faire suite à ma circulaire nº 44, en date du 18 octobre dernier, relative à la répression de la piraterie, j'ai l'honneur de vous adresser, ci-incluse, traduction des instructions qui ont été transmises par S. E. le Kinh-luoc, sur le même objet, à MM. les gouverneurs des provinces.

Je suis fermement résolu à faire peser sur les autorités indigènes le poids lourd de la responsabilité qui leur incombe d'après la loi et les termes de la circulaire ci-jointe.

C'est pourquoi je vous prie de vouloir bien prescrire aux agents sous vos ordres, de n'apporter à l'avenir aucune entrave au fonctionnement régulier de l'administration annamite, car je ne pourrai rendre les mandarins responsables qu'autant que leurs attributions et leurs prérogatives seront respectées.

Cette remarque s'applique surtout aux chefs de postes européens et indigènes de la garde civile.

Il résulte de documents et de dossiers placés sous mes yeux, qu'au lieu de faciliter aux autorités à proximité de leur poste le rétablissement de l'ordre dans leur rayon d'action, quelques-uns introduisent eux-mêmes un nouvel élément de trouble par leur immixtion intempestive dans les détails de l'administration indigène. C'est ainsi que certains d'entre eux emploient des phu ou des huyên à la surveillance de coolies, rendent la justice, et élèvent leurs prétentions jusqu'à vouloir subordonner à leur autorité et à leur arbitraire les autorités locales.

La facilité apparente avec laquelle quelques mandarins se soumettent à ces exigences, qui les rendent ridicules et méprisables aux yeux de leurs administrés, m'est à bon droit suspecte. En effet, lorsque des plaintes me parviennent contre ces fonctionnaires (et celles qui touchent à leur force d'inertie sont bien plus nombreuses que celles qui concernent leurs abus de pouvoir), ils ne manquent pas, dans l'enquête judiciaire qui est ordonnée à cette occasion, d'établir, par des faits précis, l'impuissance dans laquelle ils se sont trouvés, par suite de l'échec infligé à leur autorité, et de la suppression des voies et moyens nécessaires à l'exercice de leurs fonctions.

En conséquence, je vous serai obligé de veiller tout particulièrement à ce que les agents précités ne paralysent pas notre action, en soit mettant dans l'impossibilité de demander l'application rigoureuse de ce principe de responsabilité, qui forme le fond constitutif de la société annamite, et de l'application duquel j'attends les meilleurs résultats.

Ce fonctionnement normal de l'administration indigène, loin d'amoindrir votre action, la rend d'autant plus efficace que, débarrassés des soins et des préoccupations multiples qui ne manqueraient pas de vous assaillir de toutes parts, et auxquels il vous serait matériellement impossible de pouvoir satisfaire, vous pourrez plus souvent, et avec plus de netteté, concentrer votre attention sur ce fonctionnement lui-même, pour le dominer, pour le ramener dans l'exercice de la loi et de la justice dont il s'écarte trop souvent, en un mot, pour le diriger conformément aux intérêts bien entendus du Protectorat et à sa moralité politique.

Il est inutile que je développe davantage ces instructions. La connaissance approfondie des hommes et des choses de ce pays, que la plupart d'entre vous avez acquise, le zèle et le dévouement que vous apportez tous à notre œuvre, font que je ne saurais mieux faire que de vous laisser le soin d'apprécier dans quelles limites il conviendra que vous élargissiez ou resserriez ce contrôle, suivant les circonstances, les lieux et les personnes, ne perdant pas de vue toutefois que ce contrôle sera d'autant plus éclairé d'autant plus effectif, qu'il sera plus puissant. — E. PARREAU.

Le Kinh-luoc du Tonkin à MM. les Gouverneurs des provinces.

Monsieur le Gouverneur,

S. E. M. le Résident général nous a fait connaître, dans un entretien très récent que nous avons eu l'honneur d'avoir avec lui au sujet de la piraterie, que les troupes ont fait jusqu'à ce jour des efforts considérables pour la répression des bandes qui se trouvent actuellement dans votre province, afin d'assurer aux populations la sécurité et la paix.

Déjà, à diverses reprises, des ordres ont été adressés aux mandarins provinciaux afin qu'ils prescrivent aux habitants d'exercer une surveillance active, et de fournir aux troupes en station ou en reconnaissance dans leur région, des renseignements précis sur les mouvements et agissements des bandes de pirates.

Cependant, d'après les rapports mensuels qui nous sont adressés, ceux-ci continuent à parcourir votre province, à piller les habitants et à compromettre la sécurité publique.

D'autre part, nous apprenons qu'il y a des villages faisant ouvertement cause commune avec ces malfaiteurs : ils les accueillent, les dissimulent et les réapprovisionnent en vivres et en argent. Cette manière d'agir est d'autant plus coupable que personne n'ignore les châtiments exemplaires qu'elle appelle, tels que la mise à mort des habitants. Cependant, nous croyons être en droit de penser que ceux qui agissent ainsi sont seulement des gens ignorants et dépourvus de toute raison, et qui, soit par un sentiment de crainte stupide, soit par peur de représailles, ont supposé qu'il valait mieux garder le silence que de renseigner l'autorité sur les mouvements de ces malfaiteurs.

Nous attribuons donc leur silence à la crainte qu'inspirent les cruautés des pirates plutôt qu'à leur mauvaise volonté.

Ces considérations nous ont amené à ne pas prescrire la destruction complète des villages coupables et la mise à mort de leurs habitants. D'ailleurs, ces procédés sont en contradiction absolue avec nos sentiments de clémence. Cependant, si nous leur infligions de fortes amendes, ils ne pourraient pas s'acquitter. Nous serions amené alors à faire des arrestations en masse ; or, ce serait une charge trop lourde pour l'État que d'avoir à entretenir un aussi grand nombre de détenus.

C'est pourquoi, nous avons décidé qu'à l'avenir, tous ceux qui seront convaincus d'intelligence ou de complicité avec les pirates seront rigoureusement condamnés conformément à la loi.

Les mandarins provinciaux, les phu et les huyên devront se conformer exactement aux instructions que nous leur avons données, et prescrire aux habitants de prendre les mesures nécessaires pour combattre et arrêter les pillards qui se seront établis dans leur circonscription. Des récompenses, en titres honorifiques ou en argent, seront accordées à ceux dont la belle conduite nous aura été signalée. Les villages qui ne seront pas en force pour se défendre devront immédiatement prévenir les postes avoisinants de la présence des fauteurs de désordre.

En ce qui concerne les communes qui seront convaincues de complaisance à l'égard des pirates, en leur fournissant des vivres, de l'argent, en les aidant à se dissimuler, ou dont les habitants s'enfuiraient pour éviter de renseigner l'autorité, les chefs de cantons, les maires et les notables seront déclarés coupables et condamnés à l'exil à Poulo-Condor jusqu'à la pacification complète de leur province.

Les phu, les huyen seront également responsables de la désobéissance coupable des villages de leur arrondissement ; ils seront suspendus de leurs fonctions et mis en demeure d'arrêter les chefs de bandes, et ne pourront être réintégrés dans leur emploi que lorsqu'ils auront satisfait à cette obligation.

Nous pensons que ces diverses prescriptions, une fois bien comprises et bien exécutées, forceront les rebelles à l'impuissance, procureront aux troupes les moyens de les détruire, et assureront bientôt la pacification complète du pays.

À l'heure actuelle, Monsieur le Gouverneur, votre province est fort troublée, vous avez une œuvre considérable à accomplir, vous devrez redoubler d'efforts, mettre sans retard nos instructions à exécution, et vous employer, par-dessus tout, à obtenir la soumission des chefs de bandes, ou de procéder à leur arrestation, en ne négligeant aucun des moyens dont vous disposez.

Un délai d'un mois vous est accordé à cet effet et si, passé ce délai, aucun résultat n'est obtenu, aucune amélioration ne s'est produite dans votre province, vous serez déplacé et même révoqué de vos fonctions, et aucune excuse de votre part ne sera admise.

Fait à Hanoi, le 19e jour du 9e mois du règne de S. M. Dong-khanh (23 novembre 1888). — Le Grand Sceau.

---

4. — 22 août 1889. — Circulaire *au sujet de la répression de la piraterie.*

L'état de la sécurité publique, encore précaire dans quelques provinces, m'amène à vous rappeler les circulaires de mon prédécesseur, en date des 18 octobre et 4 novembre 1888.

Je vous prie de ne pas hésiter, le cas échéant, à provoquer des autorités locales ou contre les villages, l'application rigoureuse des peines édictées par la circulaire que S. E. Nguyen-huu-Do adressait, en octobre dernier, aux gouverneurs des provinces, au sujet de la répression de la piraterie.

J'invite d'ailleurs S. E. le Kinh-luoc à rappeler ses précédentes instructions aux autorités provinciales. — Brière.

Voy.: **Armes et munitions** ; — **Répression** ; — **Rébellion.**

PLACES DE GUERRE, PLACES FORTES

1. — 18 avril 1888. — Circulaire *au sujet du classement des places fortes et de la délimitation des territoires et bâtiments civils et militaires.*

M. le Gouverneur général de l'Indo-Chine a décidé qu'il y avait lieu de procéder au classement des

places fortes et à la délimitation des terrains et des bâtiments civils et militaires.

Après entente avec M. le Général commandant en chef les troupes de l'Indo-Chine, il a été arrêté que cette étude serait confiée dans chaque localité à une commission composée ainsi qu'il suit :

Le résident ou vice-résident, président ;
Un fonctionnaire des travaux publics ;
Deux membres militaires.

Ces commissions fonctionneront dans les places ci-après :

Hanoi.	Thanh-hoa.
Son-tay.	Vinh.
Hong-hoa.	Ha-tinh.
Than-quan.	Dong-hoi.
Bac-lu.	Quang-tri.
Lao-kay.	Nouvelle concession de Hué.
Phu-doan.	Établissement de la Légation à
Tuyen-quan.	Hué.
Bac-ninh.	Quan-nam.
Phu-lang-thuong.	Concession de Qui-nhon.
Thai-nguyen.	Fort de Dap-cau.
Lang-son.	Lunettes est et ouest de Dap-cau.
Sept-Pagodes.	Escalote des services administratifs à Dap-cau.
Lam.	Poste de Bambous.
Quang-yen.	Fortin de Hai-duong.
Nam-dinh.	Fort nord de Thuan-an.
Ninh-dinh.	
Phu-ly.	

L'autorité militaire de la région vous fera connaître d'autre part, pour chaque localité, le nom des membres militaires qui devront faire partie de la commission.

Vous aurez à vous entendre avec eux pour que les travaux commencent le plus tôt possible.

Je vous prie de ne pas perdre de vue que nous sommes ici dans un pays où les règlements, qui régissent en France le service du génie, seront fréquemment inapplicables.

Dans la plupart des cas, de nombreuses agglomérations de maisons annamites se sont élevées dans les environs immédiats des postes ; nous avons tout à gagner, en ce moment, au point de vue commercial, à tolérer ces établissements.

La nature de ces constructions rend leur destruction facile et presque instantanée. Les défenses d'élever des maisons, dans les zones de servitude, n'ont aucune raison d'être tant qu'il s'agit de paillotes. Il y aura donc lieu de se montrer très large dans les autorisations de construire sur les terrains militaires, et de ne poursuivre l'application des règlements actuellement en vigueur qu'avec une extrême réserve.

J'appelle en outre tout particulièrement votre attention sur la mission qui vous incombe, comme président d'une commission où vous représentez à la fois l'autorité civile et l'autorité annamite propriétaire du sol. — Raoul Bergé.

PLANTES VIVANTES

1. — 27 avril 1885. — Circulaire ministérielle *au sujet des mesures à prendre pour l'envoi en France de plantes vivantes.*

Je crois devoir appeler votre attention sur certaines difficultés qui se sont élevées récemment au sujet d'un envoi, de la Martinique en France, de plants de kolas destinés à la Réunion.

Cet envoi, n'étant pas accompagné des certificats d'origine exigés par l'arrêté du ministre de l'agriculture, en date du 15 juin 1882, sur la circulation en France, des produits de l'agriculture et de l'horticulture, les compagnies de chemins de fer n'ont consenti à se charger du transport des plants de végétaux précités, que sur une autorisation spéciale du ministre de l'agriculture. Il en est résulté des retards dans la réexpédition, aussi préjudiciables à leur conservation qu'à la marche du service.

Pour prévenir le retour de ces inconvénients, bien que le phylloxera n'ait jamais fait son apparition dans celles de nos colonies où il existe de la vigne, je vous prie de vous conformer dorénavant, en cas d'envoi en France de plantes vivantes de quelque nature que ce soit, aux prescriptions suivantes, contenues dans les articles 5 et 6 de l'arrêté du 15 mai 1882 :

« L'envoi devra être accompagné d'une déclaration de l'expéditeur et d'une autre attestation de l'autorité compétente du pays d'origine.

« La déclaration de l'expéditeur devra :

« 1° Certifier que le contenu de l'envoi provient en entier de son établissement ;

« 2° Indiquer le lieu de réception définitive, avec adresse des destinataires ;

« 3° porter la signature de l'expéditeur. »

« L'attestation de l'autorité compétente certifiera :

« 1° Que les objets proviennent d'un terrain séparé de tout pied de vigne, par un espace de vingt mètres au moins, ou par d'autres obstacles aux racines, jugés suffisants par l'autorité compétente ;

« 2° Que le terrain ne contient lui-même aucun pied de vigne ;

« 3° Qu'il n'y est fait aucun dépôt de cette plante ;

« 4° S'il y a eu des ceps phylloxérés, que l'extraction radicale en a été opérée, que des opérations toxiques réitérées ont été effectuées, et que des investigations, répétées pendant trois ans, assurent la destruction complète de l'insecte et des racines. »

Je vous prie également, de vouloir bien porter ces prescriptions à la connaissance du public, afin de le prévenir contre les difficultés que les envois de plants pourraient rencontrer dans la métropole. — A. GROUDET.

2. — 6 août 1888. — ARRÊTÉ *interdisant l'importation des plants de caféiers au Tonkin.*

Article premier. — L'importation des plants de caféiers est interdite au Tonkin.

Art. 2. — Le Sous-directeur des douanes est chargé de l'exécution du présent arrêté. — E. PARDEAU.

Voy.: — **Agriculture.**

PLOMBS, PLOMBAGE. — Voy.: — **Douanes.**

POIVRES (RÉGIME DES)

1. — 4 janvier 1893. — ARRÊTÉ *sur le régime des poivres en Indo-Chine.*

Article premier. — Les poivres d'origine étrangère restent soumis, à leur entrée en Cochinchine et dans tous les pays de Protectorat de l'Indo-Chine, aux droits inscrits au tarif général.

Art. 2. — Les poivres originaires de la Cochinchine, du Cambodge, de l'Annam et du Tonkin, seront réciproquement admis en exemption des droits de douanes dans chacun de ces pays, lorsqu'ils seront accompagnés d'un passavant et d'un certificat d'origine réguliers.

Ceux originaires des îles et îlots dépendant de l'Indo-Chine devront être accompagnés des mêmes passavants et certificats d'origine, ou, à défaut, de toute autre pièce officielle délivrée par les autorités du lieu et que l'Administration jugera suffisante.

Art. 3. — Les poivres provenant des colonies françaises ne seront assujettis à aucun droit d'entrée, quand ils seront accompagnés des pièces relatées au paragraphe 1er de l'article précédent et lorsqu'ils seront transportés dans les conditions prévues par les articles 3, 4 et 5 du décret du 8 septembre 1887.

Art. 4. — Aucune quantité de poivre ne pourra être débarquée qu'en plein jour, entre le lever et le coucher du soleil, et après un permis du préposé des douanes.

Les poivres devront être conduits directement au plus proche bureau des douanes.

Ces bureaux seront, quant à l'importation :

En Cochinchine. — Saïgon pour les navires à vapeur et les voiliers, cap Saint-Jacques, Mytho, Phuoc-kien, Camau, Rachgia et Hatien, pour les jonques et les barques.

Au Cambodge. — Kampôt et Péam.

En Annam. — Tourane, Qui-nhon, Phan-rang, Phan-thiet et Vinh (1).

Au Tonkin. — Haiphong et Hon-gay.

Art. 5. — Toute contravention aux dispositions de l'article précédent sera punie d'une amende de 500 à 1.000 francs et d'un emprisonnement de quinze jours à trois mois.

Le poivre qui serait saisi en fraude sera confisqué.

Les marchandises et les objets servant à masquer la fraude, ainsi que les navires, barques, jonques, charrettes, bœufs, buffles, chevaux, et tous autres moyens de transport, seront saisis, pour garantir le paiement des condamnations pécuniaires, lorsque la fraude sera imputable aux propriétaires desdits objets, aux conducteurs, gens de l'équipage, aux maîtres, patrons ou capitaines.

Art. 6. — Le transit et la réexportation des poivres étrangers ne pourront s'effectuer que dans les conditions déterminées par les règlements de douane en vigueur dans chacun des pays de l'Union douanière, et par les ports de Saïgon pour la Cochinchine ; Kampôt pour le Cambodge ; Haiphong pour le Tonkin, et Tourane pour l'Annam.

Art. 7. — Tout transit ou tentative de transit, sans déclaration préalable et régulière, sera puni des peines édictées par l'article 5 du présent arrêté.

Art. 8. — Lorsque les acquits-à-caution de transit n'auront pas été dûment déchargés par le bureau de destination, les soumissionnaires seront, dans tous les cas, sauf ceux de force majeure dûment justifiés, tenus de payer les droits sur les quantités reconnues en moins ; ils seront, en outre, condamnés à une amende égale au quadruple de la valeur du déficit, calculée à raison de 3 francs le kilogramme, lorsque ce déficit sera supérieur à 1 % du poids total, mais sans excéder le vingtième dudit poids.

Si le manquant excède le vingtième, lesdits soumissionnaires seront passibles d'une amende, double de celle prévue au paragraphe ci-dessus et établie d'après la même base.

Les mêmes règles seront suivies en matière d'excédent, quand au poids, à l'importation directe pour la consommation ou l'entrepôt.

En cas de soustraction ou de substitution de colis de poivres en cours de transit, les signataires des acquits-à-caution seront condamnés, solidairement, à une amende double de celle fixée par le paragraphe 1er du présent article, et à un emprisonnement de six mois à trois ans chacun.

_____

(1) Modification résultant d'un arrêté de 8 août 1893.

Art. 9. — Toute quantité de poivre étranger importée frauduleusement et saisie après poursuite à vue, soit après le passage du 1er bureau de douane d'entrée, soit après la sortie du rayon douanier, sera confisquée ainsi que les moyens de transport et les objets servant à masquer la fraude.

Les contrebandiers seront de plus condamnés à une amende de 1.000 à 3.000 francs et à un emprisonnement de six mois à trois ans.

Art. 10. — Seront considérés comme contrebandiers et punis comme tels, non seulement les auteurs directs de la fraude, mais tous les transporteurs, capitaines, maîtres, patrons des bâtiments, barques, voitures, etc., ayant servi à transporter les poivres, ainsi que tous ceux qui auront participé à la fraude soit directement, soit indirectement comme assureurs, commissionnaires, ou en toute autre qualité.

Art. 11. — L'article 463 du Code pénal n'est pas applicable aux peines prévues par le présent arrêté.

Art. 12. — Seront observées, pour toutes les règles à suivre en matière de constatation et de répression de contravention au régime des poivres, ainsi que de procédure en pareil cas, celles spéciales à ces matières, en vigueur dans chacun des pays de l'Union douanière de l'Indo-Chine, en ce qu'elles n'auraient rien de contraire au présent arrêté.

Est applicable, d'autre part, au régime des poivres, le décret du 26 octobre 1891, relatif au droit de transaction en matière de douane, promulgué en Indo-Chine par arrêté du 11 décembre 1891.

Art. 13. — Le présent arrêté, provisoirement exécutoire, sera soumis à l'approbation du Ministre de la marine et des colonies pour être converti en décret.

Art. 14. — Le Lieutenant-Gouverneur de la Cochinchine et le Procureur général, les Résidents supérieurs du Tonkin, de l'Annam et du Cambodge sont chargés, chacun en ce qui le concerne, de l'exécution du présent arrêté, qui sera enregistré et publié partout où besoin sera. — DE LANESSAN.

2. — 8 août 1893. — ARRÊTÉ *modifiant la nomenclature des bureaux des douanes de l'Annam ouverts à l'importation du poivre.*

Article premier. — Le paragraphe 4 de l'article 4 de l'arrêté du 4 janvier 1893 est modifié comme suit :

« Les bureaux des douanes ouverts en Annam à
« l'importation des poivres sont ceux de Tourane,
« Qui-nhon, Nha-trang, Phan-rang, Phan-tiet et
« Vinh ».

Art. 2. — Le Résident supérieur en Annam est chargé de l'exécution du présent arrêté. — DE LANESSAN.

POLICE (1)

1. — 31 janvier 1884. — DÉCISION *relative à l'organisation de la police des Européens au Tonkin.*

Article premier. — La police des Européens de toute nationalité et des Asiatiques sujets européens est exercée, au Tonkin, par le directeur des affaires civiles et politiques, sous les ordres du commandant en chef, et dans l'étendue de chaque province, par des commissaires, sous l'autorité du résident de France.

(1) Les règlements particuliers de police dans chaque ville du Tonkin et la composition du personnel, sont publiés sous la rubrique spéciale consacrée à chacune d'elles : voir Hanoï, Haïphong, Tourane, Bac-ninh, etc., etc.

À cet effet, une force de police sera créée dans chaque centre au fur et à mesure des besoins. Elle sera spécialement chargée du maintien de la tranquillité publique, de la protection des personnes et des propriétés, de la surveillance des mœurs, et de la salubrité dans les agglomérations urbaines.

Art. 2. — Le service de la police comprendra dans chaque résidence des commissaires, des brigadiers, sous-brigadiers, et agents européens ou asiatiques.

Art. 3. — Les commissaires de police exerceront, dans toute l'étendue de la résidence à laquelle ils seront attachés, les fonctions d'officiers de police judiciaire et d'auxiliaires du résident de France (chargé de la justice à l'égard des citoyens (sujets et protégés européens), dans les conditions prévues au code d'instruction criminelle. Ils seront également chargés de la police administrative.

Ils réuniront et étudieront tous les faits, renseignements et documents qui intéressent la tranquillité publique, en rendront un compte circonstancié au résident, et recevront ses ordres pour les mesures à prendre. Ils assureront la régularité du service qui incombe aux agents de la police ; ils se transporteront immédiatement sur le point où se sera produit un désordre grave ou un événement de nature à troubler la tranquillité publique.

À leur arrivée sur les lieux, et s'ils n'ont pas été prévenus par une autorité supérieure, ils agiront dans les limites de leurs attributions ; dans le cas contraire, ils se mettront à la disposition de l'autorité qui les aura informés et recevront ses ordres.

Art. 4. — Quand il y aura lieu de partager en deux ou plusieurs arrondissements, au point de vue du service de la police, une agglomération urbaine, un des commissaires, désigné par le Commandant en chef, remplira les fonctions de commissaire central, ayant autorité et contrôle sur les autres commissariats de la résidence.

Art. 5. — Un règlement intérieur, établi par MM. les résidents, chacun pour sa résidence, et présenté à l'approbation du directeur des affaires civiles et politiques, déterminera les heures et la marche des services généraux et particuliers de la police.

Tous les matins, le commissaire de police de la résidence de Hanoï dressera, en triple expédition, un rapport sommaire du service des vingt-quatre heures écoulées pour être adressé en même temps au commandant en chef, au directeur des affaires civiles et politiques et au résident. Un rapport analogue, mais comprenant la huitaine, sera établi dans les résidences éloignées de la capitale, et adressé au commandant en chef et au directeur des affaires civiles et politiques, le rapport au résident restant journalier.

Art. 6. — Les commissaires de police agiront habituellement dans le ressort de leur circonscription respective ; néanmoins, ils ne cesseront point d'avoir qualité pour exercer leurs fonctions dans tout le territoire de la résidence et même sur une résidence quelconque, toutes les fois que les besoins du service l'exigeront.

Art. 7. — Les commissariats et postes de police resteront ouverts jour et nuit.

Art. 8. — Il sera tenu, dans chaque commissariat de police :

1° Un journal de toutes les opérations, de quelque nature qu'elles soient, faites dans tous les postes du commissariat ;

2° Un enregistrement des réclamations pour actes ou faits de police ;

3° Un registre des objets perdus ou trouvés (la signature du propriétaire rentré en jouissance y tiendra lieu de décharge);

4° Un livre d'ordres;

5° Un registre des crimes et délits;

6° Un registre des contraventions;

7° Un registre des correspondances.

Tous cotés et paraphés par le résident.

Art. 9. — Il est formellement interdit de conserver plus de vingt-quatre heures, dans les lieux de dépôt provisoire, dits *violons*, et contigus aux postes de police, les individus arrêtés; ils devront être remis chaque matin, et dès la première heure, aux autorités compétentes.

Art. 10. — Les brigadiers, sous-brigadiers et agents de police, hors les cas où ils seront porteurs de mandats légaux, n'auront aucun droit coërcitif sur les personnes et ne pourront les arrêter qu'en cas de flagrant délit. Ils ne pourront faire, de leur chef, aucun acte de poursuite, ni s'introduire dans le domicile d'un citoyen.

Ils ne devront, en aucun cas, être distraits du service de la police pour lequel ils sont institués exclusivement.

Art. 11. — Tout brigadier, sous-brigadier ou agent qui aura dû opérer une arrestation, conduira ou fera conduire au commissariat de police dont il relève l'individu arrêté, accompagné de tous les renseignements et pièces à conviction, susceptibles de permettre au commissaire de rédiger le procès-verbal du fait et de prononcer, séance tenante, sur l'élargissement ou le maintien de l'arrestation.

Art. 12. — Des arrêtés ultérieurs feront connaître l'importance du personnel de police attaché à chaque résidence et, s'il y a lieu, la division des centres en circonscriptions.

Art. 13. — Jusqu'à nouvelle division, les soldes et accessoires des fonctionnaires et agents du service de la police sont ainsi fixés annuellement:

(*Voir ci-après arrêté du 9 juin 1886 qui modifie les soldes déterminées par la présente décision.*)

Les commissaires de police recevront en outre, à titre de frais de bureau, une indemnité de 200 fr., par an, les autres chefs de poste 100 fr.

Art. 14. — Une indemnité d'habillement, payable d'avance, et fixée à 100 fr. par an, sera allouée à chaque brigadier, sous-brigadier et agent.

L'uniforme du personnel consiste en: veston à deux rangs de boutons en métal blanc, croisant sur la poitrine, en molleton ou flanelle bleu de roi, col bleu clair, marqué des lettres initiales de la résidence, brodées en argent pour les gradés, laine blanche pour les agents. Pendant la saison chaude, le port du veston en toile blanche sera autorisé, pourvu qu'il comporte le col, les boutons et insignes d'ordonnance. Pantalon molleton ou flanelle bleu de roi, à bande bleu claire. En été, le port du pantalon blanc sera autorisé.

Képi, en drap noir, à turban bleu clair, orné des lettres initiales de la résidence sur le devant, ou casque blanc; manteau *ad libitum*. Insignes: les agents et les gradés seront porteurs d'insignes, consistant en une ou plusieurs pattes placées en travers et sur la partie inférieure de la manche, au-dessus du poignet; chaque patte mesurera une longueur de douze centimètres sur deux de largeur.

Le nombre en sera fixé savoir:

Agent européen: une patte en argent.

Sous-brigadier: deux en argent.

Brigadier: une patte en argent, une en or.

Agent asiatique: une patte en laine bleu clair.

Sous-brigadier: deux en laine bleu clair.

Brigadier: une en argent.

Armement et équipement. — Mousquetons, pourvus de bretelles, et revolvers d'ordonnance avec étuis, qui resteront en dépôt dans les postes de police, pour n'être remis aux agents que dans des cas exceptionnels graves.

En temps ordinaire, épée baïonnette d'ordonnance, suspendue au ceinturon ordinaire.

Les armes seront prêtées par le service de l'artillerie à l'administration civile, qui en aura charge.

Art. 15. — Le commandant supérieur des troupes, le directeur des affaires civiles et politiques et le chef du service administratif sont chargés, chacun en ce qui le concerne, de l'exécution du présent arrêté. — COUDRET.

2. — 16 janvier 1886. — DÉCISION *fixant à cinquante francs l'indemnité d'habillement des agents du personnel asiatique de la police.*

Article premier. — Les agents du personnel asiatique de la police ont, comme les agents européens, droit à l'habillement. L'allocation annuelle pour chacun d'eux, quel que soit son grade, est fixée à cinquante francs.

Art. 2. — Pareille somme sera allouée pour l'habillement des nouveaux agents, à leur entrée en fonctions.

Art. 3. — Le Directeur des affaires civiles et politiques, et le chef du service administratif sont chargés, chacun en ce qui le concerne, de l'exécution de la présente décision. — COUNCY.

3. — 31 mai 1886. — Arrêté *créant auprès de chaque résident ou vice-résident chef de poste, deux emplois d'agents français assermentés.*

Article premier. — Il est créé, auprès de chaque résident ou vice-résident chef de poste, deux emplois d'agents français assermentés, chargés spécialement de la garde de la résidence, de la police du chef-lieu, de la constatation des crimes et délits, de l'instruction militaire à donner aux milices, des escortes et autres missions que le résident aurait à leur confier.

Leur uniforme sera, jusqu'à nouvel ordre, celui adopté pour les agents de la ville d'Hanoï.

Leurs traitements seront fixés par le tableau ci-annexé.

Art. 2. — Le Résident supérieur au Tonkin est chargé de l'exécution du présent arrêté. — PAUL BERT.

TABLEAU DES SOLDES DES AGENTS FRANÇAIS ASSERMENTÉS AUPRÈS DES RÉSIDENCES

16 Agents de police de 1re classe.	3.000 00
16 Agents de police de 2e classe.	2.400 00
Total 32	
Allocation annuelle pour entretien d'effets, à 100 francs par homme	3.200 00
Dépense annuelle pour 16 agents de 1re classe.	48.000 00
Dépense annuelle pour 16 agents de 2e classe.	38.400 00
Dépense totale	89.600 00

Voy.: Ports de guerre; — Ports de commerce; — Marchés; — Pêcherie; — Paillottes; — Inhumations.

PORT D'ARMES

1. — 5 juillet 1886. — Avis *relatif à l'autorisation de port d'armes de guerre.*

Le Résident général est informé que des Européens, voyageant sur le fleuve, font usage en route des armes à feu à longue portée en leur possession, au risque de blesser les habitants qui circulent sur les rives ou travaillent dans la campagne.

Il rappelle que l'autorisation de porter des armes de guerre n'a été accordée que pour la défense des barques et dans des conditions déterminées, et il invite MM. les résidents et vice-résidents à faire savoir à qui de droit que toute embarcation où un fait de ce genre aura été dûment constaté, sera privée des armes qu'elle est autorisée à posséder en vertu de l'arrêté du 25 juin dernier. — PAUL BERT.

2. — 28 mars 1887. — ARRÊTÉ *réglementant l'autorisation accordée aux chaloupes de commerce d'avoir à bord quatre fusils à tir rapide.*

Article premier. — Les chaloupes de commerce et canots à vapeur appartenant à des particuliers, pourront être autorisés par les résidents de leurs provinces, et moyennant le dépôt d'un cautionnement de cent piastres par embarcation, à avoir à bord, pour leur défense, quatre fusils à tir rapide.

Art. 2. — L'armateur devra faire la déclaration de ses armes au chef-lieu de la résidence ou de la vice-résidence, et tenir avec le plus grand soin un registre indiquant le nombre, la nature des armes et la quantité de munitions qu'il possède. Ce registre sera visé tous les trimestres par le résident ou le vice-résident de la province.

Les fusils devront porter un numéro matricule inscrit par les soins de l'administration. En outre, les fonctionnaires chargés de la police de la navigation feront visiter, aussi souvent qu'ils le jugeront convenable, les embarcations en cours de service dans leurs provinces.

Art. 3. — L'armateur sera entièrement responsable de la disparition de ses armes ou de ses munitions. Les disparitions non justifiées donneront lieu au retrait de l'autorisation et à la saisie du cautionnement, sans préjudice des peines plus graves édictées par les lois et règlements, dans le cas d'emploi délictueux des armes et munitions.

Art. 4. — Le Résident supérieur du Tonkin est chargé de l'exécution du présent arrêté. — G. BIHOURD.

3. — 28 janvier 1888. — ARRÊTÉ *décidant que le certificat d'enregistrement des armes en douane équivaudra, pour les jonques et chaloupes de mer, à l'autorisation exigée par l'article 3 de l'arrêté du 27 juin 1886.*

Le certificat d'enregistrement des armes en douane équivaudra, pour les jonques et chaloupes de mer, à l'autorisation exigée par l'article 3 de l'arrêté du 25 juin 1886. — RAOUL BERGEN.

4. — 28 juin 1889. — ARRÊTÉ *fixant le droit à percevoir sur les permis de port d'armes délivrés aux indigènes.*

Article premier. — Sur tout le territoire du Tonkin, nul indigène ni Asiatique étranger ne pourra posséder ou porter sur lui-même une arme à feu de luxe ou de chasse, s'il n'est muni d'un permis régulièrement délivré par les résidents-maires à Hanoï et à Haïphong, et dans les autres provinces par les résidents ou vice-résidents chefs de poste, avec l'autorisation du Résident supérieur.

Art. 2. — Aucune demande de permis d'armes, *sauf les cas exceptionnels sur lesquels il sera statué par le Résident supérieur*, ne sera admise, si elle n'a pour but la chasse des bêtes à plumes, et si elle n'est présentée par un Européen, lequel devra se porter garant du permissionnaire et sera seul responsable du paiement de la taxe prévue ci-dessous.

Art. 3. — Les permis seront délivrés moyennant le versement d'une redevance annuelle de trois piastres pour la première année, et deux piastres 50 cents pour le renouvellement des années suivantes, payables en un seul terme et d'avance. Ils cesseront d'être valables à l'expiration de l'année au cours de laquelle ils auront été délivrés.

Art. 4. — Un cahier spécial sera tenu dans chaque résidence pour l'enregistrement des permis.

Art. 5. — Cette décision, au point de vue fiscal, sera applicable à partir du 1er juillet prochain, avec un délai d'un mois accordé aux détenteurs d'armes non déjà pourvus d'une autorisation, pour se mettre en règle. Néanmoins et par faveur, le deuxième semestre de 1889 sera seul exigible et est fixé à une piastre 50 cents par permis.

Art. 6. — Toutes les prohibitions antérieures concernant la possession et le port des armes de guerre demeurent expressément maintenues.

Art. 7. — Toute infraction à la présente décision entraînera la saisie de l'arme et une amende de 5 à 25 piastres, dont le quart pourra être attribué par le résident qui prononcera l'amende, aux agents qui auraient contribué à l'arrestation du délinquant.

Art. 8. — Les permis d'armes délivrés pourront toujours être retirés, sans que ce retrait puisse donner lieu au remboursement de la taxe perçue.

Art. 9. — Le Résident supérieur au Tonkin est chargé de l'exécution du présent arrêté, qui sera enregistré et publié partout où besoin sera. — PIQUET.

5. — 15 juin 1890. — CIRCULAIRE *limitant à certaine partie du territoire le droit de port d'armes de chasse des indigènes.*

Durant ces derniers mois, plusieurs de nos nationaux faisant le commerce des plumes ont été, ainsi que vous le savez, autorisés par mon prédécesseur à armer, sous leur responsabilité personnelle, un certain nombre d'indigènes qu'ils envoient, porteurs de permis individuels, à la chasse à l'aigrette dans diverses provinces.

Cette industrie, que je suis d'ailleurs tout disposé à faciliter, tendant actuellement à prendre de l'extension, ne saurait sans inconvénients s'exercer indifféremment dans toutes les régions du Tonkin, et j'estime qu'il y a un intérêt de police générale à en limiter l'exercice aux parties du territoire dont la pacification est aujourd'hui assurée.

Je vous prie donc de me faire connaître les régions de votre province où cette chasse peut être autorisée sans danger, ainsi que celles dont il serait utile (au point de vue de la sécurité publique) d'interdire l'accès aux chasseurs.

Vous voudrez bien me faire parvenir sans retard les renseignements dont il s'agit. — BRIÈRE.

6. — 10 septembre 1892. — ARRÊTÉ *sur le droit de port d'armes par les indigènes et asiatiques étrangers, en Annam.*

Article premier. — Sont étendus au territoire de l'Annam les effets de l'arrêté du 28 juin 1889, sur la possession et le port, par les indigènes et asiatiques étrangers, des armes à feu de luxe ou de chasse.

Art. 2. — Les indigènes et asiatiques étrangers, déjà détenteurs d'armes de l'espèce, devront, dès la mise en vigueur du présent arrêté, se pourvoir de permis réguliers.

Art. 3. — Le Résident supérieur en Annam est chargé de l'exécution du présent arrêté. — DE LANESSAN.

Voy.: Armes et munitions; — Chasse; — Navigation.

PORTEURS DE CONTRAINTES

1. — 3 mai 1887. — ARRÊTÉ *fixant le traitement des porteurs de contraintes.*

L'article 17 de l'arrêté susvisé (1) est modifié comme suit :

« Les porteurs de contraintes jouissent d'un traitement fixe de trois mille francs (3.000 fr.). — G. BIHOURD.

Voy.: Trésor.

PORTS DE COMMERCE

1. — 16 octobre 1883. — DÉCISION *réglementant la police du port de Hanoi.*

Article premier. — Le port de Hanoi est ouvert à la navigation pour tous les bâtiments battant pavillon français. Les navires étrangers n'y seront admis qu'après avoir obtenu une autorisation de l'autorité administrative, qui restera essentiellement révocable.

Art. 2. — Provisoirement, tous les bâtiments qui arriveront à Hanoi, quelle que soit leur nationalité, devront se présenter, une heure au plus tard après qu'ils auront mouillé, au bureau du chargé du service administratif, et y déposer les papiers du bord.

Ceux qui seront porteurs de dépêches postales devront les faire parvenir immédiatement au bureau de poste.

Art. 3. — Tout navire quittant Hanoi pour se rendre dans un des ports du Tonkin, devra annoncer son départ six heures à l'avance au moins.

Le chargé du service administratif fixera les heures de départ des navires frétés par l'administration ou lui appartenant, et préviendra, aussitôt que possible, les différents services de tous les départs.

Art. 4. — Les papiers de bord ne seront remis aux capitaines ou patrons que sur la présentation au chargé du service administratif, d'un certificat qui lui sera délivré par le receveur de la poste, constatant qu'ils ont pris les sacs de correspondance.

Ils seront responsables des dépêches au même titre qu'un agent des postes, et n'auront droit à aucune indemnité de ce fait.

Art. 5. — Toute infraction aux articles 1, 2, 3 et 4 ci-dessus, sera punie d'une amende de 100 à 1.000 francs, qui sera prononcée par le résident.

Art. 6. — La présente décision, qui sera communiquée et enregistrée partout où besoin sera, sera traduite en langue anglaise et annamite, pour un exemplaire en être remis à chaque capitaine ou patron arrivant à Hanoi pour la première fois après sa publication. — HARMAND.

(1) Voir arrêté du 22 octobre 1886, au mot *Impôts.*

2. — 27 octobre 1884. — DÉCISION *portant réglementation générale des ports de l'Annam et du Tonkin ouverts au commerce de la France et des puissances étrangères.*

CHAPITRE PREMIER

DISPOSITIONS GÉNÉRALES

Article premier. — Sont ouverts au commerce de la France et des puissances étrangères, les ports de Haiphong, Hanoi, Qui-nhon, Tourane et Xuan-day, ainsi que la navigation du fleuve Rouge, de la mer aux frontières du Yun-nam; il est interdit de se livrer au trafic dans les autres ports ou sur la côte, ainsi que de pénétrer dans les embouchures autres que celles aboutissant aux ports précités, sous peine de confiscation des navires et des marchandises engagés, au profit de la caisse des douanes.

Art. 2. — Le cabotage de province à province est réservé aux jonques indigènes, sous réserve que les patrons seront munis de manifestes visés par les autorités locales.

Les navires portant pavillon français seront admis à faire le cabotage entre les ports ouverts, sous l'obligation d'être munis d'un passavant ou acquit-à-caution, et de faire le transport direct, sans aucune escale volontaire à l'étranger.

Art. 3. — Aucune société de commerce privilégiée ne pourra désormais être établie en Annam et au Tonkin, et il en sera de même de toute coalition organisée dans le but d'exercer un monopole sur le commerce, à l'exception des fermes créées ou à créer par le gouvernement annamite avec l'approbation de la France.

Toute infraction à cette disposition entraînera la dissolution de l'entreprise, sans préjudice des poursuites qui pourront être exercées conformément aux articles 419 et suivants du Code pénal français, ou des lois annamites, selon le cas.

Art. 4. — Il est formellement interdit d'introduire au Tonkin et dans l'Annam des armes, munitions, salpêtre, soufre, objets ou instruments quelconques à l'usage de la guerre. L'introduction et la vente des armes dites de commerce, pourront être permises, mais seulement aux négociants européens, et en vertu d'autorisations personnelles et spéciales, et sous l'obligation de se conformer strictement aux règlements établis par l'administration à cet effet.

Toute infraction aux présentes dispositions sera punie d'une amende de cinquante à trois mille francs, et les objets et produits saisis seront confisqués, le tout au profit de la caisse des douanes.

Art. 5. — Tout navire portant des armes pour sa propre sûreté ou des munitions de guerre ou de commerce, devra en inscrire l'énumération sur ses papiers de bord et produire, à l'arrivée dans le port, une déclaration spéciale à ce sujet. Le résident de France pourra autoriser le capitaine à conserver à bord son armement ou en ordonner le dépôt à terre, dans les magasins de l'Administration de l'artillerie, pour n'être rendu qu'au départ. Dans tous les cas, l'armement au complet devra être représenté au départ du navire et concorder avec la déclaration à l'arrivée, et les emplois dûment justifiés, sous peine d'une amende de cinquante à trois mille francs au profit de la caisse des douanes, et sans préjudice des poursuites légales, s'il y a eu vente frauduleuse d'armes ou de munitions.

Les armes et munitions trouvées à bord d'un navire de commerce et qui n'auraient pas été déclarées,

33

comme il vient d'être dit, seront confisquées, et le capitaine pourra être condamné à une amende de 50 à 3.000 francs au profit de la caisse des douanes.

Si un navire a débarqué clandestinement des armes ou des munitions sur un point quelconque du territoire de l'Annam ou du Tonkin, le capitaine sera condamné à la même amende que ci-dessus, et les armes et munitions seront confisquées. Dans le cas où celles-ci n'auraient pas été saisies, et dans tous les cas, s'il s'agit de quantités telles qu'il y ait menace pour la tranquillité publique, le navire et la cargaison totale seront saisis et pourront être confisqués au profit de la caisse des douanes, sans préjudice des autres pénalités encourues par les fraudeurs, pour tout acte criminel concomitant.

Art. 6. — Tout navire qui circule dans le fleuve Rouge ou entre dans un des ports ouverts, ou sort, est tenu d'avoir son pavillon arboré depuis le lever jusqu'au coucher du soleil. Pendant la nuit, tout navire, qu'il soit sous vapeur, sous voiles ou au mouillage dans le fleuve, doit porter les feux règlementaires (*Art. 2 et 4 du décret du 28 mai 1858.*)

A moins d'un cas de force majeure, dont il est tenu de justifier, aucun bâtiment ne doit mouiller au milieu du fleuve, ni à moins d'un mille en amont ou en aval des coudes brusques.

Le capitaine sera responsable de toute avarie qui résulterait d'une infraction à cet article, sauf, s'il y a lieu, son recours contre le pilote.

Art. 7. — Les navires de commerce sont tenus de s'établir au poste de mouillage qui leur est indiqué par la direction du port, sous peine d'une amende de 50 à 100 francs au profit de la caisse des douanes, et d'être obligés de reprendre le poste assigné.

Art. 8. — Tout navire chargé de pétrole ou de matières inflammables ou incendiaires, devra stationner loin des autres bâtiments, aux points désignés à l'avance par le directeur du port, et pour s'amarrer, devra faire usage de chaînes en fer, à l'exclusion des câbles en chanvre. Il sera tenu de hisser, en entrant, un pavillon rouge qu'il conservera jusqu'à complet déchargement du pétrole ou des matières inflammables ou incendiaires.

Le chargement ou le déchargement du pétrole et des matières inflammables ou incendiaires devront être opérés, soit de bord à quai, soit sur des allèges, dans des emplacements déterminés. Ces opérations ne pourront avoir lieu que de jour. Il est absolument interdit d'allumer du feu ou de la lumière sur les allèges ou embarcations qui servent au transport de ces matières. Toute infraction à ces dispositions entraînera condamnation contre le capitaine à une amende de cinquante à cinq cents francs au profit de la caisse des douanes.

Art. 9. — Dans les vingt-quatre heures qui suivront l'arrivée d'un navire de commerce dans l'un des ports ouverts, le capitaine, s'il est empêché, ou à son défaut, le subrécargue ou le consignataire, devra se rendre à la résidence de France et remettre entre les mains du résident les papiers du bord, les connaissements et le manifeste.

Dans les vingt-quatre heures suivantes, le résident enverra au chef de la douane un extrait du rôle d'équipage et une note détaillée indiquant le nom du navire, le tonnage légal et la nature du chargement. Si, par suite de la négligence du capitaine, cette dernière formalité n'avait pu être accomplie dans les quarante-huit heures qui suivront l'arrivée du navire, le capitaine sera passible d'une amende de deux cent cinquante francs par jour de retard, au

profit de la caisse des douanes. Ladite amende né pourra toutefois dépasser la somme de mille francs.

Aussitôt après la réception de la note transmise par la résidence, le chef de la douane délivrera le permis d'ouvrir la cale. Si le capitaine, avant d'avoir reçu ce permis, avait ouvert la cale et commencé à décharger, il pourrait être condamné à une amende de cent à deux mille cinq cent francs, et les marchandises débarquées pourraient être saisies et vendues au profit de la caisse des douanes.

Art. 10. — Les capitaines sont tenus de remettre à la résidence de France une liste nominative de leurs passagers. Les passagers de race asiatique ne quitteront le bord que sur une autorisation du résident.

Toute infraction au présent article sera punie d'une amende de cent à cinq cents francs à la charge du capitaine et au profit de la caisse des douanes. Dans le cas de fausse déclaration intentionnelle, le maximum de l'amende sera toujours prononcé.

Art. 11. — Il est expressément défendu de jeter dans le port quelque lest que ce soit. Les matières de cette nature seront déposées sur des points indiqués par le directeur du port. Toute infraction à cette règle entraînera une amende de cent à cinq cents francs.

Art. 12. — Les capitaines devront se conformer exactement aux règlements locaux sur le pilotage et la police sanitaire. Si une maladie épidémique ou contagieuse se déclare à bord d'un navire mouillé dans un port ou naviguant dans le fleuve Rouge, le capitaine est tenu d'en faire la déclaration immédiate au résident le plus voisin et de se conformer aux mesures qui lui seront prescrites.

Si un décès a lieu dans les ports ou le fleuve, soit parmi les hommes d'équipage, soit parmi les passagers, le capitaine en fera la déclaration dans les mêmes conditions, et se conformera aux règlements d'ordre public établis à ce sujet.

Les infractions à ces dispositions entraîneront, pour le capitaine, une amende de cent à cinq cents francs au profit de la caisse des douanes.

Art. 13. — Si un navire a besoin d'être radoubé, fumigé ou calfaté, son capitaine en préviendra le directeur du port, qui prescrira les mesures nécessaires afin que l'opération s'effectue sans obstacle et sans accident.

Toute infraction à cette règle, toute désobéissance aux ordres donnés à ce sujet, seront punies d'une amende de cinquante à trois cents francs au profit de la caisse des douanes.

Art. 14. — Si un navire se trouve en danger, les capitaines sont tenus, avant tout ordre émané et du port, d'expédier des secours ce navire, dans la proportion de la moitié de leur équipage, en même temps que des ancres et grelins, si cela était nécessaire. Ils doivent, à première réquisition du commandant de la rade ou du directeur du port, fournir tous les genres de secours qui leur seraient demandés. Les capitaines, en cas de refus de se conformer à ces dispositions, seront poursuivis conformément au décret-loi sur la marine marchande.

Si les canots ou amarres employés pour les secours recevaient quelques dommages, le règlement des avaries aurait lieu à dire d'experts.

Art. 15. — Si quelque bâtiment venait à se perdre sur les côtes de l'Annam et du Tonkin, l'autorité la plus voisine, dès qu'elle en serait informée, porterait sur-le-champ assistance à l'équipage, pourvoirait à ses besoins urgents, et prendrait les mesures nécessaires pour le sauvetage du navire et de la cargaison.

Art. 16. — Les bâtiments de guerre de toute nationalité entrant dans un des ports du Tonkin ou de l'Annam, seront exempts de tous droits, s'ils ne débarquent ou n'embarquent aucun article destiné au commerce ; ces navires seront tenus, d'ailleurs, de se conformer aux règlements institués pour la police de la rade et du port. Ils pourront s'y procurer les divers objets de rechange et ravitaillement dont ils auraient besoin, et s'ils ont fait des avaries, les réparer et acheter, dans ce but, les matériaux nécessaires, le tout en franchise des droits de douane.

Il en sera de même à l'égard des navires de commerce qui, par suite d'avaries majeures, seraient contraints de chercher refuge dans un port quelconque de l'Annam ou du Tonkin ; mais ces navires ne devront y séjourner que momentanément, et aussitôt que la cause de leur relâche forcée aura cessé, ils devront appareiller sans pouvoir y prolonger leur séjour ni commercer, à moins qu'ils ne se trouvent dans l'un des ports ouverts, auquel cas ils rentreraient dans le droit commun à partir du moment où ils auraient dû quitter le port.

Art. 17. — Tout capitaine ou patron d'un bâtiment français ou étranger arrivant dans un port, est tenu d'envoyer au bureau de la poste, aussitôt le bâtiment amarré, les lettres et paquets qui lui ont été confiés à son départ, soit d'un port français, soit d'un port étranger, sous peine d'une amende de 10 à 500 francs et, au besoin, des poursuites prévues en l'article 187 du code pénal.

Le capitaine devra justifier de cette remise par un reçu du chef du bureau postal.

Au départ, le capitaine ne sera expédié par les autorités compétentes que s'il justifie, par un certificat du même chef de bureau, qu'il a déclaré le moment de son départ au moins vingt-quatre heures à l'avance s'il doit prendre le large, et six heures à l'avance s'il doit naviguer dans l'intérieur.

Art. 18. — La surveillance des navires de commerce, bateaux, jonques et embarcations sera exercée par des bâtiments de guerre, des canots à vapeur ou à rames, ou par des postes de douane.

CHAPITRE II
DES TARIFS ET DE LA PERCEPTION DES TAXES

Art. 19. — En attendant que le régime commercial du Tonkin soit définitivement arrêté, les droits de douane, à l'importation, resteront conformes aux taxes qui ont été fixées par le traité du 31 août 1874.

Sont aussi provisoirement maintenues en vigueur les dispositions relatives aux produits et aux provenances désignés spécialement dans ledit traité.

Art. 20. — Tout bâtiment entré dans l'un des ports ouverts du Tonkin ou de l'Annam et qui n'aura point encore levé le permis de débarquement mentionné en l'article 9, pourra, dans les deux jours de son arrivée, quitter ce port et se rendre dans un autre port, sans avoir à payer aucun droit autre que ceux imposés aux navires entrant et sortant sur lest.

Art. 21. — Tout navire qui ne déchargera qu'une partie de sa cargaison, ne payera les droits de douane que pour les marchandises débarquées.

Dans les cas où, des marchandises ayant été débarquées et les droits acquittés, un commerçant voudrait les réexporter, il en préviendrait le résident de France. Celui-ci, de son côté, en informerait le chef de la douane qui, après avoir constaté l'identité des marchandises et la parfaite intégrité des colis, remettrait à l'intéressé une déclaration attestant que les droits ont été effectivement acquittés.

Muni de cette déclaration, le commerçant n'aura, à l'arrivée dans tout autre port de l'Annam ou du Tonkin, qu'à la présenter au résident de France qui la transmettra au chef de la douane locale, lequel, après vérification des colis et des marchandises, délivrera un permis de débarquement, sans retard et sans frais, pour cette partie de la cargaison. Si quelque fraude était découverte, les marchandises en question seraient confisquées et le contrevenant pourrait être condamné à une amende égale au double droit, le tout au profit de la caisse des douanes.

Art. 22. — Aucun transbordement de marchandises ne pourra avoir lieu sans un permis spécial et, dans le cas d'urgence, s'il est indispensable d'opérer sans délai, il devra en être référé au résident de France, qui délivrera un certificat sur le vu duquel le chef de la douane autorisera immédiatement le transbordement, sauf à déléguer un employé de l'administration pour y assister.

Tout transbordement non autorisé, sauf le cas de péril en la demeure, entraînera la confiscation, au profit de la caisse des douanes, de la totalité des marchandises illicitement transbordées.

Art. 23. — Toute marchandise introduite ou exportée en fraude des droits, quelle que soit sa valeur et sa nature, tout produit prohibé débarqué ou embarqué frauduleusement, seront saisis et confisqués ; de plus, il sera prononcé des amendes proportionnées à l'importance de la contravention, qui ne pourront être inférieures au double des taxes détournées, ni supérieures au décuple, en totalité. Le gouvernement du Protectorat pourra interdire l'accès des ports de l'Annam et du Tonkin aux navires convaincus de se livrer habituellement à la contrebande.

Aussitôt l'apuration de leurs comptes, ces navires seront contraints de quitter le port.

Il suffira de trois contraventions dûment établies dans le cours d'une année, pour constituer le fait d'habitude.

Art. 24. — Le capitaine est responsable de l'exactitude du manifeste, qui doit reproduire les marques, numéros, contenu et valeur de chaque colis. La présentation d'un manifeste faux rendra le capitaine passible d'une amende de cinquante à trois mille francs ; toutefois, il est admis que le capitaine qui a reconnu une erreur dans son manifeste, peut en faire la rectification dans les vingt-quatre heures qui suivent la remise du document en question à la résidence de France, sans encourir pour cela aucune pénalité, à moins que la rectification n'intervienne qu'après la découverte et la saisie des marchandises omises par les agents des douanes.

Lorsqu'une partie de la cargaison sera destinée à être réexportée, il devra en être fait mention dans le manifeste.

Art. 25. — Sauf le cas d'autorisation spéciale, aucun embarquement ou débarquement de marchandises, de passagers ou de lest ne pourra avoir lieu en dehors des limites des ports ouverts, ni après le coucher du soleil (excepté pour les passagers européens), sous peine de la confiscation des marchandises et d'une amende de cent à trois mille francs à la charge du capitaine et au profit de la caisse des douanes.

Art. 26. — Toutes les fois qu'un commerçant aura des marchandises à embarquer ou à débarquer, il devra d'abord en remettre la note détaillée au chef de la douane. Celui-ci délivrera sur-le-champ un permis d'embarquement ou de débarquement,

33.

selon le cas, et il sera alors procédé à la vérification des marchandises dans la forme la plus convenable pour qu'il n'y ait chance de perte de temps ou de valeur pour aucune des parties intéressées.

Le commerçant susdit devra se faire représenter sur le lieu de la vérification, s'il ne préfère y assister lui-même, par une personne munie des qualités voulues, à l'effet de veiller à ses intérêts, faute de quoi toute réclamation ultérieure sera tenue pour nulle et non avenue.

Art. 27. — Jusqu'à ce qu'il ait été établi des entrepôts réels dans les ports ouverts, l'administration des douanes est autorisée à accorder aux commerçants le bénéfice de l'entrepôt fictif dans les conditions fixées par la réglementation générale des douanes.

Art. 28. — La vérification des marchandises s'opèrera sur un point déterminé et approprié dans ce but, au vu du manifeste, sans faculté pour l'agent des douanes de faire ouvrir les caisses, futailles, balles et autres colis, ou d'en demander la pesée dans le cas où les indications reproduites sur le manifeste paraîtraient insuffisantes ou inexactes.

Art. 29. — Les réductions de droits pour cause d'avaries prévues par le dernier paragraphe de l'article 17 du traité de commerce ne sont applicables, dans aucun cas, aux marchandises d'exportation. Pour l'importation, ces réductions ne peuvent être accordées qu'autant que l'avarie aura eu lieu en cours de transport, depuis le dernier port de chargement, et résultera d'un événement de mer régulièrement établi par les papiers de bord.

Art. 30. — Quand un navire aura complété son chargement, le capitaine ou le consignataire devra remettre à la douane un manifeste détaillé de sa cargaison d'exportation. Le capitaine ou le consignataire qui produirait un manifeste faux serait passible d'une amende de cinquante à trois mille francs au profit de la caisse des douanes.

Art. 31. — Aucun navire ne pourra rentrer en possession de ses papiers et quitter le port si le capitaine n'a justifié, auprès du résident, qu'il a rempli toutes ses obligations envers la douane, et que la somme des droits a été intégralement payée.

Art. 32. — Les droits de phare et d'ancrage sont fixés à deux francs par tonneau de jauge, pour les navires entrant et sortant avec un chargement, et à un franc par tonneau pour les navires entrant sur lest et sortant chargés ou entrant chargés et sortant sur lest.

Sont considérés comme étant sur lest, les navires dont la cargaison est inférieure au vingtième de leur jauge en encombrement, et à cinq francs par tonneau en valeur.

Les navires entrant sur lest et partant sur lest ne payent aucun droit de phare et d'ancrage (1).

Art. 33. — A l'arrivée tout navire dans un port, un agent de la douane pourra être placé à bord pour suivre les opérations d'embarquement ou de débarquement.

Le service des douanes au Tonkin et dans les autres ports ouverts de l'Annam, se conformera aux prescriptions du règlement général des douanes métropolitaines, sauf les modifications qui résultent des traités avec l'Annam et des prescriptions de la présente décision.

Les bureaux de la douane seront ouverts, pour l'expédition des affaires, de six heures à onze heures

du matin et de deux heures à six heures du soir, tous les jours, à l'exception des dimanches et fêtes, sauf les cas d'autorisation extraordinaire.

Art. 34. — (1).

Art. 35. — Le directeur des affaires civiles et politiques, les résidents et sous-résidents, le chef du service des douanes, sont chargés d'assurer l'exécution de la présente décision, chacun en ce qui le concerne, et sous réserve de l'approbation de M. le Ministre de la marine et des colonies. — G. LEMAIRE.

3. — 2 janvier 1885. — DÉCISION *portant création d'une direction du port de commerce à Haiphong.*
Modifiée par arrêté du 4 octobre 1892.

4. — 26 mars 1885. — DÉCISION *suspendant les effets de la décision du 2 janvier 1885, portant réglementation du port de commerce à Haiphong.*
Rapportée par arrêté du 6 septembre 1885.

5. — 16 septembre 1885. — DÉCISION *mettant sous l'autorité du directeur des affaires civiles, le capitaine du port de commerce de Haiphong.*
Modifiée par arrêté du 4 octobre 1892.

6. — 20 février 1886. — ARRÊTÉ *sur la police sanitaire dans les ports de l'Annam et du Tonkin.*

TITRE PREMIER
DES AUTORITÉS SANITAIRES

Article premier. — La police sanitaire de l'Annam et du Tonkin est placée sous la haute direction du Résident général, qui reçoit des diverses autorités civiles et militaires de l'Annam et du Tonkin, ainsi que des agents consulaires représentant la France dans les contrées avoisinantes, des renseignements sur la santé publique des diverses localités de l'Annam, du Tonkin et de l'étranger (2).

Art. 2. — Le territoire de l'Annam et du Tonkin est divisé en circonscriptions sanitaires dont le nombre et l'étendue sont fixés par un arrêté du Résident général. Dans chaque circonscription est placé un agent supérieur qui prend le titre de directeur de la santé : il est nommé par le Résident général et pris dans le corps médical. Il est le chef du service de la circonscription : tous les employés et agents de ce service sont sous ses ordres ; ceux-ci, dans les cas imprévus ou difficiles, doivent prendre ses instructions.

Il demande et reçoit directement les ordres du Résident général, pour toutes les questions qui intéressent la santé publique ; en cas de circonstances menaçantes ou imprévues, il peut prendre d'urgence telle mesure qu'il juge propres à garantir la santé publique, sauf à en référer immédiatement au Résident général.

Dans les arrondissements ou résidences dépourvus d'hôpital ou d'ambulance, les administrateurs ou résidents agissent comme délégués du directeur de la santé ; ses instructions leur sont adressées.

Les directeurs de la santé doivent se communiquer réciproquement les informations sanitaires qui intéressent le service.

Les capitaines des ports de commerce, leurs lieutenants, les pilotes, sont chargés de la visite et de l'arraisonnement de tous les bâtiments arrivant dans les ports ou rades de l'Annam et du Tonkin.

(1) Le tarif des droits de phare, ancrage, etc., est actuellement déterminé par arrêté du 1er mai 1892, publié V° *Phares et ancrage* (Droits de).

(1) Modifié par arrêté du 11 novembre 1890; voir V° *Douanes*.
(2) Voir V° *Santé*, arrêté du 2 août 1894.

Art. 3. — Les directeurs de la santé et tous agents désignés dans le précédent article, sont chargés de veiller à l'exécution des règlements et instructions sanitaires, en conformité des dispositions du décret du 22 février 1876.

Art. 4. — Les capitaines de port et les pilotes, avant de monter à bord d'un navire, doivent faire au capitaine toutes les questions prévues dans le questionnaire réglementaire (Annexe n° 5 du décret du 22 février 1876). Ils devront aussi réclamer, avant de communiquer avec le bâtiment, la patente de santé et s'assurer qu'elle est nette ou brute, et qu'elle a été visée par les autorités compétentes dans les divers points de relâche.

Art. 5. — Si la patente est nette et en règle, et s'il n'existe à bord aucun malade suspect ou contagieux, d'après les affirmations du médecin du bord, ils pourront donner la libre pratique sans retard.

Art. 6. — Si la patente est brute, et si, par conséquent, le navire vient d'un port où règne une maladie épidémique, mais si cependant il n'y a pas eu de malade à bord depuis son départ, le pilote ne devra pas communiquer avec lui, et lui imposera la quarantaine après l'avoir conduit à un mouillage rapproché du port de débarquement et déterminé par l'article 15 du présent arrêté.

Art. 7. — Si, quelle que soit la nature de la patente, le capitaine du bâtiment déclarait avoir perdu dans son voyage quelque personne de son bord, par suite d'une maladie épidémique quelconque, ou s'il avait dans le moment à bord un ou plusieurs cas de ces mêmes maladies, le pilote ne montera pas à bord, mouillera le navire en un point éloigné du port de débarquement déterminé par l'article 16 ci-après.

Art. 8. — Dans tous les cas, le capitaine du port doit toujours et sans retard, faire parvenir au directeur de la santé le questionnaire de tout bâtiment arraisonné et lui faire part, par écrit, de toutes les circonstances qui auraient décidé le pilote à imposer la quarantaine.

Art. 9. — Le directeur de la santé décide, en dernier ressort, de l'opportunité de la quarantaine, et en rend compte par écrit au Résident général.

Art. 10. — Les conseils sanitaires de chaque circonscription seront composés ainsi qu'il suit :

Le résident ou le sous-résident ;
Le commandant d'armes ou son délégué ;
Le directeur de la santé ;
Le commandant de la station navale ou son délégué ;
Le médecin le plus élevé en grade de la garnison ;
Le directeur des douanes.

Trois membres civils désignés conformément aux dispositions de l'article 103 du décret du 22 février 1876.

Le corps consulaire du port où siège le conseil sanitaire peut déléguer un de ses membres pour prendre part aux délibérations dudit conseil, avec voix consultative.

Le résident et le sous-résident sont présidents nés des conseils sanitaires établis au siège de leur résidence ; en l'absence d'un résident ou d'un sous-résident, le commandant d'armes aura la présidence.

Le conseil se réunit sur l'ordre du Résident général, ou sur la convocation de son président, toutes les fois qu'une circonstance de nature à intéresser la santé publique paraît l'exiger.

Art. 11. — En dehors de ses attributions ordinaires, le conseil sanitaire de chaque circonscription a pour mission d'éclairer ou d'appeler l'attention des autorités sur les questions d'hygiène publique, de leur donner son avis sur les mesures à prendre en cas d'invasion ou de menace d'une maladie pestilentielle, de veiller à l'exécution des règlements généraux et locaux relatifs à la police sanitaire, et au besoin de signaler au Résident général les infractions ou omissions.

Art. 12. — Le conseil est consulté, en cas de difficulté, sur les mesures qu'il convient de prendre, dans les limites tracées par les règlements, à l'égard d'un navire mis en quarantaine, sur les questions relatives au régime intérieur des lazarets, au choix des emplacements affectés aux navires en quarantaine, aux mesures extraordinaires à prendre, enfin sur les plans et projets de constructions à faire dans les lazarets et autres établissements sanitaires.

Il propose au Résident général les changements ou additions à introduire dans les règlements locaux concernant le service sanitaire de la colonie.

Art. 13. — Un conseil supérieur d'hygiène et de salubrité est institué pour l'Annam et le Tonkin ; il siégera à Hanoi et sera composé ainsi qu'il suit :

Le directeur du service de santé du corps du Tonkin, *président ;*
Un officier supérieur de l'état-major ;
Le maire de Hanoi ou le faisant fonctions ou son délégué ;
Le médecin-chef de l'hôpital de Hanoi ;
L'ingénieur en chef des ponts-et-chaussées ou son délégué ;
Le chef du service des travaux publics ;
Un médecin traitant de l'hôpital de Hanoi ;
Un docteur en médecine civil ;
Le pharmacien le plus élevé en grade de l'hôpital de Hanoi ;
Un pharmacien de 1re classe civil ;
Le chef du service vétérinaire du Tonkin.

Les attributions de ce conseil supérieur sont celles du comité consultatif d'hygiène publique de la France, telles qu'elles sont définies par les règlements en vigueur ; il connaît, sur la communication faite par son président, des questions litigieuses ou d'organisation, en ce qui concerne les mesures quarantenaires, l'hygiène publique, les lazarets, soulevées par les conseils locaux des circonscriptions sanitaires de l'Annam et du Tonkin (1).

TITRE II

DES MESURES DE QUARANTAINE

Art. 14. — La quarantaine dite provisoire peut être imposée aux bâtiments toutes les fois que les capitaines déclareront avoir à leur bord des maladies mal définies par eux et sur lesquelles le pilote ou le capitaine du port de commerce aurait quelque lieu de suspicion. Le directeur de la santé, immédiatement informé, visite ou fait visiter les malades dont il s'agit, et décide en dernier lieu.

Art. 15. — La quarantaine d'observation est applicable aux navires en patente brute, ou jugés en état brute, qui n'ont eu à bord aucune maladie suspecte depuis leur départ du port où ils ont pris patente.

La durée de cette quarantaine peut varier de 10 à 25 jours, suivant les décisions prises par les autorités sanitaires, mais elle datera toujours du jour où le bâtiment aura laissé le port contaminé d'où il provient.

(1) Voir, V° *Hygiène et salubrité publiques*, arrêtés des 22 juillet et 20 février 1889, modifiant la composition de ce conseil et ses attributions.

Elle sera faite au mouillage désigné par le directeur de la santé ; si pendant la durée de la quarantaine d'observation, un cas de la maladie suspecte se manifeste à bord, l'observation se transforme en quarantaine de rigueur.

Art. 16. — La quarantaine de rigueur est applicable au cas où le navire a eu à bord, soit au port de provenance, soit en cours de traversée, soit depuis son arrivée, des accidents certains ou seulement suspects d'une maladie épidémique ou contagieuse, *choléra, variole, typhus*. Elle date, pour la durée, du jour où se sera produit le dernier cas ou le dernier décès de la maladie suspectée, et elle aura également une durée de 10 à 25 jours, suivant les cas.

Quand les passagers pourront être débarqués et isolés dans un lazaret, la durée de la quarantaine commencera du jour de leur isolement, s'il ne se produit pas de cas de maladie parmi eux pendant ce temps.

La quarantaine de rigueur sera faite en rade de Tourane pour les navires à destination de l'Annam, en baie d'Along pour les navires à destination du Tonkin.

Art. 17. — Pendant la quarantaine de rigueur, des mesures de propreté et de désinfection seront prescrites au capitaine ; les linges sales et autres objets de même nature devront être soigneusement lavés ; les objets de literie ou vêtements ayant servi à des malades seront brûlés, et au moment où le navire devra prendre la libre pratique, le directeur de la santé en fera faire la visite sanitaire, dans laquelle on s'assurera que ces prescriptions auront été exécutées, et que les hommes de l'équipage ou les passagers ont été eux-mêmes l'objet de soins de propreté corporelle exceptionnels.

Art. 18. — Dans l'application de toutes ces mesures quarantenaires, c'est surtout le choléra et la variole que les pilotes devront avoir en vue, parce que ce sont les deux maladies contagieuses les plus susceptibles de prendre le caractère épidémique dans la colonie.

Ils devront toujours interroger tout particulièrement les capitaines sur la présence ou l'absence de ces maladies dans le port d'où ils proviennent, exiger rigoureusement la patente avant de monter à bord, et ne pas oublier de s'informer s'il ne s'est pas produit de cas de ces deux maladies à bord pendant la traversée.

La fièvre jaune, le typhus, la peste, commandent également les mêmes précautions, mais elles sont inconnues ou très rares en Indo-Chine.

Art. 19. — Des médecins pourront être mis à la disposition des navires ayant des malades ; une indemnité de six piastres par jour sera payée par le navire, et le médecin sera nourri et logé convenablement.

TITRE III

DE LA PATENTE DE SANTÉ

Art. 20. — La patente de santé est exigible pour tous bâtiments se dirigeant sur Tourane, Thuan-an, Qui-nhon, Haiphong, ou sur un mouillage quelconque de l'Annam et du Tonkin.

Art. 21. — La patente de santé, délivrée dans un port étranger, devra avoir été visée par les consuls ou agents consulaires de France ; elle devra également être visée par les mêmes autorités dans toutes les escales où le navire aura relâché.

Art. 22. — La patente de santé n'est valable que si elle a été délivrée et visée dans les quarante-huit heures qui ont précédé le départ.

Art. 23. — Cette patente doit mentionner dans des termes très précis l'état sanitaire du pays de provenance, et particulièrement la présence ou l'absence de toute maladie épidémique ou contagieuse.

Art. 24. — La patente de santé est nette ou brute. Elle est nette quand elle constate l'absence de toute maladie pestilentielle dans le pays ou les pays d'où vient le navire ; elle est brute quand la présence d'une de ces maladies y est signalée. Le caractère net ou brut de la patente est apprécié par l'autorité sanitaire.

Art. 25. — Les navires partant des ports de l'Annam et du Tonkin pour un autre port quelconque, pourront se procurer la patente de santé réglementaire, ou faire viser leur patente, s'ils en ont déjà une, au bureau du Directeur du service sanitaire, dans chacun des ports sus-indiqués de l'Annam et du Tonkin.

Ces patentes de santé et les visas des patentes, seront payés une piastre. A la fin de chaque trimestre, le Directeur de la santé adressera à cet effet un *État des patentes délivrées*, à M. le Directeur des affaires civiles et politiques, à Hanoi, qui fera percevoir près des compagnies de messageries maritimes ou des diverses maisons de commerce les sommes qui leur sont dues.

Art. 26. — Les provenances de ports en relation constante et directe avec l'Annam et le Tonkin, tels que Saïgon, Hong-kong, Singapore, pourront être dispensées de la production de la patente lorsque la santé générale n'inspirera aucune inquiétude. Cette dispense ne pourra être accordée que sur l'avis du conseil sanitaire local, auquel seront communiquées les déclarations faites à ce sujet par les consuls de France.

Art. 27. — Un sémaphore sera établi à Hon-dau, et relié par un fil télégraphique avec Haiphong pour le fonctionnement du service sanitaire ; c'est à Hon-dau que se feront les constatations préalables spécifiées par l'article 4 du présent arrêté.

Art. 28. — Le chef d'État-major général et le directeur des affaires civiles et politiques sont chargés, chacun en ce qui le concerne, de la notification et de l'exécution du présent arrêté, qui sera publié et enregistré partout où besoin sera. — CH. WARNET.

7. — 13 mai 1886. — *Arrêté ouvrant au commerce extérieur le Cua-day et le port de Nam-dinh, et créant un poste de douanes à Phat-diem.*

Article premier. — Le Cua-day et le port de Nam-dinh sont ouverts au commerce extérieur, dans les conditions prévues par l'arrêté susvisé (1).

Art. 2. — Un poste de douanes sera établi sur le Day, à l'entrée du canal de Phat-diem.

Art. 3. — Le Résident supérieur est chargé de l'exécution du présent arrêté. — PAUL BERT.

8. — 17 octobre 1886. — *Arrêté réglementant la police des ports de l'Annam et du Tonkin, autres que celui de Haiphong.*

Article premier. — Dans les ports maritimes qui sont et seront ouverts au commerce, et dans les ports fluviaux de l'Annam et du Tonkin, la police du

(1) 27 octobre 1884.

port, la direction du service de pilotage, de phares et de sémaphores sera confiée à la douane.

Art. 2. — Les navires et jonques de commerce sont tenus de s'établir au poste de mouillage qui leur est indiqué par le maître du port, sous peine d'une amende de 50 à 100 francs.

Art. 3. — Un fonctionnaire de la douane désigné à cet effet, est spécialement chargé du service de la rade. A l'arrivée des navires, il se rend à bord et indique, d'après les ordres du maître de port, le poste de mouillage et le mode d'amarrage à suivre. Il préside à toutes les opérations dans le cas d'amarrage à quai. Il prévient ensuite le service des douanes de l'entrée du bâtiment et du poste de mouillage qu'il occupe.

Art. 4. — Lorsque des jonques arrivant pour la première fois dans un port ne sont munies d'aucun certificat de jauge, le maître de port fait procéder, aussitôt que le déchargement le permet, au jaugeage du navire. La méthode employée est la jauge internationale dite méthode de Moorson.

Art. 5. — A leur arrivée, tous les bâtiments de commerce reçoivent du maître du port de commerce des ordres leur indiquant le mouillage et le mode d'amarrage suivi.

Ils devront se conformer au présent règlement pour la police et la sûreté du port, ainsi qu'à tous ceux qui leur seront communiqués par les autorités compétentes.

Art. 6. — Tout navire chargé de pétrole ou de matières inflammables, devra stationner loin des autres bâtiments, aux points désignés à l'avance par le maître du port, et pour s'amarrer, devra faire usage de chaînes en fer, à l'exclusion des câbles en chanvre. Il sera tenu de hisser en permanence un pavillon rouge qu'il conservera jusqu'à complet déchargement du pétrole ou des matières inflammables ou explosibles.

Le chargement ou le déchargement du pétrole et des matières inflammables devra être opéré, soit de bord à quai, soit sur des allèges dans des emplacements déterminés. Ces opérations ne pourront avoir lieu que de jour.

Il est absolument interdit d'allumer du feu ou de la lumière sur les allèges ou embarcations qui servent au transport de ces matières.

Toute infraction à ces dispositions entraînera condamnation contre le capitaine à une amende de 50 à 500 fr.

Art. 7. — Tout navire qui navigue en rivière est tenu d'avoir son pavillon arboré du lever au coucher du soleil.

Pendant la nuit, qu'il soit sous vapeur, sous voiles ou au mouillage, tout navire porte les feux prescrits par les articles 2 et 4 du décret du 28 mars 1858.

A moins de cas de force majeure dont il est tenu de justifier, aucun bâtiment ne doit mouiller au milieu de la rivière, ni à moins d'un mille en amont ou en aval des bancs qui gênent la navigation.

Art. 8. — Le capitaine est responsable de toute avarie résultant d'une infraction aux articles précédents.

Art. 9. — Il est expressément interdit de jeter hors du bord, du sable, des pierres, des escarbilles ou tout autre genre de lest. Les objets seront déposés dans les endroits indiqués par le maître de port.

Toute infraction au présent article sera punie d'une amende de 100 à 500 francs.

Art. 10. — Tout propriétaire de chaland, jonque ou embarcation, servant au délestage des navires ou à tout autre usage, sera tenu de les amarrer au lieu désigné par le maître de port, suivant le mode d'amarrage qu'il aura prescrit.

Si par la négligence du propriétaire, celle-ci vient à couler ou à être entraînée à la dérive, il sera appliqué une amende de 50 à 1,000 francs, sans préjudice des dommages ou avaries causés, ou des frais auxquels le renflouement de l'épave donnerait lieu.

Si l'embarcation coulée était chargée de lest, l'amende pourrait être portée à 2.000 francs.

Art. 11. — Dans les 24 heures qui suivront l'arrivée d'un navire de commerce dans l'un des ports ouverts, le capitaine, s'il n'est empêché, ou, à son défaut, le subrécargue ou le consignataire, devra se rendre à la résidence, et mettre entre les mains du chancelier les papiers de bord.

Si les papiers sont en ordre, le résident enverra au chef de la douane une note indiquant le nom du navire, le tonnage légal, la nature du chargement et le nom du consignataire.

Si par suite de la négligence du capitaine, cette formalité n'était pas remplie quarante-huit heures au plus tard après l'arrivée du navire, le capitaine serait passible d'une amende de 250 francs par jour de retard. La dite amende ne pourra toutefois dépasser la somme de mille francs.

Art. 12. — Les passagers asiatiques, à moins d'accompagner un Européen, ne quitteront le bord qu'après une autorisation spéciale du commissaire de police, à peine, pour le capitaine, d'une amende de 50 à 300 francs, sans préjudice des droits à payer pour les asiatiques débarqués sans autorisation.

Art. 13. — Il est défendu à tout capitaine ou patron de quitter le poste de mouillage qui lui a été assigné, sans avoir une autorisation du maître de port.

Toute infraction à cet article est punie d'une amende de 100 à 500 francs.

Art. 14. — Si une maladie épidémique ou contagieuse se déclare à bord d'un navire au mouillage, le capitaine est tenu d'en faire la déclaration immédiate au maître de port, et de se conformer aux mesures conservatrices de la santé publique qui lui seront prescrites.

Si un décès a lieu à bord d'un navire mouillé, soit parmi les gens de l'équipage, soit parmi les passagers, le capitaine est tenu d'en faire la déclaration immédiate et de se conformer aux règlements d'ordre public établis à ce sujet.

Toute infraction à cet article est punie d'une amende de 100 à 1.000 francs.

Art. 15. — Si un navire a besoin d'être radoubé, fumigé ou calfaté, son capitaine en avise le maître de port, qui prescrit les mesures nécessaires pour que l'opération s'effectue sans obstacles et sans accidents.

Toute infraction à cette règle, toute désobéissance aux ordres donnés à ce sujet par le maître de port, sera punie d'une amende de 50 à 300 francs.

Art. 16. — Si un navire se trouve en danger, les capitaines sur rade sont tenus tout ordre émanant du port, d'expédier des secours à ce navire dans la proportion de la moitié de leur équipage, en même temps que les ancres et grelins, si c'était nécessaire. Ils doivent à première réquisition du commandant de la rade ou du maître de port, fournir tous les genres de secours qui leur seraient demandés.

En cas de refus, les capitaines seront poursuivis conformément à l'article 85 du décret-loi sur la marine marchande.

Si les canots ou amarres employés pour les secours recevaient quelques dommages, le règlement des avaries aurait lieu à dire d'experts.

Art. 17. — Au départ, le capitaine, s'il doit prendre le large ou naviguer dans l'intérieur, ne sera expédié par la douane que s'il a remis son manifeste d'exportation au moins trois heures avant la fermeture des bureaux, et s'il a prévenu la résidence de son départ.

Art. 18. — Il est défendu à tout capitaine de recevoir à bord pour le voyage, des personnes qui ne seraient portées ni sur le rôle d'équipage, ni sur la liste des passagers.

Toute infraction à cet article entraîne une amende de 100 à 1.000 francs.

Art. 19. — Aucun navire ne peut rentrer en possession de ses papiers ni quitter le port, si le capitaine n'a justifié, auprès du résident, qu'il a rempli toutes ses obligations envers la douane et le maître du port, sous peine d'une amende de 500 à 1.000 francs.

Art. 10. — Toutes dispositions antérieures contraires au présent règlement sont et demeurent abrogées.

Art. 21. — Les Résidents supérieurs en Annam et au Tonkin sont chargés de l'exécution du présent arrêté. — PAUL BERT.

9. — 17 octobre 1886. — ARRÊTÉ *fixant la composition du personnel européen et indigène du port de Haiphong,* et *réglementant la police de ce port.*

Article premier. — Le personnel du port de commerce de Haiphong est composé ainsi qu'il suit :

PERSONNEL EUROPÉEN

Un capitaine de port.....
Un maître .... } de 1re ou 2e classe.

PERSONNEL INDIGÈNE

Un patron,
Douze matelots,
Un secrétaire titulaire,
Un secrétaire auxiliaire,
Un patron de chaloupe,
Deux chauffeurs,
Un planton.

Art. 2. — Le capitaine de port et le maître de port prêteront, avant leur entrée en fonctions, serment devant le tribunal de la résidence.

Art. 3 et 4. — (1).

Art. 5. — Dans le Song-tam-bac, il est expressément défendu d'amarrer sur l'une ou l'autre rive, plus de deux rangs de jonques ou de chaloupes.

Toute infraction au présent article sera punie d'une amende de 50 à 500 francs.

L'officier de port chargé du service actif de la rade, en constatant l'infraction par procès-verbal, devra prendre d'urgence toutes les mesures nécessaires pour dégager la rive encombrée.

Il est également chargé de la surveillance des points de stationnement des bateaux de passage et sampans, et assurera l'exécution de l'arrêté en date du 22 mai 1886, qui les régit.

Art. 6. — Les jonques de mer ne pourront stationner dans le Song-tam-bac que pendant le temps nécessaire aux opérations de leur déchargement ou chargement.

_____
(1) Pour les articles 3 et 4, voir ci-après l'arrêté du 4 octobre 1892.

Aussitôt ces opérations terminées, elles devront prendre leur mouillage dans le Cua-cam, aux points désignés par le maître de port.

Art. 7. — Les fonctions dévolues aux employés des douanes par les articles 1 à 19 du règlement général de police des ports seront exercées, à Haiphong, par le capitaine du port et le personnel placé sous ses ordres.

Art. 8. — Le Résident supérieur au Tonkin est chargé de l'exécution du présent arrêté. — P. BERT.

10. — 2 janvier 1887. — ARRÊTÉ *ouvrant au commerce les ports de Vinh et de Fai-fo.*

Article premier. — Les ports de Vinh et de Fai-fo sont ouverts au commerce.

Art. 2. — Les Résidents supérieurs en Annam et au Tonkin sont chargés, chacun en ce qui le concerne, de l'exécution du présent arrêté. — P. VIAL.

11. — 31 mai 1889. — ARRÊTÉ *confiant au capitaine du port de Haiphong, le soin du visa à apposer sur les papiers des jonques ou chaloupes quittant ce port.*

Article premier. — Le visa apposé jusqu'à ce jour par le service de la douane, aux papiers de bord des jonques ou chaloupes qui quittent le port de Haiphong, sera délivré désormais par les soins du capitaine du port de commerce de cette ville.

Art. 2. — Toutes dispositions antérieures non contraires à celles du présent arrêté, et notamment celles prévues à l'article 6 de l'arrêté du 10 août 1887 précité, et relatives aux pénalités infligées en cas d'infraction à la formalité du visa, sont et demeurent maintenues.

Art. 3. — M. le Résident de Haiphong et M. le sous-directeur des douanes et régies sont chargés, chacun en ce qui le concerne, de l'exécution du présent arrêté. — BRIÈRE.

12. — 22 novembre 1889. — ARRÊTÉ *ouvrant au commerce les ports de Nha-trang, Phan-ran et Phan-thiêt.*

Article premier. — Indépendamment des ports de Tourane, Qui-nhon, Vinh et Xuan-day, déclarés ouverts par le traité ou par des décisions royales, sont ouverts provisoirement et par faveur spéciale les ports de Nha-trang, Phan-rang et Phan-thiêt.

Art. 2. — Les navires ou jonques qui auront effectué dans les ports cités à l'article premier toutes les formalités de douane, pourront, après avoir acquitté les droits, être exceptionnellement expédiés en cabotage sur les ports de Quang-ngai, Tam-quan, Thuan-an, Quan-khe, Thanh-hoa ou autres points gardés par le service des douanes. Ils pourront, en y acquittant les droits d'exportation, prendre un chargement.

Art. 3. — Les navires ou jonques qui, après avoir effectué leurs opérations de déchargement dans un des ports cités à l'article premier, voudraient prendre un chargement de sel sur un des points non gardés par le service, pourront en obtenir l'autorisation. Un préposé des douanes sera mis à leur bord pour surveiller l'embarquement du sel et s'assurer de l'acquit des droits au bureau le plus voisin.

Art. 4. — Hors le cas d'échouement par suite de naufrage, ou le cas de relâche forcée dûment constaté, aucun débarquement, embarquement ou transbordement, c'est-à-dire versement de bord à bord, ne peut s'effectuer à moins d'autorisation spéciale, que dans l'enceinte des ports mentionnés à l'article premier.

Tous navires ou jonques qui ne se conformeraient pas à cette prescription seront saisis et confisqués avec leur chargement.

Art. 5. — Les capitaines des navires ou jonques arrivés dans les deux myriamètres des côtes de l'Annam sont tenus de remettre, lorsqu'ils en seront requis, une copie de leur manifeste aux patrons des embarcations de haute mer qui viennent à leur bord et visent l'original.

Ce manifeste devra porter les indications suivantes :

Port de départ et de destination ;

Nature de la cargaison, avec les marques et les numéros des caisses, balles, ballots, barriques, boucauts, etc. ;

Le manifeste doit comprendre également les provisions de bord.

Toute infraction à ces prescriptions sera punie d'une amende de deux cents à mille piastres.

Art. 6. — Seront saisis et confisqués les navires ou jonques transportant des armes ou munitions de guerre sans en avoir obtenu l'autorisation spéciale de M. le Résident supérieur de France en Annam.

Art. 7. — Conformément aux dispositions de l'article 2 du décret du 30 janvier 1867, le présent arrêté sera soumis à l'approbation de M. le Ministre du commerce, de l'industrie et des colonies.

Il sera néanmoins provisoirement exécutoire.

Art. 8. — Le Résident supérieur en Annam est chargé de l'exécution du présent arrêté, qui sera inséré au *Journal officiel* de l'Indo-Chine française, et en caractères chinois partout où besoin sera. — PIQUET.

13. — 11 mars 1890. — ARRÊTÉ *chargant provisoirement les pilotes de Haiphong du service de la maistrance de port* (1).

14. — 4 octobre 1892. — ARRÊTÉ *réglant les attributions du service du port à Haiphong.*

Article premier. — Les attributions de la direction du port de commerce de Haiphong, sont réglées conformément aux articles 12, 13, 14, 15, 16, 17, 18, 19, 20 et 21 du décret impérial du 15 juillet 1854 (2), sur l'organisation des officiers et maîtres de port.

Art. 2. — Sauf les réserves exprimées dans les articles susvisés du décret du 15 juillet 1854, en ce qui concerne la part d'action dévolue à l'autorité maritime, la direction du port de commerce est placée sous l'autorité immédiate de M. le Résident de France, maire de Haiphong.

Art. 3. — Le personnel français de la direction du port de commerce prêtera serment, avant d'entrer en fonctions, devant le tribunal civil.

Il aura qualité pour rechercher et constater, par des procès-verbaux, toutes les contraventions aux arrêtés et règlements sur la police des ports, la navigation de commerce et, en général, tout ce qui est relatif aux ports de commerce.

Art. 4. — À leur arrivée, les navires reçoivent du port des ordres leur indiquant leur poste de mouillage et le mode d'amarrage à suivre.

Ils se conformeront au présent règlement pour la police et la sûreté du port ainsi qu'aux règlements

de police dont communication leur serait faite par la direction.

À moins de circonstances forcées, ils ne resteront jamais mouillés ou amarrés à poste fixe, en dehors des limites du port de commerce. Au mouillage en rivière, ils devront avoir : le bout dehors du grand foc rentré, les basses vergues apiquées, et un fanal de beaupré allumé toute la nuit.

Un espace ou passage entièrement libre et assez large pour que les navires puissent librement circuler sera maintenu sur la rive gauche du fleuve.

L'entrée du Song-tam-Bac sera toujours maintenue libre. Toute infraction au présent article entraînera une amende de 50 à 200 francs pour le capitaine, indépendamment des frais et dommages-intérêts pour la partie lésée en cas d'avaries.

Art. 5. — Tout navire chargé de pétrole, de matières inflammables ou explosibles, devra mouiller dans l'avant-port, loin des autres bâtiments et faire usage pour s'amarrer de chaînes en fer, à l'exclusion du filin de chanvre.

Il sera tenu de hisser, en entrant, un pavillon rouge qu'il conservera jusqu'à complet déchargement du pétrole ou des matières explosibles.

Le chargement ou le déchargement du pétrole ou des matières inflammables ou explosibles devra être opéré dans les emplacements déterminés soit bord à quai, soit sur des allèges. Ces opérations ne pourront avoir lieu que de jour. Il est absolument interdit d'allumer du feu ou de la lumière sur les allèges ou embarcations qui servent au transport de ces matières.

Toute infraction à ces dispositions entraînera une amende de 100 à 1.000 francs.

Art. 6. — Tout propriétaire de chalands, jonques ou embarcations servant au délestage, chargement, déchargement d'un navire ou à tout autre usage, sera tenu de les amarrer au lieu indiqué par le port, et suivant le mode d'amarrage prescrit.

Si par suite de la négligence du propriétaire ou pour ne pas s'être conformé aux prescriptions données, l'embarcation vient à couler ou s'en va en dérive, il sera appliqué une amende de 50 à 1.000 francs, sans préjudice des dommages pour avaries causées ou des frais auxquels le renflouement de l'épave donnerait lieu.

Si l'embarcation coulée était chargée de lest, l'amende pourrait être portée à 2.000 francs.

Art. 7. — Tout navire qui navigue en rivière est tenu d'avoir son pavillon arboré du lever au coucher du soleil.

Pendant la nuit, qu'il soit sous vapeur, sous voiles ou au mouillage, tout navire porte les feux prescrits par les articles 2 et 4 du décret du 28 mars 1858.

À moins de cas de force majeure dont il est tenu de justifier, aucun bâtiment ne doit mouiller au milieu de la rivière, ni à moins d'un mille en amont ou en aval des bancs qui gênent la navigation. Le capitaine est responsable de toute avarie résultant d'infraction à ce qui précède.

Art. 8. — Il est expressément interdit de jeter hors du bord du sable, des pierres, des escarbilles ou tout autre genre de lest. Ces objets seront déposés sur les points désignés par le port. Toute infraction au présent article sera punie d'une amende de 50 à 2.000 francs.

Art. 9. — Dès que les navires seront sûrement amarrés, les capitaines se rendront au bureau du port où ils déposeront leurs papiers de bord, sauf le manifeste, qu'ils remettront au service des douanes.

---

(1) Modifié par arrêté du 4 octobre 1892.
(2) Voir ci-après le texte de ces articles.

Ils sont tenus d'envoyer immédiatement au bureau des postes les lettres et paquets qui leur auront été confiés au moment de leur départ d'un port français ou étranger.

Art. 10. — Il est défendu à tout capitaine de quitter le poste de mouillage qui lui a été assigné, sans avoir l'autorisation du capitaine de port.

Toute infraction est punie d'une amende de 50 à 100 francs.

Art. 11. — Si une maladie épidémique ou contagieuse se déclare à bord d'un navire mouillé dans le port, le capitaine est tenu d'en faire la déclaration immédiate au bureau du port, et de se conformer aux mesures conservatrices de la santé publique qui lui seront prescrites.

Si un décès a lieu à bord d'un navire au mouillage, soit parmi l'équipage, soit parmi les passagers, le capitaine est tenu d'en faire sur le champ la déclaration au capitaine du port, et de se conformer aux règlements d'ordre public établis à ce sujet, sous peine d'une amende de 150 à 1.200 francs.

Art. 12. — Si un navire ou une jonque ont besoin d'être radoubés, fumigés ou calfatés, le capitaine en prévient la direction du port qui prescrit les mesures nécessaires pour que les opérations s'effectuent sans danger ni obstacle.

Toute infraction à ces dispositions, toute désobéissance aux ordres, sont punies d'une amende de 300 francs.

Art. 13. — Si un navire se trouve en danger, les capitaines sont tenus, avant tout ordre émanant du port, d'expédier des secours à ce navire dans la proportion de la moitié de leur équipage en même temps que des ancres et grelins, si c'est nécessaire. Ils doivent, à première réquisition du commandant de la rade ou du capitaine du port, fournir tous les genres de secours qui leur seraient demandés. Les capitaines, en cas de refus, seront poursuivis conformément à l'article 85 du décret-loi sur la marine marchande.

Si les canots ou amarres employés pour secours recevaient quelques dommages, le règlement d'avaries aurait lieu à dire d'experts.

Art. 14. — Tout capitaine de navire de commerce, ou à défaut de ce dernier, le subrécargue ou le consignataire devra, vingt-quatre heures à l'avance, donner avis de son départ à la direction du port, au bureau des postes et au commissariat central de police, sous peine de 200 francs d'amende.

Il adressera en même temps une demande de pilote pour descendre son navire.

Art. 15. — Il est défendu à tout capitaine de recevoir à bord pour le voyage des personnes qui ne seraient portées ni sur le rôle d'équipage ni sur la liste des passagers.

Toute infraction à cet article entraine une amende de 500 à 5.000 francs.

Art. 16. — Aucun navire ne peut quitter le port si le capitaine n'a auparavant justifié, auprès du capitaine du port, qu'il a rempli toutes ses obligations envers la douane, en a obtenu le congé, et du receveur des postes l'attestation qu'il a reçu le sac ou le paquet de lettres à destination du lieu où il se rend.

Il devra avoir obtenu de même le récépissé des amendes encourues en cas de contraventions.

Toute infraction à cet article est punie d'une amende de 100 à 500 francs.

Art. 17. — Dans le Song-tam-Bac il est expressément interdit d'amarrer sur l'une ou l'autre rive plus de deux rangs de jonques ou chaloupes. En outre,

dans la portion de la rive gauche comprise entre l'appontement de l'artillerie et l'appontement de la maison Roque, les jonques et chaloupes ne doivent s'amarrer que sur un seul rang, en raison du peu de largeur de la rivière en ce point.

Toute infraction à cet article est punie d'une amende de 50 à 500 francs.

Le port devra prendre d'urgence les mesures nécessaires pour dégager la rive encombrée.

Art. 18. — Les jonques de mer ne peuvent séjourner dans le Song-tam-Bac que le temps strictement nécessaire à leur chargement ou déchargement.

Aussitôt ces opérations terminées, elles doivent prendre dans le Cua-cam, le poste de mouillage désigné par le port.

Art. 19. — La direction du port est également chargée de la surveillance des points de stationnement des sampans de passage, d'assurer l'exécution des arrêtés qui les régissent et de tenir un contrôle des jonques, barques de rivière et sampans.

Art. 20. — Toutes les dispositions antérieures au présent règlement sont abrogées.

Art. 21. — Le Résident supérieur du Tonkin est chargé de l'exécution du présent arrêté. — DE LANESSAN.

EXTRAIT *du décret impérial du 15 juillet 1854, sur l'organisation des officiers et maîtres de port.*

Art. 12. — Les officiers et maîtres de port sont chargés de veiller à la propreté et à la sûreté matérielle des rades, des ports, bassins, quais et autres ouvrages qui en font partie.

Ils exercent, en outre, la police sur les ports et toutes les dépendances, les rades exceptées.

Ils sont assermentés devant le tribunal de première instance du lieu de leur résidence.

Art. 13. — Ils surveillent et contrôlent l'éclairage des phares et fanaux et les signaux, tant de jour que de nuit, dans l'étendue des ports à la surveillance desquels ils sont préposés.

Ils règlent l'ordre d'entrée et de sortie des navires dans les ports et dans les bassins; ils fixent la place que ces navires doivent occuper, les font larguer et amarrer, ordonnent et dirigent tous les mouvements.

Ils surveillent les lestages et les délestages, et veillent notamment à ce que le lest soit pris et déposé dans les lieux indiqués par l'ingénieur des ponts-et-chaussées sous les ordres immédiats duquel il sont placés.

Ils proscrivent les mesures nécessaires pour que le lancement à la mer des navires de commerce s'effectue sans obstacles et sans accidents; ils surveillent les fumigations, le chauffage, le calfatage, le radoub et la démolition des navires.

Ils veillent à l'extinction des feux, à l'enlèvement des poudres, aux débarquements et embarquements, ainsi qu'à la sûreté des navires, et dirigent les secours qu'il faut leur porter lorsqu'ils sont en danger, notamment en cas d'incendie.

Art. 14. — Quand un naufrage a lieu dans un port ou à l'entrée d'un port, ils donnent les premiers ordres; mais ils font avertir sans retard l'autorité maritime et lui remettent, tout en continuant à la seconder, la direction du sauvetage.

Cependant, s'ils déclarent par écrit que le navire échoué forme écueil ou obstacle dans le port ou à l'entrée du port, ils peuvent prendre eux-mêmes les mesures nécessaires pour faire disparaître l'écueil ou l'obstacle. Dans ce cas, une expédition de cette déclaration doit être remise à l'autorité maritime.

Art. 15. — Ils signalent à l'ingénieur des ponts-et-chaussées chargé du service du port, tous les faits qui peuvent intéresser l'entretien et la conservation des ouvrages dépendant du port, la situation des passes, le placement des bouées, balises et tonnes de halage. Ils reçoivent notamment, et transmettent au même ingénieur, avec leur avis, les rapports exigés des pilotes par l'article 38 du décret du 12 décembre 1806.

Art. 16. — Les officiers et maîtres du port sont pareillement chargés de la surveillance des pilotes et de la police du pilotage dans les ports où il n'existe ni officier militaire directeur des mouvements, ni agent spécial de l'autorité maritime.

Les officiers et les maîtres de port, lorsqu'ils sont chargés du pilotage, reçoivent directement des pilotes les rapports prescrits par les articles 23, 36, 37, 38, 39 et 49 du décret du 12 décembre 1806.

Dans le cas contraire, ces rapports leur sont transmis par l'intermédiaire des officiers ou agents spécialement préposés au service du pilotage.

Dans tous les cas, la surveillance des pilotes et la police du pilotage sont exercées sous la direction exclusive de l'autorité maritime.

Art. 17. — Les officiers et les maîtres de port donnent des ordres aux capitaines, patrons, pilotes et maîtres haleurs, en tout ce qui concerne les mouvements des navires et l'accomplissement des mesures de sûreté, d'ordre et de police qu'il est nécessaire d'observer, ou qui sont prescrites par les règlements.

Ils donnent des ordres aux pontiers et éclusiers, en tout ce qui se rapporte à la manœuvre des ponts mobiles et des écluses de navigation.

Ils requièrent, dans les cas et conditions prévus par l'article 15 de la loi des 9 et 13 août 1791, les navigateurs, pêcheurs et autres personnes, pour exécuter les travaux d'office en cas d'urgence.

Art. 18. — Les officiers et les maîtres de port peuvent, en cas de nécessité, sans autre formalité que leurs injonctions verbales, couper ou faire couper les amarres que les capitaines, patrons ou autres, étant dans les navires, refuseraient de larguer.

Ils ont le droit aussi, en cas d'urgence ou d'inexécution des ordres qu'ils auraient donnés, de se rendre à bord et d'y prendre, à la charge des contrevenants, toutes les mesures nécessaires à la manœuvre des navires.

Ils dressent des procès-verbaux contre tous ceux qui se sont rendus coupables de délits ou de contraventions aux règlements dont ils sont chargés d'assurer l'exécution.

Les procès-verbaux constatant des contraventions de simple police sont transmis au commissaire de police, remplissant les fonctions de ministère public près les tribunaux de simple police.

Ceux constatant des délits de nature à entraîner des peines correctionnelles sont transmis directement au procureur impérial.

Ceux constatant des contraventions assimilées par le décret du 10 avril 1812 aux contraventions de grande voirie, sont transmis à l'ingénieur des ponts-et-chaussées.

Dans le cas où les officiers et maîtres de port sont injuriés, menacés ou maltraités dans l'exercice de leurs fonctions, et lorsqu'ils ont, en conformité de l'article 16 de la loi du 13 août 1791, requis la force publique et ordonné l'arrestation provisoire des coupables, ils doivent dresser immédiatement un procès-verbal et le transmettre directement au procureur impérial.

Art. 19. — Les officiers ou maîtres de port remettent à l'autorité maritime copie de tout procès-verbal dressé contre un pilote dans l'exercice de ses fonctions. Cette autorité donnera un reçu de la copie qui lui aura été remise ; elle aura quinze jours pour transmettre son avis à l'officier ou maître de port qui aura dressé procès-verbal. Passé ce délai, ce dernier donnera suite audit procès-verbal, en y joignant, soit l'avis de l'autorité maritime, soit un certificat constatant qu'elle n'a fait aucune réponse.

Art. 20. — Les officiers et maîtres de port sont soumis à l'autorité du ministre de la marine et placés sous les ordres immédiats des préfets maritimes, chefs du service de la marine, commissaire de l'inscription maritime et directeurs des mouvements des ports, pour tout ce qui touche la conservation des bâtiments de l'État, la liberté de leurs mouvements, l'arrivée, le départ ou le séjour dans les ports, de tous les objets d'approvisionnement ou d'armement destinés à la marine militaire, et pour toutes les mesures concernant la police de la pêche ou de la navigation maritime.

Ils sont tenus, en conséquence, de faire immédiatement à l'administration de la marine le rapport des événements de mer, des mouvements des bâtiments de guerre et de tous les faits parvenus à leur connaissance qui peuvent intéresser la marine militaire.

Dans les ports de commerce attenant aux grands ports militaires, ils sont tenus d'obtempérer aux ordres des officiers directeurs de ces ports, pour tout ce qui intéresse la marine de l'État.

Art. 21. — Les officiers et les maîtres de port sont soumis à l'autorité du ministre de l'agriculture, du commerce et des travaux publics, et placés sous les ordres immédiats des ingénieurs des ponts-et-chaussées du port, en ce qui concerne la police des quais, la surveillance de l'éclairage des phares et fanaux, les mesures à observer pour la construction, la conservation et la manœuvre des ouvrages dépendant du port, les lieux d'extraction ou de dépôt du lest des navires.

Ils se conforment aux ordres des maires pour tout ce qui intéresse la salubrité et la petite voirie.

Pour tous les cas non spécifiés dans le présent article et dans celui qui précède, ils sont placés sous l'autorité immédiate du sous-préfet de l'arrondissement.

· · · · · · · · · · · · · · · ·

15. — 15 octobre 1890. — Arrêté *déclarant ouverts au commerce les ports de Hon-gay et Ké-bao.*

Article premier. — Sont déclarés ouverts au commerce les ports de Hon-gay et de Kébao.

Art. 2. — Provisoirement, les navires qui fréquenteront ces ports pour y faire des chargements de charbon et autres produits miniers, ne seront assujettis à aucun droit de phare et d'ancrage. Ils acquitteront les droits de statistique fixés à 0 fr. 10 par tonneau de jauge.

Art. 3. — Le Résident supérieur du Tonkin est chargé de l'exécution du présent arrêté. — PIQUET.

Voy. : **Douanes** ; — **Pilotage, Pilotes** ; — **Ports de guerre.**

· · · · · · · · · · · · · · · ·

PORTS DE GUERRE

1. — 1er février 1881. — Décision *relative aux attributions de M. le directeur du port de guerre, à Haiphong, et à la police de ce port.*

Article premier. — M. le lieutenant de vaisseau,

directeur du port à Haiphong, relèvera directement de M. le commandant de la marine et sera placé sous les ordres de cet officier supérieur, ainsi que le personnel attaché à la direction du port.

Art. 2. — Tous les bâtiments à vapeur, les chalands, les canots à vapeur, les embarcations, etc... — les jonques et les sampans loués par l'administration exceptés — employés au Tonkin et qui ne font pas partie de la flottille, ou qui ne sont pas attachés directement à l'un des bâtiments qui la composent, seront placés sous l'autorité du commandant de la marine, qui réglera leur service et sera chargé, par lui-même ou par l'intermédiaire de M. le directeur du port, de déterminer leur emploi.

Art. 3. — M. le directeur du port est chargé spécialement de l'entretien du matériel naval énuméré dans l'article 2, des visites et des réparations à lui faire subir. Il provoquera les ordres nécessaires, et sera assisté de M. le sous-ingénieur de la division navale, lorsque cet officier du génie se trouvera à Haiphong.

Art. 4. — Les demandes de remorqueurs, de chalands, d'embarcations, devront être adressées à M. le commandant de la marine par les services qui en auront besoin. Ces demandes porteront l'indication de l'emploi auquel est destiné le bâtiment ou l'embarcation qui en fait l'objet, et devront être adressées assez à temps, pour qu'il puisse être fait droit à la demande sans retarder le service à pourvoir. Dans un cas urgent, la demande pourra être adressée au directeur du port ou à son représentant, qui agira en vertu des ordres qu'il aura reçus.

Art. 5. — Les affectations d'embarcations, pour un service régulier, pourront être déterminées par M. le commandant de la marine, une fois pour toutes, mais avec condition suspensive.

Art. 6. — Le commandant de la marine, par l'intermédiaire de M. le directeur du port, aura sous sa surveillance tous les bâtiments, jonques, embarcations, appartenant au commerce et qui ne seront pas loués par le service administratif; il se concertera avec M. le Résident de France pour cette surveillance, et pour la répression des infractions au décret du 15 juillet 1854.

Art. 7. — Aucune réparation de quelque importance ne sera entreprise pour mettre en état des bâtiments, canots à vapeur ou chalands, sans l'autorisation du commandant en chef.

Art. 8. — M. le directeur du port remplira provisoirement les fonctions de capitaine comptable d'un bâtiment fictif, le *Son-tay annexe*, sur lequel figureront tous les officiers, officiers mariniers et matelots appartenant à un service quelconque au Tonkin, et qui ne seront pas déjà inscrits au rôle d'un autre bâtiment. Le rôle du *Son-tay annexe* sera ouvert le 1er février 1884, et le personnel qui figure actuellement au *Pluvier annexe* y sera transporté en entier. Le *Son-tay* comptera, sauf approbation du ministre, au port de Toulon, auquel se trouve déjà attaché le *Tonkin annexe*. — COURBET.

VOY. : Ateliers maritimes ; — Ports de commerce.

POSTES ET TÉLÉGRAPHES
1re Section. — Poste

1. — 24 juillet 1883. — DÉCISION *portant que les agents de la trésorerie conserveront provisoirement dans leurs attributions le service postal* (1).

(1) Le service de la poste a été créé par arrêté du 25 juillet 1881.

2. — 28 septembre 1883. — DÉCISION *relative au transport, par le service des postes, des objets de correspondance.*

Article premier. — Les objets de correspondance de toutes provenances devront être remis à la poste, pour y acquitter les droits ordinaires, par les capitaines de navire, patrons de chaloupes, entrepreneurs de transport de dépêches et courriers auxiliaires.

Art. 2. — Toute contravention à cette règle sera passible des amendes édictées par l'article 12 de l'instruction précitée (1), 150 à 300 francs et, en cas de récidive, 300 à 3.000 francs d'amende.

Art. 3. — Les agents des postes, les commissaires de police, les capitaines du port, et particulièrement les agents des douanes en surveillance sur les navires et les quais, devront veiller à l'exécution de la présente décision, qui sera enregistrée et publiée partout où besoin sera. — HARMAND.

3. — 24 avril 1884. — DÉCISION *fixant les heures d'ouverture et de fermeture des bureaux des postes et télégraphes au Tonkin* (2).

4. — 27 mai 1884. — ARRÊTÉ *réglant le mode de fixation de la perception additionnelle sur mandats-postaux, en raison des fluctuations du taux de la piastre.*

Modifié par arrêtés des 26 juillet, 1er septembre et 31 décembre 1894.

5. — 3 juin 1884. — DÉCISION *promulguant au Tonkin le décret du 15 février 1884, relatif aux lettres contenant des valeurs déclarées.*

Article premier. — Est promulgué, au Tonkin, le décret du 15 février 1884, inséré au *Journal officiel de la République française* n° 50, page 1115, autorisant l'expédition de lettres contenant des valeurs déclarées, avec garantie du montant de la déclaration, de la France, des colonies ou établissements français pour le Tonkin, et du Tonkin pour la France, les colonies ou établissements français, et les pays faisant partie de l'Union postale universelle.

Art. 2. — Le Directeur des affaires civiles et politiques est chargé de l'exécution de la présente décision. — MILLOT.

6. — 15 février 1884. — DÉCRET *fixant le maximum de la valeur pouvant être déclarée dans une lettre.*

Article premier. — Il pourra être expédié des lettres contenant des valeurs déclarées, avec garantie du montant de la déclaration, tant de la France, de l'Algérie, de la Tunisie et des colonies françaises de la Guadeloupe, de la Martinique, de la Guyane, du Sénégal, de la Réunion, de la Nouvelle-Calédonie, de Pondichéry et de la Cochinchine pour le Tonkin, que du Tonkin pour la France, l'Algérie, la Tunisie et les colonies ou établissements français précités ainsi que pour l'Allemagne, l'Autriche-Hongrie, la Belgique, la Bulgarie, le Danemark et les colonies danoises, l'Égypte, l'Espagne, l'Italie, le Luxembourg, la Norvège, les Pays-Bas, le Portugal, les colonies portugaises (Cap-vert, San-Thomé, Angola), la Roumanie, la Russie, la Suède et la Suisse.

Art. 2. — Le maximum de déclaration sera de dix mille francs par chaque lettre. Toutefois pour les envois à destination de l'Italie, de l'Égypte, de la

(1) Instruction générale sur le service des postes.
(2) Modifié par arrêtés des 6 juillet et 12 décembre 1889.

Serbie et des colonies portugaises, ce maximum sera de cinq mille francs.

Art. 3. — Les expéditeurs de lettres portant déclaration de valeur devront acquitter, en plus de l'affranchissement et du droit fixe de recommandation, applicables aux lettres recommandées du même poids et pour la même destination, un droit proportionnel d'assurance indiqué, pour chaque relation, au tableau ci-annexé.

Art. 4. — Sont applicables aux lettres de valeurs déclarées à destination ou provenant du Tonkin, les dispositions des articles 4, 5, 6, 7, 8 et 9, du décret susvisé du 27 mars 1879.

Art. 5. — Les dispositions du présent décret seront applicables à partir du 1er mars 1884.

Art. 6. — Le Ministre des postes et des télégraphes et le Ministre de la marine et des colonies sont chargés, chacun en ce qui le concerne, de l'exécution du présent décret, qui sera inséré au *Bulletin des lois.* — JULES GRÉVY.

DROIT PROPORTIONNEL *d'assurance à acquitter par les expéditeurs des lettres de valeurs déclarées, à destination ou provenant du Tonkin.*

ORIGINE	DESTINATION	DROIT A PERCEVOIR PAR CHAQUE SOMME de 100 francs ou fraction de 100 francs déclarée
France, Algérie, Tunisie, Cochinchine, Réunion, Nouvelle-Calédonie, Pondichéry	Tonkin	0 fr. 20
	Tonkin	0 10
	Tonkin	0 20
Martinique, Guadeloupe, Guyane française, Sénégal	Tonkin	0 35
	France, Algérie, Tunisie	0 20
	Cochinchine	0 10
	Réunion, Nouvelle-Calédonie, Pondichéry	0 20
	Martinique, Guadeloupe, Guyane française, Sénégal	0 35
	Égypte, Italie	0 20
Tonkin	Allemagne (y compris Héligoland), Autriche-Hongrie, Belgique, Bulgarie, Danemark (y compris l'Islande et les îles Féröé), Antilles danoises (Saint-Thomas, Saint-Jean, Sainte-Croix), Espagne (y compris les Baléares et les Canaries), Italie, Luxembourg, Norvège, Pays-Bas, Portugal (y compris Madère et les Açores), Roumanie, Russie, Serbie, Suède et Suisse	0 35
	Groenland, Colonies portugaises (villes de San-Thiago (Cap-vert), San Thomé et Prince) et Loanda (Angola)	0 45

7. — 7 juin 1884. — DÉCISION *relative à l'ouverture et à l'examen des correspondances tombées en rebut* (1).

Article premier. — Les correspondances de toute

(1) Voir ci-après arrêtés des 31 octobre 1888 et 15 mars 1889.

nature originaires du Tonkin, ou parvenues dans la colonie sans avoir emprunté l'intermédiaire des bureaux de poste de la Métropole, qui ne peuvent être délivrées à leurs destinataires ou renvoyées à leurs auteurs, sont conservées, au moins pendant deux mois, à titre de rebut, par le bureau de Haiphong.

Art. 2. — Chaque année, dans les premiers jours de janvier, d'avril, de juillet et de septembre, une commission composée :

Du Résident de France à Haiphong, *président ;*

Du Receveur des postes et télégraphes à Haiphong, *membre ;*

Et d'un officier désigné par l'autorité militaire, *membre,*

se réunira, sur la convocation de son président, au bureau de poste de Haiphong, pour ouvrir et examiner les correspondances rebutées dans les conditions prévues à l'article précédent, et dont la date d'origine ou d'arrivée au Tonkin remonte au moins à deux mois.

Cette commission est assistée des interprètes et lettrés nécessaires à la traduction des lettres étrangères, et désignés par le directeur des affaires civiles et politiques.

Art. 3. — La commission instituée par l'article précédent dresse procès-verbal de tous les faits relatifs aux correspondances ouvertes et examinées qui lui paraissent de nature à être consignés, et proscrit la destruction de tout ce qui paraît ne présenter aucun intérêt. Elle peut prescrire la conservation de certaines correspondances pendant un temps déterminé qui, en aucun cas, n'excède huit années, et à l'expiration duquel elles seront détruites.

Les timbres-poste trouvés dans les lettres qui doivent être détruites suivent le sort de ces lettres et sont détruits avec elles.

Les mandats et articles d'argent trouvés dans les lettres qui doivent être détruites, sont envoyés à M. le Ministre des postes et télégraphes.

Art. 4. — Sont définitivement acquises au profit du budget du Tonkin, après un délai de huit années, les valeurs de toute nature trouvées dans les boîtes, renfermées ou non dans les lettres, et qui n'ont pu être remises ou renvoyées, soit aux destinataires, soit aux personnes qui les ont expédiées. Ce délai court à partir du jour où les valeurs ont été déposées ou trouvées dans le service des postes.

Art. 5. — Les procès-verbaux constatant l'ouverture des correspondances rebutées mentionnent :

1° Le nombre de lettres ouvertes ;

2° Le nombre de lettres détruites ;

3° Le nombre de lettres conservées ;

4° Le nombre et la nature des valeurs conservées ;

5° Le montant des taxes dont le service des postes doit être déchargé.

Ils sont conservés pendant dix années.

Art. 6. — Une expédition des procès-verbaux sera jointe au livre de caisse du receveur comptable comme pièce à l'appui de la détaxe fixée par la commission.

Art. 7. — Les lettres et autres objets dont la conservation aura été prescrite, restent sous la surveillance et la responsabilité du receveur des postes de Haiphong, pendant le temps déterminé par la commission. Ceux dont la destruction a été ordonnée sont brûlés en présence de la commission.

Art. 8. — Le directeur des affaires civiles et politiques est chargé de l'exécution de la présente décision. — MILLOT.

9. — 30 juillet 1884. — ARRÊTÉ *relatif au transport des lettres, paquets, journaux, feuilles périodiques et autres* (1).

Article premier. — Il est défendu à tous les capitaines de navires, conducteurs de voitures ou autres véhicules, à toute personne étrangère au service des postes, de s'immiscer dans le transport des lettres, journaux, feuilles à la main et ouvrages périodiques, dont le port est exclusivement confié à l'administration des postes.

Art. 2. — Les directeurs, contrôleurs, inspecteurs et chefs de bureau des postes, les employés des douanes, la gendarmerie nationale et tous les agents assermentés quelconques sont autorisés à faire ou faire faire toutes perquisitions et saisies, afin de constater les contraventions; à l'effet de quoi ils pourront, s'ils le jugent nécessaire, se faire assister de la force armée.

Art. 3. — Les procès-verbaux seront dressés à l'instant de la saisie; ils contiendront l'énumération des lettres et paquets saisis, ainsi que leurs adresses. Copies en seront remises, avec lesdites lettres et lesdits paquets saisis en fraude, au chef du bureau des postes le plus voisin de la saisie, pour lesdites lettres et lesdits paquets être envoyés à leur destination avec la taxe ordinaire.

Lesdits procès-verbaux seront, de suite, adressés au ministère public près le tribunal de la résidence, par le receveur des postes, pour poursuivre contre les contrevenants l'amende de cent cinquante francs au moins et de trois cents francs au plus par chaque contravention.

Art. 4. — Le payement de ladite amende sera poursuivi à la requête du ministère public près le tribunal de la résidence, et à la diligence des chefs de bureau des postes, contre les contrevenants.

Art. 5. — Le payement sera effectué entre les mains du chef du bureau des postes qui aura reçu les objets saisis. Celui-ci portera en recette le produit de l'amende, qui appartiendra : deux tiers à l'administration locale, un tiers à celui ou à ceux qui auront découvert et dénoncé la fraude et à ceux qui auront coopéré à la saisie; ce dernier tiers sera réparti entre eux par égale portion; ils en seront payés par le chef du bureau des postes chargé du recouvrement de l'amende, d'après un exécutoire qui sera délivré à leur profit par le ministère public du tribunal de la résidence.

Lesdits exécutoires seront envoyés par le chef du bureau à l'appui de son compte.

Art. 6. — Si les contrevenants sont au service d'une compagnie ou d'un particulier quelconque, ces derniers seront personnellement responsables des contraventions de leurs agents, patrons, conducteurs, porteurs et courriers, sauf leur recours.

Art. 7. — En tout état de cause le service des postes pourra consentir des transactions, sauf approbation de l'autorité supérieure.

Art. 8. — Le Directeur des affaires civiles et politiques est chargé de l'exécution du présent arrêté, qui sera enregistré et communiqué partout où besoin sera. — MILLOT.

9. — 29 septembre 1884. — RAPPORT *sur la réglementation du service des postes et télégraphes au Tonkin.*

J'ai l'honneur de vous adresser ci-inclus le projet

(1) Voir ci-après arrêtés du 30 avril 1887 et 30 juillet 1893.

d'arrêté d'organisation du service des postes et des télégraphes (personnel) que je vous prie de vouloir bien soumettre, le plus tôt possible, à l'approbation de M. le Général commandant en chef.

Le service qui m'a été remis récemment, ne possède aucune organisation au point de vue personnel, correspondances officielles, franchises, télégraphie privée, etc. Avant de commencer l'étude de la construction rationnelle du réseau, il est nécessaire d'organiser administrativement le service, afin de faire connaître à chacun ses droits et ses devoirs. C'est ainsi que j'ai procédé d'ailleurs, dans des circonstances presque identiques, en Cochinchine, lors de la conquête.

L'arrêté ci-joint a aussi pour but de former un cadre local et indigène sérieux, assurer un recrutement économique, et ne pas augmenter dans des conditions hors de proportion avec les ressources budgétaires, le cadre métropolitain, ce qui, s'il en était autrement, grèverait considérablement, d'année en année, notre budget.

Le personnel local et indigène, sachant quel est l'avenir qui l'attend, et étant assuré d'une position stable, se recrutera plus facilement et dans de meilleures conditions.

J'attire votre attention sur l'article 46 qui nous donne toute latitude pour la mise en vigueur, à son heure et dans les limites de nos ressources, des dispositions du présent arrêté, qui du reste n'indique pas la proportion des effectifs; ceux-ci seront déterminés chaque année par le budget, au fur et à mesure des besoins.

J'ai encore à préparer des projets d'arrêtés réglementant la correspondance télégraphique officielle et privée au Tonkin, les franchises et le service des colis postaux.

J'aurai l'honneur de vous les remettre dès qu'ils seront terminés. — DEMARS.

10. — 29 septembre 1884. — ARRÊTÉ *organisant le service des postes et des télégraphes.*

Article premier. — Le personnel comprend un Directeur du service, des fonctionnaires, commis, mécaniciens, surveillants, aides-surveillants ou ouvriers indigènes, facteurs ou plantons, en nombre suffisant, pris dans les cadres de la Métropole, auxiliaires envoyés par le ministère des colonies pour l'exploitation des câbles français, ou auxiliaires nommés à titre local par le Protectorat.

Art. 2. — Les fonctions et les attributions, les droits et les devoirs sont les mêmes dans les emplois de même nom, pour le personnel métropolitain, le personnel d'exploitation du câble français, et pour le personnel local.

L'admission à bord des navires de l'État et dans les établissements hospitaliers a lieu au même titre, sans distinction d'origine.

Personnel métropolitain.

Art. 3. — Le personnel métropolitain est traité conformément aux mesures prises de concert entre le Ministre de la marine et des colonies et entre celui des postes et des télégraphes.

Art. 4. — Tout fonctionnaire ou employé métropolitain peut, à la suite d'avancement ou en raison d'exigences budgétaires, être remis à la disposition de son administration.

Art. 5. — Tout fonctionnaire ou employé métropolitain qui désire rentrer en France, à l'expiration de son temps de service colonial (3 ans), en adresse la demande au Ministre de la marine et des colonies par la voie hiérarchique, cinq mois avant le terme de séjour réglementaire.

Art. 6. — Le service des postes et des télégraphes comprend toutes les opérations postales et télégraphiques, effectuées par le service similaire de la Métropole, sauf modifications pour certains cas spéciaux prévus, et en tant qu'elles proviennent d'actes promulgués par le chef du Protectorat.

Personnel auxiliaire pour l'exploitation des câbles français.

Art. 7. — Le personnel du câble comprend un contrôleur auxiliaire et des commis auxiliaires chargés d'assurer la transmission des télégrammes par la voie sous-marine, sous le contrôle et l'autorité du Directeur des postes et des télégraphes.

Ce fonctionnaire sera tenu de soumettre, vers la fin de chaque année, au représentant du Protectorat, des propositions d'avancement à transmettre au ministre de la marine et des colonies.

Personnel local civil et militaire mis en congé renouvelable en fin de campagne, ou en position de réservistes de l'armée active.

Art. 8. — (1).

Télégraphistes militaires

Art. 9. — Les télégraphistes militaires pris dans le corps expéditionnaire recevront une indemnité annuelle de 1,800 francs.

En cas de déplacement, ils recevront les mêmes indemnités de route et de séjour que les employés du cadre local.

Mécaniciens

Art. 10. — Reçoivent des appointements variant entre 3.600 et 6,000 francs.

Surveillants

Art. 11. — Surveillant de 4° classe... 1.200 fr.
— de 3° classe... 1.800
— de 2° classe... 2.400
— de 1° classe... 3.000

Art. 12. — Il est choisi parmi les surveillants métropolitains ou les surveillants coloniaux de 1° classe, un certain nombre d'agents qui prennent le titre de chefs surveillants, et dirigent les ateliers de construction et de réparation. Ils reçoivent un supplément de 300 francs.

Plantons militaires

Art. 13. — Les plantons militaires détachés au service des postes et des télégraphes, reçoivent une indemnité annuelle de 720 francs.

Personnel indigène

Art. 14. — Le personnel indigène se compose de télégraphistes, lettrés, facteurs lettrés, chefs de chantier, aides-surveillants, plantons.

Télégraphistes

Art. 15. — Les télégraphistes sont divisés en cinq classes:

Télégraphistes de 5° classe.......... 600 fr.
— de 4° classe.......... 800
— de 3° classe.......... 1.000
— de 2° classe.......... 1.200
— de 1° classe.......... 1.400

(1) Modifié par arrêté du 27 octobre 1891, publié ci-après.

Lettrés

Art. 16. — La solde de début des lettrés est de 500 francs par an, elle pourra être portée à 1.200 francs par augmentations successives de 100 francs.

Facteurs lettrés

Art. 17. — Facteur lettrés de 5° classe. 480 fr.
— de 4° classe. 600
— de 3° classe. 720
— de 2° classe. 840
— de 1° classe. 900

Art. 18. — Chefs de chantier de 3° classe. 600 fr.
— 2° classe. 720
— 1° classe. 840

Aides-surveillants

Art. 19. — Aides-surveillants de 4° classe. 300 fr.
— 3° classe. 360
— 2° classe. 420
— 1° classe. 480

Plantons indigènes

Art. 20. — Plantons indigènes de 4° classe. 300 fr.
— 3° classe. 300
— 2° classe. 420
— 1° classe. 480

Art. 21. — Les agents coloniaux et indigènes seront en nombre variable, suivant les nécessités du service. Leur répartition dans les classes, le chiffre des effectifs, seront réglés annuellement par le budget.

CONDITIONS D'ADMISSION. — NOMINATIONS. — AVANCEMENT

Cadre local européen

Art. 22. — Les candidats au grade de commis sont admis au titre d'auxiliaires à la suite d'un examen dont le programme est soumis à l'approbation du Directeur des affaires civiles et politiques.

Art. 23. — Après un stage de six mois, les commis auxiliaires et les surveillants qui ne sont pas reconnus aptes au service sont licenciés.

Art. 24. — L'avancement a lieu hiérarchiquement. Nul ne pourra passer à la classe supérieure ; s'il n'a servi un an au moins dans la classe inférieure. Les commis de 2° classe devront réunir au moins deux ans de service dans leur classe pour passer à la première classe.

Art. 25. — Le Directeur du service est chargé de fournir, aux commis du cadre local, les moyens d'acquérir les connaissances nécessaires pour se présenter au concours ouvert par le Ministère des postes et des télégraphes, pour le grade de surnuméraire des postes et télégraphes.

Les commis locaux qui, après avoir subi l'examen avec succès, obtiendront de revenir au Tonkin, conserveront leur traitement local jusqu'au moment de leur titularisation en qualité de commis de 4° classe, à moins cependant que le traitement local soit moins élevé que l'indemnité accordée aux surnuméraires dans les colonies.

Art. 26. — Les surveillants locaux, qui se seront fait remarquer par leur bon service, pourront, par les soins du Directeur du service, être proposés par le Chef du Protectorat pour être admis dans les cadres métropolitains.

Cadre indigène

Art. 27. — Pour être admis comme télégraphiste indigène, il est nécessaire de n'avoir pas plus de

20 ans ni moins de 16 ans, d'avoir été reçu comme élève télégraphiste à la suite d'un concours, et de satisfaire aux épreuves de l'examen passé à la fin du cours professionnel. Pendant la durée du cours, les élèves télégraphistes reçoivent une indemnité mensuelle de 50 francs.

Art. 28. — Les lettrés, facteurs lettrés, plantons et surveillants indigènes sont acceptés sans limite d'âge, pris de préférence parmi les annamites, sans exclure toutefois les individus d'une autre race.

Art. 29. — L'avancement a lieu hiérarchiquement. Nul ne pourra passer à la classe supérieure, s'il n'a servi un an au moins dans la classe immédiatement inférieure.

Art. 30. — Les nominations et promotions sont faites par le Directeur des affaires civiles et politiques, sur la proposition du Directeur du service.

Attributions

Art. 31. — Le directeur du service répartit, suivant les exigences du service, le personnel dans les résidences et sur les points utiles. Il fait exécuter les constructions prescrites par le Gouvernement ou le chef du Protectorat, et ordonne les travaux d'entretien et de réparation. Il dresse le budget des dépenses, les états de solde du personnel, prépare les propositions d'avancement. Il donne au personnel, sous sa responsabilité, les ordres et instructions nécessaires à la marche du service.

Il correspond : Avec le Directeur des affaires civiles et politiques, pour tout ce qui concerne l'administration du service ;

Avec le Ministre des postes et des télégraphes de la Métropole, pour les détails exclusivement techniques ;

Avec les représentants des administrations postales et télégraphiques étrangères, pour tout ce qui se rapporte aux correspondances internationales et au règlement des comptes de taxes.

Art. 32. — Le directeur du service détermine les attributions des fonctionnaires et agents placés sous ses ordres.

Art. 33. — Le receveur comptable est chargé du bureau de Haiphong. Il centralise dans ses écritures la comptabilité de tous les bureaux de l'Annam et du Tonkin. Il est en compte avec chacun des receveurs ou distributeurs, et avec le payeur en chef au Tonkin. Il doit représenter, en fin de gestion, un compte de toutes les opérations effectuées dans tous les bureaux pendant cette gestion. En cas de mutation, le compte est dressé suivant la durée de la gestion des différents titulaires, et chacun d'eux est responsable des opérations qui le concerne (1).

Art. 34. — Les receveurs ou chargés de bureaux simples, et les employés placés sous leurs ordres, perçoivent les taxes, manœuvrent les appareils, assurent aux télégrammes la transmission la plus sûre et la plus prompte. Ils doivent toujours avoir un approvisionnement de timbres-poste correspondant à la vente mensuelle de leur bureau.

Les surveillants, dans leur résidence, sont placés sous leurs ordres ; ils leur transmettent les ordres du directeur du service et veillent à leur exécution.

Art. 35. — Les mécaniciens entretiennent et réparent les appareils et instruments télégraphiques, et exécutent les travaux d'installation des bureaux.

Le mécanicien, à Hanoi, peut être chargé de la comptabilité du magasin central.

Art. 36. — Les surveillants et aides-surveillants ou ouvriers indigènes sont préposés à l'entretien des lignes. En cas de dérangement, ils se transportent immédiatement sur les lignes. Dans les intervalles de leurs tournées, ils prennent part aux travaux d'entretien et de réparation des locaux du service et de leurs dépendances ; ils exécutent les travaux de construction et de réparation des lignes.

Art. 37. — Les facteurs ou plantons de toute catégorie, lettrés et interprètes, concourent au port des lettres et des télégrammes et sont utilisés, suivant leurs aptitudes et les besoins du service, au travail des bureaux qu'ils sont chargés d'entretenir dans un état constant de propreté.

Congés et discipline

Art. 38. — Le directeur du service peut accorder au personnel sous ses ordres, sans retenue de solde, et en sauvegardant les intérêts du service, des congés ne dépassant pas quinze jours. La demande pour des congés de plus longue durée est faite par la voie hiérarchique, au directeur des affaires civiles et politiques ou au chef du Protectorat, suivant le cas.

Art. 39. — Les peines disciplinaires applicables au personnel des divers cadres sont :

1° Le blâme ;

2° La réprimande ;

3° Pour les agents ou sous-agents locaux, la suspension pendant un ou deux mois, qui entraîne la retenue de la moitié de la solde et celle des suppléments coloniaux ;

4° La révocation.

Lorsqu'il y aura lieu d'appliquer à un fonctionnaire ou agent métropolitain une peine plus grave que la réprimande, il sera suspendu provisoirement de ses fonctions avec suppression du supplément colonial, et renvoyé à la disposition du ministre de la marine et des colonies pour qu'il soit statué sur la mesure à prendre à son égard.

Art. 40. — Le blâme et la réprimande sont infligés par le directeur du service, la suspension est appliquée par le directeur des affaires civiles et politiques. La suspension provisoire des fonctions, avec renvoi à la disposition du ministre, pour le personnel métropolitain, et la révocation, pour le personnel local, sont prononcées par le chef du Protectorat.

Art. 41. — Les dispositions de l'article 187 du code pénal sont applicables au personnel des postes et des télégraphes, en matière de violation du secret des correspondances et en cas d'indiscrétion.

Indemnités et allocations diverses

Art. 42. — Le personnel, tant métropolitain que local, a droit, en cas de déplacement, aux allocations et indemnités accordées par le règlement du 19 janvier 1878.

Art. 43. — Les agents de tout grade chargés des bureaux auront droit à 2 % sur la vente des timbres qu'ils auront effectuée à leur guichet. Dans les bureaux composés, la moitié de cette remise sera partagée entre les agents qui participent au service de la poste.

Dans le cas où il serait établi plus tard des débits de timbres dans l'intérieur, les conditions dans lesquelles les timbres leur seront cédés seront déterminées par un nouvel arrêté.

Art. 44. — Les chefs surveillants européens ou faisant fonctions, les surveillants européens, les chefs de chantier indigènes, les surveillants indigènes en travaux de construction ou de réparation, auront droit à une indemnité journalière ainsi fixée :

(1) Modifié par arrêté du 9 mars 1889.

Chefs surveillants européens ou faisant fonctions. . . . .   5 fr. 00
Surveillants européens   4   00
Chefs de chantier , ...   0   75
Surveillants indigènes   0   50

Il n'est dû aucune indemnité pour les parcours ordinaires sur les lignes ou ceux effectués en vue de relever un dérangement.

Transport des dépêches

Art. 45. — Le service du transport des dépêches est fait concurremment par les bâtiments de l'État, les vapeurs de commerce et les trams.

Les valeurs déclarées pourront seules être transportées par les navires de l'État dans l'intérieur de l'Annam et du Tonkin.

Elles ne pourront être expédiées à Saïgon que par les navires de la compagnie des Messageries maritimes.

On ne pourra confier aux vapeurs de commerce les objets recommandés et les colis postaux. Il ne sera remis aux trams institués par la décision du 15 juin 1884, et à ceux qui pourront être créés postérieurement, que les correspondances ordinaires, à l'exclusion des colis volumineux et lourds.

Art. 46. — Le présent arrêté n'a pas d'effet rétroactif. Les dispositions relatives au personnel ne seront appliquées qu'au fur et à mesure des besoins du service, du développement du réseau, et lorsque la situation budgétaire le permettra.

Art. 47. — Toutes les dispositions antérieures, contraires au présent arrêté, sont rapportées.

Art. 48. — Le Directeur des affaires civiles et politiques est chargé de l'exécution du présent arrêté. — BRIÈRE DE L'ISLE.

---

11. — 13 août 1885. — DÉCISION *promulguant dans l'Annam et le Tonkin le décret du 20 juin 1885, fixant les taxes à acquitter dans les colonies françaises, sur les correspondances à destination ou provenant du royaume de Siam.*

Article premier. — Est promulgué dans toute l'étendue de l'Annam et du Tonkin le décret du 20 juin 1885, fixant les taxes à acquitter dans les colonies françaises sur les correspondances à destination ou provenant du royaume de Siam.

Art. 2. — Le directeur des affaires civiles et politiques est chargé de l'exécution de la présente décision. — CH. WARNET.

DÉCRET du 23 juin 1858.

Article premier. — Les taxes à acquitter dans les colonies françaises, sur les correspondances à destination ou provenant du royaume de Siam, seront perçues conformément au tarif n° 1 annexé au décret susvisé du 27 mars 1879.

Les dispositions des articles 6, 7 et 8 du même décret seront, en outre, applicables aux correspondances dont il s'agit.

Art. 2. — Les dispositions du présent décret sont exécutoires à partir du 1er juillet 1885.

Art. 3. — Toutes dispositions contraires au présent décret sont et demeurent abrogées.

Art. 4. — Le Ministre des postes et télégraphes et le Ministre de la marine et des colonies sont chargés, chacun en ce qui le concerne, de l'exécution du présent décret, qui sera inséré au *Bulletin des lois*. — JULES GRÉVY.

12. — 15 novembre 1885. — DÉCISION *promulguant la loi du 21 septembre 1885, autorisant l'envoi de cartes postales avec réponse payée entre la France et les colonies, de colonie à colonie et des colonies à l'étranger.*

Article premier. — Est promulguée, dans toute l'étendue du territoire de l'Annam et du Tonkin, la loi du 21 septembre 1885 autorisant l'envoi, à partir du 1er octobre 1885, de cartes postales avec réponse payée, de France à destination des colonies françaises et *vice versa*, ainsi que de colonie à colonie, et des colonies à l'étranger, et fixant le tarif desdites cartes.

Art. 2. — Le directeur des affaires civiles et politiques est chargé de l'exécution de la présente décision. — WARNET.

---

13. — 28 décembre 1886. — DÉCISION *modifiant le service de la poste restante.*

Article premier. — Les noms des destinataires de lettres et autres objets adressés *poste restante*, et non réclamés dans un délai de 24 heures après leur arrivée, sont affichés dans la salle d'attente des bureaux de poste et de télégraphe, et à la porte des hôtels, mais seulement avec le consentement des intéressés.

Art. 2. — Les personnes qui désirent profiter de cette disposition sont tenues de justifier de leur identité et doivent, en outre, remettre entre les mains du Receveur des Postes et des Télégraphes une attestation par laquelle ils dégagent l'Administration de toute responsabilité pour le fait d'affichage de leurs noms. — P. VIAL.

---

14. — 28 décembre 1886. — DÉCISION *concernant la distribution des correspondances postales.*

Article premier. — Il est établi, dans les bureaux de poste et de télégraphe de l'Annam et du Tonkin, des cases destinées à recevoir, à l'arrivée des courriers, la correspondance des particuliers qui désirent, moyennant indemnité, retirer les lettres et autres objets à leur adresse.

Art. 2. — Des cases, de dimension suffisante pour permettre l'insertion de plis ou paquets de formats ordinaires, sont installées entre la salle d'attente et le bureau, et disposées de telle façon que les agents puissent, à l'intérieur, y classer les objets de correspondance, et qu'il soit facile aux abonnés ou à leurs fondés de pouvoir, de retirer extérieurement lesdits objets. A cet effet, ces cases sont fermées, du côté de la salle d'attente, au moyen d'une portière munie d'une serrure dont la clef reste entre les mains des personnes auxquelles ils la confient.

Art. 3. — Les clefs doivent être d'un type ou d'un modèle différent pour chacune des cases.

Art. 4. — Les plis ou paquets dont les dimensions dépassent celles des cases sont remplacés par une fiche portant une annotation qui mentionne cette circonstance, et qui permet ainsi aux destinataires de réclamer les objets en question à l'agent du guichet.

Art. 5. — Une fiche spéciale, également déposée dans la case, indique qu'il se trouve au bureau un ou plusieurs chargements dont la distribution s'effectue au guichet avec les formalités que comporte cette distribution.

Art. 6. — Les particuliers qui désirent bénéficier des avantages spécifiés ci-dessus adressent leur demande au directeur des postes et des télégraphes du

Protectorat, à qui il appartient d'accorder l'autorisation nécessaire.

Art. 7. — L'indemnité pour la jouissance d'une case est fixée à 60 francs par an. Cette somme, qui est payable d'avance, est versée entre les mains du receveur du bureau où est établie la case concédée. — P. VIAL.

15. — 25 avril 1887. — ARRÊTÉ *fixant la surtaxe des objets admis au tarif réduit, non ou insuffisamment affranchis.*

Les objets admis au tarif réduit, non ou insuffisamment affranchis en timbres-poste, sont distribués aux destinataires moyennant une taxe égale au double de l'affranchissement ou de l'insuffisance d'affranchissement, suivant le cas. — G. BIHOURD.

16. — 30 avril 1887. — ARRÊTÉ *conflant au service des postes et télégraphes, le monopole des correspondances dans l'Annam et le Tonkin.*

Article premier. — Le service des postes et des télégraphes en Annam et au Tonkin est chargé du transport exclusif des objets suivants :

1° Dépêches expédiées pour le service de l'Etat ;

2° Lettres particulières cachetées ou non cachetées ;

3° Papiers d'affaires et autres manuscrits de toutes sortes jusqu'au poids de 1 kilogramme inclusivement.

Art. 2. — Les dispositions de l'article 1er ne s'appliquent pas aux lettres et imprimés expédiés par exprès, aux paquets et manuscrits dépassant le poids de 1 kilogramme, aux lettres de voiture, papiers concernant le service personnel des armateurs, des entrepreneurs de messageries par terre et par eau et de voitures publiques, des commissionnaires et des patrons de jonque.

Art. 3. — Les fonctionnaires et agents des postes et des télégraphes, de la police et des douanes, ainsi que la gendarmerie, sont autorisés à opérer dans le Protectorat, toutes perquisitions et saisies sur les navires, chaloupes et jonques, sur les messageries, voitures publiques et autres de même espèce, et sur les coolies des trams, afin de constater les contraventions au présent arrêté ; à cet effet ils pourront, s'ils le jugent nécessaire, se faire assister de la force armée.

Art. 4. — Les procès-verbaux seront dressés à l'instant de la saisie ; ils contiendront l'énumération des lettres et paquets saisis, ainsi que leurs adresses.

Copies de ces procès-verbaux seront remises en double expédition, avec les objets saisis, au receveur du bureau de poste le plus voisin, qui transmettra une expédition au directeur des postes et des télégraphes à Hanoi, et l'autre au résident de la province où la fraude aura eu lieu.

Art. 5. — Toute contravention à l'article 1er sera punie d'une amende de 25 à 500 francs, qui pourra être doublée en cas de récidive.

Le quart du produit des amendes sera attribué aux agents saisissants.

Art. 6. — Les objets saisis pourront, sur la réclamation des intéressés, leur être rendus, lorsque l'affaire sera terminée, contre le payement d'une taxe double de celle dont ces objets auraient été passibles.

Art. 7. — Les armateurs, les entrepreneurs de voitures publiques et de messageries par terre et par eau, et les propriétaires de jonques, sont personnellement responsables des contraventions de leurs capitaines, conducteurs, commissionnaires et patrons, sauf leur recours. — G. BIHOURD.

17. — 12 mai 1887. — ARRÊTÉ *rendant obligatoire l'affranchissement de tout objet bénéficiant du tarif réduit.*

Article premier. — L'affranchissement est obligatoire pour tout objet né dans le Protectorat et bénéficiant du tarif réduit (journaux, imprimés, circulaires, prospectus, catalogues, avis divers, cartes de visite, épreuves d'imprimerie corrigées, papiers d'affaires, etc.).

Art. 2. — Les objets désignés ci-dessus, non affranchis ou insuffisamment, trouvés dans le service, et qui n'auront pu être rendus aux expéditeurs par les receveurs des postes, seront versés en rebut à la direction des postes et télégraphes.

Art. 3. — Le directeur des postes et télégraphes est chargé de l'exécution du présent arrêté. — G. BIHOURD.

18. — 29 septembre 1887. — ARRÊTÉ *réglant les transports des chargements et colis postaux par les convois militaires.*

Article premier. — 1° Les chargements (valeurs déclarées, lettres recommandées, groupes, etc.) et les colis postaux déposés dans les bureaux de poste et de télégraphe dépourvus de moyens suffisamment sûrs pour l'acheminement de ces objets, sont remis aux chefs des convois militaires, lesquels sont chargés de les protéger et d'en assurer le transport jusqu'à l'endroit où ils doivent les délivrer.

2° Les receveurs et gérants de bureau disposant de communications fluviales ou terrestres, périodiques ou éventuelles, pour le transport des chargements et des colis postaux, peuvent également utiliser les convois militaires, toutes les fois qu'il y aura avantage à employer ce moyen pour la rapidité et la sécurité du transport des objets en question.

Art. 2. — Les commandants d'armes doivent, autant que possible, prévenir les receveurs des postes la veille du départ d'un convoi, ou au moins deux heures avant ce départ.

Art. 3. — 1° Les chargements et les colis postaux sont déposés dans des sacs solidement ficelés et scellés du cachet du bureau.

2° A défaut de sacs, et notamment pour les lettres-valeurs ou autres objets de petite dimension, les receveurs ou gérants de bureaux peuvent se servir d'enveloppes en fort papier, également ficelées d'une manière solide, et, de plus, scellées du cachet du bureau d'origine.

Art. 4. — 1° Les chefs de convoi doivent, avant de prendre livraison des dépêches postales en sacs ou enveloppes de papier, examiner avec le plus grand soin l'état de la ficelle et du cachet.

2° Il est interdit aux agents des postes de faire usage de ficelle à nœud.

3° Après s'être assurés du bon conditionnement de la fermeture des dépêches, les chefs de convoi en donnent reçu au receveur des postes sur un registre destiné à cet effet.

4° Dans le cas où la fermeture paraît défectueuse au chef de convoi, ou lui semblerait insuffisante pour garantir les chargements ou colis postaux de spoliation, l'agent des postes serait tenu d'assujettir à nouveau les sacs ou paquets au moyen de ficelle solide, et de les sceller du cachet du bureau, très nettement appliqué.

Art. 5. — 1° Il est remis au chef de convoi, par chaque établissement de poste qui livre des dépêches contenant des chargements et des colis postaux, un « part » ou feuille de route, sur laquelle sont indiqués les bureaux de postes militaires auxquels sont expédiées ces dépêches, le nombre desdites dépêches et la date de leur livraison à l'arrivée.

2° A l'arrivée, le chef de convoi remet la dépêche au commandant d'armes qui la fait parvenir au receveur des postes. La feuille de route est émargée par le commandant d'armes et par le receveur après qu'ils ont constaté le bon état de la dépêche.

3° Cette feuille est renvoyée par la prochaine occasion et par le dernier bureau de poste militaire destinataire, au bureau de poste d'origine.

Art. 6. — 1° Dans le cas où une dépêche porterait des traces de spoliation ou parviendrait en mauvais état, il serait dressé séance tenante et en triple expédition, un procès-verbal indiquant l'état dans lequel la dépêche serait parvenue, et signé par le commandant d'armes, adressé au général commandant la division d'occupation, avec tous les renseignements qu'il a pu recueillir sur les faits qui ont pu amener la détérioration de la dépêche.

2° La première expédition de ce procès-verbal sera adressée au général commandant la division d'occupation, la deuxième au directeur des postes et des télégraphes à Hanoï, et la troisième au bureau d'où la dépêche serait originaire.

3° Si par cas de force majeure, des dépêches venaient à être perdues ou détériorées, il serait également dressé en triple expédition, comme ci-dessus, procès-verbal du fait par le chef du convoi.

Art. 7. — 1° Pendant le trajet, les dépêches sont, soit déposées dans un fourgon, lorsque le convoi en comporte, soit portées par un ou plusieurs coolis.

2° Ces derniers sont fournis ou payés par l'administration des postes, lorsque le commandant d'armes juge qu'un ou plusieurs coolies sont nécessaires pour assurer spécialement le transport des dépêches. Dans tous les cas, les dépêches doivent être constamment sous la garde d'un militaire armé, et être, autant que possible, garanties de la pluie et des intempéries.

Art. 8. — Quand le convoi sera commandé par un officier, celui-ci confiera au sergent le soin de prendre livraison des dépêches et de veiller à leur conservation.

Art. 9. — Le général commandant la division d'occupation et le directeur des postes et des télégraphes sont chargés, chacun en ce qui le concerne, de l'exécution du présent arrêté. — RAOUL BERGER.

19. — 13 janvier 1888. — ARRÊTÉ *relatif à la prestation de serment des agents du service local des postes et télégraphes.*

Article premier. — Les agents du service local des postes et télégraphes en Annam et au Tonkin devront, avant d'entrer en fonctions, prêter serment devant le résident ou vice-résident du lieu où ils auront à les exercer.

Art. 2. — La formule de ce serment sera la suivante : « Je jure de remplir fidèlement mes fonctions, « de garder et observer inviolablement la foi due au « secret des lettres et des dépêches télégraphiques, « et de dénoncer toutes les contraventions qui « parviendraient à ma connaissance, concernant le « service postal et télégraphique. »

Art. 3. — Le procès-verbal de prestation de serment sera établi en trois expéditions, dont la première sera conservée dans les archives de la résidence ou vice-résidence, la seconde adressée au directeur des postes et télégraphes, et la troisième, remise à l'intéressé pour lui servir ce que de droit et de raison.

Art. 4. — M. le Directeur des postes et télégraphes est chargé de l'exécution du présent arrêté. — RAOUL BERGER.

20. — 31 octobre 1888. — ARRÊTÉ *créant un bureau permanent des rebuts à la direction générale des postes et des télégraphes* (1).

Article premier. — Un bureau permanent des rebuts est créé à la direction générale des postes et des télégraphes de l'Indo-Chine, et placé dans les attributions du chef du bureau central de l'administration.

Art. 2. — Un règlement d'administration conforme aux lois et règlements en vigueur dans la métropole déterminera le fonctionnement de ce service.

Art. 3. — Le Directeur général des postes et des télégraphes est chargé de l'exécution du présent arrêté. — RICHAUD.

21. — 3 novembre 1888. — ARRÊTÉ *fixant le prix des enveloppes et bandes timbrées, mises en vente par le service des postes et des télégraphes* (2).

Article premier. — Les enveloppes et bandes timbrées seront mises en vente aux prix suivants : Enveloppes portant un timbre fixe d'affranchissement de cinq centimes (un cent) seront vendues onze millièmes de piastre (0 $ 011), soit dix pour onze cents (0 $ 11).

Enveloppes petit et moyen format, portant un timbre fixe de quinze centimes (trois cents) seront vendues trente-deux millièmes de piastres (0 $ 032), soit cinq pour seize cents (0 $ 16).

Enveloppes grand format, portant un timbre fixe de quinze centimes (trois cents) seront vendues trente-quatre millièmes de piastre (0 $ 034), soit cinq pour dix-sept cents (0 $ 17).

Les bandes timbrées de un, deux et trois centimes (deux, quatre et six millièmes de piastre) seront vendues un millième de piastre en plus de la valeur du timbre d'affranchissement, soit :

Les bandes de un centime, dix pour trois cents ;

Les bandes de deux centimes, dix pour cinq cents ;

Les bandes de trois centimes, dix pour sept cents.

Art. 2. — Les enveloppes portant un timbre de cinq centimes, ainsi que les bandes timbrées, ne pourront être vendues que par séries de dix ;

Les enveloppes portant un timbre de quinze centimes, par séries de cinq.

Art. 3. — Le Directeur général des postes et télégraphes est chargé de l'exécution du présent arrêté. — RICHAUD.

22. — 14 décembre 1888. — ARRÊTÉ *étendant à tout le territoire de l'Indo-Chine, le service des mandats postaux et télégraphiques échangés dans l'intérieur de la Cochinchine et du Cambodge.*

Article premier. — Le service des mandats postaux et télégraphiques échangés dans l'intérieur de

_____

(1) Voir ci-dessus arrêté du 7 juin 1884, et ci-après celui du 15 mars 1889.

(2) Voir arrêtés des 29 décembre 1894 et 5 janvier 1895, sur le mode de perception du prix des timbres-poste.

34.

la Cochinchine et du Cambodge, est étendu à tout le territoire de l'Indo-Chine.

Art. 2. — Les nouveaux bureaux ouverts au service sont :

En Annam. — Hué, Nha-trang, Qui-nhon, Thanh-hoa, Tourane, Vinh.

Au Tonkin. — Bac-ninh, Hai-duong, Hai-phong, Hanoi, Hung-hoa, Hung-yen, Nam-dinh, Phu-lang-thuong, Phu-ly, Quang-yen, Son-tay.

Art. 3. — Un droit proportionnel décroissant sera perçu au profit du budget du service expéditeur, suivant l'échelle ci-après :

1 pour 100 pour les premières 200 piastres ;

3/4 pour 100 pour les sommes au-dessus de 200 piastres, jusqu'à 1.000 piastres ;

1/2 pour 100 pour les sommes au-dessus de 1.000 piastres.

Art. 4. — Le payement d'un mandat supérieur à 100 piastres pourra être différé, si le bureau destinataire n'a pas les fonds suffisants pour le payement.

Art. 5. — Les mandats délivrés peuvent être transmis par télégraphe ; ils acquittent dans ce cas, en outre du droit proportionnel, un droit égal à la taxe d'un télégramme ayant le même nombre de mots que le mandat.

Art. 6. — Un mandat transmis par télégraphe est valable pendant dix jours à partir du jour de la réception, et payable seulement par le bureau destinataire. Passé ce délai, le mandat devra être visé pour date à l'administration centrale.

Art. 7. — Les mandats-poste sont payables dans tous les bureaux de l'Indo-Chine ouverts au service, et pendant trois mois à partir de la date de leur émission.

Art. 8. — Toutes les dispositions antérieures contraires au présent arrêté sont abrogées.

Art. 9. — Le directeur général des postes et des télégraphes est chargé de l'exécution du présent arrêté, qui sera appliqué à partir du 1er février 1889. — RICHAUD.

23. — 10 janvier 1889. — ARRÊTÉ *supprimant la direction générale des postes et télégraphes de l'Indo-Chine.*

Article premier. — La Direction générale des postes et télégraphes de l'Indo-Chine française est supprimée.

Art. 2. — Le service des postes et des télégraphes est placé sous les ordres du Résident général en Annam et au Tonkin, pour ce qui concerne l'Annam et le Tonkin, et sous les ordres du directeur du service local de Cochinchine pour ce qui concerne la Cochinchine et le Cambodge.

Art. 3. — Le Résident général en Annam et au Tonkin et le directeur du service local de Cochinchine sont chargés, chacun en ce qui le concerne, de l'exécution du présent arrêté. — RICHAUD.

24. — 14 janvier 1889. — ARRÊTÉ *reculant au 1er mars 1889, l'ouverture du service des mandats-poste locaux.*

Article premier. — La date de la mise en vigueur du service des mandats postaux et télégraphiques locaux, en Annam et au Tonkin, est reculée du 1er février au 1er mars 1889.

Art. 2. — Le Résident général en Annam et au Tonkin est chargé de l'exécution du présent arrêté. — RICHAUD.

25. — 9 mars 1889. — ARRÊTÉ *supprimant l'emploi de receveur comptable des postes et télégraphes de l'Annam.*

Article premier. — L'emploi de receveur comptable des postes et des télégraphes de l'Annam est supprimé.

Art. 2. — Le receveur comptable de Hanoi est chargé de centraliser toutes les opérations des divers receveurs de l'Annam et du Tonkin.

Art. 3. — Le chef du service des postes et des télégraphes est chargé de l'exécution du présent arrêté. — RHEINART.

26. — 15 mars 1889. — ARRÊTÉ *au sujet des rebuts postaux de la Cochinchine, du Cambodge, de l'Annam et du Tonkin.*

Le service des postes et des télégraphes de la Cochinchine et du Cambodge, et celui de l'Annam et du Tonkin traiteront leurs rebuts particuliers, chacun suivant les prescriptions de l'arrêté du 31 octobre 1888 et du règlement d'administration y annexé. — RICHAUD.

27. — 6 juillet 1889. — ARRÊTÉ *fixant les heures d'ouverture des bureaux des postes et télégraphes au Tonkin et en Annam* (1).

Article premier. — Les bureaux des postes et télégraphes seront ouverts au public, savoir :

Les jours ordinaires de sept heures à dix heures et demie du matin, et de deux heures à cinq heures et demie du soir.

Les dimanches et jours fériés de sept heures à neuf heures du matin.

Il n'est fait exception à cette règle que pour les bureaux de Hanoi et Haiphong, dont les heures d'ouverture sont fixées comme suit :

Les jours ordinaires, de sept heures du matin à neuf heures du soir ;

Les dimanches et jours fériés, de sept heures à onze heures du matin, et de trois heures à cinq heures du soir.

Les dépêches officielles *urgentes* seront seules admises à toute heure.

Art. 2. — Les receveurs et gérants de bureaux auront l'obligation d'écouler, chaque soir entre huit et neuf heures, le travail de la journée qui aurait subi un retard quelconque.

Art. 3. — Les Résidents supérieurs en Annam et au Tonkin sont chargés de l'exécution du présent arrêté, qui sera affiché au guichet de chaque bureau. — PIQUET.

28. — 12 décembre 1889. — ARRÊTÉ *fixant les heures d'ouverture des bureaux des postes et télégraphes pendant la saison d'hiver.*

Article premier. — Durant la saison d'hiver, s'étendant du 16 octobre au 15 mars, les bureaux des postes et télégraphes seront ouverts au public, en ce qui concerne le service du matin, savoir :

Les jours ordinaires, de 8 heures à 11 heures.

Les dimanches et jours fériés, de 8 heures à 10 heures.

Dans les villes de Hanoi et Haiphong, l'ouverture des bureaux aura lieu également à huit heures ; mais dès sept heures du matin, un guichet fonctionnera

(1) Voir ci-après arrêté du 12 décembre 1889, modifiant les heures pour la saison d'hiver.

pour assurer la distribution des correspondances postales.

Art. 2. — L'arrêté du 6 juillet 1889 reste en vigueur en tant qu'il n'y est pas dérogé par les dispositions ci-dessus.

Art. 3. — Les Résidents supérieurs en Annam et au Tonkin sont chargés de l'exécution du présent arrêté, qui sera affiché au guichet de chaque bureau. — PIQUET.

---

29. — 23 janvier 1891. — ARRÊTÉ *promulguant en Indo-Chine le décret du 25 novembre 1890, appliquant aux colonies la loi du 11 juin 1887, sur la diffamation et l'injure par correspondances postales ou télégraphiques circulant à découvert.*

Article unique. — Est promulgué dans toute l'étendue de l'Indo-Chine le décret en date du 25 novembre 1890, portant application aux colonies de la loi du 11 juin 1887, concernant la diffamation et l'injure commises par les correspondances postales et télégraphiques circulant à découvert. — PIQUET.

DÉCRET *du 25 novembre 1890*

Article premier. — La loi susvisée du 11 juin 1887, est déclarée applicable aux colonies de la Guadeloupe, de la Martinique, de la Réunion, de Saint-Pierre et Miquelon, de la Guyane, du Sénégal, du Gabon-Congo, de Mayotte, de Diégo-Suarez et dépendances, de la Cochinchine, de la Nouvelle-Calédonie, d'Obock, ainsi qu'aux établissements français dans l'Inde et de l'Océanie, et aux pays de Protectorat de l'Indo-Chine.

Art. 2. — Le ministre du commerce, etc. — CARNOT.

Loi *du 11 juin 1887*

Article premier. — Quiconque aura expédié, par l'administration des postes et télégraphes, une correspondance à découvert contenant une diffamation envers les particuliers, soit envers les corps ou les personnes désignées par les articles 26, 30, 31, 36 et 37 de la loi du 29 juillet 1881, sera puni d'un emprisonnement de cinq jours à six mois, et d'une amende de 25 à 3.000 francs, ou de l'une de ces deux peines seulement.

Art. 2. — Les délits prévus par la présente loi sont de la compétence des tribunaux correctionnels. — Les dispositions des articles 25, 46, 47, 60, 61, 62, 63, 64, 67 et 69 de la loi du 29 juillet 1881, leur sont applicables.

---

30. — 31 janvier 1891. — ARRÊTÉ *appliquant à l'Indo-Chine l'arrêté ministériel du 8 décembre 1890, rapportant les dispositions autorisant l'échange des timbres-poste, etc.*

Article premier. — Est rendu applicable dans toute l'étendue de l'Indo-Chine française, l'arrêté de M. le Ministre du commerce, de l'industrie et des colonies, en date du 8 décembre 1890, rapportant toutes les dispositions autorisant l'échange contre des timbres-poste, des enveloppes timbrées, cartes postales, cartes lettres, cartes télégrammes et bandes timbrées.

Art. 2. — Le Lieutenant-gouverneur de la Cochinchine et les Résidents supérieurs au Cambodge, en Annam et au Tonkin sont chargés, chacun en ce qui le concerne, de l'exécution du présent arrêté. — PIQUET.

ARRÊTÉ MINISTÉRIEL *du 8 décembre 1890*

Sont rapportées toutes dispositions autorisant l'échange, contre des timbres-poste, des enveloppes timbrées, des cartes postales, des cartes lettres, des cartes télégrammes et des bandes timbrées. — JULES ROCHE.

---

31. — 27 octobre 1891. — ARRÊTÉ *fixant la dénomination et la solde du personnel européen du cadre local des postes et télégraphes.*

Article premier. — Les dénominations et les soldes du personnel européen du cadre local des postes et télégraphes, sont fixées ainsi qu'il suit :

EMPLOI	SOLDES	OBSERVATIONS
Commis de 1re classe....	5.200 fr, 00	Ce traitement peut être élevé, par augmentations successives, jusqu'à 6.000 fr.
— 2e classe....	4.400 00	
— 3e classe....	3.600 00	
— 4e classe....	3.000 00	
— auxiliaire ...	2.400 00	
Surveillants de 1re classe.	3.600 00	
— 2e classe.	3.000 00	
— 3e classe.	2.400 00	

Art. 2. — Sont abrogées toutes les dispositions contraires au présent arrêté, notamment les articles 8 et 11 de l'arrêté du 29 septembre 1884. Ce dernier arrêté continuera à régler les questions d'admission, nomination, avancement, attributions, congés et discipline du personnel du cadre local.

Art. 3. — Par dérogation à l'arrêté du 29 septembre 1884 susvisé, et à l'article 2 du présent arrêté, les agents pris sur place et classés dans le cadre des commis auxiliaires qui n'auront pas donné, après un stage de trois mois, au point de vue professionnel, des résultats satisfaisants, seront d'office licenciés.

Dans le cas contraire, ils seront, sur la proposition du chef du service des postes et télégraphes, titularisés dans leur grade.

Art. 4. — Les Résidents supérieurs en Annam et au Tonkin sont chargés de l'exécution du présent arrêté, qui sera mis en vigueur le 1er janvier 1892. — DE LANESSAN.

---

32. — 17 août 1892. — ARRÊTÉ *promulguant en Indo-Chine certaines dispositions de la loi du 13 avril 1892, sur le service postal.*

Article premier. — Sont promulgués pour devenir exécutoires à partir du 1er septembre prochain, dans toute l'étendue de l'Indo-Chine française :

L'article premier, en ce qui concerne la convention postale universelle et l'arrangement relatif à l'échange des lettres et des boîtes de valeurs déclarées, et l'article 5 de la loi du 13 avril 1892, portant approbation des conventions et arrangements de l'union postale, lesquels sont ainsi conçus :

« Article premier. — Le Président de la République est autorisé à ratifier et, s'il y a lieu, à faire exécuter :

« La convention postale universelle ;

« L'arrangement concernant l'échange des lettres et des boîtes de valeur déclarées. »

. . . .

« Art. 5. — A partir de la mise à exécution des actes du congrès postal de Vienne, les lettres et les boîtes avec valeur déclarée seront soumises, dans le régime intérieur, au tarif d'affranchissement suivant :

« Les lettres supporteront, en plus de la taxe progressive et du droit fixe applicables aux lettres recommandées du même poids, un droit proportionnel de 10 centimes par 500 francs ou fraction de 500 francs déclarés ;

« Les boîtes supporteront, en plus de la taxe progressive et du droit fixe applicables aux échantillons recommandés du même poids, un droit proportionnel d'assurance de 10 centimes par 500 francs ou fraction de 500 francs déclarés, sans minimum de déclaration. Chaque boîte ne devra pas excéder les dimensions de 30 centimètres en longueur et de 10 centimètres en largeur et en hauteur,

« Sont et demeurent abrogées toutes dispositions antérieures contraires à celles contenues dans le présent article. »

Art. 2. — Le Lieutenant-gouverneur de la Cochinchine et les Résidents supérieurs au Tonkin, en Annam et au Cambodge sont chargés, chacun en ce qui le concerne, de l'exécution du présent arrêté.

---

33. — 17 août 1892. — ARRÊTÉ *promulguant en Indo-Chine la loi du 25 mars 1892, sur la taxe des lettres insuffisamment affranchies, et le décret du 31 mars 1892, fixant la date de l'application de ladite loi.*

Article premier. — Sont promulgués pour devenir exécutoires à partir du 1er septembre prochain, dans toute l'étendue de l'Indo-Chine française :

1° La loi du 25 mars 1892, concernant la taxe des lettres insuffisamment affranchies et celle des objets à taxe réduite expédiés sans affranchissement.

2° Le décret du 31 mars 1892, portant que les taxes fixées par la loi du 25 mars seront appliquées en France à partir du 16 avril 1892.

Art. 2. — Le Lieutenant-gouverneur de la Cochinchine et les Résidents supérieurs en Annam, au Cambodge et au Tonkin sont chargés, chacun en ce qui le concerne, de l'exécution du présent arrêté. — CHAVASSIEUX.

Loi du 25 mars 1892.

Article premier. — L'article 4 de la loi du 24 août 1871, est modifié ainsi qu'il suit :

« En cas d'insuffisance d'affranchissement, la taxe à percevoir est égale au double du montant de cette insuffisance. »

Art. 2. — Les deux premiers paragraphes de l'article 8 de la loi du 25 juin 1856 sont modifiés ainsi qu'il suit :

« La taxe des objets compris dans la présente loi, quand ils ont été expédiés sans affranchissement, est égale au double de la taxe ordinaire. »

« S'ils ont été affranchis en timbres-poste et que l'affranchissement soit insuffisant, ils sont frappés en sus d'une taxe égale au double de l'insuffisance de l'affranchissement. »

Art. 3. — Toute fraction de demi-décime entraîne le payement du demi-décime intégral.

Art. 4. — Toutes dispositions contraires à celles contenues dans les trois articles qui précèdent sont abrogées.

Art. 5. — La date de la mise à exécution de la présente loi sera fixée par décret.

DÉCRET du 31 mars 1892.

Article premier. — Les taxes établies par la loi du 25 mars 1892, ci-dessus visée et promulguée le 26 du même mois, seront appliquées à partir du 16 avril 1892.

Art. 2. — Le Ministre du commerce et de l'industrie est chargé de l'exécution du présent décret, qui sera inséré au *Journal officiel* et au *Bulletin des lois*. — CARNOT.

---

34. — 17 août 1892. — ARRÊTÉ *promulguant en Indo-Chine: 1° Le décret du 27 juin 1892, sur les taxes à percevoir sur les correspondances ordinaires ou recommandées à destination ou provenant de l'extérieur ; 2° Celui du 27 juin 1892, concernant l'échange des lettres et des boîtes avec valeur déclarée.*

Article premier. — Sont promulgués pour devenir exécutoires à partir du 1er septembre 1892, dans toute l'étendue de l'Indo-Chine française :

1° Le décret du 27 juin 1892, fixant les taxes à percevoir sur les correspondances ordinaires et recommandées à destination ou provenant de l'extérieur ;

2° Le décret du 27 juin 1892, concernant l'échange des lettres et des boîtes avec valeur déclarée.

Art. 2. — Le Lieutenant-gouverneur de la Cochinchine, les Résidents supérieurs en Annam, au Cambodge et au Tonkin sont chargés, chacun en ce qui le concerne, de l'exécution du présent arrêté. — CHAVASSIEUX.

1° DÉCRET du 27 juin 1892.

Article premier. — Les taxes à percevoir en France, en Algérie et dans les bureaux français établis en Turquie, en Egypte, à Tripoli de Barbarie, au Maroc, à Zanzibar et à Shang-hai, sur les correspondances (lettres, cartes postales simples et avec réponse payée, papiers d'affaires, échantillons de marchandises, journaux et autres imprimés) ordinaires ou recommandées, à destination des pays énumérés aux tableaux A et B qui sont annexés au présent décret, seront perçues conformément aux tarifs fixés par lesdits tableaux.

Art. 2. — Par exception aux dispositions de l'article premier précédent, la taxe d'affranchissement à percevoir en France sur les lettres à destination de la Belgique, de l'Espagne et de la Suisse sera réduite à 15 centimes par 15 grammes ou fraction de 15 grammes, lorsque la distance en ligne droite entre le bureau de destination ne dépassera pas 20 kilomètres.

Art. 3. — Les correspondances déposées dans les bureaux de postes français établis en Turquie, en Egypte, au Maroc, à Zanzibar et à Shang-hai, à destination de la France, de l'Algérie, de la Tunisie et de Tripoli de Barbarie, seront passibles des taxes d'affranchissement indiquées au tarif A annexé au présent décret.

Art. 4. — Les taxes applicables dans les colonies françaises aux correspondances à destination de la France, de l'Algérie, de la Tunisie, de Tripoli de Barbarie, des colonies ou établissements français et de tous les pays étrangers dénommés au tableau A qui fait suite au présent décret, seront perçues conformément aux indications du tarif fixé par ledit tableau.

Art. 5. — Les lettres non affranchies de provenance extérieure, seront taxées par 15 grammes ou par fraction de 15 grammes à raison de 50 centimes si elles sont originaires des pays dénommés au tableau A ci-joint, et à raison de 75 centimes si elles sont originaires des pays dénommés au tableau B également ci-joint.

Par exception, les lettres non affranchies provenant de Belgique, d'Espagne et de Suisse et circulant dans le rayon limitrophe dont il est question à l'article 2 du présent décret, seront taxées à raison de 30 centimes par 15 grammes.

Les correspondances de toute nature insuffisamment affranchies seront passibles, à la charge des destinataires, d'une taxe double du montant de l'insuffisance, d'après le tarif en vigueur dans le pays d'origine, mais sans que cette taxe complémentaire puisse dépasser la taxe applicable à une lettre non affranchie de même poids et de même origine.

Lorsque l'évaluation de la taxe à appliquer aux correspondances dont il s'agit fera ressortir une fraction inférieure à 5 centimes, cette fraction sera portée à 5 centimes.

Art. 6. — En cas de perte d'un envoi recommandé, et sauf le cas de force majeure, il sera payé une indemnité de 50 francs à l'expéditeur, ou, sur la demande de celui-ci, au destinataire. Toutefois, cette indemnité ne serait pas payable si l'envoi était originaire ou à destination d'un pays, ou avait été perdu en cours de transit par un pays qui, d'après sa législation, n'est pas responsable pour la perte des objets recommandés à l'intérieur.

Quand l'indemnité sera due, son payement aura lieu dans le plus bref délai et, au plus tard, dans le délai d'un an à partir du jour de la réclamation.

Toute réclamation d'indemnité sera prescrite, si elle n'a pas été formulée dans le délai d'un an, à partir de la remise à la poste de l'objet recommandé.

Art. 7. — L'expéditeur de tout objet recommandé à destination des pays dénommés au tableau A pourra demander, au moment du dépôt de cet objet, qu'il lui soit donné avis de sa réception par le destinataire.

Dans ce cas, il payera d'avance un droit fixe de 10 centimes pour le port de l'avis.

Art. 8. — Le prix des livrets postaux d'identité qui seront délivrés par l'administration française, est fixé à 50 centimes.

Art. 9. — Les dispositions du présent décret seront exécutoires à partir du 1er juillet 1892.

Art. 10. — Toutes dispositions contraires au présent décret sont et demeurent abrogées.

Art. 11. — Le Ministre du commerce et de l'industrie et le Ministre de la marine et des colonies sont chargés, chacun en ce qui le concerne, de l'exécution du présent décret, qui sera inséré au *Bulletin des lois.* — CARNOT.

TABLEAU A. — *Pays restés étrangers à l'Union postale.*

PAYS DE DESTINATION	NATURE des CORRESPONDANCES	CONDITIONS de L'AFFRANCHISSEMENT	TAXE A PERCEVOIR PAR CHAQUE OBJET de correspondance
Ile Sainte-Hélène............	Lettres ordinaires....	Facultatif (a)........	0 fr. 50 par 15 grammes ou fraction de 15 grammes.
Cap de Bonne-Espérance.	Papiers d'affaires.....	Obligatoire (a).......	0 fr. 50 jusqu'à 250 grammes; au-dessus de 250 grammes, 0 fr. 10 par 50 grammes ou fraction de 50 grammes.
Natal....................	Échantillons de marchandises	Obligatoire (a).......	0 fr. 10 par 50 grammes ou fraction de 50 grammes.
État d'Orange	Journaux et autres imprimés.........	Obligatoire (a).......	0 fr. 10 par 50 grammes ou fraction de 50 grammes.
Transwaal ou République sud-africaine............	Correspondances recommandées.......	Obligatoire (a).......	Droit fixe de 0 fr. 25 en plus de la taxe applicable à une correspondance ordinaire affranchie de même nature et du même poids.
Bechuanaland.............			
Iles d'Ascension...........	Lettres ordinaires....	Obligatoire (b).......	0 fr. 50 par 15 grammes ou fraction de 15 grammes.
Protectorats anglais du Niger et d'Oil River			
Dahomey. Achantis. Abyssinie et pays des Gallas (moins les établissements italiens)..... Choa. Caffrerie. Arabie (moins Aden, l'Hedjoz et l'Yemen)............. Sarawak. Iles Samoa ou des Navigateurs (moins Apia)........ Les Cook........ Pays d'outre-mer non dénommés...	Papiers d'affaires.....	Obligatoire (b)......	0 fr. 50 jusqu'à 250 grammes; au-dessus de 250 grammes, 0 fr. 10 par 50 grammes ou fraction de 50 grammes.
	Échantillons de marchandises	Obligatoire (b)......	0 fr. 10 par 50 grammes ou fraction de 50 grammes.
	Journaux et autres imprimés.........	Obligatoire (b).......	0 fr. 10 par 50 grammes ou fraction de 50 grammes.

(a) Affranchissement valable jusqu'à destination.
(b) Affranchissement valable jusqu'au port de débarquement, sauf pour les correspondances adressées à Ascension, qui sont affranchies jusqu'à destination.

TABLEAU B. — *Pays compris dans l'Union postale, ou assimilés au pays de l'Union postale*

PAYS DE DESTINATION	NATURE DES CORRESPONDANCES	CONDITIONS DE L'AFFRANCHISSEMENT jusqu'à destination	TAXE A PERCEVOIR par chaque objet de CORRESPONDANCE
Allemagne, Autriche-Hongrie (1), Bosnie-Herzégovine, Belgique, Bulgarie, Danemark (2), Espagne (3), France et Algérie, Grande-Bretagne (4), Grèce, Italie (5), Luxembourg, Monténégro, Norwège, Pays-Bas, Portugal (6) Roumanie, Russie (d'Europe et d'Asie) (7), Serbie, Suède, Suisse, Tunisie, Turquie (d'Europe et d'Asie) (8), Etats-Unis d'Amérique, Mexique, Costa-Rica, Guatemala, Honduras, Nicaragua, San-Salvador, Etats-Unis de Colombie, Venezuela, Brésil, République Argentine, Uruguay, Paraguay, Chili, Bolivie, Pérou, Equateur, Haïti, République Dominicaine, Iles Sandwich (Hawaï)...................................	Lettres ordinaires....	Facultatif...	0 f. 25 par 15 grammes ou fraction de 15 grammes.
Egypte, Maroc (9), Libéria, Madagascar (9), Zanzibar, Etat Indépendant du Congo........................... Perse, Siam, Japon, Chine et Corée (9)..............	Cartes postales simples.	Obligatoire..	0 f. 10
Apia (île Samoa).....................................	Cartes postales avec réponse payée......	*Idem*	0 f. 20
Colonies et établissements — français.... Guadeloupe et dépendances, Martinique, Guyane, Saint-Pierre et Miquelon, Sénégal et Soudan, Guinée française, Côte d'Ivoire, Golfe de Bénin, Congo français, Obock, Mayotte et dépendances, Nossi-Bé, Diégo-Suarez, la Réunion, Pondichéry, Chandernagor, Karikal, Mahé, Yanaon, Indo-Chine (Cochinchine, Annam, Tonkin, Cambodge), Nouvelle-Calédonie, îles Marquises, îles Basses, îles de la Société......			
danois..... Groenland, Saint-Thomas et dépendance	Papiers d'affaires.....	*Idem*	0 f. 25 jusqu'à 250 grammes; au-dessus de 250 grammes, 0 f. 05 par 50 grammes ou fraction de 50 grammes.
espagnols... Iles Philippines et dépendances, Cuba, Porto-Rico, établissements de la côte occidentale d'Afrique......			
néerlandais.. Indes orientales, Curaçao, Guyane..	Echantillons de marchandises	*Idem*	0 f. 10 jusqu'à 100 grammes; au-dessus de 100 grammes, 0 f. 05 par 50 grammes ou fraction de 50 grammes.
portugais... Iles du cap Vert, San-Thomé et Prince, Angola, Mozambique, Inde portugaise, Macao et Timor.....			
anglais...... Canada, Terre-Neuve, îles Bermudes, Sainte-Lucie et toutes les autres îles anglaises des Antilles, Guyane, îles Falkland, Côte-d'Or, Gambie, Lagos, Sierra-Leone, Inde britannique (10), Ceylan, établissements du Détroit, Laboan, territoire britannique de Bornéo, Hong-kong, Maurice, Seychelles, Australie occidentale, Australie méridionale, Victoria, Nouvelles-Galles du Sud, Queensland, Tasmanie, Nouvelle-Zélande, Nouvelle-Guinée anglaise, îles Fidji...	Journaux et autres imprimés........	*Idem*	0 f. 05 par 50 grammes ou fraction de 50 grammes.
allemands... Cameroun, Nouvelle-Guinée allemande, Togo, Afrique du Sud-Ouest, Afrique orientale, îles Marshall.....	Correspondances de toutes natures recommandées.......	*Idem*	Droit fixe de 0 f. 25 en plus de la taxe applicable à une correspondance ordinaire affranchie de même nature et du même poids.
italiens...... Erytrea ou Eurythrée.............			

(1) Y compris la principauté de Lichtenstein.

(2) Y compris l'Islande et les îles Féroë.

(3) Y compris les îles Baléares et les îles Canaries.

(4) Y compris Gibraltar, l'île de Malte et dépendances et l'île de Chypre.

(5) Y compris la République de Saint-Marin.

(6) Y compris Madère et les Açores.

(7) Y compris le Grand duché de Finlande,

(8) Y compris l'Hedjaz et l'Yemen en Arabie.

(9) Pour les localités du Maroc, de Madagascar, de la Chine, et de la Corée où n'existent pas de bureaux de poste français, espagnols, anglais ou japonais, l'affranchissement des lettres est obligatoire et valable seulement jusqu'au port de débarquement. La recommandation n'est pas admise. Les cartes postales sont assimilées aux lettres.

(10) Y compris les établissements de poste indiens d'Aden, de Mascate, du golfe Persique, de Guadur (Belouchistan) et de Mandalay (Birmanie).

Les correspondances à destination de Caboul (Afghanistan), de l'Etat de Kaschmir et de Ladak sont soumises au même tarif que celles pour l'Inde. Toutefois, l'affranchissement est obligatoire et valable seulement jusqu'à la limite du territoire indien.

2° DÉCRET *du 27 juin 1892.*

Article premier. — Il pourra être expédié des lettres contenant des valeurs-papiers déclarées et des boîtes contenant des bijoux et objets précieux déclarés, avec garantie du montant de la déclaration, savoir :

1° De France et d'Algérie pour les colonies françaises et pour les pays étrangers dénommés au tableau A annexé au présent décret ;

2° Des bureaux français à l'étranger pour la France et l'Algérie, ainsi que pour les colonies françaises, et pour les pays étrangers dénommés au tableau B également annexé au présent décret ;

3° Des colonies françaises directement desservies par des paquebots-poste français pour la France et l'Algérie, ainsi que pour les colonies françaises, et pour les pays étrangers dénommés au tableau C également ci-annexé.

Art. 2. — Le maximum de déclaration par envoi sera de 10.000 francs.

Art. 3. — Les boîtes de valeurs déclarées ne devront pas dépasser le poids d'un kilogramme : leurs dimensions ne devront pas excéder 30 centimètres en longueur, 10 centimètres en largeur et 10 centimètres en hauteur ; l'épaisseur des parois des boîtes est fixée à 8 millimètres au minimum.

Art. 4. — La taxe d'affranchissement des lettres et des boîtes de valeurs déclarées devra être acquittée, en timbres-poste, par l'expéditeur, et se composera :

Pour les lettres, du port et du droit fixe applicables à des lettres recommandées du même poids et pour la même destination et du droit proportionnel d'assurance respectivement indiqué aux tableaux A, B et C annexés au présent décret ;

Pour les boîtes, du port et du droit proportionnel d'assurances indiqué auxdits tableaux A et C.

Art. 5. — La déclaration d'une valeur supérieure à la valeur réellement insérée dans une lettre ou dans une boîte est interdite et serait, le cas échéant, punie conformément à l'article 5 de la loi du 4 juin 1859, sans préjudice de la perte, pour l'expéditeur, du droit à l'indemnité prévue à l'article 8 ci-après.

Il est, en outre, interdit d'insérer dans les boîtes avec valeur déclarée des lettres ou notes pouvant tenir lieu de correspondances, des monnaies ayant cours, des billets de banque et valeurs quelconques au porteur.

Art. 6. — L'expéditeur de tout envoi contenant des valeurs déclarées pourra demander, au moment du dépôt, qu'il lui soit donné avis de la réception de cet envoi par le destinataire.

Dans ce cas, il payera d'avance une somme de dix centimes.

Art. 7. — L'expéditeur d'un envoi contenant des valeurs déclarées recevra sans frais, au moment du dépôt, qu'il lui soit un récépissé sommaire de son envoi.

Art. 8. — Sauf le cas de force majeure, lorsqu'une lettre ou une boîte contenant des valeurs déclarées, viendra à être perdue, spoliée ou avariée dans le service des postes, l'expéditeur ou, sur sa demande, le destinataire aura droit à une indemnité correspondant au montant réel de la spoliation, de la perte ou de l'avarie, à moins que le dommage n'ait été causé par la faute ou par la négligence de l'expéditeur ou ne provienne de la nature de l'objet, et sans que l'indemnité puisse dépasser, en aucun cas, la somme déclarée.

Le payement à l'ayant-droit de l'indemnité dont il s'agit aura lieu dans le plus bref délai possible et,

au plus tard, dans le délai d'un an à partir du jour de la réclamation.

Les réclamations concernant la perte, la spoliation ou l'avarie d'envois contenant des valeurs

TABLEAU A. — *Expéditions de France et d'Algérie.*

DESTINATION DES ENVOIS	PORT À PERCEVOIR sur chaque boîte avec valeur déclarée	DROIT PROPORTIONNEL à percevoir sur les *lettres* et sur les boîtes par chaque somme de 300 fr. ou fraction de 300 francs déclarée
Allemagne,	1 fr. 00	
Belgique,	(Non admis.)	
Espagne (y compris les Baléares et les Canaries)	Idem.	0 fr. 10
Italie,	1 fr. 00	
Luxembourg,	1 00	
Suisse,	1 00	
Colonies françaises. Guadeloupe, Martinique, Guyane française, Sénégal et Soudan, Guinée française, côte d'Ivoire, golfe de Bénin, Congo français, Obock, Mayotte, Nossi-bé, Diégo-Suarez, Sainte-Marie de Madagascar, La Réunion, Indo-Chine (Cochinchine, Annam et Tonkin), Pondichéry, Nouvelle-Calédonie.	2 00	0 20
Shang-Haï (Chine),	(Non admis.)	
Tanger (Maroc),	2 fr. 00 (1)	
Madagascar,	2 00	
Antilles danoises,	(Non admis.)	
République Argentine,	2 fr. 00	
Autriche-Hongrie,	1 50	
Bulgarie,	2 50	
Danemark (y compris l'Islande et les îles Féroë)	(Non admis.)	0 25
Norwège,	Idem.	
Pays-Bas,	Idem.	
Portugal (y compris Madère et les Açores)	Voie d'Espagne. (Non admis.) Voie des paquebots français. 2 fr. 00	0 25 / 0 20
Roumanie,	2 00	
Russie,	(Non admis.)	
Serbie,	Idem.	0 25
Suède,	Idem.	
Salvador,	2 fr. 00	
Groënland,	(Non admis.)	
Colonies portugaises (Santiago, Cap-Vert, San Thomé, Loanda, Angola),	Idem.	0 35
Érithrée (colonie italienne),	2 fr. 50	
Cameroun (établissement allemand),	2 50	
Égypte Voie de Marseille,	2 00	0 20
Égypte Voie d'Italie,	2 00	0 35
Turquie Beyrouth, Constantinople, les Dardanelles, Salonique, Smyrne, Voie de Marseille, Voie d'Autriche.	(Non admis.) 3 fr. 00	0 20 / 0 35
Turquie Caïffa, Candie, Canée (La), Cavalle, Durazzo, Jaffa, Kerassunde, Métélin, Prevesa, Retimo, Rhodes, Samsoun, Scio, Trebizonde, Valona, Vathi, Voie d'Autriche.	3 fr. 00	0 35

(1) Même port pour les boîtes adressées du bureau français de Tanger en France.

déclarées ne pourront être admises que dans le délai d'un an à partir du jour du dépôt desdits envois à la poste. Passé ce délai, le réclamant n'aura droit à aucune indemnité.

Art. 9. — En cas de remboursement de valeurs qui ne seraient pas parvenues au destinataire, l'Administration des postes sera subrogée dans tous les droits du propriétaire.

A cet effet, la partie prenante devra, au moment du remboursement, consigner par écrit les renseignements propres à faciliter les recherches et subroger dans tous ses droits ladite administration.

Art. 10. — Le service des postes cessera d'être responsable des valeurs déclarées contenues dans les envois dont les destinataires ou leurs fondés de pouvoirs auront donné reçu et pris livraison.

Art. 11. — Les droits de garantie et de douane exigibles, à l'importation en France et en Algérie, et, le cas échéant, les droits de garantie à restituer à l'exportation de France et d'Algérie, sur les boîtes de valeurs déclarées provenant ou à destination de l'extérieur, seront perçus ou remboursés conformément à la législation sur la matière.

Les boîtes avec valeur déclarée transmises par l'intermédiaire de la poste, qui seront adressées de France aux colonies et à l'étranger, et *vice versa*, ou qui transiteront par la France, seront exemptées du droit de statistique.

La réexpédition, soit sur le pays d'origine, soit sur un autre pays participant à l'échange des boîtes de valeur déclarée, d'une boîte de l'espèce non distribuée en France ou en Algérie, donnera lieu à l'inscription au débit de l'office auquel la boîte est livrée, indépendamment de la taxe postale complémentaire qui peut être exigible, de la taxe d'essai perçue à l'entrée en France.

Art. 12. — Toutes dispositions contraires au présent décret sont et demeurent abrogées.

Art. 13. — Les dispositions du présent décret seront exécutoires à partir du 1er juillet 1892.

Art. 14. — Le Ministre du commerce et de l'industrie, le Ministre de la marine et des colonies et le Ministre des finances sont chargés, chacun en ce qui le concerne, de l'exécution du présent décret, qui sera inséré au *Bulletin des Lois*. — CARNOT.

TABLEAU B. — *Expéditions des bureaux français à l'étranger.*

DESTINATION DES ENVOIS	DROIT PROPORTIONNEL À PERCEVOIR sur les lettres par chaque somme de 300 francs ou fraction de 300 francs déclarée				
	en Turquie	à Alexandrie	à Tanger	à Tripoli de Barbarie	à Shanghai
	fr. c.	fr. c.	fr. c.	fr. c.	fr. c.
France et Algérie	0.20	0.20	0.20	(1)	0.20
Tunisie	0.20	0.20	0.20	(1)	0.20
Colonies françaises (Guadeloupe, Martinique, Guyane française, Sénégal et Soudan, Guinée française, Côte d'Ivoire, golfe de Bénin, Congo Français, Obock, Mayotte, Nossi-Bé, Diégo-Suarez, Sainte-Marie de Madagascar, La Réunion, Indo-Chine (Cochinchine, Annam et Tonkin) Pondichéry, Nouvelle-Calédonie)	0.35	0.35	0.35	0.35	0.35
	0.35	0.20	0.35	0.35	0.30
Madagascar	0.35	0.20	0.35	0.35	0.20
Bureaux français — en Turquie	0.20	0.20	0.20	0.20	0.35
Bureaux français — à Alexandrie	0.20	»	0.20	0.20	0.20
Bureaux français — à Tanger	0.20	0.20	»	0.20	0.35
Bureaux français — à Tripoli de Barbarie	0.20	0.20	0.20	»	0.35
Bureaux français — à Shang-hai	0.35	0.20	0.35	0.35	. . .
Allemagne	0.35	0.35	0.35	0.35	0.35
Autriche-Hongrie	0.35	0.35	0.35	0.35	0.35
Belgique	0.35	0.35	0.35	0.35	0.35
Bulgarie	0.35	0.35	0.35	0.35	0.35
Danemark (y compris l'Islande et les îles Féroé)	0.35	0.35	0.35	0.35	0.35
Espagne (y compris les Baléares et les Canaries)	0.35	0.35	0.20	0.35	0.35
Italie	0.35	0.35	0.35	0.35	0.35
Luxembourg	0.35	0.35	0.35	0.35	0.35
Norvège	0.35	0.35	0.35	0.35	0.35
Pays-bas	0.35	0.35	0.35	0.35	0.35
Portugal (y compris Madère et les Açores)	0.35	0.35	0.35	0.35	0.35
Roumanie	0.35	0.35	0.35	0.35	0.35
Russie	0.20	0.35	0.35	0.35	0.35
Serbie	0.35	0.35	0.35	0.35	0.35
Suède	0.35	0.35	0.35	0.35	0.35
Suisse	0.35	0.35	0.35	0.35	0.35
Turquie (moins les villes possédant des bureaux français)	»	0.20	0.35	0.35	0.35
Égypte (moins Alexandrie)	0.20	»	0.35	0.35	0.20
République Argentine	0.35	0.35	0.25	0.35	0.35
Salvador	0.35	0.35	0.35	0.35	0.35
Antilles danoises	0.35	0.35	0.35	0.35	0.35
Groënland	0.45	0.45	0.45	0.45	0.45
Colonies portugaises (Santiago, Cap-vert, San-Thomé, Loanda, Angola)	0.45	0.45	0.45	0.45	0.45
Eritrea (colonie italienne)	0.45	0.45	0.45	0.45	0.45

(1) Tarif intérieur français.

Tableau C. — *Expéditions des colonies françaises ci-après: Guadeloupe, Martinique, Guyane française, Sénégal et Soudan, Guinée française, Côte d'Ivoire, golfe de Bénin, Congo français, Obock, Mayotte, Nossi-Bé, Diego-Suarez, Sainte-Marie de Madagascar, la Réunion, Indo-Chine (Cochinchine, Annam, Tonkin), Pondichéry, Nouvelle-Calédonie.*

DESTINATION DES PAYS	PORT A PERCEVOIR sur chaque boîte avec valeur déclarée	DROIT PROPORTIONNEL à percevoir sur les lettres et sur les boîtes, par chaque somme de 300 fr. ou fraction de 300 francs déclarée
	fr. c.	fr. c.
France et Algérie................	2 »	» 20
Tunisie........................	2 »	» 20
Colonies françaises — Congo français (Libreville seulement)........	2 50	» 35
Colonies françaises — Diego-Suarez...........	2 »	» 20
Colonies françaises — Guadeloupe............	2 50	» 35
Colonies françaises — Guyane...............	2 50	» 35
Colonies françaises — Madagascar (a).......	2 »	» 20
Colonies françaises — Martinique...........	2 50	» 35
Colonies françaises — Mayotte.............	2 »	» 20
Colonies françaises — Nossi-Bé............	2 »	» 20
Colonies françaises — Nouvelle-Calédonie...	2 »	» 20
Colonies françaises — Obock..............	2 »	» 20
Colonies françaises — Pondichéry.........	2 »	» 20
Colonies françaises — Réunion............	2 »	» 20
Colonies françaises — Sénégal (b).........	2 50	» 35
Colonies françaises — Sainte-Marie de Madagascar.	2 50	» 35
Allemagne......................	non admis	» 35
Antilles Danoises (Saint-Thomas, etc)	non admis	» 35
Autriche-Hongrie...............	3 »	» 35
Belgique.......................	non admis	» 35
Bulgarie.......................	4 »	» 35
Cameroun......................	2 50	» 35
Danemarck (y compris l'Islande et les îles Féroé)	non admis	» 35
Egypte........................	2 »	» 20
Erïtrée (colonie italienne).....	3 50	» 45
Espagne (y compris les Baléares et les Canaries)..........	non admis	» 35
Groënland.....................		» 45
Italie.........................	2 50	» 35
Luxembourg....................	2 50	» 35
Norwège.......................	non admis	» 35
Pays-Bas......................		» 35
Portugal......................	2 50	» 35
République Argentine..........	2 50	» 35
Roumanie......................	3 50	» 35
Russie........................	non admis	» 35
Salvador......................	2 50	» 35
Serbie........................	non admis	» 20
Shanghaï......................	—	» 35
Suède.........................	—	» 35
Suisse........................	2 50	» 35
Turquie d'Europe et d'Asie — Voie d'Egypte (paquebots Egyptiens).	4 50	» 45
Turquie d'Europe et d'Asie — Voie paquebots français.	non admis	» 35
Tanger (Maroc)...............		» 35
Tripoli (Régence de Tripoli)...		» 35
Colonies Portugaises en Afrique, pour les seules villes de Santiago, du Cap-Vert, San-Thomé et Loanda (Angola).............		» 45

(a) Pour les seules localités de Ténérife, Majunga, Mananjary, Nossi-Bé, Tamatave, Tananarivo, Tlanarantsoa, Votomaudry.
(b) Y compris le Soudan français, les établissements de la Guinée française, la côte d'Ivoire et du golfe de Bénin.

35. — 3 décembre 1892. — Arrêté *promulguant le décret du 21 août 1892, autorisant les bureaux de poste à recevoir des abonnements aux journaux.*

Article premier. — Est promulgué dans toute l'étendue de l'Indo-Chine, le décret en date du 21 août 1892, organisant entre la France et ses colonies un service postal d'abonnement aux journaux, revues et recueils périodiques.

Art. 2. — Le Lieutenant-gouverneur de la Cochinchine, les Résidents supérieurs en Annam, au Tonkin et au Cambodge sont chargés, chacun en ce qui le concerne, de l'exécution du présent arrêté. — DE LANESSAN.

DÉCRET du 21 août 1892

Article premier. — Les bureaux de poste des colonies sont autorisés à recevoir des abonnements aux journaux, revues et recueils périodiques publiés en France.

Les bureaux de poste de la Métropole pourront également recevoir des abonnements aux publications faites dans les colonies françaises.

Art. 2. — Aucune demande d'abonnement ne sera reçue dans les bureaux de poste des colonies, pour les journaux, revues et recueils périodiques publiés à l'étranger et dans les colonies françaises.

Art. 3. — Chaque bureau de poste colonial sera pourvu d'un carnet destiné à indiquer les conditions d'abonnements aux publications françaises dont le titre et les tarifs auront été notifiés à la direction générale des postes et des télégraphes à Paris. Les receveurs auront à faire connaître ces conditions au public toutes les fois que la demande leur en sera faite.

De même, les titres et tarifs des journaux, revues, et recueils périodiques publiés dans les colonies françaises seront, sur la demande des éditeurs, inscrits sur le carnet actuellement en usage dans les bureaux de poste de la Métropole, pour les besoins du service interne.

Art. 4. — Les demandes d'abonnement aux publications qui ne figureraient pas au carnet ne seront pas moins acceptées, mais aux risques et périls de l'abonné.

Art. 5. — Indépendamment du prix de l'abonnement, il sera versé à la caisse du receveur où la demande sera faite un droit fixe de commission de 0 fr. 10 par abonnement et, en outre, pour l'établissement du mandat d'abonnement, un droit proportionnel de 1 pour 100 qui ne peut être inférieur à 0 fr. 25, augmenté de la taxe additionnelle représentant le change établi sur les mandats de poste franco-coloniaux.

Art. 6. — Dans les colonies, les sommes versées pour le prix d'abonnement seront, après perception du droit fixe de 0 fr. 10 par le receveur du bureau de poste de dépôt, centralisées au bureau principal du chef-lieu de la colonie, pour être converties, ainsi que les sommes versées à ce dernier bureau, en mandats de poste métropolitains établis par les soins du trésorier-payeur colonial, au profit du directeur du journal, de la revue ou du recueil désigné par l'abonné.

Le receveur du bureau de poste principal reste chargé d'assurer la transmission des mandats d'abonnement aux ayants-droit. Cette transmission sera effectuée au moyen d'enveloppes de service portant la mention imprimée « Service des postes ; abonnements aux journaux ».

Art. 7. — L'administration des postes de la métropole et le service postal de la colonie ne sont pas responsables des retards qui pourraient se produire dans la réception des journaux, ni des irrégularités qui seraient commises dans le service des abonnements.

Art. 8. — La mise en vigueur des dispositions qui font l'objet du présent décret commencera le 1er janvier 1893.

Art. 9. — Le Ministre de la marine et des colonies et le ministre du commerce et de l'industrie sont chargés de l'exécution du présent décret. — CARNOT.

36. — 30 juillet 1893. — ARRÊTÉ *promulguant différentes dispositions de lois sur le transport des imprimés et la taxe des lettres.*

Article premier. — Sont promulgués dans toute l'étendue de l'Indo-Chine, l'article 9 de la loi du 25 juin 1856, sur les transports des imprimés, des échantillons et des papiers d'affaires et de commerce, circulant par la poste, et les articles 6, 7 et 8 du décret du 24 août 1848, sur la taxe des lettres, ci-annexés.

Art. 2. — Le Lieutenant-gouverneur de Cochinchine, les Résidents supérieurs au Cambodge, en Annam et au Tonkin sont chargés, chacun en ce qui le concerne, de l'exécution du présent arrêté. — DE LANESSAN.

Loi du 25 juin 1856

Art. 9. — Les imprimés affranchis en vertu des dispositions de la présente loi ne doivent contenir, sauf le cas d'autorisation mentionné dans l'article 10, ni chiffre, ni aucune espèce d'écriture à la main, si ce n'est la date et la signature.

Il est, en outre, défendu d'insérer dans un imprimé, ainsi que dans un paquet d'imprimés, d'échantillons, de papiers de commerce ou d'affaires, aucune note ou lettre ayant le caractère de correspondance ou pouvant en tenir lieu.

En cas de contravention, les imprimés contenant de l'écriture ou un chiffre à la main, ainsi que les lettres ou notes insérées en fraude, sont saisis, et le contrevenant est poursuivi conformément aux dispositions de l'arrêté du 27 prairial an IX et de la loi du 22 juin 1854.

· · · · · · · · · · · · · · ·

DÉCRET du 24 août 1848

Art. 6. — Il est interdit à tout fonctionnaire ou agent de l'administration d'envoyer, dans un paquet administratif, ou de contresigner pour les affranchir, des lettres étrangères au service qui lui est confié.

La contravention à cet article sera punie, conformément aux dispositions de la loi du 27 prairial an IX, sur le transport des lettres en fraude.

Art. 7. — Toute lettre adressée à une personne ayant la franchise, et qui serait destinée à un tiers, sera immédiatement envoyée au bureau de poste pour y être taxée.

Art. 8. — Dans tous les cas de contravention prévus par le présent décret, ou par les lois antérieures dont les dispositions restent en vigueur, les tribunaux pourront, suivant les circonstances, modérer la peine et réduire l'amende à 16 francs.

· · · · · · · · · · · · · · ·

37. — 23 juillet 1893. — ARRÊTÉ *créant le service des recouvrements postaux en Annam et au Tonkin* (1).

Article premier. — Il est créé au Tonkin et en Annam, à compter du 23 septembre prochain, un service de recouvrement par la poste, des quittances, factures, billets, traites et généralement de toutes les valeurs commerciales ou autres payables sans frais.

Art. 2. — Au Tonkin, les bureaux de poste actuellement chargés du service des mandats, à l'exception de ceux de Bao-ha, Lao-kay, That-khé, Cao-bang, Son-la, feront les recouvrements.

En Annam, les bureaux de Thanh-hoa, Thuan-an, Vinh, Tourane, Hué, Quinhon, Nha-trang; participeront seuls, jusqu'à nouvel ordre, à ce nouveau service.

Art. 3. — Les valeurs à recouvrer devront être exprimées en piastres et en cents; le montant de chacune d'elles ne pourra pas dépasser cinq cents piastres.

Art. 4. — Il ne sera pas admis de paiement partiel; les valeurs devront être payées en une seule fois.

Un paiement effectué ne pourra, pour un motif quelconque, donner lieu à répétition contre le Protectorat, de la part de celui qui a remis les fonds.

Art. 5. — Les recouvrements s'effectueront aux bureaux de poste, excepté pour Hanoi et Haiphong, où existent des facteurs français, et où il se feront à domicile.

Art. 6. — L'envoi des valeurs à recouvrer sera fait sous forme de lettre recommandée, à l'aide d'enveloppes spéciales, fournies par l'administration. Ces envois seront adressés directement par l'expéditeur au receveur du bureau destinataire, et accompagnés d'un bordereau récapitulatif des valeurs incluses dans l'enveloppe.

Art. 7. — Exceptionnellement la taxe des lettres, valeurs à recouvrer, n'est que de cinq cents.

Art. 8. — Indépendamment de la taxe de cinq cents perçue en exécution de l'article 7, il sera opéré, sur le montant de chaque encaissement, un prélèvement de deux cents par quatre piastres, ou fraction de quatre piastres, sans que la somme ainsi retenue puisse excéder dix cents. Ce prélèvement, à Haiphong et Hanoi, sera partagé, par parts égales, entre le receveur et le facteur: dans les autres bureaux il sera effectué au profit du receveur.

Art. 9. — A l'arrivée des valeurs à recouvrer, le receveur du bureau procédera à leur recouvrement, qui devra être opéré dans un délai maximum de quatre jours.

Pour les valeurs à terme, arrivées au bureau avant la date d'échéance, le délai de quatre jours ne commencera à courir que de la date de l'échéance.

Le montant des encaissements, déduction faite des prélèvements spécifiés à l'article 8, sera converti en un mandat-poste, au nom du déposant, en retenant la somme afférente au droit proportionnel établi sur les mandats-poste ; le mandat sera expédié, ensuite, audit déposant, par lettre recommandée.

Art. 10. — Les valeurs qui n'auront pu être recouvrées, seront retournées au déposant, qui aura à acquitter une somme de 0 $ 02 cents pour chacune d'elles.

Art. 11. — En aucun cas, les valeurs à recouvrer ne pourront être réexpédiées sur un autre bureau que celui auquel elles auront été primitivement adressées.

Art. 12. — En cas de perte, soit de la lettre recommandée contenant les valeurs à recouvrer, soit

(1) Voir arrêté du 7 octobre 1893, étendant le service des recouvrements postaux à toute l'Union Indo-Chinoise.

des valeurs elles-mêmes, en tout ou en partie, la responsabilité pécuniaire de l'administration ne pourra dépasser la somme *de dix piastres au maximum.*

En cas de perte des sommes encaissées par les receveurs ou les facteurs, l'administration sera tenue au remboursement des sommes intégrales perçues.

Art. 13. — Les lettres recommandées, relatives aux valeurs à recouvrer, tant à l'aller qu'au retour, seront entourées de toutes les garanties prévues en Annam et au Tonkin, pour le transport des lettres recommandées, ou contenant des valeurs déclarées.

Art. 14. — La non responsabilité de l'administration, en cas de retard des objets de correspondance, est étendue aux lettres recommandées contenant des valeurs à recouvrer, à ces valeurs et aux mandats de paiement. Aucune indemnité ne peut être réclamée de ce chef.

Art. 15? — Un règlement d'ordre intérieur sera présenté par le service des postes et des télégraphes, pour assurer l'exécution des prescriptions du présent arrêté.

Art. 16. — Les Résidents supérieurs en Annam et au Tonkin sont chargés, chacun en ce qui le concerne, de l'exécution de cet arrêté. — DE LANESSAN.

38. — 7 octobre 1893. — ARRÊTÉ *étendant à toute l'Union Indo-Chinoise le service des recouvrements postaux.*

Article premier. — Le service des recouvrements par la poste des quittances, factures, billets, traites et généralement de toutes valeurs commerciales ou autres non protestables et dont le montant ne dépassera pas 500 piastres, qui existe déjà en Cochinchine et au Cambodge et doit être établi en Annam et au Tonkin à partir du 23 septembre 1893, sera étendu aux différents pays de l'Indo-Chine entre eux, à compter de cette dernière date.

Art. 2. — Le Lieutenant-gouverneur de la Cochinchine, le Résident supérieur au Cambodge et les Résidents supérieurs en Annam et au Tonkin sont chargés, chacun en ce qui le concerne, de l'exécution du présent arrêté. — DE LANESSAN.

39. — 29 décembre 1894. — *Arrêté fixant le prix de vente des timbres-poste à partir du 1er janvier 1895* (1).

Article premier. — A partir du 1er janvier 1895, les timbres-postes seront vendus en cents, conformément au tableau ci-annexé.

Art. 2. — M. le Lieutenant-gouverneur de la Cochinchine et les Résidents supérieurs au Cambodge, en Annam et au Tonkin sont chargés, chacun en ce qui le concerne, de l'exécution du présent arrêté. — DE LANESSAN.

(1) Voir ci-après arrêté complémentaire du 5 janvier 1895.

TABLEAU *indiquant, en piastres et en cents, le prix des figurines postales de toutes catégories.*

TIMBRES-POSTE : PRIX PAR UNITÉS													CARTES postales	CARTES lettres	ENVELOPPES TIMBRÉES				
															P et M format	G format	P et M format	G format
fr. 0 01	fr. 0 02	fr. 0 04	fr. 0 05	fr. 0 10	fr. 0 15	fr. 0 20	fr. 0 25	fr. 0 30	fr. 0 40	fr. 0 50	fr. 0 75	fr. 1 00	fr. 0 10	fr. 0 20	fr. 0 15	fr. 0 25	fr. 0 05	fr. 0 15	fr. 0 15	fr. 0 25	fr. 0 25
¢ 0 01	¢ 0 02	¢ 0 04	¢ 0 05	¢ 0 03	¢ 0 05	¢ 0 06	¢ 0 08	¢ 0 10	¢ 0 13	¢ 0 16	¢ 0 25	¢ 0 33	¢ 0 03	¢ 0 06	¢ 0 05	¢ 0 08	¢ 0 18	¢ 0 27	¢ 0 28	¢ 0 44	¢ 0 45
les 3	les 3	les 3	les 3	»	»	»	»	»	»	»	»	»	»	»	»	»	les 10	les 5	les 5	les 5	les 5

40. — 31 décembre 1894. — ARRÊTÉ *relatif à la surtaxe sur les mandats postaux.*

Article premier. — Les arrêtés des 26 juillet et 1er septembre 1894, sont abrogés.

Art. 2. — La surtaxe sur les mandats-poste sera fixée comme précédemment par le Lieutenant-gouverneur de Cochinchine et le Résident supérieur du Tonkin, et conformément au décret du 26 juin 1878.

Art. 3. — Le Lieutenant-gouverneur de la Cochinchine et le Résident supérieur du Tonkin sont chargés, chacun en ce qui le concerne, de l'exécution du présent arrêté. — RODIER.

41. — 5 janvier 1895. — ARRÊTÉ *complétant celui du 29 décembre 1894, fixant le prix des timbres-poste.*

Article premier. — Est complété ainsi qu'il suit l'arrêté du 29 décembre 1894 : Les bandes timbrées seront vendues, savoir :

Celles de 1 centime, 7 cents le groupe de 15 ;
— 2 — 12 —
— 3 — 17 —

Les chiffres taxes auront la même valeur que les figurines correspondantes, sauf les chiffres taxes à cinq centimes, dont le prix est fixé exceptionnellement à un cents l'unité.

Le prix des timbres à appliquer sur les bulletins d'expédition des colis postaux est fixé à trois cents l'unité. — RODIER.

42. — 18 janvier 1895. — *Arrêté fixant l'indemnité annuelle pour frais de bureau et d'éclairage allouée aux gérants des postes et télégraphes du Tonkin et du Laos.*

Article premier. — L'indemnité annuelle pour frais de bureau et d'éclairage, allouée aux gérants des bureaux de postes et télégraphes du Tonkin et du Laos (1), est, à compter du 1er janvier 1895, fixée ainsi qu'il suit :

A. Tonkin

Ackoï	37 8 50	Monkay	62 8 50
An-chau	37 50	Nam-dinh	62 50
Bac-lé	50 00	Ninh-binh	50 00
Bac-ninh	62 50	Phu-doan	50 50
Bao-ha	50 00	Phu-lang-Thuong	125 00
Cam-khé	37 50	Phu-ly	37 50
Cao-bang	62 50	Kébao-Port-Wallut	37 50
Cho-bo	50 00	Quang-yen	50 00
Dap-cau	50 00	Sept-Pagodes	50 00
Do-son	50 00	Son-tay	62 50
Hai-duong	50 00	That-hat	50 00
Haiphong (recette)	250 00	Thai-nguyen	50 00
— (câble)	100 00	Thanh-moi	50 00
Hanoi (recette)	250 00	That-ké	62 50
Hon-gay	37 50	Tien-yen	50 00
Hong-hoa	62 50	Tuyen-quang	62 50
Hon-dau	25 00	Vietry	50 00
Hung-yen	50 00	Yen-bay	75 00
Kiên-kuong	37 50	Dong-dan	37 50
Lam	62 50	Na-cham	37 50
Lang-son	125 00	Pointe-Pagode	37 50
Lao-kay	62 50	Traï-hutt	37 50

B. Laos

Luang-Prabang	75 00	Van-yên	62 50
Diên-biên-Phu	62 50		

Art. 2. — Pour les bureaux à ouvrir, une décision sera prise au moment de l'ouverture.

Art 3. — Sont abrogées toutes dispositions antérieures, contraires au présent arrêté.

Art. 4. — Le Résident supérieur du Tonkin est chargé de l'exécution du présent arrêté. — RODIER.

43. — 22 février 1895. — ARRÊTÉ *majorant de 25 % l'indemnité annuelle allouée aux gérants des bureaux de postes et télégraphes du Tonkin et du Laos, pour frais de bureau et d'éclairage.*

Article premier. — L'indemnité annuelle pour frais de bureau et d'éclairage, allouée par arrêté du 18 janvier 1895, aux gérants des bureaux des postes et télégraphes du Tonkin et du Laos, est majorée de 25 % à compter du 1er mars 1895.

Art. 2. — Le Résident supérieur du Tonkin est chargé de l'exécution du présent arrêté. — RODIER.

2° Section. — Télégraphe

44. — 17 avril 1884. — DÉCISION *ouvrant le réseau télégraphique civil du Tonkin aux correspondances et fixant les taxes (2).*

Article premier. — Les dépêches privées, présentant les caractères énoncés dans le décret du 8 mai 1807, et empruntant le réseau télégraphique civil du Tonkin pour l'intérieur, seront soumises à une taxe de cinq centimes par mot, sans que le prix du télégramme puisse être moindre que cinquante centimes.

Art. 2. — *Modifié par arrêté du 18 août 1887.*

Art. 3. — Les télégrammes collationnés pourront seuls donner lieu à remboursement dans les conditions prévues par les règlements.

Art. 4. — *Modifié par même arrêté.*

Art. 5. — Le présent tarif sera mis en vigueur à partir de ce jour.

Art. 6. — Les employés du télégraphe sont autorisés à prêter leur concours aux expéditeurs pour la rédaction des télégrammes, sans qu'il puisse

(1) Toutes les indemnités prévues au présent arrêté ont été majorées de 25 % par celui du 22 février 1895.
(2) Pour les relations internationales avec la Chine, voir la convention du 1er décembre 1888.

en résulter pour l'administration aucune responsabilité.

Art. 7. — Le directeur des affaires civiles et politiques est chargé de l'exécution du présent arrêté, qui sera enregistré et publié partout où besoin sera. — MILLOT.

45. — 9 septembre 1884. — AVIS *de l'ouverture du câble sous-marin entre Hong-kong et le Tonkin, et fixant la taxe à percevoir.*

Le câble sous-marin immergé par la compagnie *Eastern-extension*, entre Haiphong et Hong-kong, le 15 juin 1884, est ouvert à la correspondance télégraphique privée, à dater du 9 septembre 1884. — La taxe par cette voie, entre le Tonkin et Hong-kong, est de 3 fr. 25 cent. par mot (1).

46. — 17 février 1884. — DÉCISION *relative à l'ouverture de la voie du câble télégraphique sous-marin aux correspondances officielles et privées, et fixant les taxes à percevoir.*

Rapportée par arrêté du 29 septembre 1884.

47. — 29 septembre 1884. — DÉCISION *rapportant l'arrêté du 17 février 1884, en ce qui concerne la traduction des taxes en cents, pour l'envoi des correspondances officielles et privées par le câble (1).*

Article premier. — L'arrêté du 17 février 1884, en ce qui concerne la traduction des taxes en cents, pour l'envoi des correspondances officielles et privées par le câble, est rapporté.

Art. 2. — Les taxes à percevoir pour le compte des câbles français, par chaque mot des dépêches privées, sont fixées ci-après :

De Haiphong à Thuan-an	0 fr. 35 c.
De Thuan-an au cap St-Jacques	0 60 c.
De Haiphong au cap St-Jacques	1 10 c.

Art. 3. — La taxe terminale de l'Annam et du Tonkin est fixée à 0 fr. 15 centimes par mot. Elle est perçue aussi bien pour les dépêches reçues dans les bureaux de Haiphong et Thuan-an, que pour celles déposées dans les bureaux de l'intérieur.

Art. 4. — Les tarifs sont fixés d'après les règlements de la convention internationale signée à Saint-Pétersbourg le 10/22 juillet 1875 et de la révision de Londres du 28 juillet 1879.

Art. 5. — Les taxes à percevoir pour les télégrammes officiels seront calculées d'après l'article 11 de la convention du 27 novembre 1883, en tenant compte de la réduction de moitié accordée, sur les lignes de la compagnie *Eastern-extension*, et déduction faite des taxes terminales et de transit de l'Annam et du Tonkin, des câbles français et de la Cochinchine.

Art. 6. — Les soldes de compte entre la Cochinchine et l'Annam et le Tonkin seront transmis directement par l'Administration débitrice au moyen de mandats de trésorerie.

Art. 7. — *Rapporté par arrêté du 17 juin 1887.*

Art. 8. — Le directeur des affaires civiles et politiques est chargé d'assurer l'exécution de la présente décision. — BRIÈRE DE L'ISLE.

(1) Voir plus loin, arrêté du 18 août 1887, complétant le présent.

48. — 10 décembre 1885. — DÉCISION *relative à la transmission des télégrammes privés en chiffres secrets.*

Article premier. — A dater de ce jour, les télégrammes privés en chiffres secrets ne seront plus admis sur le réseau, ni dans les bureaux télégraphiques de l'Annam et du Tonkin.

Art. 2. — Néanmoins, les télégrammes privés en langage convenu, continueront à être acceptés, sous condition que la traduction pourra en être exigée, aussi bien au bureau d'arrivée qu'au bureau de départ.

Art. 3. — Le directeur des affaires civiles et politiques est chargé de l'exécution de la présente décision. — G. LEMAIRE.

49. — 1er septembre 1886. — ARRÊTÉ *relatif à la réduction de taxe applicable aux télégrammes destinés à être publiés par les journaux.*

Article premier. — La déduction de 50 p. 100 sur les télégrammes intérieurs, destinés à être publiés par les journaux, sera appliquée à la taxe intégrale dans l'intérieur du Tonkin, et à la taxe terminale pour les dépêches à destination de l'Annam, à partir du 3 septembre 1886.

Art. 2. — Les journaux qui voudront bénéficier de cette réduction, devront faire connaître les correspondants chargés de déposer leurs dépêches de presse.

A cet effet, une demande, indiquant le nom de chacun des correspondants, sera adressée par le directeur du journal à la Résidence générale, qui lui fera délivrer un nombre égal d'autorisations spéciales.

Ces autorisations seront revêtues de la signature du directeur du journal et de celle du correspondant. Elles devront être produites au moment du dépôt d'une dépêche de presse, et l'agent de service pourra exiger la reproduction de la signature du déposant comme constatation d'identité.

Toute irrégularité et tout abus dans l'usage de ces autorisations, en entraînerait le retrait immédiat et aurait pour conséquence l'application du tarif normal aux dépêches irrégulièrement expédiées.

Art. 3. — Les dépêches de presse admises à la réduction seront rédigées en langage clair. Le langage chiffré ou convenu est absolument interdit.

Elles ne pourront être adressées qu'au correspondant qu'au journal désigné par l'autorisation.

Elles ne devront contenir que des informations destinées à être publiées dans le journal, à l'exclusion de toute communication en provenance ou à destination de tiers. Une infraction sur ce point aurait pour résultat le retrait de l'autorisation donnée au journal pour l'envoi de ses dépêches à tarif réduit.

Art. 4. — La transmission des dépêches de presse, déposées dans les conditions ci-dessus, sera soumise à toutes les règles applicables à la correspondance ordinaire.

La taxe des dépêches devra être immédiatement versée.

Art. 5. — Le Résident supérieur au Tonkin et le chef du service des postes et télégraphes sont chargés, chacun en ce qui le concerne, de l'exécution du présent arrêté. — PAUL BERT.

50. — 17 juin 1887. — ARRÊTÉ *fixant la composition du personnel du câble*

Article premier. — Le personnel du câble comprend un contrôleur et des commis chargés d'assurer la transmission des télégrammes par les voies sous-marines.

Ces agents font partie du cadre local. Ils relèvent comme tels du directeur des postes et télégraphes.

Art. 2. — Est abrogé l'article 7 de l'arrêté du 29 septembre 1884.

Art. 3. — Le directeur des postes et télégraphes est chargé de l'exécution du présent arrêté. — G. BIHOURD.

51. — 18 août 1887. — ARRÊTÉ *fixant la taxe des télégrammes en Annam et au Tonkin* (1).

Article premier. — La taxe des télégrammes privés échangés, soit entre les bureaux de l'Annam, soit entre les bureaux du Tonkin, est fixée à cinq centimes par mot, avec minimum de cinquante centimes par télégramme.

Art. 2. — La taxe des télégrammes échangés par les voies terrestres, entre les bureaux du Tonkin et ceux de l'Annam, est fixée à dix centimes par mot, avec minimum de un franc par télégramme.

Art. 3. — Les règles adoptées en France dans le service intérieur seront applicables en Annam et au Tonkin, sauf les modifications qui pourraient y être apportées par règlement administratif.

Art. 4. — Il sera toujours demandé au domicile du destinataire un récépissé des télégrammes remis.

Art. 5. — Les dispositions contraires au présent arrêté sont rapportées.

Art. 6. — Le directeur des postes et télégraphes est chargé de l'exécution de la présente décision. — G. BIHOURD.

52. — 13 janvier 1888. — ARRÊTÉ *relatif à la prestation de serment des agents du service des postes et télégraphes* (2).

53. — 11 avril 1888. — ARRÊTÉ *instituant un cours de télégraphie pratique à l'usage des asiatiques, à Saigon et à Hanoi.*

Article premier. — L'ancien cours de télégraphie à l'usage des asiatiques est rétabli à Saigon et à Hanoi; il sera complété par un cours pratique sur le service des postes.

Art. 2. — *Modifié par arrêté du 3 septembre 1889, publié ci-après.*

Art. 3. — Des examens auront lieu tous les 3 mois. Les candidats reconnus aptes à remplir les fonctions de télégraphistes, seront nommés employés auxiliaires au traitement annuel de 300 francs.

Art. 4. — Les candidats qui, après 6 mois de cours, n'auront pas satisfait à l'examen de sortie, seront licenciés.

Art. 5. — Une indemnité dont le chiffre sera déterminé par arrêté, sera allouée aux professeurs après les examens de sortie.

Art. 6. — Le Secrétaire général de l'Indo-Chine et le Directeur général des postes et télégraphes sont chargés, chacun en ce qui le concerne, de l'exécution du présent arrêté. — CONSTANS.

(1) Voir arrêtés des 20 août 1891 et 12 juillet 1892, fixant les surtaxes à percevoir sur les télégrammes adressés à Do-son et à Tourane.
(2) Voir le texte à la 1re section « Poste ».

54. — 3 septembre 1889. — ARRÊTÉ *modifiant l'art. 2 de celui du 11 avril 1888, instituant un cours de télégraphie à l'usage des asiatiques.*

Article premier. — L'article 2 de l'arrêté susvisé du 11 avril 1888, est modifié ainsi qu'il suit :

« Chaque élève recevra, pendant son stage, une indemnité mensuelle de trente francs. »

Art. 2. — Le Résident supérieur au Tonkin et l'Inspecteur chef du service des postes et télégraphes en Annam et au Tonkin, sont chargés, chacun en ce qui le concerne, de l'exécution du présent arrêté. — PIQUET.

55. — 31 octobre 1889. — ARRÊTÉ *instituant à Haiphong un cours théorique et pratique de maniement d'appareils télégraphiques.*

Article premier. — Un cours théorique et pratique de maniement des appareils *Recorder* et *Miroir*, est institué à Haiphong.

Art. 2. — Le contrôleur du câble est chargé de la direction du cours.

Art. 3. — Les agents qui suivront ce cours seront à la désignation de l'Inspecteur chef du service des postes et des télégraphes, et choisis parmi les mieux notés des commis du cadre métropolitain et du cadre local.

Art. 4. — Ces agents seront affectés au bureau des postes et télégraphes à Haiphong.

Art. 5. — Tous les six mois, le 30 juin et le 31 décembre, une commission composée de :

Un sous-inspecteur des postes et télégraphes, président ;

Le contrôleur du câble et le receveur de Haiphong, membres, se réunira à l'effet de juger des aptitudes des agents.

Art. 6. — La prime de 600 francs par an, qui est allouée aux employés du câble, sera accordée aux agents auxquels la commission aura reconnu les aptitudes nécessaires au maniement des appareils *Recorder* et *Miroir*.

Ces agents, dont le nombre ne pourra dépasser six, formeront une réserve pour le remplacement des employés du câble, en cas d'absence de ceux-ci, soit par congé, soit par suite de maladie.

Art. 7. — Le Résident supérieur au Tonkin est chargé de l'exécution du présent arrêté. — PIQUET.

56. — 1er mai 1890. — DÉCRET *promulguant la convention télégraphique intervenue entre la France et la Chine.*

Article premier. — Une convention ayant pour objet le raccordement des lignes télégraphiques chinoises, ayant été signée le 1er décembre 1888, entre la France et la Chine, ladite convention dont la teneur suit, est approuvée et recevra sa pleine et entière exécution.

1er décembre 1888. — CONVENTION *télégraphique entre la France et la Chine.*

Le gouvernement de la République française et le gouvernement de l'Empire chinois, désireux de faciliter la transmission des correspondances télégraphiques internationales, ont résolu de conclure une convention ayant pour objet le raccordement des lignes télégraphiques du Tonkin avec les lignes télégraphiques chinoises, et ont en conséquence nommé pour négocier et signer ladite convention, des commissaires munis de pouvoirs spéciaux, savoir :

Le gouvernement de la République française, M. Paul Ristelhueber, consul de 1re classe, résident à Tien-tsin, chevalier de l'ordre national de la Légion d'honneur, commandeur de l'ordre du double dragon de Chine, etc., etc.

Et le gouvernement de l'Empire chinois, Cheng-Shuen-Houi, fonctionnaire du rang de trésorier provincial, intendant de circuit pour les préfectures de Teng-tchéou, Loi-tchéou et Tchin-chéou, avec juridiction militaire, surintendant des douanes maritimes à Tché-fou, directeur général de l'administration des télégraphes chinois, directeur général de la Cie chinoise de navigation à vapeur, etc., etc.

Lesquels, après s'être communiqués leurs pleins pouvoirs, qui ont été reconnus en bonne et due forme, sont convenus des stipulations suivantes :

Article premier. — Les lignes télégraphiques chinoises seront reliées à la frontière du Tonkin et de la Chine dans le but de transmettre, de la manière ci-après indiquée, les correspondances internationales.

Art. 2. — Les raccordements seront établis :

A. Entre la station française de Dong-dang et la station chinoise de Tchéun-nan-Kouan, dans la province de Kouang-si ;

B. Entre la station française de Mon-kai, au Tonkin, et la station chinoise de Tong-hing, dans la province de Kuong-tong ;

C. Entre la station française de Lao-kay, au Tonkin, et la station chinoise de Mongtzo, dans la province du Yun-nam.

Aussitôt après que la présente convention aura reçu l'approbation du gouvernement chinois, il sera procédé au raccordement entre Dong-dang et Tchéun-nan-Kouan.

Les raccordements entre Mon-cay et Tong-hing, d'une part, et Lao-kay et Mongtzé, d'autre part, seront établis dans le délai de dix-huit mois, après que ladite approbation aura été donnée.

Art. 3. — L'administration des télégraphes français et l'administration des télégraphes chinois établiront, maintiendront en bon état et desserviront les lignes de raccordement ; chacune des parties contractantes prendra à sa charge la part des dépenses qui seront faites pour différents objets sur son propre territoire, et veillera à ce que les limites de chaque territoire soient scrupuleusement respectées.

Les stations mentionnées à l'article précédent devront assurer la transmission des télégrammes en se servant des fils directs des lignes de raccordement.

Art. 4. — Les prescriptions stipulées pour le régime extra-européen dans le règlement de service de la convention télégraphique internationale, seront observées en ce qui concerne le traitement technique des télégrammes transmis par les lignes terrestres de raccordement.

Toutefois, pour le compte des mots des télégrammes échangés par les lignes terrestres de raccordement entre la Chine d'une part, et d'autre part, le Tonkin, l'Annam, la Cochinchine et le Cambodge, on appliquera les règles du régime européen stipulées dans le règlement de service de la convention télégraphique internationale.

Art. 5. — Chacune des parties contractantes fixe les taxes à percevoir pour la transmission des correspondances par ses lignes respectives, jusqu'à la frontière de son territoire. Toutefois, il est entendu que, pendant toute la durée de la présente convention, les taxes fixées dans l'article 6 ne pourront être augmentées, et que pendant la même période, chacune des parties contractantes aura la faculté de réduire ses propres taxes, si elle le juge convenable.

Art. 6. — Les taxes à percevoir par mot pour les correspondances échangées par les lignes de raccordement mentionnées à l'article 2, sont fixées ainsi qu'il suit.

TAXES PERÇUES PAR L'ADMINISTRATION DES TÉLÉGRAPHES FRANÇAIS

A. — Taxes terminales

Pour toutes les correspondances échangées par les voies terrestres de la frontière chinoise avec :

1° le Tonkin	0 fr. 15
2° l'Annam	0 30
3° la Cochinchine et de Cambodge. . . .	0 45

B. — Taxes de transit

Pour toutes les correspondances échangées entre la frontière chinoise et :

1° Les autres frontières, par la voie terrestre	0 fr. 50

2° Les cables atterrissant à :

A. Haiphong	0 20
B. Hué	0 30
C. Saigon	0 50

A. — Taxes terminales

1° Pour les correspondances échangées par la frontière du Tonkin, entre le Tonkin, l'Annam, la Cochinchine, le Cambodge et Siam, d'une part, et d'autre part :

A. — Toutes les stations des provinces du Khouang-si et du Yun-nam	0 fr. 75
B. — Toutes les stations situées sur le Yang-tze ou au sud du Yang-tze. . .	1 25
C. — Toutes les stations situées au nord du Yang-tze, sauf celles qui se trouvent en Corée	2 50
D. — Les stations chinoises en Corée . .	2 50

2° Pour les correspondances échangées par la frontière du Tonkin, entre la Chine et l'Europe, ou les pays situés au delà de l'Europe 5 50

3° Pour les correspondances échangées par la frontière du Tonkin entre les autres pays et :

A. — Toutes les stations des provinces du Khouang-tong, du Khouang-si et du Yun-nam.	1 fr. 00
B. — Toutes les autres stations situées sur le Yang-tze ou au sud du Yang-tze. . .	1 50
C. — Toutes les stations au nord du Yang-tze, sauf celles qui se trouvent en Corée.	2 25
D. — Les stations chinoises en Corée . .	2 50

B. — Taxes de transit.

1° Pour les correspondances échangées par la frontière du Tonkin entre l'Europe et les pays au delà, d'une part, et, d'autre part, toutes les autres frontières de la Chine . . . . 5 fr. 50

2° Pour toutes les correspondances échangées par la frontière du Tonkin et :

A. — Hong-kong.	0 75
B. — A-moy, Fou-tchéou et Shang-hai.	1 25
C. — Toutes les autres frontières . . .	2 50

Art. 7. — Une liste donnant les noms des stations françaises et chinoises dont il est parlé à l'article précédent, est annexée à la présente convention.

Art. 8. — Lorsque les expéditeurs des télégrammes n'auront pas expressément indiqué la voie par laquelle ils désirent que leurs télégrammes soient transmis, il est entendu qu'à tarif égal, la moitié au moins des correspondances devront être expédiés par les lignes de raccordement mentionnées à l'art. 2 de la présente convention.

Art. 9. — Le compte des correspondances transmises sera arrêté chaque jour, et communiqué par le télégraphe de station à station.

Le règlement des comptes aura lieu à la fin de chaque mois. Le solde résultant des comptes sera payé à l'administration des télégraphes français à Saigon, et à l'administration des télégraphes chinois à Shang-hai, dans les dix jours qui suivront le mois auquel ce solde se rapporte.

Les télégrammes échangés au sujet du règlement des comptes seront considérés comme télégrammes de service.

Le mois sera calculé suivant le calendrier européen.

Art. 10. — Les payements seront effectués en piastres mexicaines, au taux de ving-six cents (26) de piastres pour un franc.

Art. 11. — Aussitôt après l'échange des signatures, la présente convention sera soumise à l'approbation du gouvernement chinois ; elle sera mise à exécution dès que cette approbation aura été donnée, et restera en vigueur pendant quinze années. Au-delà de cette période, elle continuera à être obligatoire tant que l'une des parties contractantes n'aura pas annoncé, six mois à l'avance, l'intention, soit d'y apporter des modifications, soit d'en faire cesser les effets.

Toutefois, il est entendu que dans le cas où, avant l'expiration de la présente convention, des modifications seraient apportées dans les arrangements qui lient actuellement l'administration chinoise aux compagnies Great Northern et Eastern-Extension, en ce qui concerne les taxes terminales et de transit pour les correspondances à destination ou provenant d'Europe et des pays au delà, l'administration des télégraphes français obtiendrait de droit, pour lesdites taxes, toutes les réductions qui seraient faites à la suite de ces modifications.

Art. 12. — La ligne de raccordement entre la station française de Lao-kay, au Tonkin, et la station chinoise de Mong-tzé, dans la province du Yun-nam, ne devant être établie que dans le délai de dix-huit mois, il est entendu que les correspondances télégraphiques à destination ou provenant du Yunnam auront à acquitter, jusqu'au moment du raccordement, les taxes terminales de 1 fr. 25 et de 1 fr. 50 par mot, stipulées dans les paragraphes A 1° B et A 3° B de l'article sixième de la présente convention.

Fait à Tché-fou en huit exemplaires, dont quatre en langue française et quatre en langue chinoise, le 1er décembre 1888, correspondant au vingt-huitième jour de la dixième lune de la quatorzième année de Kouang-su. — P. RISTELHUEBER ; CHENG-SHUEN-HOUI.

LISTE DES BUREAUX TÉLÉGRAPHIQUES DE L'INDO-CHINE FRANÇAISE ET DE LA CHINE

Cochinchine et Cambodge

1 An-hoa.	11 Ca-mau.
2 Bac-lieu.	12 Can-giot.
3 Bai-xau.	13 Can-giot.
4 Ba-nam.	14 Can-tho.
5 Boria.	15 Cap.
6 Ben-luc.	16 Chau-doc.
7 Bentré.	17 Cha-gao.
8 Bien-hoa.	18 Cho-lac.
9 Cai-bé.	19 Cho-lon.
10 Cai-lay.	20 Dam-gui.

35

21 Gia-dinh.
22 Go-cong.
23 Hatien.
24 Hocmon.
25 Kampot.
26 Kathon.
27 Kompong-chuang.
28 Kompong-luang.
29 Kompong-shom.
30 Kompong-tiam.
31 Kratie.
32 Kranchmar.
33 Longtanh.
34 Long-xuyen.
35 Mong-thit.
36 Mo-cay.
37 My-tho.
38 Nhabé.

39 Pnom-penh.
40 Pursat.
41 Rachgia.
42 Sadec.
43 Trang-bang.
44 Tra-vinh.
45 Vinh-long.
46 Vung-liem.
47 Saigon.
48 Sambor.
49 Soatriong.
50 Soctrang.
51 Trakéo.
52 Tannan.
53 Tayninh.
54 Thudaumot.
55 Thuduc.

Annam

1 Binh-dinh.
2 Bongson.
3 Cam-lo.
4 Cau-hai.
5 Cho-huyen.
6 Dong-hol.
7 Hattinh.
8 Hué.
9 Mi-tho.
10 Nha-trang.
11 Phanrang.
12 Phonri.
13 Phantiet.

14 Phopho.
15 Quang-khé.
16 Quang-nam.
17 Quang-ngai.
18 Quang-tri.
19 Quinhone.
20 Tamki.
21 Thanh hoa.
22 Thuan-an.
23 Tourane.
24 Thihoa.
25 Vinh.
26 Vung-lam.

Tonkin

1 Bac-ninh.
2 Bambous.
3 Bao-ha.
4 Cao-bang.
5 Dap-cau.
6 Dong-dang.
7 Hai-dhong.
8 Hai-phong.
9 Hanoi.
10 Hon-dau (Phare).
11 Hon-gay.
12 Hung-hoa.
13 Hung-yen.
14 Kep.
15 Késat.
16 Lam.
17 Lang-son.
18 Luo-kay.

19 Nacham.
20 Nam-dinh.
21 Ninh-binh.
22 Phu-doan.
23 Phu-lang-thuong.
24 Phu-ly.
25 Phu-nho.
26 Quang-yen.
27 Sept-Pagodes.
28 Sontay.
29 Thai nguyen.
30 Tham-moi.
31 Tham-quan.
32 That-khé.
33 Toyen-quan.
34 Vietri.
35 Monkai.

Station dans le Kouang-tong, Kouang-si et Yun-nam

Chowchow.
Swatow.
Hweichow.
Shiklung.
Hongkoung.
Canton.
Fatshati.
Funen.
Whampoo.
Sinan.
Shaoking.
Wuchow.
Kwellinfu.
Tonchow.
Wengchow.
Nanning.
Lungchow.
Pingchang.
Tungking.
Yam-chow.
Liuchow.
Pakhoi.
Nanyong.

Shaochow.
Shingping.
Posi.
Pukugal.
Oupao.
Kaochowfu.
Leickow.
Kinngchow.
Haikon.
Tingchang.
Natai.
Damchow.
Manchow.
Lingmen.
Chungson.
Lingshin.
Aichow.
Kaihau.
Mongtze.
Kwangan.
Yunanfu.
Shwenwei.

Autres stations situées sur le nord ou au sud du Yangtze

Woosung.
Kiang-yin.
Chinkiang.
Shinkwan.
Wuhu.
Patung.
Yonkinhwei.
Onking.

Krshing.
Hangchow.
Shaoshing.
Mingpo.
Chinhai.
Lanchi.
Foochinp.
Kienning.

Kinkiang.
Hankow.
Wuchung.
Shashi.
Hingchow.
Jokang.
Kyoinghow.
Waenshin.
Khung-king.
Luchow.
Hichi.
Kwelyang.
Wushi.
Soochow.
Shanghai.
Nanzing.

Yenping.
Foochow.
Sharppeak.
Pagoda Anchorage.
Tsinenchow.
Changchow.
Amoy.
Koeling.
Tamsui.
Taipchfu.
Taiwanfu.
Changwha.
Anpin.
Taken.
Pescadores

Stations situées au nord du Yangtze

Chungtufu.
Yangecho.
Cheng-kiangpao.
Taichrchang.
Kaisoung.
Chining.
Cciing.
Bandua.
Tsinnanfu.
Tjochulin.
Sizchow.
Taku.
Pehtang.
Lutai.
Péking.
Shain-hai-kwan.
Chinchowfu.
Newchwang ou Yinkow.
Knchow.

Lusankow (Port-Arthur).
Chowching.
Saho.
Kiouchow.
Chefoo.
Welhaiwai.
Linkongao.
Fauchow.
Pastingfu.
Triut-sin.
Fungwangting.
Shingking ou Monkoten.
Kirin.
Wonchuen.
Ninguta.
Petuné.
Faksihar.
Aigun.
Holampo.

Stations situées en Corée

Jehow.
Pingyang.

Séoul.
Chemulpo.

Art. 2. — Le ministre des affaires étrangères est chargé de l'exécution du présent décret. — CARNOT.

57. — 5 août 1889. — CIRCULAIRE *au sujet des coupures des fils télégraphiques.* (1).

J'ai l'honneur de vous prier de vouloir bien rappeler aux autorités indigènes de votre province que les villages sont responsables pénalement et pécuniairement, toutes les fois qu'une interruption des lignes télégraphiques se produit de leur fait ou par leur complicité ou leur négligence, sur leur territoire.

La surveillance de nos lignes par les villages a toujours été notre principale garantie, en Algérie comme dans toutes nos possessions coloniales, et nous ne saurions y renoncer sans compromettre gravement la sécurité du réseau.

Je vous prie de vouloir bien veiller à la stricte exécution de cette circulaire. — BONNAL.

58. — 14 avril 1891. — ARRÊTÉ *promulguant le décret du 22 janvier 1891, rendant applicable les dispositions de celui du 27 décembre 1851, sur les lignes télégraphiques.*

Article premier. — Est promulgué dans toute l'étendue de l'Indo-Chine, le décret du 22 janvier 1891, rendant applicables les dispositions du décret du 27 décembre 1851, sur les lignes télégraphiques.

Art. 2. — Le Lieutenant-gouverneur de la Cochinchine, les Résidents supérieurs au Tonkin, en Annam et au Cambodge sont chargés, chacun en ce qui le concerne, de l'exécution du présent arrêté. — BIHEAU.

(1) Voir ci-après l'arrêté du 14 avril 1891, promulguant le décret du 27 décembre 1851, sur les lignes télégraphiques.

27 décembre 1851. — DÉCRET *sur les lignes télé-*
graphiques.

TITRE PREMIER

ÉTABLISSEMENT ET USAGE DES LIGNES DE TÉLÉGRAPHIE

Article premier. — Aucune ligne télégraphique ne
peut être établie ou employée à la transmission des
correspondances que par le gouvernement ou avec
son autorisation. Quiconque transmettra, sans autorisation, des signaux d'un lieu à un autre, soit à l'aide
de machines télégraphiques, soit par tout autre
moyen, sera puni d'un emprisonnement d'un mois à
un an et d'une amende de 1.000 à 10.000 francs. En
cas de condamnation, le gouvernement pourra ordonner la destruction des appareils et machines télégraphiques.

TITRE II

DES CONTRAVENTIONS, DÉLITS ET CRIMES RELATIFS
AUX LIGNES TÉLÉGRAPHIQUES

Art. 2. — Quiconque aura, par imprudence ou
involontairement, commis un fait matériel pouvant
compromettre le service de la télégraphie électrique,
quiconque aura dégradé ou détérioré, de quelque
manière que ce soit, les appareils des lignes de télégraphie électrique ou les machines des télégraphes
aériens, sera puni d'une amende de 16 à 300 francs.

La contravention sera poursuivie et jugée comme
en matière de grande voirie.

Art. 3. — Quiconque, par la rupture des fils, par
la dégradation des appareils ou par tout autre moyen,
aura volontairement causé l'interruption de la correspondance télégraphique électrique ou aérienne, sera
puni d'un emprisonnement de trois mois à deux ans
et d'une amende de 100 à 1.000 francs.

Art. 4. — Seront punis de la détention et d'une
amende de 1.000 à 5.000 francs, sans préjudice des
peines que pourrait entraîner leur complicité avec
l'insurrection, les individus qui, dans un mouvement
insurrectionnel, auront détruit ou rendu impropres
au service un ou plusieurs fils d'une ligne de télégraphie électrique, ceux qui auront brisé ou détruit un
ou plusieurs télégraphes, ou qui auront envahi, à
l'aide de violences ou de menaces, un ou plusieurs
postes télégraphiques, ou qui auront intercepté par
tout autre moyen, avec violences et menaces, les
communications ou la correspondance télégraphique
entre les divers dépositaires de l'autorité publique,
ou qui s'opposeront, avec violences et menaces, au
rétablissement d'une ligne télégraphique.

Art. 5. — Toute attaque, toute résistance avec
violences et voie de fait, envers les inspecteurs et les
agents de surveillance des lignes télégraphiques ou
aériennes, dans l'exercice de leurs fonctions, sera
puni des peines appliquées à la rébellion, suivant les
distinctions établies au Code pénal.

TITRE III

DES CONTRAVENTIONS COMMISES PAR LES CONCESSION-
NAIRES OU FERMIERS DE CHEMINS DE FER ET DE
CANAUX

Art. 6. — Lorsque, sur la ligne d'un chemin de fer
ou d'un canal concédé ou affermé par l'État, l'interruption du service télégraphique aura été occasionnée par l'inexécution, soit des clauses du cahier des
charges et des décisions rendues en exécution de ces
clauses, soit des obligations imposées aux concessionnaires ou fermiers, ou par l'inobservation des
arrêtés et règlements, procès-verbal de la contra-

vention sera dressé par les inspecteurs du télégraphe, par les surveillants des lignes télégraphiques,
ou par les commissaires ou sous-commissaires préposés à la surveillance des chemins de fer.

Art. 7. — Les procès-verbaux, dans les quinze
jours de leur date, seront notifiés administrativement
au domicile élu par le concessionnaire ou fermier à
la diligence du préfet, et transmis, dans le même
délai, au conseil de préfecture du lieu de la contravention.

Art. 8. — Les contraventions prévues en l'art. 6
seront punies d'une amende de 300 fr. à 3.000 francs.

TITRE IV

DISPOSITIONS PARTICULIÈRES CONCERNANT LES TÉLÉ-
GRAPHES AÉRIENS

Art. 9. — Lorsque, sur une ligne de télégraphie
aérienne déjà établie, la transmission des signaux
sera empêchée ou gênée, soit par des arbres, soit
par l'interposition d'un objet quelconque placé à
demeure, mais susceptible d'être déplacé, un arrêté
du préfet prescrira les mesures nécessaires pour
faire disparaître l'obstacle, à la charge de payer
l'indemnité qui sera fixée par le juge de paix. Cette
indemnité sera consignée préalablement à l'exécution de l'arrêté du préfet. Si l'objet est mobile et
n'est point placé à demeure, un arrêté du maire
suffira pour en ordonner l'enlèvement.

TITRE V

DISPOSITIONS GÉNÉRALES

Art. 10. — Les crimes, délits et contraventions
prévues dans la présente loi pourront être constatés
par les procès-verbaux dressés concurremment par
les officiers de police judiciaire, les commissaires
et sous-commissaires préposés à la surveillance des
chemins de fer, les inspecteurs des lignes télégraphiques, les agents de surveillance nommés ou
agréés par l'administration et dûment assermentés.
Les procès-verbaux feront foi jusqu'à preuve contraire.

Art. 11. — Les procès-verbaux dressés en vertu
de l'article qui précède seront visés pour timbre et
enregistrés en débet. — Ceux qui auront été dressés
par des agents de surveillance assermentés devront
être affirmés dans les trois jours, à peine de nullité,
devant le juge de paix ou le maire, soit du lieu du
délit ou de la contravention, soit de la résidence de
l'agent.

Art. 12. — L'administration pourra prendre immédiatement toutes les mesures provisoires pour
faire cesser les dommages résultant des crimes,
délits et contraventions, et le recouvrement des frais
qu'entraînera l'exécution de ces mesures sera poursuivi administrativement, le tout ainsi qu'il est
procédé en matière de grande voirie.

Art. 13. — L'article 463 du code pénal est applicable aux condamnations qui seront prononcées en
exécution de la présente loi.

Art. 14. — En cas de conviction de plusieurs
crimes ou délits prévus par la présente loi ou par
le code pénal, la peine la plus forte sera seule
prononcée.

59. — 20 août 1891. — ARRÊTÉ *frappant d'une*
surtaxe de 0 § 40, les télégrammes à destination
de la rade de Tourane.

Article premier. — Une taxe de quarante cents
(0 § 40), dite d'exprès, sera perçue à l'avenir sur les

télégrammes à destination de la rade de Tourane, d'après la volonté de l'expéditeur, soit au départ, soit à l'arrivée.

Art. 2. — Le Résident supérieur en Annam et le chef du service des postes et télégraphes sont chargés, chacun en ce qui le concerne, de l'exécution du présent arrêté. — DE LANESSAN.

60. — 12 juillet 1892. — ARRÊTÉ *frappant d'une taxe de distribution, les télégrammes à destination de Do-son.*

Article premier. — Les télégrammes adressés aux personnes domiciliées dans le périmètre qui s'étend de la concession n° 1 à la villa Joséphine, continueront à être distribués gratuitement.

Art. 2. — En dehors du périmètre fixé ci-dessus, la remise des télégrammes aux intéressés donnera lieu à la perception d'une taxe d'exprès de 10 cents, payable par le destinataire au moment de la remise du télégramme.

Art. 3. — M. le Chef du service des postes et télégraphes en Annam et au Tonkin est chargé de l'exécution du présent arrêté. — CHAVASSIEUX.

61. — 8 novembre 1892. — ARRÊTÉ *fixant le taux applicable aux taxes télégraphiques internationales.*

Article premier. — Les dispositions de l'arrêté du 1er juillet 1888, précité, ne seront plus applicables en Annam et au Tonkin à dater du 1er décembre prochain.

Art. 2. — Les taxes télégraphiques internationales seront perçues par les bureaux de l'Annam et du Tonkin au taux officiel de la piastre.

Art. 3. — Les Résidents supérieurs de l'Annam et du Tonkin sont chargés de l'exécution du présent arrêté. — DE LANESSAN.

VOY.: Colis postaux; — Douanes; — Franchise postale et télégraphique; — Journaux; — Navigation; — Sémaphore; — Serment; — Trams.

POUDRE DE CHASSE

1. — 27 avril 1887. — ARRÊTÉ *réglementant le commerce de la poudre de chasse.*

Article premier. — Aucun indigène ou asiatique étranger non débitant ne peut être détenteur d'une quantité de poudre de chasse supérieure à cinq cents grammes.

Art. 2. — Tout transport de poudre doit être accompagné d'un laissez-passer délivré par le résident.

Il n'est fait d'exception que pour les chargements de cinq cents grammes et au-dessous.

Art. 3. — Les débitants de poudre de chasse doivent être munis d'une licence dont le coût est de cent francs.

Le payement de la licence ne dispense pas le débitant de la patente à laquelle il est soumis.

Art. 4. — Chaque débitant doit tenir un registre d'entrée et de sortie, en français ou en caractères, visé par le résident ou son délégué aussi souvent qu'il le croit utile.

Ce registre indiquera la date des réceptions et des ventes, les quantités reçues ou vendues, le nom et le domicile de l'expéditeur et de l'acheteur.

Les entrées seront justifiées par la production des laissez-passer correspondants.

Art. 5. — Toute infraction aux dispositions du présent arrêté sera passible d'une amende de 100 à 5.000 fr., qui pourra être doublée en cas de récidive, sans préjudice, le cas échéant, de la confiscation des poudres, et des mesures de police qui pourraient être prises par l'autorité administrative.— G. BIHOURD.

2. — 1er octobre 1888. — ARRÊTÉ *interdisant la vente de la poudre de chasse aux personnes non pourvues d'une autorisation spéciale.*

Article premier. — Aucune vente de poudre de chasse ne peut être faite par un débitant, si l'acheteur n'est muni d'une autorisation spéciale et nominative délivrée par le résident ou le vice-résident chef de poste, et indiquant la quantité à délivrer.

Ces autorisations doivent être conservées par le débitant à l'appui du registre d'entrée et de sortie.

Art. 2. — Indépendamment de l'amende fixée par l'article 5 de l'arrêté du 27 avril 1887, toute contravention aux dispositions de cet arrêté et de l'article premier ci-dessus, pourra être punie d'un emprisonnement de quinze jours à six mois. — RAOUL BERGER.

VOY.: Armes et munitions.

PRÉSÉANCES. — VOY.: Honneurs, Préséances.

PRÉSENTS OFFICIELS

1. — 20 avril 1889. — CIRCULAIRE *interdisant les présents officiels par les autorités annamites.*

Il m'a été donné de constater que l'usage adopté par les autorités annamites d'offrir des cadeaux aux fonctionnaires du Protectorat, à leur départ, à leur arrivée, et même au cours de leur gestion, était parfois de nature à donner naissance à certains abus.

Il est même des cas où ces cadeaux peuvent, pour des gens malveillants ou mal au courant des coutumes traditionnelles de ces pays, prêter à des interprétations fâcheuses contre lesquelles notre dignité doit, par avance et à tout prix, se défendre.

Les relations quotidiennes et constantes que nous entretenons avec les autorités annamites n'ont plus d'ailleurs besoin de ce signe extérieur pour affirmer leur caractère amical.

J'ai donc, afin d'éviter des inconvénients et des insinuations qui ne doivent pas avoir l'occasion de se produire, même à tort, été amené à conseiller au Gouvernement annamite de renoncer à l'usage des cadeaux. Je l'ai prié d'envoyer des instructions dans le même sens à ses mandarins provinciaux.

Vous estimerez sans doute avec moi, M. le Résident, que le soin d'augmenter les ressources du pays, afin de pouvoir en même temps alléger nos propres dépenses, figure au premier rang de nos devoirs. Les populations ont toujours à supporter en fin de compte les frais de ces générosités, et il est bon de leur montrer que nous prenons souci de les épargner. Elles ne pourront que s'en montrer reconnaissantes.

Nous devons nous interdire de laisser peser sur ce pays déjà trop appauvri, une charge inutile quelconque, si légère qu'elle soit.

Le sentiment que vous avez vous-même de cette vérité m'est un sûr garant du scrupule avec lequel vous travaillerez, en ce qui vous concerne, à assurer l'exécution de la mesure nouvelle que le Gouvernement annamite vient de prendre sur mon conseil. — RHEINART.

2. — 14 janvier 1889. — CIRCULAIRE *au sujet des achats d'objets destinés à être offerts à la grande Reine-mère.*

Son Excellence le Kinh-luoc a bien voulu me rappeler que le 19e jour du 5e mois de l'année annamite prochaine (le 16 juin 1889) la grande Reine-mère, Tu-du-bac-hué, Thai-hoang, Thai-hau, entrera dans sa 81e année et que, conformément aux règles de la bienséance et aux rites, les fonctionnaires du royaume offriraient des présents en son honneur.

Déjà les mandarins de la cour et les princes ont prié S. E. le Kinh-luoc de faire pour eux des achats d'objets précieux du pays, destinés à lui être présentés. Ces achats seront faits par l'intermédiaire des mandarins provinciaux sur les fonds destinés à la cour.

Je vous prie de ne pas négliger de vous rendre compte des sommes qui seront prélevées à ce titre sur le trésor de votre province, de m'en faire connaître le montant, et de veiller à ce que certaines personnes, par un zèle intempestif, ou par des motifs moins avouables, ne profitent de cette circonstance pour se rendre coupables d'abus. — E. PARREAU.

PRESSE

1. — 9 septembre 1885. — ARRÊTÉ *promulguant la loi du 11 juillet 1885, portant interdiction de fabriquer, vendre, colporter ou distribuer tous imprimés ou formules simulant les billets de banque et autres valeurs fiduciaires.*

Article premier. — Est promulguée dans toute l'étendue de l'Annam et du Tonkin, la loi du 11 juillet 1885, portant interdiction de fabriquer, vendre, colporter ou distribuer tous imprimés ou formules simulant les billets de banque et autres valeurs fiduciaires.

Art. 2. — Le directeur des affaires civiles et politiques et les agents de la force publique sont chargés, chacun en ce qui le concerne, de l'exécution de la présente décision. — WARNET.

Loi du 11 juillet 1885.

Article premier. — Sont interdits la fabrication, la vente, le colportage et la distribution de tous imprimés ou formules obtenus par un procédé quelconque qui, par leur forme extérieure, présenteraient avec les billets de banque, les titres de rente, vignettes et timbres du service des postes et télégraphes ou des régies de l'Etat, actions, obligations, parts d'intérêts, coupons de dividendes ou intérêts y afférents, et généralement avec les valeurs fiduciaires émises par l'Etat, les départements, les communes et établissements publics, ainsi que par des sociétés, compagnies ou entreprises privées, une ressemblance de nature à faciliter l'acceptation desdits imprimés ou formules aux lieu et place des valeurs imitées.

Art. 2. — Toute infraction à l'article qui précède sera punie d'un emprisonnement de cinq jours à six mois et d'une amende de seize francs à deux mille francs (16 fr. à 2.000 fr.).

L'article 463 du code pénal sur les circonstances atténuantes pourra être appliqué.

Art. 3. — Les imprimés ou formules, ainsi que les

planches ou matrices ayant servi à leur confection, seront confisqués.

La présente loi, délibérée et adoptée par le Sénat et par la Chambre des députés, sera exécutée comme loi de l'Etat. — JULES GRÉVY.

2. — 26 décembre 1888. — ARRÊTÉ *interdisant le journal* « Le Cancrelat libre penseur » (1).

Le Gouverneur général de l'Indo-Chine, officier de la Légion d'honneur et de l'Instruction publique,

Considérant que le journal hebdomadaire publié à Haïphong sous le titre le Cancrelat libre-penseur, par ses attaques contre les particuliers, sème la méfiance et la discorde dans la population de cette ville ; qu'en s'efforçant de discréditer les fonctionnaires par une polémique injurieuse et violente à l'excès, il porte atteinte à leur autorité aux yeux des populations indigènes, et constitue par là un obstacle au rétablissement de la tranquillité publique;

Considérant qu'il n'a été tenu aucun compte de l'avertissement qui a été adressé au gérant du journal ;

Sur la proposition du Résident général en Annam et au Tonkin,

ARRÊTE :

Article premier. — La publication du journal « le Cancrelat libre penseur » est interdite.

Art. 2. — Le Résident de France à Haïphong est chargé de l'exécution du présent arrêté. — RHEINART.

VOY. : — **Moniteur du Protectorat**; — **Journal officiel**; — **Annonces judiciaires.**

PRESTATIONS. — VOY. : **Corvées.**

PRÊTS SUR RÉCOLTES. — VOY. : **Gages, Nantissements.**

PRIMES. — VOY. : **Langue annamite**; — **Bêtes fauves**; — **Bourses**; — **Interprètes**; — **Instruction publique.**

PRISES

1. — 10 mars 1886. — NOTE CIRCULAIRE *au sujet des prises sur les rebelles.*

Plusieurs fois, à la suite de prises sur les rebelles, le commandant du corps du Tonkin a été prié d'autoriser le partage des sommes représentant la valeur de ces prises, entre les divers éléments des détachements qui avaient fait les captures.

Le Ministre, consulté, a répondu que l'article 219 du décret du 26 octobre 1883 ne s'applique pas aux troupes du corps du Tonkin, et que la valeur des prises doit être versée dans les caisses de l'Etat.

Du reste, il est à remarquer que cet article ne vise que les *corps de partisans ou un détachement isolé.* Or, au Tonkin, une troupe ne constitue jamais un corps de partisans, et quand elle forme un détachement, elle doit son succès non seulement à sa propre valeur, mais aussi au concours d'une série d'autres détachements qui coopèrent à la même opération, soit en restant sur place, soit en se mouvant dans une zone déterminée. — WARNET.

VOY. : **Piraterie, Pirates.**

PROCLAMATIONS

Nous avons cru devoir conserver dans ce Recueil, à titre de documents historiques, les proclamations

(1) Nous croyons devoir donner in-extenso le texte de cet arrêté, pour établir les droits de l'administration en matière de presse.

du Résident général Paul Bert, à son arrivée au Tonkin, retraçant les grandes lignes de la politique qu'il s'était proposé de suivre.

1. — 8 avril 1886. — PROCLAMATION *du Résident général Paul Bert à son arrivée au Tonkin, aux Français de l'Annam et du Tonkin.*

CITOYENS,

Chargé par le Gouvernement de la République française de l'organisation de son Protectorat sur l'Annam et le Tonkin, je fais appel à votre concours pour l'accomplissement de cette œuvre de paix.

Les vertus guerrières de nos soldats ont ouvert à notre commerce et à notre industrie un magnifique champ d'action. C'est à vous qu'il appartient de l'exploiter, pour le plus grand bien de la France et de l'Annam, dont les intérêts sont désormais intimement et indissolublement unis.

La bienveillance du gouvernement royal et l'appui de mon administration sont acquis à vos entreprises.

Je tiendrai à honneur, non seulement de vous assurer la sécurité due à tous, mais de vous aider par tous les moyens qu'autorisent la justice et les traités.

À vous de faire, en vous aidant vous-mêmes, que tant de sacrifices consentis par la Patrie portent enfin leurs fruits, et que la France récolte la moisson qu'elle a fécondée de son or et de son sang. — Vive la République ! — PAUL BERT.

2. — 8 avril 1886. — PROCLAMATION *aux officiers, sous-officiers, soldats et marins du corps expéditionnaire.*

Je vous apporte le salut affectueux et reconnaissant de la Patrie.

Elle a souffert et triomphé avec vous. Votre constance et votre courage, que n'ont pu ébranler, à 4.000 lieues du sol sacré, ni les fatigues, ni les combats, ni la maladie, l'ont émue et enorgueillie. Elle a mis en vous sa confiance, car vous vous êtes montrés, et elle sait que vous vous montrerez à la hauteur de tous les devoirs.

Beaucoup d'entre vous vont revoir la terre maternelle. Ils y recevront l'accueil mérité par leurs vertus. Dans les villages de France comme dans les douars d'Algérie, on attend avec impatience, et l'on saluera avec respect, ceux qui ont affronté ensemble tant de périls divers, et mêlé fraternellement leur sang sur les champs de bataille.

Ce sang et celui des morts glorieux n'aura pas été versé en vain.

Grâce à tant de sacrifices, la suprématie politique et morale de la France est définitivement établie sur cette terre si disputée. Les traités l'ont consacrée. Vous avez bravement et utilement travaillé pour la fortune et la grandeur de votre pays. Sur ce sol même, un peuple honnête et laborieux vous devra la richesse qui suit la sécurité.

Car vos efforts héroïques ont pacifié ces fertiles contrées. Cette paix, que votre présence assure, je l'emploierai à continuer l'œuvre de réparation et d'organisation commencée par les chefs qui avaient su vous conduire à la victoire.

Comme eux aussi, officiers, sous-officiers, soldats et marins, je me montrerai jaloux de votre honneur et soucieux de votre bien-être. Ma tâche sera facilitée par l'officier général qui est appelé à me seconder, et dont vous avez tous pu apprécier les éminentes qualités. Quant à moi, par ma sollicitude et mon dévouement pour vous, je veux me rendre digne de l'honneur que m'a fait le gouvernement de la République — honneur le plus grand que j'aie reçu dans ma vie — en me donnant le droit de vous parler au nom de la France et de vous dire que vous avez bien mérité d'Elle. — Vive la République ! — PAUL BERT.

3. — 8 avril 1886. — PROCLAMATION *adressée aux populations tonkinoises.*

Le membre du Hann-linn de France, envoyé extraordinaire et Résident général en Annam, aux populations tonkinoises.

Le gouvernement de la République française m'a choisi pour le représenter et être ici l'interprète de ses volontés.

Depuis longtemps, dans mon pays, je me suis appliqué à connaître et à défendre les intérêts de ce peuple d'Annam si laborieux et si intelligent, et j'ai demandé que le peuple français lui tendît une main amicale.

L'ardent désir qu'en toute occasion j'ai manifesté de le voir prospérer et jouir en paix du fruit de ses riches cultures, a été la cause déterminante de la mission que l'on m'a confiée et que j'ai acceptée avec bonheur, bien que j'aie dû, pour la remplir, abandonner provisoirement mon pays et d'importants travaux scientifiques et législatifs.

Je viens chez vous avec la ferme intention d'examiner sur place la situation du pays, et de m'enquérir de vos besoins.

Des malentendus nous ont divisés ; nos relations ont été gravement troublées ; au lieu d'échanger paisiblement de la soie, nous avons brutalement échangé du plomb ; le sang a coulé et nous nous sommes aperçus que les sentiments d'estime dont nous étions réciproquement animés, s'altéraient dans nos cœurs.

J'ai scrupuleusement étudié les causes de ces divisions regrettables ; — je veux les faire cesser. Car nos peuples ne sont pas faits pour se combattre, mais pour travailler ensemble et se compléter l'un par l'autre.

La France est un pays prospère et riche en ressources de toute nature. Si des Français viennent se fixer sur votre territoire, il faut que vous sachiez que ce n'est nullement dans la pensée de s'emparer de vos terres ni de vos récoltes, mais au contraire, avec l'intention d'augmenter la richesse générale, en donnant de la plus-value à vos domaines, en facilitant vos exploitations agricoles déjà si habilement conduites, par la création de voies de communications faciles, par la mise en valeur des richesses que recèlent vos mines, et la protection que nous accorderons à vos transactions commerciales avec les peuples étrangers.

Les Français ont pour cela des moyens que les Annamites ne possèdent point encore ; ils ont les capitaux, l'outillage, les ingénieurs et une grande expérience des affaires ; ils sont vos frères aînés. De même que les Chinois, autrefois, ont amélioré votre état social en vous apportant leur civilisation, en vous initiant aux travaux de leurs législateurs, de leurs philosophes et de leurs littérateurs, de même les Français qui viennent aujourd'hui chez vous amélioreront votre situation agricole, industrielle et économique, et élèveront encore votre niveau intellectuel par l'instruction.

Les Français n'ont pas davantage l'intention

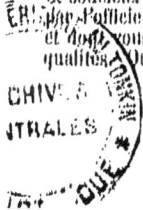

d'usurper les fonctions publiques ; elles seront conférées par mes soins aux plus dignes d'entre vous, en récompense de leur science et de leurs services.

Rien ne sera changé dans vos usages ; vos traditions seront respectées ; vous continuerez à être soumis à vos mêmes lois et règlements, et je veillerai scrupuleusement à ce que pas un Tonkinois ne fournisse indûment une journée de corvée, ne paie indûment une sapèque d'impôt.

Les cantons et les villages seront administrés comme autrefois ; votre système communal ne sera pas modifié ; vous choisirez vous-mêmes vos notables, ils seront spécialement chargés de la répartition de l'impôt et prendront, sous leur responsabilité, dans l'étendue de leur territoire administratif, telles mesures de police qui leur paraîtront utiles pour la sauvegarde de vos biens et de vos personnes.

Pour m'éclairer dans les graves questions d'intérêt général, je réunirai à Hanoi un conseil composé de délégués que vous élirez dans chaque province parmi les notables.

Ils me transmettront les vœux de la population et m'éclaireront sur ses besoins ; je m'inspirerai de leurs conseils dans toutes les questions qui l'intéresseront directement, comme celles de création ou d'entretien de voies de communication, exploitation des mines, etc., etc.

Je les tiendrai au courant de mes actes, et leur indiquerai les volontés de la France, qu'ils feront ensuite connaître aux habitants.

Je ne puis vous donner une plus grande preuve de ma confiance et de ma sincérité. Les populations m'en sauront gré, et je compte sur leur concours dévoué pour qu'à jamais ce pays du Tonkin, berceau de l'Annam, où tant de dynasties illustres se sont succédées, prospère et grandisse sous le Protectorat définitivement établi de la France. — PAUL BERT.

Voy. : **Organisation administrative** ; — **Territoires militaires** ; — **Commissions consultatives indigènes.**

PROMULGATION. — Voy. : — **Codes français ; — Lois françaises.**

PROPRIÉTÉ

1. — 13 janvier 1886. — DÉCISION *réglant les conditions de vente de propriétés appartenant à des Annamites* (1).

Article premier. — Tout indigène qui consentira à un Européen ou à un Asiatique étranger la vente d'un immeuble bâti ou non bâti, devra, avant de passer tous actes translatifs de propriété, faire remise de ses titres, pour en vérifier la validité, à la résidence dans le ressort de laquelle sont situés les immeubles.

Art. 2. — Si le propriétaire de l'immeuble déclare avoir perdu ses titres, il devra faire constater cette allégation par le maire de son village et le huyen qui certifieront, en outre, que le vendeur a régulièrement payé l'impôt foncier depuis quatre années au moins.

Art. 3. — Lorsque l'immeuble sera situé dans les centres urbains, la vente n'en sera autorisée qu'après que le propriétaire aura satisfait aux conditions d'alignement exigées pour les autorisations de construire.

(1) Voir : Lettre du 3 mai 1886 ; arrêtés des 10 août 1886, 17 mai 1887, 4 octobre 1888 et 1ᵉʳ février 1889 ; circulaires du 11 septembre 1890, décision du 20 avril 1894 ; et circulaire du 25 août 1894.

Cette dernière disposition est également applicable aux translations de propriétés consenties entre indigènes.

Art. 4. — Le directeur des affaires civiles et politiques est chargé de l'exécution de la présente décision. — COURCY.

2. — 3 mai 1886. — LETTRE *du Résident général au Résident supérieur, au sujet des actes de ventes de terrains*

Je suis informé qu'un certain nombre d'irrégularités auraient été commises dans les actes de ventes de terrains qui appartiendraient aux communes ou à l'État, et dont quelques particuliers auraient disposé.

Sans revenir actuellement sur les faits, et réservant entièrement l'examen des litiges qui seraient portés à notre connaissance, je vous prie de vouloir bien faire connaître à MM. les Résidents que tous les actes de vente qui seraient désormais soumis à la formalité de l'enregistrement à la chancellerie de chaque résidence devront porter la mention suivante :

« Enregistré pour ordre et pour date certaine, « toutes réserves faites au sujet de l'exactitude des « déclarations des valeurs, des droits des tiers, des « communes et de l'État, et de la validité de l'acte ». — PAUL BERT.

3. — 19 août 1886. — ARRÊTÉ *instituant dans chaque résidence une commission pour l'examen des titres de propriété.*

Article premier. — Les Européens ou assimilés prétendant à la propriété d'immeubles, qui voudront se mettre à l'abri de toute revendication ultérieure de la part de l'administration du Protectorat, devront, dans le délai de deux mois après la publication du présent arrêté, soumettre leurs titres à l'examen d'une commission administrative instituée dans chaque résidence.

Art. 2. — Chaque commission est composée ainsi qu'il suit :

1° Le Résident, ou si le Résident est chargé des fonctions judiciaires, un vice-résident étranger à ces fonctions, président.

2° Deux membres européens. A Hanoi, l'un de ces membres est le vice-président de la commission consultative, l'autre est désigné par ladite commission ; à Haiphong, les deux membres sont désignés par la commission consultative. Dans les autres chefs-lieux de résidence, ils sont désignés par le Résident général.

3° Le tong-doc, le bo-chanh (quan-bo), l'an-sat de la province.

Art. 3. — La commission délibère et se prononce à la majorité des voix, sur la validité des titres qui lui sont soumis.

En cas de partage, la voix du président est prépondérante.

Art. 4. — Si la commission constate la régularité de l'acte d'acquisition, mention en est faite par son président sur le titre même de propriété.

Les titres, avec la mention qu'ils portent, devront être enregistrés de nouveau et gratuitement à la chancellerie de la résidence.

Art. 5. — La validité des titres ainsi reconnus réguliers ne pourra plus être contestée, ni par l'administration du Protectorat, ni par les représentants du gouvernement annamite et des communes.

Art. 6. — Dans le cas où la commission n'admettrait pas la validité du titre, elle pourra, dans son rapport, appeler l'attention de l'administration sur les conditions dans lesquelles a été faite l'acquisition, ou sur la plus-value que les travaux exécutés par le détenteur auraient donnée à la propriété.

Art. 7. — Le Résident supérieur au Tonkin est chargé de l'exécution du présent arrêté. — PAUL BERT.

---

4. — 17 mai 1887. — ARRÊTÉ *limitant au 15 juin 1887, le fonctionnement des commissions d'examen des titres de propriété des Européens ou assimilés.*

Article premier. — Les commissions chargées d'examiner la valeur des titres de propriété des Européens et assimilés, nommées par arrêté en date du 19 août 1886, devront avoir terminé leurs opérations à la date du 15 juin 1887.

Art. 2. — Les demandes adressées à cet effet auxdites commissions après l'expiration du délai susmentionné, ne seront plus recevables. — G. BIHOURD.

---

5. — 3 octobre 1888. — ORDONNANCE ROYALE *accordant aux citoyens et protégés français le droit de posséder en Annam et au Tonkin.*

Article premier. — Les citoyens et protégés français qui acquerront des biens sur les territoires du Tonkin et des ports ouverts de l'Annam, en auront, par le seul fait de l'acquisition régulière, l'entière propriété dans les conditions prévues par la loi française. Les acquisitions faites en vertu de cette ordonnance seront, en outre, soumises aux règles spéciales que croira devoir tracer M. le Gouverneur général de l'Indo-Chine, auquel nous déléguons tous nos droits.

Art. 2. — Les citoyens et protégés français qui ont acquis, antérieurement à la présente ordonnance, des propriétés sous le régime de la loi annamite devront, pour faire jouir leurs biens des avantages de la loi française, se conformer aux prescriptions que tracera M. le Gouverneur général de l'Indo-Chine, auquel nous déléguons spécialement pour cela tous les droits que nous conféraient sur ces biens les lois et coutumes de Notre Royaume, notamment en ce qui concerne l'expropriation.

Art. 3. — Nous concédons, en outre, par la présente ordonnance, le droit aux citoyens et protégés français, d'acquérir des terrains en Annam, mais nous nous réservons d'accorder ces concessions suivant les conditions édictées par la loi annamite.

La présente ordonnance est rendue exécutoire. — RICHAUD.

6. — 4 octobre 1888. — RAPPORT *de M. le Résident général p. i. à M. le Gouverneur général, au sujet des terrains possédés par les Français en Annam et au Tonkin.*

Dès votre arrivée au Tonkin, vous vous êtes préoccupé de mettre un terme à l'état de confusion, d'incertitude et de précarité qui caractérise l'état de la propriété européenne dans ce pays.

Les citoyens et protégés français ont, en effet, d'après les traités, le droit d'acquérir au Tonkin et dans les ports ouverts de l'Annam ; mais ces acquisitions ne peuvent être faites qu'à la suite de transactions avec des sujets annamites, lesquels, en droit, ne possèdent pas le sol, et n'ont qu'une sorte d'usufruit perpétuel, jusqu'au jour où l'État se trouve avoir besoin de leur propriété. Ce jour-là, ils sont expropriés purement et simplement, sans que la loi

prévoie même une indemnité à leur allouer dans la pratique ; cependant ils sont indemnisés, mais suivant l'appréciation des agents du Roi, et par des sommes insignifiantes.

L'indigène, en vendant sa propriété à un de nos compatriotes, ne peut donc lui céder autre chose que ce qu'il possède, c'est-à-dire cette espèce d'usufruit dont je viens de parler ; si bien que ce dernier, après avoir acquis un terrain de ses deniers et suivant les termes du traité, ne peut se dire aujourd'hui propriétaire foncier du sol, dans les conditions de la loi française.

Quoiqu'il en soit, on voit que sous ce régime, la propriété est essentiellement précaire, et que le droit d'acquérir, conféré à nos nationaux et protégés par le traité, n'est pas entier et a besoin, pour produire tout son effet, d'être complété par une disposition additionnelle consacrant l'abandon de la part du Roi d'Annam de tous ses droits fonciers.

Est-il besoin de dire que cette précarité dans la possession trouble nos nationaux et est un des plus grands obstacles au développement de leurs entreprises.

Cet état de choses, essentiellement fâcheux pour le propriétaire, qui ne sait trop sous quel régime il est placé, et pour l'administration, qui est exposée, en l'absence d'une réglementation suffisamment précise, à des revendications excessives, fait depuis longtemps, Monsieur le Gouverneur général, l'objet de vos préoccupations, et il entrait dans vos projets de profiter de la première occasion pour le faire cesser.

Cette occasion vient de se présenter ; profitant de votre séjour à Hué, vous avez obtenu de S. M. l'Empereur la renonciation à tous les droits fonciers qu'il pouvait avoir sur tous les biens qui ont été et qui seront acquis dans l'avenir au Tonkin et dans les ports ouverts, par les citoyens et protégés français ; vous avez en outre obtenu l'érection en concessions françaises des territoires des villes de Hanoi, de Haiphong et de Tourane, et des terrains qui les environnent, et vous avez ouvert la voie à ceux de nos nationaux qui voudront s'établir en Annam, en dehors des ports ouverts.

Nos nationaux vont donc pouvoir acquérir réellement par le fait de la promulgation de ces ordonnances, et verront leurs propriétés définitivement assurées.

Il restait à régler une question très importante, celle du règlement des indemnités qui pourraient être dues aux propriétaires expropriés jusqu'à ce jour en vertu de la législation existante. Sur ce point, vous vous êtes fait céder tous les droits que possède le Roi d'Annam et vous m'avez invité à préparer un arrêté décidant que les droits de nos nationaux resteraient pleins et entiers, tels qu'ils étaient au moment de la promulgation de ces ordonnances, et que l'indemnité à leur allouer resterait réglée par l'ordonnance royale du 10 juin 1886 et l'arrêté du 22 du même mois.

En procédant ainsi, nous réservons donc tous les droits de nos nationaux, tels qu'ils existent en ce moment ; je reconnais que sur ce point nous ne leur en créons pas de nouveaux, mais nous ne pouvions aller au-delà sans léser les intérêts du Protectorat, dont nous avons charge ; à l'avenir, au contraire, les expropriations seront faites d'après la loi française.

L'arrêté suivant, que je soumets à votre signature, consacre les principes que je viens de développer et pose les règles d'ordre général qu'il convient de fixer pour assurer l'exécution des nouvelles ordonnances du Roi, conformément aux pouvoirs qu'il vous a délégués.

Les trois premiers articles ont pour but de donner à la propriété française tous les bénéfices et toutes les garanties de la loi française, et dans ce but, déterminent le mode et la procédure à suivre pour la transformation des anciens titres en titres français.

L'article 4 règle les conditions d'expropriation des parcelles de terrains qui ont déjà été affectées aux édifices publics, de celles qui ont été expropriées pour l'ouverture de rues dans les villes de Haiphong et de Hanoi ou qui le seront dans un délai de trois mois, en vertu de délibérations des Conseils municipaux de ces villes ; il consacre pour ces expropriations, l'application des règles posées par l'ordonnance royale du 22 juin 1886 et l'arrêté du Résident général du 22 du même mois.

L'article 6 établit qu'à l'avenir, au contraire, les expropriations ne se feront, pour les terrains soumis à la loi française, que conformément à la législation métropolitaine (1).

Enfin, pour éviter tout malentendu, l'article 7 stipule que les futures acquisitions par les nationaux, ne jouiront du bénéfice de la loi française qu'à partir de la date de l'enregistrement en chancellerie.

Je ne doute pas, Monsieur le Gouverneur général, que ces mesures ne soient considérées par la population française du pays comme un grand bienfait et comme une nouvelle preuve de la haute sollicitude dont vous l'entourez ; elles marqueront certainement une nouvelle étape dans la voie de la prospérité et du développement de la colonisation. — E. PARREAU.

7. — 4 octobre 1888. — ARRÊTÉ *concernant les propriétés possédées par les Français en Annam et au Tonkin.*

Article premier. — Les citoyens ou protégés français qui ont acquis des biens au Tonkin ou dans les ports ouverts de l'Annam antérieurement au présent arrêté devront, pour être admis à faire jouir ces biens du bénéfice de la loi française, présenter leurs titres dans un délai de trois mois au résident de leur province (2).

Art. 2. — Ces titres resteront déposés à la résidence pendant trois mois ; des copies en seront affichées, aux frais du propriétaire, à la porte de la résidence et de la maison commune du village où se trouve située la propriété.

Après ce temps, si aucune réclamation ne se produit, les titres seront échangés contre un titre français, qui conférera à la propriété tous les bénéfices et toutes les garanties de la loi française.

En cas de contestation, les tribunaux statueront, et sur le vu du jugement, le titre sera délivré.

Les titres de propriété français reproduiront purement et simplement les conditions dans lesquelles la propriété a été achetée, mais l'administration ne saurait être recherchée, en aucun cas, pour la délivrance et la valeur de ces titres.

Art. 3. — Les propriétaires dont les titres ont déjà été revisés par les commissions instituées par l'arrêté du 22 juin 1885, ne seront pas astreints à les déposer pendant trois mois comme il est dit ci-dessus ; ils recevront immédiatement un titre définitif.

Art. 4. — Les parcelles de terrains qui ont été déjà expropriées pour l'édification de bâtiments

affectés aux services publics, celles qui ont été déjà expropriées pour l'ouverture de rues dans les villes de Haiphong et de Hanoi, et celles qui seront expropriées dans le même but dans un délai de trois mois, sur la demande des conseils municipaux et en vertu de délibérations de ces assemblées, resteront soumises, quant aux règles et au règlement des indemnités, aux prescriptions de l'ordonnance royale du 10 juin 1886 et de l'arrêté du Résident général du 22 juin de la même année. Le délai de trois mois courra de la date de ces délibérations.

Art. 5. — Les propriétaires dont une parcelle de terrain a été distraite, avant la date du présent arrêté, pour cause d'utilité publique, ne pourront échanger le titre que lorsque le règlement de l'indemnité leur aura été due ou lorsqu'ils auront déclaré renoncer à toute indemnité.

Art. 6. — A l'avenir, les expropriations de terrains soumis à la loi française, le seront suivant la législation métropolitaine, sauf les exceptions prévues à l'article 4 ci-dessus.

Art. 7. — Les citoyens ou protégés français qui acquerront des propriétés de sujets annamites, devront les faire enregistrer en chancellerie et échanger le titre indigène contre un titre français.

La propriété ne jouira du bénéfice de la loi française qu'à compter de la date de l'enregistrement en chancellerie.

Art. 8. — Le Résident général en Annam et au Tonkin est chargé de l'exécution du présent arrêté. — RICHAUD.

8. — 1er février 1889. — ARRÊTÉ *prorogeant le délai pour le dépôt en chancellerie des titres de propriété à soumettre à la loi française.*

Article premier. — Le délai fixé par l'arrêté du 4 octobre 1888, pour le dépôt en chancellerie des titres de propriété des citoyens ou protégés français qui désirent obtenir en échange des titres conférant à leurs biens les bénéfices de la loi française, est prorogé jusqu'au 1er mai 1889.

Art. 2. — Les demandes de dépôt à cet effet, après l'expiration du délai sus-mentionné, ne seront plus recevables.

Art. 3. — Le Résident général en Annam et au Tonkin est chargé de l'exécution du présent arrêté.

9. — Septembre 1890. — CIRCULAIRE *au sujet des aliénations d'immeubles, faites par les Annamites au profit d'Européens* (1).

En prévision des travaux de chemins de fer, routes, canaux, etc., et pour éviter toutes expropriations onéreuses pour le Protectorat, S. E. le Kinh-luoc, après entente avec moi, vient d'adresser aux Tong-doc des diverses provinces, une circulaire leur ordonnant d'interdire aux indigènes de céder aucune parcelle de terrain aux européens, sans avoir préalablement obtenu l'approbation du Résident supérieur.

En conséquence, les projets de vente vous seront remis, et vous voudrez bien me les faire parvenir accompagnés de votre appréciation. — BONNAL

Le Kinh-luoc du Tonkin Hoang-cao-Khai,

Vu la dépêche de M. le Résident supérieur, faisant connaître que depuis quelques années, des Annamites ont vendu clandestinement aux Européens des terrains dans la province de Hanoi, sans aucun contrôle de l'administration du Protectorat ;

_____

(1) Cette question est actuellement réglée par le décret du 14 juin 1893; voir Vᵒ *Expropriation.*
(2) Ce délai a été prorogé par arrêté du 1ᵉʳ février 1889.

(1) Voir ci-après décision du 20 avril 1894 et circulaire du 25 août 1894.

En vue de remédier à cet état de choses, il m'a prié d'en informer les autorités provinciales de Hanoi, et de provoquer une décision qui sera soumise à son approbation,

DÉCIDE :

A l'avenir toute vente ou cession de terrains aux Européens, devra être soumise à l'approbation du Tong-doc et du Résident. Si ces formalités n'étaient pas remplies, la vente serait nulle de plein droit.

10. — 11 septembre 1890. — CIRCULAIRE *au sujet de l'aliénation immobilière par des indigènes au profit d'Européens* (1).

En prévision des travaux de chemins de fer, routes, canaux, etc., et pour éviter toutes expropriations onéreuses pour le Protectorat, S. E. le Kinh-luoc, après entente avec moi, vient d'adresser aux Tong-doc des diverses provinces, une circulaire leur ordonnant d'interdire aux indigènes de céder aucune parcelle de terrain aux Européens, sans avoir préalablement obtenu l'approbation du Résident supérieur.

En conséquence, les projets d'actes de vente vous seront remis et vous voudrez bien me les faire parvenir, accompagnés de votre appréciation. — BONNAL.

11. — 18 février 1891. — ARRÊTÉ *faisant rétrocession aux services civils, des terrains domaniaux sis à Haiphong, et affectés aux services militaires.*

Article premier. — Les terrains domaniaux sis à Haiphong, et compris entre les boulevards de France, de la République, Dominé et de Négrier, actuellement affectés aux services militaires, sont rétrocédés aux services civils.

Art. 2. — Le Général commandant en chef et le Résident supérieur au Tonkin sont chargés, chacun en ce qui le concerne, de l'exécution du présent arrêté. — PIQUET.

12. — 20 avril 1894. — DÉCISION *de S. E. le Kinh-luoc, relative à la vente ou location des terrains communaux* (2).

A l'avenir les villages ou hameaux qui, dans un but d'intérêt public, désireraient donner en location des terrains communaux (cong-dièn, cong-tho), devront se conformer aux dispositions du décret royal de la 2e année de Gia-Long, afin qu'il n'y ait qu'une seule règle pour tous.

Le présent arrêté a été soumis à l'approbation de M. le Résident supérieur par lettre n° ....., et les articles sont énumérés ci-dessous :

Article premier. — Les biens communaux (dits công-dièn, công-tho) ne peuvent être vendus ni achetés ; ils ne peuvent être donnés en location que dans un but d'intérêt public, après le consentement unanime de tous les habitants, et seulement pour une période de trois ans, fixée par la loi. Au bout de cette période ils doivent être rendus à la commune pour être répartis également entre tous, sans que la durée de la location puisse excéder celle fixée par le décret. Ils ne peuvent être vendus définitivement.

Dans les cas d'infraction à ces prescriptions, l'acheteur et le vendeur seront punis, et le prix confisqué au profit de l'État.

(1) Voir décision du 20 avril 1894 et circulaire du 25 août 1894.
(2) Voir circulaire du 25 août 1894.

Art. 2. — Les contrats de location devront désormais être établis en double expédition, sur papier timbré, être visés par les chefs de canton et présentés aux phu ou huyen, qui les approuveront, s'il y a lieu. Ces fonctionnaires en remettront une expédition au preneur, et conserveront l'autre qu'ils enverront à la fin du mois aux mandarins provinciaux et à MM. les résidents, pour enregistrement au chef-lieu.

Art. 3. — Les locations consenties avant la publication du présent arrêté devront, sous peine de nullité, être présentées dans un délai de trois mois aux phu et aux huyen, qui les communiqueront aux autorité provinciale pour les faire enregistrer. Si le contrat passé a une durée excédant celle fixée par le décret, on devra l'enregistrer néanmoins, mais il ne sera valable que pour une durée de trois ans au plus, sans qu'on puisse suivre les conditions de l'ancien contrat.

Art. 4. — Ceux qui ne se conformeront pas au présent arrêté, quand il sera mis en vigueur, seront punis conformément aux dispositions de la loi.

Fait le 15 du 3e mois de la 6e année de Thanh-Thai.

13. — 25 août 1894. — CIRCULAIRE *au sujet de l'aliénation des biens communaux annamites.*

S. E. le Kinh-luoc a envoyé aux autorités indigènes de votre province un certain nombre d'exemplaires d'une proclamation qu'il adresse aux habitants, à l'effet de leur rappeler les prescriptions de sa décision du 20 avril dernier, relative à l'aliénation des terrains communaux.

Ces affiches doivent être placardées à raison de une ou deux par canton, suivant l'importance de la région. Je vous serai très obligé de vouloir bien veiller à la stricte exécution des instructions de Son Excellence.

Vous trouverez, ci-dessous, la traduction de cette proclamation. — RODIER.

TRADUCTION

Hoang, etc., Régent de l'empire d'Annam, précepteur du prince présomptif Vo-hiên-dièn dai hoc si (3e colonne de l'empire) envoyé extraordinaire Kinh-luoc du Tonkin, adresse la présente proclamation aux habitants des villages de toutes les provinces.

Il a été pris récemment un arrêté ainsi conçu :

« Les habitants des villages qui, avant la publication
« de cet arrêté, avaient entre eux les biens
« communaux (dits công-dièn công-tho) pour cause
« d'intérêt public, devaient, dans un délai de trois
« mois, présenter les actes au phu ou au huyen de
« la circonscription, qui les communiqueront aux
« autorités provinciales, pour les faire enregistrer, etc.
« Cet arrêté, soumis à l'examen de M. le Résident
« supérieur, a reçu son approbation et a été envoyé
« dans toutes les provinces pour être porté à la con-
« naissance des habitants des villages, afin de s'y
« conformer.
« Toutefois, j'ignore comment les mandarins pro-
« vinciaux vous ont donné des instructions à ce sujet,
« mais les villages n'ont pas encore présenté leurs
« actes. Ainsi, cette façon de procéder est de nature
« à cacher la fourberie et à mépriser les règlements ;
« j'aurai dû, à cet effet, donner des ordres formels
« aux phu et aux huyen de procéder aux enquêtes
« sur place pour punir sévèrement les coupables
« qu'ils découvriront ; cependant, j'ai pensé que je
« n'ai aucune fois porté, par voie d'affiche, à votre
« connaissance, le texte de cet arrêté ; je n'ai pu me

« permettre de vous frapper aussi vite. C'est pour-
« quoi je décide de faire cette proclamation pour
« porter à votre connaissance que : Quiconque, ayant
« vendu ou donné en location des biens communaux
« (dits công-diên cong-thô), sans distinction si ces
« aliénations avaient été faites depuis longtemps ou
« nouvellement, aura encore un délai de un mois
« pour présenter les actes aux phu ou aux huyen,
« afin que ceux-ci les communiquent aux autorités
« provinciales pour les faire enregistrer. »

Si, après la publication de cette proclamation et
passé ce délai, quiconque ne présentait pas ces actes
en question et était dénoncé comme tel, la vente consentie même par acte, serait considérée comme nulle,
les rizières et terres seront rendues au village pour
qu'elles soient réparties entre tous les habitants, les
vendeurs et les acheteurs seront condamnés sévèrement sans indulgence, selon la loi relative à la
fraude, sans qu'ils puissent prétexter qu'ils n'ont pas
été prévenus à temps.

Fait le 10e jour du 7e mois de la 6e année de S. M.
Thanh-thai (10 août 1884).

Voy. : **Acquéreurs, acquisition ; — Domaine
public ; — Tourane (Propriété),**

PROPRIÉTÉS DU PROTECTORAT. — Voy. :
Domaine public.

PROSTITUTION

1. — 28 avril 1886. — ARRÊTÉ *soumettant à la
surveillance administrative, les femmes qui se
livrent à la prostitution à Haiphong.*

Article premier. — Le commissaire de police est
chargé, pour la ville de Haiphong, de la surveillance
des femmes qui se livrent à la prostitution, et des
maisons dans lesquelles elles sont entretenues.

Il est assisté d'un agent des mœurs.

Art. 2. — Toute femme qui se livre à la prostitution doit en faire préalablement la déclaration au
commissaire de police.

Elle est inscrite sur un registre spécial, et une
carte sanitaire lui est délivrée.

Art. 3. — Toute femme qui aura négligé de faire
cette déclaration à la police, et qui se livre habituellement à la prostitution clandestine, sera arrêtée et
consignée au violon jusqu'au moment de la visite
médicale.

Elle sera alors inscrite d'office et assujettie à toutes
les obligations imposées aux filles soumises.

Art. 4. — Les filles soumises, munies d'une carte
de santé délivrée par le commissaire de police, devront la présenter à toute réquisition du commissaire
et des agents de police.

Art. 5. — Toute fille publique qui, quoique munie
de sa carte, n'aura pas de domicile certain, sera
considérée comme en état de vagabondage et punie
de huit jours de prison.

Art. 6. — Les femmes qui seront dénoncées, soit
par des personnes à qui elles auraient communiqué
une maladie vénérienne, soit par le médecin des
troupes pour une déclaration analogue faite par des
militaires, pourront être arrêtées et consignées au
violon si, après une surveillance rigoureuse, le commissaire de police finit par acquérir la certitude
qu'elles se livrent notoirement à la prostitution.

Art. 7. — Les filles soumises pourront obtenir le
retrait de leur carte, à la condition de justifier devant
le commissaire de police qu'elles ont cessé de se

livrer à la prostitution, et qu'elles sont en mesure de
pourvoir à leurs besoins.

Art. 8. — Aucune maison de tolérance ne pourra
être ouverte à Haiphong sans l'autorisation du Résident supérieur.

Cette autorisation sera donnée sur l'avis du Résident.

Toute maison non autorisée sera fermée immédiatement.

Aucune femme ne sera admise dans les maisons
de tolérance, sans avoir été préalablement soumise
à une visite médicale et inscrite à la police.

Art. 9. — Il est interdit aux maîtresses de ces
maisons, aussi bien qu'aux filles soumises vivant
isolément, de tenir leurs établissements ostensiblement ouverts après minuit.

Art. 10. — Les filles de maisons de tolérance et
les filles soumises vivant isolément, devront se présenter chaque semaine à la visite d'un médecin désigné à cet effet.

Art. 11. — Les filles reconnues malsaines seront
immédiatement envoyées au dispensaire, et y seront
traitées jusqu'à complète guérison.

Art. 12. — Toutes les infractions au présent règlement seront punies disciplinairement par le Résident
supérieur, sur la proposition du résident, et sur
l'avis du commissaire de police.

Art. 13. — Le Résident supérieur au Tonkin est
chargé d'assurer l'exécution du présent arrêté. —
PAUL BERT.

Voy. : **Police.**

PROTECTORAT. — Voy. : **Organisation administrative ; — Conseil supérieur ; — Domaine public.**

PROTOCOLE

1. — 6 août 1883. — DÉCISION *supprimant le protocole final dans toutes les relations officielles
écrites, pour les chefs de service, officiers ou fonctionnaires de tout genre au Tonkin.*

A l'avenir, dans toutes leurs relations officielles
écrites, rapports, documents, demandes ou réponses,
etc., les chefs de service, officiers ou fonctionnaires
de tout grade au Tonkin, supprimeront entièrement
toute formule de politesse ou protocole final, et adop-
teront le modèle suivant :

Date

M. (titre, grade ou fonction)

à M. (titre, grade ou fonction)

Monsieur le (titre)

ou Mon (grade)

. . . . — HARMAND.

2. — 10 avril 1886. — DÉCISION *supprimant le
protocole final dans toutes les relations officielles
écrites, entre les fonctionnaires des différents
services du Protectorat.*

A l'avenir, toutes les correspondances administratives adressées à la Résidence générale et aux Résidences supérieures, ou échangées entre les différents
services du Protectorat, devront avoir l'entête
suivant :

M. (titre du fonctionnaire)

à M. (titre du fonctionnaire), *à*

Les formules de salutation sont supprimées.

Les dépêches destinées à M. le Président du conseil, Ministre des affaires étrangères, et rédigées dans les services, seront libellées ainsi qu'il suit :

Le Résident général de la République française en Annam et au Tonkin, membre de l'Institut, à M. le Président du Conseil, Ministre des affaires étrangères.

Monsieur le Ministre,

Veuillez agréer, Monsieur le Ministre, l'assurance de ma respectueuse considération. — PAUL BERT.

VOY. : **Correspondance administrative.**

PROVINCES. — VOY.: **Organisation administrative.**

R

RAFFINERIES. — VOY. : **Pétrole.**

RAPATRIEMENTS

1. — 22 octobre 1888. — CIRCULAIRE *sur les rapatriements.*

J'ai l'honneur de vous informer qu'en exécution des prescriptions de M. le Gouverneur général, je dois lui télégraphier trente jours après le départ de France pour le Tonkin de chaque transport ou affrété, le nombre de places nécessaires pour les rapatriables de l'Annam et du Tonkin.

Je vous serai donc obligé de m'adresser, à l'avenir, l'état des places que vous pensez devoir vous être nécessaires (en tenant compte des fonctionnaires hospitalisés et devant passer devant le conseil de santé) assez tôt pour que je puisse le lui transmettre en temps convenable.

Le premier départ du nouveau service des transports ayant eu lieu le 1er août, et le deuxième le 10 septembre, les autres suivront aux dates des 20 octobre, 1er décembre, 10 janvier, etc., et ainsi de suite, de quarante jours en quarante jours. Ce sera donc vingt-cinq jours après ces dates que je vous prie de m'envoyer l'état dont il est question.

Ces prescriptions vous sont adressées à la suite de demandes trop tardives, parvenues après que l'état de répartition avait déjà été adressé au Gouverneur général, et par conséquent auxquelles il n'a pu être donné suite. — E. PARREAU.

2. — 17 octobre 1888. — CIRCULAIRE *au sujet des rapatriements des indigents.*

Afin de me permettre d'établir d'une façon régulière les listes et ordres d'embarquement des indigents ou autres, qui sollicitent auprès de vous leur rapatriement; j'ai l'honneur de vous prier de vouloir bien, à l'avenir, en me transmettant ces demandes, me faire connaître la durée exacte du séjour des pétitionnaires dans la colonie, conformément aux dispositions de la circulaire du 6 juin 1872, *Bulletin officiel*, p. 632. — E. PARREAU.

VOY.: **Congés.**

RAPPORTS ADMINISTRATIFS. — VOY. : **Organisation administrative ; — Topographie.**

RAPPORTS POLITIQUES

1. — 6 août 1888. — CIRCULAIRE *demandant un rapport politique de quinzaine.*

J'ai l'honneur de vous prier de vouloir bien faire établir, en fin de chaque quinzaine, un rapport sur la situation politique de votre province.

Vous voudrez bien y mentionner, par ordre de date, tous les actes de piraterie qui auront été commis, avec indication sommaire du village où les faits se seront passés, du nombre présumé des pirates et des mesures prises par vous; cela ne devra pas vous dispenser de me prévenir télégraphiquement de tout acte de rébellion ou piraterie.

Je vous serai obligé de vouloir bien donner des ordres pour que ces rapports me soient adressés régulièrement tous les quinze jours, sous le timbre « Cabinet ». — E. PARREAU.

RATIONS

1. — 29 juin 1889. — ARRÊTÉ *fixant la composition des rations de vivres.*

Article premier. — Les diverses rations de vivres en Annam et au Tonkin, seront composées conformément au tableau ci-dessous (1):

Art. 2. — Toutefois, les quantités de haricots ou de lentilles et de riz fixées par le tarif du 15 janvier 1889, et entrant dans l'ancienne composition de la ration de troupes européennes, continueront d'être délivrées à ces troupes, jusqu'à complet épuisement de l'approvisionnement des deux premières de ces denrées.

Art. 3. — Il ne sera désormais délivré, aux troupes, d'alcool de quinquina que sur l'avis du médecin en chef de la marine chef du service de santé, concluant à la nécessité de cette délivrance.

Art. 4. — Le général commandant en chef les troupes de l'Indo-Chine, le Chef des services administratifs et le chef du service de santé sont chargés, chacun en ce qui le concerne, de l'exécution du présent arrêté, qui sera applicable à partir du 1er juillet prochain. — PIQUET.

2. — 31 janvier 1891. — ARRÊTÉ *faisant entrer le riz dans la ration de 2e catégorie délivrée aux troupes européennes.*

Article premier. — Le riz fait partie, à titre définitif, de la ration de la 2e catégorie, troupes européennes, en remplacement des haricots et des lentilles, et à raison de 0 kilog. 180 par allocation individuelle.

Art. 2. — Les rations de 1re, 2e et 3e catégories ne comprendront plus désormais, mensuellement, dans les postes du Tonkin, qu'une distribution de

(1) La composition des rations est actuellement réglée par les arrêtés des 31 janvier 1891 et 26 février 1892, auxquels nous renvoyons le lecteur.

lard le premier jeudi de chaque mois, et une distribution de conserves le troisième jeudi du même mois.

L'allocation individuelle reste fixée à 0 kilog. 225 pour le lard, et à 0 kilog. 200 pour la conserve.

Le même mode de distribution sera appliqué dans les postes de l'Annam, dès que l'approvisionnement de lard et de conserves y sera ramené, comme au Tonkin, à des quantités normales. Rien n'y est changé au mode de distribution actuellement appliqué.

Art. 3. — Le Commissaire général chef des services administratifs militaires et maritimes en Annam et au Tonkin est chargé de l'exécution du présent arrêté, qui sera enregistré et publié partout où besoin sera. — Piquet.

2. — 26 février 1892. — Arrêté *modifiant la composition des rations à délivrer aux troupes de l'Annam et du Tonkin en 1892.*

Article premier. — La composition de la ration à délivrer aux troupes européennes et indigènes de l'Annam et du Tonkin, pendant l'année 1892, est fixée ainsi qu'il suit :

DÉSIGNATION des DENRÉES	RATIONS DE			OBSERVATIONS
	1re CATÉGORIE Officiers	2e CATÉGORIE Troupe européennes	3e CATÉGORIE Tirailleurs tonkinois et coolies	
Pain ou.......	0k.750	0k.750	»	
Biscuit.......	0 550	0 550	»	
Viande fraîche.	0 300	0 300	»	
ou Lard salé..	0 225	0 225	»	} distribution le 1er et le 4e jeudi de chaque mois.
ou				
Conserve de bœuf	0 200	0 200	»	1 distribution le 3e jeudi de chaque mois.
ou Porc frais...	0 400	0 400	»	Distribution à défaut de viande fraîche de bœuf.
Riz...........	»	0 180	0k.800	(A) Le tafia n'est délivré que dans les postes situés en territoires militaires ou dans ceux dont l'insalubrité est reconnue. — Dans ce cas, la ration de café est réduite à 0 k. 024, et celle de sucré à 0 k. 025.
Café (A)......	0 034	0 034	»	
Sucre (A)......	0 030	0 030	»	
Thé	0 005	0 005	»	
Sel	»	0 024	0 024	Allocation destinée à améliorer l'ordinaire.
Vin	0 l. 46	0 l. 46	»	
Tafia A.......	0 06	0 06	»	Les sous-officiers perçoivent 2 k. 400 pendant toute l'année (décision du 18 juin 1890).
Argent pour légumes verts.....	»	0 f. 06	»	
Bois à brûler...	»	1k.200 ou 1k.500	»	
ACIDULAGES ET SUPPLÉMENTS				
Tafia...........	»	0 l. 30	»	Pour acidulage dans les conditions déterminées par l'arrêté local du 11 décembre 1880.
Thé	»	0k.004	»	
Sucre.........	»	0 010	»	

Art. 2. — Lorsqu'il y aura lieu à remboursement, la valeur des rations indiquées ci-dessus sera calculée aux prix ci-après :

1re catégorie	1 fr. 12
2e catégorie	1 24
3e catégorie	0 20

De Lanessan.

RÉBELLION

1. — 26 février 1886. — Proclamation *au peuple du Tonkin au sujet de la soumission des rebelles.*

Mandarins, notables et hommes du peuple du Tonkin,

La France et le grand empire de l'Annam sont aujourd'hui unis à jamais par les liens de la plus étroite et la plus sincère amitié.

Nous confondons donc tous les enfants de ce noble pays dans une même sollicitude et une même affection, et nous n'avons d'autre pensée que d'écarter, pour le présent et pour l'avenir, toutes les calamités qui les accablent depuis si longtemps.

Nous savons que le cœur de S. M. le très-haut et très-généreux Empereur d'Annam a saigné et saigne encore de tous les maux qui ont affligé son peuple et qui ont été causés par ses propres enfants. Sa Majesté n'a qu'un désir : clore, au plus tôt, la période néfaste des dissensions civiles et amener une ère de paix et de prospérité, comme au temps de son ancêtre vénéré, le grand empereur Gialong.

Partageant ces sentiments de grandeur et de magnanimité, n'ayant en vue que l'union de tous les cœurs et le bonheur de tous, prenant en pitié les transes des malheureux qui ont eu une heure d'égarement, nous conformant d'ailleurs aux traditions de générosité de la grande nation dont nous sommes le représentant, et voulant que l'année qui finit emporte irrévocablement avec elle tous les douloureux souvenirs du passé, après en avoir délibéré avec la noble cour et d'accord avec elle,

Décidons ce qui suit :

Toutes les demandes de soumission seront acceptées par les résidents et les gouverneurs des provinces pendant deux mois, dans toute l'étendue du territoire du Tonkin. Le délai courra du 1er du 2e mois de cette année au 1er du 4e mois.

Tous ceux qui se présenteront dans cet intervalle auront la vie sauve et leur personne sera respectée.

Passé le 1er du 4e mois, tous les coupables qui ne se seront pas présentés seront traqués partout où ils se trouvent, et il n'y aura plus aucun pardon; leurs biens seront confisqués.

Tous ceux qui possèdent des armes, à quelque titre que ce soit, devront les livrer.

Tous ceux qui ont un commandement dans les bandes seront simplement frappés d'une amende proportionnée à leur grade, à moins qu'ils ne donnent des gages certains de leur repentir en livrant, dans le dernier mois, c'est-à-dire du 1er du 3e mois au 1er du 4e, un autre chef de pirates. — Warnet.

2. — 11 février 1889. — Circulaire *sur les mesures à prendre pour la répression des faits de rébellion.*

Mon attention a été appelée sur le meilleur mode qu'il conviendrait d'adopter pour assurer, judiciairement, la répression des faits se rattachant à la rébellion.

J'ai pensé que le Gouvernement royal et le Protectorat, ayant chacun un intérêt égal au maintien de l'ordre, il était de toute logique que leurs représentants eussent mission de juger, en commun, les faits qui y auront porté atteinte.

Je priai dès lors LL. EE. MM. les membres du Conseil secret de vouloir bien examiner s'il ne conviendrait pas d'instituer, dans chaque province, un tribunal mixte composé du résident, représentant du Protectorat, et du Quan-an, représentant du Gouvernement royal.

Ce tribunal aurait à connaître de tous les faits de rébellion ou de complicité de rébellion, même, jusqu'à nouvel ordre, de ceux de la même catégorie commis par des miliciens ou gardes civils.

L'accord s'est rapidement établi entre le conseil secret et moi sur la question de principe, et sur la légitimité des motifs qui justifiaient l'installation de cette juridiction exceptionnelle.

S. M. le Roi a bien voulu, sur rapport conforme du Comat, rendre à la date du 17 janvier, un édit approuvant la proposition et ordonnant qu'il y fut donné suite par les autorités provinciales sur toute l'étendue du territoire.

J'estime, en conséquence, qu'il convient de poursuivre, dès à présent, la mise à exécution du projet. Vous voudrez bien vous entendre avec les autorités indigènes de votre province pour procéder, de concert avec elles, à l'installation de ce tribunal, dans lequel vous êtes appelé à siéger au nom du Protectorat, et qui devra fonctionner dès que l'occasion se présentera pour lui, de juger des faits de la catégorie ci-dessus indiquée. — RHEINART.

Voy. : **Tribunaux mixtes.**

REBUTS (BUREAU DES). — Voy. : **Postes et télégraphes.**

RÉCIDIVISTES, RÉCIDIVE

1. — 1er septembre 1885. — DÉCISION *promulguant dans toute l'étendue de l'Annam et du Tonkin la loi du 27 mai 1885, sur les récidivistes.*

Article premier. — Est promulguée dans toute l'étendue de l'Annam et du Tonkin, la loi du 27 mai 1885, sur les récidivistes.

Art. 2. — Le Directeur des affaires civiles et politiques est chargé de l'exécution de la présente décision. — WARNET.

27 mai 1885. — LOI *sur les récidivistes.*

Article premier. — La relégation consistera dans l'internement perpétuel, sur le territoire des colonies ou possessions françaises, des condamnés que la présente loi a pour objet d'éloigner de France.

Seront déterminés, par décrets rendus en forme de règlement d'administration publique, les lieux dans lesquels pourra s'effectuer la relégation, les mesures d'ordre et de surveillance auxquelles les relégués pourront être soumis par nécessité de sécurité publique, et les conditions dans lesquelles il sera pourvu à leur subsistance, avec obligation du travail à défaut de moyens d'existence dûment constatés.

Art. 2. — La relégation ne sera prononcée que par les cours et tribunaux ordinaires, comme conséquence des condamnations encourues devant eux, à l'exclusion de toutes juridictions spéciales et exceptionnelles.

Ces cours et tribunaux pourront toutefois tenir compte des condamnations prononcées par les tribunaux militaires et maritimes en dehors de l'état de siège ou de guerre, pour les crimes ou délits de droit commun spécifiés à la présente loi.

Art. 3. — Les condamnations pour crimes ou délits politiques, ou pour crimes ou délits qui leur sont connexes ne seront, en aucun cas, comptées pour la relégation.

Art. 4. — Seront relégués les récidivistes qui, dans quelque ordre que ce soit et dans un intervalle de dix ans, non compris la durée de toute peine subie, auront encouru les condamnations énumérées à l'un des paragraphes suivants :

1° Deux condamnations aux travaux forcés ou à la réclusion, sans qu'il soit dérogé aux dispositions des paragraphes 1 et 2 de l'article 6 de la loi du 30 mai 1854 ;

2° Une des condamnations énoncées au paragraphe précédent et deux condamnations, soit à l'emprisonnement pour faits qualifiés crimes, soit à plus de trois mois d'emprisonnement pour :

Vol ;

Escroquerie ;

Abus de confiance ;

Outrage public à la pudeur ;

Excitation habituelle des mineurs à la débauche ;

Vagabondage ou mendicité, par application des articles 277 et 279 du code pénal.

3° Quatre condamnations soit à l'emprisonnement pour faits qualifiés crimes, soit à plus de trois mois d'emprisonnement pour les délits spécifiés au paragraphe 2 ci-dessus.

4° Sept condamnations, dont deux au moins prévues par les deux paragraphes précédents, et les autres, soit pour vagabondage, soit pour infraction à l'interdiction de résidence signifiée par application de l'article 19 de la présente loi, à la condition que deux de ces autres condamnations soient à plus de trois mois d'emprisonnement. »

Sont considérés comme gens sans aveu et seront punis des peines édictées contre le vagabondage, tous individus qui, qu'ils aient ou non un domicile certain, ne tirent habituellement leur subsistance que du fait de pratiquer ou faciliter sur la voie publique l'exercice de jeux illicites ou la prostitution d'autrui sur la voie publique.

Art. 5. — Les condamnations qui auront fait l'objet de grâce, commutation ou réduction de peine, seront néanmoins comptées en vue de la relégation. Ne le seront pas celles qui auront été effacées par la réhabilitation.

Art. 6. — La relégation n'est pas applicable aux individus qui seront âgés de plus de soixante ans ou de moins de vingt-et-un ans à l'expiration de leur peine.

Toutefois, les condamnations encourues par le mineur de 21 ans, compteront en vue de la relégation, s'il est, après avoir atteint cet âge, de nouveau condamné dans les conditions prévues par la présente loi.

Art. 7. — Les condamnés qui auront encouru la relégation resteront soumis à toutes les obligations qui pourraient leur incomber en vertu des lois sur le recrutement de l'armée.

Un règlement d'administration publique déterminera dans quelles conditions ils accompliront ces obligations.

Art. 8. — Celui qui aurait encouru la relégation par application de l'article 4 de la présente loi, s'il n'avait pas dépassé soixante ans, sera, après l'expiration de sa peine, soumis à perpétuité à l'interdiction de séjour édictée par l'article 19 ci-dessous.

S'il est mineur de 21 ans, il sera, après l'expiration de sa peine, retenu dans une maison de correction jusqu'à sa majorité.

Art. 9. — Les condamnations encourues antérieurement à la promulgation de la présente loi seront comptées en vue de la relégation, conformément aux précédentes dispositions. Néanmoins, tout individu qui aura encouru avant cette époque des condamnations pouvant entraîner dès maintenant la relégation, n'y sera soumis qu'en cas de condamnation nouvelle dans les conditions ci-dessus prescrites.

Art. 10. — Le jugement ou l'arrêt prononcera la relégation en même temps que la peine principale ; il

/isera expressément les condamnations antérieures par suite desquelles elle sera applicable.

Art. 11. — Lorsqu'une poursuite devant un tribunal correctionnel sera de nature à entraîner l'application de la relégation, il ne pourra jamais être procédé dans les formes édictées par la loi du 20 mai 1863 sur les flagrants délits.

Un défenseur sera nommé d'office au prévenu, à peine de nullité.

Art. 12. — La relégation ne sera appliquée qu'à l'expiration de la dernière peine à subir par le condamné. Toutefois, faculté est laissée au Gouvernement de devancer cette époque pour opérer le transfèrement du relégué.

Il pourra également lui faire subir tout ou partie de la dernière peine dans un pénitencier.

Ces pénitenciers pourront servir de dépôt pour les libérés qui y seront maintenus jusqu'au plus prochain départ pour le lieu de relégation.

Art. 13. — Le relégué pourra momentanément sortir du territoire de relégation, en vertu d'une autorisation spéciale de l'autorité supérieure locale.

Le ministre seul pourra donner cette autorisation pour plus de six mois, ou la réitérer.

Il pourra, seul aussi, autoriser, à titre exceptionnel et pour six mois au plus, le relégué à rentrer en France.

Art. 14. — Le relégué qui, à partir de l'expiration de sa peine, se sera rendu coupable d'évasion ou de tentative d'évasion, celui qui, sans autorisation, sera rentré en France ou aura quitté le territoire de relégation, celui qui aura outrepassé le temps fixé par l'autorisation, sera traduit devant le tribunal correctionnel du lieu de son arrestation ou devant celui du lieu de relégation, et, après constatation de son identité, sera puni d'un emprisonnement de deux ans au plus.

En cas de récidive, cette peine pourra être portée à cinq ans.

Elle sera subie sur le territoire des lieux de relégation.

Art. 15. — En cas de grâce, le condamné à la relégation ne pourra en être dispensé que par disposition spéciale des lettres de grâce.

Cette dispense par voie de grâce pourra d'ailleurs intervenir après l'expiration de la peine principale.

Art. 16. — Le relégué pourra, à partir de la sixième année de sa libération, introduire devant le tribunal de la localité une demande tendant à se faire relever de la relégation, en justifiant de sa bonne conduite, des services rendus à la colonisation, et de moyens d'existence.

Les formes et conditions de cette demande seront déterminées par le règlement d'administration publique prévu par l'article 18 ci-après.

Art. 17. — Le gouvernement pourra accorder aux relégués l'exercice, sur les territoires de relégation, de tout ou partie des droits civils dont ils auraient été privés par l'effet des condamnations encourues.

Art. 18. — Des règlements d'administration publique détermineront :

Les conditions dans lesquelles les relégués accompliront les obligations militaires auxquelles ils pourraient être soumis par les lois sur le recrutement de l'armée.

L'organisation des pénitenciers mentionnés en l'article 12.

Les conditions dans lesquelles le condamné pourra être dispensé provisoirement ou définitivement de la relégation pour cause d'infirmité ou de maladie, les mesures d'aide et d'assistance en faveur des relégués ou de leur famille, les conditions auxquelles des concessions de terrain, provisoires ou définitives, pourront leur être accordées, les avances à faire, s'il y a lieu, pour premier établissement, le mode de remboursement de ces avances, l'étendue des droits de l'époux survivant, des héritiers ou des tiers intéressés sur les terrains concédés et les facilités qui pourraient être données à la famille des relégués pour les rejoindre.

Les conditions des engagements de travail à exiger des relégués ;

Le régime et la discipline des établissements ou chantiers où ceux qui n'auraient ni moyens d'existence ni engagements seront astreints au travail ;

Et en général toutes les mesures nécessaires à assurer l'exécution de la présente loi.

Le premier règlement, destiné à organiser l'application de la présente loi, sera promulgué dans un délai de six mois au plus à dater de sa promulgation.

Art. 19. — Est abrogée la loi du 9 juillet 1852, concernant l'interdiction, par voie administrative, du séjour du département de la Seine et des communes formant l'agglomération lyonnaise.

La peine de la surveillance de la haute police est supprimée. Elle est remplacée par la défense faite au condamné de paraître dans les lieux dont l'interdiction lui sera signifiée par le Gouvernement avant sa libération.

Toutes les autres obligations et formalités imposées par l'article 44 du code pénal sont supprimées à partir de la promulgation de la présente loi, sans qu'il soit toutefois dérogé aux dispositions de l'article 635 du code d'instruction criminelle.

Restent en conséquence applicables pour cette interdiction, les dispositions antérieures qui réglaient l'application ou la durée ainsi que la remise ou la suppression de la surveillance de la haute police, et les peines encourues par les contrevenants, conformément à l'article 45 du code pénal.

Dans les trois mois qui suivront la promulgation de la présente loi, le Gouvernement signifiera aux condamnés actuellement soumis à la surveillance de la haute police, les lieux dans lesquels il leur sera interdit de paraître pendant le temps qui restait à courir de cette peine.

Art. 20. — La présente loi est applicable à l'Algérie et aux colonies.

En Algérie, par dérogation à l'article 2, les conseils de guerre prononceront la relégation contre les indigènes des territoires de commandement qui auront encouru, pour crimes ou délits de droit commun, les condamnations prévues par l'article 4 ci-dessus.

Art. 21. — La présente loi sera exécutoire à partir de la promulgation du règlement d'administration publique mentionné au dernier paragraphe de l'article 18.

Art. 22. — Un rapport sur l'exécution de la présente loi sera présenté chaque année, par le ministre compétent, à M. le Président de la République.

Art. 23. — Toutes dispositions antérieures sont abrogées en ce qu'elles ont de contraire à la présente loi.

La présente loi, délibérée et adoptée par le Sénat et par la Chambre des députés, sera exécutée comme loi de l'État. — JULES GRÉVY.

2. — 16 décembre 1885. — DÉCISION *promulguant la loi du 4 août 1885, sur les moyens de prévenir la récidive.*

Article premier. — Est promulguée en Annam et au Tonkin, la loi dont la teneur suit, du 14 août 1885, sur les moyens de prévenir la récidive.

Art. 2. — Le Directeur des affaires civiles et politiques est chargé d'assurer l'exécution de la présente décision. — COURCY.

3. — 14 août 1885. — LOI *sur les moyens de prévenir la récidive.* (Libération conditionnelle, patronage, réhabilitation).

TITRE PREMIER

RÉGIME DISCIPLINAIRE DES ÉTABLISSEMENTS PÉNITENTIAIRES, ET LIBÉRATION CONDITIONNELLE.

Article premier. — Un régime disciplinaire, basé sur la constatation journalière de la conduite et du travail, sera institué dans les divers établissements pénitentiaires de France et d'Algérie, en vue de favoriser l'amendement des condamnés et de les préparer à la libération conditionnelle.

Art. 2. — Tous condamnés ayant à subir une ou plusieurs peines emportant privation de liberté peuvent, après avoir accompli trois mois d'emprisonnement, si les peines sont inférieures à six mois, dans le cas contraire la moitié de leurs peines, être mis conditionnellement en liberté, s'ils ont satisfait aux dispositions réglementaires fixées en vertu de l'article premier.

Toutefois, s'il y a récidive légale, soit aux termes des articles 56 à 58 du code pénal, soit en vertu de la loi du 17 mai 1885, la durée de l'emprisonnement est portée à six mois, si les peines sont inférieures à neuf mois, et aux deux tiers de la peine dans le cas contraire.

La mise en liberté peut être révoquée en cas d'inconduite habituelle et publique dûment constatée, ou d'infraction aux conditions spéciales exprimées dans le permis de libération.

Si la révocation n'est pas intervenue avant l'expiration de la durée de la peine, la libération est définitive.

Au cas où la peine qui aurait été l'objet d'une décision de libération conditionnelle devrait être suivie de la relégation, il pourra être sursis à l'exécution de cette dernière mesure, et le condamné sera, en conséquence, laissé en France, sauf droit de révocation, ainsi qu'il est dit au présent article.

Le droit de révocation prendra fin en ce cas, s'il n'en a été fait usage pendant les dix années qui auront suivi la date d'expiration de la peine principale.

Art. 3. — Les arrêtés de mise en liberté sous condition et de révocation sont pris par le Ministre de l'intérieur :

S'il s'agit de la mise en liberté, après avis du préfet, du directeur de l'établissement ou de la circonscription pénitentiaire, de la commission de surveillance de la prison, et du parquet près le tribunal ou la cour qui a prononcé la condamnation ;

Et, s'il s'agit de la révocation, après avis du préfet et du procureur de la République de la résidence du libéré.

Art. 4. — L'arrestation du libéré conditionnel peut toutefois être provisoirement ordonnée par l'autorité administrative ou judiciaire du lieu où il se trouve, à la charge d'en donner immédiatement avis au Ministre de l'intérieur.

Le ministre prononce la révocation, s'il y a lieu.

L'effet de la révocation remonte au jour de l'arrestation.

Art. 5. — La réintégration a lieu pour toute la durée de la peine non subie au moment de la libération.

Si l'arrestation provisoire est maintenue, le temps de sa durée compte pour l'exécution de la peine.

Art. 6. — Un règlement d'administration publique déterminera la forme des permis de libération, les conditions auxquelles ils peuvent être soumis, et le mode de surveillance spéciale des libérés conditionnels.

L'administration peut charger les sociétés ou institutions de patronage de veiller sur la conduite des libérés qu'elle désigne spécialement, et dans les conditions qu'elle détermine.

TITRE II

PATRONAGE

Art. 7 — Les sociétés ou institutions agréées par l'administration pour le patronage des libérés reçoivent une subvention annuelle en rapport avec le nombre de libérés réellement patronnés par elles, dans les limites du crédit spécial inscrit dans la loi de finances.

Art. 8. — Dans le cas du paragraphe 2 de l'article 6, l'administration alloue à la société ou institution de patronage une somme de 50 centimes par jour pour chaque libéré, pendant un temps égal à celui de la durée de la peine restant à courir, sans que cette allocation puisse dépasser 100 francs.

DISPOSITION TRANSITOIRE

Art. 9. — Avant qu'il ait pu être pourvu à l'exécution des articles 1, 2 et 6, en ce qui touche la mise en pratique du régime d'amendement, et le règlement d'administration publique à intervenir, la libération conditionnelle pourra être prononcée à l'égard des condamnés qui en auront été reconnus dignes, dans les cas prévus par la présente loi, trois mois au plus tôt après sa promulgation.

TITRE III

RÉHABILITATION

Art. 10. — Les articles 630, 631 et 632 du code d'instruction criminelle sont supprimés.

Les articles 621, 623, 624, 628, 629, 633 et 634 du même code sont modifiés ainsi qu'il suit :

« Art. 621. — Le condamné à une peine afflictive ou infamante ne peut être admis à demander sa réhabilitation, s'il n'a résidé dans le même arrondissement depuis cinq années, et pendant les deux dernières dans la même commune.

Le condamné à une peine correctionnelle ne peut être admis à demander sa réhabilitation, s'il n'a résidé dans le même arrondissement depuis trois années, et pendant les deux dernières dans la même commune.

Les condamnés qui ont passé tout ou partie de ce temps sous les drapeaux, ceux que leur profession oblige à des déplacements inconciliables avec une résidence fixe, pourront être affranchis de cette condition, s'ils justifient, les premiers d'attestations satisfaisantes de leurs chefs militaires, les seconds de certificats de leurs patrons ou chefs d'administration constatant leur bonne conduite.

Ces attestations et certificats sont délivrés dans les conditions de l'article 624.

Art. 623. — Il doit, sauf le cas de prescription, justifier du payement des frais de justice, de l'amende et des dommages-intérêts, ou de la remise qui lui en a été faite.

A défaut de cette justification, il doit établir qu'il a subi le temps de contrainte par corps déterminé par la loi, ou que la partie lésée a renoncé à ce moyen d'exécution.

S'il est condamné pour banqueroute frauduleuse, il doit justifier du passif de la faillite en capital, intérêts et frais, ou de la remise qui lui en a été faite.

Néanmoins, si le demandeur justifie qu'il est hors d'état de se libérer des frais de justice, la cour peut accorder la réhabilitation, même dans le cas où ces frais n'auraient pas été payés ou ne l'auraient été qu'en partie.

En cas de condamnation solidaire, la cour fixe la part des frais de justice, des dommages-intérêts ou du passif qui doit être payée par le demandeur.

Si la partie lésée ne peut être retrouvée, ou si elle refuse de recevoir, il est fait dépôt de la somme due à la caisse des dépôts et consignations, dans la forme des articles 812 et suivants du code de procédure civile ; si la partie ne se présente pas dans un délai de cinq ans, pour se faire attribuer la somme consignée, cette somme est restituée au déposant sur sa simple demande.

Art. 624. — Le procureur de la République provoque des attestations des maires des communes où le condamné a résidé, faisant connaître :

1° La durée de sa résidence dans chaque commune, avec indication du jour où elle a commencé et de celui où elle a fini ;

2° Sa conduite pendant la durée de son séjour ;

3° Ses moyens d'existence pendant le même temps.

Ces attestations doivent contenir la mention expresse qu'elles ont été rédigées pour servir à l'appréciation de la demande en réhabilitation.

Le procureur de la République prend, en outre, l'avis des juges de paix des cantons et celui des sous-préfets des arrondissements où le condamné a résidé.

Art. 628. — La Cour, le Procureur général et la partie ou son conseil entendus, statue sur la demande.

Art. 629. — En cas de rejet, une nouvelle demande ne peut être formée avant l'expiration d'un délai de deux années.

Art. 633. — Si la réhabilitation est prononcée, un extrait de l'arrêt est adressé par le Procureur général à la cour ou au tribunal qui a prononcé la condamnation, pour être transcrit en marge de la minute de l'arrêt ou du jugement. Mention en est faite au casier judiciaire. Les extraits délivrés aux parties ne doivent pas relever la condamnation.

Le réhabilité peut se faire délivrer une expédition de la réhabilitation et un extrait du casier judiciaire, sans frais.

Art. 634. — La réhabilitation efface la condamnation et fait cesser, pour l'avenir, toutes les incapacités qui en résultaient.

Les interdictions prononcées par l'article 612 du code de commerce sont maintenues, nonobstant la réhabilitation obtenue en vertu des dispositions qui précèdent.

Les individus qui sont en état de récidive légale, ceux qui, après avoir obtenu la réhabilitation, auront encouru une nouvelle condamnation, ne seront admis au bénéfice des dispositions qui précèdent qu'après un délai de dix années écoulées depuis leur libération.

Néanmoins, les récidivistes qui n'auront subi aucune peine afflictive ou infamante et les réhabilités qui n'auront encouru qu'une condamnation à une peine correctionnelle, seront admis au bénéfice des dispositions qui précèdent, après un délai de six années écoulées depuis leur libération. »

Art. 11. — La présente loi est applicable aux colonies, sous réserve des dispositions des lois ou règlements spéciaux relatifs à l'exécution de la peine des travaux forcés.

Art. 12. — Un rapport sur l'exécution de la présente loi, en ce qui touche la libération conditionnelle, sera présenté chaque année par le Ministre de l'intérieur à M. le Président de la République.

La présente loi délibérée et adoptée par le Sénat et par la Chambre des députés, sera exécutée comme loi de l'État. — JULES GRÉVY.

RECRUTEMENT

1. — 27 septembre 1889. — ARRÊTÉ *promulguant la loi du 15 juillet 1889 sur le recrutement de l'armée.*

Est promulguée dans toute l'étendue de l'Indo-Chine, la loi du 15 juillet 1889, sur le recrutement de l'armée. — PIQUET.

15 juillet 1889. — LOI *sur le recrutement de l'armée* (1).

TITRE PREMIER

DISPOSITIONS GÉNÉRALES

Article premier. — Tout Français doit le service militaire personnel.

Art. 2. — L'obligation du service militaire est égale pour tous ; elle a une durée de vingt-cinq années.

Le service militaire s'accomplit selon le mode déterminé par la présente loi.

Art. 3. — Nul n'est admis dans les troupes françaises s'il n'est Français ou naturalisé Français, sauf les exceptions déterminées par la présente loi.

Art. 4. — Sont exclus de l'armée, mais mis, soit pour leur temps de service actif, soit en cas de mobilisation, à la disposition du ministre de la marine et des colonies, qui détermine par arrêtés les services auxquels ils peuvent être affectés :

1° Les individus qui ont été condamnés à une peine afflictive et infamante, ou à une peine infamante dans le cas prévu par l'article 177 du code pénal ;

2° Ceux qui, ayant été condamnés à une peine correctionnelle de deux ans d'emprisonnement et au-dessus, ont été, en outre, par application de l'article 42 du code pénal, frappés de l'interdiction de tout ou partie de l'exercice des droits civiques, civils et de famille ;

3° Les relégués collectifs.

Les relégués individuels sont incorporés dans les corps de disciplinaires coloniaux. Le ministre de la marine désigne le corps auquel chacun d'eux est affecté en cas de mobilisation.

Art. 5. — Les individus reconnus coupables de crimes et condamnés seulement à l'emprisonnement par application de l'article 463 du code pénal ;

(1) Pour le recrutement de l'armée coloniale, voir ci-après le décret du 4 août 1894.

Ceux qui ont été condamnés correctionnellement à trois mois de prison au moins pour outrage public à la pudeur, pour délit de vol, escroquerie, abus de confiance ou attentat aux mœurs prévu par l'article 338 du code pénal ;

Ceux qui ont été l'objet de deux condamnations au moins, quelle qu'en soit la durée, pour l'un des délits spécifiés dans le paragraphe précédent.

Sont incorporés dans les bataillons d'infanterie légère d'Afrique :

Ceux qui, au moment de l'appel de leur classe, se trouveraient retenus, pour ces mêmes faits, dans un établissement pénitentiaire, seront incorporés dans les dits bataillons à l'expiration de leur peine, pour y accomplir le temps de service prescrit par la présente loi.

Après un séjour d'une année dans ces bataillons, les hommes désignés au présent article, qui seraient l'objet de rapports favorables de leurs chefs, pourront être envoyés dans d'autres corps par le Ministre de la guerre.

Art. 6. — Les dispositions des articles 4 et 5 ci-dessus ne sont pas applicables aux individus qui ont été condamnés pour faits politiques ou connexes à des faits politiques.

En cas de contestation, il sera statué par le tribunal civil du lieu du domicile, conformément à l'article 31 ci-après.

Ces individus suivront le sort de la première classe appelée après l'expiration de leur peine.

Art. 7. — Nul n'est admis dans une administration de l'État, s'il ne justifie avoir satisfait aux obligations imposées par la présente loi.

Art. 8. — Tout corps organisé, quand il est sous les armes, est soumis aux lois militaires, fait partie de l'armée et relève, soit du Ministre de la guerre, soit du Ministre de la marine.

Il en est de même des corps de vétérans que le Ministre de la guerre est autorisé à créer en temps de guerre, et qui seraient recrutés par voie d'engagements volontaires parmi les hommes ayant accompli la totalité de leur service militaire.

Art. 9. — Les militaires et assimilés de tous grades et de toutes armes des armées de terre et de mer, ne prennent part à aucun vote, quand ils sont présents à leur corps, à leur poste ou dans l'exercice de leurs fonctions. Ceux qui, au moment de l'élection, se trouvent en résidence libre, en non-activité ou en possession d'un congé, peuvent voter dans la commune sur les listes de laquelle ils sont régulièrement inscrits. Cette dernière disposition s'applique également aux officiers et assimilés qui sont en disponibilité ou dans le cadre de réserve.

TITRE II
DES APPELS
CHAPITRE PREMIER
DU RECENSEMENT ET DU TIRAGE AU SORT

Art. 10. — Chaque année, pour la formation de la classe, les tableaux de recensement des jeunes gens ayant atteint l'âge de vingt ans révolus dans l'année précédente, et domiciliés dans l'une des communes du canton, sont dressés par les maires :

1° Sur la déclaration à laquelle sont tenus les jeunes gens, leurs parents ou leurs tuteurs ;

2° D'office, d'après les registres de l'état civil et tous autres documents et renseignements.

Ces tableaux mentionnent la profession de chacun des jeunes gens inscrits.

Il sont publiés et affichés dans chaque commune, suivant les formes prescrites par les articles 63 et 64 du code civil. La dernière publication doit avoir lieu au plus tard le 15 janvier.

Un avis publié dans les mêmes formes indique le lieu et le jour où il sera procédé à l'examen desdits tableaux et à la désignation par le sort des numéros assignés à chaque jeune homme inscrit.

Art. 11. — Les individus déclarés français en vertu de l'article 1er de la loi du 16 décembre 1874, sont portés dans les communes où ils sont domiciliés, sur les tableaux de recensement de la classe dont la formation suit l'époque de leur majorité. Ils sont soumis au service militaire, s'ils n'établissent pas leur qualité d'étranger.

Les individus nés en France d'étrangers et résidant en France, sont également portés, dans les communes où ils sont domiciliés, sur les tableaux de recensement de la classe dont la formation suit l'époque de leur majorité, telle qu'elle est fixée par la loi française. Ils peuvent réclamer contre leur inscription, lors de l'examen du tableau de recensement et lors de leur convocation au conseil de révision, conformément à l'article 16 ci-après. S'ils ne réclament pas, le tirage au sort équivaudra pour eux à la déclaration prévue par l'article 9 du code civil. S'ils se font rayer, ils seront immédiatement déchus du bénéfice dudit article.

Les mêmes dispositions sont applicables aux individus résidant en France et nés en pays étrangers, soit d'un étranger qui depuis lors a été naturalisé français, soit d'un français ayant perdu la qualité de français, mais qui l'a recouvrée ultérieurement, si ces individus étaient mineurs lorsque leurs parents ont acquis ou recouvré la nationalité française.

Art. 12. — Les individus devenus français par voie de naturalisation, réintégration ou déclaration faite conformément aux lois, sont portés sur les tableaux de recensement de la première classe formée après leur changement de nationalité.

Les individus inscrits sur les tableaux de recensement en vertu du présent article et de l'article précédent, ne sont assujettis qu'aux obligations de service de la classe à laquelle ils appartiennent par leur âge.

Art. 13. — Sont considérés comme légalement domiciliés dans le canton :

1° Les jeunes gens, même émancipés, engagés, établis au dehors, expatriés, absents ou en état d'emprisonnement, si d'ailleurs leur père, leur mère, ou leur tuteur est domicilié dans une des communes du canton, ou si leur père, expatrié, avait son domicile dans une desdites communes :

2° Les jeunes gens mariés dont le père, ou la mère à défaut du père, sont domiciliés dans le canton, à moins qu'ils ne justifient de leur domicile réel dans un autre canton ;

3° Les jeunes gens mariés et domiciliés dans le canton, alors même que leur père ou leur mère n'y seraient pas domiciliés ;

4° Les jeunes gens nés et résidant dans le canton, qui n'auraient ni leur père, ni leur mère, ni un tuteur ;

5° Les jeunes gens résidant dans le canton qui ne seraient dans aucun des cas précédents, et qui ne justifieraient pas de leur inscription dans un autre canton.

Les jeunes gens résidant soit en Algérie, soit aux colonies, sont inscrits sur les tableaux de recensement du lieu de leur résidence. Sur la justification de cette inscription, ils sont, en ce cas, rayés des tableaux de recensement où ils auraient pu être portés en France, par application des dispositions du présent article.

Art. 14. — Sont, d'après la notoriété publique, considérés comme ayant l'âge requis pour l'inscription sur les tableaux de recensement, les jeunes gens qui ne peuvent produire ou n'ont pas produit, avant la vérification des tableaux de recensement, un extrait des registres de l'état civil constatant un âge différent, ou qui, à défaut des registres de l'état civil, ne peuvent prouver ou n'ont pas prouvé leur âge conformément à l'article 46 du code civil.

Art. 15. — Si dans les tableaux de recensement des années précédentes, des jeunes gens ont été omis, ils sont inscrits sur les tableaux de recensement de la classe qui est appelée après la découverte de l'omission, sauf le cas prévu à l'article 69 ci-après, à moins qu'ils n'aient quarante-cinq ans accomplis à l'époque de la clôture des tableaux, et sont soumis à toutes les obligations de cette classe.

Toutefois, ils sont libérés à titre définitif à l'âge de quarante-huit ans au plus tard.

Art. 16. — L'examen des tableaux de recensement et le tirage au sort sont faits au chef-lieu de canton, en séance publique, devant le sous-préfet assisté des maires du canton.

Dans les communes qui forment un ou plusieurs cantons, le sous-préfet est assisté du maire et de ses adjoints.

Dans les villes divisées en plusieurs arrondissements, chaque arrondissement est représenté par un officier municipal.

Les tableaux de recensement de chaque commune sont lus à haute voix. Les jeunes gens, leurs parents ou représentants sont entendus dans leurs observations.

Les tableaux sont ensuite arrêtés et visés par le sous-préfet et par les maires.

Dans les cantons composés de plusieurs communes, l'ordre dans lequel elles sont appelées pour le tirage est chaque fois indiqué par le sort.

Art. 17. — Le sous-préfet inscrit en tête de la liste du tirage:

1º Le nom des jeunes gens qui se trouvent dans l'un des cas prévus par l'article 69 de la présente loi;

2º Le nom de ceux qui se trouvent dans les cas prévus par l'article 15.

Les premiers numéros leur sont attribués de droit.

Ces numéros sont, en conséquence, extraits de l'urne avant l'opération du tirage.

Avant de commencer les opérations du tirage, le sous-préfet compte publiquement les numéros et les dépose dans l'urne, après s'être assuré que le nombre est égal à celui des jeunes gens appelés à y prendre part; il en fait la déclaration à haute voix.

Aussitôt après, chacun des jeunes gens, appelé dans l'ordre du tableau, prend dans l'urne un numéro qui est immédiatement proclamé. Pour les absents, le numéro est tiré par les parents ou, à défaut, par le maire de la commune.

L'opération du tirage continue sans interruption jusqu'à ce que le dernier numéro soit extrait de l'urne. Elle ne peut être recommencée dans aucun cas.

Les jeunes gens qui ne se trouveraient pas pourvus de numéros, seront inscrits à la suite avec des numéros supplémentaires, et tireront entre eux pour déterminer l'ordre suivant lequel ils seront inscrits.

La liste de tirage est dressée à mesure que les numéros sont proclamés.

Elle est lue à haute voix, puis arrêtée et signée de la même manière que le tableau de recensement, et annexée avec ledit tableau au procès-verbal des opérations.

Elle est publiée et affichée dans chaque commune du canton.

CHAPITRE II

PREMIÈRE SECTION. — DU CONSEIL DE RÉVISION CANTONAL. — DES EXEMPTIONS, DES DISPENSES ET DES AJOURNEMENTS. — DES LISTES DE RECRUTEMENT CANTONAL.

Art. 18. — Les opérations du recrutement sont revues, les réclamations auxquelles ces opérations peuvent donner lieu sont entendues, les causes d'exemption et de dispense prévues par les articles 20, 21, 22, 23 et 25 de la présente loi, sont jugées en séance publique, par un conseil de révision composé:

Du préfet, président; à son défaut, du secrétaire général, et, exceptionnellement, du vice-président du conseil de préfecture, ou d'un conseiller de préfecture délégué par le préfet;

D'un conseiller de préfecture désigné par le préfet;

D'un membre du conseil général du département, autre que le représentant élu dans le canton où la révision a lieu, désigné par la commission départementale, conformément à l'article 82 de la loi du 10 août 1871;

D'un membre du conseil d'arrondissement, autre que le représentant élu du canton où la révision a lieu, désigné comme ci-dessus, et, dans le territoire de Belfort, d'un deuxième membre du conseil général;

D'un officier général ou supérieur désigné par l'autorité militaire;

Un sous-intendant militaire, le commandant de recrutement, un médecin militaire ou, à défaut, un médecin civil désigné par l'autorité militaire, assistent aux opérations du conseil de révision. Le conseil ne peut statuer qu'après avoir entendu l'avis du médecin.

Cet avis est consigné dans une colonne spéciale, en face de chaque nom, sur les tableaux de recensement.

Le sous-intendant militaire est entendu, dans l'intérêt de la loi, toutes les fois qu'il le demande, et peut faire consigner ses observations au procès-verbal de la séance.

Le sous-préfet de l'arrondissement et les maires des communes auxquelles appartiennent les jeunes gens appelés devant le conseil de révision, assistent aux séances. Ils ont le droit de présenter des observations.

En cas d'empêchement des membres du conseil général ou du conseil d'arrondissement, le préfet les fait suppléer d'office par des membres appartenant à la même assemblée que l'absent; ces membres, désignés d'office, ne peuvent être les représentants élus du canton où la révision a lieu.

Si, par suite d'une absence, le conseil de révision est réduit à quatre membres, il peut néanmoins délibérer lorsque le président, l'officier général ou supérieur et deux membres civils restent présents; la voix du président n'est pas prépondérante. La décision ne peut être prise qu'à la majorité de trois voix. En cas de partage, elle est ajournée.

Dans les colonies, les attributions du préfet, des conseillers de préfecture et des conseillers d'arrondissement sont dévolues aux directeurs de l'intérieur, aux conseillers privés et aux conseillers généraux. Dans les colonies où il n'existe ni conseil privé, ni conseils généraux, des décrets régleront la composition des conseils de revision.

Art. 19. — Le conseil de revision se transporte dans les divers cantons. Toutefois, le préfet peut, exceptionnellement, réunir plusieurs cantons et faire les opérations dans un même lieu.

Les jeunes gens portés sur les tableaux de recensement, ainsi que ceux des classes précédentes qui ont été ajournés, conformément à l'article 27 ci-après, sont convoqués, examinés et entendus par le conseil de revision au lieu désigné. Ils peuvent faire connaître l'arme dans laquelle ils désirent être placés. S'ils ne se rendent pas à la convocation, s'ils ne s'y font pas représenter, ou s'ils n'ont pas obtenu un délai, il est procédé comme s'ils étaient présents.

Art. 20. — Sont exemptés par le conseil de revision, siégeant au chef-lieu de canton, les jeunes gens que leurs infirmités rendent impropres à tout service actif ou auxiliaire.

Il leur est délivré, pour justifier de leur situation, un certificat qu'ils sont tenus de représenter à toute réquisition des autorités militaire, judiciaire ou civile.

Art. 21. — (1).

Art. 22. — En temps de paix, après un an de présence sous les drapeaux, peuvent être envoyés en congé dans leurs foyers sur leur demande, jusqu'à la date de leur passage dans la réserve, les indispensables de famille.

Les demandes sont adressés, avant le tirage au sort, au maire de la commune où les jeunes gens sont domiciliés. Il en sera donné récépissé. Elles doivent ·· ··prendre à l'appui :

1° Un relevé des contributions payées par la famille et certifié par le percepteur ;

2° Un avis motivé de trois pères de famille résidant dans la commune et ayant un fils sous les drapeaux ou à défaut, dans la réserve de l'armée active, et jouissant de leurs droits civils et politiques.

La liste de ces jeunes gens est présentée par le maire au conseil de revision, avec l'avis motivé du conseil municipal.

Le nombre des jeunes gens dispensés par le conseil départemental de revision, à titre de soutiens indispensables de famille, ne peut dépasser 5 % du contingent à incorporer pour trois ans.

Toutefois le ministre de la guerre peut autoriser les chefs de corps à délivrer, en plus du chiffre fixé ci-dessus, des congés, à titre de soutiens indispensables de famille, aux militaires comptant un an et deux ans de présence sous les drapeaux.

Le nombre des congés accordés en vertu du paragraphe précédent ne pourra pas dépasser 1 % après la première année, et 1 % après la seconde.

Il sera calculé d'après l'effectif des hommes de la classe appartenant au corps.

Les intéressés devront produire les justifications mentionnées ci-dessus.

Tous les ans, le maire de chaque commune présente au conseil de revision siégeant au chef-lieu de canton, une délibération du conseil municipal, faisant connaître la situation des jeunes gens qui ont été renvoyés dans leurs foyers comme soutiens de famille. Il est tenu de signaler au conseil de revision, les plaintes des personnes dans l'intérêt desquelles l'envoi en congé a eu lieu en vertu du présent article et de l'article précédent.

Le conseil départemental de revision décide s'il y a lieu ou non de maintenir ces dispenses. Les jeunes

(1) Modifié par la loi du 6 novembre 1890, publiée ci-après.

gens dont le maintien en congé n'est pas admis sont soumis à toutes les obligations de la classe à laquelle ils appartiennent.

Art. 23. — En temps de paix, après un an de présence sous les drapeaux, sont envoyés en congé dans leurs foyers, sur leur demande, jusqu'à la date de leur passage dans la réserve :

1° Les jeunes gens qui contractent l'engagement de servir pendant dix ans dans les fonctions de l'intruction publique, dans les institutions nationales des sourds-muets et des jeunes aveugles dépendant du ministère de l'intérieur, et y rempliront effectivement un emploi de professeur, de maître répétiteur ou d'instituteur.

Les instituteurs laïques ainsi que les novices et membres des congrégations religieuses vouées à l'enseignement et reconnues d'utilité publique, qui prennent l'engagement de servir pendant dix ans dans les écoles françaises d'Orient et d'Afrique subventionnées par le Gouvernement français ;

2° Les jeunes gens qui ont obtenu ou qui poursuivent leurs études en vue d'obtenir :

Soit le diplôme de licencié ès-lettres ou ès-sciences, de docteur en droit, de docteur en médecine, de pharmacien de 1re classe, de vétérinaire, ou le titre d'interne des hôpitaux nommé au concours dans une ville où il existe une faculté de médecine, soit le diplôme délivré par l'école des langues, l'école des langues orientales vivantes et l'école d'administration de la marine ;

Soit le diplôme supérieur délivré aux élèves externes par l'école des ponts-et-chaussées, l'école supérieure des mines, l'école du génie maritime ; soit le diplôme supérieur délivré par l'institut national agronomique, l'école des haras du Pin, aux élèves internes, les écoles nationales d'agriculture de Grandjouan, de Grignon et de Montpellier, l'école des mines de Saint-Étienne, les écoles des maîtres ouvriers mineurs d'Alais et de Douai, les écoles nationales des arts-et-métiers d'Aix, d'Angers et de Châlons, l'école des hautes études commerciales et les écoles supérieures de commerce reconnues par l'État ;

Soit l'un des prix de Rome, soit un prix ou médaille d'État dans les concours annuels de l'école nationale des beaux-arts, du conservatoire de musique et de l'école nationale des arts décoratifs ;

3° Les jeunes gens exerçant les industries d'art, qui sont désignés par un jury d'État départemental formé d'ouvriers et de patrons. Le nombre de ces jeunes gens ne pourra, en aucun cas, dépasser un demi pour cent du contingent à incorporer pour trois ans ;

4° Les jeunes gens admis, à titre d'élèves ecclésiastiques, à continuer leurs études en vue d'exercer le ministère dans l'un des cultes reconnus par l'État.

En cas de mobilisation, les étudiants en médecine et en pharmacie et les élèves ecclésiastiques sont versés dans le service de santé.

Tous les jeunes gens énumérés ci-dessus seront rappelés, pendant quatre semaines, dans le cours de l'année qui précédera leur passage dans la réserve de l'armée active. Ils suivront ensuite le sort de la classe à laquelle ils appartiennent.

Des règlements d'administration publique détermineront : les conditions dans lesquelles sera contracté l'engagement décennal visé au paragraphe 1°, les justifications à produire par les jeunes gens visés aux paragraphes 2° et 4°, soit au moment de leur demande, soit chaque année pendant la durée de leurs études, la nomenclature des industries d'art qui donneront lieu à la dispense prévue au paragraphe 3°, le mode de répartition de ces dispenses entre les départements, le mode de constitution du jury d'État pour les ouvriers d'art ainsi que les justifications annuelles d'aptitude, de travail et d'exercice régulier de leur profession, que les jeunes gens dispensés sur la proposition du jury devront fournir jusqu'à l'âge de vingt-six ans.

Les mêmes règlements fixeront le nombre des diplômes supérieurs à délivrer annuellement, en vue de la dispense du service militaire par chacune des écoles énumérées au troisième alinéa du paragraphe 2°, et définiront ceux de ces diplômes qui ne sont pas définis par la loi; ils fixeront également le nombre des prix et des médailles visés au quatrième alinéa du même paragraphe.

Art. 24. — Les jeunes gens visés au paragraphe 1° de l'article précédent qui, dans l'année qui suivra leur année de service, n'auraient pas obtenu un emploi de professeur, de maître répétiteur ou d'instituteur, ou qui cesseraient de le remplir avant l'expiration du délai fixé;

Ceux qui n'auraient pas obtenu, avant l'âge de vingt-six ans, les diplômes ou les prix spécifiés aux alinéas du paragraphe 2°; les jeunes gens visés au paragraphe 3° qui ne fourniraient pas les justifications professionnelles prescrites;

Les élèves ecclésiastiques mentionnés au paragraphe 4° qui, à l'âge de vingt-six ans, ne seraient pas pourvus d'un emploi de ministre de l'un des cultes reconnus par l'État;

Les jeunes gens visés par les articles 21, 22 et 23 qui n'auraient pas satisfait, dans le cours de leur année de service, aux conditions de conduite et d'instruction militaire déterminées par le Ministre de la guerre;

Ceux qui ne poursuivraient pas régulièrement les études en vue desquelles la dispense a été accordée, seront tenus d'accomplir les deux années de service dont ils avaient été dispensés.

Art. 25. — Quand les causes de dispenses aux articles 21, 22 et 23 viennent à cesser, les jeunes gens, qui avaient obtenu ces dispenses, sont soumis à toutes les obligations de la classe à laquelle ils appartiennent. Ils peuvent se marier sans autorisation.

Art. 26. — La liste des jeunes gens de chaque département, dispensés en vertu des articles 12, 22, 23 et 50, sera publiée au *Bulletin administratif* et les noms des dispensés de chaque commune seront affichés dans leur commune à la porte de la mairie.

En cas de guerre, ils sont appelés et marchent avec les hommes de leur classe.

Les dispositions de l'article 55 ci-après leur sont applicables.

Art. 27. — Peuvent être ajournés deux années de suite à un nouvel examen du conseil de revision, les jeunes gens qui n'ont pas la taille règlementaire d'un mètre cinquante-quatre centimètres ou qui sont reconnus d'une complexion trop faible pour un service armé.

Les jeunes gens ajournés reçoivent, pour justifier de leur situation, un certificat qu'ils sont tenus de représenter à toute réquisition des autorités militaire, judiciaire ou civile.

A moins d'une autorisation spéciale, ils sont astreints à comparaître à nouveau devant le conseil de revision du canton devant lequel ils ont comparu.

Ceux qui, après l'examen définitif, sont reconnus propres au service armé ou auxiliaire, sont soumis,

selon la catégorie dans laquelle ils sont placés, aux obligations de la classe à laquelle ils appartiennent.

Ils peuvent faire valoir les motifs de dispenses énoncés aux articles 21, 22 et 23.

Les droits à la dispense prévus au paragraphe numéroté 5° de l'article 21, qui existaient au moment de l'ajournement, peuvent être valablement invoqués l'année suivante, lors même que, pendant l'ajournement, le frère du réclamant aurait cessé d'être présent sous les drapeaux.

Art. 28. — Les jeunes gens reçus à l'école polytechnique, à l'école forestière ou à l'école centrale des arts et manufactures, qui sont reconnus propres au service militaire, n'y sont définitivement admis, qu'à la condition de contracter un engagement volontaire de trois ans pour les deux premières écoles, de quatre ans pour l'école centrale.

Ils sont considérés comme présents sous les drapeaux dans l'armée active pendant tout le temps passé par eux dans lesdites écoles. Ils reçoivent, dans ces écoles, l'instruction militaire complète et sont à la disposition du Ministre de la guerre.

S'ils ne peuvent satisfaire aux examens de sortie ou s'ils sont renvoyés pour inconduite, ils sont incorporés dans un corps de troupe, pour y terminer le temps de service qui leur reste à faire.

Les élèves de l'école polytechnique, admis dans l'un des services civils recrutés à l'école, ou quittant l'école après avoir satisfait aux examens de sortie, sans entrer dans aucun de ces services, et les élèves de l'école forestière admis dans l'administration des forêts, sont nommés sous-lieutenants de réserve et accomplissent en cette qualité, dans un corps de troupe, leur troisième année de service.

Ceux qui viendraient à quitter le service civil dans lequel ils ont été admis, n'en resteront pas moins soumis aux obligations indiquées par le paragraphe précédent.

Ceux qui donneraient leur démission d'officier de réserve, avant l'accomplissement de leur troisième année de service, n'en resteront pas moins soumis à toutes les conséquences de l'engagement volontaire de trois ans contracté par eux lors de leur entrée à l'école.

Les élèves de l'école centrale des arts et manufactures quittant l'école après avoir satisfait aux examens de sortie, accomplissent une année de service dans un corps de troupe. A la fin de cette année de service, ils peuvent être nommés sous-lieutenants de réserve.

Les conditions d'aptitude physique pour l'entrée à ces écoles des jeunes gens qui, au moment de leur admission, ne sont pas aptes au service militaire, sont fixées par un règlement d'administration publique.

Art. 29. — Les élèves du service de santé militaire et les élèves militaires des écoles vétérinaires, contractent, en entrant à l'école, l'engagement de servir dans l'armée active pendant six ans au moins, à dater de leur nomination au grade de médecin aide-major de deuxième classe ou d'aide-vétérinaire.

Ceux qui n'obtiendraient pas le grade d'aide-major ou d'aide-vétérinaire, ou qui ne réaliseraient pas l'engagement sexennal, sont incorporés dans un corps de troupe pour trois ans, sans déduction aucune du temps écoulé depuis leur entrée à l'école.

Ces dispositions sont également applicables aux élèves de l'école de médecine navale.

Art. 30. — Sont considérés comme ayant satisfait à l'appel de leur classe:

1° Les jeunes gens liés au service dans les armées

de terre ou de mer en vertu d'un brevet ou d'une commission;

2° Les jeunes marins portés sur les registres matricules de l'inscription maritime, conformément aux règles prescrites par les articles 1, 2, 3, 4 et 5 de la loi du 25 octobre 1795 (3 brumaire an IV).

Les premiers, s'ils cessent leur service, et les seconds, s'ils se font rayer de l'inscription maritime, sont tenus d'en faire la déclaration au maire de leur commune dans les deux mois, de retirer une expédition de leur déclaration et de la soumettre au préfet du département, sous les peines portées par l'article 76 ci-après.

Les uns et les autres accomplissent dans l'armée active le service prescrit par la présente loi, puis ils suivent le sort de la classe à laquelle ils appartiennent.

Toutefois, le temps déjà passé par eux au service de l'État est déduit du nombre d'années pendant lesquelles tout Français fait partie de l'armée active.

Art. 31. — Lorsque les jeunes gens portés sur les tableaux de recensement ont fait des déclarations, dont l'admission ou le rejet dépend de la décision à intervenir sur des questions judiciaires, relatives à leur état ou à leurs droits civils, le conseil de revision ajourne sa décision ou ne prend qu'une décision conditionnelle.

Les questions sont jugées contradictoirement avec le préfet, à la requête de la partie la plus diligente. Le tribunal civil du lieu du domicile statue sans delai, le ministère public entendu.

Le délai de l'appel et du recours en cassation est de quinze jours francs à partir de la signification de la décision attaquée.

Le recours est, ainsi que l'appel, dispensé de la consignation d'amende.

L'affaire est portée directement devant la chambre civile.

Les actes faits en exécution du présent article sont visés pour timbre et enregistrés gratis.

Les paragraphes 2, 3, 4, 5 et 6 du présent article sont applicables au cas prévu par l'article 6.

Art. 32. — Hors les cas prévus par les articles 6 et 31, les décisions du conseil de revision sont définitives. Elles peuvent néanmoins être attaquées devant le conseil d'État pour incompétence, excès de pouvoir ou violation de la loi.

Le recours au conseil d'État n'aura pas d'effet suspensif, et il ne pourra en être autrement ordonné.

L'annulation prononcée sur le recours du ministre de la guerre profite aux parties lésées.

Art. 33. — Après que le conseil de révision a statué sur les cas d'exemption, ainsi que sur toutes les réclamations auxquelles les opérations peuvent donner lieu, la liste de recrutement cantonal de la classe est définitivement arrêtée et signée par le conseil de révision.

Cette liste, divisée en sept parties, comprend, par ordre de numéros de tirage :

1° Tous les jeunes gens déclarés propres au service militaire et qui ne doivent pas être classés dans les catégories suivantes;

2° Les jeunes gens dispensés en vertu de l'article 21;

3° Les jeunes gens dispensés en vertu des articles 23 et 50;

4° Les jeunes gens liés au service en vertu d'un engagement volontaire, d'un brevet ou d'une commission, et les jeunes marins inscrits ;

5° Les jeunes gens qui sont ajournés conformément à l'article 27 ci-dessus ;

6° Les jeunes gens qui ont été classés dans les services auxiliaires de l'armée ;

7° Les jeunes gens exclus en vertu des dispositions de l'article 4.

2° SECTION. — DU CONSEIL DE RÉVISION DÉPARTEMENTAL. — DE LA TAXE MILITAIRE.

Art. 34. — Quand les listes de recrutement de tous les cantons du département ont été arrêtées, le conseil de revision, composé ainsi qu'il est dit à l'article 18 ci-dessus, mais auquel seront adjoints deux autres membres du conseil général, se réunit au chef-lieu du département et prononce, en séance publique, sur les demandes de dispenses à titre de soutiens de famille, stipulées à l'article 22.

Les trois conseillers généraux et le conseiller d'arrondissement sont spécialement désignés à cet effet par la commission départementale.

Les ajournés de l'année précédente concourent entre eux dans les mêmes conditions.

Art. 35. — § 1er. — A partir du 1er janvier qui suivra la mise en vigueur de la présente loi, seront assujettis au paiement d'une taxe militaire annuelle ceux qui, par suite d'exemption, d'ajournement, de classement dans les services auxiliaires ou dans la seconde partie du contingent, de dispense ou pour tout autre motif, bénéficieront de l'exonération du service dans l'armée active.

§ 2. — Sont seuls dispensés de cette taxe :

1° Les hommes réformés ou admis à la retraite pour blessures reçues dans un service commandé ou pour infirmités contractées dans les armées de terre ou de mer;

2° Les contribuables se trouvant dans un état d'indigence notoire.

§ 3. — La taxe militaire se compose de : 1° une taxe fixe de six francs (6 fr.); 2° une taxe proportionnelle égale au montant principal de la cote personnelle et mobilière de l'assujetti.

Si cet assujetti a encore ses ascendants du premier degré ou l'un d'eux, la cote est augmentée du quotient obtenu en divisant la cote personnelle et mobilière de celui de ces ascendants qui est le plus imposé à cette contribution en principal, par le nombre des enfants vivants et des enfants représentés dudit ascendant.

Au cas de non-imposition des ascendants du premier degré, il sera procédé comme il vient d'être dit sur la cote des ascendants du second degré, en tenant compte des enfants de l'ascendant de chaque degré.

Il n'est plus tenu compte de la cote des ascendants lorsque l'assujetti a atteint l'âge de trente ans révolus, et qu'il a un domicile distinct de celui de ses ascendants.

Les cotisations imposables sont celles qui sont portées aux rôles de la commune du domicile des contribuables. Elles sont déterminées, sans égard aux prélèvements qui peuvent servir à les acquitter, sur les produits de l'octroi.

§ 4. — La taxe fixe et la taxe proportionnelle sont réduites à proportion du temps pendant lequel l'assujetti n'a pas bénéficié de l'exonération établie à son profit dans le service de l'armée active.

La taxe fixe n'est pas due par les hommes exemptés pour des infirmités entraînant l'incapacité absolue du travail.

§ 5. — La taxe est établie au 1er janvier pour l'année entière.

Elle cesse par trois ans de présence effective des

assujettis sous les drapeaux, ou par leur inscription sur les registres matricules de l'inscription maritime.

Elle cesse également à partir du 1er janvier qui suit le passage de la classe de l'assujetti dans la réserve de l'armée territoriale.

Tout mois commencé est exigible en entier.

§ 6. — La taxe militaire est due par l'assujetti. A défaut de paiement constaté par une sommation restée sans effet, elle est payée en son acquit par celui de ses ascendants dont la cotisation a été prise pour élément du calcul de la taxe, conformément au paragraphe 3 du présent article. Les ascendants ne sont plus responsables quand la taxe cesse d'être calculée sur leur cote, conformément au paragraphe 3 ci-dessus.

La taxe est exigible dans la commune où le redevable a son domicile à la date du 1er janvier.

Elle est recouvrée et les demandes en remise ou en décharge sont instruites et jugées comme en matière de contributions directes.

En cas de retard de paiement de trois douzièmes consécutifs, constaté par un commandement resté sans effet, il sera dû une taxe double pour les douzièmes échus et non payés.

§ 7. — Il est ajouté au montant de la taxe :

1° Cinq centimes par franc pour couvrir les décharges ou remises, ainsi que les frais d'assiette et de confection des rôles. En cas d'insuffisance, il est pourvu au déficit par un prélèvement sur le montant de la taxe ;

2° Trois centimes par franc pour frais de perception.

§ 8. — Un règlement d'administration publique déterminera les mesures nécessaires pour l'exécution du présent article, qui n'aura pas d'effet rétroactif.

CHAPITRE III

DU REGISTRE MATRICULE

Art. 36. — Il est tenu par subdivision de région, un registre matricule sur lequel sont portés tous les jeunes gens inscrits sur les listes de recrutement cantonal.

Ce registre mentionne l'incorporation de chaque homme inscrit, ou la position dans laquelle il est laissé et successivement tous les changements qui peuvent survenir dans sa situation jusqu'à sa libération définitive.

Tout homme inscrit sur le registre matricule reçoit un livret individuel, qu'il est tenu de représenter à toute réquisition des autorités militaire, judiciaire ou civile.

En cas d'appel à l'arrivée ou de convocation pour des manœuvres, exercices ou revues, la représentation du livret individuel doit avoir lieu dans les vingt-quatre heures de la réquisition.

En tout autre cas, le délai est de huit jours.

TITRE III

DU SERVICE MILITAIRE

CHAPITRE PREMIER

BASES DU SERVICE

Art. 37. — Tout Français reconnu propre au service militaire fait partie successivement :

De l'armée active pendant trois ans ;
De la réserve de l'armée active pendant sept ans ;
De l'armée territoriale pendant six ans ;
De la réserve de l'armée territoriale pendant neuf ans.

Art. 38. — Le service militaire est réglé par classe.

L'armée active comprend, indépendamment des hommes qui ne proviennent pas des appels, tous les jeunes gens déclarés propres au service militaire et faisant partie des trois dernières classes appelées.

La réserve de l'armée active comprend tous les hommes qui ont accompli le temps de service prescrit pour l'armée active.

L'armée territoriale comprend tous les hommes qui ont accompli depuis moins de six ans le temps de service prescrit pour l'armée active et sa réserve.

La réserve de l'armée territoriale comprend les hommes qui ont accompli le temps de service prescrit pour cette dernière armée.

Art. 39. — Chaque année, après l'achèvement des opérations du recrutement, le Ministre de la guerre fixe sur la liste du tirage au sort de chaque canton et proportionnellement, en commençant par les numéros les plus élevés, le nombre d'hommes qui seront envoyés dans leurs foyers en disponibilité après leur première année de service. Ces jeunes soldats resteront néanmoins à la disposition du Ministre, qui pourra les conserver sous les drapeaux ou les rappeler, si leur conduite et leur instruction laissent à désirer, ou si l'effectif budgétaire le permet.

Art. 40. — La durée du service compte du 1er novembre de l'année de l'inscription sur les tableaux de recensement, et l'incorporation du contingent doit avoir lieu, au plus tard, le 16 novembre de la même année.

En temps de paix, chaque année, au 31 octobre, les militaires qui ont accompli le temps de service prescrit :

1° Soit dans l'armée active ;
2° Soit dans la réserve de l'armée active ;
3° Soit dans l'armée territoriale ;
4° Soit dans la réserve de l'armée territoriale,
Sont envoyés respectivement :
1° Dans la réserve de l'armée active ;
2° Dans l'armée territoriale ;
3° Dans la réserve de l'armée territoriale ;
4° Dans leurs foyers, comme libérés à titre définitif.
Mention de ces divers passages et de la libération est faite sur le livret individuel.

Après les grandes manœuvres, la totalité de la classe dont le service actif expire le 31 octobre suivant, peut être renvoyée dans ses foyers, en attendant son passage dans la réserve.

Dans le cas où les circonstances paraîtraient l'exiger, le Ministre de la guerre et le Ministre de la marine sont autorisés à conserver provisoirement sous les drapeaux la classe qui a terminé sa troisième année de service.

Notification de cette décision sera faite aux Chambres dans le plus bref délai possible.

En temps de guerre, les passages et la libération n'ont lieu qu'après l'arrivée de la classe destinée à remplacer celle à laquelle les militaires appartiennent. Cette disposition est exceptionnellement applicable, dès le temps de paix, aux hommes servant aux colonies.

Les militaires faisant partie de corps mobilisés peuvent y être maintenus jusqu'à la cessation des hostilités, quelle que soit la classe à laquelle ils appartiennent.

En temps de guerre, le Ministre peut appeler, par anticipation, la classe qui ne serait appelée que le 1er novembre suivant.

Art. 41. — Ne compte pas pour les années de service exigées par la présente loi dans l'armée active, la réserve de l'armée active et l'armée territoriale, le temps pendant lequel un militaire de l'armée active, un réserviste ou un homme de l'armée territoriale, a subi la peine de l'emprisonnement en vertu d'un jugement, si cette peine a eu pour effet de l'empêcher d'accomplir, au moment fixé, tout ou partie des obligations d'activité qui lui sont imposées par la présente loi ou par les engagements qu'il a souscrits.

Ces individus seront tenus de remplir leurs obligations d'activité, soit à l'expiration de leur peine, s'ils appartiennent à l'armée active, soit au moment de l'appel qui suit leur élargissement, s'ils font partie de la réserve de l'armée active ou de l'armée territoriale.

Toutefois, quelles que soient les déductions de service opérées, les hommes qui en sont l'objet sont rayés des contrôles en même temps que la classe à laquelle ils appartiennent.

CHAPITRE II
DU SERVICE DANS L'ARMÉE ACTIVE

Art. 42. — Le contingent à incorporer est formé par les jeunes gens inscrits dans la première partie des listes de recrutement cantonal.

Il est mis, à dater du 1er novembre, à la disposition du ministre de la guerre, qui en arrête la répartition.

Art. 43. — Sont affectés à l'armée de mer :

1° Les hommes fournis par l'inscription maritime ;

2° Les hommes qui ont été admis à s'engager ou contracter un rengagement dans lesdites troupes, suivant les conditions spéciales déterminées aux articles 59 et 63 ci-après.

3° Les jeunes gens qui, au moment des opérations du conseil de révision, auront demandé à entrer dans les troupes coloniales et auront été reconnus propres à ce service ;

4° A défaut d'un nombre suffisant d'hommes compris dans les trois catégories précédentes, les hommes du contingent auxquels les numéros les moins élevés ont été attribués en vertu de l'article 17 de la présente loi, ou sont échus par l'effet du tirage au sort.

Art. 44. — Sont affectés aux troupes coloniales :

1° Les contingents coloniaux provenant des colonies autres que la Guadeloupe, la Martinique, la Guyane et la Réunion ;

2° Les hommes qui ont été admis à s'engager ou à contracter un rengagement dans lesdites troupes, suivant les conditions spéciales déterminées aux articles 59 et 63 ci-après.

3° Les jeunes gens qui, au moment des opérations du conseil de révision, auront demandé à entrer dans les troupes coloniales et auront été reconnus propres à ce service ;

4° A défaut d'un nombre suffisant d'hommes compris dans les catégories précédentes, les jeunes gens dont les numéros suivent immédiatement ceux des hommes affectés à l'armée de mer.

La proportion d'hommes à fournir par chaque canton sera calculée sur l'ensemble des jeunes gens reconnus propres au service.

Les dispositions des articles 43 et 44 ne sont pas applicables aux jeunes gens dispensés en vertu des articles 21, 22 et 23.

Art. 45. — La durée du service actif ne pourra pas être interrompue par des congés, sauf le cas de maladie ou de convalescence, ou en exécution des article 21, 22 et 23 de la présente loi.

Art. 46. — Le nombre d'hommes entretenus sous les drapeaux est, en cas d'excédent, ramené à l'effectif déterminé par les lois, au moyen du renvoi dans leurs foyer, après une année de service, des hommes dont les numéros du tirage précèdent immédiatement ceux qui ont été désignés pour la disponibilité aux termes de l'article 39.

Art. 47. — Les militaires qui, pendant la durée de leur service, auront subi des punitions de prison ou de cellule, seront maintenus au corps après le départ des hommes de leur classe, pendant un nombre de journées de prison ou de cellule qu'ils auront subies.

Cette disposition ne sera pas applicable aux militaires qui, au moment du départ des hommes de leur classe, seront en possesion du grade de sous-officier ou de celui de caporal ou brigadier.

Si le total de ces journées de prison ou de cellule dépasse soixante, la durée du maintien au corps sera fixée par le conseil de discipline, statuant en dernier ressort ; elle ne pourra être inférieure à trois mois ni supérieure à un an.

CHAPITRE III
DU SERVICE DANS LES RÉSERVES

Art. 48. — Les hommes envoyés dans la réserve de l'armée active, dans l'armée territoriale et dans la réserve de ladite armée, sont affectés aux divers corps de troupe et services de l'armée active ou de l'armée territoriale.

Ils sont tenus de rejoindre leur corps en cas de mobilisation, de rappel de leur corps en cas de mobilisation, de rappel de leur classe ordonné par décret, et de convocation pour des manœuvres ou exercices.

A l'étranger, les ordres de mobilisation, de rappel ou convocation sont transmis par les soins des agents consulaires de France.

Le rappel de la réserve de l'armée active peut être fait d'une manière distincte et indépendante pour l'armée de terre, pour l'armée de mer ou pour les troupes coloniales ; il peut être fait pour un, plusieurs ou tous les corps d'armée, et, s'il y a lieu, distinctement par arme. Dans tous les cas, il a lieu par classe, en commençant par la moins ancienne.

Les mêmes dispositions sont applicables à l'armée territoriale.

La réserve de l'armée territoriale n'est rappelée à l'activité qu'en cas de guerre, et à défaut de ressources suffisantes fournies par l'armée territoriale. Le rappel se fait par classe ou par fraction de classe, en commençant par la moins ancienne.

En cas de mobilisation, les militaires de la réserve domiciliés dans la région, et en cas d'insuffisance, les militaires de la réserve domiciliés dans d'autres régions, complètent les effectifs des divers corps de troupe et des divers services qui entrent dans la composition de chaque corps d'armée.

Les corps de troupe et services qui n'entrent pas dans la composition des corps d'armée, sont complétés avec des militaires de la réserve, pris sur l'ensemble du territoire.

Mention du corps d'affectation est portée sur le livret individuel.

Les hommes désignés dans l'article 5 comme devant être incorporés dans les bataillons d'infanterie légère d'Afrique, et qui n'auront point été jugés dignes d'être envoyés dans d'autres corps au moment où ils passeront dans la réserve, seront, lors de leur passage dans la réserve, affectés à ces mêmes corps.

En temps de paix, ils accompliront leurs périodes d'exercices dans des compagnies spécialement désignées à cet effet.

Les dispositions des deux derniers paragraphes seront appliquées aux hommes qui, après avoir quitté l'armée active, ont encouru les condamnations spécifiées à l'article 5.

Art. 49. — Les hommes de la réserve de l'armée active sont assujettis, pendant leur temps de service dans ladite réserve, à prendre part à deux manœuvres, chacun d'une durée de quatre semaines.

Les hommes de l'armée territoriale sont assujettis à une période d'exercices dont la durée sera de deux semaines.

Peuvent être dispensés de ces manœuvres ou exercices, comme soutiens indispensables de famille, et s'ils en remplissent effectivement les devoirs, les hommes de la réserve et de l'armée territoriale qui en font la demande.

Le maire soumet les demandes au conseil municipal, qui opère comme il est prescrit à l'article 22 ci-dessus.

Les listes de demandes annotées sont envoyées par les maires aux généraux commandant les subdivisions, qui statuent.

Ces dispenses peuvent être accordées par subdivision de région, jusqu'à concurrence de 6 p. 100 du nombre des hommes appelés momentanément sous les drapeaux; elles n'ont d'effet que pour la convocation en vue de laquelle elles sont délivrées.

Peuvent être dispensés de ces manœuvres ou exercices, les fonctionnaires et agents désignés au tableau B de la présente loi.

Art. 50. — En temps de paix les jeunes gens qui, avant l'âge de dix-neuf ans révolus, ont établi leur résidence à l'étranger, hors d'Europe, et qui y occuperont une situation régulière, pourront sur l'avis du consul de France, être dispensés du service militaire pendant la durée de leur séjour à l'étranger. Ils devront justifier de leur situation chaque année.

S'ils rentrent en France avant l'âge de trente ans, ils devront accomplir le service actif prescrit par la présente loi, sans toutefois pouvoir être retenus sous les drapeaux au delà de l'âge de trente ans. Ils sont ensuite soumis à toutes les obligations de la classe à laquelle ils appartiennent.

S'ils rentrent après l'âge de trente ans, ils ne seront soumis qu'aux obligations de leur classe.

Pendant la durée de leur établissement à l'étranger, ils ne pourront séjourner accidentellement en France plus de trois mois, et sous la réserve d'aviser le consul de leur absence.

Art. 51. — En cas de mobilisation, nul ne peut se prévaloir de la fonction ou de l'emploi qu'il occupe pour se soustraire aux obligations de la classe à laquelle il appartient.

Sont seuls autorisés à ne pas rejoindre immédiatement, dans le cas de convocation par voie d'affiches et de publication sur la voie publique, les titulaires des fonctions et emplois désignés aux tableaux A, B et C annexés à la présente loi, sous la condition qu'ils occupent ces fonctions ou emplois depuis six mois au moins.

Les fonctionnaires et agents portés au tableau A, qui ne relèvent pas déjà des ministres de la guerre ou de la marine, sont mis à la disposition de ces ministres et attendent leurs ordres dans leur situation respective.

Les fonctionnaires et agents du tableau B, qui ne comptent plus dans la réserve de l'armée active, et les fonctionnaires et agents du tableau C, même appartenant à la réserve de l'armée active, ne rejoignent leurs corps que sur ordres spéciaux.

Les hommes autorisés à ne pas rejoindre immédiatement sont, dès la publication de l'ordre de mobilisation, soumis à la juridiction des tribunaux militaires, par application de l'article 57 du code de justice militaire.

Ceux qui ne s'y sont pas conformés sont considérés comme n'ayant pas changé de domicile ou de résidence.

Art. 52. — Sous les drapeaux, les hommes de la réserve et de l'armée territoriale sont soumis à toutes les obligations imposées aux militaires de l'armée active par les lois et règlements en vigueur.

Ils sont justiciables des tribunaux militaires, en temps de paix comme en temps de guerre :

1° En cas de mobilisation, à partir du jour de leur appel à l'activité jusqu'à celui où ils sont renvoyés dans leurs foyers ;

2° Hors le cas de mobilisation, lorsqu'ils sont convoqués pour des manœuvres, exercices ou revues, depuis l'instant de leur réunion en détachement pour rejoindre, ou de leur arrivée à destination, s'ils rejoignent isolément, jusqu'au jour où ils sont renvoyés ;

3° Lorsqu'ils sont placés dans les hôpitaux militaires ou dans les salles des hôpitaux civils affectées aux militaires, et lorsqu'ils voyagent comme militaires sous la conduite de la force publique, qu'ils se trouvent détenus dans les établissements, prisons et pénitenciers militaires; ou qu'ils subissent dans un corps de troupe une peine disciplinaire.

Toutefois, des circonstances atténuantes pourront être accordées, alors même que le code de justice militaire n'en prévoit pas, aux hommes qui n'ayant pas trois mois de présence sous les drapeaux, se trouveront dans l'une des positions indiquées aux paragraphes 2° et 3° ci-dessus.

Art. 53. — Lorsque les hommes de la réserve et de l'armée territoriale, même non présents sous les drapeaux, sont revêtus d'effets d'uniforme, ils doivent à tout supérieur hiérarchique en uniforme les marques extérieures de respect prescrites par les règlements militaires, et sont considérés sous tous les rapports comme des militaires en congé.

Art. 54. — Le seul fait, pour les hommes inscrits sur le registre matricule prévu à l'article 36 ci-dessus, de se trouver revêtus d'effets d'uniforme dans un rassemblement tumultueux et contraire à l'ordre public, et d'y demeurer contrairement aux ordres des agents de l'autorité ou de la force publique, les rend passibles des peines édictées à l'article 225 du code de justice militaire.

Art. 55. — Tout homme inscrit sur le registre matricule est astreint, s'il se déplace, aux obligations suivantes :

1° S'il se déplace pour changer de domicile ou de résidence, il fait viser, dans le délai d'un mois, son livret individuel par la gendarmerie dont relève la localité où il transporte son domicile ou sa résidence;

2° S'il se déplace pour voyager pendant plus d'un mois, il fait viser son livret, avant son départ, par la gendarmerie de sa résidence habituelle ;

3° S'il va se fixer en pays étranger, il fait de même viser son livret avant son départ et doit, en outre, dès son arrivée, prévenir l'agent consulaire de France, qui lui donne récépissé de sa déclaration et en envoie copie dans les huit jours au ministre de la guerre.

A l'étranger, s'il se déplace pour changer de résidence, il en prévient, au départ et à l'arrivée, l'agent consulaire de France, qui en informe le ministre de la guerre.

Lorsqu'il rentre en France, il se conforme aux prescriptions du paragraphe premier ci-dessus.

Art. 56. — Les hommes qui se sont conformés aux prescriptions de l'article précédent, ont droit en cas de mobilisation ou de rappel de leur classe, à des délais supplémentaires pour rejoindre, calculés d'après la distance à parcourir.

Ceux qui ne s'y sont pas conformés sont considérés comme n'ayant pas changé de domicile ou de résidence.

La faculté de contracter l'engagement volontaire cesse, dès que le jeune homme est inscrit par le conseil de revision sur la liste de recrutement cantonal. Toutefois, il peut devancer l'appel pour entrer dans la marine ou dans les troupes coloniales.

Les hommes exemptés ou classés dans les services auxiliaires peuvent, jusqu'à l'âge de trente-deux ans accomplis, être admis à contracter des engagements volontaires, s'ils réunissent les conditions d'aptitude physiques exigées.

Les conditions relatives, soit à l'aptitude physique et à l'admissibilité dans les différents corps de l'armée, soit aux époques de l'année où les engagements peuvent être contractés, sont déterminées par des décrets insérés au *Bulletin des lois*.

Il ne pourra être reçu d'engagements volontaires que pour la marine et les troupes coloniales et pour les corps d'infanterie, de cavalerie, d'artillerie et du génie.

La durée de l'engagement volontaire est de trois, quatre ou cinq ans.

L'engagé volontaire admis, après concours, à l'école normale supérieure, à l'école centrale des arts et manufactures, ou à l'une des écoles spéciales visées à l'article 23, pourra bénéficier des dispositions dudit article après un an de présence sous les drapeaux, à la condition que la demande ait été formulée au moment de l'engagement.

Le service militaire, fixé par l'article 37 ci-dessus, compte du jour de la signature de l'acte d'engagement.

Art. 57. — Les hommes de la réserve de l'armée active, de l'armée territoriale ou de sa réserve sont justiciables des tribunaux militaires, en temps de paix comme en temps de guerre, pour les crimes et délits prévus et punis par les articles du code de justice militaire énumérés dans le tableau D, annexé à la présente loi, lorsqu'après avoir été appelés sous les drapeaux, ils ont été renvoyés dans leurs foyers.

L'application de ces articles est faite aux inculpés sous la réserve des dispositions spéciales indiquées audit tableau.

Toutefois, les hommes appartenant à l'armée territoriale ou à la réserve de cette armée ne sont plus justiciables des tribunaux militaires, en temps de paix, pour les crimes et délits prévus par les deux paragraphes précédents, lorsqu'ils ont été renvoyés dans leurs foyers depuis plus de six mois, à moins que, au moment où les faits incriminés ont été commis, les délinquants fussent revêtus d'effets d'uniforme.

Art. 58. — Les hommes de la disponibilité et de la réserve de l'armée active peuvent se marier sans autorisation. Il restent soumis néanmoins à toutes les obligations de service imposées à leur classe.

Les réservistes qui sont pères de quatre enfants

vivants, passent de droit dans l'armée territoriale.

TITRE IV
DES ENGAGEMENTS VOLONTAIRES, DES RENGAGEMENTS ET DES COMMISSIONS.

CHAPITRE PREMIER
DES ENGAGEMENTS VOLONTAIRES.

Art. 59. — Tout Français ou naturalisé Français, comme il est dit aux articles 11 et 12 de la présente loi, ainsi que les jeunes gens qui doivent être inscrits sur les tableaux de recensement ou qui sont autorisés par les lois à servir dans l'armée française, et les jeunes gens nés en pays étranger d'un Français qui aurait perdu la qualité de Français, peuvent être admis à contracter un engagement volontaire dans l'armée active aux conditions suivantes :

L'engagé volontaire doit :

1º S'il entre dans l'armée de mer, avoir seize ans accomplis, sans être tenu d'avoir la taille prescrite par la loi ;

S'il entre dans l'armée de terre, avoir dix-huit ans accomplis et au moins la taille réglementaire d'un mètre cinquante-quatre centimètres ;

2º N'être ni marié, ni veuf avec enfant ;

3º N'avoir jamais été condamné pour vol, escroquerie, abus de confiance, attentat aux mœurs et n'avoir subi aucune des peines prévues par l'article 5 de la présente loi, à moins qu'il ne veuille contracter son engagement pour un bataillon d'infanterie légère d'Afrique ;

4º Jouir de ses droits civils ;

5º Être de bonnes vie et mœurs ;

6º S'il a moins de vingt ans, être pourvu du consentement de ses père, mère ou tuteur ; ce dernier doit être autorisé par une délibération du conseil de famille. Le consentement du directeur de l'assistance publique dans le département de la Seine, et du préfet dans les autres départements, est nécessaire et suffisant pour les moralement abandonnés.

L'engagé volontaire est tenu, pour justifier des conditions prescrites aux paragraphes 3º, 4º et 5º ci-dessus, de produire un extrait de son casier judiciaire et un certificat délivré par le maire de son dernier domicile.

S'il ne compte pas au moins une année de séjour dans cette commune, il doit également produire un autre certificat du maire de la commune où il était antérieurement domicilié.

Le certificat doit contenir le signalement du jeune homme qui veut s'engager, et mentionner la durée du temps pendant lequel il a été domicilié dans la commune.

Art. 60. — Les jeunes gens remplissant les conditions stipulées à l'article précédent, peuvent être admis à contracter, dans les troupes coloniales, des engagements volontaires d'une durée de cinq ans, donnant droit, pendant les deux dernières années, à une prime dont le montant sera fixé par décret.

Cette disposition est applicable aux jeunes gens du contingent qui, affectés aux équipages de la flotte ou aux troupes coloniales, contractent l'engagement de servir pendant cinq ans.

Le mode de paiement de ces primes sera déterminé par un règlement d'administration publique.

Les jeunes gens remplissant les conditions stipulées par le précédent article, peuvent être admis à contracter dans les équipages de la flotte, soit des engagements à long terme dans les conditions de la loi du 22 juillet 1886, soit des engagements de cinq ans, soit enfin des engagements de trois ans.

Ces derniers engagements ne donnent droit à aucune prime. Le Ministre de la marine aura la faculté d'allouer des hautes payes, dans la limite des crédits prévus à cet effet par la loi de finances, aux hommes des professions ou spécialités utilisables dans la marine, et dont le recrutement, dans les conditions ordinaires, s'opère difficilement.

Art. 61. — En cas de guerre, tout Français ayant accompli le temps de service prescrit pour l'armée active, la réserve de ladite armée et l'armée territoriale, est admis à contracter, dans un corps de son choix, un engagement pour la durée de la guerre.

Cette faculté cesse, pour les hommes de la réserve de l'armée territoriale, lorsque leur classe est rappelée à l'activité.

Art. 62. — Les engagements volontaires sont contractés dans les formes prescrites par les articles 34, 35, 36, 37, 38, 39, 40, 42 et 44 du code civil, devant les maires des chefs-lieux de canton.

Les conditions relatives à la durée de ces engagements sont insérées dans l'acte même.

Les autres conditions sont lues aux contractants avant la signature, et mention en est faite à la fin de l'acte.

CHAPITRE II
DES RENGAGEMENTS

Art. 63. — Les soldats décorés ou médaillés, ou inscrits sur les listes d'aptitude pour le grade de caporal ou brigadier, ainsi que les caporaux ou brigadiers, pourront être admis à contracter des rengagements pour deux, trois ou cinq ans, pendant le cours de leur dernière année de service sous les drapeaux.

Tout homme des troupes coloniales peut être admis à contracter un rengagement pour deux, trois ou cinq ans, après six mois de service,

Les rengagements datent du jour de l'expiration légale du service dans l'armée active. Ils sont renouvelables jusqu'à une durée totale de quinze années de service effectif.

Les caporaux ou brigadiers et les soldats qui contractent un premier rengagement de cinq ans ont droit à une prime payable immédiatement après la signature de l'acte. Le montant de cette prime sera fixé comme il est indiqué à l'article 60 ci-dessus.

Ceux qui contractent un premier rengagement de deux ou trois ans ont droit à une prime réduite, fixée au tiers de la prime totale dans le premier cas, et à la moitié dans le second. S'ils contractent un second rengagement avant l'expiration du premier, de manière à parfaire cinq ans de rengagement, ils reçoivent le complément de la prime totale telle qu'elle est fixée dans les conditions de l'article 60 au moment de ce rengagement.

En outre, des hautes payes journalières sont allouées aux rengagés à partir du jour où leur rengagement commence à courir.

Les valeurs de ces hautes payes journalières, distinctes pour les caporaux et brigadiers d'une part, et pour les soldats de l'autre, seront fixées par les tarifs de solde.

Après cinq années de rengagement, ces hautes payes sont augmentées de moitié pour les caporaux ou brigadiers, et d'un tiers pour les soldats.

Après quinze ans de service effectif, les rengagés auront droit à une pension proportionnelle égale au 15/25 du minimum de la pension de retraite du grade dont ils seront titulaires depuis deux ans au moins, augmentée de 1/25 pour chaque année de campagne.

Le taux des pensions proportionnelles et de retraite est décompté d'après les articles non abrogés de la loi du 11 avril 1831, et d'après les lois des 25 juin 1861, 18 août 1879 et le tarif joint à la loi du 19 mars 1889.

Les autres conditions sont déterminées par un règlement inséré au *Bulletin des lois*.

Dans les équipages de la flotte, les rengagements d'une durée de trois ou cinq ans sont contractés dans le cours de la dernière année de service. Ils doivent exceptionnellement être reçus à la fin de la première année de service, lorsqu'il s'agit d'hommes admis à suivre les cours d'une des écoles spéciales de la marine. Ces rengagements sont renouvelables jusqu'à une durée totale de vingt-cinq années de service effectif.

Art. 64. — Tout homme appartenant à la cavalerie peut contracter un rengagement d'un an dans le cours de sa troisième année de service. Il aura droit, pendant la quatrième année, à une haute paye dont le taux sera fixé par les tarifs de solde.

Par dérogation aux dispositions de l'article 37, il ne restera que trois ans dans la réserve de l'armée active; il passera dans l'armée territoriale, et par suite dans la réserve de cette armée, trois ans avant la classe à laquelle il appartient.

Art. 65. — Dans les troupes coloniales, les premiers rengagements des caporaux ou brigadiers et des soldats donnent droit à une prime payée au moment de la signature de l'acte et à des gratifications annuelles.

Les rengagements ultérieurs ne donnent droit qu'aux gratifications annuelles.

Le montant des primes et gratifications est fixé par décret.

Les hautes payes journalières pour les caporaux ou brigadiers et pour les soldats seront augmentées de trois ans en trois ans. Cette augmentation sera déterminée par le tarif de solde.

Peuvent être admis à se rengager pour les troupes coloniales, avec bénéfice des avantages mentionnés ci-dessus:

1° Les militaires de toutes armes;

2° Les hommes de la réserve de l'armée active, âgés de moins de vingt-huit ans;

3° Les hommes des régiments étrangers, autorisés par le Ministre de la guerre.

Le bénéfice des dispositions du paragraphe précédent est applicable, sans aucune restriction ni réserve, aux hommes résidant ou domiciliés en Algérie ou aux colonies avant leur incorporation, ou après leur passage dans la réserve de l'armée active.

Dans le corps des équipages de la flotte, les rengagements des quartiers-maîtres et marins, provenant du recrutement, donnent droit aux mêmes avantages pécuniaires que ceux qui sont accordés aux quartiers-maîtres et marins, provenant de l'inscription maritime.

Art. 66. — Les rengagements sont contractés devant les sous-intendants militaires, dans la forme prescrite par l'article 63 ci-dessus, sur la preuve que le contractant peut rester ou être admis dans le corps pour lequel il se présente.

Art. 67. — Tout rengagé qui, étant sous les drapeaux, subit une condamnation à l'emprisonnement d'une durée de trois mois au moins, est déchu de tous ses droits à la gratification annuelle et à la haute paye. Il est dirigé, à l'expiration de sa peine, sur un bataillon d'infanterie légère d'Afrique pour y terminer son temps de service.

CHAPITRE III
DES COMMISSIONS

Art. 68. -- Peuvent être maintenus sous les drapeaux, en qualité de commissionnés:

1° Les sous-officiers de toutes armes, dans les conditions indiquées par la loi du 19 mars 1889;

2° Les militaires de la gendarmerie, les militaires du régiment de sapeurs-pompiers de Paris, et le personnel employé dans les écoles militaires;

3° Les caporaux ou brigadiers et soldats affectés dans les divers corps et services à certains emplois déterminés par le ministre de la guerre.

Tout militaire commissionné pourra être mis à la retraite après vingt-cinq ans de service; il ne pourra être maintenu sous les drapeaux que jusqu'à l'âge de cinquante ans.

Toutefois, les militaires de la gendarmerie et de la justice militaire pourront rester en activité au delà de cette limite, dans les conditions fixées par les règlements constitutifs de cette arme et de ce service.

Peuvent être réadmis en la même qualité dans les catégories mentionnées aux paragraphes 2° et 3° ci-dessus, les militaires ayant accompli le temps de service exigé dans l'armée active, et rentrés dans leurs foyers depuis moins de trois ans.

Les militaires commissionnés ont droit à la haute paye de leur grade, dans les mêmes conditions que les rengagés.

En cas d'inconduite de la part du commissionné, le ministre de la guerre peut, sur l'avis conforme d'un conseil de discipline, soit suspendre les effets de la commission, soit révoquer définitivement le militaire commissionné, suivant la gravité des faits reprochés.

Tout militaire commissionné quittant les drapeaux après quinze années de service effectif, aura droit à une pension proportionnelle, dont le taux sera décompté comme il est prescrit à l'article 63 ci-dessus, pour chaque année de service et pour chaque campagne, à raison de 1/25 du minimum de la pension de retraite du grade dont il sera titulaire depuis deux ans au moins.

Ceux qui obtiendraient d'être commissionnés après avoir quitté les drapeaux ne pourront réclamer ladite pension proportionnelle qu'après avoir servi cinq ans en cette nouvelle qualité.

Les militaires commissionnés sont soumis aux lois et règlements militaires.

Ils ne peuvent quitter leur emploi sans avoir reçu notification de l'acceptation de leur démission. La décision du ministre de la guerre devra être transmise dans un délai maximum de deux mois augmenté, hors de France, des délais de distance, à partir de la date de la remise de la démission. En cas de guerre, les démissions ne sont jamais acceptées.

TITRE V
DISPOSITIONS PÉNALES

Art. 69. -- Toutes fraudes ou manœuvres par suite desquelles un jeune homme a été omis sur les tableaux de recensement, sont déférées aux tribunaux ordinaires et punis d'un emprisonnement d'un mois à un an.

Sont déférés aux mêmes tribunaux et punis de la même peine:

1° Les jeunes gens appelés qui, par suite d'un concert frauduleux, se sont abstenus de comparaître devant le conseil de revision;

2° Les jeunes gens qui, à l'aide de fraudes ou

manœuvres, se font exempter ou dispenser par un conseil de revision, sans préjudice de peines plus graves en cas de faux.

Les auteurs ou complices sont punis des mêmes peines.

Si le jeune homme omis a été condamné comme auteur ou complice de fraudes ou manœuvres, les dispositions des articles 15 et 17 de la présente loi lui sont appliquées, lors des premières opérations de recensement qui ont lieu après l'expiration de sa peine.

Le jeune homme indûment exempté ou indûment dispensé est rétabli en tête de la première partie de la classe appelée, après qu'il a été reconnu que l'exemption ou la dispense avait été indûment accordée.

Art. 70. -- Tout homme prévenu de s'être rendu impropre au service militaire, soit temporairement, soit d'une manière permanente, dans le but de se soustraire aux obligations imposées par la présente loi, est déféré aux tribunaux, soit sur la demande des conseils de revision, soit d'office. S'il est reconnu coupable, il est puni d'un emprisonnement d'un mois à un an.

Sont également déférés aux tribunaux et punis de la même peine, les jeunes gens qui, dans l'intervalle de la liste cantonale à leur mise en activité, se sont rendus coupables du même délit.

A l'expiration de leur peine, les uns et les autres sont mis à la disposition du Ministre de la guerre, pour tout le temps du service militaire qu'ils doivent à l'Etat, et sont envoyés dans une compagnie de discipline.

La peine portée au présent article est prononcée contre les complices.

Si les complices sont des médecins, des officiers de santé ou des pharmaciens, la durée de l'emprisonnement est pour eux de deux mois à deux ans, indépendamment d'une amende de 200 francs à 1.000 francs qui peut être aussi prononcée, et sans préjudice de peines plus graves dans les cas prévus par le code pénal.

Art. 71. -- Les médecins militaires ou civils qui, appelés au conseil de revision à l'effet de donner leur avis, conformément aux articles 18, 19, 20 et 27 de la présente loi, ont reçu des dons ou agréé des promesses pour être favorables aux jeunes gens qu'ils doivent examiner, sont punis d'un emprisonnement de deux mois à deux ans.

Cette peine leur est appliquée, soit qu'au moment des dons ou promesses ils aient déjà été désignés pour assister au conseil de révision, soit que les dons ou promesses aient été agréés en prévision des fonctions qu'ils auraient à y remplir.

Il leur est défendu, sous la même peine, de rien recevoir, même pour une exemption ou dispense justement prononcée.

Ceux qui leur ont fait des dons ou promesses sont punis de la même peine.

Art. 72. -- Tout fonctionnaire ou officier public, civil ou militaire, qui, sous quelque prétexte que ce soit, a autorisé ou admis des exclusions, exemptions ou dispenses autres que celles déterminées par la présente loi, ou qui aura donné arbitrairement une extension quelconque, soit à la durée, soit aux règles ou conditions des appels, des engagements, sera coupable d'abus d'autorité et puni des peines portées dans l'article 185 du code pénal, sans préjudice de peines plus graves prononcées par ce code dans les autres cas qu'il a prévus.

Art. 73. -- Tout jeune soldat appelé, au domicile

duquel un ordre de route a été régulièrement notifié, et qui n'est pas arrivé à sa destination au jour fixé par cet ordre, est, après un délai d'un mois en temps de paix et de deux jours en temps de guerre et hors le cas de force majeure, puni, comme insoumis, d'un emprisonnement d'un mois à un an en temps de paix et de deux à cinq ans en temps de guerre. Dans ce dernier cas à l'expiration de sa peine, il est envoyé dans une compagnie de discipline.

En temps de guerre, les noms des insoumis sont affichés dans toutes les communes du canton de leur domicile; ils restent affichés pendant toute la durée de la guerre. Le condamné pour insoumission ou désertion en temps de guerre sera, en outre, privé de ses droits électoraux.

Ces dispositions sont applicables à tout engagé volontaire qui, sans motifs légitimes, n'est pas arrivé à sa destination dans le délai fixé par sa feuille de route.

En cas d'absence du domicile, l'ordre de route est notifié au maire de la commune dans laquelle l'appelé a été porté sur la liste de recensement.

À l'égard des appelés, le délai d'un mois sera porté:

1° À deux mois, s'ils demeurent en Algérie, en Tunisie ou en Europe;

2° À six mois, s'ils demeurent dans tout autre pays.

En temps de guerre ou en cas de mobilisation par voie d'affiches et de publications sur la voie publique, les délais ci-dessus seront diminués de moitié.

L'insoumis est jugé par le conseil de guerre de la région du corps d'armée dans laquelle il est arrêté.

Le temps pendant lequel l'engagé volontaire ou le jeune soldat appelé aura été insoumis ne compte pas dans les années de service exigées.

La prescription contre l'action publique résultant de l'insoumission ne commence à courir que du jour où l'insoumis a atteint l'âge de cinquante ans.

Art. 74. — Quiconque est reconnu coupable d'avoir sciemment recélé ou pris à son service un insoumis est puni d'un emprisonnement qui ne peut excéder six mois. Selon les circonstances, la peine peut être réduite à une amende de 50 à 500 francs.

Quiconque est convaincu d'avoir favorisé l'évasion d'un insoumis est puni d'un emprisonnement d'un mois à un an.

La même peine est prononcée contre ceux qui, par des manœuvres coupables, ont empêché ou retardé le départ des jeunes soldats.

Si le délit a été commis à l'aide d'un attroupement, la peine sera double.

Si le délinquant est fonctionnaire public, employé du Gouvernement ou ministre d'un culte salarié par l'État, la peine peut être portée jusqu'à deux années d'emprisonnement, et il est, en outre, condamné à une amende qui ne pourra excéder 2,000 francs.

Art. 75. — En temps de paix, les militaires en congé rappelés sous les drapeaux, les hommes de la réserve et ceux de l'armée territoriale convoqués pour des manœuvres ou des exercices, ou appartenant à des classes rappelées par décret, qui ne seront pas rendus le jour fixé au lieu indiqué par les ordres d'appel ou affiches, seront passibles d'une punition disciplinaire.

En cas de récidive, les pénalités de l'article 73 ci-dessus, concernant l'insoumission des jeunes soldats appelés, seront applicables aux hommes désignés au paragraphe précédent.

En cas de mobilisation, les hommes appelés sont déclarés insoumis s'ils n'ont pas rejoint, dans le délai de deux jours, sauf dans le cas prévu à l'article 56 de la présente loi.

Tout homme, qui n'a pas rejoint au jour indiqué pour des manœuvres ou exercices, peut être astreint, par l'autorité militaire, à faire ou à compléter dans un corps de troupe le temps de service pour lequel il était appelé.

Art. 76. — Les hommes liés au service dans les conditions mentionnées à l'article 30 ci-dessus, qui n'ont pas fait les déclarations prescrites audit article, sont déférés aux tribunaux ordinaires et punis d'une amende de 10 francs à 200 francs. Ils peuvent, en outre, être condamnés à un emprisonnement de quinze jours à trois mois.

En temps de guerre, la peine est double.

Art. 77. — Les peines prononcées par les articles 71, 72 et 74 de la présente loi sont applicables aux tentatives des délits prévus par ces articles.

Art. 78. — Dans tous les cas non prévus par les dispositions précédentes, les tribunaux civils et militaires appliqueront les lois pénales ordinaires aux délits auxquels pourra donner lieu l'exécution du mode de recrutement déterminé par la présente loi.

Lorsque la peine de l'emprisonnement est prononcée par la présente loi, les juges peuvent, sauf dans les cas prévus par les articles 73 et 75 ci-dessus, user de la faculté exprimée par l'article 463 du code pénal.

Art. 79. — Les crimes et délits prévus à l'article 57 ci-dessus, et énumérés dans le tableau D annexé à la présente loi, sont punis des peines portées par les articles visés dans ce tableau; il pourra toutefois être accordé des circonstances atténuantes, alors même que le code de justice militaire ne les prévoit pas, aux hommes ayant moins de trois mois de présence sous les drapeaux.

En temps de guerre, aucune circonstance atténuante n'est admise.

Art. 80. — Lorsque, par application de la faculté accordée par les articles 52 et 79 de la présente loi, les tribunaux militaires auront admis des circonstances atténuantes en faveur des inculpés de crimes ou délits, pour lesquels le code de justice militaire ne les prévoit pas, les peines prononcées par ce code seront modifiées ainsi qu'il suit:

Si la peine prononcée par la loi est celle de la mort, le conseil de guerre appliquera la peine des travaux forcés à perpétuité ou celle des travaux forcés à temps, sauf dans les cas prévus par les articles 209, 210, 211, 213, 217, 218, 220, 222, 223, 226, 227 et 228 du code de justice militaire, où la peine appliquée sera celle de la détention. Dans le cas de l'article 221 dudit code, la peine appliquée sera celle des travaux forcés à perpétuité, des travaux forcés à temps ou de la détention, suivant les circonstances.

Si la peine est celle des travaux forcés à perpétuité, le conseil de guerre appliquera la peine de la réclusion ou celle de la dégradation militaire, avec emprisonnement de deux à cinq ans.

Si la peine est celle de la détention ou de la réclusion, le conseil de guerre appliquera la peine de la dégradation militaire, avec emprisonnement de un à cinq ans.

Toutefois, si la peine prononcée par la loi est le maximum d'une peine afflictive, le conseil de guerre pourra toujours appliquer le minimum de cette peine.

Si la peine est celle de la dégradation militaire, le conseil de guerre appliquera un emprisonnement de trois mois à deux ans.

Si la peine est celle des travaux publics, le conseil de guerre appliquera un emprisonnement de deux mois à cinq ans.

Dans tous les cas où la peine de l'emprisonnement est prononcée par le code de justice militaire, le conseil de guerre est autorisé à faire application de l'article 463 du code pénal, sans toutefois que la peine de l'emprisonnement puisse être remplacée par une amende.

Nonobstant toute réduction de peine par suite de l'admission de circonstances atténuantes, la peine de la destitution sera toujours appliquée par le conseil de guerre, dans les cas où elle est prononcée par le code de justice militaire.

TITRE VI
RECRUTEMENT EN ALGÉRIE ET AUX COLONIES

Art. 81. — Les dispositions de la présente loi sont applicables dans les colonies de la Guadeloupe, de la Martinique, de la Guyane et de la Réunion.

Elles sont également applicables en Algérie et dans toutes les colonies non désignées au paragraphe précédent, mais sous les réserves suivantes :

En dehors d'exceptions motivées, et dont il serait fait mention dans le compte rendu prévu par l'article 86 ci-après, les Français et naturalisés Français résidant en Algérie ou dans l'une des colonies autres que la Guadeloupe, la Martinique, la Guyane et la Réunion, sont incorporés dans les corps stationnés soit en Algérie, soit aux colonies, et après une année de présence effective sous les drapeaux, envoyés dans la disponibilité s'ils ont satisfait aux conditions de conduite et d'instruction militaire déterminées par le ministre de la guerre.

S'il ne se trouve pas de corps stationné dans un rayon fixé par arrêté ministériel, ces jeunes gens sont dispensés de la présence effective sous les drapeaux. Dans le cas où cette situation se modifierait avant qu'ils aient atteint l'âge de trente ans révolus, ils accompliraient une année de service dans le corps de troupe le plus voisin.

En cas de mobilisation générale, les hommes valides qui ont terminé leurs vingt années de service sont réincorporés avec la réserve de l'armée territoriale, sans cependant pouvoir être appelés à servir hors du territoire de l'Algérie et des colonies.

Si un Français ou naturalisé Français, ayant bénéficié des dispositions du paragraphe 2 du présent article, transportait son établissement en France avant l'âge de trente ans accomplis, il devrait compléter, dans un des corps de la métropole, le temps de service dans l'armée active prescrit par l'article 37 de la présente loi, sans toutefois pouvoir être retenu sous les drapeaux au delà de l'âge de trente ans.

Les Français ou naturalisés Français, établis dans un pays du Protectorat où seront stationnées des troupes françaises, pourront être admis, sur leur demande, à bénéficier des dispositions qui précèdent.

Art. 82. — Les jeunes gens inscrits sur les listes de recrutement de la métropole, résidant dans une colonie ou un pays de Protectorat où il n'y aurait pas de troupes françaises stationnées, pourront, sur l'avis conforme du Gouverneur ou du Résident, bénéficier des dispositions contenues dans l'article 50 ci-dessus.

La même disposition s'applique aux jeunes gens inscrits sur les listes de recrutement d'une colonie autre que celle où ils résident.

Art. 83. — Les conditions spéciales de recrutement des corps étrangers et indigènes sont réglées par décret, jusqu'à ce qu'une loi spéciale ait déterminé les conditions du service militaire des indigènes.

TITRE VII
DISPOSITIONS PARTICULIÈRES

Art. 84. — A partir du 1er novembre de la troisième année qui suivra la mise en vigueur de la présente loi, nul ne pourra être admis à exercer certains emplois salariés par l'État ou les départements, si, n'ayant pas été déclaré impropre au service militaire à l'appel de sa classe, il ne compte au moins cinq années de service actif dans les armées de terre ou de mer, dont deux comme officier, sous-officier, caporal ou brigadier, ou si, avant la date ci-dessus mentionnée, il n'a été retraité ou réformé.

Un règlement d'administration publique, qui devra être promulgué un an au plus après la mise en vigueur de la présente loi, déterminera les emplois ainsi réservés, les conditions auxquelles les candidats devront satisfaire pour les obtenir et le mode de recrutement de ces emplois, en cas d'insuffisance de candidats remplissant les conditions voulues (1).

Art. 85. — Une loi spéciale déterminera :

1° Les mesures à prendre pour rendre uniforme, dans tous les lycées et établissements d'enseignement, l'application de la loi du 27 janvier 1880, imposant l'obligation des exercices ;

2° L'organisation de l'instruction militaire pour les jeunes gens de dix-sept à vingt ans et le mode de désignation des instructeurs.

Art. 86. — Chaque année, avant le 30 juin, il sera rendu compte aux Chambres, par le Ministre de la guerre, de l'exécution des dispositions contenues dans la présente loi pendant l'année précédente.

TITRE VIII
DISPOSITIONS TRANSITOIRES

Art. 87. — Les dispositions de la présente loi seront appliquées au plus tard dans les six mois qui suivront la date de sa promulgation.

Art. 88. — Les jeunes soldats ayant accompli trois ans de service dans l'armée active, au moment de la mise en vigueur de la présente loi, seront envoyés dans la réserve.

Toutefois, pendant un délai de deux années, le Ministre de la guerre pourra conserver sous les drapeaux, dans les limites prévues par l'article 36 de la loi du 27 juillet 1872, les jeunes gens déjà incorporés conformément aux prescriptions de ladite loi.

Mention spéciale des décisions prises sera faite dans le compte rendu prescrit par l'article 86 ci-dessus.

Les mêmes dispositions sont applicables aux engagés volontaires qui en feront la demande.

Art. 89. — Les jeunes soldats qui, au moment de la mise en vigueur de la présente loi, appartiendraient à la deuxième portion du contingent en raison de leur numéro de tirage au sort, et qui n'auraient pas encore accompli le temps de service prescrit par l'article 40 de la loi du 27 juillet 1872, seront, à l'expiration de ce temps, envoyés en congé dans leurs foyers.

Art. 90. — Les sous-officiers qui se trouveront dans leur quatrième année de service, au moment de la mise en vigueur de la présente loi, pourront être maintenus sous les drapeaux par décision ministérielle, jusqu'à l'expiration de cette quatrième année de service, alors même que la classe à laquelle ils appartiennent serait renvoyée dans ses foyers.

(1) Voir ci-après dépêche ministérielle du 23 février 1892, notifiant le tableau des places réservées en vertu de cette disposition.

Les sous-officiers ainsi maintenus sous les drapeaux recevront la même haute paye que les sous-officiers rengagés et auront le droit de concourir pour les emplois civils visés par l'article 84 ci-dessus.

Art. 91. — Les jeunes gens qui, avant la mise en vigueur de la présente loi, seront admis à contracter un engagement conditionnel d'un an et ceux qui se trouvent dans la situation prévue par la loi du 31 décembre 1875, bénéficieront des dispositions des articles 53 à 57 inclus de la loi du 27 juillet 1872 ; mais les dispositions de l'article 38 de la loi du 24 juillet 1873 cesseront de leur être applicables.

Art. 92. — Les jeunes gens dispensés conditionnellement du service actif en temps de paix avant la mise en vigueur de la présente loi, conformément à l'article 20 de la loi du 27 juillet 1872, conserveront la situation qui leur est faite par ladite loi au point de vue des obligations du service militaire, sous la réserve des dispositions contenues dans l'article 93 ci-après.

Art. 93. — La présente loi est applicable aux hommes appelés en vertu des lois antérieures, libérés ou non du service militaire, jusqu'à ce qu'ils aient atteint l'âge de quarante-cinq ans.

Art. 94. — Dès la mise en vigueur de la présente loi, seront et demeureront abrogées :

La loi du 27 juillet 1872, sur le recrutement de l'armée ;

La loi du 6 novembre 1875, ayant pour objet de déterminer les conditions suivant lesquelles les Français domiciliés en Algérie seront soumis au service militaire ;

La loi du 18 novembre 1875, ayant pour objet de coordonner les lois des 27 juillet 1872, 24 juillet 1873, 13 mars, 19 mars et 6 novembre 1875 avec le code de justice militaire ;

Les lois des 30 juillet, 4 décembre et 31 décembre 1875, et la loi du 20 juillet 1886, modifiant divers articles de la loi du 27 juillet 1872 ;

Et d'une manière générale, toutes dispositions contraires à la présente loi.

La présente loi, délibérée et adoptée par le Sénat et par la Chambre des députés, sera exécutée comme loi de l'Etat. — CARNOT.

ANNEXES

TABLEAU A. — *Personnel placé sous les ordres des ministres de la guerre et de la marine ou mis à leur disposition, en cas de mobilisation.* (Application de l'article 51 de la loi sur le recrutement de l'armée).

Services

Ministère de la guerre :	Chirurgiens des services pénitentiaires, maisons centrales, pénitenciers ;
Administration centrale ;	
Etablissements ;	
Ministère de la marine :	Pharmaciens internes des services pénitentiaires, maisons centrales, pénitenciers ;
Administration centrale ;	
Etablissements métropolitains et coloniaux ;	
Ministère de l'intérieur :	Ministère des travaux publics (non compris l'administration centrale et les cantonniers faisant partie de la réserve de l'armée active) ;
Sapeurs-pompiers des places de guerre n'appartenant plus à la réserve de l'armée active ;	
Cantonniers n'appartenant plus à la réserve de l'armée active ;	Forêts (agents et préposés organisés militairement) ;
Médecins et chirurgiens des hospices ;	Ministère des finances :
Médecins chefs de service des hospices ;	Douaniers (bataillons, compagnies et sections) ;
Médecins des services pénitentiaires, maisons centrales, pénitenciers ;	Postes et télégraphes.
	Chemins de fer :
	Sections techniques ;
	Personnel de l'exploitation technique ;
	Administration centrale.

TABLEAU B. — *Services publics.* — *Désignation des fonctionnaires et agents qui, en cas de mobilisation, sont autorisés à ne pas rejoindre immédiatement, quand ils n'appartiennent pas à la réserve de l'armée active.* (Application de l'article 51 de la loi sur le recrutement de l'armée).

Personnel de l'administration du Sénat et de la Chambre des députés

Secrétaires généraux ;	Chefs adjoints ou sous-chefs.
Chefs de service ;	

MINISTÈRE DES FINANCES
Administration centrale

Secrétaire général ;	Payeur central de la Dette publique ;
Directeur général de la comptabilité publique ;	Contrôleur central ;
Directeur ;	Chefs de bureau ;
Chef de la division du contentieux ;	Contrôleur spécial pour le receveur central de la Seine.
Caissier payeur central du trésor ;	

Inspection générale des finances

Inspecteurs généraux des finances ;	Inspecteurs et adjoints à l'inspection.

Trésorerie

Trésoriers payeurs généraux ;	Un fondé de pouvoirs de chaque trésorier payeur général, désigné par le Ministre des finances.
Receveurs particuliers ;	
Percepteurs ;	

Trésorerie d'Afrique, de la Cochinchine et du Tonkin

Trésoriers payeurs ;	Payeurs adjoints.
Payeurs particuliers ;	

Administration des contributions directes

Directeur général ;	Directeurs ;
Administrateurs ;	Inspecteurs ;
Chefs de bureau ;	Premiers commis de direction.

Administration de l'enregistrement, des domaines et du timbre

Directeur général ;	Directeurs ;
Administrateurs ;	Inspecteurs ;
Chefs de bureau ;	Conservateurs des hypothèques.

Administration des douanes

Directeur général ;	Directeurs ;
Administrateurs ;	Inspecteurs ;
Chefs de bureau ;	Sous-inspecteurs.

Administration des contributions indirectes (France) et contributions diverses (Algérie)

Directeur général ;	Receveurs principaux ;
Administrateurs ;	Receveurs particuliers ;
Chefs de bureau ;	Entreposeurs ;
Directeurs ;	Contrôleurs ;
Sous-directeurs, chefs de service dans un arrondissement ;	Receveurs ambulants ;
Inspecteurs ;	Receveurs buralistes.

Administration des manufactures de l'Etat (tabacs)

Directeur général ;	Inspecteurs ;
Administrateurs ;	Entreposeurs des tabacs en feuilles ;
Chefs de bureaux ;	Vérificateurs et commis de culture.
Directeurs ;	
Contrôleurs des manufactures ;	

Administration des monnaies et médailles

Directeur général ;	Contrôleur principal.
Caissier agent comptable ;	

Banque de France

Gouverneur ;	Chefs de bureau ;
Sous-gouverneur ;	Inspecteurs ;
Secrétaire général ;	Ouvriers de l'imprimerie des billets ;
Contrôleur ;	Directeurs des succursales ;
Caissier principal ;	Caissiers des succursales.
Caissiers particuliers et sous-caissiers ;	

Banque d'Algérie

Directeur ;
Sous-directeur ;
Secrétaire général ;
Inspecteur ;

Caissier principal ;
Chef de bureau ;
Directeurs des succursales.

Caisse des dépôts et consignations

Directeur général ;
Chefs de division ;

Caissier général ;
Chefs de bureau.

MINISTÈRE DE L'INTÉRIEUR
Administration centrale

Directeurs ;

Chefs de bureau.

Etablissements nationaux de bienfaisance

Directeurs ;

Médecins en chef.

Services pénitentiaires, maisons centrales, pénitenciers

Inspecteurs ;
Economes ;

Agents comptables ;
Commis greffiers

Sûreté publique.

Commissaires divisionnaires ;
Commissaires spéciaux de police ;

Inspecteurs spéciaux.

Administration départementale

Préfets, sous-préfets et secrétaires généraux ;
Chefs de division de préfecture ;
Inspecteurs des enfants assistés ;
Chefs du bureau militaire de préfecture ;

Agents-voyers en chef et agents-voyers d'arrondissement ;
Directeurs des asiles publics d'aliénés.

Administration communale

Secrétaires chefs du bureau militaire des mairies des chefs-lieux de département et d'arrondissement, ainsi que des communes qui, n'étant pas chefs-lieux de département ou d'arrondissement, ont plus de 4,000 habitants ;

Recoveurs d'octroi ;
Préposés en chef d'octroi ;
Commissaires de police ;
Sergents de ville ou gardiens de la paix.

Services spéciaux de la ville de Paris ressortissant à la préfecture de la Seine

Directeurs des hôpitaux et hospices ;
Recoveurs des hôpitaux et hospices ;
Economes des hôpitaux et hospices ;
Agents du service des eaux ;
Contrôleurs et sous-contrôleurs ;
Gardes cantonniers des eaux ;
Agents de l'assistance publique ;
Directeurs de l'administration centrale ;

Chefs de division ;
Inspecteurs des enfants assistés ;
Agents de la direction des travaux, autres que ceux du service vicinal ;
Directeurs et chefs de bureau de la préfecture de la Seine ;
Secrétaires chefs de bureau des mairies des vingt arrondissements de Paris.

Services spéciaux de la ville de Paris ressortissant à la préfecture de police

Chefs de division et chefs de bureau de la préfecture de police ;
Chef et chef-adjoint de la police municipale ;
Inspecteurs divisionnaires ;
Officiers de paix ;
Inspecteurs de police ;

Secrétaires des commissariats de police ;
Contrôleurs des services extérieurs ;
Gardiens de la paix de la ville de Paris ;
Sergents de ville des communes du département de la Seine.

Administration de l'Algérie

Secrétaire général du Gouvernement ;
Chefs de bureau du Gouvernement général ;

Administrateurs des communes mixtes.

MINISTÈRE DES TRAVAUX PUBLICS
Administration centrale

Directeurs ;

Chefs de bureau.

Chemins de fer

Personnel sédentaire : Contentieux, service des titres.

MINISTÈRE DE L'INSTRUCTION PUBLIQUE ET DES BEAUX-ARTS
Administration centrale

Directeurs ;
Chefs de bureau ;
Proviseurs et principaux des lycées et collèges de l'État ;

Directeurs des écoles normales primaires de l'État.

Administration des cultes

Directeur ;
Chefs de bureau ;
Les ministres des cultes reconnus par l'État, chargés du service d'une paroisse ;

Les aumôniers des lycées, des hôpitaux, des prisons et des établissements pénitentiaires.

MINISTÈRE DES AFFAIRES ÉTRANGÈRES
Administration centrale

Directeurs ;
Sous-directeurs ;

Chefs de division ;
Chefs de bureau.

Agents en fonctions à l'étranger

Ambassadeurs ;
Ministres plénipotentiaires ;
Conseillers d'ambassade ;
Consuls généraux ;
Consuls ;
Vice-consuls rétribués ;

Secrétaires d'ambassade, 1re, 2e et 3e classes ;
Consuls suppléants ;
Chanceliers ;
Commis de chancellerie ;
Interprètes et drogmans.

Pays de Protectorat

Résidents généraux ou supérieurs ;
Résidents ;

Vice-résidents ;
Chanceliers de résidence ;
Commis de résidence.

MINISTÈRE DE LA JUSTICE

Directeurs ;
Chefs de bureau ;

Procureurs généraux ;
Procureurs de la République ;

Dans chaque tribunal de première instance, parmi les magistrats inamovibles composant ce tribunal, les deux magistrats appartenant aux classes de mobilisation les plus anciennes, dans le cas où leur maintien serait indispensable pour que le tribunal ne soit pas réduit à moins de deux juges ; dans les tribunaux d'Algérie et des colonies, deux magistrats.

MINISTÈRE DE L'AGRICULTURE

Directeurs ;
Chefs de bureau ;
Directeurs des écoles vétérinaires ;

Directeurs et gagistes des dépôts d'étalons ;

MINISTÈRE DU COMMERCE

Directeurs et chefs de division de la comptabilité ;

Chefs de bureau.

TABLEAU C. — *Désignation des fonctionnaires et agents qui, en cas de mobilisation, sont autorisés à ne pas rejoindre immédiatement, même quand ils appartiennent à la réserve de l'armée active.* (Application de l'art. 51 de la loi sur le recrutement de l'armée.)

MINISTÈRE DES FINANCES

Trésorerie d'Afrique, de Cochinchine et du Tonkin
Commis de trésorerie.

Administration de l'enregistrement, des domaines et du timbre

Sous-inspecteurs ;

Recoveurs.

Administration des douanes

Recoveurs ;

Contrôleurs et contrôleurs adjoints ;

Administration des contributions indirectes (France) et contributions diverses (Algérie)

Commis principaux ;
Commis ;

Préposés.

MINISTÈRE DE L'INTÉRIEUR

Services pénitentiaires, maisons centrales, pénitenciers

Directeurs ;
Greffiers ;
Gardiens ou surveillants ;
Gardien-comptable en chef, gardiens-comptables et seconds

gardiens des transports cellulaires ;
Gardiens-chefs des prisons annexes de l'Algérie.

TABLEAU D. — *Articles du code de justice militaire* (Livre IV, titre II) applicables dans les cas prévus par les articles 57 et 79 de la loi sur le recrutement de l'armée.

Art. 204, 205, 206, 208. — Trahison, espionnage et embauchage.

Art. 219, § 1er. — Violation de consigne.

Art. 220. — Violence envers une sentinelle.

L'article 220 ne sera applicable aux hommes renvoyés dans leurs foyers depuis plus de six mois que s'ils étaient, au moment du fait incriminé, revêtus d'effets d'uniforme.

Art. 223 et 224. — Voies de faits et outrages envers un supérieur.

Pour l'application du premier paragraphe de chacun de ces articles, le fait incriminé ne sera considéré comme ayant eu lieu à l'occasion du service, que s'il est le résultat d'une vengeance contre un acte d'autorité légalement exercé.

Le deuxième paragraphe de ces mêmes articles ne sera applicable que dans les cas où le supérieur et l'inférieur seraient l'un et l'autre revêtus d'effets d'uniforme.

Art. 225. — Rébellion.

Cet article n'est applicable qu'aux hommes revêtus d'effets d'uniforme et, en outre, dans les cas prévus par l'article 77 du code de justice militaire.

Art. 226, 228, 229. — Abus d'autorité.

Pour l'application de l'article 229, il est nécessaire que le supérieur et l'inférieur soient l'un et l'autre revêtus d'effets d'uniforme.

Art. 242, § 1er. — Provocation à la désertion.

Art. 248. — Vol.

L'avant-dernier paragraphe de cet article n'est applicable que si le délinquant était logé militairement dans la maison où il a commis le vol.

Art. 249. — Blessures faites à un blessé pour le dépouiller.

Art. 250, 251, 252, 253, 254, 255. — Pillage, destruction, dévastation d'édifices.

Art. 58. — Meurtre chez l'habitant.

Cet article est applicable sous la réserve indiquée ci-dessus pour l'article 248.

Art. 266. — Port illégal d'insignes.

Cet article n'est applicable qu'en cas de port illégal, soit d'effets d'uniforme militaire, soit d'insignes, décorations ou médailles sur des effets d'uniforme militaire.

2. — 4 octobre 1889. — CIRCULAIRE *au sujet des formalités prescrites par l'autorité militaire aux hommes de la réserve.*

M. le Général commandant en chef attire de nouveau mon attention sur ce qu'un grand nombre d'hommes, appartenant aux différentes catégories de la réserve, négligent de se présenter à la gendarmerie à l'effet d'y faire leur déclaration de résidence ou de voyage, malgré les instructions formelles de la circulaire du ministre de la marine et des colonies, en date du 21 juin 1888.

J'ai l'honneur de vous rappeler, à cet effet, la lettre de mon prédécesseur en date du 24 septembre 1888, vous invitant à aviser les réservistes des territoriaux par voie d'affiches et de publications officielles, des prescriptions relatives aux déclarations de résidence ou de voyage, et les prévenir que, faute par eux de faire les déclarations prescrites à la brigade de gendarmerie la plus voisine de la localité où ils sont établis, ils encourent l'application

des articles 16 et 23 de la loi du 18 novembre 1873. — BRIÈRE.

3. — 10 janvier 1890. — ARRÊTÉ *promulguant en Indo-Chine le décret du 23 novembre 1889, portant règlement d'administration publique pour l'exécution de l'article 23 de la loi du 15 juillet 1889, sur le recrutement de l'armée.*

Est promulgué dans toute l'étendue de l'Indo-Chine, le décret en date du 23 novembre 1889, portant règlement d'administration publique pour l'exécution de l'article 23 de la loi du 15 juillet 1889, sur le recrutement de l'armée. — PIQUET.

4. — 23 novembre 1889. — DÉCRET *portant règlement d'administration publique pour l'exécution de l'article 23 de la loi du 15 juillet 1889, sur le recrutement de l'armée.*

Sur le rapport du ministre de la guerre, vu la loi du 15 juillet 1889, sur le recrutement de l'armée, notamment les articles 23 et 24 ainsi conçus :

Art. 23. — En temps de paix, après un an de présence sous les drapeaux, sont envoyés en congé dans leurs foyers, sur leur demande, jusqu'à la date de leur passage dans la réserve :

1o Les jeunes gens qui contractent l'engagement de servir pendant dix ans dans les fonctions de l'instruction publique, dans les institutions nationales des sourds-muets ou des jeunes aveugles dépendant du ministère de l'intérieur, et y rempliront effectivement un emploi de professeur, de maître répétiteur ou d'instituteur.

Les instituteurs laïques, ainsi que les novices et membres des congrégations religieuses vouées à l'enseignement et reconnues d'utilité publique, qui prennent l'engagement de servir pendant dix ans dans les écoles françaises d'Orient et d'Afrique subventionnées par le gouvernement français ;

2o Les jeunes gens qui ont obtenu ou qui poursuivent leurs études en vue d'obtenir :

Soit le diplôme de licencié ès lettres, ès sciences, de docteur en droit, de docteur en médecine, de pharmacien de 1re classe, ou de vétérinaire, ou le titre d'interne des hôpitaux nommé au concours dans une ville où il existe une faculté de médecine ;

Soit le diplôme délivré par l'école des chartes, l'école des langues orientales vivantes et l'école d'administration de la marine ;

Soit le diplôme supérieur délivré aux élèves externes par l'école des ponts-et-chaussées, l'école supérieure des mines, l'école du génie maritime ;

Soit le diplôme supérieur délivré par l'institut national agronomique, l'école des haras du Pin aux élèves internes, les écoles nationales d'agriculture de Grandjouan, de Grignon et de Montpellier, l'école des mines de Saint-Étienne, les écoles des maîtres-ouvriers mineurs d'Alais et de Douai, les écoles nationales des arts-et-métiers d'Aix, d'Angers et de Châlons, l'école des hautes études commerciales et les écoles supérieures de commerce reconnues par l'État ;

Soit l'un des prix de Rome, soit un prix ou médaille d'État dans les concours annuels de l'école nationale des arts décoratifs ;

3o Les jeunes gens exerçant les industries d'art, qui sont désignées par un jury d'État départemental formé d'ouvriers et de patrons. Le nombre de ces jeunes gens ne pourra en aucun cas dépasser 1/2 % du contingent à incorporer pour trois ans ;

4° Les jeunes gens admis, à titre d'élèves ecclésiastiques, à continuer leurs études en vue d'exercer le ministère dans l'un des cultes reconnus par l'Etat.

En cas de mobilisation, les étudiants en médecine et en pharmacie et les élèves ecclésiastiques sont versés dans le service de santé.

Tous les jeunes gens énumérés ci-dessus seront rappelés, pendant quatre semaines, dans le cours de l'année qui précédera leur passage dans la réserve de l'armée active. Ils suivront ensuite le sort de la classe à laquelle ils appartiennent.

Des règlements d'administration publique détermineront : les conditions dans lesquelles sera contracté l'engagement décennal visé au paragraphe 1er; les justifications à produire par les jeunes gens visés aux paragraphes 2° et 4°, soit au moment de leur demande, soit chaque année pendant la durée de leurs études; la nomenclature des industries d'art qui donneront lieu à la dispense prévue au paragraphe 3°; le mode de répartition de ces dispenses entre les départements; le mode de constitution du jury d'état pour les ouvriers d'art, ainsi que les justifications annuelles d'aptitude, de travail et d'exercice régulier de leur profession, que les jeunes gens, dispensés sur la proposition du jury, devront fournir jusqu'à l'âge de vingt-six ans.

Les mêmes règlements fixeront le nombre des diplômes supérieurs à délivrer annuellement, en vue de la dispense du service militaire par chacune des écoles énumérées au troisième alinéa du paragraphe 2°, et définiront ceux de ces diplômes qui ne sont pas définis par la loi; ils fixeront également le nombre des prix et des médailles visés au quatrième alinéa du même paragraphe.

Art. 24. — Les jeunes gens visés au paragraphe 1er de l'article précédent qui, dans l'année qui suivra leur année de service, n'auraient pas obtenu un emploi de professeur, de maître-répétiteur ou d'instituteur, ou qui cesseraient de le remplir avant l'expiration du délai fixé;

Ceux qui n'auraient pas obtenu, avant l'âge de 26 ans, les diplômes ou les prix spécifiés aux alinéas du paragraphe 2°;

Les jeunes gens visés au paragraphe 3°, qui ne fourniraient par les justifications professionnelles prescrites;

Les élèves ecclésiastiques mentionnés au paragraphe 4°, qui, à l'âge de 26 ans, ne seraient pas pourvus d'un emploi de ministre de l'un des cultes reconnus par l'Etat;

Les jeunes gens visés par les articles 21, 22 et 23 qui n'auraient pas satisfait, dans le cours de leur année de service, aux conditions de conduite et d'instruction militaire déterminées par le ministre de la guerre.

Ceux qui ne poursuivraient pas régulièrement les études en vue desquelles la dispense a été accordée, *seront tenus d'accomplir les années de service dont ils avaient été dispensés.*

Le Conseil d'Etat entendu;

DÉCRÈTE :

CHAPITRE PREMIER

DES DISPENSES RÉSULTANT DE L'OBTENTION DE CERTAINS DIPLÔMES TITRES, PRIX ET RÉCOMPENSES

Article premier. — Sont, sur leur demande (modèle A), envoyés ou maintenus définitivement en congé dans leurs foyers, jusqu'à la date de leur passage dans la réserve, pourvu qu'ils aient une

année de présence sous les drapeaux, les jeunes gens qui obtiennent ou ont obtenu un des diplômes, titres, prix ou récompenses mentionnés au paragraphe 2 de l'article 23 de la loi du 15 juillet 1889, soit avant leur incorporation, soit pendant leur présence sous les drapeaux à titre d'appelés, soit pendant leur séjour en congé dans leurs foyers, dans les divers cas prévus par les articles 21, 22 et 23 de ladite loi.

Les jeunes gens qui ont obtenu, avant leur comparution devant le conseil de revision, un de ces diplômes, titres, prix ou récompenses, doivent produire au conseil les pièces officielles constatant cette obtention.

Pour les jeunes soldats présents sous les drapeaux, l'envoi en congé est prononcé par l'autorité militaire, sur le vu des diplômes ou pièces officielles. Pour les jeunes gens présents dans leurs foyers, avant leur incorporation ou qui y sont envoyés en congé, la dispense est également prononcée par l'autorité militaire, après remise des pièces justificatives au commandant du bureau de recrutement de la subdivision de région à laquelle appartient le canton où ils ont concouru au tirage au sort. Dans ces deux derniers cas, la production des pièces justificatives, doit avoir lieu le mois qui suit l'obtention des diplômes, titres, prix ou récompenses.

Art. 2. — Sont considérés comme pourvus du diplôme supérieur au point de vue de la dispense de service militaire prévue par l'article 23 de la loi du 15 juillet 1889 :

1° En ce qui concerne l'institut national agronomique, les soixante élèves français classés à la sortie en tête de la liste de mérite, pourvu qu'ils aient obtenu, pour tout le cours de leur scolarité, 70 % au moins du total des points que l'on peut obtenir d'après les règlements de ces écoles; il est fait mention sur les diplômes du rang de classement et du nombre de points obtenus par le titulaire;

2° En ce qui concerne les autres écoles du gouvernement dans lesquelles on entre par voie de concours, savoir : l'internat de l'école des haras du Pin, les écoles nationales d'agriculture de Grandjouan, de Grignon et de Montpellier, de l'école des mines de Saint-Etienne, les écoles des maîtres-ouvriers mineurs d'Alais et de Douai, les écoles nationales des arts-et-métiers d'Aix, d'Angers et de Châlons, les jeunes gens compris dans les quatre premiers cinquièmes de la liste de mérite de ceux des élèves français qui ont obtenu, pour tout le cours de leur scolarité, 65 % au moins du total des points que l'on peut obtenir d'après les règlements de ces écoles; il est fait mention sur les diplômes du rang de classement et du nombre des élèves français ayant obtenu le nombre minimum de points fixé ci-dessus;

3° En ce qui concerne l'école des hautes études commerciales et les écoles supérieures de commerce reconnues par l'Etat, le premier tiers de la liste, par ordre de mérite, des élèves français ayant obtenu, pour tout le cours de leur scolarité, 60 % au moins du total des points que l'on peut obtenir d'après les règlements de ces écoles. Il est fait mention sur les diplômes du rang de classement et du nombre des élèves français ayant obtenu le nombre minimum de points fixé ci-dessus.

Un décret, rendu en conseil d'Etat, sur la proposition du ministre du commerce, déterminera les conditions auxquelles doivent se soumettre, pour être reconnues par l'Etat, les écoles supérieures de commerce, en particulier en ce qui concerne la nature des examens et la composition du jury devant lequel sont passés ces examens. La nomenclature de ces écoles est transmise annuellement, avant le 1er septembre, par le ministre du commerce au ministre de la guerre, qui avise les préfets et les commandants des bureaux de recrutement des modifications survenues.

Art. 3. — Les prix de Rome pour la peinture, la sculpture, l'architecture, la composition musicale (concours annuels), la gravure en taille-douce (concours biennaux), et la gravure en médailles et en pierres fines (concours triennaux), qui donnent lieu à la dispense de service militaire prévue par l'article 23 de la loi du 15 juillet 1889, sont au nombre de trois par spécialité. Ce nombre peut être porté à quatre, lorsque le premier grand prix n'a pas été décerné au concours précédent. Les intéressés justifient de leur qualité de lauréats par un certificat du ministre des beaux-arts.

Art. 4. — La nature des concours et le nombre maximum des médailles, qui peuvent être décernées annuellement aux élèves de l'école nationale des beaux-arts de Paris et qui donnent lieu à la dispense de service militaire prévue par l'article 23 de la loi du 15 juillet 1889, sont déterminés ainsi qu'il suit :

1° Section de peinture et de gravure en taille-douce.

Concours de figure dessinée d'après l'antique et d'après la nature (quatre médailles) ; concours de composition (quatre médailles) ; concours dits de grande médaille (deux médailles) ; concours de la tête d'expression (une médaille) ; concours du torse (une médaille) ; concours Jauvain d'Attainville, de peinture historique ou de paysage (chacun une médaille) ; concours de composition décorative (deux médailles ; grande médaille d'émulation (une médaille).

2° Section de sculpture et de gravure en médailles et en pierres fines.

Concours de figure modelée d'après l'antique et d'après la nature (quatre médailles) ; concours de composition (quatre médailles) ; concours dits de grande médaille (deux médailles) ; concours de la tête d'expression (une médaille) ; concours de composition décorative (deux médailles) ; grande médaille d'émulation (une médaille).

3° Section d'architecture. — 1re classe

Concours d'architecture (vingt-quatre médailles) ; concours d'ornement et d'ajustement (deux médailles) ; concours Godeboeuf (deux médailles) ; concours de composition décorative (deux médailles) ; grande médaille d'émulation (une médaille).

2° Classe. — Concours de construction (trois médailles).

Les intéressés justifient de leur qualité de lauréats, par un certificat du directeur de l'école des beaux-arts, visé par le ministre et mentionnant la récompense obtenue.

Art. 5. — La nature des concours et le nombre maximum de prix que peuvent obtenir les élèves du conservatoire national de musique et de déclamation de Paris, et qui donne lieu à la dispense de service militaire prévue par l'article 23 de la loi du 15 juillet 1889, sont déterminés ainsi qu'il suit :

Contre-point et fugue (deux prix) ; harmonie (deux prix) ; chant, opéra, opéra-comique, déclamation (chacun deux prix) ; piano, violon et violoncelle (chacun deux prix) ; orgue, harpe, contre-basse, flûte, hautbois, clarinette, basson, cor, cornet à piston, trompette, trombone (chacun un prix).

Les intéressés justifient de leur qualité de lauréats, par un certificat du directeur du conservatoire, visé par le ministre des beaux-arts et mentionnant la récompense obtenue.

Art. 6. — La nature des concours et le nombre maximum des récompenses, qui peuvent être décernées annuellement aux élèves de l'école nationale des arts décoratifs de Paris, et qui peuvent donner lieu à la dispense de service militaire prévue par l'article 23 de la loi du 15 juillet 1889, sont les suivants : prix Jacquot, prix Jay, prix de composition et d'ornement, prix d'application décorative en peinture, prix d'application décorative en sculpture, prix d'architecture, prix d'honneur de l'école (chacun d'eux une récompense).

Les intéressés justifient de leur qualité de lauréats par un certificat du directeur de l'école, visé par le ministre des beaux-arts.

CHAPITRE II
DES DISPENSES AU TITRE DE L'ENGAGEMENT DÉCENNAL DANS L'ENSEIGNEMENT

Art. 7. — L'engagement décennal donnant droit à la dispense, soit au titre des fonctions de l'instruction publique, soit au titre des institutions nationales des sourds-muets ou des jeunes aveugles relevant du ministère de l'intérieur, soit au titre des écoles françaises, d'Orient et d'Afrique subventionnées par le Gouvernement français, est reçu.

1° Pour les fonctions de l'instruction publique par les recteurs des académies ;

2° Pour les institutions nationales des sourds-muets ou des jeunes-aveugles par le ministre de l'intérieur ;

3° Pour les écoles françaises subventionnées d'Orient et d'Afrique, par le ministre des affaires étrangères.

Art. 8. — Les jeunes gens qui se proposent de contracter l'engagement décennal, doivent présenter à l'acceptation du recteur de l'Académie, du ministre de l'intérieur ou du ministre des affaires étrangères, suivant le cas, une déclaration sur papier timbré, conforme aux modèles ci-annexés (modèles B, C, D,).

Cette déclaration est accompagnée, pour les signataires âgés de moins de vingt ans, de l'autorisation de leur père, mère ou tuteur.

Art. 9. — Pour être admis à signer l'engagement décennal, les jeunes gens doivent être âgés de dix-huit ans au moins.

Cet engagement ne peut être contracté et réalisé que si les jeunes gens occupent, en vertu de nomination régulière, l'un des emplois ou fonctions ci-après, savoir :

1° S'ils appartiennent au département de l'instruction publique : instituteur stagiaire accomplissant son stage dans une école primaire publique ou dans une école normale ; instituteur titulaire ; directeur ou professeur titulaire ou délégué à l'école normale supérieure d'enseignement primaire de Saint-Cloud, dans les écoles normales primaires, dans les écoles d'apprentissage nationales, départementales ou municipales ; inspecteur primaire ; principal de collège ; maître répétiteur stagiaire, maître répétiteur, surveillant général, maître élémentaire, chargé de cours ou professeur des lycées et collèges, de l'école normale de Cluny et du prytanée de La Flèche ; aide-naturaliste du muséum ; maître-surveillant, préparateur et chef des travaux pratiques ; professeur, suppléant et chargé de cours dans les établissements publics d'enseignement supérieur ;

2° S'ils appartiennent aux institutions nationales des sourds-muets ou des jeunes aveugles : maître

37.

surveillant stagiaire ou adjoint ; maître surveillant ; surveillant général ; censeur ; professeur titulaire ou adjoint chargé de l'enseignement intellectuel ;

3° En ce qui concerne les écoles françaises subventionnées d'Orient et d'Afrique : instituteur laïque, novice ou membre des congrégations religieuses visées par la loi du 15 juillet 1889.

Les déclarations d'engagement des instituteurs laïques sont transmises au département des affaires étrangères, soit par le directeur de l'école dans laquelle ils doivent professer, soit par les représentants d'une des sociétés reconnues d'utilité publique et vouées à la propagation de la langue française à l'étranger. Les déclarations des novices ou membres des congrégations ci-dessus indiquées sont transmises par les supérieurs de ces congrégations.

Art. 10. — Après avoir accompli son année de service militaire, le jeune homme qui a contracté l'engagement décennal au titre du ministère de l'instruction publique, du ministère de l'intérieur ou du ministère des affaires étrangères, doit exercer dans l'année qui suit son année de service, et jusqu'à l'expiration de cet engagement, l'un des emplois ou fonctions spécifiés respectivement aux paragraphes 1°, 2° et 3° de l'article 9. A partir de son entrée en fonctions, il en justifie chaque année, du 15 septembre au 15 octobre, par un certificat (Modèle E) produit à l'autorité militaire et que délivrent, pour les membres de l'instruction publique, le recteur de l'académie, pour les institutions nationales des sourds-muets et des jeunes aveugles, le ministre de l'intérieur, pour les écoles françaises d'Orient et d'Afrique, l'autorité consulaire du lieu où exerce l'intéressé. Dans ce dernier cas, le certificat est visé par le ministre des affaires étrangères.

Aucune portion de l'engagement décennal ne peut être réalisée en congé, sauf pour cause de maladie dûment constatée par deux médecins, dont l'un désigné par l'autorité militaire. Les autres interruptions régulièrement autorisées ne comptent pas pour la réalisation de l'engagement décennal, sans que l'époque normale de l'accomplissement de cet engagement puisse être reculée de plus de trois années.

Art. 11. — L'engagement décennal contracté au titre du ministère de l'instruction publique peut être réalisé :

Soit au titre de l'une des institutions nationales des sourds-muets ou des jeunes aveugles qu'il a été signé au titre de l'instruction publique et réciproquement ;

Soit au titre des écoles françaises d'Orient et d'Afrique ;

Soit enfin comme instituteur professeur ou maître répétiteur dans l'une des écoles préparant aux diplômes compris dans la nomenclature du paragraphe 2° de l'article 23 de la loi du 15 juillet 1889, et dans les écoles d'enseignement professionnel et agricole visé par l'article 10 de la loi du 30 juillet 1875.

Sous la condition que la mutation ait été autorisée par le département ministériel auquel appartient l'engagé décennal et par celui qui le reçoit.

Le titulaire de l'engagement décennal, qui passe d'un département ministériel à un autre, doit notifier l'autorisation qu'il a obtenue au commandant du bureau de recrutement de la subdivision dans laquelle est situé le canton où il a participé au tirage au sort (Modèle F).

CHAPITRE III

DES DISPENSES RÉSULTANT DES ÉTUDES LITTÉRAIRES, SCIENTIFIQUES OU TECHNIQUES

Art. 12. — Les jeunes gens qui poursuivent leurs études en vue d'obtenir soit le diplôme de licencié ès lettres ou ès sciences, de docteur en droit, de docteur en médecine, de pharmacien de 1re classe, soit le titre d'interne des hôpitaux nommé au concours dans une ville où il existe une faculté de médecine, doivent, pour obtenir la dispense, présenter un certificat du doyen de la faculté ou du directeur de l'école de pharmacie, ou de médecine et de pharmacie à laquelle ils appartiennent, constatant qu'ils sont régulièrement inscrits sur les registres et que leurs inscriptions ne sont pas périmées (modèle G).

Ceux qui poursuivent leurs études, en vue d'obtenir le diplôme de l'école des chartes ou de l'école des langues orientales vivantes, doivent produire un certificat du directeur, constatant leur admission dans l'une ou l'autre de ces écoles (modèle G).

Art. 13. — Les jeunes gens visés à l'article précédent doivent, jusqu'à l'obtention des diplômes ou titres spécifiés audit article, produire annuellement, jusqu'à l'âge de vingt-six ans fixé par l'article 24 de la loi du 15 juillet 1889, un certificat établi par les doyens des facultés ou par les directeurs des écoles dont il s'agit, constatant qu'ils continuent à être en cours régulier d'études, sauf en ce qui concerne les élèves de l'école des chartes et de l'école des langues orientales vivantes ; ledit certificat doit être visé par le recteur de l'académie ; pour ces deux dernières écoles, il est visé par le ministre de l'instruction publique (modèle G).

Les registres d'inscription des facultés, écoles supérieures de pharmacie, écoles de plein exercice et préparatoires de médecine et de pharmacie, sont tenus à la disposition de l'autorité militaire qui peut en prendre connaissance sans déplacement.

Les étudiants en médecine et en pharmacie, qui obtiennent après concours le titre d'interne des hôpitaux dans une ville où il existe une faculté de médecine, justifient de leur situation : à Paris, par un certificat du directeur de l'assistance publique visé par le préfet de la Seine ; dans les départements, par un certificat du maire, président de la commission administrative, visé par le préfet (modèle G).

Art. 14. — Pour obtenir la dispense comme étudiant en vue du diplôme de vétérinaire, les jeunes gens doivent présenter un certificat du directeur de l'une des écoles vétérinaires d'Alfort, de Lyon ou de Toulouse, attestant l'admission à l'école. Ce certificat est visé par le Ministre de l'agriculture ; après l'accomplissement de leur année de service militaire, ils sont tenus de présenter annuellement un certificat établi dans la même forme, et constatant leur présence continue à l'école (modèle E).

Art. 15. — Les jeunes gens qui se préparent à l'école d'administration de la marine ont à produire les mêmes justifications que les élèves des facultés de droit se préparant au doctorat ; lorsqu'ils sont reçus licenciés, la présentation du diplôme et d'un certificat spécial visé par le Ministre de la marine suffit pour assurer la continuation du droit à la dispense, jusqu'à la limite d'âge fixée pour l'admission au concours.

Une fois admis à l'école, ils ont à produire un certificat de présence délivré par le Commissaire général du port, et visé par le Ministre de la marine (modèle G) ; à la sortie de l'école, ils doivent justifier de leur nomination d'élève-commissaire ou d'aide commissaire de la marine.

S'ils ne sont pas reçus à l'école à la limite d'âge fixée pour l'admission au concours, ou si, à la sortie, ils ne sont pas nommés élèves-commissaires ou aides commissaires, ils sont appelés à faire les deux années dont ils avaient été dispensés.

Art. 16. — Sont considérés comme poursuivant leurs études, en vue d'obtenir le diplôme supérieur délivré aux élèves externes par l'école des ponts-et-chaussées et l'école supérieure des mines, les jeunes gens déclarés admis conformément aux règlements desdites écoles, soit pour entrer définitivement à l'école, soit pour y suivre les cours préparatoires.

Ces jeunes gens ont à produire un certificat d'admission à l'école et un certificat de présence délivré par le directeur de l'école et visé par le ministre des travaux publics (modèle G).

Art. 17. — Les élèves libres de l'école du génie maritime ont à produire un certificat d'admission et un certificat de présence délivrés par le directeur de l'école et visés par le ministre de la marine (modèle G).

Art. 18. — Les élèves de l'institut national agronomique, les élèves internes de l'école des haras du Pin, les élèves des écoles nationales d'agriculture de Grandjouan, de Grignon et de Montpellier, justifient de leur présence dans ces écoles par des certificats délivrés par le directeur de l'école à laquelle ils appartiennent, et visés par le ministre de l'agriculture (modèle G).

Art. 19. — Les élèves de l'école des mines de Saint-Étienne et des écoles des maîtres ouvriers mineurs d'Alais et de Douai doivent être pourvus de certificats d'admission et de présence, délivrés par le directeur de l'école et visés par le ministre des travaux publics (modèle G).

Art. 20. — Les élèves des écoles nationales des arts-et-métiers d'Aix, d'Angers et de Châlons, justifient de leur admission et de leur présence dans ces écoles, par des certificats délivrés par le directeur de l'école et visés par le ministre du commerce (modèle G).

Art. 21. — Les élèves de l'école des hautes études commerciales et ceux des écoles supérieures de commerce, reconnues par l'État, justifient de leur admission et de leur présence dans ces écoles, par des certificats délivrés par le directeur de l'école et visés par le ministre du commerce (modèle G).

CHAPITRE IV
DES DISPENSES RÉSULTANT DES ÉTUDES ARTISTIQUES

Art. 22. — Les jeunes gens qui poursuivent leurs études en vue d'obtenir l'un des prix de Rome définis à l'article 3 du présent décret, doivent présenter un certificat constatant qu'ils sont élèves de l'école nationale des beaux-arts de Paris, ou du Conservatoire de musique de Paris, et qu'ils en suivent régulièrement les cours. Ce certificat, délivré par le directeur de l'école ou du conservatoire de musique, est visé par le ministre des beaux-arts (modèle G).

Art. 23. — Les jeunes gens qui poursuivent leurs études en vue d'obtenir une des récompenses de l'École nationale des beaux-arts de Paris, telles qu'elles sont définies à l'article 4 du présent décret, doivent présenter un certificat attestant qu'ils sont élèves de l'école et qu'ils participent régulièrement aux concours de cet établissement. Ce certificat, délivré par le directeur de l'école, est visé par le Ministre des beaux-arts (modèle G).

Art. 24. — Les élèves du Conservatoire national de musique et de déclamation de Paris doivent présenter un certificat du directeur, visé par le ministre des beaux-arts, et constatant qu'ils sont élèves et qu'ils suivent régulièrement les cours (modèle G).

Art. 25. — Les jeunes gens étudiant, en vue d'obtenir l'un des prix décernés par l'École nationale des

arts décoratifs de Paris, doivent présenter un certificat du directeur, visé par le ministre des beaux-arts, et attestant que leur assiduité à l'école et leur participation aux divers concours organisés ont été régulièrement constatées tous les trois mois (modèle G).

CHAPITRE V
DES DISPENSES AU TITRE DES INDUSTRIES D'ART

Art. 26. — Peuvent réclamer le bénéfice du paragraphe 3 de l'article 23 de la loi du 15 juillet 1889, les jeunes gens des catégories suivantes :

Ciseleurs; graveurs sur métaux, cristaux, verre, pierre et bois; sculpteurs et modeleurs, mouleurs de pièces et objets d'art; mosaïstes; ouvriers en faïence, porcelaine et verrerie d'art; peintres décorateurs ou doreurs; ornemanistes; repousseurs sur métaux; émailleurs; horlogers, bijoutiers, orfèvres; fabricants d'instruments de musique et luthiers; fabricants d'instruments de précision et de chirurgie; armuriers de luxe; ouvriers en serrurerie, menuiserie, ébénisterie, tapisserie, tissage, broderie et reliure d'art; dessinateurs industriels, notamment pour papiers peints, tissus, dentelles et passementerie; lithographes et imprimeurs en taille douce.

Art. 27. — Les jeunes gens, appartenant aux industries d'art mentionnées à l'article précédent, sont examinés dans le département où ils exercent leur profession, par un jury d'État départemental composé de six membres au moins. Les patrons et les ouvriers y sont en nombre égal. Chaque jury nomme son président et son secrétaire.

Les membres de ce jury sont désignés par le préfet du département, qui les choisit dans les conseils de prud'hommes ou dans les syndicats professionnels reconnus de patrons ou d'ouvriers. S'il n'existe dans le département ni syndicats professionnels reconnus, ni conseils de prud'hommes, le préfet choisit les membres ouvriers du jury parmi les ouvriers qui lui paraissent les plus aptes à en faire partie; dans le même cas, il choisit les membres patrons du jury dans les chambres consultatives des arts et manufactures, et à défaut de chambres de ce genre, dans les chambres de commerce; s'il n'existe dans le département ni chambres consultatives des arts et manufactures, ni chambres de commerce, les membres patrons du jury sont choisis par le préfet parmi les patrons qui lui paraissent le plus aptes à en faire partie.

Le jury peut s'adjoindre, pour les épreuves visées à l'article ci-après, des experts qui ont voix consultative.

Art. 28. — Les candidats présentent au jury :

1° Un certificat du maire de la commune où ils ont leur domicile, tel que le détermine l'article 13 de la loi du 15 juillet 1889, constatant qu'ils sont inscrits sur les tableaux de recensement établis pour la formation de la classe;

2° Un certificat d'exercice de l'une des industries d'art spécifiées à l'article 26 du présent décret; ce certificat est établi par l'autorité municipale.

Ils sont soumis à une épreuve pratique spéciale à leur profession; cette épreuve est déterminée et surveillée par le jury.

L'époque des épreuves est fixée chaque année par une décision concertée entre les départements du commerce et de la guerre.

Art. 29. — Le jury s'entoure de tous les renseignements propres à l'éclairer; d'après les renseignements et à la suite des épreuves prévues à l'article précèdent, il donne au candidat une note exprimée par un nombre de points compris entre 0 et 50 ; tout jeune homme qui n'a pas obtenu 25 points est éliminé.

Le jury délivre au candidat un titre (modèle H) relatant la note qu'il a obtenue ; il adresse en même temps au préfet, qui le transmet au ministre de la guerre, un état indiquant les noms et prénoms des candidats, le département où chacun d'eux concourt au tirage au sort et le nombre des points obtenus.

Art. 30. — Les préfets font connaître au Ministre de la guerre, en suite des opérations cantonales du conseil de révision, le nombre des jeunes gens qui ont été classés dans la première partie de la liste du contingent.

Sur le vue des états transmis par les préfets, le ministre de la guerre fixe, pour chaque département, le nombre maximum des dispenses à accorder au titre des industries d'art, dans la proportion de 1/2 % des membres signalés par les préfets. Il en avise immédiatement ces fonctionnaires.

Art. 31. — Les jeunes gens déposent, à la préfecture du département où ils ont tiré au sort, le certificat que le jury d'examen leur a délivré. Ce certificat, dont il leur est donné récépissé, est soumis par le préfet, au conseil de révision, qui prononce la dispense en faveur des ouvriers d'art ayant obtenu le plus de points, jusqu'à concurrence du nombre fixé par le ministre.

En cas d'égalité entre les nombres de points des candidats à la dispense classés en derniers de la liste de mérite, il est procédé par voie de tirage au sort.

Art. 32. — Après l'accomplissement de leur année de service militaire, les dispensés sont tenus de produire, annuellement et jusqu'à vingt-six ans accomplis, un certificat (modèle I) délivré par le président du jury d'état du département où les jeunes gens exercent leur profession, constatant leur aptitude et attestant qu'ils n'ont pas abandonné l'exercice de cette profession.

Ce certificat, corroboré par l'autorité municipale, est visé par le préfet.

CHAPITRE VI
DES DISPENSES A TITRE D'ÉLÈVES ECCLÉSIASTIQUES

Art. 33. — La dispense est accordée, à titre d'élèves ecclésiastiques autorisés à continuer leurs études en vue d'exercer le ministère dans l'un des cultes reconnus par l'État, aux jeunes gens qui présentent un certificat de l'évêque diocésain ou des consistoires protestants ou du consistoire central israélite, conforme au modèle ci-annexé (modèle K) ; ce certificat est visé, après vérification, par le ministre des cultes.

Art. 34. — Chaque année, jusqu'à l'âge de vingt-six ans, le dispensé à titre ecclésiastique doit justifier de la continuation de ses études par la production du certificat prévu à l'article précédent, à moins qu'il n'ait été ordonné ou consacré. Lorsqu'il a été ordonné ou consacré, il en justifie par un certificat de l'autorité ecclésiastique, visé, après vérification, par le ministre des cultes. Ce certificat (modèle L) indique le lieu de l'ordination ou de la consécration ; si ce lieu est situé à l'étranger, le certificat relate la date de l'autorisation accordée par le Gouvernement français.

A l'âge de vingt-six ans, le dispensé est tenu de produire un certificat de l'autorité ecclésiastique (modèle L) constatant qu'il appartient au clergé séculier et qu'il est rétribué, à ce titre, soit par l'État, le département ou la commune, soit par l'établissement

public, ou d'utilité publique, laïque, ecclésiastique ou religieux, légalement reconnu, auquel il est régulièrement attaché.

En ce qui concerne les ecclésiastiques pourvus d'un emploi en France ou en Algérie, le certificat est visé, après vérification, par le Ministre des cultes ; dans les colonies et dans les pays de Protectorat ressortissant au ministère des colonies, par le Ministre des colonies ; à l'étranger et dans les autres pays de Protectorat, par le Ministre des affaires étrangères.

CHAPITRE VII
DISPOSITIONS GÉNÉRALES

Art. 35. — Les pièces justificatives que les jeunes gens doivent produire à l'appui de leur demande (modèle A), par application des dispositions des articles 8, 12 à 25, 29 et 33 du présent décret, sont présentées :

1° Au conseil de révision ; 2° au commandant du bureau de recrutement avant l'incorporation, si ces pièces n'ont été délivrées qu'après la comparution de l'intéressé. La dispense est prononcée, dans le premier cas, par le conseil de révision et dans le second cas, par l'autorité militaire, sur le vu des dites pièces justificatives.

Art. 36. — Les dispensés au titre des chapitres II à VI du présent décret doivent produire, du 15 septembre au 15 octobre de chaque année, jusqu'à l'âge de vingt-six ans, au commandant du bureau de recrutement de la subdivision à laquelle appartient le canton où ils ont concouru au tirage, les certificats prévus auxdits chapitres, dans le but d'établir qu'ils continuent à remplir les conditions sous lesquelles la dispense leur a été accordée.

Art. 37. — L'année de service imposée aux jeunes gens dispensés en vertu des articles 21, 22 et 23 de la loi du 15 juillet 1889, doit être uniquement consacrée à l'accomplissement de leurs obligations militaires ; sous aucun prétexte ils ne pourront être détournés de ces obligations, ni recevoir des exemptions de service à l'effet de poursuivre leurs études.

CHAPITRE VIII
DISPOSITIONS TRANSITOIRES

Art. 38. — Les diplômes, titres ou récompenses mentionnés au chapitre 1er du présent décret et obtenus avant sa promulgation, procurent la dispense de service militaire prévue par l'article 23 de la loi du 15 juillet 1889, sous les réserves et aux conditions déterminées par les articles 39 et 40 ci-après.

Art. 39. — Les diplômes ou titres supérieurs, délivrés antérieurement à la promulgation du présent décret, aux élèves des écoles mentionnées à l'article 2 ci-dessus, pour lesquelles il existe deux ordres de diplômes ou de titres constatant l'achèvement régulier des études, seront considérés comme pouvant procurer la dispense de service militaire prévue par l'article 23 de la loi du recrutement.

En ce qui concerne l'école des mines de Saint-Étienne et les écoles de maîtres-ouvriers mineurs d'Alais et de Douai, les deux premiers ordres de titres, constatant l'achèvement régulier des études, seront considérés comme pouvant procurer la dispense du service militaire.

En ce qui concerne les écoles pour lesquelles il n'existe qu'un ordre de certificat de fin d'études, la dispense ne sera accordée que si les élèves ont été classés à la sortie par rang de mérite, et seulement aux deux premiers tiers de la liste de classement.

Art. 40. — En ce qui concerne l'école des beaux-arts, le conservatoire national de musique et l'école des arts décoratifs, les premiers prix et les premières médailles obtenus avant la promulgation du présent décret dans l'un des concours spécifiés aux articles 4, 5 et 6 ci-dessus, pourront procurer la dispense de service militaire prévue par l'article 23 de la loi du 15 juillet 1889.

Art. 41. — Le ministre de la guerre et tous les autres ministres sont chargés, chacun en ce qui le concerne, de l'exécution du présent décret, qui sera inséré au *Bulletin des Lois* et publié au *Journal officiel*. — CARNOT.

5. — 10 janvier 1891. — ARRÊTÉ *promulguant en Indo-Chine la loi du 6 novembre 1890, modifiant l'article 21 de la loi du 15 juillet 1889, sur le recrutement de l'armée.*

Article unique. — Est promulguée dans toute l'étendue de l'Indo-Chine, la loi du 6 novembre 1890, portant modification de l'article 21 de la loi du 15 juillet 1889, sur le recrutement de l'armée. — PIQUET.

Loi du 6 novembre 1890

Article unique. — L'article 21 de la loi du 15 juillet 1889 est ainsi modifié:

« Art. 21. — En temps de paix, après un an de « présence sous les drapeaux, sont envoyés en congé « dans leurs foyers, sur leur demande, jusqu'à la « date de leur passage dans la réserve:

« 1° L'aîné d'orphelins de père et de mère, où « l'aîné d'orphelins de mère dont le père est « également déclaré absent ou interdit;

« 2° Le fils unique ou l'aîné des fils, ou, à défaut « de son fils ou de son gendre, le petit-fils unique « ou l'aîné des petits-fils d'une femme actuellement « veuve ou d'une femme dont le mari a été légale-« ment déclaré absent ou interdit, ou d'un père « aveugle ou entré dans sa soixante-dix-huitième « année;

« 3° Le fils unique où l'aîné des fils d'une famille « de sept enfants au moins.

« Dans les cas prévus par les trois paragraphes « précédents, le frère puîné jouira de la dispense, « si le frère aîné est aveugle ou atteint de toute « autre infirmité incurable qui le rende impotent.

« 4° Le plus âgé de deux frères inscrits la même « année sur les listes de recrutement cantonal ou « faisant partie du même appel;

« 5° Celui dont un frère sera présent sous les « drapeaux au moment de l'appel de la classe, soit « comme officier, soit comme appelé, soit comme « engagé volontaire pour trois ans au moins, soit « comme rengagé breveté ou commissionné après « avoir accompli cette durée de service, soit enfin « comme inscrit maritime levé d'office, levé sur sa « demande, maintenu ou réadmis au service, quelle « que soit la classe de recrutement à laquelle il « appartient.

« Ces dispositions sont applicables aux frères des « officiers des équipages de la flotte, appartenant à « l'inscription maritime et servant en qualité d'offi-« ciers du cadre de la maistrance.

« Les dispositions des §§ 4 et 5 doivent toujours « être appliquées de manière à ce que, sur deux « frères se suivant à moins de trois années d'inter-« valle, et reconnus tous deux aptes au service, l'un « des deux ne fasse qu'une année en temps de paix.

« Si deux frères servent comme appelés, le dis-« pensé qui en fera la demande ne sera incorporé « qu'après l'expiration du temps obligatoire du ser-« vice de l'autre frère.

« 6° Celui dont le frère sera mort en activité de « service, ou aura été réformé, ou admis à la retraite « pour blessures reçues dans un service commandé, « ou pour infirmités contractées dans les armées de « terre ou de mer.

« La dispense accordée conformément aux §§ 5 et « 6 ci-dessus ne sera appliquée qu'à un seul frère « pour un même cas, mais elle se répétera dans la « même famille autant de fois que les mêmes droits « s'y reproduiront.

« Les demandes, accompagnées des documents « authentiques justifiant de la situation des intéres-« sés, sont adressées, avant le tirage au sort, au maire « de la commune où les jeunes gens sont domiciliés. « Il leur en sera donné récépissé.

« L'appelé ou l'engagé qui, postérieurement soit « à la décision du conseil de révision, soit à son « incorporation, entre dans l'une des catégories « prévues ci-dessus, est, sur sa demande, et dès qu'il « compte un an de présence au corps, envoyé en « congé dans ses foyers jusqu'à la date de son pas-« sage dans la réserve.

« Le jeune homme omis qui ne s'est pas présenté « ou fait représenter par ses ayants-cause dans le « conseil de révision, ne peut être admis au bénéfice « des dispenses indiquées dans le présent article, si « les motifs de ces dispenses ne sont survenus que « postérieurement à la décision de ce conseil.

« Le présent article n'est applicable qu'aux enfants « légitimes. Les enfants naturels reconnus par le « père ou par la mère ne pourront jouir que de la « dispense accordée par l'article suivant, et dans les « conditions prévues par cet article.

« La présente loi, délibérée et adoptée par le « Sénat et par la Chambre des députés, sera exécu-« tée comme loi de l'Etat. — CARNOT.

6. — 23 février 1892. — DÉPÊCHE *ministérielle spécifiant les places réservées aux militaires gradés dans les différents services de l'administra-tion des colonies.*

Monsieur le Sous-secrétaire d'Etat,

J'ai l'honneur de vous transmettre ci-joint six exemplaires du décret du 28 janvier 1892, portant règlement d'administration publique et relatifs aux emplois réservés aux militaires gradés, comptant au moins cinq années de service actif dans les armées de terre ou de mer.

Je me permets d'appeler votre attention sur l'interprétation donnée par ce décret à l'article 48 de la loi du 15 juillet 1889, sur le recrutement de l'armée. Ce décret n'a réservé aux militaires gradés ayant servi cinq ans, que les emplois de début, c'est-à-dire ceux qui peuvent avoir être attribués directement à des personnes étrangères à l'administration; mais il a disposé que le candidat à ces emplois, qui se trouve dans les conditions prévues à l'article 84 précité et qui est reconnu avoir l'aptitude professionnelle, sera *toujours* préféré au candidat qui ne peut pas invoquer des services militaires de même durée et les conditions de grade exigées (2 ans). Il a, d'autre part, assuré d'une manière très satisfaisante le recrutement des emplois ressortissant à toutes les administrations, puisque l'aptitude professionnelle des candidats est appréciée par une commission nommée par les soins des administrations et que l'examen porte sur les matières qui ont été indiquées par elles, qui figurent au tableau annexé audit décret, et qui sont les mêmes que celles exigées des autres candidats. J'ajoute que ces matières ne pourront à l'avenir être modifiées que par un règlement d'administration publique.

J'appelle également votre attention sur les diverses dispositions contenues dans ce décret et plus particulièrement sur les quatre points suivants :

1° La commission appelée à statuer sur l'aptitude morale, physique et professionnelle du candidat, doit compter dans son sein un officier désigné par mes soins et elle *ne peut délibérer en son absence* (Article 3 du décret). Mon département devra donc être toujours informé en temps utile (c'est-à-dire 15 jours avant l'ouverture des épreuves) de la date à laquelle la commission se réunira, lorsque celle-ci siègera à Paris. Dans le cas contraire, avis devra en être donné à MM. les généraux, commandant les corps d'armée, qui désigneront les officiers chargés de faire partie des commissions d'examen.

2° En cas d'aptitude professionnelle à constater, les candidats militaires dont il s'agit ne doivent pas être soumis *à un concours*, mais passer *un examen* qui portera sur les matières exigées par le présent décret et qui permettra d'éliminer les candidats n'ayant pas les connaissances suffisantes. Les candidats admis doivent être nommés dans l'ordre déterminé par le grade et dans chaque grade par la durée des services, *quelle que soit la date à laquelle la demande a été adressée à l'autorité militaire* (Article 4 du décret). Il en résulte que la liste du classement des candidats doit être remaniée, conformément aux dispositions de cet article, chaque fois que de nouvelles candidatures sont admises.

3° Il y a pour chaque catégorie d'emplois exigeant un examen *au moins deux sessions d'examen par an* (Article 3 du décret). Mon département a donc besoin de connaître, pour chacun des emplois dont il s'agit, la liste de chacune des sessions d'examen, la composition de la commission et le lieu où se réunit cette commission. Je vous serai reconnaissant de vouloir bien me transmettre aussi promptement que possible ces renseignements, accompagnés de ceux qui figurent sur l'état que je vous transmets ci-joint et que je vous prie de me renvoyer après l'avoir fait compléter.

TABLEAU *des emplois réservés aux anciens militaires gradés, comptant au moins 5 ans de services.*

EMPLOIS	CONDITIONS D'ADMISSION	LIMITE D'AGE
	Secrétariat général de la Cochinchine	
Commis rédacteur de 1re classe.	Baccalauréat ès sciences ou licence en droit; stage.	30 ans
Commis rédacteur de 2e classe.	Diplôme de bachelier; stage.	30 ans
Commis auxiliaire de comptabilité	Enseignement primaire supérieur; stage.	30 ans
	Protectorat de France en Annam, au Tonkin et au Cambodge.	
Chancelier	Docteur en droit.	30 ans
Commis de résidence de 2e cl.	Diplôme de bachelier ès lettres ou ès sciences ou brevet d'ingénieur civil.	30 ans
Commis de résidence de 3e cl.	Diplôme de bachelier.	30 ans
Commis auxiliaire de résidence.	Instruction primaire supérieure.	30 ans
	Agents du commissariat colonial.	
Commis de 3e classe	Diplôme de bachelier ès lettres ou ès sciences ou le titre d'instituteur.	30 ans
	Agents des vivres et du matériel aux colonies.	
Magasinier	Examen ne comportant que des épreuves écrites, savoir : une dictée d'au moins deux pages, qui, après avoir été écrite rapidement, doit être recopiée à main posée; un problème d'arithmétique, une composition sur diverses questions relatives à l'arithmétique élémentaire, au mesurage, au cubage et au système métrique; une composition de géographie.	30 ans
Gardien concierge des bâtiments militaires	*Infirmiers coloniaux.*	
Infirmier stagiaire	. . . .	40 ans ou des services permettant de réunir à 56 ans des droit à une pension de retraite.
Maître de port de 2e classe (1).	. . . .	30 ans au moins.
	Services des douanes (Indo-Chine)	
Commis auxiliaire de comptabilité	Instruction primaire; certificat médical constatant que le candidat peut supporter le climat des colonies.	
Préposé de 3e classe	Instruction primaire; certificat médical constatant que le candidat peut supporter le climat des colonies.	
	Cadastre.	
Élève-dessinateur et élève géomètre	Aptitudes professionnelles; stage.	30 ans
Agent de 2e classe		
Instituteur dans les colonies . .	Brevet simple.	
	Administration pénitentiaire	
Commissaire de police de 3e cl.	Rédaction d'un procès-verbal ou d'un rapport sur une affaire de service; épreuves orales sur les éléments de droit pénal, sur la police municipale, sur les attributions des fonctionnaires judiciaires, administratifs et militaires; notions sur l'organisation administrative des colonies.	
Gardien de prison	Santé robuste.	

Observation. — 1° Une moralité irréprochable est exigée de tous les candidats ; 2° Le brevet d'officier équivaut au diplôme de bachelier.

(1) A défaut de marins.

4° L'article 84 de la loi du 15 juillet 1889 disposant que le présent décret est applicable, à partir du 1er novembre de la troisième année qui suivra la mise en vigueur de cette loi, et ladite loi ayant été mise en vigueur le 24 novembre 1889, le décret du 28 janvier 1892, sera exécutoire à partir du 1er novembre 1892.

J'ai l'honneur de vous prier de vouloir bien inviter les différents services de votre administration, desquels dépendent les emplois figurant au tableau annexé au décret du 28 janvier 1892, à prendre les mesures nécessaires pour assurer l'exécution des prescriptions contenues dans ledit décret.

J'ajoute que mon département s'empressera de vous fournir tous les renseignements qui pourront vous être utiles, et je vous fais part de mon désir de recevoir communication des instructions, qui seront préparées par votre administration, pour la mise à exécution de ce décret, afin que ces instructions soient en concordance avec celles que mon département adressera à l'autorité militaire.

Je ne saurais trop insister pour que votre réponse à cette communication me parvienne dans le plus bref délai possible. — DE FREYCINET.

7. — 4 août 1894. — DÉCRET *sur l'organisation de l'armée coloniale et son mode de recrutement.*

Article premier. — L'armée coloniale se recrute, en ce qui concerne l'élément français, exclusivement au moyen d'engagés volontaires et de rengagés.

TITRE PREMIER
DES ENGAGEMENTS VOLONTAIRES

Art. 2. — La durée de l'engagement volontaire est de trois, quatre ou cinq ans. Le temps de service de l'engagé compte du jour où il a signé son acte d'engagement.

Art. 3. — Sont admis à l'engagement volontaire, au titre de l'armée coloniale :

1° Les jeunes gens âgés de dix-huit ans révolus, non encore inscrits par le conseil de révision sur la liste de recrutement cantonal ;

2° Les jeunes gens âgés de plus de vingt ans, inscrits par le conseil de révision sur la liste de recrutement cantonal, qui demandent à servir dans les troupes coloniales, sous la réserve qu'ils contracteront leur engagement avant le 1er novembre ;

3° Les hommes exemptés ou classés dans les services auxiliaires, âgés de moins de 32 ans, s'ils réunissent les conditions d'aptitude physique exigées.

Art. 4. — Tout homme qui demande à contracter un engagement volontaire dans l'armée coloniale, doit réunir les conditions suivantes :

1° Être sain, robuste et bien constitué ;

2° Avoir atteint l'âge minimum de dix-huit ans et n'avoir pas dépassé l'âge maximum de 32 ans accomplis ;

3° Satisfaire, selon le corps où il veut servir, aux conditions de taille et d'aptitude fixées par le tableau joint au présent décret ;

4° Ne pas appartenir à l'inscription maritime.

Art. 5. — L'engagé indique le corps dans lequel il désire servir.

Les corps de troupe de l'armée coloniale sont définis ainsi qu'il suit :

○ régiment d'infanterie de la marine ;
○ régiment d'artillerie de la marine ;
○ compagnie d'ouvriers d'artillerie de la marine.

L'engagé volontaire peut toujours être changé de corps et d'arme, lorsque l'intérêt ou les besoins du service l'exigent.

Art. 6. — Les engagements volontaires pour les différents corps de troupes de l'armée coloniale peuvent être suspendus partiellement, par une décision du ministre de la marine, suivant les besoins, en tenant compte du nombre d'hommes recrutés, en vertu des paragraphes 3 et 4 de l'article 1er de la loi du 30 juillet 1893 et des ressources inscrites annuellement à ce titre au budget.

Art. 7. — Les engagements volontaires au titre de l'armée coloniale sont reçus :

En France, par le maire d'un chef-lieu de canton ;

En Algérie, par le maire de l'une des ville ci-après :

Alger, Aumale, Blidah, Bouffarick, Bordj-Menaïel, Cherchell, Dellys, Douéra, Coléah, Marengo, Médéah, Miliannah, Orléansville, Tenez, Tizi-Ouzou ;

Aïn-Temouchent, Arzew, Saint-Cloud, Saint-Denis-du-Sig, Mascara, Nemours, Oran, Relizane, Sidi-bel-Abbès, Tlemcen ;

Aïn-Beïda, Batna, Bône, Bougie, Constantine, Djidjelli, Guelma, Jemmapes, la Calle, Philippeville, Sétif, Souk-Arrhas ;

Aux colonies, par le maire ou l'administrateur du chef-lieu de la colonie.

Art. 8. — Tout homme qui désire contracter un engagement volontaire, au titre de l'armée coloniale, doit produire les pièces ci-après, savoir :

1° Bulletin de naissance ;

2° Extrait du casier judiciaire ;

3° Certificat de bonnes vie et mœurs ;

4° Consentement par écrit légalisé du père, si l'engagé a moins de vingt ans, ou en cas de décès du père, un bulletin de décès et le consentement de la mère, ou, à défaut, du tuteur, ce dernier autorisé par une délibération du conseil de famille.

5° Un certificat d'aptitude délivré par le commandant du bureau de recrutement ou par le chef de corps et constatant, d'après la déclaration d'un médecin militaire, ou à défaut, d'un docteur en médecine désigné par l'autorité militaire, que le jeune homme n'a aucune infirmité ni maladie apparente ou cachée, qu'il est d'une constitution saine et robuste, qu'il a la taille et qu'il réunit les conditions exigées pour servir dans le corps où il désire entrer.

Si le casier judiciaire relate une condamnation à une peine quelconque, soit pour vol, escroquerie, abus de confiance ou attentat aux mœurs, soit une condamnation à l'une des peines prévues par l'article 5 de la loi du 15 juillet 1889, l'engagement ne peut être reçu pour l'armée coloniale.

Le maire constate l'identité du contractant et lui fait déclarer, devant deux témoins remplissant les conditions prévues à l'article 39 du code civil :

1° Qu'il n'est ni marié, ni veuf avec enfant ;

2° Qu'il n'appartient pas à l'inscription maritime.

Art. 9. — L'acte d'engagement volontaire est conforme au modèle joint au présent décret.

Avant la signature de l'acte, le maire donne lecture :

1° Des paragraphes numérotés 1°, 2°, 3°, 4°, 5° et 6° du 2° alinéa de l'article 59 de la loi du 15 juillet 1889 ;

2° Des articles 2, 5, 10, 11, 12, 23, 24 et 25 du présent décret ;

3° De l'acte d'engagement.

Les certificats et autres pièces produites par l'engagé restent annexés à la minute de l'acte.

Art. 10. — L'engagé volontaire reçoit, immédiatement après la signature de son acte d'engagement, une expédition de cet acte et une feuille de route pour se rendre à son corps.

Il lui est payé en outre, en même temps que ses frais de route, une prime fixée ainsi qu'il suit :

Pour un engagement de quatre ans, 100 francs ;

Pour un engagement de cinq ans, 200 francs.

Art. 11. — L'engagé se rend directement à son corps. Il est tenu de s'y présenter dans les délais fixés par sa feuille de route.

Si, un mois en temps de paix, et deux jours en temps de guerre, après le jour où l'engagé volontaire devait arriver au corps, il n'y a point paru, il est, à moins de motifs légitimes, poursuivi comme insoumis, conformément aux dispositions de l'article 73 de la loi du 15 juillet 1889, et puni d'un emprisonnement d'un mois à un an en temps de paix, et de deux à cinq ans en temps de guerre ; dans ce dernier cas, à l'expiration de sa peine, il est dirigé sur la compagnie de discipline de la marine.

Art. 12. — En aucun cas, les engagés volontaires avec prime au titre de l'armée coloniale, ne seront admis à bénéficier des cas de dispense prévus par les articles 21, 22 et 23 de la loi du 15 juillet 1889.

Art. 13. — Aux colonies, les jeunes gens qui demandent à contracter un engagement volontaire, au titre de l'armée coloniale, peuvent être reçus à s'engager pour l'un des corps de troupes européennes stationnés dans la colonie où ils sont domiciliés ; à défaut, ou en cas de nécessité, dans le corps qui tient garnison dans la possession la plus proche du lieu de résidence de l'intéressé.

TITRE II

DES RENGAGEMENTS

Art. 14. — La durée du rengagement est de un, deux, trois et cinq ans.

Les rengagements sont renouvelables jusqu'à une durée totale de 15 ans de services.

Art. 15. — Sont admis au rengagement au titre des troupes coloniales :

1° Les hommes des troupes coloniales en activité de service qui auront au moins six mois de services effectifs ;

2° Les hommes de la réserve des troupes d'infanterie et d'artillerie de la marine, âgés de moins de 32 ans accomplis ;

3° Les hommes de l'armée de terre ayant au moins un an de services ;

Les gradés appartenant aux trois catégories ci-dessus pourront être acceptés avec leur grade, s'ils produisent le consentement du nouveau chef de corps ;

4° Les hommes de la réserve ou de la disponibilité de l'armée active, ainsi que les inscrits maritimes ayant accompli la période de service obligatoire, les uns et les autres, âgés de moins de 32 ans révolus, comme simples soldats. Les inscrits admis à se rengager dans les troupes coloniales seront rayés du contrôle des gens de mer, du jour de la signature de l'acte de rengagement.

Le deuxième rengagement et les rengagements ultérieurs ne peuvent être reçus que pendant la dernière année des rengagements en cours.

Art. 16. — Le temps de service d'un homme, comme rengagé, commence le jour où il aurait dû être renvoyé dans ses foyers, si l'homme est présent sous les drapeaux au moment de la signature de l'acte. Il compte du jour de la signature de l'acte, si le rengagé n'est pas sous les drapeaux au moment de son rengagement.

Art. 17. — Le militaire en activité de service doit, pour être admis à se rengager dans l'armée coloniale, justifier :

1° Qu'il a six mois au moins de services effectifs dans les troupes coloniales ;

2° Qu'il a un an de services effectifs, s'il sort dans l'armée de terre ;

3° Qu'il est dans sa dernière année de service, s'il est déjà rengagé ;

4° Qu'il est sain, et qu'il réunit les autres qualités et aptitudes requises pour faire un bon service dans le corps où il veut servir ;

5° Que le chef du corps dans lequel il demande à se rengager donne son consentement.

Art. 18. — Tout militaire de la disponibilité ou de la réserve (armée coloniale ou armée de terre), ou l'inscrit maritime, désireux de contracter un rengagement au titre de l'armée coloniale, doit produire :

1° Un certificat d'aptitude délivré soit par le chef de corps, soit par le commandant du dépôt de recrutement ; ce certificat constate qu'il réunit les qualités et aptitudes requises pour faire un bon service dans le corps qu'il a choisi ;

2° Le certificat de bonne conduite qu'il aura reçu au moment de son passage dans la disponibilité ou la réserve ;

3° Un certificat de bonnes vie et mœurs, s'il est absent de son corps depuis plus de six mois. Ce certificat ne sera délivré que sur le vu du casier judiciaire ;

4° Le consentement du chef de corps.

Il est tenu en outre de déclarer, devant deux témoins remplissant les conditions prévues à l'article 37 du code civil, qu'il n'est ni marié, ni veuf avec enfant.

Art. 19. — Les hommes de l'armée de terre et de l'armée coloniale, libérés du service et domiciliés dans une de nos possessions d'outre-mer, qui demandent à contracter un rengagement au titre des troupes coloniales, ne peuvent être reçus que pour l'un des corps européens stationnés dans la colonie où ils résident, ou, à défaut, dans la colonie la plus voisine, comportant une garnison des troupes coloniales.

Art. 20. — Les rengagements sont reçus :

1° Dans les ports militaires, par l'officier du commissariat chargé du détail des revues ;

2° A Paris et dans les départements, par les fonctionnaires de l'intendance militaire ;

3° Dans les colonies, par l'officier du commissariat colonial, chargé de la surveillance administrative du corps pour lequel l'intéressé est autorisé à se rengager.

L'acte de rengagement est conforme au modèle annexé au présent décret.

Art. 21. — Le militaire de l'activité de l'armée de terre, de la disponibilité ou de la réserve, ou l'inscrit maritime, qui a contracté un engagement dans les conditions des articles 15 et 16 du présent décret, est immédiatement incorporé ou mis en route pour le corps dans lequel il a demandé à continuer son service. Les dispositions de l'article 11 lui sont applicables.

Art. 22. — Les sous-officiers qui ne sont pas liés au service, en vertu de la loi du 18 mars 1889, les caporaux ou brigadiers et les soldats admis à contracter un rengagement, ont droit aux primes ci-après :

Pour un rengagement de	1 an	100 francs.
—	2 —	200 —
—	3 —	300 —
—	5 —	600 —

Cette prime est payable à l'intéressé le jour de la signature de l'acte.

Quelle qu'ait été la situation antérieure d'un rengagé provenant de l'armée de terre, il est toujours considéré comme contractant un premier rengagement, quand il se rengage pour la première fois dans les troupes coloniales.

Il ne peut être payé au même homme, pour des rengagements successifs contractés dans les troupes coloniales, plus de 600 francs de prime, non compris les primes d'engagement prévues à l'article 10 du présent décret. Lorsque cette limite est atteinte, les rengagements ont lieu sans prime.

Art. 23. — Les sous-officiers rengagés dans les conditions du présent décret, les caporaux ou brigadiers rengagés, promus sous-officiers, auxquels l'article 8 de la loi du 18 mars 1889 ne serait pas appliqué, perçoivent les gratifications annuelles et les hautes payes allouées aux sous-officiers rengagés, dans les conditions de la loi du 18 mars 1889. Ils n'ont droit à la part de prime proportionnelle et à la 1re mise, qu'à compter du jour où une vacance de sous-officier rengagé avec prime leur sera attribuée par le conseil de régiment.

Les engagés volontaires pour 4 et 5 ans devenus sous-officiers, auront droit aux avantages ci-dessus, après 3 ans de service, et s'ils sont promus dans leur 4e ou 5e année de service, à compter du jour de leur nomination.

Les sous-officiers visés dans les deux paragraphes qui précèdent, cessent dès lors, de percevoir les hautes payes spéciales déterminées par l'article 24.

TITRE III

DISPOSITIONS GÉNÉRALES

Art. 24. — Les caporaux ou brigadiers et soldats, ou canonniers de l'armée coloniale, reçoivent les hautes payes spéciales, allouées seulement dans les positions donnant droit à la solde de présence.

Toutefois, le droit aux hautes payes spéciales est conservé dans la limite de six mois, aux militaires qui, à leurs rentrées des colonies, obtiennent un congé de fin de campagne ou un congé de convalescence, dans les deux mois qui suivent le débarquement.

La valeur de ces hautes payes spéciales est déterminée comme suit :

	France	Colonies
De 3 à 6 ans....	0 fr. 30	0 fr. 60
Au delà de 6 ans.	0 fr. 50	1 fr. 00

Le temps passé dans l'armée de terre compte dans le calcul des services pour l'allocation de ces hautes payes.

Ces hautes payes spéciales remplacent les hautes payes et la gratification annuelle fixées par le décret du 7 février 1890 ; elles sont perçues en même temps que le prêt.

Art. 25. — Les soldats engagés ou rengagés qui, à la suite de condamnations ou par mesure disciplinaire, sont incorporés au corps des disciplinaires des colonies ou à la compagnie de discipline de la marine, cessent d'avoir droit aux hautes payes spéciales et sont traités, au point de vue de la solde, conformément aux tarifs spéciaux de ces corps.

Si ces hommes sont réintégrés dans un des autres corps de l'armée coloniale, ils recouvrent, à compter du jour de leur réintégration, leurs droits aux hautes payes spéciales.

Toutefois, il ne sera pas tenu compte du temps

passé à la compagnie de discipline ou au corps des disciplinaires, au point de vue de l'ancienneté de service dans les troupes coloniales, pour le droit aux hautes payes.

Art. 26. — Après 15 années de services effectifs, tant dans l'armée de terre que dans les troupes coloniales, les militaires de l'armée coloniale ont droit à une pension proportionnelle, égale aux 15/25 du minimum de la pension de retraite du grade dont ils sont titulaires depuis 2 ans au moins, augmenté de 1/25 pour chaque année de campagne.

Le taux des pensions proportionnelles et des retraites, est décompté d'après les articles non abrogés de la loi du 11 avril 1841 et d'après les lois des 25 juin 1861, 18 août 1879 et le tarif joint à la loi du 18 mars 1889.

Art. 27. — Les sous-officiers, rengagés ou non rengagés, les caporaux ou brigadiers et les soldats de l'armée de terre ayant encore deux ans de service à accomplir, peuvent, après entente avec les Ministres de la Guerre et de la Marine, être admis à passer avec leur grade dans les troupes coloniales, pour achever le temps de service qu'ils doivent à l'État (art. 1er, § 4 de la loi du 30 juillet 1893). Ils bénéficieront, s'il y a lieu, des avantages stipulés à l'article 24.

Art. 28. — Les dispositions prévues au présent décret entreront en vigueur, à compter du jour de la promulgation au *Journal officiel*.

Les militaires appartenant à l'armée coloniale, antérieurement à la mise en vigueur du présent décret, continuent à être régis pour les actes en vertu desquels ils sont liés au service, s'ils y ont avantage.

Ceux qui à l'expiration de leur temps de service (qu'ils soient engagés, appelés ou rengagés), demanderont à continuer à servir dans les troupes coloniales, auront droit à la prime, s'il y a lieu, et à la haute paye spéciale, correspondant à leur ancienneté de service.

Art. 29. — Toutes dispositions antérieures au présent décret sont et demeurent abrogées.

Art. 30. — Les Ministres de la Marine, de la Guerre, des Colonies et des Finances sont chargés de l'exécution du présent décret, qui sera inséré au *Bulletin des lois*, au *Bulletin officiel* de la Marine, au *Bulletin officiel* du Ministère de la Guerre, au *Bulletin des Colonies* et au *Bulletin* du Ministère de l'Intérieur. — CASIMIR PERIER.

Voy. : Douanes ; — Infirmiers ; — Enseignement primaire ; — Ports de commerce ; — Organisation administrative ; — Recrutement indigène.

RECRUTEMENT INDIGÈNE

1. — 10 février 1886. — ARRÊTÉ *sur le mode de recrutement des indigènes tonkinois des différentes armes* (1).

CHAPITRE PREMIER

FORMATION DU CONTINGENT ANNUEL. — RÉSERVES. — RENGAGEMENTS. — ENGAGEMENTS VOLONTAIRES

Article premier. — La force militaire au Tonkin comprend :

1° L'armée active ;
2° La réserve ;
3° Les milices des confins militaires.

La durée du service des tonkinois est de trois ans

(1) Voir en outre arrêtés des 5 et 6 septembre 1891.

dans l'armée active, après lesquels ils passent dans la réserve pour deux ans (1).

Le service dans les milices des confins militaires est l'objet d'une organisation spéciale.

Art. 2. — L'armée active est recrutée suivant le mode adopté par l'administration tonkinoise pour le recrutement des soldats provinciaux et dans les mêmes conditions.

Art. 3. — Le gouvernement du Protectorat fixe, dès le principe, le maximum de soldats que chaque province aura à fournir pour l'armée active.

Les gouverneurs tonkinois, de concert avec les résidents, en feront la répartition par village, proportionnellement au chiffre des inscrits, et en dresseront un état qui deviendra définitif après approbation du Commandant en chef. Cet état fixera le nombre maximum des soldats à fournir par village.

Les villages sont tenus de tenir au complet, sous les armes, le nombre d'hommes qui leur est demandé dans la limite de ce maximum.

Art. 4. — Tous les ans, au 1er mars, le Gouvernement du Protectorat remet aux gouverneurs tonkinois l'état distinct, par arme, des hommes que chaque province devra fournir pour remplacer ceux qui sont libérés de l'armée active, après expiration de leur temps de service, et indique les points sur lesquels il y a lieu de diriger le contingent ou les diverses fractions du contingent.

Art. 5. — Les gouverneurs informent aussitôt les villages du nombre et des catégories d'hommes, suivant les professions exercées, que chacun d'eux aura respectivement à fournir, en leur enjoignant de les présenter à la date fixée.

Art. 6. — Dans chaque village, les autorités communales désignent les hommes à présenter aux commissions pour le service militaire.

Art. 7. — Les hommes ainsi désignés doivent être rendus aux points indiqués le 1er avril suivant, et présentés à une commission militaire, qui constatera leur aptitude au service militaire et prononcera leur admission.

Un fonctionnaire français de la résidence, désigné par le résident, fait partie de cette commission avec voix consultative.

Art. 8. — Les autorités tonkinoises ne peuvent désigner, pour être incorporés, que des hommes de 21 et 35 ans. — Exceptionnellement, quelques hommes n'ayant que 20 ans pourront être admis, à la condition qu'ils présentent toutes les qualités requises pour le service militaire.

Art. 9. — Ne seront incorporés que les hommes reconnus aptes au service par les commissions.

Art. 10. — Les hommes présentés aux commissions, qui ne seront pas reconnus aptes au service, seront remplacés par le village.

Les remplaçants comparaîtront devant la commission 15 jours après.

Si l'homme présenté en remplacement, en vertu des dispositions qui précèdent, n'est pas reconnu bon, le village sera frappé d'une amende de *cinq piastres*, qui se renouvellera pour chacun des hommes qu'il aura présentés, jusqu'à l'admission de son candidat.

Art. 11. — Chaque village demeure collectivement responsable de tous les hommes présentés par lui, qui ont été reconnus aptes au service et qui sont incorporés.

Cette responsabité cesse, pour chaque homme, à sa libération de l'armée active.

Elle consiste dans l'obligation de remplacer immédiatement le déserteur, de payer une amende, et de rembourser au corps le montant des effets appartenant à l'État, qui auraient été emportés par lui.

Si, dans un délai de 15 jours à partir du moment où il a été informé de l'absence d'un des hommes fournis par lui, le village n'a pu le ressaisir et le livrer, il payera l'amende et devra présenter un remplaçant dans les huit jours suivants.

Art. 12. — Les soldats tonkinois peuvent être renvoyés dans leurs foyers soit pour inaptitude au service, soit pour inconduite ; le village qui les a fournis est tenu de pourvoir à leur remplacement dans les huit jours qui suivent la notification qui lui sera faite de leur renvoi.

Le renvoi des indigènes est prononcé par le commandant en chef.

Les hommes morts par suite de faits de guerre ne sont pas remplacés jusqu'à l'appel suivant.

Art. 13. — A l'expiration de sa troisième année de service, le militaire incorporé peut, s'il y consent et s'il y est autorisé par son chef de corps, être maintenu pour un, pour deux ou pour trois ans, sur la liste du contingent de son village (1).

Ces rengagements peuvent se renouveler aussi souvent que le chef de corps y donnera son approbation.

Ils donnent droit à une haute paye.

Art. 14. — Après trois ans de service dans l'armée active, tout militaire qui ne contracte pas un rengagement comme il est dit dans l'article 13 ci-dessus, est renvoyé dans ses foyers et inscrit sur les contrôles de la réserve.

Il est porteur, à son départ du corps, d'un certificat de passage dans la réserve, qui est collé dans son livret.

Tout indigène qui est renvoyé dans ses foyers après avoir fait, par suite de rengagement, cinq ans ou plus dans l'armée active, n'est pas inscrit sur les contrôles de la réserve.

S'il sert pendant quatre ans dans l'armée active par suite d'un rengagement d'un an, il ne figure que pendant un an sur les contrôles de la réserve (1).

Art. 15. — La réserve ne pourra être appelée, soit partiellement par province et par classe d'appel, soit en totalité, qu'en cas de guerre avec une puissance étrangère, et par un ordre spécial du gouvernement du Protectorat.

Art. 16. — Dans chaque village, le maire tient deux listes, dont le modèle sera donné aux gouverneurs de provinces et qui seront uniformes pour le Tonkin.

L'une contient, par classe d'appel, l'état nominatif des hommes du village servant dans l'armée active, en y mentionnant, distinctement, les rengagés et les engagés en vertu de l'article 18 ci-dessous.

L'autre comprend les hommes du village qui font partie de la réserve, avec l'indication du lieu de leur résidence.

Le Résident et le gouverneur tiennent un contrôle général des hommes de l'armée active et de la réserve de leur province ; en regard du nom de chaque homme est inscrit son numéro matricule.

Art. 17. — En cas d'appel par suite des dispositions de l'article 15 ci-dessus, les villages doivent fournir un contingent égal au nombre de leurs réservistes inscrits.

Art. 18. — Des engagements volontaires peuvent être contractés pour trois ans par des tonkinois âgés

(1) Disposition modifiée par arrêté 1880, publié ci-après; la durée du service est portée à six ans.

(1) Modifié par l'arrêté du 15 juillet 1880.

de 20 à 35 ans, dont l'identité aura été parfaitement établie, et qui seront porteurs d'un certificat de moralité délivré par le maire de leur village et visé par le chef de canton.

Tant que l'engagé ne comptera pas dans le contingent fourni par son village, celui-ci n'encourra aucune responsabilité à son sujet.

Art. 19. — Les hommes qui servent en vertu d'engagements volontaires ou de rengagements, conformément aux articles 13 et 18 ci-dessus, sont déduits du contingent annuel à fournir par leur village.

CHAPITRE II
DISPOSITIONS TRANSITOIRES

Art. 20. — Les soldats faisant partie des régiments tonkinois, existant au moment où les dispositions qui précèdent entrent en application, continueront à servir jusqu'à l'expiration des deux ans fixées par les dispositions qui avaient été en vigueur jusqu'à la promulgation du présent arrêté. Ils compteront dans le contingent demandé à leur village qui sera diminué d'autant.

Art. 21. — Les différents services de l'administration tonkinoise, tels que garde et escorte des grands mandarins, phus et huyens, etc., police, trams, bacs, etc., seront remplis par des gardes civils.

Art. 22. — Les gardes civiles tonkinoises peuvent, dans certaines circonstances, être appelées à coopérer à une action militaire à l'intérieur, en vue du rétablissement de l'ordre public.

Dans ce cas, le mandarin qui les commande est toujours subordonné au chef militaire français.

CHAPITRE III
MILICES DES CONFINS MILITAIRES

Art. 23. — Le service à fournir par les populations des confins militaires sera déterminé après entente avec leurs chefs et sur leurs propositions, conformément à leurs coutumes. — WARNET.

---

2. — 10 février 1886. — INSTRUCTION *pour l'application de l'arrêté en date du 10 février 1886 sur le recrutement des tonkinois.*

L'arrêté en date du 10 février 1886 fixe les conditions suivant lesquelles aura désormais lieu le recrutement des tonkinois dans les diverses armes, aussi bien pour les troupes de terre que pour le personnel de la flottille du Tonkin.

L'application de certains articles de cet arrêté nécessite quelques développements.

Art. 3. — Conformément à la proposition de Son Excellence le Kinh-luoc, après entente avec les gouverneurs des provinces, et sur l'avis conforme de de M. le Directeur des affaires civiles et politiques, la répartition des contingents annuels à fournir sera faite, *en principe*, d'après les règles suivantes, basées sur les chiffres approximatifs des populations.

1er RÉGIMENT DE TIRAILLEURS TONKINOIS

Dépôt à Hanoi ou à Son-tay. — (A) Recrutement opéré dans les territoires de Son-tay et de Hung-hoa, (portion du territoire de ces provinces sur la rive droite du fleuve Rouge), Hanoi et My-duc.

2e RÉGIMENT DE TIRAILLEURS TONKINOIS

Dépôt à Nam-dinh. — Recrutement assuré par les provinces de Nam-dinh et Ninh-binh.

(A) L'emplacement du 1er régiment tonkinois sera ultérieurement fixé d'une façon définitive.

3e RÉGIMENT DE TIRAILLEURS TONKINOIS

Dépôt à Bac-ninh. — Recrutement assuré par les provinces de Son-tay (portion du territoire située sur la rive gauche du fleuve Rouge), Hung-hoa, Thai-nguyen et Bac-ninh.

4e RÉGIMENT DE TIRAILLEURS TONKINOIS

Dépôt à Hai-duong. — Recrutement assuré par les provinces de Hung-yen, Quang-yen, Hai-duong, Lang-son et Cao-bang.

Les effectifs nécessaires à l'artillerie, au génie, à la cavalerie, au train, aux pontonniers, à la flottille, aux infirmiers, commis et ouvriers d'administration, etc., seront prélevés sur chacun des groupes de province susdits, d'après des choix exercés par des commissions de recrutement sur l'ensemble des contingents.

En principe, la fixation annuelle des contingents sera dirigée de façon à avoir toujours 20.000 tonkinois dans l'armée active, non compris les milices (B), savoir :

4 régiments de tirailleurs tonkinois à 4.000 hommes, soit 16.000 hommes.

4.000 hommes répartis entre les diverses armes.

En résumé, les forces militaires tonkinoises comprendront :

1° 20.000 tonkinois dans l'armée active ;

2° Les hommes de la réserve ;

3° Les milices des confins militaires organisées d'une façon spéciale.

En dehors de ces forces qui constituent la force militaire proprement dite, il sera créé, dans chaque province, une *garde civile* pour assurer le fonctionnement des divers services de l'administration tonkinoise ; son organisation et sa composition seront réglées de concert entre M. le Directeur des affaires civiles et politiques et Son Excellence le Kinh-luoc.

Art. 7. — En exécution des prescriptions de l'article 7, une commission de révision sera réunie annuellement à Hanoi, Nam-dinh, Bac-ninh et Hai-duong, pour la réception des contingents.

Elle comprendra :

(A) Un officier supérieur, président, et, à défaut, un capitaine ;

Un capitaine ;

Un médecin.

Pour accélérer la réception des contingents annuels, il pourra être formé, dans chacun des quatre groupes de province désignés ci-dessus, des commissions de révision secondaires qui seront réunies à la même date que les commissions principales, soit dans la même localité, soit dans des localités autres que les chef-lieux de circonscription de recrutement. Ces localités seront désignées annuellement, suivant les circonstances, après entente entre le gouvernement du Protectorat et les autorités tonkinoises.

Ces commissions principales et secondaires fonctionneront plusieurs jours de suite, si cela est nécessaire, jusqu'à la réception totale du contingent appelé.

Un fonctionnaire français de la résidence, désigné par le résident, fera toujours partie de la commission de révision principale ; autant que possible, il en sera affecté un aux commissions secondaires. Ces

(B) Il doit être entendu que ce chiffre de 20.000 tonkinois à entretenir sous les drapeaux pourrait être modifié si les circonstances rendaient la chose nécessaire.

(A) Cet officier supérieur sera, autant que possible, le commandant du régiment de tirailleurs tonkinois qui a son chef-lieu de recrutement dans la localité.

fonctionnaires auront voix consultative ; ils fourniront aux commissions les renseignements dont elles pourraient avoir besoin, et représenteront, jusqu'à un certain point, l'intérêt de la population indigène. Les maires et chefs de canton assisteront aux séances.

Les commissions de revision se réuniront encore quinze jours après la date de la dernière séance de la première série de réunions dont il est question ci-dessus, pour examiner les conscrits présentés en vertu de l'article 10, comme remplaçants de ceux qui n'auraient pas été reconnus bons dans les premières présentations faites par les villages.

Les hommes à fournir individuellement après ces deux séries de réunions, soit en vertu de l'article 10, soit en vertu des articles 11 et 12, seront amenés directement au corps. Le chef de corps aura tout pouvoir pour les faire examiner, prononcer leur admission ou provoquer leur remplacement, s'il y a lieu.

Art. 11 (1). — L'amende dont chaque village sera frappé, si des hommes présentés par lui et incorporés viennent à déserter, est fixée d'une façon générale à six piastres par déserteur. Ce chiffre n'est pas invariable. Il peut être modifié par le gouvernement du Protectorat, suivant les circonstances qui ont accompagné la désertion et ont pu en aggraver le caractère, telles que désertion en masse, désertion pour passer à l'ennemi, etc. Il sera, en outre, majoré d'un chiffre représentant la valeur des effets et armes appartenant à l'État, qui auront été emportés.

A cet effet, lorsque des désertions viendront à se produire, les chefs de corps, en s'adressant au commandement l'état des déserteurs, feront connaître les circonstances de la désertion et la valeur décomptée des effets et armes emportés. Ce rapport servira de base pour déterminer le taux de l'amende à imposer au village.

Une copie de l'état, avec indication de l'amende à infliger, sera transmise au résident de la province du déserteur, qui invitera le gouverneur à prescrire les mesures nécessaires pour la recherche du déserteur, et, s'il y a lieu, pour le payement de l'amende encourue.

La somme représentative de la valeur des effets appartenant à l'État, qui auront été emportés par le déserteur, sera prélevée sur le taux de cette amende pour être versée au trésor français. Le restant de l'amende sera versé, moitié au trésor français, et moitié au trésor des provinces.

Art. 15. — Les soldats tonkinois libérés du service actif et inscrits dans la réserve ne sont soumis à aucune obligation militaire.

Ils ne peuvent être appelés qu'en temps de guerre.

Il convient de faire comprendre cette disposition aux populations tonkinoises, pour qu'elles ne voient pas une aggravation de charge dans la tenue des contrôles de la réserve qui est prescrite aux maires des villages.

Le gouvernement du Protectorat se réserve d'ailleurs, en cas de guerre contre une puissance étrangère, de rappeler les réservistes annamites, soit partiellement par province, soit en totalité.

Les mesures de détail à prendre pour l'établissement et la tenue au courant des contrôles de la réserve par les résidents des provinces et par les autorités tonkinoises, ainsi que la façon dont les réservistes tonkinois qui seraient rappelés en cas de guerre seront utilisés, soit pour former des unités nouvelles, soit pour augmenter les effectifs des

(1) Voir, en ce qui concerne l'article 8, arrêté du 10 juin 1890.

unités déjà existantes, seront l'objet d'un règlement ultérieur.

Art. 18. — En ouvrant la porte aux engagements volontaires par l'application de l'article 18, le gouvernement du Protectorat a eu pour but de diminuer les charges des populations tonkinoises. Il est probable, en effet, que les avantages faits aux indigènes pendant leur présence dans les rangs de l'armée active, décideront beaucoup d'entre eux à contracter des engagements volontaires.

Comme il sera tenu compte de ces engagements dans la fixation des contingents annuels, les contingents fournis par les villages seront diminués d'autant.

Art. 20. — Les prescriptions de l'article 20 peuvent présenter dans le début quelques difficultés d'application. Parmi les soldats servant déjà dans les tirailleurs tonkinois, un certain nombre ont bien été fournis par les villages, mais un nombre assez élevé a été enrôlé, au début de ces créations, par voie d'engagements volontaires. L'identité de tous ces derniers n'est pas nettement établie. Il conviendra que des recherches soient entreprises d'accord entre les commandants des régiments tonkinois et les autorités tonkinoises, pour les rattacher à des villages. Leur situation sera alors identique à celle des soldats provenant du recrutement normal.

Art. 21. — Procédant toujours de la même idée libérale, le gouvernement du Protectorat laisse aux autorités tonkinoises le soin de recruter et d'organiser elles-mêmes les gardes civiles qui doivent être une sorte de gendarmerie, chargée d'assurer le fonctionnement de tous les services de leur administration. Il leur est même loisible, pour donner plus de consistance à cette garde, d'exercer leur choix parmi les tonkinois inscrits dans la réserve.

Mais comme il convient qu'en cas de guerre, le gouverneur puisse compter sur des réservistes exercés, comme sur les indigènes faisant partie de l'armée active, il doit être entendu que les réservistes, employés dans les gardes civiles, rentreraient, le cas échéant, dans les rangs comme les autres, sur la demande du gouvernement du Protectorat, si les circonstances l'exigeaient.

Pour ne pas désorganiser les services, l'administration tonkinoise pourra remplacer sans délai, par de nouveaux enrôlements, les réservistes employés dans les gardes civiles qui seraient rappelés en vertu des dispositions ci-dessus.

L'arrêté, en date du 10 février 1886, sur le recrutement, loin d'être une augmentation des charges militaires imposées aux populations tonkinoises sera en réalité, un allégement notable de ces charges.

Comme l'ont fait remarquer avec raison Son Excellence le Kinh-luoc et les gouverneurs des provinces, dont l'avis a été transmis au général commandant en chef le corps du Tonkin par M. le directeur des affaires civiles et politiques, dans un rapport en date du 5 septembre 1885, l'organisation nouvelle ne peut que présenter des avantages, puisque le nombre total des soldats incorporés dans l'armée active et dans la garde civile se trouvera très inférieur au contingent actuel, et que les soldats recevront, pendant qu'ils seront au service, des allocations qui leur permettront de subvenir à tous leurs besoins. Il doit en résulter une diminution évidente des charges pesant sur la population qui, jusqu'à ce jour, était privée, sans profit pour le pays, d'un nombre considérable de travailleurs, et était obligée de servir à ces soldats de lourdes subventions non comprises dans l'assiette des impôts. — WARNET.

3. — 9 mars 1889. — CIRCULAIRE *sur l'application de la responsabilité des villages en matière de recrutement militaire indigène.*

M. le Général en chef a appelé mon attention sur l'inexécution des prescriptions du règlement du 10 février 1886, et notamment de l'article 11, relatives à la responsabilité des villages en matière de désertion.

Un relevé statistique a permis de voir que les villages ne remplacent pas les déserteurs, ne font pas les recherches nécessaires pour les retrouver, enfin ne paient presque jamais les amendes qu'ils doivent à l'État pour l'indemniser de la perte des effets emportés par les hommes.

Cette manière de faire est aussi préjudiciable aux intérêts du Protectorat que nuisible au bon fonctionnement du recrutement de nos troupes indigènes; j'ai l'honneur en conséquence de vous prier de vouloir bien veiller d'une façon toute particulière à l'exécution stricte de l'article 11 du règlement précité; vous me fournirez à la fin de chaque mois une note aussi brève que possible indiquant, pour votre province, le nombre des déserteurs non retrouvés et de ceux qui ont été remplacés par les villages, le montant des amendes à percevoir, enfin la somme recouvrée dans le courant du mois; l'examen de cet état me permettra de m'assurer que dans chaque province on veille à l'exécution des mesures rappelées par la présente circulaire. — E. PARREAU.

4. — 15 mars 1889. — ARRÊTÉ *fixant à six années la durée du service actif des indigènes en Annam et au Tonkin.*

Remplacé par arrêté du 15 juillet 1889.

5. — 15 juillet 1889. — ARRÊTÉ *fixant à six années le service actif des militaires indigènes en Annam et au Tonkin.*

Article premier. — La durée du service des indigènes dans l'armée active en Annam et au Tonkin, est portée à six années, après lesquelles ils passent dans la réserve pour deux ans.

Art. 2. — A l'expiration de la sixième année, le militaire incorporé peut, s'il y est autorisé par le chef de corps, contracter un rengagement pour un, deux ou trois ans.

Ces rengagements peuvent être reçus dans un délai de six mois après la libération.

Ils peuvent se renouveler aussi souvent que le chef de corps y donnera son acceptation, jusqu'à l'accomplissement d'une période de 20 années de service.

Les rengagés seront déduits du contingent annuel à fournir par leur village.

Art. 3. — Les avantages de solde accordés par le règlement du 10 février aux tirailleurs annamites, détachés aux régiments de tirailleurs tonkinois sont supprimés.

Art. 4. — (1)

Art. 5. — A l'expiration du temps de service dû à l'État, le militaire libéré a la qualité d'inscrit, et est exempt de la corvée personnelle et de l'impôt pendant cinq ans.

Art. 6. — Des engagements volontaires peuvent

(1) Modifié par arrêté du 28 novembre 1891.

être contractés pour 6 ans par des indigènes âgés de 20 à 35 ans, dont l'identité aura été parfaitement établie, et qui seront porteurs d'un certificat de moralité délivré par le maire de leur village et visé par le chef de canton.

Ils sont déduits du contingent annuel à fournir par leur village et bénéficieront des avantages énoncés aux articles 4 et 5.

DISPOSITIONS TRANSITOIRES

Art. 7. — Les dispositions du présent arrêté ne sont pas applicables aux indigènes entrés au service avant sa publication.

Art. 8. — Les soldats actuellement sous les drapeaux bénéficieront des avantages concédés par l'article 5, s'ils contractent, au moment de leur libération ou dans les six mois qui suivront, un rengagement pour compléter à six ans la durée du service.

Art. 9. — Les soldats de la classe libérable en 1889 auront droit, en outre, à la prime et à la haute paye prévue par le règlement du 10 février 1886, si leur rengagement a été contracté avant l'expiration des deux mois qui suivront la date du présent arrêté.

Art. 10. — Le Général commandant en chef les troupes de l'Indo-Chine et les Résidents supérieurs en Annam et au Tonkin sont chargés, chacun en ce qui le concerne, de l'exécution du présent arrêté, qui annule les dispositions contraires des règlements et arrêtés antérieurs. — PIQUET.

6. — 16 juillet 1889. — ARRÊTÉ *sur l'interprétation à donner à l'article 4 de celui du 15 mars 1889, sur la durée de l'engagement des chasseurs annamites* (1).

7. — 5 septembre 1889. — CIRCULAIRE *sur l'engagement militaire des indigènes.*

M. le Général en chef a appelé mon attention sur les nombreuses irrégularités que comportait l'établissement de l'état civil des tirailleurs; pour obvier à cet inconvénient, j'ai décidé qu'à l'avenir aucun indigène ne serait engagé que sur un certificat délivré par les autorités communales.

Pour les contingents annuels, vous tiendrez la main à ce qu'ils soient accompagnés au conseil de révision par le maire de leur village, ou deux notables, qui certifieront l'état nominatif, en caractères, des hommes qu'ils auront amenés.

Quant aux engagés volontaires ou rengagés, vous leur délivrerez une lettre pour les maires des villages qu'ils vous désigneront comme leur pays d'origine, invitant ces fonctionnaires à certifier, sous la responsabilité pécuniaire des communes, l'exactitude des renseignements tenant lieu d'état civil.

Vous ne procéderez à leur engagement, que lorsqu'ils se présenteront devant vous, munis de ce certificat qui devra leur être délivré gratuitement. — BRIÈRE.

VOY. : — **Réserves indigènes.**

8. — 10 juin 1890. — ARRÊTÉ *modifiant le règlement du 15 février 1886, sur la solde des tirailleurs tonkinois.*

Article premier. — L'article 8 du règlement susvisé (2) est, sous la réserve de l'approbation ministérielle,

(1) Les chasseurs annamites ayant été supprimés, les dispositions de cet arrêté n'ont plus de raison d'être.
(2) 10 février 1886.

modifié comme il suit dans ses dispositions relatives à la solde des indigènes.

Les positions dans lesquelles peuvent se trouver les indigènes de tous grades et les droits qu'elles leur confèrent en matière de solde sont :

1° Position de présence : solde de présence ;

2° Hôpital pour blessures de guerre ou maladies consécutives à ces blessures : solde de présence ;

3° En congé à titre de convalescence pour blessures de guerre, maladies consécutives à ces blessures ou résultant de fatigues du service militaire : solde de présence pendant deux mois ; solde d'absence au delà de cette durée ;

4° En permission ou en congé dans tous les autres cas : solde de présence pendant les quinze premiers jours, et solde d'absence pendant le reste du congé ou de la permission dans la limite de six mois ;

5° A l'hôpital pour toute autre cause que blessures de guerre ou maladies consécutives à ces blessures : solde d'absence.

Art. 2. — Le Général en chef et le Chef des Services administratifs sont chargés, chacun en ce qui le concerne, de l'exécution du présent arrêté, qui sera mis en vigueur à compter du 1er juillet 1892. — DE LANESSAN.

9. — 5 septembre 1891. — ARRÊTÉ *fixant les effectifs de la garde civile indigène et des linh-co, et réglant le mode de recrutement de ces derniers.*

Article premier. — L'effectif total des brigades de garde civile dans les provinces placées sous le régime de l'administration civile est fixé à 4.761 hommes.

Art. 2. — L'effectif des linh-co, pour les mêmes provinces, est porté de 2.750 à 4.000 hommes, cadres compris.

Les linh-co seront divisés en compagies formées de deux sections de 50 hommes chacune, commandées par deux dôi.

Chaque compagnie sera placée sous les ordres d'un chanh-quan et d'un pho-quan.

Les gradés indigènes de la garde civile, restant sans emploi par suite du passage de leurs hommes aux tirailleurs tonkinois, entreront avec leur grade dans le cadre des linh-co pour servir d'instructeurs. Ils conserveront la même solde qu'à la garde civile.

Art. 3. — La solde mensuelle des linh-co est fixée ainsi qu'il suit :

Linh.	20 ligatures
Dôi.	30 —
Pho-quan.	40 —
Chanh-quan.	50 —

En outre, il sera alloué à chaque homme, sans distinction de grade, une somme de trois piastres par an, pour frais d'habillement.

Art. 4. — Les linh-co seront placés sous l'autorité immédiate et la responsabilité de MM. les mandarins chefs de province, qui délégueront leurs pouvoirs aux phu et huyen auprès desquels des linh-co seront détachés.

Le recrutement, l'administration et la direction de cette force de police indigène, seront placés sous le contrôle de MM. les résidents de France, conformément au traité.

Art. 5. — Les linh-co seront fournis par les villages et par ban, dans les mêmes conditions que les gardes civils et les tirailleurs tonkinois, c'est-à-dire au prorata du chiffre des inscrits. Les villages seront responsables de la conduite et de la présence au corps des hommes qu'ils auront présentés.

Art. 6. — La répartition par province des effectifs de gardes civils et de linh-co sera déterminée par une décision du Résident supérieur.

Art. 7. — Le Résident supérieur et le Kinh-luoc du Tonkin sont chargés de l'exécution du présent arrêté. — DE LANESSAN.

10. — 6 septembre 1891. — ARRÊTÉ *portant répartition des 4.032 hommes cédés par la garde civile à l'autorité militaire, et celle des 4.000 linh-co entre les différentes brigades de la garde civile.*

Article premier. — Les 4.032 hommes de garde civile indigène à céder à l'autorité militaire seront fournis par les provinces suivantes :

Bac-ninh	520	Luc-nam	300
Bay-say (Hung-yên)	80	Nam-dinh	100
Cao-bang	300	Ninh-binh	25
Hai-duong	324	Quang-yên	61
Haiphong	50	Son-tay	450
Hai-ninh	350	Thai-nguyên	350
Hanoi	120	Thai-binh	100
Hung-yên	20	Tuyên-quang	250
Lang-son	350	Cho-bo	150
Lao-kay	100		

Art. 2. — L'effectif de 4.000 linh-co destiné à compenser la réduction des effectifs de garde civile, sera réparti ainsi qu'il suit, savoir :

Bac-ninh	700	Hung-yên	300
Hai-duong	600	Nam-dinh	250
Haiphong	250	Ninh-binh	200
Ha-nam	100	Quang-yên	200
Hanoi	400	Son-tay	450
Hung-hoa	300	Thai-binh	250

Art. 3. — Les nouvelles brigades de garde civile seront formées avec les effectifs ci-après :

Bac-ninh	680	Luc-nam	100
Bay-say	400	Nam-dinh	280
Hai-duong	426	Ninh-binh	150
Haiphong	250	Quang-yên	250
Ha-nam	200	Son-tay	600
Hanoi	550	Thai-binh	225
Hung-hoa	250	Cho-bo	100
Hung-yên	300		

Art. 4. — Les résidents et vice-résidents chefs des provinces intéressées, sont chargés de l'exécution du présent arrêté. — BRIÈRE.

11. — 28 novembre 1891. — ARRÊTÉ *modifiant l'article 4 de celui du 15 juillet 1889, sur le recrutement indigène.*

Article premier. — L'article 4 de l'arrêté du 15 juillet 1889 est rapporté et remplacé par le suivant :

Art. 4. — « *Pendant la durée du service militaire, une part de rizière est allouée par le village à l'indigène incorporé, pour assurer la subsistance de sa famille, qui est en outre exemptée d'impôts ; ces privilèges reçoivent leur application à dater du 1er janvier de l'année qui suit l'incorporation et cessent à la fin de l'année de la libération.* »

Art. 2. — Le Général commandant en chef les troupes de l'Indo-Chine et les Résidents supérieurs en Annam et au Tonkin sont chargés, chacun en ce qui le concerne, de l'exécution du présent arrêté. — DE LANESSAN.

12. — 10 juin 1892. — ARRÊTÉ *fixant le décompte du taux de la piastre pour le paiement des soldes et indemnités aux militaires indigènes.*

Article premier. — A compter du 1er juillet 1892,

tous les tarifs de solde, les accessoires de solde et indemnités diverses allouées aux officiers, sous-officiers, caporaux et soldats indigènes des régiments de tirailleurs tonkinois, et à tous les indigènes faisant partie des autres corps de troupe en vertu des règlements actuellement en vigueur, seront convertis et décomptés en piastres au taux de quatre francs.

Art. 2. — Le Général commandant en chef les troupes de l'Indo-Chine et le Commissaire général chef des services administratifs sont chargés, chacun en ce qui le concerne, de l'exécution du présent arrêté. — DE LANESSAN.

13. — 12 septembre 1893. — ARRÊTÉ *supprimant les avantages accessoires alloués aux familles des tirailleurs tonkinois et des gardes civils indigènes.*

Article premier. — Sont abrogées, à partir du 1er janvier 1894, les dispositions qui exemptent, du paiement de l'impôt personnel et du rachat des corvées, les familles des tirailleurs et gardes civils au service.

Art. 2. — Est également abrogée à la même date la disposition qui dispense de la corvée et de l'impôt personnel pendant cinq ans, le militaire qui a terminé le temps de service dû à l'Etat.

Art. 3. — Le Résident supérieur du Tonkin est chargé de l'exécution du présent arrêté — DE LANESSAN.

14. — 23 décembre 1894. — ARRÊTÉ *sur le recrutement indigène des équipages de la flotte en Annam et au Tonkin.*

Article premier. — *Hiérarchie, assimilation et solde des indigènes.* — § 1er. — Des indigènes sont recrutés dans l'Annam et le Tonkin pour servir comme marins des équipages de la flotte, à bord des navires stationnés ou naviguant dans les parages de l'Annam et du Tonkin.

§ 2. — Leur hiérarchie, leur assimilation et leur solde sont fixées comme suit :

DÉSIGNATION DES GRADES (1)		SOLDE à la mer	SOLDE d'hôpital ou EN CONGÉ
Quartiers maîtres	de 1re classe . . .	1 fr. 40	0 fr. 70
	de 2e classe . . .	1 20	0 60
Matelots	de 1re classe . . .	1 00	0 50
	de 2e classe . . .	0 80	0 40
	de 3e classe . . .	0 60	0 30
Apprentis marins		0 50	0 25

(1) Les grades sont assimilés aux grades correspondants des équipages de la flotte.

§ 3. — Le nombre des marins indigènes à maintenir au service est fixé d'après les tableaux de composition d'équipage arrêtés par M. le ministre de la marine.

Outre son personnel propre, le bâtiment stationnaire entretient une compagnie de dépôt dont l'effectif est fixé par le ministre.

Art. 2. — *Recrutement.* — Le recrutement a lieu au fur et à mesure des besoins, par voie d'engagements volontaires ou de rengagements.

Art. 3. — *Engagements.* — § 1er. — Les engagements sont reçus par le commissaire aux armements, en présence de deux témoins et d'un interprète qui en explique les conditions.

§ 2. — Les engagements volontaires sont contractés pour une durée de deux années.

§ 3. — Tout indigène qui demande à contracter un engagement doit réunir les conditions suivantes :

1° Être âgé de 18 ans au moins, de 25 ans au plus ;

2° Être pourvu d'un certificat d'identité et de moralité délivré par les résidences ;

3° Être pourvu d'un certificat d'aptitude physique au service, délivré par le médecin de la station locale.

4° Être pourvu d'un certificat d'acceptation du Commandant de la marine, délivré après la période d'essais mentionnée à l'article 5 ci-après.

Art. 4. — *Acte d'engagement.* — § 1er. — Après s'être assuré que l'indigène qui se présente remplit les conditions indiquées à l'article 3, le commissaire aux armements dresse l'acte d'engagement sur un registre spécial.

Il est délivré une copie à l'engagé.

§ 2. — Les certificats produits par l'engagé restent annexés à la minute de l'acte.

Art. 5. — *Période d'essais.* — Tout engagé volontaire arrivant au service est gardé à l'essai, pendant trois mois, avant de contracter un engagement ; ce stage compte dans la durée de l'engagement. L'admission à l'essai est autorisée par le Commandant de la marine, qui prononce le licenciement des candidats reconnus inaptes au service.

Art. 6. — *Rengagements.* — § 1er. — Les rengagements dont la durée est d'une année, peuvent être contractés dans les trois mois qui précèdent le congédiement, ou à toute époque après le congédiement.

§ 2. — L'indigène qui demande à contracter un rengagement doit être pourvu du certificat d'acceptation du Commandant de la marine.

§ 3. — Les engagements peuvent se contracter aussi longtemps que l'indigène est apte au service de la flotte.

Art. 7. — *Actes de rengagement.* — § 1er. — Les rengagements sont reçus par le commissaire aux armements, en présence de deux témoins et d'un interprète, qui en explique les conditions.

§ 2. — Le commissaire aux armements dresse l'acte de rengagement sur un registre spécial, et mentionne le rengagement sur les livrets de l'intéressé.

Art. 8. — *Conditions du rengagement.* — § 1er. — Tout indigène en activité de service qui se rengage a droit, aussitôt qu'il a signé l'acte de rengagement, à une permission de trente jours à solde entière, pour le premier rengagement, et de quinze jours pour les suivants.

§ 2. — La concession de cette permission ne peut être différée que si les besoins du service l'exigent absolument.

§ 3. — L'indigène qui se rengage étant en activité de service, ou dans les trois mois qui suivent son congédiement, conserve son grade ou sa classe ; dans le cas contraire, il ne rentre au service qu'en qualité de matelot de 3° classe.

Art. 9. — *Matricules.* — *Livrets.* — § 1er. — A leur arrivée au service, les marins indigènes de toute provenance sont immédiatement portés sur les matricules tenues par le commissaire de la station locale, et incorporés dans la compagnie de dépôt constituée à bord du stationnaire.

§ 2. — Un livret de solde et un livret matricule du modèle adopté pour les équipages de la flotte, sont immédiatement ouverts au nom de chacun d'eux.

Art. 10. — *Hautes paies d'ancienneté.* — § 1er. — Les quartiers-maîtres et marins indigènes ont droit aux hautes paies journalières d'ancienneté, déterminées par le tableau ci-après :

Hautes paies pour ancienneté de service......	Après 5 ans......	0 fr. 20
	Après 10 ans......	0 30
	Après 15 ans......	0 40

§ 2. — Les hautes paies sont payées dans toute position donnant droit à une solde.

§ 3. — Il est tenu compte du temps passé dans les corps de troupes indigènes pour l'allocation des hautes paies.

Art. 11. — *Matelots mécaniciens.* — § 1er. — Le certificat de mécanicien est délivré aux marins indigènes, qui ont satisfait à un examen pratique sur la conduite des machines, dans les formes déterminées par un ordre du Commandant de la marine.

§ 2. — Les marins indigènes titulaires de ce certificat reçoivent un supplément journalier de 0 fr. 50.

Art. 12. — *Matelots chauffeurs.* — § 1er. — Le certificat de chauffeur est délivré aux marins indigènes, qui ont fait preuve de l'aptitude nécessaire pour la conduite des appareils évaporatoires, dans les conditions déterminées par un ordre du Commandant de la marine.

§ 2. — Les marins indigènes titulaires de ce certificat reçoivent un supplément journalier de 0 fr. 40.

Art. 13. — *Matelots boulangers-coqs.* — § 1er — Le certificat de boulanger-coq est délivré aux marins indigènes, qui ont été employés pendant un an, en cette qualité, à bord des bâtiments de la station locale, et qui ont fait preuve de connaissances suffisantes dans cette spécialité.

§ 2. — Ce certificat est délivré par le Commandant de la marine, sur la proposition des commandants des bâtiments.

§ 3. — Les marins indigènes titulaires de ce certificat reçoivent un supplément journalier de 0 fr. 40.

Art. 14. — *Quartiers-maîtres pourvus de certificats.* — La nomination au grade de quartier-maître ne fait pas perdre aux indigènes le bénéfice des certificats énumérés ci-dessus; ils continuent à toucher, outre la solde de quartier-maître fixée par le tableau de l'article 1er, le supplément attaché à la possession de leur certificat, tant qu'ils remplissent les fonctions afférentes auxdits certificats.

Art. 15. — *Conditions d'avancement.* — § 1er. — Les indigènes sont admis au service comme apprentis-marins. Il sont portés à la 3e classe du grade de matelot, après un an d'embarquement, pourvu qu'ils possèdent l'instruction militaire indispensable, telle qu'elle aura été déterminée par un ordre du Commandant de la marine.

§. 2. — Les matelots peuvent passer à la classe supérieure, après avoir servi six mois au moins dans la classe immédiatement inférieure.

§ 3. — Les quartiers-maîtres sont recrutés parmi les matelots des trois classes, ayant servi un an ou moins, en qualité de matelot.

Art. 16. — *Concession des avancements.* — § 1er. — Aux époques réglementaires, les conseils d'avancement ou commandants comptables établissent, dans l'ordre de préférence et sans limitation de nombre, des propositions d'avancements en grade et en classe, en faveur du personnel indigène embarqué sur les bâtiments.

§. 2. — Le Commandant de la marine auquel ces propositions sont adressées, concède immédiatement tous les avancements en grade ou en classe revenant à l'ensemble du personnel indigène, en suivant l'ordre

de préférence indiqué par les bâtiments, et en se conformant aux règles suivantes :

1° Les avancements en classe, concédés chaque année, ne doivent pas dépasser le septième des indigènes embarqués.

2° Les avancements au grade de quartier-maître ne sont concédés que suivant les besoins du service, pour combler les vacances existantes.

§ 3. — Les avancements ainsi concédés sont mis à l'ordre de la station locale.

Art. 17. — *Discipline.* — § 1er. — En cas de manquement grave au service, ou de fautes répétées contre la discipline, le Commandant de la marine peut suspendre, réduire de grade ou renvoyer définitivement les quartiers-maîtres dont la conduite provoquerait cette mesure.

§ 2. — En cas de mauvaise conduite habituelle, les matelots peuvent être réduits de classe, renvoyés temporairement ou définitivement du service ; le renvoi temporaire ou définitif peut être prononcé dans le même cas, à l'égard des apprentis marins.

§ 3. — Ces punitions sont infligées par le commandant de la marine, sur la plainte des commandants des bâtiments.

§ 4. — Les quartiers-maîtres et marins indigènes pourvus de l'un des certificats prévus au présent arrêté, (mécaniciens, chauffeurs, boulangers-coqs), peuvent, soit pour cause d'inconduite, soit par suite de perte d'aptitude professionnelle, être privés temporairement ou définitivement de leur certificat, ainsi que du supplément qui s'y rattache, par décision du conseil d'avancement ou du commandant comptable de leur navire, et après approbation du Commandant de la marine.

Art. 18. — *Marins devenus impropres au service.* — Les quartiers-maîtres, matelots et apprentis marins, devenus impropres au service, à la suite de blessures ou maladies, sont congédiés par le Commandant de la marine, sur avis motivé du médecin de la station locale.

Art. 19. — *Pénalités.* — § 1er. — Les indigènes embarqués sur les bâtiments de la flotte sont soumis aux règles de compétence juridictionnelle de discipline et de subordination militaire applicables aux marins des équipages de la flotte, notamment aux dispositions disciplinaires, prévues par le décret sur le service intérieur à bord des bâtiments de la flotte, et à celles du code de justice maritime pour l'armée de mer.

§ 2. — Toutefois, des circonstances atténuantes peuvent être admises en leur faveur, alors même que le code ne les prévoit pas.

L'application leur en est faite conformément à l'article 80 de la loi du 15 juillet 1889.

Art. 20. — *Distinctions honorifiques.* — Les marins indigènes sont traités comme le personnel des équipages de la flotte, pour la concession des récompenses honorifiques (croix de la Légion d'honneur, médaille militaire, médaille de sauvetage, etc...). Ils ont droit au traitement affecté à celles de ces distinctions qui en comportent.

Art. 21. — *Pension de réforme et de retraite; gratification de réforme.* — Les pensions de retraite ou de réforme et les gratifications de réforme renouvelables, auxquelles peuvent prétendre les marins indigènes, sont régies par un acte spécial.

Art. 22. — *Solde et suppléments.* — § 1er. — Les indigènes sont payés par mois, à terme échu, sous déduction d'une retenue d'habillement fixée à 0 fr. 20 par jour la première année, et à 0 fr 10 les années suivantes.

§ 2. — Ils n'ont droit qu'aux suppléments prévus par le présent arrêté. Ces suppléments ne peuvent pas se cumuler.

Art. 23. — *Ration.* — Les marins indigènes reçoivent la même ration que les européens, à l'exception du vin, du souper et des spiritueux.

Art. 24. — *Uniforme.* — § 1er. — Les indigènes portent la même tenue et les mêmes marques distinctives de grade que les marins des équipages de la flotte. Toutefois, les effets en drap sont remplacés par des effets en flanelle bleue.

§ 2. — Ils reçoivent leur habillement des magasins de l'État.

§ 3. — La composition de leur sac est fixée comme suit :

NOMENCLATURE	QUANTITÉ
Pantalons en flanelle.........................	1
Vareuses en flanelle.........................	1
Pantalons en coton..........................	2
Vareuses en coton...........................	2
Chemises blanches avec collet bleu........	2
— en coton tricoté...........	2
Bonnets de travail...........................	4
Jugulaires...................................	1
Rubans légendés..............................	1
Casque......................................	1
Brodequins (paire)...........................	1
Petit sac en toile.............................	1
Assiettes....................................	1
Tasses......................................	1
Cuiller.....................................	1
Fourchette..................................	1
Brosse à habits..............................	1
— à laver..............................	1
— à souliers...........................	1

Art. 25. — *Disposition générale.* — Tous les actes concernant les marins des équipages de la flotte sont, en ce qu'ils n'ont pas de contraire au présent arrêté, applicables aux marins indigènes de l'Annam et du Tonkin.

Art. 26. — Le présent arrêté sera mis en vigueur à partir du 1er janvier 1895. — DE LANESSAN.

Voy. : Recrutement ; — Réserves indigènes.

RÉHABILITATION. — Voy. : Récidivistes, Récidive.

RENSEIGNEMENTS (SERVICE DES)

1. — 8 janvier 1884. — DÉCISION *modifiant celle du 10 octobre 1883, relative au service des renseignements.*

La décision en date du 10 octobre 1883, créant le service des renseignements, est modifiée, en ce qui concerne la communication du rapport journalier, de la manière suivante :

« Le chef du service des renseignements ne devra adresser, à l'avenir, son rapport journalier qu'au contre-amiral commandant en chef et au commandant supérieur des troupes. »

Le contre-amiral commandant en chef restera juge de l'opportunité des communications à faire au secrétaire général et au résident de France à Hanoi. — COURBET.

Voy. : Informations commerciales.

RÉPRESSION. — Voy. : Pirates, Piraterie ; — Tribunaux mixtes.

RÉQUISITIONS

1. — 22 avril 1884. — DÉCISION *réglementant le service des réquisitions de remorqueurs, jonques, etc.*

Article premier. — En principe, le droit de réquisitionner des remorqueurs, jonques etc., appartient, par délégation du commandant en chef, aux officiers du commissariat de la marine et aux employés du service administratif.

Toutefois, dans les cas d'urgence, et aussi lorsqu'il n'existe pas d'officier ou d'employés du commissariat sur les lieux, ce droit peut être exercé, sous leur responsabilité personnelle, par les commandants de colonnes, chefs de corps, capitaines de bâtiments, commandants de postes, de détachements, etc., etc.

Art. 2. — Toute autorité militaire ou administrative, qui procède à une réquisition, délivre au patron du remorqueur ou de la jonque, un bulletin conforme au modèle ci-joint, destiné à constater le service fait et à établir le droit de la partie requise au payement d'une indemnité.

Art. 3. — Afin de contrôler les mouvements des remorqueurs et des jonques, les chargés du service administratif, dans les différents postes, et à leur défaut, les commandants supérieurs, capitaines de bâtiments, commandants de postes, etc., viseront, à l'arrivée et au départ, le bulletin de réquisition ou le carnet d'affrétement, dont doivent être porteurs tous les patrons de remorqueurs ou de jonques réquisitionnés ou affrétés par la marine. — MILLOT.

POSTE DE

BULLETIN D'AFFRÉTEMENT OU DE RÉQUISITION
d'une jonque

Nom de la jonque.....................

Marque et numéro....................

Lieu de l'affrétement ou de la réquisition...

Date.................................

Tonnage ou contenance (*tonneaux ou piculs*)...............................

Nom et domicile de l'armateur ou propriétaire..............................

Nom du patron......................

Date de l'arrivée dans la localité...........

Date du départ......................

Lieu de destination...................

Motif du séjour......................

Fait à   , le   18   .

Le

2. — 18 septembre 1884. — DÉCISION *rendant exécutoire au Tonkin la loi du 3 juillet 1877 sur les réquisitions militaires.*

La loi du 3 juillet 1877, sur les réquisitions militaires, est rendue exécutoire au Tonkin.

En conséquence, tous les Européens et Asiatiques propriétaires de chevaux ou juments sont requis de présenter, aujourd'hui même, à la commission de remonte, tous les chevaux et juments qu'ils possèdent.

Ces animaux devront être amenés avec un licol pourvu d'une longe.

Après estimation de chaque animal, le président de la commission remettra au propriétaire un bon pour servir au remboursement.

Le remboursement s'effectuera dans un délai maximum de huit jours.

38.

Toute infraction au présent ordre sera passible des peines édictées par la loi. — BRIÈRE DE L'ISLE.

3 juillet 1877. — EXTRAIT *de la loi sur les réquisitions militaires.*

CHAPITRE PREMIER
CONDITIONS GÉNÉRALES DANS LESQUELLES S'EXERCE LE DROIT DE RÉQUISITION

. . . .

CHAPITRE VIII
DISPOSITIONS RELATIVES AUX CHEVAUX, MULETS ET VOITURES NÉCESSAIRES A LA MOBILISATION

36. — L'autorité militaire a le droit d'acquérir, par voie de réquisition, pour compléter et pour entretenir l'armée au pied de guerre, des chevaux, juments, mules et mulets, et des voitures attelées.

40. — Sont exemptés de la réquisition, en cas de mobilisation, et ne sont pas portés sur la liste de classement par catégories :

1° Les chevaux appartenant au Chef de l'État ;

2° Les chevaux dont les fonctionnaires sont tenus d'être pourvus pour leur service ;

3° Les chevaux entiers approuvés ou autorisés pour la reproduction ;

4° Les juments en état de gestation constatée, ou suitées d'un poulain, ou notoirement reconnues comme consacrées à la reproduction ;

5° Les chevaux et juments n'ayant pas atteint l'âge de six ans, les mulets et mules au-dessous de quatre ans ;

6° Les chevaux de l'administration des postes, ou ceux qu'elle entretient pour son service par des contrats particuliers ;

7° Les chevaux indispensables pour assurer le service des administrations publiques et ceux affectés aux transports de matériel nécessités par l'exploitation des chemins de fer. Ces derniers peuvent toutefois être requis au même titre que les voies ferrées elles-mêmes, conformément aux dispositions de l'article 29 de la présente loi.

45. — Dès la réception de l'ordre de mobilisation, le maire est tenu de prévenir les propriétaires que : 1° tous les animaux classés présents dans la commune ; 2° tous ceux qui y ont été introduits depuis le dernier classement et qui ne sont pas compris dans les cas d'exemption prévues par l'article 40 ; 3° tous ceux qui ont atteint l'âge légal depuis le dernier classement ; 4° tous ceux enfin qui, pour un motif quelconque, n'auraient pas été déclarés au recensement, ni présentés au dernier classement, bien qu'ils eussent l'âge légal, doivent être conduits, aux jour et heure fixés pour chaque canton, au point indiqué par l'autorité militaire.

RÉSERVES INDIGÈNES

1. — 22 juillet 1888. — ARRÊTÉ *concernant l'organisation des réserves indigènes en Indo-Chine.*

Les réserves indigènes en Indo-Chine seront organisées conformément aux dispositions ci-après

CHAPITRE PREMIER

Article premier. — La réserve des troupes indigènes en Indo-Chine comprend ;

1° Un cadre d'officiers de réserve (Cochinchine seulement) ;

2° Les hommes de troupe qui ont terminé leur temps de service dans l'armée active.

CHAPITRE II
CADRE DES OFFICIERS DE RÉSERVE

Dispositions spéciales à la Cochinchine

Art. 2. — Ce cadre comprend :

Les officiers indigènes retraités ou démissionnaires, n'ayant pas atteint l'âge de 40 ans ;

Les sous-officiers ayant accompli quinze années de service dans l'armée active ;

Les engagés volontaires ayant accompli cinq années de service dans l'armée active et pourvus du grade de sous-officier, s'ils sont proposés pour l'emploi, et s'ils justifient des conditions d'aptitude à déterminer.

Art. 3. — Les officiers du cadre de réserve ne sont convoqués qu'en cas de guerre et par un ordre du Gouverneur général. Ils sont nommés par le Gouverneur général, sur la proposition du Général commandant en chef.

Ils sont classés et affectés d'avance à une compagnie du régiment de tirailleurs annamites.

A l'expiration de leur temps de service dans la réserve, ils sont rayés des cadres, à moins qu'ils ne demandent à être maintenus.

Cette demande est soumise à l'approbation du Gouverneur général qui décide.

CHAPITRE III
HOMMES DE TROUPE

Art. 4. — La réserve des troupes indigènes comprend tous les militaires libérés du service actif, sauf les exceptions indiquées ci-après.

Art. 5. — Sont dispensés du service dans la réserve :

1° Les hommes réformés pendant leur service actif ou reconnus impropres au service militaire, après leur passage dans la réserve ;

2° Les hommes qui ont accompli, par suite de rengagements, cinq ans et plus, de service actif, à l'exception de ceux qui peuvent être proposés pour officiers de service.

Art. 6. — La durée du service de réserve est de deux ans pour les tirailleurs tonkinois et chasseurs annamites, de trois ans pour les tirailleurs annamites.

Le temps de service comptera à partir du jour de la libération du service actif.

Art. 7. — Le recrutement de la réserve est régional, comme celui de l'armée active. Les hommes de la réserve sont classés et affectés à la compagnie de tirailleurs ou de chasseurs où ils ont fait leur service actif.

Ils conservent leur numéro matricule. Les sous-officiers et caporaux conservent leurs grades, à moins d'en avoir démérité.

Art. 8. — Les hommes de la réserve ne peuvent être convoqués qu'en cas de guerre, sur un ordre du Gouverneur général.

Art. 9. — Chaque village est responsable de ses hommes de réserve et ne doit présenter, en cas d'appel, que ceux qui sont inscrits sur les contrôles.

La constatation en sera faite par le maire, puis par le résident ou administrateur, enfin par le corps dans lequel l'homme a accompli son temps de service.

Toute fraude en matière d'identité exposera son auteur et ses complices aux peines édictées par la loi.

Art. 10. — En cas d'appel, le maire, ou, à défaut, un notable conduira les réservistes du village au chef-lieu de l'arrondissement ou de la province. Après les constatations d'identité, le résident ou administrateur les remettra aux mains de l'autorité militaire.

Art. 11. — Chaque homme ayant terminé son temps de service actif, recevra de son corps un certificat de passage dans la réserve, écrit en quoc-ngu, et collé sur le livret individuel.

Il déposera son livret accompagné du certificat, entre les mains du maire de son village. Ce livret ne lui sera rendu qu'en cas d'appel et pour la durée de la campagne.

Lorsque l'homme aura terminé son temps de service dans la réserve, le maire adressera au corps, par l'intermédiaire do l'administrateur ou du Résident, le livret sur lequel le corps portera l'inscription constatant la libération définitive. Ce livret, renvoyé ensuite au maire par le même intermédiaire, sera remis à l'homme qui le conservera.

Art. 12. — Les passages dans la réserve sont notifiés directement par le corps, aux administrateurs ou résidents qui informent le gouverneur de la province, et qui transmettent les bulletins aux maires des villages qui ont fourni les indigènes. Il en est de même pour les bulletins de libération définitive.

Art. 13. — Chaque compagnie du régiment de tirailleurs tient un contrôle de ses réservistes par numéros matricule, classe et année.

Chaque gouverneur de la province tient le même contrôle; les renseignements lui sont fournis par le résident.

Chaque résident ou administrateur tient un contrôle en partie double:

1º Des hommes d'armée active, en distinguant les appelés et les rengagés.

2º Des réservistes de son arrondissement ou de sa province, également par classe et année.

Enfin chaque maire tient pour son village, un contrôle semblable à celui de l'administrateur ou résident.

Sur ces différents contrôles sont inscrits tous les renseignements permettant de constater l'identité des réservistes.

Art. 14. — Les mutations des réservistes sont signalées de la manière suivante:

En cas de mort, le maire informe l'administrateur ou le résident qui prévient le corps; l'homme est rayé des contrôles et n'est pas remplacé.

En cas de changement de domicile, le maire prévient l'administrateur ou le résident, en lui envoyant le livret. L'administrateur ou le résident prescrit les recherches nécessaires, et envoie le livret à l'administrateur ou au résident du nouveau domicile. L'homme est rayé sur les anciens contrôles et inscrit sur les nouveaux. — RICHAUD.

. Voy.: Recrutement indigène.

RÉSIDENCES ET VICE-RÉSIDENCES. — Voy.: Organisation administrative; — Matériel.

RÉSIDENT GÉNÉRAL. — Voy.: Organisation administrative.

RÉSIDENT SUPÉRIEUR. — Voy.: Organisation administrative.

RESPONSABILITÉ COLLECTIVE. — Voy.: Amendes; — Recrutement indigène; — Rébellion; — Administration annamite.

RESPONSABILITÉ DES VILLAGES. — Voy.: Amendes; — Recrutement indigène; — Rébellion; — Administration annamite.

RETENUES. — Voy.: Hôpitaux, hospices; — Hospitalisation; — Retraite (caisse de); — Garde civile; — Soldes.

RETRAITE (CAISSES DE)

1. — 12 janvier 1889. — CIRCULAIRE *relative aux retenues à exercer pour le service des retraites, sur la solde des fonctionnaires, employés et agents du Protectorat.*

Mon attention a été appelée par M. l'Inspecteur des colonies sur la situation faite aux fonctionnaires et agents des divers services du Protectorat, qui ne subissent pas sur leur solde les retenues réglementaires pour le service des retraites.

Certains agents, tels que ceux détachés des cadres de la Métropole ou de la Cochinchine, dont le droit à une pension de retraite ne saurait être douteux, doivent être astreints aux versements prévus par les lois des 9 juin 1853 et 5 août 1879. La même mesure peut être étendue, dès maintenant, aux agents du service colonial, bien que la question de leurs droits à une retraite n'ait pas encore été tranchée; une commission élabore actuellement à Paris un projet d'assimilation des fonctionnaires employés du Protectorat, au point de vue des retraites, et il importe de sauvegarder les droits de chacun à une pension éventuelle.

J'ai décidé, en conséquence, que les versements réglementaires seraient opérés, pour tout le personnel de l'Annam et du Tonkin, à compter du 1er janvier 1889; la question des versements, qui auraient dû être faits antérieurement et qui deviendront exigibles, dès que le droit à une retraite aura été consacré ultérieurement, demeurant réservée.

Les retenues à faire sur le traitement des fonctionnaires et employés devront être décomptées ainsi qu'il suit:

1º Pour les agents métropolitains retraités sous le régime de la loi du 9 juin 1853:

5 % au profit des pensions civiles, sur la partie du traitement représentant la solde d'Europe;

3 % au profit du trésor, sur le supplément colonial et les indemnités de toute nature.

2º Pour les agents européens du service colonial, application de la loi du 5 août 1879:

5 % au profit du trésor, sur la solde totale dégagée de tous accessoires, pour les traitements supérieurs à 6.000 francs;

3 % au profit du trésor, sur la solde totale dégagée de tous accessoires, pour les traitements inférieurs à 6.000 francs.

3º Pour les agents indigènes:

5 % sur la moitié de la solde, et 3 % sur le surplus. Ce personnel, qui n'a ni assimilation, ni parité d'emplois déterminées par une loi ou par un décret, doit, aux termes de la dépêche ministérielle du 8 août 1882, tomber sous le régime de la loi du 9 juin 1853.

Toutefois, la circulaire ministérielle du 30 décembre 1882 fait remarquer que, sous le régime de la loi de 1853, les services, pour être admissibles, doivent exiger un travail habituel et continu; en

_____

(1) Voir ci-après arrêté du 25 janvier 1889, circulaires des 12 mars, 6 juillet 1891 et 16 février 1893.

conséquence, ceux des agents qui ne sont employés que temporairement n'ont pas droit à une pension et ne doivent supporter aucune retenue.

Les indemnités de toute nature, indemnités de route ou de séjour, de logement, de vivres, gratifications, primes, suppléments de fonctions, frais de représentation, etc., en un mot, toutes les allocations autres que la solde proprement dite, sont passibles de la retenue du 3 °/o au profit du trésor.

Je vous serai obligé de vouloir bien faire figurer, à compter du 1er janvier courant, les retenues calculées ainsi qu'il vient d'être dit, sur les états de solde et sur tous les états devant servir au payement d'une indemnité, supplément, etc., etc., que vous pourrez avoir à établir en faveur du personnel placé sous vos ordres. Vous voudrez bien également me faire parvenir un état des sommes payées par vos soins depuis le 1er de ce mois, et qui auraient dû être grevées de retenue. — RHEINART.

---

2. — 25 janvier 1889. — ARRÊTÉ *fixant le point de départ des retenues à exercer sur les soldes, pour l'établissement d'un règlement sur les retraites.*

Article premier. — A partir du 1er janvier 1889, des retenues seront opérées sur la solde du personnel de l'Annam et du Tonkin, en prévision de l'établissement d'un règlement sur les retraites.

Art. 2. — La question du versement des retenues non opérées antérieurement est réservée.

Art. 3. — Sont et demeurent abrogées toutes les dispositions contraires à celles du présent arrêté.

Art. 4. — Le Résident général en Annam et au Tonkin est chargé de l'exécution du présent arrêté. — RICHAUD.

---

3. — 3 février 1889. — CIRCULAIRE *au sujet du décompte des retenues pour le service des retraites* (1).

Pour faire suite à la circulaire n° 12, du 12 janvier dernier, j'ai l'honneur de vous donner ci-après diverses explications sur le calcul des retenues pour le service des retraites, et leur décompte sur les états de solde.

1° *Délégations; avances de solde faites en France.* — Les unes et les autres étant passibles, en France, avant leur payement, de la retenue de 5°/o, ne doivent, dans la colonie, faire l'objet d'aucun versement au profit des pensions civiles ou du trésor.

Les retenues pour délégations et avances de solde doivent être faites sur la solde d'Europe, et c'est sur le montant net de cette portion de la solde que doit être calculée la retenue de 5°/o ou celle de 3°/o.

2° *Avances faites dans la colonie.* — Ces avances étant soumises à la retenue réglementaire au moment de leur mandatement, leur remboursement ne donne lieu, ni à la retenue du 3 °/o ni à celle de 5 °/o;

3° *Frais d'hospitalisation. Dettes envers l'État.* — Les frais de traitement à l'hôpital et les sommes retenues pour dettes envers l'État, ne sont passibles d'aucune retenue au profit des pensions civiles ou du trésor (2);

4° *Dettes envers des tiers.* — Les sommes retenues en vertu de décisions administratives pour dettes envers des tiers, sont, comme le reste de la solde, soumises aux retenues réglementaires;

La retenue pour la retraite doit être exercée sur la solde totale, comme dans les cas ordinaires.

(1) Voir plus loin circulaires des 12 mars et 6 juillet 1891.
(2) Ces instructions sont modifiées, en ce qui concerne les frais d'hospitalisation, par la circulaire du 16 février 1893.

5° *Retenues disciplinaires.* — Les retenues disciplinaires sont faites au profit des pensions civiles pour les agents métropolitains, et au profit du trésor pour les agents coloniaux. Elles doivent être portées, suivant le cas, dans les colonnes 19, 20 ou 21.

En ce qui concerne le décompte des retenues sur les états de solde, doivent figurer :

1° Dans la colonne 19 (3 °/o au profit du trésor): le 3 °/o sur la solde coloniale et sur les retenues des agents métropolitains, le 3 °/o sur les indemnités des agents coloniaux dont la solde est supérieure à 6.000 francs; le 3 °/o sur la moitié du traitement des employés indigènes;

2° Dans la colonne 20 (5 °/o au profit de la caisse des pensions civiles) : le 5 °/o sur la solde d'Europe des agents détachés des cadres de la métropole, le 5 °/o sur la moitié de la solde des employés indigènes;

3° Dans la colonne 21 (5 °/o au profit du trésor) : le 5 °/o sur la solde totale des fonctionnaires du cadre colonial, jouissant d'un traitement supérieur à 6.000 francs.

Les états de solde doivent être arrêtés à la somme brute. — E. PARREAU.

---

4. — 6 juillet 1891. — CIRCULAIRE *au sujet des états de retenue sur la solde.*

Pour faire suite à ma circulaire du 12 mars 1891, relative aux états de retenue que vous devez m'adresser trimestriellement, j'ai l'honneur de vous prier de compléter ces états conformément aux indications ci-après.

Il y a lieu de comprendre sur le même état tous les agents du même service, ou du moins tous ceux dont la solde est imputable au même chapitre du budget.

Certains d'entre vous font figurer, sur un état unique, tous les fonctionnaires en service dans la résidence et payés sur les fonds du budget local, qu'ils appartiennent aux travaux publics, au service des résidences, à la garde civile, etc.

Cette façon de procéder peut entraîner des erreurs, et, dans tous les cas, rend difficile le travail de vérification et la répartition des fonds aux caisses où ils doivent être versés.

Un état spécial devra être établi pour les agents européens et indigènes non compris dans les deux premières catégories fixées par ma circulaire précitée, et non retraités sous le régime de lois ou de décrets.

Je vous prie de veiller à l'exécution de ces prescriptions et de me faire adresser, sous le timbre du 1er bureau, pour les 1er et 2e trimestres 1891, les états établis conformément aux indications ci-dessus. BRIÈRE.

---

5. — 16 février 1893. — CIRCULAIRE *relative à la retenue à exercer sur les frais d'hôpital.*

Une circulaire en date du 3 février 1889, n° 15, a disposé que les frais de traitement à l'hôpital, des fonctionnaires et agents du Protectorat ne sont passibles d'aucune retenue au profit du Trésor ou des pensions civiles.

Les prescriptions de ladite circulaire étant encore appliquées par certains d'entre vous, j'ai l'honneur de vous aviser qu'elles ont été infirmées par une dépêche ministérielle du 18 février 1892, n° 86.

Aux termes de cette dépêche, dont copie est ci-jointe, le montant des retenues à exercer sur la solde des fonctionnaires, pour frais d'hospitalisation, est passible de la retenue de 5 °/o et de 3 °/o au profit des pensions civiles ou du Trésor. La retenue pour frais d'hôpital doit donc être opérée sur la solde nette et non plus sur la solde brute.

Je vous prie de vouloir bien donner des ordres en vue de l'application de ces nouvelles dispositions. CHAVASSIEUX.

6. — 12 mars 1891. — CIRCULAIRE *au sujet des états trimestriels des retenues exercées pour la retraite.*

J'ai l'honneur de vous confirmer ma note de service du 12 janvier, prescrivant qu'à compter du 1er janvier 1891, les états de solde du personnel européen et indigène des services civils du Protectorat au Tonkin, subissant la retenue pour la retraite, devront être arrêtés à la somme nette.

En conséquence de cette disposition, vous aurez à établir, à la fin de chaque trimestre, et à m'adresser en double expédition, sous le timbre du 1er bureau, un état des retenues exercées, pendant le trimestre écoulé, sur les soldes et accessoires du personnel de votre administration, pour le service des retraites.

Cet état devra faire ressortir dans des colonnes distinctes :

1° Les retenues à verser au trésor pour la caisse des pensions civiles.

A cette catégorie appartiennent les retenues exercées sur la solde des agents métropolitains détachés dans les divers services du Protectorat (postes et télégraphes, trésor, travaux publics, douanes, justice, enseignement, enregistrement et domaines, etc.), tous agents dont le droit à pension de l'État découle de la loi du 9 juin 1853 sur les pensions civiles.

2° Les retenues de 3 % et de 5 % sur la solde des fonctionnaires et agents en possession d'un grade assimilé par décret aux emplois donnant lieu à pension de l'État.

Dans cette classe doit être rangé le personnel des résidences, auquel le décret du 27 février 1889 a conféré le droit à pension de l'État, par assimilation avec le corps du commissariat de la marine.

3° Les retenues à verser à la caisse spéciale des retraités du Protectorat.

Ces retenues sont celles exercées sur la solde de tous les fonctionnaires européens et indigènes des divers services qui ne sont pas spécialement compris dans les deux catégories précédentes.

Je vous prie de vouloir bien prendre vos dispositions pour que les états ci-dessus me parviennent au plus tard le 10 du mois qui suivra chaque trimestre écoulé. — BRIÈRE.

RIZ ET PADDYS

1. — 19 novembre 1884. — DÉCISION *établissant un droit de sortie sur les riz et paddys exportés* (1).

TITRE PREMIER

ÉTABLISSEMENT D'UN DROIT DE SORTIE SUR LES RIZ ET PADDYS EXPORTÉS ; FIXATION DE CE DROIT ; DÉCLARATIONS ; VISITES ; LIQUIDATION ET PAYEMENT DES DROITS.

Article premier. — Le commerce d'exportation des riz et paddys est autorisé au Tonkin, mais exclu-

sivement par le port de Haiphong, du 1er décembre prochain au 1er mars 1885.

Art. 2 et 3. — *Modifiés par arrêté du 28 mai 1892, V° Douanes.*

Les riz expédiés par bâtiments français sur les ports d'ordre payeront les droits entiers à la sortie, et ne seront remboursés de la différence (0 fr. 235) que sur la production, dans les délais ci-dessus, des certificats constatant leur débarquement dans un port français.

Art. 4. — La taxe sera perçue suivant le poids net des riz ou paddys exportés, énoncé dans la déclaration qui devra être faite au bureau de la douane, au port de sortie.

Il sera tenu compte du poids des sacs : pour les riz en simple emballage, par la déduction de 1 p. 100 pour les riz emballés en gunnies, et de 1 ½ p. 100 pour ceux emballés en sacs de paille ; pour les paddys en simple emballage, par la déduction de 1 ½ p. 100 pour les paddys emballés en gunnies, et de 2 p. 100 pour ceux emballés en sacs de paille.

Cette taxe sera doublée lorsque les riz ou paddys seront en double emballage.

Art. 5. — Les capitaines ou patrons des bâtiments ou navires ne pourront faire leur chargement de riz ou de paddys qu'au port de Haiphong, sous peine d'une amende de cent à mille francs, et de la confiscation tant des riz saisis que des bâtiments ou navires.

Art. 6. — Les marchands, propriétaires, consignataires, courtiers, capitaines, maîtres ou patrons, en un mot, tous chargeurs de riz ou paddys à exporter devront, avant tout embarquement, faire, à peine d'une amende de cinq cents à mille francs, au bureau de la douane, une déclaration énonçant le poids total des grains, et faire connaître le nom, la nationalité, le tonnage du navire sur lequel doit s'effectuer le chargement, le nom du capitaine, ainsi que le lieu de destination.

Art. 7. — Ils devront, sous la même peine, acquitter les droits de sortie après l'entier chargement du navire, lequel ne devra quitter le port qu'après l'acquittement de ces droits.

Art. 8. — Il ne pourra être fait, à peine d'une amende de cinquante à mille francs, aucun chargement de riz ou paddys destinés à l'exportation, avant le lever et après le coucher du soleil, à moins d'une autorisation spéciale de la douane.

Cette peine sera prononcée tant contre les chargeurs que contre les capitaines ou patrons des navires destinataires.

Art. 9. — La vérification se fera au lieu d'embarquement ; les commis ou surveillants désignés pour assister au chargement, devront s'y transporter à la première réquisition, à peine de répondre des événements résultant de leur refus.

Les chargeurs ou propriétaires des riz ou paddys exportés, devront toujours être représentés à bord du navire destinataire, pendant toute la durée du chargement ; il sera sursis, en leur absence, à l'embarquement de la marchandise.

Art. 10. — Les chargeurs seront tenus, à peine d'une amende de dix francs à cinq cents francs, de remettre, à chaque patron de chaland qu'ils expédieront à bord d'un navire, une déclaration signée et certifiée de la quantité en sacs et en pieuls de riz ou de paddy composant la charge du chaland, et indiquant le numéro du chaland et le nom du navire auquel le chargement est destiné.

Ces déclarations partielles, rédigées en français, sans rature ni surcharge, ni addition, ni interlignes,

---

(1) La réglementation sur le commerce des riz et paddys n'a pas subi de modification ; seuls, les droits de sortie ont été déterminés par l'arrêté d'ensemble du 28 mai 1892, chapitre VI, publié V° *Douanes* ; ils subissent d'ailleurs des fluctuations, d'après les circonstances, et font alors l'objet de dispositions spéciales.

seront remises, dès son arrivée à bord, par le patron du chaland, au préposé de la douane ou, en son absence, au capitaine ou à un officier du bord.

Les déclarations partielles, totalisées à la fin du chargement, devront concorder avec la déclaration générale indiquée en l'article 6.

Art. 11. — Les chargeurs, qui auront fait leurs déclarations pourront les modifier, jusqu'au moment de l'arrivée à bord de l'agent de la douane chargé de la vérification, s'ils reconnaissent quelque erreur quant au poids du riz ou du paddy, et en acquittant les droits supplémentaires.

Si la quantité constatée par la vérification est inférieure aux déclarations, les droits afférents à l'exédent seront restitués, ou versés après un délai d'un mois, à la caisse des dépôts et consignations.

Art. 12. — Les chargeurs et capitaines, maîtres ou patrons de navires, seront tenus, à peine d'une amende de cinq cents à mille francs, de représenter aux préposés de la douane, s'ils le requièrent, les connaissements, chartes-parties, et même la police d'assurance, s'il en existe une, ou de justifier que ces pièces ne sont plus en leur possession.

Art. 13. — Dans le cas où, par la faute du capitaine, il serait fait obstacle à la vérification, à bord, du poids des riz ou paddys exportés, le transport de la marchandise au bureau de la douane, s'il y a lieu, et les frais de manipulation des sacs pour le pesage, seront au compte des propriétaires ou chargeurs, sauf leur recours contre le capitaine.

Ils pourront employer, à cet effet, des hommes de leur choix ou ceux employés habituellement par la douane.

Art. 14. — Si les riz ou paddys embarqués excèdent le poids déclaré, l'excédent sera assujetti au triple droit, et celui qui aura fait la fausse déclaration sera, de plus, puni d'une amende de cent à mille francs, pour sûreté de laquelle toute la cargaison sera retenue, à moins toutefois que cet excédent ne soit que du vingtième. Dans ce cas, l'excédent, ainsi que les quantités déclarées n'acquitteront ensemble que le simple droit, et le déclarant n'encourra aucune peine.

Art. 15. — Les agents de la douane auront le droit, à bord des bâtiments en chargement de riz ou paddys destinés à l'exportation, de faire, lorsque les opérations de l'embarquement devront être interrompues, fermer les panneaux, écoutilles et toutes ouvertures donnant accès dans la partie du bâtiment où sera arrimée la marchandise.

Ils pourront, de plus, apposer leurs scellés sur les panneaux et autres ouvertures, ou prendre telle mesure qu'ils jugeront opportune, pour empêcher toute introduction frauduleuse de riz ou paddys destinés à l'exportation.

Art. 16. — Les agents de la douane auront pareillement le droit, et sans l'assistance d'aucun officier de police judiciaire, de pénétrer à bord des barques, bateaux, jonques, navires et autres bâtiments de commerce, pour y faire les visites qu'ils jugeront nécessaires.

Tout capitaine, patron ou maître de navire, bateau, barque ou jonque, qui s'opposera à la visite desdits agents ou à leur libre exercice, sera puni d'une amende de cinquante à mille francs et d'un mois de prison, ou de l'une des deux peines seulement, sans préjudice d'une plus forte peine, en cas de sévices, outrages ou d'injures prévus par le Code pénal.

Art. 17. — Les capitaines, maîtres ou patrons des bâtiments chargeant à Haïphong devront, à peine

d'une amende de cinquante à trois mille francs, faire viser leur manifeste au bureau de la douane établi dans ce port.

Tout navire chargé de riz sera présumé tentant de sortir en fraude, s'il est rencontré descendant à la mer sans que son manifeste ait été visé.

Art. 18. — Tout pilote, qui prendra charge d'un navire pour le conduire à la mer, ne pourra, sous peine d'une amende de cinquante à cinq cents francs, le faire appareiller qu'après que le capitaine lui aura donné connaissance de son manifeste dûment visé par la douane.

Art. 19. — Tout capitaine, patron, maître de bâtiment ou navire qui, après avoir été expédié, prendrait, sans y avoir été autorisé, un supplément de chargement de riz ou paddys, sera puni d'une amende de cent à trois mille francs.

La confiscation des riz ou paddys chargés en fraude, sera de plus prononcée.

TITRE II

DES SAISIES ET PROCÈS-VERBAUX

Art. 20. — Les saisies des riz ou paddys exportés en fraude et les contraventions au présent arrêté seront constatées par des procès-verbaux dressés par des agents assermentés de la douane.

Ces procès-verbaux devront, en cas de saisie, relater les circonstances et les motifs des saisies.

Art. 21. — Les agents sommeront ceux auxquels la saisie aura été déclarée d'assister à la description de la marchandise et à la rédaction du procès-verbal. En cas de refus de leur part, il en sera fait mention dans le procès-verbal, et cette mention suppléera à leur présence.

Art. 22. — Si la saisie est faite dans un bureau, les agents procéderont, à l'instant même, à la description de la marchandise, par la désignation des poids et nombre des sacs de riz ou de paddy, et à la rédaction du procès-verbal.

Art. 23. — A l'égard des saisies faites sur les bâtiments, barques ou jonques, les procès-verbaux seront rédigés sur les lieux ; ils contiendront une description du nombre et du poids des sacs ; ils indiqueront aussi leur marque ou numéro, s'il s'en trouve, et ils les feront ensuite transporter au bureau de la douane.

Art. 24. — S'il y a opposition des parties à ce que le procès-verbal soit rédigé sur les navires, bâtiments ou barques, cet acte sera fait au bureau de la douane.

Art. 25. — Si la partie assiste à la rédaction du procès-verbal, il lui en sera fait lecture sur le champ, et elle sera sommée de la signer ; en cas de refus de sa part ou de déclaration qu'elle ne sait signer, il en sera fait mention dans le procès-verbal, dont copie lui sera donnée à l'instant où il sera clos.

Le même acte contiendra l'assignation à comparaître devant le tribunal de la résidence.

Art. 26. — Si la partie n'assiste pas à la rédaction du procès-verbal, la notification lui en sera faite par les agents de la douane ou par ministère d'huissier, à sa résidence ou à sa personne, avec assignation à comparaître devant le tribunal de la résidence.

Art. 27. — Si le prévenu a abandonné la marchandise sans se faire connaître, il ne sera fait qu'une simple signification du procès-verbal au résident.

Art. 28. — Le procès-verbal, outre les mentions déjà citées, indiquera la date et le nom des agents

de la douane ; il portera, de plus, l'heure à laquelle il aura été clos.

Il sera affirmé véritable devant le résident faisant fonctions de juge de paix, ou devant son suppléant, dans les quarante-huit heures à compter de celle à laquelle il aura été clos.

Art. 29. — Avant de recevoir l'affirmation, le juge donnera lecture du procès-verbal aux agents de la douane ; il signera avec eux l'acte d'affirmation, qui sera inscrit à la suite du procès-verbal.

Art. 30. — Les procès-verbaux signés par deux agents de la douane, et par eux affirmés véritables, feront foi jusqu'à inscription de faux ; en l'absence d'une de ces deux formalités, la preuve du contraire pourra toujours être faite.

TITRE III
DES JUGEMENTS ET DE LEUR EXÉCUTION

Art. 31. — La confiscation de la marchandise saisie pourra être poursuivie et prononcée contre les capitaines, maîtres ou patrons des bâtiments ou navires, à bord desquels les riz ou paddys auront été trouvés, sans que la douane soit tenue de mettre en cause les propriétaires, quand même ils lui seraient indiqués, sauf, si lesdits propriétaires intervenaient ou étaient appelés par ceux sur lesquels les saisies auraient été faites, à être statué ainsi que de droit, sur leur intervention ou réclamation.

Art. 32. — Il ne pourra être donné main-levée de la saisie qu'en jugeant définitivement.

Art. 33. — Les condamnations contre plusieurs personnes, pour un même fait de fraude, seront solidaires pour l'amende et les dépens.

Art. 34. — Le juge ne pourra, sous aucun prétexte, modérer les confiscations ou amendes, ni en ordonner l'emploi au préjudice de la douane, qui ne pourra transiger sur les confiscations et amendes lorsqu'elles auront été prononcées par un jugement ayant acquis force de chose jugée.

Art. 35. — Les objets saisis pour fraude ou contravention, ou confisqués, ne pourront être revendiqués par les propriétaires, ni le prix en être réclamé par aucun créancier, même privilégié, sauf leur recours contre les auteurs de la fraude.

Les jugements portant condamnation au payement des droits, de l'amende et des frais, seront exécutoires même par corps.

Art. 36. — Les jugements portant confiscation de riz ou paddys saisis sur des particuliers inconnus et par eux abandonnés et non réclamés, ne seront exécutés qu'après le mois de l'affiche desdits jugements à la porte du bureau de la douane, où a été déposée la marchandise.

Passé ce délai, aucune demande ou répétition ne sera recevable, et la marchandise sera vendue au profit de la caisse des douanes.

Art. 37. — La présente décision sera mise provisoirement en vigueur à partir du 1er décembre 1884.

Art. 38. — Elle ne sera rendue définitivement exécutoire qu'après l'approbation du Ministre.

Art. 39. — Le Directeur des affaires civiles et politiques est chargé de l'exécution de la présente décision, qui sera communiquée et enregistrée partout où besoin sera. — G. LEMAIRE.

2. — 18 novembre 1880. — ARRÊTÉ *fixant les droits de sortie sur les riz et paddys* (1).

Article premier. — Les droits de sortie sur les riz

(1) Le droit de sortie sur les riz et paddys est fixé par l'arrêté du 28 mai 1892, chap. VI, Vo *Douanes*.

et paddys exportés du Tonkin, sont fixés à quinze cents par picul de 60 kil. 400.

Art. 2. — Les riz et paddys à destination de France, des colonies françaises et d'un pays de l'Indo-Chine française, jouiront d'une détaxe de 40 pour cent.

Art. 3. — Les droits de statistique perçus en vertu de l'article 2 de l'arrêté du 6 juillet 1889 continueront à être appliqués sur les riz et paddys exportés pour toutes destinations.

Art. 4. — Le Résident supérieur du Tonkin est chargé de l'exécution du présent arrêté.

VOY. : **Douanes** ; — **Exportation**.

ROUTES

1. — 5 mars 1892. — ARRÊTÉ *réglant le mode de construction des routes au Tonkin*

Article premier. — La construction des routes, énumérées à l'article premier de l'arrêté du 5 mars 1892, sera confiée à des officiers d'artillerie et d'infanterie, désignés par le Gouverneur général, sur la proposition du Général commandant en chef.

Les officiers seront secondés par des gardes d'artillerie et des militaires d'artillerie, désignés par le Général commandant en chef, et par des gardes principaux de la garde civile, désignés par le Résident supérieur du Tonkin.

Art. 2. — Les officiers et gardes d'artillerie auront droit pendant la durée de leur mission aux indemnités prévues par l'arrêté ministériel du 19 janvier 1878.

Les soldats employés comme surveillants des travaux, toucheront une indemnité journalière de 1 fr. 50.

Les détachements de troupes servant d'escorte auront droit à l'indemnité de route en marche.

Les gardes principaux de la garde civile indigène toucheront l'indemnité fixée par l'arrêté du 8 janvier 1892.

Les gardes civils indigènes toucheront une indemnité journalière de 0 8 05.

Les gardiens et surveillants indigènes du pénitencier de Poulo-Condor auront droit aux indemnités fixées par l'arrêté du 7 novembre 1891.

Art. 3. — En ce qui concerne les dépenses occasionnées par les condamnés de Poulo-Condor et les prisonniers du Tonkin, l'arrêté du 12 juillet 1891 continuera à être appliqué.

Art. 4. — Le commandant Destelle est chargé de la direction des travaux et de la comptabilité des dépenses.

Les officiers engageront les dépenses d'après ses instructions.

Le chef des services administratifs militaires sera chargé du contrôle de l'emploi des crédits.

L'administration militaire pourvoira, comme elle le fait ailleurs, aux besoins en vivres et en salaires, s'il y a lieu, de tout le personnel employé aux travaux, par imputation sur les crédits ouverts à l'article 2 du présent arrêté.

Le service de l'artillerie délivrera, à titre de cession, le matériel nécessaire pour l'exécution des travaux.

Art. 5. — Le Général commandant en chef, le Directeur du contrôle, le Résident supérieur du Tonkin et le Chef des services administratifs, sont chargés, chacun en ce qui le concerne, de l'exécution du présent arrêté. — CHAVASSIEUX.

VOY. : **Corvées** ; — **Travaux publics**.

S

SAISIE-ARRÊT OU OPPOSITION

1. — 15 mars 1895. — Promulgation *de la loi du 12 janvier 1895, sur la procédure des oppositions et saisies-arrêts sur les petits traitements.*

Article unique. — Est promulguée dans toute l'étendue de l'Indo-Chine la loi du 12 janvier 1895, concernant les oppositions signifiées sur les salaires ou traitements des ouvriers, employés et fonctionnaires dont les émoluments annuels n'excèdent pas 2.000 francs. — Fourès.

Loi du 12 janvier 1895.

TITRE PREMIER

SAISIE-ARRÊT

Article premier. — Les salaires des ouvriers et gens de service ne sont saisissables que jusqu'à concurrence du dixième, quelque soit le montant de ces salaires.

Les appointements ou traitements des employés ou commis et des fonctionnaires, ne sont également saisissables que jusqu'à concurrence du dixième, lorsqu'ils ne dépassent pas 2.000 francs par an.

Art. 2. — Les salaires, appointements et traitements visés par l'article 1er ne pourront être cédés que jusqu'à concurrence d'un autre dixième.

Art. 3. — Les cessions et saisies, faites pour le paiement des dettes alimentaires prévus par les articles 203, 205, 206, 207, 214 et 349 du code civil, ne sont pas soumises aux restrictions qui précèdent.

Art. 4. — Aucune compensation ne s'opère, au profit des patrons, entre le montant des salaires dus par eux à leurs ouvriers et les sommes qui leur seraient dues à eux-mêmes pour fournitures diverses, qu'elle qu'en soit la nature, à l'exception toutefois :

1o Des outils ou instruments nécessaires au travail;

2o Des matières et matériaux dont l'ouvrier a la charge et l'usage ;

3o Des sommes avancées pour l'acquisition de ces mêmes objets.

Art. 5. — Tout patron qui fait une avance en espèces, en dehors du cas prévu par le paragraphe 3 de l'article 4 qui précède, ne peut se rembourser qu'au moyen de retenues successives ne dépassant pas le dixième du montant des salaires ou appointements exigibles.

La retenue opérée de ce chef ne se confond, ni avec la partie saisissable, ni avec la partie cessible portée en l'article 2.

Les acomptes sur un travail en cours ne sont pas considérés comme avances.

TITRE II

PROCÉDURE DE SAISIE-ARRÊT SUR LES SALAIRES ET PETITS TRAITEMENTS

Art. 6. — La saisie-arrêt sur les salaires et les appointements ou traitements ne dépassant pas annuellement 2.000 fr., dont il s'agit à l'article premier de la présente loi, ne pourra être pratiquée, s'il y a titre, que sur le visa du greffier de la justice de paix du domicile du débiteur saisi.

S'il n'y a point de titre, la saisie-arrêt ne pourra être pratiquée qu'en vertu de l'autorisation du juge de paix du domicile du débiteur saisi. Toutefois,

avant d'accorder l'autorisation, le juge de paix pourra, si les parties n'ont déjà été appelées en conciliation, convoquer devant lui, par simple avertissement, le créancier et le débiteur ; s'il intervient un arrangement, il en sera tenu note par le greffier, sur un registre spécial exigé par l'article 14.

L'exploit de saisie-arrêt contiendra en tête l'extrait du titre, s'il y en a un, ainsi que la copie du visa, et, à défaut de titre, copie de l'autorisation du juge. L'exploit sera signifié au tiers saisi ou à son représentant préposé au paiement des salaires ou traitements, dans le lieu où travaille le débiteur saisi.

Art. 7. — L'autorisation accordée par le juge évaluera ou énoncera la somme pour laquelle la saisie-arrêt sera formée.

Le débiteur pourra toucher du tiers saisi la portion non saisissable de ses salaires, gages ou appointements.

Une seule saisie-arrêt doit être autorisée par le juge ; s'il survient d'autres créanciers, leur réclamation, signée et déclarée sincère par eux et contenant toutes les pièces de nature à mettre le juge à même de faire l'évaluation de la créance, sera inscrite par le greffier sur le registre exigé par l'article 14. Le greffier se bornera à en donner avis, dans les quarante-huit heures, au débiteur saisi et au tiers saisi, par lettre recommandée, qui vaudra opposition.

Art. 8. — L'huissier saisissant sera tenu de faire parvenir au juge de paix, dans le délai de huit jours à dater de la saisie, l'original de l'exploit, sous peine d'une amende de 10 fr. qui sera prononcée par le juge de paix en audience publique.

Art. 9. — Tout créancier saisissant, le débiteur et le tiers saisi pourront requérir la convocation des intéressés devant le juge de paix du débiteur saisi, par une déclaration consignée sur le registre spécial prévu en l'article 14.

Dans les quarante-huit heures de cette réquisition, le greffier adressera : 1o au saisi ; 2o au tiers saisi ; 3o à tous autres créanciers opposants, un avertissement recommandé, à comparaître devant le juge de paix à l'audience que celui-ci aura fixée.

A cette audience ou à toute autre fixée par lui, le juge de paix, prononçant sans appel dans la limite de sa compétence, et à charge d'appel à quelque valeur que la demande puisse s'élever, statuera sur la validité, la nullité ou la mainlevée de la saisie, ainsi que sur la déclaration affirmative que le tiers saisi sera tenu de faire audience tenante.

Le tiers saisi qui ne comparaîtra pas, ou qui ne fera pas sa déclaration, ainsi qu'il est dit ci-dessus, sera déclaré débiteur pur et simple des retenues non opérées, et condamné aux frais par lui occasionnés.

Art. 10. — Si le jugement est rendu par défaut, avis de ses dispositions sera transmis par le greffier à la partie défaillante, par lettre recommandée, dans les cinq jours du prononcé.

L'opposition, qui ne sera recevable que dans les huit jours de la date de la lettre, consistera dans une déclaration à faire au greffe de la justice de paix, sur le registre prescrit par l'article 14.

Toutes les parties intéressées seront prévenues, par lettre recommandée du greffier, pour la plus prochaine audience utile. Le jugement qui interviendra sera réputé contradictoire. L'appel relevé contre le jugement contradictoire sera formé dans les dix jours du prononcé du jugement, et, dans le cas où il aurait été rendu par défaut, du jour de l'expiration des délais d'opposition, sans que, dans le cas du jugement contradictoire, il soit besoin de le signifier.

Art. 11. — Après l'expiration des délais de recours, le juge de paix pourra surseoir à la convocation des parties intéressées, tant que la somme à distribuer n'atteindra pas, d'après la déclaration du tiers saisi, et déduction faite des frais à prélever et des créances privilégiées, un chiffre suffisant pour distribuer aux créanciers connus un dividende de 20 %, au moins. S'il y a somme suffisante, et si les parties ne se sont pas amiablement entendues pour la répartition, le juge procédera à la distribution entre les ayants-droit. Il établira son état de répartition sur le registre prescrit par l'article 14. Une copie de cet état, signée du juge et du greffier, indiquant le montant des frais à prélever, le montant des créances privilégiées, s'il en existe, et le montant des sommes attribuées dans la répartition à chaque ayant-droit, sera transmise par le greffier, par lettre recommandée, au débiteur saisi ou au tiers saisi, et à chaque créancier colloqué.

Ces derniers auront une action directe contre le tiers saisi en paiement de leur collocation. Les ayants-droit aux frais et aux collocations utiles donneront quittance en marge de l'état de répartition remis au tiers saisi, qui se trouvera libéré d'autant.

Art. 12. — Les effets de la saisie-arrêt et les oppositions consignées par le greffier sur le registre spécial subsisteront jusqu'à complète libération du débiteur.

Art. 13. — Les frais de saisie-arrêt et de distribution seront à la charge du débiteur saisi. Ils seront prélevés sur la somme à distribuer.

Tous les frais de contestation jugée mal fondée, seront mis à la charge de la partie qui aura succombé.

Art. 14. — Pour l'exécution de la présente loi, il sera tenu au greffe de chaque justice de paix un registre sur papier non timbré, qui sera coté et paraphé par le juge de paix, et sur lequel seront inscrits:

1° Les visas ou ordonnances autorisant la saisie-arrêt;
2° Le dépôt de l'exploit;
3° La réquisition de la convocation des parties;
4° Les arrangements intervenus;
5° Les interventions des autres créanciers;
6° La déclaration faite par le tiers saisi;
7° La mention des avertissements ou lettres recommandées transmises aux parties;
8° Les décisions du juge de paix;
9° La répartition établie entre les ayants-droit.

Art. 15. — Tous les exploits, autorisations, jugements, décisions, procès-verbaux et états de répartition qui pourront intervenir en exécution de la présente loi, seront rédigés sur papier non timbré et enregistrés gratis. Les avertissements et lettres recommandées et copies d'état de répartition, sont exempts de tout droit de timbre et d'enregistrement.

Art. 16. — Un décret déterminera les émoluments à allouer aux greffiers pour l'envoi des lettres recommandées et pour dresse de tous extraits et copies d'état de répartition.

Art. 17. — Les lois et décrets antérieurs sont abrogés en ce qu'ils ont de contraire à la présente loi.

Art. 18. — La présente loi est applicable à l'Algérie et aux colonies.

La présente loi, délibérée et adoptée par le Sénat et par la Chambre des députés, sera exécutée comme loi de l'Etat. — CASIMIR PÉRIER.

VOY.: Codes français, n° 2.

SALUBRITÉ. — VOY.: Hygiène et salubrité publiques.

SANATORIUM

1. — 24 août 1886. — LETTRE *du Résident général au sujet de l'organisation de sanatoria.*

Pour faire suite aux diverses mesures par lesquelles j'ai visé à assurer aux fonctionnaires du Protectorat une bonne situation, je me propose d'organiser sur plusieurs points du Tonkin et de l'Annam des *sanatoria*, ouverts à tous nos agents civils et militaires.

Je n'ai point encore arrêté ce projet dans ses détails; toutefois, voici comment j'en comprendrais l'institution et le fonctionnement:

L'Etat ou, de préférence une compagnie, élèverait, en deux ou trois endroits reconnus particulièrement salubres, des constructions, hôtels, châlets isolés, pouvant recevoir un nombre relativement considérable de personnes. Un tarif fixé d'avance déterminerait le prix de la pension par mois, laquelle n'aurait, pour nos fonctionnaires, rien d'obligatoire.

Tous les agents civils et militaires pourraient, sans avoir à donner de motifs, réclamer chaque année un congé de six semaines avec solde; ces congés leur seraient accordés, sauf avis contraire motivé de leur chef, de façon à assurer le service, et cela sous la seule condition qu'ils seraient passés dans un *sanatorium*. Nous assurerions ainsi à nos fonctionnaires la possibilité de se reposer des fatigues qu'entraînent les chaleurs. Plus tard, dans un avenir qui ne serait peut-être pas très éloigné, autour du *sanatorium* viendraient se grouper, surtout dans ceux qui seraient sur le bord de la mer, casino, théâtre, maisons particulières d'habitants non fonctionnaires, etc., de telle sorte que ce congé serait à la fois une occasion de délassement, de plaisir et de fusion de sociétés diverses.

À côté de l'avantage personnel des agents, je vois celui du Protectorat. Réconfortés par ce séjour dans un lieu salubre, ayant ainsi ordinairement évité les anémies et les autres maladies, suite assez commune des saisons trop chaudes, ils ne seraient plus aussi souvent contraints d'aller en Europe refaire leur santé délabrée. Et on peut prévoir qu'ici comme dans l'Inde, on arriverait, avec l'assentiment des intéressés, à reporter de trois à cinq ans la période de services consécutifs donnant droit à un congé, lequel serait alors d'un an, et avec solde entière.

En présence de ces avantages, les uns certains, les autres très probables, je crois que nous devons immédiatement mettre cette question à l'étude. J'ai déjà rassemblé les documents les plus sûrs; il s'agit maintenant de déterminer le ou les emplacements de ces *sanatoria*.

Je vous prie donc de faire, par les moyens dont vous disposez, une enquête dont le résultat nous indiquera un certain nombre de localités particulièrement favorables à nos projets.

MM. les résidents, les chefs de corps et les membres du service de santé auront, à divers points de vue, compétence toute particulière, et je vous prie, en leur transmettant l'objet de ma demande, de leur signaler toute son importance et le prix que j'attache à être complètement et très rapidement renseigné. — PAUL BERT.

2. — 11 septembre 1889. — ARRÊTÉ *fixant la solde des officiers et fonctionnaires en traitement au sanatorium de Yokohama.*

Rapporté par arrêté du 11 mai 1890. — PIQUET.

3. — 11 mai 1890 — ARRÊTÉ *réglementant le séjour des officiers et fonctionnaires au sanatorium de Yokohama* (1).

Article premier. — L'arrêté du 11 septembre 1889 est rapporté.

Art. 2. — Les officiers, fonctionnaires ou agents en service en Indo-Chine, dont le conseil de santé aura considéré l'envoi à l'hôpital de Yokohama comme absolument indispensable au rétablissement de leur santé, seront considérés comme en traitement dans un hôpital militaire de l'Indo-Chine, et ne subiront, par suite, sur leur solde coloniale, que la retenue réglementaire d'hôpital. Les délégations consenties par ces officiers, fonctionnaires ou agents, continueront à être payées intégralement aux délégataires.

Art. 3. — Les officiers, fonctionnaires ou agents en service en Indo-Chine, qui seront envoyés en congé à Yokohama, sur leur demande, après avis du conseil de santé, subiront pour la durée de leur séjour à l'hôpital, la retenue réglementaire sur la solde d'Europe à laquelle ils auront droit pendant tout leur congé. Les délégations seront réduites au tiers de la solde d'Europe pour les fonctionnaires ou officiers ayant un traitement inférieur ou égal à 6.000 francs, et à la moitié pour ceux ayant un traitement supérieur à 6.000 francs.

Art. 4. — Les frais de passage (aller et retour) seront dans tous les cas supportés par le budget auquel incombe le payement de la solde des intéressés.

Art. 5. — Le Lieutenant-gouverneur, les Résidents supérieurs en Annam, au Tonkin et au Cambodge, le commissaire général chef des services administratifs de l'Annam et du Tonkin, le commissaire chef du service administratif de la Cochinchine et du Cambodge, sont chargés de l'exécution du présent arrêté. — PIQUET.

4. — 13 mai 1890. — CONVENTION *entre l'administration et le docteur Mècre, pour le traitement des fonctionnaires du Protectorat au sanatorium de Yokohama.*

1° La subvention annuelle allouée à l'établissement du sieur Mècre, est portée à la somme de dix mille francs (10.000 fr.). La part contributive de chacun des pays Indo-chinois dans le paiement de ladite subvention étant fixée à six treizièmes (6/13e) pour la Cochinchine, à six treizièmes (6/13e) pour l'Annam et le Tonkin, et un treizième (1/13e) pour le Cambodge.

2° Les prix de la journée de traitement au sanatorium sont fixés comme suit :

Quatre piastres pour la 1re classe....	4	00
Trois piastres pour la 2e classe.....	3	00
Une piastre pour la 3e classe......	1	00

Les paiements auront lieu comme précédemment, par trimestre échu en ce qui concerne la subvention

de dix mille francs (10.000 fr.), et quant aux journées de traitement, sur présentation des factures du docteur Mècre arrêtées le premier de chaque mois.

Le présent contrat est consenti pour une période de deux années commençant le premier janvier mil huit cent quatre-vingt-dix, et finissant le trente-et-un décembre mil huit cent quatre-vingt-onze. — PIQUET; A. MÈCRE.

5. — 1er juillet 1892. — ARRÊTÉ *autorisant des avances de solde au profit des officiers, fonctionnaires et agents envoyés au Sanatorium de Yokohama.*

Article premier. — Tout officier, fonctionnaire, employé ou agent rétribué sur les fonds d'un des budgets locaux des pays de l'Union, et envoyé en traitement au Sanatorium de Yokohama, pourra toucher, sur sa demande, avant son départ, un mois d'avance de solde coloniale dégagée de tous accessoires.

Art. 2. — Le Lieutenant-gouverneur de la Cochinchine, les Résidents supérieurs du Tonkin, de l'Annam et du Cambodge sont chargés, chacun en ce qui concerne, de l'exécution du présent arrêté. — CHAVASSIEUX

SANTÉ

1. — 5 août 1883. — ARRÊTÉ *instituant un conseil de santé au Tonkin.*

La composition du conseil de santé dans les colonies et pays de Protectorat est actuellement réglée par les articles 20, 23 et 24 du décret du 9 janvier 1890, qu'on trouvera plus loin.

2. — 6 novembre 1883. — DÉCISION *modifiant la composition du conseil de santé.*

Voir ci-dessus arrêté du 5 août 1883.

3. — 20 septembre 1884. — ORDRE *portant création d'une commission de santé à Haiphong* (1).

Une commission de santé sera créée à Haiphong, avec mission d'opérer, à l'égard des malades et convalescents de l'hôpital de cette place et de son annexe, dans les mêmes conditions que le conseil de santé pour l'hôpital du chef-lieu.

La commission de santé sera composée :

Du médecin chef de service, président :

D'un médecin de 1re classe et du pharmacien le plus élevé en grade de l'hôpital de Haiphong, membres.

Elle pourra se transporter à Quang-yen toutes les fois qu'elle aura à fonctionner en vue d'une évacuation sur la Cochinchine ou sur la France.

Le conseil et la commission de santé se réuniront simultanément à Hanoi et à Haiphong, à la date qui sera fixée par le général en chef, pour chaque départ de bâtiment affecté au transport des malades et convalescents. Cette date sera portée, par le télégraphe, à la connaissance de tous les postes et places du Tonkin.

Les commandants d'armes, les chefs de postes, ainsi informés, dirigeront, dans le plus bref délai possible et par tous les moyens à leur disposition

---

(1) Pour les avances de solde, voir ci-après arrêté du 1er juillet 1892.

(1) Des commissions de santé ont été établies ultérieurement à Hanoi, Quang-yen et Tourane en vertu de l'arrêté du 20 février 1889, publié ci-après, pour les rapatriements.

(les bâtiments de commerce au besoin), les malades et convalescents susceptibles de passer devant le conseil ou la commission de santé :

1° Sur l'hôpital de Hanoi, ceux des places et postes en amont du chef-lieu et ceux de Phu-ly.

2° Sur l'hôpital de Haiphong, ceux des autres places et postes de tout le territoire.

Aussitôt après la réunion du conseil et de la commission de santé, les présidents respectifs devront adresser aux commandants d'armes de Hanoi et de Haiphong, la liste nominative des militaires en faveur desquels des certificats auront été délivrés, avec indication du corps ou service auquel ils appartiennent. Cette liste sera établie par ordre d'urgence de rapatriement :

1° Pour les officiers et assimilés ;

2° Pour les hommes de troupe.

Les commandants d'armes emploieront immédiatement la voie télégraphique, au besoin, pour prévenir les corps et services intéressés.

Le président de la commission de santé enverra, sans délai, les certificats de visite au président du conseil de santé à Hanoi, qui les visera et les joindra à ceux qui auront été délivrés par le conseil, afin de les adresser, en un seul envoi, avec pièces à l'appui, au Général commandant en chef.

Ces certificats, signés par le Général en chef, seront envoyés au visa du chef du service administratif, qui les adressera directement au commissaire chargé du service administratif à Haiphong.

Ce dernier fonctionnaire chargera le commissaire aux hôpitaux de Haiphong, de remettre en mains propres, à chaque convalescent, les pièces dont ils doivent être porteurs ; cette remise se fera en rade de Haiphong à bord des bâtiments ou chalands sur lesquels sera embarqué pour la baie d'Along le personnel provenant, soit de Hanoi soit de Haiphong.

Les pièces des malades alités seront remises au commissaire du bâtiment-transport par un agent de l'Administration qui accompagnera, à cet effet, lesdits malades jusqu'à la baie d'Along.

Si, par suite de difficultés de communication des places et postes de l'intérieur avec Hanoi ou Haiphong, des malades ou convalescents arrivaient aux hôpitaux, après la réunion du conseil ou de la commission de santé, des réunions supplémentaires auraient lieu aussitôt, sur la simple convocation des présidents, et toute diligence serait faite pour comprendre les retardataires dans l'évacuation en voie de préparation. — BRIÈRE DE L'ISLE.

---

4. — 20 février 1889. — ARRÊTÉ *instituant le service de la santé en Annam et au Tonkin*. (1).

TITRE PREMIER

DU CHEF DU SERVICE DE SANTÉ

Article premier. — Le médecin en chef de la marine placé à la tête du service de la santé, prend le titre de chef du service de santé en Annam et au Tonkin.

Art. 2. — Le chef du service de santé réside à Hanoi.

Art. 3. — Le chef du service de santé ne relève, dans l'exercice de ses fonctions, que du Gouverneur général de l'Indo-Chine.

Art. 4. — *Rapporté par arrêté du 15 décembre 1889, publié ci-après.*

(1) Voir en outre le décret du 9 janvier 1890, créant le corps de santé dans les colonies.

Art. 5. — Le chef du service de santé exerce son action : dans les établissements hospitaliers de la colonie ; dans les corps de troupe pour tout ce qui est relatif à l'hygiène et aux questions techniques.

Toutefois les communications du chef du service de santé avec les médecins chefs de service des corps de troupes, ont lieu par l'intermédiaire du commandement.

Art. 6. — Il est directeur des services sanitaires.

Art. 7. — Il est appelé à prendre part aux délibérations des conseils de la colonie, pour les questions qui intéressent son corps et celles qui touchent à la santé et à l'hygiène publiques.

Art. 8. — Il correspond directement avec le Gouverneur général pour tous les détails du service, avec le conseil supérieur de santé pour toutes les questions techniques.

Art. 9. — Il peut être délégué par le Gouverneur général pour toute mission intéressant la santé et l'hygiène de la colonie.

Il peut aussi être délégué par le Gouverneur à la demande du général commandant en chef, pour toute mission intéressant la santé et l'hygiène des troupes.

Art. 10. — Il répartit, d'après les instructions du Gouverneur général, les officiers de son corps dans les différents postes et services dont il a la direction. Il a la délégation du Gouverneur pour toutes les mutations du personnel ; quand il y a lieu de sortir des règlements établis, il assure le service sous sa responsabilité et sauf approbation du Gouverneur.

Art. 11. — Il préside le conseil de santé et les commissions de rapatriement.

Art. 12. — Il établit les rapports particuliers et les mémoires de proposition pour l'avancement et, pour l'admission et l'avancement dans la Légion d'honneur, en faveur du personnel médical et pharmaceutique affecté au service hospitalier.

Art. 13. — Le chef du service de santé établit la statistique médicale des corps et services du Protectorat, qu'il adresse au Gouverneur général.

Le général commandant en chef avise le chef du service de santé de tous les décès des militaires, survenant en dehors des établissements hospitaliers.

Le chef du service de santé reçoit également les états décadaires, prévus par les 2° et 3° alinéas de l'article 41 du règlement du 28 décembre 1883 sur le service de santé de l'armée.

Il adresse journellement au général commandant en chef la situation des malades des corps de troupe en traitement dans les différentes formations sanitaires, et mensuellement un extrait de la statistique médicale, en ce qui concerne les troupes du département de la guerre.

Art. 14. — En cas d'absence ou pour tout autre empêchement momentané, il est remplacé, pour le remplacer, le médecin principal de l'hôpital de Hanoi.

Art. 15. — En cas d'absence de la colonie, il est remplacé par le médecin le plus élevé en grade et le plus ancien.

TITRE II

CONSEIL DE SANTÉ

Art. 16. — Un conseil de santé est établi à Hanoi (1).

Art. 17. — Il est composé de trois membres:

1° Le chef du service de santé, président ;

(1) La composition du conseil de santé, dans les colonies et pays du Protectorat, est actuellement déterminée par les articles 20, 23 et 24 du décret du 9 janvier 1890, dont on trouvera le texte plus loin.

2° Le médecin le plus élevé en grade : à grade égal, le plus ancien parmi les médecins du service hospitalier ;

3° Le pharmacien chef du service.

Les fonctions de secrétaire archiviste du conseil n'ont pas de durée limitée et sont remplies par un médecin de 1re ou de 2e classe, nommé par le gouverneur sur la proposition du chef du service de santé.

Le secrétaire assiste aux séances et en rédige les procès-verbaux.

Art. 18. — Le conseil de santé s'assemble deux fois par mois et plus fréquemment, s'il y a nécessité. Les jours et les heures de réunion sont fixés par le chef du service de santé, président.

Art. 19. — Il établit la liste de départ des officiers du corps de santé pour les postes, et règle toutes les questions intéressant le personnel médical et pharmaceutique du service hospitalier.

Art. 20. — Il constate l'état sanitaire des personnes soumises à sa visite par les services compétents.

Il délibère, avec l'autorisation du Gouverneur général, sur tout ce qui peut intéresser la salubrité des établissements de toute nature de la colonie et l'hygiène des troupes, ainsi que sur les mesures à prendre en cas d'épidémie. Il propose les mesures qu'il juge nécessaires.

Il peut, sur l'invitation du Gouverneur général, fonctionner en ces occasions comme conseil supérieur d'hygiène et de salubrité publiques de la colonie.

Art. 21. — Il est consulté :

A. Sur les projets de construction des hôpitaux et autres établissements sanitaires, des casernes et des prisons.

B. Sur l'organisation des hôpitaux, des ambulances et des infirmeries, tant au point de vue du matériel qu'à celui de la répartition éventuelle du personnel à affecter à ces formations sanitaires.

C. Sur les mesures spéciales à prendre au point de vue du service de la santé, en cas d'épidémie ou de guerre.

TITRE III

RAPATRIEMENTS (1)

Art. 22. — Il est institué à Hanoi et dans les ports d'embarquement, une commission de santé, dite de « rapatriement », composée autant que possible de trois médecins. Le médecin-chef de l'hôpital de la localité la préside.

A Hanoi, cette commission est composée des membres du Conseil de santé auxquels il est adjoint le médecin de 1re classe le plus ancien chef de salle. Le prévôt de l'hôpital remplit les fonctions de secrétaire.

Art. 23. — Un médecin du corps auquel appartiennent les militaires devant passer devant la commission, visite lui-même ces militaires, conformément aux prescriptions de la circulaire ministérielle du 27 mars 1875, et, après en avoir rendu compte au chef de corps dont il prend les ordres, assiste à la séance de la commission pour y donner, sur les hommes à rapatrier, des renseignements médicaux ou autres, s'il y a lieu.

En cas d'absence d'un médecin du corps, ces attributions sont remplies par tout autre médecin des troupes présent dans la place, qui en rend compte au commandant d'armes.

Art. 24. — Les certificats de rapatriement sont revêtus de la signature de tous les membres de la commission et libellés suivant le modèle annexé à la

(1) Voir ci-après la circulaire du 19 avril 1889.

circulaire ministérielle du 22 avril 1875 (*B.O* p.396).

Cette pièce ne sera délivrée à l'intéressé que dans le cas où elle spécifiera qu'il a besoin d'un congé de convalescence.

Lorsque la constatation de la commission de rapatriement est la cause déterminante de l'embarquement, les certificats sont approuvés par le Gouverneur général ou son délégué, pour tous les services autres que ceux qui relèvent de l'autorité militaire.

Pour ces derniers, les certificats sont approuvés par le commandant de brigade ou, en cas d'urgence, par le chef de corps ou le commandant d'armes délégué.

Le service administratif reste chargé de l'expédition et de l'embarquement des malades.

Art. 25. — Le chef du service de santé convoque les commissions de rapatriement en temps utile; il fixe le jour et l'heure de la réunion et prévient le commandant et les services intéressés, de la date et de l'heure des séances.

Il avise également le commandant et les différents services, des résultats qui les concernent.

TITRE IV

PRÉVÔTÉ

Art. 26. — Il est créé à l'hôpital de Hanoi un emploi de prévôt.

Art. 27. — Le poste sera rempli par un médecin de la marine de 2e classe entretenu.

Art. 28. — La nomination est faite d'office le jour même où la vacance se produit. Elle a lieu en faveur de l'officier le plus ancien du grade présent dans les centres, ayant accompli effectivement un tour régulier de service dans les postes;

Ou, à défaut, en faveur du plus ancien dans le grade.

Art. 29. — La durée de la prévôté est de six mois; pendant la durée de son emploi, ce médecin est distrait de la liste de départ pour les postes.

Art. 30. — L'officier qui aura occupé cette prévôté pendant le temps réglementaire ne pourra de nouveau prétendre à cet emploi, avant que tous ses collègues n'aient profité du même avantage.

Le médecin qui a refusé la prévôté perd tout droit à l'occuper pendant sa période de service dans la colonie.

Art. 31. — Le prévôt est logé dans l'enceinte de l'hôpital ou dans son voisinage immédiat; il est nourri par l'établissement.

Art. 32. — Il a la garde des collections scientifiques; il est conservateur de la bibliothèque médicale; il a charge de l'arsenal de chirurgie. Il lui est alloué pour ce service un supplément de six cents francs par an.

Art. 33. — Il fait partie des commissions de recette qui ont lieu dans l'hôpital, dans le cas où un médecin est appelé à en faire partie.

Art. 34. — Le prévôt concourt dans la limite de ses attributions à la bonne exécution du service et à la police intérieure de l'hôpital.

TITRE V

COMPTABILITÉ DU DÉPÔT DE PHARMACIE DE HANOI

Art. 35. — La comptabilité des drogues et médicaments, vases et ustensiles existant dans le dépôt de pharmacie de l'hôpital de Hanoi, sera suivie conformément aux dispositions des règlements en vigueur au département de la marine, par un pharmacien ou médecin de 2° classe désigné par le Gouverneur, sur la proposition du chef du service de santé.

Art. 36. — Cet officier de santé prendra pour ce service spécial, la qualification de comptable du dépôt de pharmacie, sans cesser de relever de son chef direct, sous le rapport de la discipline. Il aura droit, en raison dudit emploi, aux allocations suivantes :

1° Supplément de fonctions, par an.. 600 fr. 00
2° Frais de bureau............... 400   00

Art. 37. — Seront suivies dans le dépôt de pharmacie de Hanoi, les dispositions réglementaires au département relatives à la constatation et à la justification des recettes et dépenses, ainsi qu'à la surveillance administrative de la comptabilité, laquelle surveillance est dévolue aux commissaires aux hôpitaux.

TITRE VI
RÉPARTITION DU PERSONNEL DE SANTÉ

A. — *Service des troupes*

Art. 38. — Le personnel médical des troupes est distinct de celui des hôpitaux ; les médecins des troupes relèvent directement du commandement.

Art. 39. — Il sont chargés d'assurer le service des garnisons, des infirmeries régimentaires, des ambulances volantes.

Dans leur circonscription, ils visitent les postes dépourvus de médecin ; ils accompagnent les colonnes en marche. En leur absence, la visite des troupes et le service de place sont assurés par le personnel hospitalier (1).

B. — *Service des hôpitaux*

Art. 40. — *Modifié par arrêté du 1er août 1893.*

Art. 41. — La désignation pour les postes est faite par le chef du service de santé, d'après le rang d'inscription des médecins de 1re et de 2e classes sur les listes tenues au conseil de santé. La répartition des postes entre les différents grades est fixée en temps opportun par le Gouverneur, sur la proposition du chef de service de santé.

Art. 42. - *Modifié par arrêté du 1er août 1893.*

Art. 43. — *Modifié par le même arrêté.*

Art. 45. — Le médecin promu au grade supérieur en cours de corvée, achève son année de corvée, et à l'expiration de sa période, il est considéré comme ayant accompli un tour régulier dans son nouveau grade.

Art. 46. — Les listes de départ sont tenues au conseil de santé et communiquées toutes les quinzaines aux différents centres.

Art. 47. — La vacance d'un poste est déclarée, jour pour jour, un an après la mise en route du titulaire.

En cas de vacance imprévue, la désignation a lieu le jour même où un avis officiel en a été reçu.

Quand un ou plusieurs postes sont vacants le même jour, les officiers de santé, appelés à les occuper, choisissent par ancienneté de grade.

Art. 48. — A moins de circonstances imprévues, les officiers en service en Annam concourront entre eux pour le service des divers postes de cette partie de l'Indo-Chine.

Art. 49. — Le chef du service de santé a à sa disposition tous les médecins du service hospitalier présents dans les centres ; il les y répartit suivant les nécessités du service.

Art. 50. — Les médecins du même grade peuvent permuter entre eux avec approbation du chef du service de santé. Toute permutation a pour effet de substituer complètement l'un à l'autre, pour les obligations du tour de service, les officiers qui ont permuté.

Art. 51. — Avis est donné au commandement de toutes les mutations.

DISPOSITIONS TRANSITOIRES

Art. 52. — Les médecins de 1re et 2e classes, actuellement dans les postes de leur grade, y seront maintenus jusqu'à l'achèvemnt de leur période réglementaire.

Art. 53. — Les médecins de 1re et 2e classes, actuellement dans les postes qui ne reviennent plus à leur grade, seront immédiatement placés et désignés d'office pour un poste de leur grade, où ils termineront la période réglementaire.

Art. 54. — Les officiers ayant accompli une période de six mois hors des centres, et qui, antérieurement à la promulgation de ce règlement, ont été rappelés des postes, seront considérés comme ayant terminé un tour régulier de service. Ils prendront rang dans la 3e catégorie de la liste.

Art. 55. — Les listes de départ seront établies d'après les règles fixées plus haut, et comprendront tous les médecins présents dans les centres à la date de la promulgation du présent règlement.

Art. 56. — *Modifié par arrêté du 1er août 1893 (1).* — RICHAUD.

5. — 15 décembre 1889, — ARRÊTÉ *modifiant certaines dispositions de celui du 20 février 1889, sur le service de santé.*

Les articles 4, titre 1er et 39, paragraphe 3, titre 6, de l'arrêté du 20 février 1889, sont et demeurent abrogés. --- PIQUET.

6. — 19 avril 1889, — CIRCULAIRE *interprétative de l'arrêté du 20 février 1889, en ce qu'il concerne les fonctionnaires civils.*

Comme suite aux dispositions du titre III de l'arrêté du 20 février dernier portant organisation du service de santé, j'ai l'honneur de vous donner ci-après quelques explications sur les formalités à remplir par les fonctionnaires civils, qui auraient à se présenter devant un conseil de santé.

Les demandes aux fins de rapatriement pour cause de maladies, formulées par les fonctionnaires et employés placés sous vos ordres, devront vous être remises, appuyées d'un certificat du médecin chargé des services extérieurs dans la province. Vous voudrez bien me transmettre ces demandes par la voie ordinaire, et en y joignant votre avis, quinze jours au plus tard avant l'arrivée probable du transport. Passé ce délai, il y aura lieu, pour éviter tout retard, de me les transmettre par télégramme.

En vous faisant connaître la date de la réunion du Conseil de santé auquel ressortit votre province, je vous enverrai les autorisations de visite.

Les malades seront dirigés suivant la province à laquelle ils appartiennent, et d'après le tableau ci-après, sur l'un des 3 centres de commissions de rapatriement.

(1) Le surplus de l'article 3 est rapporté par arrêté du 15 décembre 1889, publié ci-après.

(1) Voir le tableau annexé à l'arrêté du 1er août 1893.

Hanoi............ {
Hanoi
Tuyen-quan
Phuong-lam
Hung-yen
Hung-hoa
Son-tay
Nam-dinh
Ninh-binh
Phu-ly
}

Haiphong............ {
Haiphong
Thai-nguyen
Bac-ninh
Hai-duong
Lang-son
}

Quang-yên............ {
Quang-yen
Hai-ninh
}

(1)   E. PARREAU.

7. — 16 mars 1890. — ARRÊTÉ *promulguant en Indo-Chine le décret du 7 janvier 1890, organisant le corps de santé des colonies.*

Est promulgué dans toute l'étendue de l'Indo-Chine le décret du 7 janvier 1890, portant constitution et organisation du corps de santé des colonies et pays de Protectorat. — PIQUET.

8. — 9 janvier 1890. — DÉCRET *organisant le corps de santé dans les colonies*

TITRE PREMIER

CONSTITUTION ET COMPOSITION DU CORPS DE SANTÉ
DES COLONIES ET PAYS DE PROTECTORAT

Institution du corps de santé des colonies et pays de Protectorat. — Sa mission.

Article premier. — Il est institué un corps de santé des colonies et pays de Protectorat, qui a pour mission d'assurer le service de santé dans les hôpitaux, établissements et services coloniaux. Il relève directement du ministre chargé des colonies.

Hiérarchie du corps

Art. 2. — La hiérarchie du corps de santé des colonies et pays de Protectorat est constituée ainsi qu'il suit :

Service médical

ASSIMILATION

Médecin inspecteur {
de 1re classe. Directeur du service de santé de la marine ;
de 2e classe. Grade intermédiaire entre médecin en chef et directeur du service de santé de la marine.
}

Médecin en chef... {
de 1re classe. Colonel, médecin en chef de la marine ;
de 2e classe. Lieutenant-colonel.
}

Médecin principal. {
Chef de bataillon, médecin principal de la marine.
}

Médecin de 1re cl.. {
Capitaine, médecin de 1re classe de la marine.
}

Médecin de 2e cl... {
Lieutenant, médecin de 2e classe de la marine.
}

Service pharmaceutique

ASSIMILATION

Pharmacien en chef {
de 1re classe. Colonel, pharmacien en chef de la marine ;
de 2e classe. Lieutenant-colonel.
}

(1) Une commission de santé pour les rapatriements du personnel de l'Annam, sauf Vinh et Thanh-hoa, fonctionne à Tourane.

Pharmacien princ.. Chef de bataillon, pharmacien principal de la marine.
Pharm. de 1re cl... Capitaine, pharmacien de 1re classe de la marine.
Pharm. de 2e cl... Lieutenant, pharmacien de 2e classe de la marine.

Art. 3. — Les officiers du corps de santé des colonies et pays de Protectorat sont placés sous le régime de la loi du 19 mai 1894, sur l'état des officiers.

TITRE II

DES TRAITEMENTS, SUPPLÉMENTS ET PENSIONS
DE RETRAITE

Fixation des traitements et allocations des officiers du corps de santé.

Art. 4. — Les traitements des officiers du corps de santé des colonies et pays de Protectorat, et les diverses allocations qui leur sont attribuées sont fixés par les tableaux annexés au présent décret.

Régime des pensions

Art. 5. — Les pensions pour ancienneté de service ou pour infirmités incurables, auxquelles pourront avoir droit les officiers du corps de santé des colonies et pays de Protectorat, seront liquidées d'après les assimilations indiquées à l'article 2 du présent décret, conformément aux dispositions des lois des 18 avril 1831 et 15 août 1879 (1).

Bénéfice à titre d'études préliminaires.

Art. 6. — Il est compté pour la retraite, sauf les exceptions prévues au titre IX du présent décret, quatre années de service à titre d'études préliminaires, aux médecins et pharmaciens admis dans le service de santé des colonies et pays de Protectorat, avec diplômes de docteur en médecine ou de pharmacien universitaire de 1re classe.

TITRE III

DU RECRUTEMENT ET DE L'AVANCEMENT ; CONDITIONS
EXIGÉES POUR L'ADMISSION DANS LE CORPS

Art. 7. — Nul ne peut être nommé médecin ou pharmacien de 2e classe dans le corps de santé des colonies et pays de Protectorat, s'il ne satisfait aux conditions suivantes :

1o Être Français ou naturalisé français ;

2o Être âgé de moins de vingt-huit ans au moment de son admission, à moins qu'il ne compte assez de services à l'État pour avoir droit à une pension de retraite à cinquante-trois ans.

3o Être pourvu du diplôme de docteur en médecine ou du titre de pharmacien universitaire de 1re classe, la préférence étant acquise aux élèves sortant de l'école du service de santé de la marine ;

4o Être reconnu propre au service militaire et apte à servir dans les colonies et pays de Protectorat, après constatation par un médecin des colonies et pays de Protectorat, par un médecin de la marine ou par un médecin militaire.

5o Produire un extrait pour néant de son casier judiciaire, un certificat de bonnes vie et mœurs, et un certificat constatant sa situation au point de vue de la loi sur le recrutement de l'armée.

Art. 8. — Nul ne peut être promu au grade de médecin ou de pharmacien de 1re classe, s'il ne

(1) La base de la pension fixée pour le grade de médecin inspecteur de 2e classe est la même que pour celui de 1re classe (Note du *Journal officiel*).

compte deux années de grade comme médecin ou pharmacien de 2e classe, et s'il n'a accompli dans ce grade une période de séjour de deux années dans les établissements d'outre-mer.

Art. 9. — Nul ne peut être promu au grade de médecin ou pharmacien principal, s'il ne compte trois années de grade comme médecin ou pharmacien de 1re classe, et s'il n'a accompli dans ce grade une période de séjour de deux années dans les établissements d'outre-mer.

Art. 10. — Nul ne peut être promu au grade de médecin ou pharmacien en chef de 2e classe, s'il ne compte deux années de grade comme médecin ou pharmacien principal, et s'il n'a accompli dans ce grade une période de séjour de deux années dans les établissements d'outre-mer.

Art. 11. — Nul ne peut être promu au grade de médecin ou pharmacien en chef de 1re classe, s'il ne compte deux années de grade comme médecin ou pharmacien en chef de 2e classe.

Art. 12. — Nul ne peut être promu au grade de médecin inspecteur de 2e classe, s'il ne compte deux années de grade comme médecin en chef de 1re classe.

Art. 13. — Nul ne peut être promu au grade de médecin inspecteur de 1re classe, s'il ne compte une année de grade comme médecin inspecteur de 2e classe.

Art. 14. — L'avancement dans le corps de santé des colonies et pays de Protectorat a lieu, savoir :

Mode d'avancement. — Formation du tableau d'avancement.

Pour les médecins et pharmaciens de 1re classe, un tiers au choix, deux tiers à l'ancienneté ;

Pour les médecins et pharmaciens en chef de 1re classe et de 2e classe, ainsi que pour les médecins inspecteurs, l'avancement a lieu exclusivement au choix.

Le choix pour le grade de médecin et de pharmacien en chef, de médecin et pharmacien principal, et de médecin et pharmacien de 1re classe, porte sur les officiers inscrits sur un tableau d'avancement par une commission supérieure, réunie chaque année par le ministre chargé des colonies et dont la composition sera ultérieurement déterminée.

Ce tableau devra être arrêté à la date du 1er janvier.

TITRE IV
DU CONSEIL SUPÉRIEUR DE SANTÉ DES COLONIES ET PAYS DE PROTECTORAT.

Composition du conseil supérieur de santé.

Art. 15. — Il est institué auprès du ministre chargé des colonies, un conseil supérieur de santé composé :

Du médecin inspecteur de 1re classe, président ;
Du médecin inspecteur de 2e classe ;
Du pharmacien en chef de 1re classe, membres titulaires ;
Et d'un médecin de 1re classe ou d'un médecin principal, secrétaire, avec voix consultative.

En cas de vacance dans le grade de médecin inspecteur de 1re classe, ou d'absence du titulaire, la présidence du conseil supérieur de santé est attribuée au médecin inspecteur de 2e classe. Ce dernier est remplacé comme membre titulaire du conseil par un médecin en chef.

En cas de vacance dans le grade de pharmacien en chef de 1re classe, ou d'absence du titulaire, ce dernier est remplacé comme membre du conseil par un pharmacien en chef de 2e classe.

Attributions du conseil supérieur de santé.

Art. 16. — Le conseil supérieur de santé a dans ses attributions l'étude de toutes les questions se rapportant à l'hygiène des colonies et des pays de Protectorat. Il centralise les rapports sanitaires émanant des médecins en service dans les colonies et les pays de Protectorat et qui sont adressés au ministre par les gouverneurs. Il donne son avis au ministre sur toutes les affaires concernant le régime de police sanitaire appliqué dans les établissements d'outre-mer. Il examine et juge la validité des congés de convalescence délivrés aux colonies, pays de Protectorat, et en France ; il propose au ministre les congés de convalescence et prolongations de congé de convalescence qu'il est utile d'accorder aux officiers, fonctionnaires, employés et aux agents civils et militaires des services coloniaux ou locaux, à l'exception du personnel des stations navales. Il établit les listes d'envoi aux eaux thermales.

Pour toutes les questions ayant trait à la marche du service technique dans les hôpitaux et annexes, le président du conseil supérieur de santé correspond directement, sous le couvert du ministre et par l'intermédiaire du Gouverneur, avec les chefs du service de santé des colonies et des pays de Protectorat. Il transmet à ces derniers, en conformité des ordres du ministre, les instructions nécessaires pour la bonne marche du service.

Art. 17. — Le conseil supérieur de santé a en outre, dans ses attributions, l'examen de toutes les demandes de médicaments, instruments de chirurgie, ustensiles et objets divers servant à la pratique médicale.

Le conseil supérieur de santé des colonies délègue un de ses membres près du conseil supérieur de santé de la marine pour l'examen des questions communes aux deux services et des propositions de pensions à forme militaire.

Autorité du président du conseil supérieur de santé sur les officiers du corps.

Art. 18. — Le médecin inspecteur, président du conseil supérieur de santé, relève directement du ministre. Il a autorité au point de vue professionnel, sur les officiers du corps de santé des colonies et pays de Protectorat, dans quelque position ou service qu'ils soient. Il remet au ministre ses propositions pour l'avancement et les distinctions honorifiques en faveur du corps de santé.

TITRE V
DU FONCTIONNEMENT DANS LES COLONIES ET PAYS DE PROTECTORAT DU SERVICE DE SANTÉ ET DU SERVICE HOSPITALIER

Du chef du service de santé dans les colonies et pays de Protectorat.

Art. 19. — Dans les colonies et les pays de Protectorat, le médecin le plus élevé en grade est chef du service de santé. Il préside le conseil de santé. Il ne relève que du Gouverneur.

Attributions du chef de service de santé dans les colonies et pays de Protectorat
Attributions du commissaire aux hôpitaux.

Art. 20. — La direction des établissements hospitaliers coloniaux, en ce qui concerne le service médical et la police de ces établissements, appartient

39

au corps de santé des colonies et des pays de Protectorat.

Elle est exercée par le chef du service de santé, sous réserve des prescriptions spéciales au service dans les places de guerre.

Le chef du service de santé a sous ses ordres les médecins, les pharmaciens, les sœurs hospitalières, les infirmiers, les portiers, les gardiens du conseil de santé, les jardiniers botanistes et les garçons de pharmacie. Il est chargé d'assurer l'ordre et la propreté dans les salles de malades.

Le commissaire préposé au détail des hôpitaux est chargé, sous les ordres directs du chef des services administratifs, de l'administration, de l'entretien et de la comptabilité de l'hôpital.

Il a sous ses ordres le personnel affecté à la comptabilité et aux écritures, c'est-à-dire les agents et commis du commissariat colonial, les agents comptables, les sœurs hospitalières chargées du mobilier, de la cuisine et de la lingerie, les agents divers préposés aux mêmes services, et les journaliers affectés à la propreté de l'hôpital, à l'exception des salles de malades.

Pour tout ce qui concerne le service technique, le chef du service de santé établit les demandes nécessaires au fonctionnement de ce service. Il remet ces demandes au Gouverneur, qui les transmet au Ministre après avoir pris l'avis du chef du service administratif au point de vue de la dépense, et qui y joint, s'il y a lieu, ses propres observations.

Définition du service technique médical.

Art. 21. — Le service technique médical comprend les médicaments, instruments de chirurgie, ustensiles et objets divers servant à la pratique médicale, ainsi que les livres et abonnements de la bibliothèque du conseil de santé.

Pouvoirs disciplinaires du chef du service de santé.

Art. 22. — Le chef du service de santé exerce les pouvoirs prévus au titre IV traitant de la discipline; il propose au Gouverneur les officiers du corps de santé qu'il juge dignes de recevoir un avancement ou une distinction honorifique; il note les infirmiers sous ses ordres.

Institution d'un conseil de santé dans les colonies et pays de Protectorat.

Art. 23. — Il est institué dans chaque colonie ou pays de Protectorat un conseil de santé composé de trois membres, dont le médecin le plus élevé en grade est président.

Le conseil siège au chef-lieu.

Les deux membres autres que le président sont choisis, par ordre d'ancienneté, l'un parmi les officiers du service médical, l'autre parmi les officiers du service pharmaceutique.

A défaut d'officiers de ce dernier service pour la deuxième place, la vacance est comblée par un médecin.

Attributions du conseil de santé dans les colonies et pays de Protectorat.

Art. 24. — Le conseil est consulté par le Gouverneur sur toutes les questions intéressant l'hygiène de la colonie, celle des troupes, des casernements qui leur sont affectés, ainsi que des hôpitaux et annexes. Il examine les demandes de rapatriement pour cause de santé, et statue à l'égard des officiers, fonctionnaires, employés et agents civils et militaires des services coloniaux ou locaux, en instance de congé de convalescence.

Il décide à la majorité des voix; le plus jeune des membres vote le premier; le président vote le dernier.

TITRE VI
DE LA DISCIPLINE

Autorité du chef du service de santé. — Punitions; par qui infligées.

Art. 25. — L'autorité disciplinaire est confiée, dans les colonies et pays de Protectorat, au chef du service de santé, chef de corps. Elle s'exerce dans toutes les parties du service par les officiers placés sous ses ordres selon leur rang hiérarchique.

Les officiers du corps de santé des colonies et des pays de Protectorat ne sont punis directement que par leurs supérieurs dans le corps, sous réserve des prescriptions spéciales au service dans les places de guerre. Les plaintes dont ils peuvent être l'objet de la part des officiers des autres corps sont adressées au chef du service de santé qui statue.

Peines disciplinaires; par qui appliquées.

Art. 26. — Les peines qui leur sont applicables, à l'exception du chef du service de santé, et sans préjudice des pouvoirs réservés au Gouverneur par l'article 30 du présent décret, sont:

Les arrêts simples pendant un mois au plus;

Les arrêts de rigueur pendant le même temps.

Art. 27. — Les officiers du corps de santé des colonies et des pays de Protectorat ne peuvent infliger à leurs subordonnés dans le corps que les arrêts simples pendant huit jours au plus. Les autres peines sont réservées à l'action du chef du service de santé, à qui il est immédiatement rendu compte de toutes les punitions infligées.

Exécution des punitions.

Art. 28. — Ces punitions s'exécutent dans les conditions définies à l'article 5 du décret du 21 juin 1858, sur la police et la discipline dans les ports, arsenaux et autres établissements de la marine.

Pouvoirs disciplinaires du Gouverneur à l'égard des officiers du corps de santé.

Art. 29. — Le Gouverneur exerce, à l'égard des officiers du corps de santé des colonies et des pays de Protectorat, les pouvoirs disciplinaires qui lui sont conférés par l'article 8 du décret de 1858 susvisé.

Art. 30. — En cas de manquement grave commis par le chef du service de santé, le Gouverneur le suspend de ses fonctions et lui offre, dans les conditions déterminées par les ordonnances et décrets organiques, les moyens de rentrer en France pour rendre compte de sa conduite au ministre.

Conseils de guerre et conseils d'enquête

Art. 31. — Les dispositions des décrets des 4 octobre 1889 et 3 janvier 1884, sur la composition des conseils de guerre et d'enquête appelés à statuer, selon leur gravité, sur les infractions commises par les officiers du corps de santé de la marine, sont applicables au corps de santé des colonies et des pays de Protectorat.

TITRE VII
DU RANG, DES HONNEURS ET DES PRÉSÉANCES

Rang individuel des officiers du corps de santé. — Préséance du corps.

Art. 32. — En France, aux colonies et dans les

pays de Protectorat, les officiers du corps de santé prennent, dans les cérémonies publiques et dans le service commandé, le rang que leur assigne individuellement leur grade, et collectivement la préséance des corps de santé militaire et de la marine, prévue par le décret du 23 octobre 1883, sur le service dans les places de guerre et les villes de garnison.

Toutefois, le corps de santé des colonies prend rang immédiatement après le corps de santé de la marine.

TITRE VIII

DES PERMUTATIONS DE CORPS

Mode des permutations ; par qui autorisées.

Art. 33. — L'origine de formation et de recrutement du corps de santé des colonies et des pays de Protectorat étant commune avec celle du corps de santé de la marine, ainsi qu'il est dit au titre IX ci-après, des permutations pourront être autorisées entre les officiers des deux corps pourvus d'un même grade.

En aucun cas, les permutations ne pourront avoir lieu si les officiers qui les sollicitent n'ont accompli, dans leur grade, un tour régulier de service à la mer ou aux colonies.

Un arrêté pris de concert entre le ministre chargé des colonies et le ministre de la marine, réglera les conditions dans lesquelles ces permutations pourront être autorisées.

Art. 34. — En outre des permutations prévues à l'article 33 ci-dessus, les officiers des divers grades du corps de santé des colonies et des pays de Protectorat pourront, s'ils y sont autorisés par le ministre chargé des colonies, solliciter leur passage dans le corps de la marine.

Les officiers de ce dernier corps jouiront de la même faculté.

Un arrêté pris de concert entre le ministre chargé des colonies et le ministre de la marine réglera les conditions dans lesquelles ce passage pourra être effectué.

TITRE IX

DISPOSITIONS TRANSITOIRES

Art. 35. — Pour la première formation du corps de santé des colonies et des pays de Protectorat, il ne sera pas fait de nomination de la 1re classe du grade de médecin inspecteur.

Art. 36. — Pour la première formation, il ne pourra être fait qu'une seule nomination dans le grade de médecin en chef de 1re classe. Ce grade sera conféré, au choix du ministre chargé des colonies, soit à un médecin en chef de la marine, soit à un médecin principal de la marine inscrit sur le tableau d'avancement.

Pour la première formation, il ne sera pas fait de nomination au grade de pharmacien en chef de 1re classe.

Art. 37. — Les vacances restant à pourvoir dans le grade de médecin en chef, ne pourront être comblées que lorsque les officiers du corps de santé des colonies et de pays de Protectorat du grade immédiatement inférieur, auront accompli les conditions spécifiées à l'article 11 du titre III du présent décret.

Art. 38. — Pour les autres grades de la hiérarchie et pour la première formation, les places vacantes dans chaque grade seront attribuées comme suit, au choix du ministre chargé des colonies :

Celles de médecins principaux et de pharmaciens en chef de 2e classe, aux médecins principaux et pharmaciens principaux de la marine qui compteront deux années de grade, au moment de leur demande de passage dans le corps de santé des colonies et pays de Protectorat.

Celles de médecins et pharmaciens principaux, aux médecins et pharmaciens de 1re classe de la marine ayant accompli six années dans leur grade.

Celles de médecins et de pharmaciens de 1re classe, aux médecins et pharmaciens de 2e classe de la marine ayant accompli deux années dans leur grade. Ces places ne seront données, pour la formation, que jusqu'à concurrence des quatre cinquièmes du cadre à pourvoir. Le complément de ce cadre sera réservé aux médecins et pharmaciens de 2e classe de la marine qui, ayant opté pour les colonies, rempliront les conditions spécifiées pour l'avancement par l'article 14 du titre III du présent décret.

Celles de médecins et pharmaciens de 2e classe seront attribuées, pour la formation, aux médecins et pharmaciens de marine qui auront opté pour les colonies.

Art. 39. — Pour la formation, les nominations résultant des dispositions énoncées dans l'article 38 ci-dessus seront faites en suivant l'ordre d'ancienneté.

Art. 40. — La constitution des cadres, dont l'effectif sera déterminé par un arrêté du ministre chargé des colonies, aura lieu au fur et à mesure des vacances qui s'ouvriront dans le cadre actuel des officiers du corps de santé de la marine, détachés dans les colonies et pays de Protectorat. Les nominations et promotions nécessitées par la constitution des cadres seront faites dans la mesure des crédits disponibles.

Art. 41. — Un délai de deux années est fixé pour la constitution définitive des cadres prévus pour le corps de santé des colonies et des pays de Protectorat. Ce délai courra de la date de la promulgation du présent décret.

Art. 42. — Pendant le cours du délai prévu pour la constitution des cadres et l'option des médecins et pharmaciens de la marine, et au delà de ce délai, tant que les cadres du corps de santé des colonies ne seront pas suffisants pour assurer le service dans les colonies et pays de Protectorat, les vacances d'emploi qui s'y produiront continueront d'être remplies par les officiers du corps de santé de la marine, dans les conditions fixées par les articles 22, 23 et 24 du titre VI du décret du 24 juin 1886, portant organisation du corps de santé de la marine.

Aucun établissement d'outre-mer ne sera excepté du roulement, et il ne sera pas réservé de poste, par voie de préférence, à l'un ou à l'autre des deux corps de santé pour les destinations d'office.

Art. 43. — Jusqu'à l'expiration des délais fixés par l'article 41 ci-dessus pour la constitution définitive du corps de santé des colonies et pays de Protectorat, les officiers de ce corps conserveront l'uniforme et la tenue, tel qu'il est réglé par les décrets des 29 janvier 1853 et 24 février 1880.

Les médecins en chef de 2e classe et pharmaciens en chef de 2e classe porteront, en grande et en petite tenue, les marques distinctives du grade indiquées aux articles 36 et 37 du décret du 29 janvier 1853, pour les seconds médecins en chef de la marine.

Art. 44. — Il sera compté pour la retraite, aux officiers du corps de santé des colonies et pays de Protectorat provenant du corps de santé de la marine au moment de la formation, le nombre d'années prévu à l'article 17, section III du titre III, du décret du 24 juin 1886, portant organisation du corps de santé de la marine.

Art. 45. — Le président du conseil, ministre du commerce, de l'industrie et des colonies, et le ministre de la marine sont chargés, chacun en ce qui le concerne, de l'exécution du présent décret, qui sera inséré au *Bulletin des lois*, au *Journal officiel* de la République française, au *Bulletin officiel* de l'administration des colonies et au *Bulletin officiel* de la marine. — CARNOT.

Voy. : **Hopitaux, hospices ; — Hospitalisation ; — Médecines, Médecins ; — Passages gratuits.**

9. — 1er août 1893. — ARRÊTÉ *modifiant les articles 40, 42, 43, 44 et 56 du règlement du 23 février 1889 sur le service de santé en Annam et au Tonkin.*

TITRE VI

B. — SERVICE DES HÔPITAUX

Art. 40. — Les médecins du cadre des hôpitaux assurent le service médical dans les centres et postes médicaux de la colonie ; ils donnent leurs soins aux milices et aux services civils du Protectorat.

Centres : Hanoi (direction, hôpital, services extérieurs), Quang-yên, Ti-cau, Haiphong, Phu-lang-Thuong, Sontay, Viétri, Tourane, Nam-dinh.

Postes : Bao-lac, Cao-bang, That-khé, Chora, Langson, Thai-nguyên, Lam, Moncay, Bac-quang, Tuyên-quang, Lao-kay, Yên-bay, Thuan-an, Long-Tchéou, Hué.

Art. 42. — La durée du séjour dans les postes est fixée à un minimum d'une année.

Toutefois, si les nécessités du service l'exigent, le chef du service de santé pourra prolonger cette durée d'un temps à fixer chaque fois par le conseil de santé.

Art. 42 bis. — Le médecin chargé de la vaccine sera pris sur la liste des médecins ayant accompli une 1re corvée (2e catégorie) au choix du plus ancien de grade.

Art. 43. — Les listes d'envoi des médecins dans les postes sont spéciales pour chaque grade et formées dans l'ordre ci-après :

1re CATÉGORIE. — Ceux qui n'ont pas commencé un premier tour de service dans leur grade. Ils prennent rang entre eux d'après la date de leur débarquement dans la colonie. En cas de débarquement simultané, le plus jeune de grade est inscrit le premier.

2e CATÉGORIE. — Ceux qui ont terminé un premier tour de service. Ils prennent rang entre eux d'après la date de leur rentrée dans les centres.

En cas de retour simultané le plus jeune de grade est inscrit le premier.

Art. 44. — Lorsqu'un officier rentre dans les centres sans avoir pu finir sa corvée soit par maladie dûment constatée, soit par suppression d'emploi, le conseil de santé devra statuer sur son état, soit pour son rapatriement, soit pour la catégorie et le rang qu'il devra occuper suivant l'état de sa santé et le temps déjà accompli dans sa corvée.

Art. 56. — Jusqu'à nouvel ordre, la répartition des postes entre les différents grades est établie conformément au tableau ci-annexé.

Cette répartition peut être modifiée par le Gouverneur général sur la proposition du chef du service de santé.

DISPOSITIONS TRANSITOIRES

Art. 57. — Les médecins de 1re et de 2e classe actuellement en service dans les infirmeries ambulances de Phu-lang-Thuong, Viétri et Son-tay, y termineront leur période réglementaire de poste. — DE LANESSAN.

RÉPARTITION *numérique éventuelle des médecins de 1re et 2e classe dans les centres et les postes du Tonkin et de l'Annam.*

POSTES	MÉDECINS de		CENTRES	MÉDECINS de	
	1re cl.	2e cl.		1re cl.	2e cl.
			Report. . . .	7	9
Bao-lac	»	1	(Direction . .	1	»
Cao-bang. . . .	1	»	Hanoi (Hôpital . . .	2	) 3
That-khé . . .	»	1	(Services extérieurs .	1	»
Cho-ra.	»	1			
Lang-son. . . .	1	»	Quang-yên . .	1	2
Thai-nguyên . .	1	»	Ti-cau	1	2
Lam.	»	1	Haiphong . . .	1	1
Mon-cay	1	»	Phu-lang-Thuong .	1	1
Bac-quang . . .	»	1	Sontay	1	»
Tuyên-quang . .	1	»	Viétri	1	1
Lao-kay	»	1	Tourane . . .	»	1
Yên-bay	1	»	Vaccine mobile .	1	»
Thuan-an. . . .	»	1	Nam-dinh . . .	1	1
Long-tchéou . .	1	»			
Hué	»	1			
A reporter . .	7	9	Total. . . .	18	21

Observations. — Présents à Hanoi pour le roulement des postes : néant momentanément.

10. — 2 août 1894. — ARRÊTÉ *plaçant le service sanitaire sous l'autorité du Directeur de santé.*

Article premier. — L'article 45 de l'arrêté du 1er avril 1892 est abrogé.

Art. 2. — Le service sanitaire est placé dans les attributions du Médecin en chef, Chef du Service de santé.

Art. 3. — Le Médecin en chef, Chef du Service de santé, demande et reçoit directement les ordres du Gouverneur général pour tout ce qui intéresse la santé publique.

Les Résidents supérieurs sont avisés immédiatement et assurent l'exécution pour la part qui leur incombe.

Art. 4. — Les Résidents supérieurs en Annam et au Tonkin, le Médecin en chef Directeur du Service de santé, sont chargés, chacun en ce qui le concerne, de l'exécution du présent arrêté. — CHAVASSIEUX.

11. — 2 août 1894. — ARRÊTÉ *désignant les agents principaux de la santé en Annam et au Tonkin.*

Article premier. — Les médecins-chefs des hôpitaux de Haiphong et de Tourane sont nommés agents principaux de la santé.

Art. 2. — Par délégation du Directeur du Service de santé, ils jouissent des attributions et prérogatives dévolues à ce dernier par les articles 2, 3, 8, 9 et suivants, de l'arrêté sur la police sanitaire, en date 20 février 1886 et du décret du 22 février 1875.

Art. 3. — Le Directeur du Service de santé est chargé de l'exécution du présent arrêté. — CHAVAS-SIEUX.

SAPÈQUES

1. — 26 janvier 1890. — Arrêté *autorisant la circulation de la sapèque chinoise en cuivre dans la province de Lang-son.*

Article premier. — La circulation de la sapèque chinoise en cuivre est autorisée dans toute l'étendue de la province de Lang-son.

Art. 2. — La sapèque en cuivre n'a pas cours forcé et n'est point acceptée dans les caisses publiques.

Art. 3. — La sapèque en cuivre ne pourra être donnée pour plus ni reçue pour moins de trois sapèques annamites ; ce cours pourra, suivant les circonstances, être modifié par arrêté du Résident supérieur du Tonkin.

Art. 4. — Toutes les contraventions au présent arrêté, notamment en ce qui concerne la fixation du cours, seront punies conformément à la loi.

Art. 5. — Le résident de Lang-son est chargé de l'exécution du présent arrêté. — Brière.

2. — 3 juillet 1890. — Arrêté *autorisant la circulation de la sapèque chinoise dans la province de Hai-ninh.*

Article premier. — La circulation de la sapèque chinoise en cuivre est autorisée dans toute l'étendue de la province de Hai-ninh.

Art. 2. — La sapèque en cuivre n'a pas cours forcé et n'est point acceptée dans les caisses publiques.

Art. 3. — La sapèque en cuivre ne pourra être donnée pour plus ni reçue pour moins de trois sapèques annamites. Ce cours pourra, suivant les circonstances, être modifié par arrêté de M. le Résident supérieur.

Art. 4. — Toutes les contraventions au présent arrêté, notamment en ce qui concerne la fixation des cours, seront punies conformément à la loi.

Art. 5. — Le vice-résident de Hai-ninh est chargé de l'exécution du présent arrêté. — Bonnal.

Voy.: Douanes ; — Importations.

SÉJOUR

1. — 9 février 1886. — Décision *déterminant les conditions auxquelles l'autorisation de séjour pourra être accordée aux Pavillons-Noirs et aux Chinois, qui sont venus se grouper à proximité des postes français à la cessation des hostilités.*

Article premier. — L'autorisation de séjour pourra être accordée aux Pavillons-Noirs et aux Chinois, qui déclareront vouloir se fixer au Tonkin dans le voisinage des postes occupés par les troupes françaises, à charge par eux de se soumettre aux conditions suivantes :

1° Ils se réuniront suivant leur pays d'origine, et dans chaque province, en congrégations ayant chacune leur chef et sous-chef, qui serviront d'intermédiaires avec l'autorité française et seront responsables envers elle pour tout ce qui les concerne ;

2° Si leur nombre n'était pas suffisant pour leur permettre de se constituer en congrégations distinctes, ils devront se grouper en une congrégation unique, ou sinon se faire admettre dans une des congrégations de la province ;

3° Ils seront soumis à toutes les charges qui incombent actuellement aux Asiatiques étrangers, comme à toutes celles qui pourraient être ultérieure-

ment créées et notamment à celles résultant de l'application des décisions des 11 et 12 décembre 1885.

Art. 2. — Pour le cas où ils ne satisferaient pas aux prescriptions ci-dessus, et où ils ne seraient pas acceptés par l'une des congrégations, les Chinois et Pavillons-Noirs dont il s'agit seront expulsés de l'Annam et du Tonkin par simple mesure administrative.

Art. 3. — Il leur est interdit, sous peine d'expulsion immédiate, et sans préjudice d'autres pénalités plus graves, s'il y a lieu, de détenir et de posséder aucune arme à feu ou arme de jet.

Art. 4. — Le Directeur des affaires civiles et politiques est chargé de l'exécution de la présente décision. — Warnet.

Voy.: Impôts ; — Indemnités.

SEL

1. — 22 février 1888. — Arrêté *fixant l'impôt sur le sel* (1).

2. — 28 mai 1892. — Arrêté *créant un droit de consommation sur le sel fabriqué au Tonkin.*

Article premier. — Le droit de consommation sur le sel fabriqué au Tonkin est fixé à cinq cents (0 $ 05) le picul de 60 kilog. 400.

Art. 2. — Ce droit sera perçu par l'administration des douanes et régies à compter du 1er juillet 1892.

Art. 3. — Avant cette date tout fabricant de sel devra se munir d'une patente délivrée par la résidence pour le prix uniforme de cinquante cents.

Art. 4. — La perception du droit de consommation pourra être effectuée soit au passage devant les postes de douane établis, soit à l'abonnement ou à l'exercice.

Art. 5. — Tout chargement de sel d'une quantité supérieure à un demi-picul, rencontré par terre ou par eau en dehors du poste de douane de la région, et pour lequel les droits n'auraient pas été acquittés, sera saisi et confisqué, ainsi que les moyens de transport. Le contrevenant sera en outre condamné à une amende de 5 à 100 piastres.

En cas de différence dans les quantités transportées et accompagnées d'expéditions de douane, il sera appliqué une amende qui pourra varier du double au décuple droit, et pour la garantie du paiement de laquelle les moyens de transport et le chargement pourront être saisis et retenus.

Les mêmes dispositions seront appliquées aux manquants constatés chez les fabriquants exercés, ainsi qu'aux livraisons et expéditions frauduleuses. Le stock de sel en magasin sera saisi pour la garantie du paiement de l'amende encourue.

Art. 6. — En outre du droit de consommation, les sels exportés auront à acquitter le droit d'exportation prévu à l'arrêté du 6 juillet 1889.

Art. 7. — Les navires et jonques de mer sont autorisés à effectuer leur chargement de sel directement aux salines, sous la condition expresse de prévenir au préalable le poste de douane le plus voisin et d'y acquitter les droits. Toute infraction à ces obligations sera punie d'une amende de 25 à 500 piastres et entraînera la confiscation du navire ou de la jonque et des marchandises.

Art. 8. — Tous les arrêtés antérieurs concernant le commerce du sel au Tonkin sont abrogés.

(1) Le droit d'exportation sur le sel marin est actuellement fixé par l'arrêté du 28 mai 1892, chapitre XVI, V° *Douanes*.

Art. 9. — Le Résident supérieur du Tonkin est chargé de l'exécution du présent arrêté. — CHAVAS-SIEUX.

SÉMAPHORES

1. — 25 juin 1887. — ARRÊTÉ *portant ouverture du bureau de Hon-dau au service télégraphique sémaphorique.*

Article premier. — Le bureau de Hon-dau est ouvert au service télégraphique sémaphorique intérieur et international.

Art. 2. — Les télégrammes doivent être rédigés en français ou en signaux du code commercial. Quand ils sont à destination des navires en mer, l'adresse doit comprendre, outre les indications ordinaires, le nom ou le numéro officiel du bâtiment destinataire et sa nationalité.

Art. 3. — Les télégrammes provenant d'un navire en mer, sont transmis à destination en signaux du code commercial, lorsque le navire expéditeur l'a demandé.

Dans le cas où cette demande n'a pas été faite, ils sont traduits en français par le préposé du poste sémaphorique, et transmis à destination.

Art. 4. — La taxe des télégrammes à échanger avec les navires en mer, par l'intermédiaire des sémaphores, est fixée à *deux* francs par télégramme. Cette taxe s'ajoute au prix du parcours électrique calculé d'après les règles générales.

La totalité est perçue sur l'expéditeur pour les télégrammes adressés aux navires en mer, et sur le destinataire pour les télégrammes provenant des bâtiments.

Art. 5. — Dans le cas où le bâtiment auquel est destiné un télégramme sémaphorique n'est pas arrivé dans le terme de 28 jours, le sémaphore en donne avis à l'expéditeur le 29e jour au matin.

L'expéditeur a la faculté, en acquittant le prix ordinaire d'un télégramme de dix mots, de demander que le sémaphore continue à présenter son télégramme pendant une nouvelle période de 30 jours, et ainsi de suite.

A défaut de cette demande le télégramme est mis au rebut le 30e jour.

Art. 6. — Le Directeur des postes et des télégraphes est chargé de l'exécution du présent arrêté, qui sera applicable à dater du 1er juillet 1887. — G. BIHOURD.

Voy. : Postes et télégraphes.

SERMENT. — Voy. : Chanceliers ; — Organisation administrative ; — Justice ; — Postes et Télégraphes ; — Douane.

SERVICES ADMINISTRATIFS

1. — 11 mai 1884. — ORGANISATION *du service administratif dans les postes du Tonkin et de l'Annam* (1).

1º POSTES, CHEFS-LIEUX DE CIRCONSCRIPTION ADMINISTRATIVE

1. — Les services des vivres, des hôpitaux, du matériel et des lits militaires, sont dirigés et centralisés dans les postes du Tonkin et de l'Annam ci-après désignés, savoir : Haiphong, Bac-ninh, Hung-hoa, Nam-dinh, Thuan-an et Qui-nhon, par des

officiers du commissariat ou à défaut, par des officiers des corps de troupe, qui prennent le titre de chargés du service administratif.

Des agents du personnel des comptables des matières ou de formation locale, ou des auxiliaires militaires choisis autant que possible, parmi les sous-officiers, tiennent, sous leurs ordres, la comptabilité des différents services.

2. — Les chargés du service administratif sont placés au point de vue de la hiérarchie et de la discipline, sous l'autorité des commandants supérieurs et commandants des postes militaires ; mais ils ne relèvent, pour les services dont la direction leur est confiée, que du chef du service administratif, ordonnateur, avec lequel ils correspondent directement.

Ils communiquent toutefois aux officiers commandant les postes, les ordres généraux et instructions particulières qu'ils reçoivent de ce chef d'administration. Si des circonstances urgentes engageaient les commandants de postes à modifier lesdits ordres, ils rendraient compte au général commandant d'armes de la décision prise, et ils en demeureraient responsables.

3. — Les chargés du service administratif ont pour devoir, d'une manière générale, d'assurer le fonctionnement des services du commissariat, qui n'exigent pas l'intervention immédiate du chef du service administratif, ordonnateur.

Tels sont, notamment : l'établissement et le visa des feuilles de route, des ordres de réquisitions de transport, etc. ; l'administration des hôpitaux et ambulances de la marine ; le ravitaillement en vivres et en matériel des postes dépendant de leur circonscription ; la direction et la surveillance du magasin du poste ; l'apposition des scellés, en cas de décès d'un officier ou fonctionnaire ; l'inventaire des effets et valeurs dépendant de la succession, etc., etc. (1).

4. — Les chargés du service administratif n'exercent aucune attribution de surveillance administrative à l'égard des corps de troupe ; ils ne visent aucune pièce justificative concernant la comptabilité de ces corps, a l'exception des procès-verbaux destinés à constater les événements qui exigent, sans délai, une constatation authentique, ces procès-verbaux devant toujours être homologués par le fonctionnaire chargé de la surveillance administrative.

5. — Ils ne peuvent ordonnancer aucune dépense, sauf à Haiphong, où le chargé du service administratif est investi, de par une délégation spéciale du chef du service administratif, ordonnateur, conformément à la décision locale du 21 décembre 1883, de l'ordonnancement au titre du service marine, de toutes les dépenses de solde et accessoires des bâtiments de la flottille et de la division navale du Tonkin.

6. — Ils pourvoient au payement des dépenses urgentes, en se conformant rigoureusement, à cet égard, à la nomenclature contenue dans l'arrêté du Commissaire général de la République, en date du 6 novembre 1883.

Afin de leur permettre de faire face à ces dépenses, dans les localités où le trésor n'est pas représenté, une caisse de fonds d'avances, dont la quotité est déterminée suivant l'importance des besoins, par une décision spéciale du Commandant en chef, est mise à leur disposition ; ils en justifient suivant les formes

(1) Voir ci-après le décret du 31 décembre 1892.

(1) Voir ci-après l'arrêté du 21 février 1891.

et dans les délais déterminés par l'arrêté du 7 novembre 1893.

2o POSTES OBLIQUES

7. — Dans les postes autres que les chefs-lieux de circonscription administrative, les services des vivres et des lits militaires sont assurés par les soins des corps et sous leur responsabilité.

8. — Les vivres sont fournis à chaque poste par le magasin central de Haiphong ou les dépôts secondaires, selon le cas, sur demandes périodiques de la troupe, d'après l'effectif du détachement et le temps pour lequel il doit être approvisionné.

Les quantités délivrées sont immédiatement portées en dépense.

9. — L'emploi des vivres est justifié par la troupe, au moyen d'états récapitulatifs présentant, par jour, l'effectif des rationnaires, ainsi que le nombre et l'espèce des rations délivrées.

Ces états, certifiés par l'officier commandant, sont transmis mensuellement à l'autorité administrative du chef-lieu de circonscription.

Les pertes et détériorations sont constatées par des procès-verbaux dressés par l'officier commandant, et transmis au chargé du service administratif.

10. — Les objets de couchage sont délivrés à la troupe, et elle en rend compte conformément aux dispositions du règlement du 21 novembre 1854.

Les revues trimestrielles de casernement sont passées par le chargé du service administratif dans la circonscription.

11. — La troupe pourvoit au transport de ses vivres et de son matériel.

Lorsqu'elle n'a pu effectuer ce service par ses propres moyens, la dépense en est acquittée par les gérants de caisse de fonds d'avance, sur un état de liquidation certifié par l'officier commandant du poste, et régulièrement acquitté par les individus qui ont effectué le transport.

12. — Au moment où la garnison d'un poste est relevée par un autre détachement, les officiers commandants procèdent contradictoirement à la constatation de l'existant en vivres et en matériel. Une expédition du procès-verbal de cette opération est transmise au représentant de l'administration dans la circonscription, avec la prise en charge du commandant du nouveau détachement.

En cas d'évacuation d'un poste, les vivres et le matériel qui s'y trouvent sont réintégrés, par les soins du corps, dans les magasins de la marine.

13. — Outre les constatations réglementaires et périodiques ci-dessus mentionnées, le chef du service administratif exerce sur le service des postes, par lui-même ou par ses délégués, soit sur pièces, soit par des inspections dont il apprécie l'opportunité, les attributions de surveillance qui lui sont dévolues par les règlements, sur tous les faits de l'administration intérieure des corps de troupe.

14. — Les répétitions qu'il y aurait lieu d'exercer envers les corps à raison de leur responsabilité, sont poursuivies à la diligence du commissaire aux revues auprès des conseils d'administration, sauf leur recours contre qui de droit.

15. — Lorsque les nécessités du service l'exigent, des fonds d'avances sont mis en vertu d'une décision spéciale du commandant en chef, à la disposition des commandants de poste, qui en justifient, comme il est dit à l'article 6 ci-dessus.

En cas de remplacement des officiers, commandants, la comptabilité des fonds d'avances est immédiatement arrêtée, et le procès-verbal constatant

cette opération est transmis au chef du service administratif, ordonnateur, en même temps que les pièces justificatives des dépenses effectuées par le comptable sortant.

16. — Toutes les dispositions contraires au présent arrêté sont rapportées. — MILLOT.

RÉPARTITION DES DIVERS POSTES ADMINISTRATIFS AU TONKIN (1).

2. — 12 décembre 1884. — CIRCULAIRE *portant instructions générales aux chargés du service administratif dans les postes de l'Annam et du Tonkin* (2).

Au moment où l'arrivée de France d'un certain nombre d'employés du commissariat et de comptabilité va permettre d'organiser définitivement le service administratif au Tonkin, je crois utile de vous rappeler brièvement les obligations qui vous incombent, et les principales règles auxquelles vous aurez à vous conformer, pour la direction du service qui vous est confié.

ATTRIBUTIONS GÉNÉRALES

Ainsi que l'énonce l'arrêté local du 11 mai 1884 (article 3), vous avez pour devoir, d'une manière générale, d'assurer dans l'étendue de votre circonscription, le fonctionnement des services administratifs qui n'exigent pas mon intervention immédiate et directe. L'unité d'action, si nécessaire, surtout dans une expédition militaire, exige qu'à ce titre vous ne releviez que de moi ; c'est ce que consacre l'article 2 dudit arrêté ; toutefois, au point de vue hiérarchique et disciplinaire, vous êtes placé sous l'autorité du commandant d'armes, et celui-ci a même, dans certaines circonstances exceptionnelles, le droit de prendre, sous sa responsabilité, telles mesures d'administration qu'il croira indispensables. Dans le cas où il userait de ce pouvoir, vous devrez obtempérer immédiatement à ses ordres, alors même qu'ils seraient contraires à mes instructions, sauf bien entendu à m'en rendre compte le plus tôt possible. Je n'ai pas besoin d'ajouter que dans vos rapports avec les différents corps, vous devrez être animé de l'esprit de conciliation, qui contribue puissamment à faciliter la marche du service.

Vous avez sous vos ordres les officiers et employés du commissariat ou de comptabilité des matières, ainsi que tous les autres agents attachés au service administratif du poste chef-lieu. Vous veillerez à ce que ce personnel s'acquitte régulièrement de ses fonctions. Vous n'hésiterez pas à me signaler ceux d'entre eux dont la conduite et la manière de servir donneraient lieu à des reproches, ainsi que ceux qui se feraient remarquer par leur zèle ou leur aptitude. Je tiendrai une note toute particulière des renseignements que vous m'adresserez à ce sujet.

L'administration et la comptabilité des postes obliques dépendant de votre circonscription, sont soumises à votre surveillance et à votre contrôle. Vous serez l'intermédiaire entre les commandants de ces postes et moi. Sauf dans les circonstances urgentes, leur correspondance administrative, tous les procès-verbaux, demandes de vivres ou autres, etc., ne devront me parvenir que sous votre couvert et annotés, s'il y a lieu, de votre avis motivé. Réciproquement, je ne correspondrai normalement avec eux que

(1) Le tableau annexé à la décision du 11 mai 1884, et reproduit dans la première édition, subit des modifications selon les besoins du service.
(2) Voir ci-après le décret du 31 décembre 1892.

par votre voie. Vous serez chargé de leur donner copie ou communication des ordres, décisions, notes, concernant le service administratif, et vous en suivrez l'exécution. Je tiens essentiellement à ce que cette centralisation, indispensable à l'expédition des affaires, soit effective.

Bien qu'en qualité de chargés du service administratif vous releviez directement de mon autorité, vous pourrez correspondre avec les chefs des divers détails administratifs à Hanoi, dont vous êtes les suppléants, et ceux-ci vous adresseront leurs instructions pour tout ce qui a trait au service courant. Je désire que mon intervention, sous ce rapport, soit réservée aux seuls cas qui donneraient lieu à une divergence d'opinions persistante entre les officiers du commissariat et vous.

VIVRES

Votre première et constante préoccupation doit être d'assurer la subsistance des troupes de la garnison de . . . . et des postes qui en dépendent. Dans ce but, vous vous ferez rendre un compte fréquent des existants en magasin et, en me transmettant les situations de quinzaine, vous attirerez mon attention sur les mesures qu'il vous paraîtrait utile de prendre pour renouveler l'approvisionnement. Au besoin, vous ordonneriez vous-même, entre ces divers postes, les mouvements de vivres indispensables et urgents. A moins d'ordres contraires, le stock à entretenir dans les postes du Delta doit être calculé de telle sorte qu'il ne descende jamais au-dessous de deux mois.

Tous les vivres, à l'exception de la viande fraîche, des bœufs sur pied, du bois à brûler, qui vous seront livrés sur place par les titulaires des marchés en cours, et des menues denrées (paille de riz, herbe fraîche, etc.), que vous vous procurerez au moyen d'achats sur facture, ainsi que je vous l'expliquerai plus loin, vous seront expédiés de Hanoi ou de Haiphong, d'après les ordres que je donnerai, au vu des situations mentionnées ci-dessus. Exceptionnellement, ils pourront vous être envoyés de tel autre poste que je désignerai.

Pour les délivrances aux rationnaires, vous vous conformerez strictement aux divers ordres qui ont fixé la composition des rations au Tonkin. Vous ne vous écarteriez de ces fixations, que si des circonstances imprévues obligeaient les commandants des postes à modifier, temporairement, l'ordre des distributions ou la composition des rations. Dans l'un ou l'autre cas, vous me feriez connaître sans retard la nature et le motif des modifications introduites.

La conservation des vivres doit être l'objet de toute votre sollicitude. A cet effet, vous visiterez fréquemment les magasins, vous vous assurerez, soit par vous-même, soit par le garde-magasin, de l'état des denrées et liquides, ainsi que des caisses et futailles destinées à les loger. Vous ferez consommer de préférence les denrées les plus anciennes ou les moins susceptibles de conservation; vous prescrirez, en un mot, toutes les mesures de conservation généralement usitées, telles que : rabattage et combugeage des futailles, saumurage des salaisons, ouillage des liquides, propreté des ustensiles, etc., etc. Vous éviterez ainsi à l'État des pertes importantes.

En cas de détérioration ou de perte de vivres, vous provoquerez la réunion des commissions réglementaires. Il importe, en effet, de ne pas encombrer inutilement les magasins et de faire disparaître des existants des quantités fictives.

Vous profiterez de toutes les occasions pour envoyer, soit à Hanoi, soit à Haiphong, les vivres ainsi condamnés, dont l'état n'exigerait pas la destruction immédiate et les récipients devenus sans emploi dans votre poste.

Dans ces deux grands centres, on pourra souvent tirer encore un parti utile de ces vivres et de ces récipients.

Les conditions dans lesquelles s'effectuent les mouvements de vivres, dans l'intérieur du Tonkin, ne permettent pas actuellement de rendre les transporteurs responsables du chargement. Vous n'en devrez apporter que plus de soin : d'une part, dans la préparation des envois et l'établissement des factures, avis d'expédition, etc., y relatifs ; d'autre part, dans la reconnaissance des qualités, à l'arrivée des jonques ou chalands. Plus ce soin sera minutieux, moins difficile et incertain sera le partage des responsabilités. Ainsi, il est essentiel qu'il soit procédé, au moment de la mise à terre du chargement, à la visite des caisses, fûts, etc., servant de contenants. Sans cette précaution, on n'est plus autorisé, lorsqu'on signale dans un procès-verbal, des pertes ou des avaries, à en attribuer la cause à l'état de détérioration des récipients, rien ne prouvant que cette détérioration soit antérieure au déchargement. Il est de règle, pour les envois, que préalablement à l'emballage, puis lors de l'ouverture des caisses, une commission de visite se réunisse. Cette formalité devra être observée toutes les fois que cela sera possible.

Les recommandations qui précèdent s'appliquent non seulement aux vivres, mais encore au charbon, aux effets de couchage et, en général, à tout le matériel.

CHARBONS

Vous surveillerez les dépôts de charbons situés dans votre circonscription, au point de vue de la conservation et de la garde du combustible, et vous provoquerez, en temps utile, des dispositions pour reconstituer le stock de ces dépôts, sur les bases déterminées par l'ordre du général commandant en chef, en date du 19 juillet 1884, et les décisions postérieures. L'ordre du 19 juillet 1884 fixe également la proportion dans laquelle les diverses espèces de charbons doivent, autant que possible, être délivrées.

Vous me ferez parvenir, du 1er au 5 de chaque mois, une situation de ces dépôts conforme au modèle ci-annexé.

APPROVISIONNEMENTS DIVERS

Pour les autres matières ou objets que vous pourrez avoir en approvisionnement dans les magasins je n'ai aucune recommandation spéciale à vous adresser.

MAGASINS

Vous veillerez à ce que les magasins soient installés dans les meilleures conditions possibles, sous le rapport de la facilité des délivrances, de la garde et de la conservation des denrées et approvisionnements.

Si, par suite de l'accroissement des approvisionnements ou d'événements fortuits, ces magasins devenaient insuffisants ou défectueux, vous appelleriez mon attention sur cette question et me proposeriez, en vue de remédier à cette situation, telle combinaison que vous jugeriez la plus avantageuse pour le service.

Dans un autre ordre d'idées, je vous prie de veiller

à ce que le nombre des militaires employés comme auxiliaires dans les ateliers et magasins, et celui des coolies ou journaliers, ne dépasse pas les besoins du service. Il y a, de ce chef, d'importantes économies à réaliser.

TRANSPORTS, JONQUES, COOLIES

Les transports de personnel, de matériel et de vivres dans l'intérieur du Delta, sont effectués soit par des remorqueurs, chalands et allèges appartenant à l'État, ou affrétés par l'administration, soit par des jonques et des sampans loués ou réquisitionnés.

La plupart de ces jonques et allèges sont fournies au service administratif par le sieur Khan, titulaire du marché, en date du 1er septembre 1884, pour la location des jonques nécessaires au port de Haïphong. Mais dans les autres localités, et à défaut de jonques du fournisseur présentes sur les lieux, il en est affrété ou réquisitionné d'autres, moyennant un prix préalablement débattu avec le patron ou le propriétaire.

Dans tous les cas, il est délivré aux patrons des remorqueurs et jonques, soit un carnet d'affrètement, soit un bulletin de réquisition suivant le cas de l'affrètement. Ces carnets et bulletins, dont la mise en service fait l'objet de la décision du général en chef en date du 22 avril 1884 (*Bulletin officiel du Protectorat*, page 130), et de ma circulaire du 27 du même mois, nº 585, dont je vous adresse ci-joint une nouvelle ampliation, doivent être datés au moment de leur délivrance et visés, soit à l'arrivée, soit au départ des bateaux, afin de permettre de suivre les mouvements et l'emploi du temps de ceux-ci.

En principe, il ne doit être fait de payement que par l'autorité qui a conclu l'affrètement ou procédé à la réquisition.

Dans ce cas, la réquisition est mise à l'appui de l'état de dépenses. — Quand, à titre tout à fait exceptionnel, il est fait des payements dans d'autres conditions, les acomptes ainsi payés doivent être soigneusement inscrits sur les carnets par les officiers et fonctionnaires qui les opèrent, pour venir, lors du règlement de compte, en déduction des sommes acquises.

L'arrêté précité spécifie les catégories d'officiers et de fonctionnaires ayant le droit de réquisitionner ou d'affréter des jonques, etc. Vous devez n'user de ce droit qu'avec réserve et lorsqu'il s'agit de faire face à des besoins certains.

Vous vous attacherez à ne conserver la jonque et autres allèges que le temps strictement indispensable pour effectuer les transports, les chargements, déchargements, etc.

Celles affrétées sur place doivent être congédiées aussitôt après le service fait. Celles fournies par le sieur Khan, titulaire du marché, doivent, suivant le lieu où elles se trouvent, être renvoyées à Hanoi ou à Haïphong.

En résumé, vous vous efforcerez de réduire le plus possible les dépenses pour location de jonques, et de vous conformer rigoureusement aux instructions précitées, afin d'éviter des erreurs, des doubles emplois et aussi des pertes de temps.

Les recommandations ci-dessus, relatives aux opérations de chargement et de déchargement des jonques, s'appliquent également aux remorqueurs et chalands, qui doivent toujours être déchargés et chargés d'urgence et avec la plus grande activité, de façon à ce qu'ils ne soient pas immobilisés inutilement.

La question du recrutement et l'emploi des coolies

a aussi une réelle importance. Je vous ai déjà recommandé de n'entretenir, en permanence, que le nombre de coolies absolument nécessaire pour assurer les besoins journaliers du service, sauf à accroître temporairement vos moyens d'action, lorsqu'il s'agira de travaux exceptionnels (1).

J'attache le plus grand intérêt à ce que les salaires convenus soient payés directement aux coolies eux-mêmes, par les soins d'un agent de l'administration, et en dehors de l'intermédiaire des caïs et des recruteurs. Nous éviterons ainsi les réclamations fondées, et nous aurons la certitude que les coolies reçoivent la totalité des salaires stipulés.

HÔPITAUX

Vous remplirez les fonctions de délégué du commissaire aux hôpitaux à Hanoi, à l'égard des hôpitaux et ambulances de la marine situés dans votre circonscription.

Aux termes de la dépêche ministérielle du 16 décembre 1884, paragraphe 89, ce service doit fonctionner d'après les règles en vigueur aux colonies. Une décision du général commandant le corps expéditionnaire, en date du 12 novembre 1884, dont je vous ai adressé dernièrement une ampliation, a fixé l'interprétation qu'il convient de donner à cette disposition et a fait connaître que, jusqu'à nouvel ordre, l'arrêté du 13 janvier 1879, portant organisation et réglementation d'un personnel d'infirmiers pour le service des hôpitaux militaires de la Cochinchine, serait appliqué au Tonkin.

Cet arrêté, dont vous n'avez pas, sans doute, un exemplaire à votre disposition, consacre l'indépendance réciproque, dans leur sphère respective du service administratif et du service de santé. L'administration et la police des établissements hospitaliers sont confiés aux commissaires aux hôpitaux.

La direction du service médical et pharmaceutique appartient exclusivement au chef du service de santé et, par délégation de celui-ci, au médecin chef de chaque hôpital ou ambulance.

Le commissaire aux hôpitaux est responsable du bon ordre et de la régularité du service intérieur, il soumet à l'approbation de l'autorité supérieure les consignes, en assure l'exécution, veille à la bonne tenue des salles, se concerte avec le chef du service de santé ou le médecin en chef de l'hôpital, pour toutes mesures intéressant à la fois le service administratif et le service médical.

Les infirmiers militaires ou civils, les journaliers et coolies, sont placés sous ses ordres, et il a le droit de les punir dans les limites déterminées par le règlement précité (8 jours de prison). Toutefois, les infirmiers sont également subordonnés aux officiers du corps de santé de la marine en ce qui touche le service médical ou pharmaceutique, et ceux-ci peuvent les punir, mais seulement pour les infractions relatives à ce service.

Tous les ans, dans la deuxième quinzaine de juillet pour les infirmiers et agents, et dans la première quinzaine de décembre pour les journaliers et coolies, vous aurez soin de me faire parvenir des notes sur le compte du personnel employé dans les hôpitaux et ambulances, accompagnées de vos propositions d'avancement.

Je ne juge pas nécessaire d'entrer dans des détails au sujet de vos attributions purement administratives, en qualité de délégué du commissaire aux hôpitaux.

_____

(1) Voir ci-après l'arrêté du 24 février 1891.

Vous vous inspirerez, sous ce rapport, comme raison écrite, de l'ordonnance du 14 juin 1844, et de l'introduction du 20 décembre de la même année, qui déterminent ces attributions en France, ainsi que des actes spéciaux aux colonies, et dont vous aurez eu occasion de voir, par vous-même, l'application.

Vous vous efforcerez d'introduire peu à peu l'ordre et la régularité dans ce service, notamment au point de vue du régime alimentaire, de la comptabilité-matière, de la constatation des mouvements des malades. Le côté économique devra aussi être l'objet de vos préoccupations et vous vous attacherez à réaliser toutes les améliorations compatibles avec le bien-être des malades. Vous obtiendrez surtout ce résultat en exerçant un contrôle vigilant sur les délivrances et consommations, et sur le bon emploi des denrées, matières et objets appartenant au service des hôpitaux, et en réduisant, dans la mesure du possible, ainsi que je vous l'ai déjà dit à propos des vivres, le nombre des auxiliaires et des coolies.

Vous poursuivrez activement le remboursement des cessions de médicaments faites aux particuliers, et des frais de traitement des résidents européens qui auront été hospitalisés, conformément à la décision locale du 22 juin 1884, dont vous avez reçu, à sa date une ampliation.

Toutes les demandes de médicaments et de matériel d'hôpital devront être adressées au commissaire aux hôpitaux à Hanoi, chargé de les centraliser et d'y donner satisfaction. Il en est de même des menues denrées et ustensiles divers, que ces articles soient compris ou non dans les marchés en cours, à moins qu'il n'y ait urgence ou qu'ils ne rentrent dans la catégorie de ceux qui font d'ordinaire l'objet d'achats dits à l'économie.

ACHATS SUR FACTURES

Je vous ai déjà indiqué, sous les titres *Vivres* et *Hôpitaux*, dans quelles conditions, pour les fournitures qui ne seront pas assurées au moyen de marchés, vous êtes autorisé à recourir à des achats sur simples factures. Vous ne devrez y procéder que dans le cas d'urgence bien établie ou lorsqu'ils'ngira de donner satisfaction aux droits des officiers et des hommes de troupe, aux diverses prestations en nature, savoir : achats de bœufs, de bois à brûler, d'huile, etc.

REMBOURSEMENT DES CESSIONS

Une circulaire récente, émanant de mes bureaux, vous a rappelé les règles à suivre, afin d'obtenir le remboursement des cessions faites, soit à des particuliers, soit à des services étrangers à la marine, soit à des corps de troupe. Les cessions de l'espèce, qui sont très fréquentes au Tonkin, doivent être signalées sans retard aux commissaires aux subsistances ou aux approvisionnements, chargé d'en poursuivre le remboursement et d'en tenir le compte au moyen d'un état en double expédition, visé et reconnu exact par la partie cessionnaire.

Les cessions autorisées à titre permanent, telles que celles de fourrages aux officiers, de pain de soupe aux ordinaires, de vivres aux sous-officiers européens des cadres des tirailleurs tonkinois, etc., sont seulement récapitulées en fin de mois ; toutefois, en cas de départ des intéressés ou de la compagnie à laquelle ils appartiennent, les états sont immédiatement adressés et toute diligence doit être faite pour obtenir le récépissé des parties prenantes, soit avant le départ, si les comptables ont été avertis

à temps, soit après, par l'intermédiaire du chargé du service administratif ou du commandant de la place sur laquelle ont été dirigés les cessionnaires ou la compagnie dont ils relèvent, etc.

Il est entendu que les états dont il s'agit sont indépendants des pièces justificatives que les comptables ont à produire à l'appui de leur comptabilité.

BÂTIMENTS DE L'ÉTAT

Le décret du 26 novembre 1882, sur le régime financier des colonies, dispose (articles 31 et 32) que les bâtiments procéderont, à l'avenir, dans les colonies, comme ils le font à l'étranger, en ce qui touche la passation des marchés, l'achat et la recette des denrées et matières qui leur seront nécessaires, etc., le service administratif demeurant seulement chargé du payement des dépenses, d'après les états de liquidation fournis par les autorités de bord.

La stricte application de ces prescriptions eût présenté certaines difficultés au Tonkin, sans profit réel pour le service, attendu que presque toutes les fournitures de vivres et de matériel nécessaires au corps expéditionnaire sont effectuées au titre de la 1re section du budget (*Marine*) et font l'objet de marchés. D'après un accord intervenu entre l'administration de la flottille et le service administratif, cette application doit donc être limitée aux fournitures et travaux de peu d'importance, c'est-à-dire non assurés au moyen de marchés, et aux payements de solde, de traitement de table et de frais de passage, à la condition que ces dépenses soient imputables au service marine.

Vous n'aurez donc plus à intervenir dans ces opérations, si ce n'est pour fournir aux administrations des bords tous les renseignements de nature à les éclairer et que vous serez à même de leur procurer, et pour effectuer, s'il y a lieu, le payement des dépenses, lequel ne devra avoir lieu que sur états établis par les bâtiments, visés par le sous-commissaire de division, et accompagnés suivant le cas, de l'autorisation du Commandant de la Marine et de celle du Général en chef.

Cette procédure, exécutoire à partir du 1er janvier 1885, sera appliquée, le cas échéant, aux bâtiments de l'État autres que ceux de la flottille ; elle réalisera une amélioration notable sous le rapport de la simplification des écritures et de la rapidité des opérations, tout en délimitant et sauvegardant les responsabilités respectives.

OFFICIERS SANS TROUPE ET AGENTS ENTRETENUS

Vous constaterez, aux époques et suivant les formes déterminées par les règlements, la présence des officiers sans troupe et agents entretenus de la marine en service dans l'étendue de votre circonscription, et votre adresserez régulièrement, au détail des revues, des états de mouvements concernant de personnel.

TROUPES DE LA MARINE

Les conditions mêmes dans lesquelles vous êtes placé ne vous permettraient pas d'intervenir fructueusement dans la surveillance des corps de troupe de la marine et dans le règlement des difficultés qui surgissent. D'ailleurs, la plupart des conseils d'administration de ces corps ont leur siège à Hanoi. Vous vous bornerez donc, en cette matière, conformément aux dispositions de l'article 4 de l'arrêté local du 11 mai 1884, à établir ou viser, comme suppléant légal du commissaire aux revues, les procès-verbaux relatant des événements ou des faits qui exigeraient, sans délai, une constatation authentique.

Toutefois, en raison de l'éloignement de Thuan-an et de la difficulté des communications, circonstances qui ont amené le Ministre à autoriser la constitution d'un conseil éventuel, pour l'administration des deux compagnies d'infanterie de marine détachées à demeure dans ce poste (dépêche ministérielle du 26 décembre 1883), le chargé du service administratif continuera à y suppléer, dans tous les détails du service, le commissaire aux revues auprès des corps de troupe ou détachements stationnés sur ce point, et ayant une administration distincte.

Il vérifiera toutes les pièces de leur comptabilité, mandatera par urgence la solde, arrêtera le journal des recettes et des dépenses et établira les décomptes provisoires de libération.

Il exercera des attributions analogues en ce qui concerne les officiers sans troupe et les agents entretenus de la marine en service dans ce poste.

SUCCESSIONS MARITIMES

Votre intervention ne sera utile, en ce qui concerne les opérations ressortissant au détail des Revues et Armements, qu'en cas de décès, à terre, d'un officier ou fonctionnaire appartenant au Département de la marine et des colonies. Il y aura lieu alors d'apposer les scellés, de faire l'inventaire des effets et valeurs dépendant de la succession, de prendre, en un mot, toutes les mesures conservatoires urgentes et de demander des instructions au commissaire aux Revues, sur la manière de procéder à la liquidation provisoire.

TROUPES DE LA GUERRE

Les troupes de la guerre détachées au Tonkin sont placées sous la surveillance administrative des fonctionnaires de l'Intendance.

Vous n'aurez donc à vous occuper de ces troupes que pour la délivrance des vivres qui leur seront nécessaires et le payement de leur solde, auquel vous êtes éventuellement appelé à concourir.

Une dépêche ministérielle du 22 décembre 1883, que je joins en annexe à la présente instruction, a déterminé le mode de payement de ces troupes. J'appelle votre attention sur le 4° paragraphe de cette dépêche.

En l'absence d'un sous-intendant militaire, vous auriez à arrêter les états de payement de solde qui vous seraient présentés par les conseils d'administration avant d'être acquittés par le préposé-payeur.

Les payements de l'espèce ne devant se faire qu'à titre de dépenses urgentes, le préposé payeur vous remettra, le 1er et le 16 de chaque mois, un bordereau détaillé des payements, accompagné des pièces justificatives, que vous transmettrez au détail des revues, pour régularisation. Vous devrez, en outre, arrêter le carnet du Trésor où ces dépenses auront été enregistrées.

Les mandats de trésorerie que le payeur particulier, à Hanoï, émettra pour couvrir son préposé des avances qu'il aura ainsi faites, vous seront adressés directement et, lorsque vous en ferez la remise au comptable de votre localité, vous annulerez, au carnet ci-dessus mentionné, les payements correspondant au montant desdits mandats.

LIQUIDATION ET PAYEMENT DES DÉPENSES

Vous vous conformerez rigoureusement, pour le payement des dépenses urgentes, à la nomenclature déterminée par l'arrêté local du 28 novembre 1884, sans préjudice de ce qui a été dit plus haut pour Thuan-an, et du droit dont est investi le chargé du service administratif à Haïphong, de par une délégation spéciale, conformément à la décision locale du 21 décembre 1883, d'ordonnancer, au titre du service marine, toutes les dépenses de solde et accessoires des bâtiments de la flottille et de la division navale.

Toutes les pièces relatives aux autres dépenses seront transmises, pour le mandatement à intervenir, aux détails administratifs, à Hanoï.

J'ai décidé, en effet, dans le but d'assurer la centralisation effective des dépenses, et de me permettre de suivre avec utilité l'emploi des crédits, que ces détails seraient seuls chargés à l'avenir de la liquidation définitive; vous continuerez cependant à préparer les certificats comptables concernant les fournitures et travaux.

Je ne saurais trop vous recommander d'apporter le plus grand soin dans l'établissement des pièces de dépenses, qui forment plus tard le seul élément de l'ordonnancement.

Ainsi, les mémoires ou factures doivent être dûment vérifiés et arrêtés, et contenir le détail des fournitures ou travaux, l'application du prix par unité ou par article, la date de la livraison ou de l'exécution, la somme à payer, en un mot, toutes les indications propres à constater l'exécution du traité.

Vous veillerez à ce que la formalité de la prise en charge soit exactement remplie, lorsqu'il s'agit de fournitures, et à ce que la certification de la bonne exécution du service figure toujours sur les mémoires relatifs à des travaux ou des livraisons d'objets non susceptibles de prise en charge.

En ce qui concerne le payement des salaires, vous aurez à produire des états dûment arrêtés et faisant ressortir le prix de la journée, le nombre des journées et la somme à payer. Si les payements n'étaient pas faits à des conseils d'administration, ces états devraient en outre être nominatifs. Mais je reconnais que cette prescription est actuellement bien difficile à exécuter en matière de salaires de coolies.

Vous ne perdrez pas de vue que toutes ces pièces doivent être établies distinctement par nature de dépenses, afin de me permettre, lors de l'ordonnancement, de rattacher aux différents chapitres budgétaires les sommes qui doivent incomber respectivement à chacun d'eux.

FONDS D'AVANCE

Vous n'aurez pas à intervenir dans la comptabilité des fonds d'avance, mis à la disposition des commandants des postes, où le service du trésor n'est pas représenté. Il y a, en effet, intérêt au point de vue de l'unité de direction de ces caisses, et de la prompte régularisation des dépenses, à ce qu'elles soient directement administrées et contrôlées par le bureau des fonds.

Toutefois, celles des comptables des hôpitaux ou ambulances de la marine demeurent placées sous votre surveillance.

CASERNEMENT ET LITS MILITAIRES

Trimestriellement ou éventuellement, suivant les circonstances, vous procéderez, de concert avec les officiers désignés aux règlements du 21 novembre 1854 et du 15 février 1870, à la constatation des pertes et dégradations survenues au casernement ainsi qu'au matériel des lits militaires en service dans les corps de troupe qui tiennent garnison dans les postes dépendant de votre circonscription, Vous adresserez le procès-verbal de cette opération au commissaire aux travaux ou aux approvisionnements, suivant le cas.

COMPTABILITÉ-MATIÈRES

D'après la dépêche ministérielle du 16 décembre 1883 portant instructions spéciales pour l'accomplissement de la mission qui m'a été confiée, la comptabilité des magasins du service marine au Tonkin est soumise, en principe, aux mêmes règles que celle des magasins de la métropole, et les comptes du matériel du service colonial doivent être suivis et rendus dans la forme établie par l'arrêté du 29 décembre 1882.

L'absence d'un personnel suffisant d'une part, les circonstances de l'autre, n'ont pas permis, jusqu'à présent, d'exécuter ces prescriptions dans toute leur teneur et, à la date du 11 avril dernier, j'ai dû autoriser les comptables des magasins et dépôts, autres que le magasin central de Haiphong, à tenir provisoirement la comptabilité du matériel appartenant au service marine, suivant les règles applicables aux dépôts établis hors du territoire continental. Quant à la comptabilité du matériel colonial, elle est pour ainsi dire toute entière à créer.

Aujourd'hui que le personnel comptable est au complet, et que le service administratif des postes est organisé, il importe de rentrer le plus tôt possible dans le règlement.

A cet effet, j'ai présenté, le 4 novembre dernier, à la signature du général commandant le corps expéditionnaire, un arrêté fixant le 1er janvier comme date du fonctionnement de la comptabilité. Vous trouverez, sous ce pli, une ampliation de cet arrêté dont les dispositions ne s'écartent que sur un seul point des instructions ministérielles. Je vous indiquerai ci-après la nature et les motifs de cette dérogation.

RECENSEMENTS. — INVENTAIRES

Dès la réception de la présente instruction, vous procéderez au recensement général du matériel appartenant tant au service marine qu'au service colonial, en approvisionnement ou en service dans les magasins, hôpitaux, ateliers, etc., dépendant de votre circonscription, et vous établirez, par service et par dépositaire comptable, un procès-verbal ou inventaire constatant les résultats de cette opération.

Afin de vous guider, je crois utile de vous transcrire, ci-après, la nomenclature des divers services possédant du matériel au Tonkin.

1o *Service marine.*
- Approvisionnements généraux de la flotte ;
- Travaux hydrauliques, etc...;
- Habillement et couchage des équipages ;
- Habillement, couchage et campement des troupes ;
- Vivres ;
- Sciences et arts maritimes.

2o *Service colonial.*
- Habillement des troupes coloniales ;
- Hôpitaux et vivres ;
- Service général du matériel civil et militaire.

Les résultats de ces recensements, qui devront être ramenés par addition ou déduction, suivant le cas, à la date du 1er janvier 1885, seront soumis, par mon intermédiaire, à l'approbation du Général commandant le corps expéditionnaire et serviront de point de départ à l'ouverture de la comptabilité.

COMPTABILITÉ DU SERVICE MARINE

Matériel en approvisionnement. — Aux termes de la dépêche ministérielle du 16 décembre 1883 et de l'article 2 de l'arrêté du 4 novembre dernier, la comptabilité du matériel du service marine, qui comprend les vivres, le charbon et, en général, tous les objets de matières nécessaires à l'entretien des bâtiments de la flotte et du corps expéditionnaire, à l'exception des drogues, médicaments et matériel d'hôpital, du génie et d'une partie du matériel de l'artillerie, doit être tenue dans la forme et est soumise aux justifications prescrites par l'instruction générale du 1er octobre 1854 et les arrêtés des 2 décembre 1857, 12 octobre 1859 et 7 août 1879, sous la réserve des modifications énoncées par la dépêche ministérielle du 16 décembre 1883, précitée.

Il m'est impossible de vous donner ici une analyse, même sommaire, de ces actes. Je m'en réfère, à cet égard, à défaut des textes eux-mêmes, que je ne puis mettre à votre disposition, à votre expérience et à votre érudition administratives.

D'ailleurs, les connaissances spéciales des agents de comptabilité, qui rempliront près de vous les fonctions de gardes-magasins et qui ont dû recevoir ou recevront des instructions détaillées de M. l'agent comptable garde-magasin central à Haiphong, faciliteront beaucoup, je l'espère, votre tâche.

Dans tous les cas, vous n'hésiteriez pas à me demander toutes les indications qui vous seraient nécessaires.

Postes obliques. — Sauf en ce qui concerne le service des vivres, pour lequel il a été organisé un mode de comptabilité spécial, dont il sera parlé plus loin, les dépôts établis dans les postes obliques seront considérés comme des *sections*, par rapport au magasin de leur circonscription, et les opérations de recettes et de dépenses effectuées par ces dépôts seront rattachées aux comptes dudit magasin. (Article 3 de l'arrêté local du 4 novembre 1884.) Cette disposition implique, d'une part que tous les mouvements qui s'opéreront entre le magasin et ses dépôts, ou entre les dépôts d'un même magasin, seront des mouvements intérieurs, qui, à moins de différences constatées dans les envois, n'affecteront que les écritures du dépôt ; d'autre part, qu'aucun mouvement ne pourra avoir lieu du magasin ou d'un dépôt d'une circonscription à un dépôt d'une autre circonscription, sans passer par l'intermédiaire des deux magasins intéressés.

EXEMPLE. — *1o Envoi de 10.000 kilogrammes de charbon, du dépôt de Bac-hat à celui de Hung-hoa (magasin particulier de Sôntay).*

Le mouvement s'opérera au moyen d'un billet de demande (modèle no 31) non évalué ; l'expéditeur et le destinataire porteront réciproquement, en sortie ou en entrée, dans leurs écritures, les quantités expédiées ou reçues ; une inscription correspondante sera faite par le garde-magasin sur ses livres auxiliaires, au vu de l'ordre de délivrance acquitté et du billet de demande certifié. La différence entre les quantités expédiées ou reçues sera justifiée, s'il y a lieu, dans la forme indiquée par la dépêche ministérielle du 16 décembre 1883, paragraphes 32 et suivants, et l'opération se balancera ainsi parfaitement.

2º *Envoi de 10.000 kilogrammes de charbon, du dépôt de Haïphong (magasin central de Haïphong), à celui des Sept-Pagodes (magasin particulier de Dap-cau).*

Ce mouvement, qui intéresse deux magasins différents, rentre dans le cas prévu aux paragraphes 130 et suivants de la dépêche du 16 décembre 1883; il s'effectuera sur billet de demande (modèle nº 31) portant évaluation des quantités expédiées ou reçues et sera justifié, dans la comptabilité de chaque magasin, ainsi qu'il est expliqué auxdits paragraphes.

La multiplicité des mouvements, la difficulté des communications, les fréquentes mutations des comptables rendaient ce système impraticable pour les vivres. C'est pour ce motif que l'article 3 précité porte que la comptabilité de ce service sera suivie sur *inventaire particulier* et en *quantités seulement*.

Les envois à faire par les magasins aux postes obligés seront donc considérés et classés, dans les écritures, sous le titre de: *Délivrances faites aux équipages de la flotte et aux corps de troupe de la marine.* Ils s'effectueront sur billets de demande (modèle nº 31) *qui seront renvoyés acquittés, au comptable expéditeur, dès la réception des denrées,* le comptable du poste destinataire étant tenu, conformément aux règles ordinaires, de justifier, par procès-verbal, des différences qui auront pu être constatées à l'arrivée.

Afin d'assurer le fonctionnement régulier de cette partie du service, j'ai organisé un système complet de comptabilité, dont je joins ici la collection des modèles et qui, tout en étant réduit aux formes les plus sommaires et les plus simples, me paraît de nature à donner toutes garanties au point de vue de la justification du bon emploi des vivres. L'instruction qui figure sur le *Journal-balance* des denrées me dispense de toute explication complémentaire. Il vous suffira de vous reporter à cette instruction.

Les relevés et pièces justificatives concernant cette comptabilité vous seront adressés par les comptables dans les cinq premiers jours de chaque mois. Vous vérifierez avec soin ces documents et les transmettrez sans retard au commissaire aux subsistances à Hanoï.

Vous ne perdrez pas de vue que la comptabilité en question, qui constituera la seule justification de l'emploi de quantités considérables de vivres, est destinée à être annexée au compte du garde magasin central, et qu'il est indispensable, par conséquent, qu'elle présente des résultats parfaitement clairs et exacts.

Valeurs mobilières et permanentes. — Immeubles. — La comptabilité de ce matériel est soumise aux règles spéciales édictées par l'instruction du 1er octobre 1854 et les arrêtés modificatifs précités, qui ont été rappelés, en dernier lieu, par la circulaire du 17 mars 1883 (*B. O.,* p. 424).

Vous remarquerez que ces dispositions doivent être combinées avec celles du règlement du 16 mars 1877, en ce qui concerne le matériel d'artillerie.

COMPTABILITÉ DU SERVICE COLONIAL

La comptabilité du matériel du service colonial est régie par l'arrêté du 29 décembre 1882. Une étude consciencieuse de ce règlement dont je vous ai envoyé, en son temps, un exemplaire, vous sera nécessaire pour saisir le mécanisme de cette comptabilité, laquelle diffère, sous plusieurs rapports, de celle du service marine, notamment quant au mode de centralisation et de jugement des comptes.

Telles sont, Monsieur le chargé du service, les grandes lignes de votre service. Je vous recommande, en terminant, de ne négliger aucune occasion de me renseigner sur la situation de votre poste et de ne pas craindre de me demander tous les éclaircissements dont vous aurez sans doute besoin, surtout dans les débuts. Je compte, d'ailleurs, sur votre zèle et votre intelligence pour aplanir les difficultés qui pourront se présenter. — FROGIER.

---

3. — 24 février 1888. — ARRÊTÉ *ordonnant et réglant la remise du service administratif militaire, entre les mains de M. le Commissaire de la marine chef du service administratif de la marine en Annam et au Tonkin.*

Article premier. — M. de Possel-Deydier, commissaire de la marine, chef du service administratif de la marine en Annam et au Tonkin, recevra le service administratif militaire des mains de l'Intendant de la division d'occupation, dans le plus bref délai possible.

Art. 2. — Dans les postes, la remise du service s'effectuera en vertu de décisions du Résident général en Annam et au Tonkin, prises sur la proposition du chef du service administratif de la marine dans ces deux pays de Protectorat, et au fur et à mesure que le permettra la situation du personnel du commissariat de la marine appelé à succéder à l'Intendance militaire.

Art. 3. — Les fonctionnaires de l'Intendance seront remplacés par ceux de l'administration de la marine dès que la situation des services le permettra.

Art. 4. — Le chef du service administratif de la marine à Hanoï est autorisé à conserver, tant que leur présence sera nécessaire, les officiers, commis et ouvriers d'administration que le Département de la guerre a consenti à maintenir au Tonkin, dans tous les services qu'il assure en ce moment.

Art. 5. — Le service des hôpitaux continuera à être dirigé et assuré par le personnel médical et administratif de la guerre, et d'après les règles et les formes usitées dans le Département.

Art. 6. — Le service des magasins, vivres et matériel, sera assuré dans tous les postes par les officiers d'administration de la guerre, jusqu'au moment où il pourra être pourvu à leur remplacement par le personnel des comptables de la marine.

La tenue des écritures et la reddition des comptes auront lieu d'après les règles en usage au Ministère de la guerre. — CONSTANS.

---

4. — 24 février 1891. — ARRÊTÉ *fixant les effectifs des coolies de place et des coolies brancardiers dans les corps de troupe européens et indigènes.*

Article premier. — Les effectifs des coolies brancadiers, attachés aux corps de troupe européens et indigènes, seront maintenus en 1891 tels qu'ils ont été fixés au tableau nº 1 du règlement du 10 novembre 1887, sur le service des transports militaires, ainsi qu'il est prévu à l'article 126 dudit règlement.

Art. 2. — Le nombre des coolies dits de place prévu au tableau nº 2 de la note circulaire du département de la guerre du 30 mai 1886, pour les 1re et 2e brigades, sera porté au double à compter du 1er janvier 1891. La répartition de cet effectif, soit 200 coolies, entre les localités intéressées, aura lieu par les soins du général commandant en chef, qui communiquera cette répartition au commissaire général chef des services administratifs militaires, pour les mesures financières à prendre en vue du paiement dont il s'agit.

Art. 3. — Les coolies brancardiers prévus par lettre de service du 18 juin 1886, en faveur des pontonniers et ouvriers, sont et demeurent supprimés à compter de ce jour.

Art. 4. — L'effectif des coolies employés à titre permanent comme manœuvres aux magasins des subsistances, transit et approvisionnements sera renfermé dans la limite des crédits prévus à leur égard au projet de budget des services militaires pour 1891, chapitre XVII, article 5.

Art. 5. — Ils ne devront pas être distraits de leur affectation propre et ne devront concourir en rien au service des coolies de place, placés sous l'autorité du commandant militaire.

Art. 6. — En vue d'assurer l'exécution des dispositions qui précèdent, il est ouvert au chef des services administratifs militaires et maritimes de l'Annam et du Tonkin, au titre du chapitre XVII du budget de l'exercice 1891, un crédit supplémentaire de 30.286 $ se répartissant ainsi :

Art. 4. — Coolies de place
et coolies brancardiers,. 19.286 $ ⎫
⎬ 30.286 $
Art. 5. — Coolies du service
général des magasins,... 11.000 » ⎭

Art. 7. — Il sera pourvu à la réalisation de ce crédit sur les voies et moyens du budget de l'exercice 1891, chapitres militaires.

Art. 8. — Le général commandant en chef et le commissaire général chef des services administratifs militaires sont chargés, chacun en ce qui le concerne, de l'exécution du présent arrêté, qui sera enregistré et publié partout où besoin sera et recevra exécution à partir du 1er février courant. — PIQUET.

5. — 11 octobre 1893. — PROMULGATION *du décret du 31 décembre 1892, relatif à l'organisation du service administratif de la marine dans les colonies.*

Article premier. — Est promulgué dans toute l'étendue de l'Indo-Chine, le décret du 31 décembre 1892, relatif à l'organisation du Service administratif de la marine dans les colonies.

Art. 2. — Le Lieutenant-gouverneur de la Cochinchine et les chefs des services administratifs de la Cochinchine et du Tonkin sont chargés, chacun en ce qui le concerne, de l'exécution du présent arrêté qui sera publié et enregistré partout où besoin sera. — DE LANESSAN.

DÉCRET *du 31 décembre 1892*

Article premier. — Dans les colonies où il n'existe pas d'officier du commissariat colonial, un fonctionnaire est chargé, sous l'autorité de ses supérieurs hiérarchiques, d'assurer le Service administratif de la marine.

Il est désigné par le Gouverneur et choisi, autant que possible, parmi les agents des directions de l'intérieur.

Dans celles desdites possessions où la marine entretient un dépôt de charbon, de matériel ou de vivres, le fonctionnaire délégué qui pourvoit à l'administration de ce dépôt, reçoit une indemnité dont le montant, fixé par le Ministre de la marine et des colonies, est imputé sur les fonds du budget de la marine.

Art. 2. — Dans les colonies de Diégo-Suarez, du Congo français et à Dakar, les magasins et dépôts

de la marine sont toutefois administrés par l'officier d'administration du ponton stationnaire de Diégo-Suarez, de Libreville et de Dakar, respectivement, sous l'autorité du commandant du ponton de Diégo-Suarez et des commandants de la marine à Libreville et à Dakar.

Les dispositions du présent article sont, éventuellement, applicables à toute autre colonie où la marine posséderait un ponton commandé par un officier.

Art. 3. — Dans toutes les colonies et dans les pays de Protectorat, les commandants des bâtiments de l'État, de passage, acquittent leurs dépenses de bord au moyen de traites tirées à l'ordre du Trésorier-payeur de la colonie ou du pays de Protectorat sur le Caissier-payeur central du Trésor public à Paris.

Ces valeurs ne sont pas négociables par le Trésorier-payeur de la colonie ou du pays de Protectorat.

A Dakar, à Diego-Suarez, au Congo français et dans les colonies où le Service administratif colonial n'est pas représenté, le surplus des dépenses de la Marine est liquidé et mandaté, à titre d'avances à ce service, sur la caisse du Trésorier-payeur de la colonie, par l'officier du commissariat de la Marine ou le fonctionnaire susmentionné, suivant la distinction établie dans les articles 1 et 2 du présent décret.

Dans les autres colonies, ainsi que dans le Protectorat de l'Annam et du Tonkin, ces dernières dépenses sont liquidées et mandatées comme il est dit au paragraphe précédent, par le commissariat colonial.

Les mandats ainsi délivrés sont régularisés, le 1er de chaque mois, au moyen de traites émises sur le Trésor public par le Trésorier-payeur de la colonie et visées tant par l'ordonnateur des dépenses que par le Gouverneur (ou l'administrateur), ou par le commandant soit du ponton, soit de la Marine, suivant la qualité de l'ordonnateur.

Art. 4. — Dans toutes les colonies et dans le Protectorat de l'Annam et du Tonkin, le service (y compris le mandatement des dépenses) des caisses des invalides, des gens de mer et des prises, ainsi que celui de l'inscription maritime et de la police de la navigation, est assuré soit par le commissariat colonial, soit par un fonctionnaire, ce dernier désigné et agissant comme il est dit à l'article 1er du présent décret, mais n'ayant droit, de ce chef, à aucune indemnité.

Art. 5. — Les fonctions de garde-magasin, en ce qui touche les dépôts de matériel, de vivres et de charbon de la marine, sont exercées dans toutes les colonies par des agents du personnel des comptables coloniaux, qui sont placés, à cet effet, dans les possessions où il n'existe pas d'officier du Commissariat colonial, sous l'autorité, soit du fonctionnaire délégué, soit de l'officier du Commissariat de la marine, suivant la distinction établie aux articles 1er et 2 ci-dessus.

Aucune indemnité n'est allouée à ces comptables sur les fonds du budget de la marine.

Exceptionnellement, à Dakar, les fonctions de garde-magasin sont remplies par un officier marinier, auquel est adjoint un second officier marinier ou un quartier-maître des équipages de la flotte.

Art. 6. — Dans toutes les colonies, la comptabilité des dépôts de matériel, de vivres et de charbon appartenant à la marine est tenue dans la forme prescrite pour les dépôts hors du territoire continental (Titre III, chapitre XIV de l'Instruction générale du 8 novembre 1889 sur la comptabilité des matières).

La comptabilité des approvisionnements particuliers des pontons de la marine à Diégo-Suarez, à

Dakar et Libreville, est tenue dans la forme prescrite pour les bâtiments de la flotte (Titre III, chapitre II de l'Instruction générale précitée).

Art. 7. — Les cessions sont autorisées par le Gouverneur (ou l'administrateur) de la colonie, sur la proposition du Chef du service dont relève le fonctionnaire susmentionné, ou du Commandant, soit de la marine, soit du ponton, suivant la distinction établie dans les articles 1er et 2 ci-dessus.

Les délivrances aux bâtiments de la flotte sont autorisées, à Dakar et à Libreville, par le Commandant de la Marine, à Diego-Suarez, par le Commandant du ponton stationnaire, ce dernier agissant en vertu des instructions du Chef de la division navale de l'Océan indien, et dans les autres colonies, par le Gouverneur (ou l'administrateur).

Art. 8. — Les fonctionnaires coloniaux chargés de l'administration et de la gestion des magasins et dépôts de la Marine, dans les colonies où il n'existe pas d'officier du Commissariat colonial, sont soumis, en ce qui touche ledit service, au contrôle du Commandant de la force navale dans les limites de laquelle se trouvent ces possessions.

Le contrôle consistera particulièrement à s'assurer, par des recensements, de l'existant et de l'état des matières et objets mentionnés dans les écritures.

Art. 9. — La comptabilité du matériel d'artillerie aux colonies continuera provisoirement à être tenue dans les conditions actuelles.

Art. 10. — Sont abrogées toutes dispositions contraires au présent décret, lequel n'est pas applicable, toutefois, à l'arsenal de Saigon dont l'organisation est régie par des dispositions spéciales. — CARNOT.

Voy.: **Commissariat colonial**; — **Congés**; — **Fonds d'avances**; — **Indemnités**; — **Hôpital**; — **Pensions**; — **Retenues**; — **Retraite (Caisse de)**; — **Successions vacantes**; — **Santé**; — **Soldes.**

SERVICES CIVILS. — Voy.: **Ordonnancements**; — **Organisation administrative**; — **Contrôle financier.**

SERVICES FINANCIERS

1. — 11 avril 1886. — ARRÊTÉ *créant à la Résidence générale, une direction du contrôle des services financiers.*

Article premier. — Il est créé à la Résidence générale une direction du contrôle des services financiers.

Art. 2. — Les services du trésor, des contributions directes et indirectes, des douanes, des postes et télégraphes, relèveront de cette direction sans qu'il soit rien modifié à leur organisation actuelle. — PAUL BERT.

Voy.: **Ordonnancements**; — **Trésor**; — **Organisation administrative**; — **Contrôle financier.**

SERVICE MILITAIRE. — Voy.: **Recrutement**; — **Recrutement indigène**; — **Réserves indigènes**; — **Réquisitions.**

SIGNATURES TYPES. — Voy.: **Légalisation.**

SOCIÉTÉS DE BIENFAISANCE

1. — 5 avril 1888. — ARRÊTÉ *portant création d'une société de bienfaisance à Haiphong.*

Article premier. — Est autorisée la création à Haiphong d'une société de bienfaisance.

Art. 2. — Les comptes rendus des délibérations et de la situation financière de la société devront être adressés mensuellement à la résidence de Haiphong.

Art. 3. — L'administration du Protectorat exercera un droit de contrôle sur l'emploi des fonds de la société.

Art. 4. — Ladite société pourra être suspendue ou dissoute par le Résident général pour mauvaise gestion ou inexécution de ses statuts.

Art. 5. — M. le résident de Haiphong est chargé de la surveillance des statuts de ladite société et de l'exécution du présent arrêté. — RAOUL BERGER.

SOLDES

1. — 25 avril 1886. — DÉCISION *portant qu'une avance de solde pourra être faite aux fonctionnaires appelés à servir dans un poste éloigné.*

Article premier. — Une avance de un mois ou deux mois de solde, pourra être faite aux fonctionnaires appelés à servir dans un poste éloigné (1).

Art. 2. — L'opportunité de la mesure est laissée à la libre appréciation de M. le Résident supérieur au Tonkin, qui sera chargé de l'exécution de la présente décision. — PAUL BERT.

2. — 3 mai 1886. — ARRÊTÉ *déterminant la solde d'Europe des fonctionnaires du Protectorat.*

Voir ci-après décret du 28 janvier 1890, qui remplace cet arrêté.

3. — 29 juillet 1886. — ARRÊTÉ *relatif au payement des mandats de solde du personnel.*

Toutes les fois que le premier jour du mois tombera un dimanche ou un jour férié, les mandats de solde du personnel, pour le mois précédent, seront payés la veille. — PAUL BERT.

4. — 8 février 1889. — ARRÊTÉ *sur le décompte du taux de la piastre pour le paiement de la solde.*

Modifié par arrêté du 11 juin 1892.

5. — 28 janvier 1890. — DÉCRET *portant règlement sur la solde et les accessoires de solde des officiers, fonctionnaires, employés et agents civils et militaires des services coloniaux ou locaux.*

TITRE PREMIER
SOLDE
CHAPITRE PREMIER
DISPOSITIONS GÉNÉRALES

Article premier. — *Désignation des différentes espèces de solde.* — On distingue trois espèces de solde :

La solde d'activité ;
La solde de non-activité ;
La solde de réforme.

CHAPITRE II
SOLDE D'ACTIVITÉ

Art. 2. — *Définition de la solde d'activité.* — La solde d'activité comprend :

1° La solde de présence ;

(1) Voir toutefois §3 de l'article 11 du décret du 28 janvier 1890 et la circulaire interprétative du 24 octobre 1892.

2° La solde de permission ;

3° La solde d'hôpital ;

4° La solde de congé ;

5° La solde de détention ;

5° La solde de captivité.

Art. 3. — *Droit à la solde d'activité.* — Aucun officier, fonctionnaire, employé ou agent civil ou militaire des services coloniaux ou locaux ne peut jouir d'une solde quelconque d'activité, s'il n'est pas en activité de service.

Art. 4. — *Entrée en jouissance de la solde d'activité.* — Le droit à la solde d'activité commence :

1° Pour les officiers, fonctionnaires, employés et agents civils et militaires des services coloniaux ou locaux, nommés par le Président de la République, le Ministre ou les autorités locales, à la date du décret, de l'arrêté ou de la décision conférant le grade ou la fonction, ou rappelant à l'activité ;

2° Pour les officiers, fonctionnaires, employés et agents civils et militaires des services coloniaux ou locaux, dont l'avancement est soumis aux épreuves d'un concours ou d'un examen, le jour où ils prennent rang, conformément aux dispositions particulières qui régissent le corps ou le service auxquels ils appartiennent ;

3° Pour les fonctionnaires employés et agents empruntés aux autres Départements ministériels, le jour où ils ont cessé d'être payés sur les fonds de ces Départements ;

4° Pour les agents et employés auxiliaires partant de France ou d'un port colonial, le jour de leur arrivée au port d'embarquement, et pour ceux nommés dans les colonies où ils sont appelés à servir, le jour de leur entrée en service.

En cas de modification dans les tarifs de solde, les officiers, fonctionnaires, employés et agents civils et militaires des services coloniaux ou locaux reçoivent la nouvelle solde le jour fixé par la décision.

Art. 5. — *Cessation des droits à la solde d'activité.* — Les droits à la solde d'activité cessent :

1° Pour les officiers passant à la non-activité ou à la réforme, le lendemain du jour de la notification, qui est faite à l'officier, du décret ou de la décision prononçant la mise en non-activité ou en réforme ;

2° Pour les officiers, fonctionnaires, employés et agents civils et militaires des services coloniaux ou locaux démissionnaires, le lendemain du jour où ils reçoivent avis de l'acceptation de leur démission ;

3° Pour les officiers, fonctionnaires, employés et agents civils et militaires des services coloniaux ou locaux qui sont licenciés par mesure disciplinaire, le lendemain du jour où ils reçoivent avis de la décision prononçant leur licenciement.

La notification de cette décision doit avoir lieu sans délai.

4° Pour les fonctionnaires, employés et agents civils et militaires des services coloniaux ou locaux, qui sont licenciés pour toute autre cause, le jour où ils quittent leurs fonctions.

En ce qui concerne ceux qui servent aux colonies au moment où ils reçoivent notification de la décision prononçant leur licenciement, les droits à la solde d'activité cessent le jour où ils quittent leurs fonctions ; s'ils ont été nommés dans la colonie, le jour de leur embarquement pour être rapatriés soit en France, soit dans leur colonie d'origine.

Dans ce dernier cas, la concession de la solde est limitée à une période de trente jours à compter du jour où ils ont cessé leurs fonctions.

La notification de licenciement doit avoir lieu sans délai. Les fonctions doivent cesser le lendemain du jour où l'intéressé reçoit cette notification.

Une indemnité de licenciement, dont la quotité est fixée par le paragraphe 3 de l'article 21 ci-après, peut être allouée, par décision spéciale du Ministre, aux fonctionnaires, employés et agents civils et militaires des services coloniaux ou locaux licenciés dans les conditions déterminées par le paragraphe 4 du présent article ;

5° Pour les officiers, fonctionnaires, employés et agents civils et militaires des services coloniaux admis à la retraite, le lendemain du jour de la radiation des contrôles ;

6° Pour les fonctionnaires, employés et agents empruntés à d'autres départements ministériels, le jour où ils quittent le service, s'ils sont en France, et le jour de leur débarquement, au retour d'une colonie, mais sous la réserve de l'application des dispositions prévues par le présent décret sous le titre des congés (article 49) ;

7° Si l'officier, fonctionnaire, employé ou agent civil ou militaire des services coloniaux ou locaux mis en réforme ou en non-activité, démissionnaire ou licencié est absent de son poste ou si, par sa faute, le service dont il dépend n'a pas retrouvé sa trace, il cesse d'avoir droit à la solde d'activité le lendemain du jour où la notification de la mesure qui le concerne est parvenue à l'autorité sous les ordres de laquelle il était placé.

Art. 6. — *La solde ne peut être allouée pour un temps antérieur à la nomination à un grade ou à un emploi.* — La solde attribuée à un grade ou à un emploi ne peut être allouée pour un temps antérieur à la date du décret ou de la décision portant nomination ou avancement.

Cas de rétroactivité. — Cette disposition ne s'applique pas aux avancements en classe, qui ne constituent pas un grade et s'acquièrent à l'ancienneté.

Art. 7. — *Officier, fonctionnaire ou autre remplissant les fonctions d'un grade ou d'un emploi supérieur à celui dont il est titulaire, ou des fonctions judiciaires.* — I. — L'officier, fonctionnaire, employé et agent civil ou militaire des services coloniaux ou locaux, appelé à remplir temporairement des fonctions attribuées à un grade ou à un emploi supérieur au sien, n'a droit qu'à la solde du grade ou de l'emploi dont il est titulaire.

II. — Toutefois, lorsque des officiers, fonctionnaires et autres sont appelés à remplir, par intérim, les emplois de Gouverneur de colonie, ils reçoivent, sur les crédits du budget colonial, un traitement égal à celui de leur grade ou de l'emploi dont ils sont titulaires, sans préjudice de l'indemnité de représentation dont l'allocation est réglée par l'article 101 ci-après.

III. — Ceux qui remplissent par intérim les emplois de Directeur de l'intérieur, procureur général ou chef du service judiciaire, directeur de l'administration pénitentiaire, reçoivent pendant la durée de leur intérim, un traitement composé :

1° D'une somme égale au montant des allocations de toute nature de l'emploi dont ils sont titulaires ;

2° De moitié de la différence entre le total de ces allocations et le traitement attribué à l'emploi exercé par intérim.

Ces dispositions ne sont pas applicables aux officiers, fonctionnaires et autres, envoyés de France ou d'une autre colonie pour faire un intérim ; ceux-ci reçoivent la totalité du traitement dévolu au titulaire.

IV. — Les magistrats intérimaires pris en dehors de la magistrature, et qui ne jouissent pas déjà d'une solde d'activité, reçoivent, à titre d'appointements annuels, une somme égale à la moitié du traitement colonial attribué à l'emploi exercé par intérim.

Les officiers, fonctionnaires, employés et agents appelés à remplir intérimairement des fonctions judiciaires, reçoivent une allocation dont la quotité est fixée, pour chaque cas, par décision du ministre chargé des colonies.

Art. 8. — *Officier, fonctionnaire ou autre, admis à faire valoir ses droits à la retraite.* — I. — Les officiers, fonctionnaires, employés et agents civils et militaires des services coloniaux ou locaux présents en France, ou qui ont déclaré vouloir jouir de leur pension dans la colonie où ils sont en service, sont rayés des contrôles de l'activité :

1° Par application de la limite d'âge, le jour où ils sont atteints par cette mesure, à moins que les nécessités du service exigent leur maintien temporaire en activité.

Ce maintien en activité, qui ne pourra excéder trois mois, devra être autorisé par une décision spéciale ;

2° Sur la demande des intéressés, au jour fixé par la décision qui les admet à faire valoir leurs droits à la retraite ;

3° D'office, par voie disciplinaire, le lendemain du jour où ils reçoivent notification de la mesure dont ils sont l'objet.

Cette notification doit être faite sans délai.

4° Ceux qui sont admis à faire valoir leurs droits à la retraite, alors qu'ils sont titulaires d'un congé pour faire usage des eaux thermales ou minérales, sont considérés comme étant maintenus provisoirement en fonctions, et ne sont rayés des contrôles de l'activité que le lendemain du jour où expire le congé ;

5° D'office, pour cause de santé ou d'inaptitude, à la date fixée par la décision qui les admet à la retraite.

II. — Les officiers, fonctionnaires, employés et agents civils et militaires des services coloniaux ou locaux, qui sont aux colonies et demandent à jouir de leur retraite en France, sont maintenus en service et continuent à bénéficier de la solde entière d'Europe jusqu'au jour exclu de leur débarquement en France, sous réserve qu'ils quitteront la colonie par la première occasion qui suivra la notification de la mesure dont ils sont l'objet.

III. — La jouissance de la pension de retraite court du lendemain du jour de la radiation des contrôles.

IV. — Les officiers, fonctionnaires, employés et agents civils et militaires des services coloniaux ou locaux, maintenus en activité de service par décision spéciale, continuent à percevoir, par mois et à terme échu, la solde et les accessoires de solde de leur grade ou emploi, suivant la position qu'ils occupent.

Art. 9. — *Solde due aux officiers, fonctionnaires et autres, décédés.* — La solde due aux officiers, fonctionnaires, employés et agents civils militaires des services coloniaux ou locaux décédés est acquise, jusqu'au jour inclus du décès, à leurs héritiers ou ayants-droit, sous la déduction des reprises dont cette solde peut être passible en vertu des règlements.

Art. 10. — *La quotité des allocations de toute nature est déterminée par les tarifs.* — Les diverses allocations qui composent le traitement de grade ou d'emploi sont déterminées d'après les tarifs annexés au présent décret.

Art. 11. — *Mode de paiement de la solde.* — I. — La solde des officiers, fonctionnaires employés, et agents civils et militaires des services coloniaux ou locaux se paye par mois et à terme échu, excepté dans le cas de changement de destination.

II. — Les suppléments de solde, les indemnités de représentation et de logement, les frais de bureau, les frais de tournée et les autres accessoires de la solde, inhérents aux positions respectives des officiers, fonctionnaires et autres en activité de service, sont également payés dans les mêmes conditions, et compris sur les mêmes mandats ou états de paiement que la solde.

III. — Tout paiement d'avances est formellement interdit, hors les cas déterminés par les articles 116, 117, 118, 119 et 120 ci-après.

Art. 12. — *Mode de décompter la solde.* — I. — La solde et les accessoires de la solde se décomptent par mois, à raison de la douzième partie de la fixation annuelle, et par jour à raison de la trentième partie de la fixation mensuelle.

II. — Les journées à ajouter au mois de février, pour compléter le nombre trente, se décomptent sur le pied de la solde fixée pour la position dans laquelle se trouve l'officier, fonctionnaire ou agent au dernier jour de ce mois.

Art. 13. — *Cas où le cumul de la solde avec un traitement d'activité est autorisé.* — La solde d'activité ou de non-activité ne peut être cumulée avec un traitement quelconque à la charge de l'Etat, des budgets locaux ou des communes, sauf, dans le cas prévu par les articles 65 à 67 et 270 à 275 du décret du 31 mai 1862, portant règlement général sur la comptabilité publique.

Art. 14. — *Livret de solde.* — I. — Les officiers, fonctionnaires, employés et agents civils et militaires des services coloniaux ou locaux doivent être pourvus de livrets destinés à constater leur situation financière, chaque fois qu'ils changent de position. Ces livrets sont ouverts, suivant le cas, par l'administration centrale ou par les fonctionnaires compétents, tant en France qu'aux colonies, qui doivent y mentionner la filiation, le lieu et la date de naissance, les mutations, les congés, permissions ou délais de route, les allocations de solde et d'accessoires de solde, les retenues de premier douzième du traitement ou de l'augmentation, les délégations, les paiements effectués à quelque titre que ce soit (solde ou frais de route), enfin les dettes envers l'Etat et apostilles de toute nature.

II. — Les livrets sont renouvelés lorsqu'ils sont entièrement remplis. Il est interdit d'y ajouter des feuillets supplémentaires. Les officiers, fonctionnaires et autres conservent leurs anciens livrets, mention de la délivrance d'un nouveau livret est faite sur l'ancien par le fonctionnaire qui opère le renouvellement.

III. — En cas de perte d'un livret, le titulaire en fait la déclaration par écrit au fonctionnaire chargé de pourvoir au paiement de sa solde.

Il mentionne en même temps sous sa responsabilité, dans sa déclaration, la date à laquelle il a cessé d'être payé, ainsi que toutes les indications propres à faire apprécier sa situation financière.

La déclaration de l'officier, fonctionnaire et autre est reproduite *in extenso* sur le nouveau livret par le fonctionnaire qui le délivre.

Dans le cas prévu ci-dessus, l'officier, fonctionnaire et autre ne peut être rappelé de sa solde arriérée, qu'après réception des pièces officielles

40

établissant sa situation financière; il ne peut prétendre jusque-là qu'au paiement de sa solde courante, à partir du premier jour du mois dans lequel sa déclaration a été faite.

SECTION PREMIÈRE
SOLDE DE PRÉSENCE
§ 1er   *Dispositions générales*

Art. 15. — *Définition de la solde de présence.* — La solde de présence comprend :
1° La solde de présence en Europe ;
2° La solde de traversée ;
3° La solde coloniale.

§ 2. — *Solde de présence en Europe*

Art. 16. — *Position donnant droit à la solde de présence en Europe.* — La solde de présence en Europe est allouée aux officiers, fonctionnaires, employés et agents civils et militaires des services coloniaux ou locaux, qui se trouvent dans les positions ci-après :
1° Présents en France ;
2° De passage en France ou dans une colonie autre que celle où ils sont appelés à servir ; pendant le cours d'un voyage effectué, soit pour se rendre à leur poste, soit pour opérer leur retour dans la métropole ou dans leur colonie d'origine ;
3° En mission en France ou dans un pays d'Europe ;
4° Placés dans l'une des situations prévues aux articles 17, 18, 19, 20, 21 et 22.

Art. 17. — Les fonctionnaires de l'inspection des colonies attachés à l'inspection mobile, en cours de traversée, ainsi que pendant la durée de leur séjour dans les colonies, reçoivent la solde de présence en France cumulativement avec l'indemnité de résidence prévue au tarif n° 20.

Art. 18. — *Officiers, fonctionnaires et autres, membres des conseils généraux ou appelés en témoignage.* — I. — A droit à la solde de présence affectée à la position dans laquelle il se trouvait en dernier lieu, tout officier, fonctionnaire, employé ou agent civil ou militaire des services coloniaux ou locaux absent de son poste, soit pour siéger comme conseiller général d'un département ou d'une colonie, ou comme membre d'un conseil de guerre, d'un tribunal maritime, d'un conseil d'enquête ou d'une commission d'enquête, soit pour déposer devant un conseil de guerre, un tribunal civil ou maritime, un conseil d'enquête ou une commission d'enquête ;
II. — La durée de la mission est constatée, suivant le cas, par un certificat du préfet du département, du directeur de l'intérieur ou du président du tribunal, du conseil ou de la commission ;
III. — Les officiers, fonctionnaires et autres cités en témoignage sont rappelés de leur solde à leur retour, sur la production d'un certificat du président constatant le jour où leur présence a cessé d'être nécessaire.

Art. 19. — *Officiers, fonctionnaires et autres appelés à faire partie d'un conseil général ou cités devant un tribunal, étant en congé.* — L'officier, fonctionnaire, employé et agent civil ou militaire des services coloniaux ou locaux qui, étant en congé, est appelé hors du lieu de sa résidence, à siéger soit au conseil général d'un département ou d'une colonie, soit dans un conseil de guerre, un tribunal civil ou maritime, un conseil d'enquête ou une commission d'enquête, soit à témoigner devant un conseil de guerre, un tribunal civil ou maritime un

conseil d'enquête ou une commission d'enquête, est rappelé de sa solde de présence, depuis le jour de son départ dudit lieu jusqu'à celui de sa rentrée dans ses foyers ou à son poste. Si, étant cité dans le lieu de son domicile, il est retenu au delà du terme de son congé, il a droit au rappel de la solde de présence à dater du lendemain de l'expiration dudit congé.
Ces rappels ont lieu sur la production du certificat exigé par l'article précédent.

Art. 20. — *Officier, fonctionnaire ou autre rappelé avant l'expiration de son congé.* — I. — L'officier, fonctionnaire, employé et agent civil ou militaire des services coloniaux ou locaux qui, étant en congé, reçoit l'ordre de rejoindre son poste, de se rendre à une nouvelle destination, ou de remplir une mission avant l'expiration de son congé, recouvre ses droits à la solde de présence du jour inclus de son départ, s'il arrive à destination à l'époque fixée par l'ordre qu'il a reçu.
II. — L'officier, fonctionnaire et autre qui, étant en congé, est appelé par ordre du Ministre à faire partie momentanément d'une commission, recouvre ses droits à la solde de présence pour la durée de son service dans cette position.

Art. 21. — *Officiers, fonctionnaires et autres rentrant de captivité, mis en non-activité ou licenciés.* — I. — L'officier, fonctionnaire, employé et agent civil ou militaire des services coloniaux ou locaux qui revient de captivité à l'ennemi, reçoit la solde d'activité de son grade ou de son emploi du jour inclus de sa rentrée en France ou dans les colonies, s'il n'a pas été remplacé dans son corps ou à son poste et s'il le rejoint immédiatement.
II. — L'officier qui a été mis en non-activité reçoit la solde afférente à cette position du jour inclus de sa rentrée en France.
Le fonctionnaire, l'employé ou l'agent qui n'est pas susceptible d'être mis en non-activité peut recevoir, par décision spéciale du Ministre, s'il a été licencié pour toute autre cause que pour un acte d'indiscipline, une indemnité une fois payée égale à sa solde d'Europe pendant un mois au moins et six mois au plus.

Art. 22. — *Élèves nommés à un emploi après leur sortie de l'école.* — I. — Les élèves sortant de l'école coloniale, pour être employés au service des colonies, ont droit à la solde de présence de l'emploi qu'ils sont destinés à remplir lorsque, après leur sortie de l'école, ils reçoivent l'ordre de se rendre immédiatement au poste qui leur est assigné.
II. — Ils sont rappelés de ladite solde du jour inclus de leur départ dûment constaté.
III. — Dans le cas contraire, ils n'ont droit qu'à la solde de congé.

§ 3. — *Solde de traversée*

Art. 23. — *Position donnant droit à la solde de traversée.* — Les officiers, fonctionnaires, employés et agents civils et militaires des services coloniaux ou locaux se rendant d'Europe ou d'une colonie dans la colonie où ils sont appelés à servir, et réciproquement, reçoivent, pendant la traversée, la solde d'Europe dégagée de tous accessoires.

Art. 24. — *Disparition d'un bâtiment en mer. Époque de la cessation de la solde.* — I. — En cas de disparition d'un bâtiment à la mer, le droit à l'allocation de la solde pour les officiers, fonctionnaires, employés et agents civils et militaires des services coloniaux ou locaux présents à bord à la date des dernières nouvelles, est arrêté le soixante-et-unième jour à compter de cette date, sans préjudice des dispositions de l'article 115 concernant les délégations.

II. — La présomption de la perte est établie par décision du ministre, conformément aux règles spéciales suivies par le département de la marine.

§ 4. — *Solde coloniale*

Art. 25. — *Positions donnant droit à la solde coloniale.* — I. — La solde coloniale est allouée aux officiers, fonctionnaires, employés et agents civils et militaires des services coloniaux ou locaux pendant la durée de leurs services aux colonies.

Toutefois, les évêques continuent à toucher la même solde dans toutes les positions de congé régulier.

II. — Les officiers, fonctionnaires, employés et agents civils et militaires des services coloniaux ou locaux, qui sont envoyés en mission soit dans la colonie où ils sont en service, soit de cette colonie dans une autre colonie, ou un pays étranger hors d'Europe, sans cesser d'appartenir au service de la colonie dont ils sont détachés, continuent d'avoir droit à la solde coloniale, cumulativement avec les allocations auxquelles ils peuvent prétendre pour l'accomplissement de leur mission.

III. — Le droit à la solde coloniale court du jour inclus du débarquement aux colonies et cesse le jour de l'embarquement pour rentrer en France.

IV. — Les officiers, fonctionnaires, employés et agents civils et militaires des services coloniaux ou locaux débarqués dans la colonie où ils sont appelés à servir, et qui sont retenus en quarantaine au lazaret, ont droit, pendant la quarantaine, à la solde coloniale sans accessoires, mais avec jouissance de l'indemnité de séjour.

Ceux qui en cours de voyage subissent la même quarantaine, n'ont droit qu'à la solde de traversée avec l'indemnité de séjour.

V. — Pour les fonctionnaires, employés et agents qui se trouvent dans l'une des situations prévues par le quatrième paragraphe de l'article 5, la solde coloniale cesse le jour où ils quittent leurs fonctions.

S'ils sont envoyés d'Europe ou d'une autre colonie, ils reçoivent la solde d'Europe du jour inclus où ils quittent leurs fonctions au jour exclu de leur embarquement, mais sans que cette solde puisse leur être payée pendant une période supérieure à trente jours.

VI. — Toutefois pour les Gouverneurs et chefs d'administration, le traitement afférent à leur emploi ne leur est alloué qu'à compter du jour de leur entrée en fonction.

Lorsqu'ils sont remplacés, ils reçoivent le traitement d'Europe de leur emploi, à partir du jour de l'entrée en fonctions de leur successeur.

VII. — Il est également fait exception à cette règle à l'égard des évêques, qui n'entrent en possession de leur traitement qu'après la publication des bulles relatives à l'institution canonique, et à l'égard des vicaires généraux qui reçoivent leur traitement du jour où il sont agréés par le Gouverneur de la colonie.

VIII. — La solde coloniale pour les officiers, fonctionnaires ou agents, est déterminée par les tarifs annexés au présent décret.

Art. 26. — *Officiers promus à un nouveau grade; fonctionnaires, employés et agents nommés à une nouvelle fonction, étant en service aux colonies.* — I. — Les officiers, ainsi que les fonctionnaires, employés et agents de l'ordre militaire qui, étant en service aux colonies sont promus à un nouveau grade ou à un nouvel emploi, ont droit à la solde de ce nouveau grade ou de ce nouvel emploi à compter de la date du décret ou de la décision portant nomination.

II. — Les Gouverneurs qui, étant en fonctions dans une colonie, sont appelés à servir dans une autre colonie, reçoivent le traitement d'Europe de leur nouvel emploi du jour de la remise de leur service.

III. — Les fonctionnaires, employés et agents de l'ordre civil qui, étant en service dans une colonie, sont nommés à une nouvelle fonction ou à un nouvel emploi, et qui sont appelés à changer de colonie par suite de leur nomination, ne reçoivent la solde coloniale de leur nouvelle fonction ou de leur nouvel emploi que du jour de leur arrivée dans la colonie où ils doivent continuer leurs services.

IV. — Du jour de leur nomination au jour exclu de leur embarquement pour suivre leur nouvelle destination, ils continuent à recevoir la solde coloniale de leur ancienne fonction ou de leur ancien emploi.

Lorsque la solde d'Europe de la nouvelle fonction ou du nouvel emploi est supérieure à la solde coloniale de l'ancienne fonction ou de l'ancien emploi, cette solde d'Europe est seule allouée du jour de la nomination au jour de l'embarquement.

Du jour de leur embarquement pour suivre leur nouvelle destination jusqu'au jour exclu de leur débarquement dans la colonie où ils doivent continuer leurs services, ils ont droit à la solde d'Europe de leur nouvelle fonction ou de leur nouvel emploi.

V. — Les fonctionnaires, employés et agents de l'ordre civil qui, étant en service dans une colonie, sont nommés, sans changer de colonie, à une nouvelle fonction ou à un nouvel emploi, reçoivent la solde de leur nouvelle fonction du jour inclus où ils prennent possession de cette nouvelle fonction, ou la solde de leur nouvel emploi du jour inclus où ils ont reçu notification de leur nomination.

SECTION II
SOLDE DE PERMISSION

Art. 27. — *Définition de la permission.* — Toute absence autorisée prend le nom de permission, lorsqu'elle s'applique à une période égale ou inférieure à trente jours, sauf l'exception prévue aux paragraphes 7 et 8 de l'article 29 ci-après.

Art. 28. — *Paiement de la solde de permission.* — I. — Les officiers, fonctionnaires, employés et agents civils et militaires des services coloniaux ou locaux qui obtiennent des permissions, sont payés de leur traitement d'activité jusqu'au jour où ils entrent en jouissance de leur permission.

II. — Les officiers, fonctionnaires, employés et agents civils et militaires des services coloniaux ou locaux ne peuvent être payés de leur solde de permission sans la production:

1° Du livret dont ils doivent être porteurs, et qui constate l'époque à laquelle le titulaire a cessé d'être payé;

2° De leur feuille de route;

3° Du titre établissant leur position.

III. — Le livret indique s'ils sont, ou non, passibles de retenues pour débet envers l'État.

IV. — Pour obtenir le paiement de leur solde, les officiers, fonctionnaires, employés et agents civils et militaires des services coloniaux ou locaux doivent s'adresser, en France: dans les ports, au correspondant administratif du service des colonies; à Paris,

40.

dans les bureaux de l'administration centrale ; et aux colonies, suivant les services auxquels ils appartiennent, au directeur de l'intérieur, au directeur de l'administration pénitentiaire, au chef du service administratif ou à leurs délégués.

Art. 29. — *Permissions. Par qui accordées. Droits résultant des permissions.* — I. — Les permissions sont accordées par le ministre aux hauts fonctionnaires relevant directement de son autorité ;

Par les Gouverneurs, aux chefs d'administration ou de service ;

Par les chefs d'administration ou de service, d'après les instructions du ministre ou des gouverneurs, aux officiers, fonctionnaires, employés et agents civils et militaires des services coloniaux ou locaux placés sous leur autorité.

II. — Les permissions ne peuvent être accordées à solde entière pour plus de trente jours.

Lorsque l'absence doit être d'une plus longue durée, la prolongation ne peut être autorisée que par un congé dont la solde est déterminée, suivant sa nature, par les articles 39 et suivants.

III. — Si la durée totale de son absence par permission, en une ou plusieurs fois, ne s'est pas prolongée au delà de trente jours (du 1er janvier au 30 décembre de la même année), l'officier, fonctionnaire, employé ou agent en permission a droit, à l'exclusion des suppléments de fonctions ou des indemnités de représentation, à la totalité du traitement qu'il recevait au moment où il a commencé à jouir de sa permission.

IV. — Si l'ensemble des permissions accordées dans le courant d'une année (du 1er janvier au 31 décembre) dépasse la limite ci-dessus, l'intégralité du traitement n'est maintenue que jusqu'à concurrence de trente jours, et le surplus de l'absence ne donne droit qu'à la solde de congé pour affaires personnelles.

V. — Toute permission accordée antérieurement à un congé doit être comprise dans la durée de ce congé, si le titulaire n'a pas rejoint son poste à l'expiration de sa permission et avant d'avoir obtenu son congé.

VI. — Les permissions d'absence doivent faire l'objet d'une mention spéciale sur le livret de solde.

VII. — Par exception aux dispositions du paragraphe 2 du présent article, il ne peut être accordé aux officiers, fonctionnaires, employés ou agents, des permissions pour se rendre d'une colonie en France, de France dans une colonie, ou d'une colonie dans une autre colonie.

Ces permissions donnent droit, pendant quarante-cinq jours au maximum, quelle que soit la durée de la traversée, à la solde d'Europe dégagée de tous accessoires.

Si la durée de l'absence se prolonge au delà de quarante-cinq jours, la solde de congé pour affaires personnelles peut seule être allouée pour tout le temps de l'absence.

VIII. — Ces permissions spéciales sont accordées par l'autorité locale, mais une seule fois dans le cours d'une année. Elles sont exclusives de toute autre permission d'absence à solde entière pendant la même année. Le rappel de la solde a lieu sur la production d'une feuille de route visée à l'arrivée et au départ, aussi bien dans le port d'embarquement que dans celui de débarquement, soit en France, soit aux colonies.

Art. 30. — *Durée des permissions.* — I. — La durée des permissions comprend le temps de l'aller et celui du retour. Elle court pendant le séjour à l'hôpital.

II. — L'entrée en jouissance d'une permission doit être immédiate.

Art. 31. — *Inscription des permissions sur les contrôles de solde et sur les livrets de solde.* — I. — Tout officier, fonctionnaire, employé et agent civil ou militaire des services coloniaux ou locaux qui obtient une permission, est tenu de présenter lui-même, dans les vingt-quatre heures, le titre dont il est porteur au visa de l'autorité administrative.

II. — Toute permission doit être immédiatement inscrite sur les contrôles de solde de l'intéressé.

III. — Le visa doit être refusé pour toute permission qui serait accordée contrairement aux règles tracées par le présent décret.

Art. 32. — *Officiers, fonctionnaires ou autres dépassant la limite de leur permission.* — I. — L'officier, fonctionnaire, employé ou agent civil ou militaire des services coloniaux ou locaux qui, étant en permission, rentre après le terme fixé pour l'expiration de sa permission, ne reçoit aucune solde pour la durée de son absence illégale, à moins que le retard n'ait été causé par circonstance de force majeure ou par maladie. Dans ce dernier cas, il doit présenter, soit un billet de sortie de l'hôpital maritime, militaire ou civil, soit un certificat dûment légalisé du médecin qui l'a soigné, indiquant la nature de la maladie et le temps qu'a exigé le traitement.

II. — L'officier, fonctionnaire, employé ou agent civil ou militaire des services coloniaux ou locaux qui, étant en permission, ne peut, pour les causes énoncées au paragraphe ci-dessus, rentrer à son poste à l'expiration de son congé, doit prévenir immédiatement son chef direct. Il est considéré comme étant encore en congé pour tout le temps écoulé depuis l'expiration de sa permission jusqu'au jour exclu de sa rentrée à son poste.

III. — Dans ce cas, le titulaire d'une permission conserve l'intégralité de son traitement dans la limite de trente jours, prévue par le paragraphe 4 de l'article 20, en tenant compte, s'il y a lieu, de la durée des permissions à accorder depuis le 1er janvier de l'année. Au-delà de cette période, l'intéressé ne reçoit que la moitié de ce traitement.

Art. 33. — *Visa des permissions au retour.* — Tout officier, fonctionnaire, employé ou agent civil ou militaire des services coloniaux ou locaux rentrant de permission, est tenu de se présenter, à l'autorité administrative dont il relève, pour faire constater par un visa, sur son congé ou sa permission, la date du retour à son poste.

SECTION III
SOLDE D'HOPITAL

Art. 34. — *Officiers, fonctionnaires, employés et autres admis dans les hôpitaux.* — I. — Les officiers, fonctionnaires, employés et agents civils et militaires des services coloniaux ou locaux, en traitement dans les hôpitaux, continuent à recevoir la solde à laquelle ils avaient droit au jour de leur entrée à l'hôpital.

II. — Pendant la durée de leur séjour dans les hôpitaux, ils subissent sur leur solde une retenue journalière dont le taux est déterminé par le tarif n° 33 annexé au présent décret.

III. — Cette retenue est exercée pour chaque journée passée effectivement à l'hôpital depuis le jour de l'admission jusqu'à celui de la sortie exclusivement.

IV. — En cas de décès, la solde est due aux héritiers jusqu'au jour du décès inclusivement, sous la déduction des retenues à opérer conformément aux dispositions du paragraphe 2 du présent article.

V. — L'officier, fonctionnaire, employé ou agent, qui ne rejoint pas son poste immédiatement après sa sortie de l'hôpital, n'a droit à aucun rappel pour le temps qui s'est écoulé depuis sa sortie de l'hôpital jusqu'au jour de sa rentrée à son poste.

Art. 35. — *Paiement de la solde des officiers, fonctionnaires et autres, en traitement dans les hôpitaux.* — I. — Les officiers, fonctionnaires, employés et agents civils et militaires des services coloniaux ou locaux, en traitement dans les hôpitaux, sont payés mensuellement de la solde à laquelle ils ont droit.

II. — Le Ministre chargé des colonies autorise également le paiement de la solde des officiers, fonctionnaires, employés et autres admis dans les asiles d'aliénés.

III. — Les permissions, les congés et les prolongations de congés courent pendant leur séjour à l'hôpital.

Art. 36. — *Officiers, fonctionnaires et autres admis dans les hôpitaux, étant en permission ou en congé.* — I. — Les officiers, fonctionnaires, employés et agents civils et militaires des services coloniaux ou locaux qui tombent malades étant en congé ou en permission avec solde, sont admis dans les hôpitaux sur la présentation de leur titre de permission ou de congé.

II. — Le jour de l'admission et celui de la sortie sont annotés sur le congé ou la permission par le fonctionnaire qui a délivré le billet d'entrée à l'hôpital.

III. — Les officiers, fonctionnaires, employés et agents qui entrent à l'hôpital après l'expiration de leur congé ou de leur permission, n'ont droit à aucune solde, depuis le jour de l'expiration de leur congé ou de leur permission jusqu'à celui de leur entrée à l'hôpital.

Art. 37. — *Officiers, fonctionnaires et autres admis dans les hôpitaux, étant en congé sans solde.* — Les officiers, fonctionnaires, employés et agents civils et militaires des services coloniaux ou locaux qui tombent malades, étant en congé sans solde, peuvent être admis dans les hôpitaux. Leur entrée et leur sortie sont constatées selon le mode prescrit par l'article précédent.

Art. 38. — *Officier, fonctionnaire ou autre qui rejoint son poste à sa sortie de l'hôpital.* — Si l'officier, fonctionnaire, employé ou agent civil ou militaire des services coloniaux ou locaux rejoint son poste, ou se met à la disposition de l'autorité dont il relève à sa sortie de l'hôpital, il subit sur sa solde courante la retenue fixée par le tarif n° 33 annexé au présent décret, pour le nombre de jours effectifs qu'il a passés à l'hôpital.

Dans le cas contraire, il doit verser au trésor public, à sa sortie de l'hôpital, le montant de cette retenue.

SECTION IV

SOLDE DE CONGÉ

Art. 39. — *Définition du congé.* — Sauf l'exception prévue au paragraphe 7 de l'article 29 ci-dessus, toute absence autorisée prend le nom de congé, lorsqu'elle s'applique à une période de plus de trente jours.

Art. 40. — *Différentes espèces de congés.* — On distingue sept espèces de congés ;

1° Les congés pour affaires personnelles ;

2° Les congés accordés :

Aux officiers, fonctionnaires, employés et agents civils et militaires des services coloniaux ou locaux, après un séjour consécutif aux colonies dont la durée minimum est fixée comme suit :

Trois ans pour les colonies du Sénégal, de la Guyane, des divers établissements de la côte occidentale d'Afrique, du Gabon et Congo, d'Obock, de Mayotte et dépendances, de Diégo-Suarez et dépendances, et de l'Indo-Chine ;

3° Les congés accordés : aux officiers de santé employés dans les colonies à titre auxiliaire, en vue de subir devant les facultés de médecine les examens du doctorat, ainsi que ceux accordés aux médecins et pharmaciens titulaires servant aux colonies, qui sont autorisés à venir en France prendre part à des concours ou examens universitaires ;

Aux officiers, fonctionnaires, employés et agents, pour venir subir en France les examens ou les concours nécessités par leur carrière ;

4° Les congés de convalescence ;

5° Les congés pour faire usage des eaux thermales ou minérales ;

6° Les congés accordés aux officiers, fonctionnaires, employés et agents civils et militaires des services coloniaux ou locaux, autorisés à prêter leur concours à des entreprises commerciales ou industrielles ;

7° Les congés spéciaux accordés aux fonctionnaires, employés et agents provenant d'autres départements ministériels, en expectative de réintégration dans ces départements.

Art. 41. — *Congés. Par qui accordés.* — I. — Les congés définis par les paragraphes 3, 6 et 7 de l'article précédent sont concédés :

Aux officiers, fonctionnaires, employés et agents civils et militaires des services coloniaux ou locaux servant en France ou aux colonies, par le Ministre chargé des colonies.

II. — Les congés pour affaires personnelles sont concédés :

1° Aux officiers, fonctionnaires, employés et agents servant en France, par le Ministre chargé des colonies, sur la proposition de l'autorité supérieure dont ils relèvent ;

2° Aux officiers, employés et agents servant aux colonies, par les gouverneurs dans la limite de trois mois, mais seulement dans des circonstances tout-à-fait exceptionnelles, à la condition de rendre compte immédiatement au Ministre des congés accordés ;

3° Aux divers agents qui sont à la nomination de l'autorité locale, par cette autorité locale dans la limite de trois mois.

En aucun cas, les congés pour affaires personnelles ne pourront être transformés, pendant la durée desdits congés, en congés de convalescence.

III. — Les congés dont sont appelés à jouir, conformément aux dispositions du paragraphe 2 du présent article, les officiers, fonctionnaires, employés et agents civils et militaires des services coloniaux ou locaux, sont concédés en France par le ministre, dans les colonies par les gouverneurs, à condition d'en rendre compte au ministre sans aucun délai.

IV. — Les congés de convalescence sont accordés :

1° Par le ministre chargé des colonies aux officiers, fonctionnaires, employés et agents présents en France, ainsi qu'à ceux qui sont appelés à servir dans la métropole ou à changer de colonie, lorsqu'ils doivent passer par la France pour se rendre à leur nouveau poste ;

2º Par les Gouverneurs aux officiers, fonctionnaires, employés et agents servant dans les colonies, lorsqu'ils doivent continuer à y résider, que ce congé soit à passer en France ou dans la colonie où ils sont en service, ou dans leur colonie d'origine, ou enfin s'ils sont appelés à servir dans une autre colonie et qu'ils doivent s'y rendre sans passer par la France.

Dans le cas où le congé est à passer en France, la durée du congé est fixée par le Ministre sur la proposition du conseil supérieur de santé.

V. — Les congés pour faire usage des eaux thermales ou minérales sont accordés :

1º En France par le Ministre chargé des colonies, sur la proposition de l'autorité compétente, appuyée d'une délibération du conseil supérieur de santé ;

2º Aux colonies par les Gouverneurs, dans les mêmes conditions que pour la France.

Lorsque les officiers, fonctionnaires, employés et agents civils et militaires des services coloniaux ou locaux, qui ont obtenu des congés pour faire usage des eaux thermales ou minérales, désirent être hospitalisés, les demandes d'hospitalisation sont adressées en France au Ministre chargé des colonies, et dans les établissements d'outre-mer aux Gouverneurs de ces établissements.

Art. 42. — *Congés pour affaires personnelles.*
I. — Les congés pour affaires personnelles donnent droit à la moitié de la solde d'Europe.

II. — Les Gouverneurs ainsi que les évêques ont droit à la solde d'Europe pendant la durée des congés pour affaires personnelles.

Art. 43. — *Congés administratifs.* — I. — Les congés accordés après trois ou cinq années de séjour consécutif aux colonies donnent droit, pendant six mois, à la solde entière d'Europe.

II. — Des prolongations de congé qui n'auront pas pour effet d'étendre la durée de l'absence au delà d'une année, peuvent être accordées par le Ministre et donnent droit à la moitié de la solde d'Europe.

III. — Lorsqu'un officier, fonctionnaire, employé ou agent civil ou militaire des services coloniaux ou locaux, rentré en France en vertu d'un congé de convalescence, remplira les conditions de séjour fixées par le paragraphe de l'article 40, il pourra obtenir la transformation de son congé de convalescence en congé administratif, mais dans ce cas, la durée des deux congés se confondra, et le bénéfice de la solde entière ne pourra être maintenu que pendant six mois.

Art. 44. — *Congés accordés aux officiers de santé.* — I. — Il pourra être accordé aux officiers de santé employés dans les colonies à titre auxiliaire, et qui seraient autorisés par le Ministre à venir en France subir les examens du doctorat en médecine devant les facultés, des congés leur donnant droit, pendant six mois, à la solde de présence en Europe. Au delà de ce terme, aucune prolongation de congé ne pourra leur être accordée à solde entière.

II. — Les congés accordés aux médecins et pharmaciens titulaires servant aux colonies, pour venir en France prendre part à des concours ou examens, leur donnent droit à la solde d'Europe pendant quatre mois, s'il s'agit de concours d'avancement ou d'emplois rétribués par le Département des colonies.

Dans le cas contraire, ils ne reçoivent que la demi-solde d'Europe.

III. — Dans le cas prévu par le paragraphe 1er du présent article, le titulaire d'un congé est tenu, pour obtenir le paiement de sa solde, de faire constater sa présence à la faculté par la production d'un certificat mensuel signé par le doyen. Ce certificat doit, en outre, mentionner le degré d'avancement du candidat dans les examens du doctorat.

IV. — Dans les cas prévus par le paragraphe 2 du présent article, le titulaire d'un congé est tenu de subir les épreuves pour lesquelles il s'est fait inscrire ; s'il laisse passer sans y prendre part le concours ou l'examen en vue duquel il a sollicité et obtenu un congé, il est immédiatement placé dans la position de congé sans solde, et y est maintenu jusqu'à ce qu'il ait rejoint son poste.

Les dispositions qui précèdent sont applicables aux officiers, fonctionnaires, employés et agents civils et militaires des services coloniaux ou locaux qui sont autorisés à venir en France pour y subir les examens ou les concours nécessités par leur carrière.

Art. 45. — *Congés du personnel de l'administration centrale.* — En cas de maladie dûment constatée par le conseil supérieur de santé, le personnel de l'administration centrale peut obtenir des congés de convalescence, qui donnent droit au traitement entier pendant une durée n'excédant pas trois mois.

Toute prolongation de congé n'est concédée qu'à demi-solde, à moins de décision contraire du ministre pour des cas spéciaux.

Après une année d'absence en congé, les fonctionnaires, employés et agents de l'administration centrale sont traités d'après les règles tracées par les paragraphes 7, 8, 9 et 10 de l'article 46 du présent décret.

Art. 46. — *Congés de convalescence.* — I. — Les congés de convalescence donnent droit à la moitié de la solde d'Europe, sauf les conditions ci-après :

II. — Les officiers, fonctionnaires, employés et agents civils et militaires des services coloniaux, qui obtiennent un congé de convalescence après un séjour d'un an au moins aux colonies, conservent la solde d'Europe dans la limite de trois mois.

III. — Lorsque l'autorité supérieure locale en fait la demande formelle et motivée, sur l'avis du conseil supérieur de santé, la même solde peut être également conservée, mais dans la limite de deux mois seulement, aux officiers, fonctionnaires et agents des divers corps des colonies servant en France qui obtiennent un congé de même nature, ainsi qu'à ceux qui, revenant d'une colonie, ne remplissent pas les conditions énoncées au paragraphe 2 ci-dessus.

IV. — Par exception aux dispositions qui précèdent, la solde d'Europe est conservée dans la limite de six mois aux officiers, fonctionnaires, employés et agents civils et militaires des services coloniaux ou locaux, qui, ayant obtenu un congé de convalescence, se trouvent dans l'un des cas spécifiés ci-après :

1º Retour en France à la suite d'une maladie épidémique ou endémique ;

2º Séjour de trois mois au moins dans l'une des colonies du Sénégal, de la Guyane, des divers établissements de la côte occidentale d'Afrique, du Gabon-Congo, d'Obock, de Mayotte et dépendances, de Diégo-Suarez et dépendances, et de l'Indo-Chine.

V. — Sauf les cas extraordinaires, à l'égard desquels il sera statué par le ministre chargé des colonies, et après une proposition spéciale et motivée sur avis du conseil supérieur de santé, les prolongations de congé au même titre, qui auront pour effet d'étendre la durée de l'absence au-delà des délais ci-dessus spécifiés, ne comporteront que la solde dite de congé (demi-solde).

Il est fait exception à cette règle en ce qui concerne les gardiens concierges des bâtiments militaires non titulaires de pension de retraite, qui conservent, pendant toute la durée de leur congé, l'intégralité de leur solde coloniale, dégagée de tous accessoires.

VI. — Après une année passée en congé de convalescence, les officiers des divers corps coloniaux sont placés d'office dans la position de non-activité pour infirmités temporaires, à moins qu'il n'ait été reconnu, par l'autorité médicale, qu'un nouveau congé de six mois pourra leur permettre de reprendre le service actif.

Sauf décision spéciale et motivée du ministre chargé des colonies, cette nouvelle prolongation ne donnera droit qu'à la demi-solde d'Europe.

VII. — Après une année d'absence en congé de convalescence, le fonctionnaire, l'employé et l'agent de l'ordre civil est soumis à l'examen de l'autorité médicale, qui déclare si la maladie est incurable, ou si un délai de six mois est suffisant pour en obtenir la guérison.

VIII. — Si la maladie est incurable et qu'elle soit de nature à ouvrir des droits à une pension, le fonctionnaire, l'employé ou l'agent est immédiatement admis à faire valoir ses droits à la retraite.

Si l'infirmité est incurable et qu'elle ne soit pas de nature à ouvrir des droits à une pension, le fonctionnaire, l'employé ou l'agent reçoit, pendant une nouvelle période de six mois, la demi-solde d'Europe.

À l'expiration de ce terme, il est licencié de plein droit.

IX. — Si l'autorité médicale a déclaré que la blessure ou la maladie est susceptible d'être guérie dans un délai de six mois, le fonctionnaire, l'employé ou l'agent qui en est atteint continue à recevoir, pendant ce délai, la demi-solde d'Europe.

Si, à l'expiration de ce nouveau délai, l'intéressé n'est pas en état de reprendre son service, il est soumis dans les conditions prévues au paragraphe 7 ci-dessus, à un nouvel examen médical. Il est alors procédé comme il est dit au deuxième alinéa du paragraphe 8 du présent article, mais la nouvelle prolongation qui pourra lui être accordée ne donnera droit à aucune solde.

X. — Dans tous les cas prévus au présent article, les actes de l'autorité médicale qui aura visité et contrevisité le fonctionnaire, l'employé ou l'agent, seront soumis à l'examen du conseil supérieur de santé.

Art. 47. — *Prolongation de congé.* — Dans les cas prévus par les articles 42, 43 et 44, les prolongations qui ont pour effet d'étendre la durée totale de l'absence par congé au-delà d'une année, ne donnent droit à aucune solde.

Art. 48 (1). — *Congé pour faire usage des eaux thermales ou minérales.* — I. — Des congés avec jouissance de la solde d'Europe peuvent être accordés pour faire usage des eaux thermales ou minérales. La durée de ces congés est égale au double du temps passé dans les stations thermales, sans pouvoir excéder la limite de deux mois, sauf les exceptions prévues aux paragraphes 2, 3 et 8 ci-après.

II. — Lorsque le besoin d'un redoublement de saison aura été constaté par les médecins parti-

culiers des eaux, une prolongation de congé d'un mois, ou s'il est nécessaire, d'une durée égale à la saison, pourra être accordé, avec jouissance de la même solde, par décision ultérieure du Ministre.

Lorsque la saison est de soixante jours et au delà, une prolongation d'un mois est accordé de plein droit.

III. — Les dispositions des paragraphes 1er et 2 du présent article, relatives à la durée des congés et prolongations de congés pour eaux thermales ou minérales, ne sont pas applicables au personnel de l'administration centrale des colonies, pour lequel le Ministre fixe, sur la proposition du conseil de santé, la durée de l'absence en ce qui concerne spécialement les congés et prolongations de congés de l'espèce.

IV. — L'officier, fonctionnaire, employé ou agent qui, s'étant rendu aux eaux, est empêché d'en faire usage par suite des prescriptions des médecins, conserve le droit à la solde entière pendant le temps qu'il a été contraint de passer dans la station thermale.

V. — Pour obtenir ultérieurement le rappel de leur solde, les officiers, fonctionnaires, employés et agents ont à produire un certificat du médecin en chef des eaux constatant le temps pendant lequel ils y ont été traités.

VI. — Ceux qui viennent des établissements près desquels il existe un hôpital militaire ont à produire, en outre, un certificat du médecin en chef de l'hôpital constatant s'ils ont été, ou non, hospitalisés, et, dans le cas de l'affirmative, la durée de leur séjour à l'hôpital.

Cette disposition n'est pas applicable aux officiers supérieurs ou assimilés qui ne peuvent pas être hospitalisés.

VII. — Les officiers, fonctionnaires, employés et agents civils et militaires des services coloniaux ou locaux qui, étant en congé à solde réduite, obtiennent du ministre, dans les conditions du paragraphe premier du présent article, l'autorisation de faire usage des eaux, recouvrent les droits à la solde entière pendant le double de la durée de leur séjour dans les établissements thermaux.

VIII. — Dans le cas où il a été établi, par des certificats légalisés et émanant de deux médecins militaires ou civils consultants des eaux thermales ou minérales, que la maladie, dont est atteint l'officier, le fonctionnaire, l'employé ou l'agent civil ou militaire des services coloniaux ou locaux, exige un traitement interrompu par une période de repos n'excédant pas trente jours, le congé pour les eaux sera augmenté d'une durée égale à celle de l'interruption.

IX. — Dans le cas où les places disponibles dans l'hôpital militaire d'une station d'eaux thermales ou minérales ne seraient pas suffisantes pour recevoir tous les malades que le conseil supérieur de santé aurait classés pour y être traités, là demi-indemnité de séjour pourra être accordée aux officiers, fonctionnaires, employés ou agents, sur l'avis du conseil supérieur de santé et par décision spéciale du ministre. Toutefois, cette demi-indemnité ne sera accordée qu'aux officiers, fonctionnaires ou agents pour lesquels le Conseil supérieur de santé aurait proposé l'envoi d'office (1).

X. — Dans le cas où le conseil supérieur de santé

---

(1) Voir ci-après, Instructions ministérielles du 30 septembre 1890.

(1) Ainsi complété par décret du 27 janvier 1894, publié V° *Indemnités*, avec la circulaire ministérielle du 15 février 1894.

aurait jugé utile, pour certains malades, de les envoyer dans les stations d'eaux thermales ou minérales autres que celles possédant un hôpital militaire, ces malades auront droit à l'indemnité de séjour.

XI. — Dans les colonies, les congés prévus par le présent article sont accordés par le Gouverneur.

Art. 49. — *Congés accordés aux fonctionnaires et agents rendus aux départements ministériels auxquels ils étaient empruntés.* — I. — Les fonctionnaires et agents des services métropolitains qui, sans cesser de faire partie des cadres de leur administration, ont été détachés dans l'un des services des colonies pour y remplir des emplois de leur spécialité, et qui doivent être rendus au Département ministériel auquel ils ont été empruntés, peuvent obtenir du Ministre chargé des colonies des congés spéciaux en attendant leur réintégration.

II. — Ces congés sont accordés à solde entière, dans la limite maximum de six mois, sauf prolongation à demi-solde pendant six autres mois pour les agents qui sont rendus d'office.

III. — Lorsque les intéressés quittent le service des colonies sur leur demande, ils n'ont droit qu'à la demi-solde d'Europe.

Pour ces derniers, la durée des congés spéciaux s'ajoute aux congés de toute nature antérieurement obtenus pendant le cours d'une même année. Les dispositions de l'article 47 du présent décret doivent ensuite leur être appliquées.

Les fonctionnaires et agents remis d'office et par mesure disciplinaire à la disposition de leur Département, ne peuvent prétendre à ces congés.

Art. 50. — *Congés pour servir dans le commerce ou l'industrie.* — Les officiers, fonctionnaires et agents du service colonial peuvent obtenir des congés pour servir dans des entreprises commerciales ou industrielles intéressant spécialement les colonies.

Les titulaires de ces congés sont placés hors cadres pendant une période qui ne peut excéder trois années.

Ils n'ont droit à aucune solde.

Art. 51. — *Quotité de la solde des congés accordés au personnel colonial.* — La solde de congé pour les officiers, fonctionnaires et agents est toujours calculée sur le pied du traitement d'Europe, soit qu'ils passent leur congé aux colonies, soit qu'ils se rendent en congé en Europe ou hors d'Europe.

Art. 52. — *Certificats de visite. Par qui délivrés.* — I. — Les demandes de congé de convalescence et de prolongation, formulées au même titre par les officiers, fonctionnaires, employés et agents civils et militaires des services coloniaux ou locaux présents aux colonies, sont appuyées de certificats de visite délivrés par le conseil de santé.

Pour les officiers, fonctionnaires, employés et agents qui, après un séjour aux colonies, sont appelés à servir en France ou qui, devant changer de colonie, ont à passer par la France pour se rendre à leur nouveau poste, les certificats de contre-visite sont établis par l'autorité médicale du port de débarquement.

II. — Les demandes de même nature, formées par les officiers, fonctionnaires, employés et agents présents en France ou déjà en congé, sont appuyées de certificats de visite et contre-visite délivrés par les officiers de santé des hôpitaux militaires ou maritimes, ou à défaut, par les médecins des hôpitaux civils.

III. — Pour les officiers et autres résidant à Paris, les certificats sont délivrés par l'un des membres du conseil supérieur de santé.

IV. — Les dispositions du présent article sont applicables aux demandes faites par les officiers, fonctionnaires, employés et agents, pour obtenir l'autorisation d'aller prendre les eaux thermales ou minérales. Dans ce cas, le certificat de visite indiquera l'établissement sur lequel ils doivent être dirigés.

V. — Dans tous les cas, les certificats de visite et de contre-visite sont soumis à l'examen du conseil supérieur de santé.

Art. 53. — *Mode d'envoi des demandes de congé et de prolongation de congé.* — I. — Les demandes de congé ou de prolongation de congé doivent être adressées par la voie hiérarchique à l'autorité compétente.

II. — Les officiers, fonctionnaires et agents qui, étant en France, ne se trouvent pas dans une localité où réside une autorité coloniale, peuvent adresser directement au ministre chargé des colonies leur demande de prolongation de congé.

Art. 54. — *Élèves obtenant un congé à la sortie de l'école.* — Lorsqu'ils ne reçoivent pas l'ordre de se rendre immédiatement au poste qui leur a été assigné, les élèves sortant de l'école coloniale pour être employés au service des colonies ont droit à la moitié de la solde d'Europe, sans accessoires, de l'emploi qu'ils sont destinés à remplir, à compter du jour de leur nomination jusqu'au jour d'arrivée à leur destination en France, ou jusqu'à celui de leur embarquement pour se rendre à leur poste colonial.

Art. 55. — *Officiers, fonctionnaires, employés et agents en congé appelés à siéger aux conseils généraux ou cités en témoignage.* — Les officiers, fonctionnaires, employés et agents civils et militaires des services coloniaux ou locaux qui, étant en congé, sont appelés, sans être obligés de se déplacer, soit à siéger au conseil général d'un département ou d'une colonie, soit à siéger dans un conseil de guerre, un tribunal civil ou maritime, un conseil ou une commission d'enquête, soit à témoigner devant un conseil de guerre, un tribunal civil ou maritime, un conseil d'enquête ou une commission d'enquête, conservent jusqu'à l'expiration de leur congé la solde dont ils jouissaient en congé.

S'ils sont retenus au delà du terme de leur congé, ils ont droit à la solde de présence, à compter du lendemain de l'expiration dudit congé.

Pour obtenir le rappel de leur solde, ils doivent produire le certificat exigé par l'article 18.

Art. 56. — *Congés accordés pour aller aux colonies françaises ou en pays étranger.* — I. — Les congés accordés pour aller de France aux colonies, ou d'une colonie dans une autre, ou en pays étranger, ne peuvent donner droit à la solde pendant plus d'une année, y compris le temps des traversées aller et retour.

Toutefois, le délai d'un an peut être prolongé par décision spéciale du Ministre chargé des colonies, et porté à une durée maximum de dix-huit mois, lorsque la durée présumée de la traversée doit excéder trois mois.

La période de douze ou dix-huit mois, suivant le cas, est calculée du jour du départ à celui de l'arrivée.

II. — Le titulaire du congé doit faire viser sa feuille de route au départ et à l'arrivée, ainsi que sur les points intermédiaires du trajet où il est obligé de s'arrêter pour prendre une autre voie à l'effet de continuer son voyage.

Art. 57. — *Époque à laquelle un congé est périmé.* — Tout congé, dont il n'a pas été fait usage, est considéré comme périmé un mois après la date à laquelle l'officier, fonctionnaire ou agent a reçu avis qu'il était accordé.

Ce délai peut être porté à trois mois par décision spéciale du Ministre chargé des colonies ou des Gouverneurs, pour les congés accordés à l'effet de se rendre outre-mer et *vice versa.*

Art. 58. — *Paiement de la solde de congé.* — I. — Les officiers, fonctionnaires, employés et agents civils et militaires des services coloniaux ou locaux, qui obtiennent des congés, sont payés de leur traitement d'activité jusqu'au jour où ils entrent en jouissance de leur congé.

II. — Les officiers, fonctionnaires, employés et agents en congé ont la faculté de recevoir leur solde à l'expiration de chaque mois.

III. — Les officiers, fonctionnaires, employés et agents ne peuvent être payés de leur solde de congé sans la production :

1° Du livret dont ils doivent être porteurs et qui constate l'époque à laquelle le titulaire a cessé d'être payé ;

2° De leur feuille de route ;

3° Du titre établissant leur position.

IV. — Le livret doit indiquer s'ils sont, ou non, passibles de retenues pour débet envers l'État.

V. — Pour obtenir le paiement de leur solde, les officiers, fonctionnaires, employés et agents doivent s'adresser en France, dans les ports, au correspondant administratif du service des colonies, à Paris, dans les bureaux de l'administration centrale, suivant les services auxquels ils appartiennent, et, aux colonies, au directeur de l'intérieur, au directeur de l'administration pénitentiaire ou au chef du service administratif.

VI. — Les officiers, fonctionnaires, employés et agents civils et militaires des services coloniaux ou locaux en congé dans les départements de l'intérieur, doivent s'adresser par écrit au Ministre chargé des colonies.

Art. 59. — *Durée des congés.* — I. — La durée des congés comprend le temps de l'aller et celui du retour.

II. — Toutefois, pour les officiers, fonctionnaires, employés et agents servant sur un point outre-mer et autorisés à se rendre soit en Europe, soit dans une autre colonie, la durée du congé est indépendante du temps de la traversée et de celui de la quarantaine, quand elle est exigée. En cas d'arrêt volontaire sur un point quelconque de la route, la durée de cet arrêt se confond avec le congé.

En conséquence, le congé ne prend date que du jour du débarquement ou de la sortie du lazaret. Quant aux congés de convalescence, ils ne courent que du lendemain de la visite ou de la contre-visite des intéressés en France, par le service de santé du port de débarquement.

III. — Ainsi qu'il résulte de l'article 35 du présent, les congés et les prolongations de congé courent pendant le séjour à l'hôpital.

Art. 60. — *Inscription et visa des congés.* — I. — Tout officier, fonctionnaire, employé ou agent qui obtient un congé, est tenu de présenter lui-même, dans les vingt-quatre heures, le titre dont il est porteur au visa de l'autorité administrative.

II. — Tout congé doit être immédiatement inscrit sur les contrôles de solde et sur le livret de solde de l'intéressé.

III. — Le visa doit être refusé pour tout congé qui aurait été accordé contrairement aux règles tracées par le présent décret.

Art. 61. — *Époque de la rentrée en jouissance de la solde de présence, à l'expiration d'un congé.* — I. — Les officiers, fonctionnaires ou agents en congé, avec solde ou sans solde, rentrent en jouissance de la solde de présence :

1° S'ils sont employés en France ou dans la colonie où ils ont bénéficié de leur congé, du jour où ils ont rejoint leur poste ;

2° S'ils comptent dans le cadre d'une colonie et qu'ils aient bénéficié de leur congé en France ou dans une colonie autre que celle à laquelle ils appartiennent, du jour où ils arrivent au port d'embarquement, dans les conditions fixées par leur ordre de départ.

II. — Les officiers, fonctionnaires et agents qui, à l'expiration de leur congé, sont maintenus par ordre dans leurs foyers, en attendant leur départ pour la colonie qu'ils doivent rejoindre, conservent, jusqu'au jour exclu de leur arrivée au port d'embarquement, la jouissance de la solde qu'ils recevaient au moment de l'expiration de leur congé.

III. — Ceux qui y sont maintenus sur leur demande sont considérés comme étant en congé pour affaires personnelles.

Les dispositions de l'article 47 du présent décret sont applicables dans ce cas.

Art. 62. — *Officiers, fonctionnaires ou autres dépassant la limite de leur congé.* — I. — L'officier, fonctionnaire, employé ou agent qui étant en congé avec solde, rentre après le terme fixé pour l'expiration de son congé, ne reçoit aucune solde pour la durée de son absence illégale, à moins que le retard n'ait été causé soit par circonstance de force majeure dûment constatée, soit par maladie. Dans ce dernier cas, il doit présenter soit un billet de sortie de l'hôpital, soit un certificat des médecins d'un hôpital maritime, militaire ou civil et, à défaut, un certificat dûment légalisé du médecin qui l'a soigné, indiquant la nature de la maladie et le temps qu'a exigé le traitement.

II. — L'officier, fonctionnaire, employé ou agent qui, étant en congé avec ou sans solde, n'a pu, pour les causes énoncées au paragraphe ci-dessus, rentrer à son poste à l'expiration de son congé, doit prévenir immédiatement son chef direct. Il est considéré comme étant encore en congé, avec ou sans solde, pour tout le temps écoulé depuis l'expiration de son congé jusqu'au jour exclu de sa rentrée à son poste.

III. — Toutefois, l'officier, fonctionnaire, employé ou agent qui jouit d'un congé de convalescence avec solde de présence cesse d'avoir droit à cette solde dès l'expiration de son congé, ou de sa prolongation de congé.

Il n'a droit, au delà de ce terme, qu'à la solde de congé pour affaires personnelles.

Art. 63. — *Officiers, fonctionnaires, ou autres rentrant avant l'expiration de leur congé.* — L'officier, fonctionnaire, employé ou agent en congé, qui use de la faculté de rentrer à son poste avant l'expiration de son congé, recouvre ses droits à la solde de présence à compter du jour de son retour à son poste, ou du jour de son arrivée au port d'embarquement, s'il a été régulièrement autorisé à rejoindre ce poste.

Art. 64. — *Visa des congés au retour.* — Tout officier, fonctionnaire, employé ou agent civil ou militaire des services coloniaux ou locaux rentrant de congé, est tenu de se présenter à l'autorité administrative pour faire constater, par un visa, sur son titre de congé, la date du retour à son poste.

SECTION V
SOLDE DE DÉTENTION

Art. 65. — *Officiers, fonctionnaires et autres en activité, mis en jugement.* — I. — S'ils étaient en activité de service au moment de leur arrestation, les officiers, fonctionnaires, employés ou agents en jugement reçoivent, pendant le temps de leur emprisonnement et jusqu'au jour inclus où la décision judiciaire rendue à leur égard est devenue définitive, la moitié de la solde d'Europe, sans accessoires.

II. — En cas d'acquittement, ils sont rappelés du surplus de leur solde, selon leur position antérieure d'activité, pour tout le temps pendant lequel ils ont été détenus; s'ils sont condamnés, ils n'ont droit à aucun rappel.

III. — Dans ce dernier cas, si la condamnation n'entraîne pas la perte du grade ou de l'emploi, l'officier, fonctionnaire ou agent continue à recevoir la moitié de la solde d'activité jusqu'au jour où sa position est de nouveau fixée, s'il y a lieu, ou jusqu'à l'expiration de sa peine.

IV. — Si la condamnation entraîne la perte du grade ou de l'emploi, l'officier, fonctionnaire, employé ou agent, qui en est l'objet, cesse d'avoir droit à tout traitement à partir du jour où le jugement est devenu définitif.

V. — Les officiers qui se trouvent dans la position de congé sans solde, ne peuvent prétendre à aucune solde, soit pendant la durée de leur emprisonnement, soit à titre de rappel en cas d'acquittement.

Art. 66. — *Officiers en non-activité mis en jugement.* — L'officier en non-activité qui est mis en jugement, reste en possession de sa solde jusqu'au jour du jugement. S'il est condamné et si sa position légale comme officier ne change pas, il conserve la jouissance de la même solde.

Art. 67. — *Officiers, fonctionnaires et autres décédés avant jugement.* — Les héritiers de l'officier, fonctionnaire ou agent détenu, qui vient à mourir avant son jugement, ont droit au rappel, déterminé par le paragraphe 2 de l'article 65, pour le cas d'acquittement.

SECTION VI
SOLDE DE CAPTIVITÉ

Art. 68. — *Droit à la solde.* — La solde de captivité est allouée à tout officier, fonctionnaire, employé ou agent civil ou militaire des services coloniaux ou locaux fait prisonnier de guerre, à compter du lendemain du jour où il est tombé au pouvoir de l'ennemi jusqu'au jour exclu de sa rentrée sur le territoire français (1).

La solde de captivité est fixée, pour le personnel de l'ordre civil, à la moitié de la solde d'Europe, sans accessoires.

Art. 69. — *Paiement aux officiers, fonctionnaires et autres rentrant de captivité.* — I. — Les officiers, fonctionnaires, employés et agents civils et militaires des services coloniaux ou locaux, qui sont restés au moins deux mois au pouvoir de l'ennemi, reçoivent, à leur rentrée sur le territoire français, un acompte de deux mois de la solde de captivité, s'ils déclarent par écrit et sur l'honneur qu'il ne leur a été fait au-

(1) On doit entendre par l'expression « territoire français » la France, les colonies, les pays de Protectorat et les bâtiments battant pavillon français. (Note du *Journal Officiel*).

cun paiement pendant la durée de leur captivité, soit à eux-mêmes, soit à leur mandataire. Dans le cas contraire, l'acompte à payer à leur rentrée est fixé à un mois de solde de captivité. Ce paiement est constaté sur la feuille de route ou livret dont ils sont porteurs.

II. — A leur arrivée à destination, ils sont rappelés de cette solde pour tout le temps de leur captivité, déduction faite de l'acompte qui leur a été payé.

III. — Ceux qui sont restés moins de deux mois au pouvoir de l'ennemi reçoivent, à leur rentrée, le paiement de ce qui leur est dû pour la durée de leur captivité, déduction faite des acomptes qu'ils déclarent avoir reçus ou fait payer à leur mandataire, pendant la durée de leur captivité.

IV. — La solde de captivité des officiers, fonctionnaires, employés et agents prisonniers de guerre peut, sous la déduction des acomptes payés à titre de délégation, être payés, pendant la durée de la captivité, à leur mandataire, après constatation de leur existence par les commissaires près les puissances belligérantes investis de pouvoir à cet effet.

Art. 70. — *Pièces à produire par les prisonniers rentrant de captivité.* — I. — Pour obtenir le paiement auquel il a droit, l'officier, fonctionnaire, employé ou agent rentrant de captivité doit produire, à défaut d'un titre établissant son identité, un certificat du commissaire près la puissance chez laquelle il a été détenu, constatant son grade et le temps pendant lequel il est resté en captivité.

II. — Si cette production n'a pas lieu, le paiement est ajourné jusqu'à ce que les droits de l'intéressé aient été reconnus.

Art. 71. — *Avances aux familles des prisonniers de guerre.* — I. — Lorsque des officiers, fonctionnaires, employés et agents ont été fait prisonniers de guerre, le Ministre chargé des colonies peut, sur la demande de ceux-ci, autoriser les familles à recevoir les deux tiers de leur traitement de captivité.

II. — Ces autorisations ne peuvent avoir d'effet que pour une année si la demande n'a pas été renouvelée, ou si elle n'a pas été accueillie lors de son renouvellement.

III. — Les paiements ont lieu à titre d'avance et la retenue en est opérée sur le décompte de la solde des officiers, fonctionnaires ou agents.

IV. — En cas de décès d'un prisonnier de guerre, les paiements effectués sont considérés comme définitifs, et le trop perçu ne donne lieu à aucune reprise.

CHAPITRE III
SOLDE DE NON-ACTIVITÉ

Art. 72. — *Définition de la solde de non-activité.* I. — La solde de non-activité est due à l'officier dans les cas déterminés par la loi du 19 mai 1834. Elle est réglée, suivant les différentes positions de l'officier, par les tarifs annexés au présent décret.

II. — La solde de non-activité, à l'égard des officiers retenus dans les colonies et pays de Protectorat par des circonstances indépendantes de leur volonté, est établie proportionnellement à la solde coloniale.

Art. 73. — *Mode de paiement.* — I. — Nul ne peut recevoir la solde de non-activité que dans le lieu où il a été autorisé par le Ministre à fixer sa résidence.

II. — L'officier en non-activité qui s'absente de son domicile sans autorisation régulière, n'a droit à aucun rappel de solde pour tout le temps de son absence.

CHAPITRE IV
SOLDE DE RÉFORME

Art. 74. — *Liquidation de la solde de réforme.* — I. — La solde de réforme, dans les cas prévus par les lois des 19 mai 1834 et 17 août 1879, est liquidée, après révision du comité compétent du conseil d'État, par arrêté du Ministre chargé des colonies.

II. — La liquidation est notifiée à l'intéressé par un titre officiel, énonçant le détail de ses services effectifs et le temps durant lequel il a droit à la solde de réforme.

Art. 75. — *Mode de paiement.* — I. — La solde de réforme est payée par mois et à terme échu.

II. — Les arrérages en sont payés à partir du jour où l'officier a cessé d'avoir droit à une solde d'activité ou de non-activité.

Art. 76. — *Retenues à exercer pour aliments ou en cas de débet envers l'État.* — I. — Les retenues à exercer par précompte sur la solde de réforme, pour aliments ou pour débet envers l'État, n'ont lieu qu'en vertu d'une décision du Ministre chargé des colonies.

II. — Les retenues pour aliments peuvent être exercées simultanément avec les retenues pour débet.

Art. 77. — *Allocation temporaire payée en attendant le règlement de la solde de réforme.* — I. — Les officiers mis en réforme peuvent recevoir, en attendant le règlement définitif de leurs droits à la solde de réforme, une allocation temporaire égale aux deux tiers du minimum de la pension de retraite de leur grade.

II. — Cette allocation temporaire, qui est payable par mois et à terme échu, leur est précomptée sur les premiers arrérages de la solde de réforme à laquelle ils sont définitivement reconnus avoir droit.

CHAPITRE V
ACCESSOIRES DE SOLDE
SECTION PREMIÈRE
SUPPLÉMENTS

Art. 78. — *Suppléments de fonctions.* — I. — Les suppléments de fonctions alloués aux officiers, fonctionnaires, employés et agents civils et militaires des services coloniaux ou locaux, sont fixés par les tarifs annexés au présent décret.

II. — Ils ne leur sont payés que pour le temps de la durée effective de leur présence à leur poste.

III. — Cette disposition n'est pas applicable aux officiers ou fonctionnaires chargés de faire des cours; ils conservent la jouissance de leur supplément de fonctions dans toutes les positions, sous la réserve qu'ils satisferont aux conditions du programme déterminé par l'autorité compétente, en ce qui concerne la durée de ces cours ou le nombre de leçons qu'ils doivent donner.

IV. — Les suppléments de fonctions cessent d'être alloués aux titulaires lorsque ceux-ci s'absentent à raison de mission, de congé, de permission, ou d'entrée à l'hôpital. Dans ce cas, ces suppléments sont alloués aux officiers, fonctionnaires, employés et autres chargés par ordre de faire l'intérim.

V. — Toutefois, l'officier, fonctionnaire, employé ou autre, qui remplit une mission dans la circonscription où il exerce ses attributions ordinaires, conserve le supplément de fonctions dont il jouissait au moment de son départ.

VI. — L'officier, fonctionnaire, employé ou autre qui remplit un intérim, ne peut cumuler l'indemnité de représentation ou le supplément attaché à la fonction qu'il occupe temporairement, avec le supplément dont il serait en possession à un autre titre. Dans cette situation, il reçoit l'allocation la plus élevée.

VII. — En principe et à moins de décision du Ministre, il ne peut être alloué de supplément à un officier, fonctionnaire, employé ou agent qui fait un intérim, que si l'emploi ou la fonction qu'il remplit temporairement comporte l'allocation d'une indemnité spéciale, indépendante du traitement qui y est afférent.

Art. 79. — *Supplément de solde pour résidence dans Paris.* — I. — Le supplément de solde pour résidence dans Paris est dû aux officiers, fonctionnaires, employés ou agents, lorsqu'ils sont pourvus d'un emploi dans la capitale.

Ce supplément est alloué à compter du jour où l'officier, fonctionnaire, employé ou agent prend son service.

II. — Ce supplément n'est pas dû aux officiers, fonctionnaires, employés ou agents qui reçoivent un traitement spécial à raison des fonctions qu'ils sont appelés à remplir, ni aux officiers, fonctionnaires, employés ou autres en mission à Paris, lorsqu'ils restent titulaires de leur emploi hors de la capitale.

III. — Ce supplément est déterminé par les tarifs annexés au présent décret.

IV. — Il n'est dû que pour les journées de présence dans Paris.

V. — Toutefois, il est conservé pendant les deux premiers mois de leur absence aux officiers, fonctionnaires, employés et agents qui se déplacent pour le service, et pendant le premier mois seulement, si l'absence résulte de toute autre cause.

Ce supplément est maintenu pour les fonctionnaires de l'inspection mobile pendant la durée de leurs missions aux colonies.

Art. 80. — *Supplément de solde aux sous-commissaires et aux médecins de 1re classe du corps de santé ayant douze années de service dans leur grade.* — Un supplément de solde dont la quotité est fixée par les tarifs nos 11 et 20, annexés au présent décret, est alloué aux sous-commissaires et aux médecins de 1re classe du corps de santé des colonies ayant douze années de service dans leur grade.

Ce supplément est payé dans toutes les positions donnant droit à une solde d'activité.

SECTION II
§ 1er — INDEMNITÉ EN RASSEMBLEMENT

Art. 81. — *Droit à l'indemnité en rassemblement.* — I. — Dans les localités où il existe des rassemblements extraordinaires de troupes, il est accordé aux officiers, fonctionnaires, employés et agents une indemnité motivée sur la cherté des vivres.

II. — Cette allocation, qui prend le titre d'indemnité en rassemblement, doit être préalablement autorisée par une décision du Président de la République. Elle cesse avec les causes qui l'ont motivée.

III. — L'indemnité en rassemblement est fixée, selon les grades ou emplois, par le tarif no 15 dont les indications constituent un maximum qui peut être réduit selon les circonstances.

IV. — L'indemnité en rassemblement est due pour les journées passées dans la circonscription du rassemblement.

V. — Toutefois elle est conservée pendant les deux premiers mois de leur absence aux officiers, fonctionnaires, employés ou agents qui se déplacent pour le service, pendant le premier mois seulement à ceux dont l'absence résulte de toute autre cause. Elle ne peut être allouée concurremment avec les vivres en nature. Le rappel n'a lieu qu'au retour des intéressés.

VI. — L'indemnité en rassemblement ne peut être cumulée avec un supplément spécial de fonctions.

§ 2. — INDEMNITÉ DE RESPONSABILITÉ AUX COMPTABLES DES MATIÈRES, CHARGÉS D'UN SERVICE, ET SUPPLÉMENTS AUX AGENTS SOUS LEURS ORDRES

Art. 82. — *Droit à l'indemnité de responsabilité allouée aux comptables des matières. Durée de la gestion.* — I. — L'indemnité de responsabilité aux comptables des matières des colonies est fixée par les tarifs annexés au présent décret. Elle est due pour toute la durée de la gestion.

II. — La gestion d'un comptable commence et finit aux jours indiqués par les procès-verbaux constatant la prise et la remise du service.

III. — Les dispositions du présent article sont applicables aux comptables intérimaires.

Art. 83. — *A qui attribuées.* — Les indemnités de responsabilité accordées aux comptables coloniaux sont attribuées au garde-magasin ou magasinier chargé d'un magasin, à l'exclusion de tous autres agents sous leurs ordres, sauf l'exception prévue par l'article 84 ci-après pour les préposés comptables.

Art. 84. — *Mode de paiement.* — Ces indemnités sont payées par dixième, savoir :

Au comptable chargé d'un service, par mois, sur le pied des sept dixièmes de l'indemnité totale.

Les trois derniers dixièmes seront payés sur l'autorisation du ministre, après vérification des comptes à Paris.

Aux préposés comptables chargés de sections, par mois.

Art. 85. — *Comptable cessant ses fonctions dans le courant d'une année.* — Lorsqu'un comptable cesse ses fonctions dans le courant d'une année, il ne peut recevoir la part proportionnelle des trois dixièmes réservés de son indemnité pour la durée de sa gestion, que sur autorisation donnée par le ministre, après vérification du compte à Paris.

§ 3. — INDEMNITÉS POUR FRAIS DE BUREAU

Art. 86. — *Abonnement alloué à titre de frais de bureau.* — Il est pourvu aux fournitures de bureau dans les divers services des colonies, soit en nature, soit par des allocations annuelles en argent fixées à titre d'abonnement.

Art. 87. — *Réparation entre les divers services du montant des frais de bureau alloués à titre d'abonnement.* — I. — Les chefs d'administration ou de service font, entre les divers détails de leur ressort, la répartition des sommes allouées pour le service dirigé par chacun d'eux, indépendamment de celles dont l'allocation leur est personnelle.

II. — Cette répartition est soumise annuellement à l'approbation du ministre chargé des colonies pour les services métropolitains, et à celle du Gouverneur dans les colonies.

Art. 88. — *Les indemnités pour frais de bureau sont allouées au titulaire de la fonction.* — I. — Les indemnités pour frais de bureau sont payées aux titulaires présents à leur poste, à dater du jour de leur entrée en fonctions.

II. — Toutefois les titulaires qui s'absentent momentanément, en vertu d'une autorisation régulière, conservent leurs droits à l'indemnité pour frais de bureau pendant tout le temps de leur absence, à

charge par eux de pourvoir aux dépenses auxquelles cette allocation doit faire face.

III. — En cas de vacance d'emploi, l'indemnité est due à l'intérimaire.

Art. 89. — *Mode de décompter l'indemnité pour frais de bureau.* — I. — Les indemnités pour frais de bureau se décomptent comme la solde et s'acquittent à terme échu, soit par mois, soit par trimestre, suivant les convenances du service.

II. — Le paiement des indemnités allouées aux chefs d'administration et de service, pour les sommes réparties par eux, conformément à l'article 87, a lieu sur l'acquit de chacune des parties prenantes.

Art. 90. — *Fournitures que comprend l'indemnité pour frais de bureau.* — I. — Les frais d'abonnement comprennent, sans aucune exception, les fournitures de toute espèce, les papiers, les registres en blanc et le luminaire.

II. — Il n'est fourni que les imprimés relatifs à la comptabilité et au service général, tels qu'ils sont déterminés par le bordereau général des imprimés arrêté par le Ministre.

Toute autre impression est à la charge du fonctionnaire.

III. — Les cartons de bureau, les cachets, les timbres et tampons sont à la charge de l'administration.

Art. 91. — *Papiers, instruments, etc., qui ne sont pas considérés comme fournitures de bureau.* — I. — Ne sont pas considérés comme fournitures de bureau les papiers, instruments et objets de toute nature nécessaires à l'exécution des plans, atlas et dessins, par les dessinateurs des services et travaux des colonies.

II. — Ces papiers, instruments et autres objets sont applicables, comme matières, aux ouvrages exécutés.

III. — Ils sont délivrés dans les formes déterminées par le règlement sur la comptabilité des matières.

§ 4. — INDEMNITÉ POUR PERTES D'EFFETS

Art. 92. — *Pertes d'effets.* — Les pertes d'effets éprouvées par les officiers, fonctionnaires, employés et agents dans les naufrages et échouements, lorsqu'ils sont embarqués comme passagers, soit à bord des bâtiments de l'Etat, soit à bord des navires du commerce, à raison d'un service commandé ou d'un congé donnant droit au passage aux frais de l'Etat, et dans d'autres circonstances dérivant d'un service commandé, par suite d'événements de force majeure dûment constatés, n'ouvrent de droits à l'indemnité qu'en vertu d'une décision spéciale du Ministre chargé des colonies.

Art. 93. — *Mode d'allocation de l'indemnité pour pertes d'effet.* — L'indemnité est allouée :

Soit pour perte totale ;

Soit pour pertes partielles.

La quotité en est fixée par le tarif n° 32 annexé au présent décret.

Art. 94. — *Justification des pertes.* — I. — Le procès-verbal des pertes à bord des bâtiments de l'Etat et les demandes concernant les allocations d'indemnité, conformément aux classifications du tarif, sont établis dans les formes prévues par des règlements spéciaux de la marine.

II. — A terre, le procès-verbal et la demande sont établis par l'autorité sous les ordres de laquelle l'intéressé se trouve placé.

Le procès-verbal est signé en France par le chef de service, et aux colonies par le Gouverneur.

Le tout est transmis au ministre.

III. — Les pertes éprouvées par les Gouverneurs et par les chefs de service en France sont constatées par leurs rapports adressés au ministre.

IV. — A bord des navires du commerce, la perte est constatée par un procès-verbal signé par le capitaine et par les principaux de l'équipage. Ce procès-verbal est transmis au ministre avec la demande de l'intéressé.

Art. 95. — *Délai dans lequel elle doit être produite.* — Sauf le cas d'empêchement résultant de force majeure, toute constatation de pertes, pour justifier la demande d'indemnité, doit être faite dans le délai d'un mois après l'événement.

Art. 96. — *Acompte à payer en cas d'urgence.* — En cas d'urgence reconnue, les Gouverneurs des colonies sont autorisés à faire payer aux intéressés, après les constations établies conformément aux deux précédents articles, un acompte qui ne peut excéder la moitié de l'indemnité demandée pour chacune d'elles.

Il en est rendu compte immédiatement au ministre.

§ 5. — FRAIS DE PREMIER ÉTABLISSEMENT DES GOU-
VERNEURS ET DES ÉVÊQUES

Art. 97. — *Frais de premier établissement des Gouverneurs et des évêques.* — Il est accordé aux Gouverneurs généraux, Gouverneurs et Lieutenants-gouverneurs des colonies, et aux évêques, à titre de premier établissement, une indemnité dont la quotité est déterminée par les tarifs annexés au présent décret.

Art. 98. — *Gouverneur appelé à un autre gouvernement.* — I. — Lorsqu'un Gouverneur général, un Gouverneur ou un Lieutenant-gouverneur sera appelé à un autre Gouvernement, il recevra, si les frais de premier établissement afférents à ce dernier poste sont supérieurs, une somme équivalente à la différence entre ces deux allocations.

II. — Si les allocations sont égales, ou si la seconde est moins élevée que la première, le fonctionnaire qui aura été nommé à un nouvel emploi dans une autre colonie recevra une indemnité représentant : dans le premier cas le cinquième et dans le second, les deux cinquièmes des frais de premier établissement attachés à son nouvel emploi.

Art. 99. — *Gouverneurs généraux, Gouverneurs, Lieutenants-gouverneurs ou évêques ne prenant pas possession de leur poste, ou qui ne l'occupent que pendant moins d'une année.*

Lorsque, pour une cause quelconque dépendant de leur volonté, les Gouverneurs généraux, Gouverneurs, Lieutenants-gouverneurs ou évêques ne prendront pas possession de leur poste, ou ne l'occuperont que pendant un laps de temps inférieur à une année, ils devront reverser la moitié de l'indemnité de premier établissement qui leur aura été allouée.

Art. 100. — *Les frais de premier établissement ne sont alloués qu'une fois.*

Dans aucun cas les frais de premier établissement ne pourront être alloués intégralement plus d'une fois au même fonctionnaire.

§ 6. — INDEMNITÉS DE REPRÉSENTATION

Art. 101. — *Durée de l'allocation attribuée à titre de frais de représentation.* — I. — Il est alloué aux Gouverneurs généraux, Gouverneurs, Lieutenants-gouverneurs et administrateurs coloniaux, des frais de représentation dont la quotité est déterminée par le tarif n° 2 annexé au présent décret. Ces indemnités ne sont payées intégralement aux fonctionnaires auxquels elles sont allouées que pour le temps de leur

présence à leur poste, ou pendant la durée de leurs missions dans l'étendue de leur circonscription.

II. — En cas d'absence du titulaire, même en permission, l'indemnité est allouée dans les proportions suivantes :

Un quart au titulaire de la fonction, moitié à l'intérimaire.

§ 7. — INDEMNITÉ REPRÉSENTATIVE DE CHAUFFAGE
ET D'ÉCLAIRAGE

Art. 102. — *Mode de chauffage et d'éclairage.* — I. — Les chefs de service dans les ports de France reçoivent, à titre de fournitures de chauffage et d'éclairage, une allocation sous forme d'abonnement.

II. — Au moyen dudit abonnement, ces fonctionnaires pourvoient au chauffage et à l'éclairage, quel qu'en soit le mode, des pièces intérieures de leur hôtel (salon, salle à manger, chambres d'habitation, antichambres, cuisines, couloirs, corridors intérieurs, etc.), y compris leur cabinet, leur secrétariat et les salles de commission ; aucune délivrance en nature ne peut leur être faite.

III. — Les officiers, employés militaires, sous-officiers et soldats en service à Saint-Pierre et Miquelon reçoivent une indemnité spéciale de chauffage.

Cette indemnité est inscrite chaque année au budget colonial ou local, suivant le cas.

IV. — Dans d'autres colonies, s'il y a lieu d'accorder une indemnité de chauffage ou d'éclairage, la quotité en est déterminée par arrêté du Gouverneur.

Art. 103. — *Mode de paiement de l'indemnité de chauffage et d'éclairage.* — I. — En France, le paiement de l'indemnité de chauffage et d'éclairage est fait à terme échu et par dix-huitième, savoir :

Deux dix-huitièmes pour chaque mois, du 1er octobre au 31 mars ;

Un dix-huitième pour chaque mois, du 1er avril au 30 septembre.

II. — Aux colonies la même indemnité est payée mensuellement.

III. — L'indemnité est payée au fonctionnaire titulaire ; s'il s'absente en vertu d'une autorisation régulière, il conserve ses droits à l'indemnité de chauffage et d'éclairage pendant tout le temps de son absence, à la charge par lui de pourvoir aux dépenses auxquelles cette allocation doit faire face.

IV. — En cas de vacance d'emploi, l'indemnité est due à l'intérimaire.

CHAPITRE VI
PRIVATION DE SOLDE

Art. 104. — *Absence irrégulière.* — L'officier, fonctionnaire, employé ou agent qui s'absente de son poste sans autorisation régulière, ne reçoit aucune solde pour le temps de son absence.

Art. 105. — *Officier, fonctionnaire ou autre, arrivant après les délais fixés par sa feuille de route.* — I. — L'officier, fonctionnaire, employé ou agent qui, se rendant à son poste avec ou sans frais de route, n'a pas rejoint dans les délais fixés par sa feuille de route ou son ordre de service, n'a droit, sauf le cas d'empêchement légitime et dûment constaté, à aucune solde, pour tout le temps qui s'est écoulé depuis l'expiration de ses délais de route.

II. — La même disposition est applicable aux officiers, fonctionnaires, employés ou agents en mission qui dépassent le temps fixé pour la durée de leur mission.

Art. 106. — *Retenue en cas de suspension par mesure disciplinaire.* — I. — Les fonctionnaires et agents du service coloniale nommés par le Président de la République ou par le Ministre ne peuvent subir, lorsqu'ils sont suspendus provisoirement de leurs fonctions par mesure de discipline, et en attendant une décision supérieure, une privation de solde excédant la moitié de leur traitement colonial pendant leur séjour dans la colonie où ils étaient en fonctions, et de leur traitement d'Europe pendant la traversée ou leur séjour hors de ladite colonie.

II. — La durée de cette retenue ne pourra être prononcée par les Gouverneurs pour une période supérieure à trois mois.

La durée définitive de la retenue est fixée par le Ministre.

III. — Les fonctionnaires, employés et agents à la nomination des Gouverneurs n'ont droit à aucune solde lorsqu'ils sont suspendus de leurs fonctions par mesure disciplinaire.

IV. — Pour les fonctionnaires, employés ou agents servant en France, la durée de la retenue est fixée par le Ministre chargé des colonies, dans la décision qui prononce la suspension.

Art. 107. — *Autres cas entraînant privation de solde.* — La privation de solde est étendue aux officiers, fonctionnaires, employés et agents qui se trouvent dans l'un des cas d'exception spécifiés aux article 32, 34, 36, 62 et 65 du présent décret.

Art. 108. — *La privation de solde entraîne la privation d'une part proportionnelle des accessoires de solde.* — Dans tous les cas prévus au présent chapitre, la privation de solde entraîne, sauf en ce qui concerne l'indemnité représentative de vivres, la privation d'une part proportionnelle des accessoires de la solde.

TITRE II
DÉLÉGATIONS (1)

Art. 109. — *Cas où les délégations sont autorisées. Quotité des délégations.* — I. — Les officiers, fonctionnaires, employés ou agents présents aux colonies ont seuls la faculté de déléguer une partie de leur solde ou de leurs appointements à leur femme, descendants ou ascendants.

II. — Ces délégations peuvent être souscrites nominativement au profit d'un tiers, mais seulement dans le cas où la délégation est destinée à l'entretien de la famille du délégant. Le degré de parenté doit toujours être indiqué.

III. — Le maximum des délégations est fixé à la moitié de la solde coloniale dégagée de tous accessoires.

Art. 110. — *Déclarations de délégations. A qui faites.* — I. — Les officiers, fonctionnaires, employés et agents destinés à aller servir aux colonies et ceux qui sont présents dans les colonies doivent, lorsqu'ils veulent souscrire des délégations, en faire la déclaration, à Paris dans les bureaux de l'administration centrale, dans les ports de France au correspondant administratif du service des colonies, aux colonies au chef de service dont ils relèvent.

II. — Les déclarations portent énonciation des nom, prénoms, grade ou emploi de la personne qui fait la délégation, du montant de sa solde, de la portion déléguée, de l'époque à compter de laquelle le paiement doit être effectué, des nom, prénoms, qualité et demeure des individus autorisés à la recevoir, et de ceux qui doivent leur être substitués en cas de décès ou de refus.

III. — L'autorité administrative qui a reçu la déclaration mentionne la délégation sur le livret de solde du délégant et vise cette déclaration, en énonçant sur cette pièce que la délégation a été mentionnée sur le livret.

Art. 111. — *Retenues d'office pour aliments.* — Le Ministre chargé des colonies peut prescrire, sur la solde des officiers, fonctionnaires, employés ou agents, une retenue d'office pour aliments, dans les cas déterminés par les articles 203, 205 et 214 du Code civil. Cette retenue est indépendante de toute autre retenue que l'officier, fonctionnaire, employé ou agent peut déjà subir pour quelque cause que ce soit.

Art. 112. — *Durée des délégations.* — I. — Les délégations ont leur effet pendant toute la durée du service aux colonies, à moins d'une mention spéciale énoncée dans la déclaration de délégation.

II. — Les délégations ne commencent à courir qu'à compter de l'époque présumée de l'arrivée des officiers, fonctionnaires, employés et agents dans la colonie où ils sont appelés à servir.

III. — Les dispositions relatives aux retenues pour aliments sont réglées par l'article 129 ci-après.

IV. — En cas de décès du délégataire, les arrérages de délégation non perçus par lui au moment de son décès font retour au délégant.

Art. 113. — *Rentrée en France des délégants.* — I. — Toute délégation cesse d'avoir son effet à compter du jour de l'embarquement dans la colonie pour revenir en France ou dans la colonie d'origine de la personne qui l'a consentie.

II. — Toutefois, dans le cas où des paiements auraient été faits à ce titre pour un temps postérieur à ladite époque, la reprise en sera opérée sur la solde de l'officier, fonctionnaire, employé ou agent.

Art. 114. — *Paiement des délégations.* — I. — Les délégataires sont payés par trimestre et à terme échu des sommes qui leur ont été déléguées.

II. — Ces paiements ont lieu à titre d'avances, et la retenue en est opérée par les soins des administrations coloniales sur le décompte de la solde mensuelle des officiers, fonctionnaires, employés, ou agents.

Avis de ces retenues est donné, par état trimestriel, au Département pour lui permettre de contrôler les dépenses effectuées.

Art. 115. — *Époque de la cessation des délégations dans le cas de présomption de perte des bâtiments.* — I. — En cas de présomption de perte d'un bâtiment, les délégations consenties par les officiers, fonctionnaires, employés ou agents embarqués, en cours de traversée à bord de ce bâtiment, cessent d'avoir leur effet un an après la date des dernières nouvelles.

II. — La même mesure est applicable en cas de disparition individuelle, si le décès n'est pas constaté avant le délai ci-dessus.

III. — La présomption de perte est établie dans les conditions prévues par l'article 24 du présent décret.

TITRE III
AVANCES DE SOLDE

Art. 116 (1). — *Avances à payer aux officiers, fonctionnaires et autres allant servir aux colonies, ou passant d'une colonie dans une autre colonie.* — I. — Les officiers, fonctionnaires, employés et agents civils et militaires des services coloniaux ou locaux appelés à servir aux colonies, peuvent recevoir,

(1) Voir ci-après les instructions ministérielles du 4 avril 1892.

(1) Voir ci-après la circulaire interprétative du 24 octobre 1892.

au moment de leur départ, des avances de solde sur le pied d'Europe, jusqu'à concurrence de deux mois.

Ces avances sont portées à trois mois, lorsque le voyage s'effectue en passant par le cap Horn ou le cap de Bonne-Espérance.

En aucun cas, le montant des avances ne saurait dépasser les fixations indiquées au présent article.

II. — La quotité des avances de solde à payer aux officiers, fonctionnaires, employés et agents passant d'une colonie dans une autre colonie, est déterminée par le Gouverneur, à raison de la durée présumée de la traversée, mais dans la limite maximum de deux mois.

III. — Il n'est pas dû d'avances de solde aux officiers, fonctionnaires, employés et agents qui, à l'expiration d'un congé passé soit en France, soit aux colonies, rejoignent la colonie d'où ils provenaient.

IV. — Exceptionnellement ils peuvent en obtenir, en France, par décision spéciale du ministre chargé des colonies, aux colonies par décision du Gouverneur. Ces avances ne doivent être accordées que dans les cas présentant un caractère évident d'urgence et de nécessité absolue.

V. — Les officiers, fonctionnaires, employés ou agents qui, pendant la durée d'un séjour, soit en France, soit aux colonies, reçoivent un changement de destination, ont droit aux avances réglementaires déterminées pour la colonie dans laquelle ils ont ordre de se rendre.

VI. — Lorsqu'une retenue d'office pour aliments doit être exercée sur la solde d'un officier, fonctionnaire, employé ou agent, le montant de cette retenue est prélevé sur le chiffre des avances de solde mentionné au présent décret.

Art. 117. — *Les officiers, fonctionnaires et autres peuvent, en cours de voyage, se faire payer la solde acquise.* — Tout officier, fonctionnaire, employé ou agent qui n'a pas reçu d'avances de solde à son départ, ou dont les avances se trouvent complètement acquises, pourra, s'il en fait la demande, se faire payer de la solde qui lui serait due, dans une colonie française quelconque où relâcherait le bâtiment sur lequel il se trouve embarqué en cours de voyage.

Art. 118. — (1). *Reprise des avances de solde.* — La reprise des avances de solde payées aux officiers, fonctionnaires, employés ou agents débarqués aux colonies, s'effectue exclusivement sur la solde d'Europe et par quart, à moins de décision spéciale du ministre. Mais ces officiers, fonctionnaires, employés ou agents ont droit, du jour de leur débarquement, au paiement intégral de la différence entre la solde coloniale et la solde d'Europe, ainsi que des accessoires de solde sur le pied colonial.

Art. 119. — *Dégrèvements.* — En cas de décès de l'officier, fonctionnaire, employé ou agent, il n'est exercé, à raison des sommes dont il serait resté personnellement débiteur envers l'État pour avances de solde, aucun recours contre ses héritiers ni la succession.

Les reprises à opérer ne peuvent porter que sur les décomptes de solde ou d'accessoires de solde dont le paiement n'aurait pas encore été effectué par le trésor public.

Art. 120. — *Avances aux personnes chargées de missions. Missions suspendues ou révoquées.* — I. — Il peut être fait des avances spéciales à des officiers, fonctionnaires, employés ou agents, ou même à des personnes étrangères à l'administration des

(1) Voir décision ministérielle du 30 septembre 1891.

colonies, qui sont chargées d'une mission, soit aux colonies, soit à l'étranger.

II. — Dans ce cas, la quotité des avances est fixée par décision du ministre chargé des colonies.

III. — Lorsque, pour une cause quelconque dépendant de leur volonté, les chargés de mission n'effectueront pas leur voyage ou n'accompliront pas entièrement leur mission, ils seront tenus de reverser : dans le premier cas la totalité, et dans le second cas les deux tiers de l'avance qu'ils auront reçue.

Toutefois, pour ces derniers, un dégrèvement partiel pourra être accordé, par décision spéciale du ministre, sur la production de pièces justificatives des dépenses effectuées.

IV. — Dans le cas où la mission est suspendue ou révoquée par le ministre, ainsi que dans le cas où elle est suspendue par force majeure, il peut être accordé aux parties intéressées, à titre d'indemnité, un dégrèvement dont la quotité est fixée par le ministre.

TITRE IV
RETENUES SUR LA SOLDE.

§ ¹. — RETENUES AU PROFIT DU TRÉSOR PUBLIC

Art. 121. — *Retenues au profit du trésor public.* — I. — Les officiers, fonctionnaires, employés ou agents supportent sur le montant des allocations qui leur sont attribuées par les tarifs annexés au présent décret, une retenue de 5 % ou de 3 % au profit du trésor public.

II. — Cette retenue s'opère tant sur la portion desdites allocations qui est payée directement à l'officier, fonctionnaire, employé ou agent, que sur la portion qui peut être payée pour son compte.

III. — Les officiers, fonctionnaires, employés ou agents autorisés à seconder des entreprises commerciales ou industrielles, dans les conditions prévues par l'article 40, supportent la même retenue sur toutes les allocations qui leur sont accordées par l'industrie privée.

IV. — Les fonctionnaires, employés et agents des services civils aux colonies, qui ont une parité d'office dans les services métropolitains (Loi du 18 avril 1881, art. 24), et qui sont retraités d'après les bases de la loi du 9 juin 1853 concernant les pensions civiles, subissent au profit du trésor public les diverses retenues prévues par ladite loi, ainsi que par les décrets, règlements et instructions ministérielles qui leur sont spéciaux.

Ces retenues portent, d'après l'assimilation des fonctionnaires ou agents intéressés, sur la portion du traitement qui sert de base à la liquidation de leur pension de retraite.

§ 2. — RETENUE D'HÔPITAL

Art. 122. — *Retenue d'hôpital.* — Ainsi qu'il est dit à l'article 34 du présent décret, les officiers, fonctionnaires, employés et agents civils et militaires des services coloniaux ou locaux subissent sur leur solde, pendant la durée de leur séjour à l'hôpital, une retenue journalière dont le taux est déterminé par le tarif n° 33.

Les règles suivant lesquelles cette retenue doit être opérée, sont tracées à la section III du chapitre II du titre premier.

§ 3. — RETENUES DE LOGEMENT ET D'AMEUBLEMENT.

Art. 123. — *Position entraînant les retenues de logement et d'ameublement.* — I. — Les officiers qui sont baraqués ou logés dans les immeubles dont l'Etat, les colonies ou les communes sont propriétaires ou locataires, ainsi que ceux qui sont en cours de traversée ou retenus en quarantaine dans un lazaret, doivent subir sur leur solde, pour toutes les journées donnant droit à la solde de présence, la retenue de logement dont la quotité est fixée par les tarifs annexés au présent décret.

II. — Ceux qui reçoivent les meubles sans le logement, subissent la retenue d'ameublement déterminée par les mêmes tarifs.

III. — Ces dispositions ne sont pas applicables, dans les colonies, aux inspecteurs permanents et aux inspecteurs mobiles.

Art. 124. — *Retenue de logement des élèves sortant de l'école coloniale.* — Les élèves sortant de l'école coloniale et entrant dans le commissariat colonial qui, à la sortie de l'école, sont mis en congé, subissent sur leur solde, la retenue de logement jusqu'au jour où ils ont rejoint le poste qui leur a été assigné en vertu d'un premier ordre de service.

Art. 125. — *Changement de position.* — I. — Les officiers qui quittent une résidence où ils étaient logés et meublés en nature, ou meublés sans logement, cessent de subir la retenue de logement ou la retenue d'ameublement à compter du jour où ils abandonnent le local qui leur était assigné, ou de celui où ils cessent de faire usage des meubles mis à leur disposition.

II. — Ceux qui sont embarqués pour suivre leur nouvelle destination, subissent la retenue de logement pendant la traversée jusqu'au jour exclu de leur débarquement.

Art. 126. — *Officiers, fonctionnaires, employés et autres en mission, en permission, en congé ou en séjour dans les hôpitaux.* — Les officiers, fonctionnaires, employés et autres en mission, en permission, à l'hôpital, en congé avec solde, ne subissent pas la retenue de logement, sauf le cas où, étant logés aux frais de l'Etat, ils restent titulaires de leur résidence. Ils ne subissent pas la retenue d'ameublement si les meubles ne leur sont pas fournis en nature.

Art. 127. — *Cas où l'intéressé n'occupe pas le logement, ou ne fait pas usage des meubles qui lui sont assignés.* — Si l'intéressé n'occupe pas le logement qui lui a été assigné ou s'il ne fait pas usage des meubles fournis, la retenue de logement ou celle d'ameublement est néanmoins exercée.

Art. 128. — *Application aux comptables des colonies et aux agents de l'administration pénitentiaire.* — Les dispositions des articles 123, 124, 125, 126 et 127 ci-dessus sont applicables au personnel des comptables des colonies et à celui de l'administration pénitentiaire.

Art. 129. — *Retenues pour aliments.* — I. — Le Ministre chargé des colonies peut prescrire sur la solde des officiers, fonctionnaires, employés ou agents, une retenue pour aliments dans les cas prévus par les articles 203, 205 et 214 du Code civil.

II. — Cette retenue est indépendante de toute autre que l'officier, fonctionnaire ou agent peut déjà subir pour quelque cause que ce soit.

III. — En cas de décès de la personne secourue, sa succession a droit aux sommes qui auraient pu être retenues sur la solde de l'officier, fonctionnaire, employé ou agent, jusqu'au jour inclus du décès de cette personne. Le surplus fait retour à celui qui subissait la retenue.

Art. 130. — *Retenues pour dettes.* — Les retenues pour dettes contractées par les officiers, fonctionnaires, employés ou agents, ont lieu en vertu d'oppositions judiciaires. Le Ministre peut en ordonner d'office lorsqu'il le juge nécessaire. Les Gouverneurs dans les colonies, peuvent également et pour les mêmes causes, ordonner d'office des retenues sur les appointements des officiers, fonctionnaires ou agents ; ils en rendent compte immédiatement au ministre.

Art. 131. — *Saisies-arrêts ou oppositions.* — I. — Les saisies-arrêts ou oppositions sur la solde des officiers, fonctionnaires, employés ou agents doivent être faites entre les mains des payeurs, agents ou préposés, sur la caisse desquels les ordonnances ou mandats de paiement sont délivrés.

II. — Néanmoins, à Paris, et pour tous les paiements à effectuer à la caisse du payeur central du trésor public, elles doivent être exclusivement faites entre les mains du conservateur des oppositions au ministère des finances.

III. — Les sommes provenant des retenues opérées par les payeurs, sont distribuées aux opposants, suivant les formes prescrites par le Code de procédure civile.

Art. 132. — *Quotité des retenues.* — I. — Les retenues à exercer pour sommes à rembourser soit au trésor public, soit à des tiers, ne peuvent excéder le cinquième de la solde brute des officiers ou employés militaires en activité, à moins de décision contraire du Ministre chargé des colonies.

II. — Les traitements des fonctionnaires, employés et agents civils sont saisissables dans les proportions prévues par la loi du 21 ventôse an IX (1).

III. — Les retenues déterminées par le présent article sont indépendantes de celles que l'officier, fonctionnaire ou agent peut déjà subir pour aliments, ainsi que l'indique l'article 129 ci-dessus.

IV. — Les retenues à exercer par précompte sur la solde de réforme des officiers, soit pour aliments, soit pour débet envers l'Etat, n'ont lieu qu'en vertu d'une décision du Ministre. Les retenues pour aliments peuvent être opérées simultanément avec les retenues pour débet envers d'Etat.

Art. 133. — *Avis de dettes.* — I. — Les dettes envers l'Etat sont signalées par des avis en double expédition, établis par le service qui ordonnance la solde du débiteur. Toutefois, elles peuvent être reprises dans les conditions de l'article 132, d'après les indications des livrets de solde dont les intéressés sont porteurs, si d'ailleurs ils n'en contestent pas la légitimité.

II. — Lorsqu'une reprise a lieu sans la production d'un avis de dette, le fonctionnaire qui opère la retenue informe l'administration de la colonie qui tenait le débiteur au courant de sa solde, et provoque un avis confirmatif et rectificatif du chiffre de la dette.

TITRE V

ATTRIBUTIONS ET OBLIGATIONS DES FONCTIONNAIRES, RELATIVEMENT AUX DÉPENSES DE LA SOLDE ET DES ACCESSOIRES DE SOLDE.

Art. 134. — *Constatation des droits des parties prenantes.* — I. — Les positions des officiers, fonctionnaires, employés et agents, et les droits qui en dérivent sous le rapport des allocations de solde et

(1) Loi du 21 ventôse an IX. — Les traitements de fonctionnaires et employés civils sont saisissables jusqu'à concurrence du cinquième sur les premiers mille francs et toutes les sommes en dessous, du quart sur les cinq mille francs suivants, et du tiers sur la portion excédant six mille francs, à quelque somme qu'elle s'élève, et ce, jusqu'à l'entier acquittement des créances.

2 PLANCHE (S) EN...
4 PRISES DE VUE

TARIFS

TARIF N° 1

Personnel de l'administration centrale

FONCTIONS	CLASSES	TRAITEMENT	OBSERVATIONS

TARIF N° 2

Gouverneurs.

COLONIES	CLASSE ou ASSIMILATION	TRAITEMENT COLONIAL	FRAIS d'ÉTABLISSEMENT	SUPPLÉMENT de résidence DANS PARIS	OBSERVATIONS

TARIF N° 3

Directeurs de l'intérieur.

COLONIES	SOLDE aux COLONIES	SUPPLÉMENT de résidence dans PARIS	OBSERVATIONS

TARIF N° 4

Personnel des Directions de l'intérieur dans les colonies autres que l'Indo-Chine.

GRADES	SOLDE d'Europe	SOLDE COLONIALE	SUPPLÉMENT de résidence	OBSERVATIONS

TARIF N° 5

Administrateurs coloniaux.

FONCTIONS	SOLDE d'EUROPE	SOLDE COLONIALE	SUPPLÉMENT de résidence dans Paris	OBSERVATIONS

TARIF N° 6

Administrateurs. — Frais de représentation alloués aux administrateurs employés dans les postes ci-après :

Ghudavongor, Sainte-Marie-de-Madagascar, Nossi-Bé, Anjouan (Comores), Porto-Novo, Loango.... 3.000 fr.
Karikal, Mahé, Yanaon, Grand-Popo et Ogobé.... 2.000 fr.

TARIF N° 7

Trésoriers payeurs et trésoriers particuliers.

COLONIES	TRAITEMENT COLONIAL	FRAIS de TOURNÉES	SUPPLÉMENT de résidence dans Paris	OBSERVATIONS

TARIF N° 8

Personnel européen des stations et postes du Congo français.

DÉSIGNATION DES EMPLOIS	SOLDE d'Europe	SOLDE COLONIALE	SUPPLÉMENT de résidence dans Paris	OBSERVATIONS

TARIF N° 9

Personnel de la justice.

FONCTIONS	COLONIES	SOLDE d'Europe en congé	SOLDE COLONIALE	SUPPLÉMENT de résidence dans Paris	OBSERVATIONS

COLONIES			

TARIF N° 10.

Personnel des cultes.

COLONIES	FONCTIONS	TRAITEMENT et de la marine	TRAITEMENT COLONIAL	SUPPLÉMENT	OBSERVATIONS

TARIF N° 11.

Commissariat colonial (solde.)

TARIF N° 12.

Commissariat colonial (solde.)

TARIF N° 13
Agents du commissariat

TARIF N° 16.
Retenues en cas de logement et d'ameublement en nature

TARIF N° 17
Suppléments spéciaux de fonctions au chef du service col onial et aux officiers, sous-agents et commis du commissariat délachés dans les ports du Havre, Nantes, Bordeaux et Marseille.

TARIF N° 20
Solde d'absence

TARIF N° 23.
Supplément en raison de fonctions sp

TARIF N° 14.
Commissariat colonial

TARIF N° 18
Inscription Maritime

TARIF N° 24.
Fixation de la retenue du logeme

TARIF N° 15.
Indemnité extraordinaire en rassemblement

TARIF N° 19
Personnel du corps de santé (solde de présence)

TARIF N° 21
Suppléments de résidence dans Paris

TARIF N° 25.
Fixation de la retenue d'ameublen

TARIF N° 22
Indemnité extraordinaire en rassemblement

TARIF Nº 20
Solde d'absence

TARIF Nº 21
Suppléments de résidence dans Paris

TARIF Nº 22
Mensualité extraordinaire en rassemblement

TARIF Nº 23
Supplément en raison de fonctions spéciales. (1)

TARIF Nº 24
Fixation de la retenue de logement.

TARIF Nº 25
Fixation de la retenue d'ameublement.

TARIF Nº 26
Personnel de l'inspection

TARIF Nº 27
Frais d'employés et abonnement pour fournitures de bureau.

TARIF Nº 28
Personnel des comptables aux colonies.

TARIF Nº 29
Retenue en cas de logement et d'ameublement en nature aux salariés

TARIF Nº 30
Personnel de l'administration pénitentiaire

TARIF Nº 31
Soldes pénitentiaires (retenues en cas de logement et d'ameublement en nature aux intéressés).

Décret du 19 mars 1852, concernant le rôle d'équipage et les indications des bâtiments et embarcations exerçant une navigation maritime, articles 6, 8 et 11.

Loi du 16 mai 1863, relative aux douanes, articles 17 et 19.

Loi du 21 juin 1873, sur les contributions indirectes, articles 1 et 3.

Loi du 2 juin 1875, relative à des mesures de surveillance et de répression en matière de douanes, articles 1, 2, 3 et 4.

Art. 2. — Le Ministre des colonies est chargé de l'exécution du présent arrêté. — FÉLIX FAURE.

(*A annoter au Recueil* : Vo **Accise** (droits d') ; — **Alcools**, nos 4 et 6 ; — **Allumettes** ; — **Douanes**, nos 12, 14, 17, 24, 25, 34, 39 et 45 ; — **Navigation**, nos 2, 8, 12, 18, 21 et 24 ; — **Noix d'arec** ; — **Opium**, nos 5, 6 et 11 ; — **Pétrole** ; — **Poivre** ; — **Ports de commerce**, nos 2, 3, 8 et 12 ; — **Sel** ; — **Tabac**. — Voir au supplément, décret du 16 février 1895).

ÉTAT-CIVIL

9. — 9 avril 1895. — ARRÊTÉ *sur l'État civil des annamites originaires de la Cochinchine et des indigènes au service du Protectorat.*

Article premier. — Les officiers de l'État civil du droit commun et aux armées sont tenus, suivant les règles de compétence fixées par les titres 1 et 2 de l'arrêté du 7 février 1895, de recevoir les déclarations de décès des annamites originaires de la Cochinchine française, des tirailleurs tonkinois, des gardes civils et des indigènes, entrés régulièrement dans l'administration française.

A cet effet, les officiers de l'État civil ouvrent au commencement de chaque année, en double expédition, un registre spécial, qu'ils cotent par premier et dernier feuillet et paraphent à chaque feuille.

Art. 2. — Dans la première dizaine de chaque mois, les officiers de l'État civil du droit commun et aux armées font parvenir au Résident supérieur de l'Annam ou du Tonkin, par la voie hiérarchique, une copie authentique de chaque acte de décès enregistré pendant le mois écoulé.

Cette copie est transmise à la commune d'origine du défunt par les soins des Résidents supérieurs.

En outre, en cas de décès d'un indigène au service militaire, les officiers de l'État civil du droit commun ou aux armées informent immédiatement le chef du corps auquel appartenait le défunt, par l'envoi d'un extrait du registre des décès, simplement revêtu de leur signature.

Art. 3. — Le 31 décembre de chaque année, les deux expéditions du registre de ces actes de décès sont closes et arrêtées par les officiers instrumentaires, qui transmettent une de ces expéditions au Résident supérieur de l'Annam ou du Tonkin, suivant leur compétence, et conservent l'autre en dépôt à la résidence civile ou militaire, ou aux postes pourvus de ces registres spéciaux.

Art. 4. — MM. les Chefs d'administrations et de services sont chargés, chacun en ce qui les concerne, de l'exécution du présent arrêté, qui abroge tous les règlements contraires et sera affiché et publié partout où besoin sera. — A. ROUSSEAU.

(*A annoter au Recueil*, Vo **Etat civil**, no 8. — Voir au supplément, arrêté du 9 avril 1895).

FRANCHISE POSTALE ET TÉLÉGRAPHIQUE

10. — 5 avril 1895. — ARRÊTÉ *modifiant celui du 4 octobre 1892, en ce qui concerne la franchise postale et télégraphique concédée à la gendarmerie.*

Article premier. — Le § 3 du chapitre IV, annexe C, de l'arrêté du 4 octobre 1892, est modifié comme suit :

DÉSIGNATION DES PERSONNES	
Autorisées à user de la franchise postale et TÉLÉGRAPHIQUE	auxquelles les correspondances postales et télégraphiques peuvent être adressées EN FRANCHISE
§ 3. Gendarmerie	
Commandant de la gendarmerie	Toutes les autorités civiles et militaires de l'Indo-Chine.
Lieutenant de la gendarmerie	Pendant le cours de ses journées d'inspection seulement : Le commandant de la gendarmerie. Les chefs de brigade et de poste de gendarmerie de l'Indo-Chine.
Commandant de brigade et de poste	Commandant de la gendarmerie. Les résidents et vice-résidents chefs de poste du territoire de la brigade ou du poste de la gendarmerie. Les autorités militaires du même territoire. Les commis-saires dans la circonscription desquels se trouve la brigade ou le poste de gendarmerie. Les chefs de brigade et de poste de gendarmerie des circonscriptions limitrophes à la leur. La circonscription de Saigon est considérée comme limitrophe de celles de Tourane et de Haiphong.

Art. 2. — Les Résidents supérieurs au Tonkin et en Annam et le Directeur des postes et télégraphes de l'Annam et du Tonkin sont chargés, chacun en ce qui le concerne, de l'exécution du présent arrêté. — A. ROUSSEAU.

(*A annoter au Recueil*, Vo **Franchise postale et télégraphique**, no 6, annexe C, chapitre IV § 3. — Voir supplément, arrêté du 5 avril 1895).

GARDE CIVILE INDIGÈNE

69. — 8 avril 1895. — PROMULGATION *du décret du 9 janvier 1895, portant organisation de la garde indigène en Annam et au Tonkin.*

Article premier. — Est promulgué dans toute l'étendue du territoire de l'Annam et du Tonkin, le décret du 9 janvier 1895, portant organisation de la garde indigène en Annam et au Tonkin.

Art. 2. — Les Résidents supérieurs en Annam et au Tonkin sont chargés, chacun en ce qui le concerne, de l'exécution du présent arrêté. — A. ROUSSEAU.

DÉCRET *du 9 janvier 1895.*

Article premier. — La garde indigène en Annam et au Tonkin est une force de police placée sous l'autorité des résidents, et chargée du maintien de la tranquillité de ces pays.

Art. 2. — Le personnel européen de la garde indigène de l'Annam et du Tonkin se compose d'agents, désignés par les dénominations suivantes, d'après lesquelles la subordination sera réglée entre eux, savoir :

Inspecteur de 1re classe ;
— 2e —
— 3e —
Garde principal de 1re classe ;
— 2e —
— 3e —

Art. 3. — Les gardes principaux sont recrutés :

1° Parmi les sous-officiers en activité de service, mis à la disposition indiquée au décret du 29 avril 1890.

2° Parmi les sous-officiers appartenant à la réserve ou libérés définitivement. La moitié des emplois de garde principal de 3e classe est réservée aux sous-officiers rengagés, classés pour l'obtention d'un emploi civil.

Art. 4. — Les candidats aux emplois de gardes principaux doivent remplir les conditions suivantes :

1° Être âgés de 21 ans au moins et de 40 ans au plus, et réunir, suivant l'âge, le temps de service nécessaire pour obtenir à 55 ans une pension de retraite ;

2° Posséder une instruction élémentaire suffisante pour pouvoir rédiger un rapport de police ;

3° Justifier, par des attestations légales, d'une bonne conduite soutenue.

Art. 5. — Les sous-officiers en activité de service, appartenant à la réserve, libérés ou classés pour obtenir un emploi civil, ne peuvent débuter dans la garde indigène que par l'emploi de garde principal de 3e classe.

Le Gouverneur général nomme à tous les emplois dans la garde indigène.

Art. 6. — Les inspecteurs sont choisis parmi les gardes principaux de 1re classe ayant au moins deux années de service dans cette classe. Toutefois, les anciens officiers des armées actives de terre et de mer peuvent être admis dans la garde indigène et nommés à un emploi d'inspecteurs de 3e classe.

Nul ne peut être avancé en classe, s'il ne réunit dix-huit mois de service dans la classe inférieure.

L'avancement en grade et en classe peut être conféré, sous condition de temps, aux inspecteurs et aux gardes principaux qui se sont fait remarquer par des actions d'éclat en service commandé.

Art. 7. — Les peines disciplinaires applicables au personnel européen de la garde indigène sont les suivantes :

La réprimande ;
La suspension de fonctions ;
La rétrogradation en classe ou d'emploi ;
La révocation.

Ces peines sont prononcées par le Gouverneur général.

La suspension entraîne la perte de la moitié de la solde pour une durée qui ne pourra excéder deux mois.

La rétrogradation et la révocation ne peuvent être prononcées qu'après avis d'une commission d'enquête, devant laquelle l'agent, s'il le demande, peut être entendu dans ses moyens de défense ; il peut les présenter, soit personnellement, soit par écrit.

L'arrêté du Gouverneur général est motivé et vise l'avis de la commission d'enquête.

Un arrêté du Gouverneur général détermine la composition de la commission d'enquête, conformément au tableau n° 1 annexé au présent décret.

Art. 8. — La solde et les accessoires de solde du personnel européen de la garde indigène sont fixés conformément au tableau n° 2 annexé au présent décret.

TABLEAU N° 1. — *Annexé au décret du 9 janvier 1895, organisant la garde indigène en Annam et au Tonkin.*

GRADE du fonctionnaire traduit devant la commission d'enquête	PRÉSIDENT	MEMBRES	SECRÉTAIRE
Inspecteur de la garde indigène.	Un résident autre que celui sous les ordres duquel l'inspecteur est placé.	Un vice-résident. Un inspecteur de la garde indigène ayant la même correspondance hiérarchique.	Un des membres de la commission.
Garde principal de la garde indigène.	Un vice-résident, autre que celui sous les ordres duquel le garde principal est placé.	Un chancelier de résidence. Un garde principal de la garde indigène ayant la même correspondance hiérarchique.	Un des membres de la commission.

TABLEAU N° 2. — *Annexé au décret du 9 janvier 1895.*

POUR LA FIXATION DES SOLDES ET ACCESSOIRES DU PERSONNEL EUROPÉEN DE LA GARDE INDIGÈNE DE L'ANNAM ET DU TONKIN

EMPLOIS	SOLDE		FRAIS de SERVICE	PREMIÈRE MISE D'ÉQUIPEMENT
	D'EUROPE	COLONIALE		
	francs	francs	francs	
Inspecteurs de 1re classe.....	3.000 00	6.000 00	1.200 00	
2e —	2.500 00	5.000 00	1.000 00	
3e —	2.250 00	4.500 00	900 00	
Gardes principaux de 1re classe.....	2.000 00	4.000 00	»	200 fr. 00
2e —	1.800 00	3.600 00	»	
3e —	1.500 00	3.000 00	»	

L'assimilation, en ce qui concerne la pension de retraite, sera ultérieurement déterminée.

Art. 9. — Les décrets des 12 décembre 1889 et 23 janvier 1890, portant règlement sur les indemnités de route et de séjour, sur la solde et accessoires de solde, sont applicables au personnel européen de la garde indigène.

Art. 10. — Les cadres de la garde indigène seront fixés par un arrêté du Gouverneur général de l'Indo-Chine.

Art. 11. — Toutes autres dispositions, notamment en ce qui concerne les indigènes, sont réglées par arrêté du Gouverneur général.

Art. 12. — Le Ministre des colonies est chargé de l'exécution du présent décret, qui sera inséré au *Journal officiel* de la République française, au *Bulletin des lois* et au *Bulletin officiel* du ministère des colonies. — CASIMIR PÉRIER.

(*A annoter au Recueil*, Vᵒ **Garde civile indigène**, nᵒˢ 3, 18, 25, 28, 31. — Voir au supplément, décret du 9 janvier 1895).

TABLE DU SUPPLÉMENT

HANOI. — Imprimerie F.-H. Schneider.

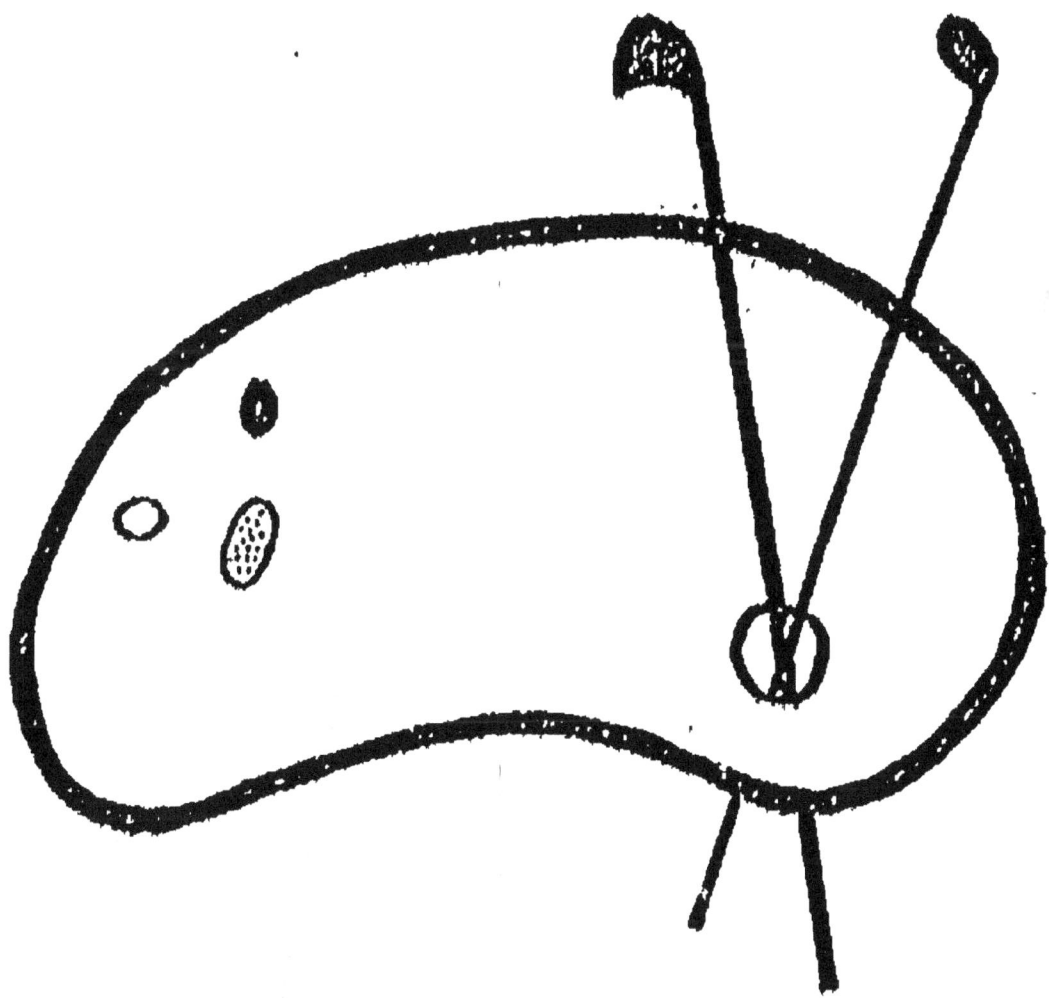

FIN D'UNE SERIE DE DOCUMENTS
EN COULEUR

www.ingramcontent.com/pod-product-compliance
Lightning Source LLC
Chambersburg PA
CBHW031439210326

41599CB00016B/2047